Sur tablette ou smartphone :
Téléchargez l'application «iMemento»
sur l'Apple Store
(iPhone & iPad)
ou sur Google Play
(Androïd)

Sur votre ordinateur :
RDV sur abonnes.efl.fr

Les avantages des versions numériques :

> Un contenu actualisé en permanence à chaque connexion.
> Des fonctionnalités pratiques : moteur de recherche, copier-coller, marque-page, notes, favoris...

?

COMMENT ÇA MARCHE

Vous disposez déjà de votre login et mot de passe ?

Votre login et votre mot de passe restent identiques.

Si vous avez perdu vos codes d'accès, vous pouvez contacter notre Service Relation Clients au **01 83 10 10 10** (du lundi au vendredi, de 9h à 18h).

Vous n'avez pas d'identifiant ?

Rendez-vous sur :
www.efl.fr/activation

Et utilisez le code personnel d'activation ci-dessous :
1528430752F

MCI

Cet ouvrage a été conçu et réalisé par
la **Rédaction des Éditions Francis Lefebvre**
en collaboration avec :

Bruno GOUTHIÈRE
Avocat associé CMS Francis Lefebvre Avocats
pour le dossier thématique consacré aux aspects fiscaux internationaux

Vanessa JULIENNE
Juri-Editing
pour la fiscalité des entreprises

Muriel SUQUET-COZIC
Diplômée notaire, chargée d'enseignement notarial
pour la TVA et les droits d'enregistrement sur les opérations immobilières et la publicité foncière

ÉDITIONS FRANCIS LEFEBVRE
Tour Lefebvre Dalloz, 10 place des Vosges CS 80357, 92072 Paris La Défense Cedex

ISBN 978-2-36893-655-9

MÉMENTO PRATIQUE

SOCIÉTÉS CIVILES

24

À jour au 15 septembre 2023

EDITIONS
FRANCIS LEFEBVRE

LA RÉDACTION DES ÉDITIONS FRANCIS LEFEBVRE

Responsabilité éditoriale

Marion Cabrera et Arnaud Wurtz

Rédacteurs

Quentin Abel
Caroline Barde
Marie-Béatrice Chicha
Valérie Darbon
Cécilia Décaudin
Sophie Didier
Astrid Étienne
Pauline Fleury
Grégory Henriot
Anne Icart
Benjamin Joret
Gaëlle Leduc
Marie-Anne Massiot
Valentine Oblin
Marie Ponsot
Corentine Préel
Chrystel Quiney
Julie Rouchon

Présentation et mode d'emploi

Ce Mémento pluridisciplinaire constitue une **étude complète** du régime des sociétés civiles (entendues au sens de sociétés à forme civile, ce qui exclut donc les sociétés à objet civil mais constituées sous une forme commerciale ainsi que les sociétés de fait ou en participation).

Il expose les **règles juridiques et fiscales** qui gouvernent la vie des sociétés civiles.

Il est **illustré** de nombreux exemples, cas pratiques chiffrés, ainsi que d'indispensables barèmes et formules de calcul. Il comporte également des modèles proposés à titre indicatif, qui doivent être adaptés à chaque situation particulière.

La consultation du Mémento est facilitée par :

– des **sommaires** placés en tête de chaque chapitre, ainsi qu'un **plan général** très détaillé et une **table alphabétique** figurant respectivement en début et en fin d'ouvrage ;

– l'emploi de **paragraphes numérotés** auxquels renvoient la table alphabétique et le plan général (la numérotation est discontinue, de manière à faciliter l'intégration de mesures nouvelles ou la création de nouveaux développements) ;

– un système de **mots-repères** en caractères gras.

À jour au 15 septembre 2023, ce Mémento est assorti d'une **version numérique** (pour web, tablette, mobile) mise à jour en continu. Muni de votre code d'accès (directement transmis par e-mail ou après activation de ce code sur le site www.efl.fr), il vous suffit de télécharger l'application « iMémento » sur votre tablette/smartphone ou de vous rendre sur memento.efl.fr.

Ainsi conçu dans un esprit essentiellement pratique, ce Mémento s'adresse principalement aux **praticiens** (notaires, avocats, juristes, experts-comptables, etc.) qui se trouvent confrontés aux difficultés qu'engendre la complexité croissante du droit des sociétés et de la fiscalité.

Principales nouveautés

depuis la précédente édition

RÈGLES COMMUNES AUX SOCIÉTÉS CIVILES

Constitution d'une société civile

1050 L'affectio societatis n'est pas une condition requise pour revendiquer la qualité d'associé

2681 s. Mise en service du guichet unique électronique de formalités d'entreprises

2734 Les dispositions permettant l'accès du grand public aux informations sur les bénéficiaires effectifs sont invalidées

3700 Transmission d'une universalité de biens : mise en conformité du régime TVA avec la directive européenne

Fonctionnement d'une société civile

6246 Intervention des associés dans une procédure : recevabilité de la tierce opposition d'un associé contre le jugement arrêtant le plan de redressement de la société

6259 Déclaration des créances par un tiers non avocat : le tiers doit justifier d'un pouvoir spécial

6563 Infraction commise avec un véhicule de société : délai pour déclarer le conducteur

8184 Nouveaux éclairages sur la nullité des délibérations pour défaut de désignation d'un commissaire aux comptes

9035 Droits sociaux indivis : le mandataire judiciaire peut voter sans l'accord des indivisaires

9063 Un pacte d'associés conclu pour la durée de la société n'est pas un engagement perpétuel

9071 Abus de majorité : l'action en réparation dirigée contre la société est irrecevable

9080 Abus d'égalité : les critères sont définis

9400 s. Publicité des décisions collectives : inscription au RNE par l'intermédiaire du guichet unique électronique des formalités d'entreprises

9520 s. Actualisation des seuils des régimes d'imposition applicables en matière de bénéfices agricoles

9900 L'attribution ponctuelle des pertes d'une société civile à certains associés peut être admise

10193 Titres de participation détenus par une société civile soumise à l'IS : illustration de l'utilité de la détention de titres ne représentant que 2,2 % du capital

10292 Relèvement de la limite de bénéfice soumis au taux d'IS de 15 % en faveur des PME

11855 Les baux d'immeubles de plus de 12 ans à durée limitée conclus depuis le 1er janvier 2023 relèvent de la formalité fusionnée

13350 s. Création d'une taxe annuelle sur les bureaux en Provence-Côte d'Azur

13500 s. Alourdissement de la taxation sur les logements vacants

16180 Une société absorbée perd la capacité d'agir en justice dès la date d'effet de la fusion

Associés d'une société civile

20160 Pour le Conseil constitutionnel, la décision d'exclure un associé doit reposer sur un motif prévu par les statuts, conforme à l'intérêt social et à l'ordre public et ne peut être prise qu'à la suite d'une procédure fixée par les statuts

20235 L'associé qui s'est engagé dans une procédure de retrait acceptée par la société ne peut plus céder ses parts à un tiers

Dispositions diverses

26670 Une décision collective de société civile prise sans respecter les statuts peut être annulée

27690 La confidentialité d'une procédure de conciliation s'impose entre les participants à cette procédure

27700 La caducité de l'accord de conciliation résultant de l'ouverture d'une procédure collective contre le débiteur ne fait pas perdre aux créanciers les garanties obtenues pour les nouveaux financements consentis dans le cadre de l'accord

28142 N'est pas un coobligé protégé le dirigeant déclaré solidairement responsable avec la société d'une infraction pénale

28368 En cas de redressement converti en liquidation judiciaire, le dirigeant du débiteur ne peut pas être condamné à combler le passif pour des fautes commises pendant la période d'observation du redressement

RÈGLES PARTICULIÈRES À CHAQUE TYPE DE SOCIÉTÉ CIVILE

Sociétés civiles à objet immobilier

29110 Renforcement des informations environnementales du locataire dans les zones à risque

29410 Reconduction du dispositif de plafonnement de la variation de l'indice de référence des loyers à 3,5 % pour un an

29830 Extension du régime applicable aux locataires âgés et démunis (pas de congé sans offre de relogement) aux personnes ayant de faibles ressources qui assument la charge d'un enfant atteint d'une maladie, d'un handicap ou victime d'un accident d'une particulière gravité rendant indispensables une présence soutenue et des soins contraignants

29840 Modification du régime de résiliation du bail pour défaut de paiement des loyers

29880 s. Réforme de la procédure d'expulsion du locataire occupant le logement sans droit ni titre

30905 Doublement du plafond d'imputation des déficits fonciers sur le revenu global en cas de réalisation, jusqu'au 31 décembre 2025, de travaux de rénovation des « passoires thermiques »

31273 Prolongation jusqu'au 31 décembre 2023 de la réduction Malraux dans les quartiers anciens dégradés

32725 Le Conseil d'État juge le régime de la parahôtellerie partiellement incompatible avec la directive TVA

33070 Réévaluation des seuils d'application de la franchise en base de TVA pour les années 2023, 2024 et 2025

33555 Prorogation jusqu'au 31 décembre 2024 du régime d'exonération des plus-values immobilières réalisées lors de la cession d'un droit de surélévation

33557 Prorogation jusqu'au 31 décembre 2023 du régime d'exonération des immeubles destinés au logement social

34710 Majoration possible de la taxe sur les plus-values immobilières élevées dans certaines zones de Corse

Sociétés civiles de portefeuille

52175 Des titres financiers peuvent désormais être inscrits dans un dispositif d'enregistrement électronique partagé par une infrastructure de marché DLT

Sociétés civiles professionnelles

54115 Allongement des délais impartis aux SCP pour régulariser leur situation lorsque toutes les parts sont réunies en une seule main

56000 s. Allègement des conditions de majorité applicables en cas de transformation d'une SCP et des formalités applicables aux transformations et à certaines augmentations de capital dans les SCP de notaire ou de commissaire de justice

57030 Création d'un droit d'opposition au profit du Conseil supérieur du notariat et de la Chambre nationale des commissaires de justice en cas de cession par un associé d'une partie de ses parts

57037 Allègement des formalités applicables aux cessions de parts de SCP de notaire ou de commissaire de justice à des tiers

Sociétés pluriprofessionnelles

59570 Les géomètres-experts pourront exercer leur profession dans une société pluriprofessionnelle

59584 Nouvelle sanction en cas de méconnaissance des conditions de détention du capital

59595 Accroissement des obligations de communication aux ordres professionnels dont relèvent les associés

Sociétés civiles et groupements agricoles

60260 Renforcement de l'exonération partielle des droits de succession ou de donation sur la transmission des parts de GFA

60420 s. Groupements forestiers : l'avantage fiscal accordé au titre des opérations forestières est prolongé et aménagé

DOSSIERS THÉMATIQUES

Démembrement de propriété

62257 Les conditions d'exercice de l'action en garantie décennale en cas de travaux effectués sur un immeuble démembré sont précisées

62850 La cession de l'usufruit de parts sociales n'emportant pas mutation de la propriété de ces droits, elle n'est pas soumise au droit d'enregistrement applicable aux cessions de droits sociaux

Plan général

Les chiffres renvoient aux paragraphes

PARTIE 1

Règles communes aux sociétés civiles

Généralités

TITRE I

La constitution d'une société civile

CHAPITRE 1

Régime juridique de la constitution d'une société civile

CHAPITRE 2

Régime fiscal des apports à une société civile

TITRE II

Le fonctionnement de la société civile

CHAPITRE 1

La société personne morale

CHAPITRE 2

La gérance

Principales abréviations

AMF Autorité des marchés financiers
AN Assemblée nationale (Journal officiel)
ANC Autorité des normes comptables
BA Bénéfices agricoles
BIC Bénéfices industriels et commerciaux
BNC Bénéfices non commerciaux
Bodacc Bulletin officiel des annonces civiles et commerciales
Bofip (BOI) Bulletin officiel des finances publiques-Impôts
BPAT Bulletin du patrimoine, Francis Lefebvre
BRDA Bulletin rapide de droit des affaires, Francis Lefebvre
Bull. civ. Bulletin des arrêts de la Cour de cassation (chambres civiles)
Bull. crim. Bulletin des arrêts de la Cour de cassation (chambre criminelle)
CA Cour d'appel
CAA Cour administrative d'appel
Cass. Cour de cassation (civ. : chambre civile ; com. : chambre commerciale ; crim. : chambre criminelle ; req. : chambre des requêtes ; soc. : chambre sociale)
CCH Code de la construction et de l'habitation
C. civ. Code civil
C. com. Code de commerce
C. consom. Code de la consommation
CCRCS Comité de coordination du registre du commerce et des sociétés
CE Conseil d'État
C. envir. Code de l'environnement
C. exécution Code des procédures civiles d'exécution
CGFP Code général de la fonction publique
CGI Code général des impôts
CIBS Code des impositions sur les biens et services
C. mon. fin. Code monétaire et financier
CNC Conseil national de la comptabilité
CNCC Compagnie nationale des commissaires aux comptes
C. pén. Code pénal
CPC Code de procédure civile
CPP Code de procédure pénale
CRDS Contribution au remboursement de la dette sociale
CSG Contribution sociale généralisée
CSP Code de la santé publique
C. trav. Code du travail
C. urb. Code de l'urbanisme
D. Recueil Dalloz
DGFiP Direction générale des finances publiques
DH Recueil hebdomadaire Dalloz
DP Recueil périodique Dalloz
EARL Exploitation agricole à responsabilité limitée
Gaec Groupement agricole d'exploitation en commun
Gaz. Pal. Gazette du Palais
GFA Groupement foncier agricole
GFI Groupement forestier d'investissement
GFR Groupement foncier rural
IFI Impôt sur la fortune immobilière
Inpi Institut national de la propriété industrielle
IR Impôt sur le revenu
IS Impôt sur les sociétés
J.-Cl. Stés Jurisclasseur des sociétés
JCP Jurisclasseur périodique ou Semaine juridique
JO Journal officiel
JOCE ou JOUE Journal officiel des Communautés européennes ou de l'Union européenne
J. soc. Journal des sociétés
LPF Livre des procédures fiscales
OPCI Organisme de placement collectif immobilier
PCG Plan comptable général
Quot. jur. Quotidien juridique
RCS Registre du commerce et des sociétés
Réf. Référé
Rép. Réponse ministérielle
Rev. soc. Revue des sociétés
RJDA Revue de jurisprudence de droit des affaires, Francis Lefebvre
RJF Revue de jurisprudence fiscale, Francis Lefebvre
RNE Registre national des entreprises
RTD com. Revue trimestrielle de droit commercial
S. Recueil Sirey
SCEA Société civile d'exploitation agricole

SCI	Société civile immobilière
SCM	Société civile de moyens
SCP	Société civile professionnelle
SCPI	Société civile de placements immobiliers
SEF	Société d'épargne forestière
SEL	Société d'exercice libéral
Sén.	Sénat (Journal officiel)
Sisa	Société interprofessionnelle de soins ambulatoires
TA	Tribunal administratif
TGI	Tribunal de grande instance
TJ	Tribunal judiciaire
TVA	Taxe sur la valeur ajoutée

En ce qui concerne les abréviations utilisées dans la **table alphabétique,** voir la liste qui figure avant celle-ci.

PARTIE 1

Règles communes aux sociétés civiles

GÉNÉRALITÉS

SOMMAIRE

A. Définition des sociétés civiles

10 Dans le langage courant, la société est, avant tout, un groupement de personnes doté de la personnalité juridique. Cet usage traduit bien le phénomène le plus patent, mais il ne rend pas exactement compte de la réalité, tant juridique qu'économique.

Le mot « société » a deux sens :

– d'une part, il désigne le **contrat** par lequel deux ou plusieurs personnes conviennent de mettre quelque chose en commun en vue de se partager le bénéfice ou de profiter de l'économie qui pourra en résulter ; c'est l'acte constitutif de la société. Exceptionnellement, une société civile peut être constituée par une seule personne : c'est le cas de l'EARL (exploitation agricole à responsabilité limitée) ;

– d'autre part, il désigne la personne juridique, dite **personne morale,** à laquelle est affecté le bien mis en commun et qui est investie de la capacité juridique d'agir au nom et dans l'intérêt commun des associés.

Il apparaît que la société n'est tout à fait ni un contrat ni une institution, mais une entité au sein de laquelle coexistent des règles contractuelles et des règles institutionnelles.

La société est donc un contrat (ou un acte unilatéral) entraînant (sauf l'exception de la société en participation) la création d'une personnalité morale dont la condition juridique, dominée par le but commun à tous les associés, résulte à la fois du contrat et de la loi.

La **société est civile** lorsqu'elle a une activité civile (n°s 200 s.) et qu'elle ne correspond pas à une société à laquelle la loi confère le caractère commercial en raison de sa forme ou de son objet (C. civ. art. 1845, al. 2).

B. Réglementation des sociétés civiles

1. RÈGLES APPLICABLES AUX SOCIÉTÉS CIVILES

DISPOSITIONS DU CODE CIVIL APPLICABLES

70 **Droit commun des sociétés** La législation fondamentale sur les sociétés civiles se trouve dans le Titre IX du Livre III du Code civil (art. 1832 à 1873), qui comprend :

– un chapitre premier (art. 1832 à 1844-17), consacré aux dispositions générales applicables, sauf dispositions contraires, à toutes les sociétés (art. 1834) ;

– un chapitre deuxième (art. 1845 à 1870-1), consacré spécialement à la société civile, lui-même divisé en sept sections intitulées : dispositions générales, gérance, décisions collectives, information des associés, engagement des associés à l'égard des tiers, cession des parts sociales, retrait ou décès d'un associé ;

– un chapitre troisième (art. 1871 à 1873), relatif à la société en participation.

Ces textes ont été introduits par la loi 78-9 du 4 janvier 1978. Ils ont été complétés par les décrets 78-704 et 78-705 du 3 juillet 1978.

75 **Droit commun des contrats** S'applique également aux sociétés civiles, dont le fondement est le contrat de société, le droit commun des contrats prévu par le Code civil et

refondu par l'ordonnance 2016-131 du 10 février 2016 ratifiée par la loi 2018-287 du 20 avril 2018 (Titres III à IV bis du Livre III du Code civil). Les dispositions actuelles sont applicables, selon les cas, aux contrats conclus depuis le 1er octobre 2016 ou, pour certaines de celles qui ont été aménagées par la loi de ratification, depuis le 1er octobre 2018.

Parmi ces dispositions, nombreuses sont celles qui pourraient être jugées applicables en droit des sociétés. Certes, peu d'entre elles sont impératives. Mais, les dispositions supplétives s'appliquent, à l'insu des associés, s'il n'existe pas de convention contraire, dans les statuts notamment. Il est donc important de déterminer quelles règles sont susceptibles d'infiltrer le droit des sociétés. À cette fin, nous proposons ci-dessous une méthode d'interprétation.

80 **Champs d'application respectifs du droit des sociétés et du droit des contrats** La **clé de répartition** entre le champ d'application du droit des sociétés et celui du droit des contrats repose sur l'article 1105 du Code civil aux termes duquel :

« Les contrats, qu'ils aient ou non une dénomination propre, sont soumis à des règles générales, qui sont l'objet du présent sous-titre [« Le contrat »].

« Les règles particulières à certains contrats sont établies dans les dispositions propres à chacun d'eux.

« Les règles générales s'appliquent sous réserve de ces règles particulières. »

C'est de la portée donnée au dernier alinéa de cet article que dépend l'application combinée du droit commun des contrats prévu par le Code civil et du droit des sociétés.

Le rapport au Président de la République accompagnant l'ordonnance 2016-131 du 10 février 2016 précise que cet alinéa « introduit une nouveauté importante et attendue des praticiens, puisqu'il rappelle que les règles générales s'appliquent sous réserve des règles spéciales. Ainsi, les règles générales posées par l'ordonnance seront notamment écartées lorsqu'il sera impossible de les appliquer simultanément avec certaines règles prévues par le Code civil pour régir les contrats spéciaux, ou celles résultant d'autres codes tels que le Code de commerce ou le Code de la consommation ».

85 Il convient à notre avis de distinguer **trois situations** :

– le droit des sociétés est muet sur une question qui fait l'objet de dispositions de droit commun des contrats dans le Code civil : ce sont alors ces dernières qui s'appliquent (cas, par exemple, des vices du consentement et de la promesse de société, etc.) ;

– le droit des sociétés a organisé un corps de règles sur un sujet qu'il traite de manière exhaustive : il déroge alors au droit commun des contrats du Code civil ;

– le droit des sociétés traite partiellement un sujet, par exemple en ne visant que certaines sociétés ou en étant muet sur certains aspects qui, eux, sont abordés par le droit commun des contrats du Code civil.

90 Pour trancher le **cas où le droit des sociétés traite partiellement le sujet,** deux positions peuvent être soutenues :

– soit l'on considère, comme semble le dire le rapport au Président de la République, que le droit commun des contrats a vocation à s'appliquer partout où le droit des sociétés a laissé un vide ;

– soit l'on considère que le droit commun n'a pas vocation à s'appliquer là où il existe une réglementation en droit des sociétés, le silence du législateur sur certains points devant être interprété comme une volonté délibérée de ne pas imposer de règles et de laisser, le cas échéant, place à la liberté contractuelle. Selon nous, c'est cette dernière position qu'il convient de retenir.

DISPOSITIONS PARTICULIÈRES APPLICABLES AUX SOCIÉTÉS CIVILES

105 De nombreuses sociétés civiles sont, en raison de leur activité, soumises à une réglementation spécifique qui complète, et souvent modifie, les dispositions générales contenues dans le Code civil. Ces réglementations spéciales sont notamment les suivantes :

– la loi 66-879 du 29 novembre 1966 sur les **sociétés civiles professionnelles** (SCP), remplacée, à compter du 1er septembre 2024, par l'ordonnance 2023-77 du 8 février 2023 relative à l'exercice en sociétés des professions libérales réglementées ;

– les articles 31-3 à 31-12 de la loi 90-1258 du 31 décembre 1990 et les décrets 2017-794 à 2017-801 du 5 mai 2017, remplacés respectivement, à compter du 1er septembre 2024, par les articles 96 à 109 de l'ordonnance 2023-77 et par des décrets non encore parus au 15 septembre 2023, sur les **sociétés pluriprofessionnelles d'exercice** (SPE) ;

– les articles L 4041-1 à L 4043-2 et R 4041-1 à R 4041-5 du Code de la santé publique sur les sociétés interprofessionnelles de soins ambulatoires (**Sisa**) ;

– les articles L 211-1 à L 211-4 et R 211-1 à R 211-6 du Code de la construction et de l'habitation sur les sociétés civiles constituées en vue de la vente d'immeubles (sociétés civiles de **construction-vente**) ;

– les articles L 212-1 à L 212-17 et R 212-1 à R 212-18 du Code de la construction et de l'habitation sur les **sociétés civiles d'attribution** ;

– la loi 86-18 du 6 janvier 1986 sur les sociétés civiles d'**attribution d'immeubles en jouissance** à temps partagé ;

– les articles L 214-86 à L 214-118 et R 214-130 à R 214-160 du Code monétaire et financier sur les **sociétés civiles de placement immobilier** (SCPI) ;

– les articles L 214-86 à L 214-113, L 214-121 à L 214-125, R 214-130 à R 214-154 et R 214-161 à R 214-176 du Code monétaire et financier sur les **sociétés d'épargne forestière** (SEF) ;

– les articles L 331-1 à L 331-7 et R 331-1 à R 331-3 du Code forestier sur les **groupements forestiers** ;

– les articles L 322-22 et L 322-23 du Code rural et de la pêche maritime sur les groupements fonciers ruraux (**GFR**) ;

– les articles L 322-1 à L 322-21 et R 322-1 à R 322-3 du Code rural et de la pêche maritime sur les groupements fonciers agricoles (**GFA**) ;

– les articles L 324-1 à L 324-10 et D 324-2 à D 324-4 du Code rural et de la pêche maritime sur les exploitations agricoles à responsabilité limitée (**EARL**) ;

– les articles L 323-1 à L 323-16 et R 323-8 à R 323-54 du Code rural et de la pêche maritime sur les groupements agricoles d'exploitation en commun (**Gaec**) ;

– les articles L 113-3 et L 113-5 et R 113-1 à R 113-12 du Code rural et de la pêche maritime sur les **groupements pastoraux.**

RÈGLES EUROPÉENNES APPLICABLES AUX SOCIÉTÉS CIVILES

La législation française des sociétés subit l'influence des efforts de **coordination des droits nationaux** des pays membres de l'Union européenne instituée par le traité de Rome (traité du 25-3-1957 devenu le traité sur le fonctionnement de l'Union européenne). **110**

Les mesures de coordination actuellement prises ou envisagées au titre de l'article 50, 2-g du traité sur le fonctionnement de l'Union européenne ne concernent que les sociétés commerciales et, en particulier, les sociétés par actions et les sociétés à responsabilité limitée. En ce qui concerne les sociétés civiles, les projets n'ont pas abouti pour le moment.

2. CHAMP D'APPLICATION DE LA RÉGLEMENTATION

La loi française est applicable à toutes les sociétés civiles dont le siège social est situé sur le territoire français (C. civ. art. 1837, al. 1). **130**

Par territoire français, il faut entendre la France métropolitaine, les départements et régions d'outre-mer et les autres collectivités territoriales (voir art. 72 s. de la Constitution).

Les départements et régions d'outre-mer comprennent la Guadeloupe, la Guyane, la Martinique, Mayotte et La Réunion.

Les collectivités d'outre-mer sont la Polynésie française, Saint-Barthélemy, Saint-Martin, Saint-Pierre-et-Miquelon et Wallis-et-Futuna.

Pour apprécier si la société a son siège dans l'un des territoires ci-dessus mentionnés, on applique la loi du lieu du juge saisi, dite « lex fori » ou « loi du for », sauf convention internationale définissant le siège social. **131**

C. Caractéristiques de la société civile

1. EXERCICE D'UNE ACTIVITÉ CIVILE

ÉTENDUE DE LA NOTION D'ACTIVITÉ CIVILE

À l'exception des activités agricoles (nos 205 s.), les activités civiles ne sont pas déterminées par la loi, comme le sont les actes de commerce (voir C. com. art. L 110-1 et L 110-2). **200**

Elles ne peuvent s'apprécier que par opposition aux activités commerciales : sont civiles toutes les activités qui ne sont pas commerciales, c'est-à-dire toutes celles qui ne constituent pas une entremise dans la circulation des richesses avec intention spéculative. Par exemple, les actes de production agricole sont civils et ne correspondent pas à une entremise.

201 Cette règle de principe n'est cependant pas toujours appliquée à la lettre. La tradition et l'état des mœurs sont parfois pris en considération dans les solutions retenues : en effet, il y a des actes qu'on répugne à faire entrer dans la commercialité, parce qu'on se refuse à admettre qu'ils sont marqués, au même titre que les achats pour revendre, par l'esprit de spéculation. Tel est le cas de l'architecte qui, alors qu'il s'interpose, avec l'intention d'en retirer un profit, entre le maître de l'ouvrage et les entrepreneurs de construction, fait pourtant un acte civil.
Une autre déviation du principe résulte du jeu de la règle dite de l'accessoire : les actes, même d'entremise avec intention spéculative, sont réputés civils lorsqu'ils sont faits pour les besoins d'une activité civile principale et, inversement, les actes, même sans entremise et sans intention spéculative, sont réputés commerciaux lorsqu'ils sont accomplis pour les besoins d'une activité commerciale principale.

202 Les activités civiles peuvent être classées en **six catégories** que nous examinerons successivement : agriculture, extraction, activités intellectuelles, professions libérales, immobilier, coopérative.

AGRICULTURE

205 **Principes** Les activités agricoles, définies dans les conditions ci-après, constituent des activités civiles par détermination de la loi (C. rur. art. L 311-1, al. 2).
Sont réputées agricoles (C. rur. art. L 311-1, al. 1) :
– toutes les activités correspondant à la **maîtrise et** à l'**exploitation d'un cycle biologique de caractère végétal ou animal** et constituant une ou plusieurs étapes nécessaires au déroulement de ce cycle ;
– les **activités** exercées par un exploitant agricole qui sont **dans le prolongement** de l'acte de production ;
– les **activités** exercées par un exploitant agricole **qui ont pour support l'exploitation** ;
– les activités de **cultures marines et d'exploitation de marais salants,** nonobstant le statut social dont relèvent ceux qui les pratiquent ;
– les activités de **préparation et** d'**entraînement des équidés domestiques** en vue de leur exploitation, à l'exclusion des activités de spectacle ;
– la production et, le cas échéant, la commercialisation, par un ou plusieurs exploitants agricoles, de **biogaz,** d'**électricité et** de **chaleur par** la **méthanisation,** lorsque cette production est issue pour au moins 50 % de matières provenant d'exploitations agricoles. Il suffit que les matières utilisées par l'unité de méthanisation proviennent d'exploitations agricoles, sans qu'elles proviennent nécessairement des exploitations agricoles des membres de la structure collective.

206 **Activités de production** Sont visées, au titre des activités « correspondant à la maîtrise et à l'exploitation d'un cycle biologique de caractère végétal ou animal et constituant une ou plusieurs étapes nécessaires au déroulement de ce cycle » :
– les activités qui ont pour **support** le **sol.** Il en est ainsi des productions tirées du sol (telles que productions de céréales, fruits, légumes, plantes et arbres) ou des productions qui nécessitent le concours du sol (cas notamment de l'élevage traditionnel de bétail, voir Cass. civ. 30-11-1931 : DH 1932 p. 83 ; abeilles, vers à soie, huîtres, voir Cass. req. 22-10-1940 : Gaz. Pal. 1940 n° 2025) ;
– les **productions** végétales ou animales **hors sol.** L'absence de référence expresse au sol comme support indispensable de l'exploitation permet d'étendre le domaine des activités civiles aux formes modernes d'élevage (élevage dit industriel) ainsi qu'aux productions végétales hors sol dès lors que l'acte de production constitue une étape nécessaire au déroulement d'un cycle biologique.

Concernant l'**élevage,** l'origine de la nourriture des animaux n'est pas prise en considération : l'activité d'élevage constitue une activité agricole même si l'éleveur achète ses aliments, dès lors qu'il ne vend que les produits de son élevage et ne procède pas à des achats pour revendre (Cass. com. 11-4-1995 n° 801 : RJDA 10/95 n° 1145). La provenance des aliments n'étant pas prise en considération, la solution devrait être identique en cas d'élevage en étable avec des aliments pour bétail sans support d'aucune exploitation de la terre.

Certaines activités d'**horticulture,** notamment de repiquage et d'enracinement de boutures en herbe destinées à la vente, pourraient également avoir un caractère agricole (sur la solution antérieure, voir Cass. com. 5-2-1979 : Bull. civ. IV n° 46), mais non la création et l'entretien d'espaces verts (voir Cass. 3e civ. 26-1-1994 : Bull. civ. III n° 13).

Le **prestataire de travaux agricoles,** dont l'activité peut correspondre soit à des prestations agricoles proprement dites (labours, semis, plantations, moissonnages, etc.), soit à des prestations forestières (sylviculture, abattage, élagage, débardage), soit à des prestations rurales telles que le drainage, l'irrigation, l'entretien des accotements routiers, n'exerce pas non plus une activité agricole (Avis CCRCS 03-38 : Bull. RCS 28/2004 p. 9).

Les actes d'exploitation exécutés doivent présenter un caractère professionnel et l'exploitation doit être réalisée dans un but lucratif (Cass. 3e civ. 23-3-2005 n° 04-11.345 : Bull. civ. III n° 70), excluant les simples activités de loisir ou à titre très occasionnel (Cass. 1e civ. 20-5-2009 n° 08-14.536 : RJDA 3/10 n° 305 ; Cass. 3e civ. 23-6-2015 n° 13-22.076).

Il a également été jugé que la maîtrise et l'exploitation d'un cycle biologique de caractère végétal ne sont pas soumises à la poursuite d'un objectif de production ou de vente ; l'**expérimentation** de techniques culturales essentiellement à des fins de recherche et non de production constitue une activité agricole (CE 8-7-2015 n° 369730 : RJF 11/15 n° 907). Il en va de même de l'activité de sociétés d'élevage de lapins à des fins d'expérimentation (CE 17-6-2015 nos 371625 et 379276 : RJF 10/15 n° 799, à propos de la production de sérum).

Le **degré d'industrialisation** de l'exploitation agricole importe peu. Les grandes entreprises, qui fonctionnent avec un équipement comparable à celui d'une industrie transformatrice, peuvent néanmoins exercer une activité civile. 207

Sous réserve de l'interprétation des tribunaux, devraient être concernées, au titre des activités de **préparation et** d'**entraînement des équidés domestiques** en vue de leur exploitation, notamment les activités liées à la reproduction des équidés (vente des saillies), la mise en location de carrière, l'exploitation (courses, épreuves hippiques), l'enseignement exercé avec les chevaux exploités, leur location pour la promenade ou le tourisme (avec ou sans accompagnement), l'entraînement de chevaux par un éleveur ou un non-éleveur, la vente de chevaux acquis après entraînement, le dressage (à l'exclusion du dressage pour le spectacle), l'exploitation des chevaux dressés (courses hippiques) et la prise en pension de chevaux connexe au dressage, l'exploitation d'un centre équestre, l'utilisation de chevaux pour le débardage du bois, la traction hippomobile (promenade, transport) et le travail à façon (entretien des vignes, par exemple), la prise en pension et le gardiennage. 209

Ainsi, la préparation des équidés doit être entendue au sens large dès lors qu'elle est réalisée en vue de leur exploitation ; le fait de nourrir et d'entretenir les équidés dans le but de proposer des ballades touristiques suffit à conférer à l'activité économique réalisée un caractère agricole (Cass. 3e civ. 14-1-2015 n° 13-26.380 : Bull. civ. III n° 2).

En revanche, la seule activité de gardiennage de chevaux n'entre pas dans cette classification (Cass. 3e civ. 13-5-2009 n° 08-16.421 : Bull. civ. III n° 105).

Activités agricoles par accessoire Sont en outre réputées agricoles « les activités exercées par un exploitant agricole qui sont dans le prolongement de l'acte de production ou qui ont pour support l'exploitation » (C. rur. art. L 311-1, al. 1). Ces activités doivent être le fait du seul exploitant et ne doivent pas être principales, au risque de devenir commerciales. 210

Activités de prolongement. Il s'agit des opérations de transformation et de commercialisation des produits agricoles. 211

Le caractère civil de la **transformation** a toujours été admis. Il en est ainsi de la transformation des cannes à sucre ou des betteraves en sucre (Cass. req. 17-3-1913 : S. 1913 I p. 392), du lait en fromage, du raisin en vin, des olives en huile, du bois en planches ou en charbon, ou encore de la mise en conserve de légumes. Mais il faut que la transformation soit l'accessoire de la production. En effet, cette activité doit se situer dans le prolongement de l'acte de production.

L'agriculteur qui **vend ses produits** ne fait pas d'acte de commerce (Cass. 1e civ. 21-4-1976 : Bull. civ. I n° 133) même s'il use de procédés commerciaux (publicité, représentants, voir CA Paris 13-4-1970 : Gaz. Pal. 1970 som. p. 41). S'il achète à d'autres exploitants, en vue de la revente, des quantités plus importantes que celles qu'il produit, il devient commerçant car son activité principale porte alors sur des achats pour revendre (voir Cass. soc. 13-2-1959 : Bull. civ. IV n° 220). Jugé aussi que celui qui transforme, conditionne et commercialise des produits agricoles en provenance d'exploitations agricoles n'a pas la qualité d'exploitant agricole, dès lors que son activité se situe à un stade postérieur au cycle de la production agricole (Cass. soc. 11-7-2002 n° 2412 : Bull. civ. V n° 252).

Activités ayant pour support l'exploitation. Il s'agit des activités de **service** ayant pour support l'exploitation agricole telles que les gîtes ruraux, l'accueil à la ferme et les activités cynégétiques (JO déb. Sén. 18-11-1988 p. 1156). Toutefois, des prestations d'hôtellerie fournies à titre habituel par une société civile d'exploitation agricole, dépourvues de lien avec l'activité agricole, n'ont pas pour 215 support l'exploitation ; la décision d'affecter à l'activité hôtelière le dernier bâtiment de la société non encore exploité à cette fin porte atteinte au caractère civil de l'objet social (Cass. com. 13-7-2010 n° 09-16.100 : RJDA 11/10 n° 1090).

Dans le cas où l'exploitant, pour compléter la gamme des produits offerts, se procure à l'extérieur des produits qu'il revend, éventuellement après transformation, il est admis que, si ces fournitures extérieures gardent un caractère accessoire, elles se situent dans le prolongement de l'activité agricole mais que, si elles prennent de l'ampleur, l'exploitation développe une activité commerciale et doit être inscrite pour celle-ci au registre du commerce (Rép. Delmar : AN 3-4-1995 n° 23777).

Pour figurer dans l'objet d'une société civile du secteur agricole, l'exploitation d'une unité de production d'**électricité** d'origine **photovoltaïque ou éolienne** doit être une activité accessoire de l'activité agricole prévue aux statuts. Toutefois, cette condition n'implique pas nécessairement que l'électricité produite soit directement consommée pour les besoins de l'activité agricole : en effet, cette production reste l'accessoire de l'activité civile lorsque l'électricité est injectée dans le réseau public et les besoins de cette activité satisfaits par prélèvement sur ce même réseau, modalité procédant en principe de contrats distincts de vente et achat, pourvu que, dans la durée, l'électricité vendue n'excède pas notablement celle achetée. En outre, par application de l'article 88 § II de la loi 2010-788 du 12 juillet 2010 (loi dite « Grenelle II »), l'objet de la société peut s'étendre à l'exploitation d'une unité de production d'électricité d'origine photovoltaïque même indépendante de l'activité agricole si les installations photovoltaïques sont fixées ou intégrées aux bâtiments de la société (Avis CCRCS 2012-014 du 13-4-2012 et 2012-018 du 30-5-2012).

EXTRACTION

220 En principe, celui qui vend les **produits** qu'il extrait **du sol** fait un acte civil. Toutefois, si les actes de transformation des matériaux extraits deviennent trop importants, il y aura alors, comme en agriculture, acte de commerce : c'est le cas, par exemple, pour la préparation des ardoises (CA Angers 26-11-1855 : D. 1856 II p. 113) ou le traitement des minerais (Cass. req. 1-8-1893 : D. 1894 I p. 126 ; CA Nîmes 11-12-1916 : J. soc. 1918 p. 98).

221 L'activité extractive est civile dans la mesure où elle porte sur des produits du sol autres que ceux listés par l'article 2 du Code minier (désormais l'article L 111-1 du même Code qui vise, par exemple, les hydrocarbures, le charbon, la bauxite ou encore le fer) (Cass. civ. 22-5-1935 : S. 1935 I p. 307). Est donc civile l'exploitation de carrières, de tourbières ou de sablières.

Il a cependant été jugé que les travaux de recherche effectués en vue de l'exploitation éventuelle d'une mine relevant de l'article 2 du Code minier (désormais l'article L 111-1 du même Code) avaient un caractère civil (Cass. req. 17-2-1930 : DP 1930 I p. 746).

222 Est de nature civile l'exploitation des sources d'eaux minérales et thermales (Cass. req. 27-3-1866 : D. 1866 I p. 428), sauf si l'exploitation de la source constitue, pour la société, une activité secondaire à une activité commerciale (Cass. req. 21-3-1892 : D. 1892 I p. 228).

223 **Par extension,** on considère aussi comme civile la vente du poisson par les pêcheurs, mais seulement s'il s'agit de **pêche** en rivière ; la vente du poisson pêché en mer est commerciale, car cette pêche est le résultat d'une expédition maritime (C. com. art. L 110-2, 2°). Toute activité de pêche maritime pratiquée à titre professionnel, à bord d'un navire et en vue de la commercialisation des produits, est réputée commerciale, sauf lorsqu'elle est exercée à titre individuel sur des navires d'une longueur inférieure ou égale à 12 mètres ou effectuant habituellement des sorties de moins de 24 heures (C. rur. art. L 931-1).

ACTIVITÉS INTELLECTUELLES

230 L'exploitation par leurs auteurs des œuvres tirées de l'esprit est une activité civile. Cela est vrai de toutes les œuvres de l'esprit.

231 **Œuvres littéraires et musicales** L'auteur littéraire fait un acte civil même s'il vend ses travaux (voir CA Poitiers 26-3-1947 : D. 1947 p. 341) ou s'il cède le droit de les exploiter à un éditeu (CA Paris 16-12-1932 : Gaz. Pal. 1933 p. 308). Mais l'éditeur qui s'entremet avec intention spéculative fa lui, acte de commerce. Les mêmes solutions sont applicables aux auteurs et éditeurs d'œu musicales.

232 **Activités artistiques** La vente directe de ses œuvres par un artiste a un caractère c exemple, la vente de tableaux, de dessins, de sculpture. Il en est de même de la cession d'exploiter ces œuvres. Les achats faits par l'artiste de matières qui doivent être in dans ses œuvres sont aussi des actes civils, comme accessoires à son activité artist

> **Précisions** Un cas cependant donne lieu à difficulté : celui du **photographe.** On considère parfois que celui-ci fait acte de commerce, parfois qu'il exerce une activité artistique, donc civile. Si le photographe se borne à produire des vues et ne vend pas du matériel ou ne développe pas les photos, il semble qu'il a plutôt une activité créatrice qu'une activité d'intermédiaire. On ne devrait donc traiter ces actes comme civils que dans ce cas-là. Il a d'ailleurs été jugé que le fait pour un photographe d'acheter les produits nécessaires à la réalisation de ses photographies ne constitue pas un acte de commerce s'il n'est pas prouvé que son atelier excède le cadre d'une exploitation personnelle ou familiale ; la matière première utilisée par lui n'entre en effet que pour une part infime dans la valeur du produit fini en comparaison du travail manuel, de l'imagination créatrice et du sens artistique de l'artisan qui lui sont incorporés (CA Aix 12-1-1977 : Bull. cour d'Aix 1977/1 p. 96).

Brevets ou marques La vente isolée d'un brevet d'invention ou d'une marque par celui qui en est l'inventeur est un acte civil. 233

Œuvres cinématographiques L'auteur d'un film qui le projette ou le fait projeter exerce une activité civile. En revanche, la production d'un film est une activité commerciale (CA Poitiers 26-3-1947 : D. 1947 p. 341) ; toutefois, elle peut constituer une activité civile si le producteur fait œuvre personnelle et originale, choisissant un sujet, réunissant des collaborateurs, coordonnant leurs efforts, car il se conduit alors comme un créateur intellectuel. 234

Activités de recherche La recherche est **civile** quand elle donne lieu à une activité purement intellectuelle ; elle est commerciale quand elle implique, en plus du travail intellectuel, l'utilisation d'installations industrielles, l'emploi de nombreux salariés, la construction de matériels importants. Il est de règle, en effet, de considérer qu'il y a entreprise commerciale de manufacture dès qu'une opération de transformation exige des installations, du matériel et des ouvriers. 235

L'activité de recherche devient aussi **commerciale** lorsqu'elle ne se limite pas aux actions d'études et englobe notamment toute mission technique tendant à leur aboutissement, telle que, par exemple, recherche de concours techniques, intervention dans la conclusion des contrats de travaux d'entreprises, sous-traitance de contrats d'études (T. civ. Seine 27-1-1956 : JCP G 1956 II n° 9151).

PROFESSIONS LIBÉRALES

L'activité libérale consiste pour un professionnel à exercer à titre habituel, de manière indépendante et sous sa responsabilité, une activité ayant pour objet d'assurer, dans l'intérêt du client ou du public, des prestations principalement intellectuelles, techniques ou de soins mises en œuvre au moyen de qualifications professionnelles appropriées et dans le respect de principes éthiques ou d'une déontologie professionnelle (Loi 2012-387 du 22-3-2012 art. 29, I). Elle a un **caractère civil** lorsqu'elle constitue l'activité principale de l'intéressé, même si, pour la réaliser, ce dernier achète des produits pour les revendre ou « spécule sur le travail d'autrui » en employant des collaborateurs salariés, ou si l'entreprise atteint une « dimension importante » (Cass. com. 3-6-1986 : Bull. civ. IV n° 108). 240

En revanche, l'**activité** devient **commerciale** si les services matériels fournis sont plus importants que la prestation intellectuelle (Cass. com. 18-1-1966 : D. 1966 p. 358).

ILLUSTRATIONS

Sont des **activités de nature civile** :
– celle consistant en consultations et visites pour donner des conseils pour l'achat et l'emploi d'ordinateurs et ne comportant ni gestion des affaires d'autrui, ni fournitures matérielles, ni mise de main-d'œuvre à la disposition des clients (Cass. 3e civ. 5-3-1971 n° 69-13118 : Bull. civ. III n° 168) ;
– celle d'un ancien groupement de conseils juridiques, le mode de calcul de leur rémunération (intéressement au résultat des dossiers confiés) étant impropre, à lui seul, à conférer un caractère commercial à leur activité (Cass. com. 23-1-1990 n° 88-14.319 D : Dr. sociétés 1990 n° 135) ;
– l'enseignement de la pratique de la conduite automobile et des principes du Code de la route ainsi que les fournitures, le carburant, l'huile, l'achat de véhicules pour en louer l'usage qui n'étaient que les accessoires nécessaires de cet enseignement (Cass. com. 3-6-1986 : Bull. civ. IV n° 108 ; CA Paris 8-8-1977 : RTD com. 1977 p. 476 obs. J. Derruppé) ;
– celle des médecins, même s'ils vendent quelques remèdes à leur clientèle (CA Caen 6-3-1901 : S. 1902 II p. 293 ; T. com. Rennes 15-1-1907 : D. 1909 II p. 360) ;
– celle des dentistes même s'ils vendent à leurs patients des pâtes ou poudres dentifrices, à condition qu'ils n'étendent pas ces ventes à des personnes auxquelles ils ne dispensent pas de soins (CA Paris 24-10-1908 : S. 1909 II p. 55) ;
– celle des architectes dès lors qu'ils se bornent à dresser des plans et à surveiller l'exécution des travaux (Cass. 1e civ. 5-4-1965 : JCP G 1965 II n° 14261).

Exercent une **activité commerciale** :
– une agence matrimoniale ou un conseiller matrimonial qui rapproche des personnes en vue de mariage car il s'agit d'une activité de courtier, laquelle est commerciale en application de l'article L 110-1 du Code de commerce (Cass. com. 3-4-1984 n° 82-16.115 : Bull. civ. IV n° 122 ; Cass. com. 11-10-1982 n° 80-14.900 : Bull. civ. IV n° 299) ;
– les médecins qui exploitent personnellement une clinique ou une maison de santé (Cass. com. 17-7-1973 : Bull. civ. IV n° 249 ; Cass. civ. 12-11-1923 : S. 1925 I p. 153 note A. S.) ;
– celui qui se réclame de l'ancienne profession de conseil juridique alors qu'il a, en réalité, exercé la profession d'agent d'affaires, puisqu'il s'est chargé habituellement de gérer les affaires d'autrui moyennant salaire en recouvrant des créances, litigieuses ou non, et en procédant à des règlements de liquidation d'actif (Cass. com. 2-4-1973 n° 72-11.254 : Bull. civ. IV n° 145).

ACTIVITÉS IMMOBILIÈRES

250 La loi prévoit expressément que certaines opérations sur immeubles sont des **actes de commerce.** Tel est le cas :
- de l'achat d'immeubles en vue de la revente en l'état (C. com. art. L 110-1, 2°) ;
- des opérations d'intermédiaires pour l'achat, la souscription ou la vente d'immeubles, d'actions ou de parts de sociétés immobilières (art. L 110-1, 3°) ;
- des travaux immobiliers accomplis par une entreprise (art. L 110-1, 5°).

En revanche, constituent des **opérations de nature civile** l'achat de terrains en vue de leur revente après construction (art. précité, 2°) ainsi que la location d'immeubles.
Sur les **conséquences civiles** de l'exercice d'une **activité commerciale,** voir n° 873.
Sur la notion d'**opérations commerciales accessoires,** voir n° 835.

255 **Achat de terrains en vue de leur revente après construction** L'achat (ou l'apport) d'un terrain « en vue d'édifier un ou plusieurs bâtiments et de les vendre en bloc ou par locaux » est un acte civil (C. com. art. L 110-1, 2° ; pour une application, voir CA Aix 28-2-1973 : D. 1973 som. p. 111).
Cette dérogation au principe selon lequel tout achat de biens immeubles aux fins de les revendre est commercial (C. com. art. L 110-1, 2°) doit être interprétée restrictivement. Ainsi, l'activité qui consiste à acheter un terrain en vue de le revendre en lots viabilisés mais non construits est commerciale dès lors qu'il n'y a pas eu édification de bâtiments (Rép. Molle : Sén. 18-5-1971 ; CA Rouen 22-11-1995 : JCP E 1996 pan. n° 461).

257 Par **« bâtiment »,** il faut entendre toute « construction résultant d'un assemblage de matériaux qui, d'une part, sont reliés artificiellement de façon à procurer une union durable et, d'autre part, sont incorporés au sol ou à un immeuble par nature » (CA Paris 26-11-1946 : JCP G 1947 II n° 3444 concl. Dupin).
À notre avis, tout ouvrage, qu'il soit construit au-dessus ou au-dessous du niveau du sol, doit être considéré comme un bâtiment (maisons, parkings souterrains, caves, quais, pontons, etc.). Cette solution résulte en effet de décisions qui, à propos d'autres textes, ont donné une définition large de la notion de bâtiment (voir, par exemple, CA Limoges 21-1-1949 : D. 1949 p. 120 note R. S., à propos de l'art. 1244 du Code civil relatif à la responsabilité du fait des bâtiments ; CA Paris 18-11-1974 : Gaz. Pal. 1974 p. 873, à propos de l'art. L 3335-1, 8° du CSP).
En revanche, un simple baraquement ne constitue pas un bâtiment (CA Lyon 30-11-1953 : D. 1954 p. 172 note R. Rodière).

260 **Location d'immeubles** La location d'immeubles est une activité civile même s'il s'agit d'une location en meublé, la location des meubles (activité commerciale lorsqu'elle est exercée en entreprise) n'ayant alors qu'un caractère accessoire (voir toutefois CA Aix 12-7-1978 : Bull. cour d'Aix 1978 p. 88).

261 Sur l'assujettissement à l'impôt sur les sociétés des sociétés civiles louant des locaux meublés, voir n° 10065.

GROUPEMENTS COOPÉRATIFS ET MUTUALISTES

270 Les groupements coopératifs et mutualistes ont une **activité civile,** dans la mesure où ils n'exercent leur activité qu'au profit de leurs membres : ils sont alors censés ne pas s'interposer dans la circulation des produits ni agir avec intention spéculative (à propos des sociétés coopératives, voir Cass. soc. 2-3-1944 : S. 1946 II p. 47 ; CA Paris 22-4-1932 : Gaz. Pal. 1932 p. 223 ; CA Paris 13-4-1970 : Gaz. Pal. 1970 som. p. 41 ; à propos des sociétés mutuelles, voir Cass. req. 21-12-1903 : D. 1904 I p. 305 ; Cass. civ. 3-8-1921 : DP 1925 I p. 75 ; CA Paris 26-2-1982 : D. 1983 p. 297). Il en est ainsi même lorsqu'ils sont amenés à accomplir des actes d'intermédiaires tels que des achats à des tiers suivis de reventes à leurs membres et même s'ils prélèvent à l'occasion de ces opérations un bénéfice dès lors qu'ils restituent celui-ci sous forme de ristourne à leurs membres.

Toutefois, il est important de noter que la coopérative fait **acte de commerce** : 271
– si elle prend la forme d'une société commerciale – ce qui est obligatoire pour les coopératives de commerçants de détail (voir C. com. art. L 124-3) – car la commercialité par la forme l'emporte alors sur le caractère civil de l'action coopérative (Cass. com. 4-11-1957 : D. 1958 p. 38 ; en sens contraire, CA Nîmes 19-3-1975 : Rev. jur. com. 1976 p. 89 note J.-P. Sortais) ;
– si elle ne réserve pas ses services exclusivement à ses membres et en fait profiter des tiers de façon habituelle : l'idée de service aux coopérateurs s'estompe alors (voir Cass. com. 14-1-1958 : Bull. civ. III n° 23).

Les **sociétés d'assurance mutuelles** ont un objet non commercial (C. ass. art. L 322-26-1) ; dès lors, elles échappent à la compétence des tribunaux de commerce même si elles accomplissent des actes qui, telles les assurances concernant le commerce de la mer, sont réputés actes de commerce (Cass. 1e civ. 22-10-1996 n° 1744 : RJDA 2/97 n° 293). Il en est de même de la société d'assurance mutuelle qui garantit la responsabilité d'une entreprise de transport public (CA Versailles 28-2-2002 n° 01-5039 : RJDA 1/03 n° 93). 272

Les **sociétés coopératives agricoles** ont un statut autonome : elles constituent une catégorie spéciale de sociétés, distincte des sociétés civiles et des sociétés commerciales (C. rur. art. L 521-1, al. 2) ; les actes qu'elles accomplissent en conformité avec leur objet social et avec leurs statuts ne sauraient leur conférer la qualité de commerçant (Cass. 1e civ. 8-7-1997 n° 1320 : Bull. Joly 1997 p. 978). 273

Signalons qu'une **société mutualiste** de statut civil qui a pour activité habituelle la pratique d'opérations de banque est tenue pour commerçante (Cass. com. 17-7-2001 n° 1500 : RJDA 1/02 n° 116) si bien que la juridiction commerciale est compétente pour connaître des litiges l'opposant à ses clients (Cass. com. 10-3-1998 n° 668 : RJDA 7/98 n° 877). 274

2. AUTRES CARACTÉRISTIQUES DE LA SOCIÉTÉ CIVILE

PERSONNALITÉ MORALE DE LA SOCIÉTÉ CIVILE

La société civile jouit de la personnalité morale à compter de son immatriculation (C. civ. art. 1842, al. 1). Sur les conséquences de la naissance de la personnalité morale, voir nos 2810 s. 300

Le législateur a reconnu formellement la personnalité morale de la société civile et a fondé le régime de celle-ci sur une réglementation impérative tendant à la satisfaction de l'intérêt collectif, distinct de l'intérêt personnel des associés : la loi règle les modalités de constitution de la société ; elle définit le statut de la gérance ; elle permet à la majorité de modifier l'acte constitutif. Ainsi, la société civile revêt, dans une certaine mesure, un caractère « institutionnel » comme la société commerciale. 301

Néanmoins, l'existence d'un contrat à la base de la société civile est indiscutable. Le contrat est l'acte constitutif de la société sans lequel la personnalité morale n'apparaît jamais et les associés jouissent d'une grande liberté pour aménager leurs rapports.

Ils conservent notamment un large pouvoir d'adaptation du fonctionnement de la société en ce qui concerne la gestion, le contrôle et les décisions collectives.

Il y a donc **coexistence du contrat et de la personnalité morale.**

Cette coexistence a d'ailleurs été consacrée par le législateur, notamment dans l'article 1844-15 relatif aux conséquences de la nullité de la société. En effet, aux termes de cet article :

« Lorsque la nullité de la société est prononcée, elle met fin, sans rétroactivité, à l'exécution du contrat.

« À l'égard de la personne morale qui a pu prendre naissance, elle produit les effets d'une dissolution prononcée par justice. »

Il s'ensuit, à notre avis, une **conséquence** importante : le régime des sociétés civiles est « dualiste » ; il comprend à la fois des solutions d'origine contractuelle et des solutions d'origine institutionnelle. Par exemple, le statut du gérant est « institutionnel » dans la mesure où le gérant est l'organe de la personne morale mais « contractuel » lorsqu'il s'agit de ses rapports avec les associés. Dès lors, les dispositions légales relatives aux pouvoirs du gérant à l'égard des tiers sont impératives ; en revanche, les associés sont libres de décider que le gérant engagera sa responsabilité à leur égard s'il ne respecte pas les limitations de pouvoirs qu'ils auront éventuellement fixées. 302

INTUITUS PERSONAE AU SEIN DES SOCIÉTÉS CIVILES

À l'exception des sociétés civiles autorisées à procéder à une offre au public de leurs parts sociales même autre qu'une offre réservée à leurs associés, à des investisseurs qualifiés ou à un cercle restreint d'investisseurs (cas des SCPI, des sociétés d'épargne financière et des groupements forestiers 310 d'investissement : C. mon. fin. art. L 214-86 et, pour les groupements forestiers d'investissement, C. for. art. L 331-4-1, II, II bis et III), les sociétés civiles sont fondées sur l'« intuitus personae », c'est-à-dire que la personnalité de chaque associé joue un rôle déterminant dans la constitution, le fonctionnement et la dissolution de la société.

Pour cette raison, la société civile est classée dans les **sociétés de personnes** par opposition aux sociétés de capitaux (sociétés anonymes notamment) qui groupent des associés pouvant ne pas se connaître et dont la participation à la société est fondée sur les capitaux qu'ils ont investis dans l'entreprise.

311 L'« intuitus personae » est un élément essentiel de la société civile ; il ne saurait être supprimé en dehors des cas où la loi l'autorise.

RESPONSABILITÉ DES ASSOCIÉS

320 Les associés des sociétés civiles sont tenus personnellement et indéfiniment, mais sans solidarité, au paiement des dettes sociales en proportion de leur part dans le capital social (C. civ. art. 1857).

Ce principe comporte de nombreuses dérogations dans les sociétés civiles particulières. La responsabilité indéfinie des associés est écartée dans les groupements agricoles d'exploitation en commun (Gaec : C. rur. art. L 323-10) et dans les SCPI, les sociétés d'épargne forestière et certains groupements forestiers d'investissement (C. mon. fin. art. L 214-89, sur renvoi, pour les groupements forestiers d'investissement, de l'art. L 331-4-1, II et II bis du Code forestier).

D. Intérêt de la société civile

APPLICATIONS MULTIPLES

400 La société civile est susceptible de très nombreuses applications puisque toutes les activités qui n'ont pas un caractère commercial peuvent être exercées sous cette forme : agriculture, professions libérales, construction immobilière en vue de la vente, extraction, etc. (n°s 200 s.).

Chaque fois que plusieurs personnes désirent se grouper pour exercer ensemble une de ces activités, elles peuvent donc songer à constituer une société civile. Leur décision ne doit cependant être prise qu'après une comparaison des avantages et inconvénients de la société civile par rapport à ceux des autres formes de groupement.

> **Précisions** **a.** Au sein des **groupes de sociétés,** la société civile est la forme souvent adoptée pour la société mère lorsque l'objectif est de verrouiller le contrôle d'une entreprise familiale et d'éviter qu'une part significative de son capital soit cédée à une personne indésirable. La société civile regroupe alors les membres de la famille ou les personnes qui acceptent de constituer le « noyau dur » de la société d'exploitation.
> **b.** Lorsqu'une société est constituée exclusivement entre membres d'une même famille, il est d'usage de la qualifier de « **société civile de famille** ». Une telle société ne relève toutefois d'aucun régime juridique spécifique à une exception près, en matière de congé pour reprise d'un immeuble donné à bail en vue de l'habiter (n° 29820).

SOCIÉTÉ CIVILE OU INDIVISION

405 Pendant longtemps, la société a été fréquemment employée pour pallier les inconvénients résultant de l'absence d'organisation de l'indivision dans le Code civil et pour éviter la dispersion d'un patrimoine familial, spécialement immobilier. Ces raisons ont, aujourd'hui, perdu beaucoup de leur intérêt. Le fonctionnement de l'indivision s'est considérablement rapproché de celui de la société. Il est possible, en effet, par la conclusion d'une convention (C. civ. art. 1873-1 s.), de gérer une indivision pratiquement comme une société dotée de la personnalité morale : organisation de la gestion, décisions prises à la majorité, répartition des fruits, retrait des participants, garanties identiques offertes aux créanciers sociaux et aux créanciers de l'indivision.

Les motifs d'ordre juridique de substituer une société à une indivision tiennent désormais essentiellement aux différences de régime relatives aux incapables et à la durée du groupement.

406 **Incapables** Dans une société civile, le vote des décisions collectives apparaît tantôt comme un acte d'administration faisant subir à l'associé incapable la loi de la majorité, tantôt comme un acte de disposition (Décret 2008-1484 du 22-12-2008 ann. 2).

Dans la convention d'indivision, tous les actes qui excèdent les pouvoirs du gérant, c'est-à-dire en pratique les actes de disposition, supposent l'application des règles protectrices des incapables (C. civ. art. 1873-8, al. 2) et doivent être décidés à l'unanimité (art. 1873-8, al. 3).

Durée du groupement La durée d'une société civile peut être de 99 ans alors que l'indivision est toujours un état précaire. Si la convention d'indivision a été conclue pour une durée indéterminée, chaque indivisaire peut demander le **partage** à tout moment, pourvu que ce ne soit pas de mauvaise foi ou à contretemps (C. civ. art. 1873-3, al. 2). Si la convention d'indivision a été conclue pour une durée déterminée, celle-ci ne peut excéder cinq ans, sauf renouvellement ; en outre, un indivisaire peut provoquer le partage à tout moment s'il a de justes motifs pour le faire (C. civ. art. 1873-3, al. 1 et 3). 407

Dès lors, en **cas de succession** comprenant des biens difficilement partageables en nature, la société facilite l'allotissement des héritiers par l'attribution de parts sociales tout en préservant l'intégrité du patrimoine successoral.

SOCIÉTÉ CIVILE OU SOCIÉTÉ COMMERCIALE

Toutes les activités civiles peuvent être exercées par une société de forme commerciale. 410

La loi 90-1258 du 31 décembre 1990 – remplacée, à compter du 1er septembre 2024, par l'ordonnance 2023-77 du 8 février 2023 – permet même aux membres des **professions libérales réglementées** d'exercer leur activité au sein de sociétés d'exercice libéral (SEL) sous la forme de sociétés de capitaux : sociétés à responsabilité limitée (Selarl) et sociétés par actions (Selafa, Selca et Selas). Les SEL sont régies par l'ensemble des dispositions du Livre II du Code de commerce sous réserve des règles dérogatoires prévues par la loi de 1990 ou, à compter du 1er septembre 2024, par l'ordonnance 2023-77.

Il est également permis aux avocats, notaires, huissiers de justice, commissaires-priseurs judiciaires ou commissaires de justice et administrateurs ou mandataires judiciaires de se grouper au sein de n'importe quel type de société de droit commun à l'exception de celle conférant aux associés la qualité de commerçant (Loi 71-1130 du 31-12-1971 art. 7, 8 et 87 pour les avocats ; Ord. du 10-9-1817 art. 3-2 pour les avocats aux Conseils ; Ord. 45-2590 du 2-11-1945 art. 1 bis pour les notaires ; Ord. 2016-728 du 2-6-2016 art. 5 et 25, IV-4° pour les commissaires de justice, les huissiers de justice et les commissaires-priseurs judiciaires ; C. com. art. L 811-7 et L 812-5 pour les administrateurs et mandataires judiciaires) et donc de constituer une société civile de droit commun, une société à responsabilité limitée, une société anonyme ou une société par actions simplifiée. Signalons qu'à compter du 1er septembre 2024, les sociétés commerciales de droit commun exerçant une profession juridique ou judiciaire seront soumises à la réglementation des SEL (Ord. 2023-77 art. 132) ; la création d'une société en commandite par actions deviendra en outre possible malgré l'interdiction de créer des sociétés conférant la qualité de commerçant puisque la règle actuelle du régime de la SEL déniant aux associés commandités, par exception au droit commun, la qualité de commerçant (cf. Ord. 2023-77 art. 63) lui sera applicable.

Enfin, les avocats (y compris avocats au Conseil d'État et à la Cour de cassation), commissaires-priseurs judiciaires, huissiers ou commissaires de justice, notaires, administrateurs et mandataires judiciaires, conseils en propriété industrielle, experts-comptables et commissaires aux comptes (sous réserve, pour ces derniers, d'un décret à paraître) peuvent se grouper au sein de sociétés pluriprofessionnelles d'exercice ayant pour objet l'exercice en commun de plusieurs professions et prenant la forme de sociétés commerciales ou civiles, à l'exception de celles conférant à leurs associés la qualité de commerçant (n° 59570).

Le choix de la **société en nom collectif** offre peu d'intérêt. En effet, la société civile et la société en nom collectif sont, en règle générale, soumises à un régime fiscal analogue (pratiquement celui d'une entreprise individuelle) et à des règles de fonctionnement similaires. La différence entre les deux formes de société tient essentiellement au statut des associés, celui-ci étant plus rigoureux dans la société en nom collectif que dans la société civile : contrairement aux associés en nom, les membres des sociétés civiles ne sont pas tenus solidairement des dettes sociales et n'ont pas la qualité de commerçant. 411

Bien souvent, l'adoption de la société en nom collectif est motivée par l'incertitude des fondateurs – qui veulent être soumis au régime fiscal des sociétés de personnes – quant au caractère civil de l'ensemble des activités de la société, certaines opérations envisagées pouvant avoir une « coloration » commerciale qui risque de faire basculer la société dans le régime des sociétés de capitaux. En effet, les sociétés civiles qui se livrent à une exploitation industrielle, commerciale, artisanale ou minière ou à des opérations assimilées sont soumises à l'impôt sur les sociétés (CGI art. 206, 2).

Le choix d'une **société par actions ou** d'une société **à responsabilité limitée** au lieu d'une société civile est également assez rare. La société par actions simplifiée, qui a pour caractéristique première sa souplesse de fonctionnement, offre un certain nombre d'avantages communs à la société civile. En effet, le fonctionnement de ces deux types de sociétés relève, pour une large part, de la seule volonté de leurs membres. La société civile est en revanche d'un fonctionnement 412 plus souple et moins onéreux que celui de la société anonyme, de la société en commandite par actions ou de la société à responsabilité limitée. Signalons aussi l'interdiction de faire des apports en industrie à une société anonyme ou à une société en commandite par actions.

Le choix d'une société par actions ou de la société à responsabilité limitée ne présente donc d'intérêt que si l'activité exercée nécessite des capitaux importants ou débouche sur une exploitation commerciale que les fondateurs ne peuvent pas ou ne veulent pas isoler de l'activité civile.

Il peut aussi se justifier par le désir des associés d'échapper à la responsabilité indéfinie des dettes sociales ou par celui des dirigeants d'être soumis au régime fiscal et social des salariés. Le régime fiscal des salariés peut toutefois être obtenu, même si la société conserve sa forme civile ; il suffit qu'elle se place volontairement sous le régime des sociétés de capitaux (nos 10105 s.).

SOCIÉTÉ CIVILE OU ASSOCIATION RÉGIE PAR LA LOI DE 1901

415 Le champ d'application des sociétés et celui des associations se recoupent sans toutefois se confondre. L'article 1832 du Code civil reconnaît le caractère de société aux groupements dans lesquels « deux ou plusieurs personnes conviennent de mettre en commun des biens ou leur industrie, en vue de partager le **bénéfice ou** de profiter de l'**économie** qui pourra en résulter ». Le rapprochement de ce texte et de l'article 1er de la loi du 1er juillet 1901 qui, pour les associations, prévoit aussi une mise en commun mais « dans un but autre que de partager les bénéfices » conduit, à notre avis, aux solutions suivantes.

416 **Groupement ayant pour but de partager des bénéfices** Lorsque le groupement a pour but de partager les bénéfices pouvant résulter de l'action commune, il doit revêtir obligatoirement la forme d'une société puisque ce partage est incompatible avec la notion d'association (Loi du 1-7-1901 art. 1).

ILLUSTRATIONS

Le contrat passé entre deux médecins en vue d'exercer en commun leur profession et prévoyant notamment un partage d'honoraires est un contrat de société, peu important que les parties l'aient qualifié d'« association » (Cass. civ. 2-5-1978 et 10-5-1978 : JCP G 1979 II no 19245 note R. Savatier).

La notion de « bénéfice » à retenir ici est la même que celle entrant dans la définition de la société (voir C. civ. art. 1832 : no 1505). Dans les deux cas, le bénéfice doit s'entendre « d'un gain pécuniaire ou d'un gain matériel qui ajouterait à la fortune des associés » (Cass. ch. réunies 11-3-1914 : D. 1914 I p. 257 note L. Sarrut). Pour qu'il y ait bénéfice, un avantage, pécuniaire ou matériel, appréciable en argent ne peut suffire, il faut aussi que cet avantage soit positif : une simple économie n'est pas un bénéfice.

417 **Groupement constitué dans un but désintéressé** Lorsque le groupement est constitué dans un but purement désintéressé, exclusif de toute recherche d'un avantage matériel quel qu'il soit (profit ou économie), les fondateurs ne peuvent utiliser d'autre forme juridique que celle de l'association régie par la loi de 1901 (cas, par exemple, des groupements philosophiques, philanthropiques, culturels ou cultuels). En pratique, on assimile couramment la notion de « but désintéressé » à celle de « but non lucratif » bien qu'étymologiquement la première écarte la recherche de tout avantage d'ordre patrimonial alors que la seconde exclut seulement la recherche d'un profit.

Il est en effet expressément interdit de créer une société qui ne satisfasse pas aux exigences de l'article 1832 du Code civil (C. civ. art. 1844-10, al. 1). Le groupement qui ne recherche ni le partage d'un bénéfice ni la réalisation d'une économie ne peut donc pas être une société.

Si la solution est évidente pour les groupements purement intellectuels, le problème est en revanche plus délicat pour les groupements qui font bénéficier leurs membres d'un avantage patrimonial : cas, par exemple, des groupements sportifs offrant une utilisation à frais réduits des équipements mis à la disposition de leurs membres.

À notre avis, en cette matière, comme souvent lorsqu'il y a lieu de distinguer deux activités, c'est le but principal recherché par les membres du groupement qui déterminera la qualification à donner à celui-ci. Si la réalisation d'économies n'est qu'un élément accessoire dans l'esprit des parties, le groupement devra revêtir la forme d'une association régie par la loi de 1901. Si, au contraire, elle est prédominante, le choix entre la société et l'association sera possible (no 418).

L'appréciation de l'intention des parties sera largement commandée, nous semble-t-il, par la recherche d'une éventuelle fraude à la loi sur les associations : par exemple, constitution d'une société pour bénéficier de la pleine capacité juridique reconnue à celle-ci, alors que l'avantage patrimonial obtenu par les membres du groupement est secondaire par rapport à l'activité désintéressée de celui-ci.

CHAPITRE 1

RÉGIME JURIDIQUE DE LA CONSTITUTION D'UNE SOCIÉTÉ CIVILE

SOMMAIRE

SECTION 1 LE CONTRAT DE SOCIÉTÉ

500 Pour que le contrat de société civile soit régulièrement conclu, il faut respecter les règles générales de **validité des contrats.**

505 Le contrat de société est soumis, comme tout contrat, aux **trois conditions** de validité suivantes : consentement des parties – c'est-à-dire des futurs associés – à l'acte (n°s 520 s.), capacité juridique des mêmes personnes (n°s 600 s.), contenu licite et certain (C. civ. art. 1128).

Ces conditions sont transposables au cas où la constitution de la société résulte d'un acte unilatéral de volonté (cas de l'EARL composée d'un seul associé), car les règles gouvernant les contrats s'appliquent aux actes unilatéraux (C. civ. art. 1100-1).

506 L'exigence d'un objet certain et d'une cause licite, qui conditionnait la validité des contrats avant la réforme du droit des obligations opérée par l'ordonnance 2016-131 du 10 février 2016, a été remplacée dans le Code civil par celle d'un **contenu licite et certain.** Le « contenu » du contrat est précisé par les articles 1162 à 1171 du Code civil. Force est de reconnaître, à la lecture des articles, que l'objet certain et la cause licite n'ont pas vraiment disparu.

En effet, la notion d'**objet** se retrouve parmi plusieurs articles : l'article 1163, al. 1 et 2, qui prévoit que l'obligation a pour objet une prestation présente et future et que celle-ci doit être déterminée ou déterminable ; l'article 1170, selon lequel toute clause qui prive de sa substance l'obligation essentielle du débiteur est réputée non écrite. Il est difficile de savoir si ce changement de terminologie est ou non sans conséquences.

De même, deux articles sauvegardent le rôle essentiel de la **cause** : l'article 1169, aux termes duquel, dans les contrats à titre onéreux, la prestation doit avoir, au moment de la formation du contrat, une contrepartie ni illusoire ni dérisoire ; l'article 1162, selon lequel le contrat ne peut pas déroger à l'ordre public par son but, que ce dernier ait été connu ou non par toutes les parties.

507 Un contrat de société civile dont le contenu n'est pas licite et certain est nul (C. civ. art. 1178, al. 1 et 1844-10).

A. Consentement des associés

1. EXISTENCE DU CONSENTEMENT DES ASSOCIÉS

VOLONTÉ DES ASSOCIÉS DE S'ENGAGER

520 Le contrat de société n'est valable que si les parties ont la volonté de s'engager. Ce n'est pas le cas si elles ne sont qu'en **pourparlers** en vue de constituer une société ou si elles ont conclu une **promesse** de société.

VOLONTÉ CONSCIENTE DES ASSOCIÉS

524 La volonté de s'associer doit être consciente. Il faut que celui qui l'exprime possède le **discernement nécessaire** pour comprendre et pour vouloir participer à la société. Cette aptitude, qui est souverainement appréciée par les tribunaux, manque généralement aux personnes atteintes de troubles mentaux.

Si une telle personne ne bénéficiant d'aucune mesure de protection venait à donner son consentement à un contrat de société, il pourrait en obtenir, dans certains cas, la nullité (n° 620).

SIMULATION DE LA VOLONTÉ DES ASSOCIÉS

528 La volonté est simulée lorsqu'elle donne naissance à un acte juridique apparent qui recouvre un **acte caché** (appelé « contre-lettre ») conclu entre les mêmes personnes et correspondant à la volonté réelle des contractants (cf. C. civ. art. 1201).

Le terme de simulation peut s'appliquer soit à la simulation conventionnelle, soit au prête-nom (Cass. 1e civ. 11-2-1976 n° 74-13.003 : Bull. civ. I n° 64). Nous n'examinons ci-dessous que la simulation conventionnelle. Sur les conditions de validité de la pratique du prête-nom, voir n°s 1075 s.

530 **Forme de la simulation** La volonté de s'associer peut être dissimulée derrière un autre contrat ; la société est alors l'objet même de la simulation, elle est l'acte caché ou dissimulé. Le contrat de société peut aussi être mis en avant pour masquer la convention réelle ; dans ce cas, la société est l'instrument de la simulation ; elle est l'acte apparent.

Le premier cas est extrêmement rare en pratique car, pour **dissimuler une société** aux yeux des tiers, il suffit de créer une société en participation et de s'abstenir de toute publicité.

Les cas où la **société dissimule un autre contrat** sont moins exceptionnels. Il en est ainsi des cas de dissimulation :

– d'un **contrat de prêt,** généralement pour échapper à la répression de l'usure (Cass. 1e civ. 6-12-1972 : Bull. civ. I n° 280 ; Cass. com. 12-12-1978 : Bull. civ. IV n° 306) ;

– d'un **contrat de travail,** par exemple pour permettre l'exercice en France d'une activité rétribuée à un étranger qui n'avait pas obtenu les autorisations administratives nécessaires (Cass. civ. 13-2-1946 : S. 1946 I p. 124) ;

– d'un **contrat de vente,** par exemple pour permettre aux parties de réaliser une vente d'immeuble sous forme de cession de droits sociaux moins lourdement imposée (Cass. req. 11-4-1932 : DP 1932 I p. 125 ; CA Rouen 6-6-1973 : Rev. sociétés 1974 p. 740 note J.-P. Sortais) ;

– d'une **donation,** le plus souvent pour se soustraire aux règles protégeant la réserve héréditaire (Cass. civ. 11-4-1927 : DP 1929 I p. 25 ; CA Aix-en-Provence 7-4-1970 : Rev. sociétés 1971 p. 576 note D. Schmidt) ou en vue de mettre un élément patrimonial à l'abri des poursuites de créanciers (Cass. 3e civ. 18-12-2007 n° 06-21.897 : RJDA 4/08 n° 367 ; Cass. 1e civ. 17-2-2011 n° 10-10.664 : RJDA 5/11 n° 378).

Conséquences de la simulation entre les parties Lorsque l'**acte secret** est **valable,** c'est lui, et non l'acte apparent, qui régit en principe les relations entre les parties (C. civ. art. 1201). **535**

L'acte secret n'est valable que s'il constate une convention licite en elle-même. Notamment est nulle comme contraire à l'ordre public une donation déguisée sous une société et portant atteinte à la réserve héréditaire (CA Aix-en-Provence 7-4-1970 : Rev. sociétés 1971 p. 576). Il en serait de même d'un prêt usuraire dissimulé derrière une société.

Lorsque l'**acte secret** est **nul,** l'acte apparent demeure et produit ses effets dans la mesure où il satisfait aux conditions de validité qui lui sont propres. Toutefois, si l'acte secret et l'acte apparent sont les éléments constitutifs de la fraude, les **deux actes** sont **nuls** (Cass. com. 13-10-1969 : Bull. civ. IV n° 289 annulant à la fois la décision des associés de dissoudre la société, acte apparent destiné à bénéficier d'une législation particulière, et leur accord de demeurer associés, acte occulte).

Pour établir l'existence de l'acte secret, les parties disposent de l'action en déclaration de simulation. La **preuve** de la simulation suppose un écrit ou un commencement de preuve par écrit susceptible d'être complété par des témoignages et présomptions (C. civ. art. 1359 et 1361). **536**

ILLUSTRATIONS

Le commencement de preuve par écrit d'une vente dissimulée sous le couvert d'une société créée entre l'acquéreur et le vendeur est suffisamment établi par des actes (promesse de vente de parts sociales et cession de parts en blanc) concomitants à la constitution de la société (Cass. com. 10-6-1953 : JCP G 1954 II n° 7908 note D. Bastian).

Toutefois, si la simulation a un caractère frauduleux, la preuve peut être faite par tout moyen entre les parties (Cass. 1e civ. 13-11-1968 : Bull. civ. I n° 275 ; Cass. com. 19-11-2002 n° 1906 : RJDA 4/03 n° 352) ; il en est de même si la simulation tend à mettre en échec une disposition d'ordre public (CA Paris 17-1-1978 : Gaz. Pal. 1978 II som. p. 388).

L'acte secret valable et prouvé obéit aux règles qui lui sont propres. Ainsi : **537**

– lorsque l'**acte secret** est une **société,** elle produit ses effets entre les parties, mais seulement comme une société en participation puisque l'immatriculation, génératrice de la personnalité morale, n'a pas été demandée ;

– lorsque l'acte secret est une **vente,** on applique les règles de la vente ; par exemple, une vente d'immeuble dissimulée sous un contrat de société peut être annulée pour lésion de plus des 7/12es, conformément aux dispositions de l'article 1674 du Code civil (Cass. com. 10-6-1953 : JCP G 1954 II n° 7908 note D. Bastian ; Cass. 1e civ. 26-5-1954 : JCP G 1954 II n° 8377) ;

– lorsque l'acte secret est un **contrat de travail,** ce sont les règles du contrat de travail qui reçoivent application (pour un exemple de renvoi devant le conseil de prud'hommes d'un contentieux opposant des gérants de sociétés à responsabilité limitée exploitant des hôtels à un franchiseur, voir CA Paris 7-6-2001 n° 00-39465 : RJDA 1/02 n° 41 ; pour un autre exemple, CA Paris 26-2-1981 : Gaz. Pal. 1981 p. 669) ; le contrat de travail serait nul si, par exemple, il portait atteinte à une règle d'ordre public (Cass. civ. 13-2-1946 : S. 1946 I p. 124) ;

– lorsque l'acte secret est une **donation,** on fait application des règles concernant les libéralités, notamment la réduction des donations entamant la réserve (CA Paris 14-2-1946 : JCP G 1946 II n° 3036) et le rapport de ces donations à la masse partageable au moment du décès du donateur si le bénéficiaire est un successible (sauf dispense de rapport résultant de la rédaction de l'acte de société en la forme authentique, voir n° 671).

540 **Conséquences de la simulation à l'égard des tiers** L'acte secret n'est pas opposable aux tiers, qui peuvent néanmoins s'en prévaloir (C. civ. art. 1201 ; Cass. 1e civ. 19-6-1984 n° 83-12.396 : Bull. civ. I n° 205 ; Cass. 1e civ. 17-9-2003 n° 01-12.925 : RJDA 3/04 n° 268). L'option ainsi ouverte aux tiers est indivisible : ils doivent s'en tenir à l'acte apparent ou à l'acte secret, sans pouvoir prétendre obtenir le bénéfice de certains effets de l'un et de certains effets de l'autre.

541 Les tiers peuvent invoquer la réalité et **faire prévaloir l'acte secret.** Pour prouver la réalité, les tiers disposent de l'action en déclaration de simulation. Celle-ci leur est largement ouverte ; en principe, il n'est pas nécessaire que l'acte simulé porte préjudice au demandeur. Ainsi, la fraude aux droits du créancier n'est pas une condition de l'action en déclaration de simulation (Cass. 3e civ. 4-6-2003 n° 694 : RJDA 10/03 n° 913 ; Cass. 1e civ. 17-9-2003 n° 1088 : RJDA 3/04 n° 268). En outre, il n'est pas nécessaire que le droit invoqué par le tiers soit né antérieurement à l'acte simulé (Cass. civ. 11-4-1927 : Gaz. Pal. 1927 II p. 163 ; Cass. 1e civ. 17-9-2003 n° 1088 précité).

Les tiers peuvent faire la **preuve de la simulation** par tout moyen (Cass. 1e civ. 25-3-1981 : Bull. civ. I n° 105 ; CA Rouen 6-6-1973 : Gaz. Pal. 1973 p. 910), même à l'encontre d'un acte authentique (Cass. com. 12-11-1974 : Bull. civ. IV n° 286 ; Cass. 1e civ. 4-3-1981 : Bull. civ. I n° 79).

En application du principe de l'autorité relative de la chose jugée, la situation réelle mise au jour ne profite qu'à celui qui a obtenu le jugement.

Les tiers sont non seulement tous ceux n'ayant aucun rapport juridique avec les parties contractantes, mais aussi les créanciers des parties à l'accord secret (CA Paris 2-6-1980 : Gaz. Pal. 1980 som. p. 482). Toutefois, ces derniers ne doivent pas agir par la voie de l'action oblique (C. civ. art. 1341-1), car ils exercent alors les droits et actions de leur débiteur et la contre-lettre leur devient opposable (Cass. 1e civ. 12-10-1982 : Bull. civ. I n° 284).

542 Les tiers peuvent avoir intérêt à **invoquer l'acte apparent.** Tel est le cas lorsque le contrat de société dissimule une vente immobilière. Le tiers acquéreur des parts sociales, s'il est de bonne foi, peut obtenir le maintien de la société et échapper à la rescision de la vente pour lésion (Cass. com. 10-6-1953 : JCP 1954 II n° 7908 note D. Bastian). Mais il ne peut pas se prévaloir de l'acte apparent s'il a sciemment participé à la simulation (Cass. 3e civ. 8-7-1992 : Bull. civ. III n° 246).

543 Si les **tiers** sont **opposés sur le parti à prendre,** préférence doit, à notre avis, être donnée à celui qui se prévaut de l'apparence.

ILLUSTRATIONS

A été rejetée la demande d'expulsion dirigée par l'adjudicataire d'un immeuble contre un locataire verbal de cet immeuble, alors que le bail avait été consenti par une société déclarée fictive (Cass. soc. 14-12-1944 : S. 1946.1.105 note Plaisant).

Dans une autre affaire qui opposait l'acquéreur de bonne foi d'un immeuble apporté à une société fictive et un tiers qui était devenu propriétaire du même immeuble suite à une promesse de vente que lui avait consentie l'apporteur, la Cour de cassation a considéré que le caractère à la fois frauduleux et fictif de l'apport et de la constitution de la société avait entraîné la disparition de tous les droits réels concédés sur l'immeuble et ne pouvait pas rendre propriétaire de l'immeuble, au regard des tiers, un sous-acquéreur de bonne foi (Cass. civ. 10-5-1949 : JCP 1949 II 4972 note E. Becqué).

Il faut aussi reconnaître la **préférence** aux **créanciers sociaux** qui demandent le maintien de la société sur les créanciers personnels des associés souhaitant s'en tenir à l'acte caché pour saisir à leur profit des biens apparemment apportés.

> Précisions Bien que la jurisprudence ne se soit pas prononcée sur ce point, cette solution ne saurait faire de doute. Certes, avant les lois de réforme des sociétés, certains auteurs (Escarra et Rault, Les sociétés commerciales t. 1 n° 151) se sont prononcés en faveur de l'application aux sociétés apparentes de la solution jurisprudentielle valable pour les sociétés nulles selon laquelle les créanciers personnels ont la préférence, car, par l'effet de la nullité, l'autonomie du patrimoine social disparaissait (Cass. civ. 7-8-1893 : D. 1894 I p. 102). Cet argument ne saurait aujourd'hui être retenu : d'une part, la société simulée est une société réelle en apparence et non pas une société nulle ; d'autre part, l'annulation de la société apparente n'entraîne plus disparition de l'autonomie du patrimoine de la société, puisque celle-ci est liquidée comme une société dissoute (C. civ. art. 1844-15, al. 2).

544 **Prescription de l'action en déclaration de simulation** L'**action en déclaration de simulation** se prescrit par cinq ans à compter du jour où celui qui agit a connu ou aurait dû connaître l'acte secret ou la situation réelle des associés (C. civ. art. 2224).

Sanction de la simulation Lorsque l'action en déclaration de simulation a fait apparaître qu'une société était simulée, cette société peut être **annulée** (n° 6070). 545

CAS PARTICULIER DE L'ADMINISTRATION FISCALE

Parmi les tiers intéressés à la véritable qualification des actes juridiques figure l'administration fiscale. En présence d'une simulation, c'est-à-dire d'un acte ayant un caractère fictif, l'administration fiscale a, en toutes matières, la possibilité d'utiliser la procédure d'**abus de droit** (LPF art. L 64) pour restituer à l'opération litigieuse son véritable caractère et en tirer les conséquences fiscales qui en résultent (n°s 13960 s.). Les impôts concernés par la procédure d'abus de droit sont donc l'impôt sur le revenu, l'impôt sur les sociétés, les taxes sur le chiffre d'affaires, la contribution économique territoriale (en vigueur en 2023) puis la seule cotisation foncière des entreprises (à compter de la suppression de la cotisation sur la valeur ajoutée des entreprises, voir n° 12100, Attention), l'impôt sur la fortune immobilière ou encore les droits d'enregistrement. 546

On notera que la procédure d'abus de droit prévue à l'article L 64 A du LPF permettant à l'administration d'écarter comme abusifs les montages réalisés dans un but principalement fiscal ne peut pas être mise en œuvre en cas d'abus de droit par simulation.

La procédure d'abus de droit s'applique exclusivement en cas de **rectifications** notifiées par l'administration. Elle ne peut pas être mise en œuvre à l'occasion de l'examen d'une réclamation (CE QPC 4-2-2022 n° 455278 : RJF 5/22 n° 485).

En outre, en matière d'enregistrement, l'administration a, comme les autres « tiers », le droit de choisir entre l'acte apparent et la convention secrète (n°s 540 s.).

Des mesures particulières ont également été prises pour faire obstacle aux opérations consistant à dissimuler une **vente d'immeuble ou de clientèle civile** sous le couvert d'un apport en société suivi d'une cession des parts attribuées en rémunération de l'apport, afin de bénéficier d'une économie d'impôt. Ainsi, les cessions de parts réalisées moins de trois ans après l'apport sont soumises aux droits de mutation correspondant à la nature des biens apportés, étant observé que cette règle ne s'applique pas aux cessions de parts de sociétés civiles soumises à l'impôt sur les sociétés (CGI art. 727) ; n°s 21440 s. 547

2. INTÉGRITÉ DU CONSENTEMENT DES ASSOCIÉS

RÈGLES GÉNÉRALES

Comme tout contrat, un contrat de société entaché d'un **vice du consentement** (erreur, dol ou violence) est susceptible d'être annulé (n° 26640). 560

En pratique, les cas de vice du consentement sont peu fréquents.

ERREUR COMMISE PAR UN ASSOCIÉ

Erreur sur les qualités essentielles du contrat de société L'erreur sur les qualités essentielles du contrat de société peut porter sur : 565

– la **nature du contrat** conclu ; par exemple, une partie croit s'engager dans une société et l'autre dans un prêt ou un contrat de travail avec participation aux bénéfices ;

– l'appréciation des **possibilités de fonctionnement** et des chances de réussite de la société à créer ; ainsi, une promesse de société conclue pour « continuer purement et simplement les affaires traitées par la société ancienne » a été annulée en raison de l'impossibilité pour la société ancienne, compte tenu des prescriptions administratives particulières, de transférer ses activités à la société nouvelle dans les conditions prévues à l'accord (Cass. com. 8-3-1965 : Bull. civ. III n° 173) ;

– l'appréciation de la **qualité d'un apport** ; c'est le cas, par exemple, lorsqu'un bien apporté ne permet pas d'atteindre le but recherché ; toutefois, l'erreur sur l'estimation donnée à un apport n'est pas prise en considération (cf. C. civ. art. 1136 ; Cass. req. 12-6-1945 : JCP 1946 II n° 3203 ; CA Aix 9-2-1949 : JCP 1949 II n° 5068 ; CA Paris 23-5-1958 : D. 1959 som. p. 31).

En revanche, l'erreur peut difficilement porter à notre avis sur la forme juridique de la société. La volonté du signataire de constituer une société civile et non une autre forme de société résulte en effet explicitement du contrat de société car celui-ci doit obligatoirement comporter l'indication de la forme juridique de la société ainsi créée (C. civ. art. 1835).

> **Précisions** L'article 1132 du Code civil issu de l'ordonnance 2016-131 du 10 février 2016 (applicable aux contrats de société conclus depuis le 1er octobre 2016) exige que l'erreur porte sur les qualités essentielles de la prestation due ou sur celle du cocontractant alors que l'ancien article 1110 du même Code exigeait que l'erreur porte sur la substance même du contrat de société. La définition actuelle de l'erreur est plus large, de sorte que les **solutions rendues sous l'empire de l'ancien article 1110** sont transposables au nouveau régime.

567 **Erreur sur la personne** L'erreur sur les qualités essentielles du cocontractant n'est une cause de nullité que dans les contrats conclus en considération de la personne (cf. C. civ. art. 1134). Cette erreur consiste en une fausse appréciation des **qualités** essentielles de l'associé (honorabilité, moralité, compétence, etc.). Elle est une cause de nullité des sociétés civiles car, dans ces sociétés, la personnalité de chaque associé, la confiance qu'il inspire sont des éléments importants dont tiennent compte les autres associés.

Toutefois, cette règle ne nous paraît pas applicable aux **sociétés** civiles **offrant leurs parts au public** : pour ces sociétés, très proches des sociétés anonymes sur de nombreux points, la personnalité des associés est indifférente ; une erreur sur cet élément ne saurait donc justifier une demande en nullité de la société.

VIOLENCE SUBIE PAR UN ASSOCIÉ

570 Il y a violence lorsqu'une personne s'engage à devenir associée sous la pression d'une contrainte, exercée par l'autre partie ou un tiers, lui inspirant la crainte d'exposer sa personne, sa fortune ou celles de ses proches à un mal considérable (C. civ. art. 1140 et 1142). Il en est de même lorsqu'une partie abuse de l'état de dépendance – notamment économique – dans lequel se trouve l'autre partie à son égard afin d'obtenir de celle-ci l'engagement qu'elle n'aurait pas pris en l'absence d'une telle contrainte et d'en tirer un avantage excessif (C. civ. art. 1143 ; Cass. com. 11-1-2005 n° 73 : RJDA 5/05 n° 562).

ILLUSTRATIONS

Il a été jugé qu'un salarié, qui avait souscrit des parts d'une SCI créée par son employeur et qui s'estimait victime de violence morale, ne pouvait pas obtenir la nullité de la société pour absence d'affectio societatis sans rapporter la preuve de l'existence de cette violence au moment de la souscription des parts. Or, le salarié n'avait pas démontré qu'il était dans l'absolue nécessité de compenser une perte salariale, ni que son employeur avait exercé sur lui une violence telle qu'elle ait pu lui inspirer la crainte d'un licenciement. Au contraire, le salarié avait délibérément souscrit des parts de la SCI à une époque où le marché pouvait lui laisser espérer une forte rentabilisation de ses investissements (CA Paris 3-11-1998 n° 1996-12591 : Bull. Joly 1999 p. 289 note B. Saintourens).

DOL SUBI PAR UN ASSOCIÉ

575 Le dol suppose qu'une partie au contrat a usé d'une **manœuvre** ou de mensonges pour induire une personne en erreur et la déterminer ainsi à faire partie d'une société. Le dol est également constitué par le silence gardé intentionnellement par une partie au contrat sur une information dont elle savait le caractère déterminant pour l'autre partie (C. civ. art. 1137).

ILLUSTRATIONS

Le dol d'un apporteur en nature à une société a été retenu dans le cas où il avait sciemment majoré la valeur de son apport, ce qui avait amené les souscripteurs au capital de la société à approuver cet apport (CA Lyon 14-6-1895 : J. soc. 1895.498).

Ces agissements doivent avoir été tels que, sans eux, la victime n'aurait pas contracté ou aurait contracté à des conditions substantiellement différentes (C. civ. art. 1130, al. 1; Cass. com. 30-3-2016 n° 14-11.684 : RJDA 6/16 n° 418 pour le dol incident sans lequel la victime aurait conclu à des conditions plus favorables). Les tribunaux apprécient le caractère déterminant du dol de manière concrète, en tenant compte notamment de la personnalité de la victime, de sa condition sociale, de son expérience des affaires, de la nature de ses rapports avec l'auteur du dol et des circonstances dans lesquelles elle a donné son consentement (C. civ. art. 1130, al. 2 consacrant une jurisprudence constante).

Le plus souvent, le dol émane d'un autre signataire du contrat de société. Toutefois, il peut émaner d'une personne liée à lui (n° 21184).

577 La victime d'un dol peut demander l'**annulation** du contrat de société (n°s 26600 s.). Sur le droit d'invoquer la nullité pour dol à l'encontre des tiers, voir n° 26905.

Elle peut aussi mettre en cause la **responsabilité extracontractuelle** de l'auteur du dol (C. civ. art. 1240) et lui réclamer des dommages-intérêts, à condition d'établir que le dol est bien à l'origine du préjudice qu'elle invoque.

ILLUSTRATIONS

Dans un cas où le **silence dolosif** de l'un de ses coassociés avait déterminé un investisseur à s'associer et à conclure un pacte en exécution duquel il s'était engagé à verser des sommes en compte courant, il a été jugé que l'investisseur pouvait obtenir une indemnité correspondant non seulement au montant de son apport initial, mais aussi aux versements en compte courant qu'il avait effectués, même si ces derniers étaient intervenus après la constitution de la société (Cass. com. 23-5-2006 n° 670 : RJDA 11/06 n° 1140).

B. Capacité des associés et conditions particulières les concernant

EXIGENCE DE CAPACITÉ DES ASSOCIÉS

La possibilité pour une personne de participer à une société dépend de sa capacité de contracter. Pour créer une société ou y entrer si elle est déjà constituée, il faut donc être capable. 600
Le défaut de capacité d'un associé peut être une cause de nullité de la société civile si l'apport est déterminant du consentement des autres associés (C. civ. art. 1844-10, al. 1 ; n° 26640).
En l'absence d'indications particulières de la législation sur les sociétés, c'est en fonction des règles du **droit commun** que se détermine la capacité requise pour entrer dans une société civile.

Par ailleurs, le droit de participer à une société peut être restreint dans certains cas (mariage, profession réglementée, procédure collective) qui rejaillissent plus ou moins profondément sur l'aptitude qu'a, en principe, toute personne capable à faire partie d'une société.

1. PARTICIPATION D'UN MINEUR À UNE SOCIÉTÉ

PARTICIPATION D'UN MINEUR ÉMANCIPÉ À UNE SOCIÉTÉ

Jouissant de la même capacité qu'un majeur pour tous les actes de la vie civile (C. civ. art. 413-6, al. 1), 605
le mineur émancipé peut, **sans restriction,** être associé d'une société civile.

L'**émancipation volontaire** est possible à partir de l'âge de 16 ans (C. civ. art. 413-2, al. 1).
L'émancipation résulte aussi **de plein droit** du mariage (C. civ. art. 413-1).

Sur le cas du mineur émancipé sous habilitation familiale ou sous mandat de protection future, 607
voir nos 637 s.

PARTICIPATION D'UN MINEUR NON ÉMANCIPÉ À UNE SOCIÉTÉ

Bien que les membres des sociétés civiles soient tenus indéfiniment des **dettes** sociales 610
(C. civ. art. 1857, al. 1), il nous semble qu'un mineur non émancipé peut être associé d'une société civile.

Toutefois, le mineur non émancipé ne peut pas agir personnellement, car la souscription de 611
parts ou d'actions ne constitue pas un acte courant autorisé par la loi ou l'usage, même s'il a été conclu à des conditions normales (cf. C. civ. art. 1148). Le contrat de société est signé en son nom par son **représentant légal** : administrateur légal si le mineur est sous le régime de l'administration légale, tuteur s'il est sous tutelle.

> **Précisions** **a.** Si l'autorité parentale est **exercée en commun par les deux parents,** chacun d'eux est administrateur légal. Dans les autres cas, l'administration légale appartient à celui des parents qui exerce l'autorité parentale (C. civ. art. 382).
> **b.** Le mineur est placé sous **tutelle** lorsque ses parents sont tous deux décédés ou se trouvent privés de l'autorité parentale ou encore lorsque sa filiation n'est pas légalement établie (C. civ. art. 390, al. 1 et 2).
> Le tuteur a seul qualité pour solliciter les autorisations du juge des tutelles (ou du conseil de famille s'il en a été constitué un) pour les actes qu'il ne peut pas accomplir seul (Cass. 1e civ. 19-3-2014 n° 13-12.016 : RJDA 6/14 n° 501).

Mineur sous administration légale L'**apport** d'un **immeuble** ou l'apport d'un 612
instrument financier engageant le patrimoine du mineur pour le présent et pour l'avenir par une modification importante de son contenu, une dépréciation significative de sa valeur en capital ou une altération durable des prérogatives du mineur nécessite l'autorisation du juge des tutelles (C. civ. art. 387-1, 2° et 8°).

Les **autres apports** constituent des actes de disposition, sauf si les circonstances permettent de considérer que l'apport n'a que de faibles conséquences sur la valeur du patrimoine du mineur, sur ses prérogatives ou sur son mode de vie (Décret 2008-1484 du 22-12-2008 art. 2 et ann. 2, colonne 2-II). En raison des risques assumés par le mineur du fait de l'obligation indéfinie de l'associé de société civile aux dettes sociales, les conséquences patrimoniales de l'apport sont potentiellement importantes. Il en résulte que ces apports nécessitent :

– dans le cas où les parents sont tous **deux administrateurs légaux,** l'accord des deux parents (cf. C. civ. art. 382, 382-1 et 387-1) et, en cas de désaccord, l'autorisation du juge des tutelles (C. civ. art. 387) ;

– dans le cas où un seul parent est administrateur légal, l'autorisation de celui-ci sans que celle du juge des tutelles soit requise (cf. C. civ. art. 382 et 387-1 ; Décret 2008-1484 ann. 2, colonne 2-II).

> Précisions a. Lorsque le **juge des tutelles** est amené à se prononcer sur un apport d'immeuble ou d'instrument financier engageant le patrimoine du mineur pour le présent ou pour l'avenir, il peut, s'il l'estime indispensable, décider que d'**autres apports** doivent être soumis à son autorisation préalable ; pour prendre sa décision, le juge doit prendre en considération la composition ou la valeur du patrimoine, l'âge du mineur ou sa situation familiale (C. civ. art. 387-3, al. 1).

L'autorisation préalable du juge peut être également requise par les parents ou l'un d'eux, le ministère public ou tout tiers ayant connaissance d'actes ou omissions qui compromettent manifestement et substantiellement les intérêts patrimoniaux du mineur ou d'une situation de nature à porter un préjudice grave à ceux-ci (C. civ. art. 387-3, al. 2).

b. Les administrateurs légaux doivent demander l'**autorisation avant la réalisation de l'apport.** L'autorisation donnée après ne vaut pas confirmation de l'opération et l'acte peut être annulé (Cass. 1e civ. 7-11-2006 n° 04-15.799 : Bull. civ. I n° 460, rendu sous l'empire de dispositions antérieures à l'ord. 2015-1288 du 15-10-2015 mais, à notre avis, toujours applicable).

c. L'**autorisation du juge** des tutelles **détermine** les conditions de l'acte d'apport (C. civ. art. 387-1, dernier al.).

d. L'autorisation du juge des tutelles n'est pas nécessaire lorsqu'un **emprunt** est **contracté par une SCI** dont l'associé majoritaire est un mineur ; en effet, la capacité à s'engager d'une société civile, personne distincte de celle des associés, ne dépend pas de la capacité de ceux-ci (Cass. 1e civ. 14-6-2000 n° 1083 : RJDA 12/00 n° 1121). Pour autant, une société constituée uniquement d'associés mineurs peut susciter une méfiance légitime de la part des tiers. Ainsi, une personne qui s'était engagée à **acheter un bien immobilier à une telle société** n'a pas été jugée fautive pour ne pas avoir signé l'acte de vente notarié car elle attendait d'être rassurée sur l'efficacité de la vente avant de rechercher un financement ; une telle crainte avait été alimentée par le notaire qui avait demandé à la société d'obtenir une autorisation du juge des tutelles pour consentir à la vente (Cass. 3e civ. 30-3-2011 n° 10-15.914 : BRDA 9/11 inf. 17).

613 **Mineur sous tutelle** Les apports d'**immeubles** ou d'**instruments financiers** non admis aux négociations sur un marché réglementé effectués au nom d'un mineur (ou d'un majeur) sous tutelle constituent des actes de disposition (Décret 2008-1484 du 22-12-2008 art. 2 ann. 1, colonne 2-I et II-2°). Il en est de même pour tout **autre apport** à une société civile, sauf si les circonstances permettent de considérer que l'apport n'a que de faibles conséquences sur la valeur du patrimoine du mineur, sur ses prérogatives ou sur son mode de vie (Décret 2008-1484 art. 2 et ann. 2, colonne 2-II). En raison des **risques** assumés par le mineur du fait de l'obligation indéfinie de l'associé de société civile aux dettes sociales, les conséquences patrimoniales de l'apport sont potentiellement importantes.

En conséquence, la conclusion du contrat de société au nom du mineur sous tutelle constitue un acte de disposition auquel le tuteur ne peut pas consentir sans avoir obtenu l'**autorisation** du **conseil de famille** ou, à défaut, du **juge** des tutelles (C. civ. art. 505, al. 1). Pour les apports d'immeuble ou d'instruments financiers non admis aux négociations sur un marché réglementé, le conseil de famille ne peut statuer qu'après une mesure d'instruction exécutée par un technicien ou après avoir recueilli l'avis d'au moins deux professionnels qualifiés (C. civ. art. 505, al. 4).

L'autorisation du juge peut suppléer celle du conseil de famille si la valeur des biens à apporter n'excède pas 50 000 € (C. civ. art. 502, al. 2 ; Décret 2008-1484 art. 4).

615 **Apport de biens indivis** Lorsque les biens à apporter sont indivis entre le mineur et d'autres personnes, l'apport en société peut prendre deux formes différentes. Il se peut que les **parts sociales** attribuées en contrepartie de l'apport demeurent **indivises** entre les apporteurs. Dans ce cas, l'apport requiert le consentement de tous les coïndivisaires (n° 1215), le consentement du mineur devant être obtenu dans les conditions exposées nos 612 s. en fonction de la nature du bien indivis apporté. Les parts ainsi attribuées seront soumises au régime des parts sociales indivises (n° 1035).

Mais il est aussi possible de procéder, à l'occasion de l'apport, au **partage de l'indivision.** Il faut alors faire application des dispositions réglant le partage des biens appartenant en partie à des mineurs. Ainsi, en présence d'un mineur sous administration légale, le partage doit être effectué et l'état liquidatif approuvé par le parent exerçant seul l'autorité parentale ou par les deux parents agissant en commun lorsque ceux-ci sont tous les deux administrateurs légaux (cf. C. civ. art. 382, 382-1 et 387-1 ; Décret 2008-1484 du 22-12-2008 art. 2 et ann. 1, colonne 2-V). Un administrateur ad hoc peut néanmoins être nommé par le juge pour conclure ce partage en cas d'opposition entre les intérêts du mineur et ceux de son parent exerçant seul l'autorité parentale ou de ses parents tous deux administrateurs légaux (C. civ. art. 383, al. 1). Si les intérêts d'un seul des deux parents administrateurs légaux sont en opposition avec ceux du mineur, le juge peut autoriser l'autre parent à représenter le mineur (art. 383, al. 2).

En présence d'un mineur sous tutelle, le tuteur peut conclure seul le partage, sauf s'il existe une opposition d'intérêts entre lui et le mineur : le partage doit alors être autorisé par le conseil de famille ou, à défaut, par le juge ; dans tous les cas, l'état liquidatif doit être approuvé par le conseil de famille ou, à défaut, par le juge des tutelles (C. civ. art. 507, al. 1 et 2).

2. PARTICIPATION D'UN MAJEUR PROTÉGÉ À UNE SOCIÉTÉ

PARTICIPATION D'UN MAJEUR ATTEINT DE TROUBLE MENTAL À UNE SOCIÉTÉ

Un acte de société conclu par un majeur encourt la **nullité** s'il est établi (en pratique, par le majeur ou ses héritiers) que, au moment où il a été conclu, l'intéressé était atteint d'un trouble mental (C. civ. art. 1129 et 414-1) ; or, sauf démence manifeste et notoire, cette preuve n'est pas facile à rapporter. 620

L'**action en nullité** doit être engagée dans un délai de cinq ans. Ce délai court à compter du jour où le majeur a connu ou aurait dû connaître les faits lui permettant d'agir (C. civ. art. 2224 sur renvoi de l'art. 414-2), c'est-à-dire à compter du jour de l'acte. Du vivant du majeur, cette action n'appartient qu'à lui (C. civ. art. 414-2, al. 1). Après son décès, ses héritiers peuvent poursuivre l'action en nullité si elle a été engagée avant (Cass. 1e civ. 14-6-1977 : Bull. civ. I n° 272 rendu sur le fondement de l'ancien article 504 du Code civil mais transposable au régime actuel). Si elle ne l'a pas été, l'action des héritiers n'est recevable que dans les trois cas suivants (C. civ. art. 414-2, al. 2 à 5) :

- l'acte porte en lui-même la preuve d'un trouble mental ;
- l'acte a été fait dans un temps où son auteur était placé sous sauvegarde de justice ;
- une action a été introduite avant le décès du majeur afin de faire ouvrir une tutelle, une curatelle, une habilitation familiale ou effet a été donné au mandat de protection future.

> **Précisions** **a.** À notre avis, l'incapable majeur peut demander la nullité de son apport ou de la société pendant un délai de cinq ans, bien que, selon l'article 1844-14 du Code civil, la **prescription des actions en nullité en matière de sociétés** soit seulement de trois ans. En effet, l'article 414-2 qui prévoit le délai de cinq ans est une disposition protectrice des intérêts de l'incapable qui, comme toute mesure relevant d'un ordre public de protection, doit primer toute autre disposition susceptible d'entrer en conflit avec elle.
>
> **b.** La **prescription** peut être **suspendue** en cas d'impossibilité pour le majeur à agir (C. civ. art. 2234). Par exemple, un majeur qui venait d'être mis sous tutelle a pu demander la nullité d'un acte qu'il avait conclu 13 ans avant dès lors que, selon les conclusions d'un médecin, il était atteint d'un trouble mental à la date de conclusion de cet acte et jusqu'à la date de son placement sous tutelle (Cass. 1e civ. 1-7-2009 n° 08-13.518 : RJDA 10/09 n° 810, à propos de la conclusion d'un bail mais transposable à la conclusion d'un contrat de société).
>
> **c.** L'existence d'un **trouble mental** chez l'associé unique d'une société au moment de sa participation à une assemblée générale a été **démontrée** par un examen médical ayant précédé de quelques jours l'assemblée et au cours duquel deux psychiatres ont conclu à la mise sous tutelle de l'associé âgé de 98 ans qui résidait en maison de retraite médicalisée (CA Paris 26-6-2018 n° 17/03617 : RJDA 1/19 n° 17 qui prononce en conséquence la nullité de l'assemblée).

PARTICIPATION D'UN MAJEUR SOUS SAUVEGARDE DE JUSTICE À UNE SOCIÉTÉ

Le majeur sous sauvegarde de justice conserve l'exercice de ses droits, mais il ne peut faire aucun des actes pour lesquels un mandataire a été désigné en justice (C. civ. art. 435, al. 1). Sous cette réserve, il peut donc **décider seul de participer à une société** civile. Néanmoins, la loi lui reconnaît la faculté de demander la **rescision** pour lésion (assimilée à une action en nullité relative) ou la **réduction** pour excès des actes qu'il aurait passés (C. civ. art. 435, al. 2), et ce, pendant un délai de cinq ans (C. civ. art. 2224 sur renvoi de l'art. 435, al. 3). 625

Pour apprécier la lésion, les tribunaux tiennent compte de l'importance du patrimoine de la personne protégée, de la bonne ou mauvaise foi de ceux qui ont traité avec elle, de l'utilité ou de l'inutilité de l'opération (C. civ. art. 435, al. 2). Cette règle peut s'avérer utile en pratique lorsqu'il y a rupture d'égalité entre les associés, notamment lorsque la personne protégée prend à sa charge une très grosse part des pertes, consent des avantages particuliers à d'autres associés ou encore accepte une évaluation de ses apports en nature défavorable à ses intérêts.

Par ailleurs, l'apport effectué par un majeur sous sauvegarde de justice (ou ses héritiers) peut toujours être annulé dans les conditions de droit commun si la preuve est rapportée que l'intéressé n'était pas **sain d'esprit** au moment du contrat (n° 620).

Le cocontractant capable du majeur peut faire **obstacle à l'une de ces actions** engagée contre le majeur sous sauvegarde de justice en établissant que l'acte était utile au majeur et exempt de lésion ou qu'il a profité à celui-ci. En outre, il peut opposer à l'action en nullité la confirmation de l'acte par le majeur devenu ou redevenu capable (C. civ. art. 1151).

PARTICIPATION D'UN MAJEUR SOUS CURATELLE À UNE SOCIÉTÉ

630 Le majeur sous curatelle a besoin de l'assistance de son curateur pour faire un acte, qui, sous le régime de la tutelle, requiert une autorisation du juge des tutelles ou du conseil de famille (C. civ. art. 467, al. 1).

Il s'ensuit que le majeur sous curatelle doit être assisté de son curateur lorsqu'il **apporte à toute société** un immeuble ou des instruments financiers non admis aux négociations sur un marché réglementé.

Le majeur sous curatelle doit aussi être assisté par le curateur pour les apports de tous autres biens, y compris des capitaux. Par exception, il peut agir seul si ces apports n'ont que de faibles conséquences sur le contenu ou la valeur de son patrimoine, sur ses prérogatives ou sur son mode de vie. En raison des **risques** assumés par le majeur du fait de l'obligation indéfinie de l'associé de société civile aux dettes sociales, les conséquences patrimoniales de l'apport sont potentiellement importantes.

Toutefois, à l'ouverture de la curatelle ou postérieurement, une **décision de justice** peut énumérer certains **actes que la personne en curatelle pourra faire seule** ou, à l'inverse, pour lesquels il lui faudra l'assistance du curateur (C. civ. art. 471). La simple existence d'une curatelle ne rend donc pas définitivement compte de la capacité de celui qui en est l'objet. Si le majeur accomplit seul un acte qu'il peut faire sans l'assistance du curateur, il peut agir en rescision pour lésion ou en réduction pour excès comme dans le cas de sauvegarde de justice (C. civ. art. 465, 1°; n° 625).

633 Le jugement portant **ouverture,** modification ou mainlevée de la **curatelle** n'est **opposable** aux tiers que deux mois après que la mention en a été portée en marge de l'acte de naissance de l'intéressé selon les modalités prévues par le Code de procédure civile (C. civ. art. 444, al. 1). Toutefois, même en l'absence de cette mention, il est opposable aux tiers qui en ont personnellement connaissance (C. civ. art. 444, al. 2).

CONSEIL

Pour **connaître la capacité d'un majeur sous curatelle,** il est recommandé aux tiers de se reporter aux registres de l'état civil. Les tiers ne doivent pas se fier au répertoire civil tenu aux greffes des tribunaux judiciaires car, depuis le 1er janvier 1989, l'enregistrement sur ce répertoire n'est plus systématique (Loi 89-18 du 13-1-1989 art. 75, relatif aux tribunaux de grande instance mais transposable). Ils ne doivent pas non plus se fier au RCS ou au RNE, la mention de l'incapacité n'étant pas une mention requise sur ces registres (cf. respectivement C. com. art. R 123-54, 1° et art. R 123-253 créé par décret 2022-1014 du 19-7-2022).

PARTICIPATION D'UN MAJEUR SOUS TUTELLE À UNE SOCIÉTÉ

635 Le majeur sous tutelle est soumis aux mêmes règles que le mineur sous tutelle (C. civ. art. 474). Dès lors, tout ce qui a été dit du mineur non émancipé sous tutelle peut être ici transposé, notamment quant à l'autorisation du **conseil de famille** (n° 613). Signalons toutefois que les fonctions du juge des tutelles pour les majeurs seront exercées par le juge du contentieux de la protection (C. org. jud. art. L 213-4-2).

Les conditions d'**opposabilité** aux tiers de l'**ouverture,** la modification ou la mainlevée de la **tutelle** sont identiques à celles prévues en matière de curatelle (n° 633).

PARTICIPATION D'UNE PERSONNE SOUS HABILITATION FAMILIALE À UNE SOCIÉTÉ

637 Le **majeur,** ou le **mineur émancipé,** qui est dans l'impossibilité de pourvoir seul à ses intérêts en raison d'une altération, médicalement constatée, soit de ses facultés mentales, soit de ses facultés corporelles de nature à empêcher l'expression de sa volonté peut être placé sous habilitation familiale (C. civ. art. 494-1).

Les personnes habilitées sont les ascendants du majeur (ou du mineur émancipé), ses descendants, frères ou sœurs ou, à moins que la communauté de vie n'ait cessé entre eux, son conjoint, partenaire de Pacs ou concubin (C. civ. art. 494-1, al. 1). La personne habilitée peut avoir pour mission de représenter le majeur (ou le mineur émancipé) ou de l'assister dans les conditions de la curatelle (même art.).

638 **Portée de l'habilitation familiale** Les apports en société peuvent entrer dans le **champ d'application de l'habilitation** accordée (C. civ. art. 494-6, al. 2, 504 et 505 ; Décret 2008-1484 du 22-12-2008 art. 1 et 2, ann. 1, colonne 2-I et ann. 2, colonne 2-II).

Dans ce cas, lorsque la **personne habilitée** a pour **mission** de représenter le majeur (ou le mineur émancipé), c'est elle qui doit apporter en société les biens de toute nature (apport en numéraire ou en nature) au nom du majeur ; lorsque la personne habilitée a pour mission d'assister le majeur, l'apport par ce dernier s'effectue dans les mêmes conditions que pour le majeur sous curatelle (C. civ. art. 494-1, al. 1 et, sur renvoi, art. 467 ; n° 630).

Lorsque la personne habilitée est investie d'une mission de représentation, le **majeur,** ou le **mineur émancipé, sous habilitation** perd la **capacité** d'accomplir les actes faisant l'objet de l'habilitation et ne peut donc pas effectuer seul un apport en société si un tel acte relève de l'habilitation (C. civ. art. 494-8, al. 1). À défaut, l'acte d'apport est nul de plein droit, sans qu'il soit nécessaire de justifier d'un préjudice (C. civ. art. 494-9, al. 1). **639**

Lorsque la personne habilitée est investie d'une mission d'assistance, l'apport accompli par le majeur, ou le mineur émancipé, agissant seul alors qu'il nécessitait une assistance ne peut être annulé que s'il est établi que le majeur a subi un préjudice (C. civ. art. 494-9, al. 2).

PARTICIPATION D'UNE PERSONNE SOUS MANDAT DE PROTECTION FUTURE À UNE SOCIÉTÉ

Tout **majeur** ou **mineur émancipé** ne faisant pas l'objet d'une mesure de tutelle peut charger une personne, par un mandat de protection future, de le représenter pour le cas où elle serait hors d'état de pourvoir seule à ses intérêts en raison d'une **altération** médicalement constatée de ses **facultés** mentales ou corporelles (C. civ. art. 477 et, sur renvoi, art. 425). **640**

Lorsque le mandat prend effet, le mandataire peut souscrire des parts sociales au nom du mandant dans les conditions suivantes.

Si le **mandat** est donné par acte **sous signature privée,** le mandataire ne peut effectuer que les actes qu'un tuteur peut faire sans autorisation (C. civ. art. 493, al. 1). Il en résulte qu'en principe, le mandataire ne peut consentir aucun apport à la société (n° 613).

À l'inverse, si le mandat est conclu **par acte notarié,** le mandataire peut effectuer tous les actes patrimoniaux que le tuteur peut faire seul ou avec une autorisation (C. civ. art. 490). Il peut donc apporter à la société des biens de toute nature au nom du majeur (apport de capitaux, d'immeuble, etc.).

La **mise en exécution du mandat** de protection future ne fait pas perdre au **mandant** sa **capacité** juridique. Celui-ci peut donc effectuer seul un apport en société, mais cet acte peut être **annulé pour lésion ou réduit en cas d'excès.** Les tribunaux doivent prendre notamment en considération l'utilité ou l'inutilité de l'opération, l'importance ou la consistance du patrimoine du mandant et la bonne ou la mauvaise foi de ceux avec qui il a contracté. Cette action appartient au mandant et, après son décès, à ses héritiers (C. civ. art. 488). Un tel apport peut également être **annulé pour trouble mental** dans les conditions de droit commun de l'article 414-1 du Code civil (n° 620), sachant que, même si les conditions de l'action en nullité sont réunies, les juges peuvent ne prononcer que la réduction (C. civ. art. 488, al. 1). Les héritiers du mandant peuvent exercer l'action en nullité pour trouble mental après son décès (C. civ. art. 414-2, al. 2-3°). **642**

3. PARTICIPATION D'ÉPOUX À UNE SOCIÉTÉ

a. Droit d'un époux à entrer dans une société civile

RÈGLES GÉNÉRALES

En **principe,** chaque époux peut librement devenir membre d'une société civile en faisant apport des biens dont son régime matrimonial lui permet de disposer. Cependant, un **obstacle** peut être mis à l'exercice de ce droit. En effet, si l'un des époux manque gravement à ses devoirs et met ainsi en péril les intérêts de la famille, le juge aux affaires familiales peut prescrire toutes les mesures urgentes que requièrent ces intérêts (C. civ. art. 220-1). Un époux pourrait ainsi, sur la demande de son conjoint, se voir privé du droit de faire apport de certains biens à la société. Cette disposition ne saurait être employée par l'époux non associé pour s'immiscer dans le fonctionnement d'une société. **650**

PARTICIPATION D'UN ÉPOUX ÉTRANGER À UNE SOCIÉTÉ

Le pouvoir d'un époux étranger à participer à une société dépend de la **loi régissant** son **régime matrimonial,** c'est-à-dire, dans la plupart des cas, celle de l'État sur le territoire duquel les époux établissent leur première résidence habituelle après leur mariage. Cette règle est celle que retiennent – sauf dérogations prévoyant l'application de la loi de l'État de la nationalité commune des époux – la convention de La Haye du 14 mars 1978 (entrée en vigueur le 1er septembre 1992) ainsi que l'article 26 du règlement UE 2016/1103 du 24 juin 2016 (entré en vigueur le 29 janvier 2019) pour le cas, fréquent en pratique, où les futurs époux n'ont pas fixé la loi applicable à leur régime matrimonial (pour une application, Cass. 1e civ. 2-12-1997 n° 1870 : Bull. civ. I n° 338). **651**

b. Apport en société par l'un des époux

RÈGLES COMMUNES À TOUS LES ÉPOUX

652 **Apport des droits par lesquels est assuré le logement de la famille** Quel que soit le régime matrimonial, un époux ne peut pas, sans l'**accord de l'autre,** faire apport des droits par lesquels est assuré le logement de la famille (droit de propriété, droit au bail, parts ou actions donnant vocation à la jouissance ou à la propriété du logement, etc.) et du mobilier dont il est garni (C. civ. art. 215, al. 3).

653 L'**époux qui n'a pas consenti** à l'acte peut en demander l'annulation dans le délai d'un an à compter du jour où il a eu connaissance de l'acte, sans pouvoir agir plus d'un an après la dissolution du régime matrimonial (C. civ. art. 215, al. 3).

Il doit avoir un intérêt actuel à agir ; tel n'est pas le cas de l'époux qui agit en annulation de l'acte par lequel son conjoint a disposé seul du logement familial plus d'un an après avoir quitté le logement familial (Cass. 1e civ. 3-3-2010 nº 08-13.500 : RJDA 6/10 nº 611).

654 **Apport d'un bien meuble détenu individuellement par un époux** Afin d'assurer la sécurité des tiers qui traitent avec l'un des époux, l'article 222 du Code civil édicte une règle, applicable quel que soit le régime adopté, selon laquelle, si l'un des époux se présente seul pour faire un acte d'administration, de jouissance ou de disposition sur un bien meuble qu'il détient individuellement, il est réputé, à l'égard des tiers de bonne foi, avoir le pouvoir de faire seul cet acte. Ces dispositions appellent les remarques suivantes.

a. L'article 222 établit une **présomption** absolue à l'égard des tiers, qui n'ont donc pas à rechercher si l'époux avec lequel ils contractent a effectivement le pouvoir de disposer du bien qui fait l'objet de la convention.

b. La règle ne concerne que les opérations portant sur des **biens meubles** autres que le mobilier garnissant le logement de la famille, les objets qui, par leur nature, sont présumés être la propriété de l'autre conjoint conformément à l'article 1404 du Code civil (instruments de travail, vêtements, etc.) (C. civ. art. 222, al. 2) et les biens dont l'aliénation suppose le consentement des deux époux, tels que les droits sociaux non négociables (nº 658).

c. L'époux doit détenir « individuellement » le bien dont il veut disposer, ce qui exclut tous les cas où la **possession** est équivoque, c'est-à-dire ceux où l'époux n'apparaît pas comme seul propriétaire. Cette exigence limite la portée de l'article 222 du Code civil.

d. Les **tiers** doivent être **de bonne foi** : tel ne serait pas le cas si le tiers connaissait le régime matrimonial des époux et savait que le conjoint avec lequel il traite n'avait pas le pouvoir de disposer du bien considéré (par exemple parce que l'autre époux l'a prévenu qu'il s'opposait à l'opération).

En dehors de ces exceptions, la règle s'applique, en principe, à tous les biens meubles corporels ou incorporels.

APPORT PAR DES ÉPOUX MARIÉS SOUS LE RÉGIME DE LA COMMUNAUTÉ

656 **Apports en nature** Lorsque les époux sont mariés sous un régime de communauté de biens, chacun d'eux peut faire apport librement de ses **biens propres,** c'est-à-dire, pour l'essentiel, d'un bien dont l'époux est propriétaire au jour de la célébration du mariage ou qu'il a acquis pendant le mariage par succession, donation ou legs, ou à la suite d'un emploi ou d'un remploi.

Par l'effet de la subrogation réelle prévue par l'article 1406 du Code civil, demeurent des biens propres les parts sociales attribuées en rémunération de l'apport d'un bien propre par un époux commun en biens (Cass. 1e civ. 10-7-1996 nº 94-17.471 : Bull. civ. I nº 314). Il est donc indifférent qu'au moment de l'opération, l'apporteur n'ait pas fait la déclaration de remploi prévue par l'article 1434 du Code civil (Cass. 1e civ. 21-11-1978 : Bull. civ. I nº 353 ; Cass. 1e civ. 10-7-1996 nº 94-17.471 : Bull. civ. I nº 314).

657 S'il s'agit d'un **bien faisant partie de la communauté** et nécessaire à l'exercice de l'activité professionnelle d'un époux, seul ce dernier peut en faire apport à une société (C. civ. art. 1421, al. 2). Tout autre bien commun peut être librement apporté par l'un ou l'autre des époux (C. civ. art. 1421, al. 1).

Toutefois, cette liberté n'est pas sans limites.

Ainsi, en cas d'apport de biens en communauté à une société civile, l'apporteur doit en informer son conjoint et justifier de cette **information** dans l'acte d'apport (C. civ. art. 1832-2, al. 1 et 4). Pour plus de détails, voir nos 1048 s.

Par ailleurs, dans les cas suivants, l'information du conjoint n'est pas suffisante et il faut aussi son **consentement** : 658

– apport d'un immeuble, d'une exploitation (agricole ou artisanale par exemple), de droits sociaux non négociables, telles des parts de société civile ou de société à responsabilité limitée (Cass. 1e civ. 28-2-1995 : Bull. civ. I n° 104), ou de meubles corporels dont l'aliénation est soumise à publicité comme les yachts et les avions mais pas les automobiles (C. civ. art. 1424, al. 1) ;

– apport d'un bien quelconque lorsque le contrat de mariage contient une clause d'administration conjointe (C. civ. art. 1503).

L'apporteur peut être autorisé par décision de justice à passer seul l'acte si son conjoint est hors d'état de manifester sa volonté ou si son refus n'est pas justifié par l'intérêt de la famille (C. civ. art. 217, al. 1).

Si l'un des **époux** a **outrepassé ses pouvoirs** sur les biens communs, l'autre, à moins qu'il n'ait ratifié l'acte, peut en demander l'annulation (C. civ. art. 1427, al. 1). Il doit intenter son action dans les deux années suivant le jour où il a eu connaissance de l'acte et jamais plus de deux ans après la dissolution de la communauté (C. civ. art. 1427, al. 2). 659

La nullité peut toujours être invoquée par voie d'exception après l'expiration du délai de deux ans (pour des exemples, Cass. 1e civ. 23-1-1996 : Bull. civ. I n° 34 ; Cass. 1e civ. 16-7-1998 n° 1359 : Bull. Joly 1999 p. 117 note P. Le Cannu).

La nullité peut être invoquée même si le cocontractant a été de bonne foi (Cass. 1e civ. 6-2-1979 : Bull. civ. I n° 43) et elle produit ses effets non seulement à l'égard du conjoint, mais aussi dans les rapports entre l'époux ayant passé l'acte et l'autre contractant (Cass. 1e civ. 6-2-1979 : Bull. civ. I n° 42 ; Cass. 1e civ. 17-6-1981 : JCP G 1982 II n° 19809 obs. J. Patarin ; Cass. 1e civ. 28-3-1984 : JCP 1985 II n° 20430 note Henry).

Qu'elle soit invoquée par voie d'action ou par voie d'exception, la nullité emporte, en principe, l'effacement rétroactif du contrat. L'article 1427 du Code civil n'établissant aucune restriction au principe selon lequel la nullité a pour effet de remettre les choses dans l'état où elles se trouvaient avant la conclusion de l'acte annulé, il y a lieu d'exiger de l'associé d'une société civile de moyens dont l'acte d'apport a été annulé la restitution des prestations qui lui ont été fournies en exécution de cet acte ; la restitution matérielle de ces prestations étant impossible, cette restitution doit donc se faire sous la forme d'une indemnité (Cass. 1e civ. 16-7-1998 n° 1359 : Bull. Joly 1999 p. 117 note P. Le Cannu).

Apports en numéraire et en industrie L'apport des gains et salaires par l'époux qui les perçoit est admis sous réserve qu'il se soit acquitté des charges du mariage (C. civ. art. 223). L'apport de capitaux propres ou de revenus de biens propres par un époux est également possible (C. civ. art. 1428). En revanche, le pouvoir exclusif de chaque époux sur ses salaires et revenus de biens propres cesse lorsque les revenus en cause sont économisés, c'est-à-dire à partir du moment où ils sont perçus ou confondus avec d'autres fonds communs (par exemple, lorsqu'ils sont placés sur un compte d'épargne). 660

L'apport en industrie est également possible puisque les époux sont libres d'exercer la profession de leur choix.

APPORT PAR DES ÉPOUX MARIÉS SOUS LE RÉGIME DE LA SÉPARATION OU DE LA PARTICIPATION AUX ACQUÊTS

Dans les régimes de la séparation de biens ou de la participation aux acquêts, chacun des époux restant propriétaire de ses biens personnels est libre d'en disposer et, partant, d'en faire apport en société. Sont visés : les apports en nature, et les apports en numéraire (gains et salaires) sous réserve que l'époux apporteur se soit acquitté des charges du mariage (C. civ. art. 223). Chacun des époux peut également faire apport de son activité personnelle (connaissances techniques, services, etc.). 661

c. Société entre époux

GÉNÉRALITÉS

Des époux peuvent, **seuls ou avec des tiers,** être associés dans une société civile, même s'ils ne souscrivent ou n'achètent des parts sociales qu'avec des biens communs (C. civ. art. 1832-1, al. 1). 662

APPORT À LA SOCIÉTÉ D'UN BIEN DONNÉ PAR LE CONJOINT

Les **avantages et libéralités** résultant du contrat de société entre époux ne peuvent pas être annulés au motif qu'ils constituent des donations déguisées lorsque les conditions de ce contrat ont été réglées par acte notarié (C. civ. art. 1832-1, al. 2). 663

Sauf dans certains cas particuliers prévus par les articles 953 à 958 du Code civil, les donations entre époux consenties depuis le 1er janvier 2005 sont irrévocables (C. civ. art. 1096, al. 2). En revanche, les donations consenties avant cette date demeurent révocables à tout moment (Loi 2006-728 du 23-6-2006 art. 47, III). Si un époux révoque la donation d'un bien à son conjoint qui en a fait apport à une société, le conjoint perd la propriété de son apport. Si cette révocation est rétroactive, le conjoint a fait un apport fictif et n'a jamais été associé. Il en résulte deux causes de nullité de la société : associé unique et apport fictif. Si la révocation n'est pas rétroactive, le donataire cesse d'être associé à compter de la révocation et la nullité est encourue pour absence d'au moins deux associés.

4. PARTICIPATION D'HÉRITIERS À UNE SOCIÉTÉ

670 Aucune disposition légale n'interdit à une personne de faire partie d'une société dans laquelle se trouve également l'un de ses futurs héritiers. Cette situation se rencontre d'ailleurs fréquemment dans les sociétés civiles.

Lorsque la société est ainsi constituée entre une personne et certains de ses futurs héritiers, des précautions doivent être prises pour éviter toute **suspicion de libéralité** à l'égard des autres héritiers.

Si cette libéralité était prouvée, les bénéfices retirés par l'héritier de son association avec le défunt seraient considérés comme une donation indirecte faite du vivant du donateur. Ils devraient alors être rapportés à la masse successorale et pris en compte pour la détermination de la part revenant à chaque héritier (C. civ. art. 843).

671 Cette suspicion de libéralité est **écartée** si le contrat de société a été établi par acte notarié (C. civ. art. 854). Cette disposition appelle cependant les remarques suivantes.

1. La dispense de rapport des bénéfices retirés par l'héritier ne vaut que pour les actes faits sans fraude. Le rapport sera dû s'il apparaît que la société, même établie par-devant notaire, a été constituée avec l'intention de porter atteinte aux droits des autres héritiers.

Tel serait le cas, par exemple, si, pour désavantager certains de ses héritiers, une personne avait constitué avec les autres une société à laquelle elle aurait fait apport de ses biens à une valeur très inférieure à leur valeur réelle ou dans laquelle elle aurait accepté une répartition des bénéfices non proportionnelle aux apports, à l'avantage des héritiers associés.

2. Le rapport des bénéfices réalisés par l'héritier dans la société n'est pas dû, même lorsque les statuts ont été rédigés par acte sous signature privée, s'il est établi que les avantages obtenus par l'héritier constituent la juste rétribution du concours apporté par celui-ci à l'administration de la société et du risque couru par ses capitaux (Cass. req. 17-8-1864 : D. 1865 p. 305 ; CA Douai 21-6-1906 : DP 1908 II p. 225 note M. Planiol).

3. De même, les sociétés constituées par acte sous signature privée entre une personne et le conjoint de son héritier n'entraînent pas suspicion de libéralité, car le conjoint ne doit pas, sauf fraude, être considéré comme une personne interposée (Cass. req. 31-12-1855 : DP 1856 I p. 358).

5. PARTICIPATION DE PARTENAIRES D'UN PACS À UNE SOCIÉTÉ

DROIT D'UN PARTENAIRE D'UN PACS À ENTRER DANS UNE SOCIÉTÉ CIVILE

680 Le pacte civil de solidarité (Pacs) est un contrat conclu par deux personnes physiques majeures, de sexe différent ou de même sexe, non mariées, pour organiser leur vie commune. Il est régi par les dispositions des articles 515-1 s. du Code civil qui ne contiennent aucune règle particulière aux sociétés.

Le fait qu'une personne soit partenaire d'un Pacs ne restreint pas sa capacité à devenir associée d'une société civile. Des personnes pacsées peuvent donc, **seules ou avec des tiers,** être associées dans une société civile.

APPORT EN SOCIÉTÉ PAR UN PARTENAIRE D'UN PACS

683 **Pacs conclu depuis le 1er janvier 2007** Sauf stipulation contraire de la convention, les partenaires qui concluent un Pacs sont automatiquement soumis à un régime de **séparation des biens** : chacun reste propriétaire de ses biens personnels et est libre d'exercer sur eux tous actes d'administration, de jouissance et de disposition ; si les biens détenus individuellement sont des meubles, chaque partenaire est réputé à l'égard des tiers de bonne foi avoir le pouvoir de faire seul ces actes (C. civ. art. 515-5, al. 1 et 3). Il s'ensuit que les parts sociales reçues en rémunération d'un apport réalisé par un partenaire n'appartiennent qu'à lui seul ; il a donc seul la qualité d'associé.

Chaque partenaire peut prouver par tout moyen qu'il a la propriété d'un bien. Mais s'il n'y parvient pas, le bien est réputé appartenir indivisément pour moitié aux deux (C. civ. art. 515-5, al. 2).

Les partenaires peuvent choisir dans leur **convention** (ou dans une convention modificative) d'écarter le régime de la séparation des patrimoines pour soumettre leurs biens au **régime de l'indivision** : les biens qu'ils acquièrent ensemble ou séparément à compter de l'enregistrement du Pacs sont alors réputés indivis pour moitié ; si l'un des partenaires finance plus de la moitié d'un bien, il ne peut pas demander à l'autre de lui rembourser l'excédent (C. civ. art. 515-5-1). 684

Les parts sociales reçues en rémunération d'un apport réalisé par un partenaire sont donc indivises pour moitié. La question de savoir si chaque partenaire a la qualité d'associé est réglée dans les mêmes termes que pour une indivision classique : voir n° 1035. Les parts sociales demeurent néanmoins la **propriété exclusive** de l'apporteur (qui a alors seul la qualité d'associé) lorsque celui-ci a réalisé un apport en numéraire avec des fonds qui lui appartenaient avant l'enregistrement de la convention initiale (ou de la convention modificative par laquelle les partenaires ont adopté le régime de l'indivision) ou reçus par donation ou succession pendant le Pacs, à condition qu'une déclaration d'emploi de ces fonds soit effectuée dans l'acte de souscription des parts ; à défaut, les parts sociales sont indivises par moitié, mais celui qui a investi ses fonds propres dispose d'une créance contre son partenaire (C. civ. art. 515-5-2).

Sur les conséquences de l'apport d'un bien indivis sans l'accord du partenaire, voir n° 685.

Pour les parts indivises, chaque partenaire est gérant de l'indivision, sauf clause contraire du Pacs, et exerce les mêmes pouvoirs qu'un époux sur les biens communs (C. civ. art. 515-5-3, al. 1 et, sur renvoi, art. 1873-6, al. 2).

Pour administrer leurs droits indivis, les partenaires peuvent conclure, pour la durée du Pacs, une convention d'indivision dans les conditions fixées aux articles 1873-1 à 1873-15 du Code civil (C. civ. art. 515-5-3, al. 2 et 3).

Pacs conclu avant le 1er janvier 2007 Si les partenaires n'ont pas opté pour le régime actuel exposé n° 683, le Pacs conclu avant le 1er janvier 2007 est soumis au régime de l'**indivision** issu de la loi du 15 novembre 1999. 685

Un partenaire peut librement apporter en société un bien lui appartenant personnellement (bien lui appartenant avant la conclusion du Pacs, bien reçu après par donation ou héritage). En revanche, en vertu de l'article 815-3, al. 7 du Code civil, il doit obtenir l'accord de l'autre partenaire pour apporter un bien indivis. À défaut, l'apport serait inopposable à ce dernier (Cass. 1e civ. 15-6-1994 : Bull. civ. I n° 212), mais seulement pour la part correspondant à ses droits dans l'indivision (Cass. 1e civ. 5-4-2005 : RJDA 4/06 n° 475). En effet, le partenaire ne peut pas invoquer la nullité de l'apport pour violation des formalités concernant son droit de préemption (C. civ. art. 815-16), ce droit ne jouant pas en cas d'apport en société (n° 1217).

Quelle que soit l'origine du bien apporté, il résulte de l'ancien article 515-5, al. 2 du Code civil que, sauf convention contraire, les parts sociales reçues en rémunération sont présumées indivises pour moitié, que l'apport ait été réalisé par les deux partenaires ou, à notre avis, par un seul d'entre eux. 687

Cette présomption d'indivision ne peut céder que devant la production d'un acte d'acquisition ou d'un acte de souscription écartant ce régime (voir Cons. const. 9-11-1999 n° 99-419 DC : RJDA 1/00 n° 29).

Pour l'écarter, les partenaires doivent préciser dans chaque acte de souscription de parts sociales que celles-ci resteront la propriété exclusive de l'un ou l'autre des partenaires, qu'elles seront indivises dans une quotité autre que de moitié ou encore qu'il sera fait application du régime conventionnel d'indivision prévu aux articles 1873-1 s. du Code civil (sur ce régime, voir Mémento Droit commercial nos 30200 s.). En revanche, ils ne peuvent pas le faire de manière anticipée par une clause spécifique du Pacs ou ultérieurement par la preuve que l'apport réalisé par le partenaire est supérieur à la moitié du prix du bien.

6. PARTICIPATION DE CONCUBINS À UNE SOCIÉTÉ

Le fait qu'une personne vive en concubinage ne restreint pas sa capacité à devenir associé. Des personnes en concubinage peuvent donc, seules ou avec des tiers, être associées dans une société civile. 688

7. PARTICIPATION À UNE SOCIÉTÉ DE MEMBRES DE CERTAINES PROFESSIONS

690 En principe, toutes les **activités de caractère civil** peuvent être exercées en société civile. Toutefois, des règles particulières doivent être respectées pour l'exercice en société de certaines professions ou activités civiles (nº 105) et des professions libérales (nº 54015).

La **qualité de commerçant,** personne physique ou personne morale, ne fait pas obstacle à l'entrée dans une société civile : des commerçants peuvent être membres d'une telle société sans que cela altère le caractère civil de celle-ci, à condition, bien entendu, qu'ils n'utilisent pas cette société pour l'exercice de leur activité commerciale.

8. PARTICIPATION À UNE SOCIÉTÉ DE PERSONNES MORALES

a. Participation à une société de personnes morales de droit privé

695 Les personnes morales de droit privé qui ont la capacité juridique peuvent valablement être associées d'une société civile.

S'il s'agit d'une **société par actions ou** d'une **société à responsabilité limitée,** leurs dirigeants sociaux ont à justifier de leur qualité (par exemple, au moyen de la production d'un extrait K bis de la société) mais pas de leurs pouvoirs. En effet, ils engagent valablement leur société même s'ils outrepassent leurs pouvoirs et même s'ils agissent en dehors de l'objet social (C. com. art. L 223-18, al. 5, L 225-56, I, L 225-64, al. 2, L 226-7, al. 2 et L 227-6, al. 2). Cette règle ne vaut cependant que dans les rapports de la société avec les tiers (au cas particulier, les autres associés de la société civile en formation). À l'égard de leurs propres associés ou actionnaires, les dirigeants sociaux engageraient leur responsabilité personnelle et s'exposeraient à une révocation justifiée si la prise de participation dans la société civile était sans rapport avec l'objet de la société anonyme ou de la société à responsabilité limitée (une telle décision ne pouvant être prise que par l'assemblée générale extraordinaire des associés ou actionnaires, car l'opération s'analyse alors en une modification de l'objet social) ou s'ils ne respectaient pas les clauses statutaires limitant leurs pouvoirs (par exemple, celles qui subordonneraient toute prise de participation dans une tierce société à l'autorisation préalable du conseil ou de l'assemblée).

696 Par ailleurs, si l'entrée en société aboutit à des **participations réciproques** entre une société par actions et une société civile, les règles spéciales de l'article L 233-30 du Code de commerce doivent, à notre avis, être respectées (voir Rép. Narquin : AN 31-10-1974). L'article L 233-30 du Code de commerce envisage les deux hypothèses suivantes.

1. La **société par actions** (A) **détient plus de 10 % du capital de la société civile** (B). En ce cas, la société B ne peut pas posséder aucune action de la société A (C. com. art. L 233-30, al. 1). Si elle vient à en posséder, elle doit les aliéner dans le délai d'un an à compter de la date à laquelle ces actions sont entrées dans son patrimoine et elle ne peut, de leur chef, exercer le droit de vote aux assemblées d'actionnaires (C. com. art. L 233-30, al. 2 et R 233-18).

2. La **société par actions** (A) **détient une fraction égale ou inférieure à 10 % du capital de la société civile** (B). En ce cas, la société B ne peut pas posséder une fraction supérieure à 10 % des actions de la société A (C. com. art. L 233-30, al. 3). Si elle vient à en posséder une fraction plus importante, elle doit aliéner l'excédent dans le délai d'un an à compter de la date à laquelle ces actions sont entrées dans son patrimoine et elle ne peut, du chef de cet excédent, exercer le droit de vote (C. com. art. L 233-30, al. 4 et R 233-18).

Les aliénations d'actions intervenues en application des dispositions qui précèdent doivent être portées à la connaissance des associés par le rapport des gérants et, éventuellement, par celui du commissaire aux comptes (C. com. art. R 233-19, al. 2).

À notre avis, la réglementation n'est applicable que si les sociétés intéressées ont leur siège social en France. Elle ne l'est pas lorsque l'une des sociétés a son siège hors de France. Il est, en effet, difficile de soumettre, en la matière, les sociétés étrangères aux impératifs de la loi française (application du principe dit « de territorialité des lois »).

697 Une **société de personnes** (société en nom collectif ou en commandite simple, société civile) ne peut devenir associée d'une société civile que si l'acquisition de cette qualité d'associé entre dans l'objet social. En effet, les gérants des sociétés de personnes disposent des pouvoirs les plus étendus pour agir au nom de leur société mais seulement dans la limite de l'objet social (C. com. art. L 221-5, al. 1 et L 222-2 ; C. civ. art. 1849). Il s'ensuit que toute prise de participation dans une société civile qui n'entre pas dans l'objet de la société de personnes peut être annulée à moins

qu'elle n'ait été autorisée par la collectivité des associés de cette société statuant aux conditions de majorité requises pour la modification des statuts.

Le **groupement d'intérêt économique** (GIE) peut être membre d'une société civile, comme de toute autre forme de société, à condition que cette opération réponde à son **objet social,** lequel doit se rattacher à l'activité économique de ses membres et ne peut avoir qu'un caractère auxiliaire par rapport à celle-ci. 702

Si la prise de participation entre dans l'objet du GIE, les dirigeants de celui-ci peuvent valablement adhérer aux statuts de la société civile au nom de leur groupement, sauf à respecter les clauses de leurs statuts limitant éventuellement leurs pouvoirs. Cette limitation de pouvoir n'a de valeur qu'au sein du GIE ; elle est inopposable aux tiers (C. com. art. L 251-11, al. 2).

Les **syndicats** peuvent valablement prendre part à la constitution d'une société civile, mais seulement si cette prise de participation sert l'**intérêt collectif** de leur profession (cf. C. trav. art. L 2131-1 ; TGI Le Mans réf. 21-12-1982 : Gaz. Pal. 1983 som. p. 217). 703

Le principe général de « spécialité », selon lequel une personne morale n'acquiert la personnalité juridique que pour l'accomplissement de son objet, s'applique aux syndicats comme à toutes les autres personnes morales (cf. Cass. crim. 18-7-1975 : Bull. crim. n° 190).

Les **associations** non déclarées, étant dépourvues de la capacité juridique et de tout patrimoine propre, ne peuvent faire partie d'aucune société. 704

Les associations déclarées conformément aux dispositions de la loi du 1er juillet 1901 ont, au contraire, la personnalité morale et peuvent donc être membres de sociétés civiles, dès lors que cette prise de participation est compatible avec leur objet.

> **Précisions** La capacité des associations est très réduite en **matière immobilière.** Notamment, elles ne peuvent posséder et administrer que les immeubles « strictement nécessaires » à l'accomplissement du but qu'elles poursuivent (Loi du 1-7-1901 art. 6, 3°). Cette limitation doit, à notre avis, être étendue par analogie aux participations dans des SCI ; ces prises de participation ne sont licites que si le ou les immeubles détenus par la société sont « strictement nécessaires » à l'association.
> Signalons cependant que cette restriction ne s'applique pas aux parts données ou léguées aux :
> – associations d'intérêt général dont l'activité est mentionnée à l'article 200, 1-b du CGI et qui sont déclarées depuis au moins trois ans (art. 6 précité, al. 5 et 7) ;
> – associations ayant pour objet exclusif l'assistance, la bienfaisance ou la recherche scientifique ou médicale qui ont accepté une libéralité avant le 31 juillet 2014 ou obtenu du préfet une réponse favorable à leur rescrit administratif (art. 6 précité, al. 8).
> Les associations reconnues d'utilité publique et les unions agréées d'associations familiales peuvent posséder et gérer tous types d'immeubles acquis à titre gratuit ou onéreux (Loi du 1-7-1901 art. 11 ; CASF art. L 211-7, al. 4) et donc prendre une participation dans une SCI.

b. Participation à une société de personnes morales de droit public

Quoique très rare en pratique, la participation de l'**État** dans une société civile est possible. 705

Sauf autorisation accordée par décret en Conseil d'État, les **communes** et les **départements** ne peuvent prendre aucune participation dans le capital d'une société civile (CGCT art. L 2253-1 et L 3231-6). Les **régions** ne peuvent pas non plus prendre de participation dans le capital d'une société civile (CGCT art. L 4211-1).

9. PARTICIPATION D'ÉTRANGERS À UNE SOCIÉTÉ

a. Loi applicable à la capacité d'un étranger

CAPACITÉ D'UNE PERSONNE PHYSIQUE ÉTRANGÈRE

La capacité d'un étranger personne physique dépend de sa **loi nationale** et non pas de la loi française. Toutefois, l'incapacité résultant de la loi nationale de l'étranger n'est pas opposable à celui qui l'a ignorée et qui a contracté sans légèreté et sans imprudence (Cass. req. 16-1-1861 : DP 1861 I p. 193, note Massé ; arrêt de principe). 720

Ainsi, pour apprécier si une personne de nationalité anglaise peut faire partie d'une société civile soumise au droit français, c'est dans la loi anglaise qu'il faut rechercher si des incapacités s'opposent à son entrée dans la société.

Sur la capacité de l'**étranger marié,** voir n° 651.

CAPACITÉ D'UNE PERSONNE MORALE ÉTRANGÈRE

722 La capacité d'une personne morale étrangère dépend également de sa loi nationale, c'est-à-dire de la **loi du lieu du siège social.**

> **Précisions** Il arrive que, pour établir leur capacité, les personnes morales étrangères présentent des **attestations** émanant des « **autorités nationales** ». Il est recommandé dans ce cas d'apprécier avec prudence ces documents. Par exemple, il est habituel dans l'État de New York de faire affirmer sa qualité par un « notaire public »; or, en dépit de l'appellation, ce « notaire » n'offre pas les mêmes garanties d'authenticité qu'un notaire français, les deux statuts étant profondément différents.

b. Exercice d'une activité réglementée par un étranger

725 En **principe,** les étrangers peuvent librement exercer une activité en France au sein d'une société civile. Mais des exceptions à ce principe existent dans les deux principaux secteurs des activités civiles : l'agriculture et les professions libérales.

EXPLOITATION D'UNE ENTREPRISE AGRICOLE PAR UN ÉTRANGER

726 Tout étranger non ressortissant d'un État membre de l'Union européenne qui désire exploiter une entreprise agricole doit être titulaire d'une **carte professionnelle d'exploitant agricole** délivrée par le préfet du département où se trouve l'exploitation (C. rur. art. R 334-1 issu du décret 2022-1515 du 2-12-2022). Cette carte est également requise de tout groupement agricole lorsque la majorité des associés est de nationalité étrangère non ressortissants d'un État membre de l'Union européenne et des sociétés lorsque la majorité du capital appartient, directement ou indirectement, à des étrangers (C. rur. art. R334-5 issu du décret 2022-1515).

EXERCICE D'UNE PROFESSION LIBÉRALE PAR UN ÉTRANGER

727 La plupart des textes réglementant l'exercice en France d'une profession libérale exigent que le professionnel soit français ou ressortissant de l'Union européenne ou encore d'un État partie à l'accord sur l'Espace économique européen. Tel est le cas pour les architectes (Loi 77-2 du 3-1-1977 art. 10), les avocats (Loi 71-1130 du 31-12-1971 art. 11), les commissaires-priseurs judiciaires ou commissaires de justice (Décret 2019-1185 du 15-11-2019 art. 1), les conseils en propriété industrielle (CPI art. R 422-2), les médecins, chirurgiens-dentistes et sages-femmes (CSP art. L 4111-1), etc. Toutefois, des **dérogations** sont prévues en faveur des ressortissants d'États ayant passé avec la France des accords de réciprocité et, parfois, en faveur des ressortissants des anciennes colonies françaises.

730 Pour les ressortissants des États membres de l'Union européenne, la **liberté d'établissement** n'est réellement effective que si les directives relatives à la reconnaissance mutuelle des diplômes, certificats et autres titres requis pour l'exercice d'une activité déterminée sont entrées en vigueur. Il en est ainsi notamment pour les médecins, les dentistes, les vétérinaires, les sages-femmes, les architectes (Dir. 2005/36 du 7-9-2005 : JOUE 2005 L 255) et les avocats (Dir. 98/5 du 16-2-1998 : JOCE 1998 L 77).

c. Réglementation des relations financières avec l'étranger

737 Les relations financières entre la France et l'étranger sont libres (C. mon. fin. art. L 151-1, al. 1). Les investissements étrangers en France ne donnent lieu qu'à une simple déclaration à des fins statistiques auprès de la Banque de France. Néanmoins, les articles L 151-3 s. et R 151-1 s. du Code monétaire et financier soumettent certains investissements réalisés en France, y compris par des entreprises de droit français ou des personnes de nationalité française, à autorisation administrative et assortissent le non-respect de la réglementation de lourdes sanctions.

> **Précisions** Un **règlement européen** établit un cadre pour le filtrage des investissements directs étrangers dans l'UE (Règl. UE 2019/452 du 19-3-2019). Il ne restreint pas le droit de chaque État membre de l'Union européenne de décider de filtrer ou non un investissement direct étranger (art. 1, 3) et met en place des mécanismes de coopération entre les États membres.

DÉFINITION DE L'INVESTISSEUR ÉTRANGER

738 Au regard de la réglementation des investissements étrangers soumis à autorisation, il faut entendre par « **investisseur** » (C. mon. fin. art. R 151-1, I et III) :
- toute personne physique de nationalité étrangère ;
- toute personne physique de nationalité française n'ayant pas son domicile fiscal en France ;
- toute entité de droit étranger ;
- toute entité de droit français contrôlée, au sens de l'article L 233-3 du Code de commerce (ou, lorsque aucun contrôle n'a pu être établi sur le fondement de cet article, au sens de l'article L 430-1, III du même Code) par une ou plusieurs personnes ou entités mentionnées ci-dessus.

Constitue une **chaîne de contrôle** l'ensemble formé par une entité ayant la qualité d'investisseur et les personnes ou entités qui le contrôlent ; toutes les personnes et entités appartenant à une chaîne de contrôle constituent des investisseurs (C. mon. fin. art. R 151-1, II).

CHAMPS D'APPLICATION DE L'AUTORISATION DES INVESTISSEMENTS ÉTRANGERS

Secteurs concernés Dans certains **secteurs** économiques considérés comme **sensibles** car affectant des intérêts publics essentiels, les investissements « étrangers » définis ci-après (n° 751), qui comprennent des investissements effectués par des entreprises françaises, ne peuvent être réalisés en France qu'avec l'autorisation du ministre chargé de l'économie. Sont concernés (C. mon. fin. art. L 151-3, I) : 750

- les investissements effectués dans des activités participant en France, même à titre occasionnel, à l'exercice de l'autorité publique ;
- les investissements dans des activités de nature à porter atteinte à l'ordre public, à la sécurité publique ou aux intérêts de la défense nationale, ainsi que ceux réalisés dans des activités de recherche, de production ou de commerce d'armes, de munitions, de poudres et substances explosives.

L'article R 151-3 du Code monétaire et financier, complété par l'article 6 de l'arrêté du 31 décembre 2019, dresse une liste limitative de ces activités.

Opérations soumises à autorisation Constitue un investissement étranger soumis à autorisation le fait de (C. mon. fin. art. R 151-2) : 751

- **acquérir le contrôle,** au sens de l'article L 233-3 du Code de commerce, d'une entité de droit français ;
- acquérir tout ou partie d'une **branche d'activité** d'une entité de droit français ;
- **franchir,** directement ou indirectement, seul ou de concert, le **seuil** de 25 % de détention des **droits de vote** d'une entité de droit français. Ce franchissement de seuil n'est pas soumis à autorisation si l'investisseur est soit une personne physique possédant la nationalité d'un État membre de l'Union européenne ou d'un État partie à l'accord sur l'Espace économique européen ayant conclu une convention d'assistance administrative avec la France en vue de lutter contre la fraude et l'évasion fiscale et domiciliée dans l'un de ces États, soit une entité dont l'ensemble des membres de la chaîne de contrôle relèvent du droit de l'un de ces mêmes États ou en possèdent la nationalité et y sont domiciliés.

Opérations dispensées d'autorisation L'investisseur est dispensé de demander une autorisation (C. mon. fin. art. R 151-7, I) : 752

- lorsque l'investissement est réalisé entre des **entités appartenant toutes au même groupe,** c'est-à-dire étant détenues à plus de 50 % du capital ou des droits de vote, directement ou indirectement, par le même actionnaire ;
- lorsque l'investisseur **franchit,** directement ou indirectement, seul ou de concert, le **seuil** de 25 % de détention des **droits de vote** au capital d'une entité dont il a antérieurement acquis le contrôle en vertu d'une autorisation déjà délivrée ;
- lorsque l'investisseur **acquiert le contrôle,** au sens de l'article L 233-3 du Code de commerce, d'une entité dont il a antérieurement franchi directement ou indirectement, seul ou de concert, le seuil de détention de 25 % des droits de vote en vertu d'une autorisation déjà délivrée, sous réserve que cette acquisition ait fait l'objet d'une notification préalable au ministre de l'économie. Sauf opposition du ministre, cette nouvelle autorisation naît à l'issue d'un délai de 30 jours à compter de la notification.

La **dispense** est **écartée** lorsque l'investissement a pour effet d'empêcher un investisseur de respecter les conditions dont il a été rendu responsable à l'occasion d'une autorisation délivrée antérieurement et lorsqu'il a pour objet de transférer à l'étranger tout ou partie d'une branche de l'une des activités sensibles énumérées à l'article R 151-3 du Code monétaire et financier (C. mon. fin. art. R 151-7, II).

DEMANDE D'AUTORISATION PRÉALABLE D'UN INVESTISSEMENT ÉTRANGER

Avant la réalisation d'un **investissement,** l'entreprise de droit français exerçant les activités objet de l'investissement peut saisir pour **avis** le ministre de l'économie par écrit afin de savoir si cet investissement est soumis à une procédure d'autorisation ; le ministre doit répondre dans un délai de deux mois ; l'investisseur peut aussi saisir le ministre, mais seulement avec l'accord de l'entreprise exerçant les activités visées par l'investissement (C. mon. fin. art. R 151-4). Cette 753 demande préalable doit comporter les informations figurant à l'article 2 de l'arrêté du 31 décembre 2019.

La **demande d'autorisation** d'un investissement étranger est déposée par l'investisseur ; lorsque l'investissement envisagé concerne un ou plusieurs investisseurs appartenant à une chaîne de contrôle, la demande peut être déposée par l'un des membres de cette chaîne pour le compte de l'ensemble des investisseurs qui en sont membres (C. mon. fin. art. R 151-5). Les renseignements à fournir dans la demande d'autorisation sont énumérés à l'article 1 de l'arrêté du 31 décembre 2019 (modifié par l'arrêté du 10-9-2021).

Les **demandes** d'autorisation ou d'avis sont **adressées** au ministère chargé de l'économie (Direction générale du Trésor) par voie électronique (iefautorisations@dgtresor.gouv.fr) ou par courrier en un exemplaire, (139, rue de Bercy, 75572 Paris Cedex 12) (Arrêté du 31-12-2019 art. 5).

OCTROI DE L'AUTORISATION PRÉALABLE D'UN INVESTISSEMENT ÉTRANGER

754 L'**autorisation** peut être **assortie de conditions** en vue d'assurer que l'investissement projeté ne portera pas atteinte aux intérêts nationaux visés n° 750 (C. mon. fin. art. L 151-3, II).

Ces conditions visent principalement à (C. mon. fin. art. R 151-8, I) :

– assurer la pérennité et la sécurité, sur le territoire national, des activités sensibles exercées par l'entité objet de l'investissement, notamment en veillant à ce que ces activités ne soient pas soumises à la législation d'un État étranger susceptible d'y faire obstacle, ainsi que la protection des informations qui leur sont liées ;

– assurer le maintien des savoirs et des savoir-faire de l'entité objet de l'investissement et faire obstacle à leur captation ;

– adapter les modalités d'organisation interne et de gouvernance de l'entité, ainsi que les modalités d'exercice des droits acquis dans l'entité à la faveur de l'investissement ;

– fixer les modalités d'information de l'autorité administrative chargée du contrôle.

Les conditions ainsi fixées peuvent être révisées, à la demande de l'investisseur ou du ministre, selon les modalités définies à l'article R 151-9 du Code monétaire et financier.

Dans un délai de 30 jours ouvrés à compter de la réception de la demande d'autorisation, le **ministre** de l'économie indique à l'investisseur soit que l'investissement ne relève pas de la réglementation, soit qu'il en relève et est autorisé sans condition, soit qu'il en relève mais qu'un examen complémentaire est nécessaire ; à défaut de réponse dans ce délai, la demande est réputée refusée (art. R 151-6, al. 1). Après examen complémentaire, le **refus ou l'autorisation** sont délivrés dans un délai de 45 jours ouvrés à compter de la réception par l'investisseur de la décision du ministre de procéder à cet examen ; en l'absence de réponse dans ce délai, la demande d'autorisation est réputée rejetée (art. R 151-6, al. 2).

Le **refus d'autorisation** doit être motivé (C. mon. fin. art. R 151-10).

Dans les deux mois, la **réalisation de l'opération d'investissement** autorisée donne lieu à une déclaration à la direction du Trésor (C. mon. fin. art. R 151-11 ; Arrêté du 31-12-2019 art. 3 et 5).

SANCTIONS DU NON-RESPECT DU RÉGIME DES INVESTISSEMENTS ÉTRANGERS

755 **Injonction du ministre de l'économie** **Investissement réalisé sans autorisation.** Dans un tel cas, le ministre de l'économie peut enjoindre à l'investisseur de déposer une demande d'autorisation, de rétablir à ses frais la situation antérieure ou de modifier l'investissement, **injonction** qui peut être **assortie d'une astreinte** ou de mesures conservatoires ; l'injonction précise le montant (qui ne peut pas excéder 50 000 € par jour) et la date d'effet de l'astreinte (C. mon. fin. art. L 151-3-1, I, R 151-13 et R 151-14).

Si la protection des intérêts nationaux est compromise ou susceptible de l'être, le ministre peut prendre des **mesures conservatoires** (C. mon. fin. art. L 151-3-1, I-al. 6 s.) :

– prononcer la suspension des droits de vote attachés à la fraction des actions ou des parts sociales dont la détention par l'investisseur aurait dû faire l'objet d'une autorisation préalable ;

– interdire ou limiter la distribution des dividendes ou des rémunérations attachés aux actions ou aux parts sociales dont la détention par l'investisseur aurait dû faire l'objet d'une autorisation préalable ;

– suspendre, restreindre ou interdire temporairement la libre disposition de tout ou partie des actifs liés aux activités exercées dans les domaines sensibles ;

– désigner un mandataire chargé de veiller, au sein de l'entreprise dont relève l'activité, à la protection des intérêts nationaux ; ce mandataire peut faire obstacle à toute décision des organes sociaux de nature à porter atteinte à ces intérêts. Sa rémunération, fixée par le ministre, est prise en charge, ainsi que les frais engagés par le mandataire, par l'entreprise auprès de laquelle il est désigné.

Méconnaissance de l'autorisation d'investissement. S'il estime que les conditions dont est assortie l'autorisation ont été méconnues, le ministre de l'économie prend une ou plusieurs des mesures suivantes (C. mon. fin. art. L 151-3-1, II) : 756

- retrait de l'autorisation ; sauf s'il rétablit la situation antérieure à l'investissement, l'investisseur étranger sollicite alors de nouveau l'autorisation d'investissement ;
- injonction à l'investisseur auquel incombait l'obligation non exécutée de respecter dans un délai qu'il fixe les conditions figurant dans l'autorisation ;
- injonction à l'investisseur auquel incombait l'obligation non exécutée d'exécuter dans un délai qu'il fixe des prescriptions en substitution de l'obligation non exécutée, y compris le rétablissement de la situation antérieure au non-respect de cette obligation ou la cession de tout ou partie des activités sensibles.

Ces injonctions peuvent être assorties d'une astreinte et le ministre de l'économie peut également prendre les mesures conservatoires nécessaires, dans les conditions et selon les modalités prévues n° 755.

> **Précisions** Les décisions ou injonctions prises sur le fondement de l'article L 151-3-1 du Code monétaire et financier ne peuvent intervenir qu'après que l'**investisseur** a été **mis en demeure** de présenter ses observations dans un délai de 15 jours ; en cas d'urgence, de circonstances exceptionnelles ou d'atteinte imminente à l'ordre public, la sécurité publique ou la défense nationale, ce délai peut être réduit à cinq jours ouvrés (C. mon. fin. art. L 151-3-1, III et R 151-12).

Sanctions pécuniaires En cas de réalisation d'un investissement sans autorisation préalable, d'obtention par fraude d'une autorisation préalable, de méconnaissance des conditions dont est assortie l'autorisation, d'inexécution totale ou partielle des injonctions ou mesures conservatoires, le ministre de l'économie peut, après avoir mis l'investisseur à même de présenter ses observations sur les faits qui lui sont reprochés dans un délai minimal de 15 jours, lui infliger une sanction pécuniaire dont le montant s'élève au maximum à la plus élevée des sommes suivantes : le double du montant de l'investissement irrégulier, 10 % du chiffre d'affaires annuel hors taxe de l'entreprise qui exerce les activités sensibles, cinq millions d'euros pour les personnes morales et un million d'euros pour les personnes physiques (C. mon. fin. art. L 151-3-2). 757

Autres sanctions Tout manquement à l'obligation d'autorisation est puni de lourdes **sanctions pénales** : notamment, cinq ans de prison et amende égale au double de la somme sur laquelle a porté l'infraction ; interdiction d'exercer une activité commerciale ou une fonction publique (C. douanes art. 459 sur renvoi de l'art. L 165-1 du Code monétaire et financier). De même, le défaut de déclaration de la réalisation de l'opération d'investissement est passible d'une amende de 750 € au plus (C. mon. fin. art. R 165-2). 758

Enfin, toutes les conventions et tous les engagements qui réalisent directement ou indirectement un investissement étranger dans un des domaines sensibles sont nuls si l'autorisation préalable requise n'a pas été obtenue (C. mon. fin. art. L 151-4). S'agissant d'une **nullité** absolue, la réglementation ayant manifestement pour objet la sauvegarde de l'intérêt général (cf. C. civ. art. 1179), tout intéressé, que ce soit un tiers à la convention ou même l'une des parties, peut en demander en justice la constatation.

DÉCLARATION STATISTIQUE DES INVESTISSEMENTS ÉTRANGERS

Lorsque leur montant dépasse 15 millions d'euros, les opérations par lesquelles des non-résidents acquièrent ou cèdent au moins 10 % du capital ou des droits de vote d'une entreprise résidente (ou franchissent le seuil de 10 %), l'acquisition ou la cession d'entreprises non résidentes par des résidents, les opérations entre entreprises apparentées, de quelque nature qu'elles soient (prêts, emprunts, dépôts, etc.), ainsi que les investissements immobiliers doivent faire l'objet d'une **déclaration à la Banque de France** (direction générale des études et des relations internationales, direction de la balance des paiements) (C. mon. fin. art. R 152-3 et, sur renvoi, art. R 152-11 ; Arrêté du 7-3-2003 art. 7). 760

La déclaration doit être faite par lettre contenant les renseignements prévus à l'article 5 de l'arrêté du 7 mars 2003 dans les 20 jours ouvrables après la date de règlement de l'investissement (Arrêté du 7-3-2003 art. 3, al. 2).

Tout **manquement** à ces obligations de déclaration statistique est **puni** d'un emprisonnement de cinq ans et d'une amende égale au double de la somme sur laquelle a porté l'infraction, le juge pouvant aussi prononcer une mesure d'interdiction d'exercer une activité commerciale ou une fonction publique (C. douanes art. 459 ; C. mon. fin. art. L 165-1 sur renvoi de l'art. R 165-1). 761

10. PARTICIPATION À UNE SOCIÉTÉ DE PERSONNES SOUMISES À UNE PROCÉDURE COLLECTIVE

CONTRAINTES LIÉES AUX PROCÉDURES COLLECTIVES

770 Les procédures collectives – sauvegarde, redressement et liquidation judiciaires – peuvent **limiter** la **possibilité,** pour les personnes physiques ou morales qui y sont soumises, de participer à la constitution d'une société et **de faire un apport** à celle-ci. Par ailleurs, même fait avant l'ouverture de la procédure, l'apport est susceptible d'être remis en cause.

APPORT ANTÉRIEUR À L'OUVERTURE DE LA PROCÉDURE COLLECTIVE

775 **Entre la date de cessation des paiements et le jugement ouvrant** le redressement ou la liquidation judiciaire, le débiteur, encore maître de ses biens et de ses droits, peut, en principe, participer à la constitution de toute société. Cependant, les apports effectués pendant cette période dite « suspecte », voire dans les mois la précédant, encourent la nullité. Les apports effectués avant la mise sous sauvegarde de l'apporteur échappent aux nullités exposées ci-dessous.

> Précisions a. La période précédant une **procédure de sauvegarde** n'est pas suspecte puisque l'ouverture de cette procédure est subordonnée à l'absence de cessation des paiements du débiteur (C. com. art. L 620-1, al. 1).

b. L'**action en nullité** est exercée par l'administrateur, le mandataire judiciaire (ou le liquidateur en cas de liquidation judiciaire ; Cass. com. 1-4-2014 n° 13-14.086 : RJDA 8-9/14 n° 711), le commissaire à l'exécution du plan ou le ministère public (C. com. art. L 632-4). Elle n'est ouverte ni à l'apporteur (en ce sens, Cass. com. 2-12-2014 n° 13-24.308 F-PB : RJDA 3/15 n° 205) ni à ses créanciers (Cass. com. 6-5-1997 n° 1150 : RJDA 8-9/97 n° 1121).

c. Le mandataire ou le liquidateur judiciaire, qui représente l'intérêt collectif des créanciers (C. com. art. L 622-20 et L 641-4), a qualité pour exercer **l'action paulienne** contre un apport frauduleux ayant eu pour effet de soustraire un bien du patrimoine de l'apporteur soumis à la procédure collective et de réduire ainsi le gage commun des créanciers de celui-ci (Cass. com. 8-3-2023 n° 21-18.829 F-B : RJDA 6/23 n° 331). La protection et la reconstitution du gage commun des créanciers relevant du monopole du mandataire ou du liquidateur (Cass. com. 2-6-2015 n° 13-24.714 FS-PBRI : RJDA 10/15 n° 678 ; Cass. com. 14-6-2017 n° 15-26.953 F-PBI : RJDA 1/18 n° 43), l'arrêt de 2023 précité met, à notre avis, un terme à la jurisprudence qui autorisait un créancier à exercer individuellement l'action paulienne nonobstant la procédure collective (Cass. com. 8-10-1996 n° 93-14.068 P : RJDA 1/97 n° 94 ; Cass. com. 2-11-2005 n° 04-16.232 FS-PB : Bull. civ. IV n° 214).

776 **Apports nuls de plein droit** Les apports effectués par le débiteur pendant la période suspecte sont nuls de plein droit lorsqu'ils déguisent une **libéralité** et, partant, doivent être considérés comme des actes à titre gratuit, ou encore lorsqu'ils sont conclus à des **conditions lésionnaires** pour l'apporteur (C. com. art. L 632-1, I et L 641-14, al. 1), par exemple lorsque la valeur de l'apport excède notablement celle des parts remises en contrepartie de cet apport (CA Grenoble 8-4-2003 : Dr. sociétés 2004 comm. n° 75, note F.-X. Lucas).

ILLUSTRATIONS

Est nul l'apport en nature consenti par des époux communs en biens à une SCI constituée entre eux et leurs enfants dès lors que l'un des époux, mis ensuite en liquidation judiciaire, n'avait pas reçu de droits sociaux proportionnels à son apport, quatre coassociés disposant des mêmes droits que lui pour un apport en numéraire 2 700 fois inférieur au sien (Cass. com. 3-5-2011 n° 10-17.011 : RJDA 7/11 n° 722).

777 **Apports pouvant être annulés** L'apport en société peut être annulé par le tribunal dans l'un des cas suivants :

– si, réalisé dans les six mois précédant la date de cessation des paiements, il déguise une libéralité et, partant, doit être considéré comme un **acte à titre gratuit** (C. com. art. L 632-1, II et L 641-14, al. 1) ;

– s'il a été fait après la date de cessation des paiements de l'apporteur alors que les autres associés avaient **connaissance de la cessation des paiements** de ce dernier (C. com. art. L 632-2 et L 641-14, al. 1).

La nullité prévue par ces textes est facultative ; le tribunal dispose donc d'un pouvoir d'appréciation pour la décider ou, au contraire, l'écarter (pour une application sous un régime ancien mais transposable, Cass. com. 13-4-1976 : D. 1976 p. 642 note F. Derrida).

> Précisions a. La nullité ne peut être prononcée que si les associés ont eu personnellement connaissance de la cessation des paiements (cf. Cass. com. 19-11-2013 n° 12-25.925 : RJDA 3/14 n° 255) ; il ne suffit pas que celle-ci ait été de notoriété publique (CA Colmar 21-10-1930 : Gaz. Pal. 1931 I p. 140).

b. À notre avis, la connaissance doit avoir

existé au jour de la signature des statuts, car c'est à cette date que le contrat de société est conclu et l'obligation d'apport contractée. La connaissance de l'état de cessation des paiements entre la date de signature des statuts et l'immatriculation de la société au RCS n'a pas à être prise en considération. D'une façon générale, les mesures de publicité, auxquelles s'apparente l'immatriculation, sont sans effet sur l'existence de l'acte. Par exemple, pour déterminer si une hypothèque relève de la période suspecte, il faut prendre en considération la date de sa constitution et non celle de son inscription (Cass. com. 25-10-1994 n° 91-14.539 : RJDA 3/95 n° 358 ; Cass. com. 18-2-2003 n° 99-19.249 : RJDA 7/03 n° 746). De même, la date à laquelle intervient le transfert de propriété des apports à la société est indifférente.

Effets de la nullité La nullité des apports effectués en période suspecte entraîne la **réintégration du bien** apporté dans le patrimoine de l'apporteur (cf. C. com. art. L 632-4 et L 641-14). La société peut donc être annulée s'il apparaît que l'apport en question était déterminant pour les autres associés. La société peut également faire l'objet d'une dissolution anticipée pour justes motifs en raison du non-respect de ses engagements par un associé (C. civ. art. 1844-7, 5° ; n°s 24160 s.). 778

En cas d'annulation d'un **apport fait par des époux communs en biens** avant qu'un seul d'entre eux fasse l'objet d'une procédure collective, l'acte d'apport est nul en son entier (Cass. com. 3-5-2011 n° 10-17.011 : RJDA 8-9/11 n° 722).

APPORT DURANT LA SAUVEGARDE OU LE REDRESSEMENT JUDICIAIRE

À compter du jour du jugement ouvrant une procédure de sauvegarde ou de redressement judiciaire, le débiteur ne peut faire d'apport en société qu'avec l'**autorisation du juge-commissaire.** En effet, les actes de disposition étrangers à la gestion courante doivent être autorisés par ce dernier (C. com. art. L 622-7, II et L 631-14, al. 1). Or, l'apport en société ne peut pas être considéré comme un acte de gestion courante puisqu'il réalise une aliénation modifiant le statut juridique des biens composant le patrimoine du débiteur. 780

L'annulation de l'apport non autorisé peut être demandée par tout intéressé et par le ministère public, dans un délai de trois ans à compter de la date de l'apport (en pratique la date à laquelle les statuts ont été signés) ou, s'il était soumis à publicité (cas, par exemple, d'un apport d'immeuble), à compter de la date de cette publicité (C. com. art. L 622-7, III).

APPORT DURANT LA LIQUIDATION JUDICIAIRE

Une personne physique ou morale mise en liquidation judiciaire ne peut faire aucun apport en société puisque, à partir de la date du jugement ouvrant cette procédure et jusqu'à la clôture de celle-ci, elle est **dessaisie de la gestion** de son patrimoine et que ses droits et actions sont exercés par le liquidateur judiciaire (C. com. art. L 641-9, I). L'apport fait en violation de ce dessaisissement est inopposable à la procédure collective, y compris aux créanciers (Cass. com. 9-1-2001 n° 96-20.161 FS-P : RJDA 5/01 n° 615). 781

APPORTEUR FRAPPÉ DE FAILLITE PERSONNELLE

La faillite personnelle interdit à celui qui en est frappé de contrôler toute personne morale (C. com. art. L 653-2). Il ne peut donc pas prendre une participation majoritaire dans une société civile. 782

SECTION 2

CARACTÉRISTIQUES DE LA SOCIÉTÉ

A. Objet social

DÉFINITION ET IMPORTANCE DE L'OBJET SOCIAL

En l'absence de définition légale, il est admis que l'objet de la société ou « objet social » est le type d'activité que la société se propose d'exercer pour réaliser les résultats escomptés : exploitation agricole, promotion immobilière, exercice d'une profession libérale, etc. 800

La détermination de l'objet social est la caractéristique fondamentale dont dépendent toutes les autres, notamment l'importance des capitaux à mettre en œuvre et la localisation du ou des lieux d'exploitation.

Par ailleurs, si l'activité envisagée est réglementée, les fondateurs doivent veiller au respect de cette réglementation, ce qui peut, d'une part, nécessiter des démarches auprès des groupements professionnels dont relève cette activité ou des autorités administratives compétentes et, d'autre part, imposer le choix d'une forme sociale déterminée.

DISTINCTION ENTRE OBJET SOCIAL ET D'AUTRES NOTIONS

801 L'objet social ne doit pas être confondu avec l'**objet du contrat de société,** défini comme la mise en commun par les associés de leurs biens ou de leur industrie en vue de partager le bénéfice ou de profiter de l'économie qui pourra en résulter (C. civ. art. 1832, al. 1).

L'objet social ne doit pas non plus être confondu avec l'**intérêt social,** qui correspond au bénéfice que la société retire d'un acte passé en son nom. Ainsi, un acte de gestion est considéré comme conforme à l'objet social lorsqu'il concourt à la réalisation de cet objet, tandis que la conformité d'un acte à l'intérêt social s'apprécie en fonction du bénéfice qu'en retire la société (nº 7406).

1. DÉTERMINATION DE L'OBJET SOCIAL

MENTION STATUTAIRE DE L'OBJET SOCIAL

805 L'objet social est déterminé par la description faite dans les **statuts** de l'activité exercée par la société (C. civ. art. 1835). En principe, les fondateurs sont libres de définir comme ils l'entendent le champ de cette activité sous réserve de respecter certaines règles sur la formulation et les caractéristiques de l'objet social.

INTÉRÊTS LIÉS À LA DÉTERMINATION DE L'OBJET SOCIAL

810 C'est à partir de l'objet social que s'apprécient :

– l'application des règles propres aux sociétés soumises à un **statut particulier** en raison de la nature de leur activité (nº 817) ;

– la **validité des engagements** souscrits au nom de la société (nºs 7415 s.) ;

– la mise en œuvre de la **responsabilité pénale** de la société, celle-ci ne pouvant pas être engagée si l'acte reproché à la société n'entre pas dans son objet (nº 6561) ;

– la nécessité d'une **modification statutaire** en cas de changement d'activité (sur le régime, notamment fiscal, lié au changement d'objet social, voir nºs 16900 s.).

En outre, la réalisation ou l'extinction de l'objet entraîne la **dissolution** de la société (C. civ. art. 1844-7, 2º).

> **Précisions** L'application de certaines **règles relatives au droit de la vente** à une société peut être fonction de son objet. Ainsi une SCI qui vend un immeuble en dépassement de son objet ne peut être considérée comme un vendeur professionnel, ce qui lui permet de se prévaloir d'une clause d'exonération de la garantie des vices cachés (Cass. 3e civ. 21-3-2019 nº 18-13.673 F-D : RJDA 6/19 nº 438). De même, l'achat d'un bien immobilier rentrant dans l'objet d'une SCI, elle ne peut pas être considérée comme un acquéreur non professionnel et bénéficier par conséquent du droit de rétractation prévu par l'article L 271-1 du Code de la construction et de l'habitation (Cass. 3e civ. 24-10-2012 nº 11-18.774 FS-PBR : RJDA 1/13 nº 26).

FORMULATION DE L'OBJET SOCIAL

816 La détermination de l'objet doit être suffisamment explicite ; une formule vague visant « toute opération de nature civile », sans autre précision, serait insuffisante. Il est recommandé de préciser au moins le **type d'activité** que doit exercer la société : par exemple, exploitation agricole ou extraction et vente de produits de carrières, ou encore telle profession libérale.

Cette indication du champ d'activité de la société peut valablement rester approximative. Il est d'ailleurs souhaitable de ne pas enfermer la société, dès sa naissance, dans une activité trop rigoureusement déterminée. La tendance à nourrir le développement d'une exploitation par la diversification des activités, de même que l'utilisation de la société civile comme un élément de structure des groupes de sociétés, implique une évolution du rôle de la société qui rend plus nécessaire que jamais une formulation souple et extensible de son objet. C'est la raison pour laquelle, après avoir déterminé dans les statuts le type d'activité exercée par la société, les associés étendent généralement l'objet social à « la réalisation de toutes opérations se rattachant directement ou indirectement à cette activité ».

Néanmoins, il est recommandé d'écarter les formules trop vagues et les définitions imprécises, sources d'incertitudes et surtout de risques financiers : il s'agit d'éviter que le gérant, dont les actes doivent être conformes à l'objet social pour engager valablement la société

(C. civ. art. 1849, al. 1), ne souscrive trop facilement des engagements au nom de cette dernière et n'expose exagérément les associés, responsables indéfiniment des dettes sociales, au risque de devoir payer celles-ci en cas d'insolvabilité de la société.

ACTIVITÉS RÉGLEMENTÉES

Certaines sociétés civiles sont soumises à une réglementation spécifique en raison de la nature de leur objet. Tel est notamment le cas : **817**

– des **sociétés civiles de moyens,** constituées entre plusieurs personnes physiques ou morales exerçant une profession libérale, dont l'objet exclusif est de faciliter l'exercice de l'activité de chacun de ses membres (Loi 66-879 du 29-11-1966 art. 36 remplacé, à compter du 1-9-2024, par Ord. 2023-77 du 8-2-2023 art. 38 ; Ord. 2023-77 art. 134) ;

– des **sociétés civiles professionnelles,** qui ne peuvent avoir pour objet que l'exercice en commun entre personnes physiques d'une profession libérale (Loi 66-879 précitée art. 1 remplacé, à compter du 1-9-2024, par Ord. 2023-77 art. 5 ; Ord. 2023-77 art. 134) ;

– des **sociétés civiles de construction-vente,** soumises aux règles du Code de la construction et de l'habitation seulement si leur objet est de construire un ou plusieurs immeubles en vue de leur vente en totalité ou par fractions (CCH art. L 211-1) ;

– des **sociétés d'attribution d'immeubles en jouissance à temps partagé,** dont l'objet doit être limité à l'attribution d'immeubles à usage d'habitation en jouissance à l'exclusion de tout droit de propriété (Loi 86-18 du 6-1-1986 art. 1) ;

– des **sociétés civiles de placement immobilier,** qui ont pour objet l'acquisition et la gestion d'un patrimoine immobilier locatif constitué essentiellement d'immeubles déjà construits ou que la société a fait construire en vue de leur location (C. mon. fin. art. L 214-114), et des **sociétés d'épargne forestière,** qui ont pour objet principal l'acquisition et la gestion d'un patrimoine forestier (C. mon. fin. art. L 214-121), qui sont des sociétés civiles autorisées à procéder à une offre au public de leurs parts (C. mon. fin. art. L 214-86), même autre qu'une offre réservée à leurs associés, à un cercle restreint d'investisseurs ou à des investisseurs qualifiés ;

– des **sociétés interprofessionnelles de soins ambulatoires,** qui permettent l'exercice en commun d'activités de coordination ou d'éducation thérapeutique ou de coopération entre les professionnels de santé (CSP art. L 4041-2).

Pour une liste détaillée des sociétés soumises à une réglementation spécifique, voir n° 105.

2. CARACTÉRISTIQUES DE L'OBJET SOCIAL

L'OBJET DOIT ÊTRE CIVIL

Une société ne peut être civile que si son objet est lui-même civil (sur les activités civiles, voir nos 200 s.), étant précisé que c'est l'activité effective qui détermine la nature de la société et non pas l'objet social déclaré (Cass. 3e civ. 5-7-2000 n° 1088 : RJDA 11/00 n° 1001). **830**

On observera cependant que si cette **condition** est nécessaire, elle n'est pas suffisante. Il faut aussi que la société ne revête pas une des formes énumérées par l'article L 210-1, al. 2 du Code de commerce aux termes duquel sont commerciales à raison de leur forme, et quel que soit leur objet, les sociétés en nom collectif, les sociétés en commandite simple, les sociétés à responsabilité limitée et les sociétés par actions.

Pluralité d'activités Il arrive fréquemment que l'activité exercée par la société soit mixte et comprenne à la fois des **opérations civiles et** des opérations **commerciales.** En principe, l'accomplissement d'actes de commerce ne fait pas perdre à une société sa nature civile si son activité principale est civile et si les opérations commerciales ne sont entreprises que comme accessoires de cette activité principale dans le but de la favoriser (Cass. req. 12-12-1887 : D. 1888 I ; CA Paris 6-7-1966 : D. 1967 p. 169 ; Rép. Molle : Sén. 18-5-1971 n° 10292). **835**

En revanche, si les actes de commerce sont plus importants que les actes civils, l'exercice de cette activité commerciale dominante entraîne l'apparition d'une société commerciale créée de fait. Les associés sont alors tenus indéfiniment et solidairement des dettes nées de cette activité à l'égard des tiers (n° 873).

Afin d'éviter ce risque, il est prudent, non seulement d'écarter de l'objet social tous les actes qui seraient susceptibles de modifier le caractère civil de la société, mais aussi de veiller à ce que la société ne procède pas en fait, au mépris de son objet social, à des opérations commerciales répétées. Mieux vaut alors constituer, parallèlement à la société civile, une société commerciale, composée au besoin des mêmes associés et dans les mêmes proportions, qui prendra en charge toutes les opérations n'ayant pas indiscutablement un caractère civil.

Néanmoins, cette précaution ne permet pas d'affecter librement un actif de la société civile à l'exercice de l'activité commerciale. En effet, une telle affectation porte atteinte au caractère civil de l'objet social ; elle ne peut donc être décidée qu'aux conditions prévues pour la modification des statuts de la société civile (Cass. com. 13-7-2010 n° 09-16.100 : RJDA 11/10 n° 1090, 1re esp., solution rendue pour l'affectation d'un bâtiment de ferme d'une société agricole à l'exploitation d'une activité hôtelière développée par les associés).

POSSIBILITÉ DE L'OBJET SOCIAL

850 L'objet social doit être possible. Cette règle, évidente par elle-même, n'appelle guère d'explication du point de vue pratique. Nous nous bornerons à signaler que, lorsque l'une des **activités** pour lesquelles la société a été créée vient à ne **plus** être **possible,** la société n'est pas dissoute du moment que ses statuts prévoient d'autres activités réalisables (n° 24111).

LICÉITÉ DE L'OBJET SOCIAL

855 Toute société doit avoir un objet licite (C. civ. art. 1833, al. 1).

La licéité de l'objet se détermine à partir de l'**activité réellement exercée** par la société et non pas à partir de celle indiquée dans les statuts, les juges pouvant fonder leur conviction sur l'ensemble des éléments qui leur sont fournis, alors même que certains des faits allégués constitueraient des infractions n'ayant pas donné lieu à des poursuites pénales (CA Lyon 13-6-1960 : JCP G 1961 II n° 12103 note Boitard).

860 **Activités illicites** D'une façon générale, est illicite toute activité contraire à l'**ordre public** et aux **bonnes mœurs** (C. civ. art. 6). Sont ainsi proscrites les opérations portant sur une chose « intangible » (corps humain, sépulture) et celles portant atteinte à la vie humaine, à la dignité humaine (par exemple, exploitation de maisons de tolérance) et à l'organisation politique, économique et sociale du pays (notamment entrave au libre exercice du commerce et de l'industrie, exploitation de maison de jeu sous réserve des lois particulières sur les cercles et casinos, atteinte aux monopoles d'État, etc.).

En revanche, des tiers ne peuvent pas faire interdire à une société l'exercice d'une **activité** sous prétexte que celle-ci ne figure pas dans son objet social et qu'elle n'a **pas** été **déclarée au RCS** dès lors, d'une part, que cette activité n'est ni soumise à autorisation préalable, ni interdite, ni contraire à l'ordre public et aux bonnes mœurs et, d'autre part, que le non-respect des formalités prescrites pour les mentions au RCS n'a aucune incidence sur le caractère licite ou non d'une activité (Cass. com. 18-7-1989 : Bull. civ. IV n° 236, solution rendue pour une activité commerciale mais transposable à une activité civile).

> **Précisions** L'atteinte à l'ordre public est appréciée par le juge au cas par cas. Le seul fait qu'une disposition soit pénalement sanctionnée ne suffit pas pour en déduire qu'elle est d'ordre public (pour une application, Cass. 1e civ. 17-12-2009 n° 08-12.344 : RJDA 8-9/10 n° 853).

862 **Activités réglementées** Même licites, certaines activités ne peuvent être exercées par une société civile que sous les conditions prévues par la réglementation relative à ces activités. Il est ainsi des cas où la loi impose un **type déterminé de société.** Pour des exemples, voir n° 410.

3. SANCTIONS DES IRRÉGULARITÉS RELATIVES À L'OBJET SOCIAL

SANCTIONS RELATIVES À L'OBJET STATUTAIRE

870 La violation des règles relatives à l'objet statutaire peut donner lieu à deux types de sanction :

– la **nullité** de la société si l'objet social est impossible ou illicite (n° 26640) ;

– une action en **régularisation** si l'objet n'a pas été mentionné dans les statuts ou a été mal formulé (nos 26830 s.).

SANCTIONS RELATIVES À L'ACTIVITÉ EXERCÉE

871 L'exercice d'une activité illicite par la **société** peut entraîner l'**annulation** de celle-ci.

ILLUSTRATIONS

Les tribunaux ont annulé (solutions rendues à propos d'autres formes de société mais transposables) :

– une société dont les statuts proprement dits paraissaient lui donner une activité licite, alors qu'ils étaient complétés par un « règlement intérieur » dont les clauses faisaient apparaître l'objet véritable et illicite de la société, en l'espèce la **création d'un monopole** faussant le libre jeu de la concurrence (CA Toulouse 3-4-1941 : JCP G 1942 II n° 1954) ;

– une société qui apparaissait, selon les statuts, comme une société de portefeuille mais qui, en réalité, recouvrait un pacte de majorité et avait « pour objet et pour effet de porter **atteinte au libre exercice du droit de vote** dans les assemblées générales » (CA Paris 21-11-1951 : J. soc. 1955 p. 5).

En cas d'exercice d'une activité commerciale L'exercice d'une activité commerciale importante par une société civile immatriculée entraîne, **pour cette activité,** l'apparition d'une **société** commerciale **créée de fait** soumise, par renvoi de l'article 1873 du Code civil, au régime juridique des sociétés en participation (CA Rouen 22-11-1995 : JCP E 1997 II n° 992). En effet, l'exercice d'une activité commerciale par une société civile ne peut pas donner naissance à une personne morale commerçante car, en raison du principe de la spécialité des personnes morales, une société immatriculée en tant que société civile n'acquiert la personnalité juridique que pour l'accomplissement d'actes civils. À notre avis, deux sociétés coexistent : la société civile immatriculée, dont l'objet – civil – subsiste malgré l'exercice de l'activité commerciale, et la société commerciale créée de fait, dépourvue de personnalité morale, qui sert de cadre à cette activité. 873

Les **associés** de la société créée de fait – dès lors qu'ils ont agi en cette qualité au vu et au su des tiers – sont tenus indéfiniment et solidairement à l'égard des tiers des dettes nées de l'activité commerciale (C. civ. art. 1871 et 1872-1), chaque associé s'exposant même à subir personnellement une procédure collective d'apurement du passif si sa qualité de commerçant est démontrée par l'exercice d'une activité commerciale ou s'il est établi que l'associé a exploité l'entreprise commerciale objet de la société (Cass. com. 27-4-1993 n° 731 : RJDA 10/93 n° 833).

En tout état de cause, les actes de commerce résultant de l'exercice de l'activité commerciale n'engagent pas la société civile puisqu'ils excèdent son objet (C. civ. art. 1849, al. 1), de sorte que les associés ne peuvent pas exiger d'un créancier la poursuite préalable de celle-ci pour des dettes contractées dans le cadre de leur activité commerciale (Cass. com. 31-5-1988 : Bull. civ. IV n° 187).

> **> Précisions** Il a été jugé qu'une société civile n'ayant accompli que des actes de commerce de manière habituelle peut faire l'objet d'une **procédure collective,** laquelle relève alors de la compétence du tribunal de commerce (CA Paris 5-9-2000 : Dr. sociétés 2000 n° 177).

Sanctions pénales La société qui exerce une activité illicite s'expose à une sanction pénale. Il en est souvent ainsi pour les **activités contraires à l'ordre public et aux bonnes mœurs.** 875

Par exemple, le fait de détenir des parts dans une société propriétaire d'un hôtel fréquenté par des prostituées constitue le délit de proxénétisme (Cass. crim. 14-5-1968 : Bull. crim. n° 153).

B. Raison d'être de la société

DÉFINITION ET CARACTÉRISTIQUES DE LA RAISON D'ÊTRE

Les statuts de toute société peuvent préciser une raison d'être, « constituée des **principes dont la société se dote** et pour le respect desquels elle entend affecter des moyens dans la réalisation de son activité » (C. civ. art. 1835). Comme l'indique le texte, la stipulation d'une raison d'être dans les statuts est **facultative.** 900

Les principes qui constituent la raison d'être se distinguent de l'**objet social** en ce qu'ils ne recouvrent pas la nature de l'activité de la société. Il s'agit plutôt d'une « ambition » que les associés se proposent de poursuivre dans le cadre de leur entreprise. Ces principes diffèrent aussi de l'**intérêt social,** qui implique que les décisions de gestion doivent être utiles ou profitables à la société.

La raison d'être « vise à rapprocher les chefs d'entreprise et les entreprises avec leur environnement de long terme », la société n'étant plus seulement guidée par une « raison d'avoir », mais également par cette raison d'être, « forme de doute existentiel fécond permettant de l'orienter vers une recherche du long terme » (Exposé des motifs du projet de loi 2019-486 du 22-5-2019 ayant modifié l'art. 1835 précité).

Il en ressort que la raison d'être est l'affirmation des **valeurs** que la société entend promouvoir dans l'accomplissement de son objet (A. Viandier, La raison d'être d'une société : BRDA 10/19 inf. 30 n° 28).

STIPULATION D'UNE RAISON D'ÊTRE

La **clause** prévoyant la raison d'être peut être **formulée** de façon synthétique (par exemple, « agir ensemble pour une croissance responsable et un développement durable ») ou être plus détaillée, par l'énoncé de lignes directrices. 915

La prise en compte d'une raison d'être visant la croissance responsable ou le développement durable n'est **pas neutre juridiquement** : par exemple, de tels principes sont difficilement compatibles avec l'exploitation intensive de terres agricoles, la recherche de la seule rentabilité ne constituant alors pas « l'ADN » de la société.

920 La clause peut être **insérée dans les statuts** (C. civ. art. 1835), ce qui oblige alors les associés à l'adopter aux conditions de majorité prévues pour les décisions extraordinaires. Mais rien n'interdit de stipuler cette clause dans un **acte extérieur** aux statuts ou de la formuler dans une résolution d'assemblée générale ne modifiant pas les statuts, auquel cas cette résolution peut être adoptée aux conditions de majorité prévues pour les décisions ordinaires.

SANCTIONS DE LA MÉCONNAISSANCE DE LA RAISON D'ÊTRE

925 La méconnaissance par un **gérant** de la clause statutaire sur la raison d'être constituerait une violation des statuts de nature à engager sa **responsabilité** à l'égard de la société et des associés. En revanche, cette responsabilité ne serait pas engagée en cas de prise d'une décision de gestion incompatible avec une raison d'être ne figurant pas dans les statuts.

À notre avis, que la raison d'être figure ou non dans les statuts, sa méconnaissance pourrait constituer un juste motif de **révocation** du gérant.

CONSEIL

Le manquement à la raison d'être sera d'autant plus difficile à établir que celle-ci se résumera à une déclaration de bonnes intentions formulée en **termes incitatifs** et de préférence au futur (par exemple, « la société s'efforcera de... » ou encore « l'action de la société tend à... »). On ne saurait trop conseiller d'éviter les formules de principe contraignantes ou impératives. De même, la stipulation d'objectifs chiffrés dans la clause sur la raison d'être est déconseillée, car elle augmente le risque de mise en cause des dirigeants (dans le même sens, A. Viandier, La raison d'être d'une société : BRDA 10/19 inf. 30 n° 53). Au contraire, il est recommandé d'assortir la raison d'être de **réserves** ou d'exceptions pour en atténuer la portée (par exemple, « dans la mesure où l'environnement concurrentiel le permet » ou encore « sauf en cas de dégradation de la situation économique ou sanitaire »).

930 Si une **société civile autorisée à offrir ses titres au public** réalise une opération financière (augmentation de capital, émission obligataire, etc.) en la présentant comme destinée à contribuer à sa raison d'être alors que le but poursuivi est sans rapport avec celle-ci, elle pourrait être sanctionnée par l'AMF pour manquement à la bonne information du marché (dans le même sens, I. Urbain-Parléani, La raison d'être des sociétés dans le projet de loi Pacte du 19 juin 2018 : Rev. sociétés 2018 p. 629 n° 31).

C. Pluralité d'associés

1. NOMBRE D'ASSOCIÉS

NOMBRE MINIMUM D'ASSOCIÉS

1005 La société ne peut exister que si **deux** personnes au moins décident de s'associer (C. civ. art. 1832, al. 1).

Certes, l'article 1844-5, al. 1 du Code civil écarte la dissolution de plein droit de la société en cas de réunion de toutes les parts en une seule main. Mais cette mesure ne vaut que pour une société déjà constituée et ne dispense pas de la présence de deux personnes au moins au moment de la constitution.

En outre, cette exigence de pluralité d'associés ne vaut pas pour les exploitations agricoles à responsabilité limitée (**EARL**), qui peuvent être constituées par une seule personne physique (cf. C. rur. art. L 324-1).

NOMBRE MAXIMUM D'ASSOCIÉS

1010 Aucun nombre maximum n'est imposé par la loi. Toutefois, on a fait observer (P. Roubaud, Théorie et pratique des sociétés civiles, Librairies techniques 1970 p. 104) que la présence d'un très grand nombre d'associés est difficilement compatible avec l'**intuitus personae.** Il est vrai, en effet, que la prise en considération par chaque associé des qualités personnelles de chacun de ses coassociés ne peut être effective que dans un cercle restreint de personnes. Mais il ne faut pas en déduire qu'une société dans laquelle cette appréciation serait rendue difficile par le nombre important des associés perdrait sa nature de société civile. L'exercice d'un choix parmi les personnes qui sollicitent leur admission dans la société est d'ailleurs facilité par l'article 1861, al. 2 du Code civil, qui permet aux associés de confier aux gérants le soin d'agréer les nouveaux associés.

Un nombre très élevé d'associés ne se conçoit pratiquement que dans les **sociétés civiles autorisées à offrir leurs parts au public.**

2. QUALITÉ D'ASSOCIÉ

PRINCIPES

En principe, a seule qualité d'associé la personne qui réunit les éléments caractéristiques du contrat de société, c'est-à-dire qui : **1030**

– a fait un **apport,**
– **participe aux bénéfices** (ou aux économies) **et aux pertes** et
– a eu la volonté de s'associer (**affectio societatis**).

Dans certaines circonstances, examinées ci-après, la détermination de cette qualité peut soulever des difficultés.

> **Précisions a.** La définition de la qualité d'associé trouve, à notre avis, un fondement dans la rédaction de l'article 1832 du Code civil. Le terme « associés » employé dans l'alinéa 3 de ce texte pour désigner les personnes devant répondre des pertes sociales ne peut, en effet, concerner que les « deux ou plusieurs personnes » qui, selon l'alinéa 1er du même article, conviennent de mettre en commun des apports en vue de partager le bénéfice ou de profiter de l'économie qui pourra en résulter.
> **b.** Le fait qu'un associé de SCI s'est abstenu de réclamer sa quote-part de dividendes et qu'il ne figure plus sur les déclarations fiscales de la société parmi les associés ne suffit pas à lui faire perdre sa qualité de porteur de parts de la société (CA Paris 12-7-1989 : BRDA 20/89 p. 20). De même, **conserve sa qualité d'associé** la personne dont l'apport en numéraire a été libéré par un autre associé dès lors que toute personne qui, aux termes des statuts, a souscrit des parts sociales et effectué l'apport correspondant a la qualité d'associé, peu important les conditions de financement de cet apport (Cass. com. 20-9-2016 n° 14-28.107 F-D : RJDA 12/16 n° 861).
> **c.** N'a **pas la qualité d'associé de fait** d'une SCI une banque qui lui a consenti un prêt, puis une garantie d'achèvement, mais qui n'a jamais manifesté la volonté de s'associer ni celle de participer aux pertes, ses interventions dans la société ne relevant que de l'exercice de ses prérogatives de banquier (Cass. com. 15-6-1993 : RJDA 8-9/93 n° 696). Pour un exemple où la qualité d'associé n'a pas non plus été retenue à l'égard d'une personne qui avait suscité la constitution d'une société en aidant les fondateurs à réunir le capital, mais qui n'avait fait aucun apport et n'était pas considérée comme un associé par les fondateurs, voir CA Paris 16-4-1985 : BRDA 12/85 p. 18.

a. Qualité d'associés des indivisaires

Si les **parts** sociales attribuées en rémunération de l'apport d'un bien indivis sont elles-mêmes **indivises** ou si l'indivision survient en cours de société (par exemple, à la suite du décès d'un associé), la qualité d'associé doit être reconnue à chacun des indivisaires (Cass. crim. 4-11-2009 n° 09-80.818 : RJDA 3/10 n° 245 ; Cass. com. 7-7-2020 n° 18-19.330 F-D : RJDA 11/20 n° 571 ; Cass. 3e civ. 27-6-2019 n° 18-17.662 FS-PBI : RJDA 10/19 n° 639). Pendant la durée de l'indivision, l'exercice des droits attachés à cette qualité demeure limité par les règles propres au régime des indivisions (Cass. civ. 6-2-1980 n° 78-12.513 : Rev. sociétés 1980 p. 521 note A. Viandier ; dans le même sens CA Paris 15-2-1990 : D. 1990 IR p. 74). **1035**

De même, si les **parts sociales** attribuées en rémunération de cet apport sont **partagées entre les indivisaires** au prorata de leurs droits dans l'indivision, chaque indivisaire acquiert personnellement la qualité d'associé.

b. Qualité d'associés des partenaires d'un Pacs

PACS CONCLUS DEPUIS LE 1ER JANVIER 2007

Lorsque deux personnes sont liées par un pacte civil de solidarité (Pacs), seul le **partenaire apporteur** a, en principe, la qualité d'associé puisque c'est à lui que sont attribuées les parts sociales. Mais lorsque les partenaires choisissent dans la convention de Pacs (ou dans une convention modificative) de soumettre leurs biens au régime de l'indivision (C. civ. art. 515-5-1), ils sont alors tous deux associés, sauf si l'un d'eux a réalisé un apport en numéraire : **1038**

– avec des fonds lui appartenant avant l'enregistrement du Pacs ou de la convention modificative (C. civ. art. 515-5-2, 4°) ;
– ou avec des fonds reçus par donation ou succession pendant le pacte, dès lors qu'il a effectué une déclaration d'emploi des fonds dans l'acte de souscription des parts (C. civ. art. 515-5-2, 5°).

PACS CONCLUS AVANT LE 1ER JANVIER 2007

Pour les Pacs conclus avant le 1er janvier 2007, les parts sociales peuvent être attribuées en rémunération de l'apport soit d'un bien personnel, soit d'un bien indivis. **1040**

Apport d'un bien personnel Il résulte de l'ancien article 515-5, al. 2 du Code civil que les **parts** sociales attribuées en rémunération de l'apport d'un bien personnel de l'un des **1041**

partenaires sont présumées **indivises** par moitié, à moins qu'il n'en ait été disposé autrement dans l'acte de souscription.

Il convient alors de distinguer les deux situations suivantes.

1. L'**apporteur** avise ses futurs coassociés de l'existence du Pacs et **informe** dans le même temps **son partenaire** de son intention de réaliser l'apport. Dans ce cas, si ce dernier accepte d'entrer dans la société par la voie de l'indivision, rien ne s'oppose à ce que la qualité d'associé lui soit attribuée dès lors que les autres fondateurs sont d'accord.

2. L'**apporteur ne tient pas son partenaire informé** de l'apport qu'il entend réaliser, aucune obligation légale n'imposant à l'un des membres d'un Pacs d'avertir son partenaire de l'emploi qu'il fait des biens dont il est propriétaire. Dans ce cas, on peut douter que le partenaire tenu à l'écart accède à la qualité d'associé du fait de l'indivision. En effet, il paraît difficilement acceptable qu'une personne puisse se retrouver associé d'une société civile à son insu alors que l'un des éléments caractéristiques du contrat de société réside dans l'affectio societatis, c'est-à-dire la volonté de se comporter en associé, et que la validité même du contrat de société est subordonnée au consentement de tous ceux qui s'obligent. De surcroît, cette situation serait particulièrement choquante dans le cadre d'une société civile où les relations entre associés sont marquées par un fort « intuitus personae » et où la responsabilité de ces derniers n'est pas limitée au montant des apports effectués mais indéfinie. Dans ces circonstances, on peut raisonnablement penser que les droits indivis des partenaires s'exercent uniquement sur la valeur des parts sociales et que la qualité d'associé doit revenir exclusivement à celui des deux partenaires qui a réalisé l'apport (**distinction du « titre » et de la « finance »**) (dans le même sens, H. Hovasse : Dr. sociétés juin 2000 p. 3). Mais il n'existe aucune certitude sur ce point et les premières décisions des tribunaux seront à cet égard riches en enseignements.

> **Précisions** Pour éviter toute contestation ultérieure, les fondateurs auront intérêt à envisager dans les statuts l'hypothèse de l'existence d'un Pacs et à faire préciser leurs intentions aux deux partenaires. Ils pourront s'inspirer de la procédure prévue pour les époux communs en biens (n°s 1048 s.).

1042 **Apport d'un bien indivis** Lorsque les parts sociales sont attribuées en rémunération de l'apport d'un bien appartenant en indivision aux partenaires, ces **parts** sont également présumées **indivises** par moitié, à moins qu'il n'en ait été disposé autrement dans l'acte de souscription (C. civ. art. 515-5, al. 2 ancien). Si le **partenaire de l'apporteur a consenti à l'apport,** chaque partenaire acquiert à notre avis la qualité d'associé (n° 1035).

Si le **partenaire de l'apporteur n'a pas consenti à l'apport,** celui-ci lui est inopposable (Cass. 1e civ. 15-6-1994 : Bull. civ. I n° 212) pour la part correspondant à ses droits (Cass. 1e civ. 5-4-2005 : RJDA 4/06 n° 475). Dans ce cas, bien que les parts attribuées en rémunération de l'apport soient elles-mêmes indivises, on peut émettre de sérieux doutes sur la qualité d'associé du partenaire qui n'a pas consenti à l'apport et ce, pour les mêmes raisons que celles évoquées à propos de l'apport d'un bien personnel.

CAS PARTICULIERS

1044 L'octroi de la qualité d'associé à chacun des partenaires fait difficulté en cas d'exercice par la société d'une **activité réglementée,** lorsque l'accès à la qualité d'associé est subordonné à la détention d'un titre professionnel (cas des SCP notamment). Il y a lieu de distinguer entre le « titre » et la « finance » (n° 1041) afin de ne faire entrer dans la masse indivise que la valeur des parts sociales et réserver la qualité d'associé à celui qui remplit les conditions de la réglementation.

Enfin, lorsque l'acquisition de **parts sociales** est soumise à **agrément,** l'acquéreur doit, le cas échéant, révéler l'existence du Pacs pour que son partenaire soit soumis à la procédure d'agrément.

c. Qualité d'associés des époux

QUALITÉ D'ASSOCIÉS DES ÉPOUX SÉPARÉS DE BIENS OU SOUMIS AU RÉGIME DE LA PARTICIPATION AUX ACQUÊTS

1045 Lorsque les époux sont mariés sous un régime de **séparation de biens ou** de **participation aux acquêts,** chacun d'eux, étant libre de disposer de ses biens personnels, peut en faire apport à une société (ou les employer à l'achat de parts sociales) et acquérir ainsi la qualité d'associé, sous réserve qu'il remplisse les autres conditions requises (participation aux bénéfices et aux pertes, affectio societatis : n° 1030).

Si l'un des époux souscrit ou acquiert des droits sociaux pour son compte avec les **deniers** personnels **de son conjoint,** il en devient seul propriétaire (Cass. com. 2-12-2020 n° 18-15.288 F-D : RJDA 2/21 n° 136). Il a alors seul la qualité d'associé.

QUALITÉ D'ASSOCIÉS DES ÉPOUX SOUMIS AU RÉGIME DE LA COMMUNAUTÉ DE BIENS

En cas de communauté de biens, chacun des époux peut souscrire ou acheter des parts sociales, au moyen de ses **biens propres** et acquérir seul la qualité d'associé, sous réserve qu'il remplisse les autres conditions requises (participation aux bénéfices et aux pertes, affectio societatis : n° 1030). **1046**

En cas de parts sociales attribuées à un époux en contrepartie de l'apport d'un bien propre, ces parts sociales constituent des biens propres (application du mécanisme de la subrogation réelle : C. civ. art. 1406). En revanche, lorsque les parts sociales ont été achetées ou souscrites en emploi ou en remploi de fonds propres, elles ne sont propres que si l'époux concerné a pris soin de faire, dans l'acte d'acquisition, la double déclaration prévue par l'article 1434 du Code civil (Cass. 1e civ. 8-10-2014 n° 13-21.879 : RJDA 1/15 n° 16 ; Cass. 1e civ. 8-10-2014 n° 13-24.546 : RJDA 4/15 n° 272). À défaut, l'emploi ou le remploi est inopposable aux tiers et il n'aura d'effet dans les rapports entre les époux que si ces derniers en sont d'accord (C. civ. art. 1434).

La question est plus délicate lorsque l'entrée dans la société civile – qu'elle résulte d'un apport ou d'un achat de parts sociales – est réalisée au moyen de **biens communs.** Lorsque l'**apport** ou l'achat a été **effectué conjointement par les deux époux,** chacun d'eux a la qualité d'associé (Cass. com. 15-5-2012 n° 11-13.240 : RJDA 12/12 n° 1071) et doit être agréé. Si des parts sont attribuées en propre à l'un d'entre eux dans l'acte d'apport ou d'achat, seul cet époux a la qualité d'associé. Si l'**apport** ou l'achat a été **réalisé par un seul des époux,** la qualité d'associé n'appartient qu'à lui (C. civ. art. 1832-2, al. 2) ; il participe donc seul à la vie sociale. **1048**

Toutefois, son conjoint bénéficie d'un droit de revendication de la qualité d'associé pour la moitié des parts souscrites ou acquises. Pour permettre l'exercice de ce droit de revendication, la loi impose que le conjoint de l'époux qui envisage de procéder à l'opération en soit averti et qu'il soit justifié de cette information dans l'acte d'apport ou d'achat (C. civ. art. 1832-2, al. 1). Elle n'exige qu'un simple avis au conjoint. Il n'est donc pas nécessaire d'obtenir une autorisation de sa part, sauf en cas d'apport de biens visés à l'article 1424 du Code civil (immeubles, droits sociaux non négociables, etc.).

Dans tous les cas, la communauté ne recueille que la valeur des parts (Cass. com. 15-5-2012 n° 11-13.240 précité ; Cass. 1e civ. 12-6-2014 n° 13-16.309 : RJDA 10/14 n° 755).

MODÈLE

Lettre d'avertissement au conjoint de l'associé commun en biens

Lettre recommandée AR

En application des dispositions de l'article 1832-2, al. 1 du Code civil, nous avons l'honneur de vous informer que..., votre conjoint, a l'intention de faire les apports suivants à une société dont les caractéristiques sont décrites ci-après.

En cas d'apport en numéraire :

– une somme en numéraire de... € dépendant de votre communauté qui serait rémunérée par l'attribution à votre conjoint de... parts sociales de... € chacune.

En cas d'apport en nature :

– des biens suivants dépendant de votre communauté qui seraient rémunérés par l'attribution à votre conjoint de... parts sociales de... € chacune : (*description et évaluation des biens apportés*).

Il s'agirait d'une société civile constituée pour... ans à compter de son immatriculation et ayant pour objet...

La dénomination de cette société serait... et son siège serait fixé à... Elle serait constituée avec un capital de... €, divisé en... parts sociales réparties comme suit entre les différents associés :

– ...

– ...

La gérance de la société serait confiée à...

Vous avez la faculté de revendiquer la qualité d'associé pour la moitié des parts sociales souscrites par votre conjoint. Nous vous serions donc obligés de nous faire savoir si vous entendez ou non revendiquer cette qualité dès à présent. Dans ce cas, nous vous demandons de bien vouloir nous notifier votre intention par lettre recommandée AR avant le... Dans la négative vous conserveriez la faculté d'exercer ultérieurement cette option aux conditions de majorité prévues par les statuts en vigueur à la date de la demande.

S'il s'agit d'un apport en nature nécessitant le consentement du conjoint :

Indépendamment de votre décision quant à la revendication ou non de la qualité d'associé, vous aurez à consentir expressément à l'apport ci-dessus, conformément aux dispositions prévues par l'article 1424 du Code civil.

1049 Le **défaut d'information** du conjoint entraîne, sauf ratification par ce dernier, la nullité de l'apport ou de l'achat. Mais le conjoint ne peut exercer son action en nullité que pendant deux ans à partir du jour où il a eu connaissance de l'acte et au maximum dans les deux années qui suivent la dissolution de la communauté (C. civ. art. 1427 sur renvoi de l'art. 1832-2, al. 1). Il ne peut pas échapper à ce délai en invoquant l'action spécifique prévue à l'article 1421 du Code civil pour sanctionner les actes frauduleux (Cass. 1e civ. 23-3-2011 n° 09-66.512 : RJDA 6/11 n° 535).

L'article 1832-2, al. 1 prévoit également la nullité de l'apport ou de l'achat en cas de défaut de mention de l'avis donné au conjoint dans l'acte d'apport ou d'achat. Cette cause de nullité se confondra souvent avec celle du défaut d'information. Prise isolément, elle trouvera rarement à s'appliquer si la preuve est faite que le conjoint a été effectivement averti. Dans ce cas, en effet, le conjoint n'a pas d'intérêt à agir, car la cause de nullité qu'il invoque ne lui a pas porté préjudice (CPC art. 114, al. 2 ; voir aussi CA Paris 30-4-1981 : Bull. Joly 1981 p. 525).

> **Précisions** Pour un **exemple d'annulation** d'un **achat de parts sociales** et d'une **souscription à une augmentation de capital** effectués au moyen de biens communs au motif que la preuve de l'avertissement du conjoint n'était pas rapportée, voir CA Versailles 14-10-1999 : RJDA 2/00 n° 163.

1050 **Exercice du droit de revendication de la qualité d'associé par le conjoint** Pour exercer son droit de revendication, le conjoint doit **notifier à la société** son intention d'être personnellement associé (C. civ. art. 1832-2, al. 3). La forme de cette notification peut être fixée librement par les statuts. À défaut, nous préconisons la notification par lettre recommandée AR ou remise au siège de la société contre récépissé (pour un modèle de lettre, voir n° 1060).

L'**affectio societatis** du conjoint n'est pas une condition requise pour la revendication (Cass. com. 21-9-2022 n° 19-26.203 FS-B : RJDA 12/22 n° 686).

Les articles 223 et 1421, al. 2 du Code civil reconnaissent à chaque époux le droit d'exercer seul une profession et, dans ce cas, le pouvoir d'accomplir seul les actes de disposition nécessaires à celle-ci (autres que ceux énumérés par l'article 1424 du Code civil ; Cass. 1e civ. 28-2-1995 : Bull. civ. I n° 104). Ces mesures traduisent la primauté accordée par ces textes à l'autonomie professionnelle de chaque époux de sorte que, à notre avis, la faculté de revendiquer la qualité d'associé peut être refusée au conjoint lorsque l'époux souscripteur ou acquéreur exerce une **profession séparée** et que les parts sociales sont **nécessaires à l'exercice de sa profession.** Sans se prononcer sur le fond, la Cour de cassation a jugé que les articles 223 et 1421, al. 2 ayant pour seul objet de protéger les intérêts de l'époux exerçant une profession séparée, la société dont cet époux est associé n'est pas recevable à se prévaloir de l'atteinte que la revendication par le conjoint de la qualité d'associé serait susceptible de porter au droit d'exercer une telle profession (Cass. com. 21-9-2022 n° 19-26.203 FS-B, précité).

> **Précisions** **a.** La **présomption de communauté,** selon laquelle tout bien est réputé commun si l'on ne prouve pas qu'il est propre par application d'une disposition légale (C. civ. art. 1402, al. 1), dispense l'époux revendiquant d'apporter la preuve que l'opération a été réalisée grâce à des biens communs : c'est aux tiers (les autres associés) qui refusent de reconnaître au revendiquant la qualité d'associé qu'il appartient de prouver que la souscription ou l'acquisition a été réalisée au moyen de biens propres (Cass. 1e civ. 11-6-1996 : RJDA 1/97 n° 55 ; pour un exemple, CA Orléans 3-7-2008 n° 07-2945 : RJDA 4/09 n° 340).
>
> **b.** L'**époux** commun en biens d'un associé ne peut pas être condamné solidairement avec celui-ci au **paiement des dettes sociales** du seul fait que les parts souscrites pendant le mariage sont des biens communs s'il n'a pas lui-même revendiqué la qualité d'associé (Cass. 3e civ. 20-2-2002 n° 354 : RJDA 5/02 n° 501).
>
> **c.** Il a été jugé qu'un gérant ne pouvait pas **s'opposer à la revendication** par son épouse de la qualité d'associé en faisant valoir que les parts qu'il détenait étaient le support nécessaire de la profession qu'il exerçait dans la société, car il ne visait que sa qualité de gérant, qualité dont il ne serait pas privé puisque son épouse disposait seulement de 9 % du capital (CA Orléans 3-7-2008 n° 07-2945 : RJDA 4/09 n° 340).
>
> **d.** Si les **parts** sociales ont été **souscrites ou acquises** au moyen de biens de communauté **avant le 15 juillet 1982,** date d'entrée en vigueur de la loi du 10 juillet 1982 ayant institué le droit de revendication du conjoint, le conjoint de l'apporteur ou de l'acquéreur pourra

revendiquer la qualité d'associé quelle que soit, semble-t-il, la date à laquelle la souscription ou l'acquisition est intervenue. Mais il ne pourra se faire attribuer la moitié des parts communes inscrites au nom de son époux (ou de son épouse) que s'il a été agréé par les autres associés dans les mêmes conditions que celles régissant, à la date de cette entrée en vigueur, la transmission des parts d'un associé à son conjoint (Loi 82-596 du 10-7-1982 art. 20).

Agrément du conjoint Si le conjoint **revendique** la qualité d'associé **lors de l'apport ou de l'acquisition,** la moitié des parts lui est attribuée et il n'est pas soumis à agrément : l'acceptation ou l'agrément donné à l'apporteur ou à l'acquéreur vaut automatiquement pour son conjoint (C. civ. art. 1832-2, al. 3). Les associés ne peuvent donc pas agréer l'un des époux et refuser l'autre : ils doivent les agréer l'un et l'autre ou les écarter tous les deux. 1053

Si le conjoint exerce son droit de **revendication postérieurement** à la **réalisation** de **l'apport** ou de l'achat, deux situations doivent être distinguées : 1055

– si une clause statutaire impose l'agrément du conjoint qui revendique, celui-ci est soumis à l'agrément des autres associés ; son époux est alors exclu du vote et ses parts ne sont pas prises en compte pour le calcul du quorum et de la majorité (C. civ. art. 1832-2, al. 3) ; si le conjoint n'est pas agréé, l'époux apporteur ou acquéreur a seul la qualité d'associé pour la totalité des parts sociales ;

– si les statuts ne comportent pas de clause d'agrément visant spécialement cette situation, le conjoint devient de droit associé dès que la société a reçu la notification de sa revendication puisqu'il n'est soumis à l'agrément que si une clause le prévoit (CA Paris 18-2-2020 n° 17/08258 : RJDA 6/20 n° 307, solution qui concorde avec la règle selon laquelle l'acceptation ou l'agrément donné à l'apporteur ou à l'acquéreur vaut automatiquement pour son conjoint lorsque celui-ci revendique la qualité d'associé au moment de l'apport ou de l'acquisition : C. civ. art. 1832-2, al. 3).

Le **droit de revendication peut être exercé jusqu'à** la dissolution de la communauté (C. civ. art. 1832-2, al. 4). À cet égard, il a été jugé qu'en cas de divorce, la revendication est possible même au cours de la procédure et jusqu'à ce que le jugement de divorce soit passé en force de chose jugée (Cass. com. 18-11-1997 : RJDA 6/98 n° 719, arrêt rendu sous le régime antérieur à la loi du 26-5-2004 portant réforme de la procédure de divorce mais transposable au régime actuel). La qualité d'associé peut donc valablement être revendiquée après la date à laquelle le divorce a pris effet entre les époux en ce qui concerne leurs biens (date du dépôt de la convention de divorce au rang des minutes d'un notaire ou de l'homologation judiciaire de la convention pour les divorces par consentement mutuel ; date de la demande en divorce pour les autres divorces : C. civ. art. 262-1 et 229-1 ; Cass. com. 14-5-2013 n° 12-18.103 : RJDA 8-9/13 n° 715).

ATTENTION

La revendication de la qualité d'associé par le conjoint ne constituant pas une cession, les **dispositions** légales et statutaires **relatives à l'agrément des tiers** étrangers à la société **en cas de cession** de parts sociales ne sont pas applicables. En conséquence, si les associés veulent se réserver la possibilité de ne pas agréer le conjoint, il faut qu'ils insèrent dans leurs statuts une clause à cet effet (cf. JO Déb. Sén. 12-5-1982 p. 1953). En l'absence de précision complémentaire de la loi sur le **régime de cet agrément,** les statuts peuvent en fixer librement les conditions (forme de la demande, délai de réponse, majorité requise, etc.). Ils peuvent aussi se référer purement et simplement aux règles applicables en cas de cession entre vifs.

Qualité d'associé en cas de dissolution de la communauté Lorsque les **deux époux** sont **associés** et que **l'un d'eux décède,** la qualité d'associé attachée aux parts sociales dépendant de la communauté n'entre pas dans l'indivision post communautaire, qui ne recueille que la valeur des parts. En conséquence, le conjoint survivant associé peut transmettre ou céder son titre sans l'accord de ses coïndivisaires (Cass. 1e civ. 12-6-2014 n° 13-16.309 : RJDA 10/14 n° 755). 1058

En cas de **décès du conjoint non associé,** l'indivision successorale porte seulement sur la valeur des parts sociales, de sorte que les indivisaires n'ont aucun droit de participer à la vie sociale et notamment n'ont pas à être convoqués aux assemblées de la société (Cass. 1e civ. 9-7-1991 : Bull. Joly 1991 p. 1030, à propos de parts d'un Gaec).

En cas de **dissolution de la communauté,** le conjoint non associé peut obtenir que les revenus des parts sociales perçus par l'époux en sa qualité d'associé pendant l'indivision postcommunautaire soient inclus dans la masse à partager (Cass. 1e civ. 10-2-1998 n° 96-16.735 : Bull. civ. I n° 47 ; Cass. 1e civ. 28-3-2018 n° 17-16.198 F-PB : RJDA 7/18 n° 575, à propos de parts de SCP). Au moment du partage, seul l'époux associé peut se voir attribuer les parts sociales (Cass. 1e civ. 4-7-2012 n° 11-13.384 : RJDA 10/12 n° 857).

Renonciation du conjoint à la qualité d'associé Lorsque le conjoint dûment informé a déclaré par écrit, en se référant au texte de l'article 1832-2 du Code civil, ne pas revendiquer la qualité d'associé, sa renonciation est **définitive** et ne peut faire l'objet d'une rétractation ultérieure (CA Paris 16-10-1990 : Bull. Joly 1991 p. 90 et, sur pourvoi, Cass. com. 12-1-1993 n° 33 : RJDA 2/93 n° 119, à propos d'une constitution de société à responsabilité limitée mais transposable aux sociétés civiles par identité des textes applicables). 1059

1060 MODÈLE

Notification du conjoint de l'apporteur commun en biens

Lettre recommandée AR

Par lettre recommandée AR du..., vous m'avez fait part de l'intention de mon conjoint... d'apporter à une société civile... :

En cas d'apport en numéraire :

– une somme en numéraire de... € dépendant de notre communauté.

En cas d'apport en nature :

– les biens suivants dépendant de notre communauté : (*description et évaluation des biens apportés*).

Si le conjoint revendique la qualité d'associé :

Par la présente, je vous notifie, en application de l'article 1832-2 du Code civil, mon intention de devenir personnellement associé pour la moitié des parts qui seront souscrites par mon conjoint.

J'interviendrai donc lors de la signature des statuts en qualité d'associé.

Si le conjoint renonce à la qualité d'associé :

Par la présente, je vous notifie ma décision de renoncer définitivement à la revendication de la qualité d'associé et reconnaître cette qualité à mon conjoint.

Si le conjoint se réserve une possibilité de revendication ultérieure de la qualité d'associé :

Par la présente, je vous notifie ma décision de ne pas revendiquer la qualité d'associé lors de la constitution de la société mais je me réserve la faculté de revendiquer ultérieurement cette qualité (*s'il existe une clause statutaire à cet effet* : « sous réserve de l'agrément des autres associés »).

Si le consentement du conjoint est requis en cas d'apport en nature :

En tout état de cause, je déclare donner mon consentement à l'apport en nature effectué par mon conjoint.

d. Qualité d'associés de l'usufruitier et du nu-propriétaire de droits sociaux

1065 Sur la question de savoir si le nu-propriétaire et l'usufruitier de parts sociales ont la qualité d'associé et sur les conséquences qui en résultent, voir notre **dossier « Démembrement de propriété »** (nos 62055 s.).

e. Qualité d'associé de l'acquéreur de parts sociales

1067 Le transfert de propriété des parts s'opère dès la conclusion de la cession, sauf clause prévoyant une condition suspensive ou un report de la date du transfert de propriété, alors que la cession n'est opposable à la société et aux tiers qu'après l'accomplissement de certaines formalités (pour des précisions sur la date du transfert de propriété des droits sociaux, voir nos 21310 s.).

La question se pose alors de savoir **à quel moment l'acquéreur** de parts sociales **devient associé.** Est-il seulement propriétaire des parts à compter de la cession et ne devient-il associé qu'après accomplissement des formalités ? Ou bien devient-il associé en même temps qu'il acquiert la propriété des parts, cette qualité demeurant inopposable à la société et aux tiers aussi longtemps que les formalités n'ont pas été accomplies ?

À notre avis, l'acquéreur satisfait aux conditions nécessaires pour avoir la qualité d'associé dès la conclusion de la cession :

– en achetant les parts sociales, il a réalisé un apport ;

– il a vocation aux bénéfices et à contribuer aux pertes de la société.

> Précisions L'affectio societatis n'est pas une condition requise pour la formation d'un acte de cession de droits sociaux (Cass. com. 11-6-2013 n° 12-22.296 : RJDA 10/13 n° 805). Quand bien même cette condition serait-elle exigée, elle est satisfaite puisque l'acquéreur a reçu l'agrément des autres associés.

1068 **Droits de l'acquéreur, de la société et des tiers avant la publicité de la cession** **Aussi longtemps que les formalités** de publicité de la cession n'ont **pas** été **réalisées,** l'**acquéreur** ne peut se prévaloir d'aucun droit à l'égard de la société ou des tiers au titre de sa qualité d'associé.

En revanche, la **société qui a connu et accepté la cession** de façon certaine et non équivoque ne peut pas se prévaloir de l'inopposabilité de la cession (Cass. 1e civ. 19-1-1970 n° 68-11.697 : Bull. civ. I n° 19 ; Cass. 1e civ. 19-9-2007 n° 06-11.814 : RJDA 12/07 n° 1244, à propos d'une SCP mais transposable). Tel est le cas :

– lorsque le gérant de la société a convoqué les associés, y compris l'acquéreur des parts, à une assemblée générale extraordinaire au cours de laquelle les statuts ont été modifiés pour tenir compte de la cession et où le nouvel associé a été nommé aux fonctions de gérant (Cass. com. 3-5-2000 n° 97-19.182 : RJDA 11/00 n° 991) ;

– dès lors qu'a été remis à l'acquéreur, par le seul autre associé de la société, le procès-verbal de l'assemblée générale ayant autorisé la cession et agréé l'intéressé (Cass. 1e civ. 19-9-2007 précité) ;

– lorsqu'un créancier de l'acquéreur a signifié à la société un nantissement consenti à son profit sur les parts cédées (voir Cass. com. 18-10-2011 n° 10-21.800 : RJDA 1/12 n° 59).

> Précisions Il n'y a pas d'objection à ce qu'une **personne** ait la **qualité d'associé tout en ne disposant pas du libre exercice des droits** attachés à cette qualité. Par exemple, en cas de droits sociaux indivis, la qualité d'associé est reconnue à chaque indivisaire bien que l'exercice des prérogatives liées à cette qualité demeure limité (n° 1035). De surcroît, le fait de ne reconnaître la qualité d'associé à l'acquéreur qu'à compter de l'accomplissement des formalités reviendrait à conférer à celles-ci un effet juridique qui n'est pas le leur : elles visent à protéger la société et les tiers contre des demandes formulées par une personne qui leur était jusqu'alors inconnue et non à créer des droits au profit de cette personne.

f. Qualité d'associé du croupier

Le croupier est une personne ayant conclu avec un associé une **convention prévoyant le partage des bénéfices et des pertes** revenant ou incombant à celui-ci. Mais il n'a aucun droit, ni aucune obligation à l'égard de la société. Il n'a donc pas la qualité d'associé et ne peut bénéficier d'aucune des prérogatives attachées à cette qualité (nos 21090 s.). **1070**

g. Qualité d'associé du prête-nom

On appelle « prête-nom » la personne qui entre dans une société mais en agissant en réalité pour le compte d'une autre personne soucieuse, pour des raisons diverses, de ne pas révéler l'intérêt qu'elle porte à cette société. Le prête-nom est l'**associé apparent,** le véritable associé étant celui pour le compte duquel il agit. **1075**

La Cour de cassation a jugé que le contrat de société signé par un prête-nom est, **en principe, valable** (Cass. com. 30-1-1961 : JCP G 1962 II n° 12527 note Le Galcher Baron), ce qui peut surprendre puisque le prête-nom, n'ayant pas la volonté de participer à la société, ne peut être considéré comme un associé. Mais la Cour a estimé que c'est la personne dissimulée derrière le prête-nom qui doit réunir les conditions exigées pour la validité de toute société (capacité, consentement, apports, affectio societatis).

La Cour de cassation a jugé aussi que l'acquisition de parts sociales par un prête-nom ne constitue pas en elle-même une cause de nullité de la cession (Cass. com. 26-3-1996 n° 675 : RJDA 8-9/96 n° 1054).

Le **véritable propriétaire** de droits sociaux peut en obtenir la **restitution** s'il établit la qualité de prête-nom de leur porteur.

ILLUSTRATIONS

Jugé que les conventions passées entre une société et trois personnes physiques en vue de financer la construction d'immeubles constituaient des prêts faits à la société sous la forme de souscription pour son compte au capital de cinq sociétés civiles dans lesquelles les prêteurs servaient en réalité de prête-noms et que les sociétés civiles avaient donc pour véritable associé la société à laquelle devaient être restituées les parts sociales détenues par ces prête-noms (Cass. 1e civ. 6-12-1972 : Bull. civ. I n° 280). Jugé aussi que l'associé dont la part dans le capital a été en réalité libérée par son fils et qui a admis dans un mail que celui-ci était le véritable propriétaire des titres est tenu de les lui restituer (CA Paris 9-4-2013 n° 11/09425 : RJDA 7/13 n° 622).

La **validité** « de principe » du recours à un prête-nom n'empêche pas que, dans la plupart des cas où elle est employée, la participation d'un prête-nom à la création d'une société est dépourvue de valeur ou répréhensible. Ainsi : **1076**

– la participation du prête-nom n'est pas valable si elle a pour but de frauder la loi (CA Paris 1-12-1951 : JCP G 1952 II n° 6661 : fraude à la législation sur les pharmacies ; T. com. Seine 3-1-1951 : JCP G 1952 II n° 6846 : fraude à la législation des changes) ;

– le nombre minimum d'associés doit être déterminé, non pas en fonction des prête-noms, mais des personnes pour qui ils agissent. Ainsi, serait irrégulière une société constituée entre deux personnes qui seraient toutes deux les prête-noms d'un seul individu (voir, pour une société anonyme, Cass. com. 17-1-1955 : Bull. civ. III n° 25).

D. Apports

DÉFINITION DES APPORTS

1100 Les apports sont constitués par les **biens** (sommes d'argent, immeuble, exploitation agricole, etc.) dont les associés transfèrent la propriété ou la jouissance à la société et en contrepartie desquels ils reçoivent des parts sociales. Les apports en **industrie,** c'est-à-dire la mise à disposition par un associé de ses connaissances, son travail ou ses services, font l'objet d'un régime particulier car ils ne sont pas représentatifs d'une fraction du capital social.

1101 Il n'y a véritablement « apports » que si l'associé reçoit, en **rémunération des biens** qu'il transmet à la société, des parts sociales soumises aux aléas de la société.

Il arrive souvent, en cas d'apport d'une exploitation agricole par exemple, que l'associé transmette à la société un ensemble composé d'éléments d'actif (matériel, outillage, cheptel, etc.) et d'un passif (dettes envers les fournisseurs notamment). Dans ce cas, l'apport véritable, rémunéré par des parts sociales, correspond à la valeur nette (actif moins passif) de l'ensemble. Mais si on décompose l'opération, on constate que l'actif est transmis :

– en partie à titre d'apport pur et simple (à concurrence de la valeur nette) ;

– et le surplus à titre de vente, la transmission de propriété étant faite moyennant un prix consistant dans la **reprise d'une dette.** On dit couramment que cette seconde transmission constitue un apport « à titre onéreux » et l'opération dans son ensemble est généralement qualifiée d'**apport « mixte ».** Les droits et taxes exigibles sur ces différents apports sont distincts (voir n°s 3600 s.).

Depuis le 15 mai 2022, un **entrepreneur individuel** peut apporter à une société l'ensemble de son **patrimoine professionnel,** dans le cadre d'un transfert universel (C. com. art. L 526-27 s. issus de loi 2022-172 du 14-2-2022 et art. D 526-30 s. issus du décret 2022-799 du 12-5-2022). Dans ce cas, tant l'actif que le passif qui composent ce patrimoine sont transmis : voir n°s 1225 s.

NÉCESSITÉ DES APPORTS

1102 Chacun des associés doit obligatoirement avoir fait un apport (C. civ. art. 1832, al. 1). Cette règle ne souffre aucune exception. Elle vaut pour **toute société,** y compris pour les sociétés unipersonnelles (cas de l'EARL composée d'un seul associé), les sociétés en participation et les sociétés créées de fait.

De même que la présence de deux associés au moins est nécessaire à l'existence d'une société, de même celle-ci ne saurait exister en l'absence de deux apports au moins.

Il n'est pas nécessaire que les apports des associés soient d'égale **importance** ou de même **nature** (Cass. 1e civ. 28-2-1973 : Bull. civ. I n° 79). Un associé peut lui-même apporter des biens différents (immeuble et numéraire, par exemple).

Le moyen par lequel l'**associé** est **devenu propriétaire** du bien qu'il apporte est également sans influence sur la validité de l'apport. Ainsi, peu importe les modalités de financement d'un apport (Cass. com. 20-9-2016 n° 14-28.107 F-D : RJDA 12/16 n° 861), lequel peut avoir été réalisé avec des fonds provenant d'un emprunt, à la condition toutefois que cet emprunt soit réel et ne soit pas simulé (Cass. crim. 28-5-1979 : Bull. crim. n° 186). Ce bien peut aussi provenir d'une libéralité (voir toutefois le cas où, un associé ayant apporté un bien que lui a donné son conjoint, celui-ci révoque la donation : n° 663) ou avoir été acquis avec les fonds provenant d'un emprunt.

Les associés doivent veiller à ne pas apporter des biens, tels qu'un **fonds de commerce,** qui pourraient conduire à requalifier l'activité civile de la société en activité commerciale.

RESTITUTION DES APPORTS

1103 Les apports doivent être restitués aux associés si, finalement, ceux-ci renoncent à leur projet de société ou si celle-ci n'est **pas constituée** ou immatriculée (n° 2807).

Sur la reprise d'apport à l'occasion des opérations de **liquidation** et de partage, voir n° 25270.

1. DIFFÉRENTS APPORTS D'UN BIEN

1105 Les associés peuvent apporter soit de l'argent (apport en numéraire), soit un bien meuble ou immeuble autre que de l'argent (apport en nature).

Le **choix entre** ces deux **types d'apport** dépend de l'objet de la société, ainsi que de la nature et de la disponibilité de la part du patrimoine que les associés veulent apporter à celle-ci. Par exemple, le capital d'une société civile peut être exclusivement constitué de l'apport d'un immeuble d'habitation si la société a pour objet la gestion d'un immeuble appartenant à une famille. Mais les associés peuvent préférer réaliser des apports en numéraire, ne serait-ce que pour accorder à la société les liquidités nécessaires à son fonctionnement ou afin de verser les fonds progressivement. Des considérations fiscales peuvent aussi intervenir (nos 3640 s.).

a. Apports en numéraire

DÉFINITION DE L'APPORT EN NUMÉRAIRE

On entend par apport en numéraire tout apport de **somme d'argent.** **1110**

LIBÉRATION DES APPORTS EN NUMÉRAIRE

Sauf dispositions légales ou réglementaires contraires (voir notamment n° 54140 pour les SCP et n° 36640 pour les SCPI), les associés fixent librement dans les **statuts** les conditions auxquelles les versements correspondant aux apports en numéraire devront être effectués. Très souvent, les statuts laissent à la gérance le soin de fixer elle-même les **dates et les montants** de ces **versements** en fonction des besoins de la société, si bien que celle-ci peut être immatriculée sans que, au jour de son immatriculation, aucun fonds n'ait été effectivement versé. **1111**

Sur la libération de l'apport lorsque la société fait l'objet d'une **procédure collective,** voir nos 28260 s.

Mode de versement des fonds Les fonds correspondant aux apports en numéraire peuvent être versés en **espèces,** par **chèque** ou par **virement** bancaire, le paiement n'étant réputé effectué que lors de l'encaissement du chèque ou de la réalisation du virement. On peut admettre aussi un paiement par remise de **bons** du Trésor ou de bons de caisse payables à vue ou échus, car ces bons permettent au dépositaire d'avoir immédiatement les fonds à sa disposition. En pratique, à défaut de disposition légale sur les modalités de dépôt des fonds, il est possible de s'inspirer des règles applicables dans les sociétés à responsabilité limitée : il peut être convenu que les fonds seront déposés par les fondateurs dans les huit jours de leur réception sur un compte en banque établi au nom de la société en formation. **1113**

Tout paiement qui n'entraîne pas **mise à la disposition immédiate des sommes** dues ne peut être admis que s'il a été prévu par les statuts ou autorisé par tous les associés : il en est ainsi de la remise d'un billet à ordre ou d'une lettre de change ou encore de la dation en paiement d'un bien déterminé.

La libération des apports peut aussi s'effectuer par **compensation** avec une créance liquide et exigible de l'associé sur la société (Cass. 3e civ. 28-11-2001 n° 1643 : RJDA 4/02 n° 399). Toutefois, cette libération par compensation ne peut intervenir qu'après immatriculation de la société puisque c'est seulement à partir de cette immatriculation que la société se trouve dotée de la personnalité morale. **1114**

Sur la libération de l'apport par compensation lorsque la société fait l'objet d'une **procédure collective,** voir n° 28262.

DÉFAUT DE VERSEMENT DES FONDS CORRESPONDANT AUX APPORTS EN NUMÉRAIRE

L'apporteur qui n'a pas versé la somme promise à l'échéance prévue (n° 1111) devient de plein droit, sans qu'il soit besoin de procéder à une quelconque mise en demeure, débiteur des **intérêts** de cette somme à compter du jour où elle devait être payée (C. civ. art. 1843-3, al. 5) au taux légal ou au taux fixé dans les statuts. Si la société est dissoute, ces intérêts continuent à courir même après la dissolution et jusqu'au jour de la liquidation (Cass. civ. 28-6-1904 : J. soc. 1906 p. 56). Ils se prescrivent par cinq ans (C. civ. art. 2224). **1120**

L'apporteur défaillant peut être condamné à des **dommages-intérêts** si la société a subi un préjudice par suite du défaut de libération (C. civ. art. 1843-3, al. 5).

> **Précisions** **a.** Sur l'organe compétent pour procéder aux appels de fonds en cas de **procédure collective** de la société, voir n° 28261.
> **b.** À notre avis, le défaut de libération des parts peut aussi justifier l'**exclusion** de l'associé défaillant de la société si cette sanction a été prévue par les statuts (sur la validité des clauses d'exclusion, voir nos 20155 s.).

b. Apports en nature

DÉFINITION DE L'APPORT EN NATURE

1130 On désigne sous le nom d'apport en nature tout apport d'un **bien autre qu'une somme d'argent.** Tout bien meuble (corporel ou incorporel) ou immeuble susceptible d'une évaluation pécuniaire peut être apporté en société.

L'étendue des droits conférés à la société sur les biens apportés varie selon que l'apport est effectué en pleine propriété, en jouissance, en usufruit ou en nue-propriété.

Le choix entre ces différentes formes d'apport dépend des droits dont les associés disposent sur les biens qu'ils veulent apporter ou de leur souhait de transférer ou non la propriété d'un bien à la société. Il dépend aussi de considérations aussi diverses que la fiscalité, le statut matrimonial de l'apporteur ou sa succession, si bien qu'il n'est pas possible de dresser dans le cadre de cet ouvrage un inventaire des mérites et inconvénients de chacun de ces apports.

APPORT EN PROPRIÉTÉ

1135 **Caractéristiques** Des dispositions spéciales fixent le régime de l'apport en société (C. civ. art. 1843-1 et 1843-3). Ces dispositions doivent être complétées par les règles de la vente, dans la mesure toutefois où ces règles ne sont pas justifiées par l'existence d'un prix. L'apport en propriété vaut en effet **transfert à la société du droit de propriété** de l'apporteur sur le bien et, à ce titre, il est soumis au régime de la vente puisqu'il est de l'essence de ce contrat d'entraîner un transfert de propriété. Cependant, l'assimilation de l'apport en société à la vente n'est pas totale, car il existe entre les deux contrats une différence essentielle : dans la vente, le vendeur reçoit un prix, alors que dans l'apport la contrepartie est constituée par des droits sociaux soumis aux aléas de l'entreprise. Par suite, les règles qui, dans la vente, ne se justifient que par l'existence d'un prix (lésion, privilège du vendeur, etc.) doivent être écartées en cas d'apport en société (pour un rappel de la distinction entre la vente et l'apport en société, Cass. com. 9-3-2022 n° 20-14.773 F-D : RJDA 6/22 n° 342).

L'**absence de prix** interdit aussi de voir dans l'apport en société une aliénation au sens des articles 860 et 922 du Code civil sur les rapports et réductions en cas de succession. L'apport a, en effet, pour contrepartie des parts sociales qui constituent des biens en nature. Le bien apporté est donc remplacé par un autre bien, ce qui est la caractéristique de la **subrogation.** Par conséquent, contrairement à ce qu'a jugé la cour d'appel de Bordeaux (CA Bordeaux 3-2-1975 : Rép. Defrénois 1975), les parts sociales sont, pour l'application des textes ci-dessus, subrogées aux biens apportés.

> **Précisions** La Cour de cassation a jugé aussi qu'en présence d'une clause figurant dans un **contrat de mariage** et prévoyant que si, au moment de la dissolution de la communauté, l'un des époux était titulaire d'un office, d'une charge ou d'un cabinet exigeant une investiture gouvernementale, celui-ci appartiendrait de plein droit au titulaire de l'investiture, à charge seulement de récompense, une cour d'appel a pu valablement estimer que, dans l'intention des parties, cette clause ne concernait pas des parts sociales, même afférentes à un office de notaire, et qu'en conséquence la **valeur patrimoniale des parts d'une société civile professionnelle** titulaire d'un office, acquises par le mari pendant le mariage, était tombée dans la communauté (Cass. 1e civ. 8-1-1980 : JCP G 1980 IV p. 109).

1136 **Réalisation de l'apport** La réalisation des apports en nature suppose deux **conditions** (C. civ. art. 1843-3, al. 2) :

- le transfert à la société de la propriété des biens apportés ;
- la mise de ces biens à la disposition effective de la société.

Pour que ces conditions soient remplies, l'apporteur doit s'engager à transférer le bien à la société. Cet engagement est pris par **écrit** soit dans les statuts, soit dans un acte distinct (l'acte d'apport) que l'apporteur signe en même temps que les statuts et qui est annexé à ceux-ci. La clause de libération de l'apport doit préciser la nature et la valeur du bien apporté, ainsi que, pour les clauses figurant dans un acte distinct, les caractéristiques essentielles de la société à laquelle l'apport est consenti.

1137 **Transfert de propriété** Le transfert à la société de la propriété des biens représentatifs des apports ne peut intervenir qu'au jour où cette société est immatriculée au RCS puisque c'est seulement à cette date qu'elle acquiert la personnalité morale et peut donc disposer d'un patrimoine propre.

Jusqu'à l'**immatriculation,** le bien apporté reste la propriété personnelle de l'apporteur.

L'apporteur est néanmoins lié par son engagement d'apport. Il est dans la même situation qu'un vendeur qui n'a pas encore délivré la chose vendue : il doit donc assurer la conservation des biens apportés (C. civ. art. 1614, al. 1), s'abstenir de tout acte susceptible de faire obstacle au transfert de propriété de ces biens à la société (C. civ. art. 1611) et tenir compte à la société, du jour de la conclusion du contrat, de tous les fruits de la chose apportée (C. civ. art. 1614, al. 2).

Le transfert de propriété peut être retardé à une date, postérieure à celle de l'immatriculation, fixée dans les statuts.

> **Précisions** On ne saurait, à notre avis, considérer que la propriété privative de chaque associé sur ses apports est transférée à une **indivision** qui se formerait entre les associés du fait de la conclusion du contrat de société et qui durerait jusqu'à l'immatriculation.
> À propos des sociétés en participation dépourvues de la personnalité morale, l'article 1872 du Code civil dispose que, sauf convention contraire, chaque associé reste propriétaire des biens qu'il met à la disposition de la société, confirmant ainsi une solution maintes fois retenue par les tribunaux (Cass. com. 15-5-1973 : Rev. sociétés 1973 p. 693 note B. Bouloc ; CA Paris 22-12-1933 : DH 1934.137).
> Au surplus, l'intention des associés, lors de la conclusion du contrat de société, n'est pas de faire naître entre eux une indivision, même limitée à la période de formation de la société. Leurs apports sont destinés à la société personne morale et non aux autres associés. Or, cette intention des associés doit être prise en considération. En effet, jusqu'à l'immatriculation, les rapports entre les associés sont régis par le droit des contrats (C. civ. art. 1842, al. 2). Il est donc justifié d'appliquer au contrat de société les règles relatives à l'interprétation des contrats en général (C. civ. art. 1188) qui prescrivent de rechercher quelle a été la commune intention des parties.

Transfert des risques Le transfert des risques suit le transfert de la propriété. Il en résulte que, sauf dans le cas où le transfert de propriété serait retardé, la société supporte seule les **conséquences de la perte ou de la détérioration** des biens apportés à partir du jour où elle est immatriculée au RCS, sans que cette perte ou cette détérioration ait un effet quelconque au regard de l'apporteur qui conserve tous les droits qui lui ont été attribués. 1138

En revanche, tant que la société n'est pas immatriculée, l'apporteur supporte seul les risques de disparition des biens qu'il a apportés, même si cette disparition intervient après la signature des statuts (voir C. civ. art. 1196).

Les autres associés peuvent alors provoquer la résolution du contrat de société (C. civ. art. 1217). Si les associés renoncent à provoquer la résolution du contrat, ils sont censés prendre à leur charge les risques de la perte de l'apport et accepter que l'apporteur demeure associé.

Garanties dues par l'apporteur L'apporteur est tenu de garantir la société dans les mêmes **conditions** qu'un vendeur à l'égard de son acheteur (C. civ. art. 1843-3, al. 3). 1145

Garantie en cas d'éviction. L'apporteur doit tout d'abord garantir la société contre toute éviction, c'est-à-dire contre tout fait ou acte empêchant la possession paisible du bien apporté (C. civ. art. 1625 s.). 1146

L'éviction peut être le **fait d'un tiers.** Tel est le cas lorsqu'un associé a apporté un bien ne lui appartenant pas ou ne lui appartenant plus.

L'éviction peut aussi être le **fait de l'apporteur** lui-même. Plusieurs décisions ont été rendues à ce sujet en matière d'apport de fonds de commerce. Elles conservent leur intérêt à l'égard d'un apport de fonds civil qui est susceptible de soulever les mêmes difficultés. Il a été ainsi jugé qu'il y avait éviction du fait de l'apporteur lorsque celui-ci :

- se livre à une activité concurrente ou à des actes dépréciant la valeur de ce fonds, par exemple en créant un autre fonds de commerce par le truchement d'un prête-nom (Cass. req. 3-5-1899 : S. 1901 I p. 133) ;
- viole une clause de non-rétablissement prévue dans l'acte d'apport, dans la mesure où cette clause est conforme aux conditions de droit commun des engagements de non-concurrence, ce qui suppose que cet engagement n'empêche pas l'intéressé d'exercer son activité professionnelle, qu'il soit proportionné par rapport aux intérêts à protéger et limité dans le temps et l'espace (voir Mémento Droit commercial n° 13664) ;
- ne déclare pas les servitudes ou autres charges dont l'immeuble apporté est grevé ou affirme l'existence de servitudes actives ou de droits réels dont la société ne peut pas profiter ;
- ne livre pas toute la contenance de l'immeuble apporté promise dans l'apport ; la société est alors en droit d'exiger celle qui a été prévue si elle a été évaluée à tant le mètre carré (C. civ. art. 1617) ; si l'évaluation a été faite de toute autre façon, l'apporteur n'est, sauf clause contraire, obligé à garantie que s'il y a une différence de plus du vingtième entre la contenance stipulée et la contenance réelle (C. civ. art. 1619).

En revanche, l'apporteur d'une licence exclusive de brevet peut, sauf clause contraire du contrat d'apport, continuer à exploiter personnellement le brevet (CA Paris 7-11-1919 : S. 1921 II p. 41 note Carteron). Sur le caractère civil de l'exploitation d'un brevet, voir nº 1195.

La garantie due par l'apporteur peut être augmentée ou diminuée selon l'accord des parties au contrat de société, qui peuvent même convenir que l'apporteur ne sera soumis à aucune garantie (C. civ. art. 1627). Mais, en aucun cas, l'apporteur ne peut échapper à la garantie de ses actes personnels (C. civ. art. 1628).

1147 **Garantie des vices cachés.** Lorsque les vices cachés rendent le bien apporté impropre à l'usage auquel il était destiné ou diminuent considérablement cet usage (C. civ. art. 1641), les associés peuvent demander en justice la résolution de l'apport (cf. C. civ. art. 1644) et des dommages-intérêts compensatoires si l'apporteur connaissait les vices de la chose (cf. C. civ. art. 1645). Les parties au contrat de société peuvent aménager conventionnellement la garantie des vices cachés en stipulant, par exemple, que l'apporteur ne sera pas tenu de garantir les vices dont il ignorait l'existence (C. civ. art. 1643).

1149 **Conséquences pour la société.** L'éviction d'un associé de la société, de même que la résolution de l'apport pour vices cachés, n'est pas, en principe, une cause de nullité de la société. Celle-ci peut continuer, sauf si l'apport considéré présentait pour les associés une importance telle qu'en son absence ils n'auraient pas contracté ou si cet apport était indispensable à la réalisation de l'objet social.

1150 **Absence de protection de l'apporteur** L'apport n'étant pas pleinement assimilable à la vente (nº 1135), l'apporteur ne bénéficie pas :
– du **privilège du vendeur** ;
– du droit de **rétention** ;
– du droit de faire annuler un apport d'immeuble pour **lésion** de plus des sept douzièmes, même s'il s'agit d'un apport mixte (Cass. req. 12-6-1945 : J. soc. 1946 p. 228).

APPORT EN JOUISSANCE

1155 L'apport en jouissance est la **mise d'un bien à la disposition de la société** pour un temps déterminé sans transfert au profit de celle-ci du droit de propriété ; la société peut user librement de ce bien, mais l'apporteur en reste propriétaire. L'intérêt de cette formule pour l'apporteur tient au fait que celui-ci a l'assurance de récupérer son bien à la disparition de la société : ce bien ne sera pas compris dans le partage et sera soustrait à l'action des créanciers sociaux puisqu'il ne fait pas partie en propriété du patrimoine social.

L'apport en jouissance peut porter sur tous les biens susceptibles d'un apport en propriété (immeuble, matériel, fonds d'exploitation, etc.).

S'il porte sur des **choses fongibles** (par exemple, des valeurs mobilières ou une somme d'argent) ou sur tous autres biens normalement appelés à être renouvelés pendant la durée de la société, celle-ci devient propriétaire des biens apportés, à charge pour elle, à l'expiration de la période convenue, d'en rendre une pareille quantité, qualité et valeur (C. civ. art. 1843-3, al. 4).

Lorsque les parties n'ont pas **clairement indiqué dans les statuts** si l'apport était en propriété ou en jouissance, les tribunaux doivent, pour le déterminer, apprécier les circonstances de l'espèce, notamment les valeurs données aux différents apports et l'importance respective des droits attribués à chaque associé dans les bénéfices (CA Nancy 6-12-1932 : J. soc. 1933 p. 558).

1156 **Durée de l'apport en jouissance** La société peut user du bien apporté en jouissance pendant un délai librement convenu (généralement la durée effective de la société).

En cas d'apport en jouissance « pour la **durée de la société** » et de dissolution anticipée de ladite société, l'apporteur reprend, avant tout partage, les biens qu'il n'avait mis en commun que pour la jouissance (CA Aix 31-5-1951 : JCP 1952 II nº 6792 note Bastian). En revanche, si l'apport a été fait pour une **durée déterminée** et si la dissolution intervient avant l'expiration de cette durée, le droit de jouissance fait partie de l'actif social à liquider ou à partager.

La **décision prorogeant la durée** d'une société à laquelle les associés ont consenti un apport en jouissance pour cette durée doit être adoptée à l'unanimité car, en imposant le maintien de l'apport au-delà du terme initial, cette décision augmente les engagements des associés (Cass. com. 20-12-2017 nº 16-19.283 F-D : RJDA 4/18 nº 321, pour une société en participation mais transposable à la prorogation de la durée d'une société dotée de la personnalité morale).

1157 **Réalisation de l'apport en jouissance** L'apport en jouissance est réalisé par le transfert à la société du droit de jouissance sur les biens concernés et par la **mise à sa disposition** effective de ces biens (C. civ. art. 1843-3, al. 2).

Il n'est pas soumis aux formalités de **publicité** requises pour l'apport en propriété de certains biens (nos 1180 s.). Toutefois, il est prudent de publier au service chargé de la publicité foncière l'apport en jouissance d'un immeuble pour une durée supérieure à 12 ans comme le prévoit, en matière de bail, l'article 28 du décret du 4 janvier 1955.

L'apporteur en jouissance doit **garantir la société** dans les mêmes conditions qu'un bailleur envers son preneur (C. civ. art. 1843-3, al. 4). En conséquence, il doit procurer à la société une jouissance paisible du bien apporté (C. civ. art. 1719, 3°).

1160 **Perte du bien apporté en jouissance** Les risques de perte ou de détérioration du bien apporté en jouissance restent à la **charge de l'apporteur.** Il en est autrement lorsque l'apport porte sur des **choses fongibles** (marchandises, valeurs mobilières, etc.). Dans ce cas, la société peut disposer des biens apportés en jouissance, à charge pour elle, à l'expiration de la période convenue, d'en restituer une quantité, une qualité et une valeur égales (C. civ. art. 1843-3, al. 4). L'apport entraînant ainsi transfert de propriété, l'apporteur est tenu de la même obligation que s'il y avait eu apport en propriété (C. civ. art. 1843-3, al. 3 sur renvoi de l'al. 4).

La perte du bien apporté en jouissance n'est pas une cause automatique de **dissolution** de la société. Elle peut néanmoins provoquer cette dissolution si, de ce fait, il en résulte une extinction de l'objet social (C. civ. art. 1844-7, 2°). C'est pourquoi il est recommandé de prévoir dans les statuts que l'apporteur est tenu de faire assurer le bien ou de le reconstituer au plus vite.

APPORT D'UN USUFRUIT

1170 À la différence de l'apport en jouissance, l'apport d'un usufruit entraîne **transfert en pleine propriété** à la société d'un droit réel dont se dépouille l'apporteur. Sur les particularités d'un tel apport, voir n° 62420.

ÉVALUATION INCORRECTE DES APPORTS

1175 La **surévaluation** d'apport consiste à donner à un apport réel une valeur exagérée. Elle n'est pas, sauf cas de dol ou de fraude, une cause de nullité de cet apport (T. com. Paris 24-6-1974 : Rev. jur. com. 1977 p. 157). Elle est simplement susceptible d'engager la responsabilité de l'apporteur (en ce sens, Cass. com. 28-6-2005 n° 03-13.112 FS-PBRI : RJDA 10/05 n° 1107 ; Cass. com. 26-4-2017 n° 15-28.091 F-D : RJDA 8-9/17 n° 550).

Lorsque les apports ont été surévalués, il est possible de corriger ultérieurement cette surévaluation par une réduction du capital social (Cass. req. 9-2-1903 : D. 1905 I p. 265 note Thaller). Toutefois, hormis le cas où l'apporteur accepterait de supporter seul les conséquences de la réduction de capital, celle-ci doit être imputée sur toutes les parts ; la surévaluation est, en effet, opposable à tous les associés (sauf, là encore, dol ou fraude) puisque ceux-ci ont accepté la valeur retenue pour les apports lors de la constitution de la société (CA Paris 15-3-1890 : Rev. sociétés 1890 p. 295).

S'il était avéré qu'un apport a été **sous-évalué,** la possibilité de l'évaluer à sa valeur réelle nécessiterait l'accord de tous les associés car elle serait de nature à entraîner une modification de la répartition des droits sociaux au détriment des associés autres que l'apporteur.

RÈGLES PARTICULIÈRES À CERTAINS APPORTS

1180 **Apports d'immeuble** L'apport d'un immeuble en société doit faire l'objet d'une **publication** au service chargé de la publicité foncière du lieu de situation de l'immeuble. Il en est ainsi même si la société est constituée entre les seuls copropriétaires indivis de l'immeuble apporté.

Cette publication peut être faite dès la signature des statuts et avant l'immatriculation de la société au RCS. Elle ne vaut alors que sous la condition que celle-ci intervienne. Mais, à compter de l'immatriculation, les effets de la formalité rétroagissent à la date de son accomplissement (C. civ. art. 1843-1).

Ainsi, en cas d'apport d'un bien immobilier publié avant qu'un créancier de l'apporteur n'inscrive une hypothèque sur ce bien, l'immatriculation de la société fait « rétroagir l'apport » à la date de sa publicité, ce qui rend l'inscription inefficace (CA Agen 20-2-2008 n° 07-1130 : RJDA 3/09 n° 219).

La publication de l'apport du bien est opposable aux tiers lorsque l'immatriculation de la société est effectivement intervenue, peu important que celle-ci soit postérieure à l'inscription provisoire d'une hypothèque sur le bien apporté (Cass. 2e civ. 18-1-2001 n° 43 : Bull. Joly 2001 p. 1030 note Garçon).

En revanche, la société ne peut pas opposer aux tiers son droit de propriété sur l'immeuble lorsque l'inscription a été prise pour faire échec aux droits d'un acquéreur antérieur qui n'a pas encore publié son acquisition (Cass. civ. 10-5-1949 : JCP 1949 II n° 4972 note Becqué ; Cass. 3e civ. 5-2-1970 : Bull. civ. III n° 93).

L'omission de la publication peut entraîner la responsabilité des dirigeants sociaux (T. civ. Valenciennes 26-6-1952 : S. 1953 II p. 49) et du notaire.

1181 Pour pouvoir être publié, l'**acte d'apport** doit avoir été passé en la **forme** authentique (C. civ. art. 710-1, al. 1). Lorsque l'apport est mentionné dans les statuts, les statuts doivent être notariés.

Toutefois, la forme authentique n'est pas obligatoire pour pouvoir publier les **procès-verbaux des assemblées** générales qui, par exemple lors d'une augmentation de capital, précèdent ou suivent l'acte d'apport : il suffit que ces procès-verbaux soient annexés à un acte qui en constate le dépôt au rang des minutes d'un notaire (C. civ. art. 710-1, al. 2).

1182 Le **droit de préemption** dont bénéficie le **locataire** d'un appartement ne s'applique pas lorsque cet appartement fait l'objet d'un apport en société, la contrepartie de l'opération étant non pas la perception d'un prix mais l'obtention de droits sociaux que le locataire ne serait pas en mesure d'offrir (Cass. ch. réunies 3-7-1957 : JCP G 1957 II n° 10104).

1183 En revanche, l'apport en société d'un immeuble peut faire l'objet d'un **droit de préemption** dans les cas suivants.

1. Urbanisme. L'apport en société peut faire l'objet d'un droit de préemption lorsque l'immeuble est situé dans une zone d'aménagement différé (ZAD) ou dans un périmètre provisoire de ZAD ou dans le territoire d'une commune titulaire d'un droit de préemption urbain ou encore dans un espace naturel « sensible ». Pour une étude générale de ce droit, voir Mémento Urbanisme-Construction n°s 31900 s.

Les articles L 219-1 s. du Code de l'urbanisme instituent au profit de certaines communes (cf. Décret 2022-750 du 29-4-2022) un droit de préemption, spécifique et prioritaire par rapport aux autres droits de préemption, en cas d'apport en société d'un immeuble situé dans des **zones exposées au recul du trait de côte.** Ce droit de préemption pourra être mis en œuvre lorsque tous les décrets d'application seront parus (ce qui n'est pas le cas au 15 septembre 2023, date de mise à jour des présents développements) et que les communes concernées auront adapté leurs documents d'urbanisme. Pour plus de précisions, voir Mémento Urbanisme-Construction n°s 34690 s.

2. Agriculture. Les sociétés d'aménagement foncier et d'établissement rural (Safer) locales bénéficient d'un droit de préemption en cas d'apport en société de certains biens agricoles. Pour une étude générale de ce droit, voir Mémento Vente immobilière n°s 38500 s.

Précisons qu'afin d'éviter les fraudes par apport à une société fictive suivi d'une cession de parts, la Safer qui n'aurait pas exercé son droit de préemption à l'occasion d'un apport qui y serait soumis peut, pendant cinq ans, se faire communiquer par l'administration fiscale la répartition entre les associés du capital de la société bénéficiaire de l'apport en vue de demander, le cas échéant, l'annulation de cet apport (C. rur. art. L 143-9 ; LPF art. L164).

ATTENTION

Le délai donné à la Safer pour agir en nullité de l'apport est supérieur à celui prévu par l'article 1844-14 du Code civil pour l'exercice de l'action en nullité de la société (trois ans). Il s'ensuit que si la Safer obtient, par exemple, la nullité de l'apport quatre ans après la constitution de la société, les associés autres que l'apporteur ne pourront pas demander la nullité corrélative de la société puisque le délai de trois ans prévu par l'article 1844-14 sera expiré. S'ils veulent mettre fin à la société, ils devront s'en retirer ou prononcer sa dissolution.

1185 **Apport d'un droit au bail** La faculté d'apporter un droit au bail est fonction de la **nature des biens loués.**

1186 **Bail rural.** Le bail rural (régi par le statut du fermage) ne peut être apporté qu'à une **société** civile d'exploitation **agricole** (société ayant pour objet l'exploitation d'un fonds rural) ou à un **groupement de propriétaires ou d'exploitants** pouvant revêtir des formes diverses (société civile ordinaire, GFA, Gaec, groupements pastoraux, etc.). L'apport est subordonné à l'agrément du bailleur, qui bénéficie d'un droit de reprise (C. rur. art. L 411-38).

L'**agrément du bailleur** peut résulter des circonstances et de son comportement, même postérieur à l'apport. C'est le cas, par exemple, lorsque le bailleur, dûment avisé de l'apport, l'a accepté expressément ou tacitement. Jugé en revanche que l'agrément ne peut pas résulter de la réception sans réserve par le bailleur du paiement des loyers effectué par la société (Cass. 3e civ. 28-9-2010 n° 09-70.129 : RJDA 12/10 n° 1164).

L'agrément du bailleur n'est pas nécessaire en cas d'apport en jouissance d'un bail à ferme au profit d'une société à objet principalement agricole et dont le capital est majoritairement détenu par des personnes physiques ; le preneur associé est seulement tenu d'aviser le bailleur par lettre recommandée AR. En revanche, l'accord du bailleur est requis lorsque le preneur souhaite apporter le bail à une société à vocation principalement agricole dont le capital est majoritairement détenu par des personnes morales. En tout état de cause, le preneur, qui reste seul titulaire du bail, ne reçoit aucune part sociale en représentation de son apport (C. rur. art. L 411-37).

Si le bailleur a donné son **accord par avance,** l'**apport du bail** lui est rendu **opposable** dès qu'il lui a été notifié ou qu'il en a pris acte (C. civ. art. 1216, al. 2). En l'absence de précisions dans le Code civil, il est recommandé de notifier l'apport par lettre recommandée AR ou de constater la prise d'acte du bailleur par écrit. Lorsque le bailleur donne son **accord au moment de l'apport,** les textes ne prévoient aucun formalisme : son accord suffit à lui rendre l'apport opposable, même s'il est plus prudent de le constater dans l'acte d'apport. **1188**

Les formalités de l'article 1690 du Code civil (signification de l'apport au bailleur ou acceptation par lui dans un acte authentique) sont toutefois applicables lorsque les parties l'ont prévu dans l'acte d'apport ou dans le bail. En effet, l'article 1216, al. 2 n'est pas d'ordre public ; cette disposition ne crée qu'une faculté pouvant être écartée par une clause contraire.

Les **formalités d'opposabilité** doivent intervenir de façon régulière avant la **date** d'effet du congé délivré par le bailleur au locataire initial. À défaut, l'apport est inopposable au bailleur (Cass. 3e civ. 9-11-2011 n° 10-20.971 : RJDA 2/12 n° 162). **1189**

Bail d'un local à usage professionnel. L'apport en société du bail d'un local à usage professionnel est en principe libre sauf clause contraire du bail (C. civ. art. 1717). **1190**

Les **clauses restrictives du droit de céder le bail** – et, par assimilation, de l'apporter – sont valables, notamment la clause subordonnant la cession à l'**agrément du bailleur,** celle subordonnant la cession à la rédaction d'un acte authentique auquel le bailleur doit être appelé ou encore celle subordonnant la cession à la condition que le cédant demeure garant, solidairement avec le cessionnaire, de l'exécution du contrat, en particulier du paiement des loyers (sur l'application de plein droit aux apports en société des dispositions contractuelles ne visant que les cessions, voir Cass. req. 4-11-1931 : Gaz. Pal. 1932 p. 90 ; Cass. com. 8-3-1949 : D. 1949 p. 332).

Il est donc très important, en cas d'apport d'un droit au bail, d'observer les stipulations contenues dans le contrat de bail : leur méconnaissance peut entraîner la résolution du bail. Ces clauses particulières doivent être respectées dès la conclusion du contrat de société et sans attendre l'immatriculation au RCS (Cass. 3e civ. 8-5-1979 : Bull. civ. III n° 101).

Lorsque la cession suppose la rédaction d'un acte authentique, il est nécessaire que le bailleur apporte son concours à l'acte d'apport lui-même ; il ne suffirait pas que l'apporteur le convoque ultérieurement devant un notaire pour réitérer le transfert du bail par un acte distinct (Cass. com. 18-3-1963 : Bull. civ. III n° 156 ; Cass. 3e civ. 16-2-1982 : Bull. civ. III n° 48). Le bailleur appelé à consentir à l'apport d'un bail en société ne peut pas refuser abusivement son accord et les tribunaux ont le pouvoir d'exercer un contrôle sur les motifs de son refus (Cass. 3e civ. 10-4-1973 : Gaz. Pal. 1974 p. 153 ; voir aussi Cass. 3e civ. 19-3-1974 : Gaz. Pal. 1974 som. p. 132).

Sauf clause contraire du bail, l'agrément du bailleur peut être tacite à condition qu'il résulte d'actes non équivoques (par exemple, une correspondance suivie avec la société bénéficiaire de l'apport montrant que le bailleur n'a fait aucune objection à cet apport). Mais le silence n'est pas suffisant pour établir l'accord du bailleur (Cass. civ. 14-5-1969 : AJPI 1970 p. 218).

En l'**absence de clause prévoyant l'accord du bailleur,** l'apport doit lui être signifié, à moins que celui-ci n'intervienne à l'acte d'apport rédigé chez un notaire (C. civ. art. 1690 ; Cass. 1e civ. 13-2-1963 : Bull. civ. I n° 100). En effet, les formalités d'opposabilité allégées prévues par l'article 1216, al. 2 du Code civil (n°s 1188 s.) ne nous semblent pas applicables car elles supposent que le bailleur a donné son accord à l'apport.

> **› Précisions** En cas d'apport à une société d'un bail professionnel, les **dispositions de l'article 57 A de la loi 86-1290 du 23 décembre 1986** sont applicables si la société exerce dans les lieux loués une activité à usage exclusivement professionnel (Cass. 3e civ. 10-12-2002 n° 1874 : RJDA 3/03 n° 244 ; CA Versailles 4-12-1998 : RJDA 3/99 n° 270). Il en résulte notamment que la société locataire peut, à tout moment, notifier au bailleur son intention de quitter les lieux en respectant un délai de préavis de six mois.

Bail d'un local à usage d'habitation ou à usage mixte. L'apport à une société d'un bail portant sur un local à usage d'habitation principale ou à usage mixte (professionnel et d'habitation principale), régi par la loi « Mermaz » du 6 juillet 1989, est subordonné à l'accord écrit du bailleur (Loi 89-462 du 6-7-1989 art. 8). Néanmoins, les dispositions de cette loi ne bénéficiant qu'aux locataires personnes physiques (Cass. 3e civ. 23-5-1995 n° 1043 : RJDA 8-9/95 n° 954), la société ne pourra pas se prévaloir du statut protecteur et le bail ne sera régi que par la convention des parties ou les dispositions supplétives du Code civil (art. 1714 s.), à moins bien sûr que les parties ne décident d'appliquer volontairement la loi de 1989. **1191**

Lorsqu'il s'agit d'un local soumis à la loi du 1er septembre 1948, l'apport est interdit sauf clause contraire du bail ou accord du bailleur (art. 78 de cette loi). Toutefois, cette règle n'est pas applicable en cas d'apport d'un bail à une SCP (Loi 66-879 du 29-11-1966 art. 33 remplacé, à compter du 1-9-2024, par Ord. 2023-77 du 8-2-2023 art. 33 ; Ord. 2023-77 art. 134). Dans ce cas, ce sont les règles de droit commun – liberté de cession sauf clause contraire du bail (C. civ. art. 1717) – qui redeviennent applicables puisque l'article 33 de la loi 66-879, remplacé, à compter du 1er septembre 2024, par l'article 33 de l'ordonnance 2023-77, supprime la dérogation à l'article 1717 résultant de l'article 78 de la loi du 1er septembre 1948.

Sur les **formalités d'opposabilité** de l'apport au bailleur pour les baux régis par la loi du 6 juillet 1989, voir nos 1188 s. et sur les formalités applicables aux baux régis par l'article 1717 du Code civil, voir no 1190.

1195 **Apport de brevets d'invention** L'apport d'un brevet d'invention à une société civile est possible mais les associés devront veiller à ce que l'**exploitation** de ce **brevet** ne soit pas commerciale car la société deviendrait commerciale. Tel n'est pas le cas lorsque la société exploite elle-même le brevet dans le cadre d'une activité civile : par exemple, exploitation d'un « brevet végétal », exploitation d'un brevet par une société d'études et de recherches, etc.

À peine de nullité, la transmission d'un brevet ou d'une licence de brevet doit être constatée par **écrit** (CPI art. L 613-8, al. 5). En conséquence, les statuts de la société en formation ou l'acte d'apport doivent mentionner le brevet ou la licence apportés.

L'acte d'apport doit être rédigé avec soin car il faut déterminer avec précision si l'apport concerne la propriété du brevet ou une simple licence d'exploitation ou encore la propriété de l'invention elle-même. Il convient aussi de fixer le sort des perfectionnements susceptibles d'être apportés à l'invention ainsi que l'étendue des droits d'exploitation éventuellement conservés par l'apporteur.

En outre, à peine d'inopposabilité aux tiers, l'apport doit faire l'objet d'une demande d'**inscription** sur le **registre national des brevets** tenu par l'Institut national de la propriété industrielle (CPI art. L 613-9). La demande doit être accompagnée d'une copie ou d'un extrait de l'acte constatant la modification de la propriété ou de la jouissance du brevet, ainsi que de la justification du paiement de la redevance (CPI art. R 613-55).

1196 **Apport de marques** Dans la mesure où il n'entraîne pas une activité commerciale, l'apport d'une marque de fabrique, de commerce ou de service ou l'apport d'une concession de licence d'une telle marque peut être fait à une société civile : par exemple, marque destinée à identifier les produits d'une exploitation agricole.

À peine de nullité, cet apport doit être constaté par écrit (CPI art. L 714-1, al. 7).

Sous peine d'inopposabilité aux tiers, l'apport doit également être mentionné sur le **registre national des marques** (CPI art. L 714-7, al. 1) tenu par l'Institut national de la propriété industrielle. La demande d'inscription doit être accompagnée d'une copie ou d'un extrait de l'acte constatant l'apport ainsi que de la justification du paiement de la redevance (CPI art. R 714-4).

1198 **Apport de dessins et modèles** L'apport à une société des droits attachés à un dessin ou à un modèle déposé doit être mentionné sur le **registre national des dessins et modèles** tenu par l'Institut national de la propriété industrielle, faute de quoi il est inopposable aux tiers (CPI art. L 513-3). Il doit donc être constaté par écrit. La demande d'inscription doit être accompagnée d'une copie ou d'un extrait de l'acte constatant l'apport ainsi que de la justification du paiement de la redevance (CPI art. R 512-15).

1200 **Apport de créances** L'apport d'une créance est un apport en nature.

Trois règles spéciales sont à signaler à propos des apports de créances.

1. Validité. L'apport de créance doit être conclu par écrit à peine de nullité (C. civ. art. 1322). Cette exigence est généralement satisfaite en pratique par la mention des apports dans les statuts, qui doivent être établis par écrit (C. civ. art. 1835).

Le consentement du débiteur n'est pas requis sauf si la créance a été stipulée incessible (C. civ. art. 1321, al. 4).

2. Opposabilité. L'apport de créance n'est opposable au débiteur cédé, s'il n'y a déjà consenti, que s'il lui a été notifié ou s'il en a pris acte (C. civ. art. 1324, al. 1). Il est opposable aux tiers à la date de l'acte dont la preuve incombe, en cas de contestation, à la société qui peut la rapporter par tout moyen (C. civ. art. 1323).

Si la créance est constatée dans un titre négociable, il faut suivre les règles propres à ces titres : endossement pour les titres à ordre, transfert pour les titres nominatifs, remise de la main à la main pour les titres au porteur.

3. Garantie. L'apporteur ne garantit que l'existence de la créance, sauf s'il s'engage à garantir la solvabilité du débiteur (C. civ. art. 1326).

Toutefois, cette règle ne joue pas s'il y a eu remise d'une créance sur un tiers pour libérer un apport en numéraire : dans ce cas, l'apporteur doit verser l'intégralité de la somme promise en apport, même celle dont le recouvrement n'a pas été possible (Cass. civ. 7-11-1899 : D. 1900 I p. 369).

Apport de droits sociaux L'apport de **parts de sociétés en nom collectif** à une société 1205 civile est à déconseiller car il ferait perdre à la société sa nature civile et la rendrait commerciale, quels que soient l'importance de la participation dans la société en nom et l'objet de celle-ci.

En revanche, les **droits** sociaux **qui ne confèrent pas** à leur titulaire **la qualité de commerçant** (parts de société civile, de société à responsabilité limitée ou de société en commandite simple, actions de société anonyme, de société en commandite par actions ou de société par actions simplifiée) peuvent être apportés à une société civile.

L'apporteur de parts sociales doit veiller à ce que les **formalités de publicité** requises pour 1206 rendre l'apport opposable aux tiers soient bien effectuées afin d'éviter d'être considéré comme étant toujours associé de la société dont les droits ont été apportés.

Ainsi, l'apport de **parts** de société civile, de société en commandite simple ou de société à responsabilité limitée doit être signifié à la société ou accepté par elle dans un acte authentique, ces formalités pouvant être remplacées par le dépôt au siège social d'un original de l'acte d'apport (C. civ. art. 1690 ; C. com. art. L 221-14, al. 1 sur renvoi de C. com. art. L 222-2 et L 223-17 pour les sociétés en commandite simple et les sociétés à responsabilité limitée). Il n'est opposable aux tiers qu'après accomplissement de ces formalités et, en outre, après publication des statuts modifiés au RCS (C. com. art. L 221-14, al. 2).

S'il s'agit d'**actions** de société anonyme, de société en commandite par actions ou de société par actions simplifiée, l'apport se fait par virement du compte de l'apporteur à celui de la société bénéficiaire de l'apport dans les livres de la société émettrice s'il s'agit de titres nominatifs ou dans ceux d'un intermédiaire habilité si les titres sont au porteur. Si les actions apportées sont inscrites dans un dispositif d'enregistrement électronique partagé, telle une blockchain, l'apport est réalisé par modification de l'inscription dans le dispositif pour mettre les actions au nom de la société bénéficiaire de l'apport.

Les dispositions législatives ou statutaires imposant l'**agrément** des associés en cas de cession 1207 de parts ou actions sont applicables en cas d'apport en société (Cass. com. 21-1-1970 : JCP G 1970 II n° 16541 note B. Oppetit). Par exemple, l'apport de parts d'une société à responsabilité limitée doit être autorisé par la majorité des associés représentant au moins la moitié des parts sociales de la société (ou plus si les statuts le prévoient) si la société bénéficiaire des apports n'est pas déjà associée (C. com. art. L 223-14). De même, l'apport d'actions est soumis à l'agrément du conseil d'administration lorsque les statuts subordonnent les cessions à un tel agrément (Cass. com. 21-1-1970 précité), les clauses statutaires d'agrément s'appliquant aux cessions d'actions « à quelque titre que ce soit » (C. com. art. L 228-23).

En revanche, la convention par laquelle les associés se consentent un **droit de préemption** mutuel « en cas de cession » de leurs parts ou actions ne s'applique pas à un apport de titres en société (Cass. com. 15-12-2009 n° 08-21.037 : RJDA 4/10 n° 377). Par ailleurs, l'apport de droits sociaux peut, dans certains cas, donner lieu à l'exercice d'un droit de préemption en application de réglementations particulières, par exemple en vertu du droit de l'urbanisme (Mémento Urbanisme-Construction n°s 31900 s.).

L'apport en société de **parts de société civile d'attribution,** qui donnent vocation à l'attribution 1208 en propriété ou en jouissance d'un immeuble ou partie d'immeuble bâti ou non bâti, peut donner lieu à l'exercice du **droit de préemption urbain** dans certaines communes (C. urb. art. L 213-1-2 ; sur cette question, voir Mémento Urbanisme-Construction n°s 31900 s.).

> **> Précisions** Les articles L 219-1 s. du Code de l'urbanisme instituent au profit de certaines communes (cf. Décret 2022-750 du 29-4-2022) un droit de préemption, spécifique et prioritaire par rapport aux autres droits de préemption, en cas d'apport en société d'un immeuble situé dans des **zones exposées au recul du trait de côte.** Ce droit de préemption pourra être mis en œuvre lorsque tous les décrets d'application seront parus (ce qui n'est pas le cas au 15 septembre 2023, date de mise à jour des présents développements) et que les communes concernées auront adapté leurs documents d'urbanisme. Pour plus de précisions, voir Mémento Urbanisme-Construction n°s 34690 s.

1209 L'apport de la totalité des **droits sociaux d'une société** dont l'**objet principal est l'exploitation ou la propriété agricole** peut faire l'objet d'un **droit de préemption** au profit de la société d'aménagement foncier et d'établissement rural (**Safer**) locale (C. rur. art. L 143-1, al. 8).

Lorsqu'un **bien soumis au droit de préemption** des Safer (sur cette question, voir Mémento Vente immobilière nos 38500 s.) a été **apporté** à une société sous la **condition suspensive de la non-préemption** par la Safer et que cette condition a été satisfaite, l'apporteur s'engage à conserver tous les **droits sociaux reçus en contrepartie** de son apport pendant cinq ans. En cas de violation de cet engagement de conservation et sauf accord de sa part, la Safer peut demander l'annulation de l'apport au président du tribunal judiciaire dans un délai de six mois à compter du jour où elle en a connaissance (C. rur. art. L 143-5, al. 2).

1210 **Apport d'un fonds d'exploitation civile** Les personnes exerçant une activité civile adoptent parfois une organisation calquée sur celle des entreprises commerciales, qui leur permet de rendre leurs services avec le maximum d'efficacité. C'est ainsi que sont apparues de véritables **entreprises civiles** qui regroupent un certain nombre d'éléments corporels et incorporels, dont la nature et l'importance varient selon l'activité exercée, et parmi lesquels figure bien souvent une « clientèle ».

Cette évolution a été très nette dans le domaine de l'**agriculture.** L'entreprise agricole utilise des terres, du matériel, des matières premières (semences, engrais) et un cheptel, non plus seulement pour satisfaire des besoins familiaux et locaux mais aussi pour conquérir une clientèle, parfois à l'étranger.

Un phénomène analogue s'est largement développé dans les **professions libérales** : utilisation d'une documentation, d'appareils scientifiques coûteux, de matériels de bureau en vue de satisfaire la clientèle avec le maximum d'efficacité.

Mais cette réalité économique des entreprises civiles n'est toujours pas une réalité juridique. Le fonds d'exploitation civile ne constitue pas, dans notre droit, un bien autonome doté d'un statut comparable à celui du fonds de commerce et les échanges auxquels il donne lieu en pratique (vente, apport en société, location) ne sont l'objet d'aucune réglementation spéciale. Il n'est donc pas possible d'effectuer un apport en société du fonds en tant que tel. Depuis le 15 mai 2022, tout entrepreneur individuel a deux options :

– apporter **l'intégralité de son patrimoine professionnel,** qui inclut le fonds d'exploitation civile (nos 1225 s.) ;

– procéder à l'**apport à titre individuel de chaque élément composant le fonds** et suivre les règles applicables à chacun de ces apports selon sa nature : matériels, terres, marchandises, etc.

La **clientèle,** s'il en est une attachée à l'exploitation, peut aussi être valorisée et apportée (Cass. 1e civ. 7-11-2000 no 1723 : RJDA 10/01 no 953 ; Cass. 1e civ. 19-11-2002 no 1636 : RJDA 4/03 no 376 ; Cass. 1e civ. 30-6-2004 no 1153 : RJDA 3/05 no 247 ; décisions rendues à propos de la cession d'une clientèle médicale, mais applicables à toute cession de clientèle civile). Dans ce cas, les créanciers de l'apporteur ne bénéficient d'aucune protection spéciale.

1215 **Apports de biens indivis ou de droits sur des biens indivis** Un indivisaire ne peut apporter un bien indivis à la société que si les autres **indivisaires** consentent à cet apport (C. civ. art. 815-3). Tout apport réalisé sans le **consentement** de ces derniers leur est inopposable, mais seulement pour la part de leurs droits dans l'indivision (Cass. 1e civ. 5-4-2005 no 665 : RJDA 4/06 no 475).

Sur la **qualité d'associé** des indivisaires ayant consenti à l'apport d'un bien indivis, voir no 1035.

1217 Le **droit de préemption** dont bénéficient les indivisaires en cas de cession par l'un d'entre eux de ses droits sur les biens indivis (C. civ. art. 815-14) ne s'applique pas à l'apport en société, faute pour eux d'être en mesure de fournir le même avantage à l'apporteur, à savoir l'attribution de droits sociaux et non le paiement d'un prix (CA Paris 11-9-1997 : Rép. Defrénois 1998 note Ph. Malaurie).

c. Transfert universel du patrimoine professionnel d'un entrepreneur individuel

CONTEXTE DU TRANSFERT UNIVERSEL DU PATRIMOINE PROFESSIONNEL

1225 Depuis le 15 mai 2022, tout entrepreneur individuel est de plein droit titulaire de deux patrimoines distincts : un patrimoine professionnel et un patrimoine personnel. Le patrimoine professionnel est constitué des biens, droits, obligations et sûretés qui sont utiles à l'activité ou aux activités professionnelles indépendantes de l'entrepreneur ; le patrimoine personnel est constitué des éléments non compris dans le patrimoine professionnel (C. com. art. L 526-22, al. 2 issu de loi 2022-172 du 14-2-2022).

> Précisions Sont **inclus dans le patrimoine professionnel** de l'entrepreneur individuel les éléments qui, par nature, par destination ou en fonction de leur objet, servent à l'activité, tels que, sans que cette liste soit exhaustive, le fonds agricole, le droit de présentation de la clientèle d'un professionnel libéral, les biens meubles comme la marchandise, le matériel et l'outillage, le matériel agricole, les immeubles utiles à l'activité, les parts ou actions de sociétés ayant pour activité principale la mise à disposition au profit de l'entrepreneur des immeubles utiles à son activité, les autres titres de société utiles à l'activité (comme les parts de sociétés civiles de moyens), les données relatives aux clients ou encore les fonds de caisse, toute somme en numéraire conservée sur le lieu d'exercice de l'activité professionnelle, les sommes inscrites aux comptes bancaires dédiés à cette activité, ainsi que les sommes destinées à pourvoir aux dépenses courantes relatives à cette même activité (C. com. art. R 526-26 issu du décret 2022-725 du 28-4-2022).

FACULTÉ D'APPORTER SON PATRIMOINE PROFESSIONNEL

1227 L'entrepreneur individuel peut effectuer un **transfert universel de son patrimoine professionnel** par voie d'apport à une société, emportant transfert de l'actif et du passif constituant ce patrimoine (C. com. art. L 526-27, al. 1 et 2 issu de loi 2022-172 du 14-2-2022).

Ce transfert universel est une faculté offerte à l'entrepreneur individuel, qui s'exerce sans préjudice des autres modes de transmission de **certains éléments composant ce patrimoine, pris individuellement.** Dans ce dernier cas, l'opération est soumise aux règles de droit commun des apports en société et, le cas échéant, à celles du ou des éléments transférés (C. com. art. L 526-27, al. 1 issu de loi 2022-172).

CONDITIONS DE L'APPORT DU PATRIMOINE PROFESSIONNEL

1229 **Textes applicables au transfert universel du patrimoine professionnel** Le transfert universel du patrimoine professionnel obéit au **régime spécifique** édicté par les articles L 526-27 s. du Code de commerce, créés par la loi 2022-172 du 14 février 2022, et les articles D 526-30 s. du même Code issus du décret 2022-799 du 12 mai 2022.

En outre, l'article L 526-27, al. 3 du Code de commerce prévoit que « sous réserve de la présente section » (celle relative au transfert universel), les dispositions légales relatives à l'apport en société de biens de toute nature sont applicables et qu'il en est de même des dispositions légales relatives à la cession de créances, de dettes et de contrats.

Pour une partie de la doctrine, il résulte de cet alinéa que le **régime de droit commun** des apports en société est applicable au transfert universel du patrimoine professionnel (notamment B. Dondero, Place à l'entrepreneur individuel à deux patrimoines (EI2P) ! : Rev. sociétés 2022 p. 199 ; N. Jullian, La transmission du patrimoine de l'entrepreneur, de nouvelles opérations au service des entrepreneurs individuels : JCP E 2022 nº 117 ; R. Mortier, Le nouveau patrimoine professionnel de l'entrepreneur individuel : Dr. sociétés 2022 étude nº 6). D'autres auteurs en font une **interprétation** différente, considérant qu'il se rapporte à la seule hypothèse du transfert non intégral d'un ou de plusieurs éléments du patrimoine professionnel, pris isolément, prévu par l'article L 526-27, al. 1, l'expression « sous réserve de la présente section » ayant précisément pour objet d'exclure le transfert universel (J.-P. Matteï et M. Menjucq, Le transfert du patrimoine professionnel de l'entrepreneur individuel : BRDA 10/22 inf. 24). Selon ces auteurs, les règles de droit commun sont écartées en raison du caractère universel du transfert.

Il résulte du rapport du Sénat présenté dans le cadre des travaux parlementaires sur la loi 2022-172 que cette chambre était favorable à la première interprétation (Rapp. Sén. nº 54). Toutefois, la seconde interprétation a le mérite de donner plus de cohérence au nouveau régime de transfert universel. Ce transfert, qui porte sur une universalité de biens, droits et obligations dont chaque élément ne constitue qu'un élément parmi d'autres, semble en effet difficilement compatible avec les règles de droit commun applicables aux cessions de biens, contrats, créances et dettes isolés (notamment, nécessité de l'accord du cocontractant ou du créancier cédé : C. civ. art. 1216 et 1327). Reste que l'ambiguïté du texte est source d'insécurité juridique et l'on ne peut que formuler l'espoir d'une modification de celui-ci pour éclaircir la situation.

> Précisions Selon un auteur, le législateur « a cru pouvoir concilier **deux logiques** – celle du transfert universel et celle des transferts ut singuli – pourtant incompatibles, pour ne pas dire inconciliables. Si le transfert est universel, il n'aurait pas dû être traité par ailleurs comme une addition de transferts ut singuli, [...] sauf [...] à rendre le régime du transfert incohérent voire impraticable » (R. Mortier, précité).

1232 **Conditions spécifiques au transfert universel de patrimoine professionnel**

Étendue du patrimoine transféré. Le transfert universel du patrimoine professionnel de l'entrepreneur individuel emporte **transfert des droits, biens, obligations et sûretés** dont celui-ci est constitué (C. com. art. L 526-27, al. 2 issu de loi 2022-172 du 14-2-2022).

À peine de nullité du transfert, l'apport ne peut porter que sur l'**intégralité** du patrimoine professionnel, qui ne peut pas être scindé (C. com. art. L 526-30, 1° issu de loi 2022-172). Il en résulte que la scission du patrimoine professionnel est impossible dans le cadre du transfert universel, même si l'activité de l'entrepreneur contient plusieurs branches. Il en résulte aussi que l'entrepreneur individuel doit apporter l'ensemble des **éléments d'actif et de passif** composant ce patrimoine.

À ce transfert universel, il n'est prévu qu'une **exception** pour les dettes de cotisations et contributions sociales nées à l'occasion de l'exercice professionnel de l'apporteur, celles-ci ne pouvant pas faire l'objet du transfert (C. com. art. D 526-32 issu du décret du 2022-799 du 12-5-2022).

1233 Dans le cas où l'**entrepreneur** individuel cédant s'est **obligé contractuellement à ne pas transférer** un élément de son patrimoine professionnel à titre universel, l'inexécution de cette obligation engage sa responsabilité sur l'ensemble de ses biens, sans emporter la nullité du transfert (C. com. art. L 526-27, al. 4 issu de loi 2022-172 du 14-2-2022).

1234 **Faillite ou interdiction frappant l'apporteur.** À peine de nullité du transfert, l'apporteur ne doit pas avoir fait l'objet d'une **faillite personnelle** ou d'une condamnation définitive à une **peine d'interdiction** d'exercer une fonction publique ou une activité professionnelle ou d'une interdiction de diriger, gérer, administrer ou contrôler une entreprise (C. com. art. L 526-30, 3° issu de loi 2022-172 du 14-2-2022).

1235 **Solvabilité de la société bénéficiaire.** En cas d'**apport à une société nouvellement créée,** l'**actif disponible** du patrimoine professionnel apporté doit permettre de faire face au **passif exigible** sur ce même patrimoine, sous peine de nullité du transfert (C. com. art. L 526-30, 2° issu de loi 2022-172 du 14-2-2022). Cette condition est requise pour éviter que la société bénéficiaire ne se trouve de facto en situation de cessation de paiements.

1236 **Évaluation des biens contenus dans le patrimoine professionnel.** Lorsque le patrimoine professionnel apporté contient des biens constitutifs d'un **apport en nature,** l'article L 526-31 du Code de commerce issu de la loi 2022-172 du 14 février 2022 prévoit, sauf exceptions, le recours à un commissaire aux apports.

Toutefois, aucune procédure particulière de vérification des apports en nature n'étant prévue pour les sociétés civiles (n° 1250), l'obligation de recourir à un commissaire aux apports ne pèse pas, à notre avis, sur ces sociétés.

1237 **Exclusion de certains droits.** Sont expressément exclus du transfert universel du patrimoine professionnel de l'entrepreneur individuel les droits (C. com. art. L 526-29, 1° et 2° issu de loi 2022-172 du 14-2-2022) :

– de préemption dont bénéficient les **indivisaires** en cas de cession par l'un d'entre eux de ses droits sur les biens indivis (C. civ. art. 815-14) ;

– de retrait litigieux du cédé en cas de **cession de créance** (C. civ. art. 1699).

FORMALISME DE L'APPORT DU PATRIMOINE PROFESSIONNEL

1240 Le transfert universel du patrimoine professionnel n'est soumis par la loi à aucun formalisme particulier. Il ne fait toutefois pas de doute que les parties ont intérêt à établir un contrat **écrit** pour cette opération. Il est utile d'y faire figurer la liste des biens, contrats, créances, dettes et sûretés faisant partie du patrimoine professionnel, dans l'acte ou en annexe.

L'acte authentique est dans certains cas obligatoire, notamment lorsque le patrimoine professionnel comporte un immeuble d'exploitation (C. civ. art. 710-1, al. 1).

OPPOSABILITÉ DE L'APPORT DU PATRIMOINE PROFESSIONNEL

1242 **Formalités particulières à l'apport de certains biens** La question de savoir si certaines formalités spécifiques à l'apport de certains biens, notamment celles relatives aux **cession de contrats,** de **créances** (n° 1200) et de **dettes,** sont applicables au transfert universel du patrimoine professionnel de l'entrepreneur individuel dépend de l'interprétation que l'on retient de l'article L 526-27, al. 3 du Code de commerce issu de la loi 2022-172 du 14 février 2022 (n°s 1229 s.).

Il en est de même du **droit de préemption** des communes lorsque le patrimoine professionnel comprend un immeuble (n° 1183) susceptible d'y être soumis en raison de sa situation.

1243 Le transfert de propriété de certains biens doit être mentionné dans un **registre dédié** : par exemple, pour les immeubles, le fichier immobilier tenu par le service de la publicité foncière (n° 1180) ou, pour les droits de propriété intellectuelle, les registres nationaux des marques (n° 1196), des dessins et modèles (n° 1198) ou des brevets tenus par l'Inpi (n° 1195).

Publicité du transfert universel de patrimoine professionnel Le transfert de propriété du patrimoine professionnel de l'entrepreneur individuel n'est **opposable** aux tiers qu'à compter de sa publicité (C. com. art. L 526-27, al. 5 issu de loi 2022-172 du 14-2-2022). 1244

Pour ce faire, l'apporteur doit publier, au plus tard un mois après la réalisation du transfert, un avis au **Bodacc** ou une annonce dans un support d'annonces légales dans le département où il exerce son activité professionnelle (C. com. art. D 526-30, I-al. 1 issu du décret 2022-799 du 12-5-2022 et modifié par décret 2022-1439 du 16-11-2022).

L'avis ou l'annonce doit être accompagné d'un **état descriptif** des biens, droits, obligations ou sûretés composant le patrimoine professionnel, tel qu'il résulte du **dernier exercice comptable clos actualisé** à la date du transfert, ou si ce dernier n'est pas soumis à des obligations comptables, à la date qui résulte de l'accord des parties (C. com. art. D 526-30, II-al. 1 issu du décret 2022-799 et modifié par décret 2022-1439).

L'état descriptif **doit indiquer** (C. com. art. A 526-7 issu de arrêté du 12-5-2022) :
- la valeur globale de l'actif ;
- la liste des sûretés dont bénéficie l'entrepreneur individuel et les montants des créances garanties par elles ;
- la valeur globale du passif ;
- la liste des biens du patrimoine professionnel grevés d'une sûreté et, pour chacun des biens concernés, la nature de la sûreté et le montant de la créance garantie.

Protection des créanciers de l'apporteur du patrimoine professionnel 1245

Faculté d'opposition au transfert du patrimoine professionnel. Les créanciers de l'entrepreneur individuel dont la créance est née avant la publicité du transfert de propriété peuvent former opposition au transfert du patrimoine professionnel (C. com. art. L 526-28, al. 1 issu de loi 2022-172 du 14-2-2022). Ils doivent alors saisir le tribunal compétent selon les règles de droit commun, dans le mois suivant la publication de l'avis de publicité du transfert au Bodacc ou dans un support d'annonces légales (C. com. art. D 526-31 issu du décret 2022-799 du 12-5-2022 ; sur cette publication, voir n° 1244).

Conséquences de l'opposition au transfert du patrimoine professionnel. L'opposition formée par un créancier n'a pas pour **effet** d'interdire le transfert du patrimoine professionnel (C. com. art. L 526-28, al. 2 issu de loi 2022-172 du 14-2-2022). 1247

La **décision de justice statuant sur l'opposition** peut soit rejeter celle-ci, soit ordonner le remboursement des créances ou la constitution de garanties, quand la société bénéficiaire en offre et à condition qu'elles soient jugées suffisantes. Si la décision de justice lui ordonne le remboursement des créances, l'apporteur est tenu de remplir son engagement sur tous ses biens mobiliers et immobiliers, présents et à venir, sauf insaisissabilité de sa résidence principale (C. com. art. L 526-28, al. 3 et 4 issu de loi 2022-172).

2. RÈGLES COMMUNES AUX APPORTS D'UN BIEN

a. Rémunération des apports

Les apports doivent être rémunérés par des **parts sociales.** Indépendamment de ces droits sociaux, des **avantages particuliers** (droits prioritaires dans les bénéfices, par exemple) peuvent être accordés aux apporteurs. 1250

Cette rémunération suppose une **évaluation** préalable tant des **biens apportés** s'il s'agit d'apports en nature que des droits sociaux attribués en contrepartie de ces biens.

À la différence du régime applicable aux sociétés à responsabilité limitée et aux sociétés par actions (C. com. art. L 223-9 et L 225-8), aucune procédure particulière de vérification des apports en nature n'est prévue pour les sociétés civiles. L'évaluation de ces apports est faite librement par les associés. Mais cette liberté ne doit pas être la source d'abus. Comme nous le verrons, les créanciers et les ayants droit de l'apporteur disposent de plusieurs moyens pour faire échec aux opérations susceptibles de porter atteinte à leurs intérêts.

La loi ne donne aucune directive sur les méthodes d'évaluation à retenir. En matière de sociétés civiles, il est rare que l'on utilise les méthodes complexes employées pour les évaluations d'entreprises industrielles ou commerciales. Le plus souvent, l'évaluation des apports en nature se fait sur la base de la valeur vénale, laquelle est déterminée par rapport aux prix pratiqués dans la région considérée pour des biens comparables en quantité et qualité à ceux apportés.

Pour une présentation détaillée des méthodes d'évaluation des terrains, immeubles bâtis, titres, droits d'auteurs et droits voisins, voir notre ouvrage Évaluation, Éd. Francis Lefebvre 2021.

b. Apports fictifs

1255 L'apport doit être effectif, c'est-à-dire de nature à procurer à la société un bien représentant une valeur certaine et dont la propriété, l'usufruit ou la nue-propriété peuvent être apportés. Un apport fictif est nul et peut entraîner la **nullité** de la société (n° 26615).

1256 Doivent être **considérés comme fictifs** :

– l'apport d'un bien par une personne qui n'en est pas ou qui n'en est plus propriétaire. Cependant, toutes les fois que la société peut conserver le bien apporté, l'apport reste valable même s'il est fait par une personne qui n'est pas propriétaire : tel est le cas si le bien est un meuble dont la société a été mise de bonne foi en possession (C. civ. art. 2276) ou si la société a pu profiter du bien apporté sans être troublée par le véritable propriétaire (Cass. com. 15-1-1973 : Bull. civ. IV n° 23) ou encore si c'est un immeuble dont la société, de bonne foi, a fait publier l'apport au service chargé de la publicité foncière avant le tiers acquéreur ;

– l'apport d'un bien sous condition dont la réalisation dépend de la seule volonté du débiteur (Cass. 1e civ. 18-6-1974 : Bull. civ. I n° 198, ayant retenu qu'équivalait à un apport fictif celui qui devait être versé dans la caisse sociale sur appel de fonds du « conseil d'administration », alors qu'il apparaissait que l'apporteur s'était réservé, par des manœuvres frauduleuses, la majorité au sein du conseil afin d'être en mesure de décider lui-même s'il convenait de demander ou non le versement des apports) ;

– l'apport d'un bien sans valeur pécuniaire (par exemple, un brevet nul ou périmé) ;

– l'apport d'un bien grevé d'un passif supérieur à la valeur de ce bien, par exemple apport d'un immeuble hypothéqué dont la vente par les créanciers de l'apporteur a fait apparaître que sa valeur était très inférieure à la valeur d'apport (CA Douai 6-8-1903 : D. 1907 II p. 377) ;

– l'apport d'un bien ne pouvant pas être transmis à la société ; par exemple apport de prétendues concessions dont la société n'a jamais pu bénéficier (T. com. Seine 9-12-1903 : J. soc. 1904 p. 222) ;

– l'apport d'un bien soumis à un droit de préemption en fraude des droits du bénéficiaire de ce droit (nos 1285 s.).

1257 En revanche, n'est **pas fictif** l'apport réalisé avec des fonds avancés par l'associé majoritaire (CA Paris 23-5-2003 n° 02-14421 : RJDA 1/04 n° 54) pour autant, bien évidemment, que l'avance de fonds ne soit pas simulée.

De même, le fait pour une femme mariée d'avoir libéré son apport en numéraire par la remise à la société d'un chèque tiré par son mari n'implique pas que cet apport soit fictif, la femme ayant pu bénéficier d'un don manuel de la part du mari (Cass. civ. 23-5-1977 : D. 1978 p. 89 note M. Jeantin).

APPRÉCIATION DE LA FICTIVITÉ D'UN APPORT

1258 Pour déterminer si un apport est ou non fictif, il faut se placer au **moment** de la constitution de la société (Cass. com. 18-6-1974 : Bull. civ. IV n° 199), c'est-à-dire, à notre avis, au jour de la signature des statuts ou de l'augmentation de capital constatant l'apport.

Dès lors, la perte de valeur postérieure à l'apport ne doit pas être prise en considération. Ainsi, n'est pas entaché de fictivité l'apport d'actions d'une société qui sont devenues sans valeur à la suite de pertes importantes subies par celle-ci (CA Paris 26-7-1887 : D. 1888 II p. 145).

> Précisions a. En cas de litige, c'est à l'apporteur qu'il incombe de faire la **preuve** de la réalité de son apport (Cass. 3e civ. 1-7-1971 : Bull. civ. III n° 438).

b. Un **apport** n'est pas fictif dès l'instant où il est **grevé de charges** : l'apport existe réellement dans la mesure où les charges laissent subsister une valeur transmise à la société. Jugé, par exemple, qu'un immeuble grevé d'une inscription hypothécaire peut faire l'objet d'un apport dès lors que l'apporteur n'a pas dissimulé cette circonstance aux associés et que la société n'a eu à subir de ce chef aucune éviction (CA Riom 22-11-1928 : DP 1930 II p. 121 note P. Pic).

c. Il ne faut pas confondre la fictivité d'un apport avec la **surévaluation d'apports** (n° 1175).

c. Obligation de l'apporteur

ÉTENDUE DE L'OBLIGATION DE L'APPORTEUR

1265 L'apporteur est tenu de libérer son apport, c'est-à-dire de **remettre** à la société **les biens** qu'il a **promis** d'apporter (C. civ. art. 1843-3). Cette obligation subsiste même après la dissolution de la société (Cass. req. 7-12-1936 : Gaz. Pal. 1937 I p. 159) et même après l'ouverture d'une procédure collective à l'encontre de celle-ci (Cass. req. 2-9-1940 : JCP G 1940 II n° 1548).

La **libération** de l'apport peut être **retardée** dans les conditions fixées par les statuts. L'apporteur est néanmoins associé dès la signature des statuts, peu important qu'un terme ait été fixé pour la libération de son apport (T. civ. Cholet 24-3-1954 : JCP G 1954 II n° 8279 ; CA Paris 10-3-2004 n° 02-11747 : RJDA 8-9/04 n° 1002).

Sur la question de savoir si, en cas de **cession de parts** sociales non libérées, il appartient au cédant ou à l'acquéreur de libérer l'apport, voir n° 21320.

INEXÉCUTION DE L'OBLIGATION DE L'APPORTEUR

Avant l'immatriculation, l'apporteur qui n'exécute pas volontairement son obligation d'apport peut y être **contraint** sur décision de justice à la demande de ses coassociés. Après l'immatriculation, seuls la société et les créanciers sociaux (par la voie de l'action oblique) peuvent l'y contraindre. 1266

L'inexécution par un associé de son obligation d'apport peut être une cause de **nullité de la société** (n° 26615). 1267

d. Droits des créanciers de l'apporteur

L'apport d'un bien en société peut nuire aux créanciers de l'apporteur car il entraîne une diminution de leur gage : la propriété du bien apporté passant à la société, le patrimoine de l'apporteur s'appauvrit. Pour se prémunir contre ce risque, les créanciers disposent, en plus de l'action paulienne (nos 1271 s.) et des mesures spéciales de protection lorsque l'apport porte sur le patrimoine professionnel d'un entrepreneur individuel (nos 1245 s.), des moyens du droit commun suivants. 1270

1. Réintégration de l'apport dans le patrimoine de l'apporteur par la voie de l'action oblique. Lorsque l'apporteur a la possibilité de recouvrer son bien en invoquant la nullité de la société ou de l'apport et qu'il s'abstient d'agir, les créanciers peuvent exercer eux-mêmes l'action en nullité en ses lieu et place (C. civ. art. 1341-1).

2. Annulation de l'apport après cessation des paiements de l'apporteur. Lorsque l'apport est intervenu durant la période suspecte, il peut être annulé dans les cas mentionnés nos 775 s.

3. Déclaration de fictivité de l'apport. Les créanciers de l'apporteur peuvent établir que l'apport est purement apparent ou fictif (nos 1255 s.).

4. Purge des hypothèques. Si le bien apporté est un immeuble, la société peut, après publication du transfert (n° 1180), recourir à la procédure de purge de manière à libérer l'immeuble des hypothèques qui le grèvent ; elle offre alors aux créanciers hypothécaires une somme correspondant à la valeur d'apport de l'immeuble, mais ces créanciers ont le droit, sous réserve de respecter certaines conditions, de requérir la mise aux enchères publiques dudit immeuble (C. civ. art. 2464 s.). La valeur de l'apport est réduite d'autant : l'apporteur reçoit donc seulement les parts à due concurrence de la valeur subsistante ou rien s'il ne reste rien ; l'apport devient alors un achat pour la société.

EXERCICE DE L'ACTION PAULIENNE PAR LES CRÉANCIERS DE L'APPORTEUR

Lorsqu'une personne fait apport de son bien uniquement dans le dessein de le soustraire aux poursuites de ses créanciers, ceux-ci peuvent, par la voie de l'action dite « paulienne » (C. civ. art. 1341-2), attaquer l'**apport** afin qu'il leur soit déclaré **inopposable.** Les créanciers peuvent alors soit saisir directement le bien apporté entre les mains de la société, soit obtenir réparation du préjudice que l'apport aurait pu leur causer. 1271

Sur leur faculté d'agir en cas de procédure collective de l'apporteur, voir n° 775.

Conditions de l'action paulienne L'action des créanciers est soumise aux conditions suivantes. 1272

a. L'apport doit entraîner un **appauvrissement** du débiteur, par exemple lorsque celui-ci consent à ne recevoir en contrepartie des biens remis à la société que des droits sociaux représentant une valeur inférieure à celle de son apport.

La Cour de cassation apprécie largement cette condition. Elle considère que le simple apport en société par le débiteur d'immeubles lui appartenant cause un appauvrissement, dès lors que cette opération aboutit à remplacer, dans le patrimoine du débiteur, des immeubles qui, pris individuellement, trouveraient facilement acquéreurs, par des parts sociales difficilement négociables, dont le prix de vente n'atteindrait pas la valeur desdits immeubles (Cass. 1e civ. 27-2-1973 n° 71-14.693 : Bull. civ. I n° 70 ; Cass. com. 3-12-2002 n° 2022 : RJDA 5/03 n° 495 ; Cass. 3e civ. 9-2-2010 n° 09-10.639 : RJDA 7/10 n° 782).

b. Il faut qu'il y ait **fraude,** c'est-à-dire que l'apporteur doit avoir eu, au moment de l'apport, connaissance du préjudice qu'il causait par cet acte à son créancier (Cass. com. 25-3-1991 : RJDA 11/91 n° 885 ; Cass. 1e civ. 14-1-1992 : RJDA 4/92 n° 378 ; Cass. 1e civ. 14-2-1995 : Bull. civ. I n° 79). Mais il n'est pas nécessaire de prouver en outre que l'apporteur a agi dans l'intention de nuire à son créancier (Cass. civ. 13-3-1973 : JCP 1974 II 17782 note J. Ghestin ; Cass. 1e civ. 17-10-1979 : Bull. civ. I n° 249 ; Cass. 1e civ. 4-11-1983 : Bull. civ. I n° 254). 1273

Pour que la fraude soit établie, il faut également démontrer que les **autres associés** de la société en avaient connaissance (C. civ. art. 1341-2 ; en ce sens, notamment, Cass. 1e civ. 14-1-2003 n° 42 : RJDA 6/03 n° 635). Cet article précise en effet, s'agissant d'un acte à titre onéreux, que le créancier doit établir la connaissance de la fraude par le « tiers cocontractant » du débiteur (en l'occurrence, les autres signataires du contrat de société par lequel le débiteur apporte le bien litigieux).

ILLUSTRATIONS

La **fraude** est **établie** lorsque l'apport est effectué pour :
– soustraire un immeuble à la poursuite de créanciers qui avaient engagé une action en saisie immobilière (Cass. req. 14-4-1930 : J. soc. 1931 p. 408) ;
– diminuer l'efficacité d'une hypothèque dont bénéficie le créancier sur l'immeuble (Cass. 3e civ. 12-10-2005 n° 1064 : RJDA 3/06 n° 329) ;
– organiser l'insolvabilité apparente de l'apporteur ; celle-ci devant alors être démontrée, non seulement au jour où l'action est exercée, mais aussi à la date de l'apport (Cass. 1e civ. 4-11-2010 n° 09-69.108 : RJDA 2/11 n° 180).
Un contribuable faisant l'objet d'un contrôle fiscal commet également une fraude paulienne à l'égard de l'administration fiscale lorsque, alerté par les observations du vérificateur, il apporte ses biens immobiliers à une société en ayant conscience du redressement fiscal qui s'annonce (Cass. com. 12-10-2010 n° 09-16.754 : RJDA 1/11 n° 40).
En revanche, l'atteinte frauduleuse aux droits du créancier n'est pas caractérisée lorsque l'opération d'apport est réalisée dans des conditions lui permettant d'exercer normalement son droit de gage général sur le patrimoine de la société bénéficiaire, sans que les chances de paiement des créances soient compromises ou leur recouvrement rendu plus difficile du fait de l'opération (CA Douai 16-9-2021 n° 19/00866 : RJDA 3/22 n° 143, à propos d'un apport partiel d'actifs, mais applicable à tous les apports).

1274 **c.** Seuls les créanciers dont la **créance** est **née antérieurement à l'apport** peuvent, en principe, intenter l'action paulienne. Il suffit que la créance soit certaine en son principe avant la réalisation de l'apport litigieux (Cass. com. 12-10-2010 n° 09-16.754 : RJDA 1/11 n° 40), peu important qu'elle ne soit pas encore liquide (Cass. 1e civ. 13-4-1988 : Bull. civ. I n° 91 ; Cass. 1e civ. 5-7-2005 n° 1105 : RJDA 2/06 n° 188).

L'action paulienne est également recevable quand les faits qui ont donné naissance au droit de créance sont **postérieurs à l'acte attaqué,** si la fraude a été précisément organisée à l'effet de frustrer le futur créancier (Cass. req. 15-11-1939 : DH 1940 p. 40 ; Cass. 3e civ. 27-6-1972 : Bull. civ. III n° 420 ; Cass. 1e civ. 17-1-1984 : D. 1984 p. 437 note Ph. Malaurie ; Cass. 1e civ. 14-1-2003 n° 00-15.275 F-D : RJDA 6/03 n° 635).

1275 **Prescription de l'action paulienne** L'action paulienne se **prescrit** par cinq ans à compter du jour où le créancier a connu ou aurait dû connaître l'existence de l'acte frauduleux (C. civ. art. 2224).

1276 **Conséquences de l'action paulienne** Lorsque le caractère frauduleux de l'apport a été prouvé, il en résulte les conséquences suivantes.

Les **créanciers poursuivants** et les créanciers qui se joignent à l'action échappent aux effets de l'apport opéré en fraude de leurs droits et peuvent, par décision de justice et dans la limite de leurs droits, en faire saisir l'objet entre les mains de la société (Cass. 1e civ. 30-5-2006 n° 900 : RJDA 1/07 n° 96 ; Cass. 1e civ. 12-7-2006 n° 1293 inédit) si tous les associés sont de mauvaise foi et si la société est encore en possession de ce bien ; si certains associés seulement sont de mauvaise foi ou si le bien a été aliéné par la société, les créanciers ont droit à des dommages-intérêts dans la mesure du préjudice subi. Mais les créanciers personnels de l'apporteur qui sont demeurés étrangers à l'instance n'ont aucun droit sur le bien réintégré ou sur les dommages-intérêts (Cass. com. 22-5-1978 : Bull. civ. IV n° 139).

Les **créanciers sociaux** ne peuvent pas exercer leurs droits sur le bien saisi même s'ils sont de bonne foi. En effet, les créanciers sociaux n'ont pour gage que le patrimoine de la société (C. civ. art. 2285). Ils doivent subir, comme elle, les conséquences de la fraude. Ils ne peuvent pas soutenir que, la société ayant été régulièrement constituée, l'inopposabilité de l'apport aux créanciers personnels de l'apporteur est sans effet à leur égard ; la fraude fait exception à toutes les règles.

1277 L'inopposabilité de l'apport aux créanciers de l'apporteur rend celui-ci fictif puisque le bien apporté peut être saisi entre les mains de la **société,** laquelle peut alors être annulée si cet apport était déterminant pour l'engagement des autres associés ou si, ce qui est fréquent en pareille hypothèse, tous les autres associés sont de mauvaise foi, la société étant alors le plus souvent une société fictive (n° 6070).

1278 Conformément aux principes généraux de la responsabilité, les **coassociés** de l'apporteur peuvent être condamnés à des dommages-intérêts s'ils ont été complices de la fraude organisée au préjudice des créanciers.

e. Droits des ayants cause de l'apporteur

L'apport en société peut être fait en **fraude** des droits dont dispose une tierce personne sur le bien apporté. Plusieurs situations peuvent être distinguées. 1285

APPORT DE LA CHOSE D'AUTRUI

L'apport d'un bien appartenant à autrui constitue une fraude et est **inopposable** à cette personne. Ainsi, est inopposable à l'acquéreur d'un immeuble l'apport de ce bien par le vendeur à une société constituée avec l'un de ses créanciers en vue de lui céder la totalité des parts sociales pour éteindre sa dette (Cass. 3e civ. 5-2-1970 : Bull. civ. III n° 93). 1286

L'inopposabilité peut justifier l'exercice de mesures conservatoires. Ainsi jugé qu'une épouse en instance de divorce pouvait valablement demander en justice l'inventaire des biens contenus dans le coffre-fort d'une société constituée par son mari avec son fils afin de s'assurer que les biens entreposés n'appartenaient pas à la communauté (CA Lyon 2-3-1953 : D. 1953 p. 360).

La personne lésée doit établir que l'apporteur avait conscience de violer ses droits et peut prouver la fraude par tout moyen.

Elle peut se prévaloir de l'inopposabilité même à l'égard d'un sous-acquéreur de bonne foi (Cass. civ. 10-5-1949 : JCP G 1949 II n° 4972 note Becqué).

Cette inopposabilité ne profite qu'à elle et non à d'autres tiers, tels les créanciers de l'apporteur, qui disposent de la possibilité d'exercer l'action paulienne (nos 1271 s.).

Les **coassociés de l'apporteur** peuvent être condamnés à des dommages-intérêts envers la victime de la fraude s'ils en ont été complices. 1287

À l'égard de la société, l'inopposabilité de l'apport à la victime de la fraude n'entraîne pas nécessairement la nullité de la société. Il y aura néanmoins nullité pour vice du consentement si cet apport a été déterminant pour l'engagement des autres associés ou nullité pour contenu illicite si la fraude est le but de la société (n° 26640). 1288

APPORT EN VIOLATION D'UN PACTE DE PRÉFÉRENCE

Un pacte de préférence est une convention par laquelle le propriétaire d'un bien s'engage envers une personne (le bénéficiaire du pacte) à lui proposer d'**acquérir** ce bien **par priorité** avant de le céder à quelqu'un d'autre (C. civ. art. 1123, al. 1). L'apport d'un bien en société n'est effectué en violation d'un tel pacte que si le propriétaire du bien s'est expressément interdit de transférer celui-ci à un tiers à quelque titre que ce soit, y compris à l'occasion d'un apport. 1289

Les pactes de préférence entraînant une restriction au droit de propriété (droit de disposer du bien), ils sont interprétés strictement et leur violation n'est avérée qu'en cas de transfert du bien consécutif à une opération qu'ils visent explicitement (pour des cas où l'apport n'a pas entraîné la violation du pacte, la préférence ayant été seulement prévue « en cas de cession », voir Cass. com. 15-12-2009 n° 08-21.037 : RJDA 4/10 n° 377 ; Cass. 3e civ. 15-1-2014 n° 12-35.106 : RJDA 5/14 n° 411).

En cas de violation du pacte, l'**apport** peut être **annulé** si le bénéficiaire du pacte démontre que les parties au contrat de société avaient connaissance de l'existence de ce pacte et de l'intention du bénéficiaire de s'en prévaloir (C. civ. art. 1123, al. 2 ; Cass. 3e civ. 26-10-1982 : Bull. civ. III n° 208 et Cass. 3e civ. 24-6-1998 n° 1106 : RJDA 10/98 n° 1090, en matière de vente immobilière mais transposables à un apport en société). Si la preuve de la première condition est généralement facile à établir, notamment lorsque le pacte de préférence a été publié – publicité qui n'est cependant pas obligatoire (Cass. 3e civ. 16-3-1994 : Bull. civ. III n° 58) –, la preuve de la seconde condition est plus difficile à rapporter. 1290

L'annulation de l'apport entraîne l'annulation consécutive des parts ou actions émises en contrepartie de celui-ci.

Le bénéficiaire du pacte qui a apporté la preuve de ces conditions est en droit d'obtenir sa **substitution** à la société (C. civ. art. 1123, al. 2 ; Cass. ch. mixte 26-5-2006 n° 240 : RJDA 8-9/06 n° 883, chron. P. Chauvin p. 796 et Cass. 3e civ. 31-1-2007 n° 05-21.071 : RJDA 6/07 n° 597, rendus en matière de vente immobilière mais transposables à un apport en société). Il appartient donc au juge qui annule l'apport réalisé en violation d'un pacte de préférence d'ordonner la substitution si elle lui est demandée et de constater la vente au profit du bénéficiaire du pacte moyennant un prix correspondant à la valeur de l'apport.

Si l'une des conditions posées pour bénéficier de la substitution n'est pas remplie, la violation du pacte ne peut être sanctionnée que par l'octroi de **dommages-intérêts** (C. civ. art. 1123, al. 2 ; Cass. 3e civ. 31-1-2007 précité).

> **Précisions** La violation d'un pacte de préférence peut constituer un trouble manifestement illicite autorisant le juge des référés à prescrire les **mesures conservatoires** s'imposant pour le faire cesser (CPC art. 873, al. 1). Un tel trouble a justifié l'interdiction faite à un apporteur de réaliser tout

acte de disposition sur les parts ou actions reçues en rémunération de l'apport ; l'apporteur a aussi été condamné à notifier une offre de cession au bénéficiaire du pacte (CA Paris 14-2-2012 n° 11/14683 : RJDA 6/12 n° 600).

1291 **Prévention de la violation d'un pacte de préférence** Les futurs coassociés de l'apporteur peuvent demander par écrit au tiers bénéficiaire d'un pacte de préférence de **confirmer,** dans un délai raisonnable, l'existence du pacte et son intention de s'en prévaloir en mentionnant qu'à défaut de réponse dans le délai imparti, le bénéficiaire ne pourra plus solliciter sa substitution à la société ou la nullité de l'apport (C. civ. art. 1123, al. 3 et 4).

APPORT EN VIOLATION D'UNE PROMESSE DE VENTE

1292 L'apporteur ne peut pas apporter un bien qu'il a promis de vendre à un tiers. En effet, la révocation de la promesse de vente pendant le délai d'option n'empêche pas la **conclusion de la vente promise** si le bénéficiaire de la promesse lève l'option. En outre, l'apport réalisé en violation de cette promesse peut être **annulé** si les futurs coassociés ont eu connaissance de la promesse (C. civ. art. 1124, al. 2 et 3, applicable aux promesses conclues depuis le 1-10-2016). Pour la Cour de cassation, ne peut pas non plus être révoquée, sauf clause contraire, la promesse conclue avant le 1er octobre 2016, date d'entrée en vigueur de l'article 1124, peu important que la révocation intervienne avant l'ouverture du délai d'option offert au bénéficiaire (Cass. com. 15-3-2023 n° 21-20.399 FS-B : RJDA 7/23 n° 363) ou pendant ce délai (Cass. 3e civ. 23-6-2021 n° 20-17.554 FS-B : RJDA 11/21 n° 708 ; Cass. 3e civ. 20-10-2021 n° 20-18.514 FS-B : RJDA 2/22 n° 70).

3. APPORTS EN INDUSTRIE

DÉFINITION DE L'APPORT EN INDUSTRIE

1300 Il y a apport en industrie lorsqu'un associé met à la disposition de la société ses **connaissances techniques,** son **travail** ou ses **services.**

Les apports en industrie doivent, comme les apports en nature ou en numéraire, être mentionnés dans les **statuts** (C. civ. art. 1835), faute de quoi l'apporteur ne peut pas s'en prévaloir (Cass. com. 14-12-2004 n° 1830 : RJDA 4/05 n° 383).

> Précisions **a.** En pratique, les apports en industrie sont rares. Le plus souvent, l'engagement par une personne de consacrer son activité à une société fait l'objet d'un contrat de travail ou d'un contrat d'entreprise. En contrepartie, cette personne reçoit un salaire ou des honoraires qui peuvent d'ailleurs être éventuellement assortis d'un intéressement aux bénéfices. Il est cependant un domaine où l'apport en industrie s'est développé : celui des professions libérales et des SCP puisque l'objet de ces sociétés se confond avec l'activité de leurs membres (sur les apports en industrie dans les SCP, voir Y. Guyon, Rép. Defrénois 1999).

b. Les **mentions statutaires** des apports en industrie doivent être les plus précises possibles : définition et durée des prestations à fournir par l'apporteur, étendue de l'obligation de non-concurrence mise à sa charge (n° 1310), droits conférés à l'apporteur dans le partage des bénéfices et de l'actif net (n° 1305), etc.

c. Jugé qu'un apport en industrie peut consister en une « **influence** » reconnue à un associé, à condition que cette influence soit licite (Cass. 1re civ. 16-7-1997 : RJDA 11/97 n° 1352, en matière de société de fait mais transposable à une société civile).

RÉMUNÉRATION DE L'APPORT EN INDUSTRIE

1305 N'étant pas susceptible d'une réalisation forcée au profit des créanciers, l'apport en industrie ne peut pas être un élément constitutif du capital social. Certes, l'article 1843-2, al. 2 du Code civil permet d'attribuer à l'apporteur en industrie des **parts de la société** mais il précise que ces parts ne concourent pas à la formation du capital.

L'apport en industrie donne à son auteur, même en l'absence de tout autre apport, la qualité d'associé et lui confère tous les droits attachés à cette qualité : droits aux bénéfices et, éventuellement, au boni de liquidation ; droit de participer aux décisions collectives et de voter (en ce sens, Rép. Frédéric-Dupont : AN 25-7-1983 n° 30968) (n° 9050). Il résulte de la **qualité d'associé** de l'apporteur en industrie que la société n'est pas unipersonnelle lorsqu'elle a été constituée entre deux personnes dont l'une n'a fait qu'un apport en industrie à la société (Cass. 1re civ. 30-3-2004 n° 530 : RJDA 7/04 n° 853).

L'étendue des **droits de l'apporteur** doit être fixée dans les statuts. À défaut de clauses particulières à cet égard, la part de l'apporteur en industrie dans les bénéfices et le boni de liquidation est égale à celle de l'associé qui a le moins apporté (C. civ. art. 1844-1, al. 1).

> Précisions Un associé d'une SCP d'avocats au sein de laquelle il exerçait sa profession a été privé de quote-part d'actif net après son **retrait** pour les raisons suivantes : en l'absence de toute stipulation fixant les **modalités d'indemnisation** de l'associé qui se retire, celui-ci n'a droit qu'au partage des bénéfices non distribués (réserves et boni de liquidation) ; or, la SCP qui relevait du régime fiscal des bénéfices non commerciaux tenait une comptabilité d'encaissement des recettes et des dépenses, de sorte qu'il n'existait aucun bénéfice non distribué et que la totalité des résultats était attribuée aux associés sous forme de dividendes (CA Paris 17-6-2008 n° 06-3926 : RJDA 11/08 n° 1143). Cette analyse est contestable : la tenue d'une comptabilité d'encaissement n'entraîne pas la distribution de la totalité des bénéfices aux associés ; la distribution d'une partie des bénéfices est toujours possible, auquel cas les sommes non distribuées restent en caisse ou en banque (n° 1516). Il nous semble que ces sommes font alors partie de l'actif net auquel l'apporteur en industrie peut prétendre au moment de son retrait.

OBLIGATIONS DE L'APPORTEUR EN INDUSTRIE

L'apporteur en industrie doit rendre à la société les **services promis** et lui verser tous les **gains** qu'il pourrait réaliser par l'activité faisant l'objet de son apport (C. civ. art. 1843-3, dernier al.). **1310**

Il ne peut donc pas exercer une **activité concurrente** de celle qu'il a promise à la société ; cela ne lui interdit pas cependant d'exercer une activité complètement étrangère à l'objet de la société, à condition que cette activité extérieure lui laisse un temps suffisant pour se consacrer aux affaires sociales et que le contrat de société ne le lui interdise pas.

L'apporteur doit exercer son activité généralement pendant la **durée** de la société mais il est possible de prévoir une période moindre.

Si, pour une raison quelconque, l'apporteur ne peut continuer son activité, son **apport** est **caduc** : ses droits envers la société sont alors liquidés dans les conditions fixées aux statuts. Il a été jugé que si la société est dissoute avant le terme statutaire, les droits de l'apporteur dans les bénéfices et sa contribution aux pertes sont réduits proportionnellement à la durée pendant laquelle l'apport devait continuer à être effectué (CA Colmar 16-7-1863 et, sur pourvoi, Cass. civ. 14-6-1865 : D. 1866 I p. 132).

E. Participation des associés aux résultats de l'exploitation

PRINCIPE

Selon l'article 1832 du Code civil, pour qu'il y ait une société, il faut que les associés aient en vue le partage d'un **bénéfice** ou la réalisation d'une **économie.** Il faut aussi qu'ils s'engagent à contribuer aux **pertes.** **1500**

1. RECHERCHE D'UN AVANTAGE MATÉRIEL À PARTAGER

NOTION DE BÉNÉFICE

À notre avis, le bénéfice s'entend exclusivement d'un **enrichissement** pécuniaire. **1505**

> Précisions La notion de bénéfice, qui a souvent fait l'objet de controverses, peut être entendue de deux façons :
– selon une première acception, le bénéfice peut s'entendre de tout avantage appréciable en argent, qu'il s'agisse d'un gain positif, pécuniaire ou matériel ou de l'économie d'une dépense ;
– une conception nettement plus restrictive conduit à donner au mot « bénéfice » le sens de gain positif pécuniaire.

En juxtaposant les deux termes « bénéfice » et « économie » dans la rédaction de l'article 1832, le législateur semble s'être rallié à la **conception la plus restrictive du bénéfice** (enrichissement en argent) mais, au demeurant, la plus répandue.

NOTION D'ÉCONOMIE

Les sociétés sont valablement constituées même si elles ont pour unique objet de permettre à leurs membres d'**éviter des dépenses,** à l'exclusion de toute recherche d'un gain positif : réduction des charges de gestion d'un immeuble utilisé en commun par les associés, achat de matériels ou de marchandises à moindres frais, action commerciale commune accessoire à une activité civile (promotion des ventes, représentation à l'étranger, campagnes publicitaires, études de marché), etc. **1510**

Les groupements de dépenses peuvent donc revêtir aussi bien la forme d'une société civile (ou commerciale) que celle d'un groupement d'intérêt économique ou même d'une association régie par la loi de 1901.

2. VOCATION DES ASSOCIÉS AUX BÉNÉFICES ET CONTRIBUTION AUX PERTES

VOCATION DES ASSOCIÉS AUX BÉNÉFICES SOCIAUX

1515 Les bénéfices réalisés sont appelés à être répartis entre les associés. Cette répartition est aussi indispensable à l'existence d'une société que la recherche des bénéfices (C. civ. art. 1832). Elle intervient sur décision des associés au vu du rapport que le gérant présente à ceux-ci **chaque année** (C. civ. art. 1856).

Sur l'interdiction des **clauses privant un associé de tout droit aux bénéfices,** voir nos 1530 s.

1516 **Distribution des bénéfices** Le principe posé par l'article 1832 du Code civil n'implique pas, sauf clause contraire des statuts, l'**obligation de distribuer** tous les profits réalisés, dès qu'ils sont constatés à l'issue de chaque exercice annuel (TGI Paris 5-5-1982 : JCP G 1983 IV p. 324). Il appartient aux associés réunis en assemblée générale de décider, en fonction des résultats antérieurs et des perspectives d'avenir, s'il convient de procéder à cette distribution, de mettre en réserve tout ou partie des bénéfices de l'exercice ou de les laisser en report à nouveau.

CONTRIBUTION DES ASSOCIÉS AUX PERTES

1518 Chaque associé doit contribuer aux pertes (C. civ. art. 1832).

La contribution aux pertes est la **quote-part** qui incombe normalement à chaque associé dans le montant des pertes sociales. Cette contribution n'est pas limitée au montant de l'apport de l'associé. Elle est **illimitée.**

Il ne faut pas la **confondre avec** l'obligation qui pèse sur lui de désintéresser les créanciers sociaux en proportion de sa part dans le capital social (« **obligation aux dettes** »). La contribution aux pertes ne concerne que les rapports des associés entre eux ou avec la société, alors que l'obligation aux dettes concerne les rapports des associés avec les tiers (Cass. 3e civ. 6-7-1994 n° 1343 : RJDA 12/94 n° 1310 ; CA Lyon 24-11-2005 n° 04-3880 : RJDA 7/06 n° 778).

> **Précisions** **a.** Les dettes d'une société ne sont pas nécessairement **équivalentes** à ses **pertes.** En effet, une société peut avoir contracté des engagements qui excèdent sa capacité contributive sans pour autant enregistrer des pertes d'exploitation. Réciproquement, une société peut très bien être en perte et avoir cependant un actif disponible couvrant ses dettes à l'égard des tiers.
> **b.** Pour qu'il y ait contribution aux pertes, il faut que l'associé soit exposé à **supporter le déficit** éventuel sur son patrimoine (Cass. soc. 20-11-1974 : Bull. civ. V n° 549). Pour l'apporteur en industrie, cette contribution résulte de la perte de la rémunération qu'il pouvait attendre de l'exercice de son activité (voir Cass. 1re civ. 2-10-1974 : Bull. civ. I n° 249 ; CA Basse-Terre 14-5-1973 : RTD com. 1974 p. 98 obs. Cl. Champaud).

1520 **Exigibilité de la contribution aux pertes** Si le texte de l'article 1832 du Code civil ne contient aucune indication sur la date à laquelle les associés sont tenus de contribuer aux pertes sociales, cette contribution n'intervient en principe qu'au jour de la **dissolution de la société** (Cass. com. 3-3-1975 : Rev. sociétés 1975 p. 454 note D. Randoux ; Cass. com. 29-10-2003 n° 1426 : RJDA 3/04 n° 309, en matière de sociétés commerciales mais transposables aux sociétés civiles) car, jusqu'à cette date, la perspective d'un redressement existe toujours. En cas de liquidation judiciaire de la société, ce jour correspond au jour du jugement de clôture pour insuffisance d'actif (C. civ. art. 1844-7, 7°) et seul le liquidateur peut agir contre les associés (Cass. com. 3-5-2018 n° 15-20.348 FS-PBI : RJDA 7/18 n° 576).

Toutefois, rien n'interdit aux associés de prévoir une **participation** aux pertes **anticipée** qui pourrait même être **périodique.** Dans la mesure où tout appel de fonds supplémentaire entraîne une augmentation des engagements des associés qui requiert nécessairement le consentement de chacun d'eux (C. civ. art. 1836, al. 2), cette contribution aux pertes en cours de vie sociale ne peut résulter que d'une **stipulation expresse des statuts** d'origine, hormis l'hypothèse d'une décision unanime des associés en ce sens. En effet, les dispositions de l'article 1836, al. 2 précité ne s'appliquent qu'aux décisions modifiant les statuts et non à celles prises conformément à ceux-ci, en vue de la réalisation de l'objet social (nos 9105 s.).

ILLUSTRATIONS

Ainsi jugé que l'article 1832 du Code civil ne subordonne pas la participation aux pertes des associés à une liquidation judiciaire préalable de la société, de sorte qu'un associé peut être tenu en cours de vie sociale de répondre à un appel de trésorerie prévu par les statuts et constituant une participation provisionnelle aux pertes destinée à assurer le fonctionnement de la société (CA Paris 1-12-1999 : RJDA 5/00 n° 537, en matière de société en participation mais transposable aux sociétés civiles par identité du texte applicable). De même, dans un cas où les statuts d'une SCI prévoyaient que le bénéfice de l'exercice était intégralement acquis par les associés à la date de la clôture de l'exercice, sous forme d'inscription en compte courant, et que les pertes, s'il en existait, étaient supportées également, immédiatement et intégralement et étaient réparties entre les associés, jugé que la société pouvait valablement affecter ses pertes au compte courant des associés (Cass. com. 9-6-2004 n° 916 : RJDA 10/04 n° 1123).

Jugé également qu'un appel de fonds décidé par le gérant d'une SCI sur autorisation de l'assemblée générale des associés pour répondre à un besoin de trésorerie était régulier dans la mesure où il s'analysait, non en une demande d'augmentation des engagements des associés, mais en une contribution aux pertes sociales à laquelle les associés devaient satisfaire : il résultait de la résolution de l'assemblée que la somme appelée avait expressément pour objet de faire face aux besoins de financement de la société, dont les pertes sociales à l'origine de cette résolution étaient nées de la réalisation de l'objet social consistant en l'acquisition et l'administration d'un immeuble ; les statuts prévoyaient l'obligation pour chaque associé de contribuer aux pertes à chaque inventaire, aucun texte ne limitant par ailleurs l'application de la règle de la contribution aux pertes aux opérations de liquidation de la société (CA Versailles 7-9-2000 : RJDA 1/01 n° 28).

À l'inverse, un appel de fonds ne peut pas être imposé à un associé sur le fondement d'une clause prévoyant seulement que les pertes éventuelles de la société sont prises en charge par les associés dans la même proportion que le bénéfice et qu'en cas d'existence d'un compte bloqué au nom de l'associé, la prise en charge intervient de plein droit par voie de compensation et à due concurrence, l'associé restant débiteur de l'éventuel surplus non compensé (Cass. com. 5-5-2009 n° 08-14.044 : RJDA 7/09 n° 645) : cette clause n'est qu'un **rappel de l'obligation de contribuer aux pertes** sociales.

Un **associé** refusant de répondre à un appel de fonds non prévu par les statuts n'engage pas sa **responsabilité** à l'égard de ses coassociés ou de la société (Cass. com. 10-7-2012 n° 11-14.267 : RJDA 11/12 n° 961).

RÉPARTITION DES BÉNÉFICES ET DES PERTES ENTRE LES ASSOCIÉS

La **part des associés** dans les bénéfices et les pertes est presque toujours prévue dans les statuts. Dans la quasi-totalité des cas, cette part est **proportionnelle** aux droits des associés dans le capital. C'est en quelque sorte la solution naturelle, d'ailleurs retenue par la loi dans le silence des statuts, puisque l'article 1844-1, al. 1 du Code civil prévoit que si les associés n'ont pas prévu dans les statuts les modalités de répartition des bénéfices et des pertes, cette répartition est effectuée proportionnellement aux apports, l'apporteur en industrie ayant droit à la même part que l'associé qui a effectué l'apport le plus modique en nature ou en numéraire. **1522**

Des règles identiques sont applicables en cas de silence des statuts sur les modalités de répartition du **boni de liquidation** (C. civ. art. 1844-9, al. 1).

CLAUSES DE RÉPARTITION INÉGALE DES BÉNÉFICES ET DES PERTES

Les associés ont toute liberté pour choisir une base de **répartition des bénéfices et des pertes** autre que proportionnelle à l'apport effectué par chaque associé. Sont seulement interdites les clauses léonines qui privent un ou plusieurs associés de tout droit aux bénéfices ou les exonèrent de toute contribution aux pertes (nos 1530 s.). Excepté ces clauses, il est possible de prévoir dans les **statuts,** par exemple : **1526**

- un partage égal des bénéfices et des pertes malgré une inégalité des apports ou, inversement, un partage inégal des bénéfices et des pertes malgré une égalité des apports (Cass. civ. 27-3-1861 : DP 1861 I p. 161 ; Cass. req. 25-6-1902 : DP 1902 I p. 395) ;
- une répartition inégalitaire des bénéfices favorisant les fondateurs associés minoritaires (Cass. 3e civ. 18-4-2019 n° 18-11.881 F-D : RJDA 7/19 n° 502) ;
- la subordination du droit d'un associé à la réalisation d'un bénéfice minimum (Cass. req. 9-7-1885 : D. 1886 I p. 301) pourvu que cette condition soit aléatoire et indépendante de la volonté des associés ;
- le droit pour certains associés à un premier dividende privilégié ;
- la suppression, pour l'associé gérant, du droit aux bénéfices si les dépenses excèdent une somme déterminée (Cass. req. 16-11-1858 : D. 1859 I p. 39) ;
- un abattement sur les bénéfices revenant aux associés âgés au titre de leurs parts d'industrie (Cass. 1e civ. 12-1-2017 n° 15-12.546 FS-D : RJDA 6/17 n° 404) ;
- la limitation de la contribution aux pertes d'un associé au montant de ses apports (Cass. req. 5-12-1887 : S. 1890 I p. 467) ou à un montant déterminé (Cass. 1e civ. 16-10-1990 : Bull. Joly 1990 p. 1029 note P. Le Cannu) ;
- le droit pour un associé de demander la dissolution de la société si les bénéfices réalisés n'atteignent pas un certain montant (Cass. com. 23-3-1954 : JCP 1954 II n° 8184).

Ces clauses, qui portent atteinte au principe d'égalité des associés, ne peuvent à notre avis être adoptées qu'avec l'accord de ceux qui sont désavantagés.

1527 Bien que les textes actuels n'aient pas repris les dispositions de l'ancien article 1854 du Code civil permettant aux associés de s'en remettre à un **tiers** ou à l'un d'entre eux pour déterminer la part de chacun dans les bénéfices et les pertes, ce procédé, rarissime en pratique, demeure à notre avis licite.

Il est possible, en effet, de confier à un tiers le soin d'arbitrer le litige entre les parties (C. civ. art. 2061).

1528 La **contribution aux pertes** étant un élément essentiel de l'engagement social, les modalités de répartition des pertes entre les associés ne peuvent être modifiées sans le consentement de l'associé dont les obligations se trouveront augmentées du fait de cette modification (CA Paris 27-6-2000 : Bull. Joly 2001 p. 193 note H. Le Nabasque).

INTERDICTION DES CLAUSES LÉONINES

1530 Il est interdit d'attribuer à un ou plusieurs associés la totalité des bénéfices ou des pertes, ou de priver un associé de toute part dans les bénéfices ; de même, est interdite l'exonération d'un associé de toute contribution aux pertes (C. civ. art. 1844-1, al. 2).

Ces clauses, dites léonines, sont réputées non écrites (C. civ. art. 1844-1, al. 2).

1531 Selon la chambre commerciale de la Cour de cassation, qui traite désormais du contentieux concernant les sociétés civiles (à l'exception des SCI, des SCP et des sociétés civiles de moyens), seule est prohibée la clause relative à la répartition des bénéfices et des pertes entre les associés (Cass. com. 20-5-1986 n° 16.716 : Bull. civ. IV, n° 95 ; Cass. com. 10-1-1989 : JCP 1989 II n° 21256 note A. Viandier ; Cass. com. 12-3-1996 : RJDA 8-9/96 n° 1064), que cette clause soit statutaire ou non (CA Paris 12-3-2004 n° 02-13772 : RJDA 11/04 n° 1216).

ILLUSTRATIONS

Constitue une clause léonine la convention extra-statutaire par laquelle un associé abandonne tous ses droits dans les bénéfices en contrepartie d'une redevance mensuelle **forfaitaire,** cette clause ayant pour effet de lui assurer la certitude d'un profit quand bien même la société générerait des pertes qui seraient entièrement à la charge de l'autre associé (Cass. com. 18-10-1994 : RJDA 12/94 n° 1292 ; dans le même sens, CA Montpellier 10-11-1992 : Dr. sociétés 1993 n° 113 obs. Th. Bonneau).

1532 **Promesse d'achat de parts sociales** La chambre commerciale de la Cour de cassation juge que les promesses de vente ou d'achat de droits sociaux à prix plancher ne sont pas concernées par l'interdiction des clauses léonines, dès lors qu'elles ont pour seul **objet** d'assurer, moyennant un prix librement convenu et dans des conditions assurant l'équilibre des conventions conclues entre les parties, une **transmission de droits sociaux,** même si ces conventions sont conclues entre associés (Cass. com. 19-10-1999 n° 1683 : RJDA 3/00 n° 268 ; Cass. com. 22-2-2005 n° 259 : RJDA 6/05 n° 701 ; Cass. com. 3-3-2009 n° 08-12.359 : RJDA 5/09 n° 434).

ILLUSTRATIONS

Ne sont **pas léonins** :

– les conventions de portage résultant de promesses croisées de vente et de rachat de droits sociaux (Cass. com. 24-5-1994 n° 1258 P : RJDA 10/94 n° 1034 ; Cass. com. 22-2-2005 n° 259 : RJDA 6/05 n° 701) ou d'une promesse unilatérale d'achat (CA Paris 7-2-2013 n° 11/05209 : RJDA 6/13 n° 512) ;

– l'engagement des principaux associés d'une société de racheter pour un prix minimal (au moins le montant des sommes investies majoré d'un intérêt annuel déterminé) les titres acquis par un investisseur s'il en faisait la demande avant une certaine date, assurant à celui-ci, qui était avant tout un bailleur de fonds, le remboursement de l'investissement auquel il n'aurait pas consenti sans cette condition déterminante (Cass. com. 16-11-2004 n° 1643 : RJDA 3/05 n° 260 ; dans le même sens : Cass. com. 3-3-2009 n° 08-12.359 : RJDA 5/09 n° 434 ; CA Paris 7-2-2013 n° 11/05209 : RJDA 6/13 n° 512 ; pour une solution identique dans un cas où la promesse bénéficiait à de nouveaux associés majoritaires en capital qui avaient cependant accepté de rester minoritaires en droit de vote, voir Cass. com. 19-10-1999 n° 1683 : RJDA 3/00 n° 268) ;

– la promesse de rachat consentie à un dirigeant en cas de cessation de ses fonctions (Cass. com. 12-3-1996 n° 537 : RJDA 8-9/96 n° 1064), ni celle portant sur le solde des droits sociaux encore détenus par un associé après une précédente cession de contrôle (Cass. com. 19-5-1998 n° 1068 : RJDA 8-9/98 n° 986) ;

– l'acte par lequel une société (A) s'est engagée, en cas de défaillance d'une autre société (B), dans le remboursement des prêts bancaires qui lui ont été consentis pour l'achat de droits sociaux d'une société (C), à racheter les droits sociaux de celle-ci à un prix minimal fixé de manière à désintéresser la banque; cet acte s'analyse en effet comme un engagement de garantie de remboursement de l'emprunt souscrit par la société B, dont la promesse d'achat des droits sociaux n'est qu'une modalité d'exécution, et non pas comme un contrat attribuant à un associé la totalité du profit procuré par la société ou l'exonérant des pertes (CA Paris 20-11-1998 : RJDA 5/99 n° 556) ;

– la convention par laquelle des associés s'étaient engagés, à l'occasion d'une augmentation de capital, à racheter, pour un prix égal au prix de souscription augmenté d'un intérêt, les titres qu'un autre associé de la société avait souscrits, si celui-ci en faisait la demande, trois ans après, au cours d'une période prédéfinie de 15 jours ; en effet, le bénéficiaire de la promesse, qui ne pouvait lever l'option qu'à l'expiration d'un certain délai et pendant un temps limité, restait, en dehors de cette période, soumis au risque de disparition ou de dépréciation des titres (Cass. com. 22-2-2005 n° 279 : RJDA 6/05 n° 702) ;

– la clause de sortie prioritaire par laquelle des associés s'étaient engagés à racheter les titres d'un investisseur moyennant un prix convenu au cas où, dans des situations ne dépendant pas de son fait, les fondateurs se désengageraient de la société (CA Paris 3-7-2012 n° 11-08630 : RJDA 12/12 n° 1072).

En dépit de cette jurisprudence désormais constante de la chambre commerciale, il n'est pas certain que la première chambre civile de la Cour suprême, désormais appelée à se prononcer sur la validité des clauses de prix plancher dans les promesses d'achat de parts de **SCP,** adopterait la même position. Par le passé, elle a retenu une interprétation plus stricte des dispositions de l'article 1844-1, al. 2 du Code civil en considérant que constituait un pacte léonin nul l'engagement de rachat de parts sociales au prix d'achat initial majoré de 10 % par année écoulée (et de remboursement du compte courant de l'acquéreur) au motif que cet accord avait pour effet d'affranchir l'acquéreur de toute participation aux pertes de la société même s'il avait été pris dans un acte distinct de la convention de cession et était limité dans le temps (Cass. 1e civ. 7-4-1987 : Rev. Sociétés 1987 p. 395 note D. Randoux ; sur renvoi, CA Caen 16-1-1990 : Bull. Joly 1991 p. 410 et, sur second pourvoi, Cass. 1e civ. 16-12-1992 : RJDA 10/93 n° 793). Rien ne permet d'affirmer que cette jurisprudence est définitivement abandonnée.

Autres conventions relatives aux bénéfices et aux pertes La prohibition des clauses léonines ne concerne pas non plus les garanties contre toute participation aux pertes qu'un associé ou un tiers pourrait consentir à un autre associé sous la forme d'une promesse de **restitution d'apport** (Cass. 1e civ. 29-10-1990 : Bull. Joly 1990 p. 1052 note P. Le Cannu). 1533

Elle ne s'oppose pas non plus à ce qu'un associé **renonce** expressément en assemblée à son droit de participer à la répartition des **bénéfices** de l'**exercice écoulé,** (Cass. com. 13-2-1996 : RJDA 6/96 n° 788), cette renonciation ne pouvant pas être tacite (Cass. com. 26-5-2004 n° 03-11.471 F-D : RJDA 10/04 n° 1120). De même, n'est pas léonine la décision adoptée en assemblée, à l'unanimité des associés, d'affecter à l'un d'eux la totalité des **pertes** constatées à la clôture de l'exercice (CE 18-10-2022 n° 462497 : RJDA 1/23 n° 26 ; sur cette question, voir aussi A. Couret, Retour sur la notion de clause léonine : BRDA 23/22 inf. 19).

3. VOCATION DES ASSOCIÉS AUX ÉCONOMIES

Lorsque la société a pour but de faire profiter les associés d'une économie, les statuts doivent préciser les conditions dans lesquelles les associés pourront bénéficier des services de la société. Le plus souvent, ces conditions sont exposées en détail dans un **règlement intérieur** annexé aux statuts. 1550

Les associés jouissent d'une pleine liberté pour fixer les termes de ce règlement intérieur, notamment la nature et l'étendue des prestations fournies à la société ou par la société ainsi que, le cas échéant, le calcul et les modalités de paiement du prix correspondant.

Ils peuvent ainsi convenir que les frais résultant de l'utilisation des **services communs fournis par la société** leur seront imputés en fonction de clés de répartition adaptées à la nature de ces services.

EXEMPLE

Les associés peuvent notamment prévoir la répartition des frais de téléphone en fonction des communications, la répartition des frais de gardiennage des parkings en fonction du nombre d'emplacements réservés à chaque membre, la répartition des frais de nettoyage en fonction des surfaces occupées, la répartition des frais de cantine en fonction du nombre de personnes nourries, etc.

Toutefois, ni les statuts, ni le règlement intérieur ne peuvent exonérer un associé de la totalité des pertes, ni, inversement, mettre à sa charge la totalité des pertes : une telle clause, léonine, serait réputée non écrite (C. civ. art. 1844-1, al. 2).

F. Affectio societatis

DÉFINITION DE L'AFFECTIO SOCIETATIS

La validité de toute société est subordonnée à l'existence d'un élément de nature psychologique : l'affectio societatis. Selon une jurisprudence établie, celle-ci se définit comme la **volonté,** 1600 au moins implicite, de tous les associés **de collaborer** ensemble et sur un pied d'égalité à la poursuite de l'œuvre commune (Cass. com. 3-6-1986 : Bull. civ. IV n° 116 ; Cass. com. 3-3-2021 n° 19-10.693 F-D : RJDA 7/21 n° 474).

> **Précisions** L'affectio societatis ne doit pas être confondu avec les **motivations** des intéressés : des personnes peuvent avoir une volonté commune de s'associer tout en ayant des raisons différentes de le faire (en ce sens, Cass. com. 10-2-1998 n° 464 : RJDA 6/98 n° 717).

APPRÉCIATION DE L'AFFECTIO SOCIETATIS

1601 L'affectio societatis doit exister à la **date** de la conclusion du contrat de société (CA Paris 25-4-1984 : Bull. Joly 1984 p. 1004), et doit durer aussi longtemps que la société (TGI Paris 14-3-1973 : Gaz. Pal. 1973 II p. 913).

Il n'y a pas d'affectio societatis entre des parties qui ne s'entendent pas sur l'objet de la société à constituer (Cass. com. 3-3-2021 n° 19-10.693 F-D : RJDA 7/21 n° 474). En revanche, peu importe qu'un associé n'ait pas libéré l'apport qu'il a promis à la société (CA Paris 10-3-2004 n° 02-11747 : RJDA 8-9/04 n° 1002).

L'affectio societatis n'est pas une condition requise de l'acquéreur lors d'une **cession de droits sociaux** (Cass. com. 11-6-2013 n° 12-22.296 : RJDA 10/13 n° 805) ou de l'époux commun en biens **revendiquant** la qualité d'**associé** sur le fondement de l'article 1832-2 du Code civil (Cass. com. 21-9-2022 n° 19-26.203 FS-B : RJDA 12/22 n° 686).

En réalité, ce n'est que pour apprécier l'existence d'un contrat de **société qui n'a pas donné lieu à l'immatriculation** au RCS que les juges vérifient la présence de l'affectio societatis (Cass. com. 3-6-1986 précité rendu en matière d'identification d'une société en participation ; Cass. com. 3-3-2021, précité : nullité d'une promesse de constitution de société ; CA Paris 25-4-1984 : Bull. Joly 1984 p. 1004 : dissolution amiable d'une société non immatriculée ; CA Paris 16-3-1988 : Bull. Joly 1988 p. 498 et CA Paris 6-4-1999 : Bull. Joly 1999 p. 1168 note B. Saintourens statuant sur l'existence d'une société créée de fait).

Le jugement du tribunal de grande instance de Paris du 14 mars 1973 précité se prononce à propos d'une société anonyme immatriculée. Mais la réalité de l'affectio societatis y est recherchée, non pas pour prononcer la nullité de la société immatriculée, mais seulement celle de deux cessions portant sur une action chacune. De même, dans une autre affaire, l'absence d'affectio societatis d'un associé d'une société immatriculée n'a été constatée que pour annuler l'acquisition frauduleuse des titres de celle-ci par l'associé, cette acquisition ayant eu pour seul but d'obtenir une plus-value importante par un démantèlement du patrimoine social (Cass. com. 25-4-2006 n° 498 : RJDA 11/06 n° 1147).

1602 Lorsque le contrat de la société a donné lieu à immatriculation de la société, l'affectio societatis a pratiquement perdu sa qualité d'élément constitutif de la société, car son absence au moment de la conclusion du contrat ou sa disparition après l'immatriculation n'entraîne pas l'**annulation de la société** immatriculée, comme ce devrait être le cas dès lors qu'il est constaté que l'un des éléments constitutifs de la société fait défaut.

En effet, l'examen de la jurisprudence ne révèle, à ce jour et à notre connaissance, aucune décision ayant prononcé la nullité d'une société immatriculée pour défaut d'affectio societatis. Cette constatation ressort déjà de la jurisprudence précitée (n° 1601) et se trouve confirmée par les décisions suivantes qui ont ou qui pourraient avoir un rapport avec l'affectio societatis.

Ainsi :

– si la perte de l'affectio societatis consécutive à la mésentente entre associés est retenue, c'est pour justifier la dissolution de la société et non son annulation (n°s 24160 s.) ;

– si la société fictive est nulle (Cass. com. 22-6-1999 : RJDA 10/99 n° 1077), ce n'est pas pour défaut d'affectio societatis, mais parce qu'une série d'indices distincts de l'affectio societatis prouve qu'elle n'est qu'une façade (Cass. com. 22-6-1999 précité ; CA Rennes 15-1-1997 : DMF 1997 p. 584 note Corbier).

G. Durée de la société

DÉTERMINATION DE LA DURÉE DE LA SOCIÉTÉ

1700 La durée de la société doit être déterminée dans les **statuts** (C. civ. art. 1835).

Elle ne peut en aucun cas excéder 99 ans (C. civ. art. 1838).

1706 Si les statuts comportent une clause prévoyant une **durée** initiale **supérieure** à 99 ans, cette clause est réputée non écrite (C. civ. art. 1844-10, al. 2).

Si les **statuts** n'ont **pas fixé la durée** de la société, tout intéressé peut agir en régularisation pour la faire préciser (C. civ. art. 1839). Sauf clause contraire des statuts, cette décision doit être prise à l'unanimité (C. civ. art. 1852).

Au cas où personne n'agirait en régularisation, on devrait considérer que la société est constituée pour 99 ans, sauf lorsqu'elle a pour objet la réalisation d'une affaire de durée limitée (une opération de construction immobilière, par exemple), auquel cas la société est contractée pour le temps que doit durer cette affaire.

Modalités de fixation de la durée La durée peut être déterminée dans les statuts par l'indication d'un **nombre d'années** chiffré (30, 50, 99 ans, par exemple) ou celle d'une **date précise** à laquelle la société prendra fin (le 31 décembre 2030, par exemple). **1707**

Il est également possible de déterminer la durée autrement, par exemple **en fonction de l'objet** de la société **ou d'un événement** dont la date ne peut pas être fixée lors de la création de celle-ci. Ont ainsi été jugées valables des clauses stipulant qu'une société était constituée « pour la durée de la guerre » (T. com. Seine 24-11-1916 : J. soc. 1917 p. 218).

Mais la durée n'est **pas déterminée** :

- lorsque le terme fixé est hypothétique, ce qui est le cas d'une société créée pour l'exploitation d'une forêt aménagée en vingt coupes susceptibles de se renouveler périodiquement pendant un temps indéfini (CA Lyon 13-1-1943 : DC 1944 p. 34 note P. Pic) ;
- lorsque le terme fixé est trop lointain, ce qui est le cas d'une société créée pour l'exploitation d'une mine qui peut durer plusieurs siècles (Cass. civ. 1-6-1859 : S. 1861 I p. 113).

Ces solutions, retenues sous l'empire des textes anciens, paraissent encore valables aujourd'hui. À la lettre de l'article 1835 du Code civil, la loi exige une durée « déterminée », mais non une durée « chiffrée ». On est donc en droit, semble-t-il, d'interpréter le terme « déterminée » comme dans les autres cas où la loi l'emploie, notamment dans l'article 1591 du Code civil relatif au prix de la vente (prix qui peut, sans être chiffré, résulter d'éléments définis au contrat, pourvu que ceux-ci ne dépendent pas de la volonté des parties).

Décompte de la durée La durée de la société court à compter de son **immatriculation** au RCS (Décret 78-704 art. 3, al. 1). **1710**

> **Précisions** Concernant les **sociétés** civiles **constituées avant** le 1er juillet **1978** qui ont respecté l'obligation prévue à l'article 44 de la loi NRE du 15 mai 2001 de s'immatriculer avant le 1er novembre 2002, leur durée doit, à notre avis, en raison du principe de la non-rétroactivité des lois, être calculée à partir de la date fixée dans les statuts, en général, celle de la signature des statuts (en ce sens, CA Paris 22-2-2018 n° 16/25208 : RJDA 5/18 n° 423, à propos d'une société commerciale constituée avant le 1er avril 1967 mais transposable). À l'inverse, le point de départ de la durée des sociétés qui ont procédé à leur immatriculation après le 1er novembre 2002 est la date de l'immatriculation. En effet, faute d'immatriculation au 1er novembre 2002, les sociétés ont perdu la personnalité morale (n° 2752).

CLAUSE DE DISSOLUTION ANTICIPÉE DE LA SOCIÉTÉ

Rien ne paraît s'opposer à ce que les statuts prévoient une durée de 99 ans, avec faculté pour chaque associé d'obtenir la **dissolution de la société à l'expiration d'une période déterminée** (par exemple cinq ans) par application de l'article 1210, al. 2 du Code civil. **1717**

À noter que les statuts peuvent écarter la dissolution demandée par l'un des associés, au moyen du rachat par les autres associés, ou par des tiers, des parts de l'associé qui désire se retirer de la société (n° 24240).

Sur la faculté de prévoir une clause de prorogation, voir nos 16701 s.

H. Capital social

1. CAPITAL SOCIAL MINIMAL

PRINCIPE

La loi ne fixe aucun capital minimal, sauf s'il s'agit de **SCPI,** de **société d'épargne forestière** ou encore de **groupement forestier d'investissement** si ces derniers procèdent à une offre au public autre qu'une offre réservée à un cercle restreint d'investisseurs ou à des investisseurs qualifiés (capital minimal de 760 000 € ; C. mon. fin. art. L 214-88, sur renvoi, pour les groupements forestiers d'investissement, de C. for. art. L 331-4-1, II et II bis) ou d'exploitations agricoles à responsabilité limitée (EARL : capital minimal de 7 500 € ; C. rur. art. L 324-3). **1750**

SOCIÉTÉ À CAPITAL NUL

Rien ne s'oppose à ce qu'une société civile soit constituée uniquement entre **apporteurs en industrie** et que, dès lors, son capital soit égal à zéro (en sens contraire, Bézard, Sociétés civiles n° 228). La **1755** société peut, en effet, être constituée entre des personnes qui mettent en commun des biens ou leur industrie (C. civ. art. 1832, al. 1). Mais les apports en industrie ne concourent pas à la formation du capital (C. civ. art. 1845-1, al. 2), celui-ci ne pouvant être constitué que par des apports en numéraire ou en nature.

Il n'en résulte aucun **inconvénient** pour la société, dans la mesure où les associés ont pris soin de déterminer, en fonction de la valeur de leurs apports, leurs droits respectifs dans les bénéfices et le boni de liquidation, et les modalités pratiques selon lesquelles seront prises les décisions collectives.

Le capital social devant être **mentionné dans les statuts** (C. civ. art. 1835), il y a lieu d'y indiquer que le montant du capital de la société est de zéro euro. Si tel n'était pas le cas, le greffier serait fondé à refuser d'immatriculer la société pour défaut d'une mention obligatoire des statuts.

2. CAPITAL VARIABLE

RÈGLES APPLICABLES AUX SOCIÉTÉS À CAPITAL VARIABLE

1770 La société civile peut être constituée avec un capital variable, c'est-à-dire susceptible d'augmenter ou de diminuer constamment, soit au moyen de versements effectués par des associés anciens ou nouveaux, soit par la reprise totale ou partielle d'apports (C. com. art. L 231-1).

Le **régime des sociétés à capital variable** est fixé par les articles L 231-1 s. du Code de commerce, qui sont applicables aux sociétés civiles (C. civ. art. 1845-1, al. 2).

Les sociétés à capital variable sont également soumises aux **règles générales** qui leur sont **propres suivant leur forme** (C. com. art. L 231-1, al. 2). Elles ne constituent donc pas un type particulier de société.

La règle selon laquelle une société à capital variable n'est définitivement constituée qu'après le versement du dixième du capital social ne concerne que les sociétés coopératives (C. com. art. L 231-5, al. 3). Les autres sociétés sont soumises aux dispositions législatives régissant chaque forme sociale. Ainsi, en cas de constitution d'une SCPI, d'une société d'épargne forestière ou, s'il procède à une offre au public autre qu'une offre réservée à un cercle restreint d'investisseurs ou à des investisseurs qualifiés, d'un groupement forestier d'investissement à capital variable avec apports en numéraire, le **capital** devra être **libéré** d'au moins un quart du montant de ces apports et le solde dans les cinq ans (C. mon. fin. art. L 214-96, al. 2, sur renvoi, pour les groupements forestiers d'investissement, de C. for. art. L 331-4-1, II et II bis).

En cas de mise en **liquidation judiciaire de la société,** les associés qui ont libéré l'intégralité du capital initial n'ont pas à libérer, à la demande du liquidateur, le solde du capital maximal autorisé par la clause de variabilité (CA Rennes 4-12-2012 n° 11/03621 : RJDA 7/13 n° 647, pour une société à responsabilité limitée mais transposable à une société civile).

CLAUSE STATUTAIRE DE VARIABILITÉ DU CAPITAL

1775 La clause de variabilité du capital présente un **intérêt** lorsqu'il se produit des changements fréquents dans la composition des membres de la société, car elle permet les admissions et les retraits d'associés sans avoir à réunir à chaque fois une assemblée générale extraordinaire pour modifier le capital social, d'où un gain de temps et d'argent non négligeable.

Un autre avantage reconnu à cette clause est la possibilité de prévoir dans les statuts l'exclusion, sur décision de l'assemblée générale extraordinaire, d'un associé par mesure disciplinaire ou pour toute autre raison déterminée (par exemple, si l'associé ne répond plus aux conditions requises pour être membre de la société).

Cette possibilité d'exclusion est expressément prévue par l'article L 231-6, al. 2 du Code de commerce. Elle n'est donc pas discutable dans les sociétés à capital variable où elle est la contrepartie du droit reconnu à chaque associé de se retirer de la société dès qu'il le juge opportun. Mais elle peut aussi, à notre avis, être utilisée, sous certaines conditions, dans les sociétés à capital fixe (nos 20150 s.).

1780 La **clause de variabilité** du capital doit figurer **dans les statuts.** Elle doit mentionner le montant du capital maximal autorisé, faute de quoi toute augmentation du capital devra, à peine de nullité, être décidée par la collectivité des associés statuant aux conditions requises pour ce type de décision (Cass. com. 6-2-2007 n° 05-19.237 : RJDA 5/07 n° 515).

Cette clause peut être insérée dans les statuts **lors de la constitution** de la société ou **au cours de la vie sociale.** Dans ce dernier cas, l'insertion est subordonnée à une décision unanime des associés car cette modification statutaire implique une augmentation de leurs engagements. En effet, l'adoption du régime de la société à capital variable entraîne pour chaque associé qui se retire, en application de l'article L 231-6, al. 3 du Code de commerce, la charge de répondre pendant cinq ans, envers les associés et envers les tiers, des obligations existant au moment de son départ (CA Paris 24-11-1980 : Gaz. Pal. 1981 p. 117 ; nº 1810).

Régime des sociétés à capital variable 1795

Variation du capital

La technique de variation du capital fait appel aux notions suivantes :

– le **capital souscrit,** qui représente les engagements d'apports des associés envers la société ; on distingue le capital souscrit initialement et le capital souscrit : le capital souscrit initialement est celui prévu par les statuts ; le capital souscrit désigne le capital qui, en cours de vie sociale, varie librement en fonction des entrées et sorties d'associés ;

– le **capital plancher** (ou capital minimum), qui doit être fixé dans les statuts et représente la limite au-dessous de laquelle le capital souscrit ne pourra pas descendre par suite de retraits d'associés ; cette somme ne pouvant être inférieure ni au dixième du capital statutaire ni, pour les sociétés autres que coopératives, au montant minimal du capital exigé, le cas échéant, pour la forme sociale considérée par les dispositions législatives spéciales la régissant (C. com. art. L 231-5, al. 2 ; sur ces dispositions, voir nº 1750) ;

– le **capital maximal autorisé,** qui est la limite supérieure au-delà de laquelle il ne peut être procédé à une augmentation du capital souscrit qu'en respectant les règles ordinaires, c'est-à-dire en procédant à une modification des statuts ; cette limite devant être mentionnée dans la clause de variabilité de capital ;

– le **capital libéré,** qui constitue la partie du capital ayant fait l'objet d'un versement effectif de la part des associés, lequel ne peut être ni inférieur à la partie du capital social qui doit être libérée lors de la constitution (cas des SCPI, des sociétés d'épargne forestière et de certains groupements forestiers d'investissement : nº 1770), ni supérieur au capital souscrit.

À l'intérieur des limites déterminées par le capital plancher et le capital maximal autorisé, le capital souscrit peut varier librement en fonction des admissions et des retraits d'associés. S'il atteint le capital maximal autorisé, il faut alors consulter les associés dans les conditions requises pour la modification des statuts afin qu'ils relèvent le montant du capital maximal autorisé. Si, au contraire, les retraits d'associés sont d'une importance telle que le capital souscrit atteint le capital plancher, il faut, là aussi, réunir les associés afin qu'ils décident de réduire le capital plancher, sous réserve de ne pas porter celui-ci au-dessous du minimum légal.

La **souplesse** de fonctionnement des sociétés à capital variable, du fait de la simplicité des opérations sur le capital, se heurte à la **difficulté** de fixer des règles qui n'entravent pas le jeu de la variabilité du capital et ne mettent pas en péril la société elle-même.

Il faut donc éviter que le capital plancher et le capital maximal autorisé ne soient trop proches du capital souscrit initialement.

Exemples

1. S'agissant d'une **société civile « classique »**

a. Pour un capital souscrit initialement de 100 000 € :

– montant du capital plancher : 10 000 € au minimum (soit un dixième du capital souscrit initialement) ;

– montant du capital maximal autorisé : pas de limite autre que celle prévue par les statuts ;

– montant du capital libéré : pas de limite autre que celle prévue par les statuts ;

– variation du capital souscrit : entre 10 000 € et le montant du capital maximal autorisé.

b. Pour un capital souscrit initialement de 10 € :

– montant du capital plancher : 1 € au minimum (soit un dixième du capital souscrit initialement) ;

– montant du capital maximal autorisé : pas de limite autre que celle prévue par les statuts ;

– montant du capital libéré : pas de limite autre que celle prévue par les statuts ;

– variation du capital souscrit : entre 1 € et le montant du capital maximal autorisé.

2. S'agissant d'une **SCPI**

a. Pour un capital souscrit initialement de 8 000 000 € :

– montant du capital plancher : 800 000 € au minimum (soit un dixième du capital souscrit initialement) ;

– montant du capital maximal autorisé : pas de limite autre que celle prévue par les statuts ;

– montant du capital libéré : 2 000 000 € au minimum (soit un quart du capital souscrit initialement) ;

– variation du capital souscrit : entre 800 000 € et le montant du capital maximal autorisé.

b. Pour un capital souscrit initialement de 4 000 000 € :

– montant du capital plancher : 760 000 € au minimum (montant minimal du capital fixé par la loi pour cette forme sociale) ;

– montant du capital maximal autorisé : pas de limite autre que celle prévue par les statuts ;

– montant du capital libéré : 1 000 000 € au minimum (soit un quart du capital souscrit initialement) ;

– variation du capital souscrit : entre 760 000 € et le montant du capital maximal autorisé.

1795 (suite)

Admission d'associés de sociétés à capital variable

Les associés fixent librement dans leurs **statuts** les **conditions** d'admission des nouveaux membres et, notamment, les qualités professionnelles requises (voir Cass. com. 17-7-1974 : Rev. sociétés 1975 p. 649 note J. H.), l'**organe compétent** pour statuer sur les demandes d'agrément (par exemple, l'assemblée générale, la gérance ou un comité spécial désigné par les associés), le nombre de parts sociales pouvant être souscrites (par exemple, un nombre égal pour tous ou un nombre calculé en fonction de l'importance du chiffre d'affaires du demandeur), etc.

Les cessions de parts sociales ne sont pas soumises à la **procédure d'agrément** prévue par les dispositions de l'article 1861 du Code civil. Elles relèvent de la faculté d'opposition (droit de **veto**) prévue par l'article L 231-4, al. 3 du Code de commerce. En vertu de ce texte, il est possible de donner, dans les statuts, au gérant ou à la collectivité des associés la faculté de s'opposer à l'admission d'un nouvel associé.

La principale différence entre ces deux types d'agrément tient au fait que dans le cas de l'exercice du droit d'opposition il n'existe aucune obligation pour la société ou les associés de procéder au rachat des parts du cédant. Ce dernier n'est toutefois pas prisonnier de ses titres; il peut, en principe, user de sa faculté de retrait de la société.

Les souscriptions nouvelles sont, le plus souvent, constatées par un bulletin de souscription auquel est joint le montant de la souscription. Ce montant est calculé, selon les modalités prévues aux statuts, en fonction de la situation de la société au jour de l'admission.

Retrait d'associés de sociétés à capital variable

Retrait volontaire

Chaque associé peut se retirer de la société lorsqu'il le juge convenable (C. com. art. L 231-6, al. 1). Ce droit de retrait est d'**ordre public** (Cass. civ. 8-6-1939 : J. soc. 1940 p. 34 ; CA Paris 20-10-2000 : Bull. Joly 2001 p. 186 note J.-J. Daigre et, sur pourvoi, Cass. 3e civ. 12-6-2002 n° 00-22.505 FS-D) et ne saurait donc être supprimé par les statuts, qui peuvent toutefois en réglementer les **modalités d'exercice.**

Les clauses statutaires sont, à cet égard, nombreuses et variées : la plupart prévoient l'obligation de respecter un certain préavis (Cass. com. 9-7-2002 n° 1419 : RJDA 1/03 n° 6); d'autres interdisent à l'associé démissionnaire de faire concurrence à la société dans un périmètre et pendant un délai déterminés; d'autres encore excluent la possibilité pour les associés de se retirer aussi longtemps que les emprunts contractés par la société n'ont pas été remboursés (voir CA Angers 28-3-1933 : DH 1933 p. 311) ou prévoient les conditions financières du retrait (CA Paris 9-2-2000 : RJDA 9-10/00 n° 883 et, sur pourvoi, Cass. 3e civ. 12-6-2002 n° 1012 : RJDA 11/02 n° 1159). Certaines clauses peuvent aussi valablement mettre à la charge des associés, pour le cas où ils se retireraient avant l'expiration d'une certaine durée, l'obligation de verser une sanction pécuniaire (Cass. com. 22-2-2000 : RJDA 6/00 n° 719 ; CA Versailles 28-11-2002 n° 00-4481 : RJDA 4/03 n° 401 et, sur pourvoi, Cass. com. 18-5-2005 n° 731 : RJDA 10/05 n° 1125). Sur l'application de la prescription quinquennale prévue par l'article L 231-6, al. 3 du Code de commerce à ces sanctions pécuniaires, voir ci-dessous.

Le droit de retrait doit s'exercer dans les **conditions applicables** à la date où l'associé a manifesté sa volonté de se retirer de la société (CA Paris 9-2-2000 et, sur pourvoi, Cass. 3e civ. 12-6-2002 n° 1012 précités ; CA Paris 20-10-2000 et, sur pourvoi, Cass. 3e civ. 12-6-2002 n° 00-22.505 FS-D précités). Par suite, dans un cas où un associé d'une société civile à capital variable avait présenté une demande de retrait avant qu'une assemblée générale ne modifie les conditions financières du retrait des associés initialement prévues par les statuts, il a été jugé qu'à défaut de clause de rétroactivité la modification statutaire ne remettait pas en cause le droit acquis par cet associé de se retirer de la société selon les modalités financières en vigueur au moment de sa décision (CA Paris 9-2-2000 précité).

Les modalités d'évaluation du remboursement dû à l'associé qui manifeste sa volonté de se retirer n'ont pas de rapport avec la date à laquelle celui-ci perd sa qualité d'associé, qui est seulement déterminée par celle du remboursement effectif de son apport (CA Paris 20-10-2000 précité).

En tout état de cause, l'exercice du droit de retrait ne peut être limité que dans la mesure compatible avec le **respect de la liberté individuelle.** Après avoir fixé pour limite la durée de la vie humaine (Cass. 1e civ. 3-7-1973 : Bull. civ. I p. 203), les tribunaux retiennent aujourd'hui le critère de la durée moyenne d'exercice de l'activité professionnelle (Cass. 1e civ. 28-10-1997 n° 1663 : Bull. Joly 1998 p. 49 note P. Sholer).

Illustrations

Un engagement de 60 ans excédant la durée moyenne de la vie professionnelle, un associé peut se retirer de la société en invoquant la nullité de la clause litigieuse même si les statuts prévoyaient la possibilité de démissionner pour justes motifs (Cass. 1e civ. 10-7-1995 : Bull. Joly 1995 p. 976 note A. Couret). De même, un engagement de 36 ans mis à la charge d'un exploitant agricole, qui est égal ou supérieur à la durée moyenne de cette activité, est irrégulier (Cass. 1e civ. 18-1-2000 : Bull. civ. I n° 16).

En revanche, un engagement conclu pour une durée de 30 ans est valable, cette durée étant inférieure à celle de la vie professionnelle (Cass. 1e civ. 30-5-1995 : Bull. civ. I n° 231). La même solution a été adoptée pour un engagement de 25 ans conclu par une société au motif que la durée de vie moyenne des sociétés est supérieure à celui-ci (CA Versailles 27-3-1997 : Rev. sociétés 1997 p. 796).

En outre, la **durée de l'engagement** d'un associé ne peut pas être **augmentée** en cours de vie sociale sans son accord ; à défaut, la stipulation litigieuse est inopposable à l'intéressé (Cass. 1e civ. 4-4-1995 : JCP G 1995 IV n° 1412). **1795** (suite)

Il existe une **limite au droit de retrait** : il ne peut pas avoir pour conséquence d'abaisser le capital souscrit en dessous du capital plancher (C. com. art. L 231-6, al. 1).

La question de savoir si l'article L 231-6 du Code de commerce peut faire obstacle au retrait d'un associé a donné lieu à des interprétations différentes. En effet, doit-on considérer que l'associé ne peut pas quitter la société tant que son retrait implique la diminution du capital souscrit en dessous du niveau fixé dans les statuts ou bien doit-on tenir compte du droit fondamental de l'associé à se retirer de la société pour admettre l'abandon de sa qualité d'associé au profit de celle de créancier de la société, lorsqu'il ne peut pas y avoir restitution de ses apports ?

La jurisprudence relative aux coopératives agricoles qui, à notre avis, est transposable aux autres formes de sociétés à capital variable, rend compte de cette difficulté d'interprétation, sans apporter de réponse nette. Il a en effet été successivement jugé que si le capital a atteint le niveau minimal :

– l'associé peut se retirer de la société et se trouve délié de ses engagements, mais ne peut récupérer ses apports tant que leur remboursement entraîne la diminution du capital en dessous du minimum statutaire (Cass. civ. 8-6-1939 : J. soc. 1940 p. 34) ;

– les associés ne peuvent ni être astreints à demeurer sociétaires au-delà de la date d'acceptation de leur démission ni être tenus de participer aux charges de la société (Cass. 3e civ. 13-2-1973 : Bull. civ. III n° 123) ;

– les démissions d'associés entraînant la réduction du capital au-dessous du minimum ne produisent pas effet (Cass. ch. mixte 21-2-1975 : Bull. civ. n° 1) ;

Opposée à l'exercice du droit de retrait s'il a pour effet de réduire le capital social en dessous de la limite statutaire, une cour d'appel a jugé qu'un tel retrait ne peut pas être mis en œuvre tant que la clause des statuts prévoyant cette limite n'a pas été modifiée par décision collective des associés (CA Versailles 10-2-2010 n° 09-2504 : RJDA 4/11 n° 330, à propos d'une société à responsabilité limitée à capital variable mais transposable).

Il en résulte que la société n'a pas d'autre solution que de diminuer le capital plancher préalablement au retrait, de telle sorte que le remboursement des droits de l'associé exclu porte le capital souscrit à un niveau au moins égal au capital plancher.

Exclusion d'associés

Aux termes de l'article L 231-6, al. 2 du Code de commerce, il peut être stipulé dans les statuts d'une société à capital variable que « l'assemblée générale aura le droit de décider, à la majorité fixée pour la modification des statuts, que l'un ou plusieurs des associés cesseront de faire partie de la société ».

Le droit d'exclusion est soumis aux trois **conditions** suivantes.

a. Il doit être expressément prévu par les **statuts** (T. civ. Seine 15-4-1897 : J. soc. 1897 p. 326). L'insertion d'une clause d'exclusion en cours de vie sociale nécessite une décision unanime des associés en raison du principe selon lequel un associé ne peut être contraint de céder ses parts contre son gré (nos 20150 s.). En revanche, les motifs d'exclusion peuvent ne pas être déterminés à l'avance dans la clause sans que cela affecte sa licéité (Cass. com. 9-11-2022 n° 21-10.540 FS-B : RJDA 1/23 n° 37, à propos d'une clause d'exclusion pour justes motifs sans autre précision). Signalons que, à notre avis, le contrôle exercé par le juge sur l'absence d'abus sera plus étendu si l'exclusion est prononcée pour un motif ne figurant pas dans les statuts.

b. Il ne peut résulter que d'une **décision de l'assemblée générale extraordinaire des associés.** L'intervention de l'assemblée constitue pour l'associé menacé de retrait une garantie à laquelle les statuts ne peuvent pas déroger (CA Paris 24-9-1996 : RJDA 1/97 n° 70). Toute clause qui prévoirait, par exemple, une exclusion de plein droit pour infraction aux dispositions des statuts ou du règlement intérieur serait donc sans valeur. Il en serait de même de celle qui conférerait le droit de prononcer l'exclusion à un organe autre que l'assemblée extraordinaire, même si ce pouvoir se limitait à constater l'existence d'une cause objective de retrait (Cass. civ. 17-1-1933 : DH 1933 p. 163 ; Cass. com. 26-1-1981 : Bull. civ. IV n° 48 ; CA Paris 24-9-1996 précité).

L'article L 231-6, al. 2 englobe nécessairement tous les cas de retrait forcé sans distinguer le retrait découlant de l'intervention d'un fait objectif et extérieur insusceptible d'appréciation (au cas particulier la perte d'une qualité professionnelle requise pour être associé) de l'exclusion sanctionnant le comportement d'un associé et qui serait seule soumise à l'appréciation de l'assemblée générale (CA Paris 24-9-1996 précité).

c. À notre avis, l'exclusion d'un associé ne doit pas aboutir à porter le capital souscrit à un **niveau inférieur au capital plancher,** et ce, bien que l'article L 231-6, al. 1 ne vise que le retrait. Dans ce cas, la société n'a pas d'autre solution que de diminuer le capital plancher préalablement à l'exclusion, de telle sorte que le remboursement des droits de l'associé exclu porte le capital souscrit à un niveau au moins égal au capital plancher.

1795 (suite) L'exercice du droit d'exclusion ne doit pas présenter un **caractère abusif.** Il demeure soumis aux principes généraux du droit des sociétés. Ainsi, l'associé menacé de retrait a le droit de participer à l'assemblée générale (CA Paris 24-9-1996 précité).

Doit être réputée non écrite la disposition du règlement intérieur d'une société à capital variable qui prévoit que la décision d'exclusion d'un associé, votée en assemblée générale extraordinaire conformément aux statuts, doit être prise hors la présence de l'intéressé (T. com. Paris 22-2-1993 : RJDA 6/93 n° 521).

De même, doit être déclarée abusive la décision d'exclure un associé qui n'a pas été mis en mesure, avant le vote de l'assemblée générale, d'obtenir de celle-ci l'information à laquelle il a droit et de s'exprimer sur les faits qui lui sont reprochés (Cass. com. 7-7-1992 : RJDA 11/92 n° 1036 et Cass. com. 21-6-1994 : RJDA 11/94 n° 1158).

Il appartient aux tribunaux, lorsqu'ils en sont saisis, de vérifier que l'exclusion n'est pas abusive (Cass. com. 21-10-1997 n° 2178 : RJDA 1/98 n° 67 ; Cass. com. 14-11-2018 n° 16-24.532 F-D : RJDA 12/19 n° 753), étant précisé que l'abus de droit ne se limite pas à l'intention de nuire (Cass. com. 14-11-2018 n° 16-24.532 F-D précité). Par ailleurs, l'associé doit être mis en mesure de s'exprimer sur les faits qui lui sont reprochés.

En effet, l'associé exclu doit toujours pouvoir saisir les tribunaux pour faire apprécier la réalité et la gravité des motifs d'exclusion (Cass. 1e civ. 8-11-1976 : Rev. sociétés 1977 p. 285 note C. Athias). C'était donc à tort qu'une cour d'appel avait rejeté la demande d'annulation d'une mesure d'exclusion, en retenant que l'associé exclu n'était pas fondé à soutenir que le tribunal saisi aurait dû s'assurer de la gravité des motifs invoqués pour justifier l'exclusion, dès lors que les statuts écartaient explicitement tout contrôle judiciaire en dehors de celui consistant à rechercher si les formalités et les droits de la défense avaient été respectés (Cass. com. 21-10-1997 précité).

Effets du retrait ou de l'exclusion d'une société à capital variable

Perte de la qualité d'associé. L'associé qui se retire ou qui est exclu de la société perd la qualité d'associé à la **date** du remboursement effectif de son apport (CA Paris 20-10-2000 : Bull. Joly 2001 p. 186 note J.-J. Daigre et, sur pourvoi, Cass. 3e civ. 12-6-2002 n° 00-22.505 FS-D inédit). Cette décision peut être rapprochée de la solution retenue par la Cour de cassation en matière d'exclusion légale d'un associé soumis à une procédure collective (C. civ. art. 1860) selon laquelle la perte de la qualité d'associé ne saurait être préalable au remboursement des droits sociaux (Cass. 3e civ. 9-12-1998 n° 1808 : RJDA 8-9/99 n° 952 ; n° 20190).

Par ailleurs, il a été jugé que l'associé, qui avait été exclu d'une société par décision de l'assemblée générale, avait néanmoins qualité et intérêt à demander en justice la désignation d'un administrateur provisoire dès lors qu'il n'était pas soutenu qu'à la date de cette demande l'action judiciaire en contestation de son exclusion, engagée antérieurement, avait été rejetée (Cass. com. 6-2-2001 n° 276 : RJDA 6/01 n° 704).

Droits de l'associé sortant. L'associé qui démissionne ou qui est exclu a droit à la reprise de ses apports (C. com. art. L 231-1 ; CA Paris 9-2-2000 : RJDA 9-10/00 n° 883 et, sur pourvoi, Cass. 3e civ. 12-6-2002 n° 1012 : RJDA 11/02 n° 1159). Toutefois, les statuts peuvent **aménager** ce **droit de reprise** en prévoyant par exemple qu'il ne pourra s'exercer que passé un certain délai (CA Rouen 26-1-2000 inédit).

Les **dividendes** perçus par l'associé sortant jusqu'au remboursement de son apport lui restent acquis (CA Paris 20-10-2000 et, sur pourvoi, Cass. 3e civ. 12-6-2002 n° 00-22.505 FS-D précités).

En principe, l'associé qui se retire a droit à une part des **réserves** de la société. Toutefois, une clause peut valablement limiter le remboursement de l'associé au montant de ses apports (Cass. com. 21-12-1955 : JCP G 1956 II n° 9212 note D. Bastian). Jugé cependant que la clause privant l'associé qui se retire de tout droit dans les réserves est léonine et doit donc être annulée si, au cours de la vie sociale, il n'a été procédé à aucune distribution des bénéfices réalisés par la société (Cass. com. 16-11-1959 : JCP 1960 II n° 11725 note D. Bastian).

Obligations de l'associé sortant. L'associé qui démissionne ou qui est exclu de la société reste tenu pendant cinq ans, envers les autres associés et les tiers, de toutes les obligations existant au moment de son départ (C. com. art. L 231-6, al. 3).

Il s'agit d'une **double obligation,** l'associé sortant étant tenu dans ses rapports avec les tiers au paiement des **dettes sociales** et à l'égard des autres associés de contribuer aux **pertes.** Ainsi jugé que l'associé qui quitte la société peut se voir réclamer par ses coassociés la libération intégrale des parts souscrites à son entrée dans la société (Cass. req. 27-5-1921 : J. soc. 1922 p. 331).

Cette obligation s'applique seulement aux dettes sociales incombant à l'associé et existant au moment de son retrait et non aux pénalités ou indemnités éventuellement mises à sa charge pour le cas où il démissionnerait avant le terme de son engagement. Par suite, l'action en paiement de ces pénalités ou indemnités n'est pas soumise à la prescription prévue par l'article L 231-6, al. 3 du Code de commerce (Cass. 1e civ. 18-12-2001 nos 1970 et 1973 : RJDA 4/02 n° 402).

En ce qui concerne l'obligation aux dettes sociales, les dispositions de l'article L 231-6, al. 3 précité se combinent avec celles de l'article 1857 du Code civil (n° 20400) de la manière suivante :

– les dettes sociales auxquelles est tenu l'associé après son départ de la société sont celles existant **au jour du retrait,** c'est-à-dire celles contractées par la société avant ce retrait ;

– cette **responsabilité indéfinie** est **proportionnelle au montant des apports** des associés (C. civ. art. 1857, al. 1) mais ne pèse sur les associés qui se retirent ou sont exclus que pendant une durée de cinq ans (C. com. art. L 231-6, al. 3).

La **prescription** quinquennale a comme **point de départ** le jour où l'associé cesse de faire partie de la société, c'est-à-dire celui du remboursement effectif de son apport (C. com. art. L 231-6, al. 3).

Publicité relative à la variabilité du capital

Constitution de la société

Les mentions du **capital souscrit** et du **capital plancher** doivent être publiées dans l'avis de constitution de la société (Décret 78-704 art. 22, 3°), dans la demande d'immatriculation au RCS (C. com. art. R 123-53, 3° ; Avis CCRCS 2014-04 du 14-3-2014) et au RNE (C. com. art. R 123-252, 3°), ainsi que dans la publication au Bodacc (C. com. art. R 123-157, 3°). Sur les sanctions en cas de non-respect de ces formalités, voir nos 27200 s.

Publicité permanente

La variabilité du capital doit être mentionnée dans tous les **actes et documents émanant de la société** par l'addition des mots « à capital variable » après la désignation de la société (C. com. art. L 231-2).

Compte tenu de cette obligation et de celle concernant le capital plancher, la société doit être désignée de la façon suivante : « Société « forme » X à capital variable, au capital plancher de X € ».

Dispense de publicité

Ne sont pas assujettis aux formalités de dépôt et de publication (C. com. art. L 231-3) :

– les actes constatant les **augmentations** ou les **diminutions du capital** social opérées par le jeu de la clause de variabilité ;

– les **retraits** d'associés, autres que les gérants, qui auraient lieu conformément à l'article L 231-6 du Code de commerce (retraits volontaires ou forcés).

La **réunion de toutes les parts** sociales **entre les mains d'un seul associé** à la suite du retrait des autres associés n'a pas non plus à être publiée au RCS (CA Chambéry 29-1-2013 n° 12/01827 : RJDA 8-9/13 n° 733).

Précisions

a. L'**augmentation du capital** par voie d'**apports en nature ou par incorporation de réserves** requiert les formalités de publicité liées à la modification des statuts. La réduction du capital pour cause de pertes obéit aux mêmes règles.

b. Bien que l'article L 231-3 précité n'ait visé que les retraits liés à un départ volontaire ou à une exclusion, ceux résultant d'un **décès,** d'une **incapacité** ou d'une procédure de **redressement ou de liquidation judiciaire** bénéficient de la même dispense de publicité dès lors qu'ils entraînent également une diminution du capital social.

c. Tous les **retraits de gérants** demeurent soumis aux formalités de publicité de droit commun.

I. Dénomination sociale

DÉTERMINATION DE LA DÉNOMINATION SOCIALE

Les **statuts** doivent déterminer « l'appellation » de la société (C. civ. art. 1835), c'est-à-dire sa dénomination. 1850

FORME DE LA DÉNOMINATION SOCIALE

Les solutions dégagées par les tribunaux à propos des sociétés commerciales peuvent être étendues aux sociétés civiles. La dénomination sociale peut donc revêtir l'une des trois formes suivantes. 1855

1. Dénomination tirée de la nature de l'activité sociale. La dénomination peut consister en une évocation de l'activité de la société : par exemple, « SCI du 70 avenue des Champs-Élysées », « Société civile de construction du 30 avenue du Roule » ou « Société civile agricole du Domaine de Maupuis ».

2. Dénomination comportant un nom de personne. Admise par la loi notamment pour les sociétés à responsabilité limitée (C. com. art. L 223-1, al. 4) et pour les sociétés par actions (C. com. art. L 224-1, al. 2), l'incorporation à la dénomination sociale du nom d'un ou plusieurs associés est, a fortiori, valable pour les sociétés civiles ; dès lors, sont régulières les appellations couplant le nom d'une personne avec d'autres termes (par exemple, « Domaine agricole Durand »).

3. Dénomination de fantaisie. La dénomination sociale peut également être purement fantaisiste (par exemple « Immostar »). À cet égard, les associés disposent d'une grande liberté quant au choix de la dénomination, sous réserve de prendre les précautions nécessaires pour éviter des confusions.

1857 De nombreuses sociétés, surtout celles dont la dénomination sociale est longue, utilisent un **sigle.** Ce sigle, qui peut être utilisé séparément de la dénomination sociale développée, est équivalent à cette dernière. Il bénéficie de la même protection qu'elle et doit faire l'objet des mêmes formalités de publicité (mention dans l'avis de constitution de la société : Décret 78-704 du 3-7-1978 art. 22, 1°, ainsi qu'au RCS : C. com. art. R 123-53, 1°) même s'il n'est pas mentionné dans les statuts (Avis 03-65 du CCRCS : Bull. RCS 25/2004 p. 15).

Ainsi jugé que devaient bénéficier de la protection attachée à la dénomination sociale :

– le sigle « SAQAB », utilisé par la « société anonyme du Quercy pour l'alimentation du bétail », que le public risquait de confondre avec le sigle « SACAB » utilisé 12 ans plus tard par une société concurrente (dénommée « société anonyme corrézienne d'aliments du bétail »), ces deux sigles ayant la même consonance (Cass. com. 28-1-1980 : Bull. civ. IV n° 40) ;

– le sigle « CEEPRA », utilisé par le « cabinet européen d'enquêtes et de prévoyance de risques d'assurances », compte tenu de l'antériorité dont celui-ci bénéficiait sous ce sigle par rapport à la « société d'analyses et de prévention des risques d'assurances », qui utilisait le sigle « SAPRA » (Cass. com. 16-7-1991 n° 1107 : RJDA 11/91 n° 922).

LOGO DE LA SOCIÉTÉ

1858 Les associés peuvent créer un logo à partir de la dénomination sociale en représentant graphiquement, par exemple, les éléments qui la composent ou les lettres de son sigle d'une façon particulière (agencement original des caractères, insertion de motifs visuels, etc.). Il est alors recommandé de déposer le logo à titre de **marque** pour protéger cette représentation graphique contre les imitations.

1. CHOIX DE LA DÉNOMINATION SOCIALE

RESPECT DES DROITS DES TIERS DANS LE CHOIX DE LA DÉNOMINATION SOCIALE

1870 Les associés peuvent librement choisir la dénomination de leur société à condition qu'elle ne porte pas atteinte aux **droits** que les **tiers** peuvent avoir sur cette dénomination à quelque titre que ce soit (droits résultant notamment d'une marque, d'un nom commercial ou de domaine, d'une création littéraire ou d'une dénomination sociale antérieure).

Les fondateurs agiront prudemment en procédant à une **recherche d'antériorité** au RCS ou, mieux, à l'Inpi, afin de déterminer si la dénomination qu'ils envisagent de donner à la société fait ou non déjà l'objet d'un droit privatif.

Néanmoins, le simple fait que des recherches ne révèlent pas l'existence de droits antérieurs sur une appellation pourtant déjà utilisée ou déposée par un tiers n'exonère pas la société de sa **responsabilité** à l'égard de celui-ci pour concurrence déloyale si elle choisit cette appellation comme dénomination sociale (CA Paris 9-2-2000 : PIBD 2000 n° 700 III p. 326).

TERMES RÉGLEMENTÉS UTILISÉS DANS LA DÉNOMINATION SOCIALE

1872 L'utilisation de certaines appellations évoquant une activité réglementée ou un statut particulier est interdite aux sociétés ne réunissant pas les conditions législatives ou réglementaires requises pour en bénéficier : tel est par exemple le cas de l'appellation « **société civile professionnelle** » (Loi 66-879 du 29-11-1966 art. 29 remplacé, à compter du 1-9-2024, par Ord. 2023-77 du 8-2-2023 art. 31 ; Ord. 2023-77 art. 134) ou des mots « **mutuelle** », « mutuel », « mutualité » ou « mutualiste », interdits dans la dénomination d'une société ne relevant pas du Code de la mutualité (C. mut. art. L 110-4, al. 2).

De même, sont interdites sous peine d'amende l'utilisation du terme « **fondation** » pour tout groupement n'ayant pas le statut de fondation reconnue d'utilité publique et l'utilisation de l'appellation « fondation d'entreprise » pour tout groupement n'ayant pas le statut de fondation d'entreprise (Loi 87-571 du 23-7-1987 art. 20). Par ailleurs, une société civile d'attribution ne peut pas incorporer le sigle « **SCA** » dans sa dénomination car l'usage de ces initiales est réservé à la société en commandite par actions (C. com. art. R 123-238, al. 9).

En revanche, rien ne s'oppose à l'insertion du mot « **national** » dans la dénomination (Rép. Vial Massat : AN 21-3-1983 n° 27275).

Une société exerçant une profession réglementée ne peut pas adopter une dénomination dont les termes sont contraires aux **règles déontologiques.** Ainsi, le règlement de la profession d'avocat (RIN) interdit à un avocat d'utiliser une dénomination évoquant de façon générique le titre d'avocat ou un titre pouvant prêter à confusion, un domaine du droit, une spécialisation ou activité de cet avocat (RIN art. 10.6). Mais les dispositions de cet article n'interdisent pas à une société d'avocats de mentionner dans sa dénomination ses domaines de spécialité ou d'activité, dès lors que cette dénomination n'est pas de nature à prêter à confusion dans l'esprit du public et satisfait ainsi à l'objectif d'empêcher la société de s'approprier, directement ou indirectement, un domaine du droit ou un domaine d'activité que se partage la profession au détriment des autres avocats (CE 28-4-2017 n° 400832 : D. 2018 p. 90 note T. Wickers). Par ailleurs, une société d'avocats a été admise à incorporer à sa dénomination la mention « flash avocat » car ces termes se référaient à une marque déposée par un associé pour désigner une application pour smartphone permettant aux clients d'adresser rapidement des documents à l'avocat (CA Paris 22-9-2016 n° 15/24259 : RJDA 1/17 n° 17).

SIGNES PARTICULIERS UTILISÉS DANS LA DÉNOMINATION SOCIALE

Outre les caractères alphanumériques (chiffres et lettres), il est possible d'incorporer à la dénomination sociale le **signe @,** dit « arobase » (Avis CCRCS 00-27 : Bull. RCS 9-10/2000 p. 29 ; Rép. Gonnot : AN 29-4-2008 n° 5940), voire un **slash** ou un **astérisque** (CA Paris 16-2-2001 : RJDA 6/01 n° 688). **1873**

En revanche, la dénomination ne peut pas comprendre le **symbole** € (CA Amiens 9-9-2004 n° 04-290 : RJDA 8-9/05 n° 980 ; dans le même sens, Rép. Gonnot précitée). Il n'est pas non plus possible d'utiliser une dénomination ambiguë quant à la signification des éléments qui la composent. Ainsi, une société ne peut pas valablement être immatriculée sous la **dénomination « X^3 »,** qu'elle souhaite être lue « 10 puissance trois », car ces signes sont susceptibles d'interprétations différentes de la part des tiers (Avis CCRCS 02-33 : Bull. RCS 20/2002 p. 11).

DÉNOMINATION SOCIALE IDENTIQUE OU SIMILAIRE À UNE MARQUE

La marque de produits ou de services est un signe servant à distinguer les produits, objets ou services d'une entreprise de ceux d'une autre entreprise (CPI art. L 711-1). **1875**

Une société, même civile, ne peut pas **faire usage** comme dénomination sociale ou comme partie d'une dénomination sociale (CPI art. L 713-2 et L 713-3-1) :

– d'un signe **identique** à la marque d'un tiers et utilisé pour des produits ou des services identiques à ceux pour lesquels la marque est enregistrée ;

– d'un signe identique ou **similaire** à la marque d'un tiers et utilisé pour des produits ou des services identiques ou similaires à ceux pour lesquels la marque est enregistrée, s'il existe, dans l'esprit du public, un risque de confusion incluant le risque d'association du signe avec la marque.

Encore faut-il que cette utilisation porte atteinte aux fonctions de la marque, c'est-à-dire que l'utilisateur appose sa dénomination sur les produits qu'il commercialise ou utilise celle-ci de façon à créer un lien avec ses produits (CJCE 11-9-2007 aff. 17/06 : RJDA 12/07 n° 1294).

Ajoutons que le titulaire d'une **marque** jouissant d'une **renommée,** c'est-à-dire connue d'un large public et qui exerce un pouvoir d'attraction propre indépendant des produits ou services qu'elle désigne, peut interdire à une société l'usage dans la vie des affaires comme dénomination sociale ou comme partie d'une dénomination sociale d'un signe identique ou similaire à cette marque pour désigner des produits ou des services identiques, similaires ou non similaires à ceux pour lesquels la marque est enregistrée, dès lors que, sans juste motif, la société tire, par cet usage, indûment profit du caractère distinctif ou de la renommée de la marque, ou leur porte préjudice (CPI art. L 713-3 et L 713-3-1).

Sur l'utilisation dans la dénomination d'un **nom patronymique** correspondant à une marque déposée par un tiers, voir n° 1891.

DÉNOMINATION SOCIALE COMPORTANT UN PATRONYME (NOM DE FAMILLE)

La dénomination ne peut pas comporter le **nom** patronymique **d'un tiers** si cet usage est générateur de confusion, ce qui n'est pas le cas lorsque le nom est répandu ou banal (Cass. 1e civ. 19-12-1967 : Bull. civ. I n° 372). Jugé, par exemple, que la dénomination « Monsieur de Neuville », adoptée par une société dont le gérant portait le nom « Neuville », était source de confusion avec un tiers appelé Henri de Neuville, lui-même dirigeant d'une société dont le siège était situé à proximité de l'établissement principal de la société Monsieur de Neuville (CA Paris 19-4-1974 : D. 1974 p. 495 note R. Lindon). De même, une société de constructions venant aux droits d'une entreprise que Gustave Eiffel avait dirigée puis quittée ne peut pas utiliser dans sa dénomination le patronyme Eiffel sans avoir obtenu l'autorisation de l'ensemble des héritiers de l'ingénieur (CA Bordeaux 16-5-2011 n° 10/00889 : RJDA 11/11 n° 916). **1890**

La dénomination choisie ne peut pas non plus correspondre à un **pseudonyme** sous lequel un tiers bénéficie d'une notoriété suffisante, sauf si celui-ci a donné son autorisation à la société (CA Paris 11-9-1996 : PIBD 1997 n° 623 III p. 10). Pour qu'un pseudonyme soit protégé, il n'est pas nécessaire que son titulaire ait acquis sous celui-ci une notoriété dépassant le milieu où il exerce son activité (Cass. 1e civ. 19-2-1975 : Bull. civ. I n° 73).

La société peut, en principe, régulièrement utiliser comme dénomination sociale le **nom** patronymique **d'un associé,** même si ce nom correspond à celui d'un concurrent ou d'une autre société, sous réserve, d'une part, que l'associé n'ait pas apporté son nom à l'autre société et, d'autre part, qu'aucune confusion ne soit possible (Cass. com. 2-6-1992 : RJDA 8-9/92 n° 825 ; CA Versailles 15-2-2007 n° 05-9709 : RJDA 6/07 n° 614). Pour éviter tout risque de confusion, l'associé cédant doit prendre les mesures nécessaires permettant de différencier la dénomination de la société qu'il crée de celle de la société qu'il quitte. À cet égard, l'adjonction du prénom d'un associé et du nom de son épouse n'a pas été jugée suffisante pour éliminer tout risque de confusion (CA Dijon 28-2-2002 n° 00-85 : RJDA 3/03 n° 261).

Ajoutons que l'usage du nom d'un associé dans la dénomination est proscrit lorsque cet associé n'est en réalité qu'un **prête-nom** (TGI Paris 18-12-1987 : D. 1988 p. 383 note J.-J. Burst).

1891 **Patronyme déposé à titre de marque** Une marque ne permet pas à son titulaire d'interdire à un tiers l'usage, dans la **vie des affaires,** conformément aux usages loyaux du commerce, de son nom de famille lorsque ce tiers est une **personne physique** (CPI art. L 713-6, I-1°). Il en résulte qu'un associé personne physique dont le nom de famille correspond à une marque existante peut dénommer la société avec ce nom dès lors que l'utilisation qui en est faite est **conforme aux usages loyaux du commerce.** Il en est ainsi, à notre avis, si cet associé s'implique dans la gestion de la société qui porte son nom.

> Précisions Selon l'article L 713-6, **avant** sa modification par **l'ordonnance 2019-1169 du 13 novembre 2019,** l'enregistrement d'une marque ne faisait pas obstacle à l'utilisation du même signe ou d'un signe similaire comme dénomination sociale lorsque cette utilisation était le fait d'un tiers de bonne foi employant son nom patronymique. La jurisprudence considérait qu'un associé utilisant son patronyme dans la dénomination sociale était de bonne foi lorsqu'il exerçait de réelles fonctions de direction au sein de la société. Tel n'a pas été le cas d'un associé détenant seulement 10 % des parts sociales et n'exerçant aucune fonction de responsabilité au sein de la société, dont une autre personne assurait seule la gérance (CA Paris 11-10-1995 : PIBD 1996 n° 606 III p. 122). Encore faut-il cependant que cette utilisation du nom patronymique ne crée pas de risque de confusion. Ainsi, il a été jugé que le titulaire de la marque « Revillon » ne pouvait pas valablement interdire à une société dénommée « Carol Revillon » l'emploi de cette marque dans sa dénomination dès lors que sa fondatrice, qui portait le nom « Revillon », dirigeait personnellement la société et qu'en faisant précéder ce nom du prénom « Carol » et en choisissant un graphisme différent de celui de la marque, elle avait évité de créer une confusion dans l'esprit de la clientèle sur l'origine des produits fabriqués par la société et sur celle des produits couverts par la marque (Cass. com. 12-11-1992 n° 1690 : RJDA 4/93 n° 320). Jugé en revanche que, si le caractère notoire d'une marque antérieure « Poilâne » n'était pas nécessairement exclusif de la bonne foi invoquée par la société dénommée « Julien Poilâne », comme son dirigeant, l'adjonction d'un prénom ne pouvait suffire à exclure tout risque de confusion. En effet, les produits fabriqués et commercialisés par la société étaient identiques ou similaires à ceux pour lesquels la marque avait été enregistrée et le patronyme « Poilâne » avait un caractère dominant dans la dénomination contestée (Cass. com. 17-3-2021 n° 18-26.388 F-D : RJDA 7/21 n° 530). Cette **jurisprudence** nous paraît **transposable au régime actuel.**

1893 **« Détachement » du patronyme** **Lorsque l'associé** dont le nom patronymique est inclus dans la dénomination sociale **se retire de la société,** il ne peut pas, sauf convention contraire, exiger que la dénomination soit modifiée car ce patronyme est devenu, en raison de son insertion dans les statuts, un signe distinctif qui s'est détaché de la personne physique qui le porte pour s'appliquer à la personne morale et constituer un objet de propriété incorporelle (Cass. com. 12-3-1985 : JCP G 1985 II n° 20400 note Bonet ; Cass. com. 13-6-1995 n° 1273 : RJDA 11/95 n° 1242).

La société peut alors déposer le nom comme marque (Cass. com. 27-2-1990 : Bull. civ. IV n° 58). Encore faut-il que le dépôt ne porte pas atteinte à ce nom (CPI art. L 711-3, I-8°).

Cette atteinte est caractérisée en cas de risque de confusion avec la marque, c'est-à-dire lorsque le **nom** est notoirement **connu** sur l'ensemble du territoire national : dans ce cas, la société qui exerce une activité dans le même domaine que l'associé ne peut pas déposer le nom à titre de marque pour désigner les mêmes produits ou services, sauf accord de l'associé ou renonciation expresse ou tacite à ses droits patrimoniaux (Cass. com. 24-6-2008 n° 07-10.756 : RJDA 10/08 n° 1025).

ILLUSTRATIONS

À l'occasion de la cession du contrôle d'une société dont la dénomination comportait leur nom patronymique, les cédants avaient autorisé la société à utiliser librement ce nom « à des fins commerciales ou industrielles [...], sans autres limites que celles prévues par les lois en vigueur ». Les cédants ne peuvent pas s'opposer au dépôt de cette dénomination à titre de marque pour désigner des produits ou services en rapport avec l'activité de cuisiniste de la société, peu important que cette opération particulière n'ait pas été expressément visée dans l'acte de cession : le libre usage industriel et commercial du nom englobe un tel dépôt ; les cédants n'établissaient pas que le dépôt de la marque aurait porté atteinte à leurs droits dès lors que leur nom n'est pas notoirement connu et que sa relative et locale notoriété ne résulte que de l'activité de la société, si bien qu'il n'existe aucun risque de confusion entre elle et les cédants (CA Rennes 23-3-2010 n° 09-1645 : RJDA 10/10 n° 954).

Réciproquement, le dirigeant d'une société dont la dénomination comporte son nom ne peut pas valablement déposer celui-ci à titre de marque si, en raison de la notoriété acquise avec le temps, ce nom a conservé un **pouvoir distinctif propre** (Cass. com. 13-6-1995 n° 1273 précité).

Le principe du détachement du nom patronymique peut être écarté par une **clause restreignant l'usage** de celui-ci : par exemple, interdiction de le déposer comme marque.

2. PROTECTION DE LA DÉNOMINATION SOCIALE

a. Conditions de la protection de la dénomination sociale

ANTÉRIORITÉ DES DROITS SUR LA DÉNOMINATION SOCIALE

La propriété d'une dénomination sociale étant acquise par le **premier usage,** toute société qui, la première, a utilisé une dénomination peut interdire aux tiers de l'employer. **1895**

ILLUSTRATIONS

Une société dénommée « Les Américains », qui avait géré un café portant le nom de « Bar des Américains », a pu opposer l'antériorité de sa dénomination à une SCI dénommée « Résidence Les Américains », qui avait fait construire des locaux commerciaux à la place de l'immeuble où se trouvait ce café, dès lors que la société « Les Américains » justifiait de ses droits sur cette dénomination depuis 1880 (Cass. com. 31-1-1977 : Bull. civ. IV n° 32).

À l'inverse, une société dénommée « Boole » ne peut pas interdire à une société dénommée « Boole et Babbage » l'usage de cette dénomination, dont l'inscription au RCS est pourtant postérieure à l'immatriculation de la société « Boole », car la société « Boole et Babbage » utilisait déjà cette dénomination comme nom commercial avant l'immatriculation de la société « Boole » (Cass. com. 18-6-1996 n° 1176 : RJDA 12/96 n° 1477).

Jugé de même que, les droits d'auteur du fondateur d'une société sur la dénomination sociale étant nés avant la constitution de la société, celle-ci ne peut pas opposer un droit sur sa dénomination à la marque déposée par le fondateur après cette constitution (Cass. com. 4-7-2006 n° 875 : RJDA 3/07 n° 297).

L'usage d'une dénomination ne permet de se prévaloir d'un droit sur celle-ci qu'à la condition qu'il ait acquis un **caractère public** (Cass. com. 24-11-1992 n° 1762 : RJDA 3/93 n° 219).

CARACTÈRE ORIGINAL OU DISTINCTIF DE LA DÉNOMINATION SOCIALE

Il n'est pas nécessaire que la dénomination présente un **caractère original ou distinctif** pour être protégée contre une usurpation, ce caractère étant seulement un critère d'appréciation de la faute et du risque de confusion entre la société et le tiers usurpateur (Cass. com. 10-5-2006 n° 588 : RJDA 10/06 n° 1024 ; Cass. com. 7-7-2021 n° 19-16.028 F-D : RJDA 11/21 n° 741). **1896**

DÉNOMINATION SOCIALE ET RISQUE DE CONFUSION

La société est protégée contre l'utilisation de sa dénomination par un tiers si cette utilisation entraîne un risque de confusion entre la société et le tiers. **1897**

Un tel risque existe :

– d'une part, si le tiers emploie, notamment à titre de dénomination sociale, de marque, de nom commercial ou d'enseigne, une **appellation identique ou quasi identique** à la dénomination de la société ;

– d'autre part, si le tiers exerce son activité sous cette appellation dans la **zone géographique** où la société est connue du public.

Ainsi, il n'y a pas de risque de confusion entre deux dénominations sociales dans des cas où les sociétés concernées sont éloignées géographiquement et où leur notoriété ne dépasse pas leur zone d'implantation (Cass. com. 29-6-1999 : RJDA 11/99 n° 1211 ; CA Paris 13-3-1991 : RJDA 6/91 n° 496).

Le risque de confusion s'apprécie en tenant compte des dénominations utilisées dans le cadre de l'activité et non de celles inscrites le cas échéant sur le tableau d'un **ordre professionnel** par l'une des sociétés (Cass. com. 24-6-2014 n° 12-20.705 : RJDA 10/14 n° 766).

L'existence du risque de confusion s'apprécie en considérant les éléments soumis pris dans leur ensemble (Cass. com. 12-5-2021 n° 19-17.942 F-D : RJDA 8-9/21 n° 618, à propos d'associations mais à notre avis transposable).

Par ailleurs, pour apprécier l'existence d'un risque de confusion entre une dénomination sociale et une **marque postérieure** déposée par un tiers, les juges retiennent souvent comme critère, outre le degré de ressemblance entre les deux signes, le degré de **similitude entre les produits** ou services diffusés par la société et ceux désignés par la marque (par exemple, Cass. com. 16-5-1995 n° 1041 : RJDA 11/95 n° 1305 ; Cass. com. 9-10-2007 n° 06-14.300 : RJDA 2/08 n° 202), même si celle-ci n'est plus exploitée ou ne l'a été qu'à titre expérimental (CA Paris 14-5-2009 n° 07-21678 : RJDA 11/09 n° 960).

1898 **Ressemblance des appellations** Deux appellations sont identiques ou quasi identiques lorsqu'elles comportent des **termes** suffisamment **proches phonétiquement ou visuellement.**

ILLUSTRATIONS

Sont **identiques ou quasi identiques** :

– la dénomination « Mayday travail temporaire », adoptée par une société ayant pour objet le placement de personnel intérimaire dans le domaine du graphisme informatique, et la marque « Mayday » désignant les produits et services d'une société d'assistance et de formation des utilisateurs de matériel informatique (CA Paris 19-6-1996 : RJDA 11/96 n° 1334) ;

– les dénominations « CRTI » et « RTI Voyages », adoptées par des sociétés organisant des voyages et des loisirs, dès lors que les trois lettres « RTI », dépourvues de signification propre, constituent l'élément attractif de ces dénominations (CA Paris 9-2-2000 : PIBD 2000 n° 700 III p. 326).

– les dénominations « Time to Planet » adoptée par une société exerçant une activité de conseil en innovation responsable et développement durable et « Time for the Planet » pour une société ayant pour activité la lutte contre le réchauffement climatique, dès lors que seules les conjonctions de coordination (« for the » au lieu de « to ») ont été modifiées alors qu'allaient être ciblés les mêmes profils pour des intérêts semblables (CA Lyon réf. 15-12-2021 n° 21/02667 : RJDA 7/22 n° 451).

En revanche, sont **suffisamment différentes** les appellations suivantes :

– la dénomination « Château d'Yquem », adoptée par une société civile pour désigner soit le vin produit par celle-ci, soit le château lui-même, soit le vignoble, et la marque « La Lettre de Bernard Yquem », déposée pour désigner des produits en papier et carton, des articles pour reliures, photographies, articles de papeterie et de dessin (Cass. com. 16-5-1995 n° 1041 : RJDA 11/95 n° 1305) ;

– la dénomination « L'Oréal » et les marques « Floréal » et « Floréel », lesquelles ne peuvent susciter aucun rapprochement avec cette dénomination de la part d'un consommateur d'attention moyenne (CA Paris 27-1-1999 : PIBD 1999 n° 673 III p. 200) ;

– la dénomination « Régional intérim » et le nom commercial « Gerinter, l'intérim régional », compte tenu de l'adjonction et de la mise en valeur graphique de l'appellation « Gerinter » (Cass. com. 16-9-2014 n° 13-19.572 : RJDA 12/14 n° 903).

1899 **Appréciation du risque au regard des activités exercées** Généralement, les tribunaux recherchent si la société et le tiers ayant usurpé la dénomination de celle-ci se font concurrence et limitent la protection à ce seul cas. Le risque de confusion est en effet d'autant plus important que la société et le tiers usurpateur exercent une **activité identique.** Il en est de même en cas d'exercice d'**activités similaires,** c'est-à-dire d'activités qui se recoupent (Cass. com. 12-5-2004 n° 746 : RJDA 10/04 n° 1119).

ILLUSTRATIONS

Exercent des activités similaires deux sociétés dont la première fournit des prestations de services aux particuliers et aux entreprises dans le domaine de la santé et plus particulièrement du stress, alors que la seconde se consacre plus généralement à la formation professionnelle des adultes et au conseil en gestion des ressources humaines, dès lors que cette dernière offre également à sa clientèle des sessions de formation sur la gestion du stress et la maîtrise du temps (CA Paris 2-2-2000 : RJDA 5/00 n° 536).

En revanche, tel n'est pas le cas d'une société d'administration de biens ayant pour objet connexe la maîtrise d'œuvre et d'une société exerçant à titre principal la profession d'architecte (CA Versailles 15-2-2007 n° 05-9709 : RJDA 6/07 n° 614).

Néanmoins, toute société est en droit de faire protéger sa dénomination contre des imitations de nature à lui porter préjudice, et ce, même si la personne qui en est l'auteur ne lui fait pas du tout concurrence. Dans un tel cas en effet, l'usurpation de la dénomination sociale peut causer un dommage car, outre les **erreurs de transmissions postales** (Cass. com. 31-1-1977 : Bull. civ. IV n° 32), la société peut légitimement redouter que la similitude de dénomination provoque, dans l'esprit du public, la **croyance** erronée qu'elle appartient au **même groupe** que le tiers usurpateur (CA Paris 18-9-1991 : BRDA 4/92 p. 17) ou que celui-ci lui est lié par une **communauté d'intérêts.**

> Précisions Une société exerçant une activité de restauration sous une dénomination peut interdire à une SCI, dont l'**objet social** (l'édification d'un ensemble immobilier) était pourtant différent, d'utiliser cette dénomination car la SCI avait annoncé dans une publicité la création de commerces de restauration et d'alimentation (Cass. com. 31-1-1977 précité). En revanche, la société dénommée « La Tour d'Argent », qui exploite le restaurant parisien du même nom, ne peut pas reprocher à une SCI dénommée « Cauchoise Tour d'Argent » l'usage de cette dénomination dès lors que ces sociétés exercent des activités très différentes et que la SCI n'a pas adopté sa dénomination dans le but de profiter de la réputation de la société La Tour d'Argent, mais a été constituée pour acquérir trois studios situés à Rouen, à proximité de l'impasse de la Tour d'Argent (CA Paris 5-6-1998 : RJDA 12/98 n° 1436).

b. Mise en œuvre de la protection de la dénomination sociale

La société peut faire cesser le préjudice résultant d'une atteinte à sa dénomination en demandant, dans le cadre d'une **action en concurrence déloyale,** l'octroi de dommages-intérêts ainsi que l'interdiction d'utiliser cette dénomination. À cette occasion, les juges peuvent, en fonction de l'importance de l'atteinte, ordonner au tiers usurpateur soit d'abandonner totalement l'usage de la dénomination litigieuse, soit d'y apporter quelques modifications en ajoutant par exemple un correctif destiné à éviter tout risque de confusion (CA Paris 5-10-1989 : BRDA 4/90 p. 18). 1905

Si la dénomination usurpée a été déposée comme marque par la société, celle-ci peut agir en **contrefaçon** pour demander réparation de l'atteinte portée à cette marque (CPI art. L 716-4). La société peut en outre agir en concurrence déloyale si elle établit des faits distincts de ceux constituant la contrefaçon (Cass. com. 15-6-2010 n° 08-18.279 : RJDA 4/11 n° 363).

La société peut également former une **opposition** auprès du directeur général de l'Inpi à l'encontre d'une demande d'enregistrement d'une **marque** par un tiers, dans les deux mois suivant la publication de cette demande, s'il existe un risque de confusion dans l'esprit du public (CPI art. L 712-4).

Après l'enregistrement de cette marque, la société peut demander, devant l'Inpi ou le tribunal selon le cas, la **nullité** de cet enregistrement, dès lors qu'il y a un risque de confusion dans l'esprit du public (CPI art. L 711-3, I-3° et L 714-3) ; l'appréciation de ce risque doit tenir compte de la renommée de la dénomination sociale antérieure (Cass. com. 7-7-2021 n° 19-16.028 F-D : RJDA 11/21 n° 741). La dénomination sociale ne bénéficie cependant d'une protection que pour les activités effectivement exercées par la société et non pour celles énumérées dans ses statuts (Cass. com. 10-7-2012 n° 08-12.010 : RJDA 12/12 n° 1111).

Toutefois, la société qui a toléré pendant une période de cinq années consécutives l'usage d'une marque postérieure enregistrée en connaissance de cet usage n'est plus recevable à demander la nullité de cette marque, pour les produits ou les services pour lesquels l'usage de la marque a été toléré, à moins que l'enregistrement de celle-ci ait été demandé de mauvaise foi (CPI art. L 716-2-8).

La société peut également, dans les deux mois suivant la publication de la demande d'enregistrement de la marque, former une **opposition** auprès du directeur général de l'Inpi à l'encontre de cette demande d'enregistrement, s'il existe un risque de confusion dans l'esprit du public (CPI art. L 712-4).

Par ailleurs, lorsqu'un **tiers dénigre la société** en utilisant sa dénomination pour jeter le discrédit sur son activité, la société peut lui en demander réparation. Jugé à cet égard que l'usage du mot « décathlon » dans son acception usuelle pour désigner un site internet dont le contenu brocarde la pratique de cette activité ne constitue pas un dénigrement de la société qui utilise ce mot dans sa dénomination (Cass. com. 20-2-2007 n° 05-10.319 : RJDA 5/07 n° 570).

3. PUBLICITÉ DE LA DÉSIGNATION DE LA SOCIÉTÉ

La dénomination sociale doit figurer sur tous les **actes ou documents émanant de la société** et destinés aux tiers. Si elle ne contient pas les mots « société civile », elle doit être précédée ou suivie de manière lisible, une fois au moins, de ces mots suivis de l'indication du capital social et, éventuellement, des mentions requises par le statut légal particulier auquel la société est soumise (Décret 78-704 du 3-7-1978 art. 32). Doivent, à notre avis, être considérés comme des documents destinés aux tiers les courriers électroniques à caractère juridique (par exemple, courriers comportant des renseignements sur un contrat ou un projet de contrat). 1930

J. Siège social

DÉFINITION DU SIÈGE SOCIAL

Le siège social est le **lieu** où se trouve la direction effective de la société (CA Paris 28-10-1992 : RJDA 2/93 n° 113) ; en pratique, il s'agit du lieu où fonctionnent les organes de gestion et les principaux services administratifs. 1950

Toutes les sociétés doivent avoir un siège social, comme les personnes physiques un domicile. L'immatriculation de la société au RCS ne peut être obtenue que si cette société prouve qu'elle a la **jouissance des locaux** dans lesquels son siège est installé (n° 2703).

Le siège social doit avoir une réalité physique. Il en résulte qu'une **boîte postale** ne peut pas être considérée comme un lieu où il est possible d'installer une société (CA Paris 5-12-2007 n° 06-19223 : RJDA 4/08 n° 408).

PUBLICITÉ DU SIÈGE SOCIAL

1952 Le siège social doit être **indiqué** dans les statuts (C. civ. art. 1835) ainsi que sur les papiers d'affaires (factures, notes de commande, etc.) et le site internet de la société (C. com. art. R 123-237).

1. CHOIX DU SIÈGE SOCIAL

IMPORTANCE DU CHOIX DU SIÈGE SOCIAL

1955 Le choix du siège social commande, pour une large part, le statut juridique de la société. C'est à partir du siège social que se déterminent notamment :

– la **nationalité** de la société et la loi applicable à celle-ci, la loi française étant applicable aux sociétés dont le siège social est situé en territoire français (n° 2000) ;

– les **tribunaux compétents** pour connaître des litiges concernant la société (n°s 6215 s.) ou pour ouvrir une procédure collective à l'encontre de la société (n° 28051) ;

– le lieu où doivent être accomplies les **formalités** légales de publicité, où doivent être déposés certains documents destinés à l'information des associés et où sont conservés les procès-verbaux de consultation des associés.

a. Limitations au choix de l'implantation du siège social

1960 En principe, les associés fixent librement le siège de leur société. Ils doivent cependant tenir compte, le cas échéant, de certaines **prescriptions administratives en matière d'urbanisme et de logement,** notamment :

1. La construction ou l'extension, en région parisienne, de locaux d'une certaine superficie est, sauf certaines exceptions, soumise à l'**agrément du préfet** de la région Île-de-France (C. urb. art. L 510-1 et R 510-1 s.) ;

2. Dans la région Île-de-France, la construction, la reconstruction ou l'agrandissement de bureaux, de même que la transformation en bureaux de locaux précédemment affectés à un autre usage, entraîne le paiement d'une **taxe** dont le montant varie selon la situation des locaux (C. urb. art. L 520-1 s. et R 520-1 s.). Cette taxe n'est pas due notamment lorsque les bureaux font partie d'un local d'habitation à usage d'habitation principale, lorsqu'ils sont spécialement aménagés pour l'exercice d'activités de recherche, lorsqu'ils sont utilisés par les membres de professions libérales et les officiers ministériels ou lorsqu'ils sont situés dans une zone franche urbaine-territoire entrepreneur définie à l'article 42 de la loi 95-115 du 4 février 1995 (C. urb. art. L 520-6) ;

3. Dans les communes de plus de 200 000 habitants et dans les départements des Hauts-de-Seine, de la Seine-Saint-Denis et du Val-de-Marne, le changement d'usage des locaux destinés à l'habitation est soumis à **autorisation préalable du maire** de la commune (CCH art. L 631-7 etL 631-7-1).

En outre, le maire peut aussi autoriser l'exercice d'une activité professionnelle dans une partie de l'**habitation principale** du demandeur pourvu qu'elle n'engendre ni nuisance ni danger pour le voisinage et qu'elle ne conduise à aucun désordre pour le bâti (CCH art. L 631-7-2)

En tout état de cause, aucune autorisation n'est exigée pour l'exercice d'une activité professionnelle dans une partie d'un local d'habitation dès lors qu'aucune stipulation du bail ou du règlement de copropriété ne s'y oppose, que l'activité considérée n'est exercée que par le ou les occupants ayant leur résidence principale dans ce local et que cette activité ne conduit à y recevoir ni clientèle ni marchandises. Cette disposition est applicable aux représentants légaux des personnes morales (CCH art. L 631-7-3).

Enfin, l'exercice d'une activité professionnelle est également possible sans autorisation dans une partie d'un local d'habitation situé en **rez-de-chaussée** pourvu que les conditions suivantes soient remplies (CCH art. L 631-7-4) :

– comme dans le cas visé à l'article L 631-7-3, aucune stipulation du bail ou du règlement de copropriété ne doit s'y opposer et l'activité ne doit être exercée que par le ou les occupants ayant leur résidence principale dans le local ;

– l'activité ne doit engendrer ni nuisance ni danger pour le voisinage et ne doit conduire à aucun désordre pour le bâti ; sous cette réserve, il est possible de recevoir de la clientèle.

Par dérogation, l'autorisation du maire reste nécessaire pour l'exercice d'une activité dans une partie d'un logement **HLM** situé en rez-de-chaussée (CCH art. L 631-7-5, I).

b. Domiciliation collective de la société

Le plus souvent, le siège social est fixé dans des locaux d'activité dont la société a la jouissance privative en tant que propriétaire, locataire ou sous-locataire. **1965**

Mais le siège social peut aussi être installé dans des **locaux occupés en commun** par d'autres entreprises (C. com. art. L 123-11, al. 2). Tel est le cas des filiales dont le siège social est situé dans des locaux de la société mère (ou inversement), des sociétés « hébergées » provisoirement par d'autres sociétés ou encore des sociétés qui font appel aux services d'une « entreprise de domiciliation ».

CONDITIONS DE LA DOMICILIATION COLLECTIVE DE LA SOCIÉTÉ

La domiciliation collective est licite mais elle doit faire l'objet d'un **contrat de domiciliation** entre chaque entreprise domiciliée et le propriétaire ou le titulaire du bail des locaux (appelé « domiciliataire »), sauf lorsqu'une société et ses filiales installent leur siège dans un local dont l'une a la jouissance (C. com. art. R 123-167 et R 123-170). **1967**

Ce contrat doit être mentionné au RCS et au RNE avec l'indication de l'identité de l'entreprise domiciliataire (nom ou dénomination sociale, numéro unique d'identification et références de l'immatriculation principale : C. com. art. R 123-169 et art. R 123-252, 4° issu du décret 2022-1014 du 19-7-2022) et les références de son agrément préfectoral (ann. 1-1 C. com. art. A 123-45), qui correspondent au numéro de l'arrêté autorisant le domiciliataire à exercer son activité (Avis CCRCS 2013-024 du 4-10-2013). Ce contrat doit être établi par écrit dans les conditions fixées par l'article R 123-168 du Code de commerce :

– **durée** d'au moins trois mois renouvelable par tacite reconduction ;

– **obligation pour le domiciliataire** de mettre à la disposition de la société domiciliée des locaux dotés d'une pièce propre à assurer la confidentialité nécessaire au fonctionnement des organes de gestion et permettant une réunion régulière de ces organes, les locaux devant en outre permettre la tenue, la conservation et la consultation des livres, registres et documents prescrits par les lois et règlements ;

– **obligation pour la société** d'utiliser les locaux mis à sa disposition et d'informer le domiciliataire de toute modification concernant son activité et de tout changement relatif à sa forme juridique, à son objet et à ses représentants légaux (changement de représentant ou changement de domicile d'un représentant).

> **Précisions** **a.** L'activité de domiciliataire, soumise à l'obtention d'un **agrément administratif,** ne peut pas être exercée dans un local à usage d'habitation ou à usage mixte professionnel (C. com. art. L 123-11-2 s.).
b. Lorsque le domiciliataire est locataire des locaux où il héberge la société, la domiciliation nécessite l'**accord préalable du bailleur,** faute de quoi le domiciliataire s'expose à la résiliation de son bail et à son expulsion (CA Paris 8-1-1993 : Bull. Joly 1993 p. 474 note Reboul).
c. Une entreprise de domiciliation ne respecte pas les conditions de l'article R 123-168 du Code de commerce dès lors qu'elle domicilie 58 sociétés dans des locaux ne comportant qu'une seule **pièce de 40 m²** environ, au sein de laquelle est aménagé un petit espace garni de mobilier de bureau (CA Paris 25-10-2002 n° 02-7384 : RJDA 5/03 n° 493). En revanche, les juges ont admis l'exercice de l'activité de domiciliation dans un **bureau de 38 m²** dès lors qu'il n'était pas démontré que l'entreprise de domiciliation ne disposait pas dans ce bureau des installations permettant la réunion régulière des organes de la société (CA Paris 31-1-2003 n° 02-7385 : RJDA 7/03 n° 723).

SANCTIONS DES CONDITIONS DE DOMICILIATION COLLECTIVE DE LA SOCIÉTÉ

Lorsque la **société domiciliée** n'a pas pris connaissance de son courrier depuis trois mois, elle s'expose à ce que le greffier, informé de cette négligence par le domiciliataire, fasse mention de sa cessation d'activité au RCS et au RNE (C. com. art. R 123-125, al. 2 et L 123-37). **1968**

Par ailleurs, l'article R 123-169-1 du Code de commerce punit d'une amende de 1 500 € les **domiciliataires** qui ne respectent pas l'ensemble des obligations mises à leur charge ainsi que ceux qui ne s'assurent pas que les sociétés domiciliées respectent leurs propres obligations.

c. Domiciliation de la société dans un local d'habitation

PRINCIPES

Le **gérant** est autorisé à installer **de façon permanente** le siège social dans son logement, sauf dispositions législatives ou stipulations contractuelles contraires (C. com. art. L 123-11-1, al. 1). En présence de telles dispositions (voir notamment n° 1960) ou stipulations (par exemple, clause d'un **1970** bail, d'un règlement de copropriété ou d'un cahier des charges de lotissement), le gérant peut également installer le siège social à son domicile mais seulement **à titre provisoire** (C. com. art. L 123-11-1, al. 2).

La domiciliation n'a pas pour **effet** ni ne permet de changer la destination du local (C. com. art. L 123-11-1, al. 5). Elle n'est admise que pour permettre au gérant d'assurer à son domicile les tâches administratives liées à la gestion sociale (réponse au courrier ou aux appels téléphoniques, tenue de la comptabilité, etc.) et non pour y recevoir la clientèle (CA Paris 15-3-2002 n° 00-14235 : RJDA 12/02 n° 1273, à propos d'une société commerciale mais transposable).

> Précisions a. Lorsque le gérant est marié (ou « pacsé »), la société peut ainsi être domiciliée au **domicile conjugal** (ou au domicile commun des partenaires).

b. Pour justifier que la société a la jouissance privative d'une partie du logement, il suffit au gérant de fournir comme **pièces justificatives** une convention de mise à disposition, par laquelle il consent gratuitement à ce que la société occupe une partie de ce local, ainsi qu'un document établi à son nom lui permettant de justifier la jouissance de son domicile : par exemple, facture de téléphone ou d'électricité, quittance de loyer ou copie du bail (Avis CCRCS 00-59 : Bull. RCS 14-15/2001 p. 49).

DOMICILIATION PERMANENTE DE LA SOCIÉTÉ DANS UN LOGEMENT

1971 La domiciliation permanente est possible à **condition** qu'aucune règle légale ou contractuelle ne s'y oppose (C. com. art. L 123-11-1, al. 1) : par exemple, lorsque les restrictions de l'article L 631-7 du Code de la construction et de l'habitation ne s'appliquent pas au logement en cause ou, dans le cas contraire, lorsque le gérant bénéficie d'une autorisation ou d'une dérogation à ces restrictions (n° 1960). Rien n'interdit que le siège social soit transféré dans le logement du gérant, même après l'immatriculation de la société (transfert d'un siège social initialement installé dans des locaux d'activité ou transfert du siège d'un domicile à un autre à la suite d'un déménagement).

> Précisions Lorsque, en cas d'installation permanente du siège social au domicile du gérant, cette domiciliation nécessite l'obtention d'une autorisation préfectorale ou d'un agrément, il y a lieu de fournir la **pièce justificative** correspondante à l'appui de la demande d'immatriculation (Avis CCRCS 04-22 et 03-56 : Bull. RCS 28-29/2005 p. 17).

DOMICILIATION PROVISOIRE DE LA SOCIÉTÉ DANS UN LOGEMENT

1972 La domiciliation provisoire, qui peut être mise en œuvre tant lors de la constitution de la société qu'en cours de vie sociale, est soumise aux **conditions** suivantes (C. com. art. L 123-11-1, al. 2 à 4).

1. Lorsque le gérant est copropriétaire ou locataire, son intention d'installer la société à son domicile doit être notifiée par écrit au syndic de copropriété, au bailleur des locaux ou au représentant de l'ensemble immobilier.

Cette **notification** doit intervenir préalablement au dépôt de la demande d'immatriculation de la société ou d'inscription modificative au RCS (mais il n'est pas nécessaire d'en fournir une copie lors de ce dépôt).

1973 **2.** La **durée** de la domiciliation ne peut ni excéder cinq ans à compter de la création de la société (c'est-à-dire son immatriculation au RCS), ni dépasser le terme légal, contractuel ou judiciaire de l'occupation des locaux au cas où cette occupation devrait prendre fin dans moins de cinq ans. Le délai ne saurait courir avant la date de l'immatriculation puisque, jusqu'à cette date, la société n'a pas de personnalité morale et ne peut donc pas avoir de siège social.

ATTENTION

Ce **point de départ** est applicable même en cas de domiciliation décidée en cours de vie sociale. Il en résulte que le transfert du siège au domicile du gérant n'est possible qu'au cours des cinq années qui suivent la création de la société. Par exemple, lorsqu'une société immatriculée depuis trois ans a toujours été domiciliée dans le logement de son gérant, ce dernier, s'il emménage dans un nouveau logement où l'installation d'une société est interdite, ne pourra domicilier la société à cette nouvelle adresse que pendant deux ans ; et si la société a plus de cinq ans d'existence, sa domiciliation provisoire au domicile du gérant sera impossible.

Avant l'expiration de la période de domiciliation provisoire, la société doit transférer son siège social dans de nouveaux locaux dont elle doit avoir la jouissance. Elle doit, sous peine de radiation d'office, communiquer au greffier du tribunal de commerce les éléments justifiant son changement de situation.

> Précisions a. Selon le ministère de la justice, le bénéfice de la domiciliation n'est admis que pendant cinq ans et le représentant légal ne dispose d'aucun recours pour maintenir le siège à son domicile au-delà de ce délai même s'il s'aperçoit par la suite qu'aucune disposition législative ou contractuelle ne l'interdit (Rép. Fouché : Sén. 30-4-2009 n° 6003). Cette position nous paraît contraire à l'article L 123-11-1 du Code de commerce, qui pose le principe de la domiciliation permanente et qui présente la domiciliation provisoire comme une exception applicable seulement en présence de « dispositions législatives ou stipulations contractuelles contraires » à ce principe. Comme toute restriction à la liberté de s'associer, cette exception doit être interprétée strictement et le représentant légal doit pouvoir revenir sur son option s'il se rend compte que la société peut rester domiciliée chez lui en permanence.

b. Toute **personne radiée d'office** du RCS peut, lorsqu'elle démontre avoir régularisé sa situation, demander au greffier du tribunal de rapporter la radiation (C. com. art. R 123-138).

2. SIÈGE SOCIAL FICTIF

CRITÈRES DE FICTIVITÉ DU SIÈGE SOCIAL

Le **siège social indiqué dans les statuts** est fictif lorsqu'il ne correspond pas au lieu où les fonctions de direction de la société sont effectivement exercées de manière stable. **1980**

ILLUSTRATIONS

A été considéré comme **fictif** le siège statutaire corse d'une société ne disposant d'aucun bureau ni infrastructure justifiant l'exercice d'une activité réelle en Corse, alors que son gérant exerce à titre personnel une activité dans une autre région et que ses créanciers sont domiciliés dans cette région (Cass. com. 5-1-1999 n° 23 : RJDA 4/99 n° 440). En revanche, le fait, pour une société, d'avoir installé son siège statutaire dans un centre de domiciliation est **insuffisant à établir le caractère fictif** de ce siège dès lors que l'entreprise de domiciliation a mis à la disposition de la société un bureau où s'est tenue l'assemblée générale annuelle de la société et que celle-ci a donné mandat à l'entreprise de domiciliation de recevoir en son nom toute notification ou assignation en justice (CA Paris 7-3-2001 : RJDA 7/01 n° 830).

Les tribunaux ont un pouvoir souverain pour déterminer le siège social réel (Cass. com. 12-12-1972 : Bull. civ. IV n° 331). À cet effet, ils peuvent retenir plusieurs **indices** : lieu où sont réunis les assemblées et les organes de gestion, où sont passés les principaux contrats, où s'opère la centralisation des services administratifs, où sont effectuées les opérations financières, etc. (Cass. 2e civ. 24-4-1981 : JCP G 1981 IV p. 238 ; CA Paris 9-11-1994 : RJDA 2/95 n° 148).

Lorsque la **société** est **étrangère,** le juge apprécie la réalité de son siège au regard de la loi dont elle relève (Cass. com. 21-10-2014 n° 13-11.805 : RJDA 2/15 n° 105), c'est-à-dire la loi du pays où elle a son siège statutaire.

CONSÉQUENCES DE LA FICTIVITÉ DU SIÈGE SOCIAL

Lorsque la fictivité du siège est établie, les **tiers** ont une option : ils peuvent choisir entre le siège statutaire et le siège réel (C. civ. art. 1837, al. 2). Ils peuvent ainsi agir en justice contre la société en l'assignant soit devant le tribunal du siège statutaire, soit devant celui du siège réel (Cass. com. 23-2-1993 n° 337 : RJDA 7/93 n° 618). **1981**

La **société**, quant à elle, ne peut pas opposer aux tiers le siège statutaire si celui-ci est fictif. Elle ne peut pas davantage leur opposer le siège réel s'ils entendent s'en tenir au siège statutaire, car cela reviendrait à les priver du droit de se prévaloir du siège statutaire que leur reconnaît l'article 1837 du Code civil.

Toutefois, ces règles doivent être écartées en cas d'ouverture d'une **procédure de sauvegarde, de redressement ou de liquidation judiciaire** à l'encontre de la société, cette procédure devant toujours être conduite devant le tribunal du siège social réel (n° 28051).

K. Nationalité de la société

La société civile a une nationalité. En principe, les sociétés dont le **siège social** est en France ont la nationalité française. **2000**

Il s'ensuit les conséquences suivantes.

1. Ces sociétés sont soumises à la **loi française** (C. civ. art. 1837, al. 1). Dès lors, la validité de leur constitution et de leur fonctionnement doit être appréciée selon la loi française.

2. Elles jouissent des **droits** attachés aux nationaux français : par exemple, possibilité d'exercer en France telle ou telle activité réglementée ou de se prévaloir d'un traité conclu par la France ou encore de bénéficier de la protection diplomatique exercée par l'État français au profit de ses ressortissants.

Toutefois, l'exercice de ces droits réservés aux nationaux français peut être subordonné à la condition que les associés détenant le contrôle de la société soient de nationalité française.

Pour plus de détails sur les problèmes de nationalité des sociétés, voir Mémento Sociétés commerciales nos 1400 s.

SECTION 3

FORMATION DE LA SOCIÉTÉ

ÉTAPES DE LA CONSTITUTION DE LA SOCIÉTÉ

2150 Un intervalle de temps plus ou moins long sépare le moment où certaines personnes, appelées les « fondateurs », ont l'idée de constituer une société civile et la date à laquelle ont été effectuées toutes les formalités requises pour que cette société puisse fonctionner.

Cette période, pendant laquelle la société est en formation, peut schématiquement être divisée en **deux étapes** :

– au cours de la première, qui commence par des pourparlers et s'achève par la signature des statuts (ou la tenue de l'assemblée constitutive s'il s'agit de constituer une SCPI, une société d'épargne forestière ou certains groupements forestiers d'investissement), les **fondateurs,** après avoir déterminé les caractéristiques de la société, préparent le contrat de société, c'est-à-dire les statuts, et effectuent toutes les démarches et formalités préalables à sa signature (ou à la tenue de l'assemblée constitutive) ; parallèlement, ils accomplissent les actes les plus urgents indispensables à la mise en route de l'exploitation sociale (bail des locaux, éventuellement obtention des autorisations administratives, etc.) ;

– au cours de la seconde étape, sont accomplies les diverses formalités nécessaires pour que naisse la société en tant que personne morale et qu'elle soit connue des tiers (notamment **immatriculation au RCS**).

Les développements qui suivent sont consacrés aux règles générales de constitution des sociétés. Les **règles propres à chaque type de société civile** sont précisées dans les développements qui leur sont consacrés.

2151 **Principales opérations**

Afin d'orienter au mieux les fondateurs dans leur démarche de création de société, nous présentons ci-après, dans l'ordre chronologique, la liste des principales opérations à accomplir jusqu'à la naissance de la société :

– détermination des principales **caractéristiques de la société** (nos 800 s.) et, le cas échéant, conclusion d'une **promesse** de société liant les fondateurs (nos 2210 s.) ;

– le cas échéant, recherche d'**investisseurs** intéressés par une prise de participation dans le capital social et/ou recherche d'un **financement** auprès d'une banque ;

– recherche à l'Inpi sur la **dénomination envisagée** (nos 1870 s.) ;

– rédaction d'un **projet de statuts** reprenant les caractéristiques de la société (no 2232) ;

– accomplissement des **actes destinés à préparer le commencement de l'activité** (notamment conclusion du bail ou acquisition des locaux d'activité, sauf s'il est envisagé d'installer le siège social au domicile du futur gérant : nos 1970 s. ; achat de matériel ; ouverture d'un compte bancaire au nom de la société : no 2550 ; demande des autorisations administratives nécessaires à l'exercice de l'activité projetée si celle-ci est soumise à une réglementation particulière), l'accomplissement de ces actes marquant le début de la période de formation de la société (nos 2417 s.) ;

– libération totale ou partielle des **apports** (no 1265) ;

– établissement (nos 2235 s.) et signature (nos 2250 s.) des **statuts,** auxquels est annexé, le cas échéant, un état des actes accomplis pour le compte de la société en vue de leur reprise par celle-ci (nos 2575 s.) ;

– désignation d'un **mandataire** chargé de passer un ou plusieurs actes déterminés pour le compte de la société (nos 2587 s.) s'il n'en a pas été désigné un dans les statuts ;

– insertion d'un avis dans un **support d'annonces légales** (nos 2677 s.) ;

– demande d'**immatriculation** de la société (nos 2680 s.) et déclaration de ses **bénéficiaires effectifs** (nos 2720 s.).

A. Rôle des fondateurs

QUALITÉ DE FONDATEUR

2200 Les fondateurs sont les personnes qui « ont concouru à l'organisation et à la mise en mouvement de la société » (Cass. civ. 1-7-1930 : DP 1931 I p. 97 note Hamel ; CA Paris 11-6-1971 : Rev. sociétés 1972 p. 222 note Sortais et, sur pourvoi, Cass. com. 3-4-1973 : Rev. sociétés 1974 p. 90 ; décisions rendues à propos d'une société commerciale, mais la solution est transposable aux sociétés civiles). Encore faut-il que la nature de ce concours permette de leur attribuer une part d'initiative dans les **actes qui ont abouti à la création de l'entreprise** sous sa forme sociale, ou qu'ils aient prêté en connaissance de cause aux véritables promoteurs de la société une coopération assez directe, assez étroite et assez constante pour qu'elle implique d'elle-même une acceptation consciente des responsabilités inhérentes à la constitution du corps social (Cass. civ. 1-7-1930 précité).

La qualité de fondateur dépend donc du rôle effectivement tenu par l'intéressé dans la constitution de la société, ce rôle consistant notamment à établir les statuts, les faire signer, les publier et effectuer les diverses formalités requises pour que la société puisse acquérir la personnalité morale et fonctionner régulièrement.

Le fondateur n'a pas nécessairement la qualité d'**associé,** encore que, dans les sociétés de personnes et, notamment, les sociétés civiles n'offrant pas leurs parts au public, il est rare que les fondateurs ne soient pas également associés. **2202**

De même, les fondateurs doivent être distingués des **personnes qui ont agi au nom de la société en formation** avant l'immatriculation de celle-ci et qui, sauf reprise par la société, sont tenues des obligations résultant de leurs actes (C. civ. art. 1843). Là encore, les deux qualités ne sont pas incompatibles mais elles ne se confondent pas. La responsabilité résultant des actes ainsi accomplis atteint seulement ceux qui ont passé ces actes ou qui ont donné mandat de les passer, sans s'étendre aux personnes qui leur sont restées étrangères, même si elles ont pu, par ailleurs, acquérir la qualité de fondateur (n° 2600).

> **Précisions** Les textes sur les sociétés civiles ne font allusion au rôle des fondateurs qu'à propos des **SCPI et des sociétés d'épargne forestière** pour leur confier la mission d'établir un projet de statuts dans certains cas de constitution avec offre au public (C. mon. fin. art. L 214-87), pour les investir du pouvoir d'assurer les formalités de publicité préalables aux souscriptions et, en cas d'apports en nature, pour solliciter du président du tribunal la désignation d'un commissaire aux apports (C. mon. fin. art. L 214-91). À noter que ces règles sont aussi applicables aux groupements forestiers d'investissement constitués par offre au public autre qu'une offre réservée à un cercle d'investisseurs ou à des investisseurs qualifiés (C. mon. fin. art. L 214-87 et L 214-91 sur renvoi de l'art. L 331-4-1, II et II bis du Code forestier). À notre avis, on ne saurait déduire de la réglementation relative à ces sociétés et groupements qu'il n'y a pas de fondateur dans les autres cas : quelles que soient la forme de la société et son importance, celle-ci ne peut naître que de l'initiative et de l'action de personnes physiques ou d'autres personnes morales, chargées des formalités de constitution. D'ailleurs, la loi ne fait aucune distinction selon que la société offre ou non ses parts au public lorsqu'elle rend les « fondateurs » responsables des irrégularités commises lors de la constitution de cette société (C. civ. art. 1840 ; n°s 27220 s.).

1. PROMESSE DE SOCIÉTÉ

UTILITÉ DE LA PROMESSE DE SOCIÉTÉ

Il peut arriver que les fondateurs, ne pouvant ou ne voulant pas constituer immédiatement la société, souhaitent néanmoins concrétiser leur accord par une promesse de société. **2210**

La promesse est **utile** lorsqu'il est impossible de réaliser immédiatement la société dont on vient d'arrêter le projet (par exemple, dans l'attente de l'obtention d'un agrément professionnel, etc.) et qu'on veut se prémunir contre tout changement d'attitude de la part de certains fondateurs. Fréquemment, la promesse de société est un des éléments d'une opération complexe (accords de coopération, restructuration d'un groupe de sociétés à la suite de l'arrivée de nouveaux participants, etc.).

NATURE DE LA PROMESSE DE SOCIÉTÉ

La promesse de société n'est pas le **contrat de société** lui-même, car il n'y a pas encore consentement à la constitution immédiate de la société ; elle ne constitue qu'une étape dans le processus de formation de la société. **2215**

Mais la promesse de société est plus qu'un simple **projet** traçant les lignes d'une future société (CA Lyon 14-11-1950 : Journ. sociétés 1952 p. 36). Ce projet, à la différence de la promesse, n'engendre pas, en effet, une véritable obligation de constituer la société.

ILLUSTRATIONS

Constitue une promesse de société et non pas la manifestation de simples pourparlers l'accord des parties sur les éléments essentiels du contrat de société : notamment, forme de la future société, objet, importance et nature des apports respectifs de chaque associé, nom du gérant

(Cass. com. 28-4-1987 : Bull. civ. IV n° 104 ; CA Paris 13-11-1998 : RJDA 3/99 n° 291). Il en est de même du contrat par lequel deux personnes sont convenues d'acheter un terrain pour y édifier un immeuble destiné à être vendu (Cass. 1e civ. 3-6-2003 n° 735 : RJDA 12/03 n° 1177).

En revanche, **ne constitue pas une promesse** de société l'accord intervenu entre deux architectes ayant collaboré pendant plus d'un an, jusqu'à ce que l'un d'eux décide de ne pas donner suite au projet, dès lors que l'auteur de la rupture voulait que les détails de l'association soient bien définis avant de s'engager définitivement et qu'au cours de la période où les intéressés avaient collaboré, leurs relations avaient été réglées par des conventions particulières, notamment des missions de sous-traitance (Cass. com. 11-7-2000 n° 1548 : RJDA 1/01 n° 26).

De même, ne constitue qu'un simple projet d'association l'acte par lequel deux parties étaient convenues de s'associer à part égale dans une affaire de déménagement et de définir par un contrat ultérieur les dispositions entre associés (Cass. 1e civ. 16-2-1977 : Rev. sociétés 1977 p. 681 note Y. Guyon).

FORME ET CONTENU DE LA PROMESSE DE SOCIÉTÉ

2217 Il est prudent de constater la promesse par un **écrit** afin que les engagements des futurs associés soient nettement précisés. Cet acte doit indiquer les **éléments essentiels du futur contrat** de société (forme de la société à créer, durée, objet, montant des apports, répartition des droits sociaux, organes de gestion, répartition des bénéfices et des pertes) ou, du moins, des indications qui permettront de les déterminer sans recours à une nouvelle manifestation de la volonté des parties. Ainsi jugé qu'il n'y a pas promesse de société susceptible d'exécution lorsque la convention est muette au sujet des apports à effectuer (Cass. req. 15-12-1920 : Journ. sociétés 1921 p. 317).

EFFETS DE LA PROMESSE DE SOCIÉTÉ

2220 La promesse de société crée à la charge de ceux qui s'engagent une obligation dont l'exécution en nature est impossible (C. civ. art. 1221 ; Cass. 3e civ. 11-5-2005 n° 03-21.136 : RJDA 10/05 n° 1067) dès lors que cette exécution suppose une contrainte personnelle sur le débiteur en l'obligeant à collaborer. L'**inexécution** se résoudra en dommages-intérêts tendant à la réparation du préjudice résultant pour le ou les bénéficiaires du défaut de constitution de la société (Cass. 1e civ. 3-6-2003 n° 735 : RJDA 12/03 n° 1177 ; CA Paris 13-11-1998 : RJDA 3/99 n° 291).

En principe, le dommage comprend la perte subie et le manque à gagner, comme, par exemple, le fait pour le futur dirigeant de perdre la chance d'exercer ses fonctions au sein de la société (CA Paris 13-11-1998 précité). Cependant, la détermination du manque à gagner se heurte à la règle de la réparation du seul préjudice direct (C. civ. art. 1231-3), qui conduit à exclure l'indemnisation des conséquences trop lointaines. Pour éviter des difficultés à ce sujet, il est recommandé de prévoir dans la promesse de société une pénalité fixant le montant des dommages-intérêts en cas d'inexécution de la promesse, étant observé que le juge peut modérer ou augmenter la peine prévue si elle est manifestement excessive ou dérisoire (C. civ. art. 1231-5).

2221 Inversement, il peut être stipulé une **faculté de rétractation** au profit du ou des promettants ; ceux-ci ne seront alors redevables d'aucune indemnité, sauf si l'inexécution a un caractère dolosif.

Lorsqu'une promesse de société est assortie d'une clause de « non-réalisation sans indemnité de part ni d'autre », chacune des parties peut librement ne pas donner suite au projet de société. Dès lors, les partenaires doivent faire preuve d'une extrême prudence et ne pas prendre d'engagements prématurés avec des tiers (Cass. 1e civ. 5-11-1996 n° 1798 : RJDA 2/97 n° 164).

2. STATUTS DE LA SOCIÉTÉ

DÉFINITION DES STATUTS D'UNE SOCIÉTÉ

2230 Les statuts désignent l'**acte** qui matérialise le contrat de société et qui en précise les caractéristiques ainsi que les règles de fonctionnement.

PROJET DE STATUTS DE LA SOCIÉTÉ

2232 Bien que la loi ne l'exige pas, sauf dans certains cas de constitution avec offre au public d'une SCPI, d'une société d'épargne forestière ou d'un groupement forestier d'investissement (C. mon. fin. art. L 214-87, al. 1 sur renvoi, pour le groupement forestier d'investissement, de l'art. L 331-4-1, II et II bis du Code forestier), il est **opportun** d'établir un projet de statuts destiné aux futurs associés. En effet, on voit mal ceux-ci remettre les fonds représentatifs de leurs apports en numéraire sans connaître les clauses essentielles du futur pacte social, d'où la nécessité pratique d'établir un tel projet, voire, dans certains cas, un contrat valant promesse de société avant de recueillir les fonds.

a. Établissement des statuts de la société

FORME DES STATUTS DE LA SOCIÉTÉ

Les statuts doivent être établis par **écrit** (C. civ. art. 1835), lequel peut être sous **signature privée ou notarié.** À défaut d'écrit, on se trouve en présence d'une société créée de fait. 2235

En principe, s'il est établi sous signature privée, cet écrit n'a plus à être enregistré, l'article 635 du Code général des impôts ne le prévoyant pas. Sur les questions que soulève cette **dispense d'enregistrement,** voir M. Suquet-Cozic, Les actes de formation des sociétés sont dispensés d'enregistrement... ou presque : BRDA 20/15 inf. 21 n°s 5 s.

Statuts notariés L'intervention d'un notaire est obligatoire lorsque les statuts constatent l'**apport d'un immeuble,** d'un droit au bail sur un immeuble d'une durée supérieure à 12 ans, et, d'une manière générale, chaque fois qu'il y a matière à publicité foncière (C. civ. art. 710-1). 2236

L'intervention d'un notaire est à conseiller lorsque des **héritiers** participent à la constitution de la société. En effet, si l'acte constate un avantage au profit des futurs héritiers, cet avantage n'aura pas à être rapporté lors de l'ouverture de la succession (C. civ. art. 854). 2237

CONTENU DES STATUTS DE LA SOCIÉTÉ

Mentions obligatoires L'article 1835 du Code civil impose que soient indiqués dans les statuts de **toute société** la forme, l'objet, la dénomination, le siège social, le capital social, la durée, les apports de chaque associé et les modalités de fonctionnement de la société. 2240

En outre, lorsque des statuts sous signature privée sont déposés au rang des minutes d'un notaire, ils doivent indiquer le nom et la résidence de ce notaire (C. com. art. R 123-103, 1°-a).

Pour certaines **sociétés civiles particulières** exerçant une activité réglementée, des mentions complémentaires doivent être portées dans les statuts (cas, par exemple, des SCP, voir n° 54225).

Par ailleurs, en présence de **parts** ou d'**actions démembrées,** aucun texte n'impose d'indiquer ce démembrement dans les statuts, ni le nom de l'usufruitier ou du nu-propriétaire.

Si les statuts ne contiennent pas toutes les énonciations exigées par la loi et les règlements, une action en **régularisation** (n°s 26830 s.) et une action en **responsabilité** (n°s 27220 s.) peuvent être introduites par tout intéressé.

Procuration Il est opportun qu'une clause donne pouvoir à l'un des fondateurs ou associés de signer l'avis de constitution de la société dans un support d'annonces légales et d'accomplir les autres **formalités** nécessaires à l'immatriculation de la société. Le pouvoir de signer l'avis de constitution ne s'impose cependant pas lorsque les statuts sont notariés ou déposés au rang des minutes d'un notaire, car l'avis est alors signé par celui-ci (Décret 78-704 art. 22, al. 2 ; Loi 55-4 du 4-1-1955). 2241

L'accomplissement des actes destinés à préparer le commencement de l'activité peut nécessiter la désignation d'un mandataire chargé de **passer un ou plusieurs de ces actes pour le compte de la société.** Sur le régime de ce mandat, voir n°s 2587 s.

NOMBRE D'ORIGINAUX DES STATUTS DE LA SOCIÉTÉ

Lorsque les **statuts** sont **établis par acte sous signature privée,** il est dressé autant d'originaux qu'il est nécessaire pour le dépôt d'un exemplaire au siège social et l'exécution des diverses formalités requises (Décret 78-704 art. 7). 2245

Notons que le dépôt d'un original des statuts en annexe au RCS lors de l'immatriculation de la société n'est plus possible dès lors que l'immatriculation s'effectue désormais par voie électronique (C. com. art. R 123-77, al. 1 ; voir n° 2698). Il suffit donc aux futurs associés de signer un seul original à conserver dans les archives sociales.

Des **originaux supplémentaires** doivent être prévus lorsque l'accomplissement de formalités impose le dépôt de tels documents (par exemple, en cas d'apport de brevet : cf. CPI art. L 613-9).

b. Actes complétant les statuts de la société

ANNEXES AUX STATUTS DE LA SOCIÉTÉ

Il convient d'annexer aux statuts l'**état des actes accomplis pour le compte de la société** en formation que les associés acceptent de faire reprendre par celle-ci (n°s 2575 s.). 2246

RÈGLEMENT INTÉRIEUR DE LA SOCIÉTÉ

Les **statuts** peuvent être **complétés** par un acte annexe, couramment appelé « règlement intérieur ». 2247

Ce règlement est valable pourvu qu'il ne contienne aucune disposition contraire à l'ordre public (général ou propre à la législation des sociétés).

Il ne doit pas non plus être contraire aux statuts car ces derniers sont la loi des associés et ne peuvent être modifiés que dans les formes impérativement fixées.

ILLUSTRATIONS

Une clause interdisant aux associés d'une société civile de moyens qui se retirent de se réinstaller à proximité de la société pendant plusieurs années a été jugée incompatible avec l'objet statutaire qui est de faciliter l'exercice de l'activité des associés (Cass. com. 1-3-2011 n° 10-13.795 : RJDA 5/11 n° 422).

Le règlement intérieur contraire aux statuts est nul, mais cette **nullité,** qui peut être soulevée par tout intéressé, n'entraîne pas pour autant celle de la société elle-même (Cass. com. 2-6-1987 : Rev. sociétés 1988 p. 223 note J. Mestre ; Cass. 2e civ. 5-6-1996 : RJDA 2/97 n° 225).

En l'absence de précision dans les statuts, rien ne s'oppose à ce que le **règlement** soit **adopté** à la majorité simple des voix et des parts sociales (CA Paris 30-11-1993 : JCP E 1994 II n° 575 note Th. Bonneau).

> Précisions La pratique du règlement intérieur se rencontre essentiellement dans les sociétés au sein desquelles les **associés exercent une activité** (SCP, sociétés agricoles, sociétés de moyens) ou profitent des prestations de services que la société fait assumer pour leur compte (par exemple, entretien d'un port de plaisance). Mais le règlement intérieur peut aussi servir tout simplement à expliciter telle ou telle clause des statuts pour en préciser les modalités de mise en œuvre.

2248 **Opposabilité** Le règlement intérieur s'impose aux **associés** dans la mesure où il a été édicté dans des conditions qui le leur rendent opposable, ce qui est le cas lorsqu'il a été adopté par l'assemblée générale ordinaire ou par les dirigeants sociaux dans la limite de leurs pouvoirs. Mais dans ce dernier cas, il ne peut contenir que des mesures concernant le régime des actes de gestion, car les dirigeants n'ont de pouvoirs qu'au regard de ces actes. En outre, toute clause d'un règlement mettant à la charge des associés une obligation incompatible avec les statuts leur est inopposable (Cass. com. 1-3-2011 n° 10-13.795 : RJDA 5/11 n° 422).

c. Signature des statuts de la société

SIGNATAIRE DES STATUTS DE LA SOCIÉTÉ

2250 En principe, c'est l'**associé** lui-même qui signe l'acte constitutif de la société.

Néanmoins, il peut se faire représenter par un **mandataire** dès lors qu'aucune des dispositions légales applicables aux sociétés civiles n'y fait obstacle et que la liberté de contracter est de principe (C. civ. art. 1102). Le mandataire peut être librement choisi parmi les associés ou en dehors d'eux.

Il n'est pas nécessaire de faire précéder sa signature de la mention « lu et approuvé » (Cass. 1e civ. 27-1-1993 : RJDA 4/93 n° 367).

MANDAT DE SIGNER LES STATUTS DE LA SOCIÉTÉ

2252 Le mandat de signer les statuts doit être spécial, c'est-à-dire qu'il doit être limité à la constitution de la société parce que la conclusion d'un contrat de société constitue un acte de disposition en raison des apports et de l'obligation des associés de supporter personnellement les dettes sociales (cf. C. civ. art. 1155, al. 1 et 1988). Bien que les textes ne donnent aucune précision sur le contenu de ce pouvoir, nous pensons qu'il faut y porter les indications essentielles relatives à la société (forme, dénomination, objet, siège, durée, apports, répartition du capital, identité du gérant, le cas échéant).

MODÈLE

Procuration donnée en vue de la signature des statuts

Je soussigné(*e*)...,
Demeurant...,
Donne tout pouvoir à... (*nom du mandataire*), demeurant..., à l'effet de participer en mon nom à la constitution d'une société civile constituée pour... ans à compter de son immatriculation et ayant pour objet...
La dénomination de cette société sera... et son siège sera fixé... Elle sera constituée avec un capital de... €, divisé en... parts sociales réparties comme suit entre les différents associés :
– ...
– ...
– ...
À cet effet, tout pouvoir est donné à... (*nom du mandataire*) en vue de signer les statuts de cette société (*le cas échéant, le mandat peut ajouter : « et désigner son premier gérant »*).

Fait à..., le..., en deux exemplaires.

(Signatures du mandant et du mandataire)

Forme du mandat Lorsque les statuts sont notariés pour satisfaire aux exigences de la publicité foncière (n° 2236), la procuration peut néanmoins être établie par acte **sous signature privée.** Il en est de même si les associés ont recours au notaire pour de simples raisons de convenance. Il a été jugé, en effet, que le mandat donné pour la conclusion d'un acte authentique ne doit lui-même revêtir la forme notariée que si la solennité de l'acte est exigée dans l'intérêt des contractants (Cass. 1e civ. 11-2-1997 : RJDA 5/97 n° 641) et non pas lorsqu'elle a seulement pour objet l'accomplissement de formalités de publicité (CA Paris 26-5-1964 : JCP G 1964 II n° 13888 note Bulté). 2253

En revanche, si les statuts sont établis par acte notarié pour tenir compte de la présence d'héritiers à l'acte de société (n° 2237), la procuration devra, à notre avis, être établie elle aussi en la **forme authentique.** Dans cette dernière hypothèse, la forme authentique modifie la portée de l'engagement des intéressés puisque l'acte de société n'est pas alors réputé constituer une libéralité au profit de l'héritier. Il importe donc que les parties soient averties de cette conséquence par le notaire dès le moment où elles donnent leur procuration.

EFFETS DE LA SIGNATURE DES STATUTS

Constitution de la société Le contrat de société est conclu au jour de la signature des statuts, qui marque l'**échange des consentements** entre les associés. À compter de cette date, la société est constituée (Rép. Braconnier : Sén. 22-4-1982 n° 4567). 2255

C'est donc à cette date qu'il convient de se placer pour apprécier si les conditions requises pour la validité du contrat de société sont remplies (CA Paris 25-4-1984 : Bull. Joly 1984 p. 1004).

Reprise des actes passés pour le compte de la société en formation La signature des statuts emporte reprise automatique de ces actes une fois la société immatriculée si la **procédure** prévue à l'article 6, al. 1 et 2 du décret 78-704 (nos 2575 s.) a été suivie. 2256

FORCE OBLIGATOIRE DES STATUTS

Force obligatoire des statuts à l'égard des associés Les **associés** étant parties au contrat de société, les statuts s'imposent à eux par application du droit commun des contrats (C. civ. art. 1103). 2257

Il en va ainsi tant pour les associés ayant signé les statuts lors de la constitution de la société que pour ceux ayant acquis des parts ou actions à la suite d'une cession de titres ou d'une augmentation de capital postérieure. En effet, chaque associé est censé avoir pris connaissance des statuts dont il a accepté toutes les clauses, même celles qui s'y ajoutent après son entrée dans la société (CA Paris 11-5-1999 : RJDA 10/99 n° 1079). Pour l'associé ayant acquis des parts, cette solution est confortée par la présence fréquente, dans les actes de cession, de stipulations selon lesquelles l'acquéreur doit se conformer aux clauses et conditions des statuts dont le cédant déclare lui avoir remis une copie à l'occasion de la cession.

Possibilité pour les associés de déroger aux statuts. Les associés peuvent-ils déroger à une clause des statuts par la conclusion d'un acte extrastatutaire postérieur, tel un accord entre associés ? La Cour de cassation l'a admis à propos d'une société à responsabilité limitée, à la condition que les associés consentent à l'acte à l'unanimité (Cass. com. 5-10-2004 n° 01-03.496 F-D ; Cass. com. 12-5-2015 n° 14-13.744 F-D : RJDA 8-9/15 n° 578 et, dans la même affaire, Cass. com. 29-1-2020 n° 18-15.179 F-D : Rev. sociétés 2020 p. 289 note S. Schiller ; voir aussi Cass. com. 18-3-2020 n° 18-17.010 F-D : RJDA 6/20 n° 314). 2258

Dans un arrêt plus récent, elle a jugé qu'un acte extrastatutaire peut compléter les statuts mais non les contredire et qu'en cas de conflit, les statuts prévalent (Cass. com. 12-10.2022 n° 21-15.382 F-B : RJDA 1/23 n° 35). Cette solution a toutefois été rendue dans un contexte particulier, au sujet d'une société par actions simplifiée. L'article L 227-5 du Code de commerce réserve en effet aux statuts le soin de fixer les conditions dans lesquelles une telle société est dirigée, et la Cour de cassation avait précisé que seuls les statuts peuvent fixer ces conditions (Cass. com. 25-1-2017 n° 14-28.792 FS-PBRI : RJDA 4/17 n° 261).

La portée de cette solution divise la doctrine, sans qu'un courant majoritaire se dégage (notamment, F. Danos et Th. Bortoli : BRDA 23/22 inf. 20 ; J. Moury : RTD com. 2023 p. 165 ; A. Reygrobellet : Rev. sociétés 2023 p. 92 ; J.-Ch. Pagnucco : JCP E 2023 chron. n° 1085 ; A. Lecourt : RTD com. 2023 p. 156 ; J.-B. Barbiéri : D. 2022 p. 2086 ; J.-F. Hamelin : Dr. sociétés 2022 comm. n° 134 ; J. Delvallée : Actes pratiques mai-juin 2023 n° 18). La solution vaut-elle pour les seules clauses des statuts d'une société par actions simplifiée organisant la direction de la société ou pour l'ensemble des statuts ? Vaut-elle aussi pour les autres formes sociales ? Tant que ces questions ne seront pas tranchées par les tribunaux, une modification des statuts est la solution à privilégier.

Force obligatoire des statuts à l'égard des dirigeants Les clauses statutaires organisant le fonctionnement de la société s'imposent aux dirigeants : étant des organes de la 2259 personne morale investis d'un mandat social et non des tiers par rapport à elle, ils doivent nécessairement en suivre les règles de fonctionnement définies par les associés. Tel est notamment le cas lorsque les statuts comportent des clauses de limitation de pouvoirs (Cass. com. 4-11-2008 n° 07-18.622 : RJDA 1/09 n° 43). Les dirigeants enfreignant ces règles engagent d'ailleurs leur responsabilité à l'égard de la société ou des associés (n° 7810).

À l'inverse, une clause imposant au dirigeant une obligation étrangère à l'exercice de ses fonctions ne lui est applicable que s'il a la qualité d'associé ou, à défaut, s'il a expressément accepté cette clause ; tel est le cas pour une clause de non-concurrence (n° 7270).

2260 **Force obligatoire des statuts à l'égard des tiers** En application du droit commun des contrats, les statuts sont inopposables aux tiers (cf. C. civ. art. 1199 ; pour une illustration, Cass. com. 11-3-2014 n° 12-24.901 : RJDA 6/14 n° 532) ; la loi le précise expressément s'agissant des clauses statutaires de limitation de pouvoirs (C. civ. art. 1849, al. 3), clauses dont les tiers peuvent se prévaloir dans certains cas (n° 7420).

2261 **Force obligatoire des statuts et évolutions législatives** **Nouvelles possibilités offertes par la loi.** La loi évolue parfois pour offrir de nouvelles possibilités qui n'étaient pas ouvertes au moment où les statuts ont été rédigés. Il peut alors être opportun de modifier les statuts pour prendre en compte ces évolutions.

En cas de litige sur l'interprétation d'une clause devenue ambiguë compte tenu d'une évolution législative, il appartient au juge de rechercher l'intention des rédacteurs des statuts à la date d'adoption de la clause (Cass. com. 15-3-2023 n° 21-15.393 F-D : RJDA 7/23 n° 380).

2263 **Clause reproduisant une obligation légale abrogée ou « assouplie ».** Les statuts reproduisent fréquemment des dispositions légales ou réglementaires mettant certaines obligations à la charge de la société. Quel sort réserver à ces clauses statutaires lorsque les textes reproduits sont modifiés dans un sens moins rigoureux pour la société, voire purement et simplement abrogés : doivent-elles être considérées comme maintenues ou non ?

Cette question se pose, par exemple, pour les sociétés civiles imposant la nomination d'un commissaire aux comptes suppléant alors que la loi ne rend désormais cette nomination obligatoire que si le commissaire aux comptes titulaire est une personne physique ou une société unipersonnelle.

Il pourrait être soutenu, en faveur de la péremption de telles clauses, que, s'agissant du simple rappel de dispositions exposant, pour information, tel ou tel aspect du régime juridique de la société, les parties n'ont pas entendu faire de ces clauses une source d'obligations, de sorte qu'elles ne sont jamais entrées dans le champ contractuel. Tel est à notre avis le cas si les statuts prévoient expressément que ces clauses sont un simple **rappel** des **dispositions légales.**

À **défaut** d'une telle **mention,** nous pensons que les clauses doivent être lues comme imposant à la société des obligations plus rigoureuses que celles prévues par la loi nouvelle. Lorsque celle-ci permet seulement de se dispenser d'une obligation, une telle dispense n'est qu'une facilité à laquelle la société peut (ou non) avoir recours et non une règle d'ordre public. Ces clauses continuent donc de s'appliquer aussi longtemps que les statuts n'ont pas été modifiés.

Ainsi, lorsque les statuts reproduisent des dispositions légales ou réglementaires, il est recommandé de s'interroger régulièrement sur la nécessité de les mettre à jour pour prendre en compte les évolutions de ces textes.

> **Précisions** On ne peut pas soutenir que les **clauses** sont devenues **caduques** par le seul effet de la loi : la caducité suppose en effet que des circonstances rendent impossible l'exécution d'une obligation, ce qui n'est pas le cas dans les exemples précités (ce serait seulement le cas si un texte nouveau abrogeait toute référence au rapport de gestion dans le Code de commerce ou encore supprimait le commissariat aux comptes).

d. Copie des statuts de la société

BÉNÉFICIAIRE DE LA COPIE DES STATUTS DE LA SOCIÉTÉ

2264 Si les statuts sont établis par acte sous signature privée, une copie certifiée conforme (par le gérant, semble-t-il) doit en être remise à chaque **associé** (Décret 78-704 art. 31, al. 1).

2265 En outre, tout associé peut, **après toute modification statutaire,** obtenir de la société la délivrance d'une copie certifiée conforme des statuts en vigueur au jour de sa demande. La société doit annexer à ce document la liste mise à jour des associés ainsi que des gérants et, le cas échéant, des commissaires aux comptes ou des membres de l'organe de surveillance (Décret 78-704 art. 31, al. 2 et 3).

B. Société en formation

1. GÉNÉRALITÉS

a. Notion de société en formation

SOCIÉTÉ EN FORMATION : CONTRAT OU PERSONNE MORALE ?

La plupart des difficultés que l'on rencontre lorsqu'il s'agit de déterminer le régime juridique de la société en formation tiennent à l'ambivalence du terme « société » dans notre vocabulaire juridique, ce terme étant employé indifféremment pour désigner deux situations distinctes : celle créée, d'abord, par l'acte constitutif de la société et celle créée, ensuite, après un certain délai, par l'acquisition de la personnalité morale le jour de l'immatriculation (C. civ. art. 1842, al. 1), qui confère à la société une vie juridique autonome. 2400

Lorsqu'il est question d'une société en formation, le législateur ne prend en considération que la création d'une **société-personne morale.** L'article 1843 du Code civil vise expressément « la société en formation avant l'immatriculation ». De même, la différence de rédaction entre les deux alinéas de l'article 1842 (emploi du terme « société » dans le premier et du terme « contrat de société » dans le second) montre que, dans l'esprit du législateur, la société désigne la personne morale, non le contrat.

Cette interprétation rejoint d'ailleurs l'**intention des associés.** Dans la grande majorité des cas, ils constituent une société pour créer un être moral nouveau si bien que, dans leur esprit, la société n'est définitivement formée que le jour où existe la personnalité morale.

Il s'ensuit que la signature du contrat de société (des statuts) n'est qu'une des étapes de la formation de la société. Certes, il est d'usage de dire qu'à partir de cette signature, la « société » est constituée, bien qu'elle ne soit pas dotée de la personnalité morale (voir Bastian, Mélanges Cabrillac p. 27 s. ; Hémard, Terré et Mabilat, Soc. com. t. 1 n° 165). Mais le terme « société » doit être pris ici dans son sens de « contrat de société » et non pas dans celui – qu'il convient, à notre avis, de lui réserver désormais – de « personne morale ».

DISTINCTION ENTRE SOCIÉTÉ EN FORMATION ET SOCIÉTÉ DE FAIT

La société en formation doit être distinguée de la société de fait. Elle n'a d'existence qu'en vue de l'acquisition de la personnalité morale, tandis que la société de fait existe à partir du seul accord contractuel des associés, sans aucune recherche de la personnalité morale. 2410

La distinction entre société en formation et société de fait présente un **intérêt pratique** considérable. En effet, selon l'article 1843 du Code civil, les personnes qui ont agi au nom d'une société en formation avant l'immatriculation sont personnellement tenues des obligations nées des actes ainsi accomplis (sauf reprise par la société après que celle-ci a été régulièrement immatriculée). Mais ces actes ne lient aucunement les personnes qui n'y ont pas participé et cette règle vaut, en particulier, pour les associés : ceux-ci n'ont pas à supporter les conséquences des engagements auxquels ils sont restés étrangers (n° 2600).

En revanche, si l'existence d'une société « de fait » est établie, les engagements pris par certains associés pour le compte de la société obligent immédiatement et personnellement tous les autres, même s'ils n'ont pas participé à l'acte (Cass. com. 26-5-2009 n° 08-13.891 : RJDA 10/09 n° 846 ; CA Paris 22-12-1983 : Rev. sociétés 1984 p. 745 note J.-P. Sortais ; CA Paris 11-3-2009 n° 06-20507 : RJDA 8-9/09 n° 742). En effet, les personnes qui ont agi en qualité d'associés au vu et au su des tiers sont engagées solidairement à l'égard de ces derniers (C. civ. art. 1872-1, al. 2 applicable aux sociétés de fait sur renvoi de l'art. 1873). Il suffit donc, pour qu'une personne ait la qualité d'**associé de fait,** qu'elle ait eu à l'égard des tiers un comportement révélateur de cette qualité ; peu importe qu'elle n'ait pas participé aux actes pour lesquels elle est poursuivie.

Appréciation de la distinction La distinction entre la société en formation et la société de fait n'est pas aisée, car elle ne peut résulter que d'une appréciation des circonstances propres à chaque espèce. Il est cependant un élément caractéristique de l'existence d'une société de fait : c'est l'**exercice** « de manière durable et importante » **de l'activité sociale** (Cass. com. 9-11-1987 : Bull. civ. IV n° 236 ; Cass. com. 17-5-1989 : Bull. civ. IV n° 151 ; Cass. com. 4-12-2001 : RJDA 3/02 n° 257). Par suite, la société reste en formation lorsque les actes passés pour son compte sont occasionnels et n'ont d'autre but que de **préparer le commencement de l'exploitation** : il en est ainsi en cas de souscription d'un ou plusieurs prêts (Cass. com. 7-4-1992 : RJDA 10/92 n° 913), d'achat de matériel, de conclusion d'un bail ou d'une cession de bail (CA Paris 13-5-1997 : RJDA 1/98 n° 51, ayant jugé qu'une cession de bail intervenue un an avant la constitution de la société ne suffit pas à établir, en l'absence d'autres éléments, l'existence d'une société de fait, les critères d'une telle société 2411 s'appréciant globalement et pas seulement en raison de la durée de la situation en cause), etc. De même, la société reste en formation lorsque les actes passés pour son compte ont pour but de sauvegarder la valeur des apports en nature qui lui ont été faits. C'est aussi le cas lorsque les associés ont commencé d'exercer l'activité sociale à condition que leur action revête un caractère limité tant dans son importance que dans sa durée.

La distinction entre société en formation et société de fait peut être également appréciée en fonction de l'**intention des parties,** les juges déduisant alors l'existence d'une société en formation de l'intention des associés d'immatriculer prochainement la société (CA Bordeaux 14-5-1990 : Rev. sociétés 1990 p. 591 note P. Le Cannu).

2412 En tout état de cause, l'appartenance à une société en formation ou à une société de fait doit être appréciée au cas par cas, en la **personne de chaque associé.** Elle dépend du comportement de chacun d'eux, de sorte qu'un associé peut être réputé avoir agi au nom de la société en formation alors que les autres seront considérés comme ayant eu un comportement d'associés.

Mais les deux situations sont exclusives l'une de l'autre : pour un même associé, la **société** ne peut pas être **à la fois** une société **en formation et** une société **de fait.** En effet, estiment les juges, on ne peut pas sans contradiction déclarer que les associés ont agi au nom d'une société en formation et les tenir pour membres d'une société de fait : « dans la première hypothèse, la société n'existe pas encore alors que, dans la seconde, bien qu'étant juridiquement irrégulière, elle a une existence réelle [...]. Il ne peut y avoir coexistence de ces deux situations, la société de fait ayant dépassé le stade de la formation pour atteindre à l'existence et la société en formation n'étant qu'une société future » (CA Rouen 5-7-1974 inédit et, sur pourvoi, Cass. com. 23-5-1977 : Bull. civ. IV n° 150).

2413 En revanche, **société en formation et société de fait** peuvent **se succéder.** À partir du moment où les associés, passant outre à l'absence d'immatriculation, font fonctionner leur société, ils abandonnent le régime de la société en formation pour passer sous celui de la société de fait.

ILLUSTRATIONS

Est devenue une société créée de fait la société d'édition en formation pour le compte de laquelle un associé engage des frais d'impression de deux numéros d'un magazine et qui fait apparaître celle-ci comme éditeur du magazine ; les personnes ayant agi au vu et au su des tiers en qualité d'associés de la société en formation et à titre personnel dans le cadre de la société de fait qui a succédé ont été solidairement condamnées à payer les frais d'impression (CA Paris 11-3-2009 n° 06-20507 : RJDA 8-9/09 n° 742).

De même, une société en formation a été considérée comme ayant dégénéré en société de fait après qu'un associé eut souscrit pour son compte un emprunt destiné à financer un achat entrant dans l'objet social (Cass. com. 26-5-2009 n° 08-13.891 : RJDA 10/09 n° 846).

La situation inverse, quoique beaucoup plus rare, peut aussi se rencontrer : des associés de fait peuvent, à tout moment, décider d'immatriculer leur société. En théorie, on peut donc imaginer qu'une société en formation fasse suite à une société de fait. Mais, en pratique, comme il est peu vraisemblable que les associés de fait cesseront toute activité lors de la période de régularisation, ils conserveront leur qualité jusqu'à l'immatriculation, de telle sorte qu'à aucun moment ils ne pourront être soumis au régime juridique de la société en formation.

Ajoutons d'ailleurs que la création de la nouvelle société implique une liquidation des droits de chacun des associés dans la société de fait.

b. Période de formation de la société

2415 La période de formation prend **fin** au moment où, étant immatriculée, la société acquiert la personnalité morale. La date d'expiration de cette période peut même être fixée avec exactitude : c'est celle qui figure sur l'extrait d'immatriculation remis à la société par le greffier une fois celle-ci immatriculée.

Exceptionnellement, la société cesse aussi d'être en formation lorsque les associés commencent l'exploitation malgré l'absence d'immatriculation ; la société devient alors une société de fait (n° 2411).

2417 La détermination du **point de départ** de la période de formation est plus délicate. L'ouverture de cette période ne peut être déterminée qu'au vu des circonstances de chaque espèce (démarches auprès des administrations, pourparlers, consultation de conseils, recherche de capitaux, etc.).

ILLUSTRATIONS

La période de formation d'une société a été considérée comme ouverte compte tenu des indices suivants : correspondance entre les fondateurs tendant à la création de cette société, annonces dans la presse de l'activité envisagée, ouverture d'un compte, rédaction d'un projet de règlement intérieur (CA Rouen 5-7-1974 inédit).
Il a été jugé de même pour une société dont l'objet était d'organiser des spectacles de ski acrobatique, compte tenu des **démarches** accomplies par les fondateurs pour commencer l'activité sociale : déplacements dans des stations de sports d'hiver et ouverture de comptes bancaires au nom de la société (CA Paris 26-4-1984 : BRDA 13/84 p. 8).
L'existence d'une société en formation a même été reconnue à partir de simples pourparlers (Cass. com. 23-5-1977 : Bull. civ. IV n° 150).

Pour l'**administration fiscale,** la simple intention de constituer une société et même l'engagement à cet effet de pourparlers entre les futurs associés ne suffisent pas à établir que le processus de formation soit entamé. Il faut encore qu'ait été accompli un acte opposable aux tiers et, partant, inhérent à la procédure de constitution établie par les dispositions législatives et réglementaires. Selon cette doctrine, en cas de constitution d'une société de personnes (catégorie à laquelle appartient la société civile), la dispense de toute formalité préliminaire à la signature du pacte social a pour conséquence de reporter à l'établissement de cet acte le début de la période de formation (BOI-ENR-AVS-10-40 n° 120). **2421**

En conséquence, tout acte assujetti aux droits de mutation qui serait passé, avant la signature des statuts, pour le compte de la société puis repris par celle-ci après son immatriculation ne peut bénéficier du régime de faveur réservé aux opérations effectuées pendant la période de formation et doit donner lieu à une double perception.

À notre avis, les solutions retenues par l'administration fiscale, si elles ont le mérite de la simplicité, sont cependant entachées d'un certain arbitraire et nous ne pensons pas qu'elles doivent être transposées sur le plan juridique. En effet, il ne nous paraît pas exact de lier, comme le soutient l'administration fiscale, l'ouverture de la période de formation au premier acte « inhérent à la procédure de constitution établie par les dispositions législatives et réglementaires » car il se peut qu'avant cet acte, d'autres aient été passés qui n'ont pas de rapport avec la procédure de constitution proprement dite et qui, pourtant, prouvent l'existence d'une société en formation, comme l'accomplissement d'actes préparant l'activité sociale ou l'engagement de pourparlers (n° 2417).

Par ailleurs, n'est-il pas artificiel de dire qu'une société civile ou une société en nom collectif n'est en formation qu'à partir de la signature des statuts alors que, pour une **société à responsabilité limitée,** c'est la **date du dépôt des fonds** qu'il faut prendre en considération ? Un exemple suffit à montrer le caractère arbitraire d'une telle interprétation : si le bail des locaux destinés à la future société est conclu entre la date de ce dépôt et le jour de la signature des statuts, il se trouve en dehors de la période de formation s'il s'agit d'une société civile et en dedans s'il s'agit d'une société à responsabilité limitée. Or, dans les deux cas, la situation est identique : c'est précisément la conclusion du bail qui prouve que la société est déjà en formation.

2. RAPPORTS ENTRE LES ASSOCIÉS DE LA SOCIÉTÉ EN FORMATION

a. Période antérieure à la signature des statuts

LIBERTÉ DE NÉGOCIER

L'initiative, le déroulement et la rupture des négociations sont libres mais doivent impérativement satisfaire aux exigences de la **bonne foi** (C. civ. art. 1112, al. 1). **2450**

Tout manquement à l'obligation de négocier de bonne foi, notamment la **rupture** abusive de **négociations** alors qu'elles sont très **avancées ou sur le point d'aboutir,** peut engager la responsabilité extracontractuelle de son auteur (C. civ. art. 1240). **2451**

ILLUSTRATIONS

Est abusive la rupture d'un projet d'association intervenue entre deux architectes ayant collaboré pendant plus d'un an, jusqu'à ce que l'un d'eux décide de ne pas donner suite au projet, alors que les négociations étaient très avancées, que l'auteur de la rupture avait présenté l'autre architecte aux tiers comme son associé et qu'il n'avait aucun manquement professionnel à lui reprocher (Cass. com. 11-7-2000 n° 97-18.275 : RJDA 1/01 n° 26).
En revanche, n'a **pas** été jugée **abusive** une rupture de pourparlers intervenant à un moment où de nombreux obstacles restaient à franchir avant de parvenir à un accord définitif et où les parties

en étaient encore à évaluer les risques et les chances du contrat envisagé (Cass. com. 12-1-1999 n° 96-14.604 : RJDA 4/99 n° 371).
De même, la rupture unilatérale des relations établies en vue de la création d'une société n'est pas fautive dès lors qu'elle est le résultat inéluctable du désaccord mutuel des parties sur les conditions de la société envisagée (Cass. com. 18-12-1990 n° 89-15.838 : RJDA 4/91 n° 301).
De même encore, la dénonciation d'un protocole d'accord prévoyant la constitution d'une société n'est pas abusive lorsque cet accord était conditionnel, qu'aucun terme n'était prévu pour la réalisation de la condition et que la rupture avait été précédée d'un préavis raisonnable (CA Paris 5-5-2000 n° 1998-17974 : RJDA 11/00 n° 955).

2452 La **réparation du préjudice** résultant du manquement à l'obligation de négocier de bonne foi ne peut pas avoir pour objet de compenser la perte des avantages attendus du contrat non conclu, ni la perte de chance d'obtenir ces avantages (C. civ. art. 1112, al. 2 ; Cass. com. 26-11-2003 n° 00-10.243 : RJDA 5/04 n° 511 ; Cass. 3e civ. 19-9-2012 n° 11-10.532 : RJDA 1/13 n° 14).

DEVOIR D'INFORMATION PRÉCONTRACTUEL

2453 Celle des **parties qui connaît une information** dont l'importance est déterminante pour le consentement de l'autre doit l'en informer dès lors que, légitimement, cette dernière ignore cette information ou fait confiance à son cocontractant (C. civ. art. 1112-1, al. 1). Ce devoir d'information est d'**ordre public,** les participants aux négociations ne pouvant ni le limiter ni l'exclure (art. 1112-1, al. 5). Il ne se confond pas avec l'obligation de bonne foi pesant sur les négociateurs (n° 2450). C'est à celui qui prétend qu'une information lui était due qu'il incombe de prouver que l'autre partie la lui devait, à charge pour cette autre partie de prouver qu'elle l'a fournie (art. 1112-1, al. 4).

L'obligation d'information ne porte pas sur l'évaluation des apports (art. 1112-1, al. 2). Ont une importance déterminante, et doivent donc être communiquées, les **informations** qui ont un lien direct et nécessaire avec le contenu du contrat ou la qualité des parties (art. 1112-1, al. 3).

2454 Le **manquement** au devoir d'information engage la responsabilité extracontractuelle de son auteur ; il ne peut entraîner l'annulation du contrat de société que s'il est constitutif d'une erreur ou d'un dol comme exposé nos 560 s. (art. 1112-1, al. 6).

OBLIGATION DE CONFIDENTIALITÉ

2455 Engage sa responsabilité dans les conditions du droit commun celui qui utilise ou divulgue sans autorisation une **information confidentielle obtenue à l'occasion des négociations** (C. civ. art. 1112-2 ; Cass. com. 3-10-1978 n° 77-10.915 : Bull. civ. IV n° 208 ; CA Aix-en-Provence 10-1-1985 : Bull. Cour d'Aix 1985/1 p. 24) ou une information protégée par le **secret des affaires,** c'est-à-dire une information qui n'est pas généralement connue ou aisément accessible, qui revêt une valeur commerciale et fait l'objet de mesures de protection raisonnables (C. com. art. L 151-1 s. et R 152-1 s.).

b. Période postérieure à la signature des statuts

2456 Après la signature des statuts, il existe un **contrat de société** mais il n'existe qu'un contrat. Tant que l'immatriculation n'est pas obtenue, la « société-personne morale » ne peut pas naître. À ce stade, le régime applicable à la société en formation, et en particulier aux rapports entre les associés, ne peut alors être que celui résultant du contrat de société et, pour un complément éventuellement nécessaire, du droit commun des contrats (cf. C. civ. art. 1842, al. 2).

Cependant, toutes les **clauses du contrat de société** ne sont pas, à notre avis, immédiatement **applicables** à la société en formation. En effet, le contrat de société est d'abord un accord de volonté sur une activité à entreprendre en commun, des apports, un partage des bénéfices (ou des économies) et des pertes. Mais c'est aussi un accord pour faire naître une personne morale et fixer les règles indispensables à son existence et à son fonctionnement. Ces dernières, prévues dans les statuts, n'ont de sens que si la société est immatriculée et ne s'appliquent donc pas à la société en formation. Il en résulte, à notre avis, les conséquences exposées ci-après.

APPRÉCIATION DE LA RÉGULARITÉ DU CONTRAT DE SOCIÉTÉ

2460 Les conditions de validité du pacte social et l'existence des éléments constitutifs du contrat de société (consentement et capacité des associés, objet social, apports, etc.) s'apprécient à la **date** de la signature de ce pacte, c'est-à-dire au jour de la signature des statuts (pour l'appréciation de l'intention de s'associer, voir CA Paris 25-4-1984 : Bull. Joly 1984 p. 1004 ; voir aussi Cass. 1e civ. 24-10-1978 n° 77-13.884 : Bull. civ. I n° 318).

Il faut, par exemple, appliquer la loi en vigueur au jour de la constitution pour déterminer si la société a été régulièrement formée. Une loi modifiant les conditions de formation qui entrerait en vigueur entre le jour de la constitution et celui de l'immatriculation ne serait pas applicable. De même, c'est au jour de la constitution qu'il faut se placer pour juger si l'on n'est pas en présence d'apports fictifs (nos 1255 s.).

DROITS SOCIAUX ET FORMATION DE LA SOCIÉTÉ

Ce n'est qu'à partir de l'immatriculation que les associés deviennent titulaires des droits mobiliers représentés par les parts sociales mentionnées dans les statuts. Ces droits ne peuvent naître, en effet, qu'après l'apparition de la personne morale puisqu'ils ont pour objet des prérogatives qui ne peuvent s'exercer que contre cette personne morale (droit aux bénéfices, par exemple). 2470

En conséquence, **lorsqu'un associé entend se retirer de la société** avant l'immatriculation de celle-ci, ce retrait s'analyse en une cession de ses droits dans le contrat de société et non pas en une cession de parts sociales. Cette cession est donc soumise à l'accord de tous les associés et non pas aux règles prévues par les statuts. Elle doit aussi être réalisée selon les modes du droit civil (Cass. com. 26-2-2008 nos 06-17.981 et 06-17.982 : RJDA 6/08 n° 671, solution rendue pour une « cession d'actions » avant l'immatriculation mais transposable au retrait d'un associé de société civile non immatriculée), c'est-à-dire qu'elle doit faire l'objet des formalités prévues à l'article 1690 du Code civil (signification par un huissier ou un commissaire de justice à tous les associés ou acceptation par ceux-ci dans un acte notarié), faute de quoi elle serait inopposable aux tiers (notamment aux associés non parties à la cession).

DÉCISIONS COLLECTIVES PENDANT LA PÉRIODE DE FORMATION

Toutes les décisions à prendre avant l'acquisition de la personnalité morale sont soumises au droit commun des contrats et constituent, en quelque sorte, des **avenants** au contrat de société. 2480

Il en résulte qu'une **modification des statuts** avant l'immatriculation (qu'il s'agisse d'un changement du futur siège social, d'une extension de l'objet social, d'un changement de dénomination, etc.), de même que le retrait d'un associé sont subordonnés à l'accord unanime des associés. Il ne pourrait en être autrement (décision prise à la majorité) que si le pacte social, en vertu du principe de la liberté contractuelle, prévoyait la possibilité d'une modification des statuts avant l'immatriculation et en fixait les conditions de réalisation.

Les actes modifiant les statuts avant l'immatriculation de la société sont, à notre avis, soumis aux mêmes **formalités de publicité** que les statuts eux-mêmes (n° 2698) puisqu'ils deviennent partie intégrante de ceux-ci.

ENTRÉE EN FONCTIONS DES DIRIGEANTS

Les personnes désignées pour exercer les **fonctions de gérant** n'acquièrent cette qualité qu'après l'immatriculation de la société (Cass. com. 9-4-1991 : RJDA 7/91 n° 595) et non pendant la période de formation. Les dispositions législatives ou réglementaires et les clauses statutaires concernant les gérants (durée des fonctions, pouvoirs, responsabilité, etc.) ne leur sont donc applicables qu'à partir de la **date** de cette immatriculation. 2490

ILLUSTRATIONS

Il a été jugé (à propos de dirigeants de sociétés commerciales, mais les solutions nous paraissent transposables aux gérants de sociétés civiles) :

– que la désignation d'une personne en qualité de président du conseil d'administration d'une société ne peut prendre effet qu'à la date de l'immatriculation de celle-ci, de sorte que l'intéressé ne peut pas, en cette qualité, avoir engagé la société par des actes passés avant l'immatriculation (Cass. com. 9-4-1991 précité) ;

– qu'avant l'immatriculation, l'associé désigné comme gérant ne peut pas se prévaloir de cette qualité au regard des tiers et qu'il ne saurait donc être inscrit à la sécurité sociale (CA Nancy 13-12-1983 : Bull. Joly 1984 p. 817) ;

– qu'un président, démissionnaire de ses fonctions avant l'immatriculation, ne peut pas être condamné au comblement du passif social pour des faits antérieurs à l'immatriculation (Cass. com. 10-5-1984 : Rev. sociétés 1984 p. 835 note A. Honorat) ;

– qu'un gérant, démissionnaire de ses fonctions avant l'immatriculation d'une société mise ultérieurement en liquidation des biens, ne peut pas être frappé de l'interdiction de gérer et administrer une personne morale (CA Paris 4-1-1990 : BRDA 6/90 p. 20).

Jugé toutefois qu'en l'absence de toute disposition législative contraire, la date à partir de laquelle commence à courir la durée des fonctions d'administrateur doit être fixée au jour où celui-ci a accepté ses fonctions, cette acceptation pouvant résulter de la signature des statuts (CA Paris 4-12-1997 : Bull. Joly 1998 p. 236 note P. Le Cannu ; CA Paris 29-6-2001 n° 01-30113 : RJDA 1/02 n° 58).

RÉSOLUTION DU CONTRAT DE SOCIÉTÉ

2495 Si les associés ne désirent pas poursuivre la réalisation de leur projet de société ou s'ils ne peuvent pas obtenir l'immatriculation de celle-ci au RCS, ils peuvent mettre fin à leur contrat. Conformément à l'article 1193 du Code civil, cette décision doit être prise à l'**unanimité.** À défaut, la résolution du contrat de société doit être demandée en justice.

Les apports des associés doivent alors leur être restitués.

ATTENTION

Les fondateurs qui ne seraient pas en mesure de restituer leurs apports aux associés parce qu'ils auraient disposé des fonds à d'autres fins qu'à la libération des apports, même dans l'intérêt de la société en formation, s'exposeraient à des sanctions pénales pour abus de confiance.

Tout **associé mettant fin unilatéralement au contrat** de société engage sa responsabilité à l'égard de son ou ses coassociés. Tel a été le cas d'un associé qui, quelques jours après la signature des statuts, avait exigé une modification de la répartition des parts sociales et était ainsi revenu unilatéralement sur ses engagements ; cet associé ayant mis fin sans juste motif au contrat de société, il devait réparation à son coassocié du préjudice subi par celui-ci du fait de la rupture (CA Paris 6-11-1980 : BRDA 2/81 p. 18).

NULLITÉ DU CONTRAT DE SOCIÉTÉ

2500 La société en formation peut être annulée pour toute irrégularité entachant le pacte social. Il convient alors d'appliquer, non pas les règles propres aux sociétés (C. civ. art. 1844-10 s.), mais celles des contrats et obligations puisque, aux termes de l'article 1842, al. 2 du Code civil, jusqu'à l'immatriculation, la société est régie par le contrat de société et par les principes généraux du droit applicable aux contrats et obligations.

Il s'ensuit notamment que l'**action en nullité** d'une société en formation se prescrit par cinq ans (et non trois ans), conformément au droit commun (C. civ. art. 2224), et qu'il n'est pas possible de couvrir la nullité par la régularisation applicable aux sociétés constituées (n°s 26830 s.), la nullité pouvant néanmoins être confirmée dans les conditions du droit commun.

PROCÉDURE COLLECTIVE D'UN ASSOCIÉ DE LA SOCIÉTÉ EN FORMATION

2510 Le contrat de société peut prévoir que tout associé faisant l'objet d'une procédure de sauvegarde ou de redressement judiciaire avant l'immatriculation de la société sera exclu. En effet, le contrat de société n'est pas un **contrat en cours** au sens des dispositions du Code de commerce (art. L 622-13, I-al. 1, L 631-14, al. 1 et L 641-11-1) prévoyant qu'un contrat en cours lors de l'ouverture d'une procédure de sauvegarde ou de redressement judiciaire à l'encontre d'un des contractants ne peut pas être résolu du seul fait de l'ouverture de la procédure (Cass. com. 10-7-2007 nº 06-11.680 FS-PB : RJDA 1/08 nº 52).

En cas d'exclusion de l'associé en procédure collective, les autres associés doivent, s'il y a lieu, l'indemniser.

3. ACTES PASSÉS POUR LE COMPTE DE LA SOCIÉTÉ

GÉNÉRALITÉS

2540 Avant l'immatriculation de la société, il peut être indispensable de passer certains actes dans l'intérêt de celle-ci : par exemple, conclusion d'un bail, signature d'une promesse d'achat, engagement à l'égard d'un organisme administratif, etc. Ces actes ne peuvent pas **engager la société** puisque celle-ci n'existe pas encore (n°s 2800 s.).

2545 Le sort de ces actes est réglé par l'article 1843 du Code civil (dont la rédaction est analogue à celle de l'article L 210-6, al. 2 du Code de commerce, applicable aux sociétés commerciales). Aux termes de ce texte, les **personnes qui ont agi au nom d'une société en formation** avant l'immatriculation sont tenues des obligations nées des actes ainsi accomplis, avec solidarité si la société est commerciale, sans solidarité dans les autres cas. La **société** régulièrement immatriculée peut **reprendre les engagements** souscrits, qui sont alors réputés avoir été dès l'origine contractés par celle-ci.

À s'en tenir à cette disposition, les personnes ayant agi pour le compte de la société en formation devraient donc attendre l'immatriculation de la société avant de savoir si la société se substituera ou non à eux pour l'exécution de leurs engagements. Cependant, l'article 6 du décret 78-704 du 3 juillet 1978 permet sous certaines conditions la reprise anticipée de ces engagements dès la signature des statuts (n°s 2575 s.).

Indépendamment de cette procédure, il peut arriver, par application des règles du droit commun de la **substitution de cocontractant,** que la volonté de substituer la société au contractant initial dans l'exécution d'un contrat conclu avec un tiers soit déduite de la conclusion d'un avenant entre la société immatriculée et ce tiers (pour des exemples, voir Cass. com. 24-6-2014 n° 13-18.317 : RJDA 10/14 n° 764 et Cass. com. 21-3-2018 n° 15-29.377 F-D : RJDA 6/18 n° 499, à propos de sociétés commerciales mais transposables) ou de l'application d'une clause de substitution prévue dans le contrat initial (Cass. com. 15-1-2020 n° 17-28.127 F-D : RJDA 4/20 n° 212, à propos d'une société commerciale mais transposable).

› Précisions En cas de reprise par la société d'actes passés avant la signature des statuts, les fondateurs ne doivent pas perdre de vue que si ces actes sont assujettis aux **droits de mutation,** ils risquent d'être taxés deux fois. En effet, selon l'administration fiscale, de tels actes ne sont passibles d'une seule perception que s'ils sont conclus après la signature des statuts (n° 2421).

OUVERTURE D'UN COMPTE BANCAIRE AU NOM DE LA SOCIÉTÉ EN FORMATION

Il est admis qu'un compte bancaire peut être ouvert au nom d'une société en formation à la demande des fondateurs afin d'opérer les dépôts et retraits correspondant aux opérations effectuées pour le compte de la société. Ce **compte fonctionne** alors sous la **signature** des fondateurs (Cass. com. 25-3-2003 n° 531 : RJDA 11/03 n° 1108), qui sont personnellement responsables du paiement des chèques qu'ils ont émis (n° 2597). **2550**

La société n'ayant pas d'existence juridique, il appartient à la banque qui ouvre le compte de prendre les **précautions** d'usage (Cass. com. 25-3-2003 n° 531 précité), c'est-à-dire de vérifier l'identité de chacun des fondateurs (Cass. com. 24-3-1992 n° 576 : RJDA 7/92 n° 721).

› Précisions Ce **compte de dépôt** doit être distingué du **compte spécial** ouvert dans une banque au nom de la société en formation en vue du dépôt des fonds provenant des souscriptions en numéraire au capital social, dont les sommes sont bloquées jusqu'à l'immatriculation de la société. À la différence du compte spécial, le compte de dépôt peut enregistrer divers types d'opérations.

a. Conditions de reprise des actes par la société

ACTES POUVANT ÊTRE REPRIS

L'article 1843 du Code civil concerne uniquement les **engagements contractuels** pris pour le compte de la société en formation. Il ne s'applique donc pas aux **fautes extracontractuelles,** dont les conséquences restent à la charge de leurs auteurs sans que ces derniers puissent s'en décharger sur la société (CA Paris 24-2-1977 : D. 1978 p. 32 note J.-C. Bousquet) ni aux **demandes d'autorisations administratives** qui ne génèrent aucune obligation pour la société (Cass. 3e civ. 5-11-2014 n° 13-10.888 : RJDA 2/15 n° 95, à propos d'un Gaec en formation mais transposable). **2570**

Les **adjudications** de biens immobiliers font partie des actes qui peuvent être repris par la société, une telle reprise ayant pour effet de valider l'enchère portée pour le compte de la société à l'occasion de la procédure d'adjudication (Cass. 2e civ. 19-12-2002 n° 1256 : RJDA 2/04 n° 162 ; Cass. 2e civ. 10-9-2009 n° 08-15.882 : RJDA 1/10 n° 28).

MENTION À INDIQUER DANS L'ACTE

Seuls peuvent être repris les actes passés « au nom » ou, ce qui est plus exact, **« pour le compte » de la société en formation** (voir Cass. com. 11-6-2013 n° 11-27.356 : RJDA 10/13 n° 796). Il est donc nécessaire d'indiquer dans les actes que le signataire agit, non pour son compte personnel (encore qu'il soit engagé personnellement si l'engagement n'est pas repris par la société ou si celle-ci n'est pas immatriculée), mais pour le compte de la société en formation avec mention des renseignements permettant d'identifier celle-ci (dénomination, futur siège notamment). Au surplus, il est opportun que le contractant sache avec qui, en définitive, le contrat produira ses effets. **2572**

Cette mention est indispensable : il a été jugé qu'elle ne saurait être remplacée par une clause de substitution par laquelle le fondateur se réserve la faculté d'être substitué par toute personne physique ou morale pour l'exécution de la convention (CA Lyon 27-11-1998 : JCP E 1999 p. 1015 obs.R. Micha Goudet). Il en va de même lorsque la clause de substitution vise expressément la société en formation (Cass. com. 15-5-2012 n° 11-16.069 : RJDA 10/12 n° 854).

› Précisions Pour la cour d'appel de Paris, une clause d'un contrat de **bail** prévoyant la faculté pour une **société non désignée** de se substituer au locataire initial dès son immatriculation n'est pas inefficace : elle s'analyse en une stipulation pour autrui dont la prise d'effet est soumise à la condition que la société soit déterminable au jour de la **substitution.** Il est donc nécessaire de porter à la connaissance du bailleur l'identité de la société qui entend se prévaloir de cette stipulation (CA Paris 20-12-2007 n° 07-5883 : RJDA 5/08 n° 523).

2573 **Défaut de mention** Si la mention ci-dessus fait défaut, l'**acte** reste **à la charge de celui qui l'a passé.** Par exemple, un fondateur ayant ouvert un compte bancaire non pas au nom de la société mais en son nom, « à titre provisoire en attendant la création d'une société », a été condamné à régler à la banque le solde débiteur de ce compte (Cass. com. 27-10-1980 : Bull. civ. IV n° 350). L'acte demeure à la charge du fondateur qui l'a conclu même si l'une des procédures de reprise (nos 2575 s.) a été suivie par la suite (Cass. com. 23-1-2007 n° 05-17.715 : RJDA 5/07 n° 481, 1e esp.). Ainsi, n'a pas qualité pour intervenir dans une instance opposant deux parties à un contrat la société constituée par l'une d'elle alors que rien n'indiquait dans le contrat qu'il avait été conclu au nom de cette société en formation (CA Paris 1-9-2021 n° 18/27095 : RJDA 1/22 n° 47, à propos d'une société commerciale mais transposable).

L'**acte** peut également être **annulé** à la demande du cocontractant au motif qu'il a été conclu au nom d'une société inexistante (n° 2800). Tel a été le cas :

– du congé donné à un locataire par le gérant d'une SCI non immatriculée qui s'était abstenu, dans ce congé, de préciser qu'il intervenait au nom de la SCI en formation (Cass. 3e civ. 22-3-1995 n° 669 : Dr. sociétés 1995 n° 115 note Th. Bonneau) ;

– d'un contrat de fourniture conclu non pas au nom d'une société en formation par son mandataire mais par la société elle-même, à une date où elle n'était pas immatriculée au RCS (Cass. com. 21-2-2012 n° 10-27.630 : RJDA 5/12 n° 499).

> **Précisions** La troisième chambre civile de la Cour de cassation a néanmoins admis qu'un contrat conclu par un gérant de SCI en formation qui n'avait pas été désigné dans l'acte comme agissant pour le compte de cette société était régulier au motif qu'une telle omission résultait d'une simple **maladresse de rédaction** (Cass. 3e civ. 4-7-2001 n° 1173 : RJDA 2/02 n° 151). Au contraire, la chambre commerciale a considéré que ce motif était sans effet sur la validité de l'acte (Cass. com. 2-5-2007 nos 05-14.071 et 05-15.191 : RJDA 8-9/07 n° 836). Elle a aussi jugé qu'un tel acte ne peut pas être régularisé par une assemblée générale de la société après immatriculation (Cass. com. 10-6-2020 n° 18-16.441 F-D : RJDA 10/20 n° 496).

b. Procédures de reprise des actes

2575 La reprise d'un acte passé pour le compte d'une société en formation suppose de suivre l'une des procédures de reprise prévues par les textes et dont l'objet est d'assurer l'information des associés sur la teneur et les conséquences des engagements mis à la charge de la société. La clause d'un contrat stipulant que l'immatriculation de la société emportera reprise automatique du contrat par elle est inefficace dès lors qu'aucune des procédures de reprise n'a été respectée (Cass. 3e civ. 15-10-2015 n° 13-24.355 : RJDA 2/16 n° 111 ; Cass. 3e civ. 23-5-2019 n° 17-31.463 F-D : RJDA 8-9/19 n° 558).

REPRISE DES ACTES PAR LA SIGNATURE DES STATUTS

2576 Lorsque des actes sont passés avant la signature des statuts, celle-ci emporte reprise automatique de ces actes une fois la société immatriculée à condition qu'un **état** indiquant l'engagement qui résulte de chacun de ces **actes** pour la société soit présenté aux associés avant la signature des statuts et soit **annexé** à ceux-ci (Décret 78-704 art. 6, al. 1 et 2).

Pour qu'un **acte** soit repris, il faut qu'il soit **expressément visé** par l'état annexé aux statuts. Tel n'est pas le cas d'un engagement de paiement d'honoraires d'un cabinet de conseil ayant assisté la société dans sa constitution lorsque l'état indique seulement au titre des engagements repris un « engagement de frais et honoraires de conseil et du coût des formalités (publicité, greffe) en vue de la constitution de la société » sans viser nommément le contrat conclu avec le cabinet de conseil (Cass. com. 13-7-2010 n° 09-68.142 : RJDA 11/10 n° 1075).

L'existence d'une clause statutaire précisant que la signature des statuts « emportera reprise des engagements qui seront réputés avoir été souscrits dès l'origine » par la société ne peut pas pallier l'absence d'état des actes annexé aux statuts (Cass. com. 13-3-2001 n° 538 : RJDA 11/01 n° 1109). À l'inverse, la mention des actes directement dans les statuts suffit à emporter leur reprise (Cass. 3e civ. 13-7-2011 n° 10-18.640 : RJDA 11/11 n° 913).

Pour **prouver** que l'état des actes passés pour le compte de la société a bien été annexé aux statuts signés par les associés, il doit être annexé aux statuts déposés au greffe du tribunal (CA Versailles 12-12-2005 n° 04-6239 : RJDA 8-9/06 n° 902, 2e esp.).

2580 **Liberté de reprise** L'article 6, al. 1 et 2 du décret 78-704 ne laisse, semble-t-il, aucun **choix aux associés** pour décider si la société reprendra ou non les engagements figurant dans l'état annexé aux statuts. En effet, la signature de ces statuts entraîne automatiquement reprise de ces engagements.

Pour autant, rien n'interdit aux associés de conclure le contrat de société tout en refusant de faire reprendre par la future société les actes accomplis avant cette signature : il leur suffit alors, s'ils en sont d'accord, de ne pas annexer l'état de ces actes aux statuts, l'article 6 précité ne les obligeant pas à prendre parti sur le sujet dès la signature des statuts.

Conformément à l'article 1843 du Code civil, ces actes seront alors soumis à l'approbation de la société après l'immatriculation de celle-ci (nos 2591 s.). Mais il est bien évident que les personnes ayant souscrit les engagements ont intérêt à ne pas **attendre** cette **immatriculation** pour savoir quel sera le sort de leurs engagements. Mieux vaut pour elles profiter de la signature des statuts pour être fixées sur ce point.

MANDAT DE PASSER DES ACTES POUR LA SOCIÉTÉ

Les associés peuvent, dans les statuts ou par acte séparé, **donner mandat à** l'un ou plusieurs d'entre eux, ou au gérant non associé, de prendre des engagements pour le compte de la société. Sous réserve qu'ils soient déterminés et que les modalités en soient précisées par le mandat, l'immatriculation de la société emportera reprise de ces engagements par la société (Décret 78-704 art. 6, al. 3). **2587**

ATTENTION

Le mandat ne peut être donné qu'à un associé ou à un gérant non associé. Lorsque le **mandataire** signe l'acte en sa qualité de **gérant,** la reprise ne sera pas valable s'il est **également associé** ; dans un tel cas en effet, le mandataire ne peut passer l'acte qu'en sa qualité d'associé et non pas en celle de gérant (Cass. 3e civ. 13-3-1996 no 527 : RJDA 10/96 no 1196).

Ce procédé ne vaut que pour les **actes passés entre la signature des statuts et l'immatriculation** de la société ; il n'engage pas la société s'il est utilisé pour des actes passés avant la signature des statuts (CA Versailles 19-5-2000 : RJDA 11/00 no 984 ; voir toutefois Cass. com. 1-7-2008 no 07-10.676 : RJDA 10/08 no 1024).

Le mandat peut être établi après la conclusion de l'engagement (Cass. com. 14-1-2003 no 00-12.557 : Bull. Joly 2003 p. 431 ; Cass. com. 1-7-2008 no 07-10.676 précité).

Lorsque le mandat n'est pas donné dans les statuts, il doit résulter d'un **acte séparé.** À défaut de mandat, la reprise n'est pas valable, même si tous les associés ont concouru à la conclusion de l'engagement souscrit pour le compte de la société (Cass. com. 6-12-2005 no 1602 : RJDA 3/06 no 267, 1e esp. ; Cass. com. 23-5-2006 no 665 : RJDA 8-9/06 no 902, 1e esp.).

Caractéristiques du mandat Pour que la procédure de reprise puisse s'appliquer, les **engagements** doivent être **déterminés** et leurs modalités précisées dans le mandat. Un mandat général et indéterminé est donc inefficace (Cass. com. 21-7-1987 : Bull. civ. IV no 209). **2588**

ILLUSTRATIONS

Ainsi, est inefficace le mandat habilitant un associé à passer « les actes et engagements entrant dans l'objet statutaire et conformes à l'intérêt social » (Cass. com. 24-3-1998 : RJDA 8-9/98 no 984) ou à signer les « baux nécessaires à l'exploitation » (Cass. com. 14-11-2006 no 1225 : RJDA 4/07 no 354). Jugé, en revanche, que confère mandat d'agir au nom de la société en formation la clause statutaire donnant au gérant le pouvoir d'acquérir dans l'intérêt de la société « et vu l'urgence » un fonds de commerce mis en vente judiciaire (Cass. com. 17-7-2001 no 1444 : BRDA 18/01 inf. 1 ; solution transposable à l'acquisition d'un élément d'actif de société civile) ou celle chargeant un fondateur d'effectuer « toutes démarches nécessaires pour l'obtention de tous emprunts » (Cass. 3e civ. 12-11-2015 no 14-21.227 : RJDA 3/16 no 192).

En l'absence de mandat spécial, il convient d'attendre l'immatriculation de la société pour faire approuver par les associés les engagements pris (nos 2591 s.). Faute d'approbation, tous les associés ayant donné mandat seront responsables solidairement avec leur mandataire des engagements pris par ce dernier au nom de la société (no 2598).

Exécution du mandat Si le **mandataire respecte les termes du mandat,** il est libéré à l'égard des tiers, à moins qu'il ne se soit personnellement obligé envers eux. Il reste responsable de ses fautes d'exécution à l'égard de ses mandants (C. civ. art. 1991 s.). **2589**

Si, au contraire, le **mandataire ne respecte pas les termes du mandat,** la société n'est pas tenue des engagements pris pour son compte. Il en est notamment ainsi lorsque, ayant seulement reçu mandat d'accomplir les formalités de publicité légale, le dirigeant a souscrit une reconnaissance de dette (Cass. com. 22-7-1986 : BRDA 17/86 p. 7) ou une convention d'assistance juridique et comptable (CA Lyon 8-12-1988 : Bull. Joly 1989 p. 173). De même, n'engage pas la société l'emprunt bancaire souscrit par un gérant ayant reçu mandat de procéder à « l'ouverture de tous comptes bancaires ou postal pour le compte de la société » (CA Caen 16-3-1989 : BRDA 2/90 p. 18).

Les cocontractants du mandataire ne sauraient invoquer l'existence d'un mandat apparent, sauf erreur commune et invincible dont l'existence est difficile à imaginer. En effet, dès l'instant où une personne prétend agir au nom d'une société en formation, les tiers doivent se montrer extrêmement prudents et demander à cette personne de justifier de ses pouvoirs. La société ne pourrait être tenue que de l'enrichissement qu'elle retirerait éventuellement de l'acte irrégulièrement conclu.

2590 En matière de représentation des personnes physiques, un mandataire ne peut, dans un même acte, ni agir pour le compte d'une autre partie que le mandant ni contracter pour son propre compte à peine de nullité de l'acte, à moins que la loi ou le mandant ne l'y ait autorisé ou que l'acte accompli ait été ratifié par le mandant (C. civ. art. 1161). Par ailleurs, l'interdiction pour le mandataire d'agir pour le compte de plusieurs parties ne s'applique qu'en cas de conflit d'intérêts entre elles (art. précité).

CONSEIL

L'existence d'une autorisation au sens de l'article 1161 ne pouvant, à notre avis, être déduite du caractère spécial du mandat (n° 2588), il est recommandé aux associés de prévoir explicitement dans le mandat la possibilité pour le mandataire d'accomplir les actes indiqués, y compris dans les cas où il agira pour le compte de plusieurs parties ou pour son propre compte. À défaut, les associés pourront toujours ratifier l'acte ultérieurement.

REPRISE DES ACTES PAR DÉCISION DES ASSOCIÉS

2591 Si les associés n'ont pas adopté une des solutions indiquées ci-dessus pour reprendre les actes passés pour le compte de la société (signature des statuts auxquels est annexé un état des actes accomplis ; mandat de conclure un ou plusieurs actes déterminés), ils peuvent encore décider cette reprise **après l'immatriculation de la société** (Cass. com. 12-2-1974 : Rev. sociétés 1974 p. 493 note J. Hémard ; Cass. com. 10-10-1984 : Rev. sociétés 1985 p. 821 note J.-J. Burst). Tel a par exemple été le cas d'une décision ratifiant expressément « les engagements antérieurs depuis la constitution de la société » (CA Paris 18-2-1982 : BRDA 13/82 p. 9).

La décision doit être prise, sauf clause contraire des statuts, à la **majorité** des associés (Décret 78-704 art. 6, al. 4). À notre avis, la clause contraire des statuts visée par ce texte permet aux associés de prévoir une majorité qualifiée ou même l'unanimité pour décider la reprise mais ne saurait les autoriser à donner aux dirigeants sociaux le pouvoir de prendre seuls cette décision. L'article 6 a, en effet, pour objectif essentiel de réserver aux associés le droit de décider la reprise. Par ailleurs, une clause statutaire habilitant les dirigeants sociaux à décider la reprise comporterait un mandat général qui rendrait pratiquement inutile l'obligation d'un mandat spécial prescrite par l'article 6, al. 3 du décret 78-704 (n° 2588).

2592 **Reprise implicite** La ratification doit résulter d'une décision spéciale des associés. Il ne saurait y avoir de reprise implicite (Cass. com. 20-1-1987 : Bull. civ. IV n° 28 ; Cass. com. 12-7-2004 n° 1174 : RJDA 1/05 n° 34 ; Cass. 3e civ. 30-3-2023 n° 21-25.920 F-D : RJDA 7/23 n° 372).

ILLUSTRATIONS

Ne valent pas reprise :
– l'**approbation des comptes** du premier exercice social après l'immatriculation de la société (Cass. 1e civ. 2-10-2002 n° 1405 : RJDA 1/03 n° 56, 1e esp.) ;
– l'**exécution de l'engagement** par la société (Cass. com. 1-4-2003 n° 99-12.443 : RJDA 7/03 n° 721 ; Cass. com. 23-5-2006 n° 03-15.486 : RJDA 8-9/06 n° 902, 1e esp. ; Cass. com. 13-12-2011 n° 11-10.699 : RJDA 4/12 n° 402) ;
– en cas de **cession d'une créance** sur la société avant son immatriculation, l'**acceptation** de cette **cession par plusieurs fondateurs** (Cass. com. 9-10-2007 n° 06-16.483 : RJDA 2/08 n° 130) ;
– le fait pour la société de **se présenter comme le preneur d'un bail à l'occasion** d'une transaction et de plusieurs **instances judiciaires** relatives à l'exécution de ce bail (Cass. com. 20-2-2019 n° 17-14.242 F-D : RJDA 7/19 n° 498).

2593 **Reprise abusive** Pour être valable, la décision de reprise ne doit pas être abusive.

ILLUSTRATIONS

Ainsi, dans un cas où le « gérant » d'une société en formation avait ouvert et fait fonctionner un compte courant bancaire au nom de cette société, il a été jugé qu'était nulle à l'égard de la banque la reprise de cet engagement effectuée dans les conditions suivantes : la société avait été immatriculée **plus de deux ans** après l'ouverture du compte; la reprise avait été décidée en **assemblée** quelques jours après cette immatriculation alors que, comme le précisait le procès-verbal de cette assemblée, la banque avait formé une action en paiement contre les associés. Ces opérations n'avaient donc eu en fait d'autre but que de faire échapper le « gérant » à ses obligations en en transférant la charge sur la société alors que celle-ci était insolvable (CA Paris 22-11-1988 : BRDA 6/89 p. 17).

À l'inverse, le caractère frauduleux d'une décision reprenant un emprunt accepté pour le compte d'une société avant son immatriculation par l'associé majoritaire n'a pas été établi dès lors que la société avait reconnu la dette dès l'origine en la comptabilisant dans son bilan, à une époque où l'associé en cause n'était pas gérant, et que l'**assemblée** appelée à se prononcer sur la reprise de l'emprunt, initialement prévue pour se tenir six mois plus tôt, avait été **différée** en raison du retard dans l'établissement des comptes ayant suivi la gérance de cet associé (Cass. com. 2-7-1996 n° 1259 : RJDA 10/96 n° 1197).

c. Preuve de la reprise des actes passés pour la société

La **charge de la preuve** de la reprise des actes passés pour le compte d'une société en formation incombe à celui qui l'invoque (Cass. soc. 18-12-1979 : Bull. civ. V n° 1013 ; Cass. com. 21-7-1987 : Bull. civ. IV n° 209). **2594**

d. Effets de la reprise des actes passés pour la société

Lorsque la société a régulièrement repris les engagements souscrits pour son compte, les **personnes** ayant passé ces actes sont **libérées** à l'égard du cocontractant, sauf si elles se sont engagées personnellement à garantir l'exécution de ces actes (CA Paris 5-4-1991 inédit). **2595**

En présence d'un mandat de passer un acte pour le compte de la société (n°s 2587 s.), la reprise libère toutes les personnes ayant concouru à cet acte, quand bien même le mandat n'aurait été donné qu'à une seule d'entre elles (Cass. com. 13-12-2005 n° 1649 : RJDA 3/06 n° 267, 2e esp.).

En outre, les actes sont censés avoir été souscrits dès l'origine par la société (C. civ. art. 1843) dès lors qu'ils ont été effectivement conclus avant l'immatriculation de la société (Cass. com. 21-9-2004 n° 1246 : RJDA 2/05 n° 133). Ainsi, la reprise d'une vente de lots de copropriété par une société qui a agi en réduction du prix de vente de ces lots lui confère depuis le jour de cette vente la qualité de propriétaire nécessaire pour exercer cette action, peu important la date à laquelle est intervenue la reprise (Cass. 3e civ. 7-4-2016 n° 15-10.881 : RJDA 11/16 n° 782).

> **Précisions** Lorsque la reprise porte sur l'**acquisition d'un immeuble,** il n'est pas nécessaire de publier l'acte de reprise au service chargé de la publicité foncière pour le rendre opposable aux tiers (Cass. 3e civ. 9-7-2003 n° 902 : RJDA 1/04 n° 43). En effet, l'acte de reprise est déclaratif et non constitutif de droits.

GARANTIES ATTACHÉES AUX ACTES PASSÉS POUR LA SOCIÉTÉ

La reprise par la société des engagements pris pour son compte entraîne corrélativement **validation** des garanties qui auraient pu être données par des tiers pour l'exécution de ces engagements. **2596**

ILLUSTRATIONS

A ainsi été déclaré valable le **cautionnement** d'un prêt consenti à une société en formation (Cass. 1e civ. 3-12-1980 : Bull. civ. I n° 314 ; CA Paris 3-10-1986 : BRDA 23/86 p. 7).
De même, a été validée l'inscription d'un **nantissement** sur matériel avec indication du numéro de RCS du fondateur ayant contracté le prêt garanti par ce nantissement, sans qu'il soit nécessaire de procéder à une nouvelle publication après immatriculation de la société (Cass. com. 29-5-1980 : Bull. civ. IV n° 221).

LIMITES À LA REPRISE DES ACTES PASSÉS POUR LA SOCIÉTÉ

Même si les associés ont régulièrement décidé la reprise des actes passés par le fondateur, celui-ci reste personnellement responsable du **paiement des chèques** émis par lui pour le compte de la société en formation (CA Paris 24-3-1988 : D. 1988 p. 556 note Martin). En effet, le « tireur » d'un chèque est personnellement garant du paiement de celui-ci à l'égard des porteurs successifs, même lorsque le chèque a été émis pour le compte d'autrui (C. mon. fin. art. L 131-4, al. 2). **2597**

Cette règle ne vaut que pour les chèques. Ainsi, le fondateur d'une société n'est pas tenu personnellement au paiement d'une **lettre de change** qu'il a acceptée au moment où la société était en formation dès lors, d'une part, que l'intéressé n'a pas été désigné sur la lettre en qualité de tiré et, d'autre part, que la société a repris les engagements souscrits par son fondateur (Cass. com. 15-6-1993 : RJDA 11/93 n° 901).

e. Défaut de reprise des actes passés pour la société

Si la société n'a pas repris les actes accomplis pour son compte pendant la période de formation, ces actes restent à la charge des personnes qui les ont conclus personnellement (Cass. com. 26-4-1988 : Bull. civ. IV n° 142 ; Cass. com. 11-1-2005 n° 50 : RJDA 4/05 n° 380) ou qui ont donné mandat de les passer (Cass. com. 3-4-1973 : Rev. sociétés 1974 p. 90 ; CA Paris 27-6-1978 : Bull. Joly 1978 p. 763), cette solution s'appliquant **2598** également en cas de reprise irrégulière. Si le fondateur qui a souscrit l'emprunt au nom de la société en formation et non repris par elle est marié sous le régime de la communauté légale, il n'est, sauf accord de son conjoint, engagé que sur ses biens propres (Cass. 1e civ. 9-7-2014 n° 13-20.356 : RJDA 10/14 n° 763).

Pour éviter que l'acte demeure à la charge des personnes qui l'ont passé, ces dernières peuvent prévoir dans l'acte, avec l'accord de leur cocontractant, qu'elles seront libérées de toute obligation à son égard si la société ne reprend pas les engagements souscrits pour son compte. Le cocontractant perd alors la possibilité de demander l'**exécution du contrat** à l'associé avec qui il a traité.

2599 La personne qui s'est portée **caution** des dettes de la société en formation est libérée par l'absence de reprise de l'engagement garanti puisque la caution ne peut pas être condamnée à garantir une autre personne (l'associé ayant contracté l'engagement) que la société (Cass. 1e civ. 2-10-2002 n° 1405 : RJDA 1/03 n° 56 ; dans le même sens à propos d'une sûreté réelle, Cass. com. 1-4-2014 n° 12-23.501 : RJDA 6/14 n° 524).

Il est donc recommandé de prévoir, dans l'acte de cautionnement, qu'en cas de non-reprise la caution sera tenue de garantir la dette de la personne ayant contracté l'engagement (A.-S. Lucas-Puget, La reprise des actes de la société en formation, Defrénois 2012 art. 40629).

PERSONNES NON TENUES DES ENGAGEMENTS SOUSCRITS

2600 Seules sont visées par la loi les personnes « qui ont agi au nom d'une société en formation », de sorte que ne sont pas tenus des actes non repris par la société les associés ayant simplement participé à cette formation en tant que **fondateurs** (Cass. com. 4-5-1981 : D. 1982 p. 482 note J.-J. Daigre ; Cass. com. 25-10-1983 : Rev. sociétés 1984 p. 523 note J.-L. Sibon ; Cass. com. 15-11-1983 : Bull. civ. IV n° 310), même s'ils ont été désignés comme gérants (CA Paris 11-3-1983 : BRDA 9/83 p. 7).

Ainsi, le simple fait qu'un associé ait cosigné le bail des locaux affectés à l'activité de la société n'implique pas qu'il doive répondre des autres actes accomplis par son coassocié pour le compte de la société (CA Paris 20-5-1988 : BRDA 17/88 p. 12). De même, l'un des fondateurs d'une société ne peut pas être condamné à verser des dommages-intérêts à un architecte au motif qu'il lui a notifié la fin de la mission qui lui avait été confiée pour le compte de la société dès lors qu'il n'est pas établi que ce fondateur a signé ou ratifié au nom de la société le contrat en cause (Cass. 1e civ. 19-11-1996 n° 1873 : RJDA 3/97 n° 359).

Ne sont pas non plus tenues des actes non repris par la société les personnes qui ont procédé à des démarches ou à des pourparlers mais qui n'ont pas signé les actes litigieux, même si leur rôle a été prépondérant pour la réalisation de ces actes (CA Orléans 22-2-1978 : BRDA 10/79 p. 15).

ATTENTION

Une **personne intervenant** à un acte **comme « représentant » d'une société en formation** n'est pas considérée comme ayant signé l'acte au nom de celle-ci. Elle n'a donc pas à répondre de cet acte si la société ne le reprend pas (Cass. com. 18-11-2020 n° 18-23.239 F-D : RJDA 3/21 n° 166 ; Cass. com. 10-2-2021 n° 19-10.006 F-P : RJDA 5/21 n° 312).

2601 Les **acquéreurs de « parts »** d'une société non encore immatriculée ne sauraient davantage être tenus aux dettes contractées par les cédants au nom de la société en formation sous prétexte qu'ils seraient subrogés dans les droits et obligations de ces derniers (Cass. com. 14-1-1992 : RJDA 4/92 n° 349).

EXÉCUTION DE L'ACTE NON REPRIS PAR LA SOCIÉTÉ

2602 Faute d'avoir mis en œuvre l'une des procédures permettant de reprendre une convention conclue pour son compte, une **société** ne peut pas en obtenir l'exécution. Néanmoins, contrairement à ce qui avait été avancé par certains arrêts (notamment, Cass. 3e civ. 5-1-1994 : RJDA 5/94 n° 523 ; CA Paris 22-2-2008 n° 06-3564 : RJDA 6/08 n° 659 ; CA Paris 24-6-2009 n° 09-1705 : RJDA 11/09 n° 958), la mise en échec de son action doit être fondée non sur le défaut de qualité à agir (Cass. 3e civ. 19-10-2022 n° 21-17.780 F-D : RJDA 3/23 n° 145) mais sur l'absence de droit substantiel, tirée, par exemple, de l'effet relatif des conventions (C. civ. art. 1199).

RECOURS CONTRE LA SOCIÉTÉ À DÉFAUT DE REPRISE DES ACTES

2603 Si l'acte non repris par la société a profité à celle-ci, son auteur pourra lui demander une indemnité en invoquant les règles de la **gestion d'affaires** (C. civ. art. 1301-2 ; sur ces règles, voir Mémento Droit commercial nos 10305 s.) mais non sur le fondement de la théorie de l'**enrichissement injustifié** (C. civ. art. 1303 ; CA Paris 1-10-1982 : BRDA 23/82 p. 11).

C. Publicité de la constitution de la société

FORMALITÉS POSTÉRIEURES À LA SIGNATURE DES STATUTS

Après la signature des statuts et sauf en cas de constitution d'une société en participation (C. civ. art. 1871), il y a lieu d'accomplir les formalités suivantes, calquées sur celles applicables aux sociétés commerciales : 2670

– insertion dans un **support d'annonces légales** ;

– immatriculation de la société au **RCS** et au **RNE** par l'intermédiaire du guichet unique électronique des formalités d'entreprises ;

– insertion au **Bodacc,** mais cette insertion est à la charge du greffier du tribunal (n° 2719) ;

– déclaration au greffe du tribunal, par l'intermédiaire du guichet unique, de l'identité du ou des « **bénéficiaires effectifs** » de la société (n°s 2720 s.).

Outre ces formalités, dont le détail est examiné ci-après, il est nécessaire de procéder à des **formalités particulières** pour rendre opposable aux tiers l'apport à la société de certains biens en nature (n°s 1180 s.).

> **› Précisions** L'insertion dans le support d'annonces légales doit être complétée par une **insertion numérique dans une base de données** centrale (Loi 55-4 du 4-1-1955 art. 1, al. 2). Cette insertion est à la charge de l'éditeur du support ayant publié l'avis d'annonce légale et non pas à la charge de la société. L'annonce doit être mise en ligne dans les sept jours de sa réception et comprendre l'intégralité des mentions figurant dans le support (Décret 2012-1547 du 28-12-2012 art. 3).

DÉLAI DE PUBLICITÉ DE LA CONSTITUTION DE LA SOCIÉTÉ

Aucun délai n'est prescrit pour l'insertion dans un **support d'annonces légales** de l'avis de constitution, pas plus que pour le dépôt du dossier d'immatriculation de la société. Néanmoins, le Code de commerce impose de demander l'**immatriculation** sitôt accomplies les formalités de constitution, publicité comprise (C. com. art. R 123-36, al. 1), ce qui nécessite de présenter la demande une fois les statuts signés et les formalités de parution dans le support d'annonces légales accomplies. Une demande d'immatriculation présentée 20 ans après la signature des statuts a ainsi été rejetée comme tardive en application de ce texte (CA Paris 24-1-2017 n° 16/15840 : RJDA 5/17 n° 334). 2675

Comme la société n'acquiert la personnalité morale – et n'est donc en état de fonctionner régulièrement – qu'à dater de son immatriculation, il convient d'effectuer cette formalité le plus **rapidement** possible.

DÉFAUT DE PUBLICITÉ DE LA CONSTITUTION DE LA SOCIÉTÉ

Le défaut d'accomplissement (ou l'accomplissement irrégulier) d'une formalité de publicité n'est pas une cause de **nullité** de la société mais il peut donner lieu à une action en **régularisation** (n°s 26830 s.) et à une action en **responsabilité** (n°s 27220 s.). 2676

1. INSERTION DE L'AVIS DE CONSTITUTION DANS UN SUPPORT D'ANNONCES LÉGALES

CONTENU DE L'AVIS DE CONSTITUTION DE LA SOCIÉTÉ

Un avis de constitution doit être inséré dans un support habilité à recevoir les annonces légales dans le département du siège social (Décret 78-704 art. 22 ; Loi 55-4 du 4-1-1955 art. 1). 2677

Cet avis doit contenir les **mentions** suivantes :

– la raison sociale ou la dénomination sociale suivie, s'il y a lieu, de son sigle ;

– la forme de la société et, s'il y a lieu, le statut légal particulier auquel elle est soumise (par exemple, société civile professionnelle régie par la loi du 29 novembre 1966 remplacée, à compter du 1er septembre 2024, par l'ordonnance du 8 février 2023, groupement forestier régi par les dispositions du Code forestier, etc.) ;

– le montant du capital social et, s'il s'agit d'une société à capital variable, le montant au-dessous duquel il ne peut être réduit ;

– l'adresse du siège social ;

– l'objet social indiqué sommairement ;

– la durée pour laquelle la société a été constituée ;

– le montant des apports en numéraire ;

– la description sommaire et l'évaluation des apports en nature ;

– les nom, prénom usuel et domicile des gérants et, s'il en existe, des membres du conseil de surveillance et des commissaires aux comptes (cas, par exemple, des SCPI) ;

– les nom, prénom usuel et domicile des personnes ayant le pouvoir général d'engager la société envers les tiers (fondés de pouvoir) ;

– le greffe du tribunal où la société sera immatriculée ;

– l'existence de clauses relatives à l'agrément des cessionnaires de parts sociales et la désignation de l'organe de la société habilité à statuer sur les demandes d'agrément.

SIGNATURE DE L'AVIS DE CONSTITUTION DE LA SOCIÉTÉ

2678 Si les statuts ont été établis par acte notarié ou s'ils ont été déposés au rang des minutes d'un notaire, l'insertion est signée par le **notaire.**

Dans les autres cas (acte sous signature privée non déposé au rang des minutes d'un notaire), l'insertion doit être signée par l'un des **fondateurs** ou des **premiers associés** ayant reçu un pouvoir spécial à cet effet (Décret 78-704 art. 22, al. 2) ; en général, ce pouvoir est donné à la fin des statuts (n° 2241).

2. IMMATRICULATION DE LA SOCIÉTÉ AU RCS

OBJET ET CONDITIONS DE L'IMMATRICULATION DE LA SOCIÉTÉ AU RCS

2680 Après l'insertion de l'avis de constitution dans un support d'annonces légales, la société doit être immatriculée au **RCS.** Cette dernière formalité – pour laquelle aucun délai n'est imparti – est capitale car c'est seulement à compter de son immatriculation que la société acquiert la personnalité morale.

La société ne peut pas être immatriculée si elle ne remplit pas les **conditions** nécessaires à l'exercice de son activité et si les formalités prescrites par la législation et la réglementation en vigueur la concernant (signature des statuts et insertion dans un support d'annonces légales) n'ont pas été accomplies (C. com. art. L 123-2).

Notamment, l'immatriculation des **sociétés civiles professionnelles** ne peut intervenir qu'après l'agrément de celles-ci par l'autorité compétente ou leur inscription sur la liste ou au tableau de l'ordre professionnel (Loi 66-879 du 29-11-1966 art. 1, al. 3 remplacé, à compter du 1-9-2024, par Ord. 2023-77 du 8-2-2023 art. 5, al. 3 ; Ord. 2023-77 art. 134).

a. Établissement de la demande d'immatriculation au RCS

DESTINATAIRE DE LA DEMANDE D'IMMATRICULATION AU RCS

2681 La demande d'immatriculation d'une société au RCS doit être déposée, **par voie électronique,** auprès du **guichet unique électronique des formalités d'entreprises** (C. com. art. L 123-33, al. 2 et art. R 123-77 modifié par décret 2022-1014 du 19-7-2022), accessible sur le site formalites.entreprises.gouv.fr. Préalablement au dépôt de sa demande, le créateur d'entreprise doit avoir créé un compte auprès du guichet unique.

2682 **Fonction du guichet unique électronique des formalités d'entreprises** Le guichet unique électronique des formalités d'entreprises permet aux entreprises de réaliser en ligne l'ensemble des formalités et procédures nécessaires à l'accès et à l'exercice de leur activité.

Il s'agit pour l'essentiel des diverses **déclarations administratives** auxquelles elles sont tenues à l'égard de certains organismes (RCS, RNE, service des impôts, Urssaf, Insee, etc.) lors de leur création, de la modification de leur situation ou de la cessation de leur activité (C. com. art. R 123-1, I).

En **matière fiscale,** la déclaration d'existence, l'indication du choix des régimes d'imposition, des options et des obligations fiscales retenus par la société à sa création sont effectuées par l'intermédiaire du guichet unique (C. com. art. A 123-6, II-1 modifié par arrêté du 14-12-2022).

Il est également possible d'adresser au guichet unique une demande d'exercice de certaines **activités,** le guichet se chargeant ensuite de transmettre la demande à l'autorité compétente (C. com. art. R 123-1, I-2° et II).

> **> Précisions** Afin d'assurer la continuité du service en cas de **difficulté grave de fonctionnement** du guichet unique, une procédure dérogatoire dite « de secours » est prévue (C. com. art. R 123-15 modifié par décret 2022-1014 du 19-7-2022). Cette procédure, dont les modalités sont précisées par arrêté (Arrêté PRMX2236475A du 28-12-2022 modifié par arrêtés du 17-2-2023 et du 27-6-2023), est ouverte depuis le 1er janvier 2023 et devrait prendre fin le 31 décembre 2023.

MODALITÉS DE LA DEMANDE D'IMMATRICULATION AU RCS

2683 La demande d'immatriculation au RCS prend la forme d'un dossier unique comportant les déclarations que le créateur d'entreprise doit effectuer (C. com. art. L 123-33, al. 1).

Une fois le dossier complété, il est signé au moyen d'une **signature** électronique simple (C. com. art. R 123-2 et R 123-5).

La demande peut être présentée et signée par l'un des associés ou fondateurs ayant reçu pouvoir d'accomplir les formalités nécessaires à l'immatriculation (par exemple en vertu d'une clause statutaire) ; elle peut aussi l'être par un mandataire à qui les associés ont confié le soin d'effectuer les formalités d'inscription au RCS (nº 9403).

Le dossier doit comprendre les **éléments** suivants (C. com. art. R 123-3) :

– l'ensemble des informations renseignées par le déclarant ;

– les pièces numériques ou numérisées exigibles sauf s'il s'agit de pièces devant être fournies en original et établies sur support papier ;

– le justificatif de règlement des frais d'inscription.

ATTENTION

Les **pièces justificatives** doivent être numérisées au **format** PDF/A; la compression et la résolution graphique des images doivent permettre une qualité de restitution des caractères garantissant la lisibilité des pièces numérisées (C. com. art. A 123-1, 2º).

Le dépôt d'un dossier régulier et complet auprès du guichet unique électronique des formalités d'entreprises vaut déclaration auprès de l'organisme destinataire (C. com. art. L 123-33, al. 2). **2684**

Le guichet unique doit **accuser réception** de la déclaration en mentionnant les organismes destinataires et autorités compétentes auxquels la déclaration a été adressée par son intermédiaire (C. com. art. R 123-6, al. 2). L'accusé de réception ainsi transmis équivaut au récépissé de déclaration d'entreprise qui était auparavant délivré par le greffier ou le centre de formalité des entreprises (C. com. art. L 123-9-1 abrogé par loi 2019-486 du 22-5-2019).

Le guichet unique doit également transmettre au déclarant l'accusé de réception électronique du dossier qui lui est adressé par chacun de ces organismes ou autorités (C. com. art. R 123-6, al. 3).

Les greffiers des tribunaux de commerce ou des tribunaux judiciaires statuant commercialement sont destinataires des formalités au titre de la tenue des RCS (C. com. art. A 123-5, 3º modifié par arrêté du 14-12-2022).

Les organismes ou autorités destinataires des déclarations sont seuls compétents pour **contrôler la régularité** ou apprécier la validité de la déclaration (C. com. art. R 123-11, al. 2).

Les demandes d'informations et pièces complémentaires se font par l'intermédiaire du guichet unique (C. com. art. R 123-6, al. 4).

Celui-ci doit **informer** le déclarant des **décisions prises** par les organismes ou autorités au sujet de la déclaration (C. com. art. R 123-6, al. 6).

La déclaration transmise au guichet unique électronique des formalités d'entreprises **interrompt les délais** à l'égard de cet organisme (C. com. art. R 123-11, al. 1). **2685**

CONTENU DE LA DEMANDE D'IMMATRICULATION AU RCS

La demande d'immatriculation au RCS doit contenir un certain nombre de mentions concernant **2694** la **société** ainsi que ses **associés,** son **gérant,** son **commissaire aux comptes,** son **établissement** et son **activité.** Ces mentions ont seules vocation à figurer au RCS, à l'exclusion de toute autre (CA Paris 21-3-2000 : RJDA 9-10/00 nº 867), qui ne peut être demandée au déclarant (C. com. art. A 123-2).

Indications sur la société à immatriculer au RCS La demande d'immatriculation **2695** au RCS doit comporter les mentions suivantes concernant la société à immatriculer (C. com. art. R 123-53 et R 123-56, 1º) :

– la raison ou la **dénomination** sociale suivie, le cas échéant, du sigle ;

– la **forme** de la société en précisant, s'il y a lieu, le fait que la société est constituée d'un seul associé (cas de l'EARL éventuellement) et, le cas échéant, l'indication du statut légal particulier auquel la société est soumise ;

– le montant du **capital** social et, si le capital est variable, le montant au-dessous duquel il ne peut être réduit (lors de la demande d'immatriculation d'une société à capital variable, le capital social stipulé dans les statuts et le capital statutaire minimum, dit « capital plancher », doivent être tous deux déclarés : Avis CCRCS 2014-04 du 14-3-2014) ;

– l'adresse du **siège** social et, le cas échéant, l'indication que la société, dont le représentant légal a installé le siège social à son domicile, use de la faculté ouverte par l'article L 123-11-1 du Code de commerce (nº 1972) ;

– les **activités** principales de l'entreprise ;

– la **durée** de la société fixée par les statuts ;

– pour les sociétés résultant d'une **fusion** ou d'une **scission,** l'indication de la dénomination ou de la raison sociale de toutes les sociétés ayant participé à l'opération, de leur forme, de leur siège social, de leur numéro d'identification et de la mention RCS suivie du nom de la ville où se trouve le greffe où elles sont immatriculées ;

– les références des immatriculations secondaires éventuellement souscrites pour les **établissements** situés hors du ressort du tribunal du siège social et, le cas échéant, les références des établissements principaux ou secondaires immatriculés dans un État membre de l'Union européenne ou partie à l'accord sur l'Espace économique européen ;

– le cas échéant, l'indication que la société est bénéficiaire d'un **contrat d'appui au projet d'entreprise** pour la création ou la reprise d'une activité économique, auquel cas il y a lieu de mentionner également la dénomination sociale de la personne morale responsable de l'appui, l'adresse de son siège social et, si elle est immatriculée, le lieu d'immatriculation et le numéro unique d'identification.

En outre, bien que l'article R 123-53, dernier al. indique que la demande d'immatriculation au RCS peut mentionner le nom de domaine du ou des **sites internet** de la société, la transmission de cette information au guichet unique est obligatoire dès lors qu'elle doit figurer au **RNE** (C. com. art. R 123-252, 11° issu du décret 2022-1014 du 19-7-2022 ; sur les autres informations complémentaires à fournir en vue de l'immatriculation de la société au RNE, voir n° 2718). Il peut s'agir de sites résultant d'obligations légales, ces sites devant être déjà ouverts ou sur le point de l'être (Avis CCRCS 2012-033 des 26-9 et 25-10-2012).

> **Précisions** **a.** Chaque site internet ne permet de déclarer qu'un seul nom de domaine ; en cas de réservation de plusieurs noms de domaine renvoyant au même site, la société déclare le nom de son choix. La déclaration d'un nom de domaine n'a pas à être accompagnée d'une pièce justificative (Avis CCRCS 2012-033 précité).
> **b.** En cas d'inexactitude d'une mention de la demande d'immatriculation, tout associé peut saisir le juge commis à la surveillance du RCS pour faire procéder à la rectification des mentions portées sur le registre (C. com. art. L 123-3 al. 2 ; Cass. com. 9-9-2020 n° 19-15.422 F-PB : RJDA 5/21 n° 313).

2696 **Indications sur les associés, le gérant et le commissaire aux comptes** de la société à immatriculer au RCSLa demande d'immatriculation au RCS doit comporter les nom, nom d'usage, prénoms, date et lieu de naissance, domicile personnel et nationalité des **associés, gérants et commissaires aux comptes.** Lorsqu'il s'agit de personnes morales de droit français, doivent être mentionnés leur dénomination sociale, leur forme juridique, l'adresse de leur siège social, le cas échéant leur représentant permanent, ainsi que leur numéro d'identification et la mention RCS suivie du nom de la ville où se trouve le greffe où elles sont immatriculées. Pour les commissaires aux comptes, l'adresse professionnelle peut être déclarée au lieu et place du domicile (C. com. art. R 123-54 ; sur les indications complémentaires à fournir en vue de l'immatriculation de la société au RNE, voir n° 2718).

> **Précisions** **a.** En présence de **parts sociales indivises**, la demande doit comporter les mentions relatives à l'ensemble des indivisaires puisque chacun d'eux doit, en sa qualité d'associé, être inscrit au RCS (Avis CCRCS 2012-023 du 30-5-2012).
> **b.** En cas de **démembrement** des parts sociales entre un nu-propriétaire et un usufruitier, la question se pose de savoir si ces deux personnes ou seulement l'une d'elles doivent être inscrites au RCS : sur ce sujet, voir n° 62057, précision b.
> **c.** Sur les mentions à porter au RCS en cas de **décès d'un associé,** voir Avis CCRCS 2015-023 du 27-11-2015.
> **d.** Un dirigeant peut obtenir du juge commis à la surveillance du RCS que l'**adresse de son domicile personnel** soit remplacée par celle du siège social s'il prouve avoir été victime de menaces depuis plusieurs années à raison de ses fonctions au sein de la société (CA Paris 23-1-1998 : RJDA 7/98 n° 861) ou de tentatives d'extorsion de fonds (CA Paris 21-3-2000 : RJDA 9-10/00 n° 869).
> **e.** Un **gérant « remplaçant »** ou « suppléant » appelé à diriger la société en cas de défaillance du gérant en poste ne peut pas y être inscrit car la désignation d'un tel gérant n'est pas autorisée par les textes (Avis CCRCS 2018-002 du 25-4-2018).
> **f.** Le **défaut d'inscription au RCS d'un ou plusieurs associés** fait obstacle à ce que la société puisse déclarer ultérieurement un changement de gérant au registre. En effet, le greffe qui, à l'occasion de l'examen de la déclaration du nouveau gérant, constate que des associés ayant participé à la désignation de celui-ci ne sont pas mentionnés au RCS peut refuser de l'inscrire (Avis CCRCS 2018-013 du 19-12-2018).

2697 **Indications sur l'activité et l'établissement de la société à immatriculer au RCS** La demande d'immatriculation au RCS doit comporter les mentions suivantes concernant l'activité de la société (C. com. art. R 123-38 sur renvoi de l'art. R 123-59) :

– la nature des **activités** exercées, correspondant à la nomenclature des activités définie par décret ;

– l'**adresse** de l'établissement où ces activités sont exercées, la société pouvant demander pour des raisons de sécurité (notamment en raison des risques particuliers liés à son activité) à ce que l'adresse d'un établissement soit remplacée sur son extrait Kbis par l'adresse du siège social (CA Paris 12-2-2013 n° 12/08903 : RJDA 5/13 n° 412) ;

– la date de **commencement** de l'activité ;
– l'**enseigne,** s'il en est utilisé une ;
– l'origine de l'activité ;
– en cas de propriété indivise des éléments d'exploitation, les nom, nom d'usage, pseudonyme, prénoms et domicile des personnes physiques ou dénomination sociale et adresse des personnes morales **indivisaires** ;
– les nom, nom d'usage, pseudonyme, prénoms, date et lieu de naissance, domicile et nationalité des personnes ayant le **pouvoir** général d'engager par leur signature la responsabilité de la société.

La demande peut aussi indiquer (ce n'est pas une obligation) le nom de domaine du **site internet** de l'établissement (C. com. art. R 123-38). En présence de plusieurs établissements, il est possible de déclarer le nom de domaine d'autant de sites qu'il y a d'établissements (Avis CCRCS 2012-033 des 26-9 et 25-10-2012).

> **Précisions** Sur les **indications complémentaires** qui n'ont pas à figurer dans la demande d'immatriculation au RCS mais qui doivent être **déclarées au guichet** unique électronique des formalités d'entreprises **en vue de l'immatriculation de la société au RNE,** voir nº 2718.

ACTES JOINTS À LA DEMANDE D'IMMATRICULATION AU RCS

En vertu de l'article R 123-103 du Code de commerce, il convient de joindre à la demande d'immatriculation au RCS une copie des actes suivants, par l'intermédiaire du guichet unique électronique des formalités d'entreprises (C. com. art. R 123-77, al. 1 modifié par décret 2022-1014 du 19-7-2022) : **2698**
– **statuts** ;
– **acte de nomination** des gérants et, éventuellement, des commissaires aux comptes, s'ils n'ont pas été désignés dans les statuts.

En outre, lorsque la société est bénéficiaire d'un **contrat d'appui au projet d'entreprise** pour la création ou la reprise d'une activité économique, il y a lieu de déposer ce contrat (C. com. art. R 123-121).

Cette énumération est limitative : aucun autre document ne peut ni être déposé au greffe à l'initiative du déclarant (CA Paris 21-3-2000 : RJDA 9-10/00 nº 867), ni être demandé à celui-ci (C. com. art. A 123-2).

JUSTIFICATIFS À JOINDRE À LA DEMANDE D'IMMATRICULATION AU RCS

De nombreuses pièces justificatives, énumérées pour l'essentiel à l'annexe III de l'annexe 1-1 du Livre I de la partie « Arrêtés » du Code de commerce, doivent être produites à l'appui de la demande d'immatriculation au RCS. Elles concernent la constitution de la **société,** certains **associés,** le **gérant,** le **siège social** et l'**activité exercée** par la société. Aucune autre pièce que celles prévues par cet arrêté ne peut être exigée du déclarant (C. com. art. A 123-2). **2699**

> **Précisions** Les pièces devant être présentées lors d'une demande d'**inscription modificative** sont celles exigées pour l'immatriculation et établissant les changements et adjonctions intervenus ainsi que, le cas échéant, l'attestation de parution dans un support d'annonces légales ou en cas de parution dans un journal, une copie de l'insertion (C. com. partie « Arrêtés » Livre I ann. 1-1).

Justificatifs liés à la constitution de la société Ces pièces justificatives sont les suivantes : **2700**
– attestation de parution dans un **support d'annonces légales** et copie de l'insertion elle-même ;
– en cas de constitution résultant d'une **fusion** ou d'une **scission,** extrait du RCS de chacune des sociétés ayant participé à l'opération, attestation de parution dans un support d'annonces légales et copie de l'insertion.

ATTENTION

En application de l'annexe III de l'annexe 1-1 du Livre I de la partie « arrêtés » du Code de commerce, il doit être fourni une **attestation de parution** dans un support d'annonces légales ou une copie de celui-ci. Il s'ensuit qu'en principe, l'attestation de parution dans le support est suffisante (Avis CCRCS 99-49 : Bull. RCS 7-8/1999 p. 37). Cependant, le créateur d'entreprise n'a pas d'autre choix que de joindre au dossier d'immatriculation qu'il complète sur le site du guichet unique électronique des formalités d'entreprises à la fois la copie de l'attestation de parution et celle de l'insertion elle-même, quelle que soit la forme sociale qu'il souhaite immatriculer.

Justificatifs concernant les associés Les associés **personnes physiques** doivent fournir une copie de leur carte nationale d'identité ou de leur passeport en cours de validité et les associés **personnes morales** doivent produire un extrait de leur immatriculation au RCS **2701**

datant de moins de trois mois ou, si elles ne sont pas immatriculées au RCS, un titre justifiant de leur existence, le cas échéant traduit en langue française ; le **représentant permanent des personnes morales** doit fournir les mêmes pièces que celles requises des dirigeants personnes physiques ainsi qu'une copie de l'acte conférant à l'intéressé la qualité de représentant permanent.

Un associé **étranger** de société civile **résidant en France,** qu'il soit ou non ressortissant de l'Espace économique européen, n'a pas à produire la copie d'un titre de séjour à l'appui de sa demande d'inscription au RCS ; la copie d'une pièce d'identité suffit (Avis CCRCS 2014-04 du 14-3-2014).

2702 **Justificatifs concernant le gérant** Le gérant **personne physique** doit, s'il est déjà inscrit au RCS, produire :

– un extrait de son immatriculation datant de moins de trois mois ou de leur carte nationale d'identité ;

– une attestation sur l'honneur établie sur papier libre par laquelle il affirme n'avoir été l'objet d'aucune condamnation pénale ni de sanction civile ou administrative de nature à lui interdire de gérer une société, qui fera l'objet d'une vérification par le juge commis à la surveillance du RCS auprès du casier judiciaire (C. com. art. A 123-51) ;

– une attestation de filiation (noms et prénoms des parents), sauf si la filiation figure déjà dans l'attestation de non-condamnation ; cette attestation peut être établie selon le modèle ci-après.

En outre, s'il n'est pas inscrit au RCS, le gérant doit fournir une copie de sa carte d'identité ou de son passeport en cours de validité.

Les pièces requises des **personnes morales** gérantes sont les mêmes que celles prévues pour les associés personnes morales.

Un gérant **étranger** de société civile **résidant en France,** qu'il soit ou non ressortissant de l'Espace économique européen, n'a pas à produire la copie d'un titre de séjour à l'appui de sa demande d'inscription au RCS ; la copie d'une pièce d'identité suffit (Avis CCRCS 2014-04 du 14-3-2014).

MODÈLE

Déclaration sur l'honneur de non-condamnation et de filiation

Je soussigné(*e*)...,
Né(*e*) le...,
De nationalité...,
Demeurant...,
Fils/Fille de M. (nom et prénoms du père) et Mme (nom de jeune fille et prénoms de la mère),
Déclare sur l'honneur n'avoir fait l'objet d'aucune condamnation pénale ni d'aucune sanction civile ou administrative de nature à m'interdire de gérer, administrer ou diriger une personne morale.

Fait à..., le...
(Signature)

2703 **Justificatifs concernant le siège social** Il y a lieu de justifier de la **jouissance des locaux** par tout moyen, le greffier ne pouvant pas exiger la production d'une pièce déterminée (Avis 98-63 du CCRCS : Bull. RCS 5/1999 p. 15). La production d'une pièce justificative originale n'est pas exigée : il peut s'agir d'une simple photocopie d'un titre de propriété, d'un contrat de bail, de quittances de loyer, de factures de gaz, d'électricité ou de téléphone, etc. (Avis CCRCS 99-51 : Bull. RCS 7-8/1999 p. 39 ; Avis CCRCS 2013-003 du 30-1-2013).

Lorsque le siège social est situé dans des locaux occupés en commun par une ou plusieurs entreprises, doit être produite une copie du **contrat de domiciliation** avec certaines indications sur l'entreprise domiciliataire : nom ou dénomination sociale et références de l'immatriculation principale (C. com. art. R 123-169) ; références de son agrément préfectoral (C. com. art. A 123-45 ann. 1-1), qui correspondent au numéro de l'arrêté autorisant le domiciliataire à exercer son activité (Avis CCRCS 2013-024 du 4-10-2013).

> **Précisions** **a.** Sur les pièces à fournir en cas de **domiciliation de la société dans le logement du gérant,** voir n°s 1970 et 1971.
> **b.** Lorsque la **filiale d'une société civile est domiciliée dans un local où celle-ci a son siège,** elle peut ne fournir comme justificatif au RCS qu'une attestation de mise à disposition du local établie par la société (Avis CCRCS 2014-19 du 1-7-2014).

Justificatifs en cas d'activité réglementée En cas d'exercice d'une activité réglementée, il y a lieu de fournir, selon le cas, une copie du **diplôme,** du **titre** ou de l'**autorisation** (provisoire ou définitive) permettant à la société d'exercer l'activité en question. Lorsque la réglementation particulière à une telle activité subordonne la demande d'autorisation à l'immatriculation de la société au RCS, la personne concernée doit fournir la pièce justificative au greffe du tribunal, par l'intermédiaire du guichet unique électronique des formalités d'entreprises, dans les 15 jours de sa délivrance par l'autorité compétente, sauf dispositions particulières prévoyant l'information directe du greffe par cette autorité (C. com. art. R 123-96). **2704**

> **Précisions** Pour certaines activités, la **demande d'autorisation** peut être présentée directement au **guichet unique** accompagnée des pièces justificatives requises (C. com. art. R 123-3) ; le guichet se charge ensuite de transmettre la demande à l'autorité compétente (C. com. art. R 123-1, II).

Autres pièces à joindre à la demande d'immatriculation au RCS Le cas échéant, il convient aussi de joindre à la demande d'immatriculation au RCS : **2705**

– une lettre de chaque **commissaire aux comptes** acceptant sa mission accompagnée d'une attestation d'inscription du commissaire sur la liste si cette inscription n'est pas encore publiée ;

– pour les sociétés ayant une activité libérale, une déclaration d'activité professionnelle et une déclaration du statut choisi par le **conjoint** (ou le partenaire d'un Pacs ou encore le concubin) du « chef d'entreprise » – collaborateur, associé ou salarié, s'il exerce de façon régulière une activité dans la société – ainsi qu'un justificatif d'identité faisant état du mariage, du Pacs ou du concubinage (cf. annexe 1-1, III n° 1.2.7 du Livre I de la partie « arrêtés » du Code de commerce) ; ces déclarations doivent être accompagnées d'une attestation sur l'honneur du conjoint (ou du partenaire d'un Pacs) par laquelle il confirme le choix de son statut, établie selon un modèle fixé par l'arrêté ECOI2122714A du 6 août 2021 modifié par arrêté du 9 mai 2022 (C. com. art. R 121-5 ; une attestation ainsi qu'une notice explicative sont disponibles sur le site www.entreprises.gouv.fr) ; dans les sociétés ayant une activité agricole, des documents similaires doivent être établis pour le conjoint, le partenaire d'un Pacs ou le concubin du chef d'entreprise ou d'exploitation (C. rur. art. D 321-1-1 et Arrêté ECOI2122679A du 6-8-2021).

b. Examen de la demande d'immatriculation au RCS

CONTRÔLE DE LA DEMANDE D'IMMATRICULATION AU RCS PAR LE GREFFIER

Après que le guichet unique électronique des formalités d'entreprises lui a transmis la demande d'immatriculation de la société au RCS, le greffier du tribunal doit s'assurer de sa **régularité** (C. com. art. R 123-94) et vérifier que les énonciations fournies sont conformes aux dispositions législatives et réglementaires et qu'elles correspondent aux pièces justificatives et aux actes déposés (C. com. art. R 123-95 ; pour un cas où des associés ont obtenu la suppression du RCS de mentions inscrites par le greffier au vu d'une pièce non conforme avec l'état du dossier, voir CA Versailles 1-7-2014 n° 14/02423 : RJDA 11/14 n° 838). Il appartient également au greffier de vérifier que la constitution de la société est conforme aux dispositions législatives et réglementaires qui la régissent (C. com. art. R 123-95, al. 2). **2707**

Il doit aussi vérifier que le représentant légal de la société n'est pas inscrit au fichier national des interdits de gérer (C. com. art. R 123-95, al. 3).

En revanche, le greffier n'a pas à vérifier la régularité des droits du déclarant sur le local de l'entreprise ; il doit seulement contrôler la réalité de l'adresse déclarée (Avis CCRCS 04-01 et 03-77 : Bull. RCS 26-27/2004 p. 15).

DÉCISION DU GREFFIER RELATIVE À L'IMMATRICULATION AU RCS

Lorsque le **dossier** est **complet,** le greffier dispose d'un délai d'un jour franc ouvrable après réception de la demande pour procéder à l'immatriculation (C. com. art. R 123-97, al. 1). **2708**

Lorsque le **dossier** est **incomplet,** il doit, dans ce même délai d'un jour franc ouvrable, réclamer les renseignements ou pièces manquants, lesquels doivent lui être fournis dans les 15 jours de sa demande. À réception de ces renseignements ou pièces, il dispose d'un nouveau délai d'un jour franc ouvrable pour procéder à l'immatriculation de la société (C. com. art. R 123-97, al. 2).

À défaut de régularisation ou s'il estime que la demande d'immatriculation n'est pas conforme aux dispositions applicables, le greffier prend une **décision de refus** d'inscription qu'il doit, dans un délai d'un jour franc ouvrable, soit remettre au demandeur contre récépissé, soit adresser à celui-ci par lettre recommandée AR. La décision de refus doit être motivée et préciser que le demandeur a la faculté de contester cette décision en justice (C. com. art. R 123-97, al. 3 et 5).

Lorsque la **complexité du dossier** exige un **examen particulier** de celui-ci, le greffier doit aviser le déclarant, dans le même délai d'un jour franc ouvrable et par lettre motivée, que l'inscription sera faite ou que la décision de refus d'inscription sera remise ou notifiée au demandeur dans le délai de cinq jours francs ouvrables après réception de la demande (C. com. art. R 123-97, al. 4).

2709 L'information du déclarant et les éventuelles demandes de transmission de renseignements ou de pièces sont réalisées **par l'intermédiaire du guichet unique électronique** des formalités d'entreprises (C. com. art. R 123-97, al. 1 à 4).

2710 Une fois la société immatriculée, le greffier délivre un **extrait d'immatriculation** qui porte en tête la date à laquelle celle-ci est intervenue.

c. Contentieux de la demande d'immatriculation au RCS

CONTESTATION DU REFUS D'IMMATRICULER LA SOCIÉTÉ AU RCS

2711 En cas de contestation de la décision du greffier, la **procédure à suivre** diffère selon que cette contestation porte sur la demande d'immatriculation au RCS proprement dite (par exemple, litige sur les mentions à indiquer ou les pièces justificatives à fournir) ou concerne la régularité de la constitution (par exemple, illicéité de l'objet social ou défaut de capacité d'un associé).

CONTENTIEUX LIÉ À LA RÉGULARITÉ DE LA DEMANDE D'IMMATRICULATION AU RCS

2712 Les contestations relatives à la demande d'immatriculation au RCS sont portées, par simple requête du requérant, devant le **juge commis à la surveillance du registre** qui statue par ordonnance (C. com. art. R 123-139).

Il n'appartient pas à ce magistrat de juger de l'opportunité de l'immatriculation d'une société dès lors qu'il n'a pas relevé le caractère incomplet du dossier d'immatriculation ou la violation des règles impératives régissant cette forme de société, ou encore la violation d'une règle d'ordre public (CA Douai 8-2-1996 : RJDA 12/96 n° 1476 som.).

Le requérant dispose d'un délai de 15 jours, à compter de la réception de la notification de l'ordonnance, pour faire **appel** de celle-ci devant la cour d'appel (C. com. art. R 123-141, al. 1 et CPC art. 538).

2713 Si le requérant n'est pas en mesure de produire une **pièce justificative,** il peut demander au juge de l'en **dispenser** soit définitivement, soit provisoirement. Si, à l'expiration du délai fixé par le juge, la pièce en cause n'a pas été produite, l'immatriculation est radiée d'office par le greffier (C. com. art. R 123-84, al. 4).

CONTENTIEUX LIÉ À LA RÉGULARITÉ DE LA CONSTITUTION DE LA SOCIÉTÉ AU RCS

2714 Lorsqu'une irrégularité de constitution a entraîné un refus d'immatriculation, les fondateurs et les premiers gérants ou l'un d'entre eux peuvent, dans le délai de 15 jours à compter de la notification du refus, adresser une demande au **président du tribunal de commerce** par lettre recommandée AR. Cette demande doit être motivée et accompagnée de toutes les pièces utiles (C. com. art. R 123-143).

Le président (ou le magistrat délégué à cet effet) statue en urgence sur la demande. Toutefois, il a la possibilité de renvoyer cette demande à une audience du tribunal devant lequel le demandeur pourra présenter des observations (C. com. art. R 123-144).

En cas de décision de refus d'immatriculation, la « société » peut faire **appel** dans les 15 jours de la notification de cette décision (art. R 123-148, al. 1).

> **> Précisions** La « société » n'ayant pas la personnalité morale, il est exclu qu'elle exerce une **action en justice.** L'appel ne peut donc être formé que par les fondateurs et les premiers gérants ou l'un d'entre eux, comme le prévoit l'article R 123-143 précité pour l'exercice de la demande devant le président du tribunal de commerce.

d. Effets de la demande d'immatriculation au RCS

NUMÉRO D'IDENTIFICATION DE LA SOCIÉTÉ

2715 Toute demande d'immatriculation auprès du RCS donne lieu à l'attribution par l'Insee d'un numéro d'identité unique (C. com. art. R 123-224, 1°), appelé « numéro **Siren** » : il s'agit d'un numéro d'ordre à neuf chiffres sans signification particulière (C. com. art. R 123-221, al. 1). Ce numéro est notifié à la société par l'intermédiaire du guichet unique électronique des formalités d'entreprises (C. com. art. R 123-232, al. 1).

Ce numéro reste attaché à la société même si celle-ci change de dénomination, d'activité ou de siège. Il constitue la seule **donnée intangible** permettant aux tiers d'identifier avec certitude la personne morale avec laquelle ils ont été en relation précédemment sous un autre nom ou une autre forme. En conséquence, lorsqu'une société a le même numéro d'identification qu'une autre, aux droits de laquelle elle déclare venir, ces deux sociétés sont considérées comme une seule et même personne morale, même si elles ont été immatriculées auprès de deux RCS différents (Cass. com. 15-3-2017 n° 15-11.470 F-D : RJDA 6/17 n° 403).

> **Précisions** Pour faciliter la manipulation des dossiers, les greffiers des tribunaux de commerce attribuent un **numéro de gestion,** différent du numéro d'identification, à chaque société immatriculée et exigent l'indication de ce numéro dans tous les rapports de ces sociétés avec le greffe. Ce numéro de gestion, parfois appelé « numéro d'ordre », est composé des chiffres de l'année en cours suivis de la lettre D et d'un numéro d'ordre chronologique (C. com. art. A 123-29, al. 1).

Publicité du numéro d'identification Toute société civile inscrite au RCS est tenue (comme toute société commerciale) d'indiquer sur ses **factures, notes de commande, tarifs et documents publicitaires,** ainsi que sur toutes **correspondances et récépissés** concernant son activité et signés par elle ou en son nom (C. com. art. R 123-237) : 2716

- son numéro d'identification accompagné de la mention RCS et du nom de la ville où se trouve le greffe auprès duquel elle est immatriculée ;
- le lieu de son siège social ;
- le cas échéant, le fait qu'elle est en état de liquidation ;
- lorsqu'elle bénéficie d'un contrat d'appui au projet d'entreprise pour la création ou la reprise d'une activité économique, la dénomination sociale de la personne morale responsable de l'appui, le lieu de son siège social, ainsi que son numéro unique d'identification.

Les informations mentionnées dans les deux premiers tirets ci-dessus doivent également figurer sur le **site internet** de la société.

Tout manquement à ces obligations expose le gérant à une **amende** de 750 € (C. pén. art. 131-13 sur renvoi de C. com. art. R 123-237) et/ou la société à une amende de 3 750 € (C. pén. art. 131-41).

> **Précisions a.** La liste des **documents sur lesquels doit figurer le numéro d'identification** est limitative. Par suite, cette indication n'est pas exigée sur les enveloppes à en-tête imprimé ou sur les emballages (Rép. Delfosse : AN 26-1-1981 n° 38214). En revanche, elle s'impose, à notre avis, dans les courriers électroniques à caractère juridique (par exemple, courriers comportant des renseignements sur un contrat ou un projet de contrat).
> **b.** La **mention de l'état de liquidation** fait double emploi avec la mention « société en liquidation », que l'article 13 du décret 78-704 du 3 juillet 1978 prescrit déjà d'indiquer, à compter de la dissolution de la société, sur tous les actes et documents sociaux destinés aux tiers.

3. IMMATRICULATION DE LA SOCIÉTÉ AU RNE

Les sociétés sont tenues d'être immatriculées au RNE (C. com. art. L 123-36, 1°), **registre dématérialisé** tenu par l'Inpi et ayant pour objet de centraliser et de diffuser les informations concernant les entreprises. 2717

L'immatriculation au RNE n'est pas effectuée directement par la société mais **par l'intermédiaire du guichet unique électronique des formalités d'entreprises** (n° 2681), grâce aux données collectées lors de la demande d'immatriculation de celle-ci au RCS (C. com. art. L 123-50).

L'Inpi procède à l'inscription des informations au RNE et y annexe les pièces dans le délai d'un jour franc ouvrable après réception de la déclaration ou, pour les informations et pièces soumises à validation, dans le délai d'un jour franc ouvrable après réception de la validation par les autorités compétentes ; l'Inpi en informe le déclarant par l'intermédiaire du guichet unique (C. com. art. R 123-293 issu du décret 2022-1014 du 19-7-2022).

Certaines **indications complémentaires,** qui n'ont pas à figurer ou qui sont demandées de manière facultative en vue de l'immatriculation de la société au RCS, doivent tout de même être **déclarées au guichet** unique électronique des formalités d'entreprises car elles sont requises **en vue de l'immatriculation de la société au RNE.** C'est le cas : 2718

- des coordonnées téléphoniques et électroniques des associés et du gérant (C. com. art. R 123-253, 1° et 2° issu du décret 2022-1014 du 19-7-2022) ;
- du nom de domaine du site internet de l'entreprise (C. com. art. R 123-252, 11° issu du décret 2022-1014) ;
- du caractère ambulant ou saisonnier des activités exercées et, le cas échéant, de la superficie du ou des magasins (C. com. art. R123-259, 5° issu du décret 2022-1014) ;
- de la qualité d'employeur de l'entreprise et, le cas échéant, de chacun des établissements (C. com. art. R123-259, 6° issu du décret 2022-1014).

> Précisions a. Le RNE s'est substitué aux répertoires et **registres** d'entreprises **existants,** à l'exception, notamment, du RCS et du répertoire « Sirene », tenu par l'Insee. Le **répertoire des métiers** et le **registre des actifs agricoles** sont ainsi supprimés depuis le 1er janvier 2023. L'inscription à ces registres est remplacée par une immatriculation au RNE (C. com. art. L 123-36, 3° et 4°).

b. Une **liste des informations** devant être inscrites **et des dépôts** devant être annexés au RNE figure aux articles R 123-252 s. du Code de commerce issus du décret 2022-1014.

c. Les informations figurant au RNE sont **mises à disposition du public** dans les mêmes conditions que les informations relatives aux bénéficiaires effectifs : voir n° 2735.

4. AVIS DE CONSTITUTION AU BODACC

2719 Dans les huit jours qui suivent l'immatriculation de la société, le **greffier du tribunal** de commerce doit faire paraître dans le Bodacc une insertion contenant les **caractéristiques de la société** : notamment les références de l'immatriculation, la dénomination sociale, le montant du capital, l'adresse du siège social et l'identité du ou des gérants (C. com. art. R 123-157 et R 123-161). L'accomplissement de cette formalité n'est donc pas à la charge de la société.

5. INFORMATION SUR LES BÉNÉFICIAIRES EFFECTIFS

OBLIGATIONS LIÉES À L'IDENTIFICATION DES BÉNÉFICIAIRES EFFECTIFS

2720 Les personnes morales immatriculées doivent obtenir et conserver des informations exactes et actualisées sur leurs **bénéficiaires effectifs** (C. mon. fin. art. L 561-45-1). Ces personnes doivent ensuite les déclarer au RCS par l'intermédiaire du guichet unique électronique des formalités d'entreprises (C. mon. fin. art. L 561-46, al. 1). Ces informations font également l'objet d'une inscription au RNE (nos 2733 s.). Toutes les sociétés civiles sont concernées par cette obligation y compris celles dont le capital n'est détenu que par des personnes physiques, dont l'identification ne pose pas de problème puisque chaque associé de société civile doit déjà être déclaré au RCS (C. com. art. R 123-54, 1°).

2721 Les personnes morales tenues d'identifier leurs bénéficiaires effectifs doivent **répondre aux demandes d'information** sur ces bénéficiaires émanant des **professionnels assujettis aux obligations de lutte contre le blanchiment** d'argent et le terrorisme (banques, établissements financiers, assureurs, entreprises d'investissement, prestataires de services d'investissement, experts-comptables, commissaires aux comptes, greffiers des tribunaux de commerce, etc.) (C. mon. fin. art. L 561-45-1).

Tout contrevenant s'expose aux sanctions pénales prévues pour le non-dépôt au greffe de la déclaration des bénéficiaires effectifs (n° 2732) (C. mon. fin. art. L 574-5).

2722 Les personnes morales tenues d'identifier leurs bénéficiaires effectifs peuvent leur **demander** les **informations nécessaires** à leur identification ; les bénéficiaires concernés doivent fournir ces informations dans un délai de 30 jours ouvrables à compter de la demande (C. mon. fin. art. L 561-45-2 et R 561-59).

Lorsque ce délai n'est pas respecté ou lorsque les informations fournies par le bénéficiaire effectif sont incomplètes ou erronées, la société ou l'entité peut saisir le président du tribunal statuant en référé aux fins de voir ordonner, au besoin sous astreinte, la transmission de ces informations (art. L 561-45-2, al. 3). Le bénéficiaire effectif qui ne répond pas à la demande (ou qui donne des informations incomplètes ou erronées) s'expose également aux sanctions pénales prévues pour le non-dépôt au greffe de la déclaration des bénéficiaires effectifs (n° 2732) (C. mon. fin. art. L 574-6).

a. Détermination des bénéficiaires effectifs

DÉFINITION DES BÉNÉFICIAIRES EFFECTIFS

2723 La **notion de bénéficiaire effectif** est définie par la réglementation sur le blanchiment : il s'agit des personnes physiques qui, en dernier lieu, possèdent ou contrôlent la société ou pour le compte de qui une opération ou une activité est réalisée (C. mon. fin. art. L 561-2-2). Sont considérées comme telles les personnes qui soit détiennent, directement ou indirectement, **plus de 25 % du capital ou des droits de vote** de la société, soit exercent, par tout autre moyen, un **pouvoir de contrôle** sur la société au sens de l'article L 233-3, I-3° et 4° du Code de commerce (C. mon. fin. art. R 561-1, al. 1).

Les personnes exerçant un tel pouvoir sont donc celles qui déterminent en fait, par les droits de vote dont elles disposent, les décisions dans les assemblées générales de la société (C. com. art. L 233-3, I-3°), ainsi que les associés disposant du pouvoir de nommer ou de révoquer les organes de gestion, d'administration ou de direction de la société (C. com. art. L 233-3, I-4°).

> **Précisions** Pour les greffiers des tribunaux de commerce, les membres d'un **groupe familial majoritaire** (parents et enfants) dont aucun ne détient plus de 25 % du capital sont tous considérés comme bénéficiaires effectifs si, dans les faits, ils déterminent ensemble, en vertu d'un accord exprès ou tacite, les décisions prises en assemblée (RBE : 15 schémas pour identifier les bénéficiaires effectifs dans les sociétés : www.greffe-tc-paris.fr/procedure/registre-des-beneficiaires-effectifs). Pour sa part, l'Ansa estime qu'un concert ne peut être présumé qu'entre des parents et leurs enfants mineurs et non entre des parents et leurs enfants majeurs (Communication Ansa, comité juridique n° 18-017 du 4-4-2018). L'Autorité de contrôle prudentiel et de résolution (ACPR) estime quant à elle qu'en l'absence d'accord exprès constitutif d'une action de concert conclu entre les membres du groupe familial, les différentes personnes composant celui-ci sont considérées comme bénéficiaires effectifs si elles détiennent individuellement une part significative du capital même inférieure à 25 % (Lignes directrices ACPR relatives à l'identification, la vérification de l'identité et la connaissance de la clientèle publiées le 16-12-2021).

BÉNÉFICIAIRE DÉTENANT PLUS DE 25 % DU CAPITAL OU DES DROITS DE VOTE

Détention indirecte du capital ou des droits de vote La détention indirecte de plus de 25 % du capital ou des droits de vote visée à l'article R 561-1 du Code monétaire et financier n'étant pas précisée par le texte, elle peut être appréciée selon **deux méthodes.** 2724

La première consiste à se référer à la règle prévue à l'article L 233-4 du Code de commerce pour la **détermination des participations détenues** indirectement **par une société d'un groupe.** Aux termes de ce texte, toute participation détenue par une société que contrôle une autre société (au sens de l'article L 233-3 du Code de commerce : Mémento Sociétés commerciales n°s 79013 s.) est considérée comme détenue indirectement par cette dernière. Ce texte peut être appliqué par analogie à une personne physique.

La seconde méthode consiste à effectuer le **produit des participations** détenues par l'intermédiaire d'une ou plusieurs sociétés dans le capital de la société appelée à identifier ses bénéficiaires (critère dit « financier »).

EXEMPLE

Par application de cette méthode, une personne physique associée à hauteur de 40 % dans une société détenant elle-même 70 % du capital d'une autre société est considérée comme bénéficiaire effectif de celle-ci car sa participation au capital de cette société par l'intermédiaire de la première est de 28 % (40 × 70/100).

Dans le silence du texte, les greffiers des tribunaux de commerce et l'Autorité de contrôle prudentiel et de résolution (Lignes directrices ACPR relatives à l'identification, la vérification de l'identité et la connaissance de la clientèle publiées le 16-12-2021) retiennent la seconde méthode dans leurs schémas d'identification des bénéficiaires.

Parts sociales détenues en indivision Lorsque des parts sociales représentant plus de 25 % du capital ou des droits de vote sont détenues en indivision, **chaque indivisaire** doit à notre avis être déclaré comme bénéficiaire effectif. Certes, les indivisaires ne détiennent que des droits dans l'indivision et aucun d'eux ne peut exercer seul les droits attachés aux parts (sauf aux fins d'assurer leur conservation : C. civ. art. 815-2, al. 1). On peut néanmoins considérer qu'ils sont indirectement détenteurs du capital par le biais de l'indivision. Il est préférable de compléter la déclaration les concernant d'une mention tenant à leur qualité de membre de l'indivision. En revanche, celle-ci n'ayant pas la personnalité morale, il n'est pas possible, nous semble-t-il, de la déclarer comme bénéficiaire en lieu et place de ses membres. 2725

En cas de **désignation** par les coïndivisaires **d'un mandataire** investi d'un mandat général d'administration sur les parts, le mandataire doit aussi être considéré comme bénéficiaire s'il détermine en fait, par les droits de vote dont il dispose, les décisions dans les assemblées de la société (cf. C. com. art. L 233-3, I-3° sur renvoi de C. mon. fin. art. R 561-1, al. 1).

Parts sociales démembrées Lorsque des parts sociales représentant plus de 25 % du capital ou des droits de vote sont démembrées entre un **usufruitier** et un **nu-propriétaire,** le nu-propriétaire doit, en tant que détenteur du capital, être déclaré comme bénéficiaire effectif. Mais l'usufruitier doit aussi être considéré comme tel s'il détermine en fait les décisions d'assemblée pour lesquelles il a le droit de vote (cf. C. com. art. L 233-3, I-3° sur renvoi de C. mon. fin. art. R 561-1, al. 1 ; sur les décisions concernées, voir n°s 62081 s.). Pour l'Autorité de contrôle prudentiel et de résolution (ACPR), doivent être considérés comme bénéficiaires effectifs l'usufruitier qui jouit de l'usage, directement ou indirectement, de plus de 25 % des droits de vote, mais aussi le nu-propriétaire ou l'usufruitier qui, sans détenir plus de 25 % du capital ou des droits de vote, détient une part 2726 significative du capital ou des droits de vote qui lui permet d'exercer par tout autre moyen un pouvoir de contrôle, au sens de l'article L 233-3, I-3° et 4° du Code de commerce (Lignes directrices ACPR relatives à l'identification, la vérification de l'identité et la connaissance de la clientèle publiées le 16-12-2021).

DÉTERMINATION DU BÉNÉFICIAIRE EFFECTIF PAR DÉFAUT

2727 Lorsque aucune personne physique n'a pu être identifiée selon les critères ci-dessus (c'est-à-dire détention directe ou indirecte de plus de 25 % du capital ou des droits de vote de la société, ou exercice par un autre moyen d'un pouvoir de contrôle sur la société), le bénéficiaire effectif à déclarer est, par défaut, le **gérant** de la société (C. mon. fin. art. R 561-1, al. 2 et 3).

Si le gérant est une **personne morale,** le bénéficiaire effectif est la ou les personnes physiques qui représentent légalement cette personne morale (C. mon. fin. art. R 561-1, dernier al.).

À la lettre de l'article R 561-1, al. 2, la désignation du gérant comme bénéficiaire par défaut n'est autorisée que si « la personne mentionnée à l'article L 561-2 » du Code monétaire et financier (le professionnel participant à la lutte contre le blanchiment) n'a pas de soupçon de blanchiment de capitaux à l'encontre de son « client ». Cette **condition,** qui concerne les déclarations de soupçon des professionnels à l'égard de leurs clients, ne nous paraît pas applicable à la déclaration des gérants au registre des bénéficiaires effectifs. Cette position n'est pas partagée par les greffiers des tribunaux de commerce, selon lesquels cette désignation « doit rester exceptionnelle et n'intervenir qu'après avoir épuisé tous les moyens possibles pour déterminer le ou les bénéficiaires effectifs » (Notice – déclaration des bénéficiaires effectifs d'une société, disponible sur www.greffe-tc-paris.fr/procedure/registre-des-beneficiares-effectifs).

> **Précisions** Lorsque le gérant est une personne morale dont le dirigeant personne physique a délégué son pouvoir de représentation à une autre personne physique portant en pratique le titre de **représentant permanent,** seul le dirigeant peut être déclaré bénéficiaire effectif par défaut, non le représentant permanent (Communication Ansa, comité juridique n° 18-042 du 5-9-2018).

b. Déclaration des bénéficiaires effectifs

CONTENU DE LA DÉCLARATION DES BÉNÉFICIAIRES EFFECTIFS

2728 La déclaration des bénéficiaires effectifs doit **contenir** (C. mon. fin. art. R 561-56) :

– la dénomination, la forme juridique, l'adresse du siège et le numéro unique d'identification de la **société** complété par la mention RCS suivie du nom de la ville où se trouve le greffe auprès duquel elle est immatriculée ;

– l'identité (nom, nom d'usage, pseudonyme, prénoms), les date et lieu de naissance, la nationalité et l'adresse personnelle des **bénéficiaires** ;

– la nature et les modalités du **contrôle exercé sur la société,** ainsi que l'étendue de ce contrôle et la date à laquelle les intéressés sont devenus bénéficiaires effectifs de la société.

L'« étendue du contrôle » requise par l'article R 561-56 du Code monétaire et financier implique à notre avis l'obligation de déclarer le pourcentage exact de capital ou de droits de vote détenus par un bénéficiaire dont la participation excède 25 % et non la seule mention que la participation excède ce seuil (déjà en ce sens, avant que l'article R 561-56 ne vise l'étendue du contrôle, CA Lyon 12-9-2019 n° 19/02040 : RJDA 2/20 n° 77 ; T. com. Bobigny ord. 18-5-2018 n° 2018S07031 : RJDA 11/18 n° 832). C'est d'ailleurs le pourcentage exact que le guichet unique électronique des formalités d'entreprises impose au créateur d'entreprise d'indiquer dans sa déclaration.

> **Précisions** Les **sociétés en cours de constitution** n'ayant pas la personnalité morale, elles n'ont pas de gérant. Le document les concernant peut alors, à notre avis, être utilement daté et signé par la personne (associé ou tiers) à qui les associés ont donné mandat d'accomplir les formalités d'immatriculation de la société. Par hypothèse, le numéro d'identification de la société (attribué à la suite de l'immatriculation) n'a pas à y être indiqué et la date à laquelle les bénéficiaires effectifs ont acquis cette qualité ne peut être que celle à laquelle la société a été constituée, à savoir la date de signature des statuts.

MODALITÉS DE DÉPÔT DE LA DÉCLARATION DES BÉNÉFICIAIRES EFFECTIFS

2729 Les sociétés en cours de constitution doivent, **lors de la demande d'immatriculation,** déposer au greffe du tribunal la déclaration identifiant leurs bénéficiaires, par l'intermédiaire du guichet unique électronique des formalités d'entreprises (C. mon. fin. art. R 561-55).

MISE À JOUR DE LA DÉCLARATION DES BÉNÉFICIAIRES EFFECTIFS

2730 Une **nouvelle déclaration** doit être déposée **dans les 30 jours** de tout fait ou acte rendant nécessaire la rectification ou le complément des informations mentionnées dans la déclaration précédente (C. mon. fin. art. R 561-55). Tel est le cas pour indiquer le numéro d'identification de la société une fois celle-ci immatriculée.

DÉFAUT DE DÉPÔT DE LA DÉCLARATION DES BÉNÉFICIAIRES EFFECTIFS

Injonction du président du tribunal Le président du tribunal de commerce, d'office ou sur requête du procureur de la République ou de toute personne justifiant y avoir intérêt, peut soit enjoindre, au besoin sous astreinte, à une société qui n'y aurait pas procédé de **déclarer ses bénéficiaires effectifs** ou de rectifier une déclaration inexacte ou incomplète, soit désigner un **mandataire** chargé d'accomplir cette formalité (C. mon. fin. art. L 561-48). 2731

En cas d'**inexécution de l'injonction,** le greffier constate le non-dépôt du document et le président du tribunal statue sur les mesures à prendre ; il procède, s'il y a lieu, à la liquidation de l'astreinte (C. mon. fin. art. R 561-63, II).

Sanctions pénales Le fait de ne pas déclarer les informations relatives aux bénéficiaires effectifs ou de déclarer des informations inexactes ou incomplètes est puni de six mois d'**emprisonnement** et de 7 500 € d'**amende** (C. mon. fin. art. L 574-5). Les personnes à qui cette **infraction** peut être **imputée** sont, à notre avis, la société elle-même (car l'obligation de dépôt est à sa charge) et le représentant légal, qui accomplit les formalités de publicité « sous [sa] responsabilité » (C. com. art. R 210-18, al. 1). En cas de constitution de la société, la personne chargée d'accomplir les formalités d'immatriculation (associé ou tiers) peut être poursuivie. 2732

Les **personnes physiques** déclarées coupables de ce délit encourent également les peines d'interdiction de gérer (C. pén. art. 131-27 ; n° 7063) et de privation partielle des droits civils et civiques (C. pén. art. 131-26, 2°).

Les **personnes morales** déclarées pénalement responsables encourent, outre une amende de 37 500 €, les peines mentionnées nos 6605 s. (sauf l'interdiction d'exercer une activité et la confiscation de la « chose » qui a servi à commettre l'infraction ou qui en est le produit) (C. mon. fin. art. L 574-5, al. 2 et 3).

INSCRIPTION AU RNE DES INFORMATIONS SUR LES BÉNÉFICIAIRES EFFECTIFS

Les informations relatives aux bénéficiaires effectifs sont inscrites au **RNE** (nos 2733 s.), par l'intermédiaire du guichet unique électronique des formalités d'entreprises (C. com. art. L 123-37, 4° et L 123-50 et art. R 123-259 issu du décret 2022-1014 du 19-7-2022). 2733

c. Communication des informations sur les bénéficiaires effectifs

L'accès à l'**intégralité des informations** sur les bénéficiaires effectifs déclarées au RCS est réservé (C. mon. fin. art. L 561-46, R 561-57 et R 561-58) : 2734

- à la **société** ayant déposé la déclaration, pour les seules informations déclarées ;
- à certaines **autorités** (notamment, magistrats de l'ordre judiciaire, agents des douanes ou de l'administration des finances publiques, enquêteurs de l'AMF) ;
- aux **professionnels** assujettis aux obligations de **lutte contre le blanchiment** d'argent et le financement du terrorisme ayant établi une déclaration à cet effet.

Le **public** a accès seulement aux informations relatives à l'identité, aux mois et année de naissance, au pays de résidence (mais non à l'adresse) et à la nationalité des bénéficiaires effectifs, ainsi qu'à la nature et à l'étendue des intérêts effectifs qu'ils détiennent dans la société concernée (C. mon. fin. art. L 561-46, al. 2).

L'**accès** aux informations relatives aux bénéficiaires effectifs est **gratuit,** quelles que soient les modalités de consultation ou de communication de ces informations (C. mon. fin. art. L 561-46, dernier al.). Elles sont notamment accessibles sur le site www.data.inpi.fr.

ATTENTION

La Cour de justice de l'Union européenne a **invalidé** la disposition, née de la cinquième directive européenne dite « anti-blanchiment » (Dir. UE/2018/843 du 30-5-2018), obligeant les États membres à veiller à ce que les informations afférentes aux bénéficiaires effectifs soient accessibles dans tous les cas à tout membre du grand public, pour violation du droit à la vie privée et familiale et du droit à la protection des données personnelles (CJUE 22-11-2022 aff. 601/20 : RJDA 2/23 n° 79). Le ministre de l'économie, des finances et de la souveraineté industrielle et numérique a décidé le maintien de l'accès du grand public aux données du registre des bénéficiaires effectifs dans l'attente de tirer toutes les conclusions de cet arrêt et indiqué que les futures modalités d'accès tenant compte de cette décision seraient définies prochainement (Communiqué de presse n° 520 du 19-1-2023). À la suite de la décision de la Cour de justice précitée, les instances européennes ont indiqué que les personnes ayant un intérêt légitime, comme les journalistes, les médias, les organisations de la société civile et les établissements d'enseignement supérieur devraient pouvoir accéder au registre des bénéficiaires effectifs, y compris aux registres centraux interconnectés (Communiqué de presse du Parlement européen du 28-3-2023 : www.europarl.europa.eu/portal/fr).

2735 Les informations sur les bénéficiaires effectifs inscrites au **RNE** sont également mises à disposition du public gratuitement et sous forme électronique. Les informations relatives à l'identité et au domicile des personnes physiques sont limitées à leurs nom, nom d'usage, pseudonyme, prénoms, mois, année de naissance et commune de résidence (C. com. art. L 123-52). Certaines **autorités** (notamment autorités judiciaires, agents des douanes ou de l'administration des finances publiques) ont accès à l'intégralité des informations et pièces (C. com. art. L 123-52 et L 123-53 et art. R 123-318 issu du décret 2022-1014 du 19-7-2022 et modifié par décret 2022-1620 du 23-12-2022).

6. CAS DES SOCIÉTÉS CONSTITUÉES AVANT LE 1er JUILLET 1978

a. Obligation d'immatriculer la société avant le 1er novembre 2002

2750 Les sociétés civiles, les sociétés coopératives ou les groupements divers (tels les groupements forestiers ou les groupements agricoles) constitués avant le 1er juillet 1978 bénéficiaient d'une dérogation en vertu de laquelle ils conservaient leur personnalité morale même s'ils n'étaient pas immatriculés. Cette **dérogation** a été **supprimée** et les sociétés devaient procéder à leur immatriculation avant le 1er novembre 2002 (Loi 2001-420 du 15-5-2001 art. 44). À défaut d'immatriculation avant le 1er novembre 2002, elles ont perdu leur personnalité morale (Cass. com. 7-1-2014 no 11-25.635 : RJDA 4/14 no 356 ; Cass. 1e civ. 6-1-2021 no 19-11.949 FS-P et Cass. 1e civ. 6-1-2021 no 19-18.948 FS-P : RJDA 6/21 no 409, 1e et 2e esp. ; voir cependant CA Paris 13-1-2005 no 04-2703 : RJDA 5/05 no 583, ayant jugé que la personnalité morale d'une telle société subsiste pour les besoins de sa liquidation).

> Précisions En revanche, les **sociétés** non immatriculées qui se sont trouvées **dissoutes avant le 1er novembre** 2002 (notamment en raison de l'expiration de leur durée ou à la suite d'une décision des associés) n'étaient pas tenues de s'immatriculer ; la personnalité morale de telles sociétés a été maintenue pour les besoins de leur liquidation (Cass. 3e civ. 9-11-2005 no 1197 : RJDA 2/06 no 167 ; Cass. com. 11-7-2006 no 953 : RJDA 8-9/07 no 862 ; Cass. 3e civ. 16-6-2016 no 15-12.498 FS-D : RJDA 11/16 no 800). En outre, il a été jugé que les associés d'une telle société ne peuvent pas reprocher à une agence gérant les immeubles sociaux, à qui ils n'avaient donné aucun mandat de procéder à une immatriculation, de ne pas avoir appliqué l'article 44 précité de la loi 2001-420 (CA Paris 22-12-2006 no 05-10065 : RJDA 4/07 no 379). L'absence de mention d'immatriculation au RCS dans les actes constatant les opérations de liquidation et de partage ne constitue pas une cause de rejet de la formalité de publicité foncière (Inst. 10 D-2-05).

b. Situation des sociétés non immatriculées au 1er novembre 2002

PERTE DE LA PERSONNALITÉ MORALE DE LA SOCIÉTÉ NON IMMATRICULÉE

2752 La perte de la personnalité morale des sociétés non immatriculée au 1er novembre 2002 n'entraîne pas la **dissolution** de la société mais la requalification de celle-ci en **société créée de fait** soumise comme telle au régime des sociétés en participation (Cass. 1e civ. 6-1-2021 no 19-11.949 FS-P et Cass. 1e civ. 6-1-2021 no 19-18.948 FS-P précités ; Rép. Levy : AN 21-10-2002 no 1074 ; Circ. 26-12-2002 : BOMJ 2002/88 p. 31).

> Précisions Une SCI constituée avant le 1er juillet 1978 et qui n'a **pas été immatriculée** dans les délais légaux ne peut se transformer en une société immatriculée. En effet, cette société, qui a perdu sa personnalité morale, ne peut se prévaloir des dispositions de l'article 1844-3 du Code civil, de sorte qu'il n'y a pas **transformation** de la société mais création d'une personne morale nouvelle (Cass. com. 7-1-2014 no 11-25.635 : RJDA 4/14 no 356).

DISQUALIFICATION EN SOCIÉTÉ CRÉÉE DE FAIT

2754 La **disqualification** en société créée de fait – à laquelle s'appliquent les règles de la société en participation – des sociétés constituées avant le 1er juillet 1978 et qui étaient dotées de la personnalité morale entraîne principalement les **conséquences** suivantes (C. civ. art. 1873) :

– les biens dont la société était propriétaire au 1er novembre 2002 appartiennent en indivision aux associés (en ce sens, Rép. Philip : AN 3-3-2003 no 9579 ; Rép. Mouly : Sén. 6-3-2003 no 4879), puisque, faute de dissolution et de liquidation de la société, les biens sociaux n'ont pas pu être partagés entre ces derniers ; l'absence de patrimoine propre de la société ne fait pas obstacle à la cession, par les participants, des droits qu'ils tiennent du contrat de société (Cass. 3e civ. 21-1-2021 no 19-23.122 F-D : RJDA 8-9/21 no 584) ;

– aucun associé ne peut demander le partage des biens sociaux tant que la société n'est pas dissoute (C. civ. art. 1872-2, al. 2) ;

– les règles de fonctionnement de la société sont déterminées par les statuts (C. civ. art. 1871, al. 2) ;

– en principe, chaque associé contracte en son nom personnel et est seul engagé à l'égard des tiers (C. civ. art. 1872-1, al. 1 à 3) ;

– lorsque la société est à durée indéterminée, sa dissolution peut résulter à tout moment d'une notification de bonne foi et non faite à contretemps adressée par un associé aux autres (C. civ. art. 1872-2).

En outre, l'arrivée du terme de la société devenue société en participation entraîne sa dissolution de plein droit mais la société ne peut être liquidée selon les règles propres aux sociétés coopératives agricoles ; sa dissolution donne lieu à un simple règlement de comptes entre associés (Cass. 1e civ. 6-1-2021 n° 19-11.949 FS-P et Cass. 1e civ. 6-1-2021 n° 19-18.948 FS-P précités).

La société est également privée du droit d'agir en justice (Cass. com. 26-2-2008 n° 06-16.406 : RJDA 5/08 n° 547).

> **Précisions** Faute de pacte social conforme à celui d'une **société en participation à durée déterminée,** la société dégénère en société à durée indéterminée permettant ainsi au créancier d'un associé de demander la dissolution par la voie de l'action oblique (Cass. 3e civ. 4-5-2016 n° 14-28.243 : RJDA 11/16 n° 799).

SORT DES IMMEUBLES DE LA SOCIÉTÉ NON IMMATRICULÉE

Si la société était propriétaire d'un immeuble, le transfert de propriété de la société aux associés **2756** doit être publié au service chargé de la publicité foncière (sur cette question, voir M. Dagot : JCP N 2003 p. 625 ; en sens contraire, F. Deboissy et G. Wicker : JCP E 2004 n° 383 § 39 s.). Certes, aucune disposition des textes régissant la **publicité foncière** ne fait expressément obligation de procéder à une publicité de cette mutation qui trouve sa source dans un fait juridique et non dans un acte. Mais les associés ont tout intérêt à donner une publicité à la naissance de l'indivision pour assurer l'opposabilité de celle-ci aux tiers et permettre la publication d'actes subséquents. À cette fin, ils peuvent faire dresser une attestation notariée constatant le changement intervenu du fait du défaut d'immatriculation, attestation qui peut être publiée, conformément à l'article 28, 1°-a du décret du 4 janvier 1955 (voir F. Deboissy et G. Wicker précité). Sur la taxe de publicité foncière alors due, voir n° 2760.

Les associés de **sociétés civiles d'attribution** disposent du droit de jouissance exclusive des lots qui leur sont attribués et ont vocation à l'attribution de ceux-ci en propriété à la fin de la société ou lors de leur retrait. Cette spécificité est contraire au régime des biens en indivision. En conséquence, les associés peuvent obtenir une attribution séparée (et non indivise) des droits de propriété à la suite de la perte de la personnalité morale de la société pour défaut d'immatriculation, sans transfert préalable de l'actif social à l'indivision des associés (Circ. 31-3-2005 CIV/05/05D/2005/151). L'immeuble reste inscrit au fichier immobilier au nom de la société. Pour la formalité de publicité foncière, en cas de retrait d'un associé, l'absence de la mention d'immatriculation au RCS dans l'acte qui constate le retrait de l'associé ne constitue pas une cause de rejet. Il en est de même pour les actes d'attribution de lots faisant suite à la dissolution de la société ou des actes de partage résultant de la liquidation de la société. Il doit être précisé dans ces actes que la société entre dans le champ d'application du régime de transparence fiscale de l'article 1655 ter du CGI (Inst. 10 D-2-05).

RÉGIME FISCAL DE LA SOCIÉTÉ NON IMMATRICULÉE

Impôts directs Concernant les conséquences en matière d'impôts directs du défaut **2758** d'immatriculation dans les délais, l'administration privilégie une approche visant à assurer la **neutralité fiscale** du changement de situation juridique des sociétés anciennes. En effet, elle admet que le transfert de patrimoine de la société civile non immatriculée vers les associés ne donne lieu à aucune taxation immédiate de la plus-value constatée au niveau de cette société, à condition que les biens concernés soient repris au bilan fiscal de la société en participation sans changement de valeur (Rép. Lagarde : AN 5-2-2013 n° 4295 ; BOI-IS-CESS-20-20 n° 285).

Cette neutralité fiscale n'est toutefois possible que si la société en participation reste soumise au régime fiscal des sociétés de personnes, ce qui implique que, conformément à l'article 8, 2° du CGI, les noms et adresses de tous les associés indéfiniment responsables soient communiqués à l'administration. Par ailleurs, elle est subordonnée au maintien des écritures comptables, c'est-à-dire à la reprise des biens au bilan fiscal de la société en participation sans changement de valeur. Ce bilan devra donc faire apparaître la valeur brute d'origine des éléments en cause mais aussi les dotations aux amortissements ou provisions y afférents.

Dans l'hypothèse où la société civile devenue société en participation modifie à cette occasion son régime fiscal, elle doit se soumettre aux obligations déclaratives prévues en cas de cessation d'activité.

ATTENTION

La mise en œuvre de ces procédures pose une difficulté pour les **sociétés qui ne comprennent que des associés personnes physiques** et qui, de ce fait, n'étaient pas soumises à l'obligation d'établir un bilan. Les termes généraux de la doctrine administrative laissent penser que la perte de la personnalité morale n'entraînera pas non plus dans ce cas la taxation immédiate des plus-values constatées si la société en participation produit un bilan fiscal comportant la liste des biens concernés, inscrits pour leur coût de revient d'origine.

2759 Lors de la **cession ultérieure de l'immeuble par un associé personne physique** de la société civile immobilière, pour le calcul de la plus-value immobilière, l'**abattement pour durée de détention** doit être calculé à compter du 1er novembre 2002, date à laquelle la société civile immobilière qui en était propriétaire avait perdu sa personnalité juridique faute d'avoir fait l'objet d'une immatriculation, l'immeuble étant à cette date transféré dans le patrimoine de la personne physique qui détenait auparavant l'intégralité des parts de la SCI (CAA Versailles 12-6-2018 n° 17VE00397 ; CE (na) 1-4-2019 n° 423158 : RJF 8-9/19 n° 796).

2760 **Enregistrement et publicité foncière** Le transfert de propriété de biens immobiliers de l'actif social au profit des associés doit faire l'objet d'une publication au vu d'un acte authentique. Il est admis que la publication de cet acte ne soit pas soumise à la taxe de publicité foncière mais au seul **droit fixe** de 125 € prévu à l'article 680 du CGI (BOI-ENR-AVS-40-40 n° 460) auquel s'ajoute la contribution de sécurité immobilière de 0,10 % (avec un minimum de perception de 15 €).

c. Immatriculation après le 1er novembre 2002

CONSÉQUENCES JURIDIQUES DE L'IMMATRICULATION

2762 À notre avis, les sociétés qui ont perdu leur personnalité morale faute d'avoir procédé à leur immatriculation avant le 1er novembre 2002 peuvent encore à tout moment être immatriculées (dans le même sens, Rép. Marleix : AN 30-6-2003 n° 16044).

La **procédure** d'immatriculation est la même que celle prévue en matière de constitution de société nouvelle (cf. Circ. 26-12-2002 : BOMJ 2002/88 p. 31). Il convient de procéder à toutes les formalités de publicité exposées ci-dessus nos 2670 s. et donc, non seulement à l'immatriculation proprement dite, mais aussi à une insertion dans un support d'annonces légales, l'accomplissement de ces formalités conditionnant la recevabilité de la demande d'immatriculation.

Ayant perdu la personnalité morale, la société ne peut pas demander elle-même son immatriculation (CA Paris 13-5-2003 n° 03-964, CA Paris 7-10-2003 n° 03-1974 et CA Paris 27-6-2003 n° 03-5132 : RJDA 4/04 n° 435, 1e, 2e et 3e esp. ; en sens contraire, CA Dijon 18-3-2003 n° 03-61 : RJDA 4/04 n° 435, 4e esp.). Seuls ses **associés** peuvent décider de lui conférer la personnalité morale (en ce sens, Circ. précitée). À notre avis, l'accord de tous les associés est alors nécessaire (dans le même sens, voir B. Jadaud : JCP N 2003 n° 1535 § 19 ; F. Deboissy et G. Wicker : JCP E 2004 n° 383 § 18).

> **Précisions** En vue de permettre aux sociétés anciennes de s'immatriculer avant le 1er novembre 2002, un décret avait **allégé les formalités** prescrites et, notamment, écarté l'insertion d'un avis dans un support d'annonces légales (Décret 84-406 du 30-5-1984 art. 83-1 issu du décret 2002-1085 du 7-8-2002). Soulignons que le CCRCS admet que puisse être déposée après cette date une demande d'immatriculation accompagnée d'une copie des statuts certifiée conforme pour le cas où les associés ne disposeraient plus des statuts d'origine (Avis CCRCS 03-29 : Bull. RCS 21-22/2003 p. 49).

CONSÉQUENCES FISCALES DE L'IMMATRICULATION

2764 **Impôts directs** L'immatriculation ultérieure de la société pour lui conférer à nouveau la personnalité morale n'entraîne pas de conséquence en matière d'impôts directs malgré le nouveau transfert de patrimoine dès lors que les éléments portés au bilan fiscal de la société en participation sont repris pour la même valeur à l'actif de la société redevenue société civile et qu'aucune modification importante n'est apportée au pacte social (Rép. Lagarde : AN 5-2-2013 n° 4295 ; BOI-IS-CESS-20-20 n° 285).

2766 **Enregistrement et publicité foncière** En matière de droits d'enregistrement et de taxe de publicité foncière, l'administration a apporté les précisions suivantes.

Elle admet que l'**immatriculation** d'une société intervenue **après le 1er novembre 2002** alors que les **démarches** nécessaires à l'immatriculation ont été **effectuées avant cette date** n'emporte aucune incidence. La date à laquelle les démarches ont été effectuées peut être justifiée par le récépissé de dépôt du dossier d'immatriculation ou, à défaut, par une attestation du service compétent.

Si les **démarches** nécessaires à l'immatriculation ont été **effectuées à compter du 1er novembre 2002,** il y aura lieu d'appliquer les règles relatives aux transformations de sociétés en participation en sociétés d'autres formes (BOI-ENR-AVS-40-40 n° 460). Ainsi, si la transformation n'a pas pour effet de rendre la société passible de l'impôt sur les sociétés, seul le droit fixe de 125 € sera exigible. Toutefois, si les associés souhaitent que les immeubles restent affectés à la société après la transformation, l'acte de transformation constatant l'apport à la société de la propriété des immeubles devra obligatoirement faire l'objet d'une publication au service chargé de la publicité foncière et rendra exigible la taxe de publicité foncière au taux de 0,70 % (0,71498 % avec les prélèvements de frais d'assiette et de recouvrement) (BOI-ENR-AVS-40-40 nos 180 et 240) à laquelle s'ajoute la contribution de sécurité immobilière de 0,10 % (avec un minimum de perception de 125 €).

D. Naissance de la personne morale

DATE D'ACQUISITION DE LA PERSONNALITÉ MORALE DE LA SOCIÉTÉ

Les sociétés ne jouissent de la personnalité morale qu'au jour de leur **immatriculation au RCS** (C. civ. art. 1842, al. 1). **2800**

En conséquence, les parties ne pourraient pas, à notre avis, fixer la naissance de la personnalité morale à une date postérieure au jour de l'immatriculation, ni subordonner l'acquisition de la personnalité morale à une condition suspensive.

EXISTENCE DE LA SOCIÉTÉ NON ENCORE IMMATRICULÉE

Jusqu'à l'immatriculation, la société n'a pas d'existence juridique en tant que personne. Les **tribunaux judiciaires** en ont déduit : **2804**

– qu'est irrecevable une **action en justice** intentée par une société non immatriculée (Cass. com. 7-6-1994 n° 1347 : Bull. Joly 1994 p. 1225 note C. Prieto) ou contre une telle société (Cass. com. 20-6-2006 n° 821 : RJDA 10/06 n° 1023, chron. D. Gibirila p. 915) ;

– qu'une telle société n'a pas la **capacité de contracter,** de sorte que les engagements conclus en son nom sont nuls (Cass. com. 10-2-2021 n° 19-10.006 F-P : RJDA 5/21 n° 312).

ILLUSTRATIONS

Ont ainsi été annulés la souscription à une augmentation de capital (Cass. com. 1-7-2003 n° 1080 : RJDA 11/03 n° 1064), la surenchère sur le prix d'un immeuble faisant l'objet d'une saisie (Cass. 2e civ. 20-12-2007 n° 07-10.212 : RJDA 3/08 n° 272), le prêt souscrit par acte notarié, lequel n'a alors pas pu fonder une procédure de saisie sur un bien immobilier de la société après immatriculation (Cass. 2e civ. 21-11-2002 n° 1138 : RJDA 3/03 n° 260), l'achat d'un bien immobilier (Cass. 3e civ. 5-10-2011 n° 09-70.571 : RJDA 1/12 n° 52), le congé donné à un locataire par le gérant (Cass. 3e civ. 22-3-1995 n° 669 : Dr. sociétés 1995 n° 115 note Th. Bonneau) ou un contrat de fourniture (Cass. com. 21-2-2012 n° 10-27.630 : RJDA 5/12 n° 499 ; CA Douai 6-7-2017 n° 16/02902 : RJDA 11/17 n° 718).

La **nullité d'un acte** conclu par une société inexistante est une nullité absolue (Cass. com. 13-12-2005 n° 1654 : RJDA 3/06 n° 266 ; Cass. com. 21-2-2012 précité ; Cass. com. 19-1-2022 n° 20-13.719 F-D : RJDA 5/22 n° 272) : l'acte est insusceptible de confirmation ou de ratification (Cass. 3e civ. 5-10-2011 précité ; Cass. com. 10-6-2020 n° 18-16.441 F-D : RJDA 10/20 n° 496) et la nullité peut être invoquée par tout intéressé (Cass. com. 21-2-2012 précité).

Signalons qu'à l'inverse de la chambre commerciale de la Cour de cassation, qui estime que l'**irrégularité d'une action en justice** intentée par ou contre une société en formation ne peut pas être **couverte** (Cass. com. 30-11-1999 n° 1928 : RJDA 4/00 n° 415 ; Cass. com. 20-6-2006 précité), la troisième chambre civile a admis qu'une telle irrégularité est couverte par l'immatriculation de la société dès lors que cette immatriculation intervient avant que le juge statue et entraîne la reprise de l'acte litigieux passé pour le compte de la société pendant sa période de formation (Cass. 3e civ. 9-10-1996 n° 1589 : RJDA 1/97 n° 54).

L'existence d'une société non immatriculée constituée pour y exercer une activité professionnelle ne fait pas obstacle à la mise en **redressement ou liquidation judiciaire** de la personne physique qui exerçait jusque-là cette activité à titre individuel, peu important le caractère personnel des dettes invoquées (Cass. com. 17-6-2020 n° 19-10.464 F-PB : RJDA 11/20 n° 577).

À l'inverse des tribunaux judiciaires (n° 2804), les **tribunaux administratifs** reconnaissent la personnalité « embryonnaire » de la société en formation, anticipant l'acquisition de sa capacité juridique. Le Conseil d'État a ainsi admis : **2805**

– que l'**action en justice** d'une telle société est recevable devant les tribunaux administratifs dès lors que les premiers actes de création de la société (notamment signature des statuts) sont intervenus (CE 23-1-2006 n° 284788 : RJDA 12/06 n° 1221) ;

– qu'une **décision ministérielle** autorisant la création de locaux d'activité peut intervenir au profit d'une société pour laquelle les premiers actes de création sont intervenus et notamment les statuts signés (CE 13-5-1992 n° 89858 : RJDA 8-9/92 n° 823) ;

– qu'une société en formation peut répondre à un **appel d'offres** en vue de l'attribution d'un marché public, sous réserve que les conditions exigées par le règlement de consultation puissent être vérifiées au niveau des associés (CE 28-7-2004 n° 230115 : RJDA 6/05 n° 697).

SITUATION DE LA SOCIÉTÉ JAMAIS IMMATRICULÉE

2807 Le défaut d'immatriculation n'entraîne pas la nullité de la société (Cass. com. 4-5-1981 : Bull. civ. IV n° 203) mais prive celle-ci de la personnalité morale (cf. C. civ. art. 1842, al. 1). En pareil cas, les associés décident le plus souvent de mettre fin au contrat (n° 2495) et leurs apports doivent alors leur être restitués.

2808 Les **actes passés pour le compte de la société** non immatriculée restent à la charge des **personnes qui les ont conclus** (CA Paris 22-3-1983 : BRDA 10/83 p. 15 ; CA Paris 15-4-1983 : BRDA 12/83 p. 16 ; CA Paris 30-1-1997 : RJDA 4/97 n° 512).

ILLUSTRATIONS

Un prêt contracté pour le compte d'une société qui n'a jamais été immatriculée n'engage que celui qui a conclu le prêt ; en conséquence, la personne qui s'est portée caution du remboursement de ce prêt n'est pas tenue d'exécuter le cautionnement car elle s'est engagée à ne garantir que la dette de la société et non celle d'une autre personne (Cass. com. 16-6-2004 n° 949 : RJDA 1/05 n° 33).

Ces actes restent également à la charge de ceux qui, le cas échéant, ont donné mandat de les passer (Cass. com. 13-12-1976 : Bull. civ. IV n° 322 ; Cass. com. 11-6-1981 : D. 1981 IR p. 517), auquel cas l'existence du mandat doit être caractérisée (Cass. com. 1-4-1974 : Rev. sociétés 1975 p. 62 note M. Guilberteau).

Pour éviter de tels inconvénients, il est **conseillé** d'insérer, dans les actes qu'elles passent avec les tiers, une clause prévoyant la résolution de plein droit du contrat au cas où la société ne serait pas immatriculée avant l'expiration d'un délai déterminé.

2809 Lorsqu'elles ne sont pas en mesure de remplir leurs engagements, les personnes ayant agi pour le compte d'une société en formation peuvent faire l'objet d'une procédure collective : voir n° 28015.

En tout état de cause, la **responsabilité personnelle** des associés peut se trouver engagée même s'ils n'ont pas participé à l'acte et même s'ils n'ont pas donné mandat de passer cet acte dès lors que la société non immatriculée est devenue une **société de fait** (n°s 2410 s.).

E. Autonomie de la personne morale

2810 La société jouit d'une personnalité morale qui lui est propre et qui est indépendante des personnes physiques qui détiennent son capital ou qui la dirigent (CA Paris 9-3-2016 n° 13/18405 : RJDA 8-9/16 n° 603). Elle est capable de passer des contrats en son nom par l'intermédiaire de ses représentants légaux et elle est considérée comme un **tiers** par rapport aux associés pour l'application des conventions auxquelles ils sont parties. Il en est ainsi même lorsqu'un associé détient la majorité ou la quasi-totalité du capital social (Cass. com. 8-10-2013 n° 12-25.787 : RJDA 1/14 n° 35).

ILLUSTRATIONS

Une société civile d'exploitation agricole à qui ses associés ont donné un bien rural en location n'est pas dispensée de leur demander l'autorisation d'y réaliser des travaux malgré la confusion des qualités d'associés et de bailleurs (Cass. 3e civ 6-6-2019 n° 17-23.777 F-D : RJDA 10/19 n° 630).

En cas de **cession de la totalité des parts** de la société ou de **changement de ses dirigeants**, la personne morale reste inchangée. Il est en conséquence impossible de se prévaloir d'un changement de contrôle de la société pour rompre un contrat conclu intuitu personae avec elle, sauf stipulation particulière du contrat le prévoyant (Cass. com. 29-1-2013 n° 11-23.676 : RJDA 5/13 n° 410).

La **capacité** à s'engager de la société, personnalité distincte de celle des associés, ne dépend pas de la capacité de ces derniers : par suite, une SCI dont l'associé majoritaire (à hauteur de 96 % du capital) est mineur peut valablement contracter un emprunt sans l'autorisation du juge des tutelles (Cass. 1e civ. 14-6-2000 n° 1083 : RJDA 12/00 n° 1121).

Sur la capacité de la société civile, voir n°s 6000 s.

F. Autonomie du patrimoine social

Comme les personnes physiques, la société peut être titulaire de droits réels (droit de propriété et ses démembrements) et être sujet actif ou passif de droits personnels (droit de créance et dette). Elle dispose ainsi d'un patrimoine (ou « actif social ») qui lui est propre et qui comprend tous les droits et obligations de la société, notamment ceux qui résultent de l'exercice de la vie sociale. Le patrimoine social ne doit pas être confondu avec le « capital social » qui ne représente que le montant des apports faits par les associés lors de la constitution de la société ou en cours de vie sociale à l'occasion des augmentations du capital. Il ne se confond pas avec le patrimoine de chaque associé. De cette autonomie du patrimoine social résultent les **conséquences** suivantes. 2815

1. Le patrimoine social est le **gage** des créanciers de la société et non pas celui des créanciers personnels des associés. Les créanciers personnels d'un associé peuvent néanmoins saisir entre les mains de la société les droits sociaux appartenant à leur débiteur et toute somme dont la société serait redevable envers celui-ci (au titre d'une distribution de dividendes ou pour toute autre cause).

2. Il ne peut pas y avoir **compensation** entre les dettes sociales et les dettes personnelles d'un associé. Ainsi, un associé ne saurait refuser de payer l'un de ses créanciers personnels au motif que ce dernier est lui-même débiteur envers la société d'une somme au moins égale à sa propre dette.

3. Si la société fait l'objet d'une **procédure collective,** cette procédure n'est en principe pas étendue aux associés.

4. Les associés ne sont pas directement propriétaires des biens de la société (contrairement à la situation des membres d'une indivision) et n'ont aucun **droit sur l'actif social.** Ils sont seulement titulaires de droits sociaux, qui comportent des attributs pécuniaires (droit au bénéfice et au boni de liquidation, obligation de verser les apports, d'acquitter les dettes de la société) et le droit de participer à la vie sociale (droits de participer aux décisions collectives, d'information, de contrôle de la gestion). Ces droits sociaux ont toujours une nature mobilière, même si la société possède des immeubles.

> **Précisions** On est tenté juridiquement d'analyser le **rapport qui unit l'associé à la société** en un droit de créance. Cette **qualification** n'est exacte que pour les droits aux bénéfices et au remboursement du capital qui se présentent effectivement comme des droits de créance de l'associé. Mais elle ne rend pas compte de toutes les autres prérogatives et obligations qui résultent de la qualité d'associé. C'est pourquoi on voit aujourd'hui volontiers dans la part sociale un droit de propriété incorporel, à l'image, par exemple, du droit d'auteur, qui renferme le droit pécuniaire et le droit moral.

Limites La dissociation du patrimoine de la société de celui de chacun des associés n'est pas cependant un principe absolu. Ainsi, les **abus de la personnalité morale** sont sanctionnés notamment en cas de **procédure collective** ouverte à l'encontre de la société, cette procédure pouvant être étendue aux associés s'il est établi que ceux-ci ont confondu leur patrimoine avec celui de la société (n° 28250) ou que celle-ci est en réalité fictive. 2817

L'utilisation abusive de la personnalité morale est également constatée en cas d'utilisation de celle-ci par les fondateurs d'une société afin d'échapper à leurs créanciers, ce qui peut, en tant que **fraude paulienne,** être sanctionné par l'inopposabilité de l'acte frauduleux au créancier poursuivant (C. civ. art. 1341-2).

Enfin, en **matière pénale,** la saisie de biens de la société peut être ordonnée, à titre de peine complémentaire, en cas de délits punis d'une peine d'emprisonnement de plus d'un an commis par ses associés, lorsque ces biens sont l'objet ou le produit de l'infraction (cf. C. pén. art. 131-21, al. 1 et 2).

CHAPITRE 2

RÉGIME FISCAL DES APPORTS À UNE SOCIÉTÉ CIVILE

SOMMAIRE

ÉTENDUE DU RÉGIME FISCAL DES APPORTS

3500 En dehors de quelques **règles spécifiques** qui intéressent certains types de sociétés civiles particulières et qui sont exposées nos 29000 s., les apports faits à des sociétés civiles obéissent aux **règles générales** de la fiscalité, qu'il s'agisse de l'exigibilité des droits d'enregistrement et, le cas échéant, de la TVA, ou de l'imposition des plus-values réalisées par l'apporteur.

SECTION 1

DROITS D'ENREGISTREMENT OU TVA SUR LES APPORTS

A. Enregistrement du contrat de société

FORMALITÉS À ACCOMPLIR

3505 L'acte qui constate la **formation d'une société** (ou sa **prorogation,** sa **dissolution,** l'**amortissement** ou la **réduction** de son capital ou l'**augmentation** de son capital en numéraire ou par incorporation de bénéfices, réserves ou provisions) est soumis aux formalités suivantes :

– lorsqu'il est passé par acte sous signature privée, il est dispensé de la formalité d'enregistrement (CGI art. 635, 1-5° a contrario), à moins qu'il ne contienne une autre opération soumise à enregistrement à titre obligatoire par l'article 635 du CGI (transmission de propriété ou d'usufruit d'immeuble, certaines mutations en jouissance d'immeuble, de fonds de commerce ou de clientèle, partage, etc.) ;

– lorsqu'il est reçu par acte notarié, il est obligatoirement soumis à l'enregistrement en raison de sa forme (CGI art. 635, 1-1°). Le cas échéant, l'acte relève alors de la formalité fusionnée d'enregistrement et de publicité foncière.

Lorsque l'acte porte **transmission** de propriété ou d'usufruit de fonds de commerce, de **clientèle** ou d'**office,** ou cession de **droit à un bail** ou du bénéfice d'une promesse de bail portant sur tout ou partie d'un immeuble, l'enregistrement est une condition préalable à l'immatriculation de la société (CGI art. 635, 2-5° et 862, dernier alinéa).

Les actes constatant la **transformation** d'une société ainsi que ceux constatant l'**augmentation de son capital,** autres que ceux constatant une augmentation de capital en numéraire ou par incorporation de bénéfices, de réserves ou de provisions ou une augmentation nette de capital de société à capital variable constatée à la clôture d'un exercice, doivent être enregistrés dans le délai d'un mois à compter de leur date (CGI art. 635, 1-5° et 638 A). Le cas échéant, ceux de ces actes qui **contiennent des apports** sont donc soumis obligatoirement à la formalité de l'enregistrement ou, le cas échéant, à la formalité fusionnée d'enregistrement et de publicité foncière.

> **Précisions a.** En cas de **présentation volontaire à l'enregistrement** des actes qui en sont dispensés, la formalité est réalisée gratuitement.
> **b.** **L'apport verbal** réalisé lors de la formation d'une société doit, s'il entre dans un cas de taxation, être déclaré au service de l'enregistrement dans le mois qui suit sa réalisation (CGI art. 638 A).

RÉALISATION DES FORMALITÉS D'ENREGISTREMENT DU CONTRAT DE SOCIÉTÉ

Lorsque l'enregistrement est obligatoire, la formalité est exécutée dans les conditions suivantes, qui diffèrent selon la nature des apports (les règles exposées ci-après sont applicables à l'ensemble des opérations visées n° 3505 dès lors qu'elles ne sont pas dispensées d'enregistrement). **3510**

Lorsque l'acte constate **uniquement des apports mobiliers** (numéraire et biens meubles), il doit être enregistré dans le mois de sa date au service de l'enregistrement du service des impôts des entreprises (SIE). **3512**

S'il s'agit d'un acte notarié, le service des impôts compétent est celui de la résidence du notaire (CGI art. 650, 1). S'il s'agit d'un acte sous signature privée constatant des apports de clientèle, de fonds de commerce ou de droit au bail, c'est le service des impôts du lieu de situation de ces biens qui est compétent ; si l'acte ne constate que des apports de numéraire ou de biens meubles autres que de clientèle, fonds de commerce ou de droit au bail, c'est le service des impôts du domicile de l'un des associés (CGI art. 652). Dans cette dernière situation, l'administration admet que les actes peuvent être enregistrés indifféremment soit au service des impôts du domicile de l'un des associés, soit au service des impôts du siège social (BOI-ENR-DG-40-10-30 n° 130).

Lorsque l'acte constate **uniquement des apports d'immeubles ou** à la fois des apports mobiliers et des apports immobiliers (**acte mixte**), il doit être soumis à la formalité fusionnée qui s'applique à tous les actes assujettis à la fois à l'enregistrement et à la publicité foncière (CGI art. 647, I). Il en est ainsi quel que soit le régime fiscal de l'acte (acte soumis gratuitement à la formalité ou moyennant le paiement d'un droit ou entrant dans le champ d'application de la TVA) dès lors qu'il s'agit d'un acte authentique. Cette formalité doit être effectuée dans le délai d'un mois à compter de la date de l'acte (CGI art. 647, III) au service chargé de la publicité foncière de la situation de l'immeuble (CGI art. 657). **3515**

> **Précisions a.** **L'absence d'authenticité** de l'acte constitue une cause de refus de la formalité fusionnée. L'acte sous signature privée refusé ne peut pas être déposé au rang des minutes d'un notaire en vue d'être publié (C. civ. art. 710-1, al. 2). La solution consiste à réitérer l'intégralité des statuts sous forme authentique.
> **b.** Lorsqu'un acte concerne des immeubles ou des droits immobiliers situés dans le ressort de **plusieurs services chargés de la publicité foncière,** la formalité fusionnée est exécutée au service où la formalité est requise en premier lieu, au choix du requérant. Dans ce cas, le délai d'un mois s'applique pour l'exécution de la formalité dans le premier service. Pour l'exécution de la formalité dans les autres services, les parties disposent d'un délai supplémentaire d'un mois (CGI ann. III art. 251 et 253, II).

PAIEMENT DES DROITS D'ENREGISTREMENT LORS DE L'ENREGISTREMENT DU CONTRAT DE SOCIÉTÉ

Lorsque des droits sont dus, ceux-ci doivent, en **règle générale,** être intégralement versés au moment de la présentation à la formalité de l'acte qui constate la constitution définitive de la société. **3520**

Toutefois, dans les cas où les apports purs et simples en société sont assujettis au droit de mutation, le **paiement** de ce droit peut être **fractionné.** Sur cette question, voir n° 3645.

Cas particuliers Les **promesses fermes** d'apport affectées d'un simple **terme** rendent les droits immédiatement exigibles au même titre que les apports déjà réalisés. L'acte constatant la réalisation ultérieure de l'apport donne éventuellement ouverture au droit fixe des actes innomés. **3530**

Si la **promesse** d'apport est subordonnée à une véritable **condition suspensive,** les droits ne sont exigibles qu'à la réalisation de la condition (BOI-ENR-AVS-10-10-20 n° 240).

3535 En l'**absence d'acte** écrit (cas exceptionnel puisque incompatible avec les formalités de publicité), la formation d'une société civile ainsi que certaines autres opérations (transformation, augmentation de capital autre qu'une augmentation de capital en numéraire et par incorporation de bénéfices, de réserves ou de provisions, ou qu'une augmentation nette de capital de société à capital variable constatée à la clôture d'un exercice) doivent, en application de l'article 638 A du CGI, donner lieu au dépôt d'une **déclaration** au service de l'enregistrement du SIE dans le mois qui suit la réalisation de l'opération. Le paiement des droits est effectué lors du dépôt de cette déclaration.

› Précisions La **déclaration de formation** de la société doit être **déposée** à l'un des services dans le ressort desquels les biens apportés sont situés, ou, si ces biens n'ont pas une assiette matérielle fixe, au service du siège social ou du domicile de l'un des apporteurs et, à défaut de siège social ou de domicile fiscal en France, au service de la Direction des impôts des non-résidents (DINR) (CGI ann. III art. 250 A et ann. IV art. 60 A).

S'il s'agit d'une **opération autre qu'une formation de société,** le service compétent est celui de la situation soit du siège statutaire, soit de la direction effective, soit du principal établissement de la société.

B. Droits et taxes exigibles sur les apports

3600 Sur le plan fiscal, il convient de distinguer selon que les apports sont « purs et simples », « à titre onéreux » ou « mixtes » : de cette distinction dépend le montant des droits d'enregistrement exigibles.

Les **apports** sont **purs et simples** lorsqu'ils confèrent à l'apporteur, en échange de sa mise, des droits sociaux (parts sociales) exposés à tous les risques de l'entreprise et notamment à la perte éventuelle de la mise.

Les **apports** sont dits **à titre onéreux** lorsqu'ils sont rémunérés par un équivalent ferme et actuel, définitivement acquis à l'apporteur et par conséquent soustrait aux risques sociaux (par exemple : espèces, prise en charge par la société d'un passif incombant à l'apporteur). Dans ce cas, l'associé ne fait pas une véritable mise sociale ; son apport a le caractère d'une vente faite à la société.

Un **apport** est **mixte** lorsqu'il est rémunéré, partie au moyen de la remise de parts sociales (apport pur et simple), partie par un avantage soustrait aux aléas sociaux (apport à titre onéreux).

3603 Lorsqu'un **acte contient plusieurs dispositions indépendantes** donnant chacune ouverture à un droit fixe, seul le droit fixe le plus élevé est perçu. De même, lorsqu'un acte donne ouverture à la fois à un droit fixe et à un droit proportionnel, seul ce dernier est perçu, sauf si le droit fixe est supérieur (CGI art. 672).

1. APPORTS PURS ET SIMPLES

3620 Ces apports relèvent soit des droits d'enregistrement, soit de la TVA. Par ailleurs, lorsque l'apport en société n'est pas soumis à la TVA, la déduction de TVA régulièrement opérée par l'apporteur sur les biens apportés doit dans certains cas faire l'objet d'une régularisation.

DROITS D'ENREGISTREMENT SUR LES APPORTS PURS ET SIMPLES

3625 D'une manière générale, les **apports** purs et simples effectués au profit d'une société sont enregistrés gratuitement. Cependant, dans certains cas spécialement visés par la loi, ils sont assujettis à un droit de mutation.

Lorsque les apports réalisés à l'occasion de la constitution d'une société sont enregistrés gratuitement conformément à l'article 810 du CGI (voir n°s 3630 s.), les **dispositions, autres que celles concernant les apports,** figurant dans les actes et déclarations ainsi que leurs annexes établis à l'occasion de la constitution de sociétés sont également enregistrés gratuitement (CGI art. 810 bis).

Sur les incidences de l'exonération de droits sur les apports lors du **partage,** voir n°s 25545 s.

3630 **Apports à des sociétés civiles non passibles de l'impôt sur les sociétés**
Sont enregistrés gratuitement, dès lors qu'ils sont réalisés au profit d'une société civile non

passible de l'IS, les actes constatant les apports purs et simples de **tous biens** (espèces, immeubles ou droits immobiliers, droit à un bail ou à une promesse de bail, clientèle, droits sociaux, créances, apports en industrie, etc.) (CGI art. 810, I).

Apports à des sociétés civiles passibles de l'impôt sur les sociétés Les apports purs et simples consentis à une société civile passible de l'impôt sur les sociétés par une personne (physique ou morale) non passible de cet impôt sont assujettis à un droit de mutation lorsqu'ils portent sur (CGI art. 809, I-3°) : **3640**
– des **immeubles** ou des biens assimilés (actions ou parts d'une société immobilière transparente ou conférant à leur possesseur le droit à la jouissance d'immeubles ou de fractions d'immeubles) ;
– des **droits immobiliers** (usufruit, nue-propriété, droits d'usage et d'habitation, servitudes réelles) ;
– une **clientèle** ou un fonds de commerce ;
– un **droit à un bail** ou à une **promesse** de bail portant sur tout ou partie d'un immeuble.

Les apports purs et simples portant sur des biens autres que ceux énumérés ci-dessus (**espèces, créances, droits sociaux**) sont enregistrés gratuitement.

Pour apprécier si la société apporteuse ou bénéficiaire de l'apport est ou non **passible de l'IS,** il faut se placer à la **date** de l'acte constatant la réalisation définitive de l'apport (BOI-ENR-AVS-10-10-20 n° 190).

Le droit de mutation n'est dû que si les **biens** apportés sont **situés en France** (Cass. com. 15-12-2021 n° 18-20.216 F-B : RJF 5/22 n° 501).

Lorsqu'il est dû, le **droit de mutation** est perçu au taux global de (CGI art. 810, III, 1584, 1595 et 1595 bis) : **3645**
– 5 % pour les apports d'immeubles ou de droits immobiliers ;
– 3 % sur la fraction de la valeur de l'apport comprise entre 23 000 € et 200 000 € et de 5 % sur la fraction supérieure à 200 000 € lorsque l'apport a pour objet une clientèle, un fonds de commerce, un droit à un bail ou à une promesse de bail (la fraction jusqu'à 23 000 € est exonérée).

S'il est moins élevé que le droit de mutation, le **droit de vente** est applicable (BOI-ENR-AVS-10-10-20 n° 320).

Au droit de 5 % sur les apports d'immeubles ou de droits immobiliers s'ajoute une **taxe additionnelle** de 0,6 % lorsque la mutation porte sur des locaux à usage de bureaux, des locaux commerciaux ou des locaux de stockage mentionnés à l'article L 520-1 du Code de l'urbanisme, et que l'objet de la mutation est situé dans la région Île-de-France (CGI art. 1599 sexies). Ce droit ne s'applique pas si la mutation est soumise à la TVA.

Pour l'application du droit de mutation, les **apports** sont **évalués** à leur valeur vénale réelle au jour de l'apport, telle que cette valeur est fixée dans l'acte de constitution de la société, ou, à défaut d'évaluation dans l'acte, par la déclaration estimative des parties (CGI art. 851). Les éventuelles insuffisances d'évaluation peuvent être rectifiées dans les conditions indiquées n°s 13950 s. Lorsque la propriété des biens est démembrée, la valeur de la nue-propriété et de l'usufruit est déterminée par application du barème de l'article 669 du CGI (BOI-ENR-DMTOI-10-10-10 n° 125) (voir n° 62850 s.).

Le **paiement** du droit de mutation peut être, sous réserve de la constitution de garanties suffisantes, **fractionné** en cinq versements annuels, le premier étant fait lors de l'enregistrement de l'acte (CGI ann. III art. 396, 2° et 404 C). Chaque versement, autre que le premier, est majoré d'un intérêt dont le taux est égal à celui du taux effectif moyen pratiqué par les établissements de crédit pour les prêts immobiliers à taux fixe consentis aux particuliers, au cours du 4e trimestre de l'année précédant celle de la demande de crédit. Ce taux est réduit d'un tiers ; le taux ainsi calculé demeure inchangé pendant toute la durée du crédit (CGI ann. III art. 401). Pour plus de précisions sur ce taux, voir n° 22190.

Les apports sont **enregistrés gratuitement** lorsque l'apporteur s'engage à conserver pendant trois ans les titres remis en contrepartie de l'apport (CGI art. 810, III). Pour les immeubles et les droits immobiliers, l'enregistrement gratuit est en outre subordonné à la condition qu'ils soient compris dans l'apport de l'ensemble des éléments d'actif immobilisé affectés à l'exercice d'une activité professionnelle. Il s'ensuit que cette exonération n'est pas applicable sur l'apport d'immeubles inscrits en stock dans la comptabilité de la société bénéficiaire de l'apport qui mène une activité de marchand de biens (Cass. com. 15-3-2023 n° 20-12.201 : RJF 6/23 n° 503). **3647**

En cas de **non-respect de l'engagement** de conservation des titres, le droit de mutation est immédiatement exigible, sans possibilité de fractionnement. La reprise des droits de mutation n'est toutefois pas effectuée en cas de décès ; il en est de même en cas de donation si le bénéficiaire de la donation prend dans l'acte et respecte l'engagement de conserver les titres jusqu'au terme de la troisième année suivant celle de l'apport.

3660 **Cas des apports entre sociétés passibles de l'impôt sur les sociétés** Les apports faits par une société passible de l'IS à une autre société passible du même impôt sont enregistrés gratuitement quelle que soit la nature des biens apportés.

Toutefois, lorsqu'une personne morale passible de l'IS à laquelle des biens ont été apportés par une personne non passible de cet impôt sans être soumis au droit de mutation (enregistrement gratuit) ou (jusqu'en 1999) avec le bénéfice du droit fixe (ou du taux de 1 % en 1991) **les apporte à son tour à une autre société passible de l'IS,** ce nouvel apport est soumis au droit de mutation visé au n° 3645, sauf si l'apporteur prend l'engagement de conserver les titres pendant trois ans (BOI-ENR-AVS-10-10-10 n° 20).

TAXE SUR LA VALEUR AJOUTÉE SUR LES APPORTS PURS ET SIMPLES

3680 **Apports passibles de la TVA** Sont **soumis de plein droit** à la TVA sur les opérations immobilières, en application de l'article 257 du CGI, les apports purs et simples réalisés par les **assujettis** dans le cadre de leur activité économique portant sur :

– des **terrains à bâtir** (sur la définition des terrains à bâtir, voir n° 44615) ;

– des **immeubles neufs,** définis comme des immeubles qui ne sont pas achevés depuis plus de cinq ans, qu'ils résultent d'une construction nouvelle ou de travaux de surélévation ou de remise à neuf (CGI art. 257, I-2-2°).

En application de ces critères, les **immeubles bâtis destinés à être démolis** sont qualifiés soit de terrains à bâtir, soit d'immeubles neufs, soit d'immeubles anciens, selon l'état du bâti existant au moment de l'apport et sa date d'achèvement.

Les assujettis peuvent également soumettre à la **TVA sur option** les apports portant sur :

– des terrains nus non qualifiés de terrains à bâtir ;

– des immeubles bâtis achevés depuis plus de cinq ans.

Cette option présente un intérêt si la société est elle-même assujettie à la TVA au titre de son activité et peut ainsi déduire la taxe grevant l'apport.

Suivent le régime de l'immeuble auquel ils se rapportent les **droits réels immobiliers** (à l'exception des locations résultant de baux qui confèrent un droit de jouissance), les **droits relatifs aux promesses de vente** et les **parts d'intérêts et actions** dont la possession assure en droit ou en fait l'attribution en propriété ou en jouissance d'un bien immeuble ou d'une fraction d'un bien immeuble (CGI art. 257, I-1).

Le régime des apports passibles de la TVA sur les opérations immobilières étant en tout point identique à celui applicable aux ventes de terrains à bâtir ou de constructions neuves réalisées par les sociétés civiles de construction-vente, sous réserve des solutions particulières à ce type de sociétés, voir **l'étude détaillée** qui figure nos 44600 s. L'apport en société étant rémunéré par des parts sociales et non par des liquidités, l'apporteur qui ne posséderait pas suffisamment de droits à déduction devra **financer le montant de la taxe** à acquitter sur ses fonds propres.

Les apports passibles de la TVA sur les opérations immobilières réalisés au profit d'une société sont **enregistrés gratuitement** (CGI art. 810, IV).

3685 L'apport à titre pur et simple de **biens mobiliers d'investissement** (outillage, matériel...) usagés est imposable à la TVA lorsque ces biens ont ouvert droit à déduction complète ou partielle de la TVA lors de leur acquisition.

3686 **Régularisation des déductions de TVA antérieurement pratiquées** L'apport en société d'un **immeuble** qui a donné lieu à déduction de TVA (c'est-à-dire notamment les immeubles acquis neufs auprès d'un assujetti) doit faire l'objet d'une régularisation de la TVA antérieurement déduite lorsque l'apport n'est pas imposable à la TVA sur les opérations immobilières (sauf lorsque cet apport n'est pas soumis à la TVA dans le cadre de la transmission d'une universalité totale ou partielle de biens). Dans cette hypothèse, il y a lieu de procéder à une régularisation globale en une seule fois en réputant que l'immeuble sera affecté, pour chacune des années restantes de la période de régularisation, à une activité exonérée n'ouvrant pas droit à déduction. La régularisation est ainsi égale à la somme des régularisations annuelles qui auraient été effectuées jusqu'au terme de la période de régularisation en considérant que, pour chacune des années restantes, le coefficient de taxation sera égal à zéro (sur ces notions, voir nos 33030 et 32977). Cette régularisation prend nécessairement la forme d'un reversement de la

TVA initialement déduite (CGI ann. II art. 207, III). Lorsque l'immeuble apporté constitue une immobilisation pour la société, une partie de la TVA initiale acquittée par l'apporteur lui est « transférée » par la loi, à proportion de la durée de régularisation non encore courue. Pour ce faire, l'apporteur est tenu de remettre à la société une attestation mentionnant ces droits à déduction qu'il a dû régulariser (CGI ann. II art. 207, III-3). La régularisation peut être évitée en soumettant l'apport à la TVA sur option (voir n° 3680).

L'apport en société d'un **bien mobilier d'investissement** usagé soumis à la TVA sur sa valeur totale d'apport n'entraîne pas de régularisation de la TVA antérieurement déduite.

Transmission d'une universalité de biens Lors de la transmission à titre onéreux ou à titre gratuit ou sous forme d'apport à une société d'une universalité totale ou partielle de biens effectuée entre redevables, **aucune livraison de biens** ou **prestation de services n'est réputée intervenir** (CGI art. 257 bis dans sa rédaction issue de la loi 2022-1726 du 30-12-2022 art. 58), de sorte que les opérations concernées ne donnent lieu ni à taxation ni à régularisation chez le cédant. Les **opérations visées** sont notamment les apports en société d'une entreprise, d'une partie autonome d'une entreprise, d'une exploitation ou d'une branche complète d'activité. 3700

Cette règle de non-livraison, qui présente un caractère obligatoire, **concerne** l'ensemble des biens et des services appartenant à l'universalité transmise : marchandises neuves et autres biens détenus en stocks, biens mobiliers corporels d'investissement ayant ouvert droit à déduction, biens mobiliers incorporels d'investissement (brevets, licences, marques, etc.), immeubles et terrains à bâtir. Par conséquent, les mutations ont lieu sans avoir à acquitter la TVA qui pourrait être due, le prix étant présenté hors taxe, ni à procéder aux régularisations éventuelles.

Le bénéficiaire de l'apport est réputé continuer la personne de l'apporteur en poursuivant l'exploitation de l'universalité transmise. Il doit donc, s'il y a lieu, procéder aux **régularisations du droit à déduction** et aux taxations des cessions ou des livraisons à soi-même qui deviendraient exigibles postérieurement à l'apport et qui auraient, en principe, incombé à l'apporteur si ce dernier avait continué à exploiter lui-même l'universalité (un engagement formel du bénéficiaire de l'apport n'est pas nécessaire). Les transferts de biens d'investissement réalisés dans le cadre de la transmission ne donnent pas lieu, chez l'apporteur, aux régularisations du droit à déduction.

> **Précisions** **a.** Le régime de l'article 257 bis du CGI ne s'applique pas lorsque le **bénéficiaire** de l'apport n'est **pas redevable de la TVA.** En revanche, ce régime s'applique lorsque l'apport est réalisé entre deux parties ayant toutes deux ou pour l'une d'entre elles la qualité de **redevable partiel** au titre de l'universalité de biens transmise.
> **b.** Le régime de l'article 257 bis du CGI est susceptible de s'appliquer à l'**apport d'un immeuble affecté à une activité de location immobilière.** Voir conditions et conséquences n°s 33200 s.
> **c.** Le montant total hors taxe de l'apport doit être mentionné sur la **déclaration de chiffre d'affaires** de l'apporteur et sur celle du bénéficiaire au titre des « Autres opérations non imposables ».
> **d.** L'appartenance des sociétés à un **groupe TVA** (tel que défini n° 12003) peut rendre le régime de la transmission d'universalité de l'article 257 bis du CGI non applicable.

2. APPORTS À TITRE ONÉREUX

Dans le cas des apports à titre onéreux, l'associé ne fait pas une véritable mise sociale et son apport a le caractère d'une vente à la société puisqu'il lui abandonne définitivement la propriété du bien qu'il lui apporte. 3720

Comme les apports à titre pur et simple, les apports à titre onéreux relèvent soit des droits d'enregistrement, soit de la TVA.

DROITS D'ENREGISTREMENT SUR LES APPORTS À TITRE ONÉREUX

Les apports d'**immeubles** ou de droits immobiliers sont soumis à une taxation spécifique de 5 %. Cette taxation se décompose comme suit : droit budgétaire de 2,20 %, taxe départementale de 1,60 % et taxe communale de 1,20 %. 3730

Le cas échéant, s'y ajoute la taxe additionnelle sur les cessions de bureaux et locaux assimilés sis en Île-de-France (n° 3645).

Les apports ayant pour objet des **biens autres** que des immeubles sont soumis, quel que soit le régime fiscal de la société qui les reçoit, aux droits de mutation ordinaires selon la nature des biens ainsi apportés. 3735

Les apports à titre onéreux de **clientèle,** d'offices publics ou ministériels, de fonds de commerce, de droit à un bail ou à une promesse de bail sont soumis au barème suivant (CGI art. 810, III et 719) :

Fraction du prix (ou de la valeur vénale)	Droit budgétaire	Taxe départementale	Taxe communale	Imposition totale
N'excédant pas 23 000 €[1]	0 %	0 %	0 %	**0 %**
Supérieure à 23 000 € et n'excédant pas 107 000 €	2 %	0,60 %	0,40 %	**3 %**
Supérieure à 107 000 € et n'excédant pas 200 000 €	0,60 %	1,40 %	1 %	**3 %**
Supérieure à 200 000 €	2,60 %	1,40 %	1 %	**5 %**

1. Les apports n'excédant pas 23 000 € sont soumis au minimum de perception de 25 € (BOI-ENR-DMTOM-10-20-20 n° 10).

> **Précisions** Les apports de clientèles et de fonds de commerce situés dans les **zones franches urbaines-territoires entrepreneurs** ou dans les **zones de revitalisation rurale** bénéficient, sous réserve que la société bénéficiaire de l'apport prenne l'engagement de maintenir l'exploitation du bien apporté pendant cinq ans, d'un régime de faveur : la fraction du prix comprise entre 23 000 € et 107 000 € est taxée au taux global de 1 % et celle comprise entre 107 000 € et 200 000 € est taxée au taux global de 3 % (la fraction du prix supérieure à 200 000 € supportant une imposition totale de 5 %) (CGI art. 722 bis).
> L'administration admet de faire bénéficier de ce régime les apports d'offices publics ou ministériels et opérations assimilées (BOI-ENR-DMTOM-10-30-20 n° 30).

TAXE SUR LA VALEUR AJOUTÉE SUR LES APPORTS À TITRE ONÉREUX

3750 Les apports à titre onéreux de certains **immeubles** (terrains à bâtir, immeubles neufs) réalisés par des assujettis supportent non pas les droits de mutation mais la TVA sur les opérations immobilières visée à l'article 257, I du CGI dans les mêmes conditions que les apports purs et simples portant sur ces mêmes immeubles (voir n° 3680).

Le régime des apports à titre onéreux de **biens mobiliers d'investissement** usagés est identique à celui des apports à titre pur et simple défini n° 3685.

Quant aux **régularisations** de la TVA antérieurement déduite par l'apporteur lors de l'acquisition du bien, elles sont soumises aux règles exposées n° 3686.

3755 La non-taxation à la TVA en cas d'apport d'une **universalité de biens** s'applique aux apports à titre onéreux (voir n° 3700).

3. APPORTS MIXTES

3780 Les apports mixtes sont soumis :

– au régime des apports **purs et simples** pour la partie rémunérée par des parts de la société bénéficiaire des apports ;

– au régime des apports à titre **onéreux** pour la partie rémunérée par une contrepartie soustraite aux risques sociaux (par exemple : prise en charge par la société d'un passif incombant à l'apporteur).

Toutefois, chaque fois que l'une au moins des deux parties est soumise à un droit fixe d'enregistrement, une seule taxation est perçue (règle relative aux dispositions indépendantes, voir n° 3603).

Par ailleurs, en cas d'apport mixte de **clientèle,** de fonds de commerce, de **droit à un bail ou à une promesse de bail** par une personne physique ou une société non passible de l'IS à une société passible de cet impôt pour lequel l'apporteur ne souscrit pas ou ne respecte pas l'engagement de conservation des titres pendant trois ans (n° 3647), le barème prévu à l'article 719 du CGI (n° 3735) s'applique globalement sur la valeur du bien apporté, et non sur chacune des fractions de sa valeur taxable représentatives d'une part de l'apport à titre onéreux et d'autre part de l'apport pur et simple (BOI-ENR-AVS-10-30 n° 60).

3785 Les parties sont **libres de désigner** quels sont, **parmi les biens apportés,** ceux qui constituent un apport pur et simple et ceux qui doivent être considérés comme vendus (apport à titre onéreux). Elles ont tout intérêt à utiliser cette faculté, en rangeant dans la seconde catégorie les biens (par exemple, marchandises neuves, créances, meubles) dont la vente est exonérée de tous droits d'enregistrement ou supporte les tarifs les moins élevés.

Le principe de la libre imputation du passif pour le calcul des droits d'enregistrement dus en cas d'apport en société est applicable même lorsque le passif grevant l'apport consiste en un emprunt contracté pour l'acquisition d'un immeuble ou d'un autre bien compris dans l'apport dont la mutation à titre onéreux donnerait ouverture à des droits supérieurs au droit d'apport pur et simple (BOI-ENR-AVS-10-30 n° 20).

À **défaut de précision,** l'administration procède (ce qui est plus coûteux) à une imputation proportionnelle sur les biens de chaque nature apportés par l'intéressé. Cette imputation proportionnelle ne peut être effectuée, au cas où les apports comprennent des meubles et des immeubles, que si l'estimation détaillée prévue à l'article 735 du CGI figure dans l'acte ; à défaut, le tarif immobilier est seul applicable.

EXEMPLE 3790

Acte constatant la constitution entre A et B d'une société civile non passible de l'impôt sur les sociétés.

Hypothèse I : **imputation** des apports à titre onéreux **réglée par les parties.**

Apport de A :

Un terrain à bâtir, d'une valeur de .... 38 000 €

Cet apport est grevé d'un passif expressément pris en charge par la société de .. 7 000 €

Apport net de A : .... 31 000 €

Ce terrain est destiné à l'édification, par la société en formation, dans un délai de 4 ans, d'un immeuble à affecter à l'usage de bureaux.

La TVA est due sur la somme totale de 38 000 € (la TVA sur terrain à bâtir s'applique aussi bien sur la partie apportée à titre pur et simple que sur la partie apportée à titre onéreux).

Apports de B :

Un immeuble non soumis à la TVA d'une valeur de .... 60 000 €

Des créances pour .... 15 000 €

Total........ 75 000 €

À charge pour la société de payer un passif (contracté pour l'acquisition de l'immeuble) de 12 000 €

Dès lors que l'acte précise que le passif s'impute en priorité sur les créances, les apports de l'associé B sont considérés comme faits :

1. À titre onéreux à concurrence d'une partie des créances, soit 12 000 € (exonération de droit);

2. À titre pur et simple pour le surplus de la valeur des créances (3 000 €) et pour la valeur de l'immeuble (60 000 €) (enregistrement gratuit).

Hypothèse II : application de la règle de l'**imputation proportionnelle** (en l'absence de précision portée dans l'acte).

Apport de A : situation inchangée.

Apports de B : le passif de 12 000 € est imputé à hauteur de 15/75 (2 400 €) sur les créances et de 60/75 (9 600 €) sur l'immeuble. Dès lors, les apports de B sont considérés comme faits :

1. À titre onéreux :

– pour les créances, à hauteur de 2 400 € (exonération de droit);

– pour l'immeuble, à hauteur de 9 600 € (taxation au taux de 5 %, soit 480 €);

2. À titre pur et simple pour le surplus de la valeur de l'immeuble (50 400 €) et le surplus de la valeur des créances (12 600 €) (enregistrement gratuit).

4. RÉGIMES SPÉCIAUX

APPORT À UNE SOCIÉTÉ CIVILE D'UNE ACTIVITÉ PROFESSIONNELLE

En cas d'apport à une société civile (passible ou non de l'IS), par une personne physique, de l'ensemble des éléments d'actif immobilisé affectés à l'exercice d'une activité professionnelle, dans les conditions indiquées aux nos 4700 s., l'apport à titre onéreux résultant de la **prise en charge par la société du passif** incombant à l'apporteur est soumis à un droit de : 3830

– 5 % (ou 5,60 %, voir n° 3645) lorsque le passif est imputé sur des immeubles ou droits immobiliers (quelle que soit leur valeur) ;

– 5 % ou 3 % lorsque le passif est imputé sur des clientèles, fonds de commerce, droits à un bail ou à une promesse de bail (le droit de 5 % ne s'appliquant qu'à la fraction de leur valeur supérieure à 200 000 € et le droit de 3 % à la fraction de leur valeur comprise entre 23 000 € et 200 000 €).

L'apport est toutefois **enregistré gratuitement** si l'apporteur prend l'engagement de conserver les titres pendant trois ans (CGI art. 809, I bis et 810, III). Les titres faisant l'objet de l'engagement s'entendent de ceux qui sont remis en contrepartie de l'apport de l'actif net, lequel doit être à titre pur et simple.

Les **conditions** de l'engagement de conservation des titres ainsi que les conséquences de son **non-respect** sont identiques à celles définies pour les apports purs et simples soumis au droit de mutation (nº 3647). Comme pour ces derniers et sous les mêmes conditions, la reprise des droits de mutation n'est pas effectuée en cas de décès ou de donation.

> **Précisions a.** L'exonération n'est pas applicable lorsque **l'actif net apporté** n'est pas **rémunéré uniquement par des droits sociaux** mais également par une attribution de liquidités (Cass. com. 3-3-2004 nº 00-22.810 : RJF 6/04 nº 659) ou la prise en charge de dettes autres que le passif grevant les éléments d'actif apportés (Cass. com. 17-3-2004 nº 02-14.711 : RJF 7/04 nº 797 ; Cass. com. 12-2-2008 nº 07-15.218 : RJF 5/08 nº 610).
b. Pour les apports mixtes de **clientèle**, de fonds de commerce, de **droit à un bail** ou une **promesse de bail**, voir nº 3780.

REPRISE PAR LA SOCIÉTÉ CIVILE DES ACTES PASSÉS POUR SON COMPTE AVANT SON IMMATRICULATION

3840 Les actes translatifs de propriété ou de jouissance conclus au nom de la société en formation doivent être regardés comme parfaits dès l'origine et réalisés par la personne qui les a passés au nom de la société en formation ou par les mandants. Les actes en question sont donc immédiatement assujettis à l'impôt de mutation.

La question que nous examinons ici est celle de savoir si le transfert à la société civile des droits ainsi acquis pour son compte durant cette période entraîne ou non une nouvelle taxation, dans la mesure, bien entendu, où il s'agit d'actes translatifs de propriété ou de jouissance normalement passibles d'un droit de mutation à titre onéreux.

3845 Deux situations sont susceptibles d'être rencontrées selon que la société reprend ou non les actes accomplis en son nom pendant la période de formation (BOI-ENR-AVS-10-40 nºs 90 s.).

Si **la société reprend les actes** accomplis en son nom, aucun nouveau droit proportionnel n'est dû, si la ratification est pure et simple.

Il en va autrement si la convention est affectée d'une **condition suspensive** et notamment si sa réalisation est subordonnée à la ratification ultérieure de la société au nom de laquelle le contrat a été passé. En pareil cas, les éventuels droits ou taxes exigibles ne sont perçus que lors de la réalisation de la condition, l'acquisition initiale affectée d'une condition suspensive étant soumise à l'impôt au taux fixe.

Dans les deux cas, l'acte constatant la reprise de l'acquisition d'un immeuble accomplie au nom de la société en formation ou ratifiant cette acquisition est soumis à **publicité foncière.** Cet acte donne lieu à une contribution de sécurité immobilière au taux fixe de 15 € s'il est publié simultanément à l'acte d'acquisition (CGI art. 881 C). À défaut, la publication isolée de cet acte subit une contribution au taux de 0,10 % de la valeur de l'immeuble qui s'ajoute ainsi à la contribution déjà perçue lors de l'apport.

Si **la société ne reprend pas les actes** accomplis en son nom, la personne qui a contracté (ou les mandants) est considérée comme acquéreur ou preneur définitif, à moins que la réalisation de la convention n'ait été expressément subordonnée à la ratification ultérieure de la société au nom de laquelle le contrat a été passé.

Bien entendu, ces règles ne peuvent trouver à s'appliquer qu'autant que la convention a été conclue au cours de la **période de formation** de la société. Or, la détermination du **point de départ** de la période de formation est délicate ; voir nº 2421 la solution retenue par l'administration fiscale sur cette question et les réserves que peut susciter sa position.

SECTION 2

IMPOSITION DES PLUS-VALUES D'APPORT

A. Apports effectués par un particulier

Les plus-values réalisées par un particulier à l'occasion de l'apport d'un bien mobilier ou immobilier à une société civile, dans le cadre de la gestion de son patrimoine privé, relèvent du régime des plus-values privées. **4110**

APPORT D'IMMEUBLE

La plus-value consécutive à un apport d'immeuble en société étant imposable, en principe, dans les mêmes conditions que les plus-values résultant d'une vente ordinaire, on se reportera, pour une **étude d'ensemble du régime des plus-values immobilières,** aux développements consacrés aux plus-values réalisées par les sociétés civiles immobilières qui cèdent des immeubles (nos 33450 s.) en faisant abstraction, bien entendu, des solutions particulières aux immeubles possédés par une société civile. **4115**

Il est prévu des règles spéciales pour les **apports** d'immeubles faits **à des sociétés** civiles de copropriété immobilière fiscalement **transparentes** (voir nos 39605 s.).

APPORT DE DROITS SOCIAUX

Les plus-values d'apport de **titres de sociétés immobilières** transparentes et de titres de certaines sociétés à prépondérance immobilière relèvent du régime des plus-values immobilières, voir nos 33400 s. **4250**

Les plus-values réalisées à l'occasion de l'apport d'**autres valeurs mobilières ou droits sociaux** sont soumises au régime prévu aux articles 150-0 A à 150-0 E du CGI : sur ce régime, voir nos 21700 s. En particulier, il existe un régime de report d'imposition de la plus-value en cas d'apport de titres à une société soumise à l'impôt sur les sociétés contrôlée par l'apporteur (voir nos 21750 s.).

APPORT DE MÉTAUX PRÉCIEUX, BIJOUX, OBJETS D'ART, DE COLLECTION OU D'ANTIQUITÉ

L'apport au même titre que la vente de tels biens est soumis à une **taxation forfaitaire proportionnelle** qui tient lieu d'imposition des plus-values (CGI art. 150 VI à 150 VM). **4270**

Sont cependant exclus du champ d'application de la taxe les apports de bijoux, objets d'art, de collection ou d'antiquité dont la valeur n'excède pas 5 000 €.

L'**assiette** de la taxe est constituée de la valeur d'apport du bien.

La taxe est due au **taux** de :

- 11 % pour les métaux précieux ;
- 6 % pour les bijoux, objets d'art, de collection ou d'antiquité.

Si l'apporteur est domicilié fiscalement en France, ces taux sont majorés de 0,5 % en raison de la CRDS.

> **› Précisions** L'apporteur peut **opter pour le régime d'imposition de droit commun** des plus-values sur biens meubles exposé n° 4275 à condition de justifier de la date et du prix d'acquisition du bien ou de justifier que le bien est détenu depuis plus de 22 ans. Cette option, irrévocable, est avantageuse chaque fois qu'il s'agit d'un bien possédé depuis plus de 22 ans, la plus-value étant alors exonérée par le jeu de l'abattement annuel.

APPORT D'AUTRES BIENS MEUBLES

Les **règles de détermination** des plus-values sur biens meubles (autres que les droits sociaux, d'une part, et les métaux et objets précieux, d'autre part) sont les mêmes que pour les plus-values immobilières (voir nos 33400 s.), sous réserve des précisions suivantes (CGI art. 150 UA) : **4275**

- les **frais d'acquisition** (y compris les droits de mutation à titre gratuit) sont retenus pour leur montant réel ; les frais réels de restauration et de remise en état (à l'exclusion des dépenses d'entretien) s'ajoutent au prix d'acquisition ;
- le montant de la plus-value est réduit d'un **abattement** dont le taux est fixé à 5 % par année de détention au-delà de la deuxième, d'où une exonération totale de la plus-value après 22 ans de détention.

La plus-value réalisée est taxée au **taux** proportionnel de 19 % auquel s'ajoutent les prélèvements sociaux au taux global de 17,2 %, soit un taux global de 36,2 %.

Sont cependant **exonérés** de toute taxation :

– les meubles meublants, les appareils ménagers et les voitures automobiles sauf s'il s'agit d'objets d'art, de collection ou d'antiquité placés sur option sous le régime des plus-values ;

– les biens autres que les métaux précieux dont le prix n'excède pas 5 000 €.

> **Précisions a.** À la différence de ce qui est prévu en matière immobilière, les **contribuables non domiciliés fiscalement en France** échappent à l'imposition.
b. Les contribuables doivent se procurer et déposer spontanément au service des impôts de leur domicile une **déclaration** n° 2048-M-SD dans le délai d'un mois à compter de l'apport. La déclaration est accompagnée du paiement des droits. Lorsque la plus-value n'est pas imposable, la déclaration n'a pas à être souscrite.

B. Apports effectués par une entreprise ou dans le cadre d'une activité professionnelle

4350 Lorsque le bien apporté à la société civile dépend de l'**actif immobilisé d'une entreprise** industrielle, commerciale, artisanale, agricole ou non commerciale **imposable à l'impôt sur le revenu** et utilisé pour les besoins de l'activité professionnelle, ou d'une **société soumise à l'impôt sur les sociétés,** la plus-value réalisée ou la moins-value subie à l'occasion de l'apport relève du régime des plus-values et moins-values professionnelles.

ATTENTION

Le cas d'un apport effectué par une **entreprise individuelle** appelle les précisions suivantes. Tout entrepreneur individuel est de plein droit titulaire de deux patrimoines juridiques distincts : un patrimoine professionnel et un patrimoine personnel. Le **patrimoine professionnel** est constitué de l'ensemble des **biens** dont l'entrepreneur individuel est titulaire et qui sont **utiles à son activité professionnelle,** à savoir les biens qui, par nature, par destination ou en fonction de leur objet, servent à cette activité (C. com. art. R 526-26, I ; voir n° 1225). Les plus-values et moins-values dégagées à l'occasion de l'apport en société de ces biens devraient, en principe, relever du régime des plus-values et moins-values professionnelles exposé nos 4355 s., qu'il s'agisse d'un transfert universel du patrimoine professionnel (nos 1225 s.) ou d'un apport de certains biens du patrimoine professionnel pris isolément. Sur la question des conséquences fiscales de l'appartenance des titres d'une société civile au patrimoine professionnel de l'entrepreneur individuel, notamment au regard de leur affectation à l'exercice de l'activité professionnelle et de leur inscription à l'actif, voir n° 21620, Attention.

Lorsque l'entrepreneur individuel est tenu à des obligations comptables légales ou réglementaires, son patrimoine professionnel est présumé comprendre au moins l'ensemble des **éléments enregistrés au titre des documents comptables,** sous réserve que ces derniers soient réguliers et sincères et donnent une image fidèle du patrimoine, de la situation financière et du résultat de l'entreprise (C. com. art. R 526-26, II). Tous les biens figurant au bilan sont ainsi présumés faire partie du patrimoine professionnel, y compris, pour les exploitants relevant des BA ou des BIC, s'il s'agit de biens non utilisés pour l'exercice de l'activité qui auraient été inscrits à l'actif en application du principe de liberté d'inscription. Toutefois, la cession de biens non utilisés pour l'activité professionnelle ne relève pas, en principe, du régime des plus-values et moins-values professionnelles mais de celui des plus-values et moins-values privées.

Sur le régime des plus-values réalisées par un entrepreneur individuel ayant opté pour son **assimilation à une EURL ou à une EARL** et son assujettissement à l'impôt sur les sociétés : voir nos 4800 s.

1. APPORTEUR RELEVANT DE L'IMPÔT SUR LE REVENU

RÉGIME DES PLUS-VALUES PROFESSIONNELLES

4355 Les plus-values professionnelles réalisées par les entreprises ou exploitations relevant de l'impôt sur le revenu sont en principe soumises à l'impôt dans des conditions qui varient selon qu'elles sont à court ou à long terme ; ce régime est exposé nos 9608 s.

Les plus-values sont cependant exonérées, sous certaines conditions, lorsque les recettes réalisées ou la valeur des éléments apportés n'excèdent pas un certain montant (voir respectivement nos 4400 s. et 4420).

À défaut d'exonération, un régime optionnel de report d'imposition est applicable si l'apport en société est réalisé par un exploitant individuel et a pour objet son entreprise individuelle (voir nos 4700 s.) ou les titres nécessaires à l'exercice de son activité professionnelle (voir nos 4750 s.).

RÈGLES SPÉCIFIQUES À CERTAINS BIENS

Apport d'immeubles loués en meublé Le sort de la plus-value d'apport d'un immeuble loué en meublé dépend de la qualité de loueur professionnel ou non professionnel de l'apporteur. 4360

Les **loueurs professionnels** sont les personnes qui tirent de leur activité de location meublée plus de 23 000 € de recettes annuelles, ces recettes devant excéder leurs revenus professionnels (CGI art. 155, IV). Ces conditions sont appréciées au niveau du foyer fiscal.

Si l'apport est le fait d'un loueur professionnel, la plus-value relève du régime des plus-values professionnelles et peut bénéficier de l'exonération des petites entreprises en fonction des seuils applicables aux prestataires de services (nos 4400 s. et 9650 s.), toutes conditions étant par ailleurs remplies.

Si l'apport est effectué par un **loueur non professionnel,** la plus-value relève du régime des plus-values immobilières des particuliers (nos 33400 s.).

Apport de biens professionnels ayant auparavant fait partie du patrimoine privé de l'exploitant Il peut arriver qu'une immobilisation ait préalablement fait partie du patrimoine privé de l'exploitant avant d'être apportée. Il peut s'agir, par exemple, d'immeubles, de titres ou de droits sociaux inscrits à l'actif de son entreprise alors qu'ils faisaient auparavant partie du patrimoine privé de l'exploitant ou, encore, de titres d'une société de personnes appartenant à un associé, initialement simple apporteur de capitaux, qui vient à exercer son activité professionnelle dans la société. 4370

En cas d'apport d'un tel bien, deux plus-values distinctes, soumises à des régimes fiscaux différents, doivent être calculées (CGI art. 151 sexies) :

– une **plus-value professionnelle,** qui correspond à la plus-value acquise par le bien depuis son entrée dans l'actif professionnel jusqu'au jour de l'apport. Cette plus-value est déterminée et imposée, ou exonérée, selon les règles exposées nos 9608 s. ;

– une **plus-value privée,** qui correspond à la plus-value acquise par le bien au cours de la période pendant laquelle il a figuré dans le patrimoine privé de l'apporteur. Cette plus-value est taxée lors de l'apport et suit le régime des plus-values réalisées par les particuliers (nos 4110 s.). Elle est calculée par différence entre la valeur réelle du bien lors de son transfert dans le patrimoine professionnel et son prix d'acquisition (ou la valeur vénale ayant servi de base aux droits de mutation à titre gratuit). Compte tenu des nombreux cas d'exonération dont bénéficient les cessions de biens meubles, en pratique, il y aura lieu à taxation de la plus-value privée essentiellement dans les cas d'apport d'immeubles ou de titres. En cas d'application des abattements pour durée de détention (nos 21820 s. et 33700 s.), seule la durée de détention dans le patrimoine privé est prise en compte.

Dans le cas où le bien a d'abord fait partie du **patrimoine privé, puis** a été inscrit à l'**actif** de l'entreprise avant d'être **repris** dans le patrimoine privé, il convient de faire la somme algébrique des plus-values et moins-values relatives aux deux périodes privées. Ces deux périodes sont également à considérer ensemble pour le calcul des abattements pour durée de détention.

> **Précisions a.** Dans la **situation inverse** où la **période professionnelle** du bien a **précédé la période privée,** les règles sont différentes. La plus-value professionnelle a dû être imposée (sauf exonération) lors du transfert dans le patrimoine privé. Au moment de l'apport du bien, la plus-value privée est donc seule taxable. Cette plus-value est déterminée par différence entre la valeur d'apport et la valeur réelle du bien au jour du retrait d'actif. En cas d'application d'un abattement pour durée de détention, celui-ci est calculé à partir de la date du retrait d'actif pour les immeubles (et, le cas échéant, les biens meubles). Le décompte de la durée de détention peut en revanche varier pour les titres ou droits sociaux (nos 21821 s.).
>
> **b.** La plus-value privée afférente aux **terres agricoles** n'est pas imposable à la condition qu'elles ne constituent pas un terrain à bâtir, qu'elles soient exploitées par l'agriculteur qui en fait apport et que l'activité agricole de ce dernier ait été exercée à titre principal pendant au moins cinq ans.

EXONÉRATION EN FONCTION DES RECETTES

Les plus-values d'apport réalisées dans le cadre d'une activité agricole, libérale, artisanale ou commerciale par des exploitants dont les recettes n'excèdent pas un certain montant sont exonérées en totalité ou pour partie à condition que l'activité ait été exercée pendant au moins cinq ans et que le bien apporté ne soit pas un terrain à bâtir (CGI art. 151 septies). Ce régime d'exonération, qui s'applique aux apports comme aux cessions, est exposé nos 9650 s. L'exonération concerne non seulement les plus-values réalisées par des sociétés de personnes relevant de l'impôt sur le revenu mais aussi celles réalisées dans le cadre d'entreprises individuelles. 4400

Dans le cas spécifique d'un **apport par un exploitant individuel,** les précisions suivantes peuvent être apportées.

4401 Le régime d'exonération de l'article 151 septies du CGI est réservé aux plus-values réalisées dans le cadre d'une **activité exercée à titre professionnel,** ce qui implique la participation personnelle, directe et continue de l'exploitant à l'accomplissement des actes nécessaires à son exploitation (CGI art. 155, IV). Les plus-values d'apport d'une activité donnée en **location-gérance** ou équivalent – location de clientèle libérale, par exemple – sont donc exclues de l'exonération.

L'exonération s'applique quel que soit le **régime d'imposition de l'apporteur** (régime réel ou micro).

Lorsque l'activité de l'apporteur a été exercée successivement à titre professionnel au sein d'une **société de personnes** puis **à titre individuel,** le point de départ du délai de cinq ans est fixé au début de l'activité au sein de la société (CE 17-5-1995 n° 136878 : RJF 7/95 n° 819 ; BOI-BIC-PVMV-40-10-10-20 n° 80).

4409 Selon le **montant total des recettes** réalisées, l'exonération des plus-values peut être totale ou partielle (sur ces limites d'exonération, voir n°s 9656 s.).

Lorsqu'un contribuable **exploite personnellement plusieurs entreprises** relevant du même revenu catégoriel, le montant total des recettes réalisées dans l'ensemble de ces entreprises doit être comparé aux limites légales d'exonération. Cette globalisation des recettes s'effectue par catégorie de revenus (BNC, BIC, BA). Une telle globalisation n'a pas lieu d'être effectuée si des entreprises distinctes sont exploitées par plusieurs membres du foyer fiscal, y compris lorsque les activités relèvent de la même catégorie d'imposition (BOI-BIC-PVMV-40-10-10-20 n° 600).

Dans le cas où la plus-value est réalisée lors de l'apport d'une immobilisation par un exploitant individuel également **membre d'une société de personnes,** les limites d'exonération sont appréciées en majorant ses recettes individuelles de la quote-part des recettes de la société de personnes qui correspond à ses droits.

EXONÉRATION EN FONCTION DE LA VALEUR DES ÉLÉMENTS APPORTÉS

4420 Le régime d'exonération totale ou partielle des plus-values en fonction de la valeur des éléments transmis de l'article 238 quindecies du CGI (exposé n°s 9720 s.) s'applique en particulier aux plus-values réalisées à l'occasion de l'apport d'une branche complète d'activité ou d'une entreprise individuelle agricole, libérale, artisanale ou commerciale relevant de l'impôt sur le revenu, toutes les conditions étant par ailleurs remplies.

La condition d'absence de lien de dépendance entre l'apporteur et la société bénéficiaire de l'apport (telle que définie n° 9730) restreint, en pratique, le champ d'application du régime d'exonération en cas d'apport d'une entreprise individuelle.

EXONÉRATION EN CAS DE DÉPART EN RETRAITE DE L'APPORTEUR

4440 Le régime d'exonération des plus-values réalisées lors de la cession à titre onéreux d'une PME relevant de l'impôt sur le revenu pour cause de départ en retraite de l'exploitant (exposé n°s 21675 s.) s'applique en particulier aux plus-values réalisées lors de l'apport à une société civile d'une entreprise individuelle ou de l'intégralité des parts d'une société de personnes détenues par l'associé y exerçant son activité professionnelle, toutes les autres conditions étant par ailleurs remplies (CGI art. 151 septies A).

La condition d'absence de contrôle de l'apporteur sur la société bénéficiaire de l'apport (telle que définie n° 21677) à un moment quelconque au cours des trois années qui suivent l'apport restreint, en pratique, le champ d'application du régime d'exonération en cas d'apport.

REPORT D'IMPOSITION EN CAS D'APPORT D'UNE ENTREPRISE INDIVIDUELLE

4700 Les exploitants qui font apport à une société civile de leur entreprise individuelle peuvent **opter** pour l'application d'un régime spécial permettant d'éviter l'imposition immédiate des **plus-values d'apport et des profits sur stocks** réalisés à cette occasion (CGI art. 151 octies).

Ils peuvent également bénéficier d'un régime de faveur en matière de **droits d'enregistrement** pour les apports effectués à titre onéreux (voir n° 3830).

L'option pour le régime de report de taxation des plus-values est **exclusive des régimes d'exonération** applicables, le cas échéant, en fonction du montant des recettes (n°s 4400 s.), de la valeur des éléments apportés (n° 4420) ou en cas de départ en retraite de l'exploitant (n° 4440). En conséquence, un exploitant individuel qui ne bénéficie que d'une exonération partielle compte tenu du montant de ses recettes (ou de la valeur de l'activité apportée) ne peut pas simultanément demander à bénéficier du régime de report d'imposition pour la fraction des plus-values qui reste imposable. Il doit opter pour l'un ou l'autre des régimes qui lui sont offerts (voir le tableau récapitulatif n° 9850).

Avantages et inconvénients du régime Le régime de report étant facultatif et, comme nous l'avons vu, non cumulable avec certains dispositifs d'exonération des plus-values, les exploitants doivent en apprécier les avantages et les inconvénients avant d'en demander l'application. **4702**

Le report d'imposition des plus-values est de nature à procurer un avantage de trésorerie qui peut être durable pour les biens non amortissables : les **plus-values sur éléments non amortissables** ne sont imposées que lors de la cession à titre onéreux des parts sociales reçues en rémunération de l'apport ou lors de la cession par la société des biens concernés.

L'intérêt du régime peut se trouver atténué par l'obligation qui est faite à la société de réintégrer les plus-values sur **éléments amortissables** dans ses bénéfices imposables au taux plein.

Le report de taxation n'est pas avantageux si l'apporteur peut imputer les plus-values sur des **déficits.**

Enfin, en dehors des plus-values et des profits sur stocks, l'apport entraîne les conséquences d'une cessation d'entreprise, c'est-à-dire l'**imposition immédiate** des autres résultats de la période d'imposition close par l'apport (en ce qui concerne l'imposition des créances acquises en cas d'apport en société d'une activité libérale, voir nos 54435 s.).

ATTENTION

Le placement de la plus-value d'apport en report d'imposition est constitutif d'un **abus de droit** si l'opération d'apport a pour seule finalité de permettre à l'apporteur de disposer des liquidités correspondant à la valeur des biens transmis en évitant l'imposition des plus-values (CE 8-10-2010 n° 321361 : RJF 12/10 n° 1206). Ce qui peut être le cas lorsque l'apport de l'entreprise individuelle est suivi à brève échéance d'une réduction de capital de la société bénéficiaire.

Champ d'application du régime Le régime spécial concerne toutes les **personnes physiques qui font apport** à une société d'une entreprise individuelle ou d'une branche complète d'activité, quels que soient la nature (agricole, non commerciale, artisanale ou commerciale) et le régime d'imposition de l'entreprise concernée (régime réel d'imposition ou non). Les apports d'entreprises exploitées en **indivision** y ouvrent droit. **4704**

Ce dispositif est applicable quel que soit le **régime fiscal de la société bénéficiaire de l'apport** (soumise à l'impôt sur le revenu ou à l'impôt sur les sociétés). Peu importe également que celle-ci soit nouvelle ou préexistante. Mais la société bénéficiaire de l'apport doit relever d'un régime réel d'imposition à la date de l'apport.

> Précisions **a.** Le report d'imposition ne concerne pas les **transformations de sociétés de fait en sociétés de droit** (CAA Nantes 7-4-2004 n° 02-419 : RJF 8-9/04 n° 853).
b. Les avocats membres d'une **association d'avocats** régie par la loi 71-1130 du 31 décembre 1971 sont assimilés à des exploitants exerçant leur activité à titre individuel. En conséquence, l'apport par chacun de ces avocats de l'ensemble des éléments d'actif immobilisé ainsi que de leur clientèle propre à une **société civile professionnelle** bénéficie du régime de report d'imposition de l'article 151 octies du CGI (CE 2-6-2010 n° 306292 : RJF 8-9/10 n° 773).
c. Les dispositions de l'article 151 octies du CGI ne s'appliquent pas aux **apports effectués par des personnes morales** et, notamment, par les exploitations agricoles à responsabilité limitée (EARL), même à associé unique, et les entreprises unipersonnelles à responsabilité limitée (EURL) (BOI-BA-BASE-20-20-30-60 n° 40).

Conditions d'application L'apport doit en principe porter sur une **entreprise individuelle** ou sur une **branche complète d'activité.** Si certains biens sont communs à plusieurs branches d'activité, le régime spécial s'applique aux biens transférés dans l'acte d'apport. **4706**

Il est permis d'exclure de l'apport les **immeubles** affectés à l'exploitation, à condition que ces immeubles soient mis à la disposition de la société dans le cadre d'un bail d'une durée minimale de neuf ans.

La **rémunération des apports** effectués doit être exclusivement constituée de parts sociales pour une valeur au moins égale à la valeur réelle de l'ensemble des éléments d'actif immobilisé apportés, diminuée du passif directement affectable à ces immobilisations (BOI-BIC-PVMV-40-20-30-10 n° 220). Le régime ne s'applique pas lorsque les actifs apportés sont rémunérés par le versement de sommes d'argent, la prise en charge d'un passif personnel à l'apporteur ou l'ouverture d'un compte courant à son nom (en ce sens : CE 21-3-2008 n° 294816 : RJF 6/08 n° 638 et CE 16-4-2010 n° 309608 : RJF 7/10 n° 658).

> Précisions **a.** Les **dettes** peuvent ne pas être comprises dans l'apport, tout comme les éléments de l'**actif circulant** (à condition toutefois que le passif qui s'y rattache directement ne soit pas transmis). Il en est de même des **stocks** non indispensables à la poursuite de l'activité par le repreneur (BOI-BIC-PVMV-40-20-30-10 n° 240). Le régime peut donc s'appliquer à l'apport d'une **clientèle libérale** seule.

b. En cas de **rupture** ou de non-renouvellement du **contrat de mise à disposition des immeubles d'exploitation** transférés dans le patrimoine privé, le report de taxation prend fin immédiatement. Les plus-values non encore imposées sont aussitôt taxées soit au nom de l'apporteur pour les plus-values sur éléments non amortissables, soit au nom de la société pour les plus-values sur biens amortissables. Le cas échéant, la fraction non encore imposée des provisions doit aussi être réintégrée dans les résultats de la société.

c. L'administration admet que les **droits à paiement de base** de l'exploitant agricole ne soient pas compris dans l'apport lorsqu'ils sont liés à l'exploitation de terres non comprises dans cet apport mais mises à disposition du bénéficiaire dans le cadre d'un contrat d'au moins neuf ans, et si les droits en cause sont eux-mêmes mis à la disposition du bénéficiaire dans les mêmes conditions (BOI-BA-BASE-20-20-30-60 n° 70).

4710 **Exonération provisoire des plus-values** Les **plus-values** à court terme ou à long terme **sur éléments non amortissables** sont provisoirement exonérées de toute imposition. Celle-ci est reportée jusqu'au moment où interviendra l'un des trois événements suivants : **cession** à titre onéreux (vente, apport en société, échange) **des parts sociales reçues** en rémunération de l'apport, **rachat** ou annulation de ces parts par la société ou **cession** par la société **des biens concernés.** Dans ces trois hypothèses, les plus-values en report d'imposition deviennent imposables au nom de l'apporteur au titre de l'année au cours de laquelle l'événement intervient et d'après les barèmes et taux en vigueur à cette date (CE 10-4-2002 n° 226886 : RJF 7/02 n° 788). Si l'imposition intervient à raison de la cession des titres reçus en rémunération d'un apport effectué à une société civile relevant du régime fiscal des sociétés de personnes, la plus-value à long terme réalisée lors de l'apport peut être compensée avec la moins-value à long terme subie lors de cette cession lorsqu'elle relève du régime des moins-values professionnelles ; en revanche, tel n'est pas le cas lorsque l'apport a été effectué à une société civile soumise à l'impôt sur les sociétés (BOI-BIC-PVMV-40-20-30-20 n° 90). En cas de cession des parts reçues en rémunération de l'apport lors du départ en retraite du cédant, les plus-values peuvent, le cas échéant, être exonérées dans les conditions exposées n° 21680.

En cas de **cession** ou de **rachat partiel** des parts sociales, l'imposition ne porte que sur la fraction des plus-values correspondant aux parts cédées (rapport entre le nombre de titres cédés et le nombre de titres reçus lors de l'apport).

Le report d'imposition est maintenu en cas de **transmission à titre gratuit** de la pleine propriété ou de la nue-propriété des parts sociales rémunérant l'apport, ou en cas de **donation-partage avec soulte,** si le bénéficiaire s'engage à acquitter l'impôt afférent à la plus-value lorsque le report d'imposition prendra fin du fait d'un des événements visés précédemment (BOI-BIC-PVMV-40-20-30-20 n°s 110 et 170). En cas de transmissions successives à titre gratuit des parts sociales, le maintien du report d'imposition s'applique dès lors que chaque bénéficiaire souscrit ce même engagement. À noter : dans le cas où la transmission à titre gratuit de la nue-propriété des parts sociales rémunérant l'apport est suivie de la cession à titre onéreux de l'usufruit de ces droits par le donateur, l'administration indique que cette seconde opération met fin au report d'imposition (les plus-values en report deviennent alors imposables entre les mains du donateur).

Le report d'imposition est également maintenu en cas de **transformation d'une SCP** en SEL (voir n° 56075, précision b), en cas de **restructuration** (fusion, scission ou apport partiel d'actifs) de **SCP** ou de **société civile agricole** placée sous le régime de report d'imposition de l'article 151 octies A du CGI (n°s 56110 s. et 60100) ou en cas d'échange des droits sociaux résultant d'opérations de restructuration (n°s 16410 s.). Dans ces hypothèses, le report d'imposition est maintenu jusqu'à la perte de la propriété des immobilisations non amortissables apportées ou des titres détenus à la suite des opérations en cause (titres de la SEL issue de la transformation, titres reçus en rémunération de l'opération de restructuration ou titres de la société apporteuse). Ne peuvent toutefois bénéficier de ces dispositions les opérations de fusion, scission et d'apport partiel d'actifs ayant pour objectif principal ou comme un de leurs objectifs principaux la fraude ou l'évasion fiscales.

Plus généralement, le **report d'imposition** est **maintenu** dans tous les cas où les événements censés y mettre fin génèrent eux-mêmes des plus-values placées en **report ou sursis d'imposition** jusqu'à ce que ces dernières deviennent imposables (qu'elles soient imposées ou exonérées) ou que surviennent d'autres événements mettant fin au report à l'occasion desquels les plus-values constatées ne bénéficient pas d'un report ou d'un sursis d'imposition (CGI art. 151-0 octies). Ainsi, par exemple, le report d'imposition de l'article 151 octies du CGI sera maintenu si les titres reçus en rémunération de l'apport en société font l'objet d'un nouvel apport en société placé sous le régime du report d'imposition de l'article 151 nonies, IV bis du CGI (n° 21667).

La **dissolution de la société** à laquelle a été apportée l'activité (par exemple, dissolution de la SCP ayant reçu une activité libérale) met fin au report d'imposition, sans maintien du report sur le fondement de l'article 151-0 octies du CGI (CAA Douai 6-6-2017 n° 16DA00029 : RJF 10/17 n° 936).

Les **plus-values dégagées sur les immobilisations amortissables** ne sont pas imposées au nom de l'apporteur. Elles sont réintégrées dans les bénéfices imposables au taux de droit commun de la société bénéficiaire de l'apport avec possibilité d'échelonnement, suivant le mécanisme prévu pour les fusions de sociétés (CGI art. 210 A, 3-d) ; voir n° 16410. En contrepartie, la société est autorisée à calculer les amortissements (suivant le mode dégressif, le cas échéant) et les plus-values postérieures d'après les nouvelles valeurs retenues lors de l'apport, les biens étant réputés acquis depuis leur entrée dans le patrimoine de l'entreprise apporteuse. 4712

Toutefois, l'apporteur peut opter pour l'imposition au taux réduit des plus-values à long terme de la **plus-value nette à long terme globale** afférente à ses immobilisations amortissables ; cette plus-value peut, le cas échéant, être utilisée à compenser les déficits d'exploitation du dernier exercice d'activité ou les déficits antérieurs restant à reporter. Corrélativement, la société bénéficiaire de l'apport n'a plus à réintégrer cette plus-value dans ses propres résultats.

Profits sur stocks Les profits afférents aux stocks ne sont **pas imposés** au nom de l'apporteur à condition que la société bénéficiaire de l'apport inscrive ces stocks à l'actif de son bilan pour la valeur comptable figurant dans le dernier bilan de l'entreprise apporteuse et calcule par la suite le profit de cession des stocks en cause à partir de cette valeur. 4715

En cas d'apport de **stocks agricoles** par un exploitant ne relevant pas d'un régime réel, la valeur comptable des stocks apportés doit être déterminée selon les règles prévues en cas de changement de régime d'imposition.

Bénéfices en sursis d'imposition Des règles particulières sont prévues en faveur de certains bénéfices placés en sursis d'imposition à la date de l'apport : 4720

- les **provisions** ne sont rapportées aux résultats que si elles deviennent sans objet ;
- l'étalement des **plus-values nettes à court terme** dont bénéficiait l'entreprise individuelle est maintenu au niveau de la société qui recueille l'apport si elle n'est pas imposable à l'IS et s'engage, dans l'acte d'apport, à réintégrer dans ses résultats imposables les plus-values en cause sur la durée restant à courir ;
- dans certaines conditions, l'étalement d'imposition des **subventions d'équipement** peut être maintenu au niveau de la société bénéficiaire des apports.

Obligations déclaratives L'apporteur et la société doivent, conjointement, **exercer l'option** pour le régime spécial dans l'acte d'apport ou de constitution de la société. À défaut, la plus-value est immédiatement taxable (CE 18-5-2009 n° 298039 : RJF 8-9/09 n° 719). 4730

L'**apporteur** doit avertir l'administration de la cession de son entreprise dans un délai de 45 jours décompté à partir de sa réalisation puis souscrire la déclaration des résultats de l'exercice clos par l'apport dans un délai de 60 jours à compter de la même date. Un état de suivi des plus-values en report d'imposition relatif aux éléments amortissables et non amortissables apportés et aux titres reçus en rémunération des apports doit être joint à cette déclaration. L'apporteur doit par ailleurs joindre à sa déclaration de revenus de l'année de réalisation de l'opération et des années ultérieures un état conforme à un modèle fourni par l'administration (BOI-FORM-000018) destiné à assurer le suivi des plus-values sur éléments non amortissables dont l'imposition est reportée.

La **société bénéficiaire de l'apport** doit quant à elle, d'une part, joindre à ses déclarations de résultats un état de suivi des plus-values non imposées lors de l'apport et, d'autre part, tenir un registre relatif aux plus-values sur éléments non amortissables.

Le **non-respect des obligations** relatives à l'état de suivi ou au registre des plus-values entraîne l'exigibilité d'une amende égale à 5 % des sommes omises, sauf en cas de première infraction régularisée spontanément ou sur demande de l'administration (CGI art. 1763).

> **ATTENTION**
> Lorsque l'**option** pour le report a été **irrégulièrement exercée,** l'administration peut opposer à l'apporteur la situation d'apparence ainsi créée pour exiger qu'il respecte les engagements induits par son option (CE 30-7-2010 n° 317425 : RJF 11/10 n° 996).

REPORT D'IMPOSITION EN CAS D'APPORT DE TITRES

Les exploitants individuels exerçant une **activité** agricole, libérale, commerciale ou artisanale **à titre professionnel** au sens de l'article 155, IV du CGI (n° 4401) qui apportent les titres inscrits 4750

à leur bilan peuvent se placer sous un régime optionnel permettant d'éviter l'imposition immédiate des plus-values résultant de l'apport (CGI art. 151 octies B). Ce report d'imposition s'applique aux **apports rémunérés** par des parts sociales et éventuellement par une soulte ne dépassant ni 10 % de la valeur nominale des droits sociaux attribués ni le montant de la plus-value réalisée.
L'option pour ce régime de report est **exclusive des régimes d'exonération** applicables, le cas échéant, en fonction du montant des recettes (nos 9650 s.), de la valeur des éléments apportés (nos 9720 s.) ou en cas de départ en retraite de l'exploitant (nos 21675 s.). Ce dispositif ne peut pas non plus se **cumuler avec les reports d'imposition** prévus en cas d'apport en société d'une entreprise individuelle (nos 4700 s.) ou en cas de restructuration (fusion, scission ou apport partiel d'actifs) de SCP ou de société civile agricole (nos 56110 s. et 60100).

> Précisions Un régime de report d'imposition semblable à celui de l'article 151 octies B du CGI est prévu par l'article 151 nonies, IV bis du CGI en cas d'apport en société de **parts d'une société de personnes** détenues par un associé y exerçant son activité professionnelle (voir n° 21667).

4752 **Conditions du report** Le report d'imposition s'applique lorsque les conditions suivantes sont réunies :
– l'**apport porte** sur l'intégralité des **titres** détenus par l'exploitant, inscrits à l'actif de son bilan ou au registre des immobilisations et nécessaires à l'exercice de son activité. Ne sont pas réputés nécessaires à l'exercice de l'activité les titres de sociétés à prépondérance immobilière ;
– la **société civile bénéficiaire de l'apport relève d'un régime** réel d'imposition à la date de l'apport, qu'elle soit soumise à l'impôt sur le revenu ou à l'impôt sur les sociétés ;
– la société bénéficiaire **reçoit,** à l'occasion de l'apport, et le cas échéant d'autres apports concomitants, plus de 50 % des droits de vote ou du capital de la société dont les titres sont apportés ;
– les **parts sociales reçues en rémunération de l'apport** sont nécessaires à l'exercice de l'activité de l'apporteur.

> Précisions a. Seuls ouvrent droit au dispositif les **titres apportés ou reçus nécessaires à l'exercice de l'activité** et non pas simplement affectés à l'exploitation ou revêtant une simple utilité professionnelle (CE 13-7-2022 nos 459899 et 459900).
b. Les titres de **sociétés à prépondérance immobilière** exclus du régime s'entendent des titres de sociétés dont l'actif est principalement constitué de biens immobiliers bâtis ou non bâtis qui ne sont pas affectés par l'entreprise à sa propre exploitation, de droits afférents à un contrat de crédit-bail portant sur de tels biens et conclu dans les conditions prévues à l'article L 313-7, 2 du Code monétaire et financier, de droits ou parts de sociétés dont l'actif est principalement constitué des mêmes biens, droits ou parts.
c. Sur la question des conséquences fiscales de l'appartenance des titres d'une société civile au **patrimoine professionnel juridique de l'entrepreneur individuel,** notamment au regard de leur affectation à l'exercice de l'activité professionnelle et de leur inscription à l'actif, voir n° 21620, Attention.

4754 **Portée du régime de report** L'option pour le régime spécial permet à l'apporteur de bénéficier d'un report d'imposition pour les plus-values constatées à raison de l'échange des titres. Leur **imposition** est **reportée jusqu'à la cession,** au rachat ou à l'annulation des parts sociales reçues en rémunération de l'apport ou des titres apportés.
Il est mis **fin au report d'imposition** lorsque l'apporteur cesse d'exercer son activité à titre professionnel ou lorsque les parts sociales reçues en rémunération de l'apport cessent d'être nécessaires à l'exercice de son activité (voir toutefois n° 21680 en cas de départ en retraite de l'associé).
Le report d'imposition est **maintenu** en cas d'échange des droits sociaux résultant d'une fusion ou d'une scission entrant dans la définition de l'article 210-0 A du CGI (nos 16404 s.) de la société dont les titres ont été apportés ou de la société bénéficiaire de l'apport jusqu'à la date de cession, de rachat ou d'annulation des titres reçus lors de l'échange. Toutefois, ces dispositions ne s'appliquent pas si la fusion ou la scission a pour objet principal ou comme un de ses objectifs principaux la fraude ou l'évasion fiscales.
Le report d'imposition est également maintenu en cas de transmission à titre gratuit des droits sociaux rémunérant l'apport (ou des droits reçus en échange d'une fusion ou d'une scission de la société bénéficiaire de l'apport ou de la société dont les titres ont été apportés) à la double condition que l'opération soit réalisée dans les conditions prévues à l'article 41 du CGI et que le bénéficiaire s'engage à acquitter l'impôt afférent à la plus-value lorsque l'un des événements visés ci-dessus intervient.

D'une manière générale, le report d'imposition est maintenu en cas de réalisation d'une nouvelle opération ouvrant droit également à un report ou sursis d'imposition (CGI art. 151-0 octies).

En cas d'**échange avec soulte,** le report d'imposition ne s'applique pas au montant de la soulte, celle-ci étant immédiatement taxable (cette plus-value peut bénéficier, le cas échéant, du régime du long terme dans la limite de la plus-value réalisée sur les titres détenus depuis au moins deux ans).

> **Précisions** Le report d'imposition cesse, en principe, en cas de **cessation définitive de l'activité professionnelle** de l'apporteur mais aussi en cas de changement de mode d'exploitation remettant en cause le caractère professionnel de l'exercice de l'activité (par exemple, en cas de passage d'une exploitation en direct à une exploitation au moyen d'un contrat de location-gérance ou de location de clientèle).

Obligations déclaratives L'**apporteur** doit joindre à sa déclaration de revenus de l'année de réalisation de l'opération et des années suivantes un état destiné à assurer le suivi des plus-values dont l'imposition est reportée (CGI ann. III art. 41-0 A bis A). La production de cet état formalise l'**option** du contribuable pour le régime. **4756**

La **société bénéficiaire de l'apport** est, quant à elle, soumise aux mêmes obligations déclaratives que la société bénéficiaire de l'apport d'une entreprise individuelle placé sous le régime de l'article 151 octies du CGI (voir n° 4730).

2. APPORTEUR SOUMIS À L'IMPÔT SUR LES SOCIÉTÉS

APPORT DE TITRES

Lorsque les titres apportés sont inscrits à l'actif immobilisé d'une entreprise ou d'une société passible de l'impôt sur les sociétés, la plus-value d'apport est imposable selon le régime des plus-values professionnelles dans les conditions exposées nos 10190 s. Cette plus-value peut entrer dans le champ d'application du régime du long terme. En particulier, les plus-values d'apport de titres qui répondent à la définition fiscale des titres de participation visée à l'article 219, I-a quinquies du CGI (n° 10192) sont exonérées, sous réserve de l'imposition d'une quote-part de frais et charges. **4800**

AUTRES APPORTS

Les plus-values d'apport de **biens autres** que ceux visés n° 10165 sont exclues du régime des plus-values ou moins-values à long terme, quelle que soit la durée de détention des biens apportés (CGI art. 219, I-a quater). Le résultat d'apport relève par suite du régime des plus-values ou moins-values à court terme. Les plus-values sont donc comprises dans le résultat ordinaire de l'exercice en cours lors de leur réalisation ou, dans les PME, au taux réduit d'imposition (voir nos 10290 s.). Les moins-values s'imputent sur le bénéfice d'exploitation ou contribuent à la formation d'un déficit reportable dans les conditions de droit commun. **4850**

Sur les reports d'imposition de la plus-value en cas d'apport de **terrain à bâtir,** voir nos 44570 (apport à une société de construction-vente) et 39610 s. (apport à une société d'attribution).

EXONÉRATION EN FONCTION DE LA VALEUR DES ÉLÉMENTS APPORTÉS

Le régime d'exonération totale ou partielle des plus-values en fonction de la valeur des éléments transmis de l'article 238 quindecies du CGI (exposé nos 9720 s.) s'applique aux plus-values réalisées à l'occasion de l'apport d'une branche complète d'activité par une société soumise à l'IS à condition que cette dernière réponde à la définition des PME donnée n° 10220. **4900**

La condition d'absence de lien de dépendance entre l'apporteur et la société bénéficiaire de l'apport (tel que défini n° 9730) restreint, en pratique, le champ d'application du régime d'exonération en cas d'apport d'une branche complète d'activité.

TITRE II

Le fonctionnement de la société civile

CHAPITRE 1

LA SOCIÉTÉ PERSONNE MORALE

SOMMAIRE

SECTION 1

CAPACITÉ DE LA PERSONNE MORALE

La capacité des **personnes morales** est limitée par les **règles applicables à chacune d'entre elles** (C. civ. art. 1145, al. 2). En matière de sociétés civiles, ce principe vise à notre avis celles soumises par une réglementation spécifique à l'obligation d'exercer leur activité conformément à un objet particulier (cas, par exemple, des sociétés exerçant une profession réglementée). 6000

Par ailleurs, une société civile ne peut pas selon nous acquérir ou souscrire des parts de société en nom collectif ou devenir associé commandité dans une société en commandite simple ou par actions car elle prendrait alors la qualité de commerçant (C. com. art. L 221-1, L 222-1 et L 226-1).

Contrairement à l'association non reconnue d'utilité publique, la **société** civile peut bénéficier de dons ou de legs. En effet, la capacité est la règle et l'incapacité l'exception. Dès lors qu'aucun texte ne s'y oppose, il n'y a pas de raison de limiter la capacité de la société et de lui interdire d'**acquérir à titre gratuit.** 6020

En revanche, la société ne peut pas **faire de libéralités** puisqu'elle est constituée pour réaliser des bénéfices ou des économies. Toutefois, il n'y a libéralité que si l'acte est totalement désintéressé. Par suite, la société peut valablement accomplir un acte pour lequel elle n'est pas rémunérée, si elle y trouve un intérêt (par exemple, action publicitaire sous la forme d'une distribution gratuite de produits d'une exploitation agricole).

> **Précisions** Il est interdit aux sociétés civiles de participer au **financement** de campagnes électorales ou **de partis politiques** en consentant des dons sous quelque forme que ce soit ou en fournissant des biens ou des services directement ou indirectement à des prix inférieurs à ceux habituellement pratiqués (C. élect. art. L 52-8 ; Loi 88-227 du 11-3-1988 art. 11-4).

SECTION 2

ABUS DE LA PERSONNALITÉ MORALE

CAS DE SOCIÉTÉS FICTIVES

6050 Une société est fictive lorsque les personnes qui apparaissent comme des associés n'en ont pas les caractéristiques, généralement parce que leur volonté de se comporter en associés (**affectio societatis**) n'est pas établie.

Une société peut également être fictive en cas d'**abus de la personnalité morale,** c'est-à-dire lorsqu'elle a en réalité pour objet de masquer les agissements de ses associés. Tel est le cas :

– d'une société de gestion de portefeuille familiale n'effectuant aucun arbitrage, ne bénéficiant d'aucune autonomie financière, dans laquelle certains associés n'ont réalisé que de faibles apports et dont le principal apporteur entend garder la maîtrise de son patrimoine (Cass. com. 15-5-2007 n° 06-14.262 : RJDA 10/07 n° 966) ;

– d'une SCI constituée entre deux associés dont l'un a apporté la nue-propriété d'un bien immobilier et l'autre une somme de 1 524 €, cette somme étant insuffisante pour gérer le patrimoine social (Cass. com. 13-1-2009 n° 07-20.097 : RJDA 4/09 n° 339) ;

– d'une SCI constituée entre deux associés dont l'un ne détenait qu'une part sociale dès lors qu'aucune assemblée n'a jamais été convoquée, que l'associé majoritaire n'a pas rempli ses fonctions de gérant et qu'aucun élément constitutif du contrat de société n'était relevé (Cass. com. 9-6-2009 n° 07-20.937 : RJDA 10/09 n° 845) ;

– d'une société en sommeil pendant près de 20 ans qui n'a été « réveillée » que pour prendre le contrôle d'une autre société afin d'en céder le patrimoine et obtenir une plus-value importante (Cass. com. 25-4-2006 n° 498 : RJDA 11/06 n° 1147) ;

– d'une société n'ayant ni compte bancaire ni comptabilité, dont aucune assemblée n'a été tenue et dont un associé s'est comporté comme l'unique propriétaire d'un immeuble appartenant à la société en l'hypothéquant (Cass. 3e civ. 10-10-2007 n° 05-18.076 : RJDA 1/08 n° 39) ;

– d'une société dont les associés n'ont pas fait personnellement d'apports (pour un cas de société fictive constituée avec des enfants mineurs dont le faible apport en numéraire a été financé par leur père, nommé gérant, voir Cass. 3e civ. 18-12-2007 n° 06-21.897 : RJDA 4/08 n° 367).

6052 **En revanche,** n'est pas de nature à donner un caractère fictif à une société :

– la seule existence de liens familiaux entre les associés (Cass. com. 21-12-1982 : BRDA 12/83 p. 21) ;

– la constatation qu'une personne physique est devenue seule propriétaire de l'ensemble des parts sociales (Cass. com. 15-2-2005 n° 235 : RJDA 6/05 n° 727) ;

– le fait que la société, dont l'objet était l'achat et la revente de biens immobiliers, n'ait acquis depuis sa création qu'un seul immeuble qu'elle n'a jamais exploité, même si cet achat n'a été financé que par l'un des associés, qui apparaissait comme le seul maître de l'affaire (Cass. com. 11-3-2008 n° 06-19.968 : RJDA 6/08 n° 661) ;

– l'identité de siège social et des dirigeants communs à une SARL et à une SCI (Cass. com. 25-6-1996 : RJDA 12/96 n° 1481) ;

– l'absence de vie sociale (défaut de comptabilité et d'assemblée) dès lors que la société a été régulièrement constituée, que l'objet social a été réalisé (achat d'un corps de ferme appartenant à l'agriculteur et mis à disposition de celui-ci) et que le gérant (l'agriculteur) s'est acquitté des taxes foncières de la société (Cass. com. 15-11-2017 n° 16-20.193 F-D : RJDA 2/18 n° 142).

6054 Une société peut également être fictive en cas de **simulation,** soit parce que le contrat de société dissimule un autre contrat (nos 528 s.), soit parce que la société ne comporte que des prête-noms (pour un exemple, Cass. 3e civ. 22-6-1976 : D. 1977 p. 619 note Diener ; sur les conditions de validité de la pratique du prête-nom, voir nos 1075 s.).

DÉNONCIATION DE LA FICTIVITÉ D'UNE SOCIÉTÉ

6056 L'action en dénonciation de la fictivité tend à établir que l'apparence n'est pas conforme à la réalité. Elle permet donc à ceux qui invoquent la fictivité d'une société, le plus souvent des tiers, d'**écarter l'écran de la personnalité morale** pour faire valoir leurs droits (par exemple, recouvrer une créance, saisir un bien ou rendre une sûreté inopposable).

Le caractère fictif d'une société peut être dénoncé par toute personne y ayant intérêt ; même l'auteur de la fictivité peut s'en prévaloir (Cass. 3e civ. 22-6-1976 : D. 1977 p. 619 note Diener). Une société étrangère ne peut être jugée fictive qu'en application de la loi dont elle relève (Cass. com. 21-10-2014 n° 13-11.805 : RJDA 2/15 n° 105), c'est-à-dire celle du pays où est fixé son siège.

Lorsque la fictivité est **invoquée par un tiers,** la preuve peut en être rapportée par tous moyens (Cass. com. 21-3-1977 : Bull. civ. IV n° 90). Il en est de même lorsque la fictivité dissimule une fraude (Cass. req. 9-12-1913 : DP 1919.1.29) ou une atteinte à des règles d'ordre public (Cass. 1e civ. 21-7-1980 : Bull. civ. I n° 232).

L'ouverture d'une procédure collective à l'égard d'une société n'a pas pour effet d'interdire à un tiers de faire établir le caractère fictif ou frauduleux de cette société (Cass. com. 3-6-2008 n° 07-11.697 : RJDA 11/08 n° 1151).

Dans les autres cas, elle doit être prouvée par écrit puisqu'elle remet en cause l'acte de société (C. civ. art. 1359 ; CA Aix 19-6-1979 : Bull. cour d'Aix 1979/3 p. 20). Toutefois, certaines décisions tiennent pour principe que la preuve de la fictivité d'une société se fait par tous moyens (CA Rouen 6-6-1973 : Rev. sociétés 1974 p. 740 note J.-P. Sortais ; CA Paris 23-12-1975 : Gaz. Pal. 1976 I p. 361).

L'**action en dénonciation de fictivité se prescrit** par cinq ans à compter du jour où celui qui agit a connu ou aurait dû connaître le caractère fictif de la société (C. civ. art. 2224). 6058

SANCTIONS DE LA FICTIVITÉ DE LA SOCIÉTÉ

Lorsque la fictivité de la société est établie, cette société est nulle (Cass. com. 16-6-1992 n° 1144 : RJDA 1/93 n° 27 ; Cass. com. 22-6-1999 n° 1285 : RJDA 10/99 n° 1077). 6070

Le plus souvent, la simulation a un caractère frauduleux. Dans ce cas, la question se pose de savoir si l'action en **nullité de la société** fictive se prescrit par trois ans à compter du jour où la nullité est encourue (C. civ. art. 1844-14) ou, en application du droit commun, par cinq ans à compter du jour où celui qui agit a connu ou aurait dû connaître le caractère fictif de la société (C. civ. art. 2224). Sur la réponse à cette question, voir n° 26820.

Lorsque la société fictive a été annulée, elle disparaît seulement pour l'avenir (Cass. com. 22-6-1999 n° 1285 : RJDA 10/99 n° 1077) ; pour le passé, elle est traitée comme une société dissoute à l'égard de tout ayant droit de bonne foi (voir nos 26920 s.).

> Précisions a. Les personnes qui acceptent, par complaisance, de participer à la constitution d'une société fictive permettant au fondateur de poursuivre des activités pour lesquelles il se trouve déjà en difficulté à titre personnel engagent leur **responsabilité extracontractuelle** à l'égard des créanciers de cette société (Cass. com. 20-6-1984 : BRDA 21/84 p. 9).

b. La création d'une société de façade peut aussi constituer une **escroquerie** pénalement sanctionnée (pour des exemples, Cass. crim. 3-7-1975 : Bull. crim. n° 179 ; Cass. crim. 9-1-1978 : Bull. crim. n° 10 ; Cass. crim. 21-10-1991 : RJDA 12/91 n° 1025).

SECTION 3 ACTIONS EN JUSTICE PAR OU CONTRE UNE SOCIÉTÉ

A. Droit d'une société d'agir en justice

PRINCIPE

La société a la capacité d'agir en justice tant en demande qu'en défense. Il suffit, comme pour tout plaideur, qu'elle justifie d'un intérêt à agir et de sa qualité. Pour apprécier ces conditions, on fait application des règles du droit commun. Ces règles ne soulèvent pas de difficultés particulières lorsque la société agit devant les juridictions civiles, commerciales ou administratives. 6200

> Précisions a. L'intérêt à agir est entendu largement : il a été jugé, par exemple, qu'une société civile peut agir contre une décision prise par les associés fondateurs affectant l'égalité entre associés (CA Paris 1-2-1965 : D. 1965 p. 564). Cependant, la société n'a pas qualité pour agir en réparation d'un préjudice subi personnellement par chacun des associés (Cass. 3e civ. 7-3-1972 : Bull. civ. III n° 157 ; Cass. 3e civ. 16-10-1985 : Bull. civ. III n° 124).

Toutefois, lorsque la société entend se constituer partie civile devant une juridiction pénale, les tribunaux répressifs apprécient très strictement l'intérêt personnel, actuel et direct que la société peut avoir à agir devant une telle juridiction. Ainsi a-t-il été jugé que, faute d'un préjudice direct, une société ne peut pas se porter partie civile en raison de la séquestration de ses dirigeants (Cass. crim. 12-3-1985 : Bull. crim. n° 107), ni en raison de l'atteinte que porte à son image une pratique de dopage par un coureur cycliste qu'elle sponsorise (Cass. crim. 29-9-2009 n° 09-81.159 : Bull. crim. n° 160).

b. La société qui se constitue **partie civile** devant le juge d'instruction ou qui fait citer une personne devant le tribunal correctionnel doit, à peine d'irrecevabilité de sa demande, produire son bilan et son compte de résultat (CPP art. 85, al. 4 et 392-1, al. 2).

c. En cas de **constitution de partie civile abusive,** une amende civile d'un montant maximal de 15 000 € peut être prononcée contre la société (CPP art. 177-2) ou contre son représentant légal si la mauvaise foi de celui-ci est établie (CPP art. 177-3).

RÈGLES GÉNÉRALES SUR LA RÉSOLUTION AMIABLE DES LITIGES

6202 La liberté d'agir en justice peut être restreinte par une **clause** de conciliation ou de médiation ou par une clause d'arbitrage prévue dans un **contrat.** Cette clause peut être prévue dans les statuts de la société (nos 6203 s.).

Par ailleurs, pour certains litiges portés devant le **tribunal judiciaire,** les parties sont tenues de tenter une conciliation, une médiation ou une procédure participative avant de saisir le juge (CPC art. 750-1 modifié par décret 2023-357 du 11-5-2023, applicable aux instances introduites à compter du 1-10-2023) ; l'acte introductif d'instance doit alors, sous peine de nullité, indiquer les **diligences** entreprises en vue de la résolution amiable du litige ou la justification de la dispense d'une telle tentative (CPC art. 54).

Devant le tribunal judiciaire, pour faciliter l'aboutissement d'un accord entre elles, les parties peuvent, avec l'assistance de leurs avocats, conclure une **convention de procédure participative** ; par cette convention, elles s'engagent à œuvrer conjointement et de bonne foi à la résolution amiable de leur différend ou à la mise en état de leur litige (C. civ. art. 2062). Tant qu'elle est en cours, la convention conclue avant la saisine du juge rend irrecevable tout recours à celui-ci, sauf en cas d'inexécution de la convention par l'une des parties (C. civ. art. 2065, al. 1). En cas d'urgence, la convention ne fait pas obstacle à une demande de mesures provisoires ou conservatoires (C. civ. art. 2065, al. 2).

Le juge qui estime qu'une résolution amiable du litige dont il est saisi est possible peut, en tout état de la procédure, y compris en référé, s'il n'a pas recueilli l'accord des parties pour une médiation, leur enjoindre de rencontrer, dans le délai qu'il détermine, un **médiateur** qu'il désigne (Loi 95-125 du 8-2-1995 art. 22-1 ; CPC art. 127-1 issu du décret 2022-245 du 22-2-2022).

INCIDENCE DES CLAUSES STATUTAIRES DE RÉSOLUTION DES LITIGES

6203 **Clause statutaire de conciliation ou de médiation** Une clause de conciliation ou de médiation peut être introduite dans les statuts afin de prévoir qu'en cas de litige les parties s'efforceront de s'entendre amiablement seules ou sous les auspices d'un médiateur choisi d'un commun accord, avant de soumettre leur litige à un juge étatique ou arbitral.

Le **défaut de mise en œuvre** d'une telle clause constitue une fin de non-recevoir qui s'impose au juge si les parties l'invoquent (Cass. ch. mixte 14-2-2003 n° 00-19.423 : RJDA 5/03 n° 556) ; l'action engagée en violation de la clause est donc irrecevable, étant précisé que la mise en œuvre de la conciliation suspend, jusqu'à son issue, le délai pour agir en justice (Cass. ch. mixte 14-2-2003 n° 00-19.423 précité) et que toute régularisation après l'introduction de l'instance est impossible (Cass. ch. mixte 12-12-2014 n° 13-19.684 : RJDA 3/15 n° 226 ; Cass. 3e civ. 6-10-2016 n° 15-17.989 : RJDA 1/17 n° 53). Une société ne peut donc pas poursuivre en justice l'un de ses associés sans avoir mis en œuvre la procédure de conciliation préalable prévue par les statuts (Cass. com. 15-6-2010 n° 09-16.323 : RJDA 11/10 n° 1118).

En l'absence de stipulation expresse en ce sens, la clause ne peut pas faire obstacle à l'accomplissement d'une **mesure d'exécution forcée** (Cass. 2e civ. 22-6-2017 n° 16-11.975 FS-PB : RJDA 11/17 n° 770 ; en sens contraire, Cass. 1e civ. 1-10-2014 n° 13-17.920 : RJDA 1/15 n° 58 jugeant que la clause s'impose au juge quelle que soit la nature de l'instance).

6205 **Clause statutaire d'arbitrage** Une clause d'arbitrage (encore appelée clause compromissoire) peut valablement être insérée dans les statuts d'une société civile pour les litiges à venir entre cette société et ses associés (C. civ. art. 2061). Mais si un associé n'a pas adhéré au contrat de société à raison de son activité professionnelle, la clause ne pourra pas lui être opposée (C. civ. art. 2061, al. 2) et il disposera donc d'une option de compétence : choisir de saisir l'arbitre ou agir devant la juridiction étatique.

6206 C'est la convention d'arbitrage qui désigne, le cas échéant par référence à un règlement d'arbitrage, le ou les **arbitres,** ou prévoit les modalités de leur **désignation.** À défaut, est mise en place la procédure de désignation prévue aux articles 1451 à 1454 du Code de procédure civile (CPC art. 1444).

Les parties peuvent convenir d'un commun accord, au moment où le litige est né, de **renoncer à la clause** d'arbitrage (Cass. 1e civ. 17-6-1975 : Bull. civ. I no 196 ; Cass. 1e civ. 7-6-2006 no 952 : RJDA 1/07 no 113).

Si une action est engagée devant le tribunal au **mépris de la clause compromissoire,** l'exception d'incompétence doit être invoquée au début du procès (« in limine litis ») (CPC art. 74). 6207

L'existence d'une convention d'arbitrage ne fait pas obstacle, tant que le tribunal arbitral n'est pas constitué, à ce qu'une partie saisisse une juridiction pour obtenir une mesure d'instruction ou une mesure provisoire ou conservatoire (CPC art. 1449, al. 1).

B. Compétence pour connaître des actions impliquant une société

COMPÉTENCE D'ATTRIBUTION DU TRIBUNAL

Le tribunal compétent pour connaître des litiges ayant trait à une société civile est le **tribunal judiciaire,** conformément aux règles du droit commun de la compétence d'attribution (C. org. jud. art. L 211-3). 6210

En cas d'**infraction pénale,** ce sont les règles de la compétence des juridictions répressives qui reçoivent application. Toutefois, les infractions concernant les sociétés civiles et commerciales relèvent de dispositions particulières (CPP art. 704 s., relatifs aux tribunaux spécialisés en matière économique et financière).

COMPÉTENCE TERRITORIALE DU TRIBUNAL

Compétence du tribunal du domicile du défendeur Conformément au droit commun, le tribunal territorialement compétent est le tribunal du domicile du défendeur (CPC art. 42, al. 1). Si la société est défenderesse, le litige doit être porté devant le tribunal du lieu du siège social (voir CPC art. 43), étant entendu que les tiers peuvent se prévaloir du siège statutaire ou du siège réel (C. civ. art. 1837, al. 2). 6215

L'article 43 du Code de procédure civile vise non seulement le **siège** social mais aussi, le cas échéant, le **centre d'administration** distinct du siège social dans lequel sont exercées de façon stable les fonctions de direction de la société (CA Paris 9-11-1994 : RJDA 2/95 no 148 ; CA Paris 31-3-1999 : RJDA 6/99 no 747).

Si un **transfert de siège** social a été réalisé peu avant la date d'une assignation, c'est le juge du nouveau siège qui doit être saisi dès lors que ce transfert a été effectué dans des conditions apparemment régulières et qu'il n'est manifestement pas fictif ou frauduleux (CA Paris 30-11-1965 : D. 1966 p. 242).

Exceptions Le principe selon lequel le tribunal territorialement compétent est celui du domicile du défendeur comporte plusieurs exceptions. 6216

a. Lorsque la société a des **succursales,** il est possible de l'assigner devant le tribunal du lieu de l'une de ses succursales. Pour cela il faut que :

– la société dispose d'un établissement constituant un élément important, organisé et stable de son activité, dirigé par une personne ayant qualité pour représenter la société à l'égard des tiers et agir en son nom ; ainsi, ne constitue pas une succursale l'établissement ayant à sa tête un directeur qui n'a aucune responsabilité dans le recrutement et l'administration du personnel, la gestion financière et commerciale de la succursale et dont les interventions sont limitées à celles d'un intermédiaire d'exécution (Cass. soc. 10-2-1971 : Bull. civ. V no 99) ;

– le litige se réfère à des opérations passées dans la succursale avec les agents de celle-ci ou résulte d'une faute dommageable commise dans l'aire géographique de son activité ; ainsi, une société d'assurance peut être assignée devant le tribunal du lieu où elle dispose d'un agent général habilité à la représenter dès lors que le litige initial se situe dans le ressort de ce tribunal (Cass. 2e civ. 6-4-2006 no 540 : RJDA 8-9/06 no 903) mais tel n'est pas le cas lorsque l'activité de la succursale de la société assignée n'a aucun lien avec ce litige (CA Paris 16-2-1994 : RJDA 8-9/94 no 927) ; en revanche, tout ce qui concerne les intérêts généraux de la société (fonctionnement, dissolution) relève du tribunal du siège social (Cass. 2e civ. 25-3-1954 : Bull. civ. II no 132).

b. Si le **siège** est à l'**étranger,** le demandeur français peut assigner la société devant un tribunal français (C. civ. art. 14). Toutefois, cette règle est écartée lorsque le défendeur est domicilié sur le territoire d'un des États membres de l'Union européenne. Dans ce cas en effet, sauf exceptions (voir Mémento Droit commercial nos 72112 s.), le défendeur, quelle que soit sa nationalité, doit être attrait devant les tribunaux de l'État dans lequel est situé son domicile (Règl. UE 1215/2012 du 12-12-2012 art. 4). Les sociétés et les personnes morales sont domiciliées là où est situé leur siège statutaire, leur administration centrale ou leur principal établissement (Règl. UE 1215/2012 art. 63). Le fait qu'une société canadienne dispose d'un établissement immatriculé en France ne permet pas d'établir que son principal établissement est situé dans ce pays (Cass. 1e civ. 22-2-2017 n° 16-12.408 FS-PBI : RJDA 5/17 n° 385).

À noter qu'en matière de validité, nullité ou dissolution de sociétés ou de validité des décisions de leurs organes, sont seuls compétents les tribunaux de l'État où est situé leur siège social (Règl. UE 1215/2012 art. 24-2).

c. Autres hypothèses. En cas de **pluralité de défendeurs,** le demandeur peut saisir le tribunal du domicile de l'un d'eux (CPC art. 42, al. 2). Ainsi, une action tendant à engager la responsabilité d'une société et à faire garantir la condamnation par son dirigeant peut être introduite devant le tribunal judiciaire du lieu où habite ce dirigeant plutôt que d'être engagée devant le tribunal du lieu du siège social (CA Paris 26-9-2017 n° 17/07910 : RJDA 1/18 n° 25, à propos du tribunal de grande instance mais transposable).

En **matière réelle immobilière,** le tribunal du lieu de situation de l'immeuble est seul compétent (CPC art. 44).

En **matière contractuelle,** le demandeur a le choix entre le tribunal du domicile du défendeur et celui du lieu de la livraison effective de la chose ou du lieu de l'exécution de la prestation de services (CPC art. 46). La société peut ainsi agir contre son dirigeant devant le tribunal du lieu du siège social si le dirigeant y exécute son mandat social, peu important qu'il ait été chargé de l'exploitation d'un établissement secondaire situé dans le ressort d'un autre tribunal (Cass. com. 11-1-2017 n° 15-17.929 F-D : RJDA 4/17 n° 248).

En **matière extracontractuelle,** le demandeur a le choix entre le tribunal du domicile du défendeur, celui du lieu du fait dommageable ou celui dans le ressort duquel le dommage a été subi (CPC art. 46).

En matière d'**assurances,** le tribunal compétent est celui du domicile de l'assuré, sauf en matière d'immeubles ou de meubles par nature, auxquels cas c'est le tribunal de la situation des objets assurés qui est compétent ; en outre, s'il s'agit d'assurance contre les accidents, l'assuré peut assigner son assureur devant le tribunal du lieu où s'est produit le fait dommageable (C. ass. art. R 114-1).

En cas d'utilisation de la procédure d'**injonction de payer,** la demande doit être présentée obligatoirement devant le juge du domicile du débiteur (celui du siège social si ce débiteur est une personne morale) (CPC art. 1406, al. 2).

6217 Les **clauses attributives de compétence** territoriale ne peuvent pas être insérées dans les statuts des sociétés civiles. En effet, l'article 48 du Code de procédure civile répute non écrite toute clause qui, directement ou indirectement, déroge aux règles de compétence territoriale fixées par la loi « à moins qu'elle n'ait été convenue entre des personnes ayant toutes contracté en qualité de commerçant et qu'elle n'ait été spécifiée de façon très apparente dans l'engagement de la partie à qui elle est opposée ».

C. Procédure applicable aux litiges impliquant une société

1. EXPLOITS D'HUISSIER OU DE COMMISSAIRE DE JUSTICE

6225 Les actes des huissiers ou commissaires de justice, encore appelés « exploits », sont classés en deux grandes catégories :

– d'une part, les **« actes judiciaires »** qui sont relatifs à une instance (acte introductif d'instance, signification d'une décision de justice) ;

– d'autre part, les **« actes extrajudiciaires »** qui sont sans rapport avec une instance (sommation à une personne de faire ou de ne pas faire quelque chose, procès-verbal d'une assemblée générale, signification à une société d'une cession de droits sociaux).

L'acte d'huissier ou de commissaire de justice doit contenir toutes les indications nécessaires pour **identifier** sans équivoque **la société** requérante ou celle à laquelle il est signifié.

ASSIGNATION PAR UNE SOCIÉTÉ

6230 À peine de nullité, les assignations doivent, si le demandeur est une personne morale, **mentionner** notamment la forme, la dénomination et le siège de celle-ci ainsi que l'organe qui la représente légalement (CPC art. 54 et 648). Il n'est pas nécessaire de mentionner le nom du représentant légal de la société (Cass. 2e civ. 1-10-2009 n° 08-19.399 : RJDA 1/10 n° 29). Il en va de même en cas de citation directe à la requête d'une personne morale partie civile (CPP art. 551, al. 4 ; Cass. crim. 23-6-2006 n° 04-86-541 : RJDA 1/07 n° 47, rendu avant la modification de l'article 551 par la loi 2008-644 du 1-7-2008 mais transposable).

Par ailleurs, pour certains litiges portés devant le tribunal judiciaire, l'acte introductif d'instance doit contenir des mentions relatives à la tentative de résolution amiable du litige (n° 6202).

Les irrégularités de forme n'entraînent la nullité de l'assignation que si elles causent un grief à la partie adverse (CPC art. 114, al. 2).

ILLUSTRATIONS

Constituent des vices de forme :
– la mention du nom commercial d'une société au lieu et place de sa dénomination sociale (Cass. 2e civ. 11-12-2008 n° 07-18.511 : RJDA 4/09 n° 338) ;
– la mention d'un numéro erroné d'immatriculation au RCS, alors que la société est exactement désignée sous ses forme, dénomination et siège sociaux (Cass. 2e civ. 6-12-2012 n° 11-19.814 : RJDA 3/13 n° 234).

Sur les autres conséquences du défaut de désignation, dans les actes de procédure, de l'organe représentant la société, voir n° 6245.

SIGNIFICATION À UNE SOCIÉTÉ

À peine de nullité, un acte d'huissier ou de commissaire de justice signifié à une société doit **mentionner** la dénomination, le siège social de celle-ci ainsi que l'organe qui la représente légalement (CPC art. 648). Il n'est en revanche pas nécessaire de mentionner le nom du représentant légal de la société (Cass. 3e civ. 16-5-1998 : RJDA 8-9/98 n° 983). Les erreurs affectant ces mentions constituent des vices de forme qui n'entraînent la nullité que si elles ont causé un grief à la société (Cass. 3e civ. 26-11-2008 n° 07-18.634 : RJDA 3/09 n° 217). 6231

Un acte destiné à une **société dissoute** doit être signifié au liquidateur ou à l'un des liquidateurs en fonction (Cass. 2e civ. 17-5-1983 n° 81-14.262 : Bull. civ. II n° 112). Il en résulte qu'une signification faite à un liquidateur dont les pouvoirs sont expirés est irrégulière, cette irrégularité constituant un vice de fond (Cass. 2e civ. 20-3-1985 n° 83-17.305 : Bull. civ. II n° 71). Lorsque les opérations de liquidation ont pris fin et que le liquidateur a été déchargé de son mandat, la société ne peut être assignée qu'après désignation en justice d'un mandataire ad hoc pour la représenter (Cass. com. 31-5-1988 n° 86-14.888 : Bull. civ. IV n° 186). Si la signification à la personne du liquidateur s'avère impossible, l'acte peut être délivré à son domicile (Cass. 1e civ. 16-6-1987 n° 85-12.515 : Bull. civ. I n° 199).

La signification à une personne morale se fait au **lieu de son établissement** ; à défaut d'un tel lieu, elle est faite en la personne de l'un de ses membres habilité à la recevoir (CPC art. 690). 6232

Le lieu d'établissement est en principe celui du siège social de la société. Mais il peut s'agir aussi de l'adresse d'un établissement secondaire inscrit au RCS (Cass. 2e civ. 13-11-1996 : RJDA 3/97 n° 356) ou d'un établissement de la société où le litige a pris naissance (Cass. 2e civ. 7-11-2002 n° 01-02.308 : RJDA 7/03 n° 773 ; Cass. 1e civ. 12-10-2016 n° 15-14.896 F-PB : RJDA 1/17 n° 16).

Lorsque le lieu d'établissement est connu (principalement lorsque le siège social est mentionné au RCS), l'huissier ou le commissaire de justice n'est pas tenu de rechercher l'adresse du représentant légal de la société pour lui signifier l'acte (Cass. 2e civ. 20-11-1991 : RJDA 1/92 n° 116), ni de rechercher la société à une autre adresse (CA Paris 27-2-2002 n° 01-19428 : RJDA 11/02 n° 1146), peu important qu'il n'y ait trouvé personne représentant la personne morale ou habilitée à cet effet, ni personne acceptant de prendre copie de cet acte au siège social (Cass. 3e civ. 3-2-2010 n° 09-11.389 FS-PB : Bull. civ. III n° 32). En revanche, l'huissier qui a précisé dans le procès-verbal de recherches infructueuses que la société n'avait plus d'activité et de lieu d'établissement ne peut pas se borner à mentionner l'identité et le domicile de son représentant légal sans autre diligence en vue de lui signifier l'acte (Cass. 2e civ. 14-10-2004 n° 1585 : RJDA 1/05 n° 35).

Par ailleurs, lorsque l'acte est signifié au lieu de son établissement, la signature de l'avis de réception de l'acte est réputée être celle du représentant légal ou de la personne habilitée à recevoir les notifications (Cass. 3e civ. 2-2-1994 n° 92-70.325 : Bull. civ. III n° 16 ; voir aussi Cass. 2e civ. 22-1-1997 : RJDA 4/97 n° 511 et CA Paris 5-9-2013 n° 12/14087 : RJDA 12/13 n° 1011). Il n'y a pas lieu de vérifier si l'avis de réception a été signé par une personne habilitée à recevoir l'acte (Cass. com. 13-10-2015 n° 14-18.855 F-D : RJDA 1/16 n° 26).

La signification faite en un lieu autre est inopérante (Cass. 2e civ. 28-2-1996 : RJDA 7/96 n° 923 ; Cass. 2e civ. 10-7-2008 n° 07-10.524).

Ce n'est qu'en l'**absence d'établissement** de la société que l'acte pourra lui être signifié en la personne de l'un de ses membres habilité à la recevoir (Cass. 2e civ. 4-2-2021 n° 19-25.271 F-D : RJDA 8-9/21 n° 567 ; Cass. 2e civ. 15-4-2021 n° 20-10.844 F-P : RJDA 8-9/21 n° 626 ; Cass. 2e civ. 2-3-2023 n° 21.19-904 F-B : RJDA 6/23 n° 312 ; voir cependant Cass. com. 8-11-2016 n° 14-27.223 F-D : RJDA 2/17 n° 81 ayant retenu la validité d'une assignation contre une société signifiée à l'adresse de sa filiale et remise à une personne qui s'était déclarée habilitée à la recevoir).

SIGNIFICATION À L'ÉTRANGER

6233 Sur les règles applicables au sein de l'Union européenne pour la signification et la notification à l'étranger des actes judiciaires et extrajudiciaires en matière civile et commerciale, voir Règl. 2020/1784 du 25-11-2020.

Le règlement est applicable lorsqu'un acte doit être transmis d'un État membre à l'autre ; il n'y a donc pas lieu de l'appliquer en cas de signification délivrée en France au représentant légal d'une société étrangère (Cass. com. 20-11-2012 nº 11-17.653 : RJDA 2/13 nº 183, rendu à propos du règlement 1393/2007 du 13-11-2007 mais transposable au règlement 2020/1784 qui le remplace).

2. ORDONNANCES SUR REQUÊTE

6235 Les ordonnances sur requête sont des décisions rendues par le président du tribunal judiciaire (ou du tribunal de commerce) statuant sur des **demandes unilatérales** ne contenant pas assignation d'un adversaire (CPC art. 493).

À titre d'exemple d'ordonnances sur requête en matière de sociétés civiles, on peut citer la désignation d'un mandataire de justice chargé de réunir l'assemblée en vue de procéder à la nomination d'un gérant (C. civ. art. 1846, al. 5) ou de statuer sur la prorogation de la durée de la société (C. civ. art. 1844-6, al. 3).

En dehors des cas prévus par la loi, le président du tribunal judiciaire peut « ordonner sur requête toutes **mesures urgentes** lorsque les circonstances exigent qu'elles ne soient pas prises contradictoirement » (CPC art. 845).

À peine de nullité, une requête contentieuse doit, si le demandeur est une personne morale, mentionner notamment la forme, la dénomination et le siège de celle-ci ainsi que l'organe qui la représente légalement (CPC art. 54). Aucune condition de **forme** n'est imposée pour la rédaction de la requête elle-même. Elle doit cependant être motivée et comporter l'indication précise des pièces invoquées (CPC art. 494). Généralement, on la dispose matériellement de telle sorte que le président puisse rendre sa décision « au pied » de la demande.

S'il n'est pas fait droit à la requête, le requérant peut faire **appel** dans les 15 jours de la décision. S'il y est fait droit, tout intéressé peut (sans observer de formes particulières, semble-t-il) faire valoir son point de vue auprès du juge (CPC art. 496).

3. PROCÉDURE ACCÉLÉRÉE AU FOND ET RÉFÉRÉ

6240 Dans tous les cas d'urgence, le président du tribunal judiciaire peut ordonner en **référé** toutes les mesures qui ne se heurtent à aucune contestation sérieuse ou que justifie l'existence d'un différend (CPC art. 834).

Il peut aussi, « même en présence d'une contestation sérieuse, prescrire en référé les mesures conservatoires ou de remise en état qui s'imposent, soit pour prévenir un dommage imminent, soit pour faire cesser un trouble manifestement illicite » (CPC art. 835, al. 1). Le juge des référés peut ainsi reporter l'assemblée générale d'une société pour prévenir un dommage imminent et suspendre les effets d'une assemblée qui s'est déjà tenue mais il ne peut pas l'annuler, même en cas de trouble manifestement illicite (Cass. com. 13-1-2021 nº 18-25.713 F-P : RJDA 4/21 nº 239, à propos d'une société commerciale mais transposable).

Il peut enfin, dans les cas où l'existence d'une obligation n'est pas contestable, en ordonner l'exécution (CPC art. 835, al. 2).

Les ordonnances de référé sont rendues au terme d'une procédure contradictoire (ce qui la distingue de la requête) qui convient particulièrement aux questions exigeant une solution rapide.

Les dispositions législatives ou réglementaires applicables aux sociétés civiles prévoient parfois l'intervention du président du tribunal judiciaire statuant selon la **procédure accélérée au fond** de l'article 481-1 du Code de procédure civile, notamment lorsqu'il s'agit de désigner un mandataire de justice ou un expert. En ce cas, le président statue sans qu'il soit nécessaire de réunir les conditions requises pour la procédure de référé de droit commun (urgence et absence de contestation sérieuse : cf. CPC art. 834).

4. REPRÉSENTATION DE LA SOCIÉTÉ EN JUSTICE

6245 La société est représentée en justice par son **gérant** en exercice, sauf lorsque :

– celui-ci agit en son nom personnel, ce qui est le cas, par exemple, s'il est indiqué dans l'assignation faite au nom d'une société que l'action est engagée par « M. X, gérant de la société Y » et non par « la société Y représentée par son gérant » (Cass. civ. 15-10-1974 : Bull. civ. III nº 359 ;

Cass. 2e civ. 10-7-2003 n° 1062 : RJDA 1/04 n° 44, 3e esp. ; Cass. com. 6-1-2015 n° 12-26.545 : RJDA 3/15 n° 184) ; en revanche, la délivrance d'une assignation à une personne physique prise en sa qualité de représentant légal d'une société permet d'assigner valablement celle-ci (Cass. com. 17-2-2015 n° 13-26.478 : RJDA 5/15 n° 401), y compris lorsque l'intéressé a été dénommé par erreur « ancien gérant de la société » dans l'assignation (Cass. com. 10-7-2019 n° 18-18.733 F-D : RJDA 11/19 n° 691) ;

– la preuve de sa collusion frauduleuse avec l'adversaire de la société est rapportée (Cass. 2e civ. 17-11-1971 : Bull. civ. II n° 316 ; CA Paris 19-11-1986 : BRDA 24/86 p. 20) ;

– il est frappé d'une interdiction de gérer (Cass. com. 27-1-1998 n° 318 : RJDA 6/98 n° 778).

En tout état de cause, le défaut de désignation dans un acte de procédure de l'organe représentant légalement la société ne peut entraîner la nullité de cet acte que si celui qui s'en prévaut justifie d'un préjudice (Cass. ch. mixte 22-2-2002 n° 206 : RJDA 8-9/02 n° 965).

Le **changement de gérant** en cours d'instance est sans importance du moment que le remplaçant a qualité pour agir au nom de la société (Cass. com. 26-7-1948 : JCP 1948 II n° 4473 note Lescot) et ce, même si sa nomination n'a pas été publiée (Cass. com. 10-7-2012 n° 11-21.395 : RJDA 1/13 n° 35).

Dans un cas où un administrateur provisoire avait été désigné dans une SCI « avec mission notamment de faire toutes les démarches nécessaires en vue de préserver les biens de cette société et d'en assurer la gestion », il a été jugé que le gérant de la SCI était privé de tous ses pouvoirs du fait de cette désignation et que l'appel qu'il avait formé au nom de la société était irrecevable (Cass. com. 15-5-1990 : BRDA 18/90 p. 20).

INTERVENTION DES ASSOCIÉS DANS UNE PROCÉDURE

Un **associé** ne peut pas agir au nom de la société (Cass. com. 6-12-1977 : Rev. sociétés 1979 p. 373 ; Cass. civ. 6246
30-1-1980 : Gaz. Pal. 1980 som. p. 311), sauf pour :

– l'exercice de l'**action sociale** qui tend à réparer le préjudice causé à la société par la faute de ses dirigeants (nos 7865 s.) et qui ne peut donc être exercée qu'à l'encontre de ces derniers et non contre un tiers (Cass. com. 19-3-2013 n° 12-14.213 : RJDA 6/13 n° 513 ; CA Paris 9-11-2021 n° 19/23007 : RJDA 5/22 n° 286) ;

– **toute action** pour laquelle il a régulièrement reçu un **pouvoir spécial** du représentant légal d'agir avant que le juge ne statue même si, s'agissant d'exercer une voie de recours, le pouvoir est postérieur à l'expiration des délais de recours (Cass. 2e civ. 21-3-2013 n° 12-13.381 : RJDA 6/13 n° 620).

Un associé ne peut pas non plus agir par la voie dite « de la **tierce opposition** » contre une décision de justice qui concerne la société mais à laquelle il n'a pas été lui-même partie puisque, dans les rapports entre la société et les tiers, le gérant représente les associés (Cass. 3e civ. 20-2-2002 n° 361 : RJDA 10/02 n° 1042).

Néanmoins, l'associé peut former tierce opposition s'il invoque une fraude à ses droits ou un moyen qui lui est propre (CPC art. 583, al. 2). Le recours est ainsi ouvert :

– contre une décision ouvrant une procédure collective à l'égard d'une société dont il est indéfiniment responsable des dettes sociales (Cass. com. 19-12-2006 n° 1498 : RJDA 5/07 n° 533) ;

– contre une décision condamnant en paiement une société dont il est indéfiniment responsable des dettes, dès lors qu'il est lui-même poursuivi en paiement et qu'il invoque des moyens personnels (Cass. 3e civ. 23-9-2020 n° 19-16.643 FS-D : RJDA 2/21 n° 104, faisant une application littérale de l'art. 583, al. 2 du CPC ; pour une décision jugeant recevable la tierce opposition dès lors que l'associé invoque des moyens que la société n'a pas soutenus : Cass. 3e civ. 6-10-2010 n° 08-20.959 FS-PB : RJDA 8-9/11 n° 714) ;

– contre le jugement arrêtant un plan de redressement judiciaire de la société portant atteinte à sa qualité d'associé (Cass. com. 31-3-2021 n° 19-14.839 F-P : RJDA 6/21 n° 389 à propos d'une société commerciale mais transposable) ou à ses droits de vote (Cass. com. 8-2-2023 n° 21-14.189 F-B : RJDA 5/23 n° 255 à propos d'une société commerciale mais transposable) ;

– lorsqu'une collusion frauduleuse entre le représentant légal de la société et la partie adverse est établie (Cass. 2e civ. 17-11-1971 : Bull. civ. II n° 316) ;

– contre la décision ayant annulé la délibération de la société l'ayant agréé comme associé (Cass. com. 11-5-2023 n° 21-17.899 FS-B : RJDA 10/23 n° 523).

> **Précisions** Un associé ne peut exercer **en son nom propre** une **action en responsabilité extracontractuelle contre un tiers** que s'il est en mesure de prouver qu'il a subi un préjudice personnel distinct de celui subi par la société (Cass. com. 8-2-2011 n° 09-17.034 : RJDA 5/11 n° 421 ; Cass. com. 8-10-2013 n° 12-18.252 : RJDA 1/14 n° 37 ; Cass. com. 30-5-2018 n° 17-10.393 F-D : RJDA 12/18 n° 909). De même, un associé qui a conclu un contrat avec la société et un tiers ne peut agir en **responsabilité contractuelle** contre ce dernier qu'en justifiant d'un préjudice personnel (Cass. com. 4-11-2021 n° 19-12.342 FS-B : RJDA 2/22 n° 80).

LIMITATIONS DU POUVOIR DU GÉRANT D'AGIR EN JUSTICE

6247 S'il existe des **dispositions statutaires** limitant le pouvoir du gérant d'agir en justice au nom de la société, l'inobservation de ces dispositions constitue un vice de fond affectant la validité de la procédure (voir CPC art. 117).

> **Précisions** La règle de l'inopposabilité aux **tiers** des clauses limitant les pouvoirs du dirigeant social n'interdit pas aux tiers de **se prévaloir** de ces **clauses** pour justifier du défaut de pouvoir de ce dirigeant à figurer dans un procès comme représentant de la société (Cass. 2e civ. 23-10-1985 : Rev. sociétés 1986 p. 409 note B. Bouloc ; Cass. soc. 11-6-1997 : RJDA 10/97 n° 1222 ; Cass. com. 14-2-2018 n° 16-21.077 F-D : RJDA 5/18 n° 425), y compris devant le juge administratif (CE 20-10-2021 n° 448563 : RJDA 3/22 n° 155). Cette solution rendue sur le fondement de l'article L 225-51 du Code de commerce est transposable aux gérants de sociétés civiles par analogie des textes applicables (voir C. civ. art. 1849, al. 3).
> En revanche, les tiers ne peuvent pas invoquer, sur le fondement des statuts, l'irrégularité de la nomination du représentant de la société pour contester sa qualité à agir en justice (Cass. com. 26-2-2008 n° 07-15.416 : RJDA 6/08 n° 660 ; Cass. com. 26-1-2016 n° 14-18.615 F-D : RJDA 4/16 n° 287).

DÉLÉGATION DU POUVOIR D'AGIR EN JUSTICE

6248 Sauf clause contraire des statuts, le gérant peut donner à un tiers une **délégation spéciale** de pouvoir en vue d'exercer, au nom de la société, une action en justice déterminée (Cass. 2e civ. 22-10-1997 n° 1156 : RJDA 1/98 n° 49, à propos d'une SARL mais transposable). Les associés ne disposent pas de ce pouvoir de déléguer (Cass. com. 22-10-2013 n° 12-24.658 : RJDA 2/14 n° 114).

La délégation peut porter sur le pouvoir de déclarer les créances de la société (nos 6250 s.).

5. MODES DE PREUVE ET MOYENS DE DÉFENSE DE LA SOCIÉTÉ

6249 Seul le gérant est habilité à prêter **serment** au nom de la société. Encore faut-il, d'une part, qu'il ait personnellement participé aux faits sur lesquels porte le serment ou qu'il en ait eu au moins une connaissance personnelle (CA Colmar 10-10-1969 : JCP G 1970 II n° 16169 note J. A.), d'autre part, qu'il soit encore en fonction au moment où il prête serment (Cass. com. 10-2-1987 : Bull. civ. IV n° 41 ; Cass. 2e civ. 6-5-1999 : Rev. sociétés 1999 p. 343 note Y. Guyon).

Dans une action en justice dirigée contre la société, le gérant ne peut faire valoir que des **moyens de défense** appartenant à la société ; il ne peut opposer des exceptions qui lui seraient personnelles (CA Limoges 27-10-1950 : JCP G 1951 II n° 6239 note D. B.).

6. DÉCLARATION DES CRÉANCES

OPTIONS OUVERTES AU CRÉANCIER POUR DÉCLARER SA CRÉANCE

6250 La déclaration des créances de la société sur un débiteur qui fait l'objet d'une procédure collective peut valablement être faite par le créancier (représentant légal de la société créancière) ou par tout préposé ou mandataire de son choix (C. com. art. L 622-24, al. 2). La déclaration de créance équivaut à une demande en justice.

Le représentant légal de la société a, dès sa nomination, le pouvoir de déclarer les créances et il importe peu que sa **nomination** n'ait été **publiée au RCS** qu'à une date postérieure à la déclaration (Cass. com. 12-7-2004 n° 1200 : RJDA 2/05 n° 168, 2e esp.). De même, la déclaration des créances effectuée par le représentant de la personne morale gérante d'une société est régulière, même si la désignation de cette personne morale n'a pas encore été publiée au RCS (Cass. com. 24-4-2007 n° 06-11.875 : RJDA 7/07 n° 751).

DÉCLARATION DES CRÉANCES PAR UN PRÉPOSÉ

6252 La déclaration des créances peut être effectuée par tout **préposé** de la société créancière **titulaire d'une délégation de pouvoirs** lui permettant d'accomplir un tel acte, sans que ce pouvoir soit soumis aux règles applicables au mandat de représentation en justice dont un tiers peut être investi (Cass. com. 14-2-1995 n° 342 : RJDA 6/95 n° 765, 1re esp.).

La **délégation** ne doit pas obligatoirement **prévoir** expressément la faculté de déclarer les créances ; le pouvoir de représenter la société en justice est suffisant (Cass. com. 9-6-1998 : RJDA 12/98 n° 1387, 2e esp.). Elle n'a pas non plus à préciser la nature de la procédure collective à laquelle le préposé peut déclarer (Cass. com. 14-1-2014 n° 12-29.749 : RJDA 5/14 n° 456). En revanche, la délégation permettant au préposé d'accomplir les actes ordinaires de gestion courante d'une société ne l'autorise pas à procéder à une déclaration des créances (Cass. com. 31-5-2011 n° 10-21.205 : RJDA 8-9/11 n° 721 ; Cass. com. 4-3-2014 n° 12-29.580 : RJDA 6/14 n° 548).

La **délégation** de pouvoirs doit être **antérieure** à la déclaration de créance (Cass. com. 25-3-1997 n° 755 : RD bancaire et bourse 1997 p. 126 obs. Campana et Calendini ; Cass. com. 7-12-1999 : RJDA 3/00 n° 311).

La **preuve** de son existence peut être rapportée après le délai de déclaration des créances, jusqu'à ce que le juge statue sur l'admission de la créance (Cass. com. 14-2-1995 n° 342 précité ; Cass. com. 11-6-2003 n° 977 : RJDA 12/03 n° 1206 ; Cass. com. 22-3-2017 n° 15-27.761 F-D : RJDA 7/17 n° 476). Elle peut être établie à l'aide de documents ayant ou non acquis date certaine (Cass. com. 23-11-1999 n° 97-12.209 : RJDA 2/00 n° 210 ; Cass. com. 8-11-2011 n° 10-23.336 : RJDA 2/12 n° 182 ; Cass. com. 22-3-2017 précité) ou peut résulter d'une attestation établie postérieurement au délai de déclaration des créances (Cass. com. 23-6-1998 n° 1332 : RJDA 12/98 n° 1387, 4e esp. ; Cass. com. 31-5-2011 n° 10-21.205 précité ; Cass. com. 3-11-2015 n° 14-11.020 : RJDA 3/16 n° 213). Cette attestation peut valablement émaner du représentant légal actuel qui n'était pas en fonctions à la date de la délégation ou de la déclaration de créances (Cass. com. 13-11-2001 n° 99-13.664), ou de l'ancien représentant légal, en fonctions à cette date (Cass. com. 8-11-2011 n° 10-23.336 précité). En revanche, la preuve de la délégation ne peut pas être déduite des fonctions occupées par le déclarant (Cass. com. 4-7-2000 n° 1513 : RJDA 1/01 n° 48, 1e esp.).

Faute de **délégation** régulière, la déclaration faite par le préposé peut être **ratifiée** par la société créancière jusqu'à ce que le juge statue sur l'admission de la créance (C. com. art. L 622-24, al. 2). Aucune forme particulière n'est prévue pour la ratification, qui peut donc être implicite (Cass. com. 10-3-2021 n° 19-22.385 FS-P : RJDA 6/21 n° 413, Cass. com. 29-9-2021 n° 20-12.291 F-B : RJDA 1/22 n° 28 et Cass. com. 23-3-2022 n° 20-19.274 F-D : RJDA 7/22 n° 416, ayant estimé qu'un créancier avait ratifié la déclaration faite en son nom en demandant, dans ses conclusions d'appel, l'admission de sa créance).

> **Précisions** La **réponse à une contestation** portant sur une créance peut être fournie par tout préposé et pas seulement par le préposé titulaire d'une délégation régulière du pouvoir de déclarer les créances car elle ne constitue pas une demande en justice et n'obéit pas au formalisme de la déclaration de créance (Cass. com. 16-9-2008 n° 07-17.273 : RJDA 12/08 n° 1293).

Subdélégation de pouvoirs Le délégataire peut subdéléguer dans l'exercice de ses pouvoirs un autre préposé de la société à **condition** que cette faculté ait été prévue dans la délégation (Cass. com. 14-2-1995 : RJDA 6/95 n° 765 ; Cass. com. 28-1-2004 n° 218 : RJDA 6/04 n° 733 ; Cass. com. 26-3-2013 n° 12-12.326 : RJDA 6/13 n° 536). En cas de délégations successives, les juges vérifient la validité de la « **chaîne de pouvoirs** » pour apprécier celle d'une déclaration de créance. **6253**

La cessation des fonctions du subdélégant est sans incidence sur la validité de la chaîne de pouvoirs (Cass. com. 8-7-2008 n° 07-13.868 : RJDA 11/08 n° 1155).

ILLUSTRATIONS

Lorsque le caractère ininterrompu de la chaîne des délégations de pouvoirs est établi, la déclaration de créance est régulière du fait de l'identification certaine du déclarant, peu important le changement de fonctions de ce dernier intervenu après l'octroi de la délégation (Cass. com. 11-5-2010 n° 09-13.080 : RJDA 8-9/10 n° 867).

En revanche, lorsque le caractère ininterrompu de la chaîne des délégations de pouvoirs est établi, mais que le contenu de la délégation de pouvoirs du préposé ne lui permettait pas de déclarer les créances de la société, l'attestation d'un nouveau délégant – lui-même titulaire du pouvoir de déclarer les créances avec faculté de subdélégation – indiquant que le préposé disposait à la date de la déclaration de créance du pouvoir d'effectuer de telles déclarations est inopérante car elle émane d'un tiers à la chaîne de délégations de pouvoirs (Cass. com. 21-9-2010 n° 09-16.118 : RJDA 12/10 n° 1173).

Preuve de l'identité du déclarant Lorsque l'identité du signataire de la déclaration de créance est contestée, il appartient à la société créancière de prouver que le signataire était bien le titulaire de la délégation de pouvoirs (Cass. com. 17-6-1997 : RJDA 11/97 n° 1405). Le juge, saisi d'une **contestation** portant **sur l'identité du signataire,** doit vérifier l'existence au profit de celui-ci de la délégation de pouvoirs l'habilitant à déclarer les créances (Cass. com. 27-10-1998 n° 1601 : RJDA 12/98 n° 1387). **6255**

La **preuve** de l'identité du déclarant peut être faite, même en l'absence de signature de la déclaration, par tous **moyens,** jusqu'au jour où le juge statue (Cass. com. 21-11-2006 nos 1285 et 1288 : RJDA 4/07 n° 383 ; Cass. com. 20-9-2017 n° 16-20.176 F-D : RJDA 1/18 n° 47).

Cette liberté de la preuve vaut non seulement en l'absence totale de toute signature mais aussi en cas de signature « scannée ou préimprimée » ou de signature illisible.

La preuve de l'identité de l'auteur de la déclaration peut être rapportée au moyen d'une attestation faite par le préposé titulaire de la délégation de pouvoirs (Cass. com. 21-11-2006 n° 1288 précité) ou peut résulter d'une présomption (Cass. com. 21-11-2006 n° 1285 précité) : ainsi, le juge du fond peut tirer la preuve de l'identité du déclarant du rapprochement entre la mention dactylographiée du nom figurant sur la déclaration et la fonction occupée par l'auteur présumé de cette déclaration.

Loi applicable à la déclaration des créances Lorsque la **procédure collective** d'une société française a été **ouverte en France,** c'est la loi française qui régit les conditions de validité d'une déclaration de créance produite par le préposé d'une société relevant d'un autre **6257**

pays de l'Union européenne (Cass. com. 15-12-2009 n° 08-14.949 : RJDA 5/10 n° 542 ; Cass. com. 22-6-2010 n° 09-65.481 : RJDA 12/10 n° 1172).

En revanche, la question de savoir si l'auteur de la délégation initiale est un organe habilité à représenter la société est tranchée au regard de la loi de l'État où la société a son siège (Cass. com. 15-12-2009 n° 08-14.949 précité).

DÉCLARATION DES CRÉANCES PAR UN TIERS NON AVOCAT

6259 Le pouvoir de déclarer les créances peut être donné à un tiers autre qu'un avocat. Ce tiers doit alors justifier d'un **pouvoir spécial** mentionnant la procédure collective dans laquelle la déclaration doit intervenir (Cass. com. 1-2-2000 : RJDA 3/00 n° 310 ; Cass. com. 5-10-2022 n° 21-14.226 F-D : RJDA 1/23 n° 43).

Lorsque le tiers est une personne morale, il peut ensuite **subdéléguer** son pouvoir à l'un de ses préposés, sans qu'il soit exigé que la subdélégation revête un caractère spécial (Cass. com. 30-1-2007 n° 05-17.141 FS-PB : RJDA 8-9/07 n° 867).

Le pouvoir spécial doit être donné par écrit, avant l'expiration du délai de déclaration des créances. En cas de **contestation,** il peut en être justifié jusqu'au jour où le juge statue (Cass. ass. plén. 4-2-2011 n° 09-14.619 : RJDA 6/11 n° 557).

DÉCLARATION DES CRÉANCES PAR UN AVOCAT

6260 Le créancier peut donner mandat à un avocat de procéder à la déclaration des créances. L'avocat peut effectuer cette déclaration sans avoir à justifier d'un **pouvoir spécial** écrit (C. com. art. R 662-1 et, sur renvoi, CPC art. 416, al. 2 et 853, al. 5). Il ne peut pas **subdéléguer le pouvoir** d'effectuer la déclaration à l'un de ses préposés, par exemple à sa secrétaire (Cass. com. 17-2-2009 n° 08-13.728 : RJDA 8-9/09 n° 764).

Si le créancier a donné mandat à une société d'avocats, l'un quelconque des **avocats associés** peut valablement procéder à la déclaration de créances sans avoir à justifier d'un mandat à cet effet (Cass. com. 31-5-2011 n° 10-11.723 : RJDA 10/11 n° 830). Cette dispense de mandat s'applique aussi au **collaborateur de l'avocat** du créancier s'il a lui-même la qualité d'avocat (Cass. com. 25-10-2011 n° 10-24.658 : RJDA 1/12 n° 72).

D. Prescription civile des actions en justice

6300 Sont fixés à cinq ans les délais de prescription des actions civiles et, notamment, des actions en responsabilité contractuelle et extracontractuelle (C. civ. art. 2224).

Signalons que le délai de la prescription dite « commerciale », c'est-à-dire des actions entre commerçants ou entre commerçants et non-commerçants est lui aussi fixé à cinq ans (C. com. art. L 110-4, I).

Le **point de départ** de ces délais se situe au jour où le titulaire du droit a connu ou aurait dû connaître les faits lui permettant d'exercer son droit (C. civ. art. 2224).

SECTION 4 RESPONSABILITÉ DE LA SOCIÉTÉ

A. Responsabilité civile de la société

RESPONSABILITÉ DU FAIT DES GÉRANTS DE LA SOCIÉTÉ

6400 Les actes fautifs du ou des gérants de la société agissant dans l'**exercice de leurs fonctions** entraînent la responsabilité civile de cette dernière (Cass. 2e civ. 17-7-1967 : Bull. civ. II n° 261 ; Cass. 2e civ. 27-4-1977 : Bull. civ. II n° 108 ; Cass. com. 3-6-2008 n° 07-12.017 : RJDA 11/08 n° 1131). En effet, les représentants légaux étant des organes de la société, les fautes qu'ils commettent dans l'exercice de leurs fonctions constituent des fautes de la société elle-même qui peut être poursuivie en vertu de l'article 1240 du Code civil. Il s'ensuit qu'un tiers qui engage une action en responsabilité extracontractuelle contre une société n'a pas à démontrer l'existence d'une faute personnelle de la société, distincte de celle commise par son représentant légal, et ayant causé le préjudice dont il sollicite réparation (Cass. com. 3-6-2008 n° 07-12.017 précité).

Par ailleurs, la société peut être condamnée solidairement avec ses dirigeants au paiement des amendes prononcées contre ces derniers pour les infractions aux dispositions légales relatives à la liberté des prix et de la concurrence qu'ils auraient commises (C. com. art. L 490-1).

RESPONSABILITÉ DU FAIT DES PRÉPOSÉS DE LA SOCIÉTÉ

Conformément à l'article 1242, al. 5 du Code civil, la société répond des fautes commises par ses préposés, salariés notamment, dans l'**exercice de leurs fonctions.** **6405**

Une société ne peut cependant pas être déclarée responsable civilement des dommages causés par l'un de ses préposés lorsque celui-ci a agi hors des fonctions auxquelles il est employé, sans autorisation et à des fins étrangères à ses attributions (Cass. ass. plén. 15-11-1985 : JCP 1986 II n° 20568 note G. Viney ; Cass. crim. 8-11-1993 et 24-1-1994 : RJDA 3/94 n° 375 ; Cass. 2e civ. 12-5-2011 n° 10-20.590 : Bull. civ. II n° 110).

Mais la société ne peut pas s'exonérer de sa responsabilité si la victime démontre qu'elle était fondée à croire que le préposé agissait dans l'exercice de ses fonctions (Cass. 2e civ. 29-5-1996 n° 494 : RJDA 8-9/96 n° 1145).

La société peut aussi être poursuivie, en tant que civilement responsable de ses préposés, pour le recouvrement des **amendes** pénales, civiles et administratives et des autres **condamnations pécuniaires** prononcées à l'encontre de ces préposés (Décret 2012-1246 du 7-11-2012 art. 109, al. 1).

Quant au préposé, il n'engage sa **responsabilité personnelle** à l'égard des tiers que s'il agit hors des limites de la mission qui lui a été impartie (Cass. ass. plén. 25-2-2000 n° 447 : RJDA 5/00 n° 614 et chron. J.-P. Dorly p. 395) ou s'il a été condamné pénalement pour avoir intentionnellement commis, fût-ce sur ordre de son employeur, une infraction ayant causé un préjudice aux tiers (Cass. ass. plén. 14-12-2001 n° 487 : RJDA 3/02 n° 330).

B. Responsabilité pénale de la société

PRINCIPE

Les sociétés civiles sont, comme les autres personnes morales (sociétés commerciales notamment), responsables pénalement des infractions commises pour leur compte par leurs organes ou représentants (C. pén. art. 121-2). **6500**

1. CHAMP D'APPLICATION DE LA RESPONSABILITÉ PÉNALE

SOCIÉTÉS PUNISSABLES

Les sociétés civiles ne sont pénalement responsables que si elles sont dotées de la personnalité morale, ce qui exclut à notre avis les **sociétés en formation** pour les infractions commises avant leur immatriculation au RCS. Jusqu'à cette date en effet elles ne jouissent pas de la personnalité morale. **6505**

Certes, après son immatriculation, la société peut – et, souvent, doit – reprendre les actes qui ont été accomplis pour son compte. Mais ces actes ne sont pas conformes aux dispositions de l'article 121-2, al. 1 du Code pénal selon lesquelles la responsabilité des personnes morales n'est engagée que si l'acte générateur de l'infraction a été accompli par « leurs organes ou représentants ». En effet, les personnes qui passent des actes pour le compte d'une société en formation avant l'immatriculation de celle-ci ne sont ni des organes ni des représentants de la société puisque ces qualités ne sont acquises qu'après l'immatriculation.

Il reste néanmoins que la délibération de reprise adoptée par l'assemblée des associés après l'immatriculation (donc par un organe) pourrait, le cas échéant, constituer par elle-même une infraction (par exemple, un recel).

Toute infraction commise pendant le temps où la société jouit de la personnalité morale peut lui être imputée. **6506**

Peu importe que la **société** soit ultérieurement **annulée** puisque la nullité – pour autant qu'elle puisse encore être prononcée – ne rétroagit pas et que tous les actes accomplis avant sa proclamation définitive obligent la société (voir nos 26920 s.).

Il en est de même de la **dissolution** : comme celle-ci laisse subsister la personne morale pour les besoins de la liquidation, l'infraction commise après la dissolution pour atteindre cet objectif pourra donc être reprochée à la société.

Sur la responsabilité pénale de la société en cas de **fusion,** voir n° 16196.

INFRACTIONS PUNISSABLES

6520 Toute infraction peut engager la responsabilité pénale des personnes morales, sauf en matière de presse (Loi du 29-7-1881 art. 43-1) et de communication audiovisuelle (Loi 82-652 du 29-7-1982 art. 93-4). Ces exceptions concernent principalement les délits de provocation, de diffamation ou d'injures publiques.

2. IMPUTATION DES INFRACTIONS

a. Imputation des infractions à la société

6550 La responsabilité pénale des sociétés civiles ne peut être recherchée que si l'infraction visée par la loi ou le règlement a été commise « pour leur compte, par leurs organes ou représentants » (C. pén. art. 121-2, al. 1).

La société est donc pénalement responsable à deux **conditions cumulatives** (Cass. crim. 11-4-2012 nº 10-86.974 : RJDA 8-9/12 nº 770) :

– l'infraction visée par la loi ou le règlement a été commise par ses « organes » ou ses « représentants » ;
– et elle a été commise pour son compte.

INFRACTION COMMISE PAR LES ORGANES OU LES REPRÉSENTANTS DE LA SOCIÉTÉ

6555 Constituent des **« organes » de la société** les personnes ou les instances collégiales qui ont le pouvoir de prendre des décisions au nom de celle-ci et désignées par la loi tels les gérants et l'assemblée des associés.

En revanche, les personnes ou instances collégiales investies d'une mission uniquement en vertu de dispositions statutaires ne sont pas des organes lorsque leurs fonctions sont honorifiques ou gracieuses.

6556 Est **« représentant »** toute personne qui a reçu une délégation de pouvoirs du représentant légal de la société – ou une subdélégation des pouvoirs – et qui est pourvue de la compétence, de l'autorité et des moyens nécessaires à l'exécution de sa mission (Cass. crim. 26-6-2001 nº 4700 : RJDA 1/02 nº 42 ; Cass. crim. 25-3-2014 nº 13-80.376 : RJDA 7/14 nº 626), qu'elle soit salariée de la société (Cass. crim. 9-11-1999 : RJDA 3/00 nº 267 ; Cass. crim. 30-5-2000 : Bull. crim. nº 206) ou non (Cass. crim. 14-12-1999 : RJDA 4/00 nº 419 ; Cass. crim. 13-10-2009 nº 09-80.857 : RJDA 2/10 nº 146). Ainsi, une société utilisant des travailleurs intérimaires peut être poursuivie pour homicide involontaire sur l'un d'eux en raison de manquements en matière d'hygiène et de sécurité commis par le titulaire d'une délégation de pouvoirs qui est salarié non pas de la société mais d'une autre société avec laquelle la première a constitué un groupement d'entreprises pour l'attribution d'un marché (Cass. crim. 23-11-2010 nº 09-85.115 : RJDA 3/11 nº 242). De la même façon, est pénalement responsable pour recours aux services d'une personne exerçant un travail dissimulé une société du secteur du bâtiment dont un salarié a reçu du dirigeant délégation de vérifier que les sous-traitants de celle-ci étaient en situation régulière et qui n'a pas effectué cette vérification (Cass. crim. 25-4-2017 nº 15-87.590 F-D : RJDA 10/17 nº 626).

Une délégation de pouvoirs formelle n'est pas nécessaire (Cass. crim. 17-10-2017 nº 16-87.249 F-PB : RJDA 2/18 nº 125 ; Cass. crim. 16-6-2021 nº 20-83.098 F-P : RJDA 8-9/21 nº 568). Il peut résulter des circonstances que ceux qui ont commis les agissements incriminés étaient en fait investis d'une mission de représentation de la société (en ce sens, Cass. crim. 9-11-1999 précité ; Cass. crim. 11-12-2012 nº 11-87.421 F-PB : RJS 4/13 nº 338, 1e esp. ; Cass. crim. 16-6-2021 nº 20-83.098 F-P précité). Le seul fait qu'un salarié d'une société soit chef d'équipe sur un chantier et ait donné un ordre ayant conduit un travailleur intérimaire à se blesser ne permet toutefois pas de constater l'existence d'un statut ou d'attributions propres à en faire le représentant de la société poursuivie du délit de blessures involontaires (Cass. crim. 29-6-2021 nº 20-86.562 F-D : RJDA 11/21 nº 717).

Le dirigeant de fait est aussi un « représentant » de la société au sens de l'article 121-2 du Code pénal (Cass. crim. 13-4-2010 nº 09-86.429 F-D : Dr. social 2010 p. 854 obs. F. Duquesne).

De même, l'associé d'une société étrangère du bâtiment a été considéré comme son représentant pour avoir joué un rôle déterminant dans la conduite de ses activités sur le territoire français (gestion administrative et suivi des chantiers) (Cass. crim. 11-7-2017 nº 16-86.092 F-D : RJDA 1/18 nº 26).

6557 Les juges ne peuvent pas retenir la responsabilité pénale d'une personne morale sans rechercher par quel organe ou par quelle personne physique représentant celle-ci l'infraction a été commise (Cass. crim. 1-4-2014 nº 12-86.501 F-PBI : RJDA 7/14 nº 627 ; Cass. crim. 7-6-2017 nº 15-87.214 FS-PB : RJDA 12/17 nº 803, 1e esp. ; Cass. crim. 21-6-2022 nº 20-86.857 FS-B : RJDA 10/22 nº 562, selon lequel l'organe ou le représentant est suffisamment identifié lorsqu'il est relevé que l'infraction a été commise par la personne morale dirigeante de la société ; il n'est donc pas nécessaire d'identifier la personne physique qui représente la personne morale dirigeante).

L'organe ou le représentant concerné ne peut être qu'une personne en fonction au sein de la société à l'époque des faits et non une personne entrée en fonction après (Cass. crim. 11-7-2017 n° 16-83.415 F-D : RJDA 12/17 n° 803, 2e esp. ; Cass. crim. 17-10-2017 n° 16-87.249 F-PB : RJDA 2/18 n° 125).

6558 **Rôle de l'organe ou du représentant** Comme il est de règle, l'infraction ne peut être « commise » ou « réalisée » que si ses éléments constitutifs – les **agissements matériels** visés par l'incrimination et l'**intention de les accomplir** – sont réunis. Puisque, par essence même, la personne morale ne peut d'elle-même ni agir matériellement ni manifester une volonté, les agissements doivent être l'œuvre de l'organe ou du représentant et la volonté consciente ou l'intention délibérée de commettre ces actes doit être constatée chez cet organe ou ce représentant (Cass. crim. 2-12-1997 n° 96-85.484 PF : RJDA 3/98 n° 289 et JCP G 1998 II n° 10023 rapport F. Desportes ; Cass. crim. 24-5-2000 n° 99-83.414 PF : RJDA 12/00 n° 1095 ; Cass. crim. 20-1-2021 n° 19-87.795 F-D : RJDA 4/21 n° 236).

Si cette constatation est indispensable pour retenir qu'une infraction est susceptible d'engager la responsabilité de la société, il n'en résulte cependant, à ce stade :

– ni que cette responsabilité existe d'ores et déjà car l'infraction n'est alors que commise ou réalisée, mais elle n'est pas encore imputée à qui que ce soit ; elle ne sera mise à la charge de la société que s'il est ultérieurement établi que l'organe ou le représentant l'a commise « pour le compte » de cette société (n° 6560) ;

– ni que l'organe ou le représentant qui l'a commise est lui-même responsable (il n'a été que « l'agent », c'est-à-dire qu'il a, conformément au sens premier de ce mot, joué le rôle consistant à perpétrer l'infraction ; il ne deviendra le responsable ou « l'auteur » de celle-ci que si elle peut lui être imputée : n° 6570), ni, à l'inverse, que sa non-culpabilité entraîne celle de la personne morale (Cass. crim. 8-9-2004 n° 5030 : RJDA 10/05 n° 1105, 1e esp.).

6559 La responsabilité pénale de la personne morale n'exige pas l'accomplissement de **faits distincts** de ceux reprochés à ses organes ou représentants ; elle est engagée dès lors que ceux-ci ont commis, en tant qu'auteurs, les éléments matériel et moral de l'infraction, pour le compte de la personne morale (Cass. crim. 26-6-2001 n° 4700 : RJDA 1/02 n° 42).

INFRACTION COMMISE POUR LE COMPTE DE LA SOCIÉTÉ

6560 La formule « pour le compte » (des personnes morales) est incluse dans l'article 121-2, al. 1, du Code pénal sans autre précision. Compte tenu de la généralité de cette formule, tout acte susceptible de présenter un **intérêt, pécuniaire ou autre,** direct ou indirect, peut être considéré comme accompli pour le compte de la personne morale.

6561 Pour que la société soit responsable, il faut que l'**infraction** puisse être **rattachée à sa personne.** Tel n'est pas le cas lorsque l'infraction :

– a été commise sous le voile de la personnalité morale de la société dès lors que cet usage constitue un abus de la personnalité, l'organe ou le représentant ayant voulu, en réalité, se procurer un avantage personnel ;

– est en dehors des fonctions de l'organe ou du représentant qui l'a perpétrée car une telle infraction est détachable des fonctions organiques ou de la mission de représentation. Dans ce dernier cas, la faute pénale est personnelle à l'organe ou au représentant. La détermination de cette faute peut être conduite à partir des solutions exposées pour celle de la faute civile personnelle des dirigeants sociaux (n°s 7820 s.).

6562 La société doit être tenue pour responsable même lorsque son organe ou son représentant a **délégué** ses **pouvoirs** à un tiers ; en effet, l'infraction commise lui est alors imputable dès lors que le délégataire peut être lui-même considéré comme son représentant.

6563

Infraction commise au volant d'un véhicule de société

Redevable de l'amende

Le **représentant légal** de la société est redevable pécuniairement de l'amende encourue pour certaines infractions routières (excès de vitesse, non-respect de l'arrêt imposé par la signalisation, etc.) commises avec un véhicule dont le certificat d'immatriculation est établi au nom de la société, sauf cas de force majeure ou indications permettant d'identifier l'auteur véritable de l'infraction (C. route art. L 121-3, al. 3 et R 121-6). L'amende encourue dans ce cas par le représentant légal ne peut pas excéder le montant maximal applicable aux personnes physiques (Cass. crim. 12-5-2010 n° 10-80.031 : RJDA 10/10 n° 953).

Si le **véhicule** est **loué** par une société, la responsabilité pécuniaire s'applique au représentant légal de la société locataire, même si le certificat d'immatriculation est établi au nom du loueur du véhicule (Cass. crim. 15-10-2019 n° 18-86.644 FS-PBI : RJDA 1/20 n° 19).

Déclaration du conducteur du véhicule
Lorsque l'**infraction** au Code de la route a été **constatée par contrôle automatique** (par exemple, excès de vitesse), le représentant légal doit communiquer aux autorités, dans un délai de 45 jours à compter de l'envoi ou de la remise de l'avis de contravention, l'identité et l'adresse du conducteur du véhicule, le fait d'y contrevenir étant puni d'une amende (C. route art. L 121-6).
Le procès-verbal constatant l'infraction de non-déclaration doit préciser la date d'envoi de l'avis et non seulement sa date d'édition (Cass. crim. 9-11-2021 n° 20-85.020 FS-PB : RJS 2/22 n° 119). En l'absence de mention de la date d'envoi dans le procès-verbal, il a toutefois été admis que le juge détermine celle-ci à partir d'un autre document (Cass. crim. 7-2-2023 n° 22-83.986 F-B : RJDA 5/23 n° 256).
Si le véhicule était loué, cette obligation de déclaration du conducteur pèse également sur le loueur, qui peut alors, pour échapper à l'amende, indiquer l'**identité de la société locataire** (cf. Cass. crim. 1-9-2020 n° 19-85.465 FS-PBI : RJDA 2/21 n° 91).
La **déclaration du conducteur** doit être faite dans les formes prévues par le Code de la route (art. A 121-2 et A 121-3 : envoi de la déclaration par lettre recommandée AR ou établissement d'une déclaration dématérialisée sur le site « www.antai.gouv.fr »), y compris lorsque le conducteur est le dirigeant lui-même (Cass. crim. 15-1-2019 n° 18-82.380 FS-PB : RJDA 4/19 n° 261 ; Circ. CRIM/2019-01/E1 du 29-1-2019). Certains dirigeants ne se conforment pas à cette obligation, pensant que l'avis de contravention initiale leur a été adressé en qualité de conducteur et non en qualité de représentant légal de la société. Dans la mesure où ils invoquent de bonne foi une confusion sur le destinataire de l'avis de contravention, l'infraction de non-déclaration peut faire l'objet d'un classement sans suite au motif que l'infraction n'est pas suffisamment caractérisée (Circ. précitée).
Les **poursuites pénales** pour non-déclaration du conducteur aux autorités peuvent être engagées aussi bien contre le représentant légal que contre la société (Cass. crim. 11-12-2018 n° 18-82.628 FS-PB : RJDA 3/19 n° 192, 1e espèce). Mais encore faut-il qu'ils aient été destinataires de l'avis de contravention (Cass. crim. 4-5-2021 n° 20-83.566 F-D : RJDA 11/21 n° 719).
En cas de poursuites engagées contre le représentant, il appartient au juge de vérifier si celui-ci a satisfait à l'obligation de désigner le conducteur du véhicule ; en revanche, il importe peu que l'avis de contravention pour non-désignation du conducteur ait été libellé au nom de la seule société (Cass. crim. 11-12-2018 n° 18-82.820 FS-PB : RJDA 3/19 n° 192, 2e espèce).

b. Imputation des infractions au représentant légal

6570 Aux termes de l'article 121-2, al. 3 du Code pénal, « la responsabilité pénale des personnes morales n'exclut pas celle des personnes physiques auteurs ou complices des mêmes faits, sous réserve des dispositions du quatrième alinéa de l'article 121-3 ».
L'article 121-2, al. 3 n'établit donc pas à proprement parler un **cumul de la responsabilité pénale** de la société et de celle de son gérant.
Si telle avait été l'intention du législateur, il aurait précisé que la personne physique qui a agi pour le compte de la société est, de ce seul fait, pénalement responsable avec la société.
Lorsque des poursuites sont engagées contre une personne morale et, pour des mêmes faits ou des faits connexes, à l'encontre de son représentant légal, celui-ci peut saisir par requête le président du tribunal judiciaire aux fins de **désignation d'un mandataire de justice** pour représenter la personne morale (CPP art. 706-43, al. 1). Cette demande étant facultative, la désignation d'un mandataire de justice ne constitue pas un préalable à la mise en examen de la société (Cass. crim. 15-2-2005 n° 1148 : RJDA 8-9/05 n° 978).

DÉLÉGATION DE POUVOIRS

6571 En dehors des cas où la loi en dispose autrement, le représentant légal peut être exonéré de sa responsabilité pénale de chef d'entreprise lorsqu'il rapporte la preuve qu'il a donné une délégation de pouvoirs à un **préposé** pourvu de la **compétence,** de l'**autorité** et des **moyens** nécessaires pour faire assurer le respect des mesures réglementaires (Cass. crim. 11-3-1993 : RJDA 5/93 n° 470 ; Cass. crim. 6-5-1996 n° 2190 : RJDA 11/96 n° 1335 ; Cass. crim. 4-3-2003 n° 1328 : RJDA 7/03 n° 726).
Il a été jugé que le dirigeant d'une société poursuivi pour homicide et blessure involontaires ne peut pas se prévaloir d'une délégation de ses pouvoirs au chef de chantier, alors qu'il venait de l'embaucher et qu'il ignorait s'il disposait de la compétence nécessaire (Cass. crim. 2-9-2008 n° 08-80.408 : RJDA 3/09 n° 221 ; dans le même sens, Cass. crim. 14-5-2013 n° 12-81.847 : RJDA 10/13 n° 801). De même, un dirigeant n'est pas exonéré de sa responsabilité pénale par une délégation de pouvoirs en matière de sécurité donnée à un préposé jeune (21 ans) et inexpérimenté (Cass. crim. 8-12-2009 n° 09-82.183 : RJDA 4/10 n° 367).

6572 Le **dirigeant** social ne peut pas échapper à sa responsabilité pénale en invoquant l'existence d'une **délégation** de pouvoirs s'il ne l'a pas **lui-même consentie** (Cass. crim. 26-6-2001 n° 4701 : RJDA 1/02 n° 107) ou s'il a **pris part personnellement à la réalisation de l'infraction** (Cass. crim. 20-5-2003 n° 2669 : RJDA 12/03 n° 1181 ; Cass. crim. 4-3-2008 n° 07-83.628 : RJDA 7/08 n° 860 ; Cass. crim. 15-3-2016 n° 14-85.078 : RJDA 7/16 n° 537).

Il faut aussi, pour que la délégation exonère le dirigeant, que l'acte incriminé relève bien du **domaine de compétence délégué.** Par exemple, le gérant d'une société de travaux publics poursuivi pour infraction aux règles de sécurité des travailleurs n'est pas exonéré de sa responsabilité par une délégation concernant la signalisation des chantiers, étrangère aux questions de sécurité (Cass. crim. 8-9-2015 n° 14-83.053 : RJDA 12/15 n° 829).

La **délégation** de pouvoirs doit être **certaine et exempte de toute ambiguïté** : un document non intitulé et rédigé en termes trop généraux ne peut pas exonérer un dirigeant de sa responsabilité (Cass. crim. 2-2-1993 : RJDA 12/93 n° 1036). **6573**

Il importe que le délégant se réserve la **preuve** qu'il a bien donné une délégation, et ce, avant la réalisation de l'infraction. Cette preuve peut aussi bien résulter d'un écrit spécifique que du contrat de travail du délégataire ou des fonctions qu'il exerce.

ILLUSTRATIONS

Un directeur salarié, qui a reçu de la société une délégation générale en matière technique et commerciale, peut être poursuivi pour fraude dès lors qu'il était investi des pouvoirs inhérents à ses fonctions (Cass. crim. 4-3-2004 n° 1328 : RJDA 7/03 n° 726 ; Cass. crim. 19-9-2007 n° 06-85.899 : RJDA 2/08 n° 167).
En revanche, un dirigeant de société poursuivi pour des délits de blessures involontaires ne peut pas se prévaloir d'une délégation de pouvoirs donnée au directeur industriel en matière d'hygiène et de sécurité à défaut d'indication dans le contrat de travail de ce dernier, alors que ce directeur ne disposait en outre d'aucune autonomie pour la conception de la sécurité de l'établissement (Cass. crim. 16-9-2008 n° 07-86.213 : RJDA 1/09 n° 27).

La délégation doit avoir été donnée à un **préposé** de la société et non à un **tiers.** Ainsi, un gérant de société, à qui il incombe personnellement de veiller au respect par celle-ci de ses obligations fiscales et comptables, ne peut pas s'exonérer de sa responsabilité pour fraude fiscale et omission d'écritures en comptabilité, en faisant valoir qu'il a délégué ses pouvoirs à un cabinet d'experts-comptables (Cass. crim. 24-9-1998 n° 5202 : RJDA 1/99 n° 48). **6574**

Le préposé ne doit pas être frappé d'une mesure d'interdiction de gérer (Cass. crim. 13-6-2012 n° 11-85.280 : RJDA 5/13 n° 415 ; Cass. crim. 22-8-2018 n° 17-83.966 F-D : RJDA 2/19 n° 91).

Le chef d'entreprise ne peut pas **déléguer** ses pouvoirs **à plusieurs personnes** pour l'exécution d'un même travail, un tel cumul étant de nature à restreindre l'autorité et à entraver les initiatives des prétendus délégataires (Cass. crim. 19-3-1996 n° 1467 : RJDA 7/96 n° 928 ; Cass. crim. 12-12-2006 n° 7654 : RJS 4/07 n° 463). Il ne peut pas non plus faire valoir qu'il était hospitalisé au moment des faits et qu'une délégation de responsabilité avait été accordée « de fait » aux cadres de l'entreprise (Cass. crim. 7-6-2006 n° 3301 : RJDA 10/06 n° 1027). **6575**

Dans les **groupes de sociétés,** la délégation peut être consentie par le président de la société mère à une seule personne pour l'ensemble des sociétés du groupe (Cass. crim. 26-5-1994 : RJDA 1/95 n° 28 rendu en matière d'hygiène et de sécurité). **6576**

Une délégation de pouvoirs en matière de sécurité peut être valablement consentie par le représentant légal de chacune des sociétés membres d'une société en participation créée en vue de la réalisation d'un chantier, au salarié de l'une d'elles disposant effectivement des pouvoirs, de la compétence et des moyens nécessaires à l'exécution de sa mission (Cass. crim. 14-12-1999 n° 8024 : RJDA 4/00 n° 419).

Les délégations de pouvoirs peuvent faire l'objet de **subdélégations** pourvu que celles-ci soient régulièrement consenties et que les subdélégataires soient pourvus de la compétence, de l'autorité et des moyens propres à l'accomplissement de leur mission (Cass. crim. 18-10-1995 : RJDA 3/96 n° 437 en matière de publicité trompeuse ; Cass. crim. 30-10-1996 n° 4682 : RJDA 3/97 n° 361 en matière d'hygiène et de sécurité). **6577**

Il a même été jugé que l'autorisation du chef d'entreprise n'est pas nécessaire pour la validité de la subdélégation (Cass. crim. 30-10-1996 précité). Mais cette solution a été affirmée en matière de droit du travail et il n'est pas certain que la possibilité d'une subdélégation tacite soit transposable hors du champ de la réglementation sociale.

INFRACTIONS NON INTENTIONNELLES

En cas de réalisation d'un délit non intentionnel, c'est-à-dire une faute d'imprudence, de négligence ou un manquement à une obligation de prudence ou de sécurité (C. pén. art. 121-3, al. 3), ou en cas de réalisation d'une contravention non intentionnelle (C. pén. art. R 610-2, R 622-1, R 625-2 et R 625-3), les **personnes physiques** qui n'ont pas causé directement le dommage, mais qui ont créé ou contribué à créer la situation qui a permis la réalisation du dommage ou qui n'ont pas pris les mesures permettant de l'éviter, ne sont responsables pénalement que s'il est établi qu'elles ont soit violé de façon manifestement délibérée une obligation particulière de prudence ou de sécurité prévue par la loi ou le règlement, soit commis une faute caractérisée et qui **6580** exposait autrui à un risque d'une particulière gravité qu'elles ne pouvaient ignorer (C. pén. art. 121-3, al. 4). Cette absence de faute pénale ne fait pas obstacle à l'exercice d'une action devant les juridictions civiles (CPP art. 4-1).

Mais, même si aucune infraction n'est établie à l'encontre d'une personne physique, la faute commise par celle-ci peut entraîner la responsabilité pénale de la **personne morale** (Cass. crim. 24-10-2000 n° 6289 : RJDA 3/01 n° 316 ; Cass. crim. 2-10-2012 n° 11-85.032 : RJDA 3/13 n° 236 ; Cass. crim. 4-9-2018 n° 17-82.633 F-D : RJDA 2/19 n° 90). En effet, les personnes morales demeurent pénalement responsables des infractions non intentionnelles puisque les conditions restrictives de l'imputation de ces infractions ne concernent expressément que les personnes physiques. Encore faut-il que l'obligation de prudence ou de sécurité prétendument violée par la personne morale soit caractérisée et qu'il soit établi que cette violation résulte de l'abstention de l'un des organes ou représentants de la personne morale et a été commise pour le compte de celle-ci (Cass. crim. 2-9-2014 n° 13-83.956 : RJS 11/14 n° 784).

Pour un exemple de condamnation d'une société et de son directeur technique ayant commis des imprudences à l'origine d'un accident du travail, voir Cass. crim. 12-12-2006 n° 06-80.240 : RJDA 7/07 n° 726.

Lorsqu'ils constatent la matérialité d'une infraction non intentionnelle susceptible d'être imputée à une société, il appartient aux juges d'identifier celui des organes ou représentants de cette société dont la faute est à l'origine du dommage ; il en va ainsi du représentant légal qui omet de veiller lui-même à la mise en œuvre des règles visant à assurer la **sécurité des travailleurs,** à moins que ne soit apportée la preuve qu'il a délégué ses pouvoirs à un préposé (Cass. crim. 31-10-2017 n° 16-83.683 FS-PB : RJDA 2/18 n° 126).

En conséquence, lorsque les juges démontrent qu'un manquement aux règles d'hygiène et de sécurité est à l'origine de l'accident, la responsabilité pénale de la société employeur risque d'être retenue dans la plupart des cas :

– soit le gérant a délégué ses pouvoirs en la matière et la responsabilité de la société sera engagée par la personne du délégataire, déclaré représentant de celle-ci ;

– soit le gérant n'a pas délégué ses pouvoirs et la société sera jugée responsable en raison de la présomption de responsabilité du chef d'entreprise qui pèse sur son représentant légal.

3. SANCTIONS DES INFRACTIONS

PEINES ENCOURUES PAR LA SOCIÉTÉ

6600 **Amende** L'amende fait partie des peines pour crime, délit ou contravention applicables à une personne morale (C. pén. art. 131-37, 1° pour les délits et 131-40 pour les contraventions). Son **taux maximal** est fixé au quintuple de celui prévu pour les personnes physiques par la loi qui réprime l'infraction (C. pén. art. 131-38, al. 1 pour les délits et 131-41 pour les contraventions).

Lorsqu'il s'agit d'un crime pour lequel aucune peine d'amende n'est prévue à l'encontre des personnes physiques, l'amende maximale encourue par les personnes morales est de 1 000 000 € (art. 131-38, al. 2).

Le **juge** peut prononcer une amende d'un **montant inférieur** à celle qui est encourue en tenant compte des ressources et des charges de l'auteur de l'infraction. Il peut aussi **majorer l'amende,** dans la limite de 10 % de son montant, pour financer l'aide aux victimes, en fonction des circonstances de l'infraction, de la personnalité de son auteur ainsi que de la situation matérielle, familiale et sociale de celui-ci (C. pén. art. 132-20 et CPP art. 707-6).

> **Précisions** **a.** Les peines applicables en cas de **récidive** sont fixées par les articles 132-12 et suivants du Code pénal.
> **b.** Pour toutes les **contraventions de la 5e classe,** la peine d'amende peut être remplacée par une ou plusieurs des peines suivantes : interdiction, pour une durée d'un an au plus, soit d'émettre des chèques autres que ceux qui permettent le retrait de fonds par le tireur auprès du tiré ou autres que ceux qui sont certifiés, soit d'utiliser des cartes de paiement; confiscation de la chose qui a servi ou était destinée à commettre l'infraction ou de la chose qui en est le produit (C. pén. art. 131-42).
> **c.** Les personnes morales mises en cause pour certaines infractions d'atteinte à la probité (corruption notamment), pour le délit de blanchiment de fraude fiscale ou pour des délits prévus par le Code de l'environnement peuvent conclure avec le procureur de la République une **convention judiciaire d'intérêt public.** Le montant de l'amende transactionnelle est fixé de manière proportionnée aux avantages tirés des manquements constatés, dans la limite de 30 % du chiffre d'affaires moyen annuel calculé sur les trois derniers chiffres d'affaires annuels connus à la date du constat de ces manquements (voir CPP art. 41-1-2, 41-1-3 et R 15-33-60-1 s.).

Autres peines Lorsque la loi le prévoit, un crime ou un délit commis par une personne morale peut être sanctionné par l'une ou plusieurs des peines suivantes (C. pén. art. 131-37, 2° et 131-39) : 6605

– la dissolution, lorsque la société a été créée pour commettre l'infraction en cause ; il en est de même si elle a été détournée de son objet pour commettre un crime ou un délit puni, en ce qui concerne les personnes physiques, d'une peine d'emprisonnement supérieure à trois ans (cas, par exemple, de l'abus de confiance aggravé : C. pén. art. 314-2) ;

– l'interdiction, à titre définitif ou pour une durée de cinq ans au plus, d'exercer directement ou indirectement une ou plusieurs activités professionnelles ou sociales ;

– le placement, pour une durée de cinq ans au plus, sous surveillance judiciaire. Une société qui a réorganisé ses activités en n'exploitant plus le site où elle a commis un délit de destruction involontaire par explosion ou incendie ne peut pas être placée sous surveillance judiciaire car elle n'exerce plus l'activité à l'occasion de laquelle l'infraction a été commise (CA Aix-en-Provence 17-12-2003 n° 03-2089 : RJDA 8-9/05 n° 979) ;

– la fermeture définitive ou pour une durée de cinq ans au plus du ou des établissements de l'entreprise ayant servi à commettre l'infraction ;

– l'exclusion des marchés publics à titre définitif ou pour une durée de cinq ans au plus ;

– l'interdiction, à titre définitif ou pour une durée de cinq ans au plus, de procéder à une offre au public de titres financiers (autre qu'une offre réservée à des investisseurs qualifiés ou à un cercle restreint d'investisseurs ou qu'une offre relevant du financement participatif : cf. C. mon. fin. art. L 411-4) ;

– l'interdiction, pour une durée de cinq ans au plus, d'émettre des chèques, autres que ceux qui permettent le retrait de fonds ou qui sont certifiés, ou d'utiliser des cartes de paiement ;

– la confiscation de la chose qui a servi ou qui était destinée à commettre l'infraction ou celle de la chose qui en est le produit (voir C. pén. art. 131-21 modifié par loi 2022-299 du 2-3-2022) ;

– la confiscation de l'animal ayant été utilisé pour commettre l'infraction ou à l'encontre duquel l'infraction a été commise ;

– l'interdiction, à titre définitif ou pour une durée de cinq ans au plus, de détenir un animal ;

– l'affichage de la décision prononcée ou la diffusion de celle-ci soit par la presse écrite, soit par tout moyen de communication au public par voie électronique ;

– l'interdiction, pour une durée de cinq ans au plus, de percevoir toute aide publique attribuée par l'État, les collectivités territoriales, leurs établissements ou leurs groupements ainsi que toute aide financière versée par une personne privée chargée d'une mission de service public.

Certaines de ces peines peuvent être appliquées en cas de **contravention** (voir C. pén. art. 131-43 et 131-44).

Lorsque la loi le prévoit, un **délit** peut être sanctionné par l'obligation pour une personne morale de se soumettre, sous le contrôle de l'Agence française anticorruption, pour une durée maximale de cinq ans, à un **programme de mise en conformité** destiné à s'assurer de l'existence et de la mise en œuvre en son sein de certaines mesures **anticorruption** (C. pén. art. 131-37, 2° et 131-39-2, I). 6607

Lorsque le tribunal prononce cette peine, les frais occasionnés par le recours par l'Agence française anticorruption à des experts ou à des personnes ou autorités qualifiées pour l'assister dans la réalisation d'analyses juridiques, financières, fiscales et comptables sont supportés par la personne morale condamnée, sans que le montant de ces frais ne puisse excéder le montant de l'amende encourue pour le délit au titre duquel cette peine est prononcée (C. pén. art. 131-39-2, III).

Les mesures et procédures anticorruption visées par le texte sont les suivantes (C. pén. art. 131-39-2, II) :

– un code de conduite définissant et illustrant les différents types de comportements à proscrire comme étant susceptibles de caractériser des faits de corruption ou de trafic d'influence ;

– un dispositif d'alerte interne destiné à permettre le recueil des signalements émanant d'employés et relatifs à l'existence de conduites ou de situations contraires au code de conduite de la personne morale ;

– une cartographie des risques prenant la forme d'une documentation régulièrement actualisée et destinée à identifier, analyser et hiérarchiser les risques d'exposition de la personne morale à des sollicitations externes aux fins de corruption, en fonction notamment des secteurs d'activités et des zones géographiques dans lesquels la personne morale exerce son activité ;

– des procédures d'évaluation de la situation des clients, fournisseurs de premier rang et intermédiaires au regard de la cartographie des risques ;

– des procédures de contrôles comptables, internes ou externes, destinées à s'assurer que les livres, registres et comptes ne sont pas utilisés pour masquer des faits de corruption ou de trafic d'influence, ces contrôles pouvant être réalisés soit par les services de contrôle comptable et financier propres à la personne morale, soit en ayant recours à un auditeur externe à l'occasion de l'accomplissement des audits de certification des comptes ;

- un dispositif de formation destiné aux cadres et aux personnels les plus exposés aux risques de corruption et de trafic d'influence ;
- un régime disciplinaire permettant de sanctionner les salariés de la personne morale en cas de violation du code de conduite de celle-ci.

6609 Pour un **délit** ou une **contravention de la 5e classe,** les personnes morales encourent également une peine de **sanction-réparation** (C. pén. art. 131-37, al. 4 pour les délits et 131-40, 3° pour les contraventions). En effet, la juridiction peut prononcer, **à la place ou en même temps que l'amende** encourue, une obligation pour la personne condamnée d'**indemniser la victime,** dans le délai et selon les modalités fixés par cette juridiction. Dans ce cas, elle fixe en outre le montant maximum de l'amende, qui ne peut excéder ni 75 000 € ni l'amende encourue par la personne morale pour le délit considéré (7 500 € pour les contraventions), dont le juge de l'application des peines pourra ordonner la mise à exécution en tout ou partie si la personne morale ne respecte pas son obligation de réparation (C. pén. art. 131-39-1 pour les délits et 131-44-1 pour les contraventions).

> **Précisions** Avec l'accord de la victime et du prévenu, la **réparation** peut être exécutée en **nature.** Elle peut alors consister dans la remise en état d'un bien endommagé à l'occasion de la réalisation de l'infraction ; cette remise en état doit être réalisée par la personne condamnée elle-même ou par un professionnel qu'elle doit choisir et rémunérer (C. pén. art. 131-8-1, al. 3).

CASIER JUDICIAIRE DE LA SOCIÉTÉ

6620 **Inscription des condamnations** Les condamnations pénales prononcées contre les sociétés sont inscrites sur le casier judiciaire des personnes morales dans les **conditions** fixées par l'article 768-1 du Code de procédure pénale.

Les **décisions modificatives** concernant ces condamnations (telles que dispenses de peines, grâces, commutations ou réductions de peines ou encore réhabilitations) doivent être mentionnées sur les fiches du casier judiciaire. En outre, certaines fiches, notamment celles relatives à des condamnations effacées par une amnistie ou par une réhabilitation, doivent être retirées de ce casier (CPP art. 769 sur renvoi de l'art. 769-1).

> **Précisions** Le **casier** des personnes morales est **géré** par le casier judiciaire national automatisé. Après contrôle de l'identité des sociétés au moyen du répertoire national des entreprises et des établissements, il **reçoit** :
> – les condamnations prononcées pour crime, délit ou contravention de la 5e classe par toute juridiction répressive ;
> – les condamnations pour contraventions des quatre premières classes dès lors que sera prise à l'encontre de la société, à titre principal ou complémentaire, une mesure d'interdiction, de déchéance, d'incapacité ou une mesure restrictive de droits ;
> – les déclarations de culpabilité assorties d'une dispense de peine ou d'un ajournement, avec ou sans injonction, du prononcé de la peine ;
> – les condamnations prononcées par les juridictions étrangères qui auront fait l'objet d'un avis aux autorités françaises ;
> – les amendes forfaitaires pour délits ou contraventions de la 5e classe ayant fait l'objet d'un paiement ou à l'expiration d'un délai de 30 jours suivant l'envoi à la société de l'avis l'invitant à payer l'amende forfaitaire majorée ;
> – depuis la même date, les compositions pénales dont l'exécution a été constatée par le procureur de la République.

6625 **Accès au casier judiciaire** Il existe deux types de bulletins de casier judiciaire dont le contenu varie selon la qualité de leurs destinataires.

Le **bulletin n° 1** contient l'ensemble des fiches du casier et ne peut être délivré qu'aux autorités judiciaires nationales. Toutefois, il peut aussi être adressé aux autorités judiciaires étrangères lorsqu'il existe un accord de réciprocité (CPP art. 774 et 774-1).

Le **bulletin n° 2** ne contient qu'un relevé partiel des fiches du casier. En ce qui concerne les personnes morales, n'y figurent pas (CPP art. 775-1 A) :

- les condamnations dont la mention sur l'extrait de casier a été expressément exclue par le tribunal qui les a prononcées ;
- les condamnations prononcées pour contravention de police et les condamnations à des peines d'amende d'un montant inférieur à 30 000 € ;
- les condamnations assorties du bénéfice du sursis lorsqu'elles doivent être considérées comme non avenues ;
- les déclarations de culpabilité assorties d'une dispense de peine ou d'un ajournement, avec ou sans injonction, du prononcé de la peine ;
- les condamnations prononcées par les juridictions étrangères ;

– les amendes forfaitaires pour délits ou contraventions de la 5e classe ayant fait l'objet d'un paiement ou à l'expiration d'un délai de 30 jours suivant l'envoi à la société de l'avis l'invitant à payer l'amende forfaitaire majorée ; **6625** (suite)

– depuis la même date, les compositions pénales dont l'exécution aura été constatée par le procureur de la République.

Le tribunal qui prononce une condamnation peut exclure expressément la mention de celle-ci au bulletin n° 2 du casier judiciaire soit dans le jugement de condamnation, soit par jugement rendu postérieurement sur la requête du condamné (CPP art. 775-1, al. 1).

Cette exclusion emporte relèvement de toutes les interdictions, déchéances ou incapacités de quelque nature qu'elles soient résultant de cette condamnation (CPP art. 775-1, al. 2).

Pour ce qui concerne les sociétés civiles, ce bulletin n° 2 ne peut être délivré qu'aux personnes suivantes (CPP art. 776-1) :

– les préfets, administrations de l'État et collectivités locales saisis de propositions ou de soumissions pour des adjudications de travaux ou de marchés publics ;

– les administrations chargées de l'assainissement des professions agricoles, commerciales, industrielles ou artisanales ;

– les présidents des tribunaux de commerce en cas de redressement ou de liquidation judiciaires, ainsi que les juges commis à la surveillance du RCS à l'occasion des demandes d'inscription audit registre ;

– les autorités compétentes désignées par arrêté du ministre de la justice, lorsque celles-ci reçoivent, en application d'une convention internationale ou d'un acte pris sur le fondement du traité sur le fonctionnement de l'Union européenne, une demande de communication des sanctions pénales ou disciplinaires prononcées à l'encontre d'une personne morale, de la part d'une autorité compétente étrangère (autorité d'un autre État partie à ladite convention, d'un État membre de l'Union européenne ou d'un État partie à l'accord sur l'Espace économique européen) chargée d'appliquer des mesures restreignant l'exercice d'une activité, fondées, dans cet État, sur l'existence de sanctions pénales ou disciplinaires prononcées à l'encontre de la personne morale.

> **Précisions** Le gérant de la société condamnée peut obtenir, sur demande adressée au procureur de la République auprès du tribunal judiciaire du siège de la société, **communication du relevé intégral des mentions** du casier judiciaire concernant celle-ci, mais il ne peut s'en faire délivrer aucune copie (CPP art. 777-2). Il s'agit d'éviter que ce document ne circule en dehors des enceintes autorisées et que les dirigeants ne fassent l'objet de pressions de la part de tiers (partenaires économiques et banquiers, par exemple) désireux d'en obtenir copie.

CHAPITRE 2

LA GÉRANCE

SOMMAIRE

MODE D'ADMINISTRATION DE LA SOCIÉTÉ CIVILE

Sous le régime antérieur à la réforme de 1978, les associés avaient une grande liberté pour organiser l'administration de leur société. Le plus souvent, comme dans les autres sociétés de personnes, cette administration était confiée à un ou plusieurs gérants. Toutefois, certaines sociétés, très anciennes pour la plupart, prévoyaient dans leurs statuts un mode de gestion calqué sur celui en usage à l'époque dans les sociétés anonymes et comportant un conseil d'administration qui désignait un ou plusieurs administrateurs délégués ou un président chargés d'assurer l'exécution des décisions du conseil. **7000**

Consacrant la pratique la plus généralement suivie, la loi du 4 janvier 1978 a prévu que la société civile est administrée par un ou plusieurs gérants (C. civ. art. 1846). Les **sociétés anciennes dotées d'un conseil d'administration** ont donc dû modifier leurs statuts pour qualifier leurs représentants légaux de « gérants ».

Pour autant, comme les statuts peuvent, dans les rapports entre associés, fixer librement le mode d'administration de la société (C. civ. art. 1848, al. 3), rien ne s'oppose à ce que les sociétés anciennes dotées d'un conseil d'administration conservent cet organe, étant entendu que les attributions de ce conseil sont alors inopposables aux tiers ; seuls les membres du conseil désignés comme gérants, nommés par les associés et inscrits au RCS, ont le pouvoir d'engager la société à l'égard des tiers.

> Précisions **L'usage d'une autre appellation que celle de « gérant »** n'a pas pour effet de permettre à la société de se dégager des obligations souscrites en son nom par une personne faussement qualifiée (par exemple, un président ou un administrateur délégué) si cette personne est inscrite au registre comme représentant légal de la société. En effet, aucune irrégularité dans la nomination des représentants légaux de la société ne peut justifier la remise en cause des engagements sociaux dès lors que cette nomination a été régulièrement publiée (C. civ. art. 1846-2, al. 2). Il s'ensuit que si, par extraordinaire, un greffier immatriculait une société civile avec un président ou un administrateur délégué comme représentant légal, la société serait valablement engagée par les actes de ce dernier.

NATURE JURIDIQUE DE LA GÉRANCE DE SOCIÉTÉ CIVILE

L'affirmation légale de l'existence de la personnalité morale des sociétés civiles ne permet pas, à notre avis, de considérer le gérant comme un **mandataire des associés** : ayant qualité pour représenter la société à l'égard des tiers, il constitue au contraire un organe de la personne morale. **7002**

Le gérant n'est pas non plus le mandataire **de la société** qu'il représente. En effet, le pouvoir de représentation de la société que détiennent les dirigeants sociaux est d'origine légale ; les dispositions des articles 1984 et suivants du Code civil régissant le contrat de mandat n'ont donc pas vocation à régir les rapports entre la société et son dirigeant (Cass. com. 18-9-2019 n° 16-26.962 F-PB : RJDA 12/19 n° 754, à propos d'une société en nom collectif mais transposable).

> Précisions Sous le **régime antérieur à la réforme de 1978**, le gérant était considéré comme un mandataire, même après la reconnaissance par les tribunaux de la personnalité morale des sociétés civiles, parce que cette personnalité morale n'apparaissait, dans ces sociétés, que sous une forme atténuée : le contrat de société unissant les associés restait l'élément fondamental.

Depuis cette réforme, la loi affirme ouvertement la personnalité morale des sociétés civiles et définit les conditions dans lesquelles celle-ci prend naissance. De même, la loi organise les modalités de fonctionnement de la société personne morale dans ses rapports avec les tiers en prévoyant, notamment, que tout acte du gérant entrant dans l'objet social engage la société sans restriction. Le gérant apparaît ainsi aux yeux des tiers comme « l'organe » de la personne morale. On peut alors déduire de cette mise en avant du caractère institutionnel de la société – comme on a été porté à le faire pour les sociétés commerciales et surtout pour les sociétés de capitaux – que le gérant, « organe » de la société, n'est plus le mandataire des associés.

SECTION 1 NOMINATION DES GÉRANTS

NOMINATION OBLIGATOIRE D'UN GÉRANT

7005 La nomination d'un ou plusieurs gérants pour conduire les affaires sociales est obligatoire ; en l'absence de gérant désigné, tout intéressé peut demander la dissolution de la société (C. civ. art. 1846-1).

NOMBRE DE GÉRANTS

7010 Le nombre des gérants est fixé librement dans les statuts (C. civ. art. 1846, al. 1). Les statuts peuvent donc valablement prévoir soit un nombre **fixe** de gérants, soit un nombre **variable** (1 à 3, 2 à 5, etc.). Ils peuvent aussi, cas le plus fréquent en pratique, reproduire purement et simplement l'alinéa 1er de l'article 1846, aux termes duquel « la société est gérée par une ou plusieurs personnes... » et laisser ainsi aux associés le soin de fixer eux-mêmes ce nombre.

> Précisions **a.** Jugé que des associés n'ont pas entendu instituer une cogérance dans une société dont les statuts prévoyaient, par une clause claire et précise, que la société était administrée « par un ou plusieurs gérants pris parmi les associés et nommés par décision ordinaire » ; **l'existence d'une cogérance** ne pouvait pas être déduite d'une mention manuscrite des statuts précisant par ailleurs que la signature d'un seul gérant était suffisante pour les opérations courantes et que les opérations plus importantes ne pouvaient être prises « que sur la signature des deux gérants » (Cass. com. 13-7-2010 n° 09-16.102 : RJDA 11/10 n° 1090, 2e esp.).

b. Sur la validité des clauses prévoyant la **répartition des postes de gérants** entre plusieurs groupes, voir n° 7090.

A. Conditions requises pour être nommé gérant

GÉRANT ASSOCIÉ OU NON

7020 Le ou les gérants sont choisis parmi les associés ou en dehors d'eux (C. civ. art. 1846, al. 1). Toutefois, les **statuts** pourraient valablement réserver aux seuls associés la **possibilité** d'être nommés gérants de la société.

Le choix des associés est libre. Mais, en toute hypothèse, les personnes appelées aux fonctions de gérant doivent remplir les conditions de capacité ci-après exposées.

GÉRANT PERSONNE MORALE

7030 Une personne morale peut être nommée gérante d'une société civile. Si tel est le cas, ses **dirigeants** sont soumis aux mêmes conditions et obligations et encourent les mêmes responsabilités civile et pénale que s'ils étaient gérants en leur nom propre, sans préjudice de la responsabilité solidaire de la personne morale qu'ils dirigent (C. civ. art. 1847). L'acte de nomination, qui doit faire l'objet de mesures de publicité (n° 7150), doit alors indiquer le nom des représentants légaux de la personne morale ; leur changement emporte rectification de cet acte et doit être publié dans les mêmes conditions que lui (Décret 78-704 art. 35).

La **gérance des SCPI, des SEF et des GFI** doit être assurée par une société de gestion soumise à une réglementation particulière (C. mon. fin. art. L 214-98, al. 1, L 532-9 à L 532-13, R 532-10 s. et C. for. art. L 331-4-1).

7031 **Dirigeants de la personne morale** Aucune disposition de la loi du 4 janvier 1978 ne détermine ce qu'il faut entendre par « dirigeants » de la personne morale. Ce terme vise assurément les **représentants légaux,** c'est-à-dire toutes les personnes ayant le pouvoir d'engager la personne morale à l'égard des tiers : gérants d'une société en nom collectif, à responsabilité limitée ou en commandite ; directeur général et directeurs généraux délégués d'une société anonyme à conseil d'administration ; président du directoire et directeurs généraux d'une société anonyme à directoire, etc. Il vise également les membres du directoire n'ayant pas la qualité de directeur général ainsi que les simples membres du conseil d'administration d'une société anonyme car, quoiqu'ils n'exercent pas des fonctions d'autorité et de commandement dans les services de la société, ils définissent les objectifs économiques à atteindre et participent aux décisions de gestion (voir CA Paris 17-3-1978 : Rev. Banque 1978 p. 656 note L. M. Martin).

En revanche, les membres du conseil de surveillance d'une société anonyme ne sont pas des dirigeants car, chargés d'une mission de contrôle, ils ne prennent pas part aux décisions de gestion (voir CA Paris 8-7-1975 : Rev. sociétés 1976 p. 114 note J. G.) ; les « directeurs techniques » non plus car, quelle que soit l'importance de leurs fonctions, ils sont des salariés de la société tenus à l'obéissance et ne font qu'exécuter les ordres qu'ils ont reçus.

Bien que la loi ne le précise pas, il faut, à notre avis, considérer que la **responsabilité** pour fautes de gestion peut s'appliquer à tous les dirigeants de la personne morale – au sens retenu ci-dessus – qu'ils soient de droit ou de fait, apparents ou occultes, rémunérés ou non. **7032**
Cette solution est conforme à la tendance du législateur à assimiler les dirigeants de fait aux dirigeants de droit (voir, par exemple, les dispositions du Code de commerce sur les sociétés commerciales ou sur les procédures collectives d'apurement du passif) et à la méthode d'interprétation analogique qui peut être retenue si les raisons de la loi sont les mêmes et si rien ne l'exclut expressément. Or, il est incontestable que le législateur veut soumettre à l'article 1847 du Code civil toute personne « qui dirige » la personne morale, même si elle n'en a pas le titre.

Représentation de la personne morale À notre avis, on ne saurait déduire de la publication du nom du représentant légal de la personne morale gérante que celui-ci ne peut pas **déléguer** ses **pouvoirs de représenter** cette personne dans la société civile. En effet, sauf disposition contraire des statuts de la personne morale gérante, le représentant légal peut toujours déléguer certains de ses pouvoirs en application du droit commun du mandat (C. civ. art. 1984 s.). Une telle délégation ne remet pas en cause la portée de la publication car, le délégataire n'étant que le mandataire du représentant légal, c'est ce dernier qui répondra envers les tiers de ses actes, sa responsabilité étant affirmée par l'article 1847 du Code civil. **7033**
Le délégant a le **choix du délégué.** La délégation peut notamment être consentie à un dirigeant de la personne morale gérante (par exemple, un membre du directoire) ou à un salarié de celle-ci. Si la personne morale gérante est une société anonyme, la liberté de choix du délégué risque toutefois d'être limitée par les principes de séparation et de répartition légale des pouvoirs applicables dans cette forme de société (Mémento Sociétés commerciales n° 40881). Notamment, ces principes rendront, à notre avis, contestable la délégation consentie par le directeur général au président du conseil d'administration ou la délégation consentie par le président du directoire au président ou à un membre du conseil de surveillance.
La délégation pourrait être critiquée si elle aboutissait à **priver** totalement le **représentant légal de son pouvoir de représenter** la personne morale au sein de la société civile. Il a en effet été jugé que les pouvoirs conférés à un gérant de société commerciale lui sont personnels et qu'il ne peut donc pas transmettre à un tiers l'ensemble de ses fonctions (T. civ. Seine 9-7-1953 : JCP 1954 II n° 8074, solution à notre avis transposable au représentant légal d'une personne morale désignée gérante de société civile).

En tout état de cause, pour être **prouvée et efficace,** la délégation devra être écrite et dénuée d'ambiguïté.

CAPACITÉ D'UN MINEUR OU D'UN MAJEUR PROTÉGÉ À ÊTRE GÉRANT

Mineurs Ayant la même capacité qu'un majeur pour tous les actes de la vie civile (C. civ. art. 413-6, al. 1), le **mineur émancipé** peut, sans restriction, être gérant d'une société civile. **7035**
À l'inverse, le **mineur non émancipé** ne nous paraît pas pouvoir assumer de telles fonctions.

> **Précisions** Il est vrai qu'un mineur non émancipé peut être **mandataire** (C. civ. art. 1990). Mais cette analyse, outre qu'elle s'appuie sur une qualification juridique douteuse (n° 7002), conduit aussi à des résultats inopportuns. Ainsi, selon l'article 1990 du Code civil, le mandant n'a d'action contre le mineur non émancipé mandataire que « d'après les règles générales relatives aux obligations des mineurs ». Or, les mineurs ne sont tenus qu'à hauteur de leur enrichissement (C. civ. art. 1352-4). Il s'ensuit que la responsabilité du mineur ne pourrait pas être recherchée aussi largement que celle d'un majeur (dans le même sens, à propos des mineurs non émancipés désignés comme administrateurs d'une société anonyme, voir Rép. Valbrun : AN 21-12-1977 n° 40253).
> En tout état de cause, la désignation d'un mineur non émancipé est sans conséquence sur la **validité des engagements** de la société ou des tiers qui ont contracté avec elle puisque, dès l'instant que cette désignation a été publiée, ni la société ni les tiers ne peuvent se prévaloir d'une irrégularité dans la nomination des gérants pour se soustraire à leurs obligations (C. civ. art. 1846-2, al. 2).

Majeurs protégés Aucun texte n'interdit de nommer en qualité de gérant un majeur sous sauvegarde de justice, sous curatelle, sous tutelle, sous habilitation familiale ou un majeur dont le mandat de protection future a pris effet. Une telle nomination est néanmoins dépourvue de tout effet juridique car les pouvoirs du gérant cessent s'il est atteint d'une incapacité (C. civ. art. 1160 et 1146). **7040**

POSSIBILITÉ POUR DES ÉPOUX OU PARTENAIRES D'UN PACS OU CONCUBINS D'ÊTRE GÉRANT

7045 Chaque **époux** peut, quel que soit son régime matrimonial, être gérant sans en demander l'**autorisation** à l'autre. Par ailleurs, les époux peuvent être ensemble **cogérants** de la même société, même s'ils en sont les seuls associés (C. civ. art. 1832-1, al. 1).

Il en est de même pour les **partenaires d'un Pacs** et, a fortiori, pour les **concubins.**

GÉRANT ÉTRANGER

7050 Les personnes de nationalité étrangère peuvent librement exercer les fonctions de gérant d'une société civile sous réserve de l'application éventuelle des règles relatives aux **activités réglementées.**

C'est ainsi que le gérant étranger non ressortissant d'un État membre de l'Union européenne d'une société civile agricole doit être titulaire d'une carte d'exploitant agricole (n° 726).

INTERDICTION DE GÉRER

7060 **Crime ou délit de droit commun** Une personne ayant été condamnée pour crime ou délit de droit commun peut néanmoins être nommée gérante d'une société civile, sauf s'il s'agit d'une société civile de construction, d'une société civile d'attribution d'immeubles en jouissance à temps partagé (CCH art. L 241-3) ou d'une SCP dès lors que cette condamnation empêche l'intéressé d'exercer l'activité faisant l'objet de la société.

> **Précisions** Notons que les gérants de société civile doivent souscrire une **déclaration** affirmant qu'ils n'ont fait l'objet d'aucune condamnation pénale ni de sanctions civile ou administrative de nature à leur interdire de gérer, administrer ou diriger une personne morale (C. com. art. A 123-51), cette déclaration étant vérifiée par le juge commis à la surveillance du RCS. Néanmoins, il n'y a pas à notre avis de texte écartant l'accès des personnes faisant l'objet d'une condamnation pénale aux fonctions de gérant. En cas de condamnation, il est préférable de le mentionner dans la déclaration tout en précisant que cette sanction n'emporte pas l'interdiction d'être gérant d'une société civile.

7063 **Faillite personnelle ou interdiction de gérer** Une personne condamnée à la faillite personnelle (C. com. art. L 653-2) ou à une mesure d'interdiction de gérer toute personne morale (C. com. art. L 653-8) ne peut pas être nommée gérante d'une société civile.

> **Précisions** Un **fichier national automatisé des interdits de gérer** est tenu par le Conseil national des greffiers des tribunaux de commerce (C. com. art. L 128-1 à L 128-5 et R 128-1 à R 128-10). Y sont inscrites les faillites personnelles et les autres mesures d'interdiction de diriger, de gérer, d'administrer ou de contrôler, directement ou indirectement, une entreprise commerciale, industrielle ou artisanale, une exploitation agricole, une entreprise ayant toute autre activité indépendante ou une personne morale, prononcées à titre de sanction civile ou commerciale ou à titre de peine et résultant des décisions juridictionnelles passées en force de chose jugée. La consultation du fichier est réservée aux greffiers des tribunaux de commerce et à certains autres professionnels, pour les besoins de leur mission. En cas de relèvement de la mesure d'interdiction, d'arrivée de son terme ou d'amnistie, la mesure est radiée du fichier et ne peut plus être communiquée.

7065 **Liquidation judiciaire** Le fait qu'une personne soit en liquidation judiciaire et en conséquence dessaisie de l'administration et de la disposition de ses biens composant le patrimoine engagé par l'activité professionnelle (C. com. art. L 641-9, I modifié par loi 2022-172 du 14-9-2022) ne l'empêche pas d'être gérant et ne la prive pas du pouvoir de représenter la société à l'égard des tiers (Cass. com. 27-11-2001 n° 1962 : RJDA 8-9/02 n° 916 ; Cass. 3ᵉ civ. 19-12-2007 n° 06-18.811 : RJDA 7/08 n° 800).

FONCTIONS INCOMPATIBLES AVEC LA GÉRANCE

7080 L'exercice de certaines professions ou de certains mandats est incompatible avec les fonctions de gérant de sociétés civiles. Mais, comme nous le verrons ci-après, des **dérogations** sont parfois prévues lorsqu'il s'agit de sociétés de famille ou ne poursuivant pas un but lucratif.

1. Avocats. L'exercice de la profession d'avocat est incompatible avec les fonctions de gérant d'une société civile à moins que celle-ci n'ait pour objet la gestion d'intérêts familiaux ou l'exercice de la profession d'avocat (Décret 2023-552 du 30-6-2023 art. 22, b). Cette incompatibilité est applicable même si la société civile est étrangère (Cass. 1ʳᵉ civ. 6-12-2007 n° 05-18.795 : RJDA 4/08 n° 411).

2. Fonctionnaires. Il est interdit à tout fonctionnaire de participer aux organes de gestion d'une société civile (CGFP art. L 123-1, 2°).

La violation de cette interdiction donne lieu au reversement des sommes indûment perçues par le fonctionnaire, par voie de retenue sur son traitement (CGFP art. L 123-9).

Par **dérogation,** cette interdiction ne s'applique pas :

– aux fonctionnaires travaillant à temps partiel dont le temps de travail est inférieur ou égal à 70 % de la durée légale du travail (CGFP art. L 123-5) ;

– aux dirigeants d'entreprises recrutés par une administration, ceux-ci pouvant continuer à exercer leur activité privée pour une durée d'un an, renouvelable une fois (CGFP art. L 123-4).

Ces dérogations sont subordonnées à l'établissement d'une **déclaration** du projet de cumul d'activités auprès de l'autorité hiérarchique du fonctionnaire (CGFP art. L 123-6), selon des modalités fixées par le décret 2020-69 du 30 janvier 2020.

En outre, un fonctionnaire qui occupe un emploi à temps complet peut, à sa demande, être autorisé par l'autorité hiérarchique dont il relève à accomplir un service à temps partiel pour **créer ou reprendre une entreprise** et à exercer, à ce titre, une activité privée lucrative. L'**autorisation** d'accomplir un service à temps partiel, qui ne peut être inférieur au mi-temps, est accordée, sous réserve des nécessités de la continuité et du fonctionnement du service et compte tenu des possibilités d'aménagement de l'organisation du travail, pour une durée maximale de deux ans, renouvelable pour une durée d'un an, à compter de la création ou de la reprise de cette entreprise. Une nouvelle autorisation d'accomplir un service à temps partiel pour créer ou reprendre une entreprise ne peut être accordée moins de trois ans après la fin d'un service à temps partiel pour la création ou la reprise d'une entreprise (CGFP art. L 123-8). Les modalités de cette autorisation sont précisées par l'article L 123-8 précité et l'article 16 du décret 2020-69.

3. Notaires. Il est interdit aux notaires de « s'immiscer dans l'administration d'une société ou entreprise de commerce ou d'industrie » (Décret 45-0117 du 19-12-1945 art. 13). Il leur est donc interdit d'être gérants d'une société civile, sauf si celle-ci a pour objet l'exercice de leur profession (cf. Ord. 45-2590 du 2-11-1945 art. 1 bis).

ENCADREMENT STATUTAIRE DE L'EXERCICE DES FONCTIONS DE GÉRANT

Les statuts peuvent imposer des **conditions particulières** pour l'exercice des fonctions de gérant. Par exemple, il peut être stipulé que les gérants devront être associés ou justifier d'une compétence particulière constatée par un diplôme ou une certaine ancienneté dans la profession. Il peut aussi être interdit au gérant de cumuler ses fonctions avec d'autres (ou certains autres) mandats sociaux. De même, une limite d'âge peut être prévue. **7090**

Rien ne s'oppose non plus, à notre avis, à ce que les statuts organisent la gérance en prévoyant, par exemple, que les parts sociales seront divisées en deux ou plusieurs catégories (chacune correspondant aux parts détenues par les membres d'un groupe) et que la société sera administrée par un **conseil de gérance** composé d'associés choisis dans chacun des groupes selon une proportion déterminée à l'avance. Cette pratique, inspirée de celle employée dans certaines sociétés commerciales, nous paraît licite dans la mesure où elle ne porte pas atteinte à la liberté du vote des associés. C'est pourquoi il faut que ces derniers conservent la liberté de porter leur choix sur plusieurs personnes sans se voir imposer, en fait, une ou plusieurs personnes déterminées.

En revanche, il ne nous paraît plus possible de prévoir, comme le faisaient certains statuts avant la réforme de 1978, que, pour la formation du conseil de gérance, chaque groupe d'associés désignera séparément un gérant. En effet, selon l'article 1846 du Code civil, le ou les gérants sont nommés par une décision des associés ; or, les articles 1853 et 1854 du même Code imposent, pour ces décisions, soit la réunion d'une assemblée, soit une consultation écrite, soit l'accord unanime des associés constaté dans un acte. Il faut donc que, comme dans les sociétés commerciales, tous les associés soient consultés ensemble, ce qui exclut, à notre avis, toute division du **vote par groupe d'associés.**

CUMUL DE MANDATS DE GÉRANT

Aucune disposition analogue à celles édictées pour les sociétés anonymes (C. com. art. L 225-21, **7095**
L 225-54-1, L 225-67, L 225-77, L 225-94 et L 225-94-1) ne limite, dans les sociétés civiles, le nombre de postes de gérant que peut cumuler une même personne. Toutefois, les associés pourraient valablement prévoir dans leurs statuts une telle limitation et même interdire au gérant d'être dirigeant d'une autre société, quelle que soit la forme juridique ou l'activité de celle-ci.

Par ailleurs, même s'il n'est pas expressément interdit dans les statuts, l'exercice par le gérant de fonctions de direction dans une société concurrente pourrait constituer une faute justifiant la révocation sans indemnité de ce gérant.

LIMITE D'ÂGE DU GÉRANT

7100 Contrairement au régime applicable aux sociétés par actions, aucun texte ne prévoit de limite d'âge pour l'exercice des fonctions de gérant d'une société civile. Mais cette limite pourrait valablement résulter d'une disposition expresse des statuts.

B. Cumul d'un mandat de gérant et d'un contrat de travail

CONDITIONS DE VALIDITÉ DU CUMUL D'UN MANDAT DE GÉRANT ET D'UN CONTRAT DE TRAVAIL

7110 En l'absence de dispositions contraires dans la loi, le gérant d'une société civile peut cumuler ses fonctions avec un emploi salarié dans sa société. Encore faut-il que le contrat de travail corresponde à un **emploi effectif rémunéré,** c'est-à-dire que l'intéressé exerce bien des **fonctions techniques distinctes** de celles exercées dans le cadre de la gérance et qu'il reçoive à ce titre une **rémunération indépendante** de celle pouvant lui être allouée comme gérant de la société.

Le fait que le contrat de travail ait été conclu avant la nomination de l'intéressé aux fonctions de gérant constitue souvent un élément de preuve en faveur de la réalité du cumul, à supposer que les fonctions de gérant n'aient pas « absorbé » celles résultant du contrat de travail.

7111 Il faut aussi qu'il existe un **lien de subordination** entre l'intéressé et la société. Cette caractéristique, déterminante de tout contrat de travail, ne nous paraît pas remplie si l'intéressé dispose, soit du fait de sa qualité d'associé majoritaire (ou de membre d'un conseil de gérance majoritaire), soit du fait de la stabilité de ses fonctions de gérant (durée non limitée, révocation quasi impossible) et de l'étendue de ses pouvoirs (pouvoirs illimités même dans ses rapports avec les associés), d'une situation privilégiée le mettant pratiquement à l'abri de toute menace de licenciement.

L'existence de ce lien de subordination n'est pas établie dans un cas où la gérante d'une SCI a délégué les pouvoirs de la gérance concernant la nomination, la rémunération et la révocation du personnel de la société à sa mère, laquelle, en vertu de cette délégation, lui a consenti un contrat de travail (CA Paris 28-1-1988 : BRDA 8/88 p. 19). Le lien de subordination est inexistant lorsque le gérant dispose de tous pouvoirs pour engager la responsabilité administrative, financière et pénale de la société sans avoir à recueillir l'aval de quiconque, et bénéficie de la signature bancaire de la société et qu'il a signé, en qualité de gérant, la fin de contrat d'un salarié (Cass. soc. 10-12-2014 n° 13-12.522 : RJDA 4/15 n° 273).

7112 Si ces conditions (emploi effectif rémunéré et lien de subordination) sont remplies, le gérant a alors une **double qualité** : celle de « mandataire » révocable par les associés et celle de salarié. Au titre de son contrat de travail, il est soumis aux règles du droit du travail et bénéficie des mesures protectrices réservées aux salariés, notamment en cas de licenciement (délai de préavis, indemnité de licenciement, éventuellement indemnité pour licenciement non fondé sur une cause réelle et sérieuse, etc.).

7113 Pour les sociétés ayant une activité économique, le contrat de travail passé entre la société et son gérant constitue une des **conventions réglementées** par l'article L 612-5 du Code de commerce. Sa conclusion ou sa modification doit donc, si la société a une activité économique, être approuvée par la collectivité des associés, le gérant, s'il est associé, pouvant participer au vote (n° 8132).

PREUVE DU CUMUL D'UN MANDAT DE GÉRANT ET D'UN CONTRAT DE TRAVAIL

7114 En **principe,** conformément au droit commun, c'est à celui qui se prévaut de l'existence du contrat de travail qu'il appartient d'en apporter la preuve (Cass. soc. 30-10-2001 n° 4459 : RJDA 4/02 n° 385 ; CA Paris 14-9-2021 n° 19/02034 : RJDA 2/22 n° 82). L'intéressé doit donc démontrer l'exercice d'un emploi effectif caractérisé par l'existence de fonctions techniques distinctes de celles exercées dans le cadre de la gérance, un lien de subordination et une rémunération spécifique.

Toutefois, en présence d'un **contrat de travail apparent,** la charge de la preuve est renversée : il incombe à celui qui conteste le contrat de prouver le caractère fictif de celui-ci (n° 7118). Lorsque celui qui prétend avoir été salarié exerçait déjà un mandat social, la production d'un écrit ne suffit pas à créer l'apparence d'un contrat de travail (Cass. soc. 27-2-2013 n° 11-21.354 : RJDA 5/13 n° 414, à propos d'un contrat de travail écrit ; Cass. soc. 10-6-2008 n° 07-42.165 : RJS 10/08 n° 1045, s'agissant de bulletins de salaire et de la notification d'une lettre de licenciement).

SORT DU CONTRAT DE TRAVAIL DU GÉRANT EN CAS DE NON-CUMUL

Suspension pendant le mandat social En l'absence de convention contraire, le contrat de travail d'un salarié devenu mandataire social et qui a cessé d'être uni à la société par un lien de subordination est suspendu pendant le temps du mandat. Cette suspension du contrat de travail intervient même en l'absence de convention la prévoyant expressément (Cass. soc. 12-12-1990 : RJDA 3/91 n° 213 ; Cass. soc. 19-3-1991 : RJDA 7/91 n° 598). **7115**

Pendant la période de suspension, le salarié reste tenu à une obligation de loyauté envers la société, de sorte que des manquements à cette obligation peuvent justifier un licenciement (Cass. soc. 16-5-2018 n° 16-22.655 F-D : RJDA 10/18 n° 728).

Le contrat de travail du salarié nommé mandataire social **reprend son cours** après la cessation du mandat social et il importe peu que les nouvelles fonctions soient différentes de celles exercées auparavant (Cass. soc. 21-6-1994 n° 3013 : RJDA 12/94 n° 1293 ; Cass. soc. 8-10-2003 n° 2150 : RJDA 2/04 n° 165 ; Cass. soc. 12-11-2008 n° 07-44.636 : RJDA 3/09 n° 222). Cette reprise oblige la société à fournir du travail à l'ancien mandataire. Ne satisfait pas à cette obligation la société qui propose un contrat de travail à durée déterminée à l'ancien mandataire social titulaire d'un contrat de travail à durée indéterminée (CA Paris 26-9-2003 n° 02-31988 : RJDA 6/04 n° 709). À défaut, elle doit mettre en œuvre la procédure de licenciement (Cass. soc. 30-11-1999 n° 4614 : RJDA 3/00 n° 272, solution rendue pour un dirigeant de société commerciale mais transposable), à peine d'être condamnée par la juridiction prud'homale compétente pour statuer sur les demandes du salarié en paiement des sommes dues en cas de licenciement sans cause réelle et sérieuse survenu lors de la révocation de son mandat social (Cass. soc. 9-6-1999 n° 2696 : RJDA 10/99 n° 1080, 2e esp.). **7116**

L'**ancienneté** acquise avant la suspension doit être ajoutée à celle obtenue depuis la reprise des fonctions salariées pour le calcul de l'indemnité de licenciement (Cass. soc. 11-3-1992 : Bull. civ. V n° 172) même si, entre-temps, l'entreprise a été cédée (Cass. soc. 30-10-2001 n° 4477 : RJDA 3/02 n° 260).

La **période d'essai** en cours lors de la nomination aux fonctions de mandataire social reprend à la révocation du mandat (Cass. soc. 24-4-2013 n° 12-11.825 : RJDA 7/13 n° 625).

Cessation du contrat de travail La suspension automatique du contrat n'interdit cependant pas aux parties d'y mettre fin, notamment par un **licenciement.** La cessation du contrat de travail peut aussi résulter de la **démission** de l'intéressé exprimée de façon claire et non équivoque (Cass. soc. 11-1-2012 n° 10-17.558 : RJDA 4/12 n° 404) **ou** de la **novation** du contrat et de son remplacement par le mandat social (Cass. soc. 11-5-1999 : RJDA 8-9/99 n° 935 ; Cass. soc. 26-4-2000 n° 1801 : RJDA 7-8/00 n° 769 ; Cass. soc. 8-10-2003 n° 2150 : RJDA 2/04 n° 165). **7117**

C'est à celui qui soutient qu'il a été **mis fin au contrat de travail** par la nomination du salarié à des fonctions de mandataire social d'en apporter la **preuve** (Cass. soc. 18-7-2001 n° 3565 : RJDA 3/02 n° 259, 1e esp. ; Cass. soc. 2-11-2005 n° 2256 : RJDA 7/06 n° 781 ; Cass. soc. 18-3-2009 n° 07-45.682 : RJDA 6/09 n° 544 ; CA Versailles 20-5-2014 n° 13/02743 : RJDA 8-9/14 n° 696). **7118**

C. Mode de nomination des gérants

DÉCISIONS DES ASSOCIÉS DE NOMMER LE GÉRANT

Premiers gérants **Lors de la constitution de la société,** les premiers gérants sont nommés (C. civ. art. 1846, al. 1) : **7120**

- soit dans les statuts ;
- soit par une décision collective des associés (prise dans les mêmes conditions qu'en cas de nomination en cours de vie sociale : n° 7121) ;
- soit dans un acte distinct, le plus souvent un acte sous signature privée ou notarié, annexé aux statuts et signé par tous les associés (on peut s'inspirer du modèle ci-dessous pour établir cet acte).

Les gérants dont le nom figure dans les statuts sont appelés « **gérants statutaires** » (n° 7212).

MODÈLE

Acte de nomination du premier gérant

Société civile...

Société en formation au capital de... €

Siège social : ...

Nous soussignés : ...

Seuls associés de la société civile..., nous sommes réunis à l'issue de la signature des statuts pour désigner d'un commun accord le premier gérant de la société.

À cet effet, nous avons convenu ce qui suit :

I – Nomination

M. /Mme... né(*e*) le..., de nationalité..., demeurant..., est nommé(*e*) en qualité de gérant de la société pour une durée indéterminée.

Il/Elle n'entrera effectivement en fonction qu'à partir du jour où la société aura été immatriculée au registre du commerce et des sociétés.

Il/Elle déclare par lettre séparée accepter les fonctions de gérant qui viennent de lui être confiées et affirme n'exercer aucune autre fonction susceptible de l'empêcher d'exercer ce mandat ni être frappé(*e*) d'aucune incapacité ou interdiction de gérer une société civile.

II – Pouvoirs

Le gérant exercera ses fonctions dans les conditions prévues par la loi et la clause « Gérance » des statuts.

Fait à..., le...

En autant d'originaux que nécessaire pour le dépôt d'un exemplaire au siège social et l'exécution des formalités.

(Signatures)

7121 **Nomination en cours de vie sociale** Au cours de la vie sociale, la nomination des gérants est, en principe, effectuée aux **conditions** de majorité prévues par les statuts, ou, en l'absence de clause statutaire, par des associés représentant plus de la moitié des parts sociales (C. civ. art. 1846, al. 2 et 3).

Cette décision est prise selon les modalités fixées dans les statuts (assemblée générale, consultation écrite ou acte sous signature privée ou notarié signé par tous les associés : C. civ. art. 1852 et 1853).

> **Précisions** **a.** Jugé que le **droit de participer à la désignation des gérants** fait partie de ces « décisions collectives » auxquelles tout associé a le droit de participer comme l'énonce l'article 1844, al. 1 du Code civil (CA Paris 27-2-1997 : RJDA 5/97 n° 651). En conséquence, doit être annulée, pour abus de majorité, la délibération autorisant le remplacement des gérants actuels d'une SCI – associés majoritaires – au bénéfice des seules personnes de leur choix et au moment que chacun d'eux fixera unilatéralement, dès lors que cette décision a été prise contrairement à l'intérêt social qui exige que les dirigeants soient parfaitement libres à l'égard des associés et dans l'unique dessein de favoriser les membres de la majorité au détriment de ceux de la minorité.
>
> **b.** Les associés ne peuvent pas valablement désigner un **gérant unique en remplacement de plusieurs gérants** à la majorité prévue pour la nomination de ceux-ci lorsque les statuts organisent expressément une cogérance. Un tel remplacement nécessite une modification préalable des statuts.
>
> **c.** Des conditions particulières de nomination sont prévues dans certaines sociétés. Tel est le cas, notamment, pour les gérants de **société civile d'attribution d'immeubles** en jouissance à temps partagé (Loi 86-18 du 6-1-1986 art. 5) et pour les **sociétés de gestion de SCPI, de SEF et de certains GFI** (C. mon. fin. art. L 214-98, al. 2, sur renvoi, pour les GFI, de C. for. art. L 331-4-1, II et II bis).
>
> **d.** Les associés sont tenus, à peine de dommages-intérêts, par la **promesse** qu'ils auraient pu faire à une personne de lui **confier la gérance** de la société (Cass. req. 9-5-1894 : D. 1895 I p. 13 ; CA Paris 9-5-1959 : Bull. Joly 1963 p. 48).
>
> **e.** Sur les options ouvertes aux associés en cas de **vacance de la gérance,** voir n° 7135 s.

COOPTATION DU GÉRANT

7125 En l'absence de disposition législative ou réglementaire contraire, il ne nous paraît pas interdit de prévoir dans les statuts que les gérants en exercice pourront coopter un ou plusieurs nouveaux gérants sous réserve de **ratification ultérieure par les associés.** Bien que l'article 1846 du Code civil ne valide pas expressément le procédé de la cooptation, il ressort de ce texte que le législateur a entendu laisser aux associés toute liberté pour organiser dans leurs statuts les modalités de nomination des gérants. Rejoignant l'opinion exprimée par certains auteurs (A. Bougnoux, J.-Cl. Civil. art. 1845 à 1870-1 fasc. 20 n° 33), nous estimons que ce procédé ne retire pas aux associés le pouvoir de nommer le gérant que leur reconnaît l'article 1846 du Code civil puisque ce sont eux qui se prononcent en définitive sur cette nomination, le refus de ratification entraînant automatiquement l'élimination du gérant coopté.

Les **statuts** doivent alors régler les conditions dans lesquelles la cooptation peut intervenir, les modalités de la ratification (délai, majorité, etc.) et les conséquences du défaut de ratification.

En pratique, ces clauses de cooptation ne se justifient que dans le cas, très rare, de **sociétés civiles importantes** groupant de nombreux associés.

ACCEPTATION DES FONCTIONS DE GÉRANT

L'acceptation de ses fonctions par le gérant peut être **expresse** (par exemple, signature au pied de la décision l'ayant nommé, précédée de la mention manuscrite « bon pour acceptation des fonctions de gérant » ; acceptation par lettre séparée). **7130**

Elle peut aussi être **tacite** et résulter de l'exercice effectif des fonctions.

D. Défaut de nomination du gérant

Si, pour quelque cause que ce soit, la société se trouve sans gérant et que cette situation n'a pas été régularisée dans le délai d'un an, tout intéressé peut demander au tribunal de prononcer la **dissolution anticipée de la société** (C. civ. art. 1846-1 ; pour une illustration, CA Douai 28-10-2008 n° 07-3226 : RJDA 1/10 n° 57 som.). **7135**

Cette sanction, qui n'a pas d'équivalent dans les autres formes de sociétés, appelle les remarques suivantes.

1. L'action en dissolution n'étant possible que si la **société** « se trouve **sans gérant** », l'existence d'un gérant suffit pour écarter sa recevabilité. Cette action ne saurait donc être mise en œuvre dans le cas où, les statuts ayant prévu une pluralité de gérants, le nombre de ces derniers viendrait à être inférieur au minimum statutaire, voire réduit à un. Il en va de même lorsque le gérant de la société est en liquidation judiciaire personnelle, celui-ci n'étant pas privé de sa qualité de représentant légal de la société (CA Orléans 17-6-2004 n° 03-2395 : RJDA 10/04 n° 1147).

Encore faut-il que ce gérant ait été régulièrement nommé. Tel ne sera pas le cas, notamment, si la société est dirigée par un gérant de fait (gérant dont les fonctions sont venues à expiration et dont le mandat n'a pas été renouvelé, personne exerçant les fonctions de gérant sans avoir été désignée par les associés, etc.).

2. L'**action en dissolution** peut être intentée par « tout intéressé ». Cette expression vise en premier lieu les associés. Elle s'applique aussi aux tiers dans la mesure où ceux-ci ont une raison de se plaindre de l'absence de gérant. Il en est ainsi lorsque les tiers ne peuvent pas traiter avec la société puisque nul n'est habilité à la représenter.

3. L'action en dissolution est portée devant le tribunal judiciaire du lieu du siège social. Elle doit être intentée soit contre tous les associés, soit contre un mandataire spécial désigné par ordonnance du président du tribunal statuant sur requête du demandeur (Décret 78-704 art. 37).

4. Le délai d'un an prescrit pour la **régularisation** commence à courir le jour où s'est produite la vacance.

5. Le **tribunal** a le pouvoir d'**apprécier** si la dissolution doit ou non être prononcée. En effet, l'article 1846-1 du Code civil ne fait pas de l'absence de gérant une cause de dissolution de plein droit de la société : le tribunal « peut » prononcer la dissolution.

6. L'action en dissolution est, à notre avis, irrecevable lorsque la situation a été régularisée par la nomination d'un gérant. Cette **régularisation** peut, à notre avis, intervenir même après l'expiration du délai d'un an et même en cours d'instance puisque, dans tous les cas, elle supprime l'intérêt du demandeur à se prévaloir de l'absence de gérant et que l'article 1846-1 du Code civil fait dépendre la dissolution de la société non pas du défaut de nomination du gérant mais de la décision de dissolution prononcée par le tribunal qui jouit d'un pouvoir souverain d'appréciation. L'article 1846-1 précise, en effet, que « la société dépourvue de gérant prend fin par la dissolution anticipée que peut prononcer le tribunal à la demande de tout intéressé ». La décision judiciaire est donc constitutive de la dissolution et non pas déclarative de celle-ci.

L'article 1846, al. 5 du Code civil facilite d'ailleurs la régularisation : tout associé peut réunir les associés ou, à défaut, demander au président du tribunal judiciaire statuant sur requête la désignation d'un mandataire de justice chargé de le faire à seule fin de procéder à la nomination d'un ou plusieurs gérants.

E. Publicité de la nomination du gérant

FORMALITÉS DE PUBLICITÉ DE NOMINATION DU GÉRANT

La nomination des gérants (comme la cessation de leurs fonctions) doit être publiée (C. civ. art. 1846-2) dans les conditions suivantes : **7150**

– insertion dans un **support d'annonces légales** du lieu du siège social (Décret 78-704 art. 24 ; Loi 55-4 du 4-1-1955 art. 1) ;

– inscription modificative au **RCS** et au **RNE** par l'intermédiaire du guichet unique électronique des formalités d'entreprises (C. com. art. R 123-66 et art. R 123-253, 2° et R 123-263, al. 1 issus du décret 2022-1014 du 19-7-2022), étant précisé que la demande doit être accompagnée des pièces justificatives concernant le nouveau dirigeant (n° 2702) ;

– insertion au **Bodacc** par les soins du greffier du tribunal de commerce (C. com. art. R 123-159 et R 123-161).

> Précisions a. Le nom des premiers gérants **mentionné dans les statuts** peut ne pas figurer dans les statuts mis à jour et déposés en annexe au RCS, sans qu'il y ait lieu, sauf dispositions contraires des statuts, de les remplacer par le nom des personnes qui leur ont succédé dans ces fonctions (Décret 78-704 art. 25). Dans ce cas, il n'est pas nécessaire, lors des changements de gérant, de **déposer** les **statuts mis à jour** puisque ces changements n'entraînent pas modification des statuts. Cette solution prévaut même en cas de nomination d'un gérant statutaire (Avis CCRCS 99-69 : Bull. RCS 7-8/1999 p. 45, en matière de société à responsabilité limitée mais transposable).

b. Lorsque les statuts prévoient que la société est dirigée par **plusieurs gérants dont l'un est appelé à prendre ses fonctions** non pas au jour de l'immatriculation mais **à une date postérieure,** la nomination de ce dernier n'a pas à être publiée à l'occasion des formalités d'immatriculation ; elle ne doit l'être qu'au jour de la prise effective des fonctions, date à laquelle l'intéressé acquiert la qualité de gérant (Avis CCRCS 2012-010 du 23-3-2012).

OPPOSABILITÉ DE LA NOMINATION DU GÉRANT

7155 En principe, les nominations des gérants ne sont opposables aux tiers par la société qu'à partir du jour où elles ont été publiées au RCS (C. com. art. L 123-9, al. 1).

L'inopposabilité aux tiers des nominations non publiées ne concerne que les engagements de la société **à l'égard des tiers.** Elle ne joue pas lorsque c'est la responsabilité personnelle des dirigeants qui est mise en cause.

Ainsi, le défaut de publicité de la désignation d'un dirigeant ne peut pas avoir pour effet de soustraire celui-ci aux responsabilités attachées aux fonctions qu'il a acceptées et exercées (Cass. com. 8-7-2003 n° 1226 : RJDA 1/04 n° 76).

7156 Le défaut de publicité de la nomination (ou de la cessation des fonctions) n'a pas d'effet **à l'égard de la société et des associés** : en effet, sauf convention contraire des parties, les nominations (ou cessations de fonctions) sont opposables à la société dès la date à laquelle elles sont intervenues et non après accomplissement des formalités de publicité (Cass. soc. 27-10-1999 n° 3912 : RJDA 9-10/00 n° 880, à propos de la démission d'un administrateur de société anonyme mais transposable).

En outre, le défaut de publicité de la nomination d'un gérant n'a aucune incidence sur son **pouvoir de représenter la société en justice,** cette question étant étrangère au régime des relations entre la société et les tiers. En conséquence, le nouveau gérant est habilité à représenter la société en justice dès le jour de sa nomination, peu important que celle-ci n'ait pas encore été publiée au RCS (Cass. com. 10-7-2012 n° 11-21.395 : RJDA 1/13 n° 35). Il en résulte notamment qu'une déclaration de créance de la société, qui équivaut à une demande en justice, est valable dès lors qu'elle est faite par le représentant légal après sa nomination, que celle-ci ait ou non été publiée (Cass. com. 12-7-2004 n° 1200 : RJDA 2/05 n° 168, 2e esp.).

Inversement, le défaut de publicité de la cessation des fonctions du gérant est sans effet sur la perte de son pouvoir de représentation. Un dirigeant révoqué ou démissionnaire perd donc ce pouvoir immédiatement, peu important que sa révocation ou sa démission n'ait pas encore été publiée (Cass. com. 12-5-2015 n° 14-12.483 : RJDA 10/15 n° 662, rendu pour un président de société par actions simplifiée mais transposable).

Par ailleurs, ni la société ni les tiers ne peuvent se soustraire à leurs engagements en invoquant une **irrégularité** dans la nomination ou la cessation des fonctions d'un gérant qui a fait l'objet d'une publicité régulière (C. civ. art. 1846-2, al. 2).

SECTION 2

CESSATION DES FONCTIONS DES GÉRANTS

A. Cas de cessation des fonctions des gérants

1. ARRIVÉE DU TERME DES FONCTIONS DU GÉRANT

DURÉE DES FONCTIONS DU GÉRANT

La durée des fonctions des gérants est librement fixée par les associés, soit dans les **statuts,** soit, si les statuts le prévoient, lors de la nomination des intéressés. S'il existe plusieurs gérants, la durée respective de leurs fonctions peut être différente (par exemple, l'un est nommé pour une durée non limitée, les autres pour une durée limitée) et les statuts peuvent même organiser un roulement dans des conditions analogues à celles pratiquées pour le renouvellement des fonctions des administrateurs dans certaines sociétés anonymes. 7200

Lorsque les gérants sont nommés pour une durée limitée, il convient de préciser avec soin les modalités de calcul de cette durée (par année civile, par exercice social, etc.). Afin d'éviter toute équivoque, on peut aussi indiquer, lors de la nomination ou dans les statuts, la date à laquelle prendront fin les fonctions de l'intéressé : celle-ci peut être une date fixe (par exemple, le 31 décembre 2023) ou une date variable (par exemple, à l'issue de l'assemblée ayant statué sur les comptes d'un exercice déterminé).

En l'absence de clause statutaire, et s'il n'en a pas été décidé autrement par les associés lors de la désignation des gérants, ces derniers sont réputés nommés pour la durée de la société (C. civ. art. 1846, al. 4). Bien entendu, les associés peuvent, au moment de la nomination des gérants, compléter leurs statuts en vue de fixer une limite à la durée des fonctions des gérants. Mais cette décision doit alors être prise aux conditions de majorité prévues pour la modification des statuts. 7201

À l'arrivée du terme, les gérants doivent cesser leurs fonctions sans qu'il soit nécessaire de leur signifier un congé ou de respecter un **préavis.** 7202

Ils ne bénéficient d'aucun droit au renouvellement de leurs fonctions, mais le **non-renouvellement** peut donner lieu à dommages-intérêts si les circonstances qui l'entourent révèlent des conditions humiliantes ou vexatoires (Cass. com. 17-12-2002 n° 2140 : RJDA 5/03 n° 506, à propos d'un gérant de société à responsabilité limitée mais transposable).

Sauf disposition contraire des statuts, les gérants sont **rééligibles.** Le renouvellement des fonctions des gérants n'entraîne à notre avis aucune formalité de publicité.

POURSUITE DES FONCTIONS DU GÉRANT MALGRÉ L'ARRIVÉE DU TERME

Le **gérant** qui, malgré l'arrivée du terme, **continue de gérer la société** ne peut pas se prévaloir d'un renouvellement de ses fonctions par tacite reconduction (Cass. com. 17-3-2021 n° 19-14.525 FS-P : RJDA 6/21 n° 391, à propos d'un président de société par actions simplifiée mais transposable). Il doit être considéré comme un **gérant de fait** (Cass. com. 17-3-2021 n° 19-14.525 FS-P précité) dont les actes engagent certes la société à l'égard des tiers (en l'absence de publicité portant à la connaissance de ces derniers la cessation des fonctions) mais qui, à l'égard des associés, ne saurait invoquer les garanties accordées au gérant de droit. En particulier, si les associés désirent régulariser la situation et désigner un nouveau gérant, ce gérant de fait ne peut pas prétendre que cette régularisation équivaut, pour lui, à une révocation susceptible de lui ouvrir droit à des dommages-intérêts si elle intervient sans juste motif (C. civ. art. 1851, al. 1). De même, le gérant de fait ne pourrait prétendre que lui sont applicables les dispositions statutaires prévoyant une indemnisation en cas de révocation sans motif grave (Cass. com. 17-3-2021 n° 19-14.525 FS-P précité). 7203

2. EMPÊCHEMENT PERSONNEL DU GÉRANT

Bien entendu, le **décès** du gérant met fin à ses fonctions. En outre, les pouvoirs du gérant cessent lorsque celui-ci est mis en **faillite personnelle,** frappé d'une **interdiction de gérer** (n°s 7060 s.) ou atteint d'une **incapacité** (mise sous sauvegarde de justice, tutelle, curatelle, habilitation familiale générale ou prise d'effet d'un mandat de protection future ; C. civ. art. 1160 et 1146). Cette cessation des pouvoirs du gérant intervient de plein droit et met fin à sa qualité de représentant légal. 7208

La même obligation de démission pèse sur le gérant en cas d'exercice d'une **profession incompatible** avec les fonctions de dirigeant ou de survenance de tout événement (**maladie** notamment) empêchant le gérant d'assumer ses fonctions de manière durable.

> **Précisions** Le droit au **respect de la vie privée** du gérant ne fait pas obstacle à ce que des pièces relatives à son **état de santé** (certificats médicaux, ordonnances) soient produites au cours d'un procès pour déterminer si le gérant est en état d'exercer ses fonctions dès lors que ces pièces sont nécessaires à la défense des intérêts de la société et de ses associés (Cass. com. 15-5-2007 n° 06-10.606 : RJDA 10/07 n° 968).

3. RÉVOCATION DU GÉRANT

a. Révocation du gérant par les associés

VOTE DE LA RÉVOCATION DU GÉRANT PAR LES ASSOCIÉS

7210 **Sauf disposition contraire des statuts,** le gérant est révocable par une décision des associés représentant plus de la moitié des parts sociales (C. civ. art. 1851, al. 1). Ce texte ne distingue pas selon que le gérant est associé ou non. Il ne distingue pas non plus selon qu'il est gérant statutaire ou non.

Par **dérogation** à ce texte, les gérants des sociétés civiles d'attribution d'immeubles en jouissance à temps partagé ne peuvent être révoqués que par une décision des associés représentant plus de la moitié des parts sociales nonobstant toute clause contraire des statuts (Loi 86-18 du 6-1-1986 art. 6) et la révocation des sociétés de gestion de certains GFI, de SCPI et de SEF ne peut résulter que d'une décision de l'assemblée générale prise à la majorité des voix des associés présents ou représentés, toute clause contraire étant réputée non écrite (C. mon. fin. art. L 214-98, al. 2, sur renvoi, pour les GFI, de C. for. art. L 331-4-1, II et II bis).

En l'absence de disposition légale contraire, le **gérant,** s'il est associé, peut **participer au vote** de la résolution concernant sa révocation. En effet, seule la loi peut retirer à un associé l'exercice de ce droit fondamental que constitue le droit de vote, lié au droit de participer aux décisions collectives (C. civ. art. 1844, al. 1).

Il s'ensuit que, si le gérant dispose de la majorité des parts ou même d'une simple minorité de blocage au sein de la société, les autres associés n'auront alors que la seule ressource de demander au tribunal la révocation judiciaire du gérant, laquelle est subordonnée à l'existence d'une « cause légitime » (C. civ. art. 1851, al. 2).

La révocation du gérant produit son plein **effet** à l'égard des associés dès le vote de la décision.

> **Précisions** Un **gérant non associé** dont la **révocation** est décidée par une **assemblée** sans que cette question figure à l'ordre du jour ne peut pas demander l'annulation de l'assemblée car, n'étant pas associé, il n'a pas qualité pour contester un vote auquel il n'a pas pris part ; il peut seulement prétendre à des dommages-intérêts (CA Paris 15-2-2008 n° 07-14454 : RJDA 7/08 n° 818, en matière de société à responsabilité limitée mais transposable).

7211 **Dérogations statutaires** La possibilité de déroger dans les statuts à la règle de l'article 1851, al. 1 du Code civil (n° 7210) ne nous paraît concerner que les **conditions de majorité** auxquelles la décision de révocation peut être prise et non la désignation de l'**organe compétent** pour prononcer cette révocation : la nomination, comme la révocation des gérants, relève en effet, à notre avis, de la compétence exclusive des associés.

Cette position ne nous semble pas remise en cause par la solution de la Cour de cassation selon laquelle on ne saurait limiter les possibilités statutaires de dérogation à la seule différence de majorité (Cass. 3e civ. 6-1-1999 n° 22 : Bull. civ. III n° 6 ; Bull. Joly 1999 p. 498 note A. Couret) ; en effet, au cas particulier, la seule question en cause était celle du droit à l'allocation de dommages-intérêts en cas de défaut de juste motif à la révocation (voir n° 7220).

Il a toutefois été jugé que la clause statutaire prévoyant la révocation du gérant d'une société de perception et de répartition de droits d'auteur par le conseil d'administration n'était pas contraire aux dispositions de l'article 1851 (TGI Paris 23-2-1994 : Dr. sociétés 1994 n° 108 note critique Th. Bonneau, confirmé par CA Paris 17-10-1995 : Dr. sociétés 1996 n° 1 note critique Th. Bonneau).

7212 **Cas particulier du gérant statutaire** On entend par « gérants statutaires » ceux dont le nom figure dans les statuts, soit à l'origine, soit à la suite d'un acte modificatif (Cass. com. 12-7-1955 : JCP 1955 II n° 8908 ; pour une solution plus nuancée, voir CA Colmar 7-5-1958 : JCP G 1959 II n° 11067, selon laquelle pourrait avoir la qualité de gérant statutaire celui qui, « étant associé, n'aurait pas conclu le pacte social sans se voir attribuer la fonction de gérant », même si son nom ne figure pas dans les statuts).

L'article 1851, al. 1 du Code civil ne distingue pas selon que le gérant est statutaire ou non. Cette absence de distinction appelle les observations suivantes.

1. Lorsque la clause des statuts vise la révocation du ou des gérants sans autre précision, elle est valable, à notre avis, même pour le gérant statutaire. On ne saurait prétendre que les **règles fixées pour les modifications statutaires** sont **applicables** à la révocation du gérant statutaire et doivent l'emporter sur celles, souvent moins strictes, prévues pour cette révocation. En effet, ces dernières apparaissent comme une stipulation spéciale et, partant, dérogent à celles prévues pour les modifications statutaires en général.

2. À défaut de clause dans les statuts, la révocation d'un gérant statutaire est décidée par les associés représentant plus de la moitié des parts sociales. La mention dans les statuts du gérant révoqué devient caduque dès cette révocation sans qu'il soit nécessaire de réunir la majorité requise pour la modification des statuts.

> **> Précisions** La modification des statuts n'étant que la conséquence de la décision de révocation, on ne saurait prétendre que la révocation n'est définitive qu'après la **suppression dans les statuts du nom du gérant révoqué** par décision des associés prise aux conditions de majorité requises pour les modifications des statuts. Il convient donc d'apprécier la régularité de la révocation indépendamment des incidences que celle-ci peut avoir sur la lettre des statuts. Si cette révocation a été régulièrement décidée, elle prive de toute efficacité et rend caduque la mention du nom du gérant figurant dans les statuts.

RÉVOCATION ABUSIVE DU GÉRANT

La révocation est abusive si elle est décidée brutalement sans respecter l'**obligation de loyauté** dans l'exercice du droit de révocation, c'est-à-dire sans que le **dirigeant,** avant que la révocation ne soit décidée, ait eu **connaissance des motifs** de sa révocation (Cass. com. 14-5-2013 n° 11-22.845 : RJDA 11/13 n° 899) et ait été mis **en mesure de présenter ses observations** (Cass. com. 24-2-1998 n° 564 : RJDA 6/98 n° 740, 1er esp. ; Cass. com. 29-3-2011 n° 10-17.667 : RJDA 6/11 n° 538 ; Cass. com. 22-11-2016 n° 15-14.911 F-D : RJDA 2/17 n° 84). Il en va ainsi même si la révocation est motivée par une faute lourde (Cass. com. 26-4-1994 n° 992 : RJDA 8-9/94 n° 937 ; Cass. com. 25-11-2014 n° 13-21.460 : RJDA 3/15 n° 189) ou un juste motif (Cass. com. 25-11-2014 n° 13-21.460, précité). 7213

Le gérant révoqué ne peut pas invoquer la brusquerie de sa révocation s'il s'est lui-même exclu de tout débat en décidant de ne pas se rendre à l'assemblée appelée à décider de cette révocation, assemblée à laquelle il a été régulièrement convoqué (CA Paris 30-10-2007 n° 06-14260 : RJDA 3/08 n° 296 ; Cass. com. 10-7-2012 n° 11-23.280 : RJDA 11/12 n° 964).

Il est également nécessaire que le dirigeant ait eu le **temps de préparer sa défense.** Tel est le cas du gérant qui a disposé d'un délai de onze jours entre la réception de la lettre de convocation (envoyée seize jours avant l'assemblée) et la date de tenue de l'assemblée générale (CA Versailles 19-1-2016 n° 14/00470 : RJDA 5/16 n° 378, rendu en matière de société à responsabilité limitée mais transposable). Mais le délai accordé peut être très court. Ainsi, la révocation d'un dirigeant décidée par une assemblée convoquée le matin pour l'après-midi n'a pas été considérée comme abusive dès lors que le délai dont il a bénéficié pour assurer sa défense a été suffisant et qu'il a eu connaissance des faits qui lui étaient reprochés (Cass. com. 6-11-2012 n° 11-20.582 : RJDA 2/13 n° 135 ; dans le même sens, Cass. com. 10-2-2015 n° 13-27.967 : RJDA 7/15 n° 505). De même, n'a pas été considérée comme abusive la révocation d'un gérant qui n'a pas été informé des motifs de sa révocation avant l'entretien auquel il a été convoqué, mais uniquement pendant cet entretien ; en effet, il a pu s'expliquer au sujet de ces motifs et a donc été mis en mesure de présenter ses observations (Cass. com. 23-10-2019 n° 17-27.659 F-D : RJDA 1/20 n° 18, à propos d'une société en commandite par actions mais transposable).

L'exercice des droits de la défense par le gérant ne l'autorise pas à imposer la **présence d'un avocat** à ses côtés au cours de l'assemblée décidant sa révocation (Cass. com. 10-5-2006 n° 609 : RJDA 10/06 n° 1028).

Les dommages-intérêts alloués au gérant en cas de révocation abusive sont destinés à réparer le préjudice subi par celui-ci non pas du fait de la perte de ses fonctions, mais du fait des **circonstances qui ont entouré la révocation** (CA Paris 24-10-2013 n° 12/15029 : RJDA 3/14 n° 227 et, sur pourvoi, Cass. com. 3-3-2015 n° 14-12.036 : RJDA 7/15 n° 494). Les circonstances vexatoires ou injurieuses de nature à porter atteinte à la réputation ou à l'honorabilité du gérant résultent le plus souvent de la publicité malveillante ayant accompagné la révocation ou de circonstances laissant supposer que l'intéressé a commis des fautes graves. Tel est le cas lorsque les motifs mentionnés dans le procès-verbal de l'assemblée prononçant la révocation invoquent un comportement fautif non démontré et que ce procès-verbal déposé au greffe du tribunal de commerce est accessible à toute personne intéressée (CA Versailles 25-1-2007 n° 06-440 : RJDA 5/07 n° 502, à propos d'un gérant de société à responsabilité limitée mais transposable). De même, le dépôt du procès-verbal de la décision de révocation in extenso et donc sa publication au RCS présente un caractère vexatoire dès lors que l'obligation 7214 d'inscrire au RCS les modifications liées au changement de dirigeant n'impose pas une publication intégrale de la décision (CA Paris 30-4-2014 n° 13/12230 : RJDA 11/14 n° 839, à propos d'un président de société par actions simplifiée mais transposable). La révocation d'un dirigeant revêt aussi un caractère vexatoire lorsque des insultes sont proférées à son encontre en présence du personnel et qu'il lui est demandé de quitter les lieux et de restituer ses cartes bleues, chéquiers, téléphone portable et ordinateur (CA Paris 7-2-2023 n° 20/06615 : RJDA 6/23 n° 314, à propos d'un gérant de société à responsabilité limitée mais transposable). Est également vexatoire le fait d'interdire à un dirigeant de se présenter dans les locaux de la société (Cass. com. 15-7-1982 : Bull. Joly 1982 p. 772 ; CA Paris 2-10-2014 n° 13/24889 : RJDA 2/15 n° 114, à propos de dirigeants de sociétés commerciales mais transposables). La révocation peut en outre être qualifiée d'abusive lorsque l'obligation de loyauté n'a pas été respectée (n° 7213).

En revanche, ne constituent **pas** des **circonstances vexatoires** un échange de propos désagréables au cours de l'assemblée ayant révoqué le dirigeant dès lors que ces propos n'ont pas dégénéré en dispute et qu'aucune publicité externe ne leur a donné un caractère diffamatoire (CA Rennes 25-2-1972 : JCP G 1972 II n° 17220) ou le fait de supprimer son accès au serveur et à son adresse électronique, de couper sa ligne téléphonique, de lui demander de restituer immédiatement les clefs de son véhicule (Cass. com. 24-5-2017 n° 15-21.633 F-D : RJDA 8-9/17 n° 552, à propos d'un président de société par actions simplifiée mais transposable).

> Précisions a. En principe, les dommages-intérêts alloués au gérant en cas de révocation abusive sont mis à la charge de la société. Toutefois, s'il est établi qu'un ou plusieurs **associés** ont commis une **faute personnelle** à l'encontre du dirigeant révoqué, ils peuvent être condamnés, conformément au droit commun (C. civ. art. 1240), à verser des dommages-intérêts à l'intéressé soit seuls (Cass. com. 13-3-2001 n° 548 : RJDA 8-9/01 n° 872), soit solidairement avec la société (Cass. com. 1-2-1994 n° 265 : RJDA 5/94 n° 540, 1e esp.). Il a par exemple été jugé que des associés majoritaires n'avaient pas commis une telle faute en révoquant leur gérant, même si la révocation était intervenue dans des conditions de forme irrégulières, dès lors que leur décision avait été prise pour un juste motif et non pas dans le dessein de nuire au gérant (Cass. com. 22-11-2005 n° 1483 : RJDA 4/06 n° 412). De même, l'associé majoritaire qui a révoqué un dirigeant avant le terme de son mandat et a pu ainsi racheter ses parts en application d'une promesse d'achat n'a pas commis de faute car il n'a fait qu'exercer librement le droit de révocation qu'il tenait des statuts (Cass. com. 8-11-2016 n° 14-29.770 F-D : RJDA 2/17 n° 83, à propos d'une société par actions mais transposable).

b. Une **société gérante** de société civile peut obtenir réparation de son préjudice moral propre, causé par les conditions brutales et vexatoires de sa révocation (Cass. com. 30-3-2022 n° 19-25.794 F-D : RJDA 7/22 n° 405, à propos du président d'une société par actions simplifiée mais transposable).

RÉVOCATION DU GÉRANT NON MOTIVÉE PAR UN JUSTE MOTIF

7215 Aux termes de l'article 1851, al. 1 du Code civil, « si la révocation a été décidée sans juste motif, elle peut donner lieu à **dommages-intérêts** ». Cette disposition concerne la révocation de tout gérant, qu'il soit associé ou non, statutaire ou non.

7216 **Juste motif de révocation** Que faut-il entendre par « juste motif » ? Il ne fait pas de doute que la **faute** commise par le gérant constitue un juste motif de révocation. Tel est le cas :

– d'un abandon de fonctions par le gérant (CA Nancy 9-12-1949 : J. soc. 1949 p. 392) ;

– d'un détournement de fonds sociaux pour un usage personnel (CA Aix 13-11-1945 : J. soc. 1949 p. 372) ;

– du fait pour l'un des cogérants d'une SCI chargé de la comptabilité d'avoir mis en péril les intérêts sociaux en n'établissant pas de véritable comptabilité et en privant la société de diverses sommes au profit de tiers (CA Paris 9-4-1993 : Bull. Joly 1993 p. 755 note P. Le Cannu) ;

– d'une mauvaise gestion financière du gérant caractérisée par un découvert bancaire très supérieur au découvert autorisé et par la conclusion d'un marché à prix coûtant alors qu'un simple déplacement sur le lieu des travaux aurait pu lui permettre de constater l'importance réelle de ces travaux et de fixer un prix en connaissance de cause (CA Paris 13-3-1984 : BRDA 9/84 p. 11) ;

– du fait pour un gérant de SCI d'avoir omis de rendre compte de sa gestion à son coassocié et d'avoir consenti à une société qu'il dirigeait une location à des conditions désavantageuses pour la SCI à laquelle il avait en outre fait prendre en charge des dépenses de copropriété incombant à la société locataire (Cass. com. 2-5-1990, inédit) ;

– et, d'une manière générale, de tout acte susceptible d'engager la responsabilité civile ou pénale du gérant (malversations, abus de pouvoirs, violation des dispositions statutaires ou légales, etc.).

La faute reprochée au gérant doit être une faute de gestion et non pas une faute extérieure à ses fonctions de gérant (CA Reims 23-4-1979 : JCP G 1980 II n° 19410 note Y. Guyon).

La notion de « juste motif » se définit non pas seulement en fonction du comportement de l'intéressé, mais aussi et surtout en fonction des conséquences de ce comportement pour l'intérêt social. Ainsi, le gérant peut être révoqué lorsque son **attitude** est **de « nature à compromettre l'intérêt social** ou le fonctionnement de la société » (Cass. com. 4-5-1993 : RJDA 12/93 n° 1048 et Cass. com. 4-5-1999 n° 854 : RJDA 7/99 n° 792, à propos d'un gérant de société à responsabilité limitée mais transposables). **7217**

Tel est le cas en présence d'une **mésentente entre** le **gérant et** les **associés** de nature à compromettre cet intérêt. Par exemple, justifient d'un motif de révocation les associés d'une SCI de famille qui contestaient le changement des modalités de gestion des immeubles sociaux, que le gérant avait mis en location, car cette mise en location, qui avait eu pour conséquence de priver les associés (l'épouse et les enfants du gérant) de l'utilisation directe de ces immeubles, était concomitante à la révélation de l'existence d'une famille naturelle constituée par le gérant et de sa décision de rejoindre cette seconde famille (Cass. com. 25-9-2007 n° 06-12.274 : RJDA 1/08 n° 54).

L'existence d'un différend grave **entre** deux **cogérants** sur la gestion sociale est un juste motif de révocation de l'un d'eux (CA Paris 25-3-1997 : RJDA 12/97 n° 1500). Tel est également le cas de la mésentente entre les deux gérants si elle est de nature à compromettre l'intérêt social (Cass. com. 4-5-1999 précité ; CA Paris 3-10-2013 n° 12-18860 : RJDA 3/14 n° 245), même si le dirigeant n'a pas commis de faute de gestion (Cass. com. 4-2-2014 n° 13-10.778 : RJDA 6/14 n° 538), même si cette mésentente ne lui est pas imputable (Cass. com. 19-12-2006 n° 1503 : RJDA 5/07 n° 506), et quels que soient les motifs réels ou supposés de cette mésentente (Cass. com. 26-4-2017 n° 15-12.560 F-D : RJDA 7/17 n° 471, à propos d'un directeur général de société anonyme mais transposable).

Le risque de **perte du client unique de la société,** mécontent des prestations fournies, justifie aussi la révocation du gérant (CA Paris 13-11-2002 : RJDA 6/03 n° 591).

Par ailleurs, la révocation est justifiée lorsqu'elle correspond aux préconisations d'un **rapport d'audit** demandé par les associés ; prise dans l'intérêt social, elle ne peut pas donner lieu à dommages-intérêts même en l'absence de faute du dirigeant (CA Paris 20-5-2010 n° 09-13840 : RJDA 11/10 n° 1088, rendu pour un directeur général de société anonyme mais transposable).

Absence de juste motif La révocation n'est pas justifiée si elle ne repose que sur la **volonté** arbitraire **des associés.** Ainsi, le simple changement de majorité et le désir des nouveaux associés de nommer un gérant de leur choix ne sont pas des motifs valables (Cass. com. 29-5-1972 : Rev. sociétés 1973 p. 487 note J. H.). Il en est de même de la volonté des associés de mettre fin coûte que coûte au mandat d'un gérant considéré comme indélicat pour leur avoir adressé des lettres de demande d'explications sur certains faits (CA Rouen 16-12-2004 n° 04-746 : RJDA 1/06 n° 36). **7218**

Les griefs d'ordre comptable n'impliquant ni malhonnêteté ni intention frauduleuse de la part du gérant et l'existence de **désaccords** d'importance secondaire qui auraient pu être réglés à l'amiable ne constituent pas de justes motifs de révocation (Cass. com. 30-5-1980 : Bull. civ. IV n° 224), pas plus que l'existence de **pertes** non imputables au gérant (Cass. com. 22-10-2002 n° 1610 : RJDA 1/03 n° 37).

De même, la révocation d'un cogérant n'est pas justifiée lorsqu'il n'est pas démontré que la **mésentente** des gérants compromettait le fonctionnement de la société et que la gestion de celle-ci était devenue impossible (Cass. com. 7-1-2014 n° 13-11.866 : RJDA 4/14 n° 350 ; CA Versailles 13-11-2007 n° 06-6684 : RJDA 4/08 n° 430).

Ne constituent pas non plus un juste motif de révocation les **prises de position violentes** du gérant à l'encontre de certains associés dès lors que le gérant entendait préserver les intérêts de la société contre les dérives de ces associés qui désiraient prélever des fonds sociaux dans un but personnel alors que la société devait faire face à des engagements immobiliers importants (Cass. com. 9-11-2010 n° 09-71.284 : RJDA 2/11 n° 160).

Indemnisation du gérant L'indemnisation du gérant peut, selon nous, être aménagée par les statuts. **7220**

Les statuts peuvent, à notre avis, prévoir que la révocation, même décidée sans juste motif, ne donnera lieu à **aucune indemnisation** du gérant (en sens contraire, Y. Chartier, JCP G 1978 I n° 2917 § 248 ; Th. Bonneau, Dr. sociétés 1999/3 p. 12). L'article 1851 du Code civil n'a pas, en effet, une tournure impérative : les dommages-intérêts y sont présentés, non comme une conséquence inéluctable de l'absence de justes motifs, mais tout simplement comme une faculté lorsque de justes motifs ne sont pas constatés. Cependant, cette clause risque d'être sans effet en cas de faute lourde ou de dol des associés, si l'on transpose aux sociétés les solutions du droit contractuel écartant, dans ce cas, les clauses limitatives de responsabilité (en ce sens, Derrida, Mélanges Audinet, p. 53). Elle ne dispense pas non plus les associés d'avoir à respecter le principe du contradictoire dans la procédure de révocation.

La validité d'une telle clause a été implicitement reconnue par la troisième chambre civile de la Cour de cassation (Cass. 3e civ. 6-1-1999 n° 22 : RJDA 8-9/99 n° 950). En l'occurrence où les statuts d'une SCI dispensaient de justifier des motifs de révocation du gérant, la troisième chambre civile a jugé que les dispositions de l'article 1851, al. 1 du Code civil ne limitent pas les possibilités statutaires de dérogation à la seule différence de majorité ; elle en déduit qu'une cour d'appel avait condamné à tort la SCI à verser des dommages-intérêts au gérant qui avait été révoqué sans qu'il ait été fait mention d'un quelconque motif à cette révocation.

Les statuts (ou toute autre convention souscrite par un associé) peuvent **déterminer le montant** de l'indemnité à verser au gérant en cas de révocation. Mais cette stipulation serait nulle s'il était prouvé que, par son montant, l'indemnité est de nature à dissuader les associés de prononcer la révocation (Cass. com. 2-6-1987 : Bull. civ. IV n° 131). Tel est le cas d'une indemnité équivalant à un an de rémunération, soit un montant exorbitant au regard des résultats d'exploitation constamment déficitaires de la société (Cass. com. 6-11-2012 n° 11-20.582 : RJDA 2/13 n° 135). Cette stipulation ne peut pas être qualifiée de pénalité, faute de sanctionner l'inexécution d'une obligation à la charge de la société, et elle ne peut donc pas être modifiée par le juge (Cass. com. 11-3-2014 n° 13-10.188 : RJDA 7/14 n° 629).

b. Révocation judiciaire du gérant

CONDITIONS DE LA RÉVOCATION JUDICIAIRE DU GÉRANT

7225 Tout associé peut demander en justice la révocation du ou des gérants, mais sa demande n'est recevable que si elle est fondée sur une **cause légitime** (C. civ. art. 1851, al. 2). L'article 1851, al. 2 du Code civil n'exige pas l'existence de fautes intentionnelles d'une particulière gravité, incompatibles avec l'exercice normal des fonctions sociales (Cass. 3e civ. 12-3-2014 n° 13-14.374 : RJDA 6/14 n° 539). La cause légitime doit être appréciée en considération de l'intérêt de l'entreprise en tant qu'entité économique et juridique, lequel ne coïncide pas nécessairement avec l'intérêt des seuls associés (CA Caen 2-2-2006 n° 05-1938 : RJDA 7/07 n° 741).

ILLUSTRATIONS

La révocation a été jugée légitime dans les cas suivants :

– le gérant a abandonné ses fonctions et emporté un carnet de chèques de la société dont il se sert pour des motifs personnels (T. com. Paris 18-6-1974 : Bull. Joly 1974 p. 596) ;

– les deux cogérantes refusent de collaborer, chacune d'elles manifestant le désir d'entraver la gestion de l'autre et provoquant la division des associés en deux clans, ce qui avait paralysé la vie de la société et entraîné la nomination d'un administrateur provisoire (CA Aix 9-7-1982 : Bull. cour d'Aix 1982/2 p. 97) ;

– le gérant est devenu une personne vulnérable, capable de prodigalité et n'appréhendant pas parfaitement les implications de la gestion de son patrimoine, ce qui justifie sa mise en curatelle (CA Paris 4-4-1997 : Dr. sociétés 1997 n° 177 obs. Th. Bonneau) ;

– le gérant a refusé d'exécuter les décisions de justice prononçant l'expulsion de la société des locaux loués et la condamnation de celle-ci au paiement de sommes dues au titre de marchandises livrées (Cass. com. 8-2-2005 n° 186 : RJDA 5/05 n° 582) ;

– le gérant s'est versé une année une rémunération de 35 500 € sans l'accord préalable des associés, peu important que les statuts aient prévu le principe d'une rémunération, dès lors qu'en l'absence de fixation statutaire de son montant, il revenait à l'assemblée générale de le déterminer pour chaque exercice (CA Paris 17-3-2015 n° 14/07179 : RJDA 7/15 n° 504, solution rendue pour un gérant de société à responsabilité limitée mais transposable) ;

– le gérant n'a jamais convoqué un associé aux assemblées générales de la SCI et ne lui a pas communiqué les documents comptables devant être mis à sa disposition ; le fait qu'il a financé les acquisitions immobilières de la société ne permet pas de le décharger de ses obligations sociales (CA Paris 9-6-2016 n° 14/19545 : RJDA 10/16 n° 702) ;

– le gérant a conclu un bail portant sur des locaux détenus par la SCI à des conditions très désavantageuses pour elle et au bénéfice d'une seconde société dont il était associé (Cass. 3e civ. 27-6-2019 n° 18-16.861 F-D : RJDA 10/19 n° 640) ;

– le gérant n'a pas établi et fait approuver les comptes de la SCI pendant plusieurs exercices, n'a pas cherché à recouvrer des loyers dus à la société ni défendu celle-ci lors d'une procédure de saisie de son unique immeuble (CA Orléans 12-3-2020 n° 19/00678 : RJDA 8-9/20 n° 437) ;

– le gérant n'a pas tenu de comptabilité, n'a jamais rendu compte de sa gestion aux associés et a occupé les locaux détenus par la société dans son intérêt personnel et non dans celui de la société (CA Paris 12-1-2021 n° 18/04888 : RJDA 5/21 n° 326).

7226 Le demandeur doit **assigner** non seulement le gérant dont il demande la révocation mais aussi la société puisque cette action, qui vise un organe social, affecte directement la situation de la société. Mais il n'a pas l'obligation d'assigner tous les associés afin de leur permettre de faire valoir leurs observations (Cass. com. 15-1-2013 n° 11-28.510 : RJDA 5/13 n° 416).

7227 En cas d'**urgence,** la révocation peut être décidée par le président du tribunal judiciaire statuant en référé (CPC art. 834 ; pour un exemple, CA Pau 6-3-2003 n° 02-1557 : RJDA 12/03 n° 1191).

c. Droit de retrait du gérant révoqué

Si le gérant révoqué est un associé, il peut décider de se retirer de la société en demandant le **remboursement** de ses droits sociaux (C. civ. art. 1851, al. 3). 7230

Les statuts peuvent valablement **écarter le droit de retrait** du gérant révoqué, mais il faut alors qu'ils le fassent expressément. Par ailleurs, ce droit est supprimé si les autres associés décident la dissolution anticipée de la société (C. civ. art. 1851, al. 3). 7231

Sur le droit pour l'associé d'un GFA de demander en justice son retrait de la société, voir n° 60220.

EXERCICE DU DROIT DE RETRAIT DU GÉRANT RÉVOQUÉ

Le droit de retrait peut être exercé, en principe, dans **tous les cas de révocation,** que celle-ci ait été décidée par les associés ou par le tribunal. Peu importe aussi que cette révocation ait été ou non justifiée. Sur ces différents points, la loi ne fait aucune distinction ; on ne saurait donc restreindre a priori la possibilité d'exercice du droit de retrait. Cette solution ne vaut cependant qu'en l'absence de disposition contraire des statuts. 7232

En effet, dès lors que la loi permet aux associés d'écarter le droit de retrait (C. civ. art. 1851, al. 3), on doit aussi leur reconnaître la possibilité de le réglementer et de prévoir dans leurs statuts que ce droit ne pourra être exercé que dans certains cas : par exemple, uniquement en cas de révocation non motivée ou seulement après un délai déterminé d'exercice des fonctions de gérant.

Le droit de retrait est une **faculté** pour le gérant révoqué ; ce n'est pas une obligation, sauf clause contraire des statuts. 7233

Les statuts peuvent, à notre avis, contraindre le gérant révoqué à se retirer puisque, nous semble-t-il, les clauses statutaires prévoyant l'exclusion d'un associé sont licites si elles respectent certaines conditions (voir n°s 20210 s.).

La loi ne précise pas le **délai** pendant lequel le gérant peut demander le remboursement de ses parts. Si les statuts n'ont rien prévu à cet égard, les nouveaux gérants, agissant au nom de la société, pourront mettre en demeure le gérant révoqué de prendre parti dans un délai raisonnable qu'ils fixeront. Mais il n'existe aucune obligation pour la société de mettre en demeure le gérant révoqué de prendre parti sur son retrait éventuel (CA Paris 26-3-1999 : RJDA 6/99 n° 687). Un délai de six mois peut être considéré comme raisonnable puisque c'est celui retenu par la loi en ce qui concerne les cessions de parts (C. civ. art. 1864). 7234

Une fois que le gérant a pris parti, son **choix** est **irrévocable,** conformément au régime général des options légales (voir option de la femme mariée sous le régime antérieur à la réforme de 1965, option des successibles). Ses héritiers seront liés par son choix.

Si le gérant décède sans avoir demandé le remboursement de ses parts, ses héritiers – à supposer bien entendu qu'ils ne soient pas exclus de la société en vertu des dispositions statutaires relatives au décès d'un associé – ne pourront pas prétendre à ce remboursement. En effet, la faculté de retrait est une conséquence de la révocation. Seul le gérant révoqué peut l'invoquer.

VALEUR DES PARTS À REMBOURSER AU GÉRANT RÉVOQUÉ

La valeur des droits sociaux à rembourser est, à défaut d'**accord amiable** entre les parties, déterminée par un **expert** désigné dans les conditions de l'article 1843-4 du Code civil (C. civ. art. 1869, al. 2 sur renvoi de l'art. 1851, al. 3) : voir n°s 21240 s. 7235

La loi ne précise pas à quel moment se placer pour évaluer les parts. La Cour de cassation estime qu'en l'absence de disposition statutaire, cette valeur doit être déterminée à la **date** la plus proche de celle du remboursement des parts (Cass. com. 4-5-2010 n° 08-20.693 : RJDA 8-9/10 n° 861 ; Cass. com. 15-1-2013 n° 12-11.666 : RJDA 4/13 n° 340), ce qui ne porte pas une atteinte disproportionnée au droit de propriété (Cons. const. QPC 16-9-2016 n° 2016-563 : RJDA 12/16 n° 876). Il résulte de cette jurisprudence qu'il ne faut pas tenir compte de la date à laquelle le gérant notifie à la société sa demande de remboursement.

4. DÉMISSION DU GÉRANT

Aucune disposition légale expresse ne visant la démission du gérant, les tribunaux ont fixé le régime de la démission par référence aux règles applicables en matière de révocation. La cour d'appel de Paris a ainsi jugé que la libre révocation des dirigeants de société anonyme ou de société à responsabilité limitée a pour corollaire le droit pour ceux-ci de mettre fin unilatéralement à leurs fonctions à condition que cette démission intervienne sans faute 7240

(CA Paris 12-5-1993 : RJDA 3/94 n° 289, solution transposable). En effet, aucun texte ne limite la **faculté** reconnue à un dirigeant de mettre fin à ses fonctions à tout moment (Cass. soc. 6-5-1982 : Rev. sociétés 1982 p. 523 note P. Le Cannu).

Par ailleurs, le gérant est dans l'**obligation** de démissionner dans certains cas d'empêchement personnel (n° 7208).

MODALITÉS DE LA DÉMISSION DU GÉRANT

7241 La démission doit résulter d'un **acte positif** de la part de l'intéressé. Elle doit être donnée de façon expresse, c'est-à-dire non équivoque. Il ne peut donc pas y avoir de démission « de fait » ni de démission tacite.

Lorsque les statuts sont muets sur la **forme** que doit prendre la démission, celle-ci peut être donnée soit verbalement, soit par écrit, mais la forme écrite est bien sûr à privilégier pour des raisons de preuve. L'envoi d'une lettre recommandée AR est d'ailleurs préférable à l'envoi d'une lettre simple car elle permet de prouver que la société a été régulièrement informée de la démission. Elle peut être établie en s'inspirant de l'exemple ci-dessous.

En présence de plusieurs gérants, la **démission** de l'un d'eux doit être **notifiée** aux autres. Lorsque l'unique gérant de la société démissionne, il doit à notre avis notifier sa démission à tous les associés.

MODÈLE

Lettre de démission d'un gérant

Lettre recommandée AR

Objet : Démission

Madame/Monsieur,

J'ai l'honneur de vous faire part de ma décision de démissionner de mes fonctions de gérant de la société... pour convenances personnelles.

Cette démission prend effet le...

Toutes les dispositions seront prises pour convoquer une assemblée générale appelée à désigner un nouveau gérant.

Je vous prie d'agréer, Madame/Monsieur, l'expression de mes sentiments distingués.

(Signature)

ENCADREMENT STATUTAIRE DE LA DÉMISSION DU GÉRANT

7243 Les statuts peuvent déterminer les conditions d'exercice du droit de démissionner sous réserve que ces contraintes n'aient pas pour effet de priver le gérant de ce droit. Rien ne s'oppose par exemple à ce que les statuts imposent au gérant démissionnaire de respecter un délai de **préavis** raisonnable, de **motiver** sa **décision** ou d'**organiser les suites** de sa démission pour assurer la continuité de la gestion de la société (convocation de l'assemblée chargée de désigner son successeur, poursuite des fonctions jusqu'à cette désignation, etc.).

La méconnaissance par le gérant démissionnaire d'un délai de préavis ne remet pas en cause l'efficacité de la démission ; un tel **manquement** ouvre seulement droit à des dommages-intérêts pour la société, sauf si le dirigeant prouve avoir été dans l'impossibilité de continuer son mandat (Cass. soc. 1-2-2011 n° 10-20.953 : RJDA 4/11 n° 310, à propos d'une obligation statutaire ; Cass. com. 20-9-2017 n° 15-28.262 F-D : RJDA 1/18 n° 28, à propos d'une obligation conventionnelle ; décisions rendues pour des dirigeants de sociétés commerciales mais transposables).

DÉMISSION FORCÉE DU GÉRANT

7245 Lorsque la démission n'est pas donnée librement, son auteur peut en contester la **validité** en démontrant que sa volonté n'a pas été libre et éclairée (Cass. com. 22-2-2005 n° 269 : RJDA 7/05 n° 815).

En outre, une telle démission doit être considérée comme une **révocation déguisée** et peut donner lieu à des dommages-intérêts si elle est intervenue de façon abusive ou pour tourner les règles légales sur les conditions de révocation. A ainsi été considérée comme une révocation abusive la démission donnée à la suite des **pressions** conjuguées exercées par les associés, l'intéressé n'ayant pas exprimé une volonté réfléchie et consciente au moment de sa décision (Cass. com. 30-5-1980 : Rev. sociétés 1980 p. 734 note Ph. Merle).

En revanche, un gérant qui a exprimé sa volonté de démissionner de manière claire et non équivoque ne peut pas prétendre avoir été victime d'une révocation abusive déguisée lorsque les associés ont, au cours d'une assemblée générale, exercé de façon normale leur **droit de critique et de contrôle** sur le fonctionnement de la société (Cass. com. 12-2-2002 n° 387 : RJDA 6/02 n° 708). De même, un dirigeant qui a informé l'associé de son départ par courrier ne peut pas prétendre avoir été révoqué sans démontrer avoir été contraint de quitter son poste par le comportement de ce dernier (CA Paris 22-3-2016 n° 15/05273 : RJDA 6/16 n° 441, en matière de société par actions simplifiée mais transposable).

DÉMISSION FAUTIVE DU GÉRANT

7247 La démission est fautive lorsqu'elle est donnée de manière intempestive, à contretemps ou avec l'intention de nuire (CA Versailles 11-6-1998 : RJDA 11/98 n° 1244). Lorsque le **gérant abuse** ainsi **de son droit** de démissionner, il peut être condamné à réparer le préjudice causé à la société du fait de sa démission.

EFFICACITÉ DE LA DÉMISSION DU GÉRANT

7249 La démission produit tous ses effets dès qu'elle a été **portée à la connaissance de la société,** sauf dérogation statutaire ou conventionnelle (Cass. com. 22-2-2005 n° 269 : RJDA 7/05 n° 815 ; Cass. soc. 1-2-2011 n° 10-20.953 : RJDA 4/11 n° 310 ; Cass. com. 20-9-2017 n° 15-28.262 F-D : RJDA 1/18 n° 28, rendus pour des dirigeants de sociétés commerciales mais transposables). Les parties peuvent ainsi prévoir de lier la date d'effet de la démission avec la fin d'un **préavis** imposé au gérant (Cass. com. 20-9-2017 précité).

La démission ne nécessite aucune **acceptation** de la part de la société et ne peut faire l'objet d'aucune **rétractation,** son auteur pouvant seulement en contester la validité en démontrant que sa volonté n'a pas été libre et éclairée (Cass. com. 22-2-2005 n° 269 précité ; CA Paris 13-2-2009 n° 08/15747 : RJDA 6/09 n° 547). Il en résulte que l'annulation d'une assemblée générale au cours de laquelle une démission a été donnée n'entraîne pas l'annulation de cette démission (Cass. com. 8-6-2017 n° 14-29.618 F-D : RJDA 8-9/17 n° 553, à propos d'un gérant de société à responsabilité limitée mais transposable).

En outre, l'efficacité de la démission ne peut pas être remise en cause par le non-respect d'un délai de préavis (n° 7243).

7250 En cas de démission d'un **gérant statutaire,** la mention de son nom dans les statuts devient caduque. L'efficacité d'une telle démission n'est donc pas subordonnée à la nécessité de modifier les statuts afin d'en supprimer le nom de l'intéressé.

B. Conséquences de la cessation des fonctions du gérant

ABSENCE DE DISSOLUTION DE LA SOCIÉTÉ APRÈS LA CESSATION DES FONCTIONS

7260 Sauf clause contraire des statuts, la **révocation** d'un gérant, qu'il soit associé ou non, n'entraîne pas la dissolution de la société (C. civ. art. 1851, al. 3).

Cette règle vaut également en cas de **démission** du gérant, par analogie de situation (voir n° 7240).

PUBLICITÉ DE LA CESSATION DES FONCTIONS

7265 La cessation des fonctions du gérant pour quelque cause que ce soit (décès, démission, révocation, arrivée du terme, etc.) doit faire l'objet des mêmes **formalités** de publicité qu'en cas de nomination (n° 7150).

En principe, la cessation des fonctions du gérant n'est opposable aux tiers qu'à compter du jour où elle a été publiée (Cass. crim. 9-9-2020 n° 19-81.118 F-D : RJDA 11/20 n° 570). L'inopposabilité aux tiers des **cessations de fonctions non publiées** ne concerne que les engagements de la société à l'égard des tiers. Elle ne joue pas lorsque c'est la responsabilité personnelle des dirigeants qui est mise en cause : les tiers ne peuvent donc pas poursuivre un dirigeant pour un fait ou un acte postérieur à la cessation de ses fonctions même lorsque celle-ci n'a pas été publiée (Cass. com. 14-10-1997 n° 2309 : RJDA 1/98 n° 86 ; Cass. com. 7-10-2020 n° 19-14.291 F-D : RJDA 1/21 n° 20). Sur les autres effets de la publicité ou du défaut de publicité de la cessation des fonctions, voir n° 7156.

Si la société omet de publier la cessation des fonctions d'un gérant en n'insérant pas d'avis dans un support d'annonces légales et en ne déposant pas au greffe du tribunal de commerce, par l'intermédiaire du guichet unique électronique des formalités d'entreprises, les actes relatifs au changement de gérant, tout intéressé (donc, le gérant) peut, faute de régularisation de la situation par la société dans le mois suivant l'envoi d'une mise en demeure, demander au président du tribunal judiciaire de désigner un **mandataire** chargé d'accomplir ces formalités (Décret 78-704 art. 20, al. 2). En revanche, le gérant ne peut pas demander au tribunal ayant ouvert la liquidation judiciaire de la société de constater qu'il a cessé ses fonctions (CA Versailles 22-2-2001 n° 00-4828 : RJDA 12/01 n° 1215).

Après l'accomplissement des formalités par le mandataire et toujours en cas d'inaction de la société, le gérant démissionnaire peut alors, comme toute personne justifiant d'un intérêt à ce qu'une inscription modificative soit publiée au **RCS** (C. com. art. R 123-87), signer lui-même la demande visant à porter au registre la mention de son départ.

DROITS DE L'ANCIEN GÉRANT

7270 L'ancien gérant peut obtenir des **dommages-intérêts** s'il a été révoqué sans juste motif (C. civ. art. 1851, al. 1). S'il bénéficiait d'un **contrat de travail,** la cessation de ses fonctions ne lui fait pas perdre le bénéfice de ce contrat qui se poursuit comme précédemment. S'il ne bénéficiait pas d'un tel contrat, rien n'interdit au nouveau gérant de l'engager comme salarié au service de la société ; conformément au droit commun, cet engagement n'est valable que si l'ancien gérant reste placé en état de subordination par rapport à la société (pour un exemple, Cass. soc. 12-7-2007 n° 06-43.414 : RJDA 1/08 n° 42).

L'ancien gérant peut **s'établir dans la même activité** que celle de la société, sauf si une clause de non-concurrence le liant à la société l'en empêche. Mais il doit alors s'abstenir de tout acte de concurrence déloyale à l'égard de la société (notamment débauchage des salariés de la société ou détournement de sa clientèle).

SECTION 3 POUVOIRS DES GÉRANTS

A. Pouvoirs des gérants dans leurs rapports avec les associés

CLAUSE STATUTAIRE DÉTERMINANT LES POUVOIRS DU GÉRANT

7400 Les associés déterminent librement dans les statuts les pouvoirs des gérants (C. civ. art. 1848, al. 3).

Les statuts peuvent ainsi **limiter** ces **pouvoirs** et imposer une autorisation préalable de la collectivité des associés pour la conclusion de certains contrats ou la réalisation d'opérations jugées trop importantes pour être laissées à la seule initiative du ou des gérants (emprunts autres que les crédits en banque, hypothèque sur les immeubles sociaux, apports en société, vente de certains éléments de l'actif immobilisé, engagements excédant une somme fixée dans les statuts, etc.).

De telles clauses, qui sont opposables au gérant (Cass. 3e civ. 25-5-2005 n° 624 : RJDA 1/06 n° 40), déterminent généralement les conditions habilitant celui-ci à passer les actes en cause. À défaut, le gérant devra recueillir le consentement de tous les associés (C. civ. art. 1852).

Ces clauses ne peuvent être insérées dans les statuts en cours de vie sociale qu'à la majorité requise pour modifier les statuts (CA Versailles 31-10-2002 n° 00-71 : RJDA 3/03 n° 269).

7401 **Si le gérant viole une clause restreignant ses pouvoirs,** les associés pourront lui demander réparation du préjudice subi de ce fait (CA Paris 21-2-2003 n° 02-5910 : Dr. sociétés 2004 comm. n° 5 note Lucas) ; ils pourront aussi le révoquer et prétendre valablement que la méconnaissance des statuts constitue un juste motif privant le gérant de tout droit à dommages-intérêts.

SILENCE DES STATUTS SUR LES POUVOIRS DU GÉRANT

7405 Si les statuts ne contiennent pas de clause déterminant les pouvoirs du gérant, celui-ci peut accomplir « tous les actes de gestion que demande l'intérêt de la société » (C. civ. art. 1848, al. 1).

On s'accorde à considérer que l'**acte de gestion** est plus large que l'acte d'administration et qu'il peut comprendre des actes de disposition dans la mesure où ceux-ci concernent l'exploitation de la société. Ainsi, le gérant est en droit d'exiger des associés l'exécution de leurs obligations à l'égard de la société (par exemple, libération des apports, restitution d'un bien prêté par la société). Si les associés ne répondent pas aux demandes du gérant, ce dernier peut saisir le juge afin de les y contraindre (par exemple, CA Versailles 14-1-2000 : RJDA 3/00 n° 271). De même, le gérant peut agir en paiement contre un cogérant occupant des locaux détenus par la société dès lors que les statuts ne font pas obstacle à cette action et que le cogérant ne s'est pas opposé à cette décision (Cass. 3e civ. 16-1-2020 n° 18-21.394 F-D : RJDA 6/20 n° 315).

L'**intérêt social** s'entend de façon « élargie », c'est-à-dire en prenant en considération les enjeux sociaux et environnementaux de l'activité de la société (C. civ. art. 1833). L'acte est conforme à cet intérêt s'il est utile ou profitable à la société, compte tenu, le cas échéant, des enjeux sociaux et environnementaux liés à son activité (nº 7407).

On doit observer que, dans les rapports avec les associés, le critère retenu est celui de l'**intérêt de la société** alors que, nous le verrons (nos 7420 s.), dans les rapports avec les tiers, c'est l'**objet social** qui conditionne la validité des actes passés par les gérants (C. civ. art. 1849, al. 1). Or, ces notions sont bien distinctes : la conformité avec l'objet social est uniquement fonction de la nature de l'acte tandis que la conformité avec l'intérêt social dépend de l'utilité de l'acte et de son opportunité au regard de la société. Il s'ensuit qu'un acte peut être profitable à la société tout en dépassant les limites de l'objet social et inversement qu'un acte, quoique conforme à l'objet social, peut nuire à la société. **7406**

De la différence de rédaction entre les articles 1848 et 1849 du Code civil on ne saurait pourtant déduire qu'**un acte excédant l'objet social** soit opposable aux associés du moment qu'il est conforme aux intérêts de la société. En effet, le gérant n'a pas le pouvoir de passer un tel acte car le dépassement de l'objet social entraîne une modification indirecte des statuts ; or, toute modification des statuts relève de la compétence exclusive des associés. En outre, il est contraire au principe de la spécialité des personnes morales en vertu duquel la société pour le compte de laquelle agit le gérant n'a pas de capacité en dehors de son objet social. Il a ainsi été jugé qu'un gérant de SCI avait excédé ses pouvoirs en autorisant, sans l'accord des associés, certains d'entre eux à **occuper gratuitement un appartement de la société** dès lors que l'objet de cette dernière était limité à la location de ses biens immobiliers (Cass. 3e civ. 25-4-2007 nº 06-11.833 : RJDA 1/08 nº 53). En revanche, le gérant d'une SCI dont l'objet est la gestion « par bail ou autrement » des immeubles sociaux n'excède pas ses pouvoirs en autorisant des associés à occuper gratuitement un immeuble (Cass. 3e civ. 11-2-2014 nº 13-11.197 : RJDA 5/14 nº 451).

Jugé de même, dans un cas où la **cession d'un immeuble social** par le gérant d'une société civile était contestée par les associés, qu'il ne pouvait pas être déduit de la formule générale des statuts, selon laquelle le gérant pouvait accomplir tous les actes de gestion demandés par l'intérêt de la société, que ce dernier avait le pouvoir d'aliéner les biens de la société dès lors que l'objet social portait exclusivement sur la « propriété, la gestion, l'exploitation par bail, location ou autrement d'immeubles ou d'étangs » ; en conséquence, la cession litigieuse a été déclarée irrégulière (Cass. 1e civ. 31-3-1999 nº 644 : RJDA 6/99 nº 674). Pour d'autres solutions concernant le pouvoir de céder les immeubles de la société, voir nº 7423.

À l'inverse, a été reconnue conforme à l'objet et à l'intérêt d'une SCI la décision du gérant de **renoncer** temporairement à **percevoir les loyers** des locaux donnés à bail par la société (Cass. 3e civ. 29-1-2008 nº 06-20.470 : RJDA 6/08 nº 683).

À l'égard des associés, les pouvoirs des gérants sont donc soumis à une double limite : **7407**
- d'une part, ils doivent entrer dans l'objet social ;
- d'autre part, ils doivent être conformes à l'intérêt de la société, en prenant en considération les enjeux sociaux et environnementaux de son activité (C. civ. art. 1833, al. 2).

Il s'ensuit que si un **acte,** bien qu'**entrant dans l'objet social,** a été effectué dans l'unique dessein de servir ou de favoriser les intérêts personnels du gérant **au détriment de la société,** les associés pourront obtenir du gérant réparation du préjudice qu'ils auront subi. Ils pourront aussi révoquer ce gérant avec un juste motif excluant tout droit à dommages-intérêts.

Les associés perdraient toutefois le droit de se plaindre s'ils ratifiaient, dans les conditions prévues aux statuts, l'acte irrégulier du gérant. La limitation des pouvoirs étant prévue dans l'intérêt exclusif des associés, ceux-ci peuvent couvrir sa violation.

L'introduction de la notion d'**intérêt social** dans le Code civil (Loi 2019-486 du 22-5-2019) entérine au niveau législatif un aspect fondamental de la gestion des sociétés : « le fait que celles-ci ne sont pas gérées dans l'intérêt de personnes particulières, mais dans leur intérêt autonome et dans la poursuite des fins qui leur sont propres » (Exposé des motifs du projet de loi). Cette disposition ne s'accompagne d'aucune **définition** de la notion d'intérêt social ni des enjeux sociaux et environnementaux de l'activité de la société, mais la prise en compte de ces enjeux doit être adaptée à chaque société, notamment en fonction de sa taille et de son activité.

L'inobservation de l'article 1833, al. 2 du Code civil n'est pas sanctionnée par la **nullité** de la société (C. civ. art. 1844-10, al. 1). Elle n'est pas non plus une cause de nullité des actes ou délibérations des organes de la société ne modifiant pas les statuts (C. civ. art. 1844 et 1844-10). Cependant, la société pourrait, à notre avis, obtenir l'annulation d'un acte contraire à l'intérêt social s'il repose sur un but contraire à l'ordre public (cf. C. civ. art. 1162).

La **responsabilité** d'un gérant ayant accompli un tel acte peut être engagée à l'égard de la société pour faute de gestion (pour des exemples de faute de gestion, voir n° 7815). La méconnaissance des enjeux sociaux et environnementaux de l'activité de la société peut aussi entraîner la mise en cause du gérant. En l'absence de disposition prévoyant un régime spécifique de responsabilité sur ce point, l'action en responsabilité répond aux conditions de responsabilité prévues par le droit commun des sociétés (existence d'une faute, d'un préjudice et d'un lien de causalité entre les deux). La seule constatation d'un dommage social ou environnemental ne suffit donc pas à mettre en jeu la responsabilité d'un gérant s'il n'est pas établi que ce dommage résulte de sa méconnaissance fautive d'un tel enjeu.

La société peut demander au dirigeant de lui **rembourser** les **dépenses** qu'il a faites au moyen de fonds sociaux et qu'elle estime **non justifiées.** Le dirigeant ne peut s'opposer à cette demande qu'en apportant la preuve que ces dépenses ont été engagées dans l'intérêt social (Cass. com. 25-6-2013 n° 12-21.206 : RJDA 10/13 n° 802 ; Cass. com. 23-1-2019 n° 17-22.579 F-D : RJDA 4/19 n° 271). Cette solution doit inciter le dirigeant à conserver tous les documents permettant d'établir cette preuve, telles les facturettes des dépenses qu'il a réglées avec la carte de crédit de la société mise à sa disposition.

RÉPARTITION DES POUVOIRS EN CAS DE PLURALITÉ DE GÉRANTS

7410 En cas de pluralité de gérants, les associés peuvent aménager librement dans leurs **statuts** les conditions dans lesquelles les gérants assumeront leurs fonctions (C. civ. art. 1848, al. 3).

Ils peuvent ainsi instituer un conseil de gérance dont les décisions devront être prises à l'unanimité ou selon une majorité qualifiée, ou encore prévoir une répartition des pouvoirs entre les gérants, ou même reconnaître à chaque gérant les pouvoirs les plus étendus, à l'exclusion de certaines opérations qui ne pourront être passées que d'un commun accord entre les gérants.

7411 Si les statuts n'ont rien prévu, les pouvoirs des gérants sont réglés comme suit (C. civ. art. 1848, al. 2) :

– chaque gérant a les **mêmes pouvoirs** que s'il était gérant unique et peut donc accomplir tous les actes de gestion que demande l'intérêt de la société (C. civ. art. 1848, al. 1) ;

– chaque gérant a le droit de s'opposer à toute opération projetée par un autre gérant avant qu'elle ne soit conclue. Chaque gérant a donc un **droit de veto** qu'il doit exercer avant la conclusion de l'opération qu'il estime critiquable. L'opposition peut être faite en une forme quelconque pourvu qu'elle soit nettement affirmée et puisse être prouvée : exploit d'huissier ou de commissaire de justice, lettre simple ou recommandée, déclaration devant témoins.

> **Précisions a.** Une **opération** est **considérée comme conclue** à la date où elle est décidée. En matière contractuelle, il s'agit du jour de l'échange des consentements ; un gérant ne peut donc plus s'opposer à l'exécution d'un contrat auquel la société a déjà consenti à l'initiative d'un cogérant. Pour les actions en justice engagées par la société, la date limite de validité de l'opposition d'un gérant correspond à celle où l'avocat de la société a déposé sa requête au greffe du tribunal à la demande d'un cogérant (Cass. soc. 3-5-2011 n°s 10-20.084 : RJDA 8-9/11 n° 701).
> **b.** À notre avis, les associés peuvent décider de **passer outre à l'opposition** et autoriser la conclusion de l'opération envisagée. Cette décision doit être prise dans les conditions prévues aux statuts, observation faite que si l'acte litigieux n'est pas conforme à ceux-ci, la majorité requise pour lever l'opposition est celle prévue pour les modifications statutaires.

B. Pouvoirs des gérants dans leurs rapports avec les tiers

ACTES DU GÉRANT ENGAGEANT LA SOCIÉTÉ À L'ÉGARD DES TIERS

7415 Tout acte du ou des **gérants** engage valablement la société à l'égard des tiers à la triple condition :

– qu'il entre dans l'objet social ;

– qu'il soit licite ;

– qu'il soit accompli au nom de la société.

En dehors du cas particulier où la société est engagée par un mandataire apparent (n°s 7442 s.), un **acte** ne peut être valablement **passé** en son nom que **par son gérant** ou une personne investie d'une délégation de pouvoirs. À défaut, l'acte est nul. Cette nullité étant relative, seule la société peut s'en prévaloir et non les tiers (Cass. 1re civ. 12-11-2015 n° 14-23.340 : RJDA 2/16 n° 115). Toutefois, la société ne peut pas l'invoquer lorsqu'elle y a renoncé, soit en confirmant la convention expressément, soit en l'exécutant volontairement et sans ambiguïté (voir C. civ. art. 1182). Il en est de même en cas de résiliation de la convention dès lors que la société a ratifié tacitement la décision de résiliation (Cass. com. 17-1-2018 n° 16-22.285 F-D : RJDA 4/18 n° 325).

ILLUSTRATIONS

Une société est engagée par une convention de fourniture signée par son futur gérant dès lors qu'à la date de prise d'effet de celle-ci, il avait la qualité de représentant légal et l'avait exécutée pendant plus d'un mois, réceptionnant les livraisons et acceptant les factures et un prêt octroyé par le fournisseur ; cette exécution volontaire à une époque où la convention pouvait être ratifiée ou confirmée vaut en effet reconnaissance des obligations qui en résultaient (Cass. com. 8-1-2002 n° 31 : RJDA 5/02 n° 504).

Incidence des dispositions du droit des contrats Le Code civil prévoit un **régime général de représentation du cocontractant** (C. civ. art. 1153 s.). En vertu de ce régime, général car applicable aussi bien à la représentation légale, judiciaire ou conventionnelle, le représentant n'est « fondé à agir que dans la limite des pouvoirs qui lui ont été conférés » (art. 1153). 7416

Les dispositions de ce régime qui encadrent les pouvoirs du représentant ont-elles vocation à régir les conditions d'engagement de la société par son représentant légal ?

Nous pensons que non. En effet, les règles générales du Code civil s'appliquent sous réserve des règles particulières propres aux contrats spéciaux (C. civ. art. 1105, al. 3), tel le contrat de société. Or, les pouvoirs de représentation des dirigeants sociaux sont exhaustivement définis par le **droit de sociétés,** qui **déroge sur ce point** au droit commun des contrats et en exclut totalement l'application. Les dispositions de l'article 1105, al. 3 (les règles générales du Code civil s'appliquent sous réserve des règles particulières) ne doivent pas être appliquées.

Ainsi, aux termes de l'article 1155, al. 1 du Code civil, « lorsque le pouvoir du représentant est défini en termes généraux, il ne couvre que les actes conservatoires et d'administration ». En vertu du droit des sociétés, le gérant d'une société civile ne peut engager la société que par les actes entrant dans l'objet social (C. civ. art. 1849). Ces pouvoirs sont conçus en des termes on ne peut plus généraux. Il n'en résulte pas pour autant que les pouvoirs des gérants doivent être limités aux seuls actes conservatoires et d'administration, comme le prescrit l'article 1155, ce qui interdirait aux gérants de conclure un acte de disposition (vente, constitution d'hypothèque, etc.) au nom de la société. En effet, le droit des sociétés envisage toute la question des pouvoirs du représentant légal de la société et lui seul doit être appliqué.

Il en va de même pour la **sanction du défaut ou de l'excès de pouvoirs** du représentant. En vertu du droit des sociétés, un acte excédant les pouvoirs du représentant légal peut être annulé car les dispositions encadrant ces pouvoirs, en ce qu'elles apportent un élément de sécurité juridique aux actes conclus entre la société et les tiers, sont impératives, si bien que leur violation peut entraîner la nullité de l'acte (C. civ. art. 1844-10, al. 3). Nous pensons que la sanction de la nullité est exclusive du droit commun des contrats selon lequel l'acte accompli par le représentant sans pouvoir ou au-delà de ses pouvoirs est « **inopposable** au représenté (ici, la société), sauf si le tiers contractant a légitimement cru en la réalité des pouvoirs du représentant » (C. civ. art. 1156, al. 1). En effet, dans la mesure où le législateur a pris soin de prévoir un régime de sanctions particulier pour les sociétés, il n'y a pas lieu d'y ajouter les sanctions de droit commun.

En revanche, la règle prévoyant que « les pouvoirs du représentant cessent s'il est atteint d'une incapacité ou frappé d'une interdiction » (C. civ. art. 1160) ne peut pas être écartée car les effets des **incapacités** et des **interdictions** sur les pouvoirs des représentants légaux ne sont pas traités par le droit des sociétés. Dans le silence des textes spéciaux sur ce point, le droit commun a donc pleinement vocation à s'appliquer (n°s 75 s.). 7417

POUVOIRS DU GÉRANT UNIQUE À L'ÉGARD DES TIERS

À l'égard des tiers, le gérant « engage la société par les actes entrant dans l'**objet social** » (C. civ. art. 1849, al. 1). 7420

Le gérant engage aussi la société par des actes n'entrant pas dans l'objet social s'ils ont été consentis avec l'accord unanime des associés et s'ils ne sont pas contraires à l'intérêt social (solution rendue en matière de cautionnement : n°s 7426 s.).

Les **clauses statutaires limitant les pouvoirs du gérant** sont inopposables aux tiers (C. civ. art. 1849, al. 3), sans qu'il importe qu'ils en aient eu connaissance ou non (Cass. 3e civ. 24-1-2001 n° 88 : RJDA 7/01 n° 774 ; Cass. 3e civ. 12-7-2005 n° 887 : RJDA 12/05 n° 1364).

En principe, les tiers cocontractants ne peuvent pas se prévaloir d'une clause de limitation de pouvoirs à l'encontre de la société dont le gérant a violé cette clause : les tiers sont étrangers aux statuts qui n'ont d'effet qu'entre les parties à l'acte et la clause tend seulement à protéger les intérêts des associés. Jugé toutefois qu'un salarié licencié par une société a pu se prévaloir d'une clause des statuts de celle-ci soumettant les licenciements à l'autorisation préalable des associés (Cass. soc. 15-2-2012 n° 10-27.685 : RJDA 5/12 n° 501, rendu pour une société commerciale mais transposable). Jugé aussi qu'un tiers à qui la société a donné un bien en location peut invoquer la violation d'une clause statutaire limitant le pouvoir du dirigeant de résilier les baux pour faire annuler le congé que celui-ci lui a adressé (Cass. 3e civ. 14-6-2018 n° 16-28.672 F-PB : RJDA 11/18 n° 834).

> **Précisions** **a.** Le gérant peut engager la société même par un acte effectué au mépris d'une clause des statuts limitant ses pouvoirs et alors même que le tiers cocontractant a eu connaissance de cette limitation. La **sécurité des tiers** est donc assurée au détriment des intérêts des associés. L'objet social constituant la seule limite aux pouvoirs des gérants, les fondateurs d'une société agiront prudemment en évitant dans la rédaction de cet objet les formules imprécises ou trop générales.
> **b.** Il a été jugé que la règle de l'**inopposabilité aux tiers** des clauses limitant les pouvoirs du président d'une société anonyme ne leur interdit pas de se prévaloir de ces clauses pour justifier du défaut de pouvoir de ce dirigeant à figurer dans un procès comme représentant de la société (Cass. 2e civ. 23-10-1985 : Rev. sociétés 1986 p. 409 note Bouloc ; Cass. soc. 11-6-1997 n° 2553 : RJDA 10/97 n° 1222). Mais cette solution, transposable aux gérants de sociétés civiles par analogie des textes applicables (cf. C. civ. art. 1849, al. 3), revêt un caractère essentiellement procédural ; aussi n'est-il pas permis d'en déduire que les tiers seraient autorisés, de manière générale, à se prévaloir d'une clause limitative à l'encontre de la société.
> **c.** Le gérant conserve le pouvoir de représenter la société à l'égard des tiers même s'il est mis **en liquidation judiciaire** (Cass. 3e civ. 19-12-2007 n° 06-18.811 : RJDA 7/08 n° 800).
> **d.** Les pouvoirs du gérant n'ont d'autre effet que d'engager la société à l'égard des tiers. Leur exercice n'entraîne en aucun cas l'obligation pour le gérant de **répondre** personnellement **des engagements** qu'il a **souscrits** au nom et **pour le compte de la société** auprès des tiers (Cass. com. 3-4-2007 n° 05-20.271 : RJDA 7/07 n° 730).
> **e.** Les règles de l'inopposabilité aux tiers ne jouent pas lorsque la clause figure non pas dans les statuts, mais dans les **conditions particulières d'un contrat** : la limitation de pouvoirs résultant de cette clause constitue une condition de validité de l'engagement souscrit par la société. Tel a par exemple été le cas d'une clause d'un prêt bancaire garanti par le cautionnement d'une société qui imposait à celle-ci de transmettre à la banque la délibération des associés autorisant le cautionnement. La société pouvait se prévaloir du non-respect de cette condition pour demander l'annulation du cautionnement (Cass. com. 8-3-2017 n° 15-19.787 F-D : RJDA 6/17 n° 429, à propos d'une société à responsabilité limitée mais transposable).

7421 **Actes entrant dans l'objet social** Parmi les pouvoirs entrant dans l'objet social figurent notamment ceux relatifs à la **gestion courante** de la société : engagement, licenciement et fixation de la rémunération du personnel ; souscription et résolution de polices d'assurance ; ouverture et fonctionnement des comptes bancaires ; création, acceptation et négociation d'effets de commerce ; paiement des sommes dues par la société ; actions en justice ; signature d'un compromis, etc.

Le **placement des capitaux disponibles** de la société, même sur un marché spéculatif, relève des pouvoirs de gestion financière du gérant, lequel peut les exercer quel que soit l'objet social (Cass. com. 12-12-2006 n° 1392 : RJDA 4/07 n° 358, 2e esp.).

Les gérants peuvent même procéder à des **opérations** plus **importantes** et plus lourdes de conséquences telles que des acquisitions et ventes d'immeubles, des prises de participation dans d'autres sociétés, la souscription d'un emprunt, l'octroi de garanties sur les biens sociaux, mais toujours à la condition que ces opérations contribuent à la réalisation de l'objet social. Notamment, un prêt hypothécaire accordé à une SCI en vue de financer un apport en compte courant dans une société commerciale n'ayant aucun lien avec la SCI n'a pas été jugé conforme à l'objet de celle-ci (Cass. com. 26-6-2012 n° 10-28.255 : RJDA 10/12 n° 870). De même, un prêt hypothécaire accordé à une SCI n'engage pas celle-ci lorsqu'il est destiné à financer un rachat de crédit et que son montant excède l'actif social, l'acte de prêt eût-il été signé par tous les associés (Cass. 3e civ. 12-9-2012 n° 11-17.948 : RJDA 1/13 n° 48).

7422 Ils peuvent aussi consentir une **hypothèque** ou toute autre sûreté réelle sur les biens de la société, étant observé que les délégations de pouvoir aux fins de passer l'acte authentique constatant l'octroi de cette garantie peuvent résulter valablement d'un acte ou d'un procès-verbal sous signature privée (C. civ. art. 2326). Ces dispositions s'appliquent également aux délégations de pouvoir consenties en vue de passer des actes de mainlevée d'hypothèque (Rép. Labbé : AN 21-12-1979 ; Rép. Mauger : AN 10-3-1980). Sur la question du **cautionnement** par la société des dettes d'un tiers ou d'un associé, voir nos 7425 s.

Les gérants ne peuvent prendre aucune **décision modifiant les statuts** (changement de dénomination, modification du capital, modification des dates d'ouverture et de clôture des exercices sociaux, etc.). Ces décisions relèvent de la seule compétence d'une assemblée extraordinaire des associés.

Vente d'immeuble Concernant la possibilité pour le gérant d'une SCI de vendre un immeuble appartenant à la société, les tribunaux se fondent sur la clause des statuts définissant l'**objet de la société.** 7423

Ainsi, lorsqu'une SCI a pour objet l'achat, l'administration et la gestion d'un immeuble déterminé, le gérant de cette société ne peut vendre ou hypothéquer cet immeuble qu'avec l'accord des associés statuant à la majorité requise pour la modification des statuts car ces opérations portent atteinte à l'objet social et ne peuvent être considérées comme constituant des actes de gestion (CA Paris 18-12-1984 : BRDA 5/85 p. 14).

L'**interprétation** par les juges **de la clause** des statuts peut parfois donner lieu à des solutions divergentes. Notamment, le pouvoir de disposer d'un immeuble social n'a pas été reconnu au gérant d'une SCI ayant pour objet « l'acquisition, la propriété, l'administration, la mise en location, la gestion et l'exploitation de tous immeubles [...] et généralement toutes opérations quelconques se rattachant directement ou indirectement à cet objet » (Cass. 3e civ. 6-9-2011 n° 10-21.815 : RJDA 1/12 n° 66 ; Cass. 3e civ. 23-10-2013 n° 12-22.720 : RJDA 2/14 n° 131), ni au gérant d'une société civile dont l'objet était « la propriété, la gestion, l'exploitation par bail, location ou autrement d'immeubles ou d'étangs » (Cass. 3e civ. 31-3-1999 n° 644 : RJDA 6/99 n° 674). Dans le même sens, il a été jugé que le gérant d'une SCI ayant pour objet « la propriété, la possession, la jouissance, l'administration, l'aménagement, la transformation et l'exploitation par bail, location ou autrement des terrains et immeubles » excède cet objet en vendant des parcelles de terrain appartenant à la société (Cass. 3e civ. 5-11-2020 n° 19-21.214 F-D : RJDA 2/21 n° 103). D'autres arrêts ont retenu la solution inverse en présence de clauses analogues. Jugé par exemple qu'une telle clause autorise le gérant à vendre un immeuble, celui-ci serait-il l'unique actif social, dès lors que la notion de « propriété » implique le droit de disposer et que la vente de l'immeuble n'avait pas épuisé l'objet social (Cass. 3e civ. 18-12-2001 n° 1822 : RJDA 4/04 n° 436). Jugé de même que le gérant d'une SCI ayant pour objet « la propriété de tous biens immobiliers situés en France, ainsi que toutes opérations mobilières ou immobilières susceptibles d'en favoriser le développement immobilier » pouvait valablement consentir une promesse de vente portant sur le seul immeuble de la société (Cass. com. 26-2-2008 n° 06-21.744 : RJDA 7/08 n° 822).

Lorsqu'une SCI est propriétaire d'un logement qu'occupent des **époux associés** ou l'un d'eux, l'**occupant** ne peut **s'opposer à la vente du bien** en application de l'article 215, al. 3 du Code civil, qui interdit à un époux de disposer seul des droits par lesquels est assuré le logement de la famille, que si l'occupant a été autorisé à habiter le logement en vertu d'un droit d'associé ou d'une décision collective prise à l'unanimité (C. civ. art. 1853 et 1854 ; Cass. 1re civ. 11-3-1986 n° 84-12.489 : Bull. civ. I n° 62 ; Cass. 1re civ. 14-3-2018 n° 17-16.482 F-PB : RJDA 2/19 n° 100). 7424

Cautionnement Pour être valable, le cautionnement donné par le gérant au nom d'une société civile en garantie des dettes d'un associé ou d'un tiers doit, comme tout autre acte, **entrer dans l'objet social** (Cass. 1re civ. 8-11-2007 n° 04-17.893 : RJDA 2/08 n° 137, 1re esp.). Sur l'absence de contrariété du cautionnement à l'intérêt social, voir n° 7426. 7425

En principe, le cautionnement donné par une société est nul s'il ne se rattache « ni de près ni de loin » à l'objet social (Cass. civ. 15-6-1973 : Bull. Joly 1973 p. 522 ; Cass. 1re civ. 6-3-1979 : Bull. civ. I n° 81 ; CA Paris 4-1-1984 : BRDA 6/84 p. 20).

ILLUSTRATIONS

Jugé qu'accomplissait un acte **contraire à son objet social** une SCI :

– dont l'objet était l'acquisition et la gestion d'immeubles, et qui avait pour gérant le président-directeur général d'une société anonyme à laquelle elle avait loué des ateliers de fabrication, en cautionnant un prêt consenti à ladite société anonyme pour les seuls besoins du commerce de celle-ci (Cass. civ. 6-3-1979 précité) ;

– dont le gérant avait signé un cautionnement en garantie de deux prêts qui lui avaient été consentis par une banque et qui étaient destinés exclusivement à consolider son compte personnel et à rembourser ses propres dettes (CA Colmar 18-11-1987 : D. 1989 som. p. 293).

En revanche, n'est pas contraire à l'objet social la sûreté hypothécaire consentie par une SCI et portant sur son seul actif, en garantie :

– de la dette que la société qui la contrôlait avait contractée à l'égard d'un partenaire commercial ayant réglé des créances du groupe, dès lors que la sûreté avait permis d'assurer la sauvegarde du groupe et présentait donc une contrepartie pour la SCI en raison de son appartenance à celui-ci (Cass. com. 10-2-2015 n° 14-11.760 F-D : RJDA 5/15 n° 360) ;

– du remboursement du prêt que le gérant associé majoritaire avait contracté pour libérer son apport en numéraire, dès lors que cette opération lui avait permis indirectement d'acquérir deux immeubles et d'en percevoir les loyers (Cass. com. 2-11-2016 n° 16-10.363 F-D : RJDA 2/17 n° 92) ;
– d'un emprunt accordé par la banque à ses associés, dès lors que la valeur de l'immeuble excédait le montant de l'engagement de la SCI, si bien que la mise en jeu de la garantie ne pouvait pas entraîner la disparition de l'entier patrimoine de la société, cette dernière pouvant réinvestir le reliquat du produit de la vente (Cass. 3e civ. 21-12-2017 n° 16-26.500 F-D : RJDA 3/18 n° 250).

Par ailleurs, il a été jugé que le cautionnement hypothécaire d'un prêt par une société civile qui profitait exclusivement à l'un des associés avait « consommé » une forme d'abus de biens sociaux ou de crédit social et que cet associé, qui n'avait pas pu ignorer l'irrégularité de l'engagement qu'il avait souscrit au nom de la société, avait commis une faute (Cass. 1e civ. 29-2-2000 n° 451 : RJDA 12/00 n° 1194).

Une sûreté donnée en garantie des dettes d'un associé ou d'un tiers qui n'entre pas dans l'objet social ou qui n'a pas été donnée à l'unanimité des associés (n° 7427) est nulle de nullité absolue (Cass. 1e civ. 18-10-2017 n° 16-17.184 FS-PB : RJDA 2/18 n° 137). Il en résulte que toute personne justifiant d'un intérêt (et pas seulement celle dont la règle méconnue protège les intérêts) peut demander l'annulation de la sûreté et, contrairement à ce qui est prévu pour une nullité relative, la nullité ne peut pas être couverte par la confirmation de l'acte de sûreté (C. civ. art. 1180).

7426 **Jusqu'à la loi 2019-486 du 22 mai 2019,** le **cautionnement** donné par une société civile **qui n'entrait pas directement dans son objet** était néanmoins valable à **condition** d'avoir été donné à l'unanimité des associés ou bien en considération d'une communauté d'intérêts avec le débiteur cautionné et, en outre, de ne pas porter **atteinte à l'intérêt de la société** (Cass. 1e civ. 1-2-2000 n° 156 : RJDA 7-8/00 n° 768, 1e esp. ; Cass. 1e civ. 8-11-2007 n° 04-17.893 : RJDA 2/08 n° 137, 1e esp. ; Cass. com. 8-11-2011 n° 10-24.438 : RJDA 2/12 n° 165).

Selon une première approche, la conformité du cautionnement à l'intérêt social devait être appréciée par référence à la proportionnalité entre les inconvénients qu'il présentait et l'avantage qu'en retirait la société (Cass. 3e civ. 15-9-2015 n° 14-21.348 : RJDA 12/15 n° 840) tandis que, selon une seconde approche, un cautionnement était contraire à l'intérêt de la société si, notamment, il était de nature à compromettre l'existence même de celle-ci (Cass. com. 8-11-2011 n° 10-24.438, précité ; Cass. com. 23-9-2014 n° 13-17.347 : RJDA 12/14 n° 914 ; Cass. com. 6-1-2021 n° 19-15.299 F-D : RJDA 10/21 n° 674 ; Cass. 3e civ. 11-1-2023 n° 21-22.174 F-D : RJDA 4/23 n° 203, à propos d'une hypothèque mais transposable). Tel était le cas d'un cautionnement hypothécaire portant sur le seul actif social car il exposait la société à perdre cet actif en cas de mise en œuvre de la garantie (Cass. com. 23-9-2014 n° 13-17.347 et Cass. com. 6-1-2021 n° 19-15.299 F-D, précités). En revanche, le cautionnement était valable s'il présentait une contrepartie, notamment en raison de l'appartenance de la société à un groupe. La société pouvait ainsi valablement affecter son seul bien au remboursement des dettes du groupe, ce qui permettait d'en assurer la sauvegarde (Cass. com. 10-2-2015 n° 14-11.760 : RJDA 5/15 n° 360).

Pour des exemples où le cautionnement consenti par une SCI en garantie des dettes d'une société commerciale a été considéré comme se rattachant indirectement à l'objet de la SCI en raison de l'existence d'une communauté d'intérêts avec le débiteur cautionné, voir Cass. 1e civ. 15-3-1988 : Rev. sociétés 1988 p. 415 note Y. Guyon ; Cass. 1e civ. 1-2-2000 n° 156, précité ; Cass. com. 3-12-2003 n° 1728 : RJDA 3/04 n° 333 ; Cass. com. 8-11-2005 n° 1376 : RJDA 3/06 n° 268.

Pour des cas où cette communauté n'a pas été retenue, voir Cass. 3e civ. 25-3-1998 n° 467 : RJDA 6/98 n° 722 et CA Paris 7-3-1986 : BRDA 12/86 p. 21.

Le seul fait que le cautionnement ne présente pas d'avantage pour la société ne suffit pas à caractériser la contrariété de cet engagement à son intérêt (CA Versailles 23-7-2020 n° 19/03828 : RJDA 5/21 n° 325).

Depuis la loi 2019-486, la violation de l'article 1833, al. 2 du Code civil, selon lequel la société doit être gérée dans son intérêt social en prenant en considération les enjeux sociaux et environnementaux de son activité, ne peut plus être sanctionnée par la nullité des actes ou délibérations des organes de la société (C. civ. art. 1844-10, al. 3).

On peut donc douter que les solutions exposées ci-dessus à propos de faits antérieurs à la date d'entrée en vigueur de la loi 2019-486 et déclarant nul le cautionnement donné par une société civile contrairement à l'intérêt social soient transposables à des faits postérieurs à cette date. Il faudra néanmoins attendre que les tribunaux se prononcent pour en être certain.

7427 Le **consentement unanime des associés** peut être exprimé dans un **acte** (C. civ. art. 1854 ; Cass. 1e civ. 20-10-1992 : RJDA 2/93 n° 131) et résulter, notamment, de la signature portée par l'ensemble des associés sur l'acte de cautionnement (Cass. 3e civ. 25-9-2002 n° 1311 : RJDA 1/03 n° 39). Pour que cet acte engage valablement la société, encore faut-il que les associés y mentionnent qu'ils interviennent pour le compte de celle-ci (Cass. com. 6-10-2009 n° 08-17.695 : RJDA 1/10 n° 56).

Mais le cautionnement autorisé par l'unanimité des associés ne doit pas aboutir à un détournement des biens sociaux (Cass. civ. 4-2-1971 : Rev. sociétés 1971 p. 595 note Guilberteau ; Cass. 1e civ. 20-10-1992 n° 1291 : RJDA 2/93 n° 131). Notamment, il est nul en cas de **collusion frauduleuse** entre les associés et le créancier bénéficiaire (Cass. 3e civ. 22-5-1975 : JCP G 1976 II n° 18346 note D. Randoux ; Cass. 3e civ. 1-12-1993 n° 1886 : BRDA 11/94 p. 5 ; Cass. com. 14-12-1999 n° 2041 : Rép. Defrénois 2000 note H. Hovasse). Tel est le cas du cautionnement hypothécaire, consenti par une société civile en garantie d'un prêt accordé à l'un de ses associés dès lors qu'il avait été sollicité par la banque alors que la défaillance de l'intéressé dans le remboursement du prêt était déjà avérée et qu'il était quasiment certain à cette date que la caution serait amenée à jouer, ce qui établissait la collusion frauduleuse entre la banque et l'associé pour opérer un transfert des charges de l'emprunt sur la société civile (Cass. com. 14-12-1999, précité).

En revanche, le cautionnement accordé par la gérante d'une SCI à l'occasion du prêt consenti par une banque à son époux n'était pas illicite pour avoir été donné « en dehors de l'objet social » dès lors qu'une assemblée générale extraordinaire de la SCI avait décidé d'adjoindre la faculté de cautionnement à l'objet social pour les besoins du prêt litigieux et qu'aucune collusion frauduleuse entre la banque et la gérante n'avait été relevée (Cass. civ. 19-5-1987 : Rev. sociétés 1988 p. 78 note Y. Guyon).

> Précisions a. Un cautionnement a été déclaré valable, alors que les **associés** n'avaient **pas donné leur consentement,** dès lors que le gérant détenait une part de capital telle qu'il aurait obtenu l'autorisation s'il l'avait sollicitée (CA Paris 20-2-1987 : BRDA 10/87 p. 20).

b. La chambre commerciale de la Cour de cassation a retenu la validité d'un cautionnement consenti par une SCI en garantie d'un prêt accordé à une société à responsabilité limitée au motif que la SCI avait donné tous **pouvoirs** à son **gérant,** à l'unanimité au cours d'une assemblée générale extraordinaire, pour accorder le cautionnement et qu'il n'était pas allégué que celui-ci était contraire à **l'intérêt social** (Cass. com. 28-3-2000 n° 810 : RJDA 7-8/00 n° 768, 2e esp.). Cette solution, rendue pour un **cautionnement personnel,** a été étendue par la Cour de cassation au **cautionnement hypothécaire** par lequel la caution affecte en garantie un bien immobilier lui appartenant (Cass. com. 12-10-2004 n° 1504 : RJDA 4/05 n° 456).

Nature du cautionnement. Les règles applicables au cautionnement ont été modifiées par la **réforme des sûretés** issue de l'ordonnance 2021-1192 du 15 septembre 2021. Les nouvelles dispositions s'appliquent seulement aux cautionnements conclus depuis le 1er janvier 2022 (Ord. précitée art. 37, I-al. 1). Les cautionnements conclus avant cette date restent soumis à la loi ancienne, y compris « pour leurs effets légaux et pour les dispositions d'ordre public » ; il est toutefois dérogé à ce principe, y compris en matière de cautionnement réel, pour les dispositions relatives à l'information de la caution (Ord. art. 37, II et III). **7428**

Le cautionnement conclu **depuis le 1er janvier 2022** pour garantir une dette commerciale est commercial (C. com. art. L 110-1, 11°), de sorte que le cautionnement consenti par le gérant d'une société civile pour garantir la dette commerciale d'un tiers est commercial. Ainsi, l'ordonnance 2021-1192 consacre un nouveau critère de commercialité du cautionnement.

Même s'il est commercial, le cautionnement peut être consenti par le gérant d'une société civile dans la mesure où il reste accessoire à l'activité civile de la société. Ainsi, la nature commerciale d'un cautionnement n'a pas pour effet nécessaire de modifier le caractère civil de la société qui s'est portée caution (Cass. civ. 15-3-1988 : Rev. sociétés 1988 p. 415 note Y. Guyon).

Le cautionnement donné **avant le 1er janvier 2022** dans l'intérêt personnel de la caution est un acte de commerce (voir Cass. com. 10-2-1971 : D. 1971 p. 605 ; Cass. com. 29-1-1991 n° 253 : RJDA 6/91 n° 518).

POUVOIRS À L'ÉGARD DES TIERS EN CAS DE PLURALITÉ DE GÉRANTS

En cas de pluralité de gérants, chaque gérant a, à l'égard des tiers, les mêmes pouvoirs que s'il était gérant unique et peut **agir séparément** des autres gérants (C. civ. art. 1849, al. 2). **7430**

Ainsi, les clauses prévoyant, par exemple, la signature conjointe pour tous les actes de gestion ou pour certains d'entre eux sont dépourvues de toute efficacité dans les rapports de la société avec les tiers. Sans doute leur violation pourra-t-elle motiver la révocation du gérant fautif, mais la société n'en restera pas moins engagée à l'égard du tiers cocontractant (par exemple, Cass. com. 3-12-2002 n° 1980 : RJDA 4/03 n° 397, à propos d'un gérant de société à responsabilité limitée mais transposable).

Il existe toutefois une exception à cette règle. En effet, après avoir affirmé le principe de l'engagement de la société sur la seule signature de l'un des gérants pour tous les actes entrant dans l'objet social, l'article 1849, al. 2 du Code civil ajoute : « L'**opposition** formée par un gérant aux actes d'un autre gérant est sans effet à l'égard des tiers, à moins qu'il ne soit établi qu'ils en ont eu connaissance ».

La société ne sera donc pas tenue de l'engagement contracté en son nom par l'un des gérants si elle prouve que le tiers cocontractant avait connaissance de l'opposition d'un autre gérant à l'opération contestée. Afin de se ménager la preuve de son opposition, le gérant opposant agira prudemment en la notifiant au tiers par exploit d'huissier ou de commissaire de justice, ou par lettre recommandée AR.

PORTÉE DES ENGAGEMENTS DU GÉRANT

7440 **Acte passé au nom de la société** Pour que la société soit engagée, il ne suffit pas que l'acte entre dans l'objet social (C. civ. art. 1849, al. 1). Il faut aussi qu'il ait été conclu au nom de la société par son représentant légal.

Il en est ainsi lorsque le **gérant** indique dans l'acte la **qualité** en laquelle il agit et la dénomination de la société qu'il représente (pour un exemple, voir Cass. com. 12-10-1976 : Bull. civ. IV n° 257).

Lorsqu'il ne le fait pas, la société, en principe, n'est pas engagée. Jugé, par exemple, que le gérant d'une société civile familiale, propriétaire d'une villa pour laquelle des travaux ont été effectués, ne représente pas cette société lorsqu'il agit en justice en son nom personnel contre l'entrepreneur responsable de malfaçons ; son action doit donc être déclarée irrecevable (Cass. 3e civ. 15-10-1974 : Bull. civ. III n° 359). De même, l'engagement pris par le gérant d'une SCI de payer des travaux commandés à un entrepreneur doit être considéré comme un engagement personnel, dès lors que la lettre sur laquelle il figure a été écrite sur du papier personnel dudit gérant, portant son nom et son domicile, qu'aucune référence n'est faite à la SCI et que les termes utilisés marquent bien son intention de s'obliger lui-même (CA Aix 14-6-1977 : Bull. cour d'Aix 1977/3 p. 97).

Cependant, le cocontractant du gérant peut prouver que, malgré l'absence de précision, l'acte a bien été conclu au nom de la société (Cass. com. 22-2-2005 n° 270 : RJDA 6/05 n° 703 ; Cass. com. 7-7-2020 n° 18-19.292 F-D : RJDA 11/20 n° 569). Cette preuve doit se faire selon les règles de preuve du droit civil (C. civ. art. 1359) : nécessité d'un écrit ou d'un commencement de preuve par écrit complété par des présomptions ou témoignages.

> **Précisions** Un gérant souscrivant au nom de la société un prêt notarié garanti par son **cautionnement** personnel ne peut pas échapper à cet engagement en soutenant qu'il n'a signé l'acte qu'en sa qualité de représentant légal de la société : son unique signature vaut aussi pour le cautionnement (Cass. com. 21-9-2010 n° 09-15.773 : RJDA 2/11 n° 182).

7442 **Mandat apparent** L'application de la théorie du mandat apparent permet de tenir la société pour engagée même si l'acte a été passé par un tiers. En effet, la société peut être engagée par une personne même non habilitée régulièrement, **si les tiers** avec qui cette personne a traité **ont légitimement cru** que celle-ci disposait des pouvoirs nécessaires (C. civ. art. 1156, al. 1 ; Cass. com. 5-12-2000 n° 2046 : RJDA 3/01 n° 351 ; Cass. 3e civ. 11-6-2014 n° 13-16.233 : RJDA 12/14 n° 900). Mais il faut que les circonstances (usages professionnels, documents présentés, profession du mandataire, relations des parties, nature des biens auxquels l'acte se rapporte, possibilités de contrôle, qualité des parties en présence, notamment rang des intéressés dans l'entreprise, etc.) autorisent les tiers à ne pas vérifier les limites exactes de ces pouvoirs (Cass. com. 5-12-2000 n° 2046 et Cass. 3e civ. 11-6-2014 n° 13-16.233 précités).

Cette solution présente une grande utilité pour les actes accomplis par les **préposés** de la société (voir Cass. com. 2-10-1979 : Bull. civ. IV n° 243 ; Cass. 3e civ. 2-12-1998 : RJDA 3/99 n° 292 ; Cass. com. 14-3-2006 n° 349 : RJDA 6/06 n° 641 ; Cass. com. 9-3-2022 n° 19-25.704 F-D : RJDA 6/22 n° 335) ou par une personne se comportant comme le mandataire de la société, tel un avocat, fils du gérant d'une SCI propriétaire de locaux commerciaux, qui avait envoyé un courrier au locataire des locaux dans lequel il l'informait que la SCI, désignée comme sa cliente, acceptait de renouveler le bail et lui avait communiqué un acte portant un loyer révisé (Cass. 3e civ. 23-6-2009 n° 08-18.983 : RJDA 11/09 n° 953). Il en est de même s'agissant d'un **associé** de la société ayant contracté au nom de celle-ci un prêt notarié, dès lors que le prêteur entretenait une relation d'affaires continue et de confiance avec l'associé et qu'il avait donc pu légitimement croire que cet associé avait le pouvoir d'engager la société (Cass. 3e civ. 19-3-2020 n° 19-11.771 F-D : RJDA 7/20 n° 365). En revanche, cette solution n'est guère appelée à jouer pour les **gérants,** car ceux-ci peuvent engager la société même s'ils ont été irrégulièrement nommés (C. civ. art. 1846-2, al. 2).

La société ne peut alors se dégager que si elle démontre qu'elle est restée complètement étrangère à la formation de l'apparence de mandat (Cass. com. 9-3-1999 n° 571 : RJDA 4/99 n° 464 ; Cass. com. 19-11-2002 n° 1882 : RJDA 3/03 n° 259 ; Cass. com. 29-6-2022 n° 20-16.035 F-D : RJDA 11/22 n° 632).

L'existence d'un mandat apparent ne peut pas être retenue en ce qui concerne les actes passés par un ancien dirigeant de la société dès lors que la cessation des fonctions de celui-ci avait été régulièrement publiée avant la conclusion de ces actes (Cass. com. 4-5-1993 : RJDA 12/93 n° 1039, à propos d'une société anonyme mais, à notre avis, transposable).

Toujours en vertu de la théorie de l'apparence, une société civile peut être engagée par les actes d'une **autre société** lorsque les tiers qui ont traité avec celle-ci ont pu légitimement croire que les deux sociétés n'en formaient qu'une seule ou qu'elles étaient unies par une communauté d'intérêts ou encore lorsque l'une des sociétés a eu un comportement fautif en laissant croire qu'elle prenait part à l'engagement de l'autre (application du droit commun de la responsabilité ; pour un exemple, CA Aix 18-5-1975 : Rev. jur. com. 1976 p. 95 note Calais-Auloy). **7443**

Ainsi jugé pour :

– plusieurs sociétés de construction lorsque la société mère s'était interposée entre ses filiales – sur lesquelles elle avait toujours gardé un contrôle absolu – et chaque acheteur (Cass. civ. 13-12-1967 : D. 1968 p. 337) ;

– une société immobilière et une société de gestion, dès lors que les deux sociétés avaient le même siège social, la même ligne téléphonique et le même président, la société de gestion devant être considérée non pas comme le simple mandataire de la société immobilière, mais comme copromoteur avec celle-ci (Cass. civ. 25-10-1972 : Gaz. Pal. 1973 I p. 139) ;

– deux sociétés dont l'une (société civile immobilière) avait acheté un immeuble et le louait à l'autre (société commerciale), dès lors que les deux sociétés, composées des mêmes associés, n'avaient pas de capitaux ou de créanciers parfaitement distincts et qu'il apparaissait qu'en réalité l'achat de l'immeuble par la société civile avait eu pour but essentiel de faire échapper celui-ci aux créanciers de la société commerciale (CA Rouen 17-3-1972 : Bull. Joly 1973 p. 366).

Détournement de pouvoir En principe, tout acte entrant dans l'objet social (C. civ. art. 1849, al. 1) et accompli au nom de la société (n° 7440) engage cette dernière. Celle-ci est donc engagée même si l'opération a été passée par le gérant à des **fins personnelles** : par exemple, emprunt contracté au nom de la société avec utilisation des fonds au profit du gérant. Dans un tel cas, la société ne peut que mettre en cause la responsabilité civile du gérant. Les clauses statutaires prévoyant l'exonération de la société au cas où le gérant commettrait un abus ou un détournement de pouvoir sont en effet inopposables aux tiers. **7445**

Cependant, elle peut se dégager si elle prouve que le tiers était de mauvaise foi parce qu'il avait connaissance de l'irrégularité de l'acte auquel il avait participé (voir Cass. com. 9-10-1961 : Bull. civ. III n° 348).

Par ailleurs, un cocontractant de la société peut faire annuler le contrat s'il établit que celui-ci n'a été conclu qu'en vue de satisfaire les besoins personnels du gérant (pour un cas où un tel abus n'était pas caractérisé, voir Cass. com. 9-6-2009 n° 08-15.270 : RJDA 11/09 n° 928, s'agissant de travaux de forage payés par une société en vue d'alimenter en eau le jardin et la piscine du gérant ; ces travaux n'ont pas été jugés contraires à l'intérêt social car ils ont aussi permis d'alimenter en eau la société voisine du gérant).

Excès de pouvoir Tout acte conclu par le gérant qui n'entre pas dans l'objet social n'engage pas la société et celle-ci peut en demander la **nullité** pour violation des dispositions impératives de l'article 1849, al. 1 du Code civil (C. civ. art. 1844-10, al. 3). Il n'en serait autrement que si le gérant avait pris soin de demander aux associés, statuant aux conditions de majorité prévues pour les modifications statutaires, l'autorisation préalable de passer cet acte ou si les associés avaient, dans les mêmes conditions de majorité, ratifié l'acte irrégulier du gérant. **7450**

Ainsi, même s'il excède l'objet social, le cautionnement est valable dès lors qu'il a été consenti à l'unanimité des associés et qu'il n'est pas contraire à l'intérêt social (nos 7426 s.).

DÉLÉGATION DES POUVOIRS DU GÉRANT

Il est communément admis qu'à moins d'une interdiction formelle des statuts, le gérant peut déléguer à un associé le pouvoir d'accomplir au nom de la société une ou plusieurs **opérations déterminées.** Mais il ne peut pas déléguer ses pouvoirs à **plusieurs personnes** pour l'exécution d'un **même travail,** un tel cumul étant de nature à restreindre l'autorité et à entraver les initiatives des prétendus délégataires (notamment Cass. crim. 19-3-1996 n° 1467 : RJDA 7/96 n° 928). **7460**

La délégation de pouvoirs donnée à un préposé d'une société pour la représenter en justice et agir en son nom devant toutes les juridictions est valable sans qu'il soit nécessaire que cette délégation soit limitée géographiquement (Cass. com. 13-9-2017 n° 15-26.666 F-D : RJDA 12/17 n° 806).

Aucune disposition n'exige que la délégation de pouvoirs soit donnée pour une **durée** déterminée (Cass. com. 17-1-2012 n° 10-24.811 : RJDA 4/12 n° 405). Elle peut donc être consentie sans limitation de durée.

> **Précisions** La cour d'appel de Paris a aussi admis qu'une **assemblée d'associés** peut valablement donner mandat à l'un des associés de conclure un acte (en l'espèce un cautionnement) au nom de la société. En effet, souligne la cour, l'assemblée est l'instance délibérante par essence de la société, ce qui l'autorise à donner à un associé le pouvoir de représenter celle-ci pour conclure une opération déterminée (CA Paris 1-10-2008 n° 07-8940 : RJDA 8-9/09 n° 756, solution rendue pour une société à responsabilité limitée mais transposable).

7461 **Effets des délégations consenties** Les délégations de pouvoirs subsistent même lorsque le **gérant** qui les a consenties vient à **cesser ses fonctions** (Cass. com. 4-2-1997 n° 286 : RJDA 6/97 n° 780 ; Cass. com. 15-3-2005 n° 414 : RJDA 7/05 n° 814 ; CA Paris 25-1-2018 n° 17/01883 : RJDA 4/18 n° 326). Son successeur n'a donc pas à les renouveler mais il peut, à tout moment, les retirer à ceux qui en étaient investis et les attribuer à d'autres personnes de son choix.

À cet égard, il convient de distinguer les **délégations de signature** des délégations de pouvoirs. Dans le premier cas, le gérant se borne à charger un mandataire de signer pour son compte et en ses lieu et place tel ou tel acte relevant de ses pouvoirs : dans ce cas, la cessation des fonctions met fin au mandat.

Il en va différemment de la délégation de pouvoirs par laquelle le gérant confie, au nom et pour le compte de la société, à une personne qu'il investit d'une fonction déterminée le mandat de représenter la société dans la limite de ses attributions. Comme on l'a justement observé (Daublon, Rép. Defrénois 1981.945), le délégué reçoit alors son pouvoir de représentation non pas du représentant légal mais de la société elle-même. Dès lors, peu importent les événements (décès, démission, révocation) atteignant la personne du représentant légal : la société reste engagée par sa délégation.

7462 Le gérant assume à l'égard de la société la responsabilité des **fautes** commises par son délégué (CA Paris 11-3-1953 : JCP G 1953 IV p. 96). À l'égard des tiers, le délégué agit au lieu et place du gérant et engage la société dans la limite du mandat qui lui a été donné. Toutefois, en pratique, les **limitations de pouvoirs** auxquelles il peut être soumis sont inopposables aux tiers, qui peuvent invoquer à l'encontre de la société le défaut de publicité de ces limitations (Cass. com. 24-1-1989 : Bull. Joly 1989 p. 264) ou l'existence d'un mandat apparent.

7463 **Cas particuliers** **Responsabilité pénale du chef d'entreprise.** Le dirigeant peut s'exonérer de sa responsabilité pénale pour les infractions inhérentes à l'exploitation sociale en déléguant ses pouvoirs à un préposé pourvu de la compétence, des moyens et de l'autorité nécessaires pour faire assurer le respect des mesures réglementaires (n°s 6571 s.).

7464 **Déclaration des créances.** En cas de procédure collective d'apurement du passif d'un débiteur, la déclaration des créances de la société peut être faite par le représentant légal de celle-ci ou par tout préposé ou mandataire de son choix (C. com. art. L 622-24, al. 2).

SECTION 4 RÉMUNÉRATION DES GÉRANTS

DROIT À RÉMUNÉRATION DU GÉRANT

7600 En l'absence de disposition légale sur ce point, les **fonctions** de gérant peuvent être **gratuites ou rémunérées.** Si les statuts (ou la décision de nomination du gérant) n'ont rien prévu, le gérant ne peut pas, à notre avis, exiger qu'une rémunération lui soit versée.

Il est possible pour les statuts de prévoir que les fonctions des gérants seront gratuites, cas de figure rencontré fréquemment dans les sociétés civiles peu importantes dont la gestion ne nécessite qu'une activité réduite (par exemple, société civile familiale ayant pour unique objet la gestion d'un immeuble).

En outre, le gérant qui bénéficie d'un droit à rémunération peut y **renoncer.** Cette renonciation peut être implicite du moment qu'elle n'est pas équivoque. Une telle renonciation a été admise pour un gérant à qui les statuts prévoyaient d'attribuer chaque année une partie des bénéfices à titre de rémunération mais qui a toujours présenté et approuvé lui-même des bilans ne comportant aucune attribution de bénéfices à son profit (Cass. com. 31-1-2012 n° 10-26.329 : RJDA 5/12 n° 500).

La rémunération du gérant lui est due tant qu'aucune décision la supprimant n'est intervenue, peu important qu'il ne puisse plus exercer ses fonctions du fait de son **absence pour maladie** (Cass. com. 21-6-2017 n° 15-19.593 F-PBI : RJDA 10/17 n° 628, à propos d'une société à responsabilité limitée mais transposable).

> **Précisions** Le fait d'être gérant bénévole de sociétés civiles n'implique pas nécessairement et en soi l'exercice d'une activité professionnelle interdisant la **recherche effective et permanente d'emploi** (Cass. soc. 10-11-1998 n° 4499 : RJS 12/98 n° 1562).

FIXATION DE LA RÉMUNÉRATION DU GÉRANT

Fixation de la rémunération du gérant par les statuts ou les associés Le Code civil ne contenant aucune disposition relative à la rémunération des gérants, les **statuts** (ou la décision de nomination du gérant) peuvent soit préciser le mode de calcul de cette rémunération (traitement fixe, proportionnel aux bénéfices ou au chiffre d'affaires, ou mixte), soit en laisser le soin à une **décision collective** des associés prise à la majorité qu'ils déterminent. Dans ce dernier cas, le gérant, s'il est associé, peut prendre part au vote, mais il ne doit alors pas, surtout s'il est associé majoritaire, abuser de son droit de vote en s'octroyant une rémunération exagérée (pour une illustration, Cass. com. 1-7-2003 n° 1077 : RJDA 11/03 n° 1074, 1e esp. ; sur l'abus de majorité, voir nos 9071 s.). 7602

Le refus d'un associé de voter la rémunération d'un coassocié gérant ne doit pas non plus être abusif. L'abus n'est caractérisé que si l'attitude de l'associé non gérant a été contraire à l'intérêt de la société en interdisant la réalisation d'une opération essentielle pour celle-ci (Cass. com. 31-3-2009 n° 08-11.860 : RJDA 6/09 n° 548, à propos d'un gérant de société à responsabilité limitée mais transposable ; sur l'abus de minorité, voir nos 9075 s.).

Une fois la rémunération fixée, la société ne peut pas la **réduire rétroactivement** sans l'accord du gérant, même si les sommes dues au titre de cette rémunération n'ont pas encore été payées (Cass. com. 10-2-2009 n° 08-12.564 : RJDA 10/09 n° 848, rendu pour des membres du directoire de société anonyme mais transposable).

> **Précisions** **a.** Les dispositions statutaires imposant de fixer la rémunération du gérant par une décision collective ordinaire des associés sont respectées dès lors que la **rémunération** est mentionnée dans un rapport signé par les associés à l'issue de l'assemblée générale ordinaire annuelle et annexé au procès-verbal de cette assemblée (Cass. com. 15-3-2017 n° 14-17.873 F-D : RJDA 7/17 n° 470, à propos d'une société à responsabilité limitée mais transposable). Il a aussi été jugé, à propos d'une société en participation, que l'approbation par les associés des rémunérations et avantages perçus par le gérant au cours de l'exercice clos peut résulter de leur mention détaillée dans le procès-verbal d'approbation des comptes de la société (Cass. com. 9-1-2019 n° 17-16.504 FS-D : RJDA 4/19 n° 274). La **décision collective** n'a donc pas à prendre nécessairement la **forme** d'une résolution soumise au vote des associés.
>
> **b.** La **décision fixant** la rémunération du gérant peut, à notre avis, intervenir **après le versement** de celle-ci (Cass. com. 18-12-2019 n° 18-13.850 F-D : RJDA 3/20 n° 155, à propos d'une société à responsabilité limitée mais, à notre avis, transposable aux sociétés civiles car la loi est muette dans ces deux formes sociales sur les modalités de fixation de la rémunération du gérant).

Fixation de la rémunération du gérant par le juge En l'**absence de fixation** de la rémunération **par les associés**, le gérant ne peut pas demander au juge de condamner la société à lui en verser une (Cass. com. 14-11-2006 n° 1244 : RJDA 8-9/07 n° 856 ; CA Paris 24-11-2009 n° 08-18780 : RJDA 5/10 n° 529, concernant des sociétés à responsabilité limitée mais transposables ; en sens contraire, CA Versailles 22-10-2009 n° 08-2252 : RJDA 4/10 n° 397, à propos d'un président de société par actions simplifiée unipersonnelle mais transposable). En effet, il n'appartient pas au juge de se substituer aux associés et ce, même si le refus de voter la rémunération est abusif (Cass. com. 31-3-2009 n° 08-11.860, précité ; Cass. com. 17-12-2013 n° 12-27.213 : RJDA 4/14 n° 354, à propos d'un président de société par actions simplifiée mais transposable). Dans cet arrêt, la Cour de cassation a précisé que la décision fixant la rémunération du dirigeant étant régulière et ne comportant aucun abus, les juges ne pouvaient pas la modifier en se substituant à l'organe statutairement compétent. Cette formulation rappelle un arrêt ancien de la Cour de cassation aux termes duquel « les statuts prévoyant la fixation de la rémunération de la gérance par une décision des associés, les juges ne pouvaient substituer leur décision à celle des associés dès lors qu'il n'était pas établi que celle-ci fût irrégulière ou abusive » (Cass. com. 11-1-1972 n° 69-11.682 et 69-11.205 : Bull. civ. IV n° 19). Peut-on en déduire que la fixation judiciaire de la rémunération est possible si la décision des associés est irrégulière ou abusive ? La réponse est, à notre avis, négative car cela constituerait une **immixtion** du juge dans la vie sociale. Si la décision a été prise irrégulièrement, le dirigeant peut demander au juge de l'annuler. Si elle comporte un abus, il peut former une action en responsabilité en vue d'obtenir réparation. 7604

Fixation de sa rémunération par le gérant Le gérant qui s'octroie de son propre chef une rémunération sans décision des associés, alors que les statuts l'imposaient, peut voir sa **responsabilité civile** engagée pour violation des statuts (CA Chambéry 27-11-2001 7606 nº 98-01772 : Dr. sociétés 2002 comm. nº 219, à propos d'un gérant de société à responsabilité limitée mais transposable) ou pour faute de gestion (CA Rennes 28-6-2022 nº 20/02742 : RJDA 1/23 nº 33, à propos d'un gérant de société en nom collectif mais transposable).

NATURE DE LA RÉMUNÉRATION DU GÉRANT

7608 La rémunération du gérant n'est pas un **salaire.** En conséquence, le gérant ne peut pas se prévaloir du privilège des salariés (CA Paris 23-2-1978 : BRDA 20/78 p. 18). En outre, les dispositions du Code du travail limitant la saisissabilité des salaires ne sont pas applicables à la rémunération versée au gérant pour l'exercice de ses fonctions (Cass. soc. 11-3-1982 : Bull. civ. V nº 169).

RÉGIME FISCAL DES RÉMUNÉRATIONS DES GÉRANTS

7610 Le régime fiscal applicable aux rémunérations versées aux gérants des sociétés civiles est fonction à la fois de la **qualité** de ceux-ci (associés ou tiers) et du **régime fiscal de la société.** Bien qu'en principe soumises au régime fiscal des sociétés de personnes, les sociétés civiles peuvent, en effet, être assujetties à l'impôt sur les sociétés soit de plein droit, soit sur option (nºs 10000 s.), le mode d'assujettissement à l'IS ayant une incidence sur la qualification de la rémunération des gérants associés.

Les rémunérations versées aux dirigeants des **sociétés transparentes** sont soumises à un régime particulier (voir nº 41260).

> **Précisions** Les honoraires perçus par le gérant d'une société civile (notamment d'une société d'attribution ou de construction-vente) sont exonérés de TVA si le gérant est salarié ou si, ayant la qualité d'associé, il n'exerce cette activité que dans le cadre d'une seule opération et ne se comporte pas comme un véritable promoteur (D. adm. 3 A-1121 nº 21, solution non reprise au Bofip).
> Dans le cas contraire (gestion habituelle de plusieurs immeubles dans plusieurs sociétés et rémunération distincte de sa quote-part dans les bénéfices sociaux), l'intéressé se comporte comme un véritable agent d'affaires dont les opérations sont soumises à la TVA (en ce sens : CE 18-5-1979 nº 8167 : RJF 7-8/79 nº 408 ; CE 10-11-1982 nº 26046 : RJF 1/83 nº 39). Dans la même situation, cette personne est également assujettie à la **contribution économique territoriale** en tant qu'elle exerce une activité professionnelle non salariée d'administrateur d'immeuble gérant le patrimoine d'autrui (CE 13-6-1990 nº 74010, solution rendue pour la taxe professionnelle mais transposable à la contribution économique territoriale en vigueur en 2023 puis à la seule cotisation foncière des entreprises à compter de la suppression de la cotisation sur la valeur ajoutée des entreprises, voir nº 12100, attention).

7615 **Gérants non associés** Lorsque la gestion de la société est confiée à un tiers non associé, la rémunération qui lui est versée est **déductible des résultats,** que la société soit ou non assujettie à l'impôt sur les sociétés.

Elle est imposée entre les mains du **bénéficiaire** à l'impôt sur le revenu dans la catégorie des traitements et salaires ou des bénéfices industriels et commerciaux selon que le gérant est regardé comme un **salarié ou** comme un **administrateur de biens** (BOI-RFPI-CHAMP-30-20 nº 200). Par exemple, un contribuable qui administre quatre sociétés civiles immobilières exerce la profession commerciale d'agent d'affaires (CE 25-7-1980 nº 16503 : RJF 11/80 nº 857). Mais si la personne qui collabore à la gestion d'une société civile de construction est placée dans une situation de subordination et perçoit un salaire mensuel fixe, les rémunérations perçues à ce titre ont le caractère de salaire (CE 9-11-1981 nº 20394 : RJF 1/82 nº 43).

Si la gérance est confiée à une **personne morale** relevant de l'impôt sur les sociétés, la rémunération est soumise à cet impôt.

7625 **Gérants associés de sociétés civiles passibles de l'IS** Dans les sociétés civiles passibles de l'impôt sur les sociétés, les rémunérations des associés-gérants sont, conformément à la règle générale, déductibles des résultats (sauf si elles sont exagérées).

Si la société civile est soumise à l'impôt sur les sociétés à la suite d'une **option expresse,** les rémunérations allouées aux associés-gérants sont imposables à l'impôt sur le revenu selon les règles prévues par l'article 62 du CGI (CGI art. 211). Jugé toutefois que l'option de la société civile pour l'impôt sur les sociétés lors de sa constitution et les dispositions de l'article 211 du CGI sont sans incidence sur les modalités d'imposition de la rémunération du gérant lorsque la SCI est soumise de plein droit à l'impôt sur les sociétés en raison de son activité commerciale exercée au 31 décembre de l'année d'imposition. Dans ce cas, le gérant est imposé en BNC en application de l'article 92 du CGI (CAA Paris 8-2-2022 nº 20PA03480 : RJF 6/22 nº 545). Les sommes perçues sont, sous déduction des cotisations et primes mentionnées à l'article 154 bis du CGI (cotisations aux régimes obligatoires et facultatifs de sécurité sociale, versements volontaires à un plan d'épargne retraite individuel ou à un Pereco et primes versées au titre des contrats

« Madelin »), imposées selon les règles des traitements et salaires, c'est-à-dire après application de la déduction forfaitaire de 10 % pour frais professionnels.

Par ailleurs, les associés dont les rémunérations relèvent de l'article 62 du CGI peuvent déduire des rémunérations qu'ils perçoivent, selon le régime des frais réels, les **intérêts d'emprunt** et autres frais (frais de dossiers, cotisations d'assurance, etc.) supportés pour acquérir ou **souscrire les titres de la société** dans laquelle ils exercent leur activité professionnelle principale, dès lors que ces dépenses sont utiles à l'acquisition ou à la conservation du revenu et que leur montant est proportionné à leur rémunération annuelle (CGI art. 83, 3°-dernier al.). Sont exclus les titres de sociétés dont l'activité est la gestion de leur propre patrimoine mobilier ou immobilier (BOI-RSA-BASE-30-50-30-30 n° 150). En pratique, sont admis en déduction les intérêts dus à raison de la fraction de l'emprunt qui n'excède pas le triple de la rémunération annuelle perçue ou escomptée à la date de la souscription (BOI-RSA-BASE-30-50-30-30 n° 330). Mais l'administration estime, de façon à notre avis contestable, que dans l'hypothèse où l'acquisition est financée à la fois par un emprunt et par des fonds propres, le plafond de la rémunération doit être réduit en fonction de la fraction de l'acquisition financée par l'emprunt (BOI-RSA-BASE-30-50-30-30 n° 360).

Si la société civile est passible de l'impôt sur les sociétés **de plein droit** en raison de son objet, les rémunérations des associés ayant la qualité de gérant sont imposées, selon l'administration, dans la catégorie des bénéfices non commerciaux (ou à l'impôt sur les sociétés si le bénéficiaire est une société relevant de cet impôt) (BOI-RSA-GER-10-30 n° 310). Cas de la société soumise de plein droit à l'impôt sur les sociétés mais ayant auparavant opté pour l'impôt sur les sociétés : voir CAA Paris 8-2-2022 n° 20PA03480 précitée.

ATTENTION

Lorsqu'elle ne correspond pas à un travail effectif ou qu'elle excède la rétribution normale des fonctions exercées, la fraction de la **rémunération** considérée comme **exagérée** doit être réintégrée dans les bénéfices imposables de la société et taxée, par voie de conséquence, comme revenu mobilier entre les mains du bénéficiaire. La base d'imposition de ces rémunérations excessives est majorée de 25 % (CGI art. 158, 7-2°).

Parmi les **critères** habituellement retenus par la jurisprudence du Conseil d'État et auxquels se réfère également l'administration pour déterminer si une rémunération est « anormale » ou « excessive », on peut citer notamment, outre la qualification professionnelle et l'importance de l'activité déployée par le dirigeant, le taux des rémunérations des personnes occupant des emplois analogues dans des sociétés similaires de la région, l'importance de la rémunération par rapport aux bénéfices sociaux ou aux salaires des autres membres du personnel.

Gérants associés de sociétés civiles non passibles de l'IS Dans les sociétés civiles non passibles de l'impôt sur les sociétés, les appointements versés aux associés gérants ne sont pas déductibles et doivent être regardés comme une modalité particulière de répartition des bénéfices sociaux. Rapportés aux bénéfices de l'exercice au cours duquel ils ont été payés, ces appointements sont soumis à l'impôt sur le revenu au nom de chaque bénéficiaire dans la **catégorie correspondant à la nature de l'activité** de la société (BA, BNC, revenus fonciers ou, plus rarement, BIC), dans les mêmes conditions que la quote-part de bénéfices sociaux revenant à chacun. 7630

Dans les **sociétés civiles immobilières de location,** la rétribution de l'associé gérant est, en principe, imposée au titre des revenus fonciers. Lors de la cession par une société civile immobilière d'un immeuble lui appartenant, la plus-value est imposée, selon le régime des plus-values des particuliers, entre les mains des associés personnes physiques. Par suite, la décision d'une société d'allouer à un de ses associés, gérant, un supplément de distribution à titre de « rémunération » n'a pas d'incidence sur la nature et le calcul de la plus-value réalisée à l'occasion de la cession, ni sur ses modalités d'imposition ; seule est modifiée la règle de répartition résultant de la répartition des parts de la société civile immobilière entre ses deux associés. Dès lors, la plus-value n'étant plus imposable entre les mains des associés, eu égard aux abattements applicables en raison de la durée de détention du bien, une cour d'appel a jugé que c'est à tort que l'administration avait imposé l'associé gérant, dans la catégorie des revenus fonciers, au titre d'une prétendue rémunération (CAA Lyon 20-3-2018 n° 16LY04400 : RJF 8-9/18 n° 856).

Le régime des BIC est applicable aux associés gérants de **sociétés civiles de construction-vente** visées à l'article 239 ter du CGI.

L'imposition selon les règles et dans la catégorie correspondant à la nature de l'activité de la société ne présente toutefois pas un caractère général. 7631

En effet, lorsque l'**associé** est une **personne morale** passible de l'IS, ou une **entreprise** industrielle, commerciale, artisanale ou agricole imposée de plein droit selon un régime de bénéfice réel, ou encore une **société de personnes** ayant une activité de gestion mobilière ou immobilière ou qui, exerçant une activité agricole, relève du régime du micro-BA ou du réel simplifié sur option, il est fait application des règles de l'article 238 bis K du CGI (nos 9580 s.) : l'associé sera imposable soit selon les règles propres à son activité, soit selon les règles prévues en matière d'IS.

Enfin, sont imposables au titre des BIC, comme se rattachant à une activité professionnelle d'**administrateur d'immeubles,** les rémunérations perçues par une personne en contrepartie de la gestion de plusieurs dizaines d'immeubles pour le compte de sociétés civiles immobilières dont elle ne **possède** qu'un **nombre très limité de parts** (CE 18-5-1979 n° 8168 : RJF 7-8/79 n° 408 ; CE 10-11-1982 n° 25017 : RJF 1/83 n° 12 ; CE 13-6-1990 n° 74012 : RJF 8-9/90 n° 1116).

SECTION 5

RÉGIME SOCIAL DES GÉRANTS

SÉCURITÉ SOCIALE

7680 En matière de sécurité sociale, il n'existe pas de disposition particulière pour définir la situation des gérants de sociétés civiles. Les règles ont donc été fixées principalement par la jurisprudence et par l'administration.

7685 **Gérants associés** La **jurisprudence** considère que l'associé égalitaire d'une société civile immobilière qui participe en sa qualité de gérant de manière effective à la gestion et au contrôle de la société relève du régime général en tant que **travailleur indépendant** même si cette activité n'occupe qu'une partie minime de son temps et n'est pas rémunérée (Cass. 2e civ. 15-3-2018 n° 17-12.042 F-D ; CA Poitiers 22-7-2021 n° 18/03492). Il en va de même pour le gérant associé d'une société civile non immobilière de gestion financière (CA Nancy 28-01-2020 n° 19/00342) ou du gérant minoritaire non salarié et non rémunéré d'une société civile immobilière de construction-vente n'ayant connu que des pertes depuis sa création (CA Rennes 9-3-2016 n° 14/06034).

L'**administration** a pris position pour l'affiliation au régime général en tant que travailleur indépendant des associés gérants des sociétés civiles dans des circulaires anciennes (Lettre min. du 10-5-1973 et Circ. Acoss 73-31 du 12-6-1973). Le réseau des **Urssaf** indique, sur son site, que le gérant de société civile immobilière doit être affilié en tant que travailleur indépendant seulement si l'objet social de la SCI est de nature commerciale. Il indique également que le gérant de droit ou de fait d'une société civile immobilière de construction-vente doit être également affilié comme travailleur indépendant (www.urssaf.fr).

En dehors de ces solutions éparses, le gérant associé d'une société civile doit, à notre sens, être affilié en tant que travailleur indépendant dès lors qu'il exerce ses fonctions sociales en dehors de tout lien de subordination et que sa gérance correspond à une activité professionnelle. En revanche, si l'associé gérant exerce ses fonctions dans le cadre d'un contrat de travail, il doit alors être affilié au régime général en tant que salarié. L'existence d'un contrat de travail suppose qu'un lien de subordination puisse être caractérisé entre l'associé gérant et la société et qu'une rémunération soit versée.

7688 **Gérants non associés** Ni la jurisprudence ni l'administration n'ont précisé, à notre connaissance, la situation au regard de la sécurité sociale du gérant non associé. Celle-ci doit être déterminée au regard des **principes généraux** régissant l'assujettissement au régime général soit en tant que salarié, soit en tant que travailleur indépendant. Rappelons que l'existence d'un contrat de travail suppose le versement d'une rémunération ainsi que la caractérisation d'un lien de subordination. La personne non associée exerçant les fonctions de gérant de façon bénévole ne relève à notre sens d'aucun régime de sécurité sociale au titre de cette activité.

ASSURANCE CHÔMAGE

7695 Le régime d'assurance chômage géré par l'**Unédic** s'appliquant aux titulaires d'un contrat de travail, les dirigeants de société qui ont la qualité de mandataire social en sont exclus, même s'ils sont assimilés à des salariés par le droit de la sécurité sociale (Cass. 2e civ. 9-5-2019 n° 18-11.158 F-PBI : RJS 7/19 n° 2453, solution rendue s'agissant de formateurs occasionnels et transposable aux dirigeants de société). Ce n'est qu'en cas de **cumul** du mandat social avec un emploi salarié, et **exclusivement au titre du contrat de travail** correspondant à cet emploi, qu'ils peuvent bénéficier du régime.

Le gérant ou la société peut s'adresser au guichet Pôle emploi du lieu d'affiliation de la société afin de connaître sa situation au regard du régime Unédic, au moyen d'un formulaire disponible en ligne : www.pole-emploi.fr/employeur/vos-declarations-et-cotisations/dirigeants-mandataires-associes/entreprises-verifiez-les-droits.html.

Les gérants exclus du régime Unédic peuvent bénéficier d'un des trois systèmes de **protection spécifiques** suivants, les deux premiers ayant été créés par les organisations patronales :

– l'Association pour la garantie sociale des chefs et dirigeants d'entreprise (GSC) : www.gsc.asso.fr ;

– l'Association pour la protection des patrons indépendants (Appi) : www.appi-asso.fr ;

– la garantie April Assurances : www.april.fr.

RETRAITE COMPLÉMENTAIRE

7700 Si les fonctions de gérant s'exerce dans le cadre d'un contrat de travail, le gérant, en tant que **salarié**, doit être affilié au régime de retraite complémentaire Agirc-Arrco.

Dans le cas contraire, le gérant ne doit pas être affilié à ce régime sauf au titre d'un éventuel contrat de travail qu'il cumulerait avec son mandat social pour des fonctions distinctes de la gérance.

S'il doit être affilié en tant que **travailleur indépendant** au régime général, il doit alors s'affilier auprès du régime de retraite complémentaire obligatoire géré par l'organisme compétent pour sa retraite de base : régime complémentaire des indépendants si l'activité de la société n'est ni agricole ni libérale, régime de retraite complémentaire géré par la section professionnelle de la Cnavpl ou régime des non-salariés agricoles.

Si le gérant ne doit être affilié au régime général ni en tant que travailleur indépendant ni en tant que salarié, il ne relève d'aucun régime de retraite complémentaire.

SECTION 6 RESPONSABILITÉ DES GÉRANTS

A. Responsabilité civile des gérants

1. CAUSES DE RESPONSABILITÉ DES GÉRANTS

PRINCIPE DE RESPONSABILITÉ DES GÉRANTS

7800 Les gérants sont responsables **envers la société et envers les tiers** (C. civ. art. 1850, al. 1) :

– des infractions aux lois et règlements ;

– des violations des statuts ;

– des fautes commises dans leur gestion.

Précisons qu'à l'égard des tiers, la responsabilité des gérants ne peut être engagée que s'ils ont commis une faute séparable de leurs fonctions (n° 7820).

VIOLATION DES LOIS ET RÈGLEMENTS PAR LE GÉRANT

7805 Les gérants engagent leur responsabilité, tout d'abord en cas d'inobservation des dispositions législatives ou réglementaires applicables à **toutes** les **sociétés** civiles, par exemple :

– omission ou accomplissement irrégulier des formalités prévues pour la constitution de la société ou la modification de ses statuts (C. civ. art. 1840) ;

– infraction au droit de communication et d'information des associés (C. civ. art. 1855 ; pour un exemple, CA Paris 19-9-2007 n° 06-15422 : RJDA 2/08 n° 163) ;

– défaut de convocation de l'assemblée annuelle ou absence de rapport écrit sur l'activité de la société au cours de l'exercice écoulé et sur les perspectives d'avenir (C. civ. art. 1856) ;

– défaut de consultation des associés sur une convention passée entre la société et l'un de ses gérants (C. com. art. L 612-5).

7806 La responsabilité des gérants peut aussi être engagée en cas de méconnaissance des règles spéciales éventuellement applicables aux **sociétés** civiles **exerçant une activité particulière.** Par exemple, dans les sociétés civiles de construction-vente, défaut de communication à tout créancier social qui en fait la demande du nom et du domicile de chacun des associés (CCH art. L 211-2, al. 2).

7807 Enfin, d'une manière générale, les gérants sont responsables de toute **infraction** à une disposition législative ou réglementaire quelconque, même **ne relevant pas du droit des sociétés.**

VIOLATION DES STATUTS PAR LE GÉRANT

7810 Les gérants peuvent engager leur responsabilité lorsqu'ils ne se conforment pas aux prescriptions des statuts. Tel serait le cas si, au mépris d'une clause des statuts prévoyant l'autorisation préalable de la collectivité des associés pour telle ou telle convention, le gérant passait cette convention sans **consulter les associés,** ou si, contrairement à une clause des statuts imposant une décision unanime de tous les gérants pour la conclusion de certains actes, un gérant passait seul l'un de ces actes sans même en **informer les autres gérants.**

Pour un cas où la responsabilité du gérant n'a pas été retenue, faute de préjudice subi par la société, voir CA Paris 21-2-2003 n° 02-5910 : Dr. sociétés 2004 comm. n° 5 note Lucas.

FAUTES DE GESTION DU GÉRANT

7815 L'éventail des fautes de gestion qui peuvent être reprochées aux gérants est très vaste et s'étend de la simple négligence ou imprudence aux manœuvres frauduleuses caractérisées. Les tribunaux n'exigent pas un acte positif. La faute est souvent constituée par la passivité ou l'incurie des dirigeants. La responsabilité du dirigeant peut être engagée même en l'absence d'intention de nuire à la société ou aux tiers. Toute faute peut ainsi entraîner la responsabilité du dirigeant, peu importe que ses conséquences soient minimes ou graves. La société ou l'associé invoquant une faute de gestion doit démontrer concrètement en quoi le comportement du dirigeant est contraire à l'**intérêt social** ou aux **enjeux sociaux et environnementaux** de l'activité de la société (voir n° 7407).

Ont été retenus comme constituant des fautes de gestion :

– la tenue défectueuse de la **comptabilité,** ce qui avait causé un préjudice à la société et aux associés (Cass. 2e civ. 10-12-1980 : Gaz. Pal. 1981 pan. p. 128) ;

– le défaut de **surveillance d'un cogérant** ayant permis à celui-ci de détourner des fonds sociaux (Cass. com. 9-12-1957 : Bull. civ. III n° 338) ;

– le défaut de **surveillance d'un directeur** à qui avait été conférée une très large délégation de pouvoirs et le fait de n'avoir pas pris les mesures qui s'imposaient le jour où les agissements répréhensibles de ce directeur ont été révélés (Cass. com. 6-2-1962 : Bull. civ. III n° 80) ;

– le fait pour un dirigeant de s'être **abstenu** de prendre des mesures pour **faire cesser les irrégularités** dans la facturation clients sur lesquelles il avait été alerté, dont l'existence pouvait être aisément constatée et qui exposaient la société à des sanctions fiscales (CA Paris 14-1-2020 n° 17/20212 : RJDA 5/20 n° 273) ;

– le manquement du dirigeant à son **devoir de loyauté** envers les associés laissés dans l'ignorance de l'**acquisition pour son compte personnel de l'immeuble dans lequel la société exerce son activité,** alors qu'il savait que les autres associés projetaient de l'acquérir ensemble (Cass. com. 18-12-2012 n° 11-24.305 : RJDA 3/13 n° 243) ;

– le fait de n'avoir pas souscrit une **assurance** obligatoire (T. com. Seine 8-1-1952 : D. 1952 p. 192), ainsi que le défaut de paiement des primes ayant entraîné la caducité du contrat d'assurance (Cass. com. 29-4-1954 : Bull. civ. III n° 149) ;

– la conclusion d'un **bail** dans des conditions préjudiciables à la société (Cass. com. 8-6-1963 : Bull. civ. III n° 283) ;

– le fait, pour le dirigeant d'une société en difficulté, de n'avoir entrepris aucun effort sérieux pour redresser la situation et, malgré l'important **déficit** de la société, de ne pas avoir convoqué une assemblée générale pour informer les associés de la gravité de la situation (Cass. com. 5-6-1961 : Bull. civ. III n° 254) ;

– le fait, pour un gérant qui avait constitué une SCI avec son conjoint en vue d'acquérir une résidence secondaire, de **prélever** les **fonds du compte courant** d'associé ouvert à leur nom afin d'acheter en propre un bien immobilier (Cass. com. 1-7-2008 n° 07-16.215 : RJDA 11/08 n° 1123) ;

– le fait pour un gérant de s'octroyer de lui-même une **rémunération** alors que les statuts imposaient une décision des associés (CA Rennes 28-6-2022 n° 20/02742 : RJDA 1/23 n° 33) ;

– le fait, pour un gérant de SCI constituée en vue d'acquérir un bien immobilier au moyen d'un crédit-bail, d'avoir **fait échouer l'opération** en cédant le contrat de crédit-bail avant son terme et d'avoir **prélevé** sur la **trésorerie** de la SCI plus de 250 000 € au profit d'une autre société qu'il contrôlait (CA Paris 22-5-2008 n° 07-8661 : RJDA 11/08 n° 1138, 2e esp.) ;

– le refus d'augmenter le **loyer d'un immeuble appartenant à la société** alors que ce loyer était six fois inférieur à celui que la société aurait pu réclamer en application du statut des baux commerciaux (CA Paris 9-3-1989 : BRDA 22/89 p. 18).

En revanche, dans un cas où il était reproché à un gérant d'une SCI d'avoir commis des fautes 7816
de gestion en louant l'immeuble selon des modalités désavantageuses, en cautionnant plusieurs prêts souscrits par le locataire de cet immeuble et en concluant l'achat d'un second immeuble qui s'était avéré ruineux pour la société, il a été jugé que ce gérant n'avait pas commis de faute car, d'une part, les modalités de **location** de l'immeuble social et l'**achat** du second **immeuble** avaient été décidées par l'assemblée des associés et, d'autre part, les prêts que le **cautionnement** garantissait, et dont le locataire avait honoré les échéances pendant plusieurs années, étaient destinés à financer des travaux de nature à valoriser l'immeuble (Cass. 3e civ. 2-10-2001 n° 1315 : RJDA 1/02 n° 61).

De même, dans un cas où une société qui s'était engagée à vendre son principal élément d'actif avait dû verser à l'acquéreur une indemnité de **dédit** après que son gérant avait renoncé à la vente, jugé que celui-ci n'avait commis aucune faute à l'égard de la société dès lors qu'il n'avait pas agi par intérêt personnel mais dans l'optique de préserver l'économie de l'opération, en prévision de modifications fiscales de nature à la bouleverser (Cass. com. 8-11-2005 n° 1398 : RJDA 3/06 n° 291, en matière de société à responsabilité limitée mais transposable).

FAUTE SÉPARABLE DES FONCTIONS DE GÉRANT

Le gérant est l'organe de représentation de la société. Lorsqu'il agit au nom et pour le compte 7820
de la personne morale, celle-ci est, en raison de sa personnalité juridique distincte, seule engagée **à l'égard des tiers** par les actes accomplis : si l'acte est source de responsabilité civile, c'est à la société et à elle seule que les tiers peuvent demander réparation. Il n'en est autrement que si le gérant a commis une faute séparable de ses fonctions et qui lui soit imputable personnellement (notamment, Cass. com. 27-1-1998 n° 313 : RJDA 5/98 n° 610 ; Cass. com. 12-1-1999 n° 91 : RJDA 3/99 n° 301 ; Cass. com. 20-5-2003 n° 851 : RJDA 8-9/03 n° 842 concl. R. Viricelle p. 717). Il en est ainsi lorsque le gérant commet **intentionnellement** une **faute d'une particulière gravité** incompatible avec l'exercice normal des fonctions sociales (Cass. com. 20-5-2003, précité ; Cass. com. 7-7-2004 n° 1158 : RJDA 11/04 n° 1223). Ces solutions, données pour des sociétés commerciales, s'appliquent au gérant de société civile.

Ont été reconnus responsables d'avoir commis une faute séparable de leurs fonctions : 7822

– le gérant d'une société de prestations de services en matière immobilière qui a obtenu pour un client de celle-ci une autorisation de transformation de locaux d'habitation en locaux commerciaux en **corrompant un fonctionnaire** (Cass. 1re civ. 6-10-1998 n° 1463 : RJDA 12/98 n° 1362) ;

– le gérant qui a volontairement **trompé un fournisseur** sur la solvabilité de la société (Cass. com. 20-5-2003 n° 851 : RJDA 8-9/03 n° 842, concl. R. Viricelle p. 717) ;

– le gérant qui, au lieu de comptabiliser une provision correspondant au coût prévisible d'un litige à venir entre la société et des tiers, a **prélevé dans la trésorerie** sociale une somme dont le montant excessif a conduit la société à cesser ses paiements (Cass. com. 6-11-2007 n° 05-13.402 : RJDA 2/08 n° 157) ;

– le gérant qui a laissé un salarié utiliser un **véhicule de la société** sans l'informer du fait qu'il n'était **plus assuré** (Cass. com. 4-7-2006 n° 865 : RJDA 2/07 n° 166, 1e esp.) ;

– le gérant qui n'a pas restitué le véhicule loué par la société et l'a détourné en le vendant au repreneur de la société (Cass. com. 15-3-2017 n° 15-22.889 F-D : RJDA 8-9/17 n° 557) ;

– le gérant d'une société constituée pour acquérir le capital d'une autre société qui a **organisé l'insolvabilité de la** première **société** de sorte que celle-ci ne soit pas en mesure de payer le prix d'achat des parts de la seconde (CA Versailles 6-8-2015 n° 12/08939 : RJDA 11/15 n° 754) ;

– le gérant qui a engagé au nom de la société de **nombreux recours en justice** contre des projets immobiliers, alors que ces recours étaient étrangers à l'objet social et à l'intérêt social (Cass. com. 10-11-2015 n° 14-18.179 : RJDA 2/16 n° 125).

7823 En revanche, n'a pas commis de faute séparable de ses fonctions :

– le gérant qui a **laissé entendre,** dans une circulaire adressée à ses créanciers, **que** malgré les difficultés financières de la société, une **banque,** à qui il avait demandé l'**octroi d'un prêt,** allait se prononcer favorablement (Cass. com. 25-1-2005 n° 139 : RJDA 5/05 n° 584) ;

– le gérant qui prend au nom de la société l'**engagement de garantir le paiement des dettes d'une filiale** sans révéler au bénéficiaire de la garantie la situation économique précaire de la société garante (Cass. com. 20-6-2006 n° 808 : RJDA 2/07 n° 166, 2e esp.) ;

– le gérant d'une SCI qui, à l'occasion d'une cession de parts sociales, n'informe pas l'acquéreur des parts de l'existence d'un nantissement grevant celles-ci (Cass. com. 29-3-2011 n° 10-11.027 : RJDA 10/11 n° 818) ;

– le gérant qui s'est abstenu de répondre à une demande d'information émanant d'un organisme public, la passivité ne constituant pas une telle faute (Cass. com. 5-7-2017 n° 15-22.707 F-D : RJDA 1/18 n° 33).

7825 **Infraction pénale** Une **infraction** pénale **intentionnelle** est comme telle séparable des fonctions sociales du dirigeant (Cass. com. 28-9-2010 n° 09-66.255 FS-PBRI : RJDA 1/11 n° 51 et Rapport C. cass. 2010 p. 381 s. et, sur renvoi, CA Douai 15-11-2011 n° 11/00259 : RJDA 2/12 n° 172 ; Cass. com. 9-12-2014 n° 13-26.298 F-D : RJDA 3/15 n° 199 ; Cass. com. 18-9-2019 n° 16-26.962 F-PB : RJDA 12/19 n° 754, solutions rendues en matière de sociétés commerciales mais transposables).

En conséquence, un délit tel que la non-souscription des assurances construction obligatoires constitue une faute détachable (Cass. com. 28-9-2010 n° 09-66.255 FS-PBRI précité ; Cass. 3e civ. 10-3-2016 n° 04-14.731 FS-PB : RJDA 6/16 n° 451 ; Cass. 3e civ. 14-12-2017 n° 16-24.492 F-D : RJDA 3/18 n° 242).

L'infraction pénale intentionnelle est un acte personnel du dirigeant dont il doit assumer les conséquences sans possibilité de se retourner contre la société, même si l'acte fautif a été commis dans le cadre de ses fonctions (Cass. com. 18-9-2019 n° 16-26.962 F-PB, précité).

À la différence de la chambre commerciale, la chambre criminelle de la Cour de cassation considère qu'une action civile peut être valablement exercée contre un dirigeant sans qu'il soit nécessaire d'établir qu'il a commis une faute séparable (Cass. crim. 5-4-2018 n° 16-87.669 FP-PB : RJDA 5/18 n° 426, 1re esp., concl. R. Salomon p. 451).

> Précisions En principe, il n'y a pas de **crime** ou de **délit** sans intention de le commettre (C. pén. art. 121-3, al. 1). Le risque pour un dirigeant de voir engager sa responsabilité personnelle en raison d'une infraction pénale intentionnelle n'est pas négligeable. Toutefois, si la loi le prévoit, certains délits dits « non intentionnels » peuvent être commis par simple imprudence, négligence ou manquement à une obligation de prudence ou de sécurité (C. pén. art. 121-3, al. 2). Les **contraventions** sont quant à elles le plus souvent non intentionnelles. Il a ainsi été jugé, à propos d'une société commerciale, que la seule constatation d'un manquement du dirigeant aux obligations de dépôt des comptes sociaux (contravention sanctionnée par l'art. 131-13, 5° du Code pénal, sur renvoi de l'art. R 247-3 du Code de commerce) ne suffit pas à caractériser la faute séparable (Cass. com. 3-5-2018 n° 16-23.627 F-D : RJDA 7/18 n° 583). Sur ce point également, la chambre criminelle de la Cour de cassation, à la différence de la chambre commerciale, considère que les dirigeants engagent leur responsabilité civile à l'égard des tiers pour toutes les infractions dont ils se sont personnellement rendu coupables, quand bien même elles ont été commises dans le cadre de leurs fonctions de dirigeant et ne constituent que des contraventions (Cass. crim. 20-5-2003 n° 02-84.307 : RJDA 12/03 n° 1181 ; Cass. crim. 7-9-2004 n° 03-86.292 : RJDA 2/05 n° 141 ; Cass. crim. 5-4-2018 nos 16-87.669 FP-PB et 16-83.984 FP-PB : RJDA 5/18 n° 426, solutions rendues en matière de sociétés commerciales mais transposables).

2. PRÉJUDICE RÉSULTANT DE LA FAUTE DU GÉRANT

7830 Conformément au droit commun, la responsabilité des gérants n'est engagée que si la faute qu'ils ont commise est génératrice d'un préjudice et s'il existe une **relation de cause à effet** entre cette faute et ce préjudice (CA Paris 21-2-2003 n° 02-5910 : Dr. sociétés 2004 comm. n° 5 note Lucas).

La **réparation** doit correspondre intégralement au préjudice subi (Cass. crim. 28-1-2004 n° 779 : RJDA 6/04 n° 764 ; Cass. com. 12-5-2015 n° 13-28.059 : RJDA 11/15 n° 753). Cependant, le montant de cette réparation peut être atténué lorsque les demandeurs ont eux-mêmes commis une faute, par exemple en confiant des fonctions difficiles à un gérant notoirement inexpérimenté (pour un exemple emprunté aux sociétés commerciales mais transposable, voir CA Paris 13-1-1939 : JCP 1939 I n° 1021).

3. ÉTENDUE DE LA RESPONSABILITÉ DES GÉRANTS

La responsabilité des gérants est individuelle ou solidaire, selon le cas (C. civ. art. 1850). 7840

RESPONSABILITÉ INDIVIDUELLE DU GÉRANT

En principe, chaque gérant répond individuellement du dommage qu'il a pu causer à la société, aux associés ou à des tiers (C. civ. art. 1850, al. 1). Le gérant fautif est alors seul redevable de l'**ensemble des dommages-intérêts** couvrant la réparation de ce dommage. 7845

RESPONSABILITÉ SOLIDAIRE DES GÉRANTS

Si plusieurs gérants ont participé aux mêmes faits dommageables, leur responsabilité est solidaire (C. civ. art. 1850, al. 2). 7850

Dans ce cas, chaque gérant est tenu de réparer la **totalité du préjudice** subi par la victime.

Dans les rapports des gérants entre eux, le tribunal détermine la **part contributive** de chacun dans la réparation du dommage (C. civ. art. 1850, al. 2). En effet, la condamnation des gérants à une responsabilité solidaire ne s'oppose en aucune façon à ce que la dette soit répartie entre eux dans des proportions inégales, s'il apparaît que les responsabilités encourues par chacun d'eux n'ont pas eu la même importance dans la réalisation du dommage.

Le gérant qui a désintéressé la victime peut se retourner contre les autres gérants pour obtenir de chacun d'eux la part contributive leur incombant dans la réparation telle qu'elle résulte du jugement de condamnation.

4. ACTION EN RESPONSABILITÉ CONTRE LE GÉRANT

ACTION INDIVIDUELLE EN RESPONSABILITÉ CONTRE LE GÉRANT

L'action individuelle ne peut être exercée que par tout associé ou un tiers ayant subi un **préjudice personnel,** distinct de celui causé à la société. Tel n'est pas le cas du préjudice financier résultant, pour l'associé, de la perte qu'il subit proportionnellement au nombre de parts qu'il détient dans la société (CA Aix-en-Provence 7-7-2004 : Dr. sociétés 2005 comm. n° 87 note Lucas). 7860

En revanche, l'existence d'un préjudice personnel a été admise dans les cas suivants :

- lorsque, l'imposition du résultat de la société ayant lieu directement entre ses mains, il a subi un préjudice financier (paiement des pénalités et intérêts de retard) et moral (nécessité de trouver rapidement une solution de financement) lié à un redressement fiscal imputable à l'incurie du dirigeant (Cass. 3e civ. 12-5-2021 n° 19-13.942 FS-P : RJDA 2/22 n° 81, à propos d'une société civile de construction-vente mais transposable à toutes les sociétés soumises au régime fiscal des sociétés de personnes) ;
- lorsque son compte courant a fait l'objet de débits injustifiés de nature à remettre en cause la régularité de ce compte alors qu'il établit des déclarations fiscales sur cette base et que les difficultés financières de la société causées par les manquements du dirigeant l'affectent directement en sa qualité de caution solidaire de la société (Cass. com. 27-5-2021 n° 19-17.568 F-D : RJDA 8-9/21 n° 570) ;
- lorsque le gérant a usé de manœuvres dolosives à l'égard de l'associé ; tel a par exemple été le cas d'un dirigeant ayant intentionnellement induit en erreur des associés minoritaires sur les causes et les conditions de rachat de leurs titres dans le but de les évincer de la société (Cass. com. 8-11-2005 n° 1380 : RJDA 3/06 n° 271, pour un dirigeant de société anonyme mais transposable).

Rappelons qu'un tiers ne peut demander réparation que d'une faute des gérants séparable de leurs fonctions (n° 7820).

Les **dommages-intérêts** éventuellement alloués par le tribunal reviennent intégralement à l'associé demandeur ou au tiers et non à la société.

ACTION SOCIALE CONTRE LE GÉRANT

L'action en réparation du **préjudice subi par la société** en raison de fautes commises par ses gérants, dite « action sociale », obéit aux règles fixées par l'article 1843-5 du Code civil et directement inspirées de celles applicables aux sociétés à responsabilité limitée et aux sociétés anonymes. 7865

L'action sociale peut être **exercée** non seulement **par le représentant légal** de la société (par exemple le nouveau gérant contre l'ancien) mais aussi par un ou plusieurs **associés** (action sociale « ut singuli ») (C. civ. art. 1843-5, al. 1). 7866

L'action sociale « ut singuli » présente un **caractère subsidiaire** : un associé ne peut l'exercer qu'en cas de carence des organes sociaux, c'est-à-dire lorsque la société n'a pas elle-même agi par l'intermédiaire de son représentant légal, en cas de situation de blocage résultant du conflit existant entre les deux représentants légaux de la société (Cass. com. 27-5-2021 n° 19-17.568 F-D : RJDA 8-9/21 n° 570).

L'action sociale « ut singuli » étant réservée par la loi aux associés en vue de la réparation du préjudice subi par la société, elle échappe, en cas de procédure de sauvegarde de la société, au monopole du **commissaire à l'exécution du plan** de sauvegarde qui n'a qualité pour agir qu'au nom et dans l'intérêt collectif des créanciers (Cass. com. 12-11-2020 n° 19-11.972 FS-PB : RJDA 2/21 n° 94, à propos d'une société commerciale mais transposable).

Lorsque des parts sociales sont devenues indivises à la suite du décès d'un associé, l'action sociale peut être exercée par un **indivisaire** si aucun mandataire n'a été désigné pour représenter la succession (Cass. crim. 4-11-2009 n° 09-80.818 : RJDA 3/10 n° 245).

Contrairement au régime applicable aux sociétés anonymes et aux sociétés à responsabilité limitée, il n'est pas prévu, dans les autres formes de sociétés, la possibilité pour les associés de se grouper afin d'exercer en commun l'action sociale. Il s'ensuit que si plusieurs associés envisagent de poursuivre un gérant en responsabilité pour la même faute, ils doivent agir séparément.

Il a été jugé que l'action sociale « ut singuli » ne pouvait **pas être exercée** par :

– les **associés d'une société mère,** qui sont irrecevables à exercer cette action contre les dirigeants d'une filiale dont ils ne sont pas également associés, l'article 1843-5 du Code civil n'autorisant les associés à exercer cette action qu'à l'encontre des dirigeants de la société dont ils sont membres (Cass. com. 13-3-2019 n° 17-22.128 F-D : RJDA 6/19 n° 425, pour une société commerciale mais applicable à une société civile) ;

– une **association de porteurs de parts de SCPI** (Cass. com. 3-3-2004 n° 422 : RJDA 8-9/04 n° 1005).

7867 Lorsque l'action est intentée par un associé, le tribunal ne peut statuer que si la **société** a été **mise en cause** par l'intermédiaire de ses représentants légaux (Décret 78-704 du 3-7-1978 art. 38 ; voir par exemple CA Aix-en-Provence 7-7-2004 : Dr. sociétés 2005 comm. n° 87 note Lucas). Une telle mise en cause ne peut pas résulter d'une citation à comparaître délivrée au dirigeant de la société en qualité de prévenu dans une instance pénale (Cass. crim. 19-9-2006 n° 4962 : RJDA 1/07 n° 61, 3e esp.).

Il faut qu'il existe un **lien de causalité** entre la faute commise par le gérant et le préjudice subi par la société (Cass. 3e civ. 5-7-2018 n° 17-19.811 FD : RJDA 12/18 n° 920 ; CA Paris 4-11-2021 n° 20/14433 : RJDA 3/22 n° 151).

7868 L'action sociale n'est prévue que dans le cadre de la **responsabilité** du gérant ; elle ne peut pas être exercée à l'encontre **du liquidateur** de la société (CA Versailles 19-2-1992 : Dr. sociétés 1993 comm. n° 112 obs. Th. Bonneau).

En revanche, pour la chambre criminelle de la Cour de cassation, l'action sociale « ut singuli » peut être dirigée contre les **complices et receleurs** d'un délit commis par le dirigeant dès lors qu'il existe un fait fautif imputable à celui-ci auquel se rattachent les délits de complicité et de recel (Cass. crim. 6-11-2019 n° 17-87.150 F-D : RJDA 2/20 n° 83, à propos d'une société anonyme mais transposable).

7869 Les associés peuvent exercer, au nom de la société, les **voies de recours.** Ainsi il a été jugé, à propos d'une société anonyme, mais la solution est transposable, qu'un actionnaire exerçant l'action sociale pouvait valablement faire appel d'un jugement qui avait partiellement écarté la responsabilité d'un administrateur à l'égard de la société, bien que celle-ci, qui avait agi en première instance par l'intermédiaire de son représentant légal pour demander réparation du même préjudice, n'eût pas fait appel de ce jugement (Cass. crim. 12-12-2000 n° 97-83.470 FS-PF : RJDA 5/01 n° 597 ; Cass. crim. 29-1-2020 n° 19-80.924 F-D : RJDA 8-9/20 n° 428).

En prolongement de l'action sociale, les associés peuvent également solliciter une **mesure conservatoire** sur les biens du gérant poursuivi à condition de le faire au nom de la société (Cass. 2e civ. 14-9-2006 n° 1357 : RJDA 11/07 n° 1099). Ils peuvent aussi demander au juge de l'exécution d'assortir d'une **astreinte** la décision exécutoire ayant accueilli leur action (Cass. com. 7-7-2009 n° 08-15.835 : RJDA 11/09 n° 974).

7870 Toute clause des statuts ayant pour effet de subordonner l'exercice de l'action sociale à l'avis préalable ou à l'autorisation de l'assemblée, ou qui comporterait par avance **renonciation** à l'exercice de cette action, est réputée non écrite (C. civ. art. 1843-5, al. 2).

De même, aucune décision de l'assemblée des associés ne peut avoir pour effet d'éteindre une action en responsabilité contre les gérants pour une faute commise dans l'exercice de leur mandat (C. civ. art. 1843-5, al. 3 ; pour une illustration, Cass. com. 8-3-2016 n° 14-16.621 : RJDA 6/16 n° 440). Le quitus donné aux gérants est donc sans effet (Cass. 3e civ. 27-5-2021 n° 19-16.716 FS-P : RJDA 8-9/21 n° 571).

7871 Le **but de l'action** sociale, même exercée par des associés, est d'obtenir la réparation du préjudice subi par la société ; aussi, en cas de condamnation, les dommages-intérêts doivent être alloués à cette société et non pas aux demandeurs (C. civ. art. 1843-5, al. 1).

L'action sociale ne visant qu'à réparer un dommage, elle ne peut pas être engagée par un associé pour faire annuler un acte de gestion (CA Paris 28-5-2009 n° 08-12691 : RJDA 12/09 n° 1084).

PRESCRIPTION DE L'ACTION EN RESPONSABILITÉ CONTRE LE GÉRANT

Aucune disposition légale n'étend aux sociétés civiles le délai de prescription de trois ans prévu pour les sociétés à responsabilité limitée et les sociétés anonymes (C. com. art. L 223-23 et L 225-254). L'action en responsabilité contre le gérant de société civile étant à notre avis fondée sur le **droit commun de la responsabilité extracontractuelle,** cette action se prescrit donc par cinq ans à compter du jour où la personne qui l'exerce a eu connaissance ou aurait dû avoir connaissance de la manifestation du dommage (C. civ. art. 2224). 7876

Sur la prescription de l'action en responsabilité en cas d'**annulation de la société ou des actes** et délibérations **postérieurs** à la constitution, voir n° 26945.

> Précisions a. En application de l'article 2236 du Code civil, aux termes duquel la prescription ne court pas ou est suspendue entre **époux,** la prescription ne court pas tant que l'associé demandeur et le dirigeant poursuivi sont mariés (Cass. com. 31-3-2021 n° 18-26.396 F-D : RJDA 7/21 n° 481, à propos de la prescription triennale de l'action individuelle engagée contre certains dirigeants visés par le Code de commerce mais transposable). La même règle s'applique aux partenaires liés par un Pacs (C. civ. art. 2236).

b. Le délai de **prescription** de l'action en responsabilité contre le dirigeant dont la faute a entraîné la condamnation de la société a pour **point de départ** la date à laquelle la décision de condamnation a acquis force de chose jugée et non celle à laquelle elle est devenue irrévocable (Cass. com. 5-4-2023 n° 21-21.208 F-D : RJDA 7/23 n° 374).

5. CAS PARTICULIERS DE RESPONSABILITÉ CIVILE DU GÉRANT

RESPONSABILITÉ CIVILE DU GÉRANT DE SOCIÉTÉ EN PROCÉDURE COLLECTIVE

En cas de procédure collective ouverte à l'encontre de la société, les gérants peuvent être tenus de contribuer au règlement du **passif social** et être soumis à certaines **interdictions et déchéances** ainsi qu'à diverses sanctions (privation du droit de vote, obligation de céder leurs parts sociales, etc.). Sur toutes ces questions, voir n°s 28305 s. 7880

RESPONSABILITÉ DU GÉRANT PERSONNE MORALE

Si une personne morale est gérante, ses **dirigeants** encourent les mêmes responsabilités civiles que s'ils étaient gérants en leur nom propre, sans préjudice de la responsabilité solidaire de la personne morale qu'ils dirigent (C. civ. art. 1847). 7890

B. Responsabilité pénale des gérants

INFRACTIONS SANCTIONNÉES DANS LA SOCIÉTÉ CIVILE

Contrairement au régime applicable aux sociétés commerciales et, particulièrement, aux sociétés anonymes et aux sociétés à responsabilité limitée, il n'existe aucun texte prévoyant des sanctions pénales à l'encontre des gérants qui auraient enfreint telle ou telle disposition concernant les sociétés civiles en général. 8000

Les gérants ne sont donc pénalement responsables que dans les conditions de **droit commun.** Ils peuvent être condamnés notamment dans les cas suivants :

– abus de confiance (C. pén. art. 314-1 ; pour des exemples, Cass. crim. 11-5-1977 : Bull. crim. n° 172 ; Cass. crim. 10-4-2002 n° 2310 : RJDA 2/03 n° 148 et Cass. crim. 25-11-2015 n° 14-83.611 : RJDA 3/16 n° 203, rendues à propos d'une société en nom collectif mais transposables) ;

– escroquerie (C. pén. art. 313-1 ; pour un exemple, Cass. crim. 6-10-1980 : D. 1981 IR p. 68) ;

– faux et usage de faux (C. pén. art. 441-1 s.) ;

– délit de fraude fiscale, c'est-à-dire soustraction frauduleuse ou tentative de soustraction frauduleuse à l'impôt, notamment par omission de déclaration, dissimulation de sommes sujettes à l'impôt, organisation d'insolvabilité ou accomplissement d'autres manœuvres mettant obstacle au recouvrement de l'impôt (CGI art. 1741) ou encore passation d'écritures inexactes ou fictives en comptabilité ou omission d'écritures comptables (CGI art. 1743, 1°) ;

– banqueroute (C. com. art. L 654-1 à L 654-3 et C. pén. art. 121-6) ;

– violation des dispositions de l'article L 261-12 du Code de la construction et de l'habitation sur les versements de fonds exigés ou acceptés en cas de vente d'immeuble en l'état futur d'achèvement (CCH art. L 263-1 ; pour un exemple, Cass. crim. 12-1-1988 : Gaz. Pal. 1988 som. p. 269).

> Précisions a. À l'inverse des infractions que nous venons de mentionner, le délit d'**abus de biens et du crédit** de la société ne peut pas être retenu contre les gérants de sociétés civiles, ce délit n'étant prévu qu'à l'encontre des dirigeants de certaines sociétés commerciales (notamment gérants de société à responsabilité limitée : C. com. art. L 241-3, 4° ; dirigeants de sociétés anonymes : C. com. art. L 242-6, 3° ; dirigeants des sociétés de gestion de SCPI : C. mon. fin. art. L 231-11, 3). Néanmoins, le détournement des fonds sociaux par un gérant peut être sanctionné au titre de l'abus de confiance (Cass. crim. 10-4-2002 précité).

b. Signalons que le gérant encourt aussi des sanctions pénales si la société ne satisfait pas à son **obligation d'information** sur les **bénéficiaires effectifs** (n° 2732).

c. Sur la responsabilité du gérant en cas d'**infraction routière** commise au volant d'un véhicule de la société, voir n° 6563.

RESPONSABILITÉ PÉNALE DU GÉRANT PERSONNE MORALE

8005 Si une personne morale est gérante, sa responsabilité pénale peut être engagée (C. pén. art. 121-2) et ses dirigeants encourent la même responsabilité pénale que s'ils étaient gérants en leur nom propre (C. civ. art. 1847).

CONSTITUTION DE PARTIE CIVILE EN CAS D'INFRACTION COMMISE PAR LE GÉRANT

8010 Les **associés** peuvent se constituer partie civile afin d'obtenir devant la juridiction pénale des dommages-intérêts en réparation du préjudice que l'infraction des gérants a pu leur causer.
Mais il faut que le préjudice qu'ils ont subi soit personnel et la conséquence directe de l'infraction commise par les gérants (Cass. crim. 8-2-1993 n° 91-84.601 : RJDA 6/93 n° 510).

C. Responsabilité fiscale et sociale des gérants

RESPONSABILITÉ FISCALE DES GÉRANTS

8100 Les gérants et, d'une manière générale, tous les dirigeants de droit ou de fait, salariés ou non, qui, par des **manœuvres frauduleuses** ou par l'**inobservation grave et répétée des obligations fiscales,** ont rendu impossible le recouvrement d'impositions quelconques et des pénalités dues par la société peuvent être déclarés, par le président du tribunal judiciaire, solidairement responsables du paiement de ces impositions et pénalités (LPF art. L 267 ; BOI-REC-SOLID-10-10).
Cette procédure n'est applicable que si les personnes considérées ne sont pas déjà tenues au paiement des dettes sociales en application d'une autre disposition.
Ainsi, elle **ne peut pas être mise en œuvre** :
– lorsque le gérant est tenu de plein droit au **passif social** en sa qualité d'**associé** : tel est le cas de façon générale des associés de sociétés civiles, tenus en application des articles 1857 et 1858 du Code civil au passif social en proportion de leur part dans le capital social (voir n°s 20400 s.), ce qui autorise l'administration à agir sur le fondement de l'article L 267 du LPF pour le montant excédant la part du gérant ; tel est également le cas des associés de SCP, tenus indéfiniment des dettes sociales (voir n° 56870) ;
– lorsque le dirigeant **condamné pour fraude fiscale** (n° 8000) est solidairement tenu avec le redevable légal de l'impôt fraudé en application de l'article 1745 du CGI.

8101 **L'action** prévue à l'article L 267 du LPF **peut être exercée** si le dirigeant fait par ailleurs l'objet d'une action en comblement de passif visée à l'article L 651-2 du Code de commerce (Cass. com. 9-12-1997 n° 2483 P : RJF 2/98 n° 192 et RJDA 1/98 n° 87, concl. Piniot).
De même, l'interdiction des poursuites individuelles des créanciers à l'égard de la société dont la liquidation judiciaire a été clôturée pour insuffisance d'actif résultant de l'article L 643-11 du Code de commerce ne fait pas obstacle à l'exercice par l'administration fiscale, à l'encontre du dirigeant, de l'action instituée par l'article L 267 du LPF (Cass. com. 30-5-2000 n° 98-10-926 FS-P : RJF 9-10/00 n° 1173). L'administration fiscale conserve le droit de poursuite à l'encontre du dirigeant visé à l'article L 267 du LPF tant que la dette n'est pas éteinte (Cass. com. 28-11-2000 n° 98-10-976 FS-P : RJF 3/01 n° 385).

8102 **L'action** exercée en application de l'article L 267 du LPF **obéit aux règles suivantes.**
Un dirigeant ne peut être tenu au paiement de la dette fiscale de la société que dans la mesure où le **recouvrement** de cette dette **sur la société** elle-même est impossible (Cass. com. 10-3-1998 n° 673 D : RJF 6/98 n° 720 ; Cass. com. 3-11-2004 n° 1547 F-D : RJF 2/05 n° 188 ; Cass. com. 21-10-2014 n° 13-23.316 : RJF 1/15 n° 76).
Le comptable public doit avoir **épuisé** en vain tous les **moyens de poursuite** mis à sa disposition pour obtenir en temps utile le paiement des impôts dus par la société (Cass. com. 22-5-1991 n° 801 : RJF 8-9/91 n° 1168 ; Cass. com. 26-5-2009 n° 08-13.410 : RJF 10/09 n° 884) et qu'il n'ait pas tardé à mettre en œuvre des mesures coercitives, pouvant ainsi être à l'origine de l'impossibilité de recouvrer, au moins pour partie, la dette fiscale de la société (Cass. com. 18-5-1999 n° 97-13.733 D : RJF 8-9/99 n° 1082). Pour autant, l'administration peut accorder des délais de paiement (Cass. com. 15-3-2017 n° 15-21.809 F-D : RJF 7/17 n° 746).

Elle n'est pas tenue d'effectuer des contrôles systématiques des déclarations fiscales de la société pour s'assurer de leur régularité pour pouvoir ensuite actionner le dirigeant en responsabilité (Cass. com. 12-5-2015 n° 13-27.507 : RJF 8-9/15 n° 730).

L'action en responsabilité contre le dirigeant doit être **engagée dans un délai satisfaisant.** Le juge contrôle concrètement ce délai (Cass. com. 27-10-2009 n° 08-21.127 F-D : RJF 2/10 n° 169 ; Cass. com. 27-5-2021 n° 19-14.065 F-D : RJF 8-9/21 n° 868).

Les procédures engagées dans le cadre d'une **procédure collective** sont susceptibles d'influer sur la possibilité de recouvrement auprès de la société. Ainsi, un dirigeant peut être condamné lorsque le mandataire judiciaire, également désigné commissaire à l'exécution du plan, indique que les créanciers inscrits au passif de la société en redressement judiciaire ne seront pas désintéressés, ce qui permet d'établir que l'administration fiscale ne pourra pas recouvrer sa créance d'impôt sur la société (Cass. com. 22-11-2005 n° 1470 F-D : RJF 3/06 n° 319). Toutefois, l'administration n'a pas à attendre la clôture de la procédure collective pour insuffisance d'actif pour agir (BOI-REC-SOLID-10-10-20 n° 400).

En outre, le dirigeant ne peut être condamné que s'il s'est **personnellement** rendu **coupable** de l'inobservation des obligations fiscales, même si ses manquements ne sont qu'en partie la cause de l'impossibilité de recouvrement de la créance fiscale (Cass. com. 6-10-2015 n° 14-20.352 : RJF 1/16 n° 91). Par suite, le gérant doit être exonéré de sa responsabilité s'il démontre que la gestion de la société était assurée en fait par un autre associé (Cass. com. 3-10-1989 n° 1114 P : RJF 12/89 n° 1443) ou s'il établit que les dettes fiscales sont postérieures à la cessation effective de ses fonctions même si sa démission est intervenue postérieurement (Cass. com. 8-1-1991 n° 106 : RJF 3/91 n° 369) ou encore s'il démontre qu'il a délégué l'ensemble de ses pouvoirs à un tiers à condition que cette délégation soit exclusive de son propre pouvoir de direction et qu'elle l'ait déchargé des obligations inhérentes à son pouvoir de contrôle et de surveillance (en ce sens, Cass. com. 26-6-2007 n° 06-15.867 : RJF 11/07 1335). De même, le dirigeant n'est pas responsable du non-paiement d'une créance de TVA devenue exigible au jour du jugement ouvrant le redressement judiciaire de la société, lequel emporte de plein droit interdiction de payer toute créance née avant ce jugement (Cass. com. 24-11-2021 n° 18-25.864 F-D : RJF 3/22 n° 308).

Dès lors qu'est établi le **lien de causalité** entre l'impossibilité pour l'administration de recouvrer l'impôt dû par la société et les manquements aux obligations fiscales, les dispositions de l'article L 267 du LPF sont applicables sans qu'il soit nécessaire d'établir la **mauvaise foi** ou des **agissements intentionnels** du dirigeant poursuivi (Cass. com. 7-12-1993 n° 1953 : RJF 3/94 n° 345 ; Cass. com. 15-2-1994 : RJDA 10/94 n° 1028 ; Cass. com. 31-10-2006 n° 1175 F-D : RJF 2/07 n° 222).

Lorsque les conditions d'application de l'article L 267 du LPF sont réunies, le dirigeant est solidairement responsable des sommes dues par la société. Il résulte de cette **solidarité** que la société et le dirigeant sont tenus à une même somme, de manière que chacun puisse être contraint pour la totalité et que le paiement fait par un seul libère l'autre envers le créancier (Cass. com. 23-6-2004 n° 1041 FS-PB : RJF 11/04 n° 1192). Le juge ne peut pas **limiter le montant** de la condamnation mise à la charge du dirigeant (Cass. com. 11-1-2005 n° 61 F-PB : RJF 5/05 n° 497).

RESPONSABILITÉ SOCIALE DES GÉRANTS

Les manquements à la réglementation sociale sont sanctionnés soit civilement, soit pénalement. **8105**

En **matière civile,** seule l'entreprise personne morale est responsable devant le juge prud'homal. De la même façon, en cas de défaut de paiement par la société des cotisations de sécurité sociale, elle seule peut être condamnée à l'amende prévue par l'article R 244-4 du Code de la sécurité sociale. Le gérant ne peut pas, sauf faute grave de gestion ou engagement en tant que caution solidaire, être personnellement tenu, sur ses biens propres, de régler la **dette de cotisations et de majorations de retard** (Cass. crim. 15-3-1973 n° 72-90.424 : Rev. soc. 1973 p. 348 note Rodière, confirmé notamment par Cass. crim. 11-2-1992 n° 90-81.147 : Bull. crim. n° 67).

Il peut, en revanche, être condamné personnellement à des dommages-intérêts pour le **préjudice, distinct** de celui déjà réparé par les majorations de retard, qu'il a occasionné à l'Urssaf contrainte d'ouvrir un dossier contentieux (Cass. crim. 22-11-1988 n°s 86-95.426 et 86-95.427 : RJS 3/89 n° 283).

ATTENTION

Les gérants, de droit ou de fait, des sociétés verbalisées pour **travail dissimulé** peuvent être déclarés solidairement responsables du paiement des cotisations, contributions sociales et sanctions pécuniaires dues par la société si, par des manœuvres frauduleuses ou par l'inobservation grave et répétée des obligations sociales, ils ont rendu impossible le recouvrement de ces cotisations, contributions et sanctions (CSS art. L 243-3-2).

SECTION 7 CONTRÔLE DE LA GESTION SOCIALE

A. Contrôle des conventions entre la société civile et l'un de ses gérants

1. CHAMP D'APPLICATION DU CONTRÔLE

SOCIÉTÉS VISÉES PAR LA RÉGLEMENTATION

8120 L'article L 612-5 du Code de commerce prévoit une procédure de contrôle des conventions conclues entre une **personne morale non commerçante** et ses dirigeants qui ne s'applique que dans les sociétés civiles ayant une **activité économique** (C. com. art. L 612-5, al. 1).

En revanche, aucune procédure de contrôle des conventions n'est prévue dans les sociétés civiles sans activité économique.

8121 **Notion d'activité économique** Aucune disposition légale ou réglementaire ne précise ce qu'il faut entendre par « activité économique ».

La **doctrine** s'est prononcée sur le sens qu'il convient de donner à cette notion. Selon le garde des Sceaux, ces termes visent « toute activité de **production**, de **transformation ou** de **distribution** de biens meubles ou immeubles et toute **prestation de services** en matière industrielle, commerciale, artisanale et agricole » (Rép. Sergheraert : AN 17-3-1986). La CNCC estime pareillement que l'activité économique s'entend de la production, de la transformation et de la circulation des biens et des richesses ; elle en déduit que les SCI constituées pour des opérations de construction, de commercialisation ou de gestion d'immeubles sont soumises à la procédure de contrôle (CNCC NI.IX mars 2018 § 1.211 et 1.213). Notons que ces définitions rejoignent celle donnée par la Cour de cassation en matière d'infraction économique : dans un arrêt ancien, la Cour a défini ces infractions comme « celles qui se rapportent notamment à la production, la répartition, la circulation et la consommation des denrées et marchandises ainsi qu'aux moyens d'échange consistant particulièrement dans la monnaie sous ses diverses formes » (Cass. ch. réun. 1-8-1949 : JCP 1949 II n° 5033).

8122 Appelée à se prononcer sur la **notion d'entreprise** visée à l'ex-article L 313-22 du Code monétaire et financier désormais reprise à l'article 2302, al. 3 du Code civil – obligeant les établissements de crédit et les sociétés de financement qui ont accordé un crédit à une « entreprise » sous la condition que celui-ci soit garanti par un cautionnement à informer annuellement la caution sur l'évolution de la dette garantie –, la **Cour de cassation** a posé pour principe qu'est propre à caractériser une entreprise au sens de ce texte le caractère économique de l'activité exercée par le bénéficiaire du crédit (Cass. 1e civ. 12-3-2002 nos 483, 485 et 486 : RJDA 8-9/02 n° 940, 1e, 2e et 3e esp.).

Il nous semble que la jurisprudence rendue pour l'application de cet article peut servir de référence pour définir les contours de la notion d'activité économique visée à l'article L 612-5 du Code de commerce.

Ainsi, a été tenue pour une activité économique une **activité libérale** (Cass. 1e civ. 12-3-2002 n° 483 précité ; en l'espèce, activité libérale de portefeuille d'assurance). Par suite, les SCP doivent, à notre avis, être considérées comme ayant une activité économique.

Concernant les **sociétés** civiles ayant pour objet la **gestion d'un immeuble,** la Cour de cassation a jugé qu'une SCI a une activité économique d'investisseur immobilier et constitue une entreprise dès lors qu'elle a été constituée pour acquérir, gérer, vendre et contracter des emprunts en vue de réaliser des opérations immobilières (Cass. 1e civ. 5-5-2004 n° 673 : RJDA 10/04 n° 1163) ou pour acquérir des biens immobiliers destinés à la location (Cass. 1e civ. 15-3-2005 n° 559 : RJDA 8-9/05 n° 1043) ou encore, plus généralement, pour l'achat, la vente et la gestion de tous biens immobiliers (Cass. 1e civ. 28-6-2007 n° 06-14.867 : RJDA 10/07 n° 1010).

De même, la cour d'appel de Paris a admis que constituait une entreprise une SCI ayant pour objet l'acquisition d'un immeuble, sa location et la souscription d'un emprunt pour y procéder (CA Paris 2-4-1999 n° 98-18768 : RJDA 8-9/99 n° 1004) ainsi qu'une SCI dont l'objet social était l'acquisition, l'administration, la gestion, la location de tous immeubles et plus particulièrement la construction sur un terrain donné d'une douzaine de logements destinés à la vente ou à la location (CA Paris 2-7-2004 n° 03-6044 : RJDA 12/04 n° 1381, 1e esp.).

À l'inverse, elle a estimé que ne constituait pas une entreprise une société créée entre des époux et leurs enfants, dont la seule activité avait consisté à acheter un logement déjà loué et appartenant aux époux et à emprunter pour financer cet unique achat (CA Paris 7-6-2002 n° 01-181 : RJDA 3/03 n° 319). Une autre cour d'appel a jugé de même pour une SCI dont la seule activité avait consisté à acheter un logement qui n'avait pas été mis en location mais avait été consacré à un usage familial (CA Aix-en-Provence 11-9-2007 n° 06-6990 : RJDA 7/08 n° 855). On peut penser, a précisé la Cour de cassation, qu'une **SCI « de type familial »** pourrait ne pas être tenue pour une entreprise (Rapport de la Cour de cassation pour 2002 p. 440).

PERSONNES ET CONVENTIONS VISÉES PAR LA RÉGLEMENTATION

Sont visées les conventions conclues (C. com. art. L 612-5, al. 1 et 2) : **8124**

– directement ou par personne interposée **entre la société et l'un de ses gérants** ;

– **entre la société et une autre personne morale** dont un associé indéfiniment responsable (par exemple, associé d'une société civile ou d'une société en nom collectif), gérant, administrateur, directeur général, directeur général délégué, membre du directoire ou du conseil de surveillance, actionnaire disposant d'une fraction des droits de vote supérieure à 10 %, est simultanément gérant de la société civile.

Toutes les conventions sont concernées quel que soit leur objet. Le champ d'application de la procédure est donc extrêmement vaste : vente, bail, prestation de services, concession de licence, prêt consenti à la société, contrat de travail, etc.

> **Précisions a.** Seuls sont visés les gérants ; il n'y a donc pas lieu de leur assimiler leurs conjoint, ascendants ou descendants (Rép. Lorenzini : AN 25-8-1986 n° 5761) dès lors qu'il n'est pas démontré que ceux-ci ont agi comme personnes interposées.
>
> **b.** Par « **personne interposée** », il faut entendre toute personne physique ou morale qui conclut une convention avec la société au profit du gérant qui ne peut pas le faire. Il s'agit là d'une question de fait qui dépend des circonstances ; en pratique il suffit de démontrer que le gérant a un intérêt au moins indirect à la convention visée, sans que, pour autant, un lien de parenté ou d'alliance soit suffisant pour faire présumer l'interposition de personnes (CA Lyon 21-5-1951 : Gaz. Pal. 1951 p. 17, solution rendue en matière de sociétés commerciales, mais transposable).
>
> **c.** La loi vise les conventions conclues entre la société et une **autre « personne morale »** : il convient donc d'appliquer la procédure à des conventions conclues par exemple avec un GIE ou une association.
>
> **d.** À la différence du régime applicable aux sociétés à responsabilité limitée (C. com. art. L 223-19), la procédure ne s'applique pas aux **conventions conclues avec un associé** (sauf, bien entendu, s'il est gérant).
>
> **e.** Par transposition de la jurisprudence rendue en matière de conventions réglementées dans les sociétés anonymes, la procédure n'est, à notre avis, pas applicable :
>
> – aux conventions conclues avec le gérant avant sa nomination (Cass. com. 6-5-1996 n° 845 : RJDA 8-9/96 n° 1063) ou après l'**expiration** de ses **fonctions** (CA Paris 15-4-1964 : D. 1965 p. 260 note Dalsace) ;
>
> – aux **conventions conclues** et autorisées **au cours d'exercices antérieurs** et dont les effets se prolongent dans le temps (cas, par exemple, des conventions à durée indéterminée) à condition qu'aucune modification ne soit apportée dans leurs modalités d'exécution (Cass. com. 27-2-2001 n° 428 : RJDA 6/01 n° 702).
>
> En revanche, les contrats reconduits tacitement sont soumis à autorisation (TGI Blida 24-4-1963 : Gaz. Pal. 1963 p. 438), ainsi que les modifications de conventions antérieures (Cass. com. 27-2-1996 n° 444 : RJDA 6/96 n° 802).

2. PROCÉDURE DE CONTRÔLE DES CONVENTIONS RÉGLEMENTÉES

CONTRÔLE A POSTERIORI DES CONVENTIONS RÉGLEMENTÉES

Le contrôle des conventions réglementées n'est pas préalable à leur conclusion ; il est effectué a posteriori (Cass. com. 7-7-2009 n° 08-16.790 : RJDA 11/09 n° 976) par la collectivité des associés. La procédure est exposée n°s 8131 s. **8130**

RAPPORT SUR LES CONVENTIONS RÉGLEMENTÉES

Le **gérant** ou, s'il en existe un, le **commissaire aux comptes** établit un rapport contenant les mentions suivantes (C. com. art. R 612-6) : **8131**

– l'énumération des conventions soumises à l'approbation des associés ;

– le nom du ou des gérants intéressés ;

– lorsque la convention a été conclue avec une société, la désignation de celle-ci ;

– la nature et l'objet des conventions concernées ;

– les modalités essentielles de celles-ci, notamment l'indication des prix ou tarifs pratiqués, des ristournes et commissions consenties, des délais de paiement accordés, des intérêts stipulés, des sûretés conférées et, le cas échéant, des autres indications permettant aux associés d'apprécier l'intérêt qui s'attachait à la conclusion de ces conventions.

Lorsque le rapport est établi par le commissaire aux comptes, le gérant doit aviser le commissaire des conventions concernées dans un délai d'un mois à compter de leur conclusion (C. com. art. R 612-7).

> **Précisions** **a.** L'article L 612-5, al. 1 du Code de commerce prévoit que le gérant ou le commissaire aux comptes « présente à l'organe délibérant ou, en l'absence d'organe délibérant, joint aux documents communiqués aux adhérents un rapport sur les conventions... ». Ces termes sont très généraux car le texte a vocation à s'appliquer à toutes les personnes morales de droit privé. L'expression « en l'absence d'organe délibérant », prise à la lettre, signifie-t-elle que les conventions doivent nécessairement être approuvées en **assemblée** lorsque, comme c'est le cas dans les sociétés civiles, la loi prévoit l'existence d'une assemblée ? Nous ne le pensons pas. Il résulte à notre avis de cette disposition que le rapport peut, comme dans les sociétés à responsabilité limitée (C. com. art. L 223-19, al. 1), soit être présenté à l'assemblée, soit être joint aux documents adressés aux associés en cas de **consultation écrite.**
> **b.** À s'en tenir à la lettre des textes, les conventions doivent faire l'objet d'un **rapport spécial**; elles ne sauraient figurer dans le rapport de gestion.
> **c.** L'envoi du rapport spécial du gérant ou du commissaire aux comptes aux associés en même temps que les autres **documents prévus pour l'exercice du droit de communication** est facultatif dès lors qu'il n'est imposé par aucun texte (n° 8561).

DÉCISION DES ASSOCIÉS PORTANT SUR LES CONVENTIONS RÉGLEMENTÉES

8132 La collectivité des associés statue sur ce rapport et approuve ou désapprouve les conventions (C. com. art. L 612-5, al. 3).

Les associés doivent émettre un **vote spécifique** sur ces conventions, étant observé que, même si la convention réglementée a une incidence sur les comptes sociaux, l'approbation de ces comptes ne saurait être considérée comme valant approbation de ladite convention (CA Paris 3-7-1976 : Rev. sociétés 1977 p. 465 note D. Schmidt, rendu en matière de société à responsabilité limitée mais transposable).

> **Précisions** **a.** Sur la possibilité de consulter les associés par **écrit**, voir n° 8131.
> **b.** À la différence de la procédure applicable aux sociétés à responsabilité limitée (C. com. art. L 223-19, al. 1), il n'est pas interdit au gérant de prendre part au **vote** s'il est associé.

CONSÉQUENCES DU REFUS DE RATIFICATION D'UNE CONVENTION RÉGLEMENTÉE

8133 Une convention non approuvée produit néanmoins ses effets (C. com. art. L 612-5, al. 5).

Les conséquences pouvant en résulter pour la société peuvent être mises à la charge du gérant. Si la convention est passée par plusieurs gérants, leur **responsabilité** est solidaire (C. com. art. L 612-5, al. 5). Sur le délai de prescription de l'action sociale, voir n° 7876.

INOBSERVATION DE LA RÉGLEMENTATION

8134 Le **défaut de rapport** du gérant ou du commissaire aux comptes, comme le **défaut de consultation des associés,** entraîne les mêmes sanctions que le refus de ratification (Cass. com. 28-6-1988 : Bull. civ. IV n° 226 ; Cass. com. 13-2-1996 n° 93-17.565 : RJDA 5/96 n° 646 ; CA Paris 28-7-2016 n° 15/04260 : RJDA 12/16 n° 874, en matière de société à responsabilité limitée mais, à notre avis, transposables). Dans l'arrêt de principe du 28 juin 1988 précité, la Cour de cassation a rappelé que « les conventions passées avec des tiers ou ne concernant que les associés et le gérant qui n'ont pas été approuvées par les associés, soit qu'elles ne leur aient pas été soumises, soit qu'elles aient été rejetées par eux, soit encore qu'elles aient été approuvées dans des conditions irrégulières, produisent leurs effets, à charge pour le gérant ou l'associé contractant de supporter individuellement ou solidairement, selon les cas, les conséquences du contrat préjudiciables à la société ».

B. Contrôle de la gestion sociale par les commissaires aux comptes

1. SOCIÉTÉS CIVILES CONCERNÉES

8150 L'intervention de **commissaires aux comptes** n'est prescrite que pour :
– les **SCPI,** voir n° 36845 ;
– les **sociétés** civiles **d'une certaine taille ayant une activité économique** ;
– les **sociétés** civiles **appartenant à un petit groupe.**

SOCIÉTÉS CIVILES D'UNE CERTAINE TAILLE AYANT UNE ACTIVITÉ ÉCONOMIQUE

Les sociétés civiles d'une certaine taille ayant une activité économique (sur la notion d'activité économique, voir nos 8121 s.) doivent désigner au moins un commissaire aux comptes lorsqu'elles dépassent, à la fin de l'année civile ou à la clôture de l'exercice, les chiffres ci-dessous fixés pour **deux des trois critères** suivants (C. com. art. L 612-1 et R 612-1) : **8152**

– 50 pour le nombre de salariés liés à la société par un contrat de travail à durée indéterminée qui est égal à la moyenne arithmétique des effectifs à la fin de chaque trimestre de l'année civile ou de l'exercice comptable lorsque celui-ci ne coïncide pas avec l'année civile ;

– 3,1 millions d'euros pour le montant hors taxe du chiffre d'affaires ou de ressources (le montant hors taxe du chiffre d'affaires est égal au montant des ventes de produits et services liés à l'activité courante, celui des ressources est égal au montant des cotisations, subventions et produits de toute nature liés à cette activité) ;

– 1,55 million d'euros pour le total du bilan qui est égal à la somme des montants nets des éléments d'actif.

Lorsque le commissaire aux comptes ainsi désigné est une personne physique ou une société unipersonnelle, un **suppléant** doit en outre être désigné (C. com. art. L 612-1, al. 1 et L 823-1, I-al. 2).

Il peut être mis **fin au mandat** du commissaire aux comptes par l'organe délibérant appelé à statuer sur les comptes annuels lorsque la société ne dépasse pas les chiffres fixés pour deux des trois critères pendant deux exercices successifs (C. com. art. R 612-1, al. 5 ; sur cette question, voir B. Dondero, Personne morale non commerçante : précision bienvenue sur la fin du mandat du commissaire aux comptes : BRDA 19/21 inf. 24).

Même si les critères de désignation ne sont pas atteints, un commissaire aux comptes titulaire et, le cas échéant, un suppléant **peuvent être nommés** dans les mêmes conditions. Dans ce cas, ils sont soumis aux mêmes obligations, encourent les mêmes responsabilités et exercent les mêmes pouvoirs (C. com. art. L 612-1, al. 5).

SOCIÉTÉS CIVILES APPARTENANT À UN PETIT GROUPE

Le Code de commerce pose le principe que certaines sociétés appartenant à un petit groupe doivent procéder à la désignation d'un commissaire aux comptes (C. com. art. L 823-2-2, D 823-1 et D 823-1-1). Sont notamment concernées les sociétés civiles têtes d'un petit groupe, qu'elles **aient ou non une activité économique** (CNCC EJ 2019-41 du 22-11-2019). **8154**

Sociétés contrôlantes Doivent désigner un commissaire aux comptes les sociétés contrôlantes qui forment avec les sociétés qu'elles contrôlent, au sens de l'article L 233-3 du Code de commerce, un **ensemble** qui dépasse **deux des trois seuils** suivants (C. com. art. L 823-2-2, al. 1, D 823-1, D 221-5 et D 123-200) : **8156**

– total cumulé de bilan : 4 millions d'euros ;

– montant cumulé du chiffre d'affaires hors taxe : 8 millions d'euros ;

– nombre moyen cumulé de salariés : 50.

Ces **montants** sont **déterminés** en additionnant le total du bilan, le montant hors taxe du chiffre d'affaires et le nombre moyen de salariés des entités comprises dans le groupe (C. com. art. D 823-1). Toutefois, la société n'est pas tenue de désigner un commissaire aux comptes en tant que société contrôlante si elle est **elle-même contrôlée** par une personne ou une entité qui a désigné un commissaire aux comptes (C. com. art. L 823-2-2, al. 2).

La société contrôlante n'est **plus tenue** de désigner un commissaire aux comptes dès lors que l'ensemble qu'elle forme avec les sociétés qu'elle contrôle n'a pas dépassé les chiffres cumulés fixés pour deux de ces trois seuils pendant les deux exercices précédant l'expiration du mandat du commissaire aux comptes (C. com. art. D 823-1, al. 3).

> **Précisions** **a.** Le montant du **bilan** est déterminé par la somme des montants nets des éléments d'actif (C. com. art. D 123-200, al. 5). Le montant du **chiffre d'affaires** correspond au montant des ventes de produits et services liés à l'activité courante de la société, diminué des réductions sur vente, de la taxe sur la valeur ajoutée et des taxes assimilées (art. D 123-200, al. 6). Le **nombre moyen de salariés** correspond à la moyenne du nombre de personnes employées au cours de chacun des mois de l'année civile précédente, sans comptabiliser les mois au cours desquels aucun salarié n'est employé, par dérogation ; ce nombre doit être apprécié sur le dernier exercice comptable lorsque celui-ci ne correspond pas à l'année civile précédente (art. D 123-200, dernier al., lequel renvoie à CSS art. L 130-1, I et CSS art. R 130-1 ; sur le calcul de l'effectif mensuel permettant de déterminer cette moyenne, voir Mémento Social nos 31570 s.).
>
> **b.** La réglementation ne précise pas la **date** à laquelle l'**existence d'un petit groupe** doit être appréciée. Pour la CNCC, l'obligation de désignation d'un commissaire aux comptes d'une société tête de petit groupe doit être examinée lors de chaque arrêté des comptes annuels de la tête du petit groupe, sur la base des comptes annuels des

entités composant le petit groupe à la date de clôture de l'exercice pour lequel les comptes annuels de la tête de petit groupe sont arrêtés (CNCC EJ 2020-02 du 11-12-2020). En conséquence, la **modification de la composition du petit groupe** qui intervient postérieurement à la clôture ne doit pas être prise en compte par l'assemblée statuant sur les comptes de l'exercice et devant se prononcer, le cas échéant, sur la désignation d'un commissaire aux comptes dans la tête de petit groupe.

c. Pour la CNCC, en cas de **contrôle conjoint** (cf. C. com. art. L 233-3, III) d'une société C par des sociétés A et B, celles-ci doivent être considérées comme deux sociétés contrôlantes distinctes ; le dépassement des seuils doit donc être apprécié en retenant, non pas l'ensemble formé par les sociétés A, B et C, mais celui formé par les sociétés A et C, d'une part, et celui formé par les sociétés B et C, d'autre part (CNCC EJ 2022-41 avril 2023).

8157 **Sociétés contrôlées** Au sein des petits groupes, les sociétés contrôlées (au sens de l'article L 233-3 du Code de commerce) doivent elles-mêmes désigner un commissaire aux comptes si elles sont **significatives** au sein du groupe, c'est-à-dire si elles dépassent à la clôture d'un exercice **deux des trois seuils** suivants (C. com. art. L 823-2-2, al. 3, D 823-1-1, al. 1 et A 823-27-1) :

- total de bilan : 2 millions d'euros ;
- montant du chiffre d'affaires hors taxe : 4 millions d'euros ;
- nombre moyen de salariés : 25.

Le Code de commerce est muet sur les modalités de **détermination** des seuils. À notre avis, il convient, comme pour les sociétés contrôlantes, d'appliquer les règles énoncées à l'article D 123-200 du Code de commerce (voir n° 8156).

La société contrôlée n'est **plus tenue** de désigner un commissaire aux comptes dès lors qu'elle n'a pas dépassé les chiffres fixés pour deux de ces trois critères pendant les deux exercices précédant l'expiration du mandat du commissaire aux comptes (C. com. art. D 823-1-1, al. 2).

Le **même commissaire aux comptes** peut être désigné dans la société contrôlante et dans la société contrôlée (C. com. art. L 823-2-2, al. 3).

> Précisions a. La CNCC estime que des **sociétés contrôlées par une même personne physique** doivent désigner un commissaire aux comptes si chacune d'elles dépasse deux des trois seuils « 2/4/25 » et si l'ensemble qu'elles forment dépasse deux des trois seuils « 4/8/50 » car l'article L 823-2-2 du Code de commerce fait référence aux « personnes et entités » contrôlant une ou plusieurs sociétés sans distinguer entre les personnes physiques et les personnes morales. La désignation d'un commissaire aux comptes dans une société contrôlée dépassant deux des trois seuils « 2/4/25 » est obligatoire même si la personne qui la contrôle est une personne physique non dotée d'un commissaire aux comptes (CNCC EJ 2019-41 du 22-11-2019).

b. La CNCC considère que le contrôle (au sens de l'article L 233-3 du Code de commerce) doit s'analyser à la fois au titre de la **détention des droits de vote par le nu-propriétaire et par l'usufruitier** (CNCC EJ 2020-06 du 11-12-2020).

2. STATUT DES COMMISSAIRES AUX COMPTES

8160 Nonobstant toute disposition contraire, les dispositions du Titre II « Des commissaires aux comptes » du Livre VIII du Code de commerce sont applicables aux commissaires aux comptes dans l'exercice de leur activité professionnelle, quelle que soit la nature des missions ou des prestations qu'ils fournissent. Elles sont également applicables à ces personnes, sous réserve des règles propres à celles-ci, quel que soit leur statut juridique (C. com. art. L 820-1).

Pour pouvoir se prévaloir du titre de commissaire aux comptes, il faut remplir les conditions visées aux dispositions du Titre II « Des commissaires aux comptes » du Livre VIII du Code de commerce (C. com. art. L 820-2).

3. DURÉE DES FONCTIONS DES COMMISSAIRES AUX COMPTES

8162 En principe, les commissaires aux comptes sont nommés pour un mandat de **six exercices** (C. com. art. L 823-3, al. 1) dans toutes les sociétés, que la nomination soit obligatoire ou volontaire (C. com. art. L 820-1, I ; Avis H3C 2011-07 du 7-4-2011). Cette durée concerne les mandats de commissaire aux comptes titulaire et suppléant.

Toutefois, les sociétés suivantes peuvent opter pour une limitation de la durée des nouveaux mandats de commissaire aux comptes à **trois exercices** en application de l'article L 823-3-2 du Code de commerce :

- société contrôlante définie n° 8156 ;
- société contrôlée significative définie n° 8157 ;
- société ayant volontairement désigné un commissaire aux comptes.

Si la société opte pour une **limitation de la durée du mandat** du commissaire aux comptes à trois exercices, elle sera soumise à l'audit légal « petites entreprises » (C. com. art. L 823-12-1).

> Précisions a. L'article L 823-3-2 du Code de commerce visant « **une société** », il est applicable aux sociétés civiles (dans le même sens, CNCC, La nomination et la cessation des fonctions du commissaire aux comptes : Études juridiques CNCC département édition, juin 2022 n° 199).
b. Selon la CNCC, si les **statuts** fixent la durée du mandat du commissaire aux comptes à six exercices, il est impossible de nommer un commissaire aux comptes pour trois exercices tant que les statuts n'ont pas été modifiés (en ce sens, CNCC, La nomination et la cessation des fonctions du commissaire aux comptes : Études juridiques CNCC département édition, juin 2022 n° 198). Cette position peut toutefois être nuancée, à notre avis, si ces dispositions statutaires peuvent être considérées comme un rappel des textes, par exemple si elles indiquent que le commissaire aux comptes est nommé pour six exercices en application de la loi ou de l'article L 823-3 du Code de commerce (voir n° 2263).

4. MISSIONS DES COMMISSAIRES AUX COMPTES

Les missions des commissaires aux comptes sont **multiples** et varient en fonction de l'importance de la société et de l'exercice ou non d'une activité économique par cette dernière. **8164**

Les dispositions du Code de commerce (C. com. art. L 820-2 à L 823-18) concernant les pouvoirs, incompatibilités, fonctions, responsabilités, nomination et révocation des commissaires aux comptes sont applicables aux commissaires aux comptes nommés dans toutes les personnes morales, et ce, quelle que soit la nature de la certification prévue dans leur mission (C. com. art. L 820-1) et peu important que les commissaires aux comptes aient été nommés à l'initiative d'une société civile, et en l'absence de toute obligation légale (C. com. art. L 612-1).

La mission des commissaires aux comptes s'inscrit toujours dans un cadre légal, même si le commissaire aux comptes est nommé à l'initiative d'une société civile en l'absence de toute obligation légale (C. com. art. L 612-1, al. 5).

Les commissaires aux comptes doivent signaler à la plus prochaine assemblée générale ou réunion de l'organe compétent les irrégularités et inexactitudes relevées par eux au cours de l'accomplissement de leurs missions (C. com. art. L 823-12, al. 1).

CONTRÔLE DE LA COMPTABILITÉ

Les commissaires aux comptes ont pour mission permanente (C. com. art. L 823-10, al. 1 et 2) : **8166**

– de vérifier les valeurs et les documents comptables de la société ;

– de contrôler la conformité de la comptabilité aux règles en vigueur ;

– de vérifier la sincérité et la concordance avec les comptes annuels des informations données dans le rapport de gestion et dans les documents adressés aux associés sur la situation financière et les comptes de la société.

CONTRÔLE DES COMPTES ANNUELS ET DU RAPPORT DE GESTION

Dans les sociétés civiles tenues d'établir ces documents (n° 8212), les commissaires aux comptes effectuent le contrôle des comptes annuels et du rapport de gestion dans les conditions prévues par le Code de commerce. **8168**

Les commissaires aux comptes doivent **certifier** que les comptes annuels (bilan, compte de résultat et annexe) sont réguliers et sincères et qu'ils donnent une image fidèle du résultat des opérations de l'exercice écoulé ainsi que de la situation financière et du patrimoine de la société à la fin de cet exercice, en justifiant de leurs appréciations (C. com. art. L 823-9). S'ils **refusent de certifier** la régularité et la sincérité des comptes annuels, ils font état, dans leur rapport à l'assemblée générale, des motifs pour lesquels ils ont cru devoir refuser cette certification (C. com. art. R 823-7). L'organe délibérant reste libre néanmoins d'approuver les comptes (Rép. Braconnier : Sén. 12-2-1976 n° 18666). Ils peuvent aussi **assortir** leur **certification de réserves,** par exemple lorsqu'ils ont décelé des erreurs ou des irrégularités, mais que celles-ci n'altèrent pas l'image de la situation de la société donnée par les comptes. Dans ce cas, ils doivent préciser dans leur rapport les motifs de leurs réserves (C. com. art. R 823-7).

Ils vérifient la sincérité et la concordance avec les comptes annuels des informations données dans le rapport de gestion (C. com. art. L 823-10, al. 2).

Certaines sociétés tenues de désigner un commissaire aux comptes peuvent choisir soit une mission de certification classique de leurs comptes, soit un **« audit légal petites entreprises ».** Dans le cadre de cette seconde mission, la durée de mandat du commissaire aux comptes est de trois exercices (n° 8162).

CONVENTION RÉGLEMENTÉES

8170 Le commissaire aux comptes doit établir le rapport sur les conventions réglementées visé n° 8131.

POSSIBILITÉ DE MISE EN ŒUVRE DE LA PROCÉDURE D'ALERTE

8172 Comme dans les sociétés commerciales, une procédure d'alerte des dirigeants en cas d'évolution préoccupante de la situation de la société est instituée pour les sociétés civiles ayant une activité économique. La taille de la société civile n'a pas de conséquence sur la mise en œuvre de la procédure d'alerte. Même si les seuils de nomination obligatoire d'un commissaire aux comptes ne sont pas atteints, le commissaire aux comptes nommé à l'initiative de la société est soumis aux mêmes obligations que s'il avait été désigné dans un cadre légal et obligatoire (C. com. art. L 612-1, sur renvoi de l'art. L 612-3). Les commissaires aux comptes de ces sociétés doivent attirer l'attention des dirigeants sur **« tout fait de nature à compromettre la continuité de l'exploitation »** qu'ils auraient constaté lors de l'accomplissement de leur mission (C. com. art. L 612-3) ; voir n°s 27510 s.

INFORMATION DU COMITÉ SOCIAL ET ÉCONOMIQUE

8174 Lorsque la société civile est dotée d'un comité social et économique à attributions élargies (société ayant un effectif d'au moins 50 salariés), les commissaires aux comptes peuvent être convoqués par ce comité pour lui donner toutes explications sur les différents postes des documents communiqués ainsi que sur la situation financière de l'entreprise (C. trav. art. L 2312-25). Sous la même condition d'effectif minimum, les commissaires aux comptes peuvent aussi être convoqués par le comité social et économique lorsque ce dernier, après avoir constaté une évolution préoccupante de la situation économique de l'entreprise, décide d'établir un rapport dans le cadre de son droit d'alerte économique (C. trav. art. L 2312-64).

VÉRIFICATION DES DOCUMENTS LIÉS À LA PRÉVENTION DES DIFFICULTÉS DES ENTREPRISES

8176 Dans les sociétés civiles d'une certaine importance ayant une activité économique, les documents de gestion prévisionnelle doivent être communiqués aux commissaires aux comptes, ce qui leur permet notamment de mieux apprécier l'opportunité de déclencher la procédure d'alerte (voir n° 8226 ; C. com. art. L 612-2).

La **mission** des commissaires aux comptes en la matière consiste essentiellement en des vérifications portant sur la pertinence et la cohérence des informations contenues dans les documents et les rapports d'analyse au regard de leur objectif de prévention des difficultés de la société.

La mission se traduit, le cas échéant, par l'établissement d'un **rapport.**

RÉVÉLATION DES FAITS DÉLICTUEUX

8178 Les commissaires sont tenus de révéler au procureur de la République les faits délictueux dont ils ont eu connaissance sans que leur responsabilité puisse être engagée par cette révélation (C. com. art. L 823-12, al. 2).

À défaut, ils encourent un emprisonnement de cinq ans et une amende de 75 000 € (C. com. art. L 820-7).

LUTTE CONTRE LE BLANCHIMENT DE CAPITAUX ET LE FINANCEMENT DU TERRORISME

8180 Les commissaires aux comptes sont tenus de mettre en œuvre les obligations relatives à la lutte contre le blanchiment des capitaux et le financement du terrorisme définies par les articles L 561-2, 12° bis et suivants du Code monétaire et financier (C. com. art. L 823-12, al. 3) : obligation de vigilance à l'égard de la clientèle (C. mon. fin. art. L 561-5 s.) et obligation de déclarer à Tracfin les sommes ou opérations qu'ils soupçonnent d'être d'origine illicite (C. mon. fin. art. L 561-15 s.).

La déclaration faite à Tracfin par le commissaire aux comptes ne l'exonère pas de révéler l'opération au procureur de la République s'il constate que celle-ci est susceptible de constituer un fait délictueux.

5. POUVOIRS DES COMMISSAIRES AUX COMPTES

8182 Quelle que soit la taille de la société, les commissaires aux comptes doivent disposer de larges **pouvoirs d'investigation** pour l'accomplissement de leur mission. Ils peuvent, à toute époque de l'année, opérer les vérifications ou contrôles qu'ils jugent opportuns.

Les dirigeants d'une personne morale ou toute personne au service d'une personne ayant un commissaire aux comptes qui mettent **obstacle aux vérifications** ou contrôles des commissaires aux comptes ou qui leur refusent la **communication** sur place de toutes les pièces utiles à l'exercice de leur mission et notamment de tous les contrats, livres, documents comptables et registres de procès-verbaux sont punis d'un emprisonnement de cinq ans et d'une amende de 75 000 € (C. com. art. L 820-4, 2°).

En outre, les commissaires aux comptes peuvent assister à toutes les assemblées d'associés et doivent être **convoqués** à ces **assemblées** ; le non-respect par le gérant de cette obligation est sanctionné par un emprisonnement de deux ans et par une amende de 30 000 € (C. com. art. L 820-4, 1°).

6. SANCTIONS DES RÈGLES DE NOMINATION DES COMMISSAIRES AUX COMPTES

NULLITÉ DES DÉLIBÉRATIONS

Sont nulles les délibérations sociales prises (C. com. art. L 820-3-1, al. 1) : **8184**

– à défaut de désignation régulière des commissaires aux comptes ;

– sur le rapport de commissaires nommés ou demeurés en fonctions contrairement aux dispositions légales (commissaire non inscrit ou frappé d'une incompatibilité).

Pour l'exercice de l'action en nullité, le défaut de commissaire aux comptes ou l'incapacité de celui-ci s'apprécie au jour de la délibération. L'action en nullité contre les délibérations sociales se prescrit par trois ans (C. civ. art. 1844-14).

L'action en nullité est éteinte si les délibérations sociales sont expressément confirmées par l'organe compétent sur rapport du commissaire aux comptes régulièrement désigné (C. com. art. L 820-3-1).

> **Précisions** **a.** La nullité ne peut être prononcée qu'en l'absence de désignation ou en cas de désignation irrégulière de **commissaires titulaires,** de sorte qu'elle n'est pas applicable lorsque l'irrégularité concerne la désignation de leurs suppléants (Cass. com. 21-6-2023 n° 21-19.985 F-B : RJDA 10/23 n° 527, à propos d'une société commerciale mais transposable).

b. La nullité prévue par l'article L 820-3-1 du Code de commerce est applicable aux sociétés civiles. En effet, ce texte déroge à la règle édictée par l'article 1844-10, al. 3 du Code civil, selon lequel la nullité des actes ou délibérations des organes de la société ne peut résulter que de la violation d'une disposition impérative du Titre IX du Livre III du même Code, et est d'ordre public (cf. Cass. com. 21-6-2023 n° 21-19.985 F-B précité, rendu à propos de l'art. L 235-1, al. 2 du Code de commerce qui prévoit que la nullité des actes ou délibérations ne peut résulter que de la violation d'une disposition impérative du Livre II de la partie législative du même Code mais, à notre avis, transposable compte tenu de la similitude des textes).

SANCTIONS PÉNALES

Tout dirigeant de personne morale tenue d'avoir un commissaire aux comptes qui n'aurait **pas provoqué sa désignation** est passible d'un emprisonnement de deux ans et d'une amende de 30 000 € (C. com. art. L 820-4, 1°). **8186**

C. Compte rendu annuel de gestion

GÉNÉRALITÉS

À la lecture de l'article 1856 du Code civil, la seule obligation du gérant d'une société civile de droit commun est de rendre compte, au moins une fois par an, de sa gestion aux associés. Cependant, en pratique, ses obligations sont bien plus nombreuses qu'il n'y paraît et peuvent même s'avérer comparables à celles des dirigeants de sociétés commerciales s'agissant des sociétés civiles les plus importantes et de celles revêtant certaines formes particulières. **8190**

1. ÉTABLISSEMENT DES COMPTES SOCIAUX

a. Obligations comptables

Réglementation applicable Il n'existe **aucun texte d'ordre général** relatif à l'obligation de tenue d'une comptabilité par les sociétés civiles de droit commun autre que celles d'une certaine taille ayant une activité économique. Cependant, la plupart des statuts suppléent au silence du législateur en imposant la tenue d'une comptabilité. En tout état de cause, des obligations d'ordre général envers les associés, les tiers et l'administration fiscale rendent souvent nécessaires la tenue d'une comptabilité. **8204**

8212 **Par exception,** la tenue de la comptabilité est rendue obligatoire pour certaines sociétés civiles par une réglementation particulière.

Ainsi, les **sociétés civiles d'une certaine taille ayant une activité économique** (lorsque le montant hors taxe du chiffre d'affaires ou les ressources et le total du bilan dépassent, pour deux de ces critères, certains seuils, voir n° 8152) sont tenues d'établir des comptes annuels selon les principes et les méthodes de droit commun définis aux articles L 123-12 et suivants du Code de commerce et conformément au plan comptable général (PCG) (en ce sens Bull. CNCC n° 186, juin 2017, EC 2017-11, p. 374, à propos des SCI dépassant les seuils).

> **Précisions** **a.** Les SCPI et les **sociétés d'épargne foncière** sont également soumises à des réglementations particulières (pour les SCPI, voir n° 36815 ; pour les société d'épargne foncière, voir n° 60900).
> **b.** Les règles comptables applicables aux offices de **notaires** sont issues de l'arrêté du 22 juillet 1988 instituant un plan comptable notarial, basé sur le PCG dont il constitue une adaptation aux spécificités de la profession. Les SCP de notaires titulaires de plusieurs offices doivent tenir une comptabilité distincte pour chaque office (Décret 67-868 du 2-10-1967 art. 53).

8216 **Exercice comptable** Le gérant doit rendre compte de sa gestion aux associés au moins une fois par an (C. civ. art. 1856) ; la **durée normale** des exercices comptables est donc de 12 mois. Cette durée peut cependant être **différente,** notamment pour le premier exercice social ou au cours de la vie sociale, lorsque la date de clôture des exercices est modifiée pour un motif quelconque.

Aucun texte ne fixe la **date de clôture** de l'exercice. Les sociétés civiles dont les membres doivent comprendre dans leurs revenus annuels leur quote-part de résultat dans ces sociétés ont intérêt à choisir le 31 décembre.

b. Établissement des comptes annuels

8220 Une **réglementation particulière** impose aux sociétés civiles importantes et ayant une activité économique (n° 8212) d'établir un bilan, un compte de résultat et une annexe selon les principes et méthodes comptables définis aux articles L 123-12 s. et R 123-172 à D 123-208-01 du Code de commerce sous réserve des adaptations que rend nécessaire la forme juridique ou la nature de l'activité.

Certains types de sociétés civiles doivent également respecter des dispositions particulières.

Les sociétés civiles qui respectent volontairement les **dispositions comptables générales du Code de commerce** doivent établir des comptes annuels comprenant le bilan, le compte de résultat et une annexe qui forment un tout indissociable (C. com. art. L 123-12).

c. Établissement des documents de gestion prévisionnelle

8226 Les **sociétés d'une certaine importance ayant une activité économique** doivent établir des documents de gestion de caractère interne (C. com. art. L 612-2). Cette obligation s'impose lorsque, à la clôture de l'exercice, le chiffre d'affaires ou le nombre de salariés atteint le seuil suivant (un seul critère suffit) (C. com. art. R 612-3) :

- soit 300 salariés ;
- soit 18 millions d'euros de chiffre d'affaires ou de ressources (hors TVA).

Les sociétés cessent d'être assujetties à cette obligation lorsqu'elles ne remplissent aucune de ces conditions pendant deux exercices successifs.

Pour le calcul du **nombre des salariés,** il convient de prendre en compte les salariés permanents liés à la société et aux sociétés dont cette dernière détient directement ou indirectement plus de la moitié du capital (C. com. art. R 232-2, al. 3). Les salariés permanents sont les salariés titulaires d'un contrat de travail à durée indéterminée et employés à temps plein (C. com. art. D 210-21 sur renvoi de l'art. R 232-2). Les salariés à temps partiel ne sont pas pris en compte.

Ces sociétés doivent établir (C. com. art. R 232-3) :

1. Semestriellement, la situation de l'actif réalisable et disponible, valeurs d'exploitations exclues, et du passif exigible dans les quatre mois qui suivent la clôture de chacun des semestres de l'exercice ;

2. Annuellement :
- le tableau de financement en même temps que les comptes annuels, dans les quatre mois qui suivent la clôture de l'exercice écoulé ;
- le plan de financement prévisionnel ;
- le compte de résultat prévisionnel.

Le plan de financement et le compte de résultat prévisionnels sont établis au plus tard à l'expiration du quatrième mois qui suit l'ouverture de l'exercice en cours ; le compte de résultat prévisionnel est, en outre, révisé dans les quatre mois qui suivent l'ouverture du second semestre de l'exercice.

Ces documents sont analysés dans des **rapports écrits** sur l'évolution de la société, établis par les gérants. Ils complètent et commentent l'information donnée par ces documents. Ils décrivent les conventions comptables, les méthodes utilisées et les hypothèses retenues et en justifient la pertinence et la cohérence.

Chaque document (et le rapport qui s'y attache) est communiqué, dans les huit jours de son établissement, simultanément au commissaire aux comptes et au comité social et économique.

d. Établissement du bilan social

Les sociétés civiles faisant partie des entreprises soumises à l'obligation d'instituer un comité social et économique, elles doivent établir un bilan social lorsque leur **effectif habituel** est au moins de 300 salariés. **8228**

Ce bilan social récapitule les principales données chiffrées permettant d'apprécier la situation de la société dans le domaine social, d'enregistrer les réalisations effectuées et de mesurer les changements intervenus au cours de l'année écoulée et des deux années précédentes (C. trav. art. L 2312-30, al. 1).

Pour tous développements sur son contenu, voir Mémento Comptable n°s 65165 s.

2. REDDITION ET APPROBATION DES COMPTES

REDDITION DES COMPTES

Au moins **une fois par an,** les gérants doivent rendre compte de leur gestion aux associés (C. civ. art. 1856), même si ces derniers ne le demandent pas (Cass. com. 23-10-2019 n° 17-31.653 F-D : RJDA 2/20 n° 157). **8230**

En l'absence de disposition légale particulière, ce sont les statuts qui doivent préciser les **modalités** selon lesquelles cette reddition de compte est faite : mode de consultation (assemblée, consultation écrite ou acte), convocation des associés, majorité, etc.

La loi impose aux gérants de soumettre aux associés un **rapport écrit** d'ensemble sur l'activité de la société au cours de l'année ou de l'exercice écoulé avec indication des bénéfices réalisés ou prévisibles et des pertes encourues ou prévues (C. civ. art. 1856).

> **Précisions** Le **contenu exact** du rapport est laissé à l'appréciation du gérant, qui l'établit en fonction de l'activité de la société et des éventuelles prescriptions statutaires en la matière. Peuvent y être mentionnés en vue d'assurer une bonne compréhension de l'évolution des résultats, les facteurs économiques, conjoncturels ou structurels, sociaux, techniques ou autres qui ont influencé l'activité au cours de l'exercice écoulé. Pour une complète information des associés et afin de donner une vision plus synthétique des tendances observées, le rapport fait généralement ressortir, au moyen d'une comparaison avec les exercices précédents, les caractéristiques essentielles de l'évolution de l'activité au cours de l'exercice considéré (progression, stagnation, régression du chiffre d'affaires ou des résultats, évolution des investissements et de l'endettement, etc.) ainsi que les progrès enregistrés ou les difficultés rencontrées. Cette information peut être communiquée de façon quantitative ou qualitative, en précisant, le cas échéant, les événements qui ont pu avoir une incidence sur l'activité et son évolution (nouveaux investissements, cession ou rénovation d'un immeuble pour une société civile immobilière, par exemple). L'indication des bénéfices réalisés ou prévisibles et des pertes encourues ou prévues peut utilement être accompagnée d'une présentation des principaux résultats réalisés par la société au cours de l'exercice clos.

APPROBATION PAR LES ASSOCIÉS

Les associés de **sociétés civiles de droit commun** n'ont pas en principe à approuver directement les comptes sociaux. **8232**

L'obligation de soumettre les comptes sociaux à l'approbation des associés est prévue seulement pour les **SCPI** (n° 36815), les **SEF** et certains **GFI** (C. mon. fin. art. L 214-103, sur renvoi, pour les GFI, de l'article C. mon. fin. art. L 214-86, al. 1), les **SCP** (n° 54760) et les **sociétés importantes ayant une activité économique** (C. com. art. L 612-1). Pour ces dernières, les comptes annuels sont soumis, en même temps qu'un rapport de gestion, à l'approbation de l'organe délibérant au plus tard dans les six mois de la clôture de l'exercice et transmis aux commissaires aux comptes 45 jours au moins avant la réunion à laquelle ils doivent être approuvés. Le délai de six mois peut être prolongé à la demande du gérant, par ordonnance du président du tribunal judiciaire, statuant sur requête (C. com. art. R 612-2, al. 2).

3. AFFECTATION DES RÉSULTATS

AFFECTATION DES BÉNÉFICES

8234 La répartition des bénéfices s'effectue **conformément aux statuts.** Ces derniers doivent non seulement fixer les droits auxquels chaque associé a vocation en cas de **distribution de dividendes,** mais aussi les modalités de répartition de ce dividende (majorité requise pour décider la distribution, conditions de mise en paiement, etc.).

À cet égard, les associés des sociétés civiles disposent d'une liberté que n'ont pas les membres des sociétés commerciales ; en effet :

1. Contrairement aux sociétés par actions ou aux sociétés à responsabilité limitée, il n'est pas obligatoire de prélever sur les bénéfices la somme nécessaire pour constituer une réserve légale ;

2. Aucun délai n'est imposé pour la mise en paiement du dividende, alors que, dans les sociétés commerciales, le paiement doit être effectué dans les neuf mois qui suivent la clôture de l'exercice, sauf prolongation de ce délai par décision de justice ;

3. Les dividendes peuvent être payés en plusieurs fois et il n'existe, pour les sociétés civiles, aucune réglementation limitant la possibilité de versement d'acomptes.

Les associés peuvent décider de mettre les bénéfices en **réserve** et de ne procéder à aucune distribution, mais cette décision doit être justifiée par l'intérêt social et non par l'intérêt personnel des associés majoritaires (voir n°s 9071 s.).

Ils peuvent également décider de laisser une partie du bénéfice en instance d'affectation jusqu'à une prochaine décision collective (**report à nouveau**).

8236 **À défaut de dispositions statutaires** sur la répartition des bénéfices distribués, ceux-ci doivent être attribués aux associés au prorata de leurs droits dans le capital, l'apporteur en industrie recevant une part égale à celle de l'associé qui a le moins apporté (C. civ. art. 1844-1, al. 1).

La décision des associés quant à la mise en distribution des bénéfices est sans incidence sur le régime fiscal applicable à ces bénéfices, sauf en cas d'option pour l'impôt sur les sociétés (n°s 10400 s.).

8238 L'**action en paiement** des bénéfices distribués se prescrit par cinq ans (C. civ. art. 2224).

Ce délai ne commence à courir qu'à partir du jour où la décision de l'assemblée des associés de distribuer a été prise (Cass. com. 19-9-2006 n° 03-19.416 F-D : RJDA 2/07 n° 153).

AFFECTATION DES PERTES

8240 En cas de pertes, la collectivité des associés peut :

– ou bien les imputer sur des comptes de réserves, s'il en existe ;

– ou bien les laisser subsister dans un compte « Report à nouveau (solde débiteur) » et utiliser les bénéfices ultérieurs par priorité à l'apurement de ce compte.

Les associés peuvent aussi décider de prendre les pertes à leur charge. Dans ce cas, la **répartition** est effectuée **selon** les modalités prévues dans **les statuts.** En l'absence de clause statutaire, chaque associé doit supporter une part des pertes proportionnelle à ses droits dans le capital, l'apporteur en industrie étant soumis au même régime que l'associé qui a le moins apporté (C. civ. art. 1844-1).

> **› Précisions** **a.** Comme pour les bénéfices (n°s 8234 s.), la décision des associés quant à l'affectation des pertes est sans conséquence sur le **plan fiscal**.
> **b.** La **dette** de contribution aux pertes de chaque associé exigible en vertu des statuts de la société dès l'approbation des comptes par l'assemblée des associés se **prescrit**, conformément au droit commun, à l'issue d'un délai de cinq ans.

CHAPITRE 3

LES DÉCISIONS COLLECTIVES

SOMMAIRE

SECTION 1

MODE DE CONSULTATION DES ASSOCIÉS

CHOIX DU MODE DE CONSULTATION DES ASSOCIÉS

8500 En principe, les décisions collectives sont prises en **assemblée.** Toutefois, les statuts peuvent aussi prévoir qu'elles résulteront d'une consultation écrite (C. civ. art. 1853).

Les statuts déterminent librement le domaine d'application des modalités d'adoption des décisions collectives admises par la loi (Cass. com. 19-3-2013 nº 12-15.283 : RJDA 6/13 nº 533). Ils peuvent ainsi limiter la possibilité de **consultation par écrit** à certaines décisions (par exemple, toutes les décisions n'entraînant pas modification des statuts autres que l'approbation annuelle des comptes) ou prévoir le principe de la consultation écrite en laissant à la gérance, lors de chaque décision à prendre, le soin de choisir entre cette procédure et la réunion d'une assemblée.

Les décisions collectives peuvent aussi être prises par **acte** sous signature privée ou notarié constatant le consentement de tous les associés (C. civ. art. 1854). Alors que la procédure de consultation écrite ne peut être utilisée que si elle est prévue par les statuts, la constatation des décisions collectives dans un acte signé par tous les associés est possible même en l'absence de toute disposition statutaire le permettant.

CONSULTATION DES ASSOCIÉS DE SOCIÉTÉS EXERÇANT UNE ACTIVITÉ RÉGLEMENTÉE

8505 Les règles exposées ci-après ne valent que pour les sociétés civiles non soumises à une réglementation particulière. La plupart des textes applicables aux sociétés civiles exerçant une activité réglementée contiennent des dispositions relatives au mode de consultation des associés, dispositions qui, pour ces sociétés, se substituent à celles du Code civil (C. civ. art. 1845).

A. Assemblées des associés

FIXATION DES MODALITÉS DE RÉUNION DES ASSOCIÉS

8510 Dans le silence de la loi, ce sont les statuts qui doivent fixer les modalités de réunion des assemblées et les conditions dont dépend la validité des décisions à prendre.

Toutefois, cette liberté ne s'étend pas à toutes les sociétés civiles. Les textes particuliers concernant les sociétés exerçant une activité réglementée (sociétés civiles de placement immobilier, sociétés civiles professionnelles, sociétés civiles d'attribution d'immeubles en jouissance à temps partagé, etc.) contiennent souvent un certain nombre de règles à respecter quant à la tenue de l'assemblée, aux conditions de quorum et de majorité, aux procès-verbaux, au droit de communication des associés, etc.

CONVOCATION DES ASSEMBLÉES

8515 **Droit de convocation** Les statuts déterminent qui a le droit de convoquer l'assemblée. Le plus souvent cette convocation incombe au **gérant.** En cas de pluralité de gérants, il convient de préciser si les gérants doivent agir ensemble et, dans l'affirmative, d'indiquer la procédure à suivre au cas où les gérants ne parviendraient pas à se mettre d'accord (par exemple, consultation de l'associé majoritaire afin qu'il décide si l'assemblée doit ou non être réunie, ou demande en justice de désignation d'un mandataire chargé de procéder à la convocation).

Lorsque, situation très rare en pratique, les statuts ne contiennent aucune disposition relative à la convocation des assemblées, celle-ci relève, en principe, de la compétence du gérant, en vertu des pouvoirs qu'il tient de l'article 1848, al. 1 du Code civil. Mais il a été jugé que chaque associé pouvait aussi, sans mise en demeure préalable du gérant, convoquer l'assemblée (CA Caen 3-12-1971 : Rev. sociétés 1973 p. 147 note J. G.). En cas de pluralité de gérants, chacun d'eux peut procéder à la convocation, sans que les autres puissent s'y opposer. En effet, l'opposition prévue à l'article 1848, al. 2 du Code civil ne s'applique pas à la convocation d'une assemblée, celle-ci étant un acte unilatéral qui ne peut équivaloir à la « conclusion d'une opération » (Cass. com. 6-6-1972 : Rev. sociétés 1973 p. 310 note B. Bouloc et CA Paris 5-11-1999 n° 97-13918 : RJDA 2/00 n° 177, à propos d'une société à responsabilité limitée mais transposables par identité de rédaction des articles 1848, al. 2 du Code civil et L 221-4, al. 2 du Code de commerce).

8520 Par ailleurs, tout **associé** non gérant peut à tout moment, par lettre recommandée, demander au gérant de provoquer une délibération des associés sur une question déterminée (Décret 78-704 art. 39).

Le gérant doit alors soit procéder à la consultation des associés (en assemblée ou par consultation écrite), soit s'engager à inscrire cette question à l'ordre du jour de la prochaine assemblée ou consultation écrite.

Cette seconde possibilité est écartée lorsque la question posée porte sur le retard du gérant à remplir l'une de ses obligations (par exemple, défaut de réunion de l'assemblée ordinaire annuelle). Dans ce cas, il doit immédiatement consulter les associés (Décret 78-704 art. 39, al. 2).

Si le gérant s'oppose à la demande ou garde le silence, l'associé demandeur peut, à l'expiration du délai d'un mois à dater de sa demande, solliciter du président du tribunal judiciaire du lieu du siège social, statuant selon la procédure accélérée au fond, la désignation d'un **mandataire chargé de provoquer la délibération des associés** (Décret 78-704 art. 39, al. 3), étant précisé que le président du tribunal ainsi saisi n'a pas le pouvoir de modifier le contenu de la délibération sollicitée (CA Paris 10-11-2006 n° 06-7468 : RJDA 5/07 n° 513). Jugé que les conditions d'une telle désignation ne sont pas réunies lorsque le gérant demande des précisions à l'associé qui entend provoquer une délibération des associés sur les raisons qui le motivent au regard de l'intérêt social (CA Paris 3-12-2004 n° 04-13633 : RJDA 12/05 n° 1365). Néanmoins, l'attitude d'un gérant qui, sous couvert de demandes répétées de précisions, tendrait à faire obstacle à la demande de l'associé pourrait, selon nous, être tenue pour de la passivité autorisant la désignation judiciaire d'un mandataire si la demande de l'associé est justifiée.

L'associé peut se voir reprocher de ne pas avoir usé de la faculté de demander en justice la désignation d'un mandataire. Jugé ainsi que les associés qui entendaient se retirer d'une société civile ne pouvaient pas invoquer valablement l'irrégularité du rejet de leur demande de retrait en l'absence de décision d'une assemblée régulièrement convoquée et réunie alors qu'il leur appartenait de passer outre à l'inertie ou au refus du gérant de convoquer l'assemblée en demandant, conformément aux dispositions précitées, la désignation d'un mandataire chargé de provoquer la délibération des associés (Cass. 1e civ. 27-1-1998 n° 95-16.876 : RJDA 5/98 n° 612).

Remarques :

1. Aucune disposition légale ne réglementant le droit de convocation des assemblées, rien ne s'oppose, à notre avis, à ce que les **statuts** aménagent les règles ci-dessus en facilitant la possibilité pour les associés d'obtenir la réunion d'une assemblée : par exemple, droit pour l'associé de convoquer lui-même l'assemblée si, à l'expiration d'un délai déterminé, le gérant n'a pas procédé à cette convocation. Jugé néanmoins que la clause des statuts donnant compétence à la collectivité des associés pour prendre une décision (au cas particulier, en matière de révocation du gérant) n'autorise pas un associé à convoquer lui-même l'assemblée (CA Orléans 7-12-2006 n° 06-643 : RJDA 5/07 n° 512).

2. Dans certaines **sociétés** civiles **réglementées,** la convocation d'une assemblée ne peut être demandée par les associés que s'ils représentent une fraction déterminée du nombre des associés ou du montant du capital social (voir, par exemple, les sociétés civiles professionnelles n° 54710 et les sociétés civiles d'attribution d'immeubles en jouissance à temps partagé : Loi 86-18 du 6-1-1986 art. 13, al. 3).

3. Si, pour quelque cause que ce soit (décès, démission, révocation, etc.), la **société** se trouve **dépourvue de gérant,** tout associé peut réunir les associés ou, à défaut, demander au président du tribunal statuant sur requête la désignation d'un mandataire chargé de le faire, à seule fin de nommer un ou plusieurs gérants (C. civ. art. 1846, al. 5).

4. La société est nécessairement **partie à l'instance tendant à la désignation d'un mandataire** chargé de provoquer la délibération des associés : la demande est irrecevable si l'associé n'a assigné que le gérant de la société (Cass. com. 3-11-2004 n° 01-01.855 : RJDA 7/05 n° 811).

Le Code du travail reconnaît, « dans les sociétés » d'au moins 50 salariés, la possibilité pour le **comité social et économique** de demander en justice la désignation d'un mandataire chargé de convoquer « l'assemblée générale des actionnaires en cas d'urgence » (C. trav. art. L 2312-77, al. 1). Ce texte n'est pas, à notre avis, applicable aux sociétés civiles. En effet, s'agissant d'un droit reconnu à un non-associé, l'interprétation de la loi doit être restrictive. **8525**

Formes et délais de convocation

Mode de convocation. Les convocations doivent être adressées par **lettre** recommandée (Décret 78-704 art. 40, al. 1). **8530**

Il appartient à l'associé, s'il change d'adresse, d'en informer le gérant ; à défaut, et dans le silence des statuts, est régulière la convocation envoyée à la dernière adresse connue de l'associé, identique à celle indiquée sur les extraits Kbis de la société, même si cette convocation est revenue avec la mention « Destinataire inconnu à l'adresse indiquée » (Cass. 3e civ. 25-6-2020 n° 18-26.717 F-D : RJDA 1/21 n° 22). De même, est régulière la convocation envoyée à l'un des associés par lettre recommandée AR même si elle a été retournée avec la mention « n'habite plus à l'adresse indiquée », dès lors que la lettre a été envoyée à l'adresse que l'associé avait lui-même indiquée dans ses courriers adressés à la société avant et après cette convocation (Cass. com. 29-10-2003 n° 00-17.358 : RJDA 3/04 n° 309, à propos d'une société commerciale mais transposable ; dans le même sens, CA Paris 1-3-2018 n° 15/07467 : RJDA 6/18 n° 514).

La convocation peut aussi être **verbale,** et même sans délai, pourvu que tous les associés soient présents ou représentés lors de la réunion : les associés renoncent par là même à se prévaloir des prescriptions légales et réglementaires (CA Paris 23-6-1998 n° 97-15221 : RJDA 4/99 n° 434).

Sur le droit pour le nu-propriétaire et l'usufruitier de parts sociales de participer aux assemblées et de recevoir une convocation, voir nos 62080 s.

Délai de convocation. Les lettres de convocation doivent être envoyées 15 jours au moins avant la date de la réunion (Décret 78-704 art. 40, al. 1). Sauf clause contraire des statuts, ce délai doit être calculé sans tenir compte du jour d'envoi de la convocation, mais en tenant compte du jour de la tenue de l'assemblée (Cass. com. 11-1-2005 n° 02-14.118 : RJDA 5/05 n° 554 ; CA Paris 1-3-2018 n° 15/07467 : RJDA 6/18 n° 514) : par exemple, si une assemblée doit être convoquée 15 jours à l'avance, une convocation faite le 5 avril pour le 20 du même mois est valable. En effet, dans le silence de la loi et des statuts sur le mode de computation du délai de convocation, il y a lieu d'appliquer les règles du Code de procédure civile applicables dans les procédures judiciaires (art. 640 à 642). **8531**

Par ailleurs, la date de réception de la convocation est sans incidence (Cass. ch. mixte 16-12-2005 n° 04-10.986 : RJDA 3/06 n° 297 ; Cass. com. 11-1-2005 n° 02-14.118, précité) : ainsi, pour une assemblée devant se tenir le 16 octobre, le délai légal a bien été respecté lorsque la lettre de convocation a été envoyée le 1er octobre, peu important qu'un associé, qui était d'ailleurs présent à ladite assemblée, ne l'ait reçue que le 7 octobre (Cass. com. 11-1-2005 n° 02-14.118, précité).

Sanction des règles de convocation. Le **défaut de convocation** d'un associé est une cause de nullité des délibérations qui peut être invoquée par tout associé, même ceux qui ont été régulièrement convoqués et même si la présence des associés non convoqués n'aurait eu aucune incidence sur le résultat du vote (Cass. 3e civ. 21-10-1998 n° 96-16.537 : RJDA 12/98 n° 1371, solution fondée sur les articles 1844 et 1844-10 du Code civil). **8532**

La nullité ne peut être demandée que par un associé, et une demande formée par le gérant est donc irrecevable (Cass. com. 17-12-2002 n° 98-21.918 : RJDA 5/03 n° 506 et CA Paris 15-2-2008 n° 07-14454 : RJDA 7/08 n° 818, à propos d'une société à responsabilité limitée mais transposables).

Conformément au droit commun, c'est à la société qui prétend que les associés ont bien été convoqués d'en apporter la preuve (Cass. com. 10-2-2021 n° 18-23.398 F-D : RJDA 6/21 n° 405, à propos d'une société à responsabilité limitée mais transposable).

L'action en nullité n'est pas recevable lorsque **tous** les **associés** étaient **présents ou représentés** (Cass. com. 8-2-2005 n° 03-19.167 : RJDA 6/05 n° 724). En effet, des circonstances particulières peuvent nécessiter la réunion d'une assemblée sans qu'il soit possible de respecter les formes et délais de convocation. Dès lors que tous les associés acceptent de se rendre à cette assemblée ou de s'y faire représenter, ils renoncent ainsi à se prévaloir des prescriptions légales et réglementaires, tel notamment le droit de communication (n° 8560), qui sont destinées à protéger leurs intérêts et couvrent donc toutes les irrégularités de la convocation ; en effet, il est toujours possible, après la naissance de son droit, de renoncer à une protection d'ordre public (Cass. 3e civ. 27-10-1975 : Bull. civ. III n° 310).

N'est pas non plus recevable l'action en nullité formée par un associé qui n'invoque un défaut de convocation qu'en ce qui le concerne dès lors qu'il a participé à l'assemblée (Cass. com. 8-2-2005 n° 03-19.167, précité).

Par ailleurs, la **violation des règles de convocation** aux assemblées prévues par l'article 40 du décret 78-704 (mode et délai de convocation) est sanctionnée par la nullité s'il en résulte un préjudice (Cass. ch. mixte 16-12-2005 n° 04-10.986 : RJDA 3/06 n° 297 ; sur la portée de cette décision au regard du régime des nullités, voir n° 26676 ; pour un cas où la nullité n'a pas été prononcée, malgré le non-respect du délai de convocation de l'assemblée, dès lors que les associés demandeurs ne démontraient pas que cette irrégularité leur avait causé un préjudice, voir CA Paris 1-3-2018 n° 15/07467 : RJDA 6/18 n° 514).

8535 **Lieu de l'assemblée** En l'absence de dispositions légales ou réglementaires à cet égard, les associés fixent librement dans les statuts le lieu de réunion des assemblées. Par exemple, ils peuvent stipuler que celles-ci devront obligatoirement se tenir au siège social ou au domicile de tel ou tel associé, ou encore dans une ville ou un département déterminé.

Les statuts peuvent aussi laisser au gérant le soin de fixer le lieu de réunion lors de la tenue de chaque assemblée, mais le gérant ne doit pas se livrer à un usage abusif ou frauduleux de cette faculté en vue notamment d'empêcher certains associés de participer à l'assemblée ou d'influencer les votes (CA Paris 5-11-1999 n° 97-13918 : RJDA 2/00 n° 177 et CA Paris 15-6-1989 : BRDA 15-16/89 p. 20, à propos de sociétés à responsabilité limitée mais transposables).

Dans le cas où les statuts n'ont rien prévu, l'assemblée peut se tenir en n'importe quel lieu fixé par l'auteur de la convocation, sa décision ne pouvant être remise en cause que si elle constitue un abus de droit (Cass. com. 31-3-2021 n° 19-12.057 F-P : RJDA 7/21 n° 490, à propos d'une société à responsabilité limitée mais transposable ; voir aussi CA Caen 3-12-1971 : Rev. sociétés 1973 p. 147 note J. G.).

ILLUSTRATIONS

Est régulière la convocation d'une assemblée à Paris envoyée par le gérant majoritaire d'une société ayant son siège en Guadeloupe à son coassocié, dès lors que ce dernier avait indiqué se trouver en métropole à cette époque et qu'il ne justifiait pas de la réalité d'une indisponibilité le jour de l'assemblée ni ne démontrait avoir été sciemment empêché d'y assister (Cass. com. 31-3-2021 n° 19-12.057 F-P précité).

8540 **Ordre du jour** L'ordre du jour de l'assemblée est établi par l'**auteur** de la convocation, c'est-à-dire, le plus souvent, le gérant. Celui-ci doit, nous l'avons vu (n° 8520), y inscrire les questions qui lui ont été soumises par les associés.

L'ordre du jour doit être indiqué dans les lettres de convocation. Les questions inscrites à l'ordre du jour doivent être libellées de telle sorte que leur portée et leur contenu apparaissent clairement sans qu'il y ait lieu de se reporter à d'autres documents (Décret 78-704 art. 40, al. 1). Tel n'est pas le cas des projets de résolution rédigés de la façon suivante : « Première résolution : Modification des statuts conformément aux documents ci-annexés en page 2 » (CA Paris 26-11-2008 n° 08-11939 : RJDA 3/09 n° 224 som., à propos d'une société anonyme mais transposable).

Lorsque l'**ordre du jour** n'est pas **explicite,** l'assemblée générale peut être annulée. Tel a été le cas pour une assemblée dont l'ordre du jour faisait état d'une modification des statuts, mais ne donnait pas la teneur de la modification proposée (CA Versailles 25-1-2002 n° 00-4715 : RJDA 11/02 n° 1158). En revanche, les juges ont refusé d'annuler une assemblée alors qu'ils avaient relevé que les questions inscrites à l'ordre du jour n'étaient pas libellées de telle sorte que leur portée et leur contenu apparaissent clairement sans qu'il y ait lieu de se reporter à d'autres documents, aux motifs notamment que celui qui invoquait l'irrégularité était suffisamment informé de l'ordre du jour (CA Paris 24-9-2009 n° 09-10508 : RJDA 4/10 n° 370, en matière de société anonyme mais transposable).

Jugé aussi que la demande d'un associé tendant à la désignation d'un mandataire chargé de convoquer l'assemblée aux fins de statuer sur une question déterminée devait être rejetée dès lors que cette demande ne permettait pas d'indiquer dans la convocation un ordre du jour précis (CA Paris 10-11-2006 n° 06-7468 : RJDA 5/07 n° 513).

Le Code du travail reconnaît, « dans les sociétés » d'au moins 50 salariés, la possibilité pour le **comité social et économique** de requérir l'inscription de projets de résolution à l'ordre du jour des assemblées (C. trav. art. L 2312-77, al. 2). Ce texte n'est pas, selon nous, applicable aux sociétés civiles (voir n° 8525). 8541

Cas où les associés sont tous gérants Les dispositions ci-dessus exposées relatives aux formes et délais de convocation et à l'ordre du jour ne sont pas applicables lorsque tous les associés sont gérants (Décret 78-704 art. 43). 8545

DROIT DE COMMUNICATION DES ASSOCIÉS PRÉALABLE À L'ASSEMBLÉE

Par analogie avec le régime des sociétés commerciales, les articles 40 et 41 du décret 78-704 prévoient, avant toute assemblée, un droit de communication des associés, qu'ils organisent de la manière suivante. 8560

Droit de communication préalable à l'assemblée annuelle Le gérant doit adresser à chacun des associés 15 jours au moins avant la réunion de l'assemblée annuelle (Décret 78-704 art. 40, al. 2 et 41) : 8561

- un rapport d'ensemble sur l'activité de la société avec indication des bénéfices réalisés ou prévisibles et des pertes encourues ou prévues ;
- les rapports de l'organe de surveillance ou des commissaires aux comptes, s'il y a lieu ;
- le texte des résolutions proposées ;
- tous autres documents nécessaires à l'information des associés.

Ces documents – qui peuvent être envoyés aux associés sous pli ordinaire – doivent aussi être tenus à leur disposition au siège social où ils peuvent en prendre connaissance ou copie.

> **Précisions** **a.** Le décret 78-704 ne précise pas quelle est la **nature des « documents nécessaires à l'information des associés »**. Sont sûrement visés le bilan et les comptes, mais aussi toutes autres pièces dont les associés doivent avoir connaissance pour pouvoir porter un jugement éclairé sur la gestion du gérant, sur les résultats de l'exercice écoulé et sur les perspectives d'avenir.
> **b.** Les dispositions ci-dessus ne sont pas applicables lorsque **tous les associés sont gérants** (Décret 78-704 art. 43).
> **c.** Compte tenu du **droit pour tout associé de participer aux décisions collectives** (C. civ. art. 1844, al. 1), l'associé qui ne peut pas voter doit, à notre avis, être destinataire des mêmes documents. Sur le droit pour l'**usufruitier** de parts sociales d'être destinataire de ces documents, voir nos 62080 s.

Droit de communication préalable à une assemblée autre que l'assemblée annuelle En cas de réunion d'une assemblée autre que l'assemblée annuelle, le texte des résolutions proposées et tout document nécessaire à l'information des associés doivent être tenus à la disposition des associés au siège social où ils peuvent en prendre connaissance ou copie (Décret 78-704 art. 40, al. 2). 8562

Toutefois, si les associés en ont fait la demande, ces documents doivent leur être adressés soit par lettre simple, soit à leurs frais par lettre recommandée (Décret 78-704 art. 40, al. 3).

Ces dispositions ne sont pas applicables lorsque tous les associés sont gérants (Décret 78-704 art. 43).

Sanctions Lorsque les documents auxquels ils ont droit ne sont pas adressés aux associés, l'assemblée peut être annulée (CA Versailles 25-1-2002 n° 00-4715 : RJDA 11/02 n° 1158). 8563

Toutefois, la **nullité** des délibérations de l'assemblée en cas de non-respect de l'obligation du gérant de rendre compte de sa gestion ne peut être prononcée que si cette irrégularité a causé un préjudice (Cass. com. 19-4-2005 n° 02-13.599 : RJDA 7/05 n° 833).

En outre, la nullité s'attache à une absence totale d'information, mais non aux simples irrégularités formelles dès lors que les associés ont, en dépit de ces irrégularités, bénéficié d'une information suffisante (Cass. 1e civ. 31-10-1989 : Bull. civ. I n° 339 ; Cass. com. 19-4-2005 n° 02-13.599, précité). Jugé qu'il en était ainsi dans un cas où tous les documents, sans avoir été adressés par le gérant d'une société civile à chacun des associés, avaient été tenus à leur disposition au siège social (Cass. 1e civ. 31-10-1989, précité).

Par ailleurs, l'associé qui n'arrive pas à obtenir les documents auxquels il a droit peut demander au président du tribunal, statuant en référé, de **contraindre** le gérant, le cas échéant **sous astreinte,** à lui communiquer ces documents, mais à la condition qu'il démontre qu'il n'est pas parvenu à obtenir les documents en cause dans le cadre de son droit à communication légale (CA Orléans 18-7-2006 n° 05-3384 : RJDA 12/06 n° 1239). Une telle demande a été déclarée irrecevable dans un cas où elle avait été formulée directement devant le juge par un associé qui refusait de participer à toute assemblée et n'alléguait même pas avoir été privé de son droit à communication par le gérant (CA Orléans 18-7-2006, précité).

TENUE DE L'ASSEMBLÉE

8570 **Participation à l'assemblée** Tout **associé** a le droit de participer aux décisions collectives (assemblées ou consultations écrites) (C. civ. art. 1844, al. 1). Ce droit est d'ordre public (C. civ. art. 1844, al. 4) : aucune disposition statutaire ou conventionnelle ne peut l'écarter ou en subordonner l'exercice à une condition particulière. Ainsi, la clause des statuts d'une société civile prévoyant que ne seraient pas admis aux assemblées les associés qui n'auraient pas participé aux pertes dans les 30 jours d'une mise en demeure n'autorise pas le défaut de convocation d'un associé n'ayant pas satisfait aux obligations mises à sa charge et l'assemblée tenue alors qu'il n'avait pas été convoqué est nulle (CA Paris 7-3-2003 n° 02-2216 : RJDA 10/03 n° 967).

Sur le droit pour le nu-propriétaire et l'usufruitier de parts sociales de participer aux assemblées, voir nos 62080 s.

Sur la faculté pour un indivisaire de participer aux assemblées même s'il n'est pas le représentant de l'indivision, voir n° 9038.

Sur la faculté pour un associé de demander l'annulation d'une assemblée à laquelle un autre associé n'a pas participé parce qu'il n'y avait pas été convoqué, voir n° 8532.

8571 À notre avis, les associés ne peuvent se faire représenter par un **mandataire** que si les statuts le permettent. En outre, même dans ce cas, le mandat ne peut, sauf clause contraire des statuts, être donné qu'à un autre associé. En effet, l'intuitus personae qui domine la société civile s'oppose, en principe, à ce qu'un associé se substitue un tiers pour l'exercice de son droit de vote, mais, comme il ne s'agit pas d'une règle d'ordre public, les statuts peuvent y déroger et autoriser la représentation par mandataire lors des assemblées générales. La plupart des textes relatifs aux SCP n'autorisent la représentation d'un associé que par un autre associé porteur d'un mandat écrit (voir n° 54715). De même, dans les SCPI, les sociétés d'épargne forestière et certains groupements forestiers d'investissement, tout associé peut recevoir les pouvoirs émis par d'autres associés en vue d'être représentés à une assemblée (C. mon. fin. art. L 214-104).

Toutefois, ces règles ne s'appliquent qu'en l'absence de dispositions législatives contraires. Ainsi, les associés des sociétés civiles d'attribution d'immeubles en jouissance à temps partagé peuvent se faire représenter individuellement par un tiers (Loi 86-18 du 6-1-1986 art. 13, al. 5).

Le caractère spécial du pouvoir d'assister à une assemblée implique qu'il soit donné pour une date déterminée (Cass. 1e civ. 28-2-1995 n° 393 : RJDA 7/95 n° 859) ; le mandat permanent se trouve ainsi indirectement prohibé. Par ailleurs, l'associé représenté a le droit d'obtenir communication des documents échangés entre le mandataire désigné en justice et la société sans que celui-ci puisse lui opposer le secret professionnel (Cass. com. 18-11-2014 n° 13-19.767 : RJDA 2/15 n° 100).

Le mandat prend fin si le mandataire est atteint d'une incapacité (placement sous sauvegarde de justice, curatelle, tutelle, habilitation familiale ou mandat de protection future ayant pris effet) ou frappé d'une interdiction (condamnation à une mesure de faillite personnelle ou à une interdiction de gérer) (C. civ. art. 1160).

MODÈLE

Mandat de représentation d'un associé à une assemblée

Je soussigné(*e*)..., né(*e*) le..., de nationalité..., demeurant..., propriétaire de... parts de la société civile... au capital de... €, dont le siège social est situé..., immatriculée sous le n° 000 000 000 RCS (*ville*), donne pouvoir à..., demeurant..., pour me représenter et voter en mon nom à l'assemblée générale qui se tiendra le... à... h, au siège de la société, afin de délibérer sur l'ordre du jour suivant : (*à préciser*)

Fait à..., le...

(*Signature*)

8572 Les sociétés et autres **personnes morales** associées sont représentées aux assemblées générales par l'une des personnes physiques (gérant, directeur général ou président du directoire, directeurs généraux délégués, etc.) habilitées à les représenter à l'égard des tiers, sans qu'il soit nécessaire que ce représentant soit lui-même associé de la société civile.

Sauf clause contraire des statuts de sa société, le représentant légal peut déléguer ses pouvoirs de représentation à un tiers (le plus souvent un de ses collaborateurs) ; à notre avis, il n'est nullement nécessaire que ce tiers soit lui-même associé de la société civile qui tient son assemblée (en ce sens, à propos d'une société anonyme, Cass. crim. 26-5-1994 : RJDA 10/94 n° 1038, à propos d'une société à responsabilité limitée, CA Lyon 9-11-2006 n° 06-3366 : RJDA 8-9/07 n° 843, qui précise qu'il ne peut pas être exigé du tiers bénéficiaire de la délégation de pouvoir une qualité que le représentant légal n'est pas lui-même tenu de posséder, et, à propos d'une société par actions simplifiée, Cass. com. 5-7-2017 n° 15-22.936 F-D : RJDA 11/17 n° 721). Ce tiers se présente non comme un mandataire, mais comme le délégué du représentant légal.

La représentation d'un associé par son **conjoint** non associé est, en principe, soumise aux mêmes règles que la représentation par un tiers. Toutefois, de nombreux statuts, qui excluent le recours à un tiers comme mandataire, accordent néanmoins au conjoint un régime particulier et permettent qu'il soit choisi comme mandataire, mais seulement par son époux ; il ne saurait donc être habilité à recevoir les pouvoirs d'autres associés. **8573**

La représentation d'un associé par son **concubin ou** par son **partenaire pacsé** non associé est soumise aux mêmes règles que la représentation par un tiers.

Le Code du travail reconnaît, « dans les sociétés » d'au moins 50 salariés, la possibilité pour deux membres du **comité social et économique** d'assister aux assemblées générales (C. trav. art. L 2312-77, al. 3). Ce texte n'est pas, à notre avis, applicable aux sociétés civiles. En effet, s'agissant d'un droit reconnu à un non-associé, l'interprétation de la loi doit être restrictive et ce texte se situe dans une sous-section du Code du travail dont les autres dispositions, y compris au sein du même article, ne visent que les sociétés commerciales par actions. **8574**

Feuille de présence Bien qu'aucun texte ne l'exige, sauf dans les SCPI, les sociétés d'épargne forestière et certains groupements forestiers d'investissement (C. mon. fin. art. L 214-108 et R 214-145), il est **conseillé** de préparer une feuille de présence à l'assemblée et de la faire signer par les associés ou leurs mandataires. Cette précaution permet, en effet, de justifier que les associés ayant participé au vote étaient bien présents ou représentés et qu'il existait un nombre suffisant de voix pour adopter les résolutions. **8575**

Sur cette feuille de présence, il convient de mentionner les nom, prénom et adresse des associés présents ou représentés, le nombre de parts dont ils disposent et, pour les associés représentés, l'identité des mandataires.

Dans les sociétés civiles groupant un petit nombre d'associés qui s'entendent bien, il est rare qu'une feuille de présence soit établie.

MODÈLE

Feuille de présence à l'assemblée

Société...
Société civile au capital de... €
Siège social : ...
000 000 000 RCS (*ville*)

Feuille de présence à l'assemblée du...

Numéro d'ordre	**Associé** (Nom, prénoms et adresse ou, selon le cas, dénomination et siège social)	**Nombre de parts**	**Nombre de voix**	**Mandataire ou représentant légal** (Nom, prénoms et adresse ou, selon le cas, dénomination et siège social)	**Signature**
1		*[Préciser les modes de détention des parts (pleine propriété, nue-propriété ou usufruit, indivision]*			
2					
etc.					

Le gérant certifie exacte la feuille de présence faisant apparaître que :

-... associé(*s*) présent(*s*) totalise(*nt*)... parts ;

-... associé(*s*) représenté(*s*) totalise(*nt*)... parts.

À la présente sont annexés... pouvoir(*s*).

(*Signature*)

8580 **Quorum** Aucune disposition du régime général des sociétés civiles ne subordonne la validité des assemblées générales à la présence ou à la représentation d'associés possédant un nombre minimum de parts.

Les associés peuvent néanmoins convenir, dans leurs statuts, de la nécessité d'un quorum et, dans ce cas, ils l'organisent comme ils l'entendent : quorum pour toutes les assemblées ou seulement pour certaines d'entre elles (par exemple, celles appelées à modifier les statuts) ; calcul du quorum en capital ou par tête ; quorum dégressif, etc.

Si le quorum prévu par les statuts n'est pas atteint, les associés ne peuvent pas délibérer et une nouvelle assemblée devra être convoquée avec le même ordre du jour. Pour éviter un blocage du fonctionnement de la société, il est nécessaire de prévoir dans les statuts un quorum sensiblement moins important pour cette deuxième assemblée que pour la première.

Signalons qu'un quorum est souvent exigé par les textes applicables à certaines activités réglementées : par exemple, les **SCPI** (C. mon. fin. art. L 214-103) et la plupart des **SCP** (n° 54720).

8585 **Débats** Les statuts peuvent préciser les **modalités** de la **réunion.** À défaut, conformément à l'usage, le gérant (s'il est associé) ou l'associé possédant le plus grand nombre de parts doit conduire les débats en respectant l'ordre du jour.

Une **question** ne figurant **pas** à l'**ordre du jour** pourra, nous semble-t-il, être évoquée si tous les associés sont présents et acceptants ou si une clause des statuts le permet. Les associés peuvent également adopter des résolutions supplémentaires si les questions traitées résultent naturellement de celles qui sont régulièrement inscrites à l'ordre du jour, c'est-à-dire des questions qui sont la conséquence directe d'un sujet inscrit à l'ordre du jour et qui n'abordent aucun problème nouveau (CA Paris 17-2-1987 : BRDA 8/87 p. 20 et, sur pourvoi, Cass. com. 25-4-1989 n° 87-15.208 D : Bull. Joly 1989 p. 531 note M. Jeantin). Cette théorie de l'ordre du jour implicite trouve le plus souvent à s'appliquer en matière de révocation et de remplacement corrélatif des gérants. Ainsi, certaines questions inscrites à l'ordre du jour de l'assemblée sont susceptibles de déboucher sur la révocation du gérant même si celle-ci n'y est pas mentionnée expressément (Cass. com. 22-10-2013 n° 12-24.162 : RJDA 2/14 n° 128 ; Cass. com. 14-10-2020 n° 18-12.183 F-D : RJDA 1/21 n° 29, à propos de sociétés à responsabilité limitée mais transposables) ; tel est le cas lorsque l'ordre du jour comporte des rubriques telles que « gestion du gérant » ou « examen de l'activité de la société et celui des perspectives d'avenir » (Cass. com. 29-6-1993 : RJDA 11/93 n° 914, à propos d'une société à responsabilité limitée mais transposable).

8586 Aucune disposition légale ou réglementaire ne fixe le mode de **scrutin** dans les assemblées de sociétés civiles. Le plus souvent, le vote a lieu à main levée ; il peut aussi être effectué au scrutin secret lorsqu'il est prévu par les statuts ou, en l'absence de clause statutaire, lorsqu'il est décidé par l'assemblée.

B. Consultation écrite des associés

AVANTAGES ET INCONVÉNIENTS DES CONSULTATIONS ÉCRITES

8700 Les statuts peuvent prévoir que toutes les décisions collectives ou certaines d'entre elles « résulteront d'une consultation écrite » (C. civ. art. 1853).

Ce procédé permet de consulter tous les associés, même ceux dont l'éloignement rend difficile la participation aux réunions. En revanche, comparativement à l'assemblée, il présente l'inconvénient de ne pas donner lieu à un échange de vues entre les associés au moment où ils doivent statuer sur les résolutions qui leur sont proposées. Il conduit plus à une juxtaposition de décisions isolées qu'à l'expression d'une volonté « globale » des associés.

Rappelons que la procédure de consultation écrite ne peut être utilisée que si elle a été prévue dans les statuts.

MODALITÉS DES CONSULTATIONS ÉCRITES

8705 En cas de consultation écrite, le texte des résolutions proposées ainsi que les autres documents nécessaires à l'information des associés (nos 8560 s.) doivent être adressés à chacun de ceux-ci par lettre recommandée AR (Décret 78-704 art. 42).

Le délai de réponse doit être fixé dans les statuts sans pouvoir être inférieur à 15 jours à compter de la date de réception des documents ci-dessus (Décret 78-704 art. 42).

L'associé doit exprimer nettement son vote par oui ou par non, ou encore par abstention. S'il entend justifier son vote, mieux vaut qu'il le fasse sur un document à part. En tout état de cause, le vote ne peut être ni dubitatif ni assorti d'une condition.

À notre avis, jusqu'à l'expiration du délai fixé pour l'envoi de leur vote au gérant, les associés peuvent se rétracter et revenir sur les décisions qu'ils ont prises. C'est seulement à la date d'expiration du délai que le gérant doit procéder au dépouillement des réponses.

Le fait de répondre à la consultation ne vaut pas nécessairement participation à la décision. Ainsi, dans un cas où deux associés qui détenaient près du tiers des parts de la société avaient notifié à la société et au gérant leur décision de ne pas participer à la consultation organisée par ce dernier, en précisant que cette décision impliquait la soustraction de leurs parts sociales dans le calcul du quorum, la Cour de cassation a jugé que cette manifestation de volonté des associés de ne pas participer à la consultation devait être assimilée à une absence de réponse (Cass. 3e civ. 14-2-2007 n° 05-20.312 : RJDA 11/07 n° 1125). Elle a donc censuré la cour d'appel qui avait estimé que, par l'envoi de leur réponse dans le délai imparti, ils avaient participé à la consultation écrite et par conséquent à la détermination du quorum et ce, indépendamment des termes de cette réponse, et que seul le défaut de réponse ou l'envoi d'une réponse après l'expiration du délai aurait autorisé la soustraction des parts sociales des intéressés pour la détermination du quorum.

Les dispositions de l'article 42 du décret 78-704 exposées ci-dessus ne sont pas applicables lorsque tous les associés sont gérants (Décret 78-704 art. 43).

C. Acte constatant le consentement de tous les associés

INTÉRÊT DE RECOURIR À UN ACTE

L'article 1854 du Code civil autorise expressément la constatation des décisions collectives dans un acte constatant le consentement de tous les associés. **8800**

Ce procédé est très souvent utilisé surtout dans les sociétés groupant un petit nombre d'associés. Il permet, en effet, de prendre une décision sans délai dès lors que tous les associés sont d'accord (voir par exemple, pour une promesse de vente portant sur les immeubles d'une SCI, CA Paris 18-12-1984 : BRDA 5/85 p. 15).

FORME DU CONSENTEMENT DES ASSOCIÉS

L'article 1854 du Code civil exigeant que le consentement unanime résulte d'un acte, celui-ci ne peut pas être établi par tous moyens ni **déduit du mode de fonctionnement de la société** (Cass. 1e civ. 21-3-2000 n° 582 : RJDA 5/00 n° 548, en matière de SCP mais applicable à l'ensemble des sociétés civiles compte tenu de la portée générale des dispositions des articles 1853 et 1854 du Code civil). Il ne peut pas non plus être déduit **d'une déclaration fiscale,** serait-elle signée par tous les associés (Cass. com. 12-6-2012 n° 11-17.042 : RJDA 8-9/12 n° 781 ayant exclu que la modification des statuts d'une société civile de moyens prévoyant une contribution aux dépenses de la société proportionnelle à la part de chaque associé dans le capital puisse être déduite des déclarations fiscales signées par tous les associés et faisant état d'une prise en charge égalitaire des dépenses). **8801**

Les associés peuvent toutefois **ratifier par un acte un fonctionnement** constant de la société.

ILLUSTRATIONS

Dans un cas où les deux associés d'une SCP avaient tout au long de la vie sociale réparti les bénéfices en fonction des résultats de l'activité de chacun, contrairement aux dispositions des statuts qui prévoyaient une répartition égalitaire, il a été jugé que les associés avaient unanimement opéré une modification des statuts, dès lors que cette pratique avait été ratifiée par les actes de dissolution et de liquidation de la société établis entre eux, dans lesquels ils relevaient la valeur inégale de leurs clientèles respectives en vue des apurements à venir et renvoyaient, expressément et sans réserves aux modalités de répartition des bénéfices antérieurement réalisés par la société (Cass. 1e civ. 2-3-2004 n° 344 : RJDA 7/04 n° 851).

Lorsque les associés sont appelés à autoriser un engagement qui n'entre pas dans les pouvoirs du gérant, le consentement des associés peut résulter de la simple signature de l'acte constatant cet engagement (Cass. 3e civ. 25-9-2002 n° 1311 : RJDA 1/03 n° 39).

> **Précisions** Même **sans acte écrit**, la Cour de cassation admet que les associés puissent, à l'unanimité, donner leur accord pour **déroger au devoir de loyauté** du gérant (Cass. com. 18-3-2020 n° 18-17.010 F-D : RJDA 6/20 n° 314, à propos d'une société à responsabilité limitée mais transposable).

OPPOSABILITÉ DE L'ACTE À LA SOCIÉTÉ

8802 L'acte n'est opposable à la société qu'à partir du moment où son gérant en a eu connaissance (voir CA Paris 1-2-1965 : D. 1965 p. 564 ; Cass. com. 20-7-1970 : Bull. civ. IV n° 251).

CONSERVATION DES DÉCISIONS PRISES PAR ACTE

8803 Lorsqu'une décision est constatée par un acte, elle doit être mentionnée, à sa date, sur le registre papier ou électronique des délibérations ou sur les feuilles mobiles avec l'indication de la forme, de la nature, de l'objet et des signataires de l'acte. L'acte lui-même, s'il est sous signature privée, ou sa copie authentique, s'il est notarié, doit être **conservé dans les archives sociales,** par exemple en annexe du registre des délibérations, de manière qu'il puisse être consulté en même temps que ce registre (Décret 78-704 art. 46).

Lorsque le registre des délibérations est tenu sous forme électronique, la mention dans le registre est signée au moyen d'une signature électronique respectant les exigences de la signature électronique avancée et est datée de façon électronique au moyen d'un horodatage offrant toute garantie de preuve (Décret 78-704 art. 45, al. 3, sur renvoi de l'art. 46, al. 2 ; sur ces exigences, voir n° 9300).

MODÈLE

Acte constatant une décision unanime des associés

Société...
Société civile au capital de... €
Siège social : ...
000 000 000 RCS (*ville*)

Nous soussignés :

– ... (*nom de l'associé, adresse*), propriétaire de... parts sociales ;

– ... (*nom de l'associé, adresse*), propriétaire de... parts sociales ;

– ...

Soit... (*nombre*) associés, détenant ensemble... (*nombre*) parts sociales, soit la totalité des parts émises par la Société civile... (*dénomination sociale*),

Seuls associés de la Société civile...,

prenons, conformément aux dispositions de l'article 1854 du Code civil, les décisions suivantes :

– décision n° 1 : ... (*insérer le texte de la décision*).

– décision n° 2 : ... (*insérer le texte de la décision*).

– décision n° 3 (*en cas de formalité de dépôt et de publicité*) : Les associés décident à l'unanimité de donner tous pouvoirs au porteur de l'original d'un extrait ou d'une copie des présentes, à l'effet d'accomplir toutes formalités de dépôt et autres qu'il appartiendra.

Le présent acte, qui constate les décisions unanimes des associés en date du..., sera mentionné sur le registre des délibérations et un exemplaire original signé par tous les associés sera conservé dans les archives de la Société.

À cet effet, un original des présentes est remis au gérant qui le reconnaît.

Fait à..., le...

En... originaux (*un exemplaire pour le gérant et autant d'exemplaires que nécessaire pour l'exécution des formalités*).

(*Signatures des associés et du gérant s'il n'est pas associé*)

SECTION 2

RÉGIME DES DÉCISIONS COLLECTIVES DES ASSOCIÉS

A. Vote des associés

1. VOTER, UN DROIT ESSENTIEL DE L'ASSOCIÉ

Tout associé a le droit de participer aux décisions collectives (C. civ. art. 1844, al. 1). Le droit de vote est un droit fondamental de l'associé qui ne peut lui être retiré que dans les cas prévus par la loi : aucune disposition statutaire ou conventionnelle ne peut l'écarter même temporairement (Cass. com. 9-2-1999 n° 398 : RJDA 5/99 n° 566 et Cass. com. 23-10-2007 n° 06-16.537 : RJDA 1/08 n° 50, respectivement à propos d'une société en commandite par actions et d'une société par actions simplifiée mais transposables). 9000

En ce qui concerne les sociétés civiles (contrairement aux sociétés commerciales), il n'existe aucune disposition prévoyant expressément la **suppression** du **droit de vote.** Tout au plus peut-on relever que la décision éventuelle de dissolution faisant suite à la révocation d'un gérant associé (C. civ. art. 1851, al. 3), à la faillite personnelle d'un associé ou à l'ouverture à son encontre d'une procédure collective (C. civ. art. 1860), ou encore au défaut de rachat des parts d'un associé dont l'acquéreur proposé n'a pas été agréé (C. civ. art. 1863, al. 1) est prise par « les autres associés », ce qui, à notre avis, permet d'exclure l'intéressé du vote sur la dissolution.

Sauf dans ces cas exceptionnels, tous les associés jouissent du droit de vote, même s'ils ont un **intérêt personnel** à l'adoption ou au rejet des résolutions qui leur sont soumises.

Néanmoins, les excès auxquels pourrait conduire la liberté de vote ainsi reconnue aux associés sont réprimés par les tribunaux en application de la théorie de **l'abus de droit** (n°s 9070 s.)

Sur le droit de participer aux assemblées du nu-propriétaire et de l'usufruitier en cas de **démembrement de parts sociales,** voir n°s 62080 s.

2. TITULAIRE DU DROIT DE VOTE

Le droit de vote ne peut être exercé que par l'associé ou son mandataire (n°s 8570 s.). Peut donc être annulée la décision adoptée par une assemblée à laquelle ont participé et voté des personnes qui n'ont pas la qualité d'associé (Cass. 3e civ. 8-7-2015 n° 13-27.248 : RJDA 4/16 n° 291). 9030

L'application de cette règle soulève des difficultés lorsque les parts sociales sont l'objet de droits concurrents : l'article 1844, al. 2 du Code civil donne un certain nombre de solutions, inspirées de celles en vigueur dans les sociétés anonymes, notamment en ce qui concerne les parts indivises, mais sans les imposer, les statuts pouvant y déroger (C. civ. art. 1844, al. 4).

Sur le titulaire du droit de vote lorsque les parts sont grevées d'usufruit, voir n°s 62080 s.

PARTS INDIVISES

Désignation d'un mandataire Sauf clause contraire des statuts, les copropriétaires d'une part sociale indivise doivent être représentés par un **mandataire unique** choisi parmi les indivisaires ou en dehors d'eux (C. civ. art. 1844, al. 2). 9032

Pouvoirs du mandataire L'article 1844, al. 2 du Code civil, qui impose la désignation d'un mandataire chargé de représenter les indivisaires, ne prend pas parti sur l'étendue des pouvoirs qui lui sont confiés. Les pouvoirs du mandataire doivent donc être déterminés conformément aux règles propres au régime de l'indivision (Cass. 1re civ. 6-2-1980 : Bull. civ. I n° 49). Celles-ci sont fixées par les articles 815 s. du Code civil. 9033

Les indivisaires peuvent donner un **mandat général d'administration des biens indivis,** à l'un d'entre eux ou à un tiers, à la majorité d'au moins deux tiers des droits indivis (C. civ. art. 815-3, al. 3). Le mandataire peut, à notre avis, les représenter pour la prise des décisions collectives sans avoir à justifier d'une habilitation spéciale. En cas de pluralité de mandataires, un seul d'entre eux peut représenter les indivisaires pour la prise des décisions collectives (C. civ. art. 1844, al. 2).

Si la décision à prendre ne relève pas de l'exploitation normale des biens indivis (cf. C. civ. art. 815-3, al. 7) ou contient des résolutions conduisant à un acte de disposition (réduction de capital, dissolution de la société, fusion ou scission, etc.), les indivisaires doivent, à notre avis, désigner à l'unanimité un mandataire spécial pour cette assemblée. En effet, le consentement de tous les indivisaires est requis pour effectuer ces actes (C. civ. art. 815-3, al. 7) ; or l'exercice du droit de vote constitue, selon l'ordre du jour et les résolutions prises par l'assemblée, un acte d'administration ou de disposition (Cass. com. 16-11-2004 n° 1622 : RJDA 8-9/05 n° 1053, à propos d'une société anonyme mais transposable).

En l'absence de désignation d'un mandataire général, les indivisaires doivent désigner un **mandataire chargé de les représenter pour la prise des décisions collectives** en vertu de la législation sur les sociétés. À notre avis, ils peuvent désigner un mandataire unique pour toutes les décisions. Ils peuvent aussi désigner un mandataire pour chaque décision. Dans les deux cas, la désignation du mandataire est soumise aux mêmes conditions que celles énoncées ci-dessus.

> **Précisions** Dans un arrêt du 1er mars 2018 (CA Paris 1-3-2018 n° 15/07467 : RJDA 6/18 n° 514), la cour d'appel de Paris a jugé, à tort à notre avis, que le droit de vote constitue toujours un acte d'administration, peu important la **nature de la décision** à prendre. La cour semble se référer au droit des incapacités qui, avant la réforme de 2008, considérait dans tous les cas le droit de vote comme un acte d'administration. Désormais, l'annexe 2 du décret 2008-1484 du 22 décembre 2008 range le vote des décisions collectives tantôt dans les actes d'administration, tantôt dans les actes de disposition et énumère plusieurs décisions qui sont présumées constituer des actes de disposition (reprise des apports, modification des statuts, prorogation et dissolution, vente d'un élément d'actif immobilisé, aggravation des engagements des associés, etc.), sauf circonstances d'espèce permettant de considérer qu'elles n'ont que de faibles conséquences sur la valeur du patrimoine du mineur, sur ses prérogatives ou sur son mode de vie. Même si la distinction entre actes de disposition et d'administration se retrouve en matière d'indivision, on ne peut pas, selon nous, déterminer l'étendue du mandat du représentant des indivisaires en se référant à des textes spécifiques aux personnes protégées (dans le même sens, E. Naudin, Décret du 22 décembre 2008 : retour sur la distinction entre les actes d'administration et les actes de disposition : Bull. Joly 2009 p. 534).

9034 **Désaccord entre les indivisaires** En cas de **désaccord** entre les indivisaires **sur la désignation du représentant,** celui-ci est nommé par le président du tribunal judiciaire à la demande du copropriétaire le plus diligent (C. civ. art. 1844, al. 2 ; Décret 78-704 art. 17). Cette règle est d'ordre public : le juge ne peut donc pas refuser de désigner un mandataire dès lors qu'il existe un désaccord entre les indivisaires, même si l'un d'eux est investi d'un mandat général d'administration (Cass. 1e civ. 15-12-2010 n° 09-10.140 : RJDA 2/11 n° 153).

Selon nous, le président du tribunal doit statuer en référé et non sur requête, car chacun des indivisaires doit être en mesure de faire valoir son point de vue.

La demande ne peut être présentée que par les indivisaires. La société n'a pas qualité pour agir (Cass. com. 15-11-1976 : Rev. sociétés 1977 p. 272 note Y. Guyon).

Il y a désaccord, à notre avis, en cas de refus par la majorité des indivisaires de désigner un mandataire. Dans ce cas, l'indivisaire qui conteste la décision de la majorité peut valablement demander en justice la désignation de ce mandataire. En effet, l'article 815-3, al. 3 du Code civil ne crée que la faculté de choisir un mandataire à la majorité des deux tiers ; il ne donne pas pouvoir à cette majorité de décider ou non de la représentation des indivisaires pour la décision à prendre.

Le juge peut désigner le mandataire parmi les indivisaires ou en dehors d'eux, la désignation d'un indivisaire devant répondre à l'intérêt de l'indivision (Cass. com. 10-7-2012 n° 11-21.789 : RJDA 11/12 n° 974). Ainsi, un désaccord très important entre les indivisaires justifie la désignation d'un tiers à l'indivision et à la société malgré une clause statutaire imposant que le mandataire soit choisi parmi les indivisaires ou les autres associés (CA Paris 7-1-2009 n° 08/14713 : RJDA 5/09 n° 442).

9035 Le mandataire désigné en justice doit, avant de voter, recueillir l'avis des indivisaires sur le **sens du vote à émettre**, mais il n'est pas lié par cet avis ; il doit agir en fonction du seul intérêt de l'indivision (CA Versailles 31-3-2022 n° 21/05568 : RJDA 11/22 n° 637).

Le mandataire judiciaire est toutefois tenu d'un devoir de **neutralité** entre les indivisaires ; il lui est aussi recommandé de rencontrer les indivisaires avant la première assemblée afin de leur exposer le sens de sa mission (CA Versailles 31-3-2022 n° 21/05568 précité).

Bien que la loi n'ait rien prévu à cet égard, il nous semble que, s'il en est saisi par les indivisaires, le juge des référés peut donner au mandataire qu'il désigne des directives soit pour voter dans un sens déterminé, soit pour s'abstenir, en tenant compte des intérêts de la société et de ceux des indivisaires. Le juge des référés tient alors ses pouvoirs de l'article 872 du Code de procédure civile qui lui permet, dès lors qu'il y a urgence – et ce sera le plus souvent le cas en raison de la proximité de la date de l'assemblée – d'ordonner toutes les mesures conservatoires que justifie l'existence d'un différend.

> **Précisions a.** La cour d'appel de Versailles ne semble pas avoir limité la liberté du mandataire judiciaire de choisir le sens à donner au vote selon le **type de résolution**s sur lesquelles il peut être appelé à voter, alors que le régime propre à l'indivision prévoit que le consentement de tous les indivisaires est requis pour effectuer les actes de disposition et ceux qui ne relèvent pas de l'exploitation normale des biens indivis (n° 9033). Pour certains auteurs, il semble logique que le mandataire judiciaire dispose de la plénitude des pouvoirs quel que soit l'objet de la décision car sa désignation matérialise l'absence d'unanimité (en ce sens, B. Saintourens, Droit de vote attaché aux parts sociales ou actions indivises, Lexbase Hebdo éd. affaires 3-2-2011).
> **b.** Les indivisaires qui reprochent au mandataire un manquement à ses obligations peuvent engager sa **responsabilité civile** par une action au fond (CA Versailles 31-3-2022 n° 21/05568 précité).

Absence de désignation d'un mandataire En l'absence de désignation d'un mandataire, un indivisaire reçoit un **mandat tacite** de représentation s'il agit au vu et au su des autres indivisaires et sans opposition de leur part (cf. C. civ. art. 815-3, dernier al. ; pour un exemple, CA Paris 27-3-2001 n° 00-12023 : Bull. Joly 2002 p. 89 note H. Le Nabasque, à propos d'une société anonyme mais transposable). 9036

Le mandat tacite ne peut couvrir que les actes d'administration (C. civ. art. 815-3, dernier al.). Si l'ordre du jour de l'assemblée porte sur des projets de résolution assimilés à des actes de disposition, les indivisaires doivent expressément désigné un mandataire.

À défaut de désignation amiable ou judiciaire du représentant des indivisaires en vue de la décision à prendre, ces derniers sont **privés du droit de vote** attaché aux parts indivises. Aucun texte ne prévoit cette sanction, mais elle résulte du principe d'indivisibilité des droits sociaux à l'égard de la société émettrice. Certes, l'indivisibilité des parts sociales n'est pas affirmée par la loi, contrairement à l'indivisibilité des actions (cf. C. com. art. L 228-5), mais ce principe est généralement inscrit dans les statuts des sociétés civiles.

Participation des indivisaires à l'assemblée Ayant la qualité d'associé, les indivisaires peuvent participer à l'assemblée alors même qu'ils y sont représentés par un mandataire chargé de voter en leur nom (Cass. com. 21-1-2014 n° 13-10.151 F-PB : RJDA 5/14 n° 443). 9038

Décisions nécessitant l'unanimité des associés Lorsque la loi requiert une décision unanime des associés, le consentement de chaque indivisaire doit à notre avis être recueilli. En effet, chaque indivisaire a la qualité d'associé (n° 1035) et nous estimons que l'unanimité n'est pas un mode particulier de prise de décision collective, mais l'expression d'un consentement relevant du droit des contrats, ce qui exclut l'application de l'article 1844, al. 2 du Code civil. 9040

PARTS FAISANT L'OBJET D'UNE SAISIE OU D'UN NANTISSEMENT

Lorsque les parts sociales sont frappées de saisie ou sont données en nantissement, l'associé conserve le droit de vote attaché à ses parts tant que la vente forcée n'est pas intervenue. 9045

Toutefois, l'associé ne saurait porter atteinte aux droits des créanciers nantis ou saisissants en votant, dans l'intention de leur nuire, des résolutions susceptibles de diminuer la valeur de leur gage.

PARTS SOUS SÉQUESTRE

L'exercice du droit de vote attaché aux parts séquestrées dépend en pratique de la mission confiée au séquestre par le juge. Le plus souvent, le séquestre se voit refuser le droit de vote, sauf lorsqu'il y a lieu de préserver la société d'un péril imminent. 9047

PARTS D'INDUSTRIE

Les titulaires de parts d'industrie ont, comme tout associé, le droit de participer aux décisions collectives. Les statuts doivent donc préciser les conditions dans lesquelles l'apporteur en industrie exerce son droit de vote. 9050

Ils peuvent ainsi prévoir un vote par tête, l'apporteur en industrie disposant d'une voix comme tout associé, ou un vote par « part » en donnant à chaque part d'industrie un nombre de voix égal à celui d'une part sociale.

3. LIBRE EXERCICE DU DROIT DE VOTE

9055 L'associé est, en principe, libre d'exercer son droit de vote. Il s'agit d'un droit subjectif qu'il exerce d'abord en considération de son propre intérêt. Il en résulte plusieurs **conséquences** : d'une part, l'associé n'a aucune obligation de participer aux décisions collectives et dispose d'une faculté d'abstention (CA Paris 15-12-1983, inédit ; pour un exemple d'exclusion d'un associé pour défaut de participation répétée aux assemblées générales dans une société dont les statuts prévoyaient une telle mesure, Cass. com. 14-10-2020 n° 18-19.181 F-D : RJDA 2/21 n° 93, à propos d'une société par actions simplifiée mais transposable) ; d'autre part, y participant, il exerce son droit de vote sans avoir à justifier son choix (CA Bordeaux 7-12-1989 : Bull. Joly 1990 p. 284 note critique D. Bompoint).

9056 L'associé ne peut pas être **privé de** sa **liberté de vote.** Ainsi, a été annulée une cession de droits sociaux assortie d'un mandat irrévocable de vote avec les droits sociaux cédés, donné par l'acquéreur jusqu'à son décès, en faveur du cédant (Cass. com. 17-6-1974 : Gaz. Pal. 1975 p. 127, à propos d'actions mais à notre avis transposable).

CONVENTIONS DE VOTE

9060 **Définition et intérêt des conventions de vote** Par les conventions de vote, les associés ou certains d'entre eux s'engagent à **voter dans un sens déterminé ou** à **ne pas participer au vote.**

Ces conventions peuvent concerner toutes les décisions collectives mais, le plus souvent, elles sont limitées à certaines d'entre elles : choix des dirigeants, agrément de nouveaux associés, politique d'investissement, affectation des résultats, etc.

Les conventions de vote ont longtemps fait l'objet de critiques au motif que le droit de vote doit être exercé librement et qu'aucune entrave ne doit être apportée statutairement ou contractuellement à ce principe. Reconnues par la jurisprudence et, implicitement, par le législateur, ces conventions permettent la stabilité nécessaire à la poursuite d'objectifs complexes et de longue durée.

Les dispositions du Code de commerce sur les sociétés commerciales en prennent d'ailleurs acte et les tiennent, au moins implicitement, pour licites. Ainsi, l'article L 233-3, I aux termes duquel une société est considérée comme en contrôlant une autre, notamment lorsqu'elle dispose seule de la majorité des droits de vote dans cette société en vertu d'un accord conclu avec d'autres actionnaires, entraîne implicitement la reconnaissance de la validité des conventions de vote dans la mesure où celles-ci ne sont pas contraires à l'intérêt social. Il en est de même de l'article L 233-10 selon lequel sont considérées comme agissant de concert notamment les personnes qui ont conclu un accord en vue d'exercer des droits de vote pour mettre en œuvre une politique commune vis-à-vis de la société ou pour obtenir le contrôle de celle-ci.

9061 **Conditions de validité des conventions de vote** Les conventions de vote sont valables si elles reposent sur un engagement éclairé des associés signataires et sont destinées à l'établissement d'une politique stable et durable ; il faut aussi, comme nous le verrons ci-dessous, qu'elles respectent l'ordre public et qu'elles ne soient pas contraires à l'intérêt social (CA Paris 4-12-2012 n° 11/15313 : RJDA 4/13 n° 331, à propos d'une société anonyme mais transposable).

L'engagement pris dans la convention doit respecter l'**ordre public** et les bonnes mœurs (application de l'article 6 du Code civil). Seraient ainsi illicites :

– un engagement de vote qui aurait pour seule contrepartie le versement d'une rétribution sous quelque forme que ce soit ;

– une convention emportant cession du droit de vote ou atteinte au principe de libre révocabilité des dirigeants sociaux (CA Paris 4-12-2012 n° 11/15313 : RJDA 4/13 n° 331, à propos d'une société anonyme mais transposable).

9062 Les conventions de vote ne doivent pas conduire à des **votes contraires à l'intérêt social** (CA Paris 4-12-2012 n° 11/15313 : RJDA 4/13 n° 331, à propos d'une société anonyme mais transposable). Un vote contraire à l'intérêt social et motivé par la volonté de nuire à l'une des parties à la convention constitue en effet un abus du droit de vote, lequel est interdit par une règle d'ordre public dont aucune convention ne peut s'affranchir.

Il se peut qu'une convention de vote licite à l'origine s'avère abusive en cours d'exécution du contrat. Toute partie peut alors valablement invoquer l'exception d'abus de droit de vote pour refuser de l'exécuter.

ILLUSTRATIONS

Un engagement de vote en faveur d'une augmentation de capital doit être tenu pour licite dès lors qu'il est limité à l'opération concernée, qu'il est conforme à l'intérêt social et qu'il est exempt de toute idée de fraude (CA Paris 30-6-1995 : Dr. sociétés 1995 n° 198).

Durée des conventions de vote Conformément au droit commun des contrats, les conventions de vote ne peuvent pas être conclues pour une **durée illimitée** ou considérée comme telle. De telles conventions aboutissent à un engagement perpétuel prohibé auquel chaque partie peut mettre fin à tout moment en respectant un délai contractuel ou raisonnable (C. civ. art. 1210 et 1211). 9063

Les conventions dont la **durée** est **indéterminée** sont licites ; il peut y être mis fin unilatéralement dans les mêmes conditions que les engagements perpétuels (C. civ. art. 1211 précité ; CA Paris 4-12-2012 n° 11/15313 : RJDA 4/13 n° 331, à propos d'une société anonyme mais transposable).

Mais, dans les deux cas, elles ne remplissent pas l'office attendu puisque toute partie peut s'en retirer à son gré.

> **Précisions** La prohibition des engagements perpétuels n'interdit pas de conclure un pacte d'associés **pour la durée de vie de la société,** même s'il prévoit qu'il sera renouvelé en cas de prorogation de cette durée, de sorte que les parties ne peuvent pas y mettre fin unilatéralement (Cass. 1e civ. 25-1-2023 n° 19-25.478 FS-B : RJDA 5/23 n° 262 et chron. C. de Cabarrus p. 7, rendu après délibéré de la chambre commerciale, à propos d'un pacte fixant, au sein d'une société commerciale, le sort d'un bien futur d'une succession mais transposable).

Effets des conventions de vote Les conventions de vote n'engagent que les personnes qui les ont conclues (C. civ. art. 1199). Elles sont **inopposables** aux tiers, spécialement à la société. 9064

La **violation** par l'associé défaillant d'une convention de vote peut-elle donner lieu à l'**exécution forcée** de cette convention ?

Si la convention de vote a été conclue depuis le 1er octobre 2016 (date d'entrée en vigueur de l'ordonnance 2016-131 du 10 février 2016 réformant le droit des obligations), les associés signataires pourraient en obtenir l'exécution forcée en invoquant l'article 1221 du Code civil, selon lequel le créancier d'une obligation peut, sous certaines conditions, en poursuivre l'obligation en nature. Toutefois, tant que la jurisprudence ne sera pas fixée, on ne peut pas affirmer que les tribunaux imposeront à un associé le sens de son vote ou prendront une décision valant vote de la délibération qui aurait dû être adoptée.

> **Précisions** Jusqu'à la réforme du droit des obligations par **l'ordonnance 2016-131**, la violation d'une convention de vote n'a donné lieu qu'à des **mesures autres que** la condamnation de l'associé récalcitrant à **voter** conformément aux engagements qu'il avait pris dans le cadre de la convention.
> Notamment, dans une affaire où un actionnaire de société anonyme avait refusé d'exécuter son engagement de voter en faveur d'une augmentation de capital et d'y souscrire, la cour d'appel de Paris a considéré que, même en matière d'obligation de faire, le créancier a le droit de réclamer l'exécution en nature chaque fois que cette exécution est possible. Elle a ordonné la convocation d'une nouvelle assemblée générale extraordinaire et condamné sous astreinte l'actionnaire défaillant à **souscrire à l'augmentation de capital** prévue par la convention, mais elle ne l'a pas condamné à voter cette augmentation (CA Paris 30-6-1995 n° 93-27606 : JCP E 1996 n° 795 note J.-J. Daigre). Ainsi que l'a relevé le professeur J.-J. Daigre, il manquait un maillon nécessaire à la mise en œuvre de la condamnation prononcée par la cour d'appel : en obligeant l'actionnaire récalcitrant à souscrire à l'augmentation de capital, la cour ne l'empêchait pas de s'opposer par son vote à l'augmentation et si l'augmentation de capital n'était pas votée, aucune souscription n'était possible et la condamnation sous astreinte ne pouvait pas être appliquée.
> Dans une autre affaire, la cour d'appel de Paris a écarté la demande en référé d'exécution forcée d'une convention de vote figurant dans un pacte d'associés prévoyant la nomination au comité de surveillance d'une société par actions simplifiée de deux candidats représentant l'associé minoritaire. Elle a jugé que si la tenue d'une nouvelle assemblée générale pouvait être ordonnée par le juge des référés, il avait excédé ses pouvoirs en ordonnant la révocation des deux membres choisis par le seul majoritaire car cette mesure revenait à prononcer l'annulation de deux résolutions. Après avoir constaté que le pacte aurait dû être exécuté, la cour a prononcé la **désignation d'un mandataire,** sur le fondement de l'article 873, al. 1 du Code de procédure civile, afin qu'il assiste aux réunions du comité avec mission d'en faire un compte rendu au minoritaire (CA Paris 8-11-2011 n° 11/16066 : RJDA 3/12 n° 303, Bull. Joly 2012 p. 209 note A. Couret et B. Dondero).

4. ABUS PAR LES ASSOCIÉS DE LEUR DROIT DE VOTE

Le droit de vote ne peut pas être exercé de façon discrétionnaire et les tribunaux tempèrent la liberté du vote par l'application de la notion d'abus de droit. Ils sanctionnent ainsi tout vote abusif, c'est-à-dire contraire à l'intérêt général de la société et émis dans l'unique dessein de favoriser les membres de la majorité (ou de la minorité) au détriment des autres associés. 9070

> Précisions **a.** Cette **règle** est, à notre avis, consacrée par l'article 1833 du Code civil qui dispose que la société doit être constituée dans l'intérêt commun des associés (pour une application de la notion d'« intérêt commun des associés » avant la loi 78-9 du 4-1-1978, CA Paris 17-2-1970 : Gaz. Pal. 1970 I p. 343). Elle s'applique donc à **toutes les sociétés,** qu'elles soient civiles ou commerciales. Il s'ensuit que les décisions rendues par les tribunaux à propos de sociétés commerciales valent aussi pour les sociétés civiles.

b. Il est nécessaire de **prouver** non seulement l'intérêt personnel du majoritaire (ou du minoritaire) mais aussi l'atteinte à l'intérêt social (Cass. 3e civ. 18-6-1997 n° 1087 : RJDA 11/97 n° 1360).

ABUS DE MAJORITÉ

9071 Il y a abus de majorité lorsque la décision adoptée par le ou les associés majoritaires est contraire à l'intérêt social et a été prise dans l'unique dessein de favoriser les membres de la majorité au détriment des autres associés (Cass. com. 18-4-1961 n° 59-11.394 : Bull. civ. III n° 175 ; Cass. com. 30-5-1980 n° 78-13.836 : Bull. civ. IV n° 223 ; Cass. com. 24-1-1995 n° 93-13.273 : RJDA 4/95 n° 439 et, dans la même affaire, Cass. com. 30-11-2004 n° 01-16.581 : RJDA 3/05 n° 263).

Ces deux critères sont cumulatifs (Cass. 3e civ. 18-6-1997 : RJDA 11/97 n° 1360).

L'abus de majorité, s'il est constaté, entraîne généralement la **nullité** de la décision prise. La nullité peut être demandée même par des associés qui ont voté en faveur de l'adoption de la résolution litigieuse (Cass. 3e civ. 19-7-2000 n° 98-17.258 : RJDA 12/00 n° 1122 ; Cass. com. 13-11-2003 n° 00-20.646 : RJDA 5/04 n° 560). L'action en nullité peut aussi être intentée au nom de la société par son gérant (Cass. com. 21-1-1997 n° 156 : RJDA 4/97 n° 525, à propos d'une société à responsabilité limitée mais transposable).

Les minoritaires peuvent aussi obtenir des **dommages-intérêts** mais, pour cela, ils doivent assigner, non pas la société, mais les majoritaires car seuls ces derniers ont commis la faute qui ouvre droit à réparation (Cass. com. 6-6-1990 n° 88-19.4202 : Bull. civ. IV n° 171 ; CA Rouen 19-5-2022 n° 20/03002 : RJDA 12/22 n° 691). Un associé qui a émis un vote favorable à une résolution n'est pas dépourvu d'intérêt à demander ultérieurement réparation du préjudice qu'elle lui cause (CA Lyon 14-5-2009 n° 08-4126 : RJDA 5/10 n° 518).

Jugé que les associés ont la possibilité de demander en **référé** des mesures d'urgence en cas de carence de la société à prendre les mesures qu'implique la nullité (CA Paris 20-3-2002 n° 01-22215 : RJDA 7/02 n° 769).

> Précisions L'article 1833 du Code civil prévoit que la **société doit être gérée dans son intérêt social.** L'inobservation de cette obligation n'est pas sanctionnée par la nullité des actes ou délibérations des organes de la société (C. civ. art. 1844-10, al. 3). Faut-il en déduire que, depuis la loi 2019-486 du 22 mai 2019 qui a modifié ces dispositions, l'abus de majorité ne serait plus sanctionné par la nullité de la décision prise ? Nous ne le pensons pas car, en exerçant son droit de vote, l'associé majoritaire n'accomplit pas un acte de gestion. De surcroît, la nullité ne sanctionne pas la contrariété à l'intérêt social, mais l'abus, dont la contrariété à l'intérêt social n'est que l'un des critères.

9072 **Illustrations** Ont été **annulés** pour abus de majorité :

– la fixation de **rémunérations** exagérées pour les dirigeants de la société (CA Grenoble 6-5-1964 : Gaz. Pal. 1964 II p. 208), notamment l'octroi d'une prime correspondant à plusieurs fois le montant des bénéfices sociaux alors que ceux-ci ont été mis en réserve pendant plusieurs exercices sans politique d'investissement corrélative (Cass. com. 1-7-2003 n° 1077 : RJDA 11/03 n° 1074) ou encore une hausse de la rémunération des associés cogérants de 270 % accompagnée d'une chute du résultat net comptable sans politique d'investissement corrélative et de la suppression de la politique de distribution d'importants dividendes (Cass. com. 15-1-2020 n° 18-11.580 F-D : RJDA 4/20 n° 217) ;

– la décision de **fusion** prise à l'insu d'un associé minoritaire et n'ayant d'autre but que de priver cet associé de son droit de rachat de parts sociales (Cass. com. 11-10-1967 : D. 1968 p. 136) ;

– la décision prise par les associés majoritaires d'une société civile, propriétaire de locaux loués à une société à responsabilité limitée dans laquelle les intéressés étaient également majoritaires, de verser à cette dernière une **indemnité d'éviction** en contrepartie de l'abandon par celle-ci des locaux alors que ces derniers auraient pu être repris sans indemnité en faisant jouer la clause résolutoire prévue dans le bail pour non-paiement des loyers (Cass. civ. 21-1-1981 : BRDA 7/81 p. 9) ;

– la décision prise par les deux associés majoritaires d'une SCI, propriétaire d'un immeuble loué à une SCP constituée entre les deux intéressés, de **réduire le montant du loyer** réclamé à la SCP alors que cette réduction excessive et anormale avait entraîné pour la SCI un déficit d'exploitation (Cass. 1e civ. 20-3-1989 : BRDA 12/89 p. 20) ;

– la décision de **vendre** la totalité des studios appartenant à une SCI, sans que soit prévu le remploi du prix, **l'actif de la société** se trouvant de ce fait réduit à un local commercial (CA Rennes 27-5-2003 n° 01-7028 : RJDA 1/04 n° 46) ;

– la **cession** par les associés majoritaires d'une SCI à une nouvelle société qu'ils avaient créée d'un terrain et de l'immeuble constituant le **principal actif** de la SCI à un prix très inférieur à sa valeur réelle (Cass. com. 24-5-2016 n° 14-28.121 : RJDA 8-9/16 n° 620) ;

– l'**affectation** systématique, pendant vingt ans, de la totalité **des bénéfices à la réserve** extraordinaire et le refus de distribuer tout dividende, dès lors que ces sommes n'ont pas été utilisées pour des investissements, mais simplement portées au crédit des comptes bancaires de la société (Cass. com. 22-4-1976 : D. 1977 p. 4 note J.-C. Bousquet) ;

– le fait pour des associés majoritaires d'une société civile holding de refuser systématiquement toute **distribution de dividendes,** alors que ceux-ci pouvaient être versés sans difficulté en raison de l'importance des bénéfices réalisés, les majoritaires ayant manifestement agi dans l'intention de nuire aux minoritaires et non pas dans l'intérêt d'une saine gestion de la société civile (Cass. 1e civ. 13-4-1983 : Bull. Joly 1983 p. 512) ;

– la délibération autorisant le **remplacement des gérants** actuels d'une SCI – associés majoritaires – au bénéfice des seules personnes de leur choix et au moment que chacun d'eux aura fixé unilatéralement alors que l'intérêt social exige que les dirigeants soient parfaitement libres à l'égard des associés (CA Paris 27-2-1997 : RJDA 5/97 n° 651) ;

– l'**autorisation de cautionnement** hypothécaire destiné à garantir un prêt consenti à l'associé majoritaire d'une SCI dès lors qu'aucune contrepartie immédiate n'avait été donnée à la société et que le cautionnement pouvait avoir pour conséquence d'anéantir la totalité du patrimoine de celle-ci (Cass. 3e civ. 25-3-1998 n° 467 : RJDA 6/98 n° 722) ;

– l'**augmentation de capital** entièrement souscrite par l'associé majoritaire d'une SCI, destinée à financer des travaux en vue de relouer un immeuble vendu par la société six mois plus tard, qui a eu pour seul objet de diluer la participation du minoritaire avant que la société ne perçoive le prix de vente (Cass. com. 8-7-2015 n° 13-14.348 FS-PB : RJDA 10/15 n° 663).

En revanche, les tribunaux ont **refusé** d'admettre le **caractère abusif** des décisions collectives suivantes : **9073**

– **mise en réserve des bénéfices** pendant plusieurs années ayant permis à la société de réaliser d'importants investissements (Cass. com. 3-6-2003 n° 912 : RJDA 11/03 n° 1074), de renforcer la situation de la société et de contribuer à augmenter la valeur des titres (CA Reims 10-9-2007 n° 04-2958 : RJDA 10/08 n° 1028), d'obtenir un prêt bancaire finançant un important projet puis de maintenir sa capacité de remboursement de ce prêt (Cass. com. 4-11-2020 n° 18-20.409 F-D : RJDA 3/21 n° 170), ou encore de reconstituer sa trésorerie, cette affectation ne s'étant pas accompagnée d'une augmentation anormale des rémunérations perçues par les majoritaires (CA Versailles 29-4-2004 n° 02-803 : RJDA 12/04 n° 1328) ;

– **répartition inégalitaire des bénéfices** votée par les associés, dès lors que la quote-part des associés majoritaires a diminué au profit des minoritaires et que cette répartition n'est pas contraire à l'intérêt social (Cass. 3e civ. 18-4-2019 n° 18-11.881 F-D : RJDA 7/19 n° 502) ;

– cession et **apport** des actions d'une société à une autre société en vue de remédier à des difficultés financières (Cass. com. 21-1-1970 : JCP G 1970 II n° 16541 note B. Oppetit) ;

– **augmentation du capital** par incorporation des comptes courants des seuls associés majoritaires dès lors que l'opération permettait de réduire le passif exigible de la société à due concurrence, ce qui améliorait d'autant ses capacités de financement (CA Paris 3-2-2011 n° 10-1051 : RJDA 10/11 n° 815) ou augmentation de capital ne visant pas à diluer la participation de l'associé minoritaire puisque celui-ci aurait pu y souscrire (Cass. com. 18-3-2020 n° 17-27.150 F-D : RJDA 8-9/20 n° 429) ;

– agrément d'une **cession de parts** de SCI ayant permis à l'acquéreur de détenir les deux tiers du capital dès lors que n'était pas démontré en quoi cette décision était contraire à l'intérêt social (Cass. 3e civ. 18-6-1997 n° 1087 : RJDA 11/97 n° 1360) ;

– **vente du seul immeuble d'une SCI** à une société constituée par les associés majoritaires de la SCI dès lors qu'il n'est pas démontré que le prix de vente était inférieur au marché (Cass. 3e civ. 11-5-2022 n° 21-15.387 : RJDA 2/23 n° 94) ou **cession d'un local** commercial à un prix fixé par référence à une valeur suggérée par un notaire et non inférieur au prix du marché (Cass. com. 18-3-2020 n° 17-27.150 F-D précité) ;

– suppression du droit de jouissance de chaque associé sur les locaux sociaux et concession d'un **bail commercial** sur ces locaux à l'associé majoritaire (Cass. 3e civ. 8-10-1997 n° 1404 : RJDA 1/98 n° 58) ;

– **augmentation rétroactive** de la **rémunération** du gérant et attribution d'une prime à celui-ci sans accroissement de sa charge de travail, dans une société dont le chiffre d'affaires avait augmenté pendant cette période (Cass. com. 14-10-2020 n° 18-24.732 F-D : RJDA 2/21 n° 95) ;

– **attribution rétroactive** d'une **rémunération** au dirigeant d'une société n'exerçant aucune fonction opérationnelle, mais qui assumait la responsabilité civile et pénale inhérente à ses fonctions (Cass. com. 4-11-2014 n° 13-24.889 : RJDA 3/15 n° 200) ;

– **augmentation importante** de la **rémunération** du dirigeant, qui assurait, outre ses fonctions, diverses responsabilités commerciales, comptables et de ressources humaines, cette augmentation ayant suivi celle du chiffre d'affaires (CA Lyon 17-2-2022 n° 18/07114 : RJDA 8-9/22 n° 485) ;

– décisions de **dissolution** et de nomination d'un liquidateur prises collectivement en raison de la cessation d'activité de l'entreprise, de la disparition de son matériel, du licenciement de son personnel et de sa situation financière désespérée (CA Paris 4-6-1998 : Dr. sociétés 1998 n° 150 note Th. Bonneau) ;

– **révocation** de deux sœurs directrices générales déléguées et associées minoritaires d'une société familiale, dès lors que l'intérêt social ne peut pas être déterminé par le seul intérêt familial, qu'elles n'assuraient pas la direction opérationnelle quotidienne de la société et que la famille ne s'accordait plus sur la gouvernance et le développement de l'entreprise (CA Paris 19-6-2015 n° 14/19462 : RJDA 10/15 n° 664).

ABUS DE MINORITÉ

9075 Le vote constitue un abus de minorité lorsque l'associé minoritaire a adopté une attitude contraire à l'intérêt général de la société en interdisant une opération essentielle pour celle-ci, dans l'unique dessein de favoriser ses intérêts, au détriment des autres associés (Cass. com. 15-7-1992 : RJDA 8/92 n° 826 ; Cass. com. 5-5-1998 n° 987 : RJDA 7/98 n° 862 ; Cass. com. 31-3-2009 n° 08-11.860 : RJDA 6/09 n° 548). Le seul fait qu'un associé ait eu des raisons personnelles de s'opposer au vote d'une délibération ne suffit pas à caractériser l'existence d'un abus de minorité, dès lors que son attitude est également justifiée par des motifs légitimes puisés dans l'intérêt de la société (CA Paris 23-11-2001 n° 01-3506 : RJDA 7/02 n° 768).

Le refus d'un associé minoritaire de voter en faveur d'une **décision,** même **essentielle** pour la société, ne suffit pas non plus à caractériser l'existence d'un abus : encore faut-il démontrer que ce refus était fondé sur l'unique dessein de favoriser ses propres intérêts au détriment des autres associés (Cass. com. 4-12-2012 n° 11-25.408 : RJDA 3/13 n° 237 ; Cass. com. 9-6-2021 n° 19-17.161 F-D : RJDA 10/21 n° 664).

9076 **Illustrations** **Constitue un abus de minorité** :

– le refus de voter le **transfert du siège social** qui, en réalité, avait déjà eu lieu dès lors que ce refus n'était motivé que par des demandes d'explications sur les conditions de la résiliation du bail des locaux de l'ancien siège, explications qui avaient déjà été fournies, et qu'il rendait le siège social fictif puisque fixé en un lieu où ne se déroulait plus la vie de la société, ce qui était de nature à mettre celle-ci dans une situation de péril imminent (CA Saint-Denis 19-9-2008 n° 07-2027 : RJDA 7/09 n° 646) ;

– le refus répété d'un associé égalitaire d'**affecter les bénéfices en réserve** alors que la société avait un large besoin d'autofinancement et que la distribution de dividendes réclamée par l'intéressé aurait fait perdre à la société son crédit auprès des banques à un moment où elle devait emprunter pour réhabiliter son site industriel (Cass. com. 16-6-1998 n° 1275 : RJDA 10/98 n° 1114) ;

– le refus d'associés d'une SCI de voter en faveur de la **perception d'un loyer** rémunérant l'occupation par l'un d'eux d'un immeuble social (Cass. 3e civ. 16-12-2009 n° 09-10.209 : RJDA 3/10 n° 247) ;

– le refus des minoritaires d'approuver une **augmentation de capital** qu'ils savaient pourtant nécessaire à la survie de la société, ce refus réitéré à trois reprises et dans un but personnel ayant entraîné leur condamnation à supporter 30 % du préjudice subi par le dirigeant fondateur de la société du fait de la disparition de celle-ci (CA Lyon 20-12-1984 : D. 1986 p. 506 note Y. Reinhard ; dans le même sens, Cass. com. 5-5-1998 : RJDA 7/98 n° 862).

9077 En revanche ne commet **pas** un **abus** le minoritaire qui refuse d'approuver une **augmentation de capital** :

– nécessaire à la survie de la société, dès lors qu'il n'a pas eu à sa disposition les informations lui permettant de se prononcer en connaissance de cause (Cass. com. 27-5-1997 n° 1393 : RJDA 8-9/97 n° 1046 ; Cass. com. 20-3-2007 n° 05-19.225 : RJDA 6/07 n° 617 ; CA Paris 11-2-2014 n° 12/21679 : RJDA 6/14 n° 529), le fait qu'il n'ait proposé aucune alternative à l'augmentation de capital n'étant pas suffisant pour caractériser l'abus (Cass. com. 20-3-2007 n° 05-19.225 précité) ;

– alors que la survie de la société n'était pas menacée et qu'une solution alternative existait pour assurer une trésorerie (Cass. 3e civ. 5-7-2018 n° 17-19.975 F-D : RJDA 11/18 n° 837) ;

– aboutissant à tripler le capital dès lors « qu'il n'est pas contesté qu'une augmentation considérablement plus réduite aurait suffi à rétablir un rapport correct entre les capitaux propres et l'endettement à moyen et à long terme », qu'en outre le conseil d'administration, en proposant une opération d'une ampleur exceptionnelle, aurait dû fournir aux actionnaires une information sur les buts et les méthodes de réalisation de celle-ci plus complète que celle qui leur a été donnée et qu'enfin « si l'augmentation du capital refusée constituait plus qu'une simple opportunité, la survie de la société ne dépendait cependant nullement de sa réalisation » (CA Paris 26-6-1990 n° 90-547 : JCP G 1990 II n° 21589 note M. Germain) ;

– alors qu'il ne disposait pas à lui seul de la minorité de blocage, que ce n'était que par l'adjonction du vote négatif d'un autre associé (qui n'avait pas été mis en cause) que l'augmentation de capital avait été rejetée et qu'une collusion frauduleuse entre ces deux associés n'était pas établie (CA Bordeaux 7-12-1989 : Bull. Joly 1990 p. 284 note D. Bompoint).

N'a pas non plus commis d'abus le minoritaire qui n'a pas participé à une assemblée générale extraordinaire devant statuer sur la **transformation de la société** en société par actions simplifiée, décision qui requiert l'accord unanime des associés, dès lors que, notamment, le libre choix d'un associé très minoritaire de ne pas participer à une assemblée générale extraordinaire ne peut pas être qualifié de fautif, que l'affirmation d'un intérêt social à la transformation de la société en société par actions simplifiée (en l'espèce un souci de simplification et de flexibilité pour la gestion juridique) ne peut pas être constitutive d'un abus de minorité de la part d'un associé qui ne se prononce pas, que si la société soutient qu'il appartenait au minoritaire d'assumer son devoir d'associé en se présentant ou en votant par correspondance à l'assemblée, elle ne précise pas quelle aurait été la conséquence d'un vote négatif de l'intéressé à cette assemblée et qu'enfin, le minoritaire avait sans tarder exprimé son désaccord sur les résolutions adoptées lors de cette assemblée (CA Versailles 24-2-2005 n° 03-7294 : RJDA 6/05 n° 719).

Réparation de l'abus de minorité La réparation de l'abus de minorité peut, conformément au droit commun de la responsabilité civile, consister en l'allocation de **dommages-intérêts.** 9078

Par ailleurs, il est possible pour le juge « de désigner un **mandataire** aux fins de représenter les associés minoritaires défaillants à une nouvelle assemblée et de voter en leur nom dans le sens des décisions conformes à l'intérêt social mais ne portant pas atteinte à l'intérêt légitime des minoritaires » (Cass. com. 9-3-1993 : RJDA 4/93 n° 323 ; pour des applications, Cass. com. 5-5-1998 n° 987 : RJDA 7/98 n° 862 ; CA Saint-Denis 19-9-2008 n° 07-2027 : RJDA 7/09 n° 646). Dans ce cas, l'associé représenté a le droit d'obtenir communication des documents échangés entre le mandataire désigné et la société sans que celui-ci puisse lui opposer le secret professionnel (Cass. com. 18-11-2014 n° 13-19.767 : RJDA 2/15 n° 100). En revanche, le juge ne peut pas fixer le sens du vote du mandataire qu'il désigne (Cass. 3e civ. 16-12-2009 n° 09-10.209 : RJDA 3/10 n° 247 ; Cass. com. 4-2-2014 n° 12-29.348 : RJDA 5/14 n° 438).

Les juges ne peuvent pas non plus se substituer aux organes sociaux légalement compétents et décider que leur jugement vaudra adoption de la résolution litigieuse (Cass. com. 9-3-1993 précité ; Cass. com. 31-3-2009 n° 08-11.860 : RJDA 6/09 n° 548).

Ils ne peuvent donc pas écarter l'action en nullité formée par l'associé minoritaire contre la délibération ayant passé outre à :

– son abstention et qui, de ce fait, n'avait pas été prise à la majorité requise par la loi (Cass. com. 15-7-1992 : RJDA 8-9/92 n° 826 ; dans le même sens, CA Paris 23-11-2001 n° 01-3506 : RJDA 7/02 n° 768) ;

– son refus, en tant qu'indivisaire, de participer à la désignation d'un représentant de l'indivision à l'assemblée et qui, ainsi, avait été prise à une majorité inférieure à celle requise par les statuts (Cass. 3e civ. 21-12-2017 n° 15-25.627 FS-PBI : RJDA 4/18 n° 327).

> Précisions La solution de la Cour de cassation selon laquelle les juges ne peuvent décider que leur **jugement vaudra adoption de la résolution** a pu rencontrer une certaine résistance. Ainsi, la cour d'appel de Paris a jugé que « s'il n'appartient pas au juge de se substituer aux organes sociaux pour décider des options fondamentales d'une société, il lui incombe après avoir caractérisé un abus de prendre la mesure propre à y remédier en conformité avec l'intérêt social qui doit prévaloir sur les intérêts contradictoires des groupes d'actionnaires ». Par suite, en présence de minoritaires déterminés à s'opposer à une augmentation de capital vitale pour la société, la réparation la plus adéquate d'un tel abus est la validation par le tribunal de cette augmentation de capital (CA Paris 25-5-1993 : RJDA 8-9/93 n° 703).

À noter également que la cour d'appel de Toulouse, statuant sur renvoi après cassation opérée par l'arrêt du 9 mars 1993 précité, a jugé que, le minoritaire ne s'opposant plus à la validation judiciaire de la résolution prévoyant l'augmentation du capital et cette augmentation de capital étant conforme à l'intérêt social, il y avait lieu de porter au rang des procès-verbaux d'assemblées générales de la société l'arrêt valant adoption de la résolution critiquée (CA Toulouse 13-3-1995 : Bull. Joly 1995 p. 401 note P. Le Cannu).

ABUS D'ÉGALITÉ

9080 Constitue un abus d'égalité le fait, pour un associé à parts égales, d'empêcher par son vote négatif une opération essentielle pour la société, dans l'unique dessein de favoriser ses propres intérêts au détriment de l'autre associé (Cass. com. 21-6-2023 n° 21-23.298 F-B : RJDA 10/23 n° 524). La circonstance que les deux associés aient entendu soumettre l'ensemble de leurs décisions à la règle de l'unanimité est impropre à exclure l'existence d'un tel abus (Cass. com. 21-6-2023 n° 21-23.298 F-B précité). Il ne s'agit que d'une variante de l'abus de minorité, soumise au même régime que celui-ci. Pour une illustration d'abus d'égalité, voir n° 9076.

B. Majorité requise pour l'adoption des décisions collectives

PRINCIPE

9100 Sauf pour la plupart des sociétés civiles exerçant une activité réglementée (nos 54730 s. pour les sociétés civiles professionnelles ; C. mon. fin. art. L 214-103, al. 2 pour les SCPI, sociétés d'épargne forestière et certains groupements forestiers d'investissement ; Loi 86-18 du 6-1-1986 art. 16, al. 1 pour les sociétés civiles d'attribution d'immeubles en jouissance à temps partagé), les **statuts** peuvent librement fixer les règles de majorité applicables aux décisions collectives (C. civ. art. 1852).

Ainsi, les conditions de majorité peuvent être les mêmes dans tous les cas ou, au contraire, être différentes selon la nature ou l'importance des décisions à prendre : par exemple, majorité simple pour les décisions « ordinaires » et majorité renforcée pour celles qui entraînent modifications des statuts.

Lorsque les statuts prévoient que les modifications de ces statuts sont valablement adoptées à une majorité déterminée sauf pour certaines décisions qui requièrent l'unanimité (en l'espèce le changement d'objet), la suppression de cette règle de l'unanimité ne peut, elle-même, être décidée qu'à l'unanimité (Cass. com. 3-5-1995 n° 824 : RJDA 8-9/95 n° 997, à propos d'un GIE mais transposable).

Les statuts doivent indiquer si le **calcul** de la majorité s'effectue en capital ou en nombre d'associés (par tête), ou en nombre et en capital, ou encore en fonction du nombre de voix détenues par chaque associé (sur le droit de vote plural, voir n° 9110). Ils doivent aussi préciser si la majorité doit être appréciée en fonction de la totalité des associés ou en ne tenant compte que des associés présents ou représentés, ou même simplement par rapport aux voix exprimées. L'absence d'indication précise dans les statuts peut susciter des difficultés d'interprétation.

ILLUSTRATIONS

La clause prévoyant, d'une part, que les décisions extraordinaires doivent être prises « à la majorité des trois quarts des associés » et, d'autre part, que « les décisions dites ordinaires ne sont valablement prises qu'autant qu'elles ont été adoptées par les associés représentant plus de la moitié des droits » a été interprétée comme prévoyant, pour l'adoption des décisions extraordinaires, une majorité calculée par tête et non en proportion des droits des associés (Cass. com. 23-10-2007 n° 05-19.092 : RJDA 2/08 n° 141, à propos d'une société en participation mais transposable).

La clause statutaire intitulée « Décisions collectives » indiquant que les associés se réunissent en assemblée générale et ajoutant que « toutes les décisions autres, en particulier celles ayant pour effet de modifier les statuts, sont prises à la majorité des associés représentant les deux tiers du capital social, au cours d'assemblées générales qualifiées d'extraordinaires » ne prévoit pas que certaines décisions collectives pourraient être prises à une majorité simple, de sorte que les décisions collectives doivent être adoptées à l'unanimité, sous la seule réserve des décisions modificatives des statuts auxquelles s'applique la majorité prévue par la clause et de celles relatives à la nomination et à la révocation du ou des gérants (CA Orléans 16-11-2006 n° 06-62 : RJDA 4/07 n° 378, à propos d'une société civile mais transposable). Jugé aussi que la clause des statuts d'une société civile d'attribution prévoyant que les décisions de l'assemblée générale extraordinaire seraient prises à la majorité des deux tiers ne déroge pas aux dispositions de l'article 1836, al. 1 du Code civil (selon lesquelles les statuts ne peuvent être modifiés, à défaut de clause contraire, que par l'accord unanime des associés) et que des modifications statutaires, même prises par une assemblée générale extraordinaire, requièrent l'accord unanime des associés (Cass. 3e civ. 15-11-1995 n° 93-13.830 : RJDA 5/96 n° 647).

La clause selon laquelle les décisions extraordinaires doivent être adoptées « par la majorité en nombre des associés présents ou représentés, représentant au moins les trois quarts du capital social », a été interprétée, dans un cas, comme posant le principe d'une double majorité, à savoir la majorité des votants et celle des trois quarts du capital social (CA Angers 22-3-2011 n° 10/00265 : RJDA 11/11 n° 933) et, dans un autre, comme instituant, d'une part, un quorum (au moins les trois quarts du capital social devaient être présents ou représentés à l'assemblée) et, d'autre part, la majorité en nombre des associés présents ou représentés (Cass. com. 12-10-2022 n° 21-15.407 F-D : RJDA 1/23 n° 36).

Par ailleurs, dans un cas où les statuts d'une société comportant deux associés prévoyaient que la décision de révoquer un gérant devait être prise par « des associés représentant plus de la moitié des parts sociales », la Cour de cassation a admis la validité d'une telle décision prise par l'associé majoritaire au cours d'une assemblée à laquelle ce majoritaire était seul présent, retenant que cette clause devait être comprise comme faisant référence à un ou plusieurs associés ayant pris part au vote et non comme imposant pour ce vote la présence des deux associés (Cass. com. 31-3-2021 n° 19-12.057 F-P : RJDA 7/21 n° 490, à propos d'une société à responsabilité limitée mais transposable).

Sur la possibilité d'annulation d'une décision prise en violation de ces règles statutaires, voir n° 26690.

En l'absence de clauses particulières, les décisions sont prises à l'unanimité (C. civ. art. 1852), à l'exception de celles relatives à la nomination ou à la révocation du gérant, prises par des associés représentant plus de la moitié des parts sociales (C. civ. art. 1846, al. 2 et 3 et 1851, al. 1). L'unanimité s'impose même si l'absence de clause statutaire particulière résulte manifestement d'un oubli (CA Paris 29-10-2009 n° 08-18972 : RJDA 4/10 n° 399). **9101**

ATTENTION

L'unanimité s'entend de la totalité des associés liés par le pacte social et non des seuls associés ayant participé à la consultation, c'est-à-dire, dans le cas d'une assemblée, des seuls associés présents ou représentés à celle-ci (Cass. 3e civ. 5-1-2022 n° 20-17.428 FS-B : RJDA 4/22 n° 205).

Lorsque l'unanimité est requise et qu'il existe des **parts sociales démembrées,** c'est l'accord du nu-propriétaire qu'il convient de recueillir car lui seul a la qualité d'associé. Sur cette question, voir n° 62084. **9102**

AUGMENTATION DES ENGAGEMENTS DES ASSOCIÉS

En aucun cas, les engagements d'un associé ne peuvent être augmentés sans le consentement de celui-ci (C. civ. art. 1836, al. 2). Le **non-respect** de cette obligation est **sanctionné** par une nullité absolue de la décision qui peut être demandée par tout associé, y compris par celui qui a voté en faveur de la résolution litigieuse (Cass. com. 13-11-2003 n° 00-20.646 : RJDA 5/04 n° 583). **9105**

Lorsque l'augmentation des engagements résulte d'une modification des statuts, seule la délibération adoptant cette modification est susceptible de faire l'objet d'une action en nullité, celle-ci se prescrivant par trois ans (C. civ. art. 1844-14) ; l'associé qui conteste la clause ainsi modifiée ne peut pas soutenir que cette clause est réputée non écrite en application de l'article 1844-10, al. 2 du Code civil (Cass. com. 3-4-2007 n° 06-10.834 : RJDA 7/07 n° 733).

La **notion d'augmentation des engagements** des associés n'est pas définie par la loi ; elle semble toutefois impliquer une aggravation des obligations des associés, ce qui exclut toute diminution de leurs droits (dans ce sens, Cass. civ. 9-2-1937 : DP 1937 I p. 73 note Besson et Cass. 3e civ. 8-10-1997 n° 95-14.089 : RJDA 1/98 n° 58).

ILLUSTRATIONS

Ne constituent pas une augmentation des engagements des associés :

– la suppression du droit de chaque associé d'une société ayant pour objet l'exploitation d'un groupe d'immeubles abritant un fonds de commerce d'hôtel de disposer d'une chambre déterminée dans l'hôtel pendant une période définie à l'avance (Cass. 3e civ. 8-10-1997 n° 95-14.089, précité) ;

– une décision sociale de nature à priver les associés de leur intérêt à participer à la société (Cass. com. 26-10-2010 n° 09-71.404 : RJDA 1/11 n° 54) ;

– le remboursement d'un compte courant qui, sauf convention ou clause statutaire (antérieure au dépôt des fonds) contraire, est remboursable à tout moment sur demande de l'associé (Cass. 3e civ. 3-5-2018 n° 16-16.558 F-D : RJDA 7/18 n° 577).

Présentent **en revanche** ce caractère :

– la modification statutaire allongeant la durée de l'engagement des associés d'une société coopérative et prévoyant le versement d'une indemnité pour retrait anticipé (Cass. 1e civ. 4-4-1995 : JCP G 1995 IV n° 1412) ;

– l'introduction dans les statuts d'une clause de non-concurrence en cas de retrait d'un associé de la société (en l'espèce, une société d'expertise comptable) en raison de l'atteinte qu'une telle clause porte à la liberté du travail et du commerce (Cass. com. 26-3-1996 n° 93-21.250 : RJDA 8-9/96 n° 1066) ;

– l'ajout dans les statuts de quatre nouveaux cas d'exclusion d'un associé, dont certains réduisent la liberté du commerce et de l'industrie, tel l'exercice d'une activité concurrente (CA Paris 17-2-2015 n° 14/00358 : RJDA 5/15 n° 341) ;

– l'engagement pris par une société civile de racheter les parts de l'un des associés en contrepartie d'un apport effectué par celui-ci, dès lors que les associés pouvaient être appelés à supporter les conséquences de l'augmentation de capital résultant de l'apport (Cass. com. 13-11-2003 n° 00-20.646, précité) ;
– la modification statutaire de la répartition des pertes d'une société civile de moyens fondée sur le nombre de parts sociales par un mode de répartition assis sur les cotisations payées, à l'égard de l'associé détenant un faible nombre de parts mais payant le plus de cotisations (CA Paris 27-6-2000 : Bull. Joly 2001 p. 193 note H. Le Nabasque) ;
– une décision prorogeant la durée d'une société en participation à laquelle les associés avaient apporté la jouissance de lots de copropriété d'un hôtel pour cette durée, car elle imposait le maintien de cet apport au-delà du terme initial et les obligeait à participer aux charges générées par l'exploitation de l'hôtel en dehors des limites de temps prévues par les statuts (Cass. com. 20-12-2017 n° 16-19.283 F-D : RJDA 4/18 n° 321, à notre avis transposable à la prorogation de la durée d'une société dotée de la personnalité morale à qui les associés ont apporté la jouissance d'un bien pour une durée déterminée égale à celle de la société).
Il en serait de même de l'obligation faite aux associés d'une société civile de placement immobilier de détenir un nombre minimal de parts sociales (Bull. COB mai 1985 p. 8).

9106 L'article 1836 du Code civil ne s'applique qu'aux **décisions modifiant les statuts** et non à celles **prises,** conformément aux statuts, en vue de l'exécution de l'objet social (Cass. 1e civ. 8-11-1988 n° 87-10.514 : Bull. civ. I n° 313 ; Cass. 1e civ. 13-1-1998 n° 95-13.696 : RJDA 3/98 n° 291 ; Cass. com. 9-6-2004 n° 01-12.887 : RJDA 10/04 n° 1123).

ILLUSTRATIONS

Ont été déclarées valables :
– la décision de l'assemblée générale imposant aux associés d'une SCI de **participer aux dépenses** nécessaires à la réalisation de l'objet social et de procéder en conséquence aux mises de fonds nécessaires pour que la société puisse faire les investissements indispensables à son exploitation (Cass. 1e civ. 8-11-1988 n° 87-10.514, précité ; dans le même sens, CA Versailles 7-9-2000 n° 97-5389 : RJDA 1/01 n° 28) ;
– l'obligation mise à la charge des associés de **payer le solde débiteur de leur compte courant** dès lors que les pertes avaient été affectées à leurs comptes conformément aux statuts qui prévoyaient qu'elles étaient supportées immédiatement par les associés (Cass. com. 9-6-2004 n° 01-12.887, précité) ;
– la décision de l'assemblée extraordinaire d'une SCI, prise conformément aux statuts, de **transformer la société** en groupement forestier avec l'obligation pour les associés de participer au financement des dépenses nécessaires au fonctionnement du groupement (Cass. 1e civ. 21-2-1989 : Bull. civ. I n° 92) ;
– la décision d'une société coopérative, centrale d'achats, imposant à ses adhérents et associés la fourniture d'une **caution bancaire** en garantie des dettes contractées à son égard par les intéressés (Cass. 1e civ. 13-1-1998 n° 95-13.696, précité).
Jugé toutefois, dans un cas où plusieurs associés d'une société civile avaient cédé leurs parts à un tiers et où l'un d'entre eux avait assigné le cessionnaire en paiement du prix de cession initialement prévu, qu'un tribunal ne pouvait pas, pour rejeter cette demande, retenir que les associés apparaissaient être convenus à la majorité de garantir le passif social et que, compte tenu de la mise en jeu de cette garantie, deux associés avaient accepté de ramener le prix de cession des parts au franc symbolique, sans rechercher si cette décision collective ne traduisait pas une augmentation des engagements des associés qui devait être décidée à l'unanimité (Cass. 1e civ. 5-11-1996 n° 94-19.529 : RJDA 1/97 n° 59).

9107 Les associés ne peuvent pas décider à l'unanimité de modifier les statuts de telle sorte que, pour l'avenir, l'assemblée soit autorisée à augmenter leurs engagements à la majorité.
Jugé ainsi que la modification statutaire, adoptée à l'unanimité par les associés d'une société coopérative à capital variable, et prévoyant que le capital social pourrait être « augmenté par modification de la valeur nominale des parts, par décision de l'assemblée générale » avait pour effet de contourner la règle impérative posée par l'article 1836 du Code civil (CA Paris 26-6-1998 n° 96/14305 : RJDA 3/99 n° 293). En effet, le consentement donné à la modification statutaire ne peut pas emporter un consentement donné par avance à une augmentation de capital dont l'étendue est indéterminée puisque ni son montant ni sa date ne sont connus (en ce sens, B. Petit : Bull. Joly 1998 p. 1151).

NOMBRE DE VOIX DES ASSOCIÉS

9110 Dans le silence de la loi, et sauf exception pour certaines sociétés réglementées (C. mon. fin. art. L 214-103, al. 2 pour les SCPI, sociétés d'épargne forestière et certains groupements forestiers d'investissement), le nombre des voix dont dispose chaque associé est librement fixé dans les **statuts.** En effet, il nous semble que l'égalité entre les parts, prévue par l'article 1845-1 du Code civil, n'est requise que pour la valeur nominale de celles-ci.

Diverses possibilités sont alors offertes aux associés : il peut être prévu que chaque associé aura droit à une voix quel que soit le nombre de parts qu'il détient, mais cette solution (« un homme, une voix ») n'est équitable que si les associés possèdent des parts en quantités sensiblement égales. Une autre formule, fréquemment adoptée, consiste à calculer les voix proportionnellement au nombre de parts appartenant à chaque associé (qu'elles soient représentatives d'apports en numéraire, en nature ou en industrie) ; certes, elle favorise les gros porteurs, mais cet inconvénient peut être écarté par une clause limitative des voix.

En effet, aucune disposition législative n'interdit de prévoir, dans une société civile, une **limitation du nombre des voix** dont peut disposer un associé. Cette clause peut concerner toutes les décisions collectives ou seulement certaines d'entre elles. Elle peut même ne s'appliquer qu'à certains associés et non aux autres, pourvu que les intéressés aient accepté individuellement et expressément le traitement discriminatoire qui leur est ainsi réservé.

Par exemple, dans les sociétés civiles professionnelles de médecins ou de chirurgiens-dentistes, les statuts peuvent attribuer un nombre de voix réduit aux associés qui n'exercent qu'à temps partiel (CSP art. R 4113-43). Il est possible aussi, lorsqu'un associé a pris l'engagement de céder les parts qu'il viendrait à posséder au-dessus d'un seuil déterminé (par exemple, 30 % ou 50 % du capital), de cantonner son droit de vote à celui correspondant au nombre de parts résultant de la limite convenue.

De même, nous pensons qu'en l'absence de texte contraire il est licite d'attribuer dans les statuts un **droit de vote plural** à certains associés.

Le droit de vote plural peut être organisé de diverses manières : par exemple, droit de vote double à l'expiration d'un délai déterminé, puis triple à l'expiration d'un nouveau délai ou pondération du vote en fonction des années de présence dans la société (par exemple, calcul du nombre de voix en fonction du nombre de parts, majoré d'une voix par année de présence dans la société), ou encore attribution de voix supplémentaires aux associés ayant effectué certains apports, etc.

Les associés peuvent aussi régler dans les statuts le cas de **partage des voix** en donnant, par exemple, voix prépondérante à l'associé représentant, tant par lui-même que comme mandataire, le plus grand nombre de voix, ou même à un associé nommément désigné.

Bien entendu, toutes ces clauses ayant pour objet de limiter ou, au contraire, d'augmenter le nombre de voix peuvent être limitées dans le temps, mais ce n'est pas une obligation.

C. Effets des décisions collectives

ENTRÉE EN VIGUEUR DES DÉCISIONS COLLECTIVES

Les décisions collectives prennent en principe effet dès le jour où elles sont adoptées. Leur **9200**
entrée en vigueur peut toutefois être **retardée,** aucune disposition légale n'interdisant de stipuler un terme suspensif. Elle peut aussi être **avancée,** à condition toutefois que la rétroactivité ainsi retenue ne porte pas atteinte à des droits acquis par les associés ou par des tiers ; en tout état de cause, la rétroactivité ne peut avoir d'effet qu'à l'égard des associés qui ont participé à la décision. Par suite, un associé d'une SCP qui s'est retiré de la société ne peut pas se prévaloir d'une décision collective adoptée après son retrait, ayant constaté l'annulation des parts d'un autre associé à la suite de leur acquisition par la société avec effet rétroactif à une date antérieure à son retrait, pour demander que sa créance sur la société soit calculée sans prendre en compte les parts annulées (Cass. 1e civ. 25-11-2003 n° 01-17.526 : RJDA 5/04 n° 585).

EFFETS DES DÉCISIONS COLLECTIVES À L'ÉGARD DES ASSOCIÉS

Les décisions régulièrement prises s'imposent à tous les associés, même dissidents, incapables **9205**
ou absents. Les associés entrés dans la société postérieurement à une décision sont tenus de la respecter comme s'ils l'avaient eux-mêmes votée.

Les associés ne peuvent **revenir** sur une **décision** régulièrement prise et la modifier que si celle-ci **9210**
n'a pas reçu un commencement d'exécution et à condition de ne pas remettre en question les droits acquis par certains d'entre eux ou par des tiers (Cass. 3e civ. 6-4-2022 n° 20-21.861 F-D : RJDA 8-9/22 n° 480 ; pour une illustration, Cass. com. 19-3-2013 n° 11-23.155 F-PB : RJDA 7/13 n° 629). Ainsi, les associés ne peuvent pas annuler la distribution d'un dividende décidée par l'assemblée dès lors que cette décision consacre un droit de créance des associés sur la société (CA Paris 1-12-1934 : S. 1935 II p. 65 ; CA Paris 2-5-1935 : Gaz. Pal. 1935 II p. 113), sauf avec l'accord des associés concernés (Cass. 3e civ. 6-4-2022 n° 20-21.861 F-D précité).

D. Procès-verbaux des décisions collectives

MODALITÉS D'ÉTABLISSEMENT DES PROCÈS-VERBAUX

9300 Les consultations d'associés doivent faire l'objet de procès-verbaux comportant les **mentions** suivantes (Décret 78-704 art. 44) :
- les nom et prénoms des associés ayant participé à la consultation ;
- le nombre de parts détenues par chacun d'eux ;
- les documents et rapports soumis aux associés ;
- le texte des résolutions mises aux voix, observation faite qu'il faut reproduire non seulement les résolutions adoptées définitivement, mais aussi celles qui ont été rejetées par les associés ;
- le résultat des votes.

En outre, s'il s'agit d'une **assemblée,** il convient d'indiquer également :
- la date et le lieu de la réunion ;
- les nom, prénoms et qualité du président de séance ;
- un résumé des débats.

En cas de **consultation écrite,** la justification du respect des formalités indiquées n° 8705 pour la consultation et la réponse de chaque associé doivent être annexées au procès-verbal.

La position de chaque associé ayant voté n'a en revanche pas à être indiquée (Cass. 3e civ. 12-5-2021 n° 19-21.725 F-D : RJDA 8-9/21 n° 583). Jugé également que l'absence de mention sur le procès-verbal du nombre de parts détenues par chacun des associés ne saurait entraîner l'annulation des délibérations qu'il constate dès lors que cette information figure sur la feuille de présence signée par l'ensemble des associés (CA Reims 19-9-2001 n° 00-219 : Dr. sociétés 2002 comm. n° 109).

9305 Les procès-verbaux sont établis et **signés** par les gérants et, s'il s'agit d'une assemblée, par le président de séance (Décret 78-704 art. 44, al. 4).

Les procès-verbaux peuvent être établis et conservés sous **forme papier ou électronique.** Dans ce dernier cas, ils sont signés au moyen d'une signature électronique qui respecte au moins les exigences de la signature électronique avancée ; ils doivent être datés de façon électronique au moyen d'un horodatage offrant toute garantie de preuve (Décret 78-704 art. 45, al. 3).

> **Précisions** La **signature électronique avancée** doit répondre aux **exigences** suivantes (Règl. UE/910/2014 du 23-7-2014 art. 26) :
> – être liée de manière univoque au signataire ;
> – permettre d'identifier le signataire ;
> – être liée aux données associées à cette signature, de telle sorte que toute modification ultérieure soit détectable ;
> – être créée à l'aide de données de création de signature que le signataire peut, avec un niveau de confiance élevé, utiliser sous son contrôle exclusif.

CONSERVATION DES PROCÈS-VERBAUX

9306 Par analogie avec les règles applicables aux sociétés commerciales, les procès-verbaux doivent être établis sur un **registre** spécial tenu au **siège de la société** (Décret 78-704 art. 45, al. 1).

Comme dans les sociétés commerciales, pour permettre aux associés d'éviter la transcription manuscrite ou l'utilisation d'une machine à écrire spéciale (dès lors que la rédaction doit être faite directement sur le registre), l'article 45, al. 2 du décret 78-704 autorise l'emploi de **feuilles mobiles** (n° 9308).

Le **registre** spécial peut aussi être tenu sous forme **électronique** (Décret 78-704 art. 45, al. 3).

9307 Sur la conservation des **actes constatant le consentement de tous les associés,** voir n° 8803.

9308 **Registre papier** Le registre spécial doit être coté et paraphé soit par un juge du tribunal de commerce, soit par un juge du tribunal judiciaire, soit par le maire de la commune du siège social ou par un adjoint au maire, dans la forme ordinaire et sans frais (Décret 78-704 art. 45, al. 1).

9309 **Feuilles mobiles** En cas d'utilisation de feuilles mobiles, celles-ci doivent être numérotées sans discontinuité, paraphées dans les mêmes conditions que celles du registre et revêtues du sceau de l'autorité qui les a paraphées ; en outre, toute feuille remplie même partiellement doit être jointe à celles précédemment utilisées et toute addition, suppression, substitution ou interversion de feuilles est interdite (Décret 78-704 art. 45, al. 2).

À défaut de disposition réglementaire relative à la conservation de ces feuilles mobiles, celles-ci peuvent être enliassées, insérées dans un registre à anneaux ou à broches, reliées ou collées sur un registre (sans qu'il soit nécessaire que ce registre soit lui-même coté et paraphé).

Il est nécessaire de souligner que ce sont les feuilles mobiles elles-mêmes qui doivent être cotées et paraphées et non le registre. Ainsi, il n'est pas possible de rédiger les procès-verbaux sur des feuilles mobiles non cotées ni paraphées puis de les coller sur un registre coté et paraphé (dans le même sens, Rép. Buot : AN 31-8-1968 n° 640 ; Rép. Farran : AN 22-10-1990 n° 26010).

Toutefois, il a été jugé que le fait d'avoir collé les procès-verbaux sur le registre au lieu de les avoir retranscrits constitue un manquement purement formel aux obligations réglementaires et ne peut pas entraîner la mise en cause de la responsabilité civile du gérant dès lors que la faute commise par celui-ci n'a entraîné aucun préjudice pour la société (CA Paris 19-12-1995 : Dr. sociétés 1996 n° 174 obs. D. Vidal).

ERREURS OU OMISSIONS DANS LES PROCÈS-VERBAUX

Les **erreurs ou omissions** des procès-verbaux consignés sur un registre papier peuvent être **9311**
rectifiées selon les **procédés** suivants utilisés pour les actes notariés (Rép. Martin : AN 21-1-1980 n° 21681) :

– en cas de mots ou de membres de phrases erronés, rayer et numéroter les mots nuls, piquer un renvoi en marge et ajouter dans cette marge ou en bas de page les mots ou membres de phrases rectifiés, puis faire parapher par les personnes qui ont signé le texte original et, à la fin du procès-verbal, rappeler le nombre de mots rayés nuls et celui des mots ajoutés et faire signer les mêmes personnes sous cette mention ;

– en cas d'alinéas omis, appliquer sensiblement le même procédé, c'est-à-dire piquer un renvoi et, en bas de page, copier le texte manquant, faire parapher les personnes habilitées et, en fin de procès-verbal, indiquer le nombre de mots ajoutés et recueillir les signatures, avec possibilité de renvoi en dernière page du procès-verbal pour les alinéas manquants qui ne pourraient pas tenir en bas de page.

Pour la rectification des **procès-verbaux électroniques,** il nous paraît possible de prendre exemple sur les pratiques retenues pour la rectification des erreurs ou omissions dans les textes officiels et de préciser quels sont les mots ou membres de phrase erronés ou manquants et les mots ou membres de phrase rectifiés, ou encore les alinéas manquants en indiquant l'endroit du procès-verbal où ils doivent figurer. Il convient ensuite de recueillir à nouveau la signature électronique des personnes qui ont signé le procès-verbal électronique d'origine.

COPIE DES PROCÈS-VERBAUX

Les copies ou extraits des procès-verbaux des délibérations des associés sont valablement **9320**
certifiés conformes par l'un des gérants. En cas de liquidation, cette certification est valablement effectuée par un seul liquidateur (Décret 78-704 art. 47, al. 1).

La **certification** peut se faire au moyen d'une signature **électronique** qui respecte au moins les exigences relatives à une signature électronique avancée (Décret 78-704 art. 47, al. 2 ; sur ces exigences, voir n° 9300).

VALEUR PROBANTE DES PROCÈS-VERBAUX

Les procès-verbaux dressés et signés conformément aux statuts ne font foi que jusqu'à **preuve** **9330**
contraire (Cass. req. 28-2-1888 : D. 1888 I p. 427 ; Cass. com. 10-11-2015 n° 14-16.022 : RJDA 4/16 n° 289, à propos des procès-verbaux d'une société à responsabilité limitée mais transposable ; CA Riom 4-4-1927 : DH 1927 p. 392). L'absence de signature du procès-verbal n'est toutefois assortie d'aucune sanction et ne saurait, en soi, lui ôter toute valeur probante (CA Bordeaux 14-5-2013 n° 11/03856 : RJDA 11/13 n° 908, précision relative à un gérant de société à responsabilité limitée mais transposable).

Tout **intéressé** peut **contester les énonciations** d'un procès-verbal s'il établit, par un moyen quelconque, l'inexactitude des mentions qui y sont portées.

Jugé que sont entachées de nullité comme ne correspondant pas à la réalité les délibérations d'une assemblée générale dont le procès-verbal indique que les résolutions ont été adoptées à l'unanimité alors qu'il précise ensuite que l'un des associés a quitté la salle où se tenait la réunion (CA Paris 9-4-1993 : Bull. Joly 1993 p. 755 note P. Le Cannu).

La falsification d'un procès-verbal d'assemblée est susceptible de constituer un faux en écriture sanctionné par l'article 441-1 du Code pénal (Cass. crim. 17-10-1973 n° 72-92.606 : Bull. crim. n° 365 ; Cass. crim. 16-6-2021 n° 20-82.941 F-P : RJDA 10/21 n° 676, à propos d'une association mais transposable).

Il n'est en principe pas nécessaire de recourir à la procédure d'inscription de faux pour contester les mentions qui figurent sur les procès-verbaux, mais on ne peut pas prouver contre et outre un procès-verbal régulier que l'on a accepté, sans l'arguer de faux (dans ce sens, P. Le Cannu et B. Dondero : Droit des sociétés LGDJ 2022 n° 880 note 2673). Ainsi, un associé ne peut pas obtenir l'annulation d'une assemblée pour défaut de convocation en produisant une attestation de son employeur déclarant qu'il se trouvait sur son lieu de travail au moment de l'assemblée, alors qu'il a signé le procès-verbal de l'assemblée mentionnant que la réunion s'est tenue en sa présence (Cass. com. 10-11-2015 n° 14-16.022 précité).

E. Publicité des décisions collectives

RÈGLES DE PUBLICITÉ APPLICABLES

9400 Comme dans les sociétés commerciales, toute **modification des statuts ou de la composition des organes de gestion** d'une société civile entraîne une publicité dont les modalités varient selon la nature de cette modification.

En principe, les formalités sont les suivantes :

– insertion dans un **support d'annonces légales** ;

– inscription modificative au **RCS** et au **RNE** par l'intermédiaire du guichet unique électronique des formalités d'entreprises ;

– insertion au **Bodacc,** cette insertion étant effectuée à la diligence des greffiers des tribunaux.

L'ensemble de ces formalités n'est cependant pas imposé pour toutes les modifications : notamment, l'insertion dans un support d'annonces légales n'est pas obligatoire dans tous les cas. En outre, certaines décisions modifiant les statuts ne nécessitent pas une inscription modificative au RCS et au RNE : seul le **dépôt** de la décision en annexe au RCS et au RNE par l'intermédiaire du guichet unique est alors requis.

Sur la publicité des bénéficiaires effectifs, voir n° 9410.

9401 En principe, les formalités de publicité sont effectuées à la diligence et sous la responsabilité des **gérants.** Toutefois, lorsqu'une formalité de publicité ne portant ni sur la constitution de la société ni sur la modification de ses statuts a été omise ou irrégulièrement accomplie et si la société n'a pas régularisé la situation dans le délai d'un mois à compter de la mise en demeure à elle adressée, tout intéressé peut demander au président du tribunal judiciaire, statuant en référé, de désigner un **mandataire** chargé d'accomplir la formalité (Décret 78-704 art. 20, al. 2).

L'inobservation des formalités requises lors de la constitution ou de la modification des statuts peut, quant à elle, faire l'objet de l'action en **régularisation** prévue par l'article 1839 du Code civil.

INSERTION DANS UN SUPPORT D'ANNONCES LÉGALES

9402 Si l'une des mentions de l'avis de constitution de la société paru dans un support d'annonces légales est frappée de caducité par suite de la modification des statuts ou d'un autre acte, délibération ou décision, la modification intervenue doit être publiée dans un support habilité à recevoir les annonces légales dans le département du siège social (Décret 78-704 art. 24).

Par conséquent, seules sont soumises à insertion les **modifications** apportées aux **mentions comprises dans l'énumération** de l'article 22 du décret 78-704 : modification de l'objet social, du siège, du capital, changement de gérant, etc.

Toute modification qui ne porterait pas sur l'une de ces mentions n'a pas à être publiée : tel sera le cas, notamment, d'une modification dans la répartition des bénéfices ou d'un changement d'associé (sauf s'il s'agit d'une société civile professionnelle).

Sur les mentions à faire figurer dans l'avis d'insertion, voir l'article 24 du décret 78-704.

INSCRIPTION MODIFICATIVE AU RCS

9403 Une inscription modificative au RCS ne doit être effectuée **que si** la modification intervenue porte sur l'une des mentions visées aux articles R 123-53 à R 123-59 du Code de commerce (n° 2694 s.).

Toute demande d'inscription modificative doit être effectuée par voie électronique auprès du **guichet unique électronique des formalités d'entreprises,** accessible sur le site formalites.entreprises.gouv.fr, dans les mêmes conditions qu'en cas d'immatriculation de la société (n° 2681 s.) (C. com. art. L 123-33 et art. R 123-77 modifié par décret 2022-1017 du 19-7-2022).

La demande est transmise au greffe du tribunal de commerce par le guichet unique (C. com. art. R 123-84, al. 1 ; voir toutefois, en cas d'interruption de service, C. com. art. R 123-12 et art. A 123-4 modifié par arrêté du 1-12-2022).

Afin d'assurer la continuité du service en cas de difficulté grave de fonctionnement du guichet unique, une procédure de secours est prévue (voir n° 2682).

Le déclarant doit **signer** sa **déclaration** au moyen d'une signature électronique qui respecte au moins les exigences de la signature électronique avancée (voir n° 9305) ; toutefois, en cas de connexion au guichet unique au travers du dispositif FranceConnect +, une signature électronique simple vaut signature électronique avancée (C. com. art. R 123-5 modifié par décret 2022-1620 du 23-12-2022).

La demande d'inscription modificative doit être signée par l'**un des gérants** de la société ou par un **mandataire,** muni d'une procuration spéciale, celle-ci n'étant pas nécessaire lorsqu'il résulte des actes ou pièces déposés à l'appui de la demande que le mandataire dispose du pouvoir d'effectuer la déclaration (C. com. art. R 123-85). La demande du mandataire doit être accompagnée d'une copie du justificatif de son identité revêtue d'une mention manuscrite attestant sur l'honneur de la conformité à l'original, d'une date et de la signature manuscrite du mandataire (Avis CCRCS 2015-024 du 27-11-2015).

La demande d'inscription modificative peut aussi être établie et signée par **toute personne** y ayant intérêt (C. com. art. R 123-87, al. 1). Ainsi, en cas de défaillance des gérants pour l'accomplissement des formalités au RCS, tout intéressé peut effectuer lui-même ces formalités.

La déclaration modificative doit être déposée dans le **délai** d'un mois à compter de la date de l'acte rendant nécessaire cette modification (C. com. art. R 123-66).

Le dépôt d'un dossier régulier et complet auprès du guichet unique électronique des formalités d'entreprises vaut déclaration auprès du greffe (C. com. art. L 123-33, al. 2).

Pièces et actes à joindre à la demande d'inscription Si les changements faisant l'objet de la demande ont entraîné une **modification des actes déposés lors de la constitution de la société** (c'est-à-dire, pour l'essentiel, s'ils ont entraîné une modification des statuts ou un changement de gérant), ce qui est le cas de presque tous les changements à inscrire au RCS, la délibération ou décision modifiant ces actes doit être jointe à la demande présentée au guichet unique électronique des formalités d'entreprises mentionné n° 9403 en vue de son dépôt en annexe au RCS (C. com. art. R 123-105, al. 1). En outre, les statuts mis à jour doivent être joints à la demande (C. com. art. R 123-105, al. 2), sauf en cas de changement de gérant (Décret 78-704 art. 25). 9405

En cas de cession de parts à un nouvel associé, doit aussi être joint à la demande l'acte de cession dont le dépôt au greffe du tribunal est requis par l'article 52 du décret 78-704 du 3 juillet 1978.

Les **pièces justificatives** à produire à l'occasion de la demande sont celles exigées pour l'immatriculation (nos 2699 s.) et établissant, d'une part, les changements et adjonctions intervenus et, d'autre part, lorsque celle-ci est requise, la parution d'une annonce légale.

Les pièces numériques ou numérisées doivent être jointes au dossier remis au guichet unique, sauf si ces pièces doivent être fournies en original et établies sur support papier (C. com. art. R 123-3, 3°). Dans ce cas, la société doit en joindre une copie numérisée au dossier transmis au guichet unique et déposer les originaux accompagnés d'une édition de l'accusé de réception électronique au greffe (C. com. art. R 123-6, al. 5).

DÉPÔT AU GREFFE

Il résulte de l'article R 123-105 du Code de commerce que toute modification des statuts, quelle que soit son importance, doit faire l'objet d'un dépôt au greffe, même si cette modification n'est soumise à aucune autre formalité de publicité (par exemple, modification dans la répartition des bénéfices). 9408

Si la **modification** intervenue doit aussi faire l'objet d'une **inscription** modificative **au RCS** (par exemple, l'entrée d'un nouvel associé consécutive à une cession de parts), il y a lieu de déposer au guichet unique électronique des formalités d'entreprises un dossier d'inscription modificative comprenant notamment l'acte modificatif, le guichet unique transmettant ensuite ce dossier au greffe destinataire. Si, **à l'inverse,** la modification n'entraîne pas d'inscription au RCS, seul l'acte modificatif, accompagné des statuts mis à jour, doit être déposé, dans les mêmes conditions (C. com. art. R 123-77 modifié par décret 2022-1014 du 19-7-2022 et art. R 123-102, al. 1 et 3). Ce dépôt doit intervenir dans le mois de l'acte (C. com. art. R 123-105, al. 1).

> **Précisions** À notre avis, le **dépôt par voie électronique** s'impose bien que l'article R 123-102, al. 3 prévoie une simple faculté. En effet, le recours au guichet unique pour tout dépôt d'acte ou de pièce au RCS est obligatoire, sauf lorsque l'acte ou la pièce doit être fourni en original et a été établi sur support papier (art. L 123-33 et art. R 123-77, al. 1 modifié par décret 2022-1014).

INSERTION AU BODACC

Toute modification des statuts entraînant **changement des mentions portées** au Bodacc **lors de l'immatriculation** doit faire l'objet d'une nouvelle insertion dans ce bulletin par les soins du greffe du tribunal de commerce dans les huit jours de l'inscription correspondante au RCS (C. com. art. R 123-159 et R 123-161, al. 1). 9409

INSCRIPTION MODIFICATIVE AU REGISTRE DES BÉNÉFICIAIRES EFFECTIFS

9410 La société doit faire inscrire au registre des bénéficiaires effectifs tout changement intervenu par rapport à la déclaration antérieure de ses bénéficiaires déposée au greffe du tribunal de commerce ; à cet effet, il lui appartient d'adresser au greffe, par l'intermédiaire du guichet unique électronique des formalités d'entreprises, une déclaration modificative dans les 30 jours du fait ou de l'acte rendant nécessaire la rectification ou le complément des informations précédemment déclarées (C. mon. fin. art. R 561-55). Le dépôt de la déclaration modificative s'impose notamment dans les cas suivants (cf. art. R 561-56) :

– changement de dénomination ou de forme de la société ;

– transfert du siège social ;

– changement concernant la nature, les modalités ou l'étendue du contrôle exercé par un bénéficiaire sur la société.

La déclaration modificative est soumise aux mêmes règles que la déclaration déposée lors de la demande d'immatriculation de la société : voir n° 2728.

Sur les sanctions en cas d'absence de dépôt de la déclaration modificative ou de déclaration inexacte ou incomplète, voir n°s 2731 s.

INSCRIPTION ET DÉPÔT AU RNE

9415 L'ensemble des informations, actes et pièces figurant au RCS et les informations relatives aux bénéficiaires effectifs doivent faire l'objet d'une inscription au RNE ou d'un dépôt pour y être annexés (C. com. art. L 123-37, 1° et 4° ; art. R 123-252 s. issus du décret 2022-1014 du 19-7-2022).

L'inscription ou le dépôt au RNE n'est pas effectué directement par la société mais **par l'intermédiaire du guichet unique électronique des formalités d'entreprises** qui a été destinataire de ces informations (C. com. art. L 123-50). Signalons d'ailleurs que toute demande d'inscription ou de dépôt présentée au RCS par l'intermédiaire du guichet unique vaut demande d'inscription ou de dépôt au RNE (C. com. art. R 123-242 issu du décret 2022-1014).

CHAPITRE 4

IMPOSITION DES BÉNÉFICES ET AUTRES IMPÔTS DUS PAR LA SOCIÉTÉ

SOMMAIRE

RÉGIMES FISCAUX APPLICABLES AUX SOCIÉTÉS CIVILES

Les sociétés civiles sont, dans la majorité des cas, soumises au régime fiscal des sociétés de personnes qui se caractérise par l'imposition des bénéfices, non pas au nom de la personne morale, mais au nom personnel de chacun des associés pour la fraction correspondant à ses droits dans la société. **9500**

Certaines sociétés civiles relèvent cependant, de plein droit ou sur option, du régime fiscal des sociétés de capitaux, c'est-à-dire de l'impôt sur les sociétés.

Il convient d'examiner séparément chacun de ces deux régimes.

SECTION 1

SOCIÉTÉS CIVILES SOUMISES AU RÉGIME FISCAL DES SOCIÉTÉS DE PERSONNES

Les résultats réalisés par une société civile soumise au régime fiscal des sociétés de personnes sont déterminés et déclarés **au niveau de la société** elle-même. Cette société a donc une réelle existence fiscale mais n'est pas personnellement redevable de l'impôt. Les résultats sont imposés au **nom personnel des associés.** Chacun d'eux est imposé à raison de la part des résultats sociaux correspondant à ses droits dans la société soit à l'impôt sur le revenu s'il relève de cet impôt (particulier ou entreprise), soit à l'impôt sur les sociétés s'il est passible de cet impôt (CGI art. 8 et 218 bis). **9505**

I. DÉTERMINATION DU RÉSULTAT IMPOSABLE

A. Règles générales

Le résultat imposable de la société civile est déterminé selon des modalités qui tiennent compte à la fois de la nature de l'activité de la société et de la **qualité des associés.** **9507**

S'agissant de la quote-part de résultat revenant aux **associés personnes physiques,** le résultat imposable est déterminé globalement au niveau de la société suivant les règles propres à la catégorie de bénéfice ou de revenu dont relève l'activité de la société (bénéfices agricoles, bénéfices des professions non commerciales, revenus fonciers, revenus mobiliers ou bénéfices industriels et commerciaux) et en fonction du montant de ses recettes en ce qui concerne le régime d'imposition : bénéfice réel, régime simplifié, etc. (nos 9510 s.).

Lorsqu'un associé est une **société** soumise à l'impôt sur les sociétés ou une **entreprise** relevant de l'impôt sur le revenu, des règles particulières s'appliquent : la quote-part de résultat lui revenant est déterminée soit selon les règles qui régissent ses propres opérations (nos 9582 s.), soit, dans les cas visés n° 9588, selon les règles propres à l'activité de la société civile comme pour les associés personnes physiques.

En qui concerne les **charges,** seules sont déductibles du résultat social à répartir entre les associés celles qui incombent normalement à la société, c'est-à-dire celles qui sont directement liées à l'activité sociale.

B. Imposition des associés personnes physiques

La quote-part de résultat d'une société civile revenant aux associés personnes physiques est déterminée dans les conditions prévues pour les exploitants individuels, c'est-à-dire globalement au niveau de la société **en fonction de son activité.** **9510**

Seules sont étudiées ici les sociétés civiles exerçant une activité autre qu'industrielle ou commerciale puisqu'une activité de cette nature a, en principe, pour effet de soumettre obligatoirement la société à l'impôt sur les sociétés (n° 10030).

1. SOCIÉTÉS CIVILES EXERÇANT UNE ACTIVITÉ AGRICOLE OU LIBÉRALE

ACTIVITÉ AGRICOLE

9515 Les sociétés civiles dont les résultats relèvent de la catégorie des bénéfices agricoles sont celles qui ont pour **objet** l'exploitation de biens ruraux (vente des produits de tous terrains propres à la culture, vente des produits de l'élevage, production forestière) ou qui se livrent à des activités telles que l'exploitation de champignonnières, de marais salants, l'obtention de nouvelles variétés végétales, l'apiculture, l'aviculture, la pisciculture, l'ostréiculture, l'élevage de coquillages marins, la préparation et l'entraînement des équidés domestiques en vue de leur exploitation dans les activités autres que celles du spectacle, la vente de biomasse ou la production d'énergie à partir de produits ou sous-produits majoritairement issus de l'exploitation agricole, la location de droits à paiement de base, ainsi que les courses de chiens en attelage. Relèvent également des bénéfices agricoles les revenus provenant des actions réalisées sur le périmètre de l'exploitation agricole qui contribuent à restaurer ou à maintenir des écosystèmes dont la société tire des avantages (CGI art. 63).

Il en est ainsi que la société civile soit ou non **propriétaire des biens exploités.** Si la société civile a pour objet la gestion d'un domaine agricole qu'elle donne en **location,** les revenus qu'elle en retire sont imposés dans la catégorie des revenus fonciers s'il s'agit d'un bail à ferme.

9516 Indépendamment des sociétés civiles d'exploitation agricole de droit commun, il existe différents **types de sociétés civiles agricoles** à statuts particuliers (groupements agricoles tels que Gaec, GFA, EARL, voir n°s 60000 s.).

Nous rappelons seulement ici, à grands traits, les règles essentielles applicables pour la détermination du bénéfice agricole imposable au niveau de la société (pour une étude détaillée de ces règles, voir le Mémento Agriculture n°s 5600 s.).

9517 Le **bénéfice imposable** est déterminé selon l'un des trois modes d'imposition suivants : le régime micro-BA, le régime du bénéfice réel simplifié ou le régime du bénéfice réel normal (CGI art. 64 bis et 69). Il est ensuite imposé au nom personnel des associés, chacun pour la part correspondant à ses droits.

L'imposition du chiffre d'affaires tiré des **activités accessoires** commerciales ou artisanales des sociétés civiles agricoles est effectuée selon des modalités spécifiques, voir n° 10052.

9520 **Régime micro-BA** Le régime micro-BA s'applique de plein droit aux **Gaec,** aux **groupements forestiers** et aux **EARL dont l'associé unique est une personne physique dirigeant l'exploitation,** quelle que soit la date de leur création, ainsi qu'aux **sociétés** créées avant le 1er janvier 1997, dont la moyenne des recettes hors taxe des trois années précédentes n'excède pas une certaine limite, lorsqu'ils n'optent pas pour le régime réel. S'agissant des groupements forestiers, des EARL dont l'associé unique est une personne physique dirigeant l'exploitation et des sociétés créées avant le 1er janvier 1997, le régime micro-BA s'applique de plein droit en 2023 lorsque la moyenne des recettes hors taxe des trois années précédentes (soit 2020, 2021 et 2022) n'excède pas 91 900 €. Une limite spécifique est prévue pour les Gaec (n° 60085) et certaines exploitations font l'objet de modalités particulières de calcul des recettes (élevages industriels, élevage et culture à façon).

9521 Le **bénéfice imposable** des exploitants relevant du régime micro-BA, exception faite des plus-values, est égal à la moyenne des recettes hors taxe de l'année d'imposition et des deux années précédentes diminuée d'un abattement de 87 % qui ne peut être inférieur à 305 € (CGI art. 64 bis).

Les **plus-values** de cession d'éléments de l'actif immobilisé sont exclues de la base imposable selon le régime micro-BA. Elles sont déterminées et imposées selon le régime des plus-values professionnelles dans les conditions exposées n°s 9608 s.

9522 La société civile relevant du régime micro-BA est dispensée de produire une déclaration de résultat. Les associés doivent porter directement sur leur **déclaration** complémentaire à la déclaration annuelle des revenus (déclaration n° 2042-C-Pro) le montant des recettes de l'année d'imposition et des deux années précédentes ainsi que celui des plus-values réalisées ou des moins-values subies au cours de l'année (CGI art. 64 bis, III).

Régime du bénéfice réel normal Ce régime est applicable **obligatoirement** en 2023 aux sociétés civiles dont la moyenne des recettes hors taxe des trois années précédentes est supérieure à 391 000 €. Le régime du bénéfice réel normal s'applique aussi sur **option** aux sociétés relevant en principe du régime micro-BA ou du régime simplifié. 9530

Le bénéfice réel normal est déterminé selon les **règles** applicables aux **bénéfices industriels et commerciaux,** avec toutefois certains aménagements destinés à tenir compte des contraintes et caractéristiques particulières de la production agricole (Mémento Agriculture nos 9000 s.). 9531

Les **plus-values** réalisées sont imposées dans les conditions exposées nos 9608 s.

La société civile soumise au régime du bénéfice réel normal doit souscrire chaque année une **déclaration spéciale (no 2143-SD)** des résultats sociaux comportant la répartition de ceux-ci entre les associés ; à cette déclaration doivent être joints les tableaux **annexes** nos 2144-SD à 2152 bis-SD (bilan, compte de résultat, immobilisations, amortissements, provisions, créances et dettes, détermination du résultat fiscal, plus-values et moins-values, etc.). Doivent également être fournies la liste des associés et la liste des filiales et participations (nos 2153-SD et 2154-SD). 9532

La déclaration de résultat et les documents annexes doivent faire l'objet d'une **transmission électronique** (CGI art. 1649 quater B quater, II).

Quelle que soit la date de clôture de l'exercice, la déclaration de résultat et les documents annexes doivent être **produits,** par voie électronique, **au plus tard** le deuxième jour ouvré suivant le 1er mai (CGI art. 175). Un délai supplémentaire de 15 jours calendaires est cependant accordé par l'administration (BOI-BA-DECLA-20 no 150).

De leur côté, les associés doivent comprendre dans leur **déclaration annuelle de revenus no 2042** la part leur revenant dans ces résultats.

Lorsque les **résultats** sociaux sont **déficitaires,** les associés ne peuvent imputer la part qui leur incombe sur leur revenu global que si les revenus nets non agricoles dont ils disposent par ailleurs n'excèdent pas une certaine limite (à titre indicatif, cette limite était de 119 675 € pour l'imposition des revenus de 2022) (CGI art. 156, I-1o). Si la limite est dépassée, la part de déficit peut seulement être déduite de la part des bénéfices agricoles revenant aux associés au cours des six années suivantes.

Régime simplifié d'imposition Ce régime s'applique **de plein droit** en 2023, sauf option pour le régime réel normal, aux sociétés dont la moyenne des recettes hors taxe des trois années précédentes est supérieure à 91 900 € et n'excède pas 391 000 €. Le régime du bénéfice réel simplifié s'applique aussi aux sociétés relevant normalement du régime micro-BA qui ont **opté** pour ce régime. 9540

Le **bénéfice imposable** est **déterminé** selon des règles identiques à celles du régime du bénéfice réel normal sous réserve des adaptations suivantes : 9541

- les stocks de produits autres que les matières premières, fournitures et marchandises achetées peuvent, sur option, être évalués selon une méthode forfaitaire, à partir des cours du jour ;
- certains frais généraux sont pris en compte selon des modalités simplifiées.

Les **obligations comptables et déclaratives** sont allégées : la déclaration de résultat no 2139-SD comporte un tableau des immobilisations et des amortissements et, en annexe, un bilan simplifié, un compte de résultat fiscal simplifié, un relevé des provisions et un état des provisions non déductibles. La répartition du bénéfice social entre les associés doit être mentionnée sur la déclaration annexe no 2139-C-SD. 9542

La déclaration doit être souscrite selon les modalités et dans le délai mentionnés no 9532.

Associé exerçant par ailleurs une activité agricole à titre personnel Dans ce cas, pour déterminer le régime d'imposition (micro-BA, régime simplifié ou régime réel normal) auquel l'associé doit être soumis, il convient de faire masse des recettes qu'il réalise à titre personnel et de la part qui lui revient dans celles de la société (CGI art. 70, 1e phrase). Les règles sont les suivantes : 9545

- **si la moyenne cumulée** des recettes de son exploitation personnelle et de sa quote-part dans les recettes de la société est **inférieure à la limite du micro-BA** (91 900 €), l'associé est imposé d'après le régime micro-BA pour son exploitation personnelle et d'après le régime applicable à la société pour sa quote-part dans les résultats sociaux ;
- **si la moyenne cumulée excède 91 900 € ou 391 000 €,** l'exploitant relève, selon le cas, du régime simplifié ou du régime réel normal tant en ce qui concerne son exploitation personnelle que sa quote-part des bénéfices sociaux.

Pour l'application de ces dispositions, la quote-part de l'associé dans les recettes de la société est déterminée en proportion de ses droits sur le **bénéfice comptable** (CGI art. 70).

> Précisions La part du bénéfice social revenant à l'associé reste déterminée selon le régime du bénéfice réel applicable, de plein droit ou sur option, à la société lorsque celui-ci est différent. Cette règle s'applique lorsque l'exploitant a **inscrit les parts de la société à l'actif du bilan de son exploitation individuelle.** Dans le **cas contraire,** il a été jugé que lorsque l'exploitant placé sous un régime réel d'imposition est membre d'une société dont les recettes n'excèdent pas les limites du forfait, il peut être imposé selon ce régime à raison de la quote-part de bénéfice correspondant à ses droits dans la société en application des dispositions de l'article 238 bis K, II du CGI en tenant compte de la nature de l'activité et du montant des recettes de la société (CAA Bordeaux 31-7-2003 n° 99-1655 : RJF 1/04 n° 43 ; solution transposable dans l'hypothèse où les recettes de la société n'excèdent pas les limites du régime micro-BA, régime qui a remplacé le forfait : BOI-BA-REG-10-30 n° 260).

9548 **Centres de gestion agréés** Une **réduction d'impôt sur le revenu pour frais de comptabilité et d'adhésion** est accordée aux sociétés civiles adhérentes d'un centre de gestion agréé dont le montant des recettes est inférieur à la limite du micro-BA (91 900 € en 2023) et qui optent pour le régime réel (normal ou simplifié) (CGI art. 199 quater B).

Les conditions d'application de la réduction d'impôt s'apprécient au titre de son année d'application. Par exception, les exploitants agricoles (et donc les sociétés civiles) bénéficient de la réduction d'impôt pour la première année d'application de plein droit du régime réel normal ou simplifié.

Le montant de la réduction est égal aux deux tiers des dépenses exposées pour la tenue de la comptabilité et pour l'adhésion au centre de gestion, dans la double limite de 915 € par an et du montant de l'impôt sur le revenu dû pour une année donnée.

Dans les Gaec, la réduction d'impôt est plafonnée au niveau du groupement puis répartie entre les associés. Si l'associé exerce une activité à titre individuel, la réduction est calculée au niveau de l'associé et plafonnée à 915 € (BOI-IR-RICI-10 nos 300 et 310).

La réduction d'impôt est remise en cause lorsqu'une rectification fait apparaître un dépassement du montant limite des recettes.

Enfin, lorsqu'elles adhèrent à un centre de gestion agréé, les sociétés civiles sont **dispensées de toutes majorations fiscales,** de quelque nature qu'elles soient, à condition de révéler spontanément et par lettre recommandée, dans un délai de trois mois suivant l'adhésion, les insuffisances, inexactitudes ou omissions qu'ont pu comporter leurs déclarations antérieures à l'adhésion (CGI art. 1755). Cette « amnistie fiscale » ne s'applique cependant pas aux infractions assorties de manœuvres frauduleuses ou ayant donné lieu à une proposition de rectification ou à une procédure administrative ou judiciaire. Le supplément d'impôt doit en outre être acquitté dans les délais impartis.

> Précisions L'adhésion à un centre de gestion agréé procurait un **autre avantage fiscal**, applicable pour la dernière fois à l'imposition des revenus de 2022, dans la mesure où les associés des sociétés civiles non-adhérentes imposées selon un régime réel voyaient leur **quote-part de résultat**, retenue pour le calcul de l'impôt sur le revenu, **majorée** de 10 %. Cette majoration a été supprimée à compter de l'imposition des revenus de 2023.

ACTIVITÉ LIBÉRALE

9550 Les activités libérales qui relèvent des bénéfices non commerciaux sont celles où l'activité intellectuelle joue le rôle principal et qui consistent en la pratique personnelle d'une science ou d'un art exercés en toute indépendance. Tel est le cas :

– des **titulaires de charges et offices** : notaires (à l'exception, semble-t-il, des notaires salariés), commissaires de justice, commissaires-priseurs, avocats au Conseil d'État et à la Cour de cassation, greffiers des tribunaux de commerce titulaires de leur charge (les traitements, indemnités et émoluments versés à ces derniers par l'État sont toutefois rangés dans la catégorie des salaires) ;

– des membres des **professions libérales réglementées** : médecins, avocats, architectes, experts-comptables, géomètres experts, dentistes, sages-femmes, kinésithérapeutes ;

– des membres de certaines **professions non réglementées** : ingénieurs-conseils, concepteurs de logiciels, établissements d'auto-école, agents commerciaux, artistes-peintres, sculpteurs...

9551 Pour l'exercice en groupe des professions réglementées, le législateur a créé un cadre juridique particulier : la **société civile professionnelle.** En outre, tous les membres des professions libérales (réglementées ou non) peuvent constituer des sociétés destinées à faciliter l'exercice de leur activité par la mise en commun des moyens utiles à cet exercice : il s'agit des **sociétés civiles de moyens.** Le régime fiscal et juridique de ces sociétés particulières fait l'objet d'une étude spéciale (nos 54000 s. pour les sociétés civiles professionnelles et nos 58500 s. pour les sociétés civiles de moyens).

En principe, les membres des sociétés civiles exerçant une activité de nature libérale sont personnellement assujettis à l'impôt sur le revenu au titre des **bénéfices non commerciaux** pour leur quote-part dans les bénéfices sociaux. 9552

On attire cependant l'attention sur la jurisprudence signalée n° 10045 selon laquelle la mise en œuvre de moyens matériels, financiers et en personnel importants pour effectuer les actes essentiels d'une profession libérale par nature est susceptible, sur le plan fiscal, de conférer à l'activité ainsi exercée un caractère commercial entraînant l'assujettissement de la société à l'impôt sur les sociétés avec toutes les conséquences que cela implique.

Le bénéfice non commercial imposable au nom des associés est celui qui est réalisé au cours de l'**année civile,** même si le contribuable tient une comptabilité de périodicité différente. 9553

Le bénéfice est déterminé par différence entre les **recettes encaissées** et les **dépenses professionnelles payées** au cours de l'année, sauf si la société opte pour la prise en compte des créances acquises et des dépenses engagées (CGI art. 93, 1 et 93 A).

Le bénéfice non commercial tient compte des gains et des pertes (**plus-values** et **moins-values**) provenant soit de la cession des éléments de l'actif affectés à l'exercice de la profession, soit de la cession des charges et offices, ainsi que des indemnités reçues en contrepartie de la cessation de l'exercice de la profession ou du transfert d'une clientèle. Ces gains et pertes exceptionnels sont soumis aux règles particulières d'imposition des plus-values professionnelles exposées ci-après (nos 9608 s.).

Régime d'imposition Les sociétés civiles exerçant une activité libérale sont obligatoirement soumises au régime de la **déclaration contrôlée** dont nous indiquons ci-après les principes essentiels (CGI art. 103). 9560

Les sociétés placées sous ce régime doivent tenir un **livre-journal** servi au jour le jour et présentant le détail de leurs recettes et dépenses professionnelles ainsi qu'un **registre des immobilisations et amortissements** appuyés des pièces justificatives correspondantes.

À l'exception des notaires et des sociétés civiles professionnelles de taille importante qui sont soumis à la tenue d'une comptabilité de type commercial, les membres des professions libérales peuvent ne tenir qu'une simple **comptabilité de trésorerie.**

Les sociétés civiles exerçant une activité libérale doivent souscrire chaque année une **déclaration du résultat non commercial** de l'année civile précédente. Un formulaire spécial n° 2035-SD, accompagné des annexes nos 2035-A-SD à 2035-G-SD regroupées dans le formulaire n° 2035-LIASSE-BNC, est conçu à cet effet. La déclaration est à produire, **par voie électronique,** au plus tard le deuxième jour ouvré suivant le 1er mai (CGI art. 97). Un délai supplémentaire de 15 jours calendaires est toutefois accordé par l'administration (BOI-BNC-DECLA-10-30 n° 270). La déclaration doit comporter l'indication du montant des recettes brutes, de la nature et du montant des dépenses professionnelles et du chiffre du résultat (bénéfice ou déficit) ; s'y ajoute une annexe spéciale (n° 2035-AS-SD) faisant apparaître la répartition en pourcentage et en montant des bénéfices entre les associés.

La déclaration doit être accompagnée d'un tableau de détermination de la valeur ajoutée produite au cours de l'exercice lorsque le chiffre d'affaires de cet exercice excède 152 500 €, d'une liste indiquant la répartition du capital entre les associés détenant au moins 10 % du capital et d'une liste des filiales et participations (annexes nos 2035-E-SD, 2035-F-SD et 2035-G-SD).

Associations agréées Les sociétés civiles exerçant une profession libérale peuvent adhérer à une association agréée. Elles ne bénéficient cependant pas de la réduction d'impôt pour frais de comptabilité et d'adhésion (n° 9548) car elles sont soumises de plein droit au régime de la déclaration contrôlée. 9562

L'adhésion à une association agréée procurait un autre avantage fiscal, applicable pour la dernière fois à l'imposition des revenus de 2022, dans la mesure où les associés des sociétés civiles non-adhérentes voyaient leur quote-part de résultat, retenue pour le calcul de l'impôt sur le revenu, majorée de 10 %. Cette majoration a été supprimée à compter de l'imposition des revenus de 2023.

ATTENTION

Les groupements qui ont pour objet de mettre en commun tout ou partie des dépenses professionnelles tout en permettant à leurs membres d'appréhender individuellement les recettes procurées par leur activité professionnelle (**sociétés civiles de moyens**) ne peuvent adhérer à une association agréée dès lors qu'ils n'exercent pas une activité libérale et qu'ils ne sont pas titulaires d'une charge ou d'un office (BOI-DJC-OA-20-30-10-10 n° 60).

RÉGIME FISCAL DES PARTS DÉTENUES PAR LES ASSOCIÉS

9565 Lorsqu'un associé personne physique exerce son activité professionnelle (telle que définie n° 21657) dans le cadre d'une société civile dont les bénéfices sont soumis en son nom à l'impôt sur le revenu dans la catégorie des bénéfices agricoles réels, des bénéfices non commerciaux ou des bénéfices industriels et commerciaux, ses parts dans la société sont considérées fiscalement comme des **éléments d'actif affectés à l'exercice de la profession** (CGI art. 151 nonies, I). Il en est de même des parts de sociétés civiles de moyens (CGI art. 93, 5). Les parts sociales détenues par l'associé sont réputées constituer pour lui un actif professionnel personnel distinct de l'actif social.

Les associés dont les parts sont constitutives d'un actif professionnel personnel ne sont pas soumis à ce titre aux **obligations comptables et déclaratives** des exploitants individuels (Comité MOA 3-4-1997, solution non reprise dans Bofip).

9566 Ne sont **pas considérées comme un élément d'actif professionnel** personnel les parts de sociétés civiles agricoles dont les résultats sont déterminés suivant le régime micro-BA (nos 9520 s.). Il en est de même lorsque les parts de la société civile sont détenues par un associé, simple apporteur de capitaux, qui n'y exerce aucune activité professionnelle et détient en conséquence ses parts dans son patrimoine privé.

Sont également exclues les parts de sociétés civiles n'exerçant pas d'activité professionnelle, c'est-à-dire les sociétés dont les bénéfices relèvent des revenus mobiliers ou fonciers (pour ces derniers, voir n° 30845 le régime de déductibilité des intérêts d'emprunts contractés pour l'acquisition de parts de sociétés civiles immobilières de location).

9568 Frais d'acquisition des parts constitutives d'un actif professionnel

L'assimilation des parts sociales à un actif professionnel personnel a pour conséquence de permettre aux associés de déduire de leur quote-part du bénéfice social les charges grevant ces parts. Tel est notamment le cas des **frais exposés pour leur acquisition** : intérêts d'emprunt, frais d'acte et d'enregistrement, frais de notaire, commissions et honoraires.

S'agissant des **intérêts d'emprunt,** leur déduction est possible qu'il s'agisse d'emprunts contractés directement en vue de l'achat des parts sociales ou d'emprunts consacrés à l'acquisition de biens ayant fait ensuite l'objet d'un apport à la société civile rémunéré par l'attribution de telles parts ; aucune déduction n'est admise lorsque les biens sont vendus à la société ou seulement mis à sa disposition. En cas de transformation d'une société anonyme en société civile relevant de l'impôt sur le revenu, la déductibilité s'applique même lorsque l'emprunt a été contracté à une période où la société était encore soumise à l'impôt sur les sociétés (CE 13-7-2007 n° 287364 : RJF 11/07 n° 1275).

Les **droits de mutation à titre gratuit** afférents à la transmission des parts d'une société civile dans laquelle l'héritier ou le bénéficiaire de la donation exerce son activité professionnelle sont déductibles.

> **Précisions a.** Les intérêts d'un **emprunt** souscrit par l'associé d'une société civile **pour acquérir ses parts** et pour **souscrire deux contrats d'assurance-vie** destinés à garantir le remboursement du prêt ne sont déductibles de la quote-part de bénéfice imposable entre ses mains qu'à hauteur de la fraction correspondant aux sommes affectées à l'acquisition des parts (CAA Bordeaux 25-3-2008 n° 06-826 : RJF 8-9/08 n° 978). Les juges du fond entendent limiter la déduction pouvant être pratiquée par l'associé aux intérêts d'emprunt souscrit pour financer le prix d'acquisition proprement dit de ses parts sociales ainsi que les frais d'acquisition. Si une partie de l'emprunt est affectée à un autre usage, les intérêts correspondants n'ouvrent droit à aucune déduction.
>
> **b.** Lorsque les frais d'acquisition des parts sont **exposés avant le début de l'activité** de la société civile (par exemple, droits d'enregistrement versés pour l'achat de parts sociales d'une SCP qui commence à exercer l'année suivante), ils donnent naissance, en l'absence de recettes sociales, à un déficit catégoriel imputable dans les conditions de droit commun sur le revenu global (CE 18-12-1987 n° 69382 : RJF 2/88 n° 166).

9570 **Plus-values** Les plus-values provenant de la cession des parts qui relèvent de l'**actif professionnel** des associés sont imposables selon le régime des plus-values professionnelles (nos 21655 s.). Les plus-values de cession des parts appartenant au **patrimoine privé** des associés relèvent du régime des plus ou moins-values privées (nos 21700 s.).

Lorsqu'un associé, initialement simple apporteur de capitaux, a ensuite exercé son activité professionnelle dans la société, ses titres ont été transférés de son **patrimoine privé vers** son **patrimoine professionnel.** Dans ce cas, deux plus-values distinctes doivent être calculées lors de la cession, à savoir une plus-value privée et une plus-value professionnelle, voir n° 21664.

2. SOCIÉTÉS CIVILES GÉRANT UN PATRIMOINE IMMOBILIER

Les résultats des sociétés civiles immobilières qui ont pour objet exclusif la gestion et la **location** d'immeubles (bâtis ou non bâtis) ont le caractère de **revenus fonciers** imposables au nom des associés personnes physiques lorsque les locations portent sur des locaux d'habitation **non meublés,** des bureaux non meublés, des immeubles à usage industriel ou commercial non équipés de moyens d'exploitation, des exploitations agricoles ou des terrains nus. Une **étude spéciale** est consacrée au régime fiscal de ces sociétés (nos 30200 s.). 9573

La location de locaux **meublés** ou d'immeubles à usage industriel ou commercial aménagés relevant des **BIC** rend en principe la société civile passible de l'impôt sur les sociétés, voir nos 10065 s.

3. SOCIÉTÉS CIVILES GÉRANT UN PORTEFEUILLE DE VALEURS MOBILIÈRES

Les personnes physiques associées des sociétés civiles gérant un portefeuille de valeurs mobilières sont soumises à l'impôt sur le revenu dans la catégorie des **revenus de capitaux mobiliers,** pour la part qui leur revient dans les résultats de la société, lesquels peuvent comprendre : 9575

– des produits d'actions ou de parts sociales distribués par des sociétés françaises, c'est-à-dire essentiellement les bénéfices répartis sous forme de dividendes ;

– des produits de placements à revenu fixe : obligations et autres titres d'emprunts négociables, créances, dépôts, cautionnements et comptes courants, bons de caisse, bons du Trésor et assimilés ;

– des produits de valeurs mobilières étrangères.

Pour une **étude d'ensemble** des sociétés civiles de portefeuille, voir nos 52000 s.

RÉGIME SPÉCIAL DES CLUBS D'INVESTISSEMENT

Les clubs d'investissement peuvent être constitués sous la forme d'une société civile soumise au régime fiscal des sociétés de personnes dont l'objet est limité à la constitution et à la gestion d'un portefeuille de placement. Les membres de ces clubs (qui ne peuvent être que des personnes physiques) sont placés, sur le plan fiscal, dans la même situation que s'ils géraient directement leur portefeuille de titres lorsque les **conditions** suivantes sont remplies (BOI-RPPM-RCM-40-20 n° 10) : 9578

– le nombre des membres du club est limité à 20 personnes et les versements annuels par foyer fiscal ne dépassent pas 5 500 € ;

– les fonds en attente de placement et les valeurs acquises sont, s'il s'agit de titres admis aux négociations sur un marché réglementé, déposés auprès d'un établissement financier agréé.

Chaque membre mentionne sur sa propre déclaration de revenus sa quote-part de **dividendes et autres produits financiers** dans les mêmes conditions que s'il détenait les titres en direct (BOI-RPPM-RCM-40-20 n° 20).

Les **plus-values de cession** des titres du portefeuille réalisées par le club ne sont pas imposables. En revanche, les gains nets réalisés par les adhérents à l'occasion du **rachat** de leur part ou de la **dissolution** du club (dont la durée de vie ne peut excéder 10 ans) sont imposables selon le régime des plus-values de cession de valeurs mobilières et droits sociaux exposé nos 21700 s.

C. Imposition des entreprises ou sociétés membres de la société civile

Pour la détermination de la quote-part de résultat correspondant aux droits d'une entreprise (ou société) membre de la société civile, la question se pose de savoir si cette quote-part doit être déterminée selon les règles propres à l'entreprise (ou société) membre (règles des bénéfices industriels et commerciaux, le plus souvent) ou, au contraire, selon les règles propres à l'activité de la société civile (par exemple, règles des revenus fonciers s'il s'agit d'une société civile immobilière). Tout dépend de la qualité de l'associé (CGI art. 238 bis K). 9580

QUOTE-PART DÉTERMINÉE SELON LES RÈGLES PROPRES À L'ENTREPRISE OU SOCIÉTÉ MEMBRE

Si les parts de la société civile sont inscrites à l'actif d'une **société soumise à l'impôt sur les sociétés** dans les conditions de droit commun ou d'une entreprise (exploitation individuelle ou personne morale) industrielle, commerciale, artisanale ou agricole relevant de l'**impôt sur le** 9582

revenu et placée **de plein droit sous un régime de bénéfice réel** (normal ou simplifié), la part de résultat de cet associé est déterminée d'après les règles qui régissent ses opérations imposables (BIC/IS ou, le cas échéant, BA réels) quelle que soit la nature de l'activité de la société civile (CGI art. 238 bis K, I-al. 1). Ainsi, lorsque les parts d'une société de personnes exerçant une activité agricole sont inscrites à l'actif d'une autre société de personnes exerçant une activité commerciale, ses résultats perdent leur caractère agricole et relèvent des règles des BIC (CE 7-8-2008 n°s 290465 et 290555 : RJF 11/08 n° 1209).

Les règles de détermination de la part de bénéfice en fonction des règles propres à l'associé relevant de l'impôt sur le revenu s'appliquent sous réserve des dispositions de l'article 155, II du CGI relatives aux opérations sans lien avec l'activité professionnelle. Ainsi, la part de résultat provenant de **sociétés ayant pour objet la gestion du patrimoine privé de leurs membres** (SCI, sociétés civiles de portefeuille) ne peut être considérée comme provenant d'une activité professionnelle au sens de cet article et est imposable au titre de la catégorie de revenus correspondant à la nature du bien géré (BOI-BIC-BASE-10-20-10 n°s 190 et 195).

Le cas où les parts de la société civile sont détenues par une **entreprise individuelle** appelle les précisions mentionnées n° 21620, Attention.

9585 **Société de personnes interposée** Si l'associé est une société de personnes ayant pour activité la **gestion de son propre patrimoine mobilier ou immobilier** ou une société de personnes exerçant une **activité agricole** créée avant 1997 ou un Gaec relevant du régime micro-BA ou du régime simplifié d'imposition sur option, la part de résultat lui revenant suit les règles applicables en matière d'impôt sur les sociétés, c'est-à-dire, en général, les règles de détermination des BIC (CGI art. 238 bis K, I-al. 2). Cette disposition a pour but de faire échec aux sociétés-écrans interposées entre la société de personnes et une société de capitaux.

Par **exception,** s'il est prouvé qu'une fraction des droits dans la société membre est détenue, directement ou indirectement, par une **personne physique** ou par une **entreprise** visée n° 9588, cette même disposition ne s'applique pas à la part de bénéfice correspondante. Un état comportant les renseignements permettant d'apporter cette preuve doit être joint à la déclaration des résultats de la société de personnes (CGI ann. III art. 46 terdecies E).

QUOTE-PART DÉTERMINÉE SELON LES RÈGLES PROPRES À L'ACTIVITÉ DE LA SOCIÉTÉ CIVILE

9588 Si l'associé de la société civile est soit une **entreprise agricole individuelle** placée sous le régime **micro-BA** ou sous un **régime réel d'imposition sur option,** soit une **entreprise individuelle** exerçant une activité BIC placée sous le régime **micro-BIC** ou, sur option, sous un régime réel d'imposition, soit un contribuable exerçant une **profession non commerciale,** la part de résultat de cet associé doit, comme lorsqu'il s'agit d'un associé personne physique, être déterminée selon les règles propres à l'activité de la société civile (CGI art. 238 bis K, II). Ces règles sont exposées n°s 9510 s.

> **Précisions** Lorsque des personnes physiques détiennent des parts de sociétés exerçant une activité industrielle ou commerciale soumises au régime fiscal des sociétés de personnes par l'intermédiaire d'une ou plusieurs **sociétés interposées** soumises à ce même régime dont l'objet consiste à détenir ces titres, l'activité de ces sociétés interposées présente un caractère civil par nature lorsqu'elles ne s'immiscent pas dans la gestion des sociétés détenues (CE 7-8-2008 n° 283238 : RJF 11/08 n° 135). Leur résultat imposable doit donc être déterminé selon les règles propres aux particuliers et les charges financières afférentes à l'acquisition du capital ne sont pas déductibles des revenus de ce capital (BOI-BIC-DEF-10 n° 100 ; CE 17-11-2006 n° 254597 : RJF 2/07 n° 173).

D. Sociétés civiles dont les associés relèvent de régimes différents

9590 Lorsque la société civile comprend parmi ses associés à la fois des sociétés, des entreprises et des personnes physiques dont la quote-part de résultat est calculée selon des règles différentes, il convient de procéder à une double détermination des résultats sociaux en se conformant :

– pour la quote-part revenant aux **sociétés ou entreprises membres,** aux règles de l'impôt sur les sociétés ou aux règles propres aux entreprises membres considérées ;

– pour la quote-part revenant aux **autres associés,** aux règles applicables à la société civile elle-même (BOI-BIC-BASE-10-20-10 n° 130).

Notons toutefois que, pour éviter de multiplier les cas de double détermination des résultats sociaux, les sociétés civiles sont **dispensées** de procéder à une nouvelle détermination de leur résultat lorsqu'elles exercent une activité relevant des BA ou des BIC et comprennent parmi leurs associés des exploitants relevant de l'autre catégorie d'imposition soumis à un régime réel (BOI-BIC-BASE-10-20-10 n° 180).

II. IMPOSITION DES PLUS-VALUES RÉALISÉES PAR LA SOCIÉTÉ CIVILE

Le régime d'imposition des plus-values réalisées par une société civile dépend des règles applicables pour la détermination de son résultat imposable : selon les règles propres à la catégorie de revenus dont relève l'activité de cette société ou selon les règles qui régissent les opérations réalisées par les entreprises associées. **9600**

A. Associés personnes physiques

La quote-part de résultat d'une société civile revenant aux associés personnes physiques étant déterminée selon les **règles propres à la catégorie de revenus dont relève son activité** (n° 9507), les plus-values que la société civile réalise relèvent soit du régime des plus-values professionnelles si elle exerce une activité agricole ou libérale, soit du régime des plus-values privées si elle exerce une activité de gestion de patrimoine immobilier ou d'un portefeuille de titres. **9605**

1. SOCIÉTÉ CIVILE EXERÇANT UNE ACTIVITÉ AGRICOLE OU LIBÉRALE

Le régime des plus-values professionnelles à court et à long terme s'applique aux **cessions d'éléments de l'actif immobilisé** réalisées par une société civile exerçant une activité professionnelle relevant de l'impôt sur le revenu lorsqu'elle ne bénéficie pas d'un des régimes d'exonération prévus par la loi. **9608**

Sur l'exonération applicable à la plus-value revenant à l'associé qui **part en retraite** lorsque la société civile **cède son activité** et est concomitamment **dissoute** : voir n° 21677, précision b.

a. Règles générales d'imposition des plus et moins-values à court et long terme

La distinction des plus-values et moins-values à court terme ou à long terme est fondée sur un double critère tiré, d'une part, de la durée de détention du bien et, d'autre part, du caractère amortissable ou non de celui-ci (CGI art. 39 duodecies). **9610**

CALCUL DE LA PLUS OU MOINS-VALUE

La plus-value réalisée à l'occasion de la cession d'un élément d'actif s'obtient en retranchant du prix de cession la valeur nette, comptable ou fiscale, de cet élément. Si le prix de cession est inférieur à la valeur nette, la différence représente la moins-value subie à l'occasion de la cession. **9612**

Le **prix de cession** correspond au prix net obtenu après déduction des frais et taxes qui ont grevé l'opération.

La **valeur nette** correspond, pour les **éléments non amortissables,** à la valeur d'origine du bien. Pour les éléments **amortissables,** elle correspond à la valeur d'origine diminuée des amortissements pratiqués et admis en déduction pour l'assiette de l'impôt. Compte tenu des divergences existant, en matière d'amortissement, entre les règles comptables et fiscales, la valeur nette fiscale à retenir pour le calcul de la plus-value ne coïncide pas toujours avec la valeur nette comptable du bien. Dans le cas des **biens décomposés**, on ne calcule qu'une seule plus ou moins-value de cession pour le bien considéré dans son ensemble ; à cet effet, il convient de retrancher du prix de cession la somme des valeurs d'origine de tous les composants figurant à l'actif, elle-même minorée de la somme des amortissements déduits fiscalement au titre de ces éléments.

> **Précisions** En cas d'apport en société, le **prix de cession** est représenté par la valeur d'apport, qui correspond à la valeur réelle des titres reçus en rémunération de l'apport. La plus-value est toutefois calculée en retenant la valeur réelle des biens apportés si elle est supérieure à celle des titres reçus en contrepartie de l'apport (CE 22-2-2012 n° 315156 : RJF 11/12 n° 984).

9613 **Appréciation de la durée de détention** La durée de détention du bien cédé qui détermine la nature de la plus-value (court ou long terme) est **décomptée,** jour par jour, **à partir de la date** à laquelle ce bien est entré dans l'actif, et non à partir de la date d'inscription de ce bien au bilan (CE 23-12-2016 n° 375746 : RJF 3/17 n° 214).

Dans le cas des **biens amortissables décomposés,** la nature de la plus ou moins-value (calculée comme indiqué n° 9612) dépend de la durée de détention du bien considéré dans son ensemble, sans qu'il y ait lieu de tenir compte de la date à laquelle la société a procédé au remplacement de certains composants (BOI-BIC-PVMV-20-40-30 n° 340). Si le bien est détenu depuis au moins deux ans, la plus-value est à court terme à hauteur de la somme des amortissements déduits au titre de chaque composant figurant à l'actif.

PLUS ET MOINS-VALUES À COURT TERME

9620 Les **plus-values** à court terme sont celles réalisées à l'occasion de la cession d'immobilisations de toute nature acquises ou créées par la société depuis moins de deux ans ainsi que celles provenant de la cession d'immobilisations acquises ou créées depuis au moins deux ans, dans la mesure où elles correspondent à des amortissements déduits pour l'assiette de l'impôt.

Constituent des **moins-values** à court terme les moins-values subies lors de la cession de biens non amortissables détenus depuis moins de deux ans ou lors de la cession de biens amortissables quelle que soit leur durée de détention.

Les plus-values et moins-values à court terme constatées au cours d'un même exercice (ou année pour une activité relevant des BNC) font l'objet d'une **compensation.**

9622 Si la compensation fait apparaître une **plus-value nette** à court terme, cette plus-value est ajoutée aux résultats imposables dans les conditions et au taux de droit commun. La société civile peut demander un étalement de l'imposition de la plus-value nette, par parts égales, sur l'année de sa réalisation et les deux années suivantes (année au sens d'exercice ou de période d'imposition) (CGI art. 39 quaterdecies). L'étalement de l'imposition est impossible lorsque la société est en fin d'exploitation.

Lorsque la compensation fait apparaître une **moins-value nette** à court terme, celle-ci s'impute sur les bénéfices d'exploitation. Si ces bénéfices ne sont pas suffisants, la fraction non imputée de la moins-value nette prend le caractère d'un déficit d'exploitation reportable dans les conditions de droit commun.

PLUS ET MOINS-VALUES À LONG TERME

9630 Les plus-values et moins-values à long terme sont toutes les plus-values et moins-values **autres que celles relevant du régime du court terme** définies ci-dessus nos 9620 s.

Les plus-values et moins-values à long terme constatées au cours d'un même exercice (ou année pour une activité relevant des BNC) font l'objet d'une **compensation,** quelle que soit la nature des biens concernés. Si, parmi les plus-values à long terme, figure une plus-value enregistrée sur un **bien immobilier** détenu depuis plus de cinq ans, cette plus-value doit au préalable faire l'objet d'un abattement (voir nos 9640 s.).

La plus-value ou moins-value nette globale qui subsiste après ces opérations obéit aux règles du long terme.

9632 Si la compensation entre plus-values et moins-values à long terme fait apparaître une **plus-value nette** à long terme, celle-ci peut être imputée, le cas échéant, euro pour euro, soit sur le déficit de l'exercice ou de l'année (qui peut inclure une moins-value à court terme) et les déficits antérieurs encore reportables, soit sur les moins-values à long terme subies au cours des dix exercices (ou années) antérieurs et qui n'ont pas été encore imputées. La plus-value nette qui subsiste est taxée au taux réduit de 12,8 % auquel s'ajoutent les prélèvements sociaux au taux global de 17,2 %.

Lorsque la compensation fait apparaître une **moins-value nette** à long terme, cette moins-value ne peut être imputée que sur les plus-values à long terme réalisées au cours des dix exercices (ou années) suivants. Aucune imputation sur le bénéfice ordinaire ou le revenu global n'est possible.

> **Précisions a.** Selon le Conseil d'État, un contribuable ne peut pas compenser la **plus-value à long terme** réalisée dans le cadre d'une **activité agricole** avec les **moins-values à long terme** subies dans le cadre d'une **activité commerciale** (CE 23-11-2007 n° 295601 : RJF 2/08 n° 113). Une plus-value à long terme relevant des BIC ne peut pas non plus être compensée avec une moins-value relevant d'une autre catégorie d'imposition, telle la catégorie des plus-values de cession de valeurs mobilières (CE 12-10-2018 n° 401292 : RJF 1/19 n° 103). La même règle devrait s'appliquer en cas d'exercice d'une activité non commerciale et d'une activité commerciale.

b. Lorsqu'une entreprise a pris la décision de gestion de compenser la plus-value nette à long terme de l'exercice avec ses déficits, l'administration se borne à tirer les conséquences d'un tel choix en imputant le **supplément de plus-value** révélé à l'occasion d'un **contrôle** sur les déficits de l'entreprise (CE 25-2-2011 n° 338715 : RJF 5/11 n° 550). Lorsque l'administration **remet en cause le déficit utilisé** pour la compensation, la société ne peut demander ultérieurement le bénéfice du régime des plus-values à long terme (CE 28-12-2018 n° 406709 : RJF 3/19 n° 284).

Abattement sur les plus-values immobilières à long terme Les plus-values immobilières professionnelles à long terme réalisées par une société civile relevant de l'impôt sur le revenu dans le cadre de son activité libérale, agricole, artisanale ou commerciale sont imposées après application d'un abattement de **10 % par année de détention** au-delà de la cinquième (CGI art. 151 septies B). En pratique, les plus-values à long terme réalisées sur des biens immobiliers détenus depuis plus de 15 ans sont donc totalement exonérées. **9640**

L'abattement s'applique aux plus-values réalisées à l'occasion de la cession : **9641**

– des **immeubles** bâtis ou non bâtis affectés par la société à sa **propre exploitation,** à l'exclusion des terrains à bâtir et des immeubles de placement ;

– des droits ou **parts de sociétés à prépondérance immobilière** dont l'actif est principalement constitué (pour plus de 50 % de sa valeur réelle) d'immeubles d'exploitation définis ci-dessus ou de droits ou parts de sociétés dont l'actif est principalement constitué de tels biens ;

– des droits afférents à un contrat de **crédit-bail immobilier.**

L'abattement s'applique donc notamment aux cessions de **parts de SCI** dont l'objet est la détention des immeubles d'exploitation de la société civile cédante.

La **durée de détention** est calculée à partir de l'inscription du bien à l'actif de la société, sans tenir compte, le cas échéant, de la période de détention préalable dans le patrimoine privé d'un associé. Elle se calcule par périodes de 12 mois, en faisant abstraction des fractions d'années. Par exemple, pour un immeuble acquis et inscrit à l'actif le 5 mars 2014 et vendu le 5 mai 2023, la période de référence pour le calcul de l'abattement est comprise entre le 5 mars 2019 et le 5 mai 2023 (soit quatre ans et deux mois). Le pourcentage d'abattement s'élève à 4 × 10 % = 40 %. **9643**

La **fraction de la plus-value** à long terme qui **demeure imposable** après application de l'abattement est compensée, le cas échéant, avec les moins-values à long terme subies par la société (voir n° 9630).

La plus-value nette peut ensuite bénéficier d'un **régime d'exonération** totale ou partielle ou d'un **report** d'imposition : exonération en fonction des recettes prévue par l'article 151 septies du CGI (nos 9650 s.), exonération en fonction de la valeur des éléments cédés prévue par l'article 238 quindecies du CGI (nos 9720 s.) ou report d'imposition prévu en cas d'apport en société d'une activité professionnelle (nos 4700 s.).

> Précisions **a.** Pour les **immeubles à usage mixte inscrits à l'actif,** seule la quote-part de la plus-value afférente aux locaux consacrés à l'exploitation peut bénéficier de l'abattement, sauf lorsque la surface non affectée à l'exploitation n'excède pas 10 % de la surface totale de l'immeuble cédé et que le local utilisé à titre privatif ne constitue pas un immeuble juridiquement distinct de celui affecté à l'exploitation (BOI-BIC-PVMV-20-40-30 n° 240).

b. La **condition d'affectation du bien à l'exploitation** est appréciée à la date de la cession du bien. Toutefois, l'administration admet que l'abattement s'applique si la condition d'affectation du bien à l'exploitation est satisfaite à l'ouverture de l'exercice de cession, quels que soient les événements intervenus par la suite (BOI-BIC-PVMV-20-40-30 n° 250). Ne constituent pas des biens affectés à l'exploitation du vendeur les **biens** pour lesquels l'acte de vente indique qu'ils sont **destinés à être démolis par l'acquéreur** (CE 4-5-2016 n° 386773 : RJF 7/16 n° 599).

b. Exonération en fonction des recettes

Les plus-values de cession réalisées en cours ou en fin d'exploitation par une société civile relevant du régime fiscal des sociétés de personnes dont les recettes n'excèdent pas certaines limites sont exonérées en tout ou partie à condition que l'activité ait été exercée à titre professionnel pendant au moins cinq ans (CGI art. 151 septies). **9650**

Sont concernées les plus-values réalisées à l'occasion d'une **vente,** d'un **apport** en société ou d'une **cessation d'activité.**

Tous les **éléments de l'actif immobilisé,** y compris ceux cédés de manière isolée, bénéficient de l'exonération, à l'exception des **terrains à bâtir** (voir n° 9790).

CONDITIONS DE L'EXONÉRATION EN FONCTION DES RECETTES

9651 Le respect des conditions d'application du régime d'exonération s'apprécie, en principe, **au niveau de la société civile.** La société doit notamment exercer son activité depuis au moins cinq ans et le montant de ses recettes ne doit pas excéder certaines limites.

Toutefois, les **associés d'une société civile agricole** qui exercent leur activité professionnelle au sein de la société doivent apprécier le respect des conditions d'exonération à leur niveau (n° 9662).

9652 **Nature de l'activité** Le régime d'exonération est réservé aux plus-values réalisées par les sociétés civiles dans le cadre de leur **activité professionnelle** (à l'exclusion de toute activité de gestion du patrimoine privé des associés). Par ailleurs, la condition de **participation directe et continue** à l'activité professionnelle exigée par la loi suppose que la société s'implique dans la gestion opérationnelle de l'activité en cause (CGI art. 155, IV). Les plus-values de cession d'une activité donnée en **location-gérance** ou équivalent – clientèle libérale donnée en location, par exemple – sont donc exclues de l'exonération (mais peuvent, le cas échéant, bénéficier du régime d'exonération prévu par l'article 238 quindecies du CGI exposé nos 9720 s.).

Le **régime d'imposition** de la société civile (régime réel ou micro-BA) est indifférent.

Les **SCM** qui fonctionnent conformément à leur objet (c'est-à-dire qui facilitent l'activité professionnelle de leurs membres) bénéficient de l'exonération (BOI-BIC-PVMV-40-10-10-10 n° 250).

9654 **Durée minimale de l'activité** L'exonération des plus-values est subordonnée à la condition que l'activité ait été exercée (à titre principal ou non) pendant **au moins cinq ans.** Cette condition n'est toutefois pas requise pour les plus-values constatées à la suite d'une **expropriation** ou de la perception d'**indemnités d'assurance.**

La **durée** d'exercice de l'activité est **décomptée** à partir du début effectif de l'activité, c'est-à-dire à partir de la création ou de l'acquisition de la clientèle ou de l'activité par la société. La condition de durée d'activité est regardée comme satisfaite si le délai de cinq ans est atteint à la date de clôture de l'exercice au titre duquel la plus-value est déterminée.

Lorsqu'une activité est exercée à titre individuel puis au sein de la société civile (**mise en société d'une exploitation individuelle**), le délai de cinq ans est décompté à partir du début de l'activité exercée à titre individuel (CE 13-1-2010 n° 301985 : RJF 4/10 n° 350). Lorsqu'une **même activité** est exercée successivement au sein de **plusieurs établissements ou exploitations,** les durées d'exploitation sont cumulées (BOI-BIC-PVMV-40-10-10-20 n° 60).

S'agissant des sociétés civiles qui **reprennent l'exploitation directe** d'une activité précédemment donnée en location-gérance (ou équivalent : clientèle libérale donnée en location par exemple), l'administration admet que le décompte du délai de cinq ans soit réalisé en cumulant les périodes d'exploitation directe écoulées avant et après la mise en location (BOI-BIC-PVMV-40-10-10-20 n° 520).

> **Précisions** La période qui précède la date de création d'une société par un exploitant, pendant laquelle sa mère a exploité à titre individuel un fonds de commerce (ou équivalent, clientèle libérale, par exemple) que ce dernier aurait certes développé seul alors qu'il était mineur, n'est pas prise en compte pour la computation du délai de cinq ans (CE 24-7-2019 n° 414352 : RJF 11/19 n° 1008).

9656 **Montant des recettes** Selon le montant total des recettes réalisées, l'exonération des plus-values peut être totale ou partielle.

L'**exonération** est **totale** si les recettes n'excèdent pas :

– 250 000 € pour les exploitants agricoles (et les entreprises industrielles ou commerciales de vente ou de fourniture de logements, à l'exception en principe des locations meublées) ;

– 90 000 € pour les prestataires de services.

L'exonération est **partielle** lorsque les recettes excèdent ces limites sans dépasser respectivement 350 000 € et 126 000 €.

Les recettes sont prises en compte pour leur montant **hors taxe.**

Le montant à retenir s'entend de la **moyenne des recettes** réalisées au titre des exercices (ramenés le cas échéant à 12 mois) clos au cours des deux années civiles qui précèdent la date de clôture de l'exercice de réalisation de la plus-value. Ainsi, en cas de cession d'une immobilisation en avril 2024 au cours d'un exercice ouvert le 1er juillet 2023 et clos le 30 juin 2024, la limite d'exonération est appréciée en retenant la moyenne des recettes réalisées au cours des exercices arrêtés en 2022 et 2023. Si l'exercice 2022 n'a duré par exemple que quatre mois, les recettes de cet exercice sont multipliées par trois pour l'appréciation de la limite.

La règle relative à la moyenne des recettes concerne toutes les sociétés civiles (qu'elles relèvent des BNC, des BA ou des BIC) et s'applique aux plus-values réalisées en cours d'activité ou en fin d'exploitation.

Les recettes à retenir s'entendent : 9658

– des **créances acquises** (avant déduction des escomptes de règlement) dans les sociétés civiles agricoles (et les sociétés relevant des BIC) ainsi que dans celles ayant opté pour ce mode de comptabilisation des recettes ;

– des **sommes effectivement encaissées** par les titulaires de bénéfices non commerciaux qui n'ont pas opté pour la détermination de leur résultat à partir des créances acquises et les exploitants agricoles au micro-BA.

Il convient également de retenir les **recettes accessoires** rattachées, selon le cas, aux bénéfices agricoles, aux bénéfices non commerciaux ou aux bénéfices industriels et commerciaux.

Les **recettes exceptionnelles** ne sont pas prises en compte. C'est le cas, par exemple, des recettes provenant des cessions massives, globales ou partielles, de stocks en fin d'exploitation (CE 20-10-2000 n° 181229 : RJF 1/01 n° 6), des subventions et primes d'équipement, des recettes correspondant aux apports de stocks à un Gaec rémunérés par des parts sociales, des dotations aux jeunes agriculteurs et des aides perçues dans le cadre d'un contrat territorial d'exploitation ou d'un contrat d'agriculture durable dès lors qu'elles sont affectées à la création ou à l'acquisition d'immobilisations (BOI-BIC-PVMV-40-10-10-20 nos 350 et 410).

PORTÉE DE L'EXONÉRATION EN FONCTION DES RECETTES

L'exonération, qui peut être totale ou partielle, porte sur les **plus-values nettes,** à court terme ou à long terme, déterminées après compensation avec les moins-values de même nature. 9660

Situation des associés de la société La quote-part de plus-value revenant aux associés **soumis à l'impôt sur le revenu** est exonérée, en totalité ou en partie, si la société civile exerce son activité professionnelle depuis au moins cinq ans et si le montant de ses recettes n'excède pas les limites visées n° 9656, sans qu'il y ait lieu de prendre en compte le chiffre d'affaires provenant, le cas échéant, de l'activité exercée à titre individuel par les associés (CGI art. 151 septies, IV). 9662

Toutefois, les associés exerçant leur activité professionnelle au sein d'une **société civile agricole** (y compris un Gaec) non soumise à l'impôt sur les sociétés apprécient les limites d'exonération en retenant leur quote-part dans les recettes de la société (ou la somme des quotes-parts de recettes des différentes sociétés agricoles dont ils sont membres), éventuellement majorée de leurs recettes individuelles (CGI art. 70 ; BOI-BA-BASE-20-20-30-30 n° 90). La condition relative à la durée d'exercice de l'activité peut être appréciée en fonction de la situation propre de chaque associé compte tenu de sa période d'activité à titre individuel et dans la société civile, lorsque la société ne satisfait pas elle-même cette condition (BOI-BA-BASE-20-20-30-30 nos 50 et 60). En cas de fusion de Gaec, les périodes d'activité des deux groupements doivent être cumulées (BOI-BA-BASE-20-20-30-30 n° 70).

Montant de l'exonération Lorsque la limite d'**exonération totale** (250 000 € ou 90 000 € selon la nature de l'activité) n'est pas dépassée, les plus-values nettes ne supportent aucune taxation, qu'elles soient réalisées en cours ou en fin d'exploitation. 9664

Lorsque les recettes sont comprises dans la fourchette d'**exonération partielle** (250 000/ 350 000 € ou 90 000/126 000 € selon le cas), les plus-values sont exonérées pour une fraction de leur montant et imposées selon le régime des plus-values professionnelles à court ou à long terme (nos 9610 s.) pour l'autre fraction. Il s'agit d'une exonération partielle **dégressive,** la fraction de la plus-value imposée dans les conditions de droit commun étant d'autant plus élevée que les recettes sont proches de 350 000 € ou de 126 000 €. La **fraction exonérée** est obtenue en appliquant au montant de la plus-value réalisée un taux égal au rapport suivant :

– (350 000 € – montant des recettes) / 100 000 €, dans les exploitations agricoles (et les sociétés de vente ou de fourniture de logements) dont les recettes sont comprises entre 250 000 € et 350 000 € ;

– (126 000 € – montant des recettes) / 36 000 €, chez les prestataires de services dont les recettes sont comprises entre 90 000 € et 126 000 €.

En cas de **dépassement des limites** de l'exonération partielle, le montant total de la plus-value est imposé selon le régime des plus-values professionnelles à court et à long terme.

> **Précisions** Dans le cas où la plus-value est réalisée par une **société civile issue de la transformation d'une société soumise à l'impôt sur les sociétés,** le régime d'exonération n'est applicable qu'à la fraction de plus-value acquise depuis le changement de régime fiscal (voir n° 11455).

9668 **Cumul avec d'autres régimes de faveur** Le dispositif d'exonération de l'article 151 septies du CGI ne peut pas être cumulé avec un autre régime d'**exonération** (notamment celui prévu pour l'exonération des plus-values en fonction de la valeur des éléments cédés, nos 9720 s.). Il peut toutefois se cumuler avec le régime prévu en faveur des **plus-values immobilières à long terme** (nos 9640 s.).

Les régimes de **report d'imposition** prévus en cas d'apport en société d'une activité professionnelle (nos 4700 s.), de restructuration de sociétés civiles professionnelles (nos 56110 s.), d'apport en société de titres inscrits au bilan (nos 4750 s.) et ceux concernant les plus-values constatées sur les parts de sociétés de personnes constituant un élément d'actif (nos 21667 et 22165) ne peuvent pas s'appliquer à la fraction de la plus-value qui demeure imposable après application de l'article 151 septies du CGI.

c. Exonération en fonction de la valeur des éléments cédés

9720 Les plus-values réalisées à l'occasion de la cession d'une branche complète d'activité sont exonérées totalement ou partiellement, en fonction de la valeur des éléments cédés, à condition que l'activité ait été exercée pendant au moins cinq ans (CGI art. 238 quindecies).

Ne sont exposés ci-après que les aspects de ce régime d'exonération qui visent les plus-values de cession réalisées par les sociétés civiles soumises au régime fiscal des **sociétés de personnes.**

Sur l'application de l'exonération :

– dans le cas où la **société civile est soumise à l'impôt sur les sociétés,** voir n° 10220 ;

– en cas d'**apport d'une entreprise individuelle** à une société civile, voir nos 4420 et 4900 ;

– en cas de cession par un associé de l'**intégralité de ses parts** de la société civile dans laquelle il exerce son activité professionnelle, voir n° 21670.

OPÉRATIONS CONCERNÉES

9722 Le régime d'exonération vise la **cession** (vente, apport, échange) par la société civile d'une **branche complète d'activité.** La notion de branche complète d'activité correspond à celle retenue en matière d'apports partiels d'actifs soumis au régime fiscal de faveur des fusions et opérations assimilées (n° 16408) ; il s'agit de l'ensemble des éléments d'actif et de passif d'une division de la société qui constituent, du point de vue de l'organisation, une exploitation autonome, c'est-à-dire un ensemble capable de fonctionner par ses propres moyens (BOI-BIC-PVMV-40-20-50 n° 100). L'exonération s'applique également en cas de seule transmission d'une **clientèle libérale** (ou d'un fonds de commerce), sans transfert du passif, des créances clients et des stocks.

L'**activité** cédée doit avoir été **exercée pendant au moins cinq ans.** Lorsque l'activité a été exercée, successivement ou simultanément, dans plusieurs établissements, il n'est pas exigé, pour le calcul du délai de cinq ans, que ceux-ci aient été eux-mêmes détenus ou exploités pendant au moins cinq ans à la date de leur cession (CE 13-6-2018 n° 401942 : RJF 10/18 n° 933). Cette solution infirme la doctrine administrative qui indique que seule peut bénéficier de l'exonération la cession d'une branche complète d'activité qui a été créée ou acquise depuis au moins cinq ans (BOI-BIC-PVMV-40-20-50 n° 230).

L'application de l'exonération à la cession d'une activité qui fait l'objet d'un contrat de location-gérance (ou d'un contrat comparable de type **location de clientèle**) suppose le respect de l'ensemble des conditions d'application du dispositif (CE 16-10-2013 n° 346063 : RJF 1/14 n° 7 ; BOI-BIC-PVMV-40-20-50 n° 90), et en particulier qu'il n'y ait aucun lien de dépendance entre le cédant et le bénéficiaire de la cession (CE 30-12-2013 n° 355328 : RJF 4/14 n° 315). L'article 238 quindecies, VII du CGI exige également que l'activité ait été exercée depuis au moins cinq ans au moment de la mise en location et que la cession soit réalisée au profit du locataire ou, dans le respect du contrat, de toute autre personne, sous réserve que cette cession porte sur l'intégralité des éléments concourant à l'exploitation de l'activité qui a fait l'objet du contrat de location-gérance (ou d'un contrat comparable). Seules les conditions générales d'application du régime (et non les conditions spécifiques prévues en cas de location-gérance) s'appliquent si le contrat de location-gérance (ou le contrat comparable) a été résilié deux mois avant la cession (CAA Versailles 23-10-2014 n° 12VE00905 : RJF 2/15 n° 95) ou même la veille de la cession (CAA Douai 21-11-2019 n° 17DA01771 : RJF 3/20 n° 200).

Les droits afférents à un contrat de **crédit-bail** sont assimilés à des éléments de l'actif et entrent dans le champ d'application de l'exonération, sous réserve qu'ils ne portent pas sur des biens immobiliers (CGI art. 238 quindecies, VI).

Sont exclues de l'exonération les plus-values réalisées à raison de **biens immobiliers** bâtis ou non bâtis et de droits ou parts de sociétés dont l'actif est principalement constitué de ces mêmes biens, ou de droits afférents à un contrat de crédit-bail immobilier (CGI art. 238 quindecies, V).

Toutefois, les plus-values réalisées à l'occasion de la cession de l'intégralité des **parts détenues dans une société de personnes** peuvent être exonérées lorsque l'actif social est principalement constitué de biens immobiliers affectés par la société à sa propre exploitation ou de droits ou parts de sociétés dont l'actif est principalement constitué des mêmes biens, droits ou parts. Les terrains à bâtir ne sont pas considérés comme affectés à l'exploitation de la société.

Les plus-values dégagées à l'occasion d'une **cessation d'activité sans reprise de l'exploitation** sont exclues de l'exonération (BOI-BIC-PVMV-40-20-50 n° 50).

> **Précisions a.** Le régime d'exonération s'applique sur **option.** En l'absence de précision de la loi quant à sa forme et à son délai, certains juges du fond ont jugé que l'option peut être exercée après le dépôt de la déclaration de cession ou de cessation, notamment dans le cadre d'une procédure contradictoire en réponse à une proposition de rectification (TA Poitiers 11-7-2013 n° 1101310 : RJF 2/14 n° 122) et, en tout état de cause, jusqu'à l'expiration du délai de réclamation prévu par l'article R 196-1 du LPF (TA Clermont-Ferrand 13-6-2017 n° 1500711 : RJF 6/18 n° 584 ; CAA Lyon 29-1-2019 n° 17LY00789 : RJF 10/19 n° 875). Ces solutions infirment la doctrine administrative selon laquelle l'option doit être exercée lors du dépôt de la déclaration de cessation ou de cession (BOI-BIC-PVMV-40-20-50 n° 450).
> **b.** Pour apprécier la **durée d'exercice** de l'activité, le fait qu'une activité ait été exercée d'abord **à titre individuel puis au sein d'une société soumise à l'impôt sur les sociétés** dont les associés et le gérant sont les personnes qui l'avaient exercée à titre individuel ne permet pas de cumuler les durées d'exploitation sous ces deux formes (CAA Lyon 21-4-2015 n° 14LY00035 : RJF 8-9/15 n° 680).

VALEUR DES ÉLÉMENTS CÉDÉS

L'exonération dépend de la valeur des éléments cédés. Elle est totale si cette valeur est **9724**
inférieure à 500 000 €, partielle et dégressive si elle est **comprise entre 500 000 € et 1 M€.**

Pour l'**appréciation** des limites de 500 000 € et 1 M€, il est tenu compte du prix stipulé des éléments transmis, ou leur valeur vénale, auxquels sont ajoutées les charges en capital et les indemnités stipulées au profit du cédant, à quelque titre et pour quelque cause que ce soit. Les biens immobiliers bâtis ou non bâtis et les droits ou parts de sociétés dont l'actif est principalement constitué de tels biens, droits ou parts ne sont pas pris en considération. L'administration précise également que les éléments de l'actif circulant, tels les stocks, sont pris en compte pour l'appréciation des limites dès lors qu'ils contribuent à la valorisation des éléments transmis (BOI-BIC-PVMV-40-20-50 nos 293 et 295).

ABSENCE DE LIENS DE DÉPENDANCE

L'exonération ne s'applique pas si la société civile cédante possède le **contrôle de l'entreprise** **9730**
bénéficiaire de la cession. L'existence d'un tel contrôle est établie lorsque la société civile ou l'un de ses associés détenant directement ou indirectement au moins 50 % des droits de vote ou des droits dans les bénéfices sociaux ou en assurant la direction effective :

– soit exerce la direction effective de l'entreprise bénéficiaire de la cession ;
– soit détient directement ou indirectement plus de 50 % des droits de vote ou des droits dans les bénéfices sociaux de cette entreprise.

La condition d'absence de lien de dépendance doit être satisfaite au moment de la cession de la branche complète d'activité et de manière continue au cours des **trois années** qui suivent la cession, sous peine de remise en cause de l'exonération des plus-values.

PORTÉE DE L'EXONÉRATION EN FONCTION DE LA VALEUR DES ÉLÉMENTS CÉDÉS

L'exonération concerne toutes les **plus-values, à court terme ou à long terme,** constatées sur **9732**
les éléments d'actif immobilisé à l'occasion de la cession, exception faite des **plus-values immobilières** qui sont imposables dans les conditions de droit commun (l'abattement pour durée de détention pouvant, le cas échéant, s'appliquer : nos 9640 s.).

L'exonération s'applique à la **quote-part de la plus-value** revenant à chaque associé relevant de l'impôt sur le revenu.

L'**exonération** est **totale** lorsque la valeur des éléments cédés n'excède pas 500 000 €.

Elle est **partielle et dégressive** lorsque la valeur de ces éléments est comprise entre 500 000 € et 1 M€. La fraction exonérée est obtenue en appliquant au montant de la plus-value réalisée un taux égal au rapport suivant : (1 M€ – valeur des éléments cédés) / 500 000 €.

> **Précisions** Le **cumul** du régime de l'article 238 quindecies du CGI avec les autres **régimes d'exonération** ou de **report** des plus-values est interdit, exception faite du régime prévu en faveur des plus-values immobilières à long terme (nos 9640 s.) (et, en cas de cession par un associé de l'intégralité de ses parts de la société civile dans laquelle il exerce son activité professionnelle, de

l'exonération applicable en cas de départ en retraite : nos 21675 s.). En particulier, l'option pour le dispositif de l'article 238 quindecies du CGI est exclusive de celle pour le régime spécial des fusions prévu à l'article210 A du CGI (nos 16400 s.) Toutefois, selon la cour administrative d'appel de Lyon, si une société qui opte pour le régime spécial des fusions renonce à faire application, pour son propre compte, des dispositions de l'article 238 quindecies du CGI, cela ne fait pas obstacle à ce que la société absorbante demande le bénéfice de ces dispositions pour une plus-value réalisée à l'occasion de la cession, pendant la période de rétroactivité, de l'un des éléments d'actifs apportés lors de la fusion (CAA Lyon 29-1-2019 n° 17LY00789 : RJF 10/19 n° 875).

d. Règles spécifiques à certains biens

CESSION DE TERRAINS À BÂTIR

9790 Les plus-values sur terrains à bâtir sont exclues du bénéfice de l'exonération en fonction des recettes de l'article 151 septies du CGI (nos 9650 s.) et sont soumises au régime de droit commun des **plus-values professionnelles,** quels que soient le montant des recettes de la société et la durée d'exercice de son activité.

Les **terrains à bâtir** s'entendent, en principe, des biens qui entrent dans le champ d'application de l'article 1594-0 G, A du CGI (n° 44700), c'est-à-dire de ceux dont la mutation est exonérée de droits d'enregistrement dès lors que la société à laquelle le terrain est cédé, assujettie à la TVA, a pris l'engagement de construire (terrains à bâtir à proprement parler, immeuble inachevé ou destiné à être remis à neuf). Cependant, même s'ils répondent à cette définition, les **terrains expropriés** définis par l'article L 322-3 du Code de l'expropriation pour cause d'utilité publique qui ne sont pas indemnisés comme des terrains à bâtir mais en fonction de leur seule valeur d'usage ne sont pas considérés comme des terrains à bâtir pour l'application de l'article 151 septies du CGI et peuvent donc bénéficier de l'exonération.

La plus-value sur terrains à bâtir peut bénéficier des **reports d'imposition** spécifiquement prévus pour les cessions ou apports de terrains à bâtir. Sur ces reports, voir respectivement n° 44570 (apport à une société de construction-vente) et nos 39610 s. (apport à une société transparente).

CESSION DE TITRES DU PORTEFEUILLE

9792 Dans les sociétés civiles soumises à l'impôt sur le revenu, les cessions de titres du portefeuille relèvent du régime des plus-values professionnelles à court terme ou à long terme (nos 9610 s.) lorsque les titres cédés peuvent être considérés comme **faisant partie de l'actif immobilisé** (quel que soit leur classement comptable) et sous réserve qu'ils soient **affectés à l'activité professionnelle.** Les règles applicables ne varient donc pas selon la nature des titres, comme c'est le cas en matière d'impôt sur les sociétés.

9794 **Évaluation des titres** Les **modalités d'évaluation** des titres du portefeuille, à la fin de chaque exercice, ainsi que les modalités de **détermination des provisions** susceptibles d'être déduites lorsqu'une dépréciation est constatée sont communes à toutes les sociétés civiles, quel que soit leur régime fiscal (IR ou IS). Elles sont exposées nos 10235 s. Lorsque les provisions concernent des **titres de sociétés à prépondérance immobilière,** le dispositif de plafonnement décrit n° 10245 est susceptible de s'appliquer, étant précisé qu'il n'y a pas lieu de distinguer entre les titres de sociétés cotées et ceux de sociétés non cotées dès lors qu'ils relèvent tous du même régime.

Les provisions constituées en cas de dépréciation des titres sont soumises au **régime fiscal** des moins-values à long terme même s'ils sont détenus depuis moins de deux ans. Les provisions ne sont donc pas déductibles des résultats d'exploitation mais peuvent seulement s'imputer sur les plus-values à long terme réalisées au cours de l'exercice et des dix exercices suivants. Parallèlement, les provisions pour dépréciation devenant sans objet sont soumises au régime des plus-values à long terme.

9796 **Régime des plus et moins-values** Selon l'administration, font partie de l'**actif immobilisé** (BOI-BIC-PVMV-30-30-10 n° 1) :
– d'une part, les titres détenus depuis plus de deux ans ;
– d'autre part, les titres détenus depuis moins de deux ans lorsque le portefeuille comprend des titres de même nature détenus depuis plus de deux ans.

Dans ce dernier cas, le résultat de cession relève du long terme si les titres cédés ont été détenus depuis plus de deux ans. Lorsque la cession porte sur des **titres de même nature acquis à des dates différentes,** il convient de faire application des règles exposées n° 10212 pour l'appréciation de la durée de détention des titres cédés et le calcul de la plus-value.

Si tous les titres appartenant à une même catégorie ont été acquis moins de deux ans avant la cession, le résultat provenant de leur cession est traité comme un simple bénéfice (ou perte) d'exploitation.

Ces règles ne s'appliquent que dans la mesure où la société civile ne remplit pas les conditions requises pour bénéficier des **exonérations** applicables en fonction des recettes (nos 9650 s.) ou en cas de transmission d'entreprise (nos 9720 s.).

Lorsqu'une société cède, moins de deux ans après leur émission, des **titres de participation reçus en rémunération d'un apport effectué à une société en difficulté** et que ces titres ont été inscrits en comptabilité pour une valeur supérieure à leur valeur réelle à la date de l'apport, la moins-value égale à la différence entre ces deux valeurs n'est pas déductible (CGI art. 39 quaterdecies, 2 bis). Cette mesure concerne aussi bien les sociétés relevant de l'IR que celles soumises à l'IS. Par ailleurs, elle s'applique seulement en cas de cession de titres de participation ayant fait l'objet d'une émission nouvelle en contrepartie de l'apport et non en cas de cession de titres de la filiale acquis en contrepartie d'un apport effectué par élévation de la valeur nominale des titres de cette dernière (CE 20-4-2021 n° 429467 : RJF 7/21 n° 688).

Les plus-values constatées à l'occasion de la cession de titres d'une société établie dans un **État ou territoire non coopératif** défini n° 10203, 1° et 2°, détenus depuis au moins deux ans, sont exclues du régime du long terme, sauf si la société cédante apporte la preuve que les opérations réalisées par la société établie à l'étranger correspondent à des opérations réelles non constitutives de fraude fiscale (CGI art. 39 duodecies, 2-c). Cette exclusion ne vise pas les moins-values.

e. Crédit-bail

Les plus-values réalisées lors de la cession d'un contrat de crédit-bail ou du bien acquis à l'issue d'un tel contrat sont soumises au régime des plus-values professionnelles (CGI art. 39 duodecies A). Ce régime s'applique aux opérations réalisées par les sociétés civiles exerçant une activité agricole (ou commerciale) et, lorsque les loyers versés ont été déduits pour la détermination du bénéfice, aux opérations réalisées dans le cadre d'une activité non commerciale. **9800**

Sur le régime particulier d'étalement de l'imposition des plus-values en cas d'opération de lease-back d'immeuble, voir n° 9820.

CESSION DU CONTRAT DE CRÉDIT-BAIL AVANT SON TERME

Crédit-bail mobilier En cas de cession du contrat par la société civile en tant que souscripteur initial, une **plus-value égale** au prix de cession est constatée. Dans une société relevant de l'impôt sur le revenu, la plus-value est à court terme à concurrence de l'amortissement théorique du contrat calculé sur la base du prix d'acquisition du bien par le bailleur diminué du prix prévu pour la levée de l'option d'achat, selon le mode linéaire et sur la durée du contrat. La fraction excédant cette plus-value relève du régime du long terme dès lors que le contrat est détenu depuis au moins deux ans. Dans une société soumise à l'impôt sur les sociétés, la plus-value est imposable pour son montant total au taux normal de l'impôt sur les sociétés. **9805**

Si le contrat est transféré lors d'une **fusion,** ou opération assimilée, placée sous le régime spécial de l'article 210 A du CGI, le dispositif d'étalement des plus-values sur éléments amortissables s'applique (n° 16410).

Crédit-bail immobilier Lorsque le contrat est cédé par la société civile en tant que souscripteur initial, le **montant de la plus-value** réalisée correspond en principe au prix de cession. Toutefois, la fraction des loyers non admise en déduction des résultats imposables de la société est considérée comme un élément du prix de revient du contrat qui minore le montant de la plus-value imposable. **9807**

Dans une société relevant de l'**impôt sur le revenu,** la plus-value est à court terme à concurrence de la fraction déduite des loyers pris en compte pour la détermination du prix de vente diminuée des frais d'acquisition de l'immeuble par le bailleur, et à long terme pour l'excédent si le cédant est titulaire du contrat depuis au moins deux ans. La plus-value à long terme peut le cas échéant bénéficier de l'abattement sur les plus-values immobilières à long terme visé n° 9640 si le contrat est détenu depuis plus de cinq ans.

Dans une société soumise à l'**impôt sur les sociétés,** la plus-value est imposable pour son montant total au taux normal de l'impôt sur les sociétés.

> **Précisions** Lorsque le contrat de crédit-bail est cédé dans le cadre d'un **apport partiel d'actifs** ou d'une **fusion,** la plus-value réalisée suit le régime spécial de l'article 210 A du CGI (n° 16410) si l'opération est placée sous ce régime. Pour cela, la plus-value de cession doit au préalable être ventilée entre la fraction qui se rapporte aux droits sur le terrain et celle qui

concerne les droits sur les constructions. Chaque fraction de plus-value suit le régime qui lui est propre : l'imposition de la fraction afférente aux droits sur le terrain est différée jusqu'à la cession ultérieure du bien et la plus-value afférente aux droits représentatifs des constructions est rapportée aux résultats de la société absorbante sur une période de 15 ans.

CESSION DES BIENS ACQUIS AU TERME DU CONTRAT DE CRÉDIT-BAIL

9810 **Crédit-bail mobilier** Un bien acquis à l'échéance du contrat est **inscrit à l'actif** de la société pour le prix convenu pour la levée de l'option, majoré, s'il y a lieu, du prix d'acquisition du contrat lorsque la société a acquis celui-ci en cours d'existence. Cette valeur (diminuée le cas échéant des amortissements pratiqués sur le prix de revient du contrat) est amortissable sur la durée d'utilisation du bien appréciée à la date de la levée de l'option.

En cas de cession ultérieure de ce bien, la **plus-value** est déterminée, dans les conditions de droit commun, par différence entre le prix de vente et le prix de revient minoré des amortissements pratiqués. Dans une société relevant de l'impôt sur le revenu, la plus-value est soumise au régime des plus-values à court terme ou à long terme. La plus-value est considérée comme à court terme à hauteur des amortissements pratiqués, augmentés de ceux que la société aurait pu pratiquer si elle avait été propriétaire du bien dès l'origine (amortissement théorique calculé comme indiqué n° 9805). Dans une société soumise à l'impôt sur les sociétés, la plus-value est imposable pour son montant total au taux normal de l'impôt sur les sociétés.

9812 **Crédit-bail immobilier** L'exercice de l'option d'achat entraîne l'**entrée de l'immeuble dans le patrimoine** de la société civile, qui doit alors procéder à la réintégration d'une fraction des loyers versés dans les résultats de l'exercice en cours, afin d'être placée dans une situation analogue à celle dans laquelle elle se trouverait si elle avait été propriétaire du bien dès la conclusion du contrat. Le **prix de revient** global de l'ensemble immobilier correspond au prix de levée de l'option augmenté des sommes ainsi réintégrées, de la quote-part de loyer non admise en déduction et, le cas échéant, du prix d'acquisition du contrat. Le prix de revient du terrain acquis coïncide avec son prix d'acquisition par le bailleur. Le surplus du prix de revient global de l'immeuble représente le prix de revient des constructions. L'**amortissement** des constructions est effectué selon les règles de droit commun (amortissement par composants), sur la base de leur prix de revient diminué, le cas échéant, des amortissements déjà déduits à raison du contrat.

Lors de la cession de l'immeuble, la **plus-value** réalisée est déterminée, conformément au droit commun, par différence entre le prix de vente et le prix de revient minoré des amortissements pratiqués. Dans une société relevant de l'impôt sur le revenu, la plus-value peut bénéficier du régime des plus-values à long terme (avec abattement sur les plus-values immobilières à long terme visé n° 9640) lorsque la cession est réalisée plus de deux ans après la date de levée de l'option. Dans ce cas, la plus-value à court terme correspond aux amortissements effectivement déduits, majorés des amortissements techniques que la société civile aurait pu pratiquer si elle avait été propriétaire du bien pendant la période où elle a été titulaire du contrat (et, le cas échéant, des amortissements pratiqués sur le prix d'acquisition des droits représentatifs des constructions si le contrat a été acquis à titre onéreux).

Dans une société soumise à l'impôt sur les sociétés, la plus-value est imposable pour son montant total au taux normal de l'impôt sur les sociétés.

> **Précisions** Pour l'application de l'**abattement sur les plus-values immobilières à long terme** visé n° 9640, le point de départ du délai de détention correspond à la date de souscription du contrat (et non à la date de levée de l'option) à condition que l'immeuble soit affecté à l'exploitation de manière continue depuis la signature du contrat de crédit-bail (BOI-BIC-PVMV-20-40-30 n° 330).

LEASE-BACK D'IMMEUBLE

9820 La société civile qui cède à une société de crédit-bail, entre le 1er janvier 2021 et le 30 juin 2023, un immeuble dont elle retrouve immédiatement la jouissance en vertu d'un contrat de crédit-bail peut bénéficier, sur **option,** d'un **étalement de l'imposition de la plus-value de cession** sous réserve que cette cession soit précédée d'un accord de financement accepté par le crédit-preneur à compter du 28 septembre 2020 et au plus tard le 31 décembre 2022 (CGI art. 39 novodecies).

Sont concernées les cessions d'**immeubles affectés** par le crédit-preneur à son **activité** commerciale, industrielle, artisanale, libérale ou agricole. La condition d'affectation à l'exploitation doit être satisfaite à la date de cession du bien immobilier puis pendant toute la durée du contrat de crédit-bail (BOI-BIC-PVMV-40-20-60 n° 55). Les immeubles **de placement** sont exclus du dispositif d'étalement. Cette exclusion ne s'applique pas lorsque l'immeuble est loué par le crédit-preneur à une entreprise avec laquelle il entretient des liens de dépendance au sens de l'article 39, 12 du CGI (n° 10272).

Le montant de la plus-value de cession est réparti par parts égales sur les exercices clos pendant la **durée** du contrat de crédit-bail, sans excéder 15 ans. Il est mis **fin à l'étalement** en cas d'acquisition de l'immeuble par le crédit-preneur ou de résiliation du contrat de crédit-bail. Pour l'administration, selon une position contestable selon nous, la cession du contrat au cours de la période d'étalement produit les conséquences d'une résiliation (BOI-BIC-PVMV-40-20-60 n° 90).

Pour les **sociétés relevant de l'impôt sur le revenu,** l'option pour l'étalement concerne la totalité de la plus-value de cession (part à court terme et part à long terme), étant précisé que celle-ci peut bénéficier au préalable de l'abattement pour durée de détention (nos 9640 s.). Seule la part de la plus-value qui ne peut bénéficier du régime d'exonération en fonction des recettes (nos 9650 s.) fait l'objet de l'étalement.

> **Précisions** Un dispositif similaire à celui prévu par l'actuel article 39 novodecies du CGI s'est appliqué aux **cessions réalisées entre le 23 avril 2009 et le 31 décembre 2012** et a concerné les immeubles de toute nature, y compris les immeubles de placement.

f. Réévaluation libre d'actifs

9830 La réévaluation libre des actifs est une opération comptable qui permet aux sociétés, sous certaines conditions, d'**actualiser la valeur** de l'ensemble des **immobilisations corporelles et financières** inscrites en principe au bilan à leur valeur nette comptable (C. com. art. L 123-18, al. 4).

Dès lors que la réévaluation se traduit par une augmentation de la valeur des éléments d'actif, l'écart de réévaluation constaté augmente l'actif net. Les **plus-values** dégagées par la réévaluation constituent un produit imposable dans les conditions de droit commun, sur lequel les déficits antérieurs peuvent être imputés le cas échéant (BOI-BIC-PVMV-40-10-60-20 nos 20 et 30).

9835 Un **dispositif optionnel** permet toutefois aux sociétés qui ont procédé à une réévaluation libre de ne pas prendre en compte l'écart de réévaluation dans le résultat imposable de l'exercice de réévaluation. Ce dispositif, applicable à la première opération de réévaluation réalisée au terme d'un exercice clos **entre le 31 décembre 2020 et le 31 décembre 2022,** prévoit un **étalement** ou un **sursis d'imposition** selon le caractère amortissable ou non des immobilisations réévaluées (CGI art. 238 bis JB).

Pour les **immobilisations amortissables,** l'écart de réévaluation fait l'objet d'une réintégration extra-comptable par fractions égales dans les résultats de la société à partir de l'exercice suivant la réévaluation sur une durée de 15 ans pour les constructions ainsi que pour les plantations et les agencements et aménagements de terrains amortissables sur une période au moins égale à cette durée. La durée de réintégration est fixée à 5 ans pour les autres immobilisations. En contrepartie, les amortissements, provisions et plus-values ultérieurs sont calculés à partir des valeurs réévaluées. En cas de cession, l'écart non encore réintégré fait l'objet d'une imposition immédiate.

Pour les immobilisations **non amortissables,** l'écart de réévaluation n'est pas inclus dans le résultat de l'exercice de réévaluation sous réserve que la société s'engage à calculer la plus ou moins-value de cession ultérieure de l'actif à partir de sa valeur fiscale non réévaluée. Les immobilisations non amortissables réévaluées ne peuvent faire l'objet d'une provision pour dépréciation déductible fiscalement que si leur valeur réelle est inférieure à leur valeur fiscale, et dans la limite de la différence entre ces deux valeurs.

> **Précisions** **a.** Les sociétés doivent joindre à leur déclaration de résultat de l'exercice de réévaluation et des exercices suivants un **état mentionnant les renseignements nécessaires** au calcul des amortissements, provisions et plus ou moins-values afférents aux immobilisations réévaluées (BOI-FORM-000090).
> **b.** Les sociétés exerçant une activité imposable dans la catégorie des **bénéfices non commerciaux** ne peuvent pas opter pour le dispositif de l'article 238 bis JB du CGI même si elles sont soumises à une comptabilité commerciale (BOI-BIC-PVMV-40-10-60-30 n° 20).
> **c.** Le régime des plus-values à long terme s'applique à la cession ultérieure des **titres de participation réévalués,** y compris pour la fraction correspondant à l'écart de réévaluation dont l'imposition a été mise en sursis (BOI-BIC-PVMV-40-10-60-30 n° 70).

g. Tableau récapitulatif des différents régimes d'exonération

9850 La diversité des régimes d'exonération ou d'allégement s'accompagne d'interdictions de **cumul** ou de combinaison des différents dispositifs. Lorsqu'une opération entre dans le champ d'application de plusieurs dispositifs, dont les conditions d'application et la portée varient, il convient donc de comparer leurs avantages et inconvénients respectifs afin de choisir le régime le mieux adapté à la situation. Le tableau récapitulatif ci-après fournit les principaux éléments à prendre en compte.

9850 (suite) De manière générale, il est recommandé, lorsque les régimes peuvent se cumuler, de les appliquer **du plus spécifique vers le plus général** : par exemple, d'abord celui prévu à l'article 151 septies B du CGI (abattement sur les plus-values immobilières pour durée de détention), puis celui de l'article 151 septies A (exonération en cas de départ en retraite) et enfin l'exonération de l'article 151 septies (exonération en fonction des recettes) ou de l'article 238 quindecies (exonération en fonction de la valeur des éléments cédés).

Nature du dispositif	Cas d'application	Conditions d'application	Portée	Possibilités de cumul
1. Exonération en fonction du montant des recettes[1] (CGI art. 151 septies : nos 9650 s.)	Vente ou apport de tout élément de l'actif immobilisé (y compris les parts de société) à l'exclusion des terrains à bâtir Clientèle mise en location ou fonds en location-gérance : non	Durée minimale d'activité de 5 ans Montant de recettes inférieur à : – 350 000 € (activités agricoles ou de vente ou fourniture de logements) – 126 000 € (prestations de services)	Exonération, totale ou partielle, des plus-values d'actif	Abattement sur les plus-values immobilières à long terme (CGI art. 151 septies B) Exonération en cas de départ en retraite (CGI art. 151 septies A)
2. Exonération en fonction de la valeur des éléments transmis[1] (CGI art. 238 quindecies : nos 9720 s.)	Vente : – d'une entreprise individuelle – d'une branche complète d'activité par une entreprise (IR ou IS[3]) – de l'intégralité des parts de société constituant un actif professionnel Apport en société d'une entreprise individuelle[4] Clientèle mise en location ou fonds en location-gérance : oui[2]	Durée minimale d'activité de 5 ans Valeur de transmission inférieure à 1 M€ Absence de contrôle de l'entreprise cessionnaire par le cédant	Exonération, totale ou partielle, des plus-values d'actif (à l'exception des plus-values immobilières)	Abattement sur les plus-values immobilières à long terme (CGI art. 151 septies B) Exonération en cas de départ en retraite (CGI art. 151 septies A)
3. Report d'imposition en cas d'apport en société (CGI art. 151 octies : nos 4700 s.)	Apport en société par une personne physique d'une entreprise individuelle ou d'une branche complète d'activité Clientèle mise en location ou fonds en location-gérance : oui	Apport de l'ensemble des éléments d'actif immobilisé (avec toutefois la possibilité d'exclure les immeubles à condition qu'ils restent à la disposition de la société) Rémunération de l'apport par remise de titres	Report d'imposition des plus-values sur éléments d'actif non amortissables Imposition étalée des plus-values sur éléments amortissables (chez la société bénéficiaire de l'apport) Exonération des profits sur stocks Non-taxation de certains bénéfices en sursis d'imposition	Abattement sur les plus-values immobilières à long terme (CGI art. 151 septies B)

Nature du dispositif	Cas d'application	Conditions d'application	Portée	Possibilités de cumul
4. Exonération en cas de départ en retraite[1] (CGI art. 151 septies A : n°s 21675 s.)	Vente, pour cause de départ en retraite, d'une entreprise individuelle[5] ou de l'intégralité des droits dans une société civile[5] dans laquelle l'associé exerce son activité professionnelle Clientèle mise en location ou fonds en location-gérance : oui[2]	Durée minimale d'activité de 5 ans Absence de contrôle de l'entreprise cessionnaire par le cédant	Exonération des plus-values d'actif (à l'exception des plus-values immobilières)	Abattement sur les plus-values immobilières à long terme (CGI art. 151 septies B) Exonération en fonction du montant des recettes (CGI art. 151 septies) Exonération en fonction de la valeur des éléments transmis (CGI art. 238 quindecies)
5. Abattement sur les plus-values immobilières à long terme[1] (CGI art. 151 septies B : n°s 9640 s.)	Vente d'immeubles d'exploitation (ou titres de sociétés assimilés) à l'exclusion des terrains à bâtir	Durée minimale d'inscription à l'actif de 5 ans	Abattement sur les plus-values de 10 % par année de détention au-delà de la cinquième Exonération au bout de 15 ans	Tous autres régimes

1. Régime applicable aux entreprises relevant de l'IR, aux personnes physiques associées d'une société civile relevant de l'IR et aux exploitants individuels (BIC, BNC, BA).
2. À condition que l'activité ait été exercée pendant cinq ans au moment de la mise en location et que la transmission soit réalisée au profit du locataire ou, dans le respect du contrat, de toute autre personne, sous réserve que cette transmission porte sur l'intégralité des éléments concourant à l'exploitation de l'activité qui a fait l'objet du contrat de location-gérance.
3. À condition que la société cédante soumise à l'IS soit une PME.
4. Le dispositif n'est toutefois pas applicable lorsque l'apporteur exerce, en droit ou en fait, la direction effective de la société bénéficiaire ou détient une participation majoritaire dans celle-ci, ce qui est généralement le cas lors de la mise en société d'une entreprise individuelle.
5. À condition que l'entreprise ou la société soit une PME.

2. SOCIÉTÉ CIVILE EXERÇANT UNE ACTIVITÉ DE GESTION DE PATRIMOINE IMMOBILIER OU D'UN PORTEFEUILLE DE TITRES

Les plus-values de **cessions d'immeubles** réalisées **occasionnellement** par une société civile 9880
immobilière dont les associés, directs ou indirects, sont des particuliers relèvent du régime d'imposition des plus-values immobilières privées exposé n°s 33450 s. Les sociétés civiles qui se livrent à des **opérations habituelles** d'achat en vue de la revente d'immeubles sont quant à elles soumises à l'impôt sur les sociétés (n°s 48000 s.).

Les plus-values de cessions de **titres** réalisées par une société civile de gestion de portefeuille relèvent du régime des plus-values de cession de valeurs mobilières exposé n°s 21700 s.

B. Règles particulières en cas d'entreprises associées de la société civile

Dans le cas où la **quote-part de résultat** revenant à une entreprise associée de la société civile 9890
est **déterminée selon les règles propres à cette entreprise membre** (n°s 9582 s.), les cessions d'éléments de l'actif immobilisé réalisées par la société civile sont soumises au régime des plus et moins-values professionnelles mais obéissent à des règles différentes, notamment au regard de la distinction court terme/long terme, selon que l'associé relève de l'IR ou de l'IS. Les associés

soumis à l'IS ne bénéficient, par exemple, du régime du long terme que pour leur quote-part de plus-values afférente à des titres de participation (et assimilés). Seules les entreprises associées relevant de l'impôt sur le revenu peuvent par ailleurs bénéficier des dispositifs d'exonération des plus-values visés nos 9650 s. et 9720 s.

Lorsque la société civile comprend à la fois des associés soumis à l'IR et des associés soumis à l'IS, elle doit procéder à une double détermination de ses plus et moins-values à court terme et à long terme en faisant application des règles propres à chacune de ces catégories de membres (voir respectivement nos 9610 s. et 10160 s.). La compensation entre les plus et moins-values doit corrélativement être effectuée de manière distincte pour chacune des catégories d'associés.

9895 Dans le cas où la quote-part de résultat revenant à une entreprise associée de la société civile est déterminée **selon les règles propres à l'activité de la société civile** (n° 9588), les plus-values de cession de l'actif immobilisé relèvent selon le cas :

– du régime des plus-values professionnelles si la société civile exerce une activité agricole ou libérale ;

– du régime des plus-values des particuliers sur les immeubles s'il s'agit d'une société immobilière ou sur les valeurs mobilières s'il s'agit d'une société de gestion d'un portefeuille de titres.

III. RÉPARTITION DU RÉSULTAT SOCIAL

RÈGLE DE RÉPARTITION DU RÉSULTAT

9900 La répartition du résultat social de la société civile s'effectue conformément aux **droits des associés** résultant soit du pacte social, soit d'un acte ou d'une convention antérieurs à la clôture de l'exercice et ayant pour objet de conférer expressément à l'un ou à l'autre des associés des droits différents (CE 26-4-1976 n° 93212 : RJF 6/76 n° 272 et en dernier lieu : CE 6-10-2010 n° 307969 : RJF 1/11 n° 58).

L'annulation d'un tel acte ou d'une telle convention postérieurement aux années d'imposition ne peut pas affecter la règle en vertu de laquelle seuls sont redevables de l'impôt dû sur les résultats de l'exercice les associés présents dans la société à la clôture de l'exercice (CE 20-7-2021 nos 434029 et 434030 : RJF 11/21 n° 1033).

Des décisions prises en assemblée générale dérogeant de manière ponctuelle au pacte social ne revêtent pas un caractère léonin de nature à les réputer non écrites, même si elles ont pour effet d'exonérer certains associés de toute participation aux pertes pendant trois exercices consécutifs (CE 18-10-2022 n° 462497 : RJF 1/23 n° 37).

Le **montant de la part** respective de chaque associé comprend non seulement la fraction correspondant à ses droits dans les bénéfices sociaux, mais également, le cas échéant, les rémunérations qui lui sont versées à titre personnel et qui, par nature, ne sont pas déductibles du résultat social (nos 20030 s.), les intérêts servis non déductibles (nos 10260 s.) et les avantages particuliers qui lui sont accordés en raison par exemple de la prise en charge de dépenses à caractère personnel.

> **Précisions** **a.** La répartition du résultat social entre le nu-propriétaire et l'usufruitier en cas de **démembrement de la propriété des parts sociales** est exposée nos 62590 s.
> **b.** Sur les règles de répartition du résultat des **sociétés civiles de portefeuille** dérogatoires au droit commun, voir n° 53180.

DATE DE RÉPARTITION DU RÉSULTAT

9905 Les bénéfices sont considérés comme acquis par les associés à la **date de leur réalisation,** date qui coïncide avec la clôture de l'exercice. Il s'ensuit que :

– les associés sont imposés sur la part des bénéfices à laquelle ils ont droit, même s'ils n'en ont pas effectivement disposé (cas, par exemple, où les bénéfices ne sont pas distribués mais mis en réserve) ;

– en principe, seuls les associés présents à la clôture de l'exercice sont imposables.

Toutefois, par exception, en cas de cession d'immeubles ou de parts de sociétés à prépondérance immobilière relevant du régime d'imposition des **plus-values immobilières,** les associés redevables de l'impôt afférent à la plus-value sont ceux présents à la date de cession de l'immeuble et non pas ceux présents à la date de la clôture de l'exercice de la société civile (voir n° 31980). Sur les **autres exceptions** au principe d'imposition des seuls associés présents à la clôture de l'exercice en cours : voir nos 9950 s.

Lorsque les bénéfices de la société civile ne sont pas distribués (ou que ses déficits ne sont pas pris en charge par ses membres), la part de résultat qui revient à des **entreprises ou sociétés**

membres n'est en principe pas prise en compte par ces dernières sur le plan comptable. Il est toutefois utile que celles-ci retracent avec précision, de manière extra-comptable, leur part dans ces bénéfices et pertes successifs afin d'en tenir compte ultérieurement pour le calcul de la plus-value constatée lors de la cession de leur participation ou de l'annulation de celle-ci en cas de dissolution de la société civile (nos 21635 s.).

> Précisions Les associés personnes physiques d'une société civile non soumise à l'impôt sur les sociétés ne sont pas imposables sur les **gains latents issus d'une réévaluation libre d'actifs,** bien que ces sommes aient été inscrites au compte courant des associés (CE 14-4-2022 nos 454264 à 454266 : RJF 7/22 n° 650).

FRAIS PERSONNELS DES ASSOCIÉS DÉDUCTIBLES DE LEUR QUOTE-PART

En ce qui concerne les **charges,** seules peuvent être déduites du résultat social à répartir entre les associés celles qui incombent normalement à la société, c'est-à-dire celles qui sont directement liées à l'activité sociale. 9920

Les **frais personnels** des associés, même engagés pour les besoins de l'activité sociale, ne sont pas déductibles du bénéfice social.

Mais lorsque les associés exercent leur activité professionnelle au sein de la société, les **frais professionnels** dont ils ont supporté personnellement la charge peuvent être déduits de la quote-part de résultat social revenant à chacun d'eux, si les frais remplissent les conditions suivantes :

– incomber personnellement à l'associé ;

– présenter le caractère de dépense déductible dans le cadre d'une entreprise individuelle ;

– ne pas avoir été pris en compte pour la détermination du résultat social de la société.

Lorsque l'**exercice** social est **différent de l'année civile,** seules les charges personnelles supportées au cours de cet exercice sont déductibles (BOI-BIC-BASE-10-20-10 n° 280).

> Précisions a. Sont imputables, par exemple, sur la quote-part revenant aux associés :
– les **frais exposés pour l'acquisition des parts sociales** (n° 9568) ;
– les **autres frais** professionnels dont l'associé supporte personnellement la charge comme, par exemple, les cotisations sociales personnelles obligatoires et facultatives déductibles dans les conditions exposées nos 55431 s., ainsi que les frais de transport du domicile au lieu de travail.
b. Cas où la **société a pris en charge** des frais personnels aux associés, voir nos 55407 s.
c. Les **frais engagés** par les associés **pour le compte de la société** en vue de l'acquisition du bénéfice social ne peuvent être déduits que du bénéfice social et non de la quote-part du bénéfice leur revenant ; ils peuvent toutefois être remboursés aux associés par la société, s'ils sont justifiés dans leur montant et dans leur objet. Les remboursements sont déductibles au niveau de la société et ils n'ont pas à être ajoutés à la quote-part de bénéfice social revenant à chaque associé. Tel est notamment le cas des frais exposés par les associés au titre de l'**utilisation professionnelle de leur voiture personnelle.**

REVENUS DE CAPITAUX MOBILIERS

Les revenus de capitaux mobiliers (dividendes) reçus par une société civile ayant une **activité agricole ou libérale** sont d'abord incorporés dans ses produits imposables à la date de leur perception puis exclus de manière extra-comptable de ses résultats : chaque associé déclare sa quote-part dans les revenus en cause et est imposé à raison des sommes correspondantes selon les modalités propres aux revenus mobiliers (ce qui lui permet de bénéficier, le cas échéant, des abattements correspondants). 9930

Lorsqu'il s'agit d'une société de personnes **gérant un patrimoine immobilier** ou un **portefeuille de titres,** les revenus mobiliers sont certes encaissés par la société mais imposés directement selon les règles des revenus mobiliers au nom personnel des associés, chacun pour la quote-part correspondant à ses droits dans la société.

Sur les revenus encaissés par une **société civile de portefeuille,** voir nos 53150 s.

DÉPART OU DÉCÈS D'UN ASSOCIÉ EN COURS D'ANNÉE

En cas de **départ** d'un associé **en cours d'année** (par suite de cession ou de rachat de ses parts ou de réduction de capital), une répartition des résultats prorata temporis entre les nouveaux et anciens associés n'est pas opposable à l'administration pour l'assiette de l'impôt et l'intégralité des résultats est, **en principe,** imposable au nom des seuls associés présents à la clôture de l'exercice (BOI-BNC-CESS-10-10 nos 80 et 90). Pour déterminer les associés présents à la clôture de l'exercice, les stipulations de l'acte de cession relatives à la répartition des résultats peuvent être retenues pour apprécier la date du transfert de propriété (CE 26-9-2019 n° 419825 : RJF 12/19 n° 1160). 9950

L'annulation de l'acte de cession des parts est sans incidence rétroactive sur la répartition entre les associés du résultat imposable de l'année au cours de laquelle la cession est intervenue (CE 20-7-2021 nos 434029 et 434030 : RJF 11/21 no 1033). La rémunération versée à l'associé sortant au titre de l'activité qu'il a déployée dans la société constitue un élément du prix de cession des parts prélevé par le cessionnaire sur la quote-part des bénéficies sociaux qui lui revient à la clôture de l'exercice (CE 30-6-2023 no 460432).

Une **convention** qui attribue à l'associé sortant une fraction des bénéfices de l'exercice, sans modifier la date de clôture de l'exercice, ne constitue pas une modification du pacte social autorisant une répartition des bénéfices autre que celle résultant du droit des associés à la clôture de l'exercice ; cette convention est une simple modalité transactionnelle de paiement du prix d'acquisition des parts (CAA Bordeaux 28-12-2006 nos 04-488 et 04-598 : RJF 6/07 no 717). Plus généralement, la modification par convention des règles de répartition des bénéfices prévues par le pacte social est sans incidence sur le principe réservant l'imposition des bénéfices entre les mains des seuls associés présents à la clôture de l'exercice (CE 28-3-2012 no 320570 : RJF 6/12 no 616).

Toutefois, en cas de transmission ou de rachat en cours d'année par une personne physique de parts d'une société exerçant une **activité professionnelle non commerciale** (SCP), la loi autorise l'imposition immédiate au nom de l'associé sortant (ou de ses ayants cause en cas de décès) d'un résultat intermédiaire déterminé à la date de la transmission ou du rachat, à concurrence de la quote-part correspondant à ses droits (CGI art. 93 B) ; voir no 55415. Un dispositif identique s'applique en cas de retrait d'un membre d'une société civile exerçant une **activité agricole** (CGI art. 73 D) ; voir no 60095.

9952 En cas de **décès** d'un associé en cours d'exercice, le Conseil d'État considère que les bénéfices de la société poursuivant l'exploitation ne sont imposables qu'entre les mains des associés présents à la clôture de l'exercice, et notamment au nom personnel des héritiers de l'associé décédé, sans qu'une part quelconque de ces bénéfices puisse être rattachée aux revenus dont l'associé décédé disposait à la date de son décès (CE 10-6-1983 no 28922 : RJF 8-9/83 no 989). Ce principe d'imposition des héritiers comporte une dérogation dans le cas où les statuts de la société prévoient la continuation de la société sans les héritiers de l'associé décédé : ces derniers, qui n'acquièrent pas la qualité d'associé, ne sont pas imposables à raison des résultats réalisés au cours de l'exercice du décès et au cours des exercices suivants (BOI-BNC-CESS-10-10 no 80).

9956 Les plus-values réalisées par une société civile exerçant une **activité non professionnelle de nature immobilière** lors de la cession d'immeubles, de parts de sociétés à prépondérance immobilière ou de titres de fonds de placement immobilier sont imposables au nom des associés présents à la date de la cession (CGI art. 150 VF, II et 238 octies B). Lorsque ces associés sont des entreprises qui cèdent ensuite leurs parts avant la clôture de l'exercice, l'administration leur refuse l'attribution, à hauteur des droits cédés, des moins-values constatées par la société au cours de l'exercice (BOI-RFPI-PVI-30-20 no 170).

IV. ASSUJETTISSEMENT À L'IMPÔT

IMPOSITION DES BÉNÉFICES

9960 Les bénéfices réalisés par la société civile sont imposés au nom personnel des associés ; chacun d'eux est personnellement imposable pour la part des bénéfices sociaux correspondant à ses droits dans la société, soit à l'impôt sur le revenu (particulier ou entreprise), soit à l'impôt sur les sociétés s'il est passible de cet impôt.

IMPUTATION DES DÉFICITS

9962 Si les résultats de la société civile sont déficitaires, chaque associé peut imputer sur son **revenu global** (ou, le cas échéant, sur son bénéfice imposable à l'impôt sur les sociétés) la quote-part du déficit correspondant à ses droits dans la société, sous réserve des **restrictions** concernant les déficits agricoles (voir no 9532), les déficits fonciers (voir nos 30905 s.), les déficits non commerciaux non professionnels (voir no 9964) et les déficits commerciaux à caractère non professionnel (voir no 9963).

À l'égard des **entreprises membres,** il n'existe aucune limitation à la possibilité d'imputer les déficits provenant de sociétés civiles.

9963 Les déficits d'**activités commerciales** à caractère **non professionnel créées ou reprises depuis le 1er janvier 1996** ne sont pas imputables sur le revenu global. Ils peuvent seulement être imputés sur les bénéfices tirés d'activités semblables durant la même année ou les six années suivantes (CGI art. 156, I-1° bis). Pour l'application de ce dispositif, les activités commerciales non professionnelles s'entendent des activités qui ne comportent pas la participation personnelle, directe et continue de l'un des membres du foyer fiscal à l'accomplissement des actes qui leur sont nécessaires. Ainsi, lorsque les associés d'une société civile (ou les membres de leur foyer) n'interviennent pas dans l'exploitation, ces associés « passifs » perdent le droit d'imputer sur leur revenu global la quote-part du déficit social leur revenant. En pratique, sont principalement visés les simples placements dans lesquels l'acquéreur n'assume pas les risques inhérents à l'exploitation (BOI-BIC-DEF-10 n° 190).

Hormis les associés des sociétés civiles de construction-vente, qui sont imposables dans la catégorie des BIC, cette limitation ne devrait pas concerner les associés des sociétés civiles dès lors que l'exercice d'une activité commerciale a pour effet de rendre la société passible de l'impôt sur les sociétés (sauf application de la tolérance administrative de 10 % de recettes commerciales, voir nos 10050 s.).

Les **déficits non commerciaux** à caractère **non professionnel** ne visent, en pratique, que les contribuables qui se livrent à des occupations ou activités lucratives ne présentant pas un caractère véritablement professionnel mais dont les profits sont assimilés à des revenus non commerciaux par l'article 92 du CGI. Ces déficits ne peuvent être imputés que sur les bénéfices tirés d'activités semblables, non commerciales non professionnelles, durant la même année ou les six années suivantes. Cette restriction ne concerne pas les titulaires de charges et offices, ni les membres des professions libérales, auxquelles il faut assimiler toutes les activités professionnelles exercées à titre habituel et constant. **9964**

V. OBLIGATIONS DES SOCIÉTÉS CIVILES SOUMISES AU RÉGIME FISCAL DES SOCIÉTÉS DE PERSONNES

Même si l'imposition des bénéfices est établie au nom personnel de chaque associé, les sociétés civiles exerçant une **activité agricole ou libérale** sont tenues aux mêmes obligations que celles incombant normalement aux exploitants individuels. Elles doivent donc produire une déclaration de bénéfice faisant ressortir le résultat d'ensemble de l'entreprise. Elles doivent en outre déclarer les rémunérations et parts de bénéfices réparties (ou distribuées) entre les associés (CGI art. 242, 1). **9970**

Les sociétés civiles **immobilières** relevant de l'impôt sur le revenu doivent également produire une déclaration annuelle des résultats (voir nos 35100 s.). Les sociétés civiles de **gestion de portefeuille** sont soumises aux obligations des établissements payeurs auxquelles elles sont assimilées (voir nos 53620 s.).

La procédure de **vérification** des déclarations est suivie directement entre l'administration fiscale et la société.

SECTION 2

SOCIÉTÉS CIVILES SOUMISES À L'IMPÔT SUR LES SOCIÉTÉS

I. CAS DE TAXATION À L'IMPÔT SUR LES SOCIÉTÉS

Les sociétés civiles sont passibles de l'impôt sur les sociétés : **10000**
– soit de plein droit ;
– soit à la suite de l'exercice d'une option.

A. Sociétés civiles relevant de plein droit de l'impôt sur les sociétés

REMARQUE PRÉLIMINAIRE

10010 Seules sont étudiées les sociétés revêtant la **forme civile** et non les sociétés qui exercent une **activité de nature civile** mais revêtent d'autres formes juridiques. Rappelons simplement, pour mémoire, que les sociétés constituées sous la forme de sociétés de capitaux (sociétés anonymes, sociétés à responsabilité limitée, sociétés par actions simplifiées, sociétés en commandite par actions) ou ayant adopté le statut des sociétés coopératives et de leurs unions sont, en principe, quel que soit leur objet (et même s'il est exclusivement civil), assujetties à l'impôt sur les sociétés. Les exceptions à ce principe concernent notamment les sociétés immobilières de copropriété dotées de la transparence fiscale, les sociétés civiles professionnelles et les sociétés civiles de moyens constituées sous la forme de coopérative ainsi que les sociétés par actions et sociétés à responsabilité limitée créées depuis moins de cinq ans et ayant opté pour le régime fiscal des sociétés de personnes.

Lorsqu'elles sont constituées sous la forme de sociétés en commandite simple ou de sociétés en participation, les sociétés exerçant une activité de nature civile sont également soumises à l'impôt sur les sociétés pour la part des bénéfices correspondant aux droits des commanditaires ou aux droits des associés non indéfiniment responsables ou inconnus de l'administration (CGI art. 206, 4).

10030 Les **sociétés civiles qui se livrent à une exploitation commerciale,** industrielle, artisanale ou minière, ou à des opérations assimilées, sur le plan fiscal, à des opérations commerciales (opérations de marchand de biens par exemple) sont en **principe** passibles de l'impôt sur les sociétés (CGI art. 206, 2).

Ce principe comporte toutefois des **exceptions** qui concernent les **sociétés civiles de construction-vente** visées à l'article 239 ter du CGI (n°s 45400 s.) et les **sociétés civiles de moyens** (n° 58650).

En outre, des règles particulières sont applicables aux **opérations commerciales accessoires** des sociétés civiles (voir n°s 10050 s.).

10031 L'assujettissement à l'impôt sur les sociétés à raison de l'activité exercée par une société civile doit s'apprécier **année par année,** en fonction de l'activité réellement déployée par la société au titre de chacune des années en cause. Ainsi, une société civile qui, après avoir cessé toute activité, n'a continué d'exister que pour les besoins de sa liquidation sans se livrer à aucune opération industrielle ou commerciale n'est pas passible de l'impôt sur les sociétés au titre des années en cause, même si elle a été assujettie à l'impôt sur les sociétés au cours des exercices antérieurs (CE 30-9-1992 n° 78305 : RJF 11/92 n° 1481).

ACTIVITÉS INDUSTRIELLES OU COMMERCIALES

10035 Une société civile exploitant en fait une entreprise de nature industrielle, commerciale ou artisanale relève de l'impôt sur les sociétés.

En ce qui concerne la détermination du caractère commercial, industriel ou artisanal de l'activité exercée, il convient de se référer à la définition générale des bénéfices industriels et commerciaux telle qu'elle prévaut en matière d'impôt sur le revenu. À cet égard, constituent des activités relevant par nature des BIC et entraînent par suite l'assujettissement des sociétés civiles qui les exercent à l'impôt sur les sociétés :

a. Les **activités commerciales** : achats de matières ou marchandises en vue de la revente en l'état ou après transformation, achats d'objets en vue de les louer, fourniture de logements ou de nourriture (hôtellerie, restauration, etc.), agence d'affaires (publicité, voyages, etc.), sous-traitance, opérations d'intermédiaires de commerce (commissionnaires et courtiers), activités financières (banque) et assurances ;

b. Les **activités industrielles** : industries de transformation, industries extractives (y compris l'exploitation de carrières) ou minières, industries du transport, industries de manutention et de magasinage ;

c. Les **activités artisanales,** y compris l'artisanat d'art.

10036 Ont été soumises à l'impôt sur les sociétés en tant qu'**agents d'affaires** :

– une société civile traitant avec des auteurs, compositeurs et éditeurs en vue de gérer les droits de reproduction de leurs œuvres ;

– une société civile administrant quatre sociétés civiles immobilières et s'entremettant en vue du placement de leurs titres ;

– une société civile exerçant l'activité de gestion d'immeubles pour autrui (à noter cependant que l'activité d'un syndic d'immeubles qui se limite à assurer l'administration, l'entretien et les travaux de réfection des immeubles en cas d'urgence, à veiller au respect du règlement de copropriété et à représenter en justice le syndicat des copropriétaires ne peut être regardée comme une activité d'agent d'affaires de nature commerciale dès lors qu'elle ne comporte pas la charge de recouvrer les loyers et de réaliser des transactions immobilières) ;

– une société civile qui établit des dossiers de demande d'indemnisation pour expropriation comportant tous documents utiles à assurer la défense des intérêts des expropriés au cours de la procédure et dont la rémunération est proportionnelle, dans un certain plafond, à la majoration d'indemnité obtenue grâce à ses diligences ;

– une société civile qui concède l'utilisation de l'image des œuvres d'art exposées sur son domaine dès lors que le contrat de concession implique nécessairement la sous-concession du droit de reproduction de ces œuvres.

Exercent également une **activité commerciale** les rendant passibles de l'impôt sur les sociétés :

– une société civile constituée entre des sociétés commerciales en vue de gérer leurs services de publicité ;

– une société civile versant des commissions à des intermédiaires en vue d'obtenir l'attribution à deux sociétés anonymes de marchés de travaux ;

– une société civile constituée entre agriculteurs se bornant à effectuer des prestations de services pour le compte de ses membres ;

– une société civile membre d'une société en participation ayant un objet commercial ;

– une société civile louant un terrain de camping aménagé ;

– une société civile qui effectue des opérations de gestion de trésorerie pour le compte de ses associés, alors même qu'elle n'en retire aucun profit ;

– une société civile qui consent régulièrement des avances et des prêts significatifs à des sociétés du groupe ou à des associés dans un souci de rentabilité des capitaux investis ;

– une société civile de gestion de portefeuille qui se livre à des opérations de financement sans rémunération au profit des sociétés de son groupe et à une activité d'intermédiaire dans la négociation de titres pour le compte d'associés ;

– une société civile immobilière exerçant une activité de holding dans le domaine hôtelier qui fournit à ses filiales des prestations d'assistance commerciale, financière, administrative et comptable et met à leur disposition des moyens humains et matériels.

OPÉRATIONS ASSIMILÉES À DES ACTIVITÉS COMMERCIALES

Les bénéfices retirés de l'accomplissement de certaines opérations sont rattachés, du point de vue fiscal, à la catégorie des BIC bien que ces opérations ne présentent pas toutes un caractère commercial sur le plan juridique. Ce sont : 10040

– les bénéfices réalisés par les concessionnaires de **mines,** les amodiataires et sous-amodiataires de concessions minières, les titulaires de permis d'exploitation de mines ainsi que les explorateurs de mines de pétrole et de gaz combustibles (CGI art. 34, al. 2) ;

– les bénéfices réalisés par les **adjudicataires,** concessionnaires et fermiers **de droits communaux** (CGI art. 35, I-6°) ;

– les bénéfices réalisés par les membres des **copropriétés de navires** (CGI art. 35, I-7°) ;

– les revenus tirés de la **location d'un établissement commercial ou industriel** muni du mobilier ou du matériel nécessaire à son exploitation (CGI art. 35, I-5° : voir n° 10070) ;

– certains **profits immobiliers** (CGI art. 35, I-1° à 4° : voir n° 10055) ;

– les profits sur **instruments financiers à terme** réalisés par des opérateurs professionnels qui optent pour le régime des BIC (CGI art. 35, I-8°).

Selon la jurisprudence et la doctrine administrative, une **activité libérale** par nature peut perdre ce caractère et devenir commerciale sur le plan fiscal dès lors que les conditions de son exercice s'apparentent à celles caractérisant les activités commerciales : notamment la mise en œuvre de moyens matériels, financiers et en personnel importants. 10045

Il ne semble pas cependant que cette jurisprudence puisse trouver à s'appliquer à l'égard des **professions réglementées** (médecins, avocats, experts-comptables...). L'administration considère par ailleurs que, quelle que soit l'importance des moyens en matériel et en personnel mis en œuvre, les **sociétés civiles professionnelles** ne peuvent pas être soumises à l'impôt sur les sociétés, sauf option pour cet impôt.

10046 Il a été jugé qu'une société civile d'**enseignement par correspondance** utilisant les services d'une centaine de personnes assurant la préparation des cours et la correction des devoirs doit être regardée comme exerçant une activité commerciale la rendant passible de l'impôt sur les sociétés dès lors que, si le gérant de la société participe personnellement à la gestion administrative et pédagogique de l'établissement, les bénéfices réalisés ne peuvent en raison de l'importance du personnel ainsi employé être regardés comme provenant principalement de l'activité de son dirigeant et de la mise en œuvre de ses compétences propres.

Exerce également une activité commerciale une société civile ayant pour objet l'organisation de **séjours linguistiques à l'étranger** qui comportent, pour les élèves, l'accueil comme hôtes payants dans des familles et la participation à des cours, dès lors que les associés se bornent à participer à la gestion, sans contribution personnelle aux activités d'enseignement ou de direction technique, et que la société utilise les services d'une vingtaine de personnes pour la préparation du matériel pédagogique support des cours : les bénéfices ne peuventpas être regardés comme provenant principalement de l'activité d'enseignement de ses dirigeants.

De même, une société civile qui a recours à un nombre important de salariés et fait appel à des **méthodes commerciales** doit être regardée comme exerçant une activité commerciale et est, dès lors, passible de l'impôt sur les sociétés en raison de son objet.

OPÉRATIONS COMMERCIALES ACCESSOIRES

10050 Les sociétés civiles qui réalisent des opérations de nature commerciale, même à titre accessoire, relèvent en principe obligatoirement de l'impôt sur les sociétés pour l'ensemble de leurs bénéfices (y compris ceux provenant de leur activité civile) en vertu de l'article 206, 2 du CGI.

Des solutions légales ou administratives permettent cependant d'éviter l'assujettissement à l'impôt sur les sociétés des sociétés civiles dont les activités commerciales présentent un caractère accessoire. Il convient de distinguer à cet égard selon que l'activité principale de la société est de nature agricole ou non.

10051 **Sociétés civiles exerçant une activité principale non agricole** L'administration admet que les sociétés civiles (n'ayant pas une activité agricole) ne soient pas soumises à l'impôt sur les sociétés et restent soumises au régime fiscal des sociétés de personnes lorsque le **montant hors taxe de leurs recettes de nature commerciale** n'excède pas 10 % de leurs recettes totales hors taxe. En cas de franchissement occasionnel de ce seuil, la société peut également échapper à l'impôt sur les sociétés au titre de l'année de dépassement si la moyenne des recettes commerciales réalisées au cours de l'année en cause et des trois années antérieures n'excède pas elle-même 10 % de la moyenne des recettes totales correspondantes (BOI-IS-CHAMP-10-30 n°s 320 et 330).

La tolérance de 10 % ne s'applique pas aux **sociétés civiles de construction-vente** relevant du régime de l'article 239 ter du CGI (voir n° 45505).

En ce qui concerne les **SCP** réalisant des opérations commerciales accessoires, voir n° 54802.

10052 **Sociétés civiles exerçant une activité principale de nature agricole** Les sociétés civiles agricoles soumises à un **régime réel** d'imposition ne sont pas soumises à l'impôt sur les sociétés lorsque la moyenne des recettes tirées de l'ensemble de leurs activités accessoires (commerciales – telles que la location en meublé, les travaux agricoles – et non commerciales) des trois années civiles précédant la date d'ouverture de l'exercice n'excède ni 50 % de la moyenne du chiffre d'affaires agricole appréciée sur la même période ni 100 000 €, remboursements de frais inclus et taxes comprises. Pour les trois premières années d'activité, le caractère accessoire des activités s'apprécie en retenant les recettes de l'année civile précédant la date d'ouverture de l'exercice.

En cas de non-dépassement des limites, les recettes accessoires sont rattachées aux résultats agricoles et taxées comme tels (CGI art. 206, 2 et 75). Le dépassement de l'une de ces limites entraîne l'assujettissement à l'impôt sur les sociétés de la société pour l'ensemble de ses activités agricoles et commerciales.

Les sociétés civiles agricoles qui relèvent du régime **micro-BA** et dont les activités accessoires commerciales n'excèdent pas les limites ci-dessus ne sont pas non plus assujetties à l'impôt sur les sociétés (CGI art. 206, 2). En raison de l'exclusion des sociétés de personnes du régime micro-BIC (CGI art. 50-0, 2-c), ces activités commerciales accessoires sont obligatoirement imposables selon le régime réel simplifié BIC.

ACTIVITÉS IMMOBILIÈRES

Effectuent des opérations leur procurant des profits présentant le caractère de bénéfices industriels et commerciaux et sont par suite soumises à l'impôt sur les sociétés (CGI art. 35, I-1° à 4°) : 10055

– les sociétés civiles qui ont une activité de **marchand de biens,** c'est-à-dire qui, de façon habituelle, achètent en vue de les revendre des immeubles, des fonds de commerce, des actions ou parts de sociétés immobilières ou qui, habituellement, souscrivent en vue de les revendre des actions ou parts de ces sociétés (nos 48100 s.) ;

– les sociétés civiles qui se livrent à des **opérations d'intermédiaire** pour l'achat, la souscription ou la vente des biens visés ci-dessus, à titre habituel ou occasionnel ;

– les sociétés civiles bénéficiaires d'une **promesse unilatérale de vente** portant sur un immeuble vendu par fractions ou par lots ;

– les sociétés civiles procédant à des opérations de **lotissement,** mais dans le cas seulement où elles ont acquis un terrain en vue de la revente après lotissement (nos 48600 s.) ;

– les sociétés civiles qui réalisent des profits provenant de la **cession d'immeubles** ou de fractions d'immeubles qu'elles ont **construits** ou **fait construire** ou des droits immobiliers y afférents ; toutefois, en application des dispositions de l'article 239 ter du CGI, les sociétés civiles de **construction-vente** sont, sous certaines conditions, exemptées d'impôt sur les sociétés et soumises au même régime fiscal que les sociétés en nom collectif effectuant les mêmes opérations (nos 45400 s.).

LOCATIONS D'IMMEUBLES

Locaux nus Les revenus tirés de la location d'immeubles nus entrent, en principe, dans la catégorie des **revenus fonciers** et ne justifient pas l'assujettissement à l'impôt sur les sociétés (nos 30200 s.). 10060

Il en est autrement lorsque la location présente, en fait, un **caractère commercial.** La jurisprudence retient ce caractère dans les cas où la location constitue pour la société bailleresse soit le moyen de poursuivre une exploitation commerciale antérieure sous une modalité juridique différente, soit, lorsque la location est consentie à une entreprise commerciale, le moyen de participer effectivement à la gestion ou aux résultats de l'entreprise locataire compte tenu notamment du mode de fixation du loyer.

C'est ainsi qu'ont été jugées **passibles de l'impôt sur les sociétés** :

– une société civile donnant à bail des locaux aménagés pour l'installation d'une bombe au cobalt, moyennant un loyer fixé en proportion du bénéfice annuel de la société locataire (CE 3-3-1976 n° 94802 : RJF 5/76 n° 223) ;

– une société civile immobilière donnant à bail à l'un de ses membres des locaux nus destinés à l'exploitation d'un fonds de commerce de pharmacie moyennant un loyer annuel comportant une part fixe et une part variable égale à 5 % du chiffre d'affaires (CE 28-5-1984 n° 36308 : RJF 7/84 n° 817).

Par ailleurs, l'**abus de droit** est susceptible d'être mis en œuvre par l'administration lorsque la **location** de locaux aménagés ou meublés est **scindée entre deux sociétés,** composées des mêmes associés ou ayant des associés communs, dans le but d'éluder ou d'atténuer l'impôt : tel est le cas de la location par une société civile de locaux nus à usage commercial, avec obligation pour le preneur de conclure un autre contrat avec une SARL (composée pour partie des mêmes associés) pour la mise à disposition du mobilier et de divers équipements (salles de conférence, standard) (CE 16-5-1990 n° 68584 : RJF 7/90 n° 878).

Locaux meublés Les sociétés civiles louant des locaux meublés relèvent de l'impôt sur les sociétés, pour l'ensemble de leurs résultats, dès lors que les profits retirés d'une telle location présentent le caractère de bénéfices industriels et commerciaux. Cette règle s'applique que l'activité soit exercée à titre habituel ou à titre occasionnel. 10065

En revanche, ne présente pas un caractère commercial la location par une SCI de locaux d'habitation garnis de meubles, dès lors que (CAA Nantes 14-11-2001 n° 98-1870 : RJF 3/02 n° 265) :

– ces meubles appartiennent à un **tiers** qui n'a pas la qualité d'associé de la SCI ;

– leur mise à la disposition des locataires des logements fait l'objet de **conventions distinctes** des contrats de bail portant sur les locaux nus ;

– la SCI ne retire aucun profit de la mise à disposition de ces meubles, les logements étant loués au **même prix** que les logements vides.

L'administration a adopté une position semblable, considérant que la rémunération perçue par une société civile en contrepartie de la location d'un local nu a le caractère d'un revenu foncier si elle est exclusive de toute **participation aux profits** tirés de la location des meubles par le gérant de la société et propriétaire des meubles (Rép. Le Douarec : AN 21-7-1979 n° 9764, non reprise dans Bofip).

10070 **Établissements industriels ou commerciaux** Les revenus tirés de la location d'un établissement industriel ou commercial **muni du mobilier ou du matériel nécessaires** à son exploitation présentent le caractère de bénéfices industriels ou commerciaux (CGI art. 35, I-5°).

ILLUSTRATIONS

Relèvent de l'impôt sur les sociétés :
– une société civile immobilière donnant en location un **immeuble à usage de clinique,** doté de l'ensemble des installations et aménagements techniques (salles d'opération, appareils de radiographie) correspondant à sa destination. Peu importe à cet égard que les matériels loués constituent des immeubles par destination et que la société d'exploitation de la clinique ait pris en charge la plus grande partie de l'équipement mobilier nécessaire à son exploitation (CAA Paris 13-7-1993 n° 91-943 : RJF 4/94 n° 391 confirmé par CE CAPC 13-1-1995 n° 154261 : RJF 5/95 n° 583) ;
– une société civile immobilière donnant en location un **ensemble immobilier à usage de camping** doté d'équipements (notamment d'emplacements de camping, de terrains d'agrément avec piscine, d'une salle de réunion ou de jeux, d'une salle à manger, d'une cuisine entièrement équipée avec réserve attenante, d'une pizzeria, d'un ensemble de lavabos, douches et sanitaires, d'une laverie, d'un bureau d'accueil). La circonstance que le locataire ait lui-même installé des maisons mobiles, bungalows, écogîtes et chalets est sans incidence sur la qualification de la location du terrain, dans la mesure où ces équipements sont utiles mais non nécessaires à l'exploitation du camping (CAA Marseille 19-9-2017 n° 16MA00306 confirmé par CE (na) 25-5-2018 n° 415855 : RJF 10/18 n° 93).

OPÉRATIONS PARTICULIÈRES

10075 **a.** La **location-gérance** (ou gérance libre) de fonds de commerce constitue un mode particulier d'exploitation d'un actif commercial et les profits retirés par le bailleur de cette location doivent être considérés comme des bénéfices industriels et commerciaux.

b. Les entreprises industrielles et commerciales sont seules habilitées à réaliser de manière habituelle des opérations de **crédit-bail immobilier.** Une SCI n'est pas autorisée à réaliser plus d'une opération de crédit-bail, et, de ce fait, la condition d'habitude requise par l'article 35 du CGI pour l'imposition à l'impôt sur les sociétés n'est pas remplie. Il en irait autrement si la société se livrait par ailleurs à des opérations visées à l'article 35 du CGI ou si ses associés se livraient eux-mêmes de façon habituelle à des opérations immobilières (Rép. Mauger : AN 27-6-1983 n° 32709, non reprise dans Bofip).

B. Sociétés civiles relevant sur option de l'impôt sur les sociétés

SOCIÉTÉS CONCERNÉES

10080 Sont **autorisées à opter** pour l'impôt sur les sociétés les sociétés civiles mentionnées à l'article 8, 1° du CGI, les SCP mentionnées à l'article 8 ter du CGI, les EARL mentionnées à l'article 8, 5° du CGI ainsi que les Sisa mentionnées à l'article 8, 7° du CGI (CGI art. 206, 3). Les sociétés d'épargne forestière peuvent également opter pour leur assujettissement à l'impôt sur les sociétés dans les conditions prévues à l'article 239 du CGI (BOI-IS-BASE-40-20 n° 120).

L'option des sociétés de personnes issues de la transformation de sociétés de capitaux est possible dans deux cas (CGI art. 239, 1-b) :
- soit lors de la transformation, à condition que l'option soit notifiée au plus tard avant la fin du troisième mois suivant cette transformation ;
- soit ultérieurement, à condition que la transformation remonte à au moins 15 ans (la condition d'ancienneté s'appréciant au premier jour de l'exercice au titre duquel la société souhaite être assujettie à l'impôt sur les sociétés).

Par exception, une société de personnes issue de la transformation d'une SARL de famille placée sous le régime fiscal des sociétés de personnes peut opter pour l'impôt sur les sociétés à tout moment, dans les conditions de droit commun (BOI-IS-CHAMP-40 n° 30).

Sont cependant **exclus de l'option** :
- les sociétés civiles immobilières d'attribution dotées de la transparence fiscale visées à l'article 1655 ter du CGI ;
- les sociétés civiles de moyens ;
- les sociétés civiles de construction-vente ;
- les sociétés civiles de placement immobilier ;
- les groupements forestiers.

MODALITÉS DE L'OPTION POUR L'IMPÔT SUR LES SOCIÉTÉS

Pour être régulière, l'option doit être **signée** dans les conditions prévues par les statuts ou, à défaut, par tous les associés. Elle doit être **notifiée** au plus tard avant la fin du troisième mois de l'exercice au titre duquel la société souhaite être soumise pour la première fois à l'impôt sur les sociétés. L'option peut donc être notifiée avant le début de l'exercice. Les sociétés notifient leur option soit en l'adressant au service des impôts du lieu de leur principal établissement (CGI art. 239 et ann. III art. 350 F), soit en cochant expressément la case prévue à cet effet sur le formulaire de création ou de modification transmis au guichet unique électronique (CE 30-12-2011 n° 342566 : RJF 3/12 n° 227 ; BOI-IS-CHAMP-40 n° 135). **10085**

› Précisions **a.** L'option pour l'impôt sur les sociétés d'une société civile dont les deux associés sont des **époux mariés sous le régime de la communauté légale** n'est pas valable si elle n'a été signée que par un seul des époux (CE 28-12-2007 n° 277370 : RJF 3/08 n° 282).

b. Une SCI peut **clôturer de manière anticipée** son exercice social et opter, dans les trois mois de cette clôture, pour son assujettissement à l'impôt sur les sociétés (BOI-IS-CHAMP-40 n° 40).

c. Les **modifications statutaires et le changement d'activité** d'une société civile ne mettent pas fin à son existence et ne rendent donc pas caduque l'option exercée pour l'impôt sur les sociétés, même s'ils emportent cessation d'entreprise (CE 11-6-2014 n° 347355 : RJF 10/14 n° 877).

d. Délai d'option des **sociétés de personnes issues de la transformation de sociétés de capitaux** : voir n° 10080.

INTÉRÊT DE L'OPTION POUR L'IMPÔT SUR LES SOCIÉTÉS

Si cet intérêt est essentiellement fonction de la situation de chaque société, il est néanmoins possible de dresser la liste des principaux paramètres à prendre en compte. Les uns sont liés aux conséquences intrinsèques de l'assujettissement à l'impôt sur les sociétés, les autres au changement de régime fiscal découlant de l'exercice de l'option lorsque celle-ci n'est pas opérée lors de la création de la société. **10100**

Conséquences de l'assujettissement à l'impôt sur les sociétés L'option permet aux **associés** – et c'est là son principal avantage – de n'avoir à acquitter l'impôt sur le revenu que sur les sommes qui leur sont effectivement versées soit à titre de dividendes, soit à titre de rémunérations. Les **bénéfices** sociaux mis en réserve à compter de la date d'effet de l'option ne sont en effet imposables au nom des associés qu'au moment de leur distribution (CGI art. 162). **10105**

En revanche, lorsque les **résultats** de la société sont **déficitaires,** les associés perdent la possibilité, qui existe dans certains cas, d'imputer sur leur revenu global la quote-part de déficit correspondant à leurs droits.

De son côté, la **société** peut déduire de ses résultats les **rémunérations** allouées aux associés au titre des fonctions de direction ou autres qu'ils exercent dans la société (CGI art. 211). **10106**

Mais elle doit supporter les mêmes **charges fiscales** que les sociétés de capitaux :

– taxation des bénéfices à l'impôt sur les sociétés ; concernant les acomptes d'impôt sur les sociétés, les sociétés nouvellement soumises à l'impôt sur les sociétés par suite de l'exercice de l'option sont dispensées de tout versement d'acompte au cours de leur premier exercice d'activité relevant de l'impôt sur les sociétés ;

– détermination du résultat selon les règles applicables aux bénéfices industriels et commerciaux, ce qui implique la tenue d'une comptabilité commerciale ;

– perte du droit à déduction de certaines charges (taxes annuelles sur les véhicules de tourisme, intérêts servis aux associés excédant certaines limites, voir n°s 10260 et 12980), etc.

En ce qui concerne les **plus-values** de cession des éléments de l'actif social, le régime d'imposition est différent selon que la société civile est passible de l'impôt sur les sociétés ou qu'elle relève du régime fiscal des sociétés de personnes.

Du fait de l'option, la société perd le bénéfice des modalités particulières, parfois avantageuses, de détermination des revenus applicables à la catégorie dont relève son activité (bénéfices agricoles, revenus fonciers, bénéfices non commerciaux). Mais l'application des **règles des BIC** peut également présenter des avantages. Par exemple, s'agissant des **sociétés civiles de location immobilière,** l'application des règles de la comptabilité commerciale permet la déduction comptable et fiscale, sous forme d'amortissement, du prix de revient de l'immeuble ainsi que des travaux s'y rapportant, y compris les travaux d'agrandissement ou de reconstruction dont la déduction est en principe interdite en matière de revenus fonciers.

10110 **Conséquences liées au changement de régime fiscal** Lorsqu'elle est exercée au cours de la vie de la société, l'option pour le régime fiscal des sociétés de capitaux implique un changement de régime fiscal de la société. Le passage de l'impôt sur le revenu à l'impôt sur les sociétés a pour double effet :
– de rendre exigible le **droit spécial de mutation** prévu à l'article 809, II du CGI (nº 16911) ;
– d'emporter, au regard des impôts directs, les conséquences d'une **cessation d'entreprise** (conséquences néanmoins susceptibles d'être atténuées sous certaines conditions) (CGI art. 202 ter, voir nº 11050).

En ce qui concerne les **plus-values** constatées sur les **droits sociaux** détenus par un **associé** personne physique exerçant une **activité professionnelle** dans le cadre de la société civile ayant opté, voir nº 21666.

RENONCIATION À L'OPTION POUR L'IMPÔT SUR LES SOCIÉTÉS

10112 Les sociétés civiles ayant opté pour leur assujettissement à l'impôt sur les sociétés peuvent renoncer à cette **option jusqu'au cinquième exercice suivant** celui au titre duquel l'option a été exercée. Ce droit de renonciation s'applique aux exercices clos depuis le 31 décembre 2018. Sont notamment concernées les sociétés civiles ayant opté au titre d'exercices clos avant le 31 décembre 2018 et pour lesquelles la période de cinq exercices pour renoncer à l'option n'est pas écoulée (BOI-IS-CHAMP-20-20-30 nº 20).

La renonciation à l'option doit être **notifiée** à l'administration avant la fin du mois précédant la date limite de versement du premier acompte d'impôt sur les sociétés (nº 10342) de l'exercice au titre duquel s'applique la renonciation (BOI-IS-CHAMP-20-20-30 nº 40). La renonciation doit être adressée au service des impôts auprès duquel est souscrite la déclaration de résultat, sur papier libre ou de manière dématérialisée (CGI ann. III art. 350 F). Les sociétés ayant renoncé à l'option ne peuvent plus, par la suite, **opter à nouveau** pour le régime des sociétés de capitaux.

En l'**absence de renonciation dans le délai** prévu, l'option pour l'impôt sur les sociétés devient irrévocable.

EXEMPLE

Une société civile a opté le 1er juin 2023 pour son assujettissement à l'impôt sur les sociétés au titre de l'exercice courant du 1er avril 2023 au 31 mars 2024. Si elle désire renoncer à l'option dès l'exercice suivant (celui courant du 1er avril 2024 au 31 mars 2025), elle doit notifier à l'administration sa renonciation à l'option avant le 31 mai 2024 (soit avant la fin du mois précédant la date limite de versement du premier acompte fixée, dans ce cas, au 15 juin). Elle ne pourra plus opter pour le régime des sociétés de capitaux au titre des exercices ultérieurs. En tout état de cause, la société a la possibilité de renoncer à l'option jusqu'au 31 mai 2028, la renonciation s'appliquant alors à l'exercice courant du 1er avril 2028 au 31 mars 2029. À défaut, l'option pour l'impôt sur les sociétés devient irrévocable.

II. IMPOSITION DES BÉNÉFICES RÉALISÉS

10150 Le régime fiscal applicable aux sociétés civiles passibles de l'impôt sur les sociétés repose sur une **distinction** fondamentale entre la réalisation des bénéfices et leur appropriation effective par les associés.

Les **bénéfices** sont d'abord frappés par l'impôt sur les sociétés au titre de l'exercice au cours duquel ils ont été **réalisés.** Cet impôt s'applique à l'intégralité des bénéfices réalisés par la société, qu'ils soient ou non distribués aux associés. Certaines sociétés sont également soumises à une contribution sociale assise sur l'impôt sur les sociétés.

Tant que les bénéfices restent investis dans la société (sous forme de report à nouveau ou de réserves), ils ne supportent, en principe, aucun autre impôt direct.

Lorsque les bénéfices sont **mis en distribution,** c'est-à-dire lorsqu'ils sont attribués – ou réputés être attribués – aux associés, ces derniers doivent supporter personnellement, à raison des revenus de capitaux mobiliers correspondants, l'impôt sur le revenu (ou l'impôt sur les sociétés s'il s'agit d'associés relevant eux-mêmes de cet impôt).

A. Détermination du bénéfice imposable

10153 Le bénéfice soumis à l'impôt sur les sociétés est déterminé, en principe, selon les règles prévues pour l'imposition des **bénéfices industriels et commerciaux** à l'impôt sur le revenu, sous réserve de certaines particularités.

Nous exposons ici uniquement les principales dispositions propres à l'impôt sur les sociétés et non le détail du régime d'imposition des bénéfices industriels et commerciaux qui déborderait le cadre des présents développements ; pour plus de précisions, il convient de se reporter aux développements qui y sont consacrés dans le Mémento Fiscal (nos 7250 s. et 35800 s.).

1. PLUS-VALUES

a. Règles générales

La plupart des plus-values et moins-values réalisées par les sociétés civiles soumises à l'impôt sur les sociétés sont traitées fiscalement comme un **résultat ordinaire.** Seules relèvent du régime du long terme les plus-values réalisées sur certains titres du portefeuille. **10160**

Ces règles concernent non seulement les **sociétés civiles passibles de plein droit ou sur option de l'impôt sur les sociétés** mais aussi les sociétés civiles relevant du régime fiscal des **sociétés de personnes** pour la fraction des résultats revenant à leurs membres soumis à l'impôt sur les sociétés (no 9582).

RÉGIME DE DROIT COMMUN

Les plus-values et moins-values de cession d'éléments d'actif (autres que les actifs visés no 10165) réalisées par les sociétés civiles soumises à l'impôt sur les sociétés sont exclues du régime des plus-values et moins-values à long terme quelle que soit la durée de détention des biens cédés (CGI art. 219, I-a quater). Le résultat de cession relève du régime fiscal des plus-values ou moins-values à **court terme.** En conséquence : **10162**

– les plus-values sont comprises dans le **résultat ordinaire** de l'exercice en cours lors de leur réalisation, qui est taxé au taux normal de l'impôt sur les sociétés ou, dans les PME, au taux réduit d'imposition de 15 % dans une limite de bénéfice de 42 500 € (nos 10290 s.) ;

– les moins-values s'imputent sur le bénéfice d'exploitation ou contribuent à la formation d'un déficit reportable dans les conditions de droit commun.

> **Précisions a.** En ce qui concerne le dispositif de taxation à taux réduit des plus-values de cession de locaux professionnels destinés à être transformés en logements, voir no 10310.
> **b.** Les plus-values réalisées à l'occasion de la cession ou de l'apport de **terrains à bâtir** peuvent bénéficier d'un report d'imposition, voir no 44570 (apport à une société de construction-vente) et nos 39610 s. (apport à une société civile d'attribution).
> **c.** En ce qui concerne le dispositif d'étalement de l'imposition de la plus-value en cas de lease-back (cession-bail) d'immeuble, voir no 9820.

RÉGIME DES PLUS-VALUES ET MOINS-VALUES À LONG TERME

Champ d'application Relèvent du régime du long terme : **10165**

– les plus-values de cession de **titres de participation** et de titres qui leur sont fiscalement assimilés (nos 10192 s.) détenus depuis au moins deux ans (plus-values exonérées sous réserve de la taxation au taux normal de l'impôt sur les sociétés d'une quote-part de frais et charges) ;

– les plus-values de cession de **titres de sociétés à prépondérance immobilière cotées** qui ont le caractère de titres de participation (no 10197) détenus depuis au moins deux ans (plus-values imposables au taux réduit de 19 %) ;

– les plus-values de cession de parts de fonds communs de placement à risques (**FCPR**), de parts de fonds professionnels de capital-investissement (auxquels sont assimilées les sociétés de libre partenariat) et d'actions de sociétés de capital-risque (**SCR**) détenues depuis au moins cinq ans (combinaison du taux réduit de 15 % et d'exonération).

Les **titres de sociétés à prépondérance immobilière non cotées** sont exclus du régime du long terme.

Plus-value nette à long terme Pour chaque **secteur d'imposition** défini no 10165, la plus-value nette résulte de la compensation des plus-values à long terme et des moins-values de même nature de l'exercice. **10170**

La plus-value nette à long terme ainsi déterminée qui se rapporte aux titres de participation visés nos 10192 s. est **exonérée,** sous réserve de la taxation au taux normal de l'impôt sur les sociétés d'une quote-part de frais et charges (no 10215).

La plus-value nette à long terme imposable à l'un des **taux réduits** en vigueur peut, le cas échéant, être **compensée** avec la moins-value nette à long terme de l'exercice qui relève d'un autre taux. La plus-value nette qui en résulte peut être effacée par la compensation avec :

– soit les **moins-values à long terme** subies au cours des dix exercices (ou années) antérieurs qui n'ont pas encore été imputées (relevant du taux de 15 % ou 19 %), à l'exclusion toutefois des moins-values afférentes aux titres de participation et assimilés placés sous le régime de taxation réduite à l'imposition d'une quote-part de frais et charges. Cette imputation peut être réalisée en priorité sur la plus-value nette imposable au taux le plus élevé ;

– soit le **déficit** de l'exercice ou de l'année (qui peut inclure une moins-value à court terme) et les déficits antérieurs reportables ; les déficits ainsi annulés cessent d'être reportables. Cette compensation, qui s'opère euro pour euro, procure un avantage de trésorerie immédiat et présente un intérêt particulier dans le cas d'une société civile structurellement déficitaire qui ne dégagera pas à moyen terme de bénéfices d'exploitation suffisants pour pouvoir imputer ses déficits. Lorsque la compensation est opérée avec le déficit de l'exercice, la règle de plafonnement exposée n° 10282 ne s'applique pas (BOI-IS-DEF-10-30 n° 200). Elle joue en revanche en cas de compensation avec les déficits antérieurs reportables.

La plus-value nette subsistant éventuellement après ces compensations est **taxée,** selon le cas, au taux réduit dont elle relève (CGI art. 219, I-a). À cette imposition s'ajoute, le cas échéant, la contribution sociale prévue par l'article 235 ter ZC du CGI (nos 10380 s.).

Le choix d'imputer la plus-value à long terme sur le déficit s'impose pour la **plus-value rehaussée** : voir n° 9632, précision b.

10175 **Moins-value nette à long terme** La moins-value nette à long terme subie au titre d'un exercice s'impute sur les plus-values à long terme réalisées au cours des dix exercices suivants (et en aucun cas, s'agissant d'une PME, sur les bénéfices d'exploitation taxés au taux de 15 %), sans distinguer selon leur taux d'imposition.

Concernant l'imputation sur la plus-value nette à long terme de l'exercice des moins-values antérieures restant à reporter, voir n° 10170.

La moins-value nette à long terme qui se rapporte aux titres de participation relevant du régime de taxation réduite à l'imposition d'une quote-part de frais et charges n'est ni imputable ni reportable sur les exercices postérieurs.

10180 **Sort de la réserve spéciale des plus-values à long terme** Lorsqu'elles ont maintenu des sommes au compte de réserve spéciale des plus-values à long terme (**réserves supérieures à 200 M€**) et procèdent à un **prélèvement** sur cette réserve, les sociétés civiles doivent rapporter les sommes prélevées aux bénéfices imposables de l'exercice en cours lors de leur distribution, sous déduction de l'impôt qui a déjà été perçu lors de la réalisation des plus-values correspondantes (CGI art. 209 quater).

Le complément d'imposition est également exigible en cas d'**incorporation au capital** de la réserve spéciale ou d'**imputation de pertes** (déficits fiscaux ou moins-value à long terme) sur cette réserve.

Le **virement de la réserve spéciale à la réserve légale** n'est pas constitutif d'un prélèvement dès lors que les sommes portées à cette réserve ne sont pas distribuables (CE 28-11-1997 n° 147628 : RJF 12/97 n° 1106).

b. Cessions de titres

10190 Les sociétés civiles soumises à l'impôt sur les sociétés détentrices d'un portefeuille-titres sont soumises à des **règles fiscales différentes selon la nature** des titres cédés. Le classement des titres dans l'une des quatre catégories fiscales prévues par la loi détermine :

– les règles applicables à leur évaluation à la clôture de chaque exercice, avec la possibilité de déduire ou non une provision pour dépréciation (nos 10235 s.) ;

– le régime fiscal des cessions dont ils font l'objet : taxation limitée à une quote-part de frais et charges, régime des plus ou moins-values à long terme au taux réduit ou inclusion dans le résultat fiscal ordinaire.

CLASSEMENT FISCAL DES TITRES

10192 **Titres de participation et assimilés** Les titres de participation visent (CGI art. 219, I-a quinquies) :

– les **parts ou actions présentant ce caractère sur le plan comptable** (qu'elles ouvrent droit ou non au régime des sociétés mères) : titres dont la possession durable est estimée utile à l'activité de la société notamment parce qu'elle permet d'exercer une influence sur la société émettrice des titres ou d'en assurer le contrôle. La qualification des titres doit s'appuyer sur l'intention de la société à la date de leur acquisition ;

– les **titres assimilés** aux titres de participation **sur le plan fiscal,** lorsqu'ils sont inscrits au compte des titres de participation ou à une subdivision spéciale du compte du bilan correspondant à leur qualification comptable : titres ouvrant droit au régime des sociétés mères (nos 10227 s.) à condition de détenir au moins 5 % des droits de vote de la société émettrice, ou titres qui ont été acquis en exécution d'une offre publique d'achat (OPA) ou d'échange (OPE) par l'entreprise qui en est l'initiatrice.

Ne constituent pas des titres de participation bénéficiant du régime de taxation réduite à l'imposition d'une quote-part de frais et charges les **titres de sociétés à prépondérance immobilière** cotées ou non cotées définis nos 10197 et 10201, les titres de **sociétés à prépondérance financière** et les titres de **sociétés établies dans un État ou territoire non coopératif** sauf si la société apporte la preuve que les opérations réalisées par les entités établies hors de France correspondent à des opérations réelles non constitutives de fraude fiscale (voir no 10201).

La **détention d'au moins 10 % du capital** d'une société permet de présumer que les titres en cause représentent des titres de participation sur le plan comptable (C. com. art. R 123-184). La qualification de titres de participation peut néanmoins être retenue pour des titres représentant **moins de 10 %** du capital de la société émettrice si la preuve est apportée que leur possession permet d'exercer une **influence ou un contrôle sur la société,** y compris lorsque le seuil de détention est insuffisant pour accéder au régime des sociétés mères. Tel est notamment le cas lorsque le contrôle est exercé conjointement par plusieurs associés dans le cadre d'un pacte d'actionnaires prévoyant un exercice conjoint des droits de vote (BOI-BIC-PVMV-30-10 no 120). **10193**

Des titres représentant un **très faible pourcentage du capital** peuvent, dans certaines situations, être qualifiés de titres de participation. L'administration estime alors qu'en l'absence d'influence ou de contrôle, seules des circonstances exceptionnelles peuvent attester l'utilité manifeste des titres pour l'activité de la société détentrice (BOI-BIC-PVMV-30-10 nos 92 et 120). L'utilité des titres peut reposer sur l'intention de la société acheteuse de **favoriser son activité,** notamment par les **prérogatives juridiques** qu'une telle détention lui confère ou les **avantages** qu'elle lui procure pour l'exercice de cette activité (CE 20-5-2016 no 392527 : RJF 8-9/16 no 685 ; BOI-BIC-PVMV-30-10 no 94, à propos de titres ne représentant que 0,88 % du capital). La qualification de titres de participation a été retenue pour une participation ne représentant que 2,2 % du capital qui permet à la société détentrice d'**exercer une influence** sur la société émettrice (possibilité, pour la société détentrice, de demander l'inscription d'une résolution aux assemblées générales de la société émettrice, représentation de la société détentrice des titres au sein du conseil d'administration de la société émettrice, éclatement de l'actionnariat de la société émettrice et absence de pacte d'associés) et de favoriser son activité (intérêt stratégique à développer une relation d'affaires avec la société émettrice) (CE 22-7-2022 no 449444 : RJF 11/22 no 929).

Les **parts de sociétés de personnes** constituent des titres de participation si leur détention répond au critère comptable (possession durable et utile à l'activité de l'entreprise) (BOI-BIC-PVMV-30-10 no 200).

L'inscription, dans une subdivision spéciale d'un compte du bilan, de **titres ne revêtant pas au plan comptable** le caractère de titres de participation mais **ouvrant droit au régime des sociétés mères** et représentant au moins 5 % des droits de vote de la société émettrice permet de bénéficier du régime des plus ou moins-values à long terme. Elle traduit l'existence d'une décision de gestion et constitue une présomption irréfragable opposable à la société comme à l'administration. En revanche, lorsque les titres **revêtent au plan comptable** le caractère de titres de participation, ils doivent être inscrits en compte de titres de participation, cette inscription ne traduisant aucune décision de gestion dès lors qu'elle est commandée par le respect de la réglementation comptable. Par suite, sous réserve de l'erreur comptable délibérée, le contribuable peut corriger cette inscription si elle s'avère erronée (CE 29-5-2017 no 405083 : RJF 8-9/17 no 777). La doctrine administrative énoncée au BOI-BIC-PVMV-30-10 no 270 prévoyant que, dès lors que les titres ouvrent droit au régime des sociétés mères, l'inscription dans un compte de titres de participation constitue une présomption irréfragable qui matérialise une décision de l'entreprise opposable a donc été annulée (CE 29-5-2017 précité). Toutefois, le no 140 du même BOI n'a pas été annulé et confère également un caractère irréfragable à l'inscription dans un compte de titres de participation de titres ouvrant droit au régime des sociétés mères ou reçus à l'occasion d'une OPA ou d'une OPE par la société qui en est l'initiatrice.

Pour apprécier si des titres ouvrent droit au régime des sociétés mères, la **condition de détention d'au moins 5 % du capital** de la société émettrice s'apprécie à la date du fait générateur de l'impôt, c'est-à-dire à la date de cession pour une plus-value de cession, et non de manière continue sur une période de deux ans (CE 26-1-2018 no 408219 : RJF 4/18 no 352).

10197 **Titres de participation dans des sociétés à prépondérance immobilière cotées** Il s'agit de titres qui répondent à la définition fiscale des titres de participation donnée nos 10192 s. Sont considérées comme des sociétés à prépondérance immobilière les sociétés dont l'**actif** est constitué **pour plus de 50 %** de sa valeur réelle par des immeubles, des droits portant sur des immeubles, des droits afférents à des contrats de crédit-bail immobilier ou par des titres d'autres sociétés à prépondérance immobilière (CGI art. 219, I-a sexies-0 bis). Lorsque les titres sont cédés, la loi prévoit que la prépondérance immobilière s'apprécie à la date de cession ou à la clôture du dernier exercice précédant la cession.

Les immeubles ou droits principalement affectés par la société à sa propre exploitation industrielle, commerciale, agricole ou à l'exercice d'une profession non commerciale ne sont pas pris en compte pour l'appréciation du pourcentage de 50 % (qu'ils soient inscrits à son actif ou qu'ils soient détenus par l'intermédiaire d'une société elle-même à prépondérance immobilière) (BOI-IS-BASE-20-20-10-30 nos 80 à 110).

> Précisions a. Les **sociétés cotées** sont celles dont les titres sont admis aux négociations sur un marché réglementé français ou européen. Selon une position contestable à notre avis, l'administration considère que les sociétés à prépondérance immobilière dont les titres sont négociés sur un système multilatéral de négociation tel qu'Euronext Growth (ex-Alternext) ne constituent pas des sociétés cotées (BOI-IS-BASE-20-20-10-30 n° 130).

b. L'administration considère de façon discutable que les droits afférents à des **contrats de crédit-bail immobilier** doivent être retenus pour l'appréciation de la prépondérance immobilière lorsqu'ils ne sont pas affectés à l'exercice de l'activité, même s'ils ne figurent pas à l'actif (BOI-IS-BASE-20-20-10-30 n° 40).

c. Des **encours de production immobilisés à l'actif d'une SCI**, constitués pour l'essentiel de frais de démolition, de frais de géomètre expert et d'honoraires d'avocat, ne peuvent être regardés comme des droits portant sur des immeubles pris en compte pour l'appréciation de la prépondérance immobilière de la SCI (CAA Douai 30-3-2023 n° 21DA02410 : RJF 7/23 n° 533).

10199 **Titres de capital-risque** Deux sortes de titres entrent dans cette catégorie : les parts de fonds communs de placement à risques (FCPR) ou de fonds professionnels de capital-investissement (auxquels sont assimilées les sociétés de libre partenariat) ainsi que les actions de sociétés de capital-risque (SCR) (CGI art. 219, I-a ter).

10201 **Titres exclus du long terme** Cette catégorie vise tous les titres qui n'entrent pas dans l'une des trois catégories définies nos 10192 à 10199, c'est-à-dire essentiellement les **titres de placement** suivants : titres inscrits en comptabilité parmi les titres immobilisés de l'activité du portefeuille et autres titres immobilisés ou valeurs mobilières de placement qui ne figurent pas à une subdivision spéciale des titres relevant du régime du long terme ; bons de souscription d'actions ou d'obligations, obligations et titres assimilés ; titres participatifs ; titres d'OPC autres que les FCPR ; parts de fonds communs de créances ; titres émis par les organismes de placement collectif immobilier (Sppicav et FPI).

Sont également exclus du long terme même s'ils répondent à la définition comptable des titres de participation :

– les titres de **sociétés à prépondérance financière** dont l'actif est principalement constitué par des titres exclus du long terme ou dont l'activité consiste de manière prépondérante en la gestion de ces valeurs pour leur propre compte (CGI art. 219, I-a ter) ;

– les titres de **sociétés non cotées** qui répondent à la définition des sociétés **à prépondérance immobilière** énoncée n° 10197 (CGI art. 219, I-a sexies-0 bis) ;

– les titres de **sociétés établies dans un État ou territoire non coopératif** (ETNC) défini n° 10203, 1° et 2°, sauf si la société détentrice des titres établit, par tous moyens, que les opérations réalisées par ces sociétés correspondent à des opérations réelles non constitutives de fraude fiscale (CGI art. 219, I-a sexies-0 ter ; BOI-IS-BASE-20-20-10-10 n° 125).

10203 Sont **considérés comme non coopératifs** (CGI art. 238-0 A) :

1° les États et territoires qui ont fait l'objet d'une évaluation par l'OCDE en matière d'échange d'informations à des fins fiscales et qui n'ont pas conclu avec la France une convention d'assistance administrative permettant l'échange de tout renseignement nécessaire à l'application de la législation fiscale des parties, ni signé avec au moins 12 États ou territoires une telle convention ;

2° les États et territoires figurant sur la liste « noire » de l'Union européenne (décision du Conseil du 5 décembre 2017) au motif qu'ils facilitent la création de structures ou de dispositifs extraterritoriaux destinés à attirer des bénéfices qui n'y reflètent pas une activité économique réelle ;

3° les États et territoires inscrits sur cette même liste européenne au motif qu'ils ne respectent pas certains critères (transparence fiscale, absence de mesures fiscales préférentielles potentiellement dommageables, mise en œuvre du projet « Beps »).

> Précisions La liste des ETNC répondant aux critères 1° à 3° ci-dessus a été modifiée en dernier lieu par un arrêté du 3 février 2023 (Arrêté ECOE2301091A du 3-2-2023 : JO 5 texte n° 5). La liste des États et territoires **visés aux critères 1° et 2°** ci-dessus comporte les États et territoires suivants : Anguilla, Bahamas, Îles Turques et Caïques, Îles Vierges britanniques, Panama, Seychelles et Vanuatu. La liste de ceux visés au **critère 3°** ci-dessus comporte les États et territoires suivants : Fidji, Guam, Îles Vierges américaines, Palaos, Panama, Samoa américaines, Samoa et Trinité-et-Tobago.

CALCUL DES PLUS OU MOINS-VALUES DE CESSION DE TITRES

Les règles de calcul des plus ou moins-values sont communes à tous les titres, quel que soit leur **10210**
régime fiscal. Comme pour la généralité des immobilisations, la plus ou moins-value réalisée en cas de cession de titres du portefeuille est calculée par différence entre le prix de cession et le prix de revient des titres.

Par **« prix de cession »,** on entend le prix net des frais et taxes occasionnés par la cession. Les frais strictement inhérents à la cession engagés par le cédant, comme les commissions d'intermédiaire ou les honoraires versés à des intermédiaires intervenant dans la conclusion de la vente (CE 7-2-2007 n° 279588 : RJF 4/07 n° 407), ne constituent pas des charges déductibles du résultat imposable mais viennent en diminution du prix de cession (BOI-BIC-PVMV-10-20-10 n° 10), sans qu'ait d'incidence le taux auquel la plus-value est imposée, y compris lorsque ce taux est nul (CE 12-10-2018 n° 419221 : RJF 1/19 n° 13). Les charges préparatoires à la cession, telles que les honoraires d'expertise et d'évaluation des titres cédés, constituent quant à elle des charges d'exploitation (CE 21-6-1995 n° 132531 : RJF 8-9/95 n° 963).

Dans le cas des **titres de participation** dont le prix de revient fiscal incorpore les **frais liés à leur acquisition,** ensuite déduits sur une période de cinq ans, le prix de revient s'entend de la valeur nette fiscale des titres diminuée des frais d'acquisition déduits à la date de la cession (la fraction de frais non encore déduite ne pouvant plus ultérieurement faire l'objet d'aucune déduction).

Lorsqu'une société cède des **titres ayant fait l'objet d'une provision pour dépréciation,** elle doit calculer la plus-value ou moins-value de cession par rapport à la valeur comptable des titres cédés, abstraction faite de la provision. La provision pour dépréciation précédemment constituée se trouve automatiquement régularisée, dès la clôture de l'exercice en cours lors de la cession, du seul fait que la dépréciation du portefeuille-titres, calculée à la date de cette clôture, est déterminée sans prendre en compte les titres cédés en cours d'exercice.

En cas de **cession d'un ensemble de titres de même nature acquis à des dates différentes,** **10212**
pour déterminer la date d'acquisition et le prix de revient des titres cédés, il convient de faire application de la **règle « Peps »** – « premier entré, premier sorti » (également dénommée **« Fifo »** – « first in, first out »), qui concerne aussi bien les titres de participation que les titres de placement, selon laquelle les titres acquis ou souscrits à la date la plus ancienne sont réputés cédés en priorité (CGI art. 39 duodecies, 6). Cette règle s'applique même lorsque les titres cédés sont numérotés et que leur date réelle d'acquisition peut ainsi être établie (CE 8-6-2016 n° 381289 : RJF 10/16 n° 801). Les plus-values ou moins-values sont calculées en fonction de la valeur d'origine pour laquelle les titres réputés cédés figuraient au bilan.

Lorsque des acquisitions successives de titres de même nature sont opérées en **exécution d'un même ordre d'achat,** la société peut considérer que la valeur unitaire d'origine de chacun de ces titres est égale à la valeur d'achat unitaire pondérée de l'ensemble des titres ainsi acquis. Dans ce cas toutefois, pour déterminer la date à laquelle ces titres sont entrés en portefeuille, il convient de tenir compte de la date effective de chacune des acquisitions fractionnées (BOI-BIC-PVMV-30-30-10 n° 130).

Pour les **titres de participation,** l'administration autorise la détermination des plus-values ou moins-values de cession d'après un **prix de revient moyen pondéré** (BOI-BIC-PVMV-30-30-10 n°s 140 à 180). Elle n'exclut pas expressément de cette tolérance les titres fiscalement assimilés à des titres de participation. La méthode du coût moyen pondéré ne s'applique toutefois pas en cas de cession de la totalité d'une ligne de participation en l'absence de cession partielle antérieure. En outre, elle n'est admise au plan fiscal que si elle est également appliquée sur le plan comptable. Lorsque la méthode du coût moyen pondéré est retenue, la durée de détention des titres est corrélativement appréciée en considérant que la quotité des titres cédés se rapporte à chacune des acquisitions dans la proportion qu'elle représente par rapport au nombre de titres détenus. Le choix opéré entre cette méthode et la règle « Fifo » ne peut pas être modifié lors de la cession ultérieure des titres de même nature jusqu'à la cession de la totalité des titres de la ligne concernée. Enfin, la mise en œuvre de la méthode du coût moyen pondéré ne peut avoir pour effet de faire apparaître une moins-value à court terme ou d'en majorer le montant, par rapport aux montants qui seraient déterminés par application de la méthode « Fifo ».

> **Précisions** En cas d'acquisition de titres à l'occasion d'une **augmentation de capital,** le point de départ de leur délai de détention ne peut être antérieur à la date de l'assemblée générale de la société qui est compétente pour autoriser l'opération, même si un accord était intervenu antérieurement entre les associés pour la réaliser (TA Montreuil 2-11-2017 n° 1605931 : RJF 3/18 n° 245).

RÉGIME DES PLUS OU MOINS-VALUES

10215 **Titres de participation et assimilés** Les plus-values nettes à long terme réalisées lors de la cession de **titres** de participation (ou de titres assimilés) tels que définis nos 10192 s. **détenus depuis au moins deux ans** sont imposées au taux de 0 % et donnent lieu, le cas échéant, à la taxation d'une quote-part de frais et charges qui est comprise dans le résultat ordinaire de l'exercice (CGI art. 219, I-a quinquies).

Cette **quote-part de frais et charges** est fixée forfaitairement à 12 % du montant brut de la plus-value de cession. Le Conseil d'État a jugé que la réintégration de cette quote-part est subordonnée à la réalisation par la société d'une plus-value nette à long terme au cours de l'exercice de cession (CE 14-6-2017 n° 400855 : RJF 10/17 n° 906) et a, en conséquence, annulé la doctrine administrative contraire qui considère que la quote-part s'applique quel que soit le résultat net des plus ou moins-values de cession de titres éligibles au régime du long terme au titre de l'exercice, y compris donc dans le cas où une moins-value nette à long terme est constatée (BOI-IS-BASE-20-20-10-20 n° 125). Le calcul de la quote-part ne tient pas compte des dotations ou des reprises de provisions pour dépréciation des titres de participation, ni des plus ou moins-values réalisées au cours de l'exercice mais bénéficiant d'un report ou d'un sursis d'imposition (BOI-IS-BASE-20-20-10-20 n° 95). En revanche, les plus-values antérieurement placées en report ou en sursis d'imposition qui deviennent imposables au titre de l'exercice sont incluses dans l'assiette de la quote-part de frais et charges de cet exercice. Par ailleurs, l'assiette de la quote-part n'est pas limitée au montant réel des frais et charges de toute nature exposés par la société cédante au cours de l'exercice de cession ou des exercices antérieurs (BOI-IS-BASE-20-20-10-20 n° 80).

Les **moins-values nettes à long terme** ne sont pas déductibles du résultat imposable et ne peuvent pas être prises en compte pour compenser les plus-values relatives à d'autres catégories de titres.

Le résultat de cession des **titres de participation détenus depuis moins de deux ans** est compris dans le résultat taxable au taux de droit commun. Un régime de report de déduction s'applique toutefois aux **moins-values** de cession s'il existe des **liens de dépendance** entre la société cédante et la société cessionnaire : voir n° 10219.

Par ailleurs, la déduction de la moins-value constatée lors de la cession, moins de deux ans après leur émission, de titres de participation reçus en contrepartie d'un **apport à une filiale en difficulté** est susceptible d'être limitée : voir n° 9796.

> **Précisions** En cas de réalisation d'une plus-value de **cession de titres de participation étrangers taxés en France et à l'étranger,** l'imposition de la quote-part de frais et charges correspond à un montant d'impôt français sur lequel le crédit d'impôt étranger peut être imputé (CE 15-11-2021 n° 454105 : RJF 2/22 n° 183 annulant la doctrine administrative contraire BOI-IS-BASE-20-20-10-20 nos 180 et 190).

10216 **Titres de participation dans des sociétés à prépondérance immobilière cotées** Lorsque la cession porte sur des titres de sociétés à prépondérance immobilière cotées tels que définis n° 10197, elle relève du régime des plus-values ou moins-values à long terme s'ils sont **détenus depuis au moins deux ans** et du régime des plus et moins-values à court terme dans le **cas contraire.**

Les **plus-values** nettes à long terme sont imposées au taux réduit de 19 %. Les **moins-values** nettes subies au titre d'un exercice s'imputent sur les plus-values à long terme taxées à 15 % ou 19 % réalisées au cours des dix exercices suivants (et en aucun cas, s'agissant des PME, sur les bénéfices d'exploitation taxés au taux de 15 %).

S'agissant de la **compensation,** le cas échéant, de la plus-value nette à long terme relevant du taux de 19 % avec la moins-value nette à long terme (de l'exercice ou restant à reporter) imposable à un autre taux réduit, voir n° 10170.

10217 **Titres exclus du long terme** La cession de titres exclus du long terme visés n° 10201 dégage un profit (ou une perte) qui est pris en compte dans le **résultat soumis au taux normal** de l'impôt sur les sociétés, quelle que soit la durée de détention des titres cédés. Le cas échéant, la perte subie concourt au déficit de l'exercice, reportable dans les conditions de droit commun.

Toutefois, dans certains cas, la loi n'autorise pas la déduction des moins-values issues de la cession de titres exclus du long terme.

Ainsi, la moins-value constatée à raison de la cession de **titres de sociétés établies dans un État ou territoire non coopératif** (voir nº 10201) ne peut s'imputer que sur les plus-values de même nature exclues du régime du long terme (CGI art. 219, I-a sexies-0 ter), à notre avis sans limitation de durée.

Par ailleurs, la moins-value constatée lors de la cession de **titres de sociétés à prépondérance financière** (définies nº 10201) n'est pas déductible à hauteur des distributions effectuées par ces sociétés qui ont bénéficié de l'exonération prévue par le régime spécial des sociétés mères (nºs 10227 s.) au cours de l'exercice de cession et des cinq exercices précédents (CGI art. 219, I-a ter-al. 2).

Si les titres ont été reçus en contrepartie d'un **apport à une filiale en difficulté,** la moins-value résultant de leur cession moins de deux ans après n'est pas déductible pour une fraction de son montant : voir nº 9796.

Les **moins-values à long terme** afférentes aux **titres de sociétés à prépondérance immobilière non cotées,** en instance de report à l'ouverture du premier exercice clos depuis le 26 septembre 2007 ou celles subies au cours du même exercice, peuvent, après compensation avec les plus-values à long terme et les produits imposables au taux réduit, être imputées à hauteur de 15/33,33e (soit 45 %) de leur montant sur des bénéfices imposables au taux normal, dans la limite des gains nets retirés de la cession de titres de même nature (CGI art. 219, I-a sexies-0 bis).

Titres de capital-risque Les **plus-values** de cession de parts de FCPR, de fonds professionnels de capital-investissement, de sociétés de libre partenariat et d'actions de SCR **détenues depuis au moins cinq ans** sont exonérées dans la proportion de l'actif du fonds ou de la société représenté par des titres de participation répondant à des définitions spécifiques. Aucune quote-part de frais et charges n'est comprise dans le résultat imposable. La fraction excédentaire des plus-values est imposée au taux de 15 %. 10218

Les **moins-values** de cession, autres que celles subies dans le secteur d'exonération, peuvent être imputées sur toutes les plus-values à long terme, y compris celles taxables à 19 %, sans être cantonnées à une imputation sur les plus-values de même nature (BOI-IS-BASE-20-20-30-10 nº 280).

Lorsque les parts de FCPR, de fonds professionnels de capital-investissement, de sociétés de libre partenariat et les actions de SCR sont détenues **depuis moins de cinq ans,** c'est le régime des plus et moins-values à court terme qui s'applique.

CESSION DE TITRES DE PARTICIPATION À UNE SOCIÉTÉ LIÉE

La **plus-value** réalisée lors de la cession de **titres de participation détenus depuis moins de deux ans** est immédiatement imposée au taux normal de l'impôt sur les sociétés quel que soit le cessionnaire. 10219

En revanche, la **moins-value** qui résulte d'une telle cession est **mise en suspens** lorsqu'il existe des **liens de dépendance** au sens de l'article 39, 12 du CGI (nº 10272) entre la société cédante et la société cessionnaire (CGI art. 219, I-a septies). Sont concernées par ce dispositif les cessions de titres de participation autres que ceux détenus au sein de sociétés à prépondérance immobilière non cotées.

Le report prend fin et, par conséquent, la **déduction intervient** si, **avant l'expiration d'un délai de deux ans** décompté à partir du jour où la société cédante a acquis les titres, ceux-ci sont cédés à une entreprise non liée à la cédante. Il en est de même en cas de rupture des liens de dépendance entre la société cédante et la société cessionnaire, d'absorption de la société dont les titres ont été cédés (sauf si l'absorbante est liée à la société cédante ou le devient à cette occasion), ou si la société cédante cesse d'être soumise à l'impôt sur les sociétés ou est absorbée par une entreprise qui, à l'issue de l'opération (quel que soit son régime fiscal), n'est pas liée à la société cessionnaire. La moins-value de cession qui avait été mise en suspens relève alors du régime du court terme.

À défaut de survenance d'un de ces événements dans le délai de deux ans, le report prend fin et la moins-value prend le caractère d'une moins-value à long terme de l'exercice au cours duquel ce délai expire. Aucune déduction ne peut alors être pratiquée s'agissant de titres relevant du régime de taxation réduite à l'imposition d'une quote-part de frais et charges.

La société cédante doit joindre à sa déclaration de résultat au titre de chaque exercice concerné un **état de suivi des moins-values mises en suspens** dont le contenu est fixé par l'article 46 quater-0 RH de l'annexe III au CGI. Le défaut de production de cet état ou son caractère incomplet ou inexact entraîne l'application d'une amende égale à 5 % des sommes non déclarées ou omises (sauf en cas de première omission régularisée spontanément ou sur demande de l'administration) (CGI art. 1763, I-g).

> **Précisions** En cas de fusion, l'**échange de titres de participation** détenus dans la société absorbée contre des titres nouvellement émis par la société absorbante est constitutif, pour l'application du dispositif de report, d'une cession des titres de la société absorbée (CE 10-7-2019 n° 412964 : RJF 11/19 n° 1010).

c. Cession d'une branche complète d'activité par une PME

10220 Les plus-values réalisées par une société civile soumise à l'impôt sur les sociétés à l'occasion de la cession d'une branche complète d'activité bénéficient du régime d'**exonération en fonction de la valeur des éléments cédés** de l'article 238 quindecies du CGI si l'activité cédée a été exercée pendant au moins cinq ans et si la société civile répond aux conditions suivantes :
- elle emploie moins de 250 salariés ;
- elle réalise un chiffre d'affaires annuel inférieur à 50 M€ ou a un total de bilan inférieur à 43 M€ ;
- son capital ou ses droits de vote ne sont pas détenus à hauteur de 25 % ou plus par une ou plusieurs entreprises ne remplissant pas les conditions d'effectif ou de chiffre d'affaires (ou de total de bilan) précitées. Pour l'appréciation de cette condition, les parts détenues par l'intermédiaire de certaines structures de capital-risque ne sont pas prises en compte.

Les conditions et modalités d'application du régime d'exonération sont exposées n°s 9720 s.

2. REVENUS DE VALEURS MOBILIÈRES

RÉGIME GÉNÉRAL

10225 Les revenus de valeurs mobilières constituent un produit taxable et doivent donc à ce titre, en principe, être inclus dans le bénéfice imposable pour leur **montant brut,** y compris le **crédit d'impôt** auquel ouvrent droit certains de ces revenus (CGI art. 220). La société peut imputer le crédit d'impôt sur le montant de l'impôt sur les sociétés dont elle est redevable (régime d'imputation « impôt sur impôt »).

Il est admis, à titre de règle pratique, que les crédits d'impôt ne soient pas ajoutés au bénéfice imposable qui comprend alors seulement le **montant net** des revenus mobiliers effectivement encaissés. Dans ce cas, la somme à imputer sur l'impôt sur les sociétés est égale, pour les exercices ouverts depuis 2022, à 75 % des crédits d'impôt. Lorsque les résultats imposables sont soumis à plusieurs taux d'imposition, la détermination du montant des crédits d'impôt imputables sur l'impôt sur les sociétés conduit, en pratique, à rechercher à quels taux ces crédits d'impôt auraient été imposés s'ils avaient été compris dans les résultats imposables (BOI-IS-RICI-30-10-20-10 n°s 20 et 30). Cette méthode de comptabilisation présente l'**intérêt** de réduire le montant de la contribution sociale éventuellement exigible car, dans ce cas, la contribution est établie sur la base du montant net des revenus (n°s 10380 s.).

> **Précisions** Dans le cas d'une **PME imposable à l'impôt sur les sociétés au taux réduit** de 15 % (n° 10292) qui comptabilise ses revenus de valeurs mobilières pour leur montant net, les crédits d'impôt sont imputables à raison de 85 % de leur montant, celui-ci étant limité à la différence, si elle est positive, entre 42 500 € et le bénéfice fiscal, compte non tenu des crédits d'impôt. En cas de différence négative, le surplus est imputable pour 75 % de son montant (en ce sens : BOI-IS-RICI-30-10-20-10 n° 30).

10226 **Cas particulier : filiales européennes qui pourraient appartenir à un groupe intégré** Les dividendes en provenance de filiales « européennes » qui pourraient appartenir à un groupe intégré si elles étaient établies en France bénéficient d'un **dispositif spécifique de neutralisation** (CGI art. 223 B, al. 2). Ainsi, les sociétés non membres d'un groupe fiscal intégré, qui détiennent une ou plusieurs filiales établies dans un État de l'Union européenne, en Islande, en Norvège ou au Liechtenstein et soumises à un impôt équivalent à l'impôt sur les sociétés peuvent retrancher de leur résultat fiscal 99 % des produits de participation reçus de ces filiales (n'ouvrant pas droit au régime des sociétés mères). Pour ouvrir droit à ce dispositif de neutralisation, la détention doit remplir les conditions pour que les sociétés concernées eussent pu appartenir à un groupe intégré si la société distributrice était établie en France (sauf la condition d'assujettissement à l'impôt sur les sociétés en France).

> **Précisions** La neutralisation ne s'applique pas lorsque la société qui perçoit les distributions n'est pas membre d'un groupe fiscal uniquement du fait de l'**absence des options et des accords à formuler pour l'application du régime d'intégration.** En revanche, peut bénéficier de cette neutralisation la société qui ne peut pas rejoindre un groupe car elle clôture ses **exercices à une date différente** de celle des sociétés de ce groupe.

RÉGIME SPÉCIAL DES SOCIÉTÉS MÈRES

Ce régime, facultatif, permet d'**éviter** que les bénéfices de la filiale ne soient soumis à une **double imposition** au titre de l'impôt sur les sociétés, d'abord au niveau de la filiale puis, en cas de distribution, au niveau de la société mère. La société civile peut ainsi recevoir les dividendes qui lui sont versés **sans autre charge fiscale** que celle résultant de la réintégration d'une quote-part de frais et charges (CGI art. 145 et 216). Si la société civile est déficitaire, le régime spécial lui permet de conserver son déficit reportable. 10227

Les sociétés mères bénéficiaires du régime spécial sont les sociétés soumises de plein droit ou sur option à l'**impôt sur les sociétés au taux normal** (n° 10290). À cet égard, le régime spécial est applicable aux sociétés mères soumises à l'impôt sur les sociétés au **taux réduit de 15 %** sur la fraction de leur bénéfice limitée à 42 500 € par période de 12 mois (n° 10292) dès lors qu'il s'agit pour ces sociétés du taux d'imposition normal (BOI-IS-BASE-10-10-10-10 n° 110).

Les sociétés civiles **non soumises à l'impôt sur les sociétés** ne bénéficient pas du régime spécial (CE 24-11-2014 n° 363556 : RJF 2/15 n° 102).

L'**option** pour le régime spécial est annuelle et n'est soumise à aucun formalisme spécifique (BOI-IS-BASE-10-10-10-10 n° 30). Elle résulte des mentions portées sur la liasse fiscale. Elle s'applique à l'ensemble des produits reçus d'une même filiale mais le choix peut varier d'une filiale à l'autre. La **renonciation** expresse à l'option constitue une décision de gestion opposable (CE 16-11-2016 n° 387576 : RJF 2/17 n° 111). En revanche, une société qui n'a pas expressément renoncé au bénéfice du régime spécial peut exercer l'option dans le **délai de réclamation** prévu à l'article R 196-1 du LPF (CE 20-12-2017 n° 414974 : RJF 3/18 n° 254).

ATTENTION

a. En application d'une **clause générale anti-abus,** l'administration peut écarter le régime des sociétés mères lorsque les produits des titres de participation sont distribués dans le cadre d'un montage ou d'une série de montages qui, mis en place avec pour objectif principal (ou un de leurs objectifs principaux) d'obtenir un avantage fiscal allant à l'encontre de l'objet ou de la finalité du droit fiscal applicable, ne sont pas authentiques compte tenu de l'ensemble des faits et circonstances pertinents (n° 10277).

b. L'application du régime des sociétés mères peut par ailleurs être remise en cause sur le fondement de la procédure de répression des **abus de droit** en présence d'actes fictifs ou de montages mis en place dans un but exclusivement fiscal (n° 13960). Notamment, seules les filiales dotées d'une substance économique peuvent réaliser des distributions ouvrant droit à l'exonération. Le Conseil d'État a ainsi refusé l'exonération des dividendes distribués par une filiale ayant cessé toute activité, dont l'actif était uniquement constitué de trésorerie (CE 17-7-2013 n° 352989 : RJF 11/13 n° 1064). L'administration s'estime fondée à remettre en cause l'application du régime des sociétés mères chaque fois que la création d'une filiale intermédiaire est purement fictive ou a pour seul objet de transformer des produits qui auraient normalement été soumis à l'impôt sur les sociétés en France en dividendes ouvrant droit au régime des sociétés mères (BOI-IS-BASE-10-10-10-10 n° 170). Le Conseil d'État a eu l'occasion d'approuver une telle position dans un cas où il était établi que l'interposition d'une société avait eu pour objet exclusif de transformer des intérêts imposables en produits de participation exonérés (CE 11-5-2015 n° 365564 : RJF 8-9/15 n° 718).

c. Les mesures de **lutte contre les dispositifs hybrides** peuvent, dans certaines situations, conduire à écarter l'application du régime des sociétés mères (n° 10279).

Conditions liées à la filiale distributrice Le régime spécial s'applique quelle que soit la **forme juridique** de la filiale distributrice. Il est également indépendant du **lieu d'implantation** de son siège social, étant toutefois précisé que les distributions effectuées par les sociétés établies dans des **États ou territoires non coopératifs** définis n° 10203, 1° et 2° en sont exclues, sauf si la société mère démontre que les opérations de la société établie hors de France correspondent à des opérations réelles qui n'ont ni pour objet ni pour effet de permettre, dans un but de fraude fiscale, la localisation de bénéfices dans ces États ou territoires. La société mère peut apporter cette preuve par tous moyens (BOI-IS-BASE-10-10-20 n° 70). 10228

Sont **exclues du régime spécial** :

– les distributions effectuées par des sociétés soumises au régime fiscal des **sociétés de personnes** (BOI-IS-BASE-10-10-10-10 n° 150) ;

– les distributions effectuées par une **société immobilière** au profit de sa **société mère exerçant une activité de marchand de biens** au sens de l'article 35, I-1° du CGI lorsqu'elle a inscrit les titres de sa filiale parmi les stocks ;

– les sommes perçues par une société française en provenance d'une sous-filiale américaine qui ont transité par un **general partnership** soumis à un régime de transparence fiscale aux États-Unis (CE 24-11-2014 n° 363556 : RJF 2/15 n° 102).

Sont également exclus de l'exonération les produits des titres de sociétés dotées d'un statut spécial. Il s'agit :
– des produits des actions des **sociétés d'investissement,** des sociétés agréées pour le financement des télécommunications et des produits et plus-values répartis par les sociétés de capital-risque ;
– des produits distribués par différentes catégories de sociétés à **statut spécial** agissant dans le domaine de l'**immobilier** : sociétés immobilières pour le commerce et l'industrie (Sicomi), sociétés d'investissement immobilier cotées (SIIC) et leurs filiales (et les sociétés étrangères ayant une activité identique) ainsi que les sociétés de placement à prépondérance immobilière à capital variable (Sppiccav) et leurs filiales, dans la mesure où ces produits sont prélevés sur des bénéfices exonérés d'impôt sur les sociétés.

10229 **Conditions liées à la nature des titres détenus** Les titres détenus par la société civile doivent revêtir la forme **nominative** ou être déposés ou inscrits dans un compte tenu par un intermédiaire habilité à recevoir des titres **au porteur.** Ils doivent être détenus en **pleine propriété** ou en **nue-propriété.**
Les titres détenus en **usufruit** sont exclus de l'application du régime spécial des sociétés mères. Le fait qu'une société détenant l'usufruit de titres ait obtenu contractuellement la jouissance des droits de vote attachés à ces titres ne la rend pas pour autant éligible au régime des sociétés mères (CE 20-2-2012 n° 321224 : RJF 5/12 n° 454). Par ailleurs, la détention de 5 % des titres de la filiale en pleine propriété ne permet pas non plus à une société mère de bénéficier du régime à raison des titres de la même filiale dont elle ne détient que l'usufruit (CE 23-3-2012 n° 335860 : RJF 7/12 n° 688).

> **Précisions a.** Une liste des **intermédiaires habilités** à recevoir des titres au porteur est établie à l'article 145, 1-a du CGI. Ces intermédiaires peuvent être établis en France ou hors de France, sous certaines conditions.
> **b.** Seuls les revenus des **participations directes** ouvrent droit à l'exonération du régime spécial des sociétés mères (CE 24-11-2014 n° 363556 : RJF 2/15 n° 102).
> **c.** En application de l'article 145, 1-c du CGI, ne peuvent être pris en compte par aucune des deux sociétés parties à l'opération pour l'application du régime spécial des sociétés mères :
> – ni les titres ayant fait l'objet d'une **remise en garantie** ;
> – ni les titres **prêtés,** la cour administrative d'appel de Versailles considérant toutefois que cette exclusion ne concerne pas les titres susceptibles de faire l'objet, pendant la durée du prêt, du détachement d'un droit à dividendes (CAA Versailles 15-10-2019 n° 17VE02377 : RJF 1/20 n° 12) ;
> – ni les **titres mis en pension.** Si les dispositions précitées n'excluent pas du régime les produits des titres pris en pension (CE 9-9-2020 n° 431283 : RJF 12/20 n° 988), il résulte du régime de neutralité fiscale applicable à ces titres qu'ils ne sont de toute façon pas imposables au nom de la personne morale qui les a pris en pension (CE QPC 8-11-2019 n° 431283 : RJF 2/20 n° 163).

10230 **Niveau de participation requis** Les titres de participation, détenus en pleine propriété ou en nue-propriété, doivent représenter au moins **5 % du capital** de la société émettrice (ou au moins 2,5 % du capital et 5 % des droits de vote de la société émettrice lorsque la société mère est contrôlée par un ou plusieurs organismes à but non lucratif mentionnés à l'article 206, 1 bis du CGI). Ce pourcentage est apprécié à la **date** de mise en paiement du dividende, c'est-à-dire à la date de sa mise à la disposition de l'associé. Cette condition tenant au pourcentage de détention n'a pas à être satisfaite de manière continue sur une période de deux ans.

Pour l'appréciation du pourcentage de capital requis, le Conseil d'État n'exige pas que des **droits de vote** soient attachés à chacun des titres détenus par la société mère, ni que les droits de vote détenus soient strictement proportionnels à la quotité de capital qu'ils représentent. Il en résulte notamment que les titres dépourvus de droit de vote sont pris en considération afin d'apprécier la qualité de société mère. Ainsi, le régime spécial s'applique dès lors que la société mère détient 5 % du capital de sa filiale, même si le pourcentage de droits de vote est inférieur à 5 % (CE 5-11-2014 n° 370650 : RJF 1/15 n° 9), notamment en raison de droits de vote double octroyés à d'autres actionnaires (CE 3-12-2014 n° 363819 : RJF 3/15 n° 191).
Lorsqu'une filiale détient ses **propres actions,** ces titres sont pris en compte pour le calcul du pourcentage de participation de chaque actionnaire (BOI-IS-BASE-10-10-10-20 n° 90).

10231 **Obligation de conservation des titres** Les titres doivent être conservés pendant **deux ans** par la société. L'**obligation** de conservation ne **concerne** que les titres de participation représentant 5 % du capital de la société émettrice qui donnent droit à la qualité de société mère et non tous les titres détenus (CE 15-12-2014 n° 380942 : RJF 3/15 n° 190 ; BOI-IS-BASE-10-10-10-20 n° 210).
Le délai minimal de conservation est porté à **cinq ans** pour les sociétés mères contrôlées par un ou plusieurs organismes sans but lucratif qui bénéficient de l'exonération des dividendes grâce à une détention limitée à 2,5 % du capital et 5 % des droits de vote de la filiale.

En cas de **non-respect** de l'obligation de conservation, la société civile est tenue de verser au Trésor, dans les trois mois suivant la cession, une somme égale au montant de l'impôt dont elle a été exonérée, majoré de l'intérêt de retard.

La société mère peut bénéficier du régime spécial dès la **première année de détention des titres,** la condition du délai de détention s'appréciant a posteriori et non au moment de la distribution (TA Montreuil 15-6-2015 n° 1307241 : RJF 11/15 n° 893).

Des assouplissements à la règle de durée minimale de détention des titres sont prévus en faveur des **opérations de restructuration.** En cas d'**apport** de titres par la société mère à une autre société dans le cadre d'une fusion, d'une scission ou d'un apport partiel d'actifs placés sous le **régime spécial des fusions** (nos 16400 s.), le délai de conservation à respecter est décompté à partir de la date de souscription ou d'acquisition des titres par la société apporteuse jusqu'à la date de cession par la société bénéficiaire de l'apport (en cas d'opérations successives, seule la date de souscription ou d'acquisition des titres par la première société absorbée ou apporteuse est prise en compte) (CGI art. 145, 1-c).

Les **titres échangés** dans le cadre d'une offre publique d'échange, d'une fusion, d'une scission ou d'un apport partiel d'actifs sont réputés détenus jusqu'à la cession des titres reçus en échange à condition que l'opération soit effectivement placée sous le régime de sursis d'imposition correspondant.

L'**annulation de titres** résultant de la fusion entre la mère et la fille n'est pas assimilée à une cession si l'opération est placée sous le régime spécial des fusions.

Un **prêt de titres,** qui entraîne leur transfert de propriété, caractérise la rupture de l'engagement de conservation, même si aucun dividende n'a été versé durant la période concernée (CE 26-9-2014 n° 363555 : RJF 12/14 n° 1088).

Régime d'exonération Lorsque les conditions sont réunies, les produits nets des actions ou parts de la filiale perçus au cours de l'exercice par la société civile sont retranchés de son bénéfice net total soumis à l'impôt sur les sociétés, déduction faite d'une quote-part de frais et charges. **10232**

Cette **quote-part de frais et charges** est fixée à **5 %** du produit total des participations, crédits d'impôt étrangers compris, quel que soit le montant des frais et charges exposés par la société mère. Pour les produits de participation versés entre des sociétés appartenant à un même **groupe d'intégration fiscale** (horizontal ou vertical), le taux de cette quote-part de frais et charges est fixé à **1 %** (crédits d'impôts compris). Ce taux s'applique également aux dividendes versés par des **filiales étrangères** implantées dans un État de l'Union européenne, en Islande, en Norvège ou au Liechtenstein et soumises à un impôt équivalent à l'impôt sur les sociétés, si ces sociétés satisfont à toutes les conditions posées pour l'appartenance au groupe fiscal dont fait partie la société mère, autres que l'assujettissement à l'impôt sur les sociétés en France. Le taux de 1 % s'applique également aux dividendes versés à une **société non membre d'un groupe fiscalement intégré** par une filiale soumise à un impôt équivalent à l'impôt sur les sociétés dans un des État visés ci-dessus sous réserve que la société mère et la filiale eussent satisfait aux conditions pour appartenir à un groupe fiscalement intégré si la société établie à l'étranger était établie en France. Mais ce taux réduit ne s'applique pas si la non-appartenance de la société française à un groupe est uniquement due à l'absence des options et des accords à formuler pour le régime de l'intégration fiscale.

Lorsque la société mère remplit la condition de détention visée n° 10230, l'exonération s'applique à tous les produits qui trouvent leur origine dans les résultats que dégagent les filiales et dont le versement à la société mère procède des titres détenus, que les titres soient pourvus ou dépourvus de **droit de vote** (actions de préférence, actions à dividende prioritaire, certificats d'investissement et actions d'autocontrôle).

Les produits perçus sont exclus de l'exonération dans la proportion où les **bénéfices distribués** sont **déductibles** des résultats imposables de la filiale distributrice. Cette mesure s'applique au regard des règles d'assiette appliquées par l'État étranger au versement lui-même et non au regard du traitement fiscal du bénéfice sur lequel est prélevé ce versement. Peu importe ainsi que la filiale soit déficitaire ou soit imposée selon des règles dérogatoires au droit commun. Applicable à des instruments hybrides considérés comme un prêt dans l'État étranger et des capitaux propres en France, l'exclusion du régime spécial concerne également les titres considérés comme des capitaux propres dans les deux États si la législation étrangère autorise la déduction fiscale des dividendes (BOI-IS-BASE-10-10-20 n° 65).

> Précisions Le Conseil d'État a annulé la doctrine administrative (BOI-IS-BASE-10-10-20 n° 100, al. 2) selon laquelle la réintégration de la quote-part de frais et charges afférente aux dividendes ne peut s'analyser comme une imposition partielle de ces produits (CE 5-7-2022 n° 463021 : RJF 10/22 n° 889). Il a ultérieurement précisé que, dans l'hypothèse où le **montant des frais réellement exposés** pour l'acquisition ou la conservation des produits de participation est **inférieur à la quote-part forfaitaire,** l'impôt français dans la limite duquel est imputé le **crédit d'impôt** correspondant à l'impôt retenu à l'étranger sur la totalité des produits de participation distribués est égal au produit du taux de l'impôt français et de la différence entre la quote-part forfaitaire et le montant des frais réellement exposé (CE 7-4-2023 n° 462709 : RJF 6/23 n° 441).

3. PROVISIONS SUR TITRES

ÉVALUATION DES TITRES

10235 À la clôture de chaque exercice, les sociétés civiles doivent procéder à l'évaluation de leurs titres en portefeuille et comparer cette valeur d'inventaire à leur valeur d'origine (prix d'achat ou valeur de souscription). Si la valeur d'inventaire des titres est inférieure à la valeur d'origine, l'écart négatif constaté donne lieu à la constatation d'une provision pour dépréciation dont le régime fiscal varie selon la nature des titres concernés (CGI art. 39, 1-5°).

Les **titres de participation,** cotés ou non, doivent être évalués à leur valeur réelle. Celle-ci s'entend, selon les règles comptables, de la valeur d'utilité qui représente ce que la société accepterait de décaisser si elle devait acquérir ces titres. À noter qu'une simple décote boursière ne peut à elle seule justifier la dépréciation des titres, la société devant justifier d'une dépréciation réelle par rapport à leur coût de revient.

Les titres autres que les titres de participation (**titres de placement**) cotés sont estimés d'après le cours moyen du dernier mois de l'exercice. Les titres de placement non cotés sont évalués d'après leur valeur probable de négociation qui doit être appréciée en fonction de tous les éléments permettant d'obtenir un chiffre aussi voisin que possible de celui qu'aurait entraîné le jeu normal de l'offre et de la demande.

Plusieurs **méthodes d'évaluation** peuvent être retenues pour les titres de participation cotés ou non cotés ainsi que pour les titres de placement non cotés : méthode par comparaison (valeurs retenues lors de transactions récentes portant sur les titres de sociétés comparables), méthode mathématique (valeur de l'actif net de la société après prise en compte des plus-values latentes sur éléments d'actif), méthode prenant en compte le rendement et la productivité de l'entreprise. L'administration estime que la valeur mathématique constitue en principe une valeur minimale d'évaluation. Cette valeur doit en général être combinée avec les autres méthodes pour parvenir à une évaluation des titres reflétant la situation réelle de la société. Dans le cas particulier d'une société non cotée en cessation progressive d'activité avec un actif net quasi exclusivement composé d'un portefeuille de placements en trésorerie, l'évaluation des titres de cette société au moyen de la seule méthode mathématique est possible (CE 7-4-2023 n°s 466247 et 466244 : RJF 6/23 n° 438).

MODALITÉS DE DÉTERMINATION DE LA PROVISION

10237 Les plus-values ou moins-values latentes résultant de l'évaluation des titres sont appréciées, pour chaque **catégorie de titres de même nature,** par rapport à la valeur d'origine globale de ces titres (par « titres de même nature », il faut entendre ceux émis par une même collectivité et conférant à leur détenteur les mêmes droits au sein de cette collectivité).

Lorsque l'évaluation opérée fait apparaître une dépréciation (**moins-value latente**), celle-ci doit être constatée par voie de provision (la constatation par voie de décote directe n'est pas possible). Il est permis de constater à la clôture d'un exercice l'intégralité d'une provision pour dépréciation des titres alors même que la dépréciation est apparue, en tout ou partie, à la clôture d'un exercice antérieur (CE 2-12-1977 n° 1247 : RJF 1/78 n° 5). Les **plus-values latentes** qui ressortent de l'évaluation n'ont en revanche, en principe, pas d'incidence directe sur le résultat imposable sachant toutefois que les plus-values latentes constatées sur les titres de participation dans des sociétés à prépondérance immobilière réduisent le montant déductible des provisions pour dépréciation constatées sur d'autres titres de la même catégorie (n° 10245).

Pour les titres ayant une **valeur fiscale différente de leur valeur comptable,** la provision fiscalement déductible doit être déterminée par référence à leur prix de revient fiscal. Lorsque des titres figurent au bilan pour une valeur supérieure à celle qui devra être retenue pour le calcul des plus-values de cession, la déduction des provisions n'est admise que si la valeur d'inventaire des titres est inférieure à la valeur fiscale et dans la limite de cette différence.

Cette règle concerne notamment les titres reçus dans le cadre d'opérations placées sous un régime de sursis d'imposition (fusions, échanges, par exemple) ainsi que les titres ayant fait l'objet d'une réévaluation dans les conditions prévues à l'article 238 bis JB du CGI (nº 9835).

> **Précisions** En cas de **baisse anormale et momentanée** de certains **titres de placement cotés,** la société civile peut, sous sa responsabilité, ne pas comprendre dans la provision tout ou partie de la moins-value constatée sur ces titres, dans la mesure où il peut être établi une compensation avec les plus-values latentes normales constatées sur d'autres titres (CGI ann. III art. 38 septies).

RÉGIME FISCAL DE LA PROVISION

Les provisions afférentes aux **titres de participation et assimilés** définis nºs 10192 s. ne sont pas déductibles. Corrélativement, les reprises des provisions constituées au titre d'exercices antérieurs à raison de ces mêmes titres ne sont pas imposables, quels que soient l'exercice de leur constitution et le régime fiscal qui leur a été appliqué. 10239

Les provisions pour dépréciation de **titres de sociétés à prépondérance immobilière cotées** sont soit déductibles du résultat ordinaire lorsque ces titres ont le caractère de titres de placement (la reprise des provisions étant corrélativement taxable au taux plein), soit, s'il s'agit de titres de participation, soumises au régime fiscal des moins-values à long terme au taux de 19 %. La déduction des provisions fait toutefois l'objet du dispositif de plafonnement décrit ci-dessous nº 10245. La reprise des provisions constitue une plus-value à long terme taxable à 19 %.

Les provisions pour dépréciation des **parts de FCPR, parts de fonds professionnels de capital-investissement, de sociétés de libre partenariat et actions de SCR** sont soumises au régime fiscal des moins-values à long terme au taux de 15 %, quelle que soit la durée de détention des titres. La reprise de ces provisions majore la plus-value nette à long terme de l'exercice taxable à 15 % ou minore la moins-value nette à long terme.

Les provisions qui se rapportent aux **autres titres** placés sous le régime de droit commun de l'impôt sur les sociétés (titres de placement et autres titres exclus du régime du long terme) sont déductibles du résultat taxable au taux plein et leur reprise est corrélativement comprise dans ce résultat. Tel est le cas des provisions pour dépréciation de **titres de sociétés à prépondérance immobilière non cotées** ; ces provisions sont concernées par le dispositif de plafonnement visé nº 10245.

Les provisions pour dépréciation de **titres de sociétés à prépondérance financière** (définis nº 10201) ne sont pas déductibles à hauteur des distributions effectuées par ces sociétés qui ont bénéficié de l'exonération prévue par le régime spécial des sociétés mères (nºs 10227 s.) au cours de l'exercice de comptabilisation de la provision et des cinq exercices précédents (CGI art. 219, I-a ter). Par symétrie, l'administration admet que les reprises de provisions afférentes à de tels titres ne soient pas imposables à hauteur du montant (représentatif des distributions exonérées au titre du régime spécial des sociétés mères) qui n'a pas pu être déduit lors de la comptabilisation de la provision (BOI-IS-BASE-50 nº 75).

> **Précisions** Lorsque les titres d'une société à prépondérance immobilière sont cédés, la loi prévoit que la **prépondérance immobilière** s'apprécie à la date de cession ou à la clôture du dernier exercice précédant la cession (nº 10197). Mais elle ne donne aucune indication pour les titres provisionnés. Saisi pour avis de cette question, le Conseil d'État a précisé que la prépondérance immobilière doit, dans ce cas, s'apprécier soit à la date de clôture du dernier exercice de la filiale précédant la constitution de la provision, soit à la date de clôture de l'exercice de la société mère au cours duquel la provision a été constituée (CE avis 22-11-2019 nº 432053 : RJF 2/20 nº 92). L'administration n'est pas fondée à considérer que le caractère immobilier prépondérant s'apprécie obligatoirement à la date de clôture de l'exercice de l'entreprise détentrice des titres qui constate une provision (CE 14-10-2015 nº 387249 : RJF 1/16 nº 8).

Plafonnement de la déduction de certaines provisions Une restriction du droit à déduction des provisions s'applique aux **titres de participation dans des sociétés à prépondérance immobilière.** Elle est mise en œuvre distinctement pour les titres de sociétés cotées et les titres de sociétés non cotées (CGI art. 39, 1-5º, al. 19 et art. 209, VI). Pour chacune de ces deux catégories de titres, la déduction des provisions ne peut être pratiquée qu'à hauteur de l'excédent des moins-values latentes sur l'ensemble des plus-values latentes afférentes aux titres de même nature détenus par la société civile. Les plus-values latentes s'entendent de la différence entre la valeur réelle des titres à la clôture de l'exercice et leur prix de revient fiscal (c'est-à-dire corrigé des plus ou moins-values en sursis d'imposition). Pour déterminer la valeur réelle des titres de sociétés à prépondérance immobilière cotées, la société peut retenir le cours 10245 de bourse moyen du dernier mois de l'exercice (BOI-BIC-PROV-40-10-20-20 n° 100). Le montant des plus-values latentes à prendre en compte à la clôture de chaque exercice doit par ailleurs être minoré de la fraction non déduite et non encore reprise des provisions antérieures.

Le **montant non déductible** des dotations aux provisions calculé au titre d'un exercice est définitif même si, à la clôture d'un des exercices suivants, le montant de la plus-value latente sur les autres titres de la même catégorie diminue.

La **reprise** dans les comptes des provisions pour dépréciation constituées pour chaque catégorie de titres est imputée prioritairement sur la fraction de ces provisions non admise en déduction. Elle n'est donc pas imposable à hauteur de ce montant.

4. INTÉRÊTS VERSÉS AUX ASSOCIÉS ET ENTREPRISES LIÉES

10260 La déductibilité des intérêts versés par la société civile à ses associés ou à des entreprises liées en rémunération des sommes qu'ils laissent ou mettent à sa disposition en plus de leur part de capital est soumise à plusieurs limitations dont l'application varie selon les bénéficiaires des intérêts (CGI art. 39, 1-3° et 212).

La déduction des **intérêts versés aux associés** est subordonnée à la libération intégrale du capital (voir n° 10265) et n'est admise que dans la limite de ceux calculés à un taux d'intérêt plafond (voir n° 10270).

La déduction des **intérêts versés à des entreprises liées** par une société civile passible de l'impôt sur les sociétés (ou par une société civile relevant du régime fiscal des sociétés de personnes pour la détermination de la quote-part de résultat revenant à ses associés soumis à l'impôt sur les sociétés) fait l'objet d'un dispositif spécifique de limitation (voir n° 10272).

La **fraction non déductible** des intérêts est réintégrée de manière extra-comptable dans le bénéfice imposable de la société civile (sur l'imposition des associés, voir n° 20047 s.).

> Précisions a. Les sommes laissées ou **mises à disposition** de la société désignent les créances de toute nature dont disposent les associés ou les entreprises liées à l'égard de la société, c'est-à-dire en particulier les versements en compte courant proprement dits, les prêts et dépôts de toute sorte. Les **créances commerciales** ne sont cependant pas soumises aux différentes limitations. Il en va de même pour les crédits accordés par des **établissements financiers** associés dans les conditions habituellement prévues pour l'ensemble de la clientèle.

b. Lorsqu'un **associé souscrit personnellement un emprunt bancaire** dont il met les fonds à la disposition de la société, les intérêts sont intégralement déductibles si la société rembourse directement la banque (CE 28-3-2008 n° 295735 : RJF 6/08 n° 642). En revanche, les limites prévues par la loi s'appliquent si les remboursements du prêt transitent par l'associé, à moins que celui-ci ne soit en mesure d'établir qu'il est intervenu auprès de l'établissement bancaire en qualité de simple mandataire de la société (CE 27-2-1989 n° 61397 : RJF 4/89 n° 414).

INTÉRÊTS VERSÉS AUX ASSOCIÉS

10265 **Libération du capital** La déduction fiscale des intérêts versés aux associés n'est possible que si le capital social de la société civile a été entièrement libéré (cette condition vaut pour toutes les sociétés civiles dont le résultat imposable est déterminé selon les règles des BIC, qu'elles soient passibles de l'impôt sur les sociétés ou de l'impôt sur le revenu) (CGI art. 39, 1-3° -al. 2).

10270 **Taux d'intérêt plafond** Le taux maximum des intérêts déductibles versés aux associés est égal à la moyenne annuelle des taux effectifs moyens pratiqués par les établissements de crédit pour des prêts à taux variable aux entreprises d'une durée initiale supérieure à deux ans (CGI art. 39, 1-3°-al. 1). Cette moyenne annuelle est elle-même déterminée à partir de moyennes trimestrielles publiées au Journal officiel. À titre indicatif, pour les sociétés dont l'**exercice 2022** a coïncidé avec l'année civile, le taux maximum d'intérêt déductible s'est établi à 2,27 %. Cette condition vaut pour toutes les sociétés civiles (à l'IR ou à l'IS) dont le résultat imposable est déterminé selon les règles des BIC.

INTÉRÊTS VERSÉS AUX ENTREPRISES LIÉES

10272 La déductibilité des intérêts versés par une société civile passible de l'impôt sur les sociétés à des entreprises liées, directement ou indirectement, au sens de l'article 39, 12 du CGI, est limitée au **taux maximum** défini n° 10270 ou au **taux du marché** s'il est supérieur (CGI art. 212, I).

Deux **entreprises sont réputées liées** au sens de l'article 39, 12 du CGI lorsque l'une détient directement ou par personne interposée la majorité du capital social de l'autre ou y exerce en fait le pouvoir de décision, ou lorsqu'elles sont placées l'une et l'autre, dans ces conditions, sous le contrôle d'une même entreprise tierce. Tel est le cas, par exemple, des liens existant entre des sociétés sœurs ou cousines (BOI-BIC-CHG-40-20-10 n° 40). Le Conseil d'État admet que l'exercice, en fait, du pouvoir de décision conjointement avec une autre société puisse caractériser de tels liens (CE 20-9-2022 n° 455655 : RJF 12/22 n° 1024).

Le **taux du marché** s'entend du taux que les organismes financiers indépendants auraient été susceptibles de consentir à la société emprunteuse pour un prêt présentant les mêmes caractéristiques dans des conditions de pleine concurrence, compte tenu de ses caractéristiques propres, notamment de son profil de risque (CE avis 10-7-2019 n° 429426 : RJF 10/19 n° 877 ; CE 10-12-2020 n° 428522 : RJF 3/21 n° 247 ; CE 11-12-2020 n° 433723 : RJF 3/21 n° 248). Ce taux s'apprécie au regard des caractéristiques des prêts et de celles de la société emprunteuse, indépendamment de son appartenance à un groupe (CE 18-3-2019 n° 411189 : RJF 6/19 n° 513). Mais la situation économique et financière consolidée de la société emprunteuse et de ses filiales est en principe prise en compte pour apprécier le profil de risque de la société emprunteuse (CE 29-12-2021 n° 441357 : RJF 3/22 n° 240).

La **preuve** du taux du marché, qui incombe à la société emprunteuse, peut être apportée par tout moyen, notamment par comparaison avec les taux pratiqués sur les marchés obligataires par des sociétés tierces se trouvant dans des conditions économiques comparables si ces emprunts obligataires constituent une alternative réaliste à un prêt intragroupe (CE avis 10-7-2019 n° 429426 : RJF 10/19 n° 877 ; CE 10-12-2020 n° 428522 : RJF 3/21 n° 247). L'impossibilité pour une société emprunteuse d'obtenir un emprunt auprès d'un organisme financier indépendant ne la dispense pas de la démonstration de la conformité du taux d'intérêt au taux du marché (CE 18-3-2019 n° 411189 : RJF 6/19 n° 513).

> Précisions Pour le **calcul du taux d'intérêt limite,** l'administration considère que toutes les sommes versées aux **entreprises liées non associées** en rémunération des avances doivent être retenues (BOI-BIC-CHG-50-50-10 n° 100) alors qu'à notre avis seuls les intérêts proprement dits qui leur sont versés sont soumis à la limitation de déduction.

5. LIMITATION DE LA DÉDUCTIBILITÉ DES CHARGES FINANCIÈRES NETTES

Les sociétés soumises à l'impôt sur les sociétés (de plein droit ou sur option) non membres d'un groupe fiscalement intégré (ainsi que les sociétés relevant du régime fiscal des sociétés de personnes pour la détermination de la quote-part de résultat revenant à leurs associés soumis à l'impôt sur les sociétés) ne peuvent déduire leurs charges financières nettes que dans une certaine limite déterminée en fonction de leur résultat avant impôts, intérêts, dépréciations et amortissements (**Ebitda fiscal**), de leur appartenance ou non à un **groupe consolidé** et de leur **situation de sous-capitalisation** (CGI art. 212 bis). **10273**

CHAMP D'APPLICATION DU DISPOSITIF

Les **charges financières nettes** concernées par le dispositif de limitation de déduction s'entendent de l'excédent des charges financières déductibles après application du dispositif mentionné n° 10272, par rapport aux produits financiers imposables et aux autres revenus équivalents perçus par la société. **10274**

Ces **charges et produits financiers** correspondent aux intérêts sur toutes les formes de dette, c'est-à-dire ceux afférents aux sommes laissées ou mises à disposition de la société ou par la société. Ils s'entendent des charges engagées et des produits acquis au cours de l'exercice.

> Précisions La loi dresse une **liste** non limitative des produits et charges devant être retenus pour déterminer le montant des charges financières nettes. Citons notamment :
– l'amortissement des intérêts capitalisés inclus dans le coût d'origine d'un actif et, le cas échéant, la part des intérêts inclus dans la valeur nette comptable des actifs sortis du bilan ;
– les gains et pertes de change relatifs à des prêts, emprunts et instruments liés à des financements ;
– les frais de dossier et de garantie liés à des opérations de financement ;
– le montant des loyers, déduction faite de certaines charges, en cas d'opération de crédit-bail, de location avec option d'achat ou de location de biens mobiliers conclue entre entreprises liées ;
– tous les autres coûts ou produits équivalant à des intérêts.

PLAFOND DE DÉDUCTION

Le plafond de déduction est différent selon que la société est sous-capitalisée ou non. **10275**

Une **société** est **considérée comme sous-capitalisée** lorsque le montant moyen des sommes laissées ou mises à disposition par l'ensemble des entreprises liées au sens de l'article 39, 12 du CGI (voir n° 10272) excède une fois et demie le montant de ses fonds propres apprécié, au choix de la société, à l'ouverture ou à la clôture de l'exercice. Si la société est sous-capitalisée, celle-ci doit déterminer la part respective des dettes non liées à la sous-capitalisation et des dettes liées à la sous-capitalisation (pour le calcul de ces ratios, il est considéré que la dette envers des sociétés liées qui n'excède pas une fois et demie les fonds propres n'est pas liée à la sous-capitalisation). Deux assiettes de charges financières nettes doivent ensuite être déterminées :

– la première assiette correspond aux intérêts relatifs à la dette non liée à la sous-capitalisation. À cette assiette est appliqué un **premier plafond** égal à 30 % de l'Ebitda fiscal (résultat avant impôts, intérêts, dépréciations et amortissements) proratisé (c'est-à-dire auquel le ratio des dettes non liées à la sous-capitalisation est appliqué) ou 3 M€ proratisé de la même façon si ce montant est plus élevé ;

– la seconde assiette correspond aux intérêts relatifs à la dette liée à la sous-capitalisation. À cette assiette est appliqué un **second plafond** égal à 10 % de l'Ebitda fiscal proratisé (c'est-à-dire auquel le ratio des dettes liées à la sous-capitalisation est appliqué) ou 1 M€ proratisé de la même façon si ce montant est plus élevé.

Une société qui n'est **pas sous-capitalisée** peut déduire ses charges financières nettes dans la limite du montant le plus élevé entre :

– 30 % de l'Ebitda fiscal ;

– 3 M€ par exercice, le cas échéant ramené à 12 mois.

L'**Ebitda fiscal** est déterminé à partir du résultat fiscal soumis à l'impôt sur les sociétés au taux de droit commun ou au taux réduit en faveur des PME, avant imputation des déficits et avant application du plafonnement des charges financières nettes. Mais il est déterminé après application, le cas échéant, d'abattements et déductions retenus pour l'assiette de l'impôt (déductions de type « suramortissement » ou allégements en faveur d'entreprises implantées dans certaines zones).

> **Précisions a.** Une société qui est membre d'un **groupe consolidé** et qui n'est **pas sous-capitalisée** (ou pas davantage sous-capitalisée que le groupe consolidé auquel elle appartient) peut bénéficier d'une **déduction supplémentaire** égale à 75 % du montant des charges financières nettes non admises en déduction en application du plafond de 30 % de l'Ebitda fiscal ou de 3 M€, lorsque le ratio entre ses fonds propres et l'ensemble de ses actifs est égal ou supérieur à ce même ratio déterminé au niveau du groupe consolidé auquel elle appartient. Toutes les **sociétés autonomes** (sociétés non membres d'un groupe consolidé qui ne disposent d'aucun établissement hors de France ni d'aucune entreprise associée) peuvent également bénéficier d'une déduction supplémentaire.
> **b.** Lorsqu'une société appartient à un **groupe consolidé,** les dispositions prévues en cas de **sous-capitalisation** ne lui sont pas applicables si elle établit que son ratio d'endettement (montant total de ses dettes / montant de ses fonds propres) est inférieur ou égal au ratio d'endettement de son groupe consolidé (déterminé en tenant compte des dettes autres que celles envers les sociétés du groupe consolidé).
> **c.** En présence d'une **société civile dont au moins l'un des associés est soumis à l'impôt sur les sociétés,** le dispositif de limitation de la déduction des charges financières s'applique pour déterminer la part de résultat dont sont attributaires les associés soumis à l'impôt sur les sociétés. La fraction de charges financières nettes non déductibles revenant à l'associé soumis à l'impôt sur les sociétés est ajoutée à la quote-part de résultat fiscal qui lui revient. Cette quote-part de résultat est à inclure dans le résultat fiscal servant de base au calcul de l'Ebitda fiscal de l'associé et ne doit faire l'objet d'aucun retraitement (BOI-IS-BASE-35-40-10-20 n° 100).

MÉCANISMES DE REPORT

10276 Le montant des **charges financières nettes non admises en déduction** après application du plafond concernant les sociétés non sous-capitalisées et, le cas échéant, de la déduction supplémentaire de 75 % peut être reporté sans limitation dans le temps et faire l'objet d'une déduction au titre des exercices suivants. Lorsque la société est sous-capitalisée, les sommes excédant le premier plafond proratisé sont reportables dans les mêmes conditions. En revanche, celles qui excèdent le second plafond proratisé ne sont reportables qu'à hauteur du tiers de leur montant. Par ailleurs, le report des charges financières non déduites ne s'applique pas à une société autonome pour l'exercice au titre duquel elle a bénéficié de la déduction supplémentaire.

Les modalités de déduction des charges financières nettes **reportées d'exercices antérieurs** diffèrent selon que la société est sous-capitalisée ou non. En l'**absence de sous-capitalisation** au titre de l'exercice de déduction des charges financières reportées d'exercices antérieurs, ces dernières peuvent être déduites à hauteur d'un montant égal à la différence positive entre la limite de droit commun (30 % de l'Ebitda fiscal ou 3 M€) et les charges financières de l'exercice. En cas de **sous-capitalisation,** le stock de charges financières antérieures ne peut être déduit que dans la limite de la différence positive entre, d'une part, 30 % de l'Ebitda fiscal ou 3 M€

proratisés et, d'autre part, les charges financières nettes de l'exercice minorées de celles soumises au second plafond (10 % de l'Ebitda fiscal ou 1 M€ proratisés). Ainsi, aucune charge financière en report ne peut être déduite sur le second plafond.

La **capacité de déduction inemployée** au titre d'un exercice peut être utilisée au titre des cinq exercices suivants pour déduire du résultat de ces exercices le montant de charges financières nettes non admises en déduction après application du plafond concernant les sociétés non sous-capitalisées et de la déduction supplémentaire de 75 %. La capacité de déduction inemployée reportée d'un exercice antérieur ne peut être utilisée pour déduire des charges financières en report. Les deux plafonds applicables en cas de sous-capitalisation ne peuvent générer de capacité de déduction inemployée à reporter.

6. DISPOSITIFS ANTI-ABUS

CLAUSE ANTI-ABUS GÉNÉRALE

Pour l'établissement de l'impôt sur les sociétés, il n'est pas tenu compte des conséquences 10277
fiscales des **montages** (pouvant comprendre plusieurs étapes ou parties) ou des séries de montages qui, mis en place avec pour objectif principal ou un de leurs objectifs principaux d'obtenir un avantage fiscal allant à l'encontre de l'objet ou de la finalité du droit fiscal applicable, ne sont pas authentiques compte tenu de l'ensemble des faits et circonstances pertinents. Sont considérés comme non authentiques les montages ou séries de montages qui ne sont pas mis en place pour des motifs commerciaux valables qui reflètent la réalité économique (CGI art. 205 A). La notion de **motifs commerciaux** s'entend au sens large de toute justification économique et ne doit pas être restreinte à l'exercice d'une activité commerciale au sens de l'article 34 du CGI. Des structures de détention patrimoniale ayant des activités financières ou qui répondent à un objectif organisationnel peuvent donc être considérées comme répondant à des motifs commerciaux valables (BOI-IS-BASE-70 n° 40).

> Précisions a. La clause anti-abus a vocation à s'appliquer à toutes les opérations relevant de l'impôt sur les sociétés, à l'exclusion des opérations de **fusion** ou assimilées qui restent encadrées par le dispositif qui leur est propre (n° 16405).

b. Les sociétés peuvent solliciter de l'administration un **rescrit,** préalablement à la réalisation des opérations, afin de s'assurer qu'elles ne tombent pas sous le coup de la clause anti-abus, l'absence de réponse dans un délai de six mois valant accord tacite.

c. La **procédure d'abus de droit** prévue à l'article L 64 du LPF (n° 13960), qui est susceptible de concerner l'impôt sur les sociétés, coexiste avec la clause anti-abus de l'article 205 A du CGI. En revanche, la procédure d'abus de droit prévue à l'article L 64 A du LPF (n° 13960) concerne tous les impôts, à l'exception de l'impôt sur les sociétés (BOI-IS-BASE-70 n° 90).

DISPOSITIFS ANTI-ABUS PROPRES AUX HYBRIDES

Des règles particulières s'appliquent afin de neutraliser de manière aussi exhaustive que possible 10279
les **effets fiscaux asymétriques** (déduction du résultat imposable/non-inclusion, double déduction) causés par certains dispositifs dits « hybrides » résultant de **différences entre la législation française et celle d'autres États** quant à la qualification de certains instruments financiers et/ou entités ou bien en matière d'attribution des paiements (CGI art. 205 B). Seuls sont concernés par l'application de ces règles « anti-hybrides » les effets d'asymétrie constatés dans le cadre de relations entre entreprises associées, entre un siège et son établissement, ou entre deux ou plusieurs établissements d'une même entité. Hormis le cas des dispositifs structurés, ces mesures ne s'appliquent pas aux paiements intervenant entre sociétés qui ne sont pas considérées comme associées.

Sept dispositifs hybrides à l'origine d'effets d'asymétrie fiscale dans le cadre de relations entre entreprises associées sont répertoriés à l'article 205 B, I-1° du CGI. Les six premiers donnent lieu à une **déduction dans un État et à une absence d'inclusion au sein du résultat imposable dans un autre État** (notamment dans le cas d'un paiement effectué au titre d'un instrument financier, d'un paiement en faveur d'une entité hybride, d'un paiement en faveur d'une entité disposant d'un ou de plusieurs établissements, etc.). Le septième dispositif fait, lui, apparaître un effet de **double déduction.** Des **mesures correctives** sont prévues afin de neutraliser ces effets fiscaux asymétriques. Par exemple, lorsqu'un paiement donne lieu à une charge déductible de l'assiette de l'impôt sur les sociétés dans les conditions de droit commun sans être inclus dans les résultats soumis à un impôt équivalent dans l'État de résidence du bénéficiaire, cette charge n'est pas admise en déduction.

Des règles particulières s'appliquent aux **dispositifs hybrides inversés** (CGI art. 205 C).

Pour plus de détails sur les dispositifs anti-abus propres aux hybrides, voir le Mémento fiscal n°s 35815 s.

B. Report déficitaire

10280 Le déficit subi au titre d'un exercice par une société civile soumise à l'impôt sur les sociétés ne peut en aucun cas être imputé sur les revenus de ses associés. Ce déficit ne peut être imputé que sur les résultats propres de la société.

Celle-ci a le choix entre deux régimes de report des déficits :

– un régime de droit commun, dit de report « en avant », qui permet d'imputer les déficits sur les bénéfices des exercices suivant l'exercice déficitaire ;

– et un système optionnel de report « en arrière » des déficits (« carry-back ») sur le bénéfice de l'exercice précédent.

REPORT EN AVANT

10282 Le droit au report en avant des déficits subis par les sociétés civiles soumises à l'impôt sur les sociétés est **illimité dans le temps.** Le déficit subi au titre d'un exercice est considéré comme une charge de l'exercice suivant et déduit du bénéfice réalisé pendant ledit exercice dans la **limite d'un montant** de 1 M€ majoré de 50 % de la fraction du bénéfice excédant cette limite (CGI art. 209, I).

Lorsque le déficit constaté au titre d'un exercice excède 1 M€ et que le bénéfice de l'exercice suivant dépasse également cette limite, la société doit donc acquitter un montant d'impôt sur les sociétés calculé sur 50 % de la fraction de ce bénéfice excédant 1 M€. La part de déficit qui ne peut pas être déduite en application de cette mesure est reportable sur les exercices suivants, sans limitation de durée et selon les mêmes modalités.

Pour les sociétés auxquelles sont consentis des **abandons de créances** en application d'un accord homologué dans les conditions prévues à l'article L 611-8 du Code de commerce ou dans le cadre d'une procédure de sauvegarde, de redressement judiciaire ou de liquidation judiciaire (ou d'une procédure d'insolvabilité visée à l'annexe A du règlement 1346/2000/CE du 29-5-2000 : BOI-IS-DEF-10-30 n° 220), la limite de 1 M€ est majorée du montant de ces abandons. Selon l'administration, ces abandons réduisent la part variable du plafond d'imputation (BOI-IS-DEF-10-30 n° 225).

En vertu de la règle dite de l'« identité d'entreprise », les déficits ne sont susceptibles d'être reportés, en principe, qu'au sein de l'entreprise qui les a subis. C'est ainsi que le **changement de régime fiscal,** le changement **d'objet** ou **d'activité réelle** de la société ou la **disparition des moyens de production** (n°s 11415 s.), qui emportent cessation d'entreprise, font perdre le droit au report des déficits.

En cas de **fusion** de sociétés ou opération assimilée, le déficit de la société absorbée peut toutefois être transféré à la société absorbante (voir n° 16410).

> Précisions **a.** Les déficits de l'exercice peuvent être imputés sans limitation sur des **plus-values à long terme** imposables à 15 % ou à 19 % et cessent alors d'être reportables (voir n° 10170). En revanche, les déficits antérieurs ne sont imputables sur ces plus-values que dans la limite prévue par l'article 209, I du CGI (BOI-IS DEF-10-30 n° 210).

b. La règle qui limite l'imputation des déficits s'applique avant de déterminer la part du bénéfice des PME qui est taxée au **taux réduit** prévu par l'article 219, I-b du CGI (n° 10292) (BOI-IS-DEF-10-30 n° 190).

c. Le report déficitaire demeure possible même lorsque, en comptabilité, le déficit a été résorbé par une **réduction de capital** (y compris dans le cadre d'une opération de « coup d'accordéon ») ou a été imputé sur des **réserves** libérées de l'impôt sur les sociétés. En revanche, l'imputation du déficit sur des réserves non libérées de l'impôt sur les sociétés fait disparaître le droit au report sur les bénéfices des exercices postérieurs.

REPORT EN ARRIÈRE (« CARRY-BACK »)

10285 Ce système, optionnel, permet d'imputer le déficit constaté à la clôture d'un exercice sur le bénéfice de l'exercice précédent, dans la limite de la fraction non distribuée de ce bénéfice, ce qui fait naître une créance sur le Trésor correspondant à l'excédent d'impôt antérieurement versé (CGI art. 220 quinquies).

L'**option** pour le report en arrière ne peut être exercée qu'**au titre de l'exercice** au cours duquel le déficit est constaté. Ainsi, une société civile dont l'exercice coïncide avec l'année civile peut, à la clôture de l'exercice 2023, opter pour le report en arrière du déficit subi au titre de cet exercice, mais ne peut pas reporter en arrière le déficit constaté au titre de l'exercice 2022. Celui-ci reste reportable en avant dans les conditions précisées n° 10282. L'option pour le report en arrière constitue une **décision de gestion** opposable. Elle est exercée dans le **délai** de dépôt de la déclaration de résultat de l'exercice de constatation du déficit. Elle est formalisée sur le tableau n° 2058 A-SD (société relevant du régime réel normal d'imposition) ou n° 2033 B-SD (régime simplifié), annexé à la déclaration de résultat. La société doit en outre joindre une déclaration n° 2039-SD au relevé de solde de l'IS ou à sa déclaration de résultat si elle opte postérieurement à la date limite de dépôt du relevé de solde.

Le **déficit** constaté au titre d'un exercice ne peut être **reporté en arrière** que dans la **limite** du montant le plus faible entre le bénéfice de l'exercice précédent et un montant de 1 M€. Le déficit qui n'a pas pu être reporté en arrière demeure reportable en avant dans les conditions précisées n° 10282.

La **base d'imputation** du déficit reporté en arrière s'entend du **bénéfice fiscal** de l'exercice précédent soumis au taux normal ou au taux réduit de l'impôt sur les sociétés prévu en faveur des PME (BOI-IS-DEF-20-10 n° 90), à l'exclusion de la fraction de ce bénéfice :

– qui a fait l'objet d'une **distribution,** étant précisé que les sociétés peuvent librement affecter les distributions qu'elles effectuent sur le montant de leur bénéfice soumis à l'impôt sur les sociétés au taux normal ou au taux réduit (BOI-IS-DEF-20-10 n° 120) ;

– qui a donné lieu à un **impôt payé au moyen de réductions ou crédits d'impôt** (ou au moyen d'un excédent de crédit d'impôt recherche) (CE 10-3-2022 n° 443690 : RJF 6/22 n° 533).

Lorsqu'un **contrôle fiscal,** ou le dépôt d'une **déclaration rectificative** dans le délai de réclamation prévu à l'article R 196-1 du LPF, fait apparaître ou accroît le déficit subi au titre d'un exercice, la société peut opter pour son report en arrière sur le bénéfice de l'exercice précédent, dans la double limite du déficit rectifié et de 1 M€ (BOI-IS-DEF-20-10 n° 50). Lorsqu'un contrôle fiscal, ou le dépôt d'une déclaration rectificative dans le délai de réclamation, a pour effet de faire apparaître ou de rehausser un bénéfice d'imputation, la société peut opter pour le report en arrière du déficit sur ce bénéfice rectifié, dans la double limite de ce bénéfice rectifié et de 1 M€ (CE 19-12-2007 n°s 285588 et 294358 : RJF 3/08 n° 347 ; CE 16-11-2022 n° 462305 : RJF 2/23 n° 149 ; BOI-IS-DEF-20-10 n°s 50 et 60).

La **créance sur le Trésor** née du report en arrière est égale au produit du déficit imputé par le taux de l'impôt sur les sociétés applicable à l'exercice de réalisation du bénéfice (taux normal ou taux réduit dont bénéficient les PME). La créance est remboursable au terme d'une période de cinq ans lorsqu'elle n'a pas été utilisée dans ce délai pour le paiement de l'impôt sur les sociétés. La créance de carry-back devenue restituable doit être **spontanément remboursée** par l'administration. À défaut, la société peut, dans le délai de prescription quadriennale prévu par l'article 1er de la loi du 31 décembre 1968, lui présenter une demande tendant à ce remboursement et, en cas de rejet de cette demande, porter devant le juge de plein contentieux le litige né de ce rejet. Le remboursement de la créance n'est pas subordonné à la présentation d'une réclamation contentieuse distincte de la déclaration d'option effectuée par la société (CE 9-3-2016 n°s 385244 et 385265 : RJF 6/16 n° 515).

> **Précisions** **a.** L'option pour le report en arrière des déficits ne peut pas être exercée au titre d'un exercice au cours duquel intervient une **cession ou cessation** totale d'entreprise, une **fusion** ou une opération assimilée, une mise en **liquidation** amiable ou un jugement prononçant l'ouverture d'une mise en liquidation judiciaire de la société (CGI art. 220 quinquies, II et CE 20-11-2017 n° 397027 : RJF 2/18 n° 149). Cependant, en cas de fusion ou d'opération assimilée, la société bénéficiaire de l'apport peut reporter en arrière, sur ses bénéfices propres, le déficit de l'exercice en cours lors de l'opération, à l'exclusion des déficits qui lui sont éventuellement transférés (BOI-IS-FUS-10-20-50 n° 50).
> **b.** L'option peut être exercée par une société soumise à l'IS à raison de la **quote-part de déficit** correspondant à ses droits dans une ou plusieurs **sociétés de personnes** (CAA Paris 30-12-1997 n° 94-686 : RJF 3/98 n° 246).
> **c.** La créance résultant du **dispositif exceptionnel** de report en arrière du premier déficit constaté au titre d'un **exercice clos à compter du 30 juin 2020 et jusqu'au 30 juin 2021** peut être utilisée dans les conditions de droit commun.

C. Taux de l'impôt sur les sociétés

TAUX NORMAL D'IMPÔT SUR LES SOCIÉTÉS

Le taux normal de l'impôt sur les sociétés concerne tous les bénéfices et plus-values imposables (distribués ou non) qui ne peuvent pas prétendre à l'application de l'un des dispositifs d'imposition atténuée mentionnés n°s 10292 s. **10290**

Pour les exercices ouverts depuis le 1er janvier 2022, le taux normal de l'impôt sur les sociétés est fixé à 25 % pour toutes les sociétés, quel que soit le montant de leur chiffre d'affaires (CGI art. 219, I).

TAUX RÉDUIT D'IMPÔT SUR LES SOCIÉTÉS EN FAVEUR DES PME

Les petites et moyennes entreprises bénéficient, de plein droit, d'un taux réduit de **15 %** sur une fraction de leur bénéfice (CGI art. 219, I-b). **10292**

Le taux réduit des PME **s'applique aux sociétés** qui réalisent au cours de l'exercice un chiffre d'affaires hors taxe (ramené à 12 mois, le cas échéant) inférieur ou égal à 10 M€.

En outre, leur capital doit être entièrement libéré à la clôture de l'exercice concerné et détenu, de manière continue pendant toute la durée de l'exercice, pour 75 % au moins (droits de vote et droits à dividende) par des personnes physiques ou par des sociétés satisfaisant elles-mêmes à l'ensemble de ces conditions.

Le taux réduit s'applique sur une **fraction du bénéfice** imposable limitée à 42 500 € par période de 12 mois (abstraction faite des plus-values taxées à 15 % et des bénéfices exonérés ou situés hors du champ d'application de l'IS). La limite de 42 500 € s'applique pour l'imposition des résultats des exercices clos depuis le 31 décembre 2022 (Loi 2022-1726 du 30-12-2022 art. 37). Pour ceux réalisés au titre d'exercices clos avant cette date, la limite était de 38 120 €.

> Précisions a. La condition de **libération intégrale du capital** s'applique à toute société qui possède un capital social, même si juridiquement elle n'est pas tenue d'en avoir un. Ne peut donc pas bénéficier du taux réduit d'impôt sur les sociétés une **SCI** qui s'est volontairement dotée d'un capital social qui n'a pas été entièrement libéré à la clôture de l'exercice au titre duquel l'impôt est liquidé (TA Lyon 9-7-2009 n° 07-3451 : RJF 4/10 n° 333).

b. La condition de libération intégrale du capital concerne non seulement le capital social proprement dit mais également les **primes d'émission** liées au capital social (CAA Marseille 24-3-2016 n° 14MA03389 : RJF 7/16 n° 606).

c. Pour l'appréciation de la condition de **chiffre d'affaires**, seule la part du chiffre d'affaires réalisée en France doit être retenue (BOI-IS-LIQ-20-10 n° 40).

d. Une PME ne peut pas bénéficier du taux réduit d'IS lorsque plus de 75 % de son capital est détenu par une société dont la **totalité des titres** composant le capital **a été prêtée** à des personnes physiques par la voie de prêts de consommation ne donnant pas droit aux dividendes attachés aux titres (TA Paris 21-1-2019 n° 1710497 : RJF 8-9/19 n° 763).

PLUS-VALUES À LONG TERME

10295 Le régime des plus-values à long terme, qui se caractérise par l'application d'un taux réduit de 15 % ou 19 % ou, dans certains cas, par une exonération avec taxation d'une quote-part de frais et charges, est développé aux nos 10165 s.

CESSION DE LOCAUX PROFESSIONNELS DESTINÉS À ÊTRE TRANSFORMÉS EN LOGEMENTS

10310 Les plus-values nettes réalisées par les sociétés civiles soumises à l'impôt sur les sociétés lors de la **cession,** jusqu'au 31 décembre 2023, **d'un local à usage de bureau ou à usage commercial ou industriel** ou d'un **terrain à bâtir** sont imposées au taux réduit de 19 % (majoré, le cas échéant, de la contribution sociale visée nos 10380 s.) lorsque les conditions suivantes sont remplies (CGI art. 210 F) :

– pour les cessions réalisées au cours des exercices clos depuis le 31 décembre 2020, la **cession** (vente ou apport) est **réalisée au profit** d'une personne morale (quel que soit son statut juridique et fiscal) ;

– le **cessionnaire s'engage** soit à transformer le local acquis en local à usage d'habitation dans les quatre ans qui suivent la date de clôture de l'exercice d'acquisition soit, en cas d'acquisition d'un terrain à bâtir, à y construire des locaux à usage d'habitation dans ce même délai. Pour les engagements en cours au 1er janvier 2021, ce délai peut être prolongé pour une durée maximale d'un an, sur demande du cessionnaire au service des impôts des entreprises dont dépend le lieu de situation des immeubles au plus tard trois mois avant l'expiration du délai initial. Cette prolongation peut, dans les mêmes conditions, être renouvelée une fois ;

– la société cédante et la société cessionnaire ne sont pas des **sociétés liées** au sens de l'article 39, 12 du CGI (voir n° 10272) ;

– les biens cédés sont situés dans des communes comprises dans des **zones géographiques** se caractérisant par un déséquilibre particulièrement important entre l'offre et la demande de logements (celles-ci s'entendent des communes classées dans les zones A bis et A telles qu'elles sont définies à l'article D 304-1 du CCH).

Ce régime s'applique également aux **promesses unilatérales ou synallagmatiques de vente** conclues entre le 1er janvier 2021 et le 31 décembre 2023, à condition que la cession soit réalisée au plus tard le 31 décembre 2024, et à celles conclues entre le 1er janvier 2018 et le 31 décembre 2020 inclus, à condition que la cession soit réalisée au plus tard le 31 décembre 2022.

Le **non-respect de l'engagement** de transformation ou de construction entraîne l'exigibilité, pour le cessionnaire, d'une amende égale au montant de l'économie d'impôt réalisée par la société cédante en application du dispositif, sauf circonstances exceptionnelles indépendantes de sa volonté (CGI art. 1764, III ; BOI-IS-BASE-20-30-10-20 nos 65 et 210). Il est en revanche sans incidence pour la société cédante.

> **Précisions** Sont assimilés à des locaux à usage de bureaux les **locaux professionnels destinés à l'exercice d'activités libérales** (CGI art. 210 F, I-al. 2) tels que, par exemple, les cabinets médicaux ou d'avocats. En revanche, la cession d'un appartement ayant servi à l'exercice d'une activité libérale et pouvant être affecté à l'habitation au prix de transformations mineures ne peut pas bénéficier du dispositif (BOI-IS-BASE-20-30-10-20 n° 80).

PRODUITS DE LA PROPRIÉTÉ INTELLECTUELLE

Le résultat net des opérations de cession, concession ou sous-concession de licences d'exploitation portant sur certains droits de propriété industrielle et les logiciels protégés bénéficie d'une taxation à l'impôt sur les sociétés à taux réduit. Sur ce dispositif spécifique, voir le Mémento Fiscal nos 10420 s. **10312**

D. Déclaration et paiement de l'impôt sur les sociétés

DÉCLARATION DE L'IMPÔT SUR LES SOCIÉTÉS

Modalités de déclaration Les sociétés civiles passibles de l'impôt sur les sociétés doivent fournir une déclaration détaillée de leurs résultats sur un **formulaire n° 2065-SD** accompagné d'une annexe n° 2065 bis-SD. **10320**

Les sociétés soumises à l'impôt sur les sociétés ont l'obligation de **transmettre** leur déclaration d'impôt sur les sociétés et ses annexes par **voie électronique** (CGI art. 1649 quater B quater).

Le non-respect de l'obligation de transmettre la déclaration par voie électronique entraîne l'application d'une majoration de 0,2 % du montant des droits (CGI art. 1738). Cette pénalité est cumulable avec celle prévue en cas de non-respect de l'obligation de télérégler l'impôt sur les sociétés (voir n° 10350) (BOI-REC-PRO-10-30-10 n° 10).

Délai de déclaration La déclaration des résultats, accompagnée des documents annexes, doit en principe être souscrite dans les **trois mois de la clôture de chaque exercice.** **10325**

Pour les **exercices arrêtés le 31 décembre,** ou lorsque **aucun exercice n'est clos au cours d'une année,** la déclaration peut être souscrite au plus tard le deuxième jour ouvré suivant le 1er mai (CGI art. 223, 1). L'administration accorde un délai supplémentaire de 15 jours calendaires pour la télétransmission des déclarations de résultat (BOI-BIC-DECLA-30-10-10-20 n° 60).

Documents à joindre à la déclaration À la déclaration doivent être joints certains documents tels que les **tableaux comptables et fiscaux** et un **relevé des frais généraux.** Comme tous les commerçants, les sociétés civiles passibles de l'impôt sur les sociétés doivent, en effet, obligatoirement tenir une comptabilité. **10330**

Les sociétés relevant du régime du **réel simplifié** doivent joindre à la déclaration n° 2065-SD les tableaux annexes nos 2033-A-SD à 2033-G-SD.

Les sociétés relevant du régime du **réel normal** doivent joindre huit tableaux comptables (nos 2050-SD à 2057-SD) et onze tableaux comportant des renseignements fiscaux (nos 2058-A-SD à 2058-C-SD, 2059-A-SD à 2059-G-SD et, le cas échéant, 2054 bis-SD).

En plus de ces pièces, les sociétés civiles doivent joindre à leur déclaration l'**état de répartition des produits des parts sociales** et revenus assimilés distribués, un état des **rémunérations** versées à leurs membres (un cadre spécial est prévu à cet effet sur l'imprimé n° 2065 bis-SD) ainsi que les comptes rendus ou extraits des **délibérations** des assemblées d'associés ayant une incidence sur l'exigibilité des impôts de distribution.

> **Précisions** L'absence de réponse, ou une réponse partielle, **à une mise en demeure de produire** la liste des associés ou la liste des filiales et participations normalement jointes à la déclaration de résultat entraîne, pour chaque manquement constaté au titre d'un exercice, l'application d'une amende égale à 1 500 € ou à 10 % des droits rappelés si ce dernier montant est plus élevé (CGI art. 1763, IV).

PAIEMENT DE L'IMPÔT SUR LES SOCIÉTÉS

10340 L'impôt sur les sociétés doit être calculé par la société civile elle-même et versé spontanément au comptable de la DGFiP du lieu du dépôt de la déclaration de résultat. Ce système de paiement spontané comporte le versement d'acomptes trimestriels puis, après la clôture de l'exercice, la liquidation de l'impôt réellement dû et le versement du solde correspondant.

10342 **Acomptes provisionnels** Pour chaque exercice, **quatre acomptes** doivent être payés au plus tard les 15 mars, 15 juin, 15 septembre et 15 décembre, selon un ordre qui est fonction de la date de clôture de l'exercice précédent (CGI art. 1668, 1).

La **base de calcul** des acomptes est déterminée d'après les résultats du dernier exercice clos à la date de leur échéance et dont le délai de déclaration est expiré (exercice de référence).

Le **montant total** des acomptes est égal à un montant d'impôt sur les sociétés calculé :

– sur le résultat imposé au taux normal (25 % pour les exercices ouverts depuis le 1er janvier 2022) (n° 10290) ;

– sur le bénéfice imposé au taux réduit de 15 % des PME (n° 10292) ;

– sur le résultat net de cession, concession ou sous-concession de licences d'exploitation de certains droits de propriété industrielle ou de logiciels protégés imposé au taux de 10 %.

La plus-value nette à long terme provenant de la cession des éléments d'actif taxée à 15 % ou 19 % est exclue du calcul des acomptes.

Chacun des acomptes est **égal** au quart de l'impôt ainsi liquidé. En pratique, chaque acompte est égal à :

– 6,25 % du bénéfice taxé à 25 % ;

– 3,75 % du bénéfice des PME taxé à 15 % ;

– 2,5 % du résultat net de cession, concession ou sous-concession de certains droits de propriété industrielle et de logiciels protégés taxé à 10 %.

Sur le montant brut des acomptes ainsi déterminé, il convient d'**imputer** les créances nées du report en arrière de déficits ainsi que, plus généralement, les réductions et crédits d'impôt reportables qui n'ont pas pu être imputés en totalité sur le solde de l'impôt sur les sociétés dû au titre du dernier exercice clos (BOI-IS-DECLA-20-10 n° 110).

> **Précisions** **a.** Le bénéfice de référence à retenir pour les PME bénéficiant du taux réduit d'IS de 15 % inclut le montant net des plus-values à court terme imposé au taux de 15 %.
> **b.** Les acomptes ne sont pas exigibles lorsque le **montant de l'impôt de référence n'excède pas 3 000 €** (CGI ann. III art. 359, 3). Il en est de même lorsque l'exercice de référence est fiscalement **déficitaire.**

10345 **Spécificités concernant certains acomptes** Le **premier acompte** vient à échéance à une date où le bénéfice de l'exercice précédent n'a pas encore été déclaré. Le premier acompte est donc provisoirement calculé sur la base du bénéfice de référence de l'avant-dernier exercice et fait l'objet d'une régularisation lors du versement du deuxième acompte sur la base des résultats du dernier exercice.

En cours d'année, la société civile peut se **dispenser de verser de nouveaux acomptes** (ou peut en réduire le montant) si le montant total des acomptes déjà versés au titre de l'exercice est égal ou supérieur à la cotisation totale d'impôt sur les sociétés dont elle s'estime redevable pour cet exercice après imputation des crédits d'impôt attachés aux valeurs mobilières (CGI art. 1668, 4 bis ; BOI-IS-DECLA-20-10 n° 440). Mais, en cas d'erreur, sont applicables l'intérêt de retard de l'article 1727 du CGI et une majoration de 5 % du montant des sommes non versées aux échéances prévues.

Le **dernier acompte** (quatrième) à verser par les **grandes entreprises** (sociétés dont le chiffre d'affaires du dernier exercice clos est au moins égal à 250 M€) est calculé par référence au bénéfice estimé de l'exercice (et non d'après les résultats du dernier exercice clos) lorsque celui-ci a augmenté de manière significative par rapport à l'exercice précédent (CGI art. 1668, 1 et art. 1731 A). Le montant de cet acompte est modulé en fonction du chiffre d'affaires réalisé au titre de l'exercice précédent.

10350 **Liquidation de l'impôt** Après établissement de sa déclaration de résultat, la société doit procéder spontanément à la liquidation de l'impôt sur les sociétés correspondant. Le **montant de l'impôt** calculé au taux normal sur le bénéfice de l'exercice (ou au taux réduit sur les bénéfices des PME) et arrondi à l'euro le plus proche doit, s'il y a lieu, être augmenté de l'impôt dû, aux taux réduits, sur certaines plus-values (nos 10295 s.) (et sur le résultat net de cession, concession ou sous-concession de licences d'exploitation de certains droits de propriété industrielle et logiciels protégés) et diminué du montant des imputations autorisées par la loi (crédits d'impôt attachés à certains revenus mobiliers par exemple).

Le montant de l'impôt ainsi liquidé est alors **comparé** au montant des acomptes déjà versés au titre de l'exercice. Cette comparaison fait apparaître soit un complément d'impôt à acquitter, soit un excédent de versement.

Lorsque la liquidation de l'impôt sur les sociétés fait apparaître un **excédent de versement** (impôt définitif inférieur au montant des acomptes déjà versés), cet excédent est, après déduction des autres impôts directs éventuellement dus par la société, en principe remboursé d'office à cette dernière dans les 30 jours à compter de la date du dépôt du relevé de solde et de la déclaration de résultat. En pratique, ce délai est décompté à partir de la date de dépôt de celui de ces deux documents qui a été déposé le dernier.

La société peut également demander l'imputation de l'excédent de versement sur le premier acompte de l'exercice suivant ou sur sa prochaine échéance fiscale.

Lorsque l'**impôt** finalement dû est **supérieur au montant des acomptes** déjà versés, la différence représente le solde de liquidation. Le paiement du solde est effectué lors du dépôt du relevé de solde au plus tard le 15 du quatrième mois qui suit la clôture de l'exercice. Si l'exercice est clos le 31 décembre, ce versement doit intervenir au plus tard le 15 mai de l'année suivante.

S'agissant des **modalités de paiement,** le paiement des acomptes est effectué au vu d'un relevé d'acompte (formulaire n° 2571-SD) et le solde d'impôt sur les sociétés au vu d'un relevé de solde (formulaire n° 2572-SD).

Toutes les sociétés soumises à l'impôt sur les sociétés doivent payer leur impôt sur les sociétés (acomptes et solde) par **télérèglement** (CGI art. 1681 septies, 1). L'impôt sur les sociétés peut également être acquitté par imputation de créances détenues sur le Trésor.

Le non-respect de l'obligation de paiement par télérèglement est sanctionné par l'application d'une majoration de 0,2 % du montant des sommes dont le versement a été effectué selon un autre mode de paiement (CGI art. 1738).

E. Contribution sociale

Les sociétés civiles les plus importantes redevables de l'IS sont susceptibles d'être assujetties à une contribution sociale de **3,3 %** due par les sociétés dont l'IS excède 763 000 € (CGI art. 235 ter ZC). **10380**

La contribution sociale n'est toutefois pas due par les **PME** remplissant les conditions suivantes :

– le chiffre d'affaires hors taxe réalisé au cours de l'exercice concerné (ramené à 12 mois, le cas échéant) est inférieur à 7 630 000 € ;

– le capital est entièrement libéré et détenu, de manière continue pendant toute la durée de l'exercice concerné, pour 75 % au moins par des personnes physiques (ou par des sociétés satisfaisant elles-mêmes à l'ensemble de ces conditions).

La contribution sociale est juridiquement distincte de l'IS. Elle n'est pas **déductible** des résultats imposables (CGI art. 213).

ASSIETTE ET CALCUL DE LA CONTRIBUTION SOCIALE

La contribution sociale due au titre d'un exercice est **assise** sur l'**IS** calculé au taux normal (n° 10290) ou au taux réduit en faveur des PME (n° 10292) sur le résultat de l'exercice et, le cas échéant, aux taux réduits de 10 % (applicable au résultat net de cession, concession ou sous-concession de licences d'exploitation de certains droits de propriété industrielle et logiciels protégés), de 15 % et 19 % sur certaines plus-values (n°s 10295 s.). **10381**

La contribution est **égale** à 3,3 % de l'IS de référence diminué d'un abattement de 763 000 € par période de 12 mois (lorsqu'un exercice est différent de 12 mois, l'abattement est ajusté en conséquence).

> **Précisions** **a.** Les crédits d'impôt afférents à l'exercice au titre duquel la contribution est due ne sont pas admis en déduction de l'impôt de référence. Il en est de même de la **créance née du report en arrière des déficits.**
> **b.** Lorsque la société **comptabilise les revenus mobiliers** qu'elle perçoit hors crédit d'impôt (voir n° 10225), l'impôt de référence est établi à partir du montant net de ces revenus. Le recours à cette méthode de comptabilisation présente donc l'avantage de réduire le montant de la contribution.
> **c.** L'**impôt de référence** servant de base au calcul de la contribution s'entend de l'IS effectivement dû, calculé sur les résultats déterminés dans les conditions de droit commun, notamment après imputation des **déficits** et des **moins-values à long terme** dont le report est autorisé et application des **abattements** prévus par des régimes particuliers ou des dispositions prévoyant des **reports** ou sursis d'imposition (BOI-IS-AUT-10-20 n° 10).

PAIEMENT DE LA CONTRIBUTION SOCIALE

10382 La contribution sociale doit être calculée et payée spontanément par télérèglement (nº 10350) au comptable chargé du recouvrement de l'IS.

Ce système de paiement spontané comporte :

– d'abord, le versement de quatre acomptes aux dates prévues pour le paiement des acomptes d'IS de l'exercice (nº 10342) ; chaque acompte est égal à 0,825 % de l'impôt de référence (sont dispensées du paiement des acomptes les sociétés pour lesquelles le montant de la contribution sociale calculée sur l'IS de référence n'excède pas 3 000 €) ;

– puis, à la fin de l'exercice, la liquidation des sommes réellement dues et le versement du solde correspondant au plus tard à la date de paiement du solde de liquidation de l'IS, c'est-à-dire le 15 mai au plus tard lorsque l'exercice coïncide avec l'année civile.

Chaque versement est accompagné du relevé de versement correspondant à l'IS à payer au plus tard à la même date.

La **créance née du report en arrière des déficits** n'est pas imputable sur la contribution. Il en va de même des **crédits d'impôt.** Toutefois, les crédits d'impôt attachés à des revenus de source étrangère dont les conventions autorisent l'imputation sur l'IS et les impôts de même nature dus en France sont imputables sur le montant de la contribution sociale, étant précisé que l'ordre d'imputation de ces crédits d'impôt sur l'IS et la contribution sociale est libre (BOI-IS-AUT-10-30 nº 100).

III. IMPOSITION DES BÉNÉFICES DISTRIBUÉS

DÉFINITION DES REVENUS DISTRIBUÉS

10400 Il existe deux catégories de revenus distribués :

– les **distributions « juridiques »** régulières, qui résultent d'une décision officielle des organes compétents de la société : dividendes, acomptes sur dividendes et répartitions exceptionnelles, attributions faites aux associés au titre d'une réduction de capital, boni de liquidation, etc. ;

– des **distributions « fiscales »,** dans les cas où la loi fiscale décide qu'il y a distribution imposable, même en l'absence de distribution officielle. Sont ainsi considérés comme des revenus distribués, d'une part, tous les bénéfices ou produits qui ne sont pas mis en réserve ou incorporés au capital et, d'autre part, d'une manière générale, toutes les sommes ou valeurs mises à la disposition des associés et non prélevées sur les bénéfices (CGI art. 109). Ces distributions fiscales correspondent le plus souvent à des distributions irrégulières ou déguisées : rémunérations et avantages occultes, rehaussements de bénéfices désinvestis, avances aux associés qui ne constituent pas de véritables prêts, intérêts non déductibles des résultats sociaux alloués aux comptes courants des associés, etc.

> **Précisions** Les sociétés civiles qui relèvent du régime fiscal des **sociétés de personnes** ne sont pas concernées par le régime des revenus distribués car leurs bénéfices sont intégralement imposables au nom des associés dès leur réalisation, même s'ils sont mis en réserve (sur ce régime, voir nºs 9900 s.).

BÉNÉFICES DISTRIBUÉS À DES PERSONNES PHYSIQUES

10417 Les dividendes et distributions assimilées (**distributions « juridiques »**) versés à des personnes physiques sont soumis, lors de leur versement, sauf dispense pour les contribuables modestes, à un prélèvement à la source non libératoire. Ce prélèvement constitue un acompte d'impôt sur le revenu imputable sur l'impôt dû l'année suivante et, en cas d'excédent, restituable.

L'année suivant la distribution, les dividendes et distributions assimilées sont soumis à l'**impôt sur le revenu** au prélèvement forfaitaire unique (PFU) ou, sur option globale, au barème progressif. En cas d'option pour le barème progressif, un abattement de 40 % est, le cas échéant, applicable.

À l'impôt sur le revenu, quelles que soient les modalités d'imposition (PFU ou barème progressif), s'ajoutent 17,2 % de **prélèvements sociaux** calculés sur le montant brut des dividendes (avant application éventuelle de l'abattement de 40 %). Les prélèvements sociaux sont le plus souvent prélevés à la source par l'établissement payeur (société civile distributrice).

Les **distributions « fiscales »** sont imposables à l'impôt sur le revenu selon les mêmes règles (PFU ou, sur option globale, barème progressif mais sans abattement). Ces distributions sont assujetties, tout du moins en théorie, au prélèvement à la source non libératoire. Les rémunérations et avantages occultes, les rémunérations excessives non déductibles taxées comme revenus distribués et les revenus réputés distribués suite à une rectification de résultats sont imposés sur 125 % de leur montant (CGI art. 158, 7).

Prélèvement à la source non libératoire Les dividendes et distributions assimilées perçus par des personnes physiques fiscalement domiciliées en France sont soumis, lors de leur versement, à un prélèvement forfaitaire non libératoire égal à 12,8 % du montant brut des distributions. Ce prélèvement constitue un **acompte d'impôt sur le revenu** imputable sur l'impôt dû l'année suivante (CGI art. 117 quater). 10420

Les **contribuables modestes** peuvent demander à être dispensés du prélèvement. Sont considérées comme tels les personnes physiques appartenant à un foyer fiscal dont le revenu fiscal de référence de l'avant-dernière année est inférieur à 50 000 € (contribuables célibataires, divorcés ou veufs) ou 75 000 € (contribuables soumis à imposition commune).

La **demande de dispense** doit être formulée, sous la responsabilité du contribuable, au plus tard le 30 novembre de l'année précédant celle du versement. Elle prend la forme d'une attestation sur l'honneur par laquelle le contribuable indique à l'établissement payeur (la société civile) que son revenu fiscal de référence figurant sur l'avis d'imposition établi au titre des revenus de l'avant-dernière année précédant le paiement est inférieur selon le cas à 50 000 € ou 75 000 € (CGI art. 242 quater).

En tant qu'établissement payeur, la société civile doit souscrire auprès du service des impôts des entreprises dont elle dépend, au plus tard le 15 du mois suivant le paiement des revenus, une **déclaration n° 2777-SD** relative aux prélèvements opérés à la source sur les revenus distribués. La déclaration n° 2777-SD et le paiement correspondant doivent être **télétransmis** (CGI art. 1649 quater B quater, VIII et IX et 1681 septies, 7).

Prélèvement forfaitaire unique Les dividendes et distributions assimilées sont soumis à l'impôt sur le revenu au taux forfaitaire de 12,8 % (PFU) (sauf option globale pour le barème progressif, voir n° 10423) (CGI art. 200 A, 1). Le PFU est calculé sur le montant brut des revenus, sans déduction des frais et charges qui peuvent grever ces revenus. Le prélèvement à la source non libératoire de 12,8 % est imputable sur l'impôt dû. 10421

Imposition selon le barème progressif Par dérogation à l'application du PFU, le bénéficiaire des dividendes peut, s'il y a intérêt, **opter** pour l'imposition de ses dividendes selon le barème progressif de l'impôt sur le revenu (CGI art. 158, 3-1° et 200 A, 2). Cette option, expresse et irrévocable, est globale et porte sur l'ensemble des revenus, gains nets, profits et créances entrant dans le champ d'application du PFU (notamment, outre les dividendes, les produits de placement à revenu fixe et les plus-values de cession de valeurs mobilières). L'option est, en principe, exercée chaque année lors du dépôt de la déclaration de revenus et au plus tard avant la date limite de déclaration. Toutefois, dans le cadre de la déclaration en ligne, si le contribuable n'a pas spontanément opté pour l'imposition au barème progressif, un calcul est automatiquement réalisé en simulant l'option et un message l'invite explicitement à opter si l'option s'avère plus favorable (Rép. Rabault : AN 25-2-2020 n° 24560). 10423

En cas d'option pour le barème, les dividendes perçus par une personne physique fiscalement domiciliée en France sont inclus dans l'assiette du revenu global après application d'un **abattement de 40 %** pratiqué sur le montant brut perçu. Le montant de cet abattement n'est pas plafonné.

Le prélèvement à la source non libératoire de 12,8 % est imputable sur l'impôt dû. L'excédent éventuel est restituable.

> **Précisions** L'application de l'abattement de 40 % est réservée aux **distributions résultant d'une décision régulière des organes compétents.** Selon le Conseil d'État, une décision de distribution de dividendes n'est irrégulière que si elle n'a pas été prise par l'organe compétent, si elle est le résultat d'une fraude ou si elle n'entre dans aucun des cas pour lesquels le Code de commerce autorise la distribution de sommes prélevées sur les bénéfices (CE 11-5-2015 n°s 369257 et 369261 : RJF 8-9/15 n° 691).

BÉNÉFICES DISTRIBUÉS À DES ENTREPRISES

Les bénéfices distribués à une entreprise **assujettie à l'impôt sur les sociétés** sont compris dans son bénéfice imposable, sauf application du régime spécial des sociétés mères (voir n°s 10225 s.). Lorsque les bénéfices distribués sont encaissés par une société relevant du régime fiscal des **sociétés de personnes,** les associés sont fiscalement considérés comme ayant perçu directement la part qui leur revient. 10425

SECTION 3

CHANGEMENT DE RÉGIME FISCAL, D'OBJET SOCIAL OU D'ACTIVITÉ RÉELLE, TRANSFORMATION

11000 En dehors de la dissolution, un certain nombre d'événements intéressant la vie des sociétés civiles emportent sur le plan fiscal les conséquences d'une **cessation d'entreprise.**

Pour étudier ces événements et les conséquences qui y sont attachées au regard des impôts directs, nous distinguerons la situation des sociétés civiles qui relèvent du régime fiscal des sociétés de personnes de celle des sociétés soumises à l'impôt sur les sociétés.

En ce qui concerne les conséquences fiscales au regard des impôts directs de la **réduction du capital,** des **fusions** et **scissions** et du **transfert à l'étranger du siège social,** voir respectivement nos 15150 s., 16400 s. et 16646.

I. SOCIÉTÉS CIVILES RELEVANT DU RÉGIME FISCAL DES SOCIÉTÉS DE PERSONNES

11005 Les situations dans lesquelles une société civile non soumise à l'impôt sur les sociétés se voit appliquer les conséquences d'une cessation d'entreprise, de même que l'étendue de ces conséquences, dépendent essentiellement de la nature de l'activité de la société, une distinction devant être opérée selon que la société exerce ou non une activité professionnelle.

A. Sociétés exerçant une activité professionnelle

11010 Par « sociétés exerçant une activité professionnelle », il convient d'entendre l'ensemble des sociétés civiles dont les résultats relèvent par nature des catégories des **BNC** (sociétés civiles professionnelles et sociétés civiles de moyens), des **BA** (sociétés civiles à objet agricole) ou des **BIC** (sociétés civiles de construction-vente et, le cas échéant, sociétés civiles de moyens).

Avant d'étudier les conséquences fiscales attachées à la cessation d'activité, nous définirons les situations dans lesquelles la cessation est encourue.

1. ÉVÉNEMENTS EMPORTANT LES CONSÉQUENCES D'UNE CESSATION D'ENTREPRISE

11015 Trois catégories d'événements sont susceptibles d'emporter les conséquences fiscales d'une cessation d'entreprise (CGI art. 202 ter, I) : la **transformation** de la société, le **changement d'objet social ou d'activité réelle** et le **changement de régime fiscal.**

TRANSFORMATION DE LA SOCIÉTÉ

11020 La transformation, qui est l'opération par laquelle une société change de forme juridique, emporte cessation d'entreprise si elle s'accompagne de la **création d'une personne morale nouvelle,** ce qui suppose soit une transformation irrégulière (C. civ. art. 1844-3), soit la transformation en société de droit d'une société qui était dépourvue de personnalité morale (société de fait ou en participation). Par exemple, la transformation d'une société de fait en une société civile professionnelle (SCP) entraîne la création d'une personne morale nouvelle (CE 20-12-2013 n° 349787 : RJF 3/14 n° 224).

Lorsque la transformation n'entraîne **pas création d'une personne morale nouvelle** (ce qui est généralement le cas), elle peut néanmoins avoir pour effet d'entraîner l'assujettissement de la société transformée à l'impôt sur les sociétés (par exemple, transformation d'une société civile professionnelle en société d'exercice libéral), de même qu'elle peut s'accompagner d'une modification importante du pacte social. C'est alors au titre du **changement de régime fiscal** ou du **changement d'objet social** ou d'activité réelle que l'imposition immédiate sera établie. Dans ces hypothèses, les conséquences fiscales de la cessation peuvent également être atténuées.

Une étude générale est consacrée au **régime juridique et fiscal** de la transformation, voir nos 15400 s.

Pour le cas où la transformation intéresse un **GIE** ou une **association,** voir nos 15790 et 15795.

CHANGEMENT D'OBJET SOCIAL OU D'ACTIVITÉ RÉELLE

L'article 202 ter du CGI prévoit que le changement de l'objet social ou de l'activité réelle d'une société relevant du régime fiscal des sociétés de personnes emporte, en principe, les conséquences d'une cessation d'entreprise. Toutefois, il n'en est ainsi que dans la mesure où le changement d'objet social s'accompagne d'un **changement effectif** de l'activité exercée. Pour les sociétés soumises à l'impôt sur le revenu, la loi ne définit pas le changement d'activité. L'administration a précisé que le changement d'activité doit être **profond** pour emporter cessation. Un accroissement, ou une baisse, même important du volume des opérations réalisées ne constitue pas un tel changement (BOI-BIC-CESS-10-20-30 n° 90). **11025**

Selon l'administration, le changement d'objet social consécutif à la **transformation** d'une société civile professionnelle **en société civile de moyens** emporte cessation au sens de l'article 202 ter du CGI (Rép. Valleix : AN 15-11-1993 n° 682, non reprise dans Bofip). En revanche, la transformation d'une **société civile professionnelle** non titulaire d'un office d'huissier en société civile professionnelle titulaire d'un office ne constitue pas une modification d'objet social assimilable à une cessation d'activité (Rép. Poniatowski : AN 22-5-1989 n° 8340, non reprise dans Bofip).

Les mêmes règles sont applicables lorsque le changement d'activité est consécutif à la transformation en société de droit d'une société dépourvue de personnalité morale. Ainsi, la transformation d'une **société de fait** exerçant une activité professionnelle en société civile de moyens entraîne, du fait du changement de la nature de l'activité, les conséquences fiscales d'une cessation d'entreprise (BOI-ENR-AVS-40-40 n° 190). De même, en cas de transformation d'une société de fait ayant pour objet la mise en commun des moyens d'exploitation, à l'exclusion de la clientèle, en société civile professionnelle qui a nécessairement pour objet l'exploitation d'une clientèle mise en commun, les conséquences de la cessation sont applicables du fait du changement de la nature d'activité (BOI-BIC-PVMV-40-20-30-10 n° 40).

La transformation d'une **société civile d'exploitation agricole** (SCEA), dont le chiffre d'affaires est constitué à 99 % des ressources tirées de la location de ses biens immobiliers, **en une société civile immobilière** (SCI) ne change pas la nature de son activité réelle au sens de l'article 202 ter du CGI. Par suite, ni la transformation de la SCEA en SCI ni le changement de régime fiscal (passage du régime des bénéfices agricoles à celui des revenus fonciers) n'entraînent une cessation d'activité (CE 4-8-2006 n° 272384 : RJF 11/06 n° 1345).

Doit être regardée comme ayant changé d'activité une **société civile immobilière** qui passe d'une activité de **construction et de vente d'immeubles** à une activité de **gestion immobilière** incluant notamment la location des logements qu'elle détenait en stock (CAA Bordeaux 5-7-2007 n° 06-376 : RJF 1/08 n° 18). Par ailleurs, l'administration a précisé que **le passage d'une activité de location meublée** (activité commerciale) à une activité de **location nue** (de nature civile) n'entraîne pas systématiquement cessation d'entreprise. Tout dépend de l'analyse d'éléments de fait (BOI-BIC-CESS-10-20-30 n° 410).

En cas de changement d'objet social ou d'activité réelle, les **conséquences fiscales** attachées à la cessation peuvent sous certaines conditions être **atténuées** (voir n° 11050). **11026**

CHANGEMENT DE RÉGIME FISCAL

Lorsqu'une société soumise au régime fiscal des sociétés de personnes devient totalement ou partiellement passible de l'**impôt sur les sociétés,** les conséquences fiscales de la cessation d'entreprise sont applicables (même si ses parts sont détenues par des sociétés soumises à l'IS). **11030**

S'agissant de sociétés civiles exerçant une activité professionnelle, l'assujettissement à l'impôt sur les sociétés peut se rencontrer dans trois catégories de situations :

– la société exerce une **option** pour l'impôt sur les sociétés (pour les cas où cette option est possible, voir n° 10080) ;

– la société civile a un **objet exclusif** (par exemple, société civile de moyens ou société civile de construction-vente) et son activité réelle sort de son cadre légal ;

– la société civile a réalisé des **opérations de nature commerciale** au-delà du seuil toléré (voir nos 10050 s.).

Dans les mêmes conditions qu'en cas de changement d'objet social ou d'activité réelle, les **conséquences fiscales** de la cession peuvent être **atténuées** (no 11050).

> Précisions Une SCI qui donne en sous-location l'immeuble pris en crédit-bail **change de nature d'activité** du fait de l'entrée de cet immeuble dans son patrimoine consécutive à la levée d'option de crédit-bail, dès lors qu'elle cesse son activité de sous-location taxable dans la catégorie des BNC au profit d'une activité de location directe taxable dans la catégorie des revenus fonciers. La cessation de l'activité initiale de la SCI et le **changement de son régime fiscal** ont pour effet de rendre immédiatement imposable la plus-value portant sur l'immeuble susceptible d'avoir été acquise à cette date. Le changement de régime fiscal doit **s'apprécier au niveau de la société de personnes,** les règles applicables aux bénéfices soumis à l'impôt sur les sociétés ayant seulement une incidence sur les modalités de détermination de la quote-part de bénéfices revenant à l'associé personne morale (CAA Versailles 9-2-2023 no 20VE02886 : RJF 6/23 no 471).

2. CONSÉQUENCES DE LA CESSATION D'ENTREPRISE

PRINCIPE D'IMPOSITION IMMÉDIATE

11040 La cessation d'entreprise se traduit normalement par l'imposition immédiate (CGI art. 201, 201 ter, 202 et 202 ter) :

– des **bénéfices d'exploitation** réalisés depuis la fin du dernier exercice taxé, y compris, dans le cas de cessation de l'exercice d'une profession non commerciale, les bénéfices qui proviennent de créances acquises et non encore recouvrées (BOI-IS-CESS-20-10 no 250) ;

– des **bénéfices en sursis d'imposition** (provisions et plus-values dont l'imposition a été différée) ;

– des **plus-values réalisées ou constatées** à l'occasion de l'événement emportant cessation, y compris donc les plus-values latentes incluses dans l'actif social ;

– des **profits latents** compris dans la valeur des **stocks.**

> Précisions **a.** Un dispositif de **fractionnement** de l'impôt correspondant aux **créances acquises** s'applique en cas d'option des SCP pour l'IS, de transformation de SCP en SEL et de fusion de sociétés de personnes exerçant une activité libérale (nos 54435 s.).

b. Les **plus-values latentes** correspondent à la différence entre la valeur réelle, au jour de la cessation, des éléments compris dans l'actif social et leur valeur comptable.

ATTÉNUATIONS DES CONSÉQUENCES NORMALES DE LA CESSATION

11050 Sous certaines conditions, les conséquences fiscales de la cessation peuvent être limitées à la seule imposition immédiate des bénéfices de l'exercice non encore taxés.

Pour bénéficier de ces règles qui permettent en pratique d'éviter l'imposition des bénéfices en sursis d'imposition et surtout des plus-values latentes acquises par les éléments de l'actif social et des profits latents compris dans la valeur des stocks, les **conditions** suivantes doivent être remplies (CGI art. 202 ter, I-al. 2) :

– le changement ne doit pas s'accompagner de la création d'une **personne morale nouvelle** ; par dérogation, l'administration admet de ne pas opposer cette condition aux **transformations de sociétés de fait ou en participation en sociétés de droit,** qui peuvent donc être opérées avec le bénéfice des atténuations aux conséquences fiscales de la cessation, si la transformation ne s'accompagne pas de modifications importantes du pacte social (BOI-IS-CESS-20-20 no 250) ;

– aucune modification ne doit être apportée aux **écritures comptables** ; en particulier, aucune augmentation ne doit être apportée à la valeur comptable des divers éléments de l'actif de la société et les postes correspondant à des provisions ou à des bénéfices en sursis d'imposition doivent être repris sans changement ;

– à la date de l'événement qui motive la cessation, l'**imposition** des bénéfices, plus-values et profits doit demeurer **possible** postérieurement au changement (condition par hypothèse remplie en cas de passage à l'impôt sur les sociétés ; en revanche, cette condition n'est pas remplie lorsque les bénéfices de la société sont susceptibles de ne pas être imposés selon les règles prévues pour les activités professionnelles – BA, BNC, BIC – soumises à un régime réel d'imposition).

> **Précisions** Le différé d'imposition des plus-values latentes n'est pas applicable à la plus-value résultant de la **réévaluation libre de la valeur de la clientèle** effectuée avant la transformation d'une société civile professionnelle (SCP) relevant de l'impôt sur le revenu dans la catégorie des BNC en Selarl soumise à l'IS dès lors que cette réévaluation a pour effet d'empêcher l'imposition ultérieure de la plus-value sous le nouveau régime fiscal de la société issue de la transformation (CE 17-4-2017 n° 386896 : RJF 7/17 n° 666).

AUTRES CONSÉQUENCES DE LA CESSATION

Lorsqu'un **déficit** a été subi avant la cessation, il est imputable selon les règles de droit commun sur le revenu global de chaque associé (nos 9962 s.) et ne peut pas être reporté sur les bénéfices postérieurs à la cessation. **11055**

En ce qui concerne les **plus-values** constatées sur les **parts sociales** détenues par les associés personnes physiques exerçant leur activité dans le cadre de la société civile, voir nos 21655 s.

En cas de transformation d'une société de personnes en société de capitaux, les **bénéfices ou réserves constitués antérieurement** et non encore appréhendés par les associés soit directement, soit par virement à leurs comptes personnels, présentent à compter de la date de la transformation le caractère d'apports au sens de l'article 112, 1° du CGI. Il s'ensuit qu'ils peuvent être répartis entre les associés en franchise d'impôt, à la condition – si la distribution intervient en cours de société – que tous les bénéfices ou réserves, autres que la réserve légale, constitués depuis la transformation aient été préalablement répartis. Toutefois, la distribution par la société de capitaux de bénéfices (provisions, plus-values, etc.) dont l'imposition avait été différée à l'époque où ils ont été réalisés par la société civile et qui n'ont pas été taxés au moment de la transformation ne peut pas être assimilée à un remboursement d'apport et bénéficier à ce titre de la franchise prévue par l'article 112, 1° du CGI. **11060**

OBLIGATIONS DÉCLARATIVES

Les sociétés touchées par l'un quelconque des événements emportant cessation d'entreprise au sens de l'article 202 ter du CGI doivent, dans un **délai** de 60 jours suivant cet événement, produire au service des impôts les **déclarations** et autres documents qu'elles sont tenues de souscrire au titre d'une année d'imposition. Dans le même délai, le **bilan d'ouverture** du premier exercice d'assujettissement à l'impôt sur les sociétés doit être fourni à l'administration, ce qui permet à celle-ci, en cas de report d'imposition des plus-values latentes, de vérifier que les sociétés ont satisfait à l'obligation de maintien des écritures comptables. **11070**

> **Précisions a.** En cas d'**option pour l'IS**, le délai de 60 jours court à compter de la date de notification de l'option ou, si elle est exercée avant le premier exercice soumis à l'IS, à la date d'ouverture de cet exercice (BOI-BIC-CESS-40 n° 240).
> **b.** Les sociétés doivent également effectuer une **déclaration** au centre de formalités des entreprises ou sur le guichet unique électronique des formalités d'entreprises afin d'indiquer à l'administration la date à laquelle la cessation est effective. Cette information doit avoir lieu dans un délai de 60 jours ou, pour les sociétés exerçant une activité commerciale (BA ou BIC), de 45 jours (30 jours pour les redevables de la TVA).

B. Sociétés sans activité professionnelle

Il s'agit des sociétés civiles autres que celles dont les résultats relèvent par nature des BIC, des BNC ou des BA, soit en pratique les sociétés dont les résultats ont la nature de revenus fonciers ou de revenus mobiliers. Ce régime concerne donc la quasi-totalité des **sociétés civiles immobilières** ainsi que les sociétés civiles de **gestion de portefeuille.** **11150**

> **Précisions** Les sociétés sans activité professionnelle sont définies par la **nature intrinsèque** de leurs **revenus,** sans qu'il y ait lieu de rechercher selon quelles modalités ces revenus sont effectivement imposés. Ainsi, une société civile immobilière qui a pour activité la location nue entre dans ce cadre même si ses revenus font l'objet d'une imposition à l'impôt sur les sociétés en raison de la qualité de ses associés.

1. ÉVÉNEMENTS EMPORTANT LES CONSÉQUENCES D'UNE CESSATION D'ENTREPRISE

Les conséquences d'une cessation d'entreprise s'appliquent en cas de perte (totale ou partielle) d'assujettissement au régime fiscal des sociétés de personnes, c'est-à-dire en cas de **changement de régime fiscal** se traduisant par un passage à l'impôt sur les sociétés (CGI art. 202 ter, II). **11155**

S'agissant de sociétés civiles sans activité professionnelle, cette situation se rencontrera en cas d'**option** pour l'impôt sur les sociétés (nos 10080 s.), de **transformation** en société passible de l'IS, ou d'assujettissement à cet impôt à raison de la **réalisation d'opérations commerciales** (nos 10030 s.).

En revanche, et contrairement à ce qui est prévu dans le dispositif applicable aux sociétés exerçant une activité professionnelle (n° 11025), ni le **changement d'objet social** ni le **changement d'activité réelle** n'emportent par eux-mêmes les conséquences d'une cessation d'entreprise. À noter toutefois que le changement d'activité peut entraîner par lui-même un changement de régime fiscal, auquel cas les conséquences de la cessation seront bien entendu applicables. Il en serait ainsi par exemple dans l'hypothèse où une société civile immobilière de location de locaux nus donnerait ceux-ci en location meublée, ce qui entraînerait son assujettissement à l'impôt sur les sociétés.

> Précisions **L'acquisition par une société soumise à l'IS de l'intégralité des parts d'une SCI** jusqu'alors exclusivement constituée de personnes physiques entraîne un changement des règles de détermination du résultat fiscal de la société (passage des règles des revenus fonciers aux règles BIC) mais pas un changement du régime fiscal de la société qui reste soumise au régime fiscal des sociétés de personnes (CE 10-7-2007 n° 287661 : RJF 11/07 n° 1274).

2. CONSÉQUENCES DE LA CESSATION D'ENTREPRISE

11180 Comme dans le régime applicable aux sociétés de personnes exerçant une activité professionnelle, ces conséquences consistent dans l'imposition immédiate des bénéfices et plus-values non encore taxés. Des **règles particulières** sont cependant prévues en ce qui concerne tant l'imposition immédiate des revenus de l'exercice en cours que le report d'imposition susceptible de bénéficier aux plus-values latentes.

IMPOSITION DES RÉSULTATS DE LA PÉRIODE PRÉCÉDANT LE CHANGEMENT DE RÉGIME FISCAL

11185 La perte d'assujettissement au régime des sociétés de personnes entraîne l'établissement de l'impôt sur le revenu au titre de la période d'imposition précédant le changement de régime, à raison des **revenus et plus-values** non encore imposés à cette date, y compris ceux qui proviennent des produits acquis et non encore perçus (CGI art. 202 ter, II).

Afin d'éviter l'absence de prise en compte ou la double prise en compte des produits et des charges, il est prévu corrélativement à la prise en compte des **produits acquis** et non encore perçus (CGI ann. III art. 46 E) :

– la possibilité de déduire les **dépenses engagées** non encore payées au titre de la période précédant le changement ;

– l'absence de prise en compte au titre de la dernière période d'imposition à l'impôt sur le revenu des **produits encaissés** et des **dépenses payées** au cours de cette période qui correspondent à des créances acquises et des dettes devenues certaines postérieurement.

Enfin, est autorisée la constitution de **provisions** répondant aux conditions générales de déduction prévues à l'article 39, 1-5° , si celles-ci sont reprises au bilan d'ouverture du premier exercice d'imposition à l'IS.

> Précisions **a.** Il s'agit là d'importantes dérogations aux règles normales de détermination des revenus fonciers et des revenus de capitaux mobiliers, fondées sur la prise en compte des seuls produits encaissés et des charges payées, dont relèvent le plus souvent les sociétés à activité non professionnelle.

Toutefois, dans le cas où les parts sont inscrites à l'actif d'une **société passible de l'IS,** ou d'une **entreprise relevant des BIC ou des BA selon un régime réel de plein droit,** ces revenus sont déjà déterminés selon des modalités similaires dès lors qu'il est fait application des règles de détermination des résultats de l'entreprise membre (CGI art. 238 bis K, I-al. 1).

b. Selon les règles générales relatives à la détermination des revenus fonciers et des revenus de capitaux mobiliers, applicables aux personnes physiques associées des sociétés civiles, il conviendra de prendre en compte les **produits encaissés** et les **charges payées** au cours de la période d'imposition précédant le changement de régime, sauf s'ils correspondent à des créances ou dettes nées après le changement. Mais l'imposition immédiate est effectuée en retenant également les **produits acquis** et non encore perçus, tels les loyers ou intérêts courus et non encore échus à la date du changement de régime fiscal. Corrélativement, les **charges engagées,** qui présentent le caractère de dettes certaines dans leur principe et dans leur montant, mais non encore effectivement acquittées à la date du changement, pourront être déduites du résultat ; il peut s'agir, par exemple, dans les sociétés civiles immobilières, des frais d'emprunts contractés pour l'acquisition des immeubles, qui doivent être déduits pour leur fraction courue au cours de la période concernée.

c. Si les conditions de déduction de **provisions** applicables en matière de BIC sont remplies, les **sociétés civiles immobilières** devraient pouvoir constituer des provisions pour créances douteuses (corollaire de la prise en compte des créances acquises), mais également, à notre avis, des provisions pour travaux de grosses réparations. Les sociétés civiles de **portefeuille** devraient pouvoir, à notre avis, constater la dépréciation éventuelle de certains titres à la date de changement de régime (en respectant notamment les règles d'évaluation des titres, voir n° 53290).

d. La plus-value latente sur l'immeuble d'une SCI qui devient imposable du fait du passage de la société de l'impôt sur le revenu à l'IS doit être regardée comme réalisée par la SCI. Cet événement purement fiscal ne peut pas, par lui-même, être à l'origine d'une **créance des associés sur la SCI** (CE 21-11-2018 n° 409649 : RJF 4/19 n° 358).

SORT DES PLUS-VALUES LATENTES CONSTATÉES LORS DU CHANGEMENT

En l'absence de création d'une personne morale nouvelle, il est prévu au profit des sociétés civiles sans activité professionnelle qui changent de régime fiscal un mécanisme optionnel de **report d'imposition des plus-values latentes.** 11200

Ces sociétés ont donc le **choix** entre l'imposition immédiate et le report d'imposition des plus-values latentes.

Le choix entre imposition immédiate et report est effectué de manière globale pour l'ensemble des immobilisations (et non pas bien par bien) lors de l'établissement du **bilan** d'ouverture de la première période d'assujettissement à l'impôt sur les sociétés.

Imposition immédiate Elle est établie selon les règles qui régissent les plus-values privées mobilières ou immobilières lorsque l'associé est une personne physique agissant dans le cadre de la gestion de son patrimoine privé et selon les règles des plus-values professionnelles pour la part des associés soumis à l'IS ou relevant des BIC ou des BA réels. 11205

Dans ce cas, la société pourra inscrire les biens au bilan d'ouverture de la première période d'assujettissement à l'impôt sur les sociétés pour leur valeur vénale à cette date.

> Précisions Dans la situation d'une **société civile immobilière de location** dont les associés sont des personnes physiques et qui détient un **immeuble depuis plus de 22 ans,** le choix de l'imposition immédiate se traduira par l'exonération de la plus-value et la possibilité de calculer, sous le régime de l'IS, les amortissements sur la valeur vénale de l'immeuble à la date du changement de régime. Dans ce cas, la **période d'amortissement** à retenir devrait, à notre avis, être décomptée à partir de l'assujettissement à l'impôt sur les sociétés. En cas de simple modification du mode de détermination du bénéfice imposable de la SCI suite à un changement d'associés, sans pour autant qu'il y ait de changement de régime fiscal de la société, le Conseil d'État a considéré que le décompte devait être effectué à partir de la date d'acquisition de l'immeuble (CE 10-7-2007 n° 287661 : RJF 11/07 n° 1274).

Report d'imposition Pour bénéficier de ce report, doivent être **inscrits** au **bilan d'ouverture** de la première période d'assujettissement à l'impôt sur les sociétés, d'une part, la **valeur d'origine** des biens et, d'autre part, les **amortissements et provisions** qui auraient pu être déduits si la société avait été soumise à l'impôt sur les sociétés depuis leur acquisition ou leur création (CGI art. 202 ter, II-al. 2). 11210

En d'autres termes, une société qui opte pour le report d'imposition est considérée comme ayant déjà déduit, sous son régime antérieur, les **amortissements afférents à la période écoulée** entre l'acquisition du bien et le changement de régime fiscal : la fraction des amortissements réputée déduite figure ainsi au bilan d'ouverture.

Le montant des **amortissements** déductibles **après le changement de régime fiscal,** qui sera donc limité à la valeur résiduelle des biens, pourra à notre avis être étalé sur la période d'amortissement restant à courir, compte tenu de la date d'acquisition ou de création du bien.

En cas de **cession ultérieure des biens,** les plus-values professionnelles alors réalisées seront déterminées par différence entre le prix de cession des biens et leur prix d'acquisition, diminué à la fois des amortissements effectivement déduits depuis le changement de régime fiscal et des amortissements reconstitués lors de ce changement. 11215

En ce qui concerne les titres qui bénéficient du régime des plus-values à long terme (n° 10165), le point de départ du **délai** minimal de **détention** de deux ans est constitué par la date d'ouverture du premier exercice d'assujettissement à l'IS, indépendamment de l'option retenue en ce qui concerne les plus-values latentes constatées lors du changement (CGI art. 39 duodecies, 10).

DÉTERMINATION DES REVENUS IMPOSABLES APRÈS LE CHANGEMENT DE RÉGIME FISCAL

11230 À la suite de leur changement de régime fiscal, les sociétés civiles doivent déterminer leurs **résultats** dans les conditions de droit commun de l'impôt sur les sociétés et remplir les **obligations** propres à ce régime (nos 10150 s.). Il est tenu compte des produits ou charges non imposés ou non déduits au titre de la dernière période d'imposition à l'impôt sur le revenu. De plus, la société doit reprendre à son premier **bilan** d'ouverture les provisions mentionnées no 11185.

OBLIGATIONS DÉCLARATIVES

11240 Dans le **délai** de 60 jours suivant l'événement qui a entraîné le changement de régime fiscal, les sociétés doivent produire le **bilan d'ouverture** de leur premier exercice d'assujettissement à l'impôt sur les sociétés (CGI art. 202 ter, III). C'est le dépôt de ce bilan, au vu des valeurs qui y figurent, qui matérialise le choix exercé en matière de plus-value.

Elles doivent en outre produire, dans le même délai, les **déclarations** et autres documents qu'elles sont normalement tenues de souscrire au titre d'une année d'imposition, soit la déclaration no 2072 si la société civile exerce une activité immobilière ou la déclaration annuelle de paiement des revenus mobiliers et opérations sur valeurs mobilières (voir nos 53630 s.) si la société a une activité de gestion de portefeuille (CGI art. 202 ter, II).

II. SOCIÉTÉS CIVILES ASSUJETTIES À L'IMPÔT SUR LES SOCIÉTÉS

11400 Les sociétés civiles qui cessent d'être assujetties à l'impôt sur les sociétés ou qui changent d'objet social ou d'activité réelle encourent au regard des impôts directs les conséquences d'une cessation d'entreprise (CGI art. 221 bis).

Avant d'étudier ces conséquences, nous verrons les situations dans lesquelles celles-ci peuvent être mises en œuvre.

A. Événements emportant les conséquences d'une cessation d'entreprise

11405 Ces événements sont, par nature, les mêmes que ceux envisagés dans le cas des sociétés non soumises à l'IS exerçant une activité professionnelle (voir nos 11015 s.) : transformation, changement d'objet social ou d'activité réelle et changement de régime fiscal.

TRANSFORMATION DE LA SOCIÉTÉ

11410 Comme cela a déjà été indiqué à propos des personnes morales soumises au régime fiscal des sociétés de personnes, la transformation entraîne cessation si elle s'accompagne (cas exceptionnel) de la **création d'une personne morale nouvelle** (CGI art. 221, 2) ou si elle a pour effet un **changement d'objet social ou d'activité réelle,** ou un **changement de régime fiscal.**

Sous certaines conditions, les conséquences fiscales de la cessation peuvent cependant être atténuées (nos 11445 s.).

> **Précisions** Est dépourvue de conséquences fiscales l'opération par laquelle une **société civile assujettie à l'IS** du fait de l'exercice d'une activité commerciale ou industrielle au sens de la loi fiscale se transforme régulièrement en société de capitaux obligatoirement soumise à l'IS, sans modifier son activité.

CHANGEMENT D'OBJET SOCIAL OU D'ACTIVITÉ RÉELLE

11415 De la même façon que pour les sociétés soumises au régime fiscal des sociétés de personnes qui exercent une activité professionnelle, le changement d'objet social ou d'activité réelle d'une société assujettie à l'impôt sur les sociétés emporte les conséquences d'une **cessation d'entreprise,** celles-ci pouvant cependant en principe bénéficier d'atténuations conditionnelles (nos 11445 s.).

Le changement d'activité réelle peut notamment résulter (CGI art. 221, 5) :

– de l'**adjonction d'une activité** entraînant, au titre de l'exercice de sa survenance ou de l'exercice suivant, une augmentation de plus de 50 % par rapport à l'exercice précédant celui de l'adjonction soit du chiffre d'affaires de la société, soit de l'effectif moyen du personnel et du montant brut des éléments de l'actif immobilisé de la société ;

– de l'**abandon** ou du **transfert,** même partiel, d'**une ou de plusieurs activités** entraînant, au titre de l'exercice de sa survenance ou de l'exercice suivant, une diminution de plus de 50 % par rapport à l'exercice précédant celui de l'abandon ou du transfert soit du chiffre d'affaires de la société, soit de l'effectif moyen du personnel et du montant brut des éléments de l'actif immobilisé de la société.

Lorsque les opérations d'adjonction, d'abandon ou de transfert d'activité sont indispensables à la poursuite de l'activité à l'origine de déficits et à la pérennité des emplois, la cessation d'entreprise peut être évitée moyennant un **agrément** ministériel préalable.

Constitue également une cause de cessation la **disparition des moyens de production** nécessaires à la poursuite de l'exploitation pendant une durée de plus de 12 mois, sauf en cas de force majeure (sinistre, par exemple) ou lorsque l'interruption et la reprise d'activité sont justifiées par des motivations principales autres que fiscales, sous réserve, dans ce dernier cas, de l'obtention d'un agrément ministériel préalable. La disparition des moyens de production emporte aussi cessation d'activité lorsqu'elle est suivie de la cession de la majorité des droits sociaux, sans aucune possibilité de dérogation.

> **Précisions** **a.** Lorsqu'une société passible de l'impôt sur les sociétés modifie ses statuts pour leur assigner un objet conforme à celui des **sociétés civiles d'attribution** bénéficiaires du régime de transparence fiscale (CGI art. 1655 ter ; voir nos 40145 s.), toutes les conséquences fiscales d'une cessation d'entreprise sont applicables (CGI art. 221, 2 bis).
> **b.** En règle générale, le changement d'**objet social** qui résulte d'une modification statutaire n'emporte cessation que s'il s'accompagne d'un changement effectif de l'activité exercée.

CHANGEMENT DE RÉGIME FISCAL

Ce changement, qui se traduit par la perte d'assujettissement à l'impôt sur les sociétés, se rencontre essentiellement dans les situations suivantes : **11420**

– **transformation** de la société civile soumise à l'IS en une société d'une autre forme non soumise à l'impôt ;

– **changement d'activité** d'une société civile qui cesse d'effectuer des opérations commerciales et n'entre plus de ce fait dans le champ d'application de l'impôt sur les sociétés ;

– **renonciation à l'option pour l'impôt sur les sociétés** (dans les conditions visées n° 10112).

B. Conséquences de la cessation d'entreprise

PRINCIPE

Les conséquences de la cessation sont celles qui ont été indiquées à propos des sociétés soumises au régime fiscal des sociétés de personnes : imposition immédiate des bénéfices non encore imposés, y compris ceux qui étaient en sursis d'imposition, et taxation des plus-values latentes de l'actif social et des profits latents compris dans la valeur des stocks. **11440**

En outre, lorsqu'une personne morale soumise à l'impôt sur les sociétés cesse d'être assujettie à cet impôt, ses **bénéfices et réserves,** capitalisés ou non, sont réputés distribués aux associés en proportion de leurs droits (CGI art. 111 bis). C'est donc l'intégralité du **boni de liquidation** qui devient imposable au nom des associés.

ATTÉNUATIONS DES CONSÉQUENCES DE LA CESSATION

Dans les mêmes conditions que pour les sociétés non soumises au régime fiscal des sociétés de capitaux et qui exercent une activité professionnelle, les conséquences de la cessation sont susceptibles d'être atténuées (CGI art. 221 bis). **11445**

Cependant, la **condition** selon laquelle l'imposition des bénéfices et plus-values doit demeurer possible sous le nouveau régime fiscal de la société pose souvent problème en pratique. Ainsi, le Conseil d'État a jugé que cette condition n'est pas satisfaite en cas de transformation d'une société assujettie à l'impôt sur les sociétés en une **société de personnes dont l'activité présente un caractère non professionnel,** dès lors que les plus-values ultérieurement réalisées qui seraient imposables au nom des associés personnes physiques relèvent du régime des plus-values privées, ce qui ne permet pas de garantir l'imposition de l'intégralité du montant des plus-values constatées à la date de l'opération (CE 28-7-2000 n° 138342 : RJF 11/00 n° 1240). L'administration considère que la même solution doit prévaloir lorsque les associés de la société issue de la transformation qui exerce une activité civile, consistant par exemple en la **gestion d'un**

patrimoine immobilier, sont des entreprises soumises à l'impôt sur les sociétés, dès lors que, dans cette situation, la cession ultérieure des droits sociaux pourrait permettre d'éluder l'impôt en sursis (BOI-IS-CESS-20-10 n° 460).

11450 Lorsque les conditions de l'atténuation sont réunies, les conséquences fiscales de la cessation sont limitées à la **taxation** immédiate à l'**impôt sur les sociétés** des **bénéfices** en cours à la date de l'événement qui motive la cessation et l'imposition, en tant que **revenus distribués,** de ces bénéfices (diminués de l'IS) ainsi que des réserves des exercices antérieurs provenant de bénéfices ou profits accumulés et figurant au bilan ou incorporés au capital après le 1er janvier 1949 (c'est-à-dire sur l'intégralité du **boni de liquidation**) ; les bénéfices en sursis d'imposition, les plus-values latentes et les profits latents sur stocks sont exclus de cette imposition. Les revenus ainsi réputés distribués ouvrent droit au régime des sociétés mères et filiales. Les bénéfices et réserves réputés distribués aux associés en application de l'article 111 bis du CGI bénéficient du régime d'imposition des revenus de capitaux mobiliers exposé nos 10417 s.

Par ailleurs, dans le cas de changement d'activité réelle ou d'objet social, la société doit en principe réintégrer immédiatement aux résultats imposables les **provisions réglementées** antérieurement constituées (CGI art. 221, 5).

Le changement de régime fiscal de la société entraîne également la perte du droit au report des **déficits** reportables subis avant l'opération. Ces déficits peuvent toutefois être imputés sur les bénéfices et plus-values imposables au titre de l'exercice de cessation.

DÉTERMINATION DES RÉSULTATS POSTÉRIEURS À LA CESSATION

11455 Après la perte d'assujettissement à l'impôt sur les sociétés, les **bénéfices** réalisés par la société sont imposés au nom des associés dans les conditions exposées nos 9505 s.

Les **plus-values** réalisées par la société à l'occasion de la cession d'éléments existant à la date de la transformation ou du changement de régime fiscal sont imposables, dans la mesure où elles étaient acquises à cette date, selon le régime des plus-values professionnelles (nos 9610 s.), sans pouvoir prétendre au dispositif d'exonération de l'article 151 septies du CGI (CGI art. 221 bis). Toutefois, les dispositions de l'article 151 septies demeurent applicables, le cas échéant, à la fraction des plus-values acquises entre la date de transformation de la société et celle de la cession des éléments d'actif considérés.

SECTION 4 AUTRES IMPÔTS DUS PENDANT LE FONCTIONNEMENT DE LA SOCIÉTÉ CIVILE

I. DROITS D'ENREGISTREMENT

A. Droits d'enregistrement sur ventes d'immeubles

1. DROITS D'ENREGISTREMENT SUR VENTES D'IMMEUBLES : RÈGLES GÉNÉRALES

Les **achats et ventes d'immeubles réalisés par les sociétés civiles** sont soumis aux droits d'enregistrement dans les conditions de droit commun, que nous exposons ci-après.

11600 Ces achats et ventes sont uniformément désignés sous le terme « ventes », sauf lorsque le régime applicable dépend de l'acquéreur, auquel cas c'est le terme « acquisitions » qui est employé. Quant aux droits exigibles, ils sont désignés par la **terminologie générale de « droit de vente d'immeuble ».**

FORMALITÉS À ACCOMPLIR

Toutes les ventes d'immeubles doivent être constatées par **acte authentique** (acte établi par un notaire exerçant en France ou acte émanant d'une autorité administrative ou décision juridictionnelle) qui doit être **enregistré et publié** au fichier immobilier. Ce fichier est tenu, pour chaque commune de leur circonscription, par le service de la publicité foncière. **11605**

L'enregistrement s'effectue en principe au service de la publicité foncière, dans le délai d'un mois à compter de la date de l'acte et de deux mois dans le cas des adjudications (CGI art. 647, III). C'est la formalité, dite « fusionnée », d'enregistrement et de publicité foncière. La **formalité fusionnée** donne lieu au paiement d'une imposition unique qui prend le nom de « taxe de publicité foncière ».

Certaines ventes sont exclues de la formalité fusionnée et doivent faire l'objet de la **double formalité** d'enregistrement au service des impôts (dans le mois de l'acte) et de publicité foncière au service de la publicité foncière (dans les trois mois de l'acte). L'impôt, qui prend le nom de « droits d'enregistrement », est acquitté auprès du service des impôts. La double formalité s'applique :

– aux ventes d'immeubles situés en Alsace-Moselle (CGI art. 647, I et ann. III art. 249, 1°). Par exception, si un acte de vente porte sur plusieurs immeubles dont certains seulement sont situés en Alsace-Moselle, la formalité fusionnée est applicable si le notaire rédacteur de l'acte n'est pas lui-même domicilié en Alsace-Moselle (CGI art. 649 et ann. III art. 250) ;

– aux ventes constatées par une décision judiciaire (CGI art. 647, I) ;

– aux ventes qui ont fait l'objet d'un refus de publier et dont la régularisation ne peut être opérée (CGI art. 647, I et ann. III art. 249, 2°).

> **> Précisions** Dans le département de Mayotte, la publicité foncière est également organisée par un système de livre foncier, lequel est tenu par le service de la conservation de la propriété immobilière (C. civ. art. 2509 s.). Toutefois, les formalités d'enregistrement et de publicité foncière y sont tout de même fusionnées (CGI art. 647, II).

CHAMP D'APPLICATION DU DROIT DE VENTE D'IMMEUBLE

Le droit de vente s'applique à la plupart des **mutations à titre onéreux** d'immeubles situés en France : ventes proprement dites, adjudications, transactions, rétrocessions, etc. Quelques opérations échappent cependant au droit de vente d'immeuble ; c'est le cas, notamment, des apports en société (nos 3600 s.). **11620**

La **notion d'immeuble** est celle retenue par le Code civil : le droit de vente frappe les cessions d'immeubles par nature (terrains, constructions, etc.), par destination (matériel affecté à l'exploitation d'un fonds agricole, par exemple), par l'objet auquel il s'applique (usufruit portant sur un immeuble, droit d'usage ou d'habitation, hypothèque, etc.) ou encore par détermination de la loi (cas de certaines indemnités attachées à des immeubles).

Le droit de vente d'immeuble est également susceptible de s'appliquer aux cessions de titres de sociétés immobilières dotées de la transparence fiscale (CGI art. 728 et 1655 ter).

Les **livraisons d'immeubles passibles de la TVA** entrent par nature dans le champ d'application des droits d'enregistrement (CGI art. 683). Les ventes d'immeubles sont donc soumises en principe au droit de vente au taux global indiqué n° 11680. Des mesures spéciales, se traduisant soit par l'application du droit de vente au taux réduit (n° 11734), soit par l'application d'un droit fixe (n° 11765), sont toutefois prévues lorsque la mutation est obligatoirement soumise à la TVA sur le prix total ou lorsque l'immeuble est acquis par un assujetti qui prend l'engagement de revendre ou de construire. **11625**

CONDITIONS D'EXIGIBILITÉ DU DROIT DE VENTE D'IMMEUBLE

Le droit de vente est exigible si la vente est parfaite et produit des effets certains et actuels. **11640**

Une vente est parfaite lorsqu'il y a accord réciproque entre le vendeur et l'acheteur sur un immeuble ou un droit immobilier moyennant un prix déterminé ou déterminable. Il s'ensuit notamment que, faute d'accord réciproque entre les parties, les **promesses unilatérales de vente** ne donnent ouverture lors de leur enregistrement qu'au droit fixe des actes innomés de 125 € prévu par l'article 680 du CGI.

En cas de **vente sous condition suspensive** (condition qui affecte l'existence même du contrat), la convention est enregistrée au droit fixe des actes innomés, le droit proportionnel de vente d'immeuble ne devenant exigible que lors de la réalisation de la condition.

À l'inverse, en cas de vente **sous condition résolutoire** (condition qui ne s'oppose pas au transfert de la propriété), le droit de vente d'immeuble est immédiatement exigible. En cas de réalisation de la condition, le contrat de vente est anéanti et la résolution est taxée au droit fixe des actes innomés (Rép. Gérard : AN 2-6-2015 n° 7691) ou à la TVA – toutes conditions d'assujettissement étant remplies par ailleurs – si elle porte sur un immeuble neuf (Cass. com. 20-1-2015 n° 13-27.454 F-PB : RJF 5/15 n° 413) mais, sauf en cas de résolution légale ou fondée sur un cas de force majeure, l'impôt ne peut pas être restitué (CGI art. 1961, al. 1).

TERRITORIALITÉ DU DROIT DE VENTE

11641 Seules les ventes d'**immeubles situés en France** (y compris dans les DOM) sont en principe imposables. Lorsque la vente est constatée par un **acte passé à l'étranger,** elle doit être déclarée au service des impôts de la situation des biens dans le mois de l'entrée en possession et donne ouverture au droit de vente d'immeubles dans les conditions de droit commun (CGI art. 638 et 662 ; BOI-ENR-DMTOI-10-10-10 n° 330).

Les ventes d'**immeubles situés à l'étranger** constatées par un **acte passé en France** sont soumises à un droit unique de 5 % lorsque l'acte est assujetti à la formalité en raison de sa forme (acte notarié essentiellement) (CGI art. 714 ; BOI-ENR-DMTOI-10-10-10 n° 340). Ce droit n'est dû que sous réserve de l'application des **conventions internationales.**

ASSIETTE DU DROIT DE VENTE D'IMMEUBLE

11642 Le droit de vente d'immeuble est en principe calculé sur le **prix exprimé** dans l'acte, en y ajoutant les charges et indemnités stipulées au profit du vendeur, pour quelque cause que ce soit (CGI art. 683, I-al. 2). Mais l'administration est en droit de substituer au prix exprimé la **valeur vénale** de l'immeuble, si elle est supérieure (nos 13950 s.). En conséquence, c'est la valeur de l'immeuble à la date de l'acte qui doit servir d'assiette, et non le prix anciennement convenu lorsque l'acte constate une vente régularisée tardivement (CA Paris 4-12-2017 n° 15/21631).

En cas de vente de droits démembrés (**usufruit** ou **nue-propriété**), voir nos 62850 s. pour la détermination de la valeur d'assiette à retenir.

11643 Le **prix de vente** est le plus souvent constitué par une somme d'argent. Il peut également consister en biens de toute nature, auquel cas l'impôt est liquidé sur la valeur de ces biens.

Lorsque la vente de l'immeuble est soumise à **TVA,** le prix exprimé s'entend du prix hors TVA lorsque le montant de la TVA due par le cédant est mentionné distinctement dans l'acte, que la mutation soit soumise à la TVA sur le prix total ou sur la marge. En l'absence de mention distincte, les droits sont liquidés sur le prix payé par l'acquéreur incluant la TVA (BOI-ENR-DMTOI-10-10-20-20 n° 210).

Si le prix est **payable à terme,** l'impôt ne s'applique pas aux intérêts afférents à la période postérieure à l'entrée en jouissance de l'acheteur (BOI-ENR-DMTOI-10-10-20-10 n° 20).

Si le prix consiste en une **rente viagère,** l'impôt est calculé sur le capital de la rente exprimé dans l'acte ou déterminé par une déclaration estimative des parties (BOI-ENR-DMTOI-10-10-20-10 n° 60).

Si le prix est payable en **plusieurs annuités,** les parties ont tout intérêt à ventiler clairement dans l'acte le prix en capital et les intérêts dus à raison de l'échelonnement du paiement. À défaut, le droit de vente est calculé sur le total des annuités, sans déduction des intérêts (BOI-ENR-DMTOI-10-10-20-10 n° 70).

11644 Les **charges et indemnités augmentatives du prix** s'entendent de toutes les prestations supplémentaires incombant au vendeur et imposées à l'acheteur. Il en est ainsi, par **exemple,** si sont mis à la charge de ce dernier les frais de vente (hors frais d'acte à la charge de l'acheteur) ou la taxe foncière (pour la période antérieure à son entrée en jouissance des locaux) ou des travaux de remise en état incombant au vendeur (en ce sens, Cass. com. 10-7-2012 n° 11-21.280 F-D : RJF 11/12 n° 1075 dans un cas où les travaux de rénovation, imposés à l'acquéreur par le vendeur, avaient été effectués après la vente, mais facturés de façon concomitante aux actes de vente, par une entreprise ayant une communauté d'intérêts avec le vendeur). Il en va ainsi également si la commission mise contractuellement à la charge du vendeur est versée en son lieu et place par l'acheteur (BOI-ENR-DMTOI-10-10-20-20 n° 40). L'assujettissement à la TVA de la commission ne s'oppose pas à son inclusion dans l'assiette des droits de mutation car ces deux impôts n'ont pas le même objet (Rép. Reynès : AN 7-3-2017 n° 98694). En revanche, la commission de l'agent immobilier mise contractuellement à la charge de l'acheteur aux termes du mandat de vente ne constitue pas une charge augmentative du prix (Cass. com. 12-12-1995 n° 94-10.791 D : RJF 3/96 n° 383 ; BOI-ENR-DMTOI-10-10-20-20 n° 30).

11645 Les **charges diminutives du prix** s'entendent des obligations contractées par le vendeur en lieu et place de l'acquéreur. La détermination du montant de ces obligations doit faire l'objet d'une déclaration estimative (BOI-ENR-DMTOI-10-10-20-30 n° 1).

Cette situation se rencontre essentiellement dans les **ventes « acte en mains »,** c'est-à-dire lorsque le vendeur se charge de tous les frais qu'entraîne la transmission de l'immeuble vendu.

Dans ce cas, les droits sont liquidés en déduisant du prix les frais et loyaux coûts du contrat. Les honoraires de négociation versés au notaire sont déductibles du prix au même titre que les honoraires de rédaction.

En pratique, l'assiette des droits peut être déterminée en appliquant la formule : Y × 100/T + 100, dans laquelle Y représente le prix stipulé après déduction des frais autres que l'impôt de mutation et T le taux de l'impôt (BOI-ENR-DMTOI-10-10-20-30 n° 10).

En cas de **vente simultanée de meubles et d'immeubles,** le droit de vente est dû sur la totalité du prix, sauf si le contrat stipule un prix particulier pour les objets mobiliers, avec leur désignation et leur estimation article par article (CGI art. 735). **11646**

STRUCTURE DU DROIT DE VENTE D'IMMEUBLE

Le droit de vente d'immeuble comprend en principe trois éléments distincts : **11650**

– un **droit** proportionnel perçu **au profit du département,** appelé « taxe de publicité foncière » (quand l'acte relève de la formalité fusionnée) ou « droit d'enregistrement » (pour les actes soumis à la double formalité) (CGI art. 1594 A s.). Son taux de base est fixé à 3,80 % du prix de vente (CGI art. 1594 D). Sur la possibilité pour les départements de modifier ce taux, voir n° 11680 ;

– une **taxe** additionnelle égale à 1,20 % du prix de vente perçue **au profit de la commune** ou d'un fonds de péréquation départemental (CGI art. 1584 et 1595 bis). Cette taxe n'est pas due quand la vente bénéficie d'un régime de faveur (droit départemental réduit à 0,70 % : voir nos 11715 s.) ;

– un **prélèvement pour frais d'assiette et de recouvrement** du droit départemental, perçu au profit de l'**État** et égal à 2,37 % du droit départemental lorsque celui-ci est perçu au taux de droit commun, et 2,14 % du droit départemental lorsque celui-ci est dû au taux réduit de 0,70 % (CGI art. 1647, V-a et b).

Lorsque la vente non taxable à la TVA porte sur des **locaux à usage de bureaux, des locaux commerciaux ou des locaux de stockage** mentionnés à l'article L 520-1 du Code de l'urbanisme et que l'immeuble est situé dans la **région Île-de-France,** elle supporte en sus une taxe de 0,6 % (CGI art. 1599 sexies).

S'ajoutent à ces droits la **contribution de sécurité immobilière** (0,10 % du prix de vente) et les frais d'acte notarié.

EXEMPLE

Un appartement situé dans un département ayant relevé le taux de base à 4,50 % est vendu 300 000 € le 1er septembre 2023. Montant des droits (hors contribution de sécurité immobilière) :

– droit départemental : 300 000 € × 4,50 %	13 500 €
– taxe communale : 300 000 € × 1,2 %	3 600 €
– prélèvement pour frais d'assiette : 13 500 € × 2,37 %	320 €
Total	17 420 €

PAIEMENT DU DROIT DE VENTE

Le droit de vente d'immeuble doit en principe être intégralement payé avant l'accomplissement de la formalité. Sauf convention contraire, il est **supporté par** l'acquéreur (CGI art. 1701 et 1712 ; C. civ. art. 1593). **11655**

2. TARIF DU DROIT DE VENTE D'IMMEUBLE

RÉGIME DE DROIT COMMUN

Le régime de droit commun **concerne** toutes les ventes d'immeubles (terrains, constructions à usage d'habitation, locaux professionnels) qui ne bénéficient pas d'un régime plus favorable. **11680**

Ainsi que nous l'avons détaillé n° 11650, le **taux global de taxation** est en principe de 5,09006 % (soit 3,80 % au titre du droit départemental, 1,20 % pour la taxe communale et 2,37 % du droit départemental pour les frais d'assiette et de recouvrement). Toutefois, les conseils départementaux ont la faculté de modifier chaque année le taux du droit départemental en le fixant dans une fourchette située entre 1,20 % et 4,50 % (CGI art. 1594 D et 1594 E). Les délibérations prennent effet pour la période allant du 1er juin jusqu'au 31 mai de l'année suivante.

Lorsque ce taux est fixé à 4,50 %, il en ressort un taux global de taxation de 5,80665 % compte tenu des impositions additionnelles (taux qui s'élève à 6,40665 % lorsque est également exigible la taxe de 0,6 % sur les bureaux, locaux commerciaux et locaux de stockage en Île-de-France).

> **Précisions** En pratique, la faculté de diminuer le taux du droit départemental est rarement utilisée ; aucun département n'a voté la réduction de ce taux pour la période du 1er juin 2023 au 31 mai 2024. La très grande majorité des départements a au contraire fait usage de la faculté de relever le taux du droit départemental. La **liste des départements ayant modifié les taux** en vigueur et la date d'effet de leurs délibérations sont publiées et actualisées sur le site www.impots.gouv.fr > Partenaire > Notaires, Géomètres-Experts > Droits d'enregistrement.

VENTES D'IMMEUBLES BÉNÉFICIANT D'UN ABATTEMENT SUR L'ASSIETTE DES DROITS

11705 **Abattement facultatif sur les immeubles d'habitation et les garages** Les **conseils départementaux** peuvent instituer, chaque année, un abattement compris entre 7 600 € et 46 000 €, par tranches de 7 600 €, sur l'assiette du droit départemental dû sur les ventes d'immeubles d'habitation et de garages. Cet abattement peut être réservé aux opérations portant sur des immeubles situés dans des zones de revitalisation rurale (CGI art. 1594 F ter). Les délibérations prennent effet pour la période allant du 1er juin jusqu'au 31 mai de l'année suivante.

Pour bénéficier de l'abattement, l'**acheteur doit s'engager** :

– s'agissant des immeubles (ou fractions d'immeubles), à ne pas les affecter à un usage autre que l'habitation pendant au moins trois ans à compter de la date de l'acte ;

– s'agissant des terrains ou locaux à usage de garage, à ne pas les affecter à une exploitation à caractère commercial ou professionnel pendant la même durée.

En cas de non-respect de son engagement, l'acheteur doit payer le complément de droit dont il a été dispensé, plus l'intérêt de retard de 0,20 % par mois (CGI art. 1840 G ter, I et 1727).

> **Précisions** Pour la **période 1er juin 2023-31 mai 2024,** seuls quatre départements ont institué un abattement en faveur des immeubles d'habitation et de garage : Calvados (46 000 €), Isère (46 000 €), Marne (7 600 €) et Saône-et-Loire (30 400 €). Dans tous ces départements, l'abattement ne s'applique que dans les zones de revitalisation rurale.

11710 **Logements acquis neufs entre le 1er juin 1993 et le 31 décembre 1994** Ils bénéficient, pour leur **première mutation à titre onéreux,** d'un abattement de 91 000 € sur l'assiette du droit de vente d'immeuble (CGI art. 1055 bis). Cet abattement peut se cumuler avec l'abattement indiqué nº 11705.

Entre autres **conditions,** l'immeuble vendu doit avoir été exclusivement affecté à l'habitation principale pendant au moins cinq ans et l'acheteur doit prendre l'engagement de ne pas affecter l'immeuble à un usage autre que l'habitation (principale ou secondaire) pendant au moins trois ans. En cas de non-respect de son engagement, l'acheteur doit payer le complément de droit dont il a été dispensé, plus l'intérêt de retard de 0,20 % par mois (CGI art. 1840 G ter, I et 1727).

VENTES D'IMMEUBLES BÉNÉFICIANT D'UN TAUX RÉDUIT DE TAXATION NON MODULABLE

11715 Pour ces ventes, le taux du droit départemental est fixé à 0,70 %, auquel s'ajoute le prélèvement de 2,14 % au profit de l'État, soit un **taux global** de 0,71498 %.

11720 **Acquisitions d'immeubles ruraux par les fermiers** Elles bénéficient du taux réduit de 0,71498 % si les deux conditions suivantes sont réunies (CGI art. 1594 F quinquies, D-I) :

– au jour de son acquisition, l'immeuble doit être exploité depuis **deux ans** au moins soit en vertu d'un **bail** consenti à l'acheteur (personne physique ou morale), soit en vertu d'une **mise à disposition** par le preneur au profit de la personne morale acquéreur. Lorsque l'acquéreur est une **personne physique,** le bail peut être consenti à l'acquéreur lui-même ou à son conjoint, à ses ascendants ou aux ascendants de son conjoint. L'administration admet que, lorsque la location dont l'acquéreur se prévaut ne présente pas une antériorité de deux ans au moins au jour de l'acquisition, il peut être tenu compte de la location immédiatement antérieure consentie au preneur ou à son ascendant, à son conjoint ou à un ascendant de son conjoint (BOI-ENR-DMTOI-10-70-30 nº 225). Lorsque l'acquéreur est une **personne morale** (société civile d'exploitation agricole, Gaec, GFA, EARL, etc.), la location peut être consentie à la personne morale acquéreur ou à l'un de ses associés qui met alors l'immeuble à la disposition de l'acquéreur. La **preuve** de l'existence du bail peut être rapportée par tous les moyens compatibles avec les règles de la procédure écrite ; ainsi en va-t-il, en cas de bail verbal, de la déclaration du bailleur ou du preneur identifiant l'immeuble loué et les parties en cause enregistrée au service des impôts ou d'un certificat de la mutualité sociale agricole (Rép. Boisserie : AN 18-12-2012 nº 5754) ;

– l'acheteur doit prendre l'**engagement,** pour lui et ses héritiers, légataires ou donataires, **de mettre personnellement en valeur l'immeuble rural** pendant au moins cinq ans à compter de la date du transfert de propriété.

Sous les mêmes conditions, le taux réduit s'applique également aux acquisitions d'immeubles ruraux faites en vue de l'**installation d'un enfant majeur** (ou mineur émancipé) de l'exploitant en place titulaire du bail. Dans ce cas, l'engagement d'exploiter est pris par le descendant (CGI art. 1594 F quinquies, D-II).

Pour l'application du taux réduit, la **notion d'immeuble rural** s'entend largement : elle vise tous les immeubles principalement affectés à la production agricole, sans qu'il y ait lieu de distinguer entre immeubles bâtis et immeubles non bâtis. Les bâtiments servant à l'habitation de l'exploitant et de son personnel constituent des immeubles ruraux dans la mesure où ils constituent véritablement l'accessoire de l'exploitation agricole (BOI-ENR-DMTOI-10-70-30 n° 20).

La **déchéance du régime de faveur** est en principe encourue en cas : 11725
– de cessation de l'exploitation personnelle par l'acheteur ou ses ayants cause à titre gratuit, ou par le descendant installé, moins de cinq ans à compter de l'acquisition ;
– d'aliénation à titre onéreux de tout ou partie du fonds dans le même délai (en pleine propriété ou en nue-propriété).

Lorsque la déchéance est encourue, l'acheteur doit payer le complément de droit dont il avait été dispensé et l'intérêt de retard de 0,20 % par mois (CGI art. 1840 G ter, I et 1727). En cas de **rupture partielle** de l'engagement d'exploitation, la déchéance n'atteint que la fraction du prix d'acquisition afférente aux immeubles affectés par l'événement qui la provoque.

> **> Précisions** La cession de l'exploitation ou l'aliénation de l'immeuble dans les cinq ans de son acquisition **n'emporte pas déchéance** :
> – en cas de vente ou de location, soit à un descendant ou au conjoint d'un descendant de l'acquéreur qui s'engage lui-même à continuer l'exploitation personnelle du fonds jusqu'à l'expiration du délai de cinq ans à compter de la date de l'acquisition initiale, soit au descendant pour l'installation duquel l'acquisition a été réalisée (BOI-ENR-DMTOI-10-70-30 n° 330) ;
> – si l'immeuble est échangé, à la double condition que les biens reçus en contre-échange aient une valeur au moins égale à celle des immeubles cédés et que l'engagement d'exploitation personnelle, souscrit pour les biens cédés, soit reporté sur les biens reçus. Aucune mention dans l'acte d'échange n'étant exigée, la preuve de ce report peut être apportée par tous moyens (Cass. com. 17-1-2012 n° 11-12.198 F-PB : RJF 4/12 n° 424). Si les biens reçus ont une valeur inférieure à celle des biens acquis initialement, la déchéance n'est encourue que pour la différence de valeur (BOI-ENR-DMTOI-10-70-30 n° 340) ;
> – si l'immeuble fait l'objet d'un apport pur et simple à un GFA, à un Gaec, à une EARL ou à une SCEA (société civile d'exploitation agricole), à condition que l'apporteur prenne l'engagement pour lui, son conjoint ou ses ayants cause de conserver les parts jusqu'à l'expiration du délai de cinq ans à compter de l'acquisition initiale des biens (BOI-ENR-DMTOI-10-70-30 n° 350) ;
> – si l'immeuble fait l'objet d'un transfert de jouissance à titre onéreux à un GFA, à un Gaec, à une EARL ou à une SCEA, à condition que l'acheteur ou ses ayants cause continuent de mettre en valeur les biens dans le cadre du groupement ou de la société jusqu'à l'expiration du délai de cinq ans à compter de la date d'acquisition (BOI-ENR-DMTOI-10-70-30 n° 440) ;
> – en cas de force majeure (BOI-ENR-DMTOI-10-70-30 n° 320).

Acquisitions d'immeubles ruraux dans les zones de revitalisation rurale Sous certaines conditions, elles bénéficient du taux réduit de 0,71498 % sur la **fraction de leur prix qui n'excède pas 99 000 €,** le surplus étant imposé au taux de droit commun (CGI art. 1594 F quinquies, E). 11730

Ce régime de faveur s'applique aux acquisitions d'immeubles ruraux (au sens défini n° 11720) destinés à être exploités par les jeunes agriculteurs (exploitants individuels ou associés de société civile à objet agricole) **bénéficiaires des aides à l'installation** prévues aux articles D 343-9 et D 343-13 du Code rural et de la pêche maritime (dotation d'installation et prêts à moyen terme spéciaux). Ses conditions et modalités d'application diffèrent selon la qualité de l'acquéreur.

Les **acquisitions réalisées par les jeunes agriculteurs** bénéficient du taux réduit si les conditions suivantes sont réunies (CGI art. 1594 F quinquies, E-I ; BOI-ENR-DMTOI-10-70-10 nos 110 s.) : 11731
– l'acquisition intervient (en une ou plusieurs fois) dans les quatre ans de l'octroi des aides à l'installation (le plafond de 99 000 € est apprécié sur l'ensemble des acquisitions effectuées dans ce délai) ;
– en cas de pluralité d'acquisitions, l'acte précise la valeur des terres acquises depuis l'octroi des aides sous le bénéfice du tarif réduit ;

– est joint à l'acte un certificat délivré sans frais par le directeur départemental de l'agriculture et de la forêt précisant la date de l'octroi des aides ou une attestation de l'établissement bancaire ayant accordé le prêt pour les bénéficiaires des prêts à moyen terme spéciaux.

La **perte des conditions d'octroi des aides à l'installation** entraîne l'exigibilité du complément de droit dont l'acheteur avait été dispensé et de l'intérêt de retard de 0,20 % par mois (CGI art. 1840 G ter, I et 1727).

11732 Les **acquisitions d'immeubles pour les donner à bail à de jeunes agriculteurs** bénéficient du taux réduit si l'acheteur (personne physique ou morale) prend dans l'acte d'acquisition l'engagement, pour lui et ses ayants cause, de justifier dans le délai d'un an à compter du transfert de propriété que le bien acquis a été donné à bail à long terme ou à bail cessible hors du cadre familial à un jeune agriculteur bénéficiaire des aides à l'installation (CGI art. 1594 F quinquies, E-II). Cette justification résulte de la production d'une copie du bail et du certificat du directeur départemental de l'agriculture et de la forêt attestant l'octroi des aides (BOI-ENR-DMTOI-10-70-20 n° 40).

En cas de **non-respect de l'engagement** ou lorsque le bail **n'atteint pas son terme de 18 ans,** l'acheteur doit acquitter le complément de droit dont il avait été dispensé et l'intérêt de retard de 0,20 % par mois (CGI art. 1840 G ter, I et 1727).

11734 **Autres mutations bénéficiant d'un taux réduit** Bénéficient notamment du taux réduit de 0,70 %, soit une taxation globale de 0,71498 %, les opérations suivantes :

– **mutations à titre onéreux d'immeubles neufs ou de terrains à bâtir soumises de plein droit à la TVA sur le prix total** (CGI art. 1594 F quinquies, A). Sont en pratique concernées les acquisitions auprès d'un assujetti à la TVA, d'une part, d'immeubles achevés depuis cinq ans au plus, quel que soit le nombre de mutations intervenant dans ce délai, et, d'autre part, de terrains à bâtir lorsque l'acquisition initiale du terrain a ouvert droit à déduction de TVA (n° 44735). Le taux réduit bénéficie à l'ensemble des acquéreurs, sans engagement de leur part. Ceux d'entre eux qui ont la qualité d'assujetti habituel à la TVA ont la possibilité de prendre un engagement de construire pour n'acquitter qu'un droit fixe d'enregistrement (voir n° 44700 s.) ;

– **acquisitions d'immeubles réalisées par les assujettis habituels à la TVA en vue de la revente** : voir n° 44740.

> **Précisions** Les ventes d'immeubles neufs qui ne sont pas achevés depuis plus de cinq ans soumises de plein droit à la TVA échappent à la **taxe additionnelle sur les ventes de bureaux, locaux commerciaux et de stockage en Île-de-France** (CGI art. 1599 sexies). Il en va de même des acquisitions par un assujetti habituel avec engagement de revendre dans les cinq ans (Rép. Fasquelle : AN 6-12-2016 n° 95848).

VENTES D'IMMEUBLES BÉNÉFICIANT D'UN TAUX RÉDUIT DE TAXATION FACULTATIF

11740 Les conseils départementaux et les conseils municipaux peuvent décider chaque année de réduire le taux du droit départemental et celui de la taxe communale pour l'acquisition d'un logement par lots dans le cadre d'une « **vente à la découpe** » (logements occupés), sans que ces taux puissent être inférieurs respectivement à 0,50 % et 0,70 % (CGI art. 1584 bis et 1594 F sexies). Les délibérations prennent effet pour la période allant du 1er juin jusqu'au 31 mai de l'année suivante.

Pour bénéficier de ce taux réduit (s'il est voté), l'acheteur doit **s'engager à affecter le logement à la location** pendant au moins six ans. En cas de non-respect de son engagement, il doit payer le complément de droit dont il a été dispensé, plus l'intérêt de retard de 0,20 % par mois (CGI art. 1840 G ter, I et 1727).

> **Précisions** Pour la période 1er juin 2023-31 mai 2024, seul le département des Hautes-Pyrénées a réduit le taux du droit départemental de 4,50 % à 3,80 %. Le taux de la taxe additionnelle communale est abaissé de 1,20 % à 0,70 % dans la commune de Lamentin (Guadeloupe) et à 0,50 % dans la commune de Tsingoni (Mayotte).

VENTES D'IMMEUBLES EXONÉRÉES

11765 Il existe de multiples exonérations. En pratique, seule est susceptible d'intéresser les sociétés civiles l'exonération de plein droit des acquisitions d'immeubles réalisées par les **assujettis** habituels **à la TVA** lorsque l'acte d'acquisition contient l'engagement, pris par l'acquéreur, d'effectuer dans un délai de quatre ans des **travaux** conduisant à la **production d'un immeuble neuf** ou nécessaires pour terminer un **immeuble inachevé** (le droit fixe d'enregistrement de 125 € est dû) : voir n° 44700 s.

B. Location d'immeubles

RÈGLES GÉNÉRALES

Sous réserve des exceptions exposées ci-après, les locations d'immeubles ne sont soumises à aucune formalité en matière d'enregistrement (BOI-ENR-JOMI-10 n° 10). 11850

Si le bail est **volontairement présenté à l'enregistrement** (par exemple, en vue de lui donner date certaine), seul est perçu un droit fixe. Le montant de ce droit fixe est de 25 € pour toutes les locations d'immeubles (CGI art. 739), sauf en cas de location de droits de pêche ou de chasse, où il est de 125 € (BOI-ENR-JOMI-30 n° 550).

Les **cessions,** subrogations, rétrocessions et résiliations de **baux à durée limitée de biens** de toute nature, présentées à la formalité, sont passibles du droit fixe de 125 € (CGI art. 738, 1°). Il en est de même pour les cessions et opérations assimilées de **baux à durée illimitée de droits de chasse ou de pêche** (BOI-ENR-JOMI-30 n° 550). 11851

Les **cessions** et opérations assimilées portant sur des **baux à vie ou à durée illimitée d'immeubles** donnent ouverture au droit d'enregistrement dans les mêmes conditions que les baux eux-mêmes (à l'exception des baux de droits de chasse et de pêche visés ci-dessus) (BOI-ENR-JOMI-10 n° 260).

BAUX D'IMMEUBLES DE PLUS DE 12 ANS À DURÉE LIMITÉE

Les baux d'immeubles de plus de 12 ans à durée limitée sont soumis à la **formalité fusionnée** auprès du service de la publicité foncière (CGI art. 647, I dans sa rédaction issue de loi 2022-1726 du 30-12-2022 applicable aux baux conclus depuis le 1-1-2023). Ils donnent ouverture à la **taxe de publicité foncière** de 0,70 %. À cette taxe s'ajoute le prélèvement perçu au profit de l'État pour frais d'assiette et de recouvrement de 2,14 % du montant du droit départemental, soit un taux global d'imposition de 0,71498 %. 11855

La taxe est liquidée sur le loyer exprimé, augmenté des charges, pour toute la durée du bail (CGI art. 742), limitée toutefois à 20 ans (BOI-ENR-JOMI-10 n° 80). Si le bail est soumis à la TVA, il est fait abstraction de la TVA pour le calcul de la taxe de publicité foncière (BOI-ENR-JOMI-10 n° 120).

Par exception, sont **exonérés** de la taxe de publicité foncière :

– les baux ruraux à long terme et les baux cessibles hors du cadre familial (CGI art. 743, 2° et 4°) et les cessions de ces baux ;

– les baux à construction (CGI art. 743, 1°) ainsi que les baux emphytéotiques concourant à la production d'immeubles (BOI-ENR-JOMI-10 n° 150) ;

– sur délibération du conseil général, les baux à réhabilitation (CGI art. 1594 J) et les baux portant sur des résidences de tourisme classées (CGI art. 1594 J bis). L'administration publie chaque année sur son site la liste des départements ayant voté ces exonérations (www.impots.gouv.fr > Partenaire > Notaires, Géomètres-Experts > Droits d'enregistrement).

BAUX D'IMMEUBLES À DURÉE ILLIMITÉE OU À VIE

Ces baux sont assimilés à la vente des biens sur lesquels ils portent (CGI art. 744). Ils sont par conséquent **soumis aux mêmes droits que les ventes des biens en cause,** la taxation étant assise sur un montant forfaitaire égal à 20 fois le loyer annuel augmenté des charges pour les baux à durée illimitée, à 10 fois ce même montant pour les baux à vie (BOI-ENR-JOMI-10 n° 220). 11870

Ces baux doivent être soumis à la **formalité fusionnée** auprès du service de la publicité foncière, dans le mois de leur date (voir n° 11605).

II. TAXE SUR LA VALEUR AJOUTÉE

RÈGLES GÉNÉRALES

La TVA de droit commun s'applique à l'ensemble des livraisons de biens et prestations de services qui relèvent d'une activité économique et sont effectuées à titre onéreux par un assujetti agissant en tant que tel (CGI art. 256, I). 12000

Le **champ d'application** de cette taxe s'étend donc non seulement aux activités industrielles ou commerciales, mais aussi aux activités de nature civile (activités agricoles, libérales, certaines locations) ; il existe toutefois de nombreuses exonérations concernant ces activités de nature civile.

Les opérations immobilières obéissent aux règles générales de la TVA lorsqu'elles sont réalisées par les assujettis dans le cadre de leur activité économique, sous réserve de certaines particularités (CGI art. 256 et 257, I).

L'application ou non de la TVA aux sociétés civiles est fonction, comme pour les autres entreprises, de la **nature de l'activité exercée** par ces sociétés. C'est donc dans le cadre de l'étude consacrée aux principales d'entre elles, sociétés immobilières de location, sociétés d'attribution transparentes, sociétés civiles de construction-vente, sociétés civiles professionnelles et sociétés civiles de moyens, que nous examinerons la situation qui leur est propre au regard de la TVA.

Nous nous bornerons ci-après à résumer le champ d'application de cet impôt aux activités civiles, étant entendu que l'exposé du mécanisme de la TVA sera fait, le cas échéant, dans l'étude consacrée à chaque type de société.

12003 **Régime optionnel de groupe TVA** Depuis le 1er janvier 2023, certains **assujettis** établis en France peuvent constituer un seul assujetti au sens de l'article 256 A du CGI, pour une période obligatoire de trois années civiles, lorsqu'ils sont **liés entre eux sur les plans financier, économique et de l'organisation** (CGI art. 256 C issu de loi 2020-1721 du 29-12-2020).

L'exercice de l'option pour la constitution d'un assujetti unique implique la création d'un nouvel assujetti : les membres de ce dernier perdent leur qualité d'assujetti et deviennent des secteurs d'activité distincts de l'assujetti unique aux fins de la TVA. Notamment, les opérations réalisées entre les membres sont alors traitées comme des opérations internes sans incidence pour l'application de la TVA, et l'assujetti unique est seul tenu de souscrire les déclarations de TVA au titre de toutes les opérations réalisées par l'ensemble de ses membres avec des tiers, et d'acquitter la taxe correspondante. L'appartenance à un groupe TVA peut rendre le régime de la transmission d'universalité de l'article 257 bis du CGI non applicable.

L'existence d'un groupe TVA est sans incidence sur les autres impôts, taxes, droits et prélèvements de toute nature dont sont redevables ses membres, qui restent dus dans les conditions de droit commun.

Pour plus de précisions sur ce régime, voir Mémento fiscal nos 46545 s.

ACTIVITÉS LIBÉRALES

12005 **Activités obligatoirement imposables** Il n'existe pas de liste exhaustive des activités libérales obligatoirement imposables. Sont en fait concernées toutes celles qui, exercées à titre indépendant, ne font pas l'objet d'une exonération expresse.

En pratique, et **pour l'essentiel,** sont visés :

- les membres des professions juridiques et judiciaires, avocats, notaires, greffiers des tribunaux de commerce, huissiers, commissaires-priseurs judiciaires, mandataires-liquidateurs, syndics et administrateurs judiciaires, experts en assurance et experts judiciaires ;
- les experts-comptables et commissaires aux comptes ;
- les architectes, métreurs, bureaux d'études de bâtiment et de travaux publics ;
- les personnes qui effectuent des travaux d'études de caractère technique, économique, financier, démographique ou concernant l'informatique, l'organisation, la publicité, l'urbanisme ;
- les conseils financiers, les conseils en brevets d'invention, en informatique, en publicité, en organisation, en formation, les auteurs de logiciels ;
- les géomètres experts ;
- les vétérinaires ;
- les auteurs des œuvres de l'esprit ;
- les artistes-interprètes.

12015 **Activités exonérées** Sont obligatoirement exonérées de TVA sans pouvoir être soumises à la TVA sur option les activités suivantes (CGI art. 261, 4-1° et 2°) :

- les **soins** médicaux et paramédicaux donnés par les membres des professions réglementées par une disposition législative ou par un texte pris en application d'une telle disposition (médecins, chirurgiens-dentistes, sages-femmes, masseurs-kinésithérapeutes, infirmiers, pharmaciens, etc.) ainsi que, sous certaines conditions, par certains praticiens dont la profession n'est pas réglementée (ostéopathes, psychologues ou psychanalystes non médecins, etc.) ;
- les fournitures de **prothèses dentaires** par les dentistes et les prothésistes dentaires ;
- les travaux d'**analyses de biologie médicale** ;
- les opérations portant sur les **organes,** le **sang** et le **lait humains.**

12020 Les activités d'**enseignement** exercées par une société civile ne sont exonérées de TVA (sans possibilité d'option) que lorsqu'elles concernent l'enseignement scolaire et universitaire ou les actions de formation professionnelle (à condition, lorsqu'il s'agit d'organismes privés, qu'ils soient « reconnus », c'est-à-dire détiennent une attestation de participation à la FPC) (CGI art. 261, 4-4°-a).

Les autres catégories d'enseignement sont soumises à la taxe. Tel est le cas notamment :
- des écoles ou laboratoires de langues ;
- des auto-écoles ;
- des établissements d'enseignement des arts d'agrément ou des diverses disciplines sportives.

EXPLOITATION DE BREVETS D'INVENTION ET DE MARQUES

Constituent des prestations de services imposables à la TVA les **cessions** de **brevets,** les **concessions** de licences d'exploitation de brevets ainsi que les cessions ou concessions d'autres droits similaires faisant l'objet d'une protection par l'Institut national de la propriété industrielle (CGI art. 256, IV). Peu importe que de telles opérations soient effectuées par l'inventeur lui-même, par ses héritiers ou des tiers qui cèdent des brevets ou concèdent des licences d'exploitation de brevets précédemment acquis de l'inventeur ou de ses héritiers (BOI-TVA-CHAMP-10-10-30 n° 200). **12030**

La **concession d'une marque** de fabrique ou de commerce **exploitée** constitue une location de fonds de commerce assujettie à la TVA (Rép. Frédéric-Dupont : AN 26-9-1983 n° 27688, non reprise au Bofip).

La **cession** d'une **marque** de fabrique ou de commerce **non exploitée** est taxable à la TVA.

Échappent à la TVA pour être soumises aux droits d'enregistrement les **cessions** de **marques de fabrique ou de commerce exploitées** ainsi que la cession isolée d'un ou plusieurs des éléments visés ci-dessus lorsqu'elles s'accompagnent d'une cession, même implicite, de clientèle, ou lorsque ces mêmes droits sont compris dans une cession globale de fonds de commerce (BOI-TVA-CHAMP-10-10-30 n° 220).

ACTIVITÉS AGRICOLES

Sont **obligatoirement** imposables, à compter du 1er janvier de l'année suivante, les sociétés civiles exerçant une activité agricole dont le **montant moyen des recettes,** calculé sur les deux années civiles consécutives précédentes, **dépasse 46 000 €** (CGI art. 298 bis, II-5°). **12040**

Si tel n'est pas le cas, elles peuvent se trouver soumises à la TVA à titre obligatoire lorsqu'elles se trouvent dans l'une ou l'autre des hypothèses suivantes :
- elles se livrent à des **opérations non agricoles taxables** (activités commerciales telles que la vente au détail des produits dans une installation permanente, etc.) (BOI-TVA-SECT-80-10-10 nos 1 et 10 et BOI-TVA-SECT-80-10-20-30 n° 60) ;
- elles se livrent à des activités qui, en raison de leur nature ou de leur importance, sont **assimilables** à celles exercées par des **industriels ou des commerçants** (CGI art. 298 bis, II-1°) ;
- elles exercent une activité commerciale portant sur des **animaux de boucherie** (CGI art. 298 bis, II-3°).

En dehors de ces hypothèses, les sociétés civiles ne peuvent être taxables à la TVA que par **option.**

Pour plus de détails sur le régime de TVA applicable aux activités agricoles, nos lecteurs pourront se reporter au Mémento Agriculture nos 160 s.

LOCATIONS D'IMMEUBLES

Les règles de TVA relatives aux locations d'immeubles diffèrent selon que ces immeubles sont donnés à bail nus ou aménagés. **12050**

Locations d'immeubles aménagés Les locations de locaux à **usage professionnel** munis du mobilier, du matériel ou des installations nécessaires à l'exercice de l'activité ou les locations de terrains aménagés sont obligatoirement imposables à la TVA sur le prix de location (n° 32705). Par exception, les locations de terres et bâtiments à **usage agricole** sont en principe exonérées, mais elles peuvent être soumises à la TVA sur option sous certaines conditions (nos 32800 s.). **12055**

En revanche, les locations meublées à usage d'**habitation** sont, sauf exceptions, exonérées (voir nos 32720 s.).

Locations d'immeubles nus Les locations de locaux nus, **à usage professionnel ou** à usage **d'habitation,** ainsi que les locations de terrains **non aménagés** sont, en règle générale, exonérées de TVA. **12060**

Sont également exonérées de TVA :
- les locations de **biens ruraux** ;
- les locations et **concessions** de droits (**droit d'affichage, droit de chasse**) portant sur des immeubles nus ou des biens ruraux, dans la mesure où elles relèvent de la **gestion d'un patrimoine foncier.**

Bien qu'exonérées, certaines locations immobilières peuvent faire l'objet d'une **option** pour le paiement volontaire de la TVA.

Pour une **étude d'ensemble** du régime de TVA applicable aux sociétés immobilières de location, voir nos 32400 s.

TRANSMISSION D'UNE UNIVERSALITÉ DE BIENS

12065 Lors de la transmission à titre onéreux ou à titre gratuit, ou sous forme d'apport à une société, d'une universalité totale ou partielle de biens effectuées entre redevables de la TVA, **aucune livraison de biens ou prestations de services n'est réputée intervenir** (CGI art. 257 bis dans sa rédaction issue de loi 2022-1726 du 30-12-2022), de sorte que les opérations concernées ne donnent lieu ni à taxation ni à régularisation chez le cédant.

À titre d'**exemple,** cette exonération peut concerner les apports globaux réalisés dans le cadre d'une fusion ou d'une scission, les apports partiels d'actifs, les cessions ou apports de fonds de commerce, la transmission universelle de patrimoine réalisée dans le cadre d'une opération de dissolution sans liquidation, etc.

Le bénéficiaire de la transmission est réputé continuer la personne du cédant en poursuivant l'exploitation de l'universalité transmise. Le bénéficiaire doit donc, s'il y a lieu, procéder aux **régularisations du droit à déduction** et aux **taxations des cessions et livraisons à soi-même** qui deviendraient exigibles postérieurement à la transmission et qui auraient en principe incombé au cédant si ce dernier avait continué à exploiter lui-même l'universalité (un engagement formel du bénéficiaire n'est pas nécessaire).

Sur les conséquences du **régime optionnel du groupe TVA** au regard de la transmission d'une universalité de biens, voir no 12003.

Sur l'application du régime de l'article 257 bis du CGI en cas de **vente d'immeuble locatif emportant transmission d'universalité,** voir nos 33200 s. ; sur l'application de ce même régime en cas d'**apport en société,** voir no 3700.

III. CONTRIBUTION ÉCONOMIQUE TERRITORIALE

12100 Pour les cotisations dues au titre de 2023, la contribution économique territoriale (CET) est composée de **deux éléments distincts** : la cotisation foncière des entreprises (CFE) et la cotisation sur la valeur ajoutée des entreprises (CVAE). Le total de ces deux cotisations est susceptible d'être plafonné en fonction de la valeur ajoutée de l'entreprise.

ATTENTION

La loi de finances pour 2023 a prévu la **suppression de la CVAE** à compter de 2024. Cette suppression entraîne corrélativement la disparition de la CET à compter de cette date et seule subsiste la CFE. Le plafonnement en fonction de la valeur ajoutée ne concerne plus que la CFE (Loi 2022-1726 du 30-12-2022 art. 55).

Toutefois, le Gouvernement a annoncé le **report** de cette suppression à 2027 (Discours du ministre de l'Économie, des Finances et de la Souveraineté industrielle et numérique à l'occasion d'un déplacement en Haute-Savoie, en date du 24-8-2023 ; intervention de la Première ministre lors de la Rencontre des entrepreneurs de France, organisée par le Medef, en date du 28-8-2023).

Les modalités de ce report, qui ne sont pas connues à la date de mise à jour de l'ouvrage, devraient être détaillées dans le projet de loi de finances pour 2024. En conséquence, les développements qui suivent présentent le régime de CET tel qu'il résulte de la loi de finances pour 2023.

A. Cotisation foncière des entreprises

1. SOCIÉTÉS CIVILES IMPOSABLES À LA COTISATION FONCIÈRE DES ENTREPRISES

DÉFINITION DE L'ACTIVITÉ IMPOSABLE

12105 Les sociétés civiles soumises à la cotisation foncière des entreprises (CFE) sont celles qui exercent en France à titre habituel une activité professionnelle.

Pour que l'**activité** soit passible de la CFE, il faut donc :

– qu'elle soit exercée à **titre habituel,** ce qui implique que les opérations soient effectuées de manière répétitive ;

– qu'elle soit exercée à **titre professionnel,** ce qui exclut du champ d'application de la taxe les sociétés qui se bornent à gérer leur patrimoine (sous réserve des activités de location et de sous-location d'immeubles nus visées n° 12125) et les activités sans but lucratif.

> Précisions a. De nombreuses **exonérations** sont prévues en matière de CFE. Ne seront évoquées ci-après que les principales exonérations de plein droit (permanentes ou temporaires) susceptibles de concerner les sociétés civiles. Pour les exonérations facultatives (sur décision des collectivités territoriales), pour la plupart limitées dans le temps, qui peuvent notamment concerner les sociétés implantées dans certaines zones géographiques prioritaires, on se reportera Mémento Fiscal n°s 43580 s.

b. Dans l'hypothèse où une société civile poursuit un **objet** en principe **non lucratif,** la CFE sera due toutefois :

– lorsque la **gestion** n'est pas conduite dans un esprit largement désintéressé et, en particulier, lorsque le mode de rémunération choisi permet à certaines personnes de se partager directement ou indirectement des bénéfices. L'imposition est également de règle lorsque le mode de dévolution de l'actif permet aux associés de réaliser des gains en capital ou de profiter d'aménagements effectués dans les locaux dont ils sont propriétaires ;

– lorsque les **prix** pratiqués sont analogues à ceux d'entreprises soumises à la CFE, à moins que ces prix n'aient été fixés par l'autorité publique dans des conditions telles qu'elles excluent toute possibilité de profit ;

– lorsque les **résultats** sont généralement excédentaires. Il convient cependant, dans ce cas, de rechercher si ces excédents ne sont pas la conséquence directe du caractère désintéressé de la gestion (dirigeants bénévoles, personnel percevant de très faibles rémunérations). L'imposition ne serait donc pas exigible dans ce cas si les excédents étaient affectés à la satisfaction de besoins qui se manifestent dans des secteurs où l'initiative privée ou publique est déficiente ou insuffisante (traitement de maladies incurables, etc.).

À cet égard, il a été jugé, pour l'application de l'ancienne contribution des patentes (CE 6-10-1976 n° 98954 : RJF 11/76 n° 491), qu'une société civile exploitant une maison de retraite exerçait une activité imposable, dès lors que :

– il résultait des statuts, prévoyant une répartition des bénéfices entre les associés gérants ou non, proportionnellement à leur nombre de parts, qu'elle avait été constituée dans un but lucratif ;

– si les prix de journée étaient fixés par l'autorité publique et en admettant même qu'ils aient été inférieurs à ceux pratiqués dans d'autres établissements de même nature et n'auraient pas permis de dégager des résultats bénéficiaires, il ne résultait pas du dossier que la gestion de la maison de retraite était conduite dans des conditions lui conférant un caractère non lucratif.

SOCIÉTÉS CIVILES EXERÇANT UNE ACTIVITÉ LIBÉRALE

Elles sont en principe redevables de la CFE, à l'exception notamment des activités suivantes, qui sont **exonérées** (CGI art. 1460) : **12110**

– peintres, sculpteurs, graveurs et dessinateurs ne vendant que le produit de leur art ;

– auteurs et compositeurs. Mais l'exonération ne bénéficie pas aux écrivains qui éditent et commercialisent leurs propres œuvres (Rép. Zulesi : AN 4-9-2018 n° 9232 ; Rép. Robert : Sén. 6-9-2018 n° 5995) ;

– professeurs de lettres, sciences et arts d'agrément ;

– sages-femmes et gardes-malades ;

– avocats ayant suivi le cursus de formation sanctionné par le Capa, pour les deux années suivant celle du début de l'exercice de la profession. Sont notamment concernés par l'exonération les avocats exerçant leur activité de manière indépendante en qualité de collaborateur ou d'associé d'une structure non soumise à l'impôt sur les sociétés.

SOCIÉTÉS CIVILES EXERÇANT UNE ACTIVITÉ D'ENSEIGNEMENT

Les établissements d'enseignement privé sont **exonérés** de CFE lorsqu'ils remplissent les conditions suivantes (CGI art. 1460 ; BOI-IF-CFE-10-30-10-60 n° 40) : **12120**

– les établissements du premier degré doivent dispenser un enseignement conforme aux programmes officiels (tel est le cas des établissements ayant passé un contrat d'association avec l'État) ;

– les établissements du second degré sont exonérés lorsqu'ils ont passé avec l'État un contrat en application de l'article L 442-1 du Code de l'éducation ;

– les établissements d'enseignement supérieur sont exonérés lorsqu'ils ont été reconnus d'utilité publique ou ont passé une convention avec un établissement d'enseignement supérieur public en application de l'article L 718-16 du Code de l'éducation.

> Précisions Lorsque ces conditions sont remplies, l'exonération porte sur l'ensemble des activités d'enseignement et sur celles qui en constituent le prolongement (**hébergement** des élèves et **fourniture des repas**). Les établissements d'**enseignement agricole** privés reconnus par l'État bénéficient également de l'exonération (BOI-IF-CFE-10-30-10-60 n° 90).

SOCIÉTÉS CIVILES GÉRANT UN PATRIMOINE MOBILIER OU IMMOBILIER

12125 **Gestion par les sociétés civiles d'un patrimoine immobilier** Sont réputées exercées à titre professionnel, pour l'établissement de la CFE, l'ensemble des activités de **location ou de sous-location d'immeubles nus,** autres que celles portant sur des locaux d'habitation. Toutefois, la cotisation n'est pas due lorsque l'activité de location ou de sous-location d'immeubles nus est exercée par des personnes qui, au cours de la période de référence visée n° 12145, en retirent des recettes brutes hors taxe, au sens de l'article 29 du CGI, inférieures à 100 000 € ou un chiffre d'affaires, au sens du 1 du I de l'article 1586 sexies du même Code jusqu'au 31 décembre 2023 (à compter du 1er janvier 2024, au sens du 1 du I du nouvel article 1647 B sexies A issu de la loi 2022-1726 du 30 décembre 2022), inférieur à 100 000 €. Lorsque la période de référence ne correspond pas à une période de 12 mois, le montant des recettes ou du chiffre d'affaires est ramené ou porté, selon le cas, à 12 mois (CGI art. 1447). Il en résulte qu'une société civile immobilière qui donne en location ou en sous-location des terrains non équipés ou des immeubles professionnels nus est redevable de la CFE, sous réserve du franchissement du seuil de recettes ou de chiffre d'affaires de 100 000 €. Les locations de bâtiments et terres agricoles sont également concernées, sauf si le bailleur est considéré comme un exploitant agricole et échappe, à ce titre, à la CFE. En pratique toutefois les immeubles sont imposables à la CFE au nom du redevable qui dispose du bien et donc, dans la plupart des cas, au nom du locataire. Si le bailleur ne dispose d'aucun immeuble, il sera soumis à la cotisation minimum visée n° 12160 (BOI-IF-CFE-10-20-30 n° 70). Pour l'incidence en matière de CVAE due au titre de 2023, voir n° 12220.

L'**achat en vue de la revente** d'immeubles, la **location ou la sous-location de locaux meublés** constituent des activités par nature passibles de la CFE. Il en est de même, en principe, de la location d'un établissement muni du matériel nécessaire à son exploitation et des locations assimilées (nos 10060 s.).

> **Précisions a.** S'agissant de l'imposition à la CFE des activités de **location ou de sous-location d'immeubles nus à usage autre que l'habitation,** l'administration apporte les précisions suivantes :
> – pour l'appréciation du **seuil de 100 000 €,** il y a lieu de prendre en compte le montant hors taxe des **recettes** (pour les entreprises relevant des régimes de valeur ajoutée des titulaires de revenus fonciers et des titulaires de bénéfices non commerciaux soumis à une comptabilité de caisse) ou du **chiffre d'affaires** (pour les autres entreprises) se rapportant à l'activité de location ou de sous-location d'immeubles nus. S'agissant des **SCI,** le seuil de 100 000 € s'apprécie au regard des recettes (sommes effectivement encaissées) pour les SCI non imposées à l'IS et composées uniquement d'associés à l'impôt sur le revenu et pour les autres SCI au regard de leur chiffre d'affaires constitué par leurs créances acquises (BOI-IF-CFE-10-20-30 n° 110). Le seuil s'apprécie au niveau du redevable de la CFE, indépendamment du nombre d'établissements ou d'immeubles loués dont il dispose (BOI-IF-CFE-10-20-30 n° 140) ;
> – ni l'entrée dans le champ d'application de la CFE d'une structure existant au 1er janvier 2010 ni le dépassement du seuil d'assujettissement ne constituent une création d'établissement susceptible d'ouvrir droit à la réduction de base de moitié visée n° 12170 (BOI-IF-CFE-10-20-30 n° 160).
> **b.** Une société qui met à **disposition des locaux nus à usage de temples** à des loges maçonniques et dont l'activité génère des recettes brutes au moins égales à 100 000 € HT est imposable à la CFE même si cette mise à disposition s'effectue à **prix coûtant** (TA Bordeaux 14-2-2018 n° 1601002 : RJF 6/18 n° 629).
> **c.** Les **activités de location d'immeubles nus à usage d'habitation** s'entendent de celles consistant pour le propriétaire d'un bien immobilier à le louer nu à un preneur dans le cadre d'un bail d'habitation. Pour déterminer s'ils sont loués par le bailleur à usage d'habitation, il convient de se référer à l'utilisation des locaux qu'en fait l'exploitant, et non aux modalités effectives de leur utilisation par les occupants, en l'espèce, l'occupation des locaux à titre d'habitation par des personnes âgées hébergées dans une maison de retraite (CE 4-5-2018 n° 402897 : RJF 7/18 n° 762 ; dans le même sens pour une activité de sous-location d'immeubles nus à usage d'habitation : CE 4-5-2018 n° 403027 : RJF 7/18 n° 762). Selon l'administration, les activités de location ou de sous-location d'immeubles nus à usage d'habitation sont hors du champ de la CFE uniquement lorsqu'elles relèvent de la gestion d'un patrimoine privé (BOI-IF-CFE-10-20-30 n° 1).
> **d.** La **location de locaux meublés** constitue par nature une activité professionnelle imposable à la CFE. Selon le Conseil d'État, cette activité est imposable au nom de la personne qui fournit la prestation d'hébergement, c'est-à-dire le propriétaire ou, en cas de sous-location à un tiers, le preneur du bail (CE 24-3-2006 n° 269716 : RJF 6/06 n° 718).
> La loi prévoit des cas d'exonération en faveur de certaines locations ou sous-locations meublées à usage d'habitation (CGI art. 1459).

12127 **Gestion par les sociétés civiles d'un patrimoine mobilier** La **gestion** par une société civile **de son propre portefeuille** ne constitue pas en principe une activité professionnelle (en ce sens, par exemple, CAA Bordeaux 26-3-2002 n° 99-2069 : RJF 10/02 n° 1114). Mais une société qui a pour objet statutaire la réalisation d'investissements en titres de créances, dont le portefeuille a évolué en fonction d'une **gestion active** au cours des années d'imposition en litige et dont l'activité a nécessité la présence de quatre salariés détachés, doit être regardée comme exerçant une activité professionnelle, compte tenu de la régularité dans le temps de cette activité et des **moyens** humains **dont elle a nécessité la mise en œuvre** (CE 24-6-2015 n° 368443 : RJF 10/15 n° 795). De la même manière doit être regardée comme exerçant une activité imposable à la CFE une société qui, d'une part, ne se limite pas à **prendre des participations** dans des sociétés d'assurance et à gérer ces participations mais fournit des **prestations de services** aux sociétés ainsi détenues, et qui, d'autre part, affecte plus du **quart de ses effectifs** à des activités de **contrôle de gestion et d'audit** de ses filiales (CE 4-12-2017 n° 392132 : RJF 3/18 n° 273). Par ailleurs, une SCI qui effectue des opérations de **gestion de trésorerie pour le compte de ses associés** exerce une activité d'entremise la rendant redevable de la CFE à raison de cette activité financière (CAA Lyon 27-12-2002 n° 97-2088 : RJF 7/03 n° 804).

L'activité de **concession** ou sous-concession de **brevets, marques de fabrique, procédés ou formules de fabrication** constitue une activité professionnelle et non la simple gestion par son propriétaire de son patrimoine dès lors que le concédant met en œuvre de manière régulière et effective pour cette activité de concession, des **moyens matériels et humains** ou dès lors qu'il est en **droit de participer à l'exploitation** du concessionnaire et est **rémunéré,** en tout ou partie, en fonction de cette dernière (CE 17-6-2015 n° 369840 : RJF 10/15 n° 786 ; solution rendue en matière de taxe professionnelle mais transposable à la CFE).

En ce qui concerne la mise en œuvre des moyens matériels et humains, jugé que caractérise l'exercice à titre habituel d'une activité professionnelle, le recours par une société, pour les besoins de son activité de sous-concession de brevets, à des **prestations de services en matière comptable, financière, juridique, fiscale et informatique** mises en œuvre par d'autres entités du groupe auquel elle appartient, prestations qu'elle a rémunérées pour un montant total de 1 195 715 € sur deux années ainsi que le recours par cette même société à des prestations d'**avocats** et de **conseils en propriété intellectuelle** pour un montant d'honoraires qui s'est élevé à 1 052 732 € sur une année pour assurer l'exploitation économique des brevets qu'elle sous-concédait. Est sans incidence à cet égard la circonstance que les **moyens** humains et matériels mis en œuvre soient **sous-traités** par la société (CE 29-11-2021 n° 451521 : RJF 2/22 n° 154).

S'agissant du droit de participer à l'exploitation, jugé qu'une société qui a concédé le droit d'usage et d'exploitation de la marque dont elle est propriétaire doit être regardée comme exerçant une activité professionnelle dès lors qu'il résulte des **stipulations du contrat** de concession que le montant des redevances qu'elle perçoit est proportionnel au chiffre d'affaires des concessionnaires, qu'elle dispose du droit de contrôler la qualité des produits et que son accord est requis pour leur passage du stade du prototype à celui de la fabrication en série (CE 17-6-2015 n° 369840 précité). En revanche, ne caractérisent pas par elles-mêmes une participation de la société à l'exploitation de ses sous-concessionnaires les stipulations des contrats de sous-concession qui, d'une part, exigent l'accord exprès de la société sous-concédante pour que le sous-concessionnaire puisse confier la production à des sociétés tierces et, d'autre part, accordent à la société sous-concédante un droit d'accès à la comptabilité de ses sous-concessionnaires (CE 16-7-2020 n° 430152 : RJF 11/20 n° 901). Cette condition du droit de participer à l'exploitation du concessionnaire peut être dégagée non seulement de l'analyse des clauses du contrat mais également de l'**importance des liens capitalistiques** entre les deux parties : jugé ainsi que la détention par le concédant de la totalité ou de la quasi-totalité du capital des sociétés concessionnaires confère au concédant le droit de participer à leur exploitation (CE 11-1-2019 n° 405031 : RJF 4/19 n° 354). Ce droit de participer à l'exploitation du sous-concessionnaire existe également en cas de détention intégrale par un actionnaire unique, de façon directe ou indirecte, des sociétés sous-concessionnaires et de la société sous-concédante (CE 26-1-2021 n° 439856 : RJF 4/21 n° 380).

SOCIÉTÉS CIVILES EXERÇANT UNE ACTIVITÉ AGRICOLE

Les sociétés civiles qui exercent une activité agricole sont **exonérées** de CFE (CGI art. 1450, al. 1). Pour 12130
l'application de ces dispositions, la jurisprudence définit les activités agricoles comme l'ensemble des opérations qui s'insèrent dans le **cycle biologique de la production animale ou végétale** ou qui constituent le **prolongement de telles opérations.**

L'exonération ne s'étend pas aux **activités de caractère industriel ou commercial** éventuellement exercées par la société, telles que : travaux agricoles pour le compte de tiers (sauf pour les échanges de services dans le cadre de l'entraide agricole), vente ou transformation de produits ne provenant pas de son exploitation, transformation des produits de l'exploitation lorsque les produits obtenus ne sont destinés ni à l'alimentation de l'homme ou des animaux ni à être utilisés à titre de « matières premières » dans l'agriculture ou l'industrie, fourniture de logement et de nourriture à des hôtes payants.

L'exonération de CFE est également applicable aux **groupements d'employeurs** constitués exclusivement d'exploitants individuels agricoles ou de sociétés civiles exerçant une activité agricole (CGI art. 1450, al. 2).

> Précisions Ne bénéficie pas de l'exonération de CFE en faveur des activités agricoles l'activité de **location par bail rural à long terme** de biens fonciers par un **GFA** à un **exploitant vitivinicole,** le groupement n'exploitant pas de façon directe ou indirecte le fonds rural et ses revenus relevant à ce titre de la catégorie des revenus fonciers et non des bénéfices agricoles (TA Bordeaux 21-12-2021 n° 2000653 : BPAT 5/22 inf. 255).

12135 **Cas particulier des Sica** Lorsqu'elles se **livrent elles-mêmes à une activité agricole,** les Sica (sociétés d'intérêt collectif agricole) sont exonérées en application des dispositions précitées de l'article 1450, alinéa 1 du CGI (voir n° 12130). Il en est de même des Sica réputées exercer une activité agricole par **prolongement des activités agricoles de leurs membres** si elles se fournissent exclusivement chez ceux-ci : ainsi jugé à propos d'une Sica embouteillant le vin fourni exclusivement par ses associés viticulteurs (CE 10-7-2017 n° 392752 : RJF 11/17 n° 1056). Une Sica peut également bénéficier de l'exonération de CFE des exploitants agricoles même si son activité est **exercée en partie pour les tiers,** dès lors que cette activité compense une réduction temporaire des besoins de ses adhérents ou permet une **gestion optimale des installations** (CAA Bordeaux 25-5-2018 n° 16BX00211 : RJF 11/18 n° 1115 rendu définitif par CE (na) 3-7-2019 n° 422534 : RJF 10/19 n° 923).

Lorsqu'elles **n'exercent pas une activité agricole,** les Sica peuvent cependant être exonérées de CFE (CGI art. 1451, I-1°) :

– si elles emploient au plus trois salariés ;

– ou si, quel que soit leur effectif, elles se consacrent à l'électrification, à l'habitat ou à l'aménagement rural, à l'utilisation du matériel agricole, à l'insémination artificielle, à la lutte contre les maladies des animaux et des végétaux, au conditionnement des fruits ou légumes, à l'organisation de ventes aux enchères et à la vinification.

Si elles ne remplissent pas l'une de ces conditions, elles sont imposables à la CFE mais sur une base réduite de moitié (CGI art. 1468, I-1°).

Cependant, la CFE s'applique sans aucune réduction de base aux Sica qui ne fonctionnent pas conformément à leurs statuts. Tel est le cas :

– lorsqu'elles réalisent plus de 50 % de leur chiffre d'affaires avec des tiers, sauf dérogation ;

– lorsque les parts des Sica sont admises aux négociations sur un marché réglementé ou offertes au public sur un système multilatéral de négociation répondant à certaines conditions ;

– lorsque les producteurs ayant la qualité d'agriculteur ou de forestier ou possédant dans la circonscription de la Sica des intérêts agricoles correspondant à son objet social sont minoritaires en voix ou en capital dans la Sica.

> Précisions a. Jugé que ne peut être qualifié de **personne ayant des intérêts agricoles correspondant à l'objet social de la Sica** l'associé détenant 43 % d'une Sica qui exerce une activité de conditionnement et de transformation de produits agricoles achetés auprès de tiers. Ne pouvant être regardée comme détenue majoritairement par des producteurs agricoles, la Sica ne remplit pas les conditions pour bénéficier de la réduction de moitié de la base de la CFE (CE 24-1-2018 n° 396971 : RJF 4/18 n° 390).

b. Pour **apprécier** si une Sica qui achète et vend des produits à ses associés réalise **plus de 50 % de ses opérations** avec ceux-ci, le rapport du total des achats et des ventes à ses adhérents au total des achats et des ventes que la Sica réalise doit être d'au moins 50 % (CE 7-3-2019 nos 421037, 421038 et 421040 : RJF 6/19 n° 550).

c. L'**effectif salarié** est déterminé en prenant en compte la moyenne du nombre de personnes employées au cours de chacun des mois de l'avant-dernière année précédant celle de l'imposition. Pour établir cette moyenne, ne sont pas pris en compte les mois au cours desquels aucun salarié n'est employé. Par ailleurs, les personnes titulaires d'un contrat de travail sont seules comptabilisées dans l'effectif, à l'exclusion des mandataires sociaux. Lorsqu'une Sica bénéficiant déjà de l'exonération constate un **dépassement du plafond d'effectif** pendant cinq années civiles consécutives, elle perd le bénéfice de l'exonération (CSS art. L 130-1, I, sur renvoi de CGI art. 1451, I in fine ; CSS art. R 130-1).

12138 **Sociétés exerçant une activité de méthanisation agricole** Sont exonérées de CFE les sociétés exerçant une **activité de production de biogaz, d'électricité ou de chaleur** par la méthanisation issue pour au moins 50 % de matières provenant de l'exploitation agricole (CGI art. 1451, I-5°).

2. MODALITÉS D'IMPOSITION DE LA COTISATION FONCIÈRE DES ENTREPRISES

BASE D'IMPOSITION DE LA CFE

La base d'imposition à la CFE est constituée par la **valeur locative** des biens passibles d'une taxe foncière dont le redevable a disposé pour les besoins de son activité professionnelle (CGI art. 1467). **12140**

La valeur locative peut faire l'objet de **réductions** et **abattements.** Par ailleurs, une **valeur locative « plancher »** s'applique dans certaines hypothèses de restructurations d'entreprises ou en cas de cession d'établissement (CGI art. 1518 B). En outre, la base d'imposition peut faire l'objet d'une **augmentation** en cas d'extension d'établissement (CGI art. 1468 bis). Elle est dans certains cas remplacée par une **base minimum** utilisée pour le calcul de la cotisation minimum visée n° 12160.

Période de référence La période de référence retenue pour déterminer la base d'imposition est l'**avant-dernière année** précédant celle de l'imposition ou, le cas échéant, le dernier exercice de 12 mois clos au cours de cette même avant-dernière année lorsque cet exercice ne coïncide pas avec l'année civile (CGI art. 1467 A). **12145**

Ainsi, pour les sociétés dont l'exercice coïncide avec l'année civile, on prendra en considération les immobilisations de 2022 (déclarées en 2023) pour l'établissement de la CFE en 2024.

Biens imposables Les biens entrant dans la base de la CFE sont les biens passibles d'une taxe foncière situés en France dont la société a eu la **disposition** pour les besoins de son activité professionnelle, à l'expiration de la période de référence définie ci-avant, à quelque titre que ce soit (propriétaire, locataire, mise à disposition gratuite), même sans en avoir disposé en début de période (CE 14-4-2022 n° 439812 : RJF 7/22 n° 646). Sont visés les biens placés sous le contrôle du redevable et matériellement utilisables pour la réalisation des opérations qu'il effectue, qu'ils fassent ou non l'objet d'une utilisation effective (CE 18-2-2002 n° 220796 : RJF 5/02 n° 520 ; BOI-IF-CFE-20-20-10-10 n° 30). **12150**

Sont imposables à ce titre les biens passibles de la **taxe foncière sur les propriétés bâties** ou sur les **propriétés non bâties,** même s'ils bénéficient, en matière de taxe foncière, d'une exonération temporaire (exemple : constructions nouvelles) ou permanente (exemple : bâtiments utilisés par une coopérative agricole).

Par exception, sont **expressément exonérés** de CFE, notamment (CGI art. 1467) :

- les immobilisations destinées à la production d'électricité d'origine photovoltaïque, qui sont exonérées de taxe foncière ;
- les biens détruits ou cédés au cours de la période de référence ;
- les biens destinés à la fourniture et à la distribution de l'eau lorsqu'ils sont utilisés pour l'irrigation pour les 9/10es au moins de leur capacité ;
- les parties communes des immeubles dont dispose la société qui exerce une activité de location ou de sous-location d'immeubles.

> Précisions a. Les locaux donnés en **location** ou en sous-location pour une **courte durée** sont considérés comme demeurant sous le contrôle du fournisseur de l'hébergement (CE (na) 4-10-2013 n° 360179 : RJF 12/13 n° 1154 ; BOI-IF-CFE-20-20-10-10 n° 30). De même, une société qui commercialise des habitations légères de loisirs et exploite un parc résidentiel sur lequel sont implantées certaines de ces habitations, que les acquéreurs ont choisi de lui confier et dont elle assure la location temporaire à des tiers moyennant une commission prélevée sur les loyers, doit être regardée comme ayant le contrôle des habitations concernées, qu'elle utilise matériellement pour son activité d'exploitante (CAA Marseille 1-10-2019 n° 18MA02568 rendu définitif par CE (na) 29-7-2020 n° 436372 : RJF 11/20 n° 900).

b. Les sociétés qui exercent **conjointement** une **activité exonérée** et une **activité imposable** ne sont soumises à la CFE que pour les moyens d'exploitation nécessaires à cette dernière activité. Si les deux activités sont exercées dans des locaux communs, la valeur locative est prise en compte au prorata de leur temps d'utilisation pour l'activité imposable (CE 3-10-2003 n° 220280 : RJF 12/03 n° 1383).

c. Dans une résidence étudiante, le bailleur reste redevable de la CFE sur les logements dont il a encore la disposition à l'expiration de la période de référence. Il convient donc de rechercher s'il a **effectivement donné en location chacun des logements** offerts à la location à l'expiration de cette période (CE 14-2-2018 n° 409099 : RJF 5/18 n° 493).

d. Le propriétaire d'un ensemble immobilier, qui donne en location une partie des bâtiments et conserve la jouissance du reste doit être regardé comme ayant en totalité la **disposition des terrains et aménagements, non compris dans les contrats de location,** qu'il utilise conjointement avec les sociétés locataires moyennant une **refacturation des frais** de gestion et d'entretien de ces biens. Cette mise à disposition moyennant refacturation n'a pas pour effet de restreindre son **contrôle** sur les biens en cause, qui ne constituent pas non plus l'accessoire du terrain des bâtiments loués (CAA Nancy 20-1-2022 n° 20NC03269 : RJF 5/22 n° 457).

e. Les **parties communes** s'entendent des parties des bâtiments et terrains qui, n'étant pas la propriété exclusive d'un copropriétaire déterminé et réservées à son usage, sont affectées à l'usage ou l'utilité de tous les copropriétaires ou de plusieurs d'entre eux. Ne remplissent pas cette condition un local à vélos, une salle polyvalente, des locaux de services et des bureaux d'une résidence étudiante, dès lors que le règlement de copropriété précise que ces locaux sont des parties privatives dont le bailleur a la propriété exclusive, même si certains d'entre eux peuvent être utilisés librement par les étudiants (CE 14-2-2018 n° 409099 : RJF 5/18 n° 493).

MONTANT DE LA CFE

12155 Le montant de la CFE due dans chaque commune d'implantation s'obtient en multipliant la **base d'imposition** arrondie à l'euro le plus proche par les **taux** d'imposition fixés par les collectivités locales. Ce montant est toutefois susceptible d'être affecté par l'application des **mesures spéciales** examinées ci-après.

À la taxe elle-même s'ajoutent les frais de gestion de la fiscalité locale.

> **Précisions** Une **taxe additionnelle** à la CFE est perçue au profit de la **région Île-de-France** (CGI art. 1599 quater D). Le taux de cette taxe est fixé chaque année en fonction des besoins budgétaires du conseil régional d'Île-de-France. À la taxe elle-même s'ajoutent les frais de gestion de la fiscalité locale.

12160 **Cotisation minimum** Tous les redevables de la CFE sont en principe assujettis à une cotisation minimum annuelle établie au lieu de leur **principal établissement** (CGI art. 1647 D). Ce dernier s'entend du lieu où l'activité s'exerce à titre principal (CE 10-7-2019 n° 413946 : RJF 10/19 n° 924 ; BOI-IF-CFE-20-20-40-10).

La cotisation minimum est calculée à partir d'une **base** dont le montant est fixé par le conseil municipal (ou par l'établissement public de coopération intercommunale en cas de substitution aux communes membres) selon un **barème** qui est revalorisé chaque année en fonction de l'indice prévisionnel des prix. Pour la CFE due au titre de 2024 (si une délibération a été prise au plus tard le 30 septembre 2023), le barème est le suivant (Décret 2023-422 du 31-5-2023 art. 1) :

Montant du chiffre d'affaires ou des recettes[1] (en €)	Montant de la base minimum compris (en €)
Inférieur ou égal à 10 000	Entre 237 et 565
Supérieur à 10 000 et inférieur ou égal à 32 600	Entre 237 et 1 130
Supérieur à 32 600 et inférieur ou égal à 100 000	Entre 237 et 2 374
Supérieur à 100 000 et inférieur ou égal à 250 000	Entre 237 et 3 957
Supérieur à 250 000 et inférieur ou égal à 500 000	Entre 237 et 5 652
Supérieur à 500 000	Entre 237 et 7 349

1. Montant HT réalisé au cours de la période de référence et éventuellement rapporté à 12 mois (n° 12145).

> **Précisions** **a.** La **cotisation minimum** n'est **pas due** en particulier par les contribuables qui bénéficient d'une exonération de CFE, par les contribuables dont l'établissement principal est exonéré pour l'année de la création (n° 12170) ni par les redevables réalisant un chiffre d'affaires ou de recettes inférieur ou égal à 5 000 €.
> **b.** Les **redevables situés à l'étranger** qui réalisent une activité de **location ou** de **vente** portant sur un ou plusieurs **immeubles situés en France** sont redevables de la cotisation minimum au lieu de situation de l'immeuble dont la valeur locative est la plus élevée au 1er janvier de l'année d'imposition.

12165 **Dégrèvement pour diminution des bases d'imposition** Les redevables dont les bases d'imposition à la CFE diminuent entre l'année de référence (avant-dernière année) et l'année précédant celle de l'imposition bénéficient, sur leur demande, d'un dégrèvement correspondant à la **différence entre les bases** afférentes à ces deux années (CGI art. 1647 bis). Ainsi, pour les impositions de l'année N, il s'agit de la différence entre les bases de l'année N – 2 imposées en N et les bases de l'année N – 1 qui seront imposées en N + 1.

Selon l'administration, le montant du dégrèvement se calcule comme suit (BOI-IF-CFE-40-30-20-20 n° 40) : imposition N – (imposition N × bases N – 1 imposées en N + 1 / bases N – 2 imposées en N).

Le Conseil d'État retient une méthode de calcul différente, mais qui aboutit en principe au même résultat : le dégrèvement est calculé en appliquant à la différence entre les bases d'imposition de l'année de référence et de l'année précédant celle de l'imposition le taux effectif de CFE de l'année d'imposition, ce taux résultant du rapport entre la cotisation globale acquittée à raison de l'ensemble des établissements du contribuable et ses bases d'imposition (CE 1-3-1989 n° 70810 : RJF 5/89 n° 586 ; CE 27-7-2015 n° 375342 : RJF 11/15 n° 918).

La **demande de dégrèvement,** formulée sur papier libre, doit être présentée au plus tard le 31 décembre de l'année suivant celle de la mise en recouvrement du rôle (LPF art. R 196-2, a), au service des impôts dont dépend le principal établissement de la société (auprès duquel est souscrite la déclaration annuelle de résultats).

3. ÉTABLISSEMENT ET PAIEMENT DE LA COTISATION FONCIÈRE DES ENTREPRISES

ÉTABLISSEMENT DE LA CFE

Lieu d'imposition et annualité de l'impôt La CFE est établie **annuellement,** en principe **dans chaque commune** où le redevable dispose de locaux ou de terrains (CGI art. 1473). 12170
Lorsqu'une société civile dispose de locaux ou de terrains dans **plusieurs communes,** elle est donc imposable sur la valeur locative des biens passibles d'une taxe foncière dans chaque commune où ces biens sont situés.

La CFE est due pour l'année entière par le redevable qui exerce l'activité au 1er janvier (CGI art. 1478).

Lorsqu'un **changement d'exploitant** prend effet le 1er janvier, le nouvel exploitant est imposé sur les bases relatives à l'activité de son prédécesseur. Si le changement intervient en cours d'année, le cédant reste redevable de la cotisation pour l'année entière. Pour les deux années suivantes, le nouvel exploitant est imposé d'après la valeur locative des immobilisations dont il a disposé au 31 décembre de sa première année d'activité.

En cas de **création d'activité** en cours d'année, le redevable est exonéré pour cette première année. Pour les deux années suivantes, la base d'imposition est calculée d'après les immobilisations dont le redevable a disposé au 31 décembre de l'année de la création. La base d'imposition de l'année qui suit celle de la création est réduite de moitié.

Le redevable qui **cesse toute activité** dans un établissement n'est pas redevable de la CFE pour les mois restant à courir, sauf en cas de cession de l'activité exercée dans l'établissement ou en cas de transfert d'activité. Il peut donc obtenir un dégrèvement prorata temporis (calculé par mois entiers), sur demande présentée dans le délai normal de réclamation en matière d'impôts locaux.

Déclarations Légalement, tous les redevables de la CFE doivent souscrire une déclaration annuelle contenant les éléments servant à l'établissement de la cotisation. 12175

La déclaration doit être produite pour chaque commune d'imposition au plus tard le deuxième jour ouvré suivant le 1er mai de l'année précédant celle de l'imposition (CGI art. 1477 et ann. III art. 344 I-0 bis).

Cependant, l'administration n'exige la souscription d'une déclaration **n° 1447 M-SD** (dite « **déclaration modificative** ») que dans les cas où, au cours de la période de référence (n° 12145), soit la consistance des locaux a varié, soit un quelconque des éléments de la déclaration précédemment déposée a été modifié, c'est-à-dire essentiellement si le redevable demande le bénéfice d'une exonération facultative ou si le prorata de la base imposable, en cas d'exercice conjoint d'une activité imposable et d'une activité non imposable, est modifié (BOI-IF-CFE-30-10 n° 10).

En cas de création d'établissement ou de changement d'exploitant, le nouvel exploitant doit souscrire une **déclaration n° 1447 C-SD,** dite aussi « déclaration **initiale** », avant le 1er janvier de l'année suivant celle de la création ou du changement. Ainsi, en cas de création ou de changement en 2023, le redevable doit souscrire une déclaration n° 1447 C-SD au plus tard le 31 décembre 2023 pour l'établissement de la CFE en 2024. Le redevable qui peut bénéficier d'une exonération facultative dès la première année suivant la création de l'établissement doit en faire la demande dans la déclaration n° 1447 C-SD (BOI-IF-CFE-30-20 n° 10).

> **Précisions** **a.** Les contribuables qui n'emploient aucun salarié **en France** et qui n'y disposent d'**aucun établissement** mais qui y exercent une **activité de location ou de vente d'immeubles** doivent déposer leurs déclarations au lieu de situation de l'immeuble dont la valeur locative foncière est la plus élevée au 1er janvier de l'année d'imposition.
>
> **b.** Les **éléments à déclarer** dans la déclaration n° 1447 M-SD sont ceux de l'année précédente. Mais, du fait du décalage de la période de référence, ces éléments servent de base pour le calcul de la cotisation due, non pas au titre de l'année même de la déclaration, mais au titre de l'année suivante. C'est ainsi qu'en 2023 les entreprises doivent, le cas échéant, déclarer les

éléments de 2022, qui seront utilisés pour l'assiette de la cotisation en 2024.

c. En cas de changement d'exploitant, l'**ancien exploitant** doit en faire la déclaration auprès du service des impôts dont dépend l'établissement cédé, qu'il s'agisse d'une cession totale ou partielle d'établissement. Cette déclaration, sur papier libre, doit être souscrite avant le 1er janvier de l'année suivant celle du changement si ce dernier intervient en cours d'année, ou avant le 1er janvier de l'année du changement lorsque ce dernier prend effet au 1er janvier. En cas de changement partiel d'exploitant, l'ancien exploitant doit en outre souscrire, dans les mêmes délais, une déclaration rectificative de ses bases de CFE.

PAIEMENT DE LA CFE

12180 La CFE est perçue par voie de rôle, le contribuable étant informé dans chaque commune, par un **avis d'imposition** (dématérialisé), du montant et des conditions d'exigibilité de sa dette.

Le régime de droit commun consiste dans le paiement d'une cotisation annuelle, après mise en recouvrement du rôle. Mais les redevables sont tenus de verser un **acompte** lorsque leur cotisation de CFE et de taxes annexes de l'année précédente, mise en recouvrement avant le 1er avril de l'année courante, a été au moins de 3 000 € (CGI art. 1679 quinquies). L'acompte est égal à 50 % du montant de la cotisation de l'année précédente. Il vient à échéance le 31 mai et doit être réglé au plus tard le 15 juin (sous peine de majoration de 5 % prévue par l'article 1731 B du CGI à laquelle s'ajoute l'intérêt de retard). Les redevables sont informés du montant de l'acompte qu'ils ont à verser par un **avis d'acompte** (dématérialisé).

Le **solde** est exigible à partir du 1er décembre, en fonction de la date de mise en recouvrement du rôle.

Les redevables qui bénéficient du **plafonnement de la CET en fonction de la valeur ajoutée** (n° 12255) peuvent, sous leur responsabilité, déduire du montant du solde de la CFE le montant du dégrèvement auquel ils estiment avoir droit au titre de l'année d'imposition, en joignant à leur versement une déclaration datée et signée précisant le mode de calcul des imputations.

> Précisions **a.** S'il en fait la demande écrite au comptable chargé du recouvrement 15 jours au moins avant la date d'exigibilité (soit au plus tard le 15 mai) par une déclaration datée et signée, le contribuable peut obtenir une **réduction de l'acompte** dans les cas suivants :
– s'il estime que sa base d'imposition sera réduite de 25 % au moins par rapport à l'année précédente ;
– ou s'il prévoit la cessation de son activité en cours d'année ;
– ou encore s'il a demandé le plafonnement de la CET en fonction de la valeur ajoutée (n° 12255) de l'année précédente. Dans ce cas, il peut déduire la moitié du dégrèvement obtenu ou attendu (BOI-IF-CFE-40-30-20-30 nos 240 et 250 ; BOI-IF-CFE-40-10 n° 40).

Si, à la suite de la mise en recouvrement du rôle, cette déclaration se révèle inexacte de plus de 10 %, la majoration de 5 % prévue par l'article 1731 B s'applique aux sommes non réglées, à laquelle s'ajoute l'intérêt de retard (BOI-IF-CFE-40-10 n° 50).

L'acompte n'est pas dû lorsque son montant réduit selon les modalités visées ci-dessus est inférieur à 1 500 €.

b. Les redevables de la CFE sont tenus de payer leurs impositions sous forme dématérialisée (**prélèvement ou télérèglement**) ; cette obligation ne s'applique pas aux rôles supplémentaires de CFE (BOI-IF-CFE-40-10 n° 410), sauf si les sommes concernées excèdent 50 000 €.

Par ailleurs, les entreprises relevant de la **direction des grandes entreprises** doivent obligatoirement acquitter l'ensemble de leurs paiements par télérèglement, quel qu'en soit le montant (CGI art. 1681 septies).

c. Les contribuables peuvent, sur option, s'acquitter de la CFE (et des taxes annexes) par voie de **prélèvements mensuels** (CGI art. 1681 quater A).

B. Cotisation sur la valeur ajoutée des entreprises

12200 Pour les cotisations dues au titre de 2023, la cotisation sur la valeur ajoutée des entreprises (CVAE) constitue le deuxième élément de la contribution économique territoriale. Bien que son champ d'application soit lié à celui de la cotisation foncière des entreprises, il s'agit d'une **cotisation distincte** qui s'ajoute à cette dernière et obéit à des règles sensiblement différentes.
Sur la **future disparition de la CVAE** et ses conséquences, voir n° 12100, Attention.

1. SOCIÉTÉS CIVILES IMPOSABLES À LA CVAE

12205 La CVAE est due par les sociétés civiles qui exercent une **activité** imposable à la CFE dans les conditions indiquées n° 12105 et dont le **chiffre d'affaires** hors taxe est **supérieur à** 152 500 € (CGI art. 1586 ter, I, en vigueur jusqu'au 31-12-2023 ; article abrogé à compter du 1-1-2024 par loi 2022-1726 du 30-12-2022 art. 55).

Mais les sociétés civiles dont le chiffre d'affaires hors taxe est inférieur à 500 000 € en sont intégralement dégrevées (nº 12230).

> Précisions **a.** Le **chiffre d'affaires pris en compte** pour l'appréciation des seuils de 152 500 et 500 000 € s'entend du chiffre d'affaires défini nº 12220, réalisé au cours de la période de référence mentionnée nº 12215. Il s'agit du chiffre d'affaires afférent à l'ensemble des activités entrant dans le champ d'application de la CVAE, que ces **activités** soient **imposables** ou **exonérées** de plein droit ou de manière facultative (BOI-CVAE-CHAMP-10-20 nº 10).

b. Les **exonérations** de plein droit (temporaires ou permanentes) applicables à la CFE s'appliquent également à la CVAE. En outre, une société civile qui bénéficie d'une exonération facultative de CFE (totale ou partielle) peut, à sa demande, être exonérée de CVAE (sauf délibération contraire des collectivités bénéficiaires).

2. MODALITÉS D'IMPOSITION À LA CVAE

BASE D'IMPOSITION

La CVAE est déterminée en fonction du chiffre d'affaires réalisé et de la valeur ajoutée produite par la société au cours de la période de référence. 12210

Période de référence La période de référence retenue pour déterminer le chiffre d'affaires réalisé et la valeur ajoutée produite par la société est constituée par l'**année d'imposition** ou le dernier **exercice de 12 mois** clos au cours de cette année lorsque cet exercice ne coïncide pas avec l'année civile (CGI art. 1586 quinquies, en vigueur jusqu'au 31-12-2023 ; article abrogé à compter du 1-1-2024 par loi 2022-1726 du 30-12-2022 art. 55). 12215

Dans le cas où l'exercice clos au cours de l'année d'imposition est d'une durée de **plus ou de moins de 12 mois,** on retient le chiffre d'affaires réalisé et la valeur ajoutée produite au cours de cet exercice.

Lorsque **aucun exercice** n'est **clôturé** au cours de l'année d'imposition, la CVAE est établie à partir du chiffre d'affaires réalisé et de la valeur ajoutée produite entre le premier jour suivant la fin de la période retenue pour le calcul de la CVAE de l'année précédente et le 31 décembre de l'année d'imposition. En cas de **création d'entreprise** au cours de l'année d'imposition, la période retenue correspond à la période comprise entre la date de création et le 31 décembre de l'année d'imposition.

Lorsque **plusieurs exercices** sont **clôturés** au cours de l'année d'imposition, on retient le chiffre d'affaires réalisé et la valeur ajoutée produite au cours de ces exercices, quelles que soient leurs durées respectives.

Dans ces trois situations, le chiffre d'affaires est, pour l'appréciation du seuil d'assujettissement à la CVAE (nº 12205), ainsi que pour la détermination du taux d'imposition, du dégrèvement complémentaire en faveur des petites entreprises et de la cotisation minimum de CVAE (nº 12230), **corrigé** pour correspondre à une **année pleine.** En revanche, cette correction n'est pas effectuée pour le calcul de la cotisation, même si la période de référence retenue n'est pas de 12 mois.

Dans tous les cas, il n'est pas tenu compte, pour la détermination de la période de référence, de la fraction d'exercice clos qui se rapporte à une **période retenue** pour l'établissement de l'impôt dû au titre d'**une ou de plusieurs années précédant celle de l'imposition.**

> Précisions Pour les activités de **location ou de sous-location d'immeubles nus** à usage autre que celui d'habitation, la période de référence à retenir en matière de CVAE pour l'appréciation des recettes ou du chiffre d'affaires et de la valeur ajoutée (année d'imposition ou dernier exercice de 12 mois clos au cours de cette année) est différente de celle utilisée en matière de CFE pour l'appréciation des recettes ou du chiffre d'affaires (avant-dernière année précédant celle de l'imposition : nº 12145). Une telle activité ne sera imposable à la CVAE en année N que si elle a produit des recettes supérieures à 100 000 € en N – 2 et supérieures à 152 500 € en N (BOI-CVAE-CHAMP-10-20 nº 120).

Calcul du chiffre d'affaires et de la valeur ajoutée La valeur ajoutée qui constitue l'assiette de la CVAE est déterminée à partir du chiffre d'affaires majoré d'autres produits et diminué de certaines charges. L'ensemble de ces éléments est défini par la loi de manière différenciée selon la **nature de l'activité exercée** : titulaires de BNC soumis à une comptabilité de caisse, titulaires de revenus fonciers ou sociétés relevant du droit commun (CGI art. 1586 sexies, en vigueur jusqu'au 31-12-2023 ; article abrogé à compter du 1-1-2024 par loi 2022-1726 du 30-12-2022 art. 55). 12220

La valeur ajoutée ainsi définie est, pour la généralité des entreprises, **plafonnée** à un pourcentage du chiffre d'affaires : 80 % si le chiffre d'affaires est inférieur ou égal à 7 600 000 € et 85 % si le chiffre d'affaires est supérieur à 7 600 000 €. Pour l'application de ce dispositif, la période retenue pour le chiffre d'affaires est la même que celle retenue pour la valeur ajoutée : le plafonnement s'effectue par rapport à un chiffre d'affaires non annualisé.

Les activités de **location ou de sous-location d'immeubles nus** réputées exercées à titre professionnel (au sens indiqué nº 12125) sont prises en compte à raison de 100 % de leur montant.

MONTANT DE LA CVAE

12230 La CVAE est en principe égale à la valeur ajoutée (nº 12220) multipliée par un taux d'imposition qui varie selon le montant du chiffre d'affaires réalisé par la société. Pour les impositions établies au titre de 2023, ce taux est déterminé comme suit (CGI art. 1586 quater, I modifié par loi 2022-1726 du 30-12-2022, en vigueur jusqu'au 31-12-2023 ; article abrogé à compter du 1-1-2024 par loi 2022-1726 du 30-12-2022 art. 55) :

Montant du chiffre d'affaires hors taxe	Taux d'imposition
< 500 000 €	0 %
500 000 € ⩽ chiffre d'affaires ⩽ 3 000 000 €	0,125 % × (chiffre d'affaires - 500 000 €) / 2 500 000 €
3 000 000 € < chiffre d'affaires ⩽ 10 000 000 €	0,225 % × (chiffre d'affaires - 3 000 000 €) / 7 000 000 € + 0,125 %
10 000 000 € < chiffre d'affaires ⩽ 50 000 000 €	0,025 % × (chiffre d'affaires - 10 000 000 €) / 40 000 000 € + 0,35 %
> 50 000 000 €	0,375 %

Par **exemple,** pour un chiffre d'affaires hors taxe d'un montant de 2 700 000 €, le taux d'imposition est de 0,125 % × (2 700 000 € - 500 000 €) / 2 500 000 € = 0,11 %. Pour un chiffre d'affaires hors taxe de 6 200 000 €, ce taux est de 0,225 % × (6 200 000 € - 3 000 000 €) / 7 000 000 € + 0,125 % = 0,23 %.

Les sociétés dont le chiffre d'affaires hors taxe est inférieur à 2 000 000 € bénéficient d'un **dégrèvement** dont le montant s'élève, pour les impositions établies au titre de 2023, à 250 € (CGI art. 1586 quater, II modifié par loi 2022-1726 du 30-12-2022, en vigueur jusqu'au 31-12-2023 ; article abrogé à compter du 1-1-2024 par loi 2022-1726 du 30-12-2022 art. 55). Le dégrèvement est pris en compte pour le calcul des acomptes et du solde de CVAE (BOI-CVAE-LIQ-10 nº 170).

Pour les sociétés dont le chiffre d'affaires hors taxe excède 500 000 €, le montant de la CVAE ne peut être inférieur à une **cotisation minimum** fixée, pour les impositions établies au titre de 2023, à 63 € (CGI art. 1586 septies modifié par loi 2022-1726 du 30-12-2022, en vigueur jusqu'au 31-12-2023 ; article abrogé à compter du 1-1-2024 par loi 2022-1726 du 30-12-2022 art. 55). Les sociétés qui bénéficient d'une exonération totale de CVAE ne sont pas redevables du montant minimum de 63 € (BOI-CVAE-LIQ-10 nº 180).

3. ÉTABLISSEMENT ET PAIEMENT DE LA CVAE

REDEVABLE DE LA CVAE

12235 La CVAE est due par le redevable qui exerce l'activité **au 1er janvier** de l'année d'imposition.

Toutefois, en cas d'**apport,** de **cession d'activité,** de **scission d'entreprise** ou de **transmission universelle de patrimoine** intervenant au cours de l'année d'imposition, la CVAE est due également par le redevable qui n'exerce aucune activité imposable au 1er janvier de l'année et auquel l'activité est transmise (CGI art. 1586 octies, I, en vigueur jusqu'au 31-12-2023 ; article abrogé à compter du 1-1-2024 par loi 2022-1726 du 30-12-2022 art. 55). Il en va ainsi, que ce redevable existe ou non au 1er janvier (BOI-CVAE-CHAMP-10-10 nº 30).

DÉCLARATION DE LA VALEUR AJOUTÉE

12240 Les sociétés dont le chiffre d'affaires hors taxe est supérieur à 152 500 € doivent déclarer par voie électronique le montant de la valeur ajoutée sur un **formulaire** nº 1330-CVAE. Une déclaration papier est toutefois admise pour les entreprises assujetties relevant du régime micro-BIC.

Cette déclaration doit être souscrite **au plus tard** le deuxième jour ouvré suivant le 1er mai de l'année suivant celle au titre de laquelle la CVAE est due (CGI art. 1586 octies, II, en vigueur jusqu'au 31-12-2023 ; article abrogé à compter du 1-1-2024 par loi 2022-1726 du 30-12-2022 art. 55). Mais l'administration accorde aux sociétés concernées un délai supplémentaire de 15 jours calendaires pour accomplir leur obligation déclarative (notamment BOI-BIC-DECLA-30-10 nº 20).

La déclaration doit mentionner le **nombre de salariés** employés par établissement ou par lieu d'emploi au cours de la période couverte par la déclaration. Les salariés exerçant leur activité dans plusieurs établissements ou lieux d'emploi sont déclarés dans celui où la durée d'activité est la plus élevée, y compris si la société ne dispose pas de locaux dans ce lieu d'emploi dès lors que le salarié y exerce son activité plus de trois mois.

Par exception, les entreprises **mono-établissement,** à l'exception de celles relevant du régime micro-BIC, sont dispensées, sous certaines conditions, de déposer la déclaration n° 1330-CVAE (BOI-CVAE-DECLA-10 n° 20).

> **Précisions** **a.** En cas de **transmission universelle de patrimoine,** de **cession** ou de **cessation d'entreprise,** d'ouverture d'une procédure de **sauvegarde,** de **redressement** ou de **liquidation** judiciaires ou de **décès** du contribuable, la déclaration de valeur ajoutée ainsi que la déclaration liquidative visée ci-après n° 12245 doivent être souscrites dans un délai de 60 jours. Ce délai est décompté soit dans les mêmes conditions que les délais prévus pour le dépôt des déclarations de résultats en cas de cession ou cessation d'entreprise ou de décès, soit au jour du jugement d'ouverture de la procédure collective. Des règles particulières s'appliquent en cas d'ouverture d'une procédure collective ne mettant pas fin à la poursuite de l'activité.
> **b.** Les contribuables qui n'emploient **aucun salarié en France** et ne disposent d'**aucun établissement en France** mais qui y exercent une **activité de location ou de vente d'immeubles** doivent déposer leur déclaration de valeur ajoutée, ainsi que leur déclaration liquidative (n° 12245), au lieu de dépôt de leur déclaration de résultats. Ils doivent mentionner dans leur déclaration de valeur ajoutée l'adresse des immeubles loués ou vendus.
> **c.** En cas de **défaut ou retard de production de la déclaration** de valeur ajoutée ou d'**insuffisance de déclaration,** la société est passible des pénalités exposées n° 14010 et 14020 s. Par ailleurs, tout manquement (ou toute erreur ou omission) concernant l'indication du **nombre de salariés** est sanctionné par une amende de 200 € par salarié concerné, dans la limite d'un montant de 100 000 € (CGI art. 1770 decies, en vigueur jusqu'au 31-12-2023 ; article abrogé à compter du 1-1-2024 par loi 2022-1726 du 30-12-2022 art. 55). Enfin, en cas de non-respect de l'obligation de télédéclaration, la majoration visée n° 14027 est applicable.

PAIEMENT DE LA CVAE

La CVAE due au titre de 2023 doit être acquittée **spontanément** par les entreprises, dans les délais légaux. Tout défaut ou retard de paiement entraîne l'application des sanctions exposées n° 14030. Le paiement de la CVAE doit être effectué par **téléréglement** (en cas de paiement par un autre moyen, la majoration visée n° 14027 est applicable) (CGI art. 1681 septies, 3, en vigueur jusqu'au 31-12-2023 ; article abrogé à compter du 1-1-2024 par loi 2022-1726 du 30-12-2022 art. 55). **12245**

Les sociétés dont la CVAE de l'année précédant celle de l'imposition est supérieure à 1 500 € doivent verser deux **acomptes** de 50 % chacun, respectivement les 15 juin et 15 septembre de l'année d'imposition (CGI art. 1679 septies, en vigueur jusqu'au 31-12-2023 ; article abrogé à compter du 1-1-2024 par loi 2022-1726 du 30-12-2022 art. 55).

La cotisation retenue pour le paiement des acomptes est calculée d'après la valeur ajoutée mentionnée dans la dernière déclaration de résultat exigée à la date du paiement des acomptes. Le cas échéant, le montant du second acompte est ajusté de manière à ce que le premier acompte corresponde à la valeur ajoutée mentionnée dans la déclaration de résultat exigée à la date du paiement du second acompte. Le calcul des acomptes s'effectue sur un relevé n° 1329-AC.

L'année suivant celle de l'imposition, l'entreprise redevable doit procéder à la **liquidation définitive** de la CVAE sur une déclaration spécifique à télétransmettre au plus tard le deuxième jour ouvré suivant le 1er mai (déclaration de liquidation et de régularisation n° 1329-DEF). La déclaration doit être accompagnée, le cas échéant, du **versement du solde** correspondant. En cas d'excédent, une restitution est opérée, sous déduction des autres impôts directs éventuellement dus, dans les 60 jours suivant la date limite de souscription de la déclaration – ou dans les 60 jours suivant la date de souscription de la déclaration lorsque celle-ci est souscrite après la date limite (BOI-CVAE-DECLA-20 nos 40 et 130).

> **Précisions** **a.** Les redevables peuvent, sous leur responsabilité, **réduire le montant de leurs acomptes** en considération du montant de la cotisation qu'ils estiment devoir au titre de l'année d'imposition. Pour déterminer cette **réduction,** ils tiennent compte de la réduction de la valeur ajoutée imposable du fait des exonérations (de plein droit ou facultatives) dont ils bénéficient et du dégrèvement lié au taux effectif d'imposition mentionné n° 12230. Si, à la suite de la liquidation définitive de la CVAE, il s'avère que les versements effectués sont inexacts de plus du dixième, les sanctions exposées n° 14030 s'appliquent (CGI art. 1731, 3, en vigueur jusqu'au 31-12-2023 ; article abrogé à compter du 1-1-2024 par loi 2022-1726 du 30-12-2022 art. 55).
> **b.** Lieu de dépôt de la déclaration liquidative pour les contribuables exerçant en France, **sans salariés ni établissement,** une activité de **location ou de vente d'immeubles** : voir n° 12240, Précisions, b.

C. Plafonnement en fonction de la valeur ajoutée

12255 Outre les dégrèvements propres à la CFE ou à la CVAE, la loi prévoit un dégrèvement applicable à la contribution économique territoriale (CET) prise dans son ensemble jusqu'aux impositions dues au titre de 2023.

La CET de chaque entreprise (pour l'ensemble de ses établissements) est plafonnée en fonction de la valeur ajoutée produite : lorsque le montant des cotisations de CFE et de CVAE – diminué le cas échéant de l'ensemble des réductions et dégrèvement, à l'exception notamment du dégrèvement pour cessation d'activité (BOI-IF-CFE-40-30-20-30 n° 30) – excède 1, 625 % de la valeur ajoutée, pour les impositions établies au titre de 2023, l'excédent peut faire l'objet d'un **dégrèvement** (CGI art. 1647 B sexies modifié par loi 2022-1726 du 30-12-2022). La valeur ajoutée servant au calcul du plafonnement est en règle générale déterminée suivant les règles fixées pour la CVAE (n° 12220). La valeur ajoutée à prendre en compte est celle produite au cours de la période de référence retenue en matière de CVAE (n° 12215). Sauf en cas de cession ou de cessation d'entreprise, le montant de la valeur ajoutée est corrigé pour correspondre à une année pleine. Le dégrèvement est accordé sur **demande** du redevable, présentée dans le délai de réclamation prévu pour la CFE (n° 12165). Il s'impute sur la CFE, le cas échéant par anticipation sur le solde de la cotisation de l'année (n° 12180).

Le dégrèvement ne peut avoir pour effet de ramener la CET à un montant inférieur à celui de la **cotisation minimum de CFE** visée n° 12160.

Par ailleurs, les contribuables soumis à la **cotisation minimum sur la valeur ajoutée** (n° 12230) peuvent imputer sur cette cotisation la part du dégrèvement qui excède leur CFE (BOI-IF-CFE-40-30-20-30 n° 300).

Sur la **future disparition de la CVAE** et ses conséquences sur le plafonnement de la CET en fonction de la valeur ajoutée, voir n° 12100, Attention.

IV. TAXES ET PARTICIPATIONS ASSISES SUR LES SALAIRES

12300 Comme tous les employeurs, les sociétés civiles peuvent être amenées à supporter certaines taxations spécifiques calculées sur les rémunérations versées aux personnes qu'elles emploient.

A. Taxe sur les salaires

SOCIÉTÉS TAXABLES À LA TAXE SUR LES SALAIRES

12305 L'assujettissement des sociétés civiles à la taxe sur les salaires dépend de leur **situation au regard de la TVA.**

Sont assujetties à la taxe sur les salaires les sociétés qui ne sont pas assujettis à la TVA l'année du versement des rémunérations ou qui ne l'ont pas été sur 90 % au moins de leur chiffre d'affaires au titre de l'année précédant celle du paiement de ces rémunérations (CGI art. 231, 1). Le chiffre d'affaires à prendre en compte s'entend du total des recettes et autres produits, y compris ceux qui correspondent à des opérations qui n'entrent pas dans le champ d'application de la TVA. Il est toutefois admis de ne pas prendre en compte les recettes et autres produits réalisés dans le cadre d'une transmission d'universalité de biens en suspension de TVA (n° 12065) (Lettre DLF 11-7-2006). L'expression « sur 90 % au moins de leur chiffre d'affaires » ne vise que la condition relative à l'année précédente (CE 21-5-1986 n° 49766 : RJF 7/86 n° 679 ; BOI-TPS-TS-10-10-20 n° 170).

En pratique, on peut distinguer trois situations.

a. Échappent complètement à la taxe sur les salaires au titre des rémunérations versées une année N les employeurs qui répondent aux deux **conditions cumulatives** suivantes :

– être assujettis à la TVA l'année N sur une partie au moins de leur chiffre d'affaires ;

– avoir été assujettis à la TVA l'année précédente (année N – 1) à hauteur d'au moins 90 % de leur chiffre d'affaires (CE 31-3-2023 n° 460838 : BPAT 4/23 n° 196).

b. Sont **redevables de la taxe** sur les salaires au titre des rémunérations versées l'année N, **dans la limite du rapport** existant, au titre de l'année civile précédant celle du versement (N - 1), entre le chiffre d'affaires non imposé à la TVA et le chiffre d'affaires total hors TVA : **12305** (suite)

– les employeurs dont le chiffre d'affaires de l'année N n'est pas soumis à la TVA ;

– ainsi que les employeurs dont le chiffre d'affaires de l'année N - 1 a été soumis à la TVA à hauteur d'une fraction inférieure à 90 %.

Pour le calcul du rapport chiffre d'affaires non soumis à la TVA sur chiffre d'affaires total, les entreprises doivent en principe retenir le **chiffre d'affaires de l'année civile précédant celle du paiement des rémunérations.** Sont toutefois autorisées à retenir le **chiffre d'affaires de l'année même du paiement** :

– les sociétés ayant **opté pour la TVA** (pour la taxe due sur les salaires versés l'année de la date d'effet de l'option et l'année suivante) ;

– les sociétés **commençant leur activité** (pour la taxe due sur les salaires versés l'année de création) ;

– les sociétés **devenant passibles de la TVA en cours d'activité** (pour la taxe sur les salaires due sur ceux versés pendant l'année où elles deviennent passibles de la TVA).

Il en est de même sur demande adressée à l'administration, pour les sociétés qui constatent que la référence au rapport de l'année antérieure conduit à une **anomalie manifeste** (tolérance applicable dès le paiement de la taxe intervenant au moment du paiement des rémunérations) (BOI-TPS-TS-20-30 n°s 240 à 300). Cette tolérance ne s'applique pas en cas de diminution des dividendes encaissés (CAA Lyon 8-1-2019 n° 17LY02510 : RJF 1/20 n° 25).

Le rapport d'assujettissement doit être appliqué **après** la **répartition des rémunérations entre les tranches du barème** progressif d'imposition visé n° 12321 (CE Avis 23-11-1998 n° 197839 : RJF 12/98 n° 1420).

Les employeurs dont le chiffre d'affaires de l'année civile précédente n'excède pas les limites de la **franchise en base de TVA** (n° 33070) sont exonérés de taxe sur les salaires, même s'ils ne bénéficient pas effectivement de cette franchise (CGI art. 231, 1-al. 2).

> Précisions **a.** Les règles de **calcul du rapport d'assujettissement** à la taxe sur les salaires sont autonomes par rapport au calcul du coefficient de taxation servant à déterminer le coefficient de déduction de TVA (CE 15-4-2015 n° 369652 : RJF 7/15 n° 585).

Le **numérateur** reprend le total des recettes et autres produits correspondant à des opérations qui n'ont pas ouvert droit à déduction de la TVA (y compris ceux correspondant à des opérations qui n'entrent pas dans le champ d'application de la TVA) ainsi que les subventions non imposables à la TVA (CE 17-6-2015 n° 371162 : RJF 10/15 n° 782).

Doivent notamment figurer au numérateur du rapport d'assujettissement les **dividendes** perçus par une entreprise (CE 29-6-2001 n° 176105 : RJF 10/01 n° 1217 ; CE 14-2-2018 n° 410302 : RJF 5/18 n° 483 ; BOI-TPS-TS-20-30 n° 90), la **quote-part de bénéfices de sociétés de personnes** perçue par une société qui en détient des parts (CAA Versailles 20-10-2020 n°s 18VE03966 et 18VE03967 rendus définitifs par CE (na) 21-9-2021 n° 447998 : RJF 12/21 n° 1103), ainsi que, pour les employeurs membres d'un **assujetti unique** constitué aux fins de la TVA (n° 12003), le montant des opérations internes qu'ils réalisent avec les autres membres du groupe (BOI-TVA-AU-30 n° 80).

Le **dénominateur** comprend les sommes figurant au numérateur plus les recettes afférentes aux opérations ouvrant droit à la déduction de la TVA. En pratique, l'administration admet cependant de ne **pas prendre en compte** certaines recettes (BOI-TPS-TS-20-30 n°s 90 à 165). Tel est le cas, notamment, des **indemnités d'assurances,** des **débours,** des **aides publiques à l'emploi,** des **produits financiers** lorsque leur montant total (produits exonérés et/ou hors champ de la TVA) n'excède pas 5 % des recettes totales, des **subventions** à caractère exceptionnel et des subventions d'équipement. C'est le cas également des **livraisons à soi-même des biens immobilisés** imposées à la TVA (en ce sens, s'agissant de livraisons à soi-même d'immeubles, CE 9-11-2015 n°s 384536 et 384537 : RJF 2/16 n° 131 et CE 7-2-2018 n° 391094 : RJF 5/18 n° 484) et des **livraisons à soi-même de travaux immobiliers** ou de simples **travaux d'entretien** (TA Montreuil 21-3-2019 n° 1710749 : RJF 8-9/19 n° 779).

b. Les sociétés civiles ayant constitué des **secteurs d'activité distincts en matière de TVA** (n°s 32965 s.) doivent déterminer la taxe sur les salaires en appliquant aux rémunérations des salariés affectés spécialement à chaque secteur le rapport d'assujettissement propre à ce secteur. Pour les rémunérations des salariés concurremment affectés à plusieurs secteurs, la taxe sur les salaires doit être déterminée en leur appliquant le rapport d'assujettissement général de l'entreprise (CE 28-7-1999 n°s 144542 et 164100 : RJF 10/99 n° 1173 ; BOI-TPS-TS-20-30 n° 190).

c. Une **décote** est applicable lorsque le **rapport d'assujettissement** à la taxe sur les salaires est compris **entre 10 et 20 %.** Pour chaque valeur de ce rapport (mentionnée en maigre), le taux d'assujettissement à la taxe (mentionné en gras) est le suivant : 10/**0** ; 11/**2** ; 12/**4** ; 13/**6** ; 14/**8** ; 15/**10** ; 16/**12** ; 17/**14** ; 18/**16** ; 19/**18** ; 20/**20** (BOI-TPS-TS-20-30 n° 220).

d. Le rapport d'assujettissement peut être **arrondi** à l'unité immédiatement inférieure (BOI-TPS-TS-20-30 n° 80).

12310 **Sociétés civiles exerçant une activité agricole** Les sociétés civiles exerçant une profession agricole au sens des dispositions régissant la mutualité sociale agricole ne sont pas assujetties à la taxe sur les salaires, sous réserve des exceptions ci-après.

a. Si elles effectuent des opérations de **transformation** ou de **vente de produits agricoles** dans des établissements présentant un **caractère industriel ou commercial,** elles sont en principe redevables de la taxe sur les salaires à raison des rémunérations versées au personnel affecté à ces établissements (CGI ann. III art. 53 ter) ; en pratique, elles sont toutefois exonérées en tant que redevables de la TVA.

b. Certains **organismes coopératifs, professionnels ou mutualistes agricoles,** parmi lesquels figurent notamment les sociétés d'intérêt collectif agricole (Sica), sont soumis à la taxe sur les salaires par une disposition expresse du CGI (CGI ann. III art. 53 bis). Sont également assujettis à ce titre à la taxe sur les salaires les groupements forestiers. Mais il est admis que ces groupements forestiers ne soient passibles de la taxe que sur les salaires payés à raison d'opérations de transformation ou de vente effectuées dans des établissements présentant un caractère industriel ou commercial (BOI-TPS-TS-10-20 n° 230).

Les sociétés qui seraient ainsi soumises à la taxe sur les salaires ne sont effectivement tenues d'acquitter cette taxe que dans la mesure où elles ne sont pas assujetties à la TVA ou ne l'ont pas été sur 90 % au moins de leur chiffre d'affaires.

c. L'exemption des employeurs agricoles ne s'étend pas aux **autres employeurs,** même s'ils occupent du personnel relevant de la mutualité sociale agricole. Ainsi, une société civile n'exerçant pas une profession agricole, mais qui emploie des gardes-chasse, gardes-pêche, gardes forestiers, jardiniers, gardes de propriétés et d'une manière générale du personnel occupé à la mise en état et à l'entretien des jardins, est redevable de la taxe (sous réserve de l'exonération dont elle bénéficie le cas échéant en tant qu'assujettie à la TVA) à raison des rémunérations versées à ce personnel, bien qu'il relève de la mutualité sociale agricole (BOI-TPS-TS-10-20 n° 390).

12315 **Sociétés civiles immobilières d'attribution** Lorsque parmi les associés des sociétés civiles immobilières d'attribution dotées de la transparence fiscale figurent des entreprises assujetties à la TVA, l'exonération totale ou partielle de taxe sur les salaires qui en résulte est applicable à la quote-part de la taxe sur les salaires qui correspond aux droits de cette entreprise dans la société, même si c'est la société civile qui effectue le paiement de la taxe sur les salaires (BOI-TPS-TS-10-10-10 n° 60).

CALCUL ET PAIEMENT DE LA TAXE SUR LES SALAIRES

12320 **Base** La base de la taxe sur les salaires est alignée sur l'**assiette de la CSG applicable aux salaires** et assimilés, définie à l'article L 136-1 du Code de la sécurité sociale (voir Mémento Social n°s 25100 s.). Toutefois, pour la détermination de cette base, il ne doit pas être tenu compte, notamment, de la déduction forfaitaire pour **frais professionnels** visée au I de l'article L 136-2 du Code précité (CGI art. 231, 1). Sont également exclues de l'assiette de la taxe les sommes correspondant à des revenus de remplacement, tels que les indemnités servies en cas d'accident de travail ou les indemnités journalières versées en cas de maladie et, plus généralement, toute somme correspondant à des **prestations de sécurité sociale** versées par l'entremise de l'employeur (BOI-TPS-TS-20-10 n° 80).

Certaines sommes bénéficient cependant d'une **exonération spécifique** de taxe sur les salaires.

12321 **Taux** Le taux normal de la taxe est fixé à 4,25 %.

Il est porté :

– à 8,50 % pour la fraction des rémunérations individuelles annuelles comprise entre 8 573 et 17 114 € ;

– à 13,60 % pour la fraction des rémunérations excédant 17 114 € (CGI art. 231, 1 et 231, 2 bis).

> **Précisions** **a.** Les seuils ci-dessus s'appliquent à la taxe sur les salaires due à raison des rémunérations versées depuis le 1er janvier 2023. Ils sont relevés chaque année dans la même proportion que la limite supérieure de la première tranche du barème de l'impôt sur le revenu de l'année précédente ; les montants obtenus sont arrondis, s'il y a lieu, à l'euro supérieur (CGI art. 231, 2 bis). Pour 2022, le taux de 8,50 % s'appliquait à la fraction des rémunérations comprises entre 8 133 et 16 237 €, et le taux de 13,60 % à celle excédant 16 237 €.
> **b.** Les **salaires à retenir** pour le calcul de la majoration de la taxe sur les salaires s'entendent des rémunérations individuelles annuelles. Pour apprécier si la majoration est exigible, il faut donc prendre en considération le montant des rémunérations que reçoit chaque

salarié au cours de l'année, et non pas la masse globale des salaires versés à l'ensemble du personnel.

c. La taxe sur les salaires de 4,25 % est calculée sur la totalité des rémunérations versées, le montant de la **majoration** étant déterminé séparément en appliquant les taux de :

– 4,25 % à la fraction des rémunérations individuelles mensuelles supérieure à 714 € et inférieure ou égale à 1 426 € ;

– 9,35 % à la fraction de ces rémunérations supérieure à 1 426 €.

Une **régularisation** est ensuite effectuée en fin d'année.

Déclaration et recouvrement La taxe n'est pas due lorsque son montant annuel n'excède pas 1 200 €. Si ce montant est supérieur à 1 200 € sans excéder 2 040 €, l'impôt exigible fait l'objet d'une **décote,** égale aux trois quarts de la différence entre 2 040 € et ce montant (CGI art. 1679). **12325**

La taxe est entièrement à la charge de l'employeur, qui est tenu de s'en acquitter spontanément. Tous les redevables ont l'**obligation** de la **télérégler** (CGI art. 1681 septies, 5). La **périodicité** des versements varie en fonction du montant de la taxe acquittée au titre de l'année précédente (CGI ann. III art. 369) :

– si ce montant est inférieur à 4 000 €, la taxe est versée annuellement, dans les 15 premiers jours de l'année suivant celle du paiement des rémunérations ;

– si ce montant est compris entre 4 000 € et 10 000 €, la taxe est versée trimestriellement, dans les 15 premiers jours du trimestre suivant celui du paiement des rémunérations ;

– si ce montant est supérieur à 10 000 €, la taxe est versée mensuellement, dans les 15 premiers jours du mois suivant celui du paiement des rémunérations.

Tous les employeurs doivent transmettre par voie électronique les **relevés de versement provisionnels** (modèle n° 2501) qui accompagnent chaque versement mensuel ou trimestriel (le versement relatif au mois de décembre ou du dernier trimestre est acquitté directement avec la déclaration annuelle et ne donne donc pas lieu à la souscription d'un relevé). Le défaut de transmission de ce relevé, dans les 30 jours de la mise en demeure de l'administration, permet à celle-ci de recourir à la taxation d'office.

Bien qu'elles bénéficient de la transparence fiscale, il est admis dans la pratique que les **sociétés civiles immobilières d'attribution** visées à l'article 1655 ter du CGI acquittent elles-mêmes la taxe. Ce n'est qu'à défaut de paiement par la société que la taxe est réclamée aux associés (BOI-TPS-TS-10-10-10 n° 60).

Les sociétés civiles redevables de la taxe sur les salaires doivent souscrire au plus tard le 15 janvier de l'année suivant celle du paiement des rémunérations, une **déclaration annuelle de liquidation** et **de régularisation** de la taxe sur les salaires (modèle n° 2502-SD). Toutefois, il est admis que la déclaration puisse être souscrite au plus tard le 31 janvier de l'année qui suit celle au titre de laquelle la taxe est due (CGI ann. III art. 369, 3 ; BOI-TPS-TS-40 n° 280). Cette déclaration doit être transmise par voie électronique (CGI art. 1649 quater B quater).

> Précisions a. Outre l'obligation de souscrire la déclaration annuelle, les employeurs doivent notamment **indiquer** dans la déclaration des salaires (en principe la dernière déclaration sociale nominative [DSN] déposée au titre de l'année civile), s'ils sont assujettis ou non à la taxe et s'ils sont assujettis, préciser, pour chaque salarié, le montant brut servant de base à la taxe et l'assiette des taux majorés (CGI ann. III art. 39 ; BOI-TPS-TS-40 n° 240).

b. Si la régularisation fait apparaître un **excédent de versement,** la société indique sur la déclaration si elle entend utiliser cet excédent sur les versements de l'année suivante ou si elle en demande le remboursement. En cas d'**insuffisance de versement,** la société accompagne la déclaration du télérèglement de l'impôt ou du complément d'impôt exigible au titre de cette même année.

c. En cas de **non-respect** des obligations de **télédéclaration** et de **télépaiement,** les sanctions prévues n° 14027 s'appliquent.

B. Investissement obligatoire dans la construction

SOCIÉTÉS ASSUJETTIES À L'INVESTISSEMENT OBLIGATOIRE DANS LA CONSTRUCTION

Toute société civile employant **au moins 50 salariés** est tenue d'investir chaque année dans la construction une fraction des rémunérations qu'elle a versées au cours de l'année civile précédente, contribution dénommée « Action logement ». À défaut d'investir, les sociétés sont redevables d'une cotisation de 2 % du montant de ces mêmes rémunérations (CCH art. L 313-1). **12460**

L'**effectif salarié annuel** de l'employeur, y compris lorsqu'il s'agit d'une personne morale comportant plusieurs établissements, correspond à la moyenne du nombre de personnes employées au cours de chacun des mois de l'année civile précédente (CSS art. L 130-1, I-al. 1, sur renvoi de CCH art. L 313-1, al. 7).

Le **franchissement** à la hausse **du seuil** de 50 salariés est pris en compte lorsque celui-ci est atteint ou dépassé pendant cinq années civiles consécutives. À l'inverse, une société civile dont la diminution de l'effectif conduit à la faire passer sous ce seuil dispose à nouveau de 5 années pour être assujettie à la participation-construction (CSS art. L 130-1, II).

> Précisions **a.** Seules sont **comptabilisées dans l'effectif** mentionné à l'article L 130-1 du CSS les personnes titulaires d'un contrat de travail (même si elles sont absentes ou si leur contrat est suspendu). Les mandataires sociaux n'entrent pas dans le calcul de l'effectif. Par ailleurs, pour établir la **moyenne** visée à l'article L 130-1 du CSS, les mois au cours desquels aucun salarié n'est employé ne sont pas pris en compte (CSS art. R 130-1).

b. Les règles de détermination de l'effectif salarié annuel ainsi que le mécanisme de limitation des effets de seuils s'appliquent aux employeurs occupant au minimum 50 **salariés agricoles** dans les mêmes conditions que pour les autres employeurs (C. rur. art. L 716-2, al. 8).

c. Le dispositif de **réduction temporaire** prévu à l'ancien article L 313-2 du CCH (applicable en cas de franchissement du seuil d'effectif minimum fixé à 20 salariés), abrogé depuis le 1er janvier 2020, est maintenu pour les sociétés qui comprenaient au moins 50 salariés au 31 décembre 2019 et qui bénéficiaient de ce dispositif à cette date (Loi 2019-486 du 22-5-2019 art. 11, XII). Il permet aux sociétés concernées de bénéficier d'une exonération totale de participation pendant trois ans puis d'une réduction de son montant de 75 % la quatrième année, 50 % la cinquième année et 25 % la sixième année.

MONTANT DE L'INVESTISSEMENT OBLIGATOIRE DANS LA CONSTRUCTION

12470 Les sociétés assujetties doivent investir, avant le 31 décembre de chaque année, une fraction fixée à 0,45 % des rémunérations versées au cours de l'année civile précédente (CCH art. L 313-1 ; CGI art. 235 bis).

Ainsi, la déclaration souscrite en 2024 fait état des investissements réalisés en 2023, sur la base des rémunérations versées en 2022.

Le montant des rémunérations servant de **base** à l'investissement obligatoire est déterminé sur une base identique à celle retenue en matière de sécurité sociale (voir Mémento Social nos 22320 s.).

RÉALISATION DES INVESTISSEMENTS

12480 Les employeurs peuvent effectuer des versements à des organismes collecteurs agréés ou réaliser des investissements directs.

Les investissements doivent être réalisés pendant l'**année civile** suivant celle du paiement des rémunérations. Seules les sommes effectivement versées sont libératoires. Les investissements excédentaires sont reportables sur les années suivantes, sans limitation de durée.

Les employeurs doivent mettre à la disposition du **comité social et économique** les informations sur l'affectation de la contribution sur les salaires au titre de la participation-construction (C. trav. art. L 2312-26, II-7°).

12481 **Versements aux organismes collecteurs** Ces versements peuvent être faits à titre de **prêts sans intérêt** ou de **subventions** aux organismes énumérés ci-après (CCH art. L 313-1, al. 2 ; CCH art. R 313-6, al. 1 et R 313-22) :

– la société **Action Logement Services** (CCH art. L 313-19) ;

– les organismes d'**HLM** et les sociétés d'économie mixte exerçant à titre principal une activité de construction, d'acquisition ou de gestion de logements sociaux ;

– la **société immobilière des chemins de fer français.**

Ces versements donnent lieu à un **reçu,** attestant de leur caractère libératoire, délivré à l'employeur par l'organisme collecteur agréé (CCH art. R 313-6, al. 2).

12482 **Investissements directs** L'investissement direct par un employeur en faveur du logement de ses salariés peut être réalisé sous forme de **prêts à taux réduit** accordés à ceux-ci pour le financement de la construction d'un logement affecté à leur résidence principale ou à celle de leur conjoint, de leurs ascendants ou descendants, dans certaines conditions, notamment de performance énergétique du logement. Le **montant** de ces prêts ne doit pas excéder 30 % du coût total de l'opération, dans la limite d'un montant par logement fixé par zone géographique ; leur **durée maximale** ne doit pas être supérieure à 30 ans et leur **taux d'intérêt** ne doit pas dépasser un taux plafond égal au taux du livret A en vigueur au 31 décembre de l'année précédant l'émission de l'offre de prêt ou au taux de 1 % si le taux du livret A devient inférieur à ce montant ; enfin, ils doivent être accordés à des ménages respectant des **conditions de ressources** (CCH art. R 313-7 et R 313-20-1, II).

À titre exceptionnel, **sur autorisation préfectorale** préalable et sous réserve de la signature d'une convention, les employeurs peuvent également réaliser au titre des investissements directs :
– des **constructions de logements locatifs,** à condition que ces logements bénéficient des prêts mentionnés aux articles D 331-1 (prêts locatifs aidés) ou D 331-72 (prêts conventionnés) du CCH ;
– des **travaux d'amélioration d'immeubles anciens** leur appartenant, loués ou destinés à être loués à leurs salariés et compris dans un programme d'intérêt général d'amélioration de l'habitat.

Les constructions de logements locatifs ou les travaux d'amélioration d'immeubles anciens ne peuvent excéder **10 %** du prix de revient de l'opération, dans la limite d'un montant par logement fixé par zone géographique (CCH art. R 313-7, 2° et R 313-20-2, I-1°).

> **Précisions** Les employeurs occupant au minimum **50 salariés agricoles** peuvent financer les opérations de rénovation du patrimoine rural bâti destiné aux logements sociaux, les opérations de construction ou d'acquisition de logements en zone rurale ou les aides directes à des personnes physiques pour le changement de logement ou l'accès au logement locatif. Ils peuvent également effectuer des versements ayant pour objet de financer des interventions à caractère très social dans le domaine du logement, notamment sous la forme d'opérations relatives au logement ou à l'hébergement des personnes défavorisées (C. rur. art. L 716-2).

CONSERVATION DES INVESTISSEMENTS

Hormis les subventions aux organismes collecteurs, qui sont opérées à fonds perdus, les investissements doivent être conservés pendant une **durée minimum** de 20 ans à compter de la réalisation de l'investissement. Cette durée peut être divisée en plusieurs périodes dont aucune, sauf la dernière, ne doit être inférieure à cinq ans. S'agissant des prêts aux salariés, cette disposition a pour but de garantir à ces derniers l'octroi d'un prêt d'une durée minimale de cinq ans. **12483**

Tout **désinvestissement** intervenu avant l'expiration du délai de 20 ans doit être réinvesti dans les trois mois ou au plus tard le 31 décembre de l'année civile (CCH art. R 313-9). À défaut, la cotisation de 2 % mentionnée n° 12484 est due.

ABSENCE OU INSUFFISANCE D'INVESTISSEMENTS

Les sociétés qui n'ont pas suffisamment investi au cours d'une année donnée sont redevables d'une **cotisation de 2 %** calculée sur les rémunérations payées par elles au cours de l'année précédente (CCH art. L 313-4). En pratique, la base de cotisation s'obtient en multipliant par 10 000/45 l'insuffisance d'investissement. **12484**

Le **versement** de la cotisation de 2 % est effectué spontanément auprès du service des impôts des entreprises, **au plus tard** le 30 avril de la deuxième année qui suit le versement des rémunérations. Le versement doit s'accompagner d'un bordereau (CCH art. L 313-4, al. 2 et R 313-3). Ainsi, les employeurs n'ayant pas ou pas assez investi en 2023 au titre des rémunérations versées en 2022 doivent déposer le bordereau précité, accompagné de la cotisation de 2 %, au plus tard le 30 avril 2024.

Le **paiement tardif de la cotisation** de 2 % donne lieu au versement de l'intérêt de retard de 0,20 % par mois (CGI art. 1727) et d'une majoration de 5 % (CGI art. 1731).

La cotisation de 2 % est intégralement **déductible** du bénéfice imposable.

> **Précisions** **a.** L'assiette de la participation doit être mentionnée chaque année sur la dernière déclaration sociale nominative (DSN) déposée au titre de l'année civile (CCH art. R 313-2 et CGI ann. III art. 39, 1°-f ; BOI-TPS-PEEC-40 n° 10).
> **b.** Les employeurs qui se trouvent dans l'impossibilité d'acquitter le montant de la cotisation de 2 % peuvent en solliciter la **remise gracieuse** pour cause de gêne.
> **c.** En cas de **cession ou de cessation d'activité**, la participation, calculée à raison des rémunérations versées pendant l'année en cours et l'année précédente, est immédiatement exigible compte tenu, le cas échéant, des investissements réalisés au cours de cette période et des excédents des années antérieures. L'employeur doit mentionner l'assiette taxable correspondante dans la DSN dans les 60 jours de la cession ou de la cessation. Dans tous les cas de cession d'entreprise ou d'apport en société, le nouvel exploitant peut, sous certaines conditions, demander à être subrogé dans l'ensemble des droits et obligations de l'ancien exploitant (BOI-TPS-PEEC-40 n°s 250 et 260).

V. DÉCLARATION DES SALAIRES ET DES HONORAIRES

DÉCLARATION DES SALAIRES

12600 Les sociétés civiles qui emploient du personnel salarié **doivent,** comme tous les employeurs, souscrire une déclaration indiquant notamment les rémunérations versées à chacun de leurs salariés (CGI art. 87) et les cotisations versées (CSS art. L 133-5-4 et R 243-13).

12602 **Déclaration sociale nominative** La DSN est **souscrite** en ligne via le site www.net-entreprises.fr le mois civil suivant la période de travail au titre de laquelle les rémunérations sont dues au plus tard le 5 ou le 15 de ce mois selon l'effectif de la société et selon qu'elle pratique ou non le décalage de paie. Si ces dates tombent un dimanche ou un jour férié, le délai est prorogé jusqu'au 1er jour ouvrable suivant. Tant que l'employeur n'a pas demandé la radiation de son compte, il doit effectuer chaque mois la déclaration, même s'il n'a versé aucune rémunération au cours de ce mois.

Les logiciels de paie utilisés par les employeurs génèrent automatiquement la DSN.

CONSEIL

Pour **faciliter ces formalités** et être dispensées de DSN, les sociétés civiles non agricoles peuvent utiliser un dispositif simplifié de déclaration, le titre emploi-service entreprise (Tese), quel que soit leur effectif mais à condition de l'utiliser pour l'ensemble de leurs salariés (CSS art. L 133-5-6). Les sociétés civiles agricoles ainsi que celles employant des salariés dont les cotisations sont calculées sur des taux réduits (certains médecins par exemple) ne peuvent pas recourir à ce dispositif. L'adhésion au dispositif peut se faire à tout moment et s'effectue obligatoirement en ligne (www.letese.urssaf.fr). En revanche, les sociétés civiles, quand bien même elles ne poursuivent aucun but commercial ou qu'elles bénéficient du statut de SCI familiale, ne peuvent pas recourir au Cesu, qui ne concerne que les particuliers employeurs (Rép. Min. Morange n° 44839 : AN 21-10-2010 p. 10321).

12603 **Sanctions** Le non-respect de la réglementation relative à la DSN est passible de plusieurs pénalités.

Le **défaut de production** de la déclaration dans les délais prescrits ou l'**omission de salariés** ou assimilés entraîne l'application d'une pénalité de 1,5 % du plafond mensuel de sécurité sociale (PMSS) par salarié ou assimilé. Cette pénalité est appliquée pour chaque mois ou fraction de mois de retard. Si le retard n'excède pas 5 jours, la pénalité est plafonnée par entreprise à 150 % du PMSS, ce plafonnement n'étant applicable qu'une fois par année civile (CSS art. R 243-12). À cette sanction s'ajoute l'application d'un mécanisme de taxation provisionnelle des cotisations sociales (CSS art. R 243-15).

L'**inexactitude** des rémunérations déclarées ayant pour effet de minorer le montant des cotisations dues est sanctionnée par une pénalité par salarié de 1 % du PMSS. Pour chaque salarié déclaré ou pour les données d'identification de l'employeur, les autres omissions et inexactitudes de données font encourir à l'employeur une pénalité égale au tiers du PMSS par salarié (CSS art. R 243-13, I).

Lorsque la déclaration est effectuée **selon un autre moyen** que la DSN ou ne respecte pas les **normes de la DSN,** la pénalité est égale à 0,5 % du PMSS par salarié (CSS art. R 243-13, I).

> **Précisions** **a.** La pénalité prévue en cas d'omissions ou inexactitudes autres que celles portant sur le nombre de salariés déclarés ou les rémunérations n'est pas applicable si l'employeur **régularise** dans les 30 jours suivant la transmission de la DSN portant les données omises ou inexactes.
b. Aucune pénalité sociale n'est appliquée si une **déclaration rectifiée** est adressée au plus tard lors de la première échéance suivant celle de la déclaration et du versement initial, à condition que la déclaration s'accompagne d'un versement régularisateur d'un montant inférieur à 5 % du montant total des cotisations initiales. Ce droit à l'erreur est toutefois exclu en cas d'omission de salariés dans la déclaration ou d'inexactitudes répétées concernant le montant des rémunérations déclarées (CSS art. R 243-10).

12605 **Conservation des bulletins de paie** Les employeurs doivent conserver dans leurs locaux un double des bulletins de paie remis aux salariés ainsi que les bulletins remis sous forme électronique, pendant un **délai** de 5 ans, selon la législation sociale (CSS art. L 243-12 ; C. trav. art. L 3243-4).

Mais le droit de communication de l'administration fiscale visé à l'article 86 du CGI s'exerce sur les doubles des bulletins de paie pendant 6 ans. Par ailleurs, les documents relatifs au personnel présentant le caractère de documents comptables doivent être conservés pendant au moins

10 ans (C. com. art. L 123-22). À noter que les caisses de retraite complémentaire imposent généralement aux employeurs de délivrer à leurs salariés ou anciens salariés les certificats ou attestations leur permettant de déterminer leurs droits à la retraite, ce qui oblige à conserver les bulletins de paie plus longtemps.

Les entreprises peuvent déroger à la conservation du double des bulletins de paie **sur support papier** en recourant à d'autres moyens de conservation, notamment informatiques, lorsque des garanties de contrôle équivalentes sont maintenues (C. trav. art. L 3243-5 et L 8113-6).

DÉCLARATION ANNUELLE DES HONORAIRES

Toutes les personnes physiques et morales, et notamment les sociétés civiles, sont tenues de souscrire une **déclaration spéciale** mentionnant, pour chaque bénéficiaire, les sommes qu'elles ont versées au cours de l'année civile précédente, à l'occasion de l'exercice de leur profession, à titre de **commissions, courtages, ristournes** ou autres, **vacations, honoraires** occasionnels ou non, **gratifications** ou autres rémunérations (à l'exclusion des salaires : CE 2-6-1999 n°s 187980 à 187982 : RJF 7/99 n° 864 ; CGI art. 240, 1). Seules doivent être portées sur la déclaration les sommes supérieures à 1 200 € versées à un même bénéficiaire (BOI-BIC-DECLA-30-70-20 n° 140). **12620**

Par ailleurs, les personnes concernées doivent tenir à la disposition des agents des impôts jusqu'à expiration d'un délai de six ans les **documents comptables** permettant de connaître les revenus qu'elles versent annuellement (LPF art. L 82 A et L 102 B).

La déclaration est obligatoirement **transmise** par un procédé informatique (CGI art. 89 A). L'un des supports suivants est utilisé : la déclaration sociale nominative (**DSN**), la DADS-U sur le portail net.entreprise.fr ou une **déclaration salaires et/ou honoraires et/ou actionnariat salarié** selon le mode EDI ou EFI. En mode dépôt **EDI,** la déclaration est souscrite au format TD-bilatéral. En mode dépôt **EFI,** doivent être utilisés le formulaire informatisé **DAS 2** « État des honoraires, vacations, commissions », ou le formulaire informatisé **2460** « Salaires et honoraires », dans le cas où la société civile doit déclarer à la fois des honoraires et des salaires (BOI-BIC-DECLA-30-70-20 n° 360). **12621**

La déclaration doit, en principe, être **souscrite** dans le courant du mois de janvier de l'année qui suit celle où les rémunérations ont été payées aux bénéficiaires. Lorsque la déclaration est souscrite par l'intermédiaire de la DSN, l'administration admet qu'elle soit transmise au plus tard durant le mois d'avril de l'année suivant le paiement des rémunérations. Lorsqu'elle est souscrite via les autres modalités mentionnées ci-dessus, elle peut l'être en même temps que la déclaration de résultat, c'est-à-dire pour les sociétés civiles dont l'exercice coïncide avec l'année civile, au plus tard deuxième jour ouvré suivant le 1er mai. Pour les sociétés soumises à l'impôt sur les sociétés dont l'exercice ne coïncide pas avec l'année civile, la déclaration est déposée dans les trois mois de la clôture de l'exercice. Dans ce cas, les montants déclarés doivent correspondre aux sommes payées au titre de l'année civile N – 1 (BOI-BIC-DECLA-30-70-20 n° 400).

En cas de cession ou de cessation d'activité, la déclaration doit être souscrite dans les 60 jours.

Le **défaut** même partiel **de déclaration** des sommes versées dans le délai prescrit est sanctionné d'une amende égale à 50 % des sommes non déclarées (alors même, en principe, que les bénéficiaires les auraient comprises dans leurs propres déclarations). L'amende n'est toutefois pas applicable en cas de **première infraction** commise pendant l'année civile en cours et les trois années précédentes, lorsque l'intéressé a réparé l'omission soit spontanément, soit à la première demande de l'administration, avant la fin de l'année au cours de laquelle la déclaration devait être souscrite. **12622**

La société peut **régulariser** les déclarations des trois années précédentes sans encourir cette amende lorsqu'elle présente une demande de régularisation (y compris au cours d'un contrôle fiscal) pour la première fois, qu'elle justifie que le bénéficiaire des rémunérations a lui-même déclaré en temps utile les sommes perçues notamment par une attestation de ce dernier, et que l'administration est en mesure de vérifier l'exactitude des justifications produites (CGI art. 1736, I-1).

Lorsque la déclaration comporte des **omissions ou inexactitudes,** autres que celles relatives au montant des sommes versées, l'amende prévue par l'article 1729 B, 2 du CGI s'applique (amende de 15 € par omission ou inexactitude, sans que le total des amendes applicables aux documents devant être produits simultanément puisse être inférieur à 60 € ni supérieur à 10 000 €).

Le **non-respect** de l'obligation de **déclaration par voie électronique** est sanctionné par l'application d'une amende de 15 € par bénéficiaire de ces sommes (CGI art. 1738, 2).

VI. TAXES SUR LES VÉHICULES DE TOURISME AFFECTÉS À DES FINS ÉCONOMIQUES

12900 Les véhicules de tourisme affectés à des fins économiques sont soumis à deux taxes annuelles, l'une sur les émissions de dioxyde de carbone et l'autre sur l'ancienneté des véhicules (CIBS art. L 421-94 s.).

REDEVABLES DES TAXES

12905 Les taxes annuelles sur les véhicules de tourisme sont dues par les **entreprises** qui détiennent des véhicules affectés à des fins économiques (n° 12915) ou en disposent dans le cadre d'une location ou d'une mise à disposition, ou encore prennent en charge les frais d'acquisition ou d'utilisation de tels véhicules (CIBS art. L 421-98 et L 421-159).
Les entreprises s'entendent des assujettis à la TVA définis à l'article 256 A du CGI, dans la mesure où elles agissent en tant que tels (CIBS art. L 111-2 et L 421-93).

VÉHICULES TAXABLES

12910 **Catégories de véhicules** Les taxes concernent les véhicules de tourisme au sens de l'article L 421-2 du CIBS. Il s'agit des véhicules suivants :
– les véhicules de la **catégorie M1** autres que les véhicules à usage spécial mais y compris ceux qui sont accessibles en fauteuil roulant ;
– parmi les véhicules de la **catégorie N1** : ceux dont la carrosserie est « **Camion pick-up** » et qui comportent au moins cinq places assises et ne sont pas exclusivement affectés à l'exploitation des remontées mécaniques et des domaines skiables, ainsi que ceux dont la carrosserie est « **Camionnette** » qui comportent (ou sont susceptibles de comporter après une manipulation aisée) au moins deux rangs de places assises et sont affectés au transport de personnes.

> Précisions a. Les voitures particulières classées dans la **catégorie** « M1 » sont réparties en différents types de carrosseries : berline, voiture à hayon arrière, break, coupé, cabriolet et véhicule à usages multiples destiné au transport de voyageurs et de leurs bagages ou de leurs biens dans un compartiment unique (BOI-TFP-TVS-10-20 n° 20).
b. La **catégorie** « N1 » regroupe les véhicules conçus et construits pour le transport de marchandises dont le poids maximal ne dépasse pas 3,5 tonnes et les véhicules à usages multiples qui correspondent aux véhicules dont la carte grise porte la mention « camionnette » ou « CTTE » mais qui disposent de plusieurs rangs de places assises. Comme pour la taxe sur les véhicules de sociétés (BOI-TFP-TVS-10-20 n° 43) devraient demeurer cependant hors du champ de la taxe les véhicules utilitaires disposant de plusieurs rangs de places assises mais affectés en pratique au transport de marchandises. Il devrait en être de même des voitures particulières transformées en véhicules utilitaires, dits « dérivés VP », ne disposant que d'un seul rang de places assises à l'avant et destinés au transport de marchandises (BOI-RES-TFP-000024).

12915 **Affectation du véhicule à des fins économiques** Seuls entrent dans le champ des taxes sur les véhicules de tourisme les véhicules affectés à des fins économiques en France métropolitaine, en Guadeloupe, en Martinique, en Guyane et à La Réunion.

Est considéré comme affecté à des fins économiques un véhicule qui remplit l'une des conditions suivantes (CIBS art. L 421-95) :
– il est **détenu** (c'est-à-dire possédé ou pris en location de longue durée) par une entreprise, immatriculé en France et les deux conditions ci-dessous ne sont pas remplies ;
– il circule sur la voie publique et une **entreprise prend à sa charge** totalement ou partiellement les frais engagés par une personne physique pour son acquisition ou son utilisation ;
– dans les situations autres que les deux premières, il circule sur la voie publique pour les **besoins de la réalisation d'une activité économique.**

Sont réputés ne pas être affectés à des fins économiques (CIBS art. L 421-96 et L 421-97) :
– les véhicules autorisés à circuler pour les seuls besoins de leur **construction,** de leur **commercialisation,** de leur **réparation** ou de leur **contrôle technique** et qui ne réalisent effectivement aucune opération de transport autre que celles strictement nécessaires pour ces besoins ;
– les véhicules **immobilisés ou mis en fourrière** à la demande des pouvoirs publics.

Les activités économiques s'entendent de celles **définies** en matière de **TVA** à l'article 256 A du CGI (CIBS art. L 111-1).

VÉHICULES EXONÉRÉS

Véhicules exonérés des deux taxes Sont exonérés des deux taxes notamment : 12920

– les véhicules **accessibles en fauteuil roulant** (CIBS art. L 421-123 et L 421-136) ;

– les véhicules dont la **source d'énergie** est **exclusivement l'électricité, l'hydrogène ou une combinaison des deux** (CIBS art. L 421-124 et L 421-137) ;

– les véhicules **exclusivement affectés** soit **à la location,** soit **à la mise à disposition temporaire** de clients en remplacement de leur véhicule immobilisé (CIBS art. L 421-128 et L 421-140) ;

– les véhicules pris en **location de courte durée** (période d'au plus un mois civil ou trente jours consécutifs) (CIBS art. L 421-129 et L 421-141) ;

– les véhicules affectés à certaines activités économiques : **activités agricoles ou forestières** (sous réserve du respect du règlement portant sur les aides des minimis dans le secteur agricole), **transport public de personnes, enseignement de la conduite** ou **du pilotage, compétitions sportives** (CIBS art. L 421-130 à L 421-132 et L 421-142 à L 421-144).

Véhicules exonérés de la seule taxe sur les émissions de dioxyde de carbone Sont exonérés uniquement de la taxe sur les émissions de CO_2 les **véhicules hybrides** dont la source d'énergie combine (CIBS art. L 421-125) : 12922

– soit, d'une part, l'électricité ou l'hydrogène et, d'autre part, le gaz naturel, le gaz de pétrole liquéfié, l'essence ou le superéthanol E85 ;

– soit, d'une part, le gaz naturel ou le gaz de pétrole liquéfié et, d'autre part, l'essence ou le superéthanol E85.

L'exonération est **permanente** lorsque les émissions de dioxyde de carbone n'excèdent pas 60 grammes par kilomètre pour les véhicules immatriculés en recourant à la méthode WLTP (voir n° 12945) ou 50 grammes par kilomètre pour ceux immatriculés pour la première fois à compter du 1er juin 2004 et qui n'étaient pas affectés à des fins économiques par l'entreprise affectataire avant le 1er janvier 2006 (n° 12950), ou encore pour les autres véhicules (n° 12955), lorsque la puissance administrative n'excède pas 3 chevaux administratifs. L'exonération s'applique également de manière **temporaire** lorsque les émissions de dioxyde de carbone, **ou** la puissance administrative, n'excèdent pas le double de ces seuils et que l'ancienneté du véhicule, déterminée à partir de sa date de première immatriculation, n'excède pas trois années.

MONTANT DES TAXES ANNUELLES SUR LES VÉHICULES DE TOURISME

Le montant des taxes est calculé en appliquant un tarif tenant compte de la proportion d'affectation annuelle du véhicule à des fins économiques. Pour les véhicules détenus ou utilisés par des personnes physiques qui font l'objet de remboursement de frais, un coefficient pondérateur, fonction du nombre de kilomètres parcouru, et un abattement (appelé « minoration ») s'appliquent. 12925

Détermination de la proportion d'affectation à des fins économiques 12930

Sauf si l'option mentionnée n° 12937 a été exercée, la proportion d'affectation annuelle du véhicule à des fins économiques est **en principe** déterminée à partir du quotient entre, au numérateur, la durée de l'affectation du véhicule en France à des fins économiques, **en jours,** et, au dénominateur, le nombre de jours de l'année civile (CIBS art. L 421-107 et L 421-108).

Lorsque les **véhicules** affectés à des fins économiques sont **détenus par des personnes physiques** et que les **frais pris en charge par l'entreprise affectataire** sont déterminés en fonction de la distance parcourue par le véhicule pour les déplacements professionnels, le quotient mentionné n° 12930 est multiplié par le pourcentage suivant déterminé en fonction de cette distance, exprimée en kilomètres sur une année (CIBS art. L 421-109 à L 421-111) : 12935

Distance annuelle parcourue (en km)	Pourcentage
De 0 à 15 000	**0**
De 15 001 à 25 000	**25**
De 25 001 à 35 000	**50**
De 35 001 à 45 000	**75**
Supérieure à 45 000	**100**

Lorsqu'une **même personne physique** recourt **successivement à plusieurs véhicules** au cours d'une même année civile, le pourcentage est déterminé, pour chacun de ces véhicules, à partir de la somme des distances relatives à tous ces véhicules.

Le **montant cumulé des taxes pour l'ensemble des véhicules de tourisme** affectés à des fins économiques par une même entreprise fait l'objet (sous réserve du respect de la réglementation relative aux aides de minimis) d'une **minoration de 15 000 €.**

12937 Sur **option** du redevable, la proportion d'affectation annuelle du véhicule à des fins économiques peut, à titre temporaire, être calculée **forfaitairement** sur une **base trimestrielle** et non journalière. La proportion annuelle est alors égale à 25 % du nombre de périodes de trois mois d'affectation du véhicule. Une période de trois mois d'affectation s'entend :

– d'un trimestre civil au premier jour duquel l'entreprise détient le véhicule ;

– de toute période au premier jour de laquelle l'entreprise affecte un véhicule à des fins économiques sans le détenir et qui s'achève à la fin du trimestre civil lorsque cette période débute au premier jour d'un trimestre civil ou, à défaut, à l'issue de quatre-vingt-dix jours consécutifs. Si une telle période s'achève l'année suivant celle durant laquelle elle a débuté, les affectations réalisées au cours de cette période sont réputées être intervenues au cours de l'année durant laquelle débute cette période.

L'**option** est exercée par le redevable conjointement pour la taxe annuelle sur les émissions de dioxyde de carbone et pour la taxe annuelle sur l'ancienneté, au plus tard au moment où il constate ces taxes. Elle s'applique à l'ensemble des véhicules de tourisme affectés par le redevable à des fins économiques (CIBS art. L 421-112 à L 421-118).

Cette possibilité d'option sera **supprimée** à compter du **1er janvier 2025** (Ord. 2021-1843 du 22-12-2021 art. 37, 6°).

ATTENTION

Lorsqu'une **même personne physique recourt successivement à plusieurs véhicules** au cours d'une même période de trois mois d'affectation, l'entreprise est réputée n'avoir affecté que celui des véhicules pour lequel la distance prise en charge au titre de cette période est la plus élevée.

12940 **Tarif de la taxe sur les émissions de dioxyde de carbone** Le tarif de la taxe est calculé selon des modalités différentes suivant les caractéristiques du véhicule.

12945 Pour les **véhicules immatriculés** ayant été homologués en application du protocole **WLTP** (véhicules pour lesquels la première immatriculation en France est délivrée à compter du 1er mars 2020, à l'exception des véhicules pour lesquels les émissions de CO_2 n'ont pas pu être déterminées), le tarif est fixé selon le taux d'**émission de CO_2 des véhicules** en appliquant le barème suivant (CIBS art. L 421-120) :

Émissions de dioxyde de carbone (en g/km)	Tarif par véhicule (en €)	Émissions de dioxyde de carbone (en g/km)	Tarif par véhicule (en €)	Émissions de dioxyde de carbone (en g/km)	Tarif par véhicule (en €)	Émissions de dioxyde de carbone (en g/km)	Tarif par véhicule (en €)
Inférieur à 21	0	83	125	146	482	209	3 992
21	17	84	126	147	500	210	4 032
22	18	85	128	148	518	211	4 072
23	18	86	129	149	551	212	4 113
24	19	87	131	150	600	213	4 175
25	20	88	132	151	664	214	4 216
26	21	89	134	152	730	215	4 257
27	22	90	135	153	796	216	4 298
28	22	91	137	154	847	217	4 340
29	23	92	138	155	899	218	4 404
30	24	93	140	156	952	219	4 446
31	25	94	141	157	1 005	220	4 488
32	26	95	143	158	1 059	221	4 531
33	26	96	144	159	1 113	222	4 573
34	27	97	146	160	1 168	223	4 638
35	28	98	147	161	1 224	224	4 682
36	29	99	149	162	1 280	225	4 725
37	30	100	150	163	1 337	226	4 769
38	30	101	162	164	1 394	227	4 812

Émissions de dioxyde de carbone (en g/km)	Tarif par véhicule (en €)	Émissions de dioxyde de carbone (en g/km)	Tarif par véhicule (en €)	Émissions de dioxyde de carbone (en g/km)	Tarif par véhicule (en €)	Émissions de dioxyde de carbone (en g/km)	Tarif par véhicule (en €)
39	31	102	163	165	1 452	228	4 880
40	32	103	165	166	1 511	229	4 924
41	33	104	166	167	1 570	230	4 968
42	34	105	168	168	1 630	231	5 036
43	34	106	170	169	1 690	232	5 081
44	35	107	171	170	1 751	233	5 150
45	36	108	173	171	1 813	234	5 218
46	37	109	174	172	1 875	235	5 288
47	38	110	176	173	1 938	236	5 334
48	38	111	178	174	2 001	237	5 404
49	39	112	179	175	2 065	238	5 474
50	40	113	181	176	2 130	239	5 521
51	41	114	182	177	2 195	240	5 592
52	42	115	184	178	2 261	241	5 664
53	42	116	186	179	2 327	242	5 735
54	43	117	187	180	2 394	243	5 783
55	44	118	189	181	2 480	244	5 856
56	45	119	190	182	2 548	245	5 929
57	46	120	192	183	2 617	246	6 002
58	46	121	194	184	2 686	247	6 052
59	47	122	195	185	2 757	248	6 126
60	48	123	197	186	2 827	249	6 200
61	49	124	198	187	2 899	250	6 250
62	50	125	200	188	2 970	251	6 325
63	50	126	202	189	3 043	252	6 401
64	51	127	203	190	3 116	253	6 477
65	52	128	218	191	3 190	254	6 528
66	53	129	232	192	3 264	255	6 605
67	54	130	247	193	3 300	256	6 682
68	54	131	249	194	3 337	257	6 733
69	55	132	264	195	3 374	258	6811
70	56	133	266	196	3 410	259	6 889
71	57	134	295	197	3 448	260	6 968
72	58	135	311	198	3 485	261	7 047
73	58	136	326	199	3 522	262	7 126
74	59	137	343	200	3 580	263	7 206
75	60	138	359	201	3 618	264	7 286
76	61	139	375	202	3 676	265	7 367
77	62	140	392	203	3 735	266	7 448
78	117	141	409	204	3 774	267	7 529
79	119	142	426	205	3 813	268	7638
80	120	143	443	206	3 852	269	7 747
81	122	144	461	207	3 892	Supérieur à 269	29 × nombre de grammes par km
82	123	145	479	208	3 952	-	-

Pour les **véhicules** autres que ceux mentionnés n° 12945 ayant fait l'objet d'une **réception européenne,** ayant été immatriculés pour la première fois **à compter du 1er juin 2004** et qui n'étaient pas affectés à des fins économiques par l'entreprise affectataire avant le 1er janvier **12950**

2006, le tarif est également fixé en fonction des émissions de dioxyde de carbone mais selon le barème suivant (CIBS art. L 421-121) :

Émissions de dioxyde de carbone (en g/km)	Tarif unitaire annuel (€/g/km)[1]
Inférieures à 21	0
De 21 à 60	1
De 61 à 100	2
De 101 à 120	4,5
De 121 à 140	6,5
De 141 à 160	13
De 161 à 200	19,5
De 201 à 250	23,5
Supérieures à 250	29

1. Pour chaque véhicule taxable, le montant annuel de la taxe correspond au tarif par gramme de la tranche à laquelle il appartient multiplié par le nombre de grammes de dioxyde de carbone par kilomètre émis par ce véhicule.

12955 Pour les **autres véhicules** ne répondant pas aux critères énoncés nos 12945 et 12950, le tarif de la taxe sur les émissions de dioxyde de carbone est fixé selon leur **puissance administrative** en application du barème suivant (CIBS art. L 421-122) :

Puissance administrative	Tarif applicable (en €)
Inférieure à 4 CV	750
De 4 à 6 CV	1 400
De 7 à 10 CV	3 000
De 11 à 15 CV	3 600
Supérieure à 15 CV	4 500

12960 **Tarif de la taxe sur l'ancienneté des véhicules** Le tarif de la taxe sur l'ancienneté des véhicules de tourisme est établi en fonction du **type de carburant** selon le barème suivant (CIBS art. L 421-134 et L 421-135) :

Année de première immatriculation du véhicule	Gazole et assimilé[1] (en €)	Autres (en €)
Jusqu'au 31 décembre 2000	600	70
De 2001 à 2005	400	45
De 2006 à 2010	300	45
De 2011 à 2014	100	45
Depuis 2015	40	20

1. Outre les véhicules fonctionnant exclusivement au gazole relèvent de la catégorie gazole et assimilé les véhicules dont la source d'énergie combine le **gazole et un autre produit** et qui émettent plus de 120 grammes de CO_2 par kilomètre, s'il s'agit de véhicules immatriculés en recourant à la méthode WLTP (no 12945) ou plus de 100 grammes de CO_2, s'il s'agit de véhicules ayant fait l'objet d'une réception européenne et immatriculés pour la première fois à compter du 1er juin 2004 et qui n'étaient pas utilisés par le redevable avant le 1er janvier 2006 (no 12950), ou encore dont la puissance administrative excède 6 chevaux s'ils ne relèvent pas d'une des deux catégories précitées.

EXIGIBILITÉ, DÉCLARATION ET PAIEMENT DES TAXES

12965 Les taxes annuelles sur l'affectation des véhicules à des fins économiques sont exigibles lors de l'intervention du **fait générateur,** lequel est constitué par l'utilisation du véhicule en France pour les besoins de la réalisation d'activités économiques selon les modalités décrites no 12915 (CIBS art. L 421-157, L 141-2 et L 421-105).

Elles sont constatées par le redevable au moyen d'une **déclaration.** Toutefois, lorsque le montant de l'une des taxes est nul, l'absence de déclaration vaut constatation de cette taxe (CIBS art. L 421-162 et L 421-163).

Les entreprises doivent tenir, pour chacune des taxes dont elles sont redevables, un **état récapitulatif annuel des véhicules** qu'elles affectent à leur activité et qui sont dans le champ de la taxe. Cet état fait apparaître, pour chaque véhicule, les paramètres techniques intervenant dans la détermination du tarif, la date de première immatriculation et la date de première immatriculation en France, les conditions de l'affectation, ainsi que les périodes d'affectation. Les véhicules exonérés sont présentés distinctement par motif d'exonération. L'état récapitulatif est à jour au plus tard à la date de la déclaration. Il est tenu à la disposition de l'administration et lui est communiqué à sa première demande (CIBS art. L 421-164).

Les **modalités de déclaration et de paiement** des taxes doivent être fixées par décret. Dans l'attente de la publication de ce décret, les règles prévues par l'article 1010 sexies du CGI issu de l'article 55 de la loi de finances pour 2021 s'appliquent. En effet, l'abrogation des dispositions du CGI relatives à la déclaration et au paiement des taxes ne prend effet qu'à compter de l'entrée en vigueur des dispositions prises en application ou pour l'application des dispositions législatives du CIBS (Ord. 2021-1843 du 22-12-2021 art. 38, 2°). **12970**

Les taxes dues au titre de la période du 1er janvier N au 31 décembre N doivent donc être télédéclarées :

– pour les **redevables soumis au régime normal de TVA** : sur l'annexe n° 3310-A-SD à la déclaration de TVA à déposer au cours du mois de janvier N + 1 ;

– pour les **non-redevables de la TVA** : sur l'annexe n° 3310-A-SD à déposer au plus tard le 25 janvier N + 1 ;

– pour les **redevables de la TVA selon le régime simplifié d'imposition,** sur le formulaire n° 3517, qui doit être déposé au titre de l'exercice au cours duquel la taxe est devenue exigible.

CONTRÔLE, RECOUVREMENT ET CONTENTIEUX

Les sanctions encourues en cas de non-respect des obligations de déclaration et de paiement des taxes annuelles sur l'affectation des véhicules à des fins économiques sont celles applicables en matière de **taxes sur le chiffre d'affaires** (voir nos 13925 et 14010). De même, le recouvrement et le contrôle de ces taxes sont assurés selon les procédures, sûretés et garanties applicables en matière de taxes sur le chiffre d'affaires (CIBS art. L 421-166 et L 180-1). **12975**

INCIDENCE DES TAXES SUR LES VÉHICULES DE TOURISME SUR LES RÉSULTATS IMPOSABLES

Pour les sociétés civiles relevant du régime des **sociétés de personnes,** les taxes sur les véhicules de tourisme affectés à des fins économiques sont déductibles pour la part du bénéfice imposable qui revient à des associés non soumis à l'impôt sur les sociétés. **12980**

En revanche, les deux taxes ne sont pas déductibles lorsqu'elles sont dues par des sociétés civiles soumises à l'**impôt sur les sociétés.**

VII. TAXES ANNUELLES SUR LES BUREAUX EN ÎLE-DE-FRANCE ET EN PROVENCE-CÔTE D'AZUR

Les sociétés civiles qui, au 1er janvier, sont **propriétaires, usufruitiers, preneurs à bail à construction, emphytéotes** ou titulaires d'une **autorisation d'occupation temporaire** du domaine public constitutive d'un droit réel, de locaux à usage de **bureaux, locaux commerciaux,** locaux de **stockage** et **surfaces de stationnement,** sont redevables d'une taxe annuelle lorsque ces locaux sont situés soit dans la région Île-de-France (nos 13305 s.), soit, depuis 2023, dans les départements des Bouches-du-Rhône, du Var et des Alpes-Maritimes (nos 13350 s.). **13300**

Pour les surfaces de stationnement situées dans la région Île-de-France, une **taxe additionnelle** s'ajoute éventuellement à cette taxe (n° 13330).

A. Taxe annuelle sur les bureaux en Île-de-France

CHAMP D'APPLICATION DE LA TAXE ANNUELLE SUR LES BUREAUX EN ÎLE-DE-FRANCE

Lorsqu'ils sont situés dans la limite territoriale de la région Île-de-France, la taxe est **due** sur les locaux suivants (CGI art. 231 ter) : **13305**

– les **locaux à usage de bureaux** et leurs dépendances immédiates et indispensables destinés à l'exercice d'une activité professionnelle (y compris libérale) ou utilisés par l'État, les collectivités

13305 (suite) territoriales, les établissements publics, les organismes professionnels ou les associations privées poursuivant ou non un but lucratif ;

– les **locaux commerciaux** destinés à une activité de commerce de détail ou de gros et de prestations de services ainsi que leurs réserves attenantes et les emplacements attenants affectés en permanence à la vente ;

– les **locaux de stockage** qui ne sont pas intégrés à un établissement de production ;

– les **surfaces de stationnement** couvertes ou non couvertes d'au moins 500 m^2 qui sont annexées aux catégories de locaux visées ci-dessus et non intégrées à un établissement de production ou qui font l'objet d'une exploitation commerciale. Elles sont imposables même si les locaux auxquels elles sont annexées sont exonérés en raison de leur surface (BOI-IF-AUT-50-10-10 n° 290).

Sont notamment **exonérés** de la taxe :

– les locaux à usage de bureaux d'une **superficie inférieure** à 100 m^2, les locaux commerciaux d'une superficie inférieure à 2 500 m^2, les locaux de stockage d'une superficie inférieure à 5 000 m^2 (à cet égard, les parcs d'exposition et les locaux à usage principal de congrès sont assimilés aux locaux de stockage) et les surfaces de stationnement de moins de 500 m^2 ;

– les locaux de stockage des **sociétés coopératives agricoles** ;

– les locaux à usage de bureaux, les locaux commerciaux, les locaux de stockage et les surfaces de stationnement situés dans certaines **zones** considérées comme **prioritaires** (zones franches urbaines – territoires entrepreneurs) ;

– les locaux où s'exerce une activité de **production** ou de **transformation** et les locaux intégrés dans une **exploitation agricole** (BOI-IF-AUT-50-10-20 n°s 1 s.) ;

– les locaux spécialement aménagés pour l'**archivage** et pour l'exercice d'activités de **recherche** ou à caractère **sanitaire, social, éducatif** ou **culturel** ;

– les locaux administratifs et les surfaces de stationnement des établissements d'**enseignement** du premier et du second degré (écoles primaires, collèges et lycées), qu'ils soient publics ou privés sous contrat passé avec l'État ;

– les locaux et aires des **parcs relais** ayant pour vocation exclusive de faciliter l'accès des voyageurs aux différents réseaux de transport en commun (parkings commerciaux ainsi que places de stationnement annexées à des bureaux, à des locaux commerciaux ou de stockage et utilisées en tant que parc relais) ;

– les emplacements attenants aux locaux commerciaux taxables et aménagés pour l'exercice d'**activités sportives** (Loi 2022-1726 du 30-12-2022 art. 101, applicable depuis les impositions dues au titre de 2023).

Pour l'appréciation du **caractère immédiat, attenant ou annexé** des locaux taxables et du bénéfice des **exonérations liées à la superficie** et pour l'application du **tarif** (n° 13310), le **calcul des surfaces** tient compte de tous les locaux de même nature, hors parties communes, qu'une société possède à une même adresse ou, en cas de pluralité d'adresses, dans un même groupement topographique (CGI art. 231 ter, IV). Les **parties communes** à exclure de ce calcul s'entendent des surfaces affectées à l'usage ou à l'utilité de tous les occupants de ces locaux ou de plusieurs d'entre eux alors même qu'elles seraient la propriété d'une seule et même personne (CE 27-5-2020 n° 433004 : RJF 8-9/20 n° 696). Ne constituent toutefois pas des parties communes exclues de la taxation des surfaces louées à un seul locataire même en cas de sous-location à plusieurs personnes (CAA Paris 11-2-2020 n° 18PA00959 rendu définitif par CE (na) 15-3-2021 n° 440696 : RJF 6/21 n° 600 ; CAA Paris 11-2-2020 n° 18PA00958 rendu définitif par CE (na) 15-3-2021 n° 440697 : RJF 6/21 n° 600).

Pour l'appréciation du **caractère annexé des surfaces de stationnement,** il est également tenu compte des surfaces qui, bien que non intégrées à un groupement topographique comprenant des locaux taxables, sont mises à la disposition, gratuitement ou non, des utilisateurs de locaux taxables situés à proximité immédiate. L'usage de ces aires doit en outre contribuer directement à l'activité déployée dans les locaux principaux (CE 20-10-2021 n° 448562 : RJF 1/22 n° 38).

> **Précisions** **a.** L'utilisation effective des locaux au 1er janvier de l'année d'imposition est le seul critère à prendre en compte pour déterminer les conditions de leur imposition à la taxe. Est sans incidence la qualification des locaux figurant au bail (CE 24-4-2019 n° 417792 : RJF 7/19 n° 670 ; BOI-IF-AUT-50-10-10 n° 70).
>
> **b.** Les surfaces correspondant à des **bureaux vacants** doivent être prises en compte, malgré leur non-occupation, pour le calcul de la taxe (CAA Paris 10-12-2020 n° 19PA04113 rendu définitif par CE (na) 13-7-2021 n° 449594 : RJF 11/21 n° 1026).
>
> **c.** Les **dépendances** immédiates et indissociables des **surfaces de stationnement** telles les **voies de circulation internes** desservant les emplacements de stationnement (voies de circulation et rampes d'accès) ne sont pas taxables (CE 20-10-2021 n° 448562 : RJF 1/22 n° 38 ; BOI-IF-AUT-50-10-10 n° 270). Peu importe que ces voies ou rampes constituent ou non des parties communes (BOI précité).

d. Les **surfaces de stationnement faisant l'objet d'une exploitation commerciale** s'entendent de tous les locaux ou aires, hors voirie publique, destinés au stationnement et dans lesquels est exercée une activité d'exploitation commerciale de parcs de stationnement (parcs publics de stationnement, garages commerciaux, etc.), quelles que soient les modalités de gestion ou d'exploitation. Les voies de circulation et les rampes d'accès aux emplacements de stationnement ne sont pas taxables (BOI-IF-AUT-50-10-10 n° 325).

e. Les locaux sont qualifiés de **locaux commerciaux** imposables dès lors qu'ils sont destinés à accueillir une clientèle pour l'exercice d'une activité de vente ou la réalisation de prestations commerciales ou artisanales (CE 3-3-2022 n° 435318 : RJF 5/22 n° 455, solution dégagée pour l'application de l'ancienne redevance pour création de bureaux en Île-de-France, mais transposable à la taxe annuelle). Quant aux **réserves** qui leur sont **attenantes**, les locaux doivent, pour être reconnus comme tels, à la fois se situer à proximité immédiate de ceux où est exercée l'activité commerciale et contribuer directement à l'activité (CE 19-4-2022 n° 443039 : RJF 10/22 n° 854).

f. Les **locaux d'archivage** situés en sous-sol d'un immeuble constituent des dépendances immédiates et indispensables des bureaux et non pas des locaux de stockage, même si ces locaux ne sont pas immédiatement attenants ou contigus aux bureaux (CAA Paris 11-2-2020 n° 18PA00959 rendu définitif par CE (na) 15-3-2021 n° 440696 ; CAA Paris 11-2-2020 n° 18PA00958 rendu définitif par CE (na) 15-3-2021 n° 440697 : BPAT 4/21 inf. 199-7).

g. Des locaux affectés à une activité de **mise à disposition d'espaces de « coworking »** sont utilisés pour la réalisation de prestations de services et doivent donc être qualifiés de locaux commerciaux et non de bureaux (TA Paris 29-11-2022 n° 2113114 : BPAT 1/23 inf. 26).

CALCUL DE LA TAXE ANNUELLE SUR LES BUREAUX EN ÎLE-DE-FRANCE

Le montant de la taxe est égal au produit de la superficie des locaux, exprimée en mètres carrés, **13310**
par un tarif unitaire. Les locaux vacants doivent être pris en compte pour le calcul de la taxe (pour des bureaux, TA Melun 16-6-2000 n° 99-1424 : RJF 5/01 n° 624 ; dans le même sens, CAA Versailles 27-11-2018 n° 16VE02976 : RJF 4/19 n° 352).

Le **tarif** varie selon la nature des locaux et selon leur situation géographique. Il est revalorisé chaque année en fonction de la prévision de l'indice des prix à la consommation, hors tabac, retenue dans le projet de loi de finances.

Il convient de distinguer **quatre zones.** Zone 1 (1e, 2e, 7e, 8e, 9e, 10e, 15e, 16e et 17e arrondissements de Paris et les communes de Boulogne-Billancourt, Courbevoie, Issy-les-Moulineaux, Levallois-Perret, Neuilly-sur-Seine et Puteaux). Zone 2 : arrondissements de Paris et communes des Hauts-de-Seine autres que celles situées en zone 1. Zone 3 : autres communes de l'unité urbaine de Paris telle que délimitée par arrêté EFIE1238702A du 31 décembre 2012 modifié par arrêté ECOE2226345A du 24 octobre 2022. Zone 4 : autres communes de la région Île-de-France (CGI art. 231 ter, VI-1-a).

Au **1er janvier 2023,** les tarifs par mètre carré sont fixés à (CGI art. 231 ter, VI-2 modifié par décret 2023-422 du 31-5-2023) :

<table>
<tr><th>Lieu de situation des immeubles</th><th>Zone 1</th><th>Zone 2[1]</th><th>Zone 3[1]</th><th>Zone 4</th></tr>
<tr><td>Locaux à usage de bureaux
Tarif normal
Tarif réduit[2]</td><td>
24,69 €
12,27 €</td><td>
20,79 €
10,33 €</td><td>
11,37 €
6,84 €</td><td>
5,49 €
4,96 €</td></tr>
<tr><td>Locaux commerciaux</td><td colspan="2">8,46 €</td><td>4,40 €</td><td>2,24 €</td></tr>
<tr><td>Locaux de stockage</td><td colspan="2">4,41 €</td><td>2,24 €</td><td>1,15 €</td></tr>
<tr><td>Surfaces de stationnement[3]</td><td colspan="2">2,79 €</td><td>1,51 €</td><td>0,79 €</td></tr>
<tr><td colspan="5">1. Les bureaux implantés sur des communes de la zone 3 éligibles, l'année précédant celle de l'imposition, à la fois à la dotation de solidarité urbaine et de cohésion sociale (DSU) et au bénéfice du fonds de solidarité des communes d'Île-de-France (FSRIF) relèvent du tarif de la zone 4. Les bureaux implantés dans les communes de la zone 2 éligibles l'année précédant celle de l'imposition à la fois à la DSU et au bénéfice du FSRIF, bénéficient d'une réduction de 10 % sur le tarif appliqué.
2. Bureaux possédés par l'État, les collectivités territoriales, les organismes ou les établissements publics sans caractère industriel ou commercial, les organismes professionnels ainsi que les associations ou organismes privés sans but lucratif à caractère sanitaire, social, éducatif, sportif ou culturel et dans lesquels ils exercent leur activité.
3. Avec la taxe additionnelle sur les surfaces de stationnement (n° 13330), les tarifs totaux sont les suivants :
- zones 1 et 2 : 7,56 € ;
- zone 3 : 4,27 € ;
- zone 4 : 2,19 €.</td></tr>
</table>

DÉCLARATION ET PAIEMENT DE LA TAXE ANNUELLE SUR LES BUREAUX EN ÎLE-DE-FRANCE

13315 La taxe doit être acquittée **avant le** 1er mars de chaque année auprès du comptable public du lieu de situation des bureaux. Le paiement est accompagné du dépôt d'une **déclaration** nº 6705 B ou nº 6705 BK.

INCIDENCE DE LA TAXE ANNUELLE SUR LES BUREAUX EN ÎLE-DE-FRANCE SUR LES RÉSULTATS IMPOSABLES

13320 La taxe n'est déductible ni des résultats imposables des entreprises, ni des revenus fonciers (CGI art. 39, 1-4° et 31, I-1°-c).

TAXE ADDITIONNELLE SUR LES SURFACES DE STATIONNEMENT EN ÎLE-DE-FRANCE

13330 Les personnes qui, au titre des emplacements de stationnement, ont acquitté la taxe annuelle sur les bureaux en Île-de-France sont redevables d'une taxe additionnelle annuelle (CGI art. 1599 quater C).

Les **surfaces** taxables et exonérées sont identiques à celles prévues en matière de taxe annuelle sur les bureaux en Île-de-France. En revanche, le **zonage tarifaire** ne regroupe que trois zones : zone 1 (Paris et communes des Hauts-de-Seine), zone 2 (autres communes de l'unité urbaine de Paris telle que délimitée par arrêté EFIE1238702A du 31 décembre 2012 modifié par arrêtéECOE2226345A du 24 octobre 2022) et zone 3 (autres communes de la région Île-de-France).

En 2023, les **tarifs** au mètre carré de cette taxe additionnelle sont fixés à (CGI art. 1599 quater C, V-2 modifié par décret 2023-422 du 31-5-2023) : 4,77 € pour la zone 1 ; 2,76 € pour la zone 2 ; 1,40 € pour la zone 3.

Les tarifs totaux, incluant la taxe annuelle principale frappant les surfaces de stationnement, sont donnés nº 13310.

Les tarifs sont **actualisés** dans les mêmes conditions que ceux de la taxe annuelle sur les bureaux en Île-de-France (nº 13310).

La taxe doit être **acquittée** avant le 1er mars de chaque année auprès du comptable public du lieu de situation des emplacements de stationnement. Le paiement est accompagné du dépôt d'une **déclaration** nº 6705-TS-SD.

La taxe additionnelle est **déductible** des revenus fonciers et des revenus imposables des sociétés (BOI-RFPI-BASE-20-50 nº 20 ; BOI-IF-AUT-140 nº 20).

B. Taxe annuelle sur les bureaux en Provence-Côte d'Azur

CHAMP D'APPLICATION DE LA TAXE ANNUELLE SUR LES BUREAUX EN PROVENCE-CÔTE D'AZUR

13350 Depuis 2023, une taxe annuelle est due sur les locaux à usage de **bureaux,** les **locaux commerciaux,** les locaux **de stockage** et les **surfaces de stationnement** visés nº 13305 lorsqu'ils se situent dans les départements des Bouches-du-Rhône, du Var et des Alpes-Maritimes (CGI art. 231 quater issu de loi 2022-1726 du 30-12-2022).

Sont **exonérés** de la taxe les locaux et surfaces de stationnement visés nº 13305, ainsi que les locaux à usage de bureaux, les locaux commerciaux, les locaux de stockage et les surfaces de stationnement situés dans certaines zones considérées comme prioritaires (notamment les quartiers prioritaires de la politique de la ville).

CALCUL DE LA TAXE ANNUELLE SUR LES BUREAUX EN PROVENCE-CÔTE D'AZUR

13355 Le montant de la taxe est égal au produit de la superficie, exprimée en mètres carrés, des locaux taxables par un **tarif** unitaire variable en fonction de la nature du local.

Au 1er janvier 2023, les tarifs sont fixés à :

- pour les locaux à usage de bureaux : 0,94 € ;
- pour les locaux commerciaux : 0,39 € ;
- pour les locaux de stockage : 0,20 € ;

– pour les surfaces de stationnement : 0,13 €.

Ces tarifs seront **actualisés** chaque année au 1er janvier en fonction de la prévision de l'indice des prix à la consommation hors tabac retenue dans la loi de finances de l'année (avec arrondissement, s'il y a lieu, au centime d'euro supérieur).

Pour le calcul de la **superficie,** il est tenu compte de tous les locaux de même nature, hors parties communes, qu'une personne privée ou publique possède à une même adresse ou, en cas de pluralité d'adresses, dans un même groupement topographique.

DÉCLARATION ET PAIEMENT DE LA TAXE ANNUELLE SUR LES BUREAUX EN PROVENCE-CÔTE D'AZUR

Les redevables visés n° 13300 sont tenus de déposer une déclaration accompagnée du paiement de la taxe, **avant le** 1er mars de chaque année, auprès du comptable public du lieu de situation des locaux. **13360**

> **Précisions** Par dérogation, pour les **impositions** dues au titre de **2023,** la déclaration, accompagnée du paiement de la taxe, a du être déposée avant le 1er juillet 2023 (Loi 2022-1726 du 30-12-2022 art. 75, III).

INCIDENCE DE LA TAXE ANNUELLE SUR LES BUREAUX EN PROVENCE-CÔTE D'AZUR SUR LES RÉSULTATS IMPOSABLES

La taxe n'est pas déductible des revenus fonciers (CGI art. 31, I-1°-c modifié par loi 2022-1726 du 30-12-2022) ou des bénéfices professionnels (CGI art. 39, 1-4° modifié par loi 2022-1726 du 30-12-2022). **13365**

VIII. TAXE ANNUELLE SUR LES IMMEUBLES DE CERTAINES PERSONNES MORALES

CHAMP D'APPLICATION

Les personnes morales, organismes, fiducies ou institutions comparables, français ou étrangers qui, directement ou par entité interposée, possèdent un ou plusieurs immeubles en France (ou des droits réels sur ces immeubles) sont redevables en **principe** d'une taxe annuelle égale à **3 % de la valeur vénale** des immeubles (ou droits) détenus au 1er janvier de l'année d'imposition (CGI art. 990 D à 990 G). De **nombreuses exceptions** réduisent toutefois de façon sensible le champ d'application de la taxe. **13400**

Est réputée posséder des biens ou droits en France par **entité interposée** toute entité juridique qui détient une participation, quelles qu'en soient la forme et la quotité, dans une autre personne morale, organisme, fiducie ou institution comparable, propriétaire de biens ou droits immobiliers situés en France (interposition simple) ou qui détient une participation dans une troisième personne morale (organisme, fiducie ou autre institution comparable), elle-même propriétaire des biens ou droits ou interposée dans une chaîne de participations (interposition multiple), quel que soit le nombre d'entités juridiques interposées (CGI art. 990 D, al. 2).

Lorsqu'un immeuble situé en France appartient à une société qui constitue le premier maillon d'une **chaîne de participations,** les entités redevables de la taxe sont les entités non exonérées qui constituent le **maillon le plus proche de l'immeuble.** Il convient donc de remonter la chaîne de détention à partir de l'immeuble afin de taxer la ou les premières entités non exonérées, éventuellement au prorata de leurs droits dans la ou les entités interposées (CGI art. 990 F ; BOI-PAT-TPC-10-20 n° 10).

Échappent notamment à la taxe (CGI art. 990 E) : **13405**

a. Les personnes morales, organismes et fiducies (ou institutions comparables) dont les **immeubles** situés en France représentent **moins de 50 % des actifs français détenus directement ou indirectement.** Pour calculer la limite de 50 %, on ne retient pas les immeubles affectés par ces entités (ou les entités interposées) à leur propre activité professionnelle autre qu'immobilière ou à celle d'une entité juridique avec laquelle elles ont un lien de dépendance au sens de l'article 39, 12 du CGI. Ne sont ainsi pas retenus au numérateur de ce rapport les immeubles loués à des entités opérationnelles du même groupe. Il n'y a pas lieu non plus d'inclure au numérateur la valeur des titres des sociétés immobilières cotées et des titres non cotés de Sicomi (BOI-PAT-TPC-20-10 n° 60). En revanche, les immeubles des marchands de biens et des promoteurs immobiliers sont pris en compte pour déterminer le seuil de 50 % mais sont normalement exonérés de la taxe (voir ci-après n° 13410) ;

b. Les personnes morales, organismes et fiducies (ou institutions comparables) dont les actions, parts et autres droits font l'objet de négociations significatives et régulières sur un **marché réglementé** ainsi que les personnes morales dont ces entités détiennent directement ou indirectement la totalité du capital social ;

c. À condition d'avoir leur **siège en France,** dans un État membre de l'**Union européenne** ou dans un pays ou territoire ayant conclu avec la France une **convention fiscale d'assistance administrative** en vue de lutter contre la fraude et l'évasion fiscales ou dans un État ayant conclu avec la France un traité comportant une **clause d'égalité de traitement** :

– les personnes morales, organismes, fiducies (ou institutions comparables) dont la **quote-part du ou des immeubles situés en France** ou des droits réels détenus directement ou indirectement portant sur ces biens est **inférieure à 100 000 € ou à 5 %** de la valeur vénale desdits biens ou autres droits. En cas de pluralité de biens immobiliers, pour l'application de l'exonération, l'administration apprécie ce seuil bien par bien (BOI-PAT-TPC-20-20 n° 180) ;

– les personnes morales, organismes, fiducies (ou institutions comparables) institués en vue de gérer des **régimes de retraite** ainsi que leurs groupements ;

– les **groupements reconnus d'utilité publique** ou dont la gestion est **désintéressée** et dont l'activité ou le financement justifie la propriété des immeubles ou droits immobiliers ;

– les sociétés de placement à prépondérance immobilière à capital variable (**Sppicav**) et les fonds de placement immobilier (**FPI**) non constitués sous la forme d'organismes professionnels de placement collectif immobilier et les organismes étrangers équivalents ;

– les personnes morales, organismes, fiducies (ou institutions comparables) qui **communiquent** ou prennent, dans les deux mois suivant la date d'acquisition de l'immeuble ou de la participation, l'**engagement de communiquer à l'administration,** sur sa demande, certaines informations concernant le ou les immeubles et les actionnaires, associés ou autres membres détenant plus de 1 % des actions, parts ou autres droits. Les sociétés immobilières qui souscrivent chaque année une **déclaration n° 2072**-SD (sociétés civiles de location) ou une **déclaration n° 2038**-SD (sociétés de pluripropriété) n'ont pas à produire cet engagement. Il en va de même des sociétés immobilières dispensées de souscrire la déclaration n° 2072-SD dans les conditions mentionnées n° 35100 (BOI-PAT-TPC-20-20 n°s 370 et 380). Lorsque l'obligation de prise d'engagement n'est pas respectée, l'administration fiscale accorde l'exonération si la déclaration est souscrite dans le délai de mise en demeure de régulariser la situation. Cette tolérance ne s'applique toutefois qu'à la première demande de régularisation et pour l'ensemble des années non prescrites (BOI-PAT-TPC-30 n° 20) ;

– les personnes morales, organismes, fiducies (ou institutions comparables) qui souscrivent **chaque année une déclaration n° 2746-SD.** Celle-ci doit parvenir à l'administration au plus tard le 15 mai et indiquer le lieu de situation de leurs immeubles, leur consistance et leur valeur vénale au 1er janvier ainsi que l'identité de leurs actionnaires, associés ou autres membres détenant plus de 1 % des actions, parts ou autres droits et le nombre d'actions, parts ou autres droits détenus par chacun. L'exonération est proportionnelle au nombre de titres pour lesquels l'identité et l'adresse du détenteur ont été révélées. En cas de défaut de déclaration, l'administration fiscale accorde néanmoins l'exonération si la déclaration est souscrite dans le délai de mise en demeure de régulariser la situation (Rép. Loncle : AN 13-3-2000 n° 39372 ; BOI-PAT-TPC-30 n° 20). Cette tolérance ne s'applique toutefois qu'à la première demande de régularisation (Cass. com. 4-11-2020 n° 18-11.771 F-D : BPAT 4/21 inf. 195 ; BOI précité n° 20).

> Précisions a. Jugé que l'**engagement de communiquer** à l'administration certains renseignements concernant les immeubles détenus et leurs associés auquel est subordonnée l'exonération de taxe, n'est pas respecté lorsqu'aucun des éléments produits par la société, en l'espèce un acte sous seing privé de transfert de passif, n'est convaincant quant à la **détention des titres composant son capital social** (Cass. com. 12-10-2022 n° 20-14.073 F-B : RJF 1/23 n° 73).

b. Jugé qu'en l'absence soit de justification, soit d'enregistrement de tous les changements successifs de l'actionnariat intervenus, c'est à la société qui demande le bénéfice de l'exonération de la taxe de démontrer par tout moyen la **réalité de la détention des titres** en cause par les personnes qu'elle a désignées dans ses **déclarations** 2746-SD (Cass. com. 12-10-2022 n° 20-14.565 F-D : BPAT 2/23 inf. 107-11).

CALCUL ET PAIEMENT

13410 La **taxe est due** à raison des immeubles ou droits immobiliers possédés au 1er janvier de l'année d'imposition, **à l'exception** des biens régulièrement inscrits dans les stocks des personnes morales exerçant la profession de marchand de biens ou de promoteur-constructeur. Toute personne morale, organisme, fiducie (ou institution comparable) interposé(e) entre le ou les débiteurs de la taxe et les immeubles ou droits immobiliers est **solidairement responsable** du paiement de cette taxe (CGI art. 990 F).

La déclaration n° 2746-SD doit être **souscrite** au plus tard le 15 mai de chaque année. La déclaration est obligatoirement souscrite par voie électronique (CGI art. 1649 quater B quater, XII). Le paiement de la taxe doit être effectué par **télérèglement** (CGI art. 1681 septies, 7 bis) concomitamment à la déclaration.

La taxe de 3 % n'est libératoire ni de l'IS ni de l'impôt sur le revenu ; en outre, elle n'est **pas déductible** pour l'assiette de ces impôts.

> **Précisions** **a.** La **déclaration papier** doit encore être utilisée pour les déclarations rectificatives ou celles souscrites à des fins de régularisation au titre d'années antérieures à 2021.
> **b.** La télédéclaration concerne également les **actes d'engagement** prévus à l'article 990 E du CGI permettant à l'entité de s'exonérer totalement de la taxe (n° 13405).
> **c.** La taxe est recouvrée suivant les règles, **sanctions** et garanties applicables aux droits d'enregistrement. La procédure de taxation d'office est normalement applicable si la société n'a pas déposé la déclaration dans le délai légal.
> **d.** Les entités étrangères redevables de la taxe, qui ne sont pas établies dans l'Union européenne, en Islande ou en Norvège, peuvent être invitées par le service des impôts à désigner un **représentant en France** (BOI-PAT-TPC-30 n° 100).
> **e.** En cas de **cession** d'un immeuble, le représentant en France est responsable du paiement de la taxe restant due à cette date.

IX. TAXE SUR LES LOGEMENTS VACANTS

Une taxe frappe les logements vacants depuis au moins un an au 1er janvier de l'année d'imposition et situés dans certaines agglomérations (CGI art. 232). **13500**

Elle est due par les personnes physiques ou morales qui ont la qualité de **propriétaire du logement,** d'**usufruitier** ou de **preneur** d'un **bail** à construction, d'un bail à réhabilitation ou d'un bail emphytéotique.

CHAMP D'APPLICATION DE LA TAXE SUR LES LOGEMENTS VACANTS

Pour donner lieu à paiement de la taxe, les logements doivent remplir les conditions ci-après : **13505**

– être **habitables,** mais **laissés inoccupés** depuis **au moins un an** au 1er janvier de l'année d'imposition. Cette vacance doit résulter de la **volonté du propriétaire** (ou de l'un des redevables mentionnés ci-dessus) ;

– être situés dans une **commune** appartenant à une **zone d'urbanisation continue de plus de 50 000 habitants** où existe un déséquilibre marqué entre l'offre et la demande de logements, entraînant des difficultés sérieuses d'accès au logement sur l'ensemble du parc résidentiel (niveau élevé des loyers et des prix d'acquisition des logements anciens, ou nombre élevé de demandes de logement par rapport au nombre d'emménagements annuels dans le parc locatif social), mentionnée dans la liste publiée par le décret 2013-392 du 10 mai 2013 et modifiée en dernier lieu par le décret 2023-822 du 25 août 2023 ;

– ou, à compter de 2024, être situés dans une **commune** n'appartenant **pas** à une **zone d'urbanisation continue de plus de 50 000 habitants,** mais qui connaît aussi un déséquilibre marqué entre l'offre et la demande de logements entraînant des difficultés sérieuses d'accès au logement sur l'ensemble du parc résidentiel existant (niveau élevé des loyers et des prix d'acquisition des logements anciens, ou proportion élevée de résidences secondaires par rapport au nombre total de logements) (Loi 2022-1726 du 30-12-2022 art. 73 ; Rép. Gérard : AN 22-8-2023 n° 5517). La liste de ces communes est également fixée par le décret précité du 10 mai 2013 modifié.

> **Précisions** **a.** Ne donnent pas lieu à versement de la taxe : les logements **meublés (résidences secondaires)** (BOI-IF-AUT-60 n° 80), les locaux dont la mise en état d'habitation nécessiterait des **travaux** dont le montant excéderait 25 % de la valeur vénale du logement au 1er janvier de l'année d'imposition (BOI-IF-AUT-60 n° 60), les logements ayant vocation, dans un délai proche (un délai d'un an pouvant être retenu), à disparaître (ou à faire l'objet de travaux dans le cadre d'**opérations d'urbanisme, de réhabilitation** ou de **démolition**), les logements mis en **location** ou en **vente** au prix du marché et ne trouvant pas preneur ou acquéreur (BOI-IF-AUT-60 n° 140), ou les logements **occupés illégalement** (BOI-IF-AUT-60 n° 130).
> **b.** La **durée** de la vacance s'apprécie au regard du **même propriétaire** ou redevable de la taxe.
> **c.** Aucune taxe n'est due lorsque le propriétaire (ou redevable) peut justifier que le logement a été **occupé plus de 90 jours consécutifs** au cours de la période de référence.
> **d.** Échappe à la taxe un **logement qui n'est accessible que par le local commercial atte-**

nant et qui ne peut être rendu habitable que moyennant des **travaux importants** (TA Lille 9-3-2017 n° 1401258 : RJF 8-9/17 n° 821).

e. N'est pas redevable de la taxe sur les logements vacants l'ancien propriétaire qui **ne dispose plus du logement cédé,** quand bien même les **formalités de publicité foncière** et la **mutation cadastrale** n'auraient pas été effectuées (TA Paris 5-10-2022 n° 1912358 : BPAT 1/23 n° 29).

f. Les **péniches d'habitation** amarrées sur le domaine public fluvial ne peuvent être données en location dans des conditions normales et durables d'habitation et se trouvent de ce fait hors du champ de la taxe sur les logements vacants (TA Cergy-Pontoise 15-7-2022 n° 1903550 : BPAT 1/23 n° 30).

CALCUL ET PAIEMENT DE LA TAXE SUR LES LOGEMENTS VACANTS

13510 La taxe est **assise** sur la valeur locative du logement et de ses dépendances au 1er janvier de l'année au titre de laquelle l'imposition est due.

Le **taux d'imposition** est uniforme, quel que soit le lieu de situation du logement, mais il varie en fonction de la durée de vacance du bien. Ainsi, le taux est fixé, depuis 2023, à 17 % la première année d'imposition et à 34 % à compter de la deuxième (Loi 2022-1726 du 30-12-2022 art. 74).

La **taxe** est **due** pour chaque logement vacant remplissant les conditions prévues par la loi. L'imposition est établie annuellement dans la commune de situation du logement.

Aucune **obligation déclarative** propre à la taxe sur les logements vacants n'incombe aux contribuables. Toutefois, la déclaration des locaux d'habitation exigée des propriétaires en matière de taxe d'habitation sur les résidences secondaires et autres locaux meublés non affectés à l'habitation principale (CGI art. 1418) sert également à l'établissement et au contrôle de la taxe sur les logements vacants.

Le **contrôle,** le **recouvrement,** le **contentieux,** les garanties et les sanctions de la taxe sont régis comme en matière de taxe foncière sur les propriétés bâties.

> Précisions La **déclaration des locaux d'habitation** impose aux propriétaires d'indiquer notamment la nature de l'occupation de ces locaux (et donc leur éventuelle vacance) s'ils s'en réservent la jouissance. Cette déclaration a du être souscrite pour la première fois au plus tard le 31 juillet 2023 (Communiqué de presse du ministère de l'économie du 23-6-2023). Elle devra ensuite être renouvelée avant le 1er juillet de chaque année, à moins qu'aucun changement dans les informations transmises ne soit intervenu depuis la dernière déclaration. La déclaration doit être souscrite par voie électronique, via le service « Gérer mes biens immobiliers » du site www.impots.gouv.fr, accessible dans l'espace personnel du propriétaire (CGI ann. III art. 322 A issu de décret 2023-324 du 28-4-2023). Le propriétaire qui n'a pas la possibilité de se connecter à internet doit prendre contact avec les services fiscaux. Le défaut de déclaration ainsi que l'omission ou l'inexactitude des renseignements fournis sont passibles d'une amende fiscale de 150 € par local. L'amende n'est toutefois pas due en cas d'application pour les mêmes faits d'une autre amende ou majoration plus élevée (CGI art. 1770 terdecies).

X. TAXES SUR LES CESSIONS DE TERRAINS DEVENUS CONSTRUCTIBLES

RÈGLES GÉNÉRALES

13600 Les ventes de terrains devenus constructibles réalisées par les sociétés civiles peuvent être soumises, en plus de l'impôt sur la plus-value, à une taxe communale si la collectivité locale concernée l'a instituée sur son territoire (CGI art. 1529) et à une taxe nationale qui s'applique de plein droit aux terrains classés en zone constructible depuis le 14 janvier 2010 (CGI art. 1605 nonies).

Ces deux taxes ne sont exigibles que sur la **première cession à titre onéreux du terrain.** Elles peuvent, le cas échéant, se cumuler au titre d'une même cession.

> Précisions La **délibération** instituant la **taxe communale** s'applique aux cessions réalisées à compter du premier jour du troisième mois qui suit la date à laquelle cette délibération est intervenue. Elle est notifiée aux services fiscaux au plus tard le premier jour du deuxième mois qui suit la date à laquelle elle est intervenue. La **liste des communes** ayant institué la taxe est disponible sur le site www.impots.gouv.fr dans la rubrique « partenaire/notaires, géomètres experts ».

PERSONNES CONCERNÉES

13603 **Taxe nationale** Cette taxe s'applique à toutes les ventes quels que soient la qualité du vendeur (personne physique, société ou groupement), son domicile fiscal et son régime fiscal (impôt sur le revenu ou impôt sur les sociétés). Autrement dit, elle s'applique aux cessions relevant du régime des plus-values privées comme à celles relevant du régime des plus-values professionnelles.

Taxe communale La taxe s'applique aux cessions à titre onéreux réalisées par les personnes physiques ou les sociétés et groupements relevant du régime d'imposition des plus-values des particuliers, c'est-à-dire les sociétés non soumises à l'impôt sur les sociétés, et par les contribuables non domiciliés en France qui, assujettis à l'impôt sur le revenu, sont soumis au prélèvement prévu à l'article 244 bis A du CGI (voir n°s 34550 s.). 13605

Elle ne s'applique donc pas aux profits tirés d'une activité professionnelle.

La taxe s'applique aux cessions de terrains divisés en lots destinés à être construits lorsque le lotisseur n'a pas acquis le terrain dans l'intention de revendre après division par lots. En revanche, si le lotisseur a acquis le terrain en vue de le revendre après lotissement, les profits correspondants sont imposés au titre des bénéfices industriels et commerciaux et n'entrent donc pas dans le champ d'application de la taxe (BOI-RFPI-TDC-10-10 n° 100).

> **Précisions** Les **sociétés transparentes** au sens de l'article 1655 ter du CGI sont réputées sur le plan fiscal ne pas avoir de personnalité distincte de celles de leurs membres (voir n°s 40130 s.) ; elles ne sont donc pas personnellement soumises à la taxe sur les cessions de terrains devenus constructibles qu'elles réalisent. La taxe est due, le cas échéant, par leurs associés lorsqu'il s'agit de personnes physiques agissant dans le cadre de la gestion de leur patrimoine privé ou de sociétés relevant des articles 8 à 8 ter du CGI (BOI-RFPI-TDC-10-10 n° 60).

BIENS CONCERNÉS

Ces taxes s'appliquent aux cessions à titre onéreux de **terrains nus** qui ont été **rendus constructibles** du fait de leur classement par un plan local d'urbanisme (ou par un document d'urbanisme en tenant lieu) dans une zone urbaine ou dans une zone à urbaniser ouverte à l'urbanisation ou par une carte communale dans une zone constructible. La taxe nationale (mais pas la taxe communale) s'applique également aux biens constructibles en application de l'article L 111-3 du Code de l'urbanisme. Dans tous les cas, la taxe nationale ne s'applique qu'aux ventes de terrains nus dont le classement est intervenu depuis le 13 janvier 2010. 13610

La taxe nationale s'applique également aux cessions de droits relatifs à un terrain devenu constructible (**nue-propriété, usufruit**). En revanche, la taxe communale ne s'applique pas à ces cessions (BOI-RFPI-TDC-10-10 n° 200).

ATTENTION

Sont assimilés à des terrains nus les terrains supportant une **construction** dont l'état la rend **impropre à un quelconque usage** (ruine résultant d'une démolition plus ou moins avancée, bâtiment rendu inutilisable par suite de son état durable d'abandon, immeuble frappé d'un arrêté de péril, chantier inabouti, etc.) (BOI-RFPI-TDC-10-10 n° 90 et BOI-RFPI-TDC-20-10 n° 100).

VENTES IMPOSABLES

Les deux taxes s'appliquent uniquement aux **cessions à titre onéreux.** Il s'agit notamment des ventes, des expropriations (autres que celles qui sont exonérées), des apports en société, des échanges ainsi que des partages et des licitations de biens indivis (autres que les partages d'indivisions successorales ou conjugales) dans la limite des soultes. 13620

Les taxes s'appliquent uniquement à la **première cession à titre onéreux** du terrain intervenue après son classement en zone constructible (les cessions ultérieures ne donnent pas lieu à imposition).

VENTES EXONÉRÉES

Taxe nationale La taxe ne s'applique pas aux terrains dont le prix de cession ne dépasse pas 15 000 €, aux cessions pour lesquelles une déclaration d'utilité publique a été prononcée en vue d'une expropriation (ou pour lesquels le contribuable a exercé son droit de délaissement) et aux cessions portant sur des terrains classés en zone constructible depuis plus de 18 ans. 13623

Elle ne s'applique pas non plus aux ventes dont le rapport entre le prix de cession et le prix d'acquisition est inférieur à 10. Autrement dit, la taxe s'applique uniquement aux cessions qui dégagent une plus-value importante.

Taxe communale La taxe ne s'applique pas à la plupart des ventes de terrains exonérées d'impôt au titre des **plus-values immobilières** des particuliers (CGI art. 1529, II-a). Sont ainsi exonérés les ventes de terrains qui constituent une dépendance de l'habitation principale du vendeur (voir n°s 33510 s.) ou du logement possédé en France par un non-résident (n° 34590), les terrains échangés dans le cadre d'une opération de remembrement (n° 33535), les terrains pour lesquels une déclaration d'utilité publique a été prononcée en vue d'une expropriation ou pour lesquels le cédant a exercé son droit de délaissement lorsque la condition de remploi de l'indemnité 13625 d'expropriation ou de cession est satisfaite (n° 34030), les terrains affectés à la construction de certains immeubles destinés au logement social (n° 33557) et aux logements faisant l'objet d'un bail réel et solidaire ainsi que les ventes dont le prix est inférieur à 15 000 € (n° 33540).

13630 La taxe ne s'applique pas non plus :

– aux cessions portant sur des terrains qui sont classés en **terrains constructibles depuis plus de 18 ans** (CGI art. 1529, II-b) ;

– lorsque le prix de cession du terrain, défini à l'article 150 VA du CGI, est **inférieur au prix d'acquisition** effectivement acquitté par le cédant et tel qu'il a été stipulé dans l'acte de cession, majoré d'un montant égal à 200 % de ce prix (CGI art. 1529, II-c). Ainsi, la taxe ne s'applique pas si le **prix de cession** est inférieur à trois fois le prix d'acquisition du terrain.

CALCUL DE LA TAXE

13640 **Taxe nationale** La taxe est **calculée** sur la différence entre le prix de cession du terrain (défini comme en matière de plus-value : voir n° 33615) et son prix d'acquisition (actualisé en fonction du dernier indice des prix à la consommation hors tabac publié par l'Insee), réduite d'un dixième par an à partir de la 8e année suivant le classement en zone constructible.

Son **taux** est fixé à :

– 5 % lorsque le rapport entre le prix de cession et le prix d'acquisition est supérieur à 10 et inférieur à 30 ;

– 10 % au-delà de cette limite (rapport supérieur à 30), sur la part de plus-value restant à taxer après application du taux de 5 %.

13642 **Taxe communale** La taxe est **égale à** 10 % de la différence entre le prix de cession du terrain (défini comme en matière de plus-value : voir n° 33615) et son prix d'acquisition (actualisé en fonction du dernier indice des prix à la consommation publié par l'Insee).

Par **exception,** en l'absence d'éléments de référence, la taxe est assise sur les deux tiers du prix de cession du terrain (soit une taxe alors égale à 6,66 % de ce prix). Il s'agit de cas exceptionnels où le prix d'acquisition du terrain n'est pas connu ou n'est pas déterminable.

DÉCLARATION ET PAIEMENT

13645 Les taxes sont **dues par** le cédant. Elles sont déclarées sur un imprimé spécial dans les **conditions prévues pour l'imposition des plus-values immobilières des particuliers** et sont versées lors du dépôt de la déclaration avant l'exécution de l'enregistrement ou de la formalité fusionnée (voir n° 33950).

Lorsque la **cession** est **exonérée,** aucune déclaration ne doit être déposée, sauf, s'agissant de la taxe communale, si la vente est exonérée en raison du montant du prix de cession (vente dont le prix de cession est inférieur au prix d'acquisition majoré de 200 %).

L'acte de cession soumis à la formalité fusionnée ou présenté à l'enregistrement précise, sous peine de refus de dépôt ou de la formalité d'enregistrement, la nature et le fondement de cette exonération ou de cette absence de taxation.

SECTION 5

CONTRÔLE, RECOUVREMENT ET CONTENTIEUX DE L'IMPÔT

GÉNÉRALITÉS

13800 Que ce soit en matière d'impôts directs, de TVA, d'impôts indirects ou de droits d'enregistrement, l'administration est en droit d'exercer son **contrôle sur les déclarations** que doivent souscrire les contribuables pour l'établissement des impôts à leur charge.

Selon la nature des infractions aux dispositions fiscales, elle peut **appliquer des sanctions** et dispose de moyens destinés à **recouvrer les droits** non acquittés dans les délais légaux.

De leur côté, les **contribuables peuvent contester** les impositions qu'ils estiment injustifiées ou demander le remboursement d'un impôt payé en trop, voire solliciter, pour des raisons particulières, la décharge totale ou partielle de droits ou pénalités légalement dus.

I. LE CONTRÔLE

MODALITÉS D'EXERCICE DU CONTRÔLE

Le contrôle des déclarations peut être exercé de différentes façons : au simple vu du dossier ou dans le cadre d'une vérification. 13810

En premier lieu, l'agent des impôts peut, de son bureau, procéder à un examen critique des déclarations à l'aide de renseignements et documents qui figurent dans ses dossiers (**contrôle sur pièces**). S'il le juge utile, il a le droit de demander des **éclaircissements** et des **justifications** sur les revenus déclarés (voir nº 13910) ou des **renseignements** en exerçant son droit de communication (voir nº 13905).

Si cet examen ne lui paraît pas suffisant, l'inspecteur peut, pour s'assurer de la sincérité des déclarations, procéder à une vérification. Cette opération prend la forme d'une **vérification de comptabilité** (sur place) ou d'un **examen de comptabilité** (à distance) lorsqu'elle concerne des bases d'imposition déterminées à partir d'une comptabilité – ou d'un contrôle sur place pour les sociétés civiles non astreintes à la tenue d'une comptabilité. Lorsqu'elle porte sur l'exactitude du revenu global servant de base à l'impôt sur le revenu, elle constitue un **examen contradictoire de la situation fiscale des personnes physiques.**

Lorsque l'administration (qu'elle procède à un simple examen du dossier ou à une vérification) constate une insuffisance, une inexactitude, une omission ou une dissimulation dans les éléments servant au calcul des impôts et désire apporter des rectifications aux déclarations de la société, elle doit en principe utiliser la **procédure de rectification contradictoire,** qui se caractérise notamment par la notification d'une proposition de rectification (nºs 13845 s.) et la possibilité pour la société d'y répondre (nº 13850) et de demander l'intervention des commissions administratives des impôts (nºs 13855 et 13955). 13812

La procédure de rectification contradictoire n'est toutefois pas applicable :

- dans les cas d'imposition d'office (nºs 13920 s.) ;
- en matière d'impôts directs locaux, à l'exception de la cotisation sur la valeur ajoutée des entreprises ;
- pour la rectification des erreurs commises dans les opérations de liquidation de l'impôt.

> Précisions a. Pour l'application de l'ancienne taxe professionnelle, le Conseil d'État a jugé que l'administration ne peut procéder au rehaussement des bases déclarées par le contribuable qu'après avoir, conformément au principe général des droits de la défense, mis celui-ci à même de présenter ses observations (CE 5-6-2002 nº 219840 : RJF 8-9/02 nº 934) mais cette solution est, à notre avis, transposable à la **cotisation foncière des entreprises.** Le respect des obligations découlant du principe général des droits de la défense n'implique pas pour autant l'application de l'ensemble des garanties de la procédure de rectification contradictoire (voir, par exemple, CE 27-4-2011 nº 327787 : RJF 7/11 nº 816, à propos de l'absence d'obligation d'informer le contribuable sur la possibilité d'assistance d'un conseil).

b. Dans le cadre de la recherche des infractions en matière d'impôts directs et de TVA, l'administration fiscale peut, sous le contrôle de l'autorité judiciaire, effectuer des **perquisitions** et pratiquer des saisies.

GARANTIE CONTRE LES CHANGEMENTS DE DOCTRINE DE L'ADMINISTRATION

Les contribuables ont la possibilité, d'une manière générale, d'interroger l'administration sur l'application des règles fiscales et notamment sur leur situation au regard de ces règles. 13814

Ces demandes de renseignements sont parfois prévues par les textes et les réponses susceptibles d'engager l'administration (procédure dite « du rescrit fiscal »). Par exemple, l'administration peut être consultée sur le terrain de l'**abus de droit** (voir nº 13960, précision d) et de la **clause anti-abus générale en matière d'IS** (voir nº 10277, précision b).

Opposabilité de l'interprétation administrative des textes fiscaux En vertu de l'article L 80 A du LPF, les services fiscaux ne peuvent pas procéder à des **rehaussements** d'imposition qui seraient **en contradiction avec la doctrine administrative en vigueur** au moment où il en a été fait application, soit par l'administration (en mettant en recouvrement l'imposition primitive), soit par le contribuable (en souscrivant une déclaration ou en liquidant un impôt). De ce fait, une modification par l'administration de l'interprétation des textes fiscaux ne peut avoir d'effet que pour l'avenir. 13815

La doctrine ainsi opposable à l'administration est celle qui s'exprime :

- soit dans des **documents de portée générale** : instructions et circulaires publiées au Bulletin officiel des finances publiques-impôts (base documentaire dite « Bofip » regroupant l'ensemble des commentaires administratifs, accessible sur le site internet de l'administration fiscale http://www.impots.gouv.fr/) et précisions doctrinales qui y sont intégrées, réponses ministérielles aux questions écrites des parlementaires et lettres aux organisations professionnelles.

– soit par **décisions individuelles** : réponses aux demandes de renseignements des contribuables et, plus généralement, tous documents par lesquels l'administration prend formellement position sur une question fiscale (par exemple, abandon formel de rehaussement).

La doctrine administrative doit concerner l'**assiette de l'impôt.** Lorsqu'elle est issue d'instructions ou de circulaires publiées, elle peut également porter sur l'application des **pénalités** ou le **recouvrement** de l'impôt. En revanche, les contribuables ne peuvent pas invoquer une doctrine concernant la **procédure** d'imposition (notamment CE 29-7-1983 n° 31761 : RJF 10/83 n° 1179 ; BOI-SJ-RES-10-10-10 n° 50) ou la procédure d'établissement des pénalités (CE 24-9-2014 n° 361330 : RJF 12/14 n° 1127).

> Précisions a. La garantie s'applique tant que la doctrine n'est pas rapportée ou devenue caduque. Le retrait ou la **caducité d'une doctrine** s'apprécie à la date du fait générateur de l'impôt (CE 18-3-1988 n° 73693 : RJF 5/88 n° 627) ou, en matière de plus-values soumises à l'impôt sur le revenu, à la date du fait générateur de la plus-value (date de la cession) (CE 10-2-2017 n° 386221 : RJF 5/17 n° 460). Les doctrines antérieures à la création de la base documentaire Bofip non reprises dans cette base doivent être regardées comme rapportées (CE 27-2-2013 n° 357537 : RJF 5/13 n° 520).

b. Les indications figurant sur un **formulaire de déclaration** ou une **notice explicative** peuvent, dans certaines circonstances, constituer une prise de position formelle opposable à l'administration (CE 20-6-2023 n° 462501 : RJF 10/23 n° 745).

c. Les contribuables peuvent, sous certaines conditions, opposer à l'administration fiscale les réponses à leurs demandes qui leur sont adressées par **courrier électronique.** Ils doivent produire un document mentionnant les nom, fonctions et coordonnées de l'agent ayant répondu, les faits et le droit applicable, et enfin la prise de position explicite et sans ambiguïté. Les dates de la question et de la réponse doivent aussi être établies avec certitude (BOI-SJ-RES-10-10-20 n°s 300 et 310 ; TA Melun 5-11-2015 n° 1402064 : RJF 4/16 n° 359).

d. Ne sont pas couverts par la garantie les litiges soulevés à l'encontre du **refus de l'administration de faire bénéficier le contribuable** d'un droit ou d'une option lui permettant d'obtenir une **diminution de son imposition primitive** (CE 23-11-2007 n° 268210 : RJF 2/08 n° 179 ; CE 14-6-2017 n° 400351 : RJF 10/17 n° 965).

e. Dans le cadre d'un examen ou d'une vérification de comptabilité ou d'un examen contradictoire de la situation fiscale personnelle, les points indiqués sur la **proposition de rectification** (ou sur l'**avis d'absence de rectification**) comme ne comportant ni insuffisance, ni inexactitude, ni omission, ni dissimulation sont opposables à l'administration lors d'un contrôle ultérieur (LPF art. L 80 A et L 49). Si aucun point n'est énuméré par le vérificateur dans la pièce de procédure, sans motivation de l'absence d'application de la garantie fiscale, celle-ci est présumée appliquer à l'ensemble des points couverts par l'avis d'engagement du contrôle qui n'ont pas donné lieu à rectification (BOI-CF-PGR-30-25 n° 160).

13816 **Opposabilité de l'appréciation des situations de fait** Lorsque l'administration a formellement pris position par écrit sur l'appréciation de la situation de fait du contribuable au regard d'un texte fiscal, elle ne peut pas procéder à des rehaussements d'impositions antérieures qui seraient fondés sur une appréciation différente de cette situation (LPF art. L 80 B). Elle ne peut modifier sa position que pour l'avenir après en avoir avisé le contribuable (sauf en cas de changement de la législation ou de changement de la situation de fait).

Le contribuable doit être de **bonne foi,** ce qui suppose selon l'administration que sa situation soit strictement identique à celle sur laquelle elle a pris position et qu'il se soit conformé à la solution retenue (BOI-SJ-RES-10-20-10 n° 390).

La **procédure de rescrit général** (LPF art. L 80 B, 1°) peut porter sur tous les impôts, droits et taxes, mais ne s'applique pas aux procédures de contrôle, aux obligations comptables ou en matière de pénalités. Il existe également des **procédures d'accord tacite** (LPF art. L 80 B, 2° à 6°, 8° et 9°) concernant certains régimes spécifiques (notamment le régime des entreprises nouvelles, les régimes d'amortissements exceptionnels, etc.), pour lesquels l'absence de réponse de l'administration dans les trois mois, ou six mois dans le cadre du régime spécial des fusions pour l'appréciation des objectifs économiques valables, vaut accord tacite du service et lui est opposable en cas de redressements ultérieurs (pour certains de ces régimes spécifiques, des modèles de demande de rescrit sont en ligne sur le site www.impots.gouv.fr, rubrique « Professionnel », « Prévenir et résoudre mes difficultés », « Je demande un rescrit »). Par ailleurs, le **rescrit contrôle** permet de demander par écrit au cours de la vérification ou l'examen de comptabilité une prise de position formelle dans la proposition de rectification ou l'avis d'absence de rectification sur les points ne comportant ni insuffisance, ni inexactitude, ni omission, ni dissimulation (LPF art. L 80 B, 10°, et L 49).

Lorsque l'administration est saisie d'une demande écrite de prise de position formelle sur la situation du contribuable, elle est tenue de **répondre** dans un **délai** de trois mois. Le contribuable qui a obtenu une prise de position formelle de l'administration, sur le fondement de l'article L 80 B, 1° à 6° et 8° du LPF ou dans le cadre d'une procédure de « rescrit-valeur » (n° 13950), peut demander, dans un délai de deux mois, un **second examen** de sa demande à condition d'être de bonne foi et de n'invoquer aucun élément nouveau (LPF art. L 80 CB). L'administration examine la demande de manière collégiale et y répond de façon définitive selon les mêmes règles et délais que ceux applicables à la demande initiale, décomptés à partir de la nouvelle saisine.

Les rescrits fiscaux ne peuvent pas, en principe, être contestés dans le cadre d'un **recours pour excès de pouvoir.** Toutefois, le contribuable peut former un tel recours à l'issue du second examen de sa demande, lorsque l'application de la prise de position formelle de l'administration entraînerait des effets notables autres que fiscaux (CE sect. 2-12-2016 n° 387613 : RJF 2/17 n° 168). Les effets non fiscaux invocables sont, par exemple, pour le contribuable qui se conformerait à la prise de position de l'administration, le fait de renoncer à un projet important ou de devoir modifier substantiellement un tel projet.

> Précisions **a.** Les sociétés civiles qui interrogent l'administration pour savoir si elles relèvent de l'**impôt sur le revenu ou** de l'**impôt sur les sociétés** bénéficient, à défaut de réponse dans les trois mois, d'une approbation implicite de la qualification retenue (LPF art. L 80 B, 8°). La demande est établie sur papier libre, à laquelle il faut joindre une copie des statuts de la société (BOI-SJ-RES-10-20-20-60 nos 160 et 180).

b. La mise en œuvre de la garantie est subordonnée à certaines conditions. Il faut notamment que la **situation corresponde à celle appréciée antérieurement** par l'administration, quant aux circonstances de fait et aux dispositions fiscales applicables. Le Conseil d'État admet cependant l'opposabilité d'une prise de position au regard d'un impôt autre que celui en cause, à condition que les deux impôts présentent des caractéristiques communes, et plus particulièrement une identité d'assiette (CE 3-6-2013 n° 346987 : RJF 8-9/13 n° 851).

c. La bonne foi du contribuable ne peut être retenue s'il **saisit abusivement plusieurs services différents** d'une même demande (simultanément ou successivement) sans que chacun en soit expressément informé. Il en va ainsi, par exemple, en cas d'absence manifeste de tout fondement à agir ou du caractère malintentionné d'une telle démarche visant notamment à rechercher la multiplication des prises de position de l'administration sur une même demande (BOI-SJ-RES-10-20-10 n° 320).

d. Seule une **réponse expresse** à la demande du contribuable formulée dans le cadre d'un rescrit général peut engager l'administration (BOI-SJ-RES-10-20-10 n° 350). En principe, seules les prises de position formulées par **écrit** peuvent être invoquées. L'administration admet, sous certaines conditions, les prises de position adressées par courriers électroniques (voir n° 13815, précision b).

e. Les prises de position administratives ne sont pas opposables en matière de **recouvrement** fiscal (CAA Nancy 1-2-2018 n° 16NC00423 : RJF 6/18 n° 651).

DÉLAI DE REPRISE DE L'ADMINISTRATION

Principe Le **droit de réparer les omissions,** insuffisances ou erreurs commises dans l'établissement de l'impôt ne peut être exercé par l'administration que pendant un délai spécifique, dit « délai de reprise », à l'expiration duquel la **prescription** est acquise à l'encontre du Trésor et au profit du contribuable (LPF art. L 169 s.). Les **pénalités** se prescrivent normalement dans le même délai que les droits auxquels elles se rapportent. 13818

> Précisions Le délai de reprise limite dans le temps le droit de l'administration de procéder à des rectifications, mais il ne fait pas obstacle à l'exercice du **droit de vérification** de l'administration. Ce droit de vérification peut porter sur des années prescrites lorsque les opérations correspondantes ont influencé les impositions d'une période postérieure non couverte par la prescription. Exemples : vérifications d'exercices prescrits en vue de remettre en cause un déficit reporté sur les résultats d'exercices non prescrits, vérification des reliquats de TVA déductible dont dispose le contribuable à l'ouverture de la période non prescrite, contestation de la valeur d'éléments d'actifs acquis au cours d'un exercice prescrit pour remettre en cause des amortissements ou des provisions constatés au cours d'un exercice non prescrit, etc.

Délais applicables selon les impôts En matière d'**impôt sur le revenu** et d'**impôt sur les sociétés,** le délai de reprise de l'administration expire, en principe, à la fin de la troisième année suivant celle au titre de laquelle l'imposition est due. Ainsi, l'administration peut rectifier jusqu'au 31 décembre 2026 les bases d'imposition à l'IS de l'année 2023 (ou des exercices arrêtés en 2023). 13819

En ce qui concerne les **taxes sur le chiffre d'affaires,** le droit de reprise de l'administration s'exerce jusqu'au 31 décembre de la troisième année suivant l'année de la réalisation des opérations lorsque l'exercice coïncide avec l'année civile. Si l'exercice ne coïncide pas avec l'année civile, le droit de reprise expire le 31 décembre de la troisième année suivant celle durant laquelle a été arrêté l'exercice de réalisation des opérations.

En ce qui concerne la **cotisation foncière des entreprises** et la **cotisation sur la valeur ajoutée des entreprises,** le délai de reprise expire en principe le 31 décembre de la troisième année suivant celle au titre de laquelle l'imposition est due (ainsi, pour les cotisations de 2023, le délai expire le 31 décembre 2026).

En matière de **taxes foncières, taxe d'habitation** (à compter de 2023, taxe d'habitation sur les résidences secondaires et autres locaux meublés non affectés à l'habitation principale) et taxes annexes établies sur les mêmes bases, le délai général de reprise expire le 31 décembre de l'année suivant celle au titre de laquelle l'impôt est dû (LPF art. L 173).

Pour les **droits d'enregistrement** et la taxe de publicité foncière, l'action en reprise de l'administration se prescrit (LPF art. L 180 et L 186) :

– le 31 décembre de la troisième année suivant celle au cours de laquelle l'exigibilité des droits ou taxes a été suffisamment révélée par l'enregistrement d'un acte ou d'une déclaration sans qu'il soit nécessaire de recourir à des recherches ultérieures (prescription abrégée) ;

– à défaut, le 31 décembre de la sixième année suivant le fait générateur de l'impôt, c'est-à-dire l'événement donnant naissance à la créance d'impôt (date de mutation ou date de l'acte, date du décès, etc.).

> Précisions a. Lorsque les déclarations que les redevables de la **taxe foncière sur les propriétés bâties** sont tenus de souscrire à raison des **constructions nouvelles** ou des **changements de consistance ou d'affectation** de ces propriétés en application de l'article 1406 du CGI sont entachées d'omissions ou d'insuffisances, celles-ci peuvent être réparées à tout moment et les cotisations rehaussées dans la limite de quatre années prévue à l'article 1508 du CGI, sans que les dispositions de l'article L 173 du LPF limitant le droit de reprise de l'administration fiscale à la fin de l'année suivant celle au titre de laquelle l'imposition est due puissent être utilement opposées (LPF art. L 175 ; CE 26-3-2008 n° 294354 : RJF 6/08 n° 687). Il ressort en pratique de cette combinaison – qui vaut aussi pour la **taxe d'habitation** sur les résidences secondaires et autres locaux meublés non affectés à l'habitation principale – des articles L 175 du LPF et 1508 du CGI que le droit de reprise prévu par l'article L 175 du LPF peut aboutir à un rehaussement égal au maximum à la correction de quatre années de défaut ou d'inexactitude de déclaration.

b. Lorsque le bénéficiaire d'un **don manuel** opte pour la **déclaration et le paiement des droits au décès du donateur,** le droit de reprise de l'administration s'exerce jusqu'à l'expiration de la sixième année suivant ce décès (LPF art. L 181 A).

c. La valeur des biens ayant fait l'objet d'une **donation antérieure** peut être rectifiée dans le cadre de leur rapport lors d'une nouvelle donation ou d'une succession (LPF art. L 181 B, al. 1).

13820 **Circonstances entraînant l'extension des délais de reprise** Dans certaines situations, les délais de droit commun peuvent être étendus.

Ainsi, les délais de reprise sont prolongés notamment :

– lorsque la découverte d'**agissements frauduleux** entraîne le dépôt d'une plainte en vue de l'application d'une sanction pénale (prolongation de deux ans) ;

– lorsque l'administration a, dans le délai initial de reprise, demandé des renseignements à une autorité étrangère dans le cadre de l'**assistance administrative internationale.** Dans ce cas, les omissions ou erreurs d'imposition correspondantes peuvent être réparées, même si le délai initial de reprise est expiré, jusqu'à la fin de l'année qui suit celle de la réception de la réponse et, au plus tard, jusqu'au 31 décembre de la troisième année qui suit celle au titre de laquelle le délai initial de reprise est expiré (LPF art. L 188 A).

Le délai de reprise est de dix ans :

– en cas d'**activité occulte** ou de **flagrance fiscale** en matière d'impôt sur le revenu, impôt sur les sociétés, cotisation foncière des entreprises, cotisation sur la valeur ajoutée des entreprises et taxes sur le chiffre d'affaires ;

– en cas de non-respect des **obligations déclaratives** concernant les structures établies dans un pays à régime fiscal privilégié et les avoirs détenus à l'**étranger** (pour les seuls revenus ou bénéfices afférents aux obligations déclaratives non respectées).

Le délai de reprise peut également être étendu par l'effet d'autres délais spéciaux : notamment, les omissions ou insuffisances révélées par une **instance** devant les tribunaux **ou** par une **réclamation** contentieuse peuvent être réparées jusqu'à la fin de l'année suivant celle de la décision qui a clos l'instance et, au plus tard, jusqu'à la fin de la dixième année qui suit celle au titre de laquelle l'imposition est due (LPF art. L 188 C).

> **Précisions** La prolongation du délai de reprise en cas de non-respect de l'obligation de **déclaration des comptes ouverts, détenus, utilisés ou clos à l'étranger** (CGI art. 1649 A) ne s'applique pas lorsque le contribuable prouve que le total des soldes créditeurs de ses comptes à l'étranger n'a pas excédé 50 000 € à un moment quelconque de l'année au titre de laquelle la déclaration devait être faite (LPF art. L 169, al. 4)

Événements interruptifs de prescription Certains événements, lorsqu'ils interviennent avant l'expiration du délai de reprise, ont pour effet d'interrompre la prescription. 13822

La notification d'une **proposition de rectification** adressée par le service des impôts au contribuable interrompt ainsi la prescription, tant à hauteur des rectifications notifiées qu'à l'égard des pénalités, et l'administration dispose alors, pour établir l'imposition, d'un nouveau délai de même durée que celui interrompu, compté du 1er janvier suivant.

La notification envoyée à une société de personnes interrompt la prescription à l'égard de tous les associés pour l'impôt sur le revenu afférent à leur quote-part de bénéfices (CE 8-4-1994 nos 60405-65876 : RJF 5/94 n° 579). Cet effet interruptif joue également pour les associés indirects qui détiennent des parts dans la société contrôlée via une ou plusieurs sociétés de personnes intermédiaires (CE 10-11-2010 n° 315711 : RJF 2/11 n° 186 ; CE 13-2-2013 n° 348636 : RJF 10/13 n° 942 ; cette solution semble valable quel que soit le nombre de sociétés interposées, dès lors qu'elles relèvent toutes du régime fiscal des sociétés de personnes).

Il n'est toutefois pas obligatoire d'adresser une proposition de rectification à la société pour interrompre la prescription à l'égard de l'associé ; la proposition à l'associé d'une SCI d'une rectification afférente à sa part de revenu foncier avant l'expiration du délai de prescription interrompt ainsi la prescription à son égard (CE 3-12-1986 n° 37449 : RJF 2/87 n° 161).

La prescription peut également être interrompue par d'**autres événements,** tels que des déclarations ou notifications de procès-verbaux, des actes comportant reconnaissance des redevables (versement d'un acompte, demande de délai, etc.) ou tous autres actes interruptifs de droit commun. La notification d'un avis de mise en recouvrement (titre de recouvrement utilisé notamment en matière de taxes sur le chiffre d'affaires et de droits d'enregistrement) interrompt également la prescription ; c'est alors le délai de prescription de l'action en recouvrement (de quatre ans, en principe) qui commence à courir.

> **Précisions** **a.** La prescription est interrompue dès lors que le **pli contenant la proposition de rectification** a été présenté à l'adresse du contribuable avant l'expiration du délai de reprise. Il en va de même lorsque le pli n'a **pas pu être remis** à l'intéressé lors de sa présentation et que, avisé de sa mise en instance, il ne l'a retiré qu'après l'expiration du délai de reprise ou a négligé de le retirer (CE 14-10-2015 n° 378503 : RJF 1/16 n° 55 ; CE 21-6-2017 n° 387986 : RJF 10/17 n° 969).
> **b.** Des **écritures comptables** suffisamment précises dans leur libellé (en l'espèce, « impôt sur les sociétés 1991 ») constituent un acte valant reconnaissance de sa dette fiscale par le contribuable et interrompent la prescription (CE 26-7-2007 n° 267594 : RJF 11/07 n° 1291).

PROCÉDURES DE RÉGULARISATION SPONTANÉE

Procédure de régularisation en cours de contrôle Les contribuables qui font l'objet d'un contrôle fiscal ont la possibilité, pour les impôts sur lesquels il porte, de régulariser les erreurs, inexactitudes, omissions ou insuffisances commises dans les déclarations souscrites dans les délais moyennant le paiement d'un **intérêt de retard** au taux de 0,14 % par mois (LPF art. L 62). Cette possibilité est également ouverte aux associés d'une société vérifiée soumise au régime fiscal des sociétés de personnes (CE 4-5-2016 n° 383135 : RJF 7/16 n° 638). Sont exclus les droits d'enregistrement. 13825

Cette procédure ne peut être appliquée que si :

– le contribuable en fait la **demande,** en cas de contrôle sur pièces, dans les trente jours de la réception d'une demande de renseignements, de justifications ou d'éclaircissements ou d'une proposition de rectification, en cas de vérification de comptabilité ou d'examen de la situation fiscale personnelle (ESFP) avant toute proposition de rectification et en cas d'examen de comptabilité dans les trente jours de la réception de la proposition de rectification ;

– la régularisation ne concerne pas une infraction exclusive de **bonne foi** ;

– le contribuable dépose une **déclaration complémentaire** dans les trente jours de sa demande et acquitte l'intégralité des suppléments de droits simples et des intérêts de retard au moment du dépôt de la déclaration ou à la date limite de paiement portée sur l'avis d'imposition en cas de mise en recouvrement par voie de rôle (impôt sur le revenu, impôt sur la fortune immobilière, etc.). À défaut de paiement dans ces délais, le bénéfice de la réduction de l'intérêt de retard est conservé en cas d'acceptation par le comptable public d'un plan de règlement des droits simples.

13826 **Procédures de régularisation avant tout contrôle** Le contribuable peut déposer spontanément, avant l'expiration du délai de reprise (n° 13818), une **déclaration rectificative** moyennant le paiement d'un **intérêt de retard** au taux réduit de moitié, soit 0,10 % par mois (CGI art. 1727, V). Sur les mesures de tempérament concernant les **majorations pour retard de paiement,** voir n° 14030. Le dépôt doit intervenir avant tout **acte de l'administration,** c'est-à-dire avant réception d'une mise en demeure, d'un avis d'examen contradictoire de la situation fiscale personnelle, d'un avis de vérification ou d'examen de comptabilité, d'une demande d'éclaircissements, de justifications ou de renseignements ou d'une proposition de rectification portant sur l'impôt considéré. Il peut également intervenir après un acte de l'administration qui porte sur un impôt différent (BOI-DAE-20-10 n°s 20 et 30).

Cette procédure ne peut être appliquée que si :

– la régularisation ne concerne pas une infraction exclusive de **bonne foi** ;

– le contribuable a déposé sa **déclaration initiale** et acquitté les droits correspondants dans les délais (BOI-DAE-20-10 n° 10) ;

– la déclaration rectificative est accompagnée du **paiement des droits simples** ou, s'agissant des impositions recouvrées par voie de rôle, le paiement est effectué au plus tard à la date limite de paiement portée sur l'avis d'imposition. À défaut de paiement dans ces délais, le bénéfice de la procédure est conservé en cas d'acceptation par le comptable public d'un plan de règlement des droits simples.

13827 Une procédure spéciale de **mise en conformité** permet aux **entreprises** et à leurs **dirigeants** de demander, avant tout contrôle fiscal, la régularisation de leur situation fiscale (Circ. du 8-3-2021).

Elle **concerne** toutes les anomalies fiscales découvertes par les nouveaux détenteurs et repreneurs d'une entreprise. Elle couvre également différentes problématiques, telles qu'une activité en France non déclarée constitutive d'un établissement stable, la déduction irrégulière d'intérêts dans des situations transfrontalières, les abus de convention fiscale, le non-respect des conditions d'un pacte Dutreil (CGI art. 787 B), la non-imposition à tort d'une plus-value de cession de titres ou, plus généralement, toute opération susceptible d'entraîner l'application de la majoration de 80 % pour abus de droit, manœuvres frauduleuses ou activité occulte ou toute opération dont la mise en conformité met en évidence des difficultés soit de chiffrage du montant des corrections, soit d'appréciation des périodes sur lesquelles s'exerce le droit de reprise, ou des difficultés de traitement résultant du nombre de contribuables impliqués dans une même opération.

Le contribuable qui y a recours bénéficie par voie de transaction d'une atténuation des **pénalités et intérêts de retard** encourus, selon une grille fixée par l'administration.

13828 Par ailleurs, un **examen de conformité fiscale** (ECF) peut être demandé sur certains points spécifiques à un prestataire indépendant (commissaire aux comptes, expert-comptable, organisme de gestion agréé...) par une **société exerçant une activité professionnelle,** quels que soient son régime d'imposition et son chiffre d'affaires (Décret 2021-25 du 13-1-2021 : JO 14 texte n° 45 ; Arrêté du 13-1-2021 : JO 14 texte n° 46).

Il **concerne** les points portant sur la qualité comptable des fichiers des écritures comptables, leur conformité, la certification des logiciels de caisse, la conservation des documents, le respect des règles sur le choix des régimes d'imposition (régime simplifié, régime normal...), les amortissements, les provisions, les charges à payer et exceptionnelles ainsi que l'exigibilité en matière de TVA.

En pratique, l'existence d'un ECF doit faire l'objet d'une mention dans la déclaration de résultat au moyen d'une case à cocher, afin de produire les effets d'une mention expresse (CGI art. 1727, II-1 : voir n° 14006) : en cas de contrôle fiscal conduisant à un rappel d'impôt sur un point validé dans le cadre de l'ECF, l'**intérêt de retard** n'est pas appliqué si la bonne foi de la société n'est remise en cause ni par le prestataire ni par l'administration. Par ailleurs, dans cette hypothèse, aucune **pénalité** n'est encourue par la société qui a respecté les recommandations indiquées précisément dans le compte rendu de mission établi par le prestataire à l'issue de ses travaux (Communiqué min. comptes publics n° 570 du 18-1-2021).

A. Le contrôle des résultats de la société civile

1. DÉROULEMENT DE LA PROCÉDURE AU NIVEAU DE LA SOCIÉTÉ

CHAMP D'APPLICATION DES PROCÉDURES DE VÉRIFICATION OU D'EXAMEN DE COMPTABILITÉ

Lorsque les bases d'imposition sont établies à partir de **documents comptables,** l'administration peut procéder à une vérification sur place de ces documents ou à leur examen à distance lorsque la comptabilité est tenue de manière informatisée. C'est le cas en matière de bénéfices industriels et commerciaux, de bénéfices non commerciaux, de bénéfices agricoles réels, d'impôt sur les sociétés et de taxes sur le chiffre d'affaires. **13830**

En revanche, l'administration ne peut pas en principe recourir à une vérification ou un examen de comptabilité pour contrôler des catégories de revenus pour la détermination desquels les **contribuables** ne sont **pas astreints à la tenue d'une comptabilité.** C'est notamment le cas des revenus fonciers, qui peuvent cependant faire l'objet de demandes d'éclaircissements et de justifications prévues à l'article L 16 du LPF (voir n° 13910).

Toutefois, cette règle ne s'applique pas aux **sociétés civiles immobilières d'attribution** soumises au régime de la transparence fiscale visées n°s 40130 s. La procédure de vérification est suivie directement entre l'administration et la société, selon les règles applicables en matière de bénéfices industriels et commerciaux (CGI ann. II art. 374 ; LPF art. L 53).

S'agissant des **sociétés civiles de location** percevant des revenus fonciers, non soumises à l'impôt sur les sociétés, la jurisprudence admet que l'administration puisse opérer un contrôle sur place des documents et pièces justificatives qu'elles doivent tenir : documents comptables ou sociaux, inventaires, copies de lettres, pièces de recettes et de dépenses. Bien qu'il ne s'agisse pas d'une vérification de comptabilité mais d'un contrôle « sui generis », les sociétés contrôlées bénéficient des garanties de caractère général accordées en cas de vérification de comptabilité (CE 20-3-2013 n° 334682 : RJF 6/13 n° 616).

> **Précisions** **a.** Les **droits d'enregistrement** peuvent faire l'objet d'une vérification de comptabilité lorsqu'ils procèdent d'une activité professionnelle ou qu'ils sont assis sur des éléments comptables d'une telle activité (Cass. com. 31-10-2006 n° 04-11.180 : RJF 2/07 n° 236). Lorsqu'il s'agit de droits étrangers à l'activité professionnelle, la vérification ne peut pas porter directement sur ces droits mais l'administration a la possibilité d'utiliser les renseignements recueillis au cours d'une vérification concernant un autre impôt pour fonder un redressement (Cass. com. 31-10-2006 n° 03-20.995 : RJF 2/07 n° 237).
> **b.** Le contrôle d'une société civile de location en matière de **TVA** a la nature d'une vérification de comptabilité (CE 5-11-2014 n° 356798 : RJF 2/15 n° 129).

DÉROULEMENT DE LA VÉRIFICATION DE COMPTABILITÉ

Mise en œuvre de la procédure La **procédure** de vérification de la comptabilité d'une société civile est suivie directement entre l'administration fiscale et la société, même si cette dernière est soumise au régime fiscal des sociétés de personnes (LPF art. L 53). **13835**

Lorsqu'elle entreprend une vérification de comptabilité, l'administration doit obligatoirement en informer le contribuable en lui adressant un **avis de vérification** ; cet avis doit indiquer les années soumises à vérification et mentionner expressément, sous peine de nullité de la procédure, que le contribuable a la faculté de se faire assister par un conseil au cours de la vérification (LPF art. L 47). Dans le cas d'une société de personnes non soumise à l'impôt sur les sociétés, l'avis de vérification est régulièrement adressé à la société elle-même, à son nom ou à celui de son dirigeant, sans qu'il soit nécessaire que chaque associé soit personnellement informé (CE 8-12-1986 n° 48789 : RJF 2/87 n° 186). Dans le cas d'une société civile faisant l'objet d'un contrôle sur place, l'envoi d'un avis de vérification ne s'impose pas (CE 20-3-2013 n° 334682 : RJF 6/13 n° 616). L'administration fiscale adresse au contribuable un « avis de contrôle sur place ».

Le contribuable est informé, dans l'avis de vérification, que la **charte** des droits et obligations du contribuable vérifié peut être consultée sur le site internet de l'administration fiscale ou lui être remise sur simple demande (LPF art. L 47, al. 3).

> **Précisions** **a.** Le contribuable doit être averti en temps utile pour pouvoir faire appel à un conseil de son choix. La loi autorise toutefois les vérificateurs à effectuer des **interventions inopinées** pour procéder à des constatations matérielles portant sur les éléments physiques de l'exploitation (inventaire physique des moyens de production et des

stocks, etc.) et sur l'existence et l'état des documents comptables. Dans cette hypothèse, l'avis de vérification et la charte des droits et obligations du contribuable vérifié sont remis au début des opérations de constatations matérielles, mais l'examen au fond des documents comptables ne peut être entrepris qu'à l'expiration d'un délai raisonnable (au moins deux jours pleins selon la jurisprudence) permettant au contribuable de s'organiser pour se faire assister d'un conseil.

Lors d'un contrôle inopiné, les vérificateurs peuvent prendre deux **copies** des fichiers de la **comptabilité informatisée,** pour éviter l'altération ou la disparition de certaines données (LPF art. L 47 A, III). En cas de difficultés ultérieures et selon une procédure spéciale, l'administration pourra effectuer sur la copie conservée par ses soins les opérations nécessaires au contrôle.

b. Une vérification de comptabilité engagée après la **liquidation** d'une société civile immobilière peut être menée avec l'ancien liquidateur amiable, désigné comme mandataire de l'indivision constituée entre les anciens associés (CE 21-11-2011 nos 340777, 340779, 340778 et 340776 : RJF 2/12 n° 144).

13838 **Modalités d'intervention des vérificateurs** La **vérification a lieu** au siège ou au principal établissement de la société. Toutefois, dès lors qu'il y a accord entre les représentants de la société et le vérificateur, la vérification peut se dérouler entièrement au lieu où se trouvent les documents comptables, sans aucune intervention dans les locaux de l'entreprise (CE 26-2-2003 n° 232842 : RJF 5/03 n° 591).

Le vérificateur est autorisé à prendre **copie des documents** dont il a connaissance dans le cadre de la vérification (LPF art. L 13 F) mais il ne peut **emporter les livres et documents comptables** que sur demande écrite et préalable du contribuable, en lui remettant un reçu détaillé de ces pièces dont l'administration devient alors dépositaire ; en outre, le vérificateur doit assurer au contribuable la possibilité d'un **débat oral et contradictoire.** La restitution des documents doit donner lieu à décharge et être effectuée en temps utile pour permettre une discussion avant la clôture de la procédure et, en tout état de cause, avant l'envoi d'une proposition de rectification ou d'une demande de renseignements sur les documents et avant l'expiration du délai de trois mois lorsque cette garantie est applicable (voir ci-après). Lorsque ces règles ne sont pas respectées, la vérification est irrégulière.

La limitation de la **durée de la présence sur place du vérificateur** à trois mois est réservée aux contribuables exerçant une activité industrielle, commerciale, agricole ou non commerciale et dont le chiffre d'affaires ou les recettes n'excèdent pas la limite d'admission au régime simplifié d'imposition (LPF art. L 52). La jurisprudence considère qu'elle n'est pas applicable à une société civile immobilière exerçant une activité civile de location immobilière, même si ses parts sont détenues par un associé passible de l'impôt sur les sociétés (CE 21-12-2007 nos 281123 et 281124 : RJF 3/08 n° 328), ni à une société exerçant uniquement une activité civile de gestion de portefeuille de titres (CE 28-3-2008 n° 284548 : RJF 6/08 n° 696). En revanche, une entreprise qui, en complément d'une activité industrielle, commerciale, non commerciale ou agricole répondant à la condition relative au montant du chiffre d'affaires ou des recettes, exerce une activité civile bénéficie de la garantie si cette dernière activité a un caractère accessoire (CE 12-3-2014 n° 358373 : RJF 6/14 n° 592).

> **Précisions** **a.** L'administration peut examiner au cours d'une vérification de comptabilité les opérations figurant sur des comptes financiers utilisés à la fois à titre privé et professionnel (**comptes « mixtes »**) par un associé de la société, sans que ces contrôles constituent le début d'un ESFP (LPF art. L 47 B, al. 2).

b. La société ne peut pas s'opposer à la prise de copie par le vérificateur des documents consultés lors du contrôle sous peine d'une **amende** de 1 500 € par document, dans la limite maximale de 50 000 € (CGI art. 1734 al. 2).

c. Le **montant** hors taxe du **chiffre d'affaires ou des recettes** brutes à ne pas dépasser pour bénéficier de la **limitation à trois mois de la présence sur place du vérificateur,** sous peine de nullité de l'imposition, est de :

– 840 000 € s'il s'agit d'entreprises industrielles ou commerciales dont le commerce principal est de vendre des marchandises, objets, fournitures ou denrées à emporter ou à consommer sur place, ou de fournir le logement ;

– 254 000 € en ce qui concerne les autres entreprises industrielles ou commerciales (prestataires de services), ainsi que pour les personnes exerçant une activité non commerciale ;

– 391 000 € pour les entreprises agricoles.

d. Les vérifications de comptabilité peuvent s'étendre sur une durée supérieure à trois mois lorsque la société s'est livrée à une **activité occulte** au sens de l'article L 169, alinéa 2 du LPF. Par ailleurs, l'administration peut taxer d'office sans mise en demeure préalable la société qui exerce une telle activité (LPF art. L 68).

DÉROULEMENT DE L'EXAMEN DE COMPTABILITÉ

13839 Lorsqu'elle considère que les enjeux et la typologie d'une société, dont la **comptabilité** est tenue de manière **informatisée,** ne nécessitent pas de procéder à des investigations sur place, l'administration peut recourir à la procédure d'examen de comptabilité (LPF art. L 13 G). Cet examen est effectué à distance d'après les fichiers des écritures comptables (FEC) communiqués par la société.

La procédure ne peut être engagée sans que l'administration en ait préalablement informé la société par l'envoi d'un **avis d'examen de comptabilité** (LPF art. L 47). Dans le délai franc de 15 jours suivant la réception de l'avis, la société est tenue d'adresser à l'administration une copie des FEC sous forme dématérialisée, via une plate-forme sécurisée ou sur support physique (clef USB, CD-Rom) (BOI-CF-DG-40-20 n° 350). À défaut, l'administration peut l'informer que la procédure est annulée et lui infliger une **amende** de 5 000 € (LPF art. L 47 AA, 1 et 2 ; CGI art. 1729 D, II). Elle conserve la possibilité, dans ce cas, d'engager une vérification de comptabilité sur place (BOI précité n° 440). L'amende s'applique également en cas de transmission d'un fichier non conforme ou incomplet suite à une demande de mise en conformité (BOI précité n° 420). Dans l'hypothèse où l'examen de comptabilité porte sur plusieurs exercices, elle est applicable pour chaque exercice concerné (BOI précité n° 430).

La société faisant l'objet d'un examen de comptabilité bénéficie de l'essentiel des **garanties** prévues en matière de vérification de comptabilité. À l'issue de l'examen de comptabilité, un point téléphonique doit être fait avec le contribuable, préalablement à l'envoi de la proposition de rectification. Si le contribuable demande à être reçu, cet échange aura lieu dans les locaux de l'administration (BOI précité n° 410).

NOTIFICATION D'UNE PROPOSITION DE RECTIFICATION

Avant de procéder aux rectifications des bases d'imposition déclarées, l'administration doit faire connaître au contribuable la nature et les motifs des rectifications envisagées par l'envoi d'une proposition de rectification. Cette proposition de rectification doit en principe être **adressée** à la société, même si elle est soumise au régime fiscal des sociétés de personnes. Dans ce cas, la jurisprudence admet toutefois que la proposition de rectification des bénéfices sociaux soit adressée à l'un des associés représentant la société (CE 16-12-1970 n° 75497). 13845

Si l'administration procède à la **reconstitution du bénéfice ou du chiffre d'affaires** à la suite du rejet de la comptabilité ou en l'absence de documents comptables, les méthodes de reconstitution des bases d'imposition doivent être clairement et complètement exposées.

L'administration doit indiquer au contribuable le **montant des droits, taxes et pénalités** résultant des rectifications proposées (LPF art. L 48). Lorsque, au cours de la procédure de rectification, l'administration réduit les rehaussements initialement notifiés pour tenir compte des observations et avis du contribuable, elle doit renouveler par écrit (et avant la mise en recouvrement) l'information sur les conséquences financières des redressements. Dans le cas des sociétés soumises au régime fiscal des sociétés de personnes, c'est la notification adressée à chaque associé (voir n° 13865) qui doit comporter les conséquences financières du rehaussement (CE 21-7-1972 n° 72508).

Même en l'**absence de rectification,** l'administration doit porter les résultats de la vérification de comptabilité ou de l'examen de comptabilité à la connaissance du contribuable (LPF art. L 49).

Lorsqu'une vérification de comptabilité ou un examen de comptabilité, pour une période et un impôt déterminés, est achevé, l'administration ne peut pas, sauf exceptions, procéder à une **nouvelle vérification** ou à un **nouvel examen** pour la même période et le même impôt (LPF art. L 51). À défaut, la seconde vérification est irrégulière.

> **Précisions** **a.** L'administration peut tenir compte des **constatations résultant** de l'examen des documents et des réponses aux demandes d'éclaircissements ou de justifications faites au niveau d'un associé de la société dans le cadre **d'une procédure d'ESFP** (et conformément aux seules règles applicables à l'ESFP) (LPF art. L 47 B). Elle ne peut toutefois rectifier directement les bénéfices de la société à partir des constatations opérées sur les comptes au cours d'un ESFP, sans procéder à une vérification de comptabilité (CE 6-1-1993 n° 64209 : RJF 3/93 n° 397 ; BOI-CF-IOR-60-10 n°s 60 et 70).
> **b.** En principe, les nouvelles bases d'imposition doivent être fixées en partant des éléments comptables et en leur apportant les corrections nécessaires. Cependant, le service des impôts peut **rejeter la comptabilité** si celle-ci est irrégulière ou si le vérificateur a des raisons sérieuses d'en contester la sincérité alors même qu'elle est apparemment régulière. Même dans ces cas, l'administration doit suivre la procédure de rectification contradictoire.
> **c.** Lorsqu'elle se fonde sur des **renseignements et documents obtenus de tiers** pour établir l'imposition faisant l'objet de la proposition de rectification, **l'administration est tenue d'informer** le contribuable de la teneur et de l'origine de ces renseignements et documents et doit, sur sa demande, lui en **communiquer** une copie avant la mise en recouvrement (LPF art. L 76 B). Cette exigence d'information s'impose même lorsque les renseignements sont issus des déclarations de revenus de tiers (CE 9-3-2016 n° 364586 : RJF 5/16 n° 460). Cependant, l'absence d'indication de l'origine des renseignements est

sans incidence sur la régularité de la procédure d'imposition lorsque le contribuable a nécessairement connaissance de ces renseignements, eu égard à leur teneur (CE 17-3-2016 n° 381908 : RJF 6/16 n° 545). L'administration n'est pas tenue à cette exigence d'information lorsque la proposition de rectification adressée à l'associé d'une SCI repose sur des informations obtenues lors de la rectification du résultat de celle-ci (CE 5-2-2014 n° 351404 : RJF 4/14 n° 354). L'administration n'est pas non plus tenue d'informer le contribuable sur l'origine et la teneur des renseignements qu'elle a obtenus en consultant le fichier immobilier (CE 26-5-2014 n° 348574 : RJF 8-9/14 n° 829).

13848 **Déduction en cascade** En cas de vérification simultanée des taxes sur le chiffre d'affaires et de l'impôt sur les bénéfices ou en cas de vérifications séparées, lorsque la vérification des taxes est achevée la première, le **supplément de taxes sur le chiffre d'affaires** rappelé au titre d'un exercice est imputé sur le bénéfice imposable du même exercice (sauf s'il s'agit de TVA afférente à des opérations d'autoliquidation, les rappels de TVA n'étant, dans ce cas, jamais déductibles). L'imputation des rappels de TVA est effectuée automatiquement par l'administration dans la proposition de rectification, et le contribuable dispose d'un délai de 30 jours (qui peut être porté à 60 jours, voir n° 13850) pour y renoncer. Dans ce dernier cas, la prescription est réputée interrompue à hauteur des bases de l'impôt sur le revenu ou de l'impôt sur les sociétés notifiées avant déduction des rappels de taxes sur le chiffre d'affaires (LPF art. L 77).

> Précisions a. L'administration admet également la mise en œuvre de la déduction en cascade en cas de **contrôle sur pièces** (BOI-CF-PGR-30-40-10 n° 80).

b. Dans le cas d'une société soumise au régime fiscal des **sociétés de personnes**, l'application automatique de la déduction en cascade s'effectue dans la proposition de rectification adressée à la société et c'est à celle-ci d'exercer, le cas échéant, sa faculté de renonciation.

RÉPONSE DU CONTRIBUABLE

13850 La proposition de rectification informe le contribuable qu'il a la faculté de se faire assister par un conseil de son choix et l'invite à faire parvenir son acceptation ou ses observations dans un **délai de 30 jours,** qui est **prolongé** de 30 jours (soit 60 jours au total) si l'intéressé en fait la demande dans le délai initial (y compris en cas de taxation d'office pour défaut de réponse à une demande d'éclaircissements). L'administration ne peut pas mettre l'imposition en recouvrement avant l'expiration de ce délai.

Lorsque **le contribuable accepte** la rectification ou s'il **ne présente pas d'observations** dans ce délai, l'imposition est établie sur la base proposée. Il peut ultérieurement contester l'imposition devant les tribunaux (nos 14100 s.) mais il supporte alors la charge de la preuve.

Lorsque le contribuable **présente des observations** et que l'administration les reconnaît fondées, l'imposition est établie sur une base réduite en conséquence. Les observations formulées, dans le délai de réponse à la proposition de rectification, par un des associés d'une société non soumise à l'impôt sur les sociétés engagent la société et sont opposables aux autres associés (BOI-CF-IOR-10-50-20 n° 130). Toutefois, s'agissant d'un rehaussement en matière de droits d'enregistrement notifié à une société soumise au régime fiscal des sociétés de personnes, il a été jugé que seule la société a, en tant que redevable de l'impôt, qualité pour répondre à la proposition de rectification, le désaccord exprimé par les associés agissant à titre personnel ne pouvant valablement engager la société (Cass. com. 22-2-2000 n° 97-17.945 : RJF 5/00 n° 712).

Si les **observations sont rejetées,** l'administration doit en informer le contribuable par une réponse motivée. L'imposition est alors établie sans tenir compte (ou en ne tenant que partiellement compte) des observations du contribuable. Dans ce cas, l'administration devra apporter la preuve du bien-fondé de la ou des rectifications maintenues.

L'**absence de réponse de l'administration** aux observations du contribuable n'entraîne pas automatiquement la décharge de l'imposition : il n'en va ainsi que si elle le prive de garanties (CE 11-4-2014 n° 349719 : RJF 7/14 n° 707).

> Précisions a. Le délai de réponse du **contribuable se décompte** à partir du jour où l'intéressé a reçu la proposition de rectification. On ne tient pas compte, pour le calcul du délai, du jour de la réception ni de celui de son échéance (par exemple, pour une proposition reçue le 2 avril, la réponse est faite dans les délais si elle est postée au plus tard le 3 mai – délai de 30 jours – ou le 2 juin – délai de 60 jours). Lorsque le dernier jour tombe un samedi ou un jour férié, le délai est prolongé jusqu'au premier jour ouvrable suivant.

b. Aucun **délai** n'est en principe imparti à **l'administration pour répondre aux observations** du contribuable. Cependant, dans le cadre des vérifications ou examens de comptabilité des **petites et moyennes entreprises,** l'administration est tenue de répondre dans un délai de 60 jours aux observations du contribuable faisant suite à la proposition de rectification (sauf en cas de graves irrégularités privant de valeur probante la comptabilité de l'entreprise vérifiée). Sont visées les entreprises industrielles ou commerciales dont le chiffre d'affaires est inférieur à

1 526 000 € HT s'il s'agit d'entreprises dont le commerce principal est de vendre des marchandises, objets, fournitures et denrées ou de fournir le logement, ou à 460 000 € HT s'il s'agit d'autres entreprises ou d'un contribuable exerçant une activité non commerciale (LPF art. L 57 A). Sont en principe exclues les sociétés civiles immobilières dès lors que leur activité de location ne relève ni des bénéfices industriels et commerciaux ni des bénéfices non commerciaux (CAA Versailles 28-3-2017 n° 16VE01707 : RJF 8-9/17 n° 840). Toutefois, l'administration admet que cette mesure s'applique en cas de vérification d'une société civile immobilière de gestion, ou d'une entreprise agricole dont le montant des recettes brutes ne dépasse pas 782 000 € (BOI-CF-IOR-10-50-30 n°s 150 et 160 ; sur l'extension de cette mesure aux SCI de gestion, voir la décision implicite CAA Lyon 14-10-2021 n° 19LY04647 : RJF 4/22 n° 382.).
À **défaut de réponse** dans le délai de 60 jours, l'administration est réputée avoir accepté les observations du contribuable.
Le délai ne s'applique pas en cas de **graves irrégularités** privant la comptabilité de valeur probante. Les personnes morales et les sociétés en participation à l'actif desquels sont inscrits des **titres de placement ou de participation** pour un montant supérieur ou égal à **7 600 000 €** sont également privées de la garantie d'une réponse de l'administration dans un délai de 60 jours (et du bénéfice d'une acceptation tacite de l'administration en l'absence de réponse dans ce délai) (LPF art. L 57 A).

INTERVENTION DE LA COMMISSION DES IMPÔTS DIRECTS ET DES TAXES SUR LE CHIFFRE D'AFFAIRES

Dans le cadre de la procédure de rectification contradictoire en matière de bénéfices industriels et commerciaux, de bénéfices agricoles réels, de bénéfices non commerciaux (régime de la déclaration contrôlée), d'impôt sur les sociétés ou de taxes sur le chiffre d'affaires, le désaccord, s'il porte sur une **question de fait,** peut être soumis, par l'administration ou par la société – et par elle seule, les associés, à titre personnel, ne pouvant pas saisir la commission (CE 15-12-2010 n° 320694 : RJF 3/11 n° 283) –, à l'appréciation de la commission des impôts directs et des taxes sur le chiffre d'affaires située en principe dans le ressort du tribunal administratif où se trouve le lieu d'imposition. La commission n'est pas compétente pour se prononcer dans des litiges qui portent sur les revenus fonciers et mobiliers. **13855**

La commission doit émettre un **avis motivé.** La commission peut faire appel à un expert extérieur, sur demande et aux frais du contribuable.

La **charge de la preuve** pèse sur l'administration quel que soit l'avis rendu par la commission, sauf si la comptabilité comporte de graves irrégularités et que l'imposition a été établie conformément à l'avis de la commission ou que la société n'a pas présenté de comptabilité ou de pièces en tenant lieu (LPF art. L 192).

Le redevable de l'imposition conserve le droit de présenter une demande en réduction de l'imposition correspondant à la rectification qui a été soumise à l'avis de la commission, par voie de réclamation contentieuse.

> **Précisions** Les entreprises exerçant une activité industrielle ou commerciale et dont le chiffre d'affaires hors taxe est supérieur à 50 000 000 € s'il s'agit d'entreprises dont le commerce principal est de vendre des marchandises, objets, fournitures et denrées ou de fournir le logement, à 25 000 000 € s'il s'agit d'autres entreprises, ou faisant partie d'un groupe intégré dont au moins une des sociétés remplit ces conditions, relèvent de la **commission nationale** des impôts directs et des taxes sur le chiffre d'affaires.

2. CONSÉQUENCES DU CONTRÔLE DE LA SOCIÉTÉ POUR SES ASSOCIÉS

SOCIÉTÉ SOUMISE AU RÉGIME DES SOCIÉTÉS DE PERSONNES

Dans ces sociétés, les résultats ne sont pas imposés au nom de la société elle-même, mais au nom de chacun des associés pour la fraction correspondant à ses droits respectifs. Dès lors, le rehaussement du bénéfice réalisé par la société et la rectification des bases d'imposition des associés à raison de leurs droits dans les bénéfices sociaux constituent les éléments d'une **même procédure**, et l'administration n'a pas à suivre des procédures distinctes à l'égard des associés. **13860**
Ce principe ne vaut toutefois que si la rectification de l'imposition personnelle des associés découle directement du rehaussement du bénéfice social. En conséquence, lorsque le contrôle de la société fait apparaître l'enrichissement personnel inexpliqué d'un associé, l'administration doit **vérifier distinctement** les déclarations personnelles de revenus de l'intéressé sans pouvoir demander des justifications à la société sur ce point (CE 3-11-1976 n° 93794 : RJF 12/76 n° 551). De même, la procédure est menée directement avec l'associé lorsque la rectification le concernant a pour seul objet le rejet de l'imputation sur son revenu global de sa quote-part dans le déficit d'une société dont les résultats déclarés ne sont pas remis en cause (CE 10-10-2001 n° 211453 : RJF 1/02 n° 1).

> **Précisions** Dès lors que les redressements mis à la charge des associés d'une société civile résultent pour partie de données recueillies lors de la vérification de comptabilité de la société, les irrégularités affectant la vérification entraînent l'**irrégularité de la procédure d'imposition** des associés (CE 14-12-1984 nos 41838, 40728 et 40727 : RJF 2/85 n° 272). En revanche, l'irrégularité de la procédure d'imposition menée à l'encontre d'une société de personnes, résultant de l'absence de réponse de l'administration à sa demande de saisine de l'interlocuteur départemental, n'est pas de nature à entacher d'irrégularité l'utilisation par l'administration des éléments relatifs au chiffre d'affaires recueillis lors du contrôle et pris en compte, dans le cadre de la procédure distincte suivie à l'encontre du cédant des parts de la société, pour remettre en cause l'exonération de plus-value professionnelle dont il se prévalait (CE 7-10-2021 n° 434805 : RJF 1/22 n° 44). De même, la procédure d'imposition n'est pas irrégulière dans le cas où le redressement mis à la charge de l'associé concerne un revenu foncier correspondant à un loyer versé à une SCI mais directement appréhendé par le contribuable sans avoir été enregistré dans la comptabilité sociale (CE 16-2-1990 n° 67432 : RJF 4/90 n° 444).

13865 **Notifications personnelles adressées aux associés** La proposition de rectification est en principe adressée à la société, même si la jurisprudence admet que l'administration adresse directement à un associé une proposition de rectification correspondant à sa quote-part des bénéfices sociaux rehaussés, sans notification préalable à la société (CE 14-2-2001 n° 194083 : RJF 5/01 n° 623).

En tout état de cause, des notifications personnelles distinctes doivent être faites à chacun des associés, exposant pour chacun d'eux, à raison de sa quote-part dans les résultats sociaux, les conséquences au niveau de son imposition personnelle de la vérification de la société. Ces notifications peuvent être **motivées** sommairement, en faisant référence à la proposition de rectification adressée à la société (notamment CE 13-2-2013 n° 342085 : RJF 5/13 n° 506). Pour l'administration fiscale, la proposition de rectification adressée à l'associé doit indiquer qu'elle fait suite à la vérification de la société, déclarer s'approprier les motifs de la proposition de rectification adressée à la société et en donner les références, rappeler la participation de l'associé au capital social ou sa quote-part dans les bénéfices et mentionner la catégorie dans laquelle le revenu est imposable, sa nature et son montant, ainsi que l'année de rattachement (BOI-CF-IOR-10-30 n° 310).

> **Précisions** **a.** Dans le cas d'un **mari et** de sa **femme coassociés** d'une société de personnes, l'administration peut se contenter d'adresser une notification unique à « Monsieur ou Madame » pour informer les époux des conséquences des rehaussements des résultats de la société sur l'imposition commune de leur revenu global (CE 10-12-2008 n° 296836 : RJF 3/09 n° 254). En revanche, la proposition de rectification, indiquant les conséquences financières au niveau de la société de personnes et du foyer fiscal, adressée à l'époux coassocié en sa seule qualité de gérant, ne vaut pas proposition de rectification adressée au foyer fiscal (CAA Paris 16-2-2017 n° 15PA02527 : RJF 7/17 n° 719).
>
> **b.** Est **insuffisamment motivée** une notification de rectification adressée à l'associé d'une SCI qui ne comporte ni les modalités de détermination de la base d'imposition retenue ni la référence à la notification régulièrement faite à la SCI et portant rectification de ses revenus fonciers (CAA Bordeaux 16-5-1991 n° 89427).
>
> **c.** Sur une vérification de comptabilité engagée après la **dissolution** d'une société civile immobilière, voir n° 13835, précision b.

13868 **Réponse des associés** La proposition de rectification adressée à l'associé pour son imposition personnelle ne marque pas le début d'une véritable procédure distincte de celle menée à l'égard de la société, même si elle n'exclut pas certains échanges entre l'administration et l'associé. Ainsi, l'associé peut formuler des **observations** en réponse à la proposition de rectification. Mais si ces observations portent sur le bien-fondé des rectifications apportées aux bénéfices sociaux, l'administration peut se contenter d'y répondre en faisant référence à la proposition de rectification ou à la confirmation des redressements adressées à la société, dès lors que la procédure suivie avec le gérant de la société engage les associés (CAA Nantes 18-2-1997 n° 94-938 : RJF 6/97 n° 595). À cet égard, le Conseil d'État a jugé que l'absence de signature par l'administration de la réponse aux observations de l'associé sur le bien-fondé des rectifications des bénéfices sociaux ne rend pas la procédure irrégulière (CE 4-6-2008 n° 299309 : RJF 10/08 n° 1056) ; selon nous, cela signifie que l'administration n'est même pas tenue de répondre aux observations de l'associé sur le bien-fondé des rectifications des résultats sociaux.

Si elle pèse en principe sur l'administration, la **charge de la preuve** concernant les rectifications apportées à l'imposition personnelle des associés peut dépendre de la procédure suivie à l'égard de la société. Ainsi, dans le cadre de la procédure de rectification contradictoire, si la société a accepté les rectifications proposées (expressément ou faute de réponse dans le délai), cette acceptation est opposable à l'associé, qui doit alors apporter la preuve du mal-fondé des rectifications en découlant pour son imposition personnelle (CE 8-3-2004 n° 253258 : RJF 6/04 n° 629).

De même, si les résultats de la société ont été évalués d'office, l'associé supporte la charge de la preuve de l'exagération des rectifications apportées à son imposition personnelle même si lui-même n'est pas en situation de taxation d'office (CE 20-5-1985 n°s 45829 et 46700 : RJF 7/85 n° 1003).

Si le désaccord persiste, l'associé à titre personnel ne peut pas saisir la **commission des impôts directs et des taxes sur le chiffre d'affaires** (n° 13855).

> **Précisions a.** Si l'administration, en dehors de toute rectification du résultat de la société de personnes, notifie à l'**associé** un redressement pour **défaut de déclaration de sa quote-part du résultat social**, le contribuable n'a pas droit aux garanties propres à la procédure contradictoire de redressement (qui n'est suivie qu'avec la société) et ne peut, notamment, pas demander la saisine de la commission des impôts directs et des taxes sur le chiffre d'affaires. Il peut seulement adresser une réclamation à l'administration s'il estime que le résultat déclaré par la société est excessif ou non sincère (CE 19-11-2008 n° 298754 : RJF 2/09 n° 150).

b. Le droit pour l'associé d'**invoquer l'irrégularité de la procédure suivie avec la société** pour contester les impositions mises à sa charge et demander à l'administration la communication des documents utilisés pour fonder les rectifications du résultat social ne peut, en vertu du principe d'unité de la procédure d'imposition, être étendu à l'**associé indirect d'une société non soumise à l'impôt sur les sociétés** (cas notamment de superposition de sociétés de personnes), au motif qu'il supporte la charge finale des impositions nées des rectifications (CE 31-3-2010 n° 297305 : RJF 6/10 n° 618).

SOCIÉTÉ SOUMISE À L'IMPÔT SUR LES SOCIÉTÉS

Du fait de leur personnalité fiscale distincte, la procédure de rectification des bénéfices des sociétés soumises à l'impôt sur les sociétés est indépendante de celle éventuellement suivie à l'égard de leurs associés. Les rectifications des résultats de ces sociétés n'ont pas nécessairement de conséquences sur la fiscalité personnelle de leurs associés. Toutefois, dans un certain nombre de cas, la vérification ou l'examen de comptabilité aboutit à la réintégration dans le bénéfice imposable de la société de sommes qui sont considérées comme des **revenus réputés distribués** à ses associés et qui sont imposables entre leurs mains à l'impôt sur le revenu, dans la catégorie des revenus de capitaux mobiliers. Il en est ainsi, notamment, lorsque l'administration fiscale relève le versement de rémunérations excessives ou d'intérêts de comptes courants excédentaires, la prise en charge par la société de dépenses incombant normalement à ses associés, la réalisation de transactions entre la société et ses associés pour un prix anormal, ou l'existence de distributions occultes (CGI art. 109 et 111). **13870**

Une **procédure distincte** de rectification (en principe selon la procédure contradictoire) doit être suivie en matière d'impôt sur le revenu à l'égard des associés. Cette procédure débute par l'envoi au contribuable d'une proposition de rectification, qui doit, à peine de nullité, être distincte de celle notifiée à la société (BOI-CF-IOR-10-30 n° 260). Cette notification doit indiquer la nature et le montant des rectifications envisagées et les motifs de droit ou de fait sur lesquels elles sont fondées, de manière suffisamment détaillée pour permettre à l'intéressé, dans le délai de réponse de 30 ou 60 jours (n° 13850), de formuler ses observations ou faire connaître son acceptation en toute connaissance de cause. **13875**

> **Précisions a.** Dès lors que les procédures d'imposition de la société et de l'associé sont indépendantes, l'annulation des rectifications apportées aux bénéfices de la société, au motif de l'**irrégularité de la vérification de comptabilité** de cette société, n'a pas d'incidence sur la validité des suppléments d'imposition (correspondant aux distributions présumées) mis à la charge de l'associé sur le fondement de l'article 109-1-1° du CGI (notamment CE 26-10-2001 n° 212456 : RJF 1/02 n° 86).

b. La **commission des impôts directs et des taxes sur le chiffre d'affaires** n'est pas, en principe, compétente pour connaître des rectifications opérées dans la catégorie des revenus de capitaux mobiliers. Toutefois, elle peut intervenir pour les différends relatifs au contrôle des rémunérations (LPF art. L 59 A, 3°).

B. Le contrôle des associés de la société civile

CHAMP DE L'ESFP

La vérification ou l'examen de comptabilité d'une société civile, en particulier lorsqu'elle est soumise au régime fiscal des sociétés de personnes, va fréquemment de pair avec l'examen de la situation fiscale personnelle (en abrégé, ESFP) des principaux associés ou dirigeants au regard de l'impôt sur le revenu. Cette procédure a pour but de contrôler la sincérité et l'exactitude de la **déclaration d'ensemble des revenus** ; elle est l'équivalent, pour les particuliers, de la **13880** vérification de la comptabilité des sociétés. Les contribuables qui font l'objet d'un ESFP disposent d'un certain nombre de garanties qui s'imposent à l'administration et dont la violation peut entraîner l'irrégularité de la procédure.

> **Précisions** **a.** L'administration peut procéder à l'examen contradictoire de la situation fiscale des personnes physiques, qu'elles aient ou non leur **domicile fiscal** en France, lorsqu'elles y ont des obligations au titre de l'impôt sur le revenu. Elle n'est pas tenue, avant d'engager cette procédure, d'établir que la personne est imposable en France et peut engager l'ESFP précisément pour établir ce point (CE 27-4-2011 n° 316082 : RJF 7/11 n° 770), y compris lorsque le contribuable n'a souscrit aucune déclaration au titre des années vérifiées (CE 17-5-2013 n° 346827 : RJF 8-9/13 n° 801). Elle peut, à cet effet, adresser au contribuable des demandes de justifications portant, notamment, sur des avoirs ou revenus d'avoirs à l'étranger (CE 17-3-2016 n° 383335 : RJF 6/16 n° 505).
> **b.** Le caractère distinct des procédures de contrôle visant une société et ses associés ne fait pas, par lui-même, obstacle à ce que l'administration exploite, dans le cadre de l'ESFP d'un contribuable, des **informations obtenues dans le cadre de la vérification de comptabilité** de la société dont il est associé, tels que des extraits du compte courant d'associé, dès lors qu'elle respecte les droits et garanties du contribuable (CE 4-6-2021 n° 430897 : RJF 8-9/21 n° 786).

DÉROULEMENT DE L'ESFP

13882 L'ESFP se déroule, en règle générale, dans les **locaux** du service des impôts. Il peut également avoir lieu chez le conseil du contribuable, au siège de son entreprise ou à son domicile si l'intéressé en formule la demande.

Le vérificateur est autorisé à prendre **copie des documents** qu'il est amené à consulter dans le cadre de l'ESFP (LPF art. L 13 F). Le contribuable ne peut pas s'y opposer sous peine d'amende.

L'ESFP comporte des recherches extérieures (relevé des comptes bancaires, mode de vie, acquisitions immobilières, etc.). Il est fondé sur la comparaison des revenus déclarés, réels ou forfaitaires, avec le montant apparent des revenus résultant soit du train de vie, soit de l'importance des disponibilités utilisées pour toute autre forme de dépenses ou de placements (enrichissement) des membres du foyer fiscal.

À cette fin, le vérificateur compétent dresse la « **balance de trésorerie** » (ou « balance d'enrichissement ») de l'intéressé en tenant compte du total des encaissements (salaires, bénéfices, produits de valeurs mobilières, etc.) et des décaissements (dépenses de train de vie, acquisitions d'immeubles, de titres, de voitures, versements à des comptes bancaires, etc.). Si les décaissements se révèlent supérieurs aux encaissements, la différence est considérée comme provenant de revenus dissimulés, à moins que l'intéressé ne réponde de façon satisfaisante à une demande d'éclaircissements ou de justifications (n° 13910).

L'administration peut examiner les opérations figurant sur des comptes financiers du contribuable utilisés à la fois à titre privé et professionnel (comptes « mixtes », étant précisé que les comptes courants d'associés n'en sont pas : CE 4-6-2021 n° 430897 : RJF 8-9/21 n° 786) et lui demander tous éclaircissements ou justifications sur ces opérations sans que cela constitue le début d'une vérification de comptabilité de la société dans laquelle le contribuable est associé. L'administration peut également tenir compte des constatations, résultant de l'examen des comptes, faites dans le cadre d'une procédure de vérification ou d'examen de comptabilité de la société, conformément aux seules règles applicables à cette dernière (LPF art. L 47 B, al. 1 et 3).

Lorsque l'administration découvre, au cours d'un ESFP, des **activités occultes** ou exercées dans des conditions non déclarées, elle peut régulariser la situation fiscale du contribuable au regard de cette activité sans avoir à engager une vérification de comptabilité (LPF art. L 47 C).

À l'issue de l'ESFP, l'administration doit, même en l'absence de rectification, en porter les **résultats à la connaissance du contribuable** ; elle doit lui indiquer les conséquences financières des rectifications (droits, taxes et pénalités), y compris lorsqu'elle réduit le montant des rehaussements pour tenir compte de ses observations.

GARANTIES DU CONTRIBUABLE

13885 L'examen de la situation fiscale personnelle doit être précédé de l'envoi ou la remise d'un **avis de vérification,** qui précise les années soumises à vérification et mentionne la possibilité de recourir à l'assistance d'un **conseil.** Cet avis informe le contribuable que la **charte** des droits et obligations du contribuable vérifié peut être consultée sur le site internet de l'administration fiscale ou lui être remise sur simple demande. Après envoi de l'avis d'ESFP, l'administration doit respecter un délai raisonnable (selon la jurisprudence, au moins deux jours pleins après la réception de l'avis de vérification) avant d'effectuer toute démarche tendant à recueillir des informations ou des documents pour les besoins de la vérification ; elle peut toutefois, dans l'avis d'ESFP, demander au contribuable la production de ses relevés de comptes (LPF art. L 47, al. 4).

En cours de contrôle, le vérificateur doit engager un **débat contradictoire** (mais pas nécessairement oral) avec le contribuable sur les points sur lesquels il envisage de proposer une rectification.

Sous peine de nullité, le contrôle ne peut s'étendre sur une **durée** supérieure à un an à compter de la date de réception de l'avis de vérification par le contribuable. Cette durée peut être prolongée dans certains cas (découverte d'une activité occulte, notamment).

Une fois que l'administration a informé le contribuable des résultats de l'ESFP (et que celui-ci est donc considéré comme achevé), elle ne peut plus procéder à de **nouvelles rectifications** pour la même période et le même impôt. Cette règle admet toutefois des exceptions, notamment si des faits nouveaux postérieurs à l'achèvement de l'ESFP permettent d'établir que le contribuable a fourni des éléments incomplets ou inexacts, ou si l'administration a dressé un procès-verbal de flagrance fiscale au titre d'une période postérieure au contrôle.

> Précisions a. À l'issue d'un ESFP, l'administration ne peut adresser une **demande de justifications** au contribuable qu'après lui avoir restitué les documents que celui-ci lui avait remis. **b.** Lorsque l'ESFP porte sur plusieurs années et donne lieu à des **propositions de rectification distinctes** pour chacune des années, le délai d'un an s'apprécie année par année (CE 23-6-2014 n° 355705 : RJF 10/14 n° 868).

INTERVENTION DE LA COMMISSION DES IMPÔTS DIRECTS ET DES TAXES SUR LE CHIFFRE D'AFFAIRES

Lorsque le contribuable est **taxé d'office** pour défaut de réponse à une demande d'éclaircissements ou de justifications dans le cadre d'un ESFP (dans les conditions examinées n° 13930), le désaccord peut être soumis à l'appréciation de la commission des impôts directs et des taxes sur le chiffre d'affaires. Alors même qu'il s'agit d'un cas d'imposition d'office, cette garantie implique que le contribuable doit être mis à même de discuter les bases d'imposition retenues. Celles-ci ne peuvent donc pas simplement être portées à sa connaissance mais doivent faire l'objet d'une proposition de rectification et donner lieu à des échanges de caractère contradictoire avec le vérificateur susceptibles d'aboutir, en cas de désaccord persistant, à la saisine de la commission (BOI-CF-IOR-50-30 n° 250). **13888**

La commission doit émettre un avis motivé. Le contribuable conserve le droit de présenter une demande en réduction de l'imposition correspondant à la rectification qui a été soumise à l'avis de la commission par voie de **réclamation contentieuse** mais la **charge de la preuve** pèse alors sur lui (LPF art. L 192, al. 3).

C. Procédures particulières de contrôle

CONTRÔLE SUR DEMANDE DU CONTRIBUABLE

Les sociétés dont le **chiffre d'affaires n'excède pas** 1,5 M€ s'il s'agit d'entreprises dont le commerce principal est de vendre des marchandises, objets, fournitures et denrées à emporter ou à consommer sur place ou de fournir le logement, 450 000 € s'il s'agit d'autres entreprises, peuvent, y compris pour la période ou l'exercice en cours, demander à l'administration d'effectuer un contrôle sur certains **points précisés** dans la demande (LPF art. L 13 C). Ce contrôle ne constitue pas une vérification de comptabilité et n'est donc pas assorti des garanties correspondantes. **13900**

L'administration n'est pas tenue de déférer à la demande de contrôle, mais, si elle y donne suite, elle doit informer le contribuable des **résultats du contrôle** sur chacun des points visés dans la demande.

Si l'administration conclut à une absence d'anomalie, cette position peut lui être opposée.

Si au contraire le contrôle fait apparaître, sur les points concernés, des erreurs, inexactitudes, omissions ou insuffisances dans les déclarations souscrites, le contribuable peut procéder à une **régularisation** moyennant un intérêt de retard au taux réduit dans les conditions décrites n° 13825. À défaut de régularisation, une procédure de rectification est engagée dans les conditions de droit commun.

DROIT DE COMMUNICATION

L'administration fiscale a la possibilité de recueillir des informations qu'elle peut ensuite confronter aux indications portées par le contribuable vérifié dans ses déclarations ou dans sa comptabilité (LPF art. L 81 s.). **13905**

Ce droit de communication **s'exerce auprès** :

– des personnes physiques ou morales ayant la qualité de **commerçant** (personnes soumises aux obligations comptables du Code de commerce). Le droit de communication porte notamment sur les documents comptables, les correspondances, les pièces de recettes et de dépenses, les registres et procès-verbaux d'assemblées des sociétés, etc. ;

– des membres de certaines **professions non commerciales** (notamment les intermédiaires, les avocats, les experts-comptables, les architectes...) ; ces personnes sont tenues de communiquer aux agents des impôts l'identité du client, le montant, la date et la forme du versement ainsi que les pièces annexes de ce versement. Lorsqu'elles sont soumises au secret professionnel, l'administration ne peut leur demander des renseignements sur la nature des prestations fournies ;

– des **exploitants agricoles** (quelles que soient la forme et les modalités de l'exploitation) et des organismes auxquels ils vendent ou achètent leurs produits (coopératives agricoles notamment) ;

– des **tribunaux** (autorité judiciaire et ministère public) ;

– des **administrations publiques** et assimilées ;

– des **organismes de sécurité sociale** ;

– d'**établissements, personnes ou organismes divers** (banques, sociétés civiles, compagnies d'assurances, associations, professionnels de l'immobilier réalisant des opérations relatives à des locaux commerciaux, opérateurs de communications électroniques et fournisseurs d'accès ou hébergeurs, artisans non commerçants, brocanteurs, personnes ou entités soumises à une obligation de vigilance en matière de blanchiment d'argent et de financement du terrorisme, etc.). Les organismes financiers sont tenus de communiquer aux agents des impôts, sur leur demande, la date et le montant des sommes transférées à l'étranger par les personnes physiques, les associations ou les sociétés n'ayant pas la forme commerciale, domiciliées ou établies en France, ainsi que l'identification de l'auteur du transfert et du bénéficiaire et les références des comptes concernés.

Pour les **sociétés civiles,** le droit de communication porte sur les documents sociaux et, le cas échéant, sur les documents comptables et autres pièces de recettes et de dépenses détenues par ces sociétés et relatives à leur activité (LPF art. L 94 A). Pour une SCI gérant une maison qu'elle ne donne pas en location et dont elle ne confère pas la jouissance à ses associés, il est restreint aux documents sociaux (CAA Lyon 6-7-2022 n° 20LY03460 : RJF 11/22 n° 975).

13908 Les agents des impôts prennent connaissance des documents sur place, sans formalité particulière, ou par correspondance, y compris électronique. L'administration leur recommande d'adresser ou de remettre un **avis de passage** à l'intéressé (BOI-CF-COM-10-10-20 n° 80). Elle admet également que ce dernier puisse se faire assister d'un **conseil.**

Les agents des impôts peuvent prendre **copie** des documents, aux frais de l'administration.

Les livres, registres, **documents** ou pièces quelconques sur lesquels peut s'exercer le droit de communication doivent être **conservés** pendant un délai de six ans à compter de la dernière opération mentionnée sur les livres ou registres, ou de la date à laquelle les documents ou pièces ont été établis.

L'**absence de tenue,** la **destruction** avant le délai mentionné ci-dessus ou le **refus de communication** des pièces ou documents soumis à l'exercice de ce droit ou tout comportement faisant obstacle à la communication sont sanctionnés par une amende de 10 000 € (CGI art. 1734).

> **Précisions** Lorsqu'elle exerce son droit de communication **auprès d'un tiers,** l'administration n'est pas tenue d'en informer préalablement le contribuable ni de l'inviter à être présent lors de la consultation des pièces (CE 27-6-2012 n° 346392 : RJF 10/12 n° 936). Cependant, si elle se fonde sur les renseignements et documents recueillis pour établir des impositions supplémentaires, elle doit informer le contribuable de la teneur et de l'origine de ces renseignements et documents (n° 13845, précision c).

DEMANDES D'ÉCLAIRCISSEMENTS OU DE JUSTIFICATIONS

13910 En vue de l'**établissement de l'impôt sur le revenu,** l'administration peut demander au contribuable des éclaircissements, notamment si elle relève des contradictions ou des discordances importantes, soit entre les différents éléments de la déclaration, soit entre ces éléments et des déclarations antérieures ou des renseignements qu'elle détient (LPF art. L 16). Elle peut également réclamer au redevable des justifications, c'est-à-dire des éléments de preuve, dans des cas limitativement énumérés :

– au sujet de la situation ou des charges de famille du redevable (extrait de naissance, certificat de scolarité, etc.) ;

– au sujet des charges retranchées du revenu net global ou ouvrant droit à une réduction d'impôt (factures, quittances, etc.) ;

– au sujet des avoirs ou revenus d'avoirs à l'étranger ;

– sur les éléments servant de base à la détermination des revenus fonciers et des plus-values de cession de valeurs mobilières ou de droits sociaux, d'immeubles ou de biens meubles et d'actifs numériques (le texte visant les plus-values des particuliers) ;

– ou lorsque l'administration a réuni des éléments permettant d'établir que le contribuable peut avoir des revenus plus importants que ceux qui font l'objet de sa déclaration, notamment lorsque le total des crédits enregistrés sur les comptes du contribuable est au minimum deux fois supérieur à celui des revenus déclarés ou excède ces derniers d'au moins 150 000 €.

La procédure de demande de justifications revêt ainsi une grande importance pratique et peut concerner aussi bien les associés à titre personnel qu'une société civile si elle perçoit des revenus entrant dans les catégories listées ci-dessus. Grâce à la connaissance que l'administration a des **mouvements de capitaux** ou des **variations** survenues dans les **patrimoines,** elle est à même, notamment, d'interroger le contribuable sur l'**origine** de fonds déposés sur ses comptes bancaires ou ayant servi à financer des acquisitions au cours de la période contrôlée, dès lors que l'importance des sommes en cause au regard des montants déclarés laisse supposer l'existence de revenus dissimulés. Elle ne peut toutefois exiger de l'intéressé qu'il lui communique le détail de ses dépenses.

> Précisions a. Les **demandes d'éclaircissements** visées par l'article L 16 du LPF ne peuvent concerner que les mentions portées sur les déclarations de revenus souscrites par le contribuable ; elles ne peuvent viser qu'à l'obtention de commentaires ou d'information sur ces mentions, à l'exclusion par conséquent de la production de documents, qui relève, elle, du champ des demandes de justifications (CE 16-4-2012 n° 320912 : RJF 7/12 n° 679). Mais, pour formuler une telle demande, l'administration n'a pas à établir que l'intéressé peut avoir des revenus plus importants que ceux qu'il a déclarés (CE 16-5-1997 nos 145097-145121 : RJF 7/97 n° 647).

b. Dans le cadre de l'article L 16 du LPF, l'administration peut demander **des justifications,** c'est-à-dire la production de documents qui ne peuvent légalement concerner que les points limitativement énumérés aux deux premiers alinéas de cet article et ne sauraient être exigés sur d'autres points que dans le cas où l'administration a réuni des éléments permettant d'établir que le contribuable peut avoir des revenus plus importants que ceux qu'il a déclarés (CE 16-4-2012 n° 320912 précité). Ainsi, sauf pour ce qui concerne les revenus fonciers et les plus-values de cession, cette procédure ne peut être utilisée pour le contrôle des frais et charges portés en déduction pour la détermination du **revenu net catégoriel.**

L'administration ne peut pas adresser à l'**associé d'une SCI** une demande de justifications portant sur des **charges déduites par la société** dès lors que ces justificatifs peuvent être exigés de la société dans le cadre d'un contrôle sur place de ses documents (CAA Paris 28-5-2013 n° 12PA03642 : RJF 11/13 n° 1031).

Par ailleurs, l'administration ne peut adresser une demande de justifications à un contribuable titulaire de **bénéfices professionnels** (BIC, BNC, BA) que si elle peut faire état d'indices sérieux permettant d'établir que l'intéressé a disposé de revenus provenant d'une source autre que cette activité professionnelle (notamment CE 24-7-1987 n° 50364 : RJF 10/87 n° 959).

Réponses et suites Les demandes d'éclaircissements ou de justifications doivent indiquer 13912
explicitement les points sur lesquels elles portent et assigner au contribuable, pour fournir sa réponse, un **délai** qui ne peut être inférieur à deux mois. Si le contribuable ne répond pas ou de manière insuffisante, il peut être taxé d'office dans les conditions examinées n° 13930.

> Précisions a. Conformément au principe général posé par l'article L 10 du LPF, l'administration a toujours la faculté de demander aux contribuables (verbalement ou par écrit) des renseignements ou des justifications concernant les déclarations souscrites. Dans ce cas, le contribuable dispose en principe d'un délai de 30 jours pour répondre (LPF art. L 11). Mais l'octroi d'un délai plus court n'est sanctionné que si l'irrégularité a porté atteinte à ses droits (CE 22-1-2010 n° 314010 : RJF 4/10 n° 315).

En tout état de cause, **en dehors des cas prévus par l'article L 16 du LPF,** le **défaut de réponse** à une demande d'éclaircissements ou de justifications ne peut pas entraîner une taxation d'office : l'administration doit suivre la procédure de rectification contradictoire.

b. Sous peine d'irrégularité de la procédure d'imposition, l'administration ne peut, **après** avoir procédé à **un examen de la situation fiscale personnelle,** adresser au contribuable une demande de justifications que si elle a au préalable restitué à l'intéressé les documents que celui-ci lui a remis à l'occasion de l'ESFP.

PROCÉDURE DE FLAGRANCE FISCALE

Cette procédure autorise l'administration à constater par procès-verbal les **fraudes fiscales en cours de réalisation** (LPF art. L 16-0 BA). Elle ne peut être mise en œuvre que pour des faits 13915
limitativement énumérés (activités occultes et factures fictives notamment) et en présence de circonstances pouvant menacer le recouvrement d'une créance fiscale.

Elle s'applique aux contribuables exerçant une activité professionnelle et soumis à ce titre à des obligations déclaratives. En cas d'activités occultes, de factures fictives ou de recours au travail dissimulé, elle peut être utilisée pour les **périodes d'imposition** pour lesquelles aucune des obligations déclaratives prévues en matière d'impôt sur le revenu, d'impôt sur les sociétés ou de TVA n'est échue. En cas d'activités illicites, elle ne s'applique qu'aux périodes d'imposition en cours.
Cette procédure permet notamment à l'administration de procéder à des saisies conservatoires et de recourir à des sûretés judiciaires.

L'ensemble des faits constatés par un procès-verbal de flagrance fiscale est sanctionné par une **amende** allant de 5 000 à 30 000 € (CGI art. 1740 B).

PROCÉDURE D'IMPOSITION D'OFFICE

13920 Par dérogation à l'emploi de la procédure normale (n° 13812), cette procédure permet à l'administration d'établir les impositions supplémentaires de manière **non contradictoire,** sans que le contribuable soit invité à exposer sa position, et elle met la preuve à la charge de ce dernier s'il conteste l'imposition devant les tribunaux (LPF art. L 65 à L 76 AA).

13925 **Imposition d'office pour défaut ou retard de déclaration** Il s'agit des déclarations destinées à l'assiette de l'impôt ou à l'évaluation des bases d'imposition.

Le contribuable encourt la **taxation d'office** lorsqu'il n'a pas souscrit ou a souscrit hors délai la déclaration d'ensemble des revenus, la déclaration des plus-values des particuliers, la déclaration des bénéfices imposables à l'impôt sur les sociétés, les déclarations de chiffre d'affaires, la déclaration de participation à la formation continue, de participation à la construction ou la déclaration de taxe sur les salaires.

La taxation d'office est également applicable, en matière de droits d'enregistrement et d'impôt sur la fortune immobilière (IFI), aux personnes qui n'ont pas déposé de déclaration ou présenté un acte à la formalité dans le délai légal.

L'administration peut également **évaluer d'office** le bénéfice des redevables qui ont omis de fournir dans les délais la déclaration spéciale des bénéfices industriels et commerciaux (régimes du réel), des bénéfices non commerciaux (déclaration contrôlée) et des bénéfices agricoles réels.
Toutefois, l'administration ne peut procéder à une taxation ou évaluation d'office que si le contribuable n'a pas **régularisé** sa situation dans les 30 jours d'une **mise en demeure.** La mise en demeure préalable concerne la déclaration d'ensemble des revenus, la déclaration des plus-values des particuliers, la déclaration de résultat ou de bénéfices professionnels, les déclarations en matière de droits d'enregistrement et d'IFI et les déclarations des taxes ou participations assises sur les salaires. Le contribuable qui dépose sa déclaration dans les 30 jours de la mise en demeure ne peut pas faire l'objet d'une taxation ou évaluation d'office, mais reste passible des pénalités qui sanctionnent le retard de déclaration. Il est à noter que dans certains cas (LPF art. L 68), l'administration n'est pas tenue de procéder à une mise en demeure (transfert de domicile à l'étranger, changement fréquent de lieu de séjour ou de principal établissement, procès-verbal de flagrance fiscale, activité occulte, etc.). De même, aucune mise en demeure n'est prévue en matière de taxes sur le chiffre d'affaires.

> **Précisions** Lorsque l'administration adresse au contribuable, alors qu'elle n'y est **pas tenue,** une **mise en demeure** de souscrire une déclaration, elle peut régulièrement taxer d'office l'intéressé sans attendre l'expiration du délai de régularisation (CE 20-9-2017 n° 392231 : RJF 12/17 n° 1231).

13930 **Imposition d'office pour défaut de réponse aux demandes d'éclaircissements ou de justifications** Les contribuables peuvent être taxés ou évalués d'office s'ils ne répondent pas aux demandes d'éclaircissements ou de justifications formulées par l'administration lors du contrôle de leur **déclaration d'ensemble des revenus** (nos 13910 s.) ou de leur déclaration de **revenus fonciers** (n° 30612) (LPF art. L 69 et L 73, 3°).

Compte tenu du déroulement de la procédure de demande d'éclaircissements ou de justifications, plusieurs hypothèses sont à envisager :

– le contribuable ne **répond pas,** se borne à faire une réponse orale ou répond hors délai à la demande d'éclaircissements ou de justifications : dans ce cas, la taxation d'office est directement applicable, sans mise en demeure préalable (LPF art. L 69) ; il en est de même lorsque le contribuable n'apporte qu'une réponse imprécise ou invérifiable sans l'assortir d'éléments de justification, c'est-à-dire de documents (CE 3-2-2021 n° 430852 : RJF 4/21 n° 350) ;

– le contribuable répond dans les délais et par écrit à la demande d'éclaircissements et de justifications mais l'administration juge cette **réponse insuffisante** : dans ce cas, la taxation d'office (ou l'évaluation d'office pour les revenus fonciers) ne peut être appliquée que si l'intéressé ne répond pas par écrit ou de manière satisfaisante à la mise en demeure qui lui est adressée de compléter sa première réponse.

> **Précisions** **a.** Sont exclus les revenus entrant dans la catégorie des **bénéfices industriels et commerciaux, des bénéfices agricoles et des bénéfices non commerciaux,** qui doivent en principe faire l'objet des procédures qui leur sont propres et d'une vérification des déclarations spéciales correspondantes.
> **b.** L'administration ne peut pas adresser à un contribuable une **mise en demeure** de **compléter sa réponse** à une demande d'éclaircissements et de justifications **avant l'expiration du délai** de réponse fixé par cette demande (CE 8-6-2011 n° 310524 : RJF 8-9/11 n° 918).
> **c.** Si la **mise en demeure** invite le contribuable à apporter des éléments de réponse pour l'ensemble des éléments qu'elle mentionne (y compris ceux pour lesquels il s'est abstenu de répondre), l'administration ne peut pas procéder à la taxation d'office des sommes n'ayant donné lieu initialement à aucune réponse si le contribuable a suffisamment répondu à la suite de la mise en demeure. Il en va différemment si la mise en demeure ne porte que sur les sommes au sujet desquelles la réponse est jugée insuffisante (CE 8-10-2012 n° 346853 : RJF 12/12 n° 1099).

Imposition d'office pour opposition au contrôle fiscal Si le contrôle ne peut avoir lieu du fait du contribuable ou d'autres personnes, les bases d'imposition sont évaluées d'office (LPF art. L 74). Dans ce cas, les droits rappelés et les créances fiscales qui doivent être restituées à l'État sont assortis de l'intérêt de retard et d'une majoration de 100 % (CGI art. 1732). En outre, l'intéressé est privé de la possibilité d'imputer certains avantages fiscaux. Enfin, le contribuable est exclu des travaux des commissions administratives des impôts ; il peut également faire l'objet de **sanctions** pénales. **13933**

Ces dispositions s'appliquent au contrôle sur place dont les **sociétés civiles immobilières** de location peuvent faire l'objet au titre de leurs revenus fonciers (CE 5-11-2014 n°s 356148 et 357672 : RJF 2/15 n° 130).

Conséquences de l'imposition d'office Sur le plan de la **procédure,** la taxation d'office a pour conséquence d'exclure la procédure normale de rectification à caractère contradictoire. Cependant, l'administration est tenue de porter les bases ou les éléments de l'imposition à la connaissance du contribuable 30 jours au moins avant la mise en recouvrement des impositions au moyen d'une **notification** qui précise les modalités (méthode et calculs) de leur détermination. Cette notification interrompt la prescription. **13935**

Sur la saisine de la **commission des impôts** directs et des taxes sur le chiffre d'affaires en cas de taxation d'office pour défaut de réponse à une demande d'éclaircissements ou de justifications à l'issue d'un ESFP, voir n° 13888.

Une fois l'imposition mise en recouvrement (pas moins de 30 jours après l'envoi de la notification), le contribuable peut présenter une **réclamation** contentieuse, mais la **preuve** est à sa charge.

RÈGLES SPÉCIFIQUES AUX DROITS D'ENREGISTREMENT

Le contrôle des droits d'enregistrement (et de la taxe de publicité foncière perçue sur des actes soumis à la formalité fusionnée) s'exerce principalement dans les trois directions suivantes : **13950**

– **recherche des actes et mutations** obligatoirement soumis à l'enregistrement et non présentés à la formalité. Lorsqu'elle établit l'existence de tels actes ou mutations, l'administration peut procéder aux régularisations nécessaires suivant la procédure de taxation d'office ;

– détermination du **véritable caractère d'un contrat.** En cas de dissimulation à cet égard, l'administration peut restituer à l'acte sa nature réelle en mettant en œuvre la procédure d'abus de droit ;

– **contrôle de la valeur déclarée** (LPF art. L 17). Les droits proportionnels ou progressifs d'enregistrement devant être calculés sur la valeur vénale des biens transmis, l'administration est en droit d'établir que le prix stipulé dans un contrat est inférieur à la valeur vénale ou que l'évaluation fournie n'est pas suffisante (insuffisance de prix ou d'évaluation). Elle peut également soutenir, si elle est en mesure de le prouver, que le prix stipulé dans un acte est inférieur à celui réellement convenu (dissimulation de prix).

S'agissant des **donations d'entreprise autres que de gestion patrimoniale,** les dirigeants de sociétés non cotées peuvent utiliser une **procédure** dite « **de rescrit-valeur** » pour consulter l'administration sur la valeur de leur entreprise. Si la donation intervient dans les trois mois de l'accord exprès de l'administration, lequel doit intervenir dans un délai de six mois au maximum à compter du dépôt d'un dossier complet, l'évaluation retenue ne pourra plus être remise en cause (LPF art. L 18). Un recours est possible en l'absence d'accord de l'administration sur une valeur (voir n° 13816).

13955 **Contrôle de la valeur déclarée** Lorsque l'administration estime que le **prix déclaré (ou l'évaluation) est insuffisant,** elle fait connaître au redevable le montant et les motifs de la rectification qu'elle envisage d'opérer ; l'intéressé dispose d'un délai de 30 ou 60 jours (n° 13850) pour répondre.

À défaut d'accord amiable, et lorsque l'insuffisance porte sur un bien tel qu'un immeuble, un droit au bail, des titres de sociétés immobilières « transparentes », etc., le désaccord peut être soumis à la **commission départementale de conciliation,** à la demande de l'administration ou du redevable. La commission peut faire appel à un expert extérieur, sur demande et aux frais du contribuable. L'avis de la commission est notifié au redevable par l'administration, qui lui fait connaître en même temps le chiffre qu'elle se propose de retenir comme base d'imposition. Cet avis doit être motivé ; à défaut, la procédure d'imposition est irrégulière (Cass. com. 21-10-1997 n° 2174 : RJF 1/98 n° 125).

Après l'émission de l'avis de mise en recouvrement correspondant, le redevable peut introduire un **recours contentieux** (nos 14100 s.). Dans ce cas, la charge de la **preuve** incombe à l'administration, quel que soit l'avis rendu par la commission.

Les **droits correspondant à l'insuffisance** sont **majorés** d'un intérêt de retard de 0,20 % par mois, assorti d'une majoration de 40 % si la mauvaise foi (« manquement délibéré ») du contribuable est établie ou de 80 % s'il s'est rendu coupable de manœuvres frauduleuses.

Lorsque l'administration est en mesure d'établir que les parties ont sciemment porté dans un contrat un prix inférieur à celui réellement convenu, elle peut se placer non plus sur le terrain de l'insuffisance, mais sur celui de la **dissimulation de prix,** réprimée par des sanctions plus graves : une sanction civile (nullité de la contre-lettre ; C. civ. art. 1202), une sanction fiscale (intérêt de retard de 0,20 % par mois et majoration de 80 % ; CGI art. 1729) et une sanction pénale (peines correctionnelles pour les auteurs de la dissimulation et leurs complices ; CGI art. 1837).

PROCÉDURES D'ABUS DE DROIT

13960 Les procédures d'abus de droit permettent à l'administration d'écarter, comme ne lui étant pas opposables, les actes fictifs ou à but exclusivement fiscal (LPF art. L 64) ainsi que, pour ceux passés ou réalisés depuis le 1er janvier 2020, les actes à but principalement fiscal (LPF art. L 64 A applicable aux rectifications notifiées depuis le 1er janvier 2021).

Sont visés par l'article L 64 du LPF les actes ayant un **caractère fictif** ou qui, recherchant le bénéfice d'une application littérale des textes ou de décisions à l'encontre des objectifs poursuivis par leurs auteurs, n'ont pu être inspirés par **aucun autre motif que celui d'éluder ou d'atténuer les charges fiscales** que l'intéressé aurait normalement supportées eu égard à sa situation ou à ses activités réelles, si ces actes n'avaient pas été passés ou réalisés.

Les actes visés par l'article L 64 du LPF sont ceux qui, recherchant le bénéfice d'une application littérale des textes ou de décisions à l'encontre des objectifs poursuivis par leurs auteurs, ont pour **motif principal** d'éluder ou d'atténuer les charges fiscales de l'intéressé.

La procédure définie à l'article L 64 A ne s'applique pas dans tous les cas où l'abus peut être caractérisé sur le fondement de l'article L 64 (BOI-CF-IOR-30-20 n° 110).

> Précisions **a.** Les deux procédures d'abus de droit sont susceptibles de s'appliquer à **tous les impôts,** étant toutefois précisé qu'en matière d'impôt sur les sociétés, c'est une clause anti-abus générale qui permet à l'administration d'écarter les montages réalisés en fraude à la loi dans un but principalement fiscal (n° 10277).

b. Les dispositions relatives à l'abus de droit, qui supposent une intention de dissimulation et sont destinées à déjouer des fraudes ou manœuvres, n'interdisent pas à un contribuable d'exercer une **option offerte par la loi fiscale.** Les conditions qui lui ont permis de se trouver en situation d'exercer cette option peuvent cependant être regardées comme abusives (BOI-CF-IOR-30-10 n° 50).

c. La procédure d'abus de droit peut être mise en œuvre afin d'écarter un acte passé dans un but exclusivement fiscal en appliquant littéralement une **convention fiscale** bilatérale, alors même que celle-ci ne prévoit pas explicitement l'hypothèse de fraude à la loi (CE plén. 25-10-2017 n° 396954 : RJF 1/18 n° 70).

d. Les procédures d'abus de droit ne sont pas applicables lorsque le contribuable, préalablement à la conclusion d'un contrat ou d'une convention, a **consulté l'administration** centrale, par écrit, sur la validité de l'opération et que l'administration n'a pas répondu dans les six mois (LPF art. L 64 B).

e. La procédure de répression des abus de droit peut faire échec à la **garantie d'opposabilité**

de l'interprétation administrative des textes fiscaux (n° 13815) si les opérations en cause procèdent d'un montage artificiel, dénué de toute substance et élaboré sans autre finalité que d'éluder ou d'atténuer l'impôt (CE ass. 28-10-2020 n° 428048 : RJF 1/21 n° 59).

f. L'administration peut avoir recours au principe général de fraude à la loi, pour ne pas tenir compte d'actes de droit privé opposables aux tiers, **en l'absence de procédure de rectification,** le litige n'entrant pas dans le champ d'application de l'article L 64 (CE QPC 4-2-2022 n° 455278 : RJF 5/22 n° 485 ; c'est le cas notamment lors de l'examen d'une réclamation).

Déroulement de la procédure En cas de désaccord entre l'administration et le contribuable sur les rectifications notifiées, les litiges résultant des deux procédures d'abus de droit peuvent être soumis à l'avis du **comité de l'abus de droit fiscal,** à l'initiative soit de l'administration, soit du contribuable. 13962

Lorsque le comité est saisi, le contribuable et l'administration sont invitées par le président à présenter leurs **observations.** Les observations sont formulées dans le cadre d'un débat oral et contradictoire. Le contribuable a la possibilité de ne pas se présenter ou de se faire représenter (BOI-CF-IOR-30-30 n° 270).

Quel que soit l'avis du comité ou si le comité n'est pas consulté, l'administration supporte la **charge de la preuve** en cas de réclamation. Par exception, la charge de la preuve incombe au contribuable, lorsqu'il n'a pas présenté de comptabilité ou de pièces en tenant lieu, ou, si l'imposition est établie conformément à l'avis du comité, lorsque sa comptabilité comporte de graves irrégularités.

Sanctions L'abus de droit réprimé par l'article L 64 du LPF entraîne l'application d'une **majoration spécifique** de 40 % lorsque le contribuable n'est pas le principal instigateur ou bénéficiaire de l'opération, c'est-à-dire quand il n'a pas pris une part active dans le montage considéré comme abusif par l'administration (80 % dans la situation inverse). Lorsque plusieurs personnes bénéficient des opérations abusives dans les mêmes proportions, elles sont chacune considérées comme bénéficiaire principal. Toutes les parties à l'acte sont tenues solidairement avec le contribuable au paiement de la majoration et de l'intérêt de retard. 13964

Dans le cadre de la procédure définie à l'article L 64 A, cette majoration spécifique ne s'applique pas. Seules les **majorations de droit commun** sont, le cas échéant, applicables (voir n° 14022).

RÉPRESSION DE L'ÉVASION FISCALE INTERNATIONALE

Les sociétés civiles peuvent être concernées par plusieurs mesures spécifiques lorsque interviennent des versements à l'étranger. 13970

a. Paiements à des résidents étrangers soumis à un régime fiscal privilégié : pour que leur déductibilité de l'impôt sur le revenu ou de l'impôt sur les sociétés soit admise, leur débiteur doit, pour certaines dépenses, apporter la preuve qu'elles correspondent à des opérations réelles et qu'elles ne présentent pas un caractère anormal ou exagéré (CGI art. 238 A).

b. Rémunérations de prestations de services versées à l'étranger : les sommes versées à des personnes physiques ou morales domiciliées ou établies hors de France, en rémunération de services rendus par des personnes domiciliées ou établies en France, sont imposables en France au nom du ou des prestataires dans plusieurs situations (CGI art. 155 A).

c. Déclaration des avoirs détenus à l'étranger : les sociétés civiles, domiciliées ou établies en France, doivent déclarer, en même temps que leurs résultats, les références des comptes ouverts, détenus, utilisés ou clos par elles à l'étranger (CGI art. 1649 A, al. 2). Cette obligation concerne les titulaires, cotitulaires, bénéficiaires économiques ou ayants droit économiques des comptes, ainsi que les sociétés agissant par procuration, soit pour elle-même, soit au profit d'une personne ayant la qualité de résident (CGI ann. III art. 344 A, III). Chaque compte doit faire l'objet d'une déclaration distincte, établie sur l'imprimé n° 3916-3916 bis.

II. SANCTIONS DES INFRACTIONS

GÉNÉRALITÉS

Les infractions aux obligations fiscales sont passibles de pénalités fiscales, sanctions pécuniaires appliquées par l'administration en vertu de la loi et sous le contrôle des tribunaux, voire, pour les plus graves, de peines correctionnelles. 14000

A. Pénalités fiscales

MOTIVATION DES SANCTIONS

14003 Quels que soient le type de contrôle et la procédure de redressement utilisés, les pénalités (à l'exception de l'intérêt de retard) doivent être motivées. La motivation des pénalités doit être **écrite** et comporter l'énoncé clair et précis des considérations de fait et de droit qui constituent le fondement de la décision. Elle doit être portée à la connaissance du contribuable au moins 30 jours avant la notification de l'avis de mise en recouvrement ou de l'avis d'imposition (LPF art. L 80 D, al. 2) et, durant ce délai, le contribuable peut présenter ses observations (le document portant motivation de la sanction doit l'informer de cette faculté). Lorsque, dans le cadre de la procédure de rectification contradictoire, les sanctions sont motivées dans la proposition de rectification et que le contribuable bénéficie, sur sa demande, d'une prorogation de 30 jours du **délai de réponse** à cette proposition (nº 13850), il dispose du même délai pour présenter ses observations sur les sanctions (BOI-CF-IOR-10-50-10 nº 230). En pratique, l'administration l'indique dans la proposition de rectification ou dans la notification des bases d'imposition lorsque celle-ci fait suite à une vérification ou un examen de comptabilité ou à un ESFP. Lorsque l'administration modifie, avant leur mise en recouvrement, la base légale, la qualification ou les motifs des pénalités qu'elle se propose d'appliquer au contribuable, elle est tenue de motiver une nouvelle fois ces pénalités et le contribuable dispose d'un nouveau délai de 30 jours pour présenter ses observations (CE 6-4-2007 nº 269402 : RJF 6/07 nº 720).

Le **défaut** (ou l'insuffisance) **de motivation** des pénalités est susceptible d'entraîner leur annulation (CE 22-2-1989 nº 70252 : RJF 4/89 nº 444).

INTÉRÊT DE RETARD

14005 Le régime des pénalités fiscales se caractérise par l'application généralisée, indépendamment de toute sanction, d'un intérêt de retard de 0,20 % par mois (CGI art. 1727). Cet intérêt, proportionnel au temps écoulé, ne s'analyse pas comme une sanction, mais comme la réparation du préjudice financier causé au Trésor du fait du non-paiement de l'impôt dans le délai.

Il **se cumule** en principe avec les majorations ou amendes qui s'ajoutent aux droits éludés. En revanche, il ne s'applique pas aux amendes ou majorations spécifiques qui se substituent aux droits éludés, sauf si elles sont payées tardivement.

L'intérêt de retard **est calculé** en principe du premier jour du mois qui suit celui au cours duquel la somme concernée devait être acquittée jusqu'au dernier jour du mois de la notification de la proposition de rectification.

> Précisions a. L'intérêt de retard s'applique à un **taux réduit** lorsque le contribuable régularise ses erreurs, inexactitudes ou insuffisances commises de bonne foi dans ses déclarations, avant tout contrôle (taux applicable de 0,10 % : voir nº 13826) ou au cours d'un contrôle effectué sur sa demande (taux applicable de 0,14 % : voir nº 13900) ou à l'initiative de l'administration (taux applicable de 0,14 % : voir nº 13825).

b. En ce qui concerne l'impôt sur le revenu (exception faite des plus-values de cession d'immeubles et de biens meubles visées nºs 33400 s. et 4275), le **point de départ** du calcul de l'intérêt de retard est fixé au 1er juillet de l'année suivant celle au titre de laquelle l'imposition est établie. Pour les taxes sur le chiffre d'affaires, il est décompté à partir du premier jour de l'exercice suivant celui sur lequel portent les rectifications ou, pour les rectifications afférentes à l'exercice en cours lors de la fin de la vérification, à compter du début du mois suivant celui au cours duquel la dernière déclaration soumise à vérification a été ou aurait dû être déposée.

c. Lorsque les **impositions** omises ont été **payées avant la notification de la proposition de rectification,** le décompte de l'intérêt de retard est arrêté au dernier jour du mois du paiement (CE 14-4-2023 nº 467622 : RJF 7/23 nº 558).

14006 **Non-application de l'intérêt de retard** Par exception, l'intérêt de retard ne s'applique pas :

– si la rectification est liée à l'**obtention indue** du versement d'une **créance** (sauf en cas de paiement tardif des sommes mises en recouvrement) ;

– si l'intéressé a fait connaître, par une **mention expresse** portée dans la déclaration ou l'acte ou dans une note annexe, les motifs de droit ou de fait pour lesquels il ne mentionne pas certains éléments d'imposition ou donne à ces éléments une qualification qui, si elle était fondée, entraînerait une taxation atténuée, ou fait état de déductions qui sont ultérieurement reconnues injustifiées (CGI art. 1727, II-1) ;

– si le principe ou les modalités de la déclaration de ces éléments se heurtent soit à une **difficulté d'interprétation d'une disposition fiscale nouvelle,** soit à une **difficulté de détermination des incidences fiscales d'une règle comptable,** et que le contribuable de bonne foi a joint à sa déclaration la copie de la demande par laquelle il a sollicité de l'administration une prise de position sur la question sans obtenir de réponse avant l'expiration du délai de déclaration (CGI art. 1727, II-2) ;

– si la cause du rehaussement est un différend sur la valeur locative de locaux d'habitation ou à usage professionnel ou de locaux professionnels et **biens** divers **autres que** des **établissements industriels** et s'il est démontré que le contribuable de bonne foi a acquitté l'imposition sur la base du rôle établi par l'administration et que le différend ne résulte ni d'un défaut ni d'une inexactitude de déclaration (CGI art. 1727, II-2 bis) ;

– lorsque l'intéressé, de bonne foi, peut bénéficier de la **tolérance légale** parce que l'insuffisance de prix ou d'évaluation, ou l'insuffisance des chiffres déclarés, n'excède pas un certain pourcentage de la base d'imposition retenue après rehaussement (CGI art. 1727, II-3 et 4). Ce pourcentage est égal au vingtième pour l'impôt sur le revenu et l'impôt sur les sociétés (et les impositions assimilées : CSG sur les revenus du patrimoine, etc.) et au dixième en matière de droits d'enregistrement, de taxe de publicité foncière et d'IFI. La tolérance légale ne s'applique pas aux taxes sur le chiffre d'affaires, aux impôts directs locaux et aux taxes et participations assises sur les salaires ;

– lorsque les majorations pour **paiement tardif** sont appliquées (n° 14030).

> Précisions a. L'exonération d'intérêt de retard en présence d'une **mention expresse** s'applique même si le contribuable a déjà fait l'objet d'un **redressement dans le passé** sur le point en cause. En revanche, les pénalités sanctionnant un manquement délibéré peuvent être appliquées si le contribuable est reconnu de mauvaise foi (« manquement délibéré ») (CE 19-11-2008 n° 307229 : RJF 2/09 n° 139).

b. Sur la **mention expresse** dans la déclaration de résultat de l'existence d'un **examen de conformité fiscale,** voir n° 13828.

c. Pour la **tolérance légale** :

– en matière de droits d'enregistrement, de taxe de publicité foncière et d'IFI, l'insuffisance de prix ou d'évaluation est appréciée bien par bien ; la tolérance ne joue pas en cas d'omission d'un bien imposable dans une déclaration ;

– certaines dépenses qui donnent droit à une réduction ou un crédit d'impôt sont assimilées à une insuffisance de déclaration lorsqu'elles ne sont pas justifiées. Il en est ainsi de certaines dépenses afférentes à l'habitation principale (n°s 41180 s.) ;

– les insuffisances qui ont fait l'objet d'une mention expresse et qui sont par suite dispensées de toute sanction ne sont pas prises en compte pour le calcul de l'insuffisance des chiffres déclarés dont il est tenu compte pour apprécier si la tolérance légale trouve à s'appliquer. Mais ces insuffisances doivent être comprises dans le montant de la base d'imposition retenue après rectification.

SUPPRESSION D'AVANTAGES FISCAUX EN CAS DE MANQUEMENTS GRAVES

En matière d'**impôt sur le revenu,** les **déficits** et les **réductions d'impôt** ne peuvent pas s'imputer sur les rehaussements et droits donnant lieu à l'application de l'une des **majorations de 40 %, 80 % ou 100 %** prévues en cas d'insuffisance de déclaration (n° 14022), de défaut ou retard de déclaration (n° 14010), d'opposition au contrôle fiscal (n° 13933), d'abus de droit (n° 13964), de non-respect des obligations déclaratives relatives aux transferts de fonds vers ou en provenance de l'étranger ainsi qu'aux avoirs détenus à l'étranger (Loi 2021-1900 du 30-12-2021 art. 140). De même, en matière d'**IFI,** est exclue l'imputation de la **réduction d'impôt** au titre des dons sur les droits donnant lieu à l'application de l'une des majorations susvisées pour insuffisance, défaut ou retard de déclaration, non-respect d'obligations déclaratives et pour opposition au contrôle fiscal ou de la majoration de 40 % pour retard de déclaration visée n° 14010, précision c (CGI art. 1731 bis). **14008**

DÉFAUT OU RETARD DE PRODUCTION D'UNE DÉCLARATION OU D'UN ACTE SERVANT AU CALCUL DE L'IMPÔT

Les impositions établies à la suite du défaut ou de la production tardive d'une déclaration ou d'un acte servant à déterminer la base d'imposition donnent lieu à l'intérêt de retard, auquel s'ajoute une **majoration** dont le taux est de (CGI art. 1728) : **14010**

– 10 % en l'absence de mise en demeure ou en cas de dépôt de la déclaration ou de l'acte dans les 30 jours d'une mise en demeure ;

– 40 % lorsque le document n'a pas été déposé dans les trente jours suivant la réception d'une mise en demeure ;

– 80 % en cas d'exercice d'une activité occulte.

Sont notamment concernées les **déclarations** suivantes :

– déclaration d'ensemble des revenus et déclarations de revenus ou bénéfices catégoriels (BIC réels, bénéfices non commerciaux : déclaration contrôlée, bénéfices agricoles réels, revenus fonciers et plus-values) ;

- déclaration relative à l'impôt sur les sociétés ;
- déclaration mensuelle, trimestrielle ou annuelle de chiffre d'affaires ;
- déclaration de succession et d'impôt sur la fortune immobilière ;
- déclaration ou acte donnant ouverture aux droits d'enregistrement.

Ne sont pas concernés les déclarations et documents utilisés pour le contrôle de l'impôt dont le défaut ou retard de production est sanctionné comme indiqué n° 14025.

Lorsque des **insuffisances** sont constatées **dans une déclaration tardive,** la majoration pour retard de déclaration examinée ci-avant s'applique à l'intégralité des droits, qu'ils résultent de la déclaration tardive ou des rehaussements apportés à la déclaration. Les majorations pour insuffisance de déclaration visées n° 14022 ne sont pas applicables, sauf si leur taux est supérieur à la majoration pour retard, auquel cas elles s'y substituent sur la fraction des droits résultant des rehaussements (CGI art. 1729 A, 2).

> Précisions a. En cas de défaut ou de retard de production de **déclarations** servant à l'établissement de l'**impôt sur le revenu** une majoration de 10, ou de 20 % en cas de dépôt tardif effectué dans les 30 jours d'une mise en demeure, s'applique à l'exclusion de la majoration de 10 % examinée ci-avant. Cette majoration n'est pas due lorsqu'il est fait application des majorations de 40 et 80 % examinées ci-avant (CGI art. 1758 A).

b. Lorsque l'administration adresse au contribuable, alors même qu'elle n'y est **pas tenue,** une **mise en demeure** de déposer sa déclaration de TVA avant de procéder à son imposition par voie de taxation d'office, la majoration des droits de 10 % est portée à 40 si le contribuable n'obtempère pas dans les 30 jours suivant la réception de cette mise en demeure (CE 27-1-2010 n° 305291 : RJF 4/10 n° 400).

c. En cas de dépôt tardif de la déclaration d'**IFI,** la majoration de 10 % est portée à 40 % lorsque le dépôt de la déclaration fait suite à la révélation d'avoirs à l'étranger qui n'ont pas fait l'objet de la déclaration visée n° 13970 (CGI art. 1728, 5).

d. Une **SARL** prend personnellement part aux manquements déclaratifs d'une SCI, dont elle est **associée,** dès lors que les sociétés ont le **même gérant,** ainsi que, le cas échéant, ce gérant s'il est associé de la SCI. La pénalité pour défaut de déclaration dans les trente jours d'une mise en demeure peut donc être mise à la charge de la SARL (CE 9-12-2022 n° 461887 : RJF 2/23 n° 120).

INSUFFISANCES DE DÉCLARATION CONDUISANT L'ADMINISTRATION À EFFECTUER DES REDRESSEMENTS

14020 Il s'agit, d'une part, des insuffisances qui affectent une base ou des éléments d'imposition et qui, lorsqu'elles sont réparées, se traduisent par un supplément d'impôt et, d'autre part, de l'obtention indue du versement d'une créance de nature fiscale (crédits d'impôt, remboursement de crédits de TVA, etc.).

Les sanctions sont différentes selon que le contribuable peut ou non être considéré comme ayant agi de façon involontaire (bonne foi) ou délibérée (mauvaise foi). La bonne foi étant présumée, il appartient à l'administration d'établir, pour chaque chef d'insuffisance, le caractère délibéré du manquement ou les manœuvres frauduleuses. En revanche, la nature de l'impôt éludé importe peu.

14021 **Pénalités applicables en l'absence de manquement délibéré** En l'absence de caractère délibéré (le contribuable est de « bonne foi »), les droits supplémentaires mis à la charge du contribuable sont en principe majorés du seul **intérêt de retard** de 0,20 % par mois, sauf dans les cas mentionnés n° 14006.

Toutefois, les insuffisances relevées dans les **déclarations** servant à l'établissement **de l'impôt sur le revenu** donnent lieu à une majoration de 10 % des droits mis à la charge du contribuable ou de la créance indue qui s'ajoute à l'intérêt de retard. Cette majoration n'est pas due en cas de régularisation effectuée spontanément ou dans les 30 jours d'une demande de l'administration ou lorsqu'il est fait application des majorations visées n° 14022 ou de la majoration de 100 % en cas d'opposition au contrôle fiscal (n° 13933) (CGI art. 1758 A).

14022 **Pénalités applicables en cas de manquement délibéré** Lorsque le caractère délibéré de l'infraction est établi (on parlait traditionnellement de « mauvaise foi »), celle-ci entraîne l'application d'une **majoration** de 40 %, en plus de l'intérêt de retard. Le taux de la majoration est porté à 80 % si le contribuable s'est rendu coupable de manœuvres frauduleuses ou de dissimulation d'une partie du prix stipulé dans un contrat (CGI art. 1729).

Lorsque la société est soumise au régime fiscal des sociétés de personnes, le caractère délibéré de l'infraction s'apprécie, conformément aux principes de **responsabilité personnelle** et de **personnalité des peines,** non pas au niveau de la société, mais au niveau de chacun des associés, au regard de son implication personnelle dans le manquement en cause (CE 2-3-1979 n° 6646 : RJF 4/79 n° 237 ; CE 27-6-2016 n° 376513 : RJF 10/16 n° 847).

> **Précisions** **a.** Lorsque le **caractère délibéré** n'est retenu que **pour partie,** l'intérêt de retard est dû sur la totalité des droits mis à la charge du contribuable. Les majorations sont, quant à elles, applicables à raison des droits résultant des infractions pour lesquelles le manquement délibéré, les manœuvres frauduleuses ou la dissimulation de prix sont établis.
> **b.** Les majorations de 40 % et de 80 % sont applicables en cas d'**obtention indue** du versement **d'une créance** (CGI art. 1729). En revanche, l'intérêt de retard ne s'applique pas (sauf en cas de paiement tardif des sommes mises en recouvrement).
> **c.** Sur les pénalités applicables en cas d'**abus de droit** au sens de l'article L 64 du LPF (actes fictifs ou à but exclusivement fiscal), voir n° 13964.
> **d.** Sur l'impossibilité d'**imputer** certains **avantages fiscaux** en cas d'application des majorations de 40 ou 80 % : voir n° 14008.

INFRACTIONS CONCERNANT LES DOCUMENTS UTILISÉS POUR LE CONTRÔLE DE L'IMPÔT

Ces infractions concernent tous les documents qui doivent être fournis à l'administration fiscale (états, relevés, factures, déclaration d'existence, etc.), autres que les déclarations et actes comportant l'indication d'éléments à retenir pour l'assiette et la liquidation de l'impôt (pour ces derniers, voir nos 14010 et 14020 s.). **14025**

Le **défaut ou la production tardive** des documents à fournir à l'administration entraîne l'application d'une amende fiscale de 150 € (CGI art. 1729 B, 1). Cette amende est due autant de fois qu'il y a de documents non produits ou parvenus tardivement.

Les **omissions ou inexactitudes** relevées dans les documents produits sont sanctionnées (sauf cas de force majeure) par une amende de 15 € par omission ou inexactitude, sans que le total des amendes applicables aux documents devant être produits simultanément puisse être inférieur à 60 € ni supérieur à 10 000 € (CGI art. 1729 B, 2).

Ces amendes ne sont pas applicables en cas de **première infraction** commise au cours de l'année civile en cours et des trois années précédentes, lorsque l'intéressé a réparé l'infraction, soit spontanément, soit dans les 30 jours suivant une demande de l'administration (CGI art. 1729 B, 3).

NON-RESPECT DES OBLIGATIONS DE DÉCLARATION OU PAIEMENT PAR VOIE ÉLECTRONIQUE

Le non-respect de l'obligation de souscrire par voie électronique une **déclaration** et ses annexes entraîne l'application d'une majoration de 0,2 % du montant des droits correspondant aux déclarations déposées selon un autre procédé. Le montant de la majoration ne peut être inférieur à 60 €. En l'absence de droits, le dépôt d'une déclaration ou de ses annexes selon un autre procédé que celui requis entraîne l'application d'une amende de 15 € par document sans que le total des amendes applicables aux documents devant être produits simultanément puisse être inférieur à 60 € ni supérieur à 150 €. **14027**

Par ailleurs, le non-respect de l'obligation de souscrire selon un procédé électronique une déclaration de sommes versées à un tiers est sanctionné par une amende de 15 € par bénéficiaire de ces sommes.

Le non-respect de l'obligation de **payer** un impôt par virement, télérèglement ou prélèvement opéré à l'initiative du comptable public compétent entraîne l'application d'une majoration de 0,2 % du montant des sommes dont le versement a été effectué selon un autre mode de paiement. Le montant de la majoration ne peut être inférieur à 60 €. Ce minimum est abaissé à 15 € en cas de non-respect de l'obligation de payer par prélèvement les impôts (autres que la CFE) recouvrés par voie de rôle.

Le paiement par virement en dépit de l'interdiction d'utiliser ce mode de paiement entraîne également l'application d'une majoration de 0,2 % du montant des sommes dont le versement a été effectué par ce mode de paiement. Cette majoration ne s'applique pas aux sommes déjà majorées de 0,2 % du fait du paiement de l'impôt par un moyen autre que ceux autorisés (CGI art. 1738).

PAIEMENT TARDIF DE L'IMPÔT

Pour l'**impôt sur le revenu, la taxe foncière, la taxe d'habitation sur les résidences secondaires et autres locaux meublés non affectés à l'habitation principale, les contributions sociales sur les revenus du patrimoine et l'IFI,** le défaut de paiement ou le paiement tardif est sanctionné par une majoration de 10 %. La majoration de 10 % ne se cumule pas avec l'intérêt de retard. Elle n'est pas appliquée en cas de régularisation spontanée avant tout contrôle bénéficiant de la réduction de moitié de l'intérêt de retard visée n° 13826, lorsque les impositions sont acquittées de façon échelonnée conformément au plan de règlement accordé par le comptable (BOI-CF-INF-10-30 n° 135). **14030**

Pour les **autres impôts** (TVA, droits d'enregistrement, impôt sur les sociétés, etc.), le paiement tardif entraîne l'application d'un intérêt de retard de 0,20 % par mois, auquel s'ajoute en principe une majoration de 5 %.

Toutefois, la majoration de 5 % ne s'applique pas :

– aux redevables qui déposent tardivement leur déclaration mais l'accompagnent du paiement total des droits (CGI art. 1731). Les pénalités visées nº 14010 restent toutefois exigibles ;

– lorsque les impositions mises en recouvrement résultent d'un contrôle de la déclaration ou d'une taxation d'office pour défaut de déclaration (BOI-CF-INF-10-30 nº 190). Mais les pénalités visées nºs 14010 et 14022 sont, le cas échéant, exigibles ;

– au contribuable ayant procédé à la liquidation définitive de la cotisation sur la valeur ajoutée des entreprises lorsque les versements effectués sont inexacts de moins du vingtième à la cotisation effectivement due (BOI-CVAE-DECLA-20 nº 170) ;

– en cas de régularisation spontanée avant tout contrôle bénéficiant de la réduction de moitié de l'intérêt de retard visée nº 13826 (BOI-CF-INF-10-30 nº 195).

AUTRES INFRACTIONS

14035 Indépendamment des pénalités générales énumérées ci-dessus, il existe certaines sanctions destinées à réprimer des infractions de nature particulière.

Nous avons déjà signalé les sanctions pour dissimulation de prix en matière de droits d'enregistrement (nº 13955), pour opposition à contrôle fiscal (nº 13933) ou en cas de flagrance fiscale (nº 13915).

On peut citer, en outre, l'amende de 50 % en cas d'établissement ou d'utilisation de factures de complaisance (CGI art. 1737, I-1 et 2), l'application des pénalités sanctionnant les manœuvres frauduleuses en cas d'achats et ventes sans factures (CGI art. 1786) et l'amende fiscale pour délivrance abusive d'attestation (CGI art. 1740 A).

Enfin, une amende de 15 € s'applique à toute omission ou inexactitude constatée dans les factures exigées en matière de TVA. Toutefois, l'amende due au titre de chaque facture ne peut excéder le quart du montant qui y est ou aurait dû y être mentionné (CGI art. 1737, II).

B. Peines correctionnelles

14060 En matière fiscale, les sanctions pénales ont essentiellement pour objet de réprimer le délit de **fraude fiscale.** Ce délit est constitué lorsqu'un contribuable s'est intentionnellement soustrait à l'impôt (ou a tenté de s'y soustraire). Il est passible de peines correctionnelles (amende et emprisonnement), auxquelles s'ajoutent notamment, en principe, l'affichage et la diffusion du jugement (CGI art. 1741 s.) ; voir nº 8000.

Le parquet exerce librement l'**action publique,** sans plainte préalable, pour les cas de fraude fiscale les plus graves (Loi 2018-898 du 23-10-2018 art. 36) : l'administration est tenue de dénoncer, sauf déclaration rectificative spontanée, les faits ayant donné lieu, sur des droits excédant 100 000 €, aux majorations de 100 % (opposition à contrôle fiscal), 80 % (activité occulte, abus de droit, manœuvres frauduleuses, dissimulation de prix, activité illicite, non-déclaration des avoirs étrangers) ou 40 % (certains cas de défaut du dépôt d'une déclaration dans les 30 jours d'une mise en demeure, de manquement délibéré ou d'abus de droit). Pour les autres cas, le parquet ne peut, en principe, engager des poursuites qu'à la suite d'une **plainte** déposée par l'administration sur avis conforme de la commission des infractions fiscales.

> **Précisions** S'agissant des sociétés civiles non soumises à l'impôt sur les sociétés, le **seuil** de 100 000 € s'apprécie au niveau de la société pour les impositions qui lui sont propres (TVA par exemple) et au niveau de chacun des associés pour l'impôt sur le revenu. En présence de contribuables distincts, les rappels d'impôt pénalisés ne se cumulent donc pas (BOI-CF-INF-40-10-10-15 nº 40).

III. RÉCLAMATIONS DES CONTRIBUABLES

GÉNÉRALITÉS

14100 Indépendamment des réclamations relatives au paiement de l'impôt (opposition à poursuites : nº 14230), les contribuables disposent de deux types de recours :

– le « **recours contentieux** », qui consiste à contester le bien-fondé d'une imposition, à demander le remboursement d'un impôt payé en trop ou à réclamer le bénéfice d'une mesure à laquelle on estime avoir droit ;

– le « **recours gracieux** », qui consiste à solliciter, pour des raisons particulières, la décharge totale ou partielle d'une imposition dont on ne conteste pas le bien-fondé.

De son côté, l'administration est autorisée à prendre, de sa propre initiative ou à la suite de démarches faites auprès d'elle, des décisions ayant pour effet de réparer les erreurs d'imposition commises au préjudice des contribuables (« **dégrèvements d'office** »).

Les contribuables peuvent, au cours d'une instance contentieuse, soulever la question de l'atteinte portée par une loi fiscale aux droits et libertés garantis par la Constitution (**« question prioritaire de constitutionnalité »**). 14102

Le moyen d'inconstitutionnalité peut être présenté à tout moment de la procédure, y compris pour la première fois devant le juge de cassation. Sous peine d'irrecevabilité, il doit faire l'objet d'un écrit distinct et motivé.

Lorsque l'inconstitutionnalité est invoquée devant les juges de première instance ou d'appel, la question doit être transmise au Conseil d'État ou à la Cour de cassation ; ces deux cours disposent d'un délai de trois mois pour en apprécier le caractère sérieux ou nouveau et, si tel est le cas, saisir le Conseil constitutionnel. Ce dernier a lui-même trois mois pour se prononcer.

A. Recours contentieux

PRINCIPE

Tout contribuable qui s'estime imposé à tort ou surtaxé peut demander, par la voie contentieuse, une décharge ou une réduction d'impôt. La procédure commence obligatoirement par une réclamation préalable devant le service des impôts et se poursuit, le cas échéant, devant les tribunaux. 14105

RÉCLAMATION PRÉALABLE DEVANT L'ADMINISTRATION

La réclamation doit en principe être formulée **par écrit** (voir n° 14115) et envoyée au service des impôts dont dépend le lieu d'imposition. Un récépissé de la réclamation est en principe adressé au contribuable, ce qui n'est pas toujours le cas en pratique (bien que ce ne soit pas obligatoire, il peut donc être prudent d'envoyer la réclamation par lettre recommandée avec avis de réception). En matière d'impôt sur le revenu et d'impôts directs locaux, l'administration admet que les réclamations soient formulées **verbalement** lors de démarches auprès des services chargés de la réception et de l'information du public ; elles sont alors consignées sur une fiche de visite signée par le contribuable, dont un exemplaire lui est remis. 14108

> **Précisions** L'administration a mis en place une procédure permettant aux particuliers (télédéclarants ou non) de présenter une **réclamation** directement **par internet**, via leur espace personnel sur le site www.impots.gouv.fr. La demande peut concerner l'impôt sur le revenu, les impôts directs locaux, les contributions sociales, l'IFI et la taxe sur les logements vacants. Le contribuable doit sélectionner l'impôt sur lequel porte sa demande, l'année concernée, et préciser le motif de sa réclamation. Il est dispensé de fournir l'avis d'imposition. La réclamation est transmise automatiquement au service compétent. Un accusé de réception est délivré au contribuable.

Délai de réclamation Le **délai général** imparti pour la présentation de la réclamation à l'administration expire le 31 décembre de la seconde année suivant celle (LPF art. R 196-1) : 14110

– de la mise en recouvrement du rôle (impôt sur le revenu, prélèvements sociaux sur les revenus du patrimoine, etc.). Notons que dans le cadre du prélèvement à la source de l'impôt sur le revenu la demande de restitution de l'excédent d'acompte indûment prélevé doit être présentée au plus tard le dernier jour du mois de février de l'année suivant celle au cours de laquelle les revenus en cause ont été mis à disposition ou réalisés (LPF art. R 196-1-1 ; BOI-IR-PAS-30-20-30 n° 30), mais le contribuable conserve, en tout état de cause, la possibilité de présenter une réclamation dans le délai général après la mise en recouvrement du rôle (BOI-IR-PAS-30-20-30 n° 40) ;

– de la notification d'un avis de mise en recouvrement (par exemple, pour la TVA, l'impôt sur les sociétés ou les droits d'enregistrement) ;

– du versement de l'impôt contesté lorsque celui-ci n'a pas donné lieu à l'établissement d'un rôle ou à la notification d'un avis de mise en recouvrement (demandes en restitution de versements effectués spontanément au titre, notamment, de l'impôt sur les sociétés ou de la TVA) ;

– ou de la réalisation de l'événement qui motive la réclamation, c'est-à-dire des faits ou circonstances de nature à exercer une influence sur le bien-fondé de l'impôt dans son principe ou son montant.

Si le contribuable fait l'objet d'une **procédure de reprise** ou de rectification de la part de l'administration, l'intéressé a en règle générale jusqu'au 31 décembre de la troisième année suivant celle au cours de laquelle est intervenue la notification de la proposition de rectification ou des bases imposées d'office pour présenter ses propres réclamations. Ce délai spécial permet de contester tant les impositions supplémentaires que les impositions primitives concernées par la procédure de rectification (alors même que celle-ci n'aurait pas abouti à des impositions supplémentaires). Le contribuable est recevable à former dans ce délai une réclamation portant sur les déficits nés au cours d'exercices prescrits et qui, imputables sur l'exercice non prescrit, doivent être regardés comme une charge de cet exercice (CE 7-2-2018 n° 396926 : RJF 5/18 n° 541). Il peut réclamer dans le délai général si celui-ci expire après le délai spécial.

Des délais spéciaux sont également prévus en matière d'**impôts directs locaux** (LPF art. R 196-2).

La réclamation est recevable si elle est **postée au plus tard** le jour de l'expiration du délai, le cachet de La Poste ou des prestataires de services postaux autorisés faisant foi (LPF art. L 286).

> Précisions a. **Si l'avis d'imposition ou de mise en recouvrement ne mentionne pas** l'exigence d'une réclamation préalable au recours juridictionnel et les délais dans lesquels cette réclamation doit être présentée, ou si la preuve n'est pas apportée qu'une telle information a été fournie au contribuable, le délai de réclamation est prolongé d'un délai égal, sauf circonstances particulières invoquées par le contribuable, à un an (délai raisonnable) et court à compter de l'année au cours de laquelle il est établi que le contribuable a eu connaissance de l'existence de l'imposition (CE sect. 31-3-2017 n° 389842 : RJF 6/17 n° 616). Les formulaires de déclaration de TVA n'ont pas à indiquer le délai de réclamation (CE 20-3-2013 n° 357948 : RJF 6/13 n° 651).

b. Lorsque le **délai de reprise** de l'administration est **prolongé,** le délai spécial de réclamation est prolongé de la même durée. Par exemple, ce délai expire le 31 décembre de la cinquième année qui suit celle de la proposition de rectification en cas de découverte d'agissements frauduleux avec dépôt de plainte.

c. Les **réclamations concernant un résultat déficitaire ou un crédit de TVA** peuvent être présentées dès la réception de la réponse de l'administration aux observations formulées à la suite d'une proposition de rectification, ou à compter d'un délai de 30 jours après la notification d'une imposition d'office ou, en cas de saisine de la commission des impôts directs et des taxes sur le chiffre d'affaires, à compter de la notification de l'avis rendu par cette commission (LPF art. L 190, al. 2). Elles peuvent être présentées jusqu'à l'expiration des délais de réclamation contre les impositions établies au titre du premier exercice bénéficiaire sur lequel ont été reportés les déficits litigieux ou contre l'imposition supplémentaire mise en recouvrement en cas de réduction d'un crédit de TVA (BOI-CTX-DG-10-20-10 n°s 110 à 130). Elles peuvent être présentées aussi bien par la société que par les associés dès lors que ceux-ci ont fait l'objet d'une procédure de rectification (BOI-CTX-DG-10-20-10 n° 60).

14115 **Forme et contenu des réclamations** La réclamation à l'administration peut être présentée sous la forme d'une simple lettre sur papier libre (sur l'intérêt d'une lettre recommandée, voir n° 14108).

La demande doit **mentionner** l'imposition contestée, contenir l'exposé sommaire des faits, moyens et conclusions et porter la signature manuscrite de son auteur (ou de son mandataire).

La réclamation doit être **accompagnée** :

– pour les impôts directs établis par voie de rôle : de l'avis d'imposition ou d'une copie de cet avis, ou encore d'un extrait de rôle ;

– pour les impôts ayant donné lieu à la notification d'un avis de mise en recouvrement : de cet avis lui-même ou d'une copie ;

– pour les impôts perçus par voie de retenue à la source ou versés sans établissement préalable d'un rôle ou d'un avis de mise en recouvrement : d'une pièce justifiant le montant de la retenue ou du versement. Un non-résident qui conteste la retenue à la source opérée sur les dividendes versés par une société française doit produire toutes pièces précisant la date du prélèvement et l'identité de l'établissement payeur (CE Avis 23-5-2011 n°s 344678 à 344687 : RJF 8-9/11 n° 1009) ou, à défaut, un extrait de compte mentionnant la date d'inscription des titres, la date de versement ainsi que les montants nets et bruts des revenus dès lors que l'établissement teneur du compte est situé dans un État ou un territoire ayant conclu avec la France une convention fiscale incluant une clause d'assistance administrative en vue de lutter contre la fraude ou l'évasion fiscale (CE 26-1-2018 n°s 408561, 408563, 408571, 408610, 409613 et 408617 : RJF 4/18 n° 440) ;

– d'un mandat régulier si la réclamation est signée par un mandataire, sauf s'il est avocat ou tient de ses fonctions ou qualités le droit d'agir au nom du contribuable (par exemple, un gérant de société civile).

Les membres des sociétés non soumises à l'impôt sur les sociétés peuvent formuler une **réclamation collective** contre les impôts mis à la charge de la société (LPF art. R 197-1). Toutefois, cette possibilité ne concerne pas les impositions distinctes établies au nom de chacun des associés ; dès lors, la réclamation unique formulée conjointement par les associés et dirigée contre leurs impositions personnelles n'est recevable qu'en ce qui concerne le contribuable premier dénommé (CE 12-11-1975 n° 94214 : RJF 1/76 n° 38).

L'**associé d'une société civile** peut contester, sans mandat, un impôt dû par la société et qui lui a été réclamé en tant qu'associé ou en tant que codébiteur solidaire (notamment CE 16-12-1991 n° 127378 : RJF 2/92 n° 250). Une telle contestation peut porter sur l'intégralité des impositions réclamées à la société, même si l'associé a été mis en demeure d'en acquitter une partie seulement (CAA Lyon 27-11-2008 n° 05-1528 : RJF 5/09 n° 494).

Une **société civile** n'est pas recevable, sans mandat de ses associés, à contester les impôts mis à la charge de ceux-ci à raison des bénéfices qu'elle a réalisés (CE 4-11-1983 n° 36082 : RJF 1/84 n° 86 ; même solution pour les impositions établies au nom personnel d'un gérant statutaire : CE 4-2-1987 n°s 43736 et 43737).

Décision de l'administration Après **instruction** de la réclamation, le service des impôts notifie au contribuable sa décision et ordonnance, s'il y a lieu, les dégrèvements prononcés. 14120

La décision doit intervenir dans un **délai** de six mois suivant la date de présentation de la réclamation. Le service des impôts peut toutefois aviser le contribuable avant l'expiration de ce délai qu'un délai complémentaire – qui ne peut excéder trois mois – est nécessaire pour statuer. En cas de rejet total ou partiel de la réclamation, la décision doit être motivée (LPF art. R 198-10). Si l'administration n'a pas statué sur la réclamation dans les délais, celle-ci est considérée comme implicitement rejetée et le contribuable peut saisir le tribunal.

L'administration peut soumettre **d'office** la réclamation du contribuable **au tribunal** compétent, en informant le contribuable (LPF art. R 199-1, al. 3).

> **Précisions** Lorsque la **décision ne mentionne pas** les **délai** et voie de recours juridictionnel, le délai de deux mois pour saisir le tribunal (n° 14130) est inopposable. Néanmoins, dans ce cas, le recours doit être exercé dans un délai ne pouvant, sauf circonstance exceptionnelle, excéder un an à compter de la date à laquelle le contribuable a eu connaissance de la décision (CE avis 21-10-2020 n° 443327 : RJF 1/21 n° 83).

Sursis de paiement En principe, les réclamations demeurent sans effet sur le paiement des impôts contestés, dont le recouvrement peut être poursuivi par l'administration. Mais les contribuables peuvent, dans leur **réclamation** à l'administration, ou du moins dans le délai légal de réclamation, demander à surseoir au paiement des sommes en litige en indiquant le montant ou les bases du dégrèvement auquel ils prétendent (LPF art. L 277). La demande de sursis de paiement suspend l'exigibilité de l'impôt jusqu'à la décision définitive, c'est-à-dire jusqu'au jugement du tribunal ou, si le tribunal n'est pas saisi, jusqu'à l'expiration du délai dont disposait l'intéressé pour le saisir. 14125

Lorsque le **montant des droits contestés** (en principal, hors pénalités) est **inférieur à 4 500 €**, le sursis de paiement est automatiquement accordé.

Au-delà, le contribuable doit constituer des garanties propres à assurer le recouvrement de l'impôt : caution, hypothèque, nantissement, etc. Le montant des garanties doit couvrir le principal de l'impôt (hors pénalités). Si le contribuable ne fournit pas les garanties requises, le sursis de paiement n'est pas remis en cause mais le comptable public peut prendre des mesures conservatoires (par exemple, saisies mobilières) jusqu'à ce qu'une décision définitive ait été prise sur la réclamation. Si le comptable estime que les **garanties présentées** sont insuffisantes, il doit notifier expressément son **refus** au contribuable par pli recommandé avec demande d'avis de réception postale dans un délai de 45 jours à compter du dépôt de l'offre ; à défaut, les garanties offertes sont réputées acceptées (LPF art. R 277-1). Le contribuable peut contester le refus des garanties par la voie du **référé** fiscal. Dans le cas d'un contribuable qui avait fait une seconde proposition de garanties après un premier refus du comptable, il a été jugé que l'obligation pour le comptable de notifier un refus exprès des garanties ne vaut que pour la première proposition de garanties ; cependant, le défaut de réponse du comptable dans les deux mois de la nouvelle proposition de garanties vaut rejet implicite de celle-ci et peut être contesté devant le juge du référé fiscal (CE 10-12-2008 n° 313190 : RJF 3/09 n° 284).

En cas de **décision défavorable** du tribunal ou de désistement du contribuable, ce dernier doit verser à l'État des intérêts moratoires (si la cotisation contestée est un impôt direct recouvré par les comptables du Trésor et si elle a été établie à la suite d'une rectification ou d'une taxation d'office).

> Précisions Il est possible de présenter une **garantie sur un bien appartenant à un tiers** à condition que le Trésor soit en mesure de recouvrer sa créance si nécessaire. C'est le cas si le tiers est solidairement responsable des impositions contestées avec le contribuable. À défaut, le tiers doit se porter caution personnelle et solidaire du contribuable. C'est ainsi que, dans une espèce, un associé d'une SCI avait proposé en garantie une affectation hypothécaire sur un immeuble appartenant à la SCI et que cette garantie a été refusée car le contribuable n'avait pas produit d'acte de cautionnement constituant la SCI caution personnelle et solidaire (CE 1-10-2007 n° 296213 : RJF 12/07 n° 1489 ; dans le même sens, CE 30-1-2009 n° 312683 : RJF 4/09 n° 398).

VOIES DE RECOURS DEVANT LES TRIBUNAUX

14130 **Impôts directs et taxes sur le chiffre d'affaires** Si la décision de l'administration ne lui donne pas satisfaction, le contribuable peut saisir le **tribunal administratif,** dans le **délai** de deux mois à partir du jour où il a reçu notification de la décision de l'administration (délai franc qui ne tient pas compte du jour de la réception de la décision de l'administration). Dans l'hypothèse où l'administration ne s'est pas prononcée dans les six mois de la réclamation, le réclamant a la possibilité de porter sans plus attendre le litige devant le tribunal administratif. Aucun délai ne lui est alors imparti (CE 7-12-2016 n° 384309 : RJF 2/17 n° 172). Dans le cas où il a demandé le bénéfice du sursis de paiement, le comptable des impôts ne peut pas lui demander le paiement des sommes en sursis. Mais si la décision de l'administration intervient avant qu'il ait saisi le tribunal, il ne dispose plus que du délai normal de deux mois. Sur les conséquences de l'absence de la mention des voies et délais de recours sur la décision expresse de rejet, voir n° 14120, Précisions.

La **demande,** présentée sous forme de simple lettre ou par voie électronique sur https://citoyens.telerecours.fr ou via l'application « Télérecours » pour les avocats, doit contenir l'exposé des faits et moyens et les conclusions. Sauf lorsqu'elle est transmise par voie dématérialisée, elle doit être signée par le contribuable (ou, éventuellement, par son mandataire) et être accompagnée d'une copie et de la décision de l'administration. Elle doit parvenir au greffe du tribunal avant l'expiration du délai de deux mois. Si le contribuable ne peut contester d'autres impositions ni solliciter un dégrèvement supérieur à celui qu'il avait primitivement sollicité, il peut, comme l'administration, présenter tout moyen nouveau à tout moment de la procédure devant le tribunal ou la cour administrative d'appel jusqu'à la clôture de l'instruction.

S'il échoue en première instance, l'intéressé peut faire **appel,** devant la cour administrative d'appel dans le ressort de laquelle le tribunal a son siège, du jugement du tribunal administratif dans les deux mois de sa notification. L'arrêt de la cour administrative d'appel peut être déféré au Conseil d'État par la voie d'un recours en **cassation** dans le délai de deux mois à compter de la notification de la décision attaquée. Par exception, ne sont pas susceptibles d'appel mais seulement d'un pourvoi en cassation devant le Conseil d'État les jugements rendus par les tribunaux administratifs dans certains domaines, notamment : impôts locaux (autres que la contribution économique territoriale), contestations des décisions rendues sur les demandes de remise gracieuse.

> Précisions Les délais pour saisir le tribunal administratif, la cour administrative d'appel ou le Conseil d'État peuvent être augmentés, notamment lorsque la juridiction saisie est en France métropolitaine, d'un mois pour les contribuables demeurant dans les DOM et les collectivités territoriales d'**outre-mer** et de deux mois pour ceux qui demeurent à l'**étranger.**

14135 **Droits d'enregistrement, IFI, contributions indirectes** Pour ces impôts, la compétence appartient aux tribunaux de l'ordre judiciaire. Le contribuable qui veut contester la décision de l'administration doit assigner le service des impôts concerné devant le **tribunal judiciaire,** dans les deux mois de la notification de la décision de l'administration. Le jugement du tribunal peut faire l'objet d'un appel devant la **cour d'appel** dans le ressort de laquelle le tribunal a son siège. L'appel doit être formé dans le délai d'un mois à compter de la signification du jugement. L'arrêt rendu par la cour d'appel peut faire l'objet d'un pourvoi devant la **Cour de cassation** dans le délai de deux mois à compter de la signification régulière du jugement. Sur les allongements des délais en raison de la distance, voir n° 14130, Précisions.

Les parties à l'instance d'appel doivent acquitter le **droit fixe d'appel** de 225 € affecté au fonds d'indemnisation des avoués.

INTÉRÊTS MORATOIRES

14137 **Versement par le Trésor au contribuable** Les contribuables qui obtiennent un **dégrèvement d'impôt à l'issue d'une procédure contentieuse** (au stade de la réclamation ou devant les tribunaux) ou qui obtiennent la **restitution de consignations** versées à l'occasion d'une réclamation contentieuse avec demande de sursis de paiement ont droit à des intérêts moratoires (LPF art. L 208).

Les intérêts sont liquidés, jour par jour, au **taux** de l'intérêt de retard sur la totalité des sommes remboursées. Ils **courent** à compter de la date du paiement de l'impôt ou du versement des consignations et doivent être **payés** d'office, quel qu'en soit le montant, en même temps que les sommes remboursées.

Selon l'administration, lorsque l'impôt dégrevé a donné lieu au paiement d'**acomptes,** le point de départ des intérêts moratoires se situe, au plus tôt, à la date de liquidation du solde de l'impôt. Il s'agit de la date de la mise en recouvrement du rôle pour les impôts recouvrés par voie de rôle et de la date limite de déclaration pour les impôts autoliquidés (CE 5-6-2023 n° 465559 : RJF 8-9/23 n° 670 ; BOI-CTX-DG-20-50-30 n°s 60 s.).

> Précisions Les contribuables qui obtiennent le dégrèvement de l'impôt contesté peuvent, à leur demande dans le délai d'un an à compter de la notification du dégrèvement, être remboursés des **frais afférents aux garanties constituées** pour bénéficier du sursis de paiement (frais d'acte, frais de banque, etc.).

Versement par le contribuable au Trésor Les contribuables qui contestent un impôt direct établi à la suite d'une **rectification ou d'une taxation d'office** contre lequel ils avaient présenté une réclamation avec demande de **sursis de paiement** doivent payer des intérêts moratoires à l'État si le tribunal administratif rend une décision qui leur est défavorable ou s'ils se désistent. 14138

Les intérêts sont calculés au **taux** de 0,20 % par mois sur le montant de l'impôt maintenu à la charge du contribuable. Ils sont **décomptés** à partir du premier jour du treizième mois qui suit celui de la date limite de paiement de l'impôt.

B. Recours gracieux

Les recours gracieux sont des demandes tendant à obtenir de la bienveillance administrative (LPF art. L 247 s.) : 14140

– soit la **remise ou la modération d'impôts directs** régulièrement établis, en cas de gêne ou d'indigence mettant le redevable dans l'impossibilité de se libérer vis-à-vis du Trésor ;

– soit la remise ou la modération de **pénalités** (majorations de droits et amendes fiscales) **ou de l'intérêt de retard.**

Des transactions sur le montant des pénalités et de l'intérêt de retard peuvent être accordées par l'administration tant que les impositions ne sont pas définitives.

Ces demandes gracieuses doivent être **adressées** sur papier libre au **service des impôts** du lieu d'imposition. Elles ne sont soumises à aucune condition de délai.

L'administration fiscale est réputée avoir rejeté la demande gracieuse si elle n'a pas **statué** dans un **délai** de deux mois ; ce délai est porté à quatre mois en cas de demande de transaction ou de demande en remise particulièrement complexe.

C. Dégrèvements d'office

De sa propre initiative ou à la suite de démarches verbales ou écrites, l'administration peut rectifier, par voie de dégrèvement d'office, les **erreurs commises au préjudice des contribuables** (LPF art. R 211-1 et R 211-2), même si les délais de réclamation sont expirés. 14150

Un dégrèvement d'office peut être accordé jusqu'au 31 décembre de la quatrième année suivant celle de l'expiration du délai de réclamation ou, en cas d'instance, celle de la notification de la décision intervenue.

IV. ACTION EN RECOUVREMENT DE L'IMPÔT

GÉNÉRALITÉS

Lorsqu'un **contribuable ne s'acquitte pas dans les délais légaux de l'impôt à sa charge,** il peut être poursuivi par le comptable public. Rappelons toutefois que les contribuables qui éprouvent ponctuellement des difficultés pour acquitter leurs impôts dans les délais légaux peuvent solliciter des délais supplémentaires de paiement ou un règlement échelonné. 14200

POURSUITES

14210 **Délai d'action de l'administration** Les comptables publics ont quatre ans à compter de la mise en recouvrement du rôle ou de l'envoi de l'avis de mise en recouvrement pour obtenir paiement de la créance du Trésor. À l'expiration de ce délai, l'action en recouvrement est atteinte par la **prescription** si aucun acte interruptif (notification d'un acte de poursuite, reconnaissance de sa dette par le contribuable, etc.) ou suspensif (demande de sursis de paiement par le contribuable, jugement d'ouverture d'une procédure de sauvegarde, de redressement ou de liquidation judiciaire, etc.) n'est intervenu.

En ce qui concerne les impôts et taxes (TVA notamment, lorsque la société en est redevable) dont le paiement incombe personnellement à la société civile, l'administration ne peut en poursuivre le **recouvrement contre un associé** qu'après avoir préalablement et vainement poursuivi la société elle-même, étant rappelé que l'obligation des associés au passif social est proportionnelle à leur part de capital (voir n°s 20400 s.). En conséquence, le délai de prescription n'est pas interrompu par la notification de mises en demeure aux associés, dès lors que celles-ci n'ont pas été précédées de poursuites infructueuses à l'encontre de la société (C. civ. art. 1858 ; CE 25-4-2003 n° 211883 : RJF 7/03 n° 918).

> **Précisions** Le délai de prescription de l'action en recouvrement est porté à six ans pour les redevables d'un pays **étranger hors UE** avec lequel la France n'a pas d'accord en matière d'assistance au recouvrement (LPF art. L 274).

14215 **Actes préliminaires** Lorsque le redevable ne s'acquitte pas des sommes dues dans les délais légaux, le comptable public adresse, sauf dans les cas où la loi l'en dispense, une **lettre de relance.** À défaut de paiement dans les 30 jours suivant la notification de la lettre de relance, le comptable public adresse une **mise en demeure de payer** à l'expiration de ce délai. Lorsque le comptable est dispensé de l'envoi d'une lettre de relance, il peut, sans délai, adresser au contribuable une mise en demeure de payer.

Les **poursuites** peuvent être engagées sans **délai** après la notification de la mise en demeure, sauf lorsque celle-ci porte à la connaissance du redevable des sanctions fiscales, auquel cas elles ne peuvent pas intervenir avant l'expiration d'un délai de 30 jours.

> **Précisions a.** La lettre de relance n'a pas à être **adressée** dans les cas suivants (LPF art. L 257-0 B) :
> – impositions recouvrées par voie d'avis de mise en recouvrement, autres que les droits d'enregistrement, la taxe de publicité foncière ou les droits de timbre ;
> – impositions résultant d'une procédure de rectification ou d'une procédure d'imposition d'office ;
> – créances d'un montant supérieur à 15 000 € ;
> – précédente défaillance constatée pour le contribuable concerné au titre d'une même catégorie d'impositions au cours des trois années précédant la date limite de paiement ou la date de mise en recouvrement de l'imposition impayée ;
> – créances nées postérieurement au jugement d'ouverture d'une procédure collective ;
> – créances des entreprises tenues de souscrire leurs déclarations de résultats auprès de la DGE.
> **b.** La **saisie administrative à tiers détenteur** (n° 14220) n'est pas subordonnée à une mise en demeure préalable du contribuable (en ce sens, Cass. com. 12-10-2022 n° 20-17.849 F-D : RJF 2/23 n° 158 ; BOI-REC-FORCE-30-20 n° 20).

14220 **Procédures de poursuites** Les comptables publics peuvent **saisir entre les mains des tiers** détenteurs des sommes, créances et effets mobiliers appartenant au contribuable. Ils peuvent procéder par voie de **saisie-attribution** (saisie de créances portant sur des sommes d'argent) ou de **saisie des rémunérations** auprès de l'employeur (mais seule une fraction est saisissable).

Ils disposent également d'une procédure spécifique, la **saisie administrative à tiers détenteur** (LPF art. L 262), qui a le même effet d'attribution immédiate que la saisie-attribution. Il s'agit d'une forme simplifiée de saisie de créances de sommes d'argent qui peut être employée pour le recouvrement de tous impôts, pénalités et frais accessoires, qu'ils soient privilégiés ou non. Sous peine de se voir réclamer les sommes saisies majorées du taux d'intérêt légal, le tiers est tenu de verser l'impôt dû à concurrence des fonds qu'il détient, dans les 30 jours suivant la réception de la saisie.

14222 Les comptables publics peuvent également recourir aux voies d'exécution de droit commun, et notamment procéder à une **saisie des biens du contribuable** : saisie-vente, saisie immobilière ou saisie des droits d'associés et des valeurs mobilières. La saisie-vente et la saisie immobilière doivent en principe être précédées de la signification au débiteur, dans les conditions de droit commun, d'un commandement de payer. Toutefois, la notification au redevable d'une mise en demeure de payer tient lieu de commandement de payer en cas de saisie-vente.

Frais de poursuites Les frais de poursuite sont calculés par application d'un pourcentage qui ne peut excéder 5 % du montant total des créances dont le paiement est réclamé, dans la **limite** de 500 €. Ils sont recouvrés par le comptable public chargé du recouvrement des impositions impayées. 14225

Les **tarifs** applicables à chaque catégorie d'acte sont fixés par l'annexe II du CGI (CGI ann. II art. 396 C).

Les frais de poursuites peuvent faire l'objet de demandes en **remise gracieuse** (LPF art. L 247, 2° bis).

Opposition aux poursuites Le contribuable peut, dans les deux mois de la notification de l'acte de poursuite, faire opposition aux poursuites. Il doit à cet effet présenter une **réclamation préalable** au comptable des finances publiques, lequel dispose d'un délai de deux mois pour répondre, mais doit impérativement accuser réception de la réclamation. À défaut de réponse, ou en cas de rejet de sa réclamation par l'administration, le contribuable peut **saisir les tribunaux.** 14230

L'opposition aux poursuites permet de contester :

– soit la régularité en la forme de l'acte de poursuite ou les modalités d'exercice des poursuites (**opposition à l'acte de poursuite**) : le tribunal compétent est le juge de l'exécution (président du tribunal judiciaire) ;

– soit l'existence, la quotité ou l'exigibilité de son obligation vis-à-vis du Trésor public (**opposition à contrainte**) : le tribunal compétent est le juge de l'impôt, c'est-à-dire le tribunal administratif lorsqu'il s'agit d'impôts directs et de taxes sur le chiffre d'affaires, et le juge civil (tribunal judiciaire) en matière de droits d'enregistrement et droits assimilés.

La procédure d'opposition aux poursuites ne permet pas de contester l'assiette et le calcul de l'impôt.

Ainsi, l'associé d'une société civile poursuivi en tant que débiteur solidaire de l'impôt peut s'opposer aux poursuites et contester notamment l'absence de titre exécutoire à son encontre, l'exigibilité de la somme en raison de la prescription de la dette ou l'absence de vaines poursuites préalables contre la société ; dans ce dernier cas, il a été jugé que la contestation concerne l'exigibilité de l'impôt au niveau de l'associé et relève du juge de l'impôt (en l'espèce, le juge administratif pour une dette de TVA) (CAA Paris 31-12-2003 n° 99-2669 : RJF 8-9/04 n° 942 ; Cass. com. 25-1-2005 n°s 150 et 151 : RJF 5/05 n° 504).

PRIVILÈGE ET HYPOTHÈQUE LÉGALE DU TRÉSOR

Le Trésor dispose d'un privilège général pour garantir le paiement des principaux impôts et taxes, et notamment les impôts directs, les taxes sur le chiffre d'affaires, les impôts directs locaux et les droits d'enregistrement. Ce privilège s'exerce sur tous les **meubles** et effets mobiliers du contribuable. Il couvre le principal de l'impôt et les pénalités (d'assiette et de recouvrement), et dure tant que la créance à laquelle il est attaché n'est pas prescrite. 14240

Le paiement des impôts peut également être garanti par une hypothèque légale sur les **immeubles** des redevables. Cette hypothèque légale prend rang à la date de son inscription et demeure valable dix ans. L'inscription peut être prise :

– dès la date de mise en recouvrement, pour les impositions et pénalités établies à la suite d'une procédure de rectification ou d'une imposition d'office ;

– à partir de la date à laquelle le redevable a encouru une majoration, ou pénalité pour défaut de paiement, dans tous les autres cas.

CHAPITRE 5

LES PRINCIPALES MODIFICATIONS DES STATUTS

SOMMAIRE

GÉNÉRALITÉS

14500 Changer les statuts d'une société est une décision importante qui requiert l'assentiment de tous les associés ou, du moins, d'une majorité importante d'entre eux (voir nos 9100 s.).

Nous examinons ci-après, avec leurs incidences fiscales, les principales modifications statutaires des sociétés civiles, telles que l'augmentation ou la réduction de capital, le changement de forme (transformation de type juridique), les fusions ou scissions de sociétés, prorogation, transfert de siège social, changement de dénomination ou d'objet social.

Seules certaines modifications statutaires (transformation et augmentation de capital en nature notamment) sont en principe obligatoirement soumises à la **formalité** de l'enregistrement ou à la formalité fusionnée, lorsque ces modifications font l'objet d'un acte (CGI art. 635, 1-5°). À défaut d'acte les constatant, ces modifications doivent faire l'objet d'une déclaration au service des impôts (CGI art. 638 A). Les actes constatant des modifications statutaires dispensées de l'enregistrement peuvent toutefois être obligatoirement soumis à la formalité en raison de la qualité de leur rédacteur ou des dispositions qu'ils contiennent (notamment des transmissions de propriété d'immeubles). Les règles exposées nos 3505 s. concernant les constitutions de sociétés s'appliquent aux modifications statutaires, sous réserve des précisions indiquées ci-après pour chaque type de modification.

Sur les formalités de publicité à accomplir en cas de modifications statutaires, voir nos 9400 s.

SECTION 1

AUGMENTATION DU CAPITAL SOCIAL

A. Réglementation juridique

ORGANE COMPÉTENT POUR DÉCIDER D'AUGMENTER LE CAPITAL

Seuls les **associés,** statuant aux conditions de majorité prévues par les statuts ou, à défaut, à l'unanimité, sont compétents pour décider une augmentation du capital social (C. civ. art. 1852). **14505**

Mais, la décision de principe prise, rien n'interdit aux associés de **déléguer aux gérants** le soin de fixer les modalités de réalisation de l'opération.

Le plus souvent, les statuts ou, à défaut, la collectivité des associés limitent la durée pendant laquelle les gérants pourront utiliser cette délégation.

> **Précisions** Les associés, statuant aux mêmes conditions de majorité que pour autoriser l'opération, peuvent **révoquer leur délégation** à tout moment pourvu que l'augmentation de capital n'ait pas déjà fait l'objet d'un commencement d'exécution.

CONDITIONS PRÉALABLES À L'AUGMENTATION DE CAPITAL

Sauf disposition contraire des statuts et cas particuliers (n° 36906 pour les SCPI, auxquelles sont assimilés les sociétés d'épargne forestière et certains groupements forestiers d'investissement, voir respectivement nos 60920 et 60416 ; nos 56000 s. pour les sociétés civiles professionnelles), les augmentations de capital ne sont soumises à aucune condition préalable. Ainsi, contrairement à la règle applicable aux sociétés à responsabilité limitée et aux sociétés par actions, la loi sur les sociétés civiles n'exige pas que le capital existant soit intégralement libéré. **14510**

Mais les associés sont libres de fixer, dans les statuts, des conditions particulières préalables à toutes les augmentations de capital ou à certaines d'entre elles : par exemple, obligation de respecter un délai déterminé entre les augmentations de capital successives ou obligation d'obtenir, au préalable, telle ou telle autorisation administrative, ou encore obligation de soumettre les apports en nature à une procédure d'évaluation par un tiers, etc.

AGRÉMENT DES NOUVEAUX ASSOCIÉS

Lorsque l'augmentation de capital a pour effet de faire entrer dans la société de nouveaux associés, ceux-ci doivent être agréés par les autres associés dans les mêmes conditions que si leur entrée dans la société résultait d'une cession de parts (CA Paris 19-3-1982 : Bull. Joly 1982 p. 872). **14515**

Il est vrai que l'augmentation de capital n'entraîne pas cession, mais création de parts sociales. Elle a néanmoins pour conséquence, lorsqu'un tiers y souscrit, l'entrée d'un nouveau membre dans la société. Elle heurte donc, dans son esprit, la règle fondamentale de l'intuitus personae qui commande le fonctionnement de la société civile. L'application aux augmentations de capital des solutions retenues par la loi et les statuts pour les cessions de parts est justifiée par l'analogie des situations.

À notre avis, l'agrément n'est pas nécessaire lorsque l'entrée des nouveaux associés résulte d'une fusion ou d'une scission (n° 16145).

L'agrément est, en principe, subordonné à l'accord unanime des associés, mais les statuts peuvent prévoir qu'il sera obtenu à une majorité qu'ils déterminent ou même qu'il peut être accordé par les gérants. Ils peuvent aussi dispenser d'agrément les cessions consenties au conjoint, en principe soumises à agrément, ou soumettre à agrément les cessions à des ascendants ou descendants du cédant (nos 21356 s.) et, par voie de conséquence, les apports effectués par ces mêmes personnes.

PRIME D'ÉMISSION DES NOUVELLES PARTS

14520 Lorsqu'il existe des réserves ou des plus-values latentes, les associés qui ne participent pas à l'augmentation du capital au prorata du nombre de leurs parts sociales risquent de se trouver lésés si l'on ne tient pas compte de l'écart existant entre la valeur réelle et la valeur nominale des parts attribuées à l'occasion de cette augmentation. La prime d'émission a pour but d'égaliser les droits des associés anciens et nouveaux.

EXEMPLE

Si, dans une société civile immobilière au capital de 100 000 € divisé en 1 000 parts de 100 €, il existe sur l'immeuble appartenant à la société une plus-value latente estimée à 100 000 €, la valeur théorique de chaque part est de :
(100 000 + 100 000) : 1 000 = 200 €.
Dès lors, pour que les associés anciens qui ne participeront pas à l'augmentation de capital ne soient pas lésés, il faut que les souscripteurs des parts sociales nouvelles versent pour chaque part une somme de 200 € correspondant à la valeur nominale à concurrence de 100 € et à une prime d'émission à concurrence de 100 €.

14521 La prime d'émission, encore appelée « prime d'apport », ne fait l'objet d'aucune réglementation en ce qui concerne les sociétés civiles. En pratique, ce sont les associés qui, lors de la consultation relative à l'augmentation du capital, fixent le **montant** de cette prime et les **modalités** de son **versement.** Ils peuvent, par exemple, n'exiger ce versement que des souscripteurs n'ayant pas déjà la qualité d'associé. De même, ils peuvent convenir d'échelonner dans le temps, avec ou sans intérêt, le versement de la prime.

En l'absence de dispositions particulières, analogues à celles prévues pour les sociétés anonymes (C. com. art. L 225-144), la prime d'émission ne doit pas nécessairement être intégralement libérée lors de la souscription de parts de sociétés civiles, sauf s'il s'agit de SCPI, de sociétés d'épargne forestière ou de certains groupements forestiers d'investissement, dont le régime est calqué, sur ce point, sur celui des sociétés anonymes (C. mon. fin. art. L 214-96, al. 2 et, pour les groupements forestiers d'investissement, C. for. art. L 331-4-1, II et II bis).

14522 La **prime** d'émission peut être **utilisée,** sur décision collective des associés, à l'apurement de pertes antérieures ou à la dotation d'un compte de réserves. Elle peut aussi être incorporée au capital ou distribuée aux associés.

ÉMISSION DE PARTS PRIORITAIRES

14525 Les parts nouvelles créées à l'occasion d'une augmentation de capital peuvent bénéficier de droits différents de ceux des autres parts (droit prioritaire sur les bénéfices ou le boni de liquidation, droit de vote plural, etc.).

Dans le silence de la loi, le régime de ces droits particuliers est librement fixé par les associés : par exemple, ils peuvent être attribués pour toute la durée de la société ou seulement pour une durée limitée. De même, les avantages pécuniaires qui leur sont attachés peuvent être cantonnés à un certain montant ; dans ce cas, lorsque les versements préférentiels effectués aux associés privilégiés ont atteint ce montant, les parts perdent leurs avantages et deviennent des parts ordinaires.

PROCÉDÉS D'AUGMENTATION DU CAPITAL

14530 Le capital social peut être augmenté, soit par émission de parts sociales nouvelles, soit par élévation de la valeur nominale des parts existantes.

1. Émission de parts sociales nouvelles.

Cette émission peut résulter :
- soit d'apports extérieurs en nature ou en numéraire ;
- soit de l'utilisation de ressources propres à la société sous la forme d'incorporation de réserves, de bénéfices ou de primes d'émission.

2. Élévation du montant nominal des parts.

Dans la majorité des cas, elle provient de l'incorporation au capital de bénéfices, réserves ou primes d'émission.

Elle peut aussi résulter d'apports nouveaux effectués par tous les associés mais, dans ce cas, l'opération ne peut être réalisée qu'avec l'accord unanime des intéressés puisqu'elle entraîne augmentation de leurs engagements (C. civ. art. 1836, al. 2).

Toutefois, il n'est pas obligatoire que cet accord soit donné au moment même de l'augmentation de capital. À condition que le montant maximum des engagements supplémentaires auxquels ils consentent soit déterminé ou déterminable (voir C. civ. art. 1163), les associés peuvent, par avance, accepter d'augmenter leur participation dans le capital et donner pouvoir aux gérants ou à l'assemblée de procéder à la réalisation de cette augmentation, en une ou plusieurs fois, au moyen d'appels de fonds.

En revanche, les associés ne peuvent pas décider de modifier les statuts de telle sorte que pour l'avenir l'assemblée soit autorisée à augmenter leurs engagements à la majorité (CA Paris 26-6-1998 : RJDA 3/99 n° 293). En l'espèce, la modification statutaire litigieuse prévoyait que le capital social pourrait être « augmenté par modification de la valeur nominale des parts, par décision de l'assemblée ».

> **Précisions** Le fait que les associés sont tenus indéfiniment des dettes sociales (C. civ. art. 1857) ne permet pas de considérer que leurs engagements d'apports sont indéfinis et, partant, peuvent être augmentés sur **décision collective extraordinaire.** Les dispositions de l'article 1857 ne valent qu'à l'égard des tiers et pour les dettes sociales. Dans les rapports des associés entre eux, le principe fondamental demeure que les engagements d'un associé ne peuvent être augmentés sans son consentement (C. civ. art. 1836, al. 2).

SANCTION DES IRRÉGULARITÉS EN MATIÈRE D'AUGMENTATION DE CAPITAL

Une décision d'augmentation de capital irrégulière peut être annulée. Telle sera la sanction en cas de **violation d'une disposition impérative** du Code civil sur les sociétés (par exemple, non-respect de l'article 1844-1, al. 1 qui prévoit le droit pour tout associé de participer aux décisions collectives). Sur la notion de disposition impérative, voir n°s 26670 s. **14532**

De même, l'augmentation de capital pourra être annulée en cas d'**abus de majorité** (n°s 9071 s.) ou en cas de **fraude.** Dans ce cas, l'associé majoritaire peut aussi être condamné à des dommages-intérêts.

ILLUSTRATIONS

Une augmentation de capital a été **annulée** pour fraude aux droits des associés minoritaires, l'assemblée ayant été convoquée début août, avec un bref délai de souscription n'ayant pas permis aux minoritaires de souscrire et l'opération, prétendument justifiée par un besoin de financement, ayant finalement été entièrement souscrite par le majoritaire, par compensation avec une créance qu'il détenait sur la société, ne générant pour celle-ci aucune trésorerie (CA Paris 25-11-2008 n° 06-18340 : RJDA 3/09 n° 236).

Un associé majoritaire a été condamné à **indemniser** le préjudice moral subi par un minoritaire dont les droits dans le capital avaient été remis en cause à la suite d'un montage frauduleux, huit mois après les avoir acquis (CA Paris 26-6-2012 n° 11/04043 : RJDA 5/13 n° 425).

Il arrive aussi qu'un associé minoritaire abuse de son droit de vote en s'opposant, pour des raisons personnelles, à la réalisation d'une augmentation de capital nécessaire à la préservation de l'intérêt social. Pour des exemples d'**abus de minorité** et sur les sanctions encourues, voir n°s 9075 s. **14534**

AUGMENTATION DE CAPITAL PAR APPORTS EN NUMÉRAIRE

Principe Sauf en ce qui concerne les sociétés civiles de placement immobilier (n°s 36906 s.), auxquelles sont assimilés les sociétés d'épargne forestière (n° 60920) et certains groupements forestiers d'investissement (n° 60416), les augmentations du capital des sociétés civiles par apports en numéraire ne sont soumises à aucune réglementation. Les modalités de leur réalisation sont donc librement fixées dans les statuts ou lors de la décision collective des associés approuvant l'opération. **14540**

Les nouveaux associés doivent se faire agréer par les autres associés (n° 14515).

Droit préférentiel de souscription Bien qu'aucun texte ne l'exige, les statuts des sociétés civiles contiennent parfois une clause réservant aux associés, proportionnellement au nombre de parts qu'ils détiennent, un droit de préférence à la souscription des parts sociales nouvelles créées à l'occasion d'une augmentation de capital en numéraire. Les associés qui n'épuiseraient pas la totalité de leurs droits de souscription peuvent les céder aux personnes qui désirent souscrire un nombre de parts supérieur à celui auquel elles ont droit ou même à des tiers. Toutefois, la cession des droits de souscription est soumise aux mêmes conditions que la cession de parts sociales. En effet, le droit de souscription n'est qu'un accessoire de la part et doit être soumis au même régime que celle-ci. **14545**

Le droit préférentiel de souscription répond au même **besoin** que la prime d'émission (n° 14520) : permettre aux associés anciens de sauvegarder leurs droits dans les réserves et les plus-values latentes. Mais il a, sur la prime d'émission, l'avantage de n'imposer aux associés aucun versement supplémentaire à celui correspondant au nominal des parts qu'ils ont souscrites. Autrement dit, en cas de droit préférentiel de souscription, ce sont les associés qui profitent de l'augmentation de valeur des parts résultant des réserves et des plus-values latentes, alors qu'en cas de prime d'émission c'est la société.

Parfois, les deux procédés sont employés cumulativement :

– droit préférentiel de souscription au pair réservé aux associés au prorata du nombre de leurs parts, ce droit étant alors généralement stipulé incessible ;

– prime d'émission pour toutes souscriptions autres que celles réalisées en vertu du droit préférentiel.

Une variante de cette formule consiste à permettre aux associés de souscrire, d'une part, à titre irréductible en vertu du droit préférentiel – lequel est alors cessible, mais seulement entre associés –, d'autre part, à titre réductible pour toutes les parts qui n'auraient pas été souscrites à titre irréductible. Dans cette variante, la prime d'émission n'est alors exigée que des tiers non associés qui souscriraient les parts non souscrites à titre irréductible et réductible par les associés.

14546 Le **régime** du droit préférentiel de souscription est, le plus souvent, calqué sur celui imposé dans les sociétés anonymes en cas d'augmentation de capital en numéraire. Pour plus de détails, voir Mémento Sociétés commerciales nos 50060 s.

14550 **Modalités de la souscription** Dans les sociétés civiles autres que les SCPI, sociétés d'épargne forestière et certains groupements forestiers d'investissement, les souscriptions ne sont soumises à aucune réglementation :

– pas de publicité préalable ;

– pas de bulletin de souscription ;

– pas d'encadrement du dépôt des fonds.

Le plus souvent, les souscriptions sont mentionnées dans le procès-verbal ou dans l'acte constatant l'augmentation du capital, ce procès-verbal ou cet acte étant alors signé par les nouveaux associés.

Cette signature des nouveaux associés – qui peut, d'ailleurs, être donnée sur un bulletin de souscription – constitue la preuve de leur adhésion à la société. Elle s'impose lorsque les parts sociales nouvelles ne sont pas libérées intégralement dès leur souscription car elle permet de constater l'engagement des intéressés de répondre aux appels de fonds correspondant aux versements non encore effectués.

14555 **Libération des souscriptions** Les modalités de libération des parts sociales nouvelles sont fixées dans les **statuts ou** dans la **décision collective** relative à l'augmentation du capital. Contrairement aux règles applicables en cas d'émission de parts de société à responsabilité limitée ou d'actions de société anonyme, et sauf cas particulier de sociétés exerçant une activité réglementée, il n'existe, en matière de sociétés civiles, aucune disposition légale imposant un **versement minimal** lors de la souscription. Dans ces sociétés, une augmentation de capital peut être définitivement réalisée dès que toutes les parts sociales nouvelles ont été souscrites, même si aucun versement n'a été effectué. Les souscripteurs acquièrent immédiatement la qualité d'associés tout en étant tenus de répondre aux appels de fonds dans les conditions fixées par les statuts ou par la décision d'augmentation de capital.

Le montant des souscriptions peut être libéré, soit par un **versement en espèces** ou assimilé (chèques, etc.), soit par compensation avec une créance sur la société.

14556 Sauf si l'assemblée a imposé des versements en espèces, la **libération** peut avoir lieu **par** voie de **compensation** légale, celle-ci se produisant de plein droit lorsque la créance du souscripteur contre la société et celle de la société contre le souscripteur sont toutes deux liquides (c'est-à-dire que leur montant correspond à une somme d'argent) et exigibles (c'est-à-dire qu'elles sont échues au jour où la libération doit intervenir). En effet, dès que les conditions ci-dessus requises pour qu'elle joue sont remplies, la compensation légale s'opère automatiquement sans qu'il soit nécessaire de procéder à aucune formalité (voir C. civ. art. 1347 s.).

La libération peut aussi avoir lieu par voie de compensation conventionnelle lorsque l'une des conditions de la compensation légale fait défaut, pratiquement celle d'exigibilité : par exemple, la société peut accepter de compenser sa créance sur le souscripteur correspondant au versement appelé avec une créance de même montant que détient le souscripteur sur elle, en renonçant au bénéfice du terme (voir C. civ. art. 1347-1 s.).

Sur la possibilité de compensation en cas de redressement ou de liquidation judiciaire :
- de l'apporteur, voir nos 775 s. ;
- de la société, voir no 28262.

AUGMENTATION DE CAPITAL PAR APPORTS EN NATURE

Généralités Les sociétés civiles (autres que les SCPI, sociétés d'épargne forestière et certains groupements forestiers d'investissement ; voir no 36645 pour les SCPI, no 60920 pour les sociétés d'épargne forestière et no 60416 pour les groupements forestiers d'investissement) ne font l'objet d'aucune disposition légale particulière prévoyant une procédure de contrôle en cas d'apports en nature. 14570

Certes, la responsabilité indéfinie des associés constitue une protection suffisante pour les tiers appelés à traiter avec la société sans qu'il soit nécessaire d'y ajouter une telle procédure. Mais une surévaluation des apports peut causer un préjudice aux associés puisqu'elle aboutit à donner à l'apporteur des droits dans la société supérieurs à la valeur de son apport. Aussi le contrôle de l'évaluation des apports en nature est-il souhaitable dans les rapports entre les associés.

Le plus souvent, les statuts ne prévoient aucune intervention extérieure, les associés appréciant eux-mêmes la valeur des biens apportés, en fonction des indications qui figurent dans l'acte d'apport ou qui leur sont données par l'apporteur et les gérants ; ils peuvent, bien entendu, se faire assister d'un expert, mais à leurs frais. Cependant, rien n'interdit d'organiser dans les statuts une procédure de vérification inspirée, par exemple, de celle en vigueur dans les sociétés anonymes ou les sociétés à responsabilité limitée, comportant la désignation par les associés d'un commissaire aux apports chargé d'apprécier la valeur des apports en nature et de présenter aux associés un rapport sur sa mission.

Sur les biens susceptibles de faire l'objet d'un apport en nature et sur les **conséquences juridiques de l'apport**, voir nos 1130 s.

Réalisation de l'augmentation de capital Encore qu'il ne soit pas obligatoire et que ses éléments puissent être repris dans l'acte ou le procès-verbal constatant l'augmentation de capital, un **contrat d'apport** est souvent rédigé et signé par l'apporteur et les dirigeants de la société civile. Dans ce contrat figurent la consistance des biens dont l'apport est envisagé, leur évaluation, le nombre des parts sociales nouvelles à créer pour les rémunérer, éventuellement l'indication du montant de la prime d'apport, lorsque la valeur intrinsèque des parts sociales est supérieure à leur valeur nominale, et, d'une manière générale, toutes les conditions particulières auxquelles l'apport peut être subordonné. 14575

La **collectivité des associés** est ensuite appelée par la gérance à statuer sur les résolutions suivantes : 14576
- approbation du contrat d'apport ;
- augmentation du capital social par voie de création des parts sociales nouvelles en rémunération des nouveaux apports ;
- agrément du ou des apporteurs au cas où ceux-ci n'auraient pas déjà la qualité d'associé ;
- modification des statuts.

L'apporteur, s'il est déjà associé, peut participer au vote des résolutions concernant son apport. Le droit de vote est attaché à la qualité d'associé et a un caractère d'ordre public (no 9000). L'apporteur ne peut donc pas être écarté du vote. Mais il ne doit pas abuser de son droit en recherchant la satisfaction de son intérêt personnel au détriment de l'intérêt social (nos 9070 s.).

En cas d'apport d'**immeuble** ou de droit immobilier, l'acte d'apport doit obligatoirement être passé en la forme authentique (C. civ. art. 710-1, al. 1). 14577

En revanche, la forme authentique n'est pas obligatoire pour l'assemblée générale ou la décision collective des associés qui précède ou suit l'acte d'apport (no 1181).

Libération des souscriptions Sauf dans les sociétés civiles professionnelles (no 54155), il n'existe, à notre connaissance, aucune disposition imposant la libération immédiate des parts représentatives d'apports en nature. Le transfert de la propriété et la mise à disposition effective des biens apportés peuvent donc intervenir postérieurement à la date de réalisation de l'augmentation de capital. Mais cette circonstance, à mentionner dans le contrat d'apport, doit alors être prise en considération au moment de l'évaluation et de la rémunération de l'apport. 14580

AUGMENTATION DE CAPITAL PAR APPORTS EN INDUSTRIE

14590 Comme lors de la constitution de la société, il peut être procédé, en cours de vie sociale, à des apports en industrie consistant en une promesse de prestations personnelles de la part de l'apporteur au profit de la société.

Les apports en industrie donnent lieu à l'attribution de **parts,** mais ils n'entrent pas dans la composition du capital social (C. civ. art. 1843-2, al. 2). Il s'ensuit que l'opération d'apport s'analyse non pas en une augmentation de capital, mais en une simple adjonction d'associé.

L'**acte constatant l'apport** doit mentionner la consistance de celui-ci et l'étendue des prestations promises ainsi que les obligations et les droits qui en résultent, notamment les parts nouvelles créées à cette occasion (n° 1305). Il doit aussi faire état de l'agrément de l'apporteur comme nouvel associé au cas où celui-ci n'aurait pas déjà cette qualité.

AUGMENTATION DE CAPITAL PAR INCORPORATION DE RÉSERVES

14600 **Réserves pouvant être capitalisées** L'incorporation au capital peut avoir pour objet toutes les réserves comptabilisées, ainsi que les **primes** d'émission, les primes d'apport ou les primes de fusion.

Rien ne s'oppose à ce que les **bénéfices** d'un exercice soient capitalisés directement sans transiter par un compte de réserves.

Toutefois, les bénéfices ne peuvent être incorporés au capital que s'ils résultent d'un exercice arrêté et non d'un état de synthèse faisant ressortir une situation intermédiaire, établi en cours d'exercice (CA Paris 20-2-1998 : Bull. Joly 1998 p. 613 note H. Pisani).

14601 L'augmentation du capital peut aussi être effectuée en contrepartie d'une **réévaluation** de l'actif social. En effet, indépendamment de l'érosion monétaire, une augmentation de valeur peut être constatée sur certains éléments d'actif, par exemple les immeubles (par suite d'une modernisation des équipements, d'une modification de l'environnement ou pour toute autre raison). De même, l'activité des associés peut être à l'origine d'un développement de la clientèle, générateur de plus-values latentes.

Les décrets d'application de la loi 66-879 du 29 novembre 1966 relative aux sociétés civiles professionnelles (remplacée, à compter du 1er septembre 2024, par l'ordonnance 2023-77 du 8 février 2023 relative à l'exercice en sociétés des professions libérales réglementées) permettent d'ailleurs de procéder « périodiquement » à une augmentation de capital pour tenir compte des « plus-values d'actif dues à l'industrie des associés ». Il s'agit même d'une obligation pour la plupart des SCP.

À l'exception des SCPI, sociétés d'épargne forestière et de certains groupements forestiers d'investissement, pour lesquelles la loi exige qu'un rapport spécial soit présenté à l'assemblée générale par les commissaires aux comptes (voir nos 36910 et 36645 pour les SCPI, auxquelles sont assimilés les sociétés d'épargne financière et certains groupements forestiers d'investissement, voir respectivement nos 60920 et 60416), les réévaluations d'actif dans les sociétés civiles ne sont soumises à aucune règle particulière. Néanmoins, ces réévaluations doivent être pratiquées avec modération et dans un souci de sincérité ; les gérants agiront prudemment en faisant appel à des personnes qualifiées pour contrôler les nouvelles évaluations.

14605 **Réalisation de l'augmentation du capital** L'augmentation du capital par incorporation de réserves doit être décidée par la collectivité des associés aux conditions de **majorité** prévues par les statuts ou, en l'absence de disposition particulière à cet égard, selon les modalités prévues pour les décisions entraînant modification des statuts.

Elle peut être réalisée soit par **élévation du** montant **nominal** des parts sociales, soit par attribution de **parts sociales nouvelles,** ces deux procédés pouvant être employés cumulativement.

14606 L'attribution de parts sociales nouvelles peut présenter des inconvénients lorsqu'il n'est pas possible de créer un nombre entier de parts nouvelles pour chaque part ancienne. Dans ce cas, en effet, se pose un problème de **« rompus »** pour les associés qui ne détiennent pas un nombre de parts anciennes formant un multiple du nombre exigé pour avoir droit à une part nouvelle.

À notre avis, sauf clause contraire des statuts imposant aux associés de faire leur affaire personnelle des rompus, les parts sociales nouvelles correspondant aux rompus doivent être attribuées indivisément à tous les associés titulaires de rompus, chacun d'eux détenant dans l'indivision des droits correspondant à la quote-part de ses rompus par rapport au nombre total de ceux-ci. Il appartient ensuite aux intéressés, s'ils veulent mettre fin à l'indivision, de s'entendre entre eux pour les cessions de quotes-parts indivises ou de procéder à la vente sur adjudication des parts indivises.

EXEMPLE

Soit une société au capital de 300 000 € divisé en 3 000 parts de 100 € réparties de la manière suivante :
– A détient 1 400 parts ;
– B détient 700 parts ;
– C détient 500 parts ;
– D détient 400 parts.
Si les associés décident d'augmenter le capital social de 100 000 € par création de 1 000 parts sociales nouvelles, ces parts seront attribuées aux associés à raison de 1 part nouvelle pour 3 anciennes, mais il existera nécessairement des rompus :
– A recevra 466 parts + 2/3 de part ;
– B recevra 233 parts + 1/3 de part ;
– C recevra 166 parts + 2/3 de part ;
– D recevra 133 parts + 1/3 de part.
Les deux parts correspondant aux rompus seront attribuées indivisément à A, B, C et D, chacun d'eux disposant dans l'indivision de droits proportionnels au nombre de ses rompus, à savoir : 1/3 pour chacun de A et C et 1/6 pour chacun de B et D. Il peut aussi être convenu qu'une part sera attribuée indivisément entre A et B, l'autre étant attribuée indivisément entre C et D, mais pour cela il faut l'accord des quatre intéressés.

En cas d'existence de rompus, il est impossible de remplir chacun des associés individuellement de la totalité de ses droits car cela conduirait à créer des parts nouvelles de valeur nominale différente, ce qui est interdit par l'article 1845-1 du Code civil. D'autre part, on ne saurait, sans motif valable, imposer aux associés d'acheter ou de vendre leurs droits formant rompus (voir C. civ. art. 1836, al. 2). Cette obligation peut se justifier par des nécessités pratiques dans les sociétés par actions en raison du nombre souvent élevé d'actionnaires, pour la plupart inconnus de la société. Elle est plus contestable dans les sociétés civiles en raison du petit nombre de leurs associés et de l'intuitus personae qui domine cette forme juridique. Il n'appartient donc pas à la majorité, nous semble-t-il, d'imposer à certains associés de se dépouiller d'une partie de leurs droits alors qu'il est possible de les leur maintenir pour l'essentiel au moyen de l'attribution de droits indivis. Cependant, les associés peuvent, à l'unanimité, convenir dans les statuts qu'ils feront leur affaire personnelle des rompus (voir C. civ. art. 1836, al. 2).

Les **parts sociales** créées en représentation d'une augmentation de capital par incorporation de réserves doivent être **réparties entre les ayants droit au boni de liquidation,** selon les règles fixées par les statuts. En effet, les réserves ont la nature d'éléments d'actif social (Cass. 1e civ. 22-6-2016 n° 15-19.471 : RJDA 10/16 n° 690). **14607**

Il s'ensuit notamment que si des **associés** n'ayant effectué que des apports **en industrie** ont des droits dans le boni de liquidation, ce qui est le cas le plus fréquent (voir C. civ. art. 1844-1 sur renvoi de l'art. 1844-9, al. 1), ils doivent recevoir, comme les autres associés, une fraction des parts sociales nouvelles leur donnant des droits dans le capital social.

B. Régime des droits d'enregistrement

AUGMENTATION DU CAPITAL AU MOYEN D'APPORTS NOUVEAUX

Les augmentations de capital au moyen d'apports nouveaux sont obligatoirement soumises à la **formalité** de l'enregistrement, sauf si elles sont réalisées en numéraire (nos 3505 s.). **14700**

Que l'acte qui les constate soit présenté obligatoirement ou volontairement à l'enregistrement, tous les apports faits en cours de société à l'occasion d'une augmentation de capital sont soumis aux mêmes droits que les apports faits lors de la formation de la société (nos 3600 s.).

Ces apports sont donc soumis aux droits suivants (CGI art. 809, I-3° et 810, I et III) :

– s'ils sont **purs et simples,** ils sont enregistrés gratuitement, sauf s'il s'agit d'apports à une société passible de l'impôt sur les sociétés par une personne non soumise à cet impôt et portant sur certains biens : ces apports donnent ouverture au droit de 5 % pour les immeubles (auquel s'ajoute la taxe régionale de 0,6 % lorsqu'il s'agit de bureaux, de locaux commerciaux ou de stockage situés en Île-de-France), au droit de 3 % sur la fraction comprise entre 23 000 € et 200 000 € et 5 % sur la fraction supérieure à 200 000 € pour les clientèles ou droits à un bail ; toutefois, si l'apporteur prend l'engagement de conserver les titres remis en contrepartie de son apport pendant trois ans dans les conditions visées n° 3647, l'enregistrement est effectué gratuitement ;

– s'il s'agit d'apports **à titre onéreux,** soit (pour les immeubles) au droit de 5 % (auquel s'ajoute la taxe régionale de 0,6 % lorsque l'apport porte sur des bureaux, de locaux commerciaux ou de stockage situés en Île-de-France), soit (pour les autres biens) aux droits de mutation ordinaires applicables en cas de vente du bien concerné. L'apport à titre onéreux résultant de la prise en charge par la société d'un passif incombant à l'apporteur est soumis au droit de 5 % (ou 5,6 %) ou 3 % (pour les immeubles, les clientèles ou droits au bail dans les conditions exposées ci-avant), sauf si, en cas d'apport par une personne physique à une société de l'ensemble de ses éléments d'actif immobilisé affectés à l'exercice d'une activité professionnelle dans les conditions prévues nos 4700 s., l'apporteur prend l'engagement de conserver les titres pendant trois ans, l'enregistrement étant alors effectué gratuitement (CGI art. 809, I bis ; n° 3830).

Les apports passibles de la **TVA** sont enregistrés gratuitement (CGI art. 810, IV).

> **Précisions** **a.** L'augmentation nette du capital des **sociétés à capital variable** constatée à la clôture d'un exercice est dispensée de la formalité d'enregistrement (CGI art. 635, I-5°). Si l'acte qui la constate est présenté à la formalité, il est enregistré gratuitement. La mention « gratuit » est portée sur le procès-verbal de l'assemblée générale des associés qui statue sur les résultats de cet exercice (CGI art. 825).
>
> **b.** Les **primes d'émission** éventuellement versées par les souscripteurs suivent le sort des augmentations de capital correspondantes.

AUGMENTATION DE CAPITAL PAR INCORPORATION DE RÉSERVES, DE BÉNÉFICES OU DE PROVISIONS

14710 Les actes constatant une augmentation de capital par incorporation de réserves, de bénéfices ou de provisions réalisée par toutes les sociétés, quel que soit leur régime fiscal, sont en principe dispensés de la formalité de l'enregistrement (CGI art. 635, 1-5° ; n° 3505). Lorsqu'ils sont présentés volontairement à la formalité, ils sont enregistrés gratuitement (CGI art. 812, I).

SECTION 2 RÉDUCTION DU CAPITAL

A. Réglementation juridique

MOTIFS DE RÉDUCTION DU CAPITAL

15000 Dans les sociétés civiles, les réductions de capital sont, le plus souvent, provoquées par la décision d'un associé de se retirer de la société, ses coassociés acceptant alors de l'indemniser en lui attribuant certains éléments, mobiliers ou immobiliers, de l'actif social. Ce **retrait individuel** est d'ailleurs prévu et organisé par la loi (C. civ. art. 1844-9 et 1869). Il s'analyse juridiquement comme un rachat de droits sociaux et non comme un partage partiel d'actif (voir Cass. 3e civ. 15-1-1997 n° 64 : RJDA 6/97 n° 786).

15001 Le retrait peut aussi être forcé et prendre la forme d'une **exclusion** de l'associé, celle-ci ne pouvant alors être prononcée que pour les motifs et dans les conditions prévus par la loi (cas, par exemple, des membres de sociétés civiles professionnelles frappés d'une mesure les empêchant d'exercer leur activité) ou les statuts.

15002 La réduction de capital peut aussi être motivée par le fait que le volume des activités sociales ne justifie plus le montant du capital. Celui-ci peut alors être réduit par voie de distribution de l'**excédent d'actif** à tous les associés (le plus souvent, sous la forme d'un versement en numéraire), ou par voie de remise aux associés de la fraction non encore libérée de leurs apports.

> **ATTENTION**
>
> La réduction de capital ne doit pas être confondue avec l'**amortissement** du capital, opération extrêmement rare dans les sociétés civiles encore que juridiquement possible, par laquelle la société rembourse aux associés tout ou partie du montant nominal de leurs parts à titre d'avance sur le produit de la liquidation future de la société. L'amortissement du capital est donc nécessairement effectué en imputant les sommes versées aux associés sur les bénéfices ou sur les réserves disponibles, sans que le montant du capital soit diminué.

15003 Enfin, la réduction de capital peut constituer une mesure d'**assainissement financier** lorsque la société a subi des pertes. Le capital social est alors aligné sur l'actif net. En pratique, la réduction de capital pour cause de pertes est peu usitée dans les sociétés civiles, d'abord parce que,

contrairement aux sociétés à responsabilité limitée et aux sociétés anonymes (voir C. com. art. L 223-42 et L 225-248), aucun texte ne l'impose quelle que soit l'importance des pertes, ensuite parce que, le plus souvent, les associés « couvrent » les dettes de la société à l'égard des tiers par un versement en compte courant ou en capital, au prorata de leurs droits dans la société.
Sur les clauses statutaires donnant la possibilité à chaque associé, en cas de pertes excédant un certain montant, de provoquer la dissolution de la société, voir n° 24240.

ORGANE COMPÉTENT POUR DÉCIDER LA RÉDUCTION DE CAPITAL

La réduction du capital est décidée par la collectivité des associés statuant aux conditions de majorité prévues par les statuts ou, à défaut, à l'unanimité (C. civ. art. 1852). Une fois la décision prise, les associés peuvent déléguer aux gérants tous pouvoirs pour réaliser l'opération et, sous la condition suspensive de cette réalisation, procéder à la modification corrélative des statuts. **15010**

DROITS DES CRÉANCIERS EN CAS DE RÉDUCTION DE CAPITAL

Contrairement au régime applicable aux sociétés à responsabilité limitée et aux sociétés anonymes, il n'existe, pour les sociétés civiles, aucune mesure particulière tendant à assurer la protection des créanciers lors de réductions de capital non motivées par des pertes. Cette absence de réglementation s'explique par le fait que, sauf exceptions (cas des SCPI, sociétés d'épargne forestière et de certains groupements forestiers d'investissement : C. mon. fin. art. L 214-89 et, pour les groupements forestiers d'investissement, C. for. art. L 331-4-1, II et II bis, ainsi que des Gaec : C. rur. art. L 323-10), les associés sont responsables indéfiniment des dettes sociales. De plus, les créanciers ont toujours la possibilité de demander en justice que les actes passés et les opérations effectuées en fraude de leurs droits leur soient déclarés inopposables (action paulienne : C. civ. art. 1341-2). **15020**

MODALITÉS DE LA RÉDUCTION DU CAPITAL

Réduction du nominal des parts sociales L'opération est possible à condition que la valeur nominale des parts sociales soit, après réduction, la même pour toutes les parts (C. civ. art. 1845-1) et que, si la loi impose un minimum (n° 21010), la nouvelle valeur nominale soit au moins égale à ce minimum. **15030**

Diminution du nombre des parts L'annulation de parts par remboursement d'apports peut présenter des difficultés lorsque certains associés ne possèdent pas un nombre de parts anciennes leur permettant d'obtenir un nombre entier de parts nouvelles. En effet, comme la société ne peut pas attribuer des fractions de parts, les associés titulaires de **rompus** doivent vendre les parts anciennes qu'ils possèdent en excédent ou acheter celles qui leur manquent pour pouvoir être remplis de leurs droits. **15035**
Dans ce cas, la réduction du capital par voie de diminution du nombre des parts n'est possible, à notre avis, que si la décision est prise à l'unanimité ou si une clause des statuts prévoit expressément l'obligation pour les associés de faire leur affaire personnelle de la cession ou de l'achat des droits formant rompus.

> **Précisions** Le principe fondamental du respect de l'égalité entre les associés s'applique à toutes les sociétés, qu'elles soient civiles ou commerciales. En conséquence, le **consentement individuel** des associés est indispensable chaque fois qu'une opération risque de créer entre eux une inégalité de traitement injustifiée ; on ne peut pas priver un associé de ses droits sans son consentement.

B. Régime fiscal

DROITS D'ENREGISTREMENT APPLICABLES À LA RÉDUCTION DE CAPITAL

La réduction du capital social est en principe dispensée de la **formalité** de l'enregistrement (n° 3505). **15100**

Réduction de capital par annulation ou réduction du nominal ou du nombre de titres Lorsqu'elle est présentée à la formalité d'enregistrement, la réduction de capital contre annulation ou réduction du nominal ou du nombre de titres **avec remboursement corrélatif aux associés** est enregistrée gratuitement sous réserve de l'application de la théorie de la mutation conditionnelle des apports (voir n°s 25545 s.) ; cette gratuité est applicable que l'opération donne lieu à remboursement aux associés en numéraire ou en nature (CGI art. 814 C). **15110**
Lorsqu'elle est présentée à la formalité d'enregistrement, la réduction de capital **sans remboursement aux associés** (réduction de capital à la suite de pertes subies par la société notamment) est soumise au droit fixe des actes innomés de 125 € (CGI art. 680 ; BOI-ENR-AVS-20-20 n° 100).

15115 **Rachat par une société de ses propres titres** Dans ce cas (qui est une variante du précédent), les règles sont les suivantes lorsque le rachat est suivi d'une réduction de capital. Notons que contrairement à la réduction de capital, l'acte constatant la cession des parts sociales doit être obligatoirement présenté à la formalité de l'enregistrement (voir nos 21405 s.).

a. Quand **un seul acte** est établi pour constater à la fois le rachat et la réduction de capital et que l'opération s'accompagne de l'**attribution de biens sociaux aux associés,** y compris du numéraire, l'opération est enregistrée gratuitement (sous réserve de l'application de la théorie de la mutation conditionnelle des apports : nos 25545 s.).

Lorsque le prix ne consiste **pas** en l'**attribution** de biens sociaux (par exemple, rachat fait moyennant le versement d'une rente viagère), l'acte unique est en principe passible du droit de cession de droits sociaux dans les conditions exposées nos 21400 s. (BOI-ENR-AVS-20-20 n° 190).

b. Lorsque **deux actes** distincts sont établis, l'un pour le rachat des titres, l'autre pour la réduction du capital, le premier donne ouverture, en principe, au droit de cession de droits sociaux (nos 21400 s.). Le second, s'il est présenté à la formalité, est enregistré gratuitement sous réserve de l'application de la théorie de la mutation conditionnelle des apports (CGI art. 814 C).

RÉGIME DE LA RÉDUCTION DE CAPITAL AU REGARD DES IMPÔTS DIRECTS

15150 Lorsque la réduction de capital (non motivée par des pertes) s'accompagne de l'**attribution aux associés de biens ou de fonds sociaux** (par exemple, en cas de retrait d'un ou de plusieurs associés), ses conséquences diffèrent selon le régime d'imposition de la société civile.

> **› Précisions** Lorsque la réduction du capital est **motivée par les pertes** subies par la société – ce qui, on l'a vu (n° 15003), devrait rester rare en pratique – elle ne donne lieu à aucune imposition puisqu'elle ne se traduit par aucun versement au profit des associés. Sur le régime d'imputation des pertes constatées à l'occasion de l'**annulation de titres dans le cadre d'une procédure collective,** voir n° 21818.

15155 **Sociétés civiles passibles de l'impôt sur les sociétés** D'une manière générale, les attributions faites aux associés à la suite d'une réduction de capital présentent le caractère de **revenus distribués** imposables dans les conditions exposées nos 10417 s.

La fraction correspondant au **remboursement d'apports ou de primes d'émission** échappe à l'impôt, à la condition toutefois que tous les bénéfices et réserves autres que la réserve légale aient été auparavant répartis (CGI art. 112, 1°). Ne sont pas considérées comme des apports les réserves incorporées au capital ainsi que les sommes incorporées au capital ou aux réserves à l'occasion d'une fusion, d'une scission ou d'un apport partiel d'actifs ayant donné lieu à une répartition de titres ; leur remboursement est donc imposable. Lorsque la réduction de capital est réalisée par diminution de la valeur nominale des titres reçus dans le cadre d'un échange de titres placé en sursis d'imposition sur le fondement de l'article 150-0 B du CGI, le montant des apports doit être calculé par référence au coût d'acquisition des titres apportés (CE 7-3-2019 n° 420094 : RJF 6/19 n° 546 ; BOI-RPPM-RCM-10-20-30-10 n° 245).

15160 Lorsqu'une société passible de l'impôt sur les sociétés procède au **rachat de ses propres titres** en vue d'une réduction de capital non motivée par des pertes, les sommes ou valeurs attribuées aux associés relèvent du régime des **plus-values.** Ces sommes ne sont pas considérées comme des revenus distribués (CGI art. 112, 6°).

Pour les associés **personnes physiques** détenant les titres dans le cadre de leur patrimoine privé, les sommes qui leur sont attribuées sont taxées selon le régime des plus-values de cession de valeurs mobilières et droits sociaux (voir nos 21700 s.).

S'il s'agit de titres inscrits à l'actif immobilisé d'une **entreprise individuelle relevant de l'impôt sur le revenu** et utilisés pour les besoins de l'activité professionnelle de l'entrepreneur individuel, le profit (ou la perte) résultant du rachat des titres est compris dans le résultat de l'entreprise et soumis au régime des plus-values sur cession de titres du portefeuille (voir nos 21620 s.).

Les sommes perçues par les **personnes morales passibles de l'impôt sur les sociétés** lors d'un rachat par la société émettrice de ses propres titres relèvent du régime des plus et moins-values du portefeuille-titres (voir n° 21615).

15163 Au niveau de la société, la réduction de capital avec attribution d'un bien appartenant à l'actif social aux associés produit les mêmes conséquences fiscales que la vente de ce bien. La société est redevable de l'**impôt sur les sociétés** sur la différence entre la valeur estimée du bien attribué et sa valeur nette au bilan.

15165 **Sociétés civiles relevant du régime des sociétés de personnes** La réduction de capital n'entraîne aucune perception d'impôts directs tant qu'elle ne s'accompagne que du remboursement des apports et de la distribution des sommes correspondant à des bénéfices déjà taxés, en application de la règle d'imposition des bénéfices des sociétés de personnes, lors de leur réalisation.

Mais, lorsque la réduction de capital est motivée par le **retrait d'un associé** (cas le plus fréquent en pratique) et s'accompagne de l'**attribution** à l'associé qui se retire de certains **éléments d'actif social,** cette opération peut être assimilée à une dissolution partielle de la société civile. La **plus-value constatée sur les biens remis à l'associé** est donc imposable de la même manière que s'il y avait cession à titre onéreux de ces biens par la société.

La question se pose de savoir qui, de la société (c'est-à-dire de l'ensemble des associés présents à la clôture de l'exercice) ou de l'associé attributaire, est **redevable** de cette imposition. L'intégralité des résultats réalisés par la société au cours de l'exercice est en principe imposable au nom des seuls associés présents à la clôture de l'exercice (voir n° 9950). En cas de retrait d'un associé moyennant attribution d'une partie des biens sociaux, l'impôt sur la plus-value correspondante doit donc, en principe, être réparti entre les seuls associés restants au prorata des droits de chacun (CE 31-7-1992 n° 67487 : RJF 8-9/92 n° 1162). **15166**

La **plus-value** constatée au niveau de la société sur les biens remis à l'associé doit être distinguée de celle **constatée par l'associé sortant sur ses parts sociales** à raison de la différence entre la valeur de ses parts retenue pour le retrait et leur prix de revient. Cette plus-value est imposable dans les conditions exposées nos 21600 s. **15167**

SECTION 3

TRANSFORMATION DE LA SOCIÉTÉ

I. RÉGIME JURIDIQUE DE LA TRANSFORMATION

A. Règles applicables à toute transformation

1. DÉFINITION DE LA TRANSFORMATION DE LA SOCIÉTÉ

CHANGEMENT DE FORME DE LA SOCIÉTÉ

La transformation d'une société est l'opération consistant à **changer sa forme juridique** : transformation de la société civile en société à responsabilité limitée, en société anonyme ou en société par actions simplifiée. Pour autant, le législateur n'a pas expressément défini ce qu'il fallait entendre par « forme » d'une société, ni énuméré limitativement les diverses formes que peuvent revêtir les sociétés, ce qui soulève quelques **difficultés.** Cependant, il ressort de l'article L 210-1 du Code de commerce que les sociétés en nom collectif, les sociétés en commandite simple, les sociétés à responsabilité limitée et les diverses sociétés par actions constituent autant de formes distinctes. De même, l'article 1845 du Code civil permet de considérer que la société civile est aussi une forme particulière puisque, selon ce texte, deux conditions sont requises pour qu'une société soit civile : avoir un objet civil et ne pas avoir adopté une forme commerciale. La **forme civile** s'oppose ainsi aux diverses formes commerciales. **15400**

En revanche, comme le montre la rédaction de l'article 1834 du Code civil, la notion de forme ne recouvre pas celle d'**objet social** : toute société à objet particulier n'a pas nécessairement une forme particulière. Aussi, il n'y a pas, à notre avis, transformation lorsqu'une société civile exerçant une activité réglementée (par exemple, Gaec ou GFA) modifie son objet social et devient société civile de droit commun.

De même, l'adoption d'un **statut particulier** (par exemple, la variabilité du capital) n'est pas une transformation car elle n'affecte pas la forme de la société.

CHANGEMENT DE NATURE DU GROUPEMENT

15405 Sauf disposition législative ou réglementaire contraire (nº 15408), une **société** ne peut pas, à notre avis, être **transformée en un autre type de groupement** (par exemple, une association régie par la loi de 1901), sans perdre sa personnalité morale.

En effet, chaque type de groupement a sa nature juridique propre (par exemple, la nature de la société est différente de celle de l'association en ce que la première permet le partage de bénéfices, non la seconde). Or, cette nature juridique a été fixée à l'origine par le contrat créateur du groupement (contrat de société, contrat d'association, etc.), sur lequel s'est greffée la personnalité morale.

Dès lors, passer d'un type de groupement à un autre n'est pas changer la forme de la personne morale, mais changer la nature juridique du contrat qui la fonde. Ce remplacement du contrat par un autre constitue une « novation » qui entraîne l'extinction du contrat initial avec tous les éléments qui lui sont attachés. La personne morale qui est conditionnée par le contrat de groupement disparaît donc avec lui.

ILLUSTRATIONS

La personnalité morale d'une association régie par la loi de 1901 ne peut pas se continuer dans celle d'une société commerciale, de sorte que les décisions de justice prises contre la première ne produisent aucun effet à l'égard de la seconde. Par suite, est irrecevable, faute d'intérêt, l'intervention en appel d'une société à responsabilité limitée qui avait repris l'activité d'une association dissoute au cours de l'instance (Cass. 1e civ. 22-11-1988 : Bull. Joly 1989 p. 343, solution transposable à la « transformation » d'une association en société civile).

15406 De même, à notre avis, sauf en coopérative de production (nº 15408), une **société** civile ne peut pas être **transformée en coopérative,** bien que celle-ci soit qualifiée formellement de société, sans perdre sa personnalité morale. Cette transformation entraînerait, en effet, un bouleversement des droits et obligations des associés qui constituerait une novation du pacte social.

> **Précisions** Le membre d'une coopérative est plus un **coopérateur** (client, producteur ou travailleur) qu'un associé, d'où l'existence pour la coopérative de règles qui diffèrent sur des points importants (objet social, droit de vote, répartition des bénéfices, affectation du boni de liquidation) de celles applicables aux sociétés de type classique. En outre, le choix de la coopérative est quasi irréversible, toute modification entraînant la perte de cette qualité ne pouvant être apportée aux statuts qu'avec **agrément administratif** préalable et à la condition que la survie de l'entreprise ou que les nécessités de son développement l'exigent (Loi 47-1775 du 10-9-1947 art. 25). La coopérative et la société apparaissent donc comme deux formes de groupements de nature différente.

15407 **Conséquences** Il résulte de ce qui précède les conséquences suivantes :

– impossibilité de réaliser la « transformation » par simple **décision des associés,** l'opération devant être décomposée en une dissolution de la société suivie d'une constitution du nouveau groupement selon les formes et conditions prévues par la législation applicable à celui-ci ;

– inopposabilité de la « transformation » aux **créanciers** de la société ;

– **charges fiscales** extrêmement lourdes, surtout si la société était soumise au régime de l'impôt sur les sociétés (nos 15750 s.).

15408 **Dérogations** Par exception aux règles ci-dessus, l'article L 251-18 du Code de commerce permet à toute **société** (ou association) de **se transformer en un groupement d'intérêt économique** (GIE) « sans donner lieu à dissolution ni à création d'un être moral nouveau », à la condition que son objet corresponde à la définition du GIE, c'est-à-dire ait pour but « de faciliter ou de développer l'activité économique de ses membres, d'améliorer ou d'accroître les résultats de cette activité » (C. com. art. L 251-1 ; pour plus de détails sur les GIE et la nature de leurs activités, voir Mémento Sociétés commerciales nos 96500 s.).

Par ailleurs, l'**adoption** par une société existante **du statut de coopérative de production** n'entraîne pas création d'une personne morale nouvelle (Loi 78-763 du 19-7-1978 art. 48). Les associés qui se sont opposés à cette transformation ont un délai de trois mois pour demander à la société le rachat de leurs titres (Loi 78-763 art. 49).

2. CONDITIONS DE LA TRANSFORMATION DE LA SOCIÉTÉ

15420 La transformation d'une société est soumise aux **règles prescrites pour la modification des statuts** et, plus spécialement, à celles visant expressément le cas de transformation. Ces règles seront examinées à l'occasion de l'étude de chaque cas de transformation (nos 15500 s.).

La transformation ne peut pas être décidée **après la dissolution** de la société (nº 24305).

Par ailleurs, lorsque la société en voie de transformation comporte un **comité social et économique à attributions élargies** (sociétés d'au moins 50 salariés), cet organe doit être informé et consulté sur la transformation avant que celle-ci ne soit décidée : le gérant doit alors indiquer les motifs de cette modification et consulter le comité sur les mesures envisagées à l'égard des salariés lorsque la transformation comporte des conséquences pour eux (C. trav. art. L 2312-8, II-2°).

CONDITIONS DE TRANSFORMATION LIÉES À LA NOUVELLE FORME SOCIALE

Outre les règles propres à la transformation proprement dite, il faut toujours **respecter les conditions** requises pour la validité de la société sous sa nouvelle forme (capital, nombre d'associés, etc.). 15421

Ces conditions doivent, à notre avis, être appréciées au moment de la transformation : par exemple, si une société civile veut se transformer en société anonyme, il faut que, à la **date** où cette transformation est décidée, le capital de la société civile soit au moins égal à 37 000 € (n° 15530).

SANCTIONS DU NON-RESPECT DES CONDITIONS DE TRANSFORMATION

Les irrégularités commises lors de la transformation de la société peuvent entraîner la **nullité** de l'opération en cas de violation d'une disposition impérative du Code civil sur les sociétés (nos 26665 s.). 15430

À ces cas de nullité, il convient d'ajouter les « causes de nullité des contrats en général » (C. civ. art. 1844-10, al. 3) qui peuvent affecter la validité de la décision de transformation prise par les associés : vice du consentement, fraude aux droits d'un associé ou d'un tiers, abus de majorité. À cet égard, il a été jugé qu'une transformation n'était pas abusive dans la mesure où la majorité subissait, comme la minorité, les conséquences de la transformation et qu'aucune disposition des anciens statuts ne protégeait de façon particulière les intérêts de la minorité (CA Rennes 11-3-1970 : Bull. Joly 1971 p. 231 et, sur pourvoi, Cass. com. 6-6-1972 : Bull. civ. IV n° 180).

L'annulation de la transformation supprime rétroactivement ses **effets** (la société continue alors d'exister sous sa forme d'origine), sauf à l'égard des tiers de bonne foi, à qui la nullité est inopposable (cf. C. civ. art. 1844-16).

La **transformation** peut également être déclarée **inopposable** à un associé si elle est frauduleuse ou abusive : par exemple, transformation d'une société à responsabilité limitée en société anonyme décidée afin de supprimer une clause statutaire de rachat des parts dont se prévalait un associé (CA Paris 18-11-1969 : D. 1970 p. 171 note Y. Guyon).

Qu'elles soient sanctionnées ou non par la nullité, les irrégularités commises à l'occasion d'une transformation peuvent donner lieu à une **action en responsabilité** contre les dirigeants ; il en va notamment ainsi en cas d'omission ou d'accomplissement irrégulier d'une formalité prescrite par la loi et les règlements (nos 27220 s.). Conformément au droit commun, il faut alors que l'associé ou le tiers lésé par l'irrégularité démontre avoir subi un préjudice. 15433

En revanche, les irrégularités ne sauraient entraîner pour la société la **perte de la personnalité morale** de la société car cette sanction n'est affirmée par aucun texte. Ainsi, la transformation irrégulière ne prive pas la société de son droit d'agir en justice (Cass. com. 18-3-2003 n° 500 : RJDA 6/03 n° 594).

3. PUBLICITÉ DE LA TRANSFORMATION DE LA SOCIÉTÉ

La décision de transformation est soumise aux formalités de publicité suivantes. 15440

1. Insertion dans un **support d'annonces légales** du lieu du siège social (Décret 78-704 du 3-7-1978 art. 24 ; Loi 55-4 du 4-1-1955 art. 1).

2. Inscription modificative au **RCS** et au **RNE** par l'intermédiaire du guichet unique électronique des formalités d'entreprises (C. com. art. R 123-66 et art. R 123-263 issu du décret 2022-1014 du 19-7-2022), la demande devant être accompagnée des pièces justificatives concernant les nouveaux dirigeants (n° 2702).

3. Insertion au **Bodacc** par les soins du greffier du tribunal de commerce (C. com. art. R 123-159 et R 123-161).

4. Inscription modificative au **registre des bénéficiaires effectifs** de la société par l'intermédiaire du guichet unique (C. mon. fin. art. R 561-55).

FORMALITÉS DE TRANSFORMATION SPÉCIALES

15441 Outre les formalités de publicité ci-dessus, applicables à tous les cas de transformation, il convient également :

– en cas de **transformation en société par actions** d'une société civile n'ayant pas de commissaire aux comptes, de déposer au greffe du tribunal, par l'intermédiaire du guichet unique électronique des formalités d'entreprises, afin qu'il soit annexé au RCS, le rapport des commissaires à la transformation chargés d'apprécier la valeur des biens composant l'actif social, ce dépôt devant intervenir huit jours au moins avant la date de l'assemblée appelée à statuer sur la transformation ou, en cas de consultation écrite, huit jours au moins avant la date limite prévue pour la réponse des associés (nº 15525) ; l'absence de dépôt du rapport ne constitue toutefois pas un motif de refus d'inscription de la transformation au RCS (Avis CCRCS 2016-016 du 15-9-2016) ;

– comme en cas de changement de dénomination sociale, de publier la transformation au service chargé de la publicité foncière du lieu de situation des **immeubles** dont la société est propriétaire et au registre national des brevets ou au registre national des marques si la société possède des **brevets** ou des **marques** (nº 16805).

> **Précisions** Le rapport des commissaires chargés d'apprécier la valeur des biens composant l'actif social fait également l'objet d'un dépôt en annexe au **RNE** par l'intermédiaire du guichet unique électronique des formalités d'entreprises (C. com. art. R 123-266, 2º issu du décret 2022-1014 du 19-7-2022).

4. EFFETS DE LA TRANSFORMATION DE LA SOCIÉTÉ

DATE D'EFFET DE LA TRANSFORMATION

15450 **À l'égard de la société,** la transformation prend effet à compter du jour où elle a été décidée. Toutefois, elle ne devient **opposable aux tiers** (notamment créanciers : nº 15475 ; bailleur : nº 15480) qu'après l'achèvement des formalités de publicité énumérées nº 15440. Par exemple, a été jugée valable une assignation délivrée devant le tribunal civil (et non pas le tribunal de commerce) à une société civile transformée en société à responsabilité limitée dès lors que cette assignation, quoique postérieure à la publication de la transformation dans un support d'annonces légales, est intervenue antérieurement à l'inscription de la société sous sa nouvelle forme au RCS, donc nécessairement avant la publication au Bodacc (CA Paris 28-3-1990 : D. 1990 p. 428).

Selon le ministre de la justice, il n'est pas possible de donner un **effet rétroactif** à une transformation (Rép. Sergheraert : AN 14-12-1979 nº 20385).

EFFETS DE LA TRANSFORMATION À L'ÉGARD DE LA SOCIÉTÉ

15455 La transformation n'entraîne pas création d'un être moral nouveau (C. civ. art. 1844-3), pour autant que la société qui se transforme soit déjà dotée de la personnalité morale (Cass. com. 7-1-2014 nº 11-25.635 : RJDA 4/14 nº 356). Elle constitue une simple **modification des statuts.** C'est donc la même personne qui se poursuit avec son **patrimoine,** ses créances et ses dettes. La transformation n'entraîne aucune interruption dans les opérations de la société. Les **droits et obligations** contractés par celle-ci sous son ancienne forme subsistent donc sous la nouvelle forme. Il en résulte par exemple que :

– l'immeuble appartenant à une société qui s'est transformée régulièrement en une autre forme sociale fait partie du patrimoine de la société transformée (Cass. com. 27-5-2015 nº 13-27.458 : RJDA 8-9/15 nº 567) ;

– la transformation ne remet pas en cause l'antériorité des droits que la société détient sur sa dénomination depuis son immatriculation, de sorte que la société peut opposer cette antériorité à un tiers qui aurait usurpé la dénomination avant la transformation (Cass. com. 6-11-1990 nº 1266 : Bull. Joly 1991 p. 92 note M. Jeantin) ;

– une société ayant déposé des modèles avant d'être transformée a qualité pour agir en contrefaçon de ces modèles après la transformation (CA Paris 2-12-1993 : Gaz. Pal. 1994 som. p. 380) ;

– une société issue d'une transformation a qualité pour agir en paiement de commissions et d'une indemnité de rupture d'un contrat d'agence commerciale qu'elle a conclu avant sa transformation (Cass. com. 30-10-2000 nº 1797 : RJDA 2/01 nº 167).

D'une manière générale, la transformation, même irrégulière, ne prive pas la société de son **droit d'agir en justice** (Cass. com. 18-3-2003 nº 500 : RJDA 6/03 nº 594).

> **Précisions** **L'action en justice introduite par une société qui a indiqué par erreur son ancienne forme** sociale alors qu'elle était déjà transformée n'est pas nulle pour défaut de capacité à agir en justice (Cass. 2ᵉ civ. 8-7-2004 nº 1343 : RJDA 1/05 nº 41). Cette irrégularité constitue un simple vice de forme susceptible de n'entraîner l'annulation de l'assignation que si elle cause un préjudice à la partie adverse (CPC art. 114).

Transformation accompagnée d'autres modifications La personnalité morale de la société subsiste même si la transformation est accompagnée de **modifications statutaires** qui ne sont pas nécessitées par la forme nouvelle adoptée : par exemple, changement de dénomination sociale ou transfert de siège. 15456

L'article 1844-3 du Code civil n'impose en effet, pour le maintien de la personne morale, aucune autre condition que la régularité de la transformation, de sorte que les modifications statutaires, si importantes et si diverses soient-elles, ne remettent pas en cause l'existence de la personne morale.

Cette position, adoptée par la Cour de cassation en matière de droits d'enregistrement, n'a pas été entièrement suivie par l'administration fiscale (nº 15705).

Ajoutons par ailleurs que la transformation de la société accompagnée d'une **modification** importante **de l'activité sociale** peut être assimilée fiscalement à une cessation d'entreprise (nº 15756).

Documents sociaux Si la transformation survient en cours d'exercice, il n'y a pas lieu d'**arrêter les comptes** au jour de la transformation, sauf décision contraire des associés. Le bilan et les comptes de l'exercice au cours duquel la transformation est intervenue sont arrêtés et approuvés, et les bénéfices répartis conformément aux modalités prévues par le régime applicable à la société sous sa nouvelle forme. Sur l'établissement du **rapport de gestion,** voir nº 15461. 15457

Selon la CNCC, lorsqu'une société civile se trouvant à la tête d'un groupe de sociétés (société de portefeuille exerçant une activité de holding) est transformée en société commerciale de quelque forme que ce soit, la société transformée a l'obligation d'**établir des comptes consolidés** à compter de l'exercice au cours duquel la transformation est intervenue sans pouvoir bénéficier de l'exemption prévue pour les « petits groupes », c'est-à-dire ceux ne dépassant pas, pendant deux exercices consécutifs, deux des trois seuils définis à l'article R 233-16 du Code de commerce (Bull. CNCC décembre 2006 p. 705). Cette position nous paraît contestable car elle aboutit à dénier la permanence de la personnalité morale de la société transformée, permanence qui, à notre avis, permet à celle-ci de se prévaloir de l'absence de dépassement des seuils constatée au cours des deux exercices précédant la transformation.

Les formalités prévues en matière de registre des **procès-verbaux** des assemblées étant identiques quelle que soit la forme, civile ou commerciale, de la société (nº 9306), rien ne s'oppose à ce que les procès-verbaux des assemblées de la société sous sa nouvelle forme soient transcrits sur le registre utilisé avant la transformation (Rép. Sergheraert : AN 13-11-1979 nº 19330).

> **Précisions** Les **seuils** définis à l'article R 233-16 du Code de commerce pour bénéficier de l'exemption d'établir des comptes consolidés sont fixés à 24 millions d'euros pour le total des bilans, 48 millions d'euros pour le montant net des chiffres d'affaires et 250 salariés.

EFFETS DE LA TRANSFORMATION À L'ÉGARD DES DIRIGEANTS SOCIAUX

La décision de transformation met fin aux **fonctions** des organes de gestion (en pratique le gérant) et, s'il en existe, à celles des organes de surveillance ou de contrôle sans que ceux-ci puissent prétendre qu'elle équivaut à leur égard à une révocation abusive leur donnant droit à des dommages-intérêts (CA Paris 2-6-1982 : Gaz. Pal. 1982 som. p. 320 ; CA Paris 22-9-2015 nº 14/12205 : RJDA 12/15 nº 833). 15460

Toutefois, si les membres de ces organes parvenaient à démontrer que la transformation a eu pour seul objet de porter atteinte à leurs droits, ils pourraient obtenir en justice réparation de leur préjudice sous la forme soit de dommages-intérêts (CA Paris 22-9-2015 nº 14/12205 précité), soit même d'une annulation de la transformation.

> **Précisions** N'est pas abusive une décision de transformation ayant entraîné la **perte de certains avantages** statutairement reconnus au gérant, notamment la garantie que l'un de ses héritiers lui succédera dans ses fonctions (CA Rennes 11-3-1970 : Bull. Joly 1971 p. 231 et, sur pourvoi, Cass. com. 6-6-1972 : Rev. sociétés 1973 p. 310 note B. Bouloc). De même, la transformation d'une société à responsabilité limitée en société anonyme qui a eu pour effet de faire perdre à un associé sa qualité de gérant n'est pas abusive dès lors qu'il n'est pas démontré qu'elle a été effectuée dans ce but, étant de surcroît observé que cet associé a refusé le poste d'administrateur qui lui était offert (Cass. com. 22-5-1973 : Bull. civ. IV nº 180 ; CA Paris 14-1-1983 : BRDA 5/83 p. 8).

Établissement du rapport de gestion Si la transformation survient en cours d'exercice et si un rapport de gestion est requis dans la société sous sa nouvelle forme, ce rapport est en pratique souvent établi par les **anciens** et les **nouveaux organes de gestion,** chacun pour la période durant laquelle il a exercé ses fonctions, procédé qui ne nous semble pas 15461 interdit (en sens contraire, Communication Ansa, comité juridique n° 2987-7 du 3-6-1998, qui considère que l'établissement du rapport est à la charge des nouveaux dirigeants dès leur désignation, l'obligation pour les dirigeants de rendre compte de leur mission aux associés conduisant les anciens dirigeants à établir un compte rendu de leur gestion dans un document séparé portant sur la période durant laquelle ils ont exercé leurs fonctions).

15462 **Maintien des cautionnements en faveur de la société** Les cautionnements donnés par le gérant auprès des banques pour garantir les engagements de la société sont-ils maintenus après la transformation de celle-ci ? Les tribunaux répondent à cette question par l'affirmative en l'**absence d'indication particulière** des parties **sur le sort du cautionnement** en cas de transformation (Cass. com. 29-3-1994 n° 868 : RJDA 6/94 n° 664 ; Cass. com. 9-12-1997 n° 2475 : RJDA 4/98 n° 517 ; Cass. com. 20-2-2001 n° 370 : RJDA 6/01 n° 695).

Il en est ainsi même si la caution a perdu le contrôle et la direction de la société et même si les nouveaux dirigeants ont cautionné les engagements de la société transformée. En effet, on ne peut pas considérer que leur cautionnement s'est substitué à celui de l'ancien gérant, qui serait devenu caduc, sauf à démontrer que la banque a **renoncé** de façon non équivoque à ce **cautionnement** (Cass. com. 3-1-1995 n° 39 : RJDA 4/95 n° 404).

15463 **Poursuites pénales** En cas de plainte déposée contre un dirigeant pour infractions à la législation sur les sociétés, la saisine du juge d'instruction par le parquet interrompt la **prescription** à l'égard de toutes les infractions commises depuis la création de la société, quelles que puissent être les modifications intervenues dans la forme juridique de celle-ci (Cass. crim. 22-10-1970 n° 69-92.616 : Bull. crim. n° 279).

EFFETS DE LA TRANSFORMATION À L'ÉGARD DES ASSOCIÉS

15465 Les nouveaux **droits sociaux** sont réputés créés dès la date de la décision de transformation (CA Paris 11-7-1979 : Bull. Joly 1979 p. 542). Ils sont soumis, dans le patrimoine des associés, au même régime que les droits anciens qu'ils remplacent.

Par exemple, si des parts d'une société en nom collectif constituaient des biens propres à un associé, les actions attribuées en échange de ces parts, à la suite de la transformation de la société en société anonyme, restent des biens propres (Cass. 1e civ. 27-5-1968 : JCP G 1968 II n° 15662). De même, en cas de partage d'une communauté comprenant des parts d'une société à responsabilité limitée transformée en société anonyme postérieurement à la dissolution de la communauté, il convient de retenir la valeur, au jour du partage, des actions qui se sont substituées à ces parts et non le remplacement des parts par leur valeur au jour de la transformation (Cass. com. 9-7-1974 : n° 73-11.450 : Bull. civ. IV n° 224). Ces solutions concernant des sociétés commerciales sont transposables aux sociétés civiles.

> **Précisions** Jugé que, en cas d'**annulation d'une cession de parts** de société à responsabilité limitée après que cette société a été transformée en société anonyme, l'acquéreur n'est pas tenu à une restitution en valeur et peut rendre les actions substituées aux parts litigieuses (CA Besançon 25-2-1982 : Bull. Joly 1983 p. 370).

15467 **Obligation aux dettes** En cas de **transformation d'une société civile en société à responsabilité limitée ou en société par actions,** les associés restent tenus conjointement et indéfiniment au paiement de toutes les dettes contractées par la société avant sa transformation.

Ainsi le titulaire d'une créance née avant la transformation d'une SCI en société à responsabilité limitée a pu valablement en réclamer le remboursement aux associés d'origine, après la mise en redressement judiciaire de la société à responsabilité limitée au motif que la transformation « ne pouvait avoir eu pour effet de préjudicier aux droits, nés antérieurement, des créanciers qui continuaient à bénéficier de l'engagement de la société et, à titre subsidiaire, de celui des associés » (Cass. 1e civ. 13-3-1990 : Bull. Joly 1990 p. 439 note M. Jeantin).

> **Précisions** **a.** Il n'y a pas lieu, sauf clause ou convention contraire, d'exiger des **associés** qu'ils versent à la société une somme correspondant au montant de leur **part dans les pertes** d'exploitation existant au moment de la transformation (Cass. com. 3-3-1975 : Gaz. Pal. 1976 I p. 153).
> **b.** Sur la distinction entre l'obligation aux dettes et la **contribution aux pertes,** voir n° 1518.

EFFETS DE LA TRANSFORMATION À L'ÉGARD DES COMMISSAIRES AUX COMPTES

15470 La transformation de la société ne met pas fin aux fonctions des commissaires aux comptes lorsque les **règles** applicables à la **nouvelle forme sociale imposent** la désignation d'un **commissaire.** En effet, le statut des commissaires aux comptes est unifié dans toutes les formes de sociétés. Les fonctions des commissaires expireront donc à la date initialement prévue en tenant compte du temps accompli dans la société sous son ancienne forme.

La transformation d'une société civile dotée d'un commissaire aux comptes en une société d'une autre forme dans laquelle la nomination d'un commissaire aux comptes n'est pas requise met fin, à notre avis, de manière anticipée aux fonctions du commissaire aux comptes (sur cette question, voir aussi CNCC NI.VI juillet 2018 § 1.431).

EFFETS DE LA TRANSFORMATION À L'ÉGARD DES CRÉANCIERS

Les créanciers antérieurs à l'opération conservent tous leurs droits à l'égard de la société et des associés. **15475**

Ainsi, en cas de transformation d'une société civile en société à responsabilité limitée ou en société par actions, les créanciers de la société peuvent toujours **demander paiement** des dettes contractées, avant la transformation, **aux associés** de la société transformée (nº 15467).

Les **sûretés consenties par la société** avant la transformation ne sont pas remises en cause du fait de la réalisation de celle-ci. Il en est notamment ainsi pour les cautionnements donnés par la société, lesquels sont maintenus sans qu'il soit besoin, en cas de transformation en société anonyme, de les faire autoriser par le conseil d'administration ou de surveillance (CA Aix-en-Provence 21-10-1980 : Rev. sociétés 1982 p. 812 note J.-J. Burst). **15477**

Les créanciers conservent également le bénéfice des **sûretés consenties** avant la transformation **en faveur de la société,** sauf clause contraire, expresse ou tacite, de l'acte constitutif de ces sûretés. En cas de litige, il convient donc de rechercher quelle a été la volonté des parties au moment de l'octroi des garanties afin de déterminer si les engagements pris en faveur de la société avant sa transformation doivent ou non être maintenus après cette transformation.

La question se pose surtout à propos des **cautionnements** donnés auprès des banques **par le gérant** pour garantir les engagements de la société. En principe, ces cautionnements sont maintenus (nº 15462), de même que ceux consentis **par les tiers** qui n'ont pas fait du maintien de la société dans sa forme initiale une condition de leur engagement (Cass. 1e civ. 25-5-1992 nº 809 : BRDA 13/92 p. 12).

EFFETS DE LA TRANSFORMATION À L'ÉGARD DU BAILLEUR

La société sous sa nouvelle forme doit exécuter les clauses et conditions du bail des locaux où elle exerce son activité. Sauf clause contraire, la **signification de la transformation au bailleur** n'est pas obligatoire, mais elle est souhaitable pour éviter tout risque de litige. **15480**

En principe, la transformation ne constitue pas une violation du bail (Cass. com. 29-5-1961 : Bull. civ. III nº 245). Toutefois, si le bailleur établit qu'il a consenti à louer ses locaux à une société civile en raison des garanties liées à la responsabilité indéfinie des associés, la transformation de cette société en société à responsabilité limitée ou en société par actions décidée sans son accord ne lui est pas opposable, à notre avis.

L'**accord du bailleur** serait, à plus forte raison, nécessaire si une clause du bail imposait son intervention en cas de transformation de la société locataire susceptible de diminuer ses garanties.

ILLUSTRATIONS

Le bail consenti à une société en commandite simple a été résilié faute pour les dirigeants de celle-ci d'avoir notifié au bailleur, dans le délai prescrit, l'augmentation du capital social, la transformation de la société en société à responsabilité limitée, le changement de la dénomination sociale et le remplacement du gérant alors que ce bail prévoyait que toute modification statutaire devait être notifiée au bailleur dans le délai d'un mois sous peine de résiliation du bail (CA Paris 15-3-1991 : RJDA 7/91 nº 576 et, sur pourvoi, Cass. 3e civ. 5-1-1993 nº 91-14.795, transposable aux sociétés civiles).

EFFETS DE LA TRANSFORMATION À L'ÉGARD DES SALARIÉS

Les contrats de travail conclus par la société avant sa transformation se poursuivent sans modification. La situation des salariés n'est donc pas affectée par le changement de forme. Il en résulte notamment que la transformation ne remet pas en cause l'**ancienneté** des salariés, que l'on doit calculer en tenant compte de la présence de chacun d'eux dans la société avant la transformation. **15485**

B. Règles propres à chaque cas de transformation

1. TRANSFORMATION EN SOCIÉTÉ EN NOM COLLECTIF

15500 La transformation d'une société civile en société en nom collectif est subordonnée à l'**accord** unanime **des associés.** En effet, l'obligation aux dettes sociales de chaque associé reste indéfinie mais devient solidaire du fait de la transformation, alors qu'elle était seulement proportionnelle à la part de l'intéressé dans le capital social. La transformation constitue donc une augmentation des engagements des associés, laquelle est subordonnée au consentement de chacun d'eux (C. civ. art. 1836, al. 2).

CAPACITÉ DES ASSOCIÉS DE SOCIÉTÉ EN NOM COLLECTIF

15501 Les associés de la société civile doivent avoir la capacité de **faire le commerce** puisque les associés en nom ont la qualité de commerçant.

En présence d'un **mineur non émancipé** parmi les associés, la transformation ne peut intervenir qu'après cession des parts appartenant à ce mineur. En effet, bien que depuis la loi 2010-658 du 15 juin 2010, il n'existe plus de texte interdisant à un mineur non émancipé d'être commerçant, celui-ci ne peut agir que par représentation (C. civ. art. 388-1-1 pour les mineurs sous administration légale et 408 pour les mineurs sous tutelle). Or, les articles 387-2, 3° et 509 du Code civil interdisent respectivement à l'administrateur légal d'un mineur sous administration légale et au tuteur d'exercer le commerce au nom de la personne protégée.

Il en est de même en présence d'un **mineur émancipé** s'il n'a pas été autorisé à exercer le commerce par le juge des tutelles au moment de son émancipation ou par le président du tribunal judiciaire après son émancipation (C. com. art. L 121-2 et C. civ. art. 413-8) ou d'un **majeur sous tutelle** qui ne peut pas être commerçant (C. civ. art. 509, 3°).

Si cette condition de cession de parts préalable n'était pas observée, la transformation serait nulle pour violation des règles relatives à l'incapacité (nos 26640 et 26690).

ATTENTION

Ni les textes, ni la jurisprudence n'interdisent aux **majeurs sous sauvegarde de justice,** sous **curatelle,** sous **habilitation familiale** ou dont le **mandat de protection future** a pris effet d'exercer le commerce. La transformation d'une société civile en société en nom collectif ne serait donc pas nulle en présence de l'un de ces majeurs parmi les associés. Néanmoins, en vertu de l'article L 221-16, al. 1 du Code de commerce, les sociétés en nom collectif sont dissoutes si un jugement arrêtant une mesure d'incapacité est devenu définitif à l'égard d'un associé en nom. Les statuts ou une décision unanime des autres associés peuvent écarter la dissolution de la société en excluant l'associé frappé d'incapacité et en l'indemnisant de la valeur de ses droits sociaux, laquelle, à défaut d'accord entre les parties, est déterminée par un expert conformément à l'article 1843-4 du Code civil. Ainsi, sauf accord des statuts ou accord unanime des associés en faveur d'une telle exclusion, la transformation aboutirait à la dissolution de la société.

2. TRANSFORMATION EN SOCIÉTÉ EN COMMANDITE SIMPLE

15505 La transformation d'une société civile en société en commandite simple doit être décidée dans les conditions de **majorité** prévues à cet égard par les statuts ou, à défaut, selon les règles applicables aux modifications statutaires en général (nos 9100 s.). Il faut, en outre, l'accord de tous les **associés qui acceptent de devenir** associés **commandités** dont la responsabilité devient solidaire et dont les engagements se trouvent ainsi augmentés (application de l'article 1836, al. 2 du Code civil).

En présence d'**apporteurs en industrie,** la transformation en société en commandite simple n'est possible que si, au préalable, ces derniers ont accepté soit de devenir associés commandités, soit de se retirer de la société après avoir été indemnisés. En effet, l'article L 222-1 du Code de commerce interdit aux associés commanditaires de faire des apports en industrie.

CAPACITÉ DES ASSOCIÉS DE SOCIÉTÉ EN COMMANDITE SIMPLE

15506 Les associés appelés à devenir associés commandités doivent avoir la capacité de **faire le commerce** puisque ces derniers ont le statut d'associé en nom (C. com. art. L 222-1, al. 1) ; les règles dégagées n° 15501 pour les mineurs et les majeurs protégés appelés à devenir associés de société en nom collectif leur sont donc applicables.

En revanche, ils peuvent devenir associés commanditaires.

3. TRANSFORMATION EN SOCIÉTÉ À RESPONSABILITÉ LIMITÉE

La transformation d'une société civile en société à responsabilité limitée est soumise aux règles de **majorité** prévues par les statuts pour ce genre d'opération ou, à défaut, pour les modifications statutaires en général (n°s 9100 s.). 15510

En outre, elle n'est possible que si la situation de la société est compatible avec le régime particulier des sociétés à responsabilité limitée. Il faut donc que le nombre des associés soit inférieur à 100.

ÉVALUATION DES APPORTS EN NATURE

La validité de la transformation d'une société civile en sociétés à responsabilité limitée n'est pas subordonnée à l'évaluation des « apports » au moment de la transformation, comme c'est le cas lors de la constitution d'une société à responsabilité limitée (Cass. com. 27-5-2015 n° 13-27.458 : RJDA 8-9/15 n° 567). 15512

4. TRANSFORMATION EN SOCIÉTÉ PAR ACTIONS

a. Évaluation des biens composant l'actif social

DÉSIGNATION D'UN COMMISSAIRE À LA TRANSFORMATION

Lorsqu'une société civile n'ayant pas de commissaire aux comptes se transforme en société par actions (société anonyme, société en commandite par actions, société par actions simplifiée), la **désignation** d'un ou plusieurs **commissaires à la transformation** chargés d'apprécier la valeur des biens composant l'actif social et les avantages particuliers est obligatoire (C. com. art. L 224-3, al. 1). Il en résulte qu'en cas de transformation d'une société civile déjà dotée d'un commissaire aux comptes la désignation d'un commissaire à la transformation n'est pas obligatoire (Rép. Carayon : AN 5-7-2005 n° 56016). 15515

Sur la question de savoir si la dispense de désignation d'un commissaire à la transformation emporte dispense d'établissement du rapport sur la valeur des biens composant l'actif social, voir n° 15516.

En cas de désignation obligatoire, le ou les **commissaires** à la transformation doivent être **choisis** parmi les commissaires aux comptes ou parmi les experts inscrits sur l'une des listes établies par les cours et tribunaux (C. com. art. R 22-10-7 sur renvoi de l'art. R 224-3, al. 1). Ces commissaires sont soumis aux mêmes conditions d'**indépendance** que celles prévues à l'article L 822-11-3 du Code de commerce pour les commissaires aux comptes (C. com. art. L 224-3, al. 1 ; voir Mémento Sociétés commerciales n° 77587).

Le commissaire à la transformation est nommé par **accord** unanime **des associés** (C. com. art. L 224-3, al. 1). À défaut d'un tel accord (C. com. art. L 224-3, al. 1 ; Rép. Jacquat : AN 4-11-2002 n° 1344), il est désigné par le **président du tribunal** de commerce statuant sur requête du représentant légal de la société (C. com. art. R 22-10-7 sur renvoi de l'art. R 224-3, al. 1).

MISSION DU COMMISSAIRE À LA TRANSFORMATION

Le ou les **commissaires à la transformation** sont chargés d'apprécier, sous leur responsabilité, la valeur des biens composant l'actif social et les avantages particuliers pouvant exister au profit d'associés ou de tiers (C. com. art. L 224-3, al. 1). 15516

Le **fait qu'une société** se transformant en société par actions **dispose déjà d'un commissaire aux comptes** la dispense de faire évaluer les biens composant son actif (Cass. com. 8-4-2008 n° 06-15.193 : RJDA 7/08 n° 817, sol. impl.).

Avant sa modification par la loi 2016-1691 du 9 décembre 2016, l'article L 224-3, al. 1 du Code de commerce précisait que « le commissaire aux comptes de la société peut être nommé commissaire à la transformation ». Le Comité de coordination du RCS en avait déduit que la **dispense de désignation d'un commissaire à la transformation** n'emportait pas **dispense** de l'établissement du **rapport sur la valeur des biens composant l'actif social,** nécessaire à la bonne information des associés sur la réalité de l'actif social, et que le commissaire aux comptes devait établir le rapport qu'aurait établi le commissaire à la transformation s'il en avait été désigné un (Avis CCRCS 2012-038 du 25-10-2012). La suppression de cette précision par la loi 2016-1691 lève toute incertitude : une société dotée d'un commissaire aux comptes se transformant en société par actions n'a pas à faire évaluer les biens composant son actif social (dans le même sens, CNCC NI.VI juillet 2018 § 2.11).

Lorsque la procédure s'impose, le ou les **commissaires à la transformation** sont chargés d'apprécier, sous leur responsabilité, la valeur des biens composant l'actif social et les avantages 15520 particuliers pouvant exister au profit d'associés ou de tiers (C. com. art. L 224-3, al. 1). Cette **mission** donne lieu à l'établissement d'un **rapport** dans lequel le ou les commissaires rendent compte de leurs diligences.

Pour l'accomplissement de leur mission, ils peuvent se faire assister par un ou plusieurs experts de leur choix. Les honoraires de ces experts sont à la charge de la société (C. com. art. R 22-10-7, al. 3, sur renvoi de l'art. R 224-3, al. 1).

En l'absence de disposition légale particulière à cet égard, la **responsabilité des commissaires** peut être mise en cause dans les conditions de droit commun : existence d'une faute, de leur part, génératrice d'un préjudice à l'égard des associés, de la société ou des tiers (pour un cas où la responsabilité du commissaire à la transformation a été retenue, voir Cass. com. 10-12-2013 n° 11-22.188 : RJDA 3/14 n° 249). L'action en responsabilité contre le commissaire à la transformation se prescrit par cinq ans conformément à l'article 2224 du Code civil, même si ce commissaire a été choisi sur la liste réglementaire des commissaires aux comptes (Cass. com. 4-11-2021 n° 19-25.451 F-D : RJDA 1/22 n° 19).

15522 Le rapport doit également attester que le **montant des capitaux propres** (somme algébrique du capital, des primes d'émission, d'apport ou de fusion, des écarts de réévaluation, des réserves, des bénéfices non distribués, des subventions d'investissement, des provisions réglementées et des pertes) (C. com. art. R 123-191) est au moins égal à celui du capital social (C. com. art. R 224-3, al. 2).

Cette attestation n'est pas une condition de validité de la transformation. En effet, la nullité de la transformation n'est encourue qu'à défaut d'approbation par les associés de l'évaluation des biens composant l'actif social (C. com. art. L 224-3, al. 3) et non pas lorsqu'ils ont approuvé une évaluation faisant apparaître des capitaux propres inférieurs au capital social (CNCC NI.VI juillet 2018 § 2.44). Les associés peuvent donc passer outre à un rapport des commissaires concluant à un montant de capitaux propres inférieur à celui du capital. Toutefois, une telle décision n'est pas sans risque : le greffier du tribunal de commerce, tenu de vérifier que la transformation est conforme aux dispositions législatives et réglementaires qui la régissent (C. com. art. R 123-95, al. 2), serait, à notre avis, fondé à refuser de l'inscrire au RCS. En outre, les dirigeants ayant proposé la transformation, voire les associés l'ayant approuvée en cas de comportement abusif de leur part, engageraient leur responsabilité si un associé opposé à la transformation ou un créancier social établissait que cette irrégularité lui a porté préjudice. Il est donc recommandé aux associés qui envisagent de transformer une société dont les capitaux propres sont inférieurs au capital social de réduire le capital social afin de régulariser la situation de la société puis, si le nouveau capital est au moins égal au minimum légal, de procéder à la transformation.

> **Précisions** Le **montant des capitaux propres** doit être **apprécié à la date** du dernier bilan arrêté avant la transformation. Toutefois, lorsque cette date est trop éloignée de celle de la transformation, il convient d'établir une situation intermédiaire ; en pratique, cette situation intermédiaire s'impose lorsque la transformation intervient au cours du second semestre de l'exercice (Communication Ansa, comité juridique n° 2844 du 15-5-1996).

15525 **Communication du rapport du commissaire** Huit jours au moins avant la date de l'**assemblée appelée à statuer sur la transformation,** le rapport du commissaire à la transformation doit être :
- tenu, au siège social, à la disposition des associés (C. com. art. R 224-3, al. 2) ;
- déposé au greffe du tribunal de commerce (C. com. art. R 123-105, al. 3).

En cas de consultation écrite, le rapport doit être joint au texte des résolutions proposées et adressé à chacun des associés (C. com. art. R 224-3, al. 2). Il doit aussi être déposé au greffe du tribunal de commerce huit jours au moins avant la date limite prévue pour la réponse des associés (C. com. art. R 123-105, al. 3).

Aucune disposition réglementaire ne précise les mesures à prendre en cas de **transformation constatée par un acte** sous signature privée ou notarié. Sans doute conviendrait-il, par analogie avec les règles applicables pour les autres formes de consultation des associés, de déposer au greffe le rapport du commissaire à la transformation huit jours au moins avant la date de signature de l'acte, mais on ne voit pas, en pratique, l'intérêt de ce délai.

Il serait d'ailleurs souhaitable d'alléger les dispositions de l'article R 123-105 du Code de commerce et de n'exiger le dépôt du rapport qu'en annexe des documents constatant la transformation.

15527 **Décision des associés** Les associés doivent statuer sur l'évaluation des biens et l'octroi des avantages particuliers (C. com. art. L 224-3, al. 2). Mais la loi ne précise pas les **conditions de majorité** requises pour cette décision. Elle prévoit seulement que les associés ne peuvent réduire l'évaluation ou les avantages particuliers qu'à l'unanimité. Il faut en déduire, nous semble-t-il, que dans tous les autres cas la décision peut être prise aux conditions prévues pour les décisions ordinaires dès lors qu'elle n'entraîne pas modification des statuts.

À **défaut d'approbation** expresse des associés mentionnée au procès-verbal, la transformation est nulle (C. com. art. L 224-3, al. 3). En revanche, si l'approbation des associés a eu lieu, la transformation ne peut pas être annulée, même si, du fait des pertes enregistrées, le **rapport** du commissaire à la transformation **atteste que le montant des capitaux propres est inférieur au capital** social (CNCC NI.VI juillet 2018 § 2.44).

En outre, en cas de **non-respect de la procédure de vérification,** la requête tendant à la transcription au RCS de la transformation doit être rejetée (CA Paris 8-2-2002 : Bull. inf. C. cass. 15-1-2003 n° 67).

b. Autres conditions de transformation en société par actions

TRANSFORMATION EN SOCIÉTÉ ANONYME

La transformation d'une société civile en société anonyme est soumise aux règles de **majorité** **15530**
prévues par les statuts pour ce type d'opération ou, à défaut, pour les modifications statutaires en général (nos 9100 s.).

Pour que l'opération soit régulière, il faut que la situation de la société soit compatible avec le régime particulier des sociétés anonymes. Il faut donc que le capital minimal soit de 37 000 €.

En outre, les **parts représentatives d'apports en nature** doivent être intégralement libérées. En revanche, il nous paraît possible de transformer la société civile en société anonyme même si les **parts représentatives d'apports en numéraire** ne sont pas entièrement libérées. Encore faut-il que, conformément aux règles applicables à la libération des actions dans les sociétés anonymes (Mémento Sociétés commerciales n° 67911), les parts émises lors de la constitution soient libérées de la moitié au moins de leur valeur nominale et que celles émises lors d'une augmentation de capital soient libérées d'au moins un quart de leur valeur nominale et de la totalité de la prime d'émission éventuelle qui y était attachée. La libération intégrale des actions doit intervenir, sur appels de fonds du conseil d'administration ou du directoire, dans le délai initialement fixé pour celle des parts sociales auxquelles ces actions se sont substituées.

Parts représentatives d'apports en industrie Lorsqu'il existe des parts représen- **15533**
tatives d'apports en industrie, la transformation de la société entraîne l'**exclusion** de l'apporteur en industrie puisque ce dernier ne peut pas se voir attribuer des actions de société anonyme (C. com. art. L 225-3, al. 4). Dès lors, elle nécessite au préalable la liquidation des droits de l'intéressé, laquelle ne peut pas intervenir sans l'accord de celui-ci.

> **Précisions** À notre avis, cet **accord** peut être donné à l'avance dans les statuts par l'**apporteur en industrie** lors de son entrée dans la société, car on ne voit pas de raison d'invoquer ici un ordre public de protection interdisant une renonciation anticipée.
> Bien entendu, l'apporteur en industrie n'est **exclu** de la société qu'**à concurrence de** ses parts d'industrie. Il reste associé pour tous les droits qu'il peut détenir soit en qualité d'apporteur en numéraire ou en nature, soit à la suite d'incorporation de réserves (n° 14607).

TRANSFORMATION EN SOCIÉTÉ PAR ACTIONS SIMPLIFIÉE

La décision de transformation doit être prise à l'**unanimité** des associés (C. com. art. L 227-3). **15540**
L'unanimité s'entend de la totalité des associés et non de l'unanimité des associés présents ou représentés à l'assemblée appelée à statuer sur la transformation (CA Versailles 24-2-2005 n° 03-7294 : RJDA 6/05 n° 719, à propos de la transformation d'une société anonyme mais transposable à celle d'une société civile ; Cass. 3e civ. 5-1-2022 n° 20-17.428 FS-B : RJDA 4/22 n° 205).

En outre, la société par actions simplifiée peut émettre des actions résultant d'apports en industrie (C. com. art. L 227-1, al. 4 ; sur le régime de ces apports dans la société par actions simplifiée, voir Mémento Sociétés commerciales n° 60130). S'il existe des parts en industrie dans la société civile, il n'y a donc pas lieu de liquider les droits de leurs titulaires avant la transformation en société par actions simplifiée.

TRANSFORMATION EN SOCIÉTÉ EN COMMANDITE PAR ACTIONS

Les règles de transformation d'une société civile en société en commandite simple (nos 15505 s.) **15545**
s'appliquent à la transformation en société en commandite par actions.

Pour que l'opération soit régulière, il faut en outre que la situation de la société soit compatible avec le régime particulier des sociétés en commandite par actions :

- **capital** minimal de 37 000 € ;
- **nombre d'associés** commanditaires au moins égal à trois ; en revanche, la société en commandite par actions peut valablement ne comprendre qu'un seul associé commandité.

> Précisions L'usufruitier des actions d'une société anonyme ayant voté la transformation de la société en société en commandite par actions, les nus-propriétaires avaient demandé l'extinction de l'usufruit pour abus de droit (C. civ. art. 618), considérant que cette transformation avait diminué la **valeur des droits sociaux** en raison des **faibles pouvoirs des associés commanditaires par rapport aux associés commandités.** Leur demande a été rejetée : les commanditaires participent aux assemblées générales, certaines décisions ne peuvent pas être prises par les seuls commandités et la gestion sociale est contrôlée par un conseil de surveillance composé des commanditaires ; les nus-propriétaires ne prouvaient pas une baisse avérée ou prévisible des résultats de la société imputable à la modification de sa forme et l'usufruitier n'était animé que par la volonté de préserver et de voir prospérer la société (CA Douai 13-2-2013 n° 11/05224 : RJDA 11/13 n° 905, transposable à la transformation d'une société civile en société en commandite par actions).

5. TRANSFORMATION EN GROUPEMENT D'INTÉRÊT ÉCONOMIQUE

15550 La transformation d'une société civile en groupement d'intérêt économique n'est possible que si l'**objet** de la société correspond à la définition du groupement (n° 15408). À défaut, la décision de « transformation » entraîne la création d'une personne morale nouvelle.

Étant donné la responsabilité solidaire et indéfinie qui pèse sur les membres d'un groupement d'intérêt économique, la transformation de la société en groupement de ce type est subordonnée à l'**accord** unanime **des associés,** dont les engagements se trouvent ainsi augmentés (application de l'article 1836, al. 2 du Code civil).

II. CONSÉQUENCES FISCALES DE LA TRANSFORMATION

A. Droits d'enregistrement applicables à la transformation

PRINCIPES

15700 La transformation ou le changement de forme juridique d'une société entraîne des conséquences fiscales importantes lorsque cette modification aboutit à la création d'une personne morale nouvelle. Elles sont minimes dans le cas contraire, sauf si la modification du type juridique se traduit par un changement de régime fiscal.

NOTION DE CRÉATION D'UNE PERSONNE MORALE NOUVELLE

15705 L'article 1844-3 du Code civil, applicable à l'ensemble des sociétés de droit, qu'elles soient civiles ou commerciales, dispose que « la **transformation régulière** d'une société en une société d'une autre forme n'entraîne pas la création d'une personne morale nouvelle ».

Ainsi, dès lors qu'elle est « régulière » (ce qui implique que soient observées les règles prescrites par la loi et les statuts pour la modification de ceux-ci), la transformation ne se traduit pas par la création d'une personne morale nouvelle, même si elle s'accompagne de modifications statutaires non nécessitées par la forme nouvelle adoptée.

Tirant les conséquences de cette disposition en matière de droits d'enregistrement, la Cour de cassation (chambre commerciale) a jugé, dans une série d'arrêts, que la transformation régulière d'une société, même accompagnée de **modifications statutaires importantes** telles qu'un changement d'objet ou d'activité, n'entraîne pas création d'une personne morale nouvelle (Arrêts des 7-3-1984, 26-4-1984, 16-10-1984 et 4-3-1986).

L'administration fiscale estime toutefois que l'absence de création d'une personne morale nouvelle est subordonnée à la condition que la transformation ne s'accompagne pas de modifications statutaires importantes non nécessitées par le changement de forme lui-même et dont l'ensemble serait incompatible avec le maintien du pacte social primitif. Selon elle, le point de savoir si les modifications concomitantes à la transformation sont ou non de nature à entraîner la création d'une personne morale nouvelle est une question de fait, qui doit être résolue dans chaque cas particulier (BOI-ENR-AVS-20-30-10 n° 50).

Cette doctrine est en contradiction formelle avec la jurisprudence précitée.

ATTENTION

L'article 1844-3 du Code civil vise la transformation d'une société en une société d'une autre forme, mais non la **transformation** d'une société **en un autre type de groupement** (association de la loi de 1901, par exemple). Une telle transformation entraîne en principe la création d'une personne morale nouvelle, sauf si une disposition spéciale de la loi en décide autrement (voir nos 15405 s.).

DROITS EXIGIBLES

Lorsque la **transformation n'entraîne pas la création d'une personne morale nouvelle** (cas général), seul le droit fixe des actes innomés de 125 € est en principe exigible (CGI art. 680). **15720**

Mais si la **transformation a pour effet de rendre passible de l'impôt sur les sociétés** une personne morale qui n'y était pas soumise jusqu'alors – cas en principe d'une société civile qui se transforme en société de capitaux – l'opération est susceptible de rendre les droits de mutation exigibles sur certains apports en nature consentis à la société (CGI art. 809, II) ; voir no 16911.

Lorsque la **transformation donne naissance à une personne morale nouvelle** (cas exceptionnel), sont exigibles les droits et taxes prévus en cas de dissolution de société (voir nos 25400 s.) et de constitution d'une société nouvelle (voir nos 3600 s.). **15721**

FORMALITÉS D'ENREGISTREMENT ET DE PUBLICITÉ FONCIÈRE

Les transformations de sociétés sont soumises obligatoirement à la formalité de l'**enregistrement** au service des impôts, qu'elles fassent l'objet d'un acte ou non. Pour plus de précisions sur cette formalité, voir nos 3505 s. **15725**

Lorsque l'actif social comporte des immeubles ou droits immobiliers, la transformation doit être publiée au **fichier immobilier** dans deux cas :

– si elle emporte création d'une personne morale nouvelle. La transformation emporte alors mutation des biens et droits immobiliers au profit de la nouvelle personne morale, comme telle obligatoirement soumise à la publication (Décret 55-22 du 4-1-1955 art. 28, 1°-a) ;

– si, à défaut d'emporter création d'une personne morale nouvelle, elle s'accompagne d'un changement de siège social ou de dénomination (voir nos 16630 et 16805).

B. Régime de la transformation au regard des impôts directs

PRINCIPES

Au regard des impôts directs comme en matière de droits d'enregistrement, les conséquences fiscales de la transformation d'une société dépendent du point de savoir si la transformation s'accompagne ou non de la **création d'une personne morale nouvelle** (no 15705). **15750**

Mais une autre notion joue ici un rôle essentiel : en effet, qu'elle s'accompagne ou non de la création d'une personne morale nouvelle, la transformation peut entraîner un **changement de régime fiscal** de la société, auquel cas toutes les conséquences d'une cessation d'entreprise sont en principe applicables.

Pour analyser les conséquences de la transformation, nous envisagerons successivement :

– le cas dans lequel la transformation n'entraîne pas de changement de régime fiscal ;

– le cas où une société civile non passible de l'impôt sur les sociétés se transforme en société de capitaux ;

– quelques cas particuliers.

TRANSFORMATION SANS CHANGEMENT DE RÉGIME FISCAL

Cette situation concerne les cas dans lesquels une société déjà soumise à l'impôt sur les sociétés avant sa transformation reste soumise à cet impôt (par exemple, transformation en société anonyme d'une société civile ayant opté pour l'IS) et, à l'inverse, les cas dans lesquels il y a maintien du régime fiscal des sociétés de personnes (transformation d'une société civile non soumise à l'IS en société en nom collectif ou en commandite simple). **15755**

Si la transformation est **régulièrement effectuée,** elle n'entraîne par elle-même aucune conséquence fiscale particulière. **15756**

Il en va cependant différemment si la transformation s'accompagne d'un **changement d'objet social** ou **d'activité réelle** d'une société civile non soumise à l'IS et qui exerce une activité professionnelle (CGI art. 202 ter, I ; voir nos 11025 s.), ou d'une société soumise à l'IS quelle que soit son activité (CGI art. 221, 5 ; voir no 11415). Dans cette situation, en effet, les conséquences fiscales de la cessation sont normalement applicables (mais peuvent être largement atténuées).

En revanche, le changement d'objet social ou d'activité réelle sans changement de régime fiscal n'affecte pas la situation des sociétés civiles non soumises à l'IS lorsque celles-ci n'exercent pas d'activité professionnelle (voir no 11155).

15757 Si la transformation de la société emporte **création d'une personne morale nouvelle** (cas exceptionnel), toutes les conséquences fiscales d'une cessation d'entreprise sont applicables (taxation immédiate des bénéfices non encore imposés, des bénéfices en sursis d'imposition et des plus-values latentes : voir no 11040 pour les sociétés soumises au régime fiscal des sociétés de personnes et no 11440 pour les sociétés assujetties à l'IS).

TRANSFORMATION D'UNE SOCIÉTÉ CIVILE EN SOCIÉTÉ DE CAPITAUX

15770 Lorsqu'une société civile non passible de l'impôt sur les sociétés se transforme en société de capitaux, une distinction doit être faite suivant que cette transformation comporte ou non création d'une personne morale nouvelle.

Dans le cas exceptionnel où il y a **création d'une personne morale nouvelle,** la transformation entraîne toutes les conséquences fiscales d'une cessation d'entreprise (nos 25700 s.), notamment la taxation immédiate, non seulement des bénéfices réalisés jusqu'au jour de la transformation, mais encore des autres éléments dont l'imposition avait été différée, ainsi que celle des plus-values latentes de l'actif.

Lorsque la transformation ne se traduit **pas** par la **création d'une personne morale nouvelle** (cas général), le changement de régime fiscal opéré par le passage de l'impôt sur le revenu à l'impôt sur les sociétés entraîne également les conséquences d'une cessation d'entreprise, mais ces conséquences sont alors susceptibles d'être largement atténuées (CGI art. 202 ter).

Le régime applicable, qui dépend du point de savoir si la société civile avait ou non une activité professionnelle avant sa transformation, fait l'objet d'une étude d'ensemble nos 11040 s. (sociétés exerçant une activité professionnelle) et nos 11180 s. (sociétés sans activité professionnelle).

CAS PARTICULIERS

15790 **Transformation en groupement d'intérêt économique (GIE)** La transformation en GIE d'une **société dont l'objet est compatible avec la définition du groupement** ne donne pas lieu à la création d'une personne morale nouvelle, ni à dissolution (C. com. art. L 251-18) ; voir no 15408. Il en est de même de la transformation en groupement européen d'intérêt économique (GEIE) (C. com. art. L 252-8).

Néanmoins, l'article 221, 2 ter du CGI précise que la transformation d'une société **soumise au régime fiscal des sociétés de capitaux** en GIE est considérée comme une cessation d'entreprise ; elle entraîne donc, en principe, les conséquences fiscales d'une telle cessation. Cependant, l'administration admet de ne pas soumettre à l'impôt, lors de la transformation, les bénéfices en sursis d'imposition et les plus-values latentes de l'actif, à condition que les écritures comptables ne soient pas modifiées et que l'imposition demeure possible sous le régime fiscal applicable au groupement (BOI-IS-CESS-20-20 nos 20 et 30).

Les mêmes règles sont applicables, à notre avis, en cas de transformation en GEIE.

15795 **Transformation d'une société civile en association** La transformation d'une société civile en association déclarée entraîne en principe création d'une **personne morale nouvelle** (no 15405) et produit les mêmes effets qu'une dissolution de société : imposition immédiate des bénéfices non encore taxés et imposition des plus-values latentes incluses dans l'actif social.

Il en va différemment toutefois en cas de transformation d'une société de personnes (telle qu'une SCP) en **association d'avocats.** Une telle transformation n'entraîne pas, sous réserve qu'un certain nombre de conditions soient réunies, les conséquences de la cessation d'entreprise (voir no 56080).

SECTION 4

FUSIONS ET SCISSIONS

I. RÉGIME JURIDIQUE

A. Règles générales

DÉFINITIONS DES FUSIONS ET SCISSIONS

Fusion La fusion est la réunion de deux ou plusieurs sociétés qui, désormais, n'en formeront plus qu'une seule. La fusion peut résulter soit de la création d'une société nouvelle par plusieurs sociétés existantes, soit de l'absorption d'une société par une autre (C. civ. art. 1844-4, al. 1). **16000**

Les SCPI (nos 37100 s.) et les sociétés d'épargne forestière (no 60921), auxquelles sont assimilés certains groupements forestiers d'investissement (no 60418), sont soumis à un régime de fusion spécifique.

Scission Il y a scission lorsque le patrimoine d'une société est partagé en plusieurs fractions simultanément transmises à plusieurs sociétés existantes ou nouvelles (C. civ. art. 1844-4, al. 2). À l'issue de la scission, la société scindée disparaît. **16005**

ÉLÉMENTS CARACTÉRISTIQUES DES FUSIONS ET SCISSIONS

Transmission universelle de patrimoine Les opérations de fusion et de scission ont pour caractéristique commune la transmission de l'ensemble des éléments d'actif et de passif composant le patrimoine d'une société (société absorbée ou scindée) au profit d'une ou plusieurs autres sociétés qui le recueillent en tout ou en partie. Il s'ensuit notamment que le passif de la société absorbée ou scindée est pris en charge par les sociétés absorbantes ou nouvelles selon les modalités définies au contrat de fusion ou de scission. **16020**

Sur les conséquences de cette transmission de patrimoine à l'égard des créanciers de la société absorbée ou scindée, voir nos 16240 s.

À notre avis, le procédé consistant à laisser à la société absorbée ou scindée certains éléments d'actif (par exemple, trésorerie ou valeurs réalisables à court terme) à charge pour elle de régler tout ou partie de son passif à l'égard des tiers ne saurait être considéré comme une fusion. En effet, l'article 1844-4, al. 2 du Code civil fait état, à propos des scissions – mais la solution doit être étendue aux fusions – d'une **« transmission de patrimoine ».** Le terme « transmission » montre bien qu'il ne s'agit pas d'un simple apport, mais d'une dévolution de caractère universel. Quant au « patrimoine », il est, comme la personne, unique et il comprend un ensemble d'éléments non seulement d'actif mais aussi de passif. Par conséquent, il ne peut y avoir fusion ou scission que si les sociétés absorbantes ou nouvelles recueillent l'ensemble des biens, droits et obligations des sociétés absorbées ou scindées. **16021**

Dissolution de la société absorbée ou scindée Les fusions ou scissions entraînent obligatoirement dissolution – sans liquidation (voir C. civ. art. 1844-8, al. 1) – de la société absorbée ou scindée. **16025**

Elles se distinguent en cela de l'apport partiel d'actifs par lequel une société fait apport à une autre société (nouvelle ou déjà créée) d'une partie de son patrimoine.

Il résulte de cette dissolution sans liquidation que l'absorbée, qui a perdu sa personnalité morale, ne peut plus **agir en justice.** L'assignation délivrée par une personne morale inexistante est en effet nulle et l'absorbante ne peut pas intervenir volontairement en cours d'instance pour régulariser la procédure (Cass. com. 6-5-2003 no 728 : RJDA 8-9/03 no 833 ; Cass. 2e civ. 12-2-2004 no 210 : RJDA 6/04 no 707 ; Cass. com. 22-2-2005 no 266 : RJDA 6/05 no 698 ; Cass. 2e civ. 27-9-2012 no 11-22.278 : RJDA 1/13 no 33). De même, l'absorbée ne peut pas interjeter **appel d'une décision judiciaire** prononcée contre elle (Cass. com. 11-2-1986 : Bull. civ. IV no 15 ; CA Paris 30-6-1998 : RJDA 11/98 no 1231 ; CA Versailles 14-1-1999 : RJDA 4/99 no 418 som.).

Échange de droits sociaux Pour qu'il y ait fusion ou scission, il faut encore que les associés de la société absorbée ou scindée deviennent associés de la société absorbante ou nouvelle et se voient **attribuer des parts** sociales de cette société. Autrement dit, il ne peut y avoir scission ou fusion que si l'apport net (après déduction du passif pris en charge par la ou les sociétés bénéficiaires des apports) est rémunéré par des droits sociaux. **16030**

Toutefois, par analogie avec les règles applicables aux sociétés commerciales (C. com. art. L 236-1, al. 3 et L 236-18, al. 3 modifiés par ord. 2023-393 du 24-5-2023), il semble que l'opération ne perd pas son caractère de fusion ou de scission si les apports de la société absorbée ou scindée sont rémunérés sous une autre forme que des droits sociaux (versement d'une **soulte** en espèces) à condition toutefois que cette soulte n'excède pas la limite de 10 % de la valeur nominale des droits sociaux créés à cette occasion par la ou les sociétés bénéficiaires des apports.

> **Précisions** **a.** Il n'y a aucune raison de ne pas étendre aux sociétés civiles l'exception prévue pour les sociétés commerciales par les **articles L 236-1 et L 236-18** précités. Cette exception concerne, en effet, les notions mêmes de fusion et de scission et ces notions ne sauraient être différentes selon la forme juridique des sociétés participant à l'opération.
> **b.** Lorsque des **parts de la société absorbée** font l'objet d'un démembrement de propriété entre un nu-propriétaire et un usufruitier, les effets de la convention d'**usufruit** se poursuivent sur les parts de l'absorbante remises en échange par application du mécanisme de la subrogation réelle, sauf décision contraire expresse du nu-propriétaire et de l'usufruitier.
> **c.** Le mécanisme de la subrogation réelle s'applique aussi aux titres remis en échange de **parts acquises** par un associé **avant son mariage** sous le régime de la communauté de biens : celles-ci étant des **biens propres,** les titres qui les remplacent le sont aussi par l'effet de la subrogation, si bien que leur valeur n'a pas à être réintégrée dans l'actif de communauté à partager à la fin du mariage (Cass. 1e civ. 13-12-2017 n° 16-24.772 F-D : RJDA 5/18 n° 429).

SOCIÉTÉS PARTICIPANTES À UNE FUSION OU UNE SCISSION

16040 **Forme des sociétés participantes** Les fusions, comme les scissions, peuvent être réalisées entre des sociétés de forme différente (C. civ. art. 1844-4, al. 3), à l'exclusion toutefois des SCPI qui ne peuvent fusionner qu'avec une autre SCPI sauf **en vue de la constitution** d'un organisme de placement collectif immobilier (n° 37100). Il s'ensuit, notamment, que rien ne s'oppose juridiquement à ce que, par exemple, une société civile soit absorbée par une société commerciale ou qu'une société commerciale « éclate » en deux sociétés nouvelles, l'une civile (qui reprendrait les activités civiles de la société scindée), l'autre commerciale.

Cependant, certaines considérations peuvent s'opposer à la fusion ou à la scission de sociétés n'ayant pas la même forme juridique. Par exemple, sur le **plan fiscal,** le régime de faveur n'est accordé qu'aux opérations auxquelles participent exclusivement des personnes morales passibles de l'impôt sur les sociétés (nos 16401 s.), sous réserve d'une exception, d'ailleurs de portée réduite, en matière de droits d'enregistrement (n° 16430).

De même, une société civile ne peut pas absorber une société commerciale si cette opération doit la conduire à exercer une activité commerciale (voir n° 873).

16045 **Société en liquidation** Une société dissoute et en cours de liquidation peut, quelle que soit sa forme juridique, participer à une fusion ou se scinder (C. civ. art. 1844-4, al. 1).

16050 **Société faisant l'objet d'une procédure collective** Une société qui bénéficie d'un plan de sauvegarde ou de redressement judiciaire peut être absorbée, ce qui transfère à l'absorbante les obligations résultant du plan mais ne la soumet pas pour autant à une procédure collective ; une telle opération suppose un contrôle strict par la juridiction qui a arrêté le plan et le non-respect des obligations qui subsistent peut justifier une demande de dommages-intérêts à l'absorbante par le commissaire à l'exécution du plan (Rép. Montebourg : AN 17-5-2005 n° 52523 à propos d'un plan de continuation mais transposable au régime actuel).

Le CCRCS (Avis CCRCS 2015-03 du 5-2-2015) considère qu'une société en redressement ou en liquidation judiciaire ne peut pas faire l'objet d'une fusion-absorption tant qu'une décision judiciaire emportant clôture de la procédure avec désintéressement des créanciers n'est pas intervenue ; en cas de plan de redressement par continuation, la fusion doit entrer dans les prévisions du plan initialement adopté ou tel que modifié en cours d'exécution par décision judiciaire ; en aucun cas, les mentions relatives à la procédure collective concernant l'absorbée ne peuvent être reportées au dossier de l'absorbante.

B. Réalisation des fusions et des scissions

PRÉPARATION DES FUSIONS ET SCISSIONS

16100 **Évaluation des sociétés** Toute fusion ou scission est précédée d'une phase préparatoire au cours de laquelle les dirigeants des sociétés concernées procèdent à l'estimation de la valeur de leur société en vue de parvenir à un rapport d'échange des droits sociaux.

Il est très rare que les méthodes nombreuses et complexes d'évaluation en usage pour les fusions de sociétés commerciales soient employées lorsque les sociétés concernées sont des sociétés civiles. Le plus souvent, surtout s'il s'agit de sociétés qui se bornent à gérer leur patrimoine (cas, par exemple, des sociétés de portefeuille ou des sociétés immobilières), l'estimation se fait **sur la base des actifs nets,** par différence entre la valeur vénale des éléments d'actif et le passif réel dû aux tiers. Mais les deux principes fondamentaux suivants doivent être respectés, quelles que soient les méthodes d'évaluation retenues.

1. Identité des méthodes d'évaluation. Les sociétés en cause doivent être évaluées en fonction de critères identiques et selon des méthodes homogènes (voir CA Paris 17-1-1972 : JCP G 1972 II n° 17283 note J.-J. Burst).

2. Identité des dates d'évaluation. Pour que la comparaison des valeurs respectives des sociétés en cause soit significative, encore faut-il que les évaluations soient faites sur la base de comptes arrêtés à la même date. Le plus souvent, la date retenue est celle de la clôture du **dernier exercice social** de l'absorbée. Si la société bénéficiaire des apports arrête ses exercices à une autre date, on se contente pour cette société d'établir une situation comptable à la date du bilan de l'apporteuse. Cette situation comptable n'est qu'un document interne destiné à déterminer les bases financières de la fusion ; elle n'a pas à être soumise aux associés de l'absorbante.

La valeur globale de chaque société résultant de la combinaison des différents critères d'estimation adoptés est divisée par le nombre de parts composant le capital de telle sorte que soit déterminée une **valeur unitaire de chaque part sociale.** 16105

Le rapprochement de ces valeurs unitaires donne une parité d'échange des parts.

EXEMPLE

Prenons le cas de l'absorption d'une société A au capital de 20 000 € divisé en 2 000 parts de 10 € par une société B au capital de 42 000 € divisé en 3 500 parts de 12 €.

Par hypothèse, la valeur nette (passif déduit) du patrimoine de A a été estimée à 60 000 € et celle de B à 70 000 €, ce qui fait ressortir à 30 € la valeur de chaque part A et à 20 € la valeur de chaque part B.

Le rapprochement de ces deux valeurs montre que 3 parts B valent 2 parts A. Le rapport d'échange sera donc de 3 B pour 2 A et la société B devra alors créer : 2 000 × 3/2 = 3 000 parts nouvelles.

Cas particulier des fusions ou scissions par création de sociétés nouvelles 16110

Les principes sont les mêmes qu'en cas d'apport à des sociétés existantes (n° 16100) à cette différence près que, dans une société nouvelle, la valeur de la part est égale au nominal. Par conséquent, pour déterminer le nombre de parts à émettre par la société nouvelle, il suffit de diviser la valeur nette de l'ensemble des biens apportés à cette société par la valeur nominale de chacune de ses parts.

EXEMPLE

Une société A et une société B décident de fusionner en faisant apport de leur patrimoine à une société C.

La société A, au capital de 50 000 € divisé en 5 000 parts de 10 €, fait apport d'un actif net (après déduction du passif) de 100 000 €.

La société B, au capital de 20 000 € divisé en 1 000 parts de 20 €, fait apport d'un actif net de 150 000 €.

Le capital de la société C sera fixé à 250 000 € (100 000 + 150 000) divisé en 25 000 parts de 10 €. Ces 25 000 parts seront attribuées aux associés de la société A à raison de 10 000 parts et aux associés de la société B à raison de 15 000 parts.

Le rapport d'échange sera alors de 2 parts C pour 1 part A (10 000 / 5 000) et de 15 parts C pour 1 part B (15 000 / 1 000).

Création d'un compte de « prime de fusion » Chaque fois que la **valeur réelle des parts de la société absorbante excède leur valeur nominale,** la différence entre la valeur des biens reçus en apport et le montant de l'augmentation du capital de l'absorbante doit être portée au passif du bilan à un compte de « prime de fusion », analogue en tous points à la « prime d'apport » créée à l'occasion d'une augmentation de capital (voir n°s 14520 s.). 16115

La prime de fusion n'est que le résultat arithmétique de la différence entre la valeur nette de l'apport et celle nominale des actions nouvellement créées en rémunération de cet apport (CA Versailles 27-1-2005 n° 03-4697 : RTD com. 2005 p. 368 obs. P. Le Cannu, cassé par Cass. com. 19-12-2006 n° 1497 : RJDA 3/07 n° 264 mais sur un autre point).

EXEMPLE

Si nous reprenons l'exemple ci-dessus (n° 16105), la société B doit, on l'a vu, créer 3 000 parts nouvelles. À supposer que la valeur nette des biens transmis par la société A soit de 60 000 €, la société B :
– augmentera son capital de : 3 000 × 12 (valeur nominale) = 36 000 €
– et portera au compte « prime de fusion » la différence entre la valeur nette des biens qui lui sont transmis et le montant de l'augmentation de son capital, soit : 60 000 – 36 000 = 24 000 €.

16120 **Projet de fusion ou de scission** Par analogie avec la méthode employée pour les opérations similaires intervenant entre sociétés commerciales, la première des formalités afférentes aux fusions de sociétés civiles est l'établissement d'un projet de fusion ou de scission par les dirigeants des sociétés intéressées.

Ce projet contient toutes les **indications** relatives aux apports effectués par la société absorbée ou scindée (désignation et évaluation des éléments d'actif transférés, état complet du passif), à la rémunération de ces apports (nombre de parts sociales créées par la société absorbante ou nouvelle, date de jouissance, éventuellement montant de la prime de fusion ou d'apport) et aux conditions de réalisation de la fusion ou de la scission (réunion des associés, date d'effet de l'opération, publicité, organisation de la société nouvelle le cas échéant, etc.).

16121 Si les apports comprennent des **biens immobiliers,** le projet de fusion ou de scission n'est pas en lui-même soumis à la publicité foncière. Ce projet est en effet un acte imparfait qui n'opère pas transfert de droits réels immobiliers (BOI-ENR-AVS-20-60-40 n°s 40 et 50). L'absorbante ne devient propriétaire qu'après la réalisation définitive de l'opération (n° 16220).

APPROBATION DES FUSIONS OU DES SCISSIONS

16130 **Principes** Les fusions et les scissions sont décidées, par chacune des sociétés intéressées, « dans les conditions requises pour la modification de ses statuts » (C. civ. art. 1844-4, al. 4).

Toutefois, la consultation des associés de l'absorbante n'est pas requise en cas de fusion simplifiée (n° 16142).

L'assemblée des associés appelée à se prononcer sur le projet de fusion n'excède pas ses pouvoirs en approuvant l'opération après avoir modifié le projet arrêté par les dirigeants (Cass. com. 6-10-2015 n° 14-11.680 : RJDA 12/15 n° 832, rendu en matière de sociétés commerciales mais transposable).

Si l'opération comporte la création de sociétés nouvelles, chacune de celles-ci est constituée selon les règles propres à la forme de société adoptée (C. civ. art. 1844-4, al. 5).

16135 **Société absorbée** La **décision des associés** de la société absorbée doit en principe être prise dans les conditions prévues pour la modification des statuts, or, dans les sociétés civiles, ces conditions sont librement déterminées par les associés (C. civ. art. 1852) et peuvent donc varier selon l'importance des décisions à prendre. Il s'ensuit que si les associés ont statutairement fixé des règles particulières pour les fusions, celles-ci devront être respectées (même si elles sont plus contraignantes que celles applicables aux autres modifications statutaires). En l'absence de règles propres aux fusions, ce sont celles prévues pour la dissolution qu'il conviendra de suivre car, pour la société absorbée, la fusion entraîne dissolution.

16136 Néanmoins, si l'opération projetée a pour effet d'**augmenter les engagements des associés,** la décision doit être prise à l'unanimité (C. civ. art. 1836, al. 2). Tel serait le cas, notamment, si une société civile était absorbée par une société en nom collectif car la responsabilité des associés de l'absorbée deviendrait solidaire du fait de la forme juridique de l'absorbante. L'absorption d'une société de droit commun par une société à capital variable nécessite aussi l'accord unanime des associés de l'absorbée. En effet, conformément au statut des sociétés à capital variable, ces associés s'exposent, en cas d'exclusion ou de retrait volontaire de la société, à être tenus pendant cinq ans, envers les autres associés et envers les tiers, de toutes les obligations existant au moment de leur départ (C. com. art. L 231-6), ce qui suffit à caractériser l'augmentation de leurs engagements résultant de la fusion (CA Paris 24-11-1980 : Bull. Joly 1980 p. 701, rendu en matière de société commerciale mais transposable).

Autre exception : en cas de **fusion-absorption** d'une société civile **par une société par actions simplifiée,** la décision de fusion doit être prise à l'unanimité des associés de l'absorbée (Cass. com. 19-12-2006 n° 1497 : RJDA 3/07 n° 264, à propos de l'absorption d'une société anonyme mais transposable à l'absorption d'une société civile).

16137 Dès lors que la fusion (ou la scission) entraîne dévolution de la totalité du patrimoine de la société absorbée (ou scindée) aux sociétés absorbantes ou nouvelles, il n'y a pas de **liquidation** de la société qui disparaît (C. civ. art. 1844-8, al. 1). En principe, il n'est donc pas nécessaire de désigner un liquidateur pour cette société.

> **Précisions** Certains **praticiens** désignent un **liquidateur,** encore appelé « commissaire contrôleur », à qui est donnée mission de surveiller le paiement du passif de l'absorbée par l'absorbante et d'accomplir les formalités de publicité afférentes à la dissolution de la société. Le caractère automatique de la dévolution du patrimoine de l'absorbée (analogue à celle résultant d'une succession) rend, à notre avis, inutile la nomination du liquidateur ; ce sont les dirigeants de l'absorbante qui doivent prendre en charge toutes les obligations et les formalités concernant l'absorbée.

Société absorbante Sauf en cas de fusion simplifiée (n° 16142), la décision des associés de l'absorbante doit être prise dans les conditions prévues pour la modification des statuts (C. civ. art. 1844-4, al. 4) et, plus particulièrement, celles qui ont pu être fixées pour les fusions ou, à défaut, celles qui concernent les apports en nature. **16140**

Fusion simplifiée La loi 2019-744 du 19 juillet 2019 a introduit un régime de fusion simplifiée. Ce régime s'applique aux fusions par absorption entre sociétés civiles lorsque, depuis le dépôt du projet de fusion et jusqu'à la réalisation de l'opération, la société absorbante détient au moins 90 % des parts de la société absorbée ; dans ce cas, si les statuts prévoient la consultation de l'absorbante, cette consultation n'est pas requise (C. civ. art. 1854-1, al. 1). **16142**

À la lecture des travaux parlementaires, l'intention du législateur était de supprimer la consultation de l'absorbante « quand bien même les statuts prévoient une telle consultation » (Rapport AN n° 1771 p. 31).

Un ou plusieurs associés de l'absorbante réunissant au moins 5 % du capital social peuvent toutefois demander en justice la désignation d'un mandataire aux fins de provoquer la consultation des associés de l'absorbante pour qu'ils se prononcent sur l'approbation de la fusion (C. civ. art. 1854-1, al. 2).

ATTENTION

La référence, à l'article 1854-1, al. 1, au « **dépôt du projet de fusion** » est empruntée au régime des sociétés commerciales, qui prescrit le dépôt du projet au greffe du tribunal de commerce pour qu'il soit annexé au RCS (C. com. art. L 236-6, al. 2 modifié par ord. 2023-393 du 24-5-2023) mais ce dépôt n'est pas prévu pour les sociétés civiles. En l'absence d'un texte permettant d'apprécier la condition de détention d'au moins 90 % du capital, le régime de fusion simplifiée nous semble **inapplicable,** à moins que les greffes n'acceptent le dépôt d'un projet de fusion dans le cas d'une société civile. Signalons que l'Afep, le Medef et l'Ansa avaient suggéré de prendre en compte la date de signature du projet de fusion (et non celle de son dépôt) dans un rapport sur la modernisation et la simplification du droit des sociétés (Contribution Afep-Medef-Ansa à la modernisation et simplification du droit des sociétés de décembre 2017).

À notre avis, le régime de fusion simplifiée est aussi inapplicable en l'absence de mesures de publicité, équivalentes à celles prévues par les articles R 236-2 et R 236-3 du Code de commerce (modifiés par décret 2023-430 du 2-6-2023) pour les sociétés commerciales, destinées à **informer les associés** de l'absorbante du **projet de fusion** afin de leur permettre d'exercer leur droit de provoquer une consultation (dans le même sens, Ph. Emy et B. Saintourens. Les dispositions de la loi du 19 juillet 2019 relatives à toutes les sociétés, aux sociétés civiles et aux SARL : Rev. sociétés 2019 p. 655).

Admission de nouveaux associés Une fusion de sociétés entraîne, dans la généralité des cas, l'entrée d'associés nouveaux dans la société absorbante. La question se pose alors de savoir s'il faut, à cette occasion, appliquer les dispositions légales ou statutaires relatives à l'**agrément** des nouveaux associés. **16145**

À notre avis, quelle que soit la forme de l'absorbante, cet agrément n'est pas nécessaire. En effet, la fusion emportant transmission universelle du patrimoine de l'absorbée à l'absorbante, celle-ci se trouve automatiquement tenue d'assumer les obligations qui étaient à la charge de l'absorbée, à l'égard tant des créanciers que des associés de cette dernière. Or, parmi ces obligations figurent notamment celle de remplir les associés de leurs droits et l'impossibilité de leur retirer leur qualité d'associé, aucune exclusion d'associé n'étant possible en dehors des cas où la loi ou les statuts l'admettent. L'absorbante ne peut donc pas, sous couvert d'agrément, se soustraire à cette obligation fondamentale qu'implique la transmission universelle.

Cependant, une **clause des statuts** peut, à notre avis, valablement l'imposer (n° 21353).

Société nouvelle Dans le cas où une société nouvelle est spécialement créée pour recevoir tout ou partie du patrimoine d'une ou plusieurs sociétés existantes, elle doit être constituée selon les règles propres à la forme de société adoptée (C. civ. art. 1844-4, al. 5). **16150**

Cette règle s'applique non seulement dans le cas où la société nouvelle est une société civile, mais également si l'apport-fusion ou l'apport-scission est réalisé au profit d'une société commerciale. En effet, l'article 1844-4 figure dans les dispositions du Code civil applicables à toutes les sociétés, quels que soient leur objet ou leur forme.

CONTRÔLE EXTERNE DES FUSIONS OU DES SCISSIONS

16160 Pour les sociétés civiles (autres que les SCPI, sociétés d'épargne forestière et certains groupements forestiers d'investissement), il n'y a pas lieu à la nomination d'un **commissaire à la fusion** (Bull. CNCC décembre 1989 p. 495).

Si la société est tenue d'avoir un ou des **commissaires aux comptes,** leur mission se limite aux opérations suivantes :

– vérifications spécifiques concernant le respect du droit des sociétés (exemple : régularité des convocations, des obligations de publicité ou de dépôt légaux) ;

– participation aux assemblées générales extraordinaires ;

– après l'opération, certification des comptes annuels englobant les écritures de l'opération, chez les sociétés (autres qu'absorbées ou scindées).

> **Précisions** **a.** La nomination d'un **commissaire à la fusion,** chargé d'établir également un rapport sur l'évaluation des apports en nature, n'est prévue par les textes que pour les fusions réalisées entre des sociétés par actions et/ou des sociétés à responsabilité limitée (C. com. art. L 236-8 et L 236-10 modifiés par ord. 2023-393 du 24-5-2023). Il appartient aux parties à une fusion entre une société civile (autre qu'une SCPI, une société d'épargne forestière ou certains groupements forestiers d'investissement) et une société à responsabilité limitée ou une société par actions de décider si elles souhaitent nommer un commissaire à la fusion, selon des modalités qu'elles déterminent librement (Avis CCRCS 08-08 du 10-2-2009). En cas de fusion réalisée entre SCPI, entre sociétés d'épargne forestière ou entre certains groupements forestiers d'investissement, ce sont les commissaires aux comptes qui exercent le contrôle que les commissaires à la fusion exercent dans les sociétés anonymes (C. mon. fin. art. L 214-111, al. 3 et, pour les groupements forestiers d'investissement, C. for. art. L 331-4-1, II et II bis).
> **b.** La désignation d'un **commissaire aux apports** n'est pas nécessaire dans le cas de l'absorption d'une société civile par une société anonyme ou une société à responsabilité limitée (CA Paris 21-9-2001 n° 01-7363 : RJDA 1/02 n° 48, rendu au sujet de l'absorption d'une société en nom collectif mais transposable).

C. Conséquences des fusions et des scissions

TRANSMISSION UNIVERSELLE DE PATRIMOINE

16180 **Principe** Les fusions et les scissions entraînent la transmission universelle du patrimoine de la société qui disparaît (société absorbée ou scindée) au profit des sociétés existantes ou nouvelles qui le recueillent en tout ou en partie. Ces sociétés se substituent à la société absorbée ou scindée dans tous les biens, droits ou obligations de cette dernière.

Cette transmission universelle intervient de plein droit et porte même sur les **biens** de l'absorbée qui, par suite d'une erreur, d'un oubli ou pour toute autre cause, **ne figureraient pas dans le traité de fusion** (en ce sens, Cass. com. 4-2-2004 n° 261 : RJDA 6/04 n° 713).

Cette transmission a vocation à s'appliquer à **tous droits et biens.**

ILLUSTRATIONS

Ainsi jugé que :

– à la suite de la mise en redressement judiciaire du preneur d'une machine, la société de crédit-bail pouvait se prévaloir des formalités de publicité effectuées par la société qu'elle avait absorbée pour obtenir la restitution de cette machine, même si la modification dans l'identité du propriétaire n'avait pas été publiée en marge de l'inscription existante (Cass. com. 5-7-2005 n° 1042 : RJDA 12/05 n° 1370) ;

– à la suite de l'absorption d'une société bénéficiaire d'une garantie de passif, l'absorbante était fondée, en l'absence de stipulation contractuelle contraire, à se prévaloir de cette garantie même si la clause de garantie n'était pas mentionnée dans le traité de fusion (Cass. com. 10-7-2007 n° 05-14.368 : RJDA 1/08 n° 45). À l'inverse, l'absorbée ne peut plus utilement invoquer cette garantie (Cass. com. 9-6-2009 n° 08-15.213 : JCP G 2010 p. 474 note Y. Paclot) ;

– l'absorbante acquiert de plein droit, à la date d'effet de la fusion, la qualité pour agir en paiement d'une créance de l'absorbée (Cass. com. 7-7-2021 n° 19-11.906 F-D : RJDA 11/21 n° 720 ; Cass. com. 30-11-2022 n° 20-19.184 F-B : RJDA 2/23 n° 85) et la qualité de partie aux instances antérieurement engagées par cette dernière ainsi que le droit de se prévaloir des condamnations prononcées au profit de celle-ci (Cass. com. 21-10-2008 n° 07-19.102 : RJDA 2/09 n° 104) ;

– en cas de condamnation à indemniser des sociétés coassureurs, l'absorption de l'une d'elles avant l'assignation en paiement ne saurait être invoquée pour réduire les indemnités dues aux

coassureurs de la part assurée par l'absorbée, dès lors que l'absorbante a exercé les droits à dommages-intérêts qui lui ont été transmis par l'effet de la fusion antérieure à l'assignation (Cass. 2e civ. 11-2-2010 no 07-17.551 : RJDA 5/10 no 519) ;
– l'absorbante est autorisée à rechercher la responsabilité de l'État au titre du refus de concours de la force publique opposé à l'absorbée sans avoir à renouveler la demande présentée par l'absorbée avant l'opération de fusion (CE 28-11-2008 no 301548 : RJDA 3/09 no 227) ;
– une opération de fusion-absorption n'est pas de nature, à elle seule, à remettre en cause une autorisation administrative (relative en l'espèce au calcul de la durée du travail dans une entreprise de transport routier de marchandises) délivrée par l'inspecteur du travail à l'absorbée ; cette autorisation continue à bénéficier à la nouvelle personne morale employeur jusqu'à son éventuel retrait par l'autorité administrative compétente (Cass. soc. 6-10-2010 no 08-42.728 : RJDA 1/11 no 44) ; cette solution est, à notre avis, transposable à toute autorisation administrative donnée, comme en l'espèce, sans considération de la personne (à l'inverse, pour les autorisations données intuitu personae et les contrats administratifs, voir no 16185) ;
– l'absorbante bénéficie de l'allégement des cotisations sociales résultant de l'accord de réduction du temps de travail conclu par l'absorbée (Cass. 2e civ. 16-12-2010 no 08-21.985 : RJDA 5/11 no 424) ;
– la créance indemnitaire résultant du préjudice causé à une société par un contractant n'ayant pas respecté ses obligations contractuelles a été transférée à l'associé unique de la société dissoute (Cass. com. 21-3-2018 no 16-17.901 F-D : RJDA 6/18 no 502, rendu dans le cas d'une dissolution sans liquidation avec transmission universelle du patrimoine à l'associé unique mais transposable à la fusion).

Exceptions La transmission universelle ne peut pas porter sur des **biens** qu'une disposition légale a rendus **intransmissibles** (voir Cass. com. 23-4-1976 : Rev. sociétés 1977 p. 69 note Y. Guyon à propos d'un bail rural ; Cass. com. 30-5-2000 no 1210 : Bull. civ. IV no 113 et Cass. 3e civ. 29-2-2012 no 10-27-259 : RJDA 5/12 no 502 à propos d'un mandat de syndic). **16183**

Elle ne peut pas non plus porter sur une **garantie autonome** : sauf convention contraire, cette garantie, qui ne suit pas l'obligation garantie, n'est pas transmise en cas de scission (ou de fusion) de la société qui en bénéficie (Cass. com. 31-1-2017 no 15-19.158 FS-PBRI : RJDA 4/17 no 250).

L'intransmissibilité peut aussi résulter de la **volonté des parties** exprimée dans l'acte et des **contrats** conclus **« intuitu personae »,** c'est-à-dire fondés sur la personnalité de celui qui doit exécuter la prestation convenue. La reprise de tels contrats par l'absorbante est subordonnée à l'accord du cocontractant (en ce sens, à propos d'un contrat d'agence commerciale, Cass. com. 29-10-2002 no 1720 : RJDA 3/03 no 263 ; à propos d'un contrat d'agent revendeur, Cass. com. 13-12-2005 no 1668 : RJDA 4/06 no 413 ; à propos d'un contrat de franchise, Cass. com. 3-6-2008 nos 06-18.007 et 06-13.761 : RJDA 12/08 no 1262 et Cass. com. 24-11-2009 no 08-16.428 : RJDA 4/10 no 371). À l'inverse, l'absorbante ne peut pas se prévaloir de ce qu'un contrat a été conclu par l'absorbée en considération de la personne de son cocontractant pour en écarter la reprise (Cass. com. 8-11-2017 no 16-17.296 F-D : RJDA 2/18 no 129, rendu pour une transmission universelle résultant de la dissolution sans liquidation d'une société unipersonnelle, mais transposable à une fusion). **16185**

La règle de principe selon laquelle les **contrats administratifs** sont incessibles sans l'accord préalable de l'autorité administrative compétente entraîne la nécessité d'obtenir cet accord en cas de fusion ou de scission, faute de quoi la transmission du contrat serait inopposable à l'administration qui pourrait même le résilier. La notion de contrat administratif incessible est large (cf. CJUE 13-4-2010 aff. 91/08 : Dr. adm. 2010 no 109 ; Avis CE 8-7-2000 no 364803 ; Rép. Nègre : Sén. 1-7-2010 no 12375).

Transmission des cautionnements. En cas de **dissolution,** par l'effet d'une fusion ou d'une scission, **de la société absorbée** dont le **paiement des créances** est **garanti par un cautionnement,** la caution demeure tenue pour les dettes nées avant que l'opération ne soit devenue opposable aux tiers (voir C. civ. art. 2318, al. 1 ; Cass. com. 16-12-1984 : Bull. civ. IV no 351 ; Cass. com. 22-2-2017 no 14-26.704 F-D : RJDA 5/17 no 340). Il en est ainsi même si ces dettes n'étaient pas encore exigibles au moment de la fusion (Cass. 1e civ. 12-1-1999 no 55 : RJDA 3/99 no 342 ; Cass. com. 17-7-2001 no 1502 : RJDA 1/02 no 47 ; Cass. com. 21-1-2003 no 97-13.027 : RJDA 6/03 no 593 ; Cass. com. 8-11-2005 no 1403 : RJDA 2/06 no 142, 2e esp.). **16190**

Mais la caution ne garantit celles nées postérieurement que si elle y a consenti à l'occasion de la fusion ou de la scission (C. civ. art. 2318, al. 1 ; Cass. com. 30-6-2009 no 08-10.719 : RJDA 11/09 no 967 ; Cass. com. 16-9-2014 no 13-17.779 : RJDA 1/15 no 19) ou si elle s'est engagée par avance à maintenir son engagement (C. civ. art. 2318, al. 1).

Encore faut-il que l'opération ait été régulièrement publiée (Cass. com. 9-12-2008 no 07-15.977 : Bull. Joly 2009 p. 399 note A. Couret ; CA Paris 24-5-1984 : BRDA 15/84 p. 18).

> **Précisions** **a.** Une caution qui s'est engagée envers une banque par la suite absorbée a **manifesté sa volonté** de s'engager envers la banque absorbante en lui payant les sommes réclamées pour des dettes nées après la fusion (Cass. com. 25-9-2019 no 18-13.686 F-D : RJDA 1/20 no 20).
>
> **b.** Les règles dégagées ci-dessus sont applicables au **sous-cautionnement,** l'obligation de la sous-caution n'étant maintenue pour la garantie des dettes postérieures à l'opération de restructuration que dans le cas d'une manifestation expresse de volonté de cette sous-caution

de garantir les dettes du débiteur envers la société bénéficiaire de la transmission (Cass. com. 8-3-2017 n° 15-14.290 F-D : RJDA 8-9/17 n° 587, à propos d'un apport partiel d'actifs soumis au régime des scissions dans une société commerciale mais transposable).

c. Les **apports partiels d'actifs,** même soumis au régime des scissions, ne sont pas visés par l'article 2318 du Code civil puisqu'ils n'entraînent pas la dissolution de la société créancière. Mais les tribunaux leur appliquent les solutions dégagées en matière de fusion ou de scission lorsque la transposition est possible malgré l'absence de dissolution des sociétés parties à l'opération (voir Cass. com. 8-3-2017 n° 15-14.290 F-D précité).

16195 **Dettes transmises** La société absorbante ou bénéficiaire des apports est responsable des dettes de la société absorbée ou scindée, y compris celles qui ne seraient pas mentionnées dans le traité de fusion ou de scission. Il appartient au juge du fond d'apprécier les dettes transmises.

16196 **Amendes pénales** La société absorbante est responsable des amendes et frais de justice auxquels la société absorbée a été condamnée, puisque cette dernière n'est pas liquidée (cf. C. pén. art. 133-1).

Selon la **Cour de justice de l'Union européenne,** l'absorbante peut aussi être condamnée pénalement pour des infractions commises par l'absorbée avant la fusion : une fusion entraîne la transmission à l'absorbante de l'obligation de payer une amende infligée par décision définitive après cette fusion pour des infractions (en l'espèce au droit du travail) commises auparavant par l'absorbée. En effet, la fusion entraîne non seulement la transmission universelle de l'ensemble du patrimoine actif et passif de l'absorbée à l'absorbante mais aussi la disparition de l'absorbée (Dir. 2017/1132 du 14-6-2017 art. 105) ; or, si l'obligation de payer l'amende n'était pas transmise comme élément du passif de celle-ci, sa responsabilité pénale serait éteinte, ce qui serait contraire à la nature même d'une fusion. Si le transfert de responsabilité pénale était écarté, la fusion constituerait un moyen pour une société d'échapper aux conséquences des infractions qu'elle a commises (CJUE 5-3-2015 aff. 343/12 : RJDA 7/15 n° 496 et chron. Ch. Soulard p. 491).

La **chambre criminelle de la Cour de cassation** est plus nuancée. Elle retient que le juge pénal peut condamner l'absorbante à tout type de peine pour des faits délictueux commis par l'absorbée lorsque, en fraude à la loi, la fusion a eu pour objectif de faire échapper cette dernière à sa responsabilité pénale (Cass. crim. 25-11-2020 n° 18-86.955 FS-PBI : RJDA 2/21 n° 96 et avis R. Salomon p. 87 ; Cass. crim. 13-4-2022 n° 21-80.653 FS-B : RJDA 8-9/22 n° 481). Hors ce cas, elle estime que ce n'est qu'en cas de fusion-absorption entrant dans le champ de la directive 2017/1132 (ce qui n'est pas le cas des fusions auxquelles sont parties des sociétés civiles, mais seulement des fusions auxquelles sont parties des sociétés par actions), que l'absorbante peut être condamnée à une peine d'amende ou de confiscation pour une infraction commise par l'absorbée avant l'opération (Cass. crim. 25-11-2020 n° 18-86.955 FS-PBI précité, solution applicable aux fusions conclues après le 25-11-2020). Si la fusion-absorption n'entre pas dans le champ de la directive 2017/1132, et donc en cas de fusion à laquelle sont parties des sociétés civiles, la Cour considère que l'article 121-1 du Code pénal, aux termes duquel « nul n'est responsable pénalement que de son propre fait », ne peut s'interpréter que comme interdisant que des poursuites pénales soient engagées à l'encontre de l'absorbante pour des faits commis par l'absorbée avant que cette dernière perde son existence juridique du fait de sa radiation du RCS (Cass. crim. 25-10-2016 n° 16-80.366 FS-PB : RJDA 4/17 n° 251 et chron. G. Guého p. 259 ; Cass. crim. 7-1-2020 n° 18-86.293 F-PBI : RJDA 7/20 n° 371).

16197 **Sanctions administratives** En application du principe de la personnalité des poursuites et des sanctions (Convention européenne de sauvegarde des droits de l'Homme art. 6), la chambre commerciale de la Cour de cassation a jugé que la société issue d'une scission ne saurait devoir répondre des manquements à des règlements administratifs pécuniairement sanctionnés commis par la société scindée dès lors que la scission n'a pas été réalisée dans le but avéré d'éluder toute poursuite (Cass. com. 15-6-1999 n° 1237 : RJDA 8-9/99 n° 949).

Toutefois, s'agissant d'une fusion-absorption, le Conseil d'État a pris une position inverse de celle de la Cour de cassation décrite ci-dessus en jugeant que le principe de la personnalité des peines ne fait pas obstacle à ce que l'AMF prononce une sanction pécuniaire à l'encontre d'une société absorbante pour manquement à ses obligations professionnelles par une société absorbée (CE 30-5-2007 n° 293423 : RJDA 2/08 n° 151 ; CE 17-12-2008 n° 316000 : RJDA 4/09 n° 358, 2e esp.). Mais ce principe fait obstacle à ce que l'autorité disciplinaire ordonne la publication de la sanction pécuniaire infligée à l'absorbante en raison de manquements commis par une autre société qu'elle a entre-temps absorbée (CE 17-12-2008 précité).

Plus récemment, le Conseil d'État a indiqué que, compte tenu des objectifs de prévention et de répression de la fraude et de l'évasion fiscales auxquelles répondent les **pénalités fiscales,** ce principe ne fait pas obstacle à ce que, à l'occasion d'une fusion ou d'une scission, ces sanctions soient mises à la charge de l'absorbante, d'une nouvelle société créée pour réaliser la fusion ou de sociétés issues de la scission en raison des manquements commis, avant l'opération, par la société absorbée, fusionnée ou scindée (Avis CE 4-12-2009 n° 329173 : RJDA 3/10 n° 248).

Dettes diverses L'**amende civile** pour pratique commerciale abusive (C. com. art. L 442-6) s'applique à toute entreprise indépendamment du statut juridique de celle-ci ; le principe de la personnalité des peines ne s'oppose pas à ce qu'elle soit imputée à une société qui a absorbé celle qui est l'auteur des faits (Cass. com. 21-1-2014 n° 12-29.166 : RJDA 4/14 n° 385 et chron. J. Riffault-Silk p. 283 ; Cons. const. 18-5-2016 n° 2016-542 QPC : RJDA 8-9/16 n° 649 ; CEDH 1-10-2019 n° 37858/14 : RJDA 3/20 n° 430). 16198

Le caractère personnel d'une **astreinte** ne s'oppose pas à ce que sa liquidation puisse être poursuivie à l'encontre d'une société absorbante pour des faits commis par l'absorbée avant la fusion (Cass. 2e civ. 1-9-2016 n° 15-19.524 F-PB : RJDA 1/17 n° 19).

En sa qualité d'ayant cause universel, l'absorbante peut se voir opposer l'**autorité de la chose jugée** à l'égard de l'absorbée (Cass. com. 18-2-2004 n° 356 : RJDA 7/04 n° 823, à propos d'une condamnation au paiement d'une somme d'argent ; Cass. soc. 13-5-2014 n° 12-29.012 : RJS 7/14 n° 586, à propos de l'admission de la créance d'un salarié dans le cadre de la vérification du passif de l'absorbée mise en redressement judiciaire).

Les actions en responsabilité, notamment les actions nées du manquement de la société apporteuse à son obligation de sécurité à l'égard des salariés, doivent être dirigées contre la société bénéficiaire de l'apport, y compris pour les **créances nées d'un contrat de travail** rompu avant la conclusion du traité (Cass. soc. 10-12-2014 n° 13-22.430 : RJDA 2/15 n° 101, 1e esp. ; Cass. soc. 20-12-2017 n° 16-23.867 FS-D : RJDA 5/18 n° 430).

L'absorbante peut être tenue de **remettre en état un site** que l'absorbée a cessé d'exploiter et vendu avant la fusion (CE 10-1-2005 n° 252307 : RJDA 10/05 n° 1110).

En présence d'une scission, il appartient aux juges du fond d'apprécier si la société ou l'établissement issu de cette scission a repris le **risque d'accident du travail ou de maladie professionnelle** (Cass. 2e civ. 10-9-2009 n° 08-15.510 : RJS 2/10 n° 215).

> **Précisions** Si les dettes de responsabilité de l'absorbée pour des faits commis par celle-ci avant la fusion sont transmises à l'absorbante, l'**assurance de responsabilité** souscrite par cette dernière avant la fusion ne les garantit pas, sauf clause contraire du contrat d'assurance (Cass. 3e civ. 26-11-2020 n° 19-17.824 FS-PBI : RJDA 3/21 n° 172).

Opposabilité aux tiers de la transmission du patrimoine Les apports de certains biens ne sont opposables aux tiers qu'après accomplissement de **formalités particulières.** Ces formalités doivent être respectées en cas de fusion ou de scission. 16205

Ainsi, l'apport d'un **immeuble** doit être publié au service chargé de la publicité foncière. L'acte publié au service chargé de la publicité foncière doit contenir les procès-verbaux des assemblées des sociétés concernées. En effet, si en principe seuls les actes authentiques peuvent donner lieu à publicité foncière (C. civ. art. 710-1, al. 1), les procès-verbaux des assemblées générales préalables ou consécutives à l'apport de biens ou droits immobiliers à une société ou par une société peuvent être publiés au service chargé de la publicité foncière, à la condition d'être annexés à un acte qui en constate le dépôt au rang des minutes d'un notaire (C. civ. art. 710-1, al. 2).

L'apport de **brevets** ou de **marques** est publié à l'Inpi (à propos d'une transmission de marque, voir CA Paris 12-12-1997 : RJDA 4/98 n° 435 ; CA Paris 13-10-2004 n° 04-7508 : RJDA 3/05 n° 266).

Dans un cas où une demande de transmission d'un brevet à l'absorbante avait été déposée par l'absorbée qui n'avait plus d'existence légale et non par un représentant de l'absorbante, il a été jugé que la publication opérée au registre national des brevets était sans effet (Cass. com. 14-3-2006 n° 334 : Dr. sociétés 2006 n° 76 note H. Hovasse).

De même, une société qui reçoit en apport des titres nominatifs ne peut opposer aux tiers son droit sur ces titres qu'après avoir demandé l'inscription de leur transfert à son profit (Cass. com. 13-12-1967 : Bull. civ. III n° 416).

Il a été jugé que « la société absorbante vient activement et passivement au lieu et place de la société absorbée » et qu'en conséquence les **règles concernant les cessions de créances** (C. civ. art. 1322 s.) ou l'agrément des cessions de parts de société à responsabilité limitée ne sont pas applicables aux apports-fusions portant sur de tels biens (Cass. civ. 7-3-1972 : Gaz. Pal. 1972 II p. 834 ; Cass. com. 19-4-1972 : D. 1972 p. 538 ; Cass. civ. 25-4-1974 : Gaz. Pal. 1974 II p. 635 ; Cass. com. 1-6-1993 : RJDA 7/93 n° 622 ; Cass. 2e civ. 12-7-2001 n° 1390 : JCP E 2003 n° 281 note J.-J. Daigre). Cette solution doit être étendue au cas où, dans l'actif apporté, figurent des actions de société anonyme ou de société par actions simplifiée dont la cession est soumise à agrément. 16206

Une scission a pour effet d'investir la société bénéficiaire de l'apport de tous les avantages et accessoires de la créance transmise, telle une **hypothèque.** La scission emporte une modification de la personne du titulaire de l'inscription d'hypothèque n'aggravant pas la situation du débiteur. En conséquence, la transmission de l'hypothèque est opposable à ce dernier sans que la société bénéficiaire ait à mentionner l'apport en marge de l'inscription (Cass. 3e civ. 17-11-2010 nº 09-70.452 : RJDA 2/11 nº 151, rendu en matière d'apport partiel d'actifs soumis au régime des scissions dans une société commerciale mais transposable). De même, une inscription d'hypothèque dont était titulaire une société absorbée peut valablement être renouvelée par l'absorbante sans mentionner le changement d'identité du créancier sur le bordereau de renouvellement (Cass. 3e civ. 11-10-2006 nº 1041 : RJDA 3/07 nº 263). Toutefois, dans le cas où la société créancière bénéficiaire d'une hypothèque est absorbée avant la mise en liquidation judiciaire de son débiteur, le liquidateur n'a pas à délivrer à l'absorbante l'avertissement d'avoir à déclarer sa créance destiné aux créanciers titulaires de sûretés publiées dès lors que le livre foncier mentionne comme créancier l'absorbée ; en effet, le liquidateur n'est pas juge de la régularité des inscriptions et peut se fier aux mentions du livre foncier (Cass. com. 17-4-2019 nº 17-27.058 F-PB : RJDA 8-9/19 nº 574). Les créanciers hypothécaires parties à une opération de restructuration doivent veiller à la mise à jour des mentions du livre foncier.

Par ailleurs, des **copies exécutoires à ordre** ont été considérées comme transmises à la société bénéficiaire par l'effet de l'opération, sans qu'il soit nécessaire de respecter les formalités d'endossement prévues par la loi 76-519 du 15 juin 1976 (Cass. com. 5-10-2004 nº 00-21.955 : RJDA 3/05 nº 267 rendu en matière d'apport partiel d'actifs soumis au régime des scissions dans une société commerciale mais transposable ; pour une solution identique rendue à propos d'une fusion, CA Paris 25-10-2007 nº 07-4353 : RJDA 6/08 nº 664).

Si l'absorbée détient des titres grevés d'un **nantissement,** l'absorbante est substituée de plein droit à l'absorbée sans que la mainlevée du créancier gagiste soit nécessaire ; en effet, le transfert opéré par la fusion ne constitue pas un acte de disposition des titres nantis qui relèverait de l'article L 211-20, IV du Code monétaire et financier (Communication Ansa, comité juridique nº 21-017 du 5-5-2021).

16208 Lorsque parmi les biens apportés figurent des **immeubles** situés en zone de droit de préemption urbain ou dans une zone d'aménagement différé, il n'est pas nécessaire, selon l'administration, d'adresser au maire une **déclaration d'intention d'aliéner** portant sur ces immeubles (voir C. urb. art. L 213-1 s.). Il en sera de même, à notre avis, si figurent parmi les biens apportés des immeubles situés dans des zones exposées au recul du trait de côte, pour lesquels a été institué un droit de préemption au profit de certaine communes (cf. C. urb. art. L 219-1 s. modifiés par ord. 2022-489 du 6-4-2022, dont l'entrée en vigueur est subordonnée à la publication d'un décret, et Décret 2022-750 du 29-4-2022).

En effet, il a été jugé pour l'application du droit de préemption urbain prévu par l'article L 211-2 du Code de l'urbanisme dans sa rédaction antérieure à la loi du 31 décembre 1975 – qui visait l'aliénation volontaire à titre onéreux d'immeuble, notamment par vente de gré à gré, adjudication volontaire, échange ou apport en société – que la fusion qui porte sur l'universalité des biens de l'absorbée, dont les immeubles ne constituent qu'un élément parmi d'autres, n'entrait pas dans le champ d'application de ce texte (Cass. 3e civ. 3-5-1979 nº 78-10.274 ; dans le même sens, Rép. Türk : Sén. 1-7-1993 nº 67).

16209 Lorsque des **véhicules** sont compris dans les biens transférés, la société absorbante doit faire immatriculer ces véhicules à son nom et acquitter la taxe correspondante.

DATE D'EFFET DE LA FUSION OU DE LA SCISSION

16220 **Date de réalisation définitive de l'opération** Lorsque les sociétés bénéficiaires des apports sont toutes des **sociétés existantes,** la fusion ou la scission est définitivement réalisée à la date de la dernière assemblée générale ou de la dernière décision collective ayant approuvé l'opération.

En revanche, lorsque la fusion ou la scission entraîne la création d'une ou de plusieurs **sociétés nouvelles** (c'est-à-dire dont la création résulte de l'opération), elle prend effet à la date d'immatriculation de la nouvelle société ou de la dernière d'entre elles. Jusqu'à cette date, en effet, les sociétés nouvelles, faute d'avoir la personnalité morale, ne peuvent pas être propriétaires du patrimoine qui leur est apporté par les sociétés fusionnées ou scindées (voir nº 1137). La fusion ou la scission ne peut donc véritablement produire ses effets qu'au moment où, ayant acquis leur pleine capacité juridique, les sociétés nouvelles sont à même d'appréhender les apports qui leur sont faits.

16225 **Période intercalaire** La réalisation d'une fusion ou d'une scission peut nécessiter des délais relativement longs. Une période de plusieurs mois peut ainsi s'écouler entre la date à laquelle ont été arrêtées les bases de l'opération (consistance et évaluation des apports, estimation des titres remis en rémunération de ces apports, rapport d'échange des parts) et la date de réalisation définitive de l'opération.

Or, pendant cette période intercalaire, la société appelée à disparaître poursuit ses activités : la consistance de son actif et de son passif s'en trouve nécessairement modifiée de telle sorte que, au jour de la réalisation définitive de l'opération, la situation de la société n'est plus la même qu'au jour de l'arrêté du « bilan de fusion ». La valeur des parts sociales devant être remises en rémunération des apports peut, elle aussi, évoluer et pas forcément dans le même sens. Il en résulte que l'évaluation des apports et le calcul des parités risquent d'être remis en cause au moment de la réalisation définitive de l'opération.

C'est pourquoi la plupart des traités de fusion contiennent une clause dite de « rétroactivité de la fusion » selon laquelle toutes les opérations actives et passives effectuées par l'absorbée pendant la période intercalaire seront prises en charge intégralement par l'absorbante.

DROITS DES CRÉANCIERS

Créanciers de la société absorbée À notre avis, les créanciers de la société absorbée (ou scindée) ont un **droit direct contre la société absorbante** ou nouvelle pour le règlement de leur créance. 16240

Certes, contrairement au régime applicable aux sociétés commerciales (C. com. art. L 236-15 modifié par ord. 2023-393 du 24-5-2023), aucune disposition du Code civil ne règle le sort des créanciers d'une société absorbée ou scindée. Mais le respect des droits des créanciers est une des conséquences du caractère universel de la transmission de patrimoine résultant des fusions ou des scissions (voir n° 16020). L'appropriation par la société absorbante ou nouvelle des éléments d'actif de l'absorbée a pour contrepartie nécessaire la prise en charge par elle des dettes de cette société.

Le **changement de débiteur** résultant de la prise en charge des dettes par l'absorbante s'effectue sans qu'il y ait novation de la créance, laquelle subsiste avec tous ses accessoires et toutes les garanties dont elle était assortie avant la fusion (concernant le cautionnement, voir n° 16190). À l'inverse, les créanciers ne peuvent pas invoquer à l'égard de l'absorbante plus de droits qu'ils n'en avaient auparavant. Ainsi, la fusion ne fait pas disparaître le bénéfice du terme consenti à la société ancienne.

Lorsqu'une **société** qui s'est portée **caution des dettes d'un tiers** est par la suite absorbée, toutes les obligations issues du cautionnement sont transmises (C. civ. art. 2318, al. 2). La société absorbante est tenue d'exécuter cet engagement dans les termes de celui-ci (Cass. com. 7-1-2014 n° 12-20.204 : RJDA 4/14 n° 338, à propos d'un sous-cautionnement mais transposable au cautionnement). Peu importe que les dettes cautionnées soient nées avant ou après la fusion : seule compte la date à laquelle a été souscrit le cautionnement. 16241

ATTENTION

La règle, posée en des termes impératifs à l'article 2318, al. 2 du Code civil, selon laquelle « toutes les obligations issues du cautionnement sont transmises » semble rendre inefficaces les stipulations aboutissant à limiter l'engagement de l'absorbante « succédant au patrimoine » de l'absorbée (en ce sens, R. Mortier, Réforme : le sort du cautionnement en cas de fusion (et de TUP) scellé dans le Code civil : Dr. sociétés 2021 comm. n° 132 ; C.-A. Michel, Société et cautionnement : entre clarifications par l'ordonnance du 15 septembre 2021 et perspectives d'évolution : JCP N 2021 n° 1338 § 17).

La caution qui s'est engagée envers un créancier à garantir toutes les dettes de la société débitrice même futures à hauteur d'un plafond et pour une durée déterminés (cautionnement dit « omnibus ») est tenue de garantir les dettes envers le même créancier d'une autre société absorbée par la suite par la société débitrice (Cass. com. 28-2-2018 n° 16-18.692 F-PBI : RJDA 5/18 n° 428).

Si la fusion ou la scission était faite pour frauder les droits des créanciers de la société absorbée ou scindée, les créanciers lésés pourraient, en exerçant l'**action paulienne,** demander que la fusion ou la scission leur soit déclarée inopposable (C. civ. art. 1341-2). 16242

Créanciers de la société absorbante Les créanciers de l'absorbante ne peuvent pas, en l'état actuel des textes, s'opposer au concours des créanciers de l'absorbée sur l'ensemble des biens constituant l'actif de l'absorbante après fusion. Aucun texte ne leur permet, en effet, d'invoquer une prétendue séparation des patrimoines au sein de l'absorbante. 16245

Cependant, comme les créanciers de l'absorbée, ils peuvent exercer l'**action paulienne** contre toute fusion ou scission qui aurait été faite dans le but de porter atteinte à leurs droits (n°s 1271 s.).

II. RÉGIME FISCAL

PRINCIPES

16400 Les opérations de fusion ou de scission de sociétés civiles entraînent en principe, pour les sociétés absorbées ou scindées, les mêmes conséquences fiscales qu'une **dissolution** (nos 25400 s.).

Par ailleurs, les **apports** faits à la société nouvelle ou à la société absorbante donnent lieu, le cas échéant, à la perception des droits d'enregistrement selon les règles prévues pour les constitutions de sociétés (nos 3600 s.) ou les augmentations de capital des sociétés existantes (nos 14700 s.).

16401 Un **régime spécial** est applicable en cas de fusion ou scission de **sociétés passibles de l'impôt sur les sociétés.** Nous nous limiterons à un exposé sommaire de ce régime dans la mesure où il concerne les seules sociétés civiles soumises à l'impôt sur les sociétés (le régime de faveur prévu en matière de droits d'enregistrement est toutefois partiellement applicable lorsque la société apporteuse ou absorbée ne relève pas de cet impôt : voir no 16430).

Nos lecteurs qui seraient plus particulièrement intéressés par le régime spécial pourront se reporter à l'étude qui en est faite dans le Mémento Fiscal nos 39000 s.

> **Précisions** **a.** Le régime spécial en matière d'**impôts directs** s'applique également aux opérations réalisées au profit de **personnes morales étrangères** par des personnes morales françaises, à condition que les éléments apportés soient effectivement rattachés à un établissement stable de la personne morale étrangère situé en France. Toutefois, le régime spécial ne s'applique pas aux opérations qui mettent en présence une société étrangère implantée dans un État ou territoire n'ayant pas conclu avec la France une convention fiscale comportant une clause d'assistance administrative en vue de lutter contre la fraude et l'évasion fiscales, ou, si une telle convention a été conclue, si elle n'est pas entrée en vigueur ou si la clause d'assistance administrative n'est pas applicable. Les sociétés implantées dans un autre État membre de l'UE ne sont pas concernées par cette exclusion. En matière de **droits d'enregistrement,** le régime spécial est susceptible de s'appliquer quelle que soit la nationalité des sociétés participant à l'opération.
>
> **b.** En ce qui concerne les conséquences fiscales des **fusions de SCPI,** voir nos 37415 s. Pour les **fusions de SCP,** voir nos 56100 s.
>
> **c.** En application du dispositif de non-livraison prévu en matière de **TVA** par l'article 257 bis du CGI à l'égard de toute transmission d'une universalité totale ou partielle de biens, les fusions, scissions ou apports partiels d'actifs, quel que soit le régime au regard des impôts directs, sont des opérations neutres au regard de cette taxe, sous réserve qu'elles soient réalisées entre sociétés qui en sont redevables.

OPÉRATIONS CONCERNÉES PAR LE RÉGIME SPÉCIAL

16404 Le régime spécial est susceptible de s'appliquer aux fusions proprement dites et, sous certaines conditions, aux scissions de sociétés et aux apports partiels d'actifs. L'article 210-0 A du CGI donne une **définition fiscale** des opérations ouvrant droit aux régimes de faveur prévus en matière d'impôt sur les sociétés et d'impôt de distribution (en matière de droits d'enregistrement, une définition équivalente est donnée aux articles 301 B à 301 F de l'annexe II au CGI).

16405 Sont expressément **exclues** du régime spécial les opérations de fusion, de scission ou d'apport partiel d'actifs ayant comme objectif principal ou comme un de leurs objectifs principaux la **fraude ou l'évasion fiscales.** Une opération est regardée comme telle, sauf preuve contraire, lorsqu'elle n'est pas effectuée pour des motifs économiques valables, tels que la restructuration ou la rationalisation des activités des sociétés participant à l'opération.

Préalablement à la réalisation d'une opération, les entreprises peuvent demander à l'administration la confirmation que l'exclusion mentionnée ci-dessus ne leur est pas applicable, l'absence de réponse dans un délai de six mois valant accord.

> **ATTENTION**
>
> La mise en œuvre de la clause anti-abus entraîne la **déchéance rétroactive** du régime de faveur : la société absorbée ou apporteuse est replacée rétroactivement dans la situation qui aurait été la sienne si l'opération n'avait pas été soumise au régime spécial. L'imposition est alors établie dans les conditions en vigueur à la clôture de l'exercice au cours duquel l'opération a eu lieu, compte tenu du taux d'impôt sur les sociétés applicable à cette date (BOI-IS-FUS-10-20-20 no 193).

16406 **Fusions** Les fusions ouvrant droit au régime spécial en matière d'**impôts directs** sont les opérations par lesquelles une ou plusieurs sociétés absorbées transmettent par suite et au moment de leur dissolution sans liquidation l'ensemble de leur patrimoine soit à une autre société préexistante absorbante, soit à une nouvelle société absorbante qu'elles constituent, moyennant en principe l'attribution à leurs associés de titres de la société absorbante et, éventuellement, d'une soulte en espèces au plus égale à 10 % de la valeur nominale de ces titres.

En matière de **droits d'enregistrement,** le régime de faveur s'applique en principe à la condition que les apports soient rémunérés par des titres ou par l'attribution d'une soulte n'excédant pas 10 % de la valeur nominale des titres attribués (CGI ann. II art. 301 F).

Scissions Une scission est définie comme l'opération par laquelle la société scindée transmet, par suite et au moment de sa dissolution sans liquidation, l'ensemble de son patrimoine à deux ou plusieurs sociétés préexistantes ou nouvelles moyennant en principe l'attribution aux associés de la société scindée, proportionnellement à leurs droits dans le capital, de titres des sociétés bénéficiaires des apports et éventuellement d'une soulte en espèces ne dépassant pas 10 % de la valeur nominale de ces titres. 16407

Pour qu'une scission **bénéficie de plein droit du régime spécial** des fusions en matière d'**impôt sur les sociétés,** les conditions suivantes doivent être réunies :

– la société scindée comporte au moins deux branches complètes d'activité (sur cette notion, voir n° 16408) ;

– les sociétés bénéficiaires reçoivent chacune une ou plusieurs de ces branches d'activité.

Lorsque l'une ou l'autre de ces conditions n'est pas remplie, le régime spécial s'applique sur **agrément** préalable.

Les régimes de faveur en matière de **droits d'enregistrement** et d'**impôt de distribution** s'appliquent de plein droit sans condition particulière. Par ailleurs, en matière de droits d'enregistrement, l'article 301 D de l'annexe II au CGI n'exige pas une répartition proportionnelle des titres.

Apports partiels d'actifs L'apport partiel d'actifs est l'opération par laquelle une société apporte, sans être dissoute, l'ensemble ou une ou plusieurs branches complètes de son activité à une autre société, moyennant la remise de titres représentatifs du capital social de la société bénéficiaire de l'apport. 16408

Pour pouvoir bénéficier **de plein droit** du régime spécial des fusions en matière d'**impôt sur les sociétés** et d'**impôt de distribution,** l'apport partiel d'actifs doit porter sur une branche complète d'activité ou sur des éléments assimilés.

À défaut, le régime spécial s'applique sur **agrément** préalable.

En matière de **droits d'enregistrement,** le régime spécial est en principe subordonné à la condition que l'apport porte sur une branche complète et autonome d'activité (CGI ann. II art. 301 E). Ce régime est toutefois applicable aux opérations agréées quelle que soit la consistance de l'apport. L'apport peut être rémunéré sous une autre forme que par attribution de titres dans la limite de 10 % de la valeur nominale des titres attribués (CGI ann. II art. 301 F).

> **Précisions** La directive européenne définit la **branche complète d'activité** comme l'ensemble des éléments d'actif et de passif d'une division d'une société qui constituent, du point de vue de l'organisation, une exploitation autonome, c'est-à-dire un ensemble capable de fonctionner par ses propres moyens. D'après le Conseil d'État, l'existence d'une exploitation autonome doit être établie aussi bien chez la société apporteuse que chez la société bénéficiaire de l'apport. Mais il suffit que le transfert porte sur les éléments essentiels de l'activité tels qu'ils existaient dans le patrimoine de l'apporteuse et dans des conditions permettant à la société bénéficiaire de l'apport de disposer durablement de tous ces éléments (CE 27-7-2005 n° 259052 : RJF 11/05 n° 1170). L'administration estime en revanche qu'en l'absence d'apport d'éléments de passif attachés à l'activité apportée ou d'éléments de « bas de bilan », l'application du régime de faveur nécessite l'octroi d'un agrément (BOI-SJ-AGR-20-10 n° 20).

PORTÉE DU RÉGIME SPÉCIAL

Impôt sur les sociétés Sous le régime spécial (CGI art. 210 A), la **société absorbée** n'est imposable que sur le bénéfice d'exploitation du dernier exercice augmenté des provisions devenues sans objet, s'il en existe ; elle est donc exonérée d'impôt sur les sociétés à raison des plus-values d'apport et des provisions qui conservent leur objet. 16410

La **transcription des apports** dans les comptes de la société bénéficiaire doit être réalisée dans le respect des normes comptables. Les valeurs d'apport dépendent de façon impérative de la situation de contrôle au moment de l'opération et du sens dans lequel elle est réalisée. Ces valeurs (valeurs comptables ou valeurs réelles) sont celles qui doivent figurer au traité de fusion.

16410 (suite) La **société absorbante** doit, dans l'acte de fusion, prendre l'engagement :

– s'agissant des **actifs immobilisés** reçus, lorsque les apports sont transcrits pour leur valeur comptable, de reprendre à son bilan les valeurs d'origine, amortissements et provisions qui figuraient au bilan de l'absorbée (BOI-IS-FUS-30-20 n° 10). Lorsque les apports sont transcrits pour leur valeur réelle, les valeurs individuelles des éléments apportés correspondent aux valeurs réelles attribuées à chacun d'entre eux. S'agissant des **éléments autres que les immobilisations,** la société absorbante doit les inscrire à son bilan pour la valeur qu'ils avaient du point de vue fiscal dans les écritures de l'absorbée ; à défaut (cas où les apports sont transcrits aux valeurs réelles), elle doit comprendre dans ses résultats de l'exercice en cours le profit correspondant à la différence entre la nouvelle valeur de ces éléments et la valeur qu'ils avaient, du point de vue fiscal, chez l'apporteuse ;

– de reprendre au passif de son bilan les **provisions** qui conservent leur objet dont l'imposition est différée ;

– de réintégrer, dans ses bénéfices imposables, dans le cas où les apports sont transcrits à leur valeur réelle, les **plus-values d'apport sur éléments amortissables** : la réintégration est effectuée par parts égales sur une période de cinq ans ; cette période est portée à quinze ans pour les constructions ainsi que pour les plantations, les agencements et les aménagements des terrains amortissables sur une période au moins égale à cette durée ; lorsque la plus-value nette sur les constructions, les plantations, les agencements et aménagements de terrains excède 90 % de la plus-value nette globale sur éléments amortissables, sa réintégration s'effectue sur la durée moyenne pondérée d'amortissement de ces biens ;

– de calculer les plus-values réalisées ultérieurement à l'occasion de la cession des **immobilisations non amortissables** qui lui sont apportées d'après la valeur fiscale de ces biens pour la société absorbée (et non par rapport à leur valeur d'apport) ;

– de se substituer à la société absorbée pour la réintégration des **plus-values dont l'imposition avait été différée** chez cette dernière.

Pour les opérations réalisées entre le 1er janvier 2022 et le 31 décembre 2025, la société absorbante peut choisir de déduire de son résultat imposable les amortissements comptabilisés à raison de la **clientèle** ou du fonds commercial reçus en apport, qui sont alors considérés comme une immobilisation amortissable pour l'application du régime de faveur (BOI-IS-FUS-10-20-40-10 n° 1). Mais depuis le 18 juillet 2022, les opérations réalisées entre sociétés liées au sens de l'article 39, 12 du CGI sont exclues de ce régime de faveur (sur le dispositif temporaire autorisant l'amortissement de la clientèle, voir n° 55040).

> Précisions **a.** Le régime de faveur étant **facultatif,** les sociétés peuvent renoncer à s'en prévaloir et se placer, en matière d'impôt sur les sociétés, sous le régime de droit commun.

b. Les sociétés qui se placent sous le régime spécial doivent porter les plus-values dont l'imposition est reportée sur un **état de suivi joint à la déclaration de résultat** et sur un **registre spécial.** Par ailleurs, lorsque l'opération est réalisée au profit d'une personne morale étrangère (n° 16401, précision a), la société apporteuse doit souscrire, par voie électronique et dans le même délai que sa déclaration de résultat de l'exercice au cours duquel l'opération est réalisée, une **déclaration spéciale** qui doit permettre d'apprécier les motivations et conséquences économiques et fiscales de cette opération (CGI ann. III art. 46 quater-0 ZS ter) ; le non-respect de cette obligation entraîne l'application, pour chaque opération, d'une amende de 10 000 € (CGI art. 1760 bis).

c. Dans le cas particulier où l'absorbée a maintenu des sommes au compte de **réserve spéciale des plus-values à long terme** (réserves supérieures à 200 M€), l'absorbante doit reprendre cette réserve au passif de son bilan selon des modalités précisées par l'administration.

d. Les **déficits subis par la société apporteuse antérieurement à la date d'effet de la fusion** ou de l'opération assimilée et non encore déduits ne sont, en principe, pas déductibles **de plein droit** des bénéfices ultérieurs de la société bénéficiaire des apports.

Toutefois, la société absorbante peut bénéficier du transfert de plein droit des déficits antérieurs de la société absorbée (ainsi que de ses charges financières nettes non déduites et de sa capacité de déduction de charges financières nettes inemployée) lorsque leur montant cumulé est inférieur à 200 000 €. Ce transfert de plein droit est subordonné à la condition que la société absorbée n'ait pas cédé ou cessé l'exploitation d'un fonds de commerce ou d'un établissement au cours de la période déficitaire et que les déficits et intérêts transférés ne proviennent pas de la gestion d'un patrimoine mobilier ou immobilier (CGI art. 209, II-2). En outre, le mécanisme de transfert de déficits n'étant ouvert qu'aux opérations placées sous le régime de faveur prévu l'article 210 A du CGI, seules les restructurations motivées économiquement et qui n'ont pas comme objectif principal ou comme un de leurs objectifs principaux la fraude ou l'évasion fiscale sont concernées (BOI-IS-FUS-10-60-20 nos 1 et 120). Notons que le transfert de plein droit ne s'applique pas aux opérations de scission ou d'apport partiel d'actifs.

Lorsqu'ils ne bénéficient pas du transfert de plein droit, les déficits antérieurs de la société apporteuse (ainsi que ses charges financières nettes en report et sa capacité de déduction inemployée) peuvent être reportés dans leur intégralité sur les bénéfices ultérieurs de la société bénéficiaire des apports si un **agrément spécial** est délivré. L'agrément est de droit lorsque (CGI art. 209, II) :
– l'opération est placée sous le régime de faveur de l'article 210 A du CGI ;
– elle est justifiée du point de vue économique et obéit à des motivations principales autres que fiscales ;
– l'activité à l'origine des déficits dont le transfert est demandé ne doit pas avoir subi de changement significatif (notamment en termes de clientèle, d'emploi, de moyens d'exploitation mis en œuvre, de nature et de volume d'activité) pendant la période de constatation des déficits, étant précisé, d'une part, que cette condition s'applique à la seule activité transmise à la société absorbante (CE 25-10-2017 n° 401403 : RJF 1/18 n° 11) et que, d'autre part, la période de constatation des déficits s'étend de l'exercice de naissance des déficits en cause jusqu'à celui au cours duquel le transfert est demandé, sauf lorsque l'activité à l'origine des déficits a été transférée, en tout ou partie, à la société absorbante par anticipation avant l'opération de fusion (CE 9-6-2020 n° 436187 : RJF 8-9/20 n° 680). Une diminution de l'emploi et des moyens d'exploitation mis en œuvre, lorsqu'elle est destinée à assurer le maintien du volume de l'activité, ne suffit pas à caractériser un changement significatif d'activité justifiant le refus d'agrément (CE 2-4-2021 n° 429319 : RJF 6/21 n° 557) ;
– l'activité à l'origine des déficits dont le transfert est demandé doit également être poursuivie par la société absorbante pendant un délai minimum de trois ans sans faire l'objet, pendant cette période, de changement significatif (apprécié selon les mêmes critères que ci-avant) ;
– les déficits ne proviennent ni de la gestion d'un patrimoine mobilier par des sociétés dont l'actif est principalement composé de participations financières dans d'autres sociétés, ni de la gestion d'un patrimoine immobilier.

L'administration précise que lorsque le **montant global cumulé** des sommes dont le transfert est envisagé est **supérieur ou égal à 200 000 €**, le transfert ne peut pas, **au titre d'une même opération**, être réalisé pour partie en dispense d'agrément et pour partie dans le cadre de la procédure d'agrément (BOI-IS-FUS-10-60-20 n° 40). La société absorbante peut procéder au transfert d'une quote-part de déficits égale à 199 999 € (sous réserve que les autres conditions prévues à l'article 209, II-2 du CGI soient respectées), mais le surplus est alors définitivement perdu (BOI-IS-FUS-10-60-20 n° 50).

Lorsque la société apporteuse détient une créance sur le Trésor provenant du report en arrière de ses déficits (**créance de « carry-back »**), elle peut la transférer à la société bénéficiaire des apports (CGI art. 220 quinquies, II). Ce transfert s'effectue de plein droit pour les opérations définies à l'article 210-0 A du CGI, mais est facultatif en cas d'apport partiel. En cas de scission ou d'apport partiel, la créance de carry-back est transmise au prorata du montant de l'actif net apporté à la ou aux sociétés bénéficiaires des apports, apprécié à la date d'effet de l'opération.

Impôt de distribution À la suite d'une **fusion** ou d'une **scission** définie à l'article 210-0 A du CGI, même non effectivement placée sous le régime spécial, l'attribution gratuite des titres représentatifs de l'apport aux membres de la société apporteuse n'est pas considérée comme une distribution de **revenus mobiliers** et elle est exonérée de l'impôt sur le revenu (CGI art. 115, 1). **16420**

Par ailleurs, les **plus-values** réalisées par les associés à l'occasion de l'**échange** de titres bénéficient d'un sursis ou d'un report d'imposition applicable quel que soit le régime fiscal des opérations, que les titres soient détenus par des particuliers ou qu'ils figurent à l'actif d'une entreprise.

À noter qu'en contrepartie de la neutralité fiscale accordée, lors de la fusion ou de l'opération assimilée, au titre des revenus distribués, les **remboursements ultérieurs** par la société bénéficiaire des apports de sommes qui ont été, à cette occasion, incorporées au capital ou aux réserves (primes de fusion) sont considérés en principe comme des distributions imposables.

L'**apport partiel d'actifs d'une branche complète d'activité** suivi de la répartition des titres reçus en contrepartie entre tous les associés de la société apporteuse peut être réalisé de plein droit sous un régime de neutralité fiscale en matière d'impôt direct et d'impôt de distribution. Ces dispositions s'appliquent lorsque les conditions cumulatives suivantes sont réunies (CGI art. 115, 2) : **16421**

– l'apport est placé sous le régime spécial ;

– la société apporteuse dispose encore au moins d'une branche complète d'activité après la réalisation de l'apport, ce qui n'est pas le cas lorsqu'elle ne détient plus que des participations ou d'autres actifs isolés après l'opération (BOI-IS-FUS-20-40-40 n° 90) ;

– l'attribution des titres représentatifs de l'apport partiel d'actifs, proportionnelle aux droits des associés dans le capital, a lieu dans un délai d'un an décompté de date à date à compter de la réalisation de l'apport (BOI-IS-FUS-20-40-40 n° 150).

Lorsque l'apport partiel d'actifs n'est **pas représentatif d'une branche complète d'activité** ou lorsque la **société apporteuse ne dispose plus d'au moins une branche complète d'activité** après la réalisation de l'apport, le régime de la neutralité fiscale peut s'appliquer sur agrément délivré à la société apporteuse. Cet **agrément,** qui doit être demandé préalablement à la réalisation de l'apport, est délivré lorsque les conditions suivantes sont réunies :

– les conditions de délivrance de l'agrément permettant de bénéficier du régime de faveur de l'article 210 A du CGI sont remplies ;

– l'attribution est justifiée par un motif économique, se traduisant notamment par l'exercice par la société apporteuse d'une activité autonome et l'amélioration des structures, ainsi que par une association entre les parties formalisée par un engagement de conservation des titres de la société apporteuse par ses associés pendant trois ans à compter de la réalisation de l'apport.

L'**obligation de conservation** des titres de la société apporteuse, ainsi que l'obligation de conservation des titres représentatifs de l'apport partiel d'actifs, ne sont exigées que des associés qui détiennent dans cette société, à la date d'approbation de l'apport, 5 % au moins des droits de vote ou qui y exercent ou y ont exercé, dans les six mois précédant cette date, directement ou par l'intermédiaire de leurs mandataires sociaux ou préposés, des fonctions de direction, d'administration ou de surveillance et détiennent au moins 0,1 % des droits de vote dans la société.

Toutefois, pour les **demandes** d'agrément **déposées depuis le 1er janvier 2023,** une dispense d'engagement de conservation des titres de l'apporteuse s'applique aux associés détenant au moins 5 % des droits de vote de l'apporteuse qui n'exercent pas une influence notable sur sa gestion au sens de l'article L 233-17-2 du Code de commerce lorsque les actions de cette société sont admises aux négociations sur un marché réglementé français ou européen et qu'elle n'est pas contrôlée par un actionnaire ou un groupe d'actionnaires agissant de concert au sens de l'article L 233-3 du Code de commerce (Loi 2022-1726 du 30-12-2022 art. 25).

> Précisions **a.** L'administration accepte de **dispenser** certains des associés de l'engagement de conservation en cas d'émiettement du capital de la société apporteuse et de disproportion marquée entre les valeurs économiques de la société apporteuse et de la société bénéficiaire (BOI-SJ-AGR-20-20 n° 230). En revanche, elle **refuse** l'agrément lorsque les titres attribués rémunèrent une opération consistant à séparer des actifs patrimoniaux de l'activité opérationnelle (BOI-SJ-AGR-20-20 n° 100). Elle le refuse également à une société qui, ayant filialisé ses branches complètes et autonomes d'activité, ne détiendrait plus, après l'attribution des titres, que des participations non significatives ou des actifs isolés (BOI-SJ-AGR-20-20 n° 110).

b. Sur le traitement fiscal des **remboursements ultérieurs** de sommes incorporées au capital ou aux réserves, voir n° 16420.

16425 **Droits d'enregistrement** Les **actes** qui constatent des opérations de fusion de sociétés et opérations assimilées relevant du régime spécial sont enregistrés gratuitement (CGI art. 816).

Lorsqu'il en existe, les **apports à titre onéreux** sont soumis au régime suivant :

– la prise en charge du passif de la société apporteuse ou absorbée, par la société bénéficiaire des apports, ne donne ouverture à aucun droit ;

– les autres apports à titre onéreux entraînent la perception du droit de mutation dans les conditions ordinaires (voir nos 3730 s.).

Les **cessions de droits sociaux** intervenant dans les conditions des articles 210 A et 210 B du CGI sont par ailleurs expressément exclues du droit de vente d'actions ou de parts sociales autres que de sociétés à prépondérance immobilière (CGI art. 726, II).

16430 Le régime de faveur exposé ci-dessus en matière de droits d'enregistrement est aussi applicable lorsque la **société apporteuse ou absorbée** n'est **pas passible de l'impôt sur les sociétés,** mais à concurrence seulement des apports autres que ceux assimilés à des mutations à titre onéreux en vertu de l'article 809, I-3° du CGI (CGI art. 816 A, II). Sont ainsi exclus du régime de faveur les apports portant sur des immeubles ou droits immobiliers, clientèles, droits à un bail ou à une promesse de bail visés n° 3640.

SECTION 5

MODIFICATIONS STATUTAIRES DIVERSES

A. Transfert du siège social

1. RÉGLEMENTATION JURIDIQUE

ORGANE COMPÉTENT POUR DÉCIDER LE TRANSFERT DU SIÈGE SOCIAL

En principe, la décision de transfert du siège relève de la compétence des associés statuant aux conditions de **majorité prévues par les statuts** pour la modification de ceux-ci. En effet, l'indication du siège social est une des mentions qui doivent obligatoirement figurer dans les statuts (C. civ. art. 1835). Transférer le siège social, c'est donc modifier les statuts. 16600

Rien ne s'oppose, à notre avis, à ce que les statuts **autorisent** par avance le **gérant à transférer** le siège social dans la même ville ou dans une aire géographiquement limitée et à modifier les statuts en conséquence.

Le **transfert** du siège **à l'étranger,** qui entraîne un changement de la nationalité de la société, ne peut valablement être décidé qu'à l'unanimité des associés. 16601

Les modalités et les effets du transfert du siège à l'étranger dépendent du droit applicable dans l'État d'accueil :

– si le droit applicable dans l'État d'accueil accepte que la société française se transforme en une société soumise à ce droit tout en conservant sa personnalité morale, il suffit d'adapter les statuts de la société et de se soumettre aux formalités de publicité exigées dans l'État d'accueil, puis de radier la société du RCS et du RNE en France ;

– si le droit applicable dans l'État d'accueil n'accepte pas la transformation de la société française en société soumise à sa loi, il faut alors dissoudre la société en France et constituer une nouvelle société dans l'État d'accueil en respectant les formalités qui y sont applicables. Il peut arriver que la société conserve sa personnalité morale en application d'une convention entre la France et l'État d'accueil, mais cette situation est très exceptionnelle.

> Précisions Le transfert du siège d'une société française dans l'**Union européenne** s'analyse en une transformation de la société si le droit de l'État d'accueil prévoit la possibilité pour les sociétés qui relèvent de cet État de se transformer. En effet, sauf raisons impérieuses d'intérêt général, un État d'accueil qui prévoit la possibilité pour les sociétés de droit interne de se transformer ne peut pas s'opposer à la transformation transfrontalière d'une société française désireuse de transférer son siège chez lui, par exemple en refusant, lors des formalités d'immatriculation, de tenir compte des documents émanant des autorités françaises (CJUE 12-7-2012 aff. 378/10 : RJDA 11/12 n° 966). Un tel obstacle à cette opération serait contraire à la liberté d'établissement prévue par le droit européen.

À noter que les sociétés civiles ne sont pas concernées par le dispositif relatif aux transformations transfrontalières introduit dans le Code de commerce par l'ordonnance 2023-393 du 24 mai 2023.

RÉALITÉ ET PREUVE DU TRANSFERT DU SIÈGE SOCIAL

La décision de transfert doit être suivie d'une réalisation effective ; à défaut, cette décision serait inopérante et le transfert réputé fictif. 16605

Pour apprécier le **caractère sérieux ou fictif du transfert,** les tribunaux recherchent principalement si le lieu d'activité des organes de direction et des services administratifs a été effectivement modifié (Cass. 2e civ. 7-3-1956 : Bull. civ. II n° 166 ; Cass. com. 16-12-1958 : Bull. civ. III n° 438 ; Cass. com. 24-11-1982 : Bull. civ. IV n° 370).

L'**accomplissement des formalités de publicité** du transfert (n° 16610) fait présumer que le transfert a bien eu lieu. Ainsi, la preuve d'un transfert de siège à une date donnée a été considérée comme suffisamment rapportée, en l'absence d'éléments contraires, par les mentions d'un avis d'annonce légale, par celles parues dans les publications de l'Insee et par celle d'un extrait Kbis du RCS (CA Versailles 2-7-2019 n° 18/03160 : RJDA 11/19 n° 692). 16607

PUBLICITÉ DU TRANSFERT DU SIÈGE SOCIAL

16610 Pour être opposable aux tiers, le transfert du siège social doit être publié (cf. C. com. art. L 123-9, al. 1). L'accomplissement des formalités de transfert par la société n'est requis qu'en cas de déplacement du siège social. En cas de **changement de nom de rue ou de numérotation** décidé par l'autorité administrative, il appartient au greffier du tribunal de commerce de rectifier d'office les inscriptions portées au RCS pour les sociétés concernées et il n'est pas tenu d'informer ces sociétés de la rectification ainsi faite (C. com. art. R 123-126, al. 2). Le greffier doit également en informer l'Inpi aux fins d'inscription au RNE (C. com. art. R 123-297, al. 1 issu du décret 2022-1014 du 19-7-2022).

16615 **Transfert du siège dans le ressort du même tribunal** Le transfert du siège dans le ressort du tribunal de commerce au greffe duquel la société a été immatriculée nécessite d'accomplir les formalités suivantes :

– insertion dans un **support d'annonces légales** (Décret 78-704 du 3-7-1978 art. 24 ; Loi 55-4 du 4-1-1955 art. 1) ;
– inscription modificative au **RCS** et au **RNE** par l'intermédiaire du guichet unique électronique des formalités d'entreprises (C. com. art. R 123-66 et art. R 123-263 issu du décret 2022-1014 du 19-7-2022) ;
– formalités exposées n° 16622.

> Précisions **a.** Le fait d'avoir publié dans un support d'annonces légales la décision de transférer le siège social ne suffit pas pour rendre le transfert opposable aux tiers. Ainsi jugé qu'était valable l'**assignation** d'une société **signifiée** à son **ancien siège**, dès l'instant que la mention du transfert au RCS et la publication au Bodacc n'avaient pas encore été effectuées à la date de l'assignation (CA Paris 16-11-1981 : BRDA 4/82 p. 16).

b. La demande d'inscription modificative doit être accompagnée d'une **pièce justifiant la jouissance du local** où est transféré le siège (n° 2703).

c. La société n'a pas à faire de démarche auprès du greffe du lieu des **établissements secondaires** : les formalités d'inscription modificative au RCS du lieu de ces établissements incombent au greffier et non à la société.

16620 **Transfert du siège dans le ressort d'un autre tribunal** Le transfert du siège hors du ressort du tribunal de commerce au greffe duquel la société a été immatriculée entraîne les formalités spéciales suivantes au nouveau et à l'ancien siège, outre celles exposées n° 16622.

a. Insertion dans un support d'annonces légales.

– Publicité au nouveau siège. L'avis publié dans un support d'annonces légales (Loi 55-4 du 4-1-1955 art. 1) du département du nouveau siège doit contenir les mentions indiquées dans l'article 26 du décret 78-704.

– Publicité à l'ancien siège. En application des règles très générales de l'article 24 du décret 78-704, la publicité du transfert doit, à notre avis, être également effectuée dans un support d'annonces légales de l'ancien siège social (Loi 55-4 du 4-1-1955 art. 1) (dans le même sens, à propos des sociétés commerciales, mais la solution est transposable aux sociétés civiles, Rép. Courroy : Sén. 18-6-1971).

b. Inscription modificative La demande d'inscription modificative au RCS doit être déposée dans les conditions exposées n° 9403.

Elle doit être accompagnée, outre des pièces habituelles en cas de demande d'inscription modificative au RCS :

– d'une **pièce justifiant la jouissance du local** où est transféré le siège (n° 2703) ;
– d'un **document annexé aux statuts** mentionnant les sièges sociaux antérieurs, les greffes où sont classés les actes constitutifs et modificatifs antérieurs au transfert du siège et l'indication de la date du dernier transfert du siège (C. com. art. R 123-110).

Le transfert du siège fait également l'objet d'une inscription modificative au RNE (C. com. art. R 123-263 issu du décret 2022-1014 du 19-7-2022).

> Précisions **a.** Il n'est pas nécessaire de produire un **extrait Kbis** de la précédente immatriculation. Il appartient au greffier du nouveau siège d'en faire la demande au greffe du siège d'origine. La transmission de l'extrait Kbis entre les greffes est faite par voie électronique et sans frais pour la société (C. com. art. A 123-46, al. 2).

b. La **radiation de la société** du RCS de l'ancien siège n'est pas à la charge de celle-ci. C'est le greffier du tribunal dans le ressort duquel est situé le nouveau siège qui doit notifier l'inscription de la société au guichet unique électronique de formalités d'entreprises mentionné n° 9403 et au greffier du tribunal dans le ressort duquel était situé le précédent siège ; au reçu de cette notification, le greffier de l'ancien siège doit procéder d'office à la radiation (ou à une mention si l'ancien siège devient établissement secondaire) et notifier celle-ci (ou la mention rectificative) à la société par l'intermédiaire du guichet unique et au greffier du tribunal dans le ressort duquel est situé le nouveau siège (C. com. art. R 123-73).

c. En outre, l'inscription modificative devant être effectuée aux RCS des différents **établissements secondaires** est également à la charge des greffiers.

Autres formalités communes au transfert du siège en France Outre les formalités exposées nos 16615 à 16620, le transfert du siège social en France est soumis aux formalités de publicité suivantes : 16622

– insertion au **Bodacc** par les soins du greffier du tribunal de commerce (C. com. art. R 123-159 et R 123-161) ;

– inscription modificative, par l'intermédiaire du guichet unique électronique de formalités d'entreprises, au **registre des bénéficiaires effectifs** de la société (C. mon. fin. art. R 561-55).

Transfert du siège à l'étranger Dans ce cas, la société doit déposer au guichet unique électronique des formalités d'entreprises, le procès-verbal de l'assemblée ayant décidé le transfert et produire un extrait d'immatriculation du registre « d'accueil » ou de tout autre acte équivalent (Avis CCRCS 99-01 : Bull. RCS 13/2001 p. 7, applicable, à notre avis, pour les formalités réalisées auprès du guichet unique, même s'il n'existait pas à la date de cet avis). 16625

Formalités spéciales liées au transfert du siège Outre les formalités de publicité ci-dessus, applicables à toutes les sociétés, il conviendra également de publier le transfert du siège au **service chargé de la publicité foncière** du lieu de situation des immeubles dont la société est propriétaire, à supposer que cette société ait déjà procédé à une formalité de publicité foncière depuis le 1er janvier 1956 (Décret du 4-1-1955 art. 28, 9°). Cette publicité est assurée par le dépôt de deux expéditions, extraits ou copies, certifiés conformes, des pièces justifiant le changement de siège social : par exemple, extrait ou copie de l'inscription modificative au RCS (Décret du 14-10-1955 art. 70, al. 2), qui peut alors être certifié conforme par le greffier du tribunal (Rép. Caillavet : Sén. 2-4-1982 n° 2525). 16630

Si la société est titulaire de droits sur un **brevet** ou une **marque,** elle doit faire mentionner le transfert du siège social au **registre national des brevets** (CPI art. R 613-57) ou au registre national **des marques** (CPI art. R 714-6) selon le cas, l'un et l'autre étant tenus par l'Inpi. Il y a aussi lieu de faire modifier la **« carte grise »** des véhicules appartenant à la société (C. route art. R 322-7).

2. INCIDENCES FISCALES

INCIDENCES FISCALES DU TRANSFERT DE SIÈGE À L'INTÉRIEUR DU TERRITOIRE FRANÇAIS (Y COMPRIS OUTRE-MER)

En matière de **droits d'enregistrement,** lorsqu'une société civile déplace son siège à l'intérieur du territoire français (sans changer, par conséquent, de nationalité), ce transfert n'entraîne pas de conséquences fiscales. Si l'acte est présenté volontairement à l'enregistrement, seul est perçu le droit fixe des actes innomés de 125 €. 16640

Il en est ainsi, que la société ait son siège social en France métropolitaine, dans les départements d'outre-mer ou dans les autres collectivités françaises d'outre-mer et qu'elle transporte son siège à l'intérieur de ces territoires ou de l'un de ces territoires dans un autre.

En matière d'**impôts directs,** le Conseil d'État a jugé que le transfert du siège social d'une société dans le territoire de la Polynésie française où les règles de l'impôt sur les sociétés ne sont pas celles du CGI constitue un transfert à l'étranger au sens de l'article 221, 2 du CGI et entraîne donc les conséquences de la cessation d'entreprise (CE 5-2-2001 n° 215592 : RJF 4/01 n° 459 ; CE 30-12-2002 n° 215459 : RJF 3/03 n° 275). 16641

Seuls les transferts à l'intérieur de la France métropolitaine et des départements d'outre-mer sont donc susceptibles de s'effectuer sans conséquence fiscale au regard de l'impôt sur les sociétés.

INCIDENCES FISCALES DU TRANSFERT DE SIÈGE À L'ÉTRANGER

En cas de transfert du siège à l'étranger, il y a changement de nationalité de la société qui entraîne en principe création d'une personne morale nouvelle avec les conséquences fiscales qui en résultent. 16645

En matière de **droits d'enregistrement,** cette opération emporte dissolution de la société ancienne et création d'une société nouvelle. Cette opération donne donc en principe ouverture aux mêmes droits que ceux exigibles lors de la formation des sociétés si l'acte qui constate l'opération est passé en France, quelles que soient la nationalité de la société et la situation des biens apportés (voir nos 3600 s.). À défaut d'acte en France, seuls les biens ayant leur assiette matérielle ou juridique en France sont pris en compte pour la liquidation des droits (BOI-ENR-AVS-20-30-20 n° 310). Dans le cas inverse de transfert en France du siège de sociétés étrangères, les droits afférents aux constitutions de sociétés françaises sont en principe dus (BOI-ENR-AVS-20-30-20 n° 350).

16646 Pour les **sociétés civiles passibles de l'impôt sur les sociétés,** l'article 221, 2 alinéa 3 du CGI prévoit que le transfert du siège vers un **État membre de l'Union européenne** (UE) accompagné du **transfert d'éléments d'actif** entraîne l'imposition des plus-values latentes et des plus-values en report ou sursis d'imposition constatées sur les éléments transférés. L'impôt est acquitté, au choix de l'entreprise, dans les deux mois du transfert des actifs, soit pour son montant total, soit pour un cinquième de son montant, le solde devant être versé par fractions égales au cours des quatre années suivantes et au plus tard à la date anniversaire du premier paiement (pour les transferts réalisés vers le Royaume-Uni jusqu'au 31 décembre 2020, cet étalement peut être maintenu jusqu'à son terme : BOI-INT-DG-15-20 n° 140). Lorsque le **transfert porte sur l'intégralité des actifs** de l'établissement et entraîne la fin de l'assujettissement à l'IS, il entraîne également l'imposition immédiate des bénéfices d'exploitation non encore taxés et des provisions devenues sans objet dès lors que l'activité ne sera plus exploitée en France ; la société doit déclarer ces éléments et payer l'impôt correspondant dans les trois mois qui suivent le transfert (CGI art. 221, 2 al. 2 ; CE 9-6-2020 n° 418913 : RJF 8-9/20 n° 679). Ses déficits tombent en non-valeur mais l'administration admet qu'elle dépose une demande de carry-back à raison du déficit subi au titre de sa dernière période d'activité (BOI-IS-CESS-30 n° 210). Lorsque le **transfert des actifs** n'est que **partiel,** il n'emporte aucune autre conséquence que l'imposition des plus-values latentes, avec paiement étalé de l'impôt si le contribuable exerce l'option en ce sens. Toutefois, l'administration estime qu'un tel transfert peut entraîner les conséquences fiscales de la cessation d'entreprise s'il est constitutif d'un changement d'activité au sens de l'article 221, 5 du CGI. Dans ce cas, le report en arrière du déficit n'est pas possible (BOI-IS-CESS-30 n° 230). Que le transfert des actifs soit total ou partiel, l'opération n'entraîne pas les conséquences de la cessation d'entreprise à l'égard des **associés** qui ne sont dès lors pas imposables sur le boni de liquidation (BOI-IS-CESS-30 n°s 220 et 240). Lorsque le transfert de siège dans l'UE ne s'accompagne du **transfert d'aucun élément d'actif,** il n'entraîne aucune imposition à raison des actifs qui demeurent au bilan d'un établissement français de la société.

Les mêmes règles s'appliquent lorsque le transfert s'effectue vers un **État partie à l'Espace économique européen** ayant conclu avec la France une convention d'assistance mutuelle en matière de recouvrement (Norvège ou Islande).

Lorsqu'il est réalisé vers un **État autre** que ceux visés ci-dessus, le transfert du siège social d'une société passible de l'IS emporte les conséquences d'une cessation d'entreprise (CGI art. 221, 2 al. 1).

En cas de transfert du siège d'une **société de personnes n'ayant pas opté pour son assujettissement à l'impôt sur les sociétés,** les plus-values latentes sont imposées immédiatement.

B. Prorogation de la durée de la société

DÉCISION DE PROROGER LA DURÉE DE LA SOCIÉTÉ

16700 **Avant l'arrivée du terme** fixé dans les statuts, les associés peuvent décider la prorogation de la société.

CONSEIL

Il est préférable d'employer le terme de « prorogation » plutôt que celui de « renouvellement » ou de « reconduction ». En effet, ces deux derniers termes impliquent la formation d'un nouveau contrat qui se substitue à celui dont le terme est arrivé à expiration (C. civ. art. 1214 et 1215 ; Cass. 1e civ. 15-11-2005 n° 02-21.366 FS-PB : RJDA 5/06 n° 504), ce qui, en matière de contrat de société, présente l'inconvénient d'entraîner la disparition de la personne morale d'origine et la création d'une personne morale nouvelle. À l'inverse, si les parties conviennent d'une prorogation, elles fixent seulement un nouveau terme au contrat de société.

Selon l'article 1844-6, al. 2 du Code civil, un an au moins avant la date d'expiration de la société, les associés doivent être consultés à l'effet de statuer sur la prorogation de la société. À défaut, tout associé peut demander au président du tribunal judiciaire du lieu du siège social, statuant sur simple requête, la désignation d'un mandataire de justice chargé de consulter les associés et d'obtenir une décision de leur part sur la prorogation éventuelle de la société (C. civ. art. 1844-6, al. 3 ; Décret 78-704 art. 17 ; sur la faculté pour l'usufruitier de droits sociaux de présenter cette demande, voir R. Mortier, La Cour de cassation tranche enfin : l'usufruitier n'est pas associé ! : BRDA 2/22 inf. 29 n° 24).

La prorogation décidée avant le terme est régulière, peu important que n'ait pas été respectée la clause statutaire organisant les modalités de cette prorogation (Cass. com. 30-6-2015 n° 14-17.649 : RJDA 10/15 n° 659, qui précise en outre que les tiers ne peuvent pas se prévaloir de la clause statutaire).

La prorogation équivaut à une modification des statuts et doit, en conséquence, être décidée dans les conditions prévues à cet effet par les statuts ou à l'unanimité (C. civ. art. 1844-6, al. 1).

L'**arrivée du terme** entraîne la dissolution de plein droit de la société (C. civ. art. 1844-7, 1°), laquelle est mentionnée d'office au RCS par le greffier (C. com. art. R 123-124, 4°).

Toutefois, si les associés n'ont pas été consultés aux fins de proroger la société avant le terme, tout associé peut, dans un délai d'un an, demander au président du tribunal judiciaire statuant sur requête de constater l'intention des associés de proroger la société et d'autoriser, dans un délai de trois mois, la consultation des associés aux fins de régulariser la situation en désignant, le cas échéant, un mandataire de justice chargé de provoquer cette consultation (C. civ. art. 1844-6, al. 4). Le président du tribunal peut autoriser cette consultation quelle que soit la raison pour laquelle les associés n'ont pas été consultés à ce sujet auparavant ; si les statuts prévoient que la prorogation peut être décidée à la majorité qu'ils fixent, il lui suffit de constater que des associés représentant au moins cette majorité ont l'intention de proroger la société (Cass. com. 30-8-2023 n° 22-12.084 F-B : BPAT 5/23 inf. 244). Si la société est prorogée, les actes conformes à la loi et aux statuts accomplis entre le terme initial et la décision de prorogation sont réputés avoir été accomplis régulièrement par la société prorogée (art. précité).

En dehors de cette procédure, toute prorogation décidée après le terme est inefficace (Cass. com. 13-9-2017 n° 16-12.479 FS-PB : RJDA 12/17 n° 818, à propos d'un groupement agricole d'exploitation en commun mais transposable), même si elle est assortie d'une clause de rétroactivité (CA Paris 21-10-1994 : Bull. Joly 1995 p. 43 note M. Jeantin) ou décidée à l'unanimité des associés (CA Paris 28-4-2000 n° 00-653 : Bull. Joly 2001 p. 399 note J.-M. Bahans).

Lorsqu'une décision de prorogation prise dans des conditions irrégulières est annulée, la société est réputée dissoute depuis l'expiration de sa durée initiale si l'annulation intervient après l'arrivée du terme de la société ou si les associés n'ont pas adopté dans des conditions régulières une nouvelle décision de prorogation avant l'arrivée du terme. (Cass. com. 23-10-2007 n° 05-19.092 : RJDA 2/08 n° 141).

La prorogation doit être expresse et ne peut pas résulter de la poursuite de l'activité de la société par ses associés après le terme (Cass. com. 13-9-2017 n° 16-12.479 précité) ; admettre le contraire contreviendrait notamment aux règles de publicité applicables en cas de prorogation.

> **Précisions** Il a été jugé, dans un cas où les associés d'une société avaient consenti un **apport en jouissance** pour la durée de la société, que la décision de prorogation devait être adoptée à l'unanimité car, en imposant le maintien de leur apport au-delà du terme initial, la prorogation constituait une augmentation des engagements des associés (Cass. com. 20-12-2017 n° 16-19.283 F-D : RJDA 4/18 n° 321, rendu pour une société en participation mais transposable).

CLAUSE DE PROROGATION DE LA DURÉE DE LA SOCIÉTÉ

Une clause peut-elle prévoir la prorogation automatique de la durée de la société par périodes de même durée que celle initialement prévue, sauf décision contraire des associés ? Une telle stipulation présenterait l'avantage de pallier un oubli des représentants légaux et des associés. **16701**

Bien qu'à notre avis la Cour de cassation n'ait pas définitivement écarté la validité d'une telle clause (en ce sens, B. Dondero, note sous Cass. com. 13-9-2017 n° 16-12.479 FS-PB : JCP G 2017 n° 1259 et, en sens contraire, J.-F. Barbièri : Bull. Joly 2017 p. 594 pour qui cette décision invalide la clause de prorogation automatique), celle-ci nous paraît privée d'efficacité en raison des règles de publicité entourant l'inscription de la prorogation au RCS destinée à la rendre opposable aux tiers.

Ainsi, l'article R 123-66 du Code de commerce impose à la société de demander une inscription modificative au RCS dans le mois de tout fait rendant nécessaire la rectification des mentions déclarée dans la demande d'immatriculation de la société, au nombre desquelles figure la durée. Or, en présence d'une clause de prorogation, c'est l'absence d'opposition des associés à la prorogation automatique avant l'expiration de la durée prévue par les statuts qui constitue le « fait générateur » de cette prorogation. D'où un problème pour le représentant légal de la société lié à la difficulté de justifier de cette absence d'opposition auprès du greffe du tribunal de commerce chargé de procéder à l'inscription au RCS.

REFUS DE PROROGER LA DURÉE DE LA SOCIÉTÉ

En cas de refus de prorogation par les associés, la société est dissoute de plein droit à l'expiration de sa durée (C. civ. art. 1844-7, 1°). Un tel refus peut constituer, de la part des associés minoritaires ayant voté contre la prorogation, un **abus** de minorité (pour un exemple, TGI Grasse 18-2-2019 n° 17/04872 : RJDA 7/19 n° 499) dont les conséquences dommageables peuvent donner lieu à réparation (nos 9075 s.). **16702**

Afin d'éviter la dissolution de la société lorsque des associés disposant de la minorité de blocage refusent la prorogation, le ministre de la justice a suggéré l'insertion dans les statuts d'une clause prévoyant l'obligation pour les associés opposants de céder leurs parts aux autres associés si ces derniers le demandent (Rép. Bouvier : Sén. 19-9-1985 n° 25195). Aucune disposition n'interdit, en effet, une telle clause qui relève de la liberté contractuelle. Cette clause peut préciser les modalités de calcul du prix de rachat ; celles-ci s'imposeront à l'expert désigné pour fixer ce prix en cas de contestation (C. civ. art. 1843-4, II-al. 2). À défaut d'une telle précision, l'expert fixera librement la valeur des parts. Par ailleurs, il est indispensable que la procédure de rachat soit mise en œuvre suffisamment tôt pour qu'avant l'arrivée du terme de la société elle soit achevée et qu'une nouvelle assemblée ait pu décider la prorogation.

Sur la possibilité pour **le nu-propriétaire** de refuser de voter la prorogation de la durée d'une société contrairement à la volonté de l'usufruitier, voir n° 62086.

EFFETS DE LA PROROGATION DE LA DURÉE DE LA SOCIÉTÉ

16703 À l'occasion de la décision de prorogation, les associés peuvent librement fixer la **nouvelle durée** de la société, sans pouvoir, toutefois, retenir une prolongation supérieure à 99 ans (voir C. civ. art. 1838 ; Décret 78-704 art. 3, al. 2). La durée de la société peut être prorogée une ou plusieurs fois.

La possibilité de proroger la durée de la société ne permet pas de qualifier de **perpétuel** le **contrat** de société ni, par suite, l'engagement pris pour la durée de celle-ci par un tiers (Cass. com. 1-6-1999 n° 1133 : RJDA 2/00 n° 160). Celui-ci ne peut donc pas y mettre fin (cf. C. civ. art. 1210) ou invoquer sa nullité (Cass. com. 1-6-1999 précité écartant la solution retenue par la jurisprudence constante antérieure ; Cass. civ. 20-3-1929 : DP 1930. 1. 13 ; Cass. 1e civ. 7-5-1951 : Bull. civ. I p. 108 ; Cass. soc. 29-5-1954 : Bull. civ. V n° 357).

Lorsque la prorogation est décidée, c'est la même personne morale qui continue, la prorogation, comme toute autre modification statutaire, n'entraînant pas formation d'un **être moral nouveau** (C. civ. art. 1844-3).

RÉGIME FISCAL DE LA PROROGATION DE LA SOCIÉTÉ

16710 **Droits d'enregistrement** Les actes portant **prorogation pure et simple** de la société sont en principe dispensés d'enregistrement (CGI art. 635, 1-5° a contrario ; n° 3505). En cas de présentation volontaire à la formalité, un tel acte est enregistré gratuitement (CGI art. 811, 1°).

16711 Lorsque la prorogation intervient **après l'expiration de la durée de la société,** elle entraîne, en principe, la création d'une société nouvelle et donne ouverture aux droits prévus pour les constitutions de sociétés. Relevons toutefois :

– que ces droits ne sont pas dus dans l'hypothèse où la prorogation intervient dans le cadre de la procédure de régularisation prévue par l'article 1844-6 alinéa 4 du Code civil (voir n° 16700) ;

– que sous le régime antérieur au 1er janvier 2019, l'administration admettait l'application du seul droit fixe si la société poursuivait sans modification significative son activité antérieure entrant dans les prévisions de son objet statutaire en fonctionnant selon les règles applicables aux sociétés non dissoutes et si aucune modification révélatrice d'une dissolution n'était apportée aux comptes du bilan (BOI-ENR-AVS-20-50 n° 80). Compte tenu de la suppression du droit fixe pour les opérations réalisées depuis le 1er janvier 2019, il y a lieu de penser que cette tolérance devrait être maintenue et que l'administration devrait accepter l'enregistrement gratuit de la prorogation dans les mêmes conditions. On attendra avec intérêt la mise à jour de la doctrine administrative sur ce point.

16712 Lorsque la prorogation s'accompagne d'une **augmentation de capital,** cette dernière opération est imposable dans les conditions de droit commun (voir nos 14700 s.).

16715 **Impôts directs** Lorsque la société civile est **régulièrement prorogée avant l'expiration de son terme** et qu'il n'y a pas de modification de ses statuts entraînant création d'une personne morale nouvelle ou changement d'activité, la prorogation ne doit pas être considérée comme une cessation d'activité. L'opération est donc réalisée en toute neutralité.

16716 Une société qui n'a **pas** été **prorogée antérieurement à son terme** devrait être, en principe (sauf mise en œuvre de la procédure prévue par l'article 1844-6, al. 4 du Code civil : voir n° 16700), considérée comme dissoute. Cependant, l'administration fiscale accepte de considérer que la société conserve sa personnalité juridique originaire à la double condition (BOI-BIC-CESS-10-20-30 n° 170) :

– d'une part, qu'elle poursuive sans modification significative son activité antérieure entrant dans les prévisions de son objet statutaire et continue de fonctionner d'après les règles applicables aux sociétés non dissoutes ;

– d'autre part, qu'aucune modification révélatrice d'une dissolution ne soit apportée aux comptes du bilan, ni à la suite de l'échéance du terme statutaire, ni à l'occasion de la prorogation tardive.

Le Conseil d'État s'est également prononcé en faveur de la permanence de la société originelle en cas de poursuite de l'exploitation de la même entreprise sans modification des statuts au-delà du terme statutaire (CE 9-11-1963 n° 55179 : Dupont 1963 p. 828 ; CE 18-6-1975 n°s 93861 et 94360 : RJF 9/75 n° 416).

C. Changement de dénomination sociale

CONDITIONS ET EFFETS DU CHANGEMENT DE DÉNOMINATION SOCIALE

Le changement de la dénomination sociale relève, comme toute autre modification des statuts, de la **compétence** exclusive des associés statuant aux conditions de majorité prévues par les statuts pour la modification de ceux-ci. **16800**

Cette modification, comme toute autre modification statutaire, n'entraîne pas la création d'une **personne morale nouvelle** (C. civ. art. 1844-3 ; Cass. com. 3-1-1996 : Bull. Joly 1996 p. 295 note J.-C. Hallouin), si bien que la société est fondée à se prévaloir des droits nés à son profit avant le changement de dénomination (Cass. com. 8-11-2005 n° 1376 : RJDA 3/06 n° 268, concernant une banque mais transposable à une société civile).

PUBLICITÉ DU CHANGEMENT DE DÉNOMINATION SOCIALE

Outre les formalités de publicité afférentes à toute modification statutaire (voir n°s 9400 s.), le changement de dénomination doit, si la société est propriétaire d'**immeubles** ou titulaire de droits immobiliers inscrits au service chargé de la publicité foncière et si elle a déjà procédé à une formalité de publicité foncière depuis le 1er janvier 1956, faire l'objet d'une publication au service de la publicité foncière du lieu de situation des immeubles (Décret 55-22 du 4-1-1955 art. 28, 8°). Cette publicité est assurée par le dépôt de deux expéditions, extraits ou copies, certifiés conformes par un officier public ou ministériel ou une autorité administrative, des pièces justifiant le changement de dénomination : par exemple, extrait ou copie de l'inscription modificative au RCS (Décret 55-1350 du 14-10-1955 art. 70, al. 2), qui peut alors être certifié conforme par le greffier du tribunal (Rép. Caillavet : Sén. 2-4-1982 n° 2525). **16805**

Si la société est titulaire de droits sur un **brevet** ou une **marque,** elle doit faire inscrire le changement de dénomination intervenu au registre national des brevets (CPI art. R 613-57) ou au registre national des marques (CPI art. R 714-6) selon le cas, l'un et l'autre étant tenus par l'Inpi.

FORMALITÉ DE L'ENREGISTREMENT DU CHANGEMENT DE DÉNOMINATION SOCIALE

Les actes constatant le changement de dénomination d'une société ne sont pas, en tant que tels, soumis à la formalité de l'enregistrement. S'ils sont **présentés volontairement** à la formalité, ils ne donnent ouverture qu'au droit fixe des actes innomés qui s'élève à 125 € (CGI art. 680). **16810**

D. Changement d'objet social

CONDITIONS ET EFFET DU CHANGEMENT D'OBJET SOCIAL

Le changement de l'objet social, s'il entraîne un changement des activités principales mentionnées dans les statuts (et au RCS), est décidé dans les conditions prévues pour les modifications des statuts. **16900**

Cette modification, comme toute autre modification statutaire, n'entraîne pas la création d'une **personne morale nouvelle** (C. civ. art. 1844-3; Cass. com. 3-1-1996 : Bull. Joly 1996 p. 295 note J.-C. Hallouin), si bien que la société est fondée à se prévaloir des droits nés à son profit avant le changement d'objet (Cass. com. 8-11-2005 n° 1376 : RJDA 3/06 n° 268).

Si le **nouvel objet** est **commercial,** la société doit être transformée en société commerciale car une société civile ne peut pas avoir un objet commercial (C. civ. art. 1845, al. 2). Si cette transformation n'intervient pas, il apparaît une société commerciale créée de fait (n° 873).

> **> Précisions** Les sociétés civiles exerçant une **activité réglementée** qui cessent cette activité et modifient leur objet perdent, bien entendu, les avantages qu'elles pouvaient avoir sur le plan juridique, comme sur le plan fiscal, du fait de cette activité.

RÉGIME FISCAL DU CHANGEMENT D'OBJET SOCIAL

Droits d'enregistrement Dès lors que le changement de l'objet social (à ne pas confondre avec une simple extension ou restriction de l'objet de la société) n'entraîne pas en principe création d'une personne morale nouvelle, l'acte qui constate ce changement d'objet ne donne en général ouverture qu'au droit fixe des actes innomés de 125 € (CGI art. 680). **16910**

16911 Lorsque l'opération a pour effet de **rendre passible de l'impôt sur les sociétés** une société qui n'était pas soumise à cet impôt (tel serait le cas, par exemple, d'une société civile qui modifierait son objet pour exercer une activité de marchand de biens), ou s'accompagne d'une option pour cet impôt, un **droit spécial de mutation** est exigible sur certains apports en nature qui lui ont été faits (CGI art. 809, II). Ce droit est perçu au taux global de :

– 5 % pour les apports d'immeubles ou de droits immobiliers (auquel s'ajoute éventuellement la taxe additionnelle de 0,6 % lorsqu'il s'agit de bureaux, locaux commerciaux ou de stockage situés en Île-de-France) ;

– 3 % sur la fraction de la valeur d'apport comprise entre 23 000 et 200 000 € et 5 % sur la valeur supérieure à 200 000 € lorsque l'apport a pour objet une clientèle, un droit au bail ou une promesse de bail.

L'enregistrement gratuit peut être substitué au droit de 3 ou de 5 % sur les apports de clientèles et biens assimilés et des immeubles affectés à l'activité professionnelle, si les associés s'engagent à conserver pendant trois ans les titres détenus à la date du changement de régime fiscal.

En cas de **non-respect** de l'engagement, le droit spécial de mutation est exigible immédiatement. Toutefois, la reprise n'est pas effectuée en cas de décès ou en cas de donation si le donataire prend dans l'acte et respecte l'engagement de conserver les titres jusqu'au terme de la troisième année suivant le changement de régime fiscal (CGI art. 810, III).

> Précisions a. Les **apports concernés** par la taxation s'entendent exclusivement des apports faits depuis le 1er août 1965 par des personnes (physiques ou morales) non soumises à l'impôt sur les sociétés et portant sur des immeubles, droits immobiliers, clientèles, droits à un bail et promesses de bail. Il convient de faire abstraction :

– des biens dont l'apport a été dispensé des droits d'enregistrement, parce que passible de la TVA (BOI-ENR-AVS-20-40 n° 120) ;

– des biens précédemment apportés dont la société n'est plus propriétaire à la date du changement de régime fiscal (CGI ann. II art. 295). Sont seuls taxables les biens qui ont leur assiette matérielle (ou juridique s'il s'agit de biens incorporels) en France (CGI ann. II art. 301).

b. Le droit de mutation est calculé sur la **valeur vénale** des biens à la date du changement de régime fiscal (CGI ann. II art. 298).

c. S'il est moins élevé que le droit de mutation, le **droit de vente** est applicable (BOI-ENR-AVS-20-40 n° 310).

d. Les droits exigibles sont liquidés au vu d'une **déclaration** n° 2742-SD qui doit être souscrite en double exemplaire au service des impôts des entreprises du lieu d'imposition à l'impôt sur les sociétés. Elle est déposée dans les trois mois de la clôture du premier exercice dont les résultats sont soumis à l'impôt sur les sociétés ou, en cas d'option pour l'impôt sur les sociétés, dans le délai prévu pour la notification de l'option (n° 10085). Toutefois, si le changement résulte d'un acte obligatoirement soumis à l'enregistrement, la déclaration est déposée dans le même délai (nos 3510 s.) et au même service que cet acte (CGI ann. II art. 295 à 297 et 299).

e. Sur demande de la société assortie d'une offre de garantie, les droits peuvent être **fractionnés** en trois annuités égales, les annuités autres que la première étant assorties d'intérêts. Le fractionnement n'est pas accordé lorsque les droits proportionnels sont réclamés suite au non-respect de l'engagement de conservation des titres (BOI-ENR-AVS-10-10-20 n° 410).

16915 **Impôts directs** Le changement d'objet social ou d'activité réelle d'une société est susceptible d'emporter les conséquences fiscales d'une cessation d'entreprise lorsqu'il émane d'une **société** soumise au régime fiscal des sociétés de personnes **qui exerce une activité professionnelle** (CGI art. 202 ter, I) ou d'une **société assujettie à l'impôt sur les sociétés,** quelle que soit son activité (CGI art. 221, 5).

En revanche, le changement d'objet social ou d'activité réelle d'une société de personnes sans activité professionnelle (SCI de location par exemple) est dénué de conséquence fiscale, sous réserve qu'il ne s'accompagne pas d'un changement de régime fiscal (n° 11155).

16916 Le changement d'objet social n'a aucune incidence s'il ne s'accompagne pas d'un changement effectif – profond – d'activité (BOI-BIC-CESS-10-20-30 n° 80). En fait, seul le changement d'activité réelle est une **cause de cessation.** La loi ne définit le changement d'activité réelle que pour les sociétés soumises à l'impôt sur les sociétés (voir n° 11415). Dans le silence des textes pour les sociétés soumises au régime fiscal des sociétés de personnes, l'administration précise que, pour entraîner la cessation d'entreprise, le changement d'activité réelle doit être profond (voir n° 11025).

16920 Quant aux **conséquences de la cessation,** elles sont le plus souvent limitées à la seule imposition des bénéfices de l'exercice en cours lors du changement, du fait de l'application du régime d'atténuation conditionnelle de ces conséquences (CGI art. 202 ter et 221 bis).

Ce régime d'atténuation conditionnelle est exposé nos 11050 s. (sociétés non soumises à l'impôt sur les sociétés et exerçant une activité professionnelle) et 11445 s. (sociétés soumises à l'impôt sur les sociétés).

TITRE III

Les associés de la société civile

CHAPITRE 1

LE STATUT DES ASSOCIÉS

SOMMAIRE

SECTION 1

SITUATION JURIDIQUE, SOCIALE ET FISCALE DES ASSOCIÉS

A. Associés exerçant une activité au sein de leur société

PRINCIPE

Les associés **non gérants** peuvent exercer une activité au sein de leur société et recevoir, en contrepartie, une rémunération. Dans cette hypothèse, la question se pose du statut dont ils relèvent au titre de cette activité tant sur le plan social que fiscal. 20000

La situation des associés **gérants** fait l'objet d'une étude distincte (nos 7680 s.).

RÉGIME SOCIAL DES ASSOCIÉS NON GÉRANTS

L'associé d'une société civile exerçant au sein de celle-ci une activité et percevant à ce titre une rémunération relève **en principe** du régime général de sécurité sociale en tant que travailleur indépendant. 20010

Des précisions ont été apportées par l'administration et par la jurisprudence.

20011 Selon l'**administration,** il n'apparaît pas possible d'affilier de façon systématique tous les associés de sociétés civiles au régime général en tant que travailleur indépendant (Guide Acoss 300-II p. 9). Elle a cependant précisé que les associés d'une **société civile professionnelle** exerçant une activité purement libérale relèvent au titre de cette activité du statut de travailleur indépendant (Rép. Calméjane : Sén. 13-10-1972 ; Lettre Cnamts 31-7-1991).

La **Cour de cassation** juge que les associés d'une société civile professionnelle relèvent du régime général comme travailleurs indépendants (s'agissant d'une société civile d'études et de recherches économiques et commerciales, Cass. soc. 19-6-1980 : Bull. civ. V n° 556 ; s'agissant d'une société civile professionnelle titulaire d'un office notarial, Cass. soc. 18-5-2000 n° 99-10.151 : RJS 7-8/00 n° 880 ; d'une SCP d'avocats, Cass. soc. 21-3-1979 : Bull. civ. V n° 258 ; dans le même sens, s'agissant des anciens conseils juridiques, Cass. soc. 2-4-1992 : RJS 5/92 n° 686).

Il en va de même pour les associés d'une **société civile immobilière de construction et de vente** (SCCV) si ceux-ci participent effectivement à la gestion et au contrôle de celle-ci (Cass. soc. 8-5-1995 n° 93-17.042 P : RJS 10/95 n° 1074). Le réseau des Urssaf considère également que relèvent du régime général comme travailleur indépendant l'associé gérant de fait ou de droit ainsi que l'associé non gérant participant à la gestion et au contrôle de la société (www.urssaf.fr).

En revanche, les associés d'une **société** civile **gérant un patrimoine** qui perçoivent des revenus du capital et non des revenus professionnels ne sont pas assujettis au régime général (Cass. soc. 10-5-1988 n° 86-10.105 P).

20012 La qualité de travailleur indépendant entraîne en matière de sécurité sociale l'**obligation de cotiser** au régime général à ce titre. Les intéressés sont également assujettis à la CSG et à la CRDS suivant les règles applicables aux revenus professionnels non salariés.

Ces cotisations et contributions sont dues à titre personnel par les dirigeants eux-mêmes et non par la société. Jugé ainsi, à propos d'une société civile professionnelle titulaire d'un office notarial, que chaque associé exerce la profession indépendante de notaire associé et qu'en conséquence la cotisation d'allocations familiales est due mais **à titre personnel** par chaque associé (Cass. soc. 10-1-1973 : Bull. civ. V n° 16). Une solution identique a été retenue s'agissant des cotisations au régime de retraite complémentaire des notaires (Cass. soc. 12-3-1998 : RJS 4/98 n° 537).

20013 Encore faut-il que les associés exercent, même à titre accessoire, une **activité non salariée** dans le cadre de la société civile : ainsi, aucune cotisation sociale tant au régime des salariés qu'à ceux des non-salariés n'est due sur leur part des loyers par les associés non rémunérés d'une société civile immobilière de gestion, dont l'activité consiste uniquement en la location d'un immeuble. Il en est de même pour celui des associés qui est investi des fonctions de gérant s'il ne perçoit aucune rémunération particulière pour cette fonction (Cass. soc. 19-11-1981 : Bull. civ. V n° 907 ; Cass. soc. 26-10-1982 : Bull. civ. V n° 583 ; Cass. soc. 10-5-1988 n° 86-10.105 : Bull. civ. V n° 280).

De même les associés de sociétés civiles immobilières de construction-vente ne peuvent, à défaut de participation effective à la gestion et au contrôle de la société, être considérés comme ayant, en leur seule qualité d'associés, une activité professionnelle non salariée au sens du Code de la sécurité sociale (Cass. soc. 8-6-1995 : RJS 10/95 n° 1074).

20015 La jurisprudence n'a pas réglé le cas des **associés non gérants** qui exercent dans la société une activité rémunérée qui les place dans un **état de subordination vis-à-vis de la société.**

Aucune disposition légale ne devrait s'opposer à ce que les associés d'une société civile exerçant des fonctions techniques rémunérées dans cette société puissent se voir reconnaître la qualité de salariés s'ils se trouvent placés à l'égard de la société dans un état de subordination. Selon la Cour de cassation, le lien de subordination est caractérisé par l'exécution d'un travail sous l'autorité d'un employeur qui a le pouvoir de donner des ordres et des directives, d'en contrôler l'exécution et de sanctionner les manquements de son subordonné. Toutefois, des règles particulières peuvent s'appliquer. Ainsi, l'article 11 de la loi 66-879 du 29 novembre 1966 prévoit qu'il ne peut en aucun cas exister un lien de subordination entre les associés et une société civile professionnelle pour l'accomplissement de leurs actes professionnels. L'activité des membres d'une société civile professionnelle est donc purement libérale et ne saurait de ce fait relever du régime des salariés (Lettre Cnamts 31-7-1991).

Sur le cas des **associés gérants,** voir n° 7685.

RÉGIME FISCAL DES RÉMUNÉRATIONS DES ASSOCIÉS NON GÉRANTS

20025 **Société soumise à l'IS** Lorsque la société civile est passible de l'impôt sur les sociétés de plein droit ou sur option, les rémunérations éventuellement allouées aux associés non gérants sont déductibles des bénéfices imposables dans la mesure où elles correspondent à la rétribution normale des fonctions effectivement exercées.

Si la société est soumise à l'IS **sur option** (CGI art. 206, 3), la déductibilité et le régime d'imposition de la rémunération versée à l'associé sont expressément prévus à l'article 211 du CGI : les sommes perçues sont soumises à l'impôt sur le revenu au nom de leurs bénéficiaires selon les règles prévues à l'article 62 du CGI (alignées sur celles des traitements et salaires : voir n° 7625).

Si la société est soumise à l'IS de **plein droit,** la rémunération non excessive versée à l'associé non gérant, correspondant à un travail effectif, est imposable dans la catégorie des traitements et salaires.

> **> Précisions** Les associés peuvent déduire des rémunérations qu'ils perçoivent (qu'elles soient imposables dans la catégorie des traitements et salaires ou qu'elles relèvent de l'article 62 du CGI) les **intérêts des emprunts** et autres frais versés pour acquérir ou **souscrire les titres de la société** dans laquelle ils exercent leur activité professionnelle principale dans les mêmes conditions que les associés gérants (voir n° 7625).

Société non soumise à l'IS Lorsque la société civile relève du régime fiscal des sociétés de personnes, les appointements prélevés par les associés doivent rester compris dans le bénéfice imposable de la société : la rémunération du travail personnel des associés ou de leur collaboration à la gestion de l'entreprise s'opère normalement par la répartition à leur profit des bénéfices sociaux (BOI-BIC-CHG-40-50-10 n° 160). Ces appointements sont, en conséquence, imposables à l'impôt sur le revenu entre les mains des intéressés dans les mêmes conditions que la quote-part de bénéfices sociaux revenant à chacun, c'est-à-dire, en principe, dans la catégorie correspondant à la nature de l'activité de la société : revenus fonciers, bénéfices agricoles, bénéfices non commerciaux par exemple. 20030

Toutefois, lorsque l'**associé** d'une société civile est une **personne morale** passible de l'impôt sur les sociétés dans les conditions de droit commun **ou une entreprise** industrielle, commerciale, artisanale ou agricole imposable à l'impôt sur le revenu de plein droit selon un régime de bénéfice réel, la distinction prévue à l'article 238 bis K, I du CGI s'applique pour la détermination de la quote-part de bénéfices lui revenant. Par exemple, le versement d'une rémunération ou d'un avantage occulte par une société de personnes dont certains associés sont passibles de l'IS constitue, dans la mesure de la participation de ces derniers, une distribution imposable au nom de son bénéficiaire dans la catégorie des revenus de capitaux mobiliers (CE 29-6-2001 n° 223663 : RJF 10/01 n° 1233 ; CE 12-4-2012 n° 325329 : RJF 7/12 n° 704). Le tribunal administratif de Nice transpose cette solution aux sommes mises à la disposition des associés à titre d'avances, de prêts ou d'acomptes par une société de personnes (TA Nice 31-12-2021 n° 1901569 : RJF 6/22 n° 549). Dans la situation particulière où un associé est une société de personnes ayant pour activité la gestion de son propre patrimoine mobilier ou immobilier, ou exerçant une activité agricole à raison de laquelle elle relève du régime du micro-BA ou du régime simplifié d'imposition sur option, les parts de résultats lui revenant suivent également les règles applicables en matière d'IS, sauf pour la fraction des droits de cette société détenue directement ou indirectement par une personne physique ou une entreprise non visée ci-avant.

Ainsi, dans le cas d'une **société civile** immobilière **de location,** seront taxables dans la catégorie des revenus fonciers les rémunérations perçues par un associé dont la quote-part de bénéfices est elle-même imposable dans la catégorie des revenus fonciers. Tel est le cas des sommes perçues par :
- une personne physique ;
- une entreprise individuelle exerçant une activité agricole placée sous le régime du micro-BA ou, sur option, sous le régime réel simplifié ;
- une entreprise individuelle exerçant une activité BIC placée sous le régime du micro-BIC ou, sur option, sous un régime réel d'imposition ;
- un contribuable exerçant une profession non commerciale ;
- une société de personnes exerçant une activité agricole et relevant du micro-BA ou, sur option, du régime simplifié, ou une société de personnes de gestion patrimoniale lorsque les droits dans ces sociétés sont détenus par les personnes ou entreprises des quatre catégories précédentes.

Lorsque la société civile exerce une activité relevant des **bénéfices non commerciaux** (société civile professionnelle), des bénéfices **agricoles** ou des bénéfices **commerciaux** (cas d'une société civile de construction-vente), la rémunération allouée aux **conjoints d'associés** est intégralement déductible à la double condition que le conjoint participe effectivement à l'exercice de la profession et que les cotisations sociales aient été acquittées sur sa rémunération (CGI art. 154). 20031

20032 En cas de démembrement de la propriété des parts, les rémunérations versées par la société au **nu-propriétaire** peuvent être déduites des bénéfices sociaux à la double condition que le nu-propriétaire ne soit pas associé en fait à l'exploitation et que les rémunérations versées correspondent à un travail effectif et ne présentent pas un caractère exagéré (BOI-BIC-CHG-40-50-10 n° 180). Ces rémunérations sont imposées comme des salaires.

En revanche, les rémunérations versées à l'**usufruitier** ne sont pas déductibles des bénéfices sociaux dans la mesure où il collabore à la gestion de l'entreprise et se trouve normalement rémunéré par la répartition à son profit des bénéfices sociaux.

B. Associés consentant des prêts ou des avances à la société

GÉNÉRALITÉS

20040 Il arrive souvent, en pratique, notamment pour permettre à la société de faire face à des besoins de trésorerie momentanés, que les associés, au lieu de faire des apports complémentaires, consentent des prêts ou des avances à la société soit en versant des fonds dans la caisse sociale, soit en laissant à la disposition de la société des sommes qu'ils renoncent temporairement à percevoir (rémunérations, dividendes, etc.). Alors que les véritables apports ont leur contrepartie au bilan dans le compte « capital », ces avances ou prêts sont enregistrés en comptabilité sous un compte de passif réel nommé « Associés-Comptes courants ».

Dans ce cas, l'associé adjoint à cette qualité celle de créancier de la société au titre des sommes figurant à son **compte courant** (Cass. 3e civ. 3-2-1999 n° 259 : RJDA 8-9/99 n° 936). Il doit, en conséquence, être traité comme un créancier en ce qui les concerne. Par exemple, si l'associé cède ces sommes, les règles de la cession de créance sont applicables (C. civ. art. 1323 et 1324) et non pas les règles des cessions de parts. Par ailleurs, si la société devait faire l'objet d'une procédure collective, l'associé pourrait déclarer sa créance et, théoriquement du moins, se faire rembourser comme les autres créanciers. Néanmoins, si la société devient insolvable à cause d'une faute de gestion, le titulaire du compte a plus intérêt à agir en responsabilité contre le dirigeant qu'à demander le remboursement de son compte (par exemple, CA Paris 22-5-2008 n° 07-8661 : RJDA 11/08 n° 1138, 2e esp.).

En application de la réglementation du **monopole des établissements de crédit,** une société (autre qu'un établissement de crédit) ne peut pas en principe recevoir à titre habituel des fonds remboursables du public (C. mon. fin. art. L 511-5, al. 2). Par dérogation à cette règle, l'article L 312-2 du Code monétaire et financier autorise une société à recevoir des avances en compte courant de ses associés.

> **Précisions** **a.** L'inscription en compte courant des salaires versés à un associé salarié n'entraîne pas, à elle seule, novation de la créance salariale en prêt, si bien que la créance du salarié sur la société demeure privilégiée (Cass. soc. 1-10-2003 n° 2046 : RJS 12/03 n° 1399).
> Une telle novation ne peut pas être déduite du seul fait que le salarié s'est abstenu de réclamer le versement de son salaire compte tenu des difficultés de trésorerie rencontrées par la société (Cass. soc. 31-3-2004 n° 723 : RJS 6/04 n° 768). Elle peut en revanche être déduite de l'importance des sommes laissées par le salarié associé à la disposition de la société et de l'étroite imbrication des intérêts de ceux-ci (Cass. soc. 22-6-1993 n° 2544 : RJS 8-9/93 n° 873, 1e esp. ; CA Chambéry 2-12-2003 n° 01-1869 : RJDA 11/04 n° 1217).
> **b.** La **cession des parts** de l'associé titulaire du compte courant n'entraîne pas de plein droit cession du solde créditeur de son compte courant ni sa clôture (n° 21317), de sorte que le cédant est fondé à demander le remboursement des fonds détenus à son nom à tout moment après la cession (Cass. com. 27-5-2021 n° 19-18.983 F-D : RJDA 8-9/21 n° 572). De même, la **donation** des parts n'emporte pas, sauf clause contraire, transfert du compte courant de l'associé donateur au bénéficiaire de la donation. Par suite, seul l'associé ou, à son décès, ses héritiers ont un droit sur les sommes inscrites en compte (Cass. 3e civ. 18-11-2009 n° 08-18.740 : RJDA 5/10 n° 514).
> **c.** L'engagement pris par les associés d'apporter en compte courant les sommes nécessaires à l'effet de combler les déficits de trésorerie de la société de façon que celle-ci puisse faire face aux échéances d'un prêt constitue un engagement contractuel de faire et non de payer ; les dispositions de l'article 1376 du Code civil imposant la **mention** manuscrite **de la somme due** en lettres et en chiffres ne sont pas applicables (Cass. com. 25-10-2011 n° 10-25.607 : RJDA 2/12 n° 207).
> **d.** Le versement d'une somme sur le compte bancaire d'une société en application d'une clause d'un acte de cession de ses titres stipulant que le cédant s'engage à remettre une somme en compte courant ne suffit pas à **prouver l'existence d'une avance** en compte courant d'associé, dès lors que l'accord des parties sur une telle avance ne ressort pas explicitement de la clause ou des échanges entre les parties, pas plus que des documents comptables et fiscaux de la société postérieurs à la vente (Cass. com. 3-3-2021 n° 19-11.535 F-D : RJDA 8-9/21 n° 573, à propos d'une société par actions simplifiée mais transposable).

1. REMBOURSEMENT DES AVANCES

À défaut de clause statutaire (antérieure au dépôt des fonds) ou de stipulation conventionnelle contraire, un associé peut en principe demander le remboursement des sommes avancées à tout **moment** (Cass. com. 24-6-1997 n° 95-20.056 P : RJDA 11/97 n° 1349 ; Cass. com. 3-5-2018 n° 16-16.558 F-D : RJDA 7/18 n° 577 ; Cass. com. 20-10-2021 n° 20-15.736 F-D : RJDA 2/22 n° 103), en dehors de toute procédure de retrait (Cass. 3e civ. 3-2-1999 n° 97-10.399 PB : RJDA 8-9/99 n° 936) et même en cas de liquidation amiable de la société (Cass. com. 5-3-1991 n° 449 : Bull. Joly 1991 p. 499). La société ne peut pas lui opposer une compensation entre ce solde et des pertes sociales non constatées (CA Paris 19-9-2007 n° 07-3177 : RJDA 2/08 n° 135). Elle ne peut pas invoquer les règles du prêt de consommation (C. civ. art. 1900) pour obtenir du juge qu'il fixe une date de remboursement ultérieure en fonction des circonstances (Cass. com. 10-5-2011 n° 10-18.749 : RJDA 7/11 n° 628) ou limiter le remboursement à la somme que peut supporter sa trésorerie, dès lors qu'aucune clause n'autorise cette limitation (Cass. com. 8-12-2009 n° 08-16.418 : RJDA 3/10 n° 246). Un associé ne saurait pas non plus se voir opposer le fait qu'il ne s'est pas manifesté lors de la liquidation amiable de la société, cette inaction ne caractérisant pas sa volonté de renoncer à sa créance (Cass. com. 4-2-2014 n° 13-11.094 : RJDA 4/14 n° 336). 20041

Cependant l'**associé** peut être tenu pour **fautif** si sa demande de remboursement est faite abusivement.

ILLUSTRATIONS

Il a été jugé que des actionnaires majoritaires, anciens dirigeants, commettent une faute en se faisant rembourser leurs comptes courants alors qu'ils savaient que la créance d'un tiers n'avait pas été prise en considération lors de la liquidation de la société, cette faute justifiant qu'ils soient condamnés à payer personnellement cette créance (CA Paris 12-2-1999 : RJDA 11/99 n° 1212). De même, dans un cas où un compte avait été ouvert au nom d'époux associés d'une société constituée pour acquérir une résidence secondaire, l'associé gérant a été reconnu fautif à l'égard de la société pour avoir prélevé les fonds de ce compte afin d'acquérir en propre un bien immobilier (Cass. com. 1-7-2008 n° 07-16.215 : RJDA 11/08 n° 1123).

Au contraire, n'ont pas commis de faute les associés gérants d'une société qui ont réglé des dépenses personnelles au moyen de chèques émis par la société, leur compte courant d'associé étant débité des mêmes montants, aucun paiement préférentiel au détriment des créanciers n'étant caractérisé et le remboursement du compte n'ayant pas entraîné la cessation des paiements de la société intervenue un an après le dernier paiement (CA Paris 1-2-2022 n° 19/22749 : RJDA 5/22 n° 275).

La créance de remboursement d'un compte courant d'associé est soumise à une **prescription** de cinq ans (C. civ. art. 2224). Celle-ci court à compter du jour de la demande en paiement du solde de ce compte (Cass. com. 18-10-2017 n° 15-21.906 F-D : RJDA 3/18 n° 234 écartant, dans un cas où des dividendes avaient été payés par inscription en compte courant, les dates de distribution et d'inscription en compte comme point de départ du délai de prescription ; Cass. com. 27-5-2021 n° 19-18.983 F-D : RJDA 8-9/21 n° 572 écartant comme point de départ la date de cession de ses parts sociales par l'associé ; décisions rendues en matière de sociétés commerciales mais transposables).

> Précisions a. Une décision collective ne peut pas imposer le **blocage des sommes déposées** en compte courant, une telle décision entraînant une augmentation des engagements des associés (Cass. com. 24-6-1997 n° 1696 : RJDA 11/97 n° 1349 ; CA Versailles 20-9-1996 n° 96-1415 : RJDA 1/97 n° 67), laquelle nécessite l'accord unanime des intéressés (C. civ. art. 1836, al. 2).

b. La clause des statuts de la société prévoyant que les **conditions** de retrait des avances en compte courant sont **fixées par le gérant** doit être réputée non écrite dès lors qu'elle fait dépendre le remboursement de la seule volonté de la gérance (CA Versailles 2-4-1999 n° 96-8453 : RJDA 7/99 n° 788).

c. Une clause des **statuts** peut valablement **soumettre le remboursement du compte à certaines conditions** pourvu que celles-ci ne fassent pas dépendre exclusivement le remboursement d'une décision de la société débitrice. A notamment été jugée valable la clause soumettant le remboursement à la condition que la trésorerie de la société le permette (Cass. com. 9-10-2007 n° 06-19.060 : RJDA 1/08 n° 41) ou à la reconstitution des fonds propres de la société à un certain niveau (CA Paris 12-12-2007 n° 05-15941 : RJDA 5/08 n° 526). Lorsqu'une clause subordonne le remboursement d'un compte courant à la condition que l'actif disponible soit supérieur au passif exigible, le montant du compte doit être pris en compte pour déterminer le passif exigible (Cass. com. 31-1-2017 n° 15-14.734 F-D : RJDA 5/17 n° 337).

La clause qui soumet la détermination des modalités de remboursement du compte à une décision des associés ne permet pas à un associé de demander en justice le remboursement de son compte sans consultation des autres associés (CA Paris 18-6-2015 n° 14/16133 : RJDA 12/15 n° 827).

Un soin particulier doit être apporté à la rédaction de la clause afin que celle-ci soit en adéquation avec le but recherché. Ainsi jugé que la clause par laquelle la société s'engage à rembourser immédiatement le compte courant d'un associé en cas de cession du fonds de commerce qu'elle exploite n'interdit pas à cet associé d'en demander le remboursement à tout moment (CA Paris 26-2-2015 n° 14-16934 précité).

d. L'époux **marié** sous le **régime de la**

communauté à un associé ayant consenti une avance en compte courant à la société n'a pas qualité à agir contre la société en remboursement du solde du compte dont l'associé est seul titulaire même si la somme provenant de ce remboursement doit figurer à l'actif de la communauté (Cass. 1e civ. 9-2-2011 n° 09-68.659 : RJDA 5/11 n° 423).

e. Les investissements en compte courant sont indépendants de ceux auxquels peuvent être tenus les associés de certaines **sociétés civiles particulières,** notamment les sociétés d'attribution (nos 40920 s.) et les sociétés de construction-vente (nos 45130 s.).

f. En l'absence de stipulation d'**intérêts** conventionnels, les avances en compte courant sont présumées avoir été effectuées à titre gratuit (Cass. 1e civ. 26-11-1991 n° 90-17.169 : Bull. civ. I n° 335).

g. Le **titulaire de la demande de remboursement** est celui qui a avancé les fonds. Lorsque l'associé prêteur est en liquidation judiciaire, il ne peut pas demander le remboursement des sommes inscrites sur son compte courant car cette action, qui tend au recouvrement de la créance dont il dispose contre la société, ne peut être exercée que par le liquidateur judiciaire (Cass. com. 23-9-2014 n° 12-29.262 : RJDA 12/14 n° 925).

h. Le **délai de prescription** de la créance de remboursement peut être interrompu par une reconnaissance de dette de la société envers l'associé titulaire du compte (C. civ. art. 2240). Tel est le cas lorsqu'un rapport du gérant indique que l'associé est titulaire d'un compte d'un certain montant (CA Paris 2-7-2019 n° 16/21648 : RJDA 11/19 n° 693).

REMBOURSEMENT PAR UNE SOCIÉTÉ EN DIFFICULTÉ

20043 En principe, la société ne peut pas opposer une situation financière difficile à la demande de remboursement d'un compte courant (CA Versailles 2-4-1999 n° 96-8453 : RJDA 7/99 n° 788 ; CA Paris 24-2-2015 n° 13/20394 : RJDA 5/15 n° 343 ; CA Aix-en-Provence 6-7-2017 n° 15/05231 : RJDA 11/17 n° 720) ni limiter le remboursement au montant que peut supporter sa trésorerie (Cass. com. 8-12-2009 n° 08-16.418 F-D : RJDA 3/10 n° 246). Elle peut néanmoins obtenir du juge des **délais de paiement,** limités à deux ans, sur le fondement du droit commun (C. civ. art. 1343-5 ; pour des illustrations, voir CA Montpellier 16-12-2008 n° 07-7912 : Dr. sociétés 2009 comm. n° 87, accordant un échelonnement sur deux ans ; CA Paris 24-2-2015 précité, imposant un remboursement partiel immédiat et un report de paiement d'un an pour le solde).

Toutefois, le remboursement d'un compte courant intervenu entre la date de cessation des paiements et la mise en redressement ou en liquidation judiciaire de la société (**période** dite **suspecte**) peut être annulé si, au moment de cette opération, l'associé avait connaissance de l'état de cessation des paiements (C. com. art. L 632-2 et L 641-14). L'annulation suppose une connaissance personnelle de la cessation des paiements. Celle-ci ne peut pas être déduite du seul fait que le bénéficiaire du remboursement a la qualité d'associé (CA Paris 17-9-1999 : RJDA 12/99 n° 1362) ou de dirigeant de la société (Cass. com. 19-11-2013 n° 12-25.925 : RJDA 3/14 n° 255, à propos d'une société commerciale mais transposable).

Après **ouverture de la procédure collective,** y compris s'il s'agit d'une sauvegarde, la société ne peut plus procéder au remboursement sous peine d'annulation de celui-ci et l'associé doit, comme tout créancier, déclarer sa créance entre les mains du mandataire ou du liquidateur judiciaire (C. com. art. L 622-7, L 622-24, L 631-14 et L 641-3). Sur la question de savoir si l'associé peut invoquer après l'ouverture de la procédure collective la compensation du solde créditeur de son compte courant avec une créance de la société sur lui, voir n° 28262 (fraction non libérée du capital) et n° 28266 (augmentation de capital prévue par le plan).

ATTENTION

Le **dirigeant** qui a remboursé un compte courant d'associé avant que la société ne fasse l'objet d'un redressement ou d'une liquidation judiciaire peut, dans certaines circonstances, être **passible de sanctions.**

Ainsi, le remboursement ne doit pas constituer un paiement préférentiel au détriment des créanciers de la société (Cass. com. 24-5-2018 n° 17-10.119 F-D : RJDA 8-9/18 n° 665) sous peine d'exposer le dirigeant à une **action en comblement du passif social pour faute de gestion.** Tel a été le cas lorsque le dirigeant a procédé au remboursement alors qu'il savait inéluctable la déclaration de cessation des paiements de la société et qu'il connaissait le risque que cette dernière doive une somme d'argent à un tiers dans le cadre d'un contentieux (Cass. com. 24-5-2018 n° 17-10.119 précité). Le simple fait que les comptes bancaires de la société étaient créditeurs d'une somme supérieure au montant du remboursement au moment où il a été effectué ne suffit pas pour exclure la faute du dirigeant (Cass. com. 20-10-2021 n° 20-11.095 F-D : RJDA 2/22 n° 102).

Le remboursement d'un compte courant d'associé constitue le paiement d'une dette de la société ; il ne peut donc pas être qualifié de détournement d'actif justifiant le prononcé d'une **faillite personnelle ou** d'une **interdiction de gérer** contre le dirigeant (Cass. com. 20-10-2021 n° 20-15.736 F-D : RJDA 2/22 n° 103). Le dirigeant s'expose néanmoins aux sanctions précitées si le remboursement est intervenu après la date de cessation des paiements de la société et au détriment des autres créanciers (C. com. art. L 653-5, 4° et L 653-8 ; Cass. com. 20-10-2021 n° 20-15.736 précité).

Le dirigeant peut-il être déclaré coupable de **banqueroute** pour détournement d'actif social ? Dans un arrêt de 1997, la Cour de cassation a confirmé la condamnation pour banqueroute d'un dirigeant qui avait remboursé les comptes courants créditeurs de certains associés membres de sa famille alors que la société était en état de cessation des paiements (Cass. crim. 27-11-1997 n° 96-85.520 D : RJDA 3/98 n° 323, Rev. sociétés 1998 p. 596 note A. Bouloc) mais, en l'espèce, le pourvoi ne contestait pas directement la qualification de détournement d'actif donnée à ce remboursement par les juges du fond. Cette qualification a aussi été retenue dans un autre arrêt (Cass. crim. 11-5-1995 n° 94-83.515 P : Bull. crim. n° 172, à propos d'une société commerciale) mais, dans cette affaire, le dirigeant ne s'était pas contenté de rembourser des comptes courants d'associés : il avait, en fraude des droits des créanciers sociaux, vendu les fonds de commerce de la société à des sociétés dirigées par des membres de sa famille et avait employé le produit de la vente à payer les dettes de la société, dont il s'était porté caution solidaire et à rembourser son compte courant et celui de son fils. Au vu de cette jurisprudence et de celle plus récente de la chambre commerciale de la Cour de cassation (Cass. com. 20-10-2021 n° 20-15.736 précité), rien ne permet d'affirmer que le seul remboursement d'un compte courant expose le dirigeant à la banqueroute pour détournement d'actif.

2. RÉGIME FISCAL DES PRÊTS OU AVANCES EN « COMPTES COURANTS »

DÉDUCTION DES INTÉRÊTS VERSÉS PAR LA SOCIÉTÉ

Les intérêts servis aux associés à raison des sommes qu'ils laissent ou mettent à la disposition de la société en sus de leur part de capital sont déductibles, en principe, des bénéfices sociaux lorsqu'ils sont supportés pour les besoins de l'activité, au même titre que les intérêts bancaires. **20045**

Ainsi, les intérêts versés aux associés d'une **SCI** sont déductibles des revenus fonciers dès lors qu'ils rémunèrent des fonds laissés en comptes courants qui ont eu pour objet de financer la conservation, l'acquisition, la construction, la réparation ou l'amélioration de l'immeuble (CE 8-7-1988 n° 64902 : RJF 10/88 n° 1117 ; voir n° 30844).

En revanche, les intérêts qui seraient versés aux associés d'une **société civile de portefeuille** ne pourraient être admis en déduction, dès lors que les règles applicables en matière de revenus de capitaux mobiliers s'opposent à la prise en compte des intérêts des emprunts contractés pour l'acquisition des titres figurant dans le portefeuille.

Lorsque la société civile versante est assujettie à l'**impôt sur les sociétés,** ou exerce une activité relevant des **bénéfices commerciaux** ou des **bénéfices agricoles réels,** la déduction des intérêts des prêts et des comptes courants d'associés est soumise aux limitations mentionnées n°s 10260 s. **20046**

Il en est de même pour les intérêts versés à des associés dont la quote-part de résultats dans la société civile est déterminée selon les règles d'imposition à l'IS ou à l'impôt sur le revenu d'après le régime des BIC ou des BA réels.

IMPOSITION DES INTÉRÊTS PERÇUS PAR LES ASSOCIÉS

Intérêts perçus par une personne physique Lorsqu'ils sont perçus par une personne physique agissant dans le cadre de la gestion de son patrimoine privé, les intérêts des comptes courants d'associés constituent en principe des revenus de créances imposables dans la catégorie des **revenus de capitaux mobiliers** (voir n° 53200). **20047**

> Précisions a. Les produits des clauses **d'indexation** des prêts ou avances consentis à une société (quels que soient sa forme ou son régime fiscal) par ses associés sont assimilés fiscalement à des intérêts (CGI art. 124, 5°).

b. Lorsqu'un **associé** (dirigeant ou non) **souscrit personnellement un emprunt bancaire pour alimenter son compte courant** dans la société civile, il peut, pour la détermination des revenus mobiliers nets imposables en son nom, déduire des intérêts qu'il perçoit de la société en rémunération des sommes qu'il lui a prêtées les intérêts que lui-même verse à sa banque. Pour cela, il est toutefois nécessaire que les sommes mises à la disposition de la société ne puissent être considérées comme de véritables dotations en capital. Cette compensation ne peut conduire à générer un déficit chez l'associé (CE 14-6-1996 n° 148696 : RJF 8-9/96 n° 1044 ; BOI-RPPM-RCM-20-10-20-70 n° 15). Soulignons que cette solution ne s'applique qu'en cas d'option du contribuable pour l'imposition au barème progressif de l'ensemble de ses gains et revenus mobiliers.

Intérêts perçus par une entreprise Lorsque l'associé percevant les intérêts est une **société soumise à l'impôt sur les sociétés,** les intérêts sont compris dans son bénéfice imposable sans aucune réfaction. **20049**

Lorsque l'associé est une **entreprise individuelle** relevant de l'impôt sur le revenu dans la catégorie des **BIC** ou des **BA réels,** les dispositions de l'article 155, II-1 du CGI, qui excluent du bénéfice les produits qui ne proviennent pas de l'activité exercée à titre professionnel, sont susceptibles de s'appliquer aux intérêts perçus. L'administration fiscale considère en effet que les produits de placement des recettes professionnelles (notamment placement de la trésorerie ou compte courant) constituent des revenus générés sans l'implication personnelle, directe et continue de l'exploitant et doivent, par conséquent, être exclus du résultat professionnel (BOI-BIC-PDSTK-10-20-30 n° 25). Dans ce cas, les intérêts sont imposés dans la catégorie des revenus de capitaux mobiliers, comme s'ils étaient perçus par une personne physique agissant dans le cadre de la gestion de son patrimoine privé. Par exception, et sous réserve d'une option expresse de l'entreprise, les intérêts demeurent pris en compte dans le résultat professionnel si les produits qui proviennent de l'activité non professionnelle n'excèdent pas 5 % de l'ensemble des produits de l'entreprise (ou 10 % si la condition de 5 % était satisfaite au titre de l'exercice précédent), y compris ceux issus d'activités professionnelles accessoires mais hors plus-values de cession (CGI art. 155, II-3).

Lorsque l'entreprise individuelle relève de l'impôt sur le revenu dans la catégorie des **BIC** ou des **BA selon un régime de micro-entreprise,** les produits financiers ne sont pas à prendre en compte dans les recettes professionnelles dès lors qu'ils ne sont pas des bénéfices de l'exploitation (en ce sens, BOI-BA-BASE-15-10 n° 280 et BOI-BIC-DECLA-10-10-20 n° 1). Ils doivent être taxés dans la catégorie des revenus de capitaux mobiliers.

Enfin, il résulte de l'analyse que la jurisprudence fait des dispositions de l'article 93 du CGI que lorsque l'entreprise individuelle associée relève de l'impôt sur le revenu dans la catégorie des **BNC,** le produit de ses placements doit être exclu de ses recettes professionnelles imposables, et taxé dans la catégorie des revenus de capitaux mobiliers (CE 4-2-1987 n° 44965 : RJF 4/87 n° 392 ; en application de cette jurisprudence, seuls sont imposables au titre des BNC les produits issus du placement de fonds détenus en dépôt pour le compte des clients).

SECTION 2 DROITS DES ASSOCIÉS

A. Nature des droits des associés

20100 Les associés sont titulaires de droits, couramment appelés « droits sociaux », concrétisés par l'attribution de parts sociales. Ces droits comportent des **attributs pécuniaires** (droit aux bénéfices et au boni de liquidation, droit au remboursement du capital) et des **attributs de participation à la vie sociale** (droit au maintien dans la société, droit de se retirer de celle-ci, droit de participer aux décisions collectives, droit d'information, droit de contrôle de la gestion). En revanche, ces droits sociaux ne confèrent pas aux associés un droit de propriété sur les biens de la société, l'actif social appartenant exclusivement à la société, personne morale. Ces droits sociaux ont toujours une **nature mobilière,** même si la société possède des immeubles.

La dissociation du patrimoine de la société de celui de chacun des associés n'est pas cependant un principe absolu. De tout temps, on a sanctionné les **abus de la personnalité morale** (en matière de société fictive et frauduleuse notamment).

> **Précisions a.** On est tenté juridiquement d'analyser le rapport qui unit l'associé à la société en un **droit de créance.** Cette qualification n'est exacte que pour les droits aux bénéfices et au boni de liquidation qui se présentent effectivement comme des droits de créance de l'associé. Mais elle ne rend pas compte de toutes les autres prérogatives et obligations qui résultent de la qualité d'associé. C'est pourquoi on voit aujourd'hui volontiers dans la part sociale un droit de propriété incorporel à l'image, par exemple, du droit d'auteur qui renferme le droit pécuniaire et le droit moral. Cette analyse est d'ailleurs confortée par le fait qu'une cession de parts sociales est rendue opposable à la société dans les formes de l'article 1690 du Code civil (C. civ. art. 1865) qui, depuis le 1er octobre 2016, ne s'applique plus qu'aux seules cessions de droits incorporels alors qu'il visait aussi, avant l'entrée en vigueur de l'ordonnance 2016-131 du 10 février 2016, les cessions de créances dont le régime est désormais prévu par des dispositions spécifiques distinctes.
> **b.** Pour des raisons diverses, il arrive que le législateur décide de faire plus ou moins abstraction de la personnalité distincte de la société. C'est ainsi que, dans un souci de « neutralité fiscale », un régime dit « de **transparence fiscale** » est applicable notamment aux sociétés immobilières de copropriété régies par les articles L 212-1 s. du Code de la construction et de l'habitation (nos 40130 s.).

B. Égalité entre associés

La **loi** ne pose pas de principe général d'égalité entre les associés. **20120**

L'article 1833 du Code civil dispose seulement que toute société doit être constituée dans « l'intérêt commun » des associés. Si l'on considère que la rupture d'égalité entre les associés constitue une atteinte à leur intérêt commun, on peut admettre que, faute d'être énoncé expressément, le principe d'égalité des associés trouve sa justification dans cette disposition du Code civil. Le Code de commerce y fait allusion en définissant la mission des commissaires aux comptes auxquels il commande de s'assurer du respect de l'égalité entre les associés (C. com. art. L 823-11, applicable aux sociétés civiles tenues de désigner un commissaire aux comptes).

Les **tribunaux** se réfèrent parfois au principe d'égalité des associés. Ainsi l'affectio societatis est-elle définie comme la volonté de chaque associé de collaborer effectivement à l'exploitation du fonds dans un intérêt commun et « sur un pied d'égalité » avec les autres associés (Cass. com. 3-6-1986 : Bull. civ. IV n° 116 ; Cass. com. 3-3-2021 n° 19-10.693 F-D : RJDA 7/21 n° 474, à propos d'une SARL mais transposable).

Une atteinte à l'égalité peut-elle être valablement **décidée par les associés** ? La réponse est à **20130** notre avis affirmative si l'atteinte a été acceptée par chacun des associés auxquels un sacrifice est demandé, soit au moment où l'opération est envisagée, soit en y ayant consenti tacitement lors de leur entrée dans la société (cas, par exemple, d'une société dont les statuts accorderaient un droit de vote multiple à certaines parts). En effet, le principe d'égalité entre les associés tend seulement à éviter que l'un d'eux ne soit désavantagé par rapport aux autres ; il ne s'agit là que d'une mesure de protection personnelle de chaque associé à laquelle celui-ci peut renoncer parce qu'il est de principe que l'on peut toujours renoncer à une protection légale lorsqu'elle concerne exclusivement des intérêts privés. Encore faut-il que la renonciation soit librement et expressément consentie, et qu'elle soit intervenue au moment où l'opération est envisagée.

On peut d'ailleurs observer qu'à propos d'une autre règle protectrice des associés, celle de l'interdiction d'augmenter leurs engagements, est seulement exclue la possibilité pour les associés majoritaires d'imposer aux minoritaires une augmentation de leurs engagements ; il n'est pas interdit aux associés de décider cette augmentation de leurs engagements pourvu que ce soit à l'unanimité (n°s 9105 s.).

C. Droit des associés au maintien dans la société

1. DROIT DES ASSOCIÉS AU MAINTIEN DANS LES SOCIÉTÉS DE DROIT COMMUN

PRINCIPE

Toute personne régulièrement entrée dans la société a droit à la qualité d'associé et au maintien **20150** de cette qualité jusqu'à sa mort ou son retrait par cession ou rachat de ses parts sociales.

Cependant, même en dehors des cas expressément prévus par la loi (n°s 20190 s.), un associé peut être exclu de sa société à condition que son **exclusion** intervienne pour les causes et selon les modalités fixées par les statuts (Cass. com. 20-3-2012 n° 11-10.855 : RJDA 6/12 n° 603) et acceptées par tous les associés.

En revanche, les associés ne peuvent **pas** exclure l'un d'entre eux **en l'absence d'une clause statutaire** les y autorisant et à laquelle ils ont tous adhéré (Cass. com. 13-12-1994 n° 2335 : RJDA 3/95 n° 292). C'est ainsi qu'a été annulée la décision prise en assemblée d'exclure d'une société civile immobilière un associé qui n'avait pas répondu à un appel de fonds, compte tenu du fait que l'intéressé n'entrait pas dans l'un des cas d'exclusion prévus par la loi et que les statuts ne prévoyaient ni motifs ni procédure d'exclusion (CA Paris 7-6-1988 : Rev. sociétés 1989 p. 246 note Dana-Démaret).

> **Précisions a.** La société est considérée comme fondée sur un **contrat** donnant naissance à une personne morale et dont le fonctionnement est soumis au respect de l'ordre public. Or, ce dernier s'oppose à ce qu'un contractant subisse une décision que son cocontractant pourrait lui imposer arbitrairement en vertu du contrat, car tout contrat – et, partant, toute obligation – doit avoir un « **contenu certain** » (C. civ. art. 1128). Il faut donc, pour que la clause de rachat forcé soit valable, que les conditions de sa mise en jeu soient déterminées dans les statuts ou déterminables à partir des dispositions de ceux-ci.
> L'exclusion peut aussi être considérée comme la contrepartie de la possibilité pour les statuts

ou les tribunaux d'autoriser un associé à se retirer de la société et un moyen d'éviter la disparition de l'entreprise en cas de demande de dissolution de la société pour mésentente entre les associés.

b. Le droit au maintien dans la société apparaît comme un droit fondamental dont l'associé ne peut être privé **contre son gré.** Le fait que les textes autorisent l'exclusion d'un associé à la majorité dans certaines sociétés particulières (sociétés civiles professionnelles, sociétés de construction-vente, sociétés civiles d'attribution d'immeubles à temps partagé : nos 20210 s.) conduit à rejeter cette possibilité dans la société « de droit commun ». Au surplus, on ne saurait prétendre que l'exclusion peut s'analyser en une résolution partielle du contrat de société pour inexécution de ses obligations par l'associé exclu (C. civ. art. 1124). Un tel manquement est, en effet, spécialement sanctionné par la dissolution de la société pour juste motif (C. civ. art. 1844-7) ; voir nos 24160 s. Dans ce sens, CA Paris 31-5-1996 : RJDA 10/96 no 1048 som.

CLAUSES STATUTAIRES D'EXCLUSION

20155 La clause de rachat forcé n'est valable que si elle **figure dans les statuts** d'origine ou si elle y a été introduite en cours de vie sociale par **décision** unanime **des associés** (CA Paris 27-3-2001 : RJDA 10/01 no 973 ; CA Grenoble 16-9-2010 no 10-62 : RJDA 6/11 no 536 ; dans le même sens pour l'ajout d'un cas d'exclusion à une clause déjà existante, CA Paris 17-2-2015 no 14/00358 : RJDA 5/15 no 341).

Par ailleurs, l'**efficacité** des clauses d'exclusion dépend, pour une large part, du soin apporté à leur rédaction. S'agissant de dispositions de nature contractuelle dont la mise en œuvre ne dépend d'aucune réglementation particulière autre que celle élaborée par les associés, il importe que ceux-ci déterminent avec précision :

- les motifs d'exclusion ;
- l'organe social habilité à statuer sur cette exclusion ;
- la procédure à suivre ;
- les conditions de remboursement des parts sociales de l'associé exclu.

20160 **Motifs d'exclusion** Pour le Conseil constitutionnel, la décision d'exclusion doit reposer sur un motif stipulé par les **statuts,** conforme à l'**intérêt social** et à l'**ordre public** (Cons. const. 9-12-2022 no 2022-1029 QPC : RJDA 2/23 no 93, à propos des sociétés par actions simplifiées mais transposable).

Les motifs d'exclusion peuvent être nombreux et **variés,** surtout dans des sociétés où domine l'« intuitus personae » : par exemple, inexécution de l'obligation d'apport, cessation de l'activité impartie dans les statuts à chaque associé, perte des qualités statutairement requises de tout associé (nationalité, profession, âge, qualité d'associé de la société ou d'une société du groupe dont elle fait partie, etc.), dénigrement de la société ou concurrence déloyale à son encontre, etc. Il nous paraît également possible de prévoir une clause permettant d'écarter la dissolution de la société pour mésentente entre les associés par le rachat des parts de l'associé demandeur.

La Cour de cassation a admis la validité d'une clause d'exclusion pour justes motifs d'une société à capital variable qui ne précisait pas les motifs d'exclusion (Cass. com. 9-11-2022 no 21-10.540 FS-B : RJDA 1/23 no 37). La même solution vaudrait-elle dans une société à capital fixe ? Il faudra attendre une autre décision de la Cour de cassation pour en avoir confirmation.

20165 **Compétence** Les statuts doivent préciser quel est l'**organe social** habilité à décider l'exclusion. Ils peuvent donner au gérant le pouvoir de décider l'exclusion en cas de survenance d'un événement déterminé (en l'espèce, la perte de la qualité d'associé) sans que les associés soient consultés (Cass. com. 20-3-2012 no 11-10.855 : RJDA 6/12 no 603 ; pour un autre exemple, voir CA Versailles 24-5-2016 no 14/03646 : RJDA 8-9/16 no 617). Il faut bien reconnaître que plus le nombre de personnes appelées à statuer diminue, plus le risque de partialité augmente. En pratique, sauf cas exceptionnels de sociétés ayant un nombre important d'associés, le choix de l'assemblée générale – ordinaire ou, plutôt, extraordinaire – est à conseiller en raison de la gravité de la décision à prendre.

20170 **Procédure** La décision d'exclusion ne peut être prise qu'à la suite d'une procédure prévue par les statuts (Cons. const. 9-12-2022 no 2022-1029 QPC : RJDA 2/23 no 93, à propos des sociétés par actions simplifiées mais transposable). Si ceux-ci subordonnent l'exclusion à une décision collective, ils ne peuvent pas priver l'associé dont l'exclusion est envisagée de son droit de **participer à la décision et de voter** sur la proposition : en effet, tout associé a le droit de participer aux décisions collectives et de voter (C. civ. art. 1844, al. 1) et les statuts ne peuvent déroger à cette règle que dans les cas prévus par la loi (Cass. com. 23-10-2007 no 06-16.537 : RJDA 1/08 no 50 ; voir aussi Cass. com. 21-4-2022 no 20-20.619 F-D : RJDA 8-9/22 no 478, à propos d'une société d'exercice libéral à responsabilité limitée mais transposable).

Pour le reste, il convient notamment de préciser comment l'**associé** visé sera **informé** de la mesure envisagée contre lui, le **délai** dont il disposera pour préparer sa défense (par exemple, un mois au moins avant la date de l'assemblée), les conditions dans lesquelles il pourra présenter ses explications (lettres individuelles aux autres associés, rapport à l'assemblée, etc.), les modalités du vote (quorum, majorité, vote secret ou non, etc.), les formes et délai de **notification** à l'intéressé de la décision prise par l'assemblée.

Le principe du **contradictoire** doit être respecté : cette condition a été considérée comme remplie dans un cas où le gérant, statutairement compétent pour décider l'exclusion, avait au préalable notifié à l'associé concerné la mise en œuvre de la procédure par une lettre qui précisait le motif de l'exclusion envisagée ainsi que ses modalités et qui invitait cet associé à présenter ses observations (Cass. com. 20-3-2012 n° 11-10.855 F-PB : RJDA 6/12 n° 603).

Remboursement des parts sociales de l'associé exclu L'associé exclu a droit au remboursement de ses parts, car nul ne peut être privé de sa propriété sans indemnité (C. civ. art. 545). Il ne perd sa qualité d'associé qu'après ce remboursement (Cass. com. 17-6-2008 nos 07-14.965 et 06-15.045 : RJDA 11/08 n° 1144 ; Cass. com. 27-4-2011 n° 10-17.778 : RJDA 7/11 n° 638 ; Cass. 1e civ. 28-9-2016 n° 15-18.482 F-PB : RJDA 1/17 n° 28). Le rachat doit être fait, soit par les autres associés, soit par un tiers sous réserve qu'il ait été préalablement agréé par les autres associés, soit, cas le plus fréquent, par la société elle-même au moyen d'une réduction de son capital social. 20175

Le **prix de rachat** doit, à défaut d'accord entre les parties et s'il n'est pas déterminé ou déterminable au regard des statuts, être fixé à dire d'expert (C. civ. art. 1843-4, II ; sur cette expertise, voir nos 21240 s.).

> **Précisions** Dans le silence des statuts sur la **date à laquelle le prix des parts doit être évalué,** ce prix peut être fixé par l'expert à la date la plus proche du rachat et non à la date de l'exclusion de l'associé (Cass. com. 16-9-2014 n° 13-17.807 FS-PB : RJDA 1/15 n° 30 ; Cons. const. QPC 16-9-2016 n° 2016-563 : RJDA 12/16 n° 876). Lorsque l'exclusion d'un associé résulte d'un jugement, la valeur des parts sociales doit être appréciée au jour du jugement (Cass. 1e civ. 3-7-1984 : Bull. Joly 1984 p. 997).

Contrôle du juge Nonobstant toute clause contraire des statuts, l'associé exclu peut saisir les tribunaux pour faire constater que les griefs ayant motivé le rachat de ses droits n'étaient pas fondés. 20180

Les tribunaux sont compétents pour apprécier la réalité des motifs d'exclusion et leur gravité, et vérifier que l'**exclusion** n'est pas **abusive** (cf. Cass. civ. 8-11-1976 : Rev. sociétés 1977 p. 285 note C. Atias ; Cass. com. 14-11-2018 n° 16-24.532 F-D : RJDA 12/19 n° 753), étant précisé que l'abus de droit ne se limite pas à l'intention de nuire (Cass. com. 14-11-2018 n° 16-24.532 F-D précité).

ILLUSTRATIONS

Est abusive la décision d'une assemblée générale d'exclure un associé alors que l'assemblée avait été convoquée pour prendre acte de la démission de l'intéressé, cette décision étant motivée par la volonté de résister aux prétentions financières de celui-ci (Cass. 1e civ. 3-2-2021 n° 16-19.691 FS-P : RJDA 5/21 n° 316, à propos d'une société d'exercice libéral d'avocats mais transposable).

En revanche n'est pas abusive l'exclusion d'un associé dans un cas où les statuts de la société prévoient une telle mesure « en cas de désintérêt se manifestant par une absence répétée aux assemblées », dès lors que cet associé a été absent des assemblées des quatre dernières années, son éloignement du lieu de tenue de ces assemblées et l'existence d'un conflit entre les associés en cours de médiation ne permettant pas de légitimer ces absences (Cass. com. 14-10-2020 n° 18-19.181 F-D : RJDA 2/21 n° 93, à propos d'une société par actions simplifiée mais transposable).

La décision prise abusivement par une assemblée d'exclure un associé affecte par elle-même la régularité des délibérations et en justifie l'**annulation** (Cass. 1e civ. 3-2-2021 n° 16-19.691 FS-P précité). L'associé exclu peut aussi agir en **réparation du préjudice** résultant de son exclusion, même s'il ne demande pas l'annulation de la décision (Cass. com. 9-11-2022 n° 20-16.454 F-D : RJDA 2/23 n° 96, à propos d'une société coopérative artisanale mais transposable).

> **Précisions a.** L'exclusion d'un associé en violation des **droits de la défense** peut donner lieu à des dommages-intérêts. En revanche, l'associé qui a été exclu sans avoir pu s'expliquer ne peut pas obtenir la nullité de la décision d'exclusion pour violation des droits de la défense (Cass. com. 13-7-2010 n° 09-16.156 : RJDA 1/11 n° 58 ; Cass. com. 17-3-2015 n° 14-12.407 F-D : RJDA 6/15 n° 425 ; décisions transposables aux sociétés civiles). En effet, la nullité des actes ou délibérations des organes d'une société ne peut résulter que de la violation d'une disposition impérative du Titre IX du Livre III du Code civil sur les sociétés ou de l'une des causes de nullité des contrats (C. civ. art. 1844-10, al. 3), lesquels n'incluent pas le respect des droits de la défense.
> **b.** Lorsque la clause statutaire prévoit qu'un associé pourra être exclu en cas de survenance d'un **fait objectif insusceptible d'appréciation** comme la perte d'une qualité requise pour être associé, le juge intervient pour vérifier que la mesure a été décidée en conformité avec les prévisions des parties (pour un exemple d'éviction pour perte de la qualité de salarié, voir Cass. com. 20-3-2012 n° 11-10.855 F-PB : RJDA 6/12 n° 603).
> **c.** Il a été jugé qu'à supposer que la clause des

statuts de la société prévoyant que « le retrait d'un associé peut être autorisé par décision de justice pour **justes motifs** » soit valable et permette à un tribunal d'**exclure judiciairement** de la société l'un de ses associés, les raisons ayant entraîné la révocation d'un associé de ses fonctions de gérant (au cas particulier, le refus de l'intéressé de convoquer l'assemblée d'approbation des comptes dans un délai raisonnable malgré plusieurs demandes motivées, celui-ci ayant par ailleurs fait l'objet d'une certaine irresponsabilité dans une autre société qu'il dirigeait) ne constituaient pas un juste motif d'exclusion, le fait qu'il conserve la qualité d'associé, au demeurant très minoritaire, ne générant aucune situation de blocage (CA Orléans 7-12-2006 n° 06-643 : RJDA 5/07 n° 512).

d. Dans un cas où les statuts d'une société coopérative autorisaient le conseil d'administration à exclure tout associé portant **préjudice au fonctionnement de la coopérative,** il a été jugé que l'existence d'un tel préjudice était caractérisée, dès lors que l'associé avait créé un blog tenant des propos virulents à l'égard du conseil d'administration sans que les administrateurs ne puissent se défendre, qu'il avait incité ses coassociés à prendre possession du siège de la coopérative, les avait encouragés à provoquer la tenue d'une assemblée générale anticipée appelée à révoquer le conseil d'administration en reprochant des fautes pénales aux administrateurs et avait pris contact avec des réseaux concurrents pour détourner la clientèle de la coopérative (CA Paris 29-6-2017 n° 16/14653 : RJDA 11/17 n° 719).

2. CAS PARTICULIERS D'EXCLUSION D'UN ASSOCIÉ

EXCLUSION D'UN ASSOCIÉ EN PROCÉDURE COLLECTIVE

20190 « S'il y a déconfiture, faillite personnelle, liquidation de biens ou règlement judiciaire (aujourd'hui sauvegarde, redressement ou liquidation judiciaire) atteignant l'un des associés [...], il est procédé, dans les conditions énoncées à l'article 1843-4, au remboursement des droits sociaux de l'intéressé, lequel perdra alors la qualité d'associé » (C. civ. art. 1860). L'associé est donc exclu et ses droits sociaux doivent lui être remboursés à une valeur fixée, à défaut d'accord entre les parties, par un expert dans les conditions exposées nos 21240 s.

Cette exclusion ne peut être mise en échec que par la dissolution de la société résultant soit d'une clause des statuts, soit d'une décision unanime des associés autres que l'associé défaillant (C. civ. art. 1860).

Il s'agit là d'un cas d'exclusion légale applicable à toutes les sociétés civiles. L'application de cette sanction est automatique et n'est pas laissée à la discrétion de la société (CA Paris 13-12-1983 : Bull. Joly 1984 p. 153 ; CA Paris 26-3-1992 : RJDA 8-9/92 n° 840).

La perte de la qualité d'associé est liée au remboursement des droits sociaux de l'intéressé (Cass. 3e civ. 9-12-1998 n° 1808 : RJDA 8-9/99 n° 952 ; Cass. com. 13-12-2011 n° 11-11.667 : RJDA 3/12 n° 307 ; Cass. com. 27-6-2018 n° 16-18.687 FS-PB : RJDA 10/18 n° 745) ; toute clause contraire est réputée non écrite (Cass. com. 5-5-2015 n° 14-10.913 : RJDA 8-9/15 n° 582). L'exclusion n'est toutefois pas subordonnée à la persistance de sa faillite lors du remboursement de ses droits sociaux (Cass. 3e civ. 17-12-2013 n° 12-20.268 : RJDA 3/14 n° 219). Il revient à la société de procéder à ce remboursement afin de faire perdre à l'intéressé sa qualité d'associé, et donc de lui adresser une proposition à cette fin ; c'est cette proposition qui fait courir le délai de prescription (Cass. com. 27-6-2018 n° 16-18.687 FS-PB précité). En l'absence d'une telle offre, la demande de l'associé en remboursement de la valeur de ses parts n'est pas prescrite. En pratique, les sociétés civiles dont un associé fait l'objet d'une procédure collective ont donc intérêt à lui adresser rapidement une offre de remboursement afin de faire courir la prescription.

> Précisions a. **La valeur des droits sociaux** détenus dans une société civile de construction-vente pouvant comprendre, outre la valeur des parts sociales correspondant à l'apport initial, le montant des appels de fonds auxquels il a été procédé au cours de la vie sociale, le porteur de parts de cette société qui n'a pas répondu à un appel de fonds antérieurement à son dépôt de bilan ne peut pas demander le remboursement de son compte courant d'associé car cette demande est de nature à modifier la consistance de ses droits sociaux dont l'évaluation est confiée à un expert (Cass. 1e civ. 10-2-1987 : Bull. Joly 1987 p. 222).

Jugé qu'en l'absence de toute stipulation statutaire à cet égard, l'évaluation des parts à rembourser au syndic de l'associé mis personnellement en liquidation des biens doit être faite par l'expert à une date proche du remboursement (en l'espèce à la date de l'arrêt d'appel) et non au jour où le droit à remboursement est né (CA Paris 20-5-1981 : BRDA 18/81 p. 19).

b. **La perte de la qualité d'associé** ne saurait être préalable au remboursement des droits sociaux (Cass. 3e civ. 9-12-1998 n° 1808 ; Cass. com. 13-12-2011 n° 11-11.667 ; Cass. com. 27-6-2018 n° 16-18.687 FS-PB précités). Cette solution, fondée sur une interprétation littérale de l'article 1860 du Code civil et largement critiquée par la majeure partie de la doctrine, condamne la position retenue par plusieurs cours d'appel selon laquelle la perte de la qualité d'associé résulte de l'ouverture de la procédure collective. Tant que le remboursement n'est pas intervenu, l'associé défaillant conserve cette qualité.

EXCLUSION DES ASSOCIÉS DE SOCIÉTÉS PARTICULIÈRES

Sociétés à capital variable Dans les sociétés à capital variable, la possibilité d'exclure un associé est expressément prévue par la loi (C. com. art. L 231-6) et elle est subordonnée à diverses conditions ; sur cette question, voir nº 1795. 20200

Sociétés civiles professionnelles Dans les sociétés civiles professionnelles, l'exclusion d'un associé peut être prononcée par les autres associés dans les conditions exposées nº 56835. 20210

Gaec Les statuts des groupements agricoles d'exploitation en commun peuvent reconnaître à l'assemblée générale, aux conditions de majorité qu'ils fixent, le droit d'exclure un associé pour motif grave et légitime (nº 60055). 20215

Sociétés civiles de construction-vente et sociétés civiles d'attribution d'immeubles à temps partagé Dans les sociétés civiles de construction-vente et sociétés civiles d'attribution d'immeubles à temps partagé, les parts de l'associé qui n'a pas satisfait aux appels de fonds nécessaires à la réalisation de l'objet social peuvent être mises en vente publique sur décision de l'assemblée générale (nºs 45145 s. et 50080). 20220

D. Droit des associés de se retirer de la société

1. RÉGIME GÉNÉRAL DU RETRAIT DES ASSOCIÉS

PRINCIPE

Tout associé d'une société civile peut se retirer totalement ou partiellement de la société (C. civ. art. 1869). Ce droit est un **droit personnel** de l'associé. Il en résulte qu'un créancier ne peut pas l'exercer par la voie de l'action oblique afin d'obtenir le remboursement de la valeur des parts et d'en saisir le montant dans son patrimoine (Cass. com. 4-12-2012 nº 11-14.592 : RJDA 2/13 nº 137). 20225

CONDITIONS DU RETRAIT DES ASSOCIÉS

Conditions prévues par les statuts Les conditions d'exercice du droit de retrait des associés peuvent être fixées dans les statuts (C. civ. art. 1869, al. 1). Ces conditions ne doivent pas être telles qu'elles privent en fait les associés de la liberté de se retirer. 20230

Ainsi, il est, à notre avis, licite de convenir, dans les statuts, que ce retrait ne pourra intervenir qu'après l'expiration d'un certain **délai** de présence dans la société, à condition toutefois que la durée de ce délai ne soit pas d'une longueur telle qu'elle aboutisse à une interdiction de retrait. Jugé que le retrait d'un associé trois mois seulement après la constitution de la société est valable dès lors que les statuts ne prévoient aucun délai de présence au sein de la société (Cass. civ. 2-10-1985, inédit).

Les statuts peuvent prévoir que la demande de retrait ne prendra effet qu'après un délai déterminé (par exemple à la fin du trimestre civil suivant la date de réception de la lettre) ou seulement à la clôture de l'exercice en cours, etc. Une clause prévoyant qu'aucun associé ne pourra se retirer de la société avant remboursement des emprunts que celle-ci a contractés est valable (CA Angers 28-3-1933 : DH 1933 p. 311, à propos d'une société à capital variable mais transposable).

De même, sont licites :

– la clause mettant à la charge de l'associé l'obligation de payer une **indemnité** dont le montant n'est pas, compte tenu des circonstances, dissuasif (Cass. 1e civ. 22-10-2002 nº 1487 : RJDA 1/03 nº 38) ;

– la clause imposant à l'associé de contribuer à certains frais sociaux pendant un an après son retrait si cette obligation est proportionnée aux intérêts légitimes de la société (Cass. 1e civ. 16-4-2015 nº 13-24.931 FS-PB : RJDA 8-9/15 nº 585) ; tel est le cas lorsque cette obligation est justifiée par l'absence de clause de non-concurrence pesant sur l'associé, que le montant de la participation aux frais est assis sur l'importance de l'activité exercée par l'associé avant son départ et que les frais liés à la rémunération des collaborateurs et secrétaires sont exclus (Cass. 1e civ. 8-1-2020 nº 17-13.863 FS-PBI : RJDA 3/20 nº 159).

Les conditions statutaires du retrait doivent être clairement définies afin d'éviter toute discussion au moment de leur mise en œuvre : une cour d'appel a ainsi refusé de mettre en œuvre une clause des statuts d'une société civile de moyens prévoyant que l'associé retrayant devait contribuer aux frais fixes d'exploitation postérieurs à son retrait au motif que les frais fixes incompressibles, qui seuls pouvaient être mis à la charge de cet associé, n'avaient pas été distingués des dépenses de fonctionnement dépendant de la consommation effective des autres associés (CA Rouen 9-9-2004 n° 03-3287 : RJDA 2/05 n° 157).

Il a été jugé que la clause privant de droits financiers un associé dont le retrait s'inscrit dans le cadre « du départ, même non concerté, d'un nombre significatif d'associés et/ou de collaborateurs » sans définir la notion de départ significatif n'est pas de nature à caractériser en soi une atteinte substantielle au droit de retrait (Cass. 1e civ. 6-9-2017 n° 16-13.879 F-D : RJDA 12/17 n° 817, rendu en matière d'association d'avocats mais transposable). Il s'ensuit, à notre avis, qu'une atteinte au droit de retrait doit être caractérisée au terme d'un examen concret des conséquences, pour le retrayant, d'une éventuelle privation de ses droits financiers en fonction de sa situation financière.

Les statuts peuvent aussi préciser la **forme** dans laquelle les associés devront exercer leur droit de retrait. Ils peuvent ainsi préciser que la demande de retrait devra être formulée par lettre recommandée AR.

20231 **Autorisation des associés** En l'absence de clause statutaire, le retrait ne peut intervenir que s'il a été autorisé par une **décision unanime** des autres associés (C. civ. art. 1869, al. 1).

Une décision des associés est nécessaire. Les associés qui entendent se retirer de la société ne peuvent donc pas, en l'absence de décision de leurs coassociés, invoquer valablement l'irrégularité du rejet de leur demande de retrait ; en effet, il leur appartient, lorsque le gérant garde le silence ou s'oppose à la demande de convocation de l'assemblée ou de consultation écrite des associés, de faire procéder à la nomination d'un mandataire chargé de provoquer la délibération des associés, conformément à l'article 39 du décret du 3 juillet 1978 (Cass. 1e civ. 27-1-1998 n° 165 : RJDA 5/98 n° 612).

L'**autorisation** des associés peut être **assortie de conditions** (Cass. com. 14-4-2015 n° 14-11.605 : RJDA 7/15 n° 507). Ainsi une assemblée d'associés a pu subordonner l'autorisation de retrait d'un associé à la réalisation de conditions financières dont le montant était déterminable (arrêt précité).

20232 **Retrait judiciaire** Qu'il soit ou non prévu par les statuts, le retrait peut aussi être autorisé pour **justes motifs** par une décision de justice (C. civ. art. 1869, al. 1).

Néanmoins, les statuts peuvent valablement encadrer le retrait judiciaire pour justes motifs ; ils peuvent ainsi prévoir que, préalablement à une demande de retrait judiciaire pour justes motifs, un associé sera tenu de proposer aux autres associés de leur céder ses parts (Cass. com. 20-3-2007 n° 05-18.892 : RJDA 7/07 n° 745 ; CA Paris 21-10-2008 n° 07-5564 : RJDA 3/09 n° 238).

La **notion** de « justes motifs » doit, en cas de retrait d'associé, s'apprécier de façon subjective, par rapport à la situation personnelle de l'associé qui veut se retirer de la société ; elle est différente de celle applicable en vue d'une dissolution judiciaire de la société (n°s 24160 s.) (Cass. 1e civ. 27-2-1985 : Bull. civ. I n° 81 ; CA Paris 10-5-1995 : RJDA 8-9/95 n° 998 ; CA Versailles 31-1-2001 : RJDA 7/01 n° 776).

ILLUSTRATIONS

Le dysfonctionnement de la société n'est pas une condition de retrait pour juste motif (Cass. 3e civ. 11-2-2014 n° 13-11.197 : RJDA 5/14 n° 451, 1re esp.).

Ne constitue pas non plus un juste motif de retrait le fait pour des associés d'avoir été présentés aux tiers par le gérant non en cette qualité mais en tant que collaborateurs, cette circonstance n'établissant pas l'absence d'affectio societatis entre les associés invoquée par les intéressés (Cass. 1e civ. 27-1-1998 n° 165 : RJDA 5/98 n° 612).

Jugé que ne sauraient constituer de justes motifs de retrait des raisons de convenance personnelle telles que des considérations d'ordre fiscal ou successoral (CA Paris 9-2-1996 : Dr. sociétés 1996 n° 208).

En revanche, le refus systématique, par les associés majoritaires d'une société civile holding, de distribuer des dividendes alors que rien ne justifie un tel refus constitue un juste motif de retrait des associés minoritaires, au sens de l'article 1869 du Code civil, et entraîne la restitution à ces associés des actions qu'ils avaient apportées à la société (CA Paris 25-11-1981 : BRDA 5/82 p. 9 et, sur pourvoi, Cass. 1e civ. 13-4-1983 : BRDA 11/83 p. 12).

De même, constituent un juste motif de retrait d'un associé de société civile la privation de son droit de vote et l'absence de communication des informations auxquelles il a droit (CA Rouen 20-6-2001 n° 99-4551 : RJDA 8-9/02 n° 904) ou l'abus de majorité commis par ses coassociés qui, en refusant d'autoriser le retrait de l'intéressé et en le laissant à l'écart de toutes informations et des assemblées générales, étaient parvenus à jouir dans leur seul intérêt et sans contrepartie des fonds que celui-ci avait mis à leur disposition dans la société (CA Nancy 30-1-1991 : Dr. sociétés 1991 p. 380 ; pour un autre cas où un abus de majorité a été retenu comme juste motif de retrait de l'associé minoritaire, voir Cass. 3e civ. 14-1-2009 n° 07-20.813 : RJDA 4/09 n° 362).

Jugé également, dans un cas de grave mésentente entre deux groupes hostiles ayant des intérêts divergents, que la demande de retrait présentée conjointement par les associés de l'un des groupes, constitué d'un usufruitier et de ses enfants nus-propriétaires, devait être accueillie dès lors que, l'usufruitier ayant été évincé de ses fonctions de gérant, les associés faisant partie de ce groupe

avaient été privés d'une possibilité d'intervenir directement ou indirectement dans la gestion et avaient ainsi un juste motif de retrait (CA Paris 25-3-1997 : RJDA 12/97 n° 1500).
De même, il y a juste motif de retrait d'associés d'une SCI lorsque, depuis le décès de l'ancien gérant de la société, il n'existait plus aucune entente entre les associés sur les décisions à prendre en vue de l'administration, la mise en valeur ou même l'entretien courant de la propriété constituant l'unique actif de la SCI ; en effet, cette situation, qui caractérise la perte de toute affectio societatis, ne pouvait conduire qu'à la détérioration et à la dévalorisation de cet actif (Cass. 3e civ. 28-3-2012 n° 10-26.531 : RJDA 7/12 n° 691).
Il a été fait droit à la demande de retrait présentée par un associé dont les parts avaient une valeur d'environ un million de francs mais ne lui avaient rapporté pour une année que mille francs alors qu'il était privé d'autres moyens d'existence et que son frère et sa sœur devaient l'aider à subvenir à ses besoins (CA Paris 9-2-1983 : Rev. sociétés 1983 p. 553 note P. Le Cannu et, sur pourvoi, Cass. 1e civ. 27-2-1985 précité ; voir aussi CA Paris 4-10-2002 n° 00-19327 : RJDA 3/03 n° 273) et à celle dde l'associé d'une SCI constituée entre époux dont l'affectio societatis avait disparu en raison du divorce conflictuel du couple et del'absence de tenue des assemblées annuelles et de compte-rendu annuel de gestion de l'associé gérant (CA Nancy 7-11-2022 n° 21/01914 : RJDA 10/23 n° 531).
Constitue également un juste motif de retrait le fait pour un associé de résider à l'étranger et de se trouver ainsi privé de la possibilité de continuer à profiter du pavillon de chasse appartenant à la société dont la seule activité est d'être propriétaire de ce pavillon destiné à être mis gratuitement à la disposition de ses membres (CA Nancy 27-9-1989 : Dr. sociétés 1990 n° 87).
Le retrait d'un associé a été autorisé dans un cas où cet associé ne retirait plus d'avantages à faire partie de la société, laquelle souffrait par ailleurs de dysfonctionnements caractérisés révélant une perte d'affectio societatis (CA Paris 8-4-2005 n° 03-9655 : RJDA 8-9/05 n° 1000 et, sur pourvoi, Cass. 3e civ. 27-9-2006 n° 987 : Bull. Joly 2007 p. 271 note F.-X. Lucas).
Un associé égalitaire d'une société civile ayant pour objet l'acquisition et la gestion d'un immeuble a été autorisé à se retirer dans un cas où, d'une part, la société, créée vingt ans auparavant, avait remboursé depuis dix ans l'intégralité des sommes empruntées pour l'achat de cet immeuble, n'avait pas d'autre passif et avait pour seule activité la gestion du bail de ces locaux qui venait d'être renouvelé pour neuf ans et, d'autre part, l'intéressé, associé depuis la création de la société, était âgé de 67 ans et dans l'impossibilité d'exercer une activité professionnelle en raison de son état de santé, était titulaire d'une pension de retraite modeste et n'avait pu retirer aucun revenu de son investissement dans la société, les bénéfices réalisés par celle-ci étant, depuis l'origine, systématiquement affectés aux réserves (CA Paris 29-5-2007 n° 06-4408 : RJDA 2/08 n° 164).
Doit être censuré l'arrêt de la cour d'appel qui refuse d'autoriser le retrait d'un associé d'une société civile immobilière en retenant que la mésentente familiale ne peut constituer un juste motif de retrait que si elle constitue un obstacle au bon fonctionnement de la société ou caractérise un abus de majorité (Cass. 3e civ. 4-4-2019 n° 17-31.052 F-D : RJDA 7/19 n° 514).

MODALITÉS DU RETRAIT DES ASSOCIÉS

Le retrait s'effectue sous la forme d'une **réduction du capital social** réalisée par annulation des parts de l'associé qui se retire. Il s'analyse juridiquement comme un rachat de droits sociaux et non comme un partage partiel anticipé ; il n'est donc pas soumis aux règles du partage successoral et notamment il n'est pas susceptible de rescision pour lésion de plus du quart (Cass. 3e civ. 15-1-1997 n° 64 : RJDA 6/97 n° 786). **20233**

En principe, l'associé qui se retire a droit au **remboursement** de la valeur de ses droits sociaux (C. civ. art. 1869, al. 2) et, sauf clause ou convention contraire, le prix de rachat de ses parts doit être payé comptant.

À défaut d'accord amiable, cette valeur est fixée par un **expert** désigné par le président du tribunal (C. civ. art. 1869, al. 2 et, sur renvoi, art. 1843-4), dans les conditions exposées nos 21240 s. En l'absence de dispositions statutaires, l'**évaluation** de la valeur des droits sociaux doit être faite à la date la plus proche de celle du remboursement de la valeur de ces droits (Cass. com. 4-5-2010 n° 08-20.693 : RJDA 8-9/10 n° 861 ; Cass. com. 15-1-2013 n° 12-11.666 : RJDA 4/13 n° 340), ce qui ne porte pas une atteinte disproportionnée au droit de propriété (Cons. const. QPC 16-9-2016 n° 2016-563 : RJDA 12/16 n° 876).

> Précisions a. L'associé retrayant ne peut prétendre qu'au seul remboursement de ses droits sociaux et non à celui de son **apport** en tant que tel (Cass. 1e civ. 3-6-1998 n° 982 : Bull. Joly 1998 p. 962, à propos du retrait d'un associé de société civile de moyens).
À l'inverse, il doit être tenu compte de ses droits sur l'actif de la société pour déterminer sa **contribution aux dettes** sociales (Cass. 3e civ. 27-5-1999 n° 918 : Bull. Joly 1999 p. 902 note F.-X. Lucas).
b. Chaque associé n'ayant droit qu'à une part des **bénéfices**, une société civile propriétaire d'un immeuble locatif ne peut pas être condamnée à payer à un associé se retirant, outre la valeur de ses parts, une quote-part des loyers (Cass. 3e civ. 29-5-2002 n° 945 : RJDA 10/02 n° 1043). Attribuer une quote-part des loyers à l'associé aboutirait en effet à lui transmettre un élément de l'actif social sans tenir compte du passif. Or, l'associé n'a droit qu'à la valeur de ses parts sociales, laquelle résulte de la différence entre actif et passif.

c. La **désignation d'un expert** sur le fondement de l'article 1843-4 du Code civil, auquel renvoie l'article 1869, al. 2, suppose l'existence d'une **contestation sur la valeur** des parts sociales. Tel n'est pas le cas lorsque les associés retrayants d'une société civile, invoquant l'impossibilité – faute d'avoir obtenu une situation comptable utilement exploitable – d'entreprendre une négociation amiable portant sur le prix de cession de leurs parts, obtiennent en justice la désignation d'un expert chargé de fournir tous les éléments de nature à permettre de déterminer la valeur de leurs droits sociaux (Cass. com. 10-3-1998 n° 656 : RJDA 7/98 n° 866). Dès lors, l'expertise ne relève pas de l'article 1843-4 et le prix ainsi fixé ne s'impose pas aux parties.

d. La procédure d'expertise judiciaire ne fait pas obstacle à ce que l'associé puisse obtenir en référé une **provision** sur le prix de ses droits sociaux (Cass. 1re civ. 27-2-2013 n° 12-15.828 : RJDA 6/13 n° 521).

20234 **Attribution en nature** Il est possible de procéder à une attribution en nature, l'associé qui se retire pouvant, en échange de ses droits :

– soit reprendre ses apports ;

– soit se faire attribuer d'autres biens sociaux.

Si l'attribution en nature n'est pas suffisante pour remplir l'associé de ses droits, elle peut être complétée par un versement en numéraire.

20235 **Reprise d'apports.** L'associé qui se retire d'une société civile peut obtenir que lui soient attribués les biens qu'il a apportés lorsqu'ils se retrouvent en nature dans l'actif social (C. civ. art. 1844-9, al. 3 et 1869 ; Cass. 3e civ. 12-5-2010 n° 09-14.747 : RJDA 10/10 n° 974). À notre avis, sauf clause contraire des statuts, les autres associés ne peuvent pas s'opposer à cette reprise d'apports. L'article 1844-9, al. 3 du Code civil affirme, en effet, le droit de tout associé à reprendre ses apports et ne prévoit aucune possibilité d'opposition de la part des autres associés. Mais l'apporteur peut renoncer par avance, dans les statuts ou par une décision ou un acte distinct, au bénéfice de la reprise car, en vertu du même article 1844-9, al. 3, il peut accepter que ces apports soient attribués à d'autres associés.

20236 **Attribution d'autres biens.** Si cette attribution à l'associé qui se retire n'a pas été prévue par les statuts ou par une décision antérieure au retrait, elle ne peut intervenir qu'avec l'accord unanime des autres associés.

CONSÉQUENCE DU RETRAIT DES ASSOCIÉS

20237 L'associé qui se retire d'une société civile ne perd sa **qualité d'associé** qu'après remboursement de la valeur de ses droits sociaux (Cass. com. 17-6-2008 nos 07-14.965 et 06-15.045 : RJDA 11/08 n° 1144 ; Cass. com. 27-4-2011 n° 10-17.778 : RJDA 7/11 n° 638). Tant que ce remboursement n'a pas eu lieu, l'intéressé conserve les mêmes droits et reste tenu des mêmes obligations que tout autre associé. Il peut donc notamment agir en annulation d'une délibération pour abus de majorité (Cass. com. 17-6-2008 n° 06-15.045 précité) ou demander la dissolution de la société pour mésentente entre associés (Cass. com. 17-6-2008 n° 07-14.965 précité). Il conserve aussi ses **droits patrimoniaux** (Cass. 1re civ. 16-4-2015 n° 13-24.931 : RJDA 8-9/15 n° 585 et, dans la même affaire, Cass. 1re civ. 8-1-2020 n° 17-13.863 FS-PBI : RJDA 3/20 n° 159), de sorte que la société qui lui a versé une somme importante à titre de provision sur le prix des parts ne peut obtenir aucun remboursement même partiel des dividendes qu'il a perçus (Cass. com. 27-4-2011 n° 10-17.778 précité). Les associés peuvent toutefois déterminer leurs relations financières en cas de retrait de l'un d'eux en concluant des conventions qui dérogent au principe du maintien des droits patrimoniaux de l'associé sortant jusqu'au remboursement de ses parts ; ainsi, lorsque les associés sont convenus de répartir les bénéfices en fonction de l'activité de chacun d'eux au sein de la société et non en fonction de sa participation au capital social sans prévoir d'exception en cas de retrait, l'associé sortant n'a pas droit à une quote-part des bénéfices sociaux après son retrait (Cass. 1re civ. 8-1-2020 n° 17-13.863 FS-PBI précité).

Par ailleurs, l'associé qui s'est retiré de la société reste fondé à faire valoir son **droit d'information** pour des documents afférents à une période où il était encore associé (CA Paris 14-1-2005 n° 04-13421 : RJDA 6/05 n° 722) ; sur le droit d'information des associés, voir nos 20250 s.

Le retrait d'un associé ne le dispense pas de **libérer ses apports** ; en effet, le capital non libéré est une créance de la société contre l'associé qui ne s'éteint pas lorsque celui-ci se retire (Cass. 3e civ. 17-1-2019 n° 17-22.070 F-D : RJDA 4/19 n° 273).

L'associé qui s'est engagé dans une procédure de retrait acceptée par la société ne peut pas **céder ses parts à un tiers** : tant que l'échec de la procédure n'a pas été constaté, il incombe à l'associé de la mener à terme ; à défaut, la cession au tiers doit être annulée (Cass. 3e civ. 25-5-2023 n° 22-17.246 FS-B : RJDA 10/23 n° 532). Il en résulte, à notre avis, que, dès lors que le retrait a été accepté par la société, l'associé doit en poursuivre l'exécution par toutes les voies de droit à sa disposition, notamment en obtenant, en cas de désaccord sur la valeur des parts, la désignation d'un expert et en demandant en justice leur rachat forcé lorsque la société s'abstient de procéder à ce rachat dans les délais prévus par les statuts (ou dans un délai raisonnable) ; ce n'est qu'à défaut d'avoir pu obtenir ce rachat que l'associé peut céder ses parts.

> **Précisions** **a.** Sur l'extinction de l'obligation de l'associé qui s'est retiré de la société au **paiement des dettes sociales,** voir nos 20410 s.
> **b.** Le litige relatif au retrait d'un associé de société civile et à l'évaluation de ses parts sociales n'est pas un litige entre associés mais un **litige entre la société et ses associés** (Cass. 3e civ. 29-3-2000 no 536 : RJDA 9-10/00 no 882). Par suite, a été déclarée irrecevable la tierce opposition formée par un associé d'une SCI à l'encontre d'un jugement ayant autorisé le retrait d'un autre associé et lui ayant attribué un immeuble ainsi qu'une soulte en numéraire, au motif que l'intéressé n'avait aucun intérêt à agir puisqu'il était réputé avoir été représenté à l'instance par la SCI qui avait agi régulièrement par l'intermédiaire de son gérant (arrêt précité).

PUBLICITÉ DU RETRAIT DES ASSOCIÉS

Le retrait d'un associé entraînant, comme la cession de parts, une modification dans la composition de la société doit, selon nous, être soumis aux mêmes formalités de publicité (nos 21294 s.). **20239**

2. RÈGLES PROPRES AU RETRAIT D'UN ASSOCIÉ DE CERTAINES SOCIÉTÉS

Dans les **sociétés à capital variable,** chaque associé peut se retirer de la société lorsqu'il le juge convenable, à moins de conventions contraires (C. com. art. L 231-6) : voir no 1795. **20240**

Les textes propres aux **sociétés civiles professionnelles** affirment aussi la possibilité pour chaque membre d'exiger le rachat de ses parts soit par d'autres associés ou des tiers, soit par la société elle-même (nos 56850 s.). **20241**

E. Droit des associés d'intervenir dans la vie sociale

1. DROIT D'INFORMATION DES ASSOCIÉS SUR LES AFFAIRES SOCIALES

Outre le droit d'information annuelle à l'occasion de l'approbation des comptes (no 8561), les associés peuvent exiger des informations sur les affaires sociales dans les conditions suivantes. **20250**

CONSULTATION DES DOCUMENTS SOCIAUX PAR LES ASSOCIÉS

Les associés ont le droit de consulter au siège social tous les documents établis par la société ou reçus par elle (livres et documents sociaux, contrats, factures, correspondances, procès-verbaux, etc.), et même d'en prendre copie (C. civ. art. 1855 ; Décret 78-704 art. 48). Ce droit ne peut être exercé que par l'**associé en personne,** à l'exclusion de tout mandataire. Néanmoins, l'associé a la faculté de se faire assister d'un **expert** agréé par la Cour de cassation ou par une cour d'appel (Décret 78-704 art. 48, al. 3). **20251**

Les copropriétaires indivis de parts sociales ayant la qualité d'associés, ils peuvent obtenir la communication des documents sociaux, leur représentation par un mandataire ne les privant pas de ce droit (Cass. 3e civ. 27-6-2019 no 18-17.662 FS-PBI : RJDA 10/19 no 639).

Le gérant qui ne respecte pas ce droit engage sa **responsabilité** ; il peut aussi être condamné sous astreinte à le respecter sur le fondement de l'article 145 du Code de procédure civile permettant à tout intéressé de se ménager une preuve en prévision d'un procès (CA Paris 19-9-2007 no 06-15422 : RJDA 2/08 no 163). Toutefois, un associé ne peut pas invoquer cet article pour demander en justice la saisie de documents sociaux sans avoir auparavant tenté de les consulter et d'en prendre copie au siège social (CA Paris 9-10-2018 no 17/19171 : RJDA 1/19 no 30).

> **Précisions** **a.** Un associé peut valablement demander la communication d'une assignation reçue par la société et des **pièces de procédure** dont celle-ci dispose. En revanche, le secret de l'information pénale exclut le droit pour un associé d'avoir connaissance du rapport d'experts commis dans une **instance pénale** ouverte sur plainte de la société (TGI Nanterre 15-3-1983 : D. 1983 p. 514 note M. Jeantin).
> **b.** Un associé est fondé à demander la communication de **documents concernant une filiale** de la société dès lors que cette filiale communiquait nécessairement ses comptes à la société et que les documents demandés étaient donc bien reçus par elle ; cet associé est également fondé à demander la communication de **pièces comptables détaillant les créances sur participation figurant au bilan,**

ces pièces correspondant à la définition très large de l'article 1855 du Code civil qui vise la « communication des livres et des documents sociaux » (CA Paris 14-1-2005 n° 04-13421 : RJDA 6/05 n° 722).

c. Jugé, dans un cas où le siège social était « en cours de transfert » et ne pouvait plus se trouver dans les locaux de l'immeuble que la société avait vendu, que le gérant n'était pas fondé à opposer à l'associé la nécessité d'une consultation des documents au siège de la société (CA Paris 19-9-2007 n° 06-15422 précité). Dans une telle situation, il appartient au dirigeant de pallier l'**inaccessibilité du siège social** par la mise à disposition des documents dans un lieu proche du siège ou par leur envoi aux associés qui en font la demande pour se mettre à l'abri d'une éventuelle condamnation pour inexécution des obligations qui pèsent sur lui en matière d'information des associés.

QUESTIONS ÉCRITES DES ASSOCIÉS

20252 Les associés peuvent poser par écrit, à propos de la gestion sociale, des questions auxquelles il doit être répondu également par écrit dans le **délai** d'un mois (C. civ. art. 1855). Le gérant n'est pas tenu de répondre aux questions dont l'**objet** est étranger à la gestion sociale.

Ces prescriptions ne constituent toutefois qu'un minimum. Les **statuts** peuvent reconnaître aux associés une information plus large.

Un associé **coïndivisaire** de parts sociales peut poser seul des questions écrites sur la gestion de la société (CA Paris 7-1-2009 n° 08/14713 : RJDA 5/09 n° 442).

CONSEIL DE SURVEILLANCE

20253 Les associés peuvent prévoir, dans les statuts, la création d'un conseil de surveillance chargé de contrôler la gestion du gérant et de présenter un rapport lors de l'assemblée générale annuelle. Toutefois, les **attributions de ce conseil** de surveillance ne doivent pas porter atteinte à celles dont disposent les organes légaux de la société (gérants et collectivité des associés) ni aux prérogatives dont les associés sont investis à titre individuel (droit de communication notamment ; CA Bordeaux 3-7-1895 : J. soc. 1896 p. 228).

Sur l'obligation de désigner un conseil de surveillance dans les **sociétés d'attribution,** voir n° 42350, et dans les sociétés d'attribution d'immeubles en jouissance à temps partagé, voir n° 49750.

2. DROIT DES ASSOCIÉS DE PARTICIPER AUX DÉCISIONS COLLECTIVES

20255 L'associé peut participer aux décisions collectives dans les conditions exposées n° 9000.

Il peut aussi demander au gérant de provoquer une délibération des associés sur une question déterminée (n° 8520).

3. DROIT DES ASSOCIÉS DE DÉFENDRE L'INTÉRÊT SOCIAL

ACTION EN JUSTICE DES ASSOCIÉS POUR LA DÉFENSE DE L'INTÉRÊT SOCIAL

20260 L'associé peut exercer en justice toutes les actions tendant à la défense de l'intérêt social. Il peut notamment :

1. Demander la nullité des décisions collectives entachées d'**abus de droit** (nos 9070 s.).

2. Exercer certaines autres actions comme une action en **responsabilité** contre le **gérant** (nos 7860 s.), en **révocation** de celui-ci pour cause légitime (nos 7225 s.), en **dissolution** de la société (n° 24165), ou en **prorogation** de la société après l'arrivée du terme (n° 16700). Sur la possibilité pour l'associé d'agir par la voie dite de la **tierce opposition** contre une décision de justice qui concerne la société, voir n° 6246. Il peut aussi intenter, sur le fondement de l'article 145 du Code de procédure civile (expertise in futurum) l'action tendant à la conservation ou à l'**établissement, avant tout procès, des preuves** utiles à la solution d'un litige (Cass. com. 16-4-1991 n° 655 : RJDA 7/91 n° 600 ; CA Paris 25-10-2002 n° 02-5529 : RJDA 2/04 n° 176 ; CA Pau 13-12-2005 n° 04-3910 : RJDA 2/07 n° 165, à propos d'une SARL mais transposable). Encore faut-il que le demandeur justifie de l'existence d'un motif légitime de conserver ou d'établir la preuve de faits dont pourrait dépendre la solution du litige. Tel n'est pas le cas lorsqu'une procédure judiciaire en cours est susceptible de conduire à l'annulation des décisions qui ont donné lieu à la demande d'expertise préventive (CA Paris 29-2-2008 n° 07-15439 : RJDA 7/08 n° 816). Tel n'est pas le cas non plus lorsque le demandeur se livre à une critique systématique de la gestion sans qu'il existe de présomption d'abus de gestion ni d'irrégularités susceptibles de compromettre le fonctionnement de la société (Cass. com. 3-3-2009 n° 08-11.706 : RJDA 6/09 n° 555). En revanche, dispose d'un intérêt légitime le demandeur qui ne se contente pas de mettre en cause la gestion du dirigeant de manière générale, mais identifie plusieurs opérations dont la preuve pourrait s'avérer nécessaire dans le cadre d'une éventuelle action en responsabilité (CA Douai 6-7-2017 n° 17/00527 : RJDA 1/18 n° 35, à propos d'une SARL mais transposable). De même, tant qu'une décision de justice n'a pas définitivement statué sur la contestation relative à la qualité d'associé du demandeur, ce dernier dispose d'un intérêt légitime à solliciter une mesure d'instruction (Cass. com. 17-3-2009 n° 08-11.819 : RJDA 6/09 n° 556).

3. Accomplir les **actes conservatoires** du patrimoine social (interrompre une prescription, sauver un bien menacé de péril) ; mais il n'a pas le droit d'intenter une action en justice au nom de la société (n° 6246).

REGARD CRITIQUE DES ASSOCIÉS SUR LA GÉRANCE

L'associé peut également prendre position sur la conduite à tenir face aux problèmes de la société et critiquer l'action du gérant, en prenant toutefois garde de ne pas diriger ses critiques contre la personne du gérant, ce qui pourrait constituer un dénigrement (CA Paris 25-10-2002 n° 01-22277 : RJDA 4/03 n° 385), voire une diffamation (Cass. crim. 27-5-1975 : Bull. crim. n° 134 ; pour un cas où une diffamation n'a pas été retenue, voir Cass. 2e civ. 13-5-2004 n° 790 : RJDA 10/04 n° 1122). **20261**

DEMANDE DE NOMINATION D'UN ADMINISTRATEUR JUDICIAIRE

Tout associé peut demander la nomination d'un administrateur judiciaire lorsque la gestion de la société est entravée soit du fait des gérants, soit du fait des associés ou des deux à la fois. L'entrave doit être de nature telle qu'elle empêche réellement le fonctionnement normal de la société et menace celle-ci d'un péril imminent (jurisprudence constante ; notamment, Cass. 3e civ. 21-11-2000 n° 1542 : RJDA 3/01 n° 321 ; Cass. com. 6-2-2007 n° 05-19.008 : RJDA 7/07 n° 732 ; Cass. 3e civ. 12-10-2023 n° 21-18.348 F-D : RJDA 2/23 n° 81). Il faut aussi qu'un redressement des affaires sociales puisse être escompté, faute de quoi la seule issue serait la dissolution judiciaire de la société (voir toutefois, sur l'opportunité de la désignation d'un administrateur provisoire chargé de gérer une société parvenue à son terme, Cass. com. 15-2-1994 : Bull. Joly 1994 p. 493 note P. Le Cannu). **20262**

L'état de cessation des paiements allégué de la société ne constitue pas en soi un obstacle à l'intervention d'un administrateur provisoire car celui-ci peut être chargé par le juge de déclarer la cessation des paiements si la situation de la société l'exige (CA Lyon 28-5-2019 n° 18/06902 : RJDA 10/19 n° 633).

ILLUSTRATIONS

Ne **justifie pas la désignation** d'un administrateur provisoire la décision du gérant de faire approuver la vente d'actifs sociaux par des associés représentant moins de 1,5 % du capital (le reste du capital étant constitué de parts sociales indivises entre eux dont les droits de vote sont suspendus), dès lors qu'aucun péril ne menace les intérêts sociaux puisque la société peut fonctionner grâce aux parts détenues en propre par les associés et alors que l'associé critiquant la décision avait donné son accord de principe à la vente, que le gérant était toujours en exercice, qu'aucune procédure n'avait été diligentée contre la décision et qu'aucune demande en partage des parts indivises n'avait été formée (Cass. 3e civ. 30-6-2015 n° 13-25.685 : RJDA 11/15 n° 747).

De même, la désignation d'un administrateur provisoire a été refusée dans une société fonctionnant sans difficulté malgré l'absence de gérant de droit (Cass. 3e civ. 16-11-2017 n° 16-23.685 F-D : RJDA 3/18 n° 235 ; voir aussi Cass. 3e civ. 12-10-2023 n° 21-18.348 F-D précité).

Il en a été de même dans les trois sociétés d'un groupe accusant leur dirigeant commun de faits de violence et de harcèlement, dès lors que ces faits n'étaient pas établis, qu'aucun péril imminent n'était invoqué à l'égard de la holding, que l'une des filiales avait vu son chiffre d'affaires progresser et l'autre son redressement judiciaire poursuivi, excluant l'existence d'un péril imminent (CA Paris 18-5-2022 n° 21/17188 : RJDA 1/23 n° 34, à propos de sociétés commerciales mais transposable).

En revanche, la désignation d'un administrateur provisoire est **justifiée** dans une SCI cogérée par deux associés dont l'un dirigeait l'agence immobilière chargée de gérer les immeubles de la SCI dès lors qu'aucune reddition des comptes n'a eu lieu, que le gérant directeur de l'agence a empêché l'autre gérant d'exercer son mandat, que les associés n'ont pas reçu communication de la convention de gestion existant entre la SCI et l'agence immobilière, que l'agence n'avait pas régularisé sa situation auprès des services de la préfecture et que la liste des mouvements bancaires de la SCI faisait apparaître des virements au profit du gérant directeur de l'agence sans que les autres associés aient perçu des dividendes (Cass. com. 8-2-2017 n° 15-19.897 F-D : RJDA 5/17 n° 339).

De même, est justifiée la demande de désignation d'un administrateur provisoire dans une société dépourvue de gérant, dès lors qu'un conflit ancien et durable entre les associés rendait inenvisageable la désignation à l'unanimité d'un nouveau gérant comme l'exigeaient les statuts (CA Paris 6-8-2019 n° 18/22544 : RJDA 12/19 n° 755, à propos d'une société en nom collectif mais transposable).

Pour d'autres exemples de demande de désignation d'un administrateur provisoire dans une société civile, voir Cass. 2e civ. 17-7-1976 : Bull. civ. II n° 251 ; Cass. 3e civ. 27-2-2001 n° 288 : AJDI 6/01 p. 556 ; CA Paris 20-3-2002 n° 01-19898 : RJDA 7/02 n° 767 ; CA Versailles 8-10-2008 n° 08-5065 : RJDA 3/09 n° 223.

> **Précisions** **a.** Les pouvoirs de l'administrateur provisoire dépendent de la nature et de l'étendue de sa mission. Il a ainsi été jugé qu'un administrateur provisoire chargé d'administrer et de gérer une société civile immobilière et de réviser les situations locatives en prenant toutes décisions utiles à la société peut seulement accomplir les actes de conservation et d'administration impliqués par la gestion courante de la société, ce qui lui interdit d'autoriser le renouvellement d'un bail commercial consenti par la société (Cass. 3e civ. 3-5-2007 n° 05-18.486 : RJDA 10/07 n° 942). De même, un administrateur qui a reçu pour mission de convoquer toute assemblée afin de trouver un accord sur la gérance ou l'avenir d'une société civile immobilière n'a pas le pouvoir de louer les logements vacants de cette société (Cass. 3e civ. 20-6-2012 n° 11-19.596 : RJDA 11/12 n° 965).
> En tout état de cause, l'administrateur provisoire peut « user de tous moyens de droit » pour assurer la sauvegarde du patrimoine social (Cass. 1e civ. 22-7-1986 n° 84-15.177 : Bull. civ. I n° 224).
> Lorsque l'administrateur est chargé d'un mandat général de gestion de la société, le **gérant** est dessaisi de ses pouvoirs et n'a plus qualité pour engager la société et exercer au nom de celle-ci une voie de recours (Cass. 3e civ. 25-10-2006 n° 1098 : RJDA 4/07 n° 360, 1e esp. ; Cass. com. 5-9-2018 n° 17-14.758 F-D : RJDA 11/18 n° 836). Il peut toutefois former un recours, au nom de la société, contre la décision désignant l'administrateur (Cass. com. 7-1-2004 n° 22 : RJDA 5/04 n° 559).
> **b.** L'administrateur provisoire d'une SCP en **redressement judiciaire** ne peut pas présenter une offre de reprise de la société car il n'est pas un tiers au sens de l'article L 631-13 du Code de commerce (Cass. com. 13-11-2002 n° 1853 : RJDA 4/03 n° 410).
> **c.** Toute personne justifiant d'un intérêt légitime est recevable à demander en justice la **nomination** d'un **administrateur provisoire** car cette action n'est pas une action attitrée (CA Paris 15-10-2021 n° 20/07190 : RJDA 5/22 n° 277). Ainsi, la demande peut être présentée en justice par la gérance ou un associé (CA Paris 1-6-2007 n° 07-5278 : RJDA 3/08 n° 278), les créanciers (cf. Cass. com. 7-6-1988 : Bull. Joly 1988 p. 581 ; CA Paris 4-10-2002 : JCP E 2002 n° 1712), le comité social ou économique ou des investisseurs ayant vocation à devenir associés majoritaires (CA Paris 15-10-2021 n° 20/07190 précité). La demande de désignation d'un administrateur provisoire est généralement présentée devant le juge des référés. Elle peut également être demandée sur requête non contradictoire dès lors que la société n'a plus ni activité ni dirigeant (Cass. 3e civ. 17-9-2020 n° 19-14.163 F-D : RJDA 1/21 n° 21) ou qu'il s'agit de limiter les effets préjudiciables des agissements du dirigeant sur la société (CA Paris 15-10-2021 n° 20/07190 précité).
> **d.** La **rémunération de l'administrateur** provisoire est fixée par le juge. Elle incombe, en principe, à la société. Toutefois, elle peut être mise à la charge de l'associé responsable de la nomination de l'administrateur (Cass. com. 12-1-1970 : Bull. civ. IV n° 11 ; CA Nancy 8-3-2007 n° 07-520 : RJDA 12/07 n° 1238).

DEMANDE DE NOMINATION D'UN MANDATAIRE AD HOC

20263 Les associés peuvent aussi demander la désignation d'un mandataire ad hoc ayant pour seule mission d'effectuer une **opération ponctuelle et limitée.** Cette désignation n'a pas pour effet de dessaisir le gérant de ses pouvoirs, de sorte que celui-ci a seul qualité pour engager la société (Cass. com. 8-2-2017 n° 15-19.897 F-D : RJDA 5/17 n° 339).

Le juge peut désigner un mandataire ad hoc même s'il n'existe pas de circonstances rendant impossible le fonctionnement normal de la société (Cass. 1e civ. 17-10-2012 n° 11-23.153 : RJDA 2/13 n° 123 ; Cass. 3e civ. 21-6-2018 n° 17-13.212 FS-PBI : RJDA 10/18 n° 730 ; Cass. com. 21-9-2022 n° 20-21.416 F-B : RJDA 12/22 n° 690), ce qui suppose que le mandataire n'ait pas reçu un mandat général de gestion ni le mandat d'accomplir un acte de gestion au nom de la société (Cass. 1e civ. 17-10-2012 n° 11-23.153 précité). La demande doit toutefois être justifiée par un **juste motif** ; tel n'est pas le cas de la demande de nomination d'un mandataire chargé d'examiner certaines opérations financières présentée par un associé minoritaire ne démontrant pas avoir été dans l'impossibilité de consulter les documents sociaux et documents comptables au siège social (CA Douai 3-10-2019 n° 19/00492 : RJDA 4/20 n° 216).

4. DROIT DES ASSOCIÉS DE SE GROUPER POUR DÉFENDRE LEURS INTÉRÊTS

20265 L'associé peut constituer avec d'autres associés une association pour défendre leurs intérêts en justice, à l'encontre de la société elle-même (CA Paris 6-7-1966 : D. 1967 p. 169).

Sur la nécessité d'un intérêt à agir pour les associations de défense d'associés, voir CA Paris 13-9-1994 : Dr. sociétés 1994 n° 198.

> **Précisions** Les associés d'une **société victime de vols** ne peuvent pas bénéficier de l'indemnisation du Fonds de garantie des victimes, car la seule victime directe de l'infraction est une société, exclue de ce fait de l'indemnisation réservée aux personnes physiques, et aucune autre personne, fût-elle victime par ricochet, ne peut demander à en bénéficier (Cass. 2e civ. 7-10-2010 n° 09-13.659 : RJDA 1/11 n° 53).

F. Droits pécuniaires des associés

DROIT DES ASSOCIÉS AUX BÉNÉFICES SOCIAUX

Répartition des bénéfices La répartition des bénéfices s'effectue conformément aux **statuts** (nos 1515 s.). 20280

À défaut d'indication statutaire, la part de chaque associé dans les bénéfices est proportionnelle à sa part dans le capital social. Toutefois, pour l'apporteur en industrie, cette part est égale, dans le silence des statuts, à celle de l'associé qui a le moins apporté (C. civ. art. 1844-1, al. 1).

Jugé, dans un cas où les deux associés d'une SCP avaient procédé à une répartition des bénéfices différente de celle prévue par les statuts, que cette répartition n'était pas valable en l'absence de consentement unanime des associés exprimé dans un acte, la preuve de ce consentement ne pouvant pas être déduite du mode de fonctionnement de la société (Cass. 1e civ. 21-3-2000 no 582 : RJDA 5/00 no 548). Mais cette preuve peut valablement être constituée par un acte qui ratifie a posteriori le fonctionnement habituel de la société (Cass. 1e civ. 2-3-2004 no 344 : RJDA 7/04 no 851).

En l'absence d'interdiction expresse, les associés peuvent recevoir, même à défaut de bénéfices, un **intérêt fixe** calculé sur le montant de leur apport.

> Précisions Les **dividendes** n'ont pas d'**existence juridique** avant la constatation de sommes distribuables par l'organe social compétent et la détermination de la part de bénéfices attribuée à chaque associé (jurisprudence constante ; par exemple Cass. com. 4-2-2014 no 12-23.894 F-D : RJDA 5/14 no 433 ; Cass. com. 13-9-2017 no 16-13.674 FS-PBI : RJDA 12/17 no 804). La règle fiscale selon laquelle les bénéfices d'une société civile sont imposables au nom de chaque associé à hauteur de ses droits dans la société indépendamment de toute décision de distribution et même s'ils ne sont pas distribués (CGI art. 8) est sans incidence sur la naissance de la dette de dividende de la société à l'égard des associés. En l'absence d'une décision de distribution de dividendes, la société n'est pas débitrice de l'associé et ne peut donc pas être condamnée à payer au créancier de celui-ci (en l'espèce, le Trésor public), qui a fait pratiquer une saisie-attribution des dividendes, la somme due à ce dernier pour ne pas avoir fourni les renseignements nécessaires à cette saisie en application de l'articleR 211-5 du Code des procédures civiles d'exécution (Cass. com. 13-9-2017 no 16-13.674 FS-PBI précité).

Ayants droit aux bénéfices Les bénéfices distribués sous forme de **dividendes** reviennent aux associés et, si les parts sont grevées d'usufruit, à l'usufruitier (nos 62120 s.). En cas de communauté entre **époux,** si des parts ont été acquises avec des biens communs, seul l'époux associé a qualité pour percevoir les dividendes (Cass. 1e civ. 5-11-2014 no 13-25.820 : RJDA 10/15 no 660). Mais les dividendes provenant de parts sociales acquises durant le mariage que l'époux associé perçoit après son divorce durant l'indivision postcommunautaire sont des fruits accroissant l'indivision même si la qualité d'associé attachée aux parts ne relève pas de l'indivision (Cass. 1e civ. 28-3-2018 no 17-16.198 F-PB : RJDA 7/18 no 575). 20281

Quant aux bénéfices le cas échéant mis en **réserve,** ils reviennent aux ayants droit au boni de liquidation et donc au nu-propriétaire, voir : nos 62120 s.

En cas de cession de parts, l'acquéreur a droit aux bénéfices non encore mis en distribution à la date de la cession.

> Précisions **a.** L'acquéreur a droit aux dividendes non encore distribués car, s'ils participent de la nature de fruits (Cass. com. 5-10-1999 no 1443 : RJDA 1/00 no 34 ; Cass. com. 5-12-2000 no 2054 : RJDA 3/01 no 327), les dividendes n'ont pas d'existence juridique avant l'approbation des comptes de l'exercice par l'assemblée, la constatation par celle-ci de l'existence de sommes distribuables et la détermination de la part qui est attribuée à chaque associé (no 20280). En conséquence, lorsque les parties conviennent du **paiement au cédant,** avant la clôture de l'exercice et avant la décision statuant sur les comptes, d'une partie des bénéfices de cet exercice estimés et chiffrés, les sommes correspondantes constituent en réalité un élément du prix de cession (Cass. com. 28-11-2006 no 04-17.486 FS-PBIR : RJDA 2/07 no 152). Puisque c'est en principe celui qui a la qualité d'associé au jour où est décidée la distribution des bénéfices sous forme de dividendes, et non pas au moment de la réalisation de ces bénéfices, qui doit percevoir les sommes correspondantes, elles reviennent donc à l'**acquéreur** lorsque la cession des droits sociaux est intervenue avant la décision de l'assemblée générale de procéder à la distribution. Il en résulte que si les parties à la cession conviennent que les dividendes de l'exercice au cours duquel la cession est intervenue seront répartis entre elles au **prorata** du temps pendant lequel chacune est restée associée, ce versement risque d'être considéré, sur le plan fiscal, comme un élément du prix. En effet, celui qui a la qualité d'associé au jour où la distribution est décidée est seul titulaire de la créance de dividendes à l'égard de la société. Si l'acquéreur s'engage à rétrocéder au cédant une fraction des sommes qui lui ont été versées, il s'agit là de l'exécution de son engagement contractuel à l'égard du cédant et non d'un versement de dividendes à proprement parler.

b. Il est nécessaire de prévoir avec précision, dans l'**acte de cession,** le sort des dividendes non échus pour éviter tout litige. Le fait que des parts sociales aient été cédées à un prix inférieur au montant des bénéfices réalisés par la société à la date de la cession ne prouve pas que la cession soit intervenue après cette date. Les cédants n'ont donc aucun droit sur ces bénéfices (CA Aix-en-Provence 20-7-2017 n° 15/06423 : RJDA 12/17 n° 812, décision rendue en matière de SARL mais transposable).

c. La cession de parts intervenue alors que le **cédant en liquidation judiciaire** était dessaisi du pouvoir de disposer de ses biens (C. com. art. L 641-9, I) est inopposable à la procédure collective ; l'acquéreur est tenu de restituer les dividendes perçus, même s'il est de bonne foi (Cass. com. 16-9-2014 n° 13-11.737 : RJDA 1/15 n° 34).

DROIT DES ASSOCIÉS AU REMBOURSEMENT DE L'APPORT ET AU BONI DE LIQUIDATION

20285 Sur les droits des associés lors du partage des biens sociaux, voir n°s 25260 s.

SECTION 3

OBLIGATIONS DES ASSOCIÉS

A. Obligation des associés aux dettes sociales

PRINCIPE

20400 À l'égard des tiers, les associés répondent indéfiniment des dettes sociales proportionnellement à leur part dans le capital social (C. civ. art. 1857). Sur la distinction à faire entre l'obligation aux dettes et la répartition des pertes, voir n° 1518.

La part de l'associé dans le capital à prendre en considération pour fixer le montant de son obligation au règlement du passif s'apprécie à la date d'exigibilité de la créance. Toutefois, en cas de procédure collective, elle s'apprécie au jour de la cessation des paiements (C. civ. art. 1857, al. 1).

L'associé qui n'a apporté que son industrie à la société est tenu des dettes sociales comme celui dont la participation dans le capital est la plus faible (C. civ. art. 1857, al. 2). Si la société n'est constituée qu'entre apporteurs en industrie, ceux-ci sont à notre avis tenus des dettes sociales par parts viriles, sauf répartition différente prévue par les statuts.

> **Précisions a.** La répartition du capital social figure dans les statuts (C. civ. art. 1835) et, en cas de modification, l'acte modifiant les statuts et les statuts mis à jour doivent être déposés au greffe du tribunal de commerce, par l'intermédiaire du guichet unique électronique des formalités d'entreprises, pour être annexés au RCS et au RNE (C. com. art. R 123-105 et art. R 123-266, 2° issu du décret 2022-1014 du 19-7-2022). Par suite, dans un **cas où la part de capital d'un associé** d'une société civile avait été **réduite avant la date d'exigibilité d'une créance** et où les statuts modifiés avaient été dûment déposés au greffe, c'est en vain qu'un créancier de la société faisait valoir que cette modification lui était inopposable à défaut d'inscription modificative au RCS (CA Orléans 18-5-2000 : RJDA 7-8/00 n° 774).
>
> **b.** Un associé poursuivi en paiement des dettes d'une société civile à qui la **procédure collective** d'une autre société a été **étendue** ne peut pas, pour échapper à son obligation aux dettes, soutenir qu'il n'avait pas la qualité d'associé à la date de cessation des paiements de la société dont la procédure collective a été étendue à la société civile, date déclarée commune aux deux sociétés (Cass. com. 13-4-2010 n° 07-17.912 : RJDA 7/10 n° 763).

CONDITIONS D'EXISTENCE DE L'OBLIGATION AUX DETTES SOCIALES

20405 **Qualité d'associé** L'obligation aux dettes sociales est attachée **de plein droit** à la qualité d'associé d'une société civile ; il n'est pas possible, à notre avis, de s'en affranchir à l'égard des tiers par une clause statutaire contraire.

Si les parts sont grevées d'**usufruit,** l'obligation aux dettes sociales n'incombe qu'au nu-propriétaire. En effet, l'usufruitier n'a pas la qualité d'associé (Cass. com. avis 1-12-2021 n° 20-15.164 FS-D : RJDA 2/22 n° 79 ; Cass. 3e civ. 16-2-2022 n° 20-15.164 FS-B : RJDA 5/22 n° 273 ; Cass. com. 30-11-2022 n° 20-18.884 FS-B : RJF 2/23 n° 160).

Le **conjoint** d'un associé n'est tenu aux dettes sociales que s'il a lui-même la qualité d'associé (n°s 1045 s.). Il en est de même pour le partenaire pacsé d'un associé (n°s 1038 s.).

> **Précisions** **a.** L'obligation indéfinie aux dettes apparaît comme une caractéristique essentielle de la société civile de droit commun. La preuve en est indirectement apportée par les dispositions légales expresses prévoyant une **limitation de responsabilité des associés** dans certaines sociétés particulières (voir par exemple nº 37005 pour les SCPI). C'est ainsi que la résolution par laquelle un associé est dispensé de toute contribution financière pour une opération immobilière n'a pour effet que de régler la contribution à la dette entre les associés et est inopposable aux créanciers sociaux (CA Paris 5-3-2003 : RJDA 12/04 nº 1342).
> **b.** Seul un **associé** peut être condamné au paiement d'une dette sociale : le seul fait de se présenter comme la personne habilitée à représenter la société ne le permet pas (Cass. 3e civ. 9-2-2000 : Dr. sociétés 2000 nº 87 note Th. Bonneau).
> **c.** Les associés d'une SCI dont la **souscription** a été **annulée** pour cause de démarchage prohibé ne peuvent pas être tenus de participer au paiement des dettes sociales (Cass. com. 5-10-1999 nº 1437 : RJDA 1/00 nº 33).
> **d.** **L'associé d'une société civile qui en est aussi le créancier** ne peut pas poursuivre ses coassociés en paiement de sa créance. En effet, il ne peut pas se prévaloir de l'obligation aux dettes sociales instituée par l'article 1857 du Code civil au seul profit des tiers (Cass. com. 3-5-2012 nº 11-14.844 : RJDA 8-9/12 nº 780 ; CA Paris 11-9-2014 nº 12/13017 : RJDA 2/15 nº 115).

Absence de renonciation du créancier Rien ne s'oppose, nous semble-t-il, à ce que les associés obtiennent d'un créancier qu'il renonce à l'avance à les poursuivre individuellement et qu'il se contente de l'actif social comme garantie des engagements de la société. La responsabilité indéfinie des associés a été édictée dans l'intérêt des tiers ; ceux-ci peuvent donc y renoncer. **20406**

La renonciation du créancier au droit de poursuite individuelle ne saurait être tacite (Cass. com. 10-2-1969 : Bull. civ. IV nº 54 ; Cass. com. 18-11-1974 : Rev. sociétés 1975 p. 652 note D. Randoux ; Cass. com. 21-11-1979 : Rev. sociétés 1980 p. 510 note Dereu ; CA Angers 31-3-2009 nº 08-246 : RJDA 4/10 nº 398). La preuve de son existence ne pouvant être rapportée par tous moyens puisque nous sommes en matière civile, il est à conseiller de la **mentionner expressément dans le contrat** conclu entre la société et l'intéressé.

> **Précisions** **a.** En cas d'inobservation par le gérant d'une clause statutaire prévoyant l'obligation pour lui d'obtenir du créancier une renonciation à son droit de poursuite individuelle, les associés ont pour seul recours une **action en dommages-intérêts** contre ce **gérant** pour faute commise dans l'exercice de ses fonctions (CA Paris 14-10-1981 inédit). Cette faute peut constituer aussi un juste motif de révocation de l'intéressé (nos 7216 s.).
> **b.** Peut aussi être engagée la **responsabilité du notaire** qui a établi un acte de crédit-bail au nom de la société sans s'assurer du respect par le gérant de la clause statutaire lui imposant d'obtenir des créanciers sociaux une renonciation de leur droit d'agir en paiement contre les associés (CA Paris 10-4-2012 nº 10/16965 : RJDA 8-9/12 nº 793 et, sur pourvoi, Cass. 1re civ. 14-11-2013 nº 12-22.033 : RJDA 3/14 nº 266).

Obligations visées L'engagement des associés envers les tiers s'étend à toutes les obligations dont la société est tenue sans qu'il y ait lieu de faire de distinction entre les **obligations de sommes d'argent,** c'est-à-dire les dettes au sens étroit du terme, et les autres obligations, spécialement les **obligations en nature** comme, dans les sociétés de construction, celles d'effectuer ou d'achever des travaux de bâtiment (CA Montpellier 19-4-1979 : JCP G 1981 II nº 19484 note Steinmetz). Il ne pourrait y avoir d'exception à cette règle, en ce qui concerne les obligations en nature, que dans l'hypothèse d'une convention arrêtée en fonction de considérations d'« intuitus personae » et quand l'exécution de l'engagement nécessite l'activité personnelle du débiteur dans des conditions telles qu'il ne serait pas possible de l'y contraindre (CA Montpellier 19-4-1979 précité). **20407**

L'obligation existe dès l'instant où le **caractère social de la dette** est constaté (Cass. civ. 24-10-1938 : DH 1939 p. 65, rendu en matière de société en nom collectif mais transposable). **20408**

Le créancier doit faire la **preuve** de l'existence de la dette et de son caractère social (Cass. com. 20-3-2012 nº 10-27.340 : RJDA 7/12 nº 684, rendu en matière de société en nom collectif mais transposable). Pour établir cette preuve, le créancier doit produire un titre incontestable, acte authentique ou encore décision de condamnation définitive ou assortie de l'exécution provisoire (Cass. com. 8-3-1995 nº 529 : RJDA 5/95 nº 592 ; Cass. 3e civ. 12-12-1990 : Bull. civ. III nº 264).

> **Précisions** **a.** Une décision de justice irrévocable condamnant la société au paiement d'une **dette sociale** établit l'**existence** de celle-ci et les associés ne peuvent en contester le bien-fondé (Cass. com. 6-12-2017 nº 15-16.993 F-D : RJDA 3/18 nº 247, décision rendue en matière de société en nom collectif mais transposable). En revanche, tel n'est pas le cas du titre exécutoire résultant du certificat de non-paiement d'un chèque sans provision émis par la société (Cass. com. 20-3-2012 précité). En effet, un tel titre exécutoire ne prouve pas l'existence de la dette mais seulement l'absence de provision du chèque (cf. C. mon. fin. art. L 131-73) et peut donc être contesté.
> **b.** L'associé qui veut **contester le caractère social de la dette** doit le faire dès le début du procès ; s'il en fait état après avoir invoqué la prescription de l'action du créancier, il a, par là

même, reconnu le caractère social de la dette litigieuse (Cass. civ. 27-5-1914 : D. 1921 I p. 121).
c. En cas de **procédure collective de la société,** la preuve du caractère social de la dette peut résulter de l'admission au passif social de la créance déclarée : n° 20432.
d. Jugé que l'associé d'une société civile est immédiatement et de plein droit tenu au **paiement de la TVA** dont la société est la redevable ; l'administration n'est pas tenue d'attendre la clôture de la liquidation des biens (actuellement la liquidation judiciaire) de la société civile pour réclamer la TVA aux associés (CE 26-7-1985 n°s 38585 à 38591 : RJF 10/85 n° 1394, décision rendue sous l'empire de l'ancien art. 1863 du C. civ. mais transposable sous le régime actuel de l'art. 1857). Mais, l'action de l'administration fiscale en paiement de la TVA contre un associé est subordonnée à la poursuite préalable et vaine de la société elle-même (C. civ. art. 1858 : n°s 20420 s. ; sur la procédure suivie par l'administration fiscale, voir n° 14210). Si l'associé est également gérant, voir n°s 8100 s.
En ce qui concerne l'obligation des associés des **SCI de construction-vente** pour le paiement des dettes fiscales de la société, voir n° 45112.
e. Les associés ne peuvent être poursuivis sur le fondement de l'obligation aux dettes sociales que si la société est dotée de la **personnalité morale** ; tel n'est pas le cas d'une société n'ayant jamais été immatriculée au RCS (Cass. com. 3-3-2021 n° 19-10.089 F-D : RJDA 6/21 n° 406).

20410 **Ancien associé** L'associé qui se retire de la société reste tenu des dettes sociales devenues exigibles avant son **retrait.** En revanche, il n'est plus responsable des dettes contractées avant la date à laquelle son départ est devenu opposable aux tiers (n°s 21300 s.) mais qui n'étaient pas encore exigibles à cette date (C. civ. art. 1857, al. 1).
Encore faut-il que l'associé n'ait pas garanti personnellement l'exécution des engagements de la société. Or, il est fréquent, en pratique, que les dispensateurs de crédit, banquiers principalement, exigent la caution personnelle des associés en garantie des prêts qu'ils consentent à la société.

20411 Dans les **rapports entre** l'**acquéreur et** le **cédant de parts sociales,** la contribution de ce dernier au paiement des dettes sociales antérieures à son départ est librement fixée dans le contrat de cession des parts. Le plus souvent, le prix de cession est calculé en tenant compte du passif existant au moment de la cession et le cédant est libéré, à l'égard de l'acquéreur, de toute contribution aux dettes. Pour un exemple, voir Cass. 1e civ. 11-3-1975 : Bull. civ. I n° 105.
Sur les clauses de « garantie de passif », voir n° 21332.

> Précisions a. La contribution des associés au paiement des dettes sociales s'effectuant « à proportion de leur part dans le capital social à la date de l'exigibilité » (C. civ. art. 1857, al. 1), l'associé qui a **cédé ses parts à une époque où la créance n'était pas encore exigible** ne peut plus être poursuivi par les créanciers sociaux, sauf si ces derniers sont en mesure de prouver que la cession a été faite en fraude de leurs droits et qu'elle ne leur est donc pas opposable.
b. Aucune disposition expresse ne prévoit que l'autorisation judiciaire de **retrait pour juste motif** produit effet rétroactivement à la date des faits constitutifs du juste motif (CA Paris 22-9-1995 : RJDA 12/95 n° 1383). L'associé reste donc tenu de sa part des dettes sociales tant qu'il n'a pas perdu la qualité d'associé. Sur la date à prendre en compte, voir n° 20237.
c. En cas de **procédure collective de la société,** l'associé est tenu de toutes les dettes contractées avant la date de cessation de paiements, même si elles n'étaient pas encore devenues exigibles à cette date (C. civ. art. 1857, al. 1).

20412 **Nouvel associé** À s'en tenir à la lettre de l'article 1857, al. 1 du Code civil (n° 20410), on doit, semble-t-il, considérer que le nouvel associé qui entre dans la société en cours de vie sociale ne répond, en proportion de ses droits dans le capital, que des dettes sociales devenues exigibles postérieurement à son entrée dans la société.

CONSÉQUENCES DE L'OBLIGATION DES ASSOCIÉS AUX DETTES SOCIALES

20415 Les créanciers sociaux peuvent saisir les **biens personnels** de l'associé et venir en concours sur ses biens avec ses créanciers personnels.
Mais ils doivent **diviser leur recours** et ne réclamer à un associé déterminé qu'une partie de leur créance calculée en proportion de sa part dans le capital social (C. civ. art. 1857). Les associés des sociétés civiles, contrairement à ceux des sociétés en nom collectif, ne sont pas tenus solidairement des dettes sociales (Cass. 3e civ. 27-3-1996 : Dr. sociétés 1996 n° 121).
Si l'associé est marié sous le régime de la communauté légale, le créancier social peut poursuivre les **biens communs** de l'associé même si son conjoint commun en biens n'a pas donné son consentement au contrat de société (Cass. 1e civ. 17-1-2006 n° 57 : RJDA 4/06 n° 423). En effet, l'article 1415 du Code civil, qui prévoit que sous le régime de la communauté légale, chacun des époux ne peut engager que ses biens propres et ses revenus, par un cautionnement ou un emprunt, à moins que ceux-ci n'aient été contractés avec le consentement exprès de l'autre conjoint, ne s'applique pas à l'associé de société civile (Cass. 1e civ. 17-1-2006 n° 57 précité).

Lorsqu'un **associé** décède, ses **héritiers** devenus associés ne sont tenus indéfiniment à l'égard des tiers des dettes de la société que dans la double proportion de leur part dans le capital social (application de l'article 1857 du Code civil) et de leurs droits respectifs dans la succession (application de l'article 1309 du même Code).

Si l'associé a le statut d'entrepreneur individuel à responsabilité limitée (**EIRL**) pour exercer à titre individuel une activité distincte de celle de la société, le créancier social dont la créance est née après la déclaration d'affectation du patrimoine à l'activité professionnelle ne peut pas poursuivre les biens appartenant à l'associé que celui-ci a affectés à l'EIRL, sauf exceptions, notamment en cas de fraude ou de manquement grave aux obligations comptables (C. com. art. L 526-12). **20416**

De même, le titulaire d'une créance sociale née à compter du 15 mai 2022 ne peut pas saisir les biens d'un associé qui sont utiles à l'**activité professionnelle indépendante** exercée en son nom propre par l'associé par ailleurs entrepreneur individuel, sauf si le patrimoine personnel de cet associé n'est pas suffisant, et, dans ce cas, pour un montant limité à celui du bénéfice du dernier exercice clos de cette activité (C. com. art. L 526-22, al. 2 issu de loi 2022-172 du 14-2-2022 ; C. exécution art. L 161-1 modifié par loi 2022-172 ; Loi 2022-172 art. 19, I ; sur les biens utiles à l'activité professionnelle, voir n° 1225). Il revient à l'associé de **prouver** que le bien faisant l'objet d'une mesure d'exécution forcée ou conservatoire appartient à son **patrimoine professionnel** (C. com. art. L 526-22, al. 7 issu de loi 2022-172). Par ailleurs, la responsabilité du créancier peut être recherchée pour **abus de saisie** s'il procède à une mesure d'exécution forcée ou conservatoire sur un élément d'actif ne faisant manifestement pas partie du patrimoine saisissable (C. com. art. L 526-22, al. 7 issu de loi 2022-172).

Rien n'interdit aux associés d'aggraver leur situation et d'accepter de prendre **envers les créanciers** des **engagements solidaires** conformément à l'article 1310 du Code civil, s'exposant ainsi à être poursuivis pour la totalité de la dette sociale. **En pratique,** ils se portent, le plus souvent, cautions solidaires des engagements de la société. **20417**

Il a aussi été jugé que la solidarité peut résulter du caractère indivisible de l'engagement pris par la société (C. civ. art. 1320 ; CA Montpellier 19-4-1979 : JCP G 1981 II n° 19484 note Steinmez, à propos de l'obligation d'effectuer des travaux destinés à rendre des bâtiments conformes à une promesse contractée par une société de construction ; dans le même sens, voir CA Paris 7-11-2000 : Rev. sociétés 2001 p. 132, à propos du paiement de la somme correspondant à un appel de fonds pour l'achèvement d'une construction). Mais cette solution semble devoir être réservée aux obligations de faire qui seules peuvent être indivisibles par nature. La Cour de cassation a ainsi censuré une cour d'appel pour avoir condamné les associés d'une SCI à payer in solidum, avec d'autres responsables, des dommages-intérêts à un syndicat de copropriétaires en raison de désordres dans l'immeuble vendu par la SCI, alors que « la condamnation de chacun des associés est limitée à proportion de sa part dans le capital social » (Cass. 3e civ. 27-3-1996 : Dr. sociétés 1996 n° 121).

Dans les **rapports entre associés,** la solidarité à l'égard des dettes ne joue que si elle est expressément prévue (C. civ. art. 1310).

Les **créanciers personnels** de l'associé ne peuvent pas saisir les biens de la société, car ceux-ci forment le gage exclusif des créanciers sociaux. Ils peuvent seulement saisir entre les mains de la société les parts sociales appartenant à leur débiteur et toute somme dont la société serait redevable envers celui-ci (par exemple, au titre d'une distribution de dividendes ou d'un compte courant). **20418**

En sens inverse, l'associé ne peut pas se prévaloir des rapports existant entre la société et ses créanciers personnels ; il n'y a pas, notamment, compensation entre les dettes sociales et les dettes personnelles d'un associé : ainsi, un associé ne saurait refuser de payer l'un de ses créanciers personnels au motif que ce dernier est lui-même débiteur envers la société d'une somme au moins égale à sa propre dette.

CARACTÈRE SUBSIDIAIRE DE L'OBLIGATION DES ASSOCIÉS AU PAIEMENT DES DETTES SOCIALES

Les créanciers sociaux ne peuvent poursuivre le paiement des dettes contre un associé qu'après avoir **préalablement et vainement poursuivi** la société (C. civ. art. 1858). **20420**

Les associés sont débiteurs subsidiaires et non conjoints du passif social (Cass. 3e civ. 10-7-1996 n° 1310 : RJDA 3/97 n° 373). L'inefficacité des poursuites contre la société doit donc être constatée avant l'engagement de poursuites contre les associés (sur la régularisation d'une action engagée contre les associés avant que l'inefficacité des poursuites ait été constatée en cas de liquidation judiciaire de la société, voir n° 20432).

> **Précisions** **a.** Contrairement aux sociétés en nom collectif (C. com. art. L 221-1, al. 2), une **simple mise en demeure** de la société n'est pas suffisante pour que les créanciers puissent agir directement contre les associés d'une société civile de droit commun.
Sur ce point, le législateur a étendu aux sociétés civiles de droit commun une règle, déjà en vigueur dans les sociétés civiles de placement immobilier (C. mon. fin. art. L 214-89, al. 1), exigeant que la société soit non seulement mise en demeure, mais aussi préalablement et vainement poursuivie.
b. L'**associé qui désintéresse un créancier social** sur le fondement de son obligation aux dettes s'acquitte de la dette de la société et non d'une dette personnelle (Cass. 3e civ. 6-5-2015 n° 14-15.222 : RJDA 7/15 n° 506). En revanche, l'associé est personnellement débiteur des **intérêts moratoires nés de son retard** à désintéresser le créancier social de sorte que celui-ci peut lui réclamer ces intérêts sans les avoir préalablement demandés à la société (Cass. com. 21-1-2014 n° 12-26.461 : RJDA 4/14 n° 355).
c. Il résulte du caractère subsidiaire de l'obligation des associés au paiement des dettes sociales que les associés se trouvent libérés lorsque le créancier consent une **remise de dette à la société** (Cass. com. 14-1-2004 n° 72 : RJDA 5/04 n° 579, à propos d'une société en nom collectif mais transposable). De même, les associés sont en droit d'opposer au créancier la **prescription** de la créance détenue sur la société (Cass. 3e civ. 19-1-2022 n° 20-22.205 FS-B : RJDA 4/22 n° 204).
d. Les **associés** n'étant **pas contractuellement liés au créancier** de la société, ils ne sont pas recevables à remettre en cause le contrat entaché de nullité relative en vertu duquel la société est poursuivie (Cass. 3e civ. 28-3-2001 n° 436 : RJDA 10/01 n° 984) ; mais ils peuvent agir contre le créancier qui les poursuit en responsabilité extracontractuelle (Cass. 3e civ. 8-11-2000 n° 1447 : RJDA 3/01 n° 33 ; Cass. com. 2-6-2015 n° 13-25.337 : RJDA 10/15 n° 675 ; CA Versailles 27-1-2011 n° 10-408 : RJDA 7/11 n° 637). Le préjudice doit être personnel, ce qui n'est pas le cas lorsque le préjudice subi par l'associé résulte non de la faute extracontractuelle du créancier mais de la défaillance de la société et corrélativement de l'obligation aux dettes sociales de l'associé (Cass. com. 13-10-2015 n° 11-20.746 : RJDA 3/16 n° 207).
e. Sous l'empire du droit antérieur à l'ordonnance 2016-131 du 10 février 2016, il a été jugé que le caractère subsidiaire de l'obligation des associés empêchait l'**associé qui avait désintéressé un créancier** social d'obtenir le remboursement auprès de la société de cette dette par le jeu de la **subrogation** légale de l'ancien article 1251, 3° du Code civil, qui supposait que l'associé fût tenu personnellement d'une dette certaine et liquide, dès lors qu'il n'était pas établi que la société n'était pas en mesure de payer cette dette (Cass. 1e civ. 12-7-2006 n° 1290 : RJDA 1/07 n° 65). On peut s'interroger sur la pérennité de cette solution pour les subrogations légales survenant depuis le 1er octobre 2016, date d'entrée en vigueur de l'ordonnance 2016-131. En effet, l'article 1346 issu de l'ordonnance n'impose plus que le subrogé soit personnellement tenu de la dette qu'il a payée mais exige qu'il ait un intérêt légitime au paiement de celle-ci. Si une personne qui paye une dette dont elle est tenue avec d'autres ou pour d'autres dispose d'un intérêt légitime à l'acquitter, la notion ne semble pas se limiter à cette hypothèse. Il faudra attendre que les tribunaux se prononcent pour savoir si elle pourrait concerner le cas d'un associé d'une société civile qui désintéresse un créancier social sans qu'il soit établi que la société n'était pas en mesure de payer la dette.
L'associé qui a désintéressé un créancier social peut en revanche être subrogé dans les droits et actions du créancier au titre d'une subrogation conventionnelle, à condition toutefois que celle-ci soit expresse et ait été donnée par le créancier au moment du paiement (Cass. 1e civ. 12-7-2006 n° 1290 précité).

20421 **Condition de vaine poursuite** La condition de vaine poursuite est **remplie** lorsque les poursuites préalables diligentées contre la société ont été, du fait de l'insuffisance du patrimoine social, privées de toute efficacité (Cass. com. 20-11-2001 n° 1910 : RJDA 3/02 n° 267 ; CA Paris 9-11-2001 n° 00-4177 : Bull. Joly 2002 p. 270).

ILLUSTRATIONS

Justifie de vaines poursuites le créancier qui a fait procéder à la saisie de l'immeuble, seul patrimoine de la société, et fait signifier à celle-ci un commandement de payer aux fins de saisie-vente ayant été converti en procès-verbal de carence établissant qu'aucun bien n'était susceptible d'être saisi (Cass. 3e civ. 11-7-2019 n° 18-11.215 F-D : RJDA 11/19 n° 697). Tel est également le cas du créancier d'une SCI n'ayant plus d'actif immobilier, plus d'activité depuis cinq ans, ni d'adresse connue, de sorte qu'un commandement de payer n'avait pas pu lui être délivré, et que la saisie-attribution qu'avait fait pratiquer le créancier s'était révélée infructueuse (Cass. 3e civ. 22-6-2023 n° 22-16.342 F-D : RJDA 10/23 n° 530).
Tel est également le cas du créancier d'une SCI, dont l'objet est notamment la construction d'un immeuble sur un terrain qu'elle possède, dès lors qu'ayant inscrit sur le terrain une hypothèque de second rang venant après celle d'un autre créancier, la vente du terrain ne lui a permis de recouvrer qu'une faible part de sa créance et qu'aucune autre poursuite ne pouvait être exercée contre la SCI, celle-ci ne disposant d'aucun autre bien immobilier ou mobilier (CA Paris 5-3-2003 n° 02-1809 : RJDA 12/04 n° 1342).

De même, une banque a pu obtenir la condamnation des associés à lui verser le solde d'un engagement de caution pris par la société pour lequel la banque n'avait pas été entièrement désintéressée, dès lors qu'elle avait tenté sans succès une procédure de saisie-vente des meubles, une saisie-attribution auprès d'un établissement de crédit, une saisie-attribution auprès d'une société tierce et avait fait procéder à la saisie du bien immobilier, seul actif de la société, mais dont l'adjudication n'avait pas permis d'apurer la créance (Cass. com. 14-2-2018 n° 16-10.646 F-D : RJDA 5/18 n° 438).

En revanche, ne constituent **pas** de **vaines poursuites** : 20422

– une simple mise en demeure ou des commandements de payer indépendants de toute mesure d'exécution, même s'ils étaient restés sans effet (Cass. 3e civ. 3-7-1996 n° 1200 : RJDA 12/96 n° 1488 ; Cass. 3e civ. 23-4-1992 n° 695 : RJDA 1/93 n° 42) ;

– la seule délivrance d'un commandement aux fins de saisie-vente, suivi d'un procès-verbal de carence (Cass. 3e civ. 6-1-1999 n° 23 : RJDA 8-9/99 n° 951) ;

– une saisie-attribution infructueuse, dès lors que le créancier s'est abstenu d'exécuter sa créance sur le patrimoine immobilier de la société qui constituait l'essentiel des actifs de celle-ci (CA Versailles 13-6-2003 : RJDA 12/03 n° 1195 ; dans le même sens, CA Reims 22-2-1993 : JCP G 1994 IV n° 807) ;

– la vente aux enchères publiques d'un actif social, l'absence de réponse à des mises en demeure répétées et la non-comparution à une instance (Cass. 3e civ. 14-6-2000 n° 965 : Dr. sociétés 2000 n° 152 note Th. Bonneau) ;

– des recherches tendant à localiser la société débitrice – dont il n'était pas établi qu'elle avait été dissoute – et demeurées infructueuses (Cass. 3e civ. 8-10-1997 n° 1403 : RJDA 12/97 n° 1501) ;

– l'inscription d'une hypothèque de second rang sur les biens immobiliers de la société après condamnation de celle-ci à rembourser le créancier, lequel se borne à produire un courrier d'un notaire faisant apparaître l'existence d'une hypothèque de premier rang inscrite par un autre créancier sur les mêmes biens (Cass. com. 20-11-2001 n° 1910 : RJDA 3/02 n° 267) ;

– un procès-verbal de recherches infructueuses établi lors de la signification d'un jugement rendu contre la société, ce procès-verbal établissant que la société n'avait pas d'adresse connue mais ne démontrant pas son insolvabilité (Cass. 3e civ. 4-6-2009 n° 08-12.805 : RJDA 11/09 n° 978 ; Cass. 3e civ. 26-10-2017 n° 16-24.134 F-D : RJDA 2/18 n° 135).

Jugé en outre que le créancier hypothécaire d'une SCI ne pouvait pas poursuivre un associé en paiement du solde de sa créance même si ce créancier avait normalement diligenté une procédure de saisie immobilière sur l'immeuble que la SCI lui avait donné en garantie et bien qu'il n'ait eu connaissance de l'insuffisance du prix d'adjudication qu'à une date très proche de celle de la dissolution de la SCI, ce qui rendait vain l'exercice de toutes autres nouvelles poursuites, le patrimoine de la SCI ayant été entièrement réalisé par suite de la préemption de l'autre bien immobilier lui appartenant, dès lors que ces éléments ne suffisaient pas à établir que toutes autres poursuites contre la SCI auraient été, du fait de l'insuffisance du patrimoine social, privées d'efficacité (Cass. 3e civ. 6-7-2005 n° 846 : RJDA 11/05 n° 1250).

On soulignera la réticence de certaines cours d'appel à se montrer aussi strictes que la Cour de cassation dans l'interprétation des dispositions de l'article 1858 du Code civil. Il a ainsi été jugé que constituaient de vaines poursuites (ou des tentatives suffisantes) :

– un commandement de payer au nom d'une société qui, quoique non dissoute, avait cessé toute activité et avait été expulsée de ses locaux (CA Paris 11-6-1996 : Dr. sociétés 1996 n° 187 note Th. Bonneau) ;

– un commandement de payer converti en procès-verbal de carence après que l'huissier de justice avait constaté que la société débitrice ne présentait aucun bien saisissable ou susceptible d'être saisi, l'immeuble lui appartenant ayant été vendu aux enchères publiques (CA Dijon 17-2-1994 : Bull. Joly 1994 p. 1103 note M. Jeantin ; dans le même sens, voir CA Paris 4-4-2001 : AJDI 6/01 p. 556).

On peut toutefois penser que dans ces espèces les juges ont conclu à l'inanité des poursuites au vu de circonstances propres à douter de l'utilité d'un recours à de véritables mesures d'exécution.

L'article 1858 du Code civil n'exige pas que la société débitrice ait fait l'objet d'une **procédure** 20423
collective pour que la preuve de l'inanité des poursuites soit établie (Cass. com. 26-6-2012 n° 11-24.608 : RJDA 11/12 n° 981).

De même, il n'exige pas que le créancier rapporte la preuve de poursuites préalables et vaines contre la **caution** de la société (Cass. 1e civ. 5-2-2002 n° 178 : RJDA 10/02 n° 1041).

Société dissoute En présence d'une société civile dissoute, les créanciers ne peuvent 20430
poursuivre le paiement des dettes sociales contre un associé qu'après avoir **assigné la société** en la personne de son liquidateur (Cass. 3e civ. 3-7-1996 n° 1200 : RJDA 12/96 n° 1488 ; Cass. com. 30-9-2020 n° 18-26.044 F-D : RJDA 1/21 n° 32, à propos d'un Gaec dissous par l'arrivée de son terme).

Mais la **clôture de la liquidation** de la société dispense le créancier de justifier de vaines poursuites préalables, celui-ci pouvant agir directement contre les associés (Cass. 3e civ. 31-3-2004 n° 396 : RJDA 7/04 n° 850 ; Cass. 3e civ. 10-2-2010 n° 09-10.982 : RJDA 10/10 n° 973 ; Cass. com. 21-3-2018 n° 16-18.362 F-D : RJDA 7/18 n° 588).

> **Précisions a.** Le **procès-verbal de recherches infructueuses** auquel a donné lieu la tentative d'assignation d'une société liquidée constitue une préalable et vaine poursuite permettant au créancier de poursuivre les associés (Cass. com. 25-9-2007 n° 06-11.088 : RJDA 3/08 n° 298).
> **b.** Est recevable l'action en **référé** intentée contre les associés par l'acquéreur d'un immeuble vendu par la société aux fins d'obtenir une **expertise** sur des désordres apparus sur l'immeuble après la clôture de la liquidation de la société (Cass. 3e civ. 11-7-2019 n° 18-16.512 F-D : RJDA 11/19 n° 698).

20431 **Société faisant l'objet d'une procédure collective** Les créanciers de la société doivent **déclarer leurs créances** lorsque celle-ci fait l'objet d'une procédure de sauvegarde, de redressement ou de liquidation judiciaire. Mais le **défaut de déclaration** n'est pas sanctionné par l'extinction de la créance : le créancier de la société conserve donc le droit d'agir contre les associés, sous réserve de l'inanité des poursuites engagées contre la société.

20432 Lorsque la société fait l'objet d'une **procédure de sauvegarde ou de redressement judiciaire,** si la créance est incluse dans un plan de redressement de la société et que celle-ci respecte les dispositions d'apurement du passif prévues par ce plan, les créanciers sociaux ne peuvent pas poursuivre les associés en paiement des dettes sociales tant que le plan est exécuté (Cass. com. 23-1-2001 n° 173 : RJDA 4/01 n° 462 ; dans le même sens à propos d'une société civile de construction-vente, Cass. 3e civ. 23-2-2000 n° 306 : RJDA 7-8/00 n° 775). Ils peuvent en revanche solliciter du juge des mesures conservatoires contre les associés s'ils justifient d'une créance paraissant fondée en son principe contre la société et de l'apparence d'une défaillance de celle-ci, cette apparence pouvant résulter du risque d'inexécution du plan ; l'article 1858 du Code civil étant inapplicable dans ce cas, les créanciers n'ont pas à démontrer l'inexécution du plan par la société (Cass. com. 25-3-2020 n° 18-17.924 F-PB : RJDA 8-9/20 n° 436).

Si la société fait l'objet d'une **procédure de liquidation judiciaire,** il suffit que le créancier ait déclaré sa créance à la procédure pour qu'il puisse poursuivre les associés en paiement (Cass. ch. mixte 18-5-2007 n° 05-10.413 : RJDA 8-9/07 n° 861 et Cass. com. 2-10-2019 n° 18-11.854 F-D : RJDA 1/20 n° 26, pour un créancier chirographaire ; Cass. com. 20-3-2019 n° 17-18.924 F-PB : RJDA 6/19 n° 439, pour un créancier privilégié) ; il n'a donc ni à attendre la clôture des opérations de liquidation ni à établir que l'actif social est insuffisant pour le désintéresser. En outre, l'action en paiement engagée contre les associés avant que l'inefficacité des poursuites contre la société ait été établie peut être régularisée si la créance a été régulièrement déclarée à la procédure (Cass. ch. mixte 18-5-2007 n° 05-10.413 et Cass. com. 2-10-2019 n° 18-11.854 F-D précités).

L'associé d'une société en liquidation judiciaire peut-il démontrer que le créancier n'a pas vainement poursuivi la société en prouvant que le patrimoine social suffirait à le désintéresser ? Tel serait le cas si l'on considère que la déclaration de créance est une simple présomption de vaine poursuite (F. Pérochon : Bull. Joly 2007 p. 1174 § 316 ; Ph. Pétel : JCP E 2007 n° 2119 ; J.-F. Barbieri : Rev. sociétés 2008 p. 137) mais une réponse négative s'impose si on analyse la solution dégagée par l'arrêt de la chambre mixte en une règle de fond générale et abstraite qui est étrangère à toute preuve contraire (J.-J. Caussain, F. Deboissy et G. Wicker : JCP G 2007 I 179 n° 10). Un arrêt de la cour d'appel de Paris semble avoir admis qu'un associé d'une société en liquidation judiciaire puisse démontrer l'existence d'un patrimoine suffisant pour désintéresser un créancier social qui avait déclaré sa créance (CA Paris 11-2-2016 n° 15-07139 : RJDA 6/16 n° 455) mais la solution reste à confirmer.

> **Précisions a.** Les associés demeurent tenus personnellement à l'égard des créanciers sociaux même en cas de **procédure collective de la société** de sorte que ni le mandataire judiciaire de cette société ni, en cas de liquidation judiciaire, le liquidateur n'ont **qualité pour exercer l'action** ouverte par l'article 1857 du Code civil à chacun des créanciers contre les associés (Cass. com. 24-1-2006 n° 91 : RJDA 6/06 n° 663).
> **b.** L'**admission** irrévocable d'une créance sociale au **passif de la liquidation judiciaire** de la société s'impose à ses associés s'ils n'ont pas présenté une réclamation contre l'état des créances sur lequel figure cette décision (Cass. com. 13-10-2015 n° 11-20.746 F-PB : RJDA 3/16 n° 207 ; Cass. com. 20-1-2021 n° 19-13.539 F-PI : RJDA 5/21 n° 324) ; ceux-ci ne peuvent donc pas opposer au créancier qui les poursuit l'éventuelle prescription de cette créance (Cass. com. 13-10-2015 n° 11-20.746 F-PB précité) ni former tierce opposition à la décision antérieure condamnant la société au paiement (Cass. com. 20-1-2021 n° 19-13.539 F-PI précité).
> L'admission au passif doit résulter d'une ordonnance du juge-commissaire ou de la signature par celui-ci de la liste des créances (Cass. com. 17-2-2021 n° 19-19.598 FD : RJDA 6/21 n° 414).
> En revanche, la **créance irrévocablement rejetée** est éteinte (Cass. com. 22-1-2020 n° 18-19.526 FS-PB : RJDA 4/20 n° 229). En conséquence, le créancier ne peut pas poursuivre les associés. La décision par laquelle un tribunal, qui statue dans une

instance en cours reprise après l'ouverture de la procédure collective, déclare irrecevable la demande d'un créancier tendant à la fixation du montant de sa créance ne constitue pas une décision de rejet de cette créance par le juge-commissaire et le créancier conserve son droit de poursuivre les associés (Cass. com. 10-3-2021 n° 19-23.395 FS-P : RJDA 6/21 n° 411).

POURSUITE DE L'ASSOCIÉ

Les créanciers peuvent poursuivre l'associé de leur choix, mais seulement pour la **part des dettes** qui lui incombent (C. civ. art. 1857, al. 1). Ainsi jugé que l'administration fiscale ne tire ni du CGI ni du Code civil (et notamment pas de l'article 1857 précité) le pouvoir de rechercher un associé d'une société civile en paiement des impositions dues par celle-ci au-delà de la part de ces impositions correspondant aux droits de l'intéressé (TA Paris 26-11-1997 n° 94-10082 : RJF 5/98 n° 618). **20434**

Le créancier n'est pas tenu d'exercer son recours de manière séparée contre chacun des associés et peut assigner par le **même acte** plusieurs associés afin de demander à chacun, à proportion de sa part dans le capital, le paiement de la dette sociale (CA Paris 15-12-2000 : RJDA 4/01 n° 463).

Les créanciers peuvent **agir séparément** : le créancier qui poursuit n'est pas tenu d'appeler dans la cause les autres créanciers sociaux.

Lorsque **l'associé fait l'objet d'une procédure collective,** le créancier doit déclarer au passif la créance éventuelle qu'il détient sur lui, même si la société n'est pas elle-même en cessation des paiements (Cass. com. 30-6-2004 n° 1074 : RJDA 1/05 n° 49 ; Cass. 3e civ. 23-5-2007 n° 06-14.988 : RJDA 10/07 n° 983). En effet, même si le défaut de déclaration n'est pas sanctionné par l'extinction de la créance, l'intérêt pour le créancier de déclarer sa créance reste entier : à défaut, il ne participe pas aux répartitions et dividendes prévus dans le cadre de la procédure collective (C. com. art. L 622-26, al. 1, L 631-14 et L 641-3). La créance est inopposable à l'associé pendant l'exécution du plan de sauvegarde ou de redressement et après l'exécution totale du plan (C. com. art. L 622-26, al. 2 et L 631-14). Le créancier peut en réclamer le paiement si le plan est résolu (Cass. com. 9-9-2020 n° 19-10.206 FS-PB : RJDA 12/20 n° 657) ou, exceptionnellement, en cas de clôture de la liquidation judiciaire pour insuffisance d'actif (C. com. art. L 643-11).

Les créanciers sociaux peuvent agir contre les associés tant que leur créance n'est pas prescrite ou éteinte à l'égard de la société. Les associés poursuivis peuvent opposer au créancier la **prescription** de sa créance contre la société (Cass. 3e civ. 19-1-2022 n° 20-22.205 FS-B : RJDA 4/22 n° 204). **20435**

Le point de départ de la prescription de l'action du créancier contre l'associé est le même que celui de la prescription de son action contre la société (Cass. 3e civ. 19-1-2022 n° 20-22.205 FS-B précité).

Toutefois, lorsque la société est dissoute, les créanciers peuvent agir contre les associés pendant un délai de cinq ans à compter de la publication de la dissolution (C. civ. art. 1859 ; sur cette question, voir nos 26000 s.).

Pour pratiquer une **saisie conservatoire** sur les biens d'un associé, le créancier doit seulement établir l'existence d'une créance contre la société paraissant fondée en son principe et l'apparence de défaillance de celle-ci (Cass. com. 9-10-2001 n° 1578 : RJDA 2/02 n° 197 ; Cass. com. 25-3-2020 n° 18-17.924 F-PB : RJDA 8-9/20 n° 436). Il n'est donc pas nécessaire au créancier d'obtenir un titre exécutoire (par exemple, décision de justice ou acte notarié) à l'encontre de la société fixant de manière certaine le montant de la créance ni de montrer que, malgré l'obtention de ce titre, il n'a pas pu être désintéressé. Sur le cas d'une créance incluse dans le plan de redressement de la société, voir n° 20432. **20436**

De même, le créancier peut demander en **référé** que les associés soient condamnés à lui verser une **provision** dès lors que sa créance sur la société n'est pas sérieusement contestable (Cass. 2e civ. 13-2-2003 n° 161 : RJDA 8-9/03 n° 846).

Mais le créancier ne peut pas procéder à une mesure d'**exécution forcée** contre l'associé (saisie de ses biens notamment) s'il n'est pas muni d'un titre exécutoire contre lui, même s'il dispose d'un tel titre contre la société (Cass. 2e civ. 19-5-1998 n° 724 : RJDA 11/98 n° 1289 ; Cass. com. 12-12-2006 n° 1419 : RJDA 5/07 n° 510 ; CA Versailles 2-10-2003 n° 02-7404 : RJDA 2/04 n° 218).

B. Autres obligations des associés

OBLIGATION DE NON-CONCURRENCE DES ASSOCIÉS

L'associé est tenu à une obligation de non-concurrence si les **statuts** le prévoient. **20440**

Jugé que la clause statutaire de non-concurrence prévue en cas de retrait d'un associé pour quelque cause que ce soit ne s'applique pas à l'hypothèse de la dissolution de la société (CA Aix-en-Provence 19-1-1995 : RJDA 6/95 n° 719).

La clause de non-concurrence n'est toutefois licite que si elle est « proportionnée aux intérêts légitimes à protéger » (Cass. com. 4-1-1994 : RJDA 3/94 n° 297 ; Cass. soc. 2-12-1997 : RJS 1/98 n° 33 ; Cass. 1e civ. 11-5-1999 n° 897 : RJDA 8-9/99 n° 880).

20441 Dans le **silence des statuts,** l'associé ne peut pas exercer une activité concurrente dans trois cas :

– s'il a fait un apport en industrie, il doit à la société tous les gains réalisés dans l'industrie qui est l'objet de cette société ; il ne pourrait donc exercer une autre activité que si les statuts l'y autorisaient ;

– s'il a apporté une clientèle civile (par exemple, clientèle de profession libérale), il est tenu, comme tout vendeur, à la garantie de la chose apportée (C. civ. art. 1843-3, al. 3 ; nos 1145 s.), ce qui lui interdit de reprendre une activité concurrente de celle de la société ;

– s'il participe effectivement à l'activité sociale, car il ne saurait en même temps « servir » la société et lui faire concurrence (cf. CA Rouen 19-11-2009 n° 08-1868 : RJDA 2/10 n° 147, à propos d'une SARL mais transposable).

En dehors de ces cas, l'associé peut, à notre avis, exercer une activité concurrente de celle de la société à condition qu'il ne se livre pas à des actes de concurrence déloyale. En effet, en vertu du principe de la liberté du commerce et de l'industrie, plus largement entendu comme celui de la liberté économique – ce qui couvre les activités civiles au sens juridique –, l'interdiction d'exercer une activité ne peut résulter que d'un texte législatif ou réglementaire ou d'un comportement fautif.

OBLIGATION DES ASSOCIÉS DE RÉALISER LES APPORTS

20445 L'associé qui n'a pas entièrement libéré son apport au moment de la constitution de la société doit répondre aux appels du gérant qui peut le contraindre en justice à honorer ses engagements (n° 1120).

Le défaut de libération des apports peut, si les statuts le prévoient, entraîner pour l'associé défaillant l'exclusion de la société.

SECTION 4 RESPONSABILITÉ CIVILE DES ASSOCIÉS

20450 Si l'associé cause un **préjudice à un tiers** (notamment un cocontractant de la société) par l'exercice fautif d'un de ses droits, il s'expose à devoir réparer ce préjudice. Sa responsabilité n'est engagée qu'en cas de **faute détachable** de la qualité d'associé, c'est-à-dire en cas de faute intentionnelle d'une particulière gravité incompatible avec l'exercice normal des prérogatives attachées à la qualité d'associé (Cass. com. 18-2-2014 n° 12-29.752 : RJDA 7/14 n° 628, à propos d'une société commerciale mais transposable).

Une telle faute n'a pas été considérée comme caractérisée dans un cas où un associé avait voté en faveur d'une décision aboutissant à la violation d'un engagement souscrit par la société (Cass. com. 18-2-2014 n° 12-29.752 précité).

Les associés peuvent aussi engager leur responsabilité personnelle **à l'égard d'un dirigeant** dont ils ont voté la révocation s'il est prouvé que leur vote a été dicté par la malveillance ou l'intention de nuire (n° 7214). Là encore, c'est la faute intentionnelle d'une particulière gravité, détachable de la qualité d'associé, qui est retenue contre les associés.

20451 Hormis le cas où ils ont commis une faute détachable, les associés peuvent engager leur responsabilité dans les **cas suivants** :

– dissolution frauduleuse de la société (n° 24300) ;

– dénigrement d'un dirigeant (n° 20260) ;

– exercice abusif du droit de vote (nos 9070 s.).

La responsabilité d'un associé pourrait également être recherchée en cas de surévaluation d'un apport en nature (en ce sens, Cass. com. 28-6-2005 nº 03-13.112 FS-PBRI : RJDA 10/05 nº 1107 ; Cass. com. 26-4-2017 nº 15-28.091 F-D : RJDA 8-9/17 nº 550) ou en cas de sous-évaluation de la société bénéficiaire d'un tel apport en vue d'attribuer à l'apporteur un plus grand nombre de droits sociaux en fraude des droits d'un minoritaire dont la participation serait indûment diluée, et ce, sans que ce dernier ait à démontrer que l'apport n'est pas justifié par l'intérêt social (Cass. com. 30-9-2020 nº 18-22.076 F-PB : RJDA 1/21 nº 23, à propos d'une société anonyme mais transposable). **20451** (suite)

CHAPITRE 2

LES PARTS SOCIALES

SOMMAIRE

SECTION 1

CARACTÉRISTIQUES DES PARTS SOCIALES

FORME DES PARTS SOCIALES

Les droits des associés dans le capital, c'est-à-dire les parts sociales, ne peuvent pas être représentés par des **titres négociables** (à ordre, nominatifs ou au porteur) à peine de nullité des titres émis (C. mon. fin. art. L 411-1, al. 1). **21000**

Si les statuts le prévoient, des **certificats représentatifs** de leurs **parts** peuvent être remis aux associés. Chacun d'eux doit être intitulé « certificat représentatif de parts » et être très lisiblement barré de la mention « non négociable ». Ces certificats sont établis au nom de chaque associé par part ou multiple de parts ou pour le total des parts détenues par lui (Décret 78-704 du 3-7-1978 art. 34).

DIFFÉRENTES SORTES DE PARTS DE SOCIÉTÉ CIVILE

Il convient, à notre avis, de distinguer tout d'abord les parts représentatives d'apports en numéraire ou en nature de celles qui correspondent à des apports en industrie, l'intéressé mettant à la disposition de la société ses connaissances techniques, son travail ou ses services. Les premières, que l'on peut qualifier de **« parts sociales »,** concourent seules à la formation du capital, à l'inverse des **« parts d'industrie »,** que la loi désigne par le mot « parts » et qui ouvrent droit au partage des bénéfices (C. civ. art. 1843-2, al. 2) selon les modalités fixées par les statuts. Cette distinction entre les parts sociales et les parts d'industrie ne figure pas dans le Code civil. Elle nous paraît cependant s'imposer car les droits attachés à ces parts ne sont pas identiques et doivent être précisés dans les statuts. **21005**

Les parts sociales (ou les parts d'industrie) peuvent aussi être réparties en deux catégories selon l'étendue des droits qui leur sont attachés. Les unes (parts **« privilégiées »**) peuvent procurer des avantages par rapport aux autres (parts **« ordinaires »**) : droits plus importants dans les bénéfices sociaux ou le boni de liquidation, dividendes cumulatifs, droit de priorité dans les bénéfices sociaux, droit de vote plural, etc.

VALEUR NOMINALE DES PARTS DE SOCIÉTÉ CIVILE

Le capital social doit être divisé en parts égales (C. civ. art. 1845-1). **21010**

L'**égalité** n'est, à notre avis, requise que pour la valeur nominale des parts puisqu'elle est liée à la division du capital. L'article 1845-1 du Code civil n'interdit pas de conférer à certaines parts des droits pécuniaires (art. 1844-1, al. 1) ou même des droits de vote (nº 9110) plus importants que ceux attribués aux autres parts.

Cependant, aucune disposition légale n'impose une **valeur** nominale **minimale** pour les parts de sociétés civiles, sauf s'il s'agit de SCPI, de sociétés d'épargne forestière ou de groupements forestiers d'investissement (C. mon. fin. art. L 214-88 pour les SCPI et les sociétés d'épargne forestière, sur renvoi de C. for. art. L 331-4-1, II et II bis pour les groupements forestiers d'investissement) ou encore de sociétés civiles professionnelles (nº 57000).

Il est conseillé de **numéroter** chacune des parts attribuées aux associés lorsque, parmi ceux-ci, il s'en trouve qui ont fait à la fois des apports en nature et des apports en numéraire. En effet, si l'associé qui a effectué ces apports vient à céder une partie de ses parts dans les trois ans qui suivent l'apport, il lui est possible, grâce à la numérotation des parts, d'établir que la cession porte sur celles non représentatives des apports en nature, et d'éviter ainsi l'exigibilité des droits de mutation à titre onéreux correspondant aux biens apportés (nºs 21440 s.).

> **> Précisions** **a.** L'article 1845-1 du Code civil ne s'applique, bien entendu, qu'aux parts émises en représentation d'apports en numéraire ou en nature, les **apports en industrie** ne concourant pas à la formation du capital (C. civ. art. 1843-2, al. 2).
> **b.** Il interdit l'utilisation du procédé, parfois employé dans les sociétés civiles avant la réforme de 1978, consistant à reconnaître à chaque associé la **propriété d'une quote-part du capital,** sans création de parts sociales : par exemple, dans une société comprenant deux associés A et B, attribution à A des 3/5 du capital et à B des 2/5 restants.
> Toutefois, cette interdiction ne s'applique pas aux sociétés constituées avant le 1er juillet 1978, celles-ci ayant la faculté de maintenir des parts sociales inégales (Loi du 4-1-1978 art. 4, al. 4).

OFFRE AU PUBLIC DE PARTS SOCIALES

21015 Il est **interdit** aux sociétés civiles qui n'y ont pas été autorisées par la loi de procéder à une offre au public de titres financiers ou de parts sociales autre qu'une offre réservée à leurs associés, à des investisseurs qualifiés ou à un cercle restreint d'investisseurs, à peine de nullité des contrats conclus ou des titres ou parts sociales émis (C. mon. fin. art. L 411-1 et L 411-2). Bénéficient d'une telle **autorisation** les SCPI et les sociétés d'épargne forestière (C. mon. fin. art. L 214-86) ainsi que les groupements forestiers d'investissement (C. for. art. L 331-4-1).

> **Précisions** L'article 1844-16 du Code civil, qui interdit à la société et aux associés de se prévaloir **à l'égard des tiers de bonne foi** de la nullité de la société ou de la nullité d'actes ou délibérations postérieurs à sa constitution, n'est pas applicable à la nullité précitée des contrats conclus ou des titres ou parts émis (cf. Cass. com. 5-10-1999 n° 1437 : RJDA 1/00 n° 33). Dans cette affaire, une SCI ayant pour objet la construction et la vente par lots d'un immeuble avait été mise en liquidation judiciaire avant d'avoir remboursé l'emprunt qu'elle avait contracté pour financer l'opération. La banque créancière, qui réclamait à des époux associés le paiement d'une quote-part des dettes sociales, ne pouvait pas utilement leur opposer les dispositions de l'article 1844-16 alors qu'ils invoquaient la nullité de leur achat de parts intervenu à la suite d'un démarchage prohibé.

SECTION 2 DROITS SUR LES PARTS SOCIALES

DROITS DE L'ASSOCIÉ SUR LES PARTS SOCIALES

En principe, c'est le **propriétaire des parts** qui a la qualité d'associé, jouit des prérogatives qui sont attachées à cette qualité et en assume les obligations (nos 20100 s.). Cependant, les parts
21050 sociales sont des valeurs patrimoniales et, comme telles, sont soumises au même régime que tous les biens figurant dans un patrimoine ; elles peuvent, par exemple, être cédées, données, faire l'objet d'usufruit, être remises en nantissement, etc.

Il importe donc de déterminer les répercussions que certains événements affectant le patrimoine du propriétaire des parts peuvent avoir sur la qualité d'associé.

PARTS SOCIALES DÉTENUES EN USUFRUIT

21055 Sur l'ensemble des questions relatives aux prérogatives respectives de l'usufruitier et du nu-propriétaire : qualité d'associé, participation à la vie sociale (agrément, participation aux décisions collectives et droit de vote), droits pécuniaires, voir notre dossier « Démembrement de propriété » (nos 62055 s.).

PARTS SOCIALES NANTIES

21080 Les parts remises en nantissement restent la propriété du débiteur qui exerce seul les prérogatives attachées aux parts nanties : il dispose donc du droit de participer aux décisions collectives et de voter.

PARTS SOCIALES OBJET D'UN CONVENTION DE CROUPIER

21090 **Validité de la convention de croupier** Un associé peut, sans le consentement de ses coassociés, convenir avec un tiers (le croupier) de partager les bénéfices et les pertes résultant de sa participation dans la société. Cette convention revêt, le plus souvent, la forme d'une **société en participation occulte.** Bien que le Code civil ne la prévoie plus, la convention de croupier est licite (CA Paris 19-2-1979 : Rev. sociétés 1980 p. 284 note Randoux).

Pour qu'il y ait convention de croupier, il faut un **partage des bénéfices et des pertes** (Cass. 1e civ. 20-7-1964 : Bull. civ. I n° 403). Tel n'est pas le cas lorsque la convention assure au croupier « en tout état de cause un revenu moyen de 10 % l'an » (TGI Aix 9-11-1972 : Gaz. Pal. 1973 II p. 532).

> **Précisions** Pour un **exemple** d'obligation prise par les signataires d'une convention de croupier portant sur des parts détenues dans une société en nom collectif de répondre au prorata de leurs droits dans la participation, des dettes de la société en nom collectif, voir CA Paris 4-4-1997 : RJDA 7/97 n° 907 et, sur pourvoi, Cass. com. 15-12-1998 n° 2026 : RJDA 6/99 n° 673 (solution applicable à une société civile).

Effets à l'égard de la société La convention de croupier est sans effet à l'égard de la société. Le tiers (« croupier ») n'a aucun rapport direct avec celle-ci et ne peut exercer aucune des prérogatives attachées à la **qualité d'associé** : notamment, il ne participe pas aux assemblées, ne dispose d'aucun pouvoir de contrôle sur la gestion et ne profite pas directement des distributions de bénéfices. À l'extinction de la convention, le croupier n'a pas non plus vocation à obtenir le transfert des parts à son profit, sauf clause contraire de la convention (Cass. com. 30-11-2022 n° 21-15.182 F-D : RJDA 4/23 n° 197). Tout au plus peut-il faire valoir par l'action oblique (C. civ. art. 1341-1) les droits de l'associé avec lequel il a passé la convention. Réciproquement, il n'est tenu, à l'égard de la société, à aucune des obligations incombant aux associés (libération des apports, obligations aux dettes sociales, etc.). Quant à la société, elle doit tenir pour associé celui qui a consenti la convention de croupier et non le croupier. 21092

Régime fiscal Au regard des **droits d'enregistrement,** la convention de croupier s'analyse en une double opération comportant tout d'abord la cession au croupier, moyennant un prix déterminé encaissé par l'associé cédant, d'une fraction des droits sociaux appartenant à ce dernier, puis, en second lieu, la formation entre le cédant et le croupier, parallèlement à la société principale dont les droits font l'objet de la convention, d'une société accessoire ayant un caractère occulte, qui reçoit en apport la fraction des droits sociaux acquise par le croupier et la part de ces mêmes droits restant au cédant. 21095

La première de ces opérations est en principe passible du droit proportionnel de cession de droits sociaux prévu à l'article 726 du CGI (Cass. com. 12-2-1968 : RE. 1968-10330-II). La seconde, qui s'analyse en la constitution d'une société en participation, entraîne l'exigibilité du droit de mutation spécial. Lorsque les deux opérations sont constatées dans un même acte, seul le droit proportionnel doit en principe être perçu, conformément aux dispositions de l'article 672 du CGI.

Toutefois, si la convention de croupier s'appliquait soit à des actions ou parts d'une société immobilière d'attribution transparente visée à l'article 1655 ter du CGI, soit à des parts sociales ou à des actions entrant dans les prévisions des articles 727 ou 728 du même Code (n°s 21440 s.), il y aurait lieu de considérer que la cession puis l'apport n'ont pas pour objet les droits mobiliers incorporels, mais les biens eux-mêmes représentés par ces actions ou parts, et les droits dus en matière d'enregistrement devraient être fixés en conséquence, sauf à tenir compte des dispositions des articles 730 et 257 du CGI (cessions soumises à la TVA sur les opérations immobilières) (BOI-ENR-AVS-10-10-20 n° 590).

Au regard de l'**impôt sur le revenu,** les règles applicables sont celles prévues pour les sociétés de personnes par l'article 8 du CGI si, du moins, d'une part, la formation de la société en participation ainsi que les noms et adresses de ses membres ont été indiqués à l'administration, d'autre part, le cédant, qui est naturellement gérant de la « sous-société », et le croupier sont convenus entre eux que le second serait, comme le premier, indéfiniment responsable, c'est-à-dire que sa responsabilité ne serait pas limitée au montant de sa mise, enfin, s'il n'y a pas eu option pour le régime fiscal des sociétés de capitaux. Il n'y a pas lieu, compte tenu de l'objet de la « sous-société », d'exiger de celle-ci la production de déclarations de résultats. Toutefois, le gérant est tenu de fournir au service des impôts, en même temps que sa déclaration annuelle de revenus et en annexe à celle-ci, un état indiquant les noms, prénoms, professions et domiciles des coparticipants ainsi que la quote-part revenant à chacun d'eux dans les produits ou éventuellement les pertes attachés, au titre de l'année considérée, aux droits sociaux faisant l'objet de la convention de croupier (CGI art. 242, 1 et ann. III art. 48). 21096

L'associé cédant et le croupier doivent mentionner cette quote-part dans leur déclaration de revenus globale comme s'il s'agissait, selon le cas, de revenus fonciers (société civile immobilière de location) ou de revenus mobiliers (société passible de l'IS).

Par ailleurs, selon l'administration, la **plus-value** résultant tant de la cession d'une quote-part des droits sociaux au croupier que de l'apport du surplus à la société en participation est susceptible d'entrer, suivant le cas, dans le champ d'application soit des dispositions relatives à la taxation des plus-values et profits immobiliers (parts de sociétés immobilières de gestion non soumises à l'IS, parts ou actions de sociétés dotées de la transparence fiscale), soit de celles relatives à la taxation des plus-values de cession des droits sociaux (Rép. Goulet : AN 6-9-1975 n° 15468, non reprise dans Bofip).

PARTS SOCIALES DÉTENUES EN INDIVISION

Chaque indivisaire a la **qualité d'associé** (n° 1035). Cependant, pour participer aux décisions collectives, les indivisaires doivent être représentés par un **mandataire** unique (choisi parmi eux ou en dehors d'eux) ou selon les modalités fixées par les statuts (C. civ. art. 1844, al. 2 et 4 ; n°s 9032 s.). 21110

Sur le cas particulier de l'indivision résultant d'un **Pacs,** voir n°s 1038 s.

PARTS SOCIALES MISES SOUS SÉQUESTRE

21120 Les tribunaux peuvent ordonner la mise sous séquestre de parts sociales litigieuses (C. civ. art. 1961 ; Cass. 1e civ. 27-11-1973 : Bull. civ. I n° 325) ou menacées d'un péril justifiant une mesure conservatoire urgente (CPC art. 834 et 835 ; Cass. 1e civ. 21-10-1975 : Bull. civ. I n° 278). On entend par « parts litigieuses » celles dont la propriété ou la possession est contestée (cf. C. civ. art. 1961).

La mise sous séquestre limite l'**exercice des droits** sur les parts. Ainsi, suivant la mission que le juge assignera au **séquestre,** le droit de participer aux décisions collectives et de voter attaché aux parts sociales séquestrées sera neutralisé jusqu'à ce que le litige au fond soit résolu ou sera, au contraire mais c'est assez rare, exercé par ce mandataire de justice pour préserver d'un péril imminent le bon fonctionnement ou les intérêts de la société (cf. Cass. com. 15-2-1983 n° 80-11.968 : Bull. civ. IV n° 66) ou pour éviter la création d'une situation irréversible pour les associés ou les dirigeants (par exemple, Cass. com. 25-9-2012 n° 11-20.061 : Bull. Joly 2013 p. 111 note A. Gaudemet ; CA Angers 2-7-2013 n° 13/00237 : RJDA 12/13 n° 1020). En outre, les parts sous séquestre judiciaire ne sont plus librement cessibles.

PARTS SOCIALES APPARTENANT À DES ÉPOUX COMMUNS EN BIENS

21130 **Détermination des parts communes** Dans les **rapports entre les époux** mariés sous le régime de la communauté légale, les parts tombent en communauté si elles constituent des acquêts, c'est-à-dire si elles sont achetées au moyen de fonds communs (Cass. 1e civ. 8-10-2014 n° 13-21.879 : RJDA 1/15 n° 16) ou attribuées en contrepartie de l'apport en nature d'un bien commun (Cass. 1e civ. 10-7-1996 n° 94-17.471 : Bull. civ. I n° 314 ; Cass. 1e civ. 27-5-2010 n° 09-11.894 : RJDA 10/10 n° 955).

Les parts acquises au moyen de fonds propres ou attribuées en contrepartie d'un apport en numéraire ne constituent des biens propres qu'en présence d'une déclaration d'emploi ou de remploi pour les fonds provenant de la revente d'un bien propre (C. civ. art. 1406 et 1434) ou d'un accord entre les époux (Cass. 1e civ. 8-10-2014 précité ; Cass. 1e civ. 8-10-2014 n° 13-24.546 : RJDA 4/15 n° 272).

> Précisions **a.** En cas de **souscription ou d'achat par un époux seul grâce à des biens communs,** seule la valeur patrimoniale des parts est commune, la **qualité d'associé** restant propre (Cass. 1e civ. 4-7-2012 n° 11-13.384 : RJDA 10/12 n° 857), sauf si l'autre époux a revendiqué la qualité d'associé auprès de la société dans les conditions exposées nos 1048 s. Lorsque la souscription ou l'achat a été effectué conjointement par les deux époux, chacun d'eux a vocation à recevoir la qualité d'associé (Cass. com. 15-5-2012 n° 11-13.240 : RJDA 12/12 n° 1071).

b. Pour un **exemple de formule de remploi** inscrite dans les statuts de la société, voir Cass. 1e civ. 29-9-2004 n° 1321 : BPAT 6/04 inf. 120.

c. Les parts reçues en contrepartie d'un **apport en nature** constituent des biens propres si tel était le cas du bien apporté, même en l'absence de déclaration de remploi, et des biens communs si le bien apporté est commun (Cass. 1e civ. 21-11-1978 n° 76-13.275 : Bull. civ. I n° 353 ; Cass. 1e civ. 10-7-1996 précité à propos de parts de sociétés civiles ; Cass. 1e civ. 27-5-2010 précité à propos d'actions). La différence de solution avec l'apport en numéraire s'explique par le mécanisme de la subrogation réelle qui consiste à appliquer à un bien le statut de celui qu'il remplace (cf. C. civ. art. 1406).

d. Constituent aussi des biens propres les valeurs nouvelles et autres **accroissements** se rattachant à des valeurs mobilières propres (C. civ. art. 1406). Tel est le cas de parts sociales créées à la suite d'une augmentation de capital par incorporation de réserves et attribuées gratuitement à un époux au prorata des parts qu'il détenait déjà en propre (Cass. 1e civ. 12-12-2006 n° 04-20.663 : RJDA 5/07 n° 483).

21132 **Cas particulier des parts en industrie** Les parts en industrie qu'un associé reçoit en contrepartie de la mise à la disposition de la société de ses connaissances techniques, son travail ou ses services (apport dit en industrie) doivent à notre avis être considérées comme des biens propres. En effet, ces parts sont attachées à la personne de l'apporteur et incessibles (n° 21213). Elles paraissent donc relever de l'article 1404 du Code civil qui répute **propres par nature** « tous les droits exclusivement attachés à la personne ».

21135 **Régime des parts communes** L'entrée des parts en communauté n'est pas, à notre avis, pure et simple ; elle s'articule autour des propositions suivantes.

Pendant le mariage, celui des époux qui a fait l'acquisition des parts communes a la qualité d'associé (C. civ. art. 1832-2, al. 2) et participe seul à la vie sociale, à moins que son conjoint n'ait revendiqué la qualité d'associé auprès de la société dans les conditions exposées nos 1048 s. ou que l'acquisition soit conjointe (Cass. com. 15-5-2012 n° 11-13.240 : RJDA 12/12 n° 1071).

ATTENTION

Les **parts** communes ne peuvent pas être **cédées,** données à titre gratuit ou encore affectées en garantie de la dette d'un tiers par un époux sans le consentement de l'autre (C. civ. art. 1422 et 1424 ; pour plus de détails sur la cession, voir nos 21210 s.).

Au jour de la liquidation de la société, les biens remis en contrepartie des parts suivent le sort de celles-ci : ils sont propres ou communs selon que les parts étaient propres ou communes, sans qu'il y ait lieu de rechercher si ces biens ont été achetés par la société avant ou après le mariage ; seule compte la date d'acquisition des parts (Cass. 3e civ. 18-7-1972 : D. 1972 p. 578). 21136

SECTION 3 CESSION DES PARTS SOCIALES

EN BREF
Indépendamment des règles propres à certaines formes de sociétés civiles, la cession de parts sociales obéit à des **règles générales,** qui sont celles du droit commun des contrats (notamment en ce qui concerne la négociation et la conclusion de la cession) et du contrat de vente (transfert de propriété et garanties légales dont bénéficie l'acquéreur). S'y ajoutent les **règles du droit des sociétés** prévues par le Code civil qui prévoient l'agrément préalable de l'acquéreur par les associés ainsi que le respect de formalités destinées à rendre la cession opposable tant à la société qu'aux tiers. 21150

A. Négociations préalables à la cession des parts sociales

OBLIGATION DE BONNE FOI DES NÉGOCIATEURS

Conformément au droit commun des contrats, l'initiative, le déroulement et la rupture des négociations précontractuelles sont libres sous réserve de satisfaire impérativement aux exigences de la bonne foi (C. civ. art. 1112). Ainsi, est répréhensible le fait d'engager des pourparlers sans intention de contracter, ou de les poursuivre alors que l'on n'a plus cette intention (Cass. com. 18-6-2002 n° 99-16.488 : RJDA 11/02 n° 1111). 21152

L'obligation de bonne foi est d'**ordre public** (art. 1112 et 1104) ; les négociateurs ne peuvent donc pas l'écarter contractuellement.

DEVOIR D'INFORMATION À LA CHARGE DES NÉGOCIATEURS

Celle des **parties qui connaît une information** dont l'importance est déterminante pour le consentement de l'autre doit l'en informer dès lors que, légitimement, cette dernière ignore cette information ou fait confiance à son cocontractant (C. civ. art. 1112-1, al. 1). Ce devoir d'information pèse tant sur l'associé souhaitant céder ses titres que sur le candidat à l'achat. Il est d'**ordre public,** les participants aux négociations ne pouvant ni le limiter ni l'exclure (art. 1112-1, al. 5). 21153

Cette obligation d'information ne porte pas sur l'estimation de la valeur des droits sociaux (art. 1112-1, al. 2).

Ont une importance déterminante, et doivent donc être communiquées, les **informations** qui ont un lien direct et nécessaire avec le contenu du contrat ou la qualité des parties (art. 1112-1, al. 3). Il incombe à celui qui prétend qu'une information lui était due de **prouver** que l'autre partie la lui devait, à charge pour cette autre partie de prouver qu'elle l'a fournie (art. 1112-1, al. 4).

Sanction Le manquement au devoir d'information engage la responsabilité extracontractuelle de son auteur ; il ne peut entraîner l'annulation de la cession que s'il est constitutif d'un vice du consentement comme exposé nos 21170 s. (art. 1112-1, al. 5). 21154

CONFIDENTIALITÉ DES NÉGOCIATIONS

Celui qui utilise ou divulgue sans autorisation une **information confidentielle obtenue à l'occasion des négociations** engage sa responsabilité dans les conditions du droit commun (C. civ. art. 1112-2). Il en est de même en cas d'utilisation ou de divulgation sans autorisation d'une information protégée par le secret des affaires (information qui n'est pas généralement connue 21156 ou aisément accessible, revêt une valeur commerciale et fait l'objet de mesures de protection raisonnables) (C. com. art. L 151-1 s. et R 152-1 s.).

Cette responsabilité est extracontractuelle, à moins que les négociateurs ne se soient liés par une clause de confidentialité.

ENCADREMENT CONTRACTUEL DES NÉGOCIATIONS

21158 Lorsque la cession porte sur une participation majoritaire au sein d'une société, les négociateurs décident souvent d'encadrer contractuellement les négociations, par exemple au moyen d'une **lettre d'intention** (appelée aussi « lettre d'intérêt ») ou d'un **contrat de pourparlers.**

Peuvent être prévues les modalités matérielles de la négociation (lieu, intervention d'un tiers, date limite ou autre), la réalisation d'études ou d'audits préalables, la rédaction d'écrits constatant des accords partiels, la charge des frais, les modalités de rupture des négociations. Le contrat de pourparlers peut comporter une clause de confidentialité ou d'exclusivité. Mais il ne peut pas déroger aux obligations de bonne foi et d'information exposées ci-dessus. Outre le fait qu'il constitue un cadre juridique pour les négociations, le contrat présente l'avantage pour le cédant de dissuader les personnes qui ne sont pas sérieusement intéressées par l'opération.

RUPTURE DES NÉGOCIATIONS

21160 Chacun est **libre** de ne pas contracter (C. civ. art. 1102, al. 1). La rupture des négociations précontractuelles est donc libre sous les **limites** suivantes :

– il faut que les négociations soient encore en cours, ce qui n'est pas le cas si le contrat est formé par l'acceptation d'une offre ; à défaut, ce ne sont pas les négociations qui sont rompues mais le contrat ;

– la rupture doit être faite de bonne foi (cf. C. civ. art. 1112) ;

– si les négociations ont été encadrées contractuellement, la rupture doit intervenir selon les modalités convenues.

21161 **Existence d'une rupture abusive** L'auteur de la rupture des négociations engage sa **responsabilité** extracontractuelle lorsque la rupture intervient brutalement et sans motif légitime alors que les pourparlers sont à un stade avancé (CA Versailles 18-3-2004 n° 03-2369 : RJDA 12/04 n° 1332 ; CA Paris 8-12-2009 n° 08/21540 : RJDA 7/10 n° 747) et que l'autre partenaire peut légitiment croire à l'issue favorable des négociations. L'absence d'intention de nuire n'est pas exonératoire (Cass. com. 11-7-2000 n° 97-18.275 : RJDA 1/01 n° 26).

ILLUSTRATIONS

A été **retenue la responsabilité pour rupture abusive** :

– des associés qui ont mis fin aux négociations alors que leur partenaire était en droit, après des mois de négociations et l'élaboration d'un projet d'accord aplanissant toutes les difficultés, de croire qu'ils étaient toujours disposés à lui céder leurs titres et qui ont conduit des **négociations parallèles** avec un tiers et conclu avec ce dernier un accord dont ils n'ont informé leur partenaire que quinze jours plus tard tout en continuant à lui faire croire à un simple retard dans la signature de l'acte de cession (Cass. com. 26-11-2003 n° 1662 : RJDA 5/04 n° 511 ; dans le même sens, Cass. com. 18-1-2011 n° 09-14.617 : RJDA 5/11 n° 430) ;

– des associés qui, après avoir procédé avec le futur acquéreur à une évaluation de la société, être convenus avec lui d'un prix et avoir négocié les conditions de la cession et les avantages de l'un d'eux après cette cession, ne se sont **pas présentés** le jour fixé **pour la signature** des conventions sans fournir d'explications et qui ont cédé leur participation à un tiers (Cass. com. 14-6-2000 n° 1092 : RJDA 11/00 n° 949) ;

– d'un marchand de biens, candidat à l'acquisition de toutes les parts d'une société immobilière, qui a **dissimulé** aux cédants son **besoin d'un prêt bancaire** pour réaliser l'opération et qui, alors que les pourparlers étaient déjà très avancés, ne leur a révélé l'impossibilité d'obtenir le prêt que la veille de la date prévue pour la signature de la promesse de cession (Cass. 1e civ. 6-1-1998 : Bull. civ. I n° 7).

En revanche, n'a pas été jugé abusif le fait pour un associé cédant de rompre les pourparlers concernant la cession de ses titres après avoir exprimé son **accord de principe** mais **sous réserve** de recevoir un élément nécessaire au calcul d'un complément de prix non négligeable (CA Paris 29-11-2018 n° 15/14661 : RJDA 4/19 n° 262).

21162 **Réparation par son auteur de la rupture abusive des pourparlers** La victime de la rupture des pourparlers peut obtenir de son auteur des dommages-intérêts en réparation de son **préjudice** direct.

Sauf clause contraire du contrat organisant les négociations (CA Paris 8-12-2009 n° 08/21540 : RJDA 7/10 n° 747), elle peut être indemnisée pour les **frais occasionnés par la négociation** et les études préalables qu'elle a effectuées (Cass. com. 26-11-2003 n° 1662 : RJDA 5/04 n° 511 ; Cass. 3e civ. 7-1-2009 n° 07-20.783 : RJDA 3/09 n° 162 ; Cass. com. 1-3-2011 n° 10-12.268 : RJDA 6/11 n° 494) ainsi que, le cas échéant, pour une atteinte à son image ou à sa réputation (CA Versailles 10-9-2009 n° 08-4982 : RJDA 2/10 n° 111 ; CA Paris 8-12-2009 n° 08-21540 précité).

Ne peut en revanche pas être indemnisée la **perte des avantages attendus du contrat** non conclu ni la perte d'une chance d'obtenir ces avantages (C. civ. art. 1112, al. 2), telle la perte de chance de réaliser une économie fiscale (CA Versailles 3-3-2005 n° 03-8008 : RJDA 12/05 n° 1356).
Toutefois, la **perte d'une chance de trouver un autre repreneur** ou d'acheter une autre société peut être indemnisée (Cass. com. 18-6-2002 n° 99-16.488 : RJDA 11/02 n° 1111), à la condition de prouver que cette chance existait, compte tenu par exemple de l'existence d'une offre concurrente ou de négociations engagées avec un tiers (CA Rennes 29-4-1992 n° 297-92 : Bull. Joly 1993 p. 463 note J.-J. Daigre ; CA Versailles 3-3-2005 n° 03-8008 : RJDA 12/05 n° 1356).

B. Conditions de validité de la cession de parts sociales

1. CONSENTEMENT DES PARTIES À LA CESSION DES PARTS

CONSENTEMENT LIBRE ET ÉCLAIRÉ DES PARTIES À LA CESSION

Conformément au droit commun des contrats, le consentement des parties à la cession doit **21170** être exempt de vice. Tel n'est pas le cas si l'acquéreur ou le cédant a consenti à la cession à la suite d'une **erreur,** d'un **dol** ou d'une **violence** sans lequel il aurait refusé de conclure ou aurait conclu à des conditions substantiellement différentes (C. civ. art. 1130).

Le **caractère déterminant du vice** du consentement s'apprécie au regard des personnes concernées et aux circonstances dans lesquelles elles ont donné leur consentement (art. 1130 précité).

Contrairement au consentement, l'existence de l'**affectio societatis** n'est pas une condition requise pour la formation d'une cession de droits sociaux (Cass. com. 11-6-2013 n° 12-22.296 F-PB : RJDA 10/13 n° 805).

ERREUR SUR LES QUALITÉS DES PARTS SOCIALES

Est une cause de nullité de la cession l'erreur de droit ou de fait commise par l'une des parties **21172** sur les **qualités essentielles** des parts sociales telles qu'elles ont été expressément ou tacitement **convenues par les parties** et en considération desquelles ces dernières ont conclu la cession (C. civ. art. 1132 et 1133, al. 1).

Sous l'empire de l'ancien article 1110 du Code civil en vertu duquel l'erreur devait porter sur la substance même des parts, les tribunaux ont jugé que la cession est annulable lorsque l'acquéreur a commis une **erreur sur la viabilité de la société,** c'est-à-dire lorsqu'il ignorait, à la date de la cession, que la société n'était plus en mesure de poursuivre l'activité constituant son objet social en raison par exemple de l'état de son patrimoine (Cass. com. 1-10-1991 n° 1146 : RJDA 11/91 n° 930 ; Cass. com. 18-2-1997 n° 362 : RJDA 7/97 n° 911 ; Cass. com. 28-2-2006 n° 285 : RJDA 10/06 n° 1036) ou de la disparition d'un actif essentiel à son activité (par exemple, Cass. com. 1-10-1991 précité ; Cass. com. 7-2-1995 n° 315 : RJDA 5/95 n° 584 ; Cass. com. 29-10-2003 n° 1428 : RJDA 7/04 n° 828).

À notre avis, ces solutions sont transposables au nouveau régime : les qualités substantielles ainsi définies doivent être tenues pour tacitement convenues comme étant essentielles, à moins que les termes de l'acte de cession permettent d'en écarter le caractère essentiel pour les parties.

En tout état de cause, les parties restent libres d'ériger en qualité essentielle **toute caractéristique de la société** dont les parts sont cédées (actifs détenus, absence de cessation des paiements, chiffre d'affaires minimal, présence d'un actif déterminé, etc.). Afin d'éviter toute contestation ultérieure, l'acquéreur a tout intérêt à exiger l'insertion d'une mention expresse en ce sens dans l'acte de cession.

> Précisions **a.** La disparition du seul actif social (au cas particulier, une autorisation administrative d'occupation du domaine public) peut aussi justifier l'annulation de la cession des titres pour défaut de contrepartie (Cass. 1e civ. 16-4-1996 n° 823 : RJDA 11/96 n° 1340 prononçant l'annulation pour absence de cause mais transposable au régime actuel).

b. Le seul fait que la **société** soit **en** état de **cessation des paiements** – c'est-à-dire dans l'impossibilité de faire face au passif exigible avec son actif disponible – à la date de la cession ne suffit pas à établir que la société n'est pas viable (en ce sens, Cass. com. 2-5-2007 n°s 05-21.295 et 05-21.436 : RJDA 4/08 n° 420 ; CA Paris

19-3-1999 : RJDA 6/99 n° 679, 1e esp.). Il convient en outre d'établir que la poursuite de son activité est impossible ou illusoire. Tel est le cas lorsque la société est mise en liquidation peu de temps après la cession (Cass. com. 21-10-1997 n° 2154 : RJDA 1/98 n° 61 ; Cass. com. 28-2-2006 n° 285 précité).

21173 **Exceptions** **Même lorsque l'erreur** sur une qualité essentielle des droits sociaux **est caractérisée,** la nullité de la cession est écartée si :

- l'erreur n'a pas été déterminante du consentement de la partie qui l'invoque (C. civ. art. 1130) ;
- cette partie a accepté un aléa sur cette qualité (art. 1133, al. 3) ;
- l'erreur commise est inexcusable (art. 1132, al. 3).

ILLUSTRATIONS

L'acquéreur de parts d'une société en état de cessation des paiements et mise en redressement judiciaire quarante jours après la cession ne peut pas obtenir l'annulation de la cession dès lors qu'il connaissait la situation financière obérée de la société (Cass. com. 13-3-2019 n° 17-19.501 F-D : RJDA 12/19 n° 731).

En revanche, la cession des parts d'une société survenue dix mois avant qu'elle ne soit mise en liquidation judiciaire a été annulée dès lors que la réduction du prix de cession de 25 % acceptée par l'acquéreur démontrait l'intention de celui-ci d'acheter une société certes en difficulté mais pas dans une situation irrémédiablement compromise (Cass. com. 28-2-2006 n° 01-14.951 F-D : RJDA 10/06 n° 1036).

21175 **Erreur sur la valeur des droits sociaux** Ne peut pas obtenir l'annulation de la cession la partie qui a commis une simple erreur sur la valeur des parts sociales, c'est-à-dire qui, **sans se tromper sur une qualité essentielle des titres,** en a seulement fait une appréciation économique inexacte (C. civ. art. 1136).

> Précisions Dans un contrat synallagmatique, l'absence d'équivalence (aussi appelée **lésion**) des prestations échangées n'est pas une cause de nullité sauf exception prévue par la loi (C. civ. art. 1168). Pour emporter l'annulation, l'erreur sur la valeur doit donc résulter d'une erreur sur une qualité essentielle des parts cédées.

21176 **Autres erreurs** L'erreur commise par une des parties sur les **qualités essentielles de l'autre partie** n'est une cause de nullité que si la cession a été conclue en considération de cette personne (cession conclue intuitu personae) (C. civ. art. 1134). Cette erreur doit en outre être déterminante et excusable (art. 1130 et 1132).

En revanche n'est pas retenue l'erreur sur les **motifs** qui, étrangers aux qualités essentielles des droits sociaux, ont pu inciter l'une des parties à contracter ne peut pas entraîner l'annulation de la cession sauf si ce motif a été érigé expressément en condition de la cession ou de l'acquisition (C. civ. art. 1135).

DOL SUBI PAR UNE PARTIE À LA CESSION

21180 **Comportements visés** Est une cause d'annulation de la cession le dol commis par l'une des parties, c'est-à-dire les **manœuvres** frauduleuses et mensonges auxquels elle a eu recours pour déterminer l'autre partie à s'engager ou le **silence** qu'elle a gardé intentionnellement sur une information dont elle savait le caractère déterminant pour l'autre partie (C. civ. art. 1137).

Toutefois, pour les contrats conclus depuis le 1er octobre 2018, ne constitue pas un dol le fait pour une partie de **ne pas révéler** à son cocontractant son estimation de la **valeur** de la prestation (C. civ. art. 1137, al. 3), ici des parts cédées. Mais il y a dol si le cédant dissimule à l'acquéreur une information qui a une influence sur la valeur des droits sociaux (par exemple, sur l'existence ou la consistance d'un actif social).

L'**intention de tromper** doit être caractérisée, pour demander tant l'annulation de la cession qu'une simple indemnisation (Cass. com. 28-6-2005 n° 03-16.794 : RJDA 12/05 n° 1314; Cass. com. 21-4-2022 n° 20-12.846 F-D : RJDA 10/22 n° 546), mais pas l'intention de nuire.

ILLUSTRATIONS

Le **dol du cédant** a été **retenu** dans le cas où il avait dissimulé :
– la consistance réelle des actifs sociaux en taisant leur situation hypothécaire (CA Paris 25-6-1992 : Bull. Joly 1992 p. 1226) ;
– l'existence d'une instance en cours (Cass. com. 15-7-1992 : Dr. sociétés 1992 n° 210) ;
– l'état de cessation des paiements de la société (Cass. com. 17-6-2003 n° 987 : RJDA 11/03 n° 1078, 1e esp.).

21181 **Erreur causée par le dol** Pour être sanctionné, le dol doit avoir provoqué une **erreur** ayant **déterminé** la victime à donner son **consentement,** c'est-à-dire sans laquelle la victime n'aurait pas conclu la cession ou l'aurait conclue à des conditions substantiellement différentes (C. civ. art. 1130).

ILLUSTRATIONS

Il n'y a **pas dol** lorsque :
– l'erreur provoquée est minime (Cass. com. 23-6-2004 n° 1016 : RJDA 11/04 n° 1219, surfacturations reprochées au cédant d'un montant insuffisant pour tromper l'acquéreur) ;
– la victime du dol connaissait la situation difficile de la société avant la cession (Cass. com. 11-10-2005 n° 1213 : RJDA 2/06 n° 145 ; Cass. com. 2-5-2007 n°s 05-21.295 et 05-21.436 : RJDA 4/08 n° 420), notamment compte tenu de la modicité du prix de cession (Cass. 1e civ. 28-1-2003 n° 112 : RJDA 5/03 n° 502, 1e esp. ; Cass. com. 18-12-2007 n° 06-16.950 : RJDA 7/08 n° 751) ;
– l'actif de la société comprend des valeurs mobilières attrayantes, de sorte que la dissimulation du résultat négatif est moins importante pour l'acquéreur qu'il ne le prétend (Cass. com. 20-1-2015 n° 13-24.195 : RJDA 5/15 n° 348) ;
– dans le cas de la cession des parts d'une SCI propriétaire de locaux loués, la surface réellement louée se révèle inférieure à celle annoncée par le cédant dès lors que cette erreur n'a pas été déterminante du consentement de l'acquéreur, le prix qu'il avait proposé reposant sur le seul rendement locatif escompté du bail en cours, sans référence à un prix au mètre carré, et qu'il ne démontrait pas l'intention du cédant de le tromper (CA Paris 10-11-2015 n° 14/12176 : RJDA 5/16 n° 347).

À la différence de l'erreur exposée n°s 21172 s. (l'intéressé s'est trompé sans avoir été trompé), l'**erreur** provoquée par le dol (C. civ. art. 1139) : **21182**
– permet l'annulation de la cession même si elle ne porte pas sur les **qualités essentielles** des parts sociales mais seulement sur leur valeur ou sur un simple motif de la cession ;
– est toujours **excusable.**

Auteur du dol Le plus souvent, le dol est directement imputable au **cocontractant** de la victime. Il est aussi constitué, et permet l'annulation de la cession, s'il émane du représentant (légal, conventionnel ou judiciaire), du gérant d'affaires, du préposé ou du porte-fort du contractant ou encore s'il émane d'un tiers de connivence (C. civ. art. 1138). **21184**

En dehors de ces cas, le dol d'un **tiers au contrat** est sans effet sur la validité de la cession, sauf si l'erreur que ce dol a provoquée porte sur une qualité essentielle des droits sociaux (cf. Cass. com. 19-4-2023 n° 22-11.097 F-D : RJDA 8-9/23 n° 421 et CA Paris 24-5-2011 n° 10/13447 : RJDA 5/12 n° 504 rendus sous l'empire des anciens textes exigeant une erreur sur la substance des titres mais transposables sur le principe au régime actuel). La nullité est alors prononcée pour erreur et non pour dol (C. civ. art. 1132 ; n°s 21172 s.).

> **> Précisions** Une **société** n'est **responsable du dol commis par son représentant** légal qu'autant que ce dernier a participé en tant que tel à l'acte de cession et non en son nom personnel (Cass. com. 23-11-1993 n° 1819 : Bull. civ. IV n° 421 ; Cass. com. 18-6-2002 n° 1196 : RJDA 12/02 n° 1223, rendu à propos de la vente d'un fonds de commerce mais transposable).

Dirigeant acquéreur ou intermédiaire pour le reclassement de la participation des associés **21185**

Existence d'une obligation d'information

Lorsqu'il se porte acquéreur des titres des associés ou intervient comme intermédiaire pour le reclassement de leur participation, le dirigeant de la société est tenu d'un **devoir de loyauté** à l'égard des associés, qui lui impose de **révéler aux associés cédants** toute **information** de nature à influer sur leur consentement (notamment, Cass. com. 27-2-1996 n° 94-11.241 P : RJDA 6/96 n° 794 ; Cass. com. 12-5-2004 n° 00-15.618 FS-P : RJDA 8-9/04 n° 989 ; Cass. com. 12-4-2016 n° 14-19.200 F-D : RJDA 7/16 n° 539), mais seulement dans la mesure où il s'agit d'informations qu'il peut seul connaître (Cass. com. 12-4-2016 n° 14-19.200 précité).

Le dirigeant doit ainsi informer les associés cédants de l'existence de **négociations parallèles** avec un tiers en vue du rachat des titres (notamment Cass. com. 27-2-1996 n° 94-11.241 précité ; Cass. com. 12-5-2004 n° 00-15.618 FS-P : RJDA 8-9/04 n° 989), quel que soit leur état d'avancement (Cass. com. 10-7-2018 n° 16-27.868 F-D : RJDA 11/18 n° 841). Il doit aussi communiquer les conditions de ce rachat, y compris le prix (Cass. 1e civ. 25-3-2010 n° 08-13.060 F-D : RJDA 8-9/10 n° 852), même s'il est tenu par une clause de confidentialité envers le tiers (Cass. com. 12-3-2013 n° 12-11.970 F-D précité).

Depuis le 1er octobre 2016, lorsque le dirigeant acquiert les droits sociaux, l'associé cédant peut, à notre avis, invoquer les dispositions de l'article 1112-1 du Code civil issu de l'ordonnance 2016-131 du 10 février 2016 mettant à la charge des parties aux négociations un devoir d'information précontractuel (n°s 21153 s.).

Sanction en cas de manquement

Le manquement du dirigeant à son obligation d'information à l'égard des associés cédants est parfois assimilé à une **réticence dolosive** (Cass. com. 27-2-1996 n° 94-11.241 P : RJDA 6/96 n° 794 ; Cass. 1e civ. 25-3-2010 n° 08-13.060 F-D : RJDA 8-9/10 n° 838). Si celle-ci a été déterminante du consentement des associés cédants, elle leur permet de demander l'annulation de la cession (C. civ. art. 1130, 1131 et 1137, al. 2). En pratique, seuls des dommages-intérêts sont généralement demandés sur le fondement de la **responsabilité extracontractuelle** de droit commun (C. civ. art. 1240). Dans ce cas, la preuve d'une intention frauduleuse du dirigeant n'est pas exigée : la simple omission, le simple fait de laisser dans l'ignorance d'un élément déterminant caractérise le manquement à l'obligation de loyauté (Cass. com. 18-12-2012 n° 11-24.305 F-PB : RJDA 3/13 n° 243 ; Cass. com. 12-3-2013 n° 12-11.970 F-D : RJDA 7/13 n° 734).

VIOLENCE SUBIE PAR UNE PARTIE À LA CESSION

21187 Il y a violence viciant le consentement d'une partie lorsque celle-ci s'engage sous la pression d'une **contrainte,** exercée **par l'autre partie ou un tiers,** lui faisant craindre d'exposer sa personne ou sa fortune ou celle de ses proches à un mal considérable et présent (C. civ. art. 1140). La **menace de poursuites judiciaires** n'est constitutive de violence que si elle est détournée de son but ou si elle est invoquée ou exercée pour obtenir un avantage manifestement excessif (C. civ. art. 1141).

Tel est le cas lorsqu'elle est invoquée de façon illégitime, n'ayant aucune chance de succès (Cass. 1e civ. 4-2-2015 n° 14-10.920 : RDC 2015.445 obs. Savaux). Ainsi, le dirigeant d'une société, qui a cédé ses titres au principal créancier social, ne peut soutenir que son consentement lui a été extorqué dès lors que, si la crainte que ce créancier demande l'ouverture d'une procédure collective à l'encontre de la société a influé sur sa décision, le créancier n'a exercé aucune pression, ayant au contraire consenti des délais de paiement à la société (CA Paris 26-9-1989 : Bull. Joly 1989 p. 963).

Commet également une violence la partie qui **abuse de l'état de dépendance** – notamment économique – dans lequel se trouve l'autre partie afin d'obtenir de celle-ci un engagement qu'elle n'aurait pas souscrit en l'absence d'une telle contrainte et d'en tirer un avantage manifestement excessif (C. civ. art. 1143). La partie qui invoque cet abus doit être sous la dépendance de la partie à laquelle elle l'impute (C. civ. art. 1143). À la lettre, la violence ne peut pas être retenue lorsque l'une des parties est dans une situation de dépendance à l'égard d'un tiers.

SANCTIONS DU VICE DU CONSENTEMENT D'UNE PARTIE À LA CESSION

21190 **Annulation de la cession** Le vice affectant le consentement de l'une des parties est une cause de nullité relative de la cession (C. civ. art. 1131). En conséquence, seule la partie dont le consentement a été vicié peut agir en nullité (C. civ. art. 1181) et elle peut renoncer à la nullité par une exécution volontaire de son engagement irrégulier, en connaissance du vice l'affectant (Cass. com. 21-4-2022 n° 20-16.295 F-D : RJDA 8-9/22 n° 459).

Les parties peuvent constater la nullité de la cession sans intervention d'un juge (n° 21250).

> **Précisions** **a.** La prescription de l'action en nullité est de cinq ans (C. civ. art. 2224), à compter de la découverte de l'erreur ou du dol ou du jour où la violence a cessé (C. civ. art. 1144), mais elle ne peut pas être engagée plus de vingt ans après la conclusion de la cession (C. civ. art. 2232, al. 1). La prescription de trois ans qui concerne les actes de la société (art. 1844-14) est ici inapplicable (Cass. 3e civ. 6-10-2004 n° 01-00.896 : RJDA 12/04 n° 1330).
> **b.** Sur les **conséquences de l'annulation,** voir nos 21252 s.

21191 **Dommages-intérêts** La partie dont le consentement a été vicié par **dol ou violence** peut demander, outre l'annulation de la cession, des dommages-intérêts à la condition que l'annulation et les remises réciproques qui en résultent ne réparent pas intégralement le préjudice qu'elle a subi (Cass. com. 12-7-2011 n° 10-19.297 : RJDA 11/11 n° 922). Elle peut aussi se borner à réclamer des dommages-intérêts (Cass. 1e civ. 4-2-1975 n° 72-13.217 : Bull. civ. I n° 43 ; Cass. com. 5-12-2000 n° 96-18.392 : RJDA 3/01 n° 323).

> **Précisions** **a.** Si l'acquéreur ne demande pas l'annulation de la cession en raison du dol, son **préjudice** réparable correspond uniquement à la perte d'une chance d'avoir pu contracter à des conditions plus avantageuses (Cass. com. 10-7-2012 n° 11-21.954 FS-PB : RJDA 11/12 n° 932 ; Cass. com. 5-6-2019 n° 16-10.391 F-D : RJDA 10/19 n° 605).
> **b.** Si **plusieurs associés cèdent leurs parts** dans un acte unique de cession, le **dol commis par l'un d'eux** entraîne la nullité de la cession dans sa totalité, mais seul l'auteur du dol peut être condamné à indemniser l'acquéreur du préjudice subi (Cass. com. 12-7-2005 n° 1077 : RJDA 11/05 n° 1228). Il en est de même en cas de violence imputable à un seul des cédants.

21192 **Incidence des garanties conventionnelles sur la sanction** Le fait que le cédant ait consenti une garantie contractuelle à l'acquéreur (garantie de passif ou d'actif, clause de révision de prix, clause de non-concurrence, notamment) ne prive pas ce dernier de ses recours légaux au titre des vices du consentement (notamment, Cass. com. 3-2-2015 n° 13-12.483 : RJDA 5/15 n° 349 ; Cass. 1e civ. 5-7-2017 n° 16-13.407 FS-D : RJDA 11/17 n° 768). En demandant l'insertion d'une garantie contractuelle dans l'acte de cession de droits sociaux, l'acquéreur ne renonce pas au bénéfice de ces recours.

De même, l'absence de telles garanties ne lui interdit pas d'agir contre le cédant sur le terrain du droit commun (cf. Cass. com. 4-12-2007 n° 06-18.099 : RJDA 4/08 n° 423).

2. CAPACITÉ DES PARTIES À LA CESSION DE PARTS SOCIALES

La capacité civile suffit pour conclure une cession de parts de société civile. **21200**

CESSION DE PARTS SOCIALES COMMUNES PAR UN ÉPOUX

Les époux ne peuvent, l'un sans l'autre, ni aliéner les **droits sociaux** non négociables (telles les parts de sociétés civiles) **dépendant de la communauté** ni percevoir les capitaux provenant de la cession (C. civ. art. 1424). Il en résulte qu'un époux titulaire de tels droits sociaux ne peut pas les céder sans le **consentement de son conjoint,** même si celui-ci n'a pas revendiqué la qualité d'associé lors de l'achat ou de la souscription des parts (Cass. 1e civ. 9-11-2011 n° 10-12.123 : RJDA 2/12 n° 142). **21202**

Le consentement du conjoint peut être exprès ou tacite (Cass. 1e civ. 1-2-2017 n° 16-11.599 FS-PB : Bull. civ. I n° 36). Pour autant, le conjoint qui a donné son consentement n'est pas de ce fait covendeur. Il ne l'est que s'il est partie à l'acte de cession.

> Précisions **a.** La présence des deux époux à la **signature du contrat** n'est pas obligatoire et le consentement du conjoint peut être donné aussi bien avant la conclusion du contrat (Cass. 1e civ. 29-6-1983 : Bull. civ. I n° 192, à propos d'une donation, mais transposable par identité des textes applicables) qu'après celle-ci (Cass. 1e civ. 17-3-1987 : Bull. civ. I n° 95).
b. Les dispositions de l'article 1424 du Code civil sont applicables également aux **promesses de cession** (CA Paris 28-6-1994 : Bull. Joly 1994 p. 1230).
c. L'époux cédant peut être **autorisé par** décision de **justice** à passer seul l'acte de cession si son conjoint est « hors d'état de manifester sa volonté ou si son refus n'est pas justifié par l'intérêt de la famille » (C. civ. art. 217).
d. Chaque époux peut librement céder les parts sociales qui constituent ses **biens propres** (C. civ. art. 225 et 1428).

Dépassement de pouvoirs par un époux L'**époux** qui **cède des parts sociales** dépendant de la communauté **sans le consentement de son conjoint** outrepasse ses pouvoirs. Ce dernier peut ratifier l'acte ; à défaut, il peut en demander la nullité (C. civ. art. 1427), même si la cession était nécessaire à la poursuite de l'activité professionnelle de l'époux cédant (Cass. 1e civ. 28-2-1995 : Bull. civ. I n° 104). **21203**

L'action en nullité est réservée au conjoint victime du dépassement de pouvoir ; elle ne peut être engagée ni par l'époux qui a cédé les parts sans le consentement de l'autre (Cass. 1e civ. 20-1-1998 n° 97 : BRDA 6/98 p. 4), ni par le tiers acquéreur (Cass. 3e civ. 8-1-1992 n° 90-11.921 : Bull. civ. III n° 8). L'action se transmet néanmoins, au décès de l'époux victime, à ses héritiers à condition qu'ils n'agissent pas en qualité d'acquéreurs des titres litigieux afin d'échapper au paiement du prix (Cass. 1e civ. 4-7-2007 n° 04-10.494 : RJDA 11/07 n° 1103). La nullité de la cession est opposable même à un acquéreur de bonne foi (Cass. 1e civ. 6-2-1979 : Bull. civ. I n° 43)

Le **paiement** irrégulier **fait à un seul des époux** communs en biens est nul en application de l'article 1427 du Code civil et doit normalement aboutir à une restitution des fonds et à un nouveau paiement en présence des deux époux. Mais si l'époux qui a reçu les fonds les a entre-temps dilapidés, l'autre époux est en droit de réclamer un second paiement à l'acquéreur, à moins que celui-ci ne prouve que le premier paiement a bénéficié à la communauté (Cass. 1e civ. 30-10-2006 n° 03-20.589 : RJDA 5/07 n° 488).

ACHAT DE PARTS SOCIALES PAR UN ÉPOUX COMMUN EN BIENS

Lorsqu'un époux acquiert seul des parts sociales **au moyen de biens de communauté,** il doit, à peine de nullité, en avertir son conjoint et justifier de cette information dans l'acte d'achat (C. civ. art. 1832-2, al. 1) ; cette information permettra au conjoint de revendiquer, s'il le désire, la qualité d'associé dans les conditions exposées nos 1048 s. **21204**

Ces dispositions ne sont pas applicables lorsque l'acquisition des parts a été faite pour 1 F par un des époux et moyennant l'engagement pris par ce dernier de se substituer au cédant dans un cautionnement bancaire. En effet, la somme de 1 F, purement symbolique, ne constitue pas une valeur patrimoniale dont il y aurait lieu de déterminer le caractère propre ou commun. Quant à l'acte de substitution de caution, il n'engage que les biens propres et les revenus de l'époux acquéreur (C. civ. art. 1415 ; Cass. 1e civ. 17-1-1995 : RJDA 10/95 n° 1101).

En cas d'acquisition de parts sociales **au moyen de fonds** provenant de la vente d'un bien propre, ces parts ne sont elles-mêmes **propres** que si l'acquéreur a pris le soin d'insérer **21205** dans l'acte d'acquisition la déclaration de remploi prévue par l'article 1434 du Code civil (Cass. 1e civ. 8-10-2014 n° 13-21.879 FS-PBI : RJDA 1/15 n° 16). À défaut, le remploi est inopposable aux tiers et n'a d'effet dans les rapports entre les époux que si ces derniers en sont d'accord (C. civ. art. 1434).

CESSION DE PARTS SOCIALES INDIVISES

21206 La cession de parts sociales indivises requiert en principe le **consentement** de tous les **coïndivisaires** (C. civ. art. 815-3).

Toutefois, un ou plusieurs indivisaires, titulaires d'au moins les deux tiers des droits indivis, peuvent :

– céder les parts pour payer les dettes et charges de l'indivision, mais la cession est inopposable aux autres indivisaires s'ils n'en ont pas été informés (art. 815-3, al. 4 et 6) ;

– demander au tribunal l'autorisation de céder des parts à condition qu'elles ne fassent pas l'objet d'un démembrement de propriété (absence d'usufruit) et que l'un des indivisaires ne soit pas absent ou, par suite d'éloignement, hors d'état de manifester sa volonté (art. 815-5-1, al. 1).

Enfin, en cas de refus de l'un d'eux, les autres peuvent être autorisés par décision de justice à passer outre si ce refus met en péril l'intérêt commun des coïndivisaires (art. 815-5). Tel est le cas si seule la cession permet de préserver l'avenir de la société (CA Lyon 23-5-1990 : Bull. Joly 1990 p. 662).

> **Précisions** **a.** La procédure d'**autorisation judiciaire** de cession prévue par l'article 815-5-1 du Code civil est assez lourde. Les indivisaires titulaires d'au moins deux tiers des droits indivis doivent exprimer devant un notaire, à cette majorité, leur intention de céder les titres indivis. Dans le mois qui suit, le notaire doit faire signifier cette intention aux autres indivisaires. Si l'un ou plusieurs d'entre eux s'opposent à la cession ou ne se manifestent pas dans un délai de trois mois à compter de la signification, le notaire doit le constater par procès-verbal et le tribunal peut autoriser la cession si elle ne porte pas une atteinte excessive aux droits des autres indivisaires. Cette aliénation s'effectue aux enchères, par licitation. La cession effectuée dans les conditions fixées par le tribunal est opposable à l'indivisaire dont le consentement a fait défaut, sauf si l'intention d'aliéner le bien ne lui avait pas été signifiée régulièrement (C. civ. art. 815-5-1, al. 2 à 7).
>
> **b.** La **cession** par un indivisaire **de ses droits sur les parts indivises** est libre, ses coïndivisaires disposant, en cas de cession à un tiers à l'indivision, d'un droit de préemption (cf. C. civ. art. 815-4).
>
> **c.** Sur les règles applicables lorsque le cédant a conclu un **Pacs**, voir nos 680 s.

CESSION DES TITRES D'UNE SOCIÉTÉ EN PROCÉDURE COLLECTIVE

21207 La mise en redressement judiciaire de la société a des conséquences sur la cessibilité de la **participation** que les **dirigeants** détiennent dans le capital social (n° 28320). Le tribunal qui a ouvert la procédure peut prononcer l'incessibilité des parts détenues par les dirigeants ou ordonner leur cession (nos 28325 s.). De même, la cession forcée de la participation détenue par les **associés** peut être ordonnée dans certains cas (nos 28268 s.).

Les **parts détenues par la société** elle-même peuvent être cédées pendant la période d'observation, en cas de sauvegarde ou de redressement judiciaire, sur l'autorisation du juge-commissaire si la cession ne relève pas de la gestion courante (n° 28130) et, en cas de liquidation judiciaire, par le liquidateur judiciaire (n° 28165).

3. OBJET DE LA CESSION DE PARTS SOCIALES

21210 Comme tout contrat, la cession de parts sociales doit avoir un contenu licite et certain (C. civ. art. 1128, 3°). Il en résulte notamment que les **caractéristiques des parts** vendues (nombre, valeur nominale, société émettrice, etc.) doivent être indiquées dans l'acte de cession et que ces parts doivent être **cessibles.**

La promesse portant initialement sur la nue-propriété de droits sociaux a pour objet la pleine propriété en cas d'extinction de l'**usufruit** (n° 21272).

PARTS SOCIALES INALIÉNABLES

21212 Lorsque les parts sont frappées d'une inaliénabilité temporaire par les statuts, leur titulaire ne peut pas les céder avant l'expiration d'un certain délai après son entrée dans la société.

La clause d'inaliénabilité, quelle que soit la nature du bien qu'elle concerne, n'est licite qu'à condition d'être justifiée par un intérêt sérieux et limitée dans le temps (cf. Cass. 1e civ. 31-10-2007 n° 05-14.238 : RJDA 4/08 n° 390).

PARTS REPRÉSENTATIVES D'UN APPORT EN INDUSTRIE

Les parts d'industrie sont incessibles ; lorsque leur titulaire quitte la société pour quelque cause que ce soit, elles doivent être annulées. En effet, l'attribution de parts d'industrie et les droits auxquels ces parts donnent vocation sont liés à l'exercice par leur titulaire d'une activité au profit de la société. Or, cette activité, qui représente l'apport de l'intéressé à la société, est intransmissible parce qu'attachée à la personne de l'apporteur. Si, pour une raison quelconque, celui-ci vient à cesser sa collaboration, il n'exécute donc plus son obligation d'apport et doit alors perdre les droits correspondants (voir Cass. 1e civ. 9-2-1955 : Bull. civ. I n° 67). 21213

PARTS REPRÉSENTATIVES DE L'APPORT D'UN BIEN AGRICOLE

Lorsque les parts cédées correspondent à un apport en propriété d'une **exploitation rurale** ou de terrains à vocation agricole, les Safer peuvent, pendant les cinq années qui suivent l'apport, exercer un contrôle sur le mouvement des parts. Les inspecteurs des impôts sont tenus au cours de ce délai de leur indiquer, sur demande motivée, la répartition du capital entre les associés (LPF art. L 164). Si la cession des parts considérées leur permet de penser que l'apport était fictif et servait de façade à une transmission de ces biens à une tierce personne, les Safer peuvent demander l'annulation de cet apport et, par voie de conséquence, celle des cessions ultérieures. 21215

PARTS D'UNE SOCIÉTÉ ABSORBÉE

Est nulle toute cession de parts d'une **société ayant disparu** par l'effet d'une opération de fusion par absorption (Cass. com. 26-5-2009 n° 08-12.691 FS-PB : RJDA 8-9/09 n° 750). En effet, à compter de la prise d'effet de la fusion, la société absorbée est dissoute et les titres composant son capital social n'existent plus, les associés de la société absorbée recevant en échange des titres de la société absorbante selon une parité définie par le traité de fusion (n° 16030). 21216

PARTS N'APPARTENANT PAS AU CÉDANT

En cas de vente par une personne de parts ne lui appartenant pas (**vente de la chose d'autrui**), la cession est nulle (C. civ. art. 1599). Il s'agit d'une nullité relative, même en cas de cumul avec un défaut de pouvoir du représentant du cédant (Cass. 3e civ. 6-10-2004 n° 965 : RJDA 12/04 n° 1330). Elle ne peut donc être invoquée que par l'acquéreur et non par le véritable propriétaire (C. civ. art. 1599 ; Cass. 3e civ. 8-12-1999 n° 1844 : RJDA 3/00 n° 254), ce dernier disposant d'une action en revendication pour faire valoir ses droits (Cass. com. 15-10-2013 n° 12-19.756 : RJDA 2/14 n° 92). 21217

PARTS D'UNE SOCIÉTÉ MISE EN PROCÉDURE COLLECTIVE APRÈS LA CESSION

Lorsque la société dont il a acquis les parts fait l'objet d'une procédure collective, l'acquéreur ne peut pas obtenir la nullité de la cession pour **absence de contrepartie** (C. civ. art. 1128, 3° et 1601) et échapper ainsi au paiement du prix. En effet, même si les parts ont perdu toute valeur, elles existaient encore à la date de formation du contrat (CA Versailles 13-11-2003 n° 01-8374 : RJDA 8-9/04 n° 990 ; CA Versailles 19-1-2006 n° 05-414 : RJDA 5/06 n° 541) ou à la date à laquelle l'acquéreur a été mis en demeure de payer (Cass. com. 16-11-2004 n° 1640 : RJDA 4/05 n° 393). Le transfert de propriété ayant eu lieu, sauf clause contraire, à la date de conclusion de la vente, c'est sur l'acquéreur que pèse la charge des risques. 21219

CONSEIL

Les actions fondées sur l'erreur ou sur les vices cachés étant également soumises à des conditions drastiques (n°s 21172 s. et 21327), l'acquéreur a intérêt à demander l'**insertion** dans l'acte de cession d'une **garantie** de passif ou encore d'une clause par laquelle le cédant garantit, jusqu'au transfert des parts sociales acquises, que la société émettrice n'est pas en état de cessation des paiements (CA Colmar 1-6-2004 n° 02-3135 : RJDA 5/06 n° 541).

4. PRIX DE LA CESSION DE PARTS SOCIALES

DÉTERMINATION DU PRIX DE CESSION

Le prix de cession des parts sociales doit être déterminé (C. civ. art. 1591), c'est-à-dire chiffré ou susceptible de l'être. Les parties peuvent le déterminer elles-même ou s'en remettre à un tiers. 21225

Il n'est pas nécessaire, en cas de **pluralité de cédants,** que la part revenant à chacun d'eux soit fixée dans l'acte de cession (Cass. 3e civ. 19-3-1986 : Bull. civ. III n° 36 ; CA Paris 23-9-1988 : BRDA 23/88 p. 8).

Lorsque la **cession** porte sur les titres **de plusieurs sociétés,** la ventilation du prix entre les titres de chacune d'entre elles n'est pas requise pour la validité de l'opération, sauf si les parties en ont fait une condition déterminante de leur engagement (Cass. com. 8-4-2008 n° 06-18.042 : RJDA 12/08 n° 1270, chron. R. Salomon p. 1175).

ATTENTION

L'absence de ventilation du prix est à éviter en raison des incertitudes qu'elle génère sur le plan fiscal : difficulté de déterminer le montant et le régime d'imposition des plus-values de cession dues par le cédant et, pour l'acquéreur, problème de calcul des droits d'enregistrement dont le régime varie selon la nature des titres cédés.

21226 **Appréciation du caractère déterminable du prix** Le prix de cession des parts sociales n'est ni déterminé ni déterminable – et la cession est nulle – lorsque les parties ont retenu pour sa fixation plusieurs éléments dont la mise en œuvre se révèle ultérieurement impossible (Cass. com. 5-5-1970 : Rev. soc. 1971 p. 184 ; Cass. com. 13-1-1971 : Bull. civ. IV n° 13) ou lorsque les **éléments de référence retenus** dépendent de la volonté de l'une des parties ou de la réalisation d'accords ultérieurs (Cass. 1e civ. 12-11-1974 : Bull. civ. I n° 301 ; Cass. com. 25-9-2012 n° 11-23.319 : RJDA 1/13 n° 24 ; Cass. com. 21-9-2022 n° 20-16.994 F-B : RJDA 1/23 n° 31).

ILLUSTRATIONS

Le **prix** a été tenu pour **déterminé** ou déterminable dans les cas suivants :
– une cession de parts consentie à l'épouse du gérant moyennant une somme fixe payable comptant et le versement d'une rente viagère annuelle indexée sur les variations du chiffre d'affaires de la société, dès lors que la prospérité d'une entreprise ne dépend pas uniquement de l'intention et de la diligence de celui qui l'anime mais aussi de la conjoncture économique (CA Paris 28-1-1982 : BRDA 11/82 p. 8) ;
– une cession dont le prix devait résulter, pour une part, d'un éventuel boni d'inventaire constaté dans le bilan de clôture de l'exercice de cession (CA Paris 26-9-1989 : Bull. Joly 1989 p. 963) ;
– une cession consentie moyennant un prix par titre auquel devait s'ajouter un complément au retour à l'équilibre de l'exploitation, cette condition ne dépendant pas de la volonté exclusive de l'acquéreur (et ne tombant donc pas sous le coup de la nullité de l'article 1304-2 du Code civil) (CA Paris 8-6-1990 : BRDA 2/91 p. 19) ;
– une promesse de cession dont le prix était calculé par application d'une formule liée à la moyenne du résultat de la société sur deux exercices (CA Versailles 27-6-2003 n° 01-234 : RJDA 1/04 n° 52) ;
– lorsque les parties à une promesse de cession s'en sont remises pour la fixation du prix à un expert ayant les pouvoirs prévus par l'article 1843-4 du Code civil ; la détermination du prix ne nécessitant pas un nouvel accord de leur part, la cession est parfaite dès la levée de l'option (Cass. com. 30-11-2004 n° 1742 : RJDA 3/05 n° 270).

En revanche, le **prix** de la cession n'est **pas déterminé** :
– lorsque les experts désignés par les parties se sont bornés à proposer un prix minimal et un prix maximal et que seul le cédant a accepté l'un de ces deux prix quand bien même ce serait celui qui lui était le moins favorable (Cass. com. 29-5-1972 : D. 1973 p. 255 note Guyénot) ;
– lorsque les données de référence ont été faussées par les pratiques arbitraires du cédant, empêchant ainsi les experts de parvenir à l'évaluation des parts et d'accomplir leur mission (Cass. 2e civ. 8-4-1999 : RJDA 8-9/99 n° 937) ;
– lorsque ses modalités de fixation renvoient aux résultats financiers et comptables de la société sans indication de la date de référence (Cass. com. 25-9-2012 n° 11-23.319 : RJDA 1/13 n° 24) ou à un bilan comptable établi contradictoirement à une date ultérieure, la fixation du prix impliquant alors un nouvel accord de volonté des parties (Cass. com. 6-11-2012 n° 11-26.582 : RJDA 3/13 n° 240), à moins qu'elles n'aient prévu la désignation, en cas de désaccord, d'un expert chargé d'arrêter l'estimation définitive (Cass. com. 14-12-1999 : RJDA 4/00 n° 425 ; CA Paris 23-5-1986 : Bull. Joly 1986 p. 948) ;
– pour l'intégralité de la cession si un prix n'est fixé que pour une fraction des parts sociales cédées, à moins que la cession ne soit divisible (Cass. com. 9-10-2012 n° 11-14.498 : RJDA 2/13 n° 133).

21227 **Conséquences de l'absence de détermination du prix** La cession dont le prix n'est ni déterminé ni déterminable est nulle. Tendant à la protection des seuls intérêts privés du cédant, la **nullité** sanctionnant un prix indéterminé – ou dérisoire – est **relative** (Cass. 1e civ. 29-9-2004 n° 03-10.766 : Bull. civ. I n° 216 ; Cass. 3e civ. 24-10-2012 n° 11-21.980 : RJDA 2/13 n° 100 ; Cass. com. 22-3-2016 n° 14-14.218 : RJDA 5/16 n° 359).

En conséquence, l'**action en nullité** est réservée au cédant (cf. C. civ. art. 1181 issu de ord. 2016-131 du 10-2-2016). Elle ne peut pas être engagée par la société dont les titres ont été cédés. L'action en nullité se prescrit par cinq ans (C. civ. art. 2224), à compter du jour où le cédant a connu ou aurait dû connaître l'absence de prix ou son caractère dérisoire (C. civ. art. 2224 et 2227).

Les **parties** peuvent d'un commun accord **constater l'annulation** du contrat, sans intervention du juge (n° 21250).

> **Précisions** En principe, un **contrat atteint de nullité** relative peut être **confirmé** par la partie protégée par la nullité (C. civ. art. 1181). À notre avis, cette faculté n'est pas ouverte au cédant lorsque l'indétermination du prix tient au fait que ce dernier n'existe pas ou n'est pas calculable en l'état de l'acte de cession, car il ne s'agirait pas de confirmer le contrat mais de

le compléter. En revanche, rien n'interdit au cédant de confirmer un prix dont l'acte de cession laisse la détermination au seul acquéreur ou qui est d'un montant dérisoire.

Pour les mêmes raisons, cette distinction s'applique selon nous à la faculté ouverte à l'acquéreur de demander par écrit au cédant soit de confirmer le contrat, soit d'agir en nullité dans un délai de six mois à peine de forclusion (C. civ. art. 1183). Cette faculté est en outre subordonnée à la disparition de la cause de nullité (même art.).

MONTANT DU PRIX DE CESSION

Prix de cession inférieur à la valeur réelle La cession de parts sociales consentie à un prix inférieur à leur valeur réelle n'est pas nulle (C. civ. art. 1168). Mais elle l'est si le **prix** convenu lors de la conclusion de la cession est **dérisoire** (C. civ. art. 1169). L'action en nullité s'exerce alors dans les mêmes conditions qu'en cas d'absence de détermination du prix (Cass. com. 22-3-2016 nº 14-14.218 : RJDA 5/16 nº 359 ; nº 21227). **21230**

Le prix fixé à la **valeur nominale** des droits sociaux n'est pas nécessairement dérisoire (CA Paris 12-3-2009 nº 08-9471 : RJDA 7/09 nº 648). La nullité a aussi été écartée pour une cession de titres au tiers de leur valeur s'inscrivant dans le cadre d'une succession, cette cession trouvant sa contrepartie dans l'immédiate liquidité qu'elle procurait au cédant désireux d'assurer son avenir financier après le décès de sa mère (CA Paris 21-2-2012 nº 10/24934 : RJDA 12/12 nº 1081).

Le **prix symbolique** ne constitue pas un prix dérisoire susceptible d'entraîner l'annulation de la cession dès lors que les droits sociaux ont été déclarés sans valeur par le tiers chargé de déterminer le prix de cession (Cass. com. 3-1-1985 : Bull. civ. IV nº 8) ou que la cession est assortie de contreparties suffisantes à la charge de l'acquéreur, telle la prise en charge d'un passif social (Cass. com. 15-1-2013 nº 11-12.495 : RJDA 5/13 nº 420 ; Cass. com. 10-10-2018 nº 17-12.564 F-D : RJDA 1/19 nº 20) ou encore que la cession est intégrée dans une opération globale formant un tout indivisible et procurant au cédant un avantage réel (Cass. com. 17-11-2009 nº 09-11.824 : RJDA 2/10 nº 152 ; CA Paris 28-6-2011 nº 10/22840 : RJDA 3/12 nº 298).

Une vente en **viager** des parts d'un associé ayant apporté un immeuble à la société peut être annulée si les arrérages sont inférieurs aux revenus de l'immeuble (Cass. 3e civ. 27-5-2010 nº 09-65.258 : RJDA 10/10 nº 941).

ATTENTION

Une **cession** de parts **consentie** par une personne **à son conjoint ou à l'un de ses héritiers** présomptifs moyennant un prix très inférieur à la valeur réelle des parts peut constituer une **donation indirecte** qui est, selon les circonstances d'espèce, rapportable à la succession du cédant ou réductible si elle porte atteinte à la part réservée aux héritiers (C. civ. art. 843 s. et 920 s.).

Prix de cession supérieur à la valeur réelle Le caractère excessif, voire exorbitant, du prix n'est pas en soi une cause de **nullité de la cession** (C. civ. art. 1168). Il ne permet pas à lui seul d'invoquer une erreur viciant le consentement (nº 21175) ou un vice caché (nº 21327). Toutefois, l'acquéreur qui a accepté de conclure à un prix excessif à la suite d'un dol ou d'une violence peut agir dans les conditions exposées nºs 21180 s. **21233**

En dehors de ces hypothèses, la **révision du prix** peut être obtenue sur le fondement de l'article 1195 du Code civil. Elle ne le sera qu'exceptionnellement, car il faut que l'exécution de la cession soit différée et les conditions de mise en œuvre de la procédure de révision instituée par ce texte sont très strictes : il faut qu'il y ait eu un « changement de circonstances imprévisible » lors de la conclusion du contrat et que ce changement rende l'exécution de la cession « excessivement » onéreuse. La procédure de révision organisée par l'article 1195 comporte trois étapes : tentative de renégociation entre les parties ; en cas d'échec, accord des parties pour demander la résolution ou l'adaptation du contrat par le juge ; enfin, en l'absence d'accord, révision du contrat par le juge à la demande d'une partie.

INDEXATION DU PRIX DE CESSION

Le prix de cession peut être indexé, mais à la **condition** que (C. mon. fin. art. L 112-2, al. 1) : **21235**

- l'indice choisi soit en relation directe avec l'objet de la convention ou avec l'activité de l'une des parties ;
- cet indice ne soit pas fondé sur le Smic ou sur le niveau général des prix ou des salaires.

> Précisions Retenant une interprétation large de ces dispositions, la Cour de cassation a admis que le prix de cession des parts d'une société dont l'actif était essentiellement constitué par un immeuble pouvait valablement être indexé sur l'**indice du coût de la construction** (Cass. 3e civ. 16-7-1974 : D. 1974 p. 681 note Ph. Malaurie) et qu'était licite l'indexation du prix de cession d'actions sur la valeur du **point de retraite des cadres** fixée par la caisse de prévoyance dont le cédant touchait une retraite (Cass. 1e civ. 6-10-1982 : Bull. civ. I nº 276).

FIXATION DU PRIX DE CESSION PAR UN TIERS

21240 Les parties peuvent convenir que le prix de cession des parts sociales sera fixé par un tiers. Elles ont alors le **choix** entre l'expertise du droit commun de la vente (C. civ. art. 1592) et celle spécifique au droit des sociétés (C. civ. art. 1843-4).

Toutefois, l'expertise prévue par l'article 1843-4 est **obligatoire** lorsqu'il existe une contestation sur le prix et que (C. civ. art. 1843-4) :

– soit la loi renvoie à ce texte pour fixer les conditions de prix de la cession ou du rachat des droits sociaux par la société ; tel est notamment le cas en cas de refus d'agrément de l'acquéreur des droits sociaux (C. civ. art. 1862) ou de l'héritier d'un associé décédé (art. 1870-1) ou encore en cas de retrait d'un associé (art. 1869) ;

– soit les statuts prévoient la cession des droits sociaux ou leur rachat par la société sans que leur valeur soit déterminée ou déterminable.

En visant expressément les seules cessions prévues par la loi ou par les statuts, l'article 1843-4 exclut l'application de plein droit de l'expertise pour les autres cessions ou rachats, y compris ceux organisés par un pacte d'associés.

Rien n'interdit aux parties à ces autres cessions de faire une **application volontaire** de ce texte. Les parties se soumettent alors, à notre avis, à l'intégralité du dispositif sans pouvoir l'aménager, même si elles n'y ont fait qu'un renvoi partiel (par exemple, aux seules modalités de désignation de l'expert). En effet, le régime de l'article 1843-4 est d'ordre public (Cass. 1e civ. 25-11-2003 n° 00-22.089 : RJDA 5/04 n° 68 ; Cass. com. 16-2-2010 n° 09-11.668 : RJDA 5/10 n° 523 ; Cass. com. 14-2-2018 n° 16-24.790 F-D : RJDA 5/18 n° 433). Or, en cas d'application conventionnelle d'un régime d'ordre public, ce régime s'impose en intégralité même si le renvoi est partiel (Cass. com. 4-2-1992 n° 90-15.668 : RJDA 5/92 n° 425 ; Cass. 1e civ. 9-12-1997 n° 96-04.172 : RJDA 4/98 n° 491 ; Cass. 1e civ. 23-3-1999 n° 97-11.525 : RJDA 5/99 n° 597, 1e esp.). Les parties qui mêleraient les dispositifs des articles 1592 et 1843-4 du Code civil s'exposeraient donc à une application complète du second.

> **Précisions** **a.** En cas de renvoi légal à l'article 1843-4, la présence d'une clause statutaire ou conventionnelle de détermination du prix des titres ne fait pas obstacle à l'expertise mais, dans la mesure où l'expert devra appliquer cette clause (n° 21245), l'intérêt pratique de recourir à l'expertise est réduit.
> **b.** Lorsque la **cession est organisée par les statuts**, le recours à l'expert s'impose tant en l'absence de clause statutaire de détermination du prix qu'en présence d'une clause ne permettant pas d'aboutir à un prix déterminable (pour des exemples, voir n° 21226). Il résulte des termes de l'article 1843-4 que, dans les autres cas, la voie de l'expertise est fermée.

21242 **Choix et désignation du tiers** La personne désignée par les parties, mandataire commun de celles-ci, doit avoir véritablement la qualité de tiers, c'est-à-dire qu'elle ne doit **pas** être **sous la dépendance de l'une des parties** (Cass. 1e civ. 2-12-1997 : RJDA 4/98 n° 403). Toutefois, une telle dépendance, qu'elle résulte de liens familiaux, professionnels ou de relations d'affaires, n'est pas en soi répréhensible : le tiers désigné ne peut être écarté qu'en raison de relations personnelles entretenues avec l'une des parties de nature à faire naître un doute légitime et actuel sur son impartialité (Cass. com. 5-10-2004 n° 02-21.545 : RJDA 12/04 n° 1307 ; CA Paris 29-5-2008 n° 07-506 : RJDA 1/09 n° 32) ou s'il a dissimulé l'existence de ces relations à l'autre partie, ne lui permettant pas ainsi d'exprimer son choix en toute connaissance de cause (Cass. 1e civ. 2-12-1997 précité).

Si les **parties** sont en **désaccord sur la désignation** du tiers chargé de fixer le prix, le régime diffère selon le texte applicable :

– sous l'empire de l'article 1592 du Code civil, la cession est nulle pour indétermination du prix, à moins que les parties n'aient expressément autorisé le juge à se substituer à elles pour désigner un expert (Cass. civ. 25-4-1952 : D. 1952 jur. p. 635 ; Cass. com. 23-1-1990 n° 88-11.644 : Bull. Joly 1990 p. 275 n° 76) ;

– le tiers prévu par l'article 1843-4 du Code civil est désigné par ordonnance du président du tribunal judiciaire statuant selon la procédure accélérée, et sans recours possible (C. civ. art. 1843-4, I-al. 1 et II-al. 2 ; Décret 78-704 du 3-7-1978 art. 17) ; la décision de nomination emporte la formation de la cession (n° 21227).

> **Précisions** **a.** Le président du tribunal est seul **compétent** pour désigner l'expert (Cass. com. 30-11-2004 nos 03-15.278 et 03-13.756 : RJDA 3/05 n° 270), ce qui exclut toute désignation – ou refus de désignation – par le tribunal en sa forme collégiale (Cass. 3e civ. 28-3-2012 n° 10-26.531 : RJDA 7/12 n° 691 ; Cass. 1e civ. 25-11-2015 n° 14-14.003 : RJDA 3/16 n° 200) ou par le juge des référés (Cass. 1e civ. 9-4-2014 n° 12-35.270 : RJDA 7/14 n° 635).
> **b.** Le **jugement** du président du tribunal **refusant**, pour quelque cause que ce soit, **la désignation** d'un expert peut faire l'objet d'un **appel**-réformation (Cass. com. 25-5-2022 n° 20-14.352 : RJDA 8-9/22 n° 483). Si elle infirme le jugement,

la cour d'appel peut alors désigner l'expert (même arrêt).

À l'inverse, le **jugement désignant** un expert est insusceptible de **recours**, à moins que le magistrat n'ait commis un **excès de pouvoir** (Cass. com. 25-5-2022 n° 20-18.307 : RJDA 8-9/22 n° 484). Lorsque les statuts comportent une clause d'arbitrage accordant aux arbitres à la fois le pouvoir de procéder eux-mêmes à l'évaluation et de trancher le litige, le président du tribunal ne commet pas d'excès de pouvoir en se déclarant incompétent au profit des arbitres (Cass. com. 10-10-2018 n° 16-22.215 : RJDA 5/19 n° 339). En revanche, il commet un excès s'il tranche une contestation portant sur la détermination des statuts applicables ou de la convention liant les parties, que l'expert est tenu d'appliquer (Cass. com. 7-7-2021 n° 19-23.699 : RJDA 10/21 n° 666, exigeant qu'en présence d'une telle contestation, le président sursoie à statuer jusqu'à la décision du tribunal compétent saisi à l'initiative de la partie la plus diligente) ou s'il statue en référé au lieu de statuer en la forme des référés pour désigner l'expert (Cass. com. 15-2-2023 n° 21-18.548 F-D : RJDA 5/23 n° 259).

Incidence de la procédure choisie sur la date de conclusion de la cession 21243

Expertise de l'article 1592 du Code civil. En cas de recours à l'expertise de l'article 1592, la cession n'est pas conclue si le tiers expert ne peut pas ou ne veut pas faire l'estimation, sauf estimation par un autre tiers (C. civ. art. 1592). Elle n'est donc valablement formée qu'à la date où le tiers a effectivement **réalisé** sa **mission** (Cass. 1e civ. 24-11-1965 : Bull. civ. I n° 651 ; CA Paris 15-10-1982 et, sur pourvoi, Cass. com. 16-10-1984 : Bull. Joly 1984 p. 1197). Le tiers peut notamment **refuser** la **mission** si l'évaluation se révèle impossible (Cass. 2e civ. 8-4-1999 : RJDA 8-9/99 n° 937 ; Cass. com. 19-12-2006 n° 05-10.199 : RJDA 4/07 n° 365).

Expertise de l'article 1843-4 du Code civil. Le tiers désigné en application de l'article 1843-4 est tenu d'évaluer les parts. On peut donc considérer que le renvoi à l'article 1843-4 rend le prix déterminable, même s'il n'est pas encore déterminé. La date de formation de la cession est celle de la désignation du tiers (Cass. com. 30-11-2004 n° 03-13.756 : RJDA 3/05 n° 270). 21244

Évaluation des parts sociales par l'expert Dans le cadre de l'article 1592 du Code civil, les parties peuvent donner des indications précises sur la **méthode d'évaluation** des parts et sur les éléments à prendre en compte ; le tiers doit respecter ces prescriptions. Mais en l'absence de consignes particulières dans son ordre de mission, il dispose d'un large pouvoir d'appréciation pour évaluer le prix (voir notamment Cass. 1e civ. 25-1-2005 n° 139 : RJDA 5/05 n° 565 ; Cass. com. 19-4-2005 n° 663 : RJDA 8-9/05 n° 986 ; CA Paris 17-9-2004 n° 04-1049 : RJDA 5/05 n° 564). 21245

L'expert de l'article 1843-4 est tenu d'appliquer les règles et modalités de détermination du prix figurant dans les statuts ou dans toute convention liant les parties (tel un pacte extrastatutaire), lorsque son intervention est prévue par la loi (C. civ. art. 1843-4, I-al. 2). Pour la cession ou le rachat organisé par les statuts, l'expert – qui ne peut intervenir qu'en l'absence de clause statutaire permettant de déterminer le prix (n° 21240) – doit néanmoins respecter les règles et modalités prévues par toute convention liant les parties (C. civ. art. 1843-4, II-al. 2). À notre avis, à défaut de clause statutaire ou conventionnelle permettant de fixer le prix, l'expert procède à l'évaluation selon les critères qu'il juge opportuns.

L'**évaluation** faite par le tiers expert, en application tant de l'article 1592 que de l'article 1843-4 du Code civil, **s'impose** aux parties et au juge (Cass. com. 12-6-2007 n° 05-20.290 : RJDA 10/07 n° 974), sauf en cas de dol ou de violence (Cass. com. 6-6-1950 : Bull. civ. II n° 205 ; Cass. com. 12-11-1962 : Bull. civ. III n° 444) ou d'erreur grossière de la part de l'expert (notamment Cass. com. 9-4-1991 n° 616 : RJDA 7/91 n° 561 ; Cass. com. 3-5-2012 n° 11-12.717 : RJDA 2/13 n° 129). 21246

> **Précisions** **a.** A commis une **erreur grossière** dans son évaluation l'expert qui, chargé d'évaluer les parts d'un associé se retirant d'une société civile immobilière, s'est fondé en partie sur une constructibilité purement hypothétique d'une parcelle appartenant à la SCI (CA Paris 22-10-2013 n° 10/17138 : RJDA 10/14 n° 771). En revanche, n'a pas commis une telle erreur l'expert chargé d'évaluer les parts d'un notaire qui, faisant application des usages de la profession ainsi que les parties le lui avaient demandé, a tenu compte de l'absence de coopération de l'associé cédant après son retrait (Cass. 1e civ. 25-1-2005 n° 01-10.395 : RJDA 5/05 n° 565).
>
> **b.** La **responsabilité** du tiers peut être engagée en cas de sous-évaluation fautive du prix, même s'il n'a pas commis d'erreur grossière (Cass. com. 4-2-2004 n° 278 : RJDA 6/04 n° 688 ; CA Versailles 27-9-2005 n° 04-2244 : RJDA 2/06 n° 123 et, sur pourvoi, Cass. com. 6-2-2007 n° 05-21.271 : RJDA 5/07 n° 490).

PAIEMENT DU PRIX DE CESSION

La remise d'un **chèque** en règlement d'un achat de parts ne libère le débiteur que si le chèque est payé (C. mon. fin. art. L 131-67 ; Cass. com. 17-4-2019 n° 17-13.595 : RJDA 7/19 n° 527). À défaut, la résolution judiciaire de la cession (C. civ. art. 1217) ne peut être obtenue que si la preuve du paiement du chèque ne peut pas être établie (Cass. 1e civ. 23-5-1979 : D. 1979 IR p. 504). 21247

En cas de **virement,** le paiement est réalisé dès réception des fonds par le banquier du cédant, même s'ils ne sont pas encore inscrits au crédit du compte du cédant (Cass. com. 3-2-2009 n° 06-21.184 : RJDA 7/09 n° 667 ; voir toutefois Cass. 1e civ. 23-6-1993 n° 933 : RJDA 2/94 n° 192 retenant la date d'inscription au compte du bénéficiaire du virement).

5. ANNULATION DE LA CESSION DE PARTS SOCIALES

ANNULATION JUDICIAIRE OU CONVENTIONNELLE DE LA CESSION

21250 La cession de parts sociales est nulle lorsque les conditions requises pour sa validité (notamment consentement, capacité et contenu certain et licite) ne sont pas remplies (C. civ. art. 1178). La cession n'étant pas un acte des organes de la société, cette nullité obéit aux règles du **droit commun** des contrats et non pas au régime spécifique prévu par l'article 1844-10, al. 3 du Code civil.

La nullité est en principe **prononcée par le juge,** mais elle peut aussi être **constatée par les parties** d'un commun accord (art. 1178).

CONSEIL

Afin d'éviter toute contestation ultérieure de l'annulation conventionnelle, les parties ont tout intérêt à définir par écrit la cession concernée, la cause de nullité, leur volonté de constater la nullité de la cession et les conséquences de celle-ci.

EFFET DE L'ANNULATION DE LA CESSION : REMISE EN ÉTAT DES PARTIES

21252 Qu'elle soit prononcée par le juge ou constatée par les parties, l'annulation d'une cession de parts ou d'actions entraîne l'**anéantissement rétroactif** de tous les effets que cette cession a produits dans les rapports entre les parties : celle-ci est censée n'avoir jamais existé (C. civ. art. 1178, al. 1). L'annulation emporte donc une obligation de restitution pour chacune des parties : restitution du prix par le cédant, restitution des droits sociaux, en nature ou en valeur, par l'acquéreur.

> Précisions L'ordonnance 2016-131 du 10 février 2016 portant réforme du droit des contrats a institué un régime général des restitutions (C. civ. art. 1352 s.) qui s'applique notamment en cas d'annulation (art. 1178, al. 3) ou de résolution (art. 1229, al. 4) d'un contrat.

À notre avis, ce régime s'applique à l'annulation après le 1er octobre 2016 d'un contrat conclu avant, sous réserve des instances en cours (Ord. 2016-131 art. 9, al. 3). Si les contrats conclus avant cette date demeurent soumis à la loi ancienne y compris pour leurs effets légaux (Ord. 2016-131 art. 9), le principe ne saurait être appliqué aux restitutions consécutives à l'annulation d'un contrat (ou à sa rupture), car leur régime avant la réforme a été fixé par la jurisprudence en l'absence de dispositions légales spécifiques. En outre, nul ne peut se prévaloir d'un droit acquis à une jurisprudence figée (Cass. 1e civ. 9-10-2001 n° 00-14.564 P : Bull. civ. I n° 249 ; Cass. 3e civ. 2-10-2002 n° 01-02.073 FS-PB : RJDA 2/03 n° 214 ; CEDH 18-12-2008 n° 20153-04 : RJS 6/09 n° 596).

RESTITUTION DU PRIX

21255 Le cédant doit restituer le prix, c'est-à-dire la **somme** qu'il a **reçue** de l'acquéreur (Cass. 1e civ. 19-3-1996 n° 94-12.760 : RJDA 7/96 n° 883 excluant que le cédant puisse obtenir le prix des titres selon leur valeur estimée par expertise). Il doit le restituer même si le prix a été versé à un tiers, conformément à la volonté des parties (Cass. com. 25-5-2022 n° 19-24.770 : RJDA 10/22 n° 554).

Il doit en outre les intérêts au taux légal à compter du paiement s'il a perçu le prix de mauvaise foi (par exemple, cédant auteur d'un dol) ou, dans le cas contraire, à compter de la demande (C. civ. art. 1352-6 et 1352-7).

> Précisions L'acquéreur ne peut pas obtenir, en plus de la restitution du prix des parts, ni le versement du bénéfice résultant du placement de cette somme par le cédant, ni le versement d'un complément correspondant à la réévaluation de cette somme et destiné à tenir compte de l'**érosion monétaire** (Cass. 1e civ. 7-4-1998 n° 661 : RJDA 8-9/98 n° 946).

RESTITUTION DES PARTS SOCIALES

21257 **Restitution en nature** L'acquéreur doit restituer les **parts sociales** en nature, sauf impossibilité (C. civ. art. 1352). Mais il n'est pas tenu de restituer la **fraction du capital qu'elles représentaient** si celle-ci a subi une dilution importante entre la conclusion de la cession et son annulation (CA Paris 5-1-2016 n° 14/21649 : RJDA 4/16 n° 293).

La restitution a lieu en nature même si la cession a été annulée après la **dissolution de la société** dont les droits sociaux ont été cédés, tant que la clôture de la liquidation n'a pas été publiée (Cass. com. 21-4-2022 n° 20-10.809 FS-B : RJDA 7/22 n° 422, rendu dans un cas de liquidation judiciaire mais transposable, à notre avis, à toutes les causes de dissolution de l'article 1844-7 du Code civil entraînant la liquidation de la société).

Restitution en valeur Lorsque la **restitution en nature** des parts sociales est **impossible,** ce qui peut advenir par exemple si elles ont été annulées dans le cadre d'une réduction de capital, elle a alors lieu en valeur estimée au jour de la restitution (C. civ. art. 1352). 21258

En cas de **revente des parts sociales,** l'acquéreur ne doit restituer que le prix de la revente s'il a pris possession des droits de bonne foi ; s'il a reçu les parts sociales de mauvaise foi, il en doit la valeur au jour de la restitution, à condition que cette valeur soit supérieure au prix de revente (C. civ. art. 1352-2).

Plus ou moins-value subie par les parts Lorsque la valeur des parts sociales a augmenté entre la date de la cession et celle de la restitution, la **plus-value** revient en totalité au cédant qui n'est tenu de restituer que le prix reçu. L'acquéreur ne peut donc pas profiter de la plus-value, même si elle est due à sa gestion efficace comme dirigeant de la société (Cass. com. 29-3-1994 n° 882 : RJDA 10/94 n° 1032). L'acquéreur, dépossédé des droits sociaux, ne peut prétendre qu'au remboursement des dépenses nécessaires à la conservation de ces droits et de celles qui en ont augmenté la valeur (C. civ. art. 1352-5). Si le capital social n'était pas entièrement libéré au moment où il a acquis les parts sociales et s'il a dû répondre à des appels de fonds, il peut ainsi obtenir remboursement de ces appels. 21260

La **moins-value** subie par les titres est à la charge du cédant sauf si l'acquéreur est de mauvaise foi et si la moins-value a été causée par la faute de ce dernier (C. civ. art. 1352-1). En dehors de ces exceptions, le cédant doit donc restituer le prix perçu même si les parts qui lui sont restituées ont perdu toute valeur.

SORT DES DIVIDENDES PERÇUS PAR L'ACQUÉREUR

Que la restitution des parts sociales intervienne en nature ou en valeur, elle inclut les fruits (C. civ. art. 1352-3), ici les dividendes qui ont pu être distribués entre la cession et la restitution. Toutefois, l'acquéreur qui a reçu les dividendes de bonne foi ne les doit qu'à compter du jour de la demande en nullité ; s'il les a perçus de mauvaise foi, il les doit à compter de la date de leur versement (C. civ. art. 1352-7). Est de bonne foi l'acquéreur qui n'avait pas connaissance du vice affectant la cession (notamment Cass. com. 5-5-1970 : Bull. civ. IV n° 147 ; Cass. com. 2-2-2016 n° 14-19.278 F-D : RJDA 4/16 n° 294 rendus sur le fondement des articles 549 et 550 du Code civil, mais transposables). 21262

INDEMNISATION DU PRÉJUDICE CAUSÉ PAR L'ANNULATION

Lorsque l'annulation de la cession de droits sociaux cause un préjudice à l'une des parties, celle-ci peut réclamer des dommages-intérêts à l'autre partie sur le terrain de la responsabilité extracontractuelle (C. civ. art. 1178, al. 3), mais seulement si elle est de **bonne foi,** c'est-à-dire si l'annulation n'est pas la conséquence d'une faute qu'elle a commise (Cass. ch. mixte 9-7-2004 n° 02-16.302 : RJDA 2/05 n° 116), et si le **préjudice** subi n'est pas intégralement réparé par les restitutions réciproques consécutives à l'annulation (Cass. com. 9-10-2007 n° 05-22.023 : RJDA 12/07 n° 1243 ; Cass. com. 12-7-2011 n° 10-19.297 : RJDA 11/11 n° 922). 21264

En conséquence, la réparation de la **perte d'une chance** peut être demandée. L'indemnisation n'est alors pas égale à l'avantage qu'aurait procuré cette chance si elle s'était réalisée ; elle est mesurée à la chance perdue (jurisprudence constante).

C. Promesse de cession de parts sociales

VARIÉTÉS DE PROMESSES DE CESSION OU D'ACHAT

Les parties peuvent ne pas conclure immédiatement une cession définitive, mais se contenter d'une simple promesse de vente ou d'achat. La promesse unilatérale est le **contrat** par lequel une partie, le promettant, **accorde** à l'autre, le bénéficiaire, le **droit d'opter** pour la conclusion d'un contrat dont les éléments essentiels sont déterminés, et pour la formation duquel ne manque que le consentement du bénéficiaire (C. civ. art. 1124, al. 1). 21270

Doit aussi être considérée comme une promesse la **clause** dite **« buy and sell »,** utilisée quelquefois dans les sociétés dont le capital est également partagé entre deux associés, aux termes de laquelle un associé s'engage à l'égard de l'autre, au reçu d'une proposition de vente de sa part, soit à lui acheter ses parts, soit à lui vendre les siennes (Cass. com. 21-6-2023 n° 21-25.952 F-B : BRDA 15-16/23 inf. 2).

En revanche, l'acte par lequel une personne s'engage à procurer à une autre des parts sociales constitue non pas une promesse de vente, mais une **convention de « porte-fort ».**

Promesses croisées de cession et d'achat Souvent les parties conviennent simultanément de se consentir des promesses croisées d'achat et de vente. Mais l'opération 21271 n'est pas sans risque pour les parties qui souhaitent rester au stade précontractuel. En effet, l'échange d'une promesse unilatérale d'achat et d'une promesse unilatérale de vente ne réalise-t-il pas une **promesse** synallagmatique de vente **valant vente** définitive, en application de l'article 1589 du Code civil prévoyant que la promesse de vente vaut vente, lorsqu'il y a consentement réciproque des parties sur la chose et le prix ?

En 2005, la Cour de cassation a répondu par l'affirmative dans le cas où les promesses réciproques de vente et d'achat avaient le même objet et étaient stipulées dans les mêmes termes (Cass. com. 22-11-2005 n° 1463 : RJDA 4/06 n° 396, Rapport et Avis de Mme Betch et M. Main p. 339 ; déjà en ce sens, Cass. com. 16-1-1990 : JCP G 1991 II n° 21748 note Ch. Hannoun). En revanche, a-t-elle estimé, des promesses unilatérales croisées ayant le même objet mais n'ayant pas été stipulées dans les mêmes conditions demeurent des promesses unilatérales (Cass. 3e civ. 26-6-2002 n° 1127 : Defrénois 2002 art. 37607 p. 1261 note É. Savaux).

Toutefois, la Cour de cassation a ultérieurement jugé que des promesses croisées d'achat et de vente ayant le même objet et stipulées dans les mêmes termes étaient synallagmatiques, mais que la vente s'était formée lorsque l'un des bénéficiaires avait levé l'option (Cass. com. 27-9-2017 n° 16-13.112 F-D : RJDA 2/18 n° 133). Dans cette affaire, chaque promesse comportait une option explicite de conclure pour le bénéficiaire et, bien que réciproques, les promesses ne valaient pas vente. En revanche, dans l'affaire jugée en 2005, les promesses étaient rédigées dans des termes manifestant des engagements réciproques et fermes d'achat et de vente « au plus tard » à une date donnée, mais elles ne comportaient pas à proprement parler d'option ; la vente pouvait être considérée comme formée par l'échange des promesses.

Si la **qualification** de promesse synallagmatique valant vente est **retenue,** chacune des parties peut en demander l'exécution forcée sous réserve, le cas échéant, de la réalisation des conditions suspensives prévues.

CONSEIL

Pour **éviter la formation de la cession** dès l'échange des promesses, les parties doivent expressément prévoir que la cession ne sera conclue que si chacune d'elles a levé l'option dans le délai convenu ou encore que la cession sera formée seulement lors de la signature ultérieure d'un acte notarié (« réitération » de la vente ; notamment, Cass. com. 25-9-2012 n° 11-24.524 : RJDA 1/13 n° 23), en précisant que le dépassement de la date butoir convenue emporte caducité de l'engagement (Cass. com. 23-10-2012 n° 11-24.349 : RJDA 2/13 n° 126 ; Cass. com. 27-6-2018 n° 17-16.529 F-D : RJDA 11/18 n° 813). Ces dérogations à la règle selon laquelle la promesse synallagmatique de vente vaut vente sont valables car cette règle n'est pas d'ordre public (Cass. 3e civ. 10-5-2005 n° 568 : RJDA 10/05 n° 1087). Mais ne suffit pas à retarder la formation du contrat de cession le seul fait de subordonner le transfert de propriété des parts à la signature d'un acte notarié de cession (cf. Cass. 3e civ. 20-12-1994 n° 92-20.878 : RJDA 4/95 n° 419 et Cass. 3e civ. 28-5-1997 n° 95-20.098 : RJDA 8-9/97 n° 1022, rendus en matière de vente immobilière mais transposables à la cession de droits sociaux).

CONDITIONS DE VALIDITÉ DE LA PROMESSE DE CESSION

21272 Les **promesses unilatérales** de vente ou d'achat ne sont valables que si les **éléments essentiels** qui caractérisent la vente, notamment le nombre de parts dont la cession est envisagée et le prix proposé, sont **déterminés** ou déterminables.

La promesse peut indiquer un **prix** définitif quelle que soit la date prévue pour la levée de l'option ou encore fixer les modalités selon lesquelles le prix sera déterminé à la levée de l'option en fonction de la situation de la société à cette date. Dans cette dernière hypothèse, un prix minimal de cession peut être prévu, une telle clause ne tombant pas sous le coup de la prohibition des clauses léonines sauf exception (nos 1532 s.). La fixation du prix peut aussi être confiée à un tiers (nos 21240 s.).

> **> Précisions** S'agissant de l'objet de la promesse, la Cour de cassation a jugé que la **promesse de vente de la nue-propriété** d'un bien grevé d'un usufruit a nécessairement pour objet, en cas d'extinction de l'usufruit, la pleine propriété de ce bien (Cass. 3e civ. 28-1-2009 n° 08-12.649 : RJDA 8-9/09 n° 724, rendu à propos d'une promesse de vente de la nue-propriété d'un immeuble mais transposable aux droits sociaux faisant l'objet d'un usufruit). Toutefois, cette extension automatique de l'objet de la cession n'a pas lieu si la promesse de vente comporte une clause de réserve d'usufruit au profit du cédant nu-propriétaire (arrêt précité).

ACCEPTATION DE LA PROMESSE DE CESSION

21275 La promesse est un contrat comportant un engagement unilatéral de la part du promettant (C. civ. art. 1124, al. 1), cédant ou acquéreur, qui ne devient parfaite que si elle a été acceptée par le bénéficiaire (C. civ. art. 1101).

Jusqu'à cette **acceptation,** il n'existe qu'une offre de promesse. Une telle offre émise depuis le 1er octobre 2016 peut être rétractée avant d'être parvenue à son destinataire (C. civ. art. 1115) ; si elle lui est parvenue, elle ne peut pas être rétractée avant l'expiration du délai fixé par son auteur ou, à défaut, d'un délai raisonnable (art. 1117, al. 1). Cette offre devient caduque au décès de son auteur (art. 1117, al. 2), sauf mention contraire, ainsi que, pour les offres émises depuis le 1er octobre 2018, au décès du destinataire (art. 1117, al. 2).

L'**acceptation** de la promesse lie le promettant et confère irrévocablement au bénéficiaire le droit de décider, avant l'expiration du délai convenu entre les parties, s'il lèvera ou non l'option qui lui a été consentie. 21276

ATTENTION

Il convient de ne pas confondre l'acceptation de la **promesse** et l'acceptation de la **vente.** Dans le premier cas, seul le promettant est lié, le bénéficiaire, quant à lui, restant libre d'acquérir ou non les parts. Au contraire, l'acceptation de la vente, qui correspond à la « levée d'option », rend le contrat de vente parfait et engage les deux parties.

La **rétractation** de la promesse **avant l'expiration du délai d'option** n'empêche pas la formation de la cession (C. civ. art. 1124, al. 2). Le bénéficiaire de la promesse peut donc lever l'option malgré la rétractation et demander l'exécution forcée de la cession.

Si le promettant a déjà cédé les parts sociales à un tiers, cette cession est annulable (n° 21277).

Si **aucun délai** n'a été **prévu pour la levée de l'option,** le promettant peut se rétracter après avoir mis le bénéficiaire en demeure de prendre parti dans un délai raisonnable (cf. C. civ. art. 1211).

VENTE DES PARTS EN VIOLATION DE LA PROMESSE

Si le promettant cède ses parts à un tiers en violation de la promesse unilatérale de vente, le bénéficiaire peut demander l'annulation de cette cession à condition d'établir que le tiers connaissait l'existence de la promesse (C. civ. art. 1124, al. 3). 21277

Lorsque la cession consentie au tiers ne peut pas être remise en cause, le bénéficiaire de la promesse peut réclamer des dommages-intérêts au promettant sur le terrain de la responsabilité contractuelle..

EXERCICE DE L'OPTION PAR LE BÉNÉFICIAIRE DE LA PROMESSE

Modalités d'exercice de l'option Les conditions dans lesquelles l'option pourra être exercée sont librement fixées par les parties. À défaut de précision sur sa **forme,** la levée de l'option peut être verbale (Cass. 3e civ. 19-12-2012 n° 08-14.225 : RJDA 3/13 n° 207). 21280

La promesse peut être assortie d'un **terme ou** d'une **condition,** le bénéficiaire ne pouvant alors exercer son option qu'à l'expiration d'un délai déterminé ou après survenance d'un événement déterminé. Cet événement peut être, par exemple, la fourniture de certains documents, l'obtention d'une autorisation administrative ou d'un crédit pour financer l'achat, une augmentation (Cass. 1e civ. 13-7-2004 n° 1232 : RJDA 11/04 n° 1186) ou une réduction du capital social ou encore la signature d'un accord amiable par les principaux créanciers de la société émettrice. 21281

L'événement érigé en condition ou en terme peut être le décès du promettant. En effet, ne constituent pas des pactes sur succession future interdits (C. civ. art. 722), mais des promesses post mortem licites, les promesses unilatérales de vente dont la réalisation ne peut être demandée qu'après le décès du promettant, sous réserve que (Cass. civ. 8-7-1986 : Bull. civ. I n° 202 ; Cass. civ. 5-5-1986 : JCP G 1987 II n° 20851 note Barret) :

- l'engagement du promettant soit immédiat et irrévocable, toute aliénation des parts ou des actions lui étant désormais interdite ;
- le droit reconnu au bénéficiaire soit certain et non pas simplement éventuel, dès l'octroi de la promesse.

Lorsque la **promesse** est consentie pour une **durée indéterminée,** elle ne devient, à notre avis, caduque qu'à l'expiration du délai de prescription de droit commun de cinq ans prévu par l'article 2224 du Code civil, sauf si les parties ont fixé un délai raisonnable pour la levée de l'option (pour une illustration de commune intention des parties, Cass. com. 27-1-2021 n° 18-22.492 F-D : RJDA 6/21 n° 375). Le promettant peut néanmoins se libérer de la promesse soit après avoir mis en demeure le bénéficiaire d'accepter ou de refuser de conclure le contrat dans un délai déterminé, soit en prouvant la renonciation du bénéficiaire à se prévaloir de la promesse (Cass. civ. 4-4-1949 : D. 1949 p. 316 ; Cass. 3e civ. 24-4-1970 n° 68-10.536 : Bull. civ. III n° 279 ; pour une renonciation, Cass. com. 26-1-1993 n° 91-12.606 D : RTD civ. 1994 p. 587 obs. J. Mestre).

Indemnité d'immobilisation due au promettant Les promesses de vente contiennent parfois une clause prévoyant l'obligation pour le bénéficiaire de verser au promettant une indemnité dès leur conclusion, indemnité demeurant acquise au promettant si le bénéficiaire ne lève pas son option. Cette clause, appelée à tort de « clause de dédit », est licite. En effet, 21282 l'indemnité versée par le bénéficiaire en cas de renonciation à l'achat a pour contrepartie l'immobilisation de ses droits sociaux par le promettant et l'impossibilité d'en disposer pendant toute la période d'option. Elle correspond, en quelque sorte, au prix de cette option et ne constitue pas une pénalité susceptible de réduction en application de l'article 1231-5 du Code civil.

Si le **montant** de l'indemnité est d'une importance telle que le bénéficiaire est pratiquement obligé d'acheter, la promesse doit être considérée comme constituant en réalité une vente. Ainsi jugé à propos d'un « dédit » correspondant au tiers du prix convenu (Cass. com. 20-11-1962 : Bull. civ. IV n° 470). En revanche, ont été considérées comme normales des indemnités fixées à 5 % (CA Paris 13-1-1989 : Dr. sociétés 1989 n° 142) ou à un peu plus de 15 % du prix de cession (Cass. com. 9-11-1971 : JCP G 1972 II n° 16962).

> **Précisions** **a.** L'indemnité est due même en l'**absence** de tout **dommage subi par le promettant** (Cass. com. 12-11-1985 : Bull. Joly 1986 p. 223 ; Cass. 1e civ. 5-12-1995 n° 1862 : RJDA 4/96 n° 477 et, sur renvoi, CA Paris 7-5-1997 : RJDA 10/97 n° 1181 ; Cass. com. 2-4-1996 : D. 1996 IR p. 114), mais seulement si la non-réalisation de la promesse est imputable au bénéficiaire (Cass. 3e civ. 15-12-2010 n° 09-15.211 : RJDA 4/11 n° 297).
> **b.** L'**indemnité** d'immobilisation peut être **remplacée** par une garantie autonome consentie le plus souvent par une banque, ce qui évite au bénéficiaire de la promesse une immobilisation de fonds.

21285 **Refus d'exécution de la promesse après la levée de l'option** La levée de son option par le bénéficiaire rend la **cession parfaite,** sous réserve de l'existence de conditions suspensives et entraîne, sauf clause contraire (n° 21312), le transfert de la propriété des parts.

Sauf le cas où il s'est réservé le droit de revenir sur sa promesse moyennant le versement d'un dédit, le promettant qui refuse de concrétiser la vente peut être condamné en justice à l'**exécution forcée** de ses engagements sous astreinte. Bien mieux, le bénéficiaire peut aussi obtenir en justice une décision valant titre (Cass. 3e civ. 16-6-2009 n° 08-14.901 : RJDA 12/09 n° 1057 ; CA Versailles 19-1-2006 n° 05-414 : RJDA 5/06 n° 541).

Le bénéficiaire peut, à l'inverse, opter pour la **résolution** de la cession et réclamer au promettant des dommages-intérêts pour le préjudice subi (C. civ. art. 1217, al. 5 et 7).

SUBSTITUTION D'UN TIERS DANS LA PROMESSE DE CESSION

21287 Il arrive fréquemment que la promesse de cession contienne une clause permettant au bénéficiaire de se substituer toute personne, physique ou morale, de son choix.

Cette clause s'analyse, à notre avis, en une **cession de contrat.** Celle-ci est définie comme l'opération par laquelle un contractant, le cédant (en l'espèce le bénéficiaire de la promesse), cède sa qualité de partie au contrat à un tiers, le cessionnaire, avec l'accord de son cocontractant, le cédé (le promettant) (C. civ. art. 1216, al. 1). Lorsque l'accord du promettant est ainsi donné dans la promesse, le contrat entre le cédant et le cessionnaire doit lui être notifié ou il doit en prendre acte pour que la cession de la promesse produise effet (art. 1216, al. 2). Pour que cette faculté de substitution soit valable, la promesse doit être constatée par écrit (cf. art. 1216, al. 3, prévoyant que « la cession doit être constatée par écrit, à peine de nullité »).

D. Formalités de la cession de parts sociales

FORMES DE LA CESSION DE PARTS

21290 **Nécessité d'un écrit** Les cessions de parts sociales doivent être constatées par un **acte sous signature privée** (contresigné ou pas par un avocat) ou **notarié** (C. civ. art. 1865). L'acte notarié est obligatoire pour constater, dans le délai d'un mois, la cession de titres d'une société à prépondérance immobilière définie n° 21410 réalisée par acte passé à l'étranger (CGI art. 726, I-2°-al. 4).

L'acte sous signature privée doit être dressé en autant d'exemplaires qu'il y a de parties, à moins que les parties soient convenues de remettre à un tiers l'unique exemplaire dressé (C. civ. art. 1375). Un exemplaire est requis pour l'enregistrement et un autre pour le dépôt au greffe.

En principe, un écrit est nécessaire pour prouver la cession lorsque celle-ci excède 1 500 € (C. civ. art. 1359, al. 1). Cette règle est toutefois écartée lorsqu'une partie est dans l'**impossibilité matérielle ou morale** de se procurer une preuve écrite de l'acte ou s'il est d'usage de ne pas établir un écrit (C. civ. art. 1360, al. 1). La seule existence de relations professionnelles, d'un lien familial entre les parties ou encore d'un état de concubinage entre elles ne suffit pas à établir l'impossibilité morale de se procurer un écrit (Cass. 1e civ. 28-5-1975 : Bull. civ. I n° 181 ; Cass. 1e civ. 16-11-1983 : D. 1984 IR p. 112) ; il faut qu'existent en outre des circonstances particulières : par exemple, des rapports d'autorité, de dépendance et de confiance entre un fils et son père (Cass. 1e civ. 16-12-1997 nº 95-19.926 : Bull. civ. I nº 374) ou la présence d'enfants au foyer pour des concubins (Cass. 1e civ. 10-10-1984 : Gaz. Pal. 1985 p. 186). Si l'impossibilité est caractérisée, la cession peut être prouvée par tout moyen. 21290 (suite)

MODÈLE

Acte de cession de parts sociales

Entre les soussignés :

« Prénom et Nom », né le « Date » à « Ville », demeurant « Adresse », marié sous le régime de « Régime matrimonial » à « Prénom et Nom », née « Nom », et ayant la nationalité française, ci-après dénommé « le cédant », d'une part,

Et :

« Prénom et Nom », né « Nom », le « Date » à « Ville », demeurant « Adresse », marié sous le régime de « Régime matrimonial » à « Prénom et Nom », et ayant la nationalité française, ci-après dénommé « le cessionnaire », d'autre part,

IL A ÉTÉ EXPOSÉ ET CONVENU CE QUI SUIT :

Le cédant cède, sous les garanties ordinaires légales, au cessionnaire, qui accepte, la pleine propriété de « Nombre de parts en chiffres » parts de la Société « Dénomination sociale », société civile au capital de « Montant en chiffres » €, dont le siège social est situé au « Adresse », immatriculée au registre du commerce et des sociétés de « Ville » sous le numéro « Numéro », ces « Nombre de parts en chiffres » parts, dont le cédant est propriétaire, portant les numéros « Numéro en chiffres » à « Numéro en chiffres ».

Par les présentes, le cessionnaire devient titulaire des parts cédées à compter de ce jour avec tous les droits et obligations qui y sont attachés.

À cet effet, le cédant subroge le cessionnaire dans tous ses droits et actions résultant de la propriété des parts cédées. Les dividendes dont la distribution sera décidée à compter de ce jour reviendront au seul cessionnaire.

Le cessionnaire se conformera strictement aux clauses et conditions des statuts qu'il déclare parfaitement connaître.

PRIX DE CESSION

La présente cession est consentie et acceptée moyennant le prix de « Montant en lettres » (« Montant en chiffres ») € par part, soit un montant total de « Montant en lettres » (« Montant en chiffres ») €, que le cédant reconnaît avoir reçu du cessionnaire ce jour même et dont il lui consent bonne et valable quittance (ou, selon le cas : que le cessionnaire s'engage à payer au cédant au plus tard le « Date »).

REMISE DES PIÈCES

Le cédant a, à l'instant, remis au cessionnaire, qui le reconnaît, une copie des statuts de la société dont ce dernier avait déjà connaissance, laquelle copie a été certifiée conforme par la gérance de ladite société.

DÉCLARATIONS DU CÉDANT ET DU CESSIONNAIRE

1. Les soussignés déclarent, chacun en ce qui le concerne, qu'ils ont la pleine capacité civile pour s'obliger dans le cadre des présentes et de leurs suites et, plus spécialement, qu'ils ne font pas présentement l'objet d'une procédure collective, ni ne sont susceptibles de l'être en raison de leurs professions et fonctions, ni ne sont en état de cessation des paiements.

2. Le cédant déclare :

– qu'il n'existe de son chef ou de celui des précédents propriétaires des parts cédées aucune restriction d'ordre légal ou contractuel à la libre disposition de celles-ci, notamment par suite de promesses ou offres consenties à des tiers ou de saisies ;

– que les parts cédées sont libres de tout nantissement ou promesse de nantissement ;

– que la Société « Dénomination sociale » n'est pas en cessation de paiements, ni n'a fait l'objet d'une procédure de règlement amiable, de conciliation, de sauvegarde, de redressement ou de liquidation judiciaire.

INTERVENTION DU CONJOINT DU CÉDANT (si les parts dépendent de la communauté de biens)

« Prénom et Nom », conjoint du cédant, intervient aux présentes à l'effet de donner son consentement à la cession et à la perception du prix conformément aux dispositions de l'article 1424 du Code civil.

APPLICATION DE L'ARTICLE 1832-2 DU CODE CIVIL (si le prix a été payé avec des fonds dépendant de la communauté)

Aux présentes est intervenu « Prénom et Nom », conjoint du cessionnaire, lequel a déclaré, d'une part, avoir été informé que le prix de la présente cession était payé au moyen de fonds dépendant de la communauté de biens existant entre lui et le cessionnaire et, d'autre part, qu'il ne revendiquait pas la qualité d'associé de la SCI « Dénomination sociale ».

AGRÉMENT (si la cession est soumise à agrément)

Par une décision du « Date », la collectivité des associés (ou, selon le cas, « le gérant ») a agréé le cessionnaire en qualité de nouvel associé.

FORMALITÉS ET PUBLICITÉ

La présente cession sera signifiée à la société par acte extrajudiciaire, à l'initiative et aux frais du cessionnaire.

La gérance de la société se voit confier tous les pouvoirs en vue de remplir les formalités de publicité.

FRAIS

Les frais et droits d'enregistrement liés à l'exécution des présentes seront supportés par le cessionnaire, qui s'y oblige.

Fait à « Ville », le « Date » en cinq exemplaires.

(Suivent les signatures des parties et des conjoints intervenant à l'acte)

21292 **Cession entre époux associés** Lorsque des époux sont tous deux associés d'une même société, les cessions faites par l'un à l'autre ne sont valables que si elles résultent d'un **acte** notarié ou d'un acte sous signature privée ayant acquis **date** certaine autrement que par le décès du cédant (C. civ. art. 1861, al. 4), notamment par enregistrement auprès de l'administration fiscale (art. 1377).

21293 **Mise à jour des statuts** Sauf stipulation expresse, les dispositions statutaires mentionnant la répartition des parts entre les associés n'ont pas à être modifiées pour tenir compte des cessions de parts (Décret 78-704 du 3-7-1978 art. 33). Cette disposition ne s'applique qu'aux cessions n'entraînant pas de **changement d'associé,** c'est-à-dire aux cessions conclues entre associés et n'entraînant pas la sortie de l'un d'eux. Elle permet alors de se dispenser :

– de réunir les associés pour constater la modification des statuts résultant de la cession ;

– de déposer au greffe des statuts mis à jour.

OPPOSABILITÉ DE LA CESSION À LA SOCIÉTÉ

21294 En principe, les cessions de parts ne sont opposables à la société qu'après accomplissement des formalités prévues par l'article 1690 du Code civil : **signification** par acte extrajudiciaire de la cession à la société **ou acceptation** de la cession par la société dans un acte authentique (C. civ. art. 1865, al. 1).

La possibilité de remplacer la signification par le **dépôt** d'un original de l'acte de cession **au siège** social contre remise par le gérant d'une attestation de ce dépôt (C. com. art. L 221-14) ne s'applique pas aux sociétés civiles. Elle ne concerne que les sociétés commerciales dont le capital est divisé en parts sociales (SNC, SARL, SCS).

> Précisions a. L'assignation de la société par l'acquéreur en vue de régulariser la cession vaut aussi **signification** de cette cession (Cass. 1e civ. 19-3-1991 n° 89-17.606 : Bull. Joly 1991 p. 531). Statuant dans une affaire où l'acquéreur avait nanti les parts acquises au profit de la banque qui avait financé l'achat, la Cour de cassation a, à notre avis, admis implicitement qu'il pouvait être suppléé au défaut de signification de la cession par la signification par la banque de son nantissement à la société (Cass. com. 18-10-2011 n° 10-21.800 : RJDA 1/12 n° 59).

b. Sur le cas où, nonobstant le non-respect des formalités, la **société a** su et **accepté la cession,** voir n° 21298.

21295 **Formalité alternative** Les statuts peuvent prévoir le remplacement de ces formalités par un **« transfert » sur les registres** de la société (C. civ. art. 1865, al. 1).

Aux termes de l'article 51 du décret 78-704 du 3 juillet 1978, ce registre, tenu au siège de la société, doit être constitué par la réunion, dans l'ordre chronologique de leur établissement, de feuillets identiques utilisés sur une seule face. Chacun de ces feuillets est réservé à un titulaire de parts sociales à raison de sa propriété ou à plusieurs titulaires à raison de leur copropriété, de leur nue-propriété ou de leur usufruit sur ces parts.

Chaque feuillet contient notamment :

– les nom, prénom usuel et domicile de l'associé originaire et la date d'acquisition de ses parts ;

– la valeur nominale de ces parts ;

– les nom, prénom usuel et domicile du ou des acquéreurs des parts ;

– les nom, prénom usuel et domicile des personnes ayant reçu les parts en nantissement, le nombre des parts données en nantissement et la somme garantie ;

– la date d'acquisition des parts, de leur transfert, de leur nantissement et de la mainlevée de celui-ci ;
– la date de l'agrément et l'indication de l'organe social qui l'a accordé.

Pour chaque nouvel associé, il doit être établi un nouveau feuillet ; ce feuillet doit comporter une mention permettant, s'il y a lieu, d'identifier l'associé dont il a acquis les parts.

> Précisions **a.** Sauf cas particulier des SCPI, des sociétés d'épargne forestière et des groupements forestiers d'investissement (cf. C. mon. fin. art. L 214-93, I-al. 2, sur renvoi, pour les groupements forestiers d'investissement, de C. for. art. L 331-4-1, II), le transfert sur les registres sociaux d'une cession de parts de société civile ne constitue pas une **preuve** de la réalité **de cette cession** qui doit être établie par écrit (CA Paris 18-6-1996 : RJDA 11/96 n° 1342 et, sur pourvoi, Cass. com. 7-3-2000 n° 97-11.933). L'inscription sur le registre se substitue juste à la signification de la cession en vue de rendre la cession opposable à la société, tout en évitant aux associés les frais d'une signification par acte extrajudiciaire ou d'un acte notarié (JO déb. Sén. 11-5-1973 p. 343).
b. Pour un **exemple** dans lequel il a été reproché à une cour d'appel d'avoir déclaré une cession de parts inopposable à la société sans avoir recherché si les statuts avaient prévu le transfert sur les registres de la société, voir Cass. 3e civ. 27 février 1991 : Bull. Joly 1991 p. 530.

Charge des formalités de la cession La loi ne précise pas à qui incombe l'obligation d'accomplir les formalités de la cession. S'agissant de l'**acte constatant la cession,** le cédant a tout intérêt à prendre l'initiative de son établissement, sous peine de manquer à son obligation de délivrance (n° 21325). **21297**

La loi est également muette sur la charge des **formalités de publicité** ; aussi est-il recommandé de l'indiquer dans l'acte de cession. On peut déduire, nous semble-t-il, de la pratique la plus courante qu'il existe un usage mettant les formalités de publicité à la charge de l'acquéreur. Celui-ci ne saurait dès lors, en cas de négligence de sa part, reprocher au cédant son inaction.

> Précisions Dans un cas où l'acquéreur, auquel ces formalités incombaient en vertu de l'acte de cession, n'y avait procédé que six ans après la cession, il a été condamné à verser des **dommages-intérêts** au cédant qui, apparaissant toujours comme associé, avait été entre-temps poursuivi en paiement des dettes sociales par un créancier (CA Paris 17-1-2017 n° 14/17140 : RJDA 5/17 n° 341).

Sanction du non-respect des formalités de publicité L'inobservation des formalités exposées n° 21294 rend la cession **inopposable à la société,** sauf si cette dernière a eu connaissance et a accepté la cession de façon certaine et non équivoque (Cass. 1e civ. 19-9-2007 n° 06-11.814 : RJDA 12/07 n° 1244). **21298**

ILLUSTRATIONS

La société a eu **connaissance** de la cession dès lors que :
– le gérant de la société a convoqué les associés, y compris l'acquéreur des parts, à une assemblée générale au cours de laquelle les statuts ont été modifiés pour tenir compte de la cession et où le nouvel associé a été désigné gérant (Cass. com. 3-5-2000 n° 97-19.182 : RJDA 11/00 n° 991, rendu en matière de société commerciale mais transposable à une société civile) ;
– le seul autre associé de la société a remis à l'acquéreur le procès-verbal de l'assemblée générale ayant autorisé la cession et agréé l'intéressé (Cass. 1e civ. 19-9-2007 précité) ;
– le gérant, en participant à l'acte de cession, a déclaré qu'il acceptait celle-ci puis a déposé au greffe les statuts portant la nouvelle répartition du capital social, l'acquéreur des parts ayant ensuite été convoqué aux différentes assemblées générales en qualité d'associé (CA Pau 21-2-2012 n° 10/01495 : RJDA 6/12 n° 598).

En revanche, tel n'est **pas le cas** si la société a seulement eu connaissance de cette cession, par exemple à l'occasion de la demande d'agrément de l'acquéreur (cf. Cass. civ. 23-1-1973 : Bull. Joly 1973 p. 224). L'opposabilité ne saurait non plus résulter du fait qu'en participant à l'acte sous signature privée de cession de parts d'une SCI « comme une partie qui s'oblige par la formule usuelle « lu et approuvé », l'associé et représentant légal de la SCI avait manifesté la volonté de la société et de la communauté des associés d'accepter la cession » (Cass. 3e civ. 11-10-2000 n° 1387 : RJDA 3/01 n° 329). Jugé aussi que le gérant d'une SCI n'a ni qualité ni pouvoir pour renoncer à se prévaloir au nom de la société des dispositions de l'article 1690 du Code civil (CA Paris 22-6-1994 : Dr. sociétés 1994 n° 187).

La **société** peut, si elle le juge opportun, **se prévaloir** de cette **cession** et exiger de l'acquéreur qu'il satisfasse à ses obligations d'associé même si la cession ne lui a pas été signifiée (Cass. 3e civ. 24-5-1972 : Bull. civ. III n° 322).

Le **cédant** ne peut pas se prévaloir du non-respect de ces formalités pour obtenir l'annulation de la cession (CA Paris 21-5-1991 : Dr. sociétés 1991 n° 328).

OPPOSABILITÉ AUX TIERS DE LA CESSION DE PARTS

21300 **Formalités requises** Les cessions de parts ne sont opposables aux tiers qu'après accomplissement des formalités exposées nos 21294 s. et le dépôt au greffe du tribunal de commerce d'une copie authentique de l'acte s'il est notarié ou d'un original s'il est sous signature privée, ce dépôt pouvant intervenir par voie électronique (C. civ. art. 1865 ; Décret 78-704 du 3-7-1978 art. 52).

Cependant, même si l'acte de cession n'a pas été déposé au greffe, la cession est opposable aux tiers dès lors que les statuts mis à jour constatant cette cession ont été publiés (Cass. 3e civ. 25-4-2007 n° 03-16.362 : RJDA 8-9/07 n° 849 ; Cass. com. 18-12-2007 n° 06-20.111 : RJDA 6/08 n° 672).

Lorsque la **cession entraîne un changement d'associé** (cession entre associés entraînant la sortie de l'un d'eux ou cession à un tiers), il faut modifier les statuts pour constater ce changement et joindre ceux-ci, accompagnés d'un exemplaire de la décision modificative, à la demande d'inscription modificative pour faire inscrire le changement d'associé au registre du commerce et des sociétés (C. com. art. R 123-54, 1° et R 123-66 ; n° 9403).

> **Précisions** **a.** Le respect de ces formalités s'impose même si la cession amiable a eu lieu dans le cadre d'une opération de **saisie** ; à défaut, la cession est inopposable au créancier saisissant (CA Douai 19-12-2002 : Dr. sociétés 2004 comm. n° 57).
> **b.** Les dispositions de l'article 28 du décret 55-22 du 4 janvier 1955, relatives à la **publicité foncière** des actes portant ou constatant la mutation ou la constitution de certains droits réels immobiliers, ne sont pas applicables à la cession des parts d'une SCI, car cet acte présente un caractère mobilier (CA Paris 10-6-1988 : BRDA 17/88 p. 14).
> **c.** Lorsque les **statuts** sont précédés d'un préambule mentionnant l'identité des premiers associés de la société, il n'est pas obligatoire de l'actualiser à l'occasion de ce dépôt (Avis CCRCS 2016-021 des 18-10 et 2-12-2016).

21302 **Effets du non-accomplissement des formalités** À défaut d'accomplissement des formalités exposées n° 21300, le **cédant** est considéré, à l'égard des tiers, comme n'ayant jamais cessé d'être propriétaire des parts cédées. Notamment, il reste tenu des dettes sociales dans la même proportion qu'avant la cession. Ainsi, dans un cas où l'associé d'une société civile avait cédé toutes ses parts avant qu'une banque ne consente une ouverture de crédit à la société mais où les formalités de publicité de cette cession au RCS n'avaient été accomplies qu'après, la banque a été déclarée fondée à réclamer à l'intéressé le paiement des sommes non remboursées par la société, en proportion des droits sociaux qu'il détenait précédemment (CA Paris 25-9-1990 : BRDA 11/91 p. 11 ; dans le même sens, CA Orléans 13-12-2001 n° 00-2873 : RJDA 4/02 n° 395).

Toutefois, la cession de parts d'une société civile qui n'a pas été publiée au RCS est opposable, en application de l'article L 123-9, al. 3 du Code de commerce, à un **créancier social** qui en a eu personnellement connaissance (Cass. com. 24-9-2013 n° 12-24.083 : RJDA 12/13 n° 1019 ; CA Bordeaux 17-6-2004 n° 03-20 : RJDA 6/05 n° 716). Ce texte, bien que codifié dans un chapitre du Code de commerce concernant les obligations des commerçants, a une portée générale et s'applique à toutes les personnes assujetties à un dépôt d'actes au RCS et donc aux associés des sociétés civiles qui ont cédé leurs parts (CA Bordeaux 17-6-2004 précité).

21304 Les **tiers** ne peuvent se prévaloir en justice d'une cession de parts que si celle-ci leur est opposable (Cass. 1e civ. 24-3-1998 n° 577 : RJDA 6/98 n° 733). Ainsi, un associé d'une société civile ne peut pas invoquer l'existence d'une cession de parts qui serait intervenue entre deux autres associés pour faire constater la perte de la qualité d'associé du cédant dès lors que ce contrat n'a pas été notifié à la société ou accepté par elle et n'a pas fait l'objet de formalités de publicité (même arrêt).

Toutefois, même en cas de non-accomplissement de toutes les formalités requises, une cession de parts sociales est opposable aux tiers dès lors qu'ont été publiés les statuts mis à jour constatant cette cession (Cass. 3e civ. 25-4-2007 n° 03-16.362 : RJDA 8-9/07 n° 849 ; Cass. com. 18-12-2007 n° 06-20.111 : RJDA 6/08 n° 672).

> **Précisions** **a.** Jugé que la cession des parts d'une société civile de construction-vente, passée par acte sous signature privée qui n'a pas été signifié à la société ni déposé au registre du commerce, est inopposable aux créanciers du cédant qui peuvent donc saisir les parts litigieuses et solliciter leur vente aux enchères publiques. En revanche, ces **créanciers** ne peuvent pas obtenir le **transfert** direct de ces **parts** à leur profit, ce transfert n'étant pas légalement prévu (CA Paris 19-6-1990 : Bull. Joly 1990 p. 796).
> **b.** Une cession de parts sociales dont l'acte n'a été déposé au greffe du tribunal de commerce que postérieurement à une **saisie conservatoire** est inopposable au créancier saisissant ; la saisie peut donc être validée (CA Paris 10-11-1995 : Dr. sociétés 1996 n° 53 note Bonneau ; voir aussi CA Paris 22-6-1994 : Dr. sociétés 1994 n° 187).

PROTECTION DES CRÉANCIERS DU CÉDANT OU DU CESSIONNAIRE

La cession peut être déclarée inopposable aux créanciers personnels de l'une ou l'autre des parties lorsqu'elle a été faite en fraude de leurs droits (**action paulienne**) (C. civ. art. 1341-2 ; pour des applications, voir Cass. com. 8-10-2013 n° 12-21.436 : RJDA 5/14 n° 474 ; CA Paris 3-10-2013 n° 12/13056 : RJDA 4/14 n° 379 ; CA Paris 13-5-2014 n° 13-04006 : RJDA 10/14 n° 795). 21307

Par ailleurs, lorsque le cédant fait l'objet d'une **procédure de redressement ou de liquidation judiciaire,** sont nulles les cessions de parts à titre gratuit ou conclues dans des conditions lésionnaires entre la date de cessation des paiements du cédant et l'ouverture de la procédure collective (période dite « suspecte » ; C. com. art. L 632-1 et L 641-14, al. 1).

CESSION DE PARTS SOUMISE À UN DROIT DE PRÉEMPTION

En principe, la cession de parts sociales ne peut pas donner lieu à préemption par une **commune.** 21308

Toutefois, sont soumises au **droit de préemption urbain** (DPU) ainsi qu'au **droit** de préemption **applicable dans les** zones d'aménagement différé (**ZAD**) les cessions de la majorité des parts d'une SCI ou les cessions conduisant un acquéreur à détenir la majorité des parts d'une SCI lorsque le patrimoine de cette société est constitué par une unité foncière, bâtie ou non, dont la vente relèverait de ces droits de préemption (C. urb. art. L 213-1, 3°). Ces mêmes cessions sont soumises à un droit de préemption spécifique lorsque le bien concerné est situé dans une **zone exposée à l'érosion littorale** (C. urb. art. L 219-1 s. modifiés par ord. 2022-489 du 6-4-2022).

Échappent à ces droits de préemption les cessions de parts de SCI constituées exclusivement entre parents et alliés jusqu'au quatrième degré inclus (art. précités), c'est-à-dire jusqu'aux cousins germains.

La cession est aussi susceptible de relever :

– du DPU (n°s 41590 s.) et du droit de préemption spécifique aux zones exposées à l'érosion littorale (C. urb. art. L 219-2, I s.), lorsqu'elle porte sur des parts d'une société d'attribution ;

– du DPU lorsqu'elle porte sur des parts d'une société coopérative de construction.

Lorsque la cession envisagée est soumise au DPU, une déclaration d'intention d'aliéner doit être préalablement adressée au maire (pour plus de détails, voir Mémento Urbanisme n°s 33220 s.).

> **> Précisions a.** En ciblant les **cessions qui conduisent** l'acquéreur **à détenir la majorité des parts,** les articles L 213-1 et L 219-2 du Code de l'urbanisme visent clairement le cas de plusieurs cessions consenties simultanément ou successivement au même acquéreur (qu'il soit tiers ou déjà associé). Est aussi visée l'hypothèse de la cession entre associés qui permet à l'un d'eux de détenir la majorité. À la lettre, la cession d'une seule part de la SCI pourrait donc donner lieu à préemption même si l'on voit mal quel intérêt une commune aurait à être propriétaire d'une seule part.
>
> **b.** Les Safer peuvent exercer leur droit de préemption en cas de cession de la totalité des parts d'une **société** ayant pour **objet** principal l'exploitation ou la propriété **agricole** mais seulement lorsque l'exercice de ce droit a pour objet l'installation d'un agriculteur (C. rur. art. L 143-1, al. 8).

CESSION DE PARTS SOUMISE À AUTORISATION

Est soumise à autorisation du préfet du département la prise de contrôle (acquisition de parts conférant le contrôle de la société au sens des articles L 233-3 et L 233-4 du Code de commerce) d'une société possédant ou exploitant des **biens immobiliers à usage ou à vocation agricole** par une personne détenant directement ou indirectement, en propriété ou en jouissance des biens de même nature dont la superficie totale excède un seuil d'agrandissement significatif défini par le préfet ou viendrait à excéder ce seuil à l'issue de la prise de contrôle (C. rur. art. L 333-2 issu de loi 2021-1756 du 23-12-2021 ; art. R 333-1 s. issus de décret 2022-1515 du 2-12-2022). 21309

Peuvent avoir lieu librement les cessions de parts au profit d'un époux, d'une personne liée par Pacs, de parents ou d'alliés jusqu'au quatrième degré inclus, à condition que ces personnes s'engagent soit à participer effectivement à l'exploitation des biens agricoles et à conserver les parts pendant neuf ans, soit à donner en location les biens agricoles à un locataire qui s'engage à les exploiter pendant neuf ans (C. rur. art. L 333-2 issu de loi 2021-1756).

La demande d'autorisation est instruite par les Safer et l'opération est réputée autorisée en cas de silence gardé par l'autorité administrative à l'expiration d'un délai de deux mois à compter de la date d'accusé de réception de la demande (C. rur. art. L 333-3, I issu de loi 2021-1756 et art. R 333-8 issu de décret 2022-1515).

Toute opération réalisée en violation de la procédure d'autorisation est nulle, et l'autorité administrative peut prononcer une amende égale au moins à 1 500 € et au plus à 2 % du montant de la transaction concernée (C. rur. art. L 333-2, VI issu de loi 2021-1756).

E. Effets de la cession de parts sociales

TRANSFERT DE LA PROPRIÉTÉ DES PARTS SOCIALES CÉDÉES

21310 **Dans les rapports entre les parties,** les cessions de parts sociales sont soumises aux règles du droit commun de la vente : sauf convention contraire, le transfert de propriété s'effectue par le simple accord des parties sur le nombre et la nature des parts cédées et sur leur prix, même si le prix n'a pas encore été payé et l'acquéreur mis en possession des parts (C. civ. art. 1583). Ainsi, une cession de parts constatée dans un acte ne comportant pas l'indication du nom de l'acquéreur (cession « en blanc ») est valable dès lors que l'acte indique le nombre, la nature et le prix des parts cédées (CA Paris 7-2-2003 n° 99-21460 : RJDA 7/03 n° 728).

L'accord des parties sur les parts et sur leur prix n'a pas besoin d'être finalisé dans un acte unique ; il peut résulter d'un échange de courriers non équivoques entre les parties ou leurs mandataires respectifs (Cass. com. 10-3-1992 n° 481 : RJDA 7/92 n° 710 ; CA Paris 17-9-2004 n° 03-1599 : RJDA 3/05 n° 268).

En cas de promesse unilatérale d'achat de parts sociales, la propriété des titres est transférée dès l'instant où le vendeur a levé l'option aux conditions de la promesse (CA Paris 17-6-1987 : BRDA 22/87 p. 18), là encore peu important que la possession effective des parts et le paiement du prix aient été différés (CA Versailles 19-1-2006 n° 05-414 : RJDA 5/06 n° 541).

Sur la détermination du moment où l'**acquéreur** devient **associé,** voir nos 1067 s.

21312 **Cession avec réserve de propriété** Les parties peuvent convenir, à titre de garantie, que le **transfert** de propriété n'interviendra **qu'après complet paiement du prix** (C. civ. art. 2367). Cette clause de réserve de propriété suspend le transfert de la propriété (art. précité), mais elle ne diffère pas la date de conclusion de la cession (Cass. com. 24-9-2002 n° 1473 : RJDA 6/03 n° 602 ; CA Paris 14-1-2005 n° 04-5504 : RJDA 5/05 n° 567).

La clause a pour **conséquence** que l'acquéreur n'exercera les droits correspondant à la qualité d'associé qu'une fois le prix convenu entièrement payé. Corrélativement, sauf convention contraire, les risques sont à la charge du cédant (n° 21314). Néanmoins, l'acquéreur est tenu, par une obligation de moyen, d'assurer la conservation des droits transmis (cf. Cass. com. 26-5-2010 n° 09-66.344 : RJDA 10/10 n° 939).

21314 **Charge du risque de perte des parts cédées** Conformément au droit commun de la vente, les risques sont à la charge du cédant **jusqu'au transfert de propriété.**

Ainsi, lorsque les parts sont cédées avec clause de réserve de propriété jusqu'au complet paiement du prix et qu'elles ont perdu toute valeur à la suite de la mise en liquidation des biens (désormais, la liquidation judiciaire) de la société après la cession, le cédant doit supporter cette perte ; en conséquence, il ne peut plus obtenir le paiement du prix convenu et doit même restituer les acomptes qu'il a reçus (Cass. com. 11-6-1985 : Bull. civ. IV n° 190).

Toutefois, il a droit au paiement du prix de cession si la perte de valeur des parts cédées est imputable à l'acquéreur. Tel est le cas lorsque celui-ci, en sa qualité de majoritaire, a géré seul la société pendant quatre ans et a provoqué par sa mauvaise gestion cette perte de valeur (CA Rouen 15-1-1992 : RJDA 11/92 n° 1031).

Par ailleurs, il est permis au cédant, nonobstant une clause de réserve de propriété, de stipuler que les risques des parts vendues incomberont à l'acquéreur jusqu'au paiement du prix (CA Versailles 18-5-1995 : RJDA 8/95 n° 964 som.).

À compter du transfert de propriété, les risques sont à la charge de l'acquéreur ; il est donc tenu de payer le prix même si les parts ou actions cédées ont perdu toute leur valeur dès lors que cette perte de valeur ne résulte pas d'une faute du cédant (Cass. com. 7-12-1993 n° 91-22.217 : RJDA 4/94 n° 417 ; Cass. com. 17-10-1995 : Dr. sociétés 1996 n° 21 obs. Vidal).

21315 **Sort des dividendes et des réserves** Sauf convention contraire des parties, l'acquéreur a droit à l'intégralité des **dividendes** mis en distribution après la date de la cession même s'ils se rapportent à des exercices clos avant cette date (n° 20281).

Le cédant ne peut pas obtenir de la société sa part dans les **réserves** constituées pendant qu'il était associé (CA Rouen 23-5-2002 n° 00-4548 : RJDA 11/02 n° 1148 ; T. com. Seine 7-5-1954 : D. 1954 p. 468). Ces droits dans les réserves sont transmis à l'acquéreur et le cédant en reçoit la contrepartie dans le prix de cession.

> **Précisions a.** Lorsque les parties ont fixé la date d'**entrée en jouissance** de l'acquéreur rétroactivement au **premier jour de l'exercice au cours** duquel les titres ont été cédés, l'acquéreur a droit non seulement aux dividendes afférents à l'exercice en cours mais également à ceux relatifs à l'exercice précédent si l'assemblée générale décide leur distribution après la date d'entrée en jouissance des titres (CA Paris 13-3-2012 n° 10/16731 : RJDA 11/12 n° 971).

b. En ce qui concerne l'**imposition** des bénéfices réalisés au titre de l'année de cession des parts, voir nos 9950 s.

Sort du compte courant d'associé du cédant La cession des parts sociales n'entraîne pas de plein droit cession du solde créditeur du compte courant du cédant dans la société, sauf **clause** expresse en ce sens (Cass. com. 11-1-2017 n° 15-14.064 F-D : RJDA 3/17 n° 178 ; CA Versailles 25-9-2007 n° 06-6222 : RJDA 2/08 n° 149 ; CA Paris 17-3-2015 n° 14/05024 : RJDA 6/15 n° 422). N'emporte **transfert** du compte courant ni la clause prévoyant que « l'acquéreur est subrogé dans les droits et actions résultant de la possession des parts cédées » (Cass. com. 30-11-2004 n° 1719 : RJDA 3/05 n° 262) ni celle par laquelle le cédant s'engage à abandonner sa créance en compte courant « jusqu'à parvenir à un équilibre entre les postes d'actif et de passif ayant servi au calcul de la valeur patrimoniale de la société » (Cass. com. 11-1-2017 n° 15-14.064 précité). 21317

MODÈLE

Clause de transfert de compte courant d'associé

Il résulte de l'arrêté de compte de la société..., établi ce jour, que le compte courant du cédant dans les livres de la société présente un solde créditeur de... €.

Le cédant cède cette créance sur la société au cessionnaire qui accepte, sans autre garantie que celle de l'existence de la créance cédée et de la solvabilité actuelle de la société.

Le montant de la créance a été payé comptant par le cessionnaire au cédant par virement bancaire. Le cédant reconnaît ce paiement et en donne quittance au cessionnaire.

Le cessionnaire dispose à compter de ce jour de la créance ainsi cédée. À cet effet, le cédant subroge le cessionnaire dans tous les droits et actions résultant de sa qualité de créancier.

Sort des cautionnements donnés par le cédant Même s'il a quitté la société, le cédant reste tenu, sauf convention contraire, des engagements qu'il a contractés antérieurement à la cession et, notamment, des cautionnements qu'il a accordés à des tiers **pour garantir le paiement des dettes de sa société** (Cass. com. 15-10-2002 n° 89-19.122 : RJDA 2/03 n° 190 ; Cass. com. 25-4-2006 n° 479 : RJDA 10/06 n° 1039 ; CA Versailles 8-3-2022 n° 21/02534 : RJDA 6/22 n° 337). 21318

CONSEIL

Le cédant qui a consenti un **cautionnement sans limitation de durée** a intérêt à le dénoncer au moment de son départ de la société ; à défaut, il s'expose à devoir payer au bénéficiaire du cautionnement les dettes de la société à l'égard de celui-ci, même si elles sont nées après la cession (Cass. com. 17-7-1978 : Bull. civ. IV n° 200) et même si l'acquéreur a lui-même souscrit un cautionnement (Cass. com. 29-1-2002 n° 273 : RJDA 6/02 n° 693).

Lorsque l'acte de cession prévoit une **substitution de garantie,** le cédant n'est pas libéré une fois que l'acquéreur a fourni une nouvelle garantie (Cass. com. 29-1-2002 : RJDA 6/02 n° 693). Pour qu'il en soit ainsi, le cédant doit solliciter du bénéficiaire de la garantie une décharge de son engagement.

L'engagement général de **reprise** par l'acquéreur de parts sociales des **cautionnements** donnés par le cédant est un engagement unilatéral de payer soumis à l'exigence de la **mention manuscrite** prévue par l'article 1376 du Code civil (Cass. com. 26-6-2019 n° 17-24.592 F-D : RJDA 10/19 n° 655).

Sort des autres obligations du cédant L'acquéreur de parts sociales ne succède pas de plein droit aux **obligations personnelles** du cédant (Cass. com. 1-4-1997 n° 878 : RJDA 8-9/97 n° 1048), notamment au cautionnement donné par ce dernier (n° 21318) ou à l'engagement de non-concurrence qu'il a pris (n° 21329). 21319

La cour d'appel de Paris a jugé que, à défaut de stipulation contraire, l'**obligation de verser la fraction non libérée des parts** sociales cédées ne pèse pas sur l'acquéreur mais sur le cédant, cette obligation inhérente à la souscription initiale des parts sociales constituant une dette envers la société (CA Paris 16-2-2021 n° 19/20152 : RJDA 7/21 n° 477). De même, il a été jugé que la libération incombe personnellement au cédant et non à l'acquéreur, dès lors qu'il s'agit d'une obligation personnelle qui n'est pas attachée à la détention des parts sociales et que l'acte de cession ne comporte aucune stipulation contraire expresse (CA Lyon 9-6-2005 n° 04-2345 : RJDA 7/06 n° 798). Ces décisions sont à notre avis critiquables. En effet, il peut selon nous être déduit de l'article 1843-3, al. 5 du Code civil, prévoyant que l'associé qui devait apporter une somme dans la société et qui ne l'a point fait devient de plein droit débiteur des intérêts de cette somme à compter du jour où elle devait être payée, que l'obligation de libération incombe à celui qui a la qualité d'associé au moment où la dette au titre de l'apport devient exigible. Ainsi, lorsque rien n'a été prévu, cette dette est exigible dès la souscription des apports, auquel cas le souscripteur reste débiteur même s'il a cédé ses parts sociales. Mais à l'inverse, lorsqu'il est prévu que la libération des 21320 apports interviendra sur appels de fonds de la gérance, la dette ne devient exigible qu'au moment de ces appels de fonds. C'est alors l'acquéreur des parts qui est tenu de libérer les apports si la cession est intervenue avant les appels de fonds.

OBLIGATIONS DU CÉDANT DE PARTS SOCIALES

21325 **Obligation de délivrer les parts** Le cédant est tenu de délivrer les parts sociales à l'acquéreur (cf. C. civ. art. 1603 et 1604), sous peine de résolution de la cession (art. 1610). Une remise manuelle des parts n'étant pas concevable en raison de leur dématérialisation, l'obligation de délivrance suppose que le cédant mette l'acquéreur en mesure de faire reconnaître sa qualité d'associé et d'exercer les droits afférents. Ainsi, le cédant manque à son obligation de délivrance si aucun écrit signé par les parties et constatant la cession n'a été établi, l'acquéreur ne pouvant alors procéder à aucune des formalités nécessaires pour rendre la cession opposable à la société (Cass. com. 7-4-2009 n° 08-15.593 : RJDA 8-9/09 n° 754, rendu à propos d'une cession de parts de SARL mais transposable).

En revanche, le cédant n'est pas tenu de remettre les statuts à l'acquéreur (TGI Paris 25-3-1968 : Quot. jur. 19-10-1968).

21327 **Garanties légales** En matière de garanties légales, la cession de parts sociales relève-t-elle du droit commun de la vente, auquel cas l'acquéreur peut se prévaloir de la garantie d'**éviction** et de la garantie des **vices cachés** (C. civ. art. 1625 s.), ou est-elle soumise aux règles de la cession de créances et de droits incorporels, auquel cas le cédant ne garantit que l'**existence des droits cédés** (C. civ. art. 1326 et 1693) ? La réponse donnée par les différentes chambres de la Cour de cassation n'est pas homogène.

En matière de cession de parts ou d'actions de sociétés commerciales, la chambre commerciale fait application :

– de la garantie d'éviction, notamment si le cédant a, en exerçant une activité concurrente, empêché l'acquéreur de poursuivre l'activité économique de la société et de réaliser l'objet social (Cass. com. 21-1-1997 n° 94-15.207 : RJDA 6/97 n° 783 ; Cass. com. 15-12-2009 n° 08-20.522 : RJDA 4/10 n° 378 ; Cass. com. 10-11-2021 n° 21-11.975 F-B : RJDA 3/22 n° 148 ; Cass. com. 16-11-2022 n° 21-13.561 F-D : RJDA 2/23 n° 88) ;

– de la garantie des vices cachés si le défaut invoqué (révélation d'un passif, perte d'un client ou d'un contrat important, absence de conformité des locaux aux normes administratives...) affecte l'usage des droits sociaux eux-mêmes, et non pas seulement leur valeur, en empêchant la société d'exercer l'activité économique constituant son objet social (Cass. com. 12-12-1995 n° 93-21.304 : RJDA 3/96 n° 326 ; Cass. com. 16-11-2004 n° 02-12.636 : RJDA 5/05 n° 563).

La première chambre civile, compétente en matière de SCP, fait aussi application de la garantie d'éviction en cas de concurrence du cédant mais sans exiger qu'elle aboutisse à l'impossibilité de réaliser l'objet social (Cass. 1e civ. 24-1-2006 n° 03-12.736 : RJDA 8-9/06 n° 912).

Enfin, la troisième chambre civile refuse l'application de la garantie d'éviction et de la garantie des vices cachés en ce qui concerne les cessions de parts de SCI : elle limite la garantie du cédant à la seule existence des parts cédées (Cass. 3e civ. 6-3-1973 n° 71-14.404 : Bull. civ. III n° 169 ; Cass. 3e civ. 21-5-1979 n° 77-14.873 : Bull. civ. III n° 111 ; Cass. 3e civ. 15-3-2006 n° 04-19.337 : RJDA 8-9/06 n° 911 ; dans le même sens CA Paris 21-1-2010 n° 08-24489 : RJDA 7/10 n° 752).

> Précisions **a.** L'action en garantie, qu'elle soit fondée sur les articles 1625 s. ou sur l'article 1693 du Code civil, permet notamment à l'acquéreur de demander la résolution de la vente. L'action en garantie des vices cachés doit être engagée dans les deux ans de la découverte du vice (C. civ. art. 1648, al. 1), tandis que les deux autres actions se prescrivent par cinq ans (C. civ. art. 2224).

L'interdiction pour le cédant de faire concurrence à la société en se rétablissant, qui constitue une atteinte à la liberté d'entreprendre et à la liberté du commerce, doit être proportionnée aux intérêts légitimes à protéger (Cass. com. 10-11-2021 n° 21-11.975 F-B : RJDA 3/22 n° 148) et, même si elle ne prend pas fin à l'expiration de la clause de non-concurrence convenue par les parties (Cass. com. 14-4-1992 : Bull. civ. IV n° 160 ; Cass. com. 16-1-2001 n° 109 : RJDA 4/01 n° 437 ; Cass. com. 15-12-2009 n° 08-20.522 : RJDA 4/10 n° 378), elle est donc limitée dans le temps.

b. La première chambre civile de la Cour de cassation a jugé que **bénéficient de la garantie d'éviction** du fait personnel du cédant non seulement l'acquéreur, mais aussi la société dont les titres sont cédés (Cass. 1e civ. 24-1-2006 n° 102 : RJDA 8-9/06 n° 912). À défaut de justification avancée par la Cour de cassation et sauf à admettre l'existence d'une stipulation pour autrui implicite (cf. C. civ. art. 1205), la solution est critiquable : la société est tiers à la cession et ne saurait bénéficier d'une garantie que le Code civil réserve au seul acquéreur. Il n'en va différemment, à notre avis, que si la société émettrice est partie à l'acte de cession ou si elle bénéficie d'une stipulation pour autrui en ce sens (CA Versailles 6-10-2005 n° 04-8093 : RJDA 3/06 n° 281). En tout état de cause, la société peut mettre en cause la responsabilité extracontractuelle du cédant pour concurrence déloyale.

c. Sur l'**effet d'une garantie contractuelle** sur ces recours légaux, voir n° 21192.

Clause de non-concurrence Pour être valable, l'engagement de non-concurrence pris par le cédant envers l'acquéreur doit répondre aux **conditions** suivantes : 21329

– ne pas être disproportionné par rapport à l'objet du contrat (Cass. com. 4-1-1994 : RJDA 3/94 n° 297 ; Cass. com. 30-3-2022 n° 19-25.794 F-D : RJDA 7/22 n° 405) ou à la protection des intérêts légitimes en cause (Cass. com. 4-12-2007 n° 04-17.449 : RJDA 3/08 n° 281 ; Cass. com. 11-3-2014 n° 12-12.074 : RJDA 6/14 n° 537 ; Cass. com. 23-6-2021 n° 19-24.488 F-D : RJDA 12/21 n° 778), notamment en empêchant le cédant d'exercer toute autre activité (Cass. com. 24-6-1997, précité) ;

– être limité dans le temps et dans l'espace (Cass. com. 24-11-2009 n° 08-17.650 : RJDA 3/10 n° 208 ; Cass. com. 11-3-2014 précité).

La clause de non-concurrence met généralement à la charge du cédant l'obligation de verser à l'acquéreur une indemnité en cas de **violation** de son engagement. À défaut d'une telle prévision, l'acquéreur peut demander des dommages-intérêts en justice (C. civ. art. 1231-1).

> Précisions a. L'engagement du cédant est transmis à ses **héritiers** dès lors que ceux-ci n'ont pas renoncé à sa succession (Cass. com. 17-5-1971 : Bull. civ. IV n° 133).

b. La charge de la clause de non-concurrence n'est pas transmise aux **acquéreurs successifs des parts** sociales. Mais la clause peut être cédée dans les conditions prévues par l'article 1216 du Code civil.

Concurrence déloyale Même si le cédant n'a pas, par ses agissements, empêché la société dont les parts sont cédées de poursuivre son activité (n° 21327) ou s'il n'a pas pris d'engagement de non-concurrence (n° 21329), il doit s'abstenir d'utiliser des **procédés** contraires aux usages loyaux détournant la clientèle de la société (dénigrement, utilisation des signes distinctifs, embauche fautive de personnel, etc. ; pour de plus amples développements sur la notion de concurrence déloyale, voir Mémento Concurrence consommation n°s 12000 s.). 21330

ILLUSTRATIONS

Ont été condamnés pour concurrence déloyale d'anciens associés qui avaient **détourné** à leur profit la quasi-totalité de la **clientèle** de la société dont ils avaient cédé les actions (CA Paris 18-4-1991 : Bull. Joly 1991 p. 600 et, sur pourvoi, Cass. com. 6-4-1993 n° 621 : Bull. Joly 1993 p. 680).

À l'inverse, n'a pas été retenue la responsabilité du cédant de parts d'une SCP de notaires qui, après la cession, avait ouvert dans la même ville un cabinet de « conseil en immobilier, affaires commerciales, droit des sociétés, expertise et gestion de biens » dès lors qu'aucune clause de l'acte de cession des parts sociales ne lui interdisait l'exercice d'une **profession** de cette nature et qu'il n'était pas établi que les mandats qui lui avaient été confiés par des clients de la SCP aient été le résultat de procédés déloyaux de sa part (Cass. 1e civ. 7-2-1990 : BRDA 7/90 p. 10).

Un **manquement à une règle de déontologie** ne constitue un acte de concurrence déloyale par détournement de clientèle que s'il est établi qu'il est à l'origine du transfert de clientèle allégué (Cass. com. 10-9-2013 n° 12-19.356 : RJDA 11/13 n° 962, rendu à propos du transfert de dossiers clients d'une société d'expertise comptable à une autre).

Garantie de passif et d'actif Rien n'empêche le cédant d'accorder à l'acquéreur une **garantie contractuelle** plus large que celle à laquelle il est légalement tenu. Lorsque la cession a pour but d'assurer à l'acquéreur le contrôle de la société, le cédant s'engage souvent à prendre à sa charge tout passif ou toute dépréciation d'actif qui ne figurerait pas sur la situation comptable arrêtée au jour de la cession et qui aurait une origine antérieure à cette date. Cette garantie de passif et/ou d'actif doit être rédigée avec soin, car c'est uniquement en fonction de ses termes que doit être appréciée l'étendue de l'engagement du cédant (pour plus de détails, voir Mémento Sociétés commerciales n°s 17855 s.). L'incidence fiscale des clauses de garantie de passif est exposée n° 21805. 21332

Obligation du cédant aux dettes sociales Sur l'extinction de l'obligation du cédant qui s'est retiré de la société, quant au paiement des dettes sociales, voir n°s 20410 s. 21333

Promesse de porte-fort Il arrive, lors de la cession de tout ou la majorité des parts d'une société, que les négociations soient menées par le principal associé qui s'engage auprès du ou des futurs acquéreurs à ce que les autres associés leur cèdent aussi leurs parts aux conditions convenues. Cet engagement, appelé promesse de porte-fort (C. civ. art. 1204), ne lie pas le **tiers** concerné, qui peut **refuser de céder** ses parts (Cass. com. 25-1-1994 : RJDA 6/94 n° 618). Dans ce cas, le bénéficiaire de la promesse ne peut pas en imposer l'exécution au promettant ; il ne peut obtenir que des dommages-intérêts (Cass. 1e civ. 7-3-2018 n° 15-21.244 F-PB : RJDA 6/18 n° 486 ; Cass. com. 25-5-2022 n° 20-18.666 F-D : RJDA 10/22 n° 547). 21335

Si le **tiers ratifie** l'engagement pris par le promettant, celui-ci est libéré de sa promesse (C. civ. art. 1204, al. 2). Le tiers est alors considéré comme partie à la cession à compter de la date de la promesse (art. 1204, al. 3).

> Précisions a. La **responsabilité** du promettant est engagée du seul fait que le résultat promis n'a pas été atteint (CA Paris 19-6-1998 : Bull. Joly 1998 p. 1152 note Couret et, sur pourvoi, Cass. com. 18-12-2001 n° 98-19.524 F-D).

b. La **ratification** peut être tacite (Cass. ass. plén. 22-4-2011 n° 09-16.008 : RJDA 8-9/11 n° 676). Jugé ainsi que des associés avaient ratifié la cession de leurs titres dès lors que les fonctions de direction assumées par l'acquéreur et l'indication de son nom sur les feuilles de présence de l'assemblée générale après la cession démontraient que les associés lui avaient bien transféré les titres et les prérogatives qui y sont attachées (arrêt précité).

OBLIGATIONS DE L'ACQUÉREUR DE PARTS SOCIALES

21338 L'acquéreur est tenu de **verser** au cédant l'intégralité du **prix** de cession. À **défaut de paiement** et même si l'acte de cession ne le prévoit pas, le cédant a le choix entre le forcer à exécuter la convention ou demander la résolution de celle-ci avec des dommages-intérêts (nos 21340 s.). Il peut aussi, et même en l'absence de mise en demeure, obtenir le versement d'intérêts au taux légal sur la somme restant due (C. civ. art. 1652 ; Cass. com. 5-10-1999 n° 1443 : RJDA 1/00 n° 34 ; Cass. com. 15-12-2000 n° 2054 : RJDA 3/01 n° 327).

Si l'acte de cession prévoit un **paiement échelonné,** le non-paiement d'une échéance par l'acquéreur ne permet pas au cédant de réclamer l'intégralité du prix, mais seulement les échéances échues non payées, sauf clause contraire (CA Paris 10-3-2009 n° 07-21931 : RJDA 7/09 n° 675). Si l'acte de cession a prévu la déchéance du terme en cas de défaillance de l'acquéreur et s'il y a **plusieurs cédants,** l'un d'eux peut agir seul en paiement de la part du solde du prix lui revenant (CA Paris 27-1-2015 n° 14/07875 : RJDA 5/15 n° 352).

21339 L'acquéreur est parfois tenu par des **engagements complémentaires.**

Par exemple, ces engagements peuvent se rapporter au fonctionnement de la société. Ils ne sont pas valables dans le cas où, pour les tenir, l'acquéreur aliène sa liberté de **vote,** par exemple en donnant au cédant le mandat d'exercer sa vie durant les droits attachés aux parts cédées et notamment celui de gérer et d'administrer la société (Cass. com. 2-2-1971 : Bull. civ. IV n° 33 ; Cass. com. 17-6-1974 : Gaz. Pal. 1975 p. 127).

L'acquéreur qui prend le contrôle de la société peut s'obliger à **décharger le cédant** (ou un tiers auquel il est lié) de tout ou partie des **engagements personnels** que ce dernier a **pris envers les créanciers de la société,** notamment sous forme de cautionnements, et à le garantir de toute condamnation qui serait prononcée contre lui à la demande de ces créanciers. Lorsque l'acquéreur s'engage « à faire en sorte » que les garanties consenties au profit des créanciers soient levées, cet engagement s'analyse en une obligation de moyens et non de résultat puisque sa réalisation dépend de la volonté des créanciers ; l'acquéreur doit alors accomplir toutes les diligences utiles à la levée des garanties, comme proposer aux créanciers de se substituer au cédant (CA Paris 14-6-2017 n° 15/00827 : RJDA 11/17 n° 726).

CONSEIL

Il est prudent d'**indiquer** dans l'acte l'identité des **créanciers** bénéficiaires des garanties et l'étendue des **dettes couvertes** par celles-ci, mais ce n'est pas indispensable lorsque l'engagement reflète sans ambiguïté l'accord de l'acquéreur pour prendre à son compte toutes les garanties données par le cédant (Cass. com. 1-4-1997 : RJDA 8-9/97 n° 1000 ; Cass. com. 10-3-1998 : RJDA 6/98 n° 732 ; Cass. com. 9-1-2001 n° 97-19.791 : RJDA 5/01 n° 638).

Sur l'obligation pour l'acquéreur de contribuer au paiement des **dettes sociales,** voir n° 20412.

INEXÉCUTION DE LA CESSION

21340 En cas d'inexécution par l'une des parties de ses obligations, l'autre peut :

- **refuser d'exécuter** ses propres obligations (C. civ. art. 1219) ;
- demander en justice soit l'**exécution forcée** de la cession, soit sa **résolution** et l'attribution de dommages-intérêts (C. civ. art. 1217).

En cas de demande de résolution du contrat, le juge peut accorder au défaillant un délai pour exécuter ses engagements (C. civ. art. 1228).

En dehors de l'intervention du juge, la résolution de la cession peut résulter d'une clause résolutoire insérée dans l'acte de cession et d'une notification adressée à la partie défaillante après vaine mise en demeure adressée à celle-ci d'exécuter ses obligations (C. civ. art. 1126). Dans les deux cas, la partie défaillante peut contester la résolution pour absence d'acquisition de la clause ou pour absence de gravité de l'inexécution ayant donné lieu à la notification.

ATTENTION

Lorsque la **clause résolutoire** pour défaut de paiement du prix est instituée **au seul profit du cédant,** l'acquéreur ne peut pas contraindre le cédant à appliquer la clause pour échapper à la clause d'exigibilité anticipée prévue par l'acte (CA Orléans 22-8-2019 n° 18/01714 : RJDA 12/19 n° 759).

La **résolution** met fin au contrat de cession (C. civ. art. 1229, al. 1). Cette résolution peut donner lieu à des **restitutions** lorsque la cession a déjà reçu un commencement d'exécution dont le régime est, selon nous, le même que celui exposé nos 21252 s. en cas d'annulation du contrat (C. civ. art. 1229, al. 4). 21342

F. Agrément de la cession de parts sociales

PRINCIPE D'AUTORISATION PRÉALABLE DE LA CESSION DE PARTS SOCIALES

Toute cession de parts sociales doit, en principe, être autorisée **par** tous les **associés** (C. civ. art. 1861, al. 1). Cependant, le domaine et les modalités de l'agrément peuvent faire l'objet d'aménagements statutaires (nos 21357 s.). 21350

Seuls la société et les associés dont le consentement est requis pour la cession peuvent invoquer les dispositions légales et statutaires d'agrément. En conséquence, ni l'acquéreur des parts sociales (Cass. 3e civ. 19-7-2000 no 1224 : RJDA 11/00 no 992 ; Cass. com. 16-10-2019 no 17-18.494 F-D : RJDA 1/20 no 21) ni le cédant (Cass. 3e civ. 6-12-2000 no 1647 : RJDA 3/01 no 328) ne peuvent agir en nullité de la cession pour **non-respect** de la procédure d'agrément.

Le refus d'agrément entraîne l'obligation de racheter les parts de l'associé désireux de se retirer de la société (no 21368). Le régime de ce rachat est d'ordre public, toute clause contraire est réputée non écrite (C. civ. art. 1864 ; CA Paris 23-3-1993 : Dr. sociétés 1993 no 199). Toutefois, il ne s'applique pas aux sociétés civiles exerçant une **activité réglementée** qui, pour la plupart, sont soumises à des dispositions particulières : nos 37020 s. (SCPI), 57020 s. (SCP) et 50150 s. (sociétés civiles d'attribution d'immeubles en jouissance à temps partagé).

> **Précisions** **a.** L'action en annulation d'une cession de parts sociales exclusivement fondée sur une **irrégularité tirée des statuts,** telle l'absence de mise en œuvre de la procédure d'agrément de l'acquéreur, est soumise à la prescription triennale instituée par l'article 1844-14 du Code civil, peu important que l'irrégularité invoquée résulte d'une simple omission ou d'une fraude (Cass. 3e civ. 15-10-2015 no 14-17.517 F-D : RJDA 1/16 no 32 ; CA Paris 1-2-2012 no 10-03998 : RJDA 11/12 no 973).
> **b.** La délibération de l'assemblée générale extraordinaire d'une société civile modifiant les statuts par la mention des parts détenues par un nouvel associé et la certification par le gérant de ces statuts ainsi modifiés ne constituent pas la **régularisation** d'une procédure d'agrément inexistante (Cass. com. 7-4-2009 no 07-14.626 F-D : RJDA 11/09 no 966). La régularisation doit faire l'objet d'une décision expresse de l'assemblée sur l'agrément du nouvel associé.

CESSIONS DE PARTS SOCIALES NÉCESSITANT UN AGRÉMENT

L'agrément des associés est en principe requis pour toute **cession** (C. civ. art. 1861, al. 1), y compris lorsqu'elle intervient dans les cas suivants. 21352

1. Sur **saisie** (no 22630).

2. Dans le cadre d'une **procédure collective.**

À notre avis, l'agrément prévu par l'article 1861 doit être sollicité pour toute cession intervenant dans le cadre d'une procédure collective, qu'il s'agisse d'une cession isolée d'actif ou arrêtée lors du plan de cession de la société, qu'elle porte sur les parts émises par la société objet de la procédure ou sur des parts détenues par celle-ci (pour ce dernier cas, voir CA Versailles 28-3-1996 : RJDA 7/96 no 796). Certes, l'article L 631-19, II du Code de commerce répute non écrites les clauses d'agrément pour les cessions de droits sociaux prévues par le projet de plan ou le plan de redressement, mais cette neutralisation des « clauses », qui vise l'agrément prévu par les statuts ou un pacte extrastatutaire, ne saurait être étendue à l'agrément requis par la loi. En outre, aucune disposition légale n'écarte l'agrément pour les cessions survenant en cas de sauvegarde ou de liquidation judiciaire. Un refus d'agrément pourrait donc mettre en échec le plan de cession décidé par le tribunal et en principe opposable à tous (C. com. art. L 642-5, al. 3). Cette solution est choquante puisqu'elle fait primer l'article 1861 du Code civil sur l'article L 642-5 du Code de commerce qui, mettant en place un régime d'ordre public de direction, est pourtant d'une portée supérieure. Certes, la loi prévoit que le tribunal peut ordonner, dans certains cas, la cession forcée des titres détenus par les associés qui se sont opposés à une augmentation de capital prévue par le plan de redressement (C. com. art. L 631-19-2, al. 5 ; no 28270) mais, là encore, seules les « clauses » d'agrément sont neutralisées.

3. Par la réalisation d'un **nantissement** consenti par un associé sur ses parts, l'opération étant alors soumise à une procédure d'agrément spécifique (nos 22420 s.).

Aux cessions doivent être assimilés les **donations** (CA Bordeaux 4-1-1961 : Rev. sociétés 1961 p. 65), les **échanges** et les **apports isolés** (Cass. com. 21-1-1970 : JCP G 1970 II no 16541 note B. Oppetit).

L'agrément est aussi à notre avis requis en cas de constitution d'une **fiducie** portant sur des parts sociales car le constituant transfère ainsi la propriété des parts au bénéficiaire et modifie la répartition du capital social ainsi qu'en cas de souscription de parts lors d'une **augmentation de capital** (n° 14515).

Les cessions soumises à agrément sont non seulement celles portant sur la pleine propriété des parts sociales, mais aussi, à notre avis, celles portant seulement sur la **nue-propriété** ou sur l'**usufruit** des parts (sur cette question, voir nos 62145 s.).

21353 En revanche, ne sont pas soumis à agrément les apports effectués au titre d'une **fusion** ou d'une **scission.** En effet, en pareil cas, la transmission des parts est faite directement de la société ancienne à la société nouvelle par dévolution de patrimoine : elle ne peut donc pas être considérée comme une cession isolée faite à un tiers et, dès lors, ne doit pas être soumise aux formalités prévues pour de telles cessions (Cass. com. 19-4-1972 : D. 1972 p. 538, rendu à propos d'une SARL mais transposable aux sociétés civiles).

Néanmoins, une clause des statuts peut valablement soumettre à agrément les transmissions de parts résultant d'une fusion ou d'une scission. Aucun intérêt d'ordre public ne limite la liberté pour les associés d'étendre la procédure d'agrément à des opérations autres que les cessions mais qui, comme elles, se traduisent par l'entrée de nouveaux associés dans la société. La validité d'une telle clause a d'ailleurs été affirmée par la Cour de cassation à propos d'actions de sociétés anonymes, mais la solution est, nous semble-t-il, transposable aux parts de sociétés civiles (Cass. com. 3-6-1986 : Bull. civ. IV n° 115 ; Cass. com. 6-5-2003 n° 750 : RJDA 8-9/03 n° 837 ; Cass. com. 15-5-2007 n° 06-13.484 : RJDA 11/07 n° 1110).

CONSEIL

La **clause** d'agrément doit être **rédigée** avec le plus grand soin, les juges interprétant souverainement le sens et la portée de toute clause ambiguë. Si les associés souhaitent contrôler l'entrée dans la société de tiers étrangers à celle-ci, ils ont intérêt à recourir à des expressions telles que « transmission par quelque moyen que ce soit » ou « transfert par tout moyen impliquant l'entrée d'un nouvel associé ». Le recours à la formule « la cession des parts sociales à des personnes étrangères à la société » ne peut pas viser la transmission des parts par voie de fusion-absorption de sociétés dont le mécanisme est différent de la cession (Cass. com. 12-2-2008 n° 06-20.966 : RJDA 12/08 n° 1275).

ACQUÉREURS DE PARTS SOCIALES CONCERNÉS PAR L'AGRÉMENT

21355 Sous réserve d'aménagements statutaires (n° 21357), les cessions et les opérations assimilées exposées n° 21353 sont soumises à agrément quel que soit l'acquéreur (C. civ. art. 1861), et donc pas seulement lorsque la cession est consentie à une personne étrangère à la société, à la seule exception des cessions entre ascendants et descendants (n° 21356).

Lorsque les **parts** sociales sont **acquises** par des tiers **en indivision,** tous les indivisaires souhaitant entrer dans la société doivent être agréés. Tel sera notamment le cas si l'achat est réalisé par une personne liée par un **pacte civil de solidarité** (Pacs) qui, signé avant le 1er janvier 2007 ou, après cette date, par choix des partenaires, soumet les biens acquis après la conclusion du Pacs au régime de l'indivision (nos 684 s.). Les deux partenaires sont en principe soumis à agrément. Toutefois, si l'un des partenaires effectue l'achat à l'insu de l'autre et sans avertir la société de l'existence du Pacs, lui seul sera présenté à l'agrément et, à notre avis, son partenaire ne pourra pas revendiquer la qualité d'associé et n'exercera ses droits indivis que sur la valeur des parts (application de la distinction entre le « titre » et la « finance »).

21356 **Cas des ascendants ou des descendants du cédant** Les parts sont librement cessibles entre ascendants et descendants (C. civ. art. 1861, al. 2).

Mais les associés peuvent **écarter** cette **liberté** et convenir **dans les statuts** que les cessions de parts, même consenties à un ascendant ou à un descendant, sont soumises à leur agrément (art. 1861, al. 2).

ILLUSTRATIONS

Les statuts peuvent ainsi contenir une clause prévoyant que les parts ne peuvent être cédées, à titre gratuit ou onéreux, à une personne étrangère à la société qu'avec le consentement unanime de tous les associés, si bien que la donation de ses parts par un associé à son fils doit être agréée (CA Paris 17-1-2003 n° 02-15002 : RJDA 5/03 n° 503).

De même, interprétant les statuts d'une SCI qui soumettaient à agrément toute cession à des tiers étrangers à la société, une cour d'appel a souverainement retenu que la cession consentie par un associé à sa mère n'était pas soumise à agrément dès lors que les statuts ne comportaient aucune dérogation expresse et non équivoque au principe posé par l'article 1861 (Cass. 3e civ. 4-11-2010 n° 09-14.629 FS-D ; dans le même sens CA Paris 6-11-1992 : D. 1993 IR p. 48).

L'agrément peut n'être imposé que pour une certaine catégorie des personnes énumérées, par exemple uniquement les ascendants ou uniquement les descendants. Il n'y a, en effet, aucune raison d'ordre public de restreindre la liberté des parties sur ce point.

Dérogeant au principe de l'agrément des cessions de parts, l'article 1861, al. 2 doit être **interprété restrictivement** et la liberté de cession ne saurait être étendue par les statuts à d'autres personnes que celles expressément visées, par exemple à des collatéraux. Il appartient néanmoins aux juges de faire une application exacte des dispositions contractuelles. Il a ainsi été jugé que la clause selon laquelle, en cas de décès d'un associé, la société continue entre les associés survivants et les héritiers et ayants droit de l'associé décédé, lesquels ne sont pas soumis à l'agrément des associés survivants, dispensait d'agrément le légataire d'un associé décédé (Cass. com. 5-4-2018 n° 16-18.097 F-D : RJDA 6/18 n° 505).

> Précisions En application du principe selon lequel la fraude corrompt tout, une **double cession de parts entre ascendants et descendants** doit être annulée lorsqu'il est établi que la première cession a eu pour seul objet de permettre la seconde au profit d'un tiers à la société, en évitant d'avoir à solliciter l'agrément des associés (Cass. com. 21-1-1997 : RJDA 4/97 n° 521, rendu à propos de cessions de parts de SARL mais transposable à la société civile).

Cas des associés ou du conjoint En principe, les cessions consenties à des associés ou au conjoint de l'un d'eux doivent être préalablement agréées par les autres associés. Mais les **statuts** peuvent les dispenser de cet agrément (C. civ. art. 1861, al. 2). 21357

La dérogation au principe de l'agrément doit être interprétée restrictivement. En conséquence, les statuts ne sauraient écarter l'agrément pour des personnes autres que les associés ou les conjoints de ceux-ci. En revanche, rien ne s'oppose à ce que la dispense d'agrément ne concerne que l'une des deux catégories de personnes visées, par exemple seulement les associés et non leur conjoint.

En ce qui concerne les conjoints, la **dispense d'agrément** peut s'appliquer non seulement dans le cas de vente entre époux, mais aussi dans le cas de cession par un associé au conjoint d'un autre associé. Cette solution résulte à l'évidence de la construction grammaticale de la deuxième phrase de l'article 1861, al. 2 même s'il apparaît que le législateur avait surtout en vue le conjoint du cédant (JO déb. Sén. 5-11-1976 p. 3021).

PROCÉDURE D'AGRÉMENT DE LA CESSION DE PARTS SOCIALES

Notification de la demande d'agrément Le projet de cession de parts et la demande d'agrément correspondante doivent être notifiés à la **société** et à chacun des **associés** par acte extrajudiciaire ou par lettre recommandée AR (C. civ. art. 1861, al. 3 ; Décret 78-704 du 3-7-1978 art. 49, al. 1). 21360

Toutefois, la notification aux associés n'est pas requise lorsque l'agrément peut être accordé par les gérants (n° 21361). Dans un cas où les statuts d'une société civile prévoyaient que tout projet de cession de parts sociales et la demande d'agrément devaient être notifiés au gérant et que celui-ci devait aviser les associés s'il envisageait de refuser l'agrément, il a été jugé que le gérant qui était bénéficiaire d'une cession des parts de l'un des deux associés n'entendait pas se refuser l'agrément à lui-même et n'était dès lors pas tenu d'aviser l'autre associé de la cession envisagée (Cass. 3e civ. 5-1-1994 n° 91-17.301 F-D).

Dans le silence des textes sur le **contenu** de la notification, celle-ci doit, pour être efficace, mentionner les nom, prénoms et adresse de l'acquéreur ou, s'il s'agit d'une personne morale, sa forme, sa dénomination, l'adresse du siège et le numéro d'immatriculation au RCS, ainsi que le nombre des parts sociales dont la cession est envisagée et le prix offert. L'**indication d'un prix provisoire** dans la notification est suffisante si ce prix est réel et sincère et si sa fixation définitive à la date de réalisation de la cession est possible indépendamment de la volonté des parties (Cass. com. 11-1-2017 n° 15-13.025 F-D : RJDA 4/17 n° 256, rendu à propos de la notification d'une cession d'actions mais transposable).

La cession réalisée sans notification préalable du projet de cession est nulle (Cass. com. 21-1-2014 n° 12-29.221 F-PB : RJDA 6/14 n° 533 ; Cass. com. 14-4-2021 n° 19-16.468 F-D : RJDA 10/21 n° 667 ; décisions rendues à propos de cessions de parts de SARL mais, à notre avis, transposables).

> Précisions a. La notification du projet de cession peut-elle être faite par **remise contre émargement ou récépissé,** en application de l'article 667, al. 2 du Code de procédure civile qui prévoit une telle possibilité même lorsque la loi n'a prévu que la notification par la voie postale ? Selon le ministre de la justice, ce texte n'a qu'un objet procédural, de sorte qu'il n'est pas applicable à la convocation des assemblées de SARL (Rép. Candelier : AN 1-10-2013 n° 18357). Le motif invoqué étant d'ordre général, la prohibition doit s'entendre comme s'appliquant aussi aux notifications prévues en matière d'agrément. Cette solution nous paraît sévère. En effet, la Cour de cassation a déjà appliqué l'article 651 du Code de procédure civile (qui autorise, dans les procédures judiciaires, à remplacer la lettre recommandée par une signification) « dans les rapports extrajudiciaires des parties » (Cass. soc. 8-11-1978 n° 77-40.249 : Bull. civ. V n° 746 ; Cass. 3e civ. 10-3-1993 n° 91-15.280 : RJDA 7/93 n° 607), ce procédé présentant une meilleure garantie pour toutes les parties (Cass. soc. 8-11-1978 précité). Le même raisonnement pourrait selon nous être tenu à propos de la remise contre émargement ou récépissé, procédé lui aussi plus fiable que la lettre recommandée.

b. Jugé que le **défaut de notification** préalable du projet de cession des parts de trois des quatre associés d'une société civile ne constituait pas une irrégularité de nature à vicier la cession dès lors que le procès-verbal de l'assemblée au cours de laquelle l'agrément avait été donné à la majorité des 3/4 des voix (majorité prévue par les statuts) avait été rédigé par le quatrième associé et précisait que celui-ci avait pris note de la cession projetée et de la demande d'agrément du candidat acquéreur (CA Paris 28-10-1988 : BRDA 7/89 p. 11). Toutefois, s'agissant de la procédure d'agrément dans les SARL, les tribunaux refusent majoritairement, en l'absence de notification du projet de cession, tout formalisme par équivalent et toute confirmation ou ratification de la cession (cf. Cass. com. 21-3-1995 n° 93-14.564 P : RJDA 7/95 n° 854 ; Cass. com. 21-1-2014 n° 12-29.221 F-PB : RJDA 6/14 n° 533 ; Cass. com. 14-4-2021 n° 19-16.468 précité).

21361 **Compétence pour donner l'agrément** Il incombe en principe aux **associés** de se prononcer sur l'agrément. Cependant, les statuts peuvent confier aux **gérants** le soin de statuer sur cet agrément (C. civ. art. 1861, al. 2).

ILLUSTRATIONS

Les statuts d'une SCI prévoyant que toute cession de parts doit recevoir l'agrément de la gérance, le gérant a valablement pu agréer la cession de ses propres parts, aucune disposition légale ou statutaire ne lui imposant de soumettre cette cession à l'agrément de l'assemblée générale (Cass. 3e civ. 17-1-1996 n° 76 : RJDA 6/96 n° 797).

Dans une espèce particulière où les statuts d'une société civile immobilière imposaient la notification de l'acte de cession au seul président du conseil d'administration (sur l'usage d'une autre appellation que celle de « gérant », n° 7000, Précisions), une cour d'appel a déduit de cette obligation d'information que, même si les statuts ne le précisaient pas expressément, la société avait choisi de déférer le pouvoir d'agrément à son représentant légal et jugé qu'une telle clause était conforme au bon fonctionnement de la société qui comptait des centaines d'associés ayant des parts sociales d'une faible valeur et qui étaient largement amenés à se renouveler (CA Reims 5-1-2021 n° 19/01578 : RJDA 5/21 n° 320).

Les statuts pourraient aussi cumuler les deux procédés et prévoir, par exemple, que les cessions au profit de certaines personnes déterminées seront soumises à l'agrément du gérant, toutes les autres cessions devant être autorisées par la collectivité des associés.

Les dispositions de l'alinéa 2 de l'article 1861 dérogeant au principe de l'agrément prévu par l'alinéa 1, elles doivent toutefois être interprétées restrictivement. Il n'est donc pas possible, à notre avis, de confier à des **personnes autres** que les associés ou les gérants le soin de se prononcer sur l'agrément des cessions de parts sociales. Il serait aussi, nous semble-t-il, illicite de donner le pouvoir d'agrément à un comité restreint, même uniquement composé d'associés.

21362 **Décision des associés ou de la gérance** Les **associés** doivent être **consultés** sur l'agrément dans les **conditions** fixées aux statuts (assemblée générale ou consultation écrite). Les associés statuent à l'unanimité ou à la **majorité** prévue par les statuts (C. civ. art. 1861, al. 1 et 2). Ils peuvent même donner leur agrément dans l'acte de cession lui-même, mais leur consentement doit alors être unanime (cf. art. 1854 ; nos 8800 s.).

En l'absence de disposition légale contraire, l'associé **cédant** peut participer au **vote** (n° 9000). Il ne saurait toutefois se prononcer contre l'agrément, car il évincerait par là même son acquéreur auquel il doit la garantie de son fait personnel. Néanmoins, s'il venait à le faire, il serait possible d'obtenir en justice que son vote soit réputé favorable à l'admission de l'acquéreur (cf. Cass. 3e civ. 19-2-1970 : Bull. civ. III n° 123).

21363 Lorsque les statuts donnent aux **gérants** le pouvoir de statuer sur l'agrément, ils doivent préciser dans quelles conditions la décision sera prise en cas de pluralité de gérants (unanimité, majorité simple, majorité qualifiée, etc.). À défaut d'indications statutaires, l'agrément ne peut être accordé que sur décision unanime des gérants.

21364 Comme toute décision des associés ou des gérants, celle relative à l'agrément peut être annulée si elle est abusive et porte atteinte à l'intérêt social (voir Cass. com. 31-1-1972 : Bull. civ. IV n° 40 ; Cass. 3e civ. 18-6-1997 n° 1087 : RJDA 11/97 n° 1360 ; CA Rouen 23-2-1973 : Bull. Joly 1973 p. 519).

ILLUSTRATIONS

Constitue un abus de droit le **refus d'agrément** fondé sur des **considérations étrangères à l'intérêt social,** lorsque la société a déclaré agréer par principe tout acquéreur remplissant certaines conditions et que ces conditions sont remplies (CA Paris 7-4-1995 : RJDA 3/96 n° 355).

Est également fautif le fait, pour un associé, de **garder le silence** sans motif valable pendant plusieurs années sur toutes les propositions de rachat de son coassocié (Cass. com. 6-2-2019 n° 17-20.112 FS-D : RJDA 6/19 n° 430, rendu à propos d'une société en nom collectif mais transposable à la société civile).

Pour un autre exemple de refus d'agrément déclaré abusif, voir CA Paris 23-4-1998 : Bull.Joly 1998 p. 959 note J.-J. Daigre.

En revanche, l'abus de droit ne peut pas être retenu s'il n'est pas établi que la **décision d'agrément** de la société cessionnaire est **contraire à l'intérêt social** de la **société ayant émis l'agrément,** et ce, même s'il apparaît que la cession a pour but de favoriser la cessionnaire en lui permettant de détenir les deux tiers du capital et de pouvoir prendre sans opposition les décisions sociales dans son intérêt propre et au détriment d'un associé, devenu minoritaire du fait de la cession (Cass. 3e civ. 18-6-1997 n° 1087 précité).

REFUS D'AGRÉMENT DE LA CESSION DE PARTS SOCIALES

Lorsque les statuts prévoient que l'agrément des projets de cession de parts peut être accordé **21367**
par le gérant, ce dernier, préalablement au refus d'agrément de l'acquéreur proposé, doit, par lettre recommandée, aviser les associés de la cession projetée et leur rappeler les dispositions des articles 1862 et 1863 du Code civil et, s'il y a lieu, les clauses statutaires aménageant ou complétant ces articles. Cet **avis** doit être adressé **aux associés** dans un délai qui ne peut pas excéder le tiers de celui prévu par les statuts pour le rachat des parts ou deux mois dans le silence des statuts (Décret 78-704 du 3-7-1978 art. 50).

Qu'il résulte d'une décision du gérant ou d'une décision des associés, le **refus** d'agrément doit **21368**
être **notifié** au cédant par lettre recommandée AR (Décret 78-704 du 3-7-1978 art. 49, al. 2).

Les **associés** doivent alors acheter ou faire **acheter les parts** dont la cession est envisagée. Ils disposent pour cela d'un délai de six mois à compter de la dernière des notifications de la demande d'agrément. Toutefois, les statuts peuvent prévoir un délai différent, pourvu qu'il ne soit ni supérieur à un an ni inférieur à un mois (C. civ. art. 1864).

ILLUSTRATIONS

Le délai de trente jours accordé aux associés pour procéder au rachat des parts du cédant ne satisfait pas à la condition de durée minimale d'un mois précitée. Par suite, la clause des statuts prévoyant ce délai doit être réputée non écrite et il y a lieu d'appliquer le délai légal (CA Paris 23-3-1993 : Dr. sociétés 1993 n° 199).

À défaut d'offre d'achat dans le délai d'un mois, l'agrément est réputé acquis, mais les associés peuvent encore écarter la cession envisagée en prononçant la dissolution de la société (art. 1863, al. 1).

Sur la question de savoir s'il est possible de notifier le refus d'agrément par remise contre émargement ou récépissé (cf. CPC art. 667, al. 2), voir n° 21360, Précisions, a.

Achat des parts sociales En cas de refus d'agrément, les parts peuvent être achetées **21370**
par un ou plusieurs **associés.** Lorsque plusieurs associés expriment leur volonté d'acquérir, les parts sont réparties entre eux proportionnellement au nombre de parts qu'ils détenaient antérieurement, sauf clause ou convention contraire (C. civ. art. 1862, al. 1).

La clause contraire est celle qui résulte des statuts. Quant à la convention, il s'agit de celle qui peut intervenir entre les futurs acquéreurs au sujet de la répartition des parts à acheter. À notre avis, lorsqu'il existe une clause statutaire, aucune convention particulière ne peut aller à son encontre sans l'accord des autres associés. En effet, l'existence de cette clause montre la volonté des associés de maintenir un certain équilibre dans la société, équilibre qui ne saurait être rompu par la seule volonté de certains des associés.

L'article 1862 se borne, dans le cas où l'agrément des associés n'a pas été obtenu, à permettre au cédant d'obtenir le rachat des parts qu'il projetait de céder, mais il ne confère aux autres associés aucun droit de préemption sur ces parts (Cass. com. 7-12-2010 n° 09-17.351 F-PB : RJDA 4/11 n° 317).

Si aucun associé ne se porte acquéreur, les parts peuvent être achetées **par un tiers** désigné à l'unanimité des autres associés ou suivant les modalités prévues par les statuts (art. 1862, al. 2).

Les associés peuvent aussi décider que le rachat sera effectué **par la société** elle-même, les parts devant alors être annulées au moyen d'une réduction du capital social (art. 1862, al. 2). Contrairement au régime applicable dans les SA et les SARL, le rachat par la société civile n'est pas soumis à l'accord de l'associé cédant. Sur le régime fiscal des sommes perçues par l'associé cédant, voir nos 15160 s.

Le nom du ou des **acquéreurs proposés,** associés ou tiers, **ou l'offre de rachat** par la société, ainsi que le prix offert doivent être **notifiés au cédant** par lettre recommandée AR (art. 1862, al. 3 ; Décret 78-704 du 3-7-1978 art. 49, al. 2). La possibilité d'une notification par remise contre émargement ou récépissé (cf. CPC art. 667, al. 2) est contestée (n° 21360, Précisions, a). La notification doit être faite dans le délai de six mois (ou celui fixé par les statuts) à compter de la dernière des notifications du cédant, faute de quoi l'agrément est réputé acquis (n° 21373).

21372 **Prix d'achat.** La société n'est pas tenue de faire une offre d'achat au prix arrêté dans le projet de cession (CA Versailles 14-11-2003 n° 01-8011 : RJDA 8-9/04 n° 991). En cas de contestation sur le **prix,** celui-ci est fixé par un **expert** désigné soit par les parties, soit, à défaut d'accord entre elles, par jugement du président du tribunal judiciaire statuant selon la procédure accélérée au fond et sans recours possible (C. civ. art. 1862, al. 3 et, sur renvoi, art. 1843-4 ; Décret 78-704 du 3-7-1978 art. 17).

Les associés ou les tiers qui ont déclaré se porter **acquéreurs** ne peuvent pas **se rétracter** s'ils ont proposé au cédant de recourir à la procédure d'expertise et si celui-ci l'a acceptée (Cass. com. 13-10-1992 n° 1490 : RJDA 1/93 n° 36, rendu en matière de SARL mais transposable à la société civile, et, dans la même affaire, Cass. com. 2-7-1996 n° 94-13.454 : RJDA 11/96 n° 1341). Cette solution ne vaut pas pour le cédant eu égard au droit que lui reconnaît la loi de renoncer à la cession (n° 21375).

Sauf convention contraire entre les parties, le **prix** doit être **payé** comptant lors de la réalisation de la cession.

> Précisions Le régime de l'**expertise** organisée par l'article 1843-4 du Code civil est exposé n°s 21240 s.

Toutefois, cette expertise ne peut pas être demandée par un tiers acquéreur de droits non agréé (Cass. 3e civ. 6-12-2000 n° 99-10.233 FS-PB : RJDA 3/01 n° 325).

21373 **Défaut d'achat des parts sociales** Si aucune offre d'achat n'est faite au cédant dans le délai de six mois à compter de la dernière des notifications faite par le cédant au titre de la demande d'agrément (ou dans le délai prévu par les statuts), l'agrément est réputé acquis (C. civ. art. 1863, al. 1) et l'acquéreur proposé devient associé de la société à l'expiration de ce délai (Cass. com. 3-5-2018 n° 15-20.851 F-PB : RJDA 8-9/18 n° 647, rendu à propos d'une SARL mais transposable à la société civile).

Contrairement au régime de l'agrément dans les SA et les SARL, il n'est pas indispensable que la cession soit conclue dans le délai de six mois. Il suffit d'une « **offre d'achat** » pour écarter l'agrément « par déchéance ». Encore faut-il que cette offre soit réelle et corresponde au désir sincère des associés ou des tiers de racheter les parts ; si tel n'est pas le cas, l'offre doit être réputée inexistante et insusceptible d'interrompre le délai de six mois.

Si les associés ne peuvent pas acheter ou faire acheter les parts mises en vente mais persistent dans leur refus d'admettre l'acquéreur proposé comme nouvel associé, ils ont la possibilité de décider la **dissolution** de la société (art. 1863, al. 1). Cette décision doit être prise dans les conditions fixées aux statuts, mais en ne tenant pas compte des voix appartenant à l'associé cédant puisque la loi vise « les autres associés ». Elle ne devient définitive qu'à l'expiration du délai d'un mois imparti à l'associé cédant pour renoncer à la cession s'il le désire (n° 21375).

21375 **Droit de repentir du cédant** Le cédant peut renoncer à la cession et décider de conserver ses parts, y compris après fixation du prix de rachat par l'expert (C. civ. art. 1862, al. 3). De même, il peut faire échec à la décision de dissolution en avisant la société, dans le délai d'un mois à compter de ladite décision, qu'il renonce à la cession (art. 1863, al. 2).

Cette renonciation doit être notifiée à la société par acte extrajudiciaire ou par lettre recommandée AR (Décret 78-704 du 3-7-1978 art. 49, al. 1). La faculté de procéder par remise contre émargement ou récépissé (cf. CPC art. 667, al. 2) est contestée (n° 21360, Précisions, a).

SECTION 4

RÉGIME FISCAL DES CESSIONS DE PARTS

I. DROITS D'ENREGISTREMENT SUR LES CESSIONS DE PARTS SOCIALES

Au regard des droits d'enregistrement, les cessions de parts de sociétés civiles obéissent aux règles générales prévues par les articles 726 à 728 du CGI.

Il convient de distinguer le régime de droit commun des cessions de parts (nos 21405 s.) du régime applicable aux cessions de parts représentatives d'un apport en nature intervenant dans les trois ans de la réalisation définitive de cet apport (nos 21440 s.). **21400**

Certaines conventions présentent des particularités exposées nos 21460 s.

En ce qui concerne la cession de parts qui donnent droit à l'**attribution** ou à la **jouissance d'un immeuble** ou d'une fraction d'immeuble, voir no 41755 s.

A. Régime de droit commun

ENREGISTREMENT OBLIGATOIRE DES CESSIONS DE PARTS SOCIALES

Les cessions de parts de sociétés civiles sont obligatoirement soumises à la formalité de l'enregistrement dans le délai d'un mois à compter de la date de l'acte qui les constate (CGI art. 635, 2-7°). Le service compétent est le service de l'enregistrement du service des impôts des entreprises (SIE) du domicile de l'une des parties si l'**acte** de cession est **sous signature privée** ou de la résidence du notaire en cas d'**acte notarié.** Si l'acte de cession sous signature privée prend la **forme électronique,** l'enregistrement dématérialisé est assuré, pour l'ensemble du territoire, par la direction départementale des finances publiques de la Loire à Roanne (Arrêté CCPE2102396A du 28-1-2021). **21405**

À défaut d'acte, une déclaration spéciale doit être souscrite dans le mois de la cession (CGI art. 639). Cette déclaration peut être établie sur un formulaire no 2759-SD (ou sur papier libre). La déclaration est souscrite et les droits sont acquittés au service de l'enregistrement du SIE du domicile de l'une des parties contractantes ou, lorsque les deux parties résident à l'étranger, à la recette des non-résidents de la Direction des impôts des non-résidents (DINR). La déclaration peut également, dans certains cas, être effectuée en ligne (sur l'espace personnel ou professionnel sécurisé du cédant ou du cessionnaire sur le site impots.gouv.fr). La déclaration en ligne n'est toutefois pas ouverte notamment aux cessions suivantes : parts de Gaec, d'EARL et de sociétés civiles à objet principalement agricole (SCEA, GFA, groupements agricoles fonciers, groupements forestiers, GFR) ; parts de SCM ; parts représentatives d'apports en nature ; parts conférant à leur possesseur le droit à la jouissance d'immeubles.

Les cessions de parts de sociétés françaises non cotées constatées par des **actes passés à l'étranger** doivent (sous réserve des conventions internationales) être déclarées dans les mêmes conditions.

> **Précisions** À compter d'une date fixée par arrêté et au plus tard le 1er juillet 2025, les **déclarations de cessions** de parts sociales prévues par l'article 639 du CGI devront être souscrites et les droits payés **par voie électronique.** Les conditions et modalités de mise en œuvre de cette obligation doivent être définies par un arrêté (Décret 2020-772 du 24-6-2020).

TARIF APPLICABLE AUX CESSIONS DE PARTS SOCIALES

Les cessions à titre onéreux de parts sociales sont, en **règle générale,** soumises à un droit d'enregistrement de 3 %, qu'elles soient ou non constatées par un acte (CGI art. 726, I-1° bis). **21410**

Toutefois, les cessions de participations dans les **sociétés à prépondérance immobilière non cotées** sont soumises à un droit d'enregistrement de 5 % (CGI art. 726, I-2°). Est considérée comme à prépondérance immobilière non cotée la société, quelle que soit sa nationalité, dont les droits sociaux ne sont pas négociés sur un marché réglementé d'instruments financiers ou sur un système multilatéral de négociation et dont l'actif est, ou a été au cours de l'année précédant la cession des participations en cause, principalement constitué d'immeubles ou de droits immobiliers situés en France ou de participations dans des personnes morales, quelle que soit leur nationalité, dont les droits sociaux ne sont pas négociés sur un marché réglementé d'instruments financiers ou sur un système multilatéral de négociation et elles-mêmes à prépondérance immobilière. Pour l'appréciation de la prépondérance immobilière, les immeubles affectés par la société à sa propre exploitation sont pris en compte au numérateur du ratio (contrairement à ce qui est prévu pour le régime des plus-values : nos 10197 et 34215) ; en revanche, les immeubles par destination ne le sont pas (Cass. com. 2-12-2020 no 18-25.559 : RJF 3/21 no 320).

Toutefois, ne sont pas considérés comme étant à prépondérance immobilière :

– les organismes HLM, les sociétés foncières solidaires agréées « Esus » (hors foncières solidaires agricoles) et les sociétés d'économie mixte exerçant une activité de construction ou de gestion de logements sociaux ;

– la société qui a perdu sa prépondérance immobilière du fait de la cession, au cours de l'année précédant la cession de ses propres titres, des immeubles ou participations dans des personnes morales à prépondérance immobilière qu'elle détenait à son actif (BOI-ENR-DMTOM-40-10-10 no 190).

La prépondérance immobilière de la société doit être appréciée à la date de l'enregistrement de la cession de parts sans tenir compte d'une augmentation de capital sous signature privée antérieure à cette cession, mais non encore enregistrée, au motif que celle-ci n'avait pas encore date certaine (Cass. com. 21-3-2018 no 16-25.035 : RJF 7/18 no 809). Cette décision est logique si l'on considère que l'acte d'augmentation de capital, soumis à une formalité de publicité au greffe, n'avait pas été publié à la date de la cession, de sorte qu'il était alors inopposable aux tiers, parmi lesquels l'administration fiscale.

Les cessions de gré à gré de parts de Gaec et d'EARL non soumises à l'IS sont enregistrées au droit fixe de 125 € (et non au droit de 3 %), quel que soit le type d'apport qu'elles représentent. Il en est de même des cessions de gré à gré de parts de sociétés civiles à **objet principalement agricole** dès lors qu'elles sont constituées depuis au moins trois ans avant la cession (CGI art. 730 bis). Parmi les sociétés civiles à objet principalement agricole figurent notamment les sociétés civiles d'exploitation agricole (SCEA), les GFA exploitants et non exploitants, les groupements agricoles fonciers, les groupements forestiers et les GFR (BOI-ENR-DMTOM-40-50-20 no 1).

> **Précisions a.** Peut bénéficier d'un **abattement** la cession de parts d'une **société civile professionnelle** à concurrence de la fraction de la valeur des titres représentative de la clientèle si la cession est consentie au profit de salariés de la société ou d'un proche du cédant, voir no 57103.
> **b.** La cession, par **acte passé à l'étranger,** de parts sociales d'une **société,** française ou étrangère, **à prépondérance immobilière** est soumise en France au droit d'enregistrement de 5 % après imputation, le cas échéant, d'un crédit d'impôt étranger (CGI art. 718 bis). La cession doit, dans ce cas, être constatée dans le délai d'un mois par un acte reçu en la forme authentique par un notaire exerçant en France (CGI art. 726, I-2o).
> **c.** Sur le cas particulier de la **cession de parts sociales démembrées,** voir no 62850.

ASSIETTE ET LIQUIDATION DU DROIT D'ENREGISTREMENT SUR LES CESSIONS DE PARTS SOCIALES

21412 Le droit d'enregistrement sur les cessions de parts sociales est liquidé, en principe, sur le prix exprimé et le capital des charges qui peuvent s'ajouter au prix ou sur une estimation des parties si la valeur réelle est supérieure au prix augmenté des charges (CGI art. 726, II-al. 1).

Les éventuelles **insuffisances de prix** ou d'évaluation peuvent être rectifiées par l'administration, voir nos 13950 s.

Pour les **cessions de parts sociales autres que** celles de **sociétés à prépondérance immobilière** (au sens défini no 21410), l'assiette du droit de 3 % est réduite d'un **abattement** égal, pour chaque part sociale, au rapport entre 23 000 € et le nombre total de parts de la société (CGI art. 726, I-1o bis).

En cas de **cession de l'usufruit ou de la nue-propriété** de parts sociales, l'abattement joue à plein, sans qu'il y ait lieu de le réduire au prorata du barème de l'article 669 du CGI (qui détermine la valeur de l'usufruit et de la nue-propriété pour l'assiette des droits d'enregistrement). Toutefois, lorsque l'usufruit et la nue-propriété sont vendus par deux personnes différentes dans un même acte et au profit d'un même acquéreur, il y a lieu à application d'un abattement unique (BOI-ENR-DMTOM-40-10-20 no 100).

21413 **Charges augmentatives du prix** Parmi les charges à ajouter au prix figurent celles imposées à l'acquéreur du fait du cédant (par exemple, l'**obligation d'acquitter certaines dettes** personnelles de celui-ci). De même, la Cour de cassation s'est fondée sur le droit des sociétés pour juger que la **répartition conventionnelle des bénéfices** de l'exercice de cession des parts sociales entre le cédant et l'acquéreur (attribution au cédant d'une fraction des bénéfices de l'exercice de cession) constitue un élément du prix de cession des parts qui est inclus dans l'assiette du droit de mutation (Cass. com. 28-11-2006 n° 04-17.486 : RJF 3/07 n° 357).

Le **passif social** ne peut être compris parmi les charges (il grève en effet le patrimoine de la société et non celui du cédant), sauf dans le cas où l'acquéreur se serait engagé à payer le passif au lieu et place de la société, en libérant le vendeur de l'obligation personnelle de garantie du passif qu'il aurait contractée antérieurement (BOI-ENR-DMTOM-40-10-20 n° 70).

Il a de même été jugé que lorsque le prix de cession de parts d'une SCI est fixé à un montant symbolique et que les cessionnaires reprennent à leur charge les **comptes courants débiteurs** des cédants (comptes rendus débiteurs par l'affectation de déficits), cette reprise ne peut pas être assimilée à une charge augmentative du prix de cession, dès lors qu'elle ne confère aucune attribution de parts aux cessionnaires et ne crée aucune obligation immédiate particulière de l'associé à l'égard de la société, sa seule charge résidant dans la contrainte d'avoir à couvrir le solde débiteur de ce compte à la liquidation de la SCI (TGI Paris 30-4-2002 n° 01-8790 : RJF 4/03 n° 511).

Cas particulier : sociétés de construction immobilière Dans certains cas, le prix de cession des parts dans les sociétés de construction immobilière comprend, outre le prix principal correspondant à la cession du droit social proprement dit, le remboursement au cédant de ses apports supplémentaires effectués en compte courant dans la société. De plus, le cessionnaire peut s'engager soit à satisfaire aux appels de fonds supplémentaires, soit à exécuter personnellement les conditions des prêts accordés à la société par les organismes de crédit. 21415

Ces divers cas appellent les précisions suivantes (BOI-ENR-DMTOM-40-10-20 n°s 160 à 190).

a. Le **remboursement par le cessionnaire** au cédant des sommes que ce dernier a versées à la société pour répondre à des **appels de fonds** (effectués conformément aux dispositions de l'article L 211-3 du Code de la construction et de l'habitation) s'analyse en un rachat de créance non soumis au droit proportionnel de cession de droits sociaux : en effet, dès lors que les sommes versées ne sont pas incorporées au capital et que les associés ne bénéficient, en contrepartie, ni de l'attribution de parts nouvelles ni d'une augmentation de la valeur des parts dont ils sont détenteurs, ces versements ne constituent pas des suppléments d'apports (Cass. com. 22-3-1988 n° 86-15.264 : RJF 5/88 n° 679).

b. L'**engagement** pris par le cessionnaire **de satisfaire** au lieu et place du cédant défaillant **aux appels d'apports déjà intervenus** lors de la cession constitue une charge augmentative du prix, soumise comme ce dernier au droit de cession de droits sociaux, dès lors que les versements correspondant à ces appels ouvrent droit à l'attribution de parts sociales.

Dans le cas contraire, cet engagement échappe à toute taxation. Il en est de même de l'engagement pris par le cessionnaire de répondre aux **appels ultérieurs.**

c. L'**engagement** pris par le cessionnaire d'**exécuter personnellement les conditions des prêts accordés à la société par les organismes de crédit** « lors de la dissolution de la société et de l'attribution en propriété de l'appartement » ne constitue pas une charge à ajouter au prix de cession dès lors que, jusqu'à cette attribution, les prêts dont il s'agit ne présentent pas le caractère d'une dette personnelle du cédant, mais forment un passif propre à la société.

Lorsque le cédant était tenu de supporter ou de rembourser à la société les charges financières des emprunts contractés par la société, l'engagement pris par le cessionnaire d'effectuer les versements prévus au lieu et place du cédant ne constitue pas une charge augmentative du prix assujettie au droit de cession de droits sociaux. Cet engagement ne fait, en effet, que confirmer une obligation inhérente à la qualité d'associé.

En revanche, si le cessionnaire s'oblige à régler en l'acquit du cédant défaillant un arriéré d'intérêts ou d'annuités d'amortissement déjà échus, cet engagement constitue une charge augmentative du prix assujettie au droit proportionnel de cession de droits sociaux.

EXONÉRATIONS DE DROIT D'ENREGISTREMENT

Sont exonérées de droit d'enregistrement, sauf si elles portent sur des titres de sociétés à prépondérance immobilière (CGI art. 726, II) : 21420

- les acquisitions de parts sociales de **sociétés** placées sous procédure de **sauvegarde** ou en **redressement judiciaire** ;
- les acquisitions de parts sociales entre **sociétés membres du même groupe** au sens de l'article L 233-3 du Code de commerce (qui définit la notion de contrôle d'une société sur l'autre) ou au sens de l'article 223 A ou 223 A bis du CGI (régime de l'intégration fiscale) ;
- les acquisitions intervenant dans les conditions des articles 210 A et 210 B du CGI (opérations placées sous le **régime fiscal de faveur des fusions et apports partiels d'actifs**).

B. Cession de parts représentatives d'un apport en nature dans les trois ans de cet apport

CESSIONS VISÉES

21440 Lorsqu'elles interviennent dans les trois ans de la réalisation définitive d'un **apport en nature** fait **à une société civile non passible de l'impôt sur les sociétés,** les cessions de parts sociales sont considérées, du point de vue fiscal, comme ayant pour objet les biens en nature eux-mêmes représentés par les titres cédés (CGI art. 727). Par « biens en nature représentés par les titres cédés », il faut entendre les biens mêmes dont l'apport a été rémunéré par la remise de ces titres, et non pas les fractions d'actif social représentées par ces mêmes titres au moment de la cession. Les dispositions de l'article 727 s'appliquent donc même si, au moment de la cession des titres, les biens considérés sont déjà sortis du patrimoine de la société (BOI-ENR-DMTOM-40-20 n° 50). Aucune preuve contraire ne peut être apportée à l'encontre de cette présomption légale.

Cette disposition particulière ne s'applique pas lorsque la société civile est **passible de l'impôt sur les sociétés** (CGI art. 727, II).

> **> Précisions** La présomption de l'article 727 du CGI ne joue pas lorsque les parts cédées sont représentatives d'un bien dont l'**apport** a été **soumis à la TVA.** Ainsi, lors de la cession de parts représentatives d'un apport soumis à la TVA sur les opérations immobilières (apport d'un **terrain à bâtir** à une société de construction-vente) dans les trois ans de cet apport, l'acte de cession des parts est soumis au droit proportionnel de l'article 726 du CGI (BOI-ENR-DMTOM-40-20 n° 70).

21442 **Computation du délai** Le délai de trois ans prévu à l'article 727 du CGI court à compter de la date de l'acte portant **constitution de la société** (même si cette dernière n'avait pas, à cette époque, de personnalité morale ou si la société était constituée sous une condition suspensive) ou à compter de la date de l'**augmentation de capital** constatant les apports en nature (BOI-ENR-DMTOM-40-20 n° 90).

> **> Précisions** En cas de **fusion de sociétés,** le délai de trois ans opposable aux anciens associés de la société absorbée devenus associés de l'absorbante est décompté à partir de la date à laquelle l'apport a été fait à la société absorbée. Cette solution intéresse notamment les cessions de parts qui interviennent après une fusion de SCPI. Mais cette solution ne peut être transposée aux opérations de **scission** : le délai de trois ans court seulement à compter de l'opération de scission (BOI-ENR-DMTOM-40-20 n° 100).

RÉGIME FISCAL

21445 Les cessions visées à l'article 727 du CGI sont considérées, du point de vue fiscal, comme ayant pour objets les biens en nature représentés par les titres cédés. Elles sont donc normalement soumises en tout point au **régime fiscal des ventes de biens corporels** qu'elles représentent, notamment quant au tarif, aux règles de liquidation des droits, au délai d'enregistrement, à la compétence des services.

Le droit de mutation est ainsi perçu sur le prix de la cession (ou la valeur vénale si elle est supérieure) au **tarif** prévu pour la vente de chacun des biens dont l'apport a été rémunéré par les titres cédés, en vigueur au jour de la cession. Il en est ainsi tout au moins lorsque chaque élément d'apport est évalué distinctement.

> **> Précisions** Les dispositions de l'article 727 du CGI ne modifient pas la nature des cessions au regard du droit privé : par suite, les cessions de droits sociaux visées ne sont en aucun cas assujetties à publication au **service chargé de la publicité foncière** et elles échappent à la taxe de publicité foncière.

21452 **Évaluation distincte** Dans le cas où les **apports comprennent des biens de natures diverses,** les parties doivent évaluer distinctement chaque catégorie de biens apportés et indiquer les numéros des parts correspondantes. À défaut de ces évaluations et indications, la cession donne lieu à l'application du droit de vente d'immeubles ou, à défaut d'apport immobilier, au tarif correspondant aux biens dont la mutation est soumise aux droits les plus élevés (CGI art. 727, I-2°).

Ces évaluations et indications doivent figurer, d'après l'administration, soit dans l'acte de formation de la société, soit dans celui constatant l'augmentation de son capital, soit encore dans l'acte de cession des parts (Décision min. 8-7-1929 : Inst. Enr. n° 4040 n° 14).

21453 **Règles applicables à la dissolution** Dans tous les cas où une cession de parts a donné lieu à l'application du droit de mutation en vertu de l'article 727 du CGI, l'attribution pure

Lorsque les parts de la société civile sont inscrites à l'actif immobilisé d'une **entreprise industrielle, commerciale, artisanale ou agricole** relevant de l'**impôt sur le revenu** et placée de **plein droit sous un régime de bénéfice réel** (BIC ou BA), la plus-value de cession des parts est imposable selon le régime des plus-values professionnelles à court terme et à long terme défini aux articles 39 duodecies et suivants du CGI (voir n°s 9608 s.), quelle que soit l'activité de la société civile dont les parts sont cédées. Cette règle ne s'applique pas si les parts sociales ne sont pas utilisées pour l'exercice de l'activité de l'entreprise, auquel cas la plus-value relève du régime d'imposition des plus-values privées (n°s 21700 s.) (CGI art. 155, II-2 et III-2). La plus-value professionnelle peut bénéficier de l'exonération totale ou partielle prévue à l'article 151 septies du CGI si les conditions d'application de ce dispositif sont remplies. La condition relative au montant des recettes s'apprécie en tenant compte de la quote-part des recettes de la société civile revenant à l'associé, majorée, le cas échéant, de ses recettes individuelles (CGI art. 151 septies, IV) (n°s 9650 s.). **21620**

Le régime des plus-values professionnelles s'applique également, dans les mêmes conditions, lorsque les parts de la société civile sont détenues par une **société de personnes « interposée »** dont la quote-part de résultat relève de l'impôt sur les sociétés en vertu des dispositions de l'article 238 bis K, I-alinéa 2 du CGI (voir n° 9585).

ATTENTION

La question de l'affectation à l'exercice de l'activité professionnelle et de l'inscription à l'actif (ou au registre des immobilisations) des parts d'une société civile détenues par une **entreprise individuelle** appelle les précisions suivantes. Tout entrepreneur individuel est de plein droit titulaire de deux patrimoines juridiques distincts : un patrimoine professionnel et un patrimoine personnel. Le **patrimoine professionnel** est constitué de l'ensemble des biens dont l'entrepreneur individuel est titulaire et qui sont utiles à son activité professionnelle, à savoir les biens qui, par nature, par destination ou en fonction de leur objet servent à cette activité (C. com. art. R 526-26, I).

Comme indiqué n° 1225, Précisions, au plan juridique, le patrimoine professionnel de l'entrepreneur individuel inclut, selon nous, les **titres de sociétés dont la détention est utile** pour exercer la profession (par exemple, les parts de **sociétés civiles de moyens**), ce qui est cohérent avec l'approche fiscale puisque, en matière de bénéfices non commerciaux, ces parts sociales sont considérées fiscalement comme des éléments d'actif affectés par nature à l'exercice de l'activité de l'entrepreneur.

S'agissant des parts d'une société civile dont l'entrepreneur individuel est associé, qui détient les immeubles servant à l'activité de ce dernier et qui a pour activité principale leur mise à disposition à son profit (parts de **SCI**, par exemple), celles-ci appartiennent, au plan juridique, au patrimoine professionnel (C. com. art. R 526-26, I). Au plan fiscal, en matière de bénéfices industriels et commerciaux, le critère d'utilité de ces parts de SCI pour l'activité professionnelle est confirmé par l'administration (BOI-BIC-CHAMP-70-10 n° 200). Pour les titulaires de bénéfices non commerciaux, l'administration considère que, bien que ne présentant pas le caractère d'éléments d'actif affectés par nature à l'exercice de la profession, les parts de SCI qui mettent des locaux nus ou équipés à la disposition des professionnels peuvent néanmoins présenter une utilité pour l'exercice de celle-ci (BOI-BNC-BASE-30-30-20-50 n°s 70 et 80). La jurisprudence du Conseil d'État apparaît toutefois plus rigoureuse pour apprécier la condition d'utilité à l'exercice de la profession des parts de SCI (CE 25-4-2003 n° 205099 : RJF 7/03 n° 837 ; CE 27-10-2022 n° 453264 : RJF 1/23 n° 2).

Par ailleurs, lorsque l'entrepreneur individuel est tenu à des obligations comptables légales ou réglementaires, son patrimoine professionnel est présumé comprendre au moins l'ensemble des **éléments enregistrés au titre des documents comptables** (voir n° 4350, Attention). Tous les biens, dont les titres de sociétés, figurant au bilan sont ainsi présumés faire partie du patrimoine professionnel, y compris, pour les exploitants relevant des BA ou des BIC, s'il s'agit de titres de sociétés non utilisés pour l'exercice de l'activité qui auraient été inscrits à l'actif en application du principe de liberté d'inscription. Toutefois, la cession de titres non utilisés pour l'activité professionnelle ne relève pas, en principe, du régime des plus-values professionnelles mais de celui des plus-values privées.

La plus-value de cession de parts sociales détenues dans une société civile exerçant une activité professionnelle par une **entreprise relevant sur option d'un régime réel** (BIC ou BA) ne peut relever du régime des plus-values professionnelles que si les parts cédées sont utilisées pour les besoins de l'activité (application combinée des articles 238 bis K, II et 155, II du CGI). Dans le cas contraire, le régime des plus-values des particuliers sur valeurs mobilières et droits sociaux s'applique. La cession de parts d'une société civile exerçant une activité patrimoniale de gestion est soumise au régime des plus-values des particuliers exposé n°s 21700 s. (si la société civile a pour objet la gestion d'un portefeuille mobilier) ou n° 21650 (si la société est à prépondérance immobilière). **21621**

La plus-value de cession de parts sociales détenues par une **autre entreprise** (contribuable exerçant une profession non commerciale notamment) est déterminée et imposée en tenant compte de la nature de l'activité de la société civile. Par suite, lorsque la société exerce une activité professionnelle, la plus-value relève du régime des plus-values professionnelles et peut être exonérée dans les mêmes conditions que celles exposées n° 21620. Dans le cas contraire, la plus-value est soumise au régime prévu pour les particuliers exposé n° 21700 s. (si la société civile a pour objet la gestion d'un portefeuille mobilier) ou n° 21650 (si la société est à prépondérance immobilière).

Le cas où les parts de la société civile sont détenues par une **entreprise individuelle** appelle les précisions mentionnées n° 21620, Attention.

DÉTERMINATION DE LA PLUS OU MOINS-VALUE

21630 En **principe,** la plus ou moins-value réalisée est égale à la différence entre le prix de cession et le prix de revient des parts sociales.

21635 Lorsque la société civile dont les parts sont cédées relève du **régime fiscal des sociétés de personnes,** ce calcul se révèle délicat. En effet, la plus-value peut résulter de réserves constituées par la société. Or, ces réserves correspondent à des bénéfices qui ont déjà été taxés entre les mains des associés comme s'ils avaient été appréhendés par ces derniers. Inversement, lorsque la société a subi des pertes qui n'ont pas été comblées, le prix de cession de la participation (et donc la plus-value) se trouve diminué en considération de ces pertes alors que celles-ci sont déjà venues en déduction des bénéfices imposables de l'associé. L'entreprise membre peut, dans ces circonstances, se trouver taxée deux fois sur le même bénéfice ou se voir reconnaître deux fois le droit d'imputer le même déficit fiscal.

Selon la jurisprudence du Conseil d'État à laquelle l'administration s'est ralliée, il convient donc de calculer la plus-value réalisée par l'entreprise associée en **ajustant le prix de revient des parts** afin d'éviter que la cession ne se traduise par une double imposition ou une double déduction des résultats précédemment pris en compte (CE 16-2-2000 n° 133296, SA Éts Quémener : RJF 3/00 n° 334). Concrètement, pour le calcul des plus ou moins-values professionnelles :

– le prix de revient des parts à retenir s'entend du prix d'acquisition **majoré,** d'une part, de la quote-part des bénéfices et des plus-values ayant été précédemment ajoutés aux résultats imposés de l'associé (y compris des bénéfices non répartis qui ont été utilisés par la société pour le rachat des parts sociales détenues par un autre associé : CE 3-5-2011 n° 311338 : RJF 7/11 n° 807) et, d'autre part, des pertes antérieures afférentes à des entreprises exploitées par la société en France ayant donné lieu de sa part à un versement en vue de les combler. Le prix d'acquisition des parts doit également être majoré de la quote-part des bénéfices de la société revenant à l'associé qui n'ont pas fait l'objet d'une imposition effective en application d'une disposition par laquelle le législateur a entendu accorder un avantage fiscal définitif (CE 8-11-2017 n° 389990 : RJF 2/18 n° 173) ;

– le prix d'acquisition des parts doit ensuite être **minoré,** d'une part, des déficits (y compris des moins-values) que l'associé a effectivement déduits (CE 15-12-2010 n° 297513 : RJF 3/11 n° 280), à l'exclusion de ceux qui trouvent leur origine dans une disposition par laquelle le législateur a entendu conférer aux contribuables un avantage fiscal définitif, et, d'autre part, des bénéfices afférents à des entreprises exploitées en France par la société et ayant donné lieu à répartition à son profit.

Pour l'application de ce mécanisme de correction du prix de revient, il convient de tenir compte des bénéfices réalisés par la société et des pertes intervenues depuis la date d'acquisition des parts par le cédant jusqu'à leur cession (TA Montreuil 2-12-2010 n°s 09-4802 et 10-11305 : RJF 7/11 n° 782 confirmé par CAA Versailles 11-12-2012 n° 11VE00629).

Lorsque les **parts** sociales faisant l'objet de la cession ont été **acquises** ou souscrites **à des dates différentes,** le mécanisme de correction du prix de revient de ces parts doit être appliqué distinctement pour chaque lot de titres acquis (ou souscrits) à la même date (CE 16-2-2000, précité). Par ailleurs, la cession est réputée porter en priorité sur les parts sociales les plus anciennes ; la numérotation des parts dans l'acte de cession est sans incidence (CE 8-6-2016 n° 381289 : RJF 10/16 n° 801).

Lorsque l'entreprise cédante relève de l'impôt sur le revenu, le montant des **plus-values** réalisées par la société civile qui ont été **exonérées** en application des articles 151 septies (exonération en fonction des recettes) ou 238 quindecies du CGI (exonération en fonction de la valeur des éléments cédés) vient majorer le prix d'acquisition des parts (BOI-BIC-PVMV-40-10-10-30 n° 40 ; BOI-BIC-PVMV-40-20-50 n° 410).

Le mécanisme de correction du prix de revient s'applique également en cas de **dissolution d'une société civile par confusion de patrimoine.** Dans ce cas, pour le calcul de la plus ou moins-value dégagée par l'associé unique lors de l'annulation de ses parts, il y a lieu de majorer le prix de revient des parts de la plus-value générée par la réévaluation des actifs avant la dissolution suite à un **contrôle fiscal** (CE 27-7-2015 n° 362025 : RJF 11/15 n° 883) ou suite à une **réévaluation libre** intervenue lors de la dissolution (CE 6-7-2016 n°s 377904 et 377906 : RJF 11/16 n° 982). Le mécanisme de correction du prix de revient des parts s'applique même si l'associé ne supporte pas de double imposition effective lors de l'annulation de ses parts (CE 24-4-2019 n° 412503 : RJF 7/19 n° 681).

Le mécanisme de correction du prix de revient n'est pas, par principe, insusceptible de faire l'objet d'un **abus de droit** pour avantage contraire à l'objectif de neutralité de la loi fiscale (CAA Paris 8-7-2022 n° 16PA02400 : RJF 2/23 n° 117).

La solution retenue par le Conseil d'État est applicable aux plus et moins-values relevant du régime des **plus-values professionnelles** (CE 25-10-2004 n° 243846 : RJF 1/05 n° 46). **21636**

Le principe dégagé par le Conseil d'État est également transposable aux cessions de parts de sociétés civiles soumises au régime de droit commun des **plus-values sur valeurs mobilières** et droits sociaux (CE 25-11-2009 n° 310746 : RJF 2/10 n° 120) ainsi qu'au régime des **plus-values immobilières** (CE 9-3-2005 n° 248825 : RJF 6/05 n° 564). Dans ce dernier cas, le cédant de parts d'une SCI ne peut pas majorer le prix d'acquisition de ses titres du montant correspondant à des dépenses de travaux réalisés par la SCI sur l'un de ses immeubles (CAA Paris 31-3-2021 n° 20PA01456 : RJF 8-9/21 n° 816).

Le mécanisme de correction du prix de revient s'applique également dans le cas d'un **échange d'usufruit de parts** d'une société de personnes (TA Montreuil 27-1-2022 n° 1908418 : RJF 6/22 n° 566).

B. Cession de parts réalisée par une personne physique

Le régime applicable aux cessions de parts de sociétés civiles réalisées par des personnes physiques dépend de la **nature de l'activité** exercée par la société. **21645**

1. CESSION DE TITRES D'UNE SOCIÉTÉ À PRÉPONDÉRANCE IMMOBILIÈRE

La cession par un **particulier** de titres d'une société civile à prépondérance immobilière relève du régime prévu pour les immeubles lorsque la société n'est pas soumise à l'IS. Lorsque la société est soumise à l'IS, la cession relève en principe du régime des plus-values sur valeurs mobilières et droits sociaux. Sur ces questions, voir n°s 34200 s. **21650**

Lorsque le cédant a la qualité de **marchand de biens,** les plus-values de cession sont taxées dans la catégorie des BIC (CGI art. 35, I-1°) ; voir n°s 48100 s.

2. CESSION DE TITRES D'UNE SOCIÉTÉ À OBJET PROFESSIONNEL

a. Société civile non soumise à l'IS

ASSOCIÉ EXERÇANT SON ACTIVITÉ PROFESSIONNELLE AU SEIN DE LA SOCIÉTÉ

Lorsqu'un associé personne physique exerce son activité professionnelle dans le cadre d'une société civile dont les bénéfices sont soumis en son nom à l'impôt sur le revenu dans la catégorie des bénéfices agricoles réels, des bénéfices industriels et commerciaux ou des bénéfices non commerciaux, ses parts dans la société sont considérées fiscalement comme des **éléments d'actif affectés à l'exercice de sa profession** (CGI art. 151 nonies, I). Les parts sociales détenues par l'associé sont réputées constituer pour lui un actif professionnel personnel distinct de l'actif social. Il en résulte que les plus-values (ou moins-values) consécutives à la cession de ces parts sont soumises au régime des plus-values et moins-values professionnelles. **21655**

L'application de l'article 151 nonies du CGI suppose que l'associé participe de manière directe, régulière et personnelle à l'exploitation de la société. Le respect de cette condition implique l'accomplissement d'actes précis et de diligences réelles **caractérisant l'exercice d'une profession,** par exemple : présence sur le lieu de travail, réception et démarchage de la clientèle, établissement des factures et relance des débiteurs, contacts avec les fournisseurs ou les banques, participation aux décisions engageant l'exploitation (Rép. Dumont : AN 28-1-1991 n° 34937, non reprise dans Bofip). **21657**

Lorsqu'un associé détient une participation majoritaire au sein de la société dont il est l'unique gérant, le caractère professionnel de l'activité peut être regardé comme acquis dès lors que, dans une telle hypothèse, il détient seul le pouvoir d'engager et de représenter la société (CE 8-3-2002 n° 225151 : RJF 6/02 n° 668).

La réalisation de tâches d'exécution par un associé non gérant (accueil téléphonique de la clientèle, accueil des clients, réception des commandes, préparation des livraisons et suivi des règlements) peut caractériser, à elle seule, l'exercice d'une activité professionnelle (CE 8-6-2016 nº 387826 : RJF 10/16 nº 801).

21664 La **plus-value** (ou moins-value) de cession des parts est **déterminée et imposée** en tenant compte de la nature de l'activité de la société civile. Les modalités de détermination de la plus ou moins-value sont identiques à celles prévues à l'égard des entreprises membres (nº 21635). La solution retenue par le Conseil d'État visant à ajuster le prix de revient des parts est applicable aux plus et moins-values de cession réalisées par un associé exerçant son activité professionnelle dans le cadre de la société (CE 25-10-2004 nº 243846 : RJF 1/05 nº 46).

Si l'associé cédant était initialement **simple apporteur de capitaux avant d'exercer son activité professionnelle** dans le cadre de la société civile, les parts cédées ont figuré successivement dans son patrimoine privé puis dans son patrimoine professionnel. Dans ce cas, lors de la cession des parts, il convient de déterminer deux plus-values distinctes :

– une plus-value privée qui correspond à la plus-value acquise au cours de la période pendant laquelle les parts ont figuré dans son patrimoine privé. Cette plus-value est déterminée et imposée selon le régime des plus-values privées sur valeurs mobilières ou droits sociaux (nºs 21700 s.) ;

– une plus-value professionnelle qui correspond à la plus-value acquise par les parts depuis leur date d'entrée dans l'actif professionnel jusqu'au jour de leur cession.

21666 Les plus-values imposables sont non seulement celles constatées lors de la **cession à titre onéreux** des parts (vente, échange, apport, partage) mais également celles constatées lors du **changement de régime fiscal** de la société (assujettissement à l'IS) ou lors de la **cessation d'activité de l'associé.** Ces deux derniers événements se traduisent, en effet, par un transfert des parts sociales composant l'actif professionnel personnel de l'associé dans son patrimoine privé (retrait d'actif).

> Précisions **a.** Lorsqu'un **associé cède une partie de ses parts** dans une société civile soumise à l'IR tout en **continuant d'exercer son activité** dans le cadre de cette société, la plus-value correspondante est imposable au titre de l'année de sa réalisation et non celle, si elle est différente, de la clôture de l'exercice social en cours lors du transfert de propriété des titres (CE 4-2-2013 nºs 347394 et 347426 : RJF 4/13 nº 383). Cette décision infirme la doctrine administrative (BOI-BIC-PVMV-40-30-20 nº 80).
b. Lorsque la cession dégage une **moins-value à long terme** et que les parts sociales avaient été reçues en **rémunération de l'apport d'une entreprise,** l'administration autorise, le cas échéant, l'imputation de cette moins-value sur la plus-value à long terme d'apport des éléments non amortissables en report d'imposition qui devient imposable du fait de la cession (nº 4710) ; s'il subsiste un excédent de moins-value et si la cession porte sur la totalité des titres détenus, une fraction de cet excédent peut être imputée sur la quote-part de résultat qui revient à l'associé (BOI-BIC-PVMV-40-20-30-20 nº 90).

21667 **Régimes de report d'imposition** Il est prévu un report d'imposition des plus-values constatées sur les parts en cas de **changement de régime fiscal de la société** (transformation en société soumise à l'impôt sur les sociétés ou assujettissement de plein droit ou sur option à cet impôt) ou en cas de **cessation d'activité au sein de la société d'un associé** qui conserve la propriété de tout ou partie de ses parts : l'imposition est automatiquement reportée à la date de cession, de rachat ou d'annulation des parts (CGI art. 151 nonies, III et IV). Le report d'imposition est maintenu en cas de **transmission ultérieure à titre gratuit** des parts de l'associé (par donation ou par décès) à une personne physique si celle-ci prend l'engagement de déclarer en son nom cette plus-value lors de la cession, du rachat ou de l'annulation de ces parts. Le report d'imposition peut en outre se transformer en exonération définitive à condition que, pendant les cinq ans suivant la transmission, le bénéficiaire de la transmission exerce dans la société soit une fonction de direction au sens de l'IFI (société soumise à l'IS), soit son activité professionnelle (société relevant de l'IR), et que la société poursuive son activité professionnelle. En cas de transmission à titre gratuit au profit d'une indivision, la condition d'exonération tenant à l'exercice d'une fonction de direction ou d'une activité dans la société pendant au moins cinq ans doit être remplie par chaque indivisaire, sauf en cas d'indivision successorale où il suffit qu'elle soit remplie par un seul des indivisaires pour que tous bénéficient de l'exonération (BOI-BIC-PVMV-40-30-10-20 nº 500).

Une exonération définitive est également accordée lorsque, après le changement de régime fiscal de la société, l'associé cède ses parts à l'occasion de son **départ en retraite** dans les conditions prévues par l'article 151 septies A du CGI (nºs 21675 s.).

Par ailleurs, l'imposition de la plus-value réalisée par un associé personne physique à l'occasion de l'**apport de la totalité de ses parts** de la société (dont l'actif n'est pas principalement constitué de biens ou droits immobiliers non affectés à l'exploitation) dans laquelle il exerce son activité professionnelle est reportée jusqu'à la date de cession, de rachat ou d'annulation des titres reçus en rémunération de l'apport, ou jusqu'à la date de cession des parts apportées par la société bénéficiaire si elle est antérieure. La société bénéficiaire de l'apport, qui peut être soumise à l'IR ou à l'IS, doit recevoir, à l'occasion de l'apport ou d'autres apports concomitants, plus de 50 % des droits de vote de la société dont les parts sont apportées. Le report est maintenu en cas de **transmission à titre gratuit** des droits reçus en contrepartie de l'apport si le bénéficiaire prend l'engagement de déclarer cette plus-value lorsqu'un des événements mettant fin au report se réalise (CGI art. 151 nonies, IV bis). La plus-value en report peut être exonérée si l'associé cède par la suite les titres reçus en échange à l'occasion de son départ en retraite dans les conditions prévues par l'article 151 septies A du CGI (nos 21675 s.).

Dans les **différents régimes de report,** les reports d'imposition sont **maintenus** (outre les hypothèses déjà mentionnées pour chacun d'eux) :

– en cas d'échange des droits sociaux résultant d'une fusion ou d'une scission (à condition que l'opération n'ait pas comme objectif principal ou comme un de ses objectifs principaux la fraude ou l'évasion fiscales), jusqu'à la date de cession, de rachat ou d'annulation des droits reçus lors de l'échange (CGI art. 151 nonies, IV bis-b et V) ;

– en cas de transfert en fiducie, jusqu'à la date de cession des droits transférés ou jusqu'à la date de fin de l'opération de fiducie (CGI art. 238 quater D) ;

– et, plus généralement, dans tous les cas où les événements censés y mettre fin génèrent eux-mêmes des plus-values placées en report ou en sursis d'imposition, jusqu'à ce que ces dernières deviennent imposables (qu'elles soient imposées ou exonérées) ou que surviennent d'autres événements mettant fin au report à l'occasion desquels les plus-values constatées ne bénéficient pas d'un report ou d'un sursis d'imposition (CGI art. 151-0 octies).

Lorsqu'un report d'imposition **prend fin,** la plus-value professionnelle est imposée dans tous les cas au titre de l'année en cours, en appliquant le barème progressif de l'impôt si elle est à court terme ou le taux réduit si elle est à long terme, qui sont en vigueur à la date d'expiration du report. Il convient de soumettre à l'impôt, d'une part, la plus-value en report d'imposition, d'autre part, la plus-value constatée sur les parts à compter de l'événement ayant donné lieu au report d'imposition. À noter que cette dernière plus-value est taxable selon le régime des particuliers en cas de changement de régime fiscal ou de cessation d'activité, ainsi que de transmission à titre gratuit s'il s'agit d'un bénéficiaire autre que celui qui poursuit l'activité au sein de la société.

Les bénéficiaires de reports d'imposition doivent joindre à leur déclaration de résultat de l'année du report et des années suivantes un **état de suivi des plus-values en report,** jusqu'à l'expiration du report (CGI ann. III art. 41-0 A ter). À défaut, une amende égale à 5 % des sommes omises est encourue sauf si les intéressés réparent leur omission soit spontanément soit à la première demande de l'administration avant la fin de l'année qui suit celle au cours de laquelle l'état devait être présenté, à condition qu'il s'agisse de la première infraction commise au cours de l'année civile en cours et des trois années précédentes.

> Précisions a. **La cessation d'activité de la société** entraîne également la cessation d'activité de l'associé y exerçant son activité professionnelle et se traduit par le transfert des parts de son patrimoine professionnel vers son patrimoine privé à la date de la cessation. Ce transfert constitue le fait générateur d'une plus ou moins-value soumise au régime des plus ou moins-values professionnelles. S'il s'agit d'une plus-value, celle-ci bénéficie du report d'imposition prévu à l'article 151 nonies, IV du CGI. S'il s'agit d'une moins-value à long terme, elle peut s'imputer sur la plus-value à long terme réalisée par la société à l'occasion de sa cessation d'activité, imposable au nom des associés. À noter que pour le calcul de la plus ou moins-value de retrait des titres dans le patrimoine privé de l'associé, la quote-part de la plus-value sociale dégagée au titre de l'exercice de cessation d'activité de la société est prise en compte pour la détermination du prix de revient fiscal des parts détenues par l'associé qui cesse à cette occasion d'y exercer son activité professionnelle (BOI-BIC-PVMV-40-30-20 nos 20 à 40).

b. Les plus-values constatées lors de la **transmission à titre gratuit** (succession, donation) des parts à une personne physique bénéficient d'un report d'imposition étudié au no 22165.

21668 **Régimes d'exonération** La cession de parts sociales ayant le caractère d'un actif professionnel ouvre droit au régime d'**exonération en fonction des recettes** prévu à l'article 151 septies du CGI (nos 9650 s.) à condition que les parts soient détenues en tant qu'actif professionnel depuis au moins cinq ans par l'associé et que la quote-part de recettes lui revenant (calculée à proportion de ses droits dans le bénéfice comptable : CE 14-11-2018 nos 407063 et 407065 : RJF 2/19 n° 150), majorée, le cas échéant, de ses recettes individuelles, n'excède pas les limites fixées par la loi. Cette règle s'applique quelle que soit la nature de l'activité de la société (BIC, BNC ou BA).

Pour l'appréciation de la **condition d'exercice de l'activité** pendant au moins cinq ans, si l'associé a précédemment exercé son **activité à titre individuel,** le Conseil d'État considère que la durée d'activité est appréciée en totalisant les périodes d'activité à titre individuel et au sein de la société (CE 13-1-2010 n° 301985 : RJF 4/10 n° 350). L'administration n'accepte un tel cumul que si l'activité a été apportée à la société dans les conditions prévues à l'article 151 octies du CGI (BOI-BIC-PVMV-40-10-10-20 nos 130 et 140).

Lorsque l'associé cède l'intégralité de ses parts, la **condition de détention des droits pendant au moins cinq ans** est satisfaite si ce délai est atteint à la date de la cession. En cas de **cession partielle,** l'échéance du délai de cinq ans se situe à la clôture de l'exercice au cours duquel les parts sont cédées, sauf si l'associé cesse à cette occasion d'exercer une activité professionnelle au sein de la société. Dans ce dernier cas, il convient de retenir la date de cessation d'activité (BOI-BIC-PVMV-40-10-10-20 n° 150).

> **Précisions** Pour l'appréciation du **respect des limites de recettes,** en cas de **donation en usufruit** de parts de la société civile, les droits du nu-propriétaire dans les bénéfices sociaux de la société sont diminués à hauteur de la donation faite à l'usufruitier pour calculer sa quote-part de recettes, alors même que le nu-propriétaire conserve la qualité d'associé (CAA Douai 13-10-2022 n° 20DA01459 : RJF 2/23 n° 101).

21670 Les plus-values qui résultent de la cession de l'intégralité des parts de la société civile détenues par un associé y exerçant son activité professionnelle ouvrent droit au régime d'**exonération en fonction de la valeur des éléments cédés** prévu par l'article 238 quindecies du CGI (nos 9720 s.).

Pour l'appréciation des limites d'exonération de 500 000 € (exonération totale) et de 1 M€ (exonération partielle), il est tenu compte non seulement de la valeur vénale des parts sociales cédées susceptibles de bénéficier de l'exonération, mais aussi, le cas échéant, de la valeur des parts cédées au cours des cinq années précédentes.

Pour l'appréciation de la condition d'exercice de l'activité pendant au moins cinq ans, lorsque l'activité a été successivement exercée à titre individuel puis au sein de la société, l'administration n'accepte le cumul des durées d'exploitation que si l'activité individuelle a été apportée à la société dans les conditions prévues à l'article 151 octies du CGI (BOI-BIC-PVMV-40-20-50 n° 220).

S'agissant de la condition d'absence de liens de dépendance entre les parties, le cédant ne doit détenir, directement ou indirectement, aucun droit de vote ou droit aux bénéfices sociaux dans l'entreprise cessionnaire (de manière continue au cours des trois années qui suivent la cession). Cette condition se cumule avec celle selon laquelle le cédant ne peut exercer aucune fonction de direction, de droit ou de fait, dans l'entreprise cessionnaire. La cession de parts de SCP à des coassociés, suivie de l'attribution au cédant de parts en industrie dans cette SCP ouvrant droit au partage des bénéfices, peut bénéficier de l'exonération, la SCP ne pouvant être considérée comme le cessionnaire des parts (CE 19-5-2021 n° 430265 : RJF 8-9/21 n° 788).

Les plus-values de cession des parts peuvent être exonérées y compris lorsque l'actif social de la société civile est principalement constitué de biens immobiliers affectés par la société à sa propre exploitation ou de droits ou parts de sociétés dont l'actif est principalement constitué des mêmes biens, droits ou parts. Les terrains à bâtir ne sont pas considérés comme affectés à l'exploitation de la société.

L'administration admet que les professionnels libéraux qui détiennent des parts de sociétés civiles de moyens bénéficient de l'exonération lorsqu'ils cèdent leur clientèle concomitamment à la vente de l'intégralité des parts dans cette société (BOI-BIC-PVMV-40-20-50 n° 180).

ASSOCIÉ PARTANT EN RETRAITE

21675 Lorsqu'un associé cède, à l'occasion de son départ en retraite, l'intégralité des parts sociales de la société civile dans laquelle il exerce son activité, la **plus-value professionnelle** réalisée peut être **exonérée** sous certaines conditions (CGI art. 151 septies A). Les plus-values en report d'imposition devenant taxables du fait de cette cession peuvent également être exonérées.

L'**option** pour ce régime d'exonération est exercée lors du dépôt de la déclaration de cessation (BOI-BIC-PVMV-40-20-20-50 n° 30).

Ce dispositif peut se **combiner avec les exonérations** applicables en fonction du montant des recettes (nos 9650 s.) ou de la valeur des éléments cédés (nos 9720 s.). Un associé qui ne bénéficie que d'une exonération partielle compte tenu du montant de ses recettes (ou de la valeur des parts cédées) peut ainsi demander à bénéficier du régime prévu en cas de départ en retraite pour la fraction des plus-values qui reste imposable.

Conditions de l'exonération La cession par un associé de l'**intégralité de ses parts** de la société civile dans laquelle il exerce son activité peut bénéficier de l'exonération si les conditions suivantes sont remplies : 21677

– l'associé a exercé pendant au moins **cinq ans** son **activité professionnelle** au sens de l'article 151 nonies du CGI dans la société civile dont les parts sont cédées ; sont notamment visées les cessions de parts de **SCP** et de **SCM** si, dans ce dernier cas, la cession des parts est réalisée en même temps que celle de la clientèle (BOI-BIC-PVMV-40-20-20-20 n° 160) ;

– quelle que soit son activité (BA, BNC, BIC), la société civile répond à la définition des **petites et moyennes entreprises** visée n° 10220 ;

– le **cédant cesse toute fonction** dans la société dont les parts sont cédées et **fait valoir ses droits à la retraite** dans les deux ans suivant ou précédant la cession. Le départ à la retraite et la cessation des fonctions peuvent intervenir l'un avant la cession et l'autre après (ou inversement), à condition qu'il ne s'écoule pas plus de 24 mois, appréciés de date à date, entre chacun de ces deux événements et la cession. Il ne peut donc pas s'écouler plus de 48 mois entre ces deux événements (BOI-BIC-PVMV-40-20-20-30 nos 10 et 20). Par exemple, si le cédant cesse son activité le 1er juillet 2023 et cède ses parts sociales le 1er juillet 2025, il doit partir à la retraite au plus tard le 1er juillet 2027. Toutefois, lorsque le cédant a fait valoir ses droits à la retraite entre le 1er janvier 2019 et le 31 décembre 2021 et que ce départ en retraite précède la cession, le délai est porté de deux à trois ans. Le délai maximal entre départ en retraite et cessation des fonctions peut ainsi aller jusqu'à 72 mois. Par exemple, si le contribuable a fait valoir ses droits à la retraite le 15 mars 2020, préalablement à la cession, il bénéficie d'un délai de trois ans pour céder ses parts sociales, à compter du premier des deux événements survenus entre le départ à la retraite et la cessation des fonctions. Si le départ à la retraite est le premier événement, il doit procéder à la cession au plus tard le 15 mars 2023 et avoir cessé ses fonctions dans les trois ans avant ou après la cession (BOI-BIC-PVMV-40-20-20-30 n° 1) ;

– le cédant n'est pas considéré comme exerçant un **contrôle** sur l'entreprise cessionnaire à un moment quelconque au cours des trois années qui suivent la cession ; l'existence d'un contrôle est établie lorsque le cédant détient directement ou indirectement plus de 50 % des droits de vote ou des droits dans les bénéfices sociaux au sein de l'entreprise cessionnaire.

Si l'associé cédant a exercé antérieurement son **activité** à titre individuel ou dans d'autres sociétés, le **délai minimum de cinq ans** est décompté uniquement à partir du début de l'exercice de son activité professionnelle dans la société civile dont les parts sont cédées, hormis le cas où il a apporté son activité à la société dans les conditions prévues par l'article 151 octies du CGI (BOI-BIC-PVMV-40-20-20-10 n° 170). Pour l'appréciation du délai de cinq ans, il ne peut pas être tenu compte de la période pendant laquelle le cédant a exercé son activité dans le cadre d'une société assujettie à l'impôt sur les sociétés (BOI-BIC-PVMV-40-20-20-10 n° 130 ; CE 19-6-2015 n° 376137 : RJF 10/15 n° 757).

La **date à laquelle le cédant fait valoir ses droits à la retraite** s'entend de la date à laquelle il entre en jouissance de ses droits dans le régime obligatoire de base auprès duquel il est affilié à raison de l'activité cédée (BOI-BIC-PVMV-40-20-20-30 n° 100). Il n'est pas exigé qu'il liquide sa retraite au taux plein ou qu'il fasse valoir ses droits auprès d'un régime de retraite complémentaire (Rép. Blanc : AN 9-1-2007 n° 96903, non reprise dans Bofip).

Pour apprécier la condition de cession de l'**intégralité des parts** dans le délai de 2 ans lorsque les **cessions** sont **échelonnées dans le temps,** toutes les cessions intervenues dans un délai de 24 mois avant la dernière cession peuvent être prises en compte, sous réserve que la cessation des fonctions et le départ à la retraite interviennent dans les 24 mois avant ou après cette dernière cession (BOI-BIC-PVMV-40-20-20-20 n° 200).

› Précisions **a.** Le régime d'exonération est applicable en cas de **rachat** ou d'**annulation des parts** par la société civile qui les a émises (BOI-BIC-PVMV-40-20-20-10 n° 320).

b. Si la **société civile cède son activité** et est concomitamment **dissoute,** la quote-part de plus-value revenant à l'associé qui fait valoir à cette occasion ses droits à la retraite est exonérée en application de l'article 151 septies A du CGI. La condition d'exercice de l'activité professionnelle pendant cinq ans s'apprécie, selon l'administration, au niveau de l'associé et non au niveau de la société cédante (BOI-BIC-PVMV-40-20-20-20 n° 260).

c. Dans l'hypothèse de la **cession** par un dirigeant partant en retraite **de plusieurs sociétés distinctes** dans lesquelles il exerce son activité à titre professionnel, l'exonération prévue à l'article 151 septies A du CGI s'applique sans être limitée à la transmission d'une seule activité, toutes conditions étant par ailleurs remplies. La cession de l'intégralité des parts détenues dans les différentes entreprises doit alors être réalisée dans le délai de deux ans (Rép. Joyandet : Sén. 10-8-2017 n° 132).

d. En cas de **cession de parts d'une SCP de notaires** par un associé partant à la retraite, la condition de cessation des fonctions est remplie lors de la publication de l'arrêté de retrait (CAA Nantes 30-1-2020 n° 18NT00362).

21678 **Portée de l'exonération** L'exonération s'applique à la **totalité des plus-values** professionnelles, à court terme ou à long terme, dégagées à l'occasion de la cession, à l'exception des plus-values immobilières qui restent imposables dans les conditions de droit commun (avec application, le cas échéant, de l'abattement pour durée de détention : n°s 9640 s.). Les **plus-values immobilières** s'entendent des plus-values réalisées à raison des parts de sociétés civiles dont l'actif est principalement constitué par des biens immobiliers bâtis ou non bâtis. Toutefois, les plus-values réalisées à l'occasion de la cession de l'intégralité des parts d'une société civile peuvent être exonérées lorsque l'actif social est principalement constitué de **biens immobiliers affectés par la société à sa propre exploitation** (ou donnés en location à titre principal à des entreprises liées au sens de l'article 39, 12 du CGI lorsque celles-ci les affectent à leur propre exploitation) ou de droits ou parts de sociétés dont l'actif est principalement constitué des mêmes biens, droits ou parts.

Bien qu'exonérées d'impôt sur le revenu, les **plus-values** restent soumises aux prélèvements sociaux au taux global de 17,2 % pour les plus-values à long terme et au taux de 9,7 % pour les plus-values à court terme, y compris lorsqu'elles ont été placées en report d'imposition avant l'instauration de ces prélèvements (CE 12-10-2018 n° 401292 : RJF 1/19 n° 103).

Lorsque la **cessation d'activité précède la cession** des parts, l'associé est autorisé à ne pas déclarer les plus-values professionnelles résultant de la cessation afin d'en repousser la constatation à la date de la cession et de bénéficier alors de l'exonération prévue par l'article 151 septies A du CGI. Cette solution est subordonnée à une mention expresse à l'appui de la déclaration de cessation (BOI-BIC-PVMV-40-20-20-40 n° 20).

21680 **Plus-values en report d'imposition** Certaines plus-values en report d'imposition, qui deviennent en principe taxables du fait de la cession des parts, peuvent être **exonérées** sous certaines conditions.

Seules sont concernées les plus-values en report d'imposition réalisées dans le cadre des **opérations suivantes** : apport en société par une personne physique d'une entreprise individuelle ou d'une branche d'activité, seules les plus-values d'apport sur biens non amortissables étant visées (n° 4710) ; apport en société de titres inscrits au bilan d'une entreprise individuelle (n°s 4750 s.) ou de titres d'associé d'une société civile (n° 21667) ; restructuration de sociétés civiles professionnelles (n°s 56105 s.) ; restructuration de sociétés civiles agricoles (n° 60100) ; apport d'un brevet à la société chargée de l'exploiter (CGI art. 93 quater, I ter).

Lorsque la plus-value réalisée par l'associé cédant relève du **régime des plus-values professionnelles,** la plus-value en report d'imposition est exonérée lorsque la plus-value dégagée à l'occasion du départ en retraite bénéficie elle-même de l'exonération, l'ensemble des conditions requises à cet effet étant satisfaites.

> Précisions Lorsque la plus-value réalisée par le cédant relève du **régime des plus-values des particuliers** (par exemple, lorsque la société civile dans laquelle il exerce son activité professionnelle a opté pour l'impôt sur les sociétés), les plus-values professionnelles en report d'imposition sont exonérées sous les conditions suivantes (la plus-value de cession relevant du régime des plus-values privées pouvant quant à elle bénéficier, le cas échéant, de l'abattement pour durée de détention visé n°s 21820 s.) (CGI art. 151 septies A, IV bis) :
– le cédant doit avoir exercé de manière continue pendant les cinq ans précédant la cession une fonction de direction (au sens et dans les conditions prévues pour l'IFI) dans la société dont les parts sont cédées ;
– il doit cesser toute fonction dans cette société et faire valoir ses droits à la retraite dans les deux années suivant ou précédant la cession (voir toutefois n° 21677 le cas où le délai est porté de deux à trois ans) ;
– il ne doit pas détenir directement ou indirectement le contrôle majoritaire de la société cessionnaire jusqu'au terme de la troisième année suivant la cession des titres ;
– la cession doit porter sur l'intégralité des parts détenues ;
– la société doit être une PME ayant exercé de manière continue pendant les cinq années précédant la cession une activité commerciale, industrielle, artisanale, libérale ou agricole, à l'exception de la gestion de son propre patrimoine, et avoir son siège dans l'Union européenne, en Norvège, en Islande ou au Liechtenstein.
Les plus-values en report concernées sont celles mentionnées précédemment n° 21680, auxquelles il convient d'ajouter celles résultant de l'option à l'impôt sur les sociétés de la société civile dans laquelle l'associé exerce son activité professionnelle (n° 21667).

ASSOCIÉ SIMPLE APPORTEUR DE CAPITAUX

21685 Les parts sociales détenues par un associé qui n'exerce pas d'activité au sein de la société civile sont traitées comme des éléments du patrimoine privé. Les plus-values ou moins-values de cession de ces parts relèvent du régime des plus-values ou moins-values sur valeurs mobilières et droits sociaux prévu aux articles 150-0 A à 150-0 E du CGI (voir n°s 21700 s.).

b. Société civile soumise à l'IS

Lorsque la société civile dont les parts sont cédées est soumise, de plein droit ou sur option, à l'impôt sur les sociétés, la plus-value de cession de ces titres relève exclusivement du régime des plus-values sur valeurs mobilières et droits sociaux prévu aux articles 150-0 A à 150-0 E du CGI (voir nos 21700 s.). 21690

3. AUTRES CESSIONS DE TITRES : RÉGIME DES PLUS-VALUES SUR VALEURS MOBILIÈRES ET DROITS SOCIAUX

Les plus-values sur valeurs mobilières et droits sociaux sont soumises de plein droit à un **prélèvement forfaitaire unique** (PFU) de 12,8 % ou, sur **option** globale du contribuable, au **barème progressif** de l'impôt sur le revenu. 21700

Les plus-values sont également soumises aux **prélèvements sociaux** au titre des revenus du patrimoine au taux de 17,2 %.

a. Champ d'application

PERSONNES IMPOSABLES

Le régime des plus-values mobilières privées s'applique aux plus-values réalisées par les **personnes physiques** dans le cadre de la gestion de leur patrimoine privé, soit directement, soit au travers d'une personne interposée ou d'une fiducie. 21705

Les associés de sociétés de personnes considérées comme **personnes interposées** (notamment les sociétés non soumises à l'IS ayant pour objet l'acquisition et la gestion d'un portefeuille-titres) sont imposables selon le régime des plus-values privées à raison de la fraction de la plus-value correspondant à leurs droits. Dans la mesure où ce sont de simples apporteurs de capitaux, ces associés sont également imposables sur la plus-value de cession de leurs droits dans la société interposée.

> Précisions **a.** Le régime des plus-values privées s'applique également aux plus-values réalisées par les **entreprises relevant de l'impôt sur le revenu** lorsqu'elles cèdent des **titres inscrits à l'actif** qui ne sont **pas affectés à l'activité** (n° 9792). On notera aussi que certaines plus-values peuvent être **imposées pour partie selon le régime d'imposition des plus-values privées** et pour partie selon celui des plus-values professionnelles : c'est le cas, par exemple, lorsque les parts sociales cédées ont été inscrites à l'actif et affectées à l'activité professionnelle après avoir figuré dans le patrimoine privé du cédant (n° 21664).

b. Sur la question de l'affectation à l'exercice de l'activité professionnelle et de l'inscription à l'actif (ou au registre des immobilisations) des parts d'une société civile **détenues par une entreprise individuelle** : voir n° 21620, Attention.

c. Les plus-values de cession de valeurs mobilières ou de droits sociaux sont susceptibles d'être taxées selon le régime des bénéfices non commerciaux lorsqu'elles résultent d'**opérations de bourse** effectuées dans des conditions analogues à celles qui caractérisent une activité exercée par une personne se livrant à titre professionnel à ce type d'opérations (CGI art. 92, 2-1°). En pratique, cette taxation au titre des BNC a un caractère exceptionnel.

OPÉRATIONS IMPOSABLES : PRINCIPES

Sont imposables les gains nets retirés des cessions à titre onéreux des valeurs mobilières et droits sociaux. 21710

Par « **cession à titre onéreux** », il convient d'entendre non seulement les ventes mais aussi les rachats par la société de ses propres titres, les apports en société, les échanges de titres, les prêts de titres (s'ils se traduisent par un transfert de propriété) et les partages (dans la limite des soultes) autres que ceux de communauté ou de succession.

Titres concernés Le régime de l'article 150-0 A du CGI s'applique aux cessions de valeurs mobilières françaises et étrangères (cotées ou non cotées), aux cessions de droits sociaux, aux cessions de droits d'usufruit et de nue-propriété portant sur les valeurs mobilières ou les droits sociaux ainsi qu'aux cessions de titres représentatifs des mêmes valeurs ou droits. 21715

Constituent des **valeurs mobilières** les actions, obligations, certificats d'investissement, titres participatifs et autres titres d'emprunts négociables mentionnés aux articles 118, 1° (titres français) et 120, 6° et 7° du CGI (titres étrangers) ainsi que les droits de souscription ou d'attribution attachés à ces valeurs. Par ailleurs, sont considérés comme des valeurs mobilières pour l'application de l'article 150-0 A du CGI :

– les titres de Sicomi (CGI art. 150-0 A, II-3) ;

– les parts de fonds communs de créances et de fonds communs de titrisation dont la durée à l'émission est supérieure à cinq ans.

Les **droits sociaux** s'entendent des actions et des parts sociales de sociétés cotées ou non cotées, passibles ou non de l'impôt sur les sociétés, quelle que soit l'importance de la participation du cédant. Les titres des sociétés immobilières transparentes et ceux de certaines sociétés à prépondérance immobilière sont toutefois, comme on l'a vu n° 21650, soumis au régime des plus-values immobilières.

> **Précisions** Les **titres représentatifs de valeurs ou droits** imposables sont les titres de sociétés ou groupements dont l'actif est principalement constitué de valeurs ou droits imposables. Sont visés les actions de Sicav, de Sppicav, de Sicaf, les parts de fonds communs de placement, les titres de sociétés d'investissement ou de sociétés de portefeuille ainsi que les titres de sociétés ou groupements qualifiés de personnes interposées par l'article 150-0 A du CGI, notamment les sociétés civiles de portefeuille et les clubs d'investissement. Sont exclues, en revanche, les parts de fonds de placement dans l'immobilier.

REPORT D'IMPOSITION EN CAS D'APPORT-CESSION DE TITRES

21750 La plus-value réalisée depuis le 14 novembre 2012, directement ou par personne interposée, lors de l'apport de titres à une société soumise à l'impôt sur les sociétés contrôlée par l'apporteur est exclue du sursis d'imposition visé nos 21760 s., mais relève d'un régime de **report d'imposition automatique** lorsque les conditions suivantes sont remplies (CGI art. 150-0 B ter) :

– l'**apport** est réalisé en France, dans un État membre de l'Union européenne ou un État ou territoire ayant conclu avec la France une convention fiscale contenant une clause d'assistance administrative en vue de lutter contre la fraude et l'évasion fiscales ;

– la **société bénéficiaire de l'apport** est soumise à l'impôt sur les sociétés (ou à un impôt équivalent). Elle est contrôlée par l'apporteur (dans le cas contraire, l'apport est soumis au régime du sursis d'imposition visé nos 21760 s.). Cette condition est appréciée à la date de l'apport (ou de la donation dans le cas visé n° 21754), en tenant compte des droits détenus par l'apporteur à l'issue de celui-ci.

Dans ce cas, la **plus-value d'apport** réalisée est calculée et déclarée lors de sa réalisation, mais son imposition est reportée au moment où s'opère l'un des événements visés n° 21752. Elle est imposée selon les règles d'assiette et de taux en vigueur lors de l'apport. En ce qui concerne toutefois les opérations d'échange entrant dans le champ d'application de la directive « fusions », voir n° 21821.

Les conditions d'application de l'**abattement pour durée de détention** sont appréciées à la date de l'apport, au regard des titres apportés, et le décompte de la durée de détention est arrêté à cette même date. Ainsi, à l'expiration du report, les **plus-values d'apport réalisées depuis le 1er janvier 2018** peuvent être réduites de l'abattement proportionnel de droit commun ou renforcé (nos 21821 s. et 21824), sous réserve que les titres apportés aient été acquis avant cette date et que l'option pour le barème progressif ait été exercée au titre de l'année de réalisation de l'apport (BOI-RPPM-PVBMI-30-10-60-10 n° 190).

Le **taux d'imposition** appliqué à la plus-value à l'expiration du report correspond à celui qui aurait été appliqué à la plus-value si elle avait été imposée au titre de l'année de l'apport en l'absence de report (BOI-RPPM-PVBMI-30-10-60-20 n° 360).

Le taux d'imposition applicable aux **plus-values placées en report depuis le 1er janvier 2018** est, **en principe,** égal à 12,8 %. Toutefois, lorsque l'option globale pour le barème progressif est exercée par l'apporteur (n° 21855), un **taux spécifique** d'imposition s'applique, déterminé comme suit (CGI art. 200 A, 2 ter-a) :

$$\frac{\text{Impôt théorique (barème progressif de l'IR au titre de l'année du report) calculé sur la somme des PV en report et des revenus déjà imposés – impôt dû (au titre de la même année)}}{\text{PV en report}}$$

IR = impôt sur le revenu ; PV = plus-values (étant précisé qu'elles sont réduites, le cas échéant, de l'abattement pour durée de détention proportionnel de droit commun ou renforcé mentionné nos 21821 s. et 21824).

En présence de **moins-values imputables** sur la plus-value dont le report expire, l'abattement pour durée de détention ne peut, le cas échéant, être appliqué qu'au reliquat de plus-value subsistant après imputation de ces moins-values (BOI-RPPM-PVBMI-30-10-60-20 n° 330).

> **Précisions** **a.** L'apporteur est **considéré comme contrôlant** la société :
> – lorsqu'il détient directement ou indirectement, ou par l'intermédiaire de son groupe familial, la majorité des droits de vote ou des droits dans les bénéfices sociaux de la société. Le groupe familial est constitué de son conjoint (ou partenaire lié par un Pacs), de leurs

ascendants et descendants, et de leurs frères et sœurs ;
– lorsqu'il dispose seul de la majorité des droits de vote ou des droits dans les bénéfices sociaux de cette société en vertu d'un pacte d'associés ;
– lorsqu'il exerce en fait le pouvoir de décision.
Il est **présumé exercer ce contrôle** lorsqu'il dispose directement ou indirectement d'au moins un tiers des droits de vote ou des droits dans les bénéfices sociaux et qu'aucun associé ne détient directement ou indirectement une participation supérieure à la sienne. Par ailleurs, l'apporteur et une ou plusieurs personnes agissant de concert sont considérés comme **contrôlant conjointement** une société lorsqu'ils déterminent en fait les décisions prises en assemblée générale.

b. Les **apports avec soulte** sont immédiatement imposables :
– lorsque le **montant** de la soulte reçue, lequel comprend le cas échéant le complément de prix perçu en numéraire, **excède 10 % de la valeur nominale** des titres reçus ;
– à hauteur de la soulte, lorsque celle-ci **n'excède pas** 10 % de la valeur nominale des titres reçus.

Voir à cet égard les précisions données à propos du sursis d'imposition n° 21760.

c. Pour les **plus-values placées en report d'imposition entre le 14 novembre et le 31 décembre 2012**, l'abattement pour durée de détention n'est pas applicable à l'expiration du report. Ces plus-values bénéficient, en revanche, des règles d'assiette et du taux de taxation de 24 % (ou, sur option du contribuable et sous réserve de respecter certaines conditions, de 19 %) en vigueur en 2012. Le taux d'imposition applicable aux plus-values placées en report d'imposition **entre le 1er janvier 2013 et le 31 décembre 2017** est déterminé suivant la même formule que celle du taux spécifique exposé ci-dessus (les plus-values étant réduites, le cas échéant, de l'abattement de droit commun ou renforcé mentionné à l'article 150-0 D, 1 du CGI en vigueur jusqu'au 31 décembre 2017).

En ce qui concerne toutefois l'application de l'abattement pour durée de détention aux opérations d'échange entrant dans le **champ de la directive « fusions »**, voir n° 21821.

d. Les plus-values réalisées par l'intermédiaire d'une **fiducie** sont éligibles au mécanisme de report d'imposition (BOI-RPPM-PVBMI-30-10-60-10 n° 40).

Fin du report d'imposition

21752 Le report d'imposition prend fin :

– lors de la **cession** à titre onéreux, du rachat, du remboursement ou de l'annulation des **titres reçus en rémunération de l'apport,** ou des parts ou droits dans les sociétés ou groupements interposés ;

– lors de la **cession** à titre onéreux, du rachat, du remboursement ou de l'annulation des **titres apportés à la société bénéficiaire** dans un délai de trois ans à compter de l'apport, sauf si cette société s'engage à réinvestir dans un délai de deux ans à compter de la cession au moins 60 % du produit de la cession (en ce compris, le cas échéant, les compléments de prix versés ultérieurement) dans une activité économique ;

– lorsque l'apporteur **transfère son domicile fiscal hors de France** dans les conditions prévues à l'article 167 bis du CGI (nos 21900 s.) antérieurement aux événements mentionnés ci-dessus.

Le **réinvestissement du produit de la cession** dans une activité économique par la société cédante peut porter sur :

– le financement de moyens permanents d'exploitation affectés à son activité commerciale, industrielle, artisanale, libérale, agricole ou financière (à l'exclusion de la gestion de son propre patrimoine mobilier ou immobilier) ;

– l'acquisition d'une fraction du capital d'une ou de plusieurs sociétés exerçant une telle activité (ayant leur siège de direction effective dans un État de l'Espace économique européen et soumises à l'impôt sur les sociétés) et qui a pour effet de lui en conférer le contrôle ;

– la souscription en numéraire au capital d'une ou de plusieurs sociétés ayant leur siège de direction effective dans un État de l'Espace économique européen, soumises à l'impôt sur les sociétés et exerçant une activité commerciale, industrielle, artisanale, libérale, agricole ou financière.

Sont notamment éligibles au remploi les activités de marchand de biens ainsi que les activités de promotion immobilière (BOI-RPPM-PVBMI-30-10-60-20 n° 100). En revanche, selon l'administration, sont exclues du champ d'application du remploi les activités de location d'immeubles meublés ou équipés qui, bien qu'assimilées à des activités commerciales, constituent des activités de gestion de son propre patrimoine immobilier (BOI-RPPM-PVBMI-30-10-60-20 n° 110).

La société cédante peut également procéder à la souscription de parts ou actions de fonds communs de placement à risques (FCPR), de fonds professionnels de capital-investissement (FPCI), de sociétés de libre partenariat (SLP), de sociétés de capital-risque (SCR) ou d'organismes similaires d'un autre État membre de l'Union européenne, d'Islande, de Norvège ou du Liechtenstein. Pour les cessions de titres apportés réalisées depuis le 1er janvier 2020, la souscription est effectuée en deux temps : dans les deux ans de la cession, la société cédante prend un ou plusieurs engagements de souscrire des parts ou actions auprès de ces structures d'investissement et le versement effectif des sommes doit intervenir dans les cinq ans suivant la signature de chaque engagement.

Les biens ou titres objet du réinvestissement doivent être conservés pendant au moins 12 mois à compter de la date de leur inscription à l'actif de la société. En cas de souscription de parts ou actions de certaines structures d'investissement, la société cédante doit conserver les parts ou actions jusqu'à l'expiration du délai de cinq ans courant à compter de la signature de chaque engagement de souscription.

En cas d'événement mettant fin au report d'imposition, il n'est mis fin au report d'imposition qu'**à proportion des titres cédés** à titre onéreux, rachetés, remboursés ou annulés.

Lorsque les **titres reçus en rémunération de l'apport** (ou les titres des groupements ou sociétés interposés) font eux-mêmes l'objet d'un **apport ultérieur** placé sous le régime du sursis d'imposition (n°s 21760 s.) ou sous le régime de report (n°s 21750 s.), le report initial est maintenu de plein droit, quel que soit le nombre d'échanges successifs.

L'apport à une société contrôlée au sens de l'article 150-0 B ter du CGI ne met pas fin aux **reports d'imposition optionnels** visés n°s 21770, 21775 et 21800. Il est mis fin à ces reports lors de la survenance d'un événement mettant fin au report d'imposition de plein droit, ou en cas de transmission des titres reçus en rémunération de l'apport (ou des titres reçus en cas d'échanges successifs) dans les conditions prévues par certains de ces dispositifs de report optionnels.

Le report d'imposition est maintenu lorsque la **société émettrice des titres apportés** est **absorbée** par la société bénéficiaire de l'apport, y compris dans le délai de trois ans à compter de l'apport (BOI-RPPM-PVBMI-30-10-60-20 n° 250).

En cas de **cession** (rachat, remboursement ou annulation) **des titres apportés** dans les trois ans de l'apport, la société bénéficiaire de l'apport mentionne sur une **attestation annexée à sa déclaration de résultat** les informations relatives à l'événement en cause, accompagnée le cas échéant d'un **engagement de remploi.** Le remploi ultérieur ou l'absence de remploi font également l'objet d'une attestation jointe à la déclaration de la société. Une copie de ces attestations est transmise à l'apporteur (CGI ann. III art. 41 quatervicies A).

Le **non-respect de la condition de réinvestissement** par la société bénéficiaire de l'apport met fin au report d'imposition au titre de l'année au cours de laquelle le délai de deux ans expire. Dans ce cas, l'imposition de la plus-value d'apport est assortie du paiement de l'intérêt de retard décompté à partir de la date d'apport des titres. En cas de souscription de parts ou actions de certaines structures d'investissement, le non-respect de la condition de versement effectif des sommes dans les cinq ans suivant la signature de chaque engagement met fin au report d'imposition au titre de l'année au cours de laquelle expire le délai de cinq ans.

21754 Lorsque les **titres reçus en rémunération de l'apport** font l'objet d'une **donation** (ou d'un don manuel) et que le bénéficiaire de la donation contrôle la société bénéficiaire de l'apport (dans les conditions prévues n° 21750, précision a.), la plus-value en report est imposée au nom du bénéficiaire de la donation :

– en cas de cession, d'apport, de remboursement ou d'annulation des titres reçus dans un délai de cinq ans à compter de la donation (délai porté à dix ans lorsque les titres apportés ont été cédés par la société bénéficiaire et font l'objet d'un réinvestissement indirect via une structure d'investissement), sauf en cas licenciement, d'invalidité ou de décès du bénéficiaire de la donation ou de son conjoint ou partenaire de Pacs soumis à une imposition commune ;

– en cas de cession, d'apport, de remboursement ou d'annulation des titres apportés à la société bénéficiaire dans les trois ans de l'apport réalisé par le donateur (sauf réinvestissement économique du produit de la cession dans les conditions énoncées au n° 21752).

> Précisions a. Les délais de cinq et dix ans sont applicables aux **transmissions** par voie de donation (ou de don manuel) réalisées **depuis le 1er janvier 2020.** Pour les transmissions réalisées **avant cette date,** le délai de conservation des titres par le bénéficiaire de la donation était fixé à 18 mois. Ce délai étant désormais expiré, la plus-value en report est définitivement exonérée en cas de cession des titres reçus ou des titres apportés.

b. Le bénéficiaire de la donation mentionne dans la proportion des titres transmis le montant de la plus-value en report dans la **déclaration d'ensemble des revenus** s'il contrôle la société bénéficiaire de l'apport.

c. La plus-value en report est imposée après **déduction des frais de donation.**

SURSIS D'IMPOSITION EN CAS D'ÉCHANGES DE TITRES

Un dispositif de sursis d'imposition s'applique aux plus-values et moins-values réalisées **depuis le 1er janvier 2000** et résultant de certaines opérations d'échange de titres réalisées à l'occasion (CGI art. 150-0 B) : 21760

– d'un **apport de titres** à une société soumise à l'IS (c'est-à-dire, selon l'administration, à une société qui entre, de plein droit ou sur option, dans le champ d'application de cet impôt sans en être exonérée de façon permanente par une disposition particulière), à condition que la société ne soit pas contrôlée par l'apporteur (dans le cas contraire, la plus-value fait l'objet d'un report d'imposition : voir nos 21750 s.) ;

– d'une opération d'**offre publique,** de **fusion,** de **scission** ou d'**absorption d'un FCP par une Sicav** ;

– d'opérations de **conversion,** de **division** ou de **regroupement.**

Le sursis d'imposition s'applique **automatiquement,** sans que le contribuable ait à souscrire une déclaration ni à formuler une demande.

En cas **d'échange avec soulte,** le sursis d'imposition est subordonné à la condition que le montant de la soulte reçue par le contribuable, lequel comprend le cas échéant le complément de prix perçu en numéraire, n'excède pas 10 % de la valeur nominale des titres reçus. Dans le cas contraire, la plus-value d'échange est imposable immédiatement (ou la moins-value imputable dans les conditions de droit commun). Lorsque la condition tenant à l'importance de la soulte est remplie, le sursis est, en principe, applicable. Toutefois, pour les opérations d'échange intervenues depuis le 1er janvier 2017, la plus-value correspondant à la soulte reçue est imposée immédiatement au titre de l'année de l'échange dans les conditions de droit commun (pour les opérations réalisées avant cette date, le sursis d'imposition s'applique à l'intégralité de la plus-value). Lorsque la plus-value d'échange est inférieure à la soulte reçue, la totalité de la plus-value réalisée fait l'objet d'une imposition immédiate. Dans ce cas, le sursis ne trouve donc pas, en pratique, à s'appliquer (BOI-RPPM-PVBMI-30-10-20-20 no 40).

Dans le cadre du sursis, la plus-value ou la moins-value d'échange n'est ni constatée ni imposée (ou imputée) l'année de l'échange. Elle n'est prise en compte que lors de la **cession ultérieure** (ou du rachat, du remboursement ou de l'annulation) des titres reçus en échange. La plus-value réalisée à cette date est calculée à partir du prix (ou de la valeur) d'acquisition originelle des titres remis à l'échange (le cas échéant, diminué du montant de la soulte reçue qui n'a pas fait l'objet d'une imposition au titre de l'année de l'échange, ou majoré de la soulte versée lors de cet échange). Elle peut, le cas échéant, bénéficier de l'abattement pour durée de détention dans les conditions exposées nos 21820 s. 21765

La plus-value en sursis est par ailleurs définitivement exonérée en cas de **transmission à titre gratuit** des titres reçus en échange (sauf s'il s'agit de dons ouvrant droit à la réduction IFI-dons).

Lorsqu'un apporteur a procédé à un apport de titres à une société passible de l'IS, l'administration considère que le **changement de régime fiscal de la société bénéficiaire** de l'apport (passage au régime fiscal des sociétés de personnes) met fin au sursis d'imposition (BOI-RPPM-PVBMI-30-10-20-20 no 230).

Un jugement prononçant la **liquidation judiciaire** d'une société passible de l'impôt sur les sociétés n'entraîne pas l'annulation des titres détenus par les associés et, par suite, n'entraîne pas l'imposition immédiate de leurs plus-values en sursis d'imposition (TA Nantes 13-9-2005 no 01-4150 : RJF 4/06 no 386).

Le sursis d'imposition est applicable aux **opérations effectuées hors de France** sous réserve que l'État dans lequel l'opération se déroule (ou, sauf pour les apports, l'État dans lequel le dépositaire des titres est établi) soit un État de l'Union européenne ou un État ayant conclu avec la France une convention fiscale contenant une clause d'assistance administrative en vue de lutter contre la fraude et l'évasion fiscales.

REPORT D'IMPOSITION DES PLUS-VALUES D'ÉCHANGE RÉALISÉES AVANT 2000

Les plus-values d'échange réalisées avant le 1er janvier 2000 à l'occasion d'un apport en société ou d'une opération d'offre publique, de fusion, de scission ou d'absorption d'un FCP par une Sicav ont pu bénéficier, sur demande du contribuable, d'un report d'imposition. 21770

Les plus-values en **report** au 1er janvier 2000 demeurent soumises au régime du report jusqu'à la **cession,** au rachat, au remboursement ou à l'annulation des titres reçus en échange (ou, en cas d'échange par l'intermédiaire d'une société ou d'un groupement non passible de l'IS, jusqu'à la cession, au rachat ou à l'annulation des droits dans cette société ou ce groupement). Lorsque ces opérations ne portent que sur une partie des titres reçus en échange, seule la fraction correspondante de la plus-value initialement reportée est imposée ; le surplus continue à bénéficier du report. Les **règles d'imposition** sont celles en vigueur au titre de l'année d'expiration du report.

En cas de **nouvel échange** placé sous le régime de sursis d'imposition de l'article 150-0 B du CGI (nos 21760 s.) ou du report d'imposition de l'article 150-0 B ter du CGI (nos 21750 s.), l'imposition de ces plus-values est reportée de plein droit au moment où s'opérera la cession, le rachat, le remboursement ou l'annulation des nouveaux titres reçus.

En cas de **transmission à titre gratuit** des titres reçus en échange, les plus-values en report d'imposition sont, selon l'administration, définitivement exonérées (BOI-RPPM-PVBMI-30-10-30-10 n° 330).

La **mise en communauté** de titres par l'effet d'un changement de régime matrimonial puis leur attribution au conjoint survivant en application du contrat de mariage constituent des avantages matrimoniaux et non des donations et ne sauraient donc être regardées comme des cessions à titre gratuit purgeant définitivement la plus-value en report (CE 27-3-2023 n° 456550 : RJF 6/23 n° 465).

Lorsqu'elles deviennent imposables, les plus-values en report ne peuvent pas, en principe, bénéficier de l'**abattement pour durée de détention.** En ce qui concerne toutefois les opérations d'échange entrant dans le champ de la directive « fusions », voir n° 21821.

Sur l'expiration du report d'imposition en cas de **transfert du domicile fiscal** du contribuable **hors de France,** voir nos 21900 s.

EXEMPLE

Soit un contribuable ayant, en 1999, échangé 10 titres A acquis au prix unitaire (après conversion) de 120 € contre 10 titres B d'une valeur unitaire à la date de l'échange égale à 180 €.
En 2001, les 10 titres B ont eux-mêmes été échangés contre 10 titres C d'une valeur unitaire égale (après conversion) à 220 €.
En 2023, le contribuable vend la totalité des titres C pour un prix global de 3 000 €.
Lors de l'opération d'échange des titres A contre les titres B, le contribuable a réalisé une plus-value de : (10 × 180 €) – (10 × 120 €) = 600 €, pour laquelle il a demandé le report d'imposition.
En 2001, l'opération d'échange des titres B contre les titres C a ouvert droit au sursis d'imposition.
En 2023, la cession des titres C entraîne l'imposition de la plus-value sur les titres C calculée à partir du prix d'acquisition des titres B remis à l'échange, soit 3 000 € – (10 × 180 €) = 1 200 €. La cession des titres C entraîne par ailleurs l'expiration du report d'imposition de la plus-value de 600 € réalisée en 1999.

REPORT D'IMPOSITION EN CAS DE REMPLOI DANS LES PME (AVANT 2006)

21775 Certains salariés et dirigeants de sociétés ont été autorisés, sur demande expresse de leur part, à reporter l'imposition des plus-values de cession de valeurs mobilières et droits sociaux réalisées **avant le 1er janvier 2006,** à condition de réinvestir le produit de la vente dans le capital d'une PME passible de l'impôt sur les sociétés. La suppression de ce dispositif, prévu par l'ancien article 150-0 C du CGI, n'a pas remis en cause les **reports en cours au 1er janvier 2006.**

Le report d'imposition prend **fin** au moment de la transmission (à titre onéreux ou gratuit), du rachat ou de l'annulation des titres acquis en remploi. Il n'est mis fin au report qu'à proportion des titres transmis, rachetés, remboursés ou annulés. Les règles d'imposition sont celles en vigueur au titre de l'année d'expiration du report.

Le **report** d'imposition est **prolongé** de plein droit en cas d'échange de titres bénéficiant du sursis d'imposition de l'article 150-0 B du CGI (nos 21760 s.) ou du report d'imposition de l'article 150-0 B ter du CGI (nos 21750 s.) et, sur demande, lorsque les titres font l'objet d'une cession dont le produit est de nouveau réinvesti dans le capital d'une PME (BOI-RPPM-PVBMI-30-10-40 n° 430).

Lorsqu'elle devient imposable, la plus-value en report ne peut pas, en principe, bénéficier de l'**abattement pour durée de détention** (voir n° 21821). En ce qui concerne toutefois les opérations d'échange entrant dans le champ de la directive « fusions », voir n° 21821.

Sur l'expiration du report d'imposition en cas de **transfert du domicile fiscal** du cédant **hors de France,** voir nos 21900 s.

REPORT D'IMPOSITION EN CAS DE CESSION DE PARTS INSCRITES SUR UN COMPTE PME INNOVATION

21776 Le compte PME innovation (CPI) (C. mon. fin. art. L 221-32-4 s.) est un compte spécial ouvert auprès d'un établissement de crédit qui permet aux entrepreneurs ayant leur domicile fiscal en France et remplissant certaines conditions de céder leurs titres (notamment leurs parts de sociétés civiles soumises à l'IS) en bénéficiant d'un report d'imposition des plus-values à la condition que le

produit de la vente soit réinvesti dans de jeunes PME. Ce report d'imposition est global, avec compensation des plus-values et moins-values, et s'applique jusqu'à la sortie des actifs.

Le CPI donne lieu à l'ouverture d'un compte-titres et d'un compte espèces associés.

L'**entrée dans le CPI** se fait par l'inscription sur le compte-titres des parts d'une société soumise à l'IS créée depuis moins de dix ans remplissant les conditions pour bénéficier de l'abattement pour durée de détention renforcé visé nº 21824 (parts que le titulaire du compte a acquises ou souscrites en dehors de ce compte et qu'il envisage de céder).

Le **titulaire** du CPI doit :

– soit détenir ou avoir détenu dans la société, à un moment quelconque depuis sa création, avec son groupe familial (conjoint ou partenaire de Pacs, leurs ascendants et descendants), au moins 25 % des droits de vote ou des droits dans les bénéfices sociaux ;

– soit avoir exercé au sein de la société une fonction de direction ou une activité salariée, pendant au moins 24 mois (ou, si la société a moins de 24 mois, depuis sa création) et détenir ou avoir détenu, à un moment quelconque depuis la création de la société, avec son groupe familial, au moins 5 % des droits de vote ou des droits dans les bénéfices sociaux. Le respect du seuil de 5 % n'est toutefois pas exigé lorsque la valeur des parts détenues excède 50 % de la valeur brute de l'ensemble des biens, droits et valeurs du titulaire du compte, y compris les parts de la société ;

– soit être signataire d'un pacte d'associés personnes physiques portant sur au moins 25 % des droits de vote ou des droits dans les bénéfices sociaux de la société, chaque signataire devant détenir au minimum 1 % des droits précités et au moins l'un d'entre eux devant avoir exercé dans la société une fonction de direction.

Fonctionnement du CPI Le **compte espèces est alimenté** par le prix de cession (ou de rachat) des parts inscrites sur le compte et, le cas échéant, les compléments de prix de cession. **21777**

Les sommes figurant sur le compte espèces doivent être **réinvesties** dans un délai de 24 mois à compter de la date de l'opération (cession, rachat) ou de leur perception (complément de prix). Elles doivent être employées :

– dans la **souscription au capital de PME** soumises à l'IS dont le titulaire du CPI n'est ni associé ni actionnaire (sauf investissements de suivi) et qui satisfont aux conditions d'éligibilité à la réduction d'impôt sur le revenu pour souscription au capital de PME visée à l'article 199 terdecies-0 A du CGI ;

– ou dans la souscription de parts ou actions de **certaines entités** : fonds communs de placement à risques, fonds professionnels de capital-investissement, sociétés de libre partenariat, sociétés de capital-risque ou organismes similaires situés dans un État membre de l'Union européenne, en Norvège, en Islande ou au Liechtenstein.

Le dispositif du CPI impose par ailleurs au titulaire du compte d'**accompagner chacune des sociétés dans lesquelles les sommes ont été réinvesties** soit en y exerçant une fonction de direction, soit en y étant administrateur ou membre du conseil de surveillance, soit en étant lié à la société par une convention d'accompagnement.

Le **non-respect** des dispositions relatives au réinvestissement entraîne la clôture du compte et la taxation du gain de clôture.

Détermination des gains nets lors de la sortie des actifs Les plus-values ou moins-values réalisées dans le CPI sont prises en compte, pour le calcul de l'**impôt sur le revenu,** non pas au titre de l'année de leur réalisation mais lors du retrait de tout ou partie des liquidités ou des titres. L'imposition est alors effectuée sur une assiette globale en tenant compte des plus-values et moins-values réalisées sur le compte (après application, le cas échéant, des abattements pour durée de détention) (CGI art. 150-0 B quinquies). Pour plus de détails, voir le Mémento Fiscal nº 26220. **21778**

Le différé d'imposition ne concerne pas les **prélèvements sociaux** qui demeurent exigibles chaque année selon les règles prévues pour les produits de placement.

> **Précisions** Le report d'imposition du CPI se distingue des dispositifs de **report d'imposition classiques** dans lesquels les plus-values sont constatées au titre de l'année de leur réalisation mais leur imposition différée jusqu'à l'intervention d'un événement mettant fin au report.

b. Détermination des plus ou moins-values

CALCUL DES PLUS OU MOINS-VALUES

Les plus ou moins-values sont calculées par différence entre le prix de cession des titres et leur prix d'acquisition (CGI art. 150-0 D). La prise en compte des moins-values est possible sous certaines **21790**

21790 (suite) conditions (n° 21817). Les plus-values subsistant après l'imputation des moins-values sont ensuite éventuellement réduites d'un abattement pour durée de détention (nos 21820 s.).

Le **prix de cession** s'entend du prix réel stipulé entre les parties ou, en cas de cession en bourse, du cours auquel la transaction a été conclue. Ce prix est diminué des **frais et taxes** acquittés par le cédant à l'occasion de la cession. Il peut s'agir, par exemple, pour les titres non cotés, des commissions d'intermédiaires et honoraires d'experts chargés de l'évaluation des titres et, pour les titres cotés, des commissions de négociation et des courtages (BOI-RPPM-PVBMI-20-10-10-10 nos 270 et 280). Sont également déductibles du prix de cession les frais de justice engagés pour la détermination du prix de cession des titres (CE 29-5-2019 n° 414617 : RJF 8-9/19 n° 742), même si ces frais ont été engagés après la cession (CE 25-10-2017 n° 392663 : RJF 1/18 n° 36). Les frais de justice engagés en vue d'obtenir le recouvrement d'un complément de prix ne sont pas déductibles du prix de cession (CE 29-5-2019 précité).

Le **prix d'acquisition** s'entend du prix pour lequel les titres ont été acquis à titre onéreux par le cédant ou, en cas d'acquisition à titre gratuit (succession ou donation), de la valeur retenue pour la détermination des droits de mutation (avant toute exonération partielle ou abattement d'assiette). Ce prix est majoré des **frais d'acquisition,** qui comprennent :
– pour les acquisitions à titre onéreux : les courtages, les commissions, les honoraires d'experts, les droits d'enregistrement et frais d'acte ;
– pour les acquisitions à titre gratuit : les droits de succession ou de donation proprement dits, les frais d'acte et de déclaration et les honoraires du notaire.

Le prix d'acquisition s'entend du montant de l'**ensemble des contreparties** effectivement mises à la charge de l'acquéreur, quelles que soient les modalités selon lesquelles il s'acquitte de ces obligations (numéraire versé, dette contractée, etc.) (CE 7-2-2018 n° 399399 : RJF 5/18 n° 490).

Est transposable aux plus-values réalisées par les associés personnes physiques dans le cadre de la gestion de leur patrimoine privé la jurisprudence du Conseil d'État rendue en matière de plus-values professionnelles qui a pour objet d'**ajuster le prix d'acquisition** des parts cédées afin d'éviter que les profits (ou les pertes) réalisés par une société soumise au **régime fiscal des sociétés de personnes** – qui sont imposés (ou déduites) entre les mains des associés au fur et à mesure de leur réalisation – soient imposés (ou déduites) une deuxième fois au moment de la cession des titres (CE 25-11-2009 n° 310746 : RJF 2/10 n° 120). Sur cette jurisprudence, voir n° 21635. Cette extension de jurisprudence soulève toutefois certaines difficultés d'application pouvant la priver de portée pratique : les détenteurs de parts de sociétés civiles se trouvent notamment dans l'obligation de reconstituer a posteriori le prix d'acquisition de leurs parts dont ils doivent assurer le suivi permanent.

En cas de cession d'un ou de plusieurs titres appartenant à une série de **titres de même nature acquis pour des prix différents,** le prix d'acquisition à retenir est la moyenne pondérée d'acquisition de ces titres (CGI art. 150-0 D, 3). L'administration admet que le gain (et donc le prix de revient moyen pondéré) peut être déterminé distinctement pour chaque membre du foyer fiscal. Dans le cas où les titres sont déposés auprès de plusieurs intermédiaires financiers, il peut être déterminé une valeur moyenne d'acquisition pour chaque intermédiaire financier (BOI-RPPM-PVBMI-20-10-20-40 n° 40). Pour l'application de cette règle, la circonstance que le détenteur des titres ait souscrit un engagement de conservation est, par elle-même, sans incidence sur la nature des titres concernés. Par suite, pour le calcul de la plus-value de cession de titres d'une société détenus en pleine propriété, le prix d'acquisition est égal à la moyenne pondérée du prix d'acquisition de l'ensemble des titres de cette même société détenus en pleine propriété à la date de la cession, y compris les titres pour lesquels un engagement de conservation a été souscrit (CE 20-10-2021 n° 449292 : RJF 1/22 n° 31).

> Précisions **a.** En cas d'**échange de titres** ayant un caractère intercalaire (sursis d'imposition), la plus-value de cession des titres reçus en échange est déterminée à partir du prix ou de la valeur des titres remis à l'échange (nos 21760 s.).

b. Si un associé verse des **suppléments d'apport** pour augmenter le capital de la société civile par augmentation de la valeur nominale des parts, ces apports viennent s'ajouter au prix d'acquisition des parts sociales pour le calcul du gain net de l'opération, même s'ils n'étaient pas destinés à combler des pertes (CAA Nantes 17-12-2007 n° 05-548 : RJF 7/08 n° 811).

c. **Titres acquis avant le 1er janvier 1996** : les contribuables n'ayant pas dépassé le seuil d'imposition des plus-values alors applicable en 1993, 1994 et 1995 ont pu opter, pour l'ensemble de leurs titres cotés (autres que les titres d'OPCVM monétaires ou obligataires de capitalisation) détenus au 31 décembre 1995, pour un prix de revient forfaitaire égal à 85 % du dernier cours connu. Les options ainsi exercées ont conservé leur portée.

d. **Titres acquis avant le 1er janvier 1987** : les frais d'acquisition peuvent être évalués forfaitairement à 2 % du prix d'acquisition (ou de la valeur retenue pour les droits de mutation).

e. Lorsque les titres cédés ont donné lieu à la **réduction d'impôt pour souscription au capital de PME** (CGI art. 199 terdecies-0 A), le prix d'acquisition est diminué de la réduction d'impôt effectivement obtenue. En cas de remise en cause de la réduction d'impôt suite à la cession totale ou partielle des titres avant la fin du délai de conservation, le prix d'acquisition n'a pas à être diminué du montant de la réduction qui a été reprise (BOI-RPPM-PVBMI-20-10-20-10 nos 20 et 30).

f. Dans l'hypothèse où les titres cédés ont été acquis par le cédant à l'occasion d'une augmentation de capital de la société consécutive à une réduction de son capital à zéro par annulation de titres dans le cadre d'un **coup d'accordéon,** les sommes que l'intéressé avait acquittées pour acquérir les titres annulés ne peuvent pas être ajoutées au prix d'acquisition pour le calcul de la plus-value (CE 28-11-2018 n° 417875 : RJF 2/19 n° 155).

g. En cas de cession de **valeurs mobilières** ou de droits sociaux **libellés en devises étrangères,** les prix d'acquisition et de cession à retenir doivent être convertis en euros selon les taux de change applicables respectivement à la date d'acquisition et à la date de cession des titres (CE 13-9-2021 n° 443914 : RJF 12/21 n° 1111).

h. Les **droits de donation pris en charge par le donateur** pour le compte du bénéficiaire de la donation ne peuvent majorer le prix d'acquisition que si ce dernier appartient au même foyer fiscal que le donateur (CAA Bordeaux 4-6-2008 n° 06-1412 : RJF 12/08 n° 1330 ; TA Paris 12-11-2012 n° 1113118 : RJF 4/13 n° 406).

INCIDENCE DES CLAUSES DE VARIATION DE PRIX

Clause d'indexation ou d'« earn out » Le **complément de prix reçu par le cédant** 21800
en exécution de la clause du contrat de cession par laquelle l'acquéreur s'engage à lui verser un complément de prix exclusivement déterminé en fonction d'une indexation en relation directe avec l'activité de la société dont les titres sont cédés est imposable selon le régime des plus-values de cession de valeurs mobilières et droits sociaux au titre de l'année au cours de laquelle il est reçu (CGI art. 150-0 A, I-2-al. 1).

Il est éventuellement réduit de l'**abattement proportionnel pour durée de détention** lorsque les conditions prévues nos 21821 s. (abattement de droit commun) ou 21824 (abattement renforcé des PME de moins de dix ans) sont remplies, ou de l'abattement **fixe** pour les dirigeants prenant leur retraite à hauteur de la fraction non utilisée lors de la cession (nos 21825 s.). Le **taux** de l'abattement proportionnel est fonction de la durée de détention des titres à la date de la cession à laquelle le complément de prix se rattache, quelle que soit la date de perception du complément de prix (BOI-RPPM-PVBMI-20-20-20-10 n° 80).

Les gains réalisés lors de la **cession** ou de l'**apport en société de la créance de complément de prix** sont imposés dans les mêmes conditions au titre de l'année de la cession ou de l'apport (CGI art. 150-0 A, I-2-al. 2), sans application de l'abattement pour durée de détention.

Les gains retirés de l'apport en société d'une telle créance, avant qu'elle ne soit exigible, peuvent toutefois faire l'objet d'un **report d'imposition,** sur option expresse de l'apporteur, jusqu'au moment où s'opérera la transmission, le rachat, le remboursement ou l'annulation des titres reçus en contrepartie de l'apport (CGI art. 150-0 B bis). Ce report est subordonné au respect des **conditions** suivantes :

– le cédant a exercé des fonctions de direction, telles que définies en matière d'IFI, dans la société dont les titres ont été cédés, de manière continue pendant les cinq années précédant la cession ;

– si l'apport est un échange avec soulte, le montant de la soulte n'excède pas 10 % de la valeur nominale des titres reçus. Toutefois, la plus-value est, à hauteur du montant de la soulte, imposée au titre de l'année de l'apport (voir à cet égard les précisions données n° 21760) ;

– l'apporteur déclare le montant du gain d'apport dans la déclaration spéciale des plus-values n° 2074 et dans sa déclaration d'ensemble de revenus n° 2042.

À l'**expiration du report,** le gain est imposé selon les règles d'imposition en vigueur à cette date (BOI-RPPM-PVBMI-20-10-10-20 n° 360).

Sur l'expiration du report d'imposition en cas de **transfert du domicile fiscal** du contribuable **hors de France,** voir nos 21900 s.

Lorsque l'**acquéreur des titres est un particulier,** les sommes versées par celui-ci en exécution de la clause d'earn out viennent en augmentation du prix d'acquisition des titres qui devra être retenu lors de leur cession ultérieure pour le calcul de la plus-value (ou moins-value). La plus-value s'en trouvera donc réduite (ou la moins-value majorée) d'autant.

> Précisions **a.** Lorsque le cédant a bénéficié de l'**abattement fixe réservé aux dirigeants de PME prenant leur retraite** (nos 21825 s.), le complément de prix afférent à une cession ou à un rachat réalisé du 1er janvier 2018 au 31 décembre 2024 et perçu entre ces mêmes dates est réduit du reliquat d'abattement fixe non imputé sur la plus-value d'origine. Lorsque le complément de prix perçu depuis le 1er janvier 2018 est afférent à une cession antérieure à cette date pour laquelle s'est appliqué l'ancien abattement fixe, le cédant peut soit bénéficier du reliquat d'abattement fixe non utilisé au moment de la cession, soit renoncer à l'abattement fixe et bénéficier de l'abattement proportionnel, sous réserve d'en respecter les conditions d'application (nos 21821 s. et 21824).

b. Lorsque le complément de prix prévu à l'occasion d'une cession est **à la fois indexé** sur l'activité de la société **et garanti** à hauteur d'un montant déterminé, la **fraction garantie** du complément de prix (dont la perception est certaine dès la conclusion du contrat) est imposable au titre de l'année de la cession, selon les règles de droit commun (CAA Nantes 19-1-2017 n° 15NT02188 : RJF 4/17 n° 331).

21805 **Clause de garantie de passif ou d'actif net** En cas de **mise en œuvre de la clause** du contrat de cession par laquelle le cédant s'engage à reverser au cessionnaire tout ou partie du prix de cession en cas de révélation, dans les comptes de la société dont les titres sont cédés, d'une dette ayant son origine antérieurement à la cession ou d'une surestimation de valeurs d'actif figurant au bilan de cette même société à la date de la cession, le **cédant** peut demander, par voie de réclamation contentieuse, le dégrèvement de l'impôt qui a frappé la fraction de plus-value effacée par le reversement qu'il doit effectuer (CGI art. 150-0 D, 14). En pratique, cette révision de l'imposition initiale conduit à une nouvelle liquidation de la plus-value sur la base du prix de cession exprimé dans l'acte diminué du montant du reversement effectué par le cédant en exécution de la clause, sans que cette nouvelle liquidation puisse, selon l'administration, avoir pour effet de dégager une perte. L'administration considère en effet que la déduction du reversement effectué par le cédant n'est possible que dans la limite du prix de cession initialement déclaré (BOI-RPPM-PVBMI-20-10-10-30 n° 80).

Lorsque l'**acquéreur est un particulier,** les sommes perçues par celui-ci en exécution de la garantie ne constituent pas un revenu imposable. Mais lors de la **cession ultérieure des titres,** le prix d'acquisition à retenir pour la détermination du gain net de cession des titres concernés est diminué du montant des sommes reçues en exécution de la clause.

À noter : contrairement au **régime juridique,** le texte fiscal ne fait pas de différence entre révision de prix et garantie de bilan de type indemnitaire.

CESSION DE TITRES DONT LA PROPRIÉTÉ EST DÉMEMBRÉE

21815 Les particularités du régime d'imposition des plus-values de cession de titres dont la propriété est démembrée font l'objet d'une étude d'ensemble nos 62750 s.

c. Imputation des moins-values

RÈGLES GÉNÉRALES

21817 Les moins-values subies au cours d'une année sont imputables exclusivement sur les **plus-values de même nature** imposables au titre de la même année (CGI art. 150-0 D, 11). Aucune imputation sur le revenu global n'est possible.

Les plus-values et les moins-values de même nature susceptibles de se compenser s'entendent de toutes celles réalisées à l'occasion de la cession de droits sociaux et de valeurs mobilières soumises au régime de l'article 150-0 A du CGI, quelles que soient leurs modalités d'imposition (BOI-RPPM-PVBMI-20-10-40 n° 10). Sont également de même nature, et donc pris en compte dans le cadre de cette compensation générale, les profits et les pertes résultant des opérations occasionnelles sur les instruments financiers à terme.

Si la **compensation** des plus-values et moins-values réalisées au cours de l'année dégage un **solde négatif,** l'excédent de moins-values est reporté et est imputable sur les plus-values des dix années suivantes.

Si la compensation des plus-values et moins-values réalisées au cours de l'année dégage un **solde positif** et en présence de moins-values reportées imputables, le solde est réduit, dans la limite de son montant, de ces moins-values, les plus anciennes s'imputant prioritairement (BOI-RPPM-PVBMI-20-10-40 n° 470). Lorsque l'imputation des moins-values (moins-values de l'année et moins-values reportées) laisse subsister des plus-values imposables, ces plus-values sont réduites, le cas échéant, de l'un des abattements pour durée de détention visés nos 21820 s.

En pratique, le contribuable ne peut pas décider de l'année d'imputation des moins-values mais il dispose, en revanche, de la **faculté d'imputer les moins-values** sur les plus-values de son choix (BOI-RPPM-PVBMI-20-10-40 n° 480).

La perte subie dans le cadre d'une **opération exonérée** est imputable sur les plus-values taxables (CE 4-2-2015 n° 364197 : RJF 5/15 n° 406).

PERTES SUR TITRES ANNULÉS

Les pertes constatées en cas d'annulation de titres dans le cadre d'une procédure collective ou d'une réduction totale de capital sont prises en compte sous certaines conditions et dans certaines limites (CGI art. 150-0 D, 12 et 13). 21818

Pour ouvrir droit à imputation, les conditions suivantes doivent être remplies :

– l'annulation doit intervenir dans le cadre d'une **procédure de redressement ou de liquidation judiciaire** ou dans le cadre de la procédure prévue aux articles L 223-42 ou L 225-48 du Code de commerce lorsque les **pertes** sont **égales ou supérieures aux capitaux propres** contraignant la société à réduire son capital à zéro ;

– le titulaire des titres annulés ne doit pas avoir fait l'objet d'une **condamnation** en raison de son activité de gestion au sein de la société ;

– la perte est en principe constatée et déduite au titre de l'année au cours de laquelle intervient l'**annulation des titres.** Toutefois, en cas de procédure collective, le contribuable peut opter pour l'**imputation anticipée** de la perte, dès l'année au cours de laquelle intervient le jugement ordonnant la cession de l'entreprise ou prononçant la liquidation judiciaire, sans attendre l'annulation des titres (en cas d'infirmation du jugement ou de résolution du plan de cession, la perte imputée sera reprise au titre de l'année d'intervention de cet événement ; il en ira de même en cas de condamnation du contribuable dans le cadre de la procédure).

L'**imputation de la perte d'annulation** est opérée dans la limite du prix d'acquisition des titres ou de la valeur retenue pour l'assiette des droits de mutation. La perte est imputable sur les plus-values de même nature (définies n° 21817) réalisées au cours de la même année et, le cas échéant, des dix années suivantes.

d. Abattements pour durée de détention

Lorsque le cédant exerce l'option globale pour l'imposition au barème progressif de ses plus-values mobilières et revenus mobiliers, les plus-values de cession de titres acquis avant le 1er janvier 2018 sont réduites, le cas échéant, d'un **abattement proportionnel** de droit commun (nos 21821 s.) ou d'un abattement proportionnel renforcé pour les PME de moins de dix ans (n° 21824) (CGI art. 150-0 D, 1). 21820

Par ailleurs, les plus-values de cession de titres réalisées par les dirigeants partant à la retraite sont réduites d'un **abattement fixe** applicable quelles que soient les modalités d'imposition (PFU ou barème) (nos 21825 s.).

L'abattement fixe n'est **pas cumulable** avec les abattements proportionnels.

Les abattements proportionnels et l'abattement fixe s'appliquent uniquement pour le calcul de la plus-value soumise à l'**impôt sur le revenu.** Les abattements sont pratiqués sur le **gain net** subsistant après imputation, le cas échéant, des moins-values (n° 21817).

Ils ne s'appliquent pas aux **prélèvements sociaux,** lesquels sont dus sur les gains nets de cession avant application des abattements.

ABATTEMENTS PROPORTIONNELS EN CAS D'OPTION GLOBALE POUR LE BARÈME PROGRESSIF

Abattement de droit commun Lorsque les **titres acquis ou souscrits avant le 1er janvier 2018** sont détenus depuis au moins deux ans, les gains nets retirés de la **cession** ou du **rachat** de parts, d'actions, de droits démembrés portant sur ces parts ou actions (usufruit ou nue-propriété) ou de titres représentatifs de ces mêmes parts, actions ou droits (tels qu'actions de Sicav, parts de FCP, titres de société d'investissement ou de sociétés de portefeuille) sont réduits d'un abattement dans le cas où le cédant a exercé l'option globale pour l'imposition au barème progressif (n° 21855) (CGI art. 150-0 D, 1 et 1 ter). 21821

Cet abattement s'applique également :

– aux **distributions** d'une fraction des actifs de certaines entités de capital-risque et de capital-investissement et aux distributions prélevées sur des plus-values réalisées par certaines de ces entités, aux distributions prélevées sur des plus-values de cession de titres réalisées par des fonds de placement immobilier et aux distributions prélevées sur des plus-values réalisées par des organismes de placements collectifs (OPC) ;

– aux **compléments de prix** perçus par le cédant en application d'une clause de variation de prix, quelle que soit la date à laquelle est intervenue la cession à laquelle ils se rapportent.

L'abattement ne s'applique pas, en revanche, aux **plus-values réalisées avant 2013** et placées en **report d'imposition** (Cons. const. 22-4-2016 n° 2016-538 QPC : RJF 7/16 n° 644 ; Cons. const. 3-4-2020 n° 2019-832/833 QPC : RJF 6/20 n° 551). S'agissant toutefois des **opérations d'échange entrant dans le champ de la directive « fusions »** 2009/133 du 19 octobre 2009, la CJUE a jugé que la plus-value en report d'imposition doit être traitée de la même façon (au regard du taux d'imposition et de l'application de l'abattement pour durée de détention) que la plus-value qui aurait été réalisée si l'opération d'échange n'était pas intervenue (CJUE 18-9-2019 aff. 662/18 et 672/18 : RJF 12/19 n° 1210).

L'**abattement** proportionnel de droit commun est **égal à** :

– 50 % du montant des gains nets (ou des distributions) lorsque les titres ou droits sont détenus depuis au moins deux ans et moins de huit ans à la date de la cession (ou de la distribution) ;

– 65 % de leur montant lorsque les titres ou droits sont détenus depuis au moins huit ans.

L'abattement s'applique aux gains nets de cession (CGI art. 150-0 D, 1-al. 2).

> **Précisions a.** La condition tenant à l'imposition selon le barème progressif conduit à exclure du bénéfice de l'abattement les contribuables dont le **domicile fiscal est situé hors de France** dès lors que leurs plus-values sont imposées conformément aux dispositions de l'article 244 bis B du CGI (BOI-RPPM-PVBMI-20-20-10 n° 10).
> **b.** Selon l'administration, les **titres acquis ou souscrits en indivision avant le 1er janvier 2018** et faisant l'objet d'un **partage** depuis cette date ne sont pas éligibles à l'abattement (sauf en cas de partage d'une succession ou d'une communauté conjugale) (BOI-RPPM-PVBMI-20-20-10 n° 30).
> **c.** Les titres reçus dans le cadre d'une **opération d'échange intervenue depuis le 1er janvier 2018** en contrepartie de titres acquis ou souscrits avant cette date sont éligibles à l'abattement si l'échange a été réalisé dans les conditions prévues à l'article 150-0 B (nos 21760 s.) ou 150 UB du CGI (n° 34375). Ils ne le sont pas, en revanche, si l'échange a été effectué dans le cadre d'un apport à une société contrôlée par l'apporteur dans les conditions prévues à l'article 150-0 B ter du CGI (nos 21750 s.) (BOI-RPPM-PVBMI-20-20-10 n° 40).

21822 La **durée de détention** des titres ou droits cédés est décomptée à partir de la date de souscription ou d'acquisition des titres ou droits dont la cession a fait apparaître des plus-values subsistant après imputation des moins-values, et prend fin à la date du transfert de propriété.

En cas de **cession de titres appartenant à une même série** (ou de droits de même nature) non identifiables, **acquis ou souscrits à des dates différentes,** la cession est réputée porter en priorité sur les titres ou droits les plus anciens. Cette règle, dite du « premier entré, premier sorti », se combine avec la méthode de calcul de la plus-value à partir du prix moyen pondéré d'acquisition des titres (n° 21790).

Au cas où le cédant aurait **procédé auparavant à des cessions partielles** de titres, ces cessions sont réputées porter sur les titres acquis ou souscrits aux dates les plus anciennes. Cette méthode, prévue en cas de cession antérieure à titre onéreux, est également applicable quand des cessions à titre onéreux succèdent à des cessions à titre gratuit (CAA Paris 7-12-2022 n° 20PA04262 : RJF 3/23 n° 208).

> **Précisions a.** Le **point de départ de la durée de détention** est fixé comme suit dans certains cas particuliers :
> – titres détenus par une **personne interposée** : date d'acquisition des titres par cette personne ;
> – titres reçus à la suite d'une opération d'**échange** placée en sursis d'imposition (nos 21760 s.) : date d'acquisition des titres remis à l'échange ;
> – titres reçus à l'occasion d'un **apport en société** d'une entreprise individuelle (CGI art. 151 octies : nos 4700 s.) ou d'une opération de **restructuration de SCP** (CGI art. 151 octies A : nos 56105 s.) lorsque l'opération a donné lieu au report d'imposition des plus-values (ou lorsqu'elle n'a dégagé aucune plus ou moins-value) : date à laquelle l'apporteur, personne physique, a commencé son activité agricole, libérale, artisanale ou commerciale.
> **b.** Le cédant doit être en mesure de produire à l'administration, sur sa demande, tout document de nature à **justifier** la durée de détention des titres ou droits cédés et le caractère continu de cette détention (CGI ann. II art. 74-0 F bis).

21824 **Abattement renforcé pour les titres de PME souscrits ou acquis dans les dix ans de sa création** Lorsque le cédant a exercé l'option globale pour l'imposition au barème progressif (n° 21855), les gains nets résultant de la cession ou du rachat de parts ou actions de PME, ou de droits démembrés (usufruit ou nue-propriété) portant sur ces parts ou actions, sont réduits d'un abattement proportionnel renforcé lorsque la société émettrice des titres ou droits cédés, **acquis ou souscrits avant le 1er janvier 2018,** remplit les conditions suivantes (CGI art. 150-0 D, 1 quater-B) :

– elle répond à la définition européenne des **PME** (moins de 250 salariés et chiffre d'affaires annuel n'excédant pas 50 M€ ou total du bilan annuel n'excédant pas 43 M€) ; cette condition est appréciée à la date de clôture du dernier exercice précédant la date de souscription ou d'acquisition des titres ou droits ou, à défaut d'exercice clos, à la date du premier exercice clos suivant la date de souscription ou d'acquisition des titres ou droits concernés ;

– elle est **créée depuis moins de dix ans** et n'est pas issue d'une concentration, d'une restructuration, d'une extension ou d'une reprise d'activités préexistantes, cette condition s'appréciant à la date de souscription ou d'acquisition des titres ou droits cédés ;
– elle n'accorde aux souscripteurs que les seuls **droits résultant de leur qualité d'associé,** à l'exclusion de tout autre avantage ou de garantie en capital ;
– elle est passible de l'**impôt sur les sociétés** (ou d'un impôt équivalent) ;
– elle a son **siège social** dans un État de l'Espace économique européen ;
– elle exerce une **activité** agricole, libérale, artisanale, commerciale ou industrielle (à l'exclusion de la gestion de son propre patrimoine mobilier ou immobilier).

Les quatre dernières conditions s'apprécient de manière continue depuis la date de la création de la société (concernant la condition d'absence de garantie en capital accordée aux associés : CE 5-7-2022 n° 460047 : RJF 10/22 n° 849).

L'abattement proportionnel renforcé, pratiqué sur le montant du gain net tel que défini n° 21820, est **égal à** (CGI art. 150-0 D, 1 quater-A) :
– 50 % lorsque les titres ou droits sont détenus depuis au moins un an et moins de quatre ans à la date de la cession ;
– 65 % lorsque les titres ou droits sont détenus depuis au moins quatre ans et moins de huit ans ;
– 85 % lorsque les titres ou droits sont détenus depuis au moins huit ans.

La **durée de détention** est décomptée selon les mêmes modalités que l'abattement de droit commun (n° 21822).

En cas de cession de **titres** appartenant à une même série non identifiables, **acquis** ou souscrits **à des dates différentes,** les règles visées n° 21822 dans le cadre de l'abattement de droit commun sont applicables dans les mêmes conditions.

Les gains nets **exclus du champ d'application** de l'abattement de droit commun (n° 21821) sont également exclus du champ d'application de l'abattement renforcé.

> Précisions **a.** La date de la création de la société s'entend de la date d'immatriculation au registre du commerce et des sociétés (BOI-RPPM-PVBMI-20-30-10 n° 70).

b. Le délai de dix ans est décompté de date à date (BOI-RPPM-PVBMI-20-30-10 n° 80).

c. La circonstance qu'une PME **soit constituée par apport d'une entreprise individuelle existante** ne fait pas obstacle à l'application de l'abattement renforcé lorsque, d'une part, l'apport par le contribuable de son entreprise individuelle est intervenu moins de dix ans après qu'il a créé cette entreprise (qui constituait elle-même une PME à la date de l'apport et n'était pas issue d'une activité préexistante à sa création) et, d'autre part, la société bénéficiaire de l'apport a été créée par le contribuable avec pour objet exclusif la poursuite de l'activité de son entreprise individuelle sans extension ni création d'activité nouvelle (Rép. Laqhila : AN 13-8-2019 n° 3501).

d. Lorsque la société est une **société holding animatrice** qui, outre la gestion d'un portefeuille de participations, participe activement à la conduite de la politique de son groupe et au contrôle de ses filiales et rend, le cas échéant et à titre purement interne, des services spécifiques, administratifs, juridiques, comptables, financiers et immobiliers, les conditions doivent être respectées tant par cette société holding que par chacune des sociétés du groupe. Le respect de la condition tenant à ce que les sociétés dans lesquelles la holding détient une participation répondent à la définition des PME s'apprécie à la date d'acquisition par le cédant des titres de la holding quand celle-ci détient, à cette date, une participation dans la société considérée ou à la date à laquelle la holding acquiert les titres de la société considérée quand cette acquisition intervient après l'acquisition par le cédant des titres de la holding (CE 30-11-2020 n° 439287 : RJF 3/21 n° 277).

e. L'abattement renforcé ne s'applique pas aux **gains nets de cession** ou de rachat de parts ou d'actions d'OPC ni aux distributions visées n° 21821 (CGI art. 150-0 D, 1 quater-C).

ABATTEMENT FIXE APPLICABLE AUX DIRIGEANTS PRENANT LEUR RETRAITE

Les gains nets réalisés par les dirigeants qui cèdent leur société à l'occasion de leur départ en retraite sont, sous certaines conditions, réduits d'un abattement fixe de 500 000 € **quelles que soient les modalités d'imposition des gains** (PFU ou option pour le barème progressif) (CGI art. 150-0 D ter). 21825

L'abattement fixe est applicable aux cessions et rachats réalisés du **1er janvier 2018 au 31 décembre 2024.**

L'abattement fixe n'est **pas cumulable** avec l'abattement proportionnel de droit commun ou renforcé applicable en cas d'option globale pour le barème progressif (nos 21821 s.). Pour les plus-values de cession de titres acquis avant le 1er janvier 2018, un **choix** doit donc être opéré lorsque le cédant remplit les conditions d'application de l'abattement fixe et d'un abattement proportionnel.

21827 **Conditions relatives à la société** Le dispositif concerne les titres de sociétés qui ont leur **siège de direction effective** dans un État de l'Espace économique européen et qui sont **passibles de l'IS,** de droit ou sur option, dans les conditions de droit commun (ou y serait soumises dans les mêmes conditions si l'activité était exercée en France).

La société doit avoir exercé, de manière continue au cours des cinq années précédant la cession, une **activité** agricole, libérale, artisanale, commerciale, industrielle ou financière (à l'exclusion de la gestion de son propre patrimoine mobilier ou immobilier) ou avoir eu pour objet exclusif de détenir des participations dans des sociétés exerçant l'une de ces activités (société holding).

L'exception prévue pour les **sociétés gérant leur propre patrimoine mobilier ou immobilier** n'exclut du bénéfice de l'abattement que les plus-values réalisées lors de la cession des titres d'une société exerçant une activité financière et dont l'activité principale consiste à gérer son propre patrimoine (CE 10-5-2017 n° 395897 : RJF 8-9/17 n° 809). L'abattement s'applique aux gains nets de cession de titres de **sociétés holdings animatrices** de leur groupe (BOI-RPPM-PVBMI-20-40-10-20 n° 40). Est animatrice de son groupe une société holding qui a pour activité principale, outre la gestion d'un portefeuille de participations, la participation active à la conduite de la politique du groupe et au contrôle de ses filiales et, le cas échéant et à titre purement interne, la fourniture de certains services spécifiques (CE 13-6-2018 nos 395495, 399121, 399122 et 399124 : RJF 10/18 n° 965).

La société cédée doit répondre à la définition européenne des **PME** (moins de 250 salariés et chiffre d'affaires annuel n'excédant pas 50 M€ ou total du bilan annuel n'excédant pas 43 M€), cette condition s'appréciant à la date de clôture de chacun des deux derniers exercices précédant la date de la cession.

En cas de cession de titres provenant d'une opération d'**échange** réalisée depuis moins de cinq ans et placée en **sursis d'imposition** (nos 21760 s.), la condition tenant au **caractère continu de l'activité** est réputée remplie lorsque les deux sociétés ont exercé successivement et de manière continue une activité éligible pendant les cinq années précédant la cession (BOI-RPPM-PVBMI-20-40-10-20 n° 70).

21829 **Conditions relatives au cédant** Pendant les cinq années précédant la cession, le cédant doit, sans interruption :

– avoir **exercé** au sein de la société dont les titres sont cédés une **fonction de direction** ;

– avoir **détenu au moins 25 % des droits** de vote ou des droits financiers de la société cédée soit directement, soit par personne interposée, soit par l'intermédiaire de son groupe familial (c'est-à-dire son conjoint ou partenaire de Pacs, leurs ascendants, descendants, frères et sœurs).

Les fonctions de direction doivent être effectivement exercées et donner lieu à une **rémunération normale** au regard des rémunérations du même type versées au titre de fonctions analogues dans l'entreprise (ou dans des entreprises similaires établies en France). La rémunération doit relever des catégories imposables à l'impôt sur le revenu des traitements et salaires, bénéfices industriels et commerciaux, bénéfices agricoles, bénéfices non commerciaux et revenus des gérants et associés mentionnés à l'article 62 du CGI.

Le cédant doit **cesser toute fonction,** de direction ou salariée, dans la société et faire valoir ses droits à la **retraite,** en principe, dans les deux années suivant ou précédant la cession. Par dérogation, ce délai est de trois ans lorsque le cédant a fait valoir ses droits à la retraite entre le 1er janvier 2019 et le 31 décembre 2021 et que ce départ en retraite précède la cession.

La date à laquelle le dirigeant **fait valoir ses droits à la retraite** s'entend de la date d'entrée en jouissance des droits qu'il a acquis dans le régime obligatoire de retraite de base auprès duquel il était affilié à raison de ses fonctions de direction ou, à défaut, dans le régime obligatoire auquel il a été affilié au titre de sa dernière activité (CGI ann. II art. 74-0 P).

En cas de **cession des titres à une société,** le cédant ne doit pas détenir, à la date de la cession et pendant les trois années suivantes, directement ou indirectement, de droits de vote ou de droits dans les bénéfices sociaux de cette société (il est toutefois admis que le cédant puisse détenir seul, directement ou indirectement, au maximum 1 % des droits de vote ou des droits dans les bénéfices sociaux de la société acheteuse à la date de la cession et pendant les trois années qui suivent : BOI-RPPM-PVBMI-20-40-10-40 n° 490).

La condition tenant à la **durée d'exercice des fonctions de direction** s'apprécie comme suit :

– en cas de reprise des fonctions de direction par le cédant à la suite du **décès** de son conjoint, les périodes d'exercice des fonctions par l'époux survivant et l'époux décédé sont cumulées (BOI-RPPM-PVBMI-20-40-10-40 n° 190) ;

– en cas de cession de titres provenant d'une opération d'**échange** réalisée depuis moins de cinq ans et placée en **sursis d'imposition** (nos 21760 s.), les périodes d'exercice des fonctions par le cédant dans la société dont les titres ont été remis à l'échange et dans celle dont les titres sont cédés sont cumulées. En revanche, selon l'administration, en cas de cession de titres reçus à la suite d'un apport soumis au régime du **report d'imposition** visé nos 21750 s., la période d'exercice des fonctions de direction est appréciée au niveau de la société dont les titres sont cédés pour la seule période allant de l'apport jusqu'à la cession (BOI-RPPM-PVBMI-20-40-10-40 nos 160 et 180) ;

– en cas de **cessation des fonctions** et/ou de **départ à la retraite avant la cession** (dans le délai maximum de 24 mois précédant la cession), il est admis de ne pas tenir compte de la période comprise entre la date de cessation des fonctions et/ou du départ à la retraite (premier de ces deux événements) et la date de la cession (BOI-RPPM-PVBMI-20-40-10-40 no 320).

Dans l'hypothèse où le **départ à la retraite et la cessation des fonctions interviennent l'un avant la cession et l'autre après la cession,** il ne doit pas s'écouler un délai supérieur à 48 mois (apprécié de date à date) entre les deux événements (cessation des fonctions et départ à la retraite, ou inversement), sans que le délai écoulé entre chacun d'eux et la cession n'excède 24 mois (CE 16-10-2019 no 417364 : RJF 1/20 no 31 ; BOI-RPPM-PVBMI-20-40-10-40 nos 280 et 300).

Dans le cas où le cédant a fait valoir ses droits à la **retraite entre le 1er janvier 2019 et le 31 décembre 2021** et que ce départ à la retraite précède la cession, dans l'hypothèse où la cession intervient aussi après la cessation des fonctions, il ne doit pas s'écouler un délai supérieur à 36 mois entre le premier de ces évènements (départ en retraite ou cessation des fonctions) et la cession. Si la cessation des fonctions intervient après la cession, il ne doit pas s'écouler un délai supérieur à 72 mois entre le départ à la retraite et la cessation des fonctions, sans que le délai écoulé entre chacun de ces deux événements et la cession n'excède 36 mois (BOI-RPPM-PVBMI-20-40-10-40 no 305).

Les conditions relatives au cédant s'apprécient, dans le cas d'un **couple marié** ou de **partenaires liés par un Pacs,** au niveau de chaque conjoint pris isolément (à l'exception de celle tenant à la participation de 25 %). Lorsque les époux ou partenaires remplissent chacun l'ensemble des conditions, ils sont susceptibles de bénéficier chacun de l'abattement fixe, le reliquat non utilisé par l'un ne pouvant pas être reporté et imputé sur la plus-value réalisée par l'autre (BOI-RPPM-PVBMI-20-40-10-40 no 10).

Conditions relatives aux titres cédés Les titres cédés doivent avoir été **détenus depuis au moins un an** à la date de la cession suivant les modalités de décompte visées au no 21822. 21831

La cession doit porter sur l'**intégralité des titres** ou droits détenus par le cédant dans la société ou, lorsque le cédant détient plus de 50 % des droits de vote, sur plus de 50 % de ces droits ou, en cas de la seule détention de l'usufruit, sur plus de 50 % des droits dans les bénéfices sociaux.

Permettent d'atteindre le quota requis **plusieurs cessions réalisées à la même date** au profit d'acquéreurs différents ou, lorsque la cessation des fonctions et le départ à la retraite interviennent dans les deux années suivant ou précédant la cession, plusieurs cessions **étalées dans le temps** au profit d'un ou de plusieurs acquéreurs (BOI-RPPM-PVBMI-20-40-10-30 nos 20 à 80). Dans ce dernier cas, pour déterminer si la condition de cession totale (ou majoritaire) est remplie, l'administration admet de prendre en compte :

– lorsque la **cessation des fonctions et le départ à la retraite** interviennent **à la même date,** les cessions intervenues avant et après le départ à la retraite (ou la cessation de fonctions), sous réserve qu'il ne s'écoule pas un délai supérieur à 24 mois entre la première et la dernière des cessions prises en compte ;

– lorsque la cessation des fonctions et le départ à la retraite interviennent à des **dates différentes** et qu'il ne s'écoule pas un délai supérieur à 24 mois entre ces deux événements, les cessions intervenues dans les 24 mois précédant la cessation de fonctions ou le départ à la retraite (dernier de ces deux événements) et, cumulativement, celles intervenues dans les 24 mois suivant la cessation de fonctions ou le départ à la retraite (premier de ces événements) à la condition qu'il ne s'écoule pas un délai supérieur à 24 mois entre la première et la dernière des cessions prises en compte. Lorsqu'un délai compris entre 24 mois et 48 mois s'écoule entre la cessation de fonctions ou le départ à la retraite, ne peuvent être prises en compte, cumulativement, que les seules cessions distantes de moins de deux ans de chacun de ces deux événements.

Lorsque le cédant a fait valoir ses droits à la **retraite entre le 1er janvier 2019 et le 31 décembre 2021** et que ce départ en retraite précède la cession, dans le cas où la cessation des fonctions et le départ à la retraite sont intervenus à une même date comprise entre le 1er janvier 2019 et le 31 décembre 2021, il est admis, pour l'appréciation de la condition de cession totale (ou, le cas échéant, majoritaire) des titres, de prendre en compte les cessions intervenues après cette date sous réserve qu'il ne s'écoule pas un délai supérieur à 36 mois entre ces deux événements et la dernière des cessions (BOI-RPPM-PVBMI-20-40-10-30 n° 45). Lorsque la cessation des fonctions et le départ à la retraite interviennent à des dates différentes et qu'il ne s'écoule pas un délai supérieur à 36 mois entre le départ à la retraite et la cessation antérieure des fonctions, il est admis de prendre en compte, cumulativement, toute cession intervenue après le départ à la retraite et dans les 36 mois de la cessation des fonctions. Si la cession des fonctions est postérieure au départ à la retraite, il est admis de prendre en compte, cumulativement, toute cession intervenue dans les 36 mois suivant le départ à la retraite (BOI-RPPM-PVBMI-20-40-10-30 n° 55).

Lorsque le dirigeant d'une société détient les titres de cette société par l'intermédiaire d'une **personne interposée** (par exemple, une société de personnes), la condition tenant à la cession totale ou partielle des titres s'apprécie en tenant compte des titres vendus par la personne interposée, à proportion du taux de participation du dirigeant dans celle-ci (BOI-RPPM-PVBMI-20-40-10-30 n° 90).

21835 **Modalités d'application de l'abattement** L'abattement fixe de 500 000 € est pratiqué sur le montant du **gain net** tel que défini n° 21820.

L'abattement fixe s'applique pour l'ensemble des gains afférents à une même société et non par cession. Ainsi, en cas de **cessions échelonnées,** même au cours d'années différentes, le cédant ne bénéficie que d'un seul abattement de 500 000 € pour l'ensemble des cessions réalisées. En cas de **cession de titres de plusieurs sociétés,** l'abattement s'applique par société (Rép. Cadic : Sén. 1-9-2016 n° 14869).

Lorsque le dirigeant ne respecte pas l'une des conditions du dispositif qui doit être remplie pendant un certain délai ou au terme d'une certaine échéance (n°s 21829 et 21831), l'**abattement** est **remis en cause** au titre de l'année au cours de laquelle cette condition cesse d'être remplie. La plus-value est alors réduite, le cas échéant, de l'abattement proportionnel de droit commun ou renforcé (CGI art. 150-0 D ter, IV).

En cas de remise en cause, depuis l'imposition des revenus de 2018, de l'abattement pour durée de détention dont a bénéficié avant cette date un dirigeant lors de son départ à la retraite, la plus-value n'est réduite de l'abattement pour durée de détention de droit commun ou renforcé en vigueur l'année de sa réalisation que si le contribuable exerce l'option pour le barème progressif (Loi 2017-1837 du 30-12-2017 art. 28, VI-H).

> **Précisions** **a.** Lorsque le dirigeant vend, en une seule fois, **plus de 50 % des droits de vote sans céder l'intégralité de sa participation,** la règle de **non-cumul** des abattements visée n° 21825 ne s'applique qu'au gain afférent à cette cession (elle s'applique alors à l'intégralité de ce gain, y compris sa fraction excédant le cas échéant 500 000 €). Le gain réalisé lors d'une éventuelle cession ultérieure est éligible, le cas échéant, à l'abattement proportionnel (BOI-RPPM-PVBMI-20-40-20 n° 130).

b. Lorsque la **condition liée au départ à la retraite** du dirigeant n'est pas remplie au terme du délai de deux ans suivant la cession des titres, l'abattement fixe pratiqué sur la plus-value de cession est remis en cause au titre de l'année d'échéance de ce délai de deux ans. Il s'ensuit que le **délai de reprise de l'administration fiscale** s'exerce, en application de l'article L 169 du LPF, jusqu'à la fin de la troisième année suivant l'année de cette échéance (CAA Paris 17-2-2023 n° 21PA03688 : RJF 6/23 n° 464).

c. Sur les modalités d'application de l'abattement fixe aux **compléments de prix** perçus par le cédant en application d'une clause de variation de prix : voir n° 21800, précision a.

e. Modalités d'imposition

ANNÉE D'IMPOSITION

21840 Sous réserve des incidences de certaines clauses de variation de prix (n°s 21800 s.), l'imposition est établie au titre de l'**année au cours de laquelle la cession est intervenue,** quelles que soient les modalités retenues pour en acquitter le prix et même si celui-ci est payable par fractions échelonnées au cours des années suivantes.

Toutefois, le cédant peut demander un **étalement du paiement** de l'impôt sur le revenu lorsqu'il accepte un **paiement différé ou échelonné** du prix de cession de la majorité du capital de la société si elle répond à la définition européenne des petites entreprises (moins de 50 salariés et chiffre d'affaires annuel ou total du bilan annuel n'excédant pas 10 M€) et si elle n'est pas contrôlée par le cédant à l'issue de la cession au sens visé n° 21750, précision a. Le paiement de l'impôt peut être étalé jusqu'au 31 décembre de la cinquième année qui suit celle de la cession, sans toutefois pouvoir excéder la durée prévue pour le paiement total du prix de cession. La demande de plan de règlement échelonné doit être formulée au plus tard à la date limite de paiement portée sur l'avis d'imposition. Le cédant doit constituer auprès du comptable public compétent des garanties propres à assurer le recouvrement de l'impôt. Le bénéfice de la mesure est subordonné au respect de la réglementation de minimis (CGI art. 1681 F, I bis).

> **Précisions** **a.** En cas de cession de parts sociales au cours d'une année prescrite, l'administration fiscale est en droit de retenir, comme année d'imposition de la plus-value réalisée, l'année non prescrite au cours de laquelle a été faite la **publicité au registre du commerce et des sociétés,** la cession n'étant opposable aux tiers qu'après cette formalité, dès lors que les actes de cession n'ont pas été portés à sa connaissance (CAA Nantes 26-5-2004 n° 00-1180 : RJF 11/04 n° 1096).
> **b.** Les plus-values réalisées à l'occasion de certaines opérations d'échange de titres ou de cession sous condition de remploi bénéficient d'un mécanisme d'**imposition différée** (sursis ou report d'imposition : nos 21750 s.).
> **c.** En cas de **résolution de la vente** après l'année de cession des titres, le cédant peut obtenir la restitution de l'impôt sur la plus-value initialement acquitté, non sur le terrain de la loi fiscale (la résolution étant sans incidence sur le bien-fondé de l'imposition initiale), mais sur celui de la doctrine administrative énoncée au BOI-RPPM-PVBMI-30-10-10 n° 70, laquelle autorise le cédant à demander le dégrèvement de l'imposition initiale par voie de réclamation, dans les deux ans qui suivent (CE 9-9-2020 n° 433821 : RJF 12/20 n° 1004).

CALCUL DE L'IMPÔT

Imposition de plein droit au PFU Les gains nets de cession de valeurs mobilières et droits sociaux (et de droits portant sur ces titres) sont soumis de plein droit au prélèvement forfaitaire unique au **taux de 12,8 %,** sauf option globale du cédant pour le barème progressif de l'impôt sur le revenu (CGI art. 158, 6 bis et 200 A, 2). **21850**

Le PFU est **calculé** sur le montant des gains nets subsistant après l'imputation des pertes puis, le cas échéant, de l'abattement fixe pour les dirigeants partant à la retraite. Les abattements proportionnels pour durée de détention ne sont pas applicables.

Que les gains nets soient soumis au PFU ou au barème progressif, ceux-ci supportent également les **prélèvements sociaux** au titre des revenus du patrimoine au taux global de 17,2 %. Les prélèvements sociaux sont calculés sur le montant total des gains nets (sans déduction des abattements pour durée de détention).

Option globale pour le barème progressif Par dérogation à l'application du PFU, les plus-values et autres revenus mobiliers entrant dans son champ d'application peuvent, sur **option expresse et irrévocable** du contribuable, être soumis au barème progressif de l'impôt sur le revenu. L'option est globale et porte sur l'ensemble des gains nets, revenus, profits et créances entrant dans le champ d'application du PFU. **21855**

Elle est, en principe, exercée **chaque année** lors du dépôt de la déclaration de revenus et au plus tard avant la date limite de déclaration. Dans le cadre de la déclaration en ligne, si le contribuable n'a pas spontanément opté pour l'imposition au barème progressif, un calcul est automatiquement réalisé en simulant l'option et un message l'invite explicitement à opter si l'option s'avère plus favorable.

Les plus-values (et autres gains) sont retenus pour leur **montant net.** L'imposition selon le barème progressif permet l'application des **abattements proportionnels pour durée de détention** sur les plus-values de cession de titres acquis avant le 1er janvier 2018 (nos 21821 s. et 21824) ainsi que la **déduction d'une fraction de la CSG** du revenu imposable de l'année de son paiement (fraction égale à 6,8 %). L'**abattement fixe** pour les dirigeants prenant leur retraite (nos 21825 s.) est, quant à lui, susceptible de s'appliquer quelles que soient les modalités d'imposition des plus-values (PFU ou option pour le barème).

> **Précisions** Les plus-values de cessions ponctuelles de titres imposées au barème progressif de l'impôt sur le revenu peuvent bénéficier du **système du quotient** prévu à l'article 163-0 A du CGI (mécanisme qui permet d'éviter que la progressivité de l'impôt sur le revenu n'aboutisse à soumettre à une imposition excessive les revenus exceptionnels) (Rép. Frassa : Sén. 9-6-2016 n° 17498).

f. Obligations déclaratives et contrôle

OBLIGATIONS DES CONTRIBUABLES

Les contribuables ayant réalisé des opérations imposables en application de l'article 150-0 A du CGI doivent en principe se procurer et produire, en même temps que leur déclaration d'ensemble des revenus n° 2042, une **déclaration spéciale** n° 2074 (et ses annexes, le cas échéant). Cette déclaration fait apparaître le montant du gain net imposable assorti des **21870** éléments nécessaires à sa détermination et, le cas échéant, le montant des abattements pour durée de détention ainsi que les éléments nécessaires à leur détermination.

Les personnes dont toutes les plus-values ont été réalisées et calculées par des **intermédiaires financiers** et qui sont en mesure de fournir un document établi par ces derniers faisant apparaître les mêmes éléments sont toutefois dispensées de la déclaration spéciale. Cette dispense n'est pas applicable lorsque le gain net ouvre droit au bénéfice de l'abattement pour durée de détention renforcé (PME de moins de dix ans : n° 21824) ou de l'abattement fixe (dirigeants prenant leur retraite : n°s 21825 s.).

> Précisions a. **Un état de suivi des plus-values en report d'imposition** (plus-values d'apport de titres à une société contrôlée par l'apporteur, voir n°s 21750 s.) doit être souscrit au titre de l'année où un événement affecte le report d'imposition (expiration du report, nouvel échange des titres).
b. En cas d'échange de titres, la plus-value en **sursis d'imposition** (n°s 21760 s.) n'a pas à être déclarée.
c. Sur les obligations qui incombent aux sociétés ou groupements réputés **personnes interposées**, voir n°s 53605 s.

MESURES DE CONTRÔLE

21880 L'administration peut adresser au contribuable une **demande de justifications** des éléments servant de base à la détermination des gains nets de cession (LPF art. L 16).

À défaut de réponse ou en cas de réponse insuffisante, les éléments d'imposition peuvent être évalués d'office par l'administration (LPF art. L 73).

Le **défaut** (ou le retard) **de souscription** de la déclaration spéciale n° 2074 est susceptible d'entraîner une taxation d'office (LPF art. L 66) ; voir n° 13925.

4. IMPOSITION DES PLUS-VALUES EN CAS DE TRANSFERT DU DOMICILE FISCAL HORS DE FRANCE (« EXIT TAX »)

21900 Le transfert du domicile fiscal hors de France d'un associé personne physique d'une société civile entraîne la taxation à l'impôt sur le revenu et aux prélèvements sociaux des plus-values latentes, des créances trouvant leur origine dans une clause de complément de prix et des plus-values en report d'imposition (CGI art. 167 bis).

Mais l'associé peut bénéficier d'un sursis de paiement et un dégrèvement de l'impôt est prévu dans certaines situations.

PLUS-VALUES CONCERNÉES PAR L'EXIT TAX

21902 **Plus-values latentes** L'associé est imposable sur les plus-values latentes constatées sur les parts sociales (ou autres valeurs, titres ou droits mentionnés à l'article 150-0 A, I-1 du CGI) détenus directement ou indirectement par les membres de son foyer fiscal à la date du transfert, lorsque les conditions suivantes sont remplies :

– l'associé a été **fiscalement domicilié** en France **pendant au moins** six années au cours des dix dernières années précédant la date du transfert du domicile hors de France ;

– les **parts sociales** (ou autres valeurs, titres ou droits) **représentent** au moins 50 % des bénéfices sociaux de la société, ou leur valeur globale excède 800 000 €.

Les **titres de sociétés civiles de portefeuille** dont l'actif est exclusivement constitué d'actions de Sicav, de parts de FCP et/ou de contrats de capitalisation ou d'assurance-vie sont exclus du champ d'application de l'exit tax (Rép. Poznanski-Benhamou : AN 22-1-2013 n° 8558).

21904 **Créances représentatives d'un complément de prix** L'imposition immédiate porte également sur la valeur réelle des créances trouvant leur origine dans une clause de complément de prix visée à l'article 150-0 A, I-2 du CGI (n° 21800). Il s'agit des compléments de prix de cession de titres exclusivement déterminés en fonction d'une indexation en relation directe avec l'activité de la société dont les titres sont l'objet du contrat (clause d'**earn out**).

L'imposition immédiate s'applique aux associés qui ont été **fiscalement domiciliés** en France **pendant au moins** six années au cours des dix dernières années précédant la date du transfert du domicile hors de France. Il n'y a en revanche pas de condition liée à un seuil minimal de participation.

21906 **Plus-values en report** Sont également imposables immédiatement certaines plus-values en report d'imposition, report auquel le transfert du domicile à l'étranger met fin (CGI art. 167 bis, II).

Sont visées les plus-values en report suivantes :

– **plus-values d'apport** en société d'une **créance née d'une clause d'earn out** dont le report d'imposition est visé à l'article 150-0 B bis du CGI (n° 21800) ;

– **plus-values d'apport de titres à une société contrôlée par l'apporteur** (CGI art. 150-0 B ter : n°s 21750 s.) ;

– **plus-values de cession réalisées avant le 1er janvier 2006** par certains salariés ou dirigeants de sociétés lorsque le produit de la cession de titres était réinvesti dans le capital d'une société nouvelle non cotée (CGI anciens art. 150-0 C et 92 B decies : n° 21775) ;

– **plus-values d'échange** de titres réalisées avant le 1er janvier 2000 et résultant de certaines opérations de restructuration (CGI anciens art. 92 B, II et 160, I ter et II : n° 21770).

Aucune **condition** tenant à un seuil minimal de participation ou à la durée de résidence en France de l'associé n'est requise pour l'imposition immédiate des plus-values bénéficiant d'un report d'imposition. Celle-ci concerne donc tout associé qui transfère son domicile hors de France.

DÉTERMINATION DE LA PLUS-VALUE IMPOSABLE AU TITRE DE L'EXIT TAX

Les **plus-values latentes** constatées sur les parts sociales et titres mentionnés n° 21902 sont déterminées par différence entre la valeur réelle des parts sociales et titres à la date du transfert du domicile hors de France et leur prix ou valeur d'acquisition par l'associé. Les plus-values sont réduites, le cas échéant, de l'**abattement** pour durée de détention proportionnel en cas d'option globale pour le barème progressif ou fixe pour les dirigeants prenant leur retraite (dans les conditions visées n°s 21820 s.). Les plus-values latentes ne sont réduites de l'abattement fixe pour les dirigeants prenant leur retraite que si le contribuable a fait valoir ses droits à la retraite avant le transfert de son domicile fiscal et qu'il cède ses titres dans les deux ans suivant son départ à la retraite (trois ans pour les dirigeants ayant fait valoir leurs droits à la retraite entre le 1er janvier 2019 et le 31 décembre 2021). **21908**

Les **créances de complément de prix** visées n° 21904 sont imposables pour leur valeur réelle à la date du transfert du domicile à l'étranger.

S'agissant des plus-values précédemment placées sous un des régimes de **report d'imposition** visés n° 21906, c'est le montant de la plus-value, tel que déterminé lors de la cession ou l'échange bénéficiant du report, qui devient imposable du fait du transfert du domicile fiscal à l'étranger.

Les **moins-values latentes** ne peuvent s'imputer ni sur les plus-values latentes imposables du fait du transfert, ni sur d'autres plus-values (notamment celles subies sur des titres cédés l'année du transfert).

Les plus-values et créances sont imposables au **taux forfaitaire** de 12,8 % ou soumises au **barème progressif** de l'impôt sur le revenu en cas d'option globale du contribuable (n° 21855). Dans ce dernier cas, l'impôt dû au titre de l'exit tax est égal à la différence entre le montant de l'impôt résultant de l'application du barème progressif à l'ensemble des revenus de sources française et étrangère (auquel s'ajoutent les plus-values et créances imposables au titre de l'exit tax) et le montant de l'impôt résultant de l'application de ce même barème aux seuls revenus de sources française et étrangère.

Le **taux d'imposition** est égal au rapport entre, d'une part, l'impôt dû au titre de l'exit tax et, d'autre part, la somme des plus-values et créances imposables à l'exit tax. Par exception, le taux d'imposition des plus-values en report en cas d'apport à une société contrôlée par l'apporteur (n°s 21750 s.) est déterminé dans les conditions prévues à l'article 200 A, 2 ter du CGI (voir n° 21750).

Les plus-values et créances sont également imposables aux **prélèvements sociaux** en vigueur lors du transfert du domicile fiscal hors de France.

SURSIS DE PAIEMENT

Un sursis de paiement est **automatiquement accordé** à l'associé qui transfère son domicile fiscal dans un État membre de l'Union européenne (UE) ou dans un autre État ou territoire ayant conclu avec la France une convention d'assistance administrative en vue de lutter contre la fraude et l'évasion fiscales ainsi qu'une convention d'assistance mutuelle en matière de recouvrement, à condition qu'il ne s'agisse pas d'un État ou territoire non coopératif (ETNC, au sens défini au n° 10203). **21910**

Si l'associé s'installe dans un autre État ou territoire, le sursis est accordé sur **demande expresse** de l'associé lors du transfert du domicile fiscal et sous réserve que certaines conditions soient remplies : déclaration du montant des plus-values concernées, désignation d'un représentant fiscal établi en France et constitution auprès du comptable public compétent, avant le départ de France, de garanties propres à assurer le recouvrement de la créance du Trésor.

Les événements suivants mettent **fin au sursis de paiement** :

– **cession** à titre onéreux (hors opérations d'échange ou d'apport visées n°s 21750 et 21760), rachat, remboursement ou annulation des titres concernés ;

– **donation** des titres dont le transfert a rendu imposable une **plus-value latente** ou donation d'une **créance de complément de prix,** lorsque le donateur est fiscalement domicilié dans un ETNC ou un État ou territoire tiers à l'UE n'ayant pas conclu les conventions visées précédemment, sauf s'il démontre que cette donation n'a pas été faite dans un but principalement fiscal ;

– **donation** des titres ou **décès** de leur détenteur lorsque l'imposition de la plus-value avait été reportée conformément aux dispositifs prévus aux anciens articles 92 B decies, 160, I ter-1-dernier alinéa, 160, II, 150-0 C et à l'article 150-0 B bis du CGI ;

– **perception du complément de prix,** ou apport ou cession de la créance, pour les créances de complément de prix ;

– non-respect par le contribuable de ses **obligations déclaratives** (n° 21914), si le contribuable n'a pas régularisé sa situation dans les 30 jours suivant une mise en demeure.

Le **montant de l'impôt dû** fait l'objet de correctifs destinés à tenir compte de la valeur des titres, de leur durée de détention ou du taux d'imposition applicable lors de la réalisation de l'événement mettant fin au sursis.

DÉGRÈVEMENTS D'OFFICE

21912 Les impositions établies à l'occasion du transfert du domicile fiscal de l'associé hors de France peuvent être dégrevées d'office (ou restituées si elles ont fait l'objet d'un paiement immédiat) :

– à la date à laquelle il **transfère à nouveau son domicile en France** ;

– en ce qui concerne les **plus-values latentes,** à l'expiration d'un **délai** de deux ans suivant la date du départ, ou de cinq ans pour les contribuables dont la valeur globale des titres excède 2,57 M€ à la date du transfert (délais applicables aux transferts de domicile fiscal intervenus depuis le 1er janvier 2019) ;

– lors de la **donation** des titres ou de la créance de complément de prix (lorsque le contribuable avait transféré son domicile fiscal dans un ETNC ou un État ou territoire tiers à l'UE n'ayant pas signé les conventions visées au n° 21910, il doit démontrer que cette donation n'est pas faite avec pour motif principal d'éluder l'impôt) ;

– au **décès** du contribuable.

OBLIGATIONS DÉCLARATIVES

21914 Le contribuable concerné par l'exit tax doit souscrire une **déclaration 2074-ETD** l'année suivant celle du transfert du domicile fiscal hors de France au service des impôts des particuliers (SIP) dont dépendait son domicile avant le transfert, dans les mêmes délais et en même temps que sa déclaration de revenus. Une **déclaration 2074-ETS** doit être souscrite au titre des années suivant celle du transfert au SIP des non-résidents afin d'assurer un suivi des impositions en sursis de paiement.

Le contribuable qui ne bénéficie du sursis de paiement qu'au titre de **plus-values latentes** ne doit en faire mention que dans la déclaration 2074-ETD souscrite l'année suivant celle du transfert et en cas d'expiration du sursis de paiement. En revanche, il n'est pas tenu de déposer chaque année une déclaration 2074-ETS de suivi des impositions de seules plus-values latentes en sursis de paiement.

Le contribuable qui entend bénéficier du **sursis de paiement sur option** doit en faire la demande en déposant au SIP des non-résidents, dans les 90 jours précédant le transfert du domicile fiscal, la déclaration 2074-ETD accompagnée d'une proposition de garantie.

Le contribuable doit informer, sur papier libre, le SIP des non-résidents de tout **transfert de domicile fiscal postérieur** à son transfert initial.

> **Précisions** Le retard ou le défaut de dépôt des déclarations 2074-ETD et 2042 par le contribuable concerné par l'exit tax l'année suivant celle du transfert du domicile fiscal hors de France ne le prive pas du bénéfice du sursis de paiement en cas de dépôt spontané de ces déclarations (Rép. Masson : Sén. 15-12-2022 n° 02180).

SECTION 5

TRANSMISSION DES PARTS SOCIALES PAR DÉCÈS

ENJEUX JURIDIQUE ET FISCAL

Le décès d'un associé pose la question de l'entrée de ses héritiers ou légataires dans la société, que cette entrée ait été désirée par le défunt ou, inversement, qu'elle fasse l'objet d'une opposition de la part des associés survivants. Ce sont les statuts qui déterminent si la société se poursuit avec les seuls survivants ou avec tout ou partie des héritiers ou légataires, le cas échéant après avoir été agréés. Sur le plan fiscal, le décès d'un associé d'une société à objet professionnel conduit à la constatation de plus-values professionnelles lorsque ses parts sociales sont considérées comme des éléments d'actif affectés à l'exercice de la profession. Ces plus-values peuvent bénéficier d'un report d'imposition sous certaines conditions. La transmission des parts sociales est par ailleurs soumise aux droits de succession. La loi prévoit toutefois certaines exonérations totales ou partielles (dans le cadre du pacte Dutreil notamment). 22000

A. Régime juridique de la transmission des parts par décès

SORT DE LA SOCIÉTÉ EN CAS DE DÉCÈS D'UN ASSOCIÉ

En principe, le décès d'un associé n'entraîne pas la dissolution de la société ; celle-ci continue avec les associés survivants et les héritiers ou légataires du défunt (C. civ. art. 1870, al. 1). 22005

Mais les **statuts** peuvent déroger à ce principe et prévoir (art. 1870, al. 2) :

- soit la dissolution de la société ;
- soit la continuation de la société selon certaines modalités particulières.

La clause statutaire prévoyant la dissolution de la société en cas de décès d'un associé n'appelant pas d'observation particulière, les développements qui suivent sont consacrés aux diverses options offertes aux rédacteurs des statuts en cas de **continuation** de la société :

- continuation de la société avec les héritiers ou légataires ;
- clause d'agrément des héritiers ou légataires ;
- clause de continuation de la société avec les seuls associés survivants ;
- clause de continuation de la société avec certaines personnes déterminées (conjoint survivant, un ou plusieurs héritiers, etc.).

Le **mandat d'administrer** sa **succession** qu'un associé a pu conclure de son vivant, par lequel il confie à un mandataire le soin de gérer les parts sociales dans l'intérêt des héritiers, est sans effet sur la transmission de ses parts.

ATTENTION

Les dispositions relatives aux transmissions par décès de parts sociales ne s'appliquent qu'aux parts représentatives d'un apport en capital ou en nature. Les **parts d'industrie** ne sont pas transmissibles (n° 21213). Il s'ensuit que les héritiers ou légataires d'un apporteur en industrie n'ont aucune vocation à entrer dans la société. Par ailleurs, les indemnités qui peuvent leur être allouées ne constituent pas le prix des droits sociaux trouvés dans la succession, mais représentent une libéralité à leur profit (Cass. 1e civ. 9-2-1955 : Bull. civ. I n° 67).

CONTINUATION DE LA SOCIÉTÉ AVEC LES HÉRITIERS OU LÉGATAIRES

En l'absence de dispositions statutaires contraires, la société continue avec les héritiers et légataires du défunt sans qu'ils aient, en principe, à se faire agréer par les associés survivants (C. civ. art. 1870, al. 1). 22010

Cette règle appelle les remarques suivantes.

1. On entend par **« héritier »** toute personne venant à la succession du défunt, soit directement, soit par représentation (cas, par exemple, des petits-enfants lorsque leur père ou leur mère, héritier du défunt, est lui-même décédé ou renonçant).

Le conjoint de l'associé décédé qui recueille les parts sociales en vertu d'une donation entre époux est assimilé au **légataire** au regard de l'article 1870 du Code civil : il n'a pas à être agréé (Cass. 1e civ. 24-3-1998 n° 96-11.538 : Dr. sociétés 1998 n° 103 note Th. Bonneau).

2. La continuation de la société s'impose aux héritiers dès l'instant où ils ont **accepté la succession** de leur auteur (CA Paris 17-12-1935 : DH 1936 II p. 89, décision rendue sous l'empire des textes anciens mais transposable au régime actuel). Le légataire devient également associé à partir du jour où il a **accepté** son **legs.**

La **renonciation à la succession** exclut, bien entendu, l'entrée de l'héritier renonçant dans la société.

3. Les **héritiers d'un associé-gérant** ne deviennent pas eux-mêmes gérants ; il faut désigner un nouveau gérant (CA Douai 2-3-1933 : Gaz. Pal. 1934 p. 961).

4. Par application de la règle selon laquelle les dettes d'une succession se divisent entre les héritiers (C. civ. art. 1309), les héritiers devenus associés ne sont tenus indéfiniment à l'égard des tiers des **dettes de la société** que dans la double proportion de leur part dans le capital social et de leurs droits respectifs dans la succession (Cass. 1e civ. 1-7-2003 no 882 : RJDA 11/03 no 1086).

EXEMPLE

Une société civile comprend 4 associés à parts égales et l'un d'eux vient à décéder, laissant 2 héritiers se partageant par moitié ses parts sociales. Un créancier social pourra poursuivre chacun des 3 associés initiaux en paiement de 25 % de sa créance et chacun des héritiers pour la moitié des 25 % restants, soit pour 12,5 % de sa créance.

Les héritiers sont **tenus** indéfiniment de ces dettes lorsqu'ils ont accepté purement et simplement la succession, même si les dettes sont nées avant qu'ils héritent des parts. En cas d'acceptation de la succession à concurrence de l'actif net, ils ne répondent des dettes sociales existant au jour du décès qu'à concurrence de la valeur des biens qu'ils recueillent dans la succession.

> **Précisions** **a.** L'héritier devenu associé peut être protégé en cas de **découverte tardive d'un passif important.** Il peut en effet demander en justice à être déchargé en tout ou partie de son obligation si les conditions suivantes sont remplies (C. civ. art. 786, al. 2) :

– au moment où il a accepté la succession, l'héritier avait des motifs légitimes d'ignorer la dette ;

– le paiement de cette dette aurait pour effet d'obérer gravement son patrimoine personnel.

La décharge du passif est facultative pour le juge. Elle est partielle ou totale. L'action en décharge de la dette doit être exercée dans les cinq mois du jour où l'héritier a eu connaissance de l'existence et de l'importance de la dette (art. 786, al. 3).

b. Dans le cas d'une acception pure et simple de la succession, l'héritier **mineur non émancipé** qui devient associé ne bénéficie pas d'une protection particulière comme celle prévue dans les sociétés en nom collectif, où l'article L 221-15 du Code de commerce prévoit qu'il ne répond des dettes sociales qu'à concurrence des forces de la succession.

c. Il incombe à celui qui **dénie la qualité d'associé** à un héritier d'établir que les statuts dénient la continuation de la société avec les héritiers (Cass. 3e civ. 9-3-2023 no 21-21.698 FS-B : RJDA 10/23 no 501).

22020 **Héritier personne morale** Lorsque la succession du défunt est dévolue à une personne morale, cette dernière ne peut devenir associée qu'avec l'**agrément** des autres associés, donné selon les conditions fixées dans les statuts ou, à défaut, par l'accord unanime des associés. Mais il ne s'agit pas là d'une règle impérative et les statuts peuvent contenir une clause écartant cette obligation d'agrément (C. civ. art. 1870, al. 4).

CLAUSE D'AGRÉMENT DES HÉRITIERS OU LÉGATAIRES

22030 Les **statuts** peuvent subordonner l'entrée des héritiers ou légataires dans la société à l'agrément préalable des associés survivants (C. civ. art. 1870, al. 1).

Sur le cas où le droit du conjoint à recueillir les parts sociales du défunt est prévu par une clause du **contrat de mariage,** voir no 22085.

22035 **Choix parmi les héritiers ou légataires** À notre avis, l'agrément ne doit pas nécessairement être **global.** Il peut être accordé à **certains héritiers ou légataires** et refusé à d'autres. L'article 1870, al. 1 du Code civil admettant que les statuts réservent la faculté d'agréer les héritiers ou légataires, cette faculté suppose en elle-même une totale liberté de choix.

Si les associés veulent être sûrs que certains de leurs héritiers deviendront de plein droit associés, ils peuvent essayer de les faire désigner conformément à l'alinéa 3 de l'article 1870 (no 22080) ; s'ils n'y parviennent pas, on peut en déduire que les associés ont entendu se réserver une entière liberté de choix pour le jour du décès de l'un d'eux.

Une **attention** particulière doit être portée à la **rédaction de la clause statutaire** d'agrément, les juges interprétant souverainement le sens et la portée de toute clause qu'ils estiment ambiguë.

ILLUSTRATIONS

Une clause des statuts d'une société civile de famille prévoyant que les **héritiers « en ligne directe »** d'un associé décédé doivent être agréés avant de devenir associés a été jugée applicable aussi au **conjoint survivant** du défunt, qui n'est pas un héritier en ligne directe. En effet, il ne pouvait pas être déduit du silence des statuts sur l'agrément des autres héritiers que ces derniers n'étaient soumis à aucun agrément, une telle déduction conduisant à soumettre à l'agrément les seuls héritiers en ligne directe et à en dispenser les autres (conjoint survivant et légataires), qui peuvent être extérieurs à la famille alors que la société présentait un caractère exclusivement familial (CA Paris 29-6-2011 n° 10/12355 : RJDA 1/12 n° 60 et, sur pourvoi, Cass. com. 6-11-2012 n° 11-25.058 : RJDA 2/13 n° 130).

La clause d'agrément des statuts d'une société civile qui prévoit que, en cas de décès d'un associé, la société continue entre les associés survivants et les héritiers et **ayants droit de l'associé décédé** sans qu'ils aient à être agréés par les associés survivants dispense d'agrément le **légataire particulier** d'un associé décédé (Cass. com. 5-4-2018 n° 16-18.097 F-D : RJDA 6/18 n° 505).

Modalités de l'agrément L'article 1870, al. 1 du Code civil ne contient aucune indication sur les conditions dans lesquelles les héritiers ou légataires doivent être agréés. Ces conditions doivent donc être précisées dans les **statuts.** En l'absence de précisions statutaires, cet agrément doit, à notre avis, résulter d'une décision unanime des associés survivants, comme en cas de cession entre vifs. 22040

> **Précisions** La participation à la vie sociale, en qualité d'associé, de la veuve représentant l'indivision successorale et usufruitière des parts d'un des associés décédé, sans aucune réserve de la part des autres membres d'une SCI, peut être considérée comme un **agrément tacite** ne violant pas la clause statutaire d'agrément ; la qualité d'associé doit également être reconnue aux descendants nus-propriétaires de ces mêmes parts (CA Paris 16-2-1989 : Dr. sociétés 1989/7 p. 5). De même, après un refus exprès d'agrément, l'héritier d'un associé de société civile peut néanmoins invoquer le bénéfice d'un agrément implicite en l'absence de remboursement de ses parts si les statuts le prévoient (Cass. com. 20-11-2012 n° 11-24.752 : RJDA 4/13 n° 325). Mais les statuts peuvent exclure un agrément tacite (Cass. 3e civ. 8-7-2015 n° 13-27.248 : RJDA 4/16 n° 291).

Sort des parts sociales jusqu'à l'agrément Jusqu'à l'agrément, l'héritier ou le légataire n'est pas associé. Ainsi, il n'a pas qualité pour percevoir les dividendes versés après le décès au titre de loyers perçus postérieurement (Cass. 1e civ. 2-9-2020 n° 19-14.604 FS-PB : RJDA 4/21 n° 250). 22045

Il convient alors de préciser dans les statuts quel est le sort des parts sociales pour la **période** comprise entre le décès et la décision sur l'agrément. Par exemple, il peut être prévu que ces **parts** sociales resteront **indivises** et que les copropriétaires indivis devront se faire représenter par un mandataire commun choisi parmi les associés survivants. Il peut être prévu aussi, nous semble-t-il, que les **parts** seront momentanément **neutralisées** et ne participeront pas aux votes lors des décisions collectives, la majorité étant alors calculée abstraction faite des voix attachées à ces parts.

CONSEIL

En cas de **décision urgente nécessitant un vote des parts** comprises dans la succession (par exemple, pour réunir une majorité qualifiée prévue par les statuts), il est possible de saisir le juge des référés. Celui-ci tire de son pouvoir général d'intervention (CPC art. 834 et 835) le droit de désigner un **administrateur provisoire** chargé de voter avec ces parts, soit selon les prescriptions du juge, soit comme il l'entendra si le juge lui reconnaît cette liberté (cf. Cass. 1e civ. 4-3-1975 n° 73-14.940 : Bull. civ. I n° 93 confirmant la nomination d'un administrateur provisoire en raison des conflits aigus existant entre les héritiers et légataires, qui rendaient urgente la prise d'une mesure d'administration d'une succession indivise ; Cass. 1e civ. 21-10-1975 : Bull. civ. I n° 278).

Si les **héritiers tardent à réaliser le partage** de la succession et à présenter le ou les attributaires des parts à l'agrément, la société peut, en usant de l'action oblique (C. civ. art. 1341-1), demander le partage de la succession du défunt (TGI Pontoise 6-6-1972 : Rev. sociétés 1973 p. 497 note Sarradin).

Seuls les associés ayant le droit de **participer aux décisions collectives,** est nulle l'assemblée générale à laquelle ont participé et voté des **héritiers non agréés** (Cass. 3e civ. 8-7-2015 n° 13-27.248 : RJDA 4/16 n° 291). Par ailleurs, le gérant de la société peut **convoquer une assemblée générale** alors que la procédure d'agrément de l'héritier d'un associé décédé est pendante, sans qu'il soit nécessaire de solliciter, dans l'attente de l'achèvement de la procédure d'agrément, la désignation d'un mandataire pour le compte de la dévolution successorale (Cass. com. 3-5-2018 n° 15-20.851 F-PB : RJDA 8-9/18 n° 647, décision rendue à propos d'une SARL mais transposable).

Refus d'agrément En cas de refus d'agrément, les héritiers ou les légataires exclus ont droit à une **indemnité** correspondant à la valeur des parts sociales de leur auteur. Cette valeur doit leur être payée par les nouveaux titulaires des parts ou par la société elle-même si celle-ci les a rachetées en vue de leur annulation (C. civ. art. 1870-1, al. 1 ; Cass. 1e civ. 12-12-2007 22050 n° 05-21.885 : RJDA 4/08 n° 425). Les héritiers non agréés n'ayant droit qu'à la valeur des parts de l'associé décédé, on ne peut pas leur demander de céder ces parts, qu'ils ne détiennent pas. Ils ne peuvent donc pas être contraints de présenter au préalable aux autres associés un projet de cession de celles-ci (Cass. com. 29-9-2009 n° 08-16.368 : RJDA 1/10 n° 41).

Les **parts** sociales sont **évaluées** à leur valeur au **jour** du décès par un **expert** désigné soit par les parties, soit, à défaut d'un accord entre elles, par jugement du président du tribunal judiciaire statuant selon la procédure accélérée au fond et sans recours possible (C. civ. art. 1870-1, al. 2 et, sur renvoi, art. 1843-4 ; Décret 78-704 art. 17). Toute **clause contraire** est réputée non écrite (Cass. 1e civ. 2-6-1987 n° 85-17.561 : Bull. civ. I n° 180). Le régime de cette expertise est exposé nos 21240 s.

Si, parmi les héritiers exclus, figure un **incapable,** il faut, pour conclure un accord, que les conditions requises pour disposer des biens de l'incapable soient réunies (autorisation du conseil de famille le cas échéant). L'opération consiste, en effet, à fixer le prix d'une cession de droits sociaux.

Dans le silence des articles 1870-1 et 1843-4 du Code civil à cet égard, le prix est payable comptant. Mais rien n'interdit, semble-t-il, aux associés et aux héritiers de convenir de **délais de paiement.**

> **Précisions a.** Après avoir refusé l'agrément, les **associés survivants** ne peuvent pas **revenir sur leur décision** s'ils estiment la valeur fixée par l'expert trop élevée (CA Pau 25-11-2010 n° 09/02970 : RJDA 12/11 n° 1043).
> **b.** L'héritier non agréé d'un associé de SCI ne peut pas demander que la **valeur des parts** tienne compte des améliorations apportées aux locaux de la société par l'entreprise qui en est locataire si la propriété de ces améliorations n'a pas été transférée à la société à la date du décès (CA Pau 18-3-2008 n° 06-1330 : RJDA 4/09 n° 355).
> **c.** En cas de refus d'agrément de l'héritier de parts de société civile et de rachat de celles-ci par les associés survivants ou par la société, l'administration fiscale peut procéder à la **taxation d'office au titre des droits de mutation de l'héritier,** dès lors que le défaut d'agrément ne l'a privé que de la qualité d'associé et non de la valeur des parts reçues de l'associé décédé (Cass. com. 5-10-2004 n° 1462 : RJF 2/05 n° 192).

CONTINUATION DE LA SOCIÉTÉ ENTRE LES SEULS ASSOCIÉS SURVIVANTS

22060 **Principe** Lorsque les statuts prévoient que la société ne sera pas dissoute en cas de décès d'un associé mais continuera entre les seuls associés survivants, les **héritiers** de l'associé décédé ont droit à une **indemnisation** (C. civ. art. 1870-1). Les règles applicables sont alors les suivantes.

22065 **Droits des héritiers** Les parts du défunt se trouvent transmises de plein droit aux associés survivants ; ainsi, les héritiers n'acquièrent à aucun moment la qualité d'associés et ils n'ont droit qu'à la **valeur des parts de leur auteur,** calculée dans les mêmes conditions qu'en cas de refus d'agrément (C. civ. art. 1870-1, al. 2 ; n° 22050).

> **Précisions** La créance des héritiers naît le jour du décès, même si son montant n'est pas encore fixé. Les **intérêts** dus sur cette créance courent à compter du jour de la mise en demeure de payer faite par les héritiers (C. civ. art. 1344-1) sans qu'il soit nécessaire d'attendre le résultat de la procédure d'expertise (Cass. com. 21-10-1997 n° 2082 : RJDA 3/98 n° 300).

22070 **Associé survivant unique** Si un seul associé survit, il réunit toutes les parts dans ses mains. Il a un an pour régulariser la situation (C. civ. art. 1844-5), par exemple en vendant une partie des parts sociales. Si la société est dissoute après l'expiration de ce délai, il recueille tout l'actif social. Cependant, les droits des héritiers exclus sont nés avant la dissolution ; ils se déterminent donc par application de l'article 1870-1 du Code civil (n° 22050). En effet, la dissolution étant postérieure, les héritiers ne sont pas parties à la liquidation ; ils sont seulement des créanciers s'ils n'ont pas encore été désintéressés.

CONTINUATION DE LA SOCIÉTÉ AVEC LES HÉRITIERS OU DES TIERS

22080 Les **statuts** peuvent prévoir que la société continuera, soit avec le conjoint survivant, soit avec un ou plusieurs des héritiers, soit avec toute autre personne désignée dans les statuts ou, si ceux-ci l'autorisent, par disposition testamentaire (C. civ. art. 1870, al. 3).

Cette faculté a été entendue **de façon extensive** par la Cour de cassation. Elle a en effet validé la clause selon laquelle les associés survivants ont la faculté de racheter les parts de l'associé décédé, soit pour leur compte personnel, soit pour des personnes agréées par eux à condition de faire connaître leur intention dans un délai déterminé (Cass. com. 2-4-1973 : Rev. sociétés 1974 p. 81 note Nocquet, rendu en matière de SARL mais transposable aux sociétés civiles par identité des textes applicables : C. civ. ex-art. 1868, al. 2, désormais C. com. art. L 221-15).

La Cour de cassation assimile ainsi la clause prévoyant la façon dont devront être désignés les bénéficiaires non associés du droit de rachat des parts de l'associé décédé à la désignation nominative du bénéficiaire, seule prévue dans l'article 1870, al. 3. Cette solution, libérale par rapport à la lettre du texte, se justifie en pratique car, si les associés survivants ont le droit de racheter les parts du défunt, rien ne leur interdit de céder ensuite ces parts à des tiers agréés par eux. En validant cette clause, la Cour de cassation permet d'éviter l'**étape intermédiaire** du rachat par les associés et les frais qu'elle occasionne.

Par **exemple,** les statuts peuvent contenir une clause selon laquelle la société continuera seulement avec les héritiers des associés travaillant dans l'entreprise à l'exclusion des autres. Il n'est pas nécessaire que les bénéficiaires soient nommément désignés ; il suffit qu'ils soient déterminables et qu'il s'agisse bien d'héritiers. En revanche, les personnes n'ayant pas la qualité d'héritier ou de conjoint survivant du défunt doivent être nommément désignées, soit dans les statuts, soit, si les statuts le permettent, par disposition testamentaire. **22081**

Cette clause des statuts peut être complétée par une clause d'agrément de telle sorte que les associés survivants aient la possibilité de s'opposer à l'entrée dans la société d'une personne qu'ils estimeraient indésirable. Ce refus d'agrément entraîne les mêmes conséquences que lorsqu'il intervient à l'encontre d'héritiers ou de légataires (n° 22050).

Cas du conjoint survivant Une difficulté particulière peut apparaître lorsque le droit du conjoint à recueillir les parts sociales du défunt est en outre prévu par une clause du **contrat de mariage** conformément aux articles 1390 et suivants du Code civil. En effet, le conjoint qui exerce la **faculté de prélèvement** reconnue dans le contrat de mariage doit à la succession la valeur des biens prélevés au jour où cette faculté est exercée (C. civ. art. 1390). Si le conjoint ne prend pas parti rapidement, un conflit surgit donc, car l'article 1870-1, al. 2 du Code civil impose l'évaluation au jour du décès. Or, ces deux textes sont d'ordre public : l'article 1870-1, al. 2 paraît manifestement exclure toute clause contraire (voir rapport M. Dailly au Sénat n° 30 p. 19) et, selon la Cour de cassation (Cass. 1e civ. 24-6-1969 : D. 1969 p. 705), la **date d'évaluation** prévue par l'article 1390 est impérative. Dans ces conditions, il est difficile de déterminer quel est celui de ces deux textes qui l'emporte sur l'autre. **22085**

Il nous semble toutefois que l'article 1870-1 doit primer, car c'est un texte spécial pour le règlement des transmissions des parts sociales.

CLAUSE ORGANISANT LE SORT DE LA SOCIÉTÉ APRÈS LE DÉCÈS D'UN ASSOCIÉ

Adaptant les différentes solutions permises par l'article 1870 du Code civil, les statuts contiennent parfois une **clause d'option** prévoyant la faculté pour les **associés** d'opter, au moment du décès, pour la continuation de la société entre eux (à l'exclusion des héritiers du prédécédé), la continuation de la société avec ces derniers ou la dissolution immédiate ; cette clause a été reconnue valable (Cass. req. 20-6-1887 : S. 1890 I p. 515). **22100**

L'option est parfois reconnue aux **héritiers** eux-mêmes (T. civ. Seine 24-12-1928 : DP 1929 II p. 105) ; les statuts doivent alors préciser le délai accordé aux héritiers pour prendre parti, les modalités d'exercice de l'option ainsi que les conséquences pour les héritiers (retrait de la société ou maintien dans celle-ci) de l'expiration du délai sans qu'ils se soient prononcés.

Héritier mineur non émancipé Lorsque l'héritier est un mineur non émancipé, son administrateur légal (l'un des parents ou le parent exerçant seul l'administration légale) ou son tuteur peut, à notre avis, décider seul d'opter pour la **continuation de la société** avec le mineur. En effet, ces représentants légaux du mineur peuvent accepter seuls une succession à concurrence de l'actif net (C. civ. art. 382-1 ; Décret 2008-1484 art. 1, al. 2 et ann. 1, col. 1-V concernant l'administration légale ; C. civ. art. 507-1 pour la tutelle). En optant pour la continuation de la société avec le mineur, ils ne font rien de plus pratiquement que d'accepter, à concurrence de l'actif, les parts sociales figurant dans la succession puisque le mineur associé est seulement tenu dans la limite de l'actif net qu'il recueille. **22101**

L'option pour le **remboursement des droits sociaux** équivaut à l'aliénation de ces droits. En conséquence, lorsque l'héritier mineur est sous administration légale, l'option peut être exercée d'un commun accord par les deux parents s'ils sont tous les deux administrateurs légaux (ou par un seul d'entre eux si l'acte a de faibles conséquences sur le contenu ou la valeur du patrimoine du mineur) ou par le seul parent désigné administrateur légal (cf. C. civ. art. 382, 382-1 et 387-1 ; Décret 2008-1484 art. 2, al. 3 et ann. II, I-3). Sauf désaccord entre les administrateurs légaux (C. civ. art. 387), l'autorisation du juge des tutelles n'est pas requise car cet acte ne figure pas au nombre de ceux pour lesquels l'article 387-1 l'exige.

Si l'héritier est un **mineur sous tutelle,** le tuteur ne peut pas exercer l'option du remboursement sans l'accord préalable du conseil de famille, à moins qu'en raison des circonstances, cet acte n'ait que de faibles conséquences sur le contenu ou la valeur du patrimoine du mineur (C. civ. art. 505, al. 1 ; Décret 2008-1484 art. 2, al. 3 et ann. II, I-3).

MANDAT D'ADMINISTRER LA SUCCESSION

22110 Toute personne peut désigner de son vivant un ou plusieurs mandataires, personnes physiques ou morales (association, étude notariale, etc.), qui seront chargés après son décès d'administrer tout ou partie de ses biens pour le compte et dans l'intérêt d'un ou de plusieurs héritiers identifiés (C. civ. art. 812).

Le recours à ce **mandat à effet posthume** permet notamment à un associé dont les héritiers sont mineurs d'organiser la gestion de ses parts après son décès.

22112 **Conditions de validité du mandat à effet posthume** Le **mandat,** qui prive l'héritier du droit d'administrer ses biens, doit être **justifié** par un intérêt sérieux et légitime au regard soit de la personne de l'héritier, soit du patrimoine successoral, cet intérêt devant être précisément motivé (C. civ. art. 812-1-1, al. 1). Peuvent par exemple constituer un intérêt sérieux et légitime la présence d'un héritier mineur ou le fait que la gestion des parts sociales nécessite des compétences particulières.

Le mandat doit être donné et accepté par **acte notarié,** l'acceptation du mandataire devant intervenir avant le décès du mandant (art. 812-1-1, al. 3 et 4). Avant le décès du mandant, le mandant et le mandataire peuvent renoncer au mandat après avoir notifié leur décision à l'autre partie (art. 812-1-1, al. 5).

22114 **Durée du mandat** Le mandat est en principe donné pour **deux ans** au plus, durée qui peut être prorogée une ou plusieurs fois par le juge à la demande d'un héritier ou du mandataire. Il peut toutefois être donné pour une durée maximale de **cinq ans,** prorogeable dans les mêmes conditions, en raison de l'inaptitude, de l'âge du ou des héritiers ou de la nécessité de gérer des biens professionnels ou de posséder des compétences spécifiques pour administrer ou gérer le patrimoine (C. civ. art. 812-1-1, al. 2).

22116 **Pouvoirs du mandataire** Le mandataire administre ou gère tout ou partie de la succession de son mandant pour le compte et dans l'intérêt d'un ou de plusieurs héritiers identifiés (C. civ. art. 812, al. 1). À cet effet, il a le pouvoir d'effectuer les **actes conservatoires et** les actes **d'administration** sur les biens dont la gestion lui est confiée (mais non les actes de disposition). Les pouvoirs d'administration ou de gestion du mandataire ne lui permettent pas de s'opposer à l'aliénation par les héritiers des biens mentionnés dans le mandat, cette aliénation constituant une des causes d'extinction du mandat (art. 812-4 ; Cass. 1e civ. 12-5-2010 n° 09-10.556 : Bull. civ. I n° 117). Tant que la succession n'a pas été acceptée par au moins un des héritiers visés par le mandat, le mandataire ne peut effectuer que les actes conservatoires et d'administration provisoire (par exemple, perception des dividendes), sous réserve de la possibilité de demander au juge l'autorisation d'accomplir tout autre acte que requiert l'intérêt de la succession (art. 812-1-3 et, sur renvoi, art. 784).

ATTRIBUTION PRÉFÉRENTIELLE DES PARTS DE L'ASSOCIÉ DÉCÉDÉ

22140 Par l'effet du décès d'un associé, ses héritiers sont en **indivision** tant que le partage de la succession n'a pas été effectué.

Dans le cadre du **partage,** le **conjoint** survivant, le **partenaire d'un Pacs** ou ceux des **héritiers** qui **participent à l'exploitation** de l'entreprise peuvent demander l'attribution préférentielle des parts que le défunt détenait dans la société (C. civ. art. 831, sur renvoi, pour le partenaire d'un Pacs, de l'art. 515-6). L'attribution préférentielle ne peut pas être demandée par le **concubin** du défunt (Cass. 1e civ. 9-12-2003 n° 1667 : RJDA 4/04 n° 493).

Par ailleurs, si l'attribution préférentielle est demandée par un héritier, la condition de **participation effective à l'exploitation** peut être remplie par son conjoint ou ses descendants (art. 831, al. 1).

ATTENTION

La demande d'attribution ne peut pas faire échec aux **dispositions légales et statutaires** relatives à la continuation de la société avec le conjoint ou les héritiers en cas de décès d'un associé (art. 831, al. 2). Par suite, s'il existe dans les statuts une clause imposant l'agrément du conjoint ou des héritiers, l'attribution préférentielle ne sera possible que si le conjoint ou l'héritier attributaire a été agréé par les autres associés.

L'attribution se fait en principe à l'amiable mais, à défaut d'accord, le juge en est saisi. En **cas de pluralité de demandes** et à défaut d'accord amiable, le tribunal appelé à désigner l'attributaire doit se prononcer en tenant compte, d'une part, de l'aptitude des postulants à gérer l'entreprise et à s'y maintenir et, d'autre part, de la durée de leur participation personnelle à l'activité de l'entreprise (art. 832-3).

FORMALITÉS DE PUBLICITÉ À LA SUITE DU DÉCÈS D'UN ASSOCIÉ

Le décès d'un associé entraîne un changement dans la répartition des parts de la société. Il convient en conséquence d'accomplir des formalités auprès du RCS et du RNE et auprès du greffe du tribunal dont dépend le siège de la société pour informer les tiers de ce changement. **22145**

1° Inscription modificative au RCS et au RNE. Dans le mois du décès, la société doit effectuer une inscription modificative au RCS et au RNE par l'intermédiaire du guichet unique électronique des formalités d'entreprises afin de supprimer la mention de l'associé défunt (C. com. art. R 123-54, 1° et R 123-66 pour le RCS ; C. com. art. R 123-253, 1° et R 123-263, al. 1 issus du décret 2022-1014 du 19-7-2022 pour le RNE). En cas de poursuite de la société avec les ayants droit du défunt ou de nouveaux associés, elle doit demander leur inscription dans le mois de la décision les ayant admis dans la société (application de C. com. art. R 123-54, 1° et art. R 123-263, al. 1 issu du décret 2022-1014).

2° Dépôt d'acte au greffe. Les actes, délibérations ou décisions modifiant les pièces déposées lors de la constitution de la société doivent être déposés au greffe, par l'intermédiaire du guichet unique électronique des formalités d'entreprises, pour être annexés au RCS, dans le mois de leur date avec les statuts mis à jour (C. com. art. R 123-105). En cas de décès d'un associé, il y a lieu de déposer un exemplaire certifié conforme des statuts faisant apparaître la nouvelle répartition des parts, accompagné de la décision constatant la poursuite de la société, soit avec les seuls associés survivants, soit avec les ayants droit du défunt devenus associés en son lieu et place. Dans ce dernier cas, l'identité des nouveaux associés doit être précisée.

Ces actes font également l'objet d'un dépôt au **RNE** (C. com. art. R 123-266, 2° issu du décret 2022-1014).

En revanche, il n'y a pas lieu de joindre d'acte de notoriété ou d'attestation notariée de propriété des parts transmises.

B. Incidences fiscales de la transmission des parts par décès

1. PLUS-VALUES

PRINCIPE

En cas de transmission à titre gratuit (donation ou succession) de parts d'une société civile qui exerce une activité relevant des **bénéfices agricoles réels, des bénéfices non commerciaux ou des bénéfices industriels et commerciaux** – parts fiscalement considérées comme des éléments d'actif affectés à l'exercice de la profession (voir nos 9565 s.) –, les plus-values constatées à l'occasion de cette sortie d'actif devraient normalement donner lieu à taxation selon le régime des **plus-values professionnelles.** **22160**

REPORT D'IMPOSITION DES PLUS-VALUES EN CAS DE TRANSMISSION À TITRE GRATUIT

Par dérogation, l'imposition des plus-values est reportée lorsque (CGI art. 151 nonies, II) : **22165**

– la transmission à titre gratuit est faite au profit d'une ou de plusieurs **personnes physiques** ;

– le ou les bénéficiaires de la transmission exercent, lors de l'acceptation de celle-ci, l'**option** pour l'imposition de la plus-value à la date de cession, de rachat ou d'annulation des parts.

Dans ce cas, la plus-value professionnelle est imposée au titre de l'année au cours de laquelle le **report d'imposition prend fin,** en appliquant le barème progressif de l'impôt si elle est à court terme, ou le taux réduit si elle est à long terme, qui sont en vigueur à la date d'expiration du report. Il convient alors de soumettre à l'impôt, d'une part, la plus-value en report d'imposition, d'autre part, la plus-value constatée sur les parts depuis la transmission (cette dernière plus-value étant taxable selon le régime des particuliers s'il s'agit d'un bénéficiaire qui ne poursuit pas l'activité au sein de la société).

La plus-value en report d'imposition est toutefois **définitivement exonérée** lorsque l'activité est poursuivie pendant au moins cinq ans à compter de la date de la transmission (par l'un des héritiers ou bénéficiaires de la donation ou par un tiers).

Le **report** est par ailleurs **maintenu** lorsque, au cours de cette période de cinq ans, intervient :
– soit une nouvelle transmission à titre gratuit des parts, à condition que le bénéficiaire prenne l'engagement d'acquitter l'impôt sur la plus-value en cas de survenance d'un des événements mettant fin au report ;
– soit le partage, avec ou sans soulte, des parts sociales entre les coïndivisaires bénéficiaires de la transmission, à condition que le ou les attributaires des parts reprennent eux aussi l'engagement d'acquitter le cas échéant l'impôt sur la plus-value en report.

Le report d'imposition ne peut pas être **cumulé avec les régimes d'exonération** prévus aux articles 151 septies (n° 21668) et 238 quindecies du CGI (n° 21670).

> Précisions a. Dans le cas où les titres font l'objet d'un échange dans le cadre d'une **fusion** ou d'une **scission** (à condition que l'opération n'ait pas comme objectif principal ou comme un de ses objectifs principaux la fraude ou l'évasion fiscales), le report d'imposition est maintenu jusqu'à la date de cession, de rachat ou d'annulation des droits reçus lors de l'échange.
b. Le report d'imposition est maintenu dans tous les cas où les événements censés y mettre fin génèrent eux-mêmes des **plus-values placées en report ou sursis d'imposition,** jusqu'à ce que ces dernières deviennent imposables (qu'elles soient imposées ou exonérées) ou que surviennent d'autres événements mettant fin au report à l'occasion desquels les plus-values constatées ne bénéficient pas d'un report ou d'un sursis d'imposition (CGI art. 151-0 octies).
c. Les bénéficiaires du report d'imposition doivent joindre à leur déclaration de résultat de l'année au cours de laquelle les plus-values bénéficiant du report d'imposition sont réalisées et des années suivantes un **état de suivi des plus-values en report,** jusqu'à l'expiration du report (CGI ann. III art. 41-0 A ter).
d. L'administration a considéré que la **transmission à titre gratuit de la seule nue-propriété** (ou du seul usufruit) des parts sociales à une personne physique bénéficie du report d'imposition mais pas de l'exonération définitive, cette dernière étant réservée aux transmissions en pleine propriété (Rép. Patriat : Sén. 18-2-2010 n° 8544, non reprise dans Bofip). Cette position ne nous paraît pas conforme au texte légal. Si l'on admet l'application du régime du report d'imposition à la plus-value résultant de la transmission à titre gratuit de la nue-propriété (ou de l'usufruit) des parts, l'exonération devrait logiquement s'appliquer à l'issue du délai de cinq ans si l'activité a été poursuivie pendant ce délai.

2. DROITS DE SUCCESSION OU DE DONATION

PRINCIPE

22180 Les parts de sociétés civiles faisant l'objet d'une transmission à titre gratuit sont soumises aux droits de succession ou de donation dans les conditions habituelles (abattements, tarifs, réductions et paiement des droits).

Signalons seulement que lorsqu'il s'agit de **titres non cotés** en bourse – ce qui est le cas général des parts de sociétés civiles – les parties (héritiers ou bénéficiaires de la donation et donateurs) sont tenues de fournir une déclaration estimative de la valeur des parts au jour de la transmission (CGI art. 758).

À noter que les **comptes courants d'associés** sont susceptibles d'échapper aux droits lorsqu'ils constituent des créances irrécouvrables du fait de l'insolvabilité de la société (BOI-ENR-DMTG-10-40-10-10 n° 70).

EXONÉRATIONS ET ABATTEMENTS APPLICABLES AUX TRANSMISSIONS À TITRE GRATUIT DE PARTS SOCIALES

22182 La loi prévoit un certain nombre d'exonérations applicables aux transmissions à titre gratuit de parts de sociétés civiles.

Sont ainsi partiellement ou totalement exonérées de droits de mutation certaines transmissions de parts de **sociétés exerçant une activité professionnelle** (voir n°s 22185 s.).

Sont par ailleurs exonérées de droits les mutations à titre gratuit de parts de SCI qui détiennent des **monuments historiques** à condition, notamment, que les héritiers, légataires ou donataires adhèrent au préalable à la convention à durée indéterminée conclue entre la société et le préfet de région du lieu de situation du bien et conservent leurs parts pendant cinq ans (CGI art. 795 A).

En ce qui concerne les transmissions à titre gratuit de **parts de GFA ou** de **groupements forestiers,** voir respectivement n°s 60260 et 60455.

22185 **Transmission d'entreprise** Les **transmissions par décès,** les **donations en pleine propriété** et les **donations d'usufruit ou avec réserve d'usufruit** de parts de sociétés ayant fait l'objet d'un engagement collectif ou unilatéral de conservation (ou **« pacte Dutreil »**) sont exonérées de droits de mutation à titre gratuit à concurrence de 75 % de leur valeur (sans limitation de montant) (CGI art. 787 B). **22185** (suite)

L'exonération partielle s'applique aux transmissions de parts de sociétés civiles (quel que soit leur régime fiscal) exerçant une **activité** agricole, libérale, artisanale ou commerciale. Le bénéfice de l'exonération ne pourra pas être refusé aux parts d'une société qui exerce à la fois une activité civile et une activité agricole, libérale, artisanale ou commerciale dans la mesure où cette dernière est prépondérante. Le **caractère prépondérant** de l'activité s'apprécie en considération d'un faisceau d'indices déterminés d'après la nature de l'activité et les conditions de son exercice (CE 23-1-2020 n° 435562 : RJF 4/20 n° 405 ; Cass. com. 14-10-2020 n° 18-17.955 : RJF 1/21 n° 92). À titre de règle pratique, ce caractère prépondérant est admis lorsque le chiffre d'affaires procuré par cette activité représente au moins 50 % du montant de son chiffre d'affaires total et que la valeur vénale de l'actif brut immobilisé et circulant affecté à cette activité représente au moins 50 % de la valeur vénale de son actif brut total (BOI-ENR-DMTG-10-20-40-10 n° 20).

La **condition** relative à l'activité opérationnelle de la société doit être **satisfaite à compter** de la conclusion de l'engagement collectif (ou le cas échéant unilatéral) **et jusqu'au terme** de l'engagement individuel de conservation des titres. Cette exigence s'applique aux transmissions intervenues depuis le 18 juillet 2022. Elle peut également s'appliquer aux transmissions intervenues avant cette date sous réserve que l'un des engagements de conservation (collectif, unilatéral ou individuel) soit en cours à cette date et que la société n'ait pas cessé d'exercer une activité opérationnelle.

Les transmissions de parts réalisées en pleine propriété à un **fonds de pérennité** mentionné à l'article 177 de la loi 2019-486 du 22 mai 2019 peuvent également bénéficier de l'exonération partielle (BOI-ENR-DMTG-10-20-40-10 n° 1). Il en est de même des transmissions par décès au profit d'une **personne morale.**

Les parts déposées sur un **compte PME innovation** (CPI) (n°s 21776 s.) ou souscrites dans ce même compte ne peuvent pas faire l'objet d'un engagement collectif de conservation (C. mon. fin. art. L 221-32-5, IV-C-3).

L'exonération partielle est subordonnée aux conditions suivantes.

a. Les parts transmises doivent avoir fait l'objet d'un **engagement collectif de conservation** d'une **durée** minimale de deux ans commençant à courir à compter de l'enregistrement de l'acte le constatant (à compter de la date de l'acte s'il s'agit d'un acte authentique). Cet engagement, qui doit en principe être en cours à la date de la transmission, doit avoir été pris par le défunt (ou le donateur) pour lui et ses ayants cause à titre gratuit, avec un ou plusieurs autres associés, personnes physiques ou morales. Il peut également être pris par une personne seule, pour elle et ses ayants cause à titre gratuit, sous les mêmes conditions (**engagement unilatéral**). Dans l'hypothèse d'un **démembrement de propriété,** l'engagement de conservation doit être souscrit conjointement par l'usufruitier et par le nu-propriétaire des parts (BOI-ENR-DMTG-10-20-40-10 n° 90).

L'engagement collectif ou unilatéral doit porter :

– s'il s'agit de titres de **sociétés non cotées,** sur au moins 17 % des droits financiers et 34 % des droits de vote attachés aux titres émis par la société (34 % des droits financiers et des droits de vote pour les engagements souscrits avant 2019) ;

– s'il s'agit de titres de **sociétés cotées,** sur au moins 10 % des droits financiers et 20 % des droits de vote attachés aux titres émis par la société (20 % des droits financiers et des droits de vote pour les engagements souscrits avant 2019).

Ces pourcentages doivent être **respectés** tout au long de la durée de l'engagement collectif de conservation des titres.

Avant la transmission, les signataires de l'engagement collectif et leurs ayants cause à titre gratuit peuvent **effectuer entre eux des cessions** ou **donations** des titres soumis à l'engagement. Les **cessions à des tiers** peuvent également être autorisées sous les conditions visées n° 22188. De **nouveaux associés** peuvent adhérer à un pacte déjà conclu à condition que l'engagement collectif (ou devenu collectif) soit reconduit pour une durée minimale de deux ans.

L'**engagement** collectif ou unilatéral de conservation est **réputé acquis** lorsque le défunt (ou le donateur) seul ou avec son conjoint, partenaire de Pacs ou concubin notoire détient, directement ou indirectement (dans la limite de deux niveaux d'interposition : BOI-ENR-DMTG-10-20-40-10 n° 230), depuis deux ans au moins le quota de titres requis pour la conclusion de cet engagement et que l'un d'eux exerce dans la société depuis plus de deux ans son activité principale ou, lorsque la société est soumise à l'IS, l'une des fonctions de direction énumérées à l'article 975, III-1-1° du CGI.

Par ailleurs, en l'absence d'engagement pris avant la transmission par décès, un ou des héritiers ou légataires peuvent entre eux ou avec d'autres associés conclure un engagement collectif de conservation (ou prendre seul un engagement unilatéral : BOI-ENR-DMTG-10-20-40-10 n° 230) dans les six mois qui suivent la transmission (**engagement « post mortem »**).

b. Au moment de la transmission, chacun des héritiers, donataires ou légataires doit à son tour s'engager, pour lui et ses ayants cause à titre gratuit, à conserver les titres transmis pendant une période de quatre ans commençant à courir à compter de l'expiration de l'engagement collectif ou unilatéral de conservation des titres (ou de la transmission lorsque l'engagement de conservation est réputé acquis). Cet **engagement individuel de conservation** est pris dans la déclaration de succession ou l'acte de donation. Prenons l'exemple de trois associés d'une société civile qui, par acte enregistré le 12 janvier 2023, ont pris l'engagement de conserver pendant deux ans (soit jusqu'au 12 janvier 2025) 35 % du capital de cette société. En cas de décès de l'un des associés le 15 février 2024, ses héritiers peuvent bénéficier de l'exonération partielle sous réserve qu'ils poursuivent l'engagement pris par le défunt jusqu'au 12 janvier 2025 et prennent l'engagement de conserver les titres qui leur sont transmis jusqu'au 12 janvier 2029.

L'engagement individuel des héritiers, donataires ou légataires peut ne porter que sur une partie des titres, l'exonération partielle ne s'appliquant alors qu'à cette partie (BOI-ENR-DMTG-10-20-40-10 n° 360).

Les titres ne doivent pas, jusqu'au terme de l'engagement individuel de conservation, être inscrits sur un **compte PME innovation.**

c. L'un des héritiers, donataires ou légataires ayant pris l'engagement individuel de conservation, ou l'un des associés signataires de l'engagement collectif ou unilatéral de conservation des titres, doit exercer dans la société **pendant la durée de l'engagement collectif et pendant les trois années qui suivent** la transmission :

– si la société est soumise au régime fiscal des sociétés de personnes : son **activité principale** ;

– si la société est soumise à l'IS (de plein droit ou sur option) : l'une des **fonctions de direction** énumérées à l'article 975, III-1-1° du CGI.

Il n'est pas nécessaire que la direction de la société soit exercée par la même personne pendant toute la durée de l'obligation d'exercice de fonctions de direction (BOI-ENR-DMTG-10-20-40-10 n° 275). Durant l'engagement collectif ou unilatéral de conservation, la fonction de direction éligible peut être exercée par une personne morale si celle-ci est signataire de l'engagement (BOI-ENR-DMTG-10-20-40-10 n° 290).

En cas d'engagement réputé acquis, la fonction de direction doit, postérieurement à la transmission, être exercée par l'un des héritiers, donataires ou légataires, mais cela n'exclut pas que le donateur exerce également une autre fonction de direction (BOI-ENR-DMTG-10-20-40-10 n° 395).

d. La **déclaration de succession ou de don manuel ou l'acte de donation** doit être appuyé de la copie de l'acte portant engagement collectif ou unilatéral de conservation des titres et d'une attestation de la société dont les titres font l'objet de cet engagement certifiant que l'engagement est en cours au jour de la transmission et qu'il a porté jusqu'à cette date sur le quota de titres requis pour le bénéfice du régime.

Après la transmission, si l'administration en fait la demande, l'héritier, le donataire ou le légataire doit produire dans les trois mois une **attestation** établie par la société certifiant que l'ensemble des conditions d'application du dispositif ont été respectées de manière continue depuis la date de la transmission. Dans un délai de trois mois à compter du terme de l'engagement individuel, chacun des héritiers, donataires ou légataires est, par ailleurs, tenu d'adresser à l'administration une attestation, que la société lui transmet, certifiant que l'ensemble des conditions d'application du dispositif ont été respectées jusqu'à leur terme.

22186 Pour les **donations avec réserve d'usufruit,** le bénéfice de l'exonération partielle est subordonné à la condition que les **droits de vote** de l'usufruitier soient statutairement limités aux décisions concernant l'affectation des bénéfices.

En cas de donation d'usufruit ou avec réserve d'usufruit, l'exonération partielle s'applique, selon le cas, à la **valeur** de l'usufruit ou de la nue-propriété des titres déterminée conformément aux règles de droit commun par application du barème de l'article 669 du CGI (la valeur de l'usufruit et de la nue-propriété étant constituée par une quote-part de la valeur en pleine propriété en fonction de l'âge de l'usufruitier, voir n°s 62850 s.).

22187 L'exonération partielle s'applique également aux transmissions de parts de **sociétés interposées.** Il s'agit des parts de sociétés détenant soit directement (simple niveau d'interposition), soit indirectement par l'intermédiaire d'une autre société (double niveau d'interposition) une participation dans la société dont les titres font l'objet de l'engagement collectif ou unilatéral de conservation. L'exonération partielle porte alors sur la valeur des droits sociaux de la société détenus directement par le redevable dans la limite de la fraction de la valeur réelle de l'actif brut de celle-ci représentative de la participation directe ou indirecte ayant fait l'objet de cet engagement.

L'**engagement** est **souscrit** par la société qui détient directement la participation dans la société dont les titres font l'objet de l'engagement de conservation. Le bénéfice de l'exonération est alors subordonné à la condition que les participations soient conservées inchangées à chaque niveau d'interposition pendant toute la durée de l'engagement collectif ou unilatéral, le régime de faveur n'étant toutefois pas remis en cause en cas d'augmentation de la participation détenue par les sociétés interposées. Les participations doivent également être conservées inchangées durant la période d'engagement individuel.

Chacune des sociétés composant la chaîne de participations doit, s'il y a lieu (demande expresse de l'administration ou terme de l'engagement individuel), transmettre aux personnes soumises aux engagements de conservation une **attestation** certifiant du respect, à son niveau, des obligations de conservation.

Les transmissions de parts de **sociétés holdings animatrices de groupe** peuvent bénéficier de l'exonération partielle « directe ». Est animatrice de son groupe une société holding qui, outre la gestion d'un portefeuille de participations, a pour activité principale la participation active à la conduite de la politique du groupe et au contrôle de ses filiales et, le cas échéant et à titre purement interne, la fourniture de services spécifiques, administratifs, juridiques, comptables, financiers et immobiliers. Le caractère prépondérant de son activité d'animation est retenu notamment lorsque la valeur vénale des titres des filiales représente plus de 50 % de son actif total (Cass. com. 14-10-2020 n° 18-17.955 : RJF 1/21 n° 92). Lorsque ce critère est insuffisant, la valeur des autres actifs affectés à l'activité d'animation peut être prise en compte (CA Paris 24-10-2022 n° 21/00555 : RJF 2/23 n° 161).

En cas de **non-respect de l'engagement** collectif ou unilatéral **de conservation** des titres, tous les héritiers, donataires ou légataires doivent, en principe, acquitter le complément de droits de mutation à titre gratuit majoré de l'intérêt de retard de l'article 1727 du CGI (CGI art. 1840 G ter). Toutefois, en cas de cession des parts, les ayants cause à titre gratuit des autres signataires échappent à la remise en cause s'ils conservent leurs titres jusqu'au terme initialement prévu et que les seuils de détention restent atteints ou si le cessionnaire s'associe à l'engagement à raison des titres cédés afin que les seuils demeurent respectés, sous réserve, dans ce dernier cas, que l'engagement soit reconduit pour une durée minimale de deux ans. Par ailleurs, en cas de cession ou de donation d'une partie seulement des parts transmises, l'exonération partielle n'est remise en cause à l'égard du cédant ou du donateur qu'à hauteur des seules parts cédées ou données si le cessionnaire ou le donataire est un autre associé du pacte (signataire de l'engagement ou l'un de ses ayants cause à titre gratuit sur les titres reçus de ce dernier : BOI-ENR-DMTG-10-20-40-20 n° 50). 22188

En cas de non-respect de la **condition liée à l'exercice d'une activité** principale ou d'une fonction de direction, tous les héritiers, donataires ou légataires sont tenus d'acquitter le complément de droits de mutation à titre gratuit majoré de l'intérêt de retard.

En cas de non-respect par un héritier, donataire ou légataire (ou, le cas échéant, par ses ayants cause à titre gratuit) de son **engagement individuel de conservation des titres,** celui-ci (ou ses ayants cause à titre gratuit) est tenu d'acquitter le complément de droits de mutation à titre gratuit majoré de l'intérêt de retard.

> Précisions a. L'exonération partielle n'est pas remise en cause :
– sous certaines conditions, lorsque le non-respect des engagements collectif, unilatéral ou individuel de conservation résulte de l'**apport des titres à une société holding** dont la valeur réelle de l'actif brut est, à l'issue de l'apport et jusqu'au terme des engagements de conservation, composée à plus de 50 % de participations dans la société soumises à ces engagements ;
– lorsque le seuil minimal de détention exigé pour la conclusion d'un engagement collectif ou unilatéral ou lorsque l'engagement individuel de conservation n'est plus respecté par suite d'une **fusion,** d'une **scission,** d'une **augmentation de capital,** ou d'une offre publique d'échange (**OPE**) préalable à une fusion ou à une scission dès lors que cette fusion ou cette scission est opérée dans l'année qui suit la clôture de l'OPE, sous réserve que les titres reçus en contrepartie soient conservés jusqu'au terme de l'engagement, ou par suite d'une **annulation de titres** pour cause de pertes ou de liquidation judiciaire ;
– lorsque l'engagement individuel de conservation n'est plus respecté par suite d'une **donation,** à condition que le ou les bénéficiaires de la donation soient le ou les **descendants** du donateur et qu'il(s) poursuive(nt) l'engagement individuel de conservation jusqu'à son terme.

b. Le **décès du dirigeant** est un cas de force majeure empêchant la remise en cause du régime si aucun des associés tenus par l'engagement collectif ou un engagement individuel de conservation n'est en capacité d'assurer cette direction (enfants mineurs, incapacité) (BOI-ENR-DMTG-10-20-40-20 n° 70).

c. En cas de donation en pleine propriété des parts sociales, les droits calculés sur la fraction taxable de la donation peuvent éventuellement bénéficier de la **réduction de 50 % des droits de donation** applicable lorsque le donateur a moins de 70 ans (CGI art. 790). Cette réduction est également applicable aux donations en pleine propriété de titres de holdings interposés (BOI-ENR-DMTG-20-30-20-50 n° 40).

22189 **Donation de parts sociales aux salariés** La donation en pleine propriété de parts sociales d'une société civile ouvre droit, sur option du bénéficiaire de la donation, à un **abattement de 300 000 €** sur la fraction de la valeur des titres représentative du fonds ou de la clientèle (CGI art. 790 A). L'application de cet abattement est subordonnée aux **conditions** suivantes :

– la société civile dont les parts sont transmises exerce une activité professionnelle (libérale, agricole, artisanale ou commerciale) ;

– les bénéficiaires de la donation sont titulaires d'un contrat de travail à durée indéterminée depuis au moins deux ans et exercent leurs fonctions à temps plein ou sont titulaires d'un contrat d'apprentissage (ces contrats sont conclus avec la société civile dont les parts sont transmises) ;

– les bénéficiaires de la donation poursuivent à titre d'activité professionnelle unique et de manière effective et continue, pendant cinq ans à compter de la transmission, l'activité de la société dont les parts sont transmises. Par ailleurs, l'un d'eux assure, pendant la même période, la direction effective de l'entreprise ;

– le fonds ou la clientèle sont détenus depuis plus de deux ans par la société lorsqu'ils ont été acquis à titre onéreux ;

– lorsque la transmission porte sur des parts sociales acquises à titre onéreux, le donateur les détient depuis plus de deux ans.

L'abattement ne peut s'appliquer qu'**une seule fois entre un même donateur et un même bénéficiaire.** Il en résulte que ce dispositif ne peut pas être invoqué plusieurs fois quand bien même l'abattement n'aurait pas été utilisé dans son intégralité lors d'une précédente transmission (BOI-ENR-DMTG-20-30-20-20 n° 150).

> Précisions En cas d'option pour l'application de l'abattement, la fraction de la valeur des parts transmises représentative des actifs autres que le fonds ou la clientèle ne peut pas bénéficier de l'**exonération partielle prévue en faveur des transmissions à titre gratuit d'entreprises** (nos 22185 s.). En revanche, l'abattement se cumule éventuellement avec l'exonération partielle sur la fraction des parts transmises représentative de la valeur du fonds ou de la clientèle ; pour le calcul des droits, on impute d'abord l'abattement de 75 % puis l'abattement fixe de 300 000 € (BOI-ENR-DMTG-20-30-20-20 nos 320 et 350).

PAIEMENT DES DROITS DE SUCCESSION OU DE DONATION

22190 En **principe,** les droits doivent être acquittés au comptant dès l'enregistrement de la donation ou de la déclaration de la succession.

Toutefois, sous certaines conditions, ils peuvent faire l'objet d'un **paiement différé ou fractionné.**

Qu'il soit fractionné ou différé, le crédit de paiement est subordonné à une **demande,** laquelle doit comporter une offre de **garanties.**

Lorsque la demande de crédit est acceptée, les droits donnent lieu, en principe, au paiement d'**intérêts** dont le **taux** est égal à celui du taux effectif moyen pratiqué par les établissements de crédit pour les prêts immobiliers à taux fixe consentis aux particuliers, au cours du 4e trimestre de l'année précédant celle de la demande de crédit. Ce taux est réduit d'un tiers et seule la première décimale est retenue.

Le taux ainsi calculé demeure inchangé pendant toute la durée du crédit. Il est égal à 1,7 % pour les **demandes** de paiement fractionné ou différé **effectuées en 2023** (CGI art. 1717 et ann. III art. 401).

> Précisions Les **successions entre époux** ou partenaires d'un Pacs sont purement et simplement exonérées de droit de mutation à titre gratuit. Cette exonération retire toute portée aux règles spécifiques de paiement fractionné ou différé des droits de succession sur la part du conjoint survivant en cas de succession composée majoritairement de biens non liquides.

22191 **Paiement fractionné** Le paiement des **droits de succession** peut être acquitté en plusieurs versements égaux et à intervalles de six mois au plus, sur une **période maximale** d'un an (leur nombre est limité à trois).

Ce délai maximal d'un an est porté à trois ans (avec un nombre de versements limité à sept) à la condition que l'actif héréditaire comprenne, à concurrence de 50 % au moins, des biens non liquides énumérés à l'article 404 A, I de l'annexe III au CGI, notamment : immeubles, clientèles, fonds de commerce, valeurs mobilières non cotées, objets d'antiquité, d'art ou de collection.

Paiement différé Le paiement des droits de succession peut être différé lorsque la 22192
succession comporte dévolution de **biens en nue-propriété.**

Paiement fractionné et différé : transmissions d'entreprises Le paiement 22195
des droits dus sur les **transmissions à titre gratuit** (successions ou donations, quelle qu'en soit la forme) de titres de sociétés non cotées ayant une activité agricole, libérale, artisanale ou commerciale peut être différé pendant cinq ans (versement annuel des seuls intérêts du crédit) et, à l'expiration de ce délai, être fractionné sur dix ans à raison de 1/20 tous les six mois, assorti d'un intérêt exigible semestriellement.

Ce régime est applicable quel que soit le **degré de parenté** avec le défunt ou le donateur (ainsi qu'en l'absence de lien de parenté).

N'entrent pas dans le champ d'application du paiement différé et fractionné les titres de sociétés ayant pour objet d'attribuer à leurs membres la **jouissance de biens meubles ou immeubles,** ou encore la réalisation d'opérations de **placement mobilier ou immobilier** pour le compte des associés (sociétés immobilières de copropriété, sociétés civiles de construction-vente, sociétés de placement mobilier ou immobilier) (BOI-ENR-DG-50-20-50 n° 110).

Le bénéficiaire de la transmission doit recevoir **5 % au moins du capital social.** En cas de démembrement, le paiement fractionné et différé est accordé aux transmissions de la nue-propriété de droits sociaux qui portent sur au moins 5 % du capital de la société même si le nu-propriétaire reçoit moins de 5 % de ce capital en valeur (BOI-ENR-DG-50-20-50 n° 220).

Le **taux** de base de l'**intérêt** du crédit (n° 22190) est réduit de deux tiers (d'où un taux de 0,5 % pour les demandes formulées en 2023) lorsque la valeur nominale des titres comprise dans la part taxable de chaque héritier, donataire ou légataire est supérieure à 10 % de la valeur du capital social, ou lorsque, globalement, plus du tiers du capital social est transmis (CGI ann. III art. 404 GA).

La **cession** autrement que par décès **de plus du tiers des titres** reçus par chaque bénéficiaire entraîne l'exigibilité immédiate des droits en suspens. Toutefois, l'**apport pur et simple en société** des titres reçus ne remet pas en cause le bénéfice du régime de faveur à la condition que le bénéficiaire prenne l'engagement de conserver les titres reçus en contrepartie de son apport jusqu'à l'échéance du dernier terme du paiement fractionné ; en cas de non-respect de cet engagement, les droits non perçus deviennent immédiatement exigibles (CGI ann. III art. 404 GD).

N'entraînent pas non plus, sous la même condition, la déchéance du régime de faveur les opérations de **fusion** ou de **scission** concernant des sociétés dont les titres bénéficient du paiement différé et fractionné (BOI-ENR-DG-50-20-50 n°s 470 et 490).

SECTION 6

NANTISSEMENT CONVENTIONNEL DES PARTS SOCIALES

CONSTITUTION DU NANTISSEMENT DES PARTS SOCIALES

Les parts d'une société civile peuvent en principe faire l'objet d'un nantissement (C. civ. art. 1866) lorsqu'elles sont représentatives d'un apport en nature ou en numéraire.

Ce n'est pas le cas des parts représentatives d'un **apport en industrie,** car elles sont liées à 22400
l'exercice de l'activité de l'apporteur et sont donc incessibles.

Le nantissement des parts de **SCP** est en revanche interdit (voir les décrets réglementant chaque profession).

Sur le nantissement judiciaire des parts sociales à titre conservatoire, voir n°s 22670 s.

22402 Même si les parts d'une société civile sont des meubles « corporels », leur **nantissement** relève, faute de dispositions spéciales, du **régime** du gage des meubles corporels (C. civ. art. 1866 et, sur renvoi, art. 2355, al. 5).

Le nantissement de parts d'une société civile peut être **constitué par** l'associé soit pour garantir ses propres dettes, soit pour garantir la dette d'un tiers (art. 2325). Un époux ne peut pas donner en nantissement des parts constituant des biens communs sans l'accord de l'autre époux (art. 1422, al. 2).

Il a été jugé que le fait pour le vendeur de parts d'une SCI de prendre un nantissement sur l'ensemble des parts cédées ne constituait pas un **abus de gage** constitutif de faute dès lors que la remise des parts par l'acheteur à titre de nantissement avait été faite dans le cadre d'une convention intervenue entre les parties et qu'il n'apparaissait pas que le gage avait été détourné de sa finalité et utilisé à un autre usage que celui que les parties lui avaient assigné (CA Versailles 1-10-1986 : D. 1988 p. 298 note Estoup et, sur pourvoi, Cass. com. 4-10-1988 n° 919 P).

22405 Le nantissement des parts d'une société civile prend **effet entre les parties** par l'établissement d'un écrit contenant la désignation de la dette garantie et la quantité de titres nantis « ainsi que leur espèce ou leur nature » (C. civ. art. 2336).

Mais il ne devient **opposable aux tiers** que lorsque cet écrit est publié (C. civ. art. 2337, al. 1), c'est-à-dire inscrit à la requête du créancier, sur le registre des sûretés mobilières et autres opérations connexes auprès du greffe du tribunal de commerce dans le ressort duquel la société dont les parts sont nanties est immatriculée (C. civ. art. 2338 ; C. com. art. R 521-1, al. 1, R 521-2, 2° et R 521-5, al. 1 et 5 modifiés par décret 2023-369 du 11-5-2023). Toutefois, si l'acte de nantissement est rédigé par un notaire, la publicité incombe à ce dernier, sauf dispense expresse des parties (Cass. 1e civ. 16-10-2008 n° 07-14.695 : RJDA 7/09 n° 679).

Le créancier (ou le notaire) remet ou adresse par voie postale ou électronique au greffier un bordereau d'inscription (deux exemplaires si le bordereau est établi sous format papier) (C. com. art. R 521-6, al. 1) dont le contenu est fixé par l'article R 521-6, 1° à 7° du Code de commerce. Il joint à ce bordereau l'original de l'acte constitutif du nantissement s'il est sous signature privée, l'expédition s'il est établi par acte authentique ou la copie de ces justificatifs (C. com. art. R 521-7, al. 1).

22408 L'**inscription** prend **effet** à sa date et conserve le gage pendant cinq ans à compter de cette dernière (C. com. art. R 521-10 et R 521-11, al. 1). Son effet cesse si l'inscription n'est pas renouvelée avant l'expiration de ce délai ; le greffier procède alors d'office à la radiation de l'inscription (C. com. art. R 521-11, al. 2 et R 521-24).

Le créancier inscrit peut demander la **radiation** de l'inscription ; celle-ci peut également être demandée par d'autres requérants, mais ils doivent alors justifier soit de l'accord des parties, soit d'une décision passée en force de chose jugée, soit de l'acte constatant la vente des parts à la suite d'une saisie, accompagné d'un récépissé justifiant du paiement du prix et d'une copie de l'extrait des inscriptions au registre faisant apparaître les inscriptions sur les parts (C. com. art. R 521-20).

22410 Les **inscriptions** inscrites dans les registres des sûretés mobilières tenus localement par chaque greffier sont centralisées au niveau national et **consultables** gratuitement sur le portail internet www.suretesmobilieres.fr (C. com. art. R 521-1-1, al. 2). Ce portail permet de télécharger un document faisant apparaître l'absence d'inscription ou, en présence d'inscription, les informations inscrites dans les registres des sûretés mobilières ainsi que l'identification des greffiers qui tiennent ces registres ; l'inscription radiée ou périmée n'apparaît pas dans ce document (C. com art. R 521-30 et R 521-33). La demande de consultation doit comporter les éléments énumérés à l'article R 521-32 du Code de commerce.

SOUMISSION DU PROJET DE NANTISSEMENT DES PARTS SOCIALES AUX ASSOCIÉS

22420 La réalisation du nantissement aboutissant au transfert des parts sociales au créancier bénéficiaire de cette garantie, ce dernier doit, s'il n'a pas déjà la qualité d'associé, être agréé par les autres associés. L'article 1867, al. 1 du Code civil permet d'obtenir cet agrément dès la constitution du nantissement en consultant les associés (ou le gérant) sur le projet de nantissement dans les mêmes conditions qu'en cas de cession de parts à un tiers (nos 21350 s.).

À cette fin, le **projet** de nantissement doit être **notifié,** avec demande d'agrément, à la société et à chaque associé (ou à la société seulement si les statuts prévoient que l'agrément peut être accordé par les gérants) par acte extrajudiciaire ou encore par lettre recommandée AR (Décret 78-704 du 3-7-1978 art. 49, al. 1).

Lorsque l'agrément ne relève pas de la compétence des gérants, ces derniers doivent consulter les associés dans les conditions prévues aux statuts pour les cessions de parts sociales (n° 21362).

Jugé que l'associé personnellement intéressé peut participer au vote de l'assemblée statuant sur l'agrément préalable du projet de nantissement des parts sociales (CA Paris 2-4-1999 : Dr. sociétés 1999 n° 178 note Th. Bonneau).

RÉALISATION DU NANTISSEMENT DES PARTS SOCIALES

À défaut de paiement de la créance garantie, le nantissement peut se réaliser de plusieurs manières. **22425**

Le créancier peut devenir propriétaire des parts en vertu d'un **pacte commissoire** (clause de l'acte de nantissement ou d'un acte postérieur prévoyant qu'à défaut de paiement de la créance garantie, les parts nanties deviendront la propriété du créancier ; C. civ. art. 2348, al. 1). La valeur des parts est déterminée au jour de leur transfert par un expert désigné à l'amiable ou judiciairement ; toute clause contraire est réputée non écrite (art. 2348, al. 2).

En l'absence de pacte commissoire, le créancier peut demander en justice que les parts **nanties** lui soient attribuées en paiement (C. civ. art. 2347). L'**attribution judiciaire** permet au créancier d'appréhender les parts nanties même s'il existe des créanciers munis de privilèges plus avantageux que le sien (Cass. com. 3-6-2008 n° 07-12.017 : RJDA 11/08 n° 1131).

Si la valeur des parts qui sont attribuées conventionnellement ou judiciairement au créancier excède le montant de la créance garantie, il doit verser la différence au débiteur ou la consigner s'il existe d'autres créanciers gagistes (C. civ. art. 2347 et 2348). La procédure d'agrément du projet de nantissement doit être respectée (n° 22430) que les parts soient attribuées conventionnellement ou judiciairement.

Enfin, le créancier impayé peut faire ordonner en justice la **vente forcée** des parts sociales. En principe, la vente intervient selon les modalités du Code des **procédures civiles d'exécution** (C. civ. art. 2346). Toutefois, si le nantissement garantit une dette professionnelle, le créancier peut, huit jours après une simple signification faite au débiteur (et au constituant s'il n'est pas le débiteur), faire procéder à la vente aux **enchères publiques** par un notaire, un huissier ou un commissaire de justice, un commissaire-priseur judiciaire ou encore un courtier de marchandises assermenté (C. civ. art. 2346, al. 2). Les parties ne peuvent pas déroger aux modalités de la vente forcée qui sont d'ordre public (prohibition de clause de voie parée ; art. 2346).

En cas de **vente forcée des parts sociales** nanties, le consentement de la société au nantissement proposé (ou le défaut de réponse dans le délai de six mois à compter de la dernière des notifications) emporte **agrément** de l'**adjudicataire** des parts nanties à condition que cette vente soit notifiée, un mois avant sa réalisation, à chacun des associés et à la société (C. civ. art. 1867, al. 2 et 1863, al. 1), par acte extrajudiciaire ou par lettre recommandée AR comportant l'indication de la date de cette réalisation forcée (Décret 78-704 du 3-7-1978 art. 49, al. 1). Chaque associé peut se substituer à l'adjudicataire dans un délai de cinq jours francs à compter de la vente. Si plusieurs associés exercent cette faculté, ils sont, sauf clause ou convention contraire, réputés acquéreurs en proportion du nombre de parts qu'ils détenaient antérieurement. Si aucun associé n'exerce cette faculté, la société peut racheter les parts elle-même en vue de leur annulation (C. civ. art. 1867, al. 3). **22428**

ATTENTION

Si les statuts dispensent d'agrément les cessions au profit d'un associé, la faculté de substitution nous paraît devoir être écartée lorsque l'**adjudicataire** est **déjà associé**. Il n'y a, en effet, dans ce cas aucune atteinte à l'intuitus personae.

Lorsque les **associés** (ou les gérants) **n'ont pas donné leur consentement** au nantissement (ou, ce qui revient au même, lorsque le débiteur a omis de leur notifier ce nantissement) et que l'adjudicataire n'a donc pas été agréé, la mise en **vente forcée** des parts nanties doit être notifiée à la société et aux associés un mois avant la vente (C. civ. art. 1868, al. 1). Cette notification doit être faite par acte extrajudiciaire ou par lettre recommandée AR et comporter l'indication de la date de la mise en vente des parts (Décret 78-704 du 3-7-1978 art. 49, al. 1). **22430**

Pendant ce délai, les associés peuvent décider soit la dissolution de la société, soit l'acquisition des parts dans les mêmes conditions que pour les cessions de parts à des tiers (voir n°s 21367 s.) (C. civ. art. 1868, al. 2).

À défaut d'une telle décision et si la vente a eu lieu, les associés ou la société ont encore la faculté de se substituer à l'adjudicataire, les règles à respecter étant alors les mêmes que celles applicables lorsque le nantissement a été autorisé : réalisation de la substitution dans le délai de cinq jours à compter de la vente, répartition des parts entre les associés préempteurs au prorata du nombre de parts qu'ils détenaient antérieurement, etc. ; si les associés n'exercent pas cette faculté, l'adjudicataire est réputé agréé et devient donc associé de plein droit (C. civ. art. 1868, al. 3 et, sur renvoi, art. 1867).

SECTION 7

SAISIE DE PARTS SOCIALES ET MESURES CONSERVATOIRES

A. Saisie et vente de parts sociales

CONDITIONS DE LA SAISIE DE PARTS SOCIALES

22600 Le **créancier** d'un associé peut, s'il est muni d'un **titre exécutoire** constatant une **créance liquide et exigible,** saisir les parts sociales que détient son débiteur et les faire vendre (C. exécution art. L 231-1).

Un tempérament à cette règle doit être apporté si la **saisie** porte sur des **droits sociaux frappés d'inaliénabilité.** Lorsque l'inaliénabilité résulte d'un acte publié, tel qu'une clause statutaire ou le jugement d'ouverture d'une procédure collective, la saisie de ces droits est impossible, sous peine de nullité, pendant la durée de l'inaliénabilité car celle-ci entraîne l'insaisissabilité du bien (Cass. 1e civ. 15-6-1994 n° 92-12.139 : Bull. civ. I n° 211). Lorsque l'inaliénabilité est prévue dans un pacte d'associés qui n'est pas publié, la saisie est en principe possible et la violation du pacte qui en résulte est sanctionnée par des dommages-intérêts ; elle n'est impossible, à notre avis, par analogie avec la solution retenue pour la violation d'un droit de préférence qui se présente au regard du cocontractant dans les mêmes termes que celle de l'inaliénabilité au regard du saisissant, que si le créancier saisit les droits sociaux alors qu'il avait connaissance, lorsqu'il a contracté, de l'existence du pacte d'associés et de l'intention du bénéficiaire de s'en prévaloir : dans ce cas, le bénéficiaire du pacte peut obtenir la nullité de la saisie.

À défaut de disposition légale ou réglementaire contraire, la société émettrice peut, comme tout créancier, procéder à une saisie des parts qu'elle a émises, en vue de les vendre, lorsqu'elle est créancière de l'un de ses associés.

> Précisions a. Une **créance** est **liquide** lorsqu'elle est évaluée en argent ou lorsque le titre qui la constate contient tous les éléments permettant son évaluation (C. exécution art. L 111-6).
b. Les **titres exécutoires** sont énumérés limitativement par l'article L 111-3 du Code des procédures civiles d'exécution : décision de justice passée en force de chose jugée, c'est-à-dire non susceptible d'un recours suspensif d'exécution, acte notarié revêtu de la formule exécutoire, titre délivré par un huissier ou un commissaire de justice en cas de non-paiement d'un chèque ou en cas d'accord entre le créancier et le débiteur dans les conditions prévues à l'article L 125-1 du Code des procédures civiles d'exécution (procédure simplifiée de recouvrement des petites créances), transactions et actes constatant un accord issu d'une médiation, d'une conciliation ou d'une procédure participative lorsqu'ils sont contresignés par les avocats de chacune des parties et revêtus de la formule exécutoire par le greffe de la juridiction compétente, etc.
c. L'interdiction de donner en nantissement les **parts de SCP** ou de les vendre aux enchères publiques n'emporte pas leur insaisissabilité (Cass. 1e civ. 4-11-2003 n° 99-13.965 : Rev. sociétés 2003 p. 876 note Y. Chartier).

MODALITÉS DE LA SAISIE DE PARTS SOCIALES

22604 La saisie est effectuée auprès de la société émettrice (C. exécution art. R 232-1).

Elle est réalisée sans qu'il soit nécessaire de procéder à un commandement préalable au débiteur. Elle s'opère par la **signification à la société émettrice** d'un acte d'huissier ou de commissaire de justice contenant, à peine de nullité, les mentions suivantes (art. R 232-5) :

– les nom et domicile du débiteur ou, s'il s'agit d'une personne morale, sa dénomination et son siège social ;
– l'indication du titre exécutoire en vertu duquel la saisie est pratiquée ;

– le décompte des sommes réclamées en principal, frais et intérêts échus, ainsi que l'indication du taux des intérêts ;
– l'indication que la saisie rend indisponibles les droits pécuniaires attachés à l'intégralité des parts dont le débiteur est titulaire ;
– la sommation de faire connaître l'existence d'éventuels nantissements ou saisies.

À peine de caducité de la procédure, la saisie doit, dans les huit jours de sa réalisation, être **portée à la connaissance du débiteur** également par acte d'huissier ou de commissaire de justice (art. R 232-6, al. 1).

CONSÉQUENCES DE LA SAISIE DE PARTS SOCIALES

Indisponibilité des droits saisis La saisie entraîne l'indisponibilité des **droits pécuniaires** du débiteur saisi (C. exécution art. R 232-8). 22605

Cette disposition appelle deux observations.

a. À notre avis, tout droit qui, par lui-même, entraîne un enrichissement patrimonial de celui qui en est titulaire a un caractère pécuniaire. Tel est le cas du droit aux dividendes (Cass. 2e civ. 21-6-2007 n° 06-13.386 : RJDA 11/07 n° 1150 ; Cass. 2e civ. 21-10-2010 n° 09-69.867 : RJDA 2/11 n° 154 ; décisions rendues dans le cadre de saisies conservatoires mais transposables par application de l'article R 524-3 du Code des procédures civiles d'exécution). Sont également visés le droit aux réserves et au boni de liquidation qui ne peuvent donc être exercés par le débiteur que s'il en affecte le produit en complément aux biens saisis.

b. Il a été jugé que l'indisponibilité qui frappe les droits sociaux faisant l'objet d'une saisie-attribution (appelée « saisie-arrêt » à l'époque des faits) n'interdisait pas pour autant leur **cession** « dans la mesure où celle-ci ne pourra avoir effet, dans les rapports entre créanciers saisissants, débiteur saisi et tiers porteur, qu'après la levée de la saisie » (CA Paris 22-11-1993 : Bull. Joly 1993 p. 587 note P. Le Cannu, solution rendue à propos d'une saisie-attribution mais transposable). Ainsi, une cession de parts saisies ne serait pas nulle mais seulement inopposable aux créanciers saisissants et à la société émettrice.

ATTENTION

En pratique, la cession de droits sociaux indisponibles est quasi impossible car elle risque de tomber sous le coup du **délit de détournement de biens saisis,** puni d'une amende de 375 000 € et de trois ans d'emprisonnement (C. pén. art. 314-6), dès lors que le cédant connaissait l'existence de la saisie le jour où il a conclu la cession (Cass. crim. 24-9-1997 : Dr. pén. 1998 comm. n° 18, rendu à propos de la cession de parts sociales qui faisaient l'objet d'une saisie-arrêt, mais transposable).

Les sommes versées par la société émettrice au titre de ces droits pécuniaires viendront s'ajouter à celles résultant de la vente des parts et seront réparties entre les créanciers.

Le débiteur continue à exercer les **droits non pécuniaires** attachés à ses parts sociales : droit de participer aux assemblées et de prendre part au vote, droit d'obtenir communication des rapports et autres documents sociaux destinés aux associés ; droit d'agréer de nouveaux associés, etc. 22606

L'existence d'une saisie sur des parts sociales ne fait pas obstacle à la nomination d'un **administrateur séquestre** de ces parts à la requête du créancier saisissant dès lors qu'il existe un risque de disparition ou de dépréciation de valeur desdites parts, le débiteur saisi étant, par ailleurs, gérant de la société entre les mains de laquelle la saisie a été faite (Cass. civ. 22-4-1977 : Bull. Joly 1977 p. 633 ; CA Versailles 23-10-1979 : Gaz. Pal. 1980 som. p. 605). Cela évite que le débiteur saisi ne devienne lui-même gardien des parts saisies. 22607

Obligations des tiers à la saisie Les tiers, quels qu'ils soient et notamment la société émettrice, sont tenus d'apporter leur concours, lorsqu'ils en sont légalement requis, pour faciliter le déroulement de la procédure et ne doivent en aucune manière y faire obstacle ; au cas où ils refuseraient, sans motif légitime, de collaborer, ils pourraient y être contraints au besoin sous astreinte, sans préjudice de dommages-intérêts (C. exécution art. L 123-1, al. 1 et 2). En outre, le tiers saisi (société émettrice) qui fait obstacle à la saisie pourrait être condamné au paiement des causes de la saisie, sauf pour lui à exercer un recours contre le débiteur (art. L 123-1, al. 3). Tel serait le cas, pensons-nous, si la société émettrice acceptait la cession des droits sociaux à un tiers au mépris de la saisie. 22609

> Précisions **a.** À moins d'avoir reçu du juge une injonction en ce sens, le **tiers saisi** n'est **pas tenu d'indiquer au créancier saisissant** l'étendue des droits sociaux et des valeurs mobilières dont le débiteur est titulaire (Cass. 2e civ. 8-4-1999 : RJDA 10/99 n° 1126 ; Cass. 2e civ. 17-5-2001 n° 922 : RJDA 5/02 n° 552).
b. Le tiers saisi qui ne défère pas à la sommation de faire connaître l'existence d'éventuels nantissements ou saisies ne s'expose qu'à une condamnation à des **dommages-intérêts** ; il ne saurait être tenu au paiement des causes de la saisie (Cass. 2e civ. 3-5-2001 : RJDA 8-9/01 n° 907).

CONTENTIEUX DE LA SAISIE DE PARTS SOCIALES

22610 Le débiteur peut, dans le délai d'un mois à compter du jour où la saisie lui a été dénoncée, **contester la saisie** (cf. C. exécution art. R 232-6, 2°), par exemple en prouvant qu'il a déjà payé ou qu'il bénéficie d'un délai de paiement, ou encore en établissant que les parts ne lui appartiennent plus. Ces contestations, qu'elles concernent le titre exécutoire ou la procédure de saisie, doivent être portées devant le juge de l'exécution, même si elles sont relatives à des questions de fond (C. org. jud. art. L 213-5 et L 213-6, al. 1). Elles doivent, par ailleurs, être dénoncées le même jour ou, au plus tard, le premier jour ouvrable suivant, par lettre recommandée AR, à l'huissier ou au commissaire de justice qui a procédé à la saisie (C. exécution art. R 232-7, al. 1).

L'auteur de la contestation en informe le tiers saisi par lettre simple (art. R 232-7, al. 2). Il ne peut pas être déduit de l'offre de vente amiable présentée par le débiteur saisi (n° 22615) une renonciation par ce dernier à toute contestation ultérieure (CA Paris 14-11-2002 n° 02-5668 : D. 2003 IR p. 468). Le débiteur saisi doit, dans le délai d'un mois, et faire son offre amiable, et former sa contestation, ne serait-ce qu'à titre conservatoire pour le cas où son offre serait refusée (CA Paris 14-11-2002 précité).

22612 Le débiteur peut aussi obtenir du juge la **mainlevée de la saisie** en consignant une somme suffisante pour désintéresser le créancier saisissant (C. exécution art. R 232-8, al. 2).

En cas de résistance abusive du débiteur, le juge de l'exécution peut le condamner à des dommages-intérêts (art. L 121-3). À l'inverse, le juge peut ordonner la mainlevée de toute mesure inutile ou abusive et condamner le créancier à des dommages-intérêts en cas d'abus de saisie (art. L 121-2).

> **Précisions** Il a été jugé que constitue le **délit d'organisation ou d'aggravation frauduleuse d'insolvabilité** (C. pén. art. 314-7) le fait, par une personne dont les 90 parts (sur 100) détenues dans une société civile immobilière avaient été saisies, d'augmenter 30 fois le capital par création de 2 900 parts souscrites par son épouse séparée de biens et libérées par voie d'« abandon d'une créance » sur la société, ce qui avait eu pour effet de ramener sa participation dans le capital de la SCI de 90 % à 3 % ; les modalités de cette opération, réalisée à une date incertaine et au moyen d'une incorporation de créance fictive, démontraient la volonté de l'intéressé de réduire son patrimoine en transférant à son épouse la presque totalité de ses droits sur l'actif social (Cass. crim. 3-10-1996 n° 95-85.959 : RJDA 1/97 n° 161).

VENTE AMIABLE DE PARTS SOCIALES

22615 Le débiteur dispose d'un **délai** d'un mois à compter de la notification de la saisie qui lui a été faite pour procéder lui-même à la vente des parts sociales (C. exécution art. R 221-30 sur renvoi de l'art. R 233-5). Il doit **informer** l'huissier ou le commissaire de justice du créancier saisissant des propositions qui lui ont été faites en indiquant notamment le nom et l'adresse de l'acquéreur éventuel, le prix offert, le délai pendant lequel l'acquéreur s'offre à consigner le prix (art. R 221-31, al. 1).

L'huissier ou le commissaire de justice doit communiquer ces informations, par lettre recommandée AR, au créancier saisissant et, s'il en existe, aux créanciers opposants, qui disposent d'un délai de quinze jours à compter de la réception de cette lettre pour prendre parti. À défaut de réponse dans ce délai, ils sont réputés avoir accepté la proposition (art. R 221-31, al. 2 et 3). L'accord des créanciers doit être unanime car on ne saurait imposer un prix à un créancier qui s'y oppose. Le refus d'un seul entraîne, à notre avis, la vente forcée des droits sociaux.

Si la vente se réalise, le prix doit être versé, dans le délai convenu avec l'acquéreur, entre les mains de l'huissier ou du commissaire de justice, le transfert de propriété et la délivrance des parts étant subordonnés à ce paiement. À défaut de paiement du prix dans le délai convenu, il est procédé à la vente forcée des parts (art. R 221-32).

Comme pour toute cession, il convient de respecter les dispositions légales ou conventionnelles relatives à l'**agrément** de l'acquéreur.

ATTENTION

Dans les procédures engagées depuis le 1er janvier 2023, les informations communiquées par l'huissier ou le commissaire de justice (relatives aux propositions d'achat faites au débiteur) doivent également être adressées, par lettre recommandée AR, aux **créanciers titulaires d'une sûreté** publiée qui disposent d'un délai de quinze jours à compter de la réception de cette lettre pour prendre parti sur les propositions de vente amiable ; en l'absence de réponse dans ce délai, ils sont réputés avoir accepté la proposition (C. exécution art. R 221-31, al. 2 et 3 ; Décret 2021-1888 du 29-12-2021 art. 7, I et II). Dans ce même délai, chaque créancier titulaire d'une sûreté publiée doit faire connaître à l'huissier ou au commissaire de justice la nature et le montant de sa créance ; à défaut, il perd le droit de concourir à la distribution des deniers résultant de la vente amiable, sauf à faire valoir ses droits sur un solde éventuel après la répartition (art. R 221-31, al. 4). Sur justification du paiement du prix, l'inscription des sûretés prises sur les parts vendues est radiée (art. R 221-32, al. 3).

VENTE FORCÉE DE PARTS SOCIALES

Il ne peut être procédé à la vente forcée des parts sociales que sur présentation, par le créancier saisissant, d'un **certificat** délivré par le greffe ou établi par l'huissier ou le commissaire de justice qui a procédé à la saisie attestant qu'aucune contestation n'a été formée dans le mois suivant la dénonciation de la saisie au débiteur ou, le cas échéant, d'un jugement rejetant la contestation soulevée par le débiteur (C. exécution art. R 233-1). 22620

La vente est faite sous forme d'**adjudication.** Cette vente forcée ne peut intervenir qu'à l'expiration du délai d'un mois accordé au débiteur pour procéder à une vente amiable augmenté s'il y a lieu du délai de quinze jours imparti aux créanciers pour donner leur réponse (art. R 221-31, al. 5 sur renvoi de l'art. R 233-5).

Le **cahier des charges** établi en vue de la vente doit comporter, outre le rappel de la procédure antérieure, les statuts de la société et tout document nécessaire à l'appréciation de la consistance et de la valeur des parts sociales mises en vente (art. R 233-6, al. 1 à 3).

Il doit aussi faire mention de toutes conventions instituant un agrément ou créant un droit de préférence au profit des associés, sous peine d'inopposabilité de celles-ci à l'adjudicataire (art. R 233-6, al. 4).

La société doit recevoir une **copie du cahier** des charges et en informer les associés. Ces derniers, comme tous les intéressés, disposent d'un délai de deux mois pour formuler, auprès de la personne chargée de la vente, leurs **observations sur le contenu** du cahier des charges (art. R 233-7). À défaut, ils ne peuvent pas en critiquer les clauses et conditions, notamment la clause d'agrément qui y figure (Cass. 3e civ. 14-1-2009 no 07-17.619 : RJDA 11/09 no 972).

Les jour, heure et lieu de la vente doivent faire l'objet d'une **publicité** par voie de presse et, si nécessaire, par voie d'affiches (C. exécution art. R 233-8, al. 1).

La société doit aussi être avisée de la **date de l'adjudication** (art. R 233-8, al. 3).

Répartition du prix de la vente forcée Le prix de vente résultant de l'adjudication est réparti entre tous les créanciers saisissants ou opposants qui se sont manifestés avant la vente (C. exécution art. L 233-1) selon la procédure de distribution des deniers (art. R 251-1 s.). Les créanciers qui ont fait précéder d'une saisie conservatoire la saisie qui a conduit à la vente prennent part à la distribution du prix mais les sommes qui leur reviennent sont consignées jusqu'à ce qu'ils aient obtenu un titre exécutoire (art. R 233-2). 22625

À défaut d'accord entre les créanciers sur les modalités de la répartition, la personne chargée de l'adjudication consigne les fonds recueillis et saisit le juge de l'exécution pour trancher le différend (art. R 251-8).

Agrément de l'adjudicataire En cas de vente forcée, l'adjudicataire doit également être agréé par les associés de la société émettrice. La procédure d'agrément à suivre peut être précisée dans le cahier des charges. Il peut s'agir de la procédure applicable en cas de réalisation forcée du nantissement (nos 22425 s.). Il a en effet été jugé que la vente aux enchères publiques de parts saisies devait être réalisée sous réserve de l'observation des articles 1867 et 1868 du Code civil (relatifs à la procédure d'agrément en matière de nantissement) et de l'article 1843-4 du même Code (concernant la fixation du prix de rachat) (CA Paris 11-12-1992 : Dr. sociétés 1993 no 69). 22630

Ainsi, conformément aux dispositions de l'article 1868 du Code civil :

1. La mise en vente forcée des parts doit être **notifiée** un mois au moins à l'avance à chacun des associés et à la société (C. civ. art. 1868, al. 1) ;

2. Les associés peuvent, dans ce délai, décider **la dissolution** de la société **ou l'acquisition** des parts dans les conditions prévues en cas de refus d'agrément du cessionnaire (nos 21367 s.) (art. 1868, al. 2) ;

3. À défaut d'une telle décision et si la vente a eu lieu, les associés et la société peuvent **se substituer à l'adjudicataire** dans un délai de cinq jours francs à compter de la vente (art. 1868, al. 3 et, sur renvoi, art. 1867, al. 3). Si cette faculté n'est pas exercée, l'adjudicataire est réputé agréé et devient donc associé de plein droit (art. 1868, al. 3).

L'achat des parts par les associés ou la société n'a pas à être réalisé au prix d'adjudication : en effet, même si le débiteur saisi a consenti à ce prix, son consentement n'emporte pas renonciation à voir fixer la valeur des parts à dire d'expert, dans les conditions de l'article 1843-4 du Code civil, en cas de cession à une autre personne, y compris à un associé, après le refus de la société d'agréer l'adjudicataire (Cass. com. 28-9-2004 no 1360 : RJDA 2/05 no 152, rendu à propos d'une SARL mais transposable).

> Précisions La cour d'appel de Paris a jugé que, faute de **contestation du cahier des charges** avant le jour de l'adjudication, l'**adjudicataire** n'est plus recevable à en contester les clauses et conditions et à invoquer les dispositions des articles 1867 et 1868 du Code civil (CA Paris 16-5-2006 n° 05-5862 : RTD com. 2006 p. 616, chron. C. Champaud et D. Danet). Celles-ci étaient d'ailleurs inapplicables en l'espèce puisqu'elles concernent le nantissement des parts sociales alors que le cahier des charges stipulait une adjudication au profit d'un tiers sous condition résolutoire d'obtention de l'agrément selon les modalités, prévues aux statuts, propres aux cessions de parts sociales régies par les articles 1861 à 1864 du Code civil. En vertu de l'article 1863 du Code civil, la cession peut être remise en cause par l'associé pendant six mois.

B. Mesures conservatoires sur les parts sociales

SAISIE CONSERVATOIRE DE PARTS SOCIALES

22660 **Autorisation de saisie** Toute personne qui ne dispose pas d'un titre exécutoire, mais dont la **créance** « paraît **fondée en son principe** », peut demander, par voie de requête au juge de l'exécution du lieu où demeure son débiteur, l'autorisation de pratiquer une saisie conservatoire des parts sociales appartenant à celui-ci. Encore faut-il qu'elle justifie de circonstances susceptibles de menacer le recouvrement de sa créance (C. exécution art. L 511-1 et R 511-1 s.).

Les personnes munies d'un titre exécutoire peuvent, elles aussi, pratiquer une saisie conservatoire plutôt qu'une saisie conduisant à la vente. Dans ce cas, elles ne sont pas tenues de solliciter l'autorisation préalable du juge (art. L 511-2).

Il en est de même en cas de défaut de paiement d'une lettre de change acceptée, d'un billet à ordre, d'un chèque ou d'un loyer resté impayé dès lors qu'il résulte d'un contrat écrit de louage d'immeuble (même art.).

Il ne peut être dérogé aux dispositions relatives à la compétence du juge de l'exécution car elles sont d'ordre public (art. R 511-3) mais, si aucune procédure au fond n'a été engagée ou est en cours et que la créance relève de la compétence de la juridiction commerciale, la requête peut être présentée au président du tribunal de commerce (art. L 511-3). Sous peine de caducité de la mesure conservatoire, le créancier non muni d'un titre exécutoire doit, dans le mois de la saisie, introduire une procédure ou accomplir les formalités nécessaires à l'obtention de ce titre exécutoire (art. L 511-4 et R 511-7).

22661 **Modalités de la saisie conservatoire** La saisie conservatoire doit être exécutée dans un **délai** de trois mois à compter de la date de l'ordonnance du juge l'autorisant. Passé ce délai, cette autorisation est caduque (C. exécution art. R 511-6).

Elle est réalisée, sans commandement préalable au débiteur, par la **signification à la société émettrice** d'un acte contenant, à peine de nullité : les nom et domicile du débiteur ou, s'il s'agit d'une personne morale, sa dénomination et son siège social, l'indication de l'autorisation ou du titre en vertu duquel la saisie est pratiquée, le décompte des sommes dues, l'indication que la saisie rend indisponibles les droits pécuniaires attachés à l'intégralité des parts sociales dont le débiteur est titulaire et la sommation de faire connaître l'existence d'éventuels nantissements ou saisies (art. R 524-1).

Puis, dans les huit jours de cette signification à peine de caducité, elle doit être **portée à la connaissance du débiteur** par acte d'huissier ou de commissaire de justice (art. R 524-2, al. 1).

> Précisions a. Une saisie conservatoire peut être pratiquée même si les parts sociales font déjà l'objet d'une **saisie conservatoire antérieure** émanant d'un autre créancier (art. R 521-1). Il a été jugé, à propos d'une pluralité de saisies conservatoires de créances, que la saisie conservatoire emporte de plein droit consignation des sommes indisponibles et entraîne affectation spéciale avec privilège de l'article 2075-1 du Code civil (désormais art. 2350) au profit du créancier saisissant, si bien que le concours avec des saisies postérieures est écarté pour la portion consignée (CA Poitiers 29-3-2000 : RD bancaire et financier 2000 n° 166).

b. Sur les droits du créancier ayant pratiqué une saisie à titre conservatoire sur des parts d'ores et déjà mises en vente dans le cadre d'une saisie conduisant à la vente, voir n° 22625.

22662 **Conséquences de la saisie et contestations en vue de sa mainlevée** La saisie conservatoire entraîne l'indisponibilité des **droits pécuniaires** attachés aux parts concernées (C. exécution art. R 232-8 sur renvoi de l'art. R 524-3), de sorte que ces droits ne peuvent plus ensuite faire l'objet d'une saisie-attribution pratiquée par un autre créancier (Cass. 2e civ. 21-10-2010 n° 09-69.867 : RJDA 2/11 n° 154).

S'il apparaît que les conditions de validité de la saisie conservatoire ne sont pas remplies, le juge de l'exécution peut, même lorsque son autorisation préalable n'était pas requise, en donner à tout moment **mainlevée.** Il peut aussi la remplacer par toute autre mesure (cautionnement d'un tiers proposé par le débiteur, par exemple) propre à sauvegarder les intérêts des parties (art. L 512-1 et R 512-1 s.).

Lorsque la mainlevée a été ordonnée, le **créancier** peut être condamné à **réparer le préjudice** causé par cette mesure (art. L 512-2, al. 2), même en l'absence de faute de sa part (Cass. 2e civ. 29-1-2004 n° 154 : RJDA 5/04 n° 572 ; Cass. com. 25-9-2012 n° 11-22.337 : RJDA 2/13 n° 162). En effet, l'exécution forcée est poursuivie aux risques du créancier (art. L 111-10, al. 2).

Dès qu'il a obtenu un titre exécutoire, le créancier peut faire **convertir** la saisie conservatoire en **saisie-vente** en indiquant dans l'acte de conversion signifié au débiteur que celui-ci peut procéder à la **vente amiable** dans le délai d'un mois (art. R 524-4, 5°) des parts sociales dans les conditions applicables à la saisie des biens corporels (art. R 221-30 s.), à défaut de quoi il est procédé à la vente forcée (art. R 233-3 s.).

NANTISSEMENT JUDICIAIRE DE PARTS SOCIALES

Conditions Le créancier qui remplit les conditions requises pour obtenir l'octroi d'une mesure conservatoire (saisie conservatoire ou sûreté judiciaire) peut demander au juge que les parts sociales de son débiteur soient nanties à son profit (C. exécution art. L 511-1 s. et L 531-1). **22670**

Le nantissement judiciaire provisoire des parts d'un associé d'une SCI en liquidation judiciaire peut être ordonné dès lors que la créance du demandeur sur la SCI a été admise au passif de celle-ci (ce qui constitue un titre contre cette société) et qu'il est établi que la SCI n'a aucune activité, ne perçoit aucun loyer et que l'inscription d'hypothèque provisoire prise par le créancier sur l'immeuble social est insuffisante pour garantir le recouvrement de sa créance, ce qui caractérise l'inanité des poursuites contre la SCI (Cass. 3e civ. 7-10-1998 n° 1541 : RJDA 8-9/99 n° 999).

Nature du nantissement judiciaire Le nantissement judiciaire est une mesure de sûreté judiciaire et non une saisie conservatoire. **22671**

Modalités du nantissement judiciaire Le nantissement judiciaire est réalisé par la **signification à la société émettrice** d'un acte contenant les mentions suivantes (C. exécution art. R 532-3) : **22672**

- désignation du créancier et du débiteur ;
- indication de l'autorisation ou du titre en vertu duquel le nantissement est requis ;
- indication du capital de la créance et de ses accessoires.

Cet **acte** doit être **publié** au RCS (art. R 532-3) et faire l'objet d'une inscription au RNE (C. com. art. L 123-37, 1°).

Le nantissement grève, en principe, l'ensemble des parts à moins qu'il ne soit autrement précisé dans l'acte (C. exécution art. R 532-3, dernier al.). Toutefois, lorsque la valeur de ces parts est manifestement supérieure au montant des sommes garanties, le débiteur peut demander au juge de l'exécution de limiter les effets du nantissement s'il justifie que les parts restant grevées ont une valeur double du montant de ces sommes (art. R 532-9).

À peine de caducité de la mesure, le **débiteur** doit être **informé** du nantissement dans les huit jours de la signification de celui-ci par un acte d'huissier ou de commissaire de justice (C. exécution art. R 532-5). **22673**

Cette publicité provisoire conserve la sûreté pendant trois ans ; elle peut être renouvelée dans la même forme et pour la même durée (art. R 532-7).

Elle doit être confirmée par une **publicité définitive** opérée dans les mêmes formes (art. R 533-1 et R 533-3). La publicité définitive donne rétroactivement rang au nantissement à la date à laquelle il a été signifié (art. R 533-1).

Elle doit être effectuée dans un **délai** de deux mois commençant à courir, selon le cas (art. R 533-4) :

- du jour où le titre constatant les droits du créancier est passé en force de chose jugée (c'est-à-dire non susceptible de recours suspensif d'exécution ou, si il l'est et qu'aucun recours n'a été exercé dans le délai imparti, qui aura force de chose jugée à l'expiration de ce délai ; cf. CPC art. 500) ;
- si la procédure a été mise en œuvre avec un titre exécutoire, du jour de l'expiration du délai d'un mois pendant lequel la mainlevée de la publicité provisoire pouvait être demandée ou, si une demande de mainlevée a été formée, du jour de la décision rejetant cette demande (si le

titre n'était exécutoire qu'à titre provisoire, le délai court à compter du jour où le titre constatant les droits du créancier est passé en force de chose jugée) ;

– si le caractère exécutoire du titre est subordonné à une procédure d'exequatur, du jour où la décision qui l'accorde est passée en force de chose jugée.

Le créancier doit, en outre, présenter tout document attestant que les conditions prévues ci-dessus sont remplies.

À défaut de confirmation dans ce délai, la publicité provisoire devient caduque et sa radiation peut être demandée au juge de l'exécution (C. exécution art. R 533-6, al. 1).

C'est seulement après l'accomplissement de la publicité définitive que le créancier nanti peut demander l'agrément du nantissement (art. R 533-3, al. 2). Sur les modalités de cet agrément, voir n° 22420.

> **Précisions** Selon une réponse de la Chancellerie en date du 8 janvier 1998, dans le silence des textes, il est permis de considérer que la **publicité de l'acte de nantissement des parts** d'une société civile s'opère au moyen du dépôt successif en annexe au RCS :
> – de l'acte de nantissement préalablement signifié à la société au titre des formalités de publicité provisoire ;
> – du même acte de nantissement signifié à nouveau dans les délais prévus par l'article R 533-4 du Code des procédures civiles d'exécution au titre des formalités de publicité définitive.
> Le créancier devra, lors de ce second dépôt, présenter au greffier tout document attestant que les conditions prévues par ce texte sont remplies (Bull. RCS 1998/1 p. 16).

22675 **Conséquences du nantissement judiciaire** Contrairement à la saisie conservatoire, les **biens nantis** demeurent **aliénables** (C. exécution art. L 531-2, al. 1).

CHAPITRE 3

L'IMPÔT SUR LA FORTUNE IMMOBILIÈRE

SOMMAIRE

L'IFI EN BREF

L'impôt sur la fortune immobilière (IFI) est dû par les personnes physiques qui possèdent au 1er janvier un **patrimoine immobilier** de plus de **1 300 000 €**. L'IFI frappe les immeubles, à l'exception de ceux que le contribuable affecte à l'exercice de son activité professionnelle ou met à la disposition de la société dans laquelle il exerce cette activité. Il concerne également les titres de sociétés pour la fraction de leur valeur correspondant aux immeubles imposables. 23000

SECTION 1

CHAMP D'APPLICATION DE L'IFI

PERSONNES IMPOSABLES

Personnes physiques L'impôt sur la fortune immobilière (IFI) ne concerne pas les **sociétés** en tant que redevables puisqu'elles n'ont aucune déclaration à souscrire. Il en va ainsi des sociétés civiles elles-mêmes ou des sociétés qui en sont membres. Seules sont en effet soumises à l'IFI les personnes physiques dont la valeur nette du patrimoine immobilier taxable (déduction faite de certaines dettes) excède 1 300 000 €. Mais les sociétés sont **indirectement concernées** puisque les droits sociaux sont, sauf exception, taxés à hauteur de leur composante immobilière entre les mains des associés personnes physiques. 23005

Foyer fiscal L'assiette de l'impôt est déterminée au niveau du foyer fiscal, dont la composition est appréciée au **1er janvier** de l'année d'imposition. 23007

Les couples **mariés** sont, quel que soit leur régime matrimonial, soumis à une imposition commune au titre de l'IFI, sauf dans deux cas :

- lorsqu'ils sont séparés de biens et ne vivent pas sous le même toit ;
- lorsque, en instance de divorce ou de séparation de corps, ils ont été autorisés à avoir des domiciles séparés.

Les personnes liées par un **Pacs** sont également soumises à une imposition commune. Il en va de même de celles qui vivent en **concubinage** notoire (c'est-à-dire les personnes qui, sans être mariées ou pacsées, vivent en couple de façon stable et continue, qu'elles soient de sexe différent ou de même sexe), sauf si elles sont mariées par ailleurs, auquel cas elles sont en principe imposées avec leur conjoint légal.

ATTENTION

Les biens appartenant aux **enfants mineurs** sont imposés avec ceux de leurs parents qui ont l'administration légale de leurs biens (CGI art. 965). Ils peuvent être répartis par moitié entre les deux parents lorsque ces derniers font l'objet d'une imposition séparée à l'IFI tout en exerçant conjointement l'autorité parentale (BOI-PAT-IFI-20-10 n° 150).

ACTIFS IMPOSABLES

23010 **Principes** L'IFI est, sous réserve de certaines exclusions et exonérations, assis sur la valeur nette du patrimoine immobilier détenu, au 1er janvier de l'année d'imposition, directement ou indirectement par le contribuable et les membres de son foyer fiscal (CGI art. 965). L'IFI frappe donc non seulement les **immeubles** mais également – pour une fraction de leur valeur – les **parts ou actions de sociétés** détenant de l'immobilier.

23015 **Biens et droits immobiliers taxables** Tous les biens et droits immobiliers appartenant au contribuable entrent dans le champ d'application de l'IFI (CGI art. 965, 1°). Sont visés, sauf s'ils sont affectés à l'activité professionnelle du contribuable ou mis à la disposition de la société dans laquelle il exerce son activité principale, tous les **immeubles bâtis** (à usage privé ou professionnel), **non bâtis** (terrains à bâtir, terres agricoles, etc.) ou **en cours de construction** ainsi que tous les **droits réels** immobiliers (usufruit, droit d'usage, droit du preneur d'un bail à construction notamment).

> Précisions Les actifs immobiliers faisant l'objet d'un **contrat de crédit-bail** ou d'un **contrat de location-accession** sont compris dans le patrimoine du preneur ou de l'accédant pour leur valeur au 1er janvier de l'année d'imposition. Cette assiette est réduite du montant des loyers ou des redevances restant à courir jusqu'à l'expiration du bail ou jusqu'au terme prévu pour la levée de l'option ainsi que du montant de l'option d'achat (CGI art. 971). Cette règle s'applique non seulement lorsque le preneur du contrat de crédit-bail est le contribuable lui-même mais également lorsqu'il s'agit d'une société dans laquelle le contribuable détient des parts ou actions.

23020 **Immobilier détenu via une société** Les parts ou actions de sociétés (établies en France ou à l'étranger) sont, en principe, imposables à hauteur de la **fraction** de leur valeur **représentative de biens ou droits immobiliers** détenus directement ou indirectement par la société, quel que soit le nombre de niveaux d'interposition (CGI art. 965, 2°). Toutes les sociétés sont concernées, quels que soient leur forme sociale, leur régime fiscal ou leur lieu d'établissement. Les parts de sociétés civiles détenant directement ou indirectement des immeubles sont ainsi susceptibles d'être taxées à l'IFI à hauteur de l'immobilier sous-jacent (sur la détermination de la fraction imposable des parts : nos 23130 s.).

Cette règle connaît plusieurs **atténuations** d'une grande portée pratique (notamment, exclusion de l'immobilier compris dans certaines participations minoritaires : nos 23140 s. ; exclusion de l'immobilier que la société affecte à une activité opérationnelle : n° 23135 ; exonération de l'immobilier professionnel : nos 23400 s.). Ainsi, l'inclusion d'un bien immobilier détenu au travers d'une société dans l'assiette de l'IFI est une question délicate et complexe dépendant de nombreux facteurs (nature de l'activité exercée par la société, pourcentage de détention dans la société, affectation de l'immobilier à une activité professionnelle, etc.).

23030 **Patrimoine immobilier dont le redevable est propriétaire** Les biens et droits immobiliers imposables sont tous ceux dont le redevable est propriétaire au 1er janvier de l'année d'imposition. Ce sont en principe les titres de propriété qui déterminent le propriétaire.

Il y a des cas où la **propriété** est **présumée.** Ainsi, l'administration est fondée à tenir pour véritable propriétaire d'un bien celui qui apparaît comme tel aux yeux des tiers, en vertu des clauses formelles de titres, de la loi ou de ses agissements : cas des parts acquises en qualité de **prête-nom** ou en qualité de **porte-fort** lorsque l'acquisition n'a pas été ratifiée (théorie de la propriété apparente).

Les immeubles faisant l'objet d'une mutation sous **condition suspensive,** de l'obtention d'un prêt notamment, continuent d'appartenir au vendeur ou au donateur jusqu'à ce que la condition se réalise. À l'inverse, lorsqu'ils font l'objet d'une **condition résolutoire,** les biens appartiennent à l'acquéreur ou au donataire tant que la condition ne s'est pas réalisée.

Aux termes de l'article 2276 du Code civil, « en fait de meubles, possession vaut titre ». Ce texte établit, en ce qui concerne ces biens, une présomption de propriété en faveur du **possesseur**

(BOI-PAT-IFI-20-20-40 n° 80). Cette présomption trouve en particulier à s'appliquer aux parts de société civile.

ATTENTION

Lorsqu'un événement modifiant rétroactivement la consistance du patrimoine – tel un **partage** notamment – intervient après le dépôt de la déclaration d'IFI, le contribuable doit souscrire une déclaration complémentaire ou rectificative (BOI-PAT-IFI-10-10 n°s 70 à 90 et BOI-PAT-IFI-20-20-40 n°s 20 et 30).

Biens grevés d'un usufruit, d'un droit d'habitation ou d'usage Sauf exceptions, les biens grevés d'un usufruit, d'un droit d'habitation ou d'usage doivent être déclarés par l'usufruitier ou le titulaire du droit pour leur **valeur en pleine propriété.** 23035

Pour les règles applicables en cas de démembrement de propriété, voir n°s 63000 s.

TERRITORIALITÉ

Personnes physiques ayant leur domicile fiscal en France Les contribuables domiciliés en France sont imposables, quelle que soit leur nationalité, à raison de l'ensemble de leurs **actifs immobiliers situés en France ou à l'étranger** : biens et droits immobiliers situés en France ou à l'étranger et parts ou actions de sociétés établies en France ou à l'étranger à hauteur de la valeur représentative de biens ou droits immobiliers détenus directement ou indirectement par ces sociétés ; ainsi, par exemple, les personnes fiscalement domiciliées en France sont imposables sur les parts de sociétés civiles étrangères à hauteur de leur composante immobilière, que celle-ci corresponde à des immeubles situés en France ou à l'étranger (voir n° 65725). 23040

Par **exception,** les personnes qui transfèrent leur domicile fiscal en France après avoir été domiciliées pendant au moins cinq ans à l'étranger ne sont temporairement imposables à l'IFI que sur leurs actifs immobiliers situés en France. Ce dispositif est applicable au titre de chaque année au cours de laquelle le redevable conserve son domicile fiscal en France, et ce, jusqu'au 31 décembre de la cinquième année suivant celle de son installation en France (CGI art. 964).

Sous réserve de l'application de **conventions internationales** plus favorables, les contribuables domiciliés en France et propriétaires de parts d'une société civile étrangère située à l'étranger peuvent bénéficier de l'imputation sur l'IFI dû en France de l'impôt sur la fortune acquitté à l'étranger à raison de ces parts (CGI art. 980). L'imputation sur l'IFI dû en France est limitée à l'impôt sur la fortune acquitté au titre des biens et droits immobiliers situés hors de France (ou sur la valeur des parts et actions de sociétés et organismes établis en France ou hors de France à hauteur de la fraction représentative de ces mêmes biens). Les impôts payés à l'étranger qui ne se rattachent pas à un actif effectivement imposé à l'IFI en France ne peuvent pas être imputés.

Personnes physiques ayant leur domicile fiscal à l'étranger Les non-résidents ne sont en principe imposables qu'à raison de leurs **biens et droits immobiliers situés en France** et de leurs parts ou actions détenus dans des sociétés (françaises et étrangères) à hauteur de la fraction de leur valeur représentative de biens ou droits immobiliers imposables situés en France. 23050

Lorsqu'un membre du couple soumis à imposition commune au titre de l'IFI est domicilié à l'étranger, il n'est pas tenu compte des biens imposables qu'il détient à l'étranger pour calculer l'IFI.

Les biens immobiliers situés en France sont ceux qui ont une assiette matérielle en France ; les droits immobiliers situés en France sont ceux portant sur des immeubles situés en France.

Sur la situation fiscale en France des associés non résidents au regard du capital représenté par les **parts d'une société civile française,** voir étude détaillée n°s 65320 s.

Sur l'incidence des **conventions internationales,** voir étude détaillée n°s 65355 s.

SECTION 2 ASSIETTE DE L'IFI

TAXATION DU PATRIMOINE IMMOBILIER AU SENS LARGE

Le contribuable doit déclarer chaque année ses biens ou droits immobiliers taxables à l'IFI. Il doit donc évaluer les immeubles qui figurent dans son patrimoine (et dans celui des membres de son 23100 foyer fiscal), mais également ceux qu'il détient indirectement au travers de sociétés. L'**associé de société civile** déclare ainsi la valeur nette (après déduction de certaines dettes limitativement énumérées par la loi) de ses parts à hauteur de leur composante immobilière.

La détermination de la valeur à déclarer est l'un des aspects les plus délicats de l'IFI. Les **règles d'évaluation des actifs immobiliers** étant celles applicables en matière de droits de mutation par décès, les biens imposables doivent être évalués d'après leur valeur vénale réelle.

La valeur des biens immobiliers imposables et le montant des dettes déductibles sont appréciés au **1er janvier** de chaque année.

A. Évaluation des immeubles

PRINCIPES

23105 Les immeubles doivent être évalués au 1er janvier de l'année d'imposition, en principe, d'après leur valeur vénale réelle. Cette valeur correspond au prix que le **jeu** normal **de l'offre et de la demande** permettrait au propriétaire de retirer de la vente d'un immeuble déterminé, à un moment donné (le 1er janvier de l'année d'imposition), compte tenu des données du marché, des particularités physiques, juridiques et économiques de cet immeuble, abstraction faite de toute valeur de convenance. Cette valeur exprime ainsi le prix qui serait stipulé dans une transaction se déroulant dans des conditions idéales. La valeur vénale est avant tout une valeur de marché.

DIFFÉRENTES MÉTHODES D'ÉVALUATION

23110 La **méthode par comparaison** avec des éléments objectifs et pertinents doit en principe être retenue.

La comparaison peut être faite « en bloc » en retenant le prix global constaté sur le marché pour un immeuble identique. Mais, le plus souvent, elle est opérée à partir de prix moyens unitaires : prix à l'hectare (terrains agricoles), au mètre carré (terrains à bâtir), au mètre carré de superficie bâtie, etc.

La méthode consiste, pour un immeuble donné, à se référer aux prix constatés dans un nombre suffisant de transactions portant sur des immeubles similaires, qui constituent ainsi des termes de comparaison. Pour évaluer un terrain à bâtir, par exemple, on s'efforcera de rechercher des ventes de terrains de superficie, dimensions et configuration comparables, pourvus des mêmes éléments de viabilité (alimentation en eau et électricité, existence d'un tout-à-l'égout, etc.) situés dans la même commune et soumis aux mêmes règles d'urbanisme.

La période de temps à prendre en compte pour dégager les éléments de comparaison varie en fonction du marché, de son évolution, du nombre de ventes et de la diversité des immeubles. Plus le marché est actif, plus la période doit être courte (un semestre). Moins il est actif et plus elle sera longue (deux ou trois ans). Mais attention, les termes de comparaison retenus doivent, en principe, être antérieurs au 1er janvier de l'année d'imposition (Cass. com. 19-6-1990 n° 868 P : RJF 8-9/90 n° 1129). Une vente signée au mois de mai 2023 n'est donc pas, sauf circonstances exceptionnelles, un élément de comparaison valable pour évaluer un immeuble pour l'IFI 2023. Ce n'est qu'à titre exceptionnel que la Cour de cassation déroge à ce principe lorsqu'il n'existe aucun élément de comparaison antérieur ou concomitant au décès (Cass. com. 16-4-2013 n° 12-16.266 : RJF 8-9/13 n° 879).

La zone géographique de référence sera fonction de la rareté relative de l'immeuble. L'évaluation d'un immeuble exceptionnel, par exemple, justifie d'élargir la comparaison au marché régional, voire national. L'environnement économique et le contexte juridique doivent être pris en considération : évolution prévisible des loyers, réglementation existante, réforme en cours, etc.

Les **autres méthodes d'évaluation** (évaluation par le revenu pour les immeubles de rapport ou évaluation par réajustement d'une valeur antérieure) peuvent être retenues, mais uniquement à titre de recoupement ou lorsque l'application de la méthode par comparaison est impossible. Ainsi, lorsque les caractéristiques exceptionnelles d'un bien ne permettent pas de trouver des comparables pertinents pour l'application de la méthode par comparaison, celle-ci peut être écartée.

CONSEIL

Le contribuable a également la possibilité de consulter gratuitement les valeurs foncières déclarées lors des mutations immobilières intervenues au cours des cinq dernières années réalisées dans son secteur sur le site cadastre.data.gouv.fr (base « **demande de valeurs foncières** » – DVF).

ÉVALUATION DE LA RÉSIDENCE PRINCIPALE

Par exception au principe d'évaluation à la valeur vénale, la loi fixe dans certaines situations des règles d'évaluation qui s'imposent au contribuable. C'est le cas pour les immeubles dont le propriétaire a l'usage. Ils doivent être évalués pour leur **valeur libre de toute occupation** ; en d'autres termes, aucune décote ne peut être pratiquée par le propriétaire de l'immeuble au titre de son occupation. **23115**

Par dérogation, la loi autorise un **abattement de 30 %** sur la valeur vénale réelle de la résidence principale (CGI art. 973). L'abattement s'applique aux parts de **sociétés civiles immobilières transparentes** (sociétés de l'article 1655 ter du CGI) de sorte que l'associé d'une telle société bénéficie de l'abattement s'il occupe le logement dont il est réputé être directement propriétaire à titre de résidence principale. L'administration fiscale refuse en revanche l'abattement à l'associé d'une société civile **non transparente,** telle une société civile de gestion ou d'investissement immobilier (BOI-PAT-IFI-20-30-20 n° 50).

Cette différence de traitement entre le redevable détenant directement sa résidence principale et celui la détenant au travers d'une SCI n'est pas contraire aux principes d'égalité devant la loi et devant les charges publiques (Cons. const. 17-1-2020 n° 2019-820 QPC : RJF 4/20 n° 374).

ATTENTION

Les **époux** faisant l'objet d'une imposition distincte pour leurs revenus mais commune pour l'IFI ne peuvent désigner qu'un immeuble comme résidence principale. S'ils font l'objet d'impositions séparées à l'IFI, l'abattement de 30 % s'applique à la résidence principale de chacun d'eux.

B. Évaluation des parts de sociétés civiles détenant des immeubles

PRINCIPES

On a vu précédemment (n° 23020) que l'associé de société civile dont l'actif comprend des immeubles taxables doit déclarer la **valeur vénale** de ses parts au 1er janvier de l'année d'imposition. Seule la **fraction correspondant aux immeubles** détenus par la société est imposable. **23120**

Pour le calcul de cette fraction, les immeubles affectés à l'activité opérationnelle de la société qui les détient sont écartés (n° 23135). La loi prévoit, par ailleurs, des atténuations au profit des contribuables qui ignorent la valeur de leurs parts (n° 23145) et de ceux qui détiennent des participations minoritaires dans des sociétés opérationnelles (n° 23140).

En pratique, l'associé doit commencer par déterminer la valeur vénale de la société civile dont il détient les parts puis calculer le coefficient immobilier de la société. L'application de ce coefficient à la valeur vénale globale de la société détermine la fraction imposable des parts à l'IFI. Cette base imposable est réduite, le cas échéant, des dettes souscrites par l'associé pour acquérir ses parts (voir n° 23205).

DÉTERMINATION DE LA VALEUR VÉNALE DE LA SOCIÉTÉ

S'agissant de parts de sociétés civiles, c'est-à-dire en principe de titres de sociétés non cotées en bourse, l'appréciation de leur valeur imposable se fait en tenant compte de tous les éléments dont l'ensemble permet d'obtenir un chiffre aussi proche que possible de celui qu'aurait entraîné le **jeu** normal **de l'offre et de la demande.** **23125**

La **méthode par comparaison** prime les autres méthodes, qu'elles soient ou non combinées, même si la société comporte peu d'associés et même si les mutations de parts ne sont pas très fréquentes. Jugé, par exemple, que l'administration fiscale ne peut pas combiner différentes méthodes (en l'espèce, valeur de rendement, marge brute d'autofinancement et valeur mathématique) pour évaluer des titres d'une société donnés par un père à son fils lorsque ce fils a quelques mois auparavant acheté des titres à d'autres associés, aucune collusion sur le prix de vente n'étant soupçonnée. Les titres doivent donc être évalués par comparaison avec cette vente (Cass. com. 7-7-2009 n° 08-14.855 F-D : RJF 12/09 n° 1173, solution rendue en matière de droits de donation mais transposable à l'IFI).

Ce n'est qu'à défaut de termes de comparaison (situation qui peut se rencontrer dans les sociétés familiales très fermées) que d'**autres méthodes** peuvent être utilisées, parmi lesquelles essentiellement :

– la valeur mathématique, qui s'obtient en corrigeant la valeur comptable pour tenir compte de la valeur réelle des postes du bilan au 1er janvier de chaque année (notion d'actif net réévalué). La seule valeur comptable est inopérante ;

– la valeur de rendement, qui tient compte en particulier de la fraction du bénéfice social mis en distribution (dividende) ;
– la valeur tirée de la marge brute d'autofinancement.

Une évaluation réaliste des parts (indispensable lorsqu'il n'existe pas de termes de comparaison) peut être obtenue par la **combinaison** de plusieurs de ces méthodes. Cette combinaison se fait selon des dosages complexes, voire incertains. Dans les sociétés civiles à vocation patrimoniale, la valorisation mathématique est toujours prise en compte, mais elle ne peut pas être le critère exclusif.

23126 La valeur vénale des **parts de SCI** dépend principalement de la valeur intrinsèque des immeubles figurant à l'actif. Une décote est souvent appliquée pour tenir compte du statut d'associé minoritaire du redevable (Cass. com. 6-5-2003 n° 01-13.118 F-D : RJF 8-9/03 n° 1056 et Cass. com. 23-11-2010 n° 09-17.295 F-D : RJF 3/11 n° 382, ayant respectivement admis une décote de 15 et de 20 %).

23127 La valeur vénale peut parfois également être minorée afin de tenir compte de **facteurs de dépréciation,** telle l'existence d'une indivision (que celle-ci soit d'origine légale ou conventionnelle). En revanche, l'interdiction de vendre et de donner en garantie des titres de sociétés non cotées ne justifie aucune décote (Cass. com. 27-10-2009 n° 08-11.362 : RJF 2/10 n° 175 ; en ce sens également, Cass. com. 3-6-2014 n°s 13-18.180 et 13-18.192 : RJF 10/14 n° 949).

Sur l'incidence d'un démembrement de propriété, voir n° 63020.

CALCUL DU COEFFICIENT IMMOBILIER DE LA SOCIÉTÉ

23130 **Méthodologie** Le coefficient immobilier de la société correspond au **rapport** entre :
– la valeur vénale réelle de l'immobilier imposable détenu directement ou indirectement par la société ;
– et la valeur vénale réelle de l'ensemble des actifs de la société.

Tous les biens immobiliers détenus par les filiales ou sous-filiales de la société dont l'associé détient les parts sont pris en compte pour déterminer le coefficient immobilier, sans limite de détention. Autrement dit, l'immobilier est retenu où qu'il se situe dans la **chaîne de participations.** Le coefficient immobilier est déterminé à chaque niveau d'interposition, en commençant par le niveau le plus bas et en remontant jusqu'à la société dont l'associé détient les parts.

EXEMPLE

Une société A détient des immeubles et des titres d'une société B, propriétaire d'un immeuble. L'actif de la société A s'élève à 10 M€ dont 5 M€ d'actifs immobiliers et 2 M€ de titres B. Au passif, les dettes s'élèvent à 4 M€. La société A est détenue par deux associés (50 % chacun). On suppose que le coefficient immobilier de la société B (valeur de l'immeuble imposable détenu par B / valeur de l'actif total de B) est de 0,9.
Valeur des titres A détenus par chaque associé : 50 % × (10 M€ – 4 M€) = 3 M€
Coefficient immobilier de A : [5 M€ + (2 M€ × 0,9)] / 10 M€ = 0,68
Valeur imposable des titres A détenus par chaque associé (sauf exclusion ou exonération) : 3 M€ × 0,68 = 2,04 M€

Le coefficient immobilier est **communiqué** à l'associé sur sa demande **par la société** dont il détient les parts ou actions (CGI ann. III art. 313 BQ quater).

23135 **Exclusion de l'immobilier affecté à l'activité opérationnelle** Pour le calcul du coefficient immobilier visé n° 23130, il n'est pas tenu compte de l'immobilier affecté à l'activité opérationnelle de la société (au sens défini n° 23137). Ne sont ainsi pas retenus pour le calcul de la fraction imposable (CGI art. 965, 2°-a et b) :

a. les biens ou droits immobiliers détenus directement par la société dans laquelle le contribuable est associé ou par une filiale (quel que soit le nombre de niveaux d'interposition) et affectés à l'activité opérationnelle **de la société qui les détient** ;

b. les biens ou droits immobiliers détenus (directement ou indirectement) par une société opérationnelle dans laquelle le contribuable détient (directement ou indirectement) des parts ou actions et affectés à l'activité opérationnelle **d'une société du groupe,** à savoir :
– la société dans laquelle le contribuable détient (directement ou indirectement) les titres,
– la société propriétaire des biens,
– ou, enfin, une société dans laquelle la société dont le contribuable possède (directement ou indirectement) des titres détient, directement ou par personne interposée, la majorité des droits de vote ou y exerce en fait le pouvoir de décision.

Exerce une « activité opérationnelle » la société dont l'activité est industrielle, commerciale, artisanale, agricole ou libérale. Tel n'est pas le cas, pour la détermination de l'assiette de l'IFI, d'une société ayant pour activité la **gestion de son propre patrimoine immobilier** (CGI art. 966, I). 23137

Sont, en revanche, considérées comme commerciales (CGI art. 966, II) :

– les activités mentionnées aux articles 34 et 35 du CGI (autrement dit, les **activités industrielles, commerciales ou artisanales** dont les résultats se rattachent aux BIC) autres que l'activité de gestion de son propre patrimoine immobilier ;

– les activités des sociétés **holdings animatrices.**

ATTENTION

Pour la détermination de l'assiette de l'IFI, les sociétés exerçant une activité de **location nue ou meublée** ne sont pas considérées comme exerçant une activité opérationnelle (BOI-PAT-IFI-20-20-20-30 n° 90). Mais, pour l'application de l'exonération des actifs professionnels, la location de locaux d'habitation meublés et la location d'établissements commerciaux ou industriels munis du mobilier ou du matériel nécessaires à leur exploitation peuvent, dans certains cas, être considérées comme commerciales (voir n° 23410).

EXCLUSION DES PARTICIPATIONS MINORITAIRES

Participations de moins de 10 % dans des sociétés opérationnelles Par exception au principe selon lequel les parts et actions sont taxées à l'IFI à hauteur de leur composante immobilière, la loi prévoit que les participations inférieures à 10 % dans les sociétés exerçant une activité opérationnelle (au sens défini n° 23137) échappent à l'IFI. L'exclusion est d'**application générale** de sorte que l'associé de société civile doit en premier lieu vérifier s'il peut en bénéficier avant d'envisager les mécanismes d'exonération visés à l'article 975 du CGI (nos 23400 s.). 23140

Sont ainsi exclues de l'assiette de l'IFI les parts ou actions de sociétés opérationnelles dont l'associé détient, seul ou avec les membres de son foyer fiscal, moins de 10 % du capital et des droits de vote (CGI art. 965, 2°-al. 3).

Sont par ailleurs exclues du calcul de la fraction imposable visée n° 23130 les parts ou actions de sociétés opérationnelles détenues (directement ou indirectement) par la société dans laquelle le redevable est associé, lorsque ce dernier détient indirectement (et, le cas échéant, directement) moins de 10 % du capital et des droits de vote de ces sociétés (CGI art. 965, 2°-al. 4).

EXEMPLE

Un associé détient 11 % dans une société opérationnelle A. A détient 85 % d'une société opérationnelle B qui possède un immeuble. La participation indirecte de l'associé dans la société B est de 9,35 %. Le coefficient immobilier de la société A est déterminé sans tenir compte de l'immeuble détenu par la société B.

Un **dispositif anti-abus** prévoit que sont pris en compte pour le calcul de la fraction imposable (sauf exclusion visée n° 23135) les biens ou droits immobiliers détenus directement par une société que le redevable (ou un membre de son foyer fiscal) contrôle au sens de l'article 150-0 B ter, III-2° du CGI ou dont il se réserve la jouissance (CGI art. 965, 2°-al. 5).

EXEMPLE

Le redevable qui détient une participation dans une société dans laquelle il dispose seul de 9 % du capital et des droits de vote mais dont les parents détiennent 42 % des droits de vote est imposé sur sa participation dans la société concernée, à hauteur de sa fraction représentative de l'immobilier imposable (BOI-PAT-IFI-20-20-20-20 n° 90).

Associé de bonne foi ignorant la valeur taxable de ses parts Un associé détenant directement ou indirectement, seul ou avec les membres de son foyer fiscal, **au plus 10 %** du capital et des droits de vote d'une société propriétaire de biens immobiliers ne peut pas faire l'objet d'une proposition de rectification s'il prouve qu'il n'a pas pu disposer des informations nécessaires à l'estimation de la fraction taxable de la valeur de ses parts ou actions (CGI art. 965, 3°). 23145

ATTENTION

Cette tolérance ne peut pas être invoquée par les contribuables qui se réservent la jouissance des biens immobiliers en cause ou qui contrôlent la société qui détient les biens immobiliers, de sorte qu'en pratique l'associé d'une **SCI familiale** devrait rarement pouvoir bénéficier de cette tolérance.

RESTRICTIONS À LA DÉDUCTIBILITÉ DE CERTAINES DETTES CONTRACTÉES PAR LA SOCIÉTÉ (RÈGLE ANTI-ABUS)

23150 La fraction de la valeur taxable des parts de l'associé est déterminée sans tenir compte de certaines dettes contractées (directement ou indirectement) par la société (CGI art. 973, II). Sont visées les dettes souscrites par la société **auprès d'un associé,** des membres de son **foyer fiscal,** de son **cercle familial** ou d'une **société contrôlée** par l'associé ou son groupe familial, pour l'acquisition d'un actif imposable ou pour le financement de dépenses y afférentes. Sont également exclues les dettes contractées, quel que soit le prêteur, pour l'acquisition d'un actif imposable auprès d'un associé ou d'un membre de son foyer fiscal contrôlant la société. Lorsque la dette figurant au passif de la société ne peut pas être déduite, la fraction de la valeur des parts de la société doit être corrigée du montant de cette dette (la valeur vénale de la société est relevée du montant de la dette non déductible : BOI-PAT-IFI-20-30-30 n° 200).

L'interdiction de déduire la dette ne joue pas lorsque le contribuable justifie que le prêt n'a pas été contracté dans un **objectif principalement fiscal.** Par ailleurs, lorsque la dette est contractée auprès d'un membre du groupe familial d'un associé, elle peut être déduite à condition de justifier du **caractère normal des conditions du prêt,** notamment du respect du terme des échéances, du montant et du caractère effectif des remboursements.

Cette règle anti-abus a pour objet de corriger l'évaluation des parts ou actions détenues par l'associé à l'origine de la créance litigieuse et sont sans incidence sur l'évaluation des titres détenus par les **autres associés de la société** (BOI-PAT-IFI-20-30-30 n°s 20 et 190).

> Précisions a. Les avances en **compte courant** d'un associé sont visées par la clause anti-abus. Celle-ci ne joue pas si l'associé justifie que le prêt n'a pas été contracté dans un objectif principalement fiscal. Peut caractériser un objectif autre que fiscal le fait que la dette a été souscrite **avant 2018** ou à une date très antérieure à celle à compter de laquelle le foyer fiscal est devenu redevable de l'IFI (BOI-PAT-IFI-20-30-30 n° 240). À ce titre, les comptes courants d'associés antérieurs au 1er janvier 2018 demeurent en principe déductibles.

b. Il existe des règles particulières d'évaluation des titres en présence de **prêts à terme ou sans terme** souscrits par la société (voir n° 23225).

CAS PARTICULIERS ET SOLUTIONS DIVERSES

23160 **a.** L'évaluation des **parts de GFA** doit tenir compte des caractéristiques propres à ces parts et notamment du fait que leur cession est plus difficile que celle des terres qu'elles représentent, en l'état actuel du droit et des pratiques en matière de GFA. Sur l'exonération des parts, voir n°s 23455 s.

b. La valeur des parts de **sociétés civiles d'attribution** dotées de la transparence fiscale (société immobilières de copropriété) est celle des immeubles à l'attribution desquels elles donnent vocation. En ce qui concerne l'application de l'abattement de 30 % sur la valeur vénale lorsque l'immeuble est occupé à titre de résidence principale, voir n° 23115.

c. La valeur à retenir pour les parts de sociétés civiles qui font publiquement appel à l'épargne, telles les **SCPI,** est celle pour laquelle les parts se négocient sur le marché (voir n° 37040).

C. Déduction des dettes contractées par l'associé

PRINCIPES

23200 Seules peuvent être déduites les dettes relatives aux actifs imposables, éventuellement à proportion de la fraction de leur valeur imposable.

Certaines dettes sont par ailleurs soumises à des modalités particulières d'imputation ; pour d'autres, la déduction est exclue par la loi afin d'empêcher l'associé de réduire anormalement son assiette taxable à l'IFI. Enfin, lorsque le patrimoine immobilier est supérieur à 5 M€, le montant des dettes déductibles est plafonné.

DETTES DÉDUCTIBLES

23205 La loi énumère **limitativement** les dépenses susceptibles de générer des dettes déductibles. Il s'agit (CGI art. 974, I-1° à 5°) :

– des dépenses d'**acquisition** des immeubles ou des parts (ou actions) ainsi que des dépenses de **travaux** ;

– des **impositions** dues à raison des propriétés, autres que celles incombant normalement à l'occupant, dont le fait générateur se situe au plus tard le 1er janvier de l'année d'imposition et qui restent à payer à cette date. Le redevable ne peut pas, en revanche, déduire les impositions dues à raison des revenus générés par son patrimoine immobilier.

À titre d'**exemple,** sont déductibles : les emprunts pour acquérir un immeuble ou des parts sociales, les sommes dues aux prestataires de services ou aux entrepreneurs de travaux. Au contraire, le dépôt de garantie reçu du locataire (à restituer au terme du bail, donc constitutif d'une dette pour le propriétaire) n'est pas déductible (BOI-PAT-IFI-20-40-10 n° 30).

L'**associé de société civile** peut ainsi porter au passif de sa déclaration les dettes qu'il a contractées pour acheter ses parts mais uniquement dans la limite de la valeur imposable de celles-ci (voir n° 23210).

> Précisions Parmi les **impositions déductibles** figurent : les taxes foncières, la taxe sur les locaux vacants, les taxes annuelles sur les bureaux (en Île-de-France ou, depuis 2023, en Provence-Côte d'Azur), les droits de mutation en instance de paiement au 1er janvier. En pratique, le contribuable, ignorant souvent le montant dont il est redevable, peut déduire le montant réglé l'année précédente et procéder ultérieurement à sa régularisation.

La taxe d'habitation, l'impôt sur le revenu (au titre des revenus fonciers ou des BIC) et les prélèvements sociaux ne sont **pas déductibles.**

L'IFI lui-même est déductible de sa propre base. Pour en faciliter le calcul, l'administration admet que l'on procède comme suit (BOI-PAT-IFI-20-40-10 n° 80) :

– calculer l'IFI dû sur le montant net du patrimoine, sans tenir compte de l'IFI lui-même ;

– retrancher de ce résultat, le cas échéant, l'impôt sur la fortune acquitté hors de France ;

– ajouter le montant de l'IFI ainsi obtenu au passif déductible et effectuer un nouveau calcul de l'impôt pour obtenir l'IFI à payer.

Une fiche d'aide au calcul de l'IFI théorique se trouve à la fin de la notice n° 2042-IFI-NOT.

CONDITIONS DE DÉDUCTION DES DETTES

La déductibilité est soumise aux conditions suivantes : **23210**

– la dette doit **exister au 1er janvier** de l'année d'imposition ;

– elle doit être **effectivement supportée** par le contribuable ou les autres membres du foyer fiscal ;

– l'existence, l'objet et le montant de la dette doivent pouvoir être **justifiés** (contrats de prêt, relevés bancaires, factures, reconnaissances de dette, etc.).

Lorsque la dette concerne un **actif partiellement exonéré,** la dette n'est déductible qu'à proportion de la fraction de sa valeur imposable. Ainsi, un emprunt contracté pour l'acquisition de bois et forêts exonérés pour 75 % de leur valeur n'est déductible que pour 25 % de son montant.

De même, l'emprunt souscrit pour acquérir des parts d'une société civile est déductible au prorata de la fraction imposable de la valeur des parts (telle que définie nos 23120 s.).

RESTRICTIONS À LA DÉDUCTION DES DETTES

Exclusion des emprunts familiaux La déduction est interdite si le prêt est souscrit directement, ou indirectement par l'intermédiaire d'une ou de plusieurs sociétés interposées, auprès de l'associé ou d'un membre de son **foyer fiscal** (associé de société civile qui emprunterait à son conjoint pour acquérir des parts, par exemple) (CGI art. 974, III-1°). **23220**

La déduction est également écartée pour les dettes suivantes, sauf à justifier du **caractère normal des conditions du prêt** (respect des échéances, montant et caractère effectif des remboursements, notamment) (CGI art. 974, III-2° et 3°) :

– prêts contractés directement, ou indirectement par l'intermédiaire d'une société, auprès d'un **proche** (enfant majeur, ascendant, frère ou sœur du couple) ;

– prêts contractés par l'associé (ou un membre de son foyer fiscal) auprès d'une **société qu'il contrôle** seul ou conjointement avec son groupe familial (conjoint, partenaire ou concubin notoire, leurs ascendants ou descendants ou leurs frères et sœurs).

Emprunts in fine ou sans terme Si le capital emprunté est remboursable au terme du contrat (**prêt in fine**), la dette n'est déductible qu'à hauteur de la différence entre le montant total de l'emprunt et une somme égale à ce même montant multiplié par le nombre d'années écoulées depuis le versement du prêt et divisé par le nombre d'années total de l'emprunt (CGI art. 974, II-al. 1). **23225**

Si l'emprunt ne prévoit **pas de terme** de remboursement, il ne sera déductible qu'à hauteur du montant total de l'emprunt, diminué d'une somme égale à un vingtième de ce montant par année écoulée depuis le versement du prêt (CGI art. 974, II-al. 2).

Seuls sont visés par ces règles particulières de déduction les prêts contractés pour l'**acquisition de biens ou de droits immobiliers** imposables, mais également ceux contractés pour financer l'acquisition de titres de sociétés. Les emprunts contractés pour financer des travaux ne sont pas concernés.

Par simplification, l'administration admet que, pour ces calculs, les **fractions d'années** ne sont pas prises en compte (BOI-PAT-IFI-20-40-20 nos 20 et 40).

EXEMPLE

M. Durand finance l'acquisition d'un appartement par un emprunt in fine d'un montant de 250 000 € d'une durée de 10 ans à rembourser le 30 juin 2028. La dette qu'il peut porter au passif de l'IFI 2023 s'élève à : 250 000 € – (250 000 € × 4 / 10) = 150 000 €.

23227 **Dettes afférentes à la résidence principale** L'administration considère que les dettes afférentes à la résidence principale (emprunt, taxes foncières, etc.) sont déductibles dans la limite de sa valeur imposable, soit 70 % de sa valeur vénale (BOI-PAT-IFI-20-40-10 n° 160).

EXEMPLE

Un contribuable est propriétaire de sa résidence principale qui vaut 1 800 000 €, financée par un emprunt de 1 650 000 €. Il paie 12 000 € de taxes foncières. Les dettes ne sont déductibles qu'à hauteur de 1 260 000 €, correspondant à la valeur imposable de la résidence principale.

PLAFOND DE DÉDUCTION

23230 Lorsque la **valeur du patrimoine taxable** est **supérieure à 5 M€** et que le montant des dettes excède 60 % de cette valeur, le montant des dettes excédant ce seuil n'est déductible qu'à hauteur de 50 % de cet excédent (CGI art. 974, IV).

Ce **plafond ne s'applique pas** aux dettes dont le contribuable justifie qu'elles n'ont pas été contractées dans un but principalement fiscal (BOI-PAT-IFI-20-40-10 n° 310). Tel peut être le cas des dettes contractées avant le 1er janvier 2018 (voir n° 23150, précision a).

EXEMPLE

M. X est propriétaire de biens immobiliers taxables d'une valeur brute de 8 M€, il a contracté des emprunts pour leur acquisition pour 5 M€, montant excédant 60 % de la valeur des biens (4,8 M€). L'excédent de 200 000 € n'est déductible qu'à hauteur de 50 %, soit 100 000 €. Le montant des dettes déductibles est limité à 4,9 M€.

SECTION 3 CALCUL DE L'IMPÔT

TARIF APPLICABLE

23300 Le **seuil** de taxation est fixé à 1 300 000 € (CGI art. 964). Les détenteurs d'un patrimoine immobilier net taxable inférieur ou égal à cette somme ne sont pas soumis à l'IFI.

Ceux dont le patrimoine excède 1 300 000 € sont imposés au **tarif** ci-après (CGI art. 977, 1).

Fraction de la valeur nette taxable du patrimoine immobilier		Tarif applicable
N'excédant pas	800 000 €	0 %
Comprise entre	800 001 € et 1 300 000 €	0,50 %
	1 300 001 € et 2 570 000 €	0,70 %
	2 570 001 € et 5 000 000 €	1 %
	5 000 001 € et 10 000 000 €	1,25 %
Supérieure à	10 000 000 €	1,50 %

Un système de **décote** est prévu pour les contribuables dont le patrimoine a une valeur nette taxable supérieure à 1 300 000 € et inférieure à 1 400 000 € : le montant de l'impôt calculé selon le barème est réduit d'une somme égale à [17 500 € – 1,25 % P] où P est la valeur nette taxable du patrimoine (CGI art. 977, 2).

EXEMPLE

Soit un patrimoine immobilier taxable dont la valeur nette est de 6 800 000 € au 1er janvier. L'IFI est liquidé comme suit :

– sur 800 000 € à 0 %	0 €
– sur 500 000 € à 0,50 %	2 500 €
– sur 1 270 000 € à 0,70 %	8 890 €
– sur 2 430 000 € à 1 %	24 300 €
– sur 1 800 000 € à 1,25 %	22 500 €
Total	58 190 €

RÉDUCTION D'IFI POUR DON

Les contribuables peuvent bénéficier d'une réduction d'IFI **égale à** 75 % du montant des dons d'argent ou de titres de sociétés cotées effectués au profit notamment de certains organismes d'intérêt général qui agissent dans le domaine de la recherche, de l'enseignement supérieur ou de l'insertion des personnes par l'activité économique (CGI art. 978). La réduction d'impôt est **plafonnée à** 50 000 € par an. L'**excédent** ne peut donner lieu ni à remboursement au titre de la même année, ni à report sur l'impôt dû au titre des années suivantes (BOI-PAT-IFI-40-20-20 n° 80). 23305

Les **organismes d'intérêt général concernés** (fondations et associations reconnues d'utilité publique, entreprises d'insertion, etc.) sont limitativement énumérés par la loi.

La **période** prise en compte pour le calcul de la réduction d'impôt concerne les dons effectués entre la date limite de dépôt de la déclaration de l'année précédant celle de l'imposition et la date limite de dépôt de la déclaration de l'année d'imposition.

CONSEIL

Les dons ayant donné lieu à réduction d'IFI ne peuvent pas ouvrir droit à un autre avantage fiscal (**impôt sur le revenu** notamment) sauf pour leur fraction qui excéderait 50 000 €. En pratique, compte tenu des taux respectifs de la réduction d'impôt sur le revenu et de la réduction d'IFI, les contribuables qui consentent des dons à des organismes d'intérêt général ont en principe intérêt à appliquer par priorité la réduction d'IFI.

PLAFONNEMENT DE L'IFI

Principes Le montant de l'IFI est plafonné de sorte que le total formé par l'IFI et les impôts dus au titre des revenus de l'année précédente **ne dépasse pas** 75 % des revenus nets de l'année précédente (CGI art. 979). S'il y a dépassement, l'**excédent** vient en réduction de l'IFI à payer ; en aucun cas il ne peut s'imputer sur l'impôt sur le revenu ou être restitué. 23310

La réduction d'IFI résultant du plafonnement n'est pas limitée.

Les contribuables doivent calculer eux-mêmes le plafonnement éventuellement applicable à l'aide de l'**annexe 5 de la déclaration** n° 2042-IFI. Cette annexe permet de déterminer les deux éléments à comparer : le montant des impôts à prendre en compte et celui des revenus.

> **Précisions** Seuls les contribuables ayant leur **domicile fiscal en France** au 1er janvier de l'année peuvent en principe bénéficier du plafonnement. Les **non-résidents** peuvent toutefois en bénéficier lorsqu'ils perçoivent en France la totalité ou la quasi-totalité de leurs revenus (BOI-PAT-IFI-40-30-10 n° 20).

Impôts à prendre en compte Ce sont les impôts dus en France et à l'étranger au titre des revenus et produits de l'année précédant celle de l'exigibilité de l'IFI, calculés avant imputation des seuls crédits d'impôt représentatifs d'une imposition acquittée à l'étranger et des retenues non libératoires. 23320

Au montant de l'**IFI,** retenu après imputation de l'éventuelle réduction pour dons, s'ajoutent donc l'**impôt sur le revenu** calculé non seulement d'après le barème progressif mais aussi à un taux proportionnel, les **prélèvements et contributions additionnels** (contribution exceptionnelle sur les hauts revenus et prélèvements sociaux) ainsi que les **prélèvements libératoires** de l'impôt sur le revenu. Il y a lieu également de tenir compte, notamment, de la taxe sur les métaux précieux, de la taxe sur les plus-values immobilières élevées et des taxes (communale et nationale) sur les cessions de terrains devenus constructibles (BOI-PAT-IFI-40-30-10 n° 140).

ATTENTION

Les revenus des personnes dont les biens n'entrent pas dans les bases de l'IFI du contribuable (en particulier, ceux d'**enfants majeurs rattachés**) ne sont pas retenus. En pareil cas, l'impôt sur le revenu est réduit au prorata du revenu de ces personnes par rapport au revenu total.

23330 **Revenus servant au calcul du plafonnement** Il s'agit de la somme algébrique des revenus (nets de frais professionnels) et plus-values de l'année précédente réalisés **en France et à l'étranger,** y compris les revenus exonérés et les produits soumis à un prélèvement libératoire. Ces revenus ne doivent pas être nécessairement appréhendés par le contribuable pour être pris en compte pour le calcul du plafonnement. Ainsi, la plus-value réalisée par une SCI que les associés ont mis en réserve doit être prise en compte dans le calcul du plafonnement à raison des parts sociales détenues par l'associé (Cass. com. 28-3-2019 nº 17-23.671 FS-PB : RJF 10/19 nº 983). De même, les plus-values de cession de titres placées sur un PEE ouvert au nom du contribuable depuis plus de cinq ans sont retenues pour le calcul du plafonnement, dans la mesure où ces fonds demeurent disponibles (Cass. com. 27-1-2021 nº 18-22.113 F-D : RJF 5/21 nº 532).

Les revenus et produits à retenir sont ceux des membres du **foyer fiscal** qui sont soumis à une imposition commune au titre de l'IFI (et non pas au titre de l'impôt sur le revenu ; voir nº 23007).

Seuls peuvent être retranchés les **déficits** catégoriels constatés au cours de l'année précédente et dont l'imputation sur le revenu global est autorisée. Il s'agit, en pratique, des déficits constatés dans le cadre d'une activité professionnelle (bénéfices industriels et commerciaux, bénéfices non commerciaux et bénéfices agricoles) ; les déficits reportables sur les revenus de même nature des années suivantes sont, en revanche, pris en compte au titre de ces années.

Les revenus et plus-values sont déterminés sans considération des **seuils, réductions** ou **abattements** applicables en matière d'impôt sur le revenu, à l'exception de ceux représentatifs des frais professionnels (BOI-PAT-IFI-40-30-10 nº 170). C'est ainsi que les traitements et salaires sont à retenir après déduction de l'abattement de 10 % (ou des frais professionnels réels). En revanche, les pensions et rentes viagères à titre gratuit sont retenues avant déduction de l'abattement de 10 % et les dividendes avant application éventuelle de l'abattement de 40 %. De même, les plus-values immobilières et les plus-values sur valeurs mobilières correspondent à la différence entre prix de vente et prix de revient, sans tenir compte de l'application éventuelle d'abattements pour durée de détention.

L'appréciation du **total** des revenus s'effectue sans tenir compte, le cas échéant, des charges du revenu global, de l'abattement prévu en faveur des personnes âgées ou invalides et de l'abattement pour enfants mariés (ou chargés de famille) rattachés (BOI-PAT-IFI-40-30-10 nº 180).

> **Précisions a.** Les plus-values de cession de valeurs mobilières ou droits sociaux placées en **report** ou en **sursis d'imposition** sont prises en compte l'année de l'expiration du report ou du sursis (BOI-PAT-IFI-40-30-10 nº 190).
> **b.** Les **revenus des bons ou contrats de capitalisation** et placements de même nature (contrats d'assurance-vie, notamment) sont pris en compte l'année du dénouement ou du rachat (total ou partiel) du bon, contrat ou placement (BOI-PAT-IFI-40-30-10 nº 180).
> **c.** Le contribuable propriétaire d'un immeuble classé **monument historique** ne procurant pas de revenu ne peut déduire aucune charge foncière de ses revenus pour le calcul du plafonnement. Si cet immeuble produit des revenus, le **déficit foncier** peut être retenu sans limite pour le calcul du plafonnement de l'IFI mais uniquement au titre de l'année de sa réalisation. Le reliquat de déficit foncier qui pourrait exister en matière d'impôt sur le revenu n'a aucune incidence sur la détermination du plafonnement de l'IFI des années suivantes (BOI-RES-PAT-000020).
> **d.** Doivent être réintégrés dans les revenus à prendre en compte les **revenus distribués à une société** passible de l'IS **contrôlée par le contribuable** (au sens défini par l'article L 233-3 du Code de commerce), si l'existence de cette société (parfois appelée « cash box ») et le choix d'y recourir ont pour objet principal d'éluder tout ou partie de l'IFI en bénéficiant d'un avantage fiscal allant à l'encontre de l'objet ou de la finalité du plafonnement. Seule est réintégrée la part correspondant à une diminution artificielle des revenus retenus dans le calcul du plafonnement (CGI art. 979).

23335 **Modalités d'application du plafonnement** Ces modalités sont illustrées dans l'exemple ci-après.

EXEMPLE

Soit un contribuable célibataire sans enfant à charge qui dispose au 1er janvier 2023 d'actifs nets imposables à l'IFI pour 8 000 000 €.

Revenus perçus en 2022

Soumis à l'impôt sur le revenu	
– Salaires nets de frais professionnels	50 000 €
– Plus-value immobilière (résidence principale)	20 000 €
Total	70 000 €

Impôts à prendre en compte	
a. IFI 2023	73 190 €
b. Impôt sur le revenu (revenus de 2022)	
– Net imposable : 50 000 €	
– Impôt (1 part, montant théorique)	8 594 €
c. Prélèvements sociaux (montant théorique)	4 400 €
Application du plafonnement	
a. Total des impôts à prendre en compte 73 190 € + 8 594 € + 4 400 € =	86 184 €
b. Plafond (75 % des revenus) 70 000 € × 75 % =	52 500 €
c. Réduction de l'IFI 86 184 € – 52 500 € =	33 684 €
d. IFI après plafonnement 73 190 € – 33 684 € =	39 506 €

SECTION 4 EXONÉRATION DES ACTIFS PROFESSIONNELS

PRÉSENTATION DES EXONÉRATIONS

Outre les participations pouvant être exclues de l'assiette de l'IFI (n° 23140), la loi prévoit également des exonérations sous conditions pour les biens ou droits immobiliers et les titres de société représentatifs de tels biens ou droits lorsqu'ils sont affectés à l'**activité professionnelle** du contribuable ou d'un membre de son foyer fiscal (CGI art. 975). Cette exonération n'a vocation à jouer que lorsque les exclusions visées nos 23135 et 23140 ne s'appliquent pas. **23400**

Plusieurs exonérations sont prévues :

– exonération des immeubles affectés à l'exploitation individuelle du contribuable (CGI art. 975, I) ;

– exonération des immeubles que le contribuable affecte à une société dans laquelle il exerce sa profession (CGI art. 975, II) ou dont il est dirigeant (CGI art. 975, III) ;

– exonération des bois et forêts et des biens ruraux (CGI art. 976).

A. Immeubles affectés à une exploitation individuelle

PRINCIPES

Les biens ou droits immobiliers et les parts ou actions représentatives de ces mêmes biens ou droits sont exonérés à **condition** que ces éléments soient affectés à l'activité principale industrielle, commerciale, artisanale, agricole ou libérale du contribuable ou des membres de son foyer fiscal (CGI art. 975, I). **23405**

L'**exonération vise** les immeubles détenus directement par le contribuable et qu'il affecte à son activité, mais également les titres que le contribuable possède dans une société pour la fraction de leur valeur représentative des immeubles que la société loue ou met à la disposition du contribuable pour exercer son activité.

> **Précisions** Les actifs professionnels s'entendent des actifs immobiliers qui, ayant un **lien de causalité directe** suffisant avec l'exploitation, sont utilisés effectivement pour les besoins de l'activité professionnelle ou ne pourraient être utilisés à un autre usage, qu'ils soient situés en France ou à l'étranger (BOI-PAT-IFI-30-10-10-40 n° 1).

ACTIVITÉ PROFESSIONNELLE

23410 La notion de profession suppose l'existence d'une activité effectivement exercée à titre habituel et constant et dans un but lucratif.

L'activité exercée doit être une **activité industrielle, commerciale, artisanale, agricole ou libérale.** Il s'agit généralement des activités professionnelles dont les résultats sont classés dans la catégorie des BIC, des BA ou des BNC.

Sont écartées les activités civiles (autres que libérales, agricoles ou assimilées fiscalement à des activités commerciales). Par suite, les immeubles donnés en **location nue** ne peuvent pas être exonérés (sauf lorsque la location est consentie au profit d'une société dans laquelle le propriétaire exerce son activité professionnelle principale ou des fonctions dirigeantes et que l'immeuble est nécessaire à l'activité de la société, voir n° 23418). L'exercice d'une activité de **location meublée** de locaux d'habitation (ou d'une activité de location d'établissements commerciaux et industriels munis du mobilier ou du matériel nécessaire à leur exploitation) est, en revanche, considérée, pour l'application de l'exonération, comme une activité commerciale (CGI art. 975, V).

S'agissant de la location meublée de locaux d'habitation, les immeubles sont exonérés à deux conditions :

– le propriétaire réalise plus de 23 000 € de recettes annuelles au titre de cette activité ;

– la location meublée lui procure plus de 50 % des revenus professionnels à raison desquels son foyer fiscal est soumis à l'impôt sur le revenu.

Ces deux conditions ne sont pas applicables si l'activité est exercée par une société. Ainsi, sous réserve de satisfaire aux autres conditions mentionnées à l'article 975, II à IV du CGI, et le cas échéant selon les modalités fixées par l'article 975, VI, les locaux d'habitation loués meublés et exploités par une société dans laquelle le contribuable exerce son activité professionnelle principale sont exonérés d'IFI (Rép. Roseren : AN 13-11-2018 n° 10782).

PROFESSION EXERCÉE À TITRE PRINCIPAL

23412 La profession principale est celle qui constitue l'essentiel des activités économiques du contribuable (compte tenu notamment du temps consacré à chaque activité, de l'importance des responsabilités, de la taille des exploitations) ou, si ce critère est inopérant, celle qui lui procure la plus grande part de revenus.

Les activités exercées par une même personne et qui présentent entre elles un lien de **similitude** ou de **connexité** et de **complémentarité** sont présumées constituer une seule profession (pharmacien exploitant une officine et un laboratoire d'analyses médicales, par exemple).

Dans le cadre du **foyer fiscal,** le caractère principal de la profession s'apprécie distinctement pour chaque époux, partenaire d'un Pacs ou concubin notoire.

> Précisions Les immeubles affectés **par un entrepreneur individuel** à l'activité d'une ou plusieurs **sociétés soumises à l'IS** peuvent, en principe, être exonérés au titre des biens professionnels si les conditions relatives à la participation détenue, à la nature des fonctions exercées et à la rémunération (rémunération effective et normale qui représente plus de 50 % des revenus professionnels du contribuable) sont remplies dans chaque entreprise. Cette disposition ne pourra toutefois s'appliquer en pratique que si l'administration adopte une mesure d'assouplissement autorisant une appréciation globale du montant de la rémunération (c'est-à-dire en prenant en compte la rémunération perçue au titre de la profession exercée à titre individuel et celle perçue dans la société soumise à l'impôt sur les sociétés).

PROFESSION EXERCÉE PAR LE PROPRIÉTAIRE DES BIENS OU SON CONJOINT

23414 La profession doit être exercée par le propriétaire des biens, son conjoint, son partenaire de Pacs, son concubin notoire ou encore ses enfants mineurs.

Les biens grevés d'un **usufruit** ou d'un droit d'usage ne sont regardés comme professionnels que si l'usufruitier ou le titulaire du droit d'usage les utilise lui-même dans le cadre d'une activité professionnelle.

B. Immeubles affectés à l'activité d'une société

PRINCIPES

23418 Les immeubles (ou droits immobiliers) détenus par un associé sont, sous certaines conditions, exonérés d'IFI lorsque ces immeubles sont affectés à l'activité d'une société dans laquelle il exerce son **activité professionnelle principale** (associé d'une société de personnes) ou des **fonctions**

de direction (associé dirigeant d'une société soumise à l'IS). En cas de **détention indirecte,** l'exonération s'applique également à la valeur des titres représentatifs de tels immeubles.

ATTENTION

Cette exonération de l'immobilier professionnel n'a vocation à s'appliquer qu'à l'immobilier qui n'est **pas déjà exclu** du champ d'application de l'IFI en tant qu'immobilier affecté à l'activité opérationnelle d'une société : voir n° 23135. Seul est donc en principe visé par l'exonération l'immobilier qui est la propriété (directe ou indirecte via une **SCI,** par exemple) du contribuable et qui est loué ou mis à la disposition de la société de personnes dans laquelle il exerce son activité professionnelle ou de la société IS qu'il dirige.

L'exonération de l'immobilier professionnel permet également de couvrir le cas où l'immobilier est affecté à l'activité d'une société pratiquant la **location meublée** de locaux d'habitation ou la location d'établissements commerciaux ou industriels munis du mobilier ou du matériel nécessaire à leur exploitation.

ASSOCIÉS DE SOCIÉTÉ DE PERSONNES SOUMISE À L'IMPÔT SUR LE REVENU

Les biens ou droits immobiliers et les parts ou actions représentatives de ces mêmes biens ou droits sont exonérés lorsque ces éléments sont affectés à l'**activité industrielle, commerciale, artisanale, agricole ou libérale** d'une société de personnes soumise à l'impôt sur le revenu (telles les sociétés civiles ou les SCP) dans laquelle le contribuable (ou son conjoint ou ses enfants mineurs) exerce effectivement **son activité principale** (CGI art. 975, II). L'exonération vise les immeubles qu'un associé détient et met à la disposition de la société dans laquelle il exerce son activité. L'exonération peut également porter sur les titres de la société à travers laquelle l'associé détient l'immeuble mis à disposition (hypothèse où l'associé ne détient pas directement l'immeuble mais via une société interposée entre lui et la société dans laquelle il exerce son activité). **23420**

L'exonération n'est que **partielle** : elle ne porte que sur la fraction de l'immeuble correspondant à la participation de l'associé dans la société. L'exonération ne joue pas lorsque l'associé met l'immeuble à la disposition d'une filiale de la société dans laquelle il exerce son activité.

> Précisions Les actes accomplis par le **tuteur** en représentation de la **personne protégée** sont réputés accomplis par celle-ci. Par conséquent, si le tuteur d'un majeur protégé propriétaire de parts d'une **société civile agricole** exerce, par représentation de cette personne protégée, une activité professionnelle dans la société, les parts peuvent être considérées comme des biens professionnels exonérés (BOI-PAT-IFI-30-10-10-10 n° 180 ; solution rendue en matière d'ISF mais transposable à l'IFI).

DIRIGEANTS DE SOCIÉTÉ SOUMISE À L'IMPÔT SUR LES SOCIÉTÉS

Les immeubles qu'un associé met à la disposition d'une société soumise à l'impôt sur les sociétés au sein de laquelle il occupe des fonctions de direction peuvent être exonérés sous **conditions** (CGI art. 975, III). L'exonération est **partielle** : elle porte sur la fraction de l'immeuble correspondant à la participation de l'associé dans la société. L'exonération ne joue pas lorsque l'immeuble est mis à disposition d'une filiale (ou d'une sous-filiale) de la société au sein de laquelle le contribuable occupe des fonctions de direction. **23430**

Les fonctions de direction permettant de se prévaloir de l'exonération sont **limitativement énumérées par la loi** : seuls les gérants de SARL ou de SCA, les associés en nom d'une société de personnes soumise sur option à l'impôt sur les sociétés (**sociétés civiles,** y compris sociétés civiles professionnelles) et les président, directeur général, président du conseil de surveillance ou membres du directoire d'une société par actions sont exonérés.

Les immeubles doivent être affectés à l'**activité** industrielle, commerciale, artisanale, agricole ou libérale de la société. **23435**

L'associé doit, en principe, détenir – directement (avec les membres de son groupe familial) ou indirectement (via une ou plusieurs sociétés, dans la limite d'un niveau d'interposition) – **au moins 25 %** des droits de vote de la société. Ce seuil n'est toutefois pas exigé de l'associé de société civile ayant opté pour l'impôt sur les sociétés ni du redevable dont le patrimoine est majoritairement constitué des titres de la société qu'il dirige.

Les **fonctions** exercées (par l'associé ou par son conjoint, partenaire pacsé ou concubin notoire ou l'un de leurs enfants mineurs : BOI-PAT-IFI-30-10-30-10 n° 180) doivent être **effectivement exercées** et donner lieu à une **rémunération normale** au regard des rémunérations du même type versées au titre de fonctions analogues dans l'entreprise ou dans des entreprises similaires établies en France. La rémunération doit, par ailleurs, représenter **plus de la moitié des revenus professionnels** du dirigeant.

Pour apprécier le caractère normal et prépondérant de la rémunération, les **revenus à prendre en compte** s'entendent des revenus soumis à l'impôt sur le revenu dans les catégories des traitements et salaires, BIC, BA, BNC et revenus des gérants et associés mentionnés à l'article 62 du CGI. Il est fait abstraction en revanche des revenus perçus sans rapport avec une activité professionnelle : revenus fonciers, revenus mobiliers, pensions de retraite, etc.

ATTENTION

Lorsque le contribuable possède des participations dans **plusieurs sociétés,** la condition relative à la rémunération s'apprécie différemment selon que des liens de similitude ou de connexité et de complémentarité existent ou non entre les différentes sociétés. Si les **activités** sont **similaires ou connexes et complémentaires,** le caractère normal et le niveau de rémunération sont appréciés au regard de l'ensemble des fonctions exercées dans les sociétés concernées. Dans le **cas contraire,** le contribuable doit avoir une rémunération normale dans chaque structure et le niveau de rémunération s'apprécie globalement (BOI-PAT-IFI-30-10-40 n° 90).

NATURE DE L'ACTIVITÉ

23440 L'activité exercée par la société, y compris lorsque celle-ci relève de l'impôt sur les sociétés, doit être de nature **industrielle, commerciale, artisanale, agricole ou libérale.**

Sont notamment couvertes les sociétés qui exercent une activité de marchand de biens, d'agent immobilier, de promoteur immobilier ou de lotisseur. Tel n'est, en principe, pas le cas en revanche d'une société de gestion immobilière qui donne en **location nue** les immeubles dont elle est propriétaire (voir toutefois, n° 23445, le cas des holdings animatrices).

Sont, par ailleurs, expressément assimilées à des opérations commerciales pour l'application de l'exonération des biens professionnels l'activité de **loueur en meublé** de locaux d'habitation et l'activité de location d'établissements commerciaux ou industriels munis du mobilier ou du matériel nécessaires à l'exploitation.

Les **titres de sociétés immobilières** peuvent être exonérés pour une fraction de leur valeur lorsque les immeubles possédés par cette société sont donnés en location à la société dans laquelle le contribuable exerce son activité professionnelle principale (voir n° 23420) ou des fonctions de direction (voir n° 23430).

23445 L'activité des **sociétés holdings animatrices** de leur groupe est considérée comme une activité commerciale. Sont visées les sociétés holdings (y compris les holdings à forme civile) qui, outre la gestion d'un portefeuille de participations, participent activement à la conduite de la politique de leur groupe et au contrôle de leurs filiales et rendent, le cas échéant et à titre purement interne au groupe, des services spécifiques administratifs, juridiques, comptables, financiers ou immobiliers (CGI art. 966, II). L'exercice de ce rôle d'animation ne suppose pas nécessairement l'existence de structures importantes au sein de la holding (Cass. com. 27-9-2005 n° 03-20.665 FS-PB : RJF 1/06 n° 100), mais implique que les structures et moyens mis en place soient concrètement mis en œuvre (Cass. com. 3-3-2021 n° 19-22.397 FS-PR : BPAT 3/21 inf. 140 ; Cass. com. 23-6-2021 n° 19-16.351 FB : BPAT 5/21 inf. 232).

Une société qui a pour activité principale l'animation de filiales au sein desquelles elle détient une participation majoritaire ne perd pas son statut de holding animatrice dans le cas où elle détient également une participation minoritaire dans une autre société, dont elle n'assure pas l'animation (Cass. com. 19-6-2019 n°s 17-20.556 et 17-20.560 : RJF 11/19 n° 1093). L'identité des dirigeants de la société mère et de la filiale est impropre, à elle seule, à caractériser le rôle d'animation (Cass. com. 19-11-1991 n° 89-19.474 P : RJF 2/92 n° 270).

Lorsque le contribuable donne en location ou met à la disposition de la holding animatrice des immeubles (ou droits immobiliers) qu'il détient en propre ou par société interposée, l'exonération des actifs professionnels s'applique à ces immeubles ou aux titres de sociétés interposées sous les conditions et limites visées n°s 23430 s. Il faut, en particulier, que le contribuable (ou l'un des membres du foyer fiscal) exerce des fonctions de direction dans la société holding et que cette fonction donne lieu à une rémunération normale représentant plus de la moitié des revenus professionnels du dirigeant. Si les fonctions exercées par le redevable dans la société holding ne sont pas (ou peu) rémunérées, l'exonération est néanmoins applicable si les conditions suivantes sont réunies (BOI-PAT-IFI-30-10-40 n° 160) :

– l'intéressé exerce simultanément des fonctions de direction dans une ou plusieurs filiales dont la société mère détient 50 ou 25 % selon que cette dernière poursuit une activité industrielle ou commerciale propre ou limite son activité à l'animation de son groupe ;

– le montant cumulé des rémunérations qu'il perçoit dans ces sociétés et dans la holding représente plus de la moitié de ses revenus professionnels.

> Précisions Lorsque la société holding animatrice est soumise au régime des **sociétés de personnes,** l'exonération s'applique aux immeubles mis à sa disposition sous les conditions et limites visées n° 23420.

C. Bois, forêts et biens ruraux

BOIS, FORÊTS ET PARTS DE GROUPEMENTS FORESTIERS

Lorsqu'ils sont affectés à une activité professionnelle industrielle, commerciale, artisanale, agricole ou libérale, les bois, forêts et parts de groupements forestiers sont **totalement exonérés** d'IFI (ils n'ont pas à être déclarés). Dans le cas contraire, ces biens bénéficient d'une **exonération partielle** à concurrence de 75 % de leur valeur **à condition de fournir** (CGI art. 976, I et II) : **23450**

- un certificat du directeur départemental des territoires (ou, dans les départements du littoral, du directeur départemental des territoires et de la mer) attestant que les biens présentent une garantie de gestion durable ;
- un bilan de mise en œuvre du document de gestion durable ;
- un engagement d'exploitation pendant 30 ans (l'engagement peut être établi sur papier libre ; un modèle est disponible sur www.impots.gouv.fr).

Pour bénéficier de l'exonération partielle, les **parts de groupements forestiers,** outre les conditions précédentes, doivent être détenues depuis au moins deux ans au 1er janvier de l'année d'imposition.

Les parts de **sociétés d'épargne forestière** ne bénéficient pas de l'exonération partielle d'IFI.

> **Précisions** L'engagement et le certificat sont à joindre à la première **déclaration d'IFI** pour laquelle le bénéfice de l'exonération partielle est demandé. Le certificat fourni et l'engagement pris pour bénéficier de l'exonération ISF restent valables au titre de l'IFI pour le temps restant à courir. Un nouveau certificat doit être produit tous les dix ans ainsi qu'un bilan de la mise en œuvre du plan de gestion durable.

BIENS RURAUX ET PARTS DE GFA

Exonération totale Les biens ruraux donnés à bail à long terme ou à bail cessible et les parts de GFA sont totalement exonérés à **condition** que : **23455**

- le bail soit consenti par le bailleur à certains membres de son groupe familial (conjoint/partenaire de Pacs/concubin notoire, leurs ascendants ou descendants ou conjoints/partenaires de Pacs/concubins notoires respectifs, leurs frères et sœurs) ou encore, s'agissant des GFA, au détenteur de parts (ou à un membre de son groupe familial) ;
- le bail soit conclu pour une durée minimale de 18 ans ;
- le preneur utilise le bien loué dans l'exercice de sa profession principale.

Les biens sont également totalement exonérés en cas de location (ou de mise à disposition du bien loué ou encore d'apport du droit au bail y afférent) à une société à objet principalement agricole contrôlée à plus de 50 % par les membres du groupe familial ou les détenteurs de parts. L'exonération n'est alors applicable qu'à concurrence de la participation détenue dans la société par celles de ces personnes qui y exercent leur activité professionnelle principale. Les parts de GFA doivent, en outre, être représentatives d'apports constitués par des immeubles ou des droits immobiliers à destination agricole.

Exonération partielle Lorsque les conditions visées n° 23455 ne sont pas satisfaites (par exemple parce que le locataire n'appartient pas au groupe familial du bailleur ou du détenteur de parts ou parce que le locataire n'utilise pas le bien dans le cadre de sa profession principale), les biens ou parts sont partiellement exonérés **à concurrence de** 75 % de leur valeur lorsque celle-ci n'excède pas 101 897 € et à concurrence de 50 % au-delà de cette limite. Pour que l'exonération s'applique, les descendants majeurs du preneur ne doivent pas être privés du droit au maintien du bail à leur profit. **23460**

Lorsqu'une personne détient **à la fois des parts de GFA et des biens ruraux** donnés à bail, la limite de 101 897 € doit s'apprécier distinctement pour chaque catégorie de biens.

La limite au-delà de laquelle l'exonération passe de 75 à 50 % s'apprécie au 1er janvier de l'année d'imposition.

SECTION 5

DÉCLARATION, PAIEMENT ET CONTRÔLE

DÉCLARATION DU PATRIMOINE

23500 **Personnes tenues de souscrire une déclaration** Les contribuables ayant un **patrimoine immobilier net taxable** au 1er janvier **supérieur à** 1 300 000 € sont tenus de souscrire une déclaration spécifique n° 2042-IFI annexée à la déclaration d'ensemble de leurs revenus (CGI art. 982), sur laquelle ils doivent faire figurer le détail et l'estimation des biens composant leur patrimoine (et, le cas échéant, des dettes y afférentes).

Les **couples mariés ou pacsés** souscrivent une seule déclaration, signée des deux époux ou partenaires. Les **concubins** notoires sont soumis à une déclaration commune pour l'IFI mais à une déclaration séparée pour l'impôt sur le revenu. Ils doivent déclarer l'ensemble de leurs biens sur une seule déclaration n° 2042-IFI qui sera déposée par l'un ou l'autre des concubins en même temps que sa déclaration de revenus. Le second concubin n'est pas tenu de cosigner la déclaration.

En cas de **décès** du contribuable avant la date de souscription de la déclaration, les héritiers doivent souscrire la déclaration. La déclaration peut être souscrite par le notaire chargé de la succession (CGI art. 982, I-3 et 204, 2).

CONSEIL

Les associés dont le **patrimoine** immobilier net taxable est **inférieur ou égal à 1 300 000 €** ne sont pas imposables et n'ont donc pas à souscrire de déclaration. Ils ont toutefois fortement intérêt à conserver dans leurs archives personnelles les éléments justifiant de leur non-imposition. Ils seront ainsi en mesure de répondre aux éventuelles demandes de renseignements de l'administration et de lui fournir un état détaillé de leurs biens.

23505 **Modalités déclaratives** La déclaration d'IFI est effectuée selon les mêmes modalités que la **déclaration d'ensemble des revenus.** Elle est donc en principe obligatoirement souscrite par voie électronique. Le contenu des annexes de la déclaration n° 2042-IFI de l'année précédente est automatiquement reporté. Il appartient à l'associé de société civile de valider ces éléments ou de les modifier.

Aucun **justificatif** ne doit être joint à la déclaration mais le contribuable doit être en mesure de répondre aux éventuelles demandes de l'administration (BOI-PAT-IFI-50-10-20 n° 40).

> **Précisions** Les sociétés dont le contribuable détient, seul ou avec les membres de son foyer, des **parts ou actions** dont tout ou partie de la valeur est imposable sont tenues de lui communiquer, sur sa demande, dans un délai raisonnable, toutes les informations nécessaires pour remplir sa déclaration et en particulier la valeur vénale des parts ou actions et la fraction imposable de cette valeur. En cas de chaîne de participations, cette obligation s'applique à chaque niveau de la chaîne (CGI ann. III art. 313 BQ quater).

PAIEMENT

23510 L'IFI à payer est recouvré par voie de rôle. Autrement dit, le contribuable reçoit un **avis d'imposition,** distinct de celui relatif à l'impôt sur le revenu. L'avis d'imposition indique notamment le montant d'IFI à régler et la date limite de paiement. Il est, en principe, adressé en août et le paiement est en général fixé mi-septembre.

L'IFI doit être payé en ligne sur www.impots.gouv.fr ou par smartphone (sauf si son montant n'excède pas 300 €). Si son montant excède 10 000 €, il peut être acquitté par remise d'œuvres d'art ou d'immeubles sous conditions (CGI ann. II art. 384 A à 384 A ter).

ATTENTION

Le **débiteur de l'IFI** est la personne qui souscrit la déclaration mais les époux et les partenaires liés par un Pacs sont solidaires pour le paiement (CGI art. 1723 ter-00 B). En cas de décès du redevable, les cohéritiers (mais pas les légataires) sont également solidaires pour le paiement de l'IFI établi au nom de l'indivision successorale (CGI art. 1709).

CONTRÔLE

Demandes d'éclaircissements ou de justifications En vue du contrôle de l'impôt, l'administration peut demander des éclaircissements et des justifications au contribuable sur la composition de l'actif et du passif de son patrimoine (LPF art. L 23 A). Cette demande peut porter, par exemple, sur des **discordances** et **anomalies** décelées dans la déclaration (incohérences de valeurs, minoration de l'évaluation par rapport à l'année précédente, etc.). 23515

L'administration peut également exercer son **droit de communication** auprès des sociétés détenant des biens immobiliers afin d'obtenir des informations relatives à la détermination de la fraction imposable à l'IFI de leurs parts ou actions (CGI ann. III art. 313 BQ quater, VI).

Le **contentieux** de l'IFI relève des juridictions de l'ordre judiciaire (n° 14135).

Rectification des omissions et insuffisances d'évaluation La **procédure de rectification contradictoire** s'applique en cas d'insuffisance d'évaluation, d'inexactitude, d'omission ou de dissimulation. Elle est également applicable en cas de défaut de réponse ou de réponse insuffisante à une demande d'éclaircissements ou de justifications (LPF art. L 55). 23520

La procédure débute par l'envoi au contribuable d'une proposition des rectifications envisagées. L'intéressé dispose d'un délai de 30 jours pour répondre (accepter ou contester les rectifications). Ce délai peut être porté à 60 jours si le contribuable en fait la demande avant l'expiration du délai initial de 30 jours (LPF art. L 57).

Taxation d'office pour défaut de déclaration À défaut de souscription de la déclaration d'IFI, la taxation d'office est encourue (LPF art. L 66 : nos 13925 s.). Cette procédure permet à l'administration fiscale d'établir directement l'imposition sans entendre l'intéressé. La première étape consiste en l'envoi d'un **courrier amiable.** Si, à la suite de ce courrier, le contribuable dépose sa déclaration, celle-ci est contrôlée selon la procédure contradictoire. En l'absence de réponse, l'administration adresse une **mise en demeure** de souscrire la déclaration dans un délai de 30 jours (BOI-PAT-IFI-60-10 nos 110 s.). Si le contribuable ne dépose toujours pas de déclaration à la suite de la mise en demeure ou la dépose en dehors du délai imparti, l'administration peut le taxer d'office et lui appliquer l'intérêt de retard et une majoration de 40 %. Elle doit lui notifier les valeurs retenues pour les biens immobiliers qu'elle entend taxer au moins 30 jours avant la mise en recouvrement de l'IFI correspondant (LPF art. L 76). 23525

Pénalités En cas de **défaut de déclaration** ou de **souscription tardive,** les droits dus sont majorés de 10 % et assortis d'un intérêt de retard de 0,20 % par mois (CGI art. 1727 et 1728). La majoration est portée à 40 % si la déclaration n'est pas déposée dans les 30 jours de la réception d'une mise en demeure. Si seul le **paiement** de l'IFI est **tardif,** seule une majoration de 10 % est encourue (CGI art. 1730). 23527

L'**insuffisance d'évaluation** ne donne lieu à aucune sanction, pas même l'intérêt de retard, lorsqu'elle n'excède pas 10 % de la base d'imposition retenue après redressement (règle dite de la « tolérance du dixième »). Au-delà de cette limite de 10 %, le contribuable ne supporte que l'intérêt de retard de 0,20 % par mois. En cas de manquement délibéré (contribuable de mauvaise foi) établi par l'administration, l'intérêt de retard se cumule avec une majoration de 40 %, portée à 80 % si le contribuable est coupable de manœuvres frauduleuses. Aucune sanction n'est applicable si le contribuable de bonne foi a porté dans sa déclaration une « mention expresse » appelant l'attention sur le point litigieux (CGI art. 1727, II-1).

Si le **contribuable corrige spontanément,** avant tout acte de l'administration, une erreur commise de bonne foi en déposant une déclaration rectificative, l'intérêt de retard – pour autant qu'il soit dû (cas où l'insuffisance d'évaluation excède 10 %) – est réduit à 0,10 % par mois (CGI art. 1727, V).

ATTENTION

Le contribuable peut être privé de la possibilité de bénéficier de la **réduction d'impôt pour dons** en cas d'insuffisance, défaut ou retard de déclaration ou non-respect d'obligations déclaratives, par exemple (CGI art. 1731 bis).

Délai pour contrôler l'IFI L'administration fiscale ne peut exercer son contrôle que jusqu'au 31 décembre de la sixième année suivant celle au titre de laquelle l'imposition est due en cas d'**absence de déclaration,** d'**omission d'un bien** ou lorsque l'administration doit se livrer à des **recherches** (prescription longue). Ainsi, l'associé qui n'aurait pas souscrit de déclaration d'IFI en 2023 risque un redressement jusqu'au 31 décembre 2029. 23530

23530 (suite)

ATTENTION

Le contrôle de la qualification des **actifs professionnels** déclarés relève de la prescription de longue durée lorsque l'administration est conduite à procéder à des recherches ultérieures pour prouver l'exigibilité des droits éventuellement omis.

Un délai de trois ans (prescription abrégée) est applicable lorsque l'exigibilité de l'IFI est suffisamment révélée par une **déclaration d'IFI complète** sans que l'administration ait besoin de procéder à des recherches ultérieures. La prescription courte s'applique notamment aux insuffisances d'évaluation.

TITRE IV

Dispositions diverses

CHAPITRE 1

LA DISSOLUTION ET LA LIQUIDATION DE LA SOCIÉTÉ CIVILE

SOMMAIRE

GÉNÉRALITÉS

Les règles relatives à la dissolution et à la liquidation des sociétés civiles figurent dans les articles 1844-7 à 1844-9 (dispositions communes à toutes les sociétés) et 1870 (règles propres aux sociétés civiles) du Code civil. **24000**

Les modalités de **liquidation** sont réglées de façon très brève.

La loi réaffirme tout d'abord les deux principes suivants :

– la dissolution de la société entraîne sa liquidation, sauf en cas de fusion ou de scission ou lorsque la dissolution a été demandée à la suite de la détention de toutes les parts sociales par une personne morale ;

– la société conserve sa personnalité morale pour les besoins de la liquidation jusqu'à la clôture de celle-ci.

Pour le surplus, elle laisse aux associés le soin d'organiser dans leurs statuts les conditions dans lesquelles se dérouleront les opérations de liquidation. En particulier, aucune des règles impératives applicables aux sociétés commerciales en ce qui concerne le choix et les pouvoirs des liquidateurs (interdiction d'exercice des fonctions de liquidateur à certains condamnés, interdiction de cession au liquidateur ou à ses proches d'un bien faisant partie de l'actif social, etc.) n'a été reprise à propos des sociétés civiles.

Quant au **partage** de l'actif net restant après paiement des dettes et remboursement du nominal des parts sociales, il est, sauf clause contraire des statuts, effectué entre les associés dans les mêmes proportions que leur participation au capital social.

L'article 1844-9 maintient aussi le renvoi aux règles concernant le partage des successions pour les autres modalités du partage des sociétés.

24015 Les textes relatifs à certaines sociétés civiles exerçant une **activité réglementée** contiennent des règles particulières organisant certains aspects de la dissolution, de la liquidation ou du partage de la société.

C'est le cas surtout pour les sociétés civiles professionnelles (n°s 57600 s.), les groupements à vocation agricole (Gaec, Sica, GFA, etc.) et les sociétés de « construction-attribution » régies par les articles L 212-1 à L 212-13 du Code de la construction et de l'habitation (n°s 42840 s.).

24020 Les **conséquences fiscales** de la dissolution et du partage de la société civile ont été regroupées, tant au regard des droits d'enregistrement que des impôts directs, dans la section 4 (n°s 25400 s.).

SECTION 1

DISSOLUTION DE LA SOCIÉTÉ

A. Causes de dissolution

1. ARRIVÉE DU TERME

24100 À l'arrivée du terme prévu par les statuts, la société est dissoute (C. civ. art. 1844-7, 1°).

Les associés peuvent éviter la dissolution en décidant la **prorogation de la société** (n° 16700).

S'ils ne le font pas et continuent l'exploitation au lieu de procéder à la liquidation, une **société de fait** apparaît entre eux pour les activités exercées postérieurement à l'arrivée du terme (CA Paris 29-10-1990 : Bull. Joly 1991 p. 46 note J. Derruppé et, sur pourvoi, Cass. com. 12-11-1992 : RJDA 3/93 n° 225 ; Cass. 1e civ. 13-12-2005 n° 1702 : RJDA 4/06 n° 414 ; Cass. 3e civ. 23-10-2013 n° 12-30.129 : RJDA 2/14 n° 116). En effet, la société ne jouit plus de la **personnalité morale** puisque celle-ci ne survit, après la dissolution, que pour les **besoins de la liquidation.** Or, une société dissoute qui poursuit son activité comme auparavant sort, par hypothèse, des besoins de la liquidation. Les opérations nouvelles doivent alors être considérées comme effectuées non pas pour le compte de la société dissoute, mais pour celui d'une nouvelle société, nécessairement société de fait puisque dépourvue de la personnalité morale. Les dispositions statutaires de la société dissoute continuent néanmoins de régir les rapports entre les associés (Cass. 1e civ. 13-12-2005 précité, à propos des dispositions statutaires relatives au droit de retrait des associés), de sorte qu'une décision de gestion peut être adoptée par les dirigeants de l'ancienne société désignés conformément aux statuts (Cass. 3e civ. 23-10-2013 n° 12-30.129 précité).

24105 En l'absence de prorogation de la société décidée par les associés, la **dissolution** d'une société par survenance du terme peut être **mentionnée d'office** au RCS par le greffier (C. com. art. R 123-124, 4°).

2. RÉALISATION OU EXTINCTION DE L'OBJET

24108 La société est dissoute en cas de réalisation ou d'extinction de son objet (C. civ. art. 1844-7, 2°).

DISSOLUTION PAR RÉALISATION DE L'OBJET SOCIAL

24109 Il y a réalisation de l'objet social lorsque l'**opération** pour laquelle la société a été constituée est définitivement **achevée,** et ce, même si le terme fixé pour la durée de la société n'est pas encore atteint. Tel est le cas lorsqu'il n'est pas contesté que la construction d'un immeuble d'habitation en vue de sa division, qui en constituait l'objet, est achevée (CA Paris 5-11-2004 n° 03-13347 : RJDA 4/05 n° 390). Mais lorsque les rédacteurs des statuts, comme il est usuel en pratique, donnent un cadre très large à l'activité sociale, la dissolution pour cause de réalisation de l'objet peut ne pas être prononcée alors même que la société n'a plus d'activité et génère des pertes (pour un exemple à propos d'une SARL mais transposable à une société civile, voir Cass. com. 20-11-2012 n° 11-27.835 : RJDA 2/13 n° 124).

DISSOLUTION PAR EXTINCTION DE L'OBJET SOCIAL

Il y a extinction de l'objet social lorsque l'**activité** pour laquelle la société a été constituée est devenue **impossible.** Tel est le cas d'une société d'expertise pour le compte de compagnies d'assurances lorsque celle-ci n'a plus aucune activité, son gérant qui disposait d'un agrément personnel des compagnies pour exercer les missions d'expertise ayant démissionné et aucun associé ne s'étant présenté pour lui succéder dans ses fonctions, le bail commercial de la société ayant en outre été résolu et son personnel licencié (CA Paris 14-4-1995 : RJDA 7/95 n° 849). **24110**

Jugé aussi qu'il y a lieu de prononcer la dissolution d'une SCI entre époux ayant pour objet social la gestion du patrimoine privé acquis par le couple durant le mariage dès lors que survient leur divorce, la dissolution de la communauté emportant extinction de l'objet social (CA Pau 23-1-2006 n° 03-3450 : RJDA 8-9/08 n° 925 ; la solution est à notre avis transposable à une SCI constituée entre partenaires d'un Pacs).

Les cas suivants d'extinction de l'objet de sociétés commerciales sont également transposables aux sociétés civiles :

– société d'expertise comptable radiée de l'Ordre des experts-comptables, même si cette société exerçait encore une activité de conseil, dès lors qu'elle ne pouvait plus réaliser les travaux relevant de la profession qui constituait l'objet social fixé par ses statuts (Cass. com. 3-5-1995 n° 822 : RJDA 7/95 n° 850) ;

– cessation définitive d'exploitation d'un fonds de commerce alimentaire à une adresse déterminée, seule activité admise par la clause définissant l'objet social (Cass. com. 30-3-2016 n° 14-13.729 F-D : RJDA 6/16 n° 443) ;

– vente des terrains apportés en jouissance à une société décidée à l'unanimité des associés sans engagement de quiconque de faire de nouveaux apports, alors que leur exploitation constituait l'unique objet de la société (Cass. com. 8-11-2016 n° 14-23.461 F-D : RJDA 2/17 n° 87).

Autres exemples classiques : le retrait d'une concession ou la révocation définitive d'une autorisation administrative sans laquelle la société ne peut pas fonctionner.

La dissolution n'est acquise que si l'objet social a disparu dans sa totalité. Si l'**extinction** n'est que **partielle** (possibilité d'exercer des activités autres que celle ayant disparu), la société subsiste. **24111**

ILLUSTRATIONS

Dans un cas où une société avait pour tout actif les actions d'une société tierce, il a été jugé que la cession de ces actions n'avait pas eu pour conséquence de dissoudre la société par extinction de son objet dès lors que celui-ci ne se limitait pas à la gestion des seules actions cédées mais s'étendait, plus largement, à l'acquisition, la gestion et l'administration de titres de sociétés (Cass. com. 7-10-2008 n° 07-18.635 : RJDA 1/09 n° 29). De même, la vente des seuls biens immobiliers dépendant du patrimoine social d'une SCI, dont l'objet statutaire était l'acquisition, l'administration, la gestion et l'exploitation de tous immeubles bâtis ou non bâtis, n'a pas pour conséquence l'extinction de l'objet social et n'implique pas la dissolution de la société (CA Paris 6-1-2009 n° 07-17523 : RJDA 5/09 n° 436).

En pratique, sauf dans les sociétés exerçant une activité libérale et les petites sociétés familiales, l'extinction de l'objet est une cause de dissolution qui trouve rarement à s'appliquer car les rédacteurs des statuts prennent soin de donner un cadre relativement large à l'activité sociale.

CARACTÈRE AUTOMATIQUE DE LA DISSOLUTION

La **dissolution** de la société pour réalisation ou extinction de l'objet social intervient **de plein droit.** Les associés n'ont pas à se prononcer sur son bien-fondé ; il leur appartient seulement de tirer les conséquences de cette dissolution et de mettre en œuvre la liquidation de la société. **24112**

L'assemblée des associés qui constate l'extinction de l'objet social peut décider, à la majorité simple, de demander en justice la désignation d'un liquidateur (CA Paris 14-4-1995 : RJDA 7/95 n° 849).

En revanche, les associés ne peuvent pas obtenir en justice un délai pour régulariser leur situation en modifiant l'objet social (Cass. com. 3-5-1995 : Bull. Joly 1995 p. 746 note J.-F. Barbieri).

CESSATION D'ACTIVITÉ DE LA SOCIÉTÉ

La simple cessation d'activité n'est pas, en principe, une cause de dissolution de plein droit de la société dès lors qu'elle n'est pas motivée par la réalisation ou l'extinction de son objet. **24115**

Si, pour une raison quelconque (difficultés économiques momentanées, événements politiques, perte provisoire de l'immeuble social, celui-ci pouvant toutefois être reconstruit ou remplacé grâce aux indemnités d'assurances, etc.), les associés décident ou se trouvent contraints de « **mettre en sommeil** » leur société, il n'en résulte pas la dissolution de celle-ci. L'absence d'activité d'une société au cours d'un exercice ne dispense pas le représentant légal d'établir les comptes sociaux, de convoquer ou de solliciter le report de l'assemblée générale pour les approuver et, s'il existe un commissaire aux comptes, de le convoquer à cette assemblée (CA Paris 19-2-2007 n° 06-9065 : RJDA 12/07 n° 1250).

Dès que les associés le jugent opportun, l'activité peut être reprise. S'ils estiment, au contraire, que la situation est sans issue et que la dissolution s'impose, ils doivent alors prendre une décision expresse en ce sens (n° 24140).

24116 La cessation d'activité doit faire l'objet d'une **inscription modificative** au RCS et au RNE par l'intermédiaire du guichet unique électronique des formalités d'entreprises (C. com. art. R 123-69, 1° ; art. L 123-37, 1° et art. R 123-263 issu du décret 2022-1014 du 19-7-2022). Elle est en principe faite **par la société.**

Si, au terme d'un délai de deux ans après la mention au RCS de la cessation totale d'activité, le **greffier** constate l'absence d'inscription modificative relative à une reprise d'activité, il peut procéder, après en avoir informé la société par lettre recommandée AR adressée à son siège social, à sa **radiation d'office.** Si celle-ci est ordonnée par le juge, elle est portée à la connaissance du ministère public (C. com. art. R 123-130).

Ainsi, la persistance d'une cessation totale d'activité pendant deux ans est considérée par les pouvoirs publics comme indiquant une disparition de fait de la société. Cela s'explique par la nécessité de pallier les défaillances des dirigeants sociaux qui omettent souvent de procéder à la radiation de la société.

La faculté pour le greffier de procéder à la radiation d'office de la société n'est pas discrétionnaire : elle doit être mise en œuvre en fonction de la réalité de la situation en cause, telle qu'elle ressort des éléments versés au dossier par la société en réponse à la lettre recommandée du greffier. Celui-ci peut aussi se fonder sur des éléments d'information qui lui ont été communiqués par l'administration, notamment l'administration fiscale (Avis CCRCS 2015-025 du 27-11-2015).

L'inscription modificative peut aussi être portée d'office au RCS par le greffier du tribunal de commerce lorsqu'il a été informé de la cessation d'activité et qu'il a pu vérifier que la société ne se trouve plus à l'adresse qu'elle avait déclarée (cf. C. com. art. R 123-125). Le greffier peut alors radier d'office la société du RCS à l'expiration d'un délai de trois mois à compter de l'inscription d'office (C. com. art. R 123-136). La société peut, dès lors qu'elle démontre avoir régularisé sa situation, demander au greffier de rapporter cette radiation (C. com. art. R 123-138, al. 1). En cas de refus du greffier ou en l'absence de réponse de sa part dans les 15 jours de la demande, la société peut saisir le juge commis à la surveillance du RCS en vue de rapporter sa radiation (art. R 123-138, al. 3).

Le greffier doit informer l'Inpi, par l'intermédiaire du guichet unique, de la radiation d'office de la société afin qu'elle soit également radiée du RNE (art. R 123-312, al. 1 issu du décret 2022-1014). La radiation d'office d'une société au RCS vaut radiation de celle-ci au RNE (art. R 123-312, al. 2 issu du décret 2022-1014).

La **radiation du RCS** n'a pas pour **effet** de mettre fin aux fonctions du gérant de la société (Cass. com. 4-3-2020 n° 19-10.501 F-PB : RJDA 6/20 n° 308, rendu pour une SARL mais transposable).

3. DISSOLUTION SUR DÉCISION DES ASSOCIÉS

24140 Les associés peuvent, à tout moment, décider la dissolution anticipée de la société (C. civ. art. 1844-7, 4°). Cette décision n'appartient qu'aux associés (CA Rouen 14-4-2004 n° 02-372 : RJDA 1/05 n° 39). Elle doit être prise dans les conditions de majorité requises pour les **modifications des statuts** (Cass. com. 18-6-1973 n° 72-12.272 : Rev. sociétés 1974 p. 312 note J. H.).

> **Précisions** Parmi les motifs qui peuvent justifier la décision des associés de prononcer la dissolution de la société, il en est qui méritent une attention particulière. Ainsi :
> **a.** Lorsque les associés ne sont pas en mesure de racheter ou de faire racheter les parts d'un **associé dont le successeur n'a pas été agréé,** ils peuvent écarter l'entrée automatique de ce successeur dans la société en décidant de dissoudre celle-ci (C. civ. art. 1863, al. 1 ; n°s 21373 s.).
> **b.** En cas de **réalisation d'un nantissement auquel les associés n'ont pas consenti,** ils peuvent écarter l'entrée du créancier nanti dans la société en décidant de dissoudre celle-ci (C. civ. art. 1868, al. 2 ; n° 22430).
> **c.** Lorsqu'un **gérant révoqué** de ses fonctions décide de se retirer de la société en demandant le remboursement de ses parts et qu'aucune clause des statuts n'exclut cette possibilité de retrait, les autres associés peuvent écarter sa demande en prononçant la dissolution de la société (C. civ. art. 1851, al. 3 ; n° 7231).
> **d.** En cas de déconfiture, de **faillite** personnelle **d'un associé,** ou encore en cas d'ouverture à l'encontre de celui-ci d'une procédure collective, les autres associés peuvent, d'un commun accord, décider la dissolution de la société (C. civ. art. 1860 ; n° 20190).

4. DISSOLUTION JUDICIAIRE POUR JUSTES MOTIFS

CAUSES DE DISSOLUTION POUR JUSTES MOTIFS

L'article 1844-7, 5° du Code civil laisse aux juges le soin d'apprécier si le motif invoqué présente un caractère de gravité suffisant pour justifier qu'il soit mis fin à la société. Il donne néanmoins deux exemples qui correspondent d'ailleurs aux cas sur lesquels les tribunaux ont le plus souvent à se prononcer : l'**inexécution par un associé de ses obligations** et, surtout, la **mésentente entre associés.** 24160

La dissolution de la société ne peut être prononcée par le juge que s'il constate une **paralysie du fonctionnement** de celle-ci. Cette condition, grammaticalement rattachée dans le texte de l'article 1844-7, 5° du Code civil à l'hypothèse de la mésintelligence entre les associés, est requise dans tous les cas de dissolution pour justes motifs, car elle est précisément un élément de ces justes motifs (Cass. com. 21-6-2011 n° 10-21.928 F-PB : Bull. civ. IV n° 106 ; Cass. com. 3-5-2018 n° 15-23.456 F-D : RJDA 8-9/18 n° 644, à propos d'une dissolution prononcée pour inexécution par un associé de ses obligations). 24161

En l'**absence de paralysie,** la dissolution ne peut pas être prononcée, même en cas de mésintelligence grave entre les associés ne permettant pas de poursuivre l'activité des associés (Cass. com. 19-3-2013 n° 12-15.283 F-PB : RJDA 6/13 n° 533).

24162

Existence de justes motifs
Sur fond de grave mésentente entre associés, gérant statutaire refusant de payer les entrepreneurs et de rembourser divers prêts venus à échéance et mettant la société dans l'impossibilité de fonctionner normalement (Cass. com. 18-12-1968 : Bull. civ. IV n° 370)
Mésentente entre deux groupes d'associés égalitaires rendant impossible la désignation des organes de gestion de la société (Cass. com. 16-2-1970 : Rev. sociétés 1970 p. 654 note B. Bouloc ; voir aussi Cass. com. 4-3-1974 : Bull. Joly 1974 p. 346)
Mésentente entre deux associés d'une SCI à la suite de l'indisponibilité de l'un d'eux (condamné à quatre ans d'emprisonnement pour escroquerie et banqueroute) qui est hors d'état de prendre en charge les intérêts de la société alors qu'aucune AG n'a été tenue depuis la constitution de la société, qu'il n'est justifié de l'établissement d'aucun bilan, ni d'aucun inventaire, de la distribution d'aucun bénéfice, ni de l'édification d'aucune construction, et que l'avenir et l'objet de la société, constituée intuitu personae, apparaissent compromis (Cass. 1e civ. 7-1-1975 : Bull. civ. I n° 5)
Dans une société civile constituée entre médecins pour l'exercice en commun de leur profession, l'un des associés refusant le partage des honoraires prévu par les statuts (Cass. 1e civ. 2-5-1978 : JCP 1979 II n° 19245 note R. Savatier) ou tous les associés se rendant coupables, les uns envers les autres, de fautes multiples telles que dénonciations, accusations, enlèvement de fiches médicales (Cass. 1e civ. 10-5-1978 : JCP G 1979 II n° 19245 note R. Savatier)
Mésentente se traduisant par le fait que l'un des deux associés, très largement majoritaire, administre la société comme une entreprise qui lui serait strictement personnelle, sans respecter les règles relatives aux assemblées et à l'information des associés et que l'autre, titulaire de 10 % des parts, ne reçoit aucune information, se trouvant dans l'impossibilité d'agir pour faire réunir les assemblées ou pour être informé, et finissant par être tenu à l'écart de la vie sociale (CA Versailles 18-5-1995 n° 286 : Bull. Joly 1995 p. 869 note J.-J. Daigre ; voir également CA Paris 6-3-1996 n° 94-28584 : D. 1996 som. 344 note J.-C. Hallouin)
Situation conflictuelle entre les associés paralysant le fonctionnement normal de la société, alors même que celle-ci est prospère (Cass. 1e civ. 18-5-1994 n° 780 : RJDA 11/94 n° 1157)
Mésentente irrémédiable entre deux associés égalitaires conduisant à la nomination d'un administrateur judiciaire et empêchant toute décision collective pendant plusieurs années (Cass. com. 18-11-1997 n° 2282 : RJDA 2/98 n° 174 ; voir aussi CA Pau 18-3-2003 n° 03-1345 : RJDA 10/03 n° 961 et CA Paris 19-6-2007 n° 05-25053 : RJDA 12/08 n° 1264)
Mésentente entre les deux associés d'une SCI ne communiquant qu'au travers de procédures judiciaires suffisamment profonde et persistante pour nuire au fonctionnement de la société, quand bien même celle-ci n'aurait comme activité que la gestion d'un immeuble, en l'absence d'affectio societatis depuis plusieurs années (CA Paris 8-12-2000 n° 1999-20940 : Bull. Joly 2000 p. 302 note A. Couret)
Mésentente entre associés égalitaires empêchant toute décision majoritaire et paralysant le fonctionnement de la société, l'un des associés – de retour en France après plusieurs années passées à l'étranger – refusant de voter l'ensemble des résolutions proposées en AG (CA Paris 4-9-2007 n° 06-10964 : RJDA 2/08 n° 142)

24162 (suite)

Existence de justes motifs
Mésentente provoquée par le manquement à ses obligations d'un associé qui, en violation des statuts, s'est retiré de la société et a repris ses apports en nature sans jamais répondre aux convocations aux assemblées visant à régulariser la situation de la société après son départ (CA Besançon 2-3-2004 n° 02-1258 : RJDA 1/05 n° 37 som.)
Mésentente opposant deux médecins associés au sein d'une SCI et d'une SCM ayant entravé la gestion de cette dernière et justifiant le prononcé de la dissolution des deux sociétés (puisque des associés aussi désunis ne pouvaient pas exercer dans le même local) dès lors que si, dans une société commerciale, les querelles de personnes peuvent parfois être oubliées pour maintenir la gestion de l'entreprise, il ne saurait en être de même dans une société de moyens dominée par l'intuitus personae (CA Paris 16-5-1990 n° 90-003116 : Rev. sociétés 1990 som. p. 477)
Mésentente ancienne entre associés d'une SCI, propriétaire d'une maison, incapables de s'entendre sur la répartition des périodes d'occupation et sur l'entretien de la maison, les associés minoritaires votant systématiquement contre les résolutions d'assemblée présentées depuis quatre ans, à l'exception d'une nouvelle répartition des charges et dépenses, et refusant le rachat de leurs parts sociales ou celui des parts de l'associé majoritaire (Cass. 3e civ. 8-9-2010 n° 09-15.585 : RJDA 12/10 n° 1157)
Mésentente entre deux associés qui, en raison de l'unanimité requise pour l'adoption de certaines décisions sociales, a conduit l'associé gérant à prendre seul ces décisions en violation des statuts, violation qui établissait que la société ne pouvait plus fonctionner normalement et qu'elle était paralysée (Cass. com. 10-5-2011 n° 10-16.323 : RJDA 7/11 n° 629)
Mésentente opposant trois médecins associés au sein d'une société civile de moyens et paralysant le fonctionnement de celle-ci dès lors qu'il était impossible de rassembler les trois quarts des parts sociales nécessaires à la réunion d'une assemblée générale extraordinaire, qu'un des associés ne participait plus aux assemblées générales et demandait l'annulation de celles tenues hors sa présence, que le secrétariat n'était plus organisé en commun et que de nombreuses procédures opposaient les parties (Cass. com. 21-6-2011 n° 10-21.928 : RJDA 11/11 n° 920)
Mésentente paralysant le fonctionnement de la société, l'un des associés refusant de voter la dissolution anticipée de la société dont lui-même veut se retirer et dont d'autres associés veulent cesser l'activité (CA Agen 4-7-2011 n° 10/00713 : RJDA 11/11 n° 919)
Mésentente et animosité familiale entre deux groupes d'associés égalitaires empêchant l'approbation des comptes sociaux, l'adoption de toute décision collective et provoquant le blocage des comptes bancaires malgré la désignation d'un administrateur provisoire (Cass. com. 10-9-2013 n° 12-20.523 : RJDA 11/13 n° 902)
Conflit permanent entre un notaire associé minoritaire d'une SCP notariale et les autres associés empêchant l'adoption de toute décision collective autre que l'approbation des comptes de la société, rendant impossible le départ à la retraite de l'un des associés faute d'accord sur l'identité de son successeur, mettant en péril l'avenir de l'étude du fait de la diminution du chiffre d'affaires et dont le caractère public avait atteint la réputation de l'étude (Cass. 1e civ. 16-10-2013 n° 12-26.729 : RJDA 4/14 n° 339)
Mésentente permanente et générale entre deux associés égalitaires, source d'un grand nombre de litiges, qui compromet le fonctionnement normal de la société en empêchant l'adoption des décisions collectives, la consultation du comité de direction et la mise en œuvre de la procédure statutaire de sortie d'un associé (CA Reims 9-4-2013 n° 11/02807 : RJDA 7/13 n° 631 et, sur pourvoi, Cass. com. 9-12-2014 n° 13-24.083 : RJDA 3/15 n° 191)
Mésentente entre les associés d'une société qui ne pouvait plus fonctionner, depuis huit ans, que grâce à un administrateur provisoire (CA Paris 15-12-2015 n° 14/23489 : RJDA 3/16 n° 195)
Mésentente incontestable entre deux associés égalitaires d'une SCI après la rupture de leur concubinage, cette mésentente ayant conduit à la paralysie du fonctionnement de la société caractérisée par l'absence ou le retard de paiement des charges sociales, l'encaissement des loyers sur le compte bancaire de l'un des associés et l'absence de tenue des assembles générales et de prise de décisions (CA Paris 31-3-2016 n° 15/13327 : RJDA 7/16 n° 538)
Mésentente entre associés d'une société dans laquelle une profonde confusion résultait notamment du défaut de tenue des AG, du recours contesté à des consultations écrites, du défaut d'approbation des comptes et des anomalies affectant ceux-ci ; cette confusion marquait la disparition de l'affectio societatis et portait atteinte de façon irréversible au fonctionnement des organes de gestion (Cass. 3e civ. 25-1-2018 n° 17-10.353 F-D : RJDA 4/18 n° 328)
Mésentente entre deux associés qui traduisait une perte d'affectio societatis et entraînait un blocage du fonctionnement d'une société, celle-ci n'ayant tenu ni comptabilité ni assemblées pendant dix ans, aucune décision ne pouvant être prise eu égard à l'égalité des voix entre les associés et à l'existence d'une clause statutaire imposant une décision de l'AG pour toute dépense supérieure à 150 € (Cass. 3e civ. 17-12-2020 n° 19-15.694 F-D : RJDA 3/21 n° 173)

Existence de justes motifs
Mésentente entre les associés égalitaires de deux SCI, ex-concubins, dont l'absence d'échanges a conduit à la paralysie du fonctionnement de ces sociétés, notamment parce que la tenue d'assemblées était rendue impossible (CA Paris 12-1-2021 n° 18/04888 : RJDA 5/21 n° 326)
Mésentente entre trois associés égalitaires d'une SCP de notaires empêchant la tenue d'assemblées générales et toute décision sur le sort de la société, alors que son fonctionnement est dévolu à un suppléant en raison du contrôle judiciaire d'un associé, de la cessation d'activité de l'un des deux autres et de l'état de santé du troisième (Cass. 1e civ. 15-6-2022 n° 20-18.781 F-D : RJDA 11/22 n° 636)

24163

Absence de justes motifs
Désaccord entre les associés, fussent-ils à parts égales, n'ayant pas pour effet de paralyser le fonctionnement de la société (Cass. com. 21-10-1997 n° 2182 : RJDA 1/98 n° 60 ; CA Paris 4-10-2002 n° 00-19327 : RJDA 3/03 n° 273) ou d'interdire la prise de décisions (CA Paris 24-10-2003 n° 02-16467 : RJDA 2/04 n° 169)
Mésintelligence entre deux associés qui, même si elle a pu en certaines occasions constituer une entrave au bon fonctionnement de la société, ne nuit en rien, au moment de la demande en dissolution, à la bonne marche de l'entreprise, les organes sociaux étant réunis régulièrement et l'entreprise ne connaissant aucune baisse d'activité (CA Orléans 11-2-1974 : Bull. Joly 1974 p. 279)
Disparition de l'affectio societatis n'entraînant pas une paralysie du fonctionnement de la société (Cass. 3e civ. 2-6-2016 n° 15-14.707 F-D : RJDA 11/16 n° 787 ; Cass. 3e civ. 17-11-2021 n° 19-13.255 F-D : RJDA 3/22 n° 144 ; en sens contraire, CA Versailles 7-12-1995 : Bull. Joly 1996 p. 308 estimant que la disparition de l'affectio societatis ne peut que nuire au bon fonctionnement de la société)
Mise en sommeil de la société depuis de nombreuses années dès lors que l'impossibilité pour la société de fonctionner normalement n'était pas établie (Cass. com. 23-3-2010 n° 08-22.073 F-D : RJDA 10/10 n° 960)
Mésentente ne provoquant pas une paralysie actuelle du fonctionnement de la société (Cass. com. 13-7-2010 n° 09-16.103 F-D : RJDA 11/10 n° 1080 ; dans le même sens, Cass. com. 17-3-2015 n° 13-14.113 F-D : RJDA 5/15 n° 346)
Poursuite de la réalisation des actifs de l'associé en liquidation judiciaire n'entraînant pas une paralysie du fonctionnement de la société (Cass. com. 13-12-2011 n° 11-11.667 F-D : RJDA 3/12 n° 307)
Mésintelligence grave entre associés et comportement fautif du gérant, qui a agi dans son intérêt propre et dans celui de son conjoint, ne permettant pas de poursuivre l'activité sociale mais sans paralysie du fonctionnement de la société (Cass. com. 19-3-2013 n° 12-15.283 F-PB : RJDA 6/13 n° 533)
Mésentente entre deux ex-époux associés résultant de l'occupation à titre gratuit et sans autorisation d'un immeuble social par l'un d'eux impropre à caractériser la paralysie du fonctionnement de la société (Cass. com. 24-6-2014 n° 13-20.044 F-D : RJDA 10/14 n° 768)
Désaccords nés de la mésentente durable entre deux groupes d'associés égalitaires d'une société, devenue déficitaire, n'établissant pas la paralysie du fonctionnement de celle-ci (Cass. com. 5-4-2018 n° 16-19.829 F-D : RJDA 6/18 n° 501)
Mésentente entre associés alléguée sans qu'aucune information ne soit fournie sur la nature de celle-ci, la paralysie de la société ne pouvant résulter de l'absence de présentation des comptes d'un premier exercice social de moins d'une année et du défaut de convocation de l'AG devant les approuver (CA Paris 2-7-2020 n° 19/12704 : RJDA 11/20 n° 572)
Mésentente entre les deux associés égalitaires d'une société, des ex-époux, dès lors que la société fonctionnait depuis plusieurs années malgré leur divorce, que la comptabilité était tenue et qu'une AG d'approbation des comptes pouvait être convoquée par chacun des ex-époux, qui étaient cogérants (CA Rennes 28-6-2022 n° 20/02742 : RJDA 1/23 n° 33, rendu à propos d'une SNC mais transposable)
Mésentente entre deux blocs d'associés égalitaires d'une SCI dès lors que celle-ci continue de fonctionner, chaque associé jouissant d'un droit de retrait et l'un d'eux disposant d'une voix prépondérante en AG (Cass. 1e civ. 18-1-2023 n° 19-24.671 F-B : RJDA 5/23 n° 290)

ACTION EN DISSOLUTION POUR JUSTES MOTIFS

Droit d'agir en dissolution Seul un associé peut demander la dissolution pour justes motifs (Cass. com. 28-9-2004 n° 1287 : RJDA 1/05 n° 39 ; CA Orléans 22-9-2005 n° 04-2603 : RJDA 1/06 n° 31). 24165

L'associé est recevable à agir même s'il est à l'origine de la mésentente, mais si le seul motif qu'il invoque est cette mésentente, la dissolution sera écartée (Cass. com. 16-9-2014 n° 13-20.083 : RJDA 12/14 n° 908).

En revanche, le juge peut prononcer la dissolution s'il n'est pas possible de déterminer à qui la mésentente est imputable (Cass. com. 13-2-1996 : RJDA 5/96 n° 641 ; Cass. com. 10-4-2019 n° 17-20.506 F-D : RJDA 8-9/19 n° 560) ou si l'associé demandeur n'est pas seul responsable de la mésentente (CA Bordeaux 10-1-2023 n° 22/01177 : RJDA 7/23 n° 375).

24166 Le droit de demander la dissolution est, pour chaque associé, une **prérogative d'ordre public** (Cass. 1e civ. 18-7-1995 n° 1609 : RJDA 10/95 n° 1116). Il en résulte :

– d'une part, qu'il ne peut être soumis à aucune restriction dans les statuts (Cass. com. 23-1-1950 : D. 1950 p. 300 ; Cass. com. 12-6-1961 : Gaz. Pal. 1961 II p. 176) ;

– d'autre part, que les associés ne peuvent pas y renoncer par avance.

24167 L'**action** en dissolution pour mésintelligence entre les associés doit être **écartée** lorsque les faits invoqués, bien que connus des demandeurs, n'ont suscité de leur part aucune objection pendant une longue période (dix ans dans l'espèce jugée par CA Paris 5-7-1988 : Bull. Joly 1988 p. 674).

Elle doit être **exercée** non seulement contre le ou les associés auxquels est imputable la cause de dissolution, mais aussi contre la société elle-même (Cass. 1e civ. 4-7-1995 n° 1238 : RJDA 10/95 n° 1100), étant précisé qu'elle ne doit pas être exercée de façon abusive, sous peine de dommages-intérêts à la charge du demandeur (Cass. com. 14-12-2004 n° 1823 : RJDA 4/05 n° 391 ; pour un rejet de la demande de dommages-intérêts, voir Cass. com. 13-2-1996 n° 289 : RJDA 5/96 n° 641).

24168 **Pouvoirs du tribunal** Les juges doivent apprécier la valeur des motifs allégués en se plaçant au moment même où ils rendent leur décision (Cass. com. 4-12-1968 : JCP G 1969 IV p. 23). Ils disposent d'un pouvoir souverain d'**appréciation** (Cass. com. 25-2-1964 : Bull. civ. III n° 98 ; Cass. 1e civ. 20-10-1965 : Bull. civ. I n° 562).

Les juges peuvent surseoir à statuer pour laisser aux associés le soin de régulariser une situation compromise par des négligences graves et de désintéresser le demandeur en dissolution (CA Douai 20-5-1897 : D. 1898 II p. 230).

24169 En revanche, il n'appartient pas aux juges d'ordonner l'**exclusion de l'associé demandeur.** Ils ne peuvent sanctionner la mésentente entre associés que par la dissolution de la société, aucune disposition légale ne leur donnant pouvoir d'obliger l'associé qui demande la dissolution à céder ses parts à ses coassociés (Cass. com. 12-3-1996 n° 536 : RJDA 7/96 n° 926 ; dans le même sens, CA Paris 31-5-1996 : RJDA 8-9/96 n° 1048 som. ; pour un autre exemple de rejet de la demande d'exclusion d'un associé, d'autant plus que la mésentente ne pouvait pas être imputée davantage à l'un des associés qu'à l'autre, voir Cass. com. 18-11-1997 n° 2282 : RJDA 2/98 n° 174).

Cette solution qui met fin aux divergences qui opposaient certaines cours d'appel est, en pratique, fâcheuse car elle peut aboutir à la suppression d'une exploitation pour rester fidèle à la lettre des textes, alors que l'esprit de la législation depuis une trentaine d'années est, au contraire, d'assurer le maintien des entreprises et que les juges ont longtemps été animés du même souci (nos 24160 s.). L'exclusion paraît, à cet égard, une solution plus opportune que la dissolution lorsque l'équilibre de l'exploitation peut être rétabli seulement au prix de l'éviction d'un associé qui ne subit d'ailleurs aucun préjudice puisque la valeur de ses droits sociaux lui est remboursée.

Pour éviter cette dissolution en cas de mésentente, il peut donc être opportun que les associés prévoient la possibilité de rachat des parts soit dans les statuts d'origine, soit en cours de vie sociale sur décision unanime de leur part (nos 20155 s.).

24170 Le **jugement** prononçant la dissolution pour justes motifs produit **effet** au jour où il est rendu, sans rétroagir au jour de la demande (voir Cass. req. 2-6-1947 : Gaz. Pal. 1947 p. 96).

24171 **Preuve** La production en justice d'**enregistrements** laissés par l'associé d'une société sur le répondeur **téléphonique** de son coassocié et transcrits par un huissier de justice (ou un commissaire de justice) n'est pas déloyale et constitue un mode de preuve admissible pour établir la mésentente entre associés (CA Paris 16-12-2008 n° 07-4770 : RJDA 3/10 n° 249). En effet, si le principe de loyauté de preuves prohibe de tenir compte d'enregistrements établis à l'insu de l'intéressé, il n'en est pas de même lorsque l'interlocuteur a procédé lui-même en connaissance de cause à l'enregistrement de ses propos ; lorsque ceux-ci concernent l'activité professionnelle des intéressés, ils ne relèvent pas de l'intimité de la vie privée et leur divulgation dans le cadre d'une instance en dissolution d'une société pour mésentente ne se heurte à aucune prohibition (même arrêt).

5. RÉUNION DE TOUTES LES PARTS DANS UNE MÊME MAIN

Lorsque toutes les parts sociales se trouvent réunies entre les mains d'une seule personne, par exemple à la suite d'une cession ou d'une transmission successorale, la **société** n'est **pas dissoute** mais tout intéressé peut demander la dissolution si la **situation** n'a pas été **régularisée dans le délai d'un an** (C. civ. art. 1844-5, al. 1). Le créancier de la société fait partie des personnes intéressées au sens de ce texte et a qualité pour agir en dissolution sans avoir à justifier d'un intérêt particulier (Cass. com. 3-12-2013 n° 12-23.787 : RJDA 3/14 n° 224). **24200**

> **Précisions a.** La dissolution ne peut être demandée que s'il ne reste qu'un seul associé. Par suite, dans une société composée de deux associés dont l'un n'avait fait qu'un **apport en industrie,** l'autre associé, qui détenait par conséquent toutes les parts sociales, ne peut pas demander la dissolution de la société sur le fondement de l'article 1844-5, al. 1 (Cass. 1e civ. 30-3-2004 n° 530 : RJDA 7/04 n° 853).
> **b.** Selon l'article 1844-5, al. 2, lorsqu'une même personne détient l'**usufruit** de toutes les parts sociales, il n'y a pas réunion de tous les droits sociaux dans une même main. En revanche, lorsqu'une seule personne détient la **nue-propriété** de toutes les parts d'une société, il y a, à notre avis, réunion de tous les droits sociaux dans une même main quel que soit le nombre d'usufruitiers puisque ceux-ci n'ont pas la qualité d'associés (nos 62055 s.).

RÉGULARISATION

Modalités En pratique, la régularisation peut être opérée même **après l'expiration du délai d'un an.** L'article 1844-5, al. 1 du Code civil dispose en effet que le tribunal : **24205**

– d'une part, ne peut pas prononcer la dissolution si, au jour où il statue sur le fond, la situation de la société a été régularisée ;

– d'autre part, peut accorder à la société un délai maximal de 6 mois pour procéder à cette régularisation.

Il résulte de ces importantes précisions qu'une société civile peut fonctionner **indéfiniment avec un seul associé.** Ce n'est que si une action en dissolution est introduite que l'associé unique devra se préoccuper de régulariser sa situation.

La régularisation peut être effectuée par voie de cession par l'associé unique d'une partie de ses parts sociales à une ou plusieurs personnes ou par voie d'augmentation de capital avec entrée de nouveaux associés. Les nouveaux associés ne doivent pas être de simples prête-noms de l'associé unique. Si tel était le cas, la « régularisation » serait inopérante : la société serait toujours considérée comme ne comportant qu'un seul associé et resterait exposée à une demande en dissolution.

Maintien de la société **Dans l'attente de la régularisation,** la société doit fonctionner comme auparavant. **24206**

Si l'**associé unique** est **dirigeant,** il représente la société (cf. CA Paris 23-9-1997 : RJDA 12/97 som. n° 1494). La réunion de toutes les parts dans une même main ne met pas fin à la mission des organes sociaux, étant toutefois observé que l'associé unique prend seul toutes les décisions qui relèvent de la compétence des associés. Il peut même modifier les statuts dans toutes leurs dispositions. S'il existe des **gérants non associés** ou des commissaires aux comptes, ceux-ci doivent continuer à assumer leurs fonctions ; notamment, les commissaires aux comptes doivent présenter leur rapport comme en cas de fonctionnement normal de la société.

Néanmoins, il est opportun, à notre avis, que l'associé unique prenne soin de préciser pour chaque acte de la vie sociale qu'il agit au nom de la société, de telle sorte qu'il n'y ait pas de confusion avec son patrimoine personnel.

Étant donné la situation exceptionnelle résultant de l'existence d'un associé unique, il semble qu'il n'est pas nécessaire de respecter les dispositions légales et réglementaires applicables en cas de pluralité d'associés : par exemple, il paraît inutile que l'associé unique procède à la tenue d'**assemblées** ; celles-ci seront remplacées par des décisions unilatérales (Rép. Ruais : AN 15-7-1972 n° 24966). Il est néanmoins prudent de reproduire ces décisions sur le registre des délibérations. **24207**

La réunion de toutes les parts dans une seule main n'apporte aucun changement quant à l'étendue de la responsabilité de l'associé unique en ce qui concerne les **dettes sociales.** Notamment, il continue à bénéficier des dispositions particulières pouvant limiter l'étendue de cette responsabilité (cas, par exemple, des membres des groupements agricoles d'exploitation en commun dont la responsabilité est limitée au double de leurs apports). **24208**

DISSOLUTION DE LA SOCIÉTÉ

24210 La dissolution d'une société dont tous les droits sont réunis dans une même main peut survenir dans les deux cas suivants :

– **par déclaration de l'associé unique,** l'associé entre les mains duquel sont réunies toutes les parts de la société pouvant dissoudre celle-ci à tout moment, par déclaration **au greffe du tribunal** où elle est immatriculée (Décret 78-704 du 3-7-1978 art. 8, al. 1) ;

– **par décision de justice.** En effet, si à l'expiration du délai d'un an le nombre des associés n'a pas été porté au minimum légal, tout intéressé peut demander en justice la dissolution de la société (C. civ. art. 1844-5, al. 1). Le créancier de la société fait partie des personnes intéressées au sens de ce texte et a qualité pour agir en dissolution sans avoir à justifier d'un intérêt particulier (Cass. com. 3-12-2013 nº 12-23.787 : RJDA 3/14 nº 224).

EFFETS DE LA DISSOLUTION

24215 **Associé unique personne physique** Si l'associé unique est une personne physique, il doit procéder à la **liquidation de sa société** (C. civ. art. 1844-8, al. 1).

Les dispositions de l'article 1844-5, al. 3 du Code civil prévoyant la transmission universelle du patrimoine de la société dissoute à l'associé unique et l'absence de liquidation (nºs 24221 s.) ne sont pas applicables lorsque cet associé unique est une personne physique (art. 1844-5, al. 4). Néanmoins, il dispose d'un droit propre et personnel sur la créance de la société dont il est devenu titulaire à la clôture de la liquidation et d'un intérêt personnel à agir pour obtenir le recouvrement de cette créance (Cass. com. 5-5-2009 nº 08-12.601 : RJDA 8-9/09 nº 748).

24216 La personnalité morale de la société survit pour les besoins de la liquidation et jusqu'à la publication de la clôture de celle-ci (C. civ. art. 1844-8, al. 3).

Les **règles prescrites pour la liquidation** sont applicables, sous réserve de certains aménagements tenant au fait qu'il n'y a plus qu'un seul associé et que celui-ci peut assumer les fonctions de liquidateur.

Ainsi, l'approbation des comptes de liquidation, le quitus au liquidateur et la constatation de la clôture de la liquidation doivent faire l'objet d'une déclaration de l'associé unique soumise à publicité (nºs 25000 s.). Lorsque l'associé unique est en même temps liquidateur, l'établissement des comptes de liquidation par ses soins emporte, il va de soi, approbation de ceux-ci. Il n'est donc pas nécessaire de faire intervenir le tribunal judiciaire, comme dans le cas où l'assemblée de clôture n'a pas pu délibérer ou a refusé d'approuver les comptes du liquidateur (Décret 78-704 du 3-7-1978 art. 10, al. 2). De même, les règles relatives à la cession de tout ou partie de l'actif social sont applicables (nºs 24900 s.).

24220 **Associé unique personne morale** Si l'associé unique est une personne morale, la dissolution de la société entraîne la transmission universelle du patrimoine de la société à l'associé unique et il n'y a pas lieu de procéder à la liquidation de celle-ci (C. civ. art. 1844-5, al. 3 et 4).

ATTENTION

La transmission universelle et l'absence de liquidation étant réservées au cas de dissolution d'une société unipersonnelle, elles ne peuvent pas, nous semble-t-il, être invoquées par un associé qui ne serait devenu associé unique qu'après la dissolution de la société et pendant la liquidation de celle-ci. Dans ce cas, la liquidation doit être menée à son terme.

Les créanciers peuvent faire opposition à cette dissolution (C. civ. art. 1844-5, al. 3 ; sur la non-application de ces dispositions à la dissolution d'une société civile coopérative à associé unique, voir Rép. Fraysse : AN 27-1-1997 nº 45025).

24221 Les dispositions de l'article 1844-5, al. 3 du Code civil, communes à la dissolution sur déclaration de l'associé unique et sur décision de justice (voir Rép. Proriol : AN 29-8-1988 nº 745), appellent les observations suivantes.

1. Absence de liquidation. Aucune des règles prescrites pour la liquidation des sociétés (désignation d'un liquidateur, affectation de l'actif social au paiement des dettes sociales, établissement et dépôt au greffe des comptes de liquidation, accomplissement de formalités de publicité tant à l'ouverture qu'à la clôture de la liquidation) n'est ici applicable.

Cette absence de liquidation et la transmission universelle de patrimoine qui en est la cause s'appliquent de plein droit sans qu'il soit possible de les écarter. L'article 1844-5, al. 3 ne donne en effet aucun choix à l'associé unique (personne morale) quant à l'opportunité de procéder ou non à la liquidation (Cass. soc. 12-1-2016 nº 14-21.533 : RJDA 4/16 nº 292 ; CA Douai 14-11-1996 : RJDA 3/97 nº 372).

Cette règle connaît une **exception** : la transmission universelle du patrimoine sans liquidation n'est pas applicable lorsque la société fait l'objet d'une procédure collective dès lors qu'à compter du jugement d'ouverture de cette procédure, le patrimoine du débiteur ne peut être cédé ou transmis que selon les règles d'ordre public applicables au redressement ou à la liquidation judiciaires des entreprises en difficulté (Cass. com. 12-7-2005 nos 1236 et 1237 : RJDA 1/06 n° 29, solutions rendues sous l'empire de la législation antérieure à l'ordonnance 2014-326 du 12-3-2014 mais transposables).

Même en l'absence de liquidation, la personnalité morale de la société va subsister au moins pendant le délai ouvert aux créanciers sociaux pour faire opposition (nos 24227 et 24228). Pendant cette période, il est nécessaire que la société soit représentée et cette **représentation** peut, à notre avis, être assumée par le gérant. En effet, bien qu'elle soit une conséquence de la dissolution (en ce sens, Cass. com. 29-1-2020 n° 18-17.131 F-D : RJDA 5/20 n° 271), la cessation des fonctions du gérant n'est liée par aucune disposition législative ou réglementaire à la date de la décision de dissolution et, en l'absence d'une période de liquidation – et donc de nomination d'un liquidateur chargé de représenter la société pendant cette période –, force est de considérer que la représentation de la société reste exercée par le gérant jusqu'à la disparition de la personnalité morale. Il lui appartient d'assurer la gestion courante de la **société,** de la représenter en justice notamment en cas d'opposition d'un créancier, d'arrêter la situation comptable des biens et dettes transférés à l'associé unique, de constater la date à partir de laquelle s'opèrent la transmission du patrimoine et la disparition de la personne morale et d'accomplir les formalités de publicité. **24222**

2. Transmission universelle du patrimoine social. L'associé unique personne morale recueille l'intégralité du patrimoine social. **24223**

Il se substitue à la société dissoute dans tous les biens, droits et obligations de celle-ci. Ainsi, lorsque la personne morale a disparu, il prend la suite de la société dans l'action en justice en cours au moment de la dissolution de celle-ci et doit être appelé à l'instance (Cass. com. 7-4-2010 n° 09-11.002 : RJDA 6/10 n° 642). Si une société, devenue associé unique d'une deuxième société qui elle-même détenait les parts d'une troisième société, a successivement décidé la dissolution de ces deux sociétés, le mandataire-liquidateur de la première société a qualité pour poursuivre l'action en paiement d'une créance engagée par la troisième société (CA Versailles 21-11-2003 n° 01-8389 : RJDA 7/04 n° 824). Il en va de même d'une action indemnitaire qui n'est pas mentionnée dans les comptes de la société auxquels se référait l'acte de dissolution pour la transmission des droits dès lors que cet acte précisait que tous les droits et obligations de la société dissoute seraient transférés à l'associé unique et que celui-ci serait subrogé à la société dans tous ses droits et obligations (Cass. com. 21-3-2018 n° 16-17.901 F-D : RJDA 6/18 n° 502).

L'associé unique personne morale peut se voir opposer un **jugement** rendu contre la société avant la dissolution. Le paiement d'une créance de dommages-intérêts reconnue à un salarié après la dissolution incombe à l'associé unique dès lors que le fait générateur de cette créance était antérieur à la dissolution, de sorte que l'obligation en résultant avait été incluse dans le passif transmis à l'associé (Cass. com. 2-2-2010 n° 09-11.938 : RJDA 5/10 n° 532).

L'associé unique peut également se prévaloir des **effets d'un jugement.** Il peut ainsi opposer à un ancien salarié qui le poursuit personnellement le jugement écartant l'action que ce salarié avait auparavant engagée contre la société en raison des mêmes faits (Cass. soc. 25-10-2007 n° 06-42.238 : RJDA 6/08 n° 682) et profiter des délais de recours ayant commencé à courir contre les décisions de justice rendues à l'égard de la société avant la dissolution (Cass. 3e civ. 12-3-2008 n° 07-15.278 : RJDA 6/08 n° 666).

Par exception et sauf accord des cocontractants, un contrat conclu en considération de la personne de la société (**contrat conclu « intuitu personae »**) prend fin au plus tard par l'effet de la dissolution de celle-ci (Cass. com. 7-6-2006 n° 753 : RJDA 11/06 n° 1149, rendu en matière d'entreprise unipersonnelle à responsabilité limitée mais transposable), faisant ainsi obstacle à la transmission de plein droit des engagements qu'il contient à l'associé unique. Ce dernier n'en recueille pas moins les créances et les dettes antérieurement nées dans le patrimoine social au titre de ce contrat (Cass. com. 7-6-2006 n° 753 précité), peu important que celles-ci ne soient pas encore liquides et exigibles (Cass. com. 11-3-2020 n° 18-20.064 F-D : RJDA 7/20 n° 373). **24224**

La substitution s'effectue sans qu'il y ait novation des créances et des dettes, c'est-à-dire que celles-ci sont reprises sans aucune modification notamment quant à leurs garanties, leurs modalités de remboursement, le taux d'intérêt convenu, etc. L'engagement de la **caution garantissant une dette de la société dissoute** demeure pour les obligations nées avant que l'opération ne soit devenue opposable aux tiers (C. civ. art. 2318, al. 1 ; Cass. com. 19-11-2002 n° 1907 : RJDA 2/03 n° 140 ; Cass. com. 5-5-2004 n° 720 : RJDA 8-9/04 n° 984). La caution ne garantit les dettes nées postérieurement que si elle y a consenti à l'occasion de la dissolution ou si elle s'est engagée par avance à maintenir son engagement (C. civ. art. 2318, al. 1). Si la société dissoute s'était portée caution d'une dette, toutes les obligations issues du cautionnement sont transmises à l'associé unique (C. civ. art. 2318, al. 2).

ATTENTION

Seul le cocontractant de la société peut **se prévaloir** du **caractère intuitu personae du contrat.** À l'inverse, l'associé unique ne peut pas se prévaloir de ce qu'un contrat a été conclu par la société en considération de la personne de son cocontractant pour en écarter la reprise (Cass. com. 8-11-2017 n° 16-17.296 F-D : RJDA 2/18 n° 129).

24225 Lorsque l'actif social transmis à l'associé unique comporte des créances, les règles concernant les cessions de créances (C. civ. art. 1321 s.) ne sont pas applicables.

Cette solution, qui a été dégagée par les tribunaux à l'occasion de fusions ou de scissions (n° 16206) sur le fondement de la transmission universelle qui s'opère en pareil cas, peut être transposée, par identité de motif, au cas de dissolution à la suite de la réunion de toutes les parts en une seule main.

24226 En principe, cette **transmission** universelle du patrimoine social, avec la disparition de la personne morale et la confusion de patrimoines qui en résultent, est réalisée 30 jours après la publication de la dissolution. Toutefois, cette réalisation est **différée** lorsque des créanciers sociaux font opposition à la dissolution. Signalons qu'à compter de la réalisation de la transmission universelle du patrimoine, les créanciers ne peuvent plus agir contre la société dissoute, mais seulement contre l'associé unique ; ainsi, est irrecevable le pourvoi en cassation formé par un créancier plus de 30 jours après la publication de la dissolution d'une société, aucune opposition n'étant par ailleurs alléguée (Cass. 3e civ. 20-6-2007 n° 06-13.514 : RJDA 2/08 n° 143).

En l'absence d'opposition des créanciers, la **date** de la transmission du patrimoine est fixée au jour suivant l'expiration du délai d'opposition à zéro heure (Avis CCRCS 2012-026 du 30-5-2012).

Selon l'Autorité des normes comptables, la date d'effet d'une confusion de patrimoines ne peut pas être antérieure à la date d'expiration du délai d'opposition des créanciers. Selon ce même avis, la clause de rétroactivité qui serait contenue dans une décision de confusion devrait rester sans effet au plan comptable (Règl. ANC 2014-03 du 5-6-2014 art. 770-3).

Cette position semble limiter la faculté de prévoir, par analogie avec les usages en cas de fusion, que toutes les opérations actives et passives intervenues depuis une date déterminée soient réputées avoir été accomplies pour le compte de l'associé unique. Elle nous semble contestable car la clause ne vise pas à faire rétroagir la transmission universelle du patrimoine de la société confondue au profit de la société confondante, mais seulement à permettre la prise en compte anticipée des conséquences comptables de l'opération dans le résultat des sociétés concernées (en ce sens, Communication Ansa, comité juridique n° 04-056 du 7-7-2004).

24227 **3. Droit d'opposition des créanciers.** Afin de permettre aux créanciers sociaux de sauvegarder leurs droits et d'éviter que la confusion du patrimoine social avec celui de la personne morale associée unique ne leur porte préjudice, l'article 1844-5, al. 3 du Code civil organise une procédure prévoyant la possibilité pour eux de faire opposition à la dissolution.

ATTENTION

La dissolution peut être annulée lorsqu'elle s'accompagne de **manœuvres visant à priver d'efficacité le droit d'opposition** des créanciers : par exemple, dissolution faisant suite à la cession précipitée de la totalité des parts sociales à une société étrangère constituée pour la circonstance et silence de la société dissoute sur la décision de dissolution devant le juge saisi d'une mise en liquidation judiciaire demandée contre elle (Cass. com. 11-9-2012 n° 11-11.141 : RJDA 12/12 n° 1078), dissolution menée sans en avertir un créancier poursuivant, pendant la période estivale et avec précipitation (CA Paris 8-3-2016 n° 15/07932 : RJDA 6/16 n° 442) ou dissolution précipitée en profitant de la radiation par la juridiction saisie d'une demande de mise en liquidation judiciaire à la suite d'une proposition de paiement du créancier poursuivant par l'associé unique (CA Paris 27-11-2018 n° 18/03294 : RJDA 3/19 n° 194).

24228 Le droit d'opposition des créanciers s'exerce dans les **conditions** suivantes.

a. Le droit d'opposition est accordé aux créanciers de la société dissoute puisque ce sont eux qu'il convient de protéger au premier chef. Mais la question se pose de savoir s'il ne peut pas également être exercé par les créanciers de l'associé unique, car ces derniers peuvent aussi être lésés par l'opération notamment lorsque la société dissoute est en difficulté et que sa reprise risque d'entraîner une diminution du patrimoine de l'associé unique. En faveur d'une réponse affirmative à cette question, on peut relever que l'article 1844-5, al. 3 du Code civil vise « les créanciers » sans autre précision mais cette solution est controversée.

b. Les créanciers doivent être titulaires d'une créance certaine, au moins dans son principe, et née antérieurement à la décision de dissolution (CA Paris 18-11-2021 n° 21/03938 : RJDA 3/22 n° 146).

c. L'opposition doit être formée dans un délai de 30 jours à compter de la publication de la dissolution dans un support d'annonces légales (art. 1844-5, al. 3 et Décret 78-704 art. 8, al. 2 ; Loi 55-4 du 4-1-1955 art. 1) et non à compter de la date d'insertion au Bodacc (Cass. com. 11-6-2003 n° 941 : RJDA 11/03 n° 1082).

Le délai d'opposition commence à courir le lendemain du jour de publication de la dissolution dans le support (CPC art. 641, al. 1 ; Avis CCRCS 2012-26 du 30-5-2012).

d. L'opposition doit être présentée devant le tribunal judiciaire du lieu du siège de la société dissoute (cf. Avis CCRCS 2014-002 du 4-2-2014) et mettre en cause le gérant de la société, dont la personnalité morale subsiste pendant le délai prévu pour former opposition.

L'opposition doit revêtir la forme d'une demande en justice contre la société (Avis CCRCS 2019-007 du 22-11-2019) introduite par une assignation (cf. Cass. com. 4-6-1996 n° 1078 : RJDA 10/96 n° 1201, rendu en matière de fusion mais transposable). Une simple déclaration du créancier au greffe du tribunal ne peut donc pas valoir opposition (Avis CCRCS 2019-007 précité).

e. Le tribunal saisi peut (art. 1844-5, al. 3) :
– soit rejeter l'opposition ;
– soit ordonner le remboursement des créances ;
– soit ordonner la constitution de garanties si la société – ou, plus exactement, l'associé unique – en offre et si elles sont jugées suffisantes.

f. En cas d'opposition, la transmission à l'associé unique du patrimoine de la société et la disparition de la personnalité morale de celle-ci n'interviennent que si l'opposition a été rejetée en première instance ou le remboursement des créances effectué ou encore les garanties constituées, selon la décision prise par le tribunal.

L'opposition faisant obstacle à la disparition de la personne morale, la société peut faire appel (CA Rouen 22-6-2000 n° 1998-429 : RJDA 12/00 n° 1114). Si l'opposition a été rejetée en première instance, la disparition survient, l'appel n'étant pas suspensif. Il en va différemment si le tribunal a ordonné le remboursement des créances ou des garanties puisque, dans ce cas, la disparition ne survient qu'après exécution, de sorte que l'appel est suspensif.

g. L'absence d'opposition d'un créancier à la transmission universelle de patrimoine ne vaut pas présomption de renonciation par lui à son droit (Cass. com. 25-3-2020 n° 18-20.079 F-D : RJDA 8-9/20 n° 430).

4. Formalités de publicité. La dissolution de la société doit faire l'objet des mesures de publicité suivantes : **24229**

a. Insertion dans un **support d'annonces légales** (Décret 78-704 du 3-7-1978 art. 24 ; Loi 55-4 du 4-1-1955 art. 1), cette insertion constituant le point de départ du délai d'opposition des créanciers.

b. Inscription modificative au **RCS** et au **RNE** réalisée par l'intermédiaire du guichet unique électronique des formalités d'entreprises (C. com. art. R 123-66 ; art. L 123-37, 1° et art. R 123-263 issu du décret 2022-1014 du 19-7-2022), la demande devant notamment être accompagnée de la déclaration de dissolution.

c. Insertion au **Bodacc** par les soins du greffier du tribunal de commerce (C. com. art. R 123-159 et R 123-161).

Lorsque la personne morale disparaît (après expiration du délai d'opposition des créanciers ou, s'il en existe, règlement du sort des oppositions), il convient de procéder à la radiation de la société du RCS et du RNE. Cette **radiation** doit être requise par l'associé unique auprès du guichet unique dans le délai d'un mois à compter de la réalisation du transfert du patrimoine (C. com. art. R 123-75 pour le RCS ; art. L 123-37, 1° et art. R 123-265, al. 3 issu du décret 2022-1014 pour le RNE). Elle entraîne disparition de la personne morale.

La disparition de la société n'est **opposable aux tiers,** et notamment aux créanciers, que par la publication au RCS des actes l'ayant entraînée, peu important qu'ils aient eu personnellement connaissance de ces actes avant l'accomplissement de cette formalité (Cass. com. 11-9-2012 n° 11-11.141 : RJDA 12/12 n° 1078 ; Cass. com. 23-10-2019 n° 18-15.475 F-D : RJDA 2/20 n° 79). Peu importe également que ces actes aient fait l'objet d'une autre publicité légale (comme la publication de la dissolution dans un support d'annonces légales). Un créancier qui n'a pas fait opposition dans le délai requis peut donc demander l'ouverture d'une procédure collective à l'encontre de la société tant que la dissolution de celle-ci n'a pas été publiée au RCS (Cass. com. 20-9-2011 n° 10-15.068 : RJDA 12/11 n° 1038).

En revanche, les **tiers** qui en ont eu connaissance peuvent **se prévaloir** de la perte de la personnalité de la société avant même que sa dissolution ne soit publiée au RCS (Cass. com. 11-3-2014 n° 13-10.557 : RJDA 6/14 n° 530).

24230 La demande de radiation ne peut être datée, signée et déposée au registre qu'après l'expiration du délai d'opposition des créanciers et elle doit mentionner le terme de ce délai d'opposition (Avis CCRCS 99-35 et 99-29 du 6-2-2001 : Bull. RCS 9-10/2000 p. 9).

À l'issue du délai d'un mois laissé aux créanciers pour faire opposition, le greffier doit, sur demande de l'associé, délivrer un **certificat de non-opposition** constatant que le tribunal n'a pas été saisi dans ce délai d'une opposition à la dissolution de la part des créanciers sociaux (C. com. art. R 123-75, al. 4). Ce certificat n'a pas à être produit au soutien de la demande de radiation (Avis CCRCS 2012-019 du 30-5-2012).

6. CAUSES DIVERSES DE DISSOLUTION

CAUSES STATUTAIRES DE DISSOLUTION

24240 Les associés peuvent prévoir dans les statuts des causes de dissolution de la société autres que celles exposées nos 24100 s. (C. civ. art. 1844-7, 8°).

EXEMPLE

Il peut être convenu que la société sera dissoute en cas de **survenance d'un événement déterminé** : décès d'un associé quelconque ou de tel associé nommément désigné, pertes sociales excédant une certaine fraction du capital, modification de la situation juridique ou financière d'un associé, cessation des fonctions d'un ou plusieurs dirigeants nommément désignés de sociétés associées, disparition de tel ou tel élément d'actif, etc.

Les associés sont les seuls à pouvoir demander la dissolution de la société en application d'une clause statutaire et le juge ne peut pas autoriser un créancier exerçant l'action oblique à se substituer à eux dans cette décision (CA Rouen 14-4-2004 n° 02-372 : RJDA 1/05 n° 39, 2e esp.).

Dans la plupart des cas, les statuts ne prévoient pas une dissolution automatique de la société en cas de survenance des événements qu'ils énumèrent. Il ne s'agit, le plus souvent, que de causes possibles de dissolution, celle-ci ne pouvant en fait résulter que d'une manifestation de volonté de la part d'un ou plusieurs des associés. En outre, les autres associés ont la possibilité de l'écarter en achetant ou en faisant acheter par la société les parts du ou des demandeurs, selon les modalités et délais fixés par les statuts. En cas de contestation et si les statuts ne permettent pas de déterminer le prix de rachat, celui-ci doit être fixé par un expert (cf. C. civ. art. 1843-4, II-al. 1).

DISSOLUTION EN CAS DE LIQUIDATION JUDICIAIRE DE LA SOCIÉTÉ

24245 Le jugement de **clôture** de la liquidation judiciaire pour insuffisance d'actif emporte dissolution automatique de la société (C. civ. art. 1844-7, 7°).

En revanche, le jugement d'**ouverture** de la procédure de liquidation judiciaire n'entraînant pas la dissolution de plein droit de la société, il n'a pas pour effet de rendre sans objet une demande de dissolution pour extinction de l'objet social ou pour justes motifs (Cass. com. 21-4-2022 n° 20-13.625 F-D : RJDA 7/22 n° 423).

DISSOLUTION EN CAS D'ANNULATION DE LA SOCIÉTÉ

24250 L'annulation du contrat de société est une cause de dissolution des sociétés (C. civ. art. 1844-7, 3°), ce qui est la conséquence logique de la règle selon laquelle l'annulation de la société n'est jamais rétroactive et ne produit, à l'égard de la personne morale, que les effets d'une dissolution (C. civ. art. 1844-15).

DISSOLUTION POUR ABSENCE DE GÉRANT

24260 Tout intéressé peut demander au tribunal de prononcer la dissolution de la société lorsque celle-ci est dépourvue de gérant depuis plus d'un an (C. civ. art. 1846-1 ; pour une illustration, voir CA Douai 28-10-2008 n° 07-3226 : RJDA 1/10 n° 57). Sur cette question, voir n° 7135.

Il a été jugé que les dispositions de ce texte ne s'appliquent pas du seul fait que le gérant de la société est en liquidation judiciaire personnelle, celui-ci n'étant pas privé de sa qualité de représentant légal de la société (CA Orléans 17-6-2004 n° 03-2395 : RJDA 10/04 n° 1147).

DISSOLUTION PRONONCÉE À TITRE DE SANCTION PÉNALE

24265 La dissolution de la société peut être prononcée lorsque celle-ci a été créée ou – en cas de crime ou de délit puni en ce qui concerne les personnes physiques d'une peine d'emprisonnement de trois ans au moins – détournée de son objet pour commettre une infraction spécialement sanctionnée par cette mesure (C. pén. art. 131-39, 1°).

La dissolution est aussi encourue à titre de sanction, notamment dans les cas suivants :
- trafic de stupéfiants (C. pén. art. 222-42) ;
- proxénétisme (C. pén. art. 225-12) ;
- escroquerie (C. pén. art. 313-9) ;
- abus de faiblesse (C. pén. art. 223-15-4) ;
- abus de confiance (C. pén. art. 314-12) ;
- recel (C. pén. art. 321-12).

La décision prononçant la dissolution de la personne morale « comporte le renvoi de celle-ci » devant le tribunal judiciaire compétent pour procéder à la liquidation (C. pén. art. 131-45).

B. Régime de la dissolution

DISSOLUTION IRRÉGULIÈRE

La dissolution décidée par les associés ne doit pas être animée par une intention frauduleuse ou constituer un abus de droit, à peine de nullité ou de dommages-intérêts. **24300**

La **fraude** est notamment constituée quand :
- la dissolution est décidée avec précipitation juste après l'assignation en liquidation judiciaire de la société et sans prévenir le créancier poursuivant pour éluder les règles sur les procédures collectives (CA Paris 19-11-2011 n° 10-08992 : RJDA 11/11 n° 921) ;
- la cession des parts de la société, suivie de la dissolution avec transfert universel de son patrimoine à une autre société, est réalisée avec précipitation, à l'insu des créanciers sociaux, dans le seul but d'éluder le débat sur l'éventuelle ouverture d'une procédure collective (Cass. com. 11-9-2012 n° 11-11.141 : RJDA 12/12 n° 1078) ;
- la dissolution est décidée après la condamnation de la société en première instance en menant avec célérité les opérations de liquidation avant de créer une nouvelle société dans le but de frustrer les créanciers de leurs droits (Cass. com. 21-9-2004 n° 1273 : RJDA 2/05 n° 147) ;
- la dissolution est menée sans en avertir un créancier poursuivant, pendant la période estivale et avec précipitation, afin de priver d'efficacité la faculté d'opposition de ce dernier dans le délai de 30 jours et de se soustraire aux dispositions d'ordre public des procédures collectives (CA Paris 8-3-2016 n° 15/07932 : RJDA 6/16 n° 442).

En revanche, dans un cas où la dissolution d'une société avait été menée avec célérité sans en aviser un créancier poursuivant, n'ont pas suffisamment caractérisé la fraude les juges du fond qui ont considéré que la publication de la dissolution dans un support d'annonces légales était en pratique illusoire pour informer le créancier (Cass. com. 25-5-2022 n° 19-24.470 F-D : RJDA 10/22 n° 565).

La dissolution d'une société caractérise un **abus de majorité** lorsque la décision de l'associé majoritaire est contraire à l'intérêt social et a été prise dans l'unique but de se soustraire à son engagement de racheter les parts sociales d'un associé minoritaire (Cass. com. 8-2-2011 n° 10-11.788 : RJDA 5/11 n° 427).

DATE DE LA DISSOLUTION

Lorsque la dissolution est décidée par les associés, **sa date d'effet** est celle de l'assemblée au cours de laquelle les associés ont décidé de dissoudre la société (Cass. com. 9-1-2019 n° 17-17.141 F-D : RJDA 3/19 n° 203). Toutefois, les associés peuvent retenir une date **postérieure** à celle de cette **assemblée** (Avis CCRCS 02-75 du 4-2-2003 : Bull. RCS 21-22/03 p. 21). Il n'est en revanche pas possible de prévoir une **date** d'effet **rétroactive** (Avis CCRCS 2012-025 du 30-5-2012). **24301**

NON-RÉTABLISSEMENT D'UNE SOCIÉTÉ DISSOUTE

Une fois dissoute, une société ne peut plus être rétablie par la volonté des associés (CA Amiens 6-1-1969 : D. 1969 p. 266 ; CA Paris 5-7-2002 n° 02-6359 : RJDA 12/02 n° 1278). Il en est ainsi alors même que la dissolution n'a pas été publiée. À partir de la dissolution qui entraîne la liquidation (C. civ. art. 1844-8, al. 1), la société perd sa pleine capacité juridique puisque celle dont elle jouissait ne survit que pour les besoins de la liquidation. Cette conséquence, qui résulte de la loi (art. 1844-8, al. 3), ne saurait être remise en cause par la volonté, fût-elle unanime, des associés. Si ces derniers veulent reprendre l'exploitation sociale, ils doivent constituer une nouvelle société, sous peine d'être considérés, pour les opérations nouvelles, comme des membres d'une société de fait (n° 24100). **24305**

De même, une société dissoute ne peut pas être **transformée** en société d'une autre forme (Cass. com. 25-1-1956 : Bull. civ. III n° 38 ; Cass. com. 12-11-1992 : RJDA 3/93 n° 225). Mais elle peut être **absorbée** par une autre société ou participer à la constitution d'une société nouvelle par voie de fusion, transmettre son patrimoine par voie de scission à des sociétés existantes ou nouvelles (C. civ. art. 1844-4) ou encore faire l'objet d'une **procédure collective** (n° 28010).

OUVERTURE DE LA LIQUIDATION

24310 Sauf si elle résulte d'une fusion ou d'une scission ou encore de la réunion de toutes les parts sociales dans le patrimoine d'une personne morale, la dissolution de la société entraîne sa liquidation (C. civ. art. 1844-8, al. 1).

La **personnalité morale** de la société **subsiste** pour les besoins de la liquidation jusqu'à la publication de la clôture de celle-ci (art. 1844-8, al. 3).

La dissolution de la société a aussi pour conséquence de mettre fin aux fonctions des gérants. Les opérations de liquidation sont effectuées par des liquidateurs (cf. art. 1844-8, al. 2).

PUBLICITÉ DE LA DISSOLUTION

24320 La dissolution d'une société civile fait l'objet des mesures de publicité habituelles en cas de modification des statuts (pour plus de détails, voir nos 9400 s.).

1. Insertion dans un support d'annonces légales. Dans la généralité des cas, la décision de dissolution contient également la nomination du ou des liquidateurs ; aussi cette insertion, qui doit alors être publiée dans le délai d'un mois à compter de la date de la dissolution, doit contenir les indications suivantes (Décret 78-704 du 3-7-1978 art. 27 ; Loi 55-4 du 4-1-1955 art. 1) :

– la raison sociale ou la dénomination sociale suivie, le cas échéant, de son sigle ;

– la forme de la société et, s'il y a lieu, le statut légal particulier auquel elle est soumise, suivie de la mention « en liquidation » ;

– le montant du capital social ;

– l'adresse du siège social ;

– le numéro d'immatriculation de la société (en fait son numéro d'identification) ;

– la cause de la dissolution ;

– les nom, prénom usuel et domicile des liquidateurs ;

– le cas échéant, les limitations apportées à leurs pouvoirs.

Sont, en outre, indiqués dans la même insertion :

– le lieu où la correspondance doit être adressée et celui où les actes et documents concernant la liquidation doivent être notifiés (siège de la liquidation) ;

– le tribunal de commerce au greffe duquel sera effectué, en annexe au RCS, le dépôt des actes et pièces relatifs à la liquidation.

L'article 27, al. 1 du décret 78-704, qui précise que l'insertion ci-dessus doit être publiée également au Bulletin des annonces légales obligatoires (**Balo**) si la société fait publiquement appel à l'épargne, n'a pas été modifié malgré la suppression de la notion d'appel public à l'épargne par l'ordonnance 2009-80 du 22 janvier 2009. Toutefois, dès lors que, dans les sociétés commerciales, cette insertion ne s'impose plus que si les actions de la société sont admises aux négociations sur un marché réglementé ou ne revêtent pas toutes la forme nominative (C. com. art. R 237-2), elle ne devrait plus, selon nous, s'imposer dans les sociétés civiles.

24322 **2. Inscription modificative au RCS et au RNE** par l'intermédiaire du guichet unique électronique des formalités d'entreprises (C. com. art. R 123-66, sur renvoi de l'art. R 123-70 ; art. L 123-37, 1° et art. R 123-263, 5° issu du décret 2022-1014 du 19-7-2022). La demande doit être accompagnée notamment de la décision de dissolution (art. R 123-105).

La **déclaration** doit contenir l'indication des nom, nom d'usage, pseudonyme, prénoms et domicile du ou des liquidateurs, de l'étendue de leurs pouvoirs et de la référence du support d'annonces légales dans lequel leur nomination a été publiée ainsi que l'adresse de la liquidation (C. com. art. R 123-70 pour le RCS et art. R 123-263, 5° issu du décret 2022-1014 pour le RNE).

Signalons que le CCRCS estime qu'à l'occasion de cette inscription modificative, les sociétés déjà immatriculées qui n'ont pas spontanément déclaré le nom de leurs associés au RCS doivent régulariser leur situation (Avis CCRCS 06-09 du 20-4-2006).

24323 **Remarques** :

a. La dissolution de la société n'entraîne pas **radiation** de celle-ci du **RCS.** Cette radiation n'est, en principe, obtenue qu'après la clôture des opérations de liquidation sur demande du liquidateur. Cependant, afin d'éviter le maintien au RCS de sociétés n'ayant plus d'existence, l'article R 123-131, al. 1 du Code de commerce prévoit la radiation d'office au terme du délai fixé par les statuts pour la durée de la liquidation ou, à défaut, trois ans après la date de la

mention au RCS de la dissolution. Pour éviter cette radiation d'office, le ou les liquidateurs doivent demander la prorogation de l'immatriculation pour les besoins de la liquidation par voie d'inscription modificative. Cette prorogation est valable un an, mais elle peut être renouvelée d'année en année aussi longtemps que durent les opérations de liquidation.
La radiation est sans incidence sur la personnalité morale de la société, celle-ci subsistant aussi longtemps que les droits et les obligations de la société n'ont pas été liquidés (n° 25031).

b. La **radiation d'office** d'une société du RCS vaut radiation de celle-ci du **RNE,** le greffier devant porter la radiation d'office du RCS à la connaissance de l'Inpi, par l'intermédiaire du guichet unique électronique des formalités d'entreprises, aux fins d'inscription au RNE (C. com. art. R 123-312 issu du décret 2022-1014 du 19-7-2022).

c. Les dirigeants de la société dissoute n'ont pas, par principe, le droit d'obtenir l'**effacement de leurs données personnelles** après l'écoulement d'un certain délai depuis la dissolution. L'accès à ces données pourrait cependant, estime la Cour de justice de l'Union européenne, être exceptionnellement limité par le droit interne à l'expiration d'un délai suffisamment long après la dissolution, et ce, pour des raisons prépondérantes et légitimes tenant à la situation de la personne concernée (CJUE 9-3-2017 aff. 398/15 : RJDA 6/17 n° 406). Une telle limitation n'existe pas en droit français.

3. Insertion au **Bodacc** par les soins du greffier du tribunal de commerce (C. com. art. R 123-159 et R 123-161). **24325**

Sanctions de l'inaccomplissement des formalités de publicité Tant que la dissolution n'a pas été publiée, elle ne produit aucun **effet à l'égard des tiers** (C. civ. art. 1844-8, al. 1). **24326**
Cette règle est valable notamment à l'égard de l'administration fiscale. Ainsi jugé à propos d'une SARL (mais la décision est transposable aux sociétés civiles) qui a été reconnue passible d'une contribution exceptionnelle d'impôt sur les sociétés du fait que la dissolution n'avait pas été publiée au RCS avant la date d'entrée en vigueur de ladite contribution (CE 10-6-1981 n° 20779, plén. : RJF 9/81 n° 775).
En revanche, les tiers peuvent se prévaloir d'une dissolution non publiée dont ils auraient eu connaissance (cf. C. com. art. L 123-9, al. 1).

SECTION 2

LIQUIDATION DE LA SOCIÉTÉ

DÉFINITION DE LA LIQUIDATION

La liquidation est l'ensemble des opérations qui, après dissolution d'une société, ont pour objet la réalisation des éléments d'actif et le paiement des créanciers sociaux en vue de procéder au partage entre les associés de l'actif net subsistant. **24600**

NÉCESSITÉ DE LA LIQUIDATION

La liquidation de la société s'impose dès l'instant que la dissolution a été prononcée et les associés ne peuvent pas, même à l'unanimité, décider de ne pas y procéder (Cass. com. 24-10-1989 : Bull. civ. IV n° 257). L'article 1844-8, al. 1 du Code civil dispose en effet que « la dissolution de la société entraîne sa liquidation » ; il oblige aussi à ouvrir une phase de liquidation qui exige la nomination d'un liquidateur seul habilité à représenter la société (CA Paris 16-9-2003 n° 03-5897 : RJDA 2/04 n° 171), même si celle-ci n'a plus ni actif ni passif (Avis CCRCS 05-51 du 13-1-2006). Cette obligation est écartée dans les **cas de fusion ou de scission** ou encore de **réunion de toutes les parts sociales entre les mains d'une personne morale,** ces opérations entraînant instantanément transfert global du patrimoine social au profit des sociétés absorbantes ou nouvelles ou de l'associé unique personne morale (art. 1844-8, al. 1). **24605**

LIQUIDATION INSTANTANÉE

Parfois, la liquidation est pratiquement instantanée. C'est ce qui se produit dans les petites sociétés groupant peu de personnes lorsque les associés décident, **immédiatement après la dissolution,** de procéder à un **partage amiable** de la société par acte notarié ou sous signature **24610** privée, chacun d'eux recevant une fraction de l'actif social, à charge pour lui d'acquitter une fraction correspondante des dettes de la société.

Dans ce cas, la liquidation se limite à l'établissement d'un inventaire des éléments actifs et passifs de la société au jour de la dissolution et à la constatation que, l'actif et le passif étant repris par les associés au jour de la dissolution, la clôture de la liquidation est intervenue ce même jour.

Le fait que la liquidation soit instantanée ne dispense pas de **nommer un liquidateur** (CA Paris 16-9-2003 n° 03-5897 : RJDA 2/04 n° 171). Quoique les actes à accomplir soient très réduits, il faut néanmoins dresser l'inventaire du patrimoine social après dissolution – inventaire qui vaut d'ailleurs bilan de clôture –, constater la clôture de la liquidation et effectuer les formalités de publicité subséquentes.

En outre, il y a lieu, d'une part, d'assurer la liaison entre le ou les attributaires des biens sociaux et les personnes avec lesquelles la société était en rapport, d'autre part et surtout, de veiller au règlement des dettes sociales par celui ou ceux qui en ont la charge.

En tout état de cause, il convient de souligner que la liquidation instantanée n'est **pas opposable** aux créanciers sociaux car la prise en charge des dettes sociales par un ou plusieurs associés au lieu et place de la société s'analyse en une **cession de dette** qui n'a d'effets à leur égard que s'ils l'ont expressément acceptée.

A. Maintien de la personnalité morale

CAPACITÉ JURIDIQUE DE LA SOCIÉTÉ EN LIQUIDATION

24620 La société subsiste pour **besoins de sa liquidation,** jusqu'à la clôture de celle-ci (C. civ. art. 1844-8, al. 3). Le liquidateur doit se borner à terminer les affaires en cours, réaliser l'actif et payer les dettes sociales (n° 24895). Il lui est interdit d'entreprendre des opérations nouvelles (CA Aix-en-Provence 4-11-1913 : J. soc. 1916 p. 19 ; CA Paris 26-10-1993 : Bull. Joly 1994 p. 62 note P. Le Cannu), sauf si elles sont indispensables pour faciliter l'achèvement des contrats en cours ou pour vendre les éléments d'actif dans de meilleures conditions.

Le compte courant ouvert au nom d'une société dans les livres d'une banque est nécessairement clôturé à la dissolution de cette société, sauf prorogation de son fonctionnement pour les besoins de la liquidation (Cass. com. 15-11-1994 n° 2070 : RJDA 3/95 n° 307).

Jugé par ailleurs que la société reste seule redevable des loyers lorsque le bail écrit dont elle est titulaire n'a pas été résolu et qu'elle est laissée en possession des lieux après le terme du bail (Cass. 3e civ. 22-2-2005 n° 269 : RJDA 6/05 n° 706 som.).

Sur l'interdiction pour le liquidateur d'une SCI de procéder à de nouveaux appels de fonds, voir CA Toulouse 25-2-1993 : JCP G 1993 IV n° 1626.

> **Précisions** **a.** Les opérations inhérentes à l'accueil d'une **demande de retrait** formée par l'**associé** d'une société dissoute, visant au remboursement de la valeur de ses parts, sont étrangères aux besoins de la liquidation (Cass. com. 12-2-2013 n° 12-13.837 : RJDA 4/13 n° 341).
> **b.** Sur le procédé consistant à prononcer la **clôture de la liquidation instantanément après la dissolution,** voir n° 25024, Précisions, b.

24621 **Capacité d'agir en justice** Sous réserve d'agir pour les besoins de sa liquidation, la société conserve sa pleine capacité juridique. Elle peut notamment ester en justice par l'intermédiaire de son liquidateur.

Seul le liquidateur est habilité à **représenter la société en justice** tant en demande qu'en défense. Les associés ne sauraient se substituer à lui (Cass. com. 2-5-1968 : Bull. civ. IV n° 144 ; Cass. 1e civ. 2-10-2002 n° 1418 : RJDA 12/02 n° 1280), pas plus que l'ancien gérant (CA Paris 6-1-1995 : RJDA 4/95 n° 440).

> **Précisions** **a.** Jugé que l'**action en garantie** exercée **contre une société** civile immobilière **dissoute** était valable en l'absence de preuve de l'achèvement de la liquidation antérieure à la date de l'assignation ; le liquidateur qui n'avait pas pu justifier qu'il avait reçu quitus de sa mission ou qu'il avait été déchargé de son mandat ne pouvait pas utilement soutenir que la clôture de la liquidation avait été prononcée (Cass. 1e civ. 24-5-1989 n° 86-17.345).
> **b.** Sur l'irrecevabilité d'une **action en responsabilité** exercée à tort **contre un associé** d'une société dissoute, voir CA Paris 2-7-1996 : RJDA 11/96 n° 1354 som.
> **c.** Tant que la clôture de la **liquidation** n'a **pas** été **publiée,** les **créanciers** ne peuvent pas poursuivre le paiement des dettes sociales contre un associé. Ils sont tenus d'assigner la société en la personne de son liquidateur (CA Nancy 13-11-1987 : Dr. sociétés 1988/6 p. 7).

DÉNOMINATION DE LA SOCIÉTÉ EN LIQUIDATION

Pendant la durée de la liquidation, la société continue d'être désignée par sa dénomination sociale. Elle peut d'ailleurs agir en justice pour la faire respecter (Cass. com. 20-5-1974 : Bull. civ. IV n° 162). 24625

La **mention « société en liquidation »** ainsi que le nom du ou des liquidateurs doivent figurer sur tous les actes et documents émanant de la société et destinés aux tiers, notamment sur toutes lettres, factures, annonces et publications diverses (Décret 78-704 du 3-7-1978 art. 13).

De manière plus générale, la mention de l'état de liquidation de toute personne immatriculée au RCS doit figurer sur ses factures, notes de commande, tarifs et documents publicitaires ainsi que sur toutes correspondances et tous récépissés concernant son activité et signés par elle ou en son nom, toute contravention à cette disposition étant punie d'une amende de 750 € (C. com. art. R 123-237, 4°).

À notre avis, le liquidateur pourrait être déclaré personnellement responsable du préjudice causé aux tiers par ce défaut d'information.

SIÈGE DE LA SOCIÉTÉ EN LIQUIDATION

La société en liquidation conserve le siège social qu'elle possédait antérieurement à la dissolution. 24640

C'est devant les **tribunaux compétents** de ce siège social qu'elle doit être assignée en la personne de son liquidateur, et non devant le tribunal du domicile personnel des associés.

Le siège social peut être transféré, pendant la période de liquidation, sur décision des associés ou du liquidateur prise conformément aux statuts.

PATRIMOINE DE LA SOCIÉTÉ EN LIQUIDATION

La société continue d'avoir un patrimoine social qui demeure le gage de ses seuls **créanciers** à l'exclusion des créanciers personnels des associés. 24660

Les **associés** ne deviennent donc pas copropriétaires indivis de l'actif social et leurs héritiers ne peuvent pas, en principe, faire apposer les scellés sur les biens de la société (Cass. com. 7-8-1951 : Bull. civ. II n° 280). Dans un cas où le liquidateur amiable avait décidé qu'au jour de la dissolution, l'immeuble social était devenu la propriété indivise des associés, la demande d'un associé tendant à ce qu'il soit procédé aux opérations de compte, liquidation et partage de la société a été accueillie (CA Paris 24-11-2009 n° 08-15092 : RJDA 6/10 n° 626).

La société en liquidation peut exercer toutes **actions en justice** tendant à la défense de son patrimoine (par exemple, Cass. com. 20-5-1974 : Bull. civ. IV n° 162, action en concurrence déloyale contre un tiers pour détournement de clientèle et usurpation de sa dénomination sociale ou de son enseigne ; CA Paris 11-3-1988 : Bull. Joly 1988 p. 479, action en recouvrement de créances). Jugé cependant qu'en cas d'expropriation d'un terrain appartenant à une société en liquidation, celle-ci ne peut pas prétendre obtenir une indemnité de remploi, l'immeuble exproprié devant être considéré, du fait de la mise en liquidation, comme notoirement destiné à la vente (Cass. 3e civ. 12-4-1972 : Bull. civ. III n° 215).

PARTS DE LA SOCIÉTÉ EN LIQUIDATION

Pendant la liquidation, et jusqu'à la clôture de celle-ci, les parts des associés conservent leur **caractère mobilier,** et peuvent donc être cédées ou saisies (Cass. com. 3-10-2006 n° 04-14.611 : RJDA 2/07 n° 193). 24670

Le caractère mobilier des droits sociaux est lié à la personnalité morale de la société. Il en résulte qu'à compter de la clôture de la liquidation, date à laquelle la personnalité morale disparaît, et jusqu'au partage, les associés ne disposent plus que de droits indivis sur les biens à partager. Si la Cour de cassation a autrefois jugé que les droits sociaux conservaient leur caractère mobilier jusqu'au partage (Cass. 2e civ. 27-10-1971 n° 70-12.075 : Rev. sociétés 1972 p. 269 note J.-P. Sortais), cette solution ne vaut que pour les cas, fréquents en pratique, où la clôture de la liquidation et le partage interviennent simultanément.

Lorsqu'une **cession de parts** conclue avant la dissolution de la société est **annulée** en cours de liquidation, la restitution des parts au cédant peut être ordonnée jusqu'à la publication de la clôture de la liquidation (Cass. com. 21-4-2022 n° 20-10.809 FS-B : RJDA 7/22 n° 422, rendu dans un cas de liquidation judiciaire mais transposable, à notre avis, à toutes les causes de dissolution de l'article 1844-7 du Code civil entraînant la liquidation de la société).

La **cession** des parts sociales intervient dans les mêmes **conditions** qu'avant la dissolution (CA Paris 30-9-1985 : BRDA 20/85 p. 19). Il s'ensuit notamment que la cession à un tiers est subordonnée à l'agrément des autres associés dans les conditions fixées aux statuts (nos 21360 s. ; dans le même sens, Cass. com. 15-11-1950 : JCP 1951 II n° 6146 note D. Bastian, à propos d'une cession de parts de SARL en liquidation, mais la solution est transposable aux sociétés civiles). 24671

DÉCISIONS COLLECTIVES PENDANT LA LIQUIDATION

24680 La collectivité des associés conserve pendant le cours de la liquidation les mêmes attributions qu'auparavant : elle nomme ou remplace le liquidateur, entend le compte rendu du liquidateur sur l'accomplissement de sa mission, donne les autorisations nécessaires pour la réalisation de l'actif social, statue sur les comptes de liquidation et sur le quitus au liquidateur, etc., le tout sous réserve des dispositions statutaires relatives à ces diverses questions.

OUVERTURE D'UNE PROCÉDURE COLLECTIVE À L'ENCONTRE DE LA SOCIÉTÉ DISSOUTE

24690 Quoique dissoute, la société peut faire l'objet d'une procédure de redressement ou de liquidation judiciaire (nos 28010 s.).

DISPARITION DE LA PERSONNALITÉ MORALE

24700 La personnalité morale de la société disparaît avec la publication de la clôture de la liquidation. Pour plus de détails, voir n° 25030 s.

B. Liquidateurs

CESSATION DES FONCTIONS DES GÉRANTS

24800 La dissolution de la société met fin aux fonctions des gérants. Bien que cette solution ne soit pas expressément affirmée par la loi, elle résulte directement des dispositions de l'article 1844-8, al. 2 du Code civil relatives à la nomination des liquidateurs. En effet, c'est aux liquidateurs, et à eux seuls, qu'il appartient d'assurer la gestion de la société pendant toute la période de liquidation.

Dès lors qu'elle est la conséquence de la dissolution de la société, la cessation des fonctions d'un gérant ne constitue pas une décision de révocation qui serait dépourvue de motif ou abusive (CA Paris 28-6-2007 n° 06-14224 : RJDA 12/07 n° 1240 ; Cass. com. 29-1-2020 n° 18-17.131 F-D : RJDA 5/20 n° 271, décisions rendues à propos de sociétés commerciales mais transposables). La dissolution ne doit toutefois pas avoir été décidée frauduleusement, dans le but d'évincer le dirigeant (CA Paris 28-6-2007 n° 06-14224 précité).

> **Précisions** Après la liquidation, l'**ancien gérant** d'une société qui **demande à une banque** de lui communiquer les **relevés de comptes** et les ordres d'opérations concernant la société pour la période durant laquelle il était en fonction n'agit pas au nom de la société mais en qualité de tiers. La banque peut donc s'opposer à une telle demande en invoquant son obligation au secret bancaire (Cass. com. 16-1-2001 n° 111 : RJDA 4/01 n° 453), l'ancien gérant n'ayant plus le pouvoir de délier la banque de cette obligation (Cass. com. 23-10-2001 : RJDA 2/02 n° 157). De même, l'ancien gérant n'a plus qualité pour **convoquer une assemblée** (Cass. com. 17-7-2001 n° 1503 : RJDA 8-9/02 n° 896).

CHOIX DES LIQUIDATEURS

24810 En l'absence de dispositions légales contraires, le liquidateur peut être choisi **parmi les associés ou les tiers.**

Les fonctions de liquidateur peuvent être confiées à une personne morale. Rien ne s'oppose d'ailleurs à ce que la liquidation d'une société civile soit assurée par une société commerciale.

Par analogie avec les règles applicables aux gérants (n° 7060), il semble que les personnes frappées d'une **interdiction** de diriger, gérer, administrer ou contrôler une entreprise commerciale ne peuvent pas être désignées comme liquidateurs d'une société civile.

NOMBRE DE LIQUIDATEURS

24820 Le nombre des liquidateurs n'est pas fixé par la loi. Il est donc possible d'en nommer **plusieurs** ou de n'en nommer qu'un seul.

En cas de nomination de plusieurs liquidateurs, il est prudent d'indiquer dans l'acte de nomination s'ils pourront agir séparément ou si, au contraire, leurs décisions devront être prises d'un commun accord, les différends pouvant surgir entre eux étant alors réglés par une décision collective des associés. En l'absence de clause statutaire, il semble que l'on puisse, par analogie, étendre aux sociétés civiles les dispositions applicables aux sociétés commerciales (C. com. art. R 237-13) : les liquidateurs peuvent exercer leurs fonctions séparément ; toutefois ils établissent et présentent aux associés un **rapport** commun.

DÉSIGNATION DU LIQUIDATEUR

Désignation dans les statuts Le ou les liquidateurs peuvent être désignés dans les statuts (C. civ. art. 1844-8, al. 2). Le plus souvent, s'agissant de sociétés civiles, il est prévu que les fonctions de liquidateur seront remplies par le gérant en exercice au moment de la dissolution, ou encore que tous les associés seront liquidateurs. 24830

En principe, ces clauses doivent être respectées, même lorsque la dissolution résulte d'une décision de justice. Cependant, il peut arriver que des motifs graves justifient qu'elles soient écartées : jugé, par exemple, que les clauses prévoyant la désignation d'associés comme liquidateurs ne doivent pas être appliquées lorsque la société a été dissoute pour mésintelligence entre les associés (CA Paris 14-2-1959 : JCP G 1960 II n° 11750 note D. Bastian).

Désignation par les associés Si le ou les liquidateurs ne sont pas désignés dans les statuts, ils peuvent être nommés par les associés (C. civ. art. 1844-8, al. 2), et ce, aux conditions de majorité prévues à cet effet dans les statuts ou, à défaut, par décision unanime des associés (C. civ. art. 1852). 24835

Désignation en justice Si les associés n'ont pas pu se mettre d'accord sur le choix d'un liquidateur, celui-ci est désigné, à la demande de tout intéressé, par ordonnance du président du tribunal judiciaire statuant sur requête (C. civ. art. 1844-8, al. 2 ; Décret 78-704 du 3-7-1978 art. 9, al. 1). 24840

ILLUSTRATIONS

Une cour d'appel a pu déduire des éléments suivants que les associés d'une société civile avaient été dans l'impossibilité de procéder à la nomination d'un liquidateur : toutes les résolutions mises aux voix de l'assemblée générale extraordinaire relative à la désignation d'un liquidateur avaient été rejetées et la répartition égalitaire des droits de vote entre l'administrateur représentant la succession d'un associé décédé et un cohéritier avait conduit à une situation de blocage (Cass. 3e civ. 5-1-2022 n° 20-19.268 F-D : RJDA 4/22 n° 206).

Tout intéressé peut former **opposition** à l'ordonnance dans le délai de 15 jours à dater de la publication de celle-ci. Cette opposition est portée devant le tribunal dont le président a rendu l'ordonnance. Le tribunal peut désigner un autre liquidateur (Décret 78-704 art. 9, al. 2).

Toute autre voie de recours contre la décision du président du tribunal judiciaire est irrecevable. Ainsi jugé de l'appel (Cass. com. 20-2-1973 : Bull. civ. IV n° 89) et de la rétractation (Cass. com. 27-11-2019 n° 18-20.479 F-PB : RJDA 2/20 n° 80) dans des décisions rendues à propos de sociétés commerciales sur le fondement de l'article R 237-12 du Code de commerce mais transposables aux sociétés civiles en raison de la quasi-identité de ce texte et de l'article 9.

Publicité La nomination du liquidateur (comme la cessation de ses fonctions) est soumise aux formalités de publicité exposées nos 24320 s. 24845

La nomination (ou la révocation) du liquidateur n'est **opposable aux tiers** qu'à compter de l'accomplissement de la dernière de ces formalités (C. civ. art. 1844-8, al. 2).

L'inaccomplissement des formalités de publicité est sans incidence sur la faculté pour le liquidateur d'une société de la représenter en justice (n° 24890).

ATTENTION

Par analogie avec les règles applicables à la gérance (C. civ. art. 1846-2, al. 2), l'article 1844-8, al. 2 prévoit que ni la société ni les tiers ne peuvent, pour se soustraire à leurs engagements, se prévaloir d'une irrégularité dans la nomination ou dans la révocation du liquidateur, dès lors que celle-ci a été régulièrement publiée.

CESSATION DES FONCTIONS DU LIQUIDATEUR

Durée du mandat du liquidateur Aucune disposition légale ne limite la durée du mandat du liquidateur (Cass. 3e civ. 5-12-2019 n° 18-26.102 FS-PBI : RJDA 3/20 n° 158). Les associés fixent donc librement cette durée, dans les statuts ou lors de la nomination du liquidateur. 24860

Le plus souvent, le liquidateur est nommé pour une durée indéterminée prenant fin à l'achèvement des opérations de liquidation.

Si la clôture de la liquidation n'est pas intervenue dans un délai de trois ans à compter de la dissolution, le ministère public ou tout intéressé peut saisir le tribunal afin que celui-ci fasse procéder à la liquidation ou, si celle-ci a été commencée, à son achèvement (C. civ. art. 1844-8, al. 4). Par suite, même s'il avait été nommé par les associés, le liquidateur défaillant peut valablement être remplacé par un autre liquidateur désigné en justice (Cass. 1e civ. 4-10-1988 : Rev. sociétés 1989 p. 62 note Y. Guyon ; Cass. com. 11-12-2007 n° 06-15.563 : RJDA 12/08 n° 1266 ; voir aussi Cass. 3e civ. 5-12-2019 n° 18-26.102 précité).

24865 **Démission du liquidateur** Le liquidateur peut à tout moment démissionner de ses fonctions ; toutefois, une démission intempestive ou de mauvaise foi causant un **préjudice à la société** peut donner lieu à l'ouverture d'une action en dommages-intérêts contre l'intéressé (sur la justification de cette solution, voir le cas analogue de la démission du gérant nº 7247).

Si le liquidateur a été **nommé en justice,** il ne peut pas, en vertu de la règle de correspondance des formes, mettre fin à ses fonctions par sa seule volonté. Il doit demander à l'autorité qui l'a nommé de le décharger desdites fonctions.

24870 **Révocation du liquidateur** Sauf clause contraire des statuts, les règles à suivre pour la révocation du liquidateur sont les mêmes que celles appliquées lors de sa nomination (C. civ. art. 1844-8, al. 2). Elles diffèrent selon que le liquidateur a été nommé par les associés ou par décision de justice.

1. Cas où le liquidateur a été nommé par les associés. Si le liquidateur est « statutaire », il ne peut être révoqué qu'aux conditions de majorité prévues par les statuts. S'il n'est pas désigné dans les statuts, il peut être révoqué par décision unanime des associés. Tout associé peut aussi demander en justice la révocation du liquidateur s'il a commis une faute dans l'accomplissement de sa mission (voir Cass. com. 26-11-2003 nº 1661 : RJDA 3/04 nº 325).

2. Cas où le liquidateur a été nommé par décision de justice. Lorsque le liquidateur a été désigné en justice, seul le tribunal qui l'a nommé peut le révoquer et procéder à son remplacement (art. 1844-8, al. 2). En aucun cas, ce remplacement ne peut être décidé par les associés, même statuant à l'unanimité.

24872 **Événements affectant la personne du liquidateur** Bien entendu, le **décès** du liquidateur met fin à ses fonctions.

En outre, les pouvoirs du liquidateur cessent lorsque celui-ci est mis en **faillite personnelle,** frappé d'**interdiction de gérer** ou atteint d'une **incapacité** (mise sous sauvegarde de justice, curatelle, tutelle, habilitation familiale ou prise d'effet d'un mandat de protection future) (C. civ. art. 1160 et 1146). Cette cessation des pouvoirs du liquidateur intervient de plein droit et met fin à sa qualité de représentant de la société.

24875 **Formalités de publicité** La cessation des fonctions du liquidateur donne lieu aux mêmes formalités de publicité que sa nomination (nºs 24320 s.).

POUVOIRS DU LIQUIDATEUR

24890 Le liquidateur est seul habilité à **représenter la société** durant la période de liquidation (CA Paris 16-9-2003 nº 03-5897 : RJDA 2/04 nº 171).

En l'absence de dispositions légales à cet égard, la liquidation s'opère conformément aux statuts. Les associés doivent donc **fixer dans leurs statuts l'étendue des pouvoirs** du liquidateur ainsi que les modalités selon lesquelles celui-ci pourra les exercer. À défaut de clause statutaire, ces pouvoirs pourront être déterminés **dans l'acte** (ou le jugement) **de nomination** du liquidateur. Ils peuvent être augmentés ou réduits en cours de liquidation dans les mêmes conditions que lors de leur fixation.

Dans le **silence** des statuts et de la décision de nomination, les liquidateurs sont réputés avoir tous les pouvoirs nécessaires pour mener à bien les opérations de liquidation, c'est-à-dire pour terminer les affaires en cours, réaliser l'actif et acquitter le passif sans pouvoir se livrer à des opérations nouvelles (CA Aix-en-Provence 4-11-1913 : J. soc. 1916 p. 19). Sauf disposition contraire de l'acte de nomination, ils peuvent exercer leurs fonctions séparément. Toutefois, les documents soumis aux associés doivent être établis et présentés en commun (Décret 78-704 du 3-7-1978 art. 11).

24892 Le liquidateur est habilité à **représenter la société en justice** dès sa nomination, même si celle-ci n'a pas été publiée au RCS (Cass. com. 6-11-2012 nº 11-20.354 : RJDA 2/13 nº 125 ; voir déjà, à propos d'une déclaration de créance qui équivaut à une demande en justice, Cass. com. 12-7-2004 nº 03-14.557 : RJDA 2/05 nº 168, 1re esp.).

Les associés d'une société, régulièrement assignée en la personne de son gérant devenu liquidateur, ont été représentés à l'instance opposant la société à un créancier et ne peuvent dès lors pas former tierce opposition au jugement ayant condamné cette dernière à payer le créancier, aucune collusion n'étant par ailleurs établie entre le liquidateur et le créancier (Cass. com. 23-5-2006 nº 666 : RJDA 10/06 nº 1032).

24895 **Achèvement des affaires en cours** Le liquidateur peut accomplir tous les actes nécessaires pour terminer les affaires en cours. Par exemple, il peut valablement signer un accord qui est indiscutablement la suite et la conclusion d'une affaire courante conclue antérieurement (Cass. 1re civ. 16-2-1966 : Bull. civ. I nº 124).

En revanche, il ne peut pas, sans autorisation spéciale des associés, entreprendre de nouvelles opérations.

Réalisation de l'actif Le liquidateur doit procéder à la réalisation de l'actif social. Pour cela, il est habilité à poursuivre le recouvrement de toutes les **créances** de la société. Il peut aussi vendre tout l'**actif mobilier** (meubles corporels ou valeurs incorporelles) aux conditions qu'il juge les plus opportunes. La vente des **immeubles** sociaux entre aussi, à notre avis, dans les pouvoirs normaux du liquidateur, sauf clause statutaire ou décision contraire des associés. 24900

En revanche, il nous paraît exclu que le liquidateur puisse, de sa propre autorité, faire **apport à une société** de tout ou partie du patrimoine social sans l'accord des associés. L'apport en société doit, en effet, être considéré comme une opération nouvelle, exclue par principe des pouvoirs du liquidateur (n° 24895), car elle aboutit à transformer des éléments d'actif non pas en argent, mais en droits sociaux soumis aux aléas de la vie des affaires.

> **Précisions a.** Les dispositions actuelles du Code civil ne contiennent aucune règle analogue à celle prévue par l'article L 237-24 du Code de commerce aux termes duquel le liquidateur est investi des pouvoirs les plus étendus pour réaliser l'actif social, toute **limitation** de ses **pouvoirs** à cet égard étant inopposable aux tiers.
> **b.** Jugé que les associés d'une société civile ne peuvent pas exercer l'« **action oblique** », qui permet à un créancier d'exercer les droits et actions de son débiteur lorsque celui-ci néglige d'en faire usage (C. civ. art. 1341-1), et prétendre être créanciers de la société dissoute pour exercer les droits et actions appartenant à celle-ci (Cass. 1e civ. 2-10-2002 n° 1418 : RJDA 12/02 n° 1280).
> **c.** Contrairement aux règles applicables aux sociétés commerciales (C. com. art. L 237-7), il n'existe aucune disposition interdisant au liquidateur ou à ses proches d'**acheter eux-mêmes des biens composant l'actif** social.

Paiement des créanciers Le liquidateur doit régler le passif social. 24905

Les créanciers peuvent demander en justice que les sommes provenant de la liquidation soient réparties entre eux conformément aux règles fixées par le Code de procédure civile (CPC art. 1281-1 s.).

S'ils ne le font pas, à défaut de règles contraires spécifiques à la liquidation et de dispositions législatives imposant une procédure collective dans les sociétés en liquidation, les créanciers sont désintéressés **au fur et à mesure qu'ils se présentent.** Toutefois, lorsqu'ils sont connus, le liquidateur commettrait une faute engageant sa responsabilité s'il procédait sciemment au paiement de certains d'entre eux à l'exclusion des autres en sachant que l'actif ne peut pas suffire à régler la totalité du passif (pour un exemple, voir CA Dijon 19-6-1986 : Bull. Joly 1986 p. 1142 et, sur pourvoi, Cass. com. 2-2-1988 : Bull. Joly 1988 p. 273).

Les créances de la société doivent, si elles sont litigieuses, faire l'objet d'une provision jusqu'au terme des procédures en cours (Cass. com. 9-5-2001 : RJDA 8-9/01 n° 863). Lorsque, faute d'actif social suffisant, la provision nécessaire pour garantir une créance litigieuse ne peut pas être constituée, le liquidateur doit différer la clôture de la liquidation et solliciter, le cas échéant, l'ouverture d'une procédure collective à l'égard de la société ; à défaut le liquidateur pourrait engager sa responsabilité (Cass. com. 11-10-2005 n° 1219 : RJDA 3/06 n° 277 ; Cass. com. 26-6-2007 n° 05-20.569 : RJDA 2/08 n° 144 ; Cass. com. 10-11-2009 n° 08-22.137 : RJDA 3/10 n° 252).

Si les créanciers sont en même temps débiteurs de la société, ils peuvent opposer au liquidateur la **compensation** entre leur dette et leur créance (Cass. com. 20-7-1976 n° 74-11.283 : Rev. sociétés 1977 p. 75 note C. Atias). Cette compensation est possible même si d'autres créanciers ont formé opposition entre les mains du liquidateur (Cass. 1e civ. 17-10-1973 n° 72-10.576 : D. 1975 p. 157 note Steinmetz).

Les **créanciers à terme** ne peuvent pas exiger un paiement immédiat. Ils ne pourraient le faire que si la liquidation avait pour effet de diminuer les sûretés que la société leur avait consenties (C. civ. art. 1305-4), par exemple dans le cas où le liquidateur vendrait l'immeuble hypothéqué. Sur l'interdiction pour le liquidateur d'une **société civile de construction-vente** de procéder à de nouveaux appels de fonds destinés à apurer les dettes sociales, voir CA Toulouse 25-2-1993 : JCP G 1993 IV n° 1626.

INFORMATION DES ASSOCIÉS DE LA SOCIÉTÉ EN LIQUIDATION

Les liquidateurs doivent rendre compte aux associés de l'accomplissement de leur mission, dans les conditions déterminées par l'acte de nomination ou, à défaut, au moins annuellement sous forme d'un rapport écrit décrivant les diligences qu'ils ont effectuées pendant l'année écoulée (Décret 78-704 du 3-7-1978 art. 10, al. 1). 24920

RÉMUNÉRATION DU LIQUIDATEUR

Le liquidateur a droit à une rémunération dont le montant est fixé par les associés. À défaut, elle est fixée, à la demande du liquidateur, par ordonnance du président du tribunal judiciaire statuant sur requête (Décret 78-704 du 3-7-1978 art. 12). 24930

La rémunération du liquidateur peut être fixe ou variable : par exemple, il peut être convenu qu'elle sera proportionnelle au montant de l'actif net réalisé afin d'inciter le liquidateur à procéder aux opérations de liquidation dans les meilleures conditions.

La cour d'appel de Paris, qui était saisie d'une demande tendant à appliquer le tarif réglementé des liquidateurs judiciaires au liquidateur amiable, faute d'accord des associés sur sa rémunération, a jugé que cette application n'était pas obligatoire et a fixé les honoraires de ce dernier en fonction des missions accomplies, de la complexité et de la durée de son mandat (CA Paris 14-2-2023 n° 22/00210 : RJDA 8-9/23 n° 433).

> **Précisions** Un ancien dirigeant de la société, même **associé largement majoritaire,** n'est pas habilité à fixer la rémunération du liquidateur. Dès lors que celui-ci a été nommé par l'assemblée générale, c'est cette dernière, seule, qui en a le pouvoir (Cass. com. 14-6-1972 n° 70-11.580 : Bull. civ. IV n° 193).

RESPONSABILITÉ CIVILE DU LIQUIDATEUR

24940 **Étendue de la responsabilité civile du liquidateur** Le liquidateur est responsable, tant **à l'égard de la société** qu'à l'égard des **tiers,** des conséquences dommageables des fautes commises par lui dans l'exercice de ses fonctions. Conformément au droit commun, la mise en œuvre de cette responsabilité nécessite une faute, un dommage et un lien de causalité entre eux. Ainsi, et même si le liquidateur a commis une faute dans l'exercice de ses fonctions, sa responsabilité ne peut pas être retenue tant que les créanciers n'établissent pas l'existence d'un préjudice résultant de cette faute (CA Paris 13-1-2015 n° 13/15082 : RJDA 4/15 n° 277, à propos d'une société commerciale mais transposable).

Sa responsabilité envers les tiers est engagée même s'il n'a pas commis une faute grave séparable de ses fonctions (Cass. com. 11-6-2013 n° 12-18.853 : RJDA 12/13 n° 1015).

24941 Le liquidateur engage aussi sa responsabilité à l'égard des **associés** s'il a commis une faute leur ayant causé un préjudice personnel (Cass. civ. 9-4-1951 : Bull. civ. II n° 128), celui-ci devant être distinct du préjudice social (CA Paris 11-9-2014 n° 13/13435 : RJDA 2/15 n° 104, cassé par Cass. com. 21-6-2016 n° 14-26.370 FS-PB : RJDA 11/16 n° 788 mais pour un autre motif).

S'ils sont **plusieurs,** les **liquidateurs** ne sont pas, en principe, tenus solidairement à la réparation des dommages causés par l'un d'eux. Cependant, ils peuvent être tenus pour le tout (obligation « in solidum ») lorsqu'il n'est pas possible de déterminer pour quelle part la faute de chacun a contribué aux dommages.

Sur la condamnation d'un liquidateur à payer solidairement avec la société des dommages-intérêts à un créancier impayé pour avoir procédé prématurément à la clôture de la liquidation, voir Cass. com. 2-5-1985 : Bull. civ. IV n° 139.

24942 Dans un arrêt isolé rendu à propos du liquidateur d'une société anonyme mais transposable, la cour d'appel de Paris a condamné le dirigeant d'une société nommée liquidateur pour des fautes commises par elle dans le cadre de la liquidation (CA Paris 2-3-2017 n° 16/02149 : RJDA 6/17 n° 407). Elle a pour cela transposé au représentant du **liquidateur personne morale** les règles relatives à la responsabilité du représentant permanent d'une personne morale administrateur qui, comme le dirigeant d'une personne morale gérant de société civile, est soumis aux mêmes conditions et obligations et encourt les mêmes responsabilités civile et pénale que s'il était gérant en son nom propre, sans préjudice de la responsabilité solidaire de la personne morale qu'il dirige. On peut s'étonner de cette solution. En effet, lorsque le législateur a entendu étendre la responsabilité du dirigeant personne morale d'une société au représentant permanent ou dirigeant de cette personne morale, il a pris soin de le prévoir expressément (notamment C. civ. art. 1847 pour le dirigeant de la personne morale gérant d'une société civile). Or, aucun texte ne prévoit une telle règle pour le liquidateur. Ensuite, la Cour de cassation a déjà refusé d'étendre au liquidateur des règles spécifiquement prévues pour les dirigeants (Cass. 3e civ. 5-12-2019 n° 18-26.102 FS-PBI : RJDA 3/20 n° 158, à propos d'une action sociale ut singuli ; Cass. com. 11-6-2013 n° 12-18.853 F-PB : RJDA 12/13 n° 1015, à propos d'une faute grave séparable des fonctions dans une société commerciale mais transposable). La solution retenue par la cour d'appel ne pourra donc être tenue pour certaine que lorsqu'elle sera confirmée par la Cour de cassation.

24943 En cas de **mise en cause** de la responsabilité du liquidateur **par un créancier de la société,** s'il ressort de la liquidation que l'**actif est suffisant** pour payer la créance omise, la réparation de cette omission doit correspondre au montant de cette créance, la conséquence dommageable du défaut de provisionnement de cette créance étant le non-recouvrement des sommes dues au créancier (Cass. com. 9-7-2002 n° 1408 : RJDA 1/03 n° 33 ; Cass. com. 21-10-2014 n° 10-18.039 : RJDA 1/15 n° 20).

Si au contraire **cet actif est insuffisant,** le préjudice doit s'analyser en une perte de chance. Celle-ci donne lieu à des dommages-intérêts d'un montant obligatoirement inférieur à celui de la créance compte tenu de l'aléa qui existe quant à son recouvrement (Cass. com. 7-12-1993 : RJDA 4/94 n° 413 ; Cass. com. 26-6-2007 n° 05-20.569 : RJDA 2/08 n° 144).

Il appartient au liquidateur de **prouver** l'insuffisance d'actif (Cass. com. 21-10-2014 n° 10-18.039 : RJDA 1/15 n° 20 ; Cass. com. 20-10-2015 n° 13-17.049 : RJDA 1/16 n° 31 ; Cass. com. 14-4-2021 n° 19-15.077 F-D : RJDA 8-9/21 n° 575).

> Précisions Le seul fait que les comptes de liquidation fassent apparaître un **solde négatif** ne suffit pas à écarter la responsabilité du liquidateur qui n'a pas provisionné une créance litigieuse avant la clôture de la liquidation amiable ni demandé l'ouverture d'une procédure collective ; il convient de démontrer que le créancier n'a pas été privé d'une chance de recouvrer sa créance dans le cadre de la procédure collective qui aurait dû être ouverte (Cass. com. 10-2-2021 n° 18-26.716 F-D : RJDA 6/21 n° 393).

Cas où la responsabilité du liquidateur a été retenue	24944
Liquidateur, ancien gérant, qui, après avoir usé de tous les moyens pour empêcher une ancienne employée de la société d'obtenir l'indemnité à laquelle elle avait droit, a liquidé tous les éléments de l'actif social et réglé toutes les dettes de la société sans tenir compte des droits de celle-ci (Cass. 2e civ. 1-4-1974 : Bull. civ. II n° 124)	
Liquidateur qui n'a pas signalé à un créancier que la société était en liquidation, l'empêchant ainsi de pourvoir à la sauvegarde de ses droits, et qui a laissé l'assemblée de clôture se dérouler sans que le passif ait été apuré (CA Paris 14-4-1995 : RJDA 7/95 n° 851 som.)	
Liquidateur qui a omis délibérément d'inclure dans les comptes de liquidation une créance sur la société dont il avait pourtant connaissance (Cass. com. 23-3-1993 : RJDA 4/94 n° 412 ; Cass. com. 18-6-1996 : RJDA 10/96 n° 1198 som. ; Cass. com. 20-11-2007 n° 06-19.286 : RJDA 12/08 n° 1280)	
Liquidateur qui n'a pas provisionné une créance litigieuse (Cass. com. 9-5-2001 n° 907 : RJDA 8-9/01 n° 863 ; Cass. com. 11-10-2005 n° 1219 : RJDA 3/06 n° 277)	
Liquidateur qui a clôturé les opérations de liquidation sans avoir accompli les obligations déclaratives qui lui incombaient, ni pourvu à la sauvegarde des droits de l'administration fiscale, alors qu'il ne pouvait pas ignorer que la société, dont il avait été l'unique gérant, s'était frauduleusement soustraite à l'établissement et au paiement de l'impôt (Cass. com. 29-9-2009 n° 08-18.804 : RJDA 1/10 n° 39, à propos d'une société commerciale mais transposable à une société civile soumise à l'IS)	
Liquidateur qui a clôturé les opérations de liquidation alors que la société était sous le coup d'une condamnation assortie d'une astreinte, ce qui faisait échec à la liquidation de l'astreinte et, par suite, à l'apurement intégral du passif auquel le liquidateur devait procéder (CA Paris 13-1-2015 n° 13/21099 : RJDA 4/15 n° 276)	
Liquidateur qui n'est pas intervenu à l'action paulienne engagée par un créancier de la société pour contester la vente, survenue avant la dissolution, du seul actif social et qui n'a entrepris aucune démarche pour trouver une solution, compromettant durablement les droits du créancier (Cass. com. 3-3-2021 n° 19-10.589 F-D : RJDA 6/21 n° 392)	
Liquidateur amiable qui a clôturé les opérations de liquidation sans prendre en compte le litige engagé contre la société par l'un de ses cocontractants, de sorte que ce dernier ne pouvait plus être désintéressé (Cass. com. 15-2-2023 n° 21-21.294 F-D : RJDA 5/23 n° 258, à propos d'une société commerciale mais transposable)	

Action en responsabilité contre le liquidateur En l'absence de texte organisant la mise en œuvre de l'action en responsabilité contre les liquidateurs, il convient, à notre avis, de suivre par analogie les mêmes règles que celles exposées à propos des gérants (nos 7860 s.). 24945

Cependant, les associés ne peuvent pas intenter une **action sociale ut singuli** en responsabilité contre le liquidateur car les dispositions légales les autorisent à exercer cette action uniquement à l'encontre des gérants (Cass. 3e civ. 5-12-2019 n° 18-26.102 FS-PBI : RJDA 3/20 n° 158).

Si cette action ne leur est pas ouverte, les associés conservent néanmoins la possibilité d'agir contre le liquidateur, notamment si la liquidation est clôturée, en demandant en justice la désignation d'un mandataire ad hoc qui pourra agir contre le liquidateur (Cass. com. 26-11-2013 n° 12-28.038 : RJDA 2/14 n° 117) ou en révoquant le liquidateur et en en nommant un nouveau qui pourra agir contre lui.

Aucune disposition légale n'étendant aux sociétés civiles le **délai de prescription** de trois ans de l'action en responsabilité contre le liquidateur prévu pour les sociétés commerciales (C. com. art. L 237-12, sur renvoi de l'art. L 225-254), une telle action contre le liquidateur d'une société civile est à notre avis fondée sur le droit commun de la responsabilité extracontractuelle. Elle se prescrit donc par cinq ans à compter du jour où la personne qui l'exerce a eu connaissance ou aurait dû avoir connaissance de la manifestation du dommage (C. civ. art. 2224). 24950

RESPONSABILITÉ PÉNALE DU LIQUIDATEUR

24960 Indépendamment des sanctions pénales attachées aux **délits de droit commun,** notamment celui d'abus de confiance, dont il pourrait se rendre coupable, le liquidateur d'une société civile en difficulté s'expose aux peines réprimant le délit de **banqueroute.**

> **Précisions** Contrairement au régime applicable aux sociétés commerciales (C. com. art. L 247-8, 1°) et aux **sociétés civiles de placement immobilier** (C. mon. fin. art. L 231-20), il n'existe aucun texte frappant de sanctions pénales spécifiques le liquidateur d'une société civile qui commettrait un abus de biens ou du crédit de cette société. En pareil cas, néanmoins, le liquidateur pourrait être poursuivi pour abus de confiance (C. pén. art. 314-1).

C. Clôture de la liquidation

DÉCISION DE CLÔTURE DE LA LIQUIDATION

25000 **Reddition de comptes** Les associés doivent être consultés, en fin de liquidation, pour statuer sur le compte définitif de liquidation, le quitus à donner au liquidateur et la décharge de son mandat.

Ce **compte de liquidation** fait état, d'une part, de toutes les recettes encaissées depuis le début de la liquidation, d'autre part, de toutes les dépenses effectuées au cours de la même période.

La présentation aux associés du compte de liquidation est généralement accompagnée d'un **rapport du liquidateur** exposant les conditions dans lesquelles se sont déroulées les opérations de liquidation.

25001 **Décision des associés** Après approbation des comptes définitifs de la liquidation, les associés décident la **clôture de la liquidation** (Décret 78-704 du 3-7-1978 art. 10, al. 2). Sur la nécessité de tenir une assemblée de clôture de la liquidation distincte de celle décidant la dissolution et de procéder à une publicité séparée, voir n° 24610.

Cette clôture doit intervenir dans un **délai** de trois ans à compter de la dissolution. À défaut, le ministère public ou tout intéressé peut saisir le tribunal pour que celui-ci fasse procéder à la liquidation ou, si celle-ci a été commencée, à son achèvement (C. civ. art. 1844-8, al. 4).

Il résulte de ces dispositions que le liquidateur défaillant peut, même s'il a été nommé par les associés, être remplacé par un autre liquidateur désigné par le tribunal (Cass. 1e civ. 4-10-1988 : Bull. civ. I n° 271 ; Cass. com. 11-12-2007 n° 06-15.563 : RJDA 12/08 n° 1266 ; voir aussi Cass. 3e civ. 5-12-2019 n° 18-26.102 FS-PBI : RJDA 3/20 n° 158).

25002 La clôture de la liquidation ne peut être prononcée que si les comptes ont été apurés et les dettes intégralement payées.

La liquidation amiable d'une société impose l'apurement intégral du passif social (Cass. com. 23-3-1993 et Cass. com. 7-12-1993 : RJDA 4/94 n° 412).

25005 **Décision de justice** À défaut d'approbation des comptes de liquidation ou si la consultation des associés s'avère impossible, le liquidateur ou tout intéressé peut demander au tribunal judiciaire de statuer sur ces comptes et, le cas échéant, sur la clôture de la liquidation (Décret 78-704 du 3-7-1978 art. 10, al. 2).

PUBLICITÉ DE LA CLÔTURE DE LA LIQUIDATION

25020 La clôture de la liquidation doit être suivie des formalités exposées nos 25022 s.

25022 **Insertion dans un support d'annonces légales** Le liquidateur doit publier un **avis de clôture** de la liquidation dans le même support d'annonces légales que celui dans lequel a paru sa nomination (n° 24320).

L'article 29 du décret 78-704, qui précise que cet avis de clôture doit être publié également au Bulletin des annonces légales obligatoires (**Balo**) si la société fait publiquement appel à l'épargne, n'a pas été modifié malgré la suppression de la notion d'appel public à l'épargne par l'ordonnance 2009-80 du 22 janvier 2009. Toutefois, dès lors que, dans les sociétés commerciales, cette insertion ne s'impose plus que si les actions de la société sont admises aux négociations sur un marché réglementé ou ne revêtent pas toutes la forme nominative (C. com. art. R 237-8), elle ne devrait plus, selon nous, s'imposer dans les sociétés civiles.

25023 L'avis de clôture de la liquidation doit contenir les **mentions** suivantes (Décret 78-704 du 3-7-1978 art. 29, al. 2) :

– la raison sociale ou la dénomination sociale suivie, le cas échéant, de son sigle ;

– la forme de la société, suivie de la mention « en liquidation » et, s'il y a lieu, le statut légal particulier auquel elle est soumise ;
– le montant du capital social ;
– l'adresse du siège social ;
– le numéro d'immatriculation de la société (en fait son numéro d'identification) ;
– les nom, prénom usuel et domicile des liquidateurs.

La seule publication de cet avis ne suffit pas à rendre la liquidation opposable aux tiers (Cass. com. 18-12-2007 n° 06-18.936 : RJDA 6/08 n° 680).

Radiation du RCS Sur justification de l'accomplissement de la formalité d'insertion prévue nos 25022 s., le liquidateur présente au guichet unique électronique des formalités d'entreprises une demande visant à faire radier celle-ci du RCS (Décret 78-704 du 3-7-1978 art. 14). Il dispose pour cela d'un **délai** d'un mois à compter de la publication de la clôture des opérations de liquidation (C. com. art. R 123-75, al. 1). 25024

Doivent notamment être joints à la demande de radiation un exemplaire des comptes définitifs établis par le liquidateur ainsi qu'un exemplaire de la décision de l'assemblée ayant statué sur ces comptes, sur le quitus de la gestion du liquidateur et la décharge de son mandat ou, à défaut, un exemplaire de la décision de justice ayant statué au lieu et place de l'assemblée (n° 25005), ces documents étant ensuite transmis au greffe compétent en vue de leur dépôt en annexe au RCS (Décret 78-704 art. 10, al. 3).

L'attestation de parution de l'avis de clôture dans un support d'annonces légales ou copie de l'insertion doit être produite à titre de pièce justificative (Délibération du CCRCS du 12-3-1999).

La mention de la radiation au RCS est nécessaire pour rendre la liquidation opposable aux tiers (Cass. com. 18-12-2007 n° 06-18.936 : RJDA 6/08 n° 680 ; Cass. com. 20-9-2011 n° 10-15.068 : RJDA 12/11 n° 1038, dans un cas de réunion de toutes les parts en une seule main).

> Précisions **a.** Le **greffier** ne peut **procéder à la radiation** que si les formalités de publicité relatives à la dissolution ont été effectuées au RCS, la perte des actes ou procès-verbaux de dissolution ne dispensant pas le liquidateur d'effectuer ces formalités (Avis CCRCS 03-11 du 1-4-2003 : Bull. RCS 21-22/03 p. 29).
La radiation nécessite que deux actes distincts soient déposés : d'une part, les comptes établis par le liquidateur, d'autre part, la décision des associés sur ces comptes, le dépôt de la seule décision des associés ne suffisant pas, même si elle intègre les comptes du liquidateur (Avis CCRCS 2016-022 des 18-10 et 2-12-2016, à propos d'une société commerciale mais à notre avis transposable aux sociétés civiles même si la rédaction de l'article R 237-7 du Code de commerce diffère de celle de l'article 10, al. 3 du décret 78-704).
b. Se fondant sur les dispositions concernant la publicité (C. com. art. R 123-70), une cour d'appel a estimé que, même si la société dissoute est sans activité, les **décisions de dissolution et de clôture** doivent donner lieu à deux **assemblées distinctes** et faire l'objet de publicités séparées au RCS : la première, pour cause de dissolution, par voie d'inscription modificative, la seconde à l'initiative du liquidateur dans le délai d'un mois à compter de la publication de la clôture de la liquidation, aux fins de radiation de l'immatriculation, laquelle met fin à la personnalité morale de la société (CA Lyon 13-6-1997 : RJDA 10/97 n° 1219 ; dans le même sens, Avis CCRCS 05-78 du 13-1-2006 et 2015-014 du 29-9-2015 ; voir aussi CA Aix-en-Provence 1-10-1986 : Gaz. Pal. 1987 p. 96). À l'inverse, une autre cour d'appel a jugé qu'aucun texte n'exige la tenue de deux assemblées distinctes lorsque la liquidation s'est clôturée immédiatement après la décision de dissolution (CA Paris 16-9-2003 n° 03-5897 : RJDA 2/04 n° 171).
Bien que, contrairement au cas des sociétés commerciales (arrêts précités), aucune disposition légale ou réglementaire n'impose pour les sociétés civiles la tenue de deux assemblées, chargées respectivement de prononcer la dissolution et d'approuver les comptes de la liquidation, et qu'une telle obligation ne puisse pas être déduite de celle d'accomplir une double formalité de publicité au RCS imposée par le Code de commerce, il nous paraît opportun en pratique d'écarter la solution consistant à ne tenir qu'une seule assemblée et à procéder aux formalités sur la base d'un seul acte constatant à la fois la dissolution, la nomination du liquidateur et la clôture des opérations de liquidation. En effet, un certain nombre de greffes refusent de procéder aux inscriptions modificatives requises sur la base d'un seul acte en invoquant l'argument selon lequel la dissolution d'une société et la clôture de la liquidation de cette société doivent faire l'objet de deux assemblées et de deux publicités distinctes (voir notamment Avis CCRCS 95-04 du 27-4-1995 ; Avis CCRCS 05-78 et 2015-014 précités). Mais rien n'interdit la tenue de deux assemblées consécutives ; rappelons en outre que ces assemblées peuvent être remplacées par une consultation écrite des associés dans le cas où les statuts ont prévu expressément cette possibilité ; la décision des associés peut également résulter d'un acte sous signature privée ou notarié signé par tous les associés (nos 8700 et 8800 s.).

25025 **Radiation du RNE** La société est également radiée du RNE par l'intermédiaire du guichet unique électronique des formalités d'entreprises (C. com. art. R 123-265, al. 1 issu du décret 2022-1014 du 19-7-2022).

25026 **Insertion au Bodacc** Dans les 8 jours de la radiation, le greffier du tribunal de commerce doit faire insérer au Bodacc un avis de radiation contenant les diverses mentions énumérées à l'article R 123-160 du Code de commerce (références de l'immatriculation, dénomination et forme de la société, adresse du siège social).

EFFETS DE LA CLÔTURE DE LA LIQUIDATION

25030 **Disparition de la personnalité morale** En principe, la personnalité morale d'une société civile disparaît à partir du jour de la radiation de celle-ci, à supposer que les autres formalités de publicité relatives à la clôture de la liquidation aient été régulièrement effectuées (C. civ. art. 1844-8, al. 3).

Contrairement au régime prévu pour les sociétés commerciales, la constatation de la clôture de la liquidation n'est pas suffisante pour entraîner la disparition de la personne morale. Il faut aussi que cette clôture ait été publiée.

25031 Cependant, même si ces formalités de publicité ont été effectuées, « la **personnalité morale** d'une société **subsiste** aussi longtemps que les droits et obligations à caractère social ne sont pas liquidés » (Cass. com. 26-1-1993 n° 132 : RJDA 5/93 n° 403 ; Cass. 2e civ. 6-5-1999 n° 682 : Bull. Joly 1999 p. 990 note P. Le Cannu ; Cass. 3e civ. 31-5-2000 n° 859 : Bull. civ. III n° 120 ; Cass. com. 2-11-2011 n° 10-25.130 : RJDA 3/12 n° 295), sous réserve que ces droits et obligations soient nés avant la liquidation (Cass. com. 11-7-1988 n° 87-11.927 : Bull. civ. n° 248 ; Cass. com. 16-5-2018 n° 16-16.498 FS-PB : RJDA 10/18 n° 735).

ILLUSTRATIONS

La personnalité morale subsiste lorsque la société est engagée dans une instance judiciaire (Cass. com. 13-2-1996 n° 288 : RJDA 6/96 n° 793 ; Cass. com. 20-2-2001 n° 364 : RJDA 5/01 n° 590 ; CA Paris 23-11-1995 : RJDA 2/96 n° 227) ou lorsqu'il existe un élément de passif dont le liquidateur n'a pas tenu compte (Cass. com. 2-5-1985 : Bull. civ. IV n° 139) ou pour la mise en œuvre de la garantie décennale du constructeur alors même que, plus de trois ans avant l'action en justice, l'assemblée générale de la société avait approuvé les comptes de liquidation, donné quitus de sa gestion au liquidateur et constaté la cessation de la personnalité morale de la société et que celle-ci avait été radiée du RCS (Cass. com. 26-1-1993 n° 132 précité).

En revanche, une société est irrecevable à agir en nullité des assemblées d'approbation des comptes d'une autre société dont elle détenait des parts, dès lors que ces assemblées ont été tenues après sa liquidation (Cass. com. 16-5-2018 n° 16-16.498 précité).

25032 Lorsque le **liquidateur** a reçu quitus et décharge de son mandat, il n'a plus qualité pour représenter la société (Cass. com. 15-6-1993 n° 1107 : RJDA 11/93 n° 906 ; Cass. com. 18-1-2000 : RJDA 4/00 n° 423 ; CA Paris 23-1-1998 : RJDA 6/98 som. n° 726). La société ne peut alors être représentée que par un mandataire ad hoc désigné en justice (Cass. com. 26-1-1993 n° 91-11.285 : RJDA 5/93 n° 403 ; Cass. com. 10-12-1996 n° 95-10.363 : RJDA 2/97 n° 212 ; Cass. com. 26-11-2013 n° 12-28.038 : RJDA 2/14 n° 117) à la demande des associés, par exemple pour agir contre l'ancien liquidateur (Cass. com. 26-11-2013 précité), ou d'un créancier qui entendrait faire rouvrir la liquidation (Cass. com. 26-1-1993 n° 91-11.285 précité) ou poursuivre une action en justice contre la société (Cass. com. 10-12-1996 précité).

La désignation d'un mandataire chargé de représenter la société dans une instance en cours peut intervenir à tout moment après la publication de la clôture de la liquidation (Cass. 3e civ. 31-5-2000 n° 859 : Bull. civ. III n° 120).

25033 Lorsque la personnalité morale a disparu, les **associés** deviennent **copropriétaires indivis** des éléments de l'actif social restant après apurement des dettes, y compris ceux qui viendraient à se révéler postérieurement à la radiation de la société. Chaque associé peut agir pour le recouvrement de ces éléments d'actif ignorés puisque, en tant qu'indivisaire, il peut prendre les mesures nécessaires à la conservation des biens indivis (C. civ. art. 815-2) ou représenter ses coïndivisaires selon les règles de la gestion d'affaires (C. civ. art. 815-4, al. 2). Dans ce sens, Cass. com. 31-5-1988 : Bull. civ. IV n° 188 ; Cass. com. 24-3-1998 n° 804 : RJDA 6/98 n° 743 ; CA Paris 17-2-1989 : BRDA 10/89 p. 19 ; CA Versailles 27-10-1994 : RJDA 2/95 n° 152. Jugé que l'ancien liquidateur, auquel l'assemblée qui avait mis fin à ses fonctions avait donné tous pouvoirs pour représenter l'indivision à venir entre les anciens associés, est compétent pour représenter l'indivision auprès de l'administration fiscale (CAA Nantes 7-4-2011 n° 09-936 : RJF 8-9/11 n° 970).

Les associés ne sont toutefois recevables à agir qu'en recouvrement de **créances certaines.** A ainsi été déclarée irrecevable l'action, diligentée par les associés d'une société dont les opérations de liquidation avaient été clôturées, qui avait pour objet de voir reconnaître en justice l'existence d'une créance hypothétique compte tenu de la contestation dont elle faisait l'objet et de l'aléa inhérent à tout procès (CA Versailles 27-10-1994 précité). Si la créance est incertaine, la liquidation a nécessairement été clôturée à tort puisque tous les droits et obligations de la société ne sont pas définitivement fixés. Il appartient alors à cette dernière d'agir elle-même en justice, représentée par un mandataire ad hoc. Ainsi, lorsqu'une action engagée par la société a été poursuivie après la clôture des opérations de liquidation par un mandataire ad hoc, les associés sont irrecevables à agir à la place de la société (Cass. com. 1-2-2000 : Dr. sociétés 2000 n° 86 note Th. Bonneau).

SECTION 3 LE PARTAGE

GÉNÉRALITÉS

Le partage a lieu, en principe, après clôture de la liquidation. Il peut alors porter sur les éléments suivants : 25200

- l'**actif restant,** en nature ou en espèces, après extinction totale du passif ;
- le **passif restant** après réalisation totale de l'actif ;
- les **éléments d'actif non réalisés** et les **dettes sociales non encore payées** à la clôture de la liquidation.

> Précisions a. En principe, il ne devrait plus exister ni d'**éléments d'actifs non réalisés,** ni de **dettes sociales non payées.** Liquider, c'est en effet réaliser l'actif social pour éteindre les dettes sociales. Donc, quand il reste des dettes à éteindre et que subsistent des éléments d'actif, il faudrait poursuivre la liquidation. Cependant, on ne peut exclure que des associés décident – parce qu'ils y trouvent intérêt – de clore la liquidation par anticipation et de procéder à un partage définitif de l'actif et du passif subsistant à cette date. Ce partage sera valable entre eux mais inopposable aux créanciers sociaux, qui pourront demander la réouverture de la liquidation (n° 25032).

b. Les **droits d'enregistrement** exigibles sur les partages font l'objet d'une étude particulière nos 25400 s.

A. Réglementation applicable au partage

Aux termes de l'article 1844-9, al. 2 du Code civil, les règles concernant le partage des successions s'appliquent aux partages entre associés. 25205

B. Mise en œuvre du partage

DEMANDE EN PARTAGE APRÈS LA CLÔTURE DE LA LIQUIDATION

La demande en partage peut être faite par chaque associé, ses héritiers ou même ses créanciers personnels (application de l'art. 815-17, al. 3 du Code civil). Si les biens à partager doivent tomber en communauté, chacun des époux doit donner son consentement pour procéder au partage (C. civ. art. 1424). La demande doit intervenir dès le jour de la naissance de l'indivision post-sociale, c'est-à-dire dès la disparition de la personnalité morale de la société (n° 25030). 25220

Toutefois, le partage peut être différé soit par décision de justice, soit par convention entre les indivisaires (nos 25230 s.).

OPPOSITION DES CRÉANCIERS AU PARTAGE

Les créanciers de la société qui n'auraient pas encore été désintéressés peuvent demander à intervenir dans le partage pour éviter que celui-ci soit fait en fraude de leurs droits (C. civ. art. 882). 25225

MAINTIEN DE L'INDIVISION APRÈS LA CLÔTURE DE LA LIQUIDATION

Les associés (ou certains d'entre eux) peuvent ne pas provoquer le partage et demeurer dans l'indivision pour tout ou partie des biens sociaux (C. civ. art. 1844-9, al. 4). 25230

Dans ce cas, leurs rapports sont régis par les dispositions relatives à l'indivision (C. civ. art. 815 s.).

25231 Il s'agit là d'une situation précaire : aux termes de l'article 815 du Code civil, « nul ne peut être contraint à demeurer dans l'indivision et le partage peut toujours être provoqué ».

Toutefois, il peut être sursis au partage :

– soit par décision de justice, notamment lorsque le partage risque de porter atteinte à la valeur des biens indivis, la durée du sursis ne pouvant alors excéder deux ans (C. civ. art. 820, al. 1), ou lorsqu'il est possible de procéder à un partage partiel et d'attribuer à celui qui demande le partage ses droits dans l'indivision, en nature ou en argent (C. civ. art. 824) ;

– soit par convention, la durée de celle-ci ne pouvant pas excéder cinq ans, renouvelable par décision expresse des parties ; elle peut aussi être conclue pour une durée indéterminée mais, dans ce cas, le partage peut être provoqué à tout moment par un indivisaire pourvu que ce ne soit pas de mauvaise foi ou à contretemps (C. civ. art. 1873-3).

25232 **Sort des biens indivis** En principe, tous les **actes relatifs aux biens indivis** (actes d'administration aussi bien que de disposition) requièrent le **consentement** unanime des indivisaires. Mais le législateur a tempéré cette règle :

– d'une part, en lui apportant quelques **assouplissements** : possibilité pour tout indivisaire de prendre les mesures nécessaires à la conservation des biens indivis même si elles ne présentent pas un caractère d'urgence (C. civ. art. 815-2) ; possibilité de donner, à un ou plusieurs indivisaires ou un tiers, un mandat général d'administration des biens indivis (C. civ. art. 815-3, 2°) ; validité des actes d'administration passés par un indivisaire au su des autres et sans opposition de leur part (mandat tacite ; art. 815-3, dernier al.) ;

– d'autre part, en appliquant aux indivisions certaines mesures, inspirées de la réglementation relative aux régimes matrimoniaux, prévoyant la possibilité d'**obtenir en justice l'autorisation** de représenter un indivisaire hors d'état de manifester sa volonté (C. civ. art. 815-4, al. 1) ou celle de passer outre au refus d'un indivisaire de donner son consentement à un acte lorsque ce refus « met en péril l'intérêt commun » des indivisaires (C. civ. art. 815-5). En outre, le président du tribunal judiciaire peut prescrire ou autoriser « toutes les mesures urgentes que requiert l'intérêt commun » (C. civ. art. 815-6).

25233 **Indivision conventionnelle** En ce qui concerne l'indivision « conventionnelle », les articles 1873-5 à 1873-11 du Code civil précisent :

– les règles qu'il convient de respecter pour la nomination et la révocation des gérants, la détermination de leurs pouvoirs et le contrôle de leur gestion ;

– les conditions dans lesquelles les indivisaires peuvent écarter la règle de l'unanimité pour les décisions qui excèdent les pouvoirs des gérants (absence de mineurs non émancipés ou de majeurs protégés, opérations autres que des aliénations d'immeubles).

25234 **Dispositions diverses applicables aux biens indivis** Sur les modalités de **cession des droits indivis,** voir les articles 815-14 s. du Code civil.

FORMES DU PARTAGE DE LA SOCIÉTÉ

25240 **Partage amiable ou judiciaire de l'actif social** Le partage est en principe amiable. Il n'est judiciaire que **si les associés ne s'entendent pas** (C. civ. art. 840).

Si au nombre des copartageants se trouvent des **mineurs sous administration légale,** le partage amiable doit être effectué et l'état liquidatif approuvé par le parent exerçant seul l'autorité parentale ou par les deux parents agissant en commun lorsque ceux-ci sont tous les deux administrateurs légaux (cf. C. civ. art. 382, 382-1 et 387-1 ; Décret 2008-1484 du 22-12-2008 art. 2 et ann. 1, col. 2-V). Un administrateur ad hoc peut néanmoins être nommé par le juge pour conclure ce partage en cas d'opposition des intérêts du mineur avec ceux du parent exerçant seul l'autorité parentale ou de ses parents tous deux administrateurs légaux (C. civ. art. 383, al. 1). Si les intérêts d'un seul des deux parents administrateurs légaux sont en opposition avec ceux du mineur, le juge peut autoriser l'autre parent à représenter le mineur (art. 383, al. 2).

En présence de **mineurs ou de majeurs sous tutelle,** le tuteur peut conclure seul le partage amiable, sauf s'il existe une opposition d'intérêts entre lui et le mineur ou le majeur : le partage doit alors être autorisé par le conseil de famille ou, à défaut, par le juge ; dans tous les cas, l'état liquidatif doit être approuvé par le conseil de famille ou, à défaut, par le juge (C. civ. art. 507, al. 1 et 2).

Aucune règle particulière n'est prévue lorsque l'un des indivisaires est sous **curatelle,** sous simple **sauvegarde de justice** ou sous **habilitation familiale.** Un partage amiable peut donc être réalisé dans les conditions du droit commun : le majeur sous sauvegarde de justice ou sous curatelle peut y participer seul (C. civ. art. 836, al. 2 et 435, 467 et 507, al. 1) ; pour le majeur placé sous **habilitation familiale,** si le partage n'entre pas dans le champ d'application de l'habilitation, c'est le majeur qui y participe ; s'il y entre, le majeur peut également agir seul si la personne habilitée a pour mission de l'assister car, dans ce cas, il a les mêmes pouvoirs qu'un majeur sous curatelle ; en revanche, si celle-ci a pour mission de le représenter, c'est elle qui doit participer au partage (art. 836, al. 2, 494-1, 494-6 et, sur renvoi, art. 467).

Lorsque les biens à partager comprennent des **immeubles,** l'acte de partage doit revêtir la forme authentique (Décret 55-22 du 4-1-1955 art. 4, al. 1). **25241**

Lorsqu'ils comprennent des **parts** de société dont la cession est soumise à **agrément,** l'associé attributaire doit se faire agréer (voir Cass. com. 12-11-1996 : RJDA 6/97 n° 787).

Partage en nature ou en valeur de l'actif social Le partage peut se faire en nature ou espèces. Le partage en nature se rencontre, par exemple, dans les sociétés constituées en vue de la gestion d'un portefeuille de valeurs mobilières, dans les sociétés à vocation agricole et, bien entendu, dans les sociétés de « construction-attribution » régies par les articles L 212-1 à L 212-13 du Code de la construction et de l'habitation. Toutefois, le partage en nature est le plus souvent exclu, en pratique, par une clause statutaire (D. Randoux : J.-Cl. Sociétés fasc. 31-50 n° 139) ou pour des considérations d'opportunité. À l'occasion de la dissolution d'une société holding, le partage des actions qu'elle détenait dans le capital d'une filiale a ainsi été écarté car il aurait compromis la pérennité de la filiale en y déplaçant le conflit entre les associés de la holding qui était à l'origine de la dissolution de celle-ci (Cass. com. 6-2-2019 n° 17-31.034 FS-D : RJDA 5/19 n° 338). **25245**

En cas de **partage avec soulte** (somme versée par l'attributaire d'un lot d'une valeur excédant ses droits), lorsque le débiteur de la soulte a obtenu des **délais de paiement** et que, par suite des circonstances économiques, la valeur des biens mis dans son lot a augmenté ou diminué de plus du quart depuis le partage, les sommes restant dues augmentent ou diminuent dans la même proportion ; toutefois, les parties peuvent écarter cette variation et convenir que le montant de la soulte restera inchangé (C. civ. art. 828).

Néanmoins, c'est **le plus souvent en espèces** que s'effectue le partage des sociétés, après réalisation complète de l'actif social.

C. Réalisation du partage

PRINCIPE

Les opérations de partage tendent à fixer la **part de chaque associé** dans les valeurs actives et, éventuellement, passives qui ressortent du compte définitif de liquidation. **25260**

Toutefois, ces opérations sont écartées dans les trois cas examinés n°s 25265 s. :
- attribution conventionnelle des biens à partager ;
- reprise d'apports ;
- attribution préférentielle légale.

ATTRIBUTION CONVENTIONNELLE DES BIENS À PARTAGER

Les associés peuvent convenir, soit dans les statuts, soit par une décision ou un acte distinct, que certains biens seront attribués à certains d'entre eux (C. civ. art. 1844-9, al. 3). **25265**

À défaut de disposition statutaire, cette attribution conventionnelle requiert l'**accord unanime** des associés (Cass. com. 30-5-2007 n° 05-13.851 : RJDA 12/07 n° 1239).

Les associés peuvent également convenir qu'un seul ou plusieurs d'entre eux conserveront l'intégralité de l'actif, à charge pour eux de désintéresser les autres associés ou leurs héritiers.

L'attribution de tout ou partie de l'actif est une **opération de partage** : elle est donc soumise à tous les effets du partage (nos 25310 s.). **25266**

Elle doit aussi, à notre avis, lorsque les droits dans les biens à partager sont administrés par un **mandataire légal** (tuteur par exemple), être spécialement autorisée dans les conditions prescrites par la loi pour la validité des partages des biens ainsi administrés (n° 25240). On ne saurait soutenir, en effet, que l'autorisation donnée au mandataire légal de faire un apport en société vaut par elle-même approbation du partage car ce serait exclure l'application des mesures spécifiques prévues par la loi en cas de partage.

REPRISE D'APPORT APRÈS LA LIQUIDATION

25270 Lorsqu'un bien apporté à la société se retrouve en nature dans la masse à partager et qu'aucune attribution de ce bien n'a été conventionnellement prévue par les associés, l'apporteur peut, sur simple demande de sa part, en obtenir la restitution (C. civ. art. 1844-9, al. 3). Cette reprise d'apport s'effectue à charge pour l'associé de verser une soulte à ses coassociés si la valeur attribuée à ce bien (d'un commun accord entre les associés ou, à défaut d'accord, par décision de justice) excède le montant des droits de l'intéressé dans le capital social et dans le boni de liquidation.

ATTRIBUTION PRÉFÉRENTIELLE LÉGALE DES BIENS À PARTAGER

25275 L'attribution préférentielle des biens sociaux à partager peut aussi être demandée dans les mêmes conditions que celles prévues en cas de partage des indivisions successorales (C. civ. art. 1844-9, al. 2).

Toutefois, elle ne peut être exercée que si le bien concerné n'a pas fait l'objet d'une reprise d'apport (art. 1844-9, al. 3).

Sur les règles relatives à l'attribution préférentielle, voir les articles 831 s. du Code civil.

REMBOURSEMENT DU CAPITAL APRÈS LA LIQUIDATION

25280 Si l'**actif** a été **entièrement réalisé et** le **passif réglé,** il ne reste à partager entre les associés qu'une somme d'argent. En admettant que cette somme soit au moins égale au capital, chacun reçoit alors une part égale au nominal de chaque part sociale qu'il détient.

Si **l'actif** n'a **pas** été **entièrement réalisé,** les biens apportés ou certains d'entre eux peuvent se retrouver dans la masse partageable. Sauf attribution conventionnelle, l'associé qui a fait apport d'un corps certain (immeuble, matériel, etc.) peut en exiger la reprise en nature, sauf à désintéresser ses coassociés au cas où la valeur de reprise excéderait le montant de ses droits dans le capital et le boni de liquidation (C. civ. art. 1844-9, al. 3).

25281 S'il existe des **biens ayant fait l'objet d'un apport en jouissance ou en usufruit,** les apporteurs peuvent les reprendre purement et simplement puisqu'ils n'ont pas cessé d'en être propriétaires, mais à la condition que l'apport n'ait pas été fait pour une durée supérieure à la durée effective de la société. Si l'apport en jouissance a été fait pour un laps de temps déterminé, non encore expiré au moment de la dissolution, ce droit de jouissance subsiste et doit être maintenu jusqu'à la date d'expiration convenue ; il fait alors partie de l'actif social à liquider ou à partager.

> **› Précisions** Sur les difficultés à déterminer la **durée du droit de jouissance** lorsque l'apport a été consenti « pour la durée de la société » et que celle-ci est dissoute par anticipation avant l'arrivée du terme, voir CA Aix-en-Provence 31-5-1951 : JCP G 1952 II nº 6792 note D. Bastian.

RÉPARTITION DU BONI DE LIQUIDATION

25285 Les droits des associés dans le boni de liquidation sont, dans la généralité des cas, fixés par les statuts.

Sauf clause contraire des statuts, le partage du boni de liquidation est effectué entre les associés dans les mêmes proportions que leurs droits dans les bénéfices (C. civ. art. 1844-9, al. 1).

Pour que le partage du boni de liquidation soit effectué dans des proportions différentes de celle des droits des associés sur les bénéfices, il faut une clause expresse des statuts portant spécialement sur le boni de liquidation.

À défaut d'une clause expresse de répartition du boni de liquidation, l'article 1844-9 du Code civil conduit à appliquer la clause de répartition des bénéfices ou, en l'absence d'une telle clause, à répartir le boni à proportion des droits de chaque associé dans le capital, l'apporteur en industrie étant traité comme l'associé qui a le moins apporté (C. civ. art. 1844-1, al. 1).

Sur le sort du boni de liquidation lorsque les parts étaient démembrées, voir nº 62160.

RAPPORT DES DETTES À LA MASSE À PARTAGER

25290 Comme en matière successorale, la masse à partager comprend non seulement les biens existants de la société, meubles ou immeubles, mais encore les sommes ou valeurs dont les associés peuvent être débiteurs envers elle.

PARTAGE DES PERTES

25295 Sauf clauses contraires des statuts, chaque associé supporte les pertes en proportion de sa part dans le capital social, l'apporteur en industrie étant tenu comme celui dont la participation dans le capital est la plus faible (C. civ. art. 1844-1, al. 1).

Sur la distinction à faire entre les pertes sociales et les dettes sociales, voir nº 1518.

D. Effets du partage

EFFET DÉCLARATIF DU PARTAGE DE LA SOCIÉTÉ

Le partage de société, comme le partage successoral, a un effet déclaratif (C. civ. art. 883). Chaque associé est censé succéder immédiatement à la société pour tous les biens mis dans son lot et n'avoir jamais eu aucun droit sur ceux attribués à ses coassociés. Dès lors, chacun des associés peut tenir pour inopposables à son égard toutes les **opérations effectuées, pendant la durée de l'indivision,** par les autres indivisaires sur les biens mis dans son lot ; inversement, les droits qu'il a pu conférer sur ces biens se trouvent rétroactivement consolidés. 25310

Toutefois, tous les **actes valablement accomplis** soit en vertu d'un mandat des coïndivisaires, soit en vertu d'une autorisation judiciaire ne pourront pas être remis en cause lors de la cessation de l'indivision et conserveront leurs effets, quelle que soit, lors du partage, l'attribution des biens qui en ont fait l'objet (art. 883, al. 3).

L'effet déclaratif du partage remontant au jour où l'indivision a commencé (art. 883, al. 1), il se produit à la **date** de la publication de la clôture de la liquidation. À cette date, en effet, la personnalité morale de la société disparaît (C. civ. art. 1844-8, al. 3) pour laisser place à une indivision entre les associés.

En pratique, dans les sociétés, le partage intervient le plus souvent peu de temps après la clôture de la liquidation, d'où une période d'indivision généralement très brève.

GARANTIE APPLICABLE AU PARTAGE DE LA SOCIÉTÉ

Chaque associé jouit de la **garantie** due par les copartageants (C. civ. art. 884). 25315

Chaque associé jouit également d'une **hypothèque légale spéciale** sur l'immeuble qui faisait partie de l'indivision pour le garantir du paiement des sommes dont les autres copartageants pourraient être débiteurs à son égard (C. civ. art. 2402, 4°).

EFFETS DU PARTAGE EN CAS DE PARTS GREVÉES D'USUFRUIT

Sur les effets du partage lorsque les parts étaient grevées d'usufruit, voir n° 62160. 25320

E. Sanctions du partage

NULLITÉ DU PARTAGE DE LA SOCIÉTÉ

Comme le partage des successions, le partage des sociétés peut être annulé pour **vice de forme** (partage amiable qui aurait dû être judiciaire) ou pour **incapacité** de l'un des copartageants. 25330

Il peut aussi être annulé pour **violence ou dol** (C. civ. art. 887, al. 1). Il peut encore être annulé pour **erreur,** si celle-ci a porté sur l'existence ou la quotité des droits des copartageants ou sur la propriété des biens compris dans la masse partageable (art. 887, al. 2). En cas de violence, de dol ou d'erreur, s'il apparaît que les conséquences de ce vice peuvent être réparées autrement que par l'annulation du partage, le tribunal peut, à la demande de l'une des parties, ordonner un partage complémentaire ou rectificatif (art. 887, al. 3).

Les **créanciers** peuvent demander la nullité d'un **partage frauduleux** en vertu de l'action paulienne (Cass. req. 28-5-1895 : S. 1895 I p. 385), pendant cinq ans.

PARTAGE LÉSIONNAIRE DE LA SOCIÉTÉ

En cas de partage lésionnaire de **plus du quart,** un complément de part est fourni à l'associé lésé, au choix des autres associés, soit en numéraire, soit en nature (C. civ. art. 889, al. 1). Cependant, l'action en complément de part n'est plus admise lorsqu'une transaction est intervenue à la suite du partage (art. 890, al. 2). 25335

SECTION 4

CONSÉQUENCES FISCALES DE LA DISSOLUTION ET DU PARTAGE DE LA SOCIÉTÉ

A. Droits d'enregistrement

1. DISSOLUTION ET LIQUIDATION DE LA SOCIÉTÉ

DISSOLUTION DE LA SOCIÉTÉ

25400 Lorsqu'il ne comporte **aucune transmission de biens** meubles ou immeubles entre les associés ou au profit d'autres personnes, l'acte de dissolution d'une société civile est dispensé de la formalité d'enregistrement s'il est sous signature privée (CGI art. 635, 1-5° a contrario) et soumis à enregistrement gratuit s'il est notarié (CGI art. 635, 1-1°).

Si l'acte de dissolution contient des **transmissions de biens ou** constate également le **partage** du fonds social (cas de dissolution-liquidation instantanée : n° 24610), ce sont les règles prévues en cas de liquidation (nos 25420 s.) ou de partage (nos 25500 s.) qui sont applicables.

LIQUIDATION DE LA SOCIÉTÉ

25420 La personnalité morale de la société subsiste **pendant la période de liquidation** (nos 24620 s.). Il en résulte par exemple que les droits possédés par les associés conservent le caractère de parts sociales ; s'ils vendent leurs parts, les associés sont redevables dans les conditions ordinaires des droits dus sur les cessions de parts (nos 21400 s.).

De même, la société continue d'avoir un patrimoine : la vente des biens sociaux est réputée faite par la société et non par les associés et elle donne ouverture aux droits de mutation à titre onéreux dans les conditions de droit commun.

25425 La personnalité morale de la société prend fin, en principe, au moment de la publication de la **clôture de la liquidation** et de la radiation de la société au registre du commerce et des sociétés (nos 25030 s.).

Les associés deviennent alors copropriétaires indivis des éléments de l'actif social et, par suite, les cessions de leurs droits (consenties avant le partage) constituent de véritables ventes passibles des droits de mutation au tarif prévu pour chacun des biens composant l'actif social. Cependant, en cas de **cession** (avant partage) **d'une part indivise des biens sociaux à un associé** (licitation), il convient de distinguer selon que la société est ou non passible de l'impôt sur les sociétés :

– si la société est passible de l'impôt sur les sociétés : même régime que celui qui est indiqué n° 25505 pour les biens ayant bénéficié lors de leur apport de l'exonération de droit, du droit fixe ou du taux réduit de 1 % ; pour les autres biens, droit de mutation sur les parts acquises comme pour les licitations ;

– si la société n'est pas passible de l'impôt sur les sociétés, combinaison du régime des licitations et de la théorie de la mutation conditionnelle des apports (nos 25545 s.) : pour les corps certains apportés par le cessionnaire, même régime qu'indiqué n° 25575 ; pour les corps certains apportés par d'autres associés, exigibilité du droit de vente selon la nature des biens, à moins que le cessionnaire ne soit l'héritier ou le donataire de l'apporteur ou n'ait acquis ses droits en ayant supporté le droit de mutation sur les biens correspondants ; pour les autres biens (acquêts sociaux et choses fongibles), droit de vente sur les parts acquises comme pour les licitations.

DISSOLUTION EN PRÉSENCE D'UN ASSOCIÉ UNIQUE

25440 L'**acte de dissolution ou la décision judiciaire** prononçant la dissolution est enregistré dans les conditions de droit commun exposées n° 25400.

25445 L'**appropriation de l'actif social par l'associé unique** consécutive à la dissolution n'est en principe soumise à aucune formalité. Si un acte constatant cette transmission est volontairement enregistré, il donne lieu au seul droit fixe de 125 € des actes innomés.

Par exception, des formalités sont obligatoires dans deux cas :
– lorsque l'actif social comprend des **immeubles.** La transmission de ces immeubles est obligatoirement soumise à la formalité fusionnée au service chargé de la publicité foncière dans le mois de sa réalisation (CGI art. 647, III). Il en résulte que l'acte notarié est obligatoire (C. civ. art. 710-1). La taxe de publicité foncière est due au taux de 0,70 %, à laquelle s'ajoute une imposition additionnelle (voir nº 11715). En outre, si l'associé unique se voit transmettre un immeuble qui avait été apporté par un autre associé, le droit de vente peut être dû en application de la théorie de la mutation conditionnelle des apports (nºs 25505 et 25545 s.) ;
– lorsque l'associé unique se voit transmettre des **biens meubles** (clientèle civile, par exemple) apportés par un autre associé et que la théorie de la mutation conditionnelle des apports a vocation à s'appliquer. Dans ce cas, la transmission doit être enregistrée ou déclarée dans le mois de sa date au service des impôts.

2. PARTAGE DE LA SOCIÉTÉ

Dès lors qu'un acte de partage est dressé, il doit être **enregistré** (CGI art. 635, 1-7º). **25500**
S'il n'y a que des **biens meubles,** l'enregistrement a lieu dans le délai d'un mois au service de l'enregistrement du service des impôts des entreprises (SIE) territorialement compétent : celui du lieu de la résidence du notaire si le partage est fait par acte notarié, celui du domicile de l'une des parties si le partage est fait par acte sous signature privée.
Si le partage porte sur des **immeubles** (exclusivement ou non), l'acte de partage fait l'objet de la formalité fusionnée, exécutée au service chargé de la publicité foncière, dans le délai d'un mois (CGI art. 647, III).
Les **droits exigibles** (droit de partage ou droit de mutation) dépendent du régime fiscal auquel était soumise la société.

a. Partage de sociétés civiles passibles de l'impôt sur les sociétés

Les actes de partage de sociétés passibles de l'impôt sur les sociétés donnent **en principe** **25505**
ouverture au droit de partage sur l'actif net partagé et au droit de mutation à titre onéreux sur le montant des soultes et plus-values.
Par exception, ce principe ne s'applique pas aux **biens soumis à la théorie de la mutation conditionnelle des apports,** c'est-à-dire aux biens (immeubles et droits immobiliers, clientèles civiles, droit à un bail ou à une promesse de bail portant sur un immeuble) qui ont bénéficié, lors de leur apport pur et simple à la société civile, d'une exonération de droit (nºs 3625 s.) ou de l'ancien droit fixe ou du taux réduit de 1 % (apports effectués avant 2000). S'ils sont attribués à un associé autre que celui qui les a apportés à la société, ces biens sont en principe soumis au droit de mutation à titre onéreux, et non au droit de partage (voir nº 25570). S'ils sont attribués à l'apporteur, aucun droit de mutation ou de partage n'est dû sous réserve de la perception de la taxe de publicité foncière en cas de reprise d'un immeuble ou d'un droit immobilier (voir nº 25575).
Les précisions suivantes sont données pour les cas où le **droit de partage est applicable.**

PARTAGE PUR ET SIMPLE

Lorsque chaque associé reçoit dans son lot l'équivalent de ses droits sociaux, seul est exigible le **25510**
droit de partage prévu à l'article 746 du CGI, au taux de 2,5 %.
Ce droit n'est dû que si le partage fait l'objet d'un acte (BOI-ENR-PTG-10-10 nº 90).
Pour en bénéficier, les associés doivent apporter la preuve que les valeurs comprises au partage étaient dans l'indivision (existence d'une société dissoute), qu'ils étaient associés et que les attributions faites sont conformes à leurs droits.
Le droit de partage est calculé sur le montant de l'**actif net partagé,** c'est-à-dire sur l'actif brut cumulé des biens français et étrangers, déduction faite du passif grevant la masse indivise (CGI art. 747). Pour la jurisprudence, l'actif net partagé s'entend de l'actif subsistant après paiement des dettes et remboursement du capital social. En revanche, les sommes correspondant aux primes d'émission et de fusion ainsi que les sommes provenant d'une réduction du montant nominal des parts sociales et inscrites à un compte de réserve indisponible (réserve de décapitalisation), qui n'ont pas été incorporées au capital social, ne peuvent pas être déduites de l'actif social pour le calcul de l'assiette du droit de partage (Cass. com. 26-9-2018 nº 16-24.070 : RJF 1/19 nº 97). La valeur taxable des biens partagés est leur valeur vénale réelle à la date de l'acte de partage ou celle fixée comme étant celle de la jouissance divise, sous réserve du cas de fraude ou d'erreur manifeste et à condition que le délai écoulé entre cette date et celle du partage soit peu important (BOI-ENR-AVS-30-20-10 nº 160).

Le passif est déductible, sans qu'il y ait lieu de le justifier ni de le détailler. Il comprend notamment les créances des tiers et des associés, les frais de liquidation et les impôts exigibles du fait de la liquidation (BOI-ENR-AVS-30-20-10 n° 170).

PARTAGE AVEC SOULTES OU PLUS-VALUES

25515 Lorsqu'un associé reçoit des valeurs sociales pour une somme excédant sa part, à charge pour lui d'acquitter le passif ou une part de celui-ci supérieure à celle qui lui incombe normalement, ou de verser une somme en argent à l'un ou plusieurs de ses associés, le **droit de mutation à titre onéreux** est dû soit sur ce qui excède sa part des dettes, soit sur le montant de la soulte. Il en va de même lorsque, en l'absence de toute soulte, certains lots présentent une plus-value sur les droits de leurs attributaires dans la masse partagée (BOI-ENR-AVS-30-20-10 n° 220).

Les soultes ou plus-values – après compensation, le cas échéant – sont taxées comme des ventes, selon la nature des biens composant le lot grevé de soulte ou de plus-value. Lorsque les biens sont de diverses natures, la soulte ou la plus-value est répartie entre les divers biens, proportionnellement à leur valeur respective (CGI art. 747).

Le montant des soultes ou des plus-values est déduit de l'actif net partagé pour l'**assiette du droit de partage.** Cependant, lorsque la soulte consiste en une inégale répartition du passif, on ne peut déduire à la fois son montant et l'intégralité du passif. Seul le passif est alors déduit (BOI-ENR-AVS-30-20-10 n° 330).

> **Précisions** Lorsqu'elle est imputable, en tout ou en partie, sur des **biens immobiliers soumis à la TVA,** la soulte ou la plus-value donne lieu au paiement de la TVA et au droit de vente (avec application, le cas échéant, du taux réduit ou du droit fixe : n° 11625) (BOI-ENR-AVS-30-20-10 n° 310).

b. Partage de sociétés civiles non passibles de l'impôt sur les sociétés

THÉORIE DE LA MUTATION CONDITIONNELLE DES APPORTS

25545 Le droit de mutation non perçu lors de l'apport pur et simple d'un bien (nos 3625 s.) devient rétroactivement exigible si les **biens** en cause sont **attribués,** lors du partage de la société, à un **associé autre que l'apporteur.** Peu importe que l'associé ait fait l'apport au moment de la constitution de la société ou d'une augmentation de capital ou encore qu'il ait, lors de l'acquisition des droits sociaux de l'apporteur, acquitté le droit de mutation à titre onéreux sur les biens représentés par les titres cédés, ou encore qu'il ait recueilli les droits sociaux en qualité d'héritier ou de donataire (BOI-ENR-AVS-30-10 n° 360).

En cas de **reprise du bien par l'apporteur,** ce dernier est censé n'avoir jamais cessé d'en être propriétaire et aucun droit n'est dû si l'opération n'est pas soumise à publicité foncière (reprise d'une clientèle civile, par exemple).

25550 La théorie de la mutation conditionnelle des apports s'applique uniquement aux **apports purs et simples de corps certains** (clientèles civiles, immeubles, etc.), à l'exclusion des apports de choses fongibles qui deviennent immédiatement la propriété de la société, et des acquêts sociaux (biens acquis à titre onéreux par la société, plus-values résultant pour les apports purs et simples soit d'impenses et constructions faites par la société, soit de l'industrie des associés telle que l'augmentation de la valeur de la clientèle, par exemple) (BOI-ENR-AVS-30-10 n° 350).

DROITS EXIGIBLES

25565 **Partage des acquêts sociaux** Il est soumis au droit de partage et, éventuellement, au droit de soulte, dans les conditions de droit commun exposées nos 25510 et 25515.

Pour bénéficier de ce régime, les associés doivent établir que les biens partagés ont été acquis par la société. L'**origine de propriété** peut résulter des énonciations du pacte social (pour les biens apportés à titre onéreux), des actes d'acquisition réalisés par la société et de tous modes de preuve compatibles avec la procédure écrite s'il s'agit d'une plus-value résultant d'impenses et de constructions faites par la société ou encore de l'exploitation sociale (BOI-ENR-AVS-30-20-20 n° 40).

25570 **Partage de corps certains apportés à titre pur et simple** L'**attribution à un associé autre que l'apporteur** d'un corps certain qui avait été apporté à titre pur et simple donne en principe ouverture au droit de vente (sauf application du régime de la TVA aux biens entrant dans le champ d'application de l'article 257, I du CGI). Le droit est calculé au tarif correspondant à la nature du bien attribué (pour les immeubles, droit de vente d'immeubles, voir nos 11600 s.) et sur la valeur totale du bien attribué et non pas seulement sur la part acquise par l'attributaire. Le tarif et la valeur vénale imposable sont déterminés en se plaçant à la date du partage (CGI art. 676).

Si une soulte est mise à la charge de l'associé attributaire, cette soulte ne donne ouverture à aucun droit, l'apport étant déjà assujetti en totalité au droit de vente en vertu de la théorie de la mutation conditionnelle des apports. Mais la valeur de l'apport ayant été retranchée de la masse partagée, la fraction de soulte, imputée sur cet apport, ne peut être déduite de cette masse pour le calcul du droit de partage (BOI-ENR-AVS-30-20-20 n° 170).

En cas de dissolution d'une société immobilière non passible de l'IS, l'attribution de l'immeuble à un associé autre que celui qui l'a apporté à titre pur et simple ne donne ouverture qu'au droit de partage (au lieu du droit de mutation) lorsque l'apport a été soumis à la TVA sur les opérations immobilières (BOI-ENR-AVS-30-20-20 n° 250).

Si les **biens sont attribués à l'apporteur** (ou à ses ayants cause à titre gratuit : héritiers ou donataires des parts sociales), celui-ci est réputé n'avoir jamais cessé d'en être propriétaire. Cette reprise ne donne donc ouverture ni au droit de mutation ni au droit de partage. S'il y a lieu à publicité foncière (reprise d'un immeuble ou d'un droit immobilier), la taxe de publicité foncière de 0,70 %, à laquelle s'ajoute l'imposition additionnelle (voir n° 11715), est perçue lors de la publication de l'acte de partage au service chargé de la publicité foncière. 25575

Si une soulte est stipulée à la charge de l'associé qui reprend son apport à titre pur et simple, cette soulte est, par application de la règle de l'imputation proportionnelle, imputée en totalité ou en partie sur cet apport. Elle ne donne ouverture à aucun droit ou taxe, mais, la valeur du bien ayant déjà été déduite de la masse partagée, la soulte imputée sur ce bien ne peut être retranchée de cette masse pour le calcul du droit de partage (BOI-ENR-AVS-30-20-20 n° 80).

> Précisions a. Lorsque le bien apporté a acquis une **plus-value à la suite d'impenses ou de constructions réalisées par la société,** cette plus-value constitue un acquêt social indivis entre les associés. Si le bien est attribué à l'associé qui en a fait l'apport, la plus-value prise par le bien est passible du droit de mutation à titre onéreux sur les parts acquises, et/ou de la TVA, selon le cas (BOI-ENR-AVS-30-20-20 n° 90).

b. L'attribution de son apport à un **apporteur** ayant **cessé d'être associé** est assimilé à une vente soumise au droit de mutation et/ou à la TVA, selon le cas (BOI-ENR-AVS-30-20-20 n° 100).

CAS PARTICULIERS

Échanges d'immeubles Lorsque, à la dissolution de la société, il est procédé au partage du fonds commun exclusivement immobilier et que l'un des associés reçoit des immeubles apportés par un autre à qui il est attribué des immeubles apportés par le premier, l'opération est taxée comme un échange, avec ou sans soulte, d'après les tarifs en vigueur et la valeur des immeubles à la date du partage, sous réserve de l'application de la TVA aux biens entrant dans le champ d'application de cette taxe (BOI-ENR-AVS-30-20-20 n° 180). 25590

Attribution au cessionnaire des parts sociales de l'apporteur Le droit de vente est exigible, même si l'attributaire a acheté en cours de société les parts de l'associé dont les apports sont attribués. 25600

Il en va différemment et le droit de mutation n'est pas exigible lors du partage lorsque l'attributaire a déjà acquitté les droits de mutation lors de l'acquisition des parts sociales de l'apporteur (voir n° 21445) (BOI-ENR-AVS-30-20-20 n° 210).

Partage d'un bien ayant fait l'objet d'un apport par des copropriétaires indivis Le partage d'un tel bien, lorsqu'il est fait **sans soulte** et qu'il a pour effet d'**attribuer à l'un des associés apporteurs la totalité du bien** apporté indivisément, donne ouverture, en vertu de la théorie de la mutation conditionnelle des apports, à l'impôt de mutation à concurrence seulement de la part acquise par l'attributaire dans le bien indivis, alors même que les autres apporteurs du bien indivis auraient été remplis de leurs droits au moyen d'autres valeurs également indivises dépendant de la société et notamment des acquêts sociaux. 25605

Mais cette règle n'est applicable que si l'un des associés reçoit la totalité des biens indivis apportés, les autres associés recevant des acquêts sociaux. Elle ne trouve pas à s'appliquer dans le cas où la **répartition porte sur les biens indivis eux-mêmes,** auquel cas le droit de mutation n'est pas dû. Ainsi, dans une espèce où les deux copropriétaires indivis d'un immeuble et d'un fonds de commerce avaient apporté le tout à la société et où, à la dissolution, il avait été attribué dans le partage, sans soulte ni retour, l'immeuble au premier associé, le fonds au second, il a été reconnu que le droit de partage était seul dû, dès lors que l'acte n'établissait aucune mutation d'apport entre les associés, mais se bornait à répartir entre eux, d'une manière conforme à leurs droits, les mises constatées dans le pacte social (BOI-ENR-AVS-30-20-20 n°s 230 et 240).

25610 Ces règles doivent se combiner avec celles prévues en cas de partage de succession ou de communauté conjugale et assimilé (CGI art. 748) et de licitations et cessions de droits successifs portant sur des biens successoraux ou de communauté conjugale et assimilés (CGI art. 750, II) et qui soumettent ces opérations au droit de partage.

C'est ainsi qu'en cas de **partage d'une société civile existant entre les descendants des apporteurs d'une propriété recueillie par succession,** titulaires de droits sociaux acquis à titre gratuit et d'autres acquis à titre onéreux, les reprises des biens apportés correspondant à ces parts peuvent être regardées comme des cessions de droits successifs immobiliers, assujetties à ce titre au seul droit de partage, dans la mesure où les titulaires des parts acquises à titre onéreux depuis la constitution de la société ont tous la qualité de descendants des membres originaires de l'indivision successorale dont dépendait la propriété mise en société de famille (BOI-ENR-AVS-30-20-20 n° 220 ; BOI-ENR-AVS-40-20 n° 170 ; BOI-ENR-PTG-20-10 n° 40).

Ces principes ont été également reconnus applicables dans le cas du **retrait d'un associé** d'une société civile (constituée entre héritiers d'un domaine agricole) équivalant à un **partage partiel** avec attribution d'un lot en nature correspondant aux parts initiales de cet associé et à d'autres parts acquises plus de trois ans après l'apport du domaine. Mais, selon l'administration, il convient dans ce cas de calculer le droit de partage non sur la valeur du lot attribué à l'associé sortant mais sur la valeur actuelle de l'intégralité de l'actif indivis d'origine (éventuellement accrue des acquêts sociaux attribués à l'associé sortant à concurrence de ses droits dans la société) (BOI-ENR-AVS-30-20-20 n° 110). Cette précision relative à l'assiette du droit de partage nous semble contraire au principe selon lequel une même convention ne peut être imposée qu'une seule fois (règle « non bis in idem »). L'administration devrait admettre que le droit perçu sur le partage partiel vienne en diminution de celui auquel donne ouverture le partage définitif (ou éventuellement les nouveaux partages partiels).

B. Impôts directs

PRINCIPES

25700 La dissolution d'une société civile est, quelle que soit sa cause, assimilée à une **cessation d'entreprise.**

Elle entraîne donc, en principe, l'imposition immédiate des bénéfices non encore taxés ainsi que la taxation des plus-values dégagées par la cession ou l'attribution aux associés des éléments de l'actif.

25705 Les **éléments** immédiatement **imposables** comprennent :

– les bénéfices d'exploitation réalisés entre la fin du dernier exercice déjà taxé et la date de la dissolution ; ceux-ci sont déterminés dans les conditions de droit commun ;

– les bénéfices en sursis d'imposition (par exemple : provisions constituées en franchise d'impôt par la société dissoute et devenues sans objet du fait de la dissolution, fraction non encore taxée des plus-values à court terme réalisées antérieurement, créances acquises et non encore recouvrées en cas d'activité libérale...) ; ces bénéfices sont en principe rattachés au résultat d'exploitation ;

– les plus-values (ou moins-values) constatées sur les éléments de l'actif immobilisé, soit à l'occasion de leur vente à des tiers, soit lors de leur attribution en nature aux associés ; pour les sociétés exerçant une activité professionnelle et pour celles soumises à l'IS, la taxation est alors établie selon le régime des plus-values professionnelles (nos 9610 s. et 10160 s.).

25710 La société dissoute doit souscrire une **déclaration des bénéfices** (BA ou BIC réels, BNC) dans un délai de 60 jours à partir de la cessation des opérations (CGI art. 201 et 202).

Selon l'administration, il s'agit d'un délai non franc. La déclaration doit donc parvenir au service des impôts avant l'expiration du 60e jour suivant celui de la liquidation (BOI-BIC-CESS-40 nos 1 à 20).

25715 En pratique, la dissolution de la société étant suivie de sa liquidation, la cessation d'entreprise ne produit ses effets qu'à la date de **clôture des opérations de liquidation** (en effet, la personnalité morale de la société subsiste jusqu'à la clôture de la liquidation). C'est donc seulement après l'approbation des comptes définitifs des liquidateurs que ceux-ci doivent déclarer, dans le délai de 60 jours, le résultat final de la liquidation. Notamment, en cas de liquidation d'une société civile exerçant une activité relevant des BNC, l'approbation des comptes définitifs du liquidateur marque le point de départ du délai de la déclaration des bénéfices prévue par l'article 202 du CGI (CE 25-6-2021 n° 440982 : RJF 10/21 n° 920).

Une société en liquidation judiciaire n'est tenue ni de clôturer par anticipation l'exercice en cours à la date à laquelle le jugement de liquidation judiciaire est prononcé ni d'établir à cette date les déclarations fiscales relatives à cet exercice (CE 10-4-2015 n° 317765 : RJF 7/15 n° 570).

En cas de **liquidation prolongée,** les comptes produits par le liquidateur au cours de la période de liquidation ne sont que des comptes provisoires et seul le compte dressé au moment de la clôture des opérations est un compte définitif. Par suite, les conditions d'établissement des impositions dues par la société en liquidation sont les suivantes. **25720**

a. Pendant la durée de la liquidation, le liquidateur doit déclarer, pour chaque année, le montant des bénéfices réalisés, y compris les plus-values résultant de la vente des éléments de l'actif. Des impositions provisoires sont alors établies chaque année sur la base de ces déclarations.

b. Après la clôture des opérations de liquidation, le liquidateur doit déclarer le résultat final de la liquidation.

Si ce résultat fait apparaître un bénéfice supérieur au total des bénéfices imposés au cours de la liquidation, la différence est immédiatement imposée ; dans le cas contraire, un dégrèvement est accordé à la société (BOI-BIC-CESS-30-10 n° 10).

Dans les 60 jours de la clôture des opérations de liquidation, la société doit régulariser sa situation au regard des **taxes assises sur les salaires** (si elle est redevable de ces taxes) : taxe sur les salaires et participation à l'effort de construction (n°s 12300 s.). **25725**

La **contribution économique territoriale** en vigueur en 2023, puis la seule cotisation foncière des entreprises à compter de la suppression de la cotisation sur la valeur ajoutée des entreprises (voir n° 12100, attention), cessent en principe d'être dues à partir du jour où la société met fin définitivement à son activité (n° 12170).

SOCIÉTÉS CIVILES PASSIBLES DE L'IMPÔT SUR LES SOCIÉTÉS

Imposition des bénéfices et du boni de liquidation La société doit procéder elle-même à la liquidation de l'impôt sur les sociétés et verser spontanément le solde restant dû (après déduction des acomptes déjà versés) au comptable public dans les conditions de droit commun (n° 10350). **25740**

La **répartition entre les associés** du produit de la liquidation s'effectue en franchise d'impôt dans la mesure où l'actif net réparti n'excède pas le montant des apports réels ou assimilés consentis à la société. En revanche, la différence entre le montant de la répartition et celui des apports représente le **boni de liquidation** à inclure dans les bases de l'impôt personnel dû par les associés en tant que revenu distribué (n°s 10417 s.). **25745**

Cependant, les associés qui ont acquis leurs **titres** en cours de société à un **prix supérieur au montant des apports** (soit en général à leur valeur nominale) ne sont imposables que sur la différence entre les sommes réparties au titre du boni et le prix (ou la valeur) d'acquisition de ces titres (CGI art. 161).

> Précisions a. Si la **répartition** de l'actif a lieu **en plusieurs fractions,** les premières attributions sont réputées avoir pour objet le remboursement des apports ; le boni de liquidation ne commence à être imposé qu'après ce remboursement.

b. Lorsqu'il remplit les conditions pour être considéré comme un revenu exceptionnel, le boni de liquidation peut bénéficier de la taxation selon le **système du quotient** prévu à l'article 163-0 A du CGI.

c. Lorsque la liquidation d'une société fait apparaître non pas un boni, mais au contraire une **perte** pour les associés (non-remboursement de tout ou partie de leurs apports), cette perte, qui ne constitue pas un déficit déductible mais une perte en capital, ne peut pas être retranchée du revenu imposable des intéressés. À noter cependant que le Conseil d'État a admis de traiter un mali comme un déficit et non comme une perte en capital en autorisant, au niveau du foyer fiscal, l'imputation du mali subi par l'un des époux sur le boni réalisé par l'autre à raison de la même opération (CE 29-4-2002 n° 212408 : RJF 7/02 n° 754).

SOCIÉTÉS CIVILES NON PASSIBLES DE L'IMPÔT SUR LES SOCIÉTÉS

L'imposition des bénéfices non encore taxés et des plus-values latentes à laquelle la dissolution donne lieu, dans les conditions exposées ci-dessus (n°s 25700 s.), est établie, comme pendant l'existence de la société, non pas au nom de la société mais au nom de chaque associé pour la part correspondant à ses droits dans la société. **25770**

Les modalités d'imposition sont les mêmes que celles qui régissent l'imposition des bénéfices et des plus-values réalisés pendant le fonctionnement de la société civile (voir n°s 9505 s.).

SECTION 5

LA PRESCRIPTION DES ACTIONS CONTRE LES ASSOCIÉS

DOMAINE DE LA PRESCRIPTION DES ACTIONS CONTRE LES ASSOCIÉS

26000 Aux termes de l'article 1859 du Code civil, « toutes les actions contre les associés non liquidateurs ou leurs héritiers et ayants cause se prescrivent par cinq ans à compter de la publication de la dissolution de la société ».

Cette prescription ne s'applique qu'aux **actions intentées par des tiers** (créanciers sociaux) **contre des associés** pris individuellement. Elle ne joue donc pas :

– en cas d'action d'un associé contre la société, un autre associé ou le liquidateur ;

– en cas d'action par la société contre un associé (Cass. 3e civ. 11-6-2013 n° 11-25.630 : RJDA 10/13 n° 814), mais la société dissoute peut, conformément au droit commun (C. civ. art. 2224), agir en paiement contre l'associé pendant cinq ans à compter du jour où sa créance est devenue exigible ;

– en cas d'action par un créancier contre la société ou le liquidateur pris en cette qualité (voir Cass. civ. 27-5-1914 : J. soc. 1915 p. 100), ce qui n'est pas le cas du liquidateur pris en sa seule qualité d'associé (Cass. com. 22-2-2005 n° 262 : RJDA 6/05 n° 707 ; Cass. com. 15-3-2011 n° 10-10.601 : RJDA 5/11 n° 428) ;

– en cas d'action d'un créancier personnel d'un associé contre celui-ci (CA Paris 15-3-2002 : Dr. sociétés 2002 n° 149 note F.-X. Lucas, à propos d'une action en recouvrement de cotisations sociales propres à l'associé).

POINT DE DÉPART DE LA PRESCRIPTION DES ACTIONS CONTRE LES ASSOCIÉS

26001 Le délai de prescription court à compter de la publication de la dissolution de la société (C. civ. art. 1859) sans distinguer selon que le créancier dispose ou non à cette date d'un titre contre la société (Cass. 3e civ. 9-6-1999 n° 97-19.181 : RJDA 3/00 n° 298 ; Cass. 3e civ. 26-9-2007 n° 05-18.842 : RJDA 1/08 n° 51).

Lorsqu'une créance naît après la date de publication de la dissolution, le point de départ de la prescription n'est pas pour autant modifié (Cass. com. 13-12-2011 n° 11-10.008 : RJDA 4/12 n° 416, solution revenant à considérer le délai plutôt comme une forclusion que comme une prescription, ce qui va dans le sens d'une plus grande sécurité juridique des associés).

Toutefois, lorsque la société est dissoute par l'effet d'un jugement de clôture pour insuffisance d'actif (C. civ. art. 1844-7, 7°), la prescription ne court qu'à compter de la publication de ce jugement au Bodacc (Cass. com. 8-3-2005 n° 393 : RJDA 6/05 n° 723 ; Cass. com. 12-12-2006 n° 04-17.187 : RJDA 5/07 n° 486, décisions rendues sous l'empire du régime antérieur à l'ord. 2014-326 du 12-3-2014 qui prévoyait la dissolution de la société dès le jugement ordonnant la liquidation judiciaire mais transposables).

INTERRUPTION DE LA PRESCRIPTION DES ACTIONS CONTRE LES ASSOCIÉS

26002 La prescription est interrompue, selon le droit commun, par une assignation, une saisie, une reconnaissance de dette, etc. (C. civ. art. 2240 s.). Après chaque acte interruptif, un nouveau délai de cinq ans recommence à courir (C. civ. art. 2231).

CHAPITRE 2

LES SANCTIONS CIVILES DES IRRÉGULARITÉS

SOMMAIRE

GÉNÉRALITÉS

Soucieux de limiter les annulations en matière de sociétés, le législateur a prévu qu'il n'y a nullité ou annulabilité de l'acte vicié que dans la mesure où les textes le prévoient et la Cour de cassation contrôle de façon stricte le respect du principe « pas de nullité sans texte » et l'existence du fondement juridique justifiant les décisions d'annulation. 26500

En l'absence de texte prévoyant une nullité, la sanction des irrégularités est fonction des **distinctions** suivantes. 26501

1. L'énonciation incomplète des mentions devant figurer dans les statuts, soit à la constitution de la société, soit à la suite d'une modification statutaire, ainsi que l'omission ou l'accomplissement irrégulier d'une formalité prescrite pour la constitution de la société ou pour une modification statutaire ouvrent à tout intéressé une **action en régularisation** et une action en responsabilité contre les auteurs de l'irrégularité (C. civ. art. 1839 et 1840).

2. Les irrégularités des actes ou délibérations, autres que l'acte constitutif de la société ou les actes modificatifs des statuts, ouvrent à tout intéressé une **action en responsabilité** contre les auteurs du vice, soit en vertu des règles de responsabilité des dirigeants de sociétés, soit en vertu du droit commun de la responsabilité.

3. La **clause** contraire à une disposition impérative du Titre IX du Livre III du Code civil (art. 1832 à 1873) est **réputée non écrite.**

SECTION 1

NULLITÉS

CARACTÉRISTIQUES DES NULLITÉS

Les nullités sont considérées comme une **sanction exceptionnelle** des irrégularités commises lors de la constitution et du fonctionnement de la société. En effet, les causes de nullité sont limitativement déterminées par la loi ; en outre, l'exercice de l'action en nullité est lui-même enfermé dans une réglementation étroite tendant à éviter, le plus possible, le prononcé de la nullité ; enfin, les conséquences de la nullité sont limitées. 26600

A. Causes de nullité

PRINCIPE

26605 Les causes de nullité sont déterminées par l'article 1844-10 du Code civil en fonction d'une distinction fondamentale entre, d'une part, l'acte constitutif de la société, d'autre part, les actes ou délibérations des organes de la société, y compris ceux modifiant les statuts.

À la différence des sociétés commerciales (C. com. art. L 235-1), les modifications statutaires ne sont pas soumises aux mêmes causes de nullité que l'acte constitutif de la société. Il s'ensuit que ces modifications pourront être annulées plus souvent que la société elle-même, bien qu'elles touchent à des aspects fondamentaux de la société auxquels se fient les tiers (objet social, durée, capital, etc.).

1. CAUSES DE NULLITÉ DE LA SOCIÉTÉ

26610 Aux termes de l'article 1844-10, al. 1 du Code civil, « la nullité de la société ne peut résulter que de la violation des dispositions des articles 1832 et du premier alinéa des articles 1832-1 et1833, ou de l'une des causes de nullité des contrats en général ».

Ce texte prévoit donc deux séries de causes de nullité que nous examinerons successivement.

NULLITÉ RÉSULTANT DE LA VIOLATION DES ARTICLES 1832, 1832-1, AL. 1 ET 1833, AL. 1 DU CODE CIVIL

26615 **Violation de l'article 1832 du Code civil** L'absence de l'un des éléments caractéristiques du contrat de société, tels qu'ils ressortent de la définition de l'article 1832 du Code civil (pluralité d'associés, apports, partage des bénéfices, des économies ou des pertes, affectio societatis), est une cause de nullité de la société. A ainsi été annulée la décision adoptée par l'assemblée d'une SCI à laquelle avaient participé et voté des personnes qui n'avaient pas la qualité d'associé (Cass. 3e civ. 8-7-2015 nº 13-27.248 : RJDA 4/16 nº 291).

En pratique, cette règle permet essentiellement l'annulation des sociétés fictives.

En effet, une société fictive est une société nulle et non pas inexistante (Cass. com. 16-6-1992 nº 1144 : RJDA 1/93 nº 27 ; Cass. com. 22-6-1999 nº 1285 : RJDA 10/99 nº 1077). Par suite, l'action tendant à faire constater cette fictivité est soumise à la prescription triennale prévue par l'article 1844-14 du Code civil pour les actions visant la nullité de la société ou des actes et délibérations postérieurs à la constitution (CA Paris 1-12-1992 : Bull. Joly 1993 p. 323, note B. Saintourens). Sur l'incidence du caractère frauduleux de la fictivité sur la prescription, voir nº 26820.

26620 **Violation de l'article 1832-1, al. 1 du Code civil** Depuis le 1er juillet 1986 (Loi 85-1372 du 23-12-1985), la société n'est plus annulable lorsque deux **époux** sont, l'un et l'autre, indéfiniment et solidairement responsables des dettes sociales (C. civ. art. 1832-1, al. 1).

26625 **Violation de l'article 1833, al. 1 du Code civil** Une société peut être annulée si elle a un **objet social illicite** (nos 860 s.).

La nullité peut aussi être prononcée si la société n'est pas « constituée dans l'**intérêt commun des associés** ». Tel est le cas, notamment, d'une société fictive puisque cette société, destinée à servir les desseins d'une seule personne, n'est pas constituée dans l'intérêt des autres associés.

CAUSES DE NULLITÉ DES CONTRATS EN GÉNÉRAL

26640 Certaines causes de nullité résultent de la violation des **conditions de validité des contrats.** La nullité peut ainsi résulter du défaut de consentement des parties, de l'incapacité de contracter ou du défaut de contenu licite et certain du contrat (C. civ. art. 1128).

D'autres causes de nullité résultent de la violation des **règles générales applicables aux contrats** : fraude ou abus du droit.

> **Précisions** **a.** Pour un exemple de rejet d'une action en nullité pour **violence** morale alléguée par le souscripteur de parts d'une SCI, voir CA Paris 3-11-1998 : Bull. Joly 1999 p. 289, note B. Saintourens.

b. L'interdiction de la **fraude** (souvent aussi considérée comme une cause illicite) est un principe général du droit dont l'application a été admise de tout temps et qui n'est nullement contestée aujourd'hui. Mais la nullité de la société pour fraude ne peut être prononcée que si tous les associés ont participé à la fraude (Cass. com. 28-1-1992 nº 175 : RJDA 4/92 nº 350, rendu en matière de société commerciale mais transposable).

Il en est de même de la défense d'**abuser de son droit**, étant observé que cette règle est en pratique susceptible d'être appliquée plutôt aux actes des organes de la société qu'au contrat de société lui-même.

2. CAUSES DE NULLITÉ DES ACTES OU DÉLIBÉRATIONS DES ORGANES DE LA SOCIÉTÉ

Selon l'article 1844-10, al. 3 du Code civil, « la nullité des actes ou délibérations des organes de la société ne peut résulter que de la violation d'une disposition impérative du présent Titre, à l'exception du dernier alinéa de l'article 1833, ou de l'une des causes de nullité des contrats en général ». **26660**

VIOLATION D'UNE DISPOSITION IMPÉRATIVE DE LA LOI

Actes ou délibérations annulables Par **« acte »,** il faut considérer toute manifestation de volonté émanant de la société destinée à produire des effets de droit : par exemple, les actes des représentants légaux de la société. **26665**

Par **« délibération »,** il faut entendre toute décision émanant de la collectivité des associés, qu'elle soit prise en assemblée, par consultation écrite ou par un acte distinct.

Notion de « disposition impérative » Au sens strict, est impérative toute disposition que le législateur qualifie expressément d'ordre public ou à propos de laquelle il interdit ou répute non écrite toute clause contraire. **26670**

Diverses dispositions du **Code civil** relatives aux sociétés sont, en fonction de ce critère, considérées comme impératives. Il en est ainsi dans les cas suivants :

- interdiction d'augmenter les engagements d'un associé sans son accord (art. 1836, al. 2 ; voir art. 1871, al. 2) ;
- droit pour tout associé et, en cas de démembrement de propriété de droits sociaux, pour l'usufruitier de participer aux décisions collectives (art. 1844, al. 1 et 3 ; voir art. 1871, al. 2) ;
- interdiction des clauses léonines (art. 1844-1, al. 2 ; voir art. 1871, al. 2) ;
- règles relatives au rachat des parts d'un associé en cas de refus d'agrément de l'acquéreur proposé (art. 1862 et 1863 ; voir art. 1864).

ATTENTION

Le fait qu'une disposition légale autorise l'aménagement statutaire de la règle qu'elle édicte ne suffit pas à la priver d'une portée impérative (Cass. com. 19-3-2013 n° 12-15.283 F-PB : RJDA 6/13 n° 533 ; Cass. 3e civ. 5-1-2022 n° 20-17.428 FS-B : RJDA 4/22 n° 205 ; Cass. com. 12-10-2022 n° 21-15.407 F-D : RJDA 1/23 n° 36).

Toutefois, dans la théorie générale des nullités, la disposition impérative n'est pas seulement celle qui est expressément déclarée obligatoire mais celle qui édicte une prescription positive, par rapport à la disposition prohibitive qui contient une interdiction. C'est pourquoi, comme dans les sociétés commerciales, il appartient **au juge de dire** si telle ou telle disposition de la loi doit être considérée comme impérative au sens de l'article 1844-10, al. 3 du Code civil. Aussi les dispositions impératives ne peuvent-elles être connues avec exactitude qu'au fur et à mesure que les tribunaux sont appelés à se prononcer. Ont été jugés impératifs la règle prévoyant que la modification des statuts d'une société est décidée à l'unanimité des associés, sauf clause statutaire contraire (C. civ. art. 1836, al. 1 ; Cass. 3e civ. 8-7-2015 n° 13-14.348 : RJDA 10/15 n° 663) et le principe d'unanimité prévu par l'article 1852 du Code civil, à défaut de dispositions statutaires, pour prendre des décisions collectives excédant les pouvoirs reconnus au gérant (Cass. 3e civ. 5-1-2022 n° 20-17.428 FS-B : RJDA 4/22 n° 205).

Précisons que les juges sont tenus de donner le fondement juridique justifiant l'annulation de la décision dont la régularité est contestée (en ce sens, Cass. com. 20-9-2017 n° 15-22.735 F-D : RJDA 1/18 n° 36).

En tout état de cause, il ne faut pas, à notre avis, considérer a priori que toutes les dispositions du Code civil sont impératives à l'exception de celles pour lesquelles la loi prévoit expressément une dérogation (en sens contraire, P. Bézard, Sociétés civiles n° 512).

Certes, les travaux préparatoires de la loi de réforme des sociétés civiles pourraient conduire à la conclusion inverse. Commentant le deuxième alinéa de l'article 1835 du projet, devenu l'article 1844-10, al. 2 (« toute clause contraire à une disposition impérative du présent Titre, dont la violation n'est pas sanctionnée par la nullité, est réputée non écrite »), M. Dailly, rapporteur au Sénat, s'est exprimé dans les termes suivants : « Il semble résulter de la rédaction du projet que ses dispositions sont d'ordre public, toutes les fois que la possibilité d'y déroger n'est pas expressément prévue. Encore convient-il de le préciser expressément et de réputer non écrite toute clause contraire » (JO déb. Sén. 5-11-1976 p. 3012). Mais il s'agit là d'une « impression ». À la lettre, l'article 1844-10, al. 2 prévoit seulement une sanction pour la violation des dispositions impératives du Code civil ; il ne précise pas quelles sont ces dispositions impératives. Si le législateur avait voulu rendre impératives, par principe, toutes les dispositions du Code civil relatives aux sociétés, il lui était loisible de le préciser comme il n'a pas manqué de le faire dans l'article 1871, al. 2 à propos de certains textes énumérés dans cet article.

26675 La nullité ne peut résulter, précise l'article 1844-10, al. 3 du Code civil, que de la violation d'une disposition impérative du « présent Titre », c'est-à-dire du Titre IX du Livre III du Code civil couvrant les articles 1832 à 1873, à l'**exception du dernier alinéa de l'article 1833.** La violation des dispositions de ce dernier texte, relatives à la prise en compte de l'intérêt social et des enjeux sociaux et environnementaux de l'activité et expressément qualifiées d'exceptions, n'est donc pas sanctionnée par la nullité des actes ou délibérations sociales.

ILLUSTRATIONS

Une décision d'approbation des comptes sociaux ne peut pas être annulée pour violation d'une règle du Code général des impôts imposant que l'option pour l'impôt sur les sociétés soit signée par tous les associés avant sa notification à l'administration fiscale. Cette irrégularité, dont il n'est pas justifié qu'elle a porté atteinte à l'intérêt de la société, ne constitue ni la violation d'une telle disposition ni une cause de nullité des contrats (CA Versailles 1-4-2010 n° 09-3749 : RJDA 10/10 n° 975).

26676 Devant une formulation aussi nette de l'article 1844-10, al. 3 du Code civil, on pourrait considérer qu'aucune **disposition impérative ayant sa source dans un autre texte** que les articles 1832 à 1873 du Code civil (à l'exception du dernier alinéa de l'article 1833) ne peut être retenue pour fonder une cause de nullité en matière de sociétés civiles. Néanmoins, la chambre mixte de la Cour de cassation s'est prononcée en faveur du caractère impératif de l'article 40 du décret 78-704 du 3 juillet 1978 en jugeant, sur le fondement de ce texte et des articles 1844, al. 1 et 1844-10, al. 3 du Code civil, que les associés de sociétés civiles devaient être convoqués, à peine de nullité en cas de grief, 15 jours au moins avant la réunion de l'assemblée, par lettre recommandée (Cass. ch. mixte 16-12-2005 n° 236 : RJDA 3/06 n° 297). À notre avis, la portée de la solution, liée au droit de tout associé de participer aux décisions collectives (C. civ. art. 1844, al. 1), ne saurait être étendue de manière automatique aux autres dispositions du **décret 78-704.**

> Précisions a. Cette solution a mis un terme à la divergence qui opposait les première et troisième chambres civiles de la Cour de cassation sur la question du caractère impératif ou non des dispositions du décret 78-704 pris pour l'application du Titre IX du Code civil, en particulier de celles de l'article 40, fixant les **modalités de convocation des associés** aux assemblées générales. En effet, alors que la première chambre civile avait répondu par l'affirmative (Cass. 1e civ. 4-10-1988 : Bull. civ. I n° 271), la troisième chambre civile considérait, à l'inverse, que les modalités de convocation des associés aux assemblées générales n'étaient pas prescrites par des dispositions impératives du Titre IX du Code civil et avait en conséquence censuré la décision d'une cour d'appel prononçant la nullité de plusieurs assemblées générales d'une société civile pour irrégularité de la convocation des associés (Cass. 3e civ. 11-10-2000 n° 1389 : RJDA 3/01 n° 337).
b. Signalons que la troisième chambre civile a jugé que le non-respect des dispositions de l'article 44 du décret 78-704 (**signature par le gérant des procès-verbaux** constatant les délibérations des associés) ne constituait pas la violation d'une disposition impérative devant entraîner l'annulation de la délibération des associés (Cass. 3e civ. 19-7-2000 n° 1239 : RJDA 12/00 n° 1122).

CAUSES DE NULLITÉ DES CONTRATS EN GÉNÉRAL

26690 Les règles exposées à propos de la nullité de la société sont transposables aux actes et délibérations de ses organes car la loi se réfère dans les deux cas aux « causes de nullité des contrats en général ». En matière de décision collective, l'abus du droit de vote ou la **fraude** peuvent notamment justifier l'annulation d'une délibération.

ILLUSTRATIONS

Ont été annulées :
– une assemblée générale ayant décidé une augmentation de capital qui avait entraîné la dilution de la participation d'un associé, car elle avait été réunie alors que la société, qui était en relation avec lui, savait qu'il était en voyage et n'avait pas pris soin de l'avertir (CA Aix-en-Provence 13-12-2012 n° 11-16034 : RJDA 4/13 n° 328 rendu en matière de société commerciale mais transposable) ;
– une assemblée générale extraordinaire ayant décidé un coup d'accordéon qui n'était pas nécessaire à la survie de la société, les pertes de l'exercice précédent ne reflétant la situation réelle de la société, et alors que le délai imposé à l'associé minoritaire pour souscrire à l'augmentation de capital était anormalement bref, ce dont il se déduisait que l'opération avait pour objectif d'exclure celui-ci et non de préserver l'intérêt social (Cass. com. 7-5-2019 n° 17-18.785 F-D : RJDA 8-9/19 n° 559 ; pour un autre exemple, Cass. com. 11-1-2017 n° 14-27.052 F-D : RJDA 3/17 n° 181 ; arrêts rendus en matière de société commerciale mais transposables) ;
– une assemblée générale convoquée en violation grossière d'une ordonnance du juge des référés ajournant une précédente assemblée qui avait en partie le même ordre du jour (CA Bordeaux 10-1-2023 n° 22/01177 : RJDA 7/23 n° 375 rendu en matière de société commerciale mais transposable).

En revanche, n'a pas été annulée une assemblée générale ayant décidé une augmentation de capital car cette décision n'avait pas été prise en fraude des droits du minoritaire demandeur. En effet, il avait été convoqué à l'assemblée et n'avait pas été empêché de souscrire ; en outre, la dilution de sa participation avait été faible (Cass. com. 5-4-2018 n° 16-18.772 F-D : RJDA 8-9/18 n° 651 rendu en matière de société commerciale mais transposable).

Pour l'application de l'article 1844-10, al. 3 du Code civil, il a été jugé que l'**inobservation d'une clause des statuts** n'est pas sanctionnée par la nullité (Cass. 3e civ. 19-7-2000 n° 1239 : RJDA 12/00 n° 1122 ; Cass. 3e civ. 13-4-2010 n° 09-65.538 : RJDA 7/10 n° 764), sous réserve des cas dans lesquels il a été fait usage de la faculté ouverte par une disposition impérative d'aménager conventionnellement la règle posée par celle-ci (Cass. com. 19-3-2013 n° 12-15.283 : RJDA 6/13 n° 533). La nullité est donc encourue en cas de non-respect d'une clause des statuts qui constitue le prolongement d'une disposition légale impérative. Peut ainsi être sanctionnée par la nullité l'inobservation d'une clause imposant la majorité pour modifier les statuts par dérogation à la règle de l'unanimité requise dans ce cas (Cass. 3e civ. 8-7-2015 n° 13-14.348 : RJDA 10/15 n° 663 ; Cass. 3e civ. 5-1-2022 n° 20-17.428 FS-B : RJDA 4/22 n° 205) ou fixant le mode de consultation des associés en cas de vacance de la gérance (Cass. 3e civ. 26-10-2017 n° 16-22.781 F-D : RJDA 1/18 n° 37).

> Précisions Lorsque la fraude tend à porter atteinte aux droits de tiers et notamment de créanciers, ceux-ci peuvent obtenir en justice que la modification statutaire leur soit déclarée **inopposable** (C. civ. art. 1341-2 ; pour un exemple, Cass. 1re civ. 6-7-2022 n° 21-15.886 F-D : RJDA 11/22 n° 656).

B. Action en nullité

DROIT D'AGIR EN NULLITÉ

Personnes habilitées à agir en nullité Lorsque la nullité sanctionne un vice de portée 26800
générale (**nullité absolue**), toute personne justifiant d'un intérêt légitime peut agir en nullité (C. civ. art. 1180, al. 1). Ce sera le cas des associés, des créanciers de la société, des gérants. Il en est de même des commissaires aux comptes, mais leur intérêt légitime à agir ne peut pas consister dans le maintien de leur mandat (Cass. com. 7-10-1997 n° 95-20.017 : Bull. Joly 1997 p. 1053, note P. Le Cannu).

Le ministère public est expressément habilité à agir (C. civ. art. 1180, al. 1).

Lorsque la nullité a pour objet la protection d'intérêts particuliers, ceux d'une personne déterminée ou ceux d'un groupe de personnes (**nullité relative**), seule la personne dont la loi a voulu assurer la protection peut agir en nullité (C. civ. art. 1181, al. 1). Ce droit pourrait aussi être reconnu aux créanciers se prévalant de l'action oblique (C. civ. art. 1341-1).

> Précisions **a.** Tout **associé** peut se prévaloir du **défaut de convocation** d'un autre associé à l'assemblée pour obtenir l'annulation de décisions prises par cette assemblée (Cass. 3e civ. 21-10-1998 n° 1257 : RJDA 12/98 n° 1371 ; Cass. com. 8-2-2005 n° 183 : RJDA 6/05 n° 724, qui précise toutefois qu'il en va autrement lorsque tous les associés sont présents ou représentés). Mais un dirigeant non associé est irrecevable à invoquer la violation des dispositions régissant la convocation des associés (Cass. com. 17-12-2002 n° 2140 : RJDA 5/03 n° 506 et CA Paris 15-2-2008 n° 07-14454 : RJDA 7/08 n° 818, rendus en matière de SARL mais transposables). N'est pas non plus recevable l'action en nullité formée par un associé qui n'invoque un défaut de convocation qu'en ce qui le concerne dès lors qu'il a participé à l'assemblée (Cass. com. 8-2-2005 précité).

b. Un associé peut **agir** en nullité d'une délibération **même si** :
– il a voté en faveur de cette dernière (Cass. 3e civ. 19-7-2000 n° 1239 : RJDA 12/00 n° 1122 ; Cass. com. 13-11-2003 n° 1535 : RJDA 5/04 n° 560 ; Cass. com. 4-12-2012 n° 11-27.667 : RJDA 2/13 n° 138) ;
– le nombre de voix dont il dispose était insuffisant pour faire échec à la décision contestée (Cass. 3e civ. 8-7-2015 n° 13-27.248 : RJDA 4/16 n° 291) ;
– l'acte attaqué est antérieur à son entrée dans la société (voir Cass. com. 4-7-1995 n° 1508 : RJDA 8-9/95 n° 994, à propos d'une société commerciale).

c. L'action en nullité semble recevable même si l'associé a **pris part à l'irrégularité** (Cass. com. 26-5-2009 n° 08-13.611 F-D : Bull. Joly 2009 p. 965 note J.-F. Barbièri, à propos d'une société commerciale). Il a toutefois été précédemment jugé qu'un scrutateur qui refuse de signer le procès-verbal d'une assemblée ne peut pas se prévaloir de son abstention personnelle pour soutenir ensuite que les dispositions du décret sur les sociétés commerciales n'ont pas été respectées (Cass. com. 1-12-1975 : Bull. civ. IV n° 287).

d. Le **locataire d'un immeuble** loué par une société civile en violation d'une clause statutaire soumettant la conclusion du bail à l'autorisation des associés ne peut, pas plus qu'un associé de la société, agir en nullité du bail pour défaut de consentement de la société : la nullité d'une convention pour absence de consentement, qui vise à protéger l'intérêt de la partie dont le consentement n'a pas été valablement donné, étant une nullité relative, seule la société peut l'invoquer (Cass. com. 23-10-2019 n° 18-11.425 F-D : RJDA 3/20 n° 149).

e. Une **société concurrente** n'a pas qualité à agir en nullité d'une société créée par une association sur le fondement de la violation de l'objet de l'association, cette violation relevant du fonctionnement de l'association et ne préjudiciant qu'à celle-ci ou à ses membres (CA Paris 23-2-2023 n° 22/04753 : RJDA 7/23 n° 377, à propos d'une société commerciale mais transposable).

26806 **Conditions d'exercice de l'action en nullité** L'action en nullité doit être exercée de bonne foi et le demandeur ne doit pas **abuser** de son **droit d'agir** en justice. A ainsi été condamné à verser des dommages-intérêts à sa société l'associé minoritaire qui avait agi en nullité d'une assemblée dans l'unique dessein de nuire à la société (Cass. com. 3-6-2003 n° 931 FS-P : RJDA 10/03 n° 963).

L'action en nullité doit être écartée lorsque celui qui l'exerce est censé y avoir **renoncé** : en effet, une partie peut toujours, après la naissance de son droit, renoncer à l'application d'une loi, fût-elle d'ordre public (Cass. 3e civ. 27-10-1975 : Bull. civ. III n° 310).

> **Précisions** Conformément au droit commun, une telle **confirmation** n'est possible qu'en cas de nullité relative (C. civ. art. 1181, al. 2). Par suite, un contrat passé par une société avant son immatriculation, frappé de nullité absolue, n'est pas susceptible de confirmation ou de ratification par un acte unilatéral, exprès ou tacite, de la société après l'immatriculation ; en l'absence de démarche des parties exprimant leur intention de procéder à la réfection du contrat nul en lui substituant un nouvel accord ou en le réitérant, l'irrégularité ne peut pas être couverte après l'immatriculation par des actes d'exécution de ce contrat ou par le comportement des associés à l'égard des tiers (Cass. 3e civ. 5-10-2011 n° 09-70.571 : RJDA 1/12 n° 52).

PRESCRIPTION DE L'ACTION EN NULLITÉ

26820 **Délai de prescription de l'action en nullité** Les actions en nullité de la société ou d'actes et délibérations postérieurs à sa constitution se prescrivent par trois ans (C. civ. art. 1844-14).

Cette prescription concerne **en principe** toutes les actions en nullité quelle que soit la cause de nullité invoquée.

Cependant, le délai abrégé ne concerne que les actions fondées sur une irrégularité affectant une décision ou une délibération sociale. La prescription triennale s'applique ainsi, notamment, à l'action en nullité d'une cession de parts fondée sur l'irrégularité affectant la décision sociale s'étant prononcée sur l'agrément exigé par la loi ou les statuts (Cass. com. 9-11-1993 n° 91-19.724 : RJDA 2/94 n° 175, rendu en matière de cession de parts de SARL mais transposable ; Cass. 3e civ. 6-10-2004 n° 01-00.896 : RJDA 12/04 n° 1330 ; CA Paris 1-2-2012 n° 10/03998 : RJDA 11/12 n° 973). Elle s'applique aussi à l'action en nullité d'un règlement de jouissance de société civile immobilière d'attribution établi par le gérant de la société alors qu'il aurait dû être adopté par l'assemblée générale (Cass. civ. 5-7-1989 : JCP G 1989 IV p. 340).

En revanche, le **délai de trois ans** n'est **pas applicable** :

– à l'action qui tend à la nullité d'une clause de non-concurrence en cas de cessation des fonctions du gérant, même adoptée par une résolution de l'assemblée générale, car les conditions relatives au fondement d'une telle clause sont propres à la validité de celle-ci et ne concernent pas la validité de la délibération (CA Versailles 16-3-2000 : RJDA 1/01 n° 33) ;

– à l'action en nullité d'une cession de parts pour vice du consentement (Cass. 3e civ. 6-10-2004 n° 01-00.896 précité ; CA Paris 19-9-2003 n° 01-19651 : RJDA 7/04 n° 829) ou pour absence de consentement (Cass. 3e civ. 25-5-2022 n° 21-12.238 FS-B : RJDA 10/22 n° 545) ;

– à l'acte de rachat par la société des parts d'un associé qui se retire, la demande d'annulation de l'acte étant fondée non sur une irrégularité préexistante de la délibération ayant autorisé sa conclusion, mais sur un vice affectant l'acte lui-même (Cass. com. 20-3-2012 n° 11-13.534 : RJDA 6/12 n° 596).

> **Précisions** La prescription triennale s'applique-t-elle même lorsque l'irrégularité résulte d'un **abus de droit ou** d'une **fraude** ? La troisième chambre civile de la Cour de cassation a répondu par l'affirmative pour l'application de l'article 1844-14 du Code civil, estimant que le texte s'applique à toutes les actions en nullité visant les actes postérieurs à la constitution de la société et ne distingue pas selon le caractère relatif ou absolu de la nullité, ni selon que l'irrégularité procède d'une simple omission ou d'une fraude (Cass. 3e civ. 15-10-2015 n° 14-17.517 : RJDA 1/16 n° 32, rendu en matière de cession de parts sociales). Il résulte de cet arrêt que, même en cas de fraude, l'action en nullité est enfermée dans la prescription triennale, tout au moins si elle est formée par un associé ou la société. La solution est moins certaine si l'action est engagée par un tiers (voir Cass. 3e civ. 3-12-2013 n° 12-22.118).
> La chambre commerciale a elle aussi répondu par l'affirmative pour l'action en nullité d'une délibération sociale pour abus de majorité (Cass. com. 30-5-2018 n° 16-21.022 FS-PB : RJDA 10/18 n° 731, rendu en matière de société commerciale mais transposable).
> En revanche, la prescription quinquennale de droit commun s'applique à l'action en **réparation du préjudice** causé par l'abus (Cass. com. 30-5-2018 n° 16-21.022 FS-PB précité).

Point de départ du délai de prescription de l'action en nullité L'action en nullité est prescrite à l'expiration d'un délai de trois ans à compter du jour où la nullité est encourue (C. civ. art. 1844-14). 26821

Ainsi, en cas d'action en **nullité d'une société** pour défaut d'affectio societatis, le délai de prescription court à compter du jour où la volonté de s'associer a disparu (Cass. 1e civ. 20-11-2001 n° 1734 : RJDA 8-9/02 n° 898).

En cas d'action en nullité d'une société pour illicéité de l'objet social, le délai court à compter de la constitution et de l'immatriculation de la société au RCS (CA Paris 14-2-2006 n° 05-6331 : RJDA 8-9/06 n° 908 ; voir cependant CA Lyon 4-3-2014 n° 12/08841 : RJDA 11/14 n° 840, jugeant que cette action n'est pas susceptible de prescription tant que la cause de nullité existe).

L'action en **nullité d'une délibération sociale** se prescrit à compter du jour où la délibération litigieuse est prise, sauf **dissimulation** entraînant une impossibilité d'agir (Cass. com. 25-1-2017 n° 14-29.726 F-D : RJDA 4/17 n° 259 ; Cass. com. 26-9-2018 n° 16-13.917 F-D : RJDA 1/19 n° 18 pour une délibération d'assemblée de SARL mais transposable). En cas de dissimulation, le point de départ du délai est reporté au jour où la délibération est révélée à l'associé qui en demande l'annulation.

> Précisions **a.** Le seul fait pour l'associé de ne pas avoir été convoqué à une assemblée ne suffit pas à **établir la dissimulation** de celle-ci (Cass. com. 26-9-2018 n° 16-13.917 F-D précité), laquelle implique un élément intentionnel caractérisé par la volonté de cacher la tenue de l'assemblée à l'associé demandeur.

b. L'action en nullité pour **vice du consentement** se prescrit, en cas de violence, à compter du jour où celle-ci a cessé (C. civ. art. 1144 ; CA Paris 3-11-1998 : Bull. Joly 1999 p. 289 note B. Saintourens) et, en cas d'erreur ou de dol, du jour où le vice a été découvert (C. civ. art. 1144 ; CA Paris 1-12-1992 : Bull. Joly 1993 p. 323 note B. Saintourens). L'action en nullité d'une cession de parts engagée par une partie pour **absence de consentement** se prescrit à compter de la date à laquelle celle-ci a eu connaissance de la cession et non de celle à laquelle elle aurait pu en avoir connaissance compte tenu de la publication de l'acte au RCS (Cass. 3e civ. 25-5-2022 n° 21-12.238 FS-B : RJDA 10/22 n° 545).

c. Le **délai** peut être **interrompu** (C. civ. art. 2241). Il peut aussi être **suspendu.**

Imprescriptibilité de l'exception de nullité Même si l'action en nullité est prescrite, celui à qui l'exécution de l'acte irrégulier est demandée peut refuser de s'exécuter en invoquant l'« exception » de nullité, laquelle est imprescriptible (C. civ. art. 1185 ; Cass. com. 10-7-1978 : Bull. civ. IV n° 195 ; Cass. com. 27-6-1995 : Dr. sociétés 1995 n° 220 obs. D. Vidal ; Cass. 3e civ. 25-3-1998 n° 467 : RJDA 6/98 n° 722 ; voir aussi Cass. com. 28-3-2006 n° 441 : RJDA 6/06 n° 659, rendu en matière de SARL mais transposable). 26825

Mais l'exception ne peut plus jouer lorsque l'**acte vicié** a été **exécuté** (C. civ. art. 1185 ; Cass. 3e civ. 30-1-2002 n° 181 : RJDA 4/02 n° 352 ; Cass. com. 3-4-2007 n° 06-10.834 : RJDA 7/07 n° 733) ou a commencé à être exécuté (Cass. 1e civ. 13-2-2007 n° 06-10.880 : RJDA 5/07 n° 447 ; Cass. com. 31-1-2017 n° 14-29.474 FP-PBI : RJDA 4/17 n° 225), à la condition toutefois que cette exécution soit régulière (cf. Cass. com. 13-12-1976 : D. 1977 p. 375, note M. Jeantin).

> Précisions **a.** Contrairement à ce qu'elle avait jugé auparavant (Cass. com. 3-12-2013 n° 12-23.976 : RJDA 4/14 n° 374), la Cour de cassation n'exige plus, pour accueillir l'exception de nullité, que l'**action en exécution** de l'acte litigieux ait été **introduite** après l'expiration du délai de prescription de l'action en nullité (Cass. com. 31-1-2017 précité ; Cass. com. 18-3-2020 n° 18-16.099 F-D : RJDA 6/20 n° 310). L'associé contre lequel la société agit en exécution de l'acte irrégulier avant l'expiration du délai de prescription peut soulever l'exception de nullité de l'acte une fois ce délai expiré (Cass. com. 18-3-2020 précité).

b. Une **condition suspensive** faisant dépendre l'obligation souscrite d'un événement futur et incertain mais ne constituant pas l'objet de l'obligation, la réalisation de la condition ne constitue pas l'exécution de cette obligation et ne peut donc pas faire échec au caractère perpétuel d'une exception de nullité (Cass. com. 19-1-2022 n° 24-14.010 F-B : RJDA 4/22 n° 99, à propos d'une cession de parts conclue sous la condition du remboursement des comptes courants par la société).

RÉGULARISATION DES ACTES LITIGIEUX

Champ d'application de la régularisation Toutes les nullités peuvent être couvertes à l'exception de celles fondées sur l'illicéité de l'objet social (C. civ. art. 1844-11). 26830

La publicité donnée à des délibérations irrégulièrement votées ne fait pas obstacle à la reprise, dans des conditions cette fois régulières, de l'opération viciée (CA Paris 26-11-2013 n° 12/18725 : RJDA 3/14 n° 242 et, sur pourvoi mais sur d'autres points de droit, Cass. com. 31-3-2015 n° 14-11.735 : RJDA 6/15 n° 423).

Moment où la nullité peut être couverte Une nullité peut être couverte jusqu'à ce que le tribunal ait statué sur le fond en première instance (C. civ. art. 1844-11). Mais, pour favoriser la régularisation, l'article 1844-13 du Code civil prévoit les mesures suivantes. 26835

a. Le tribunal ne peut prononcer la nullité que deux mois au moins après la date de l'exploit introductif d'instance.

b. Le tribunal peut d'office fixer un délai pour permettre de couvrir la nullité (voir Cass. com. 12-5-1975 nº 74-10.802 : Bull. civ. IV nº 131).

c. Le tribunal peut accorder par jugement le délai nécessaire pour que les associés puissent prendre une décision lorsque, pour couvrir une nullité, il est indispensable de les consulter. Mais il faut alors justifier de la convocation régulière d'une assemblée ou de l'envoi aux associés du texte des projets de résolutions accompagné des documents qui doivent leur être communiqués.

26840 **Conséquences de la régularisation** L'action en **nullité** n'est plus recevable lorsque le vice a été réparé. L'acte est validé à l'égard de tous et il est tenu pour valable dès l'origine.

Mais la disparition de la cause de nullité ne met pas obstacle à l'exercice d'une action en **dommages-intérêts** tendant à la réparation du préjudice causé par le vice dont l'acte ou la délibération était entaché (C. civ. art. 1844-17, al. 2).

Cette réparation doit en principe englober les frais de justice relatifs à l'action en nullité intentée par le demandeur avant la régularisation, frais dont, précédemment, la loi prévoyait expressément le dédommagement.

La mise en jeu de l'action en dommages-intérêts est ouverte pendant trois ans à compter du jour où la nullité a été couverte (C. civ. art. 1844-17, al. 2).

26845 **Régularisation en cas de vice du consentement ou d'incapacité d'un associé**

Lorsqu'une cause de nullité est fondée sur un vice du consentement ou l'incapacité d'un associé susceptible d'être régularisée (par exemple, accord de l'associé dont le consentement était vicié), l'article 1844-12 du Code civil prévoit une procédure en deux phases.

Première phase : Tout intéressé peut mettre en demeure la personne susceptible d'opérer la régularisation soit de régulariser, soit d'agir en nullité dans un délai de six mois à peine de forclusion. Cette mise en demeure est, en outre, dénoncée à la société (C. civ. art. 1844-12, al. 1).

La mise en demeure doit être faite par acte extrajudiciaire ou par lettre recommandée AR (Décret 78-704 du 3-7-1978 art. 15).

Deuxième phase : À défaut de régularisation, la société ou un associé peut soumettre au tribunal saisi de l'action en nullité toute mesure susceptible de supprimer l'intérêt du demandeur, notamment le rachat de ses droits sociaux. Le tribunal peut alors :

– soit prononcer la nullité ;

– soit rendre obligatoires les mesures proposées, à condition toutefois que ces mesures aient été préalablement adoptées par la société aux conditions prévues pour les modifications statutaires, le vote du demandeur en nullité n'étant pas pris en considération (C. civ. art. 1844-12, al. 2).

En cas de contestation, la valeur des droits sociaux à rembourser au demandeur en nullité est déterminée par expert, conformément aux dispositions de l'article 1843-4 du Code civil (C. civ. art. 1844-12, al. 3).

PRONONCÉ DE LA NULLITÉ

26860 En principe, le **juge** doit prononcer la nullité de l'acte vicié (société, acte ou délibération) dès l'instant où il a constaté l'existence d'une cause de nullité (cf. C. civ. art. 1178, al. 1).

On doit toutefois noter que les tribunaux ont tendance à s'attribuer un **pouvoir d'appréciation** en la matière. Ils tiennent compte du caractère déterminant de l'irrégularité pour celui qui en a été victime et de l'importance du préjudice éventuel qu'elle lui a causé pour prononcer ou non la nullité.

ILLUSTRATIONS

Il a été jugé que :

– la nullité des délibérations de l'assemblée en cas de non-respect de l'obligation du gérant de rendre compte de sa gestion dans un rapport écrit ne peut être prononcée que si cette irrégularité a causé un préjudice (Cass. com. 19-4-2005 nº 667 : RJDA 7/05 nº 833) ;

– la violation des dispositions de l'article 40 du décret du 3 juillet 1978 prévoyant les modalités de convocation des associés de société civile est sanctionnée par la nullité s'il en résulte un préjudice (Cass. ch. mixte 16-12-2005 nº 236 : RJDA 3/06 nº 297 ; CA Paris 1-3-2018 nº 15/07467 : RJDA 6/18 nº 514) ;

– l'associé d'une société civile qui s'est cantonné dans une attitude d'opposition systématique et a décidé de ne pas participer aux décisions collectives ne peut pas agir en annulation d'une assemblée en invoquant le défaut de communication des documents qui doivent être adressés aux associés, ces irrégularités n'ayant pas pu lui faire grief (Cass. com. 21-6-2011 nº 10-21.928 : RJDA 11/11 nº 920).

La nullité de la société doit être mentionnée au RCS et au RNE dans le mois du prononcé du jugement (C. com. art. R 123-66, sur renvoi de l'art. R 123-70, et art. R 123-263, 5º issu du décret 2022-1014 du 19-7-2022). Le jugement donne aussi lieu à **publication** d'un avis au Bodacc (C. com. art. R 123-159, dernier al.) à la diligence du greffier (C. com. art. R 123-161). Ce jugement n'est opposable aux tiers qu'à compter du jour où il a été publié au RCS (C. com. art. L 123-9).

La **tierce opposition** contre les décisions prononçant la nullité d'une société n'est recevable que pendant un délai de six mois à compter de la publication de la décision judiciaire au Bodacc (Décret 78-704 du 3-7-1978 art. 16).

C. Effets de la nullité

PRÉSENTATION GÉNÉRALE DES EFFETS DE LA NULLITÉ

Le succès d'une action en nullité entraîne en principe l'anéantissement de l'acte irrégulier à l'égard de tous les intéressés et, éventuellement, la responsabilité de ceux auxquels l'irrégularité est imputable. **26900**

En matière de société, ces principes sont inégalement consacrés : le droit d'invoquer la nullité est limité et les conséquences de l'annulation sur l'acte lui-même sont très atténuées, tandis que le principe de la responsabilité de l'auteur de l'irrégularité est nettement reconnu.

DROIT D'INVOQUER LA NULLITÉ

Ni la société ni les associés ne peuvent se prévaloir d'une nullité à l'égard des tiers de bonne foi (C. civ. art. 1844-16). Cette règle ne concerne que la nullité de la société ou des actes et délibérations de celle-ci : elle ne s'applique pas à la nullité d'une souscription de parts sociales pour cause de démarchage prohibé (Cass. com. 5-10-1999 n° 1437 : RJDA 1/00 n° 33). **26905**

Toutefois, la nullité résultant d'un vice du consentement ou d'une incapacité peut être opposée aux tiers, même de bonne foi, mais uniquement par l'incapable (et ses représentants légaux) ou par l'associé dont le consentement a été surpris par erreur, dol ou violence (C. civ. art. 1844-16).

> **› Précisions** Sur l'**interprétation restrictive** qu'il convient de donner à l'**article 1844-16** du Code civil et le rejet d'une action en nullité d'une vente d'immeuble par une SCI sur autorisation d'une assemblée frappée de nullité pour défaut de convocation d'un associé, voir Cass. 3e civ. 21-10-1998 n° 1486 : RJDA 12/98 n° 1372.

SORT DE L'ACTE NUL

Nullité de la société Lorsque la nullité de la société a été prononcée, deux conséquences en résultent : **26920**

– le contrat de société prend fin au jour où la décision prononçant cette nullité est devenue définitive, c'est-à-dire éventuellement après appel ; mais il subsiste pour le passé (voir C. civ. art. 1844-15, al. 1) ;

– la personne morale est dissoute et soumise au même régime qu'en cas de dissolution prononcée en justice (C. civ. art. 1844-15, al. 2) ; en conséquence, les représentants légaux doivent procéder aux formalités de publicité requises en cas de dissolution (CA Paris 21-3-2006 n° 03-21006 : RJDA 10/06 n° 1046, à propos de la nullité d'un GIE mais transposable).

La nullité d'une société ne produit donc pas d'**effet rétroactif,** étant précisé qu'elle s'applique uniquement aux sociétés régulièrement immatriculées et **dotées,** de ce fait, de la personnalité morale. En l'absence d'immatriculation (société en formation), il n'existe, en effet, qu'un contrat de société dont l'annulation produit, en principe, un effet rétroactif, conformément au droit commun des contrats.

L'absence d'effet rétroactif joue même si la **nullité** a été prononcée **pour objet ou cause illicite** (pour contenu illicite : cf. C. civ. art. 1128, 3°) (Cass. com. 11-7-2006 n° 04-16.759 : RJDA 11/06 n° 1144). **26921**

Cette solution peut paraître choquante, car elle aboutit à tenir pour valables des opérations illicites. Mais elle est justifiée pour les raisons suivantes.

La loi n'a prévu que deux dérogations à l'absence d'effet rétroactif de la nullité, dans les cas où celle-ci a été obtenue pour vice du consentement ou incapacité (C. civ. art. 1844-16) ; il n'y a donc pas lieu d'ajouter à ce texte de nouvelles exceptions non inscrites dans la loi.

Par ailleurs, les tiers de bonne foi ne doivent pas perdre la protection que la loi a voulu leur apporter en empêchant que, par le jeu de la rétroactivité, les engagements de la société à leur égard soient annulés (voir C. civ. art. 1844-16).

Enfin, les associés ou les tiers de mauvaise foi, c'est-à-dire ceux qui ont traité avec la société en sachant qu'elle était illicite, ne peuvent prétendre à l'anéantissement du contrat de société ou des actes qu'ils ont passés avec la société. Il est de règle, en effet, que les auteurs de comportements illicites ne peuvent pas en demander l'annulation en justice (voir Cass. req. 10-1-1865 : D. 1865 I p. 290 ; Cass. civ. 15-12-1873 : S. 1874 I p. 241 ; Cass. req. 8-11-1880 : S. 1881 I p. 290).

26922 Les **tiers** n'ont pas, à notre avis, la possibilité de **choisir entre l'annulation rétroactive** de la société (et, par conséquent, de tous les actes intervenus depuis sa constitution) **et le maintien de cette société pour le passé.** L'absence d'effet rétroactif de la nullité, tant à l'égard de la personnalité morale que du contrat, entraîne l'impossibilité pour les tiers d'invoquer la nullité de la société pour se soustraire à leurs engagements.

Le **droit d'opter** entre la rétroactivité ou l'absence de rétroactivité de la nullité, qui était reconnu aux tiers sous l'empire des **textes antérieurs** aux réformes de 1966 et 1978, a, nous semble-t-il, disparu quoique la formule d'où on le déduisait ait été reprise aussi bien dans l'article L 235-12 du Code de commerce que dans l'article 1844-16 du Code civil, aux termes desquels « ni la société ni les associés ne peuvent se prévaloir d'une nullité à l'égard des tiers de bonne foi ».

Il faut se souvenir qu'antérieurement aux lois de réforme des sociétés, la nullité avait pour effet de principe, conformément au droit commun, la disparition rétroactive de la société et des actes conclus par celle-ci. Le droit d'option palliait les inconvénients de ce principe et permettait aux tiers d'éviter que leurs opérations avec la société ne soient anéanties. Cependant, en cas de conflit entre les tiers qui avaient intérêt à se prévaloir de la nullité de la société (le plus souvent les créanciers des associés) et ceux qui souhaitaient le maintien de celle-ci (le plus souvent les créanciers sociaux), la préférence devait être donnée à ceux qui invoquaient la règle de principe, c'est-à-dire la nullité rétroactive.

Or, **désormais,** la règle est inversée : il résulte de l'article L 235-10 du Code de commerce et, plus encore, de l'article 1844-15 du Code civil que la nullité d'une société n'a pas d'effet rétroactif. Puisque la non-rétroactivité est devenue la règle, admettre le droit d'option reviendrait, contrairement à la volonté clairement exprimée du législateur, à donner aux tiers la possibilité de considérer la société comme rétroactivement annulée.

Pour qu'il en soit ainsi aujourd'hui, il faudrait que cette dérogation au nouveau principe de la non-rétroactivité fût clairement exprimée. À cet égard, il nous paraît difficile de considérer que la phrase « ni la société ni les associés ne peuvent se prévaloir d'une nullité à l'égard des tiers de bonne foi », qui avait tout son sens sous le régime antérieur à la réforme, signifie désormais que les tiers de bonne foi peuvent se prévaloir de la nullité à l'égard de la société et des associés.

Comment cette phrase, qui justifiait l'exception au principe de la rétroactivité de la nullité, pourrait-elle, alors qu'aucun de ses termes n'a été modifié, justifier une exception au nouveau principe, diamétralement opposé au précédent, de la non-rétroactivité ? Elle apparaît plutôt comme la simple répétition de ce principe nouveau, exprimé dans l'article L 235-10 du Code de commerce et dans l'article 1844-15 du Code civil, dont elle explicite la portée en ce qui concerne les rapports entre la société et les tiers. On peut aussi la considérer comme une introduction à la phrase qui la suit (« cependant, la nullité résultant de l'incapacité ou de l'un des vices du consentement est opposable même aux tiers [...] »).

Ajoutons que la reconnaissance du droit d'option aurait une portée pratique très limitée. En effet, en cas de conflit entre les tiers, ce sont ceux qui invoqueraient la règle de non-rétroactivité, donc les créanciers sociaux le plus souvent, qui devraient être préférés. Pour que le droit d'option puisse s'exercer, il faudrait que, en cas de nullité d'une société, aucun d'entre eux n'ait intérêt au maintien de la société, ce qui est peu vraisemblable.

Les **créanciers personnels** des associés ne peuvent donc pas prétendre faire réintégrer l'apport de leur débiteur dans le patrimoine de celui-ci (en sens contraire, sous le régime antérieur à la réforme des sociétés civiles, Cass. civ. 8-1-1975 : Rev. sociétés 1976 p. 301, note Balensi), la propriété de la société sur cet apport ne pouvant plus être remise en cause. Ils ne peuvent faire valoir leurs droits que sur les parts sociales de leur débiteur, par exemple en pratiquant une saisie sur ses parts (en sens contraire, sous le régime antérieur, Cass. 2e civ. 27-10-1971 : Bull. civ. II no 289).

Mais les créanciers personnels peuvent toujours obtenir la réintégration de l'apport si celui-ci a été fait en fraude de leur droit, car « la fraude corrompt tout » (voir nos 1276 s.).

26923 En raison de l'absence d'effet rétroactif de la nullité, les **associés** ne peuvent pas, dans leurs rapports entre eux, remettre en question l'application du contrat de société pendant la période antérieure au prononcé de la nullité (C. civ. art. 1844-15, al. 1).

26924 En cas de **nullité résultant d'une incapacité ou d'un vice du consentement,** l'associé qui a obtenu la nullité pourra l'opposer aux autres associés et aux tiers, même de bonne foi, et pourra reprendre ses apports francs et quittes de toute charge (C. civ. art. 1844-16).

26925 **Nullité d'un acte ou d'une délibération** L'acte ou la délibération dont la nullité a été prononcée est censé n'avoir jamais existé (cf. C. civ. art. 1178, al. 2) et doit être considéré comme n'ayant produit aucun effet, sauf, toutefois, à l'égard de ceux à qui la nullité est inopposable.

Toutes les conséquences de cet acte ou de cette délibération doivent être en principe supprimées et la situation remise dans l'état où elle se trouvait avant l'acte ou la délibération litigieux. Si la décision a été exécutée, les actes portant exécution de la décision litigieuse doivent disparaître par application du principe selon lequel « ce qui est nul ne produit aucun effet ».

ILLUSTRATIONS

L'annulation d'une décision de transformation restitue à la société sa première nature et rétablit ses dirigeants dans leurs fonctions (CA Versailles 9-10-2003 n° 02-2624 : RJDA 3/04 n° 313). En revanche, la démission remise par le gérant au cours d'une assemblée générale annulée n'est pas nulle car elle constitue un acte juridique unilatéral et produit tous ses effets dès lors qu'elle a été portée à la connaissance de la société (Cass. com. 8-6-2017 n° 14-29.618 F-D : RJDA 8-9/17 n° 553).

RESPONSABILITÉ EN CAS D'ANNULATION

Personnes responsables L'annulation de la société ainsi que celle des actes ou délibérations de ses organes peut engager la responsabilité de ceux à qui elle est imputable. **26940**
Aucun texte n'affirme cette règle aussi catégoriquement, mais l'article 1844-17, al. 1 du Code civil l'admet de façon implicite et certaine en fixant le délai de prescription de l'action en réparation.
La réparation peut être demandée par toute personne qui subit le préjudice, même un fondateur dès l'instant où la nullité ne lui est pas imputable (Cass. com. 6-7-1970 : JCP 1971 II n° 16724, note N. Bernard).

Prescription L'action en responsabilité fondée sur l'annulation de la société ou celle d'un acte ou d'une délibération de ses organes se prescrit par trois ans à compter du jour où la décision d'annulation est passée en force de chose jugée (C. civ. art. 1844-17, al. 1). **26945**

RESPONSABILITÉ EN CAS DE COUVERTURE DU VICE

Si la cause de nullité a disparu par réparation du vice dont la société, l'acte ou la délibération était entaché, l'action en dommages-intérêts tendant à la réparation du préjudice causé par le vice est néanmoins recevable. Elle se prescrit par trois ans du jour où la nullité a été couverte (C. civ. art. 1844-17, al. 2). **26960**

SECTION 2

SANCTIONS AUTRES QUE LA NULLITÉ

ACTION EN RÉGULARISATION

L'article 1839 du Code civil institue une action ayant pour objet de faire régulariser les **actes constitutifs de sociétés et** les actes **modificatifs des statuts.** **27200**
Cette action est ouverte si ces actes ne contiennent pas toutes les énonciations exigées par la loi ou si une formalité prescrite par celle-ci pour la constitution de la société (ou la modification des statuts) a été omise ou irrégulièrement accomplie (C. civ. art. 1839, al. 1 et 2).
L'action pourra donc être exercée, d'abord, lorsque les indications dont nous avons donné la liste lors de l'examen des règles de constitution de la société et de modifications de ses statuts n'auront pas été mentionnées dans les statuts ou l'auront été incomplètement.
Elle pourra l'être, ensuite, en cas d'omission ou d'irrégularité dans l'accomplissement d'une « formalité », ce mot devant être pris ici dans son sens le plus large.
Ainsi entend-on par formalité « tout élément extérieur et sensible indispensable pour que l'effet de droit se produise » (Marty et Raynaud : Droit civil t. 1 n° 61), ce qui recouvre notamment les formes habilitantes et protectrices, les formes solennelles (écrit, par exemple), les formes probatoires et les formes de publicité.
Cette acception large nous paraît d'autant plus s'imposer que l'action en régularisation est, dans l'esprit de la loi, une mesure destinée à compenser la très large suppression des nullités de sociétés. C'est, dans bien des cas en effet, le seul moyen de faire disparaître les irrégularités.
Pour cette raison, il nous paraît même conforme à l'esprit de la loi de considérer comme une « formalité » toute prescription légale non sanctionnée par la nullité (en ce sens, Sinay : Rev. sociétés 1966 p. 287 n° 99 ; J. Hémard, F. Terré et P. Mabilat, Soc. com. t. 1 n° 215).

ATTENTION

L'action en régularisation de l'article 1839 du Code civil ne peut pas être exercée lorsque l'**irrégularité** constitue une **cause de nullité** (par exemple, absence ou fictivité d'un apport) puisque la loi prévoit dans ce cas un régime spécial de régularisation (n°s 26830 s.).

27206 Tout intéressé, y compris le ministère public, est **recevable à demander** en justice que soit ordonnée, sous astreinte, la **régularisation** de la constitution **ou** de la **modification** statutaire (C. civ. art. 1839, al. 1 et 2).

27207 L'action en régularisation de la constitution de la société ou des actes modificatifs de ses statuts doit être portée devant le **tribunal** judiciaire dans le ressort duquel est situé le siège de la société (Décret 78-704 du 3-7-1978 art. 4).

Si une ou plusieurs **énonciations exigées par la loi** ou les règlements **ne figurent pas dans les statuts,** le tribunal ordonne que ceux-ci soient complétés dans les mêmes conditions que celles requises lors de la constitution de la société (Décret 78-704 du 3-7-1978 art. 5, al. 1).

Si une **formalité** prescrite par la loi ou les règlements pour la constitution de la société ou la modification des statuts a été **omise ou irrégulièrement accomplie,** le tribunal ordonne qu'elle soit accomplie ou refaite. Il peut en outre ordonner que toutes les formalités qui ont suivi celle omise ou entachée d'un vice, ou certaines d'entre elles seulement, soient également refaites (art. 5, al. 2).

27208 **L'action se prescrit** par trois ans à compter soit de l'immatriculation de la société, soit de la publication de l'acte modifiant les statuts (C. civ. art. 1839, al. 3).

ACTION EN RESPONSABILITÉ

27220 **Action en responsabilité contre les fondateurs ou les gérants** Les irrégularités des statuts ou des modifications statutaires donnent lieu, indépendamment de l'action en régularisation, à une action en responsabilité (C. civ. art. 1840).

Cette action est **dirigée** :

– en cas d'irrégularité dans la constitution de la société, **contre** les fondateurs de la société ainsi que les premiers gérants (C. civ. art. 1840, al. 1) ;

– en cas d'irrégularité d'une modification statutaire, contre les gérants en fonctions lors de ladite modification (C. civ. art. 1840, al. 2).

27221 L'action est **ouverte** à la partie lésée. Elle se **prescrit** par dix ans à compter soit de l'immatriculation de la société, soit de la publication de l'acte modifiant ses statuts (C. civ. art. 1840, al. 3).

27225 **Action en responsabilité contre les associés** Sur cette question, voir n°s 20450 s.

CLAUSES STATUTAIRES RÉPUTÉES NON ÉCRITES

27230 Toute clause statutaire **contraire à une disposition impérative** des articles 1832 à 1873 du Code civil, dont la violation n'est pas sanctionnée par la nullité de la société, est réputée non écrite (C. civ. art. 1844-10, al. 2). Les statuts ne pouvant pas déroger aux **règles d'ordre public** (C. civ. art. 6), serait pareillement réputée non écrite une clause ayant pour objet ou pour effet de porter atteinte à la liberté contractuelle et à la liberté de la concurrence (Cass. com. 30-5-2012 n° 11-18.024 : RJDA 10/12 n° 861).

Seule peut être réputée non écrite une clause des statuts d'origine, et non un acte ou une délibération postérieurs (Cass. com. 3-4-2007 n° 06-10.834 : RJDA 7/07 n° 733).

La clause statutaire partiellement contraire à une disposition impérative est réputée non écrite dans sa totalité (Cass. com. 9-7-2013 n° 11-27.235 : RJDA 10/13 n° 813, 1e esp.).

Lorsqu'il constate qu'une clause statutaire est contraire à une disposition impérative, le juge n'a pas le pouvoir de se substituer aux organes de la société en ordonnant la modification de cette clause (Cass. com. 9-7-2013 n° 12-21.238 : RJDA 10/13 n° 813, 2e esp.), fût-ce pour prévenir un dommage imminent (Cass. com. 24-10-2018 n° 15-27.911 FS-D : RJDA 5/19 n° 348).

La **prescription** ne peut pas être opposée à la demande tendant à faire constater qu'une clause est réputée non écrite (Cass. civ. 9-3-1988 : D. 1989 p. 143 note Atias ; Cass. 3e civ. 7-5-2008 n° 07-13.409 : D. 2008 p. 1413 obs. Rouquet ; Cass. 1e civ. 13-3-2019 n° 17-23.169 F-PB : RJDA 11/19 n° 716).

Sur la notion de disposition impérative, voir n° 26670.

CHAPITRE 3

ENTREPRISES EN DIFFICULTÉ

SOMMAIRE

SECTION 1

PRÉVENTION DES DIFFICULTÉS DES ENTREPRISES

A. Procédure d'alerte sur les difficultés de la société

EN BREF

27500 Le Code de commerce prévoit des dispositifs d'alerte internes ou externes à la société qui tendent à appeler l'attention des dirigeants sociaux, en cas d'évolution préoccupante de la situation de l'entreprise, sur la nécessité de prendre des mesures en vue de redresser la situation. La mise en œuvre de ces procédures d'alerte est réservée au commissaire aux comptes, au comité social et économique ainsi qu'au président du tribunal. Ces dispositifs sont gradués, afin de tenir compte de l'éventuelle inertie des dirigeants.

ALERTE PAR LE COMMISSAIRE AUX COMPTES

27510 **Conditions de l'alerte** La procédure d'alerte décrite ci-dessous est applicable à toute **personne morale** de droit privé non commerçante **ayant une activité économique** et dotée d'un commissaire aux comptes (C. com. art. L 612-3 et, sur renvoi, art. L 612-1).

Ce dernier doit informer les dirigeants sociaux des **« faits de nature à compromettre la continuité de l'exploitation »** qu'il aura relevés lors de l'accomplissement de sa mission (art. L 612-3, al. 1). Les critères pour apprécier si la continuité d'une exploitation est ou non compromise sont fondés non seulement sur la situation financière de la société (telle l'apparition de pertes : Cass. com. 8-11-2011 n° 10-20.626 : RJDA 2/12 n° 185), mais aussi sur des faits de nature objective pouvant avoir des conséquences importantes sur l'évolution de l'entreprise (contentieux en cours, conflits sociaux graves et répétés, perte de clients importants, etc.).

Le commissaire aux comptes ne peut pas mettre en œuvre une procédure d'alerte lorsque les gérants de la **société** ont engagé une procédure de **conciliation ou** de **sauvegarde** (art. L 612-3, al. 6).

Le commissaire aux comptes est délié du **secret professionnel** à l'égard du président du tribunal lorsqu'il applique cette procédure, y compris en cas d'urgence (art. L 822-15, al. 1).

27511 **Déroulement de l'alerte** La procédure d'alerte comprend les **phases** suivantes (C. com. art. L 612-3) :

– information du gérant par le commissaire aux comptes sur les faits de nature à compromettre la continuité de l'exploitation de la société ;

– si le gérant n'a pas répondu ou si la réponse ne permet pas d'être assuré de la continuité de l'exploitation, invitation du gérant par le commissaire aux comptes à faire délibérer « l'organe collégial » de la société sur les faits relevés ; une copie de la lettre est adressée au président du tribunal judiciaire ;

– si ces dispositions ne sont pas respectées ou si, en dépit des décisions prises, la continuité de l'exploitation demeure compromise, convocation d'une assemblée générale qui délibère sur rapport spécial du commissaire aux comptes, délibération qui est communiquée au comité social et économique ainsi qu'au président du tribunal judiciaire du lieu du siège social ;

– enfin, si les décisions prises par l'assemblée ne permettent pas d'assurer la continuité de l'exploitation, information par le commissaire du président du même tribunal qui peut alors convoquer le gérant (n°s 27530 s.).

> **> Précisions** Les détails de cette procédure (forme de la demande, délai et contenu des réponses...) sont fixés par les articles R 234-5 s. du Code de commerce (C. com. art. R 612-4), qui s'appliquent à la procédure d'alerte si la personne morale n'a pas un **organe collégial** chargé de l'administration distinct de l'organe chargé de la direction, ce qui est le cas des sociétés civiles, seraient-elles dotées d'un conseil de surveillance. Or l'article R 234-6 est inadapté. En effet, même si l'on admet que l'organe collégial visé par la loi est l'assemblée des associés, cet article prévoit que le rapport spécial du commissaire aux comptes est présenté à la deuxième phase de la procédure, et non à la troisième ainsi que le prescrit la loi.

27512 **Reprise d'une procédure arrêtée** Le commissaire aux comptes qui déclenche puis arrête une procédure d'alerte peut en reprendre le cours au point où il avait estimé y mettre un terme lorsque, malgré les éléments ayant motivé sa décision de l'arrêter, la continuité de l'exploitation demeure compromise.

Cette reprise est soumise à deux **conditions** : elle doit intervenir dans un délai de 6 mois à compter du déclenchement de la procédure ; l'urgence doit commander l'adoption de mesures immédiates (C. com. art. L 612-3, al. 5).

27515 **Alerte du commissaire aux comptes en cas d'urgence** Lorsque l'urgence commande l'adoption de mesures immédiates et que le gérant s'y refuse ou fait savoir qu'il envisage des mesures que le **commissaire aux comptes** estime insuffisantes, ce dernier peut en **informer le président du tribunal judiciaire** parallèlement à la demande d'explications sur les faits de nature à compromettre la continuité de l'exploitation qu'il adresse au gérant (C. com. art. L 611-2-2, al. 1).

Cette information, faite par tout moyen et sans délai, porte sur les constats et démarches du commissaire aux comptes, expose les raisons qui ont conduit celui-ci à constater l'insuffisance des décisions prises et peut être accompagnée de la copie de tout document utile (art. L 611-2-2, al. 2). À son initiative ou à la demande du président du tribunal, le commissaire aux comptes communique à ce dernier tout **renseignement** complémentaire de nature à donner une exacte information sur la situation économique et financière de l'entreprise (art. précité, al. 3).

Le commissaire aux comptes peut aussi, à tout moment, demander à **être entendu,** avec le gérant, par le président du tribunal (art. L 611-2-2, al. 4).

ALERTE ÉCONOMIQUE PAR LE COMITÉ SOCIAL ET ÉCONOMIQUE

Dans les sociétés d'au moins 50 salariés, le comité social et économique (CSE) dispose du droit de mettre en œuvre une procédure d'alerte des dirigeants sociaux (C. trav. art. L 2312-63, al. 1). 27520

En cas d'**abus** de son **droit** de mettre en œuvre la procédure d'alerte, le CSE peut engager sa responsabilité, conformément au droit commun (cf. Cass. soc. 18-1-2011 n° 10-30.126 : RJDA 4/11 n° 321). C'est à la société de prouver l'existence d'un abus.

Faits permettant au CSE de déclencher l'alerte Le CSE peut enclencher une procédure d'alerte s'il a connaissance « de **faits de nature à affecter** de manière préoccupante **la situation économique** de l'entreprise » (C. trav. art. L 2312-63, al. 1). Au-delà des éléments comptables et financiers, il peut arguer de difficultés économiques rencontrées par la société. Contrairement aux autres procédures d'alerte, il n'est pas requis que la continuité de l'exploitation soit compromise. 27521

ILLUSTRATIONS

La simple existence d'un **projet de restructuration,** en l'espèce une fusion, ne justifie pas à elle seule le déclenchement de la procédure d'alerte (Cass. soc. 30-6-1993 : RJS 10/93 n° 998). En revanche, justifie celui-ci le projet de restructuration dont l'ampleur et les modalités sont de nature à affecter à court ou moyen terme les perspectives et les résultats de la branche d'activité concernée (CA Versailles 2-10-1997 : RJS 1/98 n° 61 ; voir aussi Cass. soc. 18-1-2011 n° 10-30.126 : RJDA 4/11 n° 321) ou encore les **difficultés d'une branche d'activité** représentant moins de 2 % du chiffre d'affaires de l'entreprise mais stratégique pour son développement (Cass. soc. 27-11-2012 n° 11-21.566 : RJDA 4/13 n° 334).
Les difficultés financières d'une **filiale** et son degré de dépendance par rapport à la société mère peuvent rendre indispensable l'obtention par le comité d'entreprise de la filiale d'informations sur la stratégie de la société mère à l'égard de celle-ci (Cass. soc. 21-9-2016 n° 15-17.658 FS-PB : RJDA 12/16 n° 873 rendu dans un cas où la société mère avait apporté entre 350 000 et 400 000 € par mois à la filiale pour le paiement des salaires et les besoins de trésorerie).

Déroulement de l'alerte par le CSE Lorsqu'il constate de tels faits, le CSE peut **demander au gérant** de lui fournir des **explications.** Cette demande doit être satisfaite dès la prochaine séance du CSE (C. trav. art. L 2312-63, al. 2). 27522

S'il estime la réponse du gérant insuffisante ou si cette réponse confirme le caractère préoccupant de la situation, le CSE établit un **rapport** qu'il doit transmettre au gérant et, s'il en existe, au commissaire aux comptes (art. L 2312-63, al. 3 et 4).

Le CSE peut se faire assister, une fois par exercice, d'un expert-comptable (art. L 2315-92, I-2° et L 2312-64), les frais de cette expertise étant partagés entre lui, à hauteur de 20 %, et l'entreprise, pour le reste (art. L 2315-80). Il peut aussi convoquer le commissaire aux comptes de la société et s'adjoindre, avec voix consultative, deux salariés de l'entreprise non membres du CSE (art. L 2312-64).

Le CSE décide ensuite s'il convient de faire **communiquer** ce rapport par le gérant **aux associés** (C. trav. art. L 2312-65). S'il en décide ainsi, les dirigeants sont alors tenus d'effectuer la communication dans les 8 jours de la demande (art. R 2312-30). 27523

ATTENTION

Les informations concernant l'entreprise communiquées à l'occasion de la mise en œuvre de la procédure d'alerte ont un **caractère confidentiel** (art. L 2312-67). Toute personne qui y a accès est tenue à une obligation de discrétion (art. précité).

ALERTE PAR LE PRÉSIDENT DU TRIBUNAL JUDICIAIRE

Convocation du dirigeant Lorsqu'il résulte de tout acte, document ou procédure que la société connaît des **difficultés de nature à compromettre** la continuité de **l'exploitation,** ses dirigeants peuvent être convoqués par le président du tribunal judiciaire du lieu du siège social pour que soient envisagées les mesures propres à redresser la situation (C. com. art. L 611-2, I-al. 1, sur renvoi de l'art. L 611-2-1). 27530

La convocation est adressée par le greffier au dirigeant par lettre recommandée AR et par lettre simple reproduisant les articles L 611-2, I, L 611-2-1, R 611-11 et R 611-12 du Code de commerce. Elle est envoyée un mois au moins à l'avance et est accompagnée d'une note par laquelle le président du tribunal expose les faits ayant motivé son initiative (C. com. art. R 611-10).

L'**entretien** est confidentiel (cf. CA Versailles 26-1-1995 : RJDA 7/95 n° 884 excluant la possibilité d'une audience publique ; C. com. art. R 611-11 écartant la présence du greffier). Il donne lieu à l'établissement par le président du tribunal 27532 d'un procès-verbal ne mentionnant que la date, le lieu de l'entretien et l'identité des personnes présentes. Il est signé par ces dernières et par le président du tribunal (C. com. art. R 611-11, al. 1).

Si le dirigeant de la société ne répond pas à la convocation, un **procès-verbal de carence** est dressé le jour même par le greffier. Il est notifié sans délai par le greffier au dirigeant par lettre recommandée AR reproduisant l'article L 611-2, I-al. 2 du Code de commerce (art. R 611-11, al. 2).

27535 **Suites données par le président du tribunal** **Pouvoir d'enquête.** Dès l'envoi de la convocation, le président peut obtenir communication, par les commissaires aux comptes, les membres du comité social et économique, les administrations publiques, les organismes de sécurité et de prévoyance sociales ainsi que les services chargés de centraliser les risques bancaires et les incidents de paiement, des **renseignements** de nature à lui donner une exacte information **sur la situation économique et financière** de la société (C. com. art. L 611-2-1 et, sur renvoi, art. L 611-2, I-al. 2). Le droit de communication peut être exercé « nonobstant toute disposition législative ou réglementaire contraire » (art. L 611-2, I-al. 2), de sorte que les personnes ou organismes énumérés ci-dessus ne peuvent pas opposer le secret professionnel à l'enquête du président.

> **Précisions** Cette demande de renseignements doit être adressée aux personnes et organismes dans le délai de 3 mois à compter de la date de l'envoi de la convocation. Elle doit être accompagnée de la copie de la lettre de convocation et de la note par laquelle le président expose les faits qui ont motivé son initiative (art. R 611-12, al. 1). Si la demande a été présentée dans les **formes et délai** qui précèdent, les personnes et organismes interrogés doivent communiquer les renseignements réclamés dans le délai d'un mois. Dans le cas contraire, ils ne sont pas tenus d'y répondre (art. R 611-12, al. 2).

27540 **Autres pouvoirs.** Le président du tribunal ne peut pas **contraindre** le dirigeant **à prendre des mesures** propres à mettre un terme aux difficultés rencontrées par la société (cf. C. com. art. L 611-2 aux termes duquel des mesures sont « envisagées » lors de l'entretien). Notamment, il ne peut pas imposer la désignation d'un mandataire ad hoc ou l'ouverture d'une conciliation, ces mesures ne pouvant être mises en œuvre qu'à l'initiative du dirigeant (cf. art. L 611-3, al. 1 et L 611-6).

Le tribunal ne peut pas non plus se saisir d'office de l'**ouverture d'une procédure** de sauvegarde, de redressement ou de liquidation judiciaire (n° 28055). Toutefois, s'il a eu connaissance d'éléments faisant apparaître que la société remplit les conditions pour faire l'objet d'un redressement ou d'une liquidation judiciaire (éléments recueillis lors de l'entretien ou de l'enquête ou communiqués par le commissaire aux comptes), le président du tribunal en informe le ministère public (C. com. art. L 631-3-1 et L 640-3-1) qui, lui, peut demander l'ouverture d'une telle procédure.

B. Mandat ad hoc

DEMANDE DE DÉSIGNATION D'UN MANDATAIRE AD HOC

27560 Le dirigeant d'une société civile peut demander au président du tribunal judiciaire la désignation d'un mandataire dont la mission est déterminée par ce magistrat (C. com. art. L 611-3, al. 1 et 2). Cette mission peut notamment consister à aider le dirigeant à **négocier un accord avec les principaux créanciers sociaux** pour obtenir des délais de paiement. Le dirigeant peut proposer le nom d'un mandataire, dans les limites prévues par l'article L 611-13 du Code de commerce (art. L 611-3, al. 1). Le président du tribunal n'est pas tenu de faire droit à la demande (cf. art. L 611-3, al. 1 : le président « peut » désigner).

Le dirigeant n'a pas l'obligation d'informer le comité social et économique de la désignation du mandataire (art. L 611-3, al. 3). Mais elle est communiquée aux commissaires aux comptes lorsqu'il en a été désigné (art. L 611-3, al. 1).

Sur la **confidentialité de la procédure,** voir les règles de la procédure de conciliation exposées n° 27690 qui sont applicables au mandat ad hoc (art. L 611-15).

> **Précisions** La demande de désignation du mandataire ad hoc, qui doit exposer les raisons qui la motivent, est présentée par écrit et déposée au greffe (art. R 611-18) du **tribunal** dans le ressort duquel la société a son siège ou, à défaut de siège en France, du tribunal dans le ressort duquel la société a le centre principal de ses intérêts en France (art. R 600-1).

CONSÉQUENCES DU MANDAT AD HOC

27565 La désignation d'un mandataire ad hoc ne suspend pas les éventuelles **poursuites engagées par les créanciers** contre la société. Celle-ci peut toujours demander au juge des délais de paiement en application de l'article 1343-5 du Code civil. Un créancier appelé à négocier dans le cadre d'une procédure de mandat ad hoc n'est pas tenu d'accepter les propositions du mandataire (Cass. com. 22-9-2015 n° 14-17.377 F-PB : RJDA 1/16 n° 42).

ATTENTION

La désignation d'un mandataire ad hoc n'exonère pas le **dirigeant** de son obligation de **déclarer l'état de cessation des paiements** de la société dans les 45 jours de sa survenance, sous peine de sanctions personnelles (Cass. com. 10-5-2005 n° 04-11.554 F-D : RJDA 8-9/05 n° 1025 ; Cass. com. 17-6-2020 n° 19-10.341 F-PB : RJDA 10/20 n° 517).

C. Procédure de conciliation

EN BREF

La procédure de conciliation tend à favoriser le redressement des entreprises en difficulté grâce à l'intervention d'un conciliateur dont la mission est d'obtenir la conclusion d'un accord entre les dirigeants de la société et les créanciers de celle-ci sur des délais de paiement ou des remises de dettes, voire de préparer la cession de l'entreprise. **27600**

Elle n'affecte pas les pouvoirs de gestion du dirigeant et ne constitue pas un obstacle aux poursuites des créanciers contre l'entreprise, sauf pour ceux qui ont conclu un accord constaté ou homologué par le juge.

SOCIÉTÉS POUVANT BÉNÉFICIER D'UNE CONCILIATION

La procédure de conciliation est ouverte à toute personne morale de droit privé (donc à l'ensemble des sociétés civiles) qui éprouve une **difficulté** juridique, économique ou financière, avérée ou prévisible et qui n'est pas en **cessation des paiements** depuis plus de 45 jours (C. com. art. L 611-4 et L 611-5). **27605**

OUVERTURE DE LA PROCÉDURE DE CONCILIATION

Tribunal compétent La procédure de conciliation relève du tribunal judiciaire dans le ressort duquel est situé le siège de la société civile concernée (C. com. art. L 611-5 et R 600-1, al. 1). **27610**

> **Précisions** Le dirigeant d'une société répondant aux critères exposés n° 28053 peut saisir un des **tribunaux de commerce spécialisés** (C. com. art. L 721-8, 4°), dont la liste et les ressorts figurent dans les annexes 7-1 et 7-2 du Code de commerce (art. D 721-19). Le dossier peut aussi être transféré à l'un de ces tribunaux à la demande du procureur de la République ou par décision du président du tribunal saisi (art. L 721-8, 4° et R 611-23-1).

Dépôt de la demande Le représentant légal de la société en difficulté doit présenter par écrit la demande de conciliation au président du tribunal, en **exposant** la situation financière, économique et sociale de la société, ses besoins de financement ainsi que les moyens d'y faire face (C. com. art. L 611-6, al. 1 et L 611-5 ; sur les pièces à joindre à la demande, voir art. R 611-22). **27620**

Nomination du conciliateur S'il considère que la situation de la société et les propositions des dirigeants le permettent, le président du tribunal ouvre la conciliation et désigne un conciliateur pour une **durée** n'excédant pas 4 mois mais qui peut être prorogée à la demande de celui-ci, la durée totale de la procédure ne pouvant pas dépasser 5 mois (C. com. art. L 611-5 et, sur renvoi, art. L 611-6, al. 2). La mission du conciliateur et la procédure de conciliation sont toutefois prolongées, lorsque l'homologation de l'accord amiable a été demandée, jusqu'à la décision du tribunal (art. L 611-6, al. 2). **27640**

Le gérant de la société peut **proposer un conciliateur** – dans les limites posées par l'article L 611-13 du Code de commerce – tout comme il peut récuser celui qui a été désigné (art. L 611-6, al. 1 et 4 et R 611-27 s.).

La **décision d'ouverture** de la conciliation est **communiquée** au ministère public et, si la société est soumise au contrôle légal de ses comptes, aux commissaires aux comptes (art. L 611-6, al. 3). Le dirigeant n'est pas tenu d'informer le comité social et économique de l'ouverture de la procédure (même art.).

> **Précisions** La décision ouvrant la procédure de conciliation est susceptible d'**appel** de la part du seul ministère public (C. com. art. L 611-6, al. 3) tandis que celle refusant la désignation du conciliateur peut faire l'objet d'un appel de la part de la société (C. com. art. R 611-26).

Enquête Après l'ouverture de la procédure de conciliation, le président du tribunal peut obtenir tout renseignement de nature à lui donner une exacte information sur la **situation** économique, financière, sociale et patrimoniale **de la société et ses perspectives de règlement,** **27645**

notamment auprès des commissaires aux comptes, des experts-comptables, des notaires, des membres et représentants du personnel, des administrations et organismes publics, des organismes de sécurité et de prévoyance sociales, des établissements de crédit, des sociétés de financement, des établissements de monnaie électronique, des établissements de paiement, ainsi que des services chargés de centraliser les risques bancaires et les incidents de paiement et auprès des assureurs-crédit (C. com. art. L 611-5 et, sur renvoi, art. L 611-6, al. 5). Ce droit de communication pouvant être exercé « nonobstant toute disposition législative ou réglementaire contraire », les personnes et organismes précités ne peuvent pas opposer le secret professionnel à l'enquête du président.

Le président du tribunal peut aussi demander à un **expert** d'établir un rapport sur la situation économique, financière, sociale et patrimoniale de la société (art. L 611-5 et, sur renvoi, art. L 611-6, al. 5).

Le président communique au conciliateur les renseignements qu'il a obtenus à la suite de ses enquêtes et, le cas échéant, le résultat de l'expertise (art. L 611-7, al. 2).

EFFETS DE L'OUVERTURE DE LA CONCILIATION

27650 La conciliation n'emporte pas la suspension des **poursuites individuelles des créanciers** contre la société (Cass. 3e civ. 10-12-2008 n° 07-19.899 : RJDA 2/09 n° 77).

Toutefois, avant la conclusion d'un accord avec les créanciers, le gérant de la société peut demander au président du tribunal qui a ouvert la conciliation de lui octroyer des **délais de paiement** en application de l'article 1343-5 du Code civil si un créancier l'a mise en demeure ou poursuivie (report limité à 2 ans) ; en dehors de ces hypothèses, lorsqu'un créancier n'a pas accepté, dans le délai imparti par le conciliateur, la demande faite par ce dernier de suspendre l'exigibilité de la créance, le président du tribunal peut, à la demande du gérant, reporter ou échelonner le règlement des créances non échues dans la limite de la durée de la mission du conciliateur ; il peut en outre subordonner la durée des délais qu'il octroie à la conclusion d'un accord amiable (art. L 611-7, al. 5). Sur les modalités et les effets de cette demande, voir l'article R 611-35.

Les **coobligés** et les **personnes ayant consenti une sûreté** personnelle (tel un cautionnement) ou ayant affecté ou cédé un bien en garantie d'une dette sociale peuvent se prévaloir des délais de paiement accordés par le juge en application des dispositions précitées (art. L 611-10-2).

ATTENTION

Le **redressement** et la **liquidation judiciaires** ne pouvant être demandés ni par un créancier ni par le ministère public si une conciliation est en cours (C. com. art. L 631-4 et L 640-4), la demande de conciliation permet à la société d'échapper à ces procédures jusqu'à la clôture de la procédure de conciliation et, au maximum, pendant six mois et demi après la cessation des paiements (45 jours, plus 5 mois de procédure). L'ouverture de la conciliation suspend l'obligation du gérant de déclarer l'état de cessation des paiements dans les 45 jours de sa survenance (art. L 631-4 et L 640-4). Mais, même si elle a donné lieu à un accord amiable, la conciliation n'interdit pas au gérant de solliciter l'ouverture d'une procédure collective.

CONCLUSION D'UN ACCORD AMIABLE

27670 La mission du conciliateur est de favoriser la conclusion, **entre** la **société** et ses **principaux créanciers** et, le cas échéant, ses **cocontractants habituels,** d'un accord amiable destiné à mettre fin aux difficultés de la société (C. com. art. L 611-7, al. 1).

Peuvent ainsi être appelés à y participer les garants susceptibles de donner leur accord sur de nouveaux financements ou sur des délais de paiement les engageant pour une durée allongée, les fournisseurs non créanciers qui peuvent accorder des délais de paiement ou les associés, actuels ou nouveaux, qui peuvent apporter des avances en compte courant ou s'engager à recapitaliser l'entreprise ou encore accepter l'incorporation de leurs créances au capital (Rapport AN n° 2095 relatif à la loi 2005-845 du 26-7-2005). Sur les conditions et modalités des remises que peuvent accorder l'administration fiscale et les organismes sociaux, voir les articles L 626-6 et D 626-9 s. du Code de commerce.

27672 Le conciliateur peut aussi être chargé par le président du tribunal, à la demande du débiteur et après avis des créanciers participants, d'organiser la **cession** partielle ou totale **de l'entreprise** qui pourrait être mise en œuvre, le cas échéant, dans le cadre d'une procédure ultérieure de sauvegarde, de redressement ou de liquidation judiciaire (C. com. art. L 611-7, al. 1 ; sur les modalités de cette demande, voir art. R 611-26-2).

27673 Si les parties ne parviennent **pas** à un **accord,** le conciliateur en informe le président du tribunal, qui met fin à la conciliation (C. com. art. L 611-7, al. 6). Un créancier (ou le ministère public) peut alors demander que la société soit mise en redressement ou en liquidation judiciaire mais seulement si elle est en cessation des paiements.

CONSTATATION OU HOMOLOGATION DE L'ACCORD PAR LE JUGE

L'accord obtenu sous l'égide du conciliateur peut être soit constaté, soit homologué par le juge. **27675**
Ces deux **procédures se distinguent** par leur publicité. En outre, seule l'homologation met un terme à l'interdiction bancaire frappant la société et permet à certains créanciers de bénéficier d'un privilège particulier.

Constatation de l'accord La constatation de l'accord par le président du tribunal se fait à la **requête** conjointe des parties et donne force exécutoire à l'accord ; elle ne fait l'objet ni de **publicité** ni de voie de recours et met fin à la procédure (C. com. art. L 611-8, I). **27676**

ATTENTION

Une obligation de **confidentialité** pesant toujours sur les personnes appelées à la conciliation et sur celles en ayant connaissance par leurs fonctions (nº 27690), le contenu de l'accord n'est pas communicable aux créanciers qui n'y ont pas été appelés. Ainsi, si l'accord et ses annexes sont déposés au greffe du tribunal, des copies ne peuvent être délivrées qu'aux parties et aux personnes qui peuvent se prévaloir de l'accord (C. com. art. R 611-39, al. 2).

Effets sur les recours des créanciers. Pendant la durée de son exécution, l'accord constaté interrompt ou interdit toute action en justice et arrête ou interdit toute **poursuite** individuelle sur les meubles et les immeubles **de la société** de la part des créanciers participants pour obtenir le paiement des créances qui font l'objet de l'accord (C. com. art. L 611-10-1). Il interrompt, pour la même durée, les délais impartis aux créanciers parties à l'accord à peine de déchéance ou de résolution des droits afférents aux créances mentionnées par l'accord (art. précité). **27677**

Si un créancier appelé à la conciliation met en demeure ou poursuit la société pour une créance non visée par l'accord, le dirigeant peut demander des délais de paiement (cf. C. civ. art. 1343-5) au président du tribunal ayant ouvert la procédure (C. com. art. L 611-10-1, al. 2). Aucun délai ne peut toutefois être imposé à l'administration fiscale et aux organismes sociaux (même art.).

Les **coobligés** et les **personnes ayant consenti une sûreté** personnelle (tel un cautionnement) ou ayant affecté ou cédé un bien en garantie des dettes sociales peuvent se prévaloir de l'accord constaté et des délais de paiement octroyés à la société durant l'exécution de l'accord (art. L 611-10-2, al. 1).

Inexécution de l'accord par la société. En cas d'inexécution des engagements résultant de l'accord, le président du tribunal prononce, à la demande de l'une des parties, la **résolution** de l'accord ; il peut aussi prononcer la déchéance des délais de paiement, qu'ils aient été accordés au cours de la conciliation ou de l'exécution de l'accord (C. com. art. L 611-10-3, al. 1 et 3). La décision prononçant la résolution fait l'objet d'une insertion au Bodacc et d'un avis dans un support d'annonces légales du lieu du siège social (art. R 611-46, al. 3). **27678**

L'inexécution de l'accord ne permet pas, à elle seule, aux créanciers de demander la mise en **redressement ou** en **liquidation judiciaire de la société** ; il faut en outre que les conditions d'ouverture de ces procédures soient remplies, notamment, que la société soit en cessation des paiements.

La résolution de l'accord amiable ne prive pas d'**effets** les clauses dont l'objet est d'en organiser les conséquences (art. L 611-10-4).

Homologation de l'accord Lorsque le dirigeant demande au tribunal d'homologuer l'accord, il informe le comité social et économique du contenu de celui-ci (C. com. art. L 611-8-1). **27682**

L'accord est homologué si les **conditions** suivantes sont remplies (C. com. art. L 611-8, II) :

- la société n'est plus en état de cessation des paiements ou l'accord met fin à cet état ;
- l'accord est de nature à assurer la pérennité de l'activité de la société ;
- l'accord ne porte pas atteinte aux droits des créanciers non signataires.

Le jugement d'homologation – qui ne reprend pas les termes de l'accord mais mentionne les garanties et privilèges constitués pour en assurer l'exécution et précise les montants garantis par le « privilège de conciliation » (nº 27702 ; art. R 611-40, al. 2) – est déposé au greffe du tribunal où tout intéressé peut en prendre connaissance (art. L 611-10, al. 2 et R 611-43). Le greffier du tribunal procède à la **publicité** requise (insertion au Bodacc ; publication d'un avis dans un support d'annonces légales du lieu du siège social) et, si la société est soumise au contrôle légal des comptes, il communique le jugement au **commissaire aux comptes** (art. L 611-10, al. 2, R 611-43 et R 611-44).

27683 L'homologation de l'accord a les mêmes **effets** que la constatation judiciaire de celui-ci (n° 27677) mais elle protège mieux les intérêts des créanciers si la société fait ensuite l'objet d'une procédure collective (nos 27702 s.). En outre, elle emporte la levée de plein droit de l'interdiction d'émettre des chèques mise en œuvre à l'occasion du rejet d'un chèque émis avant l'ouverture de la procédure de conciliation (C. com. art. L 611-10-2, al. 2).

L'**inexécution** de l'accord homologué est sanctionnée dans les conditions exposées n° 27678.

CONFIDENTIALITÉ

27690 Toute personne appelée à une procédure de conciliation ou qui, par ses fonctions, en a connaissance est tenue à la confidentialité (C. com. art. L 611-15) et s'expose, en cas de révélation, à une action en responsabilité civile et, le cas échéant, aux sanctions pénales prévues par l'article 226-13 du Code pénal (1 an d'emprisonnement et 15 000 € d'amende) si elle est par ailleurs soumise au secret professionnel (cas par exemple des avocats et des établissements de crédit). L'obligation de confidentialité s'impose également aux journalistes, sauf nécessité d'informer le public sur une question d'intérêt général (Cass. com. 15-12-2015 n° 14-11.500 : RJDA 3/16 n° 210 ; Cass. com. 13-2-2019 n° 17-18.049 FS-PBI : RJDA 5/19 n° 351 ; Cass. com. 13-2-2019 n° 17-18.049 FS-PBI : RJDA 5/19 n° 351). Elle ne cesse pas avec l'ouverture d'une procédure collective (CA Versailles 15-9-2016 n° 16/01505 : RJDA 12/16 n° 878) et s'applique à l'égard des tiers, mais aussi entre les parties à la conciliation (Cass. com. 5-10-2022 n° 21-13.108 F-B : RJDA 1/23 n° 40 ; CA Versailles 15-9-2016 n° 16/01505 précité).

OUVERTURE D'UNE PROCÉDURE COLLECTIVE EN COURS D'EXÉCUTION DE L'ACCORD

27700 L'**accord** adopté dans le cadre de la procédure de conciliation **prend fin** de plein droit lorsque la société qui en bénéficiait est mise sous sauvegarde, en redressement ou en liquidation judiciaire (C. com. art. L 611-12). Les créanciers qui étaient tenus par cet accord recouvrent l'intégralité de leurs **créances** et des sûretés qui les garantissent, déduction faite des sommes perçues en exécution de l'accord (art. précité). Ils conservent le bénéfice des **garanties** obtenues pour les nouveaux financements consentis à la société dans le cadre et pour les besoins de l'accord, mais ils perdent le bénéfice des sûretés obtenues en contrepartie de délais de paiement ou d'abandon de créances (Cass. com. 26-10-2022 n° 21-12.085 FS-B : RJDA 1/23 n° 39; Cass. com. 8-3-2023 n° 21-19.202 F-D : RJDA 5/23 n° 265).

La caducité de l'accord ne prive pas d'effets les clauses dont l'objet est d'en organiser les conséquences (art. L 611-10-4).

27702 Les créanciers qui ont consenti à la société, dans le cadre d'un accord homologué, un **nouvel apport en trésorerie** (ou la fourniture d'un nouveau bien ou service) en vue d'assurer la poursuite et la pérennité de l'activité sociale bénéficient d'un **privilège** de paiement dans la procédure collective de la société. Ils sont en effet payés dans le cadre de cette procédure, à hauteur du montant de l'apport (ou du prix du bien ou du service), avant toutes les autres créances à l'exception notamment de certaines créances salariales et des frais de justice afférents à cette procédure (C. com. art. L 611-11, al. 1 et, sur renvoi, art. L 622-17 et L 643-8, 5°). Le plan de sauvegarde ou de redressement ne peut leur imposer, sans leur consentement, ni les délais de paiement uniformes que le tribunal peut prescrire à certains créanciers récalcitrants (art. L 626-20, I-3°) ni les délais et remises votés par les classes de parties affectées (art. L 626-30-2, al. 2).

ATTENTION

Ce **privilège**, dit de conciliation ou de « new money », **ne profite pas** (art. L 611-11) :
– aux associés ayant consenti des apports dans le cadre d'une augmentation de capital ;
– aux créanciers signataires pour leurs concours antérieurs à l'ouverture de la conciliation (pour une application, CA Montpellier 2-2-2010 n° 09/07510 : JCP E 2010 n° 1875 note Ch. Lebel) ;
– aux personnes ayant procédé à un apport ou à une fourniture de biens ou de services si l'accord amiable n'a fait l'objet que d'une constatation judiciaire.

Le **privilège** ne peut être **invoqué** par le créancier que s'il l'a porté à la connaissance des organes de la procédure collective dans un délai dont la durée varie selon la nature de la procédure ouverte (art. L 622-17, IV en cas de sauvegarde ou de redressement judiciaire ; art. L 641-13, IV en cas de liquidation judiciaire).

27705 Dans la mesure où la date de cessation des paiements ne peut pas être reportée, sauf cas de fraude, à une date antérieure à la décision définitive d'homologation de l'accord (C. com. art. L 631-8, al. 2), les actes contenus dans celui-ci ne peuvent pas tomber sous le coup des **nullités de la période suspecte** si la société est ensuite mise en redressement ou en liquidation judiciaire.

SECTION 2

PROCÉDURE COLLECTIVE DE TRAITEMENT DES DIFFICULTÉS DES ENTREPRISES

EN BREF

Les procédures collectives d'apurement du passif – sauvegarde, redressement et liquidation judiciaires – correspondent chacune à un degré différent de gravité des difficultés rencontrées par la société. 28000

Ainsi, une société peut faire l'objet d'une sauvegarde « classique » si elle n'est pas en cessation des paiements mais éprouve des difficultés qu'elle n'est pas en mesure de surmonter. Mais la cessation des paiements ne fait pas obstacle à une sauvegarde accélérée si la société a déjà préparé avec ses principaux créanciers, dans le cadre d'une procédure de conciliation, un plan de sauvegarde susceptible d'être rapidement adopté.

Une société ayant cessé ses paiements peut aussi faire l'objet soit d'un redressement judiciaire si sa situation permet d'envisager un plan de redressement, y compris par voie de cession, soit d'une liquidation judiciaire si le redressement est manifestement impossible.

Selon la procédure, la société est plus ou moins privée de son autonomie de gestion et le dirigeant peut encourir des sanctions personnelles. Les associés peuvent être soumis à certaines contraintes.

I. OUVERTURE D'UNE PROCÉDURE COLLECTIVE

A. Sociétés pouvant faire l'objet d'une procédure collective

PERSONNES MORALES DU SECTEUR PRIVÉ

La procédure de sauvegarde, de redressement ou de liquidation judiciaire s'applique à toute personne morale de droit privé (C. com. art. L 620-2, L 631-2 et L 640-2), donc notamment à toutes les sociétés civiles, sous réserve des précisions suivantes. 28005

SOCIÉTÉS DISSOUTES OU LIQUIDÉES

Une **société dissoute** peut faire l'objet d'une procédure de redressement ou de liquidation judiciaire aussi longtemps qu'elle conserve sa personnalité morale, même si la cessation de ses paiements est postérieure à la dissolution (Cass. com. 27-1-1958 : D. 1958 p. 349 ; CA Aix-en-Provence 17-3-1978 : Bull. cour d'Aix 1978/2 p. 86). Celui qui, procédant aux opérations de liquidation après dissolution, constate une insuffisance d'actif pour régler l'intégralité du passif social, doit différer la clôture de la liquidation et demander l'ouverture de la procédure collective (Cass. com. 11-10-2005 n° 03-19.161 F-PB : RJDA 3/06 n° 277). 28010

À la publication de **clôture de la liquidation,** la société perd la personnalité morale (C. civ. art. 1844-8, al. 3), de sorte qu'elle ne peut plus demander l'ouverture d'une procédure collective. Mais elle peut encore être mise en redressement ou en liquidation judiciaire sur assignation de l'un de ses créanciers. Ceux-ci peuvent saisir le tribunal à cette fin pendant le délai d'un an qui suit la radiation de la société du RCS consécutive à la publication de la clôture des opérations de liquidation (C. com. art. L 631-5, al. 2-1° et L 640-5, al. 2-1°).

> **Précisions** **a.** La société une fois dissoute ne peut pas, à notre avis, demander le bénéfice d'une **procédure de sauvegarde.** En effet, sa personnalité morale ne subsiste que pour les besoins de sa liquidation (n° 25031) ; la société ne peut effectuer que les opérations nécessaires à sa liquidation et elle ne peut donc pas poursuivre son activité. Or, la procédure de

sauvegarde est destinée à faciliter la réorganisation de l'entreprise afin de permettre la poursuite de l'activité économique, le maintien de l'emploi et l'apurement du passif ; elle vise à l'adoption d'un plan destiné à sauvegarder l'entreprise (C. com. art. L 620-1 et L 626-1). Selon nous, un tempérament doit toutefois être apporté à ce principe : la société dissoute pourrait faire l'objet d'une procédure de sauvegarde s'il apparaissait que son patrimoine est confondu avec celui d'une autre société bénéficiant d'une procédure de sauvegarde ou qu'elle est fictive (cf. art. L 621-2, al. 2 ; nos 28025 s.).

b. La **radiation du RCS** ne fait courir le délai d'un an que si elle fait suite à la clôture des opérations de liquidation et à la disparition de la personnalité morale (Cass. com. 12-7-2016 n° 14-19.694 F-PB : RJDA 11/16 n° 801).

Si la radiation est demandée prématurément, voire prononcée d'office, le délai d'un an ne court pas et, malgré sa radiation, la société, qui a conservé sa personnalité morale (n° 25031), peut faire l'objet d'une procédure de redressement ou de liquidation judiciaire (arrêt précité ; CA Paris 6-1-2009 n° 08-10649 : RJDA 4/09 n° 366, pour une radiation d'office).

28012 **Société unipersonnelle** Une société devenue unipersonnelle et dont l'**associé unique** est une **personne morale** ne peut plus, en cas de dissolution, faire l'objet d'une procédure collective après l'expiration, sans opposition d'un créancier, du délai de 30 jours qui a suivi la publication de sa dissolution dans un support d'annonces légales car, à cette date, elle a perdu de plein droit sa personnalité morale en application de l'article 1844-5, al. 3 du Code civil (Cass. com. 20-5-2014 n° 13-14.933 : Bull. Joly 2014 p. 497 ; Cass. com. 23-9-2014 n° 13-17.171 : RJDA 12/14 n° 916).

> Précisions La dissolution ne donne lieu ici à aucune opération de **liquidation** de la société mais à la transmission universelle de son patrimoine à la personne morale associé (C. civ. art. 1844-5, al. 3). Ces principes ne s'appliquent pas si l'**associé unique** est une **personne physique** (art. 1844-5, al. 4) ; la société unipersonnelle peut alors faire l'objet d'une procédure collective dans les conditions précitées.

SOCIÉTÉS NON IMMATRICULÉES

28015 Les sociétés non immatriculées au RCS ne peuvent pas être soumises à une procédure collective puisqu'elles sont dépourvues de personnalité morale (Cass. com. 11-12-1984 : Bull. civ. IV n° 341 ; Cass. com. 10-3-1987 n° 255 : Rev. sociétés 1987 p. 587 note J.-P. Sortais ; Cass. com. 1-2-2000 n° 323 : RJDA 5/00 n° 553 ; Cass. com. 23-11-2004 n° 02-14.262 : RJDA 4/05 n° 381).

Les créanciers se trouvent alors dans la situation suivante :

– si la société est restée une **société en formation,** ils peuvent demander le paiement de leur créance à ceux qui ont agi au nom de cette société en formation (n° 2545) ;

– si la société constitue une **société créée de fait,** les créanciers peuvent demander paiement aux associés de fait selon les règles civiles, c'est-à-dire sans solidarité sauf convention contraire, et au « prix de la course ».

Les créanciers peuvent aussi demander la mise en redressement ou en liquidation judiciaire des personnes précitées à condition que celles-ci aient personnellement exercé une activité professionnelle relevant d'une telle procédure (activité commerciale, agricole, ou artisanale ou encore une profession libérale soumise à un statut législatif ou réglementaire ou dont le titre est protégé), qu'elles soient en état de cessation des paiements et, en outre pour la liquidation judiciaire, que leur redressement soit manifestement impossible (C. com. art. L 631-2, al. 1, L 631-1, L 640-1 et L 640-2, al. 1).

SOCIÉTÉS NULLES

28020 Une société nulle peut être l'objet d'une procédure collective car ni la société ni les associés ne peuvent se prévaloir d'une nullité à l'égard des tiers de bonne foi (C. civ. art. 1844-16 ; pour un exemple, voir CA Montpellier 29-1-1969 : RTD com. 1970 p. 789 obs. Houin).

SOCIÉTÉS FAISANT DÉJÀ L'OBJET D'UNE PROCÉDURE COLLECTIVE

28022 Une société ne peut pas faire l'objet simultanément de **plusieurs procédures collectives.** Ainsi une procédure de sauvegarde, de redressement ou de liquidation judiciaire ne peut pas être ouverte si la société est déjà soumise à une telle procédure et s'il n'a pas été mis fin aux opérations du plan de sauvegarde ou de redressement qui en résulte ou si la procédure de liquidation judiciaire n'a pas été clôturée (C. com. art. L 620-2, al. 2, L 631-2, al. 2 et L 640-2, al. 2).

Sur le cas de la société ayant obtenu l'ouverture d'une conciliation, voir n° 27650 ; sur celui des sociétés implantées en France mais faisant déjà l'objet d'une procédure d'insolvabilité dans un autre État membre de l'Union européenne, voir n° 28051.

SOCIÉTÉS FICTIVES OU DONT LES PATRIMOINES SONT CONFONDUS

Sociétés fictives Lorsqu'il apparaît qu'une société soumise à une procédure collective est fictive, cette procédure peut être étendue à la personne physique ou morale qui se dissimulait derrière la société (C. com. art. L 621-2, al. 2, L 631-7, al. 1 et L 641-1, I). **28025**

Confusion de patrimoines En cas de confusion des patrimoines de deux sociétés ou d'une société et d'une personne physique, la procédure ouverte à l'encontre de l'une d'elles peut être étendue à l'autre (C. com. art. L 621-2, al. 2, L 631-7, al. 1 et L 641-1, I). Ce cas de figure peut se présenter **entre une SCI créée pour acquérir des immeubles et la société commerciale à laquelle elle les loue** et qui y exerce son activité. Ce montage classique n'est pas à lui seul constitutif d'une confusion de patrimoines (Cass. com. 28-6-1994 n° 91-22.293 : RJDA 11/94 n° 1206, 1e esp.), ni celui consistant à mettre les immeubles à la disposition de la société d'exploitation dans le cadre d'une convention de crédit-bail (pour une solution inverse au motif que le terrain et les travaux avaient été payés par la SCI à l'aide de fonds prêtés par la société commerciale, voir Cass. com. 24-11-1998 : RJDA 1/99 n° 62). **28026**

La confusion des patrimoines est établie lorsque est relevée entre les personnes en cause l'existence de relations financières ou de flux financiers anormaux. Pour que les **relations financières** soient qualifiées d'**anormales,** il suffit qu'elles soient incompatibles avec des obligations contractuelles réciproques normales, même en l'absence d'imbrication des éléments d'actif et de passif des personnes concernées (Cass. com. 27-9-2016 n° 14-29.278 F-PB : RJDA 12/16 n° 880 ; Cass. com. 16-1-2019 n° 17-20.725 F-D : RJDA 5/19 n° 352), peu important que les opérations contestées aient été inscrites en comptabilité (Cass. com. 28-2-2018 n° 16-26.735 F-D : RJDA 6/18 n° 515) et qu'elles n'aient pas augmenté, au préjudice des créanciers, le passif de la société soumise à la procédure collective dont l'extension est demandée (Cass. com. 16-6-2015 n° 14-10.187 F-PB : RJDA 10/15 n° 677).

Ne suffisent **pas** à caractériser une **confusion des patrimoines** de la société civile et de la société commerciale :

– l'existence de dirigeants ou d'associés communs et l'identité des sièges sociaux (Cass. com. 14-3-1995 n° 529 : RJDA 7/95 n° 886 ; Cass. com. 25-6-1996 n° 1207 : RJDA 12/96 n° 1481) ;

– l'absence de bail écrit entre les sociétés (Cass. com. 15-5-2019 n° 18-14.974 F-D : RJDA 7/19 n° 517) ;

– le seul défaut de paiement des loyers (Cass. com. 15-2-2000 n° 397 : RJDA 6/00 n° 681 ; Cass. com. 19-2-2013 nos 12-11.546 F-D : RJDA 5/13 n° 434), ni la facturation des loyers à des dates qui semblent n'obéir qu'à des considérations d'opportunité (Cass. com. 10-5-2005 n° 697 : RJDA 10/05 n° 1126 ; pour un autre cas où la confusion n'a pas été caractérisée, voir Cass. com. 11-2-2014 n° 13-12.270 : RJDA 5/14 n° 454), ni le loyer minoré payé par la société commerciale si celui-ci tient compte des charges que le bail lui impose (CA Paris 14-4-2015 n° 14/2233 : RJDA 7/15 n° 508).

Existence d'une confusion de patrimoines
Concentration des biens des diverses sociétés entre les mains des membres d'une même famille qui, de surcroît, en qualité de dirigeants de celles-ci, avaient disposé des biens sociaux comme de leurs biens propres (Cass. com. 6-11-1985 n° 83-14.694 : Bull. civ. IV n° 265)
Nantissement du fonds de commerce de la société commerciale pour garantir l'emprunt souscrit par la SCI afin d'acquérir l'immeuble, financement de travaux dans l'immeuble et paiement d'un loyer exorbitant destiné au remboursement de l'emprunt, les deux sociétés dirigées par deux époux formant une seule entreprise dont le patrimoine immobilier a été constitué grâce aux ressources de la société commerciale et la SCI ayant pour unique finalité de soustraire l'immeuble aux poursuites des créanciers de la société commerciale (Cass. com. 1-10-1997 : RJDA 12/97 n° 1497 ; dans le même sens, Cass. com. 28-3-1995 n° 703 : RJDA 8-9/95 n° 1031 ; Cass. com. 24-11-1998 : RJDA 1/99 n° 62 ; Cass. com. 13-11-2002 n° 1862 : RJDA 2/03 n° 151)
Dépôt de garantie supérieur au quart de la valeur locative de l'immeuble et à 2 ans de loyers et pour le paiement duquel la société commerciale a souscrit un emprunt cautionné par la SCI (Cass. com. 14-3-2000 n° 639 : RJDA 6/00 n° 681, 2e esp.)
Absence de comptabilité dans les deux sociétés dont les créanciers adressaient leurs factures au gérant de la SCI faute de pouvoir les différencier, mise à disposition des immeubles au profit de la société commerciale sans contrepartie pendant trois ans, découvert en compte courant consenti aux deux sociétés de façon « conjointe et solidaire » et garanti par une hypothèque de la SCI, alors que les fonds n'avaient profité qu'à la société commerciale (Cass. com. 4-7-2000 n° 1482 : RJDA 1/01 n° 36)
SCI n'ayant pas perçu les loyers, ayant acquis un immeuble contigu pour agrandir celui loué à la société commerciale et financé des travaux au profit de cette dernière (Cass. com. 19-12-2000 n° 2112 : RJDA 3/01 n° 338)
Loyers non versés et cautionnement donné par la SCI à la société commerciale en vue de garantir l'apurement du passif de celle-ci (Cass. com. 3-4-2002 n° 732 : RJDA 6/02 n° 654)

Existence d'une confusion de patrimoines
Perception par la SCI de loyers excessifs fixés en fonction du montant du remboursement de l'emprunt contracté par la société pour l'acquisition de l'immeuble et non de la valeur locative de celui-ci, réalisation par la société commerciale de travaux devant rester la propriété de la SCI en fin de bail, non-recouvrement ultérieur des loyers par la SCI faisant ainsi bénéficier la société commerciale de son seul actif sans contrepartie (CA Rouen 6-1-2000 : RJDA 6/00 n° 681, 1e esp. et, sur pourvoi, Cass. com. 7-1-2003 : RJDA 6/03 n° 609 ; dans le même sens, CA Paris 16-5-2006 n° 05-20517 : RJDA 10/06 n° 1050)
Loyer diminué dans l'attente de l'achèvement par la SCI de travaux dont la réception est subordonnée à l'accord de la société commerciale par un avenant au contrat de bail laissant à la seule convenance de celle-ci la décision de revenir au loyer initial, ce loyer anormalement diminué ne permettant pas à la SCI de rembourser ses charges d'emprunt (Cass. com. 19-11-2003 n° 1602 : RJDA 2/04 n° 184)
Loyers dus par la société commerciale non recouvrés par la SCI alors qu'elle ne disposait pas d'autres ressources et négociation par la société commerciale de la dette de la SCI avec ses créanciers (Cass. com. 14-1-2004 n° 105 : RJDA 5/04 n° 587 ; dans le même sens, Cass. com. 15-2-2005 n° 215 : RJDA 6/05 n° 726)
Financement par la société commerciale de travaux sur l'immeuble excédant ses possibilités et dépendance à l'égard de la SCI qui a attendu un an avant de réclamer le paiement des loyers impayés et de résilier le bail (Cass. com. 26-5-2010 n° 09-66.615 : RJDA 8-9/10 n° 865)
Financement par la société commerciale de travaux d'aménagement représentant plusieurs années de loyer sans versement d'indemnité (Cass. com. 13-9-2011 n° 10-24.536 : RJDA 11/11 n° 935)
Importants travaux réalisés sur l'immeuble par la société commerciale qui, après les avoir facturés à la SCI, s'est abstenue volontairement d'en obtenir le recouvrement, absence de contrat de bail, prétendues créances invoquées par la SCI sur la société commerciale dans le but de sauvegarder son patrimoine immobilier (Cass. com. 10-5-2012 n° 11-13.709 : RJDA 8-9/12 n° 783)
Absence, pendant 7 années consécutives, de recouvrement des loyers par la SCI et de démarche pour résilier le bail, cette abstention procédant d'une volonté réitérée et systématique (Cass. com. 8-1-2013 n° 11-30.640 : RJDA 4/13 n° 342 ; dans le même sens, Cass. com. 20-10-2021 n° 20-17.124 F-D : RJDA 1/22 n° 24)
Abandon de son droit au bail par la société commerciale pour permettre à la SCI propriétaire des locaux de percevoir une indemnité d'expropriation plus élevée que si les locaux étaient loués (CA Paris 23-10-2014 n° 14/12672 : RJDA 2/15 n° 119)
Encaissement par la SCI de moins de 500 000 € de loyers sur 1,3 M€ facturé, la différence (800 000 €) ayant été soldée dans la comptabilité de la société commerciale par le débit fictif du compte fournisseur de la SCI (réduit à zéro) et l'inscription concomitante d'une créance du même montant au crédit du compte courant d'associé du dirigeant commun des deux sociétés (Cass. com. 27-9-2016 n° 14-29.278 F-PB : RJDA 12/16 n° 880)
Augmentation, 9 mois après la conclusion du bail, de 56 % du loyer par la SCI sans que cela soit justifié par la valeur locative de l'immeuble ou par la réalisation de travaux dans celui-ci et poursuite du règlement des loyers par la société commerciale locataire malgré son état de cessation des paiements (Cass. com. 12-7-2017 n° 16-10.542 F-D : RJDA 11/17 n° 734)
SCI qui n'a pas réclamé des loyers impayés équivalant à une année de loyers sur 10 ans, qui a réglé des factures pour le compte de la SARL locataire et a encaissé des sommes dues à celle-ci (Cass. com. 28-2-2018 n° 16-26.735 F-D : RJDA 6/18 n° 515)
Réduction de la surface des biens donnés en location par la SCI à la SARL sans abaissement du loyer et vente de matériel de la SARL à la SCI en « paiement » de loyers (pour 287 000 €) alors que la SARL n'était pas redevable d'une telle somme, que la valeur du matériel était inférieure à ce prix et que la SARL a continué à l'utiliser sans contrepartie (Cass. com. 16-1-2019 n° 17-20.725 F-D : RJDA 5/19 n° 352)

28027 **Personnes pouvant demander l'extension de la procédure collective** L'extension de la procédure collective peut être demandée par l'administrateur, le mandataire, le liquidateur judiciaire, le débiteur (c'est-à-dire la société qui fait l'objet de la procédure collective à étendre) ou par le ministère public (C. com. art. L 621-2, al. 2, L 631-7 et L 641-1, I). En revanche, elle ne peut pas être demandée par un créancier (Cass. com. 15-5-2001 n° 98-14.560 FS-P : RJDA 10/01 n° 990), ni par la personne qui a confondu son patrimoine avec celui de la société (Cass. com. 28-5-2002 n° 98-21.730 : RJDA 1/03 n° 42 ; CA Orléans 22-1-2004 n° 03-1358 : RJDA 5/04 n° 588).

28028 **Conditions de mise en œuvre de l'extension** L'extension de la procédure collective pour confusion de patrimoines ne peut être prononcée que si cette confusion existait à la **date** du jugement d'ouverture de la procédure à étendre (Cass. com. 28-11-2000 n° 98-10.083 FS-P : RJDA 2/01 n° 168 ; Cass. com. 16-10-2012 n° 11-23.036 F-D : RJDA 1/13 n° 51 ; sur le cas particulier de l'extension d'une liquidation judiciaire ouverte après résolution d'un plan, voir Cass. com. 17-5-2017 n° 15-28.871 F-D : RJDA 8-9/17 n° 567).

ILLUSTRATIONS

La confusion n'est pas établie à la date de la demande d'extension, lorsque la société du groupe, objet de cette demande, a été cédée à des tiers étrangers et que les nouveaux associés ont géré le patrimoine de cette société de manière autonome (CA Aix 30-3-1979 : Bull. cour d'Aix 1979/2 p. 102). Tel n'est pas le cas non plus lorsque les flux financiers anormaux se sont produits alors que la liquidation judiciaire était déjà ouverte (Cass. com. 28-11-2000 n° 98-10.083 FS-P précité).

L'extension d'une procédure collective est possible même si la société visée ne remplit pas les conditions d'ouverture de la procédure collective à étendre (Cass. com. 11-10-1994 n° 90-14.457 P : RJDA 2/95 n° 200 ; Cass. com. 7-1-2003 n° 00-13.192 FS-P : RJDA 6/03 n° 609). Ainsi, le redressement ou la liquidation judiciaire d'une société peut être étendu à une autre sans qu'il y ait lieu au préalable de constater la cessation des paiements de cette dernière (Cass. com. 3-4-2001 n° 98-16.070 F-D : RJDA 8-9/01 n° 874).

L'action en extension de procédure est irrecevable **après l'adoption d'un plan** de sauvegarde ou de redressement (Cass. com. 4-1-2000 n° 97-11.712 P : RJDA 3/00 n° 302) ou d'un plan de cession totale (Cass. com. 27-9-2017 n° 16-16.670 F-PBI : RJDA 2/18 n° 143) ou partielle (Cass. com. 5-12-2018 n° 17-25.664 FS-PBRI : RJDA 2/19 n° 104) ou après clôture de la liquidation judiciaire (Cass. com. 11-7-1995 n° 93-15.525 : Bull. civ. IV n° 208).

> Précisions **a.** L'extension de la procédure collective entraîne la soumission de toutes les sociétés concernées à une **procédure unique.** Il en résulte notamment une unicité d'actif et de passif entre les sociétés, sans création d'une indivision ni disparition de la personnalité morale de chacune d'elles (Cass. 1e civ. 20-3-2001 : Dr. sociétés 2001 comm. n° 112 note J.-P. Legros ; Cass. com. 30-6-2009 n° 08-15.715 F-D : RJDA 11/09 n° 980). La date de cessation des paiements est aussi unique ; elle est fixée à partir de la comparaison entre le passif exigible et l'actif disponible des sociétés concernées (Cass. com. 7-1-2003 n° 00-15.316 FS-P : RJDA 5/03 n° 511 ; Cass. com. 16-6-2004 n° 01-17.234 FS-PB : RJDA 12/04 n° 1346). L'issue de la procédure est commune, sans qu'elle puisse être différenciée par société (Cass. com. 22-10-1996 : RJDA 2/97 n° 262 ; Cass. com. 17-2-1998 n° 97-13.098 : RJDA 6/98 n° 749).

b. Sur la **condamnation** du gérant **à combler le passif** dans le cadre d'une liquidation judiciaire étendue, voir n° 28381.

c. En cas d'extension de la procédure collective d'une société à une autre société, le président du tribunal peut ordonner toute **mesure conservatoire** utile sur les biens de la seconde société dans les mêmes conditions que celles exposées nos 28490 s.

B. Difficultés justifiant l'ouverture de la procédure collective

1. SAUVEGARDE

SAUVEGARDE DE DROIT COMMUN

Une société peut demander le bénéfice d'une procédure de sauvegarde si, sans être en état de cessation des paiements, elle justifie de **difficultés** qu'elle n'est pas en mesure de surmonter (C. com. art. L 620-1, al. 1). **28030**

La loi ne précise pas la nature des difficultés susceptibles d'être invoquées, mais il n'est pas nécessaire qu'elles soient de nature à conduire la société à la cessation des paiements. Elles peuvent être tant juridiques que financières ou économiques. Il n'est pas non plus requis qu'elles affectent l'activité économique de la société (Cass. com. 8-3-2011 n° 10-13.988 : RJDA 5/11 n° 437 et, sur renvoi, CA Versailles 19-1-2012 n° 11/03519 : RJDA 5/12 n° 522). Sauf fraude, l'ouverture de la procédure ne peut être refusée à la société pour la seule raison qu'elle chercherait ainsi à échapper à ses obligations contractuelles (Cass. com. 8-3-2011 précité ; CA Paris 12-9-2017 n° 17/08723 : RJDA 1/18 n° 42). Il suffit que la société ne soit pas en mesure de surmonter seule les difficultés invoquées.

> Précisions Si la **société appartient à un groupe,** les difficultés invoquées sont appréciées au regard de la situation de la seule société (Cass. com. 26-6-2007 n° 06-20.820 : RJDA 1/08 n° 56, 2e esp.). A ainsi été jugée frauduleuse la demande de sauvegarde présentée par une société pour protéger non ses propres intérêts, mais ceux d'une de ses filiales (CA Paris 12-9-2017 précité). Le comportement du groupe peut toutefois être pris en considération dans la mesure où il constitue une difficulté insurmontable (diminution ou rupture des crédits intragroupes, vote de distribution de dividendes disproportionnés par rapport aux résultats...) (CA Versailles 15-6-2006 n° 06-1994 : RJDA 11/06 n° 1152 et, sur pourvoi, Cass. com. 26-6-2007 n° 06-17.821 : RJDA 1/08 n° 56, 1e esp.).

SAUVEGARDE ACCÉLÉRÉE

28032 Une société peut demander l'ouverture d'une procédure de sauvegarde accélérée si elle répond cumulativement aux conditions suivantes (art. L 628-1 et L 628-8) :

– être engagée dans une procédure de **conciliation** et avoir élaboré un projet de plan tendant à assurer la pérennité de l'entreprise et susceptible de recueillir, de la part des parties affectées à l'égard desquelles l'ouverture de la procédure produira effet, un soutien suffisamment large pour rendre vraisemblable son adoption dans un délai maximal de quatre mois à compter du jugement d'ouverture ;

– avoir des comptes certifiés par un commissaire aux comptes ou établis par un expert-comptable.

L'état de **cessation des paiements** de la société ne fait pas obstacle à l'ouverture de la procédure s'il n'est pas antérieur de plus de 45 jours à la demande d'ouverture de la conciliation (art. L 628-1, al. 5). S'il apparaît après ouverture de la sauvegarde accélérée que la cessation des paiements est plus ancienne, le ministère public demandera au tribunal de mettre un terme à la procédure (art. L 628-5). La société pourra alors être mise en redressement ou en liquidation judiciaire, sur demande du ministère public ou d'un créancier ou encore de sa propre initiative.

Contrairement à la sauvegarde de droit commun qui **affecte** tous les créanciers sociaux, la sauvegarde accélérée n'a d'effet qu'envers les **créanciers** sociaux et les **détenteurs de capital** directement affectés par le projet de plan préparé dans le cadre de la conciliation (art. L 628-6). Toutefois, lorsque les comptes sociaux font apparaître que la nature de l'endettement rend vraisemblable l'adoption d'un plan par les seuls créanciers ayant la qualité de sociétés de financement, d'**établissements de crédit** et assimilés ainsi que par tous les titulaires d'une créance acquise auprès de ceux-ci ou d'un fournisseur de biens ou de services et s'il y a lieu des obligataires, la société peut demander l'ouverture d'une procédure de sauvegarde accélérée dont les effets sont limités à ces créanciers (art. L 628-1, al. 3).

2. REDRESSEMENT OU LIQUIDATION JUDICIAIRE

ÉTAT DE CESSATION DES PAIEMENTS

28035 La société ne peut être mise en redressement ou en liquidation judiciaire que si elle est en cessation des paiements, c'est-à-dire dans l'**impossibilité de faire face à son passif exigible avec son actif disponible** (C. com. art. L 631-1, al. 1 et L 640-1, al. 1). Tel n'est pas le cas si les réserves de crédit ou les moratoires dont la société bénéficie de la part de ses créanciers lui permettent de faire face au passif exigible avec son actif disponible (art. précités).

La **preuve** de l'état de cessation des paiements pèse sur celui qui demande l'ouverture de la procédure (Cass. com. 5-5-2015 n° 14-11.381 : RJDA 8-9/15 n° 587).

Si l'état de cessation des paiements est avéré, le juge ne peut pas refuser d'ouvrir la procédure collective en raison des **mobiles de la société débitrice,** y compris en cas de fraude (Cass. com. 15-11-2017 n° 16-19.690 F-PBI : RJDA 2/18 n° 144), puisque la société est légalement tenue de déclarer la cessation des paiements (C. com. art. L 631-4 et L 640-4).

> **Précisions** La cessation des paiements d'une **société faisant partie d'un groupe** est appréciée au regard des seuls actifs et passifs de celle-ci (Cass. com. 8-6-1999 n° 95-14.723 : RJDA 8-9/99 n° 958 ; Cass. com. 3-7-2012 n° 11-18.026 : RJDA 10/12 n° 872 ; CA Paris 28-2-2017 nos 16/04921, 16/04975, 16/04971 et 16/04957 : RJDA 7/17 n° 474), sans tenir compte des capacités financières du groupe, sauf engagement de la société mère envers la société ou constatation d'une confusion de patrimoines justifiant l'ouverture d'une procédure unique (Cass. com. 7-1-2003 n° 00-15.316 FS-P : RJDA 5/03 n° 511).

28036 **Détermination du passif** Le passif à prendre en considération pour caractériser l'état de cessation des paiements de la société est le passif **exigible,** c'est-à-dire toute dette qui n'a pas donné lieu de la part du créancier à un moratoire ou à des facilités de paiement (C. com. art. L 631-1, al. 1 et L 640-1, al. 1 ; Cass. com. 12-11-1997 n° 94-15.829 : RJDA 1/98 n° 68 ; Cass. com. 27-2-2007 n° 06-10.170 : RJDA 7/07 n° 746), peu important que le paiement n'en ait pas été effectivement exigé (Cass. com. 27-2-2007 précité ; Cass. com. 15-2-2011 n° 10-13.625 : RJDA 5/11 n° 436). Ne sont pas prises en considération les créances qui ont été contestées par la société (Cass. com. 5-5-2015 n° 14-11.381 : RJDA 8-9/15 n° 587 ; Cass. com. 19-4-2023 n° 20-19.401 F-D). Il en est ainsi des créances fiscales si elles ont été contestées selon les modalités prévues par le Livre des procédures fiscales (Cass. com. 11-4-2018 n° 16-23.019 F-PBI : RJDA 8-9/18 n° 655).

28038 **Détermination de l'actif** Font partie de l'actif disponible la **trésorerie** et les **réserves de crédit** de la société (C. com. art. L 631-1, al. 1 et L 640-1, al. 1).

ILLUSTRATIONS

Sont **comptabilisés** dans l'actif disponible :
– les découverts en compte autorisés, facilités de caisse et lignes de mobilisation Dailly dont bénéficie la société et qui n'ont pas été dénoncés par la banque qui les a consentis (CA Paris 28-2-2017 n° 16/04975, 16/04971 : RJDA 7/17 n° 774) ;
– le solde créditeur d'un compte ouvert par la société à l'étranger, sauf circonstances particulières interdisant le transfert des fonds à très court terme en France (Cass. com. 7-2-2018 n° 16-26.404 F-D : RJDA 5/18 n° 440) ;
– les avances en compte courant des associés qui ne sont pas bloquées ou dont le remboursement n'a pas été demandé (Cass. com. 12-5-2009 n° 08-13.741 : RJDA 10/09 n° 867) ;
– l'apport en trésorerie effectué par un associé, mis sous séquestre et libérable sous condition (Cass. com. 29-11-2016 n° 15-19.474 F-D : RJDA 3/17 n° 196) ;
– un chèque de banque émis au profit de la société même s'il n'est pas encore encaissé (Cass. com. 18-12-2007 n° 06-16.350 : RJDA 8-9/08 n° 929 ; Cass. com. 5-2-2013 n° 11-28.194 : RJDA 4/13 n° 463) ;
– la trésorerie, même si elle provient majoritairement de fonds reçus par des investisseurs et non destinés à payer les charges courantes, dès lors qu'elle a permis de régler des dettes exigibles (Cass. com. 14-6-2023 n° 21-20.130 F-D : BRDA 15-16/23 inf. 8).
En revanche, est **exclu** de l'actif disponible le capital social non libéré qui est une créance de la société sur ses associés (Cass. com. 23-4-2013 n° 12-18.453 : RJDA 7/13 n° 648).

Les **fonds apportés par le dirigeant ou par un associé** (la société mère, notamment) sont pris en considération à moins que ce financement soit anormal (Cass. com. 23-5-1995 n° 93-12.270 D : RJDA 11/95 n° 1272 ; Cass. com. 17-5-2011 n° 10-30.425 F-D : RJDA 11/11 n° 936 ; Cass. com. 1-7-2020 n° 19-12.068 F-D : RJDA 11/20 n° 579). Constitue ainsi un financement anormal l'apport en compte courant d'associé destiné à soutenir artificiellement la trésorerie de la société en dissimulant son état de cessation des paiements, même s'il a été suggéré par l'administrateur judiciaire (Cass. com. 1-7-2020 précité). Mais le fait que le dirigeant ait apporté des liquidités à la société, la maintenant ainsi en survie, ne suffit pas à établir que le financement est anormal (Cass. com. 24-3-2004 n° 01-10.927 FS-PB : RJDA 8-9/04 n° 1009). 28039

ATTENTION

Le **dirigeant** qui, pour se procurer des fonds, utilise des **moyens frauduleux** ou même simplement **ruineux** tels que des cessions d'actifs à des prix anormalement bas ou des emprunts à des taux élevés, encourt de lourdes sanctions (faillite personnelle, interdiction de gérer, voire banqueroute).

Les **biens** mobiliers ou immobiliers **dont la société est propriétaire** ne sont pas des actifs disponibles (Cass. com. 22-1-2002 n° 139 : RJDA 5/02 n° 516 ; Cass. com. 7-2-2012 n° 11-11.347 : RJDA 8-9/12 n° 784), même s'ils sont déjà en vente (Cass. com. 17-6-2020 n° 18-22.747 F-PB : RJDA 8-9/20 n° 441) ou s'ils sont susceptibles d'être réalisés à court terme (Cass. com. 27-2-2007 n° 06-10.170 : RJDA 7/07 n° 746). Il n'y a ainsi pas à tenir compte des participations détenues par la société dans des filiales dès lors qu'elles ne sont pas immédiatement mobilisables (Cass. com. 20-6-1995 n° 93-18.342 D : Dr. sociétés 1995 n° 162). 28040

Le **prix de cession d'un actif** social n'est pas un actif disponible tant qu'il n'a pas été encaissé par la société ou pour son compte (Cass. com. 24-3-2021 n° 19-21.424 F-D : RJDA 7/21 n° 493).

Les **créances à recouvrer** de la société ne constituent pas des actifs disponibles, sauf circonstances exceptionnelles (Cass. com. 7-2-2012 n° 11-11.347 : RJDA 8-9/12 n° 784). Tel est le cas, par exemple, des créances aisément et rapidement recouvrables (CA Versailles 30-4-2014 n° 13/04298 : RJDA 10/14 n° 784 ; CA Paris 28-2-2017 n° 16/04975 : RJDA 7/17 n° 474 écartant en conséquence certaines créances intragroupes ou fiscales). 28041

Date d'appréciation La situation de la société s'apprécie au jour où le tribunal ou, sur appel, la cour d'appel statue (Cass. com. 6-10-1992 : RJDA 12/92 n° 1169 ; Cass. com. 22-1-2008 n° 07-10.117 : RJDA 6/08 n° 686 ; Cass. com. 8-4-2015 n° 14-10.676 F-D : RJDA 12/15 n° 842). Le passif rendu exigible en raison de l'ouverture de la liquidation judiciaire ne doit pas être pris en compte (Cass. com. 8-7-2003 n° 1144 : RJDA 1/04 n° 61 ; Cass. com. 18-5-2017 n° 15-23.541 F-D : RJDA 8-9/17 n° 561). 28043
Sur l'éventuel **report de la date** de cessation des paiements, voir n° 28062.

Exception La cessation des paiements n'est pas une condition indispensable de la **conversion** d'une procédure de **sauvegarde en redressement judiciaire** ; à tout moment de la période d'observation, le dirigeant peut demander cette conversion si l'adoption d'un plan de sauvegarde est manifestement impossible et si la clôture de la procédure conduirait, de manière certaine et à bref délai, à la cessation des paiements de la société (C. com. art. L 622-10, al. 3). De même, à tout moment de la période d'observation d'une procédure de **redressement** judiciaire, le tribunal peut prononcer la **liquidation** judiciaire si le redressement de l'entreprise est manifestement impossible (art. L 631-15, II), peu important l'absence de constatation de l'état de cessation des paiements de celle-ci (Cass. com. 28-2-2018 n° 16-19.422 F-PBI : RJDA 6/18 n° 521). Une société peut 28044 donc faire successivement l'objet d'une sauvegarde, d'un redressement puis d'une liquidation judiciaires sans que son état de cessation des paiements ait été constaté par le juge.

POSSIBILITÉ OU NON D'UN REDRESSEMENT DE LA SOCIÉTÉ

28045 La mise en **liquidation judiciaire** d'une société requiert, outre la cessation des paiements, que le redressement de la société soit manifestement impossible (C. com. art. L 640-1, al. 1).

ILLUSTRATIONS

Est dans l'**impossibilité de se redresser** :
– une SCI ayant contracté un important crédit-bail immobilier et ne disposant plus d'aucun revenu après la mise en liquidation judiciaire de ses locataires (CA Paris 16-10-2014 n° 14/03087 : RJDA 3/15 n° 202) ;
– une holding qui, en raison de l'ampleur de ses problèmes de trésorerie, ne peut, en l'absence d'un nouveau partenaire pour la soutenir, financer seule ni l'activité de la période d'observation si le redressement judiciaire était prononcé ni le coût de la restructuration sociale préconisée, sans créer rapidement un passif nouveau très important, peu important que ses filiales soient en bonne santé financière (Cass. com. 13-5-2014 n° 13-14.660 : RJDA 8-9/14 n° 712) ;
– une SCI qui a présenté un plan de redressement qui ne prévoyait l'apurement que d'une fraction du passif et sur la base de recettes locatives incertaines (Cass. com. 1-7-2020 n° 19-11.832 F-D : RJDA 10/20 n° 510).
En revanche est optimiste mais pas irréaliste un projet de plan de redressement avec apurement du passif sur dix ans dès lors que, si ce passif est considérable et si aucune offre de reprise de la société n'a été présentée, celle-ci conserve la capacité de dégager des bénéfices, ceux réalisés pendant la période d'observation permettant d'envisager que le chiffre d'affaires prévisionnel soit atteint (CA Paris 31-5-2016 n° 16/07671 : RJDA 12/16 n° 883).

Les chances de redressement doivent s'apprécier au regard des capacités de la société et non de celles du **groupe** auquel elle peut appartenir, en l'absence d'engagement de la société mère ou d'une autre filiale en sa faveur (Cass. com. 17-11-2015 n° 14-19.504 F-PB : RJDA 6/16 n° 465). Toutefois, lorsque plusieurs sociétés du même groupe font l'objet de procédures collectives distinctes, le tribunal peut, lors de l'examen de la solution proposée pour chacune d'elles, tenir compte, par une approche globale, de la cohérence du projet au regard des solutions envisagées pour les autres sociétés du groupe (Cass. com. 19-12-2018 n° 17-27.947 FS-PBI : RJDA 3/19 n° 211).

C. Tribunal compétent pour ouvrir la procédure collective

TRIBUNAL DU SIÈGE DE LA SOCIÉTÉ

28050 La sauvegarde, le redressement ou la liquidation judiciaire d'une société civile relève du **tribunal judiciaire** (C. com. art. L 621-2, L 631-7, al. 1 et L 641-1, I). La liste des tribunaux habilités à connaître des procédures collectives figure aux annexes 6-1 à 6-3 du Code de commerce.
Toutefois, le **tribunal de commerce** peut être compétent si la procédure collective d'une société commerciale est étendue à une société civile (art. précités) ou dans les cas exposés n° 28052.
Sur la compétence, dans certains cas, du tribunal de commerce spécialisé, voir n° 28053.

28051 Le tribunal **territorialement** compétent est celui dans le ressort duquel la société a son siège social (C. com. art. R 600-1).
Toutefois, si le siège social est fictif (Cass. com. 5-1-1999 n° 23 : RJDA 4/99 n° 440) ou en l'absence de siège social en France, le tribunal compétent est celui du lieu où la personne morale a le centre principal de ses intérêts (art. R 600-1, al. 1 ; CA Versailles 1-4-1996 : Bull. inf. C. cass. 1996/435 n° 854). Le seul fait que les choix économiques d'une société soient contrôlés par sa société mère ne suffit pas à écarter la compétence du tribunal du lieu de son siège social (CJCE 2-5-2006 aff. 341/04 : RJDA 8-9/06 n° 936).

> Précisions En cas de **changement de siège social** dans les 6 mois ayant précédé la saisine du tribunal, le tribunal dans le ressort duquel se trouvait le siège initial est seul compétent (C. com. art. R 600-1, al. 2). Ce délai de 6 mois court à compter de l'inscription modificative au RCS de l'ancien siège (même art.), c'est-à-dire de la radiation de la société du RCS de l'ancien siège et non de l'inscription au RCS du nouveau siège (Cass. com. 6-1-1998 n° 95-18.259 : RJDA 5/98 n° 615).

EN CAS DE PROCÉDURE DÉJÀ OUVERTE CONTRE UNE SOCIÉTÉ DU MÊME GROUPE

28052 Le tribunal devant lequel est en cours une procédure collective ouverte à l'encontre d'une société qui détient ou contrôle ou est détenue ou contrôlée par une autre société est compétent pour connaître de la procédure collective visant cette autre société (C. com. art. L 662-8, al. 1). Toutefois, toute procédure concernant une société détenue ou contrôlée par une société pour laquelle une procédure est ouverte devant un tribunal de commerce spécialisé (n° 28053) est renvoyée devant ce dernier (art. précité, al. 3).

La notion de société détenant ou contrôlant une autre société est appréciée au regard des articles L 233-1 et L 233-3 du Code de commerce.

PROCÉDURE COLLECTIVE RELEVANT D'UN TRIBUNAL SPÉCIALISÉ

Certains tribunaux de commerce spécialisés sont seuls compétents pour connaître des procé- 28053
dures collectives visant les **sociétés d'une certaine taille,** à savoir (C. com. art. L 721-8, 1°) :

– société occupant au moins 250 personnes et ayant un chiffre d'affaires annuel d'au moins 20 M€ ;

– société dont le montant net de chiffre d'affaires est d'au moins 40 M€ ;

– société qui détient ou en contrôle une autre (C. com. art. L 233-1 et L 233-3), à condition que le nombre de salariés de l'ensemble des sociétés concernées soit égal ou supérieur à 250 et que le montant net du chiffre d'affaires de l'ensemble des sociétés soit d'au moins de 20 M€ ;

– société qui détient ou en contrôle une autre si le montant net du chiffre d'affaires de l'ensemble des sociétés est d'au moins 40 M€.

Les sociétés civiles répondant rarement à ces critères (exception faite des sociétés civiles à la tête d'un groupe), la compétence des tribunaux de commerce spécialisés est résiduelle. Un tel tribunal est compétent notamment lorsque :

– la société civile est contrôlée ou détenue par une société qui fait déjà l'objet d'une procédure collective devant un tribunal de commerce (n° 28052) ;

– les intérêts en présence justifient que la procédure soit renvoyée devant un tribunal de commerce spécialisé (C. com. art. L 662-2).

> Précisions a. La liste de ces **tribunaux spécialisés** et leur ressort figurent dans les annexes 7-1 et 7-2 du Code de commerce.

b. L'**extension d'une procédure** collective qui n'a pas été ouverte par un tribunal spécialisé relève non d'un tel tribunal, mais de celui qui a ouvert la procédure (art. L 621-2, al. 5), même si l'extension vise une société atteignant les seuils ci-dessus (Cass. com. 11-3-2020 n° 18-22.960 FS-PB : RJDA 11/20 n° 578).

LIMITE À LA COMPÉTENCE DES TRIBUNAUX FRANÇAIS

Lorsqu'une société ayant son siège social en France fait déjà l'objet d'une **procédure principale** 28054
d'insolvabilité dans un **autre État membre de l'Union européenne** parce que le centre des intérêts principaux de la société a été jugé situé sur le territoire de cet État, un tribunal français ne peut alors ouvrir une procédure collective à l'égard de la société que si cette dernière possède un établissement sur le territoire français (Règl. 2015/848 du 20-5-2015 art. 3, 3). Cette procédure est dite secondaire et ses effets sont limités aux biens de la société sur le territoire français (Règl. 2015/848 du 20-5-2015 art. 3, 3 et 4, 19, 2 et 34 ; Cass. com. 7-2-2018 n° 17-10.056 FS-PB : RJDA 5/18 n° 448).

La procédure secondaire ne peut toutefois pas être ouverte en France si le syndic de la procédure principale ou la société (non dessaisie) a pris l'engagement de respecter les droits dont les créanciers français auraient pu bénéficier en matière de répartition et de priorité si la procédure secondaire avait été ouverte (C. com. art. L 692-2).

> Précisions a. Le **centre des intérêts** d'une société est présumé être celui du siège social sauf si la preuve contraire est apportée ou si la société a transféré celui-ci dans un autre État membre dans les trois mois précédant la demande d'ouverture de la procédure (Règl. 2015/848 art. 3, 1-al. 2).

b. Lorsqu'un tribunal d'un État membre de l'UE a ouvert une procédure principale d'insolvabilité à l'encontre d'une société ayant son siège en France, il n'appartient pas aux **tribunaux français** de **contrôler** la compétence internationale du juge qui a ouvert la procédure principale (Cass. com. 27-6-2006 n° 03-19.863FS-PBRI : RJDA 1/07 n° 82), ni de rechercher si le centre principal des intérêts du débiteur se situe ailleurs (cf. Cass. com. 27-5-2014 n° 13-14.956 FS-PB : RJDA 8-9/14 n° 718), ni de réexaminer l'insolvabilité du débiteur (Règl. 2015/848 art. 34 ; voir toutefois art. L 692-1, al. 2 autorisant le juge français à fixer la date de cessation des paiements).

c. La **compétence** du tribunal qui a ouvert la procédure principale dans un autre État membre peut être **contestée** devant les juridictions de cet État membre (CJCE 2-5-2006 aff. 341/04 : RJDA 8-9/06 n° 936). Ainsi, l'ouverture d'une procédure principale en France peut être contestée pour un motif de compétence internationale par tout créancier par voie d'appel ou de tierce opposition (C. com. art. L 691-1).

d. La loi de l'État où la procédure d'insolvabilité est ouverte détermine les conditions d'ouverture, le déroulement et la clôture de la procédure et notamment les règles concernant la production, la vérification et l'admission des créances (Règl. 2015/848 art. 7 ; pour une application à la déclaration des créances, Cass. com. 15-12-2009 n° 08-14.949 : RJDA 5/10 n° 542).

e. Lorsque des procédures collectives sont ouvertes au sein de l'UE à l'égard de **sociétés membres d'un groupe**, une procédure de coordination collective peut être mise en place (Règl. UE 2015/848 du 20-5-2015 art. 61 s. ; C. com. art. L 694-2 s. et R 694-2 s.).

D. Demande d'ouverture de la procédure collective

SAUVEGARDE

28055 La procédure de sauvegarde ne peut être ouverte qu'à la demande de la société débitrice (C. com. art. L 620-1, al. 1) et donc de son gérant (sur le contenu de cette demande, voir C. com. art. R 621-1 pour la sauvegarde classique, R 628-2 pour la sauvegarde accélérée, R 690-1 et R 692-1 pour les procédures transfrontalières au sein de l'UE). Des formulaires types de demande de sauvegarde sont disponibles aux greffes des tribunaux de commerce ou sur leur site internet.

> Précisions Même si la société fait l'objet d'une **procédure** principale d'insolvabilité (au sens des textes européens) **dans un autre État membre de l'UE**, seul son représentant légal peut demander l'ouverture d'une sauvegarde secondaire en France (art. L 692-1, al. 1).

REDRESSEMENT OU LIQUIDATION JUDICIAIRE

28056 **Déclaration de cessation des paiements par la société** La déclaration de la cessation des paiements de la société doit être faite au greffe du tribunal compétent dans le **délai** de 45 jours à compter de cette cessation si l'ouverture d'une procédure de conciliation n'a pas été demandée dans ce délai (C. com. art. L 631-4 et L 640-4).

ATTENTION

L'absence de déclaration de la cessation des paiements ou sa déclaration tardive fait encourir au dirigeant des **sanctions** patrimoniales et personnelles (nos 28363 s. et 28430). Le fait qu'un créancier ait déjà demandé l'ouverture d'une procédure collective à l'égard de la société ne dispense pas le dirigeant de cette obligation (Cass. com. 19-1-1999 : RJDA 4/99 n° 453 ; Cass. com. 14-1-2014 n° 12-29.807 : RJDA 5/14 n° 467 ; Cass. com. 9-6-2022 n° 21-11.083 F-D). Toutefois, il en est dispensé si la société fait déjà l'objet d'une procédure principale d'insolvabilité ouverte dans un autre État membre de l'UE (cf. Règl. 2015/848 du 20-5-2015 art. 34 ; Cass. com. 7-2-2018 n° 17-10.056 FS-PB : RJDA 5/18 n° 448).

Cette déclaration incombe au **représentant légal** de la société (gérant ou liquidateur amiable) (C. com. art. R 631-1, al. 1). En cas de cogérance, la cessation des paiements peut être déclarée par un seul des gérants (CA Orléans 5-11-1998 : Dr. sociétés 1999 n° 97 note Th. Bonneau).

Un **associé** ne peut pas demander en cette seule qualité l'ouverture de la procédure collective (CA Paris 20-10-1995 : Dr. sociétés 1996 n° 31 note Y. Chaput) mais il le peut s'il est créancier de la société.

Le comité social et économique n'est pas habilité à demander la mise en redressement ou en liquidation judiciaire de la société, à moins d'avoir la qualité de créancier social. Toutefois, il peut communiquer au président du tribunal ou au ministère public tout fait révélant que celle-ci est en état de cessation des paiements (art. L 631-6 et L 640-6).

> Précisions **a.** Sur la déclaration de cessation des paiements par un **administrateur provisoire**, voir n° 20262.

b. Dans les sociétés d'au moins 50 salariés, le **comité social et économique** doit être informé et consulté avant cette déclaration (C. trav. art. L 2312-53).

c. Des **formulaires** types de **déclaration** sont disponibles au greffe du tribunal ou sur leur site internet.

28057 **Assignation par un créancier social** Les créanciers sociaux peuvent, quelle que soit la nature de leur créance, assigner la société en redressement ou en liquidation judiciaire si elle ne fait pas l'objet d'une procédure de conciliation en cours (C. com. art. L 631-5, al. 2 et L 640-5, al. 2).

Ils doivent justifier d'une créance certaine, liquide et exigible sur la société mais pas nécessairement d'un titre exécutoire contre celle-ci (Cass. com. 2-12-2014 n° 13-20.203 F-PB : RJDA 5/15 n° 372 ; Cass. com. 28-6-2017 n° 16-10.025 FS-PBI : RJDA 11/17 n° 735).

28058 **Autres cas** En l'absence de procédure de conciliation en cours, la société peut être mise en redressement ou en liquidation judiciaire à la demande du **ministère public** (C. com. art. L 631-5, al. 1 et L 640-5, al. 1).

Le **tribunal** ne peut pas se saisir **d'office** pour ouvrir une telle procédure. Toutefois, s'il est porté à la connaissance du président du tribunal, par exemple dans le cadre d'une procédure d'alerte, des éléments faisant apparaître l'état de cessation des paiements d'une société, le président en informe le ministère public, qui peut demander l'ouverture de la procédure (art. L 631-3-1 et L 640-3-1).

Lorsqu'une société française fait l'objet d'une **procédure** principale d'insolvabilité **dans un autre État membre de l'Union européenne,** le syndic de cette procédure peut demander en France l'ouverture d'une procédure secondaire de redressement ou de liquidation judiciaire (art. L 692-1, al. 1).

E. Ouverture de la procédure collective

AUDITIONS PRÉALABLES À L'OUVERTURE DE LA PROCÉDURE

Le tribunal ne peut statuer qu'après avoir entendu (ou dûment appelé) le dirigeant et les personnes désignées par le comité social et économique (C. com. art. L 621-1, al. 1, L 631-7, al. 1 et L 641-1, I). 28060

Le tribunal peut également entendre toute personne dont l'audition lui paraît utile (C. com. art. L 662-3), tel le commissaire aux comptes.

En outre, s'il est saisi d'une demande de sauvegarde accélérée, le tribunal statue après rapport du conciliateur sur le déroulement de la conciliation et sur les perspectives d'adoption du projet de plan par les créanciers et les détenteurs de capital concernés (art. L 628-2 et R 628-4).

> Précisions **a.** Le défaut de convocation du débiteur ou des représentants du personnel est une cause de nullité du jugement d'ouverture (CA Paris 5-9-2006 n° 05/14236 : JCP G 2006 IV n° 2975) dont le créancier poursuivant ne peut pas se prévaloir (CA Aix-en-Provence 30-4-2008 n° 07/10772 : Gaz. Pal. 2008 som. 4201 obs. C. Lebel). De même, le débiteur ne peut pas utilement invoquer le défaut de convocation des représentants du personnel (Cass. com. 24-10-1995 n° 93-11.322 : RJDA 2/96 n° 266).

b. Si la **société** fait déjà l'**objet d'une procédure** principale d'insolvabilité **dans un autre État membre de l'UE,** le tribunal doit aussi convoquer le syndic de cette procédure (C. com. art. L 692-2).

c. L'ouverture d'une procédure collective à l'égard d'une société qui bénéficie ou a bénéficié d'un mandat ad hoc ou d'une procédure de conciliation dans les 18 mois qui précèdent doit être examinée en présence du **ministère public** (C. com. art. L 621-1, al. 3 et 4, L 628-3, L 631-7, al. 1 et L 641-1, I).

d. Le tribunal peut, avant de statuer, commettre un **juge pour recueillir** tous **renseignements** sur la situation financière, économique et sociale de la société (C. com. art. L 621-1, al. 3).

JUGEMENT OUVRANT LA PROCÉDURE COLLECTIVE

Si la société n'est pas en cessation des paiements, le tribunal peut **ouvrir une procédure** de sauvegarde. 28061

S'il constate la cessation des paiements, le tribunal prononce la liquidation judiciaire immédiate si le redressement de la société est manifestement impossible (C. com. art. L 640-1, al. 1) ou, dans les autres cas, le redressement judiciaire.

Le **jugement** ouvrant la procédure collective est **publié** au RCS et fait l'objet d'une insertion au Bodacc et dans un support d'annonces légales du lieu du siège de la société (art. R 621-8, R 631-7 et R 641-7). Il est aussi mentionné au RNE (art. L 123-37, 1°).

En cas de redressement ou de liquidation judiciaire, le tribunal fixe la **date de cessation des paiements,** celle-ci pouvant être modifiée ultérieurement sans pouvoir être antérieure : 28062

- à celle de l'immatriculation de la société au registre du commerce et des sociétés (Cass. com. 1-2-2000 n° 323 : RJDA 5/00 n° 553) ;
- de plus de 18 mois à la date du jugement d'ouverture de la procédure (C. com. art. L 631-8 et L 641-1, IV) ;
- à la décision ayant homologué un accord amiable conclu dans le cadre d'une procédure de conciliation sauf cas de fraude (art. précités).

> Précisions S'il apparaît que la **société** était déjà **en cessation des paiements lors du jugement ouvrant la sauvegarde,** le tribunal convertit, à la demande de l'administrateur, du mandataire ou du ministère public, la sauvegarde en redressement judiciaire et fixe la date de cessation des paiements à une date qui ne peut pas être antérieure de plus de 18 mois au jugement ouvrant la sauvegarde (C. com. art. L 621-12, al. 1 et L 631-8, al. 5). Le tribunal se prononce après avoir entendu ou dûment appelé les représentants de la société (art. L 621-12, al. 2).

Recours de la société contre l'ouverture de la procédure Le représentant légal de la société peut faire **appel du jugement** ouvrant une procédure collective à l'encontre de la société (C. com. art. L 661-1 et R 661-3, al. 1). Ne peuvent faire appel ni le dirigeant de fait (cf. Cass. com. 4-3-2008 n° 06-16.340 : Gaz. Pal. 29-7-2008 p. 35 note N. Fricero à propos d'un pourvoi en cassation mais transposable) ni l'associé, fût-il majoritaire (Cass. com. 28-1-2004 n° 02-16.524 : RJDA 5/04 n° 563, 3e esp. ; Cass. com. 14-9-2022 n° 21-12.755 F-D : RJDA 1/23 n° 41). 28063

> Précisions a. L'appel n'est ouvert au représentant légal que s'il a **intérêt à agir** (cf. CPC art. 31). Tel n'est pas le cas si la procédure a été ouverte à sa demande (P.-M. Le Corre : Droit et pratique des procédures collectives Dalloz 2023-2024 n° 233-531). Mais il peut faire appel si la procédure ouverte n'est pas celle qu'il a demandée.

b. Un associé peut faire **tierce opposition** à l'encontre du jugement ouvrant la liquidation judiciaire de la société car il répond indéfiniment des dettes sociales à proportion de sa part dans le capital social (Cass. com. 19-12-2006 n° 05-14.816 : RJDA 5/07 n° 533).

INTERVENANTS À LA PROCÉDURE COLLECTIVE

28064 **Organes de la procédure** Dans le jugement d'ouverture, le **tribunal nomme** les organes de la procédure, c'est-à-dire (C. com. art. L 621-4, L 631-9 et L 641-1, II) :

– un juge-commissaire ;

– un administrateur et un mandataire judiciaire en cas de sauvegarde ou de redressement judiciaire ;

– un liquidateur (et parfois un administrateur ; n° 28170) en cas de liquidation judiciaire.

> Précisions a. Le **dirigeant** peut **proposer** le nom d'un ou de plusieurs **administrateurs** en cas de sauvegarde (C. com. art. L 621-4, al. 5) ou de redressement judiciaire (art. L 631-9, al. 1). Il peut s'agir du conciliateur ou du mandataire ad hoc qui a précédemment accompagné la société mais le ministère public peut s'opposer à la désignation de celui-ci (art. précités).

b. En cas de sauvegarde ou de redressement judiciaire, le tribunal n'est pas tenu de désigner un administrateur judiciaire lorsque la société ne dépasse pas les **seuils** suivants : moins de vingt salariés et un chiffre d'affaires hors taxe inférieur à 3 M€ (C. com. art. L 621-4, al. 4, L 631-9 et R 621-11). Le dirigeant peut proposer au tribunal la **désignation de l'administrateur** judiciaire de son choix (art. L 621-4, al. 5) ; il peut s'agir, lorsque la société a précédemment bénéficié d'un mandat ad hoc ou d'une procédure de conciliation, du mandataire ad hoc ou du conciliateur, sous réserve que le ministère public ne s'y oppose pas.

c. Lorsque des procédures collectives sont ouvertes à l'encontre de **sociétés contrôlées par la même société ou contrôlant les mêmes sociétés** (au sens de l'article L 233-3 du Code de commerce), le tribunal compétent (nos 28052 s.) peut désigner un administrateur judiciaire et un mandataire judiciaire commun à l'ensemble des procédures, avec une mission de coordination (art. L 662-8 et R 662-18 s.). La désignation d'au moins un **deuxième administrateur** judiciaire **et** d'un deuxième **mandataire judiciaire** (ou d'un autre liquidateur judiciaire) est obligatoire si la société (C. com. art. L 621-4-1, L 631-9, al. 1, L 641-1-2, R 621-11-1 et R 641-3) :

– possède au moins trois établissements secondaires situés dans le ressort d'un tribunal où elle n'est pas immatriculée ;

– détient ou contrôle (au sens des articles L 233-1 ou L 233-3 du Code de commerce) au moins deux sociétés à l'encontre desquelles une procédure collective est déjà en cours ;

– est détenue ou contrôlée (au sens des articles L 233-1 ou L 233-3 du Code de commerce) par une société à l'encontre de laquelle une procédure collective est déjà en cours, cette société détenant ou contrôlant elle-même au moins une autre société à l'encontre de laquelle est aussi ouverte une telle procédure, et à condition que le chiffre d'affaires de la société ou de celle qui la contrôle ou de celle qui est contrôlée dépasse 20 M€.

28065 **Autres intervenants** Le tribunal invite le comité social et économique ou, à défaut, les salariés, à désigner un **représentant des salariés** (C. com. art. L 621-4, L 631-9 et L 641-1, II).

Le tribunal qui ouvre une procédure de sauvegarde ou de redressement judiciaire peut désigner un ou plusieurs **experts** (art. L 621-4, al. 3 et L 631-9). En cas de redressement ou de liquidation judiciaire, il doit en outre nommer une personne (commissaire-priseur ou commissaire de justice, notaire, etc.) chargée de faire l'inventaire des biens de la société et de les évaluer (art. L 631-9 et L 641-1, II-al. 6). Cette nomination ne s'impose, lors de la sauvegarde, que pour l'inventaire et seulement si la société décide de ne pas procéder elle-même à celui-ci (art. L 622-6-1 et L 621-4, al. 6).

Le juge-commissaire doit, quant à lui, désigner un à cinq **contrôleurs** choisis parmi les créanciers qui lui en font la demande (art. L 621-10, L 631-9 et L 641-1, II-al. 4).

Il appartient enfin à l'administrateur judiciaire de réunir les **classes de parties affectées** (composées des créanciers sociaux et des détenteurs de capital) (art. L 626-30 et L 631-19, I), qui vont intervenir dans l'élaboration du plan de sauvegarde ou de redressement judiciaire.

> Précisions La **constitution** de **classes de parties affectées** est obligatoire lorsque la société répond aux critères suivants (art. L 626-29, L 631-19 et R 626-52) :

– l'effectif de la société atteint 250 salariés et son chiffre d'affaires net 20 millions d'euros ou elle réalise au moins 40 millions d'euros de chiffre d'affaires net ;

– la société en détient ou en contrôle une autre (cf. art. L 233-1 et L 233-3) et l'ensemble des sociétés concernées atteint les seuils ci-dessus. À la demande de la société ou de l'administrateur, le juge-commissaire peut autoriser que les classes soient constituées en deçà de ces seuils (art. précité).

En cas de sauvegarde accélérée, la constitution des classes s'impose même si les seuils précités ne sont pas atteints (art. L 628-4) mais elle peut ne concerner que les créanciers financiers de la société (n° 28032).

II. CONSÉQUENCES DE L'OUVERTURE D'UNE PROCÉDURE COLLECTIVE À L'ENCONTRE DE LA SOCIÉTÉ

A. Conséquences de la procédure collective pour la société

1. SAUVEGARDE ET REDRESSEMENT JUDICIAIRE

SORT DE LA SOCIÉTÉ SOUS SAUVEGARDE OU EN REDRESSEMENT

En cas de sauvegarde ou de redressement judiciaire, la société n'est pas dissoute. Il en résulte notamment que les organes de la société doivent être maintenus. 28100

Les **dirigeants** de la société restent en fonction sauf, en cas de redressement judiciaire, si le tribunal demande leur remplacement (n° 28305) ou s'ils sont frappés d'une interdiction de gérer ou d'administrer. Leurs pouvoirs sont limités (nos 28131 s.) et, si la société est mise en redressement ou en liquidation judiciaire, la rémunération des dirigeants peut être réduite (nos 28300 s.).

Le **commissaire aux comptes** en fonction lors du jugement ouvrant la procédure collective le demeure.

Les **assemblées** d'associés peuvent être réunies pour prendre les décisions de caractère interne (par exemple, approbation des comptes annuels, nomination ou révocation des gérants ou de l'organe de contrôle). Les autres décisions intéressant le patrimoine de la société ne peuvent être prises que sous réserve des pouvoirs conférés au juge-commissaire et à l'administrateur judiciaire (n° 28130).

Cas particulier : société unipersonnelle Si toutes les **parts** de la société sont **détenues par une autre personne morale,** celle-ci ne peut pas mettre fin à la procédure de redressement judiciaire en décidant la dissolution de la société ; en effet, la dissolution d'une société unipersonnelle faisant l'objet d'une procédure collective n'entraîne pas la transmission universelle de son patrimoine à son associé ; le patrimoine social doit être cédé ou transmis selon les règles d'ordre public applicables au redressement judiciaire (Cass. com. 12-7-2005 n° 1237 : RJDA 1/06 n° 29). 28106

OBSERVATION DE LA SOCIÉTÉ SOUS SAUVEGARDE OU EN REDRESSEMENT

Le jugement de **sauvegarde** ou de **redressement judiciaire** ouvre une **période d'observation** (C. com. art. L 621-3, al. 1 et L 631-7) au cours de laquelle l'administrateur judiciaire établit un **bilan** économique et social de la société (art. L 623-1 et L 631-18). Durant cette période est élaboré le **projet de plan** qui sera soumis au tribunal et s'engage la procédure de vérification et d'admission des créances déclarées par les créanciers sociaux. 28120

La période d'observation est d'une durée maximale de 6 mois, renouvelable une fois pour une durée maximale de 6 mois (art. L 621-3, al. 1). Le ministère public peut demander en outre une prolongation exceptionnelle de 6 mois supplémentaires en cas de redressement judiciaire mais pas en cas de sauvegarde (art. L 621-3, al. 1).

ATTENTION

La durée de la période d'observation est plus courte en cas de **sauvegarde accélérée.** Elle est limitée à 4 mois à compter du jugement d'ouverture, le tribunal devant arrêter le plan dans ce délai sous peine de clôture de la procédure (art. L 628-8, al. 1).

Continuation de l'activité sociale Pendant la période d'observation, la société sous sauvegarde ou en redressement judiciaire continue en principe son activité (C. com. art. L 622-9 et L 631-14, I). Toutefois, le tribunal peut, à tout moment, ordonner la cessation partielle de l'activité 28125 ou convertir la procédure en redressement ou liquidation judiciaire lorsqu'une procédure de sauvegarde a été ouverte, ou seulement en liquidation judiciaire lorsque la société fait l'objet d'un redressement judiciaire (art. L 622-10 et L 631-15, II).

> **Précisions** En cas de **redressement judiciaire,** le tribunal doit se prononcer, au vu d'un rapport établi par l'administrateur judiciaire, sur la poursuite de la période d'observation dans les 2 mois à compter du jugement d'ouverture et il ne peut ordonner la poursuite de cette période que s'il lui apparaît que la société dispose à cette fin de capacités de financement suffisantes (art. L 631-15, I).

28128 **Gestion du patrimoine social** Pendant la période d'observation, la société est partiellement placée sous la tutelle du juge-commissaire et, le cas échéant, de l'administrateur judiciaire s'il en a été désigné un.

28130 **Actes soumis à l'autorisation du juge-commissaire.** Doivent notamment être autorisés par le juge-commissaire les actes de disposition étrangers à la gestion courante de l'entreprise, les constitutions de sûretés conventionnelles sur les biens sociaux en garantie d'une créance postérieure à l'ouverture de la procédure, les compromis ou les transactions ainsi que le paiement de créances antérieures pour permettre le retrait d'un gage ou encore la levée d'une d'option d'achat d'un contrat de crédit-bail (C. com. art. L 622-7, II et L 631-14).

L'acte passé sans autorisation est annulable dans un délai de trois ans à compter de sa date de conclusion ou, s'il était soumis à publicité (cas, par exemple, de l'hypothèque), à compter de la date de sa publicité (art. L 622-7, III et L 631-14). En outre, les dirigeants sociaux s'exposent à des sanctions pénales : emprisonnement de 2 ans et amende de 30 000 € (C. com. art. L 654-8, 1°).

ATTENTION

À compter de l'ouverture de la procédure collective, il est **interdit** à la société **de payer,** d'une part, les créances antérieures au jugement d'ouverture de la procédure (sauf paiement par compensation de dettes connexes ou autorisation du juge-commissaire) et, d'autre part, les créances postérieures à ce jugement qui ne sont pas nées régulièrement pour les besoins du déroulement de la procédure ou en contrepartie d'une prestation fournie à la société pendant la période d'observation (art. L 622-7, I et L 631-14). En cas de violation de cette interdiction, les sanctions précitées sont applicables.

28131 **Intervention de l'administrateur.** La tutelle de l'administrateur sur les dirigeants sociaux est plus ou moins étendue selon la mission que lui a confiée le tribunal (C. com. art. L 622-3, al. 1 et L 631-14).

Indépendamment des pouvoirs qu'il tient de la loi pour le déroulement de la procédure, l'administrateur peut être chargé par le tribunal :

– soit de **surveiller la gestion** qui continue alors à être exercée par les dirigeants sociaux (anciens ou nouveaux) ;
– soit d'**assister la société** pour tous les actes concernant la gestion ou pour certains d'entre eux, ces actes supposant alors l'intervention conjointe du dirigeant et de l'administrateur ;
– soit d'**assurer seul,** entièrement ou en partie, **l'administration** de l'entreprise.

En cas de **sauvegarde,** seules les deux premières missions peuvent être confiées à l'administrateur (art. L 622-1, II) et la loi précise que l'administration de l'entreprise est assurée par son dirigeant (art. L 622-1, I).

Lorsque la société est mise en **redressement judiciaire,** le tribunal ne peut confier à l'administrateur qu'une mission d'assistance ou d'administration (art. L 631-12, al. 2).

ATTENTION

À tout moment, le **tribunal** peut, sur la demande de l'administrateur, du mandataire judiciaire ou du ministère public, ainsi que d'office en cas de redressement judiciaire, **modifier** la **mission** de l'administrateur (art. L 622-1, IV et L 631-12, al. 4) et, par voie de conséquence, étendre ou réduire les pouvoirs des dirigeants sociaux.

Ainsi, une mission de représentation de la société se justifie chaque fois que le comportement du dirigeant nuit au bon déroulement de la procédure collective ou met en péril le redressement de la société soumise à cette procédure (CA Paris 23-2-2023 n° 22/13224 : RJDA 6/23 n° 322). Inversement, la mission d'assistance de l'administrateur judiciaire d'une société sous sauvegarde a été abandonnée au profit d'une simple surveillance de la gestion dès lors que la situation de la société, à jour du paiement des salaires, laissait augurer une issue favorable de la procédure et qu'aucun problème de confiance ou de compétence n'affectait son dirigeant (CA Paris 25-10-2011 n° 11/16438 : RJDA 8-9/12 n° 785).

Sauf s'il est chargé d'une simple mission de surveillance, l'administrateur doit veiller au respect des obligations légales et conventionnelles pesant sur les dirigeants sociaux (art. L 622-1 et L 631-12).

Jugé qu'à la suite d'un accident du travail survenu dans la société, le dirigeant ne pouvait pas être poursuivi pour infraction aux règles de sécurité du travail et blessures involontaires car à la date de l'accident, l'administrateur judiciaire, qui avait reçu mission d'exercer seul l'administration de la société, était investi des obligations incombant au chef d'entreprise (Cass. crim. 3-3-1998 : RJDA 6/98 n° 755).

Tant en sauvegarde qu'en redressement judiciaire, l'administrateur judiciaire est seul compétent pour exiger la poursuite des **contrats en cours** (art. L 622-13, II et L 631-14). Toutefois, s'il n'a pas été nommé d'administrateur, le dirigeant peut poursuivre ces contrats après avis conforme du mandataire judiciaire ou, en cas de désaccord, sur autorisation du juge-commissaire saisi par tout intéressé (art. L 627-2).

Même s'ils nécessitaient l'intervention de l'administrateur en raison des pouvoirs conférés à celui-ci par le tribunal, les **actes de gestion courante** (d'administration ou de disposition) passés par les dirigeants sociaux seuls sont réputés valables et engagent la société à l'égard des tiers de bonne foi (C. com. art. L 622-3, al. 2 et L 631-14). **28132**

Mais, si le dirigeant dessaisi effectue, sans l'accord de l'administrateur judiciaire, des actes étrangers aux pouvoirs propres qui lui sont attribués par la loi, il reste tenu au respect des obligations légales et conventionnelles incombant au chef d'entreprise susceptibles d'engager sa responsabilité pénale (Cass. crim. 12-6-1996 n° 94-85.598 P : RJDA 4/97 n° 556, à propos d'une infraction à la réglementation générale sur l'hygiène et la sécurité du travail).

Intervention du mandataire judiciaire. Seul le mandataire judiciaire a qualité pour **agir** au nom et **dans l'intérêt collectif des créanciers.** Néanmoins, en cas de carence du mandataire, tout créancier nommé contrôleur peut agir dans cet intérêt après mise en demeure adressée au mandataire et restée infructueuse pendant deux mois (C. com. art. L 622-20, al. 1, L 631-14 et R 622-18). **28133**

Il en résulte qu'un associé d'une société en sauvegarde ou en redressement judiciaire – qui ne peut pas être désigné contrôleur (art. L 621-10, al. 2 et L 631-9) – n'est pas recevable à agir au nom des créanciers en réparation du préjudice subi par ceux-ci du fait de l'aggravation du passif social par la faute d'un tiers (Cass. com. 3-6-1997 n° 1443 : RJDA 11/97 n° 1395). Toutefois, tout associé conserve la faculté d'agir individuellement lorsqu'il invoque un préjudice qui n'est pas le corollaire de celui subi par l'ensemble des créanciers de la procédure collective mais qui lui est exclusivement personnel (Cass. com. 10-12-2013 n° 11-22.188 : RJDA 3/14 n° 249 ; Cass. com. 2-2-2022 n° 20-17.151 F-D : RJDA 6/22 n° 354).

> **Précisions** Le mandataire judiciaire, qui ne peut agir que dans l'intérêt collectif des créanciers, n'a pas **qualité pour poursuivre les associés en paiement des dettes sociales** sur le fondement de l'article 1857 du Code civil (Cass. com. 24-1-2006 n° 91 : RJDA 6/06 n° 663). Mais il peut demander la libération du capital (n° 28260).

PLAN DE SAUVEGARDE OU DE REDRESSEMENT

Élaboration du projet de plan Le **dirigeant** social (en cas de sauvegarde) ou l'**administrateur** (en cas de redressement judiciaire) propose un projet de plan de sauvegarde ou de redressement (C. com. art. L 626-2, al. 1 et L 631-19, I) : **28140**

– sur lequel le mandataire judiciaire recueille l'accord des créanciers (art. L 626-5) ;
– ou, si les classes de parties affectées sont constituées, qui est soumis au vote de chacune de ces classes (art. L 626-30-2).

En cas de redressement judiciaire (mais pas en cas de sauvegarde), tout membre d'une classe peut soumettre au vote des classes un projet de plan alternatif à celui du débiteur ou de l'administrateur (art. L 631-19, I-al. 3).

En cas de sauvegarde accélérée, le projet présenté par le débiteur aux classes de parties affectées est celui préparé dans le cadre de la conciliation qui a précédé (cf. art. L 628-1).

> **Précisions a.** La constitution des **classes de parties affectées** n'est obligatoire que dans les cas exposés n° 28065. Sont des parties affectées les **créanciers** sociaux dont les droits sont directement affectés par le projet de plan ainsi que les « **détenteurs de capital** » – dans une société civile, les membres de l'assemblée des associés – si leur participation au capital de la société débitrice, les statuts ou leurs droits sont modifiés par le projet de plan (art. L 626-30, I). Ces parties affectées sont réparties en classes représentatives d'une communauté d'intérêt économique suffisante (art. précité). Le projet de plan doit être adopté par chacune des classes à la majorité des deux tiers des voix détenues par les membres ayant exprimé un vote (art. L 626-30-2) ; pour les détenteurs de capital, ce scrutin vaut vote en assemblée.
> **b.** Un **créancier** ne peut pas **négocier** l'apurement de sa créance **avec la société en dehors du plan** ; toutes les créances déclarées sont en effet soumises au plan (Cass. com. 18-5-2022 n° 19-25.796 FS-B : RJDA 8-9/22 n° 498).

Arrêté du plan par le tribunal Après avoir entendu (ou dûment appelé) les dirigeants sociaux, l'administrateur, le mandataire judiciaire, les contrôleurs ainsi que les représentants du personnel et s'il estime, au vu du projet de plan et du bilan économique et social, qu'il existe une **28141**

possibilité sérieuse pour l'entreprise d'être sauvegardée, le tribunal arrête un plan de sauvegarde ou de redressement, qui peut être assorti, s'il y a lieu, de l'arrêt, de l'adjonction ou de la cession d'une ou de plusieurs activités (C. com. art. L 626-1, L 626-9 et L 631-19, I). Le plan peut prévoir l'entrée de nouveaux associés (n° 28264) ou être précédé d'une modification des statuts (nos 28265 s.). L'adoption du plan de redressement peut être subordonnée au remplacement des dirigeants (n° 28305) et à leur sortie du capital (nos 28325 s.)

> **Précisions** **a.** Lorsqu'il statue sur le projet de **plan adopté par les classes de parties affectées,** le tribunal s'assure notamment de l'égalité de traitement entre les parties d'une même classe, du respect du critère du « meilleur intérêt des créanciers » (c'est-à-dire que les parties affectées ayant voté contre le plan ne se trouvent pas dans une situation moins favorable, du fait du plan, que celle qui leur serait réservée soit en cas de liquidation judiciaire ou de plan de cession, soit par application d'une meilleure solution alternative si le plan n'était pas validé) et que tout nouveau financement est nécessaire pour mettre en œuvre le plan et ne porte pas une atteinte excessive aux intérêts des parties affectées (art. L 626-31, L 628-1, al. 1 et L 631-19, I). Sous certaines conditions, le tribunal peut imposer le plan voté par une majorité de classes à celles qui ont voté contre (art. L 626-32). Il peut refuser d'arrêter le plan si celui-ci n'offre pas une perspective raisonnable d'éviter la cessation des paiements de la société ou de garantir sa viabilité (art. L 626-32).
> **b.** En cas de redressement judiciaire, le tribunal peut ordonner la **cession totale ou partielle de la société** si les plans proposés apparaissent manifestement insusceptibles de permettre le redressement ou en l'absence de plan et, dès l'ouverture de la procédure de redressement judiciaire, les tiers sont admis à soumettre à l'administrateur des offres de reprise totale ou partielle tendant au maintien de l'activité de l'entreprise (art. L 631-13 et L 631-22). La cession est soumise aux règles exposées nos 28180 s. à propos de la liquidation judiciaire.
> **c.** Les **droits de préemption** institués par le Code rural et de la pêche maritime ou le Code de l'urbanisme ne peuvent pas s'exercer sur un bien compris dans une cession d'activités arrêtée en cas de sauvegarde (art. L 626-1, al. 3) ou dans le plan de cession adopté en cas de redressement judiciaire (art. L 631-22 et, sur renvoi, art. L 642-5, al. 4).

SORT DES GARANTS DES DETTES DE LA SOCIÉTÉ SOUS SAUVEGARDE OU EN REDRESSEMENT

28142 En cas de sauvegarde ou de redressement judiciaire, les **personnes physiques** coobligées ou garantes du paiement des dettes sociales **ne peuvent pas être poursuivies** par les créanciers bénéficiaires des garanties entre le jugement ouvrant la procédure collective et celui arrêtant le plan de sauvegarde ou de redressement (C. com. art. L 622-28 et L 631-14). Elles peuvent ensuite leur **opposer** les réductions de créances et les délais de paiement prévus par **le plan** (art. L 626-11 et L 631-19). En outre, les créanciers qui n'ont pas déclaré régulièrement leurs créances dans le cadre de la procédure ne peuvent pas agir contre ces coobligés et garants pendant la durée d'exécution du plan ni après son exécution totale (art. L 622-26, al. 2 et L 631-14).

Le tribunal peut accorder aux coobligés et garants des **délais** ou un différé **de paiement** dans la limite de deux ans (art. L 622-28, al. 2 et L 631-14, al. 1).

> **Précisions** La notion de coobligé au sens des dispositions précitées est limitée au cas où la coobligation résulte d'un engagement contractuel ; n'a donc pas la **qualité de coobligé** le dirigeant déclaré pénalement responsable avec la société d'une infraction pénale (Cass. com. 14-6-2023 n° 21-21.330 FS-B : RJDA 8-9/23 n° 449).

2. LIQUIDATION JUDICIAIRE

SORT DE LA SOCIÉTÉ EN LIQUIDATION JUDICIAIRE

28160 Le jugement ordonnant la liquidation judiciaire de la société n'emporte pas la **dissolution** de cette dernière (Cass. com. 21-4-2022 n° 20-13.625 F-D : RJDA 7/22 n° 423) : la dissolution n'intervient qu'en cas de clôture de la liquidation judiciaire pour insuffisance d'actif et à la date du jugement ordonnant cette clôture (C. civ. art. 1844-7, 7°).

En conséquence, les **dirigeants** sociaux en fonction lors de l'ouverture de la liquidation judiciaire le demeurent en principe pendant la durée de la procédure, voire au-delà dans l'hypothèse, rare en pratique, d'une clôture pour extinction du passif. Durant cette période, ils continuent donc à représenter la société (Cass. com. 12-6-2019 n° 18-14.395 F-D : RJDA 10/19 n° 632). Mais leurs pouvoirs sont très restreints car c'est le liquidateur judiciaire qui exerce la plupart des droits de la société (n° 28165) et procède aux opérations de liquidation (C. com. art. L 641-1, II et L 641-4).

Lorsque les dirigeants de la société ne respectent pas leurs obligations en matière d'arrêté et d'approbation des **comptes annuels,** le liquidateur judiciaire peut saisir le président du tribunal aux fins de désignation d'un mandataire ad hoc (C. com. art. L 641-3, al. 3).

> **Précisions** **a.** Le régime antérieur à l'ordonnance 2014-326 du 12 mars 2014 prévoyait expressément le **maintien des dirigeants sociaux en fonction,** sauf clause contraire des statuts ou décision de l'assemblée générale. Ces exceptions, qui n'apparaissent plus dans la rédaction de l'article L 641-9, restent, à notre avis, valables sous l'empire du régime actuel par application du droit des sociétés.
b. Un **mandataire** peut être désigné, en cas de nécessité, **au lieu et place des dirigeants** par ordonnance du président du tribunal sur requête de tout intéressé, du liquidateur ou du ministère public (art. L 641-9, II). La désignation d'un mandataire peut être justifiée par l'interdiction de gérer frappant le dirigeant, par son état de santé ou encore par un conflit d'intérêts entre le dirigeant et la société (pour le rejet d'une demande injustifiée, voir CA Paris 21-11-2013 n° 13/09561 : RJDA 3/14 n° 258).
c. En vertu de l'article L 641-3, al. 3 du Code de commerce, les **obligations légales en matière de comptes annuels** perdurent jusqu'à la clôture de la liquidation judiciaire et leur respect incombe au dirigeant ou, le cas échéant, au mandataire qui l'a remplacé. Il s'agit donc d'une exception au principe selon lequel le liquidateur judiciaire, qui exerce les droits et actions de la société pendant toute la durée de la procédure (C. com. art. L 641-9, I), est corrélativement tenu des obligations de la société (Cass. soc. 17-10-1989 n° 87-45.033 : Bull. civ. V n° 594 ; Cass. com. 12-7-1994 n° 92-19.745 : Bull. civ. IV n° 261). Il faut aussi en déduire que le commissaire aux comptes reste en fonctions jusqu'à la clôture de la liquidation judiciaire, le liquidateur judiciaire ne pouvant pas mettre fin à son mandat (CNCC EJ 2020-44 du 15-4-2022).

DESSAISISSEMENT DE LA SOCIÉTÉ EN LIQUIDATION JUDICIAIRE

Dès le jugement d'ouverture de la liquidation judiciaire, la société est dessaisie de l'**administration** et de la disposition de tous ses biens. Les droits et actions concernant son patrimoine sont exercés par le liquidateur judiciaire jusqu'à la clôture de la procédure (C. com. art. L 641-9, I). **28165**

Les actes accomplis au mépris de ce dessaisissement ne sont pas nuls mais seulement inopposables à la procédure collective (Cass. com. 23-5-1995 n° 1096 : RJDA 11/95 n° 1295 ; Cass. com. 26-4-2000 n° 97-10.335 : RJDA 7-8/00 n° 783 ; Cass. 3e civ. 18-2-2004 n° 02-16.371 : RJDA 12/04 n° 1357), même si le tiers qui en bénéficie est de bonne foi (Cass. com. 16-9-2014 n° 13-11.737 : RJDA 1/15 n° 34 : obligation pour l'acquéreur de parts sociales cédées au mépris du dessaisissement de restituer les dividendes perçus bien qu'il fût de bonne foi). Ils restent donc valables entre les parties encore que, dans la plupart des cas, cette règle soit sans portée pratique.

La société peut toutefois accomplir les actes et exercer les **droits** et actions qui lui sont **propres,** par exemple contester le passif social (Cass. com. 18-9-2012 n° 11-17.546 : RJDA 11/12 n° 986), exercer les recours qui lui sont ouverts contre les décisions prises dans le cadre de la liquidation judiciaire ou se constituer partie civile dans le but d'établir la culpabilité de l'auteur d'un crime ou d'un délit dont elle serait victime (C. com. art. L 641-9, I-al. 2 ; Cass. crim. 24-6-2020 n° 18-85.540 FS-PBI : RJDA 10/20 n° 512, excluant que la société puisse pour autant demander seule réparation du préjudice causé par le crime ou le délit).

> **Précisions** **a.** Lorsque la **société** en liquidation judiciaire est **associée d'une autre société,** le liquidateur judiciaire n'a pas qualité pour exercer les actions liées à la qualité d'associé ou de gérant et concernant le patrimoine de l'autre société pas plus que le droit de participer aux décisions collectives de celle-ci (Cass. com. 18-10-2011 n° 10-19.647 : RJDA 1/12 n° 76).
b. Seul le liquidateur judiciaire peut agir contre les associés en fixation de leur **contribution aux pertes sociales** (Cass. com. 3-5-2018 n° 15-20.348 FS-PBI : RJDA 7/18 n° 576 déclarant irrecevable l'action d'un associé contre ses coassociés).
c. Le dessaisissement de la société en liquidation judiciaire ne s'étend pas à son **dirigeant,** qui peut agir en **réparation de son préjudice personnel** (Cass. com. 6-1-2021 n° 19-19.600 F-D : RJDA 3/21 n° 181).
d. Le **dirigeant** d'une société en liquidation judiciaire ne peut pas être tenu pour **responsable du non-paiement** de la TVA due par celle-ci lorsque la règle de l'interdiction du paiement des créances antérieures et le dessaisissement de ses fonctions y font obstacle (Cass. com. 24-11-2021 n° 18-25.864 F-D : BRDA 1/22 inf. 4).

CESSATION D'ACTIVITÉ DE LA SOCIÉTÉ EN LIQUIDATION JUDICIAIRE

En principe, la liquidation judiciaire entraîne cessation de l'activité de la société. Le tribunal peut toutefois autoriser le **maintien provisoire** de l'activité pendant une durée maximale de six mois si la cession totale ou partielle de la société est envisageable ou si l'intérêt public ou celui des créanciers l'exige (C. com. art. L 641-10 et R 641-18). Lorsque le tribunal autorise ce maintien, il désigne un administrateur judiciaire pour administrer la société en cas de nécessité ou si l'entreprise emploie au moins 20 salariés ou si elle réalise un chiffre d'affaires hors taxe d'au moins 3 M€ (art. L 641-10, al. 5 et R 641-19). **28170**

> **Précisions** Le tribunal peut décider de **mettre fin au maintien** de l'activité à tout moment si celui-ci n'est plus justifié au regard de l'intérêt général ou de celui des créanciers ; tel est le cas lorsque la société n'est plus en mesure de faire face aux charges de la poursuite sans aggraver son passif (Cass. com. 14-12-2022 n° 21-18.549 F-B : RJDA 3/23 n° 158).

GARANTS DES DETTES DE LA SOCIÉTÉ EN LIQUIDATION JUDICIAIRE

28175 Aucune disposition ne protège les personnes coobligées ou garantes du paiement des dettes sociales lorsque la société est mise en liquidation judiciaire. Si la liquidation résulte de la conversion d'une sauvegarde ou d'un redressement judiciaire, les coobligés et garants personnes physiques perdent le bénéfice de la suspension des poursuites qui leur était applicable (n° 28142) et les créanciers sociaux peuvent les poursuivre sur justification du jugement prononçant la liquidation judiciaire (C. com. art. R 641-26, al. 1).

RÉALISATION DE L'ACTIF DE LA SOCIÉTÉ EN LIQUIDATION JUDICIAIRE

28180 Deux **modes** de réalisation de l'actif sont prévues : soit un plan de cession organisant la cession totale ou partielle de l'entreprise (C. com. art. L 642-1 s.), soit la vente isolée des actifs sociaux (art. L 642-18 s.), vente organisée selon des modalités particulières en cas de liquidation simplifiée (art. L 644-2).

28182 **Offres d'acquisition** Quel que soit le mode de cession, ni les **dirigeants** de droit ou de fait de la société, ni leurs **parents** ou alliés jusqu'au deuxième degré inclusivement, ni les personnes désignées comme contrôleurs au cours de la procédure ne peuvent, directement ou par personne interposée, **présenter une offre** d'acquisition (C. com. art. L 642-3, al. 1 et L 642-20).

Les personnes précitées ne peuvent pas non plus acquérir, dans les cinq années suivant le plan de cession, tout ou partie des biens dépendant de la liquidation, directement ou indirectement, ou des parts ou titres de capital de toute société ayant dans son patrimoine, directement ou indirectement, tout ou partie de ces biens, ou encore des valeurs mobilières donnant accès, dans le même délai, au capital de cette société (art. L 642-3, al. 1).

Tout acte passé en violation de ces dispositions est nul. L'action en **nullité,** ouverte à tout intéressé et au ministère public, doit être engagée dans un délai de trois ans à compter de la conclusion de l'acte ou de la publicité de l'acte, si celui-ci est soumis à publicité (art. L 642-3, al. 3).

> Précisions a. L'interposition est caractérisée lorsqu'une personne morale masque, de quelque manière que ce soit, la participation des dirigeants de la société débitrice à l'achat, peu important qu'ils ne soient ni dirigeants ni associés de cette personne morale (Cass. com. 8-3-2017 n° 15-22.987 F-PBI : RJDA 5/17 n° 359).

b. Le **dirigeant de droit** de la société, également gérant d'une autre société, ne peut pas présenter au nom de cette dernière une offre de reprise (Cass. com. 14-12-2022 n° 20-17.782 F-D : RJDA 6/23 n° 327). L'ancien dirigeant de droit peut quant à lui présenter une telle offre, sauf en cas de fraude ou s'il est demeuré dirigeant de fait de la société (Cass. com. 23-9-2014 n° 13-19.713 : RJDA 12/14 n° 920).

c. Le tribunal (en matière de plan de cession) ou le juge-commissaire (pour les cessions isolées d'actifs) peut **déroger à ces interdictions** et autoriser, sur requête du ministère public, la cession de certains biens à un dirigeant ou à un parent ou allié (sauf un contrôleur) par une décision spécialement motivée (art. L 642-3, al. 2 et L 642-20, al. 2 et 3).

28185 **Plan de cession** Le plan de cession a pour but d'assurer le maintien d'activités susceptibles d'exploitation autonome, de tout ou partie des emplois qui y sont attachés et d'apurer le passif (C. com. art. L 642-1, al. 1). Il devrait intéresser au premier chef les sociétés civiles professionnelles en liquidation judiciaire et permettre la cession du « fonds libéral » appartenant à la société. Le tribunal ne pourra pas autoriser la mise en location-gérance de ce fonds (cf. art. L 642-13 s.) dans la mesure où un tel contrat ne peut porter que sur un fonds de commerce ou un fonds artisanal (art. L 144-1).

Les droits de préemption institués par le Code rural et de la pêche maritime ou le Code de l'urbanisme ne peuvent pas s'exercer sur un bien compris dans le plan de cession (art. L 642-5, al. 4).

28187 **Vente des actifs sociaux hors plan de cession** Les **immeubles** appartenant à la société et non compris dans le plan de cession sont vendus aux enchères publiques, la mise à prix et les conditions essentielles de la vente étant déterminées par le juge-commissaire. Celui-ci peut ordonner leur vente par adjudication amiable ou autoriser la vente de gré à gré si le recours à ces procédés permet d'obtenir un meilleur prix (C. com. art. L 642-18). La vente de gré à gré ne peut être autorisée que si une offre d'achat a été présentée (Cass. com. 15-5-2019 n° 17-23.753 F-PB : RJDA 8-9/19 n° 579).

Les **autres biens** sociaux non compris dans le plan de cession sont vendus soit aux enchères publiques, soit de gré à gré (art. L 642-19).

Lorsque parmi les actifs transférés figurent des **parts sociales** ou des actions dont la cession est soumise à **agrément,** les organes de la procédure collective doivent solliciter cet agrément auprès de la société émettrice (CA Paris 24-2-2006 n° 04/22666 : RJDA 4/07 n° 367). De même, s'il en existe, ils sont tenus de respecter les **clauses de préemption** figurant dans les statuts de la société émettrice (cf. Cass. com. 23-1-1996 : RJDA 5/96 n° 704).

> **Précisions** En pratique, la mise en œuvre de ces clauses est susceptible de **faire obstacle à la cession** des titres détenus par la société en procédure collective. Une cour d'appel a admis que l'application d'une clause d'agrément pouvait être suspendue en référé pour trouble illicite ou péril imminent mais seulement après un refus d'agrément (CA Aix-en-Provence 7-4-2022 n° 22/00785 : RJDA 1/23 n° 30).

Liquidation simplifiée Dans le cadre d'une liquidation judiciaire simplifiée, procédure applicable aux **sociétés de petite taille** n'ayant **aucun actif immobilier** (C. com. art. L 641-2), le liquidateur procède à la **vente des biens** mobiliers de gré à gré ou aux enchères publiques dans les quatre mois suivant le jugement ordonnant la procédure simplifiée ; les biens subsistant à l'issue de cette période sont vendus aux enchères publiques (art. L 644-2). 28190

> **Précisions** **a.** La procédure simplifiée est **obligatoire** si la société a un chiffre d'affaires hors taxe inférieur ou égal à 750 000 € à la date de clôture du dernier exercice comptable et a employé 5 salariés au plus au cours des 6 mois précédant l'ouverture de la procédure (art. L 641-2, al. 1 et D 641-10).
> **b.** Le tribunal peut à tout moment décider de **revenir à la procédure** de liquidation judiciaire de **droit commun** (art. L 644-6 et R 644-4).

B. Conséquences de la procédure collective pour les associés

MISE EN CAUSE DES ASSOCIÉS PENDANT LA PROCÉDURE COLLECTIVE

La procédure collective de la société n'entraîne pas l'**ouverture** de plein droit d'une **procédure** similaire **à l'égard des associés,** même s'ils sont indéfiniment et solidairement responsables du passif social. 28250

Toutefois, la procédure collective de la société peut être étendue à un associé s'il est établi qu'il a confondu son patrimoine avec celui de la société (C. com. art. L 621-2, al. 2, L 631-7, al. 1 et L 641-1, I). La confusion de patrimoines est caractérisée en cas de relations financières anormales entre la société et l'associé (notamment, Cass. com. 2-6-2004 n° 01-13.406 : RJDA 12/04 n° 1327 ; voir aussi les illustrations exposées n° 28026). Tel n'est pas le cas lorsque des associés ont participé au financement de l'activité de la société en se portant caution de ses engagements et en effectuant des apports importants pour l'acquisition de matériel et que l'un d'eux a personnellement apuré une partie du passif social (Cass. com. 1-10-1997 n° 95-13.141 : RJDA 4/98 n° 449).

L'associé qui se serait **comporté comme un dirigeant de fait** s'expose aux mêmes mesures, sanctions et déchéances que celles encourues par le dirigeant de droit (nos 28315 s.).

> **Précisions** En cas d'**extension de la procédure** collective de la société à un associé, les biens de celui-ci peuvent faire l'objet de mesures conservatoires, voire être vendus, dans les mêmes conditions que celles exposées nos 28490 s. (art. L 621-2, al. 4, L 631-7 et L 641-1, I).

OBLIGATION AUX DETTES

Les créanciers ne peuvent poursuivre le paiement des dettes sociales contre un associé qu'après avoir préalablement et vainement poursuivi la société (C. civ. art. 1858). Lorsque la société débitrice fait l'objet d'une procédure collective, les créanciers doivent **déclarer** leur **créance** mais, même s'ils ne l'ont pas fait, ils conservent le droit de poursuivre les associés (nos 20431 s.). 28255

Chaque **associé** répond des dettes sociales à **proportion** de sa part dans le capital à la date de la cessation des paiements de la société en redressement ou en liquidation judiciaire (C. civ. art. 1857, al. 1 ; n° 20400). 28257

> **Précisions** Jugé que l'**associé** d'une société civile qui prétend avoir **payé plus que sa quote-part dans le règlement des dettes sociales** doit diriger sa demande en remboursement à l'encontre de ses coassociés, et non pas contre le liquidateur de la société (CA Versailles 23-6-1988 : Gaz. Pal. 1988 som. p. 450).

LIBÉRATION DU CAPITAL SOCIAL PENDANT LA PROCÉDURE COLLECTIVE

Le jugement ouvrant la procédure collective de la société rend immédiatement **exigible** le montant non libéré du capital social (C. com. art. L 624-20, applicable à la sauvegarde ainsi qu'au redressement et à la liquidation judiciaires par renvoi des art. L 631-18, al. 1 et L 641-14, al. 1). 28260

Appels de fonds En cas de sauvegarde ou de redressement judiciaire de la société, les appels de fonds pour la libération du capital social sont faits par les gérants ou encore par 28261 l'administrateur judiciaire lorsque celui-ci est substitué aux dirigeants sociaux. Le mandataire judiciaire ou, en cas de liquidation judiciaire, le liquidateur ont **qualité pour mettre en demeure** les associés de verser les sommes restant dues sur le montant des parts souscrites (C. com. art. L 622-20, al. 2, L 631-14, al. 1 et L 641-4, al. 4).

La mise en demeure doit être faite par **lettre** recommandée AR reproduisant l'article L 624-20 (art. R 624-17 et R 641-35, al. 2).

28262 **Modalités de paiement** Les associés disposent d'un **délai** de 30 jours à compter de la mise en demeure pour procéder à la libération (C. com. art. R 624-18, R 641-35 et, sur renvoi, art. R 228-26).

L'associé peut invoquer la **compensation légale** intervenue avant l'ouverture de la procédure collective (Cass. com. 8-1-2002 n° 98-22.976 : RJDA 5/02 n° 517 ; CA Paris 15-10-2015 n° 15/03558 : RJDA 2/16 n° 129), ce qui suppose que les sommes dues au titre de la libération du capital et la créance de l'associé sur la société aient été certaines, liquides et exigibles (cf. C. civ. art. 1347-1) avant le jugement d'ouverture. C'est le cas si la date de paiement prévue pour le versement complémentaire était échue à la date du jugement mais pas si son exigibilité résulte de ce jugement. Encore faut-il, si la compensation est intervenue avant l'ouverture du redressement ou de la liquidation judiciaire mais après la date de cessation des paiements de la société (période dite « suspecte »), que l'associé n'ait pas eu connaissance de cette cessation des paiements ; à défaut, la compensation peut être annulée (C. com. art. L 632-2, al. 1 ; Cass. com. 28-5-1996 n° 94-10.688 : RJDA 10/96 n° 1209 ; CA Paris 7-4-2011 n° 10/06823 : Bull. Joly 2011 p. 912 note Ph. Roussel Galle).

En revanche, l'associé ne peut pas se prévaloir d'une **compensation judiciaire** entre la créance de libération du capital et celle relative au solde créditeur de son compte courant d'associé, faute de connexité entre les créances (Cass. com. 20-5-1997 n° 95-15.298 : RJDA 11/97 n° 1357 ; Cass. com. 18-1-2000 n° 97-14.362 : RJDA 4/00 n° 471). En effet, la créance de libération du capital dérive du contrat de société, tandis que celle afférente au compte courant naît du contrat de prêt consenti par l'associé à la société (Cass. com. 20-5-1997 précité).

28263 **Défaut de libération du capital social** Le régime des procédures collectives ne prévoyant aucune sanction particulière pour les associés qui ne s'exécuteraient pas, il convient à notre avis d'appliquer celles prévues par le droit commun et par le droit des sociétés : l'associé défaillant s'expose à une action en paiement et, le cas échéant, en responsabilité pour le préjudice ainsi causé à la société (C. civ. art. 1843-3, al. 5).

ENTRÉE DE NOUVEAUX ASSOCIÉS DANS LA SOCIÉTÉ EN PROCÉDURE COLLECTIVE

28264 S'il existe dans les statuts des **clauses d'agrément,** celles-ci sont applicables aux tiers qui acceptent de souscrire à l'augmentation de capital dans le cadre d'un projet de plan de **sauvegarde.**

En revanche, les clauses d'agrément sont réputées non écrites pour les modifications de capital ou les cessions de droits sociaux prévues par le projet de plan de **redressement** (C. com. art. L 631-19, II).

Ce texte ne visant que les « clauses », l'agrément prévu par l'article 1861 du Code civil n'est pas, à notre avis, pour autant neutralisé.

MODIFICATION DES STATUTS EN L'ABSENCE DE CLASSES DE PARTIES AFFECTÉES

28265 Le **projet de plan** de sauvegarde ou de redressement peut prévoir la **modification** des statuts (modification du capital, de la forme sociale...) afin, par exemple, de permettre l'entrée de nouveaux associés. Ces modifications sont soumises aux assemblées avant l'adoption du plan de sauvegarde ou de redressement par le tribunal, lorsque les classes de parties affectées ne sont pas constituées.

› Précisions Lorsque les **classes de parties affectées** sont **constituées,** la consultation des associés en assemblée est écartée (C. com. art. L 626-30-2, al. 6). Le vote par les détenteurs de capital au sein des classes sur le projet de plan comportant des modifications statutaires vaut vote en assemblée. De même, la décision du tribunal d'imposer le plan à des classes qui l'ont rejeté – décision soumise à des conditions particulières quand le refus émane d'une classe de détenteurs de capital – vaut approbation des modifications statutaires (art. L 626-32, al. 13).
Corrélativement, ne s'appliquent pas non plus les dispositions exposées ci-dessous relatives à la reconstitution des capitaux propres (art. L 626-30-2, al. 6) et à l'augmentation de capital réservée (art. L 631-19, I-al. 6).

Règles générales Lorsque le projet de plan de sauvegarde ou de redressement prévoit une modification des statuts, l'**assemblée** des associés doit être convoquée (C. com. art. L 626-3, al. 1 et L 631-19, I). La loi envisageant seulement la convocation de l'assemblée, les autres modes de consultation des associés (consultation écrite, par exemple) sont, à notre avis, interdits. 28266

À cette occasion, l'assemblée peut aussi être appelée, le cas échéant, à reconstituer les capitaux propres et/ou à décider la réduction puis l'augmentation du capital en faveur d'une ou plusieurs personnes qui s'engageront à exécuter le plan (art. L 626-3, al. 1 et 2, L 627-3, al. 3 et L 631-19, I).

Les **engagements pris par les associés** ou par les tiers ne devront être exécutés que si le plan de sauvegarde ou de redressement est adopté par le tribunal (art. L 626-3, al. 3 et L 631-19, I).

En cas d'augmentation du capital prévue par le projet de plan, les **associés** peuvent bénéficier de la **compensation** à concurrence du montant de leurs créances admises au passif social et dans la limite de la réduction dont elles sont l'objet dans le projet de plan (art. L 626-3, al. 4).

> **Précisions** En dehors des cas exposés n°s 28267 et 28268 s., le **tribunal** qui arrête le plan ne peut pas **imposer les modifications** statutaires qui requièrent un vote favorable des associés (cf. Cass. com. 15-1-1991 n° 89-15.822 P : RJDA 4/91 n° 337 ; Cass. com. 2-7-2013 n° 12-18.902 F-PB : RJDA 10/13 n° 823).

Reconstitution des capitaux propres Tant en cas de **sauvegarde** que de **redressement judiciaire,** les associés peuvent être appelés, pendant la période d'observation, à reconstituer les capitaux propres à concurrence du montant proposé par l'administrateur (ou le juge-commissaire en l'absence de désignation d'un administrateur) sans que ce montant puisse être inférieur à la moitié du capital social (C. com. art. L 626-3, al. 2, L 627-3, al. 3 et L 631-19, I). Cette reconstitution ne s'impose pas dans tous les cas pour qu'un plan de continuation puisse être arrêté. Elle n'est indispensable que si ce plan prévoit une modification du capital (cf. Cass. com. 6-3-1990 : JCP G 1990 II n° 21513 note Bolard ; CA Bordeaux 25-11-1993 n° 93-5020 : Bull. Joly 1994 p. 1345 note Baraderie). 28267

En cas de **redressement judiciaire,** si l'**assemblée** générale **a refusé** de constituer les capitaux propres, le procès-verbal des délibérations précise le sens du vote de chaque associé (art. R 631-34-5). L'administrateur a qualité pour demander la désignation d'un mandataire en justice chargé de convoquer l'assemblée compétente et de voter sur la reconstitution du capital, à hauteur du montant proposé par l'administrateur, à la place du ou des associés opposants lorsque le projet de plan prévoit une modification du capital en faveur d'une ou plusieurs personnes qui s'engagent à exécuter le plan (art. L 631-9-1). Aucune contrainte de ce type n'est prévue en cas de sauvegarde, mais le refus des associés de procéder à cette reconstitution obérera la viabilité du plan et pourra aboutir, le cas échéant, à la mise en liquidation judiciaire de la société. Ce refus peut être constitutif d'un abus de majorité ou de minorité.

> **Précisions** Est recevable la **tierce opposition** formée par un **associé** contre le jugement qui arrête le plan de redressement et prévoit la désignation du mandataire ad hoc chargé d'exercer ses droits de vote aux fins d'approuver une réduction à zéro du capital et une augmentation réservée à un autre associé devenant associé quasi unique (Cass. com. 8-2-2023 n° 21-14.189 F-B : RJDA 5/23 n° 255).

Augmentation de capital réservée En cas de **redressement judiciaire,** le **tribunal** peut **imposer,** sous certaines conditions, l'**augmentation de capital** prévue par le projet de plan soit en désignant un mandataire chargé de voter au lieu et place des associés opposants soit en ordonnant la cession des droits sociaux détenus par ceux-ci (C. com. art. L 631-19-2). 28268

L'intervention du tribunal est limitée aux **sociétés** ayant au moins 150 salariés ou constituant une entreprise dominante d'une ou de plusieurs entreprises (cf. C. trav. art. L 2331-1) dont l'effectif total est d'au moins 150 salariés (C. com. art. L 631-19-2, al. 1). En outre, la cessation d'activité de la société doit être de nature à causer un **trouble grave à l'économie** nationale ou régionale et au bassin d'emploi et la modification du capital doit apparaître comme la seule solution pour éviter ce trouble et permettre la poursuite de l'activité. 28269

Le tribunal ne peut intervenir qu'en cas de **refus** des assemblées de voter l'augmentation de capital prévue par le projet de plan au profit des personnes qui se sont engagées à l'exécuter et après avoir examiné les possibilités de cession totale ou partielle de la société.

Les conditions de mise en œuvre de ce dispositif sont précisées par l'article L 631-19-2 du Code de commerce.

Le tribunal peut **ordonner,** au profit des personnes qui se sont engagées à exécuter le projet de plan, la **cession** de tout ou partie de la **participation détenue** dans le capital **par** les associés ayant refusé la modification de capital, mais cette mesure ne peut concerner que les **associés opposants** qui détiennent, directement ou indirectement, une fraction du capital leur conférant une majorité des droits de vote ou une minorité de blocage dans les assemblées générales de 28270 la société ou qui disposent seuls de la majorité des droits de vote dans cette société en application d'un accord conclu avec d'autres associés et non contraire à l'intérêt de la société (C. com. art. L 631-19-2, al. 5). Aux termes de ce texte, toute clause d'agrément est réputée non écrite. À notre avis, cette neutralisation des « clauses » vise l'agrément prévu par les statuts ou un pacte extrastatutaire : elle ne saurait être étendue à l'agrément requis par la loi et notamment par l'article 1861 du Code civil pour les cessions de parts de sociétés civiles.

Les **associés non opposants** peuvent alors **se retirer** de la société et demander simultanément le rachat de leurs droits sociaux par les personnes achetant ceux des opposants (art. L 631-19-2, al. 6).

> Précisions a. En l'absence d'accord entre les intéressés sur la **valeur** des parts ou actions des associés opposants ou retrayants, cette valeur est déterminée à la date la plus proche de la cession par un **expert** désigné – à la demande de la partie la plus diligente, de l'administrateur ou du ministère public – par le président du tribunal statuant selon la procédure accélérée au fond et sans recours possible (C. com. art. L 631-19-2, al. 7).

b. Le **plan** de redressement est **arrêté** sous la **condition** du paiement comptant de l'augmentation de capital ou du prix de cession des titres et d'un engagement des souscripteurs ou acquéreurs de conserver les titres obtenus pendant une durée qui ne peut pas excéder celle du plan (art. L 631-19-2, al. 13).

En cas de **défaillance d'un souscripteur ou d'un acquéreur,** la souscription ou la cession des titres peut être résolue à la demande de la société, d'un associé cédant, du commissaire à l'exécution du plan, du mandataire de justice ou du ministère public (art. précité, al. 16). Le plan peut être aussi résolu à la demande du commissaire à l'exécution du plan, du ministère public ou du comité social et économique). L'article L 631-19-2 n'a pas été actualisé pour tenir compte du remplacement progressif du comité d'entreprise et des délégués du personnel par le comité social et économique ; ce dernier dispose à notre avis également de cette voie de recours. En cas de résolution du plan, l'associé défaillant peut être condamné à réparer le préjudice subi et il ne peut pas récupérer les sommes qu'il a déjà versées.

NOUVEAUX APPORTS DES ASSOCIÉS DURANT LA PROCÉDURE COLLECTIVE

28275 Les associés de la société en sauvegarde ou en redressement judiciaire peuvent lui faire de nouveaux apports de trésorerie.

De tels apports sont possibles durant la **période d'observation** sur autorisation du juge-commissaire et dans la limite nécessaire à la poursuite de l'activité pendant cette période (C. com. art. L 622-17, I). Lors de l'élaboration du **plan de sauvegarde ou de redressement** ou lors de la modification de celui-ci, les associés peuvent aussi s'engager à faire des apports de trésorerie pour l'exécution du plan (art. L 626-10, al. 5 et L 626-26, al. 3).

Ces apports bénéficient d'un traitement préférentiel : ils doivent être remboursés à l'échéance convenue ou par privilège avant la plupart des autres créances (art. précités) ; les apporteurs ne peuvent se voir imposer ni remise ni délai sans leur accord (art. L 626-20, I-4° et L 626-30-2, al. 2).

Ce traitement ne s'applique pas aux apports consentis par les associés dans le cadre d'une **augmentation de capital** (art. L 626-10, al. 5).

C. Conséquences de la procédure collective pour les dirigeants sociaux

1. RÉMUNÉRATION DES DIRIGEANTS DE LA SOCIÉTÉ EN PROCÉDURE COLLECTIVE

SOCIÉTÉ SOUS SAUVEGARDE

28300 La loi ne prévoit **aucun encadrement** particulier de la rémunération des dirigeants en cas de sauvegarde, notamment pour ne pas les dissuader de recourir à cette procédure. Ils continuent donc à percevoir la rémunération afférente à leurs fonctions, sauf décision contraire des associés. Rien n'interdit aux dirigeants de prendre l'**engagement personnel,** dans le projet de plan de continuation qu'ils présenteront au tribunal, de ne pas augmenter leur rémunération ou encore de renoncer à tout ou partie de celle-ci.

SOCIÉTÉ EN REDRESSEMENT OU LIQUIDATION JUDICIAIRE

28301 **Fixation de la rémunération du dirigeant par le juge-commissaire** Lorsque la société est mise en **redressement judiciaire,** la rémunération afférente aux fonctions de dirigeant est maintenue en l'état, au jour de l'ouverture de la procédure (C. com. art. L 631-11, al. 1).

Toutefois, à la demande de l'administrateur judiciaire (ou, s'il n'en a pas été désigné, du mandataire judiciaire) ou du ministère public, le juge-commissaire peut réduire cette rémunération (art. précité), après avoir entendu ou dûment appelé le dirigeant, l'administrateur et le mandataire judiciaire (art. R 631-15).

Lorsque la société fait l'objet d'une **liquidation judiciaire,** la rémunération du dirigeant est fixée par le juge-commissaire (art. L 641-11, al. 1), après avis du liquidateur judiciaire et de l'administrateur s'il en a été désigné un (art. R 641-36, al. 3).

Ne sont concernés par ces dispositions que les **dirigeants** de droit et non ceux de fait (CA Versailles 3-11-1994 : Rev. proc. coll. 1996 p. 67 note B. Dureuil ; CA Paris 23-11-2004 n° 04-2807 : Rev. proc. coll. 2006 p. 47 § 3 obs. Ch. Lebel). Le juge-commissaire ne peut réduire que la **rémunération** relative aux fonctions de dirigeant et non celle perçue au titre d'un contrat de travail (CA Paris 23-11-2004 précité). Ces solutions, rendues en application de l'ancienne rédaction des articles L 631-11, al. 1 et L 641-11, al. 1, restent valables.

> Précisions a. Dans les 10 jours de la notification de la décision du juge-commissaire, le dirigeant peut former un **recours** (couramment appelé « opposition ») devant le tribunal ayant ouvert la procédure collective, par déclaration faite contre récépissé ou adressée par lettre recommandée AR au greffe (art. R 621-21, al. 4).

b. Le fait que la **rémunération** du dirigeant soit fixée par le juge-commissaire n'en modifie pas la **nature** ; elle reste saisissable par les créanciers du dirigeant (CA Paris 27-3-2001 n° 99-16815 : Rev. proc. coll. 2004 p. 49 n° 13 note Lebel).

Allocation de subsides au dirigeant Si le **dirigeant** n'était **pas rémunéré** ou si le juge-commissaire ne lui a pas alloué de rémunération, le dirigeant peut demander pour lui et sa famille des **subsides** au juge-commissaire qui seront prélevés sur l'actif social (C. com. art. L 631-11, al. 2 et L 641-11). Le juge-commissaire statue, en cas de redressement judiciaire, après avoir entendu ou dûment appelé le dirigeant, l'administrateur et le mandataire judiciaire (art. R 631-15) ou, en cas de liquidation judiciaire, après avis du liquidateur judiciaire et de l'administrateur s'il en a été désigné un (art. R 641-36, al. 3). **28302**

> Précisions a. Si le terme « subsides » paraît limité à l'allocation de sommes à caractère alimentaire, certains juges du fond attribuent à ce titre des **avantages en nature,** tel le maintien de la disposition d'un véhicule appartenant à la société dès lors que sa valeur marchande est faible (TGI Béthune 27-2-2004 n° 2004/000317 : Rev. proc. coll. 2004 p. 217 n° 15).

b. Le dirigeant peut former un **recours** contre l'ordonnance du juge-commissaire dans les conditions exposées n° 28301.

2. POURSUITES DES CRÉANCIERS CONTRE LES DIRIGEANTS DE LA SOCIÉTÉ EN PROCÉDURE COLLECTIVE

Si l'ouverture de la procédure collective de la société interdit aux **créanciers sociaux** d'agir en paiement contre celle-ci (sauf pour les créances nées régulièrement après le jugement d'ouverture et « utiles » à la procédure ; C. com. art. L 622-21, L 631-14 et L 641-3), cette suspension des poursuites ne bénéficie qu'à la société et non à ses dirigeants (Cass. com. 29-3-2023 n° 21-21.005 F-B ; RJDA 6/23 n° 323 ; Cass. com. 14-6-2023 n° 21-21.330 FS-B). Par exemple, ceux-ci peuvent être poursuivis au titre de leur solidarité fiscale avec la société (Cass. com. 21-6-1994 n° 92-16.134 D : RJDA 11/94 n° 1142, rendu en application de l'art. L 267 du LPF ; Cass. com. 29-3-2023 précité, faisant application des art. 1799 et 1799 A du CGI). **28303**

Toutefois, les poursuites engagées par les créanciers contre les **dirigeants** en leur qualité de **coobligés ou** de **garants** des dettes sociales sont temporairement suspendues en cas de sauvegarde ou de redressement judiciaire de la société (n° 28142) mais non en cas de liquidation judiciaire de celle-ci (n° 28175).

3. REMPLACEMENT DES DIRIGEANTS DE LA SOCIÉTÉ EN REDRESSEMENT JUDICIAIRE

En cas de redressement judiciaire, lorsqu'il estime que la survie de l'entreprise le requiert, le tribunal judiciaire peut, sur la demande du ministère public – et de lui seul –, subordonner l'adoption du **plan de redressement** de l'entreprise au remplacement d'un ou de plusieurs des dirigeants sociaux (C. com. art. L 631-19-1, al. 1 et R 631-34-1). Cette faculté n'existe pas lorsque le plan de redressement est voté par les classes de parties affectées ou imposé à ces dernières par le tribunal (art. L 631-19, I-al. 6 applicable dans les procédures ouvertes depuis le 1-10-2021) ni en cas de sauvegarde. **28305**

Le ministère public doit saisir le tribunal par une requête indiquant les faits de nature à motiver sa demande de remplacement ; le dirigeant est alors convoqué par le greffier 15 jours au moins avant l'audience (art. R 631-34-1, al. 1).

Le tribunal ne peut prendre sa décision qu'après avoir entendu (ou dûment appelé) les dirigeants et les représentants de la délégation du personnel du **comité social et économique** ainsi que l'administrateur judiciaire, s'il en a été désigné un, et le mandataire judiciaire (art. L 631-19-1, al. 3 et R 631-34-1, al. 3). Bien que l'article L 631-19-1, al. 3 n'ait pas été actualisé pour tenir compte du remplacement progressif du comité d'entreprise et des délégués du personnel par le comité social et économique, il semble que celui-ci dispose également du droit d'être entendu.

Lorsque le **tribunal ordonne** le **remplacement** du dirigeant, l'administrateur judiciaire (ou, s'il n'en a pas été désigné, le mandataire judiciaire) convoque les associés aux fins de délibérer sur la demande de remplacement et le tribunal statue sur le plan au vu de cette délibération (art. R 631-34-2).

> **Précisions** **a.** L'éviction des dirigeants ne doit pas être la sanction de leurs erreurs passées, mais une **mesure de sauvegarde de l'entreprise** (CA Colmar 12-9-1990 : Rev. jur. com. 1990 p. 400 note Vallens).
> **b.** Lorsque, en raison de sa révocation pendant la période d'observation, le dirigeant a droit à des dommages-intérêts (révocation abusive) ou à une **indemnité** conventionnelle, il ne peut pas en exiger le paiement immédiat et doit déclarer cette créance entre les mains du mandataire judiciaire (Cass. com. 12-7-2016 n° 14-23.668 F-PB : RJDA 10/16 n° 708).

4. SORT DES DROITS SOCIAUX DÉTENUS PAR LES DIRIGEANTS DE LA SOCIÉTÉ EN REDRESSEMENT JUDICIAIRE

28315 Les mesures exposées ci-après ne concernent que les dirigeants de sociétés en **redressement judiciaire** et non ceux des sociétés sous sauvegarde.

CONTRÔLE DES CESSIONS DES TITRES DES DIRIGEANTS

28320 À partir du jugement d'ouverture de la procédure de redressement judiciaire de la société, ses dirigeants de droit ou de fait, rémunérés ou non, ne peuvent céder leurs droits dans la société que dans les conditions fixées par le tribunal, à peine de nullité de la cession (C. com. art. L 631-10, al. 1). Cette interdiction concerne les parts sociales, les **titres** de capital ou les valeurs mobilières donnant accès au capital de la société **détenus directement ou indirectement par les dirigeants** (art. précité) qui sont en fonction au jour du jugement ouvrant le redressement judiciaire (Cass. com. 13-12-1976 : Rev. sociétés 1977 p. 290 note A. Honorat). Elle prend fin avec l'adoption du plan de redressement, sauf décision contraire du tribunal (Cass. com. 17-11-2015 n° 14-12.372 FS-PB : RJDA 3/16 n° 215).

> **Précisions** En **application de l'interdiction** énoncée à l'article L 631-10, al. 1 du Code de commerce, un dirigeant ne peut plus, après la mise en redressement judiciaire de la société, lever l'option d'une promesse unilatérale d'achat de ses titres qui lui a été consentie avant l'ouverture de la procédure (Cass. com. 20-10-2009 n° 08-18.942 : RJDA 2/10 n° 166).

EXPROPRIATION DES DIRIGEANTS SOCIAUX

28325 Lorsque la société fait l'objet d'une procédure de redressement judiciaire et que sa survie le requiert, le tribunal peut, sur demande du ministère public, prononcer l'**incessibilité** des parts sociales détenues par un ou plusieurs dirigeants de droit ou de fait et décider que le **droit de vote** attaché à ces parts sociales sera exercé, pour la durée qu'il fixe, par un mandataire de justice désigné à cet effet (C. com. art. L 631-19-1, al. 2). Ce mandataire peut être l'administrateur judiciaire (art. R 631-34-3).

Le tribunal peut aussi, pour la même raison (survie de l'entreprise), **ordonner** la **cession** de ces parts moyennant un prix fixé à dire d'expert (art. L 631-19-1, al. 2).

Les mesures ci-dessous ne sont pas applicables lorsque le **plan** de redressement est **voté par les classes de parties affectées** ou imposé à ces dernières par le tribunal (art. L 631-19, I-al. 6).

> **Précisions** **a.** Ce dispositif ne porte atteinte ni au **droit de propriété** ni au principe d'égalité et est donc conforme à la Constitution (Cons. const. 7-10-2015 n° 2015-486 QPC : RJDA 8-9/16 n° 632).
> **b.** Les **dirigeants visés** par ces mesures sont les dirigeants de droit ou de fait de la société (C. com. art. L 631-19-1). La qualité de dirigeant du détenteur des titres s'apprécie à la date du jugement qui ordonne la mesure et au regard de l'exercice effectif des fonctions de dirigeant (Cass. com. 19-2-2008 n° 06-18.446 : RJDA 5/08 n° 555 et Cass. com. 9-2-2010 n° 09-10.800 : RJDA 4/10 n° 409, rendus sous l'empire des anciens textes mais transposables au régime actuel). Ainsi, en cas de démission, doit être prise en compte la date à laquelle celle-ci est devenue effective et non celle à laquelle elle a été publiée (Cass. com. 19-2-2008 précité). Les dirigeants doivent donc veiller à se ménager une preuve de la date de la cessation de leurs fonctions s'ils veulent éviter d'être expropriés.
> **c.** Selon la cour d'appel de Grenoble, les dispositions ci-dessus sont d'ordre public. Par suite, si faible que soit la valeur présumée des droits sociaux à céder, le tribunal doit recourir à l'**expertise** (CA Grenoble 16-6-1988 : Rev. jur. com. 1990

p. 228 note Gallet). Mais le tribunal peut retenir un prix différent de celui fixé par l'expert, qui est seulement chargé de lui donner les éléments permettant d'évaluer les titres (Cass. com. 1-10-2002 n° 1497 : RJDA 2/03 n° 162).

d. En l'absence de dispositions spécifiques régissant la date d'exigibilité du **paiement du prix** de cession des titres et des intérêts, la somme correspondante doit être réglée sans délai et avec intérêts à compter du jour du transfert, conformément au droit commun (Cass. com. 1-7-1997 : RJDA 12/97 n° 1546).

e. Sur l'obligation de céder leurs parts sociales qui peut être imposée aux dirigeants frappés de la **faillite personnelle** ou de l'interdiction de gérer une société civile, voir nos 28438 s.

Mise en œuvre des mesures Pour les mesures exposées ci-dessus, le ministère public doit saisir le tribunal par une requête indiquant les faits de nature à motiver sa demande ; le dirigeant est alors convoqué par le greffier 15 jours au moins avant l'audience (C. com. art. R 631-34-1, al. 1 ; Cass. com. 22-5-2013 n° 12-15.305 : RJDA 12/13 n° 1039). Le **tribunal** ne peut se prononcer qu'après avoir entendu (ou dûment appelé) les dirigeants et les personnes désignées par le comité social et économique (art. L 631-19-1, al. 3). **28326**

L'article L 631-19-1 n'exige pas qu'à la date de l'adoption du plan le dirigeant ait été définitivement évincé après le paiement de la valeur de ses droits sociaux ; le tribunal peut donc ordonner la cession concomitamment à l'arrêté du plan (Cass. com. 26-1-2016 n° 14-14.742 : RJDA 8-9/16 n° 633). Par ailleurs, le tribunal peut désigner, dans l'attente de la réalisation de la cession, un mandataire de justice chargé d'exercer le droit de vote attaché à ces droits (Cass. com. 26-1-2016 précité).

Les dirigeants peuvent faire **appel** de la décision qui ordonne la cession de leurs parts sociales (Cass. com. 26-6-2001 n° 1282 : RJDA 12/01 n° 1232).

5. EXTENSION DE LA PROCÉDURE COLLECTIVE DE LA SOCIÉTÉ À SON DIRIGEANT

La procédure collective de la société peut être étendue au dirigeant seulement s'il a **confondu son patrimoine avec celui de la société** ou si la société qu'il dirige est fictive (C. com. art. L 621-2, al. 2, L 631-7 et L 641-1, I). **28330**

ILLUSTRATIONS

Caractérise une confusion de patrimoines entre une société et son gérant le fait pour celui-ci d'avoir fait supporter à la société des dépenses personnelles somptuaires, d'avoir laissé croître son compte courant débiteur (de 90 000 à 260 000 €) et de s'être octroyé une indemnité de gérance non autorisée, alors que la société était en état de cessation des paiements (Cass. com. 7-11-2018 n° 17-21.284 F-D : RJDA 2/19 n° 103).

À l'inverse, l'extension de la liquidation judiciaire d'une SARL à ses deux gérants n'est pas justifiée par les éléments suivants : l'un d'eux avait utilisé les fonds de la société pour régler des dépenses personnelles et avait maintenu son compte courant d'associé débiteur pendant deux années consécutives ; à la veille de la liquidation judiciaire, les intéressés avaient vidé le compte bancaire de la société en émettant un chèque non justifié au profit d'une société civile immobilière (SCI) dans laquelle ils étaient associés et avaient utilisé des fonds séquestrés pour le compte des clients de la SARL pour acquérir des biens immobiliers pour le compte de cette SCI (Cass. com. 24-5-2005 n° 01-03.795 F-D : RJDA 11/05 n° 1220). Elle ne l'est pas non plus lorsque les cogérants se sont attribués, les années précédant la mise en liquidation judiciaire de la société, une rémunération équivalant à plus de 13 % du chiffre d'affaires de celle-ci et lui ont fait prendre en charge leurs cotisations sociales personnelles tandis que les fonds propres de la société étaient devenus négatifs et que ses pertes cumulées pour ces années dépassaient 770 000 € (Cass. com. 11-3-2020 n° 18-24.052 F-D : RJDA 7/20 n° 379).

Le paiement par le gérant et son épouse des dettes de la société sur leurs deniers personnels ne suffit pas à démontrer l'existence d'une confusion entre leur patrimoine et celui de la société (Cass. com. 4-7-2000 : RJDA 12/00 n° 1134).

En cas d'extension de la procédure collective de la société à un dirigeant, les biens de celui-ci peuvent faire l'objet de mesures conservatoires, voire être vendus, dans les conditions exposées nos 28490 s. (C. com. art. L 621-2, al. 4 pour la sauvegarde et, sur renvoi des art. L 631-7 et L 641-1, I, pour le redressement et la liquidation judiciaires).

6. COMBLEMENT DU PASSIF SOCIAL

NATURE PATRIMONIALE DU COMBLEMENT DE PASSIF

Le gérant d'une société en **liquidation judiciaire** qui a commis une faute ayant contribué à l'insuffisance d'actif peut être condamné à supporter tout ou partie de cette insuffisance **28340**

(C. com. art. L 651-2). Cette sanction, connue sous le nom de « comblement de passif », est la seule sanction patrimoniale qu'encourt le gérant.

CUMUL DU COMBLEMENT DE PASSIF ET D'AUTRES SANCTIONS

28341 Le régime spécial de responsabilité de l'**action en comblement de passif** exclut la possibilité de mettre en œuvre également l'**action en responsabilité de droit commun,** qu'elle soit fondée sur les dispositions spécifiques du droit des sociétés ou sur l'article 1240 du Code civil (Cass. com. 20-6-1995 n° 1309 : RJDA 7/95 n° 904 ; Cass. com. 19-11-2013 n° 12-16.099 : RJDA 3/14 n° 261 ; Cass. com. 8-4-2015 n° 13-28.512 : RJDA 7/15 n° 515).

Encore faut-il que les conditions de l'action en comblement de passif soient remplies, ce qui n'est pas le cas :

– si la société ne fait pas l'objet d'une procédure de liquidation judiciaire (C. com. art. L 651-2) ;

– en l'absence d'insuffisance d'actif (Cass. com. 27-6-2006 n° 851 : RJDA 12/06 n° 1253) ou lorsque l'insuffisance d'actif n'est pas alléguée (Cass. com. 28-3-2000 n° 807 : RJDA 7-8/00 n° 789 ; Cass. com. 28-5-2002 n° 1052 : RJDA 11/02 n° 1176) ;

– lorsque sont invoquées des fautes postérieures au jugement ouvrant la liquidation judiciaire (en ce sens, Cass. com. 14-3-2000 n° 684 : RJDA 7-8/00 n° 788 ; CA Rouen 11-1-2007 n° 05-2942 : RJDA 11/07 n° 1137).

ATTENTION

L'**action** en responsabilité de droit commun **engagée avant la mise en liquidation** judiciaire de la société ne peut être **reprise par le liquidateur** judiciaire que s'il établit l'absence d'insuffisance d'actif (Cass. com. 30-6-2015 n° 14-13.421 : RJDA 10/15 n° 669, 2e esp. ; CA Paris 4-2-2021 n° 19/15149 : RJDA 5/21 n° 321). À défaut, il doit engager la responsabilité du dirigeant sur le fondement de l'action en comblement de passif (CA Paris 4-2-2021, précité).

28342 L'action en **responsabilité** sur le fondement **du droit commun** reste toutefois ouverte :

– aux **associés** qui poursuivent la réparation d'un préjudice personnel distinct de celui subi par la société, peu important que la procédure collective fasse apparaître une insuffisance d'actif (Cass. com. 9-3-2010 n° 08-21.547 : RJDA 6/10 n° 637) ; en outre, ce préjudice doit être distinct de celui subi par la collectivité des créanciers (Cass. com. 30-6-2015 n° 14-13.421 : RJDA 10/15 n° 669, 2e esp.) ;

– aux **créanciers sociaux** justifiant d'un préjudice personnel distinct de celui des autres créanciers résultant d'une faute du dirigeant séparable de ses fonctions (Cass. com. 7-3-2006 n° 04-16.736 FS-PBRI : Bull. civ. IV n° 61 ; Cass. com. 29-11-2016 n° 14-25.904 F-D : RJDA 3/17 n° 189 ; Cass. com. 8-9-2021 n° 19-13.526 F-D : RJDA 11/21 n° 725).

28343 Le cumul reste possible entre l'action en comblement de passif et :

– l'**action en responsabilité fiscale** prévue par l'article L 267 du LPF (Cass. com. 9-12-1997 : RJDA 1/98 n° 87 concl. Piniot) ou la **solidarité fiscale** avec la société prononcée, en application de l'article 1745 du CGI, contre le dirigeant coupable de fraude fiscale (Cass. com. 5-9-2018 n° 17-13.626 FS-PBI : RJDA 11/18 n° 859) ou les **pénalités fiscales** prévues par l'article 1729 du CGI sanctionnant les manquements commis dans l'établissement de l'impôt (Cass. crim. QPC 11-9-2019 n° 19-90.026 F-D : RJDA 2/20 n° 99) ;

– l'**action civile en réparation du préjudice résultant d'une infraction** (Cass. crim. 10-10-2001 n° 6239 : RJDA 4/02 n° 417, 2e esp. ; Cass. crim. 21-11-2001 n° 6741 : RJDA 3/02 n° 287, 2e esp.). Ainsi, un dirigeant condamné pour abus de biens sociaux peut être tenu, d'une part, de verser des dommages-intérêts au liquidateur judiciaire de la société qui s'était constituée partie civile et, d'autre part, de combler une partie des dettes sociales (Cass. com. 29-2-2000 : RJDA 5/00 n° 580 ; Cass. com. 27-11-2001 n° 1945 : RJDA 4/02 n° 417, 1e esp.).

28345 Le liquidateur judiciaire peut exercer contre un dirigeant d'autres **actions qui,** même fondées sur une faute susceptible d'avoir contribué à l'insuffisance d'actif, **se distinguent d'une action en responsabilité.** Est ainsi recevable l'action en reddition de comptes du mandataire, prévue par l'article 1993 du Code civil, par laquelle un liquidateur réclame au dirigeant d'une société en procédure collective le remboursement d'une somme que ce dernier a reçue d'un client de la société et qu'il a conservée entre ses mains (Cass. com. 15-11-2016 n° 15-16.070 F-PB : RJDA 2/17 n° 105).

a. Dirigeants pouvant être condamnés à combler le passif

28350 Tous les dirigeants **de droit ou de fait** de sociétés en liquidation judiciaire peuvent être poursuivis en comblement de passif (C. com. art. L 651-1 et L 651-2).

Seuls sont concernés les dirigeants en fonction après l'immatriculation de la société au registre du commerce (Cass. com. 10-5-1984 : Bull. civ. IV n° 185). Une personne qui n'a pas la qualité de dirigeant ne peut pas être soumise à l'obligation au paiement du passif social même si elle s'est engagée à assurer l'entière responsabilité de la gestion de la société dès lors que ses interventions se sont bornées à des suggestions et à des recommandations (Cass. com. 23-3-1971 : Bull. civ. IV n° 91).

DIRIGEANTS DE DROIT

Dans une société civile, les termes « dirigeants de droit » visent les **gérants,** qu'ils soient rémunérés ou non (Cass. com. 9-12-2020 n° 18-24.730 F-PB : RJDA 3/21 n° 1983), la loi ne faisant aucune distinction à cet égard. **28352**

Les personnes dont l'activité se limite à une mission de surveillance ne sont pas tenues de contribuer au paiement des dettes sociales au titre des dispositions relatives aux dirigeants sociaux. C'est ce qu'a jugé la Cour de cassation pour les membres du **conseil de surveillance** des sociétés anonymes à directoire (Cass. com. 12-7-2005 n° 1238 P : RJDA 2/06 n° 169 ; Cass. com. 8-1-2020 n° 18-23.991 F-PB : RJDA 3/20 n° 164), mais la solution est transposable aux membres du conseil de surveillance des sociétés civiles dotées de cet organe. Ces membres ne peuvent donc être poursuivis en comblement de passif que s'ils peuvent être qualifiés de dirigeants de fait.

DIRIGEANTS DE FAIT

C'est au demandeur (en pratique, les organes de la procédure collective) qu'il appartient de **prouver** qu'une personne n'ayant pas la qualité de dirigeant de droit doit être considérée comme dirigeant de fait et appelée ainsi à supporter le passif social. **28354**

La **qualification** de dirigeant de fait se caractérise par l'exercice en toute liberté et indépendance, seul ou en groupe, de façon continue et régulière, d'activités positives de gestion et de direction engageant la société (Cass. com. 25-1-1994 : RJDA 4/94 som. n° 402 ; Cass. com. 12-7-2005 n° 1238 P : RJDA 2/06 n° 169 ; Cass. com. 10-1-2012 n° 10-28.067 : RJDA 4/12 n° 427, 1re esp. ; Cass. com. 9-6-2022 n° 21-13.588 F-D : RJDA 12/22 n° 687).

> **Précisions** **a.** Le dirigeant de fait a les mêmes obligations et encourt les **mêmes responsabilités que le dirigeant de droit.** Par conséquent, il ne peut pas échapper à sa condamnation pour non-tenue de la comptabilité en soutenant qu'une telle faute de gestion ne peut être imputée qu'au dirigeant de droit (Cass. com. 11-12-2012 n° 11-22.436 : RJDA 4/13 n° 353).
>
> **b.** **L'incapacité du dirigeant de fait** n'empêche pas de prononcer des sanctions pécuniaires à son encontre (pour une application à un majeur sous tutelle, voir Cass. 1re civ. 9-11-1983 : D. 1984 p. 139 note F. Derrida).
>
> **c.** Sur l'**autorité de la chose jugée au pénal** quant à la qualité de dirigeant de fait, voir n° 28374.

Admission de la qualité de dirigeant de fait : illustrations Jugé qu'avaient la qualité de dirigeant de fait : **28355**

– le **directeur salarié** d'une société auquel le gérant avait délégué tous les pouvoirs qui lui étaient légalement conférés par les statuts (Cass. com. 8-11-1973 : D. 1974 IR p. 32 ; dans le même sens, Cass. com. 8-1-2020 n° 18-20.270 F-PB : RJDA 3/20 n° 147) ;

– l'**ancien dirigeant** de droit qui disposait seul de la signature bancaire, avait recruté un salarié, géré la trésorerie et conclu des contrats au nom de la société (CA Paris 14-10-2021 n° 20/11408 : RJDA 5/22 n° 276) ;

– l'**associé** qui bénéficiait de procurations démontrant qu'il gérait la société par l'intermédiaire de sa secrétaire qui lui servait de prête-nom (Cass. com. 4-6-1973 : Bull. civ. IV n° 196) ;

– l'associé majoritaire qui, entretenant des liens étroits avec la société, a placé la gérance sous son contrôle en cosignant tous les règlements et transactions bancaires de la société (CA Paris 24-1-2017 n° 16/03136 : RJDA 7/17 n° 462) ;

– l'associé, responsable technique salarié, qui disposait de la signature bancaire de la société, était perçu comme le gérant par les clients dont il était le seul interlocuteur et avait vendu deux véhicules de la société sans mandat du gérant de droit, qui ne pouvait se déplacer fréquemment en raison de son éloignement géographique (Cass. com. 10-2-2015 n° 13-17.589 : RJDA 5/15 n° 344) ;

– l'associé majoritaire d'une société de construction qui était l'interlocuteur du notaire, de l'expert-comptable et du liquidateur judiciaire alors que le dirigeant de droit n'avait qu'un rôle technique (CA Paris 14-3-2018 n° 16/19330 : RJDA 7/18 n° 578) ;

– la personne qui, dans une société de construction, se présente comme un simple conducteur de travaux, mais qui a participé aux réunions des associés, défini la stratégie de la société, bénéficié de la signature bancaire de celle-ci et signé certains documents sociaux (Cass. com. 22-1-2002 n° 212 : RJDA 5/02 n° 502) ;

– l'**avocat** qui avait joué un rôle décisionnel dans la gestion d'une société dont il était l'associé majoritaire et dont le dirigeant de droit était dans une situation de dépendance et de soumission à son égard (Cass. com. 15-2-2011 n° 10-11.781 : RJDA 4/11 n° 309) ;

– le **directeur d'une agence bancaire** qui a pris le contrôle de l'utilisation des fonds d'une SCI alors que le gérant de droit ne détenait aucun chéquier (Cass. crim. 22-9-2010 n° 09-83.274 : RJDA 6/11 n° 565) ;

– **personne** physique, **ni salariée ni mandataire de la société,** qui était à l'origine de toutes les décisions importantes, le gérant de droit agissant comme son simple exécutant (Cass. com. 2-6-2021 n° 20-13.735 F-D : RJDA 10/21 n° 661).

28356 **Rejet de la qualité de dirigeant de fait : illustrations** N'ont pas été tenus pour dirigeants de fait :

– la **personne qui détenait la signature bancaire** depuis la création de la société et était considérée par les membres de la société comme le véritable gérant dès lors qu'aucun fait précis ne permettait de caractériser une immixtion dans la gestion (Cass. com. 9-7-2002 n° 1351 : RJDA 12/02 n° 1274) ;

– le **directeur** technique **salarié** d'une société, interlocuteur des fournisseurs pour recevoir leurs demandes de règlement de factures ou pour négocier des reports d'échéances, qui a commandé pour le compte de la société des travaux et qui, sans disposer de la signature bancaire, a engagé les finances de la société en cédant des créances professionnelles et en concluant un protocole d'accord de paiement direct (Cass. com. 30-5-2006 n° 03-16.179 : RJDA 11/06 n° 1142, 2e esp.) ;

– le directeur salarié qui, ayant conclu divers contrats au nom de la société, justifiait avoir recueilli l'approbation du dirigeant de droit pour leur conclusion (CA Paris 28-10-2014 n° 13/22472 : RJDA 2/15 n° 97) ou qui n'a pas outrepassé la délégation de pouvoir consentie par le dirigeant de droit (CA Paris 31-3-2015 n° 14/05368 : RJDA 7/15 n° 493) ;

– le fondateur et associé qui a signé une convention de trésorerie et un contrat de location-gérance au nom de la société, bénéficié d'avantages en nature ordinairement réservés aux dirigeants et ayant à plusieurs reprises représenté la société au cours de la procédure collective (Cass. com. 9-6-2022 n° 19-24.026 F-D) ;

– une **banque** qui, dans le cadre du financement d'une opération immobilière, a payé les entrepreneurs en vertu d'une clause du contrat de prêt prévoyant que les versements interviendraient sur présentation de l'état d'avancement des travaux approuvé par l'emprunteur et vérifié par la banque, cette disposition ayant pour seul objet le contrôle de l'emploi des fonds empruntés (Cass. com. 30-10-2007 n° 06-12.677 : RJDA 2/08 n° 182 ; dans le même sens, Cass. com. 2-12-2014 n° 12-29.916 F-D : RJDA 3/15 n° 187).

ANCIENS DIRIGEANTS

28359 Le plus souvent, les dirigeants poursuivis sont ceux qui étaient en fonction au moment où la procédure collective de la société a été ouverte.

Toutefois, les **dirigeants qui ont cessé leurs fonctions** ne sont pas à l'abri d'une condamnation au titre du comblement de passif si, à la date de leur départ, l'insuffisance d'actif existait déjà (Cass. com. 27-1-2015 n° 13-12.430 : RJDA 5/15 n° 367 ; Cass. com. 24-1-2018 n° 15-26.810 F-D : RJDA 5/18 n° 447, concernant un ancien dirigeant de fait ; Cass. com. 19-4-2023 n° 22-11.229 F-D : RJDA 8-9/23 n° 458), ou s'ils ont continué à s'immiscer dans la gestion alors qu'ils n'étaient plus en fonction (Cass. com. 7-10-1968 : Bull. civ. IV n° 254), et ce, peu important que la cessation ait été publiée.

> **Précisions** Le **défaut de publication de la démission** d'un dirigeant ne saurait permettre de poursuivre celui-ci en comblement de passif dès lors qu'il a effectivement cessé d'exercer ses fonctions avant l'apparition de la situation ayant abouti à l'insuffisance d'actif (Cass. com. 14-10-1997 n° 95-15.384 P : RJDA 1/98 n° 86 ; Cass. com. 7-10-2020 n° 19-14.291 F-D : RJDA 1/21 n° 20 ; Cass. com. 16-6-2021 n° 20-15.399 F-D : RJDA 10/21 n° 663).

HÉRITIERS DES DIRIGEANTS

28360 En cas de décès du dirigeant concerné, l'action en comblement de passif peut être intentée contre ses héritiers car il s'agit d'une action patrimoniale qui leur est transmissible (Cass. com. 6-2-1979 : Bull. civ. IV n° 51 ; Cass. com. 19-5-1982 : Bull. civ. IV n° 191 ; CA Amiens 23-1-2003 n° 02-253 : RJDA 2/04 n° 208).

Pour écarter cette éventualité ou en limiter les conséquences, les héritiers doivent renoncer à la succession ou ne l'accepter qu'à concurrence de l'actif net.

b. Conditions de l'action en comblement de passif

CONDITIONS DE L'ACTION EN COMBLEMENT DE PASSIF TENANT À LA SOCIÉTÉ

28361 **Procédure collective de la société** Un dirigeant peut être poursuivi en comblement de passif seulement en cas de mise en **liquidation judiciaire** de la société ayant fait apparaître une insuffisance d'actif (C. com. art. L 651-2).

Insuffisance d'actif Les dirigeants sociaux ne peuvent être condamnés à combler le passif social qu'en présence d'une insuffisance d'actif dont l'**existence** et le **montant** sont appréciés au jour où le tribunal statue sur la sanction (Cass. com. 30-1-1990 : Bull. civ. IV n° 30 ; Cass. com. 16-3-1999 n° 635 : RJDA 5/99 n° 585 ; Cass. com. 7-3-2006 n° 04-16.404 : RJDA 1/07 n° 79), sans tenir compte des éventuels manquements du liquidateur dans la réalisation des actifs (Cass. com. 1-7-2020 n° 19-11.849 F-D : RJDA 2/21 n° 108). Cette insuffisance est égale à la différence entre le montant du passif admis et celui de l'actif réalisé (Cass. com. 24-5-2018 n° 16-29.116 F-D : RJDA 8-9/18 n° 666) et ne se déduit pas de l'état de cessation des paiements de la société (Cass. com. 24-5-2018 n° 17-10.117 F-D : RJDA 8-9/18 n° 667). Lorsque le dirigeant poursuivi a quitté ses fonctions avant l'ouverture de la liquidation judiciaire, l'insuffisance d'actif qui peut être mise à sa charge s'apprécie au regard de la situation globale du passif et de l'actif de la société à la date où il a cessé ses fonctions (Cass. com. 24-5-2018 n° 17-10.117 précité). 28362

Les **dettes nées** après le jugement d'ouverture de la procédure collective n'entrent pas dans le passif pris en compte pour calculer le montant de l'insuffisance d'actif (Cass. com. 28-4-1998 n° 974 : RJDA 8-9/98 n° 1000 ; Cass. com. 18-3-2008 n° 02-21.616 : RJDA 7/08 n° 832).

FAUTES DE GESTION JUSTIFIANT UNE CONDAMNATION À COMBLER LE PASSIF

Les dirigeants ne peuvent être condamnés à supporter tout ou partie de l'insuffisance d'actif que s'ils ont commis une ou plusieurs fautes de gestion ayant contribué à cette insuffisance (C. com. art. L 651-2, al. 1). Si plusieurs fautes sont retenues, chacune d'elles doit être caractérisée par le juge (Cass. com. 15-12-2009 n° 08-21.906 : RJDA 3/10 n° 275, 2e esp.). 28363

Toute faute de gestion, même légère, peut entraîner la mise en cause de la responsabilité des dirigeants sociaux. Toutefois, une simple négligence dans la gestion de la société ne peut pas être qualifiée de faute de gestion (art. L 651-2, al. 1). L'omission de la déclaration de la cessation des paiements dans le délai légal peut par exemple constituer une simple négligence du dirigeant, même s'il n'a pas pu ignorer cet état (Cass. com. 3-2-2021 n° 19-20.004 F-P : RJDA 5/21 n° 333 ; pour un cas où une faute de gestion a été retenue car le dirigeant connaissait la situation d'endettement de la société, voir Cass. com. 5-2-2020 n° 18-15.072 F-D : RJDA 5/20 n° 284).

Ne peuvent être reprochées aux dirigeants que des **décisions** qui **relèvent** de leurs **attributions.** 28364

ILLUSTRATIONS

Ne constituent pas des fautes de gestion :
– la **surestimation** prétendue **du fonds artisanal apporté** à la société par le gérant lors de la constitution de celle-ci car elle constitue un acte de fondateur et non une décision de gestion (CA Grenoble 2-2-2012 n° 10/04268 : RJDA 6/12 n° 611) ;
– l'**apport insuffisant de fonds propres** lors de la constitution de la société qui est imputable aux associés (Cass. com. 10-3-2015 n° 12-15.505 : RJDA 6/15 n° 452 ; Cass. com. 17-6-2020 n° 19-10.341 F-PB : RJDA 10/20 n° 517).
En revanche, une **distribution de dividendes** peut constituer une faute de gestion, même si elle est décidée par les associés, dès lors que la décision est prise à l'initiative du dirigeant (Cass. com. 25-10-2011 n° 10-23.671 F-D : RJDA 3/12 n° 322 ; Cass. com. 8-4-2021 n° 19-23.669 F-D : RJDA 7/21 n° 504).

Le **demandeur** à l'action en comblement de passif doit **prouver** : 28365
- d'une part, l'existence d'une faute de gestion de la part du dirigeant ;
- d'autre part, un lien de causalité entre cette faute et l'insuffisance d'actif.

La seule aggravation du préjudice subi par les créanciers sociaux résultant de la faute de gestion ne permet pas de caractériser le lien de causalité entre cette faute et l'insuffisance d'actif (Cass. com. 25-3-2020 n° 18-11.684 F-D : RJDA 8-9/20 n° 444).

ILLUSTRATIONS

Le **lien de causalité** entre la faute et l'insuffisance d'actif n'a **pas** été **retenu** dans les cas suivants :
– l'insuffisance d'actif trouvait son origine dans la mésentente entre les associés (CA Paris 1-2-2002 n° 99-24938 : RJDA 6/02 n° 673) ;
– l'omission du dirigeant d'inscrire en comptabilité une dette sociale n'avait pas contribué à la création de l'insuffisance d'actif (Cass. com. 3-7-2012 n° 10-17.624 : RJDA 11/12 n° 988) ;
– une augmentation de capital fictive imputable au dirigeant avait été réalisée, mais il n'était pas démontré qu'une augmentation de capital était nécessaire à la poursuite de l'exploitation de la société (CA Paris 14-1-2020 n° 17/22243 : RJDA 6/20 n° 323) ;
– l'insuffisance d'actif n'était constituée que par le montant d'un emprunt bancaire non remboursé, la décision du dirigeant de recourir à un financement bancaire n'étant pas fautive et les fautes de gestion imputables au dirigeant (notamment dépôt de bilan tardif et défaut de comptabilité) n'étaient pas à l'origine de l'insuffisance (Cass. com. 22-1-2020 n° 18-19.930 F-D : RJDA 6/20 n° 316, à propos du dirigeant d'une association mais transposable au dirigeant de société) ;

– en cas de déclaration tardive de l'état de cessation des paiements de la société lorsque l'insuffisance d'actif est née avant l'expiration du délai légal de déclaration (Cass. com. 17-6-2020 n° 18-11.737 F-PB : RJDA 11/20 n° 588).

En revanche, le **lien de causalité** a été **retenu** lorsque le dirigeant :

– n'avait pas tenu de comptabilité, cette faute ayant privé la société d'un outil de gestion qui aurait permis au dirigeant de connaître l'absence de rentabilité et la nécessité de cesser la poursuite d'une activité préjudiciable aux créanciers (Cass. com. 22-6-2010 n° 09-14.214 : RJDA 10/10 n° 989) ;

– n'avait pas payé pendant deux ans les loyers dus par la société et avait ainsi occasionné une dette locative représentant 60 % du passif de la société (Cass. com. 26-2-2020 n° 18-19.704 F-D : RJDA 5/20 n° 285) ;

– avait tardé à demander l'ouverture de la procédure collective, d'importantes nouvelles dettes étant nées entre la date de cessation des paiements et la demande d'ouverture de la procédure (CA Angers 18-1-2022 n° 17/02316 : RJDA 7/22 n° 424).

28366 **Admission d'une faute de gestion : illustrations** Ont été retenus comme fautes de gestion ayant contribué à l'insuffisance d'actif :

– le fait pour un gérant de n'avoir **pas déclaré la cessation des paiements** de sa société **dans le délai légal** même s'il n'a différé sa déclaration que sur les conseils d'un tiers, fût-ce le président du tribunal (Cass. com. 30-11-1993 : RJDA 4/94 n° 460), le retard dans la déclaration de cessation des paiements s'appréciant en fonction de la date fixée par le jugement ouvrant la procédure collective ou par la décision de report (Cass. com. 4-11-2014 n° 13-23.070 FS-PBRI : RJDA 2/15 n° 125 ; Cass. com. 19-5-2015 n° 14-10.348 F-D : RJDA 12/15 n° 848 ; Cass. com. 4-7-2018 n° 14-20.117 F-D : RJDA 11/18 n° 857) ;

– les **irrégularités comptables** masquant la réalité par une surévaluation de l'actif et une sous-évaluation du passif (CA Versailles 15-10-2015 n° 15/02365 : RJDA 5/16 n° 386) ou comprenant des frais fictifs pour compenser les comptes courants d'associés (CA Paris 1-12-2015 n° 14/22951 : RJDA 6/16 n° 469) ;

– le fait pour un dirigeant de s'octroyer une **rémunération excessive** (Cass. com. 31-5-2016 n° 14-24.779 : RJDA 10/16 n° 715) ;

– le fait pour le gérant d'une société d'avoir procédé à d'**importants travaux** dans un local dont la société n'était pas propriétaire et pour un montant sans rapport avec la situation financière de celle-ci (Cass. com. 13-11-1990 : RJDA 1/91 n° 66 ; dans le même sens à propos de travaux n'ayant pas bénéficié à la société, Cass. com. 21-11-2018 n° 17-22.433 F-D : RJDA 2/19 n° 122) ;

– la **poursuite d'une exploitation déficitaire,** peu important que l'état de cessation des paiements de la société soit antérieur ou concomitant à cette poursuite (Cass. com. 29-6-2022 n° 21-12.998 F-D : RJDA 11/22 n° 652) ;

– le fait d'avoir mis en place, lors de la création de l'entreprise, un plan d'**investissements inadaptés** ou excessifs compte tenu des conditions prévisibles de financement de ces investissements (Cass. com. 19-3-1996 n° 589 : RJDA 7/96 n° 976 ; voir aussi Cass. com. 19-2-2002 n° 411 : RJDA 7/02 n° 791 et, concluant à l'absence d'une telle faute de la part du dirigeant, Cass. com. 29-10-2002 n° 1725 : RJDA 2/03 n° 173) ;

– le **paiement préférentiel de certains créanciers** en période suspecte sans qu'il soit nécessaire de faire constater préalablement, par une action en justice (cf. C. com. art. L 632-2, al. 1 et L 632-4), la nullité de ce paiement (Cass. com. 11-6-1996 : RJDA 11/96 n° 1403) ;

– le fait pour un dirigeant de n'avoir pas accordé toute son attention à la **gestion d'une entreprise naissante** et fragile et d'avoir compté sur des subventions aléatoires et sur le soutien des banques pour se constituer une trésorerie ; d'autre part, le fait de n'avoir été présent au siège de l'entreprise qu'un jour par semaine, en déléguant la plupart de ses pouvoirs à des collaborateurs qu'il savait incompétents (Cass. com. 11-6-1991 : RJDA 10/91 n° 852) ;

– le fait pour un dirigeant d'avoir choisi un financement inadapté pour la réalisation de travaux et d'avoir fait **souscrire** par la société un contrat d'**assurance-vie** à son profit (Cass. com. 25-11-2008 n° 07-11.549 : RJDA 5/09 n° 459, 2e esp.) ;

– l'inobservation grave et répétée d'**obligations fiscales** anciennes et élevées et l'absence de contestation du redressement fiscal y afférent, cette créance fiscale ayant contribué à 70 % de l'insuffisance d'actif (CA Versailles 15-10-2015 précité) ;

– le fait pour le dirigeant d'une société, également président de la holding, d'avoir, dans le cadre d'un **LBO, distribué** à cette holding **des dividendes** très importants alors que la situation de trésorerie de la société était obérée (Cass. com. 9-9-2020 n° 18-12.444 F-D : RJDA 11/20 n° 587 ; CA Chambéry 15-2-2022 n° 21/01781 : RJDA 7/22 n° 425) ;

– le fait pour le dirigeant d'avoir fait réaliser des **travaux payés par la société** sans qu'ils lui bénéficient et d'avoir conclu un contrat de prestation de services rémunéré avec la société, au titre duquel il avait indûment perçu 120 000 € (Cass. com. 21-11-2018 n° 17-22.433 F-D : RJDA 2/19 n° 122).

Rejet d'une faute de gestion : illustrations Aucune faute de gestion n'a été retenue dans les cas suivants : 28367

– lorsque la défaillance de l'entreprise avait pour origine la **conjoncture économique** (Cass. com. 20-4-2017 n° 15-19.750 F-D : RJDA 8-9/17 n° 574 ; Cass. com. 30-1-2019 n° 17-31.009 F-D : RJDA 5/19 n° 363), notamment le dépôt de bilan de plusieurs clients (Cass. com. 31-3-1998 n° 850 : RJDA 6/98 n° 777, 1e esp.) ;

– le **faible retard dans la déclaration de cessation des paiements** était dû notamment à des pressions des pouvoirs publics (Cass. com. 18-1-2000 : RJDA 6/00 n° 704 ; CA Aix 11-9-2001 n° 97-8446 : RJDA 6/02 n° 672) ;

– le gérant avait perçu une **rémunération non validée** formellement **par les associés,** alors que les statuts imposaient leur accord, mais un droit à rémunération avait été admis de fait par les associés et cette rémunération ne s'était accompagnée d'aucune dissimulation (CA Paris 22-2-2023 n° 20/14517 : RJDA 6/23 n° 332) ;

– les difficultés de la société résultaient essentiellement d'un **décalage important entre l'exigibilité du passif et le moment où il était réglé** (Cass. com. 15-6-2011 n° 10-18.585 : RJDA 12/11 n° 1062) ;

– le dirigeant avait poursuivi l'activité déficitaire de la **société constituée moins de deux ans avant la cessation des paiements** ; en effet, un résultat déficitaire la première année ne suffisait pas à caractériser une faute de gestion, laquelle suppose la conscience de l'impossibilité de redresser les comptes ou une obstination à persévérer (CA Paris 24-11-2015 n° 14/05783 : RJDA 5/16 n° 387).

Antériorité de la faute de gestion La responsabilité des dirigeants ne peut concerner que leur gestion antérieure au jugement prononçant ou ouvrant la liquidation judiciaire (en ce sens, Cass. com. 28-2-1995 n° 444 : RJDA 5/95 n° 651 ; Cass. com. 29-11-2016 n° 15-10.466 F-D : RJDA 2/17 n° 104 ; CA Paris 8-7-2022 n° 20/04670 : RJDA 11/22 n° 651). Elle peut être engagée à raison des **fautes** de gestion **commises entre l'ouverture du redressement et celle de la liquidation** judiciaire consécutive à la résolution du plan de redressement (Cass. com. 22-1-2020 n° 18-17.030 F-PB : RJDA 4/20 n° 231), mais pas à raison des fautes commises pendant la période d'observation du redressement converti en liquidation judiciaire (Cass. com. 8-3-2023 n° 21-24.650 F-B : BRDA 10/23 inf. 12). 28368

c. Mise en œuvre de l'action en comblement de passif

INTRODUCTION DE L'ACTION EN COMBLEMENT DE PASSIF

Tribunal compétent pour l'action en comblement de passif Le tribunal compétent pour statuer sur l'action en comblement de passif est celui qui a ouvert ou prononcé la liquidation judiciaire de la société (C. com. art. R 651-1). 28370

Afin de garantir l'impartialité des juges, le juge-commissaire ne peut ni siéger dans la formation de jugement ni participer au délibéré (C. com. art. L 662-7, 3°).

Qualité pour agir Le **liquidateur judiciaire** ou le **ministère public** ont qualité pour agir en comblement de passif. Le tribunal peut aussi être saisi par la majorité des **créanciers nommés contrôleurs** lorsque le liquidateur n'a pas engagé l'action après une mise en demeure restée sans suite (C. com. art. L 651-3, al. 1 et 2). Cette mise en demeure doit être délivrée au moyen d'une lettre recommandée AR par au moins deux créanciers contrôleurs et être restée infructueuse pendant 2 mois à compter de sa réception (art. R 651-4). 28371

Ne peuvent pas agir en comblement de passif les personnes non visées ci-dessus. Ainsi, un dirigeant poursuivi en comblement du passif ne peut pas agir, même à titre de garantie, contre un autre dirigeant (Cass. com. 6-6-1995 n° 1178 : RJDA 6/95 n° 903 ; Cass. com. 12-6-2019 n° 17-23.176 F-D : RJDA 11/19 n° 704). De même, lorsqu'un seul contrôleur a été nommé, il n'a pas qualité pour engager l'action (CA Paris 17-6-2014 n° 13/24177 : RJDA 2/15 n° 126). Les associés et le tribunal ne le peuvent pas non plus.

> **Précisions** **a.** La mise en demeure non délivrée conjointement par deux **contrôleurs** ne peut pas être ultérieurement régularisée. En revanche, si la saisine du tribunal n'a pas été faite par une majorité des contrôleurs, la régularisation par l'intervention d'un ou plusieurs autres contrôleurs pour constituer cette majorité est possible à condition d'intervenir avant l'expiration du délai de prescription de l'action (Cass. com. 24-5-2018 n° 17-10.005 FS-PBI : RJDA 10/18 n° 755).

> **b.** Le liquidateur judiciaire peut transiger (Cass. com. 8-3-2017 n° 15-16.005 F-PBI : RJDA 5/17 n° 362 ; Cass. com. 9-12-2020 n° 19-17.258 F-PB : RJDA 3/21 n° 184), mais seulement après l'assignation du dirigeant en comblement de passif et avant toute décision de condamnation (Cass. com. 8-3-2017 précité). Ne serait donc pas valable une **transaction** par laquelle le liquidateur renoncerait à engager une action en comblement de passif en contrepartie de l'engagement du dirigeant de verser une somme correspondant à une part du passif.

RECHERCHE D'INFORMATIONS SUR LE PATRIMOINE DU DIRIGEANT

28372 Le président du tribunal peut charger le juge-commissaire (ou, à défaut, un membre de la juridiction qu'il désigne) d'obtenir, de la part des administrations et organismes publics, des organismes de prévoyance et de sécurité sociale, des sociétés de financement et des établissements de crédit, de paiement ou de monnaie électronique, communication de tout document ou information sur la situation patrimoniale des dirigeants poursuivis (C. com. art. L 651-4, al. 1). Cette communication devant être fournie « nonobstant toute disposition législative contraire », les organismes concernés, notamment les établissements de paiement ou de crédit, ne peuvent pas invoquer le secret professionnel pour refuser de répondre à une demande.

Lorsqu'une telle mesure est ordonnée, ce qui n'est qu'une simple faculté pour le tribunal (Cass. com. 24-9-2003 n° 1308 : RJDA 2/04 n° 205 ; Cass. com. 3-12-2003 n° 1756 : RJDA 3/04 n° 354), le rapport du juge désigné est déposé au greffe du tribunal et remis par le greffier au ministère public. Il doit être communiqué, au moins un mois avant la date de l'audience et par lettre recommandée AR, aux dirigeants mis en cause (art. R 651-5, al. 1).

MESURES CONSERVATOIRES SUR LES BIENS DU DIRIGEANT

28373 Afin d'éviter que les dirigeants n'organisent leur insolvabilité, le président du tribunal peut ordonner des mesures conservatoires à l'égard des biens des dirigeants poursuivis (C. com. art. L 651-4, al. 2 ; n°s 28510 s.).

INCIDENCES DE POURSUITES PÉNALES SUR L'ACTION EN COMBLEMENT DE PASSIF

28374 Lorsque des poursuites pénales sont exercées à l'encontre du dirigeant, le tribunal saisi de l'action en comblement de passif n'est pas tenu de **surseoir à statuer** jusqu'à ce que le tribunal répressif ait pris sa décision, même si celle-ci est susceptible d'exercer, directement ou indirectement, une influence sur la solution de l'action menée devant le juge civil (CPP art. 4, al. 3). En raison de l'**autorité au civil de la chose jugée au pénal,** les tribunaux civils ne peuvent pas, par exemple, retenir la qualité de dirigeant de fait pour condamner une personne à supporter l'insuffisance d'actif d'une société lorsqu'une décision pénale a rejeté cette qualité dans des poursuites pour infraction à la législation sur les sociétés et pour banqueroute (Cass. com. 2-5-1977 : Bull. civ. IV n° 119). En revanche, dès lors que l'autorité de la chose jugée ne s'attache qu'aux éléments constitutifs de l'infraction poursuivie et ne fait pas obstacle à ce que d'autres éléments étrangers à cette dernière soient soumis à l'appréciation de la juridiction civile (Cass. 2e civ. 15-11-2001 n° 99-21.636), la relaxe du dirigeant par le juge pénal ne s'oppose pas forcément à l'examen par le juge civil des fautes de gestion dénoncées dans le cadre d'une action en comblement de passif (Cass. com. 1-2-2011 n° 09-72.695 : RJDA 6/11 n° 564 ; Cass. com. 1-7-2020 n° 18-24.804 F-D : RJDA 10/20 n° 516).

PRESCRIPTION DE L'ACTION EN COMBLEMENT DE PASSIF

28375 L'action en comblement de passif se prescrit par 3 ans à compter du jugement qui prononce la liquidation judiciaire (C. com. art. L 651-2, al. 4), sans considération de la date de réalisation des fautes de gestion (Cass. com. 8-4-2015 n° 13-28.512 : RJDA 7/15 n° 515).

ATTENTION

Le **délai** qui expirerait normalement un samedi, un dimanche ou un jour férié ou chômé n'est pas **prorogé** jusqu'au premier jour ouvrable suivant (Cass. com. 10-1-2006 n° 37 : RJDA 5/06 n° 567). En effet, l'article 642 du Code de procédure civile, qui prévoit une telle prorogation en matière de délais de procédure, est inapplicable s'agissant d'un délai de prescription.

Lorsque **plusieurs dirigeants** de droit ou de fait d'une même personne morale sont **poursuivis,** aucune solidarité n'existe entre eux au regard de la mise en œuvre de l'action en comblement de passif. Il en résulte que l'action engagée dans le délai légal contre un dirigeant n'interrompt pas la prescription à l'égard des autres dirigeants, qu'ils soient de droit ou de fait (Cass. com. 7-11-2006 n° 1212 : RJDA 2/07 n° 184).

d. Condamnation du dirigeant au comblement du passif

DÉCISION DE CONDAMNATION À COMBLER LE PASSIF

28380 Le comblement de passif est une sanction facultative. Le tribunal dispose d'une large **faculté d'appréciation** et peut écarter toute condamnation même si le dirigeant a commis une faute de gestion (Cass. com. 19-2-2002 n° 434 : RJDA 8-9/02 n° 919 ; Cass. com. 25-6-2002 n° 1241 : RJDA 12/02 n° 1306 ; CA Besançon 7-12-2011 n° 11-01606 : RJDA 3/12 n° 323). De même, il bénéficie d'une grande latitude pour déterminer si le dirigeant doit être condamné à prendre en charge la totalité de l'insuffisance d'actif ou seulement une partie de celle-ci.

Le tribunal peut prendre en considération non seulement la gravité des fautes de gestion et le montant de l'insuffisance d'actif mais également la situation personnelle du dirigeant et ses facultés contributives (CA Versailles 27-9-2001 n° 01-1834 : RJDA 2/02 n° 184 ; CA Paris 9-5-2006 n° 05-19258 : RJDA 10/06 n° 1061). Le caractère gratuit des fonctions peut aussi être pris en compte, mais ce n'est pas une obligation. En effet, l'article 1992 du Code civil, qui prévoit une responsabilité atténuée en cas de mandat gratuit, n'est pas applicable (Cass. com. 21-7-1987 n° 86-10.306 : Bull. civ. IV n° 204 ; Cass. com. 9-12-2020 n° 18-24.730 F-PB : RJDA 3/21 n° 183). La **proportionnalité de la sanction** au regard de ces éléments relève du pouvoir souverain des juges du fond (Cass. com. 9-5-2018 n° 16-26.684 F-PB : RJDA 7/18 n° 594).

ILLUSTRATIONS

Les **circonstances** suivantes ont été prises en compte pour **atténuer la sanction** prononcée contre le dirigeant :
– la bonne gestion du dirigeant pendant près de 20 ans et les efforts qu'il avait déployés pour tenter de sauver la société (versement de 70 000 € à la société sous diverses formes) (CA Paris 16-9-2021 n° 20/15132 : RJDA 5/22 n° 296) ;
– la survenance de graves événements familiaux pendant la période au cours de laquelle avaient eu lieu les agissements qui lui étaient reprochés (CA Paris 20-1-2011 n° 10-1497 : RJDA 5/11 n° 447 ; CA Paris 4-12-2018 n° 17/15062 : RJDA 3/19 n° 216).

En revanche, le dirigeant de droit ne peut pas se soustraire à toute sanction en faisant valoir :
– qu'il a abandonné l'exercice de ses fonctions à un autre dirigeant de droit ou de fait (Cass. com. 3-3-1998 n° 604 : RJDA 7/98 n° 902), même au moyen d'une délégation de pouvoirs (Cass. com. 2-11-2016 n° 15-11.426 F-D : RJDA 1/17 n° 38) ;
– qu'un mandataire ad hoc, qui ne le prive pas de ses pouvoirs, a été nommé (Cass. com. 18-5-2016 n° 14-16.895 : RJDA 10/16 n° 716) ;
– que la filiale qu'il dirige est en état de dépendance économique à l'égard de sa société mère (CA Paris 21-1-2014 n° 13/01385 : RJDA 4/14 n° 368).

Étendue de la contribution Le dirigeant peut être condamné à supporter la totalité de l'insuffisance d'actif même s'il a commis une seule faute de gestion ayant contribué à cette insuffisance d'actif (Cass. com. 15-12-2009 n° 08-21.906 : RJDA 3/10 n° 275, 2e esp. ; Cass. com. 31-5-2011 n° 09-13.975 : RJDA 8-9/11 n° 725 ; Cass. com. 10-1-2012 n° 10-28.067 : RJDA 4/12 n° 427) ou si sa faute n'est que l'une des causes de l'insuffisance d'actif (Cass. com. 20-4-2017 n° 15-23.600 F-D : RJDA 8-9/17 n° 575), sans qu'il y ait lieu de déterminer la part de cette insuffisance imputable à sa faute (Cass. com. 20-9-2017 n° 16-13.566 F-D : RJDA 1/18 n° 52 ; Cass. com. 25-3-2020 n° 18-21.841 F-D : RJDA 8-9/20 n° 443). Mais en tout état de cause, le total de la condamnation ne peut pas excéder celui de l'insuffisance d'actif (Cass. com. 17-7-2001 n° 1522 : RJDA 12/01 n° 1239 ; Cass. com. 30-6-2015 n° 13-28.537 : RJDA 12/15 n° 849 ; Cass. com. 17-6-2020 n° 18-23.088 F-D : RJDA 10/20 n° 518). 28381

> Précisions a. En cas de **liquidation** judiciaire **commune à plusieurs sociétés** en raison de la confusion de leurs patrimoines, le dirigeant de l'une d'entre elles ne peut pas se voir condamné à supporter tout ou partie de l'insuffisance d'actif des sociétés dont il n'était pas dirigeant (Cass. com. 8-7-2003 n° 1221 : RJDA 1/04 n° 77 ; Cass. com. 30-10-2007 n° 06-14.672 : RJDA 3/08 n° 312 ; Cass. com. 19-4-2023 n° 22-11.229 F-D : RJDA 8-9/23 n° 458). En revanche, si le dirigeant de la société initialement mise en liquidation judiciaire était également celui des autres sociétés auxquelles la procédure a été étendue, l'insuffisance d'actif qui peut être mise à sa charge comprend celle de l'ensemble de ces sociétés (Cass. com. 8-3-2017 n° 15-22.337 F-PB : RJDA 5/17 n° 360).

b. Les éventuels **manquements du liquidateur judiciaire** en matière de réalisation des actifs sociaux n'exonèrent pas le dirigeant de son obligation de contribuer à l'insuffisance d'actif (Cass. com. 1-7-2020 n° 19-11.849 F-D : RJDA 2/21 n° 108).

c. Le liquidateur n'a pas à établir dans quelle proportion la faute de gestion a contribué à l'insuffisance d'actif ni à limiter le montant de sa demande ; l'**exercice de l'action en comblement de passif** ne peut donc pas dégénérer en **abus** du seul fait que le liquidateur a poursuivi le dirigeant en paiement de la totalité de l'insuffisance d'actif, sans adapter le montant de sa demande aux conséquences des manquements imputés au dirigeant (Cass. com. 14-9-2022 n° 21-15.381 F-D : RJDA 12/22 n° 708).

Répartition de la contribution entre plusieurs gérants En cas de pluralité de dirigeants fautifs, le tribunal peut, par décision motivée, les déclarer solidairement responsables (C. com. art. L 651-2, al. 1). 28383

Pour répartir cette contribution au passif entre les dirigeants, le **tribunal** n'est pas obligé de **tenir compte** de l'existence ou de l'absence de rémunération des dirigeants et peut décider que l'insuffisance d'actif sera supportée par le gérant non rémunéré dans la même proportion que le gérant rémunéré (Cass. com. 9-10-1972 : Rev. sociétés 1973 p. 493). De même, il n'est pas tenu par les conventions qui auraient pu être passées entre les dirigeants en vue de la répartition entre eux du passif mis à leur charge (CA Nîmes 23-10-1974 : D. 1975 som. p. 105).

Lorsque le juge **s'est abstenu de fixer la part de chacun** des dirigeants dans la contribution au paiement de l'insuffisance d'actif, la contribution doit, en principe, être répartie par parts égales en application de l'article 1317 du Code civil (CA Paris 4-2-1992 : Bull. Joly 1992 p. 278 note A. Couret).

CONSÉQUENCES D'UNE CONDAMNATION À COMBLER LE PASSIF

28385 **Pour les créanciers** Les **sommes versées** par les dirigeants sociaux sont **réparties** entre tous les créanciers en proportion de leurs créances (au marc le franc) (C. com. art. L 651-2, al. 5). Cette répartition doit être faite sans tenir compte de la nature, privilégiée ou non, de leurs créances (Cass. com. 20-5-1997 n° 1273 : RJDA 10/97 n° 1278).

> **›Précisions** Une fois établie la responsabilité d'un dirigeant pour insuffisance d'actif, le liquidateur judiciaire ne peut pas obtenir, si ce **dirigeant** est lui-même **soumis à une procédure collective personnelle,** paiement de la créance de contribution à cette insuffisance par préférence aux autres créanciers du dirigeant (Cass. com. 27-11-2019 n° 18-19.861 F-PB : RJDA 3/20 n° 163).

28386 **Pour le gérant** Le dirigeant n'a pas le droit de **participer aux répartitions** à concurrence des sommes au versement desquelles il a été condamné (C. com. art. L 651-2, al. 5), afin notamment d'éviter, s'il est lui-même créancier de la société, qu'il récupère une partie de ces sommes. Il ne peut pas non plus compenser la somme mise à sa charge au titre du comblement de passif et la créance qu'il détient contre la société (Cass. com. 8-3-2017 n° 15-24.891 F-D : RJDA 7/17 n° 488). La condamnation ne peut pas faire l'objet d'une **transaction** (Cass. com. 5-11-2003 n° 1493 : RJDA 2/04 n° 207 ; Cass. com. 24-3-2009 n° 07-20.383 : RJDA 6/09 n° 565 ; en sens contraire, homologuant une transaction conclue après la condamnation, CA Reims 26-6-2018 n° 18/00245 : RJDA 1/19 n° 36).

Le dirigeant peut demander des **délais de paiement,** en application de l'article 1343-5 du Code civil. L'octroi de tels délais peut être discrétionnairement refusé par les juges du fond (Cass. com. 8-10-2003 n° 1405 : RJDA 2/04 n° 202).

Il peut **se retourner contre** le ou les **tiers** qui sont à l'origine des fautes ayant entraîné sa condamnation (CA Aix 5-6-1981 : D. 1982 IR p. 67 ; CA Paris 28-4-1982, inédit), mais il doit alors exercer son action dans les conditions de droit commun de l'article 1240 du Code civil : preuve de la faute du ou des tiers et preuve de l'existence d'un lien de causalité entre cette faute et le préjudice qu'il a subi. En revanche, le dirigeant ne peut pas exercer une **action en garantie** contre les autres dirigeants sociaux (n° 28371).

INEXÉCUTION DE LA CONDAMNATION À COMBLER LE PASSIF

28390 Le dirigeant qui ne s'est pas acquitté des dettes mises à sa charge peut être frappé de **faillite personnelle ou** de l'**interdiction de diriger,** gérer, administrer ou contrôler directement ou indirectement soit toute entreprise commerciale ou artisanale, toute exploitation agricole et toute personne morale, soit une ou plusieurs de celles-ci (C. com. art. L 653-6 et L 653-8, al. 1) ; le tribunal peut, en outre, enjoindre à ce dirigeant de céder ses parts sociales dans la société ou ordonner leur **cession forcée** par les soins d'un mandataire de justice, au besoin après expertise ; le produit de la vente est affecté au paiement de la part des dettes sociales mise à la charge du dirigeant (art. L 653-9, al. 2).

Ces sanctions peuvent être prononcées même si le dirigeant s'est acquitté partiellement de sa dette (Cass. com. 15-11-1976 : Bull. civ. IV n° 286).

7. FAILLITE PERSONNELLE ET INTERDICTION DE GÉRER

28420 Lorsqu'une société est mise en redressement ou en liquidation judiciaire, ses dirigeants peuvent être frappés d'une **sanction personnelle** : faillite personnelle ou interdiction de gérer, la première étant, comme on le verra, plus lourde que la seconde.

a. Dirigeants encourant une sanction personnelle

DIRIGEANTS DE DROIT OU DE FAIT

28425 Peuvent être frappées de faillite personnelle ou d'une interdiction de gérer les **personnes physiques** qui sont dirigeants de droit ou de fait de personnes morales ou représentants permanents des personnes morales dirigeantes (C. com. art. L 653-1, I-2° et 3°).

Ainsi, ne peut pas faire l'objet d'une sanction personnelle, sauf s'il s'est comporté en dirigeant de fait :

– un simple **associé,** même condamné pour complicité de banqueroute (CA Reims 21-6-1977 : JCP 1978 IV p. 66) ;

– un **membre du conseil de surveillance,** qui n'exerce qu'une mission de contrôle de la gestion de la société par le directoire et non une fonction de direction (en ce sens, Cass. com. 8-1-2020 n° 18-23.991 F-PB : RJDA 3/20 n° 164, à propos du conseil de surveillance d'une SA mais transposable aux sociétés civiles dotées de cet organe).

Un **dirigeant** de droit ne peut, pour se soustraire à une sanction personnelle, prétendre qu'il n'a été que le **prête-nom** du dirigeant de fait de la société (Cass. com. 12-11-1991 : RJDA 1/92 n° 98 ; CA Paris 21-1-2010 n° 09-12335 : RJDA 6/10 n° 664). **28426**

De même, il importe peu qu'il ait été **rémunéré** ou non (Cass. com. 16-2-1999 n° 423 : RJDA 4/99 n° 452 ; CA Lyon 2-11-2006 n° 05-3044 : RJDA 8-9/07 n° 878).

Par exception, ne peuvent pas faire l'objet d'une sanction personnelle les **dirigeants** qui exercent une **activité professionnelle indépendante** et sont à ce titre soumis à des règles disciplinaires (C. com. art. L 653-1, I-dernier al.). Ainsi, la faillite personnelle et l'interdiction de gérer ne peuvent pas être prononcées contre le dirigeant d'une société d'expertise comptable (CA Paris 2-2-2016 n° 15/20017 : RJDA 7/16 n° 559).

ANCIEN DIRIGEANT

Les dirigeants qui n'étaient plus en fonction lors de la survenance des faits susceptibles d'entraîner une sanction personnelle échappent à toute poursuite (Cass. com. 14-1-1997 n° 78 : RJDA 4/97 n° 580 som.), même si la cessation de leurs fonctions n'a pas été publiée (CA Paris 20-11-1990 : RJDA 2/91 n° 159 ; CA Paris 22-3-1994 : RJDA 6/94 n° 719 som. ; CA Paris 9-3-1999 : RJDA 6/99 n° 705), dès lors qu'elle est effective (cf. CA Paris 18-1-1994 : RJDA 5/94 n° 532 som.). **28427**

Il en est de même de ceux qui, avant l'immatriculation de la société au registre du commerce, avaient démissionné des postes auxquels ils avaient été nommés (CA Paris 4-1-1990 : BRDA 6/90 p. 20).

En revanche, les dirigeants peuvent être poursuivis, même s'ils n'étaient plus en fonction au moment de la cessation des paiements ou de l'ouverture de la procédure collective contre la société, lorsqu'ils ont commis l'un des actes sanctionnés par la loi à l'époque où ils étaient dirigeants (Cass. com. 9-12-1968 : Bull. civ. IV n° 348 ; CA Douai 3-4-2003 n° 02-1433 : RJDA 5/04 n° 601).

DIRIGEANT DÉCÉDÉ

En tant que sanction personnelle, la faillite personnelle ou l'interdiction de gérer ne peut être prononcée ni contre le dirigeant décédé ni contre ses héritiers (CA Amiens 23-1-2003 n° 02-253 : RJDA 2/04 n° 208). **28428**

b. Conditions du prononcé d'une sanction personnelle

La faillite personnelle ou l'interdiction de gérer peut être prononcée lorsque la **société** fait l'objet d'un **redressement ou** d'une **liquidation judiciaire** (C. com. art. L 653-1, I). Cette sanction est donc exclue si la société est mise sous sauvegarde. **28429**

Elle peut être prononcée dès lors qu'un seul des faits prévus aux articles L 653-4 et suivants du Code de commerce (n°s 28430 s.) est établi ; toutefois, si plusieurs **faits** sont **retenus,** chacun d'entre eux doit être légalement justifié par le juge (Cass. com. 1-12-2009 n° 08-17.187 : RJDA 3/10 n° 275, 1e esp.).

> **Précisions** **a.** L'article L 653-1 ne subordonne pas le prononcé d'une faillite personnelle ou d'une interdiction de gérer à l'égard du dirigeant à la circonstance que la **société** ait déployé une **activité effective** (Cass. com. 11-4-2018 n° 16-24.312 F-D : RJDA 7/18 n° 595).
> **b.** Seuls des **faits antérieurs à l'ouverture de la procédure** collective de la société peuvent justifier le prononcé d'une sanction personnelle contre le dirigeant (Cass. com. 11-3-1997 n° 94-20.218 D : RJDA 5/97 n° 714 ; Cass. com. 6-3-2019 n° 17-26.495 F-D : RJDA 5/19 n° 364 ; Cass. com. 29-3-2023 n° 21-25.161 F-D). Les faits commis le jour de l'ouverture de la procédure ne sont donc pas répréhensibles (Cass. com. 23-10-2019 n° 18-12.181 F-PB : RJDA 2/20 n° 100).

AGISSEMENTS JUSTIFIANT LA FAILLITE PERSONNELLE

La faillite personnelle peut être prononcée contre tout dirigeant social de droit ou de fait qui a (C. com. art. L 653-4 et L 653-5) : **28430**

– disposé des biens sociaux comme des siens propres ;

– fait des actes de commerce dans un intérêt personnel, sous le couvert de la société masquant ses agissements ;

– fait des biens ou du crédit de la société un usage contraire à l'intérêt de celle-ci à des fins personnelles ou pour favoriser une autre personne morale ou entreprise dans laquelle il était intéressé directement ou indirectement ;

– poursuivi abusivement, dans un intérêt personnel, une exploitation déficitaire qui ne pouvait conduire qu'à la cessation des paiements de la société ;

– détourné ou dissimulé tout ou partie de l'actif ou frauduleusement augmenté le passif de la société ;
– exercé une activité artisanale, commerciale ou agricole ou une fonction de direction ou d'administration d'une personne morale contrairement à une interdiction prévue par la loi ;
– dans l'intention d'éviter ou de retarder l'ouverture de la procédure de redressement ou de liquidation judiciaire, fait des achats en vue d'une revente au-dessous du cours ou employé des moyens ruineux pour se procurer des fonds ;
– souscrit, pour le compte d'autrui, sans contrepartie, des engagements jugés trop importants au moment de leur conclusion eu égard à la situation de la société ;
– payé ou fait payer, après la cessation des paiements et en connaissance de cause de celle-ci, un créancier au préjudice des autres créanciers ;
– fait obstacle au bon déroulement de la procédure en s'abstenant volontairement de coopérer avec les organes de celle-ci ;
– fait disparaître des documents comptables, tenu une comptabilité fictive, manifestement incomplète ou irrégulière au regard des dispositions applicables ou n'a pas tenu de comptabilité alors que les textes applicables en font obligation ;
– déclaré sciemment, au nom d'un créancier de la société, une créance supposée.

ATTENTION

La faillite personnelle pour **poursuite abusive d'une exploitation déficitaire** peut être prononcée même si la cessation des paiements de la société était déjà survenue au moment des faits (Cass. com. 13-4-2022 n° 21-12.994 FS-B : RJDA 7/22 n° 427).

28431 Le tribunal peut également prononcer la faillite personnelle contre tout **dirigeant** à la charge duquel a été mis tout ou partie du passif social et qui n'a pas **acquitté sa dette** (C. com. art. L 653-6).

AGISSEMENTS JUSTIFIANT L'INTERDICTION DE GÉRER

28432 Cette sanction peut être prononcée dans tous les **cas de faillite personnelle** énumérés n°s 28430 s. (C. com. art. L 653-8, al. 1).

Une mesure d'interdiction de gérer peut aussi être prononcée **à titre autonome** et frapper les dirigeants qui, de mauvaise foi, n'auraient pas remis au mandataire judiciaire, à l'administrateur ou au liquidateur judiciaire les documents nécessaires à l'inventaire des biens de la société dans le mois qui suit le jugement d'ouverture de la procédure ; l'interdiction de gérer peut également frapper le dirigeant qui, sciemment, n'aurait pas informé un créancier, partie à une instance en cours, de l'ouverture de la procédure collective dans les 10 jours de celle-ci (art. L 653-8, al. 2).

Elle peut en outre sanctionner le dirigeant qui a sciemment omis de demander l'ouverture d'une procédure de redressement ou de liquidation judiciaire dans le délai de 45 jours à compter de la cessation des paiements, sans avoir, par ailleurs, demandé l'ouverture d'une procédure de conciliation (art. L 653-8, al. 3). La date de cessation des paiements ne peut pas être différente de celle retenue par le jugement ayant ouvert la procédure collective de la société ou par un jugement de report (art. R 653-1, al. 2).

> Précisions a. La rédaction de l'article L 653-8 issue de la loi 2015-990 du 6 août 2015 posant comme condition que le dirigeant ait « **sciemment** » omis de demander l'ouverture d'une procédure collective s'applique aux procédures en cours au 8 août 2015, date d'entrée en vigueur de cette loi (Cass. com. 24-5-2018 n° 17-18.918 F-PBI : RJDA 8-9/18 n° 669).
b. Le dirigeant peut être condamné à une interdiction de gérer pour avoir tardé à **déclarer la cessation des paiements,** même s'il n'a eu conscience de cet état qu'après l'expiration du délai légal prévu pour procéder à la déclaration (Cass. com. 12-1-2022 n° 20-21.427 F-B : RJDA 4/22 n° 213) et même si, avant l'expiration de ce délai, il s'est vu délivrer par un créancier une assignation aux fins d'ouverture d'une procédure collective (Cass. com. 9-6-2022 n° 21-11.083 F-D : RJDA 11/22 n° 653).
c. La nomination d'un **mandataire ad hoc** ne permet pas au dirigeant qui n'a pas déclaré la cessation des paiements d'échapper à une condamnation (Cass. com. 10-5-2005 n° 720 : RJDA 8-9/05 n° 1025).

c. Mise en œuvre de l'action en sanction personnelle

28435 Les personnes qui peuvent **intenter l'action** en faillite personnelle et en interdiction de gérer sont les mêmes que celles qui peuvent engager l'action en comblement de passif (n° 28371), auxquelles s'ajoute le mandataire judiciaire (C. com. art. L 653-7, al. 1 et 2).

Le **tribunal compétent** pour statuer sur cette action est celui qui a ouvert le redressement ou la liquidation judiciaire de la société (C. com. art. R 662-3). Le juge-commissaire ne peut ni siéger dans la formation de jugement ni participer au délibéré (art. L 662-7, 3°).

L'action en faillite personnelle ou en interdiction de gérer **se prescrit** par 3 ans à compter du jugement qui ouvre le redressement ou la liquidation judiciaire de la société (C. com. art. L 653-1, II). Toutefois, en cas d'action en sanction personnelle engagée contre un dirigeant qui n'a pas réglé les sommes mises à sa charge en application d'une condamnation à combler le passif social (art. L 653-6), la prescription ne court qu'à compter de la date à laquelle la décision le condamnant à supporter l'insuffisance d'actif acquiert force de chose jugée (art. L 653-1, II).

Il n'est pas possible de **transiger** pour mettre fin à une action en sanction personnelle (Cass. com. 9-12-2020 n° 19-17.258 F-PB : RJDA 3/21 n° 184).

d. Condamnation du dirigeant à une sanction personnelle

DÉCISION DE CONDAMNATION À UNE SANCTION PERSONNELLE

Les sanctions personnelles sont facultatives : le tribunal dispose d'une large **faculté d'appréciation** et peut écarter toute sanction même si les conditions exigées par les textes sont remplies (par exemple, en raison des efforts déployés par le dirigeant pour sauver l'entreprise : CA Paris 10-6-2014 n° 13-10910 : RJDA 12/14 n° 929). En outre, il dispose d'un pouvoir souverain pour opter entre la faillite personnelle et l'interdiction de gérer. **28437**

Il a toutefois l'obligation de motiver la sanction qu'il prononce sur son principe et son quantum, au regard de la gravité des fautes et de la situation personnelle du dirigeant (Cass. com. QPC 5-7-2018 n° 18-11.743 F-D : RJDA 10/18 n° 756 ; Cass. com. 17-4-2019 n° 18-11.743 FS-PBI : RJDA 7/19 n° 525 ; Cass. com. 25-3-2020 n° 18-11.684 F-D : RJDA 8-9/20 n° 444).

ILLUSTRATIONS

Le fait que le **dirigeant a déjà fait l'objet d'une faillite personnelle** pour des faits similaires peut justifier que la seconde condamnation soit d'une durée plus longue (Cass. com. 1-7-2020 n° 18-17.786 F-PB : RJDA 10/20 n° 519).

De même, le prononcé d'une interdiction de gérer de 4 ans est justifié par le défaut de coopération répété du dirigeant et par le fait que celui-ci, compte tenu de sa formation et de son expérience professionnelles, **avait nécessairement conscience des faits** reprochés (Cass. com. 23-9-2020 n° 19-12.545 F-D : RJDA 12/20 n° 660).

La sanction peut être **prononcée après la clôture de la procédure collective** à l'occasion de laquelle elle a été demandée, dès lors que la demande a été faite avant la clôture et dans le délai de prescription de trois ans prévu à l'article L 653-1, II (Cass. com. 8-2-2023 n° 21-22.796 F-B : BRDA 5/23 inf. 8).

EFFETS DU PRONONCÉ DE LA FAILLITE PERSONNELLE

La faillite personnelle entraîne de nombreuses **déchéances et interdictions** (déchéance de certains droits civiques, politiques, professionnels, honorifiques, etc.). **28438**

Elle emporte de surcroît l'**interdiction de diriger,** de gérer, d'administrer ou de contrôler, directement ou indirectement, toute entreprise (qu'elle soit commerciale, artisanale, agricole ou qu'elle ait toute autre activité indépendante) et toute personne morale (C. com. art. L 653-2).

En outre, la faillite personnelle prive les dirigeants sociaux qui en sont frappés du **droit de vote** dans les assemblées de la société soumise au redressement ou à la liquidation judiciaire, ce droit étant exercé par un mandataire désigné par le tribunal à cet effet, à la requête de l'administrateur, du liquidateur ou du commissaire à l'exécution du plan (art. L 653-9, al. 1).

Le tribunal peut aussi enjoindre à ces dirigeants ou à certains d'entre eux de **céder** leurs **actions ou parts sociales** dans la société ou ordonner leur cession forcée par les soins d'un mandataire de justice, au besoin après expertise (art. L 653-9, al. 2).

Par ailleurs, il peut prononcer l'incapacité du dirigeant d'exercer une **fonction publique élective** pour une durée égale à celle de la faillite personnelle, dans la limite de 5 ans. Cette incapacité prend effet à compter de sa date de notification à l'intéressé par le ministère public (art. L 653-10).

EFFETS DU PRONONCÉ DE L'INTERDICTION DE GÉRER

Le tribunal peut **interdire** au dirigeant fautif de **diriger,** gérer, administrer ou contrôler, directement ou indirectement, soit toute entreprise commerciale, artisanale ou agricole et toute personne morale, soit seulement une ou plusieurs de celles-ci (C. com. art. L 653-8, al. 1). L'interdiction ne vise pas les activités individuelles autres que celles précitées, telles les activités libérales (cf. Cass. com. 19-5-2021 n° 20-12.049 F-D). S'il choisit de ne prononcer que l'interdiction de gérer, le tribunal peut la limiter à une ou plusieurs entreprises ou sociétés déterminées (voir CA Paris 7-9-2010 n° 10-299 : RJDA 1/11 n° 70 autorisant, pendant la durée de l'interdiction de gérer toute entreprise commerciale ou artisanale, le dirigeant à devenir auto-entrepreneur ; CA Paris 10-6-2014 n° 13/13659 : RJDA 12/14 n° 928 : interdiction générale à l'exclusion de trois sociétés que le dirigeant gère par ailleurs). **28439**

Comme en cas de faillite personnelle, les dirigeants frappés de l'interdiction de gérer sont privés du **droit de vote** dans leur société et peuvent être tenus de **céder** leurs **actions ou parts sociales** (C. com. art. L 653-9).

> **Précisions** La mesure d'interdiction de gérer n'interdit pas l'exercice de **fonctions salariées** ; ne constitue donc pas une faute grave justifiant un licenciement le fait pour un salarié, dirigeant d'une société, d'avoir dissimulé à son employeur la mesure d'interdiction de gérer dont il faisait l'objet (Cass. soc. 19-1-2010 n° 08-42.519 : RJDA 6/10 n° 665). Mais une telle mesure interdit au salarié de recevoir une délégation de pouvoirs (Cass. crim. 13-6-2012 n° 11-85.280 : RJDA 5/13 n° 415 ; Cass. crim. 22-8-2018 n° 17-83.966 F-D : RJDA 2/19 n° 91).

PUBLICITÉ DE LA CONDAMNATION

28440 Outre une mention au casier judiciaire, les jugements prononçant la faillite personnelle ou l'interdiction de gérer sont publiés au RCS et font l'objet d'une insertion au Bodacc et dans un support d'annonces légales du lieu du siège de la société (C. com. art. R 653-3, al. 2). Ils sont aussi mentionnés au RNE (art. L 123-37, 1°).

Par ailleurs, les condamnations sont inscrites dans le fichier national des interdits de gérer (art. L 128-1 s. et R 128-1 s.).

VIOLATION D'UNE INTERDICTION DE GÉRER OU D'UNE DÉCHÉANCE

28442 Le dirigeant condamné à la faillite personnelle ou à une interdiction de gérer qui exercerait une activité interdite s'expose à de lourdes **sanctions** pénales : emprisonnement de 2 ans et amende de 375 000 € (C. com. art. L 654-15).

ILLUSTRATIONS

Un dirigeant contre qui plusieurs mesures d'interdiction de gérer avaient été prononcées a été condamné à un an de **prison ferme** pour violation de ces interdictions en raison du caractère répétitif des liquidations des sociétés qu'il avait gérées, de son absence de remise en question devant les juges et de l'inefficacité de ces mesures (Cass. crim. 29-11-2016 n° 15-86.116 FP-PBRI : RJDA 3/17 n° 179).

e. Durée de la sanction personnelle

28445 Le tribunal qui prononce la faillite personnelle ou l'interdiction de gérer d'un dirigeant social doit fixer la durée de cette mesure, laquelle ne peut pas être supérieure à 15 ans (C. com. art. L 653-11, al. 1).

Les déchéances, les interdictions et l'incapacité d'exercer une fonction publique élective cessent de plein droit au terme fixé, sans qu'il y ait lieu au prononcé d'un jugement (art. précité).

RELÈVEMENT DU DIRIGEANT CONDAMNÉ À UNE SANCTION PERSONNELLE

28446 Lorsque le tribunal prononce la faillite personnelle ou l'interdiction de gérer, l'**acte de notification du jugement** doit faire mention de la procédure pour obtenir le relèvement de ces sanctions (C. com. art. R 653-3, al. 1).

Le jugement constatant la **clôture** de la procédure collective de la société pour **extinction du passif** rétablit le dirigeant dans ses droits ; il le relève de toutes les déchéances, interdictions et incapacités d'exercer une fonction publique élective (C. com. art. L 653-11, al. 2).

Si le dirigeant a apporté au paiement du passif une **contribution** jugée **suffisante** par le tribunal, ce dernier peut, sur demande de l'intéressé, le relever, en tout ou partie, des déchéances et interdictions auxquelles il a été condamné (art. L 653-11, al. 3).

En cas de condamnation, non à la faillite personnelle, mais à une simple interdiction de gérer, le tribunal peut aussi relever le **dirigeant qui présente** toutes les **garanties** démontrant sa capacité à diriger ou contrôler une entreprise ou une personne morale (art. L 653-11, al. 4). Ces garanties peuvent consister en une formation professionnelle (art. R 653-4, al. 1).

Lorsqu'il y a relèvement total des déchéances, interdictions et incapacités, la décision du tribunal emporte **réhabilitation** (art. L 653-11, al. 5).

> **Précisions** Le fait que le dirigeant condamné au **comblement du passif** social ait réglé le montant de l'insuffisance d'actif mis à sa charge est un élément important à prendre en considération pour déterminer s'il a apporté au paiement du passif une contribution suffisante au sens des dispositions ci-dessus. Mais ce ne peut être le seul. Les juges tiennent compte également des facultés contributives de l'intéressé, des efforts qu'il a faits pour apurer sa dette, de la gravité des fautes commises par lui, de l'évolution de son comportement postérieurement au prononcé de la sanction, etc. (pour des exemples, voir Cass. com. 3-11-1992 : Bull. civ. IV n° 344 ; CA Versailles 26-6-2003 n° 02-7831 : RJDA 11/03 n° 1105 ; CA Douai 16-9-2008 n° 08-1582 : RJDA 5/09 n° 461).

8. BANQUEROUTE

Les dirigeants de droit ou de fait des personnes morales de droit privé – et donc de toutes les sociétés civiles – en redressement ou en liquidation judiciaire ainsi que leurs complices s'exposent à un emprisonnement de 5 ans et à une amende de 75 000 € (C. com. art. L 654-1 et L 654-3 et C. pén. art. 121-6) s'ils se sont rendus coupables de l'un des faits suivants (C. com. art. L 654-2) : 28470

– si, dans l'intention d'éviter ou de retarder l'ouverture de la procédure de redressement ou de liquidation judiciaire, ils ont soit fait des achats en vue d'une revente au-dessous du cours, soit employé des moyens ruineux pour se procurer des fonds (pour un exemple, voir Cass. crim. 22-9-2010 n° 09-83.274 F-D : RJDA 6/11 n° 565) ;

– s'ils ont détourné ou dissimulé tout ou partie de l'actif social (pour un exemple, voir Cass. crim. 14-2-2007 n° 06-86.721 : RJDA 5/08 n° 561) ;

– s'ils ont frauduleusement augmenté le passif social (pour un exemple, voir Cass. crim. 16-6-1999 n° 98-83.835 D : RJDA 8-9/99 n° 980) ;

– s'ils ont tenu une comptabilité fictive ou fait disparaître des documents comptables de la société ou encore s'ils se sont abstenus de tenir toute comptabilité lorsque les textes applicables en font l'obligation (pour un exemple, voir Cass. crim. 2-9-2015 n° 14-82.980 : RJDA 12/15 n° 852) ;

– ou encore s'ils ont tenu une comptabilité manifestement incomplète ou irrégulière au regard des dispositions légales (Cass. crim. 8-3-2006 n° 05-85.104 : RJDA 6/06 n° 686 ; Cass. crim. 25-11-2020 n° 19-85.205 F-PBI : RJDA 4/21 n° 252 ; Cass. crim. 22-6-2022 n° 21-83.036 F-B : RJDA 2/23 n° 101).

Ils encourent également certaines **peines complémentaires** : interdiction des droits civiques, interdiction pendant cinq ans d'exercer l'activité dans l'exercice de laquelle l'infraction a été commise ou toute autre activité, interdiction pendant cinq ans d'émettre des chèques, etc. (C. com. art. L 654-5). 28471

Les **personnes morales** peuvent être déclarées responsables **pénalement** de banqueroute ou de complicité de banqueroute. Elles s'exposent alors à une amende de 375 000 € et aux diverses peines énumérées par l'article 131-39 du Code pénal (n° 6605) (C. com. art. L 654-7). 28472

Un **créancier** d'une société en redressement ou en liquidation judiciaire peut se constituer partie civile, par voie d'intervention à l'instance pénale, pour demander au dirigeant de la société réparation du **préjudice particulier** (autre que le montant de la créance qu'il a déclarée) qu'il a personnellement subi du fait de l'infraction de banqueroute qu'ils ont commise (Cass. crim. 17-6-2014 n° 13-83.288 : RJDA 1/15 n° 36 ; Cass. crim. 22-6-2022 n° 21-83.036 F-B : RJDA 2/23 n° 101). Un **associé** le peut également, aux mêmes conditions (Cass. crim. 22-6-2022 n° 21-83.036 F-B précité). 28474

9. MESURES CONSERVATOIRES SUR LES BIENS DES DIRIGEANTS SOCIAUX

Afin d'éviter que les dirigeants ne prélèvent des actifs qu'ils ont mis à disposition de la société et en empêchent ainsi le redressement ou n'organisent leur insolvabilité lorsque leur responsabilité est mise en cause, le Code de commerce prévoit la possibilité de prendre des mesures conservatoires (saisie, hypothèque ou nantissement judiciaire) sur leurs biens. 28490

> **Précisions** Le juge peut ainsi autoriser des mesures conservatoires sur les biens d'un dirigeant en se contentant de relever l'**utilité** de la mesure, par dérogation à l'article L 511-1 du Code des procédures civiles d'exécution en vertu duquel ces mesures ne peuvent être mises en œuvre que si le demandeur fait état d'une créance fondée dans son principe et de circonstances susceptibles d'en menacer le recouvrement (cf. Cass. com. 31-5-2011 n° 10-18.472 : RJDA 11/11 n° 953).

CAS DANS LESQUELS DES MESURES CONSERVATOIRES PEUVENT ÊTRE PRISES

Extension d'une procédure collective En cas d'extension de la procédure collective de la société au dirigeant pour **confusion de patrimoines ou** pour **fictivité de la société,** le président du tribunal ayant ouvert la procédure peut ordonner toute mesure conservatoire utile sur les biens de ce dirigeant à la demande de l'administrateur, du mandataire ou liquidateur judiciaire, du ministère public ou d'office (C. com. art. L 621-2, al. 4 pour la sauvegarde et par renvoi des art. L 631-7, al. 1 et L 641-1, I-al. 1 pour le redressement et la liquidation judiciaires). 28495

Le président du tribunal détermine le montant des **sommes** pour la **garantie** desquelles la mesure conservatoire est ordonnée au vu du passif déclaré dans la procédure collective ouverte ou, si le délai de déclaration des créances n'est pas expiré, au vu des relevés des créances salariales établis par le mandataire ou le liquidateur judiciaire (art. R 621-8-2 pour la sauvegarde et par renvoi des art. R 631-7 et R 641-1, I pour le redressement et la liquidation judiciaires).

L'ordonnance du président du tribunal rejetant la requête peut faire l'objet d'un appel et celle accueillant la requête, d'un **recours** en rétractation devant le président du tribunal (CPC art. 496, sur renvoi de l'art. R 662-1, 1° du Code de commerce).

28500 **Action en responsabilité de droit commun** Dans le cadre d'un **redressement judiciaire,** si la responsabilité du dirigeant de droit ou de fait est mise en cause par l'administrateur ou le mandataire judiciaire à raison d'une faute ayant contribué à la cessation des paiements de la société, le président du tribunal saisi peut ordonner, à la demande de l'administrateur ou du mandataire judiciaire, toute mesure conservatoire utile à l'égard des biens du dirigeant de droit ou de fait poursuivi (C. com. art. L 631-10-1).

Le montant des **sommes** pour la **garantie** desquelles la mesure conservatoire est ordonnée ne peut excéder le montant des dommages-intérêts demandés en réparation du préjudice causé par la faute invoquée (art. R 631-14-1).

Les voies de **recours** contre l'ordonnance du président du tribunal sont identiques à celles exposées n° 28495.

28510 **Action en comblement de passif** En cas de **liquidation judiciaire** de la société, le président du tribunal peut ordonner, d'office ou à la demande du liquidateur judiciaire ou du ministère public, toute mesure conservatoire utile à l'égard des biens d'un dirigeant faisant l'objet d'une action en comblement de passif pour faute de gestion ayant entraîné une insuffisance d'actif (C. com. art. L 651-4, al. 2). La demande peut également être formulée par la majorité des créanciers nommés contrôleurs en cas de carence du liquidateur judiciaire (art. précité et, sur renvoi, art. L 651-3, al. 2).

Le **montant** des sommes pour la **garantie** desquelles la mesure conservatoire est ordonnée ne peut pas excéder celui de la demande formée à l'encontre du dirigeant (art. R 651-5, al. 3).

Lorsque, au cours d'une procédure de redressement judiciaire de la société, une **mesure conservatoire** a **déjà** été **ordonnée** à l'égard des biens du dirigeant contre lequel a été engagée une action en responsabilité fondée sur le droit commun (n° 28500), le président peut se contenter de maintenir cette mesure (art. L 651-4, al. 2).

Les **voies de recours** contre l'ordonnance du président du tribunal sont celles exposées n° 28495.

VENTE DES BIENS DU DIRIGEANT

28520 Le juge-commissaire peut autoriser l'administrateur, le mandataire ou le liquidateur judiciaire à vendre, aux prix et conditions qu'il détermine, les biens qui font l'objet d'une mesure conservatoire, mais seulement si la conservation ou la détention de ces **biens** génère des **frais** ou si ces biens sont susceptibles de **dépérissement** (C. com. art. L 663-1-1, al. 1).

Les frais générés peuvent concerner tant la conservation physique du bien (frais sans lesquels le bien aurait péri totalement ou en partie) que sa conservation économique (frais sans lesquels le bien serait devenu impropre à l'usage qui lui donne sa valeur ; par exemple, dépenses rendues nécessaires pour prévenir des risques de pollution ou pour assurer la mise en œuvre de mesures de sécurité) (Rapport AN n° 4411 relatif à la loi 2012-346 du 12-3-2012 art. 4).

28521 Le **juge-commissaire** ne peut statuer sur la demande d'autorisation de vendre qu'après avoir entendu ou dûment appelé le dirigeant dont les biens font l'objet de la mesure conservatoire et la société (C. com. art. R 662-17).

L'ordonnance du juge-commissaire autorisant la vente n'est pas exécutoire de plein droit à titre provisoire (art. R 661-1, al. 2). Elle peut faire l'objet de recours devant le tribunal ayant ouvert la procédure collective (cf. art. R 621-21, al. 4) et le jugement de ce tribunal relève des voies de recours de droit commun (art. R 662-1, 1°).

28522 Le **prix perçu** est versé sur un compte à la Caisse des dépôts et consignations (C. com. art. L 663-1-1, al. 1) et ne peut faire l'objet d'aucune opposition ou procédure d'exécution de la part des créanciers (art. L 662-1). Le dirigeant, propriétaire des biens cédés, pourra percevoir ce prix et les intérêts servis par la Caisse sur cette somme (cf. art. R 663-45, al. 2) à l'issue de l'action dont il fait l'objet, notamment s'il est mis hors de cause ou s'il s'acquitte régulièrement des obligations mises à sa charge.

PARTIE 2

Règles particulières à chaque type de société civile

TITRE

I

Sociétés civiles à objet immobilier

Les sociétés civiles immobilières sont généralement utilisées pour des opérations de construction, de commercialisation ou de gestion d'immeubles. 29000

Du fait de la très grande diversité de leur objet et de leur régime fiscal, on distingue :

1. D'abord les sociétés civiles du type le plus courant (et pour cela souvent dénommées **« sociétés civiles immobilières »** tout court) qui ont pour objet de faire construire ou d'acquérir des immeubles en vue de les louer ou de les mettre à la disposition gratuite de leurs associés. Ces sociétés peuvent être constituées :

– soit à l'initiative de simples particuliers ou d'entreprises, ce qui est le cas le plus fréquent et c'est pourquoi nous leur avons consacré le chapitre 1 intitulé **« Sociétés civiles de location »** (voir nos 29030 s.),

– soit par des investisseurs traditionnels (banques, compagnies d'assurances, caisses de retraite...) qui procèdent à une offre au public de leurs titres : il s'agit des **sociétés civiles de placement immobilier (SCPI)** ; ces sociétés sont strictement réglementées sur le plan juridique et un régime fiscal particulier leur est accordé. Un chapitre leur est donc consacré (chapitre 2 ; voir nos 36500 s.) ;

2. Les **sociétés civiles d'attribution** : leur originalité tient au fait que :

– sur le plan juridique, les parts sociales donnent le droit aux associés de se faire attribuer en toute propriété ou en jouissance une fraction des immeubles (généralement des appartements) construits ou acquis par la société, d'où l'expression souvent utilisée de « sociétés immobilières de copropriété »,

– sur le plan fiscal, il est fait abstraction de la personnalité juridique de la société, ce qui fait dire qu'elles jouissent du régime de la transparence fiscale (chapitre 3 ; voir nos 39500 s.) ;

3. Les **sociétés civiles de construction-vente** : ces sociétés ont pour objet de construire des immeubles (quelle que soit leur affectation) en vue de la vente. Généralement constituées par des promoteurs immobiliers, ces sociétés jouissent sur le plan fiscal d'un régime de faveur puisque, bien qu'ayant un objet commercial

29000 (suite) du point de vue fiscal, elles échappent en principe à l'impôt sur les sociétés (chapitre 4 ; voir nos 44500 s.) ;

4. Un chapitre particulier est réservé aux sociétés civiles qui réalisent des **opérations d'achat-revente** en l'état d'immeubles ou des lotissements de terrains : cette activité ne correspond pas vraiment à un type particulier de société civile car elle est de nature commerciale ; il s'agit plutôt d'opérations réalisées à titre occasionnel ou accessoire par des sociétés civiles d'un autre type. Les conséquences fiscales de telles opérations peuvent être particulièrement lourdes dans la mesure où ces activités s'apparentent fiscalement à celles de marchands de biens, auquel cas la société devient passible de l'impôt sur les sociétés (chapitre 5 ; voir nos 48000 s.) ;

5. Enfin, dans le dernier chapitre de ce titre, nous examinons les **sociétés dites « de pluripropriété »** (voir nos 49500 s.).

Remarque L'article 34 de la loi ENL du 13 juillet 2006 a créé les **sociétés civiles immobilières d'accession progressive à la propriété** qui ont pour objet la détention, la gestion et l'entretien des immeubles ayant fait l'objet d'un apport par un organisme d'HLM, en vue de leur division en fractions destinées à être louées à des personnes physiques dont les ressources ne dépassent pas certains plafonds et à être éventuellement attribuées en propriété aux associés. Ces sociétés, créées par les organismes d'HLM (et régies par les articles L 443-6-2 et suivants du CCH), ne sont pas examinées.

CHAPITRE 1

SOCIÉTÉS CIVILES IMMOBILIÈRES DE LOCATION

SOMMAIRE

29030 Les sociétés civiles immobilières de location – dénommées également « de gestion patrimoniale » – ont essentiellement pour **objet** la gestion et la location d'immeubles (bâtis ou non bâtis).

La société peut avoir pour objet de gérer un ou plusieurs immeubles qui lui ont été apportés directement (en propriété ou en jouissance) par ses associés.

Mais l'objet de ces sociétés consiste le plus souvent à rassembler des fonds (apports en espèces des associés) pour acquérir directement des immeubles de rapport ou pour faire construire ces derniers en vue de les louer.

Ce type de société – appelé dans le langage courant « société civile immobilière » (SCI) – connaît un grand succès.

Il présente l'**avantage** de permettre à plusieurs personnes de réaliser ensemble des placements immobiliers qu'elles ne pourraient entreprendre isolément. Il permet aussi d'éviter le démembrement d'un patrimoine foncier lorsque la personne qui a constitué ce patrimoine vient à décéder en laissant plusieurs héritiers. Ces derniers ne peuvent pas, en effet, demander le partage en nature du ou des immeubles composant ce patrimoine puisque leurs droits successoraux portent, non pas sur ces immeubles, mais sur les parts du défunt dans la société civile propriétaire.

29035 **Au point de vue juridique,** les sociétés civiles immobilières de location ne font l'objet d'aucune réglementation particulière. Elles sont soumises au régime de droit commun des sociétés civiles tel qu'il a été exposé dans la première partie du présent ouvrage, tant en ce qui concerne la constitution et le fonctionnement de la société que le statut des associés.

Compte tenu de la spécificité de l'objet de ces sociétés, il nous a paru utile de présenter les principales caractéristiques et contraintes des baux qu'elles peuvent consentir : les règles du bail d'habitation ou à usage mixte, professionnel et d'habitation, sont exposées nos 29060 s. et celles applicables au bail commercial nos 29950 s.

Enfin, le présent chapitre est également consacré au **régime fiscal** de ces sociétés (nos 30200 s.).

SECTION 1

GESTION DU PATRIMOINE DES SCI DE LOCATION

Le plus souvent, la SCI propriétaire d'un immeuble qu'elle a pour objet de gérer le donne en **location** et conclut soit un bail d'habitation (ou un bail mixte, d'habitation et professionnel), soit un bail commercial. 29050

Elle peut elle-même gérer son patrimoine ; cette solution a pour avantage la perception immédiate du loyer, le contact direct avec le locataire, l'absence de paiement d'honoraires de gestion à un intermédiaire, mais elle est consommatrice de temps.

Elle peut également faire appel à un professionnel (agent immobilier, syndic d'immeubles, etc.), ce qui permet de sécuriser l'opération. Elle devra alors conclure un mandat de gestion prévoyant la durée du mandat ainsi que le montant des honoraires de l'intermédiaire.

I. BAIL D'HABITATION OU MIXTE

La loi 89-462 du 6 juillet 1989, dite « loi Mermaz », détermine les règles applicables aux contrats de location portant sur des **locaux** vides pris à bail par un particulier pour un **usage** d'habitation principale ou un usage mixte, c'est-à-dire pour partie à usage professionnel et pour partie à usage de résidence principale. Elle a été modifiée de façon substantielle par la loi 2014-366 du 24 mars 2014 dite « loi **Alur** » et par la loi 2018-1021 du 23 novembre 2018 dite « loi **Élan** ». Plus récemment, d'importantes mesures en matière de rénovation, de classement ou encore de consommation énergétiques des logements sont venues le compléter (Loi Climat 2021-1104 du 22-8-2021 ; Loi 3DS 2022-217 du 21-2-2022). 29060

A. Conclusion du bail d'habitation

PERMIS DE LOUER PRÉALABLE À LA MISE EN LOCATION

La mise en location d'un logement par un bailleur peut être soumise à une **autorisation préalable** (CCH art. L 635-1, I) ou à une **déclaration consécutive à la signature** du contrat (CCH art. L 634-1, I) par l'organe délibérant de l'**EPCI** compétent en matière d'habitat ou, à défaut, le **conseil municipal.** Les zones soumises à autorisation sont situées sur les territoires présentant une proportion importante d'habitat dégradé tandis que celles soumises à déclaration peuvent être partout ailleurs. 29065

Sont concernés les contrats de **locations nues ou meublées** de locaux à usage d'habitation qui constituent la résidence principale du preneur, à l'exclusion de leur reconduction ou de leur renouvellement ou de la conclusion d'un avenant à ce contrat (CCH art. R 634-1 et R 635-1).

La demande d'autorisation préalable de mise en location est établie par le ou les bailleurs ou leur mandataire et précise notamment leurs identités et leurs coordonnées (CCH art. R 635-2).

L'**autorisation** devient **caduque** s'il apparaît qu'elle n'est pas suivie d'une mise en location dans un délai de 2 ans suivant sa délivrance (CCH art. R 635-3, al. 3). En cas de **mutation à titre gratuit ou onéreux** du logement, une autorisation en cours de validité peut être transférée au nouveau propriétaire du logement (CCH art. R 635-3, al. 4).

La **déclaration** de mise en location est établie par le ou les bailleurs ou leur mandataire dans les mêmes conditions que la demande d'autorisation préalable (CCH art. R 634-1 à R 634-3).

À défaut d'obtention de l'autorisation ou de dépôt de la déclaration, le bailleur encourt une **amende** pouvant atteindre 5 000 € pour une personne physique, 15 000 € pour une personne morale (Décret 2019-437 du 13-5-2019).

ANNONCES IMMOBILIÈRES DE LOCATION

Les annonces de location de logement, quel que soit leur support de diffusion, **émises par des particuliers ou des professionnels** doivent contenir (Loi 89-462 du 6-7-1989 art. 2-1 ; Arrêté LOGL2209519A du 21-4-2022 ; Arrêté ECFC1638733A du 10-1-2017 modifié) : 29068

– le montant du loyer mensuel, augmenté le cas échéant du complément de loyer et des charges récupérables, suivi de la mention « par mois » et, s'il y a lieu, de la mention « charges comprises » (il est possible d'utiliser les abréviations « /mois » et « CC ») ;

– le cas échéant, le montant des charges récupérables inscrit dans le bail et dans tous les cas les modalités de règlement de ces charges ;

– dans les zones où l'encadrement des loyers « loi Élan » s'applique, le montant du loyer de référence majoré précédé de la mention « loyer de référence majoré (loyer de base à ne pas dépasser) », le montant du loyer de base précédé de la mention « loyer de base » et, le cas échéant, le montant du complément de loyer exigé, précédé de la mention « complément de loyer ». Ces montants sont précédés de la mention « Zone soumise à encadrement des loyers ». La taille des caractères du montant du loyer mensuel est plus importante que celle du loyer de référence majoré, du loyer de base et du complément de loyer ;

– le montant du dépôt de garantie éventuellement exigé ;

– le cas échéant, le caractère meublé de la location ;

– le cas échéant, le montant toutes taxes comprises des honoraires à la charge du locataire dus au titre de la réalisation de l'état des lieux ;

– la commune et, le cas échéant, l'arrondissement, dans lesquels se situe le logement objet de l'annonce ;

– la surface du bien loué exprimée en mètres carrés de surface habitable au sens de l'article R 156-1 du Code de la construction et de l'habitation.

Les annonces doivent enfin mentionner le **classement du logement** au regard de sa performance énergétique et de sa performance en matière d'émissions de gaz à effet de serre et, à titre d'information, une indication sur le montant des dépenses théoriques de l'ensemble des usages énumérés dans le diagnostic de performance énergétique (CCH art. L 126-33). Tout manquement par un professionnel à cette obligation d'information est passible d'une **amende administrative** dont le montant ne peut pas excéder 3 000 € pour une personne physique et 15 000 € pour une personne morale ; le non-professionnel s'expose quant à lui à une amende administrative maximale de 3 000 € (CCH art. L 126-33, II et III).

CHOIX DU LOCATAIRE D'UN BAIL D'HABITATION

29070 La SCI propriétaire a en principe le libre choix du locataire.

Elle a le droit de **se renseigner** sur l'identité et la solvabilité des candidats à la location et de leur demander une copie des derniers bulletins de salaire, de leur avis d'imposition et de leur contrat de travail.

En revanche, elle ne peut demander au candidat à la location ou à sa caution qu'une **liste limitative de pièces** (Décret 2015-1437 du 5-11-2015).

Le locataire peut avoir à fournir une **pièce justificative d'identité** en cours de validité, comportant sa photographie parmi les documents suivants :

– carte nationale d'identité française ou étrangère ;

– passeport français ou étranger ;

– permis de conduire français ou étranger ;

– document justifiant du droit au séjour du candidat à la location étranger, notamment, carte de séjour temporaire, carte de résident, carte de ressortissant d'un État membre de l'Union européenne ou de l'Espace économique européen.

Une seule pièce parmi les **justificatifs de domicile** suivants pourra être demandée au locataire :

– trois dernières quittances de loyer ou, à défaut, attestation du précédent bailleur, ou de son mandataire, indiquant que le locataire est à jour de ses loyers et charges ;

– attestation d'élection de domicile établissant le lien avec un organisme agréé au titre de l'article L 264-2 du Code de l'action sociale et des familles ;

– attestation sur l'honneur de l'hébergeant indiquant que le candidat à la location réside à son domicile ;

– dernier avis de taxe foncière ou, à défaut, titre de propriété de la résidence principale.

Si la SCI le lui demande, le locataire devra attester d'une **activité professionnelle** en fournissant l'un des documents suivants :

– contrat de travail ou de stage ou, à défaut, une attestation de l'employeur précisant l'emploi et la rémunération proposée, la date d'entrée en fonctions envisagée et, le cas échéant, la durée de la période d'essai ;

– l'extrait K ou K bis du registre du commerce et des sociétés de moins de 3 mois pour une entreprise commerciale ;

– l'extrait D 1 original du registre des métiers de moins de 3 mois pour un artisan ;
– la copie du certificat d'identification de l'Insee, comportant les numéros d'identification, pour un travailleur indépendant ;
– la copie de la carte professionnelle pour une profession libérale ;
– toute pièce récente attestant de l'activité pour les autres professionnels ;
– carte d'étudiant ou certificat de scolarité pour l'année en cours.

Enfin, le locataire pourra être amené à prouver l'existence de ses **ressources** en fournissant à la SCI l'un des documents suivants :
– le dernier ou avant-dernier avis d'imposition ou de non-imposition et, lorsque tout ou partie des revenus perçus n'a pas été imposé en France mais dans un autre État ou territoire, le dernier ou avant-dernier avis d'imposition à l'impôt ou aux impôts qui tiennent lieu d'impôt sur le revenu dans cet État ou territoire ou un document en tenant lieu établi par l'administration fiscale de cet État ou territoire ;
– trois derniers bulletins de salaire ;
– justificatif de versement des indemnités de stage ;
– les deux derniers bilans ou, à défaut, une attestation de ressources pour l'exercice en cours délivré par un comptable pour les professions non salariées ;
– justificatif de versement des indemnités, retraites, pensions, prestations sociales et familiales et allocations perçues lors des trois derniers mois ou justificatif de l'ouverture des droits, établis par l'organisme payeur ;
– attestation de simulation établie par l'organisme payeur ou simulation établie par le locataire relative aux aides au logement ;
– avis d'attribution de bourse pour les étudiants boursiers ;
– titre de propriété d'un bien immobilier ou dernier avis de taxe foncière ;
– justificatif de revenus fonciers, de rentes viagères ou de revenus de valeurs et capitaux mobiliers.

La SCI qui demande au locataire la fourniture d'un document ne figurant pas sur cette liste s'expose à une **amende administrative** de 15 000 € maximum (3 000 € pour un bailleur personne physique).

Ces documents s'entendent des originaux ou des copies.

Il est interdit de refuser la location d'un logement au motif de l'origine, de la particulière vulnérabilité résultant de sa situation économique, apparente ou connue de son auteur, du patronyme, du lieu de résidence, de l'apparence physique, du sexe, de la situation familiale, de la grossesse, de l'état de santé, de la perte d'autonomie, du handicap, des caractéristiques génétiques, des mœurs, de l'orientation sexuelle, de l'identité de genre, de l'âge, des opinions politiques, des activités syndicales ou de l'appartenance ou non-appartenance, vraie ou supposée, à une ethnie, nation, race ou religion déterminée (Loi du 6-7-1989 art. 1er, al. 3). **29075**

S'il s'estime victime d'une **discrimination,** directe ou indirecte, le candidat au logement peut saisir le juge en présentant des éléments de fait laissant supposer l'existence d'une telle discrimination ; il appartiendra alors à la SCI d'apporter la preuve que son refus de location était justifié (Loi du 6-7-1989 art. 1er, al. 4). Il peut également saisir le Défenseur des droits qui a compétence pour lutter contre les discriminations, directes ou indirectes, prohibées par la loi ou par un engagement international auquel la France est partie ; il dispose de pouvoirs d'investigation importants et peut s'inviter dans les procédures judiciaires. Il peut aussi proposer au présumé coupable une transaction (Loi 2011-333 du 29-3-2011 : JO 30 p. 5497).

MENTIONS OBLIGATOIRES DU CONTRAT DE BAIL D'HABITATION

Le contrat de bail doit être écrit. Le **contrat type** précise notamment (Loi du 6-7-1989 art. 3 ; Décret 2015-587 du 29-5-2015 ann. I) : **29080**
– la dénomination de la société bailleur et son siège social, ainsi que, le cas échéant, ceux de son mandataire ;
– le nom ou la dénomination du locataire ;
– la date de prise d'effet du bail et sa durée ;
– la consistance, la destination ainsi que la surface habitable de la chose louée ;
– la désignation des locaux et équipements d'usage privatif dont le locataire a la jouissance exclusive et, le cas échéant, l'énumération des parties, équipements et accessoires de l'immeuble qui font l'objet d'un usage commun ;
– le montant du loyer, ses modalités de paiement ainsi que ses règles de révision éventuelle ;

– le montant et la date de versement du dernier loyer acquitté par le dernier locataire (lorsque celui-ci a quitté les lieux moins de 18 mois avant la signature du bail) ;

– le montant du dépôt de garantie, si celui-ci est prévu ;

– les modalités d'accès à la télévision et aux technologies de communication ;

– le montant et la description des travaux effectués depuis la fin du dernier contrat ou du dernier renouvellement ;

– si le contrat a été conclu avec l'aide d'un intermédiaire, les modalités de calcul des honoraires d'agence liés à la mise en location du logement.

Le contrat de bail doit également contenir, à titre d'information, une indication sur le montant des **dépenses théoriques** de l'ensemble des usages énumérés par le dossier de performance énergétique (Loi 89-462 du 6-7-1989 art. 3).

Le bailleur ne peut pas contester l'absence de ces mentions dans le contrat de bail. Mais chaque partie peut exiger, à tout moment, de l'autre partie, l'établissement d'un contrat conforme à ces dispositions.

Ce contrat type s'applique en cas de nouveau bail ou de renouvellement du bail et non en cas de reconduction tacite du bail (Loi 2015-990 du 6-8-2015 art. 82, II-6°-dernier al.).

29085 La loi ne prévoit pas de **sanction** en cas de non-établissement d'un écrit. La SCI peut, même en cas de bail verbal, se prévaloir de la loi et notamment de la faculté de reprise qu'elle édicte (Cass. 3e civ. 27-1-1999 : RJDA 3/99 n° 269 ; Cass. 3e civ. 17-11-2021 n° 20-19.450 FS-B : BPAT 1/22 inf. 22). Mais elle s'expose toutefois à une éventuelle difficulté : celle de prouver la date de prise d'effet du bail pour démontrer qu'elle exerce son droit de reprise à bonne date.

PIÈCES À JOINDRE AU CONTRAT DE BAIL D'HABITATION

29100 **État des lieux** Est joint au contrat un **état** des lieux **d'entrée et/ou de sortie** établi soit contradictoirement entre les parties au plus tard lors de la remise des clefs au locataire, soit par huissier de justice à l'initiative de la partie la plus diligente et à frais partagés par moitié à défaut d'accord amiable (Loi 89-462 du 6-7-1989 art. 3-2).

Lorsque l'état des lieux doit être établi par un huissier de justice, les parties doivent en être avisées par lui au moins sept jours à l'avance par lettre recommandée AR.

L'état des lieux doit comporter au moins les informations suivantes (Décret 2016-382 du 30-3-2016).

À l'entrée et à la sortie du logement

a) Le type d'état des lieux, d'entrée ou de sortie.

b) Sa date d'établissement.

c) La localisation du logement.

d) Le nom ou la dénomination des parties et le domicile ou le siège social du bailleur.

e) Le cas échéant, le nom ou la dénomination et le domicile ou le siège social des personnes mandatées pour réaliser l'état des lieux.

f) Les relevés des compteurs individuels de consommation d'eau ou d'énergie ; le relevé concerne également les installations de chauffage ou d'eau chaude collective avec un comptage individuel (Loi 89-462 du 6-7-1989 art. 3-2).

g) Le détail et la destination des clefs ou de tout autre moyen d'accès aux locaux à usage privatif ou commun.

h) Pour chaque pièce et partie du logement, la description précise de l'état des revêtements des sols, murs et plafonds, des équipements et des éléments du logement. Il peut être complété d'observations ou de réserves et illustré d'images.

i) La signature des parties ou des personnes mandatées pour réaliser l'état des lieux.

À la sortie du logement

a) L'adresse du nouveau domicile ou du lieu d'hébergement du locataire.

b) La date de réalisation de l'état des lieux d'entrée.

c) Éventuellement, les évolutions de l'état de chaque pièce et partie du logement constatées depuis l'établissement de l'état des lieux d'entrée.

À défaut d'état des lieux ou de la remise d'un exemplaire de l'état des lieux à l'une des parties, la présomption selon laquelle le locataire est réputé avoir reçu les locaux en bon état de réparations locatives (C. civ. art. 1731) ne peut être invoquée par **celle des parties qui a fait obstacle** à l'établissement de l'état des lieux (Loi 89-462 du 6-7-1989 art. 3-2).

Si le logement comporte une **installation de chauffage ou d'eau chaude individuelle,** ou collective avec un comptage individuel, l'état des lieux doit être complété par les relevés des index pour chaque énergie. L'extrait de l'état des lieux correspondant est mis à la disposition de la personne chargée d'établir le diagnostic de performance énergétique, de même que les factures. Lors de l'état des lieux, le propriétaire doit s'assurer du bon fonctionnement du détecteur de fumée (Loi 89-462 du 6-7-1989 art. 3-2).

Un **droit de rectification** de l'état des lieux d'entrée est ouvert au locataire pendant 10 jours à compter de son établissement. Pendant le premier mois de la période de chauffe, le locataire peut demander que l'état des lieux soit complété par les indications relatives au bon fonctionnement des éléments de **chauffage** (Loi 89-462 du 6-7-1989 art. 3-2).

ATTENTION

La SCI qui n'a pas fait obstacle à l'établissement d'un état des lieux détaillé et complet lors de la signature du bail peut se prévaloir de la présomption de bon état des réparations locatives et le locataire, parti sans en aviser la SCI et sans l'informer de sa nouvelle adresse, ne peut invoquer le caractère non contradictoire du constat de commissaire de justice (ex-huissier) de sortie des lieux pour refuser de lui rembourser les travaux nécessaires à leur remise en état (CA Agen 11-9-1995 : Loyers et copr. 1996 n° 145). De même, un état des lieux établi par un commissaire de justice après le départ des locataires, bien que non conforme dans ses conditions d'établissement aux dispositions de l'article 3 de la loi du 6 juillet 1989, peut être admis comme élément de preuve des dégradations affectant les lieux loués (Cass. 3e civ. 2-10-1996 : RJDA 12/96 n° 1448) ou de l'absence de dégradations (Cass. 3e civ. 16-7-1998 : RJDA 10/98 n° 1086).

Notice d'information Une notice d'information relative aux droits et obligations des locataires et des bailleurs ainsi qu'aux voies de conciliation et de recours qui leur sont ouvertes pour régler leurs litiges est annexée au contrat type de location (Loi 89-462 du 6-7-1989 art. 3 ; Arrêté ETLL1511666A du 29-5-2015 : JO 31 p. 9041). 29102

Immeuble en copropriété Lorsque l'immeuble est soumis au régime de la copropriété, la SCI copropriétaire est tenue de communiquer au locataire les extraits du **règlement** de copropriété concernant la destination de l'immeuble, la jouissance et l'usage des parties privatives et communes et précisant la quote-part afférente aux lieux loués dans chacune des catégories de charges communes (Loi 89-462 du 6-7-1989 art. 3). Ces extraits du règlement de copropriété sont communiqués par voie dématérialisée, sauf objection explicite d'une des parties au contrat. 29105

Lorsque l'immeuble en copropriété est équipé d'une **installation centrale de chauffage, de froid ou d'eau chaude sanitaire** et muni des dispositifs d'individualisation des frais télé-relevables (CCH art. L 174-2), le bailleur doit transmettre au locataire une évaluation de la consommation de chaleur, de froid et d'eau chaude sanitaire de son local privatif ainsi qu'une notice d'information dont le contenu a été précisé par l'arrêté TRER2016318A du 24 juillet 2020. Cette transmission doit avoir lieu tous les mois (Loi 89-462 du 6-7-1989 art. 6-2 ; CCH art. R 174-12 etR 174-10).

Depuis le 24 décembre 2022 et lorsque le contrat de fourniture d'eau n'est pas individualisé, le copropriétaire bailleur doit également transmettre au locataire la facture d'eau ainsi que les informations complémentaires sur la qualité de l'eau qui lui ont été adressées par le syndic (Loi 89-462 du 6-7-1989 art. 6-3 créé par ord. 2022-1611 du 22-12-2022 art. 7).

Information environnementale En cas de location d'un bien immobilier situé dans une **zone à risques,** l'information des locataires est renforcée depuis le 1er janvier 2023 (C. envir. art. L 125-5, II, art. R 125-23 à R 125-27 dans leur rédaction issue de décret 2022-1289 du 1-10-2022). Les zones à risques concernées sont celles délimitées par un plan de prévention des risques technologiques (C. envir. art. R 515-45 et R 515-46), un plan de prévention des risques naturels prévisibles (C. envir. art. L 562-1, II-1° et 2°, L 562-2 et R 562-9), un plan de prévention des risques miniers (C. envir. art. L 562-2 et R 562-9), une zone de sismicité 2, 3, 4 ou 5 (C. envir. art. R 563-4, I et D 563-8-1), une zone à potentiel radon significatif (de niveau 3) (CSP art. L 1333-22 et R 1333-29). Il s'agit également des zones exposées au recul du trait de côte délimitées par un plan local d'urbanisme, un document en tenant lieu ou une carte communale, ou déterminées par une carte de préfiguration (C. urb. art. L 121-22, L 121-22-3, L 121-22-6 et L 121-22-7). 29110

L'état des risques doit avoir **moins de 6 mois** et être remis lors de la **première visite** de l'immeuble au locataire (C. envir. art. R 125-5, II ; Loi 89-462 du 6-7-1989 art. 3-3). Il est actualisé par le bailleur dès lors que les informations ne sont plus exactes à la date du contrat de bail, auquel il doit être annexé (C. envir. art. L 125-25, II). En cas de non-respect de ces obligations, le locataire peut demander au juge la résolution du bail ou une diminution du loyer (C. envir. art. L 125-5, V).

29115 **Dossier de diagnostic technique** La SCI doit annexer un dossier de diagnostic technique au bail lors de sa signature ou de ses renouvellements (Loi 89-462 du 6-7-1989 art. 3-3). Ce dossier est composé de l'état des risques (nº 29110), du diagnostic de performance énergétique et du constat de risque d'exposition au plomb. Il est communiqué au locataire par voie dématérialisée, sauf opposition explicite de l'une des parties au contrat. Le bailleur devra également annexer au bail :

– la copie de l'état mentionnant la présence ou l'absence de matériaux ou produits de la construction contenant de l'amiante, qu'il a l'obligation de réaliser (CSP art. L 1334-13) ;

– un état de l'installation intérieure d'électricité et de gaz, valable 6 ans, dont l'objet est d'évaluer les risques pouvant porter atteinte à la sécurité des personnes.

Lorsque l'immeuble est situé dans l'une des **zones de bruit** définies par un plan d'exposition au bruit (PEB), un document informant de cette situation est communiqué au futur locataire. Ce document comporte l'indication claire et précise de la zone, l'adresse du service d'information en ligne permettant de consulter le PEB et la mention de la possibilité d'effectuer cette consultation en mairie (C. urb. art. L 112-11, I). Le locataire ne peut se prévaloir à l'encontre du bailleur des informations contenues dans ce document qui n'a que valeur indicative.

La SCI doit tenir à la disposition de tout candidat locataire et annexer au bail un diagnostic de **performance énergétique** de moins de dix ans. Un diagnostic doit être fourni ensuite lors des renouvellements survenant à l'expiration de la date de validité du diagnostic initial. Purement informatif, ce document ne peut pas être utilisé contre le bailleur.

Elle doit en outre fournir le constat de risque d'**exposition au plomb** mais seulement pour les immeubles construits avant le 1er janvier 1949 ; à défaut, elle engage sa responsabilité pénale.

ATTENTION

a. Une étiquette énergétique doit accompagner toute annonce immobilière diffusée par voie de presse écrite, par internet ou affichée en agence (CCH art. L 126-33).

b. Depuis le 1er janvier 2023, tous les propriétaires, occupants ou bailleurs, doivent établir, lors de la construction d'un logement ou à l'occasion de la réalisation de travaux de rénovation d'un logement existant destinés à améliorer sa performance énergétique, un **« carnet d'information du logement »** intégrant notamment le diagnostic de performance énergétique (CCH art. L 126-35-2 s. et R 126-32 s. créés par décret 2022-1674 du 27-12-2022 ; Arrêté TREL2218698A du 27-12-2022). Il n'est pas prévu que ce carnet d'information soit transmis au locataire.

29120 **Frais d'établissement du bail d'habitation et de ses annexes** Si la SCI assure par ses propres moyens l'ensemble des démarches pour l'établissement du bail et de l'état des lieux, elle ne peut prétendre à une quelconque rémunération pour ses services.

En revanche, si les parties ont recours à un **intermédiaire professionnel** (agent immobilier, avocat, notaire), la rémunération de celui-ci pour les visites, la constitution du dossier et la rédaction du bail est partagée entre bailleur et locataire par moitié. Les montants facturables au locataire correspondant à ces prestations ne peuvent excéder un plafond par mètre carré de surface habitable fixé à (Décret 2014-890 du 1-8-2014) :

– **12 € par mètre carré** de surface habitable pour les logements situés en zone très tendue, c'est-à-dire Paris et 76 communes de la petite couronne (Arrêté ETLL1417102A du 1-8-2014 : JO 6 p. 13029) ;

– **10 € par mètre carré** de surface habitable pour les logements situés en zone tendue, c'est-à-dire les communes où s'applique la taxe sur les logements vacants dont la liste est annexée au décret 2013-392 du 10 mai 2013, à l'exclusion des communes comprises dans les zones très tendues ;

– **8 € par mètre carré** de surface habitable pour les logements situés en dehors de ces zones tendues et très tendues.

Ces plafonds sont en principe révisés chaque année au 1er janvier en fonction de la variation de l'indice de référence des loyers (IRL). À ce jour, aucun arrêté du ministre du logement n'a été publié.

Les honoraires sont dus à compter de la signature du bail (Loi 89-462 du 6-7-1989 art. 5).

Les frais d'**établissement de l'état des lieux** à l'amiable par un intermédiaire sont plafonnés. Le montant dû par le locataire ne peut excéder celui mis à la charge du bailleur et, en tout état de cause, ne peut être supérieur à 3 € par mètre carré de surface habitable quelle que soit la zone géographique. Ces frais sont dus au moment de la réalisation de la prestation (Loi 89-462 du 6-7-1989 art. 5 ; Décret 2014-890 du 1-8-2014).

> **Précisions** **a.** Le **locataire** peut prétendre au remboursement pour moitié des **frais** de rédaction d'acte, d'enregistrement et de publicité initialement **payés sans réserve** par lui (Cass. 3e civ. 19-5-1993 : Loyers et copr. 1993 no 286).
> **b.** Lorsque l'**état des lieux** est **établi par un commissaire de justice** (ex-huissier) faute d'avoir pu l'être à l'amiable, les frais sont partagés entre le locataire et le bailleur. Le tarif de base des commissaires de justice pour réaliser cette opération est de (C. com. art. A 444-27) :
> – 109,58 € HT pour les locaux de moins de 50 m^2 ;
> – 127,67 € HT pour les locaux dont la surface est comprise entre 50 et 150 m^2 ;
> – 191,51 € HT pour les locaux de plus de 150 m^2.
> Il faut ajouter à ces tarifs de base diverses taxes ainsi que les frais de déplacement et de lettres recommandées. Le tarif pour l'envoi des lettres de convocation des parties à l'état des lieux est fixé à 14,90 € (C. com. art. R 444-3 ann. 4-7, tableau 3-3 no 198 et art. A 444-43). L'ensemble des frais est partagé par moitié entre le propriétaire et le locataire.
> Lorsque l'une des parties demande l'intervention d'un commissaire de justice ou d'un autre professionnel pour établir l'état des lieux, alors que l'autre partie ne s'est pas opposée à son **établissement à l'amiable,** les frais librement négociés avec l'intermédiaire incombent en totalité à celui qui a demandé l'intervention du professionnel (Cass. 3e civ. 15-2-2023 no 21-24.024 F-D : BPAT 2/23 inf. 80).

Obligation d'assurance du locataire Le locataire a l'obligation de s'assurer contre les risques locatifs (incendie, dégâts des eaux, etc.) dont il doit répondre en sa qualité de locataire et d'en justifier lors de la remise des clefs puis, chaque année, à la demande du bailleur (Loi 89-462 du 6-7-1989 art. 7, g). Cette justification résulte de la remise au bailleur d'une **attestation** de l'assureur. 29125

À défaut de remise de l'attestation d'assurance du locataire et après un délai d'un mois à compter d'une mise en demeure non suivie d'effet, le bailleur peut contracter une **assurance** couvrant les risques locatifs **en lieu et place du locataire** et récupérer auprès de ce dernier le montant de la prime d'assurance. La mise en demeure doit informer le locataire de la volonté du bailleur de souscrire une assurance pour le compte du locataire. Le montant total de la prime d'assurance annuelle, qui peut être majoré dans la limite de 10 % de ce montant, est récupérable par le bailleur par douzième à chaque paiement du loyer. Il est inscrit sur l'avis d'échéance et porté sur la quittance remise au locataire. Une copie du contrat d'assurance est transmise au locataire lors de la souscription et à chaque renouvellement du contrat.

Une copie du contrat d'assurance est transmise au locataire lors de la souscription et à chaque renouvellement du contrat.

Lorsque le locataire remet au bailleur une attestation d'assurance ou en cas de départ du locataire avant le terme du contrat d'assurance, le bailleur résilie le contrat souscrit pour le compte du locataire dans le délai le plus bref permis par la législation en vigueur. La prime ou la fraction de prime exigible dans ce délai au titre de la garantie souscrite par le bailleur demeure récupérable auprès du locataire.

Le bail peut prévoir la résiliation de plein droit du contrat de location pour défaut d'assurance. Dans ce cas, si le locataire n'est pas assuré, la SCI peut lui faire délivrer un commandement par un commissaire de justice lui enjoignant de justifier du respect de son obligation d'assurance ; à défaut de recevoir l'attestation dans le mois de l'acte du commissaire de justice, le contrat est automatiquement résilié.

En l'absence de clause de résiliation de plein droit, elle peut obtenir la résiliation du contrat en saisissant le tribunal judiciaire.

> **Précisions** Si le bailleur ne souhaite **pas** souscrire d'**assurance pour compte du locataire,** il peut mettre en œuvre la **clause de résiliation** de plein droit prévue au bail, dans le délai d'un mois à compter de la mise en demeure restée sans réponse.

B. Durée du bail d'habitation

DURÉE MINIMALE DU BAIL D'HABITATION

Lorsque la **SCI** est constituée exclusivement **entre parents et alliés** jusqu'au quatrième degré inclus, le bail doit être conclu pour une durée au moins égale à trois ans. Lorsque les associés de la SCI n'ont pas de lien de parenté ou d'alliance ou lorsque ce lien va au-delà du quatrième degré, la durée du bail est de six ans au moins (Loi 89-462 du 6-7-1989 art. 10, al. 1). 29150

La durée du bail est déterminée par la qualité des parties lors de l'entrée dans les lieux des locataires ou du renouvellement du contrat. Il en résulte qu'un changement parmi les associés de la SCI ne produira d'effet que lors du renouvellement du bail.

La durée stipulée au contrat s'impose à la SCI sans que celle-ci ait une quelconque possibilité de reprise ou de résiliation **en cours de contrat** pour quelque motif de convenance que ce soit, sauf, bien entendu, les sanctions de la résiliation judiciaire ou de plein droit en cas de manquement du locataire à ses obligations, ou encore en cas de son départ volontaire, de la perte totale de la chose louée par cas fortuit ou, enfin, dans certaines circonstances, comme le décès ou l'abandon de domicile lorsque aucun ayant cause n'est susceptible de bénéficier de la poursuite de la location.

BAIL D'HABITATION DE COURTE DURÉE

29160 Les parties sont autorisées à conclure un bail de courte durée, comprise entre un et trois ans, à la double condition que la société civile soit constituée exclusivement **entre parents et alliés** jusqu'au quatrième degré inclus et qu'un événement précis justifie qu'elle ait à reprendre le local pour des raisons professionnelles ou familiales (Loi 89-462 du 6-7-1989 art. 11 et 13). Le motif peut être invoqué par tout associé. Il peut s'agir d'une reprise pour habiter ou pour y loger un descendant ou ascendant, par exemple.

La loi impose impérativement l'indication dans le contrat de location de la relation précise entre les **raisons** professionnelles ou familiales et l'**événement** en relation avec les raisons dont il s'agit.

Dans un cas où le bail énonçait simplement et sans autre précision « des raisons familiales », il a été jugé que cette omission interdisait tout contrôle sérieux et justifiait que le contrat de location soit réputé conclu pour trois ans (CA Paris 19-2-1991 : D. 1993 som. p. 173). De même, la régularité d'un bail conclu pour une durée de deux ans n'a pas été reconnue par les juges dans un cas où le bail mentionnait la nécessité pour le propriétaire de s'installer à Paris dans le délai de deux ans pour des raisons professionnelles ou familiales, le contrat ne précisant ni l'événement ni la raison justifiant la nécessité de la reprise invoquée (Cass. 3e civ. 14-12-1994 : RJDA 2/95 no 118).

Deux mois au moins avant le terme du contrat, la SCI doit confirmer la **réalisation de l'événement** ou proposer le report du terme si cette réalisation est différée. La SCI ne peut toutefois utiliser qu'une seule fois cette faculté de report (Loi 89-462 du 6-7-1989 art. 11, al. 3).

Lorsque l'événement prévu s'est produit et a été confirmé, le locataire est déchu de plein droit de tout titre d'occupation du local au terme fixé au contrat (Loi 89-462 du 6-7-1989 art. 11, al. 4). S'il demeure dans les lieux, il devient donc occupant sans titre et le bailleur peut demander en référé que soit ordonnée son expulsion. Il n'est tenu de payer le loyer, après la confirmation de l'événement par le bailleur, que pour le temps où il occupe réellement les lieux.

Si l'événement ne s'est pas produit ou n'a pas été confirmé, le bail est réputé avoir une durée de trois ans (Loi 89-462 du 6-7-1989 art. 11, al. 5 ; Cass. 3e civ. 10-1-2007 no 05-21.408 : RJDA 3/07 no 234).

C. Garanties prévues par le contrat de bail d'habitation

DÉPÔT DE GARANTIE

29200 Le bail peut prévoir le versement d'un dépôt de garantie dont l'objet est de garantir le paiement par le locataire à la SCI des sommes qui pourraient lui être dues du fait du bail. Dans le silence du bail, le dépôt de garantie ne peut pas être exigé du locataire.

Le dépôt de garantie ne peut **pas être supérieur** à un mois de loyer en principal (Loi 89-462 du 6-7-1989 art. 22, al. 1). Il ne peut pas être prévu lorsque le loyer est payable d'avance pour une période supérieure à deux mois ; toutefois, si le locataire demande le bénéfice du paiement mensuel du loyer, la SCI peut exiger un dépôt de garantie (Loi 89-462 du 6-7-1989 art. 22, al. 2).

Le **montant du dépôt** de garantie ne porte pas **intérêt** au bénéfice du locataire et il ne peut faire l'objet d'aucune révision durant l'exécution du contrat de location, même lorsque celui-ci est renouvelé (Loi 89-462 du 6-7-1989 art. 22, al. 6).

Le versement d'un dépôt de garantie n'exclut pas la possibilité pour la SCI d'exiger des garanties complémentaires dès lors qu'elles n'ont pas pour objet de déposer d'autres fonds entre ses mains (CA Paris 13-10-1995 : Loyers et copr. 1996 no 60).

29210 La SCI est libre de disposer du dépôt de garantie pendant le bail, mais elle doit le restituer dans un délai maximal de deux mois à compter de la **remise en main propre,** ou par lettre recommandée AR, des clefs par le locataire, déduction faite, le cas échéant, des sommes lui restant dues, sous réserve qu'elles soient dûment justifiées. À cette fin, le locataire indique au bailleur ou à son mandataire, lors de la remise des clefs, l'adresse de son nouveau domicile. Ce délai est toutefois réduit à un mois lorsque l'état des lieux de sortie est conforme à l'état des lieux d'entrée (Loi 89-462 du 6-7-1989 art. 22, al. 3 et 4). En pratique, la SCI invoquera un défaut de paiement de loyers ou l'existence de dégradations pour opérer une compensation et justifier son refus de restituer le dépôt de garantie. Mais il lui appartient alors de prouver l'existence de dégradations ou de justifier des sommes déduites du montant du dépôt de garantie (Cass. 3e civ. 15-2-2012 n° 11-13.014 : RJDA 5/12 n° 478) ; celles-ci résultent le plus souvent de la comparaison entre l'état des lieux d'entrée et celui de sortie (d'où l'intérêt d'un état des lieux précis tant à l'entrée qu'à la sortie). En effet, le locataire ne doit assumer que les réparations locatives et ne répond pas de l'usure affectant le logement à son départ (Cass. 3e civ. 18-3-2009 n° 07-15.110 : RJDA 7/09 n° 526 ; Cass. 3e civ. 21-12-2017 n° 16-26.565 FS-D : BPAT 1/18 inf. 30) ; notamment, il n'a pas l'obligation de remettre à neuf des papiers, peintures et revêtements de sol atteints par la vétusté après quatorze années d'occupation (Cass. 3e civ. 17-10-1990 : RJDA 1/91 n° 4). Par ailleurs, il a été jugé, sur le fondement de l'article 22 de la loi de 1989, que la clause prévoyant l'attribution intégrale et automatique du dépôt de garantie au bailleur en cas de mise en œuvre de la clause de résiliation ou de non-respect du délai de préavis, quelles que soient la nature et les conséquences du manquement du locataire, est illicite (CA Rennes 22-1-1998 : Bull. inf. C. cass. 1998 n° 1153) et qu'en présence d'un bail prévoyant que le dépôt de garantie resterait acquis au bailleur, dans le cas où le bail serait « résilié aux torts du locataire », le bailleur ne pouvait pas le conserver en cas de mise en œuvre de la clause résolutoire de plein droit (CA Versailles 18-10-2002 : RJDA 5/03 n° 478 ; Loi 89-462 du 6-7-1989 art. 22, al. 5).

Le **défaut de restitution** dans les délais prévus du dépôt de garantie par le bailleur est sanctionné par le versement au locataire d'une pénalité égale à 10 % du loyer par mois de retard. Cette majoration n'est pas due lorsque le locataire n'a pas communiqué l'adresse de son nouveau domicile lors de la remise des clefs (Loi 89-462 du 6-7-1989 art. 22, al. 7).

Pour les biens situés dans un immeuble en copropriété, le bailleur procède à un arrêté des comptes provisoire et peut conserver une fraction du dépôt de garantie, limitée à 20 %, au-delà du délai légal de restitution (Loi 89-462 du 6-7-1989 art. 22, al. 5). Le solde du dépôt de garantie doit être restitué dans le mois de l'approbation des comptes de la copropriété. Si le montant des réparations locatives excède celui du dépôt de garantie et si la somme due par le bailleur l'est au titre de la régularisation des charges, soumise à un délai de restitution différent, le bailleur ne peut se voir infliger la pénalité de 10 % (Cass. 3e civ. 31-5-2018 n° 17-18.069 FS-PBI : BPAT 4/18 inf. 178).

En cas de mutation à titre gratuit ou onéreux du bien loué, la restitution du dépôt de garantie incombe au nouveau bailleur (Cass. 3e civ. 8-9-2016 n° 15-19.169 : BPAT 6/16 inf. 230). Toute convention contraire n'a d'effet qu'entre les parties à la mutation (Loi 89-462 du 6-7-1989 art. 22, al. 6). **29215**

CAUTIONNEMENT

Le cautionnement est régi par les dispositions de l'article 22-1 de la loi du 6 juillet 1989 et par les articles 2288 et suivants du Code civil. Il fait l'objet d'un régime propre, exclusif de celui mis en place pour la protection de la caution à l'égard des créanciers professionnels (Cass. 3e civ. 17-2-2022 n° 21-12.934 FS-B : BPAT 2/22 inf. 77). **29250**

Le cautionnement est un acte, nécessairement écrit et signé, par lequel une personne s'engage envers la SCI bailleresse à payer à la place du locataire qui ne paie plus ses loyers (C. civ. art. 2288).

La possibilité de recourir à cette garantie est réduite (Loi 89-462 du 6-7-1989 art. 22-1, al. 1 à 4) :

– les SCI qui ont souscrit une assurance garantissant les obligations locatives du locataire (**assurance loyers impayés**) (n° 29380) ou **toute autre forme de garantie** (dépôt de garantie mis à part) ne peuvent pas y recourir, sauf lorsque le locataire est un étudiant ou un apprenti (Loi 89-462 du 6-7-1989 art. 22-1) ;

– les SCI non familiales ne peuvent demander un cautionnement que si le logement est loué à un étudiant ne bénéficiant pas d'une bourse de l'enseignement supérieur, ou si la garantie est apportée par un organisme agréé : fonds de solidarité pour le logement (y compris les fonds locaux), organisme collecteur du 1 % logement, association garantie par le fonds de solidarité pour le logement ou un fonds local et organisme ou association apportant à titre gratuit sa caution à un candidat à la location (Décret 2009-1659 du 28-12-2009).

Le cumul illicite de garanties est uniquement sanctionné par la nullité du cautionnement. La validité du bail n'est pas affectée.

Type de cautionnement Le cautionnement peut être simple ou solidaire. En pratique, il s'agira, le plus souvent, d'une **caution solidaire** qui permet au propriétaire de poursuivre directement l'une ou l'autre des cautions éventuelles pour la totalité de la dette sans avoir à s'adresser au préalable au locataire. À défaut d'indication particulière, il s'agira d'une caution simple ; la caution peut alors exiger que les biens du locataire soient d'abord saisis et vendus **29252**

avant de payer (« **bénéfice de discussion** ») et, en cas de pluralité de cautions, demander que l'action en paiement du créancier soit divisée entre toutes les cautions solvables au jour des poursuites (« **bénéfice de division** »).

La **caution** a vis-à-vis du propriétaire les mêmes **moyens de défense** que le locataire (contestation des augmentations illégales ou charges non justifiées, prescription, délai de paiement, etc.). Une fois qu'elle a payé, la caution peut se retourner contre le locataire et, le cas échéant, contre les autres cautions.

Le **critère de solvabilité** est primordial dans le choix de la caution. Si le bailleur ne peut pas refuser la caution présentée par le locataire au seul motif qu'elle est de nationalité étrangère, il peut, semble-t-il, refuser une **caution de nationalité étrangère** résidant à l'étranger car il dispose d'une raison objective de s'y opposer : la difficulté de récupérer les éventuels impayés (Rép. Cointat : Sén. 28-2-2008 n° 657). Ce refus a d'ores et déjà été admis en justice pour une caution étrangère à l'Union européenne.

> **Précisions** **a.** Le congé du colocataire met fin à la solidarité lorsqu'un nouveau colocataire figure au bail. À défaut, la solidarité du colocataire sortant (et celle de sa caution) s'éteint au plus tard six mois après la date d'effet du congé (Loi 89-462 du 6-7-1989 art. 8-1). Un colocataire solidaire qui a donné congé et quitté les lieux ne peut pas être condamné à régler au bailleur la réparation des dégradations locatives survenues après la fin de la période de solidarité (Cass. 3e civ. 8-4-2021 n° 19-23.343 FS-P : BPAT 3/21 inf. 115).
b. La solidarité du locataire victime des violences exercées au sein du couple ou sur un enfant qui réside habituellement avec lui et celle de la personne qui s'est portée caution pour lui prennent fin le lendemain du jour de la première présentation au domicile du bailleur du courrier l'informant que le locataire quitte le logement en raison de ces violences. Le courrier doit être envoyé au bailleur par lettre recommandée avec demande d'avis de réception et doit être accompagnée de la copie de l'ordonnance de protection délivrée par le juge aux affaires familiales, préalablement notifiée à l'autre membre du couple, ou d'une condamnation pénale de ce dernier pour ces faits de violences et rendue depuis moins de six mois (Loi 89-462 du 6-7-1989 art. 8-2).

29260 **Durée du cautionnement** L'engagement de la caution peut être à durée déterminée ou indéterminée.

Il est à **durée déterminée** lorsqu'il a été consenti pour la durée du bail ; dans ce cas, en l'absence de toute mention prévoyant l'extension de l'engagement de caution aux obligations nées du bail renouvelé ou tacitement reconduit, cet engagement est limité aux seules obligations nées du bail initial, peu important qu'il soit parvenu à son terme de par la loi, reconduit tacitement ou renouvelé (Cass. 1e civ. 4-10-2000 : RJDA 2/01 n° 228). Mais la caution qui s'est engagée à garantir les sommes dues par le locataire « pendant toute la durée de son occupation » est tenue du paiement des loyers nés du bail renouvelé (Cass. 1e civ. 21-3-2006 n° 580 : RJDA 7/06 n° 832).

Il est à **durée indéterminée** lorsqu'il ne comporte aucune indication de durée ou lorsqu'il a été conclu expressément pour une durée indéterminée. Dans ce cas, la caution peut le **résilier** unilatéralement. La résiliation unilatérale de l'engagement de caution, à laquelle peut prétendre la caution, ne produit effet qu'au terme du contrat de location au cours duquel le bailleur reçoit la notification de la résiliation, qu'il s'agisse de contrat initial ou d'un contrat reconduit ou renouvelé (Loi 89-462 du 6-7-1989 art. 22-1, al. 6).

À défaut de résiliation, le cautionnement à durée indéterminée se poursuit pendant le cours du bail renouvelé (Cass. 3e civ. 13-7-2005 : RJDA 12/05 n° 1327).

Dans les deux cas, la caution n'est tenue que des dettes nées pendant la période où elle était caution.

29270 **Mentions de l'acte de cautionnement** Les engagements de caution conclus depuis le 1er janvier 2022, qu'ils soient à durée déterminée ou indéterminée (Cass. 3e civ. 27-9-2006 n° 1010 : RJDA 12/06 n° 1205), doivent (Loi 89-462 du 6-7-1989 art. 22-1, al. 7) :

– être signés par la caution et faire apparaître le montant du loyer et les conditions de sa révision ;

– reproduire l'avant-dernier alinéa de l'article 22-1 ;

– contenir l'apposition par la caution de la mention (manuscrite ou par voie électronique) prévue par l'article 2297 du Code civil (voir n° 29280) ;

– donner lieu à la remise par le bailleur à la caution d'un exemplaire du contrat de location dont les obligations sont garanties par la caution à peine de nullité du cautionnement (Loi 89-462 du 6-7-1989 art. 22-1, al. 7).

Ces formalités sont prescrites à peine de **nullité** du cautionnement (Loi 89-462 du 6-7-1989 art. 22-1, dernier al.), sans qu'il soit nécessaire d'établir l'existence d'un préjudice (Cass. 3e civ. 8-3-2006 no 05-11.042 : Bull. civ. III no 59).

Si la **caution** est **mariée** sous le régime de la communauté légale, la SCI a tout intérêt à demander l'accord exprès ou l'engagement du conjoint. En effet, aux termes de l'article 1415 du Code civil, chacun des époux ne peut engager que ses biens propres et ses revenus par un cautionnement, à moins que ceux-ci n'aient été contractés avec le consentement exprès de l'autre conjoint qui dans ce cas n'engage pas ses biens propres. Cela signifie que si le conjoint de la caution ne donne pas son accord, la SCI ne pourra saisir que les biens propres de la caution, tandis que si le conjoint donne son accord, elle pourra en plus saisir tous les biens communs. 29280

À peine de nullité de son engagement, la caution appose elle-même la **mention** qu'elle s'engage en qualité de caution à payer au bailleur ce que lui doit le locataire en cas de défaillance de celui-ci, dans la limite d'un montant en principal et accessoires exprimé en toutes lettres et en chiffres (C. civ. art. 2297, al. 1). Si la caution est privée des bénéfices de discussion ou de division, elle reconnaît dans cette mention ne pouvoir exiger du bailleur qu'il poursuive d'abord le locataire ou qu'il divise ses poursuites entre les cautions. À défaut, elle conserve le droit de se prévaloir de ces bénéfices (C. civ. art. 2297, al. 2).

Information de la caution par la SCI L'ordonnance réformant le droit des sûretés a unifié le régime de l'information annuelle que le bailleur doit communiquer à la caution sur l'évolution de la dette et les éventuels défauts de paiement du locataire. Les **nouvelles dispositions** s'appliquent même aux cautionnements consentis avant le 1er janvier 2022 (Ord. 2021-1192 du 15-9-2021 art. 37, III). Les textes qui encadraient ce régime (C. civ. art. 2293, al. 2 ; C. mon. fin. art. L 313-22 ; C. consom. art. L 333-2 et L 343-6 ; Loi 94-126 du 11-2-1994 art. 47, II-al. 2) ont été abrogés ou non repris et remplacés par l'unique article 2302 du Code civil. 29290

La question de savoir si une SCI louant un logement est un bailleur professionnel est discutée. En cas de contentieux, le requérant devra prouver que la SCI est bien un **bailleur professionnel.** Dès lors, par précaution, il peut être recommandé à la SCI de respecter les **obligations** imposées au bailleur professionnel, notamment en matière d'information de la caution. 29295

Ainsi, **avant le 31 mars de chaque année,** la SCI doit informer la **caution personne physique** du montant du principal de la dette, des intérêts et autres accessoires restant dus au 31 décembre de l'année précédente au titre de l'obligation garantie, sous peine de déchéance de la garantie des intérêts et pénalités échus depuis la date de la précédente information et jusqu'à celle de la communication de la nouvelle information (C. civ. art. 2302, al. 1). Les frais de cette information sont à la charge de la SCI, qui ne peut les répercuter ni sur la caution ni sur le locataire. Dans les rapports entre le bailleur et la caution, les paiements effectués par le locataire pendant cette période seront imputés prioritairement sur le principal de la dette. Le bailleur professionnel sera aussi tenu, à ses frais et sous la même sanction, de rappeler à la caution le terme de son engagement ou, si le cautionnement est à durée indéterminée, sa faculté de résiliation à tout moment et les conditions dans lesquelles celle-ci pourra être exercée.

La SCI est également tenue d'informer la caution personne physique de la **défaillance** du locataire dès le premier incident de paiement non régularisé dans le mois de l'exigibilité de ce paiement, à peine de déchéance de la garantie des intérêts et pénalités échus entre la date de cet incident et celle à laquelle elle en a été informée (C. civ. art. 2303, al. 1).

La caution devra communiquer, à ses frais, à la **sous-caution personne physique,** dans le mois qui suit leur réception, les informations qu'elle a reçues en application des articles 2302 (évolution de la dette garantie et, éventuellement, faculté de révocation) et 2303 (incidents de paiement du locataire) nouveaux du Code civil (C. civ. art. 2304). L'information de la sous-caution n'est pas à la charge du bailleur, qui n'a pas nécessairement connaissance du sous-cautionnement ; il n'y a pas de sanction spécifique en cas de manquement de la caution.

> **› Précisions** L'information de la caution sur l'évolution de la dette garantie devra être également délivrée à la **personne morale** qui a souscrit un cautionnement envers un établissement de crédit ou une société de financement en garantie d'un concours financier accordé à une entreprise (C. civ. art. 2302, al. 3) ; la jurisprudence rendue sous l'empire de l'ancien article L 313-22, al. 1 du Code monétaire et financier s'agissant de l'existence d'un « concours financier » (Cass. com. 8-11-2011 no 10-24.171 : RJDA 2/12 no 203 excluant le crédit-bail ; Cass. com. 28-1-2014 no 12-24.592 : RJDA 5/14 no 478 excluant la location avec option d'achat) devrait continuer à s'appliquer.

Sort du cautionnement en cas de vente du local loué En cas de vente de l'immeuble donné à bail par la SCI, le cautionnement garantissant le paiement des loyers est, sauf stipulation contraire, transmis de plein droit au nouveau propriétaire en tant qu'accessoire de la créance de loyer cédée à l'acquéreur (Cass. ass. plén. 6-12-2004 no 520 : RJDA 4/05 no 458). 29300

GARANTIE AUTONOME

29340 La garantie autonome, définie à l'article 2321 du Code civil comme l'engagement par lequel le garant s'oblige, en considération d'une obligation souscrite par un tiers, à verser une somme soit à première demande, soit suivant des modalités convenues, ne peut être souscrite qu'en lieu et place du dépôt de garantie et dans la limite du montant de celui-ci (Loi 89-462 du 6-7-1989 art. 22-1-1).

À notre avis, la SCI peut cumuler cette garantie avec un cautionnement.

AUTRES GARANTIES

29370 Si le locataire est en droit de percevoir une **aide au logement** (allocation de logement ou aide personnalisée au logement selon les cas), la SCI peut demander à ce que cette aide lui soit versée directement. Son montant est alors déduit du loyer.

La demande, établie sur un formulaire type, doit être adressée à l'organisme payeur de l'APL, c'est-à-dire, dans la majorité des cas, la caisse d'allocations familiales (CAF).

29380 La SCI peut souscrire, directement ou par l'intermédiaire de l'administrateur de biens, de l'agent immobilier ou du notaire chargé de la gestion du bien, une **assurance** qui lui garantit le versement des loyers et charges en cas de défaillance du locataire. Le contrat d'assurance peut prévoir une extension de garantie aux détériorations commises par le locataire et aux frais contentieux et judiciaires (assurance protection juridique prenant en charge le coût des actes du commissaire de justice, les honoraires d'avocats).

Les conditions générales de ces contrats d'assurances imposent une sélection sévère des locataires, notamment quant à leurs ressources. Généralement, la prise en charge n'intervient qu'après un trimestre d'impayés et seulement pour une durée inférieure à deux ans et dans la limite d'un plafond de 2 500 € par mois. La prime payée est fixée en pourcentage du montant annuel du loyer charges comprises, généralement 3 à 5 %. Elle est, en principe, déductible des revenus bruts fonciers.

29385 Pour les locataires de moins de 30 ans, les salariés du secteur privé et agricole de plus de 30 ans ou pour tous les locataires éligibles au bail mobilité, le bailleur peut souscrire un **dispositif,** facultatif, de sécurisation des loyers **Visale** (Visa pour le logement et l'emploi). Ce dispositif est financé par Action Logement. Il s'applique aux baux d'habitation conclus **depuis le 1er février 2016** (Décret 2015-1654 du 11-12-2015 ; Convention État-UESL pour la mise en œuvre de Visale du 24-12-2015).

Les **ménages** en difficulté entrant dans un logement locatif via un organisme d'intermédiation locative agréé peuvent également bénéficier du dispositif.

Les locataires doivent percevoir des **ressources mensuelles minimales** : le « taux d'effort » doit être inférieur ou égal à 50 % (loyers + charges / revenus) en règle générale et compris entre 30 % et 50 % pour les jeunes salariés de moins de 30 ans en CDI.

Seuls peuvent bénéficier de Visale les **logements** loués ou sous-loués nus ou meublés à titre de résidence principale dont le loyer mensuel, charges comprises, ne dépasse pas 1 500 € en Île-de-France et 1 300 € sur le reste du territoire.

Visale couvre tous les **loyers impayés** (charges comprises) au cours de toute la durée du bail dans la limite de 36 mensualités impayées. À noter que les dégradations locatives sont désormais prises en charge dans la limite de 2 mois de loyers et charges pour les logements relevant du parc locatif privé. Seuls sont concernés les frais de remise en état du logement, à l'exclusion des frais de remise en état du mobilier.

Le locataire peut également bénéficier d'une avance Loca-pass pour financer le dépôt de garantie versé au moment de la signature du bail. L'ensemble des **démarches** doit être réalisé en ligne sur le site www.visale.fr.

D. Loyers et charges du bail d'habitation

1. FIXATION DU LOYER DU BAIL D'HABITATION

FIXATION INITIALE DU LOYER

29400 **Loyers libres** En **principe,** le loyer des nouvelles locations (première location ou relocation avec changement de locataire) est fixé librement par les parties (Loi 89-462 du 6-7-1989 art. 17, II).

Par **exception,** depuis le 24 août 2022, le loyer d'un nouveau contrat de location concernant un logement de **classe énergétique F ou G** ne peut pas excéder le dernier loyer exigé du précédent locataire (Loi 89-462 du 6-7-1989 art. 17, II dans sa rédaction issue de loi Climat 2021-1104 du 22-8-2021).

Loyers encadrés par la loi La loi **Élan** a mis en place un dispositif **expérimental applicable jusqu'au 24 novembre 2026** et uniquement dans **certains territoires** des zones tendues fixés par décret (Loi 2018-1021 du 23-11-2018 art. 140 modifié par loi 3DS 2022-217 du 21-2-2022 art. 85). 29405

Sur proposition des établissements publics de coopération intercommunale compétents en matière d'habitat, de la commune de Paris, des établissements publics territoriaux de la métropole du Grand Paris, de la métropole de Lyon et la métropole d'Aix-Marseille-Provence, un décret détermine le périmètre du territoire sur lequel s'applique le dispositif, lorsque les conditions suivantes sont réunies :

– un écart important entre le niveau de loyer moyen constaté dans le parc locatif privé et le loyer moyen pratiqué dans le parc locatif social ;

– un niveau de loyer médian élevé ;

– un taux de logements commencés, rapporté aux logements existants sur les cinq dernières années, faible ;

– des perspectives limitées de production pluriannuelle de logements inscrites dans le programme local de l'habitat et de faibles perspectives d'évolution de celles-ci.

Sur ces territoires ainsi délimités, un arrêté annuel du préfet fixe pour chaque catégorie de logements, déterminés en fonction de la structuration du marché locatif constatée par l'observatoire local des loyers, un loyer de référence, un loyer de référence majoré (égal au loyer de référence majoré de 20 %) et un loyer de référence minoré (égal au loyer de référence minoré de 30 %), exprimés par un prix au mètre carré de surface habitable, par catégorie de logements et par secteur géographique. Le loyer de base fixé dans le contrat pour les nouvelles locations ou les relocations ne peut excéder le loyer de référence majoré correspondant aux caractéristiques du logement. En deçà de ce plafond de loyer, mentionné nécessairement dans le bail, le loyer est fixé librement par les parties.

Un **complément de loyer** peut être appliqué pour certains logements présentant certaines caractéristiques de localisation ou de confort par comparaison avec les logements de la même catégorie situés dans le même secteur géographique (Loi 2018-1021 du 23-11-2018 art. 140, III-B). Cependant, aucun complément de loyer ne peut être appliqué aux logements disposant de sanitaires sur le palier, de signes d'humidité sur certains murs, d'un niveau de performance énergétique de classe F ou de classe G au sens de l'article L 173-1-1 du Code de la construction et de l'habitation, de fenêtres laissant anormalement passer l'air hors grille de ventilation, d'un vis-à-vis de moins de 10 mètres, d'infiltrations ou d'inondations provenant de l'extérieur du logement, de problème d'évacuation d'eau au cours des trois derniers mois, d'installation électrique dégradée ou de mauvaise exposition de la pièce principale (Loi 2018-1021 du 23-11-2018 art. 140, III-B dans sa rédaction issue de loi 2022-1158 relative au pouvoir d'achat du 16-8-2022).

Le dispositif s'applique à Paris, à Lille, sur le territoire de l'établissement public territorial Plaine Commune (Aubervilliers, La Courneuve, Épinay-sur-Seine, L'Île-Saint-Denis, Pierrefitte-sur-Seine, Saint-Denis, Saint-Ouen-sur-Seine, Stains et Villetaneuse), sur le territoire de l'établissement public territorial Est Ensemble (Romainville, Bagnolet, Bobigny, Bondy, Les Lilas, Montreuil, Noisy-le-Sec, Le Pré-Saint-Gervais et Pantin), à Lyon, à Villeurbanne, à Montpellier et à Bordeaux.

Le bailleur qui ne respecte pas les règles définies pour la fixation du loyer s'expose à une amende qui ne peut excéder 5 000 € pour une personne physique, 15 000 € pour une personne morale.

ATTENTION

Depuis le 1er avril 2022, l'**indication des loyers de référence,** lorsque le bien loué est situé en zone tendue dans laquelle l'encadrement des loyers « loi Elan » a été mis en place, doit figurer dans les **annonces immobilières professionnelles** (Arrêté ECOC2138946A 26-1-2022 : JO 4-2 texte n° 6 ; voir n° 29068).

Loyers encadrés par décret Dans les zones où le marché locatif est particulièrement tendu, le Gouvernement peut limiter chaque année par décret l'évolution des loyers lors des mises en location ou des relocations (Loi 89-462 du 6-7-1989 art. 18). Ainsi, le décret 2017-1198 du 27 juillet 2017 tel que modifié par le décret 2023-642 du 20 juillet 2023 s'applique aux relocations intervenues entre le 1er août 2023 et le 31 juillet 2024. Les communes concernées sont celles où s'applique la taxe sur les logements vacants (dont la liste est annexée au décret 2013-392 du 10 mai 2013). Le **nouveau loyer** du logement vacant reloué ne peut dépasser le dernier loyer versé par le précédent locataire, révisé en fonction de la variation de l'indice de référence des loyers (IRL) sauf si une révision est intervenue au cours des douze mois qui précèdent la conclusion du nouveau bail. Cette variation de l'IRL est plafonnée entre le 3e trimestre 2022 et le 1er trimestre 2024 à 3,5 % pour le cas général, 2,5 % pour les régions 29406 et les départements d'outre-mer, et 2 % pour la Corse (Loi sur le pouvoir d'achat 2022-1158 du 12-8-2022 art. 12 tel que modifié par loi 2023-568 du 7-7-2023).

Ne sont **pas concernés** par cet encadrement :

– les logements faisant l'objet d'une première location ;

– la relocation d'un logement inoccupé par un locataire depuis plus de dix-huit mois ;

– la relocation d'un logement vacant ayant fait l'objet depuis moins de six mois de travaux d'amélioration d'un montant au moins égal à une année du loyer antérieur ; les travaux peuvent concerner les parties privatives ou communes, mais dans ce dernier cas, seule la quote-part du propriétaire est prise en compte.

Le loyer de ces relocations est librement fixé.

La **limitation** de l'évolution du loyer à la variation de l'IRL est **écartée** en cas de travaux importants ou de loyer manifestement sous-évalué.

Lorsque le bailleur a réalisé, depuis la conclusion du contrat de location initial avec le précédent locataire ou, au cas où le bail a été renouvelé, depuis son dernier renouvellement, des **travaux d'amélioration ou de mise en conformité avec les normes du logement décent,** la majoration du loyer annuel ne peut pas dépasser 15 % du coût réel des travaux TTC. Les travaux réalisés sur les parties privatives ou communes doivent être d'un montant au moins égal à la moitié de la dernière année de loyer. Est exclu de ce montant le coût des travaux d'économie d'énergie ayant donné lieu à une contribution du locataire pour le partage des économies de charges.

Lorsque le loyer du précédent locataire est **manifestement sous-évalué** par rapport au voisinage, sa réévaluation ne peut pas excéder la moitié de la différence entre le loyer au prix du marché (déterminé par référence aux loyers du voisinage, voir n° 29450) et le loyer demandé au précédent locataire, révisé en fonction de la variation de l'IRL, sauf si une révision est intervenue au cours des 12 mois qui précèdent la conclusion du nouveau bail. Lorsque le bailleur a réalisé des travaux dans les conditions décrites ci-dessus, il peut choisir la limite qui lui est la plus favorable.

ATTENTION

Le dispositif d'encadrement des loyers à la relocation ne fait pas obstacle à l'application d'une **clause « travaux »** figurant dans le bail, sauf pour les logements classés F ou G (Loi 89-462 du 6-7-1989 art. 17-1, II et III ; Décret 2014-854 du 30-7-2014 art. 7, 1). Sur cette clause travaux, voir n° 29420. À notre avis, ce dispositif d'encadrement ne s'oppose pas non plus à l'application d'un **accord collectif de location** signé entre les représentants des bailleurs et des locataires (Loi 86-1290 du 23-12-1986 art. 41 ter et 42).

29407 **Réduction temporaire du loyer** La SCI peut prévoir, en accord avec le locataire, que celui-ci, en échange d'une réduction temporaire de loyer, exécutera, à la place de la SCI, certains **travaux destinés à mettre le logement en bon état** (réfection des peintures, des moquettes, etc.). Les travaux de mise aux normes de confort et d'habitabilité ne peuvent pas être mis à la charge du locataire (Cass. 3e civ. 3-2-2010 n° 08-21.205 : RJDA 4/10 n° 342). Pour éviter toute discussion ultérieure, il convient de détailler dans le bail les travaux à effectuer et d'évaluer avec précision leur coût.

Une telle **clause** doit prévoir la durée pendant laquelle le locataire n'aura pas de loyer à payer ou aura un loyer minoré et les modalités de son dédommagement sur justification des dépenses effectuées en cas de départ anticipé.

CLAUSE DE RÉVISION DU LOYER D'HABITATION

29410 Le bail peut prévoir expressément la révision du loyer ; celle-ci intervient alors chaque année à la date convenue entre les parties ou, à défaut, au terme de chaque année du contrat (Loi 89-462 du 6-7-1989 art. 17-1, I).

Les augmentations de loyer qui en résultent ne peuvent excéder la variation de l'**indice de référence des loyers (IRL)** publié par l'Insee. À défaut d'indication dans le contrat de bail, l'indice de référence est le dernier indice publié à la date de signature du contrat. Cette variation de l'IRL est plafonnée entre le 3e trimestre 2022 et le 1er trimestre 2024 à 3,5 % pour le cas général, 2,5 % pour les régions et les départements d'outre-mer, et 2 % pour la Corse (Loi sur le pouvoir d'achat 2022-1158 du 12-8-2022 art. 12 tel que modifié par loi 2023-568 du 7-7-2023).

En présence d'une telle clause, la révision annuelle est automatique. Le bailleur doit manifester sa volonté d'appliquer la révision qui prendra effet à compter de cette demande. Le bailleur dispose d'un an pour le faire. À défaut, il est réputé avoir renoncé au bénéfice de la révision pour l'année écoulée (Loi 89-462 du 6-7-1989 art. 17-1, I).

Pour les contrats de location conclus, renouvelés ou tacitement reconduits depuis le 24 août 2022, la révision de loyer ne peut pas être appliquée dans les logements de performance énergétique F ou G (Loi 89-462 du 6-7-1989 art. 17-1, III).

AJUSTEMENT DU LOYER D'HABITATION EN CAS DE TRAVAUX D'AMÉLIORATION

Lorsque, par une **clause** expresse **du bail,** les parties sont convenues de travaux d'amélioration du logement que la SCI fera exécuter, le bail ou un avenant à celui-ci fixe la majoration du loyer consécutive à la réalisation de ces travaux (Loi 89-462 du 6-7-1989 art. 17-1, II). 29420

La convention peut porter sur l'amélioration des parties privatives ou communes.

Les **travaux d'amélioration** sont ceux qui :

– apportent un équipement nouveau, un service ou une qualité supérieure au niveau des prestations existantes,

– permettent de diminuer les dépenses d'entretien ou d'exploitation,

– donnent une plus grande sécurité.

En revanche, ne constituent pas des travaux d'amélioration : les travaux d'entretien courant, ceux qui constituent un rattrapage du défaut d'entretien, qui relèvent de grosses réparations ou du gros entretien ou qui contribuent au maintien de la sécurité existante.

La majoration du loyer, librement fixée entre les parties (Cass. 3e civ. 5-6-2002 : RJDA 8-9/02 n° 868), est définitive. Elle n'est applicable qu'après l'exécution des travaux.

Pour les contrats de location conclus, renouvelés ou tacitement reconduits depuis le 24 août 2022, la majoration de loyer ne peut pas être appliquée dans les logements de performance énergétique F ou G (Loi 89-462 du 6-7-1989 art. 17-1, III).

RÉÉVALUATION DES LOYERS LIBRES EN CAS DE RENOUVELLEMENT DU BAIL D'HABITATION

Conditions de la réévaluation En l'absence de procédure de renouvellement exprès du bail diligentée par la SCI, le bail se renouvelle par tacite reconduction aux conditions de prix antérieures, le loyer étant alors seulement révisé en fonction de l'indice de référence des loyers si une telle révision est stipulée au bail. 29430

Toutefois, la SCI peut mettre en œuvre une procédure de renouvellement du bail lui permettant de réévaluer le loyer dès lors que celui-ci est **manifestement sous-évalué** (Loi 89-462 du 6-7-1989 art. 17-2).

Dans ce cas, la SCI doit proposer au locataire, au moins six mois avant le terme du bail, par lettre recommandée AR, par acte du commissaire de justice (ex-huissier) ou remise en main propre contre récépissé ou émargement, le nouveau loyer avec la liste des références ayant servi à déterminer ce loyer. Faute d'y avoir procédé, sa demande en fixation d'un nouveau loyer est irrecevable (Cass. 3e civ. 29-11-1995 : Rev. loyers 1996 p. 100).

La notification doit reproduire intégralement l'article 17-2 de la loi de 1989 qui précise les conditions légales des augmentations de loyer et mentionner le montant du loyer ainsi que la liste des références ayant servi à le déterminer.

Pour les contrats de location renouvelés depuis le 24 août 2022, le loyer ne peut pas être réévalué pour les logements de performance énergétique F ou G (Loi 89-462 du 6-7-1989 art. 17-2, II).

> **Précisions** **a.** Le délai de six mois doit être **calculé** à partir de la date de remise de la lettre de proposition au locataire (Cass. 3e civ. 14-12-1994 : RJDA 2/95 n° 120 ; Cass. 3e civ. 10-1-1996 : RJDA 4/96 n° 474 ; Cass. 3e civ. 19-1-2000 : RJDA 3/00 n° 250). En revanche, une offre de renouvellement faite pour une date prématurée n'est pas nulle mais prend effet à la date pour laquelle elle aurait dû être formulée (Cass. 3e civ. 27-3-2002 : RJDA 6/02 n° 613 ; Cass. 3e civ. 27-11-2002 : RJDA 2/03 n° 122).
> **b.** **À défaut de reproduction de l'article** 17-2, la proposition de nouveau loyer est nulle (Cass. 3e civ. 5-11-2003 : RJDA 2/04 n° 143), à condition cependant que cette inobservation ait causé un préjudice au locataire (CPC art. 114 ; CA Paris 21-5-1992 : JCP N 1993 II p. 103 ; en sens contraire, CA Paris 25-2-1992 : Loyers et copr. 1992 n° 198).
> **c.** Au moment du renouvellement du bail d'une durée de trois ans, le loyer peut être réévalué s'il est **manifestement sous-évalué,** même si une précédente réévaluation, appliquée par sixième sur six ans, est en cours à cette date (Cass. 3e civ. 12-10-2011 n° 10-20.122 : RJDA 1/12 n° 22).

Liste des références de loyers à fournir par le bailleur À l'appui de la proposition, la SCI doit fournir au moins trois références de loyers (six dans les agglomérations de plus d'un million d'habitants). Ces références doivent correspondre aux loyers pratiqués dans le voisinage pour des logements comparables situés soit dans le même groupe d'immeubles, soit dans tout autre groupe d'immeubles comportant des caractéristiques similaires et situés 29450 dans la même zone géographique. Peu importe que ces logements appartiennent au bailleur (Cass. 3e civ. 17-12-2014 n° 13-24.360 : BPAT 1/15 inf. 10). Les références doivent concerner des locataires en place depuis plus de trois ans. Elles doivent également concerner des logements soumis au même régime locatif (Cass. 3e civ. 24-5-2017 n° 16-15.750 FS-PB)

Chaque référence doit préciser :

– le nom de la rue et la dizaine de numéros où se situe l'immeuble, ainsi que l'étage de l'appartement ;
– la présence éventuelle d'un ascenseur ;
– la surface habitable du logement et le nombre de ses pièces principales ;
– l'existence d'annexes éventuelles ;
– l'état d'équipement du logement : eau courante, W.-C. intérieur, salle d'eau, chauffage, etc. ;
– la période de construction de l'immeuble ;
– l'indication selon laquelle le locataire est dans les lieux depuis plus ou moins de trois ans ;
– le montant du loyer mensuel hors charges effectivement exigé.

Pour obtenir des références, propriétaires et locataires ont à leur disposition, principalement en région parisienne, un **observatoire des loyers** susceptible de leur fournir ces informations.

Ils peuvent aussi s'adresser aux associations de propriétaires ou de locataires et aux professionnels de l'immobilier. Enfin, ils peuvent faire appel à leurs propres relations ou connaissances ; ainsi, un propriétaire peut retenir comme référence les loyers d'autres locations qu'il consent.

29451

MODÈLE

Renouvellement du bail d'habitation avec augmentation du loyer

À..., le...

SCI...
Siège social : ...

Monsieur... (1)
Adresse : ...

Lettre recommandée avec demande d'avis de réception

Objet : renouvellement du bail d'habitation avec augmentation du loyer

Monsieur,

Le bail que la SCI vous a consenti sur la maison d'habitation que vous occupez à... arrive à échéance le 30 avril 2024. Je vous informe que la société a décidé de le renouveler. Toutefois, votre loyer actuel (1 500 €) étant manifestement sous-évalué par rapport aux loyers du voisinage pour des logements comparables, je vous propose à l'occasion de ce renouvellement de porter le montant mensuel du loyer à 1 860 € (hors charges), soit une augmentation de 360 € par mois. Cette hausse de loyer étant supérieure à 10 %, elle sera étalée sur six ans à raison de 60 € tous les ans (non compris la révision annuelle). À compter du 1er mai 2023, le montant de votre loyer sera donc de 1 560 €, sur lequel sera appliquée la révision annuelle (indice non connu à ce jour).

Je vous prie de me faire savoir avant le 1er janvier 2023 quelle suite vous entendez donner à cette proposition. Vous trouverez ci-joint trois références de loyers correspondant aux prix pratiqués à... pour une maison comparable.

Conformément à l'article 17-2 de la loi 89-462 du 6 juillet 1989, les dispositions légales relatives aux augmentations du loyer lors du renouvellement du bail sont ci-après littéralement reproduites :

« I. – Lors du renouvellement du contrat, le loyer ne donne lieu à réévaluation que s'il est manifestement sous-évalué.

Dans ce cas, le bailleur peut proposer au locataire, au moins six mois avant le terme du contrat et dans les conditions de forme prévues à l'article 15, un nouveau loyer fixé par référence aux loyers habituellement constatés dans le voisinage pour des logements comparables.

Les loyers servant de références doivent être représentatifs de l'ensemble des loyers habituellement constatés dans le voisinage pour des logements comparables, situés soit dans le même groupe d'immeubles, soit dans tout autre groupe d'immeubles comportant des caractéristiques similaires et situés dans la même zone géographique. Un décret en Conseil d'État définit les éléments constitutifs de ces références.

Le nombre minimal de références à fournir est de trois. Toutefois, il est de six dans les communes, dont la liste est fixée par décret, faisant partie d'une agglomération de plus d'un million d'habitants.
Lorsque le bailleur fait application des dispositions du présent article, il ne peut donner congé au locataire pour la même échéance du contrat.
La notification reproduit intégralement, à peine de nullité, les dispositions des alinéas du présent article et mentionne le montant du loyer ainsi que la liste des références ayant servi à le déterminer.
En cas de désaccord ou à défaut de réponse du locataire quatre mois avant le terme du contrat, l'une ou l'autre des parties saisit la commission de conciliation.
À défaut d'accord constaté par la commission, le juge est saisi avant le terme du contrat. À défaut de saisine, le contrat est reconduit de plein droit aux conditions antérieures du loyer éventuellement révisé. Le contrat dont le loyer est fixé judiciairement est réputé renouvelé pour la durée définie à l'article 10, à compter de la date d'expiration du contrat. La décision du juge est exécutoire par provision.
La hausse convenue entre les parties ou fixée judiciairement s'applique par tiers ou par sixièmes selon la durée du contrat.
Toutefois, cette hausse s'applique par sixièmes annuels au contrat renouvelé, puis lors du renouvellement ultérieur, dès lors qu'elle est supérieure à 10 % si le premier renouvellement avait une durée inférieure à six ans.
La révision éventuelle résultant de l'article 17-1 s'applique à chaque valeur ainsi définie. »
II. – Le loyer ne peut pas être réévalué lors du renouvellement du contrat dans les logements de la classe F ou de la classe G, au sens de l'article L 173-1-1 du Code de la construction et de l'habitation (disposition applicable aux contrats de location conclus, renouvelés ou tacitement reconduits depuis le 24 août 2022).
Je vous prie d'agréer, Monsieur, l'expression de mes salutations distinguées.
Le gérant
Pièce jointe : tableau avec références.
(1) Envoyer une lettre recommandée avec demande d'avis de réception à chaque colocataire et notamment à chaque époux.

Désaccord du locataire sur la réévaluation En cas de désaccord ou à défaut de réponse du locataire quatre mois avant le terme du contrat, la SCI peut saisir la **commission départementale de conciliation.** La commission territorialement compétente est celle du département d'implantation de l'immeuble loué. Elle siège en principe à la préfecture. 29460

La saisine de cette commission est obligatoire. La SCI ne peut pas agir en fixation du loyer devant le tribunal avant que la commission ait donné son avis ou que le délai de deux mois qui lui est imparti pour le faire soit expiré (Cass. 3e civ. 7-3-2012 n° 10-27.820 : RJDA 6/12 n° 571) ; à défaut, l'action en révision du loyer est irrecevable (Cass. 3e civ. 19-2-2003 : RJDA 5/03 n° 480 ; Cass. 3e civ. 12-10-2011 n° 10-21.216 : RJDA 1/12 n° 21).

Elle doit se faire par lettre recommandée avec demande d'avis de réception, sous peine de nullité en cas de préjudice (Cass. 3e civ. 14-11-2002 : RJDA 2/03 n° 120).

La commission émet un avis de conciliation ou de non-conciliation ; à défaut d'accord constaté par la commission dans le délai de deux mois, le **juge** doit être saisi avant le terme du contrat (Cass. 3e civ. 13-12-2006 n° 05-20.761 : RJDA 3/07 n° 236). Sa décision est exécutoire par provision. À défaut de saisine, le bail est reconduit de plein droit aux conditions antérieures du loyer éventuellement révisé. 29465

Étalement de la hausse du loyer d'habitation La hausse convenue entre les parties ou fixée judiciairement s'applique par tiers ou par sixième selon la durée du bail. Toutefois, la hausse supérieure à 10 % s'applique par sixième annuel quelle que soit la durée du contrat renouvelé, fût-elle inférieure à six ans ; la hausse s'étale alors également sur le bail suivant s'il y en a un (Loi 89-462 du 6-7-1989 art. 17-2). Cette règle d'étalement de la hausse du loyer démontre que, pour le législateur, un loyer peut être manifestement sous-évalué en étant inférieur aux loyers de référence de moins de 10 %. 29470

La question se pose de savoir si la révision doit être appliquée sur la hausse de loyer **dès la première année.**

Selon un arrêt de la Cour de cassation, la révision, chaque année à la date convenue entre les parties, n'est pas incompatible avec l'augmentation du loyer par sixième et, en conséquence, la révision indiciaire se cumule avec l'augmentation annuelle du loyer (Cass. 3e civ. 30-11-1994 : Bull. civ. III n° 202).

EXEMPLE

La société a conclu un bail pour trois ans à compter du 1er juin 2020 moyennant un loyer mensuel de 1 380 €.
Au terme des trois ans, par le jeu de la clause de révision annuelle, le loyer était de 1 500 €. Le contrat a été renouvelé le 1er juin 2023 moyennant un loyer de 1 860 € (soit une augmentation supérieure à 10 %). La hausse de loyer de 360 € (24 %) doit donc s'étaler sur six ans à raison de 60 € par an (4 % par an). Le nouveau loyer s'applique de la manière suivante, étant précisé que dans cet exemple l'incidence de la révision est totalement arbitraire :
– le 1er juin 2023, le loyer applicable est de 1 560 € révisé = 1 606,30 € ;
– le 1er juin 2024, le loyer applicable sera de 1 606,30 € révisé + 60 € révisé = 1 708,47 € ;
– le 1er juin 2025, le loyer applicable sera de 1 708,47 € révisé + 60 € révisé sur deux ans = 1 803,36 € ;
– le 1er juin 2026, si le contrat se renouvelle, le loyer applicable sera de 1 803,36 € révisé + 60 € révisé sur trois ans = 1 885,56 € ;
– le 1er juin 2027, le loyer applicable sera de 1 885,56 € révisé + 60 € révisé sur quatre ans = 1 984,87 € ;
– le 1er juin 2028, le loyer applicable sera de 1 984,87 € révisé + 60 € révisé sur cinq ans = 2 090,56 €.

RÉÉVALUATION DES LOYERS ENCADRÉS PAR LA LOI EN CAS DE RENOUVELLEMENT DU BAIL D'HABITATION

29480 La loi **Élan** a mis en place pour le cas de renouvellement de loyers un dispositif **expérimental applicable jusqu'au 24 novembre 2026** et uniquement dans certains territoires des zones tendues fixés par décret (Loi 2018-1021 du 23-11-2018 art. 140 modifié par loi 3DS 2022-217 du 21-2-2022 art. 85).

Sur ces territoires, un arrêté annuel du préfet fixera pour chaque catégorie de logements un loyer de référence, un loyer de référence majoré et un loyer de référence minoré (voir nos 29405 s.).
Lors du renouvellement du bail, le loyer pourra être réajusté à la baisse s'il est supérieur au loyer de référence majoré ou à la hausse s'il est inférieur au loyer de référence minoré. Toutefois, aucune hausse de loyer ne peut être engagée pour les logements de la classe énergétique F ou G (Loi 2018-1021 du 23-11-2018 art. 140, VI). La demande de réajustement pourra être faite par le bailleur au moins six mois avant le terme du contrat et par le locataire au moins cinq mois avant.
En cas de désaccord ou à défaut de réponse quatre mois avant le terme du contrat, le bailleur ou le locataire pourra saisir la commission départementale de conciliation (Loi 2018-1021 du 23-11-2018 art. 140, VI).
Le dispositif s'applique à Paris, à Lille, sur le territoire de l'établissement public territorial Plaine Commune (Aubervilliers, La Courneuve, Épinay-sur-Seine, L'Île-Saint-Denis, Pierrefitte-sur-Seine, Saint-Denis, Saint-Ouen-sur-Seine, Stains et Villetaneuse), sur le territoire de l'établissement public territorial Est Ensemble (Romainville, Bagnolet, Bobigny, Bondy, Les Lilas, Montreuil, Noisy-le-Sec, Le Pré-Saint-Gervais et Pantin), à Lyon, à Villeurbanne, à Montpellier et à Bordeaux.
Le bailleur qui ne respecte pas les règles définies pour la fixation du loyer s'expose à une amende qui ne peut excéder 5 000 € pour une personne physique, 15 000 € pour une personne morale.

RÉÉVALUATION DES LOYERS ENCADRÉS PAR DÉCRET EN CAS DE RENOUVELLEMENT DU BAIL D'HABITATION

29485 Dans les zones où le **marché locatif** est particulièrement **tendu,** le Gouvernement peut limiter chaque année par décret l'évolution du loyer lors du renouvellement du bail (Loi 89-462 du 6-7-1989 art. 18). Ainsi, le décret 2017-1198 du 27 juillet 2017 tel que modifié par le décret 2023-642 du 20 juillet 2023 s'applique aux renouvellements de bail intervenus entre le 1er août 2023 et le 31 juillet 2024. Les communes concernées sont celles où s'applique la taxe sur les logements vacants (dont la liste est annexée au décret 2013-392 du 10 mai 2013).

La **réévaluation** du loyer ne peut pas excéder la plus élevée des deux limites ci-après :
– soit la moitié de la différence entre le loyer au prix du marché (déterminé par référence aux loyers du voisinage pour des logements comparables) et le loyer appliqué avant le renouvellement du contrat, révisé en tenant compte de la variation de l'IRL, plafonnée entre le 3e trimestre 2022 et le 1er trimestre 2024 à 3,5 % pour le cas général, 2,5 % pour les régions et les départements d'outre-mer, et 2 % pour la Corse (Loi sur le pouvoir d'achat 2022-1158 du 12-8-2022 art. 12 tel que modifié par loi 2023-568 du 7-7-2023) ;
– soit une majoration du loyer annuel égale à 15 % du coût réel des travaux d'amélioration ou de mise en conformité avec les normes du logement décent que le bailleur a réalisés depuis la conclusion du contrat de location initial avec le précédent locataire ou, au cas où le bail a été renouvelé, depuis son dernier renouvellement. Ces travaux peuvent avoir été réalisés sur les

parties privatives ou communes (dans ce dernier cas, seule est prise en compte la quote-part de la SCI). Le montant des travaux doit au moins être égal à la dernière année de loyer. Est exclu de ce montant le coût des travaux d'économie d'énergie ayant donné lieu à une contribution du locataire pour le partage des économies de charges.

Pour les baux conclus, renouvelés ou tacitement reconduits depuis le 24 août 2022, **aucune augmentation** de loyers n'est possible si le logement est classé F ou G (Loi 89-462 du 6-7-1989 art. 18 ; Décret 2017-1198 du 27-7-2017 art. 1-1).

La hausse de loyer ainsi déterminée s'étale sur trois ou six ans selon la durée du bail ou le montant de l'augmentation.

ATTENTION

Le dispositif d'encadrement des loyers lors du renouvellement du bail ne fait pas obstacle à l'application d'une **clause « travaux »** figurant dans le bail, sauf pour les logements classés F ou G (Loi 89-462 du 6-989 art. 1, II ; Décret 2014-854 du 30-7-2014 art. 7, 1). Sur cette clause travaux, voir n° 29420. À notre avis, ce dispositif d'encadrement ne s'oppose pas non plus à l'application d'un **accord collectif de location** signé entre les représentants des bailleurs et des locataires (Loi 86-1290 du 23-12-1986 art. 41 ter et 42).

2. CHARGES LOCATIVES RÉCUPÉRABLES

La SCI peut exiger du locataire le remboursement de certaines charges afférentes aux lieux loués. Ces charges, dites « récupérables », accessoires au loyer, sont exigibles en contrepartie (Loi 89-462 du 6-7-1989 art. 23, al. 1) : **29500**

– des services rendus liés à l'usage des différents éléments de la chose louée ;
– des dépenses d'entretien courant et des menues réparations sur les éléments d'usage commun de la chose louée ;
– des impositions qui correspondent à des services dont le locataire profite directement.

Le décret 87-713 du 26 août 1987 détermine les charges récupérables et son annexe fixe une liste qui revêt un **caractère limitatif** (Cass. 3e civ. 27-11-2002 : RJDA 2/03 n° 122). La SCI ne peut exiger le remboursement de quelque autre charge que ce soit. Ce texte étant l'application d'une disposition d'ordre public de la loi, toute dérogation contractuelle est illégale. Un loyer ne peut donc pas être fixé « charges comprises » car cela reviendrait à forfaitiser les charges (CA Paris 25-3-1999 : Loyers et copr. 2000 n° 61).

La liste, à certains égards dépassée, est la suivante. **29510**

Liste limitative des charges récupérables
(annexe au décret du 26 août 1987)

I. **Ascenseurs et monte-charge**

1. Dépenses d'électricité.

2. Dépenses d'exploitation, d'entretien courant, de menues réparations :

a. Exploitation :
– visite périodique, nettoyage et graissage des organes mécaniques ;
– examen semestriel des câbles et vérification annuelle des parachutes ;
– nettoyage annuel de la cuvette, du dessus de la cabine et de la machinerie ;
– dépannage ne nécessitant pas de réparations ou fournitures de pièces ;
– tenue d'un dossier par l'entreprise d'entretien mentionnant les visites techniques, incidents et faits importants touchant l'appareil.

b. Fournitures relatives à des produits ou à du petit matériel d'entretien (chiffons, graisses et huiles nécessaires) et aux lampes d'éclairage de la cabine.

c. Menues réparations :
– de la cabine (boutons d'envoi, paumelles de portes, contacts de portes, ferme-porte automatiques, coulisseaux de cabine, dispositif de sécurité de seuil et cellule photoélectrique) ;
– des paliers (ferme-porte mécaniques, électriques ou pneumatiques, serrures électromécaniques, contacts de porte et boutons d'appel) ;
– des balais du moteur et fusibles.

II. **Eau froide, eau chaude et chauffage collectif des locaux privatifs et des parties communes**

1. Dépenses relatives :
– à l'eau froide et chaude des locataires ou occupants du bâtiment ou de l'ensemble des bâtiments d'habitation concernés ;
– à l'eau nécessaire à l'entretien courant des parties communes du ou desdits bâtiments, y compris la station d'épuration ;

29510 (suite) – à l'eau nécessaire à l'entretien courant des espaces extérieurs ;
– aux taxes et redevances ainsi qu'aux sommes dues au titre de la redevance d'assainissement, à l'exclusion de celles auxquelles le propriétaire est astreint en application de l'article L 1331-8 du Code de la santé publique ;
– aux produits nécessaires à l'exploitation, à l'entretien et au traitement de l'eau ;
– à l'électricité ;
– au combustible ou à la fourniture d'énergie, quelle que soit sa nature.
2. Dépenses d'exploitation, d'entretien courant et de menues réparations :
a. Exploitation et entretien courant :
– nettoyage des gicleurs, électrodes, filtres et clapets des brûleurs ;
– entretien courant et graissage des pompes de relais, jauges contrôleurs de niveau ainsi que des groupes motopompes et pompes de puisards ;
– graissage des vannes et robinets et réfection des presse-étoupes ;
– remplacement des ampoules des voyants lumineux et ampoules de chaufferie ;
– entretien et réglage des appareils de régulation automatique et de leurs annexes ;
– vérification et entretien des régulateurs de tirage ;
– réglage des vannes, robinets et tés ne comprenant pas l'équilibrage ;
– purge des points de chauffage ;
– frais de contrôle de combustion ;
– entretien des épurateurs de fumée ;
– opérations de mise en repos en fin de saison de chauffage, rinçage des corps de chauffe et tuyauteries, nettoyage de chaufferies, y compris leurs puisards et siphons, ramonage des chaudières, carneaux et cheminées ;
– conduite de chauffage ;
– frais de location, d'entretien et de relevé des compteurs généraux et individuels ;
– entretien de l'adoucisseur, du détartreur d'eau, du surpresseur et du détendeur ;
– contrôles périodiques visant à éviter les fuites de fluide frigorigène des pompes à chaleur ;
– vérification, nettoyage et graissage des organes des pompes à chaleur ;
– nettoyage périodique de la face extérieure des capteurs solaires ;
– vérification, nettoyage et graissage des organes des capteurs solaires.
b. Menues réparations dans les parties communes ou sur des éléments d'usage commun :
– réparation de fuites sur raccords et joints ;
– remplacement des joints, clapets et presse-étoupes ;
– rodage des sièges de clapets ;
– menues réparations visant à remédier aux fuites de fluide frigorigène des pompes à chaleur ;
– recharge en fluide frigorigène des pompes à chaleur.

III. Installations individuelles

Chauffage et production d'eau chaude, distribution d'eau dans les parties privatives
1. Dépenses d'alimentation commune de combustible.
2. Exploitation et entretien courant, menues réparations
a. Exploitation et entretien courant :
– réglage de débit et température de l'eau chaude sanitaire ;
– vérification et réglage des appareils de commande, d'asservissement, de sécurité d'aquastat et de pompe ;
– dépannage ;
– contrôle des raccordements et de l'alimentation des chauffe-eau électriques, contrôle de l'intensité absorbée ;
– vérification de l'état des résistances, des thermostats, nettoyage ;
– réglage des thermostats et contrôle de la température d'eau ;
– contrôle et réfection d'étanchéité des raccordements eau froide-eau chaude ;
– contrôle des groupes de sécurité ;
– rodage des sièges de clapets des robinets ;
– réglage des mécanismes de chasses d'eau.
b. Menues réparations :
– remplacement des bilames, pistons, membranes, boîtes à eau, allumage piézoélectrique, clapets et joints des appareils à gaz ;
– rinçage et nettoyage des corps de chauffe et tuyauteries ;
– remplacement des joints, clapets et presse-étoupes des robinets ;
– remplacement des joints, flotteurs et joints cloches des chasses d'eau.

IV. Parties communes intérieures au bâtiment ou à l'ensemble des bâtiments d'habitation

1. Dépenses relatives :
– à l'électricité ;
– aux fournitures consommables, notamment produits d'entretien, balais et petit matériel assimilé nécessaires à l'entretien de propreté, sel.

2. Exploitation et entretien courant, menues réparations :
– entretien de la minuterie, pose, dépose et entretien des tapis ;
– menues réparations des appareils d'entretien de propreté tels qu'aspirateur.
3. Entretien de propreté (frais de personnel).
V. Espaces extérieurs au bâtiment ou à l'ensemble de bâtiments d'habitation (voies de circulation, aires de stationnement, abords et espaces verts, aires et équipements de jeux)
1. Dépenses relatives :
– à l'électricité ;
– à l'essence et huile ;
– aux fournitures consommables utilisées dans l'entretien courant : ampoules ou tubes d'éclairage, engrais, produits bactéricides et insecticides, produits tels que graines, fleurs, plants, plantes de remplacement, à l'exclusion de celles utilisées pour la réfection de massifs, plates-bandes ou haies.
2. Exploitation et entretien courant :
a. Opérations de coupe, désherbage, sarclage, ratissage, nettoyage et arrosage concernant :
– les allées, aires de stationnement et abords ;
– les espaces verts (pelouses, massifs arbustes, haies, plates-bandes) ;
– les aires de jeux ;
– les bassins, fontaines, caniveaux, canalisations d'évacuation des eaux pluviales ;
– entretien du matériel horticole ;
– remplacement du sable des bacs et du petit matériel de jeux.
b. Peinture et menues réparations des bancs de jardins et des équipements de jeux et grillages.
VI. Hygiène
1. Dépenses de fournitures consommables :
– sacs en plastique et en papier nécessaires à l'élimination des rejets ;
– produits relatifs à la désinsectisation et à la désinfection, y compris des colonnes sèches de vide-ordures.
2. Exploitation et entretien courant :
– entretien et vidange des fosses d'aisances ;
– entretien des appareils de conditionnement des ordures.
3. Élimination des rejets (frais de personnel).
VII. Équipements divers du bâtiment ou de l'ensemble de bâtiments d'habitation
1. Fourniture d'énergie nécessaire à la ventilation mécanique.
2. Exploitation et entretien courant :
– ramonage des conduits de ventilation ;
– entretien de la ventilation mécanique ;
– entretien des dispositifs d'ouverture automatique ou codée et des interphones ;
– visites périodiques à l'exception des contrôles réglementaires de sécurité, nettoyage et graissage de l'appareillage fixe de manutention des nacelles de nettoyage des façades vitrées.
3. Divers :
Abonnement des postes de téléphone à la disposition des locataires.
VIII. Impositions et redevances
Droit de bail *[abrogé]*.
Taxe ou redevance d'enlèvement des ordures ménagères.
Taxe de balayage.

Charges relatives aux ascenseurs Sont récupérables les dépenses engagées par la SCI dans le cadre du contrat d'entretien minimal : vérifications périodiques, réparation et remplacement des petites pièces présentant des signes d'usure excessive, dépannage des personnes bloquées en cabine et remise en service de l'installation (Loi 89-462 du 6-7-1989 art. 23, 2°). En revanche, les sommes engagées pour la mise aux normes de l'ascenseur ou pour son remplacement ne doivent pas être supportées par le locataire. **29530**

Travaux d'économie d'énergie La SCI qui réalise des travaux d'économie d'énergie dans les parties privatives d'un logement ou dans les parties communes de l'immeuble peut demander au locataire une participation financière (Loi 89-462 du 6-7-1989 art. 23-1 ; Décret 2009-1439 du 23-11-2009 : JO 25 p. 20228 ; Arrêté du 23-11-2009 : JO 25 p. 20238). Cette « contribution pour le partage des économies de charges » peut être demandée au locataire à partir de la date d'achèvement des travaux et à condition que ceux-ci aient bénéficié directement au locataire et lui soient justifiés. Depuis le 25 août 2021, elle n'est exigible qu'à la condition qu'un ensemble de travaux ait été réalisé et que le logement ait un niveau de performance énergétique compris entre la classe A et la classe E (Loi 89-462 du 6-7-1989 art. 23-1). Limitée à quinze ans au plus, la contribution doit être inscrite sur l'avis d'échéance et portée sur la quittance remise au locataire. Son montant, fixe et **29535**

non révisable, ne peut pas être supérieur à la moitié du montant de l'économie d'énergie estimée.

Avant de réaliser des travaux, la SCI doit se concerter avec le locataire, notamment sur les modalités de réalisation de ces travaux et sur leurs bénéfices en termes d'économie d'énergie. Une procédure de contrôle des travaux est prévue après leur achèvement.

La **contribution** est en principe **calculée** sur la base d'une estimation des économies d'énergie réalisées. Elle peut toutefois être fixée de manière forfaitaire dans certains cas, notamment lorsque le bailleur ne loue pas plus de trois logements dans l'immeuble considéré. À titre d'exemple, la contribution forfaitaire est de 20 € par mois pour les logements d'au moins quatre pièces.

29540 **Dépenses de personnel de l'immeuble** La SCI peut récupérer une partie des dépenses correspondant à la rémunération et aux charges sociales et fiscales du **gardien ou concierge** (Décret 87-713 art. 2, c) : à hauteur de 75 % en cas d'entretien des parties communes et d'élimination des déchets, et à concurrence de 40 % lorsque le gardien ou le concierge n'assure que l'une ou l'autre des deux tâches ou si le gardien ou concierge effectue une tâche et participe à l'autre (Cass. 3e civ. 8-3-2018 n° 17-11.985 FS-PBI, Sté Pays d'Aix Habitat : BPAT 2/18 inf. 69).

Sont également récupérables les **dépenses** de personnel engagées **en cas d'intervention d'un tiers** (Décret 2008-1411 art. 2, 2° ; Décret 87-713 art. 2, c modifié) dans les cas suivants :

– pendant les repos hebdomadaires et les congés prévus dans les clauses du contrat de travail du gardien ou du concierge ;
– en cas de force majeure ;
– en cas d'arrêt de travail ;
– en raison d'une impossibilité matérielle ou physique temporaire. Le caractère temporaire s'applique à l'impossibilité matérielle ; si le gardien est dans l'impossibilité matérielle permanente d'effectuer l'entretien des parties communes et/ou l'élimination des déchets, le forfait de charges n'est pas récupérable (Cass. 3e civ. 17-12-2013 n° 12-26.780 : RJDA 4/14 n° 308).

29543 Les dépenses correspondant à la rémunération d'un **employé d'immeuble** et aux charges sociales et fiscales y afférentes sont exigibles, en totalité, au titre des charges récupérables lorsque l'employé assure l'entretien des parties communes ou l'élimination des rejets (Décret 87-713 art. 2, d). En substituant la conjonction « ou » à la conjonction « et » retenue dans l'ancienne rédaction de l'article 2, c du décret de 1987, le décret fait obstacle à une éventuelle extension aux employés d'immeuble de l'interprétation restrictive dégagée par la Cour de cassation à propos des gardiens et concierges.

L'article 2, a du décret de 1987 dispose que, pour son application, il n'y a pas lieu de distinguer entre les services assurés par le bailleur en régie et ceux assurés dans le cadre d'un contrat d'entreprise. Le coût des premiers inclut toutefois les dépenses de personnels d'encadrement technique.

Conservées en l'état, ces dispositions précisent désormais que les dépenses de **personnel d'encadrement technique** sont récupérables à concurrence de 10 % de leur montant, dès lors que ce personnel est chargé du contrôle direct du gardien, du concierge ou de l'employé d'immeuble (Décret 87-713 art. 2, a).

Rappelons qu'en présence d'un contrat d'entreprise le bailleur doit s'assurer que ce contrat distingue les dépenses récupérables et les autres dépenses, étant précisé que le coût des services assurés dans le cadre d'un contrat d'entreprise correspond à la dépense, toutes taxes comprises, acquittée par le bailleur (Loi 89-462 du 6-7-1989 art. 23, al. 8).

29545 Afin de limiter les risques de contestation, le décret fixe avec précision les **éléments** de la rémunération du gardien, du concierge et de l'employé d'immeuble, qui ne peuvent **pas** être **pris en compte** dans l'assiette des charges récupérables.

Sont ainsi exclus (Décret 87-713 art. 2, c et d) :

– le salaire en nature ; cette exclusion, qui ne concernait jusqu'à présent que les gardiens et concierges, est étendue aux employés d'immeuble ;
– l'intéressement et la participation aux bénéfices de l'entreprise ;
– les indemnités et primes de départ à la retraite ; cette mesure reprend la solution dégagée par un arrêt récent aux termes duquel la prime de départ à la retraite versée à un gardien n'est pas une charge récupérable (Cass. 3e civ. 25-6-2008 n° 07-15.598 : RJDA 10/08 n° 996) ;
– les indemnités de licenciement ;
– les indemnités journalières perçues en cas d'arrêt de travail (Rép. Marseille : Sén. 15-9-2016 n° 17450) ;
– la cotisation à une mutuelle prise en charge par l'employeur ou par le comité d'entreprise ;

– la participation de l'employeur au comité d'entreprise ;
– la participation de l'employeur à l'effort de construction ;
– la cotisation à la médecine du travail.

> **Précisions** Rappelons qu'en présence d'un **contrat d'entreprise** le bailleur doit s'assurer que ce contrat **distingue les dépenses récupérables et les autres dépenses,** étant précisé que le coût des services assurés dans le cadre d'un contrat d'entreprise correspond à la dépense, toutes taxes comprises, acquittée par le bailleur (Loi 89-462 du 6-7-1989 art. 23, al. 8).

Paiement des charges locatives Les charges sont exigibles **sur justification,** ce qui exclut l'évaluation forfaitaire ; la SCI peut se prévaloir, même après l'expiration du bail, des dispositions d'ordre public de la loi qui imposent une fixation des charges sur une base réelle (Cass. 3e civ. 20-12-1995 : RJDA 2/96 n° 195). 29550

Les charges peuvent faire l'objet du versement de **provisions,** lesquelles doivent donner lieu à une régularisation annuelle (Loi 89-462 du 6-7-1989 art. 23, al. 6), c'est-à-dire une comparaison de la somme des provisions versées et du montant total des charges dues pour la même période. Cette comparaison entraîne le versement d'un supplément par le locataire ou un remboursement par la SCI. En pratique, le plus souvent, les charges locatives donnent lieu au versement de provisions mensuelles régularisées lors de la réception du décompte annuel des charges de copropriété.

Les demandes de provisions doivent être justifiées par la communication des résultats antérieurs arrêtés lors de la précédente régularisation et par le budget prévisionnel (Loi 89-462 du 6-7-1989 art. 23, al. 6 ; Cass. 3e civ. 3-4-2001 : Administrer janvier 2002 p. 30).

Un mois avant la régularisation, la SCI doit adresser à chaque locataire un décompte par nature de charges ainsi que, dans les immeubles collectifs, le mode de répartition entre les locataires et, le cas échéant, une note d'information sur les modalités de calcul des charges de chauffage et de production d'eau chaude sanitaire collectifs et sur la consommation individuelle de chaleur et d'eau chaude sanitaire du logement (Loi 89-462 du 6-7-1989 art. 23, al. 7). Pendant six mois à compter de l'envoi de ce décompte, les pièces justificatives doivent être tenues à la disposition personnelle de chaque locataire (Loi 89-462 du 6-7-1989 art. 23, al. 7 ; Cass. 3e civ. 28-1-2004 n° 02-15.810 : RJDA 5/04 n° 535 ; Cass. 3e civ. 1-4-2009 n° 08-14.854 : RJDA 7/09 n° 607), même si les lieux loués constituent un lot dépendant d'une copropriété (Cass. 3e civ. 30-6-2004 : RJDA 10/04 n° 1100).

La SCI est tenue de transmettre gratuitement une **quittance** chaque fois que le locataire en fait la demande (en cas de paiement partiel, elle doit délivrer un reçu). Cette quittance mentionne les sommes versées en distinguant le loyer et les charges (Loi 89-462 du 6-7-1989 art. 21). Avec l'accord exprès du locataire, la SCI peut la lui transmettre par voie dématérialisée.

L'**action en répétition des charges indûment perçues** par le bailleur se prescrit par trois ans à compter du jour où le titulaire du droit a connu ou aurait dû connaître les faits lui permettant de l'exercer ; ce jour est celui de la régularisation des charges, qui seule permet au preneur de déterminer l'existence d'un indu, et non celui du versement de la provision (Cass. 3e civ. 9-11-2017 n° 16-22.445 FS-PBRI : BPAT 6/17 inf. 227).

> **Précisions** **a.** En cas de **régularisation tardive** des charges, c'est-à-dire après le terme de l'année civile suivant l'année de leur exigibilité, le locataire peut payer le complément de charges dû au titre de la régularisation en 12 fois (Loi 89-462 du 6-7-1989 art. 23).
> **b.** Depuis le 24 décembre 2022, lorsque le **contrat de fourniture d'eau n'est pas individualisé,** le bailleur doit transmettre au locataire la facture d'eau ainsi que les informations complémentaires sur la qualité de l'eau qui lui ont été adressées. Cette information est faite en même temps que la communication du décompte de charges ou, à défaut, au moins une fois par an (Loi 89-462 du 6-7-1989 art. 6-3 créé par ord. 2022-1611 du 22-12-2022).

Répartition des charges locatives Dans les immeubles collectifs pourvus d'un chauffage et/ou d'un élément de production d'eau chaude collectifs, en même temps que l'envoi du décompte, la SCI est tenue de préciser le mode de répartition des charges entre les locataires et d'envoyer une **note d'information** sur les modalités de calcul des charges de chauffage et d'eau chaude et sur la consommation individuelle de chaleur et d'eau chaude sanitaire du logement (Loi 89-462 du 6-7-1989 art. 23). 29560

Dans un immeuble en monopropriété, la SCI paraît en droit de choisir le mode de répartition des charges qui lui convient, avec éventuellement une clef de répartition différente en fonction de la nature des charges (par exemple, selon la surface habitable pour le chauffage et selon le nombre d'occupants pour la consommation d'eau). Le système de répartition des charges doit simplement être équitable (CA Paris 27-10-1989 : Loyers et copr. 1990 n° 286).

> **Précisions** Généralement, les **compteurs individuels** d'eau chaude sont obligatoires dans les immeubles collectifs, sauf pour certains bâtiments. Les frais de combustibles afférents à la **production d'eau chaude,** ou les deux tiers du montant de la facture d'eau chaude lorsque les frais de combustible ne sont pas individualisés, sont répartis entre les logements en fonction des relevés des compteurs. Le complément de la facture d'eau chaude, correspondant aux frais fixes, est réparti entre les locataires selon les modalités définies par le bailleur pour chaque immeuble.
> Les immeubles collectifs à usage d'habitation ou à usage professionnel et d'habitation doivent être équipés de compteurs individuels d'énergie thermique permettant la **répartition des frais de chauffage** (CCH art. L 174-2). Lorsque leur installation n'est pas techniquement possible, ou entraîne des coûts excessifs au regard des économies d'énergie attendues, des répartiteurs doivent être installés pour mesurer la consommation de chaleur (CCH art. R 174-2, R 174-3, R 174-4). Les immeubles dont les valeurs de consommation en chauffage sont supérieures ou égales à 120 kWh/m² par an sont équipés de compteurs individuels d'énergie thermique ou de répartiteurs de frais de chauffage.
> Ces obligations sont applicables aux installations **centrales de froid** (CCH art. L 174-2). Le dispositif mis en place pour la répartition des frais de refroidissement est similaire à celui des frais de chauffage (CCH art. R 174-2, R 174-3, R 174-7, R 174-9). Lorsque le **locataire** en fait la demande, le propriétaire bailleur met à disposition du fournisseur de services énergétiques désigné par le locataire les informations relatives à sa consommation passée de chaleur et de froid de son local privatif (C. énergie art. L 241-9-1).

3. PAIEMENT DU LOYER D'HABITATION

29600 Le loyer ainsi que le montant des charges récupérables sont payables aux **dates** convenues dans le bail. Il peut être stipulé payable mensuellement, trimestriellement ou autrement encore ; la SCI est cependant obligée d'accepter le paiement mensuel du loyer lorsque le locataire en fait la demande (Loi 89-462 du 6-7-1989 art. 7, a). Il peut être payable d'avance ou à terme échu. Sauf dispositions expresses du bail, le loyer est **quérable.** En pratique, le loyer est stipulé « portable » : le locataire adresse à la SCI un chèque ou fait un virement sur le compte de la société.

La SCI doit transmettre gratuitement une **quittance** des paiements effectués par le locataire (Loi 89-462 du 6-7-1989 art. 21). Avec l'accord exprès du locataire, le bailleur peut la lui transmettre par voie dématérialisée.

Le locataire ne peut opposer, pour se soustraire à ses obligations de paiement, l'exception d'inexécution de ses obligations par la SCI, sauf dans le cas où les manquements de cette dernière ont pour effet de rendre impossible l'usage du bien loué.

> **Précisions** Le paiement par chèque ou virement est obligatoire lorsque le loyer est égal ou supérieur à 3 000 € (Décret 2010-662 du 16-6-2010 : JO 18 p. 11088).

RÈGLEMENT DES ARRIÉRÉS DE LOYERS

29610 Le **délai d'action** du bailleur **en paiement** du loyer et des charges est de 3 ans à compter du jour où il a connu ou aurait dû connaître les faits lui permettant d'exercer ce droit. En cas de trop-versé par le locataire, le délai de **prescription** de l'action en répétition de l'indu pour le loyer et les charges (Loi 89-462 du 6-7-1989 art. 7-1) est également de 3 ans à compter de la date de régularisation des charges (Cass. 3e civ. 9-11-2017 no 16-22.445 FS-PBRI : BPAT 6/17 inf. 227).

En cas d'impayé, la SCI peut dans un premier temps tenter d'obtenir le règlement des arriérés **à l'amiable** ; en cas d'échec, la SCI peut faire jouer l'assurance « loyers impayés » si elle en a souscrit une ; elle peut également poursuivre la caution solidaire si un cautionnement a été fourni.

Elle peut ensuite **mettre en demeure** le locataire de payer par lettre recommandée ; cette démarche n'est pas obligatoire mais peut se révéler utile.

En cas d'échec, la SCI doit faire citer le locataire en justice pour qu'il soit condamné à payer ; une saisie conservatoire puis une saisie du compte bancaire du locataire seront alors possibles.

Le juge peut, de sa propre initiative ou sur demande du locataire, accorder des **délais de paiement,** qui se traduisent par un report ou un échelonnement de la dette, et qui ne peuvent excéder trois ans (Loi 89-462 du 6-7-1989 art. 24, V ; C. civ. art. 1244-1, al. 1).

29620 La SCI peut enfin **mettre fin au bail,** soit en faisant jouer la clause de résiliation de plein droit prévue au bail qui met automatiquement fin au bail sans que le juge puisse s'y opposer, soit en demandant la résiliation judiciaire, notamment lorsque le bail ne contient pas de clause de résiliation, soit en refusant le renouvellement du bail si elle est dans les délais pour délivrer un congé (voir nos 29300 s.).

E. Travaux et réparations

LOGEMENT DÉCENT

Obligations du bailleur La SCI a l'obligation de louer, au titre de l'habitation principale du locataire, un logement décent (Loi 89-462 du 6-7-1989 art. 6, al. 1 et 2). Par « logement décent », il faut entendre un logement « ne laissant pas apparaître de risques manifestes pouvant porter atteinte à la sécurité physique ou à la santé, exempt de toute infestation d'espèces nuisibles et parasites, répondant à un critère de performance énergétique minimale, progressivement renforcé depuis le 1er janvier 2023, et doté des éléments le rendant conforme à l'usage d'habitation » (Loi 89-462 du 6-7-1989 art. 6, al. 1 et 2 ; Décret 2002-120 du 30-1-2002). La « décence » est donc appréciée sur des critères objectifs correspondant à des caractéristiques techniques qui ont été définies par le décret 2002-120 du 30 janvier 2002. 29650

Caractéristiques du logement décent **1. État général** : 29655

– le logement doit assurer le clos et le couvert ; le gros œuvre du logement et de ses accès doit être en bon état d'entretien et de solidité et protéger les locaux contre les eaux de ruissellement et les remontées d'eau ; les menuiseries extérieures et la couverture avec ses raccords et accessoires doivent assurer la protection contre les infiltrations d'eau dans l'habitation. Pour les logements situés dans les départements d'outre-mer, l'appréciation des conditions relatives à la protection contre les infiltrations d'eau peut tenir compte des conditions climatiques spécifiques à ces départements ;

– il doit être protégé contre les **infiltrations d'air parasites.** Les portes et fenêtres du logement ainsi que les murs et parois de ce logement donnant sur l'extérieur ou des locaux non chauffés doivent présenter une étanchéité à l'air suffisante. Les ouvertures des pièces donnant sur des locaux annexes non chauffés doivent être munies de portes ou de fenêtres. Les cheminées doivent être munies de trappes ;

– les **dispositifs de retenue des personnes,** dans le logement et ses accès, tels que garde-corps des fenêtres, escaliers, loggias et balcons, doivent être dans un état conforme à leur usage ;

– la nature et **l'état de conservation et d'entretien** des matériaux de construction, des canalisations et des revêtements du logement ne doivent pas présenter de risques manifestes pour la santé et la sécurité physique des locataires ;

– les **réseaux** et les **branchements** d'électricité et de gaz et les équipements de chauffage et de production d'eau chaude doivent être conformes aux normes de sécurité et être en bon état d'usage et de fonctionnement ;

– les dispositifs d'ouverture et de **ventilation des logements** doivent permettre un renouvellement de l'air adapté aux besoins d'une occupation normale du logement et au fonctionnement des équipements. Le logement doit permettre une **aération suffisante.** Les dispositifs d'ouverture et les éventuels dispositifs de ventilation des logements doivent être en bon état et permettre un renouvellement de l'air et une évacuation de l'humidité adaptés aux besoins d'une occupation normale du logement et au fonctionnement des équipements.

2. Surface et volume :

– le logement doit comporter au moins une **pièce principale,** c'est-à-dire une pièce destinée au séjour ou au sommeil ; ce peut être une chambre isolée. Cette pièce principale doit bénéficier d'un **éclairement naturel** suffisant et d'un ouvrant donnant à l'air libre ou sur un volume vitré donnant à l'air libre. Elle doit avoir soit une **surface habitable** au moins égale à 9 m^2 et une hauteur sous plafond au moins égale à 2,20 mètres, soit un **volume habitable** au moins égal à 20 m^3. Un logement de moins de 9 m^2 peut être décent si son volume habitable est au moins égale à 20 m^3 (Cass. 3e civ. 23-1-2020 n° 19-11.349 F-D : BPAT 2/20 inf. 60) ;

– la **surface habitable** d'un logement est **égale** à la surface de plancher construite, après déduction des surfaces occupées par les murs, cloisons, marches et cages d'escaliers, gaines, embrasures de portes et de fenêtres ; le volume habitable correspond aux surfaces habitables ainsi définies multipliées par les hauteurs sous plafond. Il n'est pas tenu compte de certaines superficies (notamment, combles non aménagés, caves, garages, terrasses, balcons, vérandas et autres dépendances des logements), ni des parties de locaux d'une hauteur inférieure à 1,80 mètre.

3. Éléments d'équipement et de confort

Le logement doit comporter les éléments suivants :

– une installation permettant un **chauffage** normal, munie des dispositifs d'alimentation en énergie et d'évacuation des produits de combustion et adaptée aux caractéristiques du logement – la seule alimentation en électricité ne peut pas être considérée comme un équipement ou une installation permettant un chauffage normal du logement (Cass. 3e civ. 4-6-2014 nº 13-17.289 : D. 2014 p. 1274 obs. Y. Rouquet). Pour les logements situés dans les départements d'outre-mer, il peut ne pas être fait application de ces dispositions lorsque les conditions climatiques le justifient ;

– une installation d'alimentation en **eau** potable assurant à l'intérieur du logement la distribution d'eau avec une pression et un débit suffisants pour l'utilisation normale de ses locataires ;

– des **installations d'évacuation** des eaux ménagères et des eaux-vannes empêchant le refoulement des odeurs et des effluents et munies de siphon ;

– une **cuisine** ou un coin cuisine aménagé de manière à recevoir un appareil de cuisson et comprenant un évier raccordé à une installation d'alimentation en eau chaude (sauf dans les départements d'outre-mer) et froide et à une installation d'évacuation des eaux usées ;

– une **installation sanitaire** intérieure au logement comprenant un W.-C., séparé de la cuisine et de la pièce où sont pris les repas, et un équipement pour la toilette corporelle, comportant une baignoire ou une douche, aménagé de manière à garantir l'intimité personnelle, alimenté en eau chaude (sauf dans les départements d'outre-mer) et froide et muni d'une évacuation des eaux usées. L'installation sanitaire d'un logement d'une seule pièce peut être limitée à un W.-C. extérieur au logement, à condition que celui-ci soit situé dans le même bâtiment et soit facilement accessible ;

– un **réseau électrique** permettant l'éclairage suffisant de toutes les pièces et des accès ainsi que le fonctionnement des appareils ménagers courants indispensables à la vie quotidienne.

4. Performance énergétique

Depuis le 1er janvier 2023, un logement est « énergétiquement décent » si sa consommation en énergie finale par mètre carré et par an est inférieure à 450 kWh. Cette consommation d'énergie est estimée par le diagnostic de performance énergétique (Décret 2002-120 du 30-1-2002 art. 3 bis ; Décret 2021-19 du 11-1-2021 art. 2).

À compter du 1er janvier 2025, les critères de performance énergétique vont changer. Le logement sera considéré comme décent s'il est au moins classé F. À compter du 1er janvier 2028, il devra au moins être classé E et à compter du 1er janvier 2034, il devra être au moins classé D (CCH art. L 173-1-1 ; Loi 89-462 du 6-7-1989 art. 6). Les logements qui ne répondront pas à ces critères aux échéances fixées sont considérés comme non décents.

29660 Lorsque le logement ne présente pas les caractéristiques ainsi définies, le locataire peut demander sa **mise en conformité** à la SCI sans qu'il soit porté atteinte à la validité du bail. À défaut d'accord entre les parties ou de réponse du bailleur dans un délai de deux mois, la partie la plus diligente peut saisir pour avis la commission départementale de conciliation. Dans le même temps, l'une ou l'autre des parties peut saisir le juge, qui détermine la nature des travaux à effectuer et leur délai d'exécution. Il peut réduire le montant du loyer ou suspendre, avec ou sans consignation, son paiement et la durée du bail jusqu'à l'exécution des travaux. Il doit en outre transmettre au préfet le jugement ou l'ordonnance constatant l'indécence du logement (Loi 89-462 du 6-7-1989 art. 20-1).

ATTENTION

Lorsque le locataire bénéficie de l'allocation de logement, l'information du bailleur par l'organisme payeur de son obligation de mise en conformité du logement tient lieu de demande de mise en conformité par le locataire (Loi 89-462 du 6-7-1989 art. 20-1).

LOGEMENT EN BON ÉTAT D'USAGE

29670 La SCI est également tenue de délivrer au locataire le logement en bon état d'usage et de réparation ainsi que les équipements mentionnés au contrat de location en bon état de fonctionnement (Loi 89-462 du 6-7-1989 art. 6, a).

Ni la connaissance de l'état des lieux par le locataire, ni la prétendue faiblesse du montant du loyer, ni la possibilité de sous-louer, ni l'autorisation donnée au locataire de réaliser des travaux n'exonèrent la SCI de cette obligation (Cass. 3e civ. 20-9-2006 nº 947 : RJDA 12/06 nº 1207).

Toutefois, les parties peuvent convenir par une **clause expresse du bail** l'**exécution** de travaux **par le locataire** que celui-ci exécutera ou fera exécuter. Mais cette clause ne doit pas conduire à imposer au locataire des travaux de grande ampleur ni la mise aux normes d'un logement non décent (Cass. 3e civ. 3-2-2010 nº 08-21.205 : RJDA 4/10 nº 342). La clause doit prévoir les modalités de leur imputation sur le loyer, notamment la durée de cette imputation, et, en cas de départ anticipé du locataire, les modalités de son dédommagement sur justification des dépenses effectuées (Loi 89-462 du 6-7-1989 art. 6, a).

En l'absence d'une telle clause, la SCI ne peut pas imposer au locataire la réalisation de travaux d'amélioration dans les lieux loués (Cass. 3e civ. 5-5-2004 : RJDA 8-9/04 n° 954).

ENTRETIEN DU LOGEMENT

Obligations du bailleur La SCI doit aussi entretenir les locaux en état de servir à l'usage prévu par le bail et y faire toutes les **réparations, autres que locatives,** nécessaires au maintien en l'état et à l'entretien normal des locaux loués (Loi 89-462 du 6-7-1989 art. 6, c). Cette obligation porte tant sur les éléments et équipements privatifs que sur les parties communes. Elle couvre toutes les **grosses réparations** (réfection des escaliers, de la toiture, des canalisations, ravalement, etc.), les réparations d'entretien et celles résultant de la vétusté. 29680

Le locataire doit mettre en demeure la SCI de réaliser les travaux de réparation à sa charge. À défaut, cette dernière ne peut pas être tenue d'en supporter la charge. En cas d'urgence, le locataire peut, sur autorisation judiciaire, réaliser lui-même les travaux ou demander la résiliation du bail.

ATTENTION

L'obligation d'entretien du bailleur ne cesse pas avec la fin du bail. Ainsi, il est responsable de la chute du locataire qui s'est maintenu irrégulièrement dans le logement après la fin du bail, chute provoquée par la rupture du garde-corps mal entretenu, l'occupation sans droit ni titre par la victime ne pouvant constituer une faute de nature à exonérer le propriétaire au titre de sa responsabilité lorsqu'il est établi que l'accident résulte du défaut d'entretien de l'immeuble (Cass. 2e civ. 15-9-2022 n° 19.26-249 F-D : BPAT 6/22 inf. 274).

Obligations du locataire Le locataire doit répondre des **dégradations** et pertes qui surviennent pendant la durée du contrat dans les locaux dont il a la jouissance exclusive, à moins qu'il ne prouve qu'elles ont eu lieu par cas de force majeure, par la faute du bailleur ou par le fait d'un tiers qu'il n'a pas introduit dans le logement (Loi 89-462 du 6-7-1989 art. 7, c). 29690

Il doit prendre à sa charge l'**entretien courant** du logement, des équipements mentionnés au contrat et les menues réparations ainsi que l'ensemble des réparations locatives, sauf si elles sont occasionnées par la vétusté, les malfaçons, un vice de construction, un cas fortuit ou la force majeure. La vétusté est **définie** comme l'état d'usure ou de détérioration résultant du temps ou de l'usage normal des matériaux et éléments d'équipement dont est constitué le logement. Une **grille de vétusté** peut être appliquée par le locataire et le bailleur dès la signature du bail, choisie parmi celles ayant fait l'objet d'un accord collectif de location ou d'un accord collectif local conclu conformément à la loi 86-1290 du 23 décembre 1986, même si le logement en cause ne relève pas du secteur locatif ou du patrimoine régi par l'accord (Décret 2016-382 du 30-3-2016). Cette grille définit au minimum, pour les principaux matériaux et équipements du bien loué, une durée de vie théorique et des coefficients d'abattement forfaitaire annuels affectant le prix des réparations locatives auxquelles serait tenu le locataire.

Les réparations locatives ainsi mises à la charge du locataire font l'objet d'une définition et d'une énumération non limitative résultant du décret du 26 août 1987 pris en application de l'article 7 de la loi du 23 décembre 1986 et toujours en vigueur (Loi 89-462 du 6-7-1989 art. 25, V).

ATTENTION

La vidange des fosses septiques est à la charge du locataire. Ces travaux ne doivent pas être confondus avec le curement des puits et celui des fosses d'aisances qui, sauf stipulation contraire (C. civ. art. 1756), sont à la charge du bailleur (Cass. 3e civ. 24-3-2010 n° 09-10.218 : RJDA 6/10 n° 601).

Liste des réparations locatives 29695

I. Parties extérieures dont le locataire a l'usage exclusif

a. Jardins privatifs : entretien courant, notamment des allées, pelouses, massifs, bassins et piscines ; taille, élagage, échenillage des arbres et arbustes ; remplacement des arbustes ; réparation et remplacement des installations mobiles d'arrosage.

b. Auvents, terrasses et marquises : enlèvement de la mousse et des autres végétaux.

c. Descentes d'eaux pluviales, chéneaux et gouttières : dégorgement des conduits.

II. Ouvertures intérieures et extérieures

a. Sections ouvrantes telles que portes et fenêtres : graissage des gonds, paumelles et charnières ; menues réparations des boutons et poignées de portes, des gonds, crémones et espagnolettes ; remplacement notamment de boulons, clavettes et targettes.

b. Vitrages : réfection des mastics ; remplacement des vitres détériorées.

c. Dispositifs d'occultation de la lumière tels que stores et jalousies : graissage ; remplacement notamment de cordes, poulies ou de quelques lames.

d. Serrures et verrous de sécurité : graissage ; remplacement de petites pièces ainsi que des clefs égarées ou détériorées.
e. Grilles : nettoyage et graissage ; remplacement notamment de boulons, clavettes, targettes.

III. Parties intérieures

a. Plafonds, murs intérieurs et cloisons : maintien en état de propreté ; menus raccords de peintures et tapisseries ; remise en place ou remplacement de quelques éléments des matériaux de revêtement tels que faïence, mosaïque, matière plastique ; rebouchage des trous rendu assimilable à une réparation par le nombre, la dimension et l'emplacement de ceux-ci.
b. parquets, moquettes et autres revêtements de sol : encaustiquage et entretien courant de la vitrification ; remplacement de quelques lames de parquet et remise en état, pose de raccords de moquettes et autres revêtements de sol, notamment en cas de taches et de trous.
c. Placards et menuiseries telles que plinthes, baguettes et moulures : remplacement des tablettes et tasseaux de placard et réparation de leur dispositif de fermeture ; fixation de raccords et remplacement de pointes de menuiseries.

IV. Installations de plomberie

a. Canalisations d'eau : dégorgement ; remplacement notamment de joints et de colliers.
b. Canalisations de gaz : entretien courant des robinets, siphons et ouvertures d'aération ; remplacement périodique des tuyaux souples de raccordement.
c. Fosses septiques, puisards et fosses d'aisances : vidange.
d. Chauffage, production d'eau chaude et robinetterie :
Remplacement des bilames, pistons, membranes, boîtes à eau, allumage piézoélectrique, clapets et joints des appareils à gaz ;
Rinçage et nettoyage des corps de chauffe et tuyauteries ;
Remplacement des joints, clapets et presse-étoupes des robinets ;
Remplacement des joints, flotteurs et joints cloches des chasses d'eau.
e. Éviers et appareils sanitaires : nettoyage des dépôts de calcaire, remplacement des tuyaux flexibles de douches.

V. Équipements d'installations d'électricité

Remplacement des interrupteurs, prises de courant, coupe-circuits et fusibles, des ampoules, tubes lumineux ; réparation ou remplacement des baguettes ou gaines de protection.

VI. Autres équipements mentionnés au contrat de location

a. Entretien courant et menues réparations des appareils tels que réfrigérateurs, machines à laver le linge et la vaisselle, sèche-linge, hottes aspirantes, adoucisseurs, capteurs solaires, pompes à chaleur, appareils de conditionnement d'air, antennes individuelles de radiodiffusion et de télévision, meubles scellés, cheminées, glaces et miroirs.
b. Menues réparations nécessitées par la dépose des bourrelets.
c. Graissage et remplacement des joints des vidoirs.
d. Ramonage des conduits d'évacuation des fumées et des gaz et conduits de ventilation. Ces réparations locatives sont les travaux d'entretien courant et de menues réparations y compris les remplacements d'éléments assimilables auxdites réparations, consécutifs à l'usage normal des locaux et équipements à usage privatif.

RÉALISATION DE TRAVAUX PAR LE BAILLEUR

29697 Le locataire doit permettre l'accès aux lieux loués pour la préparation et l'exécution des travaux d'amélioration des parties communes ou des parties privatives du même immeuble, ainsi que les travaux nécessaires au maintien en état et à l'entretien normal des locaux loués et les travaux d'amélioration de la performance énergétique qui sont à réaliser dans ces locaux (Loi 89-462 du 6-7-1989 art. 7, e). Avant le début des travaux, le locataire est informé par le bailleur de la nature des travaux et de leurs modalités d'exécution, par une notification qui lui est remise en main propre ou par lettre recommandée avec demande d'avis de réception. Le locataire peut obtenir une réduction du loyer si ces travaux durent plus de vingt et un jours, voire la résiliation du bail si les perturbations occasionnées sont telles qu'elles rendent inhabitable ce qui est nécessaire au logement (application de l'article 1724, al. 2 et 3 du Code civil). La diminution du loyer est proportionnelle au temps et à la partie du logement dont il a été privé plus de 21 jours.

> Précisions Le locataire peut aussi demander au juge de faire cesser des **travaux à caractère abusif** entrepris par le propriétaire du logement loué (Loi 89-462 du 6-7-1989 art. 7, e).

AMÉNAGEMENTS ET TRANSFORMATIONS DU LOGEMENT

29700 La SCI ne peut pas s'opposer aux simples aménagements réalisés **par le locataire.** L'aménagement se limite en principe à la faculté d'organiser et d'agencer les lieux sans que soit modifiée la structure ou la configuration du local ou que soient ajoutés ou supprimés des éléments d'équipement.

La transformation des lieux loués ou des éléments d'équipement doit, en revanche, être autorisée par la SCI (Loi 89-462 du 6-7-1989 art. 7, f). Il en est ainsi même si les travaux envisagés par le locataire constituent une amélioration du logement.

La distinction entre travaux d'aménagement et de transformation n'est pas toujours aisée. Si la SCI accepte les travaux de transformation, elle n'est pas pour autant tenue d'y participer financièrement ou d'indemniser le locataire à la fin du bail.

Si des travaux de transformation ont été réalisés sans autorisation, la SCI peut, au départ du locataire, soit conserver les transformations sans indemnité, soit exiger une remise des lieux dans leur état initial.

ATTENTION

Le locataire peut réaliser, à ses frais, des travaux d'adaptation du logement aux personnes en situation de handicap ou de perte d'autonomie ou des travaux de rénovation énergétique (Loi 89-462 du 6-7-1989 art. 7, f). La demande doit être faite par écrit et par lettre recommandée avec demande d'avis de réception auprès du bailleur. L'absence de réponse dans les quatre mois à compter de la date de réception de la demande vaut décision d'acceptation du bailleur. Au départ du locataire, le bailleur ne peut pas exiger la remise des lieux en l'état. La liste des travaux ainsi que les modalités de mise en œuvre ont été fixées par le décret 2016-1282 du 29-9-2016 (adaptation du logement aux personnes handicapées) et par le décret 2022-1026 du 20 juillet 2022 (rénovation énergétique).

F. Vente du logement loué

VENTE DU BIEN OCCUPÉ PAR LE LOCATAIRE

Si la SCI souhaite vendre le logement en cours de bail, elle doit le vendre occupé ou le vendre au locataire. Ce dernier dispose d'un droit de préemption, c'est-à-dire d'un droit de priorité d'achat sur son logement dans les conditions développées ci-après. Cela dit, le locataire ne bénéficie d'aucune réduction particulière du prix sinon celle qui profite à tout acheteur, le prix d'un logement vendu occupé étant généralement inférieur de 5 à 15 % à celui qui serait obtenu si le logement était libre. **29720**

En cas d'**acquisition d'un bien occupé** (Loi 89-462 du 6-7-1989 art. 15, I) :

– lorsque le bail vient à expiration plus de trois ans après la date d'acquisition, le bailleur peut donner congé à son locataire pour vendre le logement au terme du contrat de location en cours. Par exemple, vous achetez le 15 mai 2019 un logement occupé par un locataire dont le bail expire le 15 octobre 2023 ; le bailleur peut lui délivrer congé six mois avant le terme du bail, soit avant le 15 avril 2023 ;

– lorsque le bail vient à expiration moins de 3 ans après la date d'acquisition, le bailleur peut lui délivrer un congé pour vendre au terme de la première reconduction tacite ou du premier renouvellement du bail. Par exemple, vous achetez le 1er mars 2019 un logement occupé par un locataire dont le bail expire le 31 mai 2021 ; le terme de la première reconduction intervenant le 31 mai 2024, il faut lui délivrer congé six mois avant, soit au plus tard le 30 novembre 2023.

En cas de vente du logement loué, c'est le nouveau propriétaire qui est tenu de restituer le **dépôt de garantie** au locataire en fin de bail. Une disposition contraire prévue dans le contrat de vente n'est pas opposable au locataire.

Vente du logement après division de l'immeuble Le locataire dispose d'un droit de préemption si la SCI vend le logement loué après avoir divisé l'immeuble en lots (Loi 75-1351 du 31-12-1975 art. 10). Ce droit n'est reconnu que lors de la **première vente** suivant la division de l'immeuble. Pour que le locataire puisse l'exercer, la SCI doit lui notifier le prix et les conditions de la vente envisagée. S'il refuse d'acheter (ou garde le silence pendant deux mois après la réception de cette notification), la SCI peut vendre le bien aux prix et conditions offerts au locataire. Si la SCI vend à un prix inférieur ou à des conditions plus avantageuses, elle doit proposer à nouveau le bien au locataire à ce prix ou à ces nouvelles conditions ; le locataire dispose alors d'un mois pour faire connaître son intention d'acheter. **29730**

ATTENTION

Le contrat de location doit être en cours au moment où le bailleur est tenu de faire la notification préalable à la conclusion de la vente. Si le bail ou l'occupation est postérieur à la division ou à la subdivision de l'immeuble, le locataire ou l'occupant de bonne foi ne bénéficie pas du droit de préemption (Décret 2020-1150 du 17-9-2020 : JO 19 texte n° 23).

29740 **Vente à la découpe** Les locataires bénéficient d'un droit de préemption lorsque la SCI envisage de vendre à un acquéreur, en totalité et en une seule fois, un immeuble qui comporte plus de cinq logements et est à usage d'habitation ou à usage mixte d'habitation et professionnel (Loi 75-1351 du 31-12-1975 art. 10-1).

Par exception, le droit de préemption est écarté lorsque l'acquéreur de l'immeuble s'engage à proroger les contrats de bail en cours de sorte que les locataires continuent à bénéficier de leur logement pendant six ans.

Si l'acquéreur potentiel refuse de prendre l'engagement de maintenir les baux dans les conditions précitées, la SCI doit proposer aux locataires d'acheter le bien qu'ils occupent. La SCI doit notifier à chaque locataire les conditions et le prix de vente de l'immeuble entier et du bien qu'il occupe. Le locataire dispose d'un délai de quatre mois pour faire connaître sa décision d'acheter. À l'expiration de ce délai, la SCI peut réaliser la vente de tout l'immeuble si aucun locataire n'a fait usage de son droit de préemption. Dans le cas contraire, elle peut vendre les logements non préemptés à l'acquéreur initial. Si la SCI consent une baisse du prix ou des conditions plus avantageuses que ceux offerts aux locataires, elle doit à nouveau proposer aux locataires d'acheter le logement qu'ils occupent en leur notifiant les nouvelles conditions. Ces derniers devront répondre dans le mois de cette nouvelle offre. En cas de refus ou d'absence de réponse, la SCI peut vendre. À défaut de respecter cette procédure, la vente est nulle.

> **Précisions** Pour que le droit de préemption du locataire s'applique, les locaux vendus ne doivent pas être **impropres à l'habitation** et doivent présenter les caractéristiques de décence fixées par le décret du 30 janvier 2002. Dans le cas contraire, ces locaux ne sont pas pris en compte dans le calcul du nombre de logements visé par la loi permettant au droit de préemption de s'appliquer (Cass. 3e civ. 11-2-2016 n° 14-25.682 : BPAT 2/16 inf. 66).

VENTE DU LOGEMENT LIBRE DE TOUTE OCCUPATION

29750 Pour vendre le logement libre de toute occupation, il faut soit attendre le départ du locataire, soit lui donner congé pour la fin du bail. Il n'est pas possible de le forcer à quitter les lieux en cours de bail.

Le **congé pour vendre** doit (Loi du 6-7-1989 art. 15, II) :

– être donné pour la date d'expiration du bail avec un préavis de six mois ;

– prendre la forme d'une lettre recommandée avec avis de réception ou d'un acte de commissaire de justice (ex-huissier) ;

– être adressé à chaque colocataire et notamment à chaque époux ;

– indiquer la dénomination sociale du propriétaire, le motif du congé, c'est-à-dire la vente du logement, le prix et les conditions de la vente qui sont librement déterminés par le propriétaire ;

– reproduire les dispositions légales relatives au droit de préemption du locataire (priorité d'achat) ;

– contenir une notice d'information relative aux obligations du bailleur et aux voies de recours et d'indemnisation du locataire (Loi 89-462 du 6-7-1989 art. 15, I ; Arrêté TERL1711455A du 13-12-2017 : JO 20 texte n° 19).

Cette notice vient compléter la notice d'information, plus globale, qui doit être annexée au contrat de bail depuis le 1er août 2015 (Arrêté ETLL1511666A du 29-5-2015 : JO 31 p. 9041).

MODÈLE

Congé pour vendre

À..., le...

SCI...
Siège social : ...

Monsieur... (1)
Adresse : ...

Lettre recommandée avec demande d'avis de réception

Objet : congé pour vendre

Monsieur,

Je vous informe que la SCI... a décidé de vendre les locaux que vous occupez en tant que locataire en vertu d'un bail qui vous a été consenti le 15 mai 2020. Votre contrat arrivant à échéance le 15 mai 2023, je vous donne congé pour cette date.

Vous rappelant que la notification de ce congé vaut offre de vente à votre profit, je vous précise les modalités de cette vente :

– prix (2) : ... € ;

– conditions de la vente (3) : [*décrivez le bien que vous vendez (4), modalités de paiement du prix et conditions essentielles de la vente*].

Je vous prie de me faire savoir dans les délais légaux si vous entendez donner suite à cette offre. À défaut, vous voudrez bien libérer les lieux pour la date d'échéance de votre contrat.

Conformément à l'article 15, II de la loi 89-462 du 6 juillet 1989, les dispositions légales relatives au congé pour vendre sont ci-après littéralement reproduites :

« Lorsqu'il est fondé sur la décision de vendre le logement, le congé doit, à peine de nullité, indiquer le prix et les conditions de la vente projetée. Le congé vaut offre de vente au profit du locataire : l'offre est valable pendant les deux premiers mois du délai de préavis. Les dispositions de l'article 46 de la loi 65-557 du 10 juillet 1965 fixant le statut de la copropriété des immeubles bâtis ne sont pas applicables au congé fondé sur la décision de vendre le logement.

À l'expiration du délai de préavis, le locataire qui n'a pas accepté l'offre de vente est déchu de plein droit de tout titre d'occupation sur le local.

Le locataire qui accepte l'offre dispose, à compter de la date d'envoi de sa réponse au bailleur, d'un délai de deux mois pour la réalisation de l'acte de vente. Si, dans sa réponse, il notifie son intention de recourir à un prêt, l'acceptation par le locataire de l'offre de vente est subordonnée à l'obtention du prêt et le délai de réalisation de la vente est porté à quatre mois. Le contrat de location est prorogé jusqu'à l'expiration du délai de réalisation de la vente. Si, à l'expiration de ce délai, la vente n'a pas été réalisée, l'acceptation de l'offre de vente est nulle de plein droit et le locataire est déchu de plein droit de tout titre d'occupation.

Dans le cas où le propriétaire décide de vendre à des conditions ou à un prix plus avantageux pour l'acquéreur, le notaire doit, lorsque le bailleur n'y a pas préalablement procédé, notifier au locataire ces conditions et prix à peine de nullité de la vente. Cette notification est effectuée à l'adresse indiquée à cet effet par le locataire au bailleur ; si le locataire n'a pas fait connaître cette adresse au bailleur, la notification est effectuée à l'adresse des locaux dont la location avait été consentie. Elle vaut offre de vente au profit du locataire. Cette offre est valable pendant une durée d'un mois à compter de sa réception. L'offre qui n'a pas été acceptée dans le délai d'un mois est caduque.

Le locataire qui accepte l'offre ainsi notifiée dispose, à compter de la date d'envoi de sa réponse au bailleur ou au notaire, d'un délai de deux mois pour la réalisation de l'acte de vente. Si, dans sa réponse, il notifie son intention de recourir à un prêt, l'acceptation par le locataire de l'offre de vente est subordonnée à l'obtention du prêt et le délai de réalisation de la vente est porté à quatre mois. Si, à l'expiration de ce délai, la vente n'a pas été réalisée, l'acceptation de l'offre de vente est nulle de plein droit. »

Restant à votre disposition pour déterminer les jours et les heures de visite (5) des locaux qui vous dérangeront le moins...

Le gérant

(1) Envoyer une lettre recommandée avec demande d'avis de réception à chaque colocataire et notamment à chaque époux.

(2) Le prix doit être indiqué ; la mention « prix à débattre » n'est pas suffisante.

(3) Le projet d'acte de vente n'a pas à être communiqué dans son entier.

(4) La vente doit porter sur l'intégralité des lieux loués mais le congé n'a pas à mentionner la superficie du logement.

(5) En principe, au maximum deux heures par jour ouvrable.

Le congé pour vendre vaut offre de vente au profit du locataire qui dispose alors d'un **droit de préemption,** dont les modalités de mise en œuvre sont rappelées dans le congé lui-même. **29760**

L'offre de vente est valable à compter de la délivrance du congé (réception de la lettre recommandée, signification de l'acte de commissaire de justice [ex-huissier] ou remise en main propre contre récépissé ou émargement) jusqu'à la fin du deuxième mois du délai légal de préavis. En conséquence, lorsque le congé est donné par anticipation, c'est-à-dire plus de six mois avant l'expiration du bail, la SCI ne pourra vendre librement (sous réserve de respecter au minimum le prix indiqué dans le congé) que quatre mois avant la date d'échéance du contrat.

Le locataire qui souhaite acheter peut essayer de négocier le prix notifié mais devra prendre une décision dans le délai imparti par la loi (c'est-à-dire avant la fin du deuxième mois du délai légal de préavis).

Une fois ce délai écoulé, le locataire peut seulement contester devant le juge la régularité du congé.

G. Fin du bail d'habitation

1. CONGÉ

CONGÉ ANTICIPÉ DONNÉ PAR LE LOCATAIRE

29780 Le locataire a la faculté de résilier le contrat de location à tout moment, sans avoir à attendre la date d'échéance normale du bail (Loi 89-462 du 6-7-1989 art. 12). Le congé n'a pas à être motivé. Il doit cependant être donné par lettre recommandée AR, par acte de commissaire de justice ou remis en main propre contre récépissé ou émargement au moins trois mois à l'avance (Loi 89-462 du 6-7-1989 art. 15, I).

Le locataire reste tenu du loyer et des charges pendant tout le délai de préavis, sauf si le logement se trouve occupé avant la fin du préavis par un autre locataire en accord avec le bailleur (Loi 89-462 du 6-7-1989 art. 15, I). Lorsque le congé est donné par le locataire pour une date déterminée, le bail est résilié à cette date même si l'expiration du délai légal de préavis est antérieure, et les loyers sont dus également jusqu'à cette date (Cass. 3e civ. 28-11-2019 n° 18-18.193 F-D : BPAT 1/20 inf. 16).

ATTENTION

Il ne suffit pas que le congé d'un bail d'habitation soit donné par lettre recommandée avec avis de réception. Pour que le congé soit régulier et que le délai de préavis commence à courir, elle doit avoir été remise à son destinataire. Ainsi, le congé délivré par lettre recommandée avec demande d'avis de réception revenue à son expéditeur avec la mention « pli avisé et non réclamé » n'est pas régulièrement donné (Cass. 3e civ. 21-9-2022 n° 21-17.691 FS-B : BPAT 6/22 inf. 275).

29790 **Préavis réduit** Le délai de préavis peut être réduit à **un mois** dans les cas suivants (Loi 89-462 du 6-7-1989 art. 15, I) :

– logements situés dans les zones d'urbanisation continue de plus de 50 000 habitants (c'est-à-dire celles où s'applique la taxe sur les logements vacants dont la liste est annexée au décret 2013-392 du 10 mai 2013) ;
– obtention d'un **premier emploi,** dont il est justifié par la date d'affiliation au régime de sécurité sociale du locataire ;
– **mutation ou perte d'emploi** ou nouvel emploi consécutif à une perte d'emploi du locataire ;
– locataire dont l'**état de santé,** constaté par certificat médical justifie un changement de domicile ;
– locataire, ou son enfant, victime de violences conjugales et bénéficiant d'une **ordonnance de protection** (Loi 89-462 du 6-7-1989 art. 15, I) ;
– locataire bénéficiaire du revenu de solidarité active (**RSA**) ;
– locataire bénéficiaire de l'allocation aux adultes handicapés (**AAH**) ;
– locataire qui s'est vu **attribuer un logement social** et dont les ressources sont inférieures à celles qui permettent l'**attribution des logements locatifs très sociaux.**

Le locataire qui souhaite bénéficier d'un préavis réduit doit préciser et justifier le **motif invoqué** dans sa lettre de congé. Le motif invoqué ne peut pas être justifié a posteriori (Cass. 3e civ. 11-4-2019 n° 18-14.256 FS-PBI : BPAT 3/19 inf. 101). À défaut, le délai de préavis sera de trois mois.

Les **époux** et les **partenaires de Pacs** étant cotitulaires du bail à usage d'habitation, il suffit qu'un seul des époux ou des partenaires réponde à l'une des conditions énoncées ci-dessus pour qu'ils puissent se prévaloir du délai de préavis raccourci.

> Précisions **a.** Un locataire exerçant une **profession à titre libéral** ne peut pas se prévaloir du motif de la perte d'emploi ou de la mutation pour revendiquer le bénéfice du préavis abrégé (Cass. 3e civ. 16-3-1994 : RJDA 6/94 n° 634).

b. La loi ne précisant pas que la **mutation** doit être imposée par l'employeur, le locataire bénéficie du préavis réduit même si c'est lui qui a demandé sa mutation professionnelle (Cass. 3e civ. 20-1-2010 n° 09-10.287 : RJDA 4/10 n° 343).

c. La **démission,** ou l'abandon volontaire d'une activité pour une autre, n'est pas assimilable à la perte d'emploi (CA Paris 30-10-1997 : BPIM 2/98 inf. 149, 2e esp. ; CA Paris 9-9-2004 : Loyers et copr. 2004 n° 201). En revanche, même négocié, le licenciement constitue une perte d'emploi (CA Paris 10-2-1998 : BPIM 6/98 inf. 423, 1e esp.), de même qu'une rupture conventionnelle du contrat de travail (Cass. 3e civ. 9-6-2016 n° 15-15.175).

d. La seule absence d'emploi, du fait d'une période de **chômage** plus ou moins longue avant la délivrance du congé, ne permet pas au locataire de bénéficier du délai de préavis réduit à un mois (Cass. 3e civ. 24-3-2010 n° 09-10.084 : RJDA 6/10 n° 608).

e. Le **non-renouvellement d'un contrat de travail à durée déterminée** conclu avant la signature du bail ne permet pas au locataire, considéré de mauvaise foi, de se prévaloir du préavis raccourci (Cass. 3e civ. 30-9-1998 : RJDA 11/98 no 1197). Mais un locataire de bonne foi peut, dans les mêmes circonstances, se prévaloir du préavis réduit (Cass. 3e civ. 8-12-1999 : RJDA 2/00 no 137 ; Cass. 3e civ. 8-7-2009 no 08-14.903 : RJDA 10/09 no 825).

f. La loi n'exige pas qu'il y ait un certain **éloignement géographique** imposé par la nouvelle activité professionnelle ni un changement de domicile dans une autre ville pour bénéficier du préavis raccourci (Cass. 3e civ. 20-7-1994 : RJDA 11/94 no 1120 ; Cass. 3e civ. 22-10-2003 : RJDA 1/04 no 26). Le locataire licencié n'a pas non plus à quitter la région pour bénéficier du délai de préavis réduit (Cass. 3e civ. 19-9-2012 no 11-30.369 : BPAT 6/12 inf. 297). De même, le locataire, justifiant d'un nouvel emploi consécutif à la perte du précédent, qui donne congé à son bailleur plus de deux mois après la prise de son nouveau poste, peut bénéficier du délai de préavis réduit (Cass. 3e civ. 5-2-2014 no 13-10.804 : BPAT 2/14 inf. 69). Enfin, le locataire qui perçoit le revenu de solidarité active n'a pas à justifier de la perte de son emploi pour bénéficier du délai de préavis réduit (Cass. 3e civ. 19-10-2017 no 16-22.812 F-D : BPAT 6/17 inf. 229).

g. Les dispositions de la loi du 6 juillet 1989 permettant d'obtenir un délai de préavis réduit à un mois sont d'interprétation stricte. Ainsi, un locataire percevant le RMI (ou le RSA) a droit à un préavis réduit mais cette disposition ne saurait s'appliquer à un locataire ne bénéficiant pas de ce dispositif social. Le propriétaire peut toujours **décider de déroger au texte** et accepter qu'un locataire qui ne remplit pas les conditions légales bénéficie du préavis réduit. Le propriétaire peut alors changer d'avis pour finalement imposer le délai de droit commun ; mais, dans ce cas, il doit en avertir le locataire avant que celui-ci ne quitte le logement (Cass. 3e civ. 19-9-2012 no 11-21.186 : BPAT 6/12 inf. 296).

h. Le préavis est réduit à un mois pour le locataire bénéficiaire d'une ordonnance de protection ou dont le **conjoint,** partenaire lié par un Pacs ou concubin, fait l'objet de **poursuites,** d'une procédure alternative aux poursuites ou d'une **condamnation,** même non définitive, en raison de violences exercées au sein du couple ou sur un enfant qui réside habituellement avec lui.

CONGÉ DÉLIVRÉ PAR LE BAILLEUR

La SCI qui ne veut pas renouveler le bail a l'obligation de donner congé **en le justifiant** soit par sa décision de reprendre ou de vendre le logement, soit par un motif légitime et sérieux. Le congé doit, à peine de nullité, indiquer le motif allégué (Loi 89-462 du 6-7-1989 art. 15, I). **29800**

Le **congé** doit prendre la **forme** d'une lettre recommandée avec demande d'avis de réception, d'un acte de commissaire de justice (ex-huissier) ou être remis en main propre contre récépissé ou émargement et doit être adressé à chaque colocataire. Le congé délivré par le mandataire de la SCI, sans mention de la dénomination sociale de la société, est nul (Cass. ass. plén. 13-2-1998 : RJDA 5/98 no 574).

Le bailleur doit respecter un délai de **préavis** de six mois (Loi 89-462 du 6-7-1989 art. 15, I). Le congé est valable même si l'indication de sa date d'effet est postérieure à la date d'expiration du bail (Cass. 3e civ. 11-7-2007 no 06-15.943 : RJDA 12/07 no 1200).

En cas de **démembrement de propriété,** seul l'usufruitier a la qualité de bailleur en vertu de son droit de jouissance sur le bien (C. civ. art. 595, al. 1) ; lui seul a qualité pour délivrer un congé et agir en justice en vue de le faire valider, quel que soit son motif (Cass. 3e civ. 26-1-2022 no 20-20.223 FS-B : BPAT 2/22 inf. 76).

Une **notice d'information** relative aux obligations du bailleur et aux voies de recours et d'indemnisation du locataire doit être jointe au congé délivré par le bailleur en raison de sa décision de reprendre ou de vendre le logement (Loi 89-462 du 6-7-1989 art. 15, I ; Arrêté TERL1711455A du 13-12-2017 : JO 20 texte no 19). Cette notice vient compléter la notice d'information, plus globale, qui doit être annexée au contrat de bail depuis le 1er août 2015 (Arrêté ETLL1511666A du 29-5-2015 : JO 31 p. 9041).

Congé pour un motif légitime et sérieux Le motif légitime et sérieux justifie la délivrance d'un congé par la SCI. La loi énonce comme exemple l'inexécution par le locataire de l'une des obligations lui incombant (Loi 89-462 du 6-7-1989 art. 15, I-al. 1). Ainsi, le comportement agressif du locataire, contraire aux obligations de bon voisinage vis-à-vis des autres habitants de l'immeuble, ou les violences réitérées commises par le fils du locataire à l'encontre du bailleur ou de ses employés justifient la délivrance d'un congé pour un motif réel et sérieux (Cass. 3e civ. 2-10-2002 : Rev. loyers 2002 p. 646 ; Cass. 3e civ. 17-12-2020 no 18-24.823 FS-PBI : BPAT 1/21 inf. 20). Le non-respect, régulièrement, des échéances pour le paiement des loyers et des charges est également un motif légitime et sérieux de congé (en ce sens, Cass. 3e civ. 21-12-1988 : Loyers et copr. 1989 no 112 ; Cass. 3e civ. 29-1-2002 : RJDA 4/02 no 357 ; CA Paris 6-12-1994 : Loyers et copr. 1996 no 201). Peu importe que l'inexécution ait cessé à la date de délivrance de ce congé (Cass. 3e civ. 17-5-2006 no 610 : RJDA 8-9/06 no 882). **29810**

Mais le motif légitime et sérieux doit également s'entendre **en dehors de toute notion de faute du locataire.** Il a ainsi été jugé que constituaient des motifs légitimes et sérieux :

– la démolition de l'immeuble dans le cadre d'une opération immobilière (CA Versailles 12-6-1998 : Loyers et copr. 1999 n° 87) ;

– la décision du bailleur de restructurer son immeuble et d'exécuter des travaux de rénovation et de restructuration (Cass. 3e civ. 7-2-1996 : Rev. loyers 1996 p. 511) ;

– l'état de santé du bailleur exigeant une aide à domicile et donc le logement d'une telle personne (CA Paris 23-2-1994 : Loyers et copr. 1994 n° 323) ;

– l'agrandissement des locaux professionnels du bailleur lié à une progression d'activité afin de transformer son logement en bureau, même si certains justificatifs de cette progression sont postérieurs au congé (Cass. 3e civ. 5-2-2013 n° 12-22.006 : BPAT 2/13 inf. 55).

La loi Élan a créé un **cas particulier** de congé pour motif légitime et sérieux : lorsque le locataire, auteur de violences exercées au sein du couple ou sur un enfant qui réside habituellement avec lui, qui n'acquitte pas son loyer, le bailleur peut lui délivrer un congé pour motif légitime et sérieux sans que le juge puisse s'y opposer (Loi 89-462 du 6-7-1989 art. 8-2).

29820 **Congé pour reprise** Le congé pour reprise pour habiter peut être invoqué uniquement par les sociétés civiles de famille, c'est-à-dire lorsque la SCI est constituée exclusivement entre parents et alliés jusqu'au quatrième degré inclus (Loi 89-462 du 6-7-1989 art. 13). Le bénéficiaire de la reprise ne peut qu'être **l'un des associés,** à l'exclusion de leurs proches, qu'ils soient leurs époux, partenaires d'un Pacs, concubins notoires, ascendants, descendants… (Cass. 3e civ. 19-5-2004 : RJDA 4/05 n° 365).

Le congé doit indiquer, outre son motif, le nom et l'adresse du bénéficiaire de la reprise et la nature du lien existant entre la SCI et le bénéficiaire de la reprise. La SCI n'a pas à justifier du besoin de relogement du bénéficiaire du congé (Cass. 3e civ. 15-5-1996 : RJDA 8-9/96 n° 1028 ; Cass. 3e civ. 28-11-2006 n° 05-20.567 : RJDA 3/07 n° 235 ; Cass. 3e civ. 4-5-2010 n° 09-15.371 : RJDA 7/10 n° 722). Mais elle doit justifier du caractère réel et sérieux de sa décision de reprise (Loi 89-462 du 6-7-1989 art. 15).

Il n'appartient pas aux tribunaux d'exercer un quelconque **contrôle sur les motifs** ou les mobiles de la reprise ; la reprise s'exerce sur la simple déclaration de l'intention de la SCI, que le locataire n'est pas admis à contester. Seule est possible une contestation sur la réalité de la reprise, ce qui signifie un contrôle a posteriori sur le caractère frauduleux, ou non, de la reprise à la suite de l'inoccupation des lieux par le bénéficiaire (Cass. 3e civ. 6-3-1996 : RJDA 6/96 n° 760 ; CA Paris 7-5-2002 : Rev. loyers 2002 p. 456) ou de la mise en vente des lieux loués après le départ du locataire (Cass. 3e civ. 12-10-2004 : Administrer juin 2005 p. 41). Le droit de reprise du bailleur suppose l'habitation des locaux à titre principal et non comme résidence secondaire (Cass. 3e civ. 31-1-2001 : RJDA 4/01 n° 432 ; Cass. 3e civ. 22-10-2003 : RJDA 1/04 n° 27 ; Cass. 3e civ. 13-11-2008 n° 05-19.722 : RJDA 2/09 n° 82).

Le défaut d'occupation des lieux par le bénéficiaire de la reprise ouvre au profit du locataire, à l'encontre de la SCI, une action fondée sur sa **responsabilité contractuelle** (Cass. 3e civ. 19-6-1991 : RJDA 11/91 n° 902 ; Cass. 3e civ. 19-4-2000 : RJDA 6/00 n° 638 ; Cass. 3e civ. 7-5-2002 : RJDA 7/02 n° 741).

En cas d'**acquisition d'un logement occupé,** lorsque le bail vient à expiration moins de deux ans après la date d'acquisition, le bailleur peut lui délivrer un congé pour reprise six mois avant le terme du bail mais ce congé ne prendra effet qu'a l'issue du délai de deux ans. Par exemple, vous achetez un logement le 15 décembre 2022 avec un locataire en place dont le bail court jusqu'au 30 septembre 2023 ; le congé doit être délivré fin mars 2023 mais le locataire pourra rester dans les lieux jusqu'au 14 décembre 2024. Le bail n'est pas renouvelé en soi, mais il est prolongé (Loi 89-462 du 6-7-1989 art. 15, I).

> Précisions a. Une société civile composée d'un associé unique qui a racheté la totalité des parts des précédents associés avec lesquels il n'entretenait aucun lien de famille ne constitue pas une société civile de famille. Par suite, l'associé ne peut pas reprendre les locaux pour y habiter (Cass. 3e civ. 31-5-2007 n° 06-13.524 : RJDA 2/08 n° 111). Il ne peut, à notre avis, exercer un droit de reprise pour habiter que s'il dissout préalablement la société. La Cour de cassation a cependant récemment jugé que l'associé unique d'une SCI qui vend l'une de ses 5 000 parts sociales à son frère, créant ainsi une SCI de famille lui permettant d'exercer son droit de reprise pour habiter, ne commet pas une fraude affectant les droits du locataire (Cass. 3e civ. 28-9-2011 n° 10-28.559 : RJDA 12/11 n° 1006). Le locataire qui prétend qu'il y a eu fraude à ses droits doit démontrer la volonté du bailleur de l'évincer sans **intention sincère d'habiter les lieux repris** à titre d'habitation principale (Cass. 3e civ. 4-5-2010 n° 09-15.371 : RJDA 7/10 n° 722).

b. Les dispositions de l'article 15 de la loi du 6 juillet 1989, telles que modifiées par la loi Alur du 24 mars 2014, ne s'appliquent pas à un congé délivré avant son entrée en vigueur, quelle que soit la date à laquelle il a produit effet (Cass. 3e civ. 1-12-2016 n° 15-19.915 FS-PB : BPAT 1/17 inf. 22 ;

Cass. 3e civ. 29-11-2018 n° 17-28.001 ; Cass. 3e civ. 19-12-2019 n° 18-20.854 FS-PBI : RJDA 3/20 n° 138).

c. En cas de **démembrement de propriété,** seul l'usufruitier a la qualité de bailleur en vertu de son **droit de jouissance sur le bien** (C. civ. art. 595, al. 1). Il en résulte donc que lui seul a **qualité** pour délivrer un congé et agir en justice en vue de le faire valider, quel que soit son motif (motif sérieux et légitime, reprise, vente) (Cass. 3e civ. 26-1-2022 n° 20-20.223 FS-B : BPAT 2/22 inf. 76).

Sanction en cas de congé frauduleux Un **congé pour vendre ou pour reprise** frauduleux est puni d'une amende pénale maximale de 6 000 € pour une personne physique et de 30 000 € pour une personne morale. Le montant de l'amende est proportionné à la gravité des faits constatés. Le locataire peut se constituer partie civile et demander la réparation de son préjudice (Loi 89-462 du 6-7-1989 art. 15, IV). 29825

Locataires âgés protégés Il n'est pas possible de donner congé à un locataire âgé de plus de 65 ans et dont les ressources annuelles sont inférieures au plafond de ressources en vigueur pour l'attribution des logements locatifs conventionnés, sans lui proposer un relogement correspondant à ses besoins et à ses possibilités dans la même zone géographique (Loi 89-462 du 6-7-1989 art. 15, III-al. 1). 29830

Cette règle s'applique à toutes les sociétés, y compris les SCI familiales même si l'un des associés remplit les conditions d'âge et de ressources (Cass. 3e civ. 7-7-2016 n° 14-29.148 : BPAT 5/16 inf. 194).

Cette protection est étendue au locataire ayant à sa charge une personne de plus de 65 ans et lorsque le montant cumulé de leurs ressources annuelles est inférieur au plafond de ressources pour l'attribution des logements locatifs conventionnés (Loi 89-462 du 6-7-1989 art. 15, III). Elle est également étendue au locataire bénéficiaire de l'allocation journalière de présence parentale (AJPP) qui assume la charge d'un enfant atteint d'une maladie, d'un handicap ou victime d'un accident d'une particulière gravité rendant indispensables une présence soutenue et des soins contraignants (CSS art. L 544-1) ayant de faibles ressources (Loi 89-462 du 6-7-1989 art. 15, IV nouveau créé par loi 2023-622 du 19-7-1989 art. 6).

> Précisions **a.** L'appréciation de la condition d'âge se fait à la date d'échéance du contrat.

b. Les **ressources** prises en considération sont celles déclarées à l'administration fiscale avant tout abattement ou déduction et correspondant à la dernière année civile écoulée à la date de notification du congé. Toutefois, seules sont prises en compte les ressources régulières. Sont donc exclues les plus-values de cession de titres (Cass. 3e civ. 28-5-1997 n° 95-18.116 : RJDA 8-9/97 n° 1020) ou le produit de la vente d'un bien immobilier (Cass. 3e civ. 16-9-2009 n° 08-15.589 : RJDA 12/09 n° 1054).

c. L'offre de **relogement** n'a pas à être faite au moment de la délivrance du congé ; il suffit qu'elle soit faite pendant la période de préavis (Cass. 3e civ. 2-6-2010 n° 09-66.698 : RJDA 8-9/10 n° 835). Le logement proposé doit se situer :

– dans le même arrondissement, les arrondissements limitrophes ou les communes limitrophes de l'arrondissement si la commune est divisée en arrondissements ;

– dans le même canton, les cantons limitrophes de ce canton inclus dans la même commune ou dans les communes limitrophes de ce canton si la commune est divisée en cantons ;

– dans les autres cas, dans la même commune ou dans une commune limitrophe sans pouvoir être éloigné de plus de cinq kilomètres.

d. Si le locataire **décède entre la délivrance du congé et sa date d'effet,** son conjoint ne pourra bénéficier de l'obligation de relogement que s'il remplit personnellement les conditions légales (Cass. 3e civ. 3-5-2012 n° 11-17.010 : BPAT 4/12 n° 216).

e. Les dispositions protectrices du locataire âgé prévues par l'article 15, III de la loi de 1989 ne s'appliquent qu'en cas de congé donné par le bailleur et non pas en cas de **résiliation du bail** pour manquement aux obligations contractuelles (Cass. 3e civ. 15-10-2014 n° 13-16.990 : BPAT 6/14 inf. 236).

f. En cas de congé pour reprise délivré au locataire de plus de 65 ans **après l'entrée en vigueur de la loi Alur,** une offre de relogement doit être faite. Il en est ainsi même si le contrat de bail a été signé avant l'entrée en vigueur de cette loi et si l'âge légal était alors de 70 ans (Cass. 3e civ. 23-11-2017 n° 16-20.475 FS-PBI : BPAT 1/18 inf. 31).

Défaut de congé En l'absence de congé valablement délivré par la SCI, le **bail** parvenu à son terme est **reconduit tacitement** (Loi 89-462 du 6-7-1989 art. 10, al. 2). La durée du bail reconduit doit être fixée selon la législation applicable à la date de la reconduction (Cass. 3e civ. 19-9-2007 n° 06-17.200 : RJDA 1/08 n° 14), soit actuellement trois ans pour les sociétés civiles constituées exclusivement entre parents et alliés jusqu'au quatrième degré inclus et six ans pour les autres sociétés civiles (art. 10, al. 3). Les parties peuvent néanmoins prévoir par une clause expresse une durée plus longue (Cass. 3e civ. 17-10-2007 n° 06-11.104 : RJDA 2/08 n° 108). 29835

Ces dispositions s'appliquent au **bail verbal,** soumis, quant à sa durée, aux dispositions de l'article 10 de la loi du 6 juillet 1989 (Cass. 3e civ. 17-11-2021 n° 20-19.450 FS-B : BPAT 1/22 inf. 22).

2. RÉSILIATION DU BAIL D'HABITATION

CLAUSE DE RÉSILIATION DU BAIL D'HABITATION

29840 Selon le cas, le bail doit ou peut prévoir une clause de résiliation de plein droit du contrat sans formalité dans les cas limitatifs suivants : non-paiement du loyer, des charges ou du dépôt de garantie ; non-souscription d'une assurance des risques locatifs (Loi du 6-7-1989 art. 7, g) ; en cas de troubles de voisinage (Loi 89-462 du 6-7-1989 art. 4, g).

29841 **Résiliation du bail d'habitation pour défaut de paiement des loyers** En principe, le bail d'habitation contient une clause résolutoire permettant la résiliation de plein droit du contrat en cas d'impayés du dépôt de garantie, de loyer ou de charges aux termes convenus. L'insertion d'une telle clause était jusqu'à présent facultative. La loi 2023-668 du 27 juillet 2023, dite loi « anti-squat », la rend obligatoire. Ainsi, depuis le 29 juillet 2023, tout contrat de bail d'habitation contient une clause prévoyant la résiliation de plein droit du bail pour défaut de paiement du loyer ou des charges au terme convenu ou pour non-versement du dépôt de garantie. La question de l'application de cette disposition aux baux en cours est discutée (dans le sens d'une application, voir N. Damas, « Loi protection des logements contre l'occupation illicite : dispositions relatives aux rapports locatifs et à l'expulsion » : AJDI 2023 p. 564). Cette clause ne produit effet que six semaines après un **commandement de payer** demeuré infructueux (Loi 89-462 du 6-7-1989 art. 24, I, al. 1 dans sa rédaction issue de loi 2023-668 du 27-7-2023).

Le commandement de payer doit, à peine de nullité, **contenir** (Loi 89-462 du 6-7-1989 art. 24, I, al. 2 dans sa rédaction issue de loi 2023-668 du 27-7-2023) :

– la mention que le locataire dispose d'un délai de six semaines pour payer sa dette ;

– le montant mensuel du loyer et des charges ;

– le décompte de la dette ;

– l'avertissement que, à défaut de paiement ou d'avoir sollicité des délais de paiement, le locataire s'expose à une procédure judiciaire de résiliation de son bail et d'expulsion ;

– la mention de la possibilité pour le locataire de saisir le fonds de solidarité pour le logement de son département, dont l'adresse est précisée, aux fins de solliciter une aide financière ;

– la mention de la possibilité pour le locataire de saisir, à tout moment, la juridiction compétente aux fins de demander un délai de grâce sur le fondement de l'article 1343-5 du Code civil.

Avant la loi Élan, la jurisprudence avait précisé que, outre la sanction, le commandement de payer devait indiquer précisément les **manquements** reprochés au locataire (Cass. 3e civ. 28-11-1968 : Bull. civ. III n° 498).

Le commandement doit être signifié au locataire par acte de commissaire de justice (ex-huissier). Une mise en demeure par simple lettre visant la clause résolutoire de plein droit est sans effet (Cass. 3e civ. 31-5-1994 : Rev. loyers 1994 p. 495).

Faute de paiement par le locataire dans le délai imparti par le commandement, la SCI peut assigner ce dernier aux fins de constatation de la clause résolutoire et expulsion. Mais elle doit, sous peine d'irrecevabilité de l'**assignation** aux fins de constatation de la résiliation, faire notifier celle-ci par un commissaire de justice **au préfet** au moins six semaines avant l'audience afin que celui-ci puisse saisir les organismes sociaux susceptibles d'aider le locataire (Loi 89-462 du 6-7-1989 art. 24, III dans sa rédaction issue de loi 2023-668 du 27-7-2023). La SCI doit respecter cette obligation même si, au défaut de paiement des loyers, s'ajoute une autre cause de résiliation (Cass. 3e civ. 16-4-2008 n° 07-12.264 : RJDA 7/08 n° 771).

La loi « anti-squat » du 27 juillet 2023 a modifié de façon substantielle la procédure d'obtention de délais de paiement par le juge, qui doit désormais opérer deux vérifications cumulatives. Comme auparavant, il doit vérifier que le locataire est en situation de régler sa dette locative mais également que le paiement des loyers courants a été intégralement repris. Le locataire est informé par le préfet de son droit de demander au juge de lui accorder des délais de paiement (Loi 89-462 du 6-7-1989 art. 24, V dans sa rédaction issue de loi 2023-668 du 27-7-2023). Par ailleurs, la suspension de la clause de résiliation au cours des délais de grâce n'est plus automatique. Elle doit tout d'abord être demandée au juge, qui a ensuite la faculté de l'accorder. Tout impayé ou non-respect du plan d'apurement y met fin (Loi 89-462 du 6-7-1989 art. 24, VII dans sa rédaction issue de loi 2023-668 du 27-7-2023). Ces mêmes dispositions s'appliquent en cas de procédure de traitement d'une situation de surendettement ouverte au profit du locataire.

> **Précisions** **a.** Jusqu'au 28 juillet 2023, la clause résolutoire prévue au contrat ne produisait ses effets qu'après un délai de deux mois suivant la signification d'un commandement de payer demeuré infructueux. La loi « anti-squat » du 27 juillet 2023 a réduit ce délai à six semaines. Il est de jurisprudence constante que la loi nouvelle régit immédiatement les effets légaux

des situations juridiques ayant pris naissance avant son entrée en vigueur et non définitivement réalisées (Cass. ch. mixte 13-3-1981 n° 80-12.125 : Bull. mixte n° 3). Mais dans l'hypothèse où le contrat de bail stipulerait expressément que le délai pour régulariser le commandement est de deux mois, s'agissant d'un ordre public de protection, ce délai plus favorable au locataire devrait être retenu.

b. Le commissaire de justice qui délivre une assignation en résiliation du bail, pour quelque motif que ce soit, doit remettre au locataire (ou au représentant légal s'il s'agit d'une personne morale) un document rappelant les date, horaire et lieu de l'audience et destiné à l'informer de l'importance de sa présentation à l'audience (Décret 2017-923 du 9-5-2017 : JO 10 texte n° 174). Cette remise se fait en main propre ou, à défaut, par le dépôt dans la boîte aux lettres du locataire. Le document doit également mentionner la possibilité de déposer, avant l'audience, une demande d'aide juridictionnelle et de saisir les acteurs qui contribuent à la prévention des expulsions locatives (leurs adresses doivent figurer dans le document).

Résiliation du bail d'habitation pour défaut d'assurance Toute clause prévoyant la résiliation de plein droit du bail pour défaut d'assurance du locataire ne produit effet qu'un mois après un commandement demeuré infructueux. À peine de nullité, ce commandement reproduit les dispositions de l'article 7, g de la loi de 1989 (Loi 89-462 du 6-7-1989 art. 7, al. 9). **29842**

La **production d'une attestation** d'assurance après l'expiration du délai laissé par le commandement ne permet pas d'échapper à la résiliation.

Résiliation du bail d'habitation pour trouble de voisinage Si une clause le prévoit, le bail peut être résilié de plein droit en cas de non-respect de l'obligation d'user paisiblement des locaux loués, résultant de troubles de voisinage constatés par une décision de justice passée en force de chose jugée (Loi 89-462 du 6-7-1989 art. 4, g). **29843**

À noter par ailleurs qu'après mise en demeure dûment motivée, la SCI propriétaire d'un local d'habitation doit, sauf motif légitime, utiliser les droits dont elle dispose en propre pour faire cesser les troubles de voisinage causés à des tiers par les personnes qui occupent ce local (Loi 89-462 du 6-7-1989 art. 6-1). La rédaction de cette disposition ne permet pas de déterminer avec certitude de qui doit émaner la mise en demeure. On peut penser que la SCI, ou le syndic en cas de copropriété, ou même le tiers subissant le trouble de voisinage peuvent en être à l'origine.

RÉSILIATION JUDICIAIRE DU BAIL D'HABITATION

Tant la SCI que le locataire peuvent saisir le juge afin qu'il prononce la résiliation du bail en cas d'inexécution des obligations contractuelles de l'autre partie (application de l'article 1231-1 du Code civil). **29845**

Le juge apprécie souverainement si le manquement invoqué revêt une gravité suffisante pour justifier la résiliation du bail.

3. DÉPART DU LOCATAIRE D'HABITATION

En cas de **décès du locataire,** le contrat est transféré soit à son conjoint ou partenaire pacsé, soit à ses descendants, ascendants, concubin notoire ou personnes à charge qui vivaient avec lui depuis au moins un an à la date du décès (Loi 89-462 du 6-7-1989 art. 14, al. 6 à 10). En l'absence de cotitularité du bail, le contrat n'est transféré au conjoint survivant qui n'habite pas dans les lieux que s'il en fait la demande (Cass. 3e civ. 10-4-2013 n° 12-13.225 : RJDA 6/13 n° 484). **29850**

En cas d'**abandon de domicile** par le locataire, le bail continue, par le seul effet de la loi, au profit des mêmes personnes (Loi 89-462 du 6-7-1989 art. 14, al. 1 à 5). On entend par « abandon de domicile » un départ définitif du locataire (Cass. 3e civ. 26-11-2008 n° 07-17.728 : RJDA 2/09 n° 78 ; Cass. 3e civ. 8-7-2009 n° 08-16.992 : RJDA 10/09 n° 824).

S'il y a plusieurs demandeurs, le juge se prononcera en fonction des intérêts en présence. À défaut de personnes remplissant les conditions légales, le bail sera résilié de plein droit à la date du décès ou de l'abandon de domicile (art. 14, al. 11).

> Précisions Une **procédure spéciale « de reprise de logement abandonné »** permet au bailleur de reprendre son bien sans avoir à subir les contraintes de la procédure classique d'expulsion (Loi 89-462 du 6-7-1989 art. 14-1 ; Décret 2011-945 du 10-8-2011).

Lorsque le bailleur constate que le logement est abandonné par ses occupants, il peut **mettre en demeure** le locataire de justifier qu'il occupe ce logement. La mise en demeure se fait obligatoirement par l'intermédiaire d'un commissaire de justice (ex-huissier) à la nouvelle adresse du locataire si elle est connue ou à celle de son lieu de travail.

À défaut de réponse dans le mois qui suit la mise en demeure, le commissaire de justice peut pénétrer dans les lieux accompagné d'un policier ou d'un gendarme pour **constater l'état d'abandon.**

En principe, le bailleur n'a pas à être présent. Le commissaire de justice peut alors dresser un procès-verbal d'abandon de domicile contenant éventuellement l'inventaire des biens laissés sur place avec l'indication qu'ils paraissent ou non avoir une valeur marchande. Le commissaire de justice qui dresse un procès-verbal de reprise des lieux et fait changer les serrures d'un logement en l'**absence de mise en demeure et de décision de justice** constatant la résiliation du bail engage sa responsabilité pour reprise illicite du logement (Cass. 3e civ. 6-7-2017 no 16-15.752 FS-PB, SCI Roy-Lemoine-Galy : BPAT 5/17 inf. 191).

Une fois le procès-verbal dressé, le bailleur doit saisir le juge d'instance afin de faire **constater la résiliation du bail** et voir ordonner la reprise des lieux. Le juge peut également autoriser la **vente aux enchères des meubles** laissés sur place (y compris ceux ne présentant pas une valeur marchande) et, le cas échéant, statuer sur la demande en paiement des sommes dues au bailleur.

Sauf impossibilité d'agir, le locataire (ou l'occupant) dispose d'un mois pour **s'opposer à la décision du juge.** À défaut, le bailleur peut reprendre son bien. Si le juge **rejette la requête du bailleur,** sa décision est sans recours et le bailleur doit mettre en œuvre la procédure d'expulsion de droit commun.

Le commissaire de justice qui ne respecte pas cette procédure et dresse un procès-verbal de reprise des lieux avant la décision de justice constatant la résiliation du bail engage sa responsabilité pour reprise illicite du logement (Cass. 3e civ. 6-7-2017 no 16-15.752 FS-PB : BPAT 5/17 inf. 191).

EXPULSION DU LOCATAIRE OCCUPANT LE LOGEMENT SANS DROIT NI TITRE

29880 La fin du bail, quelle qu'en soit la raison, n'autorise pas l'expulsion du locataire devenu occupant sans droit ni titre, ni celle des autres occupants du logement et des meubles qui s'y trouvent. L'expulsion n'est possible que si elle a été ordonnée par le tribunal et donc demandée par la SCI. La procédure d'expulsion est réglementée par les articles L 411-1 à L 451-1 du Code des procédures civiles d'exécution, modifiés par la loi dite « anti-squat » du 27 juillet 2023 et dont les dispositions sont entrées en vigueur le 29 juillet 2023.

En pratique, la SCI peut former une telle **demande** en même temps qu'elle sollicite, selon le cas, la résiliation du bail, la constatation de l'acquisition de la clause de résiliation ou de la validité du congé, la condamnation du locataire à l'arriéré de loyers, à des dommages et intérêts… Dans tous les cas, elle doit également demander la fixation de l'indemnité d'occupation qui sera due par l'occupant tant qu'il restera dans les lieux (c'est souvent le montant du loyer) ainsi que le remboursement des frais de justice.

Le juge peut accorder à l'ancien locataire des délais pour quitter le logement.

29885 La **procédure d'expulsion** est empreinte d'un important formalisme qu'il convient de respecter. Les étapes sont les suivantes :

1. Obtention d'un titre exécutoire : l'expulsion ne peut être poursuivie qu'en vertu d'une décision de justice ou d'un procès-verbal de conciliation exécutoire, après signification d'un commandement d'avoir à quitter les lieux, l'acte devant être remis au parquet à toutes fins utiles s'il s'agit de personnes non dénommées (C. exécution art. L 411-1) ;

2. Signification par un commissaire de justice (ex-huissier) d'un commandement de libérer les lieux : ce commandement doit impérativement être signifié au domicile réel de la personne à expulser (C. exécution art. R 411-2). Ce commandement doit, à peine de nullité, contenir les indications suivantes :

– l'indication du titre exécutoire en vertu duquel l'expulsion est poursuivie,

– la désignation de la juridiction devant laquelle peuvent être portées les demandes de délai et toutes contestations relatives à l'exécution des opérations d'expulsion,

– l'indication de la date à partir de laquelle les locaux devront être libérés,

– l'avertissement qu'à compter de cette date il pourra être procédé à l'expulsion forcée du débiteur ainsi qu'à celle de tout occupant de son chef,

– s'il s'agit de l'expulsion d'un local affecté à l'habitation principale des personnes à expulser, la reproduction des articles L 412-1 à L 412-6 du Code des procédures civiles d'exécution. Par dérogation, cette reproduction ne s'applique pas aux occupants de locaux spécialement destinés aux logements d'étudiants lorsque les intéressés cessent de satisfaire aux conditions en raison desquelles le logement a été mis à leur disposition ni à l'expulsion du conjoint, du partenaire lié par un pacte civil de solidarité ou du concubin violent ordonnée par le juge aux affaires familiales (C. exécution art. R 412-1).

Une copie de ce commandement doit être adressée par le commissaire de justice, par lettre recommandée AR, au préfet pour que soit prise en compte la **demande en relogement** de l'occupant dans le cadre du plan départemental d'action pour le logement des personnes défavorisées prévu par la loi du 31 mai 1990. À défaut, le délai avant l'expiration duquel l'expulsion ne peut avoir lieu est suspendu (C. exécution art. L 412-5). Cette formalité ne s'applique qu'au cas d'expulsion d'une personne de son habitation principale (Cass. 3e civ. 20-1-2005 : Loyers et copr. 2005 comm. n° 104). Le préfet n'a pas à vérifier la validité du commandement de payer (CE 17-6-2019 n° 414002 : BPIM 4/19 inf. 487).

Lorsque l'expulsion porte sur un local affecté à l'**habitation principale** de la personne à expulser, la date du commandement fait courir un délai de deux mois pendant lequel toute mesure d'expulsion est suspendue. Ce délai peut cependant être réduit ou supprimé lorsque la procédure de relogement prévue par l'article L 442-4-1 du CCH n'a pas été suivie d'effet du fait du locataire ou lorsque la procédure d'expulsion porte sur un logement vacant (C. exécution art. L 412-1, al. 1 dans sa rédaction issue de loi 2023-668 du 27-7-2023). Lorsque le juge qui ordonne l'expulsion constate la mauvaise foi de la personne expulsée ou lorsque les personnes dont l'expulsion est requise sont entrées dans les locaux par voie de fait, le délai de deux mois **ne s'applique pas** (C. exécution art. L 412-1, al. 2 dans sa rédaction issue de loi 2023-668 du 27-7-2023). Ce même délai peut être allongé par le juge pour une durée n'excédant pas trois mois lorsque l'expulsion présente des conséquences d'une exceptionnelle dureté pour la personne concernée, notamment du fait de la période de l'année considérée ou des circonstances atmosphériques (C. exécution art. L 412-1 et L 412-2). 29890

Le juge des référés ou le juge de l'exécution peut accorder des **délais** d'un mois à un an aux occupants de locaux d'habitation ou à usage professionnel dont l'expulsion est ordonnée judiciairement chaque fois que le relogement des intéressés ne peut avoir lieu dans des conditions normales, sans que lesdits occupants aient à justifier d'un titre à l'origine de leur occupation (CCH art. L 613-1 à L 613-5). Toutefois, ce délai de grâce est exclu lorsque le propriétaire exerce son droit de reprise (dans le cadre de l'article 19 de la loi du 1-9-1948) ou lorsque la procédure de relogement n'a pas été suivie du fait du locataire. Le délai ne s'applique pas non plus si le locataire est de mauvaise foi ou si l'occupant dont l'expulsion a été ordonnée est entré dans les locaux à l'aide de manœuvres, de menaces, de voies de fait ou de contrainte (C. exécution art. L 412-3 dans sa rédaction issue de loi 2023-668 du 27-7-2023). 29895

Par ailleurs, toute décision d'expulsion passée en force de chose jugée doit être suspendue, même si les délais accordés sont expirés, dès lors que la mesure d'expulsion n'a pas été exécutée au 1er novembre. Ce **sursis à l'exécution** de la procédure d'expulsion est valable du 1er novembre de chaque année jusqu'au 31 mars de l'année suivante à moins que le relogement des intéressés ne soit assuré dans des conditions suffisantes respectant l'unité et les besoins de la famille. Toutefois, le juge peut supprimer le bénéfice de ce sursis lorsque les personnes dont l'expulsion a été ordonnée sont entrées dans les locaux d'autrui à l'aide de manœuvres, de menaces, de voies de fait ou de contrainte (C. exécution art. L 412-6 dans sa rédaction issue de loi 2023-668 du 27-7-2023). Cette disposition est également applicable aux occupants de locaux spécialement destinés au logement d'étudiants lorsque les intéressés cessent de satisfaire aux conditions en raison desquelles le logement a été mis à leur disposition (C. exécution art. L 412-7) et au conjoint, partenaire pacsé ou concubin violent dont l'expulsion a été ordonnée par le juge aux affaires familiales sur le fondement de l'article 515-9 du Code civil. En outre, les dispositions de l'article L 412-6 du Code des procédures civiles d'exécution ne s'opposent pas au prononcé par le juge, même pendant la période dite « de trêve hivernale » mentionnée à cet article, d'une décision d'expulsion (CE 22-9-2017 n° 407031). 29900

Une fois l'**expulsion** ordonnée, sa **mise en œuvre** relève de la compétence exclusive des **commissaires de justice** (ex-huissiers), qui doivent dans un premier temps tenter d'exécuter seuls les mesures d'expulsion et, faute de succès, solliciter le concours de la force publique. 29905
Sous peine d'engager sa responsabilité, l'État est tenu de prêter son concours (C. exécution art. L 153-1 et L 153-2) dans un délai raisonnable (CE 27-1-2010 n° 320642 : BPIM 2/10 inf. 155 refusant comme tel un retard supérieur à 15 jours). Les modalités d'évaluation de la réparation due au propriétaire seront précisées par décret en Conseil d'État (C. exécution art. L 153-1 dans sa rédaction issue de loi 2023-668 du 27-7-2023). L'État peut cependant refuser d'accorder le concours de la force publique pour assurer l'exécution d'une décision ordonnant l'expulsion d'occupants si le refus est justifié par des considérations impérieuses tenant à la sauvegarde de l'ordre public, ou des circonstances postérieures à une décision de justice ordonnant l'expulsion, faisant apparaître que l'exécution de cette décision serait de nature à porter atteinte à la dignité de la personne humaine (CE 9-11-2018 n° 412696) ; et une demande en « référé-liberté » du bailleur ne peut être accueillie favorablement que si elle est justifiée par l'urgence, si l'atteinte au droit de propriété est suffisamment grave et si le refus opposé par l'administration est manifestement illégal (CE 29-10-2003 n° 259361 : BPIM 2/04 n° 123).

> **Précisions** Le concours de la force publique ne peut être légalement accordé avant l'expiration du délai de deux mois qui suit la notification au préfet du commandement d'avoir à quitter les lieux antérieurement signifié à l'occupant. Une demande de concours présentée avant

l'expiration de ce délai est prématurée et son rejet n'engage pas la responsabilité de l'État. Cette responsabilité ne pourra être engagée que si une nouvelle demande est présentée après l'expiration de ce délai. À défaut de réponse, la période de responsabilité commencera à courir deux mois après la réception de cette nouvelle demande (CE 18-2-2010 n° 316987 : BPIM 2/10 inf. 156).

29910 L'expulsion a également pour objet de libérer les lieux loués des **meubles** s'y trouvant. Les articles L 433-1 et L 433-2 du Code des procédures civiles d'exécution précisent que les meubles sont remis auprès de la personne expulsée, en un lieu que celle-ci désigne et, à défaut, ils sont laissés sur place ou entreposés en un autre lieu approprié.

H. Cession du bail d'habitation, sous-location et colocation

29930 Il est interdit au locataire de céder le contrat de location ou de sous-louer le logement sans l'accord écrit de la SCI, y compris sur le prix du loyer (Loi 89-462 du 6-7-1989 art. 8).

Si la SCI n'a pas donné son accord, elle peut demander en justice la résiliation du bail.

Dans le cadre d'une **sous-location** autorisée, les rapports entre le locataire principal et son sous-locataire relèvent exclusivement de la convention de sous-location et du Code civil, à la seule exception du loyer qui ne peut en aucun cas excéder le prix du loyer au mètre carré de surface habitable payé par le locataire principal (Loi 89-462 du 6-7-1989 art. 8), y compris si la sous-location ne porte que sur des locaux à usage exclusivement professionnel (Cass. 3e civ. 1-3-2000 : RJDA 5/00 n° 525).

Le locataire doit transmettre au sous-locataire l'autorisation écrite du bailleur et la copie du bail en cours (Loi 89-462 du 6-7-1989 art. 8).

Le locataire principal reste tenu à l'égard de la SCI de l'ensemble de ses obligations. Le sous-locataire ne détient aucun droit ou titre d'occupation opposable au bailleur lors de la cessation du bail principal.

La SCI peut demander au sous-locataire le paiement des loyers dont il est tenu à l'égard du locataire principal (C. civ. art. 1753). En cas de sous-location non autorisée, le locataire principal peut être condamné à verser à son propriétaire l'intégralité des sommes perçues dans le cadre de cette sous-location (Cass. 3e civ. 12-9-2019 n° 18-20.727 FS-PBRI : RJDA 11/19 n° 676).

29931 L'accord de la SCI pour la **cession** du bail peut être subordonné à des obligations particulières : par exemple, agrément du nouveau locataire, garantie solidaire du locataire cédant, concours de la SCI à l'acte de cession, cautionnement.

Pour être opposable à la SCI, le cédant doit notifier la cession au bailleur (C. civ. art. 1324, al. 1). Faute de précision sur la forme de la notification, celle-ci peut être faite par voie postale ou dans un acte sous signature privée. Aucune notification n'est toutefois requise si le bailleur a pris acte de la cession ou s'il y a déjà consenti (même art.).

29932 La **colocation** est définie comme étant la location d'un même logement par plusieurs locataires constituant leur résidence principale et formalisée par la conclusion d'un contrat unique ou de plusieurs contrats entre les locataires et la SCI, à l'exception de la location consentie exclusivement à des époux ou à des partenaires liés par un Pacs au moment de la conclusion initiale du contrat (Loi 89-462 du 6-7-1989 art. 8-1). Le contrat de bail d'une colocation doit respecter les dispositions suivantes :

– il doit être conforme au contrat type de location tel que défini par le décret 2015-587 du 29-5-2015, annexe I ;

– il doit respecter les caractéristiques applicables aux conditions de décence ;

– les charges peuvent être soit calculées selon le principe des provisions mensuelles, soit faire l'objet d'un forfait ;

– la solidarité d'un des colocataires et celle de la personne qui s'est portée caution pour lui prennent fin à la date d'effet du congé régulièrement délivré et lorsqu'un nouveau colocataire figure au bail. À défaut, elles s'éteignent au plus tard à l'expiration d'un délai de six mois après la date d'effet du congé ; ainsi, un colocataire solidaire qui a donné congé et quitté les lieux ne peut pas être condamné à régler au bailleur la réparation des dégradations locatives survenues après la fin de la période de solidarité (Cass. 3e civ. 8-4-2021 n° 19-23.343 FS-P : BPAT 3/21 inf. 115) ;

– l'acte de cautionnement identifie, sous peine de nullité, le colocataire pour lequel l'extinction de la solidarité met fin à l'engagement de caution.

II. BAIL COMMERCIAL

GÉNÉRALITÉS

Le bail commercial soumis au statut fixé par les articles L 145-1 et suivants du Code de commerce confère de nombreux droits au locataire (droit d'obtenir le renouvellement du bail, droit de changer l'usage des locaux, loyer plafonné) si les trois **conditions** suivantes sont remplies : 29950

– le bail porte sur un immeuble ou un local, c'est-à-dire un espace clos et couvert susceptible de recevoir de la clientèle (CA Paris 14-11-1956 : Gaz. Pal. 1956 II p. 400). L'immeuble doit être déjà bâti et non en cours de construction (Cass. 3e civ. 8-1-1997 : RJDA 2/97 no 173) ;

– le locataire doit exploiter dans les locaux loués un fonds de commerce (ou un fonds industriel ou artisanal) dont il est propriétaire (C. com. art. L 145-1, I-al. 1). Sont donc exclus les baux consentis aux membres des professions libérales (médecin, notaire, avocat, architecte, etc.), sauf extension conventionnelle si le local est exclusivement affecté à un usage professionnel (C. com. art. L 145-2, I-7o) ;

– le locataire doit être immatriculé au registre du commerce et des sociétés s'il est commerçant ou industriel ou, s'il relève du secteur des métiers et de l'artisanat, au registre national des entreprises (C. com. art. L 145-1, I-al. 1 modifié par ord. 2021-1189 du 21-9-2021 depuis le 1-1-2023).

Le **statut** des baux commerciaux est en partie **impératif.** Il n'est pas possible de déroger à la durée minimale du bail, au droit au renouvellement du bail pour le locataire, sauf à lui payer une indemnité d'éviction, au droit du locataire de céder son bail à un successeur dans son commerce, à la révision triennale du loyer, à la faculté reconnue au locataire de développer de nouvelles activités, à la mise en œuvre des clauses résolutoires ; pour les baux conclus ou renouvelés depuis le 5 novembre 2014, à la réglementation des charges, impôts, taxes et travaux et, depuis le 20 juin 2014, à l'obligation d'établir un état des lieux lors de la prise de possession et de la restitution des locaux. Le reste est **négociable.** 29951

Nous présentons ci-dessous les **principales caractéristiques et contraintes** du bail commercial. Pour de plus amples développements, voir Mémento Expert Baux commerciaux.

A. Durée du bail commercial

DURÉE MINIMALE DU BAIL COMMERCIAL

La durée du contrat de location ne peut **pas** être **inférieure à** neuf ans (C. com. art. L 145-4, al. 1). Mais les parties sont libres de conclure un bail d'une durée supérieure à neuf ans. 29955

La durée de neuf ans est d'ordre public ; toute clause qui aurait pour effet d'y faire échec est réputée non écrite (C. com. art. L 145-15). Elle s'applique au bail verbal comme au bail écrit. Toutefois, cette disposition ne s'oppose pas à la résiliation judiciaire du bail en cours, ni à la mise en jeu d'une clause résolutoire.

> **Précisions** La durée maximale du **bail de courte durée** qui n'est pas soumis au statut est de trois ans. À l'issue de cette période, les parties ne peuvent plus conclure un nouveau bail dérogeant au statut pour exploiter le même fonds dans le même local (C. com. art. L 145-5, al. 1). Si à l'expiration du bail dérogatoire, même si sa durée est inférieure à trois ans (Cass. 3e civ. 8-6-2017 no 16-24.045 FS-PBI : RJDA 8-9/17 no 534 ; Cass. 3e civ. 26-3-2020 no 18-16.113 F-D : RJDA 6/20 no 301), et au plus tard un mois à compter de l'échéance, le locataire reste et est laissé en possession, il s'opère un nouveau bail soumis au statut (C. com. art. L 145-5, al. 2). À noter qu'un état des lieux doit être établi entre les parties lors de la prise de possession et lors de la restitution des locaux, contradictoirement et amiablement par les parties ou par un tiers mandaté par elles ; s'il ne peut pas être établi dans ces conditions, il l'est par un huissier ou un commissaire de justice sur initiative de la partie la plus diligente à frais partagés par moitié. L'état des lieux doit être joint au contrat (C. com. art. L 145-5, al. 5 et 6).

RÉSILIATION TRIENNALE DU BAIL COMMERCIAL

Droit de résiliation du locataire Le locataire a la faculté de donner congé à l'expiration d'une période triennale au moins six mois à l'avance par lettre recommandée AR ou acte extrajudiciaire (C. com. art. L 145-4, al. 2 ; Cass. 3e civ. 24-10-2019 no 18-24.077 FS-PBI : RJDA 1/20 no 7). Une fois délivré, le congé ne peut plus être rétracté sans le consentement du bailleur (Cass. 3e civ. 27-6-1984 : JCP G 1985 II no 20343 ; Cass. 3e civ. 18-12-2002 no 01-03.539 : RJDA 3/03 no 236). 29960

29962 La possibilité de prévoir une **dérogation contractuelle** n'est possible que dans les cas suivants (C. com. art. L 145-4, al. 2) :
- bail de plus de neuf ans ;
- bail de locaux construits en vue d'une seule utilisation (locaux monovalents) ;
- baux de locaux à usage de bureaux ;
- baux de locaux à usage de stockage.

> **Précisions a.** Lorsque le bail a été consenti à **plusieurs locataires,** le congé doit être délivré par l'ensemble des locataires. En effet, sauf stipulation conventionnelle expresse, la seule volonté d'un locataire de résilier le bail ne peut pas suffire à mettre fin au contrat à l'égard des autres colocataires (Cass. 3e civ. 27-9-2005 no 04-16.040 : RJDA 12/05 no 1326 ; Cass. 3e civ. 15-12-2016 no 15-25.240 F-D : RJDA 3/17 no 159). En présence de **plusieurs bailleurs,** le congé doit être délivré à chacun d'eux (Cass. 3e civ. 17-10-2006 no 05-17.393 : D. 2006 p. 2669 note Y. Rouquet). Il en est de même en cas de bail consenti par des **propriétaires indivis,** sauf si l'un d'eux a reçu mandat du ou des autres indivisaires (Cass. 3e civ. 11-7-2007 no 06-12.210 : RJDA 11/07 no 1067).
> **b.** La faculté de résiliation triennale est interdite au locataire exploitant une **résidence de tourisme** (C. com. art. L 145-7-1). La cour d'appel de Paris considère que cette interdiction ne vaut que pendant le bail initial (CA Paris 27-1-2021 no 19/14657 : RJDA 5/21 no 297) alors que la cour d'appel de Poitiers estime qu'elle s'applique également pendant le bail renouvelé (CA Poitiers 28-5-2019 no 17/03289 : RJDA 3/20 no 134).

29966 **Droit de reprise triennale de la SCI** La SCI bénéficie d'un droit de reprise triennale si elle entend construire, reconstruire ou surélever l'immeuble existant, transformer à usage principal d'habitation un immeuble existant par reconstruction, rénovation ou réhabilitation, ou exécuter des **travaux** prescrits ou autorisés dans le cadre d'une opération de restauration immobilière (C. com. art. L 145-4, al. 3).

29968 À la fin de chaque période triennale, la SCI peut aussi reprendre, pour y loger qui elle veut, les **locaux d'habitation accessoires aux locaux commerciaux** et qui ne sont pas affectés à cet usage ; le loyer doit alors être diminué (C. com. art. L 145-23-1 et L 145-4, al. 3).

CAS PARTICULIERS DE RÉSILIATION DU BAIL COMMERCIAL

29972 Le **locataire** qui a demandé à bénéficier de ses droits à la **retraite** ou qui a été admis au bénéfice d'une pension d'**invalidité** a la faculté de donner congé à tout moment, au moins six mois à l'avance par lettre recommandée AR ou acte extrajudiciaire (C. com. art. L 145-4, al. 4). Cette disposition s'applique également à l'associé unique d'une EURL ou au gérant majoritaire depuis au moins deux ans d'une SARL, lorsque celle-ci est titulaire du bail (C. com. art. L 145-4, al. 5).

Par ailleurs, pour toute succession ouverte depuis le 20 juin 2014, les **héritiers** d'un locataire commercial peuvent donner congé à tout moment pendant le cours du bail, sans attendre l'expiration d'une période triennale (C. com. art. L 145-4, al. 4).

B. Fixation du loyer du bail commercial

1. LOYER DU BAIL COMMERCIAL INITIAL

LOYER PROPREMENT DIT

29975 Le loyer de départ est **fixé librement** par les parties (Cass. 3e civ. 2-10-1984 : Bull. civ. III no 155). Il est notamment possible de retenir l'une des **formules** suivantes :
- un forfait annuel, qui peut par exemple correspondre à un pourcentage du prix d'achat du bien donné en location ;
- un loyer variant en fonction du chiffre d'affaires du locataire (clause-recettes).

Il est possible de panacher ces formules : loyer composé d'une partie fixe et d'une partie variable. Par exemple : « Le présent bail est consenti et accepté moyennant un loyer fixe annuel de 12 000 € hors taxe, auquel s'ajoutera un loyer variable correspondant à 1 % du chiffre d'affaires annuel hors taxe réalisé par le locataire. » Autre exemple : « Le présent bail est consenti et accepté moyennant un loyer égal à 1 % du chiffre d'affaires annuel hors taxe du locataire. En tout état de cause, le locataire sera redevable d'un loyer minimal garanti de 12 000 € hors taxe imputable sur le loyer variable ci-dessus défini. »

Attention toutefois aux conséquences fiscales de l'insertion d'une clause-recettes : toute clause du bail ayant pour effet de faire participer la SCI aux résultats (chiffre d'affaires ou bénéfices) du locataire entraîne l'assujettissement de la société à l'impôt sur les sociétés.

Si le locataire doit effectuer des travaux importants, les parties peuvent décider de faire évoluer le loyer dans le temps. Elles peuvent ainsi convenir d'un loyer fixe faisant l'objet d'un abattement ou d'une franchise pendant un certain temps, ou choisir un loyer progressif par paliers. Dans ce dernier cas, la SCI sera bien avisée de préciser le montant du loyer de base à prendre en compte lors du renouvellement, à défaut de quoi la variation indiciaire s'appliquera au loyer initial acquitté par le locataire lors de la prise d'effet du bail à renouveler (Cass. 3e civ. 6-3-2013 no 12-13.962 : RJDA 6/13 no 488).

PAS-DE-PORTE

Le pas-de-porte ou droit d'entrée est une somme que le locataire verse à la SCI lors de son entrée dans les lieux et qui reste définitivement acquise à la SCI, contrairement au dépôt de garantie. Il s'élève généralement à trois ou six mois de loyers. **29979**

Le pas-de-porte est **licite,** aucune disposition du statut n'interdisant la remise d'une somme au bailleur par le locataire à son entrée dans les lieux (Cass. 3e civ. 15-2-1995 : RJDA 4/95 no 410).

Le pas-de-porte constitue, selon les circonstances, un supplément de loyer payé d'avance **29980** (Cass. com. 29-3-1966 : Bull. civ. III no 178) ou la contrepartie d'éléments de natures diverses, notamment d'avantages commerciaux sans rapport avec le loyer (Cass. com. 14-11-1962 : Bull. civ. III no 452) ou la contrepartie de la dépréciation de l'immeuble résultant des droits que le statut accorde au locataire. Il peut aussi avoir une **nature** mixte. Les tribunaux doivent rechercher, dans chaque espèce, la commune intention des parties pour apprécier la nature juridique du pas-de-porte (Cass. 3e civ. 11-10-1978 : Bull. civ. III p. 242).

S'il constitue un supplément de loyer, le pas-de-porte doit être pris en considération pour le calcul du loyer en cas de révision ou de renouvellement ; il doit également être inclus dans les revenus fonciers imposables de la société civile, en tant que recette exceptionnelle (voir no 30425).

EXEMPLE

Soit un bail de neuf ans consenti moyennant un loyer annuel de 8 640 € et un pas-de-porte de 4 320 €. Si le pas-de-porte s'analyse en un supplément de loyer, le loyer annuel servant d'assiette pour la révision du loyer ou le renouvellement du bail sera de 8 640 € + (4 320 € / 9) = 9 120 €.

CHARGES LOCATIVES

Réglementation partielle des charges L'article L 145-40-2 du Code de commerce et **29985** les articles R 145-35 à R 145-37 du même Code réglementent, pour les **baux conclus ou renouvelés depuis le 5 novembre 2014,** les charges locatives, impôts, taxes, redevances ainsi que les travaux susceptibles d'être mis à la charge du locataire et impose plusieurs obligations à la SCI.

L'article L 145-40-2 du Code de commerce est d'ordre public. Toute clause (ou arrangement) ayant pour effet de faire échec à cette disposition est réputée non écrite (C. com. art. L 145-15).

Détermination des charges et travaux Le bail doit comporter un inventaire précis **29986** et limitatif des **catégories** de charges, impôts, taxes et redevances liés à ce bail, et indiquer leur **répartition** entre le bailleur et le locataire (C. com. art. L 145-40-2, al. 1).

Ne peuvent pas être imputés au locataire (C. com. art. R 145-35) :

1° Les dépenses relatives aux grosses réparations mentionnées à l'article 606 du Code civil ainsi que, le cas échéant, les honoraires liés à la réalisation de ces travaux ;

2° Les dépenses relatives aux travaux ayant pour objet de remédier à la vétusté ou de mettre en conformité avec la réglementation le bien loué ou l'immeuble dans lequel il se trouve, dès lors qu'ils relèvent des grosses réparations précitées ;

3° Les impôts, notamment la contribution économique territoriale, taxes et redevances dont le redevable légal est le bailleur ou le propriétaire du local ou de l'immeuble ;

4° Les honoraires du bailleur liés à la gestion des loyers du local ou de l'immeuble faisant l'objet du bail.

En revanche, **peuvent être imputés au locataire** :

– la taxe foncière et les taxes additionnelles à la taxe foncière ;

– les impôts, taxes et redevances liés à l'usage du local ou de l'immeuble ou à un service dont le locataire bénéficie directement ou indirectement, tels la taxe de balayage, la taxe et la redevance d'enlèvement des ordures ménagères, la taxe annuelle sur les bureaux, les locaux commerciaux, les locaux commerciaux de stockage et les surfaces de stationnement en régions Île-de-France et Provence-Côte d'Azur.

Toutes les charges non comprises dans cette disposition peuvent être répercutées sur le locataire, y compris celles entrant dans la catégorie des charges exorbitantes de droit commun.

> **Précisions** **a.** Dans les **ensembles immobiliers** comportant plusieurs locataires (tels que les centres commerciaux), le bail doit préciser la répartition des charges ou du coût des travaux entre les différents locataires occupant cet ensemble, laquelle est fonction de la surface exploitée. Le montant des impôts, taxes et redevances pouvant être imputés au locataire doit correspondre strictement au local occupé par chaque locataire et à la quote-part des parties communes nécessaires à l'exploitation des locaux loués (C. com. art. L 145-40-2, al. 5). Les charges, impôts, taxes, redevances et le coût des travaux relatifs à des locaux vacants ou imputables à d'autres locataires sont des charges non récupérables (C. com. art. R 145-35, 5°).
> **b.** Ne sont pas comprises dans les dépenses mentionnées aux 1° et 2° celles se rapportant à des **travaux d'embellissement** dont le montant excède le coût du remplacement à l'identique (C. com. art. R 145-35, dernier al.).
> **c.** Le bail peut prévoir le remboursement par le locataire des **charges de copropriété** afférentes aux lieux loués, à condition de mentionner les différentes catégories de charges, de respecter la règle de répartition imposée par l'article L 145-40-2 ; en outre, la SCI doit veiller à défalquer les charges légalement non récupérables du décompte adressé au locataire.

29988 **Information du locataire** Le bailleur est tenu de communiquer au locataire les informations suivantes (C. com. art. L 145-40-2) :

1° **Lors de la conclusion du bail, puis tous les trois ans** :
– un état prévisionnel des travaux qu'il envisage d'effectuer dans les trois ans, assorti d'un budget prévisionnel,
– un état récapitulatif des travaux qu'il a réalisés au cours des trois années précédentes en précisant leur coût ;

2° **Chaque année,** un état récapitulatif annuel de l'inventaire des charges, impôts, taxes et redevances, dans le délai suivant (C. com. art. R 145-36) : au plus tard le 30 septembre de l'année suivant celle au titre de laquelle il est établi ou, pour les immeubles en copropriété, dans le délai de trois mois à compter de la reddition des charges sur l'exercice annuel.

> **Précisions** Dans les **ensembles immobiliers** comportant plusieurs locataires, le bailleur est tenu, en cours de bail, d'informer les locataires de tout élément susceptible de modifier la répartition des charges entre les locataires (C. com. art. L 145-40-2, al. 5).

29989 **Litiges relatifs aux charges et aux travaux** En cas de litige relatif aux charges et aux travaux, les parties peuvent saisir la **commission départementale de conciliation** (C. com. art. L 145-35).

DÉPÔT DE GARANTIE

29990 Il est d'usage que le bailleur exige le versement, au moment de la conclusion du contrat, d'un dépôt de garantie (qui ne se confond pas avec le loyer payé d'avance) destiné à en garantir la bonne exécution. Il est **remboursable** au locataire en fin de jouissance après entière exécution de ses obligations. Certains baux stipulent que le dépôt de garantie sera acquis au bailleur en cas de résiliation du bail à titre d'indemnité.

Le **montant** du dépôt est fixé librement par les parties. En pratique toutefois, le montant demandé par le bailleur est souvent limité à deux termes de loyers puisque, au-delà de ce seuil, les sommes versées portent obligatoirement intérêt au profit du locataire (C. com. art. L 145-40).

> **Précisions** En cas de **vente de l'immeuble loué**, l'obligation de restituer le dépôt de garantie n'est pas transférée de plein droit à l'acquéreur, si bien que le locataire ne peut pas exiger de ce dernier le remboursement du dépôt (Cass. 3e civ. 28-6-2018 n° 17-18.100 F-D : RJDA 11/18 n° 803). À l'inverse, la clause du contrat de vente prévoyant une transmission du dépôt de garantie à l'acquéreur ne peut pas empêcher le locataire de réclamer le dépôt à l'ancien propriétaire car, n'étant pas partie au contrat de vente, la clause n'est pas opposable au locataire (Cass. 3e civ. 18-1-1983 : Bull. civ. III n° 14).

2. RÉVISION DU LOYER AU COURS DU BAIL COMMERCIAL

RÉVISION DU LOYER COMMERCIAL EN PRÉSENCE D'UNE CLAUSE-RECETTES

30000 La révision d'un loyer comprenant une partie fixe et une partie variant selon un pourcentage du chiffre d'affaires du locataire échappe aux dispositions du Code de commerce (Cass. 3e civ. 5-3-2013 n° 11-28.461 : RJDA 2/14 n° 89) et n'est régie que par la **convention des parties** (Cass. 3e civ. 15-5-1991 : RJDA 7/91 n° 570).

Si celles-ci ne parviennent pas à s'entendre, la partie fixe sera gelée, sans que les parties puissent en demander la modification au juge des baux commerciaux (Cass. 3e civ. 15-3-2000 : RJDA 5/00 n° 515 ; Cass. 3e civ. 7-3-2001 : RJDA 5/01 n° 564).

RÉVISION DU LOYER COMMERCIAL PAR LE JEU D'UNE CLAUSE D'ÉCHELLE MOBILE

Le contrat peut comporter une clause d'**indexation** du loyer, dite « clause d'échelle mobile », permettant une réévaluation automatique du loyer en fonction des variations de l'indice retenu et selon la périodicité prévue au bail. L'indexation ne peut être **fondée** que **sur** le prix de biens, produits ou services ayant une relation directe avec le bail ou l'activité d'une des parties (C. mon. fin. art. L 112-2). 30005

> Précisions Les parties peuvent prévoir une indexation sur la variation de l'indice national du coût de la construction (ICC) ou sur celle de l'indice trimestriel des loyers commerciaux (ILC) lorsque les locaux sont affectés à des activités commerciales ou artisanales, ou de l'indice trimestriel des loyers des activités tertiaires (ILAT) pour les activités tertiaires autres que les activités commerciales et artisanales.

Application automatique de la clause d'échelle mobile La clause d'échelle mobile doit s'appliquer tant que l'une des parties n'en demande pas l'adaptation judiciaire (Cass. 3e civ. 2-6-1977 : Bull. civ. III n° 241). 30007

> Précisions Libres de choisir la **périodicité** d'application de la clause d'échelle mobile, les parties peuvent choisir entre deux méthodes pour appliquer la clause :
– **conserver le même indice de base,** correspondant à la date d'effet du bail, et comparer chaque année cet indice avec l'indice du même trimestre correspondant à l'année d'indexation, puis appliquer cette variation sur le loyer initial. Une telle clause d'indexation se référant à un indice de base fixe est valable dès lors que, dès la première indexation (Cass. 3e civ. 6-2-2020 n° 18-24.599 FS-PBI : RJDA 4/20 n° 202), il y a concordance entre la période de variation indiciaire et la durée s'écoulant entre deux révisions (Cass. 3e civ. 11-12-2013 n° 12-22.616 : RJDA 3/14 n° 204 ; Cass. 3e civ. 3-12-2014 n° 12-25.034 : RJDA 4/15 n° 240 ; Cass. 3e civ. 25-2-2016 n° 14-28.165 FS-PB : RJDA 6/16 n° 424) ;
– **modifier chaque année l'indice de base,** l'indice de comparaison de l'année précédente devenant le nouvel indice de base, et cette variation étant appliquée sur le loyer en cours. Compte tenu du risque d'invalidation d'une clause d'échelle mobile à indice de base fixe, les bailleurs ont intérêt à opter pour cette méthode.

Adaptation judiciaire du loyer Si, par le jeu de la clause, le loyer se trouve **augmenté ou diminué de plus d'un quart** par rapport au loyer précédemment fixé contractuellement ou par décision judiciaire, la SCI ou le locataire peut demander au tribunal qu'il procède à sa révision (C. com. art. L 145-39). Le loyer révisé prend effet au jour de la demande (Cass. 3e civ. 27-1-1988 : Gaz. Pal. 1988 p. 195). 30009

La **base de comparaison** est le loyer fixé contractuellement lors du contrat initial ou dans un avenant intervenu au cours du bail, hors indexation (Cass. 3e civ. 9-7-2014 n° 13-22.562 : RJDA 11/14 n° 830). Lorsque le loyer a déjà fait l'objet d'une révision, le loyer servant de référence est celui qui a été fixé par la décision judiciaire (Cass. 3e civ. 16-12-1992 : Gaz. Pal. 1993 p. 309). Le loyer de référence ne peut pas inclure les charges, y compris celles incombant au bailleur et mises conventionnellement à la charge du locataire (Cass. 3e civ. 3-5-2012 n° 11-13.448 : RJDA 7/12 n° 646). 30010

Pour vérifier l'existence d'une évolution de plus du quart, le loyer de référence doit être comparé au loyer obtenu par le jeu de la clause d'indexation et non au loyer effectivement payé (Cass. 3e civ. 15-12-2016 n° 15-27.148 FS-PB : RJDA 4/17 n° 226).

Pour les baux conclus ou renouvelés depuis le 1er septembre 2014, la variation du loyer révisé ne pourra pas « conduire à des augmentations supérieures, pour une année, à 10 % du loyer acquitté au cours de l'année précédente » (C. com. art. L 145-39). 30012

Pour les baux conclus ou renouvelés **avant cette date,** les règles antérieures continuent à s'appliquer : le texte ne comportant aucune disposition de nature à restreindre le pouvoir d'appréciation de la juridiction saisie, il lui impose de rechercher une égalité entre la valeur locative et le loyer révisé quelles qu'en soient les conséquences. C'est ainsi que le juge peut fixer le montant du loyer révisé à une valeur inférieure au loyer initial arrêté par les parties elles-mêmes (Cass. 3e civ. 15-1-1992 : RJDA 3/92 n° 223) ou à une valeur supérieure dès lors qu'elle correspond à la valeur locative (Cass. 3e civ. 6-1-1993 : RJDA 2/93 n° 96).

RÉVISION TRIENNALE DU LOYER COMMERCIAL

Qu'il y ait ou non une clause d'indexation, le montant du loyer peut faire l'objet d'une révision tous les trois ans, à la demande de la SCI ou du locataire (C. com. art. L 145-37 s.). 30015

Demande en révision du loyer La demande ne peut être formée que trois ans au moins après la date d'entrée en jouissance du locataire pour la première révision ou après le 30017 point de départ du bail renouvelé (C. com. art. L 145-38, al. 1). Pour les autres révisions, le **délai** de trois ans court à compter du jour où le loyer précédemment révisé est applicable (C. com. art. L 145-38, al. 2).

La demande en révision ne peut être formée que si la période triennale est échue (Cass. 3e civ. 21-1-1981 : Bull. civ. III no 18 ; Cass. 3e civ. 26-11-1986 : Bull. civ. III no 167).

La demande doit être **formée** par acte extrajudiciaire ou par lettre recommandée AR. Elle doit, à peine de nullité, préciser le montant du loyer demandé ou offert (C. com. art. R 145-20).

30020 **Action en fixation du loyer** À défaut d'accord entre les parties, le loyer est fixé par le juge. L'action en révision triennale est soumise à la prescription biennale de l'article L 145-60 du Code de commerce (Cass. 3e civ. 1-6-1988 : Bull. civ. III no 100).

L'action est ouverte également aux deux parties, quel que soit le sens de la variation de l'indice (Cass. com. 8-1-1964 : Bull. civ. III no 15).

Les litiges relatifs aux loyers révisés peuvent aussi être soumis à une **commission départementale de conciliation** (C. com. art. L 145-35).

30022 **Plafonnement du loyer révisé** En l'absence de modification des facteurs locaux de commercialité, la révision du loyer ne peut pas excéder la variation à la hausse ou à la baisse d'un indice Insee de référence intervenue depuis la dernière fixation du loyer.

Pour les **contrats conclus ou renouvelés depuis le 1er septembre 2014,** l'indice du coût de la construction (**ICC**) n'est plus un indice de référence (C. com. art. L 145-38) ; seuls demeurent l'indice des loyers commerciaux (**ILC**), lorsque les locaux sont affectés à des activités commerciales ou artisanales, et l'indice trimestriel des loyers des activités tertiaires (**ILAT**) réservé aux activités tertiaires autres que les activités commerciales et artisanales.

Par conséquent, dans les **contrats en cours** à cette date faisant référence à l'ICC, les parties devront lui substituer l'un de ces deux indices lors du prochain renouvellement (et non lors de la prochaine révision).

Pour fixer le montant du loyer révisé, il convient de tenir compte des deux règles suivantes : si la valeur locative est inférieure au loyer en cours, celui-ci constitue le loyer plancher (Cass. 3e civ. 11-7-2007 no 06-12.888 : RJDA 11/07 no 1065) ; si la valeur locative est supérieure au loyer à réviser tout en étant inférieure au plafond résultant de l'application du coefficient de l'indice de référence, le montant du loyer révisé est fixé à la valeur locative (Cass. 3e civ. 6-2-2008 no 06-21.983 : RJDA 5/08 no 494).

30024 **Déplafonnement du loyer révisé** La règle du plafonnement est écartée dans deux cas.

Le plafonnement est écarté lorsqu'une **modification matérielle des facteurs locaux de commercialité** a entraîné une variation de plus de 10 % de la valeur locative (C. com. art. L 145-38, al. 3). Mais dans ce cas et pour les baux conclus ou renouvelés depuis le 1er septembre 2014, la variation de loyer qui en découle ne peut pas conduire à des augmentations annuelles supérieures à 10 % du loyer acquitté au cours de l'année précédente (C. com. art. L 145-38, al. 3). Pour les baux conclus ou renouvelés avant cette date, le loyer reste fixé à la valeur locative (Cass. 3e civ. 7-1-1998 : RJDA 3/98 no 265).

Lors de la première révision triennale suivant une **déspécialisation partielle** (nos 30055 s.), il peut, par dérogation à la règle du plafonnement, être tenu compte des activités commerciales adjointes, si celles-ci ont entraîné par elles-mêmes une modification de la valeur locative des lieux loués (C. com. art. L 145-47, al. 3).

30026 **Application du loyer révisé** Le nouveau loyer est dû à compter de la date de la demande en révision (C. com. art. L 145-38, al. 1), sans possibilité de dérogation conventionnelle.

Pendant la procédure en révision, le locataire doit régler le loyer au montant antérieurement convenu (Cass. com. 15-5-1962 : Bull. civ. III no 257).

C. Valeur locative

30030 La valeur locative peut être **définie** comme le juste prix que la SCI propriétaire pourrait obtenir de la location compte tenu du jeu de l'offre et de la demande. Elle sert à déterminer le loyer lors de la révision triennale ou du renouvellement du bail.

Les juridictions du fond disposent d'un pouvoir souverain pour fixer la valeur locative des locaux à usage commercial en adoptant la **méthode** qui leur paraît la plus appropriée, la Cour de cassation se refusant à exercer un contrôle sur la définition de la valeur locative (jurisprudence constante Cass. 3e civ. 7-7-1986 no 83-14.535 : Bull. civ. III no 63 ; Cass. 3e civ. 3-11-2005 no 04-16.376 : RJDA 2/06 no 113).

La valeur locative est déterminée, au cas par cas, à l'aide des **éléments** suivants (C. com. art. L 145-33 et R 145-3 à R 145-8) : 30035

– les caractéristiques du local (sa situation dans l'immeuble, sa surface, la commodité d'accès pour le public, etc.) ;

– la destination des locaux (un bail « tous commerces » vaut plus cher qu'un bail restreignant les activités autorisées) ;

– les obligations respectives des parties : par exemple, mettre la taxe foncière à la charge du locataire diminue la valeur locative (Cass. 3e civ. 16-3-2017 no 16-11.972 F-D : RJDA 6/17 no 395 ; Cass. 3e civ. 8-4-2021 no 19-23.183 F-D : RJDA 8-9/21 no 555 ; Cass. 3e civ. 25-1-2023 no 21-21.943 FS-B : RJDA 5/23 no 243), alors qu'accorder au locataire un bail pour plus de neuf ans l'augmente ;

– les facteurs locaux de commercialité, qui dépendent de l'importance de la ville, du quartier ou de la rue où le commerce est situé, du lieu de son implantation, de la répartition des diverses activités dans le voisinage, des moyens de transport, de l'attrait particulier ou des sujétions de l'emplacement pour l'activité considérée et, enfin, des modifications que ces éléments subissent d'une manière durable ou provisoire ;

– les prix couramment pratiqués dans le voisinage pour des locaux équivalents.

D. Non-paiement du loyer commercial

RECOURS LÉGAUX POUR NON-PAIEMENT DU LOYER COMMERCIAL

La loi offre deux recours à la SCI : elle peut résilier le bail ou refuser de le renouveler sans payer d'indemnité d'éviction. 30040

Ces recours sont d'une efficacité limitée. La **résiliation** doit être demandée au juge, qui peut refuser de la prononcer s'il estime que le non-paiement du loyer par le locataire n'est pas suffisamment grave, incident de paiement isolé, par exemple (jurisprudence constante ; Cass. com. 18-2-1963 : Bull. civ. III no 106). La SCI peut aussi décider de résoudre unilatéralement le bail, mais elle prend le risque de devoir indemniser le locataire si le juge, saisi par celui-ci, estime que la résolution est injustifiée (C. civ. art. 1226). Quant au **refus de renouvellement,** il ne peut être opposé au locataire qu'en fin de bail.

CLAUSE DE RÉSILIATION DE PLEIN DROIT DU BAIL COMMERCIAL

Compte tenu de l'efficacité limitée des recours légaux, le bail comporte toujours en pratique une clause prévoyant la résiliation de plein droit en cas de défaut de paiement des loyers. En présence d'une telle clause, le **juge** ne dispose d'aucun **pouvoir** d'appréciation (Cass. 3e civ. 16-7-1975 no 74-13.221 : Bull. civ. III no 253 ; Cass. 3e civ. 5-10-2017 no 15-25.018 F-D : RJDA 4/18 no 303) : il ne peut que constater, si tel est le cas, l'acquisition de la clause et la résiliation du bail. 30045

MODÈLE

Clause résolutoire de plein droit

Avertissement Le modèle proposé ci-après n'est pas destiné à être reproduit tel quel. Il ne constitue qu'une aide à la rédaction et doit être adapté à chaque situation particulière.

« À défaut de paiement d'un seul terme à son échéance exacte ou en cas d'inexécution d'une seule de ses clauses, et un mois après un simple commandement de payer rappelant la présente clause et resté infructueux, le bail sera résilié de plein droit si bon semble à la SCI sans qu'il soit besoin de former aucune demande en justice. »

Mise en œuvre de la clause résolutoire La SCI qui entend faire jouer la clause résolutoire de plein droit doit d'abord faire délivrer au locataire un **commandement de payer** (C. com. art. L 145-41, al. 1) par acte extrajudiciaire, c'est-à-dire par acte d'huissier (Cass. 3e civ. 21-12-2017 no 16-10.583 FS-PBI : RJDA 4/18 no 302), ou de commissaire de justice. 30047

Le commandement doit **indiquer** le montant des loyers dus (Cass. 3e civ. 6-1-1982 no 80-12.869, Garcia c/ Athias). Est irrégulier le commandement portant sur une somme globale ne permettant pas au locataire d'apprécier le bien-fondé du commandement (Cass. 3e civ. 10-2-1988 no 86-18.453 : Loyers 1988 no 276) ou laissant le locataire dans l'incertitude sur les causes exactes des créances alléguées (Cass. 3e civ. 19-7-1988 no 87-12.554). En revanche, le commandement portant mention d'une somme supérieure à la dette véritable reste valable à due concurrence de la partie non contestée par le locataire (Cass. 3e civ. 2-7-1970 no 69-10.872 : Bull. civ. III no 461 ; Cass. 3e civ. 27-10-1993 no 1539 : RJDA 12/93 no 1006, 1e esp.).

> Précisions **a.** Lorsque la **clause** vise le non-paiement « des loyers », le bailleur ne peut pas obtenir la constatation de la résiliation pour non-paiement des charges (Cass. 3e civ. 3-4-1973 n° 72-10.537 : Bull. civ. III n° 249) ou d'une indemnité d'occupation (Cass. 3e civ. 24-2-1999 n° 97-11.554 : RJDA 4/99 n° 387).

b. À peine de nullité, le commandement doit mentionner le **délai** d'un mois minimum dont dispose le locataire pour payer ; un délai de trente jours, conforme à la clause, est irrégulier (Cass. 3e civ. 11-12-2013 n° 12-22.616 : RJDA 3/14 n° 204).

c. Avant d'en venir au commandement de payer, la SCI peut utilement adresser une **mise en demeure** au locataire et en garder copie. Si celui-ci tarde souvent à payer ses loyers, les mises en demeure pourront éventuellement servir à prouver sa mauvaise foi ou l'existence d'un motif grave et légitime justifiant le refus de renouvellement du bail sans indemnité d'éviction.

30050 **Persistance du non-paiement du loyer** Si le locataire n'a pas réglé sa dette dans le mois qui suit le commandement, la **clause résolutoire** est **acquise** : la SCI peut alors saisir le juge pour qu'il constate la résiliation du bail et ordonne l'expulsion du locataire.

Toutefois, la clause résolutoire n'est pas acquise si le non-paiement du loyer dans le délai d'un mois résulte d'un cas de force majeure ou s'il est justifié par l'inexécution de ses propres obligations par la SCI ou encore si cette dernière a mis en œuvre la clause résolutoire de mauvaise foi.

30052 **Suspension des effets de la clause résolutoire** En application de l'article 1343-5 du Code civil, le juge peut accorder des **délais de paiement** au locataire de bonne foi ; ces délais suspendent la réalisation et les effets de la clause résolutoire (C. com. art. L 145-41, al. 2). La clause ne joue pas si le locataire se libère dans les conditions fixées par le juge (art. précité).

> Précisions La demande de délais et de suspension de la clause résolutoire peut être formée même après l'expiration du délai d'un mois à compter du commandement (Cass. 3e civ. 26-11-1997 n° 1692 : RJDA 2/98 n° 149 ; Cass. 3e civ. 7-1-1998 n° 14 : RJDA 3/98 n° 266). Mais la demande doit intervenir avant que la résiliation n'ait été constatée par une décision de justice ayant acquis l'autorité de la chose jugée (C. com. art. L 145-41, al. 2 ; Cass. 3e civ. 5-10-1994 n° 1575 : RJDA 12/94 n° 1266).

E. Modification de l'usage des locaux commerciaux par le locataire

1. DÉSPÉCIALISATION PARTIELLE

FACULTÉ DE PROCÉDER À UNE DÉSPÉCIALISATION PARTIELLE

30055 Le locataire peut ajouter à l'activité prévue au bail des activités connexes ou complémentaires : on parle de « déspécialisation simple » (C. com. art. L 145-47). La SCI ne peut pas s'y opposer. D'ailleurs, toute clause du bail tendant à interdire au locataire de procéder à une déspécialisation partielle est réputée non écrite (C. com. art. L 145-15). Tout au plus, la SCI peut-elle contester dans les deux mois de la notification qui lui a été faite le caractère connexe ou complémentaire des activités envisagées (C. com. art. L 145-47).

ACTIVITÉS CONNEXES OU COMPLÉMENTAIRES

30057 **Par exemple,** les tribunaux ont estimé que constituent des activités connexes ou complémentaires :

– la « petite restauration » et l'activité de glacier (Cass. 3e civ. 31-3-1998 n° 531 D, Sté Crédit moderne c/ Sté L'Été indien) ;

– le café-bar et la restauration rapide (Cass. 3e civ. 19-7-2000 : RJDA 11/00 n° 962) ;

– la coiffure pour hommes et la coiffure pour dames car il s'agit d'une extension de cette activité (CA Paris 27-2-2013 n° 11/15987 : RJDA 11/13 n° 880).

À l'inverse, ne le sont pas :

– la vente de confiseries et la boulangerie (Cass. 3e civ. 16-1-1973 : Bull. civ. III n° 45) ;

– l'exploitation d'une station-service et la réparation de voitures (Cass. 3e civ. 17-3-1971 : Bull. civ. III n° 191) ;

– la dégustation de thé et de café et la vente de ces produits (Cass. 3e civ. 29-10-1970 : Bull. civ. III n° 550) ;

– la vente à emporter et la restauration (CA Versailles 9-7-2009 n° 08/4618 : RJDA 1/10 n° 6) ;

– les activités de friterie et de fast-food (CA Paris 28-2-2018 n° 16/13779 : RJDA 7/18 n° 560).

PROCÉDURE DE DÉSPÉCIALISATION PARTIELLE

Le **locataire** doit **faire connaître son intention** à la SCI par acte extrajudiciaire ou par lettre recommandée avec demande d'avis de réception, en indiquant les activités dont l'exercice est envisagé ; cette formalité vaut mise en demeure de la SCI de faire connaître dans un délai de deux mois, à peine de déchéance, si elle conteste le caractère connexe ou complémentaire de ces activités (C. com. art. L 145-47, al. 2). 30060

L'**autorisation** de la SCI, ou à défaut celle du juge, doit être **préalable** à l'adjonction de l'activité (Cass. 3e civ. 24-10-1990 : Bull. civ. III no 197 ; Cass. 3e civ. 20-12-2000 : RJDA 3/01 no 279). Si le locataire exerce la nouvelle activité avant d'en avoir reçu l'autorisation, la SCI peut le mettre en demeure de cesser cette activité, sous peine de refus de renouvellement du bail (Cass. 3e civ. 29-10-1973 : Bull. civ. III no 548), de résiliation du bail par l'effet d'une clause résolutoire (Cass. 3e civ. 28-5-2003 no 676 : RJDA 8-9/03 no 817) ou de résiliation judiciaire si les juges estiment que l'extension constitue un manquement suffisamment grave aux obligations du locataire (Cass. 3e civ. 23-3-2010 no 09-13.441 : RJDA 7/10 no 714).

Pour **s'opposer à l'extension projetée,** la SCI n'est pas tenue de motiver sa décision (Cass. 3e civ. 9-2-2017 no 15-28.759 FS-PB : RJDA 5/17 no 317), mais elle ne peut invoquer que l'absence de caractère connexe ou complémentaire des activités, à l'exclusion de tout autre motif. 30062

En cas de contestation, le tribunal judiciaire, saisi par la partie la plus diligente, se prononce en fonction notamment de l'évolution des usages commerciaux (C. com. art. L 145-47, al. 2).

> Précisions La **clause interdisant** au locataire d'adjoindre une activité connexe ou complémentaire à celle initialement prévue par le bail est réputée non écrite (C. com. art. L 145-15) ; par suite, la SCI ne peut pas s'opposer à la déspécialisation partielle en invoquant une clause d'exclusivité consentie à un autre locataire (Cass. ass. plén. 26-1-1973 : Bull. civ. no 2) ou une clause de non-concurrence (Cass. com. 11-6-1991 : RJDA 7/91 no 572 ; Cass. 3e civ. 15-2-2012 no 11-17.213 : RJDA 7/12 no 648).

EFFETS DE LA DÉSPÉCIALISATION PARTIELLE

La SCI ne peut exiger aucune augmentation du loyer au moment de l'extension d'activité. Elle doit attendre la première révision triennale après l'extension ; elle peut alors demander que le loyer soit fixé à la valeur locative si les nouvelles activités ont entraîné une modification de cette valeur (C. com. art. L 145-47). 30065

Lorsque des travaux sont nécessaires, les clauses de résiliation de plein droit pour cessation d'activité cessent de produire effet pendant le temps nécessaire à la réalisation des transformations, sans que celui-ci ne puisse excéder six mois à partir de l'accord sur la déspécialisation ou de la décision judiciaire l'autorisant (C. com. art. L 145-42).

2. DÉSPÉCIALISATION PLÉNIÈRE

Le locataire peut, sur sa demande, être autorisé à exercer une ou plusieurs activités totalement nouvelles (déspécialisation dite « plénière ») : 30070

– d'une part, en **raison** de la conjoncture économique et des nécessités de l'organisation rationnelle de la distribution, à condition que l'activité nouvelle soit compatible avec la destination, les caractères et la situation de l'immeuble (C. com. art. L 145-48) ;

– d'autre part, lorsque le locataire, à la retraite ou devenu invalide, entend céder le bail pour une autre activité, à condition là encore que l'activité nouvelle soit compatible avec la destination, les caractères et la situation de l'immeuble (C. com. art. L 145-51).

> Précisions Le premier motif de déspécialisation est très rarement invoqué en raison de la lourdeur de la procédure à suivre par le locataire.
Lorsque le locataire se prévaut du second, la SCI ne peut refuser l'activité proposée qu'en cas d'incompatibilité ; elle bénéficie d'une priorité de rachat du bail aux conditions proposées.

F. Arrivée du terme du bail commercial

1. CONGÉ

NÉCESSITÉ D'UN CONGÉ

Le bail soumis au statut prend fin par l'effet d'un congé donné au moins six mois à l'avance (C. com. art. L 145-9, al. 1), sauf clause de renouvellement automatique (Cass. 3e civ. 27-10-2004 no 03-15.769 : RJDA 1/05 no 14). 30080

Si la SCI entend poursuivre les relations avec le locataire et obtenir une augmentation du loyer, elle doit donner **congé avec offre de renouvellement.** Si elle souhaite mettre fin au bail à l'occasion de l'arrivée du terme, elle doit délivrer congé **sans offre de renouvellement.**

À défaut de congé donné par la SCI, le locataire peut lui adresser une demande de renouvellement (nos 30090 s.).

Si, au terme du bail, **ni le locataire ni la SCI n'en a pris l'initiative,** le bail ne prend pas fin ; il se prolonge tacitement pour une durée indéterminée. Chacun peut alors y mettre fin à tout moment moyennant un préavis.

FORME ET CONTENU DU CONGÉ

30082 Le congé doit être **donné par** acte extrajudiciaire (C. com. art. L 145-9, al. 5), c'est-à-dire par acte d'huissier ou de commissaire de justice. Le bailleur doit respecter cette prescription même si une autre forme a été autorisée par le bail (Cass. 3e civ. 13-1-1999 no 96-22.241 : RJDA 3/99 no 263, 1e esp.), et même si, à la date de délivrance, le locataire n'est pas immatriculé au registre du commerce et des sociétés (Cass. 3e civ. 1-10-2003 no 02-10.381 : RJDA 1/04 no 20), ou si les parties se sont soumises volontairement au statut des baux commerciaux (Cass. ass. plén. 17-5-2002 no 00-11.664 : RJDA 8-9/02 no 861). À défaut, le congé est nul, seul le destinataire du congé pouvant s'en prévaloir (Cass. 3e civ. 20-12-1982 no 81-13.495 : Bull. civ. III no 257 ; Cass. 3e civ. 15-9-2010 no 09-15.192 : RJDA 1/11 no 20).

30083 Le congé doit, à peine de nullité, préciser les **motifs** pour lesquels il est donné (C. com. art. L 145-9, al. 5), sauf s'il s'agit d'un congé avec offre d'indemnité d'éviction (Cass. 3e civ. 16-11-1994 : Bull. civ. III no 190 ; Cass. 3e civ. 8-2-2006 no 04-17.898 : RJDA 5/06 no 512).

Par ailleurs, il doit indiquer que le locataire qui entend soit **contester le congé,** soit demander le paiement d'une indemnité d'éviction doit saisir le tribunal avant l'expiration d'un **délai** de deux ans à compter de la date d'effet du congé (C. com. art. L 145-9, al. 5).

Enfin, la SCI qui désire obtenir une **modification du prix** du bail doit, dans le congé, faire connaître le loyer qu'elle propose, faute de quoi le nouveau prix ne sera dû qu'à compter de la demande qui en sera faite ultérieurement (C. com. art. L 145-11).

> **Précisions** **a.** La **nullité du congé** ne peut être prononcée que si l'irrégularité cause un **préjudice** au locataire (Cass. 3e civ. 5-5-1999 no 750 : RJDA 6/99 no 649 ; Cass. 3e civ. 19-12-2000 no 1752 : RJDA 5/01 no 566 ; Cass. 3e civ. 25-10-2018 no 17-20.713 F-D : RJDA 2/19 no 78).
> **b.** En cas de **nullité du congé**, le locataire dispose d'une **alternative** : invoquer cette nullité et poursuivre le bail ; y renoncer en demandant le paiement d'une indemnité d'éviction (Cass. 3e civ. 28-6-2018 no 17-18.756 FS-PBI : RJDA 10/18 no 709).

DATE DE DÉLIVRANCE DU CONGÉ

30085 Le congé doit être donné au moins six mois à l'avance (C. com. art. L 145-9, al. 1). En cas de tacite prolongation, le congé doit être donné au moins six mois à l'avance et pour le dernier jour du trimestre civil (C. com. art. L 145-9, al. 2). Si le bail est à périodes, le congé doit être délivré six mois au moins avant l'expiration de chaque période (C. com. art. L 145-9, al. 4).

Le délai de six mois est un **délai minimal.** Le texte ne prévoit en revanche pas de délai maximal et rien ne s'oppose à ce que le bailleur donne congé plus longtemps à l'avance (pour un exemple de congé délivré trois ans à l'avance, voir Cass. 3e civ. 9-11-1981 no 80-12.972 : Bull. civ. III no 181, ou d'un an en cas de résiliation triennale par le locataire : Cass. 3e civ. 10-5-2001 no 99-14.539 : RJDA 7/01 no 761).

> **Précisions** La délivrance d'un congé pour une **date prématurée** n'entraîne pas la nullité du congé, mais en reporte les effets à la date d'expiration du bail (Cass. soc. 3-11-1956 : Bull. civ. IV no 808 ; Cass. 3e civ. 9-10-1996 : RJDA 12/96 no 1446). Le congé donné **moins de six mois avant le terme** du bail prend effet postérieurement à la date d'expiration du bail, c'est-à-dire en période de tacite prolongation, et obéit donc aux règles prévues par l'article L 145-9, al. 2.

RÉPONSE DU LOCATAIRE AU CONGÉ REÇU

30087 En cas de congé avec offre de renouvellement, le locataire peut **accepter** le congé aux conditions proposées ; le nouveau bail est alors formé pour une durée de neuf ans ou une durée supérieure si telle est la volonté des parties. Le renouvellement doit être accepté formellement, même s'il n'existe pas de forme particulière à respecter.

Le locataire peut aussi accepter le principe du renouvellement mais **contester les modalités** de l'offre. Si le désaccord des parties porte sur un élément essentiel du contrat, comme le point de départ du bail renouvelé, l'acceptation n'est pas valable et le bail n'est pas formé (Cass. 3e civ. 22-4-1980 no 78-15.954 : Bull. civ. III no 82).

Si le désaccord porte sur le montant du loyer, le locataire doit saisir le juge des loyers d'une demande de fixation du loyer du bail renouvelé.

2. DEMANDE DE RENOUVELLEMENT DU BAIL COMMERCIAL

30090 Si la SCI ne s'est pas manifestée avant l'expiration du bail, le locataire peut soit garder le silence, auquel cas le bail se prolongera tacitement (no 30085), avec cependant le risque que le loyer soit déplafonné à l'expiration de la douzième année (C. com. art. L 145-34, al. 3), soit contraindre la SCI à prendre position sur le renouvellement en lui notifiant une demande de renouvellement de son bail.

> **Précisions** Lorsque la SCI délivre un **congé pour une date postérieure à l'échéance** contractuelle, le locataire conserve la possibilité de demander le renouvellement du bail en application de la jurisprudence classique de la Cour de cassation si le congé s'accompagne d'une offre de renouvellement (Cass. 3e civ. 13-2-1980 no 78-12.522 : Bull. civ. III no 38 ; Cass. 3e civ. 18-12-1991 no 90-10.109 : Bull. civ. III no 323). En revanche, le locataire perd cette faculté si le congé est assorti d'un refus de renouvellement (Cass. 3e civ. 21-2-2007 no 05-21.623 : RJDA 5/07 no 455).

MODALITÉS DE LA DEMANDE DE RENOUVELLEMENT DU BAIL COMMERCIAL

La demande doit être faite auprès de la SCI dans les six mois précédant l'expiration du bail ou à tout **moment** au cours de sa prolongation (C. com. art. L 145-10, al. 1). **30092**

La demande doit être faite par **acte** extrajudiciaire ou par lettre recommandée AR (C. com. art. L 145-10, al. 2). Elle ne peut donc pas être valablement faite par acte judiciaire, notamment par assignation en justice (Cass. 3e civ. 10-7-1996 no 1239 : RJDA 11/96 no 1306). **30093**

Bien qu'elle ne tende qu'à obtenir le positionnement du bailleur sur le principe même du renouvellement, la demande peut **contenir** une proposition de loyer. **30094**

En tout état de cause, elle doit reproduire les termes de l'alinéa 4 de l'article L 145-10 (C. com. art. L 145-10, al. 3).

RÉPONSE DU BAILLEUR À LA DEMANDE DE RENOUVELLEMENT DU BAIL

Refus La SCI dispose d'un **délai** de trois mois à compter de la notification de la demande pour faire connaître au locataire, par acte extrajudiciaire, sa décision de refuser le renouvellement, en précisant les motifs (C. com. art. L 145-10, al. 4). Ne constitue pas un acte de refus de renouvellement la déclaration verbale de refus de renouveler le bail, faite par le bailleur en réponse à l'interpellation de l'huissier (commissaire) de justice lui signifiant une demande de renouvellement du locataire, même si cette déclaration a été portée sur l'acte d'huissier (ou de commissaire de justice) (Cass. 3e civ. 24-9-2020 no 19-13.333 FS-PBI : RJDA 12/20 no 632). **30096**

En outre, l'**acte** doit, à peine de nullité, **indiquer** que le locataire qui entend soit contester le refus de renouvellement, soit demander le paiement d'une indemnité d'éviction, doit saisir le tribunal avant l'expiration d'un délai de deux ans à compter de la date à laquelle est signifié le refus de renouvellement (C. com. art. L 145-10, al. 5).

Acceptation La SCI peut évidemment **accepter expressément** le principe du renouvellement. Si elle désire, à cette occasion, obtenir une modification du loyer, elle doit faire connaître dans sa réponse celui qu'elle propose, faute de quoi le nouveau loyer ne sera dû qu'à compter de la demande qui en sera faite ultérieurement (C. com. art. L 145-11). **30098**

À défaut d'avoir fait connaître ses intentions dans le délai de trois mois, la SCI est **réputée avoir accepté** le principe du renouvellement du bail précédent (C. com. art. L 145-10 al. 4). La présomption d'acceptation ne porte pas sur le loyer du bail renouvelé ; la SCI conserve le droit de demander la fixation d'un nouveau loyer (Cass. 3e civ. 4-5-2011 no 10-15.473 : Bull. civ. III no 65), qui prendra effet à compter de sa demande en application de l'article L 145-11.

> **Précisions** Qu'elle soit expresse ou tacite, l'acceptation du principe du renouvellement n'a qu'un caractère provisoire et n'interdit pas à la SCI de **refuser ensuite** le même **renouvellement** pour motif grave et légitime, sauf si elle invoque des faits dont elle avait connaissance à la date de l'acceptation réputée du renouvellement.

3. RÉGIME DU BAIL COMMERCIAL RENOUVELÉ

DURÉE DU BAIL COMMERCIAL RENOUVELÉ

La durée du bail renouvelé est de neuf ans, sauf accord des parties pour une durée plus longue (C. com. art. L 145-12, al. 1). **30100**

Le nouveau bail **prend effet à compter** de l'expiration du bail précédent ou, le cas échéant, de sa prolongation, cette dernière date étant soit celle pour laquelle le congé a été donné, soit, si une demande de renouvellement a été faite, le premier jour du trimestre civil qui suit cette demande (art. L 145-12, al. 3).

Toutefois, lorsque la SCI a notifié son intention de ne pas renouveler le bail, par un congé ou un refus de renouvellement, et si, par la suite, elle décide de le renouveler, le nouveau bail prend effet à partir du jour où cette acceptation a été notifiée au locataire par acte extrajudiciaire ou par lettre recommandée AR (C. com. art. L 145-12, al. 4).

LOYER DU BAIL COMMERCIAL RENOUVELÉ

30105 **Principes** Les **parties fixent** librement le montant du nouveau loyer.

À **défaut d'accord** entre elles, le loyer est déterminé par le juge des loyers, qui doit le fixer à la valeur locative (C. com. art. L 145-33), mais dans la limite du **plafonnement** prévu par l'article L 145-34 : l'indice du coût de la construction (ICC) n'est plus un indice de référence ; pour les baux renouvelés à compter du 1er septembre 2014, l'augmentation ou la diminution du loyer ne peut pas excéder la variation, constatée depuis la fixation initiale du loyer, de l'indice des loyers commerciaux (ILC) pour les locaux affectés à une activité commerciale ou artisanale, ou de l'indice des loyers d'activités tertiaires (Ilat).

30107 **Exceptions au plafonnement** La règle du plafonnement est écartée :
- en cas de **modification notable** des éléments constitutifs de la valeur locative mentionnés aux 1° à 4° de l'article L 145-33, c'est-à-dire en cas de modification affectant les caractéristiques du local, la destination des lieux, les obligations respectives des parties et les facteurs locaux de commercialité ;
- lorsque les parties ont conclu un **bail** d'une **durée** supérieure à neuf ans.

30108 Par ailleurs, la règle du plafonnement est écartée **en raison de la nature des locaux** : lorsque le bail porte sur des locaux à usage exclusif de bureaux (Cass. 3e civ. 25-2-1976 n° 75-10.613 : Bull. civ. III n° 91) ; dans ce cas, le loyer se calcule par rapport aux prix pratiqués pour des locaux équivalents. Il en va de même pour les locaux monovalents, qui sont soumis à un régime autonome (C. com. art. R 145-10), et pour les terrains nus (C. com. art. R 145-9).

Le plafonnement ne s'applique pas non plus lorsque le **bail** est **assorti d'une « clause-recettes ».** Le loyer du bail renouvelé est déterminé exclusivement par les parties, sauf si le bail prévoit de recourir au juge des loyers commerciaux pour fixer le minimum garanti à la valeur locative ; le juge statue alors selon les critères de l'article L 145-33 du Code de commerce (Cass. 3e civ. 3-11-2016 nos 15-16.826 FS-PBRI et 15-16-827 FS-PBRI : RJDA 1/17 n° 5 ; Cass. 3e civ. 29-11-2018 n° 17-27.798 FS-PBI : RJDA 2/19 n° 77).

30109 Lorsque le loyer d'un bail, conclu ou renouvelé depuis le 1er septembre 2014, est déplafonné pour une des causes visées au n° 30107, son augmentation est limitée par un « **mécanisme de lissage** ». La variation du loyer ne peut pas « conduire à des augmentations supérieures, pour une année, à 10 % du loyer acquitté au cours de l'année précédente » (C. com. art. L 145-34). Ce taux n'est pas modulable (Cass. 3e civ. avis 9-3-2018 n° 17-70.040 PB : RJDA 10/18 n° 708). Il revient aux parties, et non au juge des loyers commerciaux, d'établir l'échéancier des loyers qui seront exigibles durant la période au cours de laquelle s'applique l'étalement de la hausse de loyer (Cass. 3e civ. avis 9-3-2018 précité ; Cass. 3e civ. 25-1-2023 n° 21-21.943 FS-B : RJDA 5/23 n° 247).

> **Précisions** Le mécanisme de lissage ne s'applique pas lorsque le **déplafonnement** est la conséquence d'une **tacite prolongation du bail** ayant abouti à ce que la durée de celui-ci excède douze ans car ce motif de déplafonnement n'est pas visé par l'article L 145-34, al. 4 (TGI Paris 5-5-2017 n° 14/10431 : RJDA 1/18 n° 8).

CLAUSES ET CONDITIONS DU BAIL COMMERCIAL RENOUVELÉ

30110 En dehors des précisions apportées nos 30105 s. sur le loyer, le renouvellement d'un bail s'opère aux clauses et conditions du bail venu à expiration (Cass. 3e civ. 3-2-1988 : Bull. civ. III n° 23). Jugé par exemple que le bailleur tenu d'assurer au locataire la jouissance paisible de la chose louée ne peut, lors du renouvellement du bail, lui imposer une restriction de jouissance qui n'était pas prévue dans le bail expiré (Cass. 3e civ. 13-11-1979 : Bull. civ. III n° 201).

Le juge n'a le pouvoir de modifier aucune clause dont la licéité n'est pas discutée (Cass. 3e civ. 12-10-1982 : Bull. civ. III n° 196 ; Cass. 3e civ. 14-10-1987 : Bull. civ. III n° 169).

30112 Comme pour tout contrat (C. civ. art. 1214, al. 2), le renouvellement emporte formation d'un nouveau bail (Cass. 3e civ. 13-5-2009 n° 08-15.564 : RJDA 8-9/09 n° 709) ; il en résulte que le **cautionnement** donné pour le bail initial ne garantit pas le bail renouvelé, sauf clause contraire. Ainsi, une société qui s'est portée caution pour les paiements exigibles en vertu du bail originaire et qui n'a pas été partie à l'acte de renouvellement n'est plus tenue à compter de l'expiration de la durée contractuelle du bail initial (Cass. 3e civ. 4-11-1980 n° 79-13.227 : Bull. civ. III n° 167), sauf si elle s'y est engagée par une mention manuscrite à l'acte précisant l'extension de l'engagement dans une telle éventualité (Cass. 1e civ. 4-10-2000 n° 1458 : RJDA 2/01 n° 228).

ILLUSTRATIONS

Dans un cas où une clause du cautionnement prévoyait que la caution devait garantir les sommes dues par le **locataire** « pendant toute la durée de son **occupation** », jugé que l'engagement de la caution portait sur toute la période au cours de laquelle le locataire était demeuré dans les lieux et qu'en conséquence la caution était tenue du paiement des loyers nés du bail renouvelé (Cass. 1e civ. 21-3-2006 no 580 : RJDA 7/06 no 832).

4. CONSÉQUENCES FINANCIÈRES D'UN REFUS DE RENOUVELLEMENT DU BAIL COMMERCIAL

REFUS DE RENOUVELLEMENT AVEC INDEMNITÉ D'ÉVICTION

30120 La SCI peut refuser le renouvellement du bail, mais elle doit alors verser au locataire une **indemnité** d'éviction, égale au **préjudice** que la perte des locaux cause au locataire (C. com. art. L 145-14, al. 1). Lorsque le refus de renouvellement ne cause aucun préjudice au locataire évincé, il n'y a pas lieu de lui allouer une indemnité.

Cette indemnité **comprend** notamment la valeur marchande du fonds de commerce, déterminée suivant les usages de la profession, augmentée éventuellement des frais de déménagement et de réinstallation, ainsi que des frais et impôts à payer pour acquérir un fonds de même valeur (art. précité).

Le plus souvent, cette indemnité est **fixée** à l'amiable par les parties. Si le locataire trouve que l'indemnité proposée est trop faible, il doit alors saisir le juge.

REFUS DE RENOUVELLEMENT SANS INDEMNITÉ D'ÉVICTION

30122 La SCI peut refuser le renouvellement sans verser d'indemnité d'éviction (C. com. art. L 145-17) :

– s'il existe un **motif grave et légitime** à l'encontre du locataire (nombreux incidents de paiement, changement non autorisé d'activité, etc.) ;

– si l'**immeuble** doit être totalement ou partiellement démoli parce qu'il est **insalubre ou dangereux.**

La SCI peut aussi reprendre, pour y loger les personnes de son choix, les **locaux d'habitation vacants** qui sont accessoires aux locaux commerciaux sans être tenue d'indemniser le locataire (C. com. art. L 145-23-1). Cette reprise est sans incidence sur la poursuite du bail commercial, si ce n'est que le loyer doit alors être diminué.

30124 **Motifs graves et légitimes** L'article L 145-17, I-1° du Code de commerce ne définit pas le motif grave et légitime justifiant le refus de renouvellement sans indemnité. Le motif peut reposer sur toute infraction au bail : peu importe qu'elle résulte d'une violation du statut des baux commerciaux ou des stipulations particulières du bail (Cass. 3e civ. 24-1-1996 no 129 : RJDA 4/96 no 470).

Le motif grave et légitime peut être constitué par une faute imputable aux personnes dont répond le locataire (Cass. 3e civ. 11-6-2008 no 07-14.256 : RJDA 11/08 no 1098) ou par une faute extracontractuelle, à condition de se rattacher par un lien suffisant à l'exécution du bail commercial, ce qui est notamment le cas de violences exercées par le locataire sur le bailleur (CA Pau 7-4-2008 no 05-1070 : RJDA 1/09 no 13).

30125 S'il s'agit soit de l'inexécution d'une obligation, soit de la cessation sans raison sérieuse et légitime de l'exploitation du fonds, l'**infraction** commise par le locataire ne peut être invoquée comme motif de refus de renouvellement sans indemnité d'éviction que si elle s'est **poursuivie** ou renouvelée plus d'un mois **après mise en demeure** de la SCI d'avoir à la faire cesser (C. com. art. L 145-17, I-1°).

Cette mise en demeure doit, à peine de nullité, être effectuée par acte extrajudiciaire, préciser le motif invoqué et reproduire les termes de l'article L 145-17, I-1° du Code de commerce. L'absence de mise en demeure laisse subsister le congé et le droit au paiement pour le locataire d'une indemnité d'éviction (Cass. 3e civ. 15-5-2008 no 07-12.669 : RJDA 7/08 no 767 ; Cass. 3e civ. 19-12-2012 no 11-24.251 FS-PB : RJDA 8-9/13 no 696).

> **Précisions** Lorsque la **faute** constitutive du motif grave et légitime a **causé un préjudice** spécifique à la SCI, celle-ci peut en réclamer réparation au locataire par voie de dommages-intérêts (pour une application, voir Cass. 3e civ. 21-11-2001 no 1610 : RJDA 2/02 no 136).

30130 **Immeuble insalubre ou dangereux** La SCI n'est pas fondée à refuser le renouvellement du bail dès lors que l'état de péril **n'affecte qu'une partie des locaux** et n'interdit pas la poursuite de l'exploitation du fonds de commerce (Cass. 3e civ. 30-1-2002 no 199 : RJDA 4/02 no 365). Tel est généralement le cas lorsque, en raison du caractère divisible des locaux loués, le fonds de commerce n'est pas affecté par le caractère insalubre ou dangereux d'une partie d'entre eux (Cass. com. 4-5-1964 n° 59-11.085 : Bull. civ. III n° 226 ; Cass. 3e civ. 13-3-1991 n° 88-19.147 : Bull. civ. III n° 90 ; Cass. 3e civ. 30-1-2002 précité).

La **SCI** ne peut pas échapper au versement d'une indemnité d'éviction dès lors qu'elle est **à l'origine de l'insalubrité ou du danger** (Cass. 3e civ. 17-4-1985 n° 83-12.399 : Bull. civ. III n° 63 rendu dans un cas où les travaux effectués par le bailleur avaient rendu l'immeuble dangereux ; Cass. 3e civ. 21-6-1995 n° 1379 : RJDA 8-9/95 n° 951 retenant des négligences du bailleur dans l'entretien de l'immeuble).

REPENTIR DU BAILLEUR

30135 Si l'indemnité d'éviction fixée par le juge lui paraît trop élevée, la SCI peut revenir sur sa décision **en offrant le renouvellement du bail.** Elle peut le faire jusqu'à l'expiration d'un délai de 15 jours après la décision de justice ayant fixé le montant de l'indemnité (C. com. art. L 145-58). Mais encore faut-il que le locataire soit toujours dans les lieux et qu'il n'ait pas déjà loué ou acheté d'autres locaux pour se réinstaller (Cass. 3e civ. 15-7-1971 : Bull. civ. III n° 456 ; Cass. 3e civ. 15-2-1995 : RJDA 4/95 n° 414).

> Précisions a. L'engagement d'un **processus irréversible de départ** des lieux loués par le locataire suffit à faire obstacle à l'exercice du droit de repentir par la SCI, peu important que celle-ci en ait eu connaissance ou non (Cass. 3e civ. 15-12-2021 n° 21-11.634 FS-D : RJDA 5/22 n° 252).
b. Pour être **opposable** à la SCI, l'acte d'acquisition ou de location des nouveaux locaux doit avoir acquis date certaine avant la notification du droit de repentir (Cass. 3e civ. 29-6-1976 : Bull. civ. III n° 287 ; Cass. 3e civ. 15-3-2000 : RJDA 5/00 n° 519). À défaut, le locataire doit démontrer que la SCI en avait effectivement connaissance (Cass. 3e civ. 6-1-1972 : Bull. civ. III n° 6 ; Cass. 3e civ. 21-6-1995 : RJDA 8-9/95 n° 952).

G. Cession du bail commercial et sous-location

CESSION DU BAIL COMMERCIAL

30140 La cession du bail est le plus souvent indispensable à la cession du fonds de commerce dont le droit au bail est l'élément principal dans la mesure où l'emplacement du fonds permet d'attirer et de retenir la clientèle. C'est pourquoi sont réputées non écrites, quelle qu'en soit la forme, les **conventions tendant à interdire** au locataire **de céder** son bail ou les droits qu'il tient du statut à l'acquéreur de son fonds de commerce ou de son entreprise ou au bénéficiaire du transfert universel de son patrimoine professionnel (C. com. art. L 145-16, al. 1).

Mais cette prohibition ne s'applique pas à de simples **clauses limitatives ou restrictives** (Cass. 3e civ. 2-10-2002 n° 1448 : RJDA 12/02 n° 1244 ; Cass. 3e civ. 12-12-2000 n° 1127 : RJDA 11/00 n° 965). Sont ainsi valables les clauses qui tendent à restreindre la liberté de cession du locataire soit en subordonnant la cession à l'agrément ou à la participation du bailleur, soit en prévoyant des conditions de forme particulières, soit en posant des conditions relatives à l'acquéreur du fonds.

> Précisions a. Un **état des lieux** doit être établi, à frais partagés, entre le bailleur et le cessionnaire lors de l'entrée en possession des locaux (et lors de la restitution). Il doit être joint au bail ou, à défaut, conservé par chacune des parties (hypothèses de cessions de fonds de commerce pour lesquelles l'intervention du bailleur n'est pas requise et pour lesquelles aucun acte n'intervient entre le bailleur et le cessionnaire) (C. com. art. L 145-40-1). Cette disposition est d'ordre public et toute clause y dérogeant est réputée non écrite (C. com. art. L 145-15).
b. Si le locataire **cède** son fonds de commerce, en ce inclus le droit au bail, **après** que la SCI lui a délivré un **congé** avec refus de renouvellement sans offre d'indemnité d'éviction, mais avant la date d'effet du congé, la SCI est tenue de payer une indemnité d'éviction au cessionnaire si elle ne fait valoir que des motifs graves et légitimes tenant au seul cédant (Cass. 3e civ. 15-9-2010 n° 09-14.519 : RJDA 1/11 n° 17).

30141 Si le local est situé dans un **périmètre de sauvegarde** du commerce et de l'artisanat de proximité, la cession est soumise au droit de préemption de la commune (C. urb. art. L 214-1 s. et R 214-1 s.).

En cas d'exercice du droit de préemption par la commune, le bail du local ou de l'immeuble demeure soumis au statut des baux commerciaux pendant la période de deux ans (ou de trois ans en cas de mise en location-gérance du fonds) dont la commune dispose pour rétrocéder le fonds ou le bail à un nouvel exploitant ; durant cette période intermédiaire, le défaut d'exploitation du fonds ne peut pas être invoqué par le bailleur pour mettre fin au bail (C. urb. art. L 214-2 ; C. com. art. L 145-2, III).

30142 La cession n'est opposable à la SCI que si certaines **formalités** sont respectées.

1° Quand la **cession** de bail intervient **dans le cadre d'une vente de fonds de commerce ou du transfert universel du patrimoine professionnel,** la cession de bail n'est pas soumise à l'accord de la SCI et doit, à notre avis, être envisagée sous l'angle de la cession de droit : elle reste soumise au formalisme de l'article 1690 du Code civil. Elle doit donc être signifiée à la SCI par acte extrajudiciaire, ou acceptée par elle dans un acte authentique (C. civ. art. 1690). En l'absence de ces formalités, la cession est néanmoins opposable à la SCI qui a acquiescé à la cession de manière non équivoque (Cass. 3e civ. 13-11-2012 n° 11-16.123 : RJDA 6/13 n° 486).

2° En cas de **cession isolée du bail,** les formalités diffèrent selon que la SCI a, ou non, donné son accord par avance à la cession. Lorsque la SCI a d'ores et déjà autorisé la cession dans le contrat de bail (par exemple, le bail prévoit que la cession est libre au profit d'une société du même groupe que le locataire), ou lorsqu'elle l'a soumise à son accord préalable et que cet accord intervient avant la cession (par exemple, le bail interdit au locataire de céder son bail sans que la SCI ait agréé l'acquéreur), l'opposabilité à la SCI de la cession est à notre avis régie par l'article 1216 du Code civil : la cession lui devient opposable lorsque le contrat conclu entre le cédant (locataire) et le cessionnaire (nouveau locataire) lui est notifié ou lorsqu'elle en prend acte (C. civ. art. 1216, al. 1 et 2). En revanche, dans le cas où l'accord de la SCI est donné au moment de la cession du bail, aucun formalisme d'opposabilité n'est prévu par l'article 1216 précité. On peut en déduire que le seul accord de la SCI suffit à lui rendre la cession opposable.

Le bail peut comporter une clause prévoyant la **solidarité du locataire cédant avec l'acquéreur** du droit au bail pour le paiement des loyers. À défaut d'une telle clause, la SCI ne peut pas exiger du cédant le paiement des loyers échus postérieurement à la cession (Cass. 3e civ. 12-7-1988 n° 86-15.759 : Bull. civ. III n° 125). Il n'est pas certain que cette solution, rendue avant l'ordonnance 2016-131 du 10 février 2016, reste valable pour les contrats conclus depuis le 1er octobre 2016. En effet, le Code civil précise désormais que la cession de contrat libère le cédant pour l'avenir si le cédé (ici le bailleur) y a expressément consenti et qu'à défaut, et sauf clause contraire, le cédant est tenu solidairement à l'exécution du contrat (art. 1216). Dans le doute, les parties ont tout intérêt à régler expressément la question en amont, dans le bail. **30144**

La **durée de la clause de garantie** entre cédant et cessionnaire est limitée à trois ans à compter de la cession du bail (C. com. art. L 145-16-2).

La SCI est tenue d'**informer le cédant** de tout **défaut de paiement** de loyer par le locataire dans le délai d'un mois à compter de la date à laquelle la somme aurait dû être acquittée par ce dernier (C. com. art. L 145-16-1).

SOUS-LOCATION

Sauf stipulation contraire du bail ou accord de la SCI, toute sous-location totale ou partielle est **prohibée** (C. com. art. L 145-31, al. 1). **30150**

Toutefois si la SCI a **autorisé** la sous-location, le sous-bail ne sera régulier que si elle a été appelée à concourir à l'acte (art. L 145-31, al. 2). Ces formalités (autorisation et appel à concourir à l'acte) sont requises tant pour la sous-location initiale que pour les renouvellements amiables suivants (C. com. art. L 145-32, al. 1 ; Cass. 3e civ. 16-6-1999 n° 1048 : RJDA 10/99 n° 1052), l'agrément du bailleur à la sous-location ne se présumant pas (Cass. 3e civ. 28-10-2009 n° 08-18.736 : RJDA 2/10 n° 126). En revanche, la tacite prolongation de la sous-location, qui n'emporte pas formation d'un nouveau contrat, échappe, à notre avis, à cette exigence.

Lorsque la sous-location est régulière, le **sous-locataire** peut **demander** directement le **renouvellement** du sous-bail **à la SCI** à condition, d'une part, que le bail principal soit expiré – sinon c'est au locataire principal qu'il doit demander le renouvellement (Cass. 3e civ. 7-12-1977 : Bull. civ. III n° 432) – et, d'autre part, en cas de sous-location partielle, que les locaux qu'il occupe ne soient pas indivisibles de ceux qui étaient occupés par le locataire (C. com. art. L 145-32). **30152**

Que la sous-location soit régulière ou non (Cass. 3e civ. 2-3-1988 : Bull. civ. III n° 51), la SCI peut demander un **réajustement du loyer principal** lorsque le sous-loyer est supérieur à ce dernier (C. com. art. L 145-31, al. 3). **30154**

L'appréciation du bénéfice tiré par le locataire ne résulte pas d'une simple confrontation entre le montant nominal du sous-bail et celui du bail principal ; il doit être tenu compte, le cas échéant, du paiement par le sous-locataire de charges qui incombent en principe au locataire (Cass. com. 19-12-1961 : Bull. civ. III n° 489). En cas de sous-location partielle, le prix de la sous-location doit être proportionnellement supérieur à celui du bail principal (Cass. 3e civ. 28-5-1997 n° 876 : RJDA 8-9/97 n° 1014). En pratique, il faut comparer les prix ramenés au mètre carré.

H. Vente du local commercial par la SCI

30160 Le locataire bénéficie d'un **droit de préemption** en cas de vente du local commercial dans lequel il exploite son fonds de commerce (C. com. art. L 145-46-1).

Ce droit de préférence n'est **pas applicable** en cas de :

– cession unique de plusieurs locaux d'un ensemble commercial ;

– cession unique de locaux commerciaux distincts ;

– cession d'un local commercial au copropriétaire d'un ensemble commercial ;

– cession globale d'un immeuble comprenant des locaux commerciaux ;

– cession d'un local au conjoint du bailleur ou encore à un ascendant ou un descendant du bailleur ou de son conjoint.

Il ne s'applique pas non plus en cas de vente judiciaire, même volontaire (Cass. 3e civ. 17-5-2018 no 17-16.113 FS-PBI : RJDA 7/18 no 562), ou de vente de gré à gré dans le cadre de la liquidation judiciaire du bailleur (Cass. com. 23-3-2022 no 20-19.174 F-B : RJDA 6/22 no 353 ; Cass. 3e civ. 15-2-2023 no 21-16.475 FS-B : RJDA 6/23 no 328).

ATTENTION

Le locataire ne peut faire valoir aucun droit de préférence lorsque les locaux font l'objet de **préemption par une collectivité territoriale** sur le fondement du droit de préemption urbain (DPU), en zone d'aménagement différé (ZAD), ou dans les périmètres provisoires de ZAD prévus par le Code de l'urbanisme, ni lorsqu'ils sont ensuite **aliénés** par la collectivité (C. com. art. L 145-46-1, al. 6).

30165 Lorsque le propriétaire d'un local à usage commercial ou artisanal envisage de vendre celui-ci, il doit en **informer le locataire** par lettre recommandée avec demande d'avis de réception ou remise en main propre contre récépissé ou émargement. Cette notification, qui vaut offre de vente au profit du locataire, doit, à peine de nullité, indiquer le prix et les conditions de la vente envisagée (C. com. art. L 145-46-1, al. 1). Le prix n'inclut pas les frais d'agence immobilière (Cass. 3e civ. 28-6-2018 no 17-14.605 FS-PBI : RJDA 10/18 no 710 ; Cass. 3e civ. 23-9-2021 no 20-17.799 FS-B : RJDA 12/21 no 767).

À peine de nullité, la notification doit **reproduire** les dispositions de l'article L 145-46-1, al. 1 à 4.

30170 **À compter de la réception de l'offre,** le locataire dispose d'un délai d'un mois pour se prononcer. En cas d'acceptation, il doit réaliser la vente dans les deux mois à compter de la date d'envoi de sa réponse au bailleur. Lorsque, dans sa réponse, il notifie son intention de recourir à un prêt, l'acceptation par le locataire de l'offre de vente est subordonnée à l'obtention du prêt et le délai de réalisation de la vente est porté à quatre mois. Lorsque, à l'expiration de ce dernier délai, la vente n'a pas été réalisée, l'acceptation de l'offre de vente est sans effet.

30175 Dans le cas où la SCI décide de vendre à des **conditions ou** à un **prix plus avantageux** pour l'acquéreur, le **notaire** doit, lorsque la SCI n'y aura pas préalablement procédé, notifier au locataire par lettre recommandée avec demande d'avis de réception, à peine de nullité de la vente, ces conditions et ce prix. Cette notification vaut offre de vente au profit du locataire, laquelle est valable pendant un mois à compter de sa réception. L'offre non acceptée dans ce délai devient caduque.

Le locataire qui accepte l'offre ainsi notifiée dispose, à compter de la date d'envoi de sa réponse à la SCI ou au notaire, d'un délai de deux mois pour la réalisation de l'acte de vente (quatre en cas de recours à un prêt). Lorsque, à l'expiration de ce délai, la vente n'est pas réalisée, l'acceptation de l'offre de vente est sans effet.

À peine de nullité, la notification doit **reproduire** les dispositions de l' article L 145-46-1, al. 1 à 4.

SECTION 2

IMPOSITION DES RÉSULTATS DE LA SCI DE LOCATION

Le régime d'imposition des résultats de la société dépend de deux paramètres : son propre régime fiscal et la qualité de ses associés. 30200

RÉGIME FISCAL DE LA SOCIÉTÉ

Les sociétés civiles immobilières relèvent dans leur immense majorité du **régime fiscal des sociétés de personnes** : leurs résultats (issus pour l'essentiel des loyers) sont déterminés et calculés au niveau de la société, mais ils sont imposables entre les mains de leurs associés, chacun pour la part lui revenant (CGI art. 8). C'est ce régime qui s'applique de plein droit aux sociétés dont l'objet est la location d'immeubles nus. 30205

Certaines sociétés civiles immobilières sont assujetties à l'**impôt sur les sociétés,** soit sur option, soit de plein droit. Ces sociétés faisant l'objet d'une étude d'ensemble nos 10000 s., rappelons seulement que relèvent obligatoirement de l'IS les sociétés civiles immobilières qui exercent une activité réputée commerciale sur le plan fiscal, cas notamment de la location meublée.

> **› Précisions** La réalisation de **produits financiers** dans le cadre de la gestion de sa trésorerie n'est pas de nature à entraîner l'assujettissement d'une société civile à l'impôt sur les sociétés puisqu'il ne s'agit pas d'une activité commerciale : ces produits sont imposés au nom des associés dans la catégorie des revenus de capitaux mobiliers et doivent figurer sur la déclaration de résultat de la société.

QUALITÉ DES ASSOCIÉS (SOCIÉTÉS NON SOUMISES À L'IS)

Parts détenues par des personnes physiques Les résultats correspondant aux parts détenues par des personnes physiques sont déterminés au niveau de la **société** selon les règles des revenus fonciers exposées ci-après nos 30300 s. 30210

Après répartition du résultat de la SCI entre les associés, les **associés** personnes physiques sont imposés, à raison de leur quote-part, à l'impôt sur le revenu dans la catégorie des revenus fonciers. La quote-part de résultat de la société revenant à chaque associé (personne physique) supporte, en plus de l'impôt sur le revenu, des prélèvements sociaux (CSG, CRDS et prélèvement de solidarité) au titre des revenus du patrimoine. 30212

En général, les associés de SCI de location relèvent du régime réel d'imposition. Sous certaines conditions, ils peuvent toutefois relever du régime du micro-foncier.

Parts détenues par des entreprises ou des sociétés Les règles d'imposition des résultats correspondant aux parts détenues par des entreprises ou des sociétés diffèrent selon la qualité de l'associé (CGI art. 238 bis K). 30215

1. L'associé de la SCI est **soumis à l'impôt sur les sociétés** : la quote-part lui revenant est déterminée selon les règles applicables à cet impôt (c'est-à-dire, en règle générale, les règles des BIC).

2. L'associé est une **entreprise** industrielle, commerciale, artisanale ou agricole relevant de l'impôt sur le revenu et placée de plein droit **sous un régime de bénéfice réel** (réel normal ou simplifié) : la part de résultat de cet associé est en principe déterminée d'après les règles qui lui sont propres (BIC ou BA), et non d'après les règles applicables à la société civile dont il est membre.

Toutefois, lorsqu'un exploitant individuel relevant de la catégorie des BIC ou des BA suivant un régime réel a inscrit à l'actif de son bilan les parts d'une SCI, la mise en œuvre des règles qui régissent son activité, résultant de l'article 238 bis K, I du CGI, conduit en pratique à déterminer le résultat de la SCI qu'il doit prendre en compte suivant les règles des revenus fonciers. En effet, l'article 155, II du CGI, applicable à ces exploitants membres d'une société de personnes, prévoit que les revenus issus d'activités non professionnelles qui reviennent à un exploitant individuel ne sont pas compris dans son résultat professionnel et doivent être déterminés suivant les règles correspondant à leur nature (BOI-BIC-BASE-10-20-10 nos 190 et 195). Le caractère non professionnel de l'activité de la SCI entraîne donc en principe l'application obligatoire des règles qui régissent les revenus fonciers par l'exploitant qui en est membre (voir toutefois les précisions mentionnées n° 21620 sur la question de l'appartenance des parts au patrimoine professionnel de l'exploitant). Il n'est fait exception à cette règle que pour les sociétés de personnes exerçant une activité mixte lorsque leurs recettes issues de l'activité non professionnelle n'excèdent pas 5 % du montant total de leurs recettes. Cette situation ne concerne pas en pratique les SCI.

3. L'associé est lui-même une société de personnes ou assimilée ayant pour activité la gestion de son propre patrimoine mobilier ou immobilier (autre SCI de location notamment), ou une société exerçant une activité agricole à raison de laquelle elle relève du micro-BA ou du régime simplifié d'imposition sur option : les parts de résultats lui revenant suivent les règles applicables en matière d'impôt sur les sociétés (c'est-à-dire, en général, les règles de détermination des BIC). Cette disposition a pour but de faire échec aux **sociétés-écrans** interposées entre la SCI et une société de capitaux.

4. Les règles des revenus fonciers sont applicables dans tous les **autres cas,** c'est-à-dire notamment lorsque les parts de la SCI sont :

– affectées à l'exercice d'une profession libérale (quel que soit le mode d'imposition du bénéfice non commercial) ;

– ou affectées à l'exercice sous forme individuelle d'une activité agricole ou commerciale ne relevant pas d'un régime réel de plein droit (voir toutefois les précisions mentionnées n° 21620 sur la question de l'appartenance des parts au patrimoine professionnel de l'exploitant) ;

– ou, par exception au cas visé au 3. ci-dessus, lorsque le contribuable apporte la preuve qu'une fraction des droits est détenue directement ou indirectement par une personne physique.

I. RÉSULTATS DÉTERMINÉS SELON LES RÈGLES DES REVENUS FONCIERS

30300 La détermination des résultats selon les règles des revenus fonciers intéresse la grande majorité des SCI de location dans la mesure où leurs associés sont généralement des personnes physiques. Après l'étude des règles applicables aux immeubles « ordinaires », nous examinons les régimes de faveur prévus à l'égard de certains investissements (Duflot-Pinel-Denormandie, Loc'Avantages, Malraux, immeubles historiques, etc.) et les opérations appelant des précisions particulières (crédit-bail, bail à construction, location d'immeubles ruraux, etc.).

A. Détermination du revenu imposable

30310 Le revenu foncier imposable à l'impôt sur le revenu est égal à la différence entre le montant des recettes perçues par la société à raison de ses immeubles et le total des frais et charges acquittés par elle (CGI art. 28). Les éléments à déclarer concernent l'année civile ou, le cas échéant, l'exercice clos au cours de l'année (BOI-RFPI-CHAMP-30-20 n° 165).

1. RECETTES

30330 Les recettes à prendre en compte au titre d'une période d'imposition comprennent les sommes encaissées par la société civile à quelque titre que ce soit, auxquelles il convient d'ajouter, le cas échéant, la valeur des constructions ou aménagements effectués par les locataires.

DATE DE PRISE EN COMPTE

30340 Les recettes à retenir pour déterminer le revenu foncier sont celles qui ont été **effectivement encaissées** au cours de la période d'imposition, quelle que soit la période à laquelle ces recettes se rapportent.

Par « recettes », on comprend non seulement les loyers perçus à leur échéance normale, mais aussi les **loyers arriérés ou perçus d'avance** alors même qu'ils se rapportent à une période antérieure ou ultérieure à celle de leur encaissement.

En revanche, les loyers venus à échéance en cours d'année et demeurés **impayés** par suite de la carence des locataires n'ont pas à être pris en compte.

> **Précisions** **a.** S'agissant des **loyers arriérés**, les associés peuvent demander, si les conditions en sont remplies, l'application du système du quotient prévu pour l'imposition des revenus différés (CGI art. 163-0 A).
> **b.** Les loyers perçus par l'intermédiaire d'un **mandataire** sont, dès leur perception par ce dernier, considérés comme étant à la disposition du propriétaire, même si le mandataire ne les lui a pas encore reversés (CE 4-12-1974 n° 87166 : RJF 2/75 n° 40).
> **c.** Les **loyers** qu'un propriétaire a refusé d'encaisser et qui ont été **mis en dépôt,** dès leur échéance, à la Caisse des dépôts et consignations constituent un revenu de l'année au cours de laquelle leur dépôt a été effectué (CE 14-11-1938 n° 58476 : Dupont 1939 p. 357).
> **d.** Le revenu de substitution perçu dans le cadre d'un **contrat de garantie de loyers** est imposable au titre de l'année au cours de laquelle il est perçu (BOI-RFPI-BASE-10-10 n° 100).
> **e.** En cas de **remboursement de loyers** au locataire, notamment en vertu d'une décision judiciaire, le montant des recettes afférent aux années de perception des sommes correspondantes n'est pas réduit (application du principe de l'annualité de l'impôt), mais les sommes restituées sont admises en déduction des recettes de l'année du reversement (BOI-RFPI-BASE-10-10 n° 160).
> **f.** Les **loyers déclarés à tort** au titre d'une année antérieure à leur encaissement n'ouvrent pas droit à une réduction de l'impôt établi au titre de l'année de perception effective des loyers (CE 7-12-1981 n° 24504 : RJF 2/82 n° 163), mais ils peuvent donner lieu à un dégrèvement de l'impôt afférent à l'année au titre de laquelle l'erreur a été commise.

a. Loyers

MONTANT À RETENIR

Le montant du loyer retenu pour la détermination du revenu foncier imposable est en principe **30350**
le **prix mentionné dans le bail** dans la mesure où celui-ci a été conclu à des conditions normales. L'administration peut y substituer la **valeur locative** de l'immeuble dans le cas où le montant du loyer est anormalement bas par rapport aux prix du marché. S'agissant des SCI de location, ce risque de redressement est particulièrement susceptible de se présenter lorsqu'un immeuble social est occupé par un associé (voir n°s 30560 s.).

> **Précisions** **a.** Les **loyers perçus par compensation** constituent des recettes imposables au même titre que ceux effectivement encaissés. Ont été considérées comme des paiements par compensation la réduction de prix d'une construction accordée au propriétaire qui renonce à utiliser sa villa à l'issue des travaux de construction et la met contractuellement à la disposition du constructeur pour servir, pendant un certain délai, de « villa-témoin » (CE 23-6-1982 n° 23364 : RJF 8-9/82 n° 818), la diminution d'une rente viagère que le propriétaire est tenu de verser au locataire (CE 7-10-1985 n° 43202 : RJF 12/85 n° 1530) ou encore l'absence de remboursement par le propriétaire de dépenses de travaux effectués par le locataire en application du bail d'un montant supérieur aux loyers impayés (CE 30-11-1973 n° 86977 : Dupont 1974 p. 68).
> **b.** Les loyers mis à disposition du propriétaire sont imposables même s'ils font l'objet d'une **saisie** (pour le cas d'une saisie-arrêt, CE 28-6-1968 n° 72307 : Dupont 1968, p. 414 ; pour le cas de loyers affectés à l'apurement du passif d'une entreprise individuelle, CE CAPC 12-12-1997 n° 184344 : RJF 3/98 n° 282).

Abandon de loyers Le régime fiscal dépend de l'intérêt économique à renoncer à **30360**
percevoir les loyers pour la SCI.

Si l'**abandon présente un intérêt,** le montant correspondant ne sera pas pris en compte dans les revenus imposables de la SCI.

En revanche, lorsque l'abandon de loyers **ne présente pas d'intérêt** pour la SCI, il a le caractère d'une libéralité ou d'un acte de disposition et le montant correspondant doit être retenu dans les recettes imposables (CE 8e et 9e s.-s. 23-11-1977 n° 98227 : RJF 1/78 n° 15 ; BOI-RFPI-BASE-10-10 n° 70).

ILLUSTRATIONS

Abandons de loyers jugés justifiés
Est justifié l'abandon de loyers qui permet de ne pas accroître les importantes difficultés de trésorerie du locataire et évite de supporter immédiatement les charges inhérentes à son éviction et à une nouvelle affectation des locaux (CE 29-5-1991 n°s 75021 et 75022 : RJF 7/91 n° 956) ou d'obtenir le départ du locataire insolvable (CE 1-6-1990 n° 68313 : RJF 8-9/90 n° 1030).
Il en est de même lorsqu'une SCI renonce à percevoir des loyers afin de ne pas accroître les difficultés de trésorerie existant au démarrage de l'activité de la société locataire (CE 9-5-1990 n° 71453 : RJF 7/90 n° 797).

Abandons de loyers jugés non justifiés
L'existence d'un décalage constant entre les dates d'échéance et de paiement effectif des loyers ne suffit à justifier ni des difficultés financières du locataire, ni de la nécessité pour la société civile bailleresse de différer la perception de ses loyers. Le non-encaissement des loyers constitue alors un acte de disposition de la SCI (CAA Paris 10-2-1994 n° 92-1190 : RJF 5/94 n° 553 ; CE CAPC 6-2-1995 n° 157674 : RJF 4/95 n° 477).

En l'absence d'obligation juridique contraignant le bailleur à indemniser le preneur des frais liés au déménagement de ce dernier, la franchise de loyer consentie par la SCI doit être regardée, non comme une indemnité d'éviction, mais comme une libéralité résultant de la renonciation sans contrepartie à percevoir un loyer (CAA Lyon 24-8-2010 n° 09-1700 : RJF 1/11 n° 43).
Ne sont pas justifiées les difficultés de trésorerie de la société locataire invoquées par la SCI pour justifier sa renonciation à percevoir les loyers dès lors que la société locataire a réalisé des bénéfices fiscaux au titre des deux années concernées et que le montant du solde de son compte « report à nouveau » a augmenté. La présentation de courriers de la banque de la société locataire l'informant de l'impossibilité de régler des chèques qu'elle a émis pour défaut de provision sur son compte ne suffisent pas à démontrer les graves difficultés financières que celle-ci traverse, en l'absence d'autres incidents de paiement au cours de cette période (CAA Paris 3-10-2019 n° 18PA00243 : RJF 3/20 n° 227).

LOCATIONS TAXABLES À LA TVA

30365 Les sociétés dont les loyers sont soumis à la TVA (de façon obligatoire ou sur option) doivent obligatoirement déclarer les recettes encaissées et les dépenses payées pour leur montant hors taxe (CGI art. 33 quater).

Il en résulte les conséquences suivantes pour la société :

– les **recettes** brutes à déclarer par elle ne comprennent pas la TVA facturée aux locataires ni, le cas échéant, les remboursements de crédits de taxe reçus du Trésor ;

– les **dépenses** déductibles (et, en particulier, les travaux d'entretien et de réparation) doivent être déclarées pour leur montant hors TVA.

Les sociétés qui deviennent taxables à la TVA en cours d'année peuvent déduire, pour leur montant TVA comprise, les dépenses qu'elles ont payées avant la date d'effet de leur imposition.

Les sommes effectivement payées au titre de la TVA ne peuvent pas être comprises parmi les impôts déductibles.

Sur les conséquences de l'option pour l'appartenance à un groupe TVA, voir n° 12003.

b. Recettes accessoires

30380 Les revenus accessoires s'entendent des revenus provenant de la **location d'emplacements d'affichage,** de la location de **toits pour l'installation d'antennes** de téléphonie mobile, de la location du **droit de chasse ou de pêche,** de la concession du droit d'exploitation des **carrières,** de **redevances tréfoncières** et, d'une façon plus générale, de toutes les redevances ayant leur origine dans le droit de propriété ou d'usufruit.

Les revenus accessoires perçus par une société civile sont imposables même lorsqu'ils sont produits par un immeuble d'habitation mis à la disposition gratuite d'un associé.

EMPLACEMENTS D'AFFICHAGE

30385 Sont visées toutes les redevances perçues pour l'utilisation d'immeubles (bâtis ou non bâtis) en vue de l'affichage ou de la publicité lumineuse.

ATTENTION

En principe, afin de permettre un meilleur **contrôle des recettes,** les locataires d'emplacements publicitaires et, dans certains cas, les syndics de copropriété doivent mentionner, avant le 1er mars de chaque année, sur un imprimé 2061, le montant des sommes versées aux propriétaires de ces emplacements lorsqu'elles excèdent 76 € par an pour un même bénéficiaire (CGI art. 1649 B). Toutefois, les sommes déjà portées sur la déclaration de résultats des sociétés civiles immobilières (déclaration n° 2072) n'ont pas à figurer sur cette déclaration spéciale.

DROIT DE CHASSE OU DE PÊCHE

30390 Les recettes provenant de la **location** du droit de chasse ou de pêche sont imposées :

– au titre des **bénéfices agricoles,** lorsqu'il s'agit d'une société civile placée sous un régime de bénéfice réel dont les immeubles sont inscrits à l'actif ;

– au titre des **revenus fonciers** dans les autres cas.

L'avantage en nature résultant du fait qu'une **société réserve à ses associés la jouissance** du droit de pêche est imposable (CGI art. 30). Ce n'est pas le cas pour le droit de chasse.

> Précisions Le produit de la location du droit de chasse est imposable, que les terres servent exclusivement à la chasse ou qu'elles soient par ailleurs affectées à une exploitation agricole ou forestière, soit en fermage, soit en faire-valoir direct.

Si la location du **droit de chasse** est assortie de **prestations de services** (par exemple : location accompagnée de la fourniture du couvert et du gîte ; revente des animaux abattus revenant au propriétaire de la chasse), l'activité de location devient commerciale et rend en principe la société civile passible de l'impôt sur les sociétés.

c. Recettes exceptionnelles

On entend par « recettes exceptionnelles » les recettes qui ont leur origine dans le droit de propriété, mais qui ne sont pas susceptibles d'être perçues chaque année, tels les droits d'entrée ou pas-de-porte. **30420**

D'une manière générale, les associés de SCI dont la quote-part de résultat comprend de telles recettes peuvent demander l'application du **système du quotient** qui permet, sous certaines conditions, d'atténuer les effets de la progressivité de l'impôt (CGI art. 163-0 A).

DROITS D'ENTRÉE OU « PAS-DE-PORTE »

Les sommes versées par le locataire à la société civile propriétaire en sus du prix annuel du loyer, au titre de « pas-de-porte », de « droit au bail » ou de « droit d'entrée », sont imposables au même titre que le loyer proprement dit dès lors que, leur versement constituant une des conditions de la location et trouvant leur origine dans l'exploitation de l'immeuble, elles présentent le caractère d'un **supplément de loyer.** **30425**

Ce principe s'applique également lorsqu'une indemnité de cette nature constitue la contrepartie d'une perte de recettes ou d'un accroissement des charges supportées par la société.

En revanche, l'indemnité destinée à dédommager le bailleur d'une **dépréciation** de la valeur des locaux n'est pas imposable, pour autant que cette dépréciation soit réelle et sous réserve des circonstances particulières susceptibles de motiver ce versement (CE 24-2-1978 n° 97347 : RJF 4/78 n° 160 ; CE 10-10-1979 n° 15483 ; CE 28-9-1984 n° 38704 : RJF 11/84 n° 1332 ; BOI-RFPI-BASE-10-10 n° 240). Ainsi, l'indemnité de démolition de bâtiments anciens est imposable, dès lors que ces bâtiments sont de faible valeur et que le bail prévoit leur remplacement par d'autres bâtiments de qualité et de valeur équivalentes devant revenir au bailleur en fin de bail (CAA Douai 23-3-2000 n° 96-2077 : RJF 11/00 n° 1277). De même, le droit d'entrée qu'un bailleur perçoit du preneur d'un nouveau bail commercial constitue un supplément de loyer imposable, en l'absence de dépréciation, dès lors que l'immeuble était auparavant loué à usage de bureaux et que la commercialité a été acquise par le contribuable lui-même qui l'y a transférée (CAA Paris 20-11-2006 n° 06-1512 : RJF 2/08 n° 146).

ILLUSTRATIONS

La **preuve d'une dépréciation** a été considérée comme **apportée** :
– lorsque le droit d'entrée est destiné à compenser la cession d'éléments d'un fonds de commerce, tels que la clientèle (CE 23-1-1980 n° 17060 : RJF 3/80 n° 222) ou l'achalandage (CAA Nancy 13-3-1997 n° 34-1512 : RJF 10/97 n° 926) ;
– dans le cas où le bailleur renonce, en contrepartie du droit d'entrée, à exercer son activité professionnelle (CE 28-9-1984 précité ; CAA Bordeaux 20-11-1990 n° 1596 : RJF 3/91 n° 304) ;
– lorsque les stipulations du bail entraînent nécessairement la disparition du fonds de commerce que le propriétaire exploitait personnellement dans l'immeuble. Il en est ainsi lorsqu'un bail civil est conclu pour une durée de quarante ans et exclut toute possibilité de résiliation de la part du propriétaire, sauf en cas de non-paiement des loyers (CE 29-9-1989 n° 68212 : RJF 12/89 n° 1230) ;
– dans le cas d'une SCI qui, après avoir résilié le bail commercial consenti à une société exploitant un centre commercial et arrivant à échéance, a conclu avec cette dernière un bail à construction de trente ans, ayant le même terrain d'assiette que le centre commercial, prévoyant la démolition de celui-ci par le preneur en vue de la construction d'une aire de stationnement dans le cadre de l'exploitation d'un hypermarché construit sur des parcelles adjacentes (CAA Nancy 7-10-1999 n° 95-233 : RJF 5/00 n° 624).

La preuve de la dépréciation ne peut résulter du simple fait que le locataire a acquis un nouvel élément d'actif représenté par le droit au renouvellement du bail (CE 24-2-1978 n° 97347 : RJF 4/78 n° 160 ; CE 10-10-1979 n° 15383).

VERSEMENTS DIVERS

Indemnités d'assurances Les indemnités d'assurances reçues par la société et **destinées à couvrir des dépenses déductibles** (dépenses de réparation notamment) sont imposables. Elles doivent être ajoutées au revenu foncier de l'année de leur encaissement ; corrélativement, les dépenses payées au moyen de ces indemnités sont déductibles en totalité. Ces indemnités sont imposables même si les dépenses ne sont pas effectivement réalisées (par exemple, la société a perçu une indemnité suite à un dégât des eaux mais les travaux de réparation n'ont pas été réalisés). **30430**

Les indemnités versées dans le cadre d'une police d'assurance décès-invalidité contractée sur sa tête par l'associé d'une société de personnes pour couvrir les mensualités d'un emprunt souscrit par la société ou pour son compte sont imposables (CE 6-8-2008 n° 301336 : RJF 11/08 n° 1197).

En revanche, les indemnités versées pour couvrir des dépenses qui ne sont **pas déductibles,** comme celles servant à reconstruire, même partiellement, un immeuble sinistré, ne sont pas taxables. Il en est ainsi de l'indemnité versée pour reconstruire un bâtiment agricole détruit par le feu dès lors que ce bâtiment n'entrait pas dans les prévisions de l'article 31, I-2-c ter du CGI à sa date de sa destruction ; ce dernier texte autorise la déduction des dépenses de construction d'un nouveau bâtiment d'exploitation destiné à remplacer un bâtiment de même nature, vétuste ou inadapté aux techniques modernes de l'agriculture (CE 6-12-2013 n° 345518 : RJF 3/14 n° 249).

Les indemnités d'assurances perçues en exécution d'un contrat couvrant les **risques de loyers impayés** ou d'**expulsion** des locataires sont imposables.

30435 **Indemnités versées par les locataires** Les sommes versées par le locataire pour couvrir des travaux de **remise en état des locaux** mis par le bail à sa charge sont imposables (CE 18-4-1966 n° 63452 : Dupont 1966 p. 349). Il en est de même de l'indemnité versée lors de la résiliation anticipée d'un bail commercial, en contrepartie de la renonciation du bailleur à exiger la remise en état des locaux : au cas particulier, cette indemnité ne constituait pas l'indemnisation d'un préjudice dès lors que le propriétaire, qui a procédé à la rénovation totale de l'immeuble et en a changé l'affectation, n'a pas procédé à la simple remise en état des locaux (CE CAPC 3-7-1996 n° 172193 : RJF 12/96 n° 1444).

Est également imposable l'indemnité pour **renonciation** du propriétaire à son **droit de reprise,** lors du renouvellement d'un bail commercial (CE 21-5-1962 n° 50140 : Dupont 1962 p. 469).

À moins qu'elle ne soit destinée à compenser une perte de recettes ou un accroissement de charges du bailleur, l'indemnité versée à une société civile propriétaire d'un local commercial en contrepartie de l'autorisation donnée au locataire d'exercer une activité différente de celle prévue au bail (**indemnité de déspécialisation**), en vertu de l'article 4 de la loi 71-585 du 16 juillet 1971, ne constitue pas un revenu imposable sauf, le cas échéant, pour la fraction de l'indemnité qui excède le montant du préjudice subi.

Les **indemnités transactionnelles** versées à la société civile propriétaire par le locataire pour mettre fin à un litige sont imposables sauf pour la part correspondant à un « gain exceptionnel » (CE 22-5-1963 n° 53702 : Dupont 1963 p. 626 ; CE 30-6-1967 n° 69129 : Dupont 1967 p. 456).

ILLUSTRATIONS

Ont été jugées imposables :
– les sommes versées en vue d'obtenir un titre régulier d'occupation des locaux (CE 10-5-1963 n° 57308 : Dupont 1963 p. 627) ;
– la somme versée tendant à éviter la résiliation du bail en raison d'installations irrégulièrement édifiées par le locataire (CAA Nancy 10-2-1994 : RJF 10/94 n° 1072) ;
– l'indemnité de fin de bail versée en exécution d'un bail professionnel (destinée en théorie à permettre la remise en l'état d'origine des locaux), dès lors que la résiliation du bail a eu pour seul objet de permettre de relouer les locaux au même locataire sous le régime des baux commerciaux et qu'aucun travail de remise en état n'a été effectué par le propriétaire (CAA Marseille 17-11-2020 n° 19MA01435 : RJF 1/22 n° 35).

30440 **Sommes versées à la société par un associé ou le gérant** L'**indemnité versée à une SCI par l'associé** majoritaire et gérant de la société en raison de l'insuffisance constatée judiciairement entre le prix du loyer convenu entre la société et son locataire et le prix fixé par un expert constitue un revenu foncier imposable. En l'espèce, pour contester le caractère imposable de l'indemnité, l'associé minoritaire soutenait notamment que le juge judiciaire avait retenu une faute de gestion et un abus de majorité imputable à l'associé-gérant (CAA Paris 29-11-2001 n° 97-3029 : RJF 10/02 n° 1106).

Le **gérant** non associé d'une SCI, dont 90 % du capital est détenu par son épouse, s'est porté personnellement **caution du remboursement de l'emprunt** souscrit par la société pour financer l'acquisition d'un immeuble destiné à la location. Le locataire de l'immeuble s'avérant défaillant, le gérant verse des fonds à la SCI pour lui permettre de faire face aux échéances de l'emprunt. Cette aide ne constitue ni un revenu tiré de la propriété des locaux, ni une subvention ou indemnité destinée à financer une charge déductible au sens de l'article 29 du CGI. Elle n'est donc pas imposable (CE 27-7-2009 n° 305811 : RJF 11/09 n° 943).

SUBVENTIONS VERSÉES PAR L'ANAH

Les subventions allouées par l'Agence nationale de l'habitat (Anah) constituent des recettes brutes de la propriété lorsqu'elles permettent de financer des charges déductibles. Elles doivent être déclarées en principe au titre des revenus fonciers l'année de leur encaissement (à noter, toutefois, le jugement du tribunal administratif de Lyon qui a jugé que ces subventions sont imposables au titre de l'année de conclusion du premier bail : TA Lyon 8-11-2016 n° 1401925 : RJF 3/17 n° 240). Corrélativement, les travaux que ces subventions permettent de financer sont déductibles en totalité l'année de leur paiement. 30450

Le caractère imposable de ces subventions est étroitement lié à la nature des travaux effectués : le versement d'une subvention par l'Anah ne préjuge pas du caractère déductible ou non déductible des travaux subventionnés, y compris lorsqu'ils sont réalisés dans le cadre d'une opération programmée de l'habitat (BOI-RFPI-BASE-20-30-10 n° 70).

Si la déduction de travaux financés par une subvention de l'Anah a été remise en cause par l'administration, le bailleur peut demander que celle-ci soit déduite du revenu foncier imposable au titre de l'année où elle a été perçue et incluse dans les revenus déclarés (CE 28-11-2011 n° 314655 : RJF 4/12 n° 366).

DÉPÔTS DE GARANTIE

Les dépôts de garantie versés par le locataire ne sont pas imposables **au moment de leur encaissement,** mais seulement lorsqu'ils ont été utilisés pour couvrir des loyers impayés ou des frais de remise en état des locaux après le départ du locataire (CE 8-5-1981 n° 19171 : RJF 7-8/81 n° 677). 30460

Les **sommes restituées** aux locataires en fin de bail sont normalement sans incidence sur la détermination du revenu foncier de l'année de remboursement.

d. Dépenses et travaux mis à la charge des locataires

Au montant des recettes proprement dites perçues par une SCI de location, il convient d'ajouter les dépenses et travaux mis à la charge des locataires. 30480

DÉPENSES MISES À LA CHARGE DES LOCATAIRES PAR LE BAIL

Nature des dépenses Le revenu foncier imposable doit comprendre le montant des **dépenses incombant** de droit **à la SCI** propriétaire, mais dont le paiement est, par l'effet des conventions, imposé aux locataires. 30500

Il peut s'agir du montant des **réparations autres que locatives,** de certains **impôts** (taxe foncière et taxes annexes) ou encore des **primes d'assurance** contre les risques dont la SCI propriétaire est responsable : il en est ainsi de l'avantage consenti au propriétaire par le locataire qui prend à sa charge le paiement d'une assurance couvrant le risque d'incendie de l'immeuble alors même que le locataire serait une société dont le bailleur serait le dirigeant (CE 25-11-1966 n° 63523 : Dupont 1967 p. 50).

Modalités d'imposition Ces dépenses doivent en principe être ajoutées aux recettes brutes. Dans la mesure où elles ont pour la société propriétaire le caractère de **charges déductibles,** ces sommes sont ultérieurement retranchées du revenu brut pour la détermination du revenu net ; il en résulte une compensation des deux montants. L'administration admet qu'il soit fait purement et simplement abstraction de ces sommes, tant en recettes qu'en dépenses (BOI-RFPI-BASE-10-20 n° 60). 30510

CONSTRUCTIONS OU AMÉNAGEMENTS RÉALISÉS PAR LES LOCATAIRES

Les avantages en nature stipulés dans le contrat de location doivent normalement être pris en compte pour leur valeur réelle dans les recettes brutes. 30520

Ce principe trouve notamment à s'appliquer lorsque le bail prévoit le transfert à la société civile des constructions édifiées ou des aménagements réalisés par le locataire, qui ne constituent pas de simples travaux d'entretien ou des réparations de nature locative.

Conditions de l'imposition L'avantage en nature correspondant au transfert au propriétaire des constructions et aménagements réalisés par le locataire n'est soumis à l'impôt que si les deux conditions suivantes sont réunies simultanément : 30525

– les constructions et aménagements réalisés par le locataire reviennent **gratuitement** à la société ;

– le retour gratuit à la société des constructions et aménagements est prévu par une **clause expresse du bail.** À défaut d'une telle clause, la valeur des aménagements réalisés par le locataire ne présente pas le caractère d'un revenu imposable (CE 15-1-1975 n° 90302 : RJF 3/75 n° 119).

> **Précisions a.** La valeur de l'avantage correspondant à la remise gratuite en fin de bail des aménagements ou constructions réalisés par le preneur constitue un complément de loyer pour le bailleur, y compris s'il s'agit de dépenses de **travaux** que le **locataire assume volontairement,** sans y être contraint par les clauses du bail, comme c'est le cas notamment des travaux d'amélioration qu'il fait exécuter pour des raisons de convenance personnelle (CE (na) 19-4-2021 n°s 440818 et 440821 : RJF 7/21 n° 725).
> **b.** En cas de **démembrement de propriété,** c'est la société usufruitière des parts de la SCI bailleresse qui est imposée sur la valeur des aménagements ou constructions effectués par le preneur (CE 19-5-2021 n° 429332 : RJF 8-9/21 n° 814).

30530 **Date de l'imposition** Le supplément de loyer résultant de la remise gratuite de la construction édifiée par le locataire est imposable au titre de l'année où la société civile en a la disposition.

Il s'agit, **en règle générale,** de l'année au cours de laquelle le bail vient à être résilié ou renouvelé. Cela étant, si le contrat stipule expressément l'accession immédiate du bailleur à la propriété des travaux effectués par le locataire, l'avantage résultant de la réalisation de ces travaux est immédiatement imposable (CE 6-1-1993 n° 63844 : RJF 3/93 n° 363).

Lorsqu'une clause du bail prévoit que la location ne peut prendre fin que le 31 décembre d'une année N, le bailleur ne recouvre la libre disposition des locaux que le 1er janvier de l'année suivante : il n'est donc imposable sur la valeur des constructions qu'au titre de l'année N + 1 (CAA Lyon 20-1-1999 n° 95-21669 : RJF 5/99 n° 567).

En cas de **renouvellement du bail** initialement conclu par les parties, les travaux d'aménagement réalisés au cours de la période couverte par le contrat initial sont imposables au titre de l'année d'expiration de cette première période, bien que le contrat soit prorogé.

Toutefois, dans le cas où le bail est renouvelé par **tacite reconduction,** l'imposition intervient au moment où le bail n'est plus renouvelé tacitement. La date de l'imposition fait débat lorsqu'un **nouveau bail avec effet rétroactif** est conclu entre les parties. Selon la cour administrative d'appel de Paris, il s'agit de la date de conclusion du nouveau bail, les dispositions rétroactives de celui-ci n'ayant pas d'incidence (solution approuvée par le Conseil d'État : CE CAPC 6-2-1995 n° 157674 : RJF 4/95 n° 477). La cour administrative d'appel de Bordeaux a, au contraire, considéré qu'il fallait retenir la date de prise d'effet du nouveau bail (CAA Bordeaux 29-3-2007 n° 04-2168 : RJF 10/07 n° 1053).

En cas de **retour anticipé des constructions** dans le patrimoine du propriétaire, l'avantage en nature correspondant est imposé au titre de l'année au cours de laquelle cette opération est réalisée (BOI-RFPI-BASE-10-30 n° 20).

La **vente au locataire** du terrain **en cours de bail** a les mêmes effets qu'une résiliation amiable du bail, impliquant la remise des aménagements au bailleur avant la cession. La valeur de cet avantage constitue donc un revenu foncier du bailleur (CE 28-7-2011 n° 330824 : RJF 11/11 n° 1155).

30535 **Base de l'imposition** L'avantage en nature à comprendre dans les recettes brutes est égal **en principe** à la valeur vénale des constructions transférées au bailleur, c'est-à-dire à leur valeur marchande réelle, ou, en cas de reconstruction, à la différence entre la valeur des constructions nouvelles et celle des parties démolies (CE 24-7-1981 n° 12865).

En cas de **retour anticipé des constructions** dans le patrimoine du bailleur, le revenu foncier imposable est estimé à la valeur vénale des constructions diminuée du montant de l'indemnité versée au locataire en contrepartie de la cession anticipée des droits qu'il détenait sur les constructions (Rép. Kaspereit : AN 9-8-1982 n° 754, solution non reprise dans Bofip).

e. Immeubles occupés par les associés

MISE À DISPOSITION GRATUITE

30550 **Locaux non affectés à l'habitation** La valeur locative des immeubles ou parties d'immeubles non affectés à l'habitation dont la société concède gratuitement la jouissance aux associés ou à des tiers est imposable. En contrepartie, la société peut déduire, dans les conditions de droit commun, les dépenses qui se rapportent à ces locaux.

30555 **Locaux d'habitation** S'appuyant sur la jurisprudence du Conseil d'État (notamment CE 7-7-1982 n° 30975 : RJF 10/82 n° 944), l'administration considère que les SCI de location qui mettent gratuitement à la disposition de leurs associés des logements dont elles sont propriétaires sont réputées se réserver la jouissance de ces logements (BOI-RFPI-CHAMP-30-20 n° 170). Elles bénéficient donc de l'exonération dont bénéficient les propriétaires occupants (CGI art. 15, II).

La **valeur locative** du logement n'a pas à être déclarée dans les recettes brutes de la société mais en contrepartie les **charges** afférentes au logement ne sont pas admises en déduction.

L'associé peut néanmoins bénéficier des avantages fiscaux accordés pour certaines dépenses afférentes à l'équipement du logement.

> **Précisions** La valeur locative des **locaux d'habitation mis gratuitement à la disposition de tiers** suit le même régime. Elle ne doit donc pas non plus être déclarée (en ce sens, BOI-RFPI-CHAMP-30-20 n° 170). Jugé en ce sens pour la mise à disposition gratuite à un tiers d'un logement appartenant à une SCI : en l'absence de bail, la SCI ne peut être regardée comme ayant renoncé à s'en réserver la jouissance (CE 27-10-1999 n° 172940 : RJF 12/99 n° 1597).

LOYERS ATTÉNUÉS

Le seul fait que le loyer soit inférieur aux normes habituelles ne peut pas **en principe** justifier un redressement des sommes déclarées. **30560**

Toutefois, l'administration peut substituer au montant du loyer déclaré la **valeur locative normale** de l'immeuble, dès l'instant qu'un écart important existe entre ces deux termes et que le propriétaire n'est pas en mesure d'établir que des circonstances indépendantes de sa volonté font obstacle à la location de l'immeuble pour son prix normal. La valeur locative à retenir peut être fixée par comparaison avec les loyers pratiqués pour des immeubles analogues ou par référence à la valeur locative cadastrale.

Par exemple, une SCI doit être regardée comme s'étant réservé la jouissance d'un logement donné en location à son associé majoritaire dès lors que le montant du loyer prévu dans le bail était trois fois inférieur à celui versé par un tiers dans le même immeuble, que les charges locatives payées par la société ne lui ont pas été remboursées et qu'aucun loyer n'a été effectivement versé (CAA Bordeaux 4-6-2008 n° 06-1984 : RJF 1/09 n° 35).

Lorsque le **locataire** qui a bénéficié d'un loyer de faveur est **associé de la SCI,** le montant de l'avantage en nature qui lui a été consenti n'a pas à être réintégré aux résultats sociaux, mais doit être ajouté à la quote-part de résultats lui revenant (CE 26-4-1976 n° 93212 : RJF 6/76 n° 272).

EXEMPLE

Soit une SCI composée de quatre associés détenant chacun 25 % du capital social. La société est propriétaire d'un immeuble qu'elle donne en location à l'un de ses associés moyennant un loyer annuel de 12 000 €. La société déclare ce loyer en recettes, mais, compte tenu des charges, les résultats sociaux se traduisent par un **déficit** de 4 000 € qui doit être réparti par quart entre les quatre associés dont les droits sont égaux dans la société.

La valeur locative normale de l'immeuble étant, en réalité, de 30 000 €, la différence entre cette valeur locative et le loyer payé, soit 18 000 €, est regardée comme un **avantage en nature** attribué au seul associé locataire.

La base d'imposition de l'intéressé doit, dès lors, être majorée de 18 000 €, ce qui a pour effet de substituer au déficit déclaré (1 000 €) un revenu imposable de 17 000 €.

Le déficit déclaré par les **autres associés** reste inchangé.

BAUX FICTIFS ET ABUS DE DROIT

Lorsque l'associé peut se prévaloir d'un contrat de bail qui lui a été consenti par la société, le loyer est en principe imposable et corrélativement les charges sont déductibles. **30570**

Toutefois, l'administration et le Conseil d'État s'attachent à réprimer l'abus de droit consistant à acquérir un immeuble sous le couvert d'une société civile, puis à conclure avec l'associé occupant un contrat de bail purement formel en vue de faire échec aux dispositions de l'article 15, II du CGI qui exonèrent l'avantage en nature des associés logés à titre gratuit mais interdisent la déduction des charges afférentes à l'immeuble et donc la constitution éventuelle de déficits fonciers.

Peuvent caractériser un abus de droit (LPF art. L 64 et L 64 A) :

– les actes ayant un **caractère fictif,** étant précisé que la fictivité de la location n'est pas établie par le seul fait que le loyer est anormalement bas ou qu'il existe des liens étroits entre le bailleur et le locataire (notamment CE 29-12-1995 n° 133251 : RJF 2/96 n° 231) ;

– les actes qui, recherchant le bénéfice d'une application littérale des textes ou de décisions à l'encontre des objectifs poursuivis par leurs auteurs, n'ont pu être inspirés que par un **but exclusivement ou principalement fiscal,** afin d'éluder ou d'atténuer les charges fiscales que l'intéressé aurait normalement supportées eu égard à sa situation ou à ses activités réelles si ces actes n'avaient pas été passés ou réalisés.

ILLUSTRATIONS

Ont été retenus comme des **indices d'un abus de droit** :
– le contrôle exclusif ou quasi exclusif de la société par les occupants du logement (CE 6-12-1978 n° 6803 : RJF 1/79 n° 20) ;
– le fait que le patrimoine de la société soit exclusivement composé de ce logement (CE 8-10-1980 n° 16795 : RJF 12/80 n° 984) ;
– le fait que la société ait été constituée juste avant l'acquisition du logement ou juste avant la réalisation de travaux importants (CE 9-12-1987 n° 51709 : RJF 2/88 n° 220 ; CE 4-4-1990 n° 66867 : RJF 6/90 n° 729).
– le fait que le montant du bail consenti aux époux associés ait été fixé à un niveau rendant le résultat de la SCI structurellement déficitaire eu égard au montant des travaux engagés (Avis CADF/AC n° 5/2021 aff. n°s 2021-12, 2021-13 et 2021-14).
En revanche, ont été jugées comme **non constitutives d'un abus de droit** :
– la création d'une SCI par des parents et leurs enfants pour exploiter un domaine viticole comprenant un logement de fonction occupé par les parents (gérants de la société) dès lors que ce montage juridique répondait notamment au souci de mieux assurer le maintien de l'unité de l'exploitation familiale, après le décès des parents (CE 10-6-1981 n° 19079 : RJF 9/81 n° 787) ;
– la location par une SCI d'un immeuble affecté pour 2/3 à l'usage professionnel et pour 1/3 à l'usage d'habitation de ses associés (CE 4-11-1988 n°s 62221-74341 : RJF 1/89 n° 36).

2. FRAIS ET CHARGES

LISTE INDICATIVE DES FRAIS ET CHARGES DÉDUCTIBLES POUR LEUR MONTANT RÉEL

30600 Le principe est que les frais et charges de la propriété sont déductibles pour leur montant réel à condition que la société bailleresse puisse en justifier.

Le Code général des impôts donne une liste des dépenses déductibles des revenus fonciers, étant précisé que les dépenses de construction, reconstruction ou d'agrandissement en sont expressément exclues. Cette liste comprend (CGI art. 29 et 31) :
– les frais de gestion et de garde ;
– les dépenses d'entretien et de réparation ;
– certaines dépenses d'amélioration ;
– les dépenses acquittées pour le compte des locataires et restant définitivement à la charge des propriétaires ;
– les provisions pour charges de copropriété ;
– les primes d'assurances ;
– certaines impositions ;
– les intérêts des dettes.

Cette liste n'est pas limitative, même si en pratique elle couvre la plupart des dépenses engagées par la société sur son immeuble. En effet, on peut se référer éventuellement au principe général posé par l'article 13 du CGI, qui prévoit la **déduction des « dépenses effectuées en vue de l'acquisition ou de la conservation du revenu ».** Mais si une dépense est expressément exclue des charges déductibles par l'article 31 du CGI (comme les dépenses de construction, reconstruction ou d'agrandissement), le propriétaire ne peut pas se prévaloir de l'article 13 du CGI afin d'obtenir la déduction de sa dépense. La règle spéciale l'emporte sur la règle générale (CE (na) 30-12-2010 n° 335628 : RJF 5/11 n° 585 ; dans le même sens, CE 15-2-2012 n° 323895 : RJF 5/12 n° 475).

Sont déductibles au titre de l'article 13, notamment :
– les **indemnités d'éviction** et frais de relogement ;
– les **dépenses de « mise en service »** d'un immeuble (mise en marche de la chaufferie, de l'ascenseur, etc.) nécessaires pour permettre l'entrée des locataires dans les appartements (CE 8-11-1978 n° 8603 : RJF 12/78 n° 545) ;
– les **frais de conseil** payés en vue de la **résiliation d'un bail,** dès lors que cette dépense est réalisée en vue de la location ultérieure du bien (CAA Paris 5-11-2019 n° 18PA01654 : SNH 41/19 inf. 8) ;
– la **redevance** versée par le propriétaire d'un immeuble construit sur **sol d'autrui** au propriétaire du terrain (CE 23-11-1963 n° 60577 : Dupont 1964 p. 74) ;
– les **dépenses afférentes à l'acquisition, à l'entretien et au fonctionnement de matériels de travaux d'entretien de jardins** classés ouverts au public exposées par la SCI exploitant lesdits jardins (CAA Nantes 13-10-2008 n° 07-911 : RJF 3/09 n° 218) ;
– les dépenses d'**élagage d'arbres dans un parc ouvert au public,** destiné à assurer la sécurité et l'agrément des visiteurs circulant dans le parc du domaine pour les visites payantes d'un immeuble inscrit au titre des monuments historiques (CAA Douai 17-10-2019 n° 17DA00902 : BPAT 6/19 inf. 250).

> Précisions a. Dès lors que la déduction des charges s'opère pour un montant réel, toute déduction au titre de l'**amortissement de l'immeuble** n'est pas autorisée en dehors des régimes de faveur prévoyant spécialement une telle possibilité.

b. Dans le cadre de certains régimes de faveur destinés à encourager l'investissement locatif, une **déduction spécifique** est applicable. Cette déduction est fixée forfaitairement : son taux varie d'un régime à l'autre. Elle n'est réputée couvrir aucune dépense particulière et s'ajoute à la déduction des frais et charges énumérés ci-dessus (BOI-RFPI-BASE-20-90 n° 40).

Une déduction spécifique de 40 % est par ailleurs admise par l'administration sur les redevances perçues par les propriétaires de terrains de **carrières** ou de sablières ou de tout autre gisement minéral (BOI-RFPI-BASE-20-90 n° 40).

c. Les **immeubles vacants** n'étant pas productifs de revenus, les charges correspondantes ne sont pas en principe déductibles. Il en va différemment lorsqu'il s'agit d'immeubles destinés à la location. Dans cette hypothèse, la société civile propriétaire peut déduire de ses autres revenus fonciers les charges foncières afférentes à ces immeubles ou, le cas échéant, constater un déficit foncier (CE 13-2-1974 n° 86174 : Dupont 1974 p. 205). Toutefois, pour que ces charges puissent ainsi être prises en compte, la société civile doit démontrer qu'elle a tout fait pour parvenir à la location de l'immeuble et qu'elle ne s'en était, à aucun moment, réservé la jouissance (notamment CE 10e et 9e ch. 27-6-2016 n° 376513 : RJF 10/16 n° 847).

Jugé qu'un propriétaire empêché de louer un logement qui est resté vacant six ans en raison de difficultés survenues sur le chantier et de la défaillance de certaines entreprises peut en déduire les charges (CAA Versailles 30-12-2010 n° 09-2142 : RJF 5/11). Il en est de même pour les propriétaires d'un immeuble empêchés de le louer pendant près de dix ans, malgré les diligences effectuées, en raison des malfaçons l'affectant (CAA Nancy 18-11-2021 n° 20C00054).

d. Les **dépenses payées en vue de la constitution du capital** immobilier, telles que les frais d'acte et d'enregistrement, ne sont pas déductibles (CE 20-6-1969 n° 74924 : Dupont 1969 p. 351).

e. La part du prix d'acquisition relative aux dépenses de travaux (réalisés par le vendeur) dans le cadre d'un contrat de **vente d'immeuble à rénover** ne constitue pas une charge déductible des revenus fonciers (BOI-RFPI-BASE-20-30-30 n° 25 ; CE 17-10-2022 n° 460113 : RJF 1/23 n° 27).

MONTANT DÉDUCTIBLE

La société civile peut en principe déduire de ses recettes foncières le montant réel des **dépenses** qu'elle a **effectivement supportées** pour l'acquisition ou la conservation de ces recettes. **30610**

Pour les dépenses grevées de **TVA** (cas notamment des travaux d'entretien, de réparation ou d'amélioration), voir n° 30365.

Si l'**immeuble** n'est que **partiellement loué,** les charges sont déductibles des revenus fonciers au prorata de la surface louée par rapport à la surface totale (CE 6-1-1986 n° 44472 : RJF 3/86 n° 288).

La société peut être invitée par l'administration à **justifier** de la nature et du montant des dépenses déduites de son revenu brut foncier. Pour pouvoir utilement répondre à de telles demandes, le gérant a intérêt à conserver les documents (factures, plans, photographies, etc.) pouvant servir de moyens de preuve. **30612**

Ces justificatifs peuvent être demandés tant au cours d'une procédure de contrôle qu'à l'occasion d'une réclamation (voir étude générale nos 13800 s.).

DATE DE PRISE EN COMPTE

Sont en principe déductibles du revenu foncier les **charges effectivement acquittées** au cours de la période d'imposition, quelle que soit la date à laquelle la dette correspondante a pris naissance ou est venue à échéance, ou la date à laquelle ont été exécutés les travaux auxquels elles se rapportent. **30615**

Les dépenses payées au cours de la période d'imposition, mais se rapportant à des **périodes antérieures** (telles que travaux effectués au cours des années précédentes, etc.) ou, au contraire, aux périodes **suivantes** (intérêts payés d'avance, acomptes sur travaux, etc.), doivent donc être comprises dans les charges déductibles.

> Précisions a. Lorsque des dépenses sont financées à l'aide d'un **emprunt** remboursable par annuités, elles doivent être retranchées, au fur et à mesure de leur règlement, des revenus de l'année de leur paiement aux entrepreneurs, même si ce paiement est effectué directement par l'organisme de crédit.

b. Les **provisions pour dépenses futures** ne peuvent, par principe, être admises en déduction dès lors qu'elles ne correspondent pas à des dépenses effectivement assumées (CE 12-7-1989 n° 69679 : RJF 10/89 n° 1136).

c. Sur les provisions pour **charges de copropriété,** voir le dispositif particulier examiné nos 30755 s.

a. Frais de gestion et de garde

EXEMPLES DE FRAIS DÉDUCTIBLES

30660 Sont déductibles pour leur montant effectif (CGI art. 31, I-1° e), en particulier :

– les frais de **procédure,** notamment les dépenses occasionnées par un constat ou un procès avec un locataire mauvais payeur ou un entrepreneur ;

– les frais de gérance supportés par les bailleurs ayant recours aux services de **gérants d'immeubles** ou d'**administrateurs de biens,** les commissions versées à une **agence de location,** les **honoraires** versés à un tiers pour la rédaction des déclarations fiscales ou encore les sommes versées à un tiers pour la tenue de la comptabilité de ses immeubles. Il en est de même des cotisations versées à une **chambre syndicale** (ou une fédération de chambres syndicales) de propriétaires ou copropriétaires qui fournit des prestations personnalisées et individualisées. En revanche, le coût de l'abonnement à la revue éditée par cet organisme n'est pas déductible. Les **autres frais** de gestion (frais de correspondance, téléphone, etc.) sont réputés couverts par un forfait fixé à 20 € par local ;

– les frais de **rémunération** (salaires en espèces, avantages en nature, charges sociales et fiscales) des **concierges** ou des **gardes** (y compris les frais de garde-chasse dans les propriétés rurales) ; pour les immeubles en copropriété, les frais de rémunération des gardes et concierges (ainsi que les frais de gérance) sont normalement pris en compte dans la provision pour charges, déductible selon les modalités exposées nos 30755 s.

> **Précisions** Lorsqu'elles incombent au propriétaire du fonds, les rémunérations des **gardes-chasse** particuliers sont déductibles dès lors que les produits du droit de chasse sont compris dans les revenus accessoires ; il en est de même pour les gardes commissionnés par divers organismes, Saint-Hubert Club, par exemple. En revanche, les exploitations forestières étant imposables forfaitairement au titre des bénéfices agricoles, les rémunérations des **gardes forestiers** ne sont pas déductibles, sauf si le même garde est à la fois garde forestier et garde-chasse ; dans ce dernier cas, une déduction totale est admise (BOI-RFPI-BASE-20-10 n° 40).

RÉMUNÉRATIONS DES ASSOCIÉS-GÉRANTS

30668 Les rémunérations allouées à l'associé-gérant d'une société civile immobilière non soumise à l'impôt sur les sociétés ne sont pas considérées fiscalement comme une charge déductible pour la détermination du revenu net foncier. Il doit seulement en être tenu compte pour la répartition du bénéfice imposable entre les mains de chaque associé.

b. Dépenses de réparation et d'entretien

30680 Les dépenses de réparation et d'entretien (CGI art. 31, I-1° a) sont en principe déductibles quelle que soit l'**affectation** de l'immeuble. La déduction peut donc être pratiquée aussi bien pour des locaux commerciaux, des bureaux ou des ateliers que pour des logements.

DÉFINITION

30690 Par « dépenses de réparation et d'entretien », il convient d'entendre, d'une manière générale, tous les **travaux ayant pour objet de maintenir ou de remettre l'immeuble en bon état,** afin d'en permettre un usage normal, sans modifier la consistance, l'agencement ou l'équipement initial.

Il n'est pas toujours facile de les distinguer des dépenses d'amélioration, distinction qui est sans importance pour les locaux d'habitation (les unes et les autres étant déductibles) mais qui a son intérêt pour les autres locaux.

1. Constituent par **exemple** des dépenses de réparation ou d'entretien :

– la remise en état du gros œuvre (toitures, façades, etc.), travaux de ravalement, quelle que soit leur fréquence, crépissage des murs et réfection des peintures extérieures ;

– la réparation d'un mur de clôture ;

– la remise en état des canalisations, de l'installation électrique ;

– la réfection totale d'une évacuation d'eau usée ;

– la remise en état de l'installation de chauffage central (remplacement de chaudière, de canalisations, d'éléments de radiateur, etc.) ;

– le remplacement d'un ascenseur vétuste (pour l'installation d'un ascenseur, voir n° 30715) ;

– les dépenses supportées au titre de la réalisation d'études ou de diagnostics techniques préalables afférents aux logements loués (BOI-RFPI-BASE-20-30-10 n° 40). Tel est le cas des dépenses de recherche et d'analyse de la nocivité de l'amiante (les travaux d'enlèvement ou destinés à assurer son innocuité étant des dépenses d'amélioration) ;

– les dépenses d'entretien ou de réparation nécessitées par la lutte contre les termites et autres insectes xylophages ;
– les dépenses de reconstruction d'un pont détruit à la suite d'une inondation et qui permet l'accès à la propriété ;
– la pose et la dépose de faux plafonds (CAA Douai 18-3-2010 nº 09-853 : RJF 10/10 nº 873) ;
– les dépenses engagées pour la réalisation de travaux de débroussaillement.

Sur les dépenses relatives aux cuisines équipées, voir nº 30715.

2. Les travaux de réparation et d'entretien réalisés **à l'occasion de travaux de reconstruction ou d'agrandissement** ne peuvent pas donner lieu à déduction lorsqu'ils sont indissociables de ces derniers (voir nº 30735).

MONTANT DÉDUCTIBLE

La déduction des dépenses de réparation et d'entretien porte non seulement sur le montant des **travaux proprement dits,** quel que soit leur coût, mais aussi sur celui des dépenses connexes comme les **honoraires** versés à l'architecte en contrepartie de l'établissement du devis et de la direction des travaux. **30695**

Si la SCI fait appel à des **salariés** pour l'exécution ou la surveillance de travaux de réparation ou d'entretien, les rémunérations correspondantes sont également déductibles. Elle peut notamment justifier des dépenses par la production des factures des matériaux et des reçus de cotisations établis par l'Urssaf au vu des bordereaux récapitulatifs de cotisations déposés par l'employeur. Il a été jugé que les frais de déplacement liés à des travaux déductibles sont également déductibles, comme l'utilisation d'une camionnette utilisée par un employé du bailleur pour la réalisation de travaux d'entretien et de réparation sur les immeubles loués (en ce sens, CAA Lyon 25-5-2010 nº 08-786 : RJF 12/10 nº 1172).

En ce qui concerne les **travaux effectués personnellement par les associés** de la société civile, les sommes correspondant à la valeur du travail ne viennent pas en déduction (CE 22-5-1992 nºs 87731-89752 : RJF 7/92 nº 986) mais le coût des matériaux justifié par des factures est déductible des revenus fonciers.

RÉPARATIONS LOCATIVES PRISES EN CHARGE PAR LE BAILLEUR

Lorsque, au lieu d'être supportées par le locataire auquel elles incombent normalement en vertu des dispositions de l'article 1754 du Code civil, les dépenses de réparations locatives (frais de réfection des peintures intérieures, dépenses d'entretien des ascenseurs et des systèmes d'incendie situés dans les parties communes, notamment) sont prises en charge par la société propriétaire, elles ne peuvent, selon **l'administration,** être **admises en déduction** des revenus fonciers que dans les **trois cas** suivants (BOI-RFPI-BASE-20-30-20 nºs 50 s.) : **30700**

1. Elles sont rendues nécessaires par la vétusté ou la force majeure : frais consécutifs à des travaux affectant le gros œuvre et dont la charge incombe au propriétaire (ex. : travaux de peinture effectués à la suite de la remise en état des conduits de fumée ou consécutifs à des désordres de la plomberie) ; travaux de réparation faisant suite à un cataclysme naturel (inondation, gelée, etc.). Il en est de même pour les dépenses occasionnées par un vice de construction ou une malfaçon ;

2. Les dépenses sont engagées, avant l'installation d'un locataire, en vue de faciliter la location. Ne répondent pas à cette condition des réparations locatives engagées en vue de faciliter la vente d'appartements (CAA Paris 10-10-1996 nº 95-744 : RJF 8-9/97 nº 796). La déduction est subordonnée à la condition que la location puisse être considérée comme normale, compte tenu notamment des rapports personnels familiaux ou d'intérêts existant entre les parties ;

3. Les dépenses supportées pour le compte du locataire par la société propriétaire ne lui ont pas été remboursées au 31 décembre de l'année du départ du locataire (voir nº 30745).

c. Dépenses d'amélioration

LOCAUX OUVRANT DROIT À DÉDUCTION

Les seules dépenses d'amélioration dont la déduction est autorisée sont en principe celles qui se rapportent à des **locaux d'habitation** (ou à leurs dépendances immédiates), sans distinguer suivant qu'il s'agit de locaux anciens ou de constructions récentes (CGI art. 31, I-1º b). L'affectation à l'habitation s'apprécie lors de l'exécution des travaux. **30710**

ILLUSTRATIONS

Les **immeubles à usage d'hôtel** sont considérés comme étant à usage d'habitation. En conséquence, sont déductibles, s'ils répondent à la définition des travaux d'amélioration, les travaux effectués dans le but de transformer un immeuble à usage d'hôtel en appartements destinés à la location nue (CE 29-3-1989 n°s 68330 et 91879 : RJF 5/89 n°s 573 et 574). Peu importe à cet égard que les appartements soient aménagés dans les anciennes chambres ou dans les parties collectives de l'ancien hôtel, tels le bar ou la réception (CE 19-11-2013 n° 360146 : RJF 2/14 n° 147).

Il a été jugé également que les travaux de **transformation d'une prison en appartements** sont des dépenses portant sur un immeuble d'habitation ; de tels travaux peuvent donc ouvrir droit à déduction (CAA Lyon 1-3-2012 n° 11LY01205 : RJF 6/12 n° 604).

Lorsque l'**immeuble** est, par sa conception, son aménagement et ses équipements, **destiné originellement à l'habitation**, son **occupation temporaire pour un autre usage** n'est pas de nature à elle seule à lui ôter cette destination en l'absence de travaux modifiant sa conception, son aménagement ou ses équipements (CE 20-6-1997 n° 137749 : RJF 8-9/97 n° 794 ; BOI-RFPI-BASE-20-30-20 n° 120).

Des **chambres de bonne** même dotées d'un confort rudimentaire ont un caractère habitable. Peu importe que les précédents propriétaires les aient déclarées comme des combles pour les impôts locaux. Les travaux d'amélioration réalisés dans ces chambres sont donc déductibles (CAA Bordeaux 4-6-2008 n° 05-2364 : RJF 1/09 n° 34).

30712 Toutefois, par exception, les dépenses d'amélioration effectuées dans les **locaux professionnels et commerciaux** sont admises en déduction lorsqu'elles sont destinées à protéger ces locaux des effets de l'amiante ou à favoriser l'accueil des personnes handicapées (CGI art. 31, I-1° b bis).

Les dépenses de travaux afférentes à des **immeubles dont les revenus sont exonérés ou imposés dans une autre catégorie** ne sont, bien entendu, pas déductibles. Il en est ainsi notamment : des logements dont la société civile réserve la disposition à ses associés ; des immeubles utilisés par leurs propriétaires pour les besoins d'une exploitation commerciale (CAA Bordeaux 15-5-1995 n° 91-318 : RJF 3/96 n° 338).

Sur la déduction des travaux réalisés sur les parties communes d'une **copropriété,** voir n°s 30755 s.

> Précisions a. Les travaux destinés à faciliter l'**accueil des handicapés** s'entendent des travaux d'accessibilité ou d'aménagement interne, tels que l'aménagement de bateaux pour franchir les trottoirs, la construction de rampes, la suppression de marches ou de seuils, l'amélioration des revêtements de sol, l'installation d'un ascenseur ou d'autres appareils permettant le transport de personnes handicapées, la modification des volets et fenêtres ou de la robinetterie et des divers systèmes de commande des installations électriques et autres.

b. Les dépenses d'amélioration destinées à protéger les locaux des effets de l'**amiante** s'entendent de l'ensemble des travaux d'enlèvement de l'amiante ou des matériaux contenant de l'amiante (flocage, calorifugeage ou faux plafonds) ou destinés à assurer son innocuité (confinements des matériaux contenant de l'amiante par fixation ou encoffrement).

DÉFINITION DES TRAVAUX D'AMÉLIORATION

30715 Ces travaux s'entendent de ceux qui ont pour objet d'apporter à un local un **équipement** ou un élément **de confort nouveau ou mieux adapté** aux conditions modernes de vie, sans modifier pour autant la structure de l'immeuble. Il peut s'agir par exemple de l'installation du chauffage central, de l'électricité, d'un ascenseur, d'une salle d'eau, du tout-à-l'égout, des portes dans les cabines d'ascenseurs, d'une antenne collective de télévision (BOI-RFPI-BASE-20-30-10 n° 70).

ILLUSTRATIONS

Ont été considérés comme des **dépenses déductibles** par la jurisprudence les travaux ayant pour objet :

– l'agrandissement des fenêtres et la pose de persiennes (CE 30-10-1964 n° 62287 : Dupont 1964 p. 814), notamment pour y placer des huisseries normalisées (CE 17-12-1976 n° 92159 : RJF 2/77 n° 93) ;

– la reprise des fondations de l'immeuble (CE 9-7-1969 n°s 70852 et 73690 : Dupont p. 337) ;

– l'asphaltage du trottoir attenant à la propriété (CE 20-11-1968 n° 71753) ;

– l'installation d'un ascenseur (voir notamment CAA Bordeaux 3-6-1997 n° 95-199 : RJF 4/98 n° 406) ;

– la réfection de l'installation électrique et l'aménagement de nouvelles installations sanitaires entraînant la remise en état (notamment réparation des plafonds, des planchers et de l'escalier) et la modernisation de deux appartements que comportait l'immeuble, mais sans accroissement du volume et de la surface habitable (CE 17-12-1976 n° 92159 précité ; CE 14-12-1977 n° 5010 : RJF 2/78 n° 49 ; dans le même sens, CE 3-5-1993 n° 97719 : RJF 6/93 n° 834) ;

– la réparation de la toiture d'un bâtiment par remplacement d'une partie de la charpente, le ravalement de sa façade, l'ajout de balcons en fer forgé, la pose de dalles ainsi que la consolidation ou le changement de cloisons intérieures de manière à aménager des appartements dans les

volumes existants ; ces travaux n'ont pas apporté de modification importante au gros œuvre et n'ont pas augmenté la surface des lieux (CE 29-3-1989 n° 91879 : RJF 5/89 n° 574) ;
– des modifications du cloisonnement interne d'un immeuble en vue de transformer des logements vétustes en appartements modernes sans modification notable du gros œuvre et sans augmentation du volume habitable (notamment : CE 21-10-1987 n° 52181 : RJF 12/87 n° 1237 ; CE 18-11-1987 nos 58460 et 54141 : RJF 1/88 n° 64 ; CE 7-12-1987 n° 82145 : RJF 2/88 n° 184 ; CE 20-4-1988 n° 86472 : RJF 6/88 n° 738) ;
– la transformation de deux chambres mansardées en un appartement sans modification du gros œuvre et sans agrandissement (CE 3-5-2000 n° 194150 : RJF 12/00 n° 1402) ;
– la création d'un parking dans la cour d'un immeuble (CAA Bordeaux 11-4-2014 n° 12BX00978 : RJF 8-9/14 n° 803) ;
– la reprise des toitures et des charpentes, le nettoyage des façades et le remplacement des menuiseries d'un château du XVIe siècle, ainsi que le cloisonnement ayant conduit à la division du bâtiment existant en vingt-deux logements : solution rendue en matière de taxe foncière transposable aux revenus fonciers (CE 24-10-2014 n° 366857 : RJF 1/15 n° 32).

Les dépenses effectuées ne doivent pas correspondre à des **travaux de construction, reconstruction ou agrandissement.** Mais lorsque les dépenses d'amélioration afférentes à des locaux d'habitation peuvent être dissociées des travaux d'agrandissement ou de construction effectués en même temps, leur déduction est possible.

> **Précisions** S'agissant des dépenses relatives aux **cuisines aménagées et équipées,** l'administration admet la déduction au titre des dépenses d'amélioration des **dépenses d'installation** effectuées dans un logement qui en était dépourvu, y compris pour la part correspondant à l'acquisition d'équipements ménagers et électroménagers, sous réserve que la mise à disposition de ces éléments ait été expressément prévue dans le bail ou dans un avenant à celui-ci si ces dépenses sont réalisées en cours de bail (BOI-RFPI-BASE-20-30-10 n° 70). Le tribunal de Dijon a admis la déduction de ces dépenses sans la subordonner à une mention spéciale dans le bail (TA Dijon 28-2-2006 n° 05-1265 : RJF 11/06 n° 1364).
En revanche, les dépenses d'**acquisition isolée d'appareils ménagers ou électroménagers** engagées lors de la remise en état d'une cuisine aménagée existante ne constituent pas des travaux d'amélioration déductibles (CE 28-11-2007 n° 290510 : RJF 2/08 n° 148).
Quant aux dépenses de **remplacement d'équipements ménagers ou électroménagers** intégrés à une cuisine et installés en même temps que celle-ci, le tribunal administratif de Strasbourg les a qualifiées de dépenses de réparation et d'entretien déductibles dès lors que la location comprenait dès l'origine ces équipements (TA Strasbourg 24-5-2005 n° 03-3009 : RJF 3/06 n° 262), mais l'administration persiste à refuser leur déduction considérant qu'il s'agit de dépenses d'investissement (BOI précité).

DISTINCTION AVEC LES DÉPENSES DE CONSTRUCTION, RECONSTRUCTION ET AGRANDISSEMENT

Alors même qu'elles seraient rendues nécessaires par la modernisation d'un immeuble ancien, **30720** les dépenses de construction, reconstruction et agrandissement ne peuvent être déduites pour la détermination du revenu net foncier (CGI art. 31, I-1° b).

Cette exclusion vise non seulement les **travaux** de construction **proprement dits,** mais également les **équipements installés à cette occasion.**

À noter que l'administration refuse la déduction des dépenses d'équipement qui sont réalisées postérieurement à la construction ou à la reconstruction d'un immeuble lorsqu'il apparaît que ces dépenses font partie, en réalité, du coût de réalisation du nouvel immeuble. Tel est le cas, par exemple, de l'installation d'un ascenseur ou d'une chaudière de chauffage central intervenant peu de temps après l'achèvement de l'immeuble et son affectation à l'habitation.

Travaux de construction ou de reconstruction Entrent dans cette catégorie les **30725** travaux comportant soit la démolition complète d'un immeuble suivie de sa reconstruction, soit des modifications importantes apportées au gros œuvre de locaux existants, soit encore de travaux ayant pour objet l'aménagement à usage d'habitation de locaux préalablement affectés à un autre usage ou qui constituaient des dépendances d'un local d'habitation sans être eux-mêmes habitables (combles, garages, remises, etc.). Il peut s'agir également de travaux correspondant à une reconstruction complète après démolition intérieure d'une unité d'habitation suivie de la création d'aménagements neufs.

ILLUSTRATIONS

N'ouvrent pas droit à **déduction** les dépenses consécutives à :
– la démolition complète d'un immeuble suivie de sa reconstruction, nonobstant le fait que, s'agissant d'un immeuble vétuste d'un secteur sauvegardé, une partie des matériaux provenant de l'immeuble démoli a été réutilisée pour l'édification des façades des immeubles reconstruits afin de préserver le caractère et l'aspect architectural du site (CE 27-2-1985 nos 43156 et 43157 : RJF 4/85 n° 579) ;

– la transformation en local d'habitation d'un immeuble précédemment affecté à un autre usage, industriel, commercial, agricole ou professionnel notamment (ex. : transformation de bureaux en appartements ; aménagement d'anciennes annexes agricoles en nouvelles annexes utiles à l'habitation ; CE 7-6-1978 n° 5822 : RJF 9/78 n° 363 ; CE 29-3-1989 n° 81836 : RJF 5/89 n° 570 ; CE 22-3-1991 n° 69590) ; ni les frais de transformation ni les dépenses d'équipement (chauffage, sanitaire, etc.) ne peuvent être déduits dès lors qu'il ne s'agit pas, dans ce cas, de frais visant à l'amélioration d'un local déjà affecté à l'habitation. Sur la transformation d'un hôtel en appartements loués nus, voir n° 30710, précision a ;
– des travaux ayant conduit à un remaniement du mur de façade comportant notamment à chaque étage la modification de l'emplacement et de la fonction des ouvertures, pour transformer 18 chambres en 8 studios pourvus du confort moderne : les travaux qui ont affecté le gros œuvre présentent le caractère de travaux de reconstruction (CE 7-12-1987 n° 58268 : RJF 2/88 n° 184) ;
– la transformation en logement d'une dépendance d'habitation (combles, garages, remises, etc.) elle-même inhabitable ;
– la transformation d'un atelier d'artiste vétuste en logement, consistant en l'installation d'une cuisine, d'une salle de bains et de toilettes et aboutissant à la création d'un appartement de 55 m^2 (CAA Paris 13-2-2020 n° 18PA02688) ;
– la redistribution complète de l'espace intérieur d'un immeuble d'habitation et le remplacement de la toiture existante par une terrasse (CE 18-11-1983 n° 35229 : RJF 1/84 n° 43) ;
– des travaux de réunion de quatre immeubles mitoyens en un seul, et la création dans les locaux de sept nouveaux logements, avec reconstruction d'un escalier, d'une aile, démolition et reconstruction des planchers et cloisons (CAA Nancy 9-7-1991 n° 1105 : RJF 11/91 n° 1393) ;
– des travaux réalisés dans une cabane de jardin qui n'était pas précédemment habitable, consistant notamment en la réfection de la toiture et la pose d'un velux avant sa mise en location (CAA Versailles 7-12-2021 n° 20VE00412).

30730 **Travaux d'agrandissement** Ces travaux s'entendent des travaux ayant pour effet d'accroître le volume ou la surface habitable de locaux existants.

Ne sont pas déductibles les travaux correspondant à une **restructuration complète** après démolition intérieure d'une unité d'habitation, suivie de la création d'aménagements neufs. Il en est ainsi, notamment, lorsque des opérations de cette nature aboutissent à une augmentation du nombre d'unités de logement (CE 28-5-1980 n° 11405 : RJF 7/80 n° 597).

Si la restructuration est totale et aboutit par conséquent à une transformation complète des locaux existants, les travaux doivent être assimilés à des travaux de reconstruction non déductibles, car ils dépassent la notion d'amélioration prévue par la loi.

Mais lorsque la restructuration est **partielle,** c'est-à-dire lorsqu'elle porte sur certaines parties de l'unité de logement, sur le déplacement de cloisons par exemple, notamment pour la création de salles d'eau ou d'équipement sanitaire, ces travaux doivent être regardés comme des dépenses d'amélioration.

Les travaux de restructuration interne peuvent s'apprécier en considérant isolément les différentes parties de l'immeuble. Par exemple, si les locaux d'habitation d'un étage ont été complètement redistribués alors qu'un autre n'a fait l'objet que d'une réfection partielle, il y a lieu de limiter la déduction au coût des travaux afférents aux locaux qui n'ont pas été reconstruits.

Cette analyse conduit à prendre en considération essentiellement la **nature et l'importance des travaux** effectués plutôt que le coût de ceux-ci pour déterminer s'il s'agit de dépenses de réparation, d'entretien ou d'amélioration ou, au contraire, de dépenses non déductibles de la nature de celles définies ci-dessus.

La distinction à faire entre ces catégories de travaux constituant une question de fait, il convient d'examiner dans le détail la consistance des travaux effectués à l'aide de tous les renseignements utiles (devis, mémoires et factures établis par les entrepreneurs, rapport d'architecte avant et après travaux, etc.).

ILLUSTRATIONS

N'ont **pas** été admises en **déduction** les dépenses consécutives notamment :
– à la transformation d'un étage d'un immeuble ancien, qui a nécessité la démolition et la reconstruction de deux murs principaux, de deux étages et des combles, les murs mitoyens et le rez-de-chaussée récemment réaménagés ayant pu, seuls, être conservés (CE 27-10-1971 n° 80173 : Dupont 1971 p. 425) ;
– à la démolition et à la réfection totale des toitures, des planchers, des plafonds, des modifications substantielles des ouvertures existantes ainsi que l'aménagement des locaux suivant une disposition totalement différente entraînant un déplacement de l'ensemble des cloisons et aboutissant à la création de 47 pièces d'habitation, dans des immeubles qui n'en comportaient auparavant que 26 (CE 17-12-1976 n°s 99017 et 00787 : RJF 2/77 n° 93 ; dans le même sens, CE 5-3-2014 n° 362126 : RJF 11/14 n° 1011, relatif à des travaux de rénovation d'un ancien couvent comportant une modification importante du gros œuvre) ;

– aux travaux effectués dans une maison d'habitation qui ont consisté en une réfection complète des sols, des planchers et des plafonds, en la restructuration interne de l'habitation par augmentation de 4 à 6 du nombre de pièces, ayant entraîné le remaniement des cloisons intérieures et le percement d'un certain nombre d'ouvertures extérieures (CE 7-6-1978 n° 5822 : RJF 9/78 n° 363) ;
– à des travaux qui ont consisté dans la construction d'un nouveau garage, l'aménagement d'une terrasse, la reconstruction intérieure complète de l'habitation ayant abouti à une transformation de l'immeuble au cours de laquelle la charpente, la toiture et l'escalier ont été entièrement refaits, l'ancien garage a été transformé en chambre et des ouvertures nouvelles ont été percées (CE 26-10-1979 n° 10875 : RJF 12/79 n° 717) ;
– aux travaux effectués dans deux appartements qui ont comporté, outre la réfection de la toiture et la modernisation des lieux par des équipements sanitaires et l'installation du chauffage central, leur transformation en dix studios individuels (CE 28-5-1980 n° 11405 précité) ;
– à des travaux ayant permis, par abaissement de la hauteur des anciens plafonds, l'aménagement du troisième étage en pièces habitables. Les travaux avaient consisté dans la réfection totale des sols, planchers, cloisons, escaliers, combles et dans la consolidation de la maçonnerie primitive par des injections de béton (CE 17-3-1982 n° 22707 : RJF 5/82 n° 484) ;
– à des travaux de transformation du grenier d'une maison en un appartement de 89,5 m^2 qui ont eu pour objet de créer un nouveau local d'habitation, et d'accroître le volume et la surface habitable de la maison (CE 19-11-1984 n° 43724 : RJF 1/85 n° 77) ;
– à des travaux réalisés dans un grenier pour y aménager deux chambres dès lors qu'il n'est pas démontré que ces deux chambres existaient avant les travaux (CAA Nantes 15-11-2019 n° 18NT02995 : BPAT 1/20 inf. 18) ;
– à des travaux de transformation au rez-de-chaussée d'un garage en appartement et de création dans les combles d'un autre appartement (CAA Paris 11-2-1992 n° 815 : RJF 5/92 n° 676) ;
– à des travaux d'aménagement importants ayant consisté en la démolition de cloisons, la réfection des planchers et des sols, la modification des ouvertures extérieures, la redistribution des surfaces, la création de huit appartements et la construction d'une mezzanine et qui ont permis de doubler la surface habitable (CE 29-5-2019 n° 421237 : RJF 10/19 n° 915).
– à des travaux ayant eu pour objet de transformer l'entresol d'une maison semi-enterrée composé de quatre pièces, d'un cellier, d'une buanderie-chaufferie, d'un WC et d'un garage double en locaux à usage d'habitation, dès lors que les contribuables n'établissent pas que cet entresol aurait eu antérieurement aux travaux une affectation à usage d'habitation et que ces travaux ont accru de façon significative la surface habitable de l'immeuble (CE 1-7-2020 n° 433293 : RJF 10/20 n° 792) ;
– à des travaux d'aménagement des combles d'un immeuble, une hauteur sous combles supérieure à 1,80 m avant les travaux ne suffisant pas à en déduire que les combles étaient habitables antérieurement (CE 28-9-2021 n° 439145 : RJF 12/21 n° 1113).

NOTION DE TRAVAUX INDISSOCIABLES

Lorsque des **travaux de réparation ou d'entretien** ou **des travaux d'amélioration** (pour les immeubles d'habitation) sont effectués **en même temps que des travaux de construction,** reconstruction ou agrandissement d'un immeuble, ils ne sont déductibles qu'à la condition d'être dissociables de ces travaux (en ce sens : CE 27-3-1981 n° 23499 : RJF 6/81 n° 587 ; CE 1-7-1987 n° 44121 : RJF 10/87 n° 997 ; CE 30-4-1997 n° 152391 : RJF 7/97 n° 518 ; CE 1-7-2020 n° 433293 : RJF 10/20 n° 792). 30735

Il en est de même pour les **travaux de réparation et d'entretien effectués en même temps que des travaux d'amélioration** portant sur des **immeubles affectés à un autre usage que l'habitation** (non déductibles en principe). Il en est ainsi même si le mauvais état de l'habitation a nécessité l'intervention de tous les corps de métiers et a représenté un coût global environ onze fois supérieur à son prix d'acquisition (CAA Paris 11-2-1992 n° 815 : RJF 5/92 n° 676). Ont ainsi été considérés comme dissociables les travaux de réfection d'une façade et d'une toiture, mais non les travaux de reprise des planchers (CE CAPC 3-7-1996 n° 172193 : RJF 12/96 n° 1444). Bien qu'ayant le caractère de travaux de réparation ou d'amélioration, ne sont pas déductibles des travaux effectués à l'intérieur des appartements non dissociables de travaux de reconstruction réalisés dans les parties communes (CE 10-7-1996 n° 137789 : RJF 10/96 n° 1165).

ADDITION DE CONSTRUCTION DE FAIBLE IMPORTANCE

Dans le cas exceptionnel où l'installation de **nouveaux équipements** nécessite l'édification ou l'aménagement d'une construction isolée de l'habitation, mais accessoire à celle-ci et destinée à abriter ces équipements, l'administration admet la déduction des frais correspondant aux équipements (BOI-RFPI-BASE-20-30-20 n° 260). 30740

Ainsi, l'installation d'une salle de bains ou d'un appareil de chauffage dans un local spécialement construit à cet effet en annexe à un immeuble d'habitation donne lieu à déduction des frais de raccordement ainsi que d'achat et de pose des installations ; en revanche, les dépenses de construction du local ne peuvent, en aucun cas, être déduites des revenus fonciers.

d. Dépenses acquittées pour le compte des locataires et non récupérées

30745 Sont déductibles du revenu foncier les dépenses supportées pour le compte du locataire par la société civile propriétaire dont celle-ci n'a pu obtenir le remboursement au 31 décembre de l'**année du départ du locataire** (CGI art. 31, I-1° a ter).

> Précisions Parmi les **dépenses concernées,** citons :
– les fournitures ou services destinés à l'usage privé ou commun des locataires (consommation d'eau chaude et froide, frais de chauffage, d'éclairage, d'ascenseur, de tapis, de vidange, de ramonage, etc.) ;
– les taxes locatives (enlèvement des ordures ménagères, balayage, cotisation additionnelle à l'impôt foncier au profit du budget annexe des prestations sociales agricoles).

e. Provisions pour charges de copropriété

30755 Les **provisions déductibles** sont celles qui correspondent aux dépenses prévues à l'article 14-1 de la loi 65-557 du 10 juillet 1965, à savoir les dépenses courantes de maintenance, de fonctionnement et d'administration des parties communes et équipements communs de l'immeuble ainsi que les dépenses pour travaux (CGI art. 31, I-1° a quater).

Ces provisions sont déduites du revenu foncier de l'année de leur versement et régularisées l'année suivante. C'est ainsi que les copropriétaires bailleurs, SCI notamment, déduisent de leur revenu foncier :
– le montant total des provisions pour charges supportées **au cours de l'année** (sans qu'il y ait lieu d'examiner l'utilisation effective de ces sommes ou leur affectation à des dépenses déductibles ou non),
– diminué de celui des provisions déduites l'**année précédente** correspondant à des charges non déductibles.

30757 **En pratique,** les charges de copropriété déduites au titre d'une année N doivent être réintégrées dans les revenus de l'année N + 1 lorsqu'elles correspondent à des charges non déductibles (notamment celles récupérables sur les locataires). Le solde résultant de l'approbation des comptes de l'exercice précédent fait également l'objet d'une régularisation sous forme de réintégration dans le revenu foncier (solde positif) ou de déduction (solde négatif) (BOI-RFPI-BASE-20-70 n°s 70 et 80). L'administration admet que lorsque le **propriétaire cesse de donner son bien en location,** les provisions pour charges fassent l'objet d'une régularisation prévisionnelle anticipée. Cette régularisation peut être effectuée en retenant la même proportion de charges déductibles constatée l'année précédente. Si, après l'arrêté des comptes de la copropriété, ce montant se révèle inexact, le contribuable devra déposer une déclaration rectificative (BOI-RFPI-BASE-20-70 n° 90).

f. Indemnités d'éviction, frais de relogement

30765 L'indemnité d'éviction est déductible des recettes brutes si, compte tenu des circonstances de fait, elle peut être regardée comme une **dépense faite en vue de l'acquisition ou la conservation du revenu.** Tel est le cas lorsque la société reprend la disposition de son immeuble en vue de le relouer dans de meilleures conditions (en ce sens : CE 20-10-1978 : RJF 12/78 n° 544 ; CE 21-11-2007 n° 275536 : RJF 2/08 n° 147) ou lorsque l'indemnité est versée à l'occasion de l'achat de l'immeuble suivi de travaux, opération qui permet une relocation avantageuse (CE 8-7-2005 n° 253291 : RJF 11/05 n° 1194 ; pour un exemple d'une indemnité ayant permis de relouer un local commercial à un loyer quatre fois supérieur à l'ancien, voir CAA Bordeaux 12-7-2006 n° 03-1773 : RJF 2/07 n° 161).

Les mêmes principes s'appliquent aux frais de relogement engagés par la société pour loger temporairement son locataire pendant la durée des travaux qu'elle réalise sur l'immeuble loué.

> Précisions **a.** Lorsque la société, se trouvant dans l'obligation de libérer son immeuble pour procéder à des travaux de réparation indispensables, verse une **indemnité** d'éviction au locataire, cette indemnité, qui est **indissociable des dépenses de réparation,** est déductible au même titre que ces dernières (CE 15-10-1980 n° 16782 : RJF 12/80 n° 965).

b. L'indemnité d'éviction versée à un locataire en cas de résiliation ou de non-renouvellement du bail n'est pas déductible des recettes lorsqu'elle présente le caractère d'une **dépense personnelle ou** d'une **dépense engagée en vue de la réalisation d'un gain en capital.** Tel est le cas lorsque le propriétaire reprend les biens donnés en location pour son usage personnel, pour les vendre libres de toute location ou les démolir, ou encore pour dégager, après démolition, un terrain à bâtir sur lequel il consentira un bail à construction. Il en va de même, selon l'administration, lorsque la reprise du bien loué a pour but la transformation de locaux commerciaux en logements (BOI-RFPI-BASE-20-20 n° 10). Mais le Conseil d'État admet, dans ce cas, la déduction de l'indemnité d'éviction (CE 29-3-1989 n° 81836 : RJF 5/89 n° 570).

c. Lorsque l'indemnité est déductible, les **intérêts de l'emprunt** contracté pour la financer le sont également **quelle que soit l'importance** des charges de cet emprunt (CE 3-7-2009 n° 293154 : RJF 11/09 n° 946).

d. Les **frais de conseil** payés en vue de la résiliation d'un bail sont déductibles dès lors que cette dépense est réalisée en vue de la location ultérieure du bien (CAA Paris 5-11-2019 n° 18PA01654).

g. Primes d'assurance

Toutes les primes d'assurance afférentes aux immeubles loués sont déductibles : assurance du propriétaire non occupant (risque incendie, dégâts des eaux, etc.), assurance contre les risques de loyers impayés et de vacance ou de dégradation du logement, assurance attachée à la souscription d'un emprunt (garanties décès-invalidité, perte d'emploi, etc.) (CGI art. 31, I-1° a bis). **30810**

h. Intérêts des emprunts

Une SCI peut déduire de son revenu brut le montant des intérêts des emprunts contractés (CGI art. 31, I-1° d) : **30840**

– soit pour l'**acquisition,** la **construction,** la **réparation** ou l'**amélioration** de ses immeubles, y compris la fraction des intérêts qui se rapporte aux sommes utilisées pour le paiement des droits de mutation à titre onéreux (BOI-RFPI-BASE-20-80 n° 40) ; on notera que les intérêts d'un emprunt contracté pour l'amélioration d'un immeuble donné en location sont déductibles quelle que soit l'affectation des locaux alors que les dépenses d'amélioration ne sont déductibles que lorsqu'elles sont relatives à des immeubles d'habitation (BOI précité n° 60) ;

– soit encore pour la **conservation** de ces propriétés.

La déduction peut porter, non seulement sur les intérêts proprement dits, mais encore sur les **frais d'emprunt** : frais de constitution de dossier et frais d'inscriptions hypothécaires, y compris les honoraires du notaire correspondant au contrat de prêt ; frais ajoutés par les organismes de crédit au montant des intérêts ; commission d'engagement, agios et taxes ; primes du contrat d'assurance décès souscrit pour garantir le remboursement de l'emprunt.

› Précisions **a.** Les primes afférentes à un **contrat d'assurance décès** souscrit par une SCI en vue de garantir le remboursement d'un prêt destiné à l'achat d'un immeuble donné en location sont déductibles lorsqu'elles présentent le caractère d'un supplément d'intérêt ; il en est ainsi lorsque la souscription d'une police d'assurance a été imposée à la société civile par une clause expresse du contrat de prêt. En revanche, si une SCI souscrit une police d'assurance décès temporaire non prévue par le contrat de prêt, cette opération constitue un simple placement et n'ouvre aucun droit à déduction au profit des associés (BOI-RFPI-BASE-20-80 n° 200).

b. Si l'**immeuble** financé par emprunt n'est que **partiellement affecté à la location,** la fraction déductible des intérêts est évaluée, en principe, au prorata de la valeur de la surface louée par rapport à la valeur totale de l'immeuble. Toutefois, le contribuable peut déduire l'intégralité des intérêts s'il justifie de l'affectation exclusive de l'emprunt à la fraction de l'immeuble qui fait l'objet d'une location (CE 4-11-1992 n° 81658 : RJF 1/93 n° 60).

c. La déduction des intérêts d'emprunts est limitée aux **sommes payées au cours de la période d'imposition** et **justifiées.** En particulier, il doit être justifié de l'affectation de l'emprunt à l'acquisition ou à la conservation du bien : ne répond pas à cette condition un emprunt souscrit par une SCI qui ne se rapporte pas à une opération individualisée (CAA Nantes 31-12-1991 n° 1382 : RJF 5/92 n° 675) ; il en est de même de la souscription d'un emprunt destiné à payer l'impôt sur la plus-value constatée lors du transfert dans le patrimoine privé de son propriétaire d'un immeuble locatif précédemment affecté à son exploitation commerciale (CAA Nantes 30-3-1995 n° 93-660 : RJF 7/95 n° 841).

d. Les intérêts d'un emprunt contracté par un associé pour le compte d'une SCI sont déductibles des résultats de cette société même si, en vertu d'un contrat d'assurance décès-invalidité, les **mensualités du prêt sont payées par une compagnie d'assurance** (CE 6-8-2008 n° 301336 : RJF 11/08 n° 1197 ; BOI-RFPI-BASE-20-80 n° 65).

e. Seuls sont déductibles les **frais hypothécaires** incombant à l'acheteur de l'immeuble. Les frais de mainlevée d'une hypothèque contractée par l'ancien propriétaire pris en charge par l'acheteur ne le sont pas (CAA Bordeaux 9-4-2009 n° 08-96 : RJF 10/09 n° 838).

f. Les intérêts payés au titre d'une **avance consentie sur un contrat d'assurance-vie,** dans les conditions prévues par l'article L 132-21 du Code des assurances, sont déductibles à condition que l'avance soit effectivement remboursée à l'assureur au terme du prêt (Rép. Malhuret : Sén. 20-12-2018 n° 2170).

EMPRUNTS CONTRACTÉS POUR LA CONSTRUCTION D'UN IMMEUBLE

30842 Les intérêts payés pour financer la construction d'un immeuble peuvent être déduits au titre des revenus fonciers, y compris pendant la période de construction, si l'immeuble est destiné à être loué et à la condition que cette intention soit confirmée par une utilisation de cette nature dès l'achèvement de l'immeuble (CE 2-3-1977 n° 99923 : RJF 5/77 n° 270).

Dans le cas où des intérêts sont versés avant l'achèvement de l'immeuble destiné à la location, ils sont déduits du revenu des autres propriétés ou, à défaut, constituent un déficit foncier.

Lorsque des prêts à la construction sont assortis de **bonification d'intérêts,** seul le montant net des intérêts effectivement payés (c'est-à-dire après imputation de la bonification) est admis en déduction.

EMPRUNTS CONTRACTÉS PAR LA SCI AUPRÈS DES ASSOCIÉS

30844 Lorsque l'emprunt a été contracté par la société auprès des associés eux-mêmes qui ont versé dans la caisse sociale, au-delà du capital, des sommes à titre de prêt, chaque associé est imposable à raison de sa quote-part dans les résultats sociaux déterminés en déduisant les intérêts versés aux associés ; dans ce cas, ces intérêts sont, en principe, imposés au nom de l'associé en tant que revenus de créances (voir n°s 20047 s.).

Tel est notamment le cas des sommes avancées à la SCI en compte courant ; toutefois, pour que les intérêts soient déductibles des revenus fonciers de la SCI, la preuve doit être apportée que la dette est contractée pour la conservation, l'acquisition, la construction, la réparation ou l'amélioration des propriétés : il est notamment tenu compte de la situation financière de la SCI (CE 8-7-1988 n° 64902 : RJF 10/88 n° 1117 ; dans le même sens, CAA Bordeaux 15-12-1998 n° 96-718 : RJF 10/99 n° 1191).

Les intérêts d'un emprunt bancaire souscrit par une SCI destiné au rachat d'avances en compte courant d'associés et de deux premiers prêts bancaires souscrits par la société doivent être regardés comme servis pour un emprunt destiné à l'acquisition ou la conservation d'une propriété, dès lors que les avances en compte courant et les premiers prêts ont été affectés à la construction d'un immeuble générateur de revenus fonciers, et que le nouvel emprunt a effectivement été affecté au remboursement de ces avances et de ces prêts, peu importe que les comptes courants d'associés n'étaient pas rémunérés (CAA Paris 11-5-2011 n° 09PA00963 : RJF 1/12 n° 33 ; confirmé par CE (na) 10-10-2012 n° 350815 : RJF 1/13 n° 49).

EMPRUNTS SOUSCRITS POUR L'ACQUISITION DES PARTS SOCIALES

30845 Les associés d'une SCI sont admis à déduire de leur part de bénéfices sociaux – indépendamment de leur quote-part dans les intérêts des emprunts contractés par la société – les intérêts afférents aux emprunts contractés personnellement pour l'**acquisition de** leurs **droits sociaux** (BOI-RFPI-BASE-20-80 n° 130). Les intérêts d'un emprunt contracté pour acquitter les droits de succession afférents à la transmission par décès des parts sociales sont déductibles (en ce sens, CE 8-6-1990 n° 52745 : RJF 8-9/90 n° 1032).

En revanche, l'administration refuse la déduction des intérêts des emprunts contractés par la **société** elle-même pour l'acquisition des parts d'un ou plusieurs associés (BOI-RFPI-BASE-20-80 n° 80). Une telle déduction a toutefois été admise par le Conseil d'État dans le cas d'une SCI qui s'était vue condamnée en justice à rembourser les parts d'un associé sortant, l'inexécution de la décision de justice exposant la société et les associés restants au risque de la vente de l'immeuble social (CE 9-6-2020 n°s 426339, 426342 et 426343 : RJF 8-9/20 n° 695).

EMPRUNTS SUBSTITUTIFS

30846 Lorsque la SCI souscrit un nouvel emprunt pour rembourser ou remplacer l'emprunt initial (emprunt substitutif), elle peut déduire les **intérêts** du nouvel emprunt dans la limite des intérêts relatifs au capital restant dû figurant sur l'échéancier de l'emprunt initial (BOI-RFPI-BASE-20-80 n° 110).

Sont également déductibles les **indemnités de résiliation** anticipée et de renégociation du prêt ainsi que les **frais de souscription** du nouvel emprunt (CAA Bordeaux 23-11-2006 n° 04-664 : RJF 3/07 n° 281, confirmé par CE 5-7-2010 n° 301044 : RJF 11/10 n° 1027). L'administration s'est ralliée à cette solution mais elle subordonne la déduction à la condition que la résiliation de l'emprunt initial et la souscription du nouvel emprunt permettent de réduire la charge d'intérêts restant dus (BOI-RFPI-BASE-20-80 n° 220).

La déduction des intérêts d'un emprunt substitutif n'est possible que si le montant de cet emprunt est **intégralement consacré au remboursement,** même partiel, **de l'emprunt initial.** Tel n'est pas le cas d'un emprunt qui a servi en partie à couvrir des besoins de trésorerie (CE 1-2-2012 n° 336469 : RJF 4/12 n° 365).

> **Précisions a.** Pour être déductible, l'emprunt substitutif doit s'inscrire dans la **continuité de l'emprunt initial** et avoir le même objet (CAA Paris 8-2-2007 n° 05-2046 : RJF 6/07 n° 700). Tel n'est pas le cas d'un emprunt contracté par une SCI dès lors qu'entre le remboursement de l'emprunt initial utilisé pour acquérir des biens donnés en location et le second emprunt, les besoins de financement de la société ont été assurés par le compte courant d'un associé que le nouvel emprunt a servi à rembourser (CAA Bordeaux 29-3-2007 n° 04-2168 : RJF 10/07 n° 1053).
> **b.** L'**indemnité de résiliation** anticipée est déductible au titre des dépenses effectuées en vue de l'acquisition et de la conservation du revenu en vertu des dispositions générales de l'article 13,1 du CGI. Elle n'est pas assimilable aux intérêts d'emprunt, déductibles en application de l'article 31, I-1°-d du CGI (CE 5-10-2007 n° 281658 : RJF 12/07 n° 1439). Il en résulte que cette indemnité devrait pouvoir être comprise dans le montant du déficit imputable sur le revenu global, l'article 156, I-3° du CGI autorisant l'imputation sur le revenu global, dans certaines limites, du déficit foncier résultant des charges autres que les intérêts d'emprunt. Notons toutefois que si l'administration admet la déduction des indemnités compensatoires, elle les assimile à des intérêts d'emprunt (BOI-RFPI-BASE-20-80 n° 220).
> **c.** Les intérêts d'un **emprunt destiné au rachat d'avances en compte courant** consenties gratuitement par les associés et au remboursement d'emprunts souscrits par la société dans le but de **refinancer une opération de construction** menée par la société sont déductibles. Est sans incidence le fait que les comptes courants n'avaient pas donné lieu au versement d'intérêts (CE 28-3-2014 n°s 35816 et 35817 : RJF 6/14 n° 571).

SOLUTIONS DIVERSES

a. Lorsqu'une SCI supporte des intérêts pour l'acquisition d'un immeuble (ou la réalisation d'aménagements) dont elle n'est pas propriétaire, ce versement doit être considéré comme une **libéralité** consentie au propriétaire des locaux ou des aménagements et ne peut donc pas être compris dans les charges déductibles. Ainsi jugé dans le cas d'une société qui avait supporté des frais financiers correspondant à la réalisation d'aménagements appartenant à une SARL locataire de l'immeuble (CE 27-3-1981 n° 15929 : RJF 6/81 n° 586). **30850**

b. Lorsque le prix d'acquisition d'un immeuble est converti en **rente viagère,** les arrérages ne peuvent être assimilés, même pour partie, à des intérêts déductibles des revenus bruts fonciers provenant de la location de l'immeuble (CE 26-11-1982 n° 24845).

c. Les **intérêts moratoires** versés par un contribuable à une banque pour n'avoir pas acquitté, dans les délais fixés au contrat, le montant des échéances d'un emprunt qu'il a contracté pour l'acquisition d'immeubles ne sont pas déductibles (CE 10-2-1989 n° 57606 : RJF 4/89 n° 455). Il en est de même pour les intérêts moratoires mis à la charge d'un contribuable sur un supplément du prix qu'il devait à l'entrepreneur ayant édifié l'immeuble (CE 18-12-1987 n° 71401 : RJF 2/88 n° 186).

d. Le versement représentatif d'une revalorisation du capital emprunté, qui résulte de l'application d'une **clause d'indexation** figurant dans un contrat de prêt, n'a pas le caractère d'intérêt déductible du revenu foncier (CE 31-10-1990 n° 81132 : RJF 12/90 n° 1426).

e. Est déductible au titre des intérêts d'emprunt l'indemnité de résiliation anticipée de conventions de taux plancher et de taux plafond accessoires à un **emprunt à taux variable.** En effet, cette résiliation n'a d'incidence que sur le montant de la charge financière, sans modifier les modalités de remboursement du capital (BOI-RFPI-BASE-20-80 n° 190).

f. Les **intérêts compensatoires** versés lors de la renégociation du taux d'un emprunt contracté en vue de la construction d'un immeuble locatif sont déductibles des revenus fonciers de l'année de leur versement (TA Dijon 17-8-1999 n° 98-5911 : RJF 12/99 n° 1550).

g. Dans le cas d'un **prêt « in fine »** (prêt durant lequel l'emprunteur ne paie que les intérêts, le capital étant remboursé en une seule fois au terme du crédit et garanti par la constitution d'une épargne, souvent et comme en l'espèce un contrat d'assurance-vie), l'administration admet que la circonstance que les emprunteurs avaient déjà effectué la majeure partie des versements correspondant au prix de l'immeuble lorsque les fonds prêtés ont été mis à leur disposition ne fait pas obstacle au caractère déductible des intérêts dès lors que les versements effectués ont entraîné un solde débiteur important de leur compte bancaire (CAA Bordeaux 2-11-2005 n° 02-1324 : RJF 4/06 n° 390 ; BOI-RFPI-BASE-20-80 n° 290).

i. Impôts

IMPÔTS DÉDUCTIBLES

Sont déductibles du revenu brut foncier les **impositions** perçues au profit des collectivités **locales,** de certains établissements publics et d'organismes divers à l'exception des taxes annuelles sur les bureaux (CGI art. 31, I-1°-c). **30860**

Il s'agit en fait de la **taxe foncière,** ainsi que des taxes annexes à cet impôt (taxe spéciale d'équipement de la région Île-de-France, de la basse Seine ou de la métropole lorraine, etc.).

Est également déductible la **taxe annuelle sur les surfaces de stationnement,** perçue au profit de la région Île-de-France (BOI-RFPI-BASE-20-50 n° 20).

Il en est de même de la **contribution sur les revenus locatifs** (CRL).

Lorsque ces impôts, ayant été payés tardivement, ont fait l'objet d'une pénalité pour défaut ou retard de paiement, cette **pénalité** est également déductible.

> **Précisions a.** En principe, la déduction ne peut porter que sur les impôts payés au cours de l'année d'imposition. Toutefois, en raison des retards pouvant affecter l'émission des impôts locaux, les bailleurs sont autorisés à déduire la totalité des **cotisations dues** au titre de l'année d'imposition dès lors qu'ils ont reçu l'avis d'imposition correspondant au moment de la souscription de la déclaration des revenus fonciers.
b. La taxe foncière et les taxes annexes sont déductibles, même lorsqu'elles ont été **payées par le locataire** en l'acquit du propriétaire, puisque dans ce cas, leur montant doit être ajouté aux recettes brutes (n° 30500).
À noter toutefois que la taxe foncière prise en charge par la société locataire en dehors des clauses du bail a été admise en déduction bien que le propriétaire ne l'ait pas personnellement acquittée : mais ce dernier avait été imposé à raison de cette prise en charge, dans la catégorie des revenus distribués (CAA Nancy 20-6-1996 n° 94-184 : RJF 10/96 n° 1163) ; de plus, l'article 31 du CGI ne subordonne pas la déduction de ces taxes à la condition de paiement par le propriétaire.

IMPÔTS NON DÉDUCTIBLES

30870 Ne peuvent pas être compris parmi les charges déductibles :

– l'**impôt sur le revenu,** les **droits de mutation** à titre onéreux ou gratuit, la **TVA** éventuellement acquittée sur les loyers, la taxe sur les **logements vacants** ;

– les **prélèvements sociaux** : contribution sociale généralisée, contribution au remboursement de la dette sociale et prélèvement de solidarité ;

– les impôts **incombant normalement à l'occupant** : notamment taxe de balayage, taxe d'enlèvement des ordures ménagères (mais le prélèvement pour frais de confection des rôles est déductible), taxe d'habitation le cas échéant ;

– les **taxes d'urbanisme** (taxe d'aménagement notamment) considérées fiscalement comme un élément du prix de revient du terrain ou de la construction.

B. Imputation des déficits fonciers

30900 Le revenu net total des propriétés foncières imposable à l'impôt sur le revenu s'obtient en faisant masse des revenus, déterminés comme nous venons de l'indiquer, afférents aux différentes propriétés appartenant à la société civile.

Lorsque le **résultat d'ensemble est négatif,** le déficit global correspondant est réparti entre les associés en proportion de leurs droits dans les bénéfices sociaux.

IMPUTATION SUR LE REVENU GLOBAL DES ASSOCIÉS

30905 Chaque associé peut imputer sur son revenu global la quote-part du déficit correspondant à ses droits dans la société, qui résulte de dépenses déductibles des revenus fonciers autres que les intérêts d'emprunt, dans la **limite annuelle** de 10 700 € (limite portée à 15 300 € si un déficit a été constaté sur un immeuble placé dans le cadre de l'amortissement Périssol ou de la déduction Cosse). Dans le cadre du dispositif dit « de rénovation des passoires thermiques », cette limite annuelle est temporairement rehaussée, sans pouvoir excéder 21 400 € par an, à concurrence du montant des dépenses déductibles de travaux de rénovation énergétique payées entre le 1er janvier 2023 et le 31 décembre 2025 permettant à un bien de passer d'une classe énergétique E, F ou G à une classe énergétique A, B, C ou D (CGI art. 156, I-3° complété par l'art. 12 de la loi 2022-1499 du 1-12-2022).

Ce régime d'imputation limitée des déficits sur le revenu global n'est pas optionnel : il s'applique de plein droit dès lors qu'un déficit foncier est dégagé au cours d'une année (CAA Douai 7-10-2003 n° 01-927 : RJF 10/04 n° 961). En d'autres termes, il n'est pas possible de reporter un déficit foncier sur les revenus fonciers des années suivantes si l'imputation sur le revenu global de l'année de sa constatation n'a pas été épuisée.

La **partie du déficit qui excède** la limite annuelle d'imputation ou qui résulte d'intérêts d'emprunts est imputable sur les revenus fonciers des dix années suivantes.

Lorsque le **revenu global** de l'associé est **insuffisant** pour absorber le déficit foncier imputable, l'excédent de déficit est alors imputable sur ses revenus globaux des six années suivantes dans les conditions de droit commun (CGI art. 156, I).

> Précisions a. Pour le dispositif temporaire de rénovation des « passoires thermiques », sont concernées les dépenses afférentes aux **travaux d'amélioration de la performance énergétique** globale des logements susceptibles d'être financés par l'éco-PTZ, y compris les dépenses éligibles à la prime de transition énergétique, à l'exclusion des travaux de réhabilitation de systèmes d'assainissement non collectif et des travaux de pose d'une chaudière à très haute performance énergétique.

b. Pour un même logement ou une même souscription de titres, un associé ne peut pas bénéficier à la fois de l'imputation d'un déficit foncier et de la **réduction d'impôt pour investissement outre-mer** ; cependant, l'administration limite cette interdiction à la période couverte par l'engagement de location du logement ou de conservation des titres prévu pour l'octroi de la réduction d'impôt, c'est-à-dire les cinq années postérieures à l'octroi de cette réduction (BOI-RFPI-BASE-30-20 n° 120).

c. L'associé ne peut pas déduire de son revenu personnel une fraction du déficit social supérieure à celle qui résulte de l'application de la **clef de répartition statutaire** (CAA Paris 22-1-1991 n° 2835 : RJF 4/91 n° 469).

Conditions de l'imputation L'imputation du déficit foncier sur le revenu global des associés est subordonnée à la location de l'immeuble jusqu'au 31 décembre de la troisième année qui suit l'imputation. **30910**

La SCI propriétaire de l'immeuble doit donc maintenir l'**immeuble affecté à la location** pendant un **délai** de trois ans si certains de ses associés ont bénéficié d'une imputation de déficits fonciers sur le revenu global. En outre, les associés doivent conserver leurs titres pendant la même durée, la **cession de parts** avant l'expiration du délai de trois ans entraînant en principe la reprise de l'avantage fiscal même si la société continue à louer l'immeuble.

> Précisions a. Selon l'administration, la condition d'affectation à la location pendant trois ans n'est pas remplie lorsque le **local** est **vacant**, même si le propriétaire perçoit et déclare des revenus de remplacement d'une assurance ou d'un autre organisme (BOI-RFPI-BASE-30-20 n° 240).

b. L'affectation à la **location meublée** d'un immeuble initialement loué nu est assimilée à une cessation de location. Si elle intervient avant le 31 décembre de la 3e année qui suit l'imputation du déficit, l'imputation est remise en cause (TA Lyon 15-3-2011 nos 0807477, 0906519 et 1005480 : RJF 12/11 n° 1266).

c. Après **divorce ou séparation** entraînant une imposition distincte, chacun des époux impute la moitié des déficits fonciers reportables provenant des immeubles communs, y compris lorsque ces biens étaient détenus par l'intermédiaire d'une SCI dont toutes les parts étaient, même inégalement, possédées par les époux en communauté (CAA Lyon 30-9-2010 n° 09-2080 : RJF 1/11 n° 44).

Déficit imputable sur le revenu global Seule est imputable sur le revenu global la fraction du déficit qui résulte de dépenses déductibles des revenus fonciers, à l'exclusion des intérêts d'emprunt. **30915**

La fraction du déficit résultant des **intérêts d'emprunt** s'entend de l'ensemble :

– des intérêts des emprunts contractés par la société pour l'acquisition, la construction, la conservation, la réparation ou l'amélioration des immeubles lui appartenant ;

– des intérêts contractés par les associés des sociétés civiles pour l'acquisition de leurs titres ;

– des frais accessoires aux emprunts, dès lors que ces frais sont eux-mêmes déductibles (n° 30840).

La fraction du déficit résultant des **autres charges** s'entend de toutes les autres charges déductibles.

EXEMPLE

Soit l'associé d'une SCI qui a perçu en 2023 les revenus fonciers suivants :

Revenu brut	2 000 €
Frais et charges (sauf intérêts d'emprunt)	– 30 000 €
Intérêts d'emprunt	– 4 000 €
Déficit	– 32 000 €

Le revenu brut est réputé compenser d'abord les intérêts d'emprunt. Le déficit provient donc à hauteur de 2 000 € des intérêts d'emprunt et à hauteur de 30 000 € des autres charges (celles-ci, par hypothèse, ne remplissent pas les conditions pour bénéficier du dispositif temporaire de rénovation des « passoires thermiques » : n° 30905).

a. Si le revenu global est supérieur ou égal à 10 700 €, le déficit provenant de dépenses autres que les intérêts d'emprunt (soit 30 000 €) est imputable sur le revenu global à hauteur de 10 700 € ; l'excédent, soit 19 300 €, s'ajoute aux 2 000 € (fraction relative aux intérêts d'emprunt) imputables sur les revenus fonciers des dix années suivantes (soit jusqu'en 2033).

b. Si le revenu global est inférieur à 10 700 € (par hypothèse : 8 000 €), le déficit qui n'a pu être imputé est alors imputable à hauteur de 2 700 € sur le revenu global des six années suivantes (soit jusqu'en 2029), le reliquat de 21 300 € demeurant imputable sur les revenus fonciers des dix années suivantes.

30920 Lorsqu'une SCI détient des droits dans **plusieurs immeubles** (ou si un associé possède des **titres de plusieurs SCI**) dont les résultats sont bénéficiaires pour les uns et déficitaires pour les autres, les déficits sont en premier lieu imputés sur les résultats positifs. Si un déficit subsiste après cette compensation, il y a lieu de totaliser séparément les revenus bruts, les intérêts d'emprunt et les autres charges (celles-ci, par hypothèse dans l'exemple ci-après, ne remplissent pas les conditions pour bénéficier du dispositif temporaire de rénovation des « passoires thermiques » : n° 30905).

Le total des intérêts d'emprunt est ensuite déduit du total des revenus bruts :

– si le résultat de cette opération est négatif, il constitue un déficit uniquement reportable sur les revenus fonciers des dix années suivantes de l'associé. Il est ensuite procédé à la déduction des autres charges (déduites d'un résultat nul), qui constituent un déficit imputable sur les autres revenus de l'associé à hauteur de 10 700 € ;

– en cas de résultat positif, les autres charges sont ensuite déduites. Le déficit constaté s'impute sur le revenu global de l'associé dans la limite de 10 700 €.

EXEMPLE

Un associé a perçu les revenus fonciers suivants, afférents à deux SCI différentes :

	SCI 1	SCI 2	Total
Revenu brut	1 500 €	6 000 €	7 500 €
Frais et charges (sauf intérêts d'emprunt)	- 3 210 €	- 2 340 €	- 5 550 €
Intérêts d'emprunt	- 6 000 €	0	- 6 000 €
Résultat	- 7 710 €	+ 3 660 €	- 4 050 €

Revenu net d'intérêts : 7 500 € − 6 000 € = 1 500 €.

Revenu net de charges autres que les intérêts : 1 500 € − 5 550 € = − 4 050 €.

Le déficit net étant inférieur à 10 700 €, il est déductible en totalité du revenu global.

30925 **Appréciation de la limite d'imputation** La limite d'imputation du déficit est annuelle, sans qu'il y ait lieu à application d'un prorata temporis en cas de location d'une durée inférieure à l'année.

Pour apprécier si la limite est ou non franchie, il convient de se placer au niveau de **chaque associé** et non au niveau de la déclaration de résultat établie par la société (BOI-RFPI-BASE-30-20 n° 200). La limite est globale pour tous les immeubles ou parts de sociétés possédés par l'associé et les membres de son foyer fiscal.

Lorsqu'un déficit est constaté sur un immeuble appartenant à une SCI et ouvrant droit à l'amortissement Périssol ou à la déduction Cosse, l'associé qui a exercé l'option pour ce régime bénéficie de la limite majorée quel que soit le montant de ce déficit ; il en est de même si le résultat net de l'ensemble des immeubles de la société est positif (BOI-RFPI-BASE-30-20 n° 170).

30930 **Remise en cause de l'imputation des déficits** Si la condition de location pendant trois ans n'est pas respectée (par exemple, si l'immeuble est vendu par la SCI), l'imputation du déficit foncier sur le revenu global par les associés est remise en cause selon les modalités suivantes.

Le **revenu global et les revenus fonciers** des trois années qui précèdent l'année de cessation de la location par la société (ou de cession des titres de la SCI par l'associé) sont reconstitués selon les modalités applicables en cas de non-imputation du déficit sur le revenu global. L'associé est donc replacé dans la situation qui aurait été la sienne en l'absence d'application du dispositif d'imputation sur son revenu global. Les déficits indûment imputés sur le revenu global des trois années précédentes peuvent être imputés sur l'ensemble des revenus fonciers de l'année au cours de laquelle ces déficits ont été réalisés et viennent augmenter le déficit reportable de cette année (CE sect. 26-4-2017 n° 400441 : RJF 7/17 n° 659). Les éventuels déficits fonciers restant à imputer après la cessation de la location peuvent s'imputer pendant dix ans sur les revenus fonciers provenant d'autres biens locatifs. À défaut de tels biens productifs de revenus fonciers, ces déficits seront perdus (BOI-RFPI-BASE-30-20 n° 260).

Par **exception,** il n'est pas procédé à la remise en cause de l'imputation des déficits dans les cas suivants : décès, invalidité ou perte d'emploi du contribuable ou de son conjoint, expropriation pour cause d'utilité publique de l'immeuble déficitaire.

> **Précisions** **a.** La remise en cause peut être effectuée jusqu'au 31 décembre de la troisième année qui suit celle du non-respect de l'affectation de l'immeuble (ou de la conservation des titres de la SCI), même si l'**année d'imputation** des déficits fonciers sur le revenu global est **prescrite** (en ce sens : TA Dijon 21-12-2006 n° 05-2064 : RJF 10/07 n° 1003). Ainsi, dans l'hypothèse où l'associé d'une SCI ayant imputé un déficit foncier en 2020 cède ses titres en 2023, le déficit de l'année 2019 peut être remis en cause jusqu'au 31 décembre 2026.
> **b.** En cas de **cession d'un logement Périssol,** le propriétaire conserve la faculté d'imputer sur son revenu global reconstitué la partie des déficits afférente à un autre immeuble donné en location dans la limite de droit commun de 10 700 € (CAA Versailles 21-6-2016 n° 15VE02089 : RJF 10/16 n° 791).
> **c.** Dans le cadre du dispositif temporaire de rénovation des « **passoires thermiques** » (n° 30905), si le contribuable ne justifie pas du nouveau classement de performance énergétique du bien au plus tard le 31 décembre 2025, le revenu foncier et le revenu global des années de déduction des dépenses de travaux sont reconstitués selon les modalités applicables en l'absence de rehaussement de la limite d'imputation (CGI art. 156, I-3°).

IMPUTATION DU SURPLUS SUR LES REVENUS FONCIERS DES ANNÉES SUIVANTES

La fraction de déficit non déductible du revenu global est imputable sur les revenus fonciers des associés des **dix années** suivantes. 30940

Ce mode d'imputation s'applique :
– à la fraction du déficit supérieure à la limite d'imputation ;
– ainsi qu'à celle correspondant aux intérêts d'emprunt.

Il s'applique également lorsque la condition d'affectation à la location pendant trois ans exigée pour l'imputation sur le revenu global n'est pas respectée (n° 30930).

RÉGIMES PARTICULIERS

Dans certains cas, prévus par la loi, les déficits fonciers sont imputables sur le revenu global sans limitation de montant (CGI art. 156, I-3°). Il en est ainsi des déficits provenant d'**immeubles historiques** (nos 31240 s.). 30945

C. Régimes spéciaux et cas particuliers

Sont regroupées ci-après les situations appelant des précisions particulières ou régies par des textes spécifiques. 30950

Sont notamment examinés les régimes pour lesquels des avantages fiscaux sont accordés aux bailleurs qui réalisent certains investissements immobiliers dans le neuf ou dans l'ancien. Seuls les régimes intéressant les investissements réalisés actuellement sont exposés (régimes Duflot-Pinel-Denormandie, Loc'Avantages, Malraux, monuments historiques).

1. INVESTISSEMENTS DUFLOT-PINEL-DENORMANDIE

Le régime Duflot-Pinel est un régime qui permet aux acquéreurs (SCI ou personnes physiques) qui acquièrent, **entre le 1er janvier 2013 et le 31 décembre 2024,** des **logements neufs ou assimilés** destinés à la location dans le secteur intermédiaire et situés dans certaines zones géographiques de bénéficier d'une **réduction d'impôt** répartie sur la durée de l'engagement de location (CGI art. 199 novovicies). Pour les opérations réalisées **entre le 1er janvier 2019 et le 31 décembre 2023,** la réduction d'impôt s'applique, par le dispositif dit « Denormandie dans l'ancien », à certains logements qui font ou ont fait l'objet de **travaux** et à certains locaux affectés à un usage autre que l'habitation qui font l'objet d'une **transformation en logement.** 30955

Les **logements** doivent être situés **en France** (métropole ou DOM) ou dans une collectivité territoriale d'**outre-mer.** Sur les investissements réalisés outre-mer, voir nos 30995 s.

Le régime s'applique également aux particuliers qui souscrivent des parts de **SCPI** servant à financer de tels investissements (sur les spécificités de ces investissements, voir nos 37425 s.).

La réduction d'impôt est prise en compte pour le calcul du **plafonnement global des niches fiscales.**

> **Précisions** La réduction d'impôt dite « **Duflot** » a été rebaptisée « **Pinel** » à l'occasion de l'assouplissement par l'article 5 de la loi 2014-1654 du 29 décembre 2014 de certaines de ses conditions d'application. Les investissements réalisés du 1er janvier 2013 au 31 août 2014 relèvent du régime Duflot et les investissements réalisés depuis le 1er septembre 2014 relèvent du régime Pinel.

BÉNÉFICIAIRES

30956 La réduction d'impôt bénéficie aux **personnes physiques** fiscalement domiciliées en France au sens de l'article 4 B du CGI qui achètent un logement directement ou par l'intermédiaire d'une **société de personnes** non soumise à l'impôt sur les sociétés (associés de SCI notamment).

Pour les investissements réalisés **depuis le 1er janvier 2019,** les contribuables qui **cessent d'être domiciliés fiscalement en France** après la réalisation de l'investissement conservent le bénéfice de l'avantage fiscal pendant la durée de l'engagement de location. Pour les investissements réalisés **avant le 1er janvier 2019,** le bénéfice de la réduction d'impôt est réservé aux personnes fiscalement domiciliées en France et imposées à raison des revenus de l'immeuble dans la catégorie des revenus fonciers pendant toute la durée de l'engagement de location.

> Précisions **a.** En ce qui concerne le **démembrement** de propriété, voir n° 62535.
b. En cas de réalisation d'un investissement en **indivision,** chaque indivisaire peut bénéficier du dispositif à hauteur de sa quote-part, sous réserve du respect des engagements prévus.
c. L'administration a admis que la réduction d'impôt s'applique aux **résidents monégasques** assujettis en France à l'impôt sur le revenu en vertu de la convention franco-monégasque, ainsi qu'aux non-résidents dits « **non-résidents Schumacker** », qui tirent l'essentiel de leurs revenus de France et sont assimilés à des personnes fiscalement domiciliées en France (BOI-IR-RICI-360-10 n° 1 et BOI-IR-RICI-365-10 n° 1, par renvoi au BOI-IR-RICI-230-10-10 n° 20).
d. Jugé que les dispositions de l'article 199 septvicies du CGI (régime Scellier) sont contraires à la **liberté de circulation des capitaux** en tant qu'elles limitent le bénéfice de la réduction d'impôt aux contribuables domiciliés en France. Les juges ont estimé que les résidents et les **non-résidents** sont placés dans une situation comparable au regard de l'objectif poursuivi, qui est de favoriser l'investissement locatif en France, et que cette différence de traitement ne répond pas à une raison impérieuse d'intérêt général. Dès lors, un résident canadien peut bénéficier de la réduction d'impôt Scellier sur ses investissements locatifs en France (CAA Versailles 31-5-2018 n° 17VE00744). Cette décision nous paraît transposable au régime Duflot-Pinel-Denormandie.

INVESTISSEMENTS CONCERNÉS

30957 **Immeubles** Ouvrent droit à la réduction d'impôt :

– les **logements acquis neufs** entre le 1er janvier 2013 et le 31 décembre 2024. La réduction d'impôt s'applique si l'acte authentique d'achat est signé entre le 1er janvier 2013 et le 31 décembre 2024, quelle que soit la date de la promesse de vente, de la réservation ou encore de la demande de permis de construire (BOI-IR-RICI-360-10-10 n° 40 et 50). Pour les investissements réalisés depuis le 1er janvier 2021, les logements doivent être situés dans un bâtiment d'habitation collectif ;

– les **logements acquis en l'état futur d'achèvement** entre le 1er janvier 2013 et le 31 décembre 2024 à condition que l'achèvement intervienne en principe dans les trente mois qui suivent la date de la déclaration d'ouverture de chantier (régime Duflot) ou la date de la signature de l'acte authentique d'acquisition (régime Pinel). Pour les investissements réalisés depuis le 1er janvier 2021, les logements doivent être situés dans un bâtiment d'habitation collectif ;

– les **logements que l'investisseur fait construire** et qui ont fait l'objet entre le 1er janvier 2013 et le 31 décembre 2024 d'une demande de permis de construire, sous réserve que la construction soit achevée dans les trente mois qui suivent l'obtention du permis de construire. La réduction d'impôt peut s'appliquer si le permis de construire a été déposé par une autre personne que l'acquéreur ou si le contribuable était déjà propriétaire du terrain sur lequel il fait construire le logement (BOI-IR-RICI-360-10-10 nos 470 et 480). Pour les constructions pour lesquelles une demande de permis de construire est déposée depuis le 1er janvier 2021, les logements doivent être situés dans un bâtiment d'habitation collectif ;

– les **logements acquis réhabilités** entre le 1er janvier 2013 et le 31 décembre 2024. Les travaux de réhabilitation s'entendent de ceux qui ont permis de donner au logement l'ensemble des caractéristiques d'un logement décent. Peu importe la date de réalisation des travaux de réhabilitation, mais le logement ne doit pas avoir été utilisé ou occupé à quelque titre que ce soit depuis l'achèvement des travaux de réhabilitation (BOI-IR-RICI-360-10-10 n° 240) ;

– les **logements vétustes acquis** entre le 1er janvier 2013 et le 31 décembre 2024 **en vue d'une réhabilitation** par l'acquéreur ou le vendeur pour leur conférer des performances techniques voisines de celles des logements neufs, sous réserve que l'achèvement des travaux intervienne au plus tard le 31 décembre de la deuxième année qui suit celle de l'acquisition du logement. Lorsque les travaux de réhabilitation sont réalisés par le vendeur, un contrat de vente d'immeuble à rénover doit en principe être conclu (BOI-IR-RICI-360-10-10 n° 150 par renvoi au BOI-IR-RICI-230-10-30-10 n° 190) ;

– les **logements** acquis entre le 1er janvier 2013 et le 31 décembre 2024 et **qui font ou ont fait l'objet de travaux concourant à la production d'un immeuble neuf** au sens de la TVA. Si les travaux ont été réalisés avant l'acquisition, le logement ne doit pas avoir été habité ou utilisé à quelque titre que ce soit depuis l'achèvement des travaux (BOI-IR-RICI-360-10-10 n° 420). Si les travaux sont réalisés après l'acquisition, l'achèvement des travaux doit intervenir au plus tard le 31 décembre de la deuxième année qui suit l'acquisition ; **30957** (suite)

– les **locaux** affectés à un usage autre que l'habitation (locaux commerciaux ou professionnels, bureaux, granges, hangars, etc.) acquis entre le 1er janvier 2013 et le 31 décembre 2024 et qui font ou qui ont fait l'objet de travaux de **transformation en logements.** Pour les locaux destinés à être transformés après acquisition, l'achèvement des travaux de transformation doit intervenir au plus tard au 31 décembre de la deuxième année qui suit celle de cette acquisition ;

– certains **logements** acquis entre le 1er janvier 2019 et le 31 décembre 2023 **qui font ou ont fait l'objet de travaux de rénovation** (investissements réalisés en 2019) **ou d'amélioration** (investissements réalisés depuis le 1er janvier 2020) définis par décret ainsi que les **locaux** affectés à un usage autre que l'habitation que le contribuable acquiert entre le 1er janvier 2019 et le 31 décembre 2023 et **qui font ou ont fait l'objet de travaux de transformation en logement.** Le montant de ces travaux, facturés par une entreprise, doit représenter au moins 25 % du coût total de l'opération. En cas d'acquisition d'un logement en vue de sa rénovation, de son amélioration ou de sa transformation en logement, les travaux doivent être achevés au plus tard le 31 décembre de la deuxième année qui suit celle de l'acquisition. **Attention,** l'administration a, compte tenu de la date de publication du décret 2019-232 et des arrêtés du 26 mars 2019 qui ont permis l'application effective du Denormandie, restreint le dispositif aux investissements pour lesquels la réalisation du fait générateur de la réduction d'impôt est intervenue depuis le 28 mars 2019 (BOI-IR-RICI-365 n° 3).

L'administration ajoute à cette liste les **logements inachevés** sous réserve que l'achèvement intervienne au plus tard le 31 décembre de la deuxième année suivant celle de l'acquisition (BOI-IR-RICI-360-10-10 nos 500 à 550).

> Précisions a. Les **logements neufs** s'entendent de ceux qui n'ont jamais été ni habités ni utilisés avant leur acquisition (BOI-IR-RICI-360-10-10 n° 20).

b. Les **logements vétustes** sont les logements qui ne satisfont pas aux caractéristiques de décence définies par le décret 2002-120 du 30 janvier 2002 (CGI ann. III art. 2 quindecies B, I). Les travaux de réhabilitation à réaliser par l'acquéreur s'entendent des travaux réalisés sur le logement et éventuellement sur les parties communes, qui permettent de donner au logement au moins six des performances techniques fixées par l'arrêté du 19 décembre 2003 (CGI ann. III art. 2 quindecies B, II).

c. La notion de **bâtiment d'habitation collectif** vise les logements collectifs groupés (horizontaux, superposés ou en bandes) dans un bâtiment ou un immeuble autre qu'individuel au sens de l'article 231 du CCH. Pour être qualifié de collectif, le bâtiment (caractérisé par une unité de structure) doit comporter plus de deux logements. Ce n'est pas le cas des villas individuelles construites au sein d'une copropriété ou des villas construites de manière jumelée voire en bande (BOI-RES-000079 du 17-12-2020).

d. Le **délai d'achèvement** de trente mois prévu dans le cadre des ventes en l'état futur d'achèvement peut, le cas échéant, être prolongé d'un délai égal à celui durant lequel les **travaux** ont été **interrompus** à cause d'un cas de force majeure. Une telle mesure n'a pas de caractère automatique et nécessite un examen au cas par cas par l'administration (BOI-RES-000005 du 13-7-2018).

Par ailleurs, pour tenir compte des **conséquences de la crise sanitaire** sur le déroulement des chantiers, l'administration fiscale a neutralisé la période du 12 mars 2020 au 11 mars 2021 dans le **décompte des délais** légaux d'achèvement. En pratique, les délais n'ayant pas expiré avant le 12 mars 2020 ont été prolongés de 365 jours et le point de départ des délais qui devaient commencer pendant la période visée a été reporté au 12 mars 2021 (BOI-RES-IR-000101 du 2-3-2022).

e. Les **monuments historiques** ne peuvent pas ouvrir droit en principe à la réduction d'impôt Duflot-Pinel-Denormandie (CGI art. 199 novovicies, I-D). Toutefois, l'administration admet que les propriétaires de ces immeubles peuvent opter pour la réduction d'impôt Duflot-Pinel-Denormandie à condition de renoncer au régime fiscal de faveur des monuments historiques pendant toute la période d'engagement de location (BOI-IR-RICI-360-30-20 n° 200 et BOI-IR-RICI-365-30 n° 220).

f. Au titre d'une **même année,** un contribuable ne peut bénéficier de la réduction d'impôt Duflot-Pinel-Denormandie qu'au titre de l'acquisition, de la construction ou de la rénovation de **deux logements au plus,** limite qui s'apprécie au titre de l'année d'achèvement des logements. Pour l'application de cette règle, il y a lieu de prendre en compte à la fois les acquisitions et constructions bénéficiant du dispositif Pinel et les acquisitions bénéficiant du dispositif Denormandie (BOI-IR-RICI-365-30 n° 180). Toutefois, le contribuable peut cumuler au cours d'une même année une réduction d'impôt au titre de deux logements et une au titre de la souscription de parts de SCPI Duflot-Pinel-Denormandie, étant précisé que l'avantage fiscal global est calculé dans ce cas dans la limite indiquée n° 30975 (BOI-IR-RICI-360-30-20 nos 1, 10 et 70 ; BOI-IR-RICI-365-30 n° 60).

g. Le régime Duflot-Pinel-Denormandie ne peut pas se **cumuler,** pour un même logement, avec l'une des réductions d'impôt prévues dans le secteur du logement en outre-mer, dans le cadre du dispositif Malraux ou de la réduction Loc'Avantages. Elle ne peut pas non plus se cumuler avec le prêt locatif social ou avec la déduction Cosse.

h. Pour le dispositif **Denormandie,** les **travaux de rénovation** (pour les investissements réalisés en 2019) s'entendent de tous travaux, à l'exception de ceux portant sur des locaux ou des équipements d'agrément, ayant pour objet la modernisation, l'assainissement ou l'aménagement des surfaces habitables, la réalisation d'économies d'énergie pour ces surfaces ainsi que la création de surfaces habitables à partir de l'aménagement des surfaces annexes (qui s'entendent uniquement des combles accessibles avant travaux et des garages en habitat individuel). Sont exclus les travaux qui se bornent à modifier ou enrichir la décoration des surfaces habitables (BOI-IR-RICI-365-10 nos 40 et 70). Pour les investissements réalisés depuis le 1er janvier 2020, la désignation des **travaux d'amélioration** correspond à celle des travaux éligibles au prêt à taux zéro (CCH art. L 31-10-3, V).

30958 **Performance énergétique des immeubles** Les critères de performance énergétique à respecter diffèrent selon les logements faisant l'objet de l'investissement et selon le dispositif appliqué (CGI ann. III art. 46 AZA octies-0 A).

Les **logements acquis neufs** ou en l'état futur d'achèvement ou que le contribuable fait construire doivent bénéficier du label « BBC 2005 » (permis de construire déposé avant le 1er janvier 2013), respecter la réglementation thermique 2012 (permis de construire déposé entre le 1er janvier 2013 et le 31 décembre 2021) ou respecter la réglementation environnementale RE 2020 (permis de construire déposé à compter du 1er janvier 2022).

Les logements faisant l'objet des **travaux** prévus dans le cadre du dispositif **Duflot-Pinel** ou les logements acquis en l'état futur d'achèvement non soumis aux dispositions portant amélioration de la performance énergétique des bâtiments doivent bénéficier du label « HPE rénovation 2009 » ou « BBC rénovation 2009 » ou respecter les exigences de performance énergétique globale, définies par l'arrêté du 5 mars 2012, pour au moins deux des quatre catégories suivantes : isolation de la toiture ou des murs donnant sur l'extérieur, fenêtres, système de chauffage, système de production d'eau chaude sanitaire. L'investisseur doit être en mesure de fournir à l'administration fiscale, sur sa demande, l'**attestation** délivrée par une personne ou un organisme de certification habilité permettant de justifier que le logement concerné respecte ces conditions.

Les logements faisant l'objet des **travaux** prévus dans le cadre du dispositif **Denormandie** doivent (Arrêté 26-3-2019 : JO 27 texte n° 67) :

– soit permettre de diminuer d'au moins 30 % pour les logements individuels (20 % pour les logements en habitat collectif) la consommation conventionnelle d'énergie primaire du bâtiment et d'atteindre une consommation conventionnelle d'énergie primaire après travaux inférieure à 331 kWh/m²/an ;

– soit respecter les exigences de performance énergétique globale définies par l'arrêté du 26 mars 2019 pour au moins deux des cinq catégories – isolation de la toiture, isolation des murs donnant sur l'extérieur, fenêtres, système de chauffage, système de production d'eau chaude sanitaire – et permettre d'atteindre une consommation conventionnelle d'énergie primaire après travaux inférieure à 331 kWh/m²/an.

L'investisseur doit pouvoir justifier du respect de ces conditions par la fourniture à l'administration fiscale d'une **évaluation énergétique,** réalisée par une personne ou un organisme habilité, indiquant la consommation du logement avant travaux et celle projetée après travaux, ainsi que des **factures des travaux** indiquant leur nature, leur lieu de réalisation et les caractéristiques et critères de performance requis.

30960 **Localisation des logements** Les logements doivent être situés en **France** (métropole ou DOM) ou dans une collectivité territoriale d'outre-mer (sur les spécificités des investissements **outre-mer,** voir nos 30995 s.).

S'agissant du dispositif **Duflot-Pinel,** les logements doivent être situés dans des communes classées par arrêté dans les **zones géographiques** où le déséquilibre entre l'offre et la demande de logements locatifs est le plus marqué ou dans des communes dont le territoire est couvert par un contrat de redynamisation de site de défense (investissements réalisés depuis 2017) ou l'a été dans un délai de huit ans précédant l'investissement (investissements réalisés depuis 2018).

En pratique, le régime Duflot s'applique, pour les investissements réalisés jusqu'au 31 décembre 2017, dans les communes classées dans les **zones A bis, A** et **B1** et, sous réserve d'un agrément du préfet de région, dans les zones **B2 et C** (CGI ann. III art. 2 terdecies E). Pour les investissements réalisés depuis le 1er janvier 2018, les zones B2 et C sont exclues du dispositif. Le recentrage des zones s'applique également aux constructions de logements pour lesquelles une demande de permis de construire a été déposée avant le 1er janvier 2018 si l'acquisition a été réalisée jusqu'au 15 mars 2019 (Loi 2018-1317 du 28-12-2018 art. 187).

Pour les investissements réalisés depuis le 1er octobre 2014, le **zonage applicable** est celui fixé par l'arrêté du 1er août 2014 (JO 6 p. 13029), sous réserve de mesures transitoires prévues pour les logements situés dans des communes déclassées en zone B1 ou B2. Les annexes de cet arrêté, dans lesquelles sont listées les communes classées par zone A bis, A, B1, B2 (le reste du territoire étant classé en zone C), s'appliquent dans la version issue des arrêtés du 4 juillet 2019 (JO 5 texte n° 27) et du 16 février 2022 (JO 20 texte n° 63) qui modifient l'arrêté du 1er août 2014. Pour les investissements réalisés jusqu'au 30 septembre 2014, les zones A et B1 sont fixées par l'arrêté du 29 avril 2009 (JO 3-5 p. 7486) et la zone A bis par l'arrêté du 22 décembre 2010 (JO 23 p. 22559).

S'agissant du dispositif **Denormandie,** les logements doivent être situés dans des communes dont le besoin de réhabilitation de l'habitat du centre-ville est particulièrement marqué ou qui ont conclu une convention d'opération de revitalisation du territoire. Les logements peuvent être situés indifféremment en tout lieu sur le territoire des communes éligibles (dans le centre de ces communes pour les investissements réalisés en 2019). La liste des communes concernées est fixée par l'arrêté du 26 mars 2019 (JO 27 texte n° 66).

> **Précisions** En **Bretagne,** à titre expérimental et par dérogation aux dispositions de l'article 199 novovicies du CGI, les communes ou parties de communes éligibles à la réduction d'impôt Pinel ainsi que les plafonds de loyers et de ressources du locataire pour chaque commune ou partie de commune éligible et par type de logement sont fixés par **arrêté du préfet de région.** Cette expérimentation s'applique aux acquisitions de logements et aux dépôts de demandes de permis de construire réalisées depuis le 1er avril 2020 et jusqu'au 31 décembre 2024 (Loi 2021-1900 du 30-12-2021 art. 92). L'expérimentation ne concerne pas la réduction d'impôt Denormandie, qui reste applicable en région Bretagne dans les conditions de droit commun (Loi 2019-1479 du 28-12-2019 art. 164 et arrêté du 19-3-2020).

ENGAGEMENT DES INVESTISSEURS

Le propriétaire du logement doit prendre l'engagement de le donner en **location nue** à titre d'habitation principale à une personne autre qu'un membre de son foyer fiscal. La location à un **ascendant** ou à un **descendant** est autorisée pour les investissements réalisés depuis le 1er janvier 2015. **30965**

Pour les investissements réalisés jusqu'au 31 août 2014 (régime Duflot), l'engagement de location doit être pris pour une **durée** fixe de neuf ans.

Pour les investissements réalisés depuis le 1er septembre 2014 (régimes Pinel et Denormandie), la durée minimale de l'engagement de location est fixée sur option irrévocable de l'investisseur à six ou neuf ans. À l'issue de cette période, l'engagement peut être prorogé de trois ans, renouvelables une fois en cas d'engagement initial de six ans. Sa durée maximale passe ainsi à douze ans.

Lorsque le logement est la propriété d'une **société** non soumise à l'impôt sur les sociétés (notamment SCI), l'engagement est pris par cette dernière. Pour les investissements réalisés jusqu'au 31 décembre 2014, la location ne peut être conclue avec un associé ou un membre de son foyer fiscal ou encore un de ses ascendants ou descendants. Pour les investissements réalisés depuis le 1er janvier 2015, la location ne peut pas non plus être conclue avec un associé ou un membre de son foyer fiscal, mais elle peut l'être avec un ascendant ou un descendant.

L'**associé** qui entend bénéficier de la réduction d'impôt doit, en outre, s'engager à conserver la totalité de ses titres jusqu'à l'expiration de la période couverte par l'engagement de location.

La **location** doit **prendre effet** dans les douze mois de l'acquisition ou de l'achèvement de la construction ou des travaux. Elle doit être effective et continue.

> **Précisions a.** Le logement peut être **loué à un organisme** public ou privé qui le donne en sous-location nue à usage d'habitation principale du sous-locataire à la condition que cet organisme ne fournisse aucune prestation hôtelière ou parahôtelière et que le sous-locataire ne soit pas un membre du foyer fiscal et, pour les investissements réalisés jusqu'au 31 décembre 2014, un ascendant ou un descendant du propriétaire ou de l'associé.
>
> **b.** La **durée de location** est calculée de date à date à compter de celle de la prise d'effet du bail initial (BOI-IR-RICI-360-20-20 n° 10 et BOI-IR-RICI-365-20 n° 30).
>
> **c.** Pour les investissements réalisés depuis le 1er septembre 2014, la **prorogation de l'engagement de location** doit être demandée l'année au cours de laquelle intervient le terme de la location, par la personne ayant souscrit l'engagement initial. La location doit se poursuivre

dans les mêmes conditions. Ainsi, pour les investissements réalisés jusqu'au 31 décembre 2014, la restriction de location aux ascendants ou descendants est maintenue durant la prorogation (BOI-IR-RICI-360-60 nos 80 s. et BOI-IR-RICI-365-30 n° 270).

Une **SCI** peut proroger son engagement de location quand bien même certains de ses associés auraient cédé leurs parts au cours de la période initiale d'engagement de location. Autrement dit, il n'est pas exigé une identité entre les associés ayant bénéficié de la réduction d'impôt au titre de la période initiale de location et ceux présents à la date de la prorogation. Toutefois, seuls les associés ayant bénéficié de la réduction d'impôt au titre de l'engagement initial de location souscrit par la société peuvent bénéficier du complément de réduction d'impôt afférent aux périodes prorogées (BOI-IR-RICI-360-60 n° 260 et BOI-IR-RICI-365-30 n° 270).

d. En cas de **congé du locataire,** un délai de vacance d'un an est admis par l'administration, pour conclure un nouveau bail, sous réserve que le propriétaire fasse le nécessaire pour trouver un nouveau locataire (BOI-IR-RICI-360-20-20 n° 20 et BOI-IR-RICI-365-20 n° 40). La réalisation de travaux de remise en état du logement n'est pas exigée sauf s'ils sont indispensables à la remise en location du bien (CE 25-1-2017 n° 387034 : RJF 4/17 n° 333, solution rendue pour l'application de l'amortissement Périssol mais transposable au Duflot-Pinel-Denormandie).

30967 **Plafonds de loyer** Pour bénéficier de la réduction d'impôt, le bailleur doit s'engager à ce que le montant des loyers ne soit pas supérieur à un plafond relevé chaque année. Ce plafond doit être respecté pendant toute la période de l'engagement de location. Il varie en fonction de la zone dans laquelle le logement est donné en location.

Les plafonds de loyer mensuel par mètre carré, charges non comprises, sont ainsi fixés pour 2023 aux montants suivants (CGI ann. III art. 2 terdecies D) :

Baux conclus en 2023[1]	
Localisation du logement[2]	Prix mensuels au mètre carré (en €)
Zone A bis	18,25
Zone A	13,56
Zone B1	10,93
Zone B2 ou C	9,50

1. BOI-BAREME-000017.
2. Sur la définition des zones, voir n° 30960.

À ces plafonds de loyer, il est ensuite appliqué un **coefficient multiplicateur** calculé selon la formule suivante : $0,7 + 19/S$, dans laquelle S est la surface du logement. Le coefficient ainsi obtenu est arrondi à la deuxième décimale la plus proche et ne peut excéder 1,2.

> Précisions **a.** La **surface à prendre en compte** correspond à la surface habitable, augmentée, dans la limite de 8 m² par logement de la moitié de la surface des annexes (BOI-IR-RICI-360-20-30 n° 30 et BOI-IR-RICI-365-20 n° 50 par renvoi au BOI-IR-RICI-230-20-20 nos 320 à 380).

La **surface habitable** est la surface de plancher construite, après déduction des surfaces occupées par les murs, cloisons, marches et cages d'escalier, gaines, ébrasements de portes et de fenêtres.

Les surfaces des **annexes** sont les surfaces réservées à l'usage exclusif de l'occupant du logement et dont la hauteur sous plafond est au moins égale à 1,80 m. Elles comprennent les caves, les sous-sols, les remises, les ateliers, les séchoirs et celliers extérieurs au logement, les resserres, les combles et greniers aménageables, les balcons, les loggias et les vérandas et, dans la limite de 9 m², les terrasses accessibles en étages ou aménagées sur ouvrage enterré ou à moitié enterré.

La surface des emplacements de stationnement et des **garages** n'est pas prise en compte pour le calcul de la superficie servant à l'appréciation du plafond de loyer.

Pour les maisons individuelles, l'administration fixe forfaitairement à 12 m² la partie des annexes à usage de stationnement.

Le loyer à retenir pour apprécier le plafond par mètre carré s'entend en principe de la totalité du loyer, sans que l'on puisse en distraire une partie correspondant au garage ou à l'emplacement (à moins que celui-ci ne fasse l'objet d'un bail distinct).

b. Les **plafonds** de loyers peuvent être **réduits** par le représentant de l'État dans la région après avis du comité régional de l'habitat, afin d'être adaptés aux particularités des marchés locatifs locaux (Décret 2013-517 du 19-6-2013 : JO 21 p. 10323).

30970 **Ressources du locataire** Les ressources du locataire ne doivent pas excéder un plafond relevé chaque année, qui varie en fonction de la zone dans laquelle le logement est donné en location.

Pour les **baux conclus en 2023,** les **plafonds** annuels de ressources des locataires sont les suivants (CGI ann. III art. 2 terdecies D) :

Composition du foyer locataire	Zone A bis	Zone A	Zone B1	Zone B2 ou C
Personne seule	41 855 €	41 855 €	34 115 €	30 704 €
Couple	62 555 €	62 555 €	45 558 €	41 001 €
Personne seule ou couple ayant une personne à charge	82 002 €	75 194 €	54 785 €	49 307 €
Personne seule ou couple ayant deux personnes à charge	97 904 €	90 070 €	66 139 €	59 526 €
Personne seule ou couple ayant trois personnes à charge	116 487 €	106 627 €	77 805 €	70 025 €
Personne seule ou couple ayant quatre personnes à charge	131 078 €	119 987 €	87 685 €	78 917 €
Majoration par personne à charge à partir de la cinquième	+ 14 603 €	+ 13 369 €	+ 9 782 €	+ 8 801 €

Sur le **zonage,** voir n° 30960.
Les ressources du locataire s'entendent du **revenu fiscal** de référence figurant sur l'avis d'imposition établi au titre des revenus de l'avant-dernière année précédant celle de la signature du contrat de location. Ainsi, pour les locations conclues en 2023, le revenu fiscal de référence à retenir est celui figurant sur l'avis d'imposition établi en 2022 au titre des revenus de 2021. Toutefois, il est possible de retenir le revenu de l'année 2022 s'il est inférieur, à condition que l'avis d'imposition soit produit lors de la signature du bail.
Lorsque le locataire est à la charge de ses parents ou rattaché à leur foyer fiscal, seules ses ressources personnelles doivent être retenues. On retient toutefois l'année précédant celle du contrat si c'est la première année d'imposition séparée du locataire.
La **composition du foyer** locataire s'apprécie à la date de signature du bail.

Ces plafonds, revalorisés tous les ans, doivent être respectés uniquement l'année de la **conclusion du bail** (bail initial ou en cas de changement de locataire). Un dépassement ultérieur n'a pas d'incidence (BOI-IR-RICI-360-20-30 n° 250 par renvoi au BOI-IR-RICI-230-40-10 n° 320).

MONTANT DE LA RÉDUCTION D'IMPÔT

Base de calcul La réduction d'impôt est calculée sur le **prix de revient** du logement, retenu dans la limite de 5 500 € **par mètre carré** de surface habitable, sans pouvoir dépasser un **plafond** fixé à 300 000 € (CGI ann. III art. 46 AZA octies B). 30975
En outre, le montant total des dépenses retenu au titre, d'une part, de l'achat ou de la construction d'un logement (directement ou par l'intermédiaire d'une société) et, d'autre part, de la souscription de parts d'une ou plusieurs SCPI ne peut excéder globalement 300 000 € par contribuable et pour une même année d'imposition.

> Précisions a. Le prix de revient du logement est constitué par le prix d'acquisition majoré des frais accessoires. Pour les immeubles construits, remis à neuf, transformés ou réhabilités, il faut prendre en compte le prix et les frais d'acquisition du terrain ou local, selon le cas, auxquels s'ajoute le montant des travaux. Pour les immeubles construits sur un terrain acquis à titre gratuit (succession ou donation), la base de calcul de la réduction d'impôt comprend la valeur du bien lors de la transmission (BOI-IR-RICI-360-30-10 n° 170 par renvoi au BOI-IR-RICI-230-30-10 n° 270).

b. Le montant des **frais et commissions** directs et indirects imputés, au titre d'une même acquisition de logement, par les intermédiaires de l'immobilier est soumis, pour les contrats signés depuis le 1er avril 2020, à un plafonnement égal à 10 % du prix de revient (Décret 2019-1426 du 20-12-2019). Le non-respect de cette règle est sanctionné par une amende dont le montant ne peut excéder dix fois les frais indûment perçus.

c. Les dépenses de **travaux** retenues pour le calcul de la réduction d'impôt ne peuvent faire l'objet d'une déduction pour la détermination des **revenus fonciers.**

d. En ce qui concerne la **surface habitable** à prendre en compte, voir n° 30967, précision a.

e. En cas d'acquisition par une **SCI** ou par une **indivision,** chaque associé ou indivisaire bénéficie de la réduction d'impôt dans la limite de la quote-part du prix de revient du logement correspondant à ses droits dans la société ou l'indivision. Dans ce cas, le plafonnement s'effectue au niveau du logement (et non au niveau de chaque associé ou indivisaire).

30976 **Taux** Le taux de la réduction d'impôt est de 18 % pour les investissements Duflot.

Pour les investissements Pinel et Denormandie, les taux applicables, qui varient selon la durée initiale de l'engagement et la date de l'investissement, sont les suivants :

	Investissements réalisés jusqu'au 31/12/2022			Investissements réalisés en 2023			Investissements réalisés en 2024		
	Période initiale	1re prorogation triennale	2de prorogation triennale	Période initiale	1re prorogation triennale	2de prorogation triennale	Période initiale	1re prorogation triennale	2de prorogation triennale
Engagement initial de 6 ans	12 %	6 %	3 %	10,5 %	4,5 %	2,5 %	9 %	3 %	2 %
Engagement initial de 9 ans	18 %	3 %	N/A	15 %	2,5 %	N/A	12 %	2 %	N/A

ATTENTION

Les taux applicables en 2022 restent applicables aux investissements réalisés en 2023 et 2024 lorsqu'ils portent sur des logements situés dans un quartier prioritaire de la politique de la ville ou qui respectent un niveau de qualité, en particulier en matière de performance énergétique et environnementale, supérieur à la réglementation, dont les critères sont définis par le décret 2022-384 du 17 mars 2022 (**dispositif Pinel +**).

30980 **Imputation et étalement** La réduction d'impôt est **répartie,** par parts égales, sur neuf années pour les investissements réalisés jusqu'au 31 août 2014 et sur six ou neuf ans en fonction de la durée initiale de l'engagement de location pour les investissements réalisés depuis le 1er septembre 2014.

Elle est accordée au titre de l'année d'achèvement du logement (ou des travaux) ou de son acquisition si elle est postérieure. Elle est **imputée** sur l'impôt sur le revenu dû au titre de cette même année puis sur l'impôt dû au titre de chacune des huit années suivantes pour les investissements réalisés jusqu'au 31 août 2014 et des cinq ou huit années suivantes, en fonction de la durée initiale de l'engagement pour les investissements réalisés depuis le 1er septembre 2014. En cas de **prorogation** de l'engagement, la réduction est imputée, par période triennale, à raison d'un tiers de son montant sur l'impôt dû au titre de l'année au cours de laquelle l'engagement est prorogé et des deux années suivantes.

Le **solde** de la réduction d'impôt qui, au titre d'une année d'imposition, excède l'impôt dû par le contribuable ne peut pas être imputé sur l'impôt sur le revenu dû au titre des années suivantes.

Dans le cadre du **prélèvement à la source** de l'impôt sur le revenu, un **acompte** de 60 % du montant de la réduction d'impôt de l'année précédente est versé au contribuable le 15 janvier de chaque année, le solde éventuel étant versé à partir de juillet.

OBLIGATIONS DÉCLARATIVES

30985 Les **personnes physiques** sont tenues de joindre à leur déclaration des revenus de l'année d'achèvement du logement ou des travaux, ou de son acquisition si elle est postérieure, ou en cas de prorogation d'un engagement de location les documents suivants (BOI-IR-RICI-360-50 nos 10 s., BOI-IR-RICI-360-60 nos 310 s. et BOI-IR-RICI-365-30 nos 250 s.) :

– une note annexe établie conformément au modèle administratif d'engagement de location mentionnant notamment l'adresse du logement concerné, sa date d'acquisition ou d'achèvement, sa surface, le montant du loyer mensuel, l'engagement de location et les modalités de calcul de la réduction d'impôt ;

– une copie du bail (document à joindre de nouveau en cas de changement de locataire au cours de la période d'engagement de location) ;

– une copie de l'avis d'imposition ou de non-imposition des locataires au titre de l'avant-dernière année précédant celle de la signature du bail (document à joindre de nouveau en cas de changement de locataire au cours de la période d'engagement de location) ;

– pour le bénéfice du Denormandie, une note récapitulant les travaux réalisés ainsi que leur montant. Cette note doit distinguer les travaux de rénovation, d'amélioration ou de transformation en logement éligibles à la réduction d'impôt des éventuels travaux ne répondant pas à cette définition. En cas d'acquisition d'un local en vue de sa transformation en logement, le contribuable doit fournir la copie de la déclaration d'achèvement des travaux accompagnée d'une pièce attestant de sa réception en mairie ainsi qu'une note précisant la nature de l'affectation précédente du local.

Selon la nature de l'investissement, certains documents spécifiques doivent également être fournis (demande de permis de construire, déclaration d'ouverture de chantier, déclaration d'achèvement des travaux, etc.).

Lorsque le logement est la propriété d'une **société,** l'engagement de location est pris par cette dernière et elle doit joindre les documents mentionnés ci-dessus à sa déclaration de résultats de la première année d'application du régime (BOI-IR-RICI-360-50 nos 70 s. et BOI-IR-RICI-365-30 nos 240 s.) ou, si l'engagement de location est prorogé, à sa déclaration de résultats de l'année au cours de laquelle intervient cette prorogation (BOI-IR-RICI-360-60 n° 340 et BOI-IR-RICI-365-30 n° 270). Elle doit également fournir chaque année à ses associés, au plus tard le deuxième jour ouvré suivant le 1er mai, une **attestation** précisant notamment l'identité de l'associé, le nombre de parts qu'il détient, l'adresse de l'immeuble, l'attestation que la location remplit les conditions de loyers et de ressources des locataires requises et le montant de la réduction d'impôt correspondant aux droits de l'associé. Les parts détenues par les associés doivent être inscrites sur un compte ouvert au nom de chaque associé dans la comptabilité de la société ou sur un registre spécial.

L'**associé** doit joindre chaque année à sa déclaration de revenus l'attestation qui lui est fournie par la société. Il doit en outre, la première année, souscrire un engagement de conservation de ses titres jusqu'à l'expiration de la période couverte par l'engagement de location de la société. En cas de prorogation de cet engagement, l'associé doit prendre un nouvel engagement de conservation des parts et le joindre à sa déclaration des revenus de l'année de la prorogation (BOI-IR-RICI-360-60 n° 360 et BOI-IR-RICI-365-30 n° 270).

> Précisions a. Aucun **justificatif** n'est à joindre à la **déclaration de la société** effectuée par voie électronique. Toutefois, les documents dont la production est en principe obligatoire doivent être conservés et produits à l'administration fiscale sur demande de sa part.
Il en est de même pour les justificatifs normalement à joindre par les associés à leur déclaration de revenus s'ils souscrivent une déclaration électronique. Les associés qui souscrivent une **déclaration de revenus « papier »** sont dispensés d'y joindre les justificatifs établis par des tiers (factures, attestations, etc.). Ils doivent cependant les conserver afin d'être en mesure de les présenter à l'administration en cas de contrôle. La dispense ne s'applique pas aux documents établis par les contribuables eux-mêmes (engagement de conservation des parts, etc.).

b. Les contribuables ayant investi dans un **logement Pinel en Bretagne** doivent remplir les obligations déclaratives générales. Ils doivent en outre souscrire chaque année une déclaration complémentaire n° 2041-PB par logement comportant les éléments permettant d'identifier le logement donné en location, le niveau de ressources du locataire à la conclusion ou au renouvellement du bail ainsi que le montant des loyers perçus au cours de l'année (Décret 2021-289 du 15-3-2021). Lorsque le logement n'est pas loué au moment du dépôt de la déclaration n° 2041-PB, ils doivent adresser les mêmes informations en précisant les montants prévisionnels du loyer mensuel hors charges et des charges mensuelles et la date prévisionnelle de la première mise en location (BOI-IR-RICI-360-70 n° 220).

REPRISE DE LA RÉDUCTION D'IMPÔT

30990 Le non-respect de l'une des conditions d'application du régime entraîne la reprise de la réduction d'impôt.

Les **principaux cas** de reprise sont les suivants :

– non-respect de l'engagement de location du logement à usage d'habitation principale du locataire dans les conditions légales (dépassement des plafonds de loyer ou de ressources autorisés, location à un membre du foyer fiscal, interruption de la location, etc.) ;

– cession (vente, démembrement de propriété, etc.) du logement ou des parts au cours de la période d'engagement de la location.

Toutefois, aucune réintégration n'est effectuée en cas d'**invalidité,** de **licenciement** ou de **décès** de l'un des époux soumis à imposition commune.

En cas de **cession ou démembrement dû au décès** de l'un des époux ou partenaires liés par un Pacs, soumis à imposition commune, aucune remise en cause n'est effectuée lorsque le conjoint survivant, attributaire du bien ou titulaire de son usufruit, demande la reprise du dispositif à son profit, dans les mêmes conditions et selon les mêmes modalités, pour la période restant à courir.

La **modification du foyer fiscal** (mariage, divorce, conclusion ou rupture d'un Pacs, séparation, etc.) entraîne la reprise de la réduction d'impôt sauf si le nouvel attributaire du bien reprend l'engagement de location ou si, en cas de divorce, les ex-époux conservent en indivision le bien acquis au cours du mariage (BOI-IR-RICI-360-20-10 n° 60 et BOI-IR-RICI-365-20 n° 30 par renvoi au BOI-IR-RICI-230-20-10 n° 100).

ATTENTION

L'acheteur d'un immeuble en l'état futur d'achèvement bénéficie, conformément aux dispositions du CCH, de modalités spécifiques de paiement du prix au fur et à mesure de l'avancement des travaux. Mais sur le plan fiscal, le Conseil d'État a jugé que la réduction d'impôt Scellier dont il a bénéficié lors de l'acquisition sur la base du prix total de l'immeuble, qui suppose un investissement effectif, peut être remise en cause à défaut de preuve du **paiement intégral du prix** à la fin de l'exécution des travaux. Cette solution nous semble transposable au dispositif Pinel (CE 21-12-2021 n° 453665 : RJF 3/22 n° 236).

INVESTISSEMENTS DUFLOT-PINEL-DENORMANDIE OUTRE-MER

30995 La réduction Duflot-Pinel-Denormandie est applicable aux investissements réalisés dans les départements d'outre-mer (Guadeloupe, Guyane, Martinique, La Réunion, Mayotte) et dans les collectivités d'outre-mer suivantes : Saint-Barthélemy, Saint-Martin, Saint-Pierre-et-Miquelon, Nouvelle-Calédonie, Polynésie française et les îles Wallis-et-Futuna (CGI art. 199 novovicies, XII). Les particularités par rapport à la métropole portent sur les points suivants.

30996 **Performance énergétique des logements** Sauf à **Mayotte,** les logements doivent répondre à un niveau de performance énergétique globale fixé par décret (CGI ann. III art. 46 AZA octies 0-AA) applicable aux investissements pour lesquels une demande de permis de construire ou une déclaration préalable de travaux, selon le cas, a été déposée depuis le 8 juin 2013 s'agissant des investissements réalisés en **Guadeloupe, Guyane, Martinique** et à **La Réunion,** ou le 18 août 2013 pour les investissements réalisés à **Saint-Martin, Saint-Pierre-et-Miquelon, en Nouvelle-Calédonie, Polynésie française et dans les îles Wallis-et-Futuna** (BOI-IR-RICI-360-10-30 n°s 150 et 200 et BOI-IR-RICI-365-10 n° 380). Des critères particuliers sont prévus pour le bénéfice du dispositif **Pinel +** (n° 30999).

30997 **Plafonds de loyers et de ressources des locataires** Les **plafonds de loyers** mensuels sont fixés, pour les baux conclus en **2023,** à :

– 11,19 € pour l'ensemble des départements d'outre-mer, Saint-Martin et Saint-Pierre-et-Miquelon ;

– 13,56 € en Nouvelle-Calédonie, Polynésie française et dans les îles Wallis-et-Futuna.

Les **plafonds de ressources** du locataire pour les baux conclus en 2023 sont les suivants (BOI-BAREME-000017).

Composition du foyer locataire	DOM, Saint-Martin, Saint-Pierre-et-Miquelon	Polynésie française, Nouvelle-Calédonie, îles Wallis-et-Futuna
Personne seule	30 338 €	32 872 €
Couple	40 516 €	43 896 €
Personne seule ou couple ayant une personne à charge	48 722 €	52 788 €
Personne seule ou couple ayant deux personnes à charge	58 818 €	63 727 €
Personne seule ou couple ayant trois personnes à charge	69 192 €	74 966 €
Personne seule ou couple ayant quatre personnes à charge	77 978 €	84 485 €
Majoration par personne à charge à partir de la cinquième	+ 8 704 €	+ 9 429 €

Les conditions d'application du dispositif à **Saint-Barthélemy** n'ont pas été fixées.

Modalités de calcul de la réduction d'impôt Le **taux** de la réduction d'impôt est fixé à 29 % pour les investissements Duflot. 30999

Pour les investissements Pinel et Denormandie, les taux applicables, qui varient selon la durée initiale de l'engagement et la date de l'investissement, sont les suivants :

	Investissements réalisés jusqu'au 31/12/2022			Investissements réalisés en 2023			Investissements réalisés en 2024		
	Période initiale	1re prorogation triennale	2de prorogation triennale	Période initiale	1re prorogation triennale	2de prorogation triennale	Période initiale	1re prorogation triennale	2de prorogation triennale
Engagement initial de 6 ans	23 %	6 %	3 %	21,5 %	4,5 %	2,5 %	20 %	3 %	2 %
Engagement initial de 9 ans	29 %	3 %	N/A	26 %	2,5 %	N/A	23 %	2 %	N/A

ATTENTION

Les taux 2022 restent applicables aux investissements réalisés en 2023 et 2024 lorsqu'ils portent sur des logements situés dans un quartier prioritaire de la politique de la ville ou qui respectent un niveau de qualité, en particulier en matière de performance énergétique et environnementale, supérieur à la réglementation, dont les critères sont définis par le décret 2022-1691 du 28 décembre 2022 (dispositif **Pinel +**).

La réduction d'impôt est prise en compte pour le calcul du **plafonnement global des niches fiscales** avec l'application d'un plafond majoré pour les investissements outre-mer réalisés depuis le 1er septembre 2014.

> Précisions Lorsqu'au titre d'une **même année** le contribuable réalise un **investissement** afférent à un logement situé **en métropole** et un investissement afférent à un logement situé **en outre-mer,** la réduction d'impôt est déterminée en faisant prioritairement application du taux le plus élevé (BOI-IR-RICI-360-30-10 n° 240).

2. DISPOSITIF « LOC'AVANTAGES »

Les propriétaires de logements donnés en location dans le cadre d'une convention avec l'Agence nationale de l'habitat (**Anah**) peuvent, lorsque la **demande** de conventionnement a été enregistrée par l'Anah **entre le 1er mars 2022 et le 31 décembre 2024,** bénéficier d'une réduction d'impôt sur le revenu dont le taux varie selon que la convention est conclue dans le secteur intermédiaire ou dans le secteur social ou très social (CGI art. 199 tricies issu de loi 2021-1900 du 30-12-2021 art. 67, applicable à compter de l'imposition des revenus de 2022). Pour les demandes de conventionnement enregistrées par l'Anah jusqu'au 28 février 2022, les propriétaires relèvent du dispositif Cosse (déduction spécifique sur les revenus fonciers : voir notre Mémento fiscal n° 27850). 31210

BÉNÉFICIAIRES

La réduction d'impôt est réservée aux **personnes physiques,** fiscalement domiciliées en France. 31212
Le bénéficiaire peut détenir l'immeuble loué directement ou par l'intermédiaire d'une **société** non soumise à l'impôt sur les sociétés.

IMMEUBLES ET LOGEMENTS CONCERNÉS

Ouvrent droit à la réduction les **logements, neufs ou anciens,** loués **nus** et affectés à l'**habitation principale** du locataire. La location ne doit pas être **consentie à** un membre du foyer fiscal du contribuable, un ascendant ou descendant ou une personne occupant déjà le logement, sauf à l'occasion d'un renouvellement de bail ; lorsque l'immeuble est détenu par une société, la location ne peut pas être conclue au profit d'un associé ou d'un membre de son groupe familial. 31215

La réduction d'impôt est réservée aux logements donnés en location dans le cadre d'une **convention** conclue avec l'Anah soit dans le secteur intermédiaire (CCH art. L 321-4), soit dans le secteur social ou très social (CCH art. L 321-8).

La **durée** de la convention est de six ans. Le logement doit être loué pendant toute la durée de la convention. En outre, lorsque le logement est détenu par une société, les associés doivent conserver leurs parts pendant la même durée.

> Précisions a. Le dispositif est applicable aux logements donnés en mandat de gestion ou en location à un organisme d'**intermédiation locative** ou de **gestion locative sociale** public ou privé agréé et destinés à l'hébergement de personnes défavorisées. Le logement doit être occupé à titre de résidence principale et ne peut pas être loué au propriétaire du logement, aux membres de son foyer fiscal ou à ses descendants et ascendants. Cet organisme ne doit, par ailleurs, fournir aucune prestation hôtelière ou parahôtelière.

b. La réduction d'impôt est applicable aux immeubles détenus en **indivision.**

c. Les **immeubles historiques** et assimilés ne peuvent pas bénéficier du dispositif.

31218 **Performance énergétique des logements** Le contribuable doit être en mesure de justifier (CGI ann. IV art. 18-0 bis E, issu de l'arrêté LOGL2206704A du 29-3-2022) :

– pour les **logements disposant d'une évaluation énergétique** réalisée avant le 30 juin 2021 en cours de validité, d'une consommation conventionnelle en énergie primaire du logement inférieure à 331 kWh/m²/an, évaluée sur les usages de l'énergie pour le chauffage, la production d'eau chaude sanitaire et le refroidissement ;

– pour les **autres logements,** d'un niveau de performance minimal correspondant à la classe E au sens de l'article L 173-1-1 du CCH.

> Précisions **a.** Les justificatifs (évaluation énergétique ou DPE) sont à produire sur simple demande de l'administration.

b. Pour les baux conclus ou renouvelés à compter du 1er janvier 2028, le contribuable devra justifier d'un niveau de performance minimal correspondant à la classe D au sens de l'article L 173-1-1 du CCH.

c. Pour l'application du dispositif en **Guadeloupe,** à la **Martinique,** en **Guyane,** à **La Réunion** et à **Mayotte,** le contribuable doit justifier que le logement respecte les exigences d'amélioration de la performance énergétique prévues par l'article 01 quater de l'annexe IV au CGI.

CONDITIONS DE LOCATION

31220 Pendant toute la durée de la location, le **loyer** et les **ressources du locataire** ne doivent pas excéder des **plafonds** fixés par décret en fonction de la **localisation du logement** et de son **affectation** à la location intermédiaire (Loc 1), sociale (Loc 2) ou très sociale (Loc 3). Ces plafonds sont appréciés au jour de la conclusion du bail. L'Anah ne peut pas imposer des loyers inférieurs, même en cas de forte tension sur le marché locatif local.

Aux plafonds de loyer (fixés par commune ou par arrondissement pour Paris, Lyon et Marseille) publiés chaque année par arrêté conjoint des ministres chargés du logement et de l'économie (Arrêté TREL2236488A du 21-12-2022 pour les plafonds applicables en 2023), il est appliqué un coefficient multiplicateur calculé selon la formule suivante : 0,7 + 19/S, dans laquelle S est la surface du logement ; le coefficient ainsi obtenu est arrondi à la décimale la plus proche et ne peut excéder 1,2.

> Précisions **a.** Par dérogation aux règles d'encadrement des loyers applicables en zones tendues en cas de changement ou de renouvellement du bail, le propriétaire du logement peut, au **terme de la convention,** fixer librement le loyer (Loi 89-462 du 6-7-1989 art. 17, I modifié par l'article 67, III de la loi 2021-1900 du 30-12-2021).

b. Pour les logements situés à **Mayotte,** les **plafonds de loyers** sont directement fixés par l'article 2 terdecies H de l'annexe III au CGI et sont actualisés au 1er janvier de chaque année en fonction de l'indice de référence des loyers publiés par l'Insee pour le deuxième trimestre de l'année précédente. Pour **2023,** ils s'élèvent à 11,12 €/m² en Loc 1, 8,45 €/m² en Loc 2 et 6,59 €/m² en Loc 3.

c. Les ressources du locataire s'entendent du **revenu fiscal de référence** figurant sur l'avis d'impôt sur le revenu établi au titre de l'avant-dernière année précédant celle de la signature du contrat de location.

31222 **Plafonds de ressources pour la location intermédiaire (Loc 1)** Les plafonds annuels de ressources des locataires pour les baux conclus en **2023** dans le secteur de la location intermédiaire sont les suivants.

1. Pour les logements situés en **métropole**

Composition du foyer locataire	Zones			
	Zone A bis	Zone A	Zone B1	Zone B2 ou C
Personne seule	41 855 €	41 855 €	34 115 €	30 704 €
Couple	62 555 €	62 555 €	45 558 €	41 001 €
Personne seule ou couple ayant une personne à charge	82 002 €	75 194 €	54 785 €	49 307 €
Personne seule ou couple ayant deux personnes à charge	97 904 €	90 070 €	66 139 €	59 526 €
Personne seule ou couple ayant trois personnes à charge	116 487 €	106 627 €	77 805 €	70 025 €

Composition du foyer locataire	Zones			
	Zone A bis	Zone A	Zone B1	Zone B2 ou C
Personne seule ou couple ayant quatre personnes à charge	131 078 €	119 897 €	87 685 €	78 917 €
Majoration par personne à charge à partir de la cinquième	+ 14 603 €	+ 13 369 €	+ 9 782 €	+ 8 801 €

2. Pour les logements situés en **Guadeloupe,** en **Guyane,** en **Martinique,** à **La Réunion** et à **Mayotte**

Composition du foyer locataire	Plafond de ressources
Personne seule	30 338 €
Couple	40 516 €
Personne seule ou couple ayant une personne à charge	48 722 €
Personne seule ou couple ayant deux personnes à charge	58 818 €
Personne seule ou couple ayant trois personnes à charge	69 192 €
Personne seule ou couple ayant quatre personnes à charge	77 978 €
Majoration par personne à charge à partir de la cinquième	+ 8 704 €

Plafonds de ressources pour la location sociale et très sociale (Loc 2 et Loc 3) 31223

1. Lorsque le logement est affecté à la **location sociale** (Loc 2) : Les plafonds annuels de ressources des locataires pour les baux conclus en **2023** sont les suivants.

Composition du foyer locataire	Zones				
	A bis	A	B1 métropole	B1 outre-mer[1]	B2 ou C
Personne seule	30 641 €	30 641 €	24 975 €	24 505 €	22 477 €
Couple	45 798 €	45 798 €	33 354 €	32 726 €	30 018 €
Personne seule ou couple ayant une personne à charge	60 034 €	55 050 €	40 109 €	39 355 €	36 098 €
Personne seule ou couple ayant deux personnes à charge	71 677 €	65 942 €	48 422 €	47 511 €	43 579 €
Personne seule ou couple ayant trois personnes à charge	85 281 €	78 062 €	59 962 €	55 891 €	51 266 €
Personne seule ou couple ayant quatre personnes à charge	95 967 €	87 847 €	64 198 €	62 990 €	57 778 €
Majoration par personne à charge à partir de la cinquième	+ 10 694 €	+ 9 789 €	+ 7 162 €	+ 7 028 €	+ 6 445 €

1. La zone B1 outre-mer comprend les communes de Guadeloupe, La Réunion, Martinique, Guyane et Mayotte.

2. Lorsque le logement est affecté à la **location très sociale** (Loc 3) : Les plafonds annuels de ressources des locataires pour les baux conclus en **2023** sont les suivants.

Composition du foyer locataire	Zones				
	A bis	A	B1 métropole	B1 outre-mer[1]	B2 ou C
Personne seule	16 852 €	16 852 €	13 736 €	13 478 €	12 362 €
Couple	27 480 €	27 480 €	20 013 €	19 637 €	18 011 €
Personne seule ou couple ayant une personne à charge	36 021 €	33 031 €	24 066 €	23 613 €	21 659 €
Personne seule ou couple ayant deux personnes à charge	39 638 €	36 466 €	26 777 €	26 274 €	24 100 €

Composition du foyer locataire	Zones				
	A bis	A	B1 métropole	B1 outre-mer[1]	B2 ou C
Personne seule ou couple ayant trois personnes à charge	46 906 €	42 936 €	31 331 €	30 742 €	28 198 €
Personne seule ou couple ayant quatre personnes à charge	52 782 €	48 316 €	35 309 €	34 645 €	31 778 €
Majoration par personne à charge à partir de la cinquième	+ 5 880 €	+ 5 383 €	+ 3 938 €	+ 3 865 €	+ 3 544 €

1. La zone B1 outre-mer comprend les communes de Guadeloupe, La Réunion, Martinique, Guyane et Mayotte.

MONTANT DE LA RÉDUCTION D'IMPÔT

31225 La réduction d'impôt est **calculée sur** le montant des revenus bruts tirés de la location du logement conventionné. Lorsque le logement est détenu par une **société** ou une indivision, chaque associé ou indivisaire bénéficie de la réduction d'impôt dans la limite de sa quote-part dans les revenus bruts correspondant à ses droits dans la société ou dans l'indivision.

Elle est calculée aux **taux** suivants, uniformisés pour tout le territoire :

Conventionnement	Location directe	Intermédiation locative
Secteur intermédiaire	15 %	20 %
Secteur social	35 %	40 %
Secteur très social	–	65 %

La réduction d'impôt s'applique **à compter** de la date de prise d'effet de la convention, qui correspond à la date de prise d'effet du premier bail conclu pour son application, au plus tôt dans les deux mois précédant la date d'enregistrement de la demande de conventionnement. La réduction s'applique **pendant toute la durée** de la convention et peut être maintenue à son échéance jusqu'à la date fixée pour le renouvellement ou la reconduction du bail, à condition que le même locataire reste en place et que toutes les conditions d'application de la réduction soient remplies.

La réduction d'impôt s'impute sur l'impôt dû au titre des revenus de chacune des années d'application du dispositif. En cas de transfert du domicile fiscal du contribuable hors de France pendant cette période, elle s'impute sur l'impôt avant imputation des prélèvements ou retenues non libératoires.

> **Précisions** **a.** Le bénéfice de la réduction d'impôt ne peut **pas** se **cumuler** pour un même logement avec un autre régime fiscal en faveur de l'investissement locatif. Aucune exclusion n'est toutefois prévue avec la réduction d'impôt applicable aux opérations de restauration immobilière Malraux. Il est par ailleurs incompatible avec l'application du micro-foncier.
> **b.** La réduction d'impôt est prise en compte pour la détermination du **plafonnement global des avantages fiscaux.**

OBLIGATIONS DÉCLARATIVES

31228 La déclaration des revenus (personnes physiques) et de résultats (société) de la première année d'application du régime doit être accompagnée de l'engagement de location et de l'engagement de conservation des parts. Elle doit également être appuyée de différents justificatifs : copie de la convention Anah signée, du bail et de l'avis d'imposition ou de non-imposition du locataire.

La SCI doit en outre délivrer chaque année à ses associés, au plus tard le deuxième jour ouvré suivant le 1er mai, une attestation (détaillant notamment le calcul de la réduction correspondant aux droits des associés) que l'associé doit joindre à sa déclaration de revenus. Un exemplaire de cette attestation doit également être joint par la société à sa déclaration de résultats.

> **Précisions** **a.** En cas de **changement de locataire** au cours de la période d'engagement de location, le contribuable doit joindre à l'appui de sa déclaration de revenus de l'année de signature du nouveau bail une copie de ce dernier et une copie de l'avis d'imposition ou de non-imposition du locataire. En cas de **renouvellement du bail,** seule la copie du bail renouvelé doit être produite.
> **b.** Sur les **assouplissements** apportés à l'obligation de joindre les **justificatifs** à la déclaration de revenus, voir n° 30985, précision a.

REMISE EN CAUSE DE LA RÉDUCTION D'IMPÔT

Le **non-respect de l'engagement de location** ou d'une des **conditions de mise en location** ou la **cession** du logement ou des parts sociales pendant la période d'engagement de location entraîne la remise en cause de l'avantage fiscal. La reprise est effectuée au titre de l'**année** de l'évènement entraînant la déchéance du régime. 31230

Aucune réintégration n'est effectuée en cas d'invalidité, de décès ou de licenciement du contribuable ou de son conjoint soumis à imposition commune. Le transfert du domicile fiscal du propriétaire hors de France pendant la période de location n'est pas non plus un motif de remise en cause de la réduction d'impôt.

3. IMMEUBLES HISTORIQUES

Certaines SCI propriétaires d'immeubles historiques ou assimilés peuvent déduire les charges foncières qu'elles supportent dans des conditions plus favorables que pour les autres immeubles (CGI art. 156, I-3°-al. 1, 156, II-1° ter et 156 bis). 31240

Les **avantages** fiscaux retirés de ce régime ne sont **pas plafonnés.** Ils ne sont soumis ni à un plafonnement spécifique ni au plafonnement global des niches fiscales.

IMMEUBLES CONCERNÉS

Le régime fiscal particulier s'applique aux : 31245

– immeubles **classés ou inscrits au titre des monuments historiques** ;

– immeubles faisant partie du patrimoine national en raison du **label délivré par la Fondation du patrimoine** en application de l'article L 143-2 du Code du patrimoine.

Les immeubles non bâtis peuvent faire l'objet d'un tel label de la Fondation du patrimoine.

> Précisions Les propriétaires de **monuments funéraires** classés ou inscrits au titre des monuments historiques ou faisant partie du patrimoine national à raison du label délivré par la « Fondation du patrimoine » peuvent bénéficier du régime spécial des monuments historiques sous certaines conditions (BOI-RFPI-SPEC-30-10 n° 5).

CONDITIONS D'APPLICATION

Immeubles acquis depuis le 1er janvier 2009 Pour les immeubles acquis depuis le 1er janvier 2009 par une SCI, le régime des monuments historiques est applicable si les conditions suivantes sont réunies : 31247

– la **société** n'a pour associés que les **membres d'une même famille** ou elle affecte un monument (obligatoirement classé monument historique) à un espace culturel non commercial et ouvert au public (**musée**) pendant au moins quinze ans ou l'immeuble (classé ou inscrit) est **affecté,** dans les deux ans qui suivent son acquisition, **à l'habitation** pour au moins 75 % de ses surfaces habitables ;

– la société prend l'**engagement de conserver** l'immeuble pendant quinze ans et les associés s'engagent à conserver leurs parts pendant la même durée ;

– l'immeuble ne doit pas faire l'objet d'une division sauf si l'immeuble mis en copropriété (classé ou inscrit) est affecté, dans les deux ans qui suivent la date de la division, à l'habitation pour au moins 75 % de ses surfaces habitables.

Pour les immeubles ayant reçu le **label de la Fondation du patrimoine,** le régime est, en outre, subordonné aux conditions suivantes : le bien doit être visible depuis la voie publique (à défaut, son propriétaire doit s'engager à le rendre accessible au public) et les travaux éligibles doivent avoir été subventionnés à hauteur d'au moins 2 % de leur coût par la Fondation (C. patrim. art. L 143-2).

> Précisions **a.** Par « membres d'une même famille », il faut entendre les personnes parentes en ligne directe (enfants, petits-enfants, parents, grands-parents, etc.) ou entre frères et sœurs, leurs conjoints et les enfants de ces différentes personnes, sans limitation du degré de parenté, sous réserve que celui-ci soit réel et puisse être justifié. En particulier, les immeubles détenus par des SCI de famille dont les associés appartiennent à plusieurs générations ouvrent droit au régime (BOI-RFPI-SPEC-30-30 n° 290).

b. La **constitution,** au cours de la période de conservation, **d'une société civile entre les membres d'une même famille,** déjà propriétaires de l'immeuble, ne rouvre pas une nouvelle période d'engagement (BOI-RFPI-SPEC-30-30 n° 430).

c. Les **surfaces habitables** s'entendent des surfaces susceptibles d'être utilisées ou transformées en locaux d'habitation. Il s'agit, en pratique, des surfaces bâties couvertes. Les **surfaces affectées à l'habitation** s'entendent de toutes les surfaces et annexes y afférentes à usage d'habitat individuel ou collectif. À cet égard, les lieux de vie commune dans un habitat collectif sont également considérés comme affectés à l'habitation, par exemple un réfectoire, une salle de réunion à usage des personnes hébergées, etc. (BOI-RFPI-SPEC-30-30 n° 395).

d. L'**engagement** de conservation résulte de la simple mention des charges sur la déclaration de revenus. Aucun document particulier n'est exigé (BOI-RFPI-SPEC-30-30 n° 80).

e. L'engagement de conservation de l'immeuble pendant une période minimale de 15 ans n'est pas respecté lorsqu'une partie de l'immeuble fait l'objet d'un **échange** moins de 15 ans après son acquisition, même s'il ne s'agit que de quelques mètres carrés (CAA Nantes 10-12-2021 n° 20NT02768).

f. La condition d'**absence de division** ne s'applique pas, conformément à la doctrine administrative, lorsque l'immeuble historique a fait l'objet d'une mise en copropriété avant le 1er janvier 2009 (et dont la copropriété n'a pas disparu à cette date), alors même que de nouvelles divisions seraient intervenues après cette date (CE 7-10-2020 n° 425749 : RJF 1/21 n° 6).

31248 **Immeubles acquis avant 2009** L'application du régime aux SCI propriétaires d'immeubles acquis avant le 1er janvier 2009 est subordonnée à un **engagement de conservation** de l'immeuble par la société et à un engagement de conservation des parts par les associés. La durée de ces engagements de conservation, fixée à quinze ans, est réduite de la durée de détention de l'immeuble ou des parts déjà écoulée depuis leur acquisition. Les monuments et les parts détenus depuis plus de quinze ans remplissent de fait cette condition. Par exemple, en 2023, cette condition est satisfaite pour les immeubles acquis avant le 1er janvier 2008.

Comme les immeubles acquis depuis le 1er janvier 2009, l'immeuble ne doit pas faire l'objet d'une division, sauf si l'immeuble mis en copropriété (classé ou inscrit) est affecté, dans les deux ans qui suivent la date de la division, à l'habitation pour au moins 75 % de ses surfaces habitables.

MODALITÉS DE DÉDUCTION DES CHARGES

31250 **1.** Cas où l'**immeuble procure des recettes imposables** et n'est **pas occupé** par un ou plusieurs associés de la SCI (immeuble loué en totalité ou non loué mais donnant lieu à la perception de recettes accessoires) : la totalité des charges foncières afférentes à l'immeuble peut être imputée sur les revenus fonciers.

En cas de constatation d'un **déficit** foncier, celui-ci est imputable, sans limitation de montant, sur le revenu global des associés de la société.

Lorsque le classement ou l'inscription au titre des monuments historiques est limité à des éléments isolés ou dissociables de l'ensemble immobilier (tels un escalier, des plafonds ou certaines salles), seuls les travaux qui sont exposés sur ces éléments peuvent participer, pour leur montant total, à la constitution d'un déficit imputable sur le revenu global sans limitation de montant. Mais si le **classement** bien que **partiel** vise la protection de l'ensemble architectural, les déficits relatifs aux parties non inscrites de l'immeuble peuvent être déduits (BOI-RFPI-SPEC-30-20-10 nos 80 s. ; CE 5-2-2009 n° 303425 : RJF 5/09 n° 425).

2. Cas où l'immeuble ne procure **aucune recette** imposable (immeuble ouvert gratuitement au public ou monument non ouvert à la visite) : les charges foncières afférentes à l'immeuble sont admises en déduction du revenu global des associés (dans les conditions et limites définies par les articles 41 E à 41 J de l'annexe III au CGI). Si l'immeuble n'est pas intégralement réservé à la jouissance de son propriétaire, les charges dont celui-ci justifie qu'elles sont affectées à la partie du bien utilisée à titre personnel sont déductibles. Lorsque les charges ne peuvent pas être affectées à une partie spécifique de l'immeuble, le contribuable doit répartir ces dépenses entre les différentes parties de l'immeuble selon une clef de répartition adaptée à l'objet de ces charges (CE 6-4-2018 n° 405509 : RJF 7/18 n° 721).

3. Cas où l'immeuble procure **des recettes imposables** et est **occupé** par un ou plusieurs associés (immeuble loué partiellement ou dont certaines pièces sont ouvertes à la visite payante) : les charges foncières se rapportant à la partie de l'immeuble dont la SCI réserve la disposition à ses associés sont imputables sur le revenu global (voir 2 ci-dessus) ; les autres charges sont prises en compte pour la détermination du revenu net foncier (en cas de **déficit** celui-ci est imputable, sans limitation de montant, sur le revenu global des associés).

> Précisions a. Les recettes accessoires s'entendent de celles provenant du **droit de visite** de l'immeuble historique. Elles sont soumises à l'imposition dans les conditions de droit commun (après déduction des charges et déduction forfaitaire). L'administration autorise cependant les propriétaires à pratiquer, sans avoir à fournir de justification, un **abattement** forfaitaire de 1 525 € sur le montant global des entrées si le château ne comprend ni parc ni jardin ouvert au public et de 2 290 € dans le cas contraire (BOI-RFPI-SPEC-30-20-10 n° 120).

Sont également imposables en tant que recettes accessoires celles perçues au titre de l'utilisation des **espaces publicitaires** constitués des bâches d'échafaudage installées lors de la réalisation de travaux de restauration. Les charges foncières que ces recettes contribuent à financer sont déductibles dans les conditions de droit commun, le déficit éventuel étant imputable sur le revenu global, sans limitation de montant (BOI-RFPI-SPEC-30-20-10 nos 190 à 220).

b. Les **primes d'assurance** afférentes aux immeubles historiques (ouverts ou non au public) sont déductibles pour leur montant intégral même si l'immeuble n'est pas productif de recettes. Il en va de même de celles afférentes aux objets mobiliers attachés à perpétuelle demeure à un immeuble historique à la condition, toutefois, qu'ils soient exposés au public (BOI-RFPI-SPEC-30-20-20 n° 50).

c. Les propriétaires de monuments historiques et assimilés ouverts au public et procurant des recettes imposables sont autorisés à déduire pour leur montant réel les **frais de promotion et de publicité** ainsi que les dépenses d'acquisition de matériel informatique utilisé pour la gestion de la billetterie ou le suivi des dépenses et des recettes.

d. Un **associé de SCI** qui a **supporté seul des travaux** de restauration dans l'intérêt de la société peut déduire de son revenu global la totalité du montant des travaux, quelle que soit la fraction correspondant à sa participation dans la société (CE 17-5-1989 n° 62770 : RJF 7/89 n° 798).

e. Le régime des immeubles historiques s'applique, sous certaines conditions, aux **preneurs d'un bail emphytéotique** d'au moins 18 ans portant sur un immeuble (bâti ou non bâti) classé ou inscrit au titre des monuments historiques. Les immeubles ayant obtenu le label de la Fondation du patrimoine n'y ouvrent pas droit. Fiscalement, le preneur est assimilé au propriétaire du monument historique pour l'imposition des recettes. L'imposition est effectuée selon le régime des revenus fonciers, sauf si le propriétaire est une personne physique ou morale relevant des bénéfices industriels et commerciaux. En cas de constatation d'un déficit, le preneur imposé dans la catégorie des revenus fonciers bénéficie, par substitution du propriétaire, de l'imputation sur le revenu global sans limitation de montant (CGI art. 31-0 bis).

REMISE EN CAUSE

En cas de **non-respect de l'engagement de conservation** de l'immeuble par la SCI, le revenu global ou le revenu foncier net de l'année et des deux années suivantes des associés est majoré du tiers du montant des charges indûment imputées. Cette majoration n'est pas applicable en cas d'invalidité, de licenciement ou de décès de l'un des époux soumis à imposition commune ou en cas de mutation à titre gratuit de l'immeuble ou des parts à condition que les donataires, héritiers ou légataires reprennent l'engagement de conservation pour sa durée restant à courir. **31255**

Les mêmes règles s'appliquent en cas de non-respect de conservation des parts par les associés. Si la cession des parts intervient au profit d'un membre de la famille, l'engagement de conservation n'est pas considéré comme rompu si ce membre reprend à son compte l'engagement initial pour la durée restant à courir.

ATTENTION

L'administration considère que le **contribuable** doit procéder **spontanément** à la réintégration des charges indûment imputées. S'il ne le fait pas, il s'expose à un redressement fiscal, les droits supplémentaires correspondant aux charges réintégrées étant alors assortis de l'intérêt de retard et de la majoration visée ci-dessus.

4. OPÉRATIONS DE RESTAURATION IMMOBILIÈRE (« LOI MALRAUX »)

Les particuliers qui investissent dans des opérations de restauration portant sur des immeubles bâtis anciens situés dans certaines zones protégées et qui s'engagent à les donner en location après rénovation bénéficient d'un régime fiscal de faveur connu en pratique sous l'appellation « loi Malraux » (CGI art. 199 tervicies). L'avantage fiscal consiste en une **réduction d'impôt** plafonnée. **31270**

BÉNÉFICIAIRES

La réduction d'impôt s'applique aux **personnes physiques** ainsi qu'aux **associés** de sociétés de personnes non soumises à l'impôt sur les sociétés (SCI notamment). Ces personnes doivent être fiscalement domiciliées en France et imposées, à raison des revenus de l'immeuble, dans la catégorie des **revenus fonciers.** **31272**

> Précisions **a.** Le régime n'est pas applicable aux titulaires de **droits démembrés** (usufruitier, nu-propriétaire) sauf si le démembrement résulte du décès de l'un des conjoints.
b. Lorsque l'immeuble est détenu en **indivision,** chaque indivisaire est susceptible de bénéficier de la réduction d'impôt à raison de sa quote-part.
c. Sur les investissements réalisés par l'intermédiaire d'une **SCPI**, voir nos 37450 s.

OPÉRATIONS CONCERNÉES

31273 L'opération doit être réalisée en vue de la **restauration complète** d'un immeuble situé soit dans un site patrimonial remarquable (SPR), soit dans un quartier ancien dégradé, soit dans un quartier présentant une concentration élevée d'habitat ancien dégradé et faisant l'objet d'une convention pluriannuelle dans le cadre du programme national de renouvellement urbain (NPNRU).

L'opération doit être déclarée d'utilité publique sauf dans le cas où un plan de sauvegarde et de mise en valeur (PSMV) ou un plan de valorisation de l'architecture et du patrimoine (PVAP) a été approuvé.

La restauration peut être effectuée sur un **immeuble affecté à l'habitation** ou sur un immeuble à **usage professionnel.** Elle peut aussi porter sur tout immeuble destiné, après réalisation des travaux, à l'habitation, y compris ceux qui ne l'étaient pas originellement (par exemple, des bureaux transformés en logements).

> Précisions a. Les sites patrimoniaux remarquables se sont substitués, pour les demandes de permis de construire ou déclarations préalables déposées depuis le 9 juillet 2016, aux **secteurs sauvegardés,** aux zones de protection du patrimoine architectural, urbain et paysager (**ZPPAUP**) et aux aires de mise en valeur de l'architecture et du patrimoine (**Avap**) (Loi 2016-925 du 7-7-2016 art. 112).

b. Pour les opérations de restauration d'immeubles situés dans un **quartier ancien dégradé** ou dans un **quartier présentant une concentration élevée d'habitat ancien dégradé,** le dispositif Malraux s'applique aux dépenses supportées jusqu'au 31 décembre 2023 (Loi 2022-1726 du 30-12-2022 art. 19). La **liste** des quartiers bénéficiaires du programme national de requalification des quartiers anciens dégradés est fixée par le décret 2009-1780 du 31 décembre 2009. Celle des quartiers prioritaires de la politique de la ville présentant une concentration élevée d'habitat ancien dégradé est fixée par l'arrêté TERV1706701A du 19 janvier 2018 (JO 31).

c. Lorsque l'acte classant le site patrimonial remarquable a été pris mais que le **PSMV ou le PVAP n'est pas encore approuvé,** les dépenses réalisées n'ouvrent droit à la réduction d'impôt que si l'opération immobilière a été déclarée d'utilité publique. Lorsque la réalisation de travaux déclarés d'utilité publique a débuté avant la date de publication du PSMV ou du PVAP et s'étend au-delà de cette même date et que les **prescriptions du PSMV ou du PVAP** sont **plus restrictives que celles de la déclaration d'utilité publique,** le bénéfice de l'avantage fiscal n'est pas remis en cause (BOI-IR-RICI-200-10 n° 145).

d. Les travaux qui ne permettent qu'une **restauration partielle** de l'immeuble sont exclus de la réduction d'impôt. Mais les travaux peuvent ne porter que sur les parties de l'immeuble qui nécessitent une intervention.

DÉPENSES OUVRANT DROIT À RÉDUCTION D'IMPÔT

31274 Il s'agit :

– des **charges de droit commun** suivantes : dépenses de réparation et d'entretien, primes d'assurances, dépenses d'amélioration, impôts locaux, frais de gestion, fraction des provisions pour dépenses de travaux de copropriété pour le montant effectivement employé par le syndic pour le paiement desdites dépenses ;

– des **frais d'adhésion** à une association foncière urbaine de restauration ;

– des **travaux imposés et/ou autorisés par l'autorité publique** y compris les travaux de transformation en logement de tout ou partie d'un immeuble d'habitation réalisés ou non dans le volume bâti existant (travaux ayant pour effet de rendre habitables des combles, des greniers ou des parties communes, extension de superficies habitables, etc.).

Les **dépenses à retenir** sont celles supportées **à compter de la date de délivrance du permis** de construire, ou de l'expiration du délai d'opposition à la déclaration préalable, jusqu'au 31 décembre de la troisième année qui suit. Les contribuables peuvent donc en principe bénéficier d'un avantage fiscal pendant au plus quatre ans. Cette durée peut toutefois être prolongée lorsque les travaux sont interrompus ou ralentis par l'effet de la force majeure ou en raison de découvertes archéologiques.

> Précisions a. La réduction d'impôt est calculée sur le montant des dépenses effectivement supportées par le contribuable. Les **aides** ou les **subventions** ne doivent pas être prises en compte.

b. Les **charges** qui n'entrent **pas dans l'assiette de la réduction** d'impôt, tels les intérêts d'emprunt, restent déductibles des revenus fonciers dans les conditions de droit commun.

c. Les dépenses de travaux réalisés dans le cadre d'un contrat de **vente d'immeuble à rénover** peuvent, le cas échéant, ouvrir droit à la réduction d'impôt Malraux pour l'acquéreur. Le montant des dépenses ouvrant droit à réduction est celui correspondant au prix des travaux devant être réalisés par le vendeur et effectivement payés par l'acquéreur selon l'échéancier prévu au contrat. Si ce dernier renonce au bénéfice du Malraux, il ne peut pas les déduire de ses revenus fonciers, ces travaux constituant un élément du prix d'acquisition de l'immeuble (BOI-IR-RICI-200-30 nos 110 et 170).

d. Les **dépenses prises en compte pour la réduction** d'impôt ne donnent pas lieu à déduction des revenus fonciers.

AFFECTATION DE L'IMMEUBLE À LA LOCATION

La **SCI** propriétaire doit prendre l'**engagement de louer** l'immeuble pendant neuf ans. Lorsque la restauration porte sur un immeuble d'habitation ou destiné à usage d'habitation après travaux, la société doit prendre l'engagement de le louer nu, à usage d'habitation principale du locataire. 31275

Les **associés** doivent en outre s'engager à **conserver leurs parts** jusqu'au terme de l'engagement de location pris par la société.

La **location doit prendre effet** dans les douze mois de l'achèvement des travaux. Elle doit être effective et continue pendant toute la durée de l'engagement.

> **Précisions** **a.** Le **locataire** doit être une personne autre qu'un des associés ou un membre du foyer fiscal, un ascendant ou un descendant d'un associé.
> **b.** En cas de **congé du locataire,** un délai de vacance d'un an au maximum est admis pour conclure un nouveau bail (BOI-IR-RICI-200-20 n° 140). La réalisation de travaux de remise en état du logement n'est pas exigée sauf s'ils sont indispensables à la remise en location du bien (CE 25-1-2017 n° 387034 : RJF 4/17 n° 333 ; solution rendue pour l'application de l'amortissement Périssol mais transposable).

MONTANT DE LA RÉDUCTION D'IMPÔT

Le **taux** de la réduction d'impôt est de : 31276

– 30 % des dépenses supportées pour les immeubles situés dans le périmètre d'un SPR couvert par un plan de sauvegarde et de mise en valeur (PSMV) approuvé, dans un quartier ancien dégradé ou dans un quartier présentant une concentration élevée d'habitat ancien dégradé ;

– 22 % dans les autres cas (immeubles situés dans le périmètre d'un SPR couvert par un plan de valorisation de l'architecture et du patrimoine (PVAP) approuvé, ou opération de restauration déclarée d'utilité publique).

Les dépenses sont retenues dans la **limite** de 400 000 € sur la période comprise entre la date de délivrance du permis de construire ou de l'expiration du délai d'opposition à la déclaration préalable et le 31 décembre de la troisième année qui suit. Le plafond des dépenses est un plafond pluriannuel sur une période de quatre ans – ce plafond s'applique aux opérations pour lesquelles une demande de permis de construire ou une déclaration préalable a été déposée depuis le 1er janvier 2017. Pour les opérations pour lesquelles une demande de permis de construire ou une déclaration préalable a été déposée avant le 1er janvier 2017, les dépenses ouvrant droit à la réduction d'impôt sont retenues dans une limite annuelle de 100 000 €.

La limite (qu'il s'agisse de celle de 400 000 € ou de celle de 100 000 €) est **globale** : elle s'apprécie en tenant compte au titre d'une même année des dépenses réalisées par le contribuable (directement ou par l'intermédiaire d'une société) et des souscriptions de parts de SCPI.

Les **associés** d'une SCI qui réalisent une opération Malraux bénéficient de la réduction d'impôt en fonction de la quote-part de dépenses de restauration qu'ils ont supportée.

La réduction d'impôt est accordée au titre de l'**année** du paiement des dépenses. Pour les opérations pour lesquelles une demande de permis de construire ou une déclaration préalable a été déposée depuis le 1er janvier 2017, la fraction de la réduction d'impôt imputable au titre d'une année d'imposition qui excède le montant de l'impôt dû au titre de cette année est **reportable** sur l'impôt dû au titre des trois années suivantes.

> **Précisions** **a.** La réduction d'impôt ne peut pas se **cumuler** pour un même logement avec les réductions d'impôt au titre des investissements locatifs dans le secteur du tourisme ou des investissements réalisés outre-mer, ni avec la réduction d'impôt Duflot-Pinel-Denormandie ou avec l'ancien dispositif Scellier.
> **b.** Ces taux sont applicables aux opérations pour lesquelles une demande de permis de construire ou une déclaration préalable a été déposée depuis le **9 juillet 2016.** Pour les opérations antérieures au 9 juillet 2016, les taux étaient fixés à 30 % pour les immeubles situés en secteur sauvegardé et 22 % pour les immeubles situés en ZPPAUP ou dans des Avap.
> **c.** La réduction d'impôt n'est pas prise en compte pour l'application du **plafonnement global des avantages fiscaux,** sauf si la demande de permis de construire ou la déclaration de travaux a été déposée avant le 1er janvier 2013.

REMISE EN CAUSE DE LA RÉDUCTION D'IMPÔT

La réduction d'impôt obtenue est reprise au titre de l'année au cours de laquelle intervient une **rupture de l'engagement** de location ou de conservation des parts de la société possédant le bien loué. Par exception, il n'est procédé à aucune reprise si la rupture survient à la suite de 31277 l'invalidité, du licenciement ou du décès du contribuable ou de l'un des membres du couple soumis à imposition commune.

La réduction d'impôt fait également l'objet d'une reprise en cas de **démembrement** du droit de propriété de l'immeuble concerné ou des parts, sauf lorsque le démembrement résulte du décès de l'un des membres d'un couple soumis à imposition commune et que le conjoint survivant reprend les engagements courants.

OBLIGATIONS DÉCLARATIVES

31278 La déclaration de revenus (personnes physiques) ou de résultats (sociétés) de la **première année d'application** du régime doit être accompagnée de l'engagement de location et, le cas échéant, de l'engagement de conservation des parts. Elle doit également être appuyée de certains justificatifs : copie du bail, déclaration d'utilité publique, autorisation d'urbanisme, déclaration d'achèvement des travaux, factures, etc. (CGI ann. III art. 46 AZC).

Les **sociétés** sont, quant à elles, tenues de délivrer **chaque année** à leurs associés, au plus tard le deuxième jour ouvré suivant le 1er mai, une attestation (fournissant notamment le détail de calcul de la réduction d'impôt correspondant aux droits des associés) dont un exemplaire est joint à leur déclaration de résultats et un autre à la déclaration de revenus des associés.

> Précisions Aucun **justificatif** n'est à joindre lors de la souscription de la **déclaration de résultats de la société** par voie électronique. Toutefois, les documents dont la production est en principe obligatoire doivent être conservés et produits à l'administration fiscale sur demande de sa part.
Il en est de même pour les justificatifs normalement à joindre par les **associés** à leur **déclaration de revenus** lorsqu'ils souscrivent leur déclaration par voie électronique. Les associés qui souscrivent une déclaration de revenus « papier » sont dispensés d'y joindre les justificatifs établis par des tiers (factures, attestations, etc.). Ils doivent cependant les conserver afin d'être en mesure de les présenter à l'administration en cas de contrôle. La dispense ne s'applique pas aux documents établis par les contribuables eux-mêmes (engagement de conservation des parts, etc.).

5. PROPRIÉTÉS RURALES

31350 Les propriétés rurales détenues par les SCI dont les revenus sont imposables dans la catégorie des revenus fonciers s'entendent des propriétés composées exclusivement ou principalement de terrains non bâtis (exploitations agricoles, lacs, étangs, etc.), à l'exclusion des terrains à bâtir. En pratique, il s'agit principalement des exploitations agricoles données en location par **bail à ferme** dès lors que les revenus des terres données en métayage ainsi que ceux provenant des exploitations forestières relèvent des bénéfices agricoles.

Les **règles d'imposition** des revenus des propriétés rurales relevant des revenus fonciers sont en principe déterminées dans les mêmes conditions que pour ceux des immeubles urbains. Il y a donc lieu de se reporter aux développements ci-dessus sous réserve des précisions données ci-après.

DÉTERMINATION DU REVENU FONCIER IMPOSABLE

31355 **Recettes** La définition des recettes est identique à celle donnée pour les propriétés urbaines (voir nos 30330 s.). Ainsi, les recettes comprennent les sommes encaissées par la SCI à quelque titre que ce soit (loyer ou fermage en principal y compris ceux afférents aux bâtiments ruraux, revenus exceptionnels) augmentées de la valeur des avantages en nature stipulés au bail. Toutefois, les sommes reçues par la société au titre d'**avances sur les fermages** pour les baux conclus à l'occasion de l'installation d'un jeune agriculteur bénéficiant de la dotation d'installation aux jeunes agriculteurs ou d'un prêt à moyen terme spécial peuvent bénéficier du système du quotient prévu pour les revenus exceptionnels (BOI-IR-LIQ-20-30-20 n° 150).

31360 **Revenus accessoires** Les revenus accessoires des propriétés rurales (produits de la location du **droit d'affichage** ou du **droit de chasse ou de pêche,** de la concession du droit d'**exploitation des carrières, redevances tréfoncières et autres** redevances analogues) doivent en principe être compris dans les revenus fonciers imposables, conformément à la règle générale.

31365 **Charges déductibles** En plus des charges communes à l'ensemble des propriétés, les propriétés rurales ouvrent droit à la déduction des charges suivantes (CGI art. 31, I-2°) :

– **dépenses d'amélioration** afférentes aux **propriétés bâties** autres que les locaux d'habitation (pour les locaux d'habitation, la déduction des dépenses d'amélioration est, comme on l'a vu, également possible) effectivement supportées, à condition qu'il s'agisse de dépenses d'amélioration **non rentables,** c'est-à-dire non susceptibles d'entraîner une augmentation du fermage ;

– dépenses d'amélioration afférentes aux **propriétés non bâties** effectivement supportées (travaux d'arrachage, de drainage, etc.) ;

– dépenses engagées pour la construction d'un **nouveau bâtiment d'exploitation** à condition que le nouveau bâtiment soit destiné à remplacer un bâtiment de même nature, vétuste ou inadapté aux techniques modernes de l'agriculture et que sa construction n'entraîne pas une augmentation effective du fermage ;

– dépenses d'amélioration et de construction, qui s'incorporent aux bâtiments d'exploitation rurale et qui sont destinées à satisfaire aux obligations de mise aux normes prévues en matière de **protection de l'environnement** ;

– dépenses de restauration et de gros entretien effectués sur certains **espaces naturels** (espaces « Natura 2000 », parcs nationaux, réserves naturelles, sites classés, espaces naturels remarquables du littoral et espaces concernés par un arrêté de biotope) en vue de leur maintien en un bon état écologique et paysager, à condition que les travaux aient reçu l'accord préalable de l'autorité administrative compétente.

> Précisions a. S'agissant des **impôts** afférents aux propriétés rurales, l'article L 415-3 du Code rural et de la pêche maritime prévoit que le preneur doit payer au bailleur une fraction du montant global des taxes foncières, cette fraction étant fixée à 1/5e lorsque les parties ne parviennent pas à un accord amiable. Cette fraction n'est pas déductible pour le bailleur sauf si elle ne lui est pas remboursée par le preneur.

b. L'**indemnité versée par le bailleur au preneur sortant** d'un bail rural est déductible des revenus fonciers du bailleur si elle indemnise le preneur d'améliorations qui auraient été déductibles si les dépenses avaient été exposées par le bailleur lui-même. Corrélativement, son remboursement au bailleur par le preneur entrant qui succède au preneur indemnisé doit être ajouté par le bailleur à ses revenus fonciers. Elle n'est pas déductible si elle couvre des dépenses d'améliorations non déductibles. Dans ce cas, son remboursement par le preneur entrant n'est pas imposable à l'impôt sur le revenu (BOI-RFPI-BASE-10-10 n° 270 ; BOI-RFPI-SPEC-10 n° 100).

PROPRIÉTÉS DONT LA SCI RÉSERVE LA JOUISSANCE À UN OU PLUSIEURS ASSOCIÉS

Le plus souvent, ces propriétés constituent des **exploitations agricoles** que la société civile exploite elle-même (en faire-valoir direct ou en métayage) et dont l'imposition est établie au titre des bénéfices agricoles. **31370**

S'il s'agit de propriétés affectées à l'habitation et que la société met gratuitement à la disposition d'un associé, ces propriétés sont exonérées et corrélativement les charges correspondantes ne sont pas déductibles.

Dès lors, seront exceptionnellement imposables, sur la base de la valeur locative des immeubles et de leurs revenus accessoires, diminués des charges foncières, les propriétés rurales :

– ne faisant pas l'objet d'une exploitation de la part du propriétaire : tel est notamment le cas des **propriétés non bâties** (lacs, étangs) que la société se réserve pour la pêche (voir n° 30390) ;

– ou **mises gratuitement à la disposition d'un tiers** sans que la société y soit tenue par un contrat de location ; tel est notamment le cas du prêt à usage ou commodat.

> Précisions a. Le **revenu brut** de ces propriétés est constitué par la valeur locative correspondant au montant des loyers qu'elles pourraient produire si elles étaient données en location. Ce **loyer « fictif »** est évalué par comparaison avec des propriétés similaires faisant l'objet d'une location normale ou, à défaut, par appréciation directe. En l'absence d'autres éléments d'appréciation conduisant à le fixer à un niveau différent, le loyer « fictif » doit, selon la jurisprudence du Conseil d'État (CE 3-11-1978 n° 3421 : RJF 12/78 n° 543), être évalué au montant des frais et charges courants de la propriété, y compris les frais de gestion et d'amortissement.

À cette valeur locative s'ajoutent, si le propriétaire en perçoit effectivement, les **revenus accessoires.**

b. Les **charges déductibles** sont déterminées comme pour les propriétés données en location.

c. Si la propriété comporte des **locaux d'habitation** (qui sont eux-mêmes exonérés), il est fait abstraction de leur valeur locative et des charges correspondantes (mais non des revenus accessoires s'ils en produisent).

6. BAIL À CONSTRUCTION

Le bail à construction est un contrat par lequel le preneur s'engage à titre principal à édifier des constructions sur le terrain du bailleur et à les conserver en bon état d'entretien pendant toute **31400** la durée du bail (CCH art. L 251-1 s.). Dans ce contrat, conclu pour une période comprise entre 18 et 99 ans, la société civile propriétaire du sol conserve la propriété de son terrain, mais en cède l'usage à un locataire qui est tenu d'y édifier des constructions. À l'expiration du bail, la SCI devient en principe propriétaire des constructions sauf lorsque le contrat est assorti d'une clause prévoyant le transfert de propriété du terrain au preneur. Le droit de reprise des constructions par la SCI en fin de bail est, en règle générale, gratuit.

31405 Les loyers et prestations de toute nature qui constituent le prix du bail à construction présentent le caractère de revenus fonciers. Pour les sociétés immobilières non passibles de l'impôt sur les sociétés (SCI notamment), ces revenus sont taxables à l'impôt sur le revenu dans la catégorie des revenus fonciers (CGI art. 33 bis).

PRIX DU BAIL CONSISTANT DANS LA REMISE D'IMMEUBLES OU DE TITRES

31410 Lorsque le prix du bail à construction consiste, en tout ou en partie, dans la remise d'immeubles ou fractions d'immeubles, ou de titres donnant vocation à la propriété ou à la jouissance de tels immeubles, la société civile bailleresse doit déclarer un revenu foncier à raison de cet avantage en nature, l'avantage étant **calculé** d'après le prix de revient des immeubles ou des titres remis.

L'**imposition** est établie en principe au titre de l'année au cours de laquelle les biens lui ont été attribués. Toutefois, la société peut demander l'échelonnement de l'imposition sur quinze ans, soit l'exercice d'attribution des biens et les quatorze exercices suivants (CGI art. 33 ter, I).

ATTENTION

En cas de **cession** des biens **avant** l'expiration des **quinze ans,** la partie du revenu non encore taxée est rattachée au revenu imposable de l'année de la cession. Pour l'établissement de l'impôt sur le revenu, les associés d'une SCI peuvent toutefois demander à bénéficier du système du quotient prévu à l'article 163-0 A du CGI pour l'imposition des revenus exceptionnels.

CONSTRUCTIONS REVENANT SANS INDEMNITÉ À LA SCI EN FIN DE BAIL

31415 Lorsque, selon la règle générale, la SCI (bailleur) devient propriétaire des constructions en fin de bail, il convient de faire la distinction suivante (CGI art. 33 ter, II) :

– lorsque la **durée du bail** est **au moins égale à trente ans,** la remise des constructions ne donne lieu à aucune imposition ;

– lorsque la **durée du bail est inférieure à trente ans,** l'imposition est due sur une valeur réduite en fonction de la durée du bail. Lorsque la durée du bail à construction est comprise **entre dix-huit et trente ans,** le revenu brut foncier correspondant à la valeur des constructions remises sans indemnité en fin de bail est égal au prix de revient de ces constructions, sous déduction d'une décote égale à 8 % par année de bail au-delà de la dix-huitième année (CGI ann. III art. 2 sexies) : par exemple, pour un bail d'une durée de vingt ans, le revenu imposable sera égal à 84 % du prix de revient des constructions.

Pour l'établissement de l'impôt, la SCI peut demander que le revenu ainsi déterminé soit réparti sur l'exercice au cours duquel les biens lui ont été attribués et les quatorze exercices suivants. En cas de cession des biens remis en paiement, la partie du revenu non encore taxée devient immédiatement imposable (avec l'application, le cas échéant, au niveau des associés du système du quotient prévu pour l'imposition des revenus exceptionnels).

> Précisions **a.** Pour bénéficier de l'**étalement** de l'imposition **sur quinze ans,** le bailleur doit le mentionner expressément lors de sa déclaration de revenus de l'année d'imposition de la remise de l'immeuble. Il peut également le demander par voie de réclamation, même s'il n'a pas effectivement réparti le prix de revient selon les règles de l'article 33 ter du CGI sauf si une des années postérieures à la remise de l'immeuble est déjà prescrite (CE 22-11-2022 n° 453168 : RJF 2/23 n° 119).

b. Dans le cas où des **constructions supplémentaires** sont réalisées conformément à un avenant au bail initial, sans prorogation de celui-ci, le transfert sans indemnité de l'ensemble des constructions est réalisé à la date d'expiration du bail initial. Mais seul le revenu correspondant au bâtiment initialement prévu peut bénéficier de l'étalement prévu à l'article 33 ter du CGI. Le bâtiment dont la construction a fait l'objet de l'avenant est considéré comme une simple construction sur le sol d'autrui (n°s 30520 s.), le revenu correspondant à son prix de revient étant imposé en totalité à l'expiration du bail (Rép. Sergheraert : AN 3-6-1991 n° 38247).

c. Pour les baux d'au moins trente ans, l'**exonération est limitée au prix de revient** des constructions remises au bailleur. Si celui-ci les a comptabilisées à leur valeur vénale, l'écart entre la valeur vénale et le prix de revient est imposable l'année de la remise des constructions (CE 5-11-2014 n° 366231 : RJF 2/15 n° 93).

d. Le Conseil d'État a jugé que la **prorogation du bail** reporte au nouveau terme convenu par les parties l'imposition des constructions édifiées par le preneur (CE 25-1-2006 n° 271523 : RJF 4/06 n° 388).

e. Pour le calcul de la plus-value en cas de

cession ultérieure des constructions par le bailleur, voir nº 34060.

f. En cas de **résiliation anticipée** du bail, l'étalement de l'imposition n'est applicable que si la résiliation intervient après l'expiration de la dix-huitième année de location. Dans le cas contraire, le revenu foncier doit être imposé au titre de l'année de résiliation du contrat, dans les conditions de droit commun (Rép. Delnatte : AN 4-6-2001 nº 51475, non reprise dans la base Bofip).

g. La **cession concomitante des biens et droits respectifs du bailleur à construction et de son preneur** à un tiers acquéreur produit les mêmes effets fiscaux qu'une résiliation anticipée du bail. Les constructions sont, du fait de la cession, réputées transférées gratuitement au bailleur, qui est imposable à ce titre aux revenus fonciers conformément aux dispositions des articles 33 bis et 33 ter du CGI (CE 29-12-2021 nº 438856 : RJF 3/22 nº 262).

CESSION DU TERRAIN AU PRENEUR (LOCATION-VENTE)

Lorsque le bail est assorti d'une clause prévoyant le transfert de la propriété du terrain au preneur moyennant le versement d'un **supplément de loyer,** les sommes ainsi versées sont considérées non pas comme des loyers imposables en tant que revenus fonciers, mais comme le prix de cession du terrain (CGI art. 151 quater). 31420

Ces sommes suivent, pour la généralité des SCI de location, le régime des plus-values privées.

> Précisions a. Le montant de la **plus-value nette** est déterminé au moment de la signature du bail d'après la valeur du terrain à cette date.

b. Pour l'établissement de la plus-value, la **durée de possession** prise en compte est la période comprise entre la date d'acquisition du terrain par le bailleur et la date de transfert de propriété en fin de bail.

7. CRÉDIT-BAIL

Les sociétés civiles immobilières font parfois appel à une société de crédit-bail pour assurer le financement d'un investissement immobilier. Le **mécanisme** utilisé est le suivant : une SCI qui veut effectuer un investissement immobilier à usage professionnel passe un contrat avec une société financière spécialisée aux termes duquel cette dernière achète ou construit les locaux choisis par la SCI. La SCI prend en location les locaux financés par l'organisme de crédit-bail, pour une certaine durée, moyennant un loyer. La SCI sous-loue ensuite les locaux à des personnes physiques ou morales. Les conséquences fiscales de cette opération sont les suivantes. 31500

LOYERS VERSÉS EN COURS DE CONTRAT

En principe, les **loyers payés** par la SCI au crédit-bailleur sont intégralement déductibles. Toutefois, la quote-part correspondant à l'amortissement financier du coût du terrain est exclue des charges déductibles lorsque le prix de levée de l'option est inférieur au coût d'acquisition du terrain (CGI art. 93, 1-6º et 39, 10-al. 1) : cette fraction non déductible résulte des renseignements communiqués par le crédit-bailleur concernant l'affectation des loyers et donne lieu à l'établissement d'un tableau récapitulatif par le crédit-preneur. 31505

Les **revenus** provenant **de la sous-location** de locaux pris à bail sont imposables comme bénéfices commerciaux s'il s'agit d'une sous-location en meublé, comme bénéfices non commerciaux dans le cas contraire. Dans ce dernier cas, le bénéfice non commercial imposable au nom des associés est constitué par l'excédent de recettes encaissées (sous-locations) sur les dépenses, notamment les loyers payés dans le cadre du contrat de crédit-bail.

La SCI souscrit chaque année une **déclaration** nº 2035.

En cas de **déficit,** la quote-part revenant aux associés n'est pas déductible du revenu global du contribuable. Le déficit peut seulement être imputé sur les bénéfices tirés d'activités semblables durant la même année ou les six années suivantes (CGI art. 156, I-2º).

> Précisions Pour les immeubles de **bureaux situés en Île-de-France** qui entrent dans le champ d'application de la taxe annuelle sur les bureaux et qui ne sont pas situés dans certaines zones du territoire (CGI art. 39, 10-al. 2), la quote-part des loyers déductible est limitée aux frais d'acquisition de l'immeuble et à l'amortissement que le crédit-preneur aurait pu pratiquer s'il avait été propriétaire du bien.

CESSION DU CONTRAT AVANT L'ÉCHÉANCE

En cas de cession du contrat de crédit-bail par la SCI, le profit est imposable selon le régime des plus-values professionnelles, le contrat de crédit-bail étant assimilé à un élément d'actif lorsque les loyers ont été déduits pour la détermination du bénéfice non commercial (CGI art. 93 quater, III : voir nºs 9800 s.). 31510

ACQUISITION DE L'IMMEUBLE À L'ÉCHÉANCE DU CONTRAT

31515 Lorsque, à l'issue du contrat, la SCI achète les locaux, elle doit procéder à certaines **réintégrations** aux résultats imposables de l'exercice en cours à la date de levée de l'option, destinées à la placer dans une situation analogue à celle dans laquelle elle se serait trouvée si elle avait été propriétaire du bien dès la conclusion du contrat.

Le montant à réintégrer correspond à la différence entre :

– la valeur de l'immeuble lors de la signature du contrat diminuée du prix de levée de l'option ;

– et le montant des amortissements que la SCI aurait pu pratiquer si elle avait été propriétaire du bien dès l'origine.

Le montant de la réintégration à effectuer est diminué de la quote-part des loyers non déduite pendant la période de location.

Le transfert de propriété de l'immeuble résultant de la levée d'option entraîne le **changement de régime fiscal** de la SCI, du fait de la transformation de l'activité de sous-location en une activité relevant des revenus fonciers. Une **plus-value** professionnelle imposable doit par suite être constatée à cette date (CE 4-3-2015 n° 360508 : RJF 5/15 n° 402), et ce, même en l'absence de sous-location effective depuis plus d'un an ou à défaut de location après la levée d'option (CE 9-6-2020 n° 423598 : RJF 11/20 n° 888). Le montant de cette plus-value, qui est intégralement à court terme selon l'administration (BOI-BNC-BASE-30-10 n° 380), correspond à la différence entre la valeur vénale de l'immeuble à la date d'exercice de l'option d'achat et son prix de revient. En cas de démembrement des parts de la SCI, la plus-value est imposable au nom du nu-propriétaire et non de l'usufruitier (CAA Nantes 17-5-2018 nos 16NT03881 et 16NT03894 : RJF 10/18 n° 957).

On notera que cette imposition n'est pas établie dans l'hypothèse où la société titulaire du contrat de crédit-bail a exercé l'option pour l'impôt sur les sociétés avant la date d'échéance du contrat : le principe d'imposition de la plus-value ne concerne en effet que les personnes physiques et les sociétés soumises au régime fiscal des sociétés de personnes.

Sur demande expresse des associés de la société, qui doit figurer dans l'acte authentique constatant le transfert de propriété, l'imposition de la plus-value peut être **reportée** jusqu'à la date à laquelle intervient la transmission de l'immeuble ou la transmission ou le rachat de tout ou partie des titres de la société propriétaire de l'immeuble, ou encore la dissolution de la société.

Si l'un des associés s'abstient de demander le report d'imposition, les autres associés peuvent le demander pour la part imposable à leur nom.

II. RÉSULTATS DÉTERMINÉS SELON LES RÈGLES DES BIC, DE L'IS OU DES BA

31900 La quote-part de résultats des SCI de location revenant à des associés relevant de l'impôt sur les sociétés ou placés de plein droit sous un régime de bénéfices réels (sociétés ou entreprises industrielles, commerciales, artisanales ou agricoles) est déterminée et imposée suivant les règles de l'IS, des BIC ou des BA réels. Toutefois, lorsque les parts de la SCI sont détenues par une entreprise individuelle exerçant une activité BIC ou BA relevant d'un régime réel et figurent à son actif, ce sont les règles des revenus fonciers qui s'appliquent (sur ce point, voir n° 30215 et les précisions mentionnées n° 21620).

Nous n'exposons pas ici en détail les différents régimes d'imposition dont peuvent relever les associés mais nous donnons les précisions intéressant spécialement les sociétés civiles de location.

ATTENTION

Les **sociétés membres passibles de l'IS** doivent inclure dans leur propre résultat la quote-part de bénéfices (ou de pertes) provenant de la société civile et déclarés par celle-ci en vue de la soumettre à l'impôt sur les sociétés (CGI art. 218).

De même, les **entreprises** membres **relevant de l'impôt sur le revenu** doivent tenir compte dans leur déclaration fiscale des résultats des produits de leur participation dans la société civile (voir nos 9582 s.).

PRODUITS ET CHARGES

31950 Les SCI de location doivent déterminer la fraction de bénéfice revenant aux associés désignés ci-dessus en fonction de toutes les sommes reçues et des créances acquises par elles au cours de la période dont les résultats sont pris en compte (CGI art. 38, 39 et 72).

Toutefois, les produits correspondant à des créances sur la clientèle ou à des versements reçus à l'avance en paiement du prix doivent, en ce qui concerne les prestations continues rémunérées par des loyers, être pris en compte au fur et à mesure de l'exécution de la prestation. Les sociétés doivent donc déclarer en recettes au crédit du compte de résultats les **loyers courus** pendant la période considérée (CGI art. 38, 2 bis).

En ce qui concerne l'imposition des **droits d'entrée** ou pas-de-porte, il y a lieu, comme en matière de revenus fonciers, de distinguer selon la nature des sommes dues par le locataire.

Si, comme c'est le cas le plus fréquent, le droit d'entrée a la nature d'un supplément de loyers, les sommes correspondantes doivent faire l'objet d'un étalement sur la durée du bail, solution conforme tant aux dispositions de l'article 38, 2 bis du CGI qu'aux prescriptions comptables (CE 14-4-2008 n° 293577 : RJF 7/08 n° 777 ; BOI-BIC-PDSTK-10-30-20 n° 30).

Dans le cas particulier où le droit d'entrée est la contrepartie de la dépréciation du patrimoine du bailleur, les sommes correspondantes sont imposées selon le régime des plus-values professionnelles.

La déclaration doit tenir compte de toutes les **dépenses engagées** au cours de la même période, même si elles ne sont pas encore acquittées.

AMORTISSEMENTS DES IMMEUBLES

Les amortissements afférents aux immeubles dont la société civile immobilière est propriétaire doivent avoir été **effectivement pratiqués dans les écritures de la société immobilière** et non dans celles des entreprises membres. **31960**

Il convient de faire application de la **méthode d'amortissement par composants** (voir Mémento fiscal n°s 9185 s.) qui aboutit à amortir séparément certains éléments de l'immeuble devant faire l'objet de remplacement avant l'expiration de la durée d'utilisation de l'immeuble lui-même.

> Précisions a. Le **défaut de comptabilisation** de l'amortissement des immeubles dans les écritures de la société civile expose l'entreprise membre à un rehaussement du résultat déclaré par elle du fait que ce dernier a été diminué d'une fraction d'amortissement « non réellement effectué ».

b. À la différence des dépenses de réparation, les **dépenses d'amélioration** ne peuvent pas être admises dans les charges déductibles et donnent lieu à un amortissement dans les conditions de droit commun.

c. Une **limitation** s'applique au **montant de l'amortissement** admis en déduction des résultats imposables revenant aux associés personnes physiques imposables dans la catégorie des BIC et aux sociétés relevant du régime des sociétés de personnes (CGI art. 39 C).

Pour la part qui revient directement ou indirectement à une **personne physique**, le montant de l'amortissement déductible ne peut pas excéder, au titre d'un même exercice, la différence entre le montant du loyer acquis et celui de l'ensemble des autres charges afférentes aux biens loués (telles que frais d'entretien, de réparation, d'assurances, intérêts, impôts et taxes).

Pour la part qui revient à une **société relevant du régime des sociétés de personnes,** lorsque les biens sont situés en France (ou dans un État partie à l'accord sur l'Espace économique européen (EEE)), le montant de l'amortissement déductible est plafonné au triple du montant des loyers pendant 36 mois à compter du début de la location.

La perte du droit à déduction n'est que provisoire puisque la fraction non déductible, régulièrement comptabilisée, peut être déduite du résultat des exercices suivants, en plus de l'annuité normale, dans le respect de la limite de déduction applicable au titre de l'exercice.

d. Sur la date à retenir pour la période d'amortissement en cas de **changement du régime fiscal** d'une SCI, voir n° 11205.

Base d'amortissement Les amortissements sont calculés sur la base du prix d'achat ou du prix de revient de l'élément actif. En comptabilité, la base d'amortissement est diminuée de la valeur résiduelle du bien. Une provision pour amortissement dérogatoire peut alors être constatée afin que l'amortissement fiscal puisse être pratiqué d'après le coût de revient total. **31964**

Durée d'amortissement En application de la réglementation comptable, la durée d'amortissement d'un actif est sa **durée d'utilisation** attendue. Sur le plan comptable, il est possible d'amortir des immobilisations non décomposables à l'origine sur les **durées d'usage** en vigueur jusqu'en 2004. **31965**

Au plan fiscal, l'amortissement d'après la durée réelle d'utilisation ne concerne que les composants. Pour les biens non décomposés et pour la structure des biens décomposés, l'administration a précisé que les entreprises peuvent se prévaloir des durées d'usage. La différence avec l'amortissement comptable est déduite par la constatation d'une provision pour amortissement dérogatoire.

Pour les **immeubles de placement,** l'amortissement fiscal de la structure doit être calculé sur sa durée réelle d'utilisation. Les immeubles de placement sont définis comme ceux non affectés à l'exploitation, à l'exception de ceux donnés en location pour plus de 50 % de leur superficie à des entreprises liées, lorsque celles-ci les affectent à leur exploitation. L'administration admet qu'un immeuble loué par une SCI à une société d'exploitation n'est pas regardé comme un immeuble de placement lorsque ces deux entreprises sont contrôlées par une même personne physique (BOI-BIC-PROV-40-10-20-10 n° 180).

Pour les **autres immeubles** (notamment siège social ou, d'une manière plus générale, immeubles mis à disposition d'entreprises liées), l'amortissement fiscalement déductible de la structure peut en revanche être calculé sur la durée d'usage admise avant 2005 pour l'immeuble dans son ensemble.

PROVISIONS

31970 Lorsque les parts de la société immobilière sont détenues directement ou indirectement par une société passible de l'IS ou une entreprise agricole, industrielle ou commerciale imposée de plein droit d'après le régime du bénéfice réel normal, il est tenu compte des provisions constituées en vue de faire face à des **pertes ou charges** nettement précisées et que des événements en cours rendent probables (CGI art. 39, 1-5°). Ces provisions doivent avoir été effectivement constatées dans les écritures de l'exercice (CGI art. 74).

Les provisions doivent figurer sur un relevé spécial joint à la déclaration n° 2072. Le défaut d'inscription sur le relevé est sanctionné par une amende fiscale proportionnelle au montant des sommes omises (CGI art. 1763).

31972 Les provisions pour dépréciation constatées au titre d'un exercice sur les **immeubles de placement** ne sont déductibles que pour la part qui excède les **plus-values latentes** constatées à la clôture de l'exercice, à raison de l'ensemble des immeubles de cette nature inscrits à l'actif (CGI art. 39, 1-5° al. 34 et 35). Sont concernés par cette limitation les biens immobiliers inscrits à l'actif immobilisé et non affectés par l'entreprise à sa propre exploitation, à l'exclusion des immeubles donnés en location à des entreprises liées au sens de l'article 39, 12 du CGI, qui les affectent à leur propre exploitation. Les plus-values latentes à prendre en compte pour la limite de déduction de la provision s'entendent de la différence entre la valeur réelle des immeubles de placement à la clôture de l'exercice et leur prix de revient corrigé des plus-values en sursis d'imposition afférentes à ces immeubles. Elles sont diminuées du montant des provisions non admises en déduction au titre des exercices précédents du fait de l'application de la présente mesure de plafonnement et non encore rapportées au résultat.

PLUS-VALUES DE CESSION DES IMMEUBLES

31975 **Régime d'imposition** Pour la détermination du résultat de la SCI revenant aux **membres passibles de l'IS** (voir n° 30125), les plus-values résultant de la cession de ses immeubles par la société relèvent du régime d'imposition des plus-values professionnelles (voir n°s 9610 s.).

Dans la mesure où une SCI de location présente un caractère non professionnel par nature, la plus-value de cession qu'elle réalise relève en principe du régime des plus-values privées pour la part correspondant aux droits des **entreprises membres relevant des BIC, des BA** ou des BNC, quel que soit leur régime d'imposition (voir n° 33405, précision b). Le cas où les parts de la SCI sont détenues par une entreprise individuelle appelle toutefois les précisions mentionnées n° 21620.

Les plus-values ou moins-values réalisées ou subies à l'occasion des opérations effectuées par la **société civile** doivent faire l'objet d'une **compensation** distincte dans le cadre de cette société et non être compensées, après ventilation, avec celles de même nature qui seraient enregistrées par chaque entreprise membre dans le cadre de ses propres opérations.

31980 **Règles d'imposition** Les **associés** (particuliers, entreprises ou sociétés) **imposables** à raison de leur quote-part de plus-value résultant de la cession de l'immeuble par la SCI sont ceux présents à la date de la cession de l'immeuble et non pas ceux présents à la date de clôture de l'exercice de la société (CGI art. 150 VF). Pour les entreprises ou sociétés membres d'une SCI qui relèvent du régime des plus-values professionnelles, la quote-part de plus-value leur revenant est imposée, dans les conditions habituelles, à la clôture de l'exercice au cours duquel la cession est intervenue. Des règles particulières sont prévues en cas de **transmission** ou de **rachat des parts** (par la SCI de ses propres titres) **entre la date de la cession du bien et la date de la clôture de l'exercice.** Dans ces deux cas, la plus-value professionnelle est obligatoirement imposée au nom de l'associé cédant (CGI art. 238 octies B).

> **Précisions** Selon l'administration, les modalités d'imposition de l'**associé ayant cédé ses parts** à la date de clôture de l'exercice de la SCI sont les suivantes au regard de l'imposition de la plus-value réalisée par la société (BOI-RFPI-PVI-30-20 nos 160 et 170).
Les **associés présents** à cette date sont imposables à raison de la quote-part correspondant à leurs droits dans les bénéfices sociaux, diminuée de la quote-part de la plus-value imposable au nom de l'associé sortant.
Lorsque l'**associé sortant** a cédé une **partie seulement de ses parts,** il est imposable à raison de la quote-part correspondant à ses droits à la clôture de l'exercice, majorée de la quote-part de la plus-value professionnelle imposable à son nom calculée en fonction des droits cédés. Il bénéficie des moins-values professionnelles constatées par la société au cours de l'exercice à hauteur des seuls droits détenus à la clôture de l'exercice.
Lorsqu'il a cédé la **totalité de ses parts,** il est imposable sur la seule quote-part de la plus-value professionnelle imposable à son nom calculée en fonction des droits qu'il a cédés. Il ne bénéficie pas des moins-values professionnelles constatées par la société au cours de l'exercice.
Cette solution administrative consistant à soumettre à l'impôt la quote-part de la plus-value professionnelle « brute » revenant à l'associé sortant sans lui accorder la possibilité d'imputer une quote-part des moins-values professionnelles constatées, le cas échéant, par la SCI, nous paraît critiquable. Elle aboutit à interdire l'imputation de ces moins-values dans le cas où le nouvel associé est une personne physique puisque dans le cadre du régime d'imposition des plus-values immobilières des particuliers, aucune imputation des moins-values n'est en principe possible, ni sur d'autres plus-values immobilières, ni sur le revenu global.

SECTION 3

CONTRIBUTION SUR LES REVENUS LOCATIFS

CHAMP D'APPLICATION

La contribution sur les revenus locatifs (CRL) est due uniquement par les **sociétés civiles passibles de l'impôt sur les sociétés** et les sociétés civiles soumises au régime fiscal des sociétés de personnes dont un **associé** au moins est **soumis à l'impôt sur les sociétés** au taux de droit commun quelle que soit l'importance de sa participation dans la société civile (BOI-RFPI-CTRL-20-10 n° 50), y compris si celui-ci n'est qu'usufruitier de ses parts (CE (na) 24-10-2014 nos 378015 et 378039 : RJF 1/15 n° 26). 32200

La CRL est, en principe, à la **charge** du bailleur. Toutefois, lorsqu'elle est due sur des locaux commerciaux situés dans des immeubles comportant, à concurrence de la moitié au moins de leur superficie totale, des locaux loués à usage d'habitation ou à l'exercice d'une profession, la contribution est, sauf convention contraire, supportée à concurrence de la moitié par le locataire (BOI-RFPI-CTRL-20-30 n° 40). 32202

La CRL s'applique aux revenus retirés de la location de locaux situés dans des **immeubles achevés depuis quinze ans au moins** au 1er janvier de l'année d'imposition. Ainsi, la CRL n'est exigible au titre de 2023 que si les locaux sont situés dans des immeubles achevés au plus tard le 31 décembre 2007 (CGI art. 234 nonies). Même achevés depuis plus de quinze ans, les immeubles ne donnent pas lieu à contribution s'ils ont subi depuis moins de quinze ans des **transformations** susceptibles de les assimiler à des constructions nouvelles. 32210

> **Précisions** **a.** Un immeuble est considéré comme **achevé** lorsque l'état d'avancement des travaux en permet l'utilisation ou l'occupation effective (sur la notion d'achèvement, voir également les indications données en matière de TVA n° 44830).
b. Les **sous-locations** ne sont pas assujetties à la CRL (BOI-RFPI-CTRL-20-10 n° 180).
c. Les locations d'**immeubles non bâtis** (terrains nus, etc.) ne sont pas concernées par la CRL.

EXONÉRATIONS

Sont notamment exonérés de la contribution annuelle (CGI art. 234 nonies) : 32225
– les loyers dont le **montant annuel, par local, n'excède pas 1 830 €** au cours de la période d'imposition à laquelle ils sont rattachés ;
– les **revenus qui donnent lieu** au paiement effectif de la TVA soit de plein droit, soit sur option ;

– les locaux d'habitation qui font partie d'une **exploitation agricole** ou sont annexés à celle-ci (exonération étendue en pratique à l'ensemble des bâtiments ruraux) ;
– les revenus des locations consenties à l'**État** ou aux **établissements publics nationaux** scientifiques, d'enseignement, d'assistance ou de bienfaisance ;
– les revenus de locations de logements ayant fait l'objet de **travaux de réhabilitation** financés à hauteur d'au moins 15 % de leur montant par une **subvention versée par l'Anah,** l'exonération s'appliquant pour les quinze années suivant celle de l'achèvement des travaux ;
– les revenus de locations de **logements antérieurement vacants** pendant une durée d'au moins un an, lorsqu'ils sont loués dans le cadre d'une convention APL, l'exonération s'appliquant jusqu'au 31 décembre de la troisième année suivant celle de la conclusion du bail ;
– les revenus des **locations à vie ou à durée illimitée** ;
– les revenus des locations de locaux abritant les **ambassades** et **consulats** ;
– les revenus des locations d'immeubles faisant partie de **villages de vacances** ou de **maisons familiales** de vacances agréés.

> Précisions **a.** La limite de 1 830 € doit être ajustée prorata temporis lorsque la période d'imposition à la contribution est d'une durée supérieure ou inférieure à douze mois mais non pas lorsque la location est d'une durée inférieure à la période d'imposition, soit en général pour les SCI l'année civile.
Les recettes à prendre en compte sont celles définies n° 32250.
b. Ne constituent pas des **travaux de réhabilitation** des travaux consistant notamment en la réalisation de l'isolation par l'extérieur des bâtiments, le ravalement des façades, l'étanchéité des murs, combles et caves, et la révision des couvertures et zinguerie avec remplacement des gouttières. Ces travaux constituent des travaux d'entretien et de réparation qui n'affectent pas substantiellement le gros œuvre des bâtiments (TA Montreuil 31-3-2016 n°s 1409978 et 1504563 : RJF 10/16 n° 840).

TAUX

32240 La CRL est calculée au taux de **2,50 %** (CGI art. 234 quindecies).

ASSIETTE

32250 La CRL est assise sur le montant des **recettes nettes perçues** au cours de la période d'imposition, c'est-à-dire l'année civile ou l'exercice selon les redevables (CGI art. 234 duodecies).

Les recettes nettes s'entendent du revenu brut tel qu'il est défini en matière de revenus fonciers (voir n°s 30330 s.). C'est ainsi que les recettes soumises à la CRL comprennent notamment, outre le loyer en principal, les recettes exceptionnelles comme les indemnités versées par le locataire (droit d'entrée ou « pas-de-porte » sauf application de la TVA ou des droits de mutation, indemnité de déspécialisation lorsqu'elle est destinée à compenser une perte de recettes ou un accroissement des charges du propriétaire, etc.), la valeur des avantages en nature stipulés au bail, les subventions, primes et indemnités destinées à financer des charges déductibles, les recettes accessoires.

Les contribuables qui, telles les sociétés passibles de l'IS, **comptabilisent les produits courus** doivent retraiter leurs écritures comptables pour déterminer l'assiette de la contribution.

PÉRIODE D'IMPOSITION

32260 Pour les sociétés civiles relevant du régime des sociétés de personnes, comme pour celles soumises à l'IS (de plein droit ou sur option), la période d'imposition est l'exercice social ou, en l'absence de bilan, la période définie à l'article 37, al. 2 du CGI (CGI art. 234 duodecies et terdecies). En pratique, pour les SCI relevant du régime des sociétés de personnes, l'exercice social correspond généralement à l'année civile.

MODALITÉS D'IMPOSITION

32270 Les modalités d'imposition sont celles de l'impôt sur les sociétés pour l'ensemble des sociétés civiles (même non soumises à cet impôt).

32275 **Sociétés relevant du régime des sociétés de personnes** Les sociétés doivent en principe acquitter spontanément la contribution au comptable des impôts au plus tard à la date de dépôt de la déclaration de résultats (CGI art. 234 terdecies). L'assiette de la contribution est portée sur la **déclaration** de résultat n° 2072. Un **acompte provisionnel unique** doit être versé en principe au plus tard le 15 du dernier mois de l'exercice. Cet acompte est égal à 2,5 % des recettes imposables à la contribution perçues au cours de l'exercice précédent.

> Précisions a. L'acompte n'est pas exigible lorsque son montant **n'excède pas** 100 €.
b. Le montant des acomptes peut être limité dans les mêmes conditions que pour les sociétés passibles de l'IS (voir n° 32280, précision c).
c. La contribution est contrôlée, recouvrée et acquittée sous les mêmes **garanties et sanctions** et selon les mêmes **modalités** que l'impôt sur les sociétés.
d. Les **versements** de CRL **supérieurs** à 50 000 € doivent être effectués par virement (CGI art. 1681 quinquies).

Sociétés passibles de l'impôt sur les sociétés L'assiette de la contribution est portée sur la **déclaration** de résultats (CGI art. 234 duodecies). 32280

La contribution est **payée** spontanément au comptable des impôts aux dates prévues pour le paiement du solde de l'impôt sur les sociétés.

Elle donne lieu au versement d'un **acompte provisionnel unique,** au plus tard à la date de paiement du dernier acompte d'impôt sur les sociétés. Cet acompte est égal à 2,5 % des recettes imposables à la contribution perçues au cours de l'exercice précédent.

> Précisions a. Les **dates limites de versement** de la contribution et de l'acompte dépendent de la date de clôture de l'exercice.
b. L'acompte n'est pas exigible lorsque son montant **n'excède pas** 100 €.
c. Comme en matière d'impôt sur les sociétés, la société est en droit de **limiter le montant de l'acompte** versé si elle estime que la contribution dont elle sera finalement redevable sera inférieure à la somme due au titre de l'acompte. Si, au moment de la liquidation de la contribution, le montant de l'acompte versé s'avère inexact par rapport à celui qui aurait dû être versé, l'intérêt de retard et la majoration de 5 % sont applicables à l'insuffisance constatée.
d. Les **crédits d'impôt** de toute nature ne sont **pas imputables** sur le montant de la contribution.
e. La contribution est contrôlée, recouvrée et acquittée sous les mêmes **garanties** et **sanctions** et selon les mêmes **modalités** que l'impôt sur les sociétés.

SECTION 4

RÈGLES D'IMPOSITION À LA TVA DES SCI DE LOCATION

Avant de détailler le régime de **TVA applicable aux locations d'immeubles** réalisées par les sociétés civiles de location – régime qui dépend essentiellement de la nature des immeubles donnés à bail – nous donnons ci-après un bref aperçu du régime TVA des opérations d'achat ou de construction des immeubles susceptibles d'être donnés à bail (pour plus de détails sur le régime TVA de ces opérations, voir n°s 44610 s.). Le cas des locations conclues à des conditions financières anormalement basses appelle de son côté des observations valant mise en garde. 32400

ACHAT OU CESSION D'IMMEUBLES

Si la société procède à l'**achat d'immeubles à construire ou achevés depuis cinq ans au plus,** cet achat est soumis à la TVA lorsqu'il est réalisé auprès d'un assujetti. De même, l'acquisition d'un immeuble de plus de cinq ans est soumise à la TVA si le vendeur assujetti a opté pour l'application de cette taxe. La SCI pourra récupérer la taxe grevant son acquisition (par imputation ou remboursement) si l'immeuble est affecté par elle à la réalisation de locations taxées. 32403

Sur les conséquences éventuelles de l'option pour l'appartenance à un **groupe TVA**, voir n° 12003.
Un régime particulier étant prévu pour les **cessions d'immeubles affectés à une activité locative soumise à la TVA,** nous lui consacrons des développements spécifiques à la fin de la présente section (n°s 33200 s.).

CONSTRUCTION D'IMMEUBLES

Si la **société fait procéder elle-même à la construction** de l'immeuble sur un terrain lui appartenant, ces travaux sont facturés par les entreprises qui les réalisent dans les conditions de droit commun exposées n°s 44760 s. 32405

Si l'immeuble neuf n'est pas vendu dans les deux ans de son achèvement, la société peut avoir à procéder à une « **livraison à soi-même** » dans certains cas, c'est-à-dire à une taxation à la TVA du prix de revient de l'immeuble. Ceci permet à la société de déduire l'intégralité de la TVA qui a grevé le coût de la construction. Mais la taxe due sur la livraison à soi-même ne sera, quant à elle, déductible que si la société réalise à partir de cet immeuble des opérations taxées à la TVA. Pour plus de détails sur le régime des livraisons à soi-même, voir nos 44800 s.

LOCATIONS CONSENTIES À UN PRIX TRÈS INFÉRIEUR À CELUI DU MARCHÉ

32410 En principe, ces locations échappent à la TVA car, pour être imposables, les opérations doivent être effectuées à titre onéreux, c'est-à-dire comporter la fourniture par le bénéficiaire de la prestation d'une contrepartie ; ce principe vaut tout particulièrement dans le domaine locatif et, en pratique, pour les baux d'immeubles.

En effet, lorsque des locations sont consenties **entre des personnes liées** juridiquement ou économiquement, il arrive que le loyer soit fixé à un prix manifestement inférieur à celui du marché. Dans cette hypothèse (qui est celle d'un **acte anormal de gestion**), la location (qu'il s'agisse d'immeubles aménagés ou non) se trouve placée **hors du champ d'application de la TVA** ; d'où, notamment, le caractère inopérant de l'option qui aurait été exercée (qu'il s'agisse d'immeubles à usage professionnel ou de biens ruraux) et l'obligation de reverser :

– la totalité de la TVA déduite si les loyers ont été anormalement faibles depuis le début de l'activité ;

– une fraction de la TVA déduite l'année où les loyers fixés jusqu'alors à un niveau normal deviennent anormalement bas ; dans cette situation, la sortie de l'option est effective à compter du 1er janvier de l'année considérée.

ILLUSTRATIONS

Locations dans le champ de la TVA

TA Toulouse 2-10-2001 n° 97-3208, à propos d'un taux de rentabilité de 4,26 %, jugé pourtant faible en comparaison de celui constaté pour l'agglomération (compris entre 11 et 12 %).

CAA Lyon 15-5-2007 n° 03-1267 : RJF 2/08 n° 134, à propos de la location d'une clinique équipée à 48 F/m², dont la cour a considéré qu'il s'agissait bien d'une activité économique autorisant la déduction de la TVA dès lors que les recettes tirées de la location n'étaient pas insignifiantes.

CAA Lyon 28-4-2016 n° 13LY01889 : RJF 8-9/16 n° 696, jugé qu'un taux de rentabilité de 2,94 % ne remet pas en cause le caractère économique d'une location dès lors qu'il a assuré à la SCI propriétaire la perception de recettes qui n'étaient pas insignifiantes et qui présentaient un caractère de permanence.

CAA Nantes 19-10-2017 n° 16NT01751, à propos d'emplacements de campings loués par une SCI à ses associés pour 2 €/m² hors charges et par an, soit 5 à 6 fois moins que dans d'autres campings des environs (mais qui offrent des prestations très supérieures), au motif que les recettes de la SCI ne sont pas symboliques et présentent un caractère de permanence.

Locations hors du champ de la TVA

TA Rennes 13-6-2002 n° 98-1680 : RJF 2/03 n° 163, à propos d'un ensemble immobilier loué à un établissement de formation dont le loyer annuel ne représentait que 2,2 % du prix de revient des constructions, soit un montant inférieur à la dotation aux amortissements pratiqué par la SCI.

TA Lyon 3-3-2003 n° 98-5583 : RJF 6/03 n° 705, à propos d'une mosquée dont la location n'assurait que 2,39 % de rentabilité au capital investi par une SCI.

A. Locations d'immeubles nus (autres que parkings)

32420 Les locations d'immeubles nus sont des opérations qui entrent dans le champ d'application de la TVA. En pratique, la plupart d'entre elles échappent à cet impôt. En effet, ces locations sont normalement exonérées de TVA, à moins qu'elles ne concernent des parkings. Pour certains immeubles, une option est néanmoins ouverte aux bailleurs. Sur les conséquences éventuelles de l'option du bailleur pour l'appartenance à un groupe TVA, voir n° 12003.

1. LOCATIONS EXONÉRÉES

32425 L'article 261 D, 2° du CGI exonère expressément les « locations de **terrains non aménagés et de locaux nus** » autres que celles portant sur des emplacements de stationnement de véhicules.

Cette exonération des locations qui revêtent un **caractère civil** trouve pleinement à s'appliquer aux locations consenties par les sociétés civiles immobilières. En effet, les **exceptions** mises au

principe de l'exonération ne paraissent guère susceptibles de jouer. Ces exceptions, qui emportent par ailleurs soumission à l'impôt sur les sociétés, visent les cas particuliers :
- de participation du bailleur aux résultats de l'entreprise locataire ;
- de locations équivalant à l'exploitation d'un actif commercial ;
- de locations constituant un moyen d'accroître les débouchés du bailleur.

L'exonération prévue par l'article 261 D, 2° du CGI est indépendante de la qualité du locataire. 32430
Elle vise donc tout aussi bien les locaux à **usage d'habitation,** et ceux à usage **commercial ou professionnel,** que les terrains à usage **industriel,** dès lors que ces locaux et terrains sont loués nus et non aménagés.
On rappelle que l'exonération de la location a pour effet d'interdire la déduction de la TVA grevant l'acquisition ou la construction de l'immeuble par la SCI, ainsi que de la TVA grevant les charges de l'immeuble.
Sur les locations nues dont la destination finale est le **logement meublé,** voir n° 32735.

> Précisions La sous-location de locaux nus entre dans le champ de l'exonération applicable aux locaux nus (CE 16-11-2005 n° 257532 : RJF 2/06 n° 130). En pratique, une SCI donnant en sous-location des locaux nus, dans le cadre d'un contrat de crédit-bail ou non, doit avoir régulièrement exercé l'option pour la TVA pour ne pas être privée du droit à déduction (n° 32470, Précisions, c).

2. LOCATIONS NUES IMPOSABLES PAR OPTION

Certaines des locations d'immeubles nus exonérées de la TVA en application de l'article 261 D, 2° 32440
du CGI peuvent être soumises volontairement à la TVA.

IMMEUBLES CONCERNÉS

L'option pour la TVA (CGI art. 260, 2°) est ouverte en principe à toutes les personnes physiques ou 32445
morales – sociétés civiles notamment – qui donnent en location nue des immeubles nus pour les **besoins de l'activité du locataire** (preneur).
En pratique, l'option peut concerner :
- les immeubles à **usage commercial** : boutiques, magasins, etc. ;
- les immeubles à usage **industriel** : ateliers, usines, hangars, etc. ;
- les immeubles à usage **professionnel** : locaux affectés à l'exercice d'une profession médicale, cabinets d'architectes, bureaux d'études, laboratoires d'analyses, etc. ;
- les bureaux loués à des **administrations.**

Le fait que l'activité exercée par le preneur soit taxable (il s'agit alors, selon la terminologie propre à la TVA, d'un « assujetti taxable ») ou exonérée de TVA (il s'agit alors d'un « assujetti non taxable ») est sans incidence : le bailleur a le droit d'opter.
Le bailleur a même la possibilité d'opter lorsque l'activité exercée par le preneur n'emporte pas assujettissement à la TVA dudit preneur (il s'agit alors au sens strict d'un « non-assujetti »). Dans cette hypothèse de **« non-assujettissement » du preneur** (qui concerne pour l'essentiel des locaux loués à certains organismes sociaux ou services administratifs), et seulement dans cette hypothèse, le bail devra faire mention de l'option du bailleur.
L'**option** de l'article 260, 2° du CGI est **exclue** :
- pour les locaux destinés à un **usage agricole** : une option spécifique est prévue par une autre disposition du CGI (n° 32810) ;
- pour les locaux destinés à l'**habitation** (ou à tout autre besoin privé). L'interdiction d'opter lorsque les locaux loués sont destinés à l'habitation étant liée à la nature des locaux (locaux non pris à bail pour les besoins de l'activité), elle s'applique quelles que soient la qualité du preneur et sa situation au regard de la TVA.

> Précisions **a.** L'option relative à un immeuble en **indivision** est – en raison de la nature juridique de l'indivision (entité distincte des membres qui la composent) – nécessairement globale. Elle est exercée par le gérant ou, à défaut de gérant, par un coïndivisaire muni d'un mandat exprès, au nom de l'indivision. La ratification des indivisaires n'ayant pas donné leur consentement peut toutefois être implicite s'ils ont régulièrement acquitté au Trésor la TVA sur les loyers (CAA Paris 29-3-2007 n° 05-2104 : RJF 8-9/07 n° 904).

b. L'**usufruitier** d'un immeuble a seul qualité pour opter.

c. L'option exercée par les loueurs de locaux nus à usage professionnel couvre l'ensemble des **bâtiments nécessaires à l'exercice de l'activité du locataire.** Notamment, elle couvre l'ensemble des locaux affectés à des personnels exerçant des fonctions impliquant par nature et au regard de l'activité exercée par le preneur une résidence permanente sur les lieux mêmes du travail et, en particulier, le logement du personnel chargé de fonctions permanentes de surveillance ou de sécurité (CE 7-9-2009 n° 313138 : RJF 12/09 n° 1074 ; BOI-TVA-CHAMP-50-10 n° 200).

d. L'option est possible au titre d'un **local à usage mixte**, y compris lorsque l'usage professionnel n'est pas prépondérant (CE 2-7-1986 n° 54743 : RJF 10/86 n° 876). Par « local à usage mixte », on entend un local à la fois et indissociablement professionnel et d'habitation ; ne présente pas ce caractère, par exemple, un local dans lequel certaines pièces sont affectées à l'habitation et d'autres à un usage professionnel (dans ce dernier cas, seules les pièces à usage professionnel sont couvertes par l'option).

e. En cas de conclusion d'un **bail unique** portant à la fois sur des locaux à **usage professionnel et** sur des locaux à usage **d'habitation**, l'option pour le paiement de la TVA ne pouvant porter que sur les seuls locaux professionnels, il y a lieu de procéder à une ventilation, dans le bail, de la part de loyer afférente à chacun des locaux (en l'absence d'une telle ventilation, il faut déterminer la quotité des loyers se rapportant aux locaux professionnels).

f. Pour le cas d'une **location à l'exploitant d'un établissement d'hébergement** lui-même obligatoirement imposable, voir n° 32735.

INTÉRÊT DE L'OPTION

32460 Les SCI de location qui exercent l'option se trouvent placées au regard des **droits à déduction** et des **obligations** dans la même situation que celle des loueurs redevables de plein droit de la TVA (droits et obligations qui sont résumés ci-après n° 32960 s.). En particulier, elles peuvent, dans les conditions de droit commun, déduire de la taxe dont elles sont redevables celle qui grève leurs investissements et leurs frais généraux.

L'option pouvant être exercée même lorsque l'immeuble n'est pas encore achevé, les SCI de location qui font procéder à la construction des locaux ont intérêt à **opter avant l'achèvement de l'immeuble** : en effet, cette option leur permettra d'effacer intégralement la TVA supportée par elles (voir les explicitations n° 32475 et 33020).

PORTÉE DE L'OPTION

32470 Les SCI de location qui possèdent **plusieurs immeubles ou ensembles immobiliers** situés en des lieux différents doivent, si elles souhaitent opter pour leurs différents immeubles ou ensembles immobiliers, exercer leur option immeuble par immeuble, ou ensemble immobilier par ensemble immobilier. L'article 193, al. 3 de l'annexe II au CGI prévoit que, dans les immeubles ou ensembles d'immeubles comprenant à la fois des locaux nus donnés en location ouvrant droit à l'option et d'autres locaux, l'option ne s'étend pas à ces derniers mais elle s'applique globalement à l'**ensemble des locaux** de la première catégorie. L'option s'applique aux locaux possédés lors de l'option et s'étend aux **locaux acquis postérieurement** ayant la même destination. Toutefois, le Conseil d'État a jugé que ces dispositions ne s'opposent pas à ce qu'un bailleur puisse opter pour la soumission à la TVA de **certains seulement** des locaux éligibles à l'option (CE 9-9-2020 n° 439143 : RJF 12/20 n° 989). Lors de l'exercice de l'option, le bailleur peut donc décider de mentionner les locaux pour lesquels il entend soumettre les loyers à la TVA, ce choix s'appréciant **par opération de location,** c'est-à-dire pour un même contrat de bail. La désignation doit alors être effectuée de façon **expresse, précise et non équivoque** (Rép. Grau : AN 16-11-2021 n° 38389).

> Précisions **a.** Par « **ensemble immobilier** », on entend non seulement un groupe de bâtiments ayant fait l'objet d'un même plan de masse, d'un permis de construire unique ou d'un même programme de construction réalisé sur un terrain appartenant à une même société, mais également deux ou plusieurs immeubles construits sur un même terrain et destinés à l'exercice d'une seule et même activité par le preneur (BOI-TVA-CHAMP-50-10 n° 110).

b. L'option s'étend à l'**indemnité compensatrice** de l'absence de perception de loyers pendant la construction de l'immeuble lorsqu'elle est versée par le promoteur à l'acquéreur d'immeubles en état futur d'achèvement et destinés à la location (Inst. 3 A-12-91, non reprise dans Bofip).

Il convient toutefois de remarquer que le promoteur n'a pas la qualité de locataire : dans une hypothèse comparable (versement par le vendeur d'un immeuble à l'acheteur d'une indemnité forfaitaire de garantie des loyers), il a été jugé que celle-ci constitue seulement, en principe, une modalité de réalisation de la vente de nature à entraîner une réduction du prix d'acquisition stipulé et de la TVA y afférente sauf si cette somme rémunère directement un service rendu par l'acquéreur au vendeur (CE 28-9-2016 n° 393229, 10e et 9e ch. : RJF 12/16 n° 1074). Selon leur intérêt, les personnes concernées peuvent se prévaloir de l'une ou l'autre de ces analyses.

c. Jugé à propos d'un bailleur exerçant **à la fois des activités de location et de sous-location** que l'option exercée au titre de locaux qu'il possède dans un immeuble ne couvre pas les locaux qu'il a pris ultérieurement en location dans le **même immeuble** et qu'il donne en sous-location. Cette activité de sous-location doit faire l'objet d'une option distincte qui ne peut pas résulter de la seule circonstance que les sous-loyers ont été soumis à la taxe (TA Versailles 23-9-2003 n° 01-1982 : RJF 1/04 n° 27).

d. En cas de **location seulement partielle,** l'option couvre les locaux non effectivement

donnés en location mais dont le bailleur établit qu'il les offre à la location. Les conditions suivantes doivent être réunies :
– des mandats conclus par le bailleur (ou toute autre démarche) attestent des efforts déployés par lui dans la **recherche active des locataires** pour les locaux restés vacants ;
– ces locaux restés vacants au moment de la formulation de l'option représentent une **faible superficie du total** des locaux nus à usage professionnel de l'immeuble concerné.
Cette dernière condition, délicate d'appréciation, est réputée satisfaite si la vacance des locaux est justifiée par des **circonstances indépendantes de la volonté du bailleur** (début d'activité, conjoncture du marché immobilier, sinistre, par exemple).
Lorsque ces conditions sont remplies, la taxe grevant les locaux restés vacants peut être déduite. De même, aucune régularisation n'est exigible lorsque, pendant la durée de l'option, il est constaté une vacance temporaire des locaux nus à usage professionnel justifiée par des circonstances économiques étrangères à la volonté du bailleur. Il en est ainsi, par exemple, en cas de changement de locataire pendant la période au cours de laquelle le bailleur effectue les diligences nécessaires à la recherche d'un nouveau locataire (BOI-TVA-CHAMP-50-10 nos 160 s.).
Dans le même ordre d'idées, il a été jugé que l'arrêt temporaire de la perception des loyers ne constitue pas une cessation d'activité justifiant une régularisation de la taxe déduite s'il s'explique par des motifs tels que la conjoncture économique ou les difficultés financières du locataire (CAA Lyon 23-2-2006 n° 00-2614 : RJF 10/06 n° 1180). Il en est de même dans le cas d'une société dont les immeubles sont restés vacants pendant plus de deux ans dès lors qu'elle prouve qu'elle a cherché à les louer (CJUE 28-2-2018 aff. 672/16 : RJF 5/18 n° 567).

MODALITÉS ET DURÉE DE L'OPTION

L'option initiale est expresse. Rappelons – car ceci est d'une grande importance pratique – qu'elle doit être exercée immeuble par immeuble (voire même locaux par locaux : n° 32470). **32475**

L'option revêt normalement la forme d'une **déclaration écrite,** faite par **lettre simple** (formalisant l'intention de soumettre à la TVA l'activité de location). En cas de création d'activité, elle peut être exercée sur la déclaration d'existence déposée via le guichet unique électronique, à condition que celle-ci comporte des indications suffisamment précises pour identifier le ou les immeubles auxquels l'option se rapporte (CE 23-12-2011 n° 323189 : RJF 3/12 n° 326 ; BOI-TVA-CHAMP-50-10 n° 20).

L'option prend effet le premier jour du mois au cours duquel elle est formulée auprès du service des impôts (CGI ann. II art. 194).

L'option peut être **dénoncée** à partir du 1er janvier de la neuvième année civile qui suit celle au cours de laquelle elle a été exercée (ou l'immeuble achevé dans le cas d'une option exercée au titre d'un immeuble non encore achevé). La dénonciation prend effet à compter du premier jour du mois au cours duquel elle a été formulée auprès du service des impôts. L'option couvre donc obligatoirement une **période minimale** de huit années et un mois.

À défaut de dénonciation, l'option continue de produire ses effets tant qu'il n'y est pas mis fin.

EXEMPLES

1. Une option formulée le 25 janvier 2023 a pris effet le 1er janvier 2023 et pourra être dénoncée à compter du 1er janvier 2032. Si l'option est dénoncée en janvier 2032, la dénonciation prendra effet à compter du 1er janvier 2032 (application de l'exonération à compter de cette date).
2. Une option exercée le 5 décembre 2023 prend effet le 1er décembre 2023 et pourra être dénoncée à compter du 1er janvier 2032. Si l'option est dénoncée en mars 2032, la dénonciation prendra effet à compter du 1er mars 2032 (application de l'exonération à compter de cette date).
3. Une option a été exercée en mars 2023 pour un immeuble non encore achevé ; celui-ci est achevé au cours de l'année 2024. L'option pourra être dénoncée à compter du 1er janvier 2033.

> Précisions **a.** L'option peut être exercée et produire ses effets alors même que la **SCI** qui opte **n'est pas encore propriétaire** ou n'a pas encore la jouissance **de l'immeuble** sur lequel porte l'option ; l'option peut ainsi être formulée au stade des avant-contrats de vente, d'apport, de bail ou de crédit-bail ou même à la constitution d'une société ayant vocation à donner à bail un immeuble ; dans cette situation, l'immeuble affecté à l'activité locative doit être désigné dans la lettre d'option (BOI-TVA-CHAMP-50-10 n° 230). Dès lors que l'option est exprimée, la société peut exercer son droit à déduction.
Retenant une position moins restrictive que celle adoptée par le Conseil d'État (CE 13-1-2006 n° 253404 : RJF 4/06 n° 366), l'administration considère que la validité de l'exercice de l'option par les assujettis n'est pas subordonnée à ce que la déclaration d'option soit accompagnée d'un **bail,** d'une promesse de bail ou de tout autre document analogue (BOI-TVA-CHAMP-50-10 n° 210).
Un assujetti ayant opté peut ainsi exercer immédiatement son droit à déduction même s'il n'a pas encore conclu de baux ou perçu de loyers et quand bien même les loyers tirés d'une exploitation effective ne sont taxés qu'à compter du mois suivant celui de la déclaration de

l'option. L'administration peut toutefois rejeter l'option en cas de situation frauduleuse ou abusive (BOI précité n° 210). C'est le cas pour une société civile qui, trois ans après une option, n'apporte aucun élément établissant la réalité d'un projet de construction puis de location de l'immeuble (objet de l'option) ou justifiant du retard des travaux (CAA Lyon 4-11-2014 n° 13LY02525 : RJF 4/15 n° 308 ; CE (na) 7-12-2015 n° 386964 : RJF 3/16 n° 232).

b. Le **changement d'utilisation des locaux** est sans incidence sur la validité de l'option lorsqu'il s'agit d'un simple changement d'activité (exemple : locataire assujetti qui change d'activité et devient un non-assujetti).

En revanche, lorsque tout ou partie d'un immeuble loué à usage professionnel et ayant fait l'objet d'une option cesse d'être destiné aux besoins d'une telle activité, l'option cesse de plein droit de s'appliquer aux locaux qui ont changé de destination (par exemple, ceux désormais affectés à l'habitation), même si ce changement intervient au cours de la période couverte par l'option : dans ce cas, la dénonciation de l'option est obligatoire (sur les régularisations à opérer, voir n° 33030).

c. Le **changement de locataire** n'affecte pas la validité de l'option sous réserve que le nouveau bail, s'il est conclu avec un preneur non assujetti, contienne bien la clause indiquant que l'option est exercée par le bailleur. Au cas où le nouveau preneur non assujetti n'accepte pas l'option, celle-ci cesse ses effets de plein droit pour les locaux concernés.

d. En cas de **renouvellement du bail sans changement de locataire,** l'option continue de produire ses effets jusqu'à son terme même si, le locataire étant non assujetti, le nouveau bail ne contient pas la clause requise pour l'exercice de l'option.

e. En cas d'actes emportant substitution du détenteur de l'immeuble (**cession de l'immeuble, fusion** de société, etc.), le bénéficiaire de ces opérations peut bénéficier du transfert de l'option formulée par le précédent détenteur.

CONSÉQUENCES DE L'OPTION SUR LES DÉDUCTIONS

32480 Au regard du droit à déduction, chaque immeuble ou ensemble d'immeubles ayant fait l'objet d'une option constitue un secteur d'activité distinct (n° 32965). Les loueurs qui ont exercé des options afférentes à plusieurs immeubles sont tenus de suivre distinctement les déductions propres à chaque immeuble. De même, les loueurs d'immeubles qui exercent d'autres activités passibles de la TVA sont tenus de séparer les deux catégories d'activités pour le calcul du droit à déduction (voir n° 32970).

La déduction (par imputation, ou, à défaut, par remboursement) de la taxe ayant grevé le prix de revient de l'immeuble peut être opérée dès la **date d'effet de l'option.**

> Précisions a. Lorsque l'immeuble ou l'ensemble d'immeubles regroupe à la fois des **locaux couverts par l'option** et des **locaux non couverts** par l'option, la TVA afférente à la construction ou l'acquisition de l'immeuble ou de l'ensemble d'immeubles concerné n'est déductible qu'à concurrence de la surface des locaux effectivement couverts par l'option (BOI-TVA-CHAMP-50-10 n° 160). Même solution en cas de réparation (Rép. Zimmerman : AN 23-11-2010 n° 78147, solution non reprise au Bofip).

b. Une **SCI qui liquide son activité de location soumise à la TVA** peut déduire la TVA afférente à des honoraires versés à une agence immobilière pour la vente de son unique immeuble d'exploitation, même si la vente de l'immeuble n'est pas soumise à la TVA (TA Paris 23-6-2008 n° 02-7209 : RJF 2/09 n° 118 ; TA Paris 18-1-2023 n° 1907603 : RJF 4/23 n° 286).

B. Locations de parkings

PRINCIPE

32600 Les locations de parkings sont imposables de plein droit à la TVA (CGI art. 261 D, 2°).

Les SCI de location qui donnent à bail de tels emplacements sont en principe tenues d'acquitter la TVA (sauf bénéfice éventuel de la franchise en base : n° 33070). Sur les conséquences éventuelles de l'option du bailleur pour l'appartenance à un groupe TVA, voir n° 12003.

> Précisions L'imposition est de règle :

– quelle que soit la **nature du véhicule** pour le stationnement duquel l'emplacement est loué (automobiles, bateaux, avions, caravanes, etc.) ;

– quels que soient les caractéristiques ou le **type de l'emplacement** loué (garages individuels, boxes, simples emplacements, en sous-sol, en surélévation ou en surface) ;

– que cette location s'accompagne ou non de **prestations commerciales annexes** telles que le gardiennage et la mise à disposition d'installations permettant l'entretien, la réparation ou le ravitaillement en carburant des véhicules ;

– quels que soient la **périodicité** de la location ou son mode de rémunération (à l'heure, à la journée ou au mois).

EXCEPTION

32605 Le principe de l'imposition comporte une exception, susceptible d'intéresser fréquemment les SCI de location. La **location** d'un parking échappe à l'imposition lorsqu'elle est **liée à la location – non soumise à la TVA – d'un local nu** destiné à un autre usage si les conditions suivantes sont réunies : le parking et le local sont situés dans le même ensemble immobilier ; ils sont donnés en location par le même bailleur et pris en location par le même locataire ; ils sont l'accessoire de locaux non imposables (même si les baux ou loyers sont distincts).

Cette exonération s'applique, que la location principale soit exonérée de façon obligatoire (locaux d'habitation, la plupart des locaux meublés ou garnis à usage d'habitation) ou facultative (locaux nus professionnels pour lesquels l'option est possible mais n'a pas été exercée).

C. Locations de locaux meublés ou aménagés

Les locations de locaux aménagés ou de terrains aménagés sont en **principe** taxables à la TVA. **32700**

Ce principe connaît deux importantes **exceptions** : les biens meublés à usage d'habitation et les biens agricoles.

Sur les conséquences éventuelles de l'option du bailleur pour l'appartenance à un groupe TVA, voir n° 12003.

LOCATIONS D'IMMEUBLES AMÉNAGÉS À USAGE PROFESSIONNEL

Les locations d'**établissements à usage professionnel munis des aménagements** nécessaires à l'exercice de l'activité (à l'exception des biens ruraux) ou les locations de **terrains aménagés** (exemple : terrains de **camping** pourvus d'aménagements tels que des sanitaires, etc.) sont passibles de la TVA. Les locaux ou terrains aménagés s'entendent des locaux ou terrains qui sont pourvus des aménagements nécessaires, c'est-à-dire de ceux sans lesquels l'exercice de l'activité à laquelle ils sont destinés ne serait pas possible (CE 26-12-2013 n° 360124 : RJF 3/14 n° 34). **32705**

Les locations sont soumises au taux normal de 20 %.

L'existence du mobilier ou du matériel (de caractère mobilier ou immobilier) doit être appréciée dans chaque cas.

ILLUSTRATIONS

Sont notamment **imposables** à la TVA :

– les locations de **salles meublées à usage de réunion,** d'une salle de **cinéma** ou de salles de spectacle aménagées pour recevoir les spectateurs ou auditeurs, les locations de **courts de tennis** moyennant redevances horaires ou saisonnières ;

– les locations de locaux aménagés consenties par des membres de **professions libérales** à des confrères, et ce, conformément au principe de la commercialité de la fourniture des moyens nécessaires à l'exercice d'une profession libérale. Ainsi, une société civile constituée en vue de la location d'un **cabinet dentaire** muni de son matériel d'exploitation et fournissant à des praticiens l'ensemble des moyens nécessaires à l'exercice de leur profession est passible de la TVA (CE 26-7-1991 n° 81732 : RJF 10/91 n° 1210) ;

– les locations de **locaux nus** lorsqu'une **convention** conclue avec le preneur **met à sa disposition le mobilier et divers équipements** nécessaires à l'exercice de son activité : ainsi, a été considérée comme ayant assuré en fait la location de locaux meublés une SCI qui louait des bureaux à usage commercial par des baux portant sur des locaux nus. En même temps, elle obligeait chaque preneur à passer une seconde convention avec une autre société (composée pour partie des mêmes associés), convention prévoyant pendant toute la durée d'occupation des lieux la mise à la disposition du preneur du mobilier et de certains services contre paiement de sommes fixées à 20 % du loyer (CE 25-3-1983 n° 30787 : RJF 6/83 n° 775).

En revanche, est **exonérée** la location de locaux munis d'**équipements** et du matériel **nécessaires à une activité qui n'est pas celle du preneur** et dépourvus de ceux nécessaires à l'activité de ce dernier (CAA Lyon 23-10-2003, n° 98-407 : RJF 10/04 n° 981).

LOCATIONS MEUBLÉES À USAGE D'HABITATION

Principe Les locations occasionnelles, permanentes ou saisonnières de logements meublés ou garnis à usage d'habitation sont en principe exonérées de TVA, sous réserve des exceptions ci-après (CGI art. 261 D, 4°). Les personnes physiques ou morales qui ne peuvent être rattachées à aucun de ces cas d'imposition sont obligatoirement exonérées sans faculté d'option. **32720**

> Précisions a. Normalement, celles de ces personnes qui fournissent d'**autres prestations** que le logement meublé – mais, par hypothèse, pas suffisamment pour entrer dans les prévisions de l'article 261 D, 4° du CGI – restent taxables à ce titre (petit déjeuner, nettoyage quotidien des locaux, etc.), sauf à bénéficier de la franchise en base. En revanche, la fourniture de linge, l'accueil au début du séjour et le nettoyage des locaux à la fin du séjour, inclus dans le prix de la location, en suivent le régime.

b. L'exonération de TVA n'emporte aucune conséquence en matière d'**impôts directs.**

c. L'exonération de TVA emporte en principe

soumission du prix de location à la **contribution sur les revenus locatifs** mais seules certaines SCI sont redevables de cette contribution.

d. La mise à disposition de biens meubles corporels tels que caravanes, tentes, **mobile homes** ou habitations légères de loisirs spécialement aménagés pour l'habitation ne relève pas du régime de l'article 261 D, 4° du CGI. Cette activité de fourniture de logement est soumise de plein droit à la TVA.

32725 **Exception : locations imposables** Seules sont imposables les catégories d'opérations suivantes.

a. Les prestations d'hébergement fournies dans les **hôtels de tourisme classés.**

b. Les prestations d'hébergement fournies dans les **villages de vacances classés** ou agréés.

c. Les prestations d'hébergement fournies dans les **résidences de tourisme classées** lorsque celles-ci sont destinées à l'hébergement des touristes et sont louées par un **contrat** d'une durée d'au moins neuf ans à un exploitant ayant souscrit un **engagement de promotion touristique** dans les conditions fixées par les articles 176 et 177 de l'annexe II au CGI. Le propriétaire qui exploite lui-même (ou par l'intermédiaire d'un mandataire) une résidence de tourisme est admis à taxer ses prestations dès lors qu'il a souscrit l'engagement précité.

d. La mise à disposition d'un local meublé ou garni lorsque l'exploitant fournit à titre onéreux et de manière habituelle l'hébergement dans des conditions proches de l'hôtellerie (**parahôtellerie**). Selon le texte du CGI, il en est ainsi lorsqu'il offre, outre l'hébergement, au moins trois des prestations suivantes : le petit déjeuner, le nettoyage régulier des locaux, la fourniture de linge de maison et la réception, même non personnalisée, de la clientèle. Selon le Conseil d'État, cependant, la condition que soient proposées au moins trois prestations parmi les quatre listées par le CGI est incompatible avec les objectifs de l'article 135 de la directive TVA, et la situation de potentielle concurrence avec le secteur hôtelier doit être appréciée au cas par cas, sur la base d'un faisceau d'indices (Avis CE 5-7-2023 n° 471877 : RJF 10/23 n° 709).

Sur la base de ces critères, l'imposition est susceptible de s'appliquer notamment à l'exploitation de chambres d'hôtes, de maisons ou appartements meublés, de résidences pour étudiants, de maisons de retraite.

e. Les **locations de locaux** (nus, meublés ou garnis) consenties **à l'exploitant d'un établissement d'hébergement** entrant dans l'une des quatre catégories ci-dessus (sauf s'il s'agit de l'exploitant de logements-foyers non taxé à la TVA à raison de son activité locative).

32735 Qu'elles procèdent à une **location** en meublé **« directe »** (cas, par exemple, d'un exploitant hôtelier) ou **« indirecte »** (cas des **investisseurs** procédant à la location de locaux meublés ou nus dont la destination finale est le logement meublé que, pour l'application de la TVA, l'article 260 D du CGI assimile aux loueurs en meublé « directs »), les personnes imposables à ce titre suivent les mêmes règles.

Les opérations de fourniture de logement faites par les loueurs en meublé bénéficient en principe du **taux** de 10 % (mais sont exclues du bénéfice du taux intermédiaire les prestations d'hébergement fournies par des établissements qui n'ont pas pour objet principal la fourniture de logement). Les services annexes éventuellement facturés en sus (téléphone, garage pour automobiles, blanchissage, soins de coiffure ou de beauté, etc.), toutes les ventes (cartes postales, bibelots) ainsi que les recettes annexes (publicité, locations de vitrines, de chevaux, de salles) doivent être imposés au taux qui leur est propre (à la différence des prestations incluses dans le prix de la location). La fourniture de logement dans les maisons de retraite, les établissements accueillant des personnes handicapées, les logements-foyers, les foyers de jeunes travailleurs, les centres de réadaptation professionnelle et les centres d'accueil, ainsi que dans certaines résidences hôtelières à vocation sociale, bénéficie du taux réduit de 5,5 %.

Tous les loueurs en meublé imposables peuvent **déduire** dans les conditions de droit commun la taxe ayant grevé leurs acquisitions de biens et services. Autrement dit, ils peuvent soit imputer cette taxe, soit en demander le remboursement.

Pour l'application du régime de **franchise en base,** l'activité de location en meublé relève de la plus élevée des deux limites légales.

D. Locations de biens ruraux

32800 Les **locations de terres et bâtiments à usage agricole** sont par **principe** exonérées de la TVA (CGI art. 261 D, 1°).

Il s'agit essentiellement des **baux à ferme** qui donnent lieu au versement de « fermages » par le preneur (fermier). Ces baux portent souvent non seulement sur les terres et bâtiments, mais encore sur le matériel à usage agricole et sur le cheptel. L'exonération s'applique à la totalité du bail, quelle qu'en soit par ailleurs la forme (bail écrit ou location verbale) et même s'il y a participation du bailleur aux résultats du fermier.

Une **option** pour la TVA est possible. En effet, les personnes qui donnent en location des terres et bâtiments d'exploitation à usage agricole peuvent opter si le preneur est lui-même redevable de la TVA (de plein droit ou par option). L'option est également possible dans le cas d'un **bail à métayage** (CE 29-7-1998 n° 193445 : RJF 10/98 n° 1104). Les locaux à usage d'**habitation** sont exclus de l'option. 32810

L'option (ou sa dénonciation) prend effet le premier jour du mois au cours duquel elle est formulée auprès du service des impôts (CGI ann. II art. 202). Elle peut être dénoncée à partir du 1er janvier de la cinquième année civile qui suit celle au cours de laquelle elle a été formulée. L'option couvre donc obligatoirement une **période minimale** de quatre années et un mois.

L'option s'applique à tous les baux conclus par un même bailleur avec des agriculteurs redevables de la TVA (CGI art. 260, 6°). L'option ne pouvant être exercée que pour la totalité du bail, elle ne peut porter seulement, par exemple, sur la location d'immeubles en omettant les vignes (CE 29-7-1998 précité).

Sur les conséquences éventuelles de l'option du bailleur pour l'appartenance à un groupe TVA, voir n° 12003.

E. Modalités d'imposition des locations soumises à la TVA

Lorsqu'elles sont taxables, de plein droit ou par option, les SCI de location sont tenues de respecter les différentes règles relatives à la TVA, règles que nous exposons brièvement ci-après en insistant sur les points susceptibles d'intéresser plus particulièrement ces sociétés. Sur les conséquences éventuelles de l'option du bailleur pour l'appartenance à un groupe TVA, voir n° 12003. 32900

Les locations soumises à la TVA sont exonérées de la **contribution sur les revenus locatifs.**

1. BASE D'IMPOSITION

Pour les locations passibles de la TVA, cette dernière doit être acquittée sur l'ensemble des sommes perçues en contrepartie du service rendu (CGI art. 266, 1-a). La TVA est due sur les **loyers et préloyers** mais aussi sur les sommes qui constituent pour les locataires des frais supplémentaires du loyer tels que **droits d'entrée** ou **pas-de-porte.** 32905

Selon l'administration, la TVA n'est exigible sur les **dépôts de garantie** et **cautionnements** versés par les locataires que si, et au moment où, survient la clause contractuelle de leur conservation par le bailleur (BOI-TVA-BASE-10-10-10 n° 20). Toutefois, il a été jugé que les dépôts de garantie appréhendés en fin de bail par le bailleur pour effectuer les travaux de remise en état, à la suite de dégradations commises par les locataires, n'ont pas pour effet de rémunérer le bailleur d'un élément de la prestation de location, même si le versement du dépôt de garantie est prévu contractuellement au bail, mais de le **dédommager** de l'**inexécution** par ses locataires de leur **obligation de restituer le bien** loué **en bon état** en fin de location ; par suite, ils ne peuvent être soumis à la TVA en application de l'article 256 du CGI (TA Versailles 23-9-2003 n° 01-1982 : RJF 1/04 n° 27). Selon nous, cette jurisprudence doit être approuvée même si elle a depuis été contredite par une autre juridiction (TA Paris 17-10-2006 n° 00-1614 : RJF 3/07 n° 265).

> Précisions a. Les remboursements de **charges locatives,** c'est-à-dire les charges qui incombent normalement au locataire (eau chaude, chauffage, réparations locatives, etc.) sont en principe taxables. Toutefois, l'administration admet que les propriétaires peuvent – bien qu'agissant en leur nom propre et sous réserve que les autres conditions fixées par l'article 267, II-2° du CGI (régime des débours) soient remplies – ne pas inclure dans leur base d'imposition les remboursements exacts des charges (autres qu'impôts et redevances) ayant véritablement un caractère locatif ainsi que les provisions pour charges régularisées au moins une fois par an (BOI-TVA-BASE-10-10-30 nos 300 s.).

b. Les **charges incombant normalement au bailleur** (taxe foncière, contribution sur les revenus locatifs, grosses réparations et autres charges non récupérables) et mises à la charge du preneur s'analysent en un supplément de loyer soumis à la TVA.

2. FAIT GÉNÉRATEUR ET EXIGIBILITÉ

32920 Pour les locations d'immeubles – prestations donnant lieu à l'établissement de décomptes ou à des encaissements successifs – le **fait générateur** de la taxe (qui se définit comme le fait par lequel sont réalisées les conditions légales nécessaires pour l'exigibilité de la taxe) est réputé intervenir lors de l'expiration des périodes auxquelles ces décomptes et ces encaissements se rapportent.

Quant à l'**exigibilité** (définie comme le « droit que le Trésor public peut faire valoir, à partir d'un moment donné, auprès du redevable pour obtenir le paiement de la taxe »), elle intervient lors de l'encaissement des acomptes, du prix ou de la rémunération.

Des deux notions – fait générateur et exigibilité –, c'est celle de l'exigibilité qui revêt, en pratique, la plus grande importance.

La date de l'**encaissement** détermine la période (mois, trimestre, etc.) au titre de laquelle le montant des locations imposables doit faire l'objet d'une **déclaration** avec paiement de l'impôt correspondant. Elle détermine en outre la date à partir de laquelle le **droit à déduction** prend naissance chez le locataire (CGI art. 271-I-2).

> Précisions a. En cas de **paiement par chèque,** la taxe n'est exigible, en principe, que lors de l'encaissement de ce chèque soit directement, soit par inscription au compte.
Cependant, en pratique, le redevable qui reçoit un chèque en paiement acquitte généralement la taxe dès la remise du chèque par son client. Mais le paiement n'est confirmé que lorsque le chèque est encaissé. Dès lors, si le chèque n'est pas provisionné, l'exigibilité doit être considérée comme n'étant pas effectivement intervenue et le redevable peut opérer l'imputation de la taxe acquittée lors de la remise du chèque.
b. Des loyers inscrits en **charges à payer** chez la société débitrice ne constituent pas des encaissements imposables à la TVA pour la société créancière dès lors que la situation financière de la société débitrice ne lui permet pas de payer ces loyers (CAA Lyon 27-2-2006 n°s 00-796 et 03-576 : RJF 8-9/06 n° 1010).

3. TAUX DE LA TVA

32940 Pour toutes les locations d'immeubles soumises à la TVA – autres que les locations meublées –, le taux de la TVA applicable, c'est-à-dire facturé par le bailleur, est le taux normal de 20 %.

Pour les locations meublées et les locations assimilées, le taux applicable est le taux intermédiaire de 10 % (CGI art. 279, a), sauf pour certaines locations qui bénéficient du taux de 5,5 % (CGI art. 278-0 bis, C).

Ces taux s'appliquent à une **base hors taxe.**

> Précisions En tant que « clientes », les SCI peuvent bénéficier du taux intermédiaire de TVA applicable aux **travaux** d'amélioration, de transformation, d'aménagement et d'entretien portant sur des **locaux à usage d'habitation** achevés depuis plus de deux ans (CGI art. 279-0 bis). À ce titre, elles acquittent des factures normalement grevées d'une TVA au taux de 10 %, étant précisé que les travaux d'amélioration de la qualité énergétique ouvrent droit au taux réduit de 5,5 % (CGI art. 278-0 bis A).

4. DÉDUCTIONS DE TVA

PRINCIPES

32960 Si elles effectuent des locations effectivement, et à bon droit, taxées à la TVA, les SCI sont admises à déduire de la taxe qu'elles acquittent au titre de ces locations tout ou partie de la **taxe qui grève l'ensemble des biens,** y compris les investissements (achat ou construction des **immeubles** loués), ou des **services** utilisés pour la réalisation de ces opérations. L'existence d'un **lien direct et immédiat** entre une **opération** particulière **en amont** et une ou plusieurs **opérations en aval ouvrant droit à déduction** est, en principe, nécessaire. Ce lien direct et immédiat présuppose que les dépenses effectuées pour acquérir les biens et les services fassent partie des éléments constitutifs du prix des opérations en aval ouvrant droit à déduction ; à défaut d'un tel lien, un droit à déduction peut néanmoins être reconnu si les dépenses font partie des frais généraux de l'entreprise.

> Précisions a. Le fait qu'un redevable ne soit pas **propriétaire** des biens qu'il utilise ne s'oppose pas à la déduction de la taxe les ayant grevés.
b. La déduction de la taxe grevant les biens et les services acquis par les redevables n'est pas subordonnée à la condition que ces biens et services soient nécessaires à l'exploitation. Les assujettis peuvent ainsi déduire la TVA qui grève leurs **dépenses,** pour autant que ces dépenses ne soient pas visées par une mesure d'exclusion particulière et qu'elles soient **utilisées pour les**

besoins de leurs opérations ouvrant droit à déduction (BOI-TVA-DED-30-10 n° 10).
c. Pour que le droit à déduction de la taxe puisse être exercé, il faut que le bien ait été acquis par un **assujetti agissant en tant que tel.** L'**utilisation** qui est faite des biens ou des services ne détermine que l'étendue de la déduction initiale à laquelle l'assujetti a droit et les éventuelles régularisations au cours des périodes suivantes. De ce fait, une acquisition faite à des fins privées puis affectée ultérieurement à des fins professionnelles n'ouvre en principe pas droit à déduction (CJUE 11-7-1991 aff. 97/90 : RJF 10/91 n° 1325). Toutefois, pour déterminer si une personne acquiert des biens en tant qu'assujetti lorsqu'il n'y a pas d'utilisation immédiate des biens à des activités économiques, la CJUE juge qu'il faut se référer à son **intention,** qui peut être mise en évidence par la nature des biens concernés, ou la période écoulée entre acquisition et utilisation professionnelle (voir n° 32976, Précisions).
d. Les premières dépenses d'investissement effectuées pour les besoins et en vue d'une **entreprise future** doivent être considérées comme des activités économiques. La TVA afférente à ces dépenses peut être déduite (selon les modalités exposées ci-après) sans attendre l'existence d'un revenu taxable.
e. Sur les conséquences éventuelles de l'option pour l'appartenance à un **groupe TVA** sur les modalités de déduction de la TVA, voir n° 12003.

Constitution de secteurs distincts En préambule, il faut noter que les **opérations situées hors du champ** de la TVA et les opérations situées **dans le champ de la TVA** doivent être comptabilisées dans des comptes distincts pour l'application du droit à déduction (CGI ann. II art. 209, I-1°). 32965

Par ailleurs, les **opérations** situées dans le champ d'application de la TVA qui ne sont **pas soumises à des dispositions identiques** au regard de la TVA doivent être érigées en secteurs distincts pour l'exercice des droits à déduction (CGI ann. II art. 209, I-2°). À noter qu'en principe, on ne parle de « secteur distinct » qu'à propos d'opérations situées dans le champ d'application de la TVA.

Enfin, il existe des **dispositions spécifiques** qui imposent la constitution de secteurs distincts pour certaines activités, parmi lesquelles on peut citer la location d'immeubles nus à usage professionnel imposée par option (CGI ann. II art. 209, I-2°).

La constitution de secteurs distincts n'impose pas de tenir des **comptabilités** séparées. Il suffit que les données comptables propres à chaque secteur (acquisitions, opérations taxables ou exonérées, cessions d'immobilisations, transferts, etc.) apparaissent dans la comptabilité de la SCI, complétée le cas échéant par des registres annexes, et que la société soit en mesure de justifier les mentions portées sur ses déclarations. De même, une seule **déclaration** TVA est souscrite, sur laquelle sont regroupés les éléments propres à chaque secteur (notamment tous les droits à déduction, tous secteurs confondus).

En pratique, pour une SCI, ces principes ont les conséquences suivantes : 32970

- si la société n'exerce **que des activités taxables à titre obligatoire,** elle ne doit pas sectoriser ;
- si, **en sus de son activité taxable,** elle loue un ou plusieurs immeubles ou ensembles d'immeubles dont la **location** n'est **pas taxée à la TVA,** elle doit constituer des secteurs distincts ;
- elle doit constituer en secteurs distincts toutes les locations d'immeubles nus taxées à la **TVA sur option.** Chaque immeuble (ou ensemble immobilier) constitue un secteur distinct.

La sectorisation par immeuble (ou ensemble d'immeubles) a pour principale conséquence d'imposer le calcul des droits à déduction secteur par secteur. Une fois calculés séparément, secteur par secteur, les droits à déduction sont globalisés sur la déclaration unique.

MONTANT DU DROIT À DÉDUCTION

Le montant de TVA déductible est déterminé en fonction d'un **coefficient de déduction** propre à chaque bien ou service, qui est égal au produit de trois coefficients distincts : le coefficient d'assujettissement, le coefficient de taxation et le coefficient d'admission (CGI ann. II art. 205 et 206, I). 32975

Qu'il s'agisse d'immobilisations ou d'autres biens ou services, la déduction est effectuée en fonction de l'utilisation réelle du bien ou du service, et cela quelle que soit la qualité de l'exploitant : redevable intégral ou redevable partiel, assujetti partiel.

> Précisions a. Il y a **assujettissement partiel** à la TVA lorsqu'un assujetti réalise des opérations dont certaines sont situées hors du champ d'application de la TVA et les autres dans le champ d'application de la taxe. Le **redevable partiel** est l'assujetti (effectuant ou non par ailleurs des opérations hors champ) qui réalise, à côté de ses opérations placées dans le champ d'application et ouvrant droit à déduction de TVA, des opérations dans le champ mais n'ouvrant pas droit à déduction.
b. Les trois coefficients doivent être **arrondis** à

la 2e décimale par excès et le coefficient de déduction qui en résulte est lui-même arrondi à la 2e décimale par excès (CGI ann. II art. 206, V-2).

c. Chaque **coefficient est provisoire** et doit être déterminé en fonction de l'utilisation du bien ou du service au moment de son achat ou de sa première utilisation. Il doit ensuite faire l'objet d'un calcul définitif avant le 25 avril de l'année suivante ou, pour les opérateurs qui deviennent redevables en cours d'année, avant le 31 décembre de l'année suivante (CGI ann. II art. 206, V-2), par rapport à l'utilisation réelle du bien ou du service sur la durée d'utilisation réelle, ce qui doit entraîner une régularisation de TVA (déduction complémentaire ou reversement) si le moindre écart est constaté entre le coefficient provisoire et le coefficient définitif.

d. Lorsqu'un **bien** est **utilisé pendant une durée inférieure à l'année civile,** il n'y a pas lieu d'appliquer un prorata temporis (BOI-TVA-DED-60-20-40 n° 30).

e. Le coefficient de déduction permet de déterminer à la fois les montants de TVA déductible initialement et, au travers de ses variations, les régularisations de taxe auxquelles l'assujetti peut être tenu. Il doit donc être déterminé, pour chaque bien et service grevé de TVA, même si la société est un **redevable intégral.**

32976 **Coefficient d'assujettissement** Le coefficient d'assujettissement détermine la **proportion d'utilisation** du bien ou du service **à des activités dites « imposables »,** c'est-à-dire entrant dans le champ d'application de la TVA. Il doit être calculé dès l'acquisition, l'importation ou la première utilisation d'un bien ou d'un service, en fonction de l'affectation à des opérations dites « imposables », c'est-à-dire entrant dans le champ d'application de la TVA (qu'elles soient effectivement taxées ou exonérées).

Le coefficient **est égal** à 1 pour les sociétés qui réalisent exclusivement des opérations imposables, même si elles ne sont que des redevables partiels. Il en est de même pour les biens et services utilisés exclusivement pour les besoins d'opérations imposables par des assujettis partiels. En revanche, le coefficient est égal à 0 pour les biens ou services utilisés exclusivement pour la réalisation d'opérations situées hors du champ d'application de la TVA.

Si un bien ou un service est utilisé à la fois pour la réalisation d'opérations imposables et non imposables, la société doit déterminer sa proportion d'utilisation pour les opérations imposables en fonction d'une clef physique d'affectation, selon des critères tels que : temps d'utilisation des matériels, surfaces, salaires, nombre de salariés, recettes, etc. Le coefficient déterminé pour chaque bien ou service acquis en vue d'une utilisation mixte est alors compris entre 0 et 1. La société peut également, sous sa responsabilité et sans avoir à en avertir l'administration, déterminer, pour l'ensemble des biens et services « mixtes », un coefficient unique par année civile (CGI ann. II art. 206 V-1-1°).

› Précisions a. Par **dérogation au principe de l'affectation,** l'administration peut autoriser les entreprises à appliquer pour l'ensemble de leurs **dépenses (mixtes ou non mixtes)** une clef de répartition calculée en fonction de la quote-part des recettes taxables par rapport aux recettes totales. Autrement dit, toutes les dépenses sont réputées mixtes. Cette autorisation doit être sollicitée sur papier libre et s'applique pendant une année civile entière. Elle est renouvelée par tacite reconduction sauf dénonciation par le contribuable ou par l'administration avant le 31 décembre de l'année considérée (BOI-TVA-DED-20-10-10 nos 30 et 40).

b. Selon la législation française, l'**affectation à des opérations imposables d'un bien initialement** exclusivement affecté à des opérations **hors champ** n'ouvre aucun droit à déduction. Son coefficient d'assujettissement reste égal à 0 et le changement d'utilisation du bien ne peut donc pas donner lieu à une déduction complémentaire au titre des régularisations (CGI ann. II art. 207, III-4-2°-b). À noter toutefois la jurisprudence contraire de la CJUE qui a jugé que c'est l'acquisition d'un bien ou d'un service par un assujetti agissant en tant que tel qui détermine le mécanisme des déductions et régularisations et non pas l'utilisation qui peut en être faite initialement, qui ne détermine que l'étendue de la déduction initiale. Elle a, sur ce fondement, admis la déduction d'une part de la TVA liée à un bien affecté à une activité hors champ puis à une activité taxée (CJUE 25-7-2018 aff. 140/17 : RJF 12/18 n° 1303).

32977 **Coefficient de taxation** Le coefficient de taxation détermine la **proportion d'utilisation** du bien ou du service **à des activités ouvrant droit à déduction.** Il doit être calculé dès l'acquisition, l'importation ou la première utilisation d'un bien ou d'un service, en fonction de l'affectation à des opérations ouvrant droit à déduction. Aucune distinction n'est à faire entre les immobilisations et les autres biens ou services (CGI ann. II art. 206, III).

Le coefficient **est égal** à 1 pour les biens et services exclusivement utilisés pour des opérations ouvrant droit à déduction (par exemple, locations aménagées à usage professionnel) ; il est égal à 0 pour les biens et services utilisés exclusivement pour des opérations dans le champ d'application de la TVA mais n'ouvrant pas droit à déduction. Pour les biens ou services utilisés concurremment pour des opérations situées dans le champ d'application de la TVA mais dont certaines ouvrent droit à déduction et d'autres n'ouvrent pas droit à déduction, le coefficient est compris entre 0 et 1 et est déterminé de manière forfaitaire selon les modalités exposées n° 32978.

Le coefficient de taxation forfaitaire utilisé pour les **biens et services d'utilisation mixte** est égal au rapport entre (CGI ann. II art. 206, III-3) : 32978

1. Au **numérateur,** le montant annuel du chiffre d'affaires afférent aux opérations ouvrant droit à déduction (opérations taxables et opérations assimilées), y compris les subventions directement liées à ces opérations ;

2. Au **dénominateur,** le montant annuel du chiffre d'affaires afférent à l'ensemble des opérations situées dans le champ d'application de la TVA. On doit donc retenir ici la totalité des recettes qui proviennent :

– des opérations ouvrant droit à déduction (c'est-à-dire des sommes figurant déjà au numérateur) ;

– et des opérations n'ouvrant pas droit à déduction.

Lorsque la société a constitué des **secteurs d'activités distincts,** le chiffre d'affaires à retenir pour le calcul du coefficient de taxation forfaitaire est celui du ou des secteurs pour lesquels le bien ou le service est utilisé (CGI ann. II art. 206, III-3-2°).

La société peut, sous sa responsabilité et sans avoir à en avertir l'administration au préalable, retenir par année civile, pour l'ensemble des biens et services, un **coefficient unique** de taxation déterminé de manière forfaitaire (CGI ann. II art. 206, V-1-2°). Le coefficient de taxation forfaitaire, qui est en principe utilisé pour les seuls biens d'utilisation mixte, s'applique alors à l'**ensemble des biens et services** acquis par la société.

> Précisions a. Le **chiffre d'affaires à retenir** pour le calcul du coefficient (numérateur et dénominateur) est celui correspondant aux opérations pour lesquelles l'exigibilité est intervenue (les opérations exonérées doivent être prises en compte à la date à laquelle l'exigibilité serait intervenue en cas de soumission à la TVA). Il s'entend tous frais et taxes compris, à l'exclusion de la TVA elle-même (BOI-TVA-DED-20-10-20 n° 50).

b. On ne doit pas retenir les sommes qui proviennent des **activités situées hors du champ d'application de la TVA,** notamment les indemnités d'assurances reçues à la suite d'un sinistre.

c. Les sommes ci-après sont **à exclure** complètement pour le calcul du coefficient (c'est-à-dire qu'elles n'ont à figurer ni au numérateur ni au dénominateur) **même si** elles sont afférentes à des opérations situées **dans le champ d'application de la TVA** (liste non exhaustive) :

– remboursements de débours perçus par un mandataire et non soumis à la TVA ;

– recettes non imposables encaissées pour le compte d'un tiers pour lui être reversées ;

– livraisons à soi-même de biens immobilisés soumises à la TVA ;

– cessions de biens d'investissement corporels ou incorporels, que ces cessions soient imposées ou exonérées de TVA ;

– produits financiers (intérêts des prêts ou placements) exonérés de TVA (et n'ouvrant pas droit à déduction) mais dans le champ d'application de la TVA, lorsque ces recettes ont la nature d'opérations financières accessoires (CGI ann. II art. 206, III-3-3° b). Cette condition est remplie lorsque le produit des opérations financières exonérées présentant un lien avec l'activité principale de la société nécessite une utilisation limitée au maximum à 10 % des biens et des services grevés de TVA qu'elle a acquis (proportion appliquée à la valeur de l'acquisition par la société de chacun de ces biens et services pour déterminer leur valeur d'utilisation ; l'administration considère que le calcul de ce rapport permettant d'apprécier le seuil de 10 % doit être effectué en faisant abstraction des dépenses de frais généraux). Les opérations financières ne doivent toutefois pas être le prolongement direct, permanent et nécessaire de l'activité taxable de l'assujetti (CE 21-10-2011 n° 315469 : RJF 1/12 n° 24 ; BOI-TVA-DED-20-10-20 n° 210). À titre de règle pratique, l'administration admet que la condition liée à la très faible utilisation de biens et de services grevés de TVA prévue par l'article 206, III-3-3° de l'annexe II au CGI est réputée satisfaite lorsque le produit des opérations financières exonérées présentant un lien avec l'activité principale n'excède pas 5 % du montant du chiffre d'affaires total toutes taxes comprises de l'entité considérée ;

– recettes immobilières exonérées de TVA (en pratique, c'est le cas essentiellement des locations de terres et bâtiments agricoles, des locations de terrains non aménagés et de locaux nus et des locations meublées à usage d'habitation) lorsqu'elles ont un caractère accessoire, apprécié sous les mêmes conditions que celles prévues pour les opérations financières (CGI ann. II art. 206, III-3-3° b).

Coefficient d'admission Le coefficient d'admission prend en compte les éventuelles exclusions ou restrictions du droit à déduction. 32980

Il **est égal** à 1 lorsque le bien ou le service ne fait l'objet d'aucune exclusion ou restriction du droit à déduction (CGI ann. II art. 206, IV-1).

Il est compris entre 0 et 1 lorsque le bien ou le service fait l'objet d'une restriction du droit à déduction : en pratique, cela concerne seulement certains produits pétroliers (CGI ann. II art. 206, IV-3).

Le coefficient d'admission est égal à 0 dans certains cas particuliers (CGI ann. II art. 206, IV-2). En pratique, cela aboutit à une exclusion du droit à déduction de la taxe grevant les dépenses correspondantes. Parmi les cas listés par le CGI, citons les biens fournis sans rémunération ou pour un prix trop bas.

JUSTIFICATION DU DROIT À DÉDUCTION

32990 Pour procéder à la déduction de la taxe ayant grevé les biens et les services qu'elles utilisent pour leurs opérations de location imposables, les SCI doivent être en mesure d'en justifier.

Pour les biens et services qu'elles acquièrent, la taxe déductible est normalement celle qui figure sur les **factures d'achat** qu'elles détiennent (CGI art. 271-II).

En ce qui concerne la taxe acquittée à l'occasion d'une **livraison à soi-même,** la justification du montant de la taxe déductible est apportée par la mention de l'opération sur les déclarations de TVA souscrites par la SCI.

> **Précisions** La taxe qui a grevé une **acquisition** faite **par un fondateur** de SCI dans l'intérêt de la société non encore créée peut ouvrir droit à déduction si la société a ratifié cet achat et si le fondateur n'a pas utilisé le bien acquis pour exercer lui-même une activité taxable (CE 30-4-1980 n° 15506 : RJF 6/80 p. 266 ; en ce sens également, CJUE 1-3-2012 aff. 280/10 : RJF 5/12 n° 545).

MODALITÉS DE RÉCUPÉRATION DE LA TAXE DÉDUCTIBLE

33000 Les modalités de récupération de la TVA dépendent du régime d'imposition des redevables. Sur les conséquences de l'option pour l'appartenance à un groupe TVA, voir n° 12003.

1. Pour les redevables relevant du **régime réel normal,** la récupération de la TVA déductible s'opère normalement par voie d'**imputation** sur la taxe due au titre des locations taxées. Mais les crédits non imputables peuvent faire l'objet d'un **remboursement** direct.

Le remboursement est en principe **annuel** (montant minimum de 150 €), mais il peut être **trimestriel** ou **mensuel** (selon que le redevable dépose des déclarations de chiffre d'affaires selon une périodicité trimestrielle ou mensuelle) dès lors que la demande de remboursement porte sur un montant minimum de 760 €.

Le remboursement est accordé sur demande, formulée en principe sur un **formulaire spécial** n° 3519-SD (redevables relevant du régime réel normal) transmis obligatoirement par voie électronique. Pour accélérer l'instruction des demandes de remboursement, l'administration recommande d'utiliser un formulaire n° 3310 ter destiné à justifier de la quotité des droits mentionnés sur la déclaration notamment dans le cas de bailleurs ayant constitué des secteurs distincts (BOI-TVA-DED-20-20 n° 170).

Dès le **dépôt de la demande** de remboursement, le crédit figurant sur la déclaration de TVA doit être diminué du montant du remboursement demandé. Lorsque le remboursement a été effectué, le crédit remboursé est définitivement annulé. Si le montant remboursé est égal à celui demandé, la société ne doit plus le faire figurer sur les déclarations de TVA suivantes ; mais si le montant remboursé est différent de celui demandé, elle doit rectifier en conséquence la première déclaration de TVA suivant le remboursement.

2. Pour les redevables placés sous le **régime simplifié** d'imposition, les modalités de remboursement sont les suivantes (CGI ann. II art. 242-0 C, I-2 et 242 septies J).

Chaque année, ou chaque exercice, lors du dépôt de la **déclaration de régularisation** CA 12 ou CA 12 E, les redevables déterminent, pour la période écoulée, la TVA nette due ou le crédit de taxe non imputé. Ce crédit peut leur être remboursé en totalité à condition que la somme à rembourser soit au moins égale à 150 € (les éventuels excédents de versement d'acomptes, pour leur part, sont remboursables quel que soit leur montant). La **demande de remboursement** est formulée directement sur la déclaration de régularisation.

Les redevables peuvent, toutefois, demander un **remboursement semestriel** du crédit constitué par la **taxe déductible** ayant grevé l'acquisition de biens constituant des **immobilisations** lorsque son montant est au moins égal à 760 €. La demande est formulée, par voie électronique, sur le formulaire n° 3519-SD auquel doivent être joints la ou les factures ou les documents en tenant lieu qui mentionnent notamment la taxe déductible sur les immobilisations à l'origine du crédit. Pour les entreprises qui souscrivent une déclaration annuelle en fonction de l'année civile, ce remboursement peut être demandé uniquement sur le relevé de l'acompte de juillet. Les remboursements ont un caractère prévisionnel : ils donnent lieu à régularisation lors du dépôt de la déclaration CA 12 ou CA 12 E.

> **Précisions** **a.** Pour instruire les demandes de remboursement, l'administration peut, après l'envoi d'un avis d'**instruction sur place,** procéder dans les locaux de l'assujetti à des constats matériels et consulter les livres ou documents comptables et les pièces justificatives. Elle peut également prendre copie de ces documents. En cas d'opposition du contribuable à l'instruction sur place, la demande de remboursement peut être rejetée pour défaut de justification.
> En tout état de cause, l'administration doit en principe prendre sa décision dans le double délai de quatre mois à compter de la notification au contribuable de l'avis d'instruction sur place et de soixante jours à compter de la première intervention sur place. À défaut, la demande est réputée acceptée (LPF art. L 198 A).
> **b.** La taxe afférente aux **livraisons à soi-même d'immobilisations** ne peut pas faire l'objet de remboursements semestriels. Cette taxe est liquidée sur la déclaration de régularisation.
> **c.** La **TVA déductible** afférente aux **immobilisations** peut également être imputée, dans le régime simplifié, sur le montant des acomptes (dans les conditions exposées n° 33080).
> **d.** La remise en cause d'un **remboursement de crédit de taxe obtenu indûment** entraîne l'application d'une **amende** égale à 40 % des sommes restituées lorsque la mauvaise foi de l'intéressé est établie (on parle de « manquement délibéré ») ou à 80 % des sommes s'il s'est rendu coupable de manœuvres frauduleuses (CGI art. 1729).

DATE DE LA DÉDUCTION

La taxe déductible doit être mentionnée sur les **déclarations** déposées pour le paiement de la TVA. **33010**

Pour les **sociétés qui deviennent redevables** de la TVA, cette mention peut être faite :
– par les sociétés **obligatoirement taxables** dès qu'elles ont manifesté, par une déclaration d'existence et par des acquisitions ouvrant droit à déduction, l'intention de réaliser des locations taxables ;
– par les sociétés taxables à la TVA du fait de l'**option,** dès la date d'effet de leur option.
La mention de la taxe déductible peut être portée sur la déclaration déposée au titre du mois pendant lequel le droit à déduction a pris naissance.

La mention de la TVA déductible peut être faite **avant même** que les sociétés devenant redevables de la TVA aient commencé à percevoir des **loyers** ou des préloyers.

NOUVEAUX REDEVABLES

Les SCI qui deviennent redevables de la TVA (soit obligatoirement, soit sur option) peuvent bénéficier d'un droit à déduction : **33020**
– de la TVA ayant grevé les biens constituant des **immobilisations neuves** n'ayant pas encore commencé à être utilisés à la même date ;
– d'une fraction de la TVA ayant grevé les biens constituant des **immobilisations en cours d'utilisation** à cette date ;
– de la TVA ayant grevé les biens ne constituant pas des immobilisations et qu'ils détiennent en **stock** à la date à laquelle ils deviennent redevables.

Ce droit à déduction s'opère dans le cadre du régime des **régularisations.**

RÉGULARISATIONS

Les **déductions** de TVA régulièrement opérées présentent en principe un caractère définitif. **33030**
Elles peuvent cependant être **remises en cause** dans certains cas, variables selon qu'il s'agit d'immobilisations ou d'autres biens ou services (CGI ann. II art. 207).

1. En ce qui concerne les **immobilisations,** il convient de distinguer **deux catégories de régularisations** : les régularisations dites « annuelles » qui tiennent compte de l'évolution de l'utilisation du bien immobilisé (utilisation pour la réalisation d'opérations ouvrant droit ou n'ouvrant pas droit à déduction) ; les régularisations dites « globales » qui sont déclenchées par la survenance de certains événements affectant le coefficient de déduction de l'immobilisation.

2. Les régularisations concernant les **immobilisations,** qu'elles soient annuelles ou globales, ne doivent être effectuées que pendant une certaine **période** dont la durée est de vingt ans pour les immeubles et de cinq ans pour les autres biens (CGI ann. II art. 207, II). La période de régularisation court à compter de l'année au cours de laquelle le bien a été acquis, importé, achevé, utilisé pour la première fois ou transféré entre secteurs d'activités distincts, ladite année étant comptée pour une année entière.

3. Chaque année, durant la période définie ci-dessus, une **régularisation dite annuelle** de la taxe initialement déduite sur les **biens immobilisés** doit être opérée lorsque la différence entre le produit des coefficients d'assujettissement et de taxation de l'année, d'une part, et le produit des coefficients d'assujettissement et de taxation de référence, d'autre part, est supérieure, en valeur absolue, à un dixième.

La régularisation annuelle s'opère uniquement au vu de la variation de l'activité de la société.

4. La taxe initialement déduite sur les **biens immobilisés** doit également faire l'objet d'une régularisation lorsque certains **événements** affectant la situation du bien au regard du droit à déduction interviennent avant l'expiration de la période de régularisation au terme de laquelle la déduction présente un caractère définitif.

Les **régularisations** devant être effectuées lors de la survenance de ces événements sont **dites « globales »,** en ce sens qu'elles constituent la somme des régularisations annuelles qui devraient intervenir jusqu'au terme de la période de régularisation s'il était possible d'étaler ces régularisations annuelles jusque-là.

Les cas de régularisations globales sont les suivants :
- cession ou apport en société non soumis à la TVA sur le prix total ou la valeur totale ;
- transfert entre secteurs d'activités ;
- cession ou apport soumis à la TVA sur le prix total, la valeur totale ou la marge ;
- modification législative ou réglementaire des règles d'exclusion ;
- biens cessant d'être utilisés pour la réalisation d'opérations ouvrant droit à déduction ;
- biens en cours d'utilisation venant à être utilisés pour la réalisation d'opérations ouvrant droit à déduction.

La régularisation globale doit être calculée et prise en compte même si la différence entre le produit des coefficients d'assujettissement et de taxation considérés pour les années restant à courir, d'une part, et le produit des coefficients d'assujettissement et de taxation de référence, d'autre part, est inférieure ou égale, en valeur absolue, à un dixième.

> Précisions a. Sur les conséquences de la **transmission d'une universalité** lors de la cession d'un immeuble loué, voir n° 33290.

b. Sur la situation des **biens initialement exclusivement affectés à des opérations hors champ** d'application de la TVA, voir n° 32976.

5. OBLIGATIONS INCOMBANT AUX SCI DE LOCATION REDEVABLES DE LA TVA

33060 Qu'elles soient taxées à la TVA sur option ou de plein droit, les SCI de location sont tenues aux mêmes obligations que les autres redevables de la TVA, et notamment à l'obligation de télédéclaration et de télérèglement de la TVA.

Si la SCI de location cesse son activité, sa dernière déclaration de chiffre d'affaires est à souscrire dans les 30 jours, délai porté à 60 jours si la SCI est imposable selon le régime simplifié.

Sur les conséquences de l'option pour l'appartenance à un groupe TVA, voir n° 12003.

OBLIGATIONS DÉCLARATIVES

33065 En dehors de la **déclaration de création d'activité** prévue à l'article 286 du CGI (bulletin d'identification ou bulletin modificatif d'activité), à déposer en principe dans les quinze premiers jours du commencement de l'activité taxable, les obligations déclaratives des SCI de location dépendent du régime d'imposition sous lequel elles se trouvent placées, de plein droit ou sur option.

Insistons sur le fait que les **bailleurs qui souhaitent opter** pour le paiement de la TVA doivent adresser une déclaration en ce sens, tandis que les bailleurs imposables de plein droit doivent, le cas échéant, **renoncer** expressément **à la franchise** en base pour préserver leurs droits à déduction.

Ces **régimes d'imposition** – régime simplifié et réel normal – sont fonction du chiffre d'affaires annuel réalisé par les SCI au titre de l'année civile précédente et du montant de la TVA exigible au titre de la même année (même si la date de clôture de leur exercice ne coïncide pas avec l'année civile).

Pour l'application des règles relatives aux différents régimes d'imposition et notamment pour l'**appréciation des chiffres limites** annuels du régime simplifié – qui sont pour les locations autres que meublées de 254 000 € hors taxe et pour les locations meublées de 840 000 € –, les SCI doivent retenir l'ensemble des recettes qui proviennent de tous leurs immeubles et, le cas échéant, les ajuster au prorata du temps d'exploitation effective au cours de l'année civile. Ces seuils sont applicables pour 2023, 2024 et 2025.

Les SCI dont la **TVA exigible** au titre de l'année civile précédente excède 15 000 € relèvent, en matière de TVA, du régime réel normal d'imposition (et non du régime simplifié), même si leur chiffre d'affaires n'excède pas les limites du régime simplifié.

À noter que s'il est d'une certaine ampleur, le **dépassement du seuil d'application** du régime simplifié fait passer la SCI au réel normal dès le 1er jour de l'exercice en cours.

Franchise en base L'**objet** de la franchise en base est de dispenser le fournisseur d'un bien ou service normalement taxable à la TVA de la déclaration et du paiement de la TVA. Les personnes qui en bénéficient ne peuvent pratiquer aucune déduction de TVA, ce qui est, en général, pénalisant d'un point de vue financier, ni faire apparaître la taxe sur leurs factures ou sur tout autre document en tenant lieu (CGI art. 293 B). 33070

Certaines **opérations** sont **exclues** de la franchise. Il en est ainsi de toutes les opérations taxées à la TVA sur option (locaux professionnels, principalement). Sont également exclues les opérations immobilières soumises à la TVA en application de l'article 257, I du CGI.

La franchise est applicable l'année N aux SCI dont le chiffre d'affaires (hors TVA) de l'année N – 1 n'a pas excédé :

– pour les locations en meublé : 91 900 € ou 101 000 € (à condition, dans ce dernier cas, que le chiffre d'affaires de l'année N – 2 n'ait pas dépassé 91 900 €) ;

– pour les autres prestations (locations de parkings, locations aménagées à usage professionnel notamment) : 36 800 € ou 39 100 € (à condition, dans ce dernier cas, que le chiffre d'affaires de l'année N – 2 n'ait pas dépassé 36 800 €).

La franchise **cesse de s'appliquer** aux SCI dont le chiffre d'affaires (hors TVA) de l'année N dépasse la limite de 101 000 € (locations en meublé) ou de 39 100 € (autres prestations) : elles deviennent redevables de la TVA pour les opérations effectuées à compter du premier jour du mois au cours duquel la limite est dépassée.

Les limites mentionnées ci-dessus sont applicables pour 2023, 2024 et 2025.

Les SCI bénéficiaires de la franchise peuvent **opter pour le paiement de la TVA** (CGI art. 293 F) ; cette option couvre obligatoirement une période de deux années, y compris celle au cours de laquelle elle est déclarée. Cette option est renouvelable pour la même durée par tacite reconduction, sauf dénonciation. Elle est reconduite de plein droit si les SCI redevables ont bénéficié, au cours ou à l'issue de la période couverte par l'option, d'un remboursement de crédit de TVA. L'option pour le paiement de la TVA permet notamment aux SCI de récupérer la TVA grevant leurs investissements et leur évite, le cas échéant, d'avoir à procéder aux régularisations qu'entraîne la perte de la qualité de redevable. Elle emporte aussi exonération de la contribution sur les revenus locatifs dont sont passibles certaines SCI.

La franchise s'applique de droit aux **sociétés nouvelles,** pour leur première année d'activité, tant que les limites de 101 000 € ou 39 100 € ne sont pas franchies. Il appartient aux sociétés nouvelles qui ne souhaitent pas bénéficier de la franchise en base de l'indiquer au service des impôts dès le début de l'activité.

Régime simplifié : principes Les SCI placées sous le régime simplifié d'imposition doivent transmettre par voie électronique une **déclaration annuelle** de régularisation. Si leur exercice coïncide avec l'année civile, la déclaration (modèle CA 12) doit être souscrite au plus tard le deuxième jour ouvré suivant le 1er mai de l'année qui suit celle au titre de laquelle elle est déposée ; en cas d'exercice clos en cours d'année, la déclaration (modèle CA12 E) doit être souscrite dans les trois mois qui suivent la clôture. 33075

En **cours d'année,** elles n'ont pas de déclaration à déposer mais doivent – sauf la dispense prévue pour les plus petites d'entre elles (voir ci-après) – verser deux **acomptes semestriels** en juillet (55 %) et décembre (40 %). Ces acomptes sont calculés à partir de la taxe due au titre de l'année ou de l'exercice précédent avant déduction de la TVA relative aux biens constituant des immobilisations.

Le **complément** d'impôt **éventuellement exigible** est versé lors du dépôt de la déclaration annuelle.

Il y a **dispense du versement d'acomptes** lorsque la taxe due au titre de l'année ou de l'exercice précédent, avant déduction de la TVA relative aux biens constituant des immobilisations, est inférieure à 1 000 €. Dans ce cas, le montant total de l'impôt exigible est acquitté lors du dépôt de la déclaration annuelle.

> Précisions **a.** Lorsque la **période de référence** servant de base au calcul des acomptes est **inférieure à douze mois,** les acomptes sont calculés à partir d'une taxe ajustée pour correspondre à une période de douze mois.

b. En cas de **dépôt tardif** ou d'absence de

dépôt de la **déclaration annuelle**, les acomptes antérieurs sont reconduits provisoirement, puis régularisés (droits et pénalités) lors du dépôt spontané de la déclaration ou en cas de taxation d'office.

c. Lorsqu'un **acompte** est acquitté **hors délai ou indûment minoré**, le montant mis à la charge du redevable est soumis à la majoration de 5 % et aux intérêts de retard dans les conditions de droit commun.

d. Les **nouveaux redevables** sont autorisés, lors de leur première année d'imposition, à acquitter la TVA par acomptes semestriels dont ils déterminent eux-mêmes le montant mais dont chacun doit représenter au moins 80 % de l'impôt réellement dû pour le semestre correspondant. En cas de crédit de taxe au titre d'un semestre de la première période d'imposition, aucune somme n'est due au titre de l'acompte correspondant (ce crédit de taxe peut être imputé sur le ou les acomptes suivants ou faire l'objet d'un remboursement dans les conditions exposées n° 33000 lorsqu'il correspond à de la taxe déductible grevant l'acquisition d'immobilisations).

Les **redevables nouvellement placés sous le régime simplifié** déterminent également eux-mêmes leurs acomptes. À titre de règle pratique, les anciens redevables au réel normal peuvent déterminer ces acomptes sur la base de la TVA due au titre de l'année ou de l'exercice précédent, avant déduction de la taxe grevant les immobilisations, telle qu'elle résulte des déclarations CA 3, sans se voir opposer « la règle des 80 % », à condition d'utiliser la même méthode pour les deux acomptes.

33080 **Régime simplifié : modulation des acomptes** Les acomptes peuvent faire l'objet de modulations **à la baisse** dans les conditions suivantes.

1. Les redevables sont autorisés à **imputer** le **crédit de taxe et/ou l'excédent de versement** d'acomptes éventuels constatés sur la déclaration annuelle, dont le remboursement n'a pas été sollicité, sur le ou les acomptes suivant le dépôt de ladite déclaration (cette possibilité d'imputation peut être combinée avec la modulation visée ci-après au 4).

2. Les redevables peuvent, par ailleurs, **suspendre** le paiement du 2e acompte s'ils estiment que le montant de l'acompte déjà versé au titre de l'année (ou de l'exercice) est égal ou supérieur au montant de la taxe qui sera finalement due.

3. Ils peuvent également **diminuer** le montant du deuxième acompte si le paiement partiel effectué à ce titre représente le solde de la taxe dont ils estiment être débiteurs au titre de l'année ou de l'exercice.

4. Enfin, lorsqu'ils estiment que la taxe due à raison des opérations réalisées au cours d'un semestre, après imputation de la taxe déductible au titre des **immobilisations,** est inférieure d'au moins 10 % au montant de l'acompte correspondant, les redevables peuvent diminuer à due concurrence le montant de cet acompte ; si ces opérations ont été réalisées au cours d'une période inférieure à six mois, la modulation n'est admise que si la taxe réellement due est inférieure d'au moins 10 % à l'acompte réduit au prorata du temps.

› Précisions **a.** La suspension ou la modulation des **acomptes** dont le redevable entend se prévaloir doit être mentionnée dans le relevé accompagnant chaque versement.

b. Lorsque la taxe déductible au titre des **immobilisations** n'est pas (ou ne peut être) imputée sur l'acompte du semestre correspondant, son montant (ou le reliquat non imputable) peut faire l'objet d'une demande de remboursement. En revanche, le reliquat non imputable ne peut pas être reporté pour imputation sur les acomptes suivants (hormis le cas visé au a ci-dessus).

c. S'ils estiment que la taxe sera supérieure d'au moins 10 % à celle qui a servi de base aux acomptes, les redevables peuvent **modifier à la hausse** le montant de ces derniers.

d. En ce qui concerne les **sanctions** applicables lorsqu'un acompte a été indûment minoré, voir n° 33075, précision c.

33085 **Régime du réel normal** Les SCI relevant du régime du réel normal souscrivent chaque mois une déclaration modèle CA 3. Cependant, si la taxe due annuellement est inférieure à 4 000 €, elles peuvent souscrire leur déclaration par trimestre civil.

AUTRES OBLIGATIONS

33100 Outre les obligations déclaratives que nous venons d'indiquer, les SCI de location **taxées à la TVA** (partiellement ou totalement) doivent tenir une **comptabilité** leur permettant de justifier la déclaration des opérations qu'elles réalisent ou un livre spécial (CGI art. 286, I-3°), appuyée des **pièces justificatives.**

Pour les SCI tenues à la constitution de **secteurs d'activité distincts** (nos 32965 s.), les opérations réalisées dans chaque secteur sont obligatoirement comptabilisées distinctement.

Les SCI bénéficiant de la **franchise en base** doivent tenir et présenter, sur demande du service des impôts, un registre des achats, ainsi qu'un livre-journal présentant le détail de leurs recettes professionnelles, appuyés des factures et de toutes autres pièces justificatives (CGI art. 286, II).

En matière de **facturation,** les SCI de location imposables à la TVA doivent respecter les règles exigées de l'ensemble des redevables, c'est-à-dire notamment : 33105

– délivrer obligatoirement (ou faire délivrer) une facture pour chaque prestation faite au profit d'un autre assujetti à la TVA ou d'une personne morale non assujettie (CGI art. 289, I) ;

– porter (ou faire porter) sur chaque facture les mentions suivantes : la date et le numéro de la facture, le nom du prestataire et du client (ou désignation sociale), leur adresse (ou lieu du siège social), le numéro d'identification à la TVA du prestataire, la date de l'opération (en cas de facturation différée), la description, le prix unitaire hors taxe et le taux de TVA de chacune des prestations fournies, le montant de la TVA à payer, le montant total hors taxe et la taxe correspondante pour chaque taux.

Lorsque la SCI bénéficie de la franchise en base et délivre une facture, celle-ci doit obligatoirement comporter la mention « TVA non applicable, article 293 B du CGI ». Si la SCI est membre d'un groupe TVA (voir n° 12003), la facture doit porter la mention « Membre d'un assujetti unique ».

F. Cession d'immeuble locatif et transmission d'universalité

Lors de la transmission à titre onéreux, à titre gratuit ou sous forme d'apport à une société d'une universalité totale ou partielle **de biens** effectuée entre redevables de la TVA, aucune livraison de biens ou prestation de services n'est réputée intervenir ; le bénéficiaire est réputé continuer la personne du cédant (CGI art. 257 bis dans sa rédaction issue de la loi 2022-1726 du 30-12-2022 art. 58). Ce régime a un caractère obligatoire. 33200

Il est admis que ce régime s'applique à la **transmission isolée** d'un immeuble locatif constituant le support d'une activité soumise à la TVA et intervenant entre deux bailleurs redevables de la TVA au titre de cette activité (n° 33235). Les SCI de location sont donc particulièrement susceptibles d'être concernées par ce régime.

Sur les conséquences de l'option pour l'appartenance à un **groupe TVA,** notamment sur la qualité d'assujetti des membres et le traitement fiscal des opérations réalisées entre membres du groupe, voir nos 12003 et 33225.

CONDITIONS D'APPLICATION DE L'ARTICLE 257 BIS

Transmission Le régime de l'article 257 bis du CGI s'applique aux transmissions **à titre onéreux** (ventes, apports, etc.) comme aux transmissions **à titre gratuit** (donations et successions). Ces dernières peuvent avoir des incidences sur la TVA. Elles sont en effet susceptibles d'entraîner des régularisations de taxe (ci-après n° 33290). 33210

Qualité des parties Pour que la **transmission** ne soit pas taxée, il faut qu'elle ait lieu **entre deux redevables** de la taxe. 33225

L'administration a précisé que les parties doivent être toutes deux des « assujettis redevables de la TVA au titre de l'universalité transmise » (BOI-TVA-CHAMP-10-10-50-10 n° 40).

Rappelons que le **propriétaire** d'un immeuble locatif est passible de la TVA sur les loyers principalement au titre des opérations suivantes (nos 32400 s.) :

– location d'immeubles aménagés : locaux à usage professionnel munis de mobilier ou matériel, ainsi que terrains aménagés ;

– location d'emplacements de parkings (sauf si celle-ci est étroitement liée à la location d'un autre local elle-même exonérée) ;

– sur option, location de biens nus à usage professionnel pour les besoins de l'activité du preneur ; également location de biens ruraux si le fermier est redevable de la TVA.

Une cession d'immeuble par une SCI ayant pour objet la gestion d'un patrimoine immobilier est donc susceptible d'entrer dans le cadre de l'article 257 bis du CGI dès lors qu'elle porte sur un immeuble faisant l'objet d'une location soumise à la TVA car la SCI a nécessairement la qualité d'assujetti pour cette activité locative, quand bien même elle mènerait dans les faits une activité de gestion comparable à celle d'un particulier.

Quant à l'**acquéreur,** il aura automatiquement la qualité de redevable du seul fait de l'acquisition de l'immeuble grevé des baux en cours dans les cas où la taxation des loyers à la TVA est obligatoire. Dans les cas d'imposition sur option, il doit en principe formuler celle-ci auprès de l'administration fiscale pendant le processus d'acquisition. Toutefois, lorsque la cession constitue une transmission d'universalité, l'option exercée par le cédant au titre de l'immeuble exploité peut être transmise au cessionnaire dès lors que ce dernier entend poursuivre une telle activité soumise à la taxe (BOI-TVA-CHAMP-50-10 n° 240).

ATTENTION

Les parties doivent non seulement être soumises à la TVA au titre de l'immeuble cédé, mais également en être **redevables,** le cas échéant partiellement (BOI-TVA-CHAMP-10-10-50-10 n° 50). L'article 257 bis du CGI ne s'appliquera donc pas si l'une au moins des parties est soumise au régime de la **franchise en base.** Si ce régime était néanmoins appliqué dans ce cas, la responsabilité du notaire pourrait être retenue (CA Paris 22-2-2019 n° 17/10059 : SNH 9/19 inf. 1). Jugé que le notaire n'est pas responsable du préjudice découlant de la remise en cause de la dispense de TVA et du recouvrement de la taxe à l'encontre du vendeur si celui-ci trouve sa source dans l'inexécution par l'acquéreur de son **obligation,** prévue au contrat, **d'opter** pour l'assujettissement des loyers dans les délais légaux ; en outre, le notaire a accompli son devoir d'information et de conseil en avertissant les parties des risques inhérents à l'acte et, n'étant pas mandaté par l'acquéreur, cette formalité fiscale ne lui incombait pas (CA Montpellier 22-5-2020 n° 16/01365 : SNH 19/20 inf. 3). Selon le même raisonnement, le régime de l'article 257 bis ne s'appliquera pas si la transmission a lieu entre des parties (cédant, acquéreur et preneur) dont deux au moins sont membres du même **groupe TVA** (n° 12003), ceux-ci n'étant plus alors considérés comme des assujettis distincts.

33235 **Objet de la transmission** La transmission doit porter sur une **universalité totale ou partielle de biens.**

L'administration a précisé que l'article 257 bis du CGI s'applique à la **transmission isolée** d'un immeuble locatif constituant le support d'une activité soumise à la TVA et intervenant entre deux bailleurs redevables de la TVA au titre de cette activité (BOI-TVA-CHAMP-10-10-50-10 n° 30 ; BOI-TVA-DED-60-20-10 n° 285). La jurisprudence a confirmé le principe de l'application du régime de l'article 257 bis à la cession isolée d'un immeuble locatif (voir, en dernier lieu, CAA Paris 21-3-2019 n° 18PA02009 : RJF 8-9/19 n° 773 ; CAA Versailles 25-2-2020 n° 18VE01521 : RJF 7/20 n° 590), tout en admettant que cet immeuble puisse ne pas constituer une immobilisation chez le vendeur (pour une acquisition par levée d'option d'un immeuble pris en crédit-bail suivie de sa revente aussitôt après avec continuation des sous-locations en cours : CE 23-11-2015 n°s 375054 et 375055 : RJF 2/16 n° 129 ; CAA Nancy 5-8-2016 n° 15NC02340 : RJF 2/17 n° 121). Cette solution, qui a été intégrée par l'administration fiscale dans sa doctrine (BOI-TVA-DED-60-20-10 n° 286), méritera néanmoins d'être confirmée car elle était peut-être fondée en l'espèce sur le fait que le cédant avait affecté l'immeuble à son activité de sous-location avant d'en devenir propriétaire. Voir aussi n° 33290 l'arrêt du Conseil d'État relatif à la cession d'un immeuble plus de cinq ans après son achèvement.

La cession de l'immeuble loué doit répondre à un impératif : celui de s'inscrire « dans une **logique de transmission d'entreprise** ». Cette dernière est révélée par l'intention des parties : d'une part, l'activité locative doit préexister à la cession chez le vendeur (mais la durée de la location avant la cession ne conditionne pas l'application de l'article 257 bis : CAA Versailles 25-2-2020 n° 18VE01521 : RJF 7/20 n° 590) ; d'autre part, l'acquéreur doit entendre exploiter l'universalité transmise (BOI-TVA-CHAMP-10-10-50-10 n° 30), même s'il n'est pas exigé qu'il ait préalablement exercé ni qu'il poursuive strictement la même activité que le cédant (en ce sens, BOI précité n° 20). Autrement dit, il ne doit pas avoir pour objectif de liquider immédiatement l'activité concernée (BOI-TVA-CHAMP-10-10-50-10 n° 10), quand bien même les acquéreurs ultérieurs poursuivraient, eux, l'activité exercée jusqu'à la vente initiale (CAA Lyon 4-2-2021 n° 18LY04564 : BPAT 2/21 n° 71).

Matériellement, la poursuite de l'activité locative par l'acquéreur doit se traduire par « une reprise [...] du ou des baux en cours ». Toute latitude lui est laissée en revanche s'il souhaite renégocier ces baux en cours (BOI-TVA-IMM-10-10-10-40 n° 40).

Par ailleurs, dans le cadre d'un **crédit-bail,** l'administration a indiqué par voie de rescrits qu'elle admettait l'application du régime de l'article 257 bis aux opérations suivantes (BOI-TVA-DED-60-20-10 n° 286) :

– la levée d'option d'achat du crédit-preneur auprès du crédit-bailleur, qui emporte cession de l'immeuble initialement donné en location dans le cadre d'un contrat de crédit-bail soumis à la TVA, dès lors que le crédit-preneur, qui affectait l'immeuble à une activité de sous-location taxée, entend continuer à l'affecter à une telle activité locative soumise à la TVA ; la doctrine administrative ajoute même dans ce cas que la circonstance que le crédit-preneur ou l'acquéreur in fine ait pris un engagement de revendre ou de construire est sans incidence dès lors que l'immeuble n'est pas inscrit en stock chez l'acquéreur in fine (Rép. Grau : AN 10-7-2018 n° 7359) ;

– les transferts d'immeubles opérés, pour le changement de crédits-bailleurs, au profit du crédit-preneur puis d'un groupement de crédits-bailleurs. Dans cette hypothèse, le crédit-preneur qui affecte l'immeuble à une activité soumise à la TVA lève l'option d'achat au titre de son contrat de crédit-bail existant. Il revend l'immeuble à un autre crédit-bailleur, puis le prend en location dans le cadre d'un autre contrat de crédit-bail.

Dans ces deux cas, l'administration indique que le fait que la revente n'intervienne pas le même jour que la levée d'option est sans incidence.

En revanche, l'administration considère que l'acquisition d'un immeuble par l'exploitant d'une activité d'hôtellerie qu'il prenait précédemment en location en crédit-bail ne s'inscrit pas dans le cadre du transfert d'une universalité totale ou partielle. En l'occurrence, il s'agit de la simple acquisition d'une immobilisation affectée à son activité préexistante d'exploitant hôtelier. Dans ces conditions, les dispositions de l'article 257 bis du CGI ne trouvent pas à s'appliquer (Rép. Grau : AN 5-4-2022 n° 35808). Cette analyse paraît discutable dans la mesure où l'exploitation hôtelière apparaît comme une activité locative au regard de la TVA et où il n'est pas exigé que le cessionnaire poursuive exactement la même activité que le cédant. Si les parties y trouvent intérêt, elles peuvent écarter l'application de l'article 257 bis du CGI en se prévalant de cette doctrine. Si elles souhaitent, à l'inverse, bénéficier de l'article 257 bis, il leur faudra invoquer directement l'article 19 de la directive TVA (G. Berger-Picq et A. L'Herminé, Transmission d'universalité : nouveaux coups de théâtre pour les livraisons d'immeubles : FR 31/22 inf. 4).

En cas de **pluralité d'immeubles locatifs,** l'article 257 bis peut jouer même si un seul immeuble est cédé et si le vendeur conserve d'autres immeubles affectés à une activité de location soumise à la TVA (BOI-TVA-DED-60-20-10 n° 285). **33250**

À l'inverse, la cession d'un **immeuble affecté seulement partiellement à une activité de location soumise à TVA** ne pourra pas bénéficier de ce régime si le surplus de l'immeuble ne fait pas l'objet d'une activité locative. L'administration considère en effet que l'immeuble cédé ne constitue pas dans son ensemble une partie d'entreprise susceptible d'être qualifiée d'universalité partielle (BOI précité n° 287).

Il en irait différemment si le surplus de l'immeuble faisait l'objet d'une location (même non soumise à la TVA) ; il y a lieu de penser que, dans ce cas, l'article 257 bis trouverait à s'appliquer.

La cession d'un **immeuble provisoirement vacant** bénéficie de la non taxation dès lors que le cédant est en mesure de démontrer qu'il recherche activement un locataire. La vacance des locaux cédés peut se justifier notamment par la conjoncture du marché immobilier, un changement de locataire, par des travaux ou à l'issue d'un sinistre, sans que l'intention de louer le bien en TVA n'ait été remise en cause (Rép. Gérard : AN 8-3-2016 n° 90962). En pratique, l'immeuble doit donc avoir déjà fait l'objet d'une location par le cédant, et les éléments de preuve des démarches actives du bailleur devront être conservés avec soin.

CONSEIL

Il est possible de **stipuler dans la cession** l'obligation pour le cessionnaire de remettre l'immeuble en location avant l'expiration du délai de reprise de l'administration fiscale en matière de TVA afin d'éviter une action en recouvrement contre le cédant soit de la TVA qui était normalement due sur la cession, soit de la régularisation de taxe qu'elle aurait dû générer. À défaut de relocation dans les délais, on pourra stipuler l'obligation pour le cessionnaire de rembourser ces sommes au cédant. À défaut d'une telle stipulation, le remboursement ne pourrait avoir lieu entre les parties et la responsabilité du rédacteur pourrait être retenue (Cass. 1e civ. 12-5-2016 n° 15-19.779 : SN 7/16 inf. 164).

EFFETS DE L'ARTICLE 257 BIS

L'esprit du dispositif peut être résumé en une seule phrase énoncée par l'article 257 bis du CGI : « Le bénéficiaire est réputé continuer la personne du cédant. » Le texte indique également qu'aucune livraison de biens n'est réputée intervenir. Autrement dit, la mutation est transparente au regard de la TVA. **33270**

Ce régime étant obligatoire, ces effets se produisent de plein droit. La non-taxation ne peut pas être évitée en optant pour soumettre volontairement la vente à la TVA.

L'article 257 bis n'emporte aucune conséquence sur le régime des droits de mutation à titre onéreux qui restent dus aux mêmes tarifs qu'en cas de soumission de la transmission à la TVA (BOI-ENR-DMTOI-10-40 nos 40 et 120).

La transmission d'universalité n'étant pas taxée lorsque l'article 257 bis du CGI s'applique, elle n'ouvre pas **droit à déduction** pour le cédant. Toutefois, la TVA grevant les frais d'intermédiation exposés par le cédant pour céder l'immeuble locatif (commission d'agence) peut être déduite par celui-ci au titre de ses frais généraux, même dans cette hypothèse (CAA Versailles 10-10-2017 n° 16VE00567 : RJF 6/18 n° 606 ; CAA Lyon 1-4-2021 n° 19LY00379 : RJF 8-9/21 n° 799). La circonstance que ces dépenses aient été ou non incorporées au prix de cession est sans incidence sur ce droit à déduction (CAA Paris 21-3-2019 n° 18PA02009 : RJF 8-9/19 n° 773).

33280 **Absence de TVA à titre principal** Lorsque la vente de l'immeuble locatif constitue une transmission d'universalité, le cédant qui aurait dû être redevable de la taxe n'a pas à acquitter la TVA en principe due sur la mutation.

Cette absence de taxe correspond à la situation des opérations qui, bien qu'entrant dans le champ d'application de la TVA, en sont exonérées. Pour cette raison, lorsqu'une livraison est exonérée de TVA, l'option pour la taxe n'est pas possible si le régime de l'article 257 bis s'applique (BOI-TVA-IMM-10-10-10-40 n° 50).

En pratique, puisque l'opération entre dans le champ de la TVA, elle doit être présentée comme telle. Elle conserve fiscalement la qualité de « vente soumise à la TVA », notamment au regard des droits d'enregistrement. Seul le paiement effectif de la TVA est évité.

> **Précisions** Le fait que l'immeuble constitue le support d'une activité locative soumise à la TVA entraîne la **qualité d'assujetti** pour le vendeur. La vente d'un tel immeuble dans les cinq ans de son achèvement entre donc dans le champ de la TVA (et bénéficie le cas échéant de l'article 257 bis du CGI) alors même que la SCI venderesse ne mène pas véritablement d'activité « professionnelle », car elle est assujettie au regard de l'immeuble vendu.

33290 **Absence de régularisation** Dans les cas où la mutation aurait dû générer une régularisation en application de l'article 207 de l'annexe II au CGI (immeuble inscrit comptablement en immobilisation cédé avant l'expiration de la 19e année de détention sans que la cession soit soumise à la TVA sur le prix total, la TVA grevant le coût d'acquisition ayant été déduite), le cédant n'a pas à y procéder (CGI art. 257 bis, al. 3). S'ensuivent trois **conséquences.**

En premier lieu, si l'acquéreur doit opérer une régularisation lors de sa propre revente, ce sera le délai global de détention par le vendeur et l'acquéreur qui devra être pris en compte au regard du délai de vingt ans posé par l'article 207 de l'annexe II au CGI, comme si l'acquéreur avait été seul propriétaire depuis l'origine.

Corrélativement, la cession de l'immeuble ne fait pas démarrer un nouveau délai de détention de vingt ans imposé à l'acquéreur sous peine de régularisation (BOI-TVA-DED-60-20-10 n° 280). C'est le délai initial qui se poursuit.

Enfin, puisque la cession n'est pas un fait générateur de régularisation pour le cédant, elle ne réalise pas à proprement parler de transmission de droits à déduction au profit de l'acquéreur. Le vendeur n'a donc pas à remettre l'attestation prévue par l'article 207, III de l'annexe II au CGI.

33310 **Mode de calcul de la TVA sur la marge** Le bénéficiaire est réputé continuer la personne du cédant y compris pour l'application des régimes de TVA sur marge (CGI art. 257 bis, al. 3). Ainsi, pour savoir si le régime de TVA sur marge s'applique lors de la revente de l'immeuble par l'acquéreur, il y a lieu d'examiner si l'acquisition qui avait antérieurement été réalisée par le vendeur avait ouvert droit à déduction (BOI-TVA-IMM-10-20-10 n° 90). La mutation bénéficiant de l'article 257 bis n'est pas prise en compte à cet égard.

Par ailleurs, dans les cas où la TVA est assise sur la marge (voir n°s 44632 s.), celle-ci doit être calculée en retenant comme deuxième terme de la différence le montant qui aurait été celui retenu par le cédant si celui-ci avait réalisé l'opération (BOI-TVA-IMM-10-20-10 n° 280). L'acquéreur devra donc calculer la marge depuis la date d'origine en globalisant les profits réalisés par son cédant et par lui-même.

OBLIGATIONS DÉCLARATIVES

33320 L'article 257 bis du CGI ne pose pas de condition de forme particulière pour l'**acte de cession.** Il n'y a donc pas en principe d'engagement formel à prendre pour bénéficier de l'absence de taxation.

Toutefois, l'acte notarié doit contenir toutes les informations nécessaires pour déterminer son régime fiscal. Il sera donc opportun de rappeler au paragraphe « Déclarations pour l'administration » que les conditions d'application de l'article 257 bis du CGI sont réunies. Engage ainsi sa responsabilité le notaire qui se trompe dans la rédaction de l'acte en ne visant pas correctement la qualité de redevable des parties ni le régime fiscal auquel la vente est soumise (CA Colmar 25-6-2021 n° 19/03309). Précisons que, à l'inverse, si l'acte ne mentionne pas l'application du régime de l'article 257 bis du CGI alors que ses conditions sont réunies, l'administration est en droit de refuser la déduction par l'acquéreur de la TVA qui lui a été facturée à tort dans l'acte, celui-ci stipulant un prix TTC pour l'appartement vendu (CE (na) 16-11-2022 n°s 462999 et 463000).

À ce titre, il semble nécessaire, dans les cas d'imposition des loyers à la TVA sur option, que l'acte fasse état de l'option exercée par l'acquéreur de façon anticipée avant la vente – comme le permet l'administration (BOI-TVA-CHAMP-50-10 n° 230) – ou qu'il mentionne clairement la volonté des parties de transmettre au cessionnaire l'option exercée par le cédant au titre de l'immeuble cédé (voir n° 33225). À défaut, l'acquéreur peut encore exercer l'option dans le délai légal de 15 jours suivant la vente.

ATTENTION

Pour s'affranchir de son **devoir d'information et de conseil,** le **notaire** devra avertir les parties des effets du régime de l'article 257 bis sur la présente mutation comme sur leurs opérations ultérieures (voir n°s 33270 s.). L'acte portera ainsi ces informations à la connaissance des parties. Une application erronée du régime de l'article 257 bis entraînant un redressement fiscal du vendeur sans recours possible contre l'acquéreur engagerait la responsabilité du notaire (Cass. 1e civ. 12-5-2016 n° 15-19.779 : SN 7/16 inf. 164).

En ce qui concerne la **déclaration de la TVA** à l'administration, cette dernière prescrit de mentionner le montant hors taxe de la transmission réalisée sous le régime de l'article 257 bis sur la ligne « Autres opérations non imposables » de l'imprimé CA 3. Cette obligation incombe non seulement au cédant mais également au bénéficiaire de la transmission (BOI-TVA-DECLA-20-30-20 n° 20). **33330**

APPLICATIONS PRATIQUES

Vente de terrain non constructible La vente entre deux assujettis redevables d'un terrain non constructible, qui ne saurait donc être qualifié de terrain à bâtir, est en principe exonérée de TVA avec possibilité d'option pour l'application de la taxe sur le prix total. **33340**

Si cette vente remplit les conditions de l'article 257 bis du CGI, l'option pour la TVA est interdite (BOI-TVA-IMM-10-10-10-40 n° 50). Les droits de mutation à titre onéreux restent dus dans les conditions habituelles.

Vente de terrains à bâtir La vente entre deux assujettis redevables d'un terrain à bâtir est en principe soumise à la TVA. La taxe est assise sur le prix total lorsque l'acquisition par le cédant lui avait ouvert droit à déduction, et sur la marge dans le cas contraire. **33345**

Si cette vente remplit les conditions de l'article 257 bis du CGI, le cédant n'a pas à verser la TVA. Deux situations sont possibles :

– soit l'acquisition par le cédant lui avait ouvert droit à déduction : la vente a lieu moyennant un prix qui doit être stipulé hors taxe dans l'acte. Les droits de mutation sont dus au taux réduit de 0,71498 % (CGI art. 1594 F quinquies) – sauf engagement de construire. L'application du régime de l'article 257 bis du CGI ne fait pas obstacle à ce tarif (BOI-ENR-DMTOI-10-40 n° 120). La revente ultérieure du terrain à bâtir par l'acquéreur subira la TVA sur le prix – sauf nouvelle application de l'article 257 bis du CGI – car l'acquisition par le précédent cédant lui avait ouvert droit à déduction (BOI-TVA-IMM-10-20-10 n° 90) ;

– soit l'acquisition par le cédant ne lui avait pas ouvert droit à déduction : la vente se présente comme une vente de droit commun soumise exclusivement aux droits de mutation. Le vendeur n'a pas à verser la TVA sur la marge. Les droits de mutation sont dus au taux normal sauf engagement de construire, auquel cas le droit fixe de 125 € est dû (CGI art. 1594-0 G). La revente ultérieure du terrain à bâtir par l'acquéreur subira la TVA sur la marge – sauf nouvelle application de l'article 257 bis du CGI – car l'acquisition par le précédent cédant ne lui avait pas ouvert droit à déduction (BOI-TVA-IMM-10-20-10 n° 90).

Vente d'immeuble neuf La vente entre deux assujettis redevables d'un immeuble achevé depuis cinq ans au plus est en principe soumise à la TVA sur le prix total. **33350**

Si cette vente remplit les conditions de l'article 257 bis du CGI, le cédant n'a pas à verser la TVA. La vente a lieu moyennant un prix stipulé hors taxe dans l'acte. Les droits de mutation sont dus au taux réduit de 0,71498 % (CGI art. 1594 F quinquies) – sauf engagement de construire. L'application du régime de l'article 257 bis ne fait pas obstacle à ce tarif (BOI-ENR-DMTOI-10-40 n° 120).

Vente d'immeuble ancien La vente entre deux assujettis redevables d'un immeuble achevé depuis plus de cinq ans est en principe exonérée de TVA avec possibilité d'option pour l'application de la taxe. **33355**

Si cette vente remplit les conditions de l'article 257 bis du CGI, l'option pour la TVA est interdite (BOI-TVA-IMM-10-10-10-40 n° 50). Les droits de mutation à titre onéreux restent dus dans les conditions habituelles (taux normal du droit de vente d'immeuble) sauf engagement de revendre (CGI art. 1115) ou de construire (CGI art. 1594-0 G) pris par l'acquéreur (taux réduit : 0,71498 %).

Au cas où la cession de l'immeuble ancien a lieu avant l'expiration de la 19e année de détention par l'assujetti et que la TVA qui avait grevé son acquisition a déjà été déduite, le cédant n'a pas **33356** à procéder aux régularisations en principe dues en application de l'article 207 de l'annexe II au CGI. Les régularisations seront effectuées le cas échéant par le cessionnaire lors de sa propre revente, en décomptant le délai de régularisation comme s'il avait été propriétaire depuis l'acquisition par le cédant.

CAS PARTICULIER DES MARCHANDS DE BIENS

33375 Le régime de l'article 257 bis du CGI s'applique également à la cession d'**immeubles inscrits en stock** réalisée par un marchand de biens à condition qu'il s'agisse de la transmission de l'**ensemble de son activité** de négociant en biens immobiliers au profit d'une personne qui poursuivra cette activité (BOI-TVA-DED-60-20-10 nº 285). Il en va ainsi même si l'immeuble compris dans l'ensemble du stock est assimilé à une immobilisation en raison de sa mise en location dans l'attente de sa revente (voir nº 48510). Les règles particulières décrites nºs 33340 à 33355 s'appliquent à cette cession de façon distributive selon la nature de chacun des immeubles composant le stock cédé, étant précisé que l'absence de régularisation (nº 33356) est ici sans objet car la cession d'immeubles inscrits en stock n'est, en tout état de cause, pas susceptible d'engendrer une régularisation.

En revanche, l'article 257 bis du CGI ne s'applique pas à la **vente isolée** d'un immeuble prélevé sur son stock, quand bien même cet immeuble serait le support de baux soumis à la TVA dans l'attente de sa revente. Une telle vente entre dans le cadre de l'activité habituelle d'un marchand de biens. Elle ne correspond pas à la « transmission d'une universalité » au sens de l'article 257 bis du CGI ; elle est donc taxable dans les conditions de droit commun.

SECTION 5

PLUS-VALUES IMMOBILIÈRES RÉALISÉES PAR DES SCI DE LOCATION

OPÉRATIONS CONCERNÉES

Une société civile immobilière peut être à l'origine de la réalisation d'une plus-value immobilière à des titres très divers. La société peut être le cédant de l'immeuble (vente de l'immeuble social)
33400 ou son bénéficiaire (apport) ou encore être l'objet même de l'opération en tant qu'entité immobilière (cession de titres).

Certaines opérations ou certains événements particuliers sont également susceptibles de faire naître une plus-value de nature immobilière ; il en est ainsi de la dissolution de la société ou du retrait d'un associé (nºs 34460 et 34470).

RÉGIME D'IMPOSITION DE LA PLUS-VALUE

33401 Le régime fiscal applicable à l'opération à l'origine d'une plus-value dépend de la nature de la société civile, de la qualité de l'associé (personne physique ou morale) et du type d'opération réalisée.

Le tableau ci-après indique la fiscalité applicable aux principaux cas de figure avec la localisation de l'étude correspondante.

Nature de l'opération	Régime applicable	Nºs
Cession de l'immeuble par une SCI		
1. SCI de droit commun (non transparente)		
• La SCI relève de l'impôt sur le revenu :		
– associés personnes physiques ou assimilés (SCI relevant de l'IR...)	Plus-values immobilières privées	33450 s.
– associés entreprises ne relevant pas de l'IS	Plus-values immobilières privées	33450 s.
– associés relevant de l'IS	Plus-values professionnelles	10160 s.
• La société relève de l'impôt sur les sociétés	Plus-values professionnelles	10160 s.

Nature de l'opération	Régime applicable	Nos
2. SCI transparente		
Associés personnes physiques ou assimilés (SCI relevant de l'IR...)	Plus-values immobilières privées	43080
Associés entreprises	Plus-values professionnelles	43080
Cession des parts sociales par des associés de SCI[1]		
1. SCI de droit commun (non transparente)		
• La SCI relève de l'impôt sur le revenu :		
– associés personnes physiques ou assimilés (SCI relevant de l'IR...)	Plus-values immobilières privées	34200 s.
– associés entreprises ne relevant pas de l'IS	Plus-values immobilières privées	34200 s.
– associés relevant de l'IS	Plus-values professionnelles	10190 s.
• La SCI relève de l'impôt sur les sociétés :		
– associés personnes physiques ou assimilés (SCI relevant de l'IR...)	Plus-values de cession de valeurs mobilières et droits sociaux	21700 s.
– associés entreprises	Plus-values professionnelles	9610 s.
2. SCI transparente		
Associés personnes physiques ou assimilés (SCI relevant de l'IR...)	Plus-values immobilières privées	41860
Associés entreprises	Plus-values professionnelles	41890 s.
Apport d'immeuble ou de titres de SCI à une SCI		
1. SCI de droit commun (non transparente)		
Associés personnes physiques ou assimilés (SCI relevant de l'IR...)	Plus-values immobilières privées	4115 s.
Associés entreprises	Plus-values professionnelles	9610 s.
2. SCI transparente		
Associés personnes physiques ou assimilés (SCI relevant de l'IR...)	Plus-values immobilières privées	39605 s.
Associés entreprises	Plus-values professionnelles	39605 s.

1. Le cas où les parts de la société civile sont détenues par une **entreprise individuelle** appelle les précisions mentionnées n° 21620.

Dans le cas où une **SCI de location (non soumise à l'impôt sur les sociétés)** ne comprend que des **associés personnes physiques,** les plus-values immobilières réalisées par son intermédiaire (cession de l'immeuble par la société) ou directement par les associés (cession des parts) sont soumises au **régime des plus-values privées** étudié ci-après (CGI art. 150 U s.). **33405**

Dans le cadre de ce régime, la plus-value est soumise à l'impôt sur le revenu à un taux proportionnel. Elle est déclarée et l'impôt est payé lors de la mutation. Certaines plus-values excédant 50 000 € supportent, en plus de l'impôt sur le revenu, une taxe spéciale (voir nos 34700 s.).

> **Précisions** **a.** Pour relever du régime des plus-values privées, les opérations doivent présenter un caractère occasionnel. À défaut, les profits correspondants sont soumis à l'impôt sur les sociétés au titre d'une activité de marchand de biens (nos 48000 s.) ; il en est ainsi quand une SCI réalise des **opérations habituelles** d'achat et de revente d'immeubles, d'actions ou parts de sociétés immobilières.
> **b.** Lorsque la société civile immobilière comporte comme **associé** une **entreprise** ou une **société,** les principes exposés n° 30215 pour les règles d'imposition des résultats sont applicables. Il en résulte que, en règle générale, les plus-values réalisées par une SCI lors de la cession occasionnelle d'un immeuble social relèvent non du régime des plus-values professionnelles mais du régime des plus-values immobilières des particuliers.
> **c.** Les **profits de lotissements** réalisés par une SCI qui n'a pas acquis le terrain en vue de le lotir relèvent du régime des plus-values privées.
> **d.** Sur les **taxes** applicables lors des ventes de **terrains nus devenus constructibles,** qui se cumulent le cas échéant avec l'imposition de la plus-value : voir nos 13600 s.

I. CESSION PAR LA SOCIÉTÉ D'UN IMMEUBLE SOCIAL

33450 La vente d'un immeuble social par la société n'entre pas dans l'objet normal des sociétés civiles, mais une telle opération peut s'avérer indispensable dans un souci de bonne gestion patrimoniale.

La plus-value constatée lors d'une telle opération est, **pour l'application du régime des plus-values privées, déterminée au niveau de la société** (c'est-à-dire en fonction de la date et du prix d'acquisition et de vente du bien par la société), mais elle est **imposable au nom de chaque associé** présent à la date de cession (voir n° 33950), en fonction de sa quote-part dans le capital, dans les mêmes conditions que s'il était propriétaire de l'immeuble cédé.

Sont sans incidence sur l'imposition des associés :
- le fait que le produit de la vente ne soit pas redistribué par la société aux associés ;
- le caractère majoritaire ou non de leur participation (CE 13-10-1999 n° 186135 : RJF 12/99 n° 1551).

A. Champ d'application du régime des plus-values privées

OPÉRATIONS IMPOSABLES

33460 Seules sont imposables les plus-values réalisées à l'occasion d'une cession à titre onéreux. Il s'agit donc :
- des **ventes** proprement dites quels qu'en soient la forme, le caractère et les modalités de paiement du prix ;
- des **échanges** même sans soulte ;
- du **partage de la société,** intervenant après dissolution, dans la limite des soultes ;
- des **apports** en société.

> Précisions a. La réévaluation d'actifs immobiliers d'une SCI ne permet pas de constater la réalisation d'une plus-value imposable au nom des associés dès lors qu'elle ne s'analyse pas en une cession à titre onéreux du droit de propriété afférent à ces actifs (Rép. Dubernard : AN 8-4-1996 n° 33299, solution non reprise au Bofip mais qui demeure pertinente ; en ce sens, CE 19-9-2018 n° 409864 : RJF 12/18 n° 1250). Voir cependant en cas de transfert des sommes inscrites au compte « Écart de réévaluation » au crédit de comptes courants d'associés : CE 12-7-2013 n° 338278 : RJF 11/13 n° 1048.
b. Les **expropriations** pour cause d'utilité publique constituent des cessions à titre onéreux. Sur l'exonération sous condition de remploi prévue par la loi, voir n° 34000 s.

BIENS IMPOSABLES

33470 Sont visés l'ensemble des **immeubles** bâtis ou non bâtis (constructions ou terrains) ainsi que les **droits immobiliers** (usufruit, nue-propriété, servitudes, etc.) susceptibles de composer le patrimoine social d'une SCI.

Sur les **droits démembrés,** voir notre dossier n° 62000 s. et plus particulièrement n° 62680 s. les solutions intéressant le régime des plus-values immobilières.

TERRITORIALITÉ

33480 Si la société civile a son **siège en France et si ses associés résident en France,** elle relève du régime des plus-values des particuliers étudié ici, même si les opérations qu'elle réalise concernent des immeubles situés à l'étranger. Cependant, les conventions internationales dérogent fréquemment à ce principe et permettent d'échapper à l'imposition en France à raison des immeubles situés à l'étranger.

Si la société a son **siège à l'étranger,** elle est imposable à raison des opérations affectant des biens situés en France, mais le profit immobilier réalisé est soumis à un prélèvement spécifique, sous réserve des conventions internationales (voir n° 34550 s.). La solution est de même inspiration pour une société ayant son **siège en France** et des **associés non résidents.**

B. Exonérations applicables aux cessions réalisées par une SCI

Les exonérations prévues dans le cadre du régime d'imposition des plus-values immobilières réalisées par les personnes physiques (CGI art. 150 U, II) sont en principe applicables aux plus-values immobilières réalisées par l'intermédiaire d'une SCI. 33500

Le champ d'application de l'imposition des plus-values réalisées par une SCI lors de la cession d'un immeuble social s'en trouve sensiblement réduit.

IMMEUBLE EXONÉRÉ POUR DURÉE DE DÉTENTION

La plus-value résultant de la vente d'un bien échappe à l'impôt sur le revenu et aux prélèvements sociaux s'il est détenu depuis plus de trente ans (**exonération totale**). Entre vingt-trois et trente ans de détention, la plus-value échappe à l'impôt sur le revenu mais pas aux prélèvements sociaux (**exonération partielle**). L'exonération totale est donc acquise à partir de la trente et unième année de détention. L'exonération partielle (soumission aux prélèvements sociaux uniquement) est acquise à partir de la vingt-troisième année. Cette exonération résulte de l'application de l'**abattement** pour durée de détention examiné nos 33720 s. 33505

RÉSIDENCE PRINCIPALE

Règles générales Quel que soit le type de logement (maison individuelle, appartement), la plus-value réalisée lors de la cession d'une résidence principale est en principe exonérée (CGI art. 150 U, II-1°). 33510

L'exonération s'applique quels que soient les motifs de la cession, le montant de la plus-value et l'affectation future du bien cédé, y compris si l'immeuble est destiné à être démoli en vue de l'édification de nouvelles constructions.

Pour ouvrir droit à l'exonération, le logement doit en principe constituer la résidence habituelle et effective du vendeur au moment de la vente. Un **immeuble vacant** au moment de la vente, mais qui a été occupé comme résidence principale jusqu'à sa mise en vente, ouvre droit à l'exonération si la cession intervient dans les délais normaux de vente. Ceux-ci s'apprécient en fonction des diligences accomplies par le cédant pour vendre au plus vite, compte tenu des motifs de la cession, des caractéristiques de l'immeuble et du contexte économique et réglementaire local (CE 7-5-2014 n° 356328 : RJF 8-9/14 n° 805 ; CAA Douai 17-3-2022 n° 19DA01635 : BPAT 3/22 inf. 143, qui a accepté l'exonération pour une vente intervenue au bout de vingt mois après plusieurs baisses de prix). Constitue dans tous les cas un délai normal de vente un délai d'un an (BOI-RFPI-PVI-10-40-10 n° 190).

L'exonération profite également aux **dépendances** immédiates et nécessaires de la résidence principale cédées en même temps que cette dernière (CGI art. 150 U, II-3°). Les dépendances s'entendent des bâtiments annexes tels que les garages (situés à moins d'un kilomètre) et les remises, les aires de stationnement, les passages, les cours, et plus généralement l'ensemble du terrain entourant la résidence qui n'est pas vendu comme terrain à bâtir.

L'administration admet que les dépendances puissent être cédées à un acquéreur distinct de celui de la résidence principale. Les cessions sont alors réputées être faites simultanément lorsqu'elles interviennent dans un délai maximal d'un an (BOI-RFPI-PVI-10-40-10 n° 390).

La plus-value réalisée lors de la vente d'un **terrain à bâtir** même réalisée en même temps que celle de la résidence principale est imposable (BOI-RFPI-PVI-10-40-10 n° 350 ; CE 8-4-2022 n° 447694 : RJF 6/22 n° 550 à propos d'un terrain acquis en vue d'y édifier des constructions susceptibles d'entrer dans le champ d'application de la TVA). C'est le cas même si le terrain d'assiette n'est constitué que d'une seule parcelle cadastrale, non encore divisée (CAA Marseille 18-2-2020 n° 18MA02365 : RJF 7/20 n° 607).

> **Précisions** **a.** En cas de **vente sous condition suspensive**, c'est à la date de la réalisation de la condition qu'il convient de se placer pour apprécier si l'immeuble est affecté à l'habitation principale (CE 24-11-2017 n° 396209 : RJF 2/18 n° 172).
> **b.** Lorsque le **propriétaire de plusieurs résidences** entend lors de la vente de l'une d'elles bénéficier de l'exonération de la résidence principale, il faut qu'il soit en mesure de prouver qu'il occupait effectivement celle-ci à ce titre jusqu'au jour de la mise en vente. Il lui sera d'autant plus facile d'apporter cette **preuve** qu'il aura considéré clairement ce logement comme résidence principale, par exemple en demandant à bénéficier des avantages liés à l'habitation principale en matière d'impôt sur le revenu (crédits d'impôt pour charges). Les juges se montrent exigeants sur ce point. Pour des exemples de situations dans lesquelles la preuve d'une occupation habituelle n'a pas été apportée : CE 23-10-2013 n° 361233 : RJF 1/14 n° 41 ; CAA Douai 13-1-2022 n° 19DA02649 : BPAT 2/22 inf. 83. Pour un exemple où la preuve a été considérée comme apportée, le vendeur ayant produit l'attestation d'un notaire indiquant qu'il y a établi sa

résidence principale, des attestations similaires des maires successifs de la commune, des factures d'électricité et de téléphone ainsi que des factures d'assurance multirisque habitation mentionnant que la villa est à usage d'habitation principale : CE 10-4-2015 n° 367015 : RJF 7/15 n° 598. Dans le même sens, CAA Lyon 19-8-2021 n° 19LY01666 : BPAT 5/21 n° 221, alors même que l'occupation de la résidence principale n'avait duré que quatre mois.

c. L'immeuble doit constituer la résidence habituelle du contribuable lui-même. N'ouvrent donc pas droit à l'exonération les **immeubles donnés en location** et les immeubles **occupés gratuitement** par des membres de la famille du contribuable ou des tiers.

d. En cas de cession par des **conjoints, des partenaires d'un Pacs ou des concubins divorcés ou séparés** du logement qui constituait leur résidence principale au moment de la séparation et dans lequel l'un d'eux est demeuré jusqu'à sa mise en vente, chacun des ex-conjoints, partenaires ou concubins bénéficie de l'exonération sur sa part de plus-value (BOI précité nos 250 s.).

e. L'exonération s'applique aux **immeubles en construction** cédés par des époux en **instance de divorce, des partenaires qui rompent un Pacs ou des concubins qui se séparent** dès lors que l'immeuble était destiné à leur résidence principale et qu'ils n'étaient pas propriétaires du logement occupé pendant la construction (BOI précité nos 230 s.). Elle s'applique sous les mêmes conditions aux immeubles en construction cédés à la suite d'une **mutation professionnelle,** du **décès du conjoint, partenaire ou concubin** ou pour cause d'**invalidité** du cédant ou de son conjoint, partenaire ou concubin (BOI précité nos 300 s.).

f. Constitue une faute engageant la **responsabilité de l'État** la taxation à tort de la plus-value de cession d'une résidence principale qui a obligé le contribuable à vendre prématurément sa nouvelle résidence principale pour payer l'impôt sur la plus-value (TA Besançon 18-12-2015 n° 1400721 : BPAT 2/16 inf. 67).

33515 **Immeuble social occupé à titre de résidence principale par un associé**

L'associé d'une société civile immobilière qui occupe, à titre de résidence principale, un immeuble ou une partie d'immeuble appartenant à cette société et que celle-ci met **gratuitement à sa disposition** bénéficie, en cas de cession à titre onéreux de cet immeuble ou de cette partie d'immeuble, de l'exonération prévue en matière d'habitation principale, de la même manière que s'il en avait été lui-même propriétaire.

Dans cette hypothèse, l'administration précise que l'exonération ne porte que sur :

– la fraction de l'immeuble occupée par l'associé à titre de résidence principale ;

– la quote-part revenant à cet associé (BOI-RFPI-PVI-10-40-10 n° 140).

À titre d'**exemple,** lorsqu'un associé détient une participation de 80 % dans une SCI et occupe à titre de résidence principale un appartement situé dans un immeuble appartenant à la société représentant 60 % de cet immeuble, l'exonération s'applique à hauteur de 80 % de 60 %, soit 48 % de la plus-value globale.

› Précisions a. L'exonération s'applique à tous les cas de **« mise à disposition gratuite en droit ou en fait »** d'un immeuble par la société à un associé et n'est donc pas limitée au cas des sociétés dont les parts donnent vocation statutairement à l'attribution gratuite en jouissance d'un immeuble. Le silence des statuts ne constitue pas un obstacle à l'application de l'exonération. En revanche, l'associé d'une SCI ne peut prétendre au bénéfice de l'exonération si l'immeuble est mis à sa disposition par la société non pas gratuitement, mais moyennant le versement d'un loyer (CAA Bordeaux 1-2-2000 n° 97-1002 : RJF 3/01 n° 316). À noter que le Conseil d'État a reconnu le caractère gratuit de la mise à disposition dans le cas d'un associé qui avait fait des apports en compte courant à la SCI, visant à couvrir les mensualités du prêt qu'elle avait contracté pour acquérir l'immeuble (CE 28-12-2017 n° 405887 : BPAT 2/18 n° 72).

b. L'exonération s'applique dans les mêmes conditions à l'associé d'une société dont les bénéfices sont imposés au nom des associés et dont le **siège** est situé **dans un État membre de l'Union européenne,** en **Islande** ou en **Norvège** lorsque cet associé occupe, à titre de résidence principale, un immeuble ou une partie d'immeuble appartenant à cette société et que celle-ci met, en droit ou en fait, gratuitement à sa disposition (BOI-RFPI-PVI-10-40-10 n° 150).

LOGEMENT AUTRE QUE LA RÉSIDENCE PRINCIPALE

33520 La plus-value réalisée au titre de la première cession d'un logement autre que la résidence principale est exonérée à la double condition que le cédant n'ait pas été propriétaire de sa résidence principale, directement ou par personne interposée, au cours des quatre années précédant la cession et qu'il remploie le prix de cession dans l'acquisition ou la construction d'un logement qu'il affecte, dès son achèvement ou son acquisition si elle est postérieure, à son habitation principale (CGI art. 150 U, II-1° bis).

L'exonération s'applique uniquement à la **première cession** réalisée par le contribuable. Pour l'appréciation de cette condition, seules sont prises en considération les cessions intervenues depuis le 1er février 2012. L'exonération est applicable même si antérieurement le cédant a vendu un ou plusieurs logements qui, faute de remplir les conditions d'application de l'exonération ou faute pour l'intéressé d'avoir demandé l'exonération à raison desdits logements, n'ont pas ouvert droit à l'exonération. Le contribuable ne bénéficie donc qu'une seule fois de l'exonération, au titre de la cession de son choix.

Cette exonération a un caractère facultatif ; elle s'applique uniquement sur demande du cédant.

Bénéficiaires L'exonération est subordonnée à la condition que le vendeur, personne physique ou associé personne physique d'une société de personnes relevant de l'impôt sur le revenu (SCI notamment), n'ait **pas été**, directement ou par personne interposée, **propriétaire de sa résidence principale** au cours des quatre années précédant la cession. 33525

Lorsque la cession est réalisée par une SCI, les conditions d'application de l'exonération s'apprécient au niveau de chaque **associé.** Ainsi, lorsqu'un associé occupe un immeuble appartenant à la société à titre de résidence principale au jour de la cession ou l'a occupé à ce titre à un moment quelconque durant les quatre années qui ont précédé la cession, il ne bénéficie pas de l'exonération, quel que soit le pourcentage de détention de ses titres (BOI-RFPI-PVI-10-40-30 n° 40). La circonstance que l'un des associés ne remplirait pas l'une des conditions pour bénéficier de l'exonération, ou n'en demanderait pas le bénéfice, est sans incidence sur la situation des autres associés (BOI précité n° 390).

> **Précisions** **a.** La détention d'un droit démembré (**usufruit, nue-propriété**) ou d'un **droit indivis** sur un immeuble d'habitation affecté à la résidence principale du cédant prive ce dernier du bénéfice de l'exonération.
> **b.** Dans le cas d'un **couple marié,** le fait que l'un des époux détienne ou ait détenu comme bien propre, au cours des quatre années précédant la cession, la résidence principale du couple ne prive pas l'autre époux du bénéfice de l'exonération (BOI précité n° 40).
> **c.** **L'associé** d'une SCI cédant l'immeuble qu'il occupe à titre de résidence principale contre un **loyer** pourrait-il se prévaloir de ce cas d'exonération ? Lors de cette vente, il ne peut pas bénéficier de l'exonération réservée aux résidences principales, le versement d'un loyer y faisant obstacle. Il pourrait donc être tenté de demander le bénéfice de l'exonération prévue pour les résidences secondaires mais cette situation n'est pas envisagée par la doctrine.

Logements concernés L'exonération ne s'applique qu'aux plus-values réalisées lors de la vente d'un **logement.** N'ouvrent donc pas droit à l'exonération les plus-values résultant de la vente de terrains à bâtir, de locaux à usage professionnel, industriel, commercial ou artisanal ou de parts de sociétés immobilières. Toutefois, il est admis que lorsque le bien cédé est affecté pour partie à usage d'habitation et pour partie à usage professionnel (**locaux à usage mixte**), l'exonération s'applique à la fraction de la plus-value afférente à la cession de la partie à usage d'habitation (BOI-RFPI-PVI-10-40-30 n° 90). 33527

L'exonération s'étend aux **dépendances** immédiates et nécessaires du logement au sens indiqué n° 33510 cédées simultanément avec celui-ci. Si le terrain cédé concomitamment est qualifié de terrain à bâtir, l'exonération de la plus-value correspondante est exclue (CAA Marseille 22-4-2021 n° 19MA00832 : BPAT 3/21 inf. 120).

> **Précisions** Par mesure de tempérament et afin de tenir compte, notamment, de la situation des **contribuables** qui demandent le bénéfice de l'exonération et **qui acquièrent leur future résidence principale,** notamment au moyen d'un prêt-relais, **avant d'avoir cédé le logement** entrant dans le champ de l'exonération, l'administration admet d'appliquer l'exonération à condition que (BOI-RFPI-PVI-10-40-30 n° 70) :
> – la mise en vente du logement soit antérieure à l'acquisition de l'habitation principale ;
> – la cession du logement intervienne dans un délai normal après l'acquisition du logement affecté à la résidence principale. Il a été jugé qu'un délai de 21 mois était trop long lorsqu'il est justifié par la volonté des cédants de vendre l'immeuble libre de toute occupation (CAA Versailles 25-1-2022 n° 20VE02271 : BPAT 2/22 inf. 84) ;
> – le prix de cession du logement soit effectivement remployé à l'acquisition ou la construction de la résidence principale, remploi justifié, par exemple, par le remboursement anticipé de l'emprunt contracté pour l'acquisition ou la construction de la résidence principale ou en remboursement d'un prêt-relais.

Modalités du remploi Le vendeur doit remployer le prix de cession dans l'acquisition ou la construction d'un logement, dans un **délai** de 24 mois à compter de la cession du logement, calculé de date à date. 33528

En cas d'acquisition d'un logement achevé, ce délai court depuis la date de l'acte notarié de cession du logement exonéré jusqu'à la date de l'acte authentique d'acquisition du nouveau logement.

En cas de construction de la nouvelle résidence principale, le contribuable doit justifier, dans le délai de 24 mois de la signature de l'acte authentique constatant l'acquisition du terrain, du dépôt d'une demande de permis de construire et de l'engagement de l'opération de construction : conclusion d'un contrat d'architecte chiffré, d'un contrat de construction d'une maison individuelle, devis, etc.

L'**affectation à la résidence principale** doit en principe intervenir dès l'acquisition du logement ou dès l'achèvement de la construction. Par exception, en cas d'acquisition d'un logement suivie de travaux, il est admis que l'affectation à la résidence principale soit différée au maximum de douze mois après l'acquisition du logement. Il est de même, mais avec un différé de 24 mois maximum, en cas d'acquisition d'un immeuble transformé en logement (BOI-RFPI-PVI-10-40-30 n° 323).

Le remploi peut être réalisé soit par chaque **associé** à titre individuel, soit par la société qui acquiert ou construit la résidence principale d'un ou plusieurs associés qui demandent le bénéfice de l'exonération (BOI-RFPI-PVI-10-40-30 n° 390).

L'appréciation du **montant remployé** se fait par comparaison de la fraction du prix de cession dont le contribuable demande le remploi avec le prix d'acquisition de sa nouvelle résidence principale, sans tenir compte des **emprunts éventuellement remboursés** grâce au prix de cession. Si le prix d'acquisition de la résidence principale est au moins égal au prix de cession du bien secondaire, l'exonération est donc totale (Rép. Fromantin : AN 11-6-2013 n° 20830).

En cas de **remploi partiel,** l'exonération est limitée à la fraction du prix de cession qui est utilisée.

EXEMPLE

1. Un contribuable vend un immeuble au prix de 200 000 €, réalisant une plus-value nette de 100 000 €. Il acquiert sa nouvelle résidence principale pour un prix de 150 000 €. Il pourra bénéficier d'une exonération à hauteur de 75 % de sa plus-value, qui sera imposable pour un montant de 25 000 €.

2. Un contribuable cède un logement pour un prix de 300 000 € et rembourse par anticipation le solde du crédit de 150 000 €. Il acquiert un immeuble d'une valeur de 400 000 €. Il peut bénéficier d'une exonération totale. En revanche, s'il acquiert un immeuble d'une valeur de 240 000 €, l'exonération portera sur 80 % de la plus-value.

33530 Le remploi doit porter sur un **logement** détenu **en pleine propriété.** Il ne peut pas consister en l'acquisition de parts de sociétés (SCI notamment) ou de droits relatifs à un immeuble (notamment usufruit ou nue-propriété). L'apport du prix de cession à une société n'ouvre pas droit non plus à l'exonération. Toutefois, il peut porter sur des parts de sociétés transparentes (au sens de l'article 1655 ter du CGI) ou sur des droits indivis détenus en pleine propriété.

Pour les acquisitions de **logements achevés,** il est admis que le remploi porte sur les travaux qui doivent y être effectués, dès lors que ces travaux sont réalisés par une entreprise concomitamment à l'acquisition du logement. Sont considérés comme tels les travaux qui sont achevés et payés dans les douze mois qui suivent la date de la signature de l'acte authentique d'acquisition du logement (BOI-RFPI-PVI-10-40-30 n° 290).

Le remploi peut consister en l'acquisition d'un **logement neuf** (logement achevé ou en Vefa), d'un logement **ancien,** d'un logement en l'état futur de rénovation (**VIR**) ou en la **construction** d'un logement. Il peut s'agir également d'un immeuble destiné à être **transformé en logement.**

OPÉRATIONS D'AMÉNAGEMENT FONCIER ET REMEMBREMENTS

33535 Les **plus-values d'échange** réalisées dans le cadre d'opérations de remembrements urbains ou ruraux ou d'opérations assimilées sont exonérées à condition que ces opérations soient effectuées conformément à la réglementation et que l'administration n'apporte pas la preuve de l'intention spéculative du cédant (CGI art. 150 U, II-5°).

ATTENTION

L'exonération de la plus-value n'est pas définitive puisque, en cas de **revente du bien remembré ou échangé,** la plus-value réalisée à cette occasion est calculée en considérant fictivement que l'immeuble cédé a été acquis au même prix (ou pour la même valeur vénale), à la même date et selon le même mode que l'immeuble qui avait été apporté en échange au remembrement.

CESSIONS INFÉRIEURES À 15 000 €

33540 Les plus-values de cessions d'immeubles, de parties d'immeubles ou de droits relatifs à ces biens réalisées par une SCI sont exonérées si leur **prix de cession** est inférieur ou égal à 15 000 € (CGI art. 150 U, II-6°).

Ce plafond s'apprécie bien par bien au niveau de la société (et non au niveau de chaque associé).

ATTENTION

Lorsque la cession porte sur un immeuble ou une partie d'immeuble dont le **droit de propriété** est **démembré,** le seuil d'imposition s'apprécie au regard de la valeur en pleine propriété du bien ou de la quote-part du bien cédé.

RETRAITÉS OU INVALIDES DE CONDITION MODESTE

Selon l'administration, l'**exonération générale** des plus-values réalisées par les titulaires de pensions de retraite ou d'une carte d'invalidité de condition modeste (CGI art. 150 U, III) ne bénéficie pas à l'associé d'une SCI de location (BOI-RFPI-PVI-10-40-90 n° 60). **33550**

En revanche, l'administration admet que l'associé d'une SCI qui a occupé à titre de résidence principale un immeuble appartenant à la société et qui entre dans un établissement spécialisé pour retraités ou personnes handicapées (Éhpa, Éhpad, etc.) bénéficie, en cas de cession à titre onéreux de l'immeuble par la société, de l'exonération prévue à l'égard de « l'**ancienne résidence principale** du cédant » (CGI art. 150 U, II-1° ter). Cette exonération s'applique à condition que :

– au titre de l'avant-dernière année précédant celle de la cession, l'associé ne soit pas passible de l'impôt sur la fortune immobilière et que son revenu fiscal de référence ne dépasse pas un certain seuil. Pour les cessions réalisées en 2023, ce seuil est fixé à 26 515 € pour la première part de quotient familial majorée de 6 195 € pour la première demi-part et de 4 877 € à partir de la deuxième demi-part supplémentaire. Pour les ventes réalisées en 2024, ces seuils s'élèvent respectivement à 27 947 €, 6 530 € et 5 140 € ;

– l'immeuble n'ait fait l'objet d'aucune occupation depuis l'entrée de l'associé dans l'établissement (sauf par son conjoint ou son concubin, ou leurs enfants qui résidaient dans le logement au jour de son départ) ;

– la cession intervienne dans un délai inférieur à deux ans suivant l'entrée dans l'établissement.

L'exonération ne porte que sur la fraction de l'immeuble occupée par l'associé à titre de résidence principale et sur la quote-part lui revenant (BOI-RFPI-PVI-10-40-20 n° 60).

CESSION D'UN DROIT DE SURÉLÉVATION

La plus-value réalisée au titre de la cession, **jusqu'au 31 décembre 2024,** d'un droit de surélévation est exonérée à condition que l'acquéreur (personne physique ou personne morale) prenne l'**engagement** de réaliser et d'achever des **locaux destinés à l'habitation** dans un délai de quatre ans à compter de la date de son acquisition (CGI art. 150 U, II-9° modifié par loi 2022-1726 du 30-12-2022 art. 7). La mention de l'exonération dans l'acte authentique constatant le transfert de propriété vaut engagement de l'acheteur. Le défaut de cette mention fait échec à l'application de l'exonération (BOI-RFPI-PVI-10-40-40 n° 110). **33555**

La réalisation d'un local d'habitation s'entend de la création d'un logement neuf au sens des articles R 111-1-1 à R 192-4 du CCH. Il peut s'agir d'une unité d'habitation distincte des locaux existants ou de l'agrandissement par adjonction de pièces supplémentaires à un logement existant. L'exonération ne s'applique pas lorsque les locaux réalisés sont des locaux à usage mixte (BOI précité n° 90).

ATTENTION

En cas de **manquement à son engagement,** l'acquéreur est redevable d'une amende d'un montant égal à 25 % de la valeur de cession du droit de surélévation sauf notamment en cas de licenciement, d'invalidité, de décès du contribuable ou de l'un des époux soumis à imposition commune, ou de circonstances exceptionnelles indépendantes de sa volonté (force majeure, etc.). L'exonération du cédant n'est pas remise en cause.

IMMEUBLE DESTINÉ AU LOGEMENT SOCIAL

Sont exonérées les plus-values réalisées **jusqu'au 31 décembre 2023** (CGI art. 150 U, II-7° et 8° modifié par loi 2022-1726 du 30-12-2022 art. 7) lors de la **cession** d'immeubles : **33557**

– **à un organisme chargé du logement social** (organisme HLM, société d'économie mixte gérant des logements sociaux, association foncière logement, SCI dont cette association détient la majorité des parts pour les logements visés à l'article L 831-1, 4° du CCH, organisme bénéficiant de l'agrément relatif à la maîtrise d'ouvrage prévu à l'article L 365-2 du CCH et organisme de foncier solidaire) qui prend dans l'acte authentique d'acquisition l'engagement de construire et d'achever des logements locatifs sociaux visés à l'article L 831-1, 3°, 5° et 6° du CCH ou des logements faisant l'objet d'un bail réel solidaire, dans un délai de dix ans ;

– **à tout autre cessionnaire qui s'engage à réaliser** et à achever **des logements locatifs sociaux** visés à l'article L 831-1, 3° , 5° et 6° du CCH ou des logements faisant l'objet d'un bail réel solidaire, dans un délai de quatre ans.

L'exonération s'applique au **prorata** de la surface des logements sociaux construits par rapport à la surface totale des constructions mentionnées sur le permis de construire du programme immobilier. Lorsque le cessionnaire est un organisme en charge du logement social, l'exonération est **totale** si ce prorata dépasse 80 %.

En cas de manquement à son engagement, le cessionnaire est redevable d'une amende égale à 10 % du prix d'acquisition (mais l'exonération partielle de la plus-value reste acquise au cédant : BOI-RFPI-PVI-10-40-110 nº 290). En cas de fusion de sociétés, l'engagement souscrit par la société absorbée n'est pas rompu lorsque la société absorbante le reprend dans l'acte de fusion.

L'exonération s'applique également lorsque l'immeuble est vendu jusqu'à la même date à une **collectivité territoriale,** à un établissement public de coopération intercommunale (**EPCI**), ou à un établissement public foncier de l'État (**EPF**) en vue de sa rétrocession à un des organismes précités dans le délai d'un an (trois ans en cas de rétrocession par un EPF) à compter de son acquisition. L'engagement de construire doit alors être pris par l'organisme dans l'acte de rétrocession.

Ces dispositions ne s'appliquent pas dans les **quartiers faisant l'objet d'un projet de renouvellement urbain** au titre du NPNRU. Le site d'information géographique de la politique de la ville (sig.ville.gouv.fr) permet de consulter les périmètres des quartiers concernés et de déterminer l'appartenance d'une adresse à l'un de ces quartiers.

> **Précisions** Les logements visés à l'article L 831-1, 3° , 5° et 6° du CCH sont des logements à usage locatif, des logements-foyers conventionnés ouvrant droit à l'aide personnalisée au logement (APL) et des logements occupés par des titulaires de contrats de location-accession.

C. Détermination de la plus-value réalisée par une SCI de location

33600 La plus-value, calculée par différence entre le prix de cession et le prix d'acquisition, est, pour les cessions portant sur des immeubles détenus depuis plus de cinq ans, réduite d'un abattement pour durée de détention.

Les cessions d'immeubles entraînant la réalisation d'une moins-value sont examinées nº 33800.

Un exemple chiffré illustrant notamment les modalités de détermination de la plus-value figure nº 34100.

1. ÉLÉMENTS DE CALCUL DE LA PLUS-VALUE RÉALISÉE PAR UNE SCI DE LOCATION

33610 La plus-value imposable est égale à la différence entre le prix de cession et le prix d'acquisition de l'immeuble (CGI art. 150 V).

> **Précisions** **a.** Les **avances faites par les associés** à la SCI propriétaire du bien cédé sont sans influence pour la détermination de la plus-value (Inst. 8 M-1-04 nº 47, solution non reprise au Bofip mais qui reste pertinente).
> **b.** La **répartition du capital entre les associés** d'une SCI est sans incidence sur le calcul de la plus-value réalisée par la société (CE 7-4-2006 nº 269042 : RJF 7/06 nº 857). Voir également pour une répartition inégalitaire du produit de cession entre les associés : CAA Lyon 20-3-2018 nº 16LY04400 : RJF 8-9/18 nº 856.

PRIX DE CESSION

33615 Le prix de cession s'entend du prix stipulé à l'acte (CGI art. 150 VA), augmenté le cas échéant des charges en capital et indemnités stipulées au profit du cédant et diminué des **frais** de cession suivants effectivement supportés par ce dernier : commission de vente, frais de mainlevée d'hypothèque, certifications et diagnostics obligatoires (termites, amiante, etc.), honoraires d'architecte, indemnité d'éviction versée au locataire et TVA. Seuls les frais cités dans cette liste peuvent venir en déduction du prix de vente (**liste limitative**). Par exemple, l'indemnité de rendement versée par le vendeur en vue de compenser le manque à gagner résultant de la diminution temporaire des loyers perçus sur l'immeuble vendu ne vient pas en diminution du prix de cession (CAA Douai 2-6-2021 nº 21DA00829).

En cas d'**échange,** le prix de cession à retenir correspond à la valeur vénale réelle des biens reçus en contrepartie du bien cédé, majorée éventuellement du montant de la soulte reçue ou diminuée du montant de la soulte payée.

ATTENTION

Le prix stipulé à l'acte fait foi, même en cas d'**insuffisance d'évaluation.** En revanche, lorsqu'une **dissimulation** de prix est établie, le prix porté dans l'acte peut être majoré en conséquence par l'administration. Ainsi jugé dans un cas où l'administration a apporté la preuve qu'une convention de déspécialisation conclue un peu plus d'un mois avant la cession des parts d'une SCI n'avait été conclue que dans le but de minorer le prix de cession des parts, l'acquéreur n'ayant aucun intérêt à verser une somme importante pour modifier les termes d'un contrat avec une société civile dont il était en train d'acquérir le contrôle et la société n'ayant, quant à elle, subi aucun préjudice (CAA Lyon 10-5-2007 n° 02-2386 : RJF 11/07 n° 1295).
Lorsqu'une telle dissimulation est constatée, le complément de prix constitue un supplément de plus-value et non un revenu accessoire imposable dans la catégorie des BNC (CAA Nantes 30-1-2020 n° 18NT00678 : BPAT 2/20 n° 63).

PRIX D'ACQUISITION

À titre de **règle générale,** le prix d'acquisition s'entend du prix effectivement versé par le cédant, tel qu'il a été stipulé dans l'acte, ou, en cas d'acquisition à titre gratuit (succession ou donation), de la valeur retenue pour la détermination des droits de succession ou de donation (CGI art. 150 VB). Ce prix est majoré des frais d'acquisition et de certaines dépenses (n°s 33630 s.). En dehors des frais énumérés ci-après, aucune autre dépense ne peut être prise en compte ; il en est ainsi, notamment, des intérêts d'emprunt contractés pour l'acquisition ou la réparation d'un immeuble. **33620**

Pour le calcul de la **plus-value réalisée par une SCI** lors de la cession d'un immeuble social, il convient donc de retenir le **prix payé** par la société, sans tenir compte du prix payé par les associés pour acheter les parts (CE 6-1-1988 n° 46658 : RJF 3/88 n° 284) ou de la valeur vénale de ces dernières dans le cas où les associés les ont reçues par succession ou donation.

Pour les **immeubles apportés** par les associés à la SCI et revendus par cette dernière, le prix d'achat est égal à la valeur réelle des droits sociaux rémunérant l'apport (BOI-RFPI-PVI-20-10-20-10 n° 100).

> **Précisions a.** Les précisions données en ce qui concerne les **insuffisances d'évaluation** et les **dissimulations** du prix de cession (n° 33615) sont également valables pour le prix d'acquisition.
b. Le prix d'acquisition à retenir pour le calcul de la plus-value en cas de cession d'un **immeuble acquis par voie de dation en paiement** est la valeur fixée dans la convention et non le prix de revient de l'immeuble une fois construit, même s'il est supérieur à la valeur retenue dans la convention (CE 31-3-1989 n° 78552 : RJF 5/89 n° 581).
c. Dans le cas exceptionnel où le **prix d'acquisition n'est pas stipulé dans l'acte,** la plus-value sera calculée à partir de la valeur vénale réelle de l'immeuble à la date d'entrée dans le patrimoine de la société d'après une déclaration détaillée et estimative des parties.
d. La somme prévue dans un **protocole transactionnel** destinée à **éviter une action en rescision pour lésion** du vendeur initial ne constitue pas un supplément du prix d'acquisition à prendre en compte pour le calcul de la plus-value imposable (CAA Marseille 24-3-2016 n° 14MA03578 : RJF 6/16 n° 529). Le **complément de prix** versé par l'acquéreur au vendeur **après une action en rescision** pour lésion doit en revanche être pris en compte pour le calcul de la plus-value imposable au titre de l'année de la cession (CE 9-11-2015 n° 371571 : RJF 2/16 n° 145).

Frais d'acquisition En cas de revente d'un immeuble social acquis à titre onéreux, le prix d'acquisition est **majoré forfaitairement** de 7,5 % pour tenir compte des frais supportés, avec possibilité toutefois d'y substituer le **montant réel** des frais dûment justifiés (droits d'enregistrement, TVA, honoraires du notaire, commissions versées aux intermédiaires). **33630**

La **répartition du capital social** d'une SCI n'a pas d'incidence sur le montant des frais d'acquisition à retenir pour le calcul de la plus-value réalisée par la société. Ainsi, commet une erreur de droit la cour administrative d'appel qui estime que les associés d'une SCI qui ne détenaient que 60 % de son capital à la date d'acquisition de lots cédés par la société ne pouvaient prétendre qu'à la prise en compte dans la même proportion des frais d'acquisition afférents à ces lots au lieu de retenir l'intégralité de ces frais (CE 7-4-2006 n° 269042 : RJF 7/06 n° 857).

En cas de cession d'un **bien construit par le cédant sur un terrain lui appartenant,** le forfait de 7,5 % pour frais d'acquisition est calculé uniquement sur le prix d'acquisition du terrain (BOI-RFPI-PVI-20-10-20-20 n° 70).

Dans l'hypothèse où l'**acquisition a supporté la TVA,** le forfait de 7,5 % est calculé sur le prix TVA incluse lorsque le redevable légal de la TVA était le vendeur ou si la TVA a été mise à la charge de l'acquéreur et sur le prix hors taxe lorsque le redevable légal de la TVA était l'acquéreur ou si la TVA a été mise à la charge du vendeur. Lorsque les frais réels sont pris en compte, il y a lieu d'examiner la situation de la SCI au regard de la TVA (BOI-RFPI-PVI-20-10-20-20 n° 70) : si elle est **33635** taxable à la TVA sur la totalité de ses loyers, le prix d'achat doit être retenu pour son montant hors taxe puisque la TVA a été, en principe, récupérée par voie d'imputation ou de remboursement. En revanche, si la SCI n'est taxable que partiellement à la TVA, le prix d'achat doit être retenu pour son montant hors taxe, mais augmenté de la TVA qui n'a pu être effectivement déduite en raison des limitations du droit à déduction.

ATTENTION

Seule la **TVA effectivement supportée** par la SCI peut majorer le prix d'acquisition de l'immeuble. Ce n'est pas le cas si cette TVA a été intégralement déduite après l'achat (CAA Douai 30-12-2020 n° 18DA01697 : RJF 4/21 n° 375).

33640 Dépenses de construction, reconstruction, agrandissement et amélioration

Les dépenses de travaux peuvent être ajoutées au prix d'acquisition pour leur **montant réel** lorsqu'elles n'ont pas été déjà prises en compte pour le calcul de l'impôt sur le revenu et ne présentent pas le caractère de dépenses locatives (peintures, papiers peints, moquettes, etc.).

Les travaux doivent avoir été réalisés par une **entreprise,** depuis l'achèvement de l'immeuble ou son acquisition si elle est postérieure, et être justifiés (factures) à la demande de l'administration. Ces justificatifs ne seront admis que s'ils sont établis au nom de la société propriétaire, sauf à prouver que les factures établies au nom des associés ont fait l'objet d'une refacturation à la société (pour une illustration, CAA Nantes 3-6-2022 n° 20NT01369 : BPAT 4/22 inf. 193).

Lorsque l'**immeuble** est **cédé plus de cinq ans après son acquisition,** après son achèvement le cas échéant, les travaux peuvent être évalués **forfaitairement** à 15 % du prix d'acquisition. Selon l'administration, le cédant n'a pas à justifier de la réalité des travaux ni du montant des travaux effectivement réalisés ni de son impossibilité de fournir des justificatifs (BOI-RFPI-PVI-20-10-20-20 n° 390). Cette majoration forfaitaire du prix d'acquisition ne peut être appliquée qu'en cas de cession d'un immeuble bâti (CGI art. 150 VB, II-4°). Le cédant a intérêt à demander l'application du forfait dans tous les cas où il ne peut justifier de dépenses supérieures à 15 % du prix d'acquisition. Dans le cas contraire, il convient de faire état des dépenses réelles.

Attention, selon le Conseil d'État, la majoration forfaitaire de 15 % ne s'applique pas s'il est établi que le contribuable n'a pas réalisé de travaux (CE 25-3-2019 n° 422943 : RJF 10/19 n° 919).

En cas de cession d'un **immeuble donné en location,** les dépenses ayant engendré un déficit foncier qui n'a pu être intégralement imputé peuvent être prises en compte, à due concurrence, pour le calcul de la plus-value (BOI précité n° 270).

Lorsque le logement a été placé sous les régimes d'**amortissement** Robien, Besson ou Périssol, le montant des dépenses de reconstruction, d'agrandissement ou d'amélioration effectuées **après** la **première mise en location** du logement et déduites au titre de l'amortissement ne peut pas non plus venir en augmentation du prix d'acquisition. Ces dépenses sont admises en majoration du prix d'acquisition lorsqu'elles sont réalisées **avant** la première mise en location du logement (BOI précité n° 260). Il en va de même lorsque de telles dépenses ont été prises en compte pour le calcul des **réductions d'impôt** Scellier, Censi-Bouvard et Demessine (au titre des investissements locatifs réalisés dans le secteur du tourisme). Cette disposition paraît transposable au dispositif Duflot-Pinel-Denormandie.

Cette mesure de tempérament ne s'applique pas aux dépenses de restauration immobilière Malraux, ni aux travaux réalisés dans certaines résidences de tourisme Demessine (BOI précité n° 265).

Si les dépenses ayant ouvert droit à un avantage fiscal font l'objet d'une **reprise,** par exemple pour non-respect d'un engagement de location, ces dépenses peuvent venir en majoration du prix d'acquisition (BOI précité n° 240).

Les dépenses locatives **indissociables** de dépenses de construction, de reconstruction, d'agrandissement ou d'amélioration peuvent être ajoutées au prix d'acquisition (BOI précité n° 210).

> **Précisions a.** En cas de cession d'un immeuble par une SCI, la plus-value imposable entre les mains des associés est calculée à partir du prix de revient de l'immeuble, sans tenir compte du prix d'achat des parts par les associés (voir n° 33620), y compris lorsque les associés ont bénéficié d'une **réduction d'impôt à raison de la souscription de leurs parts.**
b. Selon l'administration, les travaux réalisés dans un immeuble acquis dans le cadre d'une **vente d'immeuble à rénover** ne peuvent pas être retenus pour la détermination du prix d'acquisition si l'acquéreur a bénéficié de la réduction d'impôt Malraux (Rép. Frassa : Sén. 10-1-2019 n° 1409). On observera qu'une telle exclusion n'est cependant prévue que pour les travaux réalisés après achèvement de l'immeuble et venant en majoration du prix d'acquisition.
c. Les **frais de démolition** d'un bâtiment vétuste pour vendre l'immeuble comme terrain à bâtir s'ajoutent au prix d'acquisition (BOI précité n° 180). Il en est de même des frais engagés dans le cadre d'une opération de démolition-reconstruction même si la construction est

inachevée et le terrain désigné dans l'acte comme terrain à bâtir (CE 30-6-2016 n° 375547 : RJF 11/16 n° 966).

d. Les travaux de reconstruction et de transformation d'un immeuble à usage industriel en immeuble d'habitation peuvent majorer le prix d'acquisition du bien sur le fondement de l'article 150 VB, II-4° du CGI (CE 19-7-2011 n° 326895 : RJF 12/11 n° 1304).

e. Les frais exposés par une SCI en vue d'être autorisée à **affecter à l'usage de bureaux** l'immeuble d'habitation acquis par elle ne peuvent être ajoutés au prix d'acquisition pour le calcul de la plus-value imposable (CE 3-12-1999 n° 193028 : RJF 6/00 n° 792).

f. Les matériaux achetés par le vendeur et posés par une entreprise ne sont pas pris en compte (CE 12-10-2018 n°s 421677 et 419294 : RJF 1/19 n° 41 ; CAA Marseille 31-3-2022 n° 19MA02901 : BPAT 4/22 inf. 194).

Frais de voirie, réseaux et distribution Les frais de voirie, réseaux et distribution s'ajoutent au prix d'acquisition pour le calcul de la plus-value des **terrains à bâtir,** qu'ils soient ou non imposés par les collectivités locales ou leurs groupements (CGI art. 150 VB, II-5°). Peut, en particulier, être retenu l'ensemble des frais d'aménagement et de viabilisation engagés dans le cadre d'une opération de **lotissement,** qu'ils soient ou non imposés par les collectivités territoriales ou leurs groupements (BOI-RFPI-PVI-20-10-20-20 n° 410). 33660

2. ABATTEMENTS

Lorsque la vente porte sur un bien détenu depuis plus de cinq ans, la plus-value est réduite d'un **abattement pour durée de détention** qui a pour effet de réduire le montant de la plus-value imposable de manière d'autant plus importante que la durée de détention est longue (n°s 33720 s.). 33700

À titre temporaire, un **abattement exceptionnel** de 70 % ou 85 % s'applique en outre, quelle que soit la durée de détention, à certaines plus-values, après prise en compte, le cas échéant, de l'abattement pour durée de détention (voir n°s 33735 s.).

ABATTEMENT POUR DURÉE DE DÉTENTION

L'abattement pour durée de détention s'applique aux cessions **d'immeubles détenus depuis plus de cinq ans** (CGI art. 150 VC). Il s'applique à la plus-value elle-même et non pas au prix d'acquisition du bien et se calcule par période de douze mois, en faisant abstraction des fractions d'années. 33720

Le **délai de détention** court depuis la date d'acquisition jusqu'à la date de cession.

Pour un immeuble détenu par une SCI, la **date d'acquisition** à retenir est la date d'entrée de l'immeuble dans le patrimoine de la société (date de l'apport, date de l'achat par la société). Ne sont pas pris en considération la circonstance que certains associés aient pu acquérir leurs parts avant ou après cette date ou le fait que l'immeuble ait fait partie du patrimoine personnel d'un des associés avant cette date.

La **date de cession** étant également celle du fait générateur de l'imposition, il convient de se reporter n° 33850.

Le **taux** et la **cadence de l'abattement** pour durée de détention diffèrent pour la détermination de l'assiette imposable des plus-values immobilières à l'impôt sur le revenu et aux prélèvements sociaux (CGI art. 150 VC, I ; CSS art. L 136-7, VI).

Pour un **exemple** d'application de l'abattement, voir n° 34100.

ATTENTION

Une SCI qui n'a **pas été immatriculée avant le 1er novembre 2002** a perdu sa personnalité morale à cette date et l'immeuble dont elle était propriétaire a été transféré dans le patrimoine de son associé unique. Dès lors, la vente ultérieure de l'immeuble est réputée faite directement par l'associé et la durée de détention de l'immeuble est décomptée à partir du 1er novembre 2002 (CE 1-4-2019 n° 423158 : RJF 8-9/19 n° 796).

Impôt sur le revenu Pour la détermination du montant imposable à l'impôt sur le revenu des plus-values immobilières, l'abattement pour durée de détention est de : 33727

- 6 % pour chaque année de détention au-delà de la cinquième et jusqu'à la vingt et unième ;
- 4 % au titre de la vingt-deuxième année de détention.

L'**exonération** d'impôt sur le revenu est donc acquise au-delà d'un délai de détention de vingt-deux ans.

Prélèvements sociaux Pour la détermination du montant imposable aux prélèvements sociaux des plus-values immobilières, l'abattement pour durée de détention est de : 33730

- 1,65 % pour chaque année de détention au-delà de la cinquième et jusqu'à la vingt et unième ;

– 1,60 % pour la vingt-deuxième année de détention ;
– 9 % pour chaque année au-delà de la vingt-deuxième.

Par le jeu de l'abattement, l'**exonération** des prélèvements sociaux est acquise au-delà d'un délai de détention de trente ans.

Entre vingt-trois et trente ans de détention, les plus-values ne sont ainsi soumises qu'aux prélèvements sociaux, étant rappelé que ces prélèvements ne sont dus que par les associés personnes physiques de la société.

33732 **Tableau récapitulatif** Le tableau ci-après donne les **taux d'abattements applicables,** compte tenu de la durée de détention du bien, pour la détermination du montant imposable de la plus-value à l'impôt sur le revenu et aux prélèvements sociaux.

Durée de détention de l'immeuble	Impôt sur le revenu	Prélèvements sociaux	Durée de détention de l'immeuble	Impôt sur le revenu	Prélèvements sociaux
	Taux de l'abattement (en %)	Taux de l'abattement (en %)		Taux de l'abattement (en %)	Taux de l'abattement (en %)
Moins de 6 ans	Pas d'abattement	Pas d'abattement	Entre 18 et 19 ans	78	21,45
Entre 6 et 7 ans	6	1,65	Entre 19 et 20 ans	84	23,10
Entre 7 et 8 ans	12	3,30	Entre 20 et 21 ans	90	24,75
Entre 8 et 9 ans	18	4,95	Entre 21 et 22 ans	96	26,40
Entre 9 et 10 ans	24	6,60	Entre 22 et 23 ans	Exonération	28
Entre 10 et 11 ans	30	8,25	Entre 23 et 24 ans	Exonération	37
Entre 11 et 12 ans	36	9,90	Entre 24 et 25 ans	Exonération	46
Entre 12 et 13 ans	42	11,55	Entre 25 et 26 ans	Exonération	55
Entre 13 et 14 ans	48	13,20	Entre 26 et 27 ans	Exonération	64
Entre 14 et 15 ans	54	14,85	Entre 27 et 28 ans	Exonération	73
Entre 15 et 16 ans	60	16,50	Entre 28 et 29 ans	Exonération	82
Entre 16 et 17 ans	66	18,15	Entre 29 et 30 ans	Exonération	91
Entre 17 et 18 ans	72	19,80	Plus de 30 ans	Exonération	Exonération

ABATTEMENT EXCEPTIONNEL DE 70 % OU 85 %

33735 **Opérations de démolition-construction dans le cadre d'une opération d'aménagement Loi Élan** Les plus-values de cession de **biens immobiliers bâtis** ou de droits relatifs à ces biens, situés pour tout ou partie de leur surface dans le périmètre d'une **opération de revitalisation du territoire** ou d'une **grande opération d'urbanisme,** bénéficient d'un abattement exceptionnel (CGI art. 150 VE). Les cessions de terrains à bâtir ne bénéficient pas de cet abattement.

Les **conditions suivantes** doivent être remplies :

– la cession doit être précédée d'une promesse unilatérale ou synallagmatique de vente, signée et ayant acquis date certaine entre le 1er janvier 2021 et le 31 décembre 2023 ;

– la cession doit être réalisée au plus tard le 31 décembre de la deuxième année suivant celle au cours de laquelle la promesse a acquis date certaine ;

– l'acheteur doit s'engager, par une mention dans l'acte authentique d'acquisition, à démolir la ou les constructions existantes et à construire, dans un délai de quatre ans à compter de la date d'acquisition, un ou plusieurs bâtiments d'habitation collectifs dont le gabarit est au moins égal à 75 % du gabarit maximal autorisé tel qu'il résulte de l'application des règles du plan local d'urbanisme ou d'un document d'urbanisme en tenant lieu. Le gabarit correspond à l'ensemble des plans verticaux, horizontaux ou obliques constituant la forme extérieure de la construction.

Le **non-respect** de l'engagement de construire entraîne l'application d'une amende d'un montant égal à 10 % du prix de cession de l'immeuble mentionné dans l'acte.

L'abattement ne s'applique pas aux cessions **entre personnes liées,** notamment aux cessions réalisées au profit d'une SCI dont le cédant, son conjoint, partenaire pacsé ou concubin, un ascendant ou descendant de l'une de ces personnes est un associé de la société ou le devient à l'occasion de la cession.

Taux de l'abattement exceptionnel Le **taux** de l'abattement exceptionnel est en principe de 70 %. Il est toutefois majoré à 85 % si l'acquéreur s'engage à ce que, dans le programme immobilier à construire, les logements sociaux et intermédiaires représentent au moins 50 % de la surface totale des constructions. S'il ne respecte pas cet engagement, l'acquéreur est, sauf cas de force majeure, redevable d'une amende égale à 10 % du prix d'acquisition. 33745

3. MOINS-VALUES

En **principe,** aucune imputation des moins-values sur cessions d'immeubles n'est possible, ni sur des plus-values de même nature, ni sur le revenu global (CGI art. 150 VD). 33800

Par exception, une compensation entre les plus-values et les moins-values peut être opérée dans le cas de la **vente en bloc d'un immeuble acquis par fractions successives** (voir n° 34050).

D. Modalités d'imposition de la plus-value de cession d'un immeuble

FAIT GÉNÉRATEUR

Le fait générateur de l'imposition est constitué par la cession à titre onéreux de l'immeuble. En pratique, la plus-value est donc généralement taxée à la **date de l'acte notarié** constatant la vente (ou la promesse synallagmatique de vente valant vente), quelles que soient les modalités de paiement du prix (comptant, à terme, par annuités). 33850

Lorsque la vente ou la promesse de vente est assortie d'une **condition suspensive** qui affecte l'existence même du contrat (obtention d'un prêt bancaire, par exemple), le fait générateur est constitué par la date de réalisation de la condition.

Lorsque la **vente** est **annulée, résolue ou rescindée,** le vendeur peut obtenir une restitution partielle ou totale de l'impôt payé à raison de la plus-value, en présentant une réclamation avant le 31 décembre de la deuxième année suivant la date de l'annulation, de la résolution ou de la rescision (BOI-RFPI-PVI-10-30 n° 30).

Pour l'imposition du complément de prix de cession en cas de rescision, voir n° 33620, Précisions, d.

ATTENTION

En présence d'une **promesse synallagmatique,** qui vaut vente, la cession est réputée avoir lieu lors de la signature de la promesse ou, en présence d'une condition suspensive, à la date de l'acte constatant la réalisation de la condition (BOI-RFPI-PVI-30-10 n° 50). Le Conseil d'État a jugé, en opposant à l'administration sa propre doctrine, que « la date de la cession, constituant le fait générateur de la plus-value, n'est subordonnée à aucune formalité d'enregistrement ou d'acte authentique et peut résulter de la signature d'une promesse synallagmatique (sauf si elle comporte une condition suspensive : obtention d'un prêt notamment), dès lors que la date de cette dernière ne fait l'objet d'aucune contestation » (CE 4-6-2012 n°s 33214 et 33215 : RJF 10/12 n° 939). Il a récemment confirmé que, lorsque la promesse synallagmatique de vente révèle le consentement réciproque des deux parties, le transfert de propriété est réputé avoir lieu à compter de la signature de la promesse, alors même que l'acte authentique stipule que le transfert de propriété intervient au jour de sa signature (CE 29-12-2020 n°s 428306, 428309, 428313 et 428315 : RJF 3/21 n° 279).

Toutefois, lorsque la promesse prévoit que l'acheteur deviendra propriétaire à la date de l'acte authentique, ce qui est souvent le cas en pratique, c'est à cette date qu'il faut se placer pour calculer l'impôt sur la plus-value (CAA Bordeaux 10-7-2014 n° 13BX00494 : RJF 12/14 n° 1106).

CALCUL DE L'IMPÔT SUR LA PLUS-VALUE

Les plus-values sont soumises à l'impôt sur le revenu au taux de 19 %, majorés des prélèvements sociaux applicables aux personnes physiques (CSG, CRDS, prélèvement de solidarité) au taux prévu pour les produits de placement (n° 34370). 33870

En plus de ces impositions, les plus-values excédant 50 000 € supportent une taxe dans certains cas : voir n°s 34700 s.

ATTENTION

Les cessions de **peuplements forestiers** réalisées par une SCI ne bénéficient pas de l'abattement de 10 € par année de détention et par hectare applicable aux cessions réalisées par des personnes physiques (CGI art. 150 VF, III).

E. Obligations déclaratives et paiement de l'impôt sur la plus-value

DÉCLARATION ET PAIEMENT

33950 L'impôt afférent à la **plus-value taxable** réalisée par une SCI est **déclaré** sur les imprimés 2048-IMM ou 2048-TAB s'il s'agit d'un terrain à bâtir (imprimés disponibles uniquement sur internet : www.impots.gouv.fr) par le gérant de la société ou son mandataire (le mandat doit alors figurer dans l'acte ou être joint à la déclaration). La déclaration doit être transmise en simple exemplaire au service de la publicité foncière dans le mois qui suit la date de l'acte notarié lors du dépôt en vue de la formalité de publicité foncière. Elle mentionne le nom de tous les associés et la nature de l'imposition applicable à chaque quote-part, y compris pour les associés qui ne sont pas soumis au régime des plus-values des particuliers.

La déclaration doit être accompagnée du **paiement** par la société de l'impôt sur le revenu afférent à la plus-value dû au prorata des droits sociaux détenus par les associés présents à la date de la cession soumis à l'impôt sur le revenu dans la catégorie des plus-values des particuliers (CGI art. 150 VF, II) ainsi que des prélèvements sociaux correspondants. En d'autres termes, il est demandé à la société de faire l'avance de l'impôt dont la charge incombe à ses membres.

À l'égard des associés relevant du régime des plus-values des particuliers, pour déterminer les associés devant supporter l'impôt afférent à la plus-value, l'administration a indiqué que la **clef de répartition du bénéfice à retenir** est celle qui figure dans le pacte social à la clôture de l'exercice qui précède celui au cours duquel la cession est intervenue, à défaut de convention modifiant cette répartition, conclue et enregistrée entre la clôture de l'exercice et la cession (BOI-RFPI-PVI-30-20 n° 90).

L'**impôt acquitté** par la société est **libératoire** de l'impôt sur le revenu afférent à la plus-value dû par les associés.

En pratique, le notaire chargé de la vente effectue généralement la déclaration et le paiement de l'impôt pour le compte de la société.

Lorsque la **plus-value** est **exonérée** ou lorsque l'opération se solde par une **moins-value,** aucune déclaration ne doit être déposée.

> Précisions a. Lorsque la société comprend des **associés relevant de l'IS, des BIC ou des BA réels,** la quote-part leur revenant est imposée selon les règles prévues pour les plus-values professionnelles dans les conditions exposées n°s 31975 s.

b. Lorsque la société est composée de **plus de 50 associés** au jour de la cession, il est admis que, sur la déclaration de plus-value, il soit fait état de la seule ventilation globale des associés en fonction de leur régime d'imposition au regard des plus-values à condition que la société fasse apparaître sur sa déclaration de résultats les noms de tous les associés présents lors des cessions intervenues au cours de l'exercice et leur régime d'imposition (BOI-RFPI-PVI-30-40 n° 40).

c. En cas de **défaut de paiement** de l'impôt dû sur la plus-value afférente à la cession de l'immeuble d'une SCI, l'administration fiscale ne peut pas adresser un **avis de mise en recouvrement à la société** : les seuls redevables légaux de cet impôt sont les associés présents à la date de cession de l'immeuble et l'impôt ne peut donc pas être mis à la charge de la SCI (CE 11-4-2018 n° 409827 : RJF 7/18 n° 758).

d. L'absence de déclaration ou le **défaut de paiement** entraînent le refus du dépôt ou de la formalité de l'enregistrement. L'intérêt de retard est calculé à compter du premier jour du mois suivant celui au cours duquel l'impôt devait être acquitté jusqu'au dernier jour du mois de paiement.

L'administration peut demander des **justifications** sur les éléments servant de base au calcul de la plus-value.

L'absence de réponse ainsi que le défaut ou le retard de déclaration sont susceptibles d'entraîner une **taxation d'office.**

e. Lorsque des **créanciers** doivent être **désintéressés avant le Trésor** (cas des créanciers bénéficiant d'une hypothèque sur l'immeuble) ou lorsque l'**acquéreur** est une **collectivité publique** (État, communes, etc.), la déclaration doit être déposée par le notaire au service des impôts dont relève le domicile du vendeur dans le mois de l'acte.

L'impôt est payé par le vendeur dans l'hypothèse où il existe des créanciers primant le Trésor. Si la cession est réalisée au profit d'une collectivité publique, le paiement de l'impôt est effectué par le notaire pour le compte du vendeur à la remise des fonds par la collectivité.

f. Le **vendeur qui se prévaut d'une exonération après paiement de l'impôt** sur la plus-value doit déposer une réclamation auprès du service des impôts du lieu de situation de l'immeuble. Il n'est pas tenu de déposer un acte notarié rectificatif auprès du service de la publicité foncière (Rép. Longuet : Sén. 20-4-2006 n° 21199, solution non reprise au Bofip mais qui reste pertinente).

Mais une telle réclamation peut être **inefficace** si l'application de l'exonération est subordonnée à l'existence de **mentions dans l'acte** de cession (CAA Douai 23-4-2019 n° 17DA01449 : FR 27/19 inf. 9).

MENTIONS DEVANT FIGURER DANS L'ACTE DE VENTE

Pour tout acte ou déclaration constatant la cession de biens imposables, l'accomplissement de la **formalité de l'enregistrement** est subordonné à l'indication, dans l'acte, de l'adresse du service des impôts dont la société dépend pour la déclaration de ses résultats, du prix de cession de chacun des biens, du prix d'acquisition (ou, en cas d'acquisition à titre gratuit, du nom et de l'adresse du précédent propriétaire et éventuellement de la date de son décès) et, en cas de dispense de déclaration, de la nature et du fondement de l'exonération ou de l'absence de taxation. **33955**

MENTION DANS LA DÉCLARATION DES ASSOCIÉS

Chaque associé doit reporter sur sa déclaration d'ensemble des revenus (n° 2042-C), le montant de sa quote-part de plus-value nette imposable (correspondant en général au pourcentage de parts détenues dans la société) ainsi que le montant de la plus-value exonérée réalisée à l'occasion de la cession d'un logement autre que la résidence principale (CGI art. 170). Les autres plus-values exonérées ne sont pas concernées par cette obligation déclarative. **33960**

Tout manquement à cette obligation donne lieu à l'application d'une amende (CGI art. 1760).

F. Cas particuliers

EXPROPRIATIONS

L'expropriation pour cause d'utilité publique étant assimilée à une cession à titre onéreux, la plus-value réalisée dans le cadre d'une procédure d'expropriation est en principe taxable suivant les règles générales exposées ci-dessus. Toutefois, en raison du caractère forcé de la cession, des modalités d'imposition spécifiques sont prévues. **34000**

La plus-value peut même être totalement exonérée en cas de remploi de l'indemnité d'expropriation dans l'achat d'un bien immobilier.

> **Précisions** Les règles exposées ci-après s'appliquent en principe uniquement aux plus-values réalisées à la suite d'une **déclaration d'utilité publique** prononcée en vertu des articles L 121-1 et suivants du Code de l'expropriation pour cause d'utilité publique (ou en vertu de l'article L 511-2 du même Code relatif à la suppression de l'**habitat insalubre**), sans distinguer suivant que le transfert de propriété s'opère en cours de procédure par voie d'accord amiable ou en vertu d'une ordonnance du juge de l'expropriation. L'administration accorde toutefois également le bénéfice de l'**exonération** sous condition de remploi aux plus-values de cession de biens immobiliers exposés à un **risque naturel majeur** réalisées dans le cadre de la procédure d'acquisition amiable mentionnée à l'article L 561-3, I du Code de l'environnement (BOI-RFPI-PVI-10-40-60 n° 200).

Prix de cession Le prix de cession à retenir pour la détermination de la plus-value est constitué par l'indemnité principale d'expropriation, à l'exclusion des indemnités accessoires non représentatives de la valeur des biens cédés : indemnités de remploi, indemnités pour frais de déménagement, pour perte de loyer, pour trouble de jouissance, pour récoltes non levées, etc. (CGI ann. II art. 74 SC ; BOI-RFPI-PVI-20-10-10 n° 210). **34015**

Déclaration et paiement de l'impôt En cas d'expropriation constatée par une **ordonnance judiciaire,** la déclaration 2048-IMM est déposée et l'impôt acquitté par la société au service des impôts dont elle dépend dans le mois qui suit le versement du prix de cession (BOI-RFPI-PVI-30-40 n° 240). **34025**

En cas d'expropriation constatée par un **acte passé en la forme administrative,** la déclaration est remise à la collectivité publique cessionnaire préalablement à la formalité de publicité foncière. L'impôt est alors payé au service des impôts dont relève la société, par le comptable public assignataire, sur le prix dû au vendeur au vu de la déclaration transmise à la collectivité publique (BOI-RFPI-PVI-30-40 nos 270 s.).

Exonération sous condition de remploi La plus-value est totalement exonérée si le cédant procède au remploi intégral de l'**indemnité principale** dans l'achat d'un ou plusieurs biens de même nature (CGI art. 150 U, II-4°). Cette condition est réputée satisfaite si 90 % de l'indemnité est effectivement utilisée (BOI-RFPI-PVI-10-40-60 n° 80). Le remploi doit être effectué dans un **délai** d'un an à compter de la date de paiement de l'indemnité. **34030**

S'agissant de l'expropriation d'un **bien appartenant à une SCI,** le remploi de l'indemnité peut être effectué soit par la société elle-même, soit par chacun des associés. Dans ce dernier cas, l'exonération ne s'applique que si le remploi est effectué par tous les associés (BOI précité n° 90).

> Précisions **a.** L'affectation du bien acheté **en remploi** peut être différente de celle du bien exproprié ; l'exonération est ainsi accordée en cas d'achat d'un immeuble bâti en remplacement d'un terrain nu (et inversement), ou en cas d'achat d'un immeuble à usage professionnel en remplacement d'un immeuble d'habitation. L'indemnité peut aussi être employée dans l'achat de droits relatifs à des immeubles (nue-propriété, usufruit, droits indivis), mais pas dans l'achat de parts ou actions de sociétés ou groupements même si l'actif est exclusivement composé d'immeubles (SCPI, GFA, etc.) (BOI-RFPI-PVI-10-40-60 n°s 140 et 150).

b. L'exonération peut être accordée lorsque l'indemnité est utilisée en vue de la **construction,** la **reconstruction** ou **l'agrandissement** d'un immeuble. Le contribuable doit alors être en mesure de justifier, dans les douze mois du paiement de l'indemnité, de la propriété du terrain destiné à servir d'assise à l'opération, de la conclusion d'un contrat d'architecte et d'engagements pris à l'égard des entrepreneurs. En revanche, l'exonération est refusée si l'indemnité est affectée à des **dépenses d'amélioration** sauf si elles sont indissociables de dépenses de construction ou reconstruction (BOI précité n° 150).

c. En cas de **paiement fractionné de l'indemnité,** le délai de remploi de douze mois court à compter du paiement du solde (BOI précité n° 160).

d. L'indemnité d'expropriation peut être remployée dans l'achat d'un **bien situé en France** ou dans un autre État de l'**Espace économique européen** (BOI précité n° 110).

e. L'exonération sous condition de remploi s'applique également à la plus-value de cession réalisée par le cédant qui exerce son **droit de délaissement** dans les situations suivantes (BOI précité n° 57) :
– lorsque le terrain, bâti ou non bâti, est réservé par un plan local d'urbanisme pour la mise en place de servitudes particulières en application de l'article L 151-41 du Code de l'urbanisme, notamment pour la création de voies et d'ouvrages publics, d'installations d'intérêt général, d'espaces verts ou nécessaires aux continuités écologiques ou de programmes de logements pour respecter la mixité sociale ;
– pour la création d'une zone d'aménagement concerté (ZAC) ;
– en cas de décision de sursis à statuer sur un permis de construire ;
– lorsque le bien se situe dans le périmètre d'un plan de prévention des risques technologiques (PPRT).

PROFITS DE CONSTRUCTION OCCASIONNELS

34040 Lorsqu'ils présentent un caractère occasionnel, les profits résultant de la vente d'un **immeuble que la société a construit ou fait construire** sur un terrain dont elle était antérieurement propriétaire relèvent du régime des plus-values des particuliers.

La plus-value imposable est, selon l'administration, déterminée en distinguant la fraction de la plus-value afférente au terrain et celle afférente à la construction.

La **fraction de la plus-value afférente au terrain** est déterminée à partir de son prix d'acquisition.

Le délai de détention se calcule à partir de cette acquisition (BOI-RFPI-PVI-20-10-20-10 n° 110).

Le prix d'acquisition de la **construction** est égal au coût des travaux de construction. Ceux-ci s'entendent notamment des frais d'architecte et des factures et mémoires des entrepreneurs ou, lorsque les travaux ne sont pas réalisés par une entreprise, du prix d'achat des matériaux utilisés pour la construction et du coût de la main-d'œuvre employée, à l'exclusion du travail personnellement effectué par le cédant. Si ce dernier ne dispose pas des factures d'achat des matériaux, le prix d'acquisition des constructions est nul et la plus-value est calculée à partir du seul prix d'acquisition du terrain (CAA Lyon 30-3-2022 n° 20LY02224 : BPAT 3/22 inf. 144).

La durée de détention est calculée à partir de la date du début d'exécution de ces travaux (BOI-RFPI-PVI-20-20 n° 40). Lorsque le début d'exécution des travaux remonte à plus de cinq ans, l'abattement pour durée de détention est applicable.

S'agissant des dépenses de construction, reconstruction, agrandissement et amélioration réalisées sur l'immeuble et venant en majoration du prix d'acquisition, voir n° 33640.

VENTE EN BLOC D'UN IMMEUBLE ACQUIS PAR FRACTIONS SUCCESSIVES

34050 En cas de cession en bloc d'un immeuble acquis par fractions successives, il convient de déterminer de manière distincte la **plus-value ou la moins-value afférente à chacune des fractions.** La ou les moins-values ainsi obtenues, réduites de l'abattement pour durée de détention au-delà de la cinquième année, **s'imputent** alors sur la ou les plus-values corrigées, le cas échéant, de l'abattement pour durée de détention à condition que la vente soit constatée dans le même acte et intervienne entre les mêmes parties (CGI art. 150 VD, II).

Sont notamment concernées les ventes en bloc des **immeubles** suivants :
– immeubles acquis par parts indivises successives ;

– immeubles construits par le cédant sur un terrain lui appartenant ;

– immeubles provenant de la fusion de deux unités d'habitation acquises à des dates différentes.

ATTENTION

L'administration refuse la compensation à un **couple pacsé** qui vend un immeuble formé par la réunion de deux **biens acquis séparément par chacun avant de se pacser** (Rép. Maurey : Sén. 6-12-2018 n° 1484). La solution vaut bien entendu aussi en cas d'acquisitions effectuées par deux **futurs conjoints.**

VENTE D'UN TERRAIN SUPPORTANT UNE CONSTRUCTION ÉDIFIÉE PAR LE LOCATAIRE

En cas de vente d'un terrain supportant une construction édifiée par le locataire et revenue au bailleur en fin de bail (à construction ou ordinaire), l'administration distingue deux plus-values, l'une afférente au terrain, l'autre aux constructions, déterminées suivant les règles exposées ci-après. **34060**

Le **prix d'acquisition** du terrain s'entend du prix effectivement payé pour son acquisition.

Le prix d'acquisition des constructions s'entend :

– de leur prix de revient ;

– ou, si le transfert de propriété s'effectue moyennant le versement d'une indemnité au preneur, du montant de celle-ci, sauf si le prix de revient des constructions est supérieur (BOI-RFPI-PVI-20-10-20-10 n° 170).

La valeur vénale des constructions au jour de leur transfert dans le patrimoine du bailleur ne peut pas être retenue pour le calcul de la plus-value (CAA Lyon 21-10-2021 n° 19LY04132 : BPAT 6/21 inf. 263).

Le **délai de détention** se calcule :

– pour le terrain, à partir de la date effective d'acquisition par le bailleur ;

– pour les constructions, à partir de la date d'expiration du bail ou de sa résiliation anticipée même si l'accession se réalise au fur et à mesure de la construction (BOI-RFPI-PVI-20-20 n° 40).

Le prix de vente doit être **ventilé** dans l'acte entre la fraction se rapportant au terrain et celle se rapportant à la construction.

En ce qui concerne la **compensation** entre plus-value et moins-value, voir n° 34050.

VENTE DE L'IMMEUBLE SOCIAL DONT LA PROPRIÉTÉ EST DÉMEMBRÉE OU PAR UNE SCI DONT LES PARTS SONT DÉMEMBRÉES

La question de la vente par une SCI de la nue-propriété ou de l'usufruit d'un immeuble, de même que celle de la vente de la pleine propriété d'un immeuble dont la SCI a successivement acquis la nue-propriété et l'usufruit, est traitée dans le dossier d'ensemble consacré au démembrement. Voir à cet égard n°s 62682 s. **34070**

Quant à la situation de la SCI dont les parts sont démembrées et qui vend un immeuble, elle est envisagée n° 62720.

G. Exemple

Soit une SCI constituée en 2006 par deux associés personnes physiques. La société a acquis, le 1er décembre 2012, un immeuble bâti pour 200 000 €. Pour en permettre la location, en 2013, la société a confié à une entreprise la rénovation d'une partie de la plomberie (travaux facturés 3 000 €). L'année suivante, un artisan a été chargé de remplacer la chaudière pour un coût de 6 000 €. Le 20 septembre 2023, la société cède cet immeuble pour un prix de 350 000 €. **34100**

S'agissant des dépenses de travaux, l'application du forfait de 15 % (200 000 € × 15 % = 30 000 €) s'avère plus avantageuse que la prise en compte des frais réels d'un montant de 9 000 €.

La plus-value est déterminée **au niveau de la société** de la manière suivante.

EXEMPLE

Calcul de la plus-value

Prix de vente : 350 000 €
Prix d'achat : 200 000 €
Frais d'acquisition (forfait de 7,5 %) : 15 000 €
Dépenses de travaux (forfait de 15 %) : 30 000 €
Prix d'achat corrigé : 245 000 €
Plus-value « brute » : 105 000 €

Abattement pour durée de détention (bien détenu depuis plus de dix ans) : 30 % pour le calcul de l'impôt sur le revenu et 8,25 % pour le calcul des prélèvements sociaux.
Plus-value imposable à l'impôt sur le revenu : 105 000 − 31 500 = 73 500 €
Plus-value imposable aux prélèvements sociaux : 105 000 − 8 662 = 96 338 €
Calcul de l'impôt (à payer par la société lors de la cession)
Impôt sur le revenu afférent à la plus-value : 73 500 € × 19 % = 13 965 €
Prélèvements sociaux (CSG, CRDS, prélèvement de solidarité) : 96 338 × 17,2 % = 16 570 €
Taxe supplémentaire sur plus-values élevées (voir n° 34700) : 73 500 € × 2 % = 1 470 €
Imposition globale : 32 005 €.

II. CESSION DES PARTS SOCIALES

34200 Les plus-values de cession des parts de sociétés civiles de location réalisées par les associés personnes physiques (ou une autre SCI) relèvent en **principe** du régime prévu pour les immeubles. Elles sont donc soumises à l'impôt à un taux proportionnel.

La situation des **associés non résidents** procédant à la cession de leurs parts est examinée nos 34550 s.

ATTENTION

Lorsque les **cessions** sont suffisamment **fréquentes et importantes** pour présenter un caractère professionnel, les profits qui en résultent sont soumis au régime des BIC dans les mêmes conditions que les profits des marchands de biens (voir nos 48000 s.). Il en est ainsi même si elles portent sur des titres de sociétés à prépondérance immobilière.

A. Champ d'application du régime des plus-values immobilières

TITRES CONCERNÉS

34210 Le régime des plus-values immobilières privées s'applique aux plus-values de cession de titres des **sociétés non soumises à l'impôt sur les sociétés** qui sont **à prépondérance immobilière** (CGI art. 150 UB).

Les cessions de titres de **sociétés soumises à l'impôt sur les sociétés** ne relèvent pas de ce régime mais de celui des plus-values de cession de valeurs mobilières et droits sociaux étudié nos 21700 s. ; il en est ainsi qu'elles soient ou non à prépondérance immobilière et sous la réserve énoncée n° 34580 pour les non-résidents.

34215 **Notion de prépondérance immobilière** Une société est à prépondérance immobilière lorsque son **actif** est constitué, à la clôture des trois exercices qui précèdent la cession de droits sociaux, pour plus de 50 % de sa valeur par des immeubles bâtis ou non bâtis (ou des droits portant sur ces biens : nue-propriété, usufruit mais non les droits détenus dans le cadre d'un contrat de crédit-bail immobilier : BOI-RFPI-SPI-10-20 n° 60) qui ne sont pas affectés à sa propre exploitation industrielle, commerciale ou agricole ou à l'exercice d'une profession non commerciale (CGI art. 150 UB, I et, s'agissant de non-résidents, 244 bis A).

Les immeubles donnés en location (y compris ceux loués en meublé ou munis de matériels nécessaires à leur exploitation) ne sont pas considérés comme étant affectés à l'exploitation. En revanche, les immeubles dans lesquels est exploité un fonds de commerce donné en location-gérance sont en principe considérés comme affectés à l'exploitation commerciale du bailleur.

La proportion de 50 % s'apprécie en fonction de la **valeur** réelle des éléments d'actif. Il convient de comparer la valeur vénale des immeubles situés en France ou à l'étranger non affectés à la propre exploitation de la société et des titres de sociétés elles-mêmes à prépondérance immobilière avec la valeur vénale totale des éléments d'actif : si ce rapport excède 50 % à la clôture des trois exercices, la société concernée est à prépondérance immobilière. Si à la clôture de l'un quelconque de ces trois exercices, le rapport est inférieur à 50 %, la société n'est pas à prépondérance immobilière et la cession des titres relève du régime des plus-values de cession de valeurs mobilières. Le rapport existant à la date de cession des titres est sans incidence sur le régime d'imposition applicable (BOI-RFPI-SPI-10-20 nos 70 et 80).

Si les parts sont cédées moins de trois ans après la création de la société, la composition de l'actif est appréciée à la clôture du ou des seuls exercices clos ou, à défaut, à la date de la cession. Par exemple, une société qui a clos son premier exercice au 31 décembre 2023 et dont l'actif est composé pour plus de 50 % d'immeubles sera considérée comme étant à prépondérance immobilière. La cession des titres de cette société en 2024 sera soumise au régime d'imposition des plus-values immobilières.

ILLUSTRATIONS

Des **immeubles** appartenant à une société, **devenus vacants** après une délocalisation d'activité de la société, ne peuvent pas être considérés comme affectés à l'exploitation : dès lors que ces immeubles constituent le seul actif de la société, celle-ci est une société à prépondérance immobilière et la cession de ses titres relève du régime des immeubles (CAA Paris 3-6-1997 n° 95-519 : RJF 10/97 n° 929).

La plus-value réalisée à l'occasion de la cession de parts d'une SCI ayant pour seul actif un immeuble et pour seule activité la **location** nue de cet immeuble à des **médecins pour les besoins de leur activité** est imposable dans le cadre du régime des plus-values immobilières alors même que les locataires sont les associés de la société (CAA Bordeaux 5-11-1996 n° 94-1387 : RJF 10/97 n° 928) : à cet égard, l'affectation du bien à l'exercice de la profession des associés est sans incidence sur l'affectation de l'immeuble par la SCI propriétaire et ne permet pas de considérer cet immeuble comme affecté à l'exercice d'une profession.

CESSIONS IMPOSABLES

Les règles déjà exposées pour la définition des opérations imposables dans le cadre de l'étude de la cession de l'immeuble social par la société sont applicables aux cessions de parts réalisées par les associés (voir n° 33460). On rappellera simplement ici que seules peuvent être taxées les plus-values consécutives à une **cession à titre onéreux,** c'est-à-dire les transmissions qui comportent une contrepartie en faveur du cédant (ventes, échanges, apports en société, partages et licitations). **34220**

ATTENTION

En l'absence de tout transfert de propriété, l'**apport temporaire en jouissance des parts sociales** d'une SCI de location à une société anonyme ne place pas son auteur dans le champ d'application des plus-values privées ou professionnelles. L'opération n'est pas pour autant sans incidence fiscale pour l'apporteur.

Cet apport présente en effet les caractéristiques d'une location de bien meuble incorporel, dont le prix est constitué par la remise d'actions de la société anonyme. Le profit qui en résulte est imposable au titre de l'année de la mise à disposition dans la catégorie des bénéfices non commerciaux en application de l'article 92, 1 du CGI (BOI-BNC-BASE-30-10 n° 150).

B. Exonérations applicables aux cessions de titres

Seules sont exonérées les cessions portant sur des titres (de sociétés à prépondérance immobilière non soumises à l'IS) détenus depuis une certaine durée et celles portant sur des titres (des mêmes sociétés) détenus par des associés occupant l'immeuble social à titre de résidence principale. **34230**

Les autres exonérations prévues à l'égard des cessions d'immeubles ne sont pas applicables aux cessions de titres. Il en est ainsi notamment de l'exonération des cessions n'excédant pas 15 000 €.

TITRES DÉTENUS DEPUIS PLUS DE 22 ANS OU 30 ANS

L'application de l'abattement par année de détention au-delà de la cinquième (nos 33720 s.) aboutit à une **exonération automatique** de la plus-value lorsque la cession porte sur des parts détenues depuis plus de 30 ans (exonération totale) ou depuis plus de 22 ans (exonération partielle). **34240**

Le délai de détention est calculé par période de douze mois, depuis la date d'acquisition des titres jusqu'à la date de leur cession, en faisant abstraction des fractions d'année.

TITRES DÉTENUS PAR DES ASSOCIÉS OCCUPANT L'IMMEUBLE SOCIAL À TITRE DE RÉSIDENCE PRINCIPALE

Les cessions de titres de SCI qui mettent, en droit ou en fait, gratuitement un logement à la disposition de l'associé cédant qui l'occupe à titre d'habitation principale sont en tout ou partie exonérées (application combinée des articles 150 UB, I et 150 U, II-1° du CGI). **34245**

Seule la **fraction** de la plus-value déterminée en fonction de la valeur du logement occupé par l'associé (et de ses dépendances immédiates et nécessaires) par rapport à la valeur globale de l'actif social est exonérée (BOI-RFPI-SPI-10-20 n° 160).

> **Précisions** Seule la cession des titres des sociétés à prépondérance immobilière établies en France est, en principe, soumise au régime des plus-values immobilières. L'administration admet toutefois que lorsqu'une société à prépondérance immobilière dont le siège est établi dans un **État membre de l'Union européenne,** en **Islande,** en **Norvège** ou au **Liechtenstein** met gratuitement à la disposition d'un associé à titre de résidence principale un immeuble (ou une partie d'immeuble) situé(e) en France, la plus-value réalisée par cet associé à l'occasion de la cession de ses titres puisse bénéficier de l'exonération dans les mêmes conditions que si la société avait son siège en France (BOI-RFPI-SPI-10-20 n° 170). Il en résulte que le contribuable domicilié en France qui cède les titres qu'il détient dans une société à prépondérance immobilière dont le siège est situé dans un État membre de l'Union européenne, en Islande, en Norvège ou au Liechtenstein peut, selon son intérêt, se placer sous le régime des plus-values de cession de valeurs mobilières et droits sociaux ou sous le régime des plus-values immobilières.

C. Calcul de la plus-value imposable

GÉNÉRALITÉS

34300 Les règles exposées ci-dessus (nos 33600 s.) au sujet des immeubles sont en **principe** applicables pour déterminer les plus-values de cession des titres de SCI, sous réserve des règles qui ne peuvent concerner par hypothèse que les immeubles et des particularités suivantes.

ATTENTION

L'abattement **exceptionnel de 70 ou 85 %,** applicable pour la détermination de l'assiette imposable des plus-values résultant de la cession de biens immobiliers bâtis ou de terrains à bâtir (nos 33735 s.), ne s'applique pas à la plus-value réalisée à l'occasion de la cession de titres d'une société, même si elle est à prépondérance immobilière.

DATE ET PRIX D'ACQUISITION

34305 Le **prix d'acquisition** correspond au montant de la contrepartie que le titulaire des titres a dû fournir pour en acquérir la propriété ou, en cas d'acquisition à titre gratuit, à la valeur retenue pour la détermination des droits de mutation à titre gratuit (CGI art. 150 VB, I).

Les **frais** d'acquisition ne peuvent être pris en compte que pour leur montant réel (CGI art. 150 VB, II-3°).

Par ailleurs, les **délais de possession** doivent être décomptés par périodes de douze mois à compter de la date exacte d'acquisition des titres par l'associé. Selon l'administration, à défaut de pouvoir justifier de la date d'acquisition, l'associé est réputé avoir acquis les titres depuis moins de cinq ans (BOI-RFPI-SPI-20 n° 40).

Sur la question de savoir si le **prix d'acquisition** doit dans certains cas être **corrigé,** par exemple si un déficit a été déduit par l'associé, voir nos 21635 et 21636.

ATTENTION

Le prix d'acquisition de parts de SCI ne peut pas être majoré des **dépenses de travaux** réalisées sur l'immeuble détenu par la société (CAA Paris 31-3-2021 n° 20PA01456 : RJF 8-9/21 n° 816).

34310 **Titres acquis en rémunération d'un apport** Lorsque les titres ont été acquis à la suite d'un apport, le **prix d'acquisition** est constitué par la valeur réelle des droits sociaux rémunérant l'apport, c'est-à-dire la valeur du bien apporté (BOI-RFPI-PVI-20-10-20-10 n° 100). Lorsque les **titres** ont été souscrits à la **constitution de la société,** mais **libérés ultérieurement,** la date d'acquisition des titres est celle de la souscription au capital (BOI-RFPI-SPI-20 n° 50).

Sur la question de savoir s'il convient de retenir à titre de prix d'acquisition l'ensemble des apports consentis à la société et non pas seulement ceux effectués à l'occasion de la souscription au capital, voir nos 21635 s.

34320 **Titres de même nature acquis à des dates différentes** Lorsque la date d'acquisition de chacun des titres cédés ne peut être déterminée, il convient de répartir le nombre de titres cédés au cours d'une même année, au prorata du nombre de titres de même nature acquis aux diverses dates d'acquisition (BOI-RFPI-SPI-20 n° 40).

EXEMPLE

Un contribuable possède 250 titres d'une SCI, acquis dans les conditions suivantes :
année N − 20 = 50 titres à 5 € ;
année N − 10 = 100 titres à 10 € ;
année N − 5 = 50 titres à 20 € ;
année N − 1 = 50 titres à 25 €.
L'année N, il cède 100 titres pour une somme globale de 10 000 €.
Ces 100 titres sont réputés avoir été acquis dans les conditions suivantes :
année N − 20 = 100 × 50 / 250 = 20 titres à 5 € ;
année N − 10 = 100 × 100 / 250 = 40 titres à 10 € ;
année N − 5 = 100 × 50 / 250 = 20 titres à 20 € ;
année N − 1 = 100 × 50 / 250 = 20 titres à 25 €.

Titres acquis par voie de distribution gratuite Lorsque les titres ont été acquis par voie de distribution gratuite à la suite d'une augmentation de capital par incorporation de réserves ou de primes, la **date d'acquisition** à prendre en considération est la date d'acquisition des droits initiaux et non celle de l'attribution gratuite (BOI-RFPI-SPI-20 n° 60). 34325

CESSION DE PARTS ASSORTIE D'UNE CESSION DE CRÉANCE

En principe, les comptes courants des associés doivent être crédités de la part de bénéfices à laquelle ils ont droit, le solde créditeur du compte représentant la créance détenue par les associés sur la société. En cas de cession de parts, le prix de cession comprend souvent le montant du **solde créditeur du compte courant.** Toutefois, pour le calcul de la plus-value, seule la fraction du prix global de vente correspondant au transfert des parts est retenue, à l'exception de celle afférente à la créance. 34340

> Précisions Cette règle vise les **inscriptions en compte courant** ayant pour origine :
– les loyers perçus par l'associé (donc imposés à son nom) et laissés à la disposition de la SCI aux fins de remboursement des emprunts contractés pour l'acquisition ou la construction des immeubles loués ;
– les sommes mises à la disposition d'une SCI par ses associés en vue de la réalisation de travaux sur l'immeuble social et qui ne sont pas incorporées au capital.

Mais la question se pose, de manière plus générale, à l'égard des **sommes laissées en réserves** et qui ne sont pas nécessairement inscrites en compte courant.

Sur la question de l'**ajustement éventuel du prix de revient,** voir nos 21635 et 21636.

CESSIONS DE PARTS DÉMEMBRÉES DE SCI

Quand une personne physique cède des parts qu'elle détient en usufruit ou en nue-propriété dans une SCI non soumise à l'impôt sur les sociétés, les plus-values de cession de ces parts relèvent du régime des plus-values immobilières des particuliers, au même titre que les plus-values de cession portant sur des titres détenus en pleine propriété. Les modalités d'application de ce régime sont exposées dans notre dossier consacré au démembrement et plus précisément nos 62682 s. 34345

MOINS-VALUES

Les moins-values ne sont en principe pas prises en compte. Toutefois, l'administration étend la solution applicable aux immeubles acquis par fractions successives en cas de **cession en bloc de tout ou partie des parts d'une même SCI** détenues par un associé. La plus-value (ou la moins-value) afférente à chacune des parts est alors déterminée selon les règles qui lui sont propres (délai de détention notamment). Les moins-values, réduites de l'abattement pour durée de détention au-delà de la cinquième année, s'imputent sur la ou les plus-values réalisées sur les autres parts de la même société et par le même contribuable. La circonstance que la cession soit réalisée auprès d'acquéreurs distincts ne fait pas obstacle au bénéfice de cette mesure de tempérament (BOI-RFPI-SPI-20 n° 90). 34365

D. Modalités d'imposition de la plus-value de cession de titres

Le **fait générateur** de l'imposition est constitué par la cession à titre onéreux des titres. 34370

Les plus-values de cession de parts de SCI sont soumises à l'**impôt sur le revenu** au taux de 19 %. Elles sont également soumises aux **prélèvements sociaux** applicables aux produits de placement (CSG, CRDS, prélèvement de solidarité), dont le taux global s'élève à 17,2 %.

En plus de ces impositions, les **plus-values** de cession de parts de SCI **supérieures à 50 000 €** sont soumises à la taxe examinée nos 34700 s.

> Précisions Lorsque la cession porte sur des titres de sociétés qui détiennent des **peuplements forestiers,** l'impôt, calculé au taux de 19 %, est diminué d'un abattement de 10 € par année de détention et par hectare de ces peuplements (CGI art. 150 VF, III). Il n'y a pas d'abattement sur les prélèvements sociaux. En cas de cession de parts d'un groupement forestier acquises par fractions successives, la fraction de plus-value exonérée d'impôt du fait de l'abattement pour durée de détention n'ouvre pas droit à l'abattement représentatif du forfait forestier (CE 26-1-2021 n° 429576 : RJF 4/21 n° 376).

34375 **Plus-values d'échange de titres** Les échanges de parts ou d'actions étant considérés comme des cessions, la plus-value immobilière est normalement taxée au moment où interviennent de telles opérations. Toutefois, en cas d'échange de titres réalisé depuis le 1er janvier 2000 **dans le cadre d'une fusion, d'une scission ou d'un apport** à une autre **société (passible de l'IS),** les contribuables bénéficient en principe d'un sursis d'imposition de la plus-value (CGI art. 150 UB, II). Lors de la cession ultérieure des titres, la plus-value est calculée par référence au prix d'acquisition des titres remis à l'échange et imposée selon le régime des plus-values immobilières si les titres se rapportent lors de la cession à une société à prépondérance immobilière ou selon le régime des plus-values de cession de valeurs mobilières dans le cas contraire.

Pour les échanges réalisés avant le 1er janvier 2000, les plus-values restent soumises au régime du report. À l'expiration du report, la plus-value est imposable suivant le régime des plus-values immobilières ou celui des plus-values de cession de valeurs mobilières selon que les titres se rapportent ou non, à cette date, à une société à prépondérance immobilière (BOI-RFPI-SPI-10-30 nos 60 et 110).

> Précisions En cas d'**échange avec soulte,** le sursis d'imposition ne s'applique pas lorsque la soulte reçue excède 10 % de la valeur nominale des titres reçus. La plus-value d'échange est alors totalement imposable au titre de l'année d'échange. Lorsque la soulte reçue n'excède pas ce seuil de 10 %, la plus-value d'échange est imposable au titre de l'année d'échange à concurrence du montant de cette soulte (BOI-RPPM-PVBMI-30-10-20-20 n° 40). Lors de la cession ultérieure des titres reçus, la plus-value est déterminée à partir du prix d'acquisition des titres remis à l'échange, diminué du montant de la soulte reçue qui n'a pas fait l'objet d'une imposition au titre de l'année d'échange (BOI précité n° 70).

E. Obligations déclaratives et paiement de la plus-value

34390 L'impôt afférent à la plus-value (impôt sur le revenu et prélèvements sociaux) est **déclaré,** en double exemplaire, sur l'imprimé 2048-M et **payé** au service des impôts des entreprises du domicile du vendeur dans le mois de la cession. La déclaration est signée par le cédant ou son mandataire.

Aucune déclaration n'est à souscrire en l'absence de plus-value imposable.

> Précisions Pour les cessions constatées par **acte notarié,** la déclaration accompagnée du paiement est déposée lors de l'accomplissement de la formalité de l'enregistrement au service des impôts des entreprises dans le ressort duquel le notaire réside (CGI art. 150 VG, I-2°).

MENTIONS DEVANT FIGURER DANS L'ACTE DE VENTE

34395 L'acte de cession présenté **lors de l'enregistrement** doit préciser l'adresse du service des impôts dont le cédant dépend pour la déclaration de ses revenus ou bénéfices, le prix de cession de chacun des titres, le prix d'acquisition des titres, ou, s'il s'agit d'une acquisition à titre gratuit, le nom du précédent propriétaire, son domicile et, éventuellement, la date de son décès (CGI ann. II art. 74 SJ).

En cas de dispense de déclaration, l'acte doit préciser la nature et le fondement de l'exonération ou de l'absence de taxation (CGI art. 150 VG, III).

À défaut d'acte, les mentions énumérées ci-dessus doivent figurer sur la déclaration spéciale que les parties sont tenues de souscrire dans le mois de la cession en application de l'article 639 du CGI.

Les déclarations de cession de droits sociaux seront soumises à l'obligation de dépôt et de paiement par voie dématérialisée au plus tard le 1er juillet 2025 (Décret 2020-772 du 24-6-2020). Les cessions de droits sociaux non constatées par un acte peuvent être **déclarées en ligne** depuis le 9 mars 2022 pour les particuliers, à partir de leur Espace particulier, et depuis le 1er février 2023 pour les entreprises, à partir de leur Espace professionnel, sur le site impots.gouv.fr.

III. AUTRES OPÉRATIONS SOUMISES AU RÉGIME DES PLUS-VALUES IMMOBILIÈRES

Outre la cession de l'immeuble social par la société et la cession des parts de la société par les associés, le régime des plus-values immobilières privées s'applique à l'occasion de certaines opérations concernant les sociétés civiles ou les associés. 34450

DISSOLUTION DE LA SOCIÉTÉ

En mettant fin à la personne morale, la dissolution de la société civile a pour effet de transformer l'actif social en indivision et, par suite, de transférer la propriété des biens sociaux de la tête de la société sur celle de chaque associé. Il s'opère ainsi une cession à titre onéreux susceptible de dégager une plus-value imposable au nom de chaque associé au prorata de ses droits sociaux. Ce n'est toutefois qu'à la date de la publication de la clôture de la liquidation que cette plus-value doit être imposée (sauf en cas de cession d'éléments d'actif à un tiers en cours de liquidation). La **plus-value** est **calculée** par différence entre la valeur réelle des biens à la date de la publication de la clôture de la liquidation et leur prix d'acquisition (ou la valeur d'apport) par la société. 34460

Cependant, afin d'éviter une double taxation partielle de la plus-value pour les **associés ayant acquis** (à titre onéreux) les **parts en cours de société,** la fraction de plus-value imposable à leur nom est calculée par rapport à la valeur des biens au jour de l'acquisition des parts et non par rapport à leur prix d'achat par la société (BOI-RFPI-PVI-20-10-20-10 n° 420).

Il est précisé qu'en cas de **revente de l'immeuble attribué lors de sa dissolution** le bien est en principe réputé avoir été acquis à la date de la clôture de la liquidation pour la valeur réelle qu'il comportait à cette date.

EXEMPLE

Soit une SCI constituée en 2018 entre deux associés : A (60 % des parts) et B (40 % des parts). Cette société dont le capital est divisé en 1 000 parts de 30 € chacune a acquis en 2018 un immeuble d'habitation pour le prix de 150 000 €.

En 2020, un nouvel associé C acquiert 200 parts de A et 100 parts de B. À cette date, l'immeuble est estimé à 200 000 €.

En 2023, la société est dissoute. On suppose que l'immeuble vaut à la dissolution 300 000 €.

En principe, la plus-value devrait être calculée de la manière suivante, au niveau de la société (compte tenu du forfait de 7,5 % pour frais d'acquisition) : 300 000 – (150 000 × 107,5 %) = 138 750 €.

Cette plus-value devrait ensuite être répartie entre les associés pour être imposée à leur nom dans les conditions suivantes :

– à A : 40 % soit 55 500 € ;
– à B : 30 % soit 41 625 € ;
– à C : 30 % soit 41 625 €.

Mais l'associé C peut demander que la plus-value imposable soit limitée à celle acquise depuis son entrée dans la société. Ce calcul s'effectuera de la manière suivante :

[300 000 – (200 000 × 107,5 %)] × 30 % = 25 500 €. C sera donc imposé sur une plus-value de 25 500 €, au lieu de 41 625 €.

La plus-value imposable au nom des deux autres associés n'est pas modifiée : 55 500 € pour A, 41 625 € pour B.

TRANSFORMATION D'UNE SCI DE LOCATION EN SOCIÉTÉ D'ATTRIBUTION (FISCALEMENT TRANSPARENTE)

Lorsqu'une SCI de location décide de modifier ses statuts pour se placer sous le régime de la transparence fiscale (sur cette notion, voir nos 40130 s.), l'opération est assimilée fiscalement à une dissolution de la société. Les plus-values dégagées à cette occasion sont taxées au nom de chaque associé (BOI-RFPI-PVI-10-30 n° 190). 34465

En matière de **droits d'enregistrement,** cette modification d'objet statutaire, qui donne lieu à l'établissement d'un état de division de l'immeuble, est de nature à entraîner l'exigibilité des droits dus en cas de partage de l'actif social des sociétés non passibles de l'impôt sur les sociétés (voir nos 25545 s.).

RETRAIT D'UN ASSOCIÉ

34470 Le retrait d'un associé, en cours d'exploitation, avec **attribution d'éléments du patrimoine social** de la société, constitue à son niveau une opération translative de propriété réalisée à titre onéreux et donne lieu à imposition de la plus-value.

Dans ce cas, le prix de cession est constitué par la valeur réelle des biens attribués.

S'agissant du prix d'acquisition, il y a lieu de retenir en principe le prix que la société a effectivement acquitté pour acquérir le bien, sauf application des règles prévues pour la dissolution lorsque les associés ont acquis à titre onéreux leurs parts en cours de société (voir n° 34460).

ATTENTION

En cas de **revente de l'immeuble attribué lors du retrait,** le bien est en principe réputé avoir été acquis à la date de ce retrait (même si le retrait porte sur les propres apports de l'associé) et pour la valeur réelle qu'il comportait à cette date.

RÉUNION DES PARTS SOCIALES DANS UNE SEULE MAIN

34480 Dès lors que la personnalité morale d'une société unipersonnelle est susceptible de survivre tant qu'aucun intéressé n'a provoqué la dissolution (voir nos 24200 s.), la réunion en une seule main de toutes les parts sociales ne peut être considérée comme opérant cession à titre onéreux de l'actif social.

Dans le cas où les biens sont attribués à une **société** de personnes, ce n'est qu'à la date de la publication de la dissolution que la situation fiscale peut être réglée. La dissolution de la société fait entrer l'actif social dans le patrimoine de l'unique associé. Toutefois, les créanciers de la société peuvent faire opposition à la dissolution (voir nos 24227 s.), la transmission du patrimoine n'intervient alors qu'après règlement du sort de ces oppositions et la plus-value est imposable à ce moment seulement (BOI-RFPI-PVI-10-30 n° 140).

Lorsque toutes les parts sont réunies entre les mains d'une **personne physique,** l'imposition est exigible au moment de la clôture des opérations de liquidation de la société (BOI précité n° 150).

ASSUJETTISSEMENT À L'IMPÔT SUR LES SOCIÉTÉS

34490 L'assujettissement à l'impôt sur les sociétés d'une société civile immobilière soumise auparavant au régime fiscal des sociétés de personnes peut entraîner l'**imposition des plus-values latentes** (BOI-RFPI-PVI-10-30 n° 160 ; voir nos 11200 s.). Si tel est le cas, la quote-part de plus-values qui revient aux associés agissant dans le cadre de la gestion de leur patrimoine privé est établie dans les conditions et selon les modalités qui régissent les plus-values des particuliers. Le montant des plus-values doit être déterminé d'après la différence existant entre la valeur vénale des immeubles à la date du changement de régime fiscal et leur prix d'acquisition par la société.

APPORT D'IMMEUBLES

34500 L'apport d'immeubles par une personne physique à une SCI constitue une opération imposable selon le régime des plus-values immobilières privées. Pour le calcul de la plus-value réalisée par l'apporteur, le **prix de cession** à retenir est égal à la valeur réelle des titres représentatifs de l'apport (c'est-à-dire la valeur du bien apporté).

Le **prix d'acquisition** s'entend du prix effectivement versé par le cédant, majoré des frais d'acquisition ou de certaines dépenses (voir nos 33620 s.). En cas d'acquisition à titre gratuit (succession ou donation) de l'immeuble apporté, le prix d'acquisition s'entend de la valeur retenue pour la détermination des droits de mutation à titre gratuit (CGI art. 150 VB, I) ; cette valeur est majorée du coût réel des frais d'acte et de déclaration et des droits de succession ou de donation afférents à l'immeuble, à l'exclusion toutefois des droits supportés par le donateur pour le compte du donataire.

> **Précisions** La **valeur** à prendre en considération est, en principe, celle qui a servi de base à la liquidation des droits de succession ou de donation, éventuellement après redressement par l'administration. Lorsqu'il apparaît que la valeur déclarée était manifestement inférieure à la valeur vénale réelle, le contribuable peut lui aussi rectifier la valeur déclarée, à condition, lorsque cette réévaluation entraîne un supplément de droits de mutation, de souscrire, avant l'expiration du délai de reprise de l'administration et avant d'engager l'opération génératrice de la plus-value, une déclaration rectificative des droits de mutation.
> Dans le cas d'un immeuble acquis par succession qui constituait la résidence principale du défunt et de sa famille et qui a bénéficié de l'abattement de 20 % prévu à l'article 764 bis du CGI, il faut retenir la valeur du bien libre de toute occupation diminuée de cet abattement.

IV. SCI ÉTRANGÈRES ET ASSOCIÉS DOMICILIÉS HORS DE FRANCE DE SCI FRANÇAISES

Les plus-values immobilières réalisées **à titre occasionnel** par une personne physique fiscalement domiciliée hors de France, par une société civile dont le siège est hors de France ou par une société civile française ayant des associés non résidents sont soumises – sous réserve des conventions internationales – à un prélèvement spécifique dont le taux diffère selon les situations (CGI art. 244 bis A et 200 B). **34550**

Les profits réalisés à **titre habituel** sont soumis quant à eux à un prélèvement spécial étudié nos 46200 s.

> **Précisions a.** Le prélèvement est libératoire de l'**impôt sur le revenu.** Lorsque la société civile est assujettie à l'**impôt sur les sociétés,** il est imputable sur cet impôt et l'excédent peut être restitué sur réclamation.
> **b.** L'exposé ci-après a un caractère synthétique. Pour une **vue complète de la fiscalité internationale** intéressant les sociétés civiles étrangères ou françaises (autres que celles soumises à l'IS), voir l'**étude** de Bruno Gouthière figurant nos 65000 s., en particulier nos 65240 s., 65275 s. et 65595 s. pour ce qui concerne le régime des plus-values immobilières.

A. Champ d'application du prélèvement des non-résidents

PERSONNES IMPOSABLES

Le prélèvement s'applique : **34560**

– aux personnes physiques fiscalement domiciliées hors de France ;

– aux sociétés civiles ayant leur siège social hors de France (quel que soit le lieu de résidence des associés) ;

– aux sociétés civiles dont le siège est en France et qui relèvent des articles 8 à 8 ter du CGI au prorata des droits détenus par des associés (personnes physiques ou morales) résidant à l'étranger (y compris les États étrangers : CE 22-1-2020 n° 423160 : RJF 4/20 n° 335).

OPÉRATIONS IMPOSABLES

Le prélèvement s'applique à toutes les **cessions à titre onéreux** des biens définis n° 34580. Sont ainsi concernés non seulement les ventes proprement dites, mais également les expropriations, les échanges, les partages de sociétés, les apports en société, les dissolutions de sociétés ainsi que les attributions d'immeubles à un associé en cas de retrait de celui-ci en dehors de toute dissolution. **34570**

BIENS IMPOSABLES

Les cessions soumises au prélèvement sont celles provenant : **34580**

– d'**immeubles** bâtis ou non bâtis situés en France. Le prélèvement n'est toutefois pas applicable aux **immeubles affectés à une exploitation professionnelle** (BOI-RFPI-PVINR-10-10 n° 80) : ils doivent être inscrits, selon le cas, au bilan ou au tableau des immobilisations établis pour la détermination du résultat imposable du cédant et leur cession est soumise au régime des plus-values professionnelles. La cession de tels immeubles doit néanmoins donner lieu à la rédaction d'une déclaration 2048-IMM : la mention « néant – plus-value professionnelle » doit être simplement portée sur la déclaration. Dans le cas où l'immeuble est inscrit à l'actif du bilan fiscal sans toutefois être affecté à l'exercice d'une activité professionnelle (cas d'un immeuble à usage locatif inscrit à l'actif du bilan, la location ne pouvant être considérée comme l'exploitation d'une entreprise), le prélèvement est normalement dû, sans préjudice de l'imposition de la plus-value professionnelle (mais, dans ce cas, le prélèvement est imputable). La déclaration 2048-IMM doit être alors remplie de manière complète ;

– de parts de fonds de placement immobilier (**FPI**) ou de fonds étrangers équivalents ;

– d'**actions** de sociétés d'investissement immobilier cotées (**SIIC**), d'actions de sociétés de placement à prépondérance immobilière à capital variable (**Sppicav**), d'actions de structures étrangères équivalentes ou de parts ou d'actions de **sociétés à prépondérance immobilière cotées** sur un marché français ou étranger (autres que les SIIC), lorsque le cédant détient directement ou indirectement au moins 10 % du capital de la société dont les parts ou actions sont cédées ;

– et de parts, d'actions ou d'autres droits dans des **organismes non cotés à prépondérance immobilière** autres que ceux mentionnés ci-dessus. L'appréciation de la prépondérance immobilière s'effectue comme pour les résidents (n° 34215).

L'actif des sociétés ou organismes précités doit être principalement constitué directement ou indirectement d'immeubles situés **en France** (ou de droits relatifs à ces immeubles) (BOI-RFPI-PVINR-10-20 n° 120).

EXONÉRATIONS

34590 La plupart des exonérations prévues en faveur des résidents (mais pas toutes) s'appliquent aux non-résidents (CGI art. 244 bis A).

En cas de **cession d'immeubles** par une SCI, les exonérations examinées n° 33500 s. en faveur des résidents ont donc vocation à s'appliquer aux contribuables domiciliés à l'étranger assujettis à l'impôt sur le revenu, hormis l'exonération de la première cession d'un logement par un cédant non propriétaire de sa résidence principale et celle de l'ancienne résidence principale des personnes demeurant dans des établissements destinés à accueillir des personnes âgées ou handicapées. Ainsi, est notamment applicable l'exonération tenant à la durée de détention du bien.

L'exonération générale prévue en faveur des **retraités ou invalides de condition modeste** est en principe réservée aux ressortissants des États de l'Espace économique européen (Union européenne, Islande, Norvège et Liechtenstein) (CGI art. 244 bis A, II-2°), mais l'administration admet de l'appliquer également aux ressortissants d'un État tiers qui peuvent invoquer une clause de non-discrimination et qui sont dans une situation identique à celle d'un ressortissant français qui pourrait prétendre à une exonération sur le fondement de l'article 150 U, III du CGI (BOI-RFPI-PVINR-10-10 n° 90).

La cession de l'**ancienne résidence principale** en France d'un associé non résident est exonérée à la double condition que la cession intervienne avant le 31 décembre de l'année suivant celle de son départ (à destination d'un État membre de l'UE ou ayant conclu avec la France une convention d'assistance administrative en vue de lutter contre la fraude et l'évasion fiscales ainsi qu'une convention d'assistance mutuelle en matière de recouvrement d'impôt, et qui n'est pas un État ou territoire non coopératif) et que l'immeuble n'ait pas été mis à la disposition d'un tiers depuis cette date (CGI art. 244 bis A, I-1 al. 4). Cette exonération ne s'applique pas si l'expatrié a déjà bénéficié de l'exonération réservée aux non-résidents, prévue par l'article 150 U, II-2° du CGI, évoquée ci-après (rubrique Attention).

En cas de **cession de titres de sociétés à prépondérance immobilière,** seule l'exonération pour durée de détention, examinée n° 34240, est applicable (BOI-RFPI-PVINR-10-20 n° 210).

Les sociétés étrangères en **liquidation judiciaire** peuvent, sous certaines conditions, être exonérées du prélèvement (CGI art. 119 quinquies).

ATTENTION

L'exonération réservée aux non-résidents et prévue lors de la première cession d'une **habitation en France** (CGI art. 150 U, II-2°) n'est pas applicable lorsque cette cession est réalisée par une société, quand bien même ses associés en remplissent les conditions (BOI-RFPI-PVINR-10-20 n° 240). Pour une étude de ce cas d'exonération, voir Mémento Vente immobilière n° 63545.

B. Détermination de la plus-value réalisée par les non-résidents

34600 Les modalités de calcul de la plus-value sont différentes pour les personnes (associés ou sociétés) assujetties à l'impôt sur le revenu et les sociétés soumises à l'impôt sur les sociétés.

Les **frais de représentation fiscale** éventuellement supportés (voir n° 34620) sont déductibles du prix de cession.

SOCIÉTÉS CIVILES OU ASSOCIÉS ASSUJETTIS À L'IMPÔT SUR LE REVENU

34605 Lorsque le contribuable est assujetti à l'impôt sur le revenu, la plus-value est déterminée dans les mêmes conditions que pour les personnes domiciliées en France (n° 33600 s.).

Les plus-values d'échange de titres de sociétés à prépondérance immobilière peuvent, le cas échéant, bénéficier du sursis d'imposition visé n° 34375.

SOCIÉTÉS CIVILES SOUMISES À L'IS

Lorsque la société civile relève de l'impôt sur les sociétés, les règles de détermination de la plus-value diffèrent selon le lieu de son **siège social** (CGI art. 244 bis A, III). 34610

1. Si la société a son siège social dans un État membre de l'**Union européenne** ou dans un autre État partie à l'accord sur l'**Espace économique européen** ayant conclu avec la France une convention d'assistance administrative en vue de lutter contre la fraude et l'évasion fiscales (sauf s'il s'agit d'un État non coopératif), la plus-value est déterminée selon les mêmes règles d'assiette que pour les personnes morales résidentes de France.

2. Si la société a son siège social dans un **État non membre** de l'Union européenne ou de l'Espace économique européen, la plus-value est déterminée par différence entre le prix de cession du bien et son prix d'acquisition, diminué, pour les immeubles bâtis, d'une somme égale à 2 % de son montant par année entière de détention. L'administration a précisé que le prix d'acquisition s'entend ici du prix effectivement payé, majoré, le cas échéant, des seules dépenses de construction, reconstruction ou agrandissement qui présentent le caractère d'immobilisations par nature, à condition qu'elles aient été effectivement supportées par la société, que leur montant et paiement soient justifiés (production des factures et des justificatifs des règlements) et qu'elles n'aient pas déjà été déduites pour la détermination du revenu imposable (BOI-RFPI-PVINR-20-10 n° 70).

C. Taux d'imposition du prélèvement des non-résidents

PRÉLÈVEMENT

Le taux d'imposition du prélèvement est fixé à 19 % : 34612

- pour les plus-values réalisées par des **personnes physiques,** des associés personnes physiques de sociétés de personnes et les porteurs de parts de FPI, quel que soit leur lieu de résidence ;
- pour les **personnes morales** résidentes d'un État de l'**Espace économique européen** pour les opérations qui bénéficieraient de ce taux si elles étaient réalisées par une personne morale résidente de France.

Dans les **autres cas,** il est égal au taux normal de l'impôt sur les sociétés, soit 25 %.

CONTRIBUTIONS SOCIALES

Outre le prélèvement, les plus-values réalisées (directement ou indirectement) par les non-résidents personnes physiques supportent les **prélèvements sociaux** au taux prévu pour les produits de placement (n° 34370), étant toutefois souligné que les personnes qui relèvent d'un régime de sécurité sociale d'un État membre de l'UE, de l'EEE ou de la Suisse sont exonérées de CSG et de CRDS (mais restent soumises au prélèvement de solidarité de 7,5 %), à condition de justifier de cette affiliation lors de l'enregistrement de l'acte de vente ou du dépôt de la déclaration de plus-value (CSS art. L. 136-6, I ter). 34613

PLUS-VALUES SUPÉRIEURES À 50 000 €

Les plus-values d'un montant supérieur à 50 000 € réalisées par les non-résidents soumises au prélèvement de l'article 244 bis A du CGI (personnes physiques ou sociétés) sont, en plus des impositions ci-dessus, soumises à la taxe exposée nos 34700 s. 34614

D. Paiement et obligations déclaratives des non-résidents

Le prélèvement est acquitté au moment de l'accomplissement de la formalité de l'enregistrement (ou, à défaut, dans le mois de la cession) au vu de la **déclaration** 2048-IMM (immeuble autre qu'un terrain à bâtir), 2048-TAB (terrain à bâtir) ou 2048-M (parts de sociétés à prépondérance immobilière). 34620

Le cédant, y compris s'il s'agit d'une SCI française, est, en principe, tenu de désigner sur la déclaration un **représentant établi en France,** remplissant certaines conditions (CGI art. 244 bis A, IV). Ce peut être une banque, l'acheteur, un organisme ayant reçu une habilitation générale.

Ce représentant s'engage à remplir les formalités et à acquitter le prélèvement pour le compte du non-domicilié (CGI ann. II art. 171 quater). Cette obligation ne s'applique toutefois pas lorsque le cédant est domicilié, établi ou constitué dans un État de l'**Union européenne,** en **Islande** ou en **Norvège.** Lorsque le cédant est une société de personnes, française ou européenne (dont le siège est situé dans un État de l'Union européenne, en Islande ou en Norvège), l'obligation s'apprécie au regard de la situation de chacun des associés (BOI-RFPI-PVINR-30-20 n° 60).

Les infractions commises en matière de prélèvement entraînent la perception d'une **amende** fiscale égale à 25 % du montant des droits éludés (CGI art. 1761).

> **Précisions** **a.** L'administration **dispense** les sociétés de personnes françaises dont les associés non résidents sont des personnes physiques de **désigner un représentant fiscal** si le prix de cession est inférieur ou égal à 150 000 €. Cette dispense s'applique également aux sociétés de personnes dont le siège social est situé dans un État de l'Union européenne, en Islande ou en Norvège. Le seuil de 150 000 € s'apprécie en faisant la somme de la quote-part du prix de cession correspondant aux droits des associés personnes physiques résidant hors de l'Union européenne, en Islande ou en Norvège et personnes morales ayant leur siège hors de l'un de ces États quel que soit le régime d'imposition ou d'exonération des plus-values applicables (BOI-RFPI-PVINR-30-20 n°s 170 s.).
> **b.** Les contribuables personnes physiques sont, en outre, **dispensés de déclaration** si la plus-value est exonérée en raison de la durée de détention du bien ou d'un prix de cession inférieur ou égal à 15 000 € ou lors de cession de l'ancienne résidence principale en France du non-résident (CGI art. 244 bis A, II).

V. TAXE SUR CERTAINES PLUS-VALUES IMMOBILIÈRES ÉLEVÉES

CHAMP D'APPLICATION DE LA TAXE

34700 Une taxe s'applique sur les plus-values de cession d'immeubles ou de droits immobiliers (usufruit, nue-propriété, titres de sociétés immobilières, etc.), **à l'exclusion des terrains à bâtir,** imposables à l'impôt sur le revenu ou au prélèvement dû par les non-résidents, dont le montant est supérieur à 50 000 €. Cette taxe s'applique aux cessions réalisées par les **personnes physiques** ou les **sociétés** et groupements relevant de l'impôt sur le revenu tels que les SCI (CGI art. 1609 nonies G).

Les cessions exonérées d'impôt sur le revenu ou de prélèvement sur les non-résidents n'y sont donc pas soumises (vente de la résidence principale, bien détenu depuis une certaine durée, etc.).

Le bénéfice de ces exonérations s'apprécie au niveau du cédant, qu'il s'agisse d'une personne physique ou d'une société (BOI-RFPI-TPVIE-10 n° 280).

Toutefois, l'administration admet que les exonérations liées à la cession de la **résidence principale** ou à la **cession d'un logement en vue de l'acquisition de celle-ci** s'apprécient au niveau des **associés** personnes physiques des sociétés de personnes et s'appliquent à la plus-value soumise à la taxe réalisée par la société, au prorata des droits détenus par les associés qui bénéficient de ces exonérations (BOI-RFPI-TPVIE-10 n° 290).

CALCUL DE LA TAXE

34705 La taxe est due dès lors que le montant de la plus-value nette imposable est supérieur à 50 000 €.

Le **seuil de 50 000 €** s'apprécie après prise en compte de l'abattement pour durée de détention et de l'abattement temporaire exceptionnel ainsi que, le cas échéant, de la fraction de la plus-value exonérée en cas de remploi partiel du prix de vente du logement dans l'achat d'une résidence principale (BOI-RFPI-TPVIE-20 n° 20).

En cas de cession par une **société,** il est admis que le seuil de 50 000 € soit apprécié au regard du montant de la plus-value imposable correspondant aux droits des seuls associés redevables de l'impôt sur le revenu. Dès lors, il n'est pas tenu compte pour l'appréciation du seuil :

– de la quote-part de plus-value revenant à des associés soumis à l'impôt sur les sociétés ;

– de la quote-part de la plus-value revenant à des associés personnes physiques bénéficiant d'une exonération liée à la cession de la résidence principale ou à la cession d'un logement en vue de l'acquisition de celle-ci (BOI-RFPI-TPVIE-20 n° 60).

Barème Les plus-values imposables sont soumises à la taxe sur leur montant total, selon le barème suivant : 34710

Montant de la plus-value imposable	Montant de la taxe
De 50 001 à 60 000 €	2 % PV – (60 000 – PV) × 1/20
De 60 001 à 100 000 €	2 % PV
De 100 001 à 110 000 €	3 % PV – (110 000 – PV) × 1/10
De 110 001 à 150 000 €	3 % PV
De 150 001 à 160 000 €	4 % PV – (160 000 – PV) × 15/100
De 160 001 à 200 000 €	4 % PV
De 200 001 à 210 000 €	5 % PV – (210 000 – PV) × 20/100
De 210 001 à 250 000 €	5 % PV
De 250 001 à 260 000 €	6 % PV – (260 000 – PV) × 25/100
Supérieur à 260 000 €	6 % PV
PV = montant de la plus-value imposable.	

> **Précisions** La taxe peut être majorée sur décision du Gouvernement dans des zones soumises à la **surspéculation immobilière en Corse,** déterminées par le président de l'office foncier de la Corse et adoptées par l'assemblée de Corse après consultation des communes concernées et du préfet (Loi 2022-1726 du 30-12-2022 art. 28). Si cette majoration est instaurée, le tarif de la taxe est multiplié par cinq.

PAIEMENT ET DÉCLARATION DE LA TAXE

La taxe due par le cédant est **exigible** lors de la cession. Elle est acquittée lors du dépôt des déclarations 2048-IMM ou 2048-M, sous la responsabilité, le cas échéant, du représentant fiscal accrédité par le cédant non résident. 34720

Elle est contrôlée sous les mêmes garanties et sanctions qu'en matière d'impôt sur le revenu.

SECTION 6

OBLIGATIONS FISCALES DES SCI DE LOCATION NON SOUMISES À L'IMPÔT SUR LES SOCIÉTÉS

A. Déclaration d'existence

Les sociétés civiles de location sont tenues de souscrire, en double exemplaire, une déclaration d'existence sur papier libre et de déposer simultanément **deux exemplaires** de leurs **statuts** (CGI ann. III art. 46 B). 35000

Cette déclaration est obligatoire, même pour les sociétés civiles qui mettent gratuitement leurs logements à la disposition de leurs associés (ces sociétés sont dispensées, dans certains cas, de souscrire la déclaration annuelle de résultat).

CONTENU DE LA DÉCLARATION

La déclaration d'existence doit indiquer : 35005

– la dénomination ou raison sociale, la forme juridique, l'objet, la durée, le siège de la société et le lieu de son principal établissement ;

– les noms, prénoms et domicile des dirigeants ou gérants.

DÉLAI ET LIEU DE DÉPÔT

35020 La déclaration d'existence doit être souscrite dans les **trois mois** de la constitution de la société. Toute modification affectant les statuts de la société ainsi que les indications portées dans la déclaration motive le dépôt, dans les trois mois du changement intervenu, d'une déclaration modificative dans les mêmes formes.

La déclaration et les statuts doivent être adressés via le **guichet unique électronique.**

SANCTIONS

35040 Le défaut de production de la déclaration ou des statuts dans les délais prescrits est susceptible de donner lieu à l'application d'une amende de 150 € par document non produit ou parvenu tardivement. Les omissions ou inexactitudes relevées dans les documents produits sont sanctionnées (sauf cas de force majeure) par une amende de 15 € par omission ou inexactitude, sans que le total des amendes applicables aux documents devant être produits simultanément puisse être inférieur à 60 € ni supérieur à 10 000 €. Toutefois, ces amendes ne sont pas applicables en cas de première infraction commise au cours de l'année civile en cours et des trois années précédentes lorsque l'intéressé a réparé l'infraction soit spontanément, soit dans les trente jours suivant une demande de l'administration (CGI art. 1729 B).

B. Déclaration annuelle de résultats

1. RÈGLES GÉNÉRALES

35100 Les SCI de location non soumises à l'impôt sur les sociétés sont tenues de souscrire chaque année une déclaration de résultats sur un **formulaire** spécial **n° 2072** (CGI art. 172 bis et ann. III art. 46 C). La **période de déclaration** des résultats est l'année civile ou l'exercice clos en cours d'année (BOI-RFPI-CHAMP-30-20 n° 165).

Les SCI qui se bornent à mettre des **logements à la disposition gratuite de leurs associés** (ne relevant pas de l'IS ou des BIC ou BA réels) doivent souscrire une déclaration au titre de l'année de leur constitution. Mais elles sont dispensées de cette formalité les années suivantes si trois conditions sont réunies (BOI-RFPI-CHAMP-30-20 n° 240) :

– aucune modification n'est intervenue dans la répartition du capital de la société, la liste de ses immeubles et leurs conditions d'occupation ;

– la société ne perçoit aucun revenu (pas même des produits financiers) ;

– aucune rémunération n'est versée aux associés, que ce soit en contrepartie d'un dépôt en compte courant ou d'une activité (gérance, par exemple) et quelles que soient les modalités de la rémunération (paiement direct ou avantage en nature, tel que la jouissance d'un local affecté ou non à l'habitation).

FORMULAIRES DE DÉCLARATIONS

35110 Deux formulaires distincts sont disponibles : une déclaration simplifiée (n° 2072-S) et une déclaration complète (n° 2072-C), chacune de ces déclarations étant accompagnée d'annexes.

La **déclaration simplifiée** (n° 2072-S) doit être souscrite par les sociétés dont les associés sont des particuliers ou assimilés et qui ne détiennent aucun immeuble en nue-propriété, aucun immeuble spécial (immeuble situé en secteur sauvegardé ou assimilé, ou classé monument historique ou assimilé), ni aucun immeuble pour lequel une option au titre d'un régime d'amortissement a été exercée.

La **déclaration complète** (n° 2072 C) doit être souscrite par les sociétés dont au moins l'un des associés doit déterminer le résultat des opérations de location selon les règles de l'impôt sur les sociétés ou possédant des immeubles détenus en nue-propriété, ou des immeubles spéciaux pour lesquels une option au titre d'un régime d'amortissement a été exercée (Périssol, Besson neuf, Robien). Contrairement aux indications portées sur la notice, la déclaration 2072 C n'a pas à être souscrite pour les associés relevant de BIC ou des BA suivant un régime réel étant donné qu'ils relèvent des règles d'imposition des revenus fonciers (voir n° 30215).

MODALITÉS ET DÉLAI DE SOUSCRIPTION

35115 La déclaration n° 2072 des résultats de la SCI doit être souscrite **par voie électronique,** au plus tard le deuxième jour ouvré suivant le 1er mai de l'année suivante. Un délai supplémentaire de quinze jours calendaires est toutefois accordé par l'administration (BOI-RFPI-CHAMP-30-20 n° 230). Aucun justificatif ne doit être joint à la déclaration mais les documents dont la production est en principe obligatoire doivent être conservés et produits à l'administration fiscale sur demande de sa part (n° 35120).

Les SCI de famille qui conservent le bien immobilier uniquement pour un usage personnel et doivent déposer une déclaration uniquement l'année de leur constitution sont autorisées à faire un dépôt **papier** (BOI précité n° 230). Dans ce cas, la déclaration doit être adressée au service des impôts des entreprises (SIE) du lieu du principal établissement de la SCI, c'est-à-dire de sa direction effective, ou auprès de la direction des grandes entreprises pour les SCI membres d'un groupe relevant de ce service.

CONTRÔLE DES DÉCLARATIONS

La **procédure de vérification** de la déclaration n° 2072 est suivie directement entre le service des impôts et la société. C'est cette dernière qui doit répondre aux demandes de renseignements et aux propositions de rectifications de l'administration (CGI ann. III art. 46 C, II). Cette procédure de vérification est indépendante de la demande de justifications prévue à l'article L 16, alinéa 2 du LPF qui peut être adressée à la SCI. **35120**

La société est tenue de présenter à la demande du service des impôts tous documents et pièces (comptables, par exemple) de nature à justifier l'exactitude des renseignements portés sur la déclaration de résultats n° 2072 (CGI ann. III art. 46 D). L'administration a le droit de procéder à un contrôle sur place de ces documents (en ce sens, par exemple, CE 9-7-2003 n°s 230167 et 230168 : RJF 11/03 n° 1265). Elle doit alors respecter les garanties générales bénéficiant à l'ensemble des contribuables vérifiés (envoi préalable d'un avis de vérification, etc.), mais elle n'est pas tenue par la limitation à trois mois de la durée du contrôle sur place prévue à l'article L 52 du LPF (CE 9-7-2003 précité) même lorsque tout ou partie des parts de la SCI est détenu par une société passible de l'IS dont la part de bénéfices est déterminée selon les règles applicables à l'IS (CE 21-12-2007 n° 281123 : RJF 3/08 n° 328).

Les **propositions de rectifications** sont ensuite notifiées individuellement à chaque membre de la société.

Sur l'ensemble de ces questions, voir n°s 13810 s.

SANCTIONS ENCOURUES PAR LA SOCIÉTÉ

Le **défaut de production** ou la production tardive de la déclaration n° 2072 donne lieu à l'application d'une amende de 150 €, due autant de fois qu'il y a de documents non produits ou produits tardivement (CGI art. 1729 B, 1). **35125**

Chaque **omission ou inexactitude** relevée dans la déclaration n° 2072 donne lieu, sauf cas de force majeure, à l'application d'une amende fiscale de 15 € par omission ou inexactitude, sans que le total des amendes applicables aux documents devant être produits simultanément puisse être inférieur à 60 € ni supérieur à 10 000 € (CGI art. 1729 B, 2).

Ces amendes ne sont toutefois pas appliquées en cas de première infraction commise au cours de l'année civile en cours et des trois années précédentes, lorsque la société a réparé l'infraction, soit spontanément, soit dans les trente jours suivant une demande de l'administration (CGI art. 1729 B, 3). Pour l'application de cette mesure en cas de défaut ou de retard de dépôt de la déclaration 2072, l'administration retiendra non seulement les déclarations 2072 des années antérieures, mais également tout autre document dont le défaut ou le retard de production donne lieu à application de la même amende (BOI-CF-INF-10-40-10 n° 80).

L'**absence de réponse,** ou une réponse partielle, **à une mise en demeure** de produire les documents permettant l'identification des associés ou des personnes bénéficiant de la jouissance gratuite d'un immeuble ou de locaux appartenant à la société entraîne l'application d'une amende, pour chaque manquement constaté, de 1 500 € ou 10 % des droits rappelés si ce dernier montant est plus élevé (CGI art. 1763, IV).

SANCTIONS ENCOURUES PAR LES ASSOCIÉS

Les impositions étant établies au nom de chacun des associés, ces derniers sont susceptibles de supporter des pénalités en cas d'**insuffisance des bases déclarées** : intérêt de retard au taux de 0,20 % par mois, auquel s'ajoute soit une majoration de 10 % (sauf régularisation), soit une majoration de 40 % en cas de manquement délibéré (mauvaise foi) de l'associé ou de 80 % s'il s'est rendu coupable de manœuvres frauduleuses (CGI art. 1729). **35130**

Ces pénalités sont par exemple encourues lorsque les associés n'ont pas déclaré leur quote-part dans les résultats de la SCI ou lorsqu'ils ont indûment minoré cette part.

Elles peuvent également être appliquées lorsque le contrôle de la déclaration souscrite par la société a entraîné une rectification des bases d'imposition qu'elle avait déclarées.

CONTENU DE LA DÉCLARATION

35140 La déclaration n° 2072 doit contenir l'indication pour la période précédente (CGI ann. III art. 46 C, I) :
– des nom, prénoms et adresse des associés, du nombre et du montant nominal des parts dont ils sont titulaires, de la date des cessions ou acquisitions de **droits sociaux** intervenues en cours d'année ainsi que de l'identité du cédant et de l'acheteur ;
– de la liste des **immeubles sociaux** ;
– des nom, prénoms et adresse des **personnes** qui bénéficient **gratuitement** de la **jouissance** de tout ou partie **des immeubles** sociaux, que ces personnes soient des associés ou des tiers ;
– de la **part des revenus** des immeubles de la société correspondant aux droits de chaque associé ;
– du montant des recettes nettes soumises à la **contribution sur les revenus locatifs.** Le règlement du solde de CRL à payer (ou la demande de remboursement en cas de trop-versé) est effectué auprès du service des impôts du lieu de dépôt de la déclaration 2072, lors du dépôt de la déclaration.

2. DÉTERMINATION DES RÉSULTATS

35200 Les revenus ou déficits de la société civile peuvent être déterminés, selon la **qualité des associés** :
– soit d'après les règles prévues en matière de revenus fonciers (cas général) ;
– soit d'après les règles applicables en matière d'impôt sur les sociétés (c'est-à-dire, en général, les règles des bénéfices industriels et commerciaux).

REVENUS DÉTERMINÉS SELON LES RÈGLES DES REVENUS FONCIERS

35205 S'agissant de faire application des règles prévues pour les revenus fonciers, il y a lieu de se reporter d'une manière générale à l'étude figurant aux nos 30300 s.
On se bornera ci-après à signaler ou rappeler les particularités déclaratives.

35207 Les **sommes à déclarer** doivent comprendre toutes les recettes brutes encaissées par la société au cours de l'année civile ou de l'exercice clos au cours de l'année et les charges de la propriété que la société a supportées pendant la même période.
La société ne peut faire état des créances acquises et des dépenses engagées au cours de la période.
La société doit éventuellement ajouter aux loyers encaissés la valeur locative des immeubles qu'elle met gratuitement à la disposition de ses membres ou de tiers, sauf s'il s'agit de locaux d'habitation.

35210 Les **charges** de la propriété **admises en déduction** pour la détermination du résultat net s'entendent des dépenses immobilières visées à l'article 31 du CGI : frais de réparation et d'entretien, certaines dépenses d'amélioration, frais de gérance – à l'exclusion de ceux versés aux associés – et de rémunération des gardes et concierges, impositions, déductions spécifiques (dispositifs Besson, Robien, Borloo, Cosse, etc.).
La quote-part de revenu brut à réintégrer aux revenus fonciers en cas de non-respect de l'engagement de location ou de conservation des parts est portée dans la déclaration.
Le **résultat** net déterminé est ensuite **réparti entre les associés,** en proportion de leurs droits sociaux et en tenant compte, en outre, des rémunérations spéciales qui leur sont versées en contrepartie d'un travail ou d'une responsabilité particulière (n° 30668), ainsi que des avantages en nature dont ils peuvent bénéficier.

35215 Les **rémunérations et avantages en nature attribués aux associés** et qui doivent être portés dans le formulaire n° 2072 s'entendent des rémunérations allouées aux associés en contrepartie d'un travail (gérance de l'immeuble, par exemple) et des avantages en nature alloués aux mêmes associés, c'est-à-dire de la valeur locative des locaux autres que d'habitation dont la jouissance leur est concédée gratuitement.
Ces sommes viennent en déduction du revenu net foncier pour déterminer le résultat net à répartir entre les associés ; elles doivent donc être portées dans la déclaration pour leur montant brut.

REVENUS DÉTERMINÉS SELON LES RÈGLES IS

35255 Nous signalons uniquement ci-après les particularités déclaratives de cette catégorie de revenus.
À la différence des résultats déterminés selon les règles des revenus fonciers, les **rémunérations des associés** ne sont pas à réintégrer dans les résultats de la SCI lorsqu'ils sont déterminés selon les règles de l'IS.

Il doit être fait abstraction, dans la déclaration, des **déficits des exercices antérieurs,** dès lors que le droit au report a été apprécié distinctement au profit de chaque entreprise participante en fonction de sa situation propre. 35260

3. RÉPARTITION DES RÉSULTATS ENTRE LES ASSOCIÉS

RÈGLES GÉNÉRALES

Pour déterminer la part revenant à chaque associé, il convient, en principe, de diviser le résultat net déclaré par la société par le nombre total de parts sociales et de multiplier le résultat obtenu par le nombre de parts sociales possédées par chaque associé. 35300

La déclaration mentionne les **rémunérations** diverses allouées aux **associés** (rémunérations et avantages en nature), pour leur totalité, quelle que soit la catégorie d'imposition dont ils relèvent. Doit également figurer dans la déclaration la répartition des **produits financiers,** qu'il s'agisse des intérêts versés par la société en rémunération de comptes courants d'associés ou de ceux revenant à la société (revenus d'un portefeuille de titres par exemple).

C'est le total formé par ces sommes (revenu ou déficit) qui doit être notifié par la société aux associés et compris par ces derniers dans leur **déclaration de revenu global** ou leur **déclaration de résultats.**

Pour permettre à leurs membres de leur faire parvenir leurs observations éventuelles avant l'expiration du délai de déclaration, les sociétés ont intérêt à notifier aussitôt que possible, à chacun d'eux, la quote-part qui leur revient dans les résultats sociaux.

ASSOCIÉ PERSONNE PHYSIQUE

Dispense de déclaration des revenus fonciers Lorsqu'il détient ses parts à titre privé, il est dispensé de produire la déclaration des revenus fonciers n° 2044 (annexe à la déclaration d'ensemble des revenus) s'il n'a **pas d'autres revenus fonciers** ; il se borne dans ce cas à faire figurer sur la déclaration d'ensemble n° 2042 la part lui revenant dans les résultats sociaux (BOI-RFPI-CHAMP-30-20 n° 260). 35301

> **Précisions** L'associé qui cesse, au cours d'une année, **de percevoir des revenus fonciers directs** (cessation de la location, cession de l'immeuble, location en meublé, etc.) est soumis de plein droit au régime réel d'imposition des revenus fonciers pour les revenus qu'il tire de ses parts sociales au titre de l'ensemble de l'année.

Application du micro-foncier L'associé personne physique d'une SCI non soumise à l'impôt sur les sociétés qui est propriétaire en direct d'au moins un immeuble donné en location nue et dont le **revenu brut** foncier annuel est inférieur ou égal à **15 000 €** (y compris sa quote-part dans les résultats de la société) relève de plein droit du régime du micro-foncier, qui aboutit à ne l'imposer que sur 70 % de ses recettes (CGI art. 32). La limite de 15 000 € est appréciée annuellement, y compris lorsque la location ne couvre pas la totalité de l'année civile, en tenant compte des revenus de l'ensemble du foyer fiscal. 35302

Le **régime ne peut** toutefois **pas s'appliquer** lorsque le contribuable ou l'un des membres de son foyer fiscal est propriétaire, notamment :

– de monuments historiques donnés en location ;

– de logements neufs bénéficiant de la déduction au titre de l'amortissement Robien, Besson ou Périssol ;

– de logements au titre desquels le contribuable bénéficie d'une déduction spécifique (Borloo neuf, Scellier intermédiaire, Robien ZRR, Scellier ZRR, Borloo ancien, Besson ancien ou Cosse) ;

– de parts de sociétés de personnes non transparentes (SCI, SCPI notamment) qui donnent en location des immeubles nus lorsque leur détenteur n'est pas propriétaire d'un immeuble donné en location nue ou lorsque l'immeuble donné en location par la société est un immeuble visé ci-dessus ;

– de logements au titre desquels le contribuable bénéficie de la réduction d'impôt « Loc'Avantages » (nos 31210 s.) ;

– de parts de FPI lorsque leur détenteur n'est pas propriétaire d'un immeuble donné en location nue ;

– de parts de SCPI qui font l'objet de la déduction au titre de l'amortissement Robien.

En revanche, le micro-foncier est **applicable** notamment aux contribuables bénéficiant des réductions d'impôt Duflot-Pinel-Denormandie, Scellier (sauf exceptions visées ci-dessus) ou Malraux.

35303 Quand le régime du micro-foncier s'applique, les **modalités d'imposition** sont les suivantes. L'associé doit porter directement le montant de son revenu brut foncier sur sa déclaration d'ensemble des revenus n° 2042 (sans avoir à souscrire la déclaration n° 2044 des revenus fonciers). Le revenu net imposable est déterminé par l'administration en appliquant au revenu ainsi déclaré un abattement de 30 % représentatif de l'ensemble des charges de la propriété. Aucune autre déduction ne peut être opérée sur le revenu brut. Toutefois, pour éviter une double prise en compte des charges (une fois au niveau de la société pour leur montant réel et une fois au niveau de l'associé via l'abattement de 30 %), la **quote-part à déclarer par l'associé** au titre de ses parts dans la SCI est égale à la quote-part de revenu brut figurant sur l'attestation annuelle fournie par la société (BOI-RFPI-DECLA-10 n° 150).

35304 Les contribuables placés de plein droit sous le régime du micro-foncier peuvent **opter pour le régime réel d'imposition** (afin de pouvoir déduire d'éventuels déficits sur le revenu global). L'option résulte de la souscription de la déclaration n° 2044 des revenus fonciers.

Une fois exercée, l'option est globale et s'applique obligatoirement pour une période de trois ans durant laquelle elle est irrévocable. À l'issue de cette période, le contribuable peut y renoncer chaque année lors de la déclaration de ses revenus ; il lui suffit de porter le montant de ses revenus fonciers sur sa déclaration d'ensemble n° 2042.

Le **régime micro-foncier cesse** de s'appliquer au titre de l'année au cours de laquelle le revenu brut foncier excède 15 000 €. Il en est de même l'année au cours de laquelle survient une des causes d'exclusion visées ci-avant. En cas de retour à un montant de recettes inférieur à 15 000 €, le régime du micro-foncier s'applique à nouveau de plein droit pour l'imposition des revenus de l'année considérée, toutes conditions remplies par ailleurs et sauf option contraire de la part du contribuable.

> **Précisions** **a.** Jugé qu'un contribuable qui a **omis d'opter pour le régime réel** pour ses revenus fonciers lors de la souscription de la déclaration de revenus de la première année au titre de laquelle il souhaite en bénéficier peut régulariser sa situation dans le délai de réclamation (CAA Marseille 4-2-2021 n° 19MA01186 : RJF 5/21 n° 494).
>
> **b.** Les **déficits fonciers constatés antérieurement** à l'application du régime du micro-foncier et encore reportables au 1er janvier de la première année d'application peuvent continuer à s'imputer dans les conditions de droit commun (nos 30900 s.).
>
> **c.** Pour le calcul de la **plus-value de cession** d'un immeuble ayant fait l'objet de travaux de rénovation ou d'amélioration au cours d'années couvertes par le régime du micro-foncier, les dépenses correspondantes sont réputées incluses dans l'abattement de 30 % et ne viennent pas majorer le prix d'acquisition. En revanche, les dépenses de construction, de reconstruction et d'agrandissement peuvent, le cas échéant, être ajoutées au prix d'acquisition (BOI-RFPI-PVI-20-10-20-20 n° 320).

DÉCLARATION DES PLUS-VALUES RÉALISÉES PAR LA SOCIÉTÉ

35305 Pour les ventes relevant du régime des **plus-values des particuliers,** la déclaration de la plus-value est faite dans le mois de la cession (n° 33950). Néanmoins, la déclaration de résultat (formulaire n° 2072) souscrite par la société ayant vendu l'immeuble doit faire apparaître les nom et adresse des associés ainsi que la part de plus-values leur revenant.

La quote-part de plus-value revenant à des sociétés et entreprises passibles de l'**IS** est également portée sur le formulaire 2072.

C. Autres obligations

35400 Les sociétés civiles immobilières peuvent être amenées à souscrire les déclarations mensuelles (ou trimestrielles) de **TVA** lorsqu'elles consentent des locations soumises de plein droit ou sur option à la TVA (nos 33060 s.), étant rappelé que la société peut être, dans certains cas, redevable de la TVA immobilière sur la livraison à soi-même (n° 32405). Sur les conséquences de l'option pour l'appartenance à un groupe TVA, voir n° 12003.

Si elles emploient du personnel salarié, les sociétés civiles immobilières peuvent, comme tous les employeurs, être tenues de souscrire les déclarations de **taxes assises sur les salaires** (nos 12300 s.).

Les sociétés civiles peuvent également être redevables des taxes annuelles sur les véhicules de tourisme (nos 12900 s.).

Les sociétés civiles immobilières qui souscrivent la déclaration n° 2072 sont dispensées de la **taxe de 3 %** sur la valeur vénale des immeubles possédés en France par certaines personnes morales, sans aucune formalité.

CHAPITRE 2

SOCIÉTÉS CIVILES DE PLACEMENT IMMOBILIER (SCPI)

SOMMAIRE

SECTION 1

RÉGIME JURIDIQUE DES SCPI

CARACTÉRISTIQUES DE LA SCPI

36500 Les sociétés civiles de placement immobilier (SCPI) sont des **sociétés d'investissement collectif** ayant pour objet l'acquisition et la gestion d'un patrimoine immobilier locatif grâce à l'**émission de parts dans le public.** Cette forme sociale connaît un succès mitigé car les parts de SCPI présentent l'inconvénient pour les investisseurs d'être difficiles à céder. En 2022, il existait 215 SCPI contre 209 en 2021 (source : Association française des sociétés de placement immobilier).

Le choix du statut civil pour ces sociétés s'explique essentiellement par des raisons fiscales puisqu'il leur permet de ne pas être assujetties à l'impôt sur les sociétés.

Ces sociétés sont régies par les articles L 214-86 à L 214-118 et R 214-130 à R 214-160 du Code monétaire et financier et, pour les dispositions comptables, par l'arrêté ECOT9526139A du 26 avril 1995 et par le règlement ANC 2016-03 du 15 avril 2016, relatif aux règles comptables applicables aux SCPI.

Les dispositions précitées du Code monétaire et financier reprennent les règles des sociétés civiles en les aménageant par de larges emprunts aux règles concernant les sociétés anonymes en vue d'assurer une meilleure protection des associés.

Comme toute société civile, les SCPI sont tenues de se conformer aux règles générales des articles 1845 à 1870-1 du Code civil, à moins qu'il n'y soit dérogé par leur statut particulier.

36501 Les SCPI entrent dans la catégorie des fonds d'investissement alternatifs (FIA) ouverts aux investisseurs non professionnels (C. mon. fin. art. L 214-24, II). À ce titre, la SCPI ou sa société de gestion doit veiller à désigner un **dépositaire** à qui est confiée la garde de ses actifs.

Le dépositaire est soumis aux dispositions des articles L 214-24-3 s. et D 214-32-4-2 du Code monétaire et financier. Ses missions et son organisation sont précisées aux articles 323-23-A s. du règlement général de l'AMF.

OBJET DE LA SCPI

36505 Les SCPI ont pour objet (C. mon. fin. art. L 214-114, al. 1 et 2) :

– l'acquisition directe ou indirecte, y compris en l'état futur d'achèvement, et la gestion d'un patrimoine immobilier affecté à la location, qu'il s'agisse d'immeubles à usage d'habitation ou à usage commercial ;

– l'acquisition et la gestion d'immeubles qu'elles font construire exclusivement en vue de leur location.

Les **immeubles éligibles** à l'actif de la société sont (C. mon. fin. art. L 214-115, I-1° et R 214-155) :

– les immeubles loués ou offerts à la location à la date de leur acquisition par la société ;

– les immeubles qu'elle fait construire, réhabiliter ou rénover en vue de la location, ceux-ci pouvant être acquis par des contrats de vente à terme, de vente en l'état futur d'achèvement ou de vente d'immeubles à rénover ou à réhabiliter ; en cas de construction d'immeubles, la SCPI peut conclure des contrats de promotion immobilière en vue de cette construction ;

– les terrains nus situés dans une zone urbaine ou à urbaniser délimitée par un document d'urbanisme, sous réserve que ceux-ci ne représentent pas plus de 10 % de la valeur vénale du patrimoine immobilier de la société.

La société peut aussi détenir des **droits réels** (notamment nue-propriété, usufruit, emphytéose, servitude, droits du preneur d'un bail à construction ou d'un bail à réhabilitation) portant sur de tels immeubles.

36507 **Détention de titres** Les SCPI peuvent détenir des **parts de société de personnes** non admises aux négociations sur un marché réglementé qui répondent aux conditions suivantes (C. mon. fin. art. L 214-115, I-2° et II) :

– les associés doivent répondre du passif au-delà de leurs apports ;

– l'actif doit être principalement constitué d'immeubles acquis ou construits en vue de la location ou de droits réels portant sur de tels biens ;

– les autres actifs doivent être des avances en compte courant consenties par la SCPI, des créances résultant de l'activité principale ou de liquidités ;

– les instruments financiers qu'elles émettent ne doivent pas être admis aux négociations sur un marché réglementé ;

– ces sociétés ne doivent pas détenir d'actions, parts ou droits d'une entité, quelle que soit sa forme, dont les associés ou membres répondent indéfiniment et solidairement des dettes, telle une société en nom collectif.

Les SCPI peuvent également détenir des parts d'**autres SCPI,** des parts ou actions d'**organismes de placement collectif immobilier,** professionnels ou non, et des parts, actions ou droits d'organismes de droit étranger ayant un objet équivalent quelle que soit leur forme, sous réserve que les titres de ces sociétés et organismes ne représentent pas plus de 10 % de la valeur vénale du patrimoine immobilier de la SCPI (C. mon. fin. art. L 214-115, I-3° et R 214-156, II-al. 2).

36508 Les **participations** directes ou indirectes dans le capital des sociétés de personnes mentionnées ci-dessus peuvent représenter **jusqu'à 100 %** de l'actif de la SCPI si les **conditions** suivantes sont réunies (C. mon. fin. art. R 214-156, I).

1. Ces sociétés doivent établir des comptes annuels et des comptes intermédiaires au moins semestriels.

2. Les immeubles et droits réels inscrits à l'actif de ces sociétés doivent être éligibles à l'actif d'une SCPI.

3. À moins que ces sociétés ne s'engagent, par un accord écrit conclu avec la SCPI, à transmettre à la société de gestion de celle-ci les informations nécessaires notamment à l'évaluation de leurs actifs et passifs, la SCPI doit, seule ou conjointement avec d'autres SCPI ou organismes de placement immobilier gérés par la société de gestion de la SCPI ou encore par une société que contrôle la société de gestion (filiale), par une société qui la contrôle (société mère) ou par une société que contrôle une société qui la contrôle (société sœur) :

– soit détenir directement ou indirectement la majorité des droits de vote de ces sociétés ;

– soit désigner pendant deux exercices successifs la majorité des membres des organes d'administration, de direction ou de surveillance de ces sociétés, cette désignation étant présumée si la SCPI a disposé au cours de cette période, directement ou indirectement, d'une fraction supérieure à 40 % des droits de vote et si aucun autre associé n'a détenu, directement ou indirectement, une fraction supérieure à la sienne ;

– soit disposer du droit d'exercer une influence dominante sur ces sociétés en vertu d'un contrat ou de clauses statutaires, lorsque le droit applicable le permet.

Par **dérogation** à ce qui précède, ces participations peuvent représenter **jusqu'à 10 %** de la valeur vénale du patrimoine immobilier de la SCPI à la seule condition que les sociétés de personnes établissent des comptes annuels et des comptes intermédiaires au moins semestriels, sans que les autres conditions ci-dessus soient réunies (C. mon. fin. art. R 214-156, II-al. 1).

Détention et conclusion de contrats constituant des instruments financiers à terme Les SCPI peuvent détenir des contrats constituant des instruments financiers à terme (C. mon. fin. art. L 214-115, I-6°; sur ces contrats, voir Mémento Comptable n° 40010). 36509

Les SCPI peuvent en outre conclure de tels contrats, dès lors qu'elles respectent un certain nombre de **conditions** destinées à **protéger les actifs de la SCPI** (C. mon. fin. art. R 214-156-1, II et R 214-156-2, II et III) :

– l'exposition d'une SCPI au risque de contrepartie sur un même cocontractant résultant des contrats d'instruments financiers à terme ne doit pas excéder 10 % de son actif net ;

– le recours par une SCPI à des instruments financiers à terme ne doit pas amener cette société à s'écarter des objectifs d'investissement exposés dans les documents d'information destinés aux souscripteurs ;

– les contrats doivent porter sur des taux d'intérêt, des taux de change ou des devises, ou sur une combinaison de ces éléments ;

– les contrats doivent être conclus sur les marchés à terme réglementés dont la liste est fixée par le ministre de l'économie ou doivent répondre aux critères suivants : ils peuvent être dénoués ou liquidés à tout moment, à leur valeur de marché, à l'initiative de la SCPI, ils doivent être conclus avec un établissement ayant la qualité de dépositaire d'organismes de placement collectif, un établissement de crédit dont le siège est établi dans un État membre de l'OCDE, une entreprise d'investissement dont le siège est établi dans un État membre de l'Union européenne ou dans un autre État partie à l'accord sur l'Espace économique européen ou une succursale agréée et ils doivent faire l'objet d'une valorisation effectuée par la SCPI, qui ne se fonde pas uniquement sur des prix de marché donnés par la contrepartie.

> **Précisions a.** Le risque de contrepartie sur un même cocontractant est **défini** comme le risque que celui-ci manque à l'une de ses obligations et dont il résulterait une perte financière pour la SCPI. Le montant de ce risque est égal à la valeur de marché des contrats diminuée des garanties constituées, le cas échéant, au profit de la SCPI (C. mon. fin. art. R 214-156-2, I).
> **b.** La **valorisation** effectuée par la SCPI doit se fonder sur une **valeur de marché actuelle** établie de manière fiable pour l'instrument ou, si une telle valeur n'est pas disponible, sur un modèle de valorisation utilisant une méthode reconnue et adéquate. Elle doit être **vérifiée par un tiers indépendant** de la contrepartie à l'instrument financier, de façon régulière et selon des modalités telles que la SCPI puisse le contrôler, ou par la société de gestion de la SCPI elle-même, avec les moyens adéquats et de façon indépendante des fonctions opérationnelles (C. mon. fin. art. R 214-156-1, II).

ACTIVITÉS AUTORISÉES À LA SCPI

Les SCPI sont expressément autorisées à procéder à des **travaux de toute nature** pour les besoins de leur gestion et notamment à des travaux de construction (pour les terrains nus), de rénovation, d'entretien, de réhabilitation, d'amélioration, d'agrandissement (afin d'accroître le volume de l'immeuble ou la surface des locaux), de reconstruction ou de mise aux normes environnementales ou énergétiques (C. mon. fin. art. L 214-114, al. 3). 36510

On entend par **travaux d'amélioration** des travaux qui apportent aux locaux existants des équipements ou des éléments de confort mieux adaptés à l'utilisation de l'immeuble sans modifier la structure de celui-ci (installation du chauffage central ou d'ascenseurs, reprise des fondations de l'immeuble, etc.).

Les travaux d'**agrandissement** et de **reconstruction** sont soumis à des **conditions** de réalisation strictes (C. mon. fin. art. R 214-157, 1° et 2°). 36511

Le coût TTC des travaux d'agrandissement d'un immeuble réalisés au cours d'un exercice de 12 mois est limité à 15 % de la valeur vénale du patrimoine immobilier de la SCPI figurant au bilan du dernier exercice clos, étant précisé que le coût des travaux d'amélioration réalisés à l'occasion de l'opération d'agrandissement est pris en compte pour l'appréciation de ces pourcentages. Si les travaux d'agrandissement ne sont pas réalisés au cours d'un même exercice, cette limite peut se cumuler avec celle du seul exercice suivant.

Concernant les travaux de reconstruction, la limite de 15 % ci-dessus s'applique, le montant des travaux d'amélioration et d'agrandissement réalisés à l'occasion de la reconstruction étant pris en compte pour apprécier ce pourcentage. Le respect de ce seuil n'est toutefois pas exigé lorsque la reconstruction est nécessitée par un cas de force majeure ou par la réglementation.

36512 Les SCPI sont par ailleurs autorisées à **acquérir des équipements** ou des installations nécessaires à l'utilisation des immeubles (centraux téléphoniques, éléments de signalisation et réseaux informatiques lourds, par exemple).

Elles peuvent aussi **céder** des éléments de leur **patrimoine immobilier** à la double condition que ces éléments n'aient pas été achetés en vue de leur revente et que les cessions ne présentent pas un caractère habituel, cette double exigence ne s'appliquant pas aux actifs immobiliers à usage d'habitation acquis en nue-propriété et relevant des baux conclus dans le cadre d'une convention d'usufruit (CCH art. L 253-1 à L 253-8 ; C. mon. fin. art. L 214-114, dernier al.). La gestion de leur actif ne doit pas présenter un caractère spéculatif (Rép. Deprez : AN 4-7-1994 n° 3740).

Ainsi, la cession d'un immeuble n'est possible que si, à la date de la réalisation de l'opération, la SCPI est propriétaire de l'immeuble depuis au moins cinq ans (C. mon. fin. art. R 214-157, 3°-a).

En outre, la valeur cumulée des immeubles cédés au cours d'un exercice est limitée à 15 % de la valeur vénale du patrimoine immobilier de la société appréciée au bilan du dernier exercice clos ; lorsque aucune cession n'est réalisée au titre d'un exercice ou au cours de deux exercices successifs, cette limite peut se cumuler avec celle de l'exercice suivant dans la limite de trois exercices (C. mon. fin. art. R 214-157, 3°-b). Afin de permettre aux SCPI de restructurer leur patrimoine avant leur dissolution, l'article R 214-157, 3°-c du Code monétaire et financier les dispense du respect de la limite de 15 % dès lors que les cessions interviennent dans les trois ans qui précèdent l'expiration de leur durée statutaire, que celle-ci n'est pas prorogée et qu'aucun investissement immobilier nouveau n'est effectué avec le produit des cessions.

Le respect du délai de cinq ans n'est toutefois pas exigé (C. mon. fin. art. R 214-157, 3°-d et e) :

– en cas de cession d'actif immobilier réalisée au cours d'un exercice de 12 mois dans la limite d'une valeur cumulée de 2 % de la valeur vénale du patrimoine immobilier figurant au bilan du dernier exercice clos ;

– en cas de cession de parts ou actions de SCPI ou d'organismes de placement immobilier ;

– en cas de cession d'un immeuble détenu par une société de personnes dont la SCPI détient une participation pouvant représenter jusqu'à 10 % de la valeur vénale de son patrimoine immobilier dans le cadre de la dérogation présentée n° 36508.

EXEMPLE

Une SCPI ayant un patrimoine immobilier de 10 000 000 € ne réalise aucune cession au cours de deux exercices successifs (N et N + 1). Elle peut céder jusqu'à 4 500 000 € d'actif immobilier en N + 2 (la limite de 15 % autorisée en N et N + 1 se cumulant avec celle de N + 2).

36513 Les SCPI peuvent aussi, semble-t-il, placer leur **fonds de roulement** dans des valeurs facilement réalisables plutôt que de conserver en caisse leur argent. Ce placement ne doit pas avoir un caractère spéculatif, mais viser uniquement à éviter la dépréciation des sommes conservées.

En revanche, la **souscription de parts** ou actions de sociétés de construction ne peut pas être effectuée par les SCPI car les parts ou actions ne sont pas des immeubles, mais des meubles.

OFFRE AU PUBLIC PAR LA SCPI

36515 Par dérogation à l'interdiction générale posée par l'article L 411-1 du Code monétaire et financier, les SCPI sont autorisées à procéder à une offre au public même autre qu'une offre réservée à leurs associés, à un cercle restreint d'investisseurs ou à des investisseurs qualifiés (C. mon. fin. art. L 214-86, al. 2). À moins que l'offre ne soit réservée à des investisseurs qualifiés ou à un cercle restreint d'investisseurs, elles doivent toutefois respecter préalablement deux **conditions** (Règl. gén. AMF art. 422-192, I et III) :

– établir une note d'information visée par l'AMF ;

– établir un bulletin de souscription.

La **première offre au public** autre qu'une offre réservée à un cercle restreint d'investisseurs ou à des investisseurs qualifiés est en outre subordonnée à (Règl. gén. AMF art. 422-192, II et III) :

– la souscription du capital d'origine par les fondateurs. Les parts détenues par ces derniers doivent en effet représenter une valeur totale au moins égale au capital social minimal (C. mon. fin. art. L 214-86, al. 2 et 4). Cette obligation exclut en pratique la possibilité de constituer une SCPI par offre au public autre qu'une offre réservée à un cercle restreint d'investisseurs ou à des investisseurs qualifiés ;

– l'agrément de la société de gestion par l'AMF ;

– l'acceptation par l'AMF de l'expert immobilier présenté par la société de gestion et chargé de déterminer la valeur vénale des immeubles de la SCPI ;

– l'approbation de la garantie bancaire par l'AMF destinée à rembourser les souscripteurs en cas de souscription insuffisante du public.

> Précisions **a.** Sur la **notion d'offre au public,** voir l'article 2-d du règlement UE 2017/1129 du 14 juin 2017 et les articles L 411-1, L 411-2, D 411-2-1 et D 411-4 du Code monétaire et financier.

b. Les SCPI procédant à une offre au public autre qu'une offre réservée à un cercle restreint d'investisseurs ou à des investisseurs qualifiés sont soumises au **contrôle de l'AMF.**

INFORMATION DU PUBLIC PAR LA SCPI

Procédant à une offre au public autre qu'une offre réservée à un cercle restreint d'investisseurs ou à des investisseurs qualifiés, les SCPI doivent, indépendamment de la publication de leurs comptes, informer le public. 36520

Nous présentons ci-dessous, dans leurs grandes lignes, les obligations auxquelles elles sont tenues (pour de plus amples développements, voir Mémento Sociétés commerciales n°s 66270 s.).

Les SCPI doivent porter à la connaissance du public tout **fait important ou** toute **opération financière** susceptible d'avoir une **incidence sur** la situation et les droits des **porteurs** de parts (Règl. UE 596/2014 du 16-4-2014 art. 7).

En principe, cette information doit intervenir **le plus tôt** possible. Toutefois, si la publication immédiate d'une information est de nature à porter atteinte aux intérêts légitimes de la société (ou si la confidentialité est nécessaire à la réalisation de l'opération), celle-ci peut prendre la responsabilité de **différer** cette publication à condition d'être en mesure d'assurer la confidentialité de l'information et sous réserve que le retard de publication ne soit pas susceptible d'induire le public en erreur (Règl. UE 596/2014 du 16-4-2014 art. 17). 36521

Lorsque la société a été amenée à faire état publiquement de ses intentions et que, par la suite, ces dernières ne sont plus conformes à sa déclaration initiale, elle est tenue de porter rapidement à la connaissance du public ses nouvelles intentions (Règl. gén. AMF art. 223-7).

L'**information** donnée au public doit être **exacte, précise et sincère** (Règl. gén. AMF art. 223-1). 36522

Constitue notamment une atteinte à la bonne information du public le fait pour toute personne de diffuser sciemment des informations, quel que soit le support utilisé, qui donnent ou sont susceptibles de donner des indications fausses ou trompeuses en ce qui concerne l'offre, la demande ou le cours d'un instrument financier, y compris en répandant des rumeurs, alors que cette personne savait ou aurait dû savoir que les informations étaient fausses ou trompeuses (Règl. UE 596/2014 du 16-4-2014 art. 12, 1-c ; pour un exemple de communiqué de presse trompeur publié par une société ayant annoncé des résultats financiers supérieurs à ceux qu'elle avait communiqués le même jour par conférence téléphonique non accessible au public, à plus de 900 personnes invitées dont les grandes agences de presse internationales, voir CA Paris 30-6-2016 n° 15/04219 : RJDA 1/17 n° 25).

L'inobservation de l'obligation d'information ainsi que la diffusion d'une information inexacte exposent la SCPI et les dirigeants de la société de gestion à une **sanction pécuniaire** dont le montant peut atteindre 100 millions d'euros ou le décuple du montant des profits éventuellement réalisés et jusqu'à 15 % de leur chiffre d'affaires annuel total s'agissant de personnes morales ; les personnes placées sous leur autorité ou agissant pour leur compte encourent une sanction pécuniaire de 15 millions d'euros ou du décuple du montant de l'avantage retiré du manquement si ce montant peut être déterminé (C. mon. fin. art. L 621-15, III-al. 1 à 5 et III bis modifié par loi 2023-171 du 9-3-2023). Cette sanction peut être assortie d'une majoration dans la limite de 10 % de son montant destinée à financer l'aide aux victimes (art. L 621-15, III-al. 6). 36523

A. Constitution des SCPI

FONDATEURS DE LA SCPI

Les diverses formalités requises pour la constitution des SCPI sont accomplies par ceux qui sont à l'origine du projet et que l'article L 214-86 du Code monétaire et financier qualifie de « fondateurs ». 36600

Les fondateurs sont tenus de **souscrire et de libérer** l'intégralité du **capital** minimal de la société, soit 760 000 € (C. mon. fin. art. L 214-87 et L 214-88) avant toute offre au public autre qu'une offre réservée à un cercle restreint d'investisseurs ou à des investisseurs qualifiés (C. mon. fin. art. L 214-86, al. 2 et 4 et L 214-87). 36606

Les **parts** ainsi détenues par les fondateurs sont inaliénables pendant trois ans à compter de la délivrance du visa de l'AMF (C. mon. fin. art. L 214-86, al. 3 et 4).

Cette immobilisation du capital minimal initial a pour objet d'assurer aux épargnants une certaine stabilité de l'engagement des fondateurs.

ÉTABLISSEMENT DU PROJET DE STATUTS DE LA SCPI

36620 Les fondateurs doivent rédiger et signer un projet de statuts lorsque la SCPI est constituée par offre au public autre qu'une offre réservée à un cercle restreint d'investisseurs ou à des investisseurs qualifiés (C. mon. fin. art. L 214-87). Ce projet peut résulter aussi bien d'un acte notarié que d'un acte sous signature privée. Les textes ne précisent pas quelles sont les mentions devant figurer dans les statuts. En l'absence de dispositions particulières, c'est le droit commun des sociétés qui s'applique et notamment l'article 1835 du Code civil, qui oblige à mentionner dans les statuts les apports des associés, la forme, l'objet social, l'appellation, le siège social, le capital social, la durée de la société, les modalités de son fonctionnement et qui prévoit la possibilité d'y préciser une raison d'être.

FORMATION DU CAPITAL DE LA SCPI

36630 **Montant minimal du capital** Le capital des SCPI ne peut être inférieur à 760 000 € (C. mon. fin. art. L 214-88).

Le capital est divisé en parts nominatives et d'une **valeur nominale** d'au moins 150 € (C. mon. fin. art. L 214-88). Les parts de SCPI constituent des titres financiers (C. mon. fin. art. L 211-1, I et II).

Les **parts** détenues par les membres **fondateurs** de la SCPI constituée par offre au public autre qu'une offre réservée à un cercle restreint d'investisseurs ou à des investisseurs qualifiés doivent représenter une valeur totale au moins égale au capital minimal (C. mon. fin. art. L 214-86, al. 2 et 4).

Les **souscriptions** doivent être réelles et sincères sous peine de sanctions pénales : emprisonnement de cinq ans et amende de 9 000 € (C. mon. fin. art. L 231-10, 1) ; elles sont constatées par des bulletins de souscription (C. mon. fin. art. L 214-96).

Le capital initial de la SCPI constituée par offre au public autre qu'une offre réservée à un cercle restreint d'investisseurs ou à des investisseurs qualifiés doit être souscrit dans son intégralité (C. mon. fin. art. L 214-87, al. 2 et 3).

36635 **Capital variable** La constitution d'une SCPI à capital variable est licite (C. com. art. L 231-1 sur renvoi de l'art. 1845-1 du Code civil). Une telle formule présente des avantages dans la mesure où elle peut faciliter le rachat des parts, mais elle comporte également des inconvénients. En effet, une SCPI à capital variable peut être amenée, pour faire face aux demandes de retrait, à céder une partie de son patrimoine. Or, les cessions d'immeubles appartenant à des SCPI sont rigoureusement encadrées (n°s 36512 s.).

36640 **Apports en numéraire** Les parts représentatives d'apports en numéraire doivent être **libérées,** lors de la souscription, d'un quart au moins de leur valeur nominale et, le cas échéant, de la totalité de la prime d'émission, la libération du surplus devant intervenir en une ou plusieurs fois dans un délai de cinq ans (C. mon. fin. art. L 214-96, al. 2).

Si la société de gestion ne procède pas, dans le délai prévu, aux appels de fonds pour libérer le capital, tout intéressé peut demander au président du tribunal judiciaire statuant en référé d'enjoindre sous astreinte à la société de gestion de procéder à ces appels de fonds ou de désigner un mandataire chargé de le faire à sa place (C. civ. art. 1843-3, al. 5).

À notre avis, le tribunal compétent est celui du lieu du siège social.

36645 **Apports en nature ou stipulation d'avantages particuliers** En cas d'apports en nature ou de stipulation d'avantages particuliers, les fondateurs doivent demander au président du tribunal judiciaire statuant sur requête la désignation d'un ou plusieurs **commissaires aux apports** (C. mon. fin. art. L 214-91, al. 1 et R 214-130, al. 2).

Les commissaires aux apports sont choisis parmi les commissaires aux comptes inscrits ou parmi les experts inscrits sur des listes établies par les cours et tribunaux (C. mon. fin. art. R 214-130, al. 1). Les commissaires établissent, sous leur responsabilité, un **rapport** sur l'évaluation des apports en nature ou sur les avantages particuliers. Ce rapport doit être tenu à la disposition des fondateurs qui peuvent en prendre connaissance ou copie, huit jours au moins avant la date de l'assemblée constitutive à l'adresse prévue du siège social indiqué dans les statuts (C. mon. fin. art. R 214-131).

Les commissaires aux apports peuvent se faire assister dans l'accomplissement de leur mission d'un ou plusieurs experts de leur choix (C. mon. fin. art. R 214-130, al. 3).

L'article L 231-10, 4 du Code monétaire et financier punit d'un emprisonnement de cinq ans et d'une amende de 9 000 € ceux qui, frauduleusement, auraient fait attribuer à un apport en nature une évaluation supérieure à sa valeur réelle.

36650 **Apports en industrie** Les apports en industrie, s'il en existe, ne peuvent pas être représentés par des parts sociales (C. mon. fin. art. L 214-91, dernier al.).

ASSEMBLÉE CONSTITUTIVE DE LA SCPI

La réunion d'une assemblée constitutive n'est exigée qu'en cas d'apports en nature ou de stipulation d'avantages particuliers (C. mon. fin. art. L 214-91, al. 2). 36670

Convocation de l'assemblée Les fondateurs sont convoqués à l'assemblée constitutive huit jours au moins avant la date de l'assemblée par lettre recommandée AR ou, sous réserve de l'accord écrit des fondateurs intéressés, par voie électronique (C. mon. fin. art. R 214-133). 36675

Mission de l'assemblée constitutive L'assemblée doit statuer sur l'**évaluation des apports** (ou l'octroi d'avantages particuliers) par les commissaires aux apports. Elle ne peut les réduire qu'à l'unanimité de tous les fondateurs et avec l'approbation expresse des apporteurs (ou des bénéficiaires d'avantages particuliers), faute de quoi la société n'est pas constituée (C. mon. fin. art. L 214-91, al. 2). 36680

L'assemblée constitutive est soumise aux règles concernant la tenue de toute assemblée telles qu'elles sont fixées par les articles R 214-145 à R 214-149 du Code monétaire et financier. Dans le silence des textes, on peut considérer, par référence aux solutions applicables aux sociétés commerciales (C. com. art. L 225-9, al. 2), que l'assemblée constitutive délibère aux conditions de **quorum** et de **majorité** prévues pour les assemblées extraordinaires (C. mon. fin. art. L 214-103, al. 2).

Absence d'apport en nature ou de stipulation d'avantages particuliers En l'absence d'apport en nature ou de stipulation d'avantages particuliers, la tenue d'une assemblée constitutive n'est pas obligatoire. L'adhésion des fondateurs résulte seulement de la signature du bulletin de souscription. 36685

PUBLICITÉ DE LA CONSTITUTION DE LA SCPI

La constitution des SCPI est soumise aux mêmes formalités de publicité que les sociétés civiles de droit commun : insertion dans un support d'annonces légales, immatriculation au RCS et au RNE, déclaration des bénéficiaires effectifs de la société. Pour plus de détails sur ces formalités, voir nos 2670 s. 36700

PERSONNALITÉ MORALE DE LA SCPI

Comme les autres sociétés civiles, les SCPI n'acquièrent la personnalité morale qu'à compter de leur immatriculation au RCS (nos 2800 s.). 36710

SOUSCRIPTION MINIMALE DU CAPITAL DE LA SCPI PAR LE PUBLIC

Le capital maximal fixé par les statuts de la SCPI doit être souscrit à hauteur de 15 % au moins par le public dans le délai d'un an à compter de l'ouverture de la souscription (C. mon. fin. art. L 214-116, al. 1). 36720

S'il n'est pas satisfait à cette obligation, la société est dissoute et les associés sont remboursés du montant de leur souscription (C. mon. fin. art. L 214-116, al. 2). Le remboursement est opéré grâce à la mise en œuvre d'une **garantie bancaire** que la SCPI est tenue de présenter préalablement à toute offre au public autre qu'une offre réservée à un cercle restreint d'investisseurs ou à des investisseurs qualifiés et qui doit être approuvée par l'AMF (C. mon. fin. art. L 214-86, al. 2 et 4 ; Règl. gén. AMF art. 422-190). Sur les modalités de dissolution et les conditions de remboursement des souscripteurs, voir no 37110.

Conformément aux articles L 412-1 du Code monétaire et financier et 422-192 du règlement général de l'AMF, les fondateurs d'une SCPI doivent, préalablement à toute offre au public autre qu'une offre réservée à un cercle restreint d'investisseurs ou à des investisseurs qualifiés, établir et faire imprimer une **note d'information** à l'attention du public. Cette note est soumise au **visa préalable** de l'AMF (Règl. gén. AMF art. 422-192 ; pour des précisions, voir Règl. gén. AMF art. 422-192 s. et Inst. AMF 2019-04 § 1.1 s.).

Pour procéder à l'offre au public des parts (autre qu'une offre réservée à un cercle restreint d'investisseurs ou à des investisseurs qualifiés), les SCPI peuvent recourir à tout procédé de publicité à condition que soient indiqués (Règl. gén. AMF art. 422-196) : 36721

– la dénomination de la SCPI ;

– l'existence de la note d'information en cours de validité visée par l'AMF (date, numéro de visa, lieux où l'on peut se la procurer gratuitement) ;

– une information indiquant que la note d'information est fournie gratuitement sur demande sur un support durable au sens de l'article 314-5 du règlement général de l'AMF (c'est-à-dire tout instrument permettant à un client de stocker des informations qui lui sont adressées personnellement, de s'y reporter pendant un laps de temps adapté et permettant la reproduction à l'identique des informations stockées) ou mise à disposition sur un site internet.

36722 Le **démarchage** effectué pour le placement des parts de SCPI auprès du public est réglementé par les articles L 341-1 s. du Code monétaire et financier.

Aux termes de ces dispositions, constitue un acte de démarchage toute prise de contact non sollicitée, par quelque moyen que ce soit, avec une personne (physique ou morale) déterminée. Sont notamment visés les visites à domicile ou sur les lieux de travail, les communications téléphoniques ou le recours à internet.

Seules peuvent faire l'objet de démarchage les parts de SCPI dont les statuts prévoient la limitation de la responsabilité de chaque associé au montant de sa part au capital (C. mon. fin. art. L 341-10, 1°).

La personne démarchée dispose d'un délai de 14 jours calendaires révolus pour exercer son droit de **rétractation,** sans motifs et sans pénalité. Ce délai court soit à compter du jour où le contrat est conclu, soit à compter du jour où la personne démarchée reçoit les conditions contractuelles et les informations, si cette dernière date est postérieure à celle où le contrat a été conclu (C. mon. fin. art. L 341-16, I).

> **Précisions** Les règles concernant le démarchage bancaire et financier ne s'appliquent pas aux **prises de contact** avec les investisseurs qualifiés et les **personnes morales** dont le total de bilan ou le chiffre d'affaires ou le montant des recettes ou le montant des actifs gérés sont supérieurs à 5 millions d'euros, ou l'effectif de salariés moyen annuel est supérieur à 50 personnes (C. mon. fin. art. L 341-2, 1° et D 341-1).
>
> Pour de plus amples développements sur le démarchage bancaire ou financier, voir Mémento Sociétés commerciales n°s 63290 s.

B. Fonctionnement des SCPI

1. SOCIÉTÉ DE GESTION

36800 La gérance des SCPI doit être assurée par une **société de gestion de portefeuille** (C. mon. fin. art. L 214-98, al. 1) soumise aux articles L 532-9 s. et R 532-10 s. du Code monétaire et financier.

La société de gestion doit être **agréée** par l'AMF (C. mon. fin. art. L 532-9, II ; Règl. gén. AMF art. 316-1 s. et Inst. AMF 2008-03 modifiée le 16-5-2023).

La société de gestion doit nommer un **commissaire aux comptes** (C. mon. fin. art. L 532-9, IX).

DÉSIGNATION ET RÉVOCATION DE LA SOCIÉTÉ DE GESTION DE LA SCPI

36805 La société de gestion doit être **désignée** soit dans les statuts, soit par l'assemblée générale à la majorité des voix dont disposent les associés présents ou représentés. Quelles que soient les modalités de sa désignation, la société de gestion est **révocable** par l'assemblée générale à la même majorité, sans que les statuts puissent en disposer autrement. Si la révocation est décidée sans juste motif, elle peut donner lieu à des dommages-intérêts (C. mon. fin. art. L 214-98, al. 2).

Tout associé peut demander en justice la révocation de la société de gestion « pour cause légitime » (C. mon. fin. art. L 214-98, al. 3).

La loi ne fixe pas de limite quant à la **durée des fonctions** de la société de gestion. Toute liberté est laissée aux statuts à cet égard.

POUVOIRS DE LA SOCIÉTÉ DE GESTION DE LA SCPI

36810 Comme tout gérant, la société de gestion représente la SCPI à l'égard des tiers.

Elle doit agir dans le seul intérêt de chacune des SCPI dont elle a la charge. Par suite, une prétendue mutualisation des risques entre plusieurs SCPI gérées par la même société de gestion ne saurait justifier la participation de l'une des SCPI à une acquisition faite par une autre SCPI dans des conditions défavorables et contraires aux intérêts de ses souscripteurs (Cass. com. 25-1-2000 n° 98-13.202 : RJDA 4/00 n° 429).

36811 La société de gestion peut contracter des emprunts au nom de la SCPI, assumer le remboursement des dettes sociales ou procéder à des acquisitions payables à terme pour le compte de la SCPI dans la limite d'un maximum fixé par l'assemblée générale, cette limite tenant compte de l'**endettement** des sociétés de personnes dans lesquelles la SCPI a pris une participation. La SCPI ne peut pas se prévaloir de la méconnaissance de cette limite à l'égard des tiers (C. mon. fin. art. L 214-101).

En outre, la société de gestion pourra consentir sur les actifs de la SCPI des **garanties** nécessaires à la conclusion des contrats relevant de l'activité de cette dernière dans des limites et conditions devant être fixées par un décret à paraître (C. mon. fin. art. L 214-102, I). Dans les limites et conditions fixées par ce même décret, la SCPI pourra aussi consentir des **avances en compte courant** aux sociétés de personnes et aux SCPI dont elle détient directement ou indirectement au moins 5 % du capital (C. mon. fin. art. L 214-102, II).

La société de gestion est expressément compétente pour décider la répartition d'un **acompte sur dividende** et pour fixer le montant et la date de cette répartition (C. mon. fin. art. L 214-103, dernier al.). 36813

OBLIGATIONS DE LA SOCIÉTÉ DE GESTION DE LA SCPI

Les dirigeants de la société de gestion sont tenus, à la clôture de chaque exercice, de dresser un inventaire des divers éléments de l'actif et du passif de la SCPI ainsi que les **comptes annuels** et d'établir un **rapport** de gestion écrit sur la situation de la société durant l'exercice écoulé, son évolution prévisible et sur les événements importants intervenus entre la date de la clôture de l'exercice et la date à laquelle il est établi (C. mon. fin. art. L 214-109, al. 1 à 4 ; sur le contenu du rapport de gestion, voir aussi Règl. gén. AMF art. 422-227). 36815

Ils doivent joindre à ce rapport un **état annexe** retraçant la valeur comptable, la valeur de réalisation et la valeur de reconstitution de la société gérée (C. mon. fin. art. L 214-109, al. 5) ; ces valeurs, qui permettent de fournir aux épargnants une estimation objective de la valeur de la société, doivent servir de base à la détermination du prix des parts sociales. Ces valeurs sont arrêtées sur la base d'une évaluation des immeubles réalisée par un expert externe en évaluation (ou plusieurs agissant solidairement). Cet expert, dont la mission couvre l'ensemble du patrimoine locatif de la SCPI, est nommé par la société de gestion pour cinq ans après acceptation de sa candidature par l'assemblée générale ordinaire (C. mon. fin. art. R 214-157-1). La SCPI ou la société de gestion doit notifier l'identité de l'expert à l'AMF (C. mon. fin. art. L 214-24-16, III ; Règl. gén. AMF art. 421-31). Les modalités d'établissement des différentes valeurs comptables sont fixées par les articles L 214-109 et R 214-135 du Code monétaire et financier.

La société de gestion doit, par ailleurs, réunir l'**assemblée générale** de la SCPI dans un délai de six mois à compter de la clôture de l'exercice pour l'approbation des comptes ; à défaut de réunion dans ce délai, le ministère public ou tout associé peut demander en référé au président du tribunal d'enjoindre aux dirigeants de la société de gestion, le cas échéant sous astreinte, de convoquer l'assemblée ou de désigner un mandataire pour y procéder (C. mon. fin. art. L 214-103, al. 1).

En outre, la société de gestion est chargée de souscrire une **assurance** pour garantir la responsabilité civile de la SCPI du fait des immeubles qu'elle possède, afin de protéger à la fois les associés et les créanciers (C. mon. fin. art. L 214-89, al. 4). La responsabilité personnelle de ses dirigeants peut être engagée solidairement avec celle de la SCPI en cas de non-respect de cette obligation (C. mon. fin. art. L 214-89, al. 5).

> **Précisions** Par suite d'une inadvertance du législateur, l'article L 214-89, al. 5 du Code monétaire et financier continue à viser le « non-respect du deuxième alinéa » alors que, depuis l'ordonnance 2017-1432 du 4 octobre 2017, l'obligation de souscrire une assurance a été transférée de l'alinéa 2 à l'alinéa 4. Cela **ne remet pas en cause,** à notre avis, la **possibilité d'engager la responsabilité des dirigeants** en cas de non-respect de cette obligation.

CONVENTIONS PASSÉES ENTRE LA SCPI ET LA SOCIÉTÉ DE GESTION

Toute convention intervenant entre la SCPI et la société de gestion, ou tout associé de cette dernière, doit, sur les rapports du conseil de surveillance et des commissaires aux comptes, être approuvée par l'assemblée générale ordinaire des associés de la société (C. mon. fin. art. L 214-106, al. 1). 36820

Les conséquences préjudiciables à la société des conventions désapprouvées sont mises à la charge de la société de gestion responsable ou de tout associé de cette dernière, même en l'absence de fraude (C. mon. fin. art. L 214-106, al. 2).

Ces dispositions particulières dérogent à la procédure de droit commun prévue par l'article L 612-5 du Code de commerce.

Cas particulier de la rémunération de la société de gestion Les éléments de la rémunération de la société de gestion (notamment le taux et l'assiette) peuvent être prévus par les statuts. À défaut, ils sont arrêtés par une convention particulière passée entre la société de gestion et la SCPI et approuvée par l'assemblée générale ordinaire des associés. Toutes les commissions ou rémunérations perçues par la société de gestion doivent être définies dans la note d'information visée par l'AMF pour être portées à la connaissance des souscripteurs (Règl. gén. AMF art. 422-198). 36821

Les sociétés de gestion sont en principe rémunérées par les commissions suivantes correspondant chacune à une catégorie de frais déterminés : commissions de souscription, de cession, de retrait ou prélevée en cas de mutation à titre gratuit, de gestion, d'acquisition ou de cession d'actifs immobiliers et de suivi et de pilotage de la réalisation des travaux sur le patrimoine immobilier (Régl. gén. AMF art. 422-224).

RESPONSABILITÉ DE LA SOCIÉTÉ DE GESTION DE LA SCPI

36825 **Responsabilité civile** Les articles L 214-86 s. du Code monétaire et financier ne prévoyant pas de **régime** particulier de responsabilité civile des dirigeants sociaux, il convient de se reporter aux règles générales de la responsabilité des gérants de sociétés civiles (C. civ. art. 1850 ; nos 7800 s.).

> **Précisions** **a.** Toute **personne** qui, directement ou par personne interposée, **exerce en fait la direction**, l'administration ou la gestion sous le couvert ou au lieu et place des représentants légaux de la société est passible des mêmes sanctions que ces représentants eux-mêmes (C. mon. fin. art. L 214-100).
> **b.** Conformément au droit commun, les associés peuvent individuellement engager une **action sociale** en réparation du préjudice subi par la société du fait des dirigeants. Une association régie par la loi de 1901 créée pour défendre les intérêts de ses membres, associés d'une SCPI, ne peut pas exercer cette action, même si elle est elle-même porteuse de parts de la société (Cass. com. 3-3-2004 n° 02-10.484 : RJDA 8-9/04 n° 1005).

36826 **Responsabilité pénale** De nombreuses dispositions du Code monétaire et financier sont consacrées à la responsabilité pénale des dirigeants de la société de gestion (art. L 231-8 s.).

L'exercice des fonctions de dirigeant d'une société de gestion qui n'a pas été agréée par l'AMF ou dont l'agrément a été retiré est passible de deux ans d'emprisonnement et de 750 000 € d'amende (C. mon. fin. art. L 231-21).

Le fait pour les dirigeants de ne pas se conformer :

– à l'article L 214-88 relatif à la formation du capital est puni d'une amende de 18 000 € (C. mon. fin. art. L 231-8) ;

– aux dispositions des articles L 214-114 (objet de la SCPI et activités autorisées) et L 214-96 (souscription des parts) est puni d'un emprisonnement de cinq ans et d'une amende de 9 000 € (C. mon. fin. art. L 231-9).

Par ailleurs, l'article L 231-11 du Code monétaire et financier punit de cinq ans de prison et de 375 000 € d'amende la répartition de dividendes fictifs entre les associés, la publication ou la présentation aux associés d'informations inexactes, l'abus des biens ou du crédit de la société et l'abus des pouvoirs ou des voix.

Enfin, les dirigeants qui n'auront pas provoqué la désignation du ou des commissaires aux comptes de la société encourent une peine d'emprisonnement de deux ans et une amende de 9 000 € (C. mon. fin. art. L 231-16) ; l'entrave aux vérifications ou contrôles des commissaires aux comptes ou le refus de communiquer sur place toutes les pièces utiles à l'exercice de leur mission est puni d'un emprisonnement de cinq ans et d'une amende de 18 000 € (C. mon. fin. art. L 231-19).

36827 **Responsabilité professionnelle** Les sociétés de gestion de placements collectifs ainsi que les personnes agissant sous leur autorité ou pour leur compte sont passibles de sanctions prononcées par l'AMF en cas de manquements à leurs obligations professionnelles définies par les lois et règlements en vigueur (C. mon. fin. art. L 621-9, II-7°).

2. CONTRÔLE DES SCPI

CONTRÔLE DE LA SCPI PAR LE CONSEIL DE SURVEILLANCE

36840 **Nomination et cessation de fonctions** Un conseil de surveillance composé de sept associés au moins, **désignés** par l'assemblée générale ordinaire, est chargé d'assister la société de gestion (C. mon. fin. art. L 214-99).

Il n'est pas possible comme dans les sociétés anonymes de nommer les premiers membres du conseil de surveillance dans les statuts.

Les membres du conseil de surveillance doivent être mentionnés au RCS et au RNE (C. com. art. R 123-54, 2°-b et art. R 123-253, 2°-b issu du décret 2022-1014 du 19-7-2022).

Il n'est pas prévu la désignation d'un représentant permanent pour une personne morale, membre du conseil de surveillance (cf. Avis CCRCS 99-09 : Bull. RCS 1999 p. 35).

36841 À défaut de règles obligatoires, les sociétés sont libres de fixer comme elles l'entendent la **durée des fonctions et,** éventuellement, les conditions de **rémunération** des membres du conseil de surveillance et d'organiser le fonctionnement de cet organe (périodicité des réunions, convocation, lieu de réunion, quorum et majorité, etc.).

Toutefois, à l'occasion de l'assemblée générale statuant sur les comptes du troisième exercice social complet, le conseil de surveillance doit être **renouvelé** en totalité afin de permettre la représentation la plus large possible d'associés n'ayant pas de lien avec les fondateurs. À cet effet, la société de gestion, qui est tenue d'observer une stricte neutralité dans la conduite des opérations tendant à la nomination des membres du conseil, doit, préalablement à la convocation de l'assemblée devant désigner les nouveaux membres, procéder à un appel de candidatures (Règl. gén. AMF art. 422-200 et 422-201).

L'article L 214-99 du Code monétaire et financier ne faisant pas mention de la **révocation** des membres du conseil de surveillance, il semble qu'elle puisse être prononcée par l'assemblée générale ordinaire à tout moment.

Rôle du conseil de surveillance Le conseil de surveillance opère à toute époque de l'année les **vérifications** et les contrôles qu'il juge opportuns et peut se faire communiquer tout document ou demander à la société de gestion un rapport sur la situation de la SCPI (C. mon. fin. art. L 214-99). Il émet un **avis** sur les projets de résolution soumis par la société de gestion aux associés (Règl. gén. AMF art. 422-199). 36842

En cours d'exercice, et en cas de nécessité, le conseil de surveillance peut autoriser la **modification des valeurs** comptables, de réalisation et de reconstitution de la SCPI sur rapport motivé de la société de gestion (C. mon. fin. art. L 214-109, al. 6). 36843

Il doit présenter un **rapport annuel** sur la gestion de la société (C. mon. fin. art. L 214-99, al. 1).

Les statuts peuvent subordonner à l'**autorisation** préalable du conseil de surveillance la conclusion de certaines **opérations.** Ces limitations ou restrictions ne sont toutefois pas opposables aux tiers (C. mon. fin. art. L 214-99, al. 2 et 3).

Le conseil de surveillance est tenu de s'abstenir de tout **acte de gestion** : en cas de défaillance de la société de gestion, il convoque sans délai une assemblée générale devant pourvoir à son remplacement (Règl. gén. AMF art. 422-199, al. 2). 36844

Jugé que le conseil de surveillance d'une SCPI étant un organe de cette société, il n'a pas (ni son président) la qualité de tiers vis-à-vis de celle-ci et ne peut donc invoquer cette qualité pour former un recours à l'encontre d'une décision de l'Autorité de marché concernant la SCPI (Cass. com. 15-3-1994 n° 91-18.076 : RJDA 8-9/94 n° 942).

CONTRÔLE DE LA SCPI PAR LES COMMISSAIRES AUX COMPTES

Un contrôle de la société est exercé par un ou plusieurs commissaires aux comptes **désignés** par l'assemblée générale ordinaire (C. mon. fin. art. L 214-110, al. 1 et C. com. art. L 823-1, I). Ces commissaires doivent certifier que les comptes annuels sont réguliers et sincères et qu'ils donnent une image fidèle des opérations de l'exercice écoulé, du résultat de ces opérations ainsi que de la situation financière et du patrimoine de la société à l'expiration de l'exercice (C. com. art. L 823-9, al. 1). 36845

En cas de **réévaluation d'actif,** le commissaire aux comptes doit présenter à l'assemblée générale un rapport spécial que celle-ci doit approuver (C. mon. fin. art. L 214-110, dernier al.).

Il est soumis aux mêmes règles que les commissaires aux comptes de toutes les personnes morales (C. com. art. L 820-1), définies aux articles L 822-1 s. du Code de commerce. Sur cette question, voir Mémento Sociétés commerciales n°s 77500 s.

CONTRÔLE DE LA SCPI PAR L'AMF

L'AMF, autorité publique indépendante (C. mon. fin. art. L 621-1), est notamment chargée de veiller à la régularité des opérations effectuées sur des instruments financiers lorsqu'ils font l'objet d'une offre au public et sur des instruments financiers admis aux négociations sur une plateforme de négociation (C. mon. fin. art. L 621-9, I). Elle veille au respect des obligations professionnelles auxquelles sont astreintes les SCPI et leurs sociétés de gestion (C. mon. fin. art. L 621-9, II-7°). 36850

Elle contrôle et doit approuver les documents destinés à l'information du public à l'occasion des offres au public (Règl. UE/2017/1129 du 14-6-2017 art. 20 s. ; C. mon. fin. art. L 621-8).

Pour l'exercice de sa mission, l'AMF peut se faire communiquer tous les documents qu'elle estime utiles sans que l'on puisse lui opposer le secret professionnel (C. mon. fin. art. L 621-9-3).

L'AMF dispose de larges pouvoirs d'enquête et d'investigation qui peuvent donner lieu à l'ouverture d'une procédure de sanction par le collège de l'AMF et à la saisine de la commission des sanctions de l'AMF. Celle-ci peut prononcer des sanctions pécuniaires contre toute société ou ses dirigeants qui auraient commis des manquements portant atteinte à la protection des investisseurs et au bon fonctionnement des marchés (C. mon. fin. art. L 621-14 et L 621-15, II modifié par loi 2023-171 du 9-3-2023).

> **Précisions a.** L'AMF prend un certain nombre de **décisions** de portée individuelle pour l'application de son règlement général et l'exercice des autres compétences (C. mon. fin. art. L 621-6, al. 2). Ses décisions peuvent faire l'objet d'un **recours** dans les deux mois en matière de sanctions et, dans les autres cas, dans les dix jours de leur notification pour les personnes qui en font l'objet ou de leur publication au Balo pour les autres personnes intéressées (C. mon. fin. art. R 621-44 ; pour une application, Cass. com. 5-3-1996 n° 94-11.616 : RJDA 8-9/96 n° 1068 et, sur renvoi, CA Paris 28-2-1997 : Bull. Joly Bourse 1997 p. 58).
> **b.** Les modalités pratiques du contrôle de l'AMF et l'étendue des informations qui doivent être données dans la **note d'information** à établir lors de chaque émission de nouvelles parts dans le public et dans le rapport annuel de gestion sont précisées par le règlement général de l'AMF (art. 422-226 à 422-228) et par l'instruction AMF 2019-04.
> **c.** Sur l'obligation d'**information** permanente **du public**, voir nos 36520 s.
> **d.** L'AMF peut recourir à un mode de règlement alternatif des procédures, conjuguant célérité et conformité aux droits fondamentaux : la **composition administrative** (transaction simplifiée), régie par les articles L 621-14-1 et R 621-37-2 s. du Code monétaire et financier. Pour plus de précisions, voir Mémento Sociétés commerciales n° 63227.

3. DÉCISIONS COLLECTIVES

RÈGLES APPLICABLES AUX DÉCISIONS COLLECTIVES DE SCPI

36860 Les articles L 214-103 s. et R 214-136 s. du Code monétaire et financier réglementent avec précision les modalités selon lesquelles doivent être prises les décisions collectives. Il s'ensuit qu'aucune des dispositions du Code civil n'est applicable.

FORME DE LA CONSULTATION DES ASSOCIÉS DE SCPI

36865 En principe, les associés doivent être réunis en **assemblées générales** (C. mon. fin. art. L 214-103).

Toutefois, les statuts peuvent aussi prévoir que la **consultation** se fera **par écrit,** mais uniquement s'il s'agit de décisions pour lesquelles la loi n'a pas prévu la réunion d'une assemblée et sous réserve que la participation des associés respecte les conditions de quorum sur première convocation d'une assemblée (C. mon. fin. art. L 214-107). La restriction tenant à l'absence de disposition imposant la réunion d'une assemblée limite considérablement la portée pratique du recours à la consultation écrite car le Code monétaire et financier prescrit la réunion d'une assemblée pour la plupart des décisions à prendre.

ATTRIBUTIONS DE L'ASSEMBLÉE GÉNÉRALE DE LA SCPI

36870 L'assemblée générale des porteurs de parts est l'organe souverain de la société. Elle désigne et révoque la société de gestion et les membres du conseil de surveillance, elle nomme les commissaires aux comptes, détermine les bénéfices à distribuer, autorise les actes des dirigeants concernant le patrimoine immobilier de la société, approuve les conventions intervenues entre la SCPI et la société de gestion et modifie les statuts.

CONVOCATION DE L'ASSEMBLÉE GÉNÉRALE DE LA SCPI

36875 La convocation de l'assemblée incombe à la société de gestion mais, à défaut, le conseil de surveillance, un commissaire aux comptes ou un mandataire désigné en justice peuvent y procéder (C. mon. fin. art. R 214-136).

La convocation est soumise à des formalités précises et à des délais stricts énumérés aux articles R 214-137 s. du Code monétaire et financier. Ainsi, les associés doivent être convoqués par un avis inséré au Balo ainsi que par une lettre ordinaire adressée à chacun d'eux ou, pour les associés qui ont donné leur accord, par un courrier électronique.

36876 Les associés de SCPI qui détiennent plus de 5 % du capital social peuvent demander l'**inscription** à l'ordre du jour de l'assemblée **de projets de résolution** (C. mon. fin. art. R 214-138, II).

Toutefois, lorsque le capital de la société est supérieur à 760 000 €, les associés doivent représenter une fraction du capital calculée en fonction d'un pourcentage dégressif, conformément au barème suivant :

- 4 % pour les 760 000 premiers euros ;
- 2,5 % pour la tranche de capital comprise entre 760 000 et 7 600 000 € ;
- 1 % pour la tranche de capital comprise entre 7 600 000 et 15 200 000 € ;
- 0,5 % pour le surplus du capital.

Les demandes d'inscription des projets doivent être adressées au siège social par lettre recommandée AR ou par voie électronique 25 jours au moins avant la date de réunion de l'assemblée.

Au plus tard 15 jours avant la tenue de la réunion de l'assemblée, les **rapports** de la société de gestion, du conseil de surveillance et des commissaires aux comptes, les formules de vote par correspondance ou par procuration ainsi que les comptes sociaux, s'il s'agit de l'assemblée annuelle, doivent être **adressés à tout associé** par lettre ordinaire ou, pour les associés qui ont donné leur accord, par voie électronique (C. mon. fin. art. R 214-144, I). 36877

En cas de non-respect de cette obligation, tout intéressé peut demander en référé au président du tribunal d'enjoindre aux dirigeants, le cas échéant sous astreinte, de communiquer ces documents aux associés (C. mon. fin. art. L 214-103, al. 3).

Moyens de communication électronique Les SCPI peuvent avoir recours à des moyens de télécommunication électronique pour **remplacer l'envoi postal** prévu en matière de convocation des associés et de communication à ceux-ci des documents sociaux, à **condition** que la société ait préalablement recueilli par écrit l'accord des associés concernés (C. mon. fin. art. R 214-137, al. 1). 36878

Les associés ayant donné leur accord doivent transmettre leur adresse électronique à la SCPI. Ils peuvent à tout moment revenir sur leur accord en demandant à la société par lettre recommandée AR de recourir à nouveau à des envois postaux. Pour être valablement prise en compte lors de la prochaine assemblée, la demande de transmission des documents par voie électronique doit être notifiée par la société de gestion au plus tard 20 jours avant la date de cette assemblée. À défaut, la transmission par voie électronique sera effective pour l'assemblée générale suivante se tenant sur première convocation (C. mon. fin. art. R 214-137, al. 2 et 3).

COMPOSITION DE L'ASSEMBLÉE GÉNÉRALE DE LA SCPI

Chaque **porteur de parts** a le droit de participer à l'assemblée générale et d'y voter. Ce droit ne peut lui être retiré, ni par les statuts ni par décision d'un organe de la société, sous peine de sanctions pénales (C. mon. fin. art. L 231-14). 36880

Le droit pour un associé de **se faire représenter** aux assemblées par un autre associé est d'ordre public (C. mon. fin. art. L 214-104). 36881

Le mandataire ne pouvant être qu'un associé (C. mon. fin. art. L 214-104, al. 1), le mandat ne peut pas être confié à un usufruitier. En effet, celui-ci n'a pas la qualité d'associé (Cass. com. avis 1-12-2021 n° 20-15.164 FS-D : RJDA 2/22 n° 79 ; Cass. 3e civ. 16-2-2022 n° 20-15.164 FS-B : RJDA 5/22 n° 273 ; Cass. com. 30-11-2022 n° 20-18.884 FS-B : RJF 2/23 n° 160).

Le choix de l'associé mandataire est entièrement libre et il est interdit de limiter le nombre de mandats dont peut disposer un même associé. Les seules limites prévues à cette liberté sont celles qui résultent des dispositions légales ou statutaires fixant le nombre maximal des voix dont peut disposer une même personne tant en son nom personnel que comme mandataire (C. mon. fin. art. L 214-104, al. 1 et 2).

La procuration doit indiquer le nom du mandataire. À défaut, il s'agit d'un pouvoir en blanc et les votes émis à l'aide de ce pouvoir sont toujours favorables à l'adoption des projets de résolution présentés ou agréés par la société de gestion et défavorables à l'adoption des autres projets (C. mon. fin. art. L 214-104, dernier al.).

Par ailleurs, tout associé peut **voter par correspondance,** quelle que soit la nature de l'assemblée, ordinaire ou extraordinaire. Les dispositions contraires des statuts sont réputées non écrites (C. mon. fin. art. L 214-105, al. 1). 36882

Le vote par correspondance est exercé au moyen d'un formulaire établi par la société et adressé à tous les associés. Ce formulaire doit permettre un vote sur chacune des résolutions dans l'ordre de leur présentation à l'assemblée (C. mon. fin. art. R 214-141, al. 1), de sorte que, pour chacune de ces résolutions, l'associé doit avoir la possibilité d'exprimer un vote « pour », un vote « contre » ou un vote « abstention ». Le formulaire doit indiquer la date avant laquelle il doit être reçu par la société pour qu'il soit pris en compte. Sauf délai plus court prévu par les statuts, cette date ne peut pas être antérieure de plus de trois jours à la date de la réunion de l'assemblée (C. mon. fin. art. R 214-142 ; Arrêté du 20-7-1994 relatif au vote par correspondance dans les assemblées d'associés de SCPI).

Les autres indications devant figurer dans le formulaire de vote par correspondance sont précisées par les articles R 214-141 s. du Code monétaire et financier et l'arrêté du 20 juillet 1994.

Le texte des résolutions proposées, accompagné d'un exposé des motifs et de l'indication de leur auteur, doit être annexé au formulaire (C. mon. fin. art. R 214-142, al. 2).

Les formulaires ne donnant aucun sens de vote ou exprimant une abstention sont considérés comme des votes négatifs (C. mon. fin. art. L 214-105, al. 2).

Le formulaire de vote par correspondance et la formule de procuration peuvent figurer sur un document unique. L'article R 214-143 du Code monétaire et financier précise les mentions que ce document doit alors comporter.

FONCTIONNEMENT DE L'ASSEMBLÉE GÉNÉRALE DE LA SCPI

36885 Il est tenu à chaque assemblée une **feuille de présence** à laquelle doivent être annexés les pouvoirs donnés à chaque mandataire (C. mon. fin. art. L 214-108). Les indications devant figurer sur la feuille sont précisées par l'article R 214-145 du Code monétaire et financier. Elle est émargée par les associés et certifiée exacte par le bureau de l'assemblée (C. mon. fin. art. R 214-145, dernier al.).

Le **bureau** est constitué d'un président désigné par les statuts ou par l'assemblée, d'un secrétaire et de deux scrutateurs qui sont les membres de l'assemblée disposant du plus grand nombre de voix et acceptant les fonctions (C. mon. fin. art. R 214-146).

L'assemblée ne délibère valablement sur première convocation que si les associés présents ou représentés détiennent au moins le quart du capital (la moitié s'il s'agit de modifier les statuts). Sur seconde convocation, aucun **quorum** n'est requis (C. mon. fin. art. L 214-103, al. 2).

Chaque associé dispose d'un **nombre de voix** proportionnel à sa part du capital et les décisions, qu'elles entraînent ou non modification des statuts, sont prises à la **majorité** des voix dont disposent les associés présents ou représentés (C. mon. fin. art. L 214-103, al. 2).

Un **procès-verbal,** établi sur un registre spécial coté et paraphé, constate les décisions de l'assemblée (C. mon. fin. art. L 214-108 et R 214-148).

Les indications devant figurer sur le procès-verbal sont précisées par l'article R 214-147 du Code monétaire et financier.

Si les **décisions** de l'assemblée ne sont **pas constatées dans un procès-verbal,** les délibérations de l'assemblée peuvent être annulées (C. mon. fin. art. L 214-108). Cette nullité étant facultative, le juge est libre de la prononcer ou non.

4. MODIFICATIONS DES STATUTS DE LA SCPI

RÈGLES GÉNÉRALES

36900 Les statuts des SCPI peuvent être modifiés dans toutes leurs dispositions par l'assemblée générale dans les conditions de **quorum et** de **majorité** fixées par l'article L 214-103, al. 2 du Code monétaire et financier. Les décisions sont prises à la majorité des voix dont disposent les associés présents ou représentés. Sur première convocation, les associés présents ou représentés doivent détenir au moins la moitié du capital. Sur seconde convocation, aucun quorum n'est requis.

Faute de disposition en ce sens dans le Code, les règles précitées de majorité et de quorum ne sont pas d'ordre public : il nous paraît donc possible de pouvoir les renforcer dans les **statuts.** L'exigence de l'unanimité se heurterait toutefois à l'évidence à des difficultés pratiques.

Lorsque des modifications substantielles sont opérées au sein de la SCPI ou de la société de gestion, une mise à jour de la **note d'information** est nécessaire (Règl. gén. AMF art. 422-193, 2°).

AUGMENTATION DU CAPITAL DE LA SCPI

36905 **Décision d'augmentation du capital** En principe, l'**assemblée générale** extraordinaire est seule compétente pour décider une augmentation de capital. Toutefois, conformément au droit commun (n° 14505), l'assemblée générale peut se borner à autoriser la société de gestion à augmenter le capital dans la limite d'un montant maximal et pour une durée qu'elle fixe, en laissant à celle-ci le soin d'utiliser cette autorisation en totalité ou en partie, en bloc ou par tranches successives et aux moments qu'elle juge opportuns.

Souvent, cette **délégation** de pouvoir est donnée dans les statuts lors de la constitution de la société. Elle ne vaut, bien entendu, que pour le montant et la durée statutairement prévus. Au-delà, il faudra une nouvelle autorisation de l'assemblée.

36906 **Conditions de l'augmentation du capital** Il ne peut être procédé à l'augmentation du capital que si le **capital initial** est entièrement **libéré** et si toutes les offres de cession de parts figurant depuis plus de trois mois sur le registre où elles sont inscrites pour un prix inférieur ou égal à celui demandé aux nouveaux souscripteurs sont satisfaites (C. mon. fin. art. L 214-96, al. 3).

Sur les **sanctions** pénales encourues par les dirigeants de la société de gestion en cas de non-respect de ces dispositions, voir n° 36826.

L'émission des parts nouvelles doit faire l'objet d'une **note d'information** en cours de validité visée par l'AMF (Règl. gén. AMF art. 422-196 ; n°s 36720 s.). 36908

Toute demande de visa d'une note d'information doit être précédée d'une autorisation de l'assemblée générale extraordinaire prise sur la base d'un rapport établi par la société de gestion en cas d'émission de parts nouvelles après une période de plus de cinq ans sans augmentation de capital et le rapport de la société de gestion doit être visé par le commissaire aux comptes (Règl. gén. AMF art. 422-223, 1°).

Avant toute souscription, chaque souscripteur doit avoir reçu un dossier comprenant les statuts de la SCPI, la **note d'information** en cours de validité visée par l'AMF, le bulletin de souscription ; le dernier rapport annuel et le dernier bulletin trimestriel doivent être communiqués sur un support durable ou mis à disposition sur un site internet. Un exemplaire papier de ces documents doit être fourni gratuitement aux souscripteurs qui le demandent. La souscription de parts est constatée dans un bulletin de souscription daté et signé par le souscripteur ou son mandataire qui écrit en toutes lettres le nombre de titres souscrits et dont copie lui est remise (Règl. gén. AMF art. 422-197).

Le **prix de souscription** des parts est déterminé sur la base de la **valeur de reconstitution** de la SCPI (C. mon. fin. art. R 214-157-1). Une déclaration écrite des dirigeants de la société de gestion mentionnant notamment l'écart entre le prix de souscription d'une part de la SCPI et la valeur de reconstitution ramenée à une part doit être déposée à l'AMF en même temps que le projet de note d'information (Inst. AMF 2019-04 art. 1.3). Lorsqu'il existe un écart de plus de 10 % entre le prix de souscription et la valeur de reconstitution des parts, les dirigeants de la société de gestion doivent en informer par écrit et sans délai l'**AMF.** Ils sont tenus de lui apporter tout élément susceptible de fonder un tel écart et de soumettre à son visa préalable l'actualisation de la note d'information (C. mon. fin. art. L 214-94). 36910

Cette disposition évite que le prix des parts retenu par les gestionnaires ne s'écarte trop sensiblement de la valeur réelle des parts.

La procédure de **vérification des apports en nature** se déroule de la même manière que lors de la constitution (n° 36645).

RÉDUCTION DU CAPITAL DE LA SCPI

La décision de réduire le capital est prise par l'assemblée générale extraordinaire. Elle consiste soit en la diminution du montant nominal des parts, soit en la diminution du nombre des parts. 36912

La réduction ne doit pas avoir pour effet de faire tomber le montant du capital au-dessous du capital minimal de 760 000 €.

La décision de réduire le capital peut être motivée par des pertes, ou parce que le capital est considéré comme trop important, ou parce que l'on se trouve contraint de rembourser les porteurs de parts qui désirent se retirer de la société mais ne trouvent pas d'acquéreurs.

La réduction du capital non motivée par des pertes n'est pas opposable aux créanciers dont la créance est antérieure à cette réduction. Ceux-ci peuvent exiger la restitution à la société des sommes remboursées aux associés (C. mon. fin. art. L 214-96, dernier al.).

Sur les sanctions pénales encourues par les dirigeants de la société de gestion en cas de non-respect de ces dispositions, voir n° 36826.

TRANSFORMATION DE LA SCPI

L'assemblée générale extraordinaire peut transformer la SCPI en **société anonyme** sans qu'une décision unanime soit requise car elle n'entraîne pas augmentation des engagements des associés ; au contraire, leur responsabilité peut se trouver réduite (n° 37005). Cette décision est adoptée aux conditions de quorum et de majorité prévues pour les modifications statutaires (C. mon. fin. art. L 214-103, al. 2), sauf dispositions particulières des statuts. Pour le reste, la transformation est soumise aux règles de droit commun (n°s 15400 s.). 36915

C. Associés des SCPI

1. DROITS ET OBLIGATIONS DES ASSOCIÉS

Les associés disposent des mêmes droits que dans les sociétés civiles de droit commun, à savoir le droit de vote dans les assemblées, le droit à l'information et le droit de faire partie de la société 37000 (nos 20100 s.). L'information due aux associés est particulièrement étendue (voir Règl. gén. AMF art. 422-226 à 422-228).

DROITS PÉCUNIAIRES DES ASSOCIÉS DE SCPI

37001 Les associés ont droit aux **dividendes** dont la distribution est décidée par l'assemblée ; ils peuvent être prélevés sur les bénéfices ou les réserves ; dans ce dernier cas, la décision collective doit indiquer les postes de réserve sur lesquels les prélèvements sont effectués (C. mon. fin. art. L 214-103, al. 4).

Tout dividende distribué en l'absence d'inventaire ou au moyen d'inventaire frauduleux constitue un **dividende fictif** (C. mon. fin. art. L 214-103, al. 5). Les dirigeants de la société de gestion encourent de lourdes sanctions pénales s'ils procèdent à la répartition d'un tel dividende (no 36826).

La société peut verser aux associés un **acompte** à valoir **sur** les **dividendes** d'un exercice clos ou en cours. Un acompte ne peut être versé que si un bilan établi au cours ou à la fin de l'exercice et certifié par un commissaire aux comptes fait apparaître que la société a réalisé au cours de l'exercice un bénéfice net supérieur au montant de l'acompte (C. mon. fin. art. L 214-103, al. 6).

> **Précisions a.** Contrairement aux dividendes, dont le montant peut être prélevé sur les **réserves,** seule la réalisation d'un bénéfice permet la distribution d'un acompte.
> **b.** La décision de distribuer un acompte est de la **compétence** de la société de gestion.
> **c.** Même si les résultats de l'**exercice** au cours duquel les acomptes ont été distribués sont en définitive **déficitaires,** les acomptes régulièrement versés échappent à toute restitution et ne peuvent pas être considérés comme des dividendes fictifs.

RETRAIT ET EXCLUSION DES ASSOCIÉS DE SCPI

37002 En cas de **retrait** de la société, il est prévu, grâce à la tenue d'un registre sur lequel doivent être recensés les ordres d'achat et de vente de parts, l'organisation au siège de la SCPI d'un marché secondaire des parts. Ce marché, qui est d'accès libre pour le public, doit permettre aux associés de céder facilement leurs parts sociales (no 37040).

37003 Le retrait d'un associé peut résulter par ailleurs de son **exclusion** de la SCPI. Il en est ainsi en cas de faillite personnelle, sauvegarde, redressement ou liquidation judiciaire atteignant l'intéressé. Mais, alors que l'article 1860 du Code civil prévoit le remboursement des droits sociaux de cet associé (à défaut de dissolution de la société décidée par les associés ou prévue par les statuts), l'article L 214-90 du Code monétaire et financier impose, en cas d'offre au public autre qu'une offre réservée à un cercle restreint d'investisseurs ou à des investisseurs qualifiés, de procéder à l'inscription de l'offre de cession de l'associé sur le registre de la société : ses parts sont donc proposées à la vente. En effet, un remboursement automatique des parts rendrait cette procédure plus favorable que celle applicable en cas de cession (inscription de l'offre et attente d'une acquisition).

Sur les modalités de retrait et de fixation du prix des parts sociales dans les SCPI à **capital variable,** voir les articles 422-218 à 422-220 du règlement général de l'AMF.

2. RESPONSABILITÉ DES ASSOCIÉS

37005 L'article L 214-89 du Code monétaire et financier déroge au principe de l'obligation personnelle et indéfinie au passif social des associés de sociétés civiles (no 20400). Dans les SCPI, la responsabilité de chacun des associés à l'égard des tiers est **limitée** à deux fois la fraction du capital social qu'il possède. Les statuts peuvent même prévoir que la responsabilité de chaque associé est limitée au montant de sa part dans le capital social. À défaut de clause statutaire en ce sens, la souscription des parts de la SCPI ne peut pas être proposée par démarchage (no 36722).

Comme dans les autres sociétés civiles (nos 20420 s.), la responsabilité des associés ne peut être mise en cause que si la société a été préalablement et vainement poursuivie (C. mon. fin. art. L 214-89, al. 1).

Rappelons que la **responsabilité** de la société **du fait des immeubles** dont elle est propriétaire doit être couverte par une assurance (C. mon. fin. art. L 214-89, al. 4).

3. CESSION DE PARTS

37020 Contrairement aux règles du Code civil qui subordonnent la cession de parts d'associés de sociétés civiles au consentement unanime des associés sauf clause contraire des statuts (C. civ. art. 1861), le Code monétaire et financier consacre le principe de la liberté de la cession de parts et facilite celle-ci par la tenue d'un registre des offres de cessions et par une réglementation originale des clauses d'agrément.

Les parts de SCPI ne sont pas négociables (C. mon. fin. art. L 211-14). Elles ne peuvent donc pas être négociées en bourse.

Sur le plan patrimonial et financier, il est à noter que les **parts** de SCPI sont peu **liquides** et constituent un instrument de placement à long terme.

REGISTRE DES ORDRES D'ACHAT ET DE VENTE DE PARTS DE SCPI

Les ordres d'achat et de vente de parts sociales doivent, à peine de nullité, être inscrits sur un registre tenu au siège de la société (C. mon. fin. art. L 214-93, I-al. 1 ; Règl. gén. AMF art. 422-205). Ils doivent être conformes à un formulaire type (voir Inst. AMF 2019-04 ann. II). 37025

Sont seuls **recevables** les **ordres** d'achat à prix maximum et les ordres de vente à prix minimum (Inst. AMF 2019-04 § 2-1).

La société de gestion qui reçoit un ordre d'achat ou de vente (soit directement, soit par l'intermédiaire d'un mandataire de l'acheteur ou du vendeur) doit l'horodater avant de l'inscrire sur le registre de manière chronologique (Règl. gén. AMF art. 422-209).

La société de gestion peut, à titre de **couverture,** subordonner l'inscription des ordres d'achat à un versement préalable de fonds ou fixer un délai de réception des fonds à l'expiration duquel les ordres déjà inscrits sur le registre sont annulés si les fonds ne sont pas versés (Règl. gén. AMF art. 422-208). 37026

Elle peut également, par décision motivée et sous sa responsabilité, **suspendre l'inscription des ordres** sur le registre, après en avoir informé l'AMF. Lorsque la suspension est motivée par la survenance d'un événement important susceptible, s'il était connu du public, d'avoir une incidence significative sur le prix d'exécution des parts ou la situation et les droits des associés, la société de gestion doit procéder à l'**annulation des ordres** sur le registre et en informer individuellement ses donneurs d'ordres ou les intermédiaires. Elle doit assurer la diffusion effective et intégrale de cette décision dans le public par tout moyen approprié (Règl. gén. AMF art. 422-211).

La société de gestion, qui doit tenir à la disposition du public les informations relatives aux prix et aux quantités figurant dans le registre des ordres (Règl. gén. AMF art. 422-215, al. 1), doit établir périodiquement, à intervalles réguliers et à heure fixe, le **prix d'exécution** par confrontation des ordres inscrits ; à cette fin, il lui appartient de fixer la périodicité selon laquelle le prix est établi sans que celle-ci puisse être supérieure à trois mois ni inférieure à un jour ouvré (Règl. gén. AMF art. 422-229). Elle peut modifier cette périodicité si les contraintes du marché le justifient (Règl. gén. AMF art. 422-212, al. 1). 37027

Le prix d'exécution, qui doit être rendu public par tout moyen approprié le jour de son établissement, est celui auquel peut être échangée la plus grande quantité de parts ; en cas d'impossibilité d'établir ce prix, la société de gestion doit publier le prix d'achat le plus élevé et le prix de vente le plus faible, accompagnés des quantités de parts proposées (Règl. gén. AMF art. 422-213, dernier al.).

Les **ordres** doivent être **exécutés** au seul prix d'exécution, dès qu'il a été fixé ; sont exécutés en priorité les ordres d'achat inscrits au prix le plus élevé et les ordres de vente inscrits au prix le plus faible, étant précisé qu'à limite de prix égale, les ordres sont exécutés par ordre chronologique d'inscription sur le registre (Règl. gén. AMF art. 422-214, al. 1 et 2). La durée de validité d'un ordre de vente est de 12 mois, l'associé ayant donné ou transmis l'ordre devant être préalablement informé du délai d'expiration de l'ordre ; le délai de validité de l'ordre peut être prorogé de 12 mois maximum sur demande expresse de l'associé (Règl. gén. AMF art. 422-205, al. 2). 37028

La société de gestion garantit la bonne fin de ces transactions (C. mon. fin. art. L 214-93, I-al. 2).

Pour permettre aux associés de céder plus facilement leurs parts, l'article L 214-96, al. 3 du Code monétaire et financier interdit de créer des parts nouvelles en vue d'augmenter le capital social tant que n'auront pas été satisfaites les offres de cession de parts figurant depuis plus de trois mois sur le registre pour un prix inférieur ou égal à celui demandé aux nouveaux souscripteurs.

CLAUSES D'AGRÉMENT DES CESSIONS DE PARTS DE SCPI

Application de l'agrément Aucun agrément ne peut être imposé en cas de succession, de liquidation de communauté de biens entre époux ou de cession soit à un **conjoint,** soit à un **ascendant** ou à un **descendant** (C. mon. fin. art. L 214-97, al. 1). 37030

En revanche, la **cession de parts à un tiers,** à quelque titre que ce soit, peut être soumise à l'agrément de la société par une clause des statuts. Il faut à notre avis considérer que le mot « tiers » ne vise pas les associés et que le texte écarte la possibilité de stipuler des clauses d'agrément en cas de **cession entre associés.**

37031 **Procédure d'agrément** Une **demande** d'agrément indiquant les nom, prénoms et adresse de l'acquéreur, le nombre de parts dont la cession est envisagée et le prix offert doit être notifiée à la société. L'**agrément** résulte soit d'une notification, soit du défaut de réponse dans le délai de deux mois à compter de cette demande (C. mon. fin. art. L 214-97, al. 2).

La société ne peut **refuser** l'acquéreur proposé qu'en rachetant elle-même les parts avec le consentement du cédant en vue d'une réduction de capital ou en trouvant un acquéreur au prix fixé à l'amiable par les parties ou à défaut par un expert (C. civ. art. 1843-4) et ce, dans un délai d'un mois à compter de la notification du refus ; le défaut de rachat des parts à l'expiration de ce délai vaut agrément des acquéreurs (C. mon. fin. art. L 214-97, al. 3 et 4).

Le régime de l'expertise prévue par l'article 1843-4 du Code civil, est exposé nos 21240 s.

FORMALITÉS DE CESSION DE PARTS DE SCPI

37035 Toute transaction de parts sociales donne nécessairement lieu à une **inscription sur** le **registre des associés** qui est réputée constituer l'**acte de cession** écrit prévu par l'article 1865 du Code civil. Le transfert de propriété qui en résulte est **opposable,** dès cet instant, à la société et aux tiers (C. mon. fin. art. L 214-93, I-al. 2).

L'obligation de publication au RCS des cessions de parts, pour leur opposabilité aux tiers, est exclue pour les SCPI (C. mon. fin. art. L 214-92).

ORGANISATION DU MARCHÉ DES PARTS DE SCPI

37040 La société de gestion doit établir et **publier pour chaque période d'enregistrement** des ordres d'achat et de vente un **prix d'exécution** résultant de la confrontation de l'offre et de la demande (C. mon. fin. art. L 214-93, I-al. 1).

Par ailleurs, lorsque les ordres de vente inscrits depuis plus de 12 mois sur le registre représentent au moins 10 % des parts émises par la SCPI, la société de gestion doit en **informer** sans délai l'**AMF** (C. mon. fin. art. L 214-93, II-al. 1). La même procédure est applicable lorsque les demandes de retrait non satisfaites dans un délai de 12 mois représentent au moins 10 % des parts.

Dans les deux mois de cette information, la société de gestion doit convoquer une assemblée générale extraordinaire et lui proposer la **cession** partielle ou totale du patrimoine et toute autre mesure appropriée. Les cessions **d'actifs** réalisées dans ces circonstances sont réputées conformes à l'article L 214-114 du Code monétaire et financier (C. mon. fin. art. L 214-93, II-al. 2) (no 36510).

> Précisions a. Les dispositions du premier alinéa de l'ancien article L 214-62 du Code monétaire et financier (information de l'AMF et convocation d'une assemblée générale extraordinaire par la société de gestion lorsque les offres de cession de parts représentant au moins 5 % des parts de la SCPI ne trouvaient pas acquéreur au prix conseillé six mois après leur inscription sur le registre de la société) ont été abrogées par la loi 2001-602 du 9 juillet 2001. En revanche, les alinéas 2 et 3 de ce texte, devenus l'article L 214-95, demeurent inchangés. Or, l'articulation de ces alinéas avec l'article L 214-93, II du Code monétaire et financier ne nous paraît pas cohérente dans la mesure notamment où l'alinéa 2 précité (devenu le premier alinéa) contient des règles faisant double emploi avec le nouveau texte (proposition à l'assemblée générale extraordinaire, après audition du rapport du commissaire aux comptes, soit de diminuer le prix de la part dans la limite de 30 %, soit de céder totalement ou partiellement le patrimoine, étant précisé que de telles cessions sont réputées répondre aux conditions définies par l'article L 214-114 du même Code). Cela étant, on peut penser que l'établissement du **rapport des commissaires aux comptes** reste nécessaire et qu'il y a lieu, ainsi que le prescrit l'alinéa 3 (devenu l'alinéa 2), de transmettre à l'AMF, un mois avant la tenue de l'assemblée, les rapports de la société de gestion et des commissaires aux comptes ainsi que les projets de résolution de l'assemblée générale.

b. La création et la dotation d'un **fonds de remboursement des parts** destiné à assurer la fluidité du marché des parts peuvent être décidées par l'assemblée générale des associés de la SCPI. Les liquidités affectées à ce fonds, qui proviennent des produits de cession d'éléments du patrimoine locatif ou de bénéfices affectés lors de l'approbation des comptes annuels, sont destinées au seul remboursement des associés. La reprise des sommes disponibles sur ce fonds doit être autorisée par décision de l'assemblée générale des associés sur rapport motivé de la société de gestion. L'AMF doit en être informée préalablement (Régl. gén. AMF art. 422-231 et 422-233).

D. Dispositions diverses

FUSION DE SCPI

Les SCPI bénéficient d'un régime spécifique de fusion, plus complet que celui des sociétés civiles de droit commun et proche de celui prévu pour les sociétés anonymes. **37100**

Une SCPI ne peut fusionner qu'**avec une autre SCPI** et à condition que celle-ci gère un patrimoine de composition comparable, c'est-à-dire comportant en majorité des immeubles soit à usage principal d'habitation, soit à usage principal commercial (C. mon. fin. art. L 214-117 et R 214-158).

En outre, une SCPI peut fusionner avec une autre société **en vue de la constitution** de l'un des deux organismes de placement collectif immobilier : une société de placement à prépondérance immobilière à capital variable (**Sppicav**) ou un fonds de placement immobilier (**FPI**) (C. mon. fin. art. L 214-66, L 214-76 et L 214-117).

L'opération de fusion s'effectue sous le **contrôle des commissaires aux comptes** de chacune des sociétés concernées qui exercent leur mission dans les mêmes conditions que celles prévues pour les commissaires à la fusion dans les sociétés anonymes (C. mon. fin. art. L 214-111). Pour des détails sur cette mission, voir Mémento Sociétés commerciales n°s 83175 s. **37101**

Le **projet de fusion** est arrêté par la société de gestion de chacune des SCPI participant à l'opération. Il doit indiquer notamment l'inventaire du patrimoine immobilier de ces sociétés, les motifs, buts et conditions de la fusion, les parités d'échange et leur mode de calcul (C. mon. fin. art. R 214-159). Il doit faire l'objet d'un avis inséré au Balo et d'un dépôt au greffe du tribunal du siège des sociétés concernées au plus tard un mois avant la tenue de la première assemblée (C. mon. fin. art. R 214-152) et doit être joint avec le rapport des commissaires aux comptes à la convocation adressée aux associés 15 jours au moins avant la date de l'assemblée générale (C. mon. fin. art. R 214-153). L'article R 214-154 du Code monétaire et financier fixe le sort des **rompus.** **37102**

L'opération de fusion est **approuvée** par l'assemblée générale extraordinaire de chacune des sociétés concernées, étant précisé que l'assemblée générale extraordinaire de la société absorbante statue sur l'évaluation des apports en nature (C. mon. fin. art. L 214-112 et L 214-113). **37103**

Les modalités des fusions, proposées au vote des associés réunis en assemblée générale extraordinaire, ne sont pas soumises au contrôle de l'AMF, qui appose un visa a posteriori sur l'actualisation de la note d'information de la société absorbante. Cependant, compte tenu des particularités de ces opérations, les sociétés de gestion élaborent généralement les documents remis aux associés après avoir pris l'attache des services de l'AMF, qui veillent à la transparence de l'information relative à la détermination des parités (Rapport COB 1996 p. 162).

Les **apports partiels d'actifs** sont réalisés sous le contrôle des commissaires aux comptes. L'assemblée générale extraordinaire de la société bénéficiaire doit statuer sur l'évaluation des apports en nature (C. mon. fin. art. L 214-113 et R 214-132). **37104**

SCISSION DE SCPI

Une SCPI peut transmettre son patrimoine à des organismes de placement collectif immobilier de forme différente (C. mon. fin. art. L 214-118, al. 1) : société de placement à prépondérance immobilière à capital variable, société professionnelle de placement à prépondérance immobilière à capital variable, fonds de placement immobilier ou fonds professionnel de placement immobilier. Le choix laissé aux associés entre ces différentes formes est guidé par des considérations fiscales. **37106**

Préalablement à la scission et par dérogation à l'article L 214-114 du Code monétaire et financier, les SCPI sont autorisées le cas échéant à faire apport de tout ou partie de leur patrimoine à des sociétés civiles nouvelles, afin que les parts de ces dernières soient transmises dès que possible aux OPCI dans le cadre de la scission (C. mon. fin. art. L 214-118, al. 2).

Un mois au moins avant la date de l'assemblée appelée à se prononcer sur la scission, le projet de scission doit faire l'objet d'un avis inséré au Balo et d'un dépôt au greffe du tribunal du lieu d'immatriculation de la SCPI (C. mon. fin. art. R 214-160, al. 2).

DISSOLUTION DE LA SCPI

Le Code monétaire et financier ne contient pas de dispositions particulières relatives à la dissolution des SCPI, hormis le cas toutefois où il n'a pas été satisfait à l'obligation d'obtenir du public une souscription minimale de 15 % du capital maximal statutaire dans l'année de l'ouverture de la souscription (C. mon. fin. art. L 214-116). **37110**

En conséquence, il convient d'appliquer les règles du Code civil relatives aux sociétés civiles de droit commun aussi bien en ce qui concerne les causes que les effets de la dissolution (C. civ. art. 1844-7 s. : nos 24000 s.).

> **Précisions** Lorsque, dans le délai d'un an à compter de l'ouverture de la souscription, le **capital** maximal fixé par les statuts n'a **pas** été **souscrit** à hauteur de 15 % au moins par le public, la société est dissoute et les associés remboursés du montant de leur souscription (C. mon. fin. art. L 214-116 précité). La société de gestion doit, dans les plus brefs délais et au plus tard dans les 15 jours de l'échéance du délai, informer l'AMF ainsi que la banque garante en indiquant à celle-ci la liste des souscripteurs, les sommes à rembourser et la date de la tenue de l'assemblée générale extraordinaire devant décider la dissolution de la société. Cette assemblée doit être réunie dans les deux mois à compter de l'expiration du délai légal d'un an et le remboursement des associés doit intervenir dans un délai maximal de six mois à compter de la tenue de l'assemblée. La garantie bancaire ne peut avoir une date d'extinction antérieure à l'expiration de ce délai de six mois (Règl. gén. AMF art. 422-191).

LIQUIDATION ET PARTAGE DE LA SCPI

37120 Dans le silence des textes, les **statuts** organisent les modalités de la liquidation et du partage. Afin de prévenir les abus possibles du fait de l'inorganisation de la liquidation, des sanctions pénales ont été prévues par le législateur. L'article L 231-20 du Code monétaire et financier punit d'un emprisonnement de cinq ans et d'une amende de 9 000 € le **liquidateur** qui, de mauvaise foi, aurait fait des biens ou du crédit de la société en liquidation un usage qu'il savait contraire à l'intérêt de cette dernière, soit à des fins personnelles, soit en vue de favoriser une autre société ou entreprise dans laquelle il serait directement ou indirectement intéressé.

SECTION 2 RÉGIME FISCAL DES SCPI

A. Imposition des revenus des SCPI

1. RÈGLES GÉNÉRALES

OPÉRATIONS CONFORMES À L'OBJET SOCIAL DES SCPI

37400 **Situation de la société** Les SCPI dont l'objet est conforme à celui défini à l'article L 214-114 du Code monétaire et financier sont **exclues du champ d'application de l'impôt sur les sociétés,** sans possibilité d'option (CGI art. 239 septies). Les règles de droit commun prévues pour les sociétés de personnes par l'article 8 du CGI leur sont applicables.

37401 **Imposition des associés** Chacun des associés est personnellement passible, pour la part des bénéfices sociaux correspondant à ses droits dans la société, soit de l'impôt sur le revenu, soit de l'impôt sur les sociétés s'il s'agit de personnes morales relevant de cet impôt (CGI art. 239 septies).

Lorsque les associés sont des **personnes physiques** agissant dans le cadre de la gestion de leur patrimoine privé, la part des bénéfices sociaux correspondant à leurs droits est imposable en leur nom à l'impôt sur le revenu dans la catégorie des **revenus fonciers.** Ils supportent également les prélèvements sociaux.

Les porteurs de parts de SCPI peuvent bénéficier du régime du **« micro-foncier »** s'ils en remplissent les conditions.

37402 La souscription par les personnes physiques au capital d'une SCPI ouvre droit aux **réductions d'impôt Duflot-Pinel-Denormandie** (nos 37425 s.), **Malraux** (nos 37450 s.), **Loc'Avantages** ou **outre-mer**. Les particuliers ayant souscrit entre le 1er janvier 2009 et le 31 décembre 2012 des parts de SCPI ayant servi à financer des investissements Scellier continuent à bénéficier d'une réduction d'impôt sur le revenu, sous réserve que les conditions en restent remplies (notamment l'engagement de conservation de la totalité des parts jusqu'à l'expiration de la période couverte par l'engagement de location pris par la SCPI).

Le bénéfice de ces différents régimes est subordonné à un double engagement de conservation des parts par les associés de la SCPI et de location des logements par la société.

En pratique, des SCPI dédiées à ces régimes de défiscalisation (SCPI dites « fiscales ») sont constituées par les intervenants sur le marché (banques, gestionnaires de patrimoine, etc.).

CONSÉQUENCES DU NON-RESPECT DE L'OBJET SOCIAL

Lorsqu'elles s'écartent de leur objet social, les SCPI perdent le bénéfice des dispositions de l'article 239 septies du CGI. La **réalisation d'opérations commerciales** entraîne en principe leur assujettissement à l'impôt sur les sociétés. Toutefois, l'administration admet que la réalisation d'**opérations accessoires** n'entraîne l'assujettissement à l'impôt sur les sociétés que si les deux **conditions** suivantes sont réunies (BOI-IS-CHAMP-20-10-20 n° 530) : **37410**

– le montant des opérations commerciales réalisées dépasse 10 % des recettes totales hors taxe de l'année ;

– et la moyenne des recettes hors taxe de nature commerciale réalisées au cours de l'année considérée et des trois années antérieures excède 10 % du montant moyen des recettes totales hors taxe réalisées au cours de la même période.

L'assujettissement de la SCPI à l'impôt sur les sociétés entraîne, **pour les associés,** la taxation des revenus distribués par la société dans la catégorie des revenus de capitaux mobiliers. Il entraîne également la remise en cause des avantages fiscaux dont ils ont pu bénéficier. **37411**

Pour la société, le changement de régime fiscal entraîne les conséquences d'une cessation d'entreprise, soit, en principe, une imposition immédiate des revenus et plus-values non encore imposés à la date du changement.

OBLIGATIONS DÉCLARATIVES DES SCPI

Comme toutes les sociétés immobilières de location non passibles de l'impôt sur les sociétés, les SCPI doivent souscrire une **déclaration d'existence** et, chaque année, une **déclaration de résultats** n° 2072. Par ailleurs, ces sociétés sont tenues de présenter à toute **réquisition du service** des impôts tous documents et pièces de nature à justifier l'exactitude des renseignements portés dans ces déclarations (CGI ann. III art. 46 B à 46 D). **37413**

2. OPÉRATIONS PARTICULIÈRES

FUSION DE SCPI

Afin de permettre aux SCPI de procéder à des restructurations nécessaires, les **conséquences fiscales** des opérations de fusion réalisées dans les conditions développées nos 37100 s. sont atténuées. **37415**

L'administration admet qu'une compensation puisse être opérée entre les **plus-values** et les **moins-values** réalisées sur les immeubles figurant à l'actif de la société absorbée pour la détermination des plus-values nettes imposables au nom des associés personnes physiques. **37416**

Cette mesure de tempérament s'applique aux plus-values réalisées par les personnes qui relèvent du régime d'imposition des plus-values des particuliers (personnes physiques et sociétés de personnes soumises aux dispositions de l'article 8 du CGI qui détiennent des parts de SCPI dans le cadre de la gestion de leur patrimoine privé).

L'administration subordonne le bénéfice de cette mesure à la **condition** que la ou les moins-values brutes soient réduites de l'abattement pour durée de détention pour chaque année de détention au-delà de la cinquième.

Suite à cette compensation, il peut être constaté :

– un résultat négatif, qui ne peut faire l'objet d'aucune imputation ;

– un résultat positif, imposable au nom de l'associé (BOI-RFPI-PVI-20-20 n° 180).

L'administration reconnaît un caractère intercalaire aux fusions de SCPI s'agissant de l'appréciation de certains **délais de détention** qui conditionnent notamment le bénéfice, pour le porteur de parts, de certains avantages fiscaux. **37417**

Le bénéfice de la mesure est subordonné, d'une part, à l'engagement, par la société absorbante ou nouvelle, de respecter l'engagement initial pris par la société absorbée, d'autre part, à l'engagement, par l'associé de la société absorbée, de conserver les parts de la société absorbante ou nouvelle jusqu'à l'expiration de la période couverte par son engagement initial.

Sont notamment concernés les délais suivants :

– délais de location des immeubles ou de conservation des titres prévus en matière d'imputation des déficits fonciers (BOI-RFPI-BASE-30-20 n° 330) ;

– délais sur lesquels portent les engagements de location ou de conservation des parts pris pour bénéficier des régimes Duflot-Pinel-Denormandie (BOI-IR-RICI-360-20-10 n° 70 par renvoi au BOI-IR-RICI-230-20-30 n° 30) et Scellier (BOI-IR-RICI-230-20-30 n° 30). Il devrait en être de même, toutes conditions étant par ailleurs remplies, pour les investissements Borloo ancien, Cosse et Loc'Avantages.

CESSIONS DE PARTS PAR LES ASSOCIÉS

37421 Lorsqu'elles sont réalisées par des associés **personnes physiques** agissant dans le cadre de leur **patrimoine privé,** les cessions de parts de SCPI relèvent du régime d'imposition des plus-values immobilières des particuliers, selon les règles applicables aux cessions de titres des sociétés à prépondérance immobilière.

Lorsqu'elles sont réalisées par des **personnes morales passibles de l'impôt sur les sociétés** ou des **entreprises industrielles, commerciales, artisanales ou agricoles** imposables à l'impôt sur le revenu de plein droit selon un **régime de bénéfice réel,** les plus-values réalisées relèvent du régime des plus-values professionnelles. Les plus-values réalisées par les **autres entreprises** relèvent en principe du régime prévu pour les particuliers. Sur la détermination du régime d'imposition applicable en cas de cession de parts réalisée par une entreprise ou une société, voir également nos 21620 s.

3. RÉGIMES DE FAVEUR POUR L'INVESTISSEMENT LOCATIF

RÉDUCTION D'IMPÔT DUFLOT-PINEL-DENORMANDIE

37425 La **souscription de parts** de SCPI par des personnes physiques ouvre droit à la réduction d'impôt Duflot-Pinel-Denormandie lorsque cette souscription sert à financer des investissements locatifs dans le secteur intermédiaire (CGI art. 199 novovicies, VIII). Sont concernées les souscriptions réalisées entre le 1er janvier 2013 et le 31 décembre 2024 pour les régimes Duflot (souscriptions clôturées jusqu'au 31 août 2014) et Pinel (souscriptions clôturées à compter du 1er septembre 2014), ainsi que les souscriptions réalisées entre le 1er janvier 2019 et le 31 décembre 2023 ouvrant droit au dispositif Denormandie.

Les avantages fiscaux retirés des SCPI Duflot-Pinel-Denormandie doivent être pris en compte pour le calcul du **plafonnement des avantages fiscaux.**

Pour plus de détails sur les **investissements concernés,** voir nos 30955 s.

37426 **Investisseurs concernés** La réduction d'impôt est applicable aux souscripteurs **personnes physiques** dont la quote-part de revenus est imposable dans la catégorie des revenus fonciers. Les parts peuvent également être souscrites par l'intermédiaire d'une **société** non soumise à l'impôt sur les sociétés autre qu'une SCPI (une SCI notamment), à la condition que les revenus des immeubles soient imposés entre les mains des associés dans la catégorie des revenus fonciers. La condition relative à l'emploi de la souscription au financement d'un immeuble éligible à la réduction d'impôt fait échec, en revanche, à l'application de la mesure aux souscriptions par une SCPI.

Le bénéfice de la réduction d'impôt est en principe réservé aux contribuables **domiciliés en France** au sens de l'article 4 B du CGI. Toutefois, pour les investissements réalisés depuis 2019, les contribuables qui changent de domiciliation fiscale après leurs investissements conservent le bénéfice de l'avantage fiscal pendant la durée de leurs engagements.

Les parts doivent être souscrites dans le cadre de la **gestion du patrimoine privé** et ne peuvent donc pas figurer à l'actif d'une société (sauf s'il s'agit d'une société civile) ou d'une entreprise individuelle (le cas où les parts de la société civile sont détenues par une entreprise individuelle appelle les précisions mentionnées n° 21620).

37427 Le régime est applicable en cas de souscription de parts acquises en **indivision** (BOI-IR-RICI-360-10-20 n° 20 par renvoi au BOI-IR-RICI-230-10-20 n° 110 et BOI-IR-RICI-365-10 n° 400). En revanche, il n'est pas applicable aux titres de SCPI dont le droit de propriété est **démembré.** Toutefois, lorsque le démembrement résulte du **décès de l'un des membres du couple** soumis à imposition commune, le conjoint survivant peut demander la reprise à son profit, dans les mêmes conditions et selon les mêmes modalités, du régime de faveur pour la période restant à courir à la date du décès (BOI-IR-RICI-360-40 n° 20 et BOI-IR-RICI-365-30 n° 230).

37428 **Souscriptions concernées** La réduction d'impôt est accordée aux **souscriptions en numéraire** au capital initial ou aux augmentations de capital des SCPI à capital fixe. Les souscriptions en numéraire s'entendent exclusivement de celles dont le montant est libéré en espèces, par chèque ou par virement.

Le **nombre de souscriptions** pouvant bénéficier de la réduction d'impôt Duflot-Pinel-Denormandie n'est pas limité.

Le bénéfice du régime est subordonné à une **condition d'affectation** de la souscription : 95 % de la souscription doit servir exclusivement à financer un investissement pour lequel les conditions d'application du régime Duflot-Pinel-Denormandie sont réunies (sur ces conditions, voir nos 30955 s.). L'administration a précisé que la condition d'affectation s'apprécie de manière indépendante pour chacune des souscriptions et sans tenir compte des **frais de collecte.** La partie de la rémunération de la société de gestion destinée à couvrir les **frais de recherche des investissements** ne doit pas être soustraite du montant de la souscription (BOI-IR-RICI-360-10-20 n° 30 et BOI-IR-RICI-365-10 n° 400).

Ainsi, pour que la souscription ouvre droit à la réduction d'impôt, son montant, net des frais de collecte et des frais de recherche des investissements, doit être supérieur ou égal à 95 % de son montant net des seuls frais de collecte, ce qui revient à **plafonner** les frais de recherche des investissements à 5 % du montant de la souscription net des frais de collecte.

Le produit de la souscription annuelle doit être intégralement investi dans un **délai** de dix-huit mois qui suit la clôture de celle-ci. L'administration a précisé que le produit de la souscription annuelle est considéré comme intégralement investi lorsque 95 % du montant des souscriptions a été employé dans le financement des investissements éligibles à la réduction d'impôt et que ces opérations ont fait l'objet de la part de la SCPI d'un engagement définitif des sommes (BOI-IR-RICI-360-10-20 n° 40 et BOI-IR-RICI-365-10 n° 400).

> Précisions a. Une souscription en numéraire peut être réalisée par voie d'**incorporation au capital** de sommes laissées en **compte courant** à la disposition de la société.
En revanche, les souscriptions de parts émises en rémunération d'**apports en nature** sont exclues du bénéfice de l'avantage fiscal.
b. En cas de **pluralité de souscriptions** au cours de la **même année,** le délai de dix-huit mois court à compter de la clôture de chacune des souscriptions.
c. La souscription au capital de **SCPI à capital variable** ne peut ouvrir droit au bénéfice de la réduction d'impôt. Dans ce cas, en effet, une partie du prix des souscriptions est en permanence affectée à un compte de réserve de liquidités afin de permettre le rachat éventuel des parts ou les retraits qui sont compensés par de nouvelles souscriptions. La condition d'affectation exclusive de 95 % des souscriptions aux investissements immobiliers dans les conditions du régime n'est donc pas respectée.

Engagement de location et de conservation des titres 37429

Les **SCPI** dont les titres ouvrent droit à la réduction d'impôt doivent s'engager à louer non meublé l'immeuble construit ou acquis au moyen des souscriptions. Les locataires doivent y fixer leur résidence principale et leurs revenus ne doivent pas dépasser les plafonds indiqués n° 30970. La location ne peut être conclue avec un associé de la SCPI ou un membre de son foyer fiscal. En revanche, il n'existe aucune restriction quant à la location à un ascendant ou un descendant d'un associé de la SCPI (BOI-IR-RICI-360-20-10 n° 20 et BOI-IR-RICI-365-20 n° 30).

Pour les investissements réalisés depuis le 1er septembre 2014 (régime Pinel) ou le 1er janvier 2019 (dispositif Denormandie), la durée minimale de l'engagement est fixée, sur option de la SCPI, à six ou neuf ans avec prolongation possible jusqu'à douze ans. Pour ceux réalisés jusqu'au 31 août 2014 (régime Duflot), l'engagement de location est pris pour une durée de neuf ans.
La condition tenant au plafond de prix de revient au mètre carré (voir n° 30975) ne s'applique pas aux parts de SCPI.

Le loyer ne doit pas dépasser les limites indiquées n° 30967.

L'**associé** doit s'engager à conserver la totalité de ses parts jusqu'à l'expiration de la période couverte par l'engagement de location pris par la société.

En cas de **non-respect** de l'engagement de location ou de cession du logement ou des parts, les réductions d'impôt sont, sauf exceptions, remises en cause. Le montant des réductions d'impôt pratiquées est réintégré dans le revenu foncier de l'année au cours de laquelle la remise en cause intervient.

> Précisions a. Lorsqu'une **même souscription** est **affectée** à la réalisation de **plusieurs logements,** l'engagement de location doit être pris distinctement pour chaque logement. Il s'ensuit que la période d'engagement de conservation des parts expire au terme de celle couverte par l'engagement de location afférent au dernier des logements acquis au moyen de la souscription et mis en location par la SCPI.
b. Les contribuables qui, **au cours de la période d'engagement de location** pris par la société, souscrivent à une **augmentation de capital** peuvent bénéficier de la réduction d'impôt s'ils s'engagent à conserver ces titres jusqu'à l'expiration de la période couverte par l'engagement de location. La durée de l'engagement de conservation de ces parts sera plus courte que celle de l'engagement de location pris par la SCPI.
c. Lorsque le **transfert de la propriété** des parts avant l'expiration de la période couverte par l'engagement résulte du **décès de l'un**

des membres du couple soumis à imposition commune, le conjoint survivant, attributaire des biens en pleine propriété ou titulaire de l'usufruit, peut demander la reprise à son profit de la réduction d'impôt. Son engagement est limité à la fraction du délai restant à courir à la date de la transmission à titre gratuit. Les réductions d'impôt pratiquées par le couple soumis à imposition commune ne sont pas remises en cause, que le conjoint survivant opte ou non pour la reprise de l'engagement. En cas de **modification du foyer fiscal** (mariage, divorce, conclusion ou rupture d'un Pacs, séparation, etc.), la réduction d'impôt n'est pas remise en cause si l'attributaire des parts demande le maintien du dispositif à son profit ou si, en cas de divorce, les ex-époux conservent en indivision les parts acquises au cours de leur mariage (BOI-IR-RICI-360-20-10 n° 60 par renvoi au BOI-IR-RICI-230-20-10 et BOI-IR-RICI-365-20 n° 30).

d. Pour les investissements relevant du régime Pinel ou du dispositif Denormandie, la **prorogation de l'engagement de location** pour une ou deux périodes triennales doit obligatoirement porter sur l'intégralité des investissements immobiliers réalisés par la SCPI au moyen de la souscription initiale. La société peut proroger son engagement même si certains associés ont cédé leurs parts au cours de la période initiale d'engagement. Toutefois, seuls les associés ayant bénéficié de la réduction d'impôt au titre de l'engagement initial souscrit par la société peuvent bénéficier du complément de réduction d'impôt afférent aux périodes prorogées (BOI-IR-RICI-360-60 n°s 250 s. et BOI-IR-RICI-365-30 n° 270).

37430 **Calcul de la réduction d'impôt** La réduction d'impôt est calculée sur la totalité du **montant des souscriptions** pour celles réalisées depuis le 1er septembre 2014 (régime Pinel) ou depuis le 1er janvier 2019 (dispositif Denormandie), sur 95 % de leur montant pour celles réalisées jusqu'au 31 août 2014 (régime Duflot), ces montants étant retenus dans la **limite** de 300 000 € par an.

Lorsque le contribuable réalise au titre d'une même année un investissement en direct (achat d'un logement) et souscrit des parts de SCPI, le montant des versements pris en compte pour le calcul de la réduction d'impôt est globalement plafonné à 300 000 €. Il en est de même en cas de souscription de parts de plusieurs SCPI (BOI-IR-RICI-360-30-10 n°s 1 et 180 et BOI-IR-RICI-365-30 n° 120).

Pour les investissements réalisés depuis le 1er septembre 2014 (régime Pinel) ou depuis le 1er janvier 2019 (dispositif Denormandie), le **taux** de la réduction d'impôt est de 12 ou 18 % (23 ou 29 % pour les investissements réalisés outre-mer) selon que l'engagement initial de location est de six ou neuf ans, avec augmentation de ce taux en cas de prolongation de l'engagement (n° 30976). La réduction d'impôt maximale est de 21 % (32 % outre-mer). Pour les **investissements Pinel réalisés en 2023 ou 2024,** ces taux sont progressivement réduits : voir n° 30976.

Pour les investissements réalisés jusqu'au 31 août 2014 (régime Duflot), le taux de la réduction d'impôt est fixé à 18 % pour les investissements afférents à des logements situés en métropole et à 29 % pour ceux réalisés outre-mer.

Pour les investissements réalisés depuis le 1er septembre 2014, la réduction d'impôt est **répartie,** par parts égales, sur six ou neuf ans en fonction de la durée initiale de l'engagement de location (sur neuf ans pour les investissements réalisés jusqu'au 31 août 2014). En cas de prolongation de l'engagement de location, la réduction d'impôt est imputée par période triennale.

Lorsque la fraction de la réduction d'impôt imputable au titre d'une année d'imposition excède l'impôt dû par le contribuable au titre de cette même année, le solde ne peut pas être imputé sur l'impôt dû au titre des années suivantes. Les fractions qui n'ont pas pu être reportées sont définitivement perdues.

> **Précisions** Pour les **investissements outre-mer,** le bénéfice de la réduction d'impôt est subordonné à la condition que 95 % du montant de la souscription serve exclusivement à financer un ou des immeubles situés dans un département ou une collectivité d'outre-mer (BOI-IR-RICI-360-30-10 n° 230 et BOI-IR-RICI-365-30 n° 140).

37432 **Obligations déclaratives** Les **SCPI** sont tenues de fournir chaque année à leurs associés, au plus tard le 2e jour ouvré suivant le 1er mai, une **attestation annuelle,** établie conformément à un modèle fixé par l'administration, dont un exemplaire est joint à leur déclaration de résultat. Cette attestation comporte notamment l'engagement de location (CGI ann. III art. 46 AZA quaterdecies, II). La société doit également joindre à sa déclaration de résultat la copie de l'**avis d'imposition** ou de non-imposition du ou des **locataires** établi au titre de l'avant-dernière année précédant celle de la signature du contrat de location.

Les **associés** doivent joindre l'**engagement de conservation des parts,** établi selon un modèle fixé par l'administration, à la déclaration des revenus de l'année au cours de laquelle ils les ont souscrites. Enfin, pendant toute la période d'application du régime, ils doivent joindre à leur déclaration de revenus l'**attestation annuelle** mentionnée ci-dessus.

> **Précisions** **a.** Lorsque la société effectue sa **déclaration par voie électronique,** aucun justificatif n'est à joindre. Toutefois, les documents dont la production est en principe obligatoire doivent être conservés et produits à l'administration fiscale sur demande de sa part. Il en est de même pour les justificatifs à joindre par les associés à leur déclaration des revenus lorsqu'ils effectuent celle-ci en ligne.
> **b.** Les associés doivent déposer leurs parts sur un **compte spécial** de la société dans les trente jours suivant la date limite de dépôt de la déclaration de revenus concernée.

RÉDUCTION D'IMPÔT MALRAUX

La **souscription de parts** de SCPI ouvre droit pour le souscripteur à une réduction d'impôt lorsque cette souscription sert à financer des investissements Malraux (CGI art. 199 tervicies, IV), c'est-à-dire des opérations de restauration d'immeubles situés dans certaines zones, destinés à être loués après travaux (pour plus de détails sur les opérations concernées, voir n° 31273). **37450**

> **Précisions** **a.** Les avantages fiscaux retirés du régime « SCPI Malraux » ne sont pas pris en compte pour le calcul du **plafonnement des avantages fiscaux** (BOI-IR-LIQ-20-20-10-20 n° 120).
> **b.** Ce régime ne peut **pas se cumuler** avec les autres régimes prévus en faveur des investissements locatifs, en particulier avec la réduction d'impôt Duflot-Pinel-Denormandie.

Investisseurs concernés La réduction d'impôt est applicable aux souscripteurs **personnes physiques** dont la quote-part de revenus est imposable dans la catégorie des revenus fonciers. Les parts peuvent également être souscrites par l'intermédiaire d'une **société** non soumise à l'impôt sur les sociétés (une SCI notamment), à la condition que les revenus des immeubles soient imposés entre les mains des associés dans la catégorie des revenus fonciers. La condition relative à l'emploi de la souscription au financement d'un immeuble éligible à la réduction d'impôt fait échec, en revanche, à l'application de la mesure aux souscriptions par une SCPI. **37451**

Les parts doivent être souscrites dans le cadre de la **gestion du patrimoine privé** et ne peuvent donc pas figurer à l'actif d'une société (sauf s'il s'agit d'une société civile) ou d'une entreprise individuelle (BOI-IR-RICI-200-10 n° 340). À noter également que le cas où les parts de la société civile sont détenues par une entreprise individuelle appelle les précisions mentionnées n° 21620.

> **Précisions** La souscription de parts acquises en **indivision** ne fait pas obstacle à l'application de la réduction d'impôt (BOI-IR-RICI-200-10 n° 370). En revanche, la réduction d'impôt n'est pas applicable aux titulaires de parts de SCPI dont le droit de propriété est **démembré** (usufruitier, nu-propriétaire). Toutefois, si le démembrement résulte du décès de l'un des membres d'un couple soumis à imposition commune, le conjoint survivant peut demander la reprise du dispositif à son profit (BOI-IR-RICI-200-20 n° 20).

Affectation de la souscription L'avantage fiscal est subordonné à la condition qu'au minimum **65 % du montant** de la souscription servent à financer des dépenses ouvrant droit à la réduction d'impôt Malraux (sur ce point, voir n° 31274) et que **30 %** servent à financer l'acquisition d'immeubles entrant dans le champ d'application du régime. Ces conditions d'affectation s'apprécient de façon indépendante pour chacune des souscriptions réalisées. Elles s'apprécient au regard du montant total de la souscription concernée, diminué du seul montant des **frais de collecte.** La partie de la rémunération de la société de gestion destinée à couvrir les **frais de recherche** des investissements ne doit pas être soustraite du montant de la souscription (BOI-IR-RICI-200-10 n° 380). **37455**

Le produit de la souscription annuelle doit être intégralement investi dans un **délai** de dix-huit mois suivant la clôture de celle-ci.

Le produit de la souscription annuelle est considéré comme intégralement investi lorsque 65 % du montant des souscriptions ont été employés dans le financement de dépenses éligibles à la réduction d'impôt et que ces opérations ont fait l'objet de la part de la SCPI d'un engagement définitif des sommes.

Le terme à retenir pour la réalisation de la condition relative à l'investissement de la souscription est la date à laquelle la SCPI s'est engagée de façon définitive sur l'usage des sommes recueillies lors de la souscription.

En cas de **pluralité de souscriptions** au cours de la **même année,** le délai de dix-huit mois court à compter de la clôture de chacune des souscriptions (BOI-IR-RICI-200-10 n° 390).

37457 **Engagements de location et de conservation des parts** La **SCPI** doit prendre l'engagement de louer l'immeuble au titre duquel les dépenses sont réalisées pendant neuf ans. Lorsque la restauration porte sur un immeuble d'habitation, elle doit prendre l'engagement de le louer nu, à usage d'habitation principale du locataire. Dans ce cas, le locataire doit être une personne autre qu'un des associés ou un membre de son foyer fiscal, un ascendant ou un descendant.

L'**associé** de la SCPI qui entend bénéficier de la réduction d'impôt doit, quant à lui, s'engager à conserver la propriété de ses titres jusqu'au terme de l'engagement de location souscrit par la société.

> **Précisions** **a.** La **location doit prendre effet** dans les douze mois de l'achèvement des travaux.
> **b.** Lorsqu'une **même souscription** est affectée à la réalisation de **plusieurs investissements,** l'engagement de location doit être pris distinctement pour chaque immeuble. La période d'engagement de conservation des parts expire au terme de celle couverte par l'engagement de location afférent au dernier des logements acquis au moyen de la souscription et mis en location par la SCPI (BOI-IR-RICI-200-20 n° 60).

37459 **Calcul de la réduction d'impôt** La **base de la réduction** d'impôt est constituée par le montant de la souscription affecté au financement des dépenses, retenu dans la **limite** de 400 000 € pour une période de quatre années consécutives. Ce plafond pluriannuel s'applique aux souscriptions au capital de SCPI dont la date de clôture est intervenue depuis le 1er janvier 2017. Pour les souscriptions dont la date de clôture est intervenue avant le 1er janvier 2017, la limite était de 100 000 € par an.

Cette limite (qu'il s'agisse de celle de 400 000 € ou de celle de 100 000 €) est globale à tous les investissements Malraux : elle s'applique aux investissements réalisés en direct par le contribuable ou par l'intermédiaire d'une société et aux souscriptions de parts de SCPI.

37460 Le **taux** de la réduction d'impôt est égal :

– à 30 % pour les souscriptions affectées au financement de dépenses relatives à un immeuble situé dans le périmètre d'un site patrimonial remarquable (SPR) couvert par un plan de sauvegarde ou de mise en valeur (PSMV) approuvé, dans un quartier ancien dégradé ou dans un quartier présentant une concentration élevée d'habitat ancien dégradé ;

– à 22 % dans les autres cas (immeubles situés dans le périmètre d'un SPR couvert par un plan de valorisation de l'architecture et du patrimoine (PVAP) approuvé ou opération de restauration déclarée d'utilité publique).

> **Précisions** **a.** Les **sites patrimoniaux remarquables** se sont substitués aux secteurs sauvegardés, aux zones de protection du patrimoine architectural, urbain et paysager et aux aires de mise en valeur de l'architecture et du patrimoine (Loi 2016-1918 du 29-12-2016 art. 40). Ces taux s'appliquent aux souscriptions au capital de SCPI dont la date de clôture est intervenue depuis le 9 juillet 2016. Pour les opérations antérieures, les taux étaient fixés à 30 % pour les immeubles situés en secteur sauvegardé et 22 % pour les immeubles situés en ZPPAUP ou dans des Avap.
> **b.** Pour les opérations de restauration d'immeubles situés dans un **quartier ancien dégradé** ou dans un **quartier présentant une concentration élevée d'habitat ancien dégradé,** le dispositif Malraux s'applique aux dépenses supportées jusqu'au 31 décembre 2023.
> **c.** La liste des quartiers bénéficiaires du programme national de requalification des **quartiers anciens dégradés** est fixée par le décret 2009-1780 du 31 décembre 2009. La liste des quartiers prioritaires de la politique de la ville **présentant une concentration élevée d'habitat ancien dégradé** est fixée par l'arrêté TERV1706701A du 19 janvier 2018 (JO 31).

37461 **Imputation de la réduction d'impôt** La réduction d'impôt est accordée au titre de l'**année de la souscription** et imputée sur l'impôt dû au titre de cette même année. Ainsi, les souscriptions réalisées en 2023 permettent de bénéficier d'une réduction d'impôt sur l'impôt à payer en 2024 à raison des revenus de 2023.

Pour les souscriptions au capital de SCPI dont la date de clôture est intervenue depuis le 1er janvier 2017, la fraction de la réduction d'impôt imputable au titre d'une année d'imposition qui excède le montant de l'impôt dû au titre de cette année est **reportable** sur l'impôt dû au titre des trois années suivantes.

B. Autres droits et taxes applicables aux SCPI

DROITS D'ENREGISTREMENT

Au regard des droits d'enregistrement, les SCPI sont soumises aux mêmes obligations que la généralité des sociétés civiles. **37500**

IMPÔT SUR LA FORTUNE IMMOBILIÈRE (IFI)

Pour les associés, la valeur des parts de la SCPI à retenir dans la déclaration d'IFI correspond à la fraction de cette valeur représentative de biens ou droits immobiliers imposables à l'IFI détenus directement ou indirectement par la société (voir n° 23160). **37550**

TAXE SUR LA VALEUR AJOUTÉE

Les locations de locaux nus sont, en principe, exonérées de TVA. Les SCPI peuvent cependant **opter** pour l'assujettissement à la TVA pour les locations de locaux nus à usage professionnel donnés à bail à des assujettis à la TVA ou à des non-assujettis si le bail fait mention de l'option ; elles sont alors tenues à l'ensemble des **obligations** incombant aux redevables de cette taxe (sur les incidences éventuelles de l'appartenance de la SCPI à un groupe TVA, voir n° 12003). **37600**

Au regard du **droit à déduction,** chaque immeuble (ou ensemble immobilier) constitue un secteur distinct. La constitution de secteurs distincts, qui impose le calcul des droits à déduction secteur par secteur, ne nécessite cependant pas le dépôt d'une **déclaration CA3** par immeuble ou ensemble immobilier : une fois calculés séparément, les droits à déduction peuvent être globalisés sur une seule déclaration.

CONTRIBUTION ÉCONOMIQUE TERRITORIALE

Les activités de location ou de sous-location d'immeubles (autres que celles portant sur des immeubles nus à usage d'habitation) sont réputées, sous certaines conditions, exercées à titre professionnel et donc passibles de la cotisation foncière des entreprises (CFE). Les SCPI, même si elles se bornent à gérer leur patrimoine immobilier en respectant les limites fixées par leur statut, sont donc susceptibles d'être soumises à la CFE, et le cas échéant jusqu'à sa suppression à la cotisation sur la valeur ajoutée des entreprises (CVAE), dans les conditions exposées n°s 12125 et 12205. **37700**

CHAPITRE 3

SOCIÉTÉS CIVILES D'ATTRIBUTION

SOMMAIRE

DÉFINITION DE LA SOCIÉTÉ CIVILE D'ATTRIBUTION

Les sociétés d'attribution sont des sociétés qui ont pour **objet** l'acquisition ou la construction d'immeubles en vue de leur division par fractions destinées à être attribuées aux associés en propriété ou en jouissance et, accessoirement, la gestion et l'entretien de ces immeubles (CCH art. L 212-1). Une société d'attribution ayant pour objet la construction d'immeubles peut valablement recourir au bail à construction (Cass. 3e civ. 31-3-2005 no 408 : RJDA 3/06 no 219). **39500**

L'objet prévu par la loi n'étant pas exclusif, ces sociétés peuvent, en principe, exercer d'autres activités. Toutefois, celles d'entre elles qui entendent bénéficier du régime de la **transparence fiscale** ne pourront pas user de cette faculté, compte tenu des dispositions de l'article 1655 ter du CGI.

Les sociétés d'attribution peuvent être constituées sous toutes les **formes** prévues par la loi (CCH art. L 212-1). Mais, en pratique, elles revêtent le plus souvent la forme de société civile ou de société anonyme. **39505**

Nous nous bornerons à examiner ici le statut des sociétés civiles d'attribution.

Ces **sociétés** sont **régies** par les dispositions des articles L 212-1 à L 212-13 et R 212-1 à R 212-16 du Code de la construction et de l'habitation (CCH). **39510**

Les dispositions relatives aux sociétés d'attribution sont d'ordre public (CCH art. L 212-13). Les statuts ne peuvent donc pas y déroger.

Par ailleurs, les règles générales qui résultent des articles 1832 et suivants du Code civil sont applicables aux sociétés d'attribution dans la mesure où elles ne sont pas contredites par le régime particulier défini par le Code de la construction et de l'habitation. **39511**

> **Précisions** **a.** Les sociétés d'attribution ayant pour objet exclusif l'**attribution en jouissance** à temps partagé d'une fraction d'immeuble à usage principal d'habitation obéissent à un régime particulier (nos 49600 s.).
> **b.** Des mesures spécifiques s'appliquent aux **sociétés** d'attribution **constituées avant** le 31 décembre 1972. Elles sont précisées dans les articles L 212-14 à L 212-17 et R 212-17 à R 212-18 du Code de la construction et de l'habitation.
> **c.** L'**absence d'immatriculation** au RCS avant le 1er novembre 2002 n'entraîne pas attribution à chaque associé du lot auquel ses parts donnent vocation, faute de dissolution de la société et de partage (Rép. Huyghe : AN 30-3-2004 no 33566). Sur les conséquences de l'absence d'immatriculation, voir nos 2754 s.

SECTION 1

CONSTITUTION DES SOCIÉTÉS CIVILES D'ATTRIBUTION

A. Régime juridique

CAPITAL DE LA SOCIÉTÉ CIVILE D'ATTRIBUTION

Formation du capital Comme pour toutes les sociétés, le capital des sociétés d'attribution est constitué par les **apports** des associés. **39520**

Ces derniers sont rémunérés par des **parts sociales** qui doivent être proportionnelles à la valeur des fractions de l'immeuble auxquelles elles donnent vocation par rapport à la valeur de l'ensemble de la construction, en fonction de la consistance, de la superficie, de la situation et des possibilités d'utilisation de ces fractions (CCH art. L 212-5, al. 1).

> **Précisions** **a.** Les dispositions de l'article 1589-1 du Code civil frappant de nullité « tout engagement unilatéral souscrit en vue de l'acquisition d'un bien ou d'un droit immobilier pour lequel il est **exigé ou reçu de celui qui s'engage un versement** quelles qu'en soient la cause et la forme » ne nous paraissent pas applicables à l'engagement de souscrire au capital d'une société civile d'attribution assorti d'un versement. En effet, les parts sociales ont un caractère mobilier (Cass. 3e civ. 9-4-1970 : D. 1970 p. 726) et le fait que les parts de sociétés civiles

d'attribution donnent vocation à l'attribution en jouissance ou en propriété d'un immeuble ne confère pas pour autant une nature immobilière aux droits portant sur ces parts.

b. Ne peuvent pas participer à la fondation d'une société d'attribution les **personnes** ayant fait l'**objet des condamnations pénales** exposées n° 40000, précision a.

39521 **Souscription de parts par un non-professionnel** La souscription de parts donnant vocation à l'attribution en jouissance ou en propriété d'**immeubles d'habitation** (anciens ou neufs) est assortie d'une protection particulière au bénéfice de l'acquéreur non professionnel, sous la forme d'un délai de rétractation ou de réflexion (CCH art. L 271-1 et L 271-2). Cette protection n'est pas applicable aux **immeubles à usage mixte,** commercial et d'habitation ou professionnel et d'habitation (Cass. 3e civ. 30-1-2008 n° 06-21.145 : RJDA 7/08 n° 787).

39522 L'acquéreur non professionnel dispose d'un **délai de rétractation** de dix jours qui commence à courir le lendemain de la première présentation de la **lettre** lui notifiant l'acte ayant pour objet la souscription (CCH art. L 271-1, al. 1). Cette notification peut être faite par lettre recommandée AR ou par tout autre moyen présentant des garanties équivalentes pour la détermination de la date de réception ou de remise. La faculté de rétractation est exercée dans les mêmes formes (CCH art. L 271-1, al. 2).

La lettre de notification n'a pas à faire référence à la faculté de rétractation (Cass. 3e civ. 17-11-2010 n° 09-17.297 : RJDA 3/11 n° 233 ; Cass. 3e civ. 2-6-2016 n° 15-17.833 FS-D : RJDA 11/16 n° 774).

Lorsque l'**acte** de souscription est **conclu par l'intermédiaire d'un professionnel** ayant reçu mandat pour prêter son concours à la vente, cet acte peut être remis directement au souscripteur. Dans ce cas, le délai de rétractation court à compter du lendemain de la remise de l'acte (CCH art. L 271-1, al. 3). L'acte remis au souscripteur doit alors contenir (CCH art. D 271-6) :

– les dispositions de l'article L 271-2 du Code de la construction et de l'habitation (ce texte impose notamment, en cas de rétractation d'un souscripteur ayant versé des fonds, que ceux-ci lui soient restitués dans un délai de 21 jours) ;

– les mentions suivantes écrites de la main du souscripteur : « remis par... (nom du professionnel) à... (lieu) le... (date) » et « Je déclare avoir connaissance qu'un délai de rétractation de dix jours m'est accordé par l'article L 271-1 du Code de la construction et de l'habitation, et qu'il court à compter du lendemain de la date de remise inscrite de ma main sur le présent acte, soit à compter du... (date) ».

Si l'acte de souscription est précédé d'un **avant-contrat** (contrat préliminaire, promesse synallagmatique, promesse unilatérale), le droit de rétractation ne s'applique qu'à cet avant-contrat (CCH art. L 271-1, al. 4).

ATTENTION

L'article L 271-1 du Code de la construction et de l'habitation prévoit la remise directe de l'acte de souscription au bénéficiaire du droit de rétractation dans le cas où cet acte a été conclu par l'intermédiaire d'un professionnel et, dans le cas inverse, exige une lettre recommandée (ou un procédé présentant des garanties équivalentes). À notre avis, on ne peut pas invoquer les dispositions de l'article 667, al. 2 du Code de procédure civile pour prétendre que la **remise en main propre** est également possible si l'acte de souscription n'a pas été conclu par l'intermédiaire d'un professionnel. En effet, cet article qui dispose que « la notification en la forme ordinaire peut toujours être faite par remise contre émargement ou récépissé alors même que la loi n'aurait prévu que la notification par la voie postale » est ici inapplicable : l'article L 271-1 ne prévoit pas uniquement la notification par voie postale mais édicte un ensemble de règles spéciales, empreintes d'un fort caractère d'ordre public, qui distinguent selon que l'acte a été ou non conclu par l'intermédiaire d'un professionnel.

39524 Le **calcul du délai** de rétractation n'est pas entièrement précisé par le Code de la construction et de l'habitation. Il a été jugé que la date de rétractation par voie postale est celle de l'expédition de la lettre recommandée (application de l'article 668 du Code de procédure civile) et si le délai expire un samedi, un dimanche ou un jour férié ou chômé, il est prorogé jusqu'au premier jour ouvrable suivant (application de l'article 642 du Code précité) ; est donc valable une rétractation notifiée par lettre envoyée le lundi 18 juin, dès lors que le délai expirait le samedi 16 juin (Cass. 3e civ. 5-12-2007 n° 06-19.567 : RJDA 5/08 n° 510).

L'exercice du droit de rétractation entraînant l'anéantissement du contrat, il interdit à son bénéficiaire de se **repentir** en acceptant par la suite de souscrire les parts, même si le délai de rétractation n'est pas encore expiré (Cass. 3e civ. 13-2-2008 n° 06-20.334 : RJDA 7/08 n° 789 et Cass. 3e civ. 13-3-2012 n° 11-12.232 : RJDA 6/12 n° 581, solutions rendues en matière d'achat d'un bien immobilier, mais applicables à la souscription de parts sociales donnant vocation à l'attribution d'un tel bien).

Lorsque le contrat constatant ou réalisant la souscription est passé par **acte authentique sans** avoir été précédé d'un **avant-contrat,** le souscripteur dispose d'un **délai de réflexion** de dix jours à compter de la notification ou de la remise d'un projet d'acte selon les mêmes modalités que celles prévues ci-dessus pour le délai de rétractation. Pendant ce délai, aucun acte authentique ne peut être signé (CCH art. L 271-1, al. 5) et aucune somme ne peut être versée (CCH art. L 271-2, al. 3). Le fait d'exiger ou de recevoir un versement ou un engagement de versement pendant cette période est passible d'une amende de 30 000 € (CCH art. L 271-2, al. 4). **39526**

Le projet d'acte authentique doit reproduire les dispositions de l'article L 271-2 et le souscripteur doit inscrire de sa main les mentions suivantes (CCH art. D 271-7) : « remis par... (nom du professionnel) à... (lieu) le... (date) » et « Je déclare avoir connaissance qu'un délai de réflexion de dix jours m'est accordé par l'article L 271-1 du Code de la construction et de l'habitation, et qu'il court à compter du lendemain de la date de remise inscrite de ma main sur le présent projet, soit à compter du... (date) ».

STATUTS DE LA SOCIÉTÉ CIVILE D'ATTRIBUTION

Contenu Indépendamment des **clauses** qu'il est **d'usage** de trouver dans les statuts de toute société (objet, dénomination, siège social, durée, administration, etc.), les statuts des sociétés civiles d'attribution doivent mentionner (CCH art. R 212-6) : **39530**

– les obligations des associés en cas d'**appels de fonds** (n° 40920) ;

– les conditions dans lesquelles les associés défaillants peuvent voir leurs **parts mises en vente** (n° 40950).

À noter qu'une société civile d'attribution ne peut pas insérer le **sigle « SCA »** dans sa dénomination, l'usage de ces initiales étant réservé aux sociétés en commandite par actions (cf. C. com. art. R 123-238).

Par ailleurs, les statuts doivent indiquer le montant du **capital social,** sa répartition en groupes de parts et l'affectation à chacun de ces groupes d'un des lots définis par l'état descriptif de division (n° 39550) (CCH art. L 212-2, al. 1). **39531**

La répartition des droits sociaux au sein des groupes est fixée d'une manière définitive et chaque groupe est indivisible aussi longtemps que le lot qui lui est affecté n'est pas lui-même divisé.

Une répartition erronée des droits ouvre aux associés une action les uns envers les autres, afin de compenser les inégalités dues à cette mauvaise répartition (n° 40920).

Le cas échéant, les statuts doivent mentionner la possibilité pour la société de consentir une **hypothèque** sur un immeuble social pour garantir les emprunts contractés par les associés (nos 40931 et 41660). **39532**

Forme des statuts Les statuts des sociétés civiles d'attribution peuvent être sous signature privée ou notariés. Toutefois, l'intervention d'un **notaire** est obligatoire chaque fois qu'il y a matière à publicité au service chargé de la publicité foncière, ce qui est le cas lorsque les statuts constatent l'apport d'un immeuble. **39535**

La forme notariée est préférable lorsque des successibles participent à la constitution de la société (n° 2237).

ÉTAT DESCRIPTIF DE DIVISION

La division de l'immeuble doit faire l'objet d'un document intitulé « état descriptif de division ». Celui-ci délimite les diverses parties de l'immeuble social, en distinguant celles qui sont communes de celles qui sont privatives, et, s'il y a lieu, fixe la quote-part des parties communes afférentes à chaque lot (CCH art. L 212-2, al. 1). **39550**

Modalités d'établissement L'état descriptif doit être **adopté** avant tout commencement des travaux de construction ou, s'il s'agit d'une société d'acquisition, avant toute entrée en jouissance des associés (CCH art. L 212-2, dernier al.). **39555**

Il doit être établi conformément aux dispositions des articles 71-1 à 71-3 du décret 55-1350 du 14 octobre 1955 relatif à la publicité foncière (CCH art. R 212-2). Il en résulte qu'il doit être dressé en la **forme** authentique et qu'il doit contenir obligatoirement certaines **mentions,** telles que l'identification des fractions de l'immeuble et le numéro du lot attribué à ces fractions. S'il n'a pas été rédigé en même temps que les statuts, l'état descriptif de division doit être **approuvé** par l'assemblée générale des associés dans les conditions prévues pour la modification des statuts (CCH art. R 212-2, al. 2).

L'état descriptif de division dressé seulement pour les besoins de la publicité foncière n'a pas de caractère contractuel (Cass. 3e civ. 8-7-1992 : Bull. civ. III n° 241).

RÈGLEMENT DE JOUISSANCE

39570 La loi prescrit l'établissement d'un règlement afin d'organiser la gestion et l'entretien de l'immeuble ainsi que les conditions de jouissance de celui-ci.

Ce règlement a vocation à devenir **règlement de copropriété** après l'attribution en propriété des différentes fractions d'immeuble et doit donc être établi en conformité avec la loi 65-557 du 10 juillet 1965 fixant le statut de la copropriété des immeubles bâtis (CCH art. L 212-2, al. 3).

> **Précisions** Toutes les **sociétés constituées avant** l'entrée en vigueur de la loi du 16 juillet 1971 doivent établir, depuis le 8 mars 1975, un règlement de copropriété, dans les conditions prévues pour les modifications statutaires, si les attributions en propriété emportent application du statut de la loi 65-557 du 10 juillet 1965 (Cass. 3e civ. 17-5-1995 : Bull. civ. III no 121).

39575 **Contenu** Le règlement détermine la **destination** (habitation, garage, etc.) des **parties réservées à** l'usage exclusif de **chaque associé** et, s'il y a lieu, celle des **parties communes** affectées à l'usage de tous les associés ou de plusieurs d'entre eux (CCH art. L 212-2, al. 2). Toutefois, il ne peut pas imposer des restrictions aux droits des associés sur les parties réservées à leur jouissance exclusive, en dehors de celles qui sont justifiées par la destination de l'immeuble, par ses caractères ou par sa situation (CCH art. L 212-2, al. 4).

39576 Par ailleurs, le règlement doit fixer la **quote-part** qui incombe à chaque lot dans chacune des catégories de **charges** ou bien les bases selon lesquelles la répartition sera faite pour une ou plusieurs catégories de charges (CCH art. L 212-6, al. 2).

Le règlement doit indiquer les éléments pris en considération et la méthode de calcul permettant de fixer les quotes-parts de parties communes et la répartition des charges (Loi 65-557 du 10-7-1965 art. 10, al. 3, sur renvoi de CCH art. L 212-6, al. 1).

39580 **Modalités d'établissement** En vue des formalités de publicité, le règlement de jouissance doit être constaté par acte authentique. Cependant, sa publication n'est pas obligatoire tant que le partage de la société n'a pas été réalisé.

Comme l'état descriptif de division, il doit être adopté par l'assemblée générale dans les conditions prévues pour la modification des statuts, avant tout commencement des travaux de construction ou, s'il s'agit d'une société d'acquisition, avant toute entrée en jouissance des associés (CCH art. R 212-2, al. 2 et L 212-2, dernier al.). L'action en nullité du règlement de jouissance (en l'espèce, le règlement avait été établi par le gérant au lieu d'être adopté par l'assemblée) se prescrit par trois ans en application de l'article 1844-14 du Code civil (Cass. 3e civ. 5-7-1989 no 87-14.632 : Bull. civ. III no 160).

39581 En cas de **distorsion entre** le **règlement de jouissance et** les **statuts,** il faut, à notre avis, se référer aux statuts pour tout ce qui concerne le fonctionnement de la société et les rapports entre associés et au règlement de jouissance pour tout ce qui concerne l'immeuble et les conditions de jouissance de celui-ci.

B. Régime fiscal

39600 Est étudié ci-après le régime fiscal des opérations de constitution des sociétés civiles d'attribution bénéficiant du régime de la **transparence fiscale** défini à l'article 1655 ter du CGI. En vertu de ce régime, pour l'application des impôts directs, des droits d'enregistrement et des taxes assimilées, ces sociétés sont réputées ne pas avoir d'existence distincte de celle de leurs membres. Les associés sont traités comme s'ils étaient directement propriétaires des locaux auxquels leur donnent vocation les parts qu'ils détiennent. Ce régime trouve sa justification dans le fait que, sur le plan économique, le titulaire de parts sociales donnant vocation à la propriété ou à la jouissance de locaux déterminés n'est pas dans une situation fondamentalement différente de celle du propriétaire direct ou du copropriétaire des mêmes locaux.

1. PLUS-VALUES D'APPORT

APPORT À UNE SOCIÉTÉ CIVILE D'ATTRIBUTION D'UN IMMEUBLE AUTRE QUE L'APPORT PAR UNE ENTREPRISE D'UN TERRAIN À BÂTIR

39605 Du fait de l'effacement de la personnalité de la société dotée de la transparence fiscale, l'apport d'un immeuble, bâti ou non bâti, constitue une cession à titre onéreux uniquement sur la **fraction** du bien correspondant **aux droits acquis** sur celui-ci **par les coassociés de l'apporteur** (BOI-RFPI-PVI-10-30 no 200).

EXEMPLE

Un associé apporte un immeuble représentant 30 % des apports effectués à la société et les autres associés effectuent des apports en numéraire.
Dans ce cas, il convient de considérer que l'apporteur de l'immeuble reste propriétaire de la part du bien correspondant à ses droits, soit 30 %. La plus-value est calculée par différence entre 70 % de la valeur d'apport de l'immeuble et 70 % de sa valeur d'acquisition.

Selon la qualité de l'apporteur, la plus-value ainsi déterminée relève du régime des plus-values immobilières des particuliers (nos 33450 s.) ou du régime des plus-values professionnelles (nos 9608 s. et 10160 s.).

> **Précisions** Si les **droits de l'apporteur** sont **modifiés** à la suite d'apports nouveaux (notamment en numéraire) effectués par les autres associés ou si d'autres associés entrent dans la société, il convient, en principe, de considérer qu'il y a corrélativement cession d'une autre fraction de l'immeuble, susceptible de dégager une plus-value imposable (BOI-RFPI-PVI-10-30 n° 200).

APPORT À UNE SOCIÉTÉ CIVILE D'ATTRIBUTION D'UN TERRAIN À BÂTIR PAR UNE ENTREPRISE

Pour la **détermination de la plus-value,** l'apport est réputé porter sur la totalité du terrain. Il s'ensuit que la plus-value d'apport imposable doit être déterminée par différence entre, d'une part, la valeur totale pour laquelle le terrain est apporté à la société transparente et, d'autre part, la valeur comptable totale que ce terrain comportait dans les écritures de l'entreprise apporteuse. La date à retenir pour calculer la plus-value est celle de l'apport. **39610**

Cependant, à condition que le terrain à bâtir ait été acquis depuis au moins deux ans par l'apporteur, la plus-value d'apport bénéficie de plein droit d'un **report d'imposition** (CGI art. 238 decies, II et 238 terdecies). La plus-value est imposable seulement :

– au titre de l'exercice en cours à la date de la dernière cession par l'entreprise apporteuse des droits reçus en rémunération de son apport ou des immeubles ou fractions d'immeubles reçus en représentation de ses droits ;

– ou, si elle intervient avant, en cas de cession de l'entreprise apporteuse ou de cessation de son exploitation (notamment en cas de décès de l'exploitant lorsqu'il s'agit d'une entreprise individuelle) ;

En tout état de cause, le report d'imposition est limité à cinq ans.

Selon l'administration, le report d'imposition s'applique même lorsque l'entreprise apporteuse est passible de l'impôt sur les sociétés (BOI-BIC-PVMV-40-10-50 nos 30 et 400 s.). Le Conseil d'État est d'un avis contraire (CE 2-6-1982 n° 18829 : RJF 7/82 n° 671 ; CE 29-7-1983 n° 29506 : RJF 11/83 n° 1338).

Il est possible de **renoncer au report d'imposition** de la plus-value professionnelle. **39611**

L'entreprise apporteuse joint à la déclaration des résultats de l'exercice en cours à la date de l'apport une note exprimant sans équivoque sa volonté qu'il soit tenu compte de la plus-value résultant dudit apport pour la détermination des résultats fiscaux de l'exercice considéré.

> **Précisions** L'administration admet conférer un caractère purement intercalaire à l'apport (**sursis d'imposition**) si les conditions suivantes sont réunies (BOI-BIC-PVMV-10-10-20 n° 270) :
> – l'entreprise inscrit à son bilan les titres rémunérant l'apport pour la valeur comptable que comportait le terrain ;
> – les locaux construits par la société transparente à la propriété ou à la jouissance desquels l'entreprise apporteuse a vocation sont destinés et ultérieurement affectés par cette dernière à l'usage d'éléments de l'actif immobilisé ;
> – l'entreprise joint à la déclaration des résultats de l'exercice en cours à la date de l'apport une note exprimant sans équivoque son intention de se placer sous le bénéfice de cette solution et de renoncer, corrélativement, au report prévu à l'article 238 decies, II du CGI.

2. DROITS D'ENREGISTREMENT ET TVA

Bien que le principe de la transparence fiscale s'applique aux droits d'enregistrement, le législateur n'a pas dispensé de façon générale de la **formalité de l'enregistrement** les actes concernant la vie des sociétés transparentes. **39700**

Les actes de constitution de sociétés dotées de la transparence fiscale sont soumis au régime de droit commun. En application de ce régime, l'acte constitutif est en principe dispensé de la formalité de l'enregistrement lorsqu'il est passé sous signature privée mais soumis à cette formalité s'il est notarié ou s'il contient des apports d'immeubles (nos 3505 s.).

Lorsqu'ils sont soumis aux **droits d'enregistrement,** les **apports purs et simples** sont enregistrés gratuitement (n° 3630). Les **apports à titre onéreux** (apports rémunérés non par la remise de droits sociaux mais par une somme d'argent ou par la prise en charge par la société d'un passif **39710** incombant à l'apporteur) donnent ouverture soit à une taxation spécifique de 5 % s'il s'agit d'immeubles ou de droits immobiliers (à laquelle s'ajoute, le cas échéant, la taxe additionnelle sur les cessions de bureaux et locaux assimilés situés en Île-de-France), soit aux droits de mutation ordinaires selon la nature des biens considérés (n°s 3720 s.).

39720 Sont imposables de plein droit à la **TVA** sur les opérations immobilières, en application de l'article 257 du CGI, les apports réalisés par un **assujetti agissant en tant que tel dans le cadre de son activité économique** portant sur un **terrain à bâtir** ou un **immeuble achevé depuis moins de cinq ans.** Les assujettis peuvent également soumettre à la TVA sur option les apports portant sur des **terrains nus non qualifiés de terrains à bâtir,** ou des **immeubles achevés depuis plus de cinq ans** (n° 3680). Les apports d'immeubles entrant dans le champ d'application de la TVA sont enregistrés gratuitement (CGI art. 810, IV).

Interrogée sur le régime applicable en matière de TVA aux sociétés civiles d'attribution mentionnées à l'article L 212-1 du CCH, dont le régime a été modifié depuis le 1er janvier 2016 à la suite de la suppression du mécanisme de transfert du droit à déduction (CGI ann. II ancien art. 210), s'agissant des immeubles édifiés ou acquis par les sociétés civiles d'attribution pour lesquels un état descriptif de division a été établi à compter de cette date, l'administration a apporté les précisions suivantes. Les sociétés civiles d'attribution sont considérées comme des **assujetties** lorsqu'elles effectuent une **activité de promotion immobilière financée par** les **apports** de leurs **associés.** Ces apports, comme les appels de fonds ultérieurs, qui constituent la contrepartie des droits acquis sur l'immeuble, doivent être **soumis à la TVA** en application de l'article 257, I-1-3° du CGI. Les associés sont fondés à **déduire la TVA** ayant grevé les apports et appels de fonds versés à la société civile d'attribution dans les conditions de droit commun (Rép. Kamowski : AN 25-12-2018 n° 13638).

Sur les conséquences de l'option pour l'appartenance à un **groupe TVA**, voir n° 12003.

SECTION 2

FONCTIONNEMENT DES SOCIÉTÉS CIVILES D'ATTRIBUTION

A. Administration de la société

GÉRANCE DE LA SOCIÉTÉ CIVILE D'ATTRIBUTION

40000 En l'absence de dispositions légales particulières relatives à l'organisation de la gérance dans une société civile d'attribution, c'est le droit commun des sociétés civiles qui s'applique (C. civ. art. 1846 à 1851 ; n°s 7000 s.).

Les statuts définissent l'étendue des **pouvoirs** des gérants. Ces derniers disposent généralement des pouvoirs les plus étendus pour agir au nom de la société et accomplir les actes et opérations relatifs à son objet.

> **Précisions** **a.** Les personnes ayant fait **l'objet d'une interdiction** d'exercer une profession commerciale ou industrielle (cf. C. pén. art. 131-6, 15°), ainsi que celles qui ont été **condamnées** à une peine de prison, assortie ou non du sursis, pour une des infractions visées par l'article L 241-3 du Code de la construction et de l'habitation (faux et usage de faux en écriture privée, vol, banqueroute, faux témoignage, etc.) ne peuvent participer, en droit ou en fait, directement ou par personne interposée, à la fondation ou à la gestion d'une société d'attribution (CCH art. L 241-3).
> **b.** Les gérants peuvent être investis des pouvoirs d'un **syndic de copropriété** lorsque le règlement de jouissance a été établi conformément à la loi 65-557 du 10 juillet 1965 sur la copropriété.
> **c.** Il a été jugé que le **gérant** qui a pris l'initiative de faire construire un immeuble divisé par appartements destinés à être attribués aux associés en copropriété, en a assuré le soin et accompli toutes les actions utiles à sa réalisation a agi personnellement en qualité de **promoteur** et se trouve tenu envers les acquéreurs de parts sociales à une obligation de résultat (Cass. civ. 20-1-1976 : Rev. sociétés 1976 p. 671 note Gastaud).

B. Décisions collectives

MODE DE CONSULTATION DES ASSOCIÉS

Dans la société civile d'attribution, par application du droit commun, les décisions excédant les pouvoirs dévolus aux gérants sont prises par les associés réunis en assemblée ou par acte constatant le consentement de tous les associés, mais les statuts peuvent aussi prévoir qu'elles résulteront d'une consultation écrite (C. civ. art. 1853 et 1854 ; nos 8500 s.). **40100**

Cependant, certaines décisions doivent être prises en **assemblée** générale. Il s'agit des décisions relatives à :

– la vente forcée des droits des associés défaillants (CCH art. L 212-4, al. 2) ;

– la dissolution de la société (CCH art. L 212-9, al. 1) ;

– la constatation de l'achèvement de l'immeuble et de sa conformité avec l'état descriptif (CCH art. L 212-9, al. 9).

MAJORITÉ REQUISE POUR L'ADOPTION DES DÉCISIONS COLLECTIVES

Les statuts de la société civile d'attribution peuvent librement fixer les règles de majorité applicables aux décisions collectives (C. civ. art. 1852 ; nos 9100 s.). Toutefois, des **conditions** de majorité **impératives** sont imposées dans les cas suivants : **40110**

– vente forcée des droits des associés défaillants : sur première convocation, majorité des deux tiers du capital et, sur deuxième convocation, majorité des deux tiers des parts sociales dont les titulaires sont présents ou représentés, sans que soient pris en considération, pour le calcul de ces majorités, les droits sociaux détenus par les associés défaillants (CCH art. L 212-4, al. 2) ;

– dissolution de la société : double majorité des deux tiers des associés et des deux tiers des voix (CCH art. L 212-9, al. 1).

NOMBRE DE VOIX DES ASSOCIÉS

Les associés votent avec un nombre de voix correspondant à leurs droits dans le capital. Cependant, pour les décisions concernant la **gestion et** l'**entretien** de l'immeuble, les associés disposent d'un nombre de voix proportionnel à leur participation dans les dépenses qu'entraînera l'exécution de la décision et seuls les associés à qui incombent ces dépenses en vertu du règlement de jouissance peuvent prendre part au vote (CCH art. L 212-6, al. 5). **40120**

Cette règle est obligatoire dans les sociétés d'attribution en vertu de la loi, alors qu'elle n'est que facultative en copropriété (Loi 65-557 du 10-7-1965 art. 10, al. 4).

C. Régime fiscal

IMPÔTS, DROITS ET TAXES CONCERNÉS PAR LA TRANSPARENCE FISCALE

Les dispositions de l'article 1655 ter du CGI, qui conduisent à faire abstraction de la personnalité morale de la société, concernent les **impôts directs,** les **droits d'enregistrement** et **les taxes assimilées.** Notamment, l'imposition des revenus des immeubles est établie au nom des associés eux-mêmes, d'après le régime fiscal qui leur est propre (nos 41100 s.). **40130**

Les associés des sociétés transparentes au sens de l'article 1655 ter du CGI sont personnellement soumis à la **contribution sur les revenus locatifs** s'il s'agit de personnes morales assujetties. **40131**

Il résulte du principe de la transparence que la **taxe foncière** doit être établie au nom de chacun des membres de la société pour la part lui revenant dans les immeubles sociaux (CGI art. 1400, III ; BOI-IF-TFB-10-20-10 n° 110). S'agissant d'immeubles non bâtis, les terrains constituant des dépendances d'ensemble immobilier soumises à la taxe foncière sur les propriétés non bâties font l'objet d'une imposition globale au nom des associés, l'article collectif pouvant être libellé par exemple sous la forme : « Les associés de la Société immobilière Y… à Z… » (BOI-IF-TFNB-10-20 n° 380). **40135**

La **cotisation foncière des entreprises** (CFE) n'est due, en règle générale, que par les personnes physiques ou morales exerçant à titre habituel une activité professionnelle non salariée. Il faut noter que les locations ou sous-locations d'immeubles nus autres que celles portant sur des locaux à usage d'habitation sont imposables lorsque le redevable en retire, au cours de la période de référence, des recettes brutes hors taxe ou un chiffre d'affaires d'au moins 100 000 € (n° 12125). Cependant, il nous semble que même si elles gèrent les locaux pour le compte de leurs membres, les sociétés transparentes ne devraient pas être imposables à la CFE **40136** dès lors que cette gestion s'accomplit dans des conditions compatibles avec le maintien de la transparence fiscale. C'est, le cas échéant, au niveau de chaque associé que devra être appréciée l'imposition.

40137 Le régime de la transparence ne s'applique pas en matière de **TVA.**

Le sort de l'immeuble construit par la société d'attribution relève du droit commun de la TVA qui prévoit que les **livraisons à soi-même** d'immeubles neufs réalisées par des assujettis agissant dans le cadre d'une activité économique doivent être soumises à la TVA si l'activité n'ouvre pas droit à récupération intégrale de la TVA ou si l'opération porte sur des logements locatifs sociaux (pour un exposé complet du régime des livraisons à soi-même, voir n°s 44800 s.). La société d'attribution peut ainsi être tenue, lorsqu'elle est assujettie à la TVA, de réaliser une livraison à soi-même de l'immeuble construit si elle se trouve dans l'une des hypothèses susvisées.

Interrogée sur le régime applicable en matière de TVA aux sociétés civiles d'attribution mentionnées à l'article L 212-1 du CCH, dont le régime a été modifié depuis le 1er janvier 2016 à la suite de la suppression du mécanisme de transfert du droit à déduction (CGI ann. II ancien art. 210), s'agissant des immeubles édifiés ou acquis par les sociétés pour lesquels un état descriptif de division a été établi à compter de cette date, l'administration a précisé que les sociétés civiles d'attribution sont considérées comme assujetties lorsqu'elles effectuent une **activité de promotion immobilière** financée par les apports de leurs associés. Ces apports, comme les appels de fonds ultérieurs, qui constituent la contrepartie des droits acquis sur l'immeuble, doivent être soumis à la TVA en application de l'article 257, I-1-3° du CGI. Corrélativement, les sociétés en cause bénéficient d'un **droit à déduction** de la taxe ayant grevé leurs dépenses. Enfin, de leur côté, les associés sont fondés à déduire la TVA ayant grevé les apports et appels de fonds versés dans les conditions de droit commun (Rép. Kamowski : AN 25-12-2018 n° 13638).

Il est par ailleurs intéressant de remarquer que les **cessions de parts** de sociétés d'attribution sont soumises à la TVA dans les mêmes conditions que s'il s'agissait de ventes d'immeubles (n° 41840).

SOCIÉTÉS CONCERNÉES PAR LA TRANSPARENCE FISCALE

40140 Quelle que soit leur forme juridique, le régime de la transparence fiscale s'applique aux sociétés dont l'**objet** est conforme aux prévisions de l'article 1655 ter du CGI, à la condition que cet objet soit **exclusif** de tout autre (n° 40160 s.).

Sous cette condition, il est susceptible de s'appliquer (BOI-ENR-AVS-40-20 n° 10) :

1. Aux sociétés visées aux articles L 212-1 à L 212-13 du Code de la construction et de l'habitation (CCH) lorsqu'elles limitent leur activité à la construction ou à l'acquisition des immeubles destinés à être attribués aux associés en propriété ou en jouissance. En revanche, en sont exclues celles qui, dans le cadre de ce statut, gèrent directement les immeubles sociaux ou donnent caution hypothécaire pour garantir les emprunts contractés par les cessionnaires de parts sociales ;

2. Aux sociétés qui, constituées antérieurement à l'entrée en vigueur des articles précités, étaient visées soit à l'article 1er de la loi du 28 juin 1938 réglant le statut de la copropriété des immeubles divisés par appartements, soit à l'article 80 de la loi 53-80 du 7 février 1953 modifié par l'article 97, III de la loi 59-1454 du 26 décembre 1959 ;

3. Aux sociétés qui ont, en fait, un objet identique à celui des sociétés énumérées ci-dessus, même si leurs statuts ne se réfèrent pas expressément aux textes précités.

> **Précisions** Le régime de la transparence fiscale s'applique également à des sociétés ne revêtant pas la forme de sociétés civiles, telles les **sociétés coopératives de construction** visées aux articles L 213-1 à L 213-5 du CCH, lorsqu'elles ont pour objet la construction d'un ou plusieurs immeubles à usage principal d'habitation en vue de leur division par lots destinés à être attribués aux associés.

1. OBJET SOCIAL

PRINCIPE

40145 Les sociétés visées à l'article 1655 ter du CGI doivent avoir pour objet :

– soit la **construction d'immeubles** ou de groupes d'immeubles en vue de leur **division par fractions** destinées à être **attribuées aux associés** en propriété ou en jouissance ;

– soit l'**acquisition** des mêmes biens ;

– soit leur **gestion** après division ;

– soit la **location, pour le compte** d'un ou plusieurs membres de la société, de tout ou partie des immeubles ou fractions d'immeubles appartenant à chacun des membres.

Les sociétés peuvent exercer **plusieurs activités** visées ci-dessus dès lors que chaque activité est exercée dans le respect des conditions posées par l'article 1655 ter du CGI. Une société exerçant une double activité de construction et de location d'un immeuble bénéficie du régime de la transparence fiscale si l'activité de location est réalisée en vertu d'un mandat des associés conformément à la condition posée à l'article 1655 ter du CGI, alors qu'elle est privée de ce régime si l'activité de location est pratiquée pour le compte propre de la société (CE 26-9-2012 n° 342245 : RJF 12/12 n° 1103).

Il n'est fait **aucune distinction** selon le nombre des associés, l'origine des immeubles, leur ancienneté, leur nature, l'usage auquel ils sont affectés et les modalités d'entrée dans le patrimoine de la société. Ainsi, peu importe que les immeubles soient affectés à l'habitation ou à des usages commerciaux, industriels ou professionnels, et qu'ils aient été construits par la société ou acquis postérieurement à leur construction.

> Précisions **a.** Une société peut être transparente même si elle n'est pas propriétaire d'immeubles et se borne à la **gestion** : tel est le cas des sociétés concessionnaires du domaine public et de celles qui exploitent un patrimoine immobilier financé par crédit-bail (Cass. com. 6-1-1975 n° 73-13.170).

b. Une société peut être valablement constituée pour l'acquisition ou la construction d'ouvrages tels que des **parkings** à ciel ouvert ou des **ports de plaisance** en vue de leur division par fractions destinées à être attribuées aux associés en jouissance ou en propriété dès lors que le terme « immeuble » désigne aussi bien des immeubles non bâtis que des bâtiments assurant le clos et le couvert (Rép. min. équip. à M. Collette : AN 7-10-1971 p. 4356 n° 19186, solution non reprise au Bofip mais qui reste à notre avis pertinente).

MODALITÉS D'APPLICATION

Il convient de distinguer nettement, d'une part, les sociétés de copropriété dites « transparentes » et, d'autre part, les sociétés immobilières ordinaires ayant pour objet d'exploiter des immeubles et de répartir entre leurs membres le produit de cette exploitation, qui ne peuvent bénéficier du régime de la transparence fiscale. **40150**

La **caractéristique essentielle** des sociétés transparentes tient à ce qu'elles renoncent formellement à utiliser ou exploiter par elles-mêmes leurs immeubles et s'obligent au contraire à en réserver la jouissance à leurs membres et à leur attribuer la propriété soit à l'expiration du pacte social, soit par voie de partage partiel en cours de société.

Cette vocation reconnue aux associés implique l'insertion **dans les statuts ou dans un règlement intérieur** de dispositions tendant à répartir les parts sociales en groupes indivisibles et à fractionner les immeubles sociaux en lots également indivisibles, la possession d'un groupe de parts ouvrant droit à la jouissance et ultérieurement à la propriété du lot immobilier correspondant (BOI-RFPI-CHAMP-30-20 n° 40).

Ainsi, une société qui a pour objet social la détention et la gestion d'immeubles, mais sans que ceux-ci soient destinés à être divisés en fractions qui seraient attribuées aux associés en propriété et en jouissance, n'est pas une société transparente au sens de l'article 1655 ter du CGI (CAA Nantes 4-5-1994 n° 92-315 : RJF 8-9/94 n° 873).

2. CARACTÈRE EXCLUSIF DE L'OBJET SOCIAL

PRINCIPE

L'article 1655 ter du CGI exige que l'objet social, tel qu'il est défini ci-dessus, soit exclusif de tout autre. Sur la possibilité d'avoir plusieurs objets remplissant les conditions posées par l'article 1655 ter du CGI, voir n° 40145. **40160**

Par suite, sont exclues du champ d'application du régime de la transparence fiscale les sociétés qui, concurremment avec l'objet prévu par ce texte (D. adm. 8 H-121 n° 1, non reprise dans Bofip mais dont la solution conserve selon nous sa valeur sur le fond) :

– exercent une **activité commerciale, industrielle, agricole ou non commerciale,** lucrative ou non ;

– ont une **activité** quelconque à **l'étranger** ;

– accomplissent, même occasionnellement, des actes ou opérations visés aux articles 34 et35 du CGI, c'est-à-dire des **opérations commerciales** ou réputées commerciales pour l'application de l'impôt sur le revenu (achats d'immeubles en vue de la vente, certaines opérations de lotissements, opérations d'intermédiaire pour l'achat ou la vente d'immeubles, locations en meublé, etc.) ;

– **rendent** à leurs membres ou à des tiers **des services** qui ne se rattachent pas directement à la jouissance des immeubles (restaurant, débit de boissons, club privé, salle de spectacle, etc.) ;

– **vendent** ou **donnent en location** une **partie** quelconque de leur **patrimoine immobilier,** même dans le cadre d'une gestion purement civile de ce patrimoine. Il en est ainsi, notamment, en cas de cession à des tiers de parcelles de terrain ou de locaux, dès lors que le régime de la transparence fiscale implique l'attribution des biens aux associés.

SOLUTIONS DIVERSES

40165 Compte tenu des nombreuses atténuations apportées au principe de l'exclusivité de l'objet social et de la variété des situations susceptibles de se présenter, il a paru souhaitable de regrouper les solutions sous deux rubriques : celles permettant le maintien du régime de la transparence fiscale, celles susceptibles de remettre en cause ce régime.

Il faut noter que certaines solutions listées ci-après ont été prises par l'administration fiscale dans son ancienne documentation administrative (D. adm.) ou par voie de réponses ministérielles mais n'ont pas été reprises dans la base Bofip-Impôts. Bien qu'elles ne soient plus opposables à l'administration, ces solutions nous paraissent avoir conservé leur valeur sur le fond.

40170 **Maintien de la transparence fiscale** Le bénéfice de la transparence fiscale a notamment été maintenu dans les cas suivants.

Acquisitions et **cessions** de **mitoyenneté** visées aux articles 660 et 661 du Code civil (D. adm. 8 H-122 n° 6 non reprise au Bofip).

Livraison aux associés **d'immeubles** dotés **d'équipements mobiliers** accessoires à la construction (cuisines, salles d'eau et éléments de rangement) sous les mêmes conditions que celles exposées pour les ventes d'immeubles équipés par les sociétés de construction-vente (nos 45550 s. ; BOI-IS-CHAMP-20-10-20 nos 190 s.).

Placement des sommes destinées au paiement des travaux et des **retenues de garantie** sous réserve qu'il soit fait à titre accessoire et à très court terme. Les intérêts correspondant à ces placements constituent des revenus de créances devant être compris dans l'assiette de l'impôt de chaque associé (D. adm. 8 H-121 n° 3 non reprise au Bofip).

Placement des liquidités provenant des **avances** faites par les associés en vue du règlement des charges de copropriété à la double condition que les placements :

– soient effectués à vue ou à court terme (le blocage des sommes mises ou laissées en comptes de dépôts ne doit pas excéder une période de 3 mois éventuellement renouvelable) ;

– puissent être regardés comme une opération accessoire à la gestion ; à cet égard, le volume des fonds mis ou laissés à la disposition de la société ne doit pas, sauf circonstances exceptionnelles dûment justifiées, dépasser 15 % du montant des charges normales de copropriété supportées au cours des quatre derniers trimestres.

En tout état de cause, les fonds doivent être bloqués à un compte distinct ouvert auprès d'un établissement bancaire au nom de chaque attributaire ou à un compte social unique par immeuble comportant des sous-rubriques permettant une individualisation (D. adm. 8 H-122 n° 24 non reprise au Bofip).

Revente d'un terrain effectuée, **pour les besoins de sa liquidation,** par une société civile immobilière « transparente » empêchée de réaliser son objet social. Il importe peu, à cet égard, que les associés soient eux-mêmes marchands de biens dès lors que la société n'avait pas l'intention de revendre le terrain lors de son acquisition, mais d'y construire un immeuble destiné à être attribué aux associés par fractions (CE 28-9-1983 n° 40169 : RJF 11/83 n° 1288 ; CE 17-10-1990 n° 72672 : RJF 12/90 n° 1451).

Attribution en jouissance aux associés **d'emplacements de parkings, de ports de plaisance ou de terrains de camping** (en ce sens, notamment, Cass. com. 6-1-1975 n° 73-13.170). Toutefois, lorsque les sociétés concernées rendent également à leurs membres des services liés à l'utilisation personnelle, par les intéressés, des emplacements qui leur sont affectés, elles perdent le bénéfice de la transparence fiscale (Rép. Fosset : Sén. 16-9-1981 n° 264 non reprise au Bofip).

Cautionnements hypothécaires consentis **aux associés** pour leur permettre de faire face aux **appels de fonds** de la société nécessaires à la **réalisation de l'objet social** (D. adm. 8 H-121 n° 4 non reprise au Bofip).

Construction par l'intermédiaire d'une société en participation jouant le rôle de simple mandataire non rémunéré (D. adm. 8 H-121 n° 5 non reprise au Bofip).

On rappelle enfin que les opérations de **location** réalisées **par la société** en tant que **mandataire pour le compte des associés** ne font pas, en principe, obstacle au régime de la transparence fiscale (n° 40145).

Perte de la transparence fiscale Les opérations suivantes ont été considérées comme étant de nature à faire perdre à la société le bénéfice du régime de la transparence fiscale. 40175

Location, avant le début des travaux, **des immeubles destinés à être démolis** et non libérés de leurs occupants. La transparence n'est susceptible de s'appliquer qu'après la cessation de cette activité locative (le changement de régime emportant taxation des plus-values latentes). Des dérogations spéciales peuvent toutefois être accordées lorsque des circonstances de force majeure empêchent momentanément d'entreprendre les travaux (D. adm. 8 H-122 n° 3 non reprise au Bofip).

Livraison aux associés de locaux entièrement équipés et meublés, la société ayant en outre assuré le remplacement des objets usagés ou détériorés et s'étant chargée de la remise en état des studios à l'issue de chaque séjour. Est sans incidence la circonstance que ces divers services rendus aux associés seraient exécutés par une société commerciale distincte dès lors que la société demeure responsable vis-à-vis des « multipropriétaires » de la bonne exécution des travaux (TA Marseille 15-2-1979 : RJF 9/79 n° 517).

Location en meublé d'appartements mis à la disposition de la société par ses associés. La société doit être regardée comme ayant agi pour son propre compte ; elle est, par suite, réputée exercer une activité commerciale et devient ainsi passible de l'impôt sur les sociétés (CE 5-11-1980 n° 18274 : RJF 1/81 n° 19). De façon générale, les sociétés relevant de la transparence fiscale doivent se borner à réaliser des opérations de construction, d'acquisition, de division, de gestion portant exclusivement sur des immeubles ainsi que sur les équipements qui en sont le complément nécessaire, de sorte qu'une société civile immobilière qui a, en outre, pour objet et activité l'**acquisition** et la **gestion de meubles** n'entre pas dans le champ de l'article 1655 ter du CGI et est passible de l'impôt sur les sociétés (CAA Lyon 30-6-2005 n° 98-2113 : RJF 12/05 n° 1367, confirmé par CE (na) 26-3-2007 n° 284553 : RJF 12/07 n° 1384).

Bail commercial consenti à l'un des **associés** : l'accomplissement d'actes de gestion immobilière fait perdre à la société le bénéfice de la transparence fiscale (Rép. Cousté : AN 30-6-1976 n° 28214 non reprise au Bofip).

Lotissement du terrain social : une société civile immobilière avait procédé à la division des parts sociales en deux groupes correspondant à deux fractions distinctes du terrain acquis. Elle avait, ensuite, autorisé l'acquéreur des parts du premier lot – sur lequel deux pavillons avaient été construits – à se retirer de la société en conservant la pleine propriété de ces deux pavillons et du terrain restant sur lequel l'intéressé a, ultérieurement, construit une clinique. Le Conseil d'État a jugé que les opérations auxquelles s'était ainsi livrée la société civile avaient eu, en fait, pour objet le lotissement du terrain initialement acheté et ne pouvaient donc ouvrir droit au bénéfice de la transparence fiscale (CE 29-9-1982 n° 22058 : RJF 11/82 n° 1054).

Octroi de libéralités aux associés ou à des tiers, à moins que les avantages consentis n'aient une contrepartie appréciable pour la société (CE 1-12-1976 n° 88003 : RJF 2/77 n° 90).

Affectation aux parties communes, en vue de les **louer,** de **locaux** normalement **destinés à être attribués en jouissance** et en propriété divise aux associés (Rép. Labbé : AN 31-5-1974 n° 10288 non reprise au Bofip).

Mise à la disposition d'un tiers, même gratuite, de **parties communes** (par exemple, ensemble sports et loisirs). Toutefois, dans ce cas, la remise en cause de la situation fiscale de la société serait écartée si le tiers (au cas particulier, l'association sportive destinée à gérer l'ensemble sports et loisirs) était mis en mesure d'entrer dans la société immobilière à l'occasion d'une augmentation de capital en se faisant attribuer privativement les parts donnant vocation à la propriété ou à la jouissance de ces parties communes (Rép. Destremau : AN 25-4-1970 n° 8970 non reprise au Bofip).

Cautionnements hypothécaires consentis aux cessionnaires de parts ou aux associés pour leurs besoins personnels. Bien que l'article L 212-7 du CCH permette aux sociétés de copropriété qui se consacrent à la construction d'immeubles d'habitation de consentir des cautionnements hypothécaires, notamment aux acheteurs de parts sociales pour leur permettre de payer le prix de cession à concurrence des appels de fonds déjà réglés à la société ou qui restent à régler, cette possibilité n'est pas admise par l'administration fiscale. Cette dernière considère, en effet, que l'article 1655 ter conserve une entière autonomie par rapport aux dispositions législatives portant statut des sociétés de copropriété immobilière. Par suite, nonobstant les dispositions de l'article L 212-7 précité, les sociétés de copropriété immobilière ne peuvent, sans perdre le bénéfice du régime de la transparence fiscale, consentir de tels cautionnements hypothécaires (BOI-ENR-AVS-40-20 n° 10 ; D. adm. 8 H-122 n° 1 non reprise au Bofip).

Prise de participations dans d'autres sociétés (D. adm. 8 H-2121 n° 11 non reprise au Bofip).

SECTION 3

SITUATION DES ASSOCIÉS DES SOCIÉTÉS CIVILES D'ATTRIBUTION

I. RÉGIME JURIDIQUE

A. Droits des associés de société civile d'attribution

GÉNÉRALITÉS

40800 Les associés des sociétés civiles d'attribution disposent des droits qui appartiennent à tout associé d'une société civile : droit de vote, droits pécuniaires, etc. (nos 20100 s.).

Par ailleurs, ils sont titulaires de **droits** qui s'exercent **sur l'immeuble social** : droit de jouissance exclusive d'une partie de cet immeuble et vocation à l'attribution de celle-ci en propriété à la fin de la société.

1. DROIT DE JOUISSANCE D'UNE PARTIE DE L'IMMEUBLE PAR LES ASSOCIÉS

EXERCICE DU DROIT DE JOUISSANCE

40805 L'associé d'une société civile d'attribution a droit, dès **avant le partage,** à l'usage exclusif de la fraction de l'immeuble social affecté à son groupe de parts. Il peut exiger de la société une jouissance conforme à ce qui a été prévu dans l'état descriptif de division (Cass. 3e civ. 7-7-1982 no 81-12.387 : Bull. civ. III no 173). Si la société ne lui permet pas de jouir de l'immeuble, l'associé peut lui réclamer réparation de son préjudice (Cass. 3e civ. 1-7-2009 no 08-14.905 : RJDA 12/09 no 1099).

En **contrepartie,** l'associé doit utiliser les locaux conformément à leur destination et effectuer les réparations locatives qui s'imposent.

Les associés d'une société civile d'attribution propriétaire de plusieurs lots dans un immeuble en copropriété sont autorisés à participer aux **assemblées générales de copropriétaires** avec un nombre de voix correspondant au lot dont ils ont la jouissance (Loi 65-557 du 10-7-1965 art. 23, al. 1).

> **Précisions** L'associé peut **louer les locaux** dont il a l'usage exclusif, mais cette location n'est pas opposable à la société, qui peut poursuivre l'expulsion des occupants au cas où l'associé viendrait à être déchu de son droit de jouissance (T. civ. Seine 25-1-1961 : JCP G 1961 II no 11922 note Sizaire).

EFFETS DU DROIT DE JOUISSANCE À L'ÉGARD DES TIERS

40820 Le droit de jouissance est un droit de créance à caractère mobilier qui n'est pas opposable aux tiers. Les **créanciers de la société** peuvent donc saisir et faire vendre l'immeuble sans que les associés puissent leur opposer leur droit de jouissance.

De même, en cas de désordres affectant l'immeuble social, les associés ne peuvent pas agir en réparation contre le **constructeur** sur le fondement de la garantie décennale ; cette garantie est attachée à la propriété de l'immeuble et ne peut donc être exercée que par la société, seule propriétaire (Cass. 3e civ. 19-7-1995 no 1705 : RJDA 10/95 no 1117). Les associés peuvent agir contre le constructeur, mais seulement sur le fondement de la responsabilité civile extracontractuelle (C. civ. art. 1240 s.), ce qui les oblige à prouver que celui-ci a commis une faute.

2. VOCATION DES ASSOCIÉS À L'ATTRIBUTION EN PROPRIÉTÉ

CONDITIONS DE L'ATTRIBUTION EN PROPRIÉTÉ

40840 L'attribution en propriété ne peut avoir lieu qu'à l'occasion du **partage** des biens de la société civile d'attribution. Celui-ci résulte le plus souvent de la dissolution de la société, mais peut avoir pour origine le retrait anticipé d'un associé qui réclame l'attribution de la fraction à laquelle il avait vocation sous réserve que les conditions requises pour un tel retrait soient réunies (nos 42800 s.).

Par ailleurs, les associés ne peuvent obtenir l'attribution en propriété qu'après avoir satisfait à toutes leurs obligations envers la société, notamment avoir répondu à tous les appels de fonds auxquels la société a procédé (CCH art. L 212-4, al. 1) et avoir réglé la totalité des charges de gestion et d'entretien qui leur incombaient (art. L 212-6, al. 3).

ATTENTION

Le **statut de la copropriété** n'est pas applicable au fonctionnement des sociétés d'attribution. Il ne devient applicable qu'à partir du moment de l'attribution à chaque associé de sa part divise (Cass. 3e civ. 31-1-1990 : Bull. civ. III no 34 ; CA Versailles 27-6-1991 : D. 1991 IR p. 236).

Une société civile immobilière d'attribution n'a pas la qualité de vendeur de l'immeuble attribué en propriété aux associés (Cass. 3e civ. 18-3-1987 no 85-17.950 : Bull. civ. III no 55). Elle n'est donc pas tenue à la **garantie des vices cachés** (C. civ. art. 1641) à l'égard des associés qui ont reçu en propriété, à la suite d'un partage en nature de l'actif social, les locaux correspondant à leurs droits sociaux et une quote-part des parties communes attachées à leur lot respectif (Cass. 3e civ. 25-3-1987 no 85-17.165 : Bull. civ. III no 62). L'action en réparation des vices cachés s'exerce directement contre l'entrepreneur ou le constructeur de l'immeuble défectueux. Contre ces derniers, les associés attributaires peuvent agir sur le fondement de la garantie décennale ou de la responsabilité contractuelle, ces actions étant transmises avec la propriété de l'immeuble. 40841
Sur la garantie due par les cédants de parts d'une société civile d'attribution, voir no 41670.

EFFETS DE L'ATTRIBUTION À L'ÉGARD DES CRÉANCIERS DE LA SOCIÉTÉ

Les créanciers de la société civile d'attribution ne peuvent exercer leurs droits à l'encontre d'un ancien associé attributaire par voie de partage ou de retrait et à l'encontre de ses ayants cause qu'après discussion préalable des biens restant appartenir à la société, sauf l'effet des sûretés réelles dont ils seraient bénéficiaires (CCH art. L 212-9, dernier al.). 40850
Les créanciers sociaux bénéficient d'un droit de gage exclusif sur l'immeuble social attribué aux associés emportant droit de préférence vis-à-vis des créanciers personnels des associés sur les parties divises.

B. Obligations des associés de société civile d'attribution

GÉNÉRALITÉS

Outre les obligations qui leur incombent comme à tout associé d'une société civile (nos 20400 s.), les associés des sociétés civiles d'attribution doivent remplir certaines obligations supplémentaires : notamment, répondre aux appels de fonds nécessaires à la réalisation de l'objet social et participer aux charges de gestion et d'entretien de l'immeuble. 40900

1. RÉPONSE DES ASSOCIÉS AUX APPELS DE FONDS

OBJET DES APPELS DE FONDS

Les appels de fonds auprès des associés de la société civile d'attribution doivent être nécessités par l'**acquisition,** la **construction ou** l'**aménagement de l'immeuble social** (CCH art. L 212-3). Mais ils peuvent être demandés aux associés aussi bien pour l'exécution d'un plan de financement préétabli que pour faire face à des dépenses imprévues. 40905

EXEMPLE

Sont considérés comme nécessités par la construction de l'immeuble social : les variations du coût des travaux stipulés dans les marchés passés par la société avec les constructeurs, la quote-part des annuités dont la société est débitrice à titre d'emprunt, l'aménagement des espaces verts d'un ensemble immobilier, etc.

Les appels de fonds peuvent aussi être nécessités par la **carence d'un associé.** Les autres associés sont tenus d'y répondre au lieu et place de l'associé défaillant et au prorata de leurs droits sociaux jusqu'à la vente des parts de ce dernier (CCH art. R 212-5). 40907

> Précisions Dans un cas où la carence de certains associés n'avait été que temporaire, il a été jugé que les autres associés qui avaient fait l'avance des appels de fonds ne pouvaient pas agir en remboursement de ces fonds à l'encontre des associés retardataires, dès lors qu'aucun titre de créance personnel n'avait été établi contre ces derniers lors de l'avance des fonds (Cass. 3e civ. 22-3-1995 no 92-19.343 : Bull. civ. III no 85).

RÉPARTITION ENTRE LES ASSOCIÉS DANS LES APPELS DE FONDS

40920 Dans les sociétés d'attribution, la loi prévoit une corrélation entre les parts de chaque associé dans le capital social et la valeur des biens auxquels ils ont vocation. Au nombre de parts dans le capital correspondent, d'une part, les biens qui seront attribués en propriété ou en jouissance, d'autre part, la participation dans les appels de fonds nécessaires au financement de l'opération : ainsi, tous les associés sont tenus de répondre aux appels de fonds en **proportion** de leurs droits dans le **capital** (CCH art. L 212-3, al. 1), tels qu'ils sont définis dans les statuts.

Lorsqu'il existe une **disproportion** de plus d'un quart entre la contribution mise à la charge d'un associé et la valeur des biens auquel il a vocation, une action en remboursement ou en versement complémentaire peut être envisagée (art. L 212-5). Cette disproportion se calcule en considérant, non un lot particulier, mais la totalité des biens auxquels les droits de l'associé dans le capital social lui permettent de prétendre (Cass. 1e civ. 22-10-2002 n° 1451 : RJDA 7/03 n° 737).

Si la **contribution** de l'associé est **supérieure** de plus d'un quart **à celle qui aurait dû** lui **incomber,** l'intéressé peut réclamer le remboursement de l'excédent à celui ou à ceux de ses coassociés que la répartition incriminée a avantagés, mais à concurrence seulement des sommes que chacun d'eux s'est ainsi trouvé dispensé de payer à la société (art. L 212-5, al. 3).

Si elle est **inférieure** de plus d'un quart, tout associé peut réclamer à l'associé avantagé les versements dont il s'est trouvé dispensé. Les sommes ainsi obtenues doivent être versées à la société et réparties par l'organe de gestion ou le liquidateur entre les associés désavantagés en proportion des sommes excédentaires versées par eux (art. L 212-5, al. 4).

La société doit être appelée en cause, à peine d'irrecevabilité de la demande (art. R 212-7).

40921 Ces deux actions peuvent être exercées même **après la dissolution de la société** par ou à l'encontre de tous ceux qui ont eu la qualité d'associé avant l'approbation définitive des comptes de l'opération de construction, d'acquisition ou d'aménagement, mais seulement avant l'expiration d'un délai de deux ans à compter de la dissolution ou du retrait de l'associé (CCH art. L 212-5, dernier al.).

EXÉCUTION DE L'OBLIGATION DE RÉPONDRE AUX APPELS DE FONDS

40930 Les statuts de la société d'attribution doivent rappeler les obligations des associés et notamment les **délais** dans lesquels ils sont tenus de répondre aux appels de fonds.

40931 Pour permettre aux associés de satisfaire aux appels de fonds nécessaires à la réalisation de l'objet social, la société peut se constituer **caution hypothécaire** en garantie des emprunts contractés à cette fin par les associés (CCH art. L 212-7, al. 1).

La faculté pour la société de consentir une hypothèque doit être autorisée par les statuts, avec stipulation que l'engagement de la société est strictement limité aux parties divises et indivises de l'immeuble social auxquelles le bénéficiaire du crédit aura vocation en propriété (CCH art. L 212-7, al. 4). Si le créancier bénéficiant de l'hypothèque n'est pas payé, il pourra procéder à la saisie du lot de l'associé défaillant. Ce lot sera mis en vente publique et l'adjudicataire deviendra propriétaire de l'immeuble avec la société.

La saisie du gage valant retrait de l'associé (CCH art. L 212-7, al. 5) et le retrait d'un associé ne pouvant avoir lieu qu'après que l'assemblée a constaté l'achèvement de l'immeuble, il en résulte qu'il ne peut pas y avoir saisie avant la fin des opérations de construction.

SANCTIONS DU DÉFAUT DE RÉPONSE AUX APPELS DE FONDS

40940 L'associé qui n'a pas répondu aux appels de fonds lui incombant ne peut ni exercer son droit de jouissance sur la fraction d'immeuble à laquelle il a vocation, ni obtenir l'attribution en propriété de cette fraction (CCH art. L 212-4, al. 1).

Par ailleurs, la société peut procéder à la vente forcée des droits sociaux de l'associé (art. L 212-4, al. 2), à moins qu'elle ne préfère agir en paiement, afin d'obtenir du tribunal la condamnation du débiteur au paiement des sommes dont il est redevable.

La société ne peut procéder à la vente forcée des droits sociaux que si la créance est certaine. Tel n'est pas le cas lorsque l'associé a contesté devant les tribunaux le montant des charges lui incombant et qu'une décision définitive n'a pas été rendue (CA Paris 15-1-1985 : D. 1986 IR p. 42).

Les statuts doivent rappeler les conditions dans lesquelles les associés défaillants peuvent voir leurs parts mises en vente (art. R 212-6).

> **Précisions** **a.** **Une société qui ne remplit pas son obligation** de garantie des vices de la construction lui incombant en tant que promoteur et constructeur n'est pas fondée à reprocher à un associé de n'avoir pas répondu aux appels de fonds dès lors que l'intéressé a dû faire procéder lui-même et à ses frais à des travaux urgents nécessités par des

malfaçons affectant l'immeuble (Cass. 3e civ. 13-10-1976 n° 75-11.992 : Bull. civ. III n° 350).

b. L'obligation pour les associés d'une société d'attribution de répondre aux appels de fonds constitue une condition de leur droit de participer au partage mais n'est pas une condition de la **recevabilité de** leur **action en** justice visant à obtenir ou homologuer un **partage** (Cass. 3e civ. 16-3-2022 n° 21-11.579 FS-B : RJDA 6/22 n° 348). Il suffit qu'ils aient un intérêt à agir en partage, peu important le bien-fondé de leur action.

Procédure de la vente forcée La société doit tout d'abord **mettre** le défaillant **en demeure,** par acte extrajudiciaire, de régler les appels de fonds dans le délai d'un mois (CCH art. L 212-4, al. 2 et R 212-3). En cas d'inaction du gérant, la mise en demeure peut être faite par tout associé (art. R 212-3). **40950**

Si cette mise en demeure est restée infructueuse, le gérant (ou, en cas d'inaction de celui-ci, tout associé) doit **convoquer** les associés en **assemblée** générale pour autoriser la vente forcée des parts de l'associé défaillant et fixer leur mise à prix. L'autorisation doit être donnée à la majorité des deux tiers du capital social et, sur deuxième convocation, à la majorité des deux tiers des parts sociales dont les titulaires sont présents ou représentés (art. L 212-4, al. 2).

Pour le calcul des majorités requises, il n'est pas tenu compte des parts des associés défaillants à l'encontre desquels la mise en vente est à l'ordre du jour.

La **décision de l'assemblée** doit ensuite être notifiée à l'associé défaillant ainsi qu'à tous les autres associés. La notification, qui doit indiquer la date, l'heure, le lieu de la mise en vente publique et le montant de la mise à prix, doit être faite par lettre recommandée AR et publiée dans un support d'annonces légales du lieu du siège social (CCH art. L 212-4, al. 3 et R 212-4 ; Loi 55-4 du 4-1-1955 art. 1). **40951**

La **vente** a lieu par voie d'adjudication publique faite par un officier ministériel. Si l'associé défaillant est titulaire de plusieurs groupes de parts donnant vocation à des parties différentes de l'immeuble, chacun de ces groupes peut être mis en vente séparément (CCH art. L 212-4, al. 3). **40952**

Toute personne peut se porter adjudicataire, mais, si les statuts comportent une clause d'agrément en cas de cession des droits sociaux, cette clause doit être respectée.

Le droit de préemption urbain (nos 41595 s.) et le droit de préemption dans les zones d'aménagement différé (ZAD) peuvent être exercés en cas de vente forcée de droits sociaux. Il en sera de même, à notre avis, du nouveau droit de préemption institué au profit de certaines communes situées dans des zones exposées au recul du trait de côte (cf. C. urb. art. L 219-1 s. modifiés par ord. 2022-489 du 6-4-2022, dont l'entrée en vigueur est encore subordonnée à la publication d'un décret, et Décret 2022-750 du 29-4-2022).

Les sommes produites par l'adjudication sont affectées par **privilège** au paiement des sommes dont l'associé défaillant est redevable à la société (CCH art. L 212-4, dernier al.). Ce privilège l'emporte sur toutes les sûretés réelles ou conventionnelles grevant les droits sociaux du défaillant (CCH art. L 212-4, dernier al.).

Si le prix de l'adjudication est inférieur au montant des sommes dues par l'associé, celui-ci demeure personnellement tenu de la différence et peut être poursuivi pendant cinq ans conformément au droit commun.

2. PARTICIPATION DES ASSOCIÉS AUX FRAIS DE GESTION ET D'ENTRETIEN

OBJET DE L'OBLIGATION DES ASSOCIÉS DE PARTICIPER AUX CHARGES

Les associés sont tenus de participer aux charges entraînées par les **services collectifs** et les **éléments d'équipement commun** ainsi qu'à celles relatives à la conservation, à l'entretien et à l'administration des **parties communes,** s'il en existe, dans les conditions prévues à l'article 10 de la loi 65-557 du 10 juillet 1965 sur la copropriété (CCH art. L 212-6, al. 1). C'est donc à tort que, dans un litige relatif à sa participation aux charges d'entretien des parties communes de l'immeuble, un associé avait invoqué les dispositions interdisant d'augmenter les engagements des associés sans leur consentement (Cass. 3e civ. 2-2-1994 n° 91-16.388 P : RJDA 6/94 n° 675). **40980**

Les associés doivent en outre verser une cotisation à un **fonds de travaux** initialement destiné à financer les dépenses obligatoires ou votées par l'assemblée générale des copropriétaires hors budget prévisionnel (Loi 65-557 du 10-7-1965 art. 10 et 14-2 dans leur rédaction antérieure à la loi 2021-1104 du 22-8-2021 ; Décret 67-223 du 17-3-1967 art. 44). Depuis le 1er janvier 2023 pour les copropriétés de plus de 200 lots, à compter du 1er janvier 2024 pour les copropriétés qui comprennent entre 51 et 200 lots et à compter du 1er janvier 2025 pour les copropriétés de moins de 50 lots, le fonds de travaux finance notamment les dépenses résultant de l'élaboration du projet de plan pluriannuel de travaux, les travaux prescrits dans le plan ou ceux nécessaires à la sauvegarde de l'immeuble, à la préservation de la santé et de la sécurité des occupants et à la réalisation d'économies d'énergie, non prévus dans le plan pluriannuel (Loi 65-557 art. 14-2-2).

> **Précisions** Le fonds de travaux n'est requis qu'à l'issue d'une période de dix ans (cinq ans auparavant) après réception des travaux (Loi 65-557 art. 14-2-2, applicable selon les dates ci-dessus en fonction de la taille de la copropriété). Le 1er janvier 2025 au plus tard, toutes les copropriétés devront avoir constitué un fonds de travaux car les dérogations existantes (pour les copropriétés de moins de dix lots ou en cas de diagnostic technique global montrant l'inutilité de travaux pendant les dix prochaines années : cf. Loi 65-557 art. 14-2 dans sa rédaction antérieure à la loi 2021-1104) ont été supprimées.

RÉPARTITION DES CHARGES ENTRE LES ASSOCIÉS

40990 Le **règlement de jouissance** doit fixer la quote-part incombant au propriétaire de chaque lot dans chacune des catégories de charges ; à défaut, il doit indiquer les bases selon lesquelles la répartition est faite pour les différentes catégories de charges (CCH art. L 212-6, al. 2).

Les charges entraînées par les services collectifs et les éléments d'équipement commun (ascenseur, escalier, chauffage, eau chaude, etc.) doivent être réparties en fonction de l'utilité objective que ces services et éléments présentent pour chaque lot, dès lors que ces charges ne sont pas individualisées (Loi 65-557 du 10-7-1965 art. 10, al. 1).

Les charges relatives à la conservation, à l'entretien et à l'administration des parties communes et la contribution au fonds de travaux doivent être réparties proportionnellement aux droits du titulaire de chaque lot dans les parties communes ; cette répartition est fonction de la valeur de chaque partie privative par rapport à la valeur totale desdites parties telle qu'elle résulte de la consistance, de la superficie et de la situation des lots, mais sans tenir compte de leur utilisation (Loi 65-557 du 10-7-1965 art. 10, al. 2 et, sur renvoi, art. 5). Il s'agit là d'une situation différente de celle retenue par l'article L 212-5 du Code de la construction et de l'habitation en matière de répartition des droits des associés dans le capital (n° 39520).

À l'égard de la **copropriété,** c'est le copropriétaire des lots qui est redevable des charges, toute clause contraire étant réputée non écrite (Loi 65-557 du 10-7-1965 art. 10 et 43). En conséquence, c'est à la société de payer les charges et de poursuivre le cas échéant les associés pour obtenir leur contribution, mais le syndicat des copropriétaires ne peut pas agir directement en paiement contre l'associé attributaire en jouissance (Cass. 3e civ. 9-6-1993 n° 1024 : RJDA 10/93 n° 830 ; CA Versailles 25-6-2007 n° 06-1562 : RJDA 11/07 n° 1126).

40991 Chaque associé dispose d'une **action en révision de répartition** de charges devant le tribunal judiciaire du lieu de situation de l'immeuble si la part correspondant à son lot est supérieure de plus d'un quart ou si la part correspondant à un autre lot est inférieure de plus d'un quart, dans l'une ou l'autre des catégories de charges, à celle qui a été fixée par le règlement. Si l'action est reconnue fondée, le tribunal procède à une nouvelle répartition, qui ne s'appliquera que pour l'avenir (CCH art. L 212-6, al. 4).

SANCTION DE L'INEXÉCUTION DE L'OBLIGATION DE CONTRIBUER AUX CHARGES

41000 La procédure de **vente forcée** des droits sociaux exposée n° 40950 est applicable à l'inexécution par les associés des obligations dont ils sont tenus envers la société au titre de la participation aux charges de gestion et d'entretien de l'immeuble (CCH art. L 212-6, al. 3).

L'existence de cette procédure ne fait pas obstacle à ce que la société poursuive l'associé défaillant en paiement selon les règles du droit commun.

3. OBLIGATION DES ASSOCIÉS DE NOTIFIER LEUR CHANGEMENT DE DOMICILE

41020 Les associés de la société d'attribution sont tenus de notifier à la société ou au liquidateur leur changement de domicile (CCH art. R 212-9, al. 1).

Les changements de domicile doivent être portés sur un registre ouvert à cet effet au siège de la société et tenu à la disposition de chaque associé qui en ferait la demande, et ce jusqu'à l'expiration d'un délai de deux ans à compter du retrait de l'associé ou de la dissolution de la société (CCH art. R 212-9, al. 2).

II. RÉGIME FISCAL DES ASSOCIÉS

PRINCIPE

Les sociétés dotées de la transparence fiscale sont réputées ne pas avoir de personnalité distincte de celle de leurs membres pour l'application des impôts directs (CGI art. 1655 ter). 41100

Pour l'imposition des revenus, les associés de ces sociétés sont considérés comme propriétaires privatifs des locaux à la jouissance ou à la propriété desquels leurs parts donnent vocation. L'imposition est donc établie au nom des associés eux-mêmes en tenant compte exclusivement du régime fiscal auquel ceux-ci sont personnellement soumis (BOI-RFPI-CHAMP-30-20 n° 60).

En ce qui concerne l'imposition des **plus-values de cessions des parts,** voir n°s 41860 s.

En ce qui concerne la situation des associés au regard des **autres impositions et taxes,** voir n°s 40130 s.

> **Précisions** La **transformation** d'une société transparente **en copropriété** n'entraîne aucune conséquence en matière d'impôts directs ; en particulier, le partage en nature et à titre pur et simple entre tous les associés de la totalité des immeubles qui composent l'actif social ne dégage pas de plus-value imposable.

A. Parts détenues par un particulier

AFFECTATION DES LOCAUX

Lorsque l'associé de la société civile d'attribution est un particulier, le traitement fiscal des revenus perçus et des dépenses engagées et les avantages fiscaux (le cas échéant plafonnés : n° 41102) dont il peut bénéficier diffèrent selon que le local auquel ses parts lui donnent vocation est destiné à être **donné en location** ou si l'associé prévoit de **s'en réserver la jouissance.** 41101

PLAFONNEMENT GLOBAL DES NICHES FISCALES

En matière d'impôt sur le revenu, l'avantage fiscal cumulé procuré par certains crédits d'impôt, réductions d'impôt et déductions est plafonné à **10 000 €** par foyer fiscal, quelle que soit sa composition (CGI art. 200-0 A). Ce plafond est **majoré** de 8 000 € pour les réductions d'impôt liées à certains investissements outre-mer et aux souscriptions au capital de Sofica. En cas d'application la même année d'avantages relevant de plusieurs catégories, le total des avantages fiscaux hors outre-mer et Sofica, retenu dans la limite de 10 000 €, majoré des réductions d'impôt outre-mer et Sofica ne peut pas procurer une réduction de l'impôt supérieure à 18 000 € (BOI-IR-LIQ-20-20-10-20 n° 200 et BOI-IR-LIQ-20-20-10-30 n° 110). 41102

Ce plafonnement s'applique en principe aux avantages fiscaux liés aux dépenses payées, aux investissements réalisés ou aux aides accordées depuis le 1er janvier 2013.

Les **avantages** fiscaux **soumis au plafonnement** sont ceux accordés en contrepartie d'un investissement ou du paiement d'une prestation dont bénéficie le contribuable (par exemple, crédit d'impôt pour installation de systèmes de charge des véhicules électriques, etc.). En revanche, sont **exclus** du calcul du plafonnement l'ensemble des avantages fiscaux liés à la situation personnelle du contribuable (avantages liés à une situation de dépendance ou de handicap, etc.) ou à la poursuite d'un objectif d'intérêt général (réduction d'impôt pour dons, etc.).

Il faut noter que, depuis sa création, le montant du plafonnement a été régulièrement modifié. Compte tenu des modalités d'**entrée en vigueur des plafonds successifs,** les avantages fiscaux dont bénéficie un contribuable au titre d'une année d'imposition peuvent être soumis simultanément à différents plafonds (pour plus de précisions sur les modalités de calcul du plafonnement, voir notre Mémento Fiscal n°s 4840 s.).

Le calcul du plafonnement suppose une **double liquidation** par l'administration de l'impôt sur le revenu dû par le foyer fiscal du contribuable : le montant de l'impôt est d'abord calculé tous revenus et avantages fiscaux compris, puis en ne prenant pas en compte les avantages visés par le plafonnement. Si la différence entre les deux cotisations dépasse le plafond, la fraction excédentaire est ajoutée à la cotisation d'impôt qui aurait dû être versée en l'absence de plafonnement (sous réserve des aménagements liés à l'application de plafonds différents au titre d'une même année d'imposition).

1. LOCAUX DONNÉS EN LOCATION

REVENUS FONCIERS

41105 Le plus souvent, lorsque l'associé est un particulier, les locaux auxquels ses parts lui donnent vocation sont des **locaux à usage d'habitation.** Lorsque, dans le cadre de la gestion de son patrimoine privé, il donne ceux-ci en location nue, le revenu à comprendre dans les bases de son impôt sur le revenu doit être déterminé suivant les règles des revenus fonciers.

Les modalités de déduction des charges et les obligations déclaratives dépendent du régime d'imposition de l'associé, selon qu'il relève du régime réel ou du régime simplifié (régime du micro-foncier).

41110 **Associé imposable selon le régime du micro-foncier** Du fait de la transparence fiscale attachée à ces sociétés, les propriétaires de parts de sociétés civiles d'attribution qui donnent eux-mêmes en location nue les locaux correspondant à leurs droits bénéficient du régime du micro-foncier comme s'ils étaient propriétaires directs de ces locaux (BOI-RFPI-DECLA-10 n° 50).

Ce régime permet aux contribuables dont le **revenu brut** foncier annuel est **inférieur ou égal à 15 000** € de n'être imposés que sur 70 % de leurs recettes brutes (aucune déduction supplémentaire ne peut être opérée, l'abattement de 30 % étant représentatif de l'ensemble des charges de la propriété).

Le régime du micro-foncier ne s'applique toutefois pas lorsque l'associé est propriétaire d'immeubles relevant de certains régimes particuliers (n° 35302).

Les contribuables souhaitant bénéficier du régime du micro-foncier portent directement le montant de leur revenu brut foncier sur leur **déclaration** d'ensemble des revenus n° 2042 (sans avoir à souscrire la déclaration n° 2044 des revenus fonciers).

Les contribuables placés de plein droit sous le régime du micro-foncier peuvent **opter** pour le **régime réel** d'imposition des revenus fonciers.

41125 **Associé imposable selon le régime réel** L'associé de la société civile d'attribution peut déduire de ses revenus fonciers imposés selon le régime réel la **quote-part** qui lui incombe dans les **dépenses supportées par la société** ainsi que les **dépenses** qu'il a supportées **personnellement et directement,** telles que les impositions de taxe foncière établies à son nom ou les intérêts d'emprunts contractés à titre personnel, notamment pour faire apport à la société ou acquérir les titres représentatifs de l'immeuble. Ces dépenses ne sont admises en déduction que pour autant qu'elles aient la nature de charges foncières.

L'associé peut également bénéficier de **déductions spécifiques** réservées par le législateur aux bailleurs qui réalisent certains investissements immobiliers dans le neuf ou dans l'ancien, notamment la déduction spécifique du dispositif Cosse, laquelle est réservée aux propriétaires de logements donnés en location dans le cadre d'une convention conclue avec l'Agence nationale de l'habitat (Anah) à la suite d'une demande enregistrée jusqu'au 28 février 2022. À notre avis, du fait de la transparence fiscale de la société civile d'attribution, c'est à l'associé qu'il appartient de satisfaire aux différentes obligations requises par ce dispositif (engagement de location, obligations déclaratives). En revanche, il ne devrait pas être concerné par l'engagement de conservation des parts sociales exigé des associés de SCI de droit commun (voir ci-après n° 41140).

> Précisions **a.** Les associés de sociétés civiles d'attribution ont pu se placer sous le bénéfice des **dispositifs d'amortissement** prévus dans le cadre des régimes Robien, Borloo neuf, Besson ou Périssol. Ces régimes ne concernent plus les investissements réalisés actuellement, mais les propriétaires ayant opté pour leur application peuvent, le cas échéant, continuer à bénéficier de leurs avantages (sous réserve du respect de l'ensemble des conditions et notamment de l'engagement de location pendant une durée minimum). La déduction au titre de l'amortissement est alors pratiquée directement par chaque associé sur sa déclaration de revenus, que les loyers soient perçus directement ou par l'intermédiaire de la société. C'est également à l'associé qu'il appartient de satisfaire aux obligations déclaratives, de prendre l'engagement de louer et de respecter les conditions de mise en location requises par les dispositifs.

b. L'**imputation des déficits** s'opère dans les conditions de droit commun (n°s 30900 s.).

c. L'associé est tenu de détailler, dans le cadre de sa **déclaration** de revenus fonciers n° 2044, les dépenses qu'il a supportées personnellement mais n'a pas à justifier les dépenses supportées par la société, qui seront contrôlées au vu de la déclaration n° 2071 produite par cette dernière (sur cette déclaration, voir n° 43505).

RÉDUCTIONS D'IMPÔT EN FAVEUR DE L'INVESTISSEMENT LOCATIF

L'associé d'une société transparente qui donne en location, directement ou par l'intermédiaire de la société agissant en qualité de mandataire, le bien auquel ses parts lui donnent vocation peut bénéficier des réductions d'impôt en faveur de l'investissement locatif, par exemple de la réduction d'impôt Duflot-Pinel-Denormandie (nos 30955 s.) ou de la réduction d'impôt Loc'Avantages (nos 31210 s.), dans les **mêmes conditions qu'un bailleur personne physique.** Il en résulte : **41140**
– d'une part, que l'associé de la société civile d'attribution étant considéré comme réalisant directement l'investissement, c'est à lui qu'il appartient de satisfaire aux **obligations déclaratives** et de prendre l'**engagement de louer l'immeuble.** En revanche, il ne devrait pas être concerné par l'**engagement de conservation des parts sociales** exigé des associés de SCI de droit commun : lorsque la société est transparente, cet engagement se confond avec celui de conservation de l'immeuble ;
– d'autre part, que la transparence de la société permet à ses associés de pouvoir prétendre aux **dispositifs réservés par la loi aux personnes physiques** (dispositifs dont sont exclus les associés des sociétés immobilières translucides régies par l'article 8 du CGI).

CRÉDIT D'IMPÔT EN FAVEUR DE LA PROTECTION DES PERSONNES AU TITRE DE CERTAINES DÉPENSES DANS DES LOGEMENTS LOUÉS À TITRE D'HABITATION PRINCIPALE

L'associé d'une société civile d'attribution qui loue ou s'engage à louer pendant cinq ans le logement auquel ses parts donnent vocation à un locataire (autre que son conjoint ou un membre de son foyer fiscal) qui y établit sa résidence principale peut, dans certaines conditions, bénéficier du crédit d'impôt prévu par l'article 200 quater A, 1 bis du CGI au titre de certaines **dépenses de protection contre les risques technologiques payées jusqu'au 31 décembre 2023** (voir nos 41232 s.). **41145**

La durée de cinq ans pour l'engagement de location s'apprécie à compter de la date de réalisation des dépenses lorsque le logement est déjà occupé par un locataire à la date des travaux ou, si le logement n'est pas loué à cette date, à compter de la mise en location qui doit prendre effet dans les douze mois qui suivent la réalisation des dépenses (BOI-IR-RICI-290-10 n° 90).

La location doit être effective et continue, ce qui exclut du dispositif les logements dont l'associé se réserve la jouissance, à quelque usage que ce soit et même pour une très courte durée, pendant la période couverte par l'engagement de location (BOI-IR-RICI-290-10 n° 100).

En cas de congé du locataire pendant la durée de l'engagement de location, le logement doit être aussitôt remis en location. Une période de vacance peut être admise si l'associé peut justifier de diligences concrètes en vue de la relocation effective du bien et si les conditions de mise en location ne sont pas dissuasives. Si le bien n'est pas reloué dans un délai de douze mois décompté de la date de réception de la lettre recommandée par laquelle le locataire a signifié son congé ou, lorsque le bail prend fin pour un motif autre que le congé donné par le locataire, de la date d'expiration du bail, le crédit d'impôt peut faire l'objet d'une reprise au titre de l'année au cours de laquelle l'engagement de location n'est pas respecté (BOI-IR-RICI-290-10 n° 100).

L'engagement de location doit être formulé sur papier libre lors de la souscription de la déclaration d'ensemble des revenus de l'année au titre de laquelle le bénéfice du crédit d'impôt est demandé. L'administration fournit un modèle au BOI-LETTRE-000225. Les contribuables qui transmettent leur déclaration de revenus par voie électronique doivent être en mesure de produire cet engagement de location à la demande du service des finances publiques (BOI-IR-RICI-290-10 n° 90).

2. LOCAUX DONT L'ASSOCIÉ SE RÉSERVE LA JOUISSANCE

Lorsque, ce qui est généralement le cas, les locaux dont l'associé personne physique se réserve la jouissance sont des **locaux à usage d'habitation,** l'**avantage en nature** en résultant n'est pas imposable, mais l'associé ne peut pas déduire les **charges** afférentes au logement (BOI-RFPI-CHAMP-30-20 n° 60 ; CGI art. 15, II). Il n'est tenu à aucune **obligation déclarative** particulière (BOI-RFPI-CHAMP-30-20 n° 100). **41180**

Lorsque l'associé effectue certaines dépenses dans le logement auquel ses parts sociales lui donnent droit, il peut bénéficier, dans les conditions exposées ci-après, du **crédit d'impôt** pour l'installation et la pose d'un système de charge pour véhicules électriques (nos 41225 s.), ou, pour les dépenses payées jusqu'au 31 décembre 2023, du crédit d'impôt en faveur de la protection des personnes au titre soit de l'installation d'équipements pour les personnes âgées et handicapées (nos 41230 s.), soit de travaux de protection contre les risques technologiques (nos 41232 s.). **41182**

LOGEMENTS CONCERNÉS PAR LES DISPOSITIFS DE CRÉDIT D'IMPÔT

41195 **Affectation du logement** Pour bénéficier du **crédit d'impôt en faveur de la protection des personnes,** le logement doit être situé en France, c'est-à-dire dans les départements métropolitains et les départements d'outre-mer (BOI-IR-RICI-290-10 n° 150), et être affecté **à l'habitation principale** du contribuable dès la date de paiement de la dépense, ou au plus tard dans un délai raisonnable à compter de cette date (à titre de règle pratique, l'administration considère que lorsque le contribuable remplit certaines conditions, le délai de six mois peut être considéré comme raisonnable). Toutefois, s'il s'agit d'un logement que le contribuable fait construire, acquiert neuf ou en état futur d'achèvement, l'affectation à l'habitation principale doit intervenir dès son achèvement ou son acquisition si elle est postérieure (en ce sens, BOI-IR-RICI-290-10 nos 240 s.).

L'habitation principale s'entend, d'une manière générale, du logement où résident habituellement et effectivement les membres du foyer fiscal et où se situe le centre de leurs intérêts professionnels et matériels (BOI-IR-RICI-290-10 nos 190 s.). Il comprend non seulement les pièces d'habitation, mais également les dépendances immédiates et nécessaires telles que les garages ; il peut s'agir d'une maison, d'un appartement ou même d'un bateau ou d'une péniche aménagés en local d'habitation lorsqu'ils sont utilisés en un point fixe.

Lorsqu'un immeuble n'est que **partiellement** affecté **à l'habitation principale** du contribuable (le surplus étant utilisé pour l'exercice de sa profession), et sauf à démontrer que l'équipement a été installé ou que les travaux de prévention ainsi que leurs diagnostics préalables ont été réalisés exclusivement soit dans la partie à usage d'habitation principale du contribuable, soit dans la partie à usage professionnel, seules les dépenses se rapportant à la fraction des locaux utilisée pour l'habitation principale peuvent ouvrir droit à crédit d'impôt. Cette répartition doit être opérée forfaitairement au regard des superficies affectées à chacun des usages (BOI-IR-RICI-290-10 n° 300).

Dans les **immeubles collectifs,** chacun des occupants peut faire état de la quote-part des dépenses se rapportant aux parties communes qu'il a effectivement payée pour le logement qu'il occupe à titre d'habitation principale. Cette quote-part est justifiée par une attestation du syndic. Toutefois, d'après l'administration, les travaux réalisés sur des parties communes faisant l'objet d'une occupation privative par une personne autre que le contribuable (loge de concierge, par exemple) n'ouvrent pas droit à avantage fiscal (BOI-IR-RICI-290-10 n° 290).

En cas de **changement de résidence principale,** le contribuable peut bénéficier d'un crédit d'impôt pour sa nouvelle résidence, même s'il a déjà bénéficié de cet avantage pour son ancienne résidence (BOI-IR-RICI-290-10 n° 260).

41196 Le **crédit d'impôt pour l'acquisition et la pose d'un système de charge pour véhicules électriques** est susceptible de s'appliquer que le logement dans lequel les travaux sont effectués soit affecté à l'**habitation principale** du contribuable (telle que définie n° 41195), ou à sa **résidence secondaire** sous réserve, dans ce dernier cas, qu'il s'en réserve la jouissance et l'usage exclusif. Toute location même saisonnière de la résidence secondaire est donc exclue (BOI-IR-RICI-285 n° 120).

Dans les **immeubles collectifs,** les dépenses éligibles peuvent porter aussi bien sur le logement lui-même que sur les parties communes de l'immeuble. Lorsque les équipements s'intègrent aux parties communes, chacun des occupants de l'immeuble peut faire état de la quote-part, correspondant au logement qu'il occupe, des dépenses éligibles qu'il a effectivement supportées. Toutefois, d'après l'administration, les travaux réalisés sur des parties communes faisant l'objet d'une occupation privative par une personne autre que le contribuable (loge de concierge, par exemple) n'ouvrent pas droit au crédit d'impôt (BOI-IR-RICI-285 n° 70).

En cas de **changement de résidence principale ou** de résidence **secondaire** durant la période d'application du dispositif, le contribuable peut bénéficier à nouveau du crédit d'impôt, alors même qu'il en a déjà bénéficié dans son ancienne résidence principale ou secondaire (BOI-IR-RICI-285 n° 150).

> **> Précisions** **a.** Le crédit d'impôt ne s'applique à raison de l'équipement que d'**une seule résidence secondaire** par contribuable (CGI art. 200 quater C ; BOI-IR-RICI-285 n° 120).
> **b.** Lorsque le logement dans lequel les équipements sont installés est **affecté à l'habitation principale** du contribuable, cette affectation doit être effective **à la date du paiement** de la dépense à l'entreprise qui effectue les travaux, ou au plus tard **dans un délai raisonnable** à compter de cette date. À titre de règle pratique, l'administration considère que lorsque le contribuable remplit certaines conditions, le délai de six mois peut être considéré comme raisonnable (BOI-IR-RICI-285 n° 110).

41197 **Achèvement du logement** Pour bénéficier des crédits d'impôt au titre de l'installation ou du remplacement d'**équipements en faveur des personnes âgées ou handicapées** ou d'un **système de charge pour véhicules électriques,** aucune condition d'ancienneté du logement n'est exigée (BOI-IR-RICI-290-10 n° 170 ; BOI-IR-RICI-285 n° 80). Les équipements sont éligibles aux crédits d'impôt qu'ils soient installés dans un logement existant, acquis neuf ou en l'état futur d'achèvement, ou que le contribuable fait construire.

En revanche, le crédit d'impôt en faveur de la protection des personnes au titre des **travaux de protection contre les risques technologiques** ne s'applique qu'aux travaux prescrits sur des constructions achevées à la date d'approbation du plan de prévention des risques technologiques (PPRT).

a. Crédit d'impôt pour l'acquisition et la pose d'un système de charge pour véhicules électriques

DÉPENSES OUVRANT DROIT AU CRÉDIT D'IMPÔT

Les contribuables fiscalement domiciliés en France au sens de l'article 4 B du CGI ayant supporté, **entre le 1er janvier 2021 et le 31 décembre 2025,** des dépenses pour l'acquisition et la pose d'un système de charge pour véhicules électriques peuvent bénéficier, dans certaines conditions, d'un crédit d'impôt (CGI art. 200 quater C, 1 modifié par loi 2022-1726 du 30-12-2022). Il peut s'agir tant de dépenses d'**installation** que de dépenses de **remplacement** (en ce sens, BOI-IR-RICI-285 nos 60 et 80). S'agissant des **logements** concernés par le dispositif, voir nos 41196 s. **41225**

Les **équipements** éligibles s'entendent des bornes de recharge pour véhicules électriques dont les types de prise respectent la norme NF EN 62196-2 ainsi que le décret 2017-26 du 12 janvier 2017 relatif aux infrastructures de recharge pour véhicules électriques et portant diverses mesures de transposition de la directive 2014/94/UE du Parlement européen et du Conseil du 22 octobre 2014 sur le déploiement d'une infrastructure pour carburants alternatifs (CGI ann. IV art. 18 ter A). Sont également éligibles, sous réserve d'équivalence, les bornes de recharge respectant la norme EN 62196-2 : il s'agit des bornes de recharge permettant une charge via une prise spécifique dédiée et non l'installation d'une prise domestique non dédiée (BOI précité n° 180).

Les dépenses d'acquisition et de pose des systèmes de charge doivent être impérativement **facturées** par l'entreprise qui les fournit et qui les installe ou, pour la fourniture seule ou la fourniture et l'installation, recourt à une autre entreprise dans le cadre de la sous-traitance régie par la loi 1975-1334 du 31 décembre 1975 (CGI art. 200 quater C, 2). Ne sont pas éligibles au crédit d'impôt les équipements, matériaux ou appareils acquis directement par le contribuable, même si la pose ou leur installation est effectuée par un professionnel (BOI-IR-RICI-285 n° 210).

Pour un même logement, le **nombre de systèmes de charge** ouvrant droit au crédit d'impôt est **limité** à un seul pour une personne célibataire, divorcée ou veuve et à deux pour un couple soumis à imposition commune (CGI art. 200 quater C, 6). **En pratique,** une personne célibataire, divorcée ou veuve peut donc bénéficier du crédit d'impôt à raison de deux systèmes (soit un système installé dans son habitation principale et un autre dans une résidence secondaire), un couple imposé en commun pouvant bénéficier du crédit d'impôt à raison de quatre systèmes (deux dans l'habitation principale et deux dans une résidence secondaire).

> **Précisions** Lorsqu'un **même logement** est occupé par des **concubins vivant maritalement,** chacun d'entre eux peut prétendre au bénéfice du crédit d'impôt. Dans le cas où les contribuables installent un seul système de charge, le bénéfice du crédit d'impôt est accordé à celui qui supporte effectivement la dépense, et dont le nom figure sur la facture, voire à chacun de ceux figurant sur la facture, à proportion de la part de la dépense qu'il a effectivement supportée (BOI-IR-RICI-285 n° 160) ; voir n° 41228, Précisions.

MONTANT DU CRÉDIT D'IMPÔT

Le crédit d'impôt est égal à **75 %** de la dépense éligible dans la **limite de 300 €** par système de charge (CGI art. 200 quater C, 4 et 5). **En pratique,** compte tenu du nombre d'installations admises par foyer fiscal (voir n° 41225), une personne célibataire, divorcée ou veuve pourra bénéficier d'un avantage fiscal maximal de 600 € et un couple imposé en commun d'un avantage maximal de 1 200 €. **41226**

La même dépense **ne peut à la fois** ouvrir droit au crédit d'impôt et à la déduction d'une charge pour la détermination d'un revenu catégoriel (CGI art. 200 quater C, 8).

> **Précisions** **a.** Le crédit d'impôt s'applique aux **dépenses d'acquisition du système de charge** pour véhicules électriques **et de main-d'œuvre** correspondant aux travaux d'installation ou de remplacement de cet équipement, telles qu'elles résultent de la facture délivrée par l'entreprise ayant réalisé les travaux à la demande du contribuable. Ce prix s'entend du montant toutes taxes comprises (TTC), c'est-à-dire du montant hors taxe (HT) majoré de la taxe

sur la valeur ajoutée (TVA) mentionnée sur la facture.

La base du crédit d'impôt comprend le coût des pièces et fournitures destinées à s'intégrer ou à constituer, une fois réunies, le système de charge pour véhicules électriques, et inclut les travaux liés à sa pose (raccordement au réseau électrique, modification du tableau électrique, etc.).

Sont exclus de la base du crédit d'impôt les frais annexes comme les frais administratifs (frais de dossier par exemple) ou les frais financiers (intérêts d'emprunt notamment) (BOI-IR-RICI-285 n° 210).

Lorsque l'équipement s'intègre à un logement lors de sa construction ou à un logement neuf livré équipé, le coût de cet équipement s'entend de son prix de revient pour le constructeur ou pour le vendeur, majoré de la marge bénéficiaire qu'il s'accorde sur le montant de l'équipement. Ce prix d'achat comprend, le cas échéant, le montant des travaux de montage, façonnage, transformation ou adaptation préalable de l'équipement (BOI précité n° 220).

b. Si le contribuable a reçu une **prime** ou une **aide** pour la réalisation des travaux (programme Advenir, primes ou subventions versées par les collectivités locales, etc.), celle-ci vient en déduction du coût global des travaux pour le calcul du crédit d'impôt (BOI-IR-RICI-285 n° 230).

MODALITÉS D'APPLICATION DU CRÉDIT D'IMPÔT

41227 **Imputation du crédit d'impôt** Le crédit d'impôt s'applique pour le calcul de l'impôt sur le revenu de l'**année** au titre de laquelle la dépense éligible a été payée. Lorsque les équipements sont installés dans un logement acquis neuf, en l'état futur d'achèvement, ou que le contribuable fait construire, le fait générateur du crédit d'impôt est la date d'acquisition du logement dans le premier cas, et celle de son achèvement dans les autres (BOI-IR-RICI-285 n°s 300 s.).

Il s'impute sur le montant de l'impôt sur le revenu **après application,** le cas échéant, de l'ensemble des réductions d'impôt dont bénéficie le contribuable, ainsi que des crédits d'impôt, prélèvements et retenues non restituables.

Il entre en compte pour le calcul du **plafonnement** global des avantages fiscaux (n° 41102).

Si le crédit d'impôt excède l'impôt dû, cet **excédent** est restitué, sauf s'il est inférieur à 8 €.

41228 **Justificatifs** En principe, le contribuable doit être en mesure de présenter à l'administration fiscale, sur sa demande, une **facture,** autre que les factures d'acomptes, mentionnant, en plus des mentions obligatoires prévues en matière de TVA par l'article 289 du CGI (BOI-IR-RICI-285 n° 390) :

– les éléments d'identification des parties ;

– l'adresse de réalisation des travaux ;

– la nature des travaux. En cas de travaux de natures différentes réalisés par la même entreprise, la facture doit comporter le détail précis et chiffré des différentes catégories de travaux effectués permettant d'individualiser d'une part les équipements ouvrant droit au crédit d'impôt, et d'autre part ceux exclus du champ de cet avantage fiscal. En outre, à la demande de l'administration fiscale, les contribuables doivent fournir tout document permettant d'apprécier la nature et la consistance des travaux exécutés ;

– la désignation et le prix unitaire du système de charge éligible ;

– le cas échéant, les caractéristiques techniques mentionnées à l'article 18 ter A de l'annexe IV au CGI. À défaut de la mention exacte, sur la facture, des caractéristiques techniques, la notice établie par le fabricant de l'équipement ou une attestation de ce dernier mentionnant le respect de ces critères peut être admise à titre de justification. Dès lors, il conviendra de s'assurer que les mentions et références relatives au système de charge figurant sur la facture correspondent à l'équipement pour lequel la notice ou l'attestation du fabricant a été délivrée ;

– la date du paiement de la somme due au principal et, selon le cas, des différents paiements dus au titre d'acomptes.

Pour bénéficier du crédit d'impôt au titre des dépenses d'équipements intégrés à un logement acquis neuf, en l'état futur d'achèvement ou qu'il a fait construire, le contribuable doit être en mesure de présenter, à la demande de l'administration, l'**attestation** fournie par le vendeur ou le constructeur du logement. Cette attestation doit comporter, outre le nom et l'adresse du vendeur (ou du constructeur) du logement et de l'acquéreur, l'adresse du logement auquel s'intègrent les équipements ainsi que la désignation et le montant de ces équipements (BOI précité n° 410).

À défaut, le montant du crédit d'impôt injustifié est repris au titre de l'année d'imputation (CGI art. 200 quater C, 7).

> Précisions Lorsque des **contribuables non soumis à imposition commune** affectent un même logement à leur habitation principale et demandent à bénéficier du crédit d'impôt, la facture doit en outre comporter l'identité de chacune de ces personnes ainsi que, le cas échéant, la quote-part de la dépense payée par chacune d'elles. Le bénéfice du crédit d'impôt est accordé à chacune des personnes dont le nom figure sur la facture, à proportion de la part de la dépense qu'elle a effectivement supportée. À défaut de mention sur la facture de la quote-part de la dépense payée par chacune des personnes éligibles mentionnées sur la facture, le montant du crédit d'impôt est réparti à parts égales entre ces dernières (BOI-IR-RICI-285 n° 400).

Reprise du crédit d'impôt Si le bénéficiaire du crédit d'impôt est **remboursé, dans un délai de cinq ans,** de tout ou partie du montant des dépenses qui lui ont ouvert droit à l'avantage fiscal, il fait l'objet, au titre de l'année de remboursement et dans la limite du crédit obtenu, d'une reprise égale au montant de l'avantage fiscal accordé à raison de la somme qui a été remboursée. **Par exception,** aucune reprise n'est pratiquée lorsque le remboursement fait suite à un sinistre survenu après l'exécution des travaux ou le paiement des dépenses (CGI art. 200 quater C, 9 ; BOI-IR-RICI-285 n°s 370 s.). 41229

b. Crédit d'impôt en faveur de la protection des personnes

ÉQUIPEMENTS POUR PERSONNES ÂGÉES OU HANDICAPÉES

Dépenses payées jusqu'au 31 décembre 2023 ouvrant droit au crédit d'impôt 41230

Ouvrent droit au crédit d'impôt les **dépenses d'installation ou de remplacement d'équipements** prévus en faveur des personnes âgées ou handicapées (CGI art. 200 quater A, 1) :

– payés jusqu'au 31 décembre 2023 pour des travaux réalisés dans un logement achevé ;

– intégrés à un logement acquis neuf jusqu'au 31 décembre 2023 ;

– intégrés à un logement acquis en l'état futur d'achèvement ou que le contribuable fait construire, achevé jusqu'au 31 décembre 2023.

Deux séries d'équipements sont concernées :

– les équipements spécialement conçus pour l'accessibilité des logements aux personnes âgées et handicapées, éligibles au crédit d'impôt pour l'ensemble des contribuables ;

– les équipements permettant l'adaptation des logements à la perte d'autonomie ou au handicap, éligibles à l'avantage fiscal pour les seuls foyers fiscaux dont l'un des membres est en situation de handicap ou de perte d'autonomie, au sens défini précision b. ci-après.

Ces équipements doivent être **fournis** et **installés** par une même entreprise (ou intégrés au logement par le constructeur) et donner lieu à l'établissement d'une **facture** (ou d'une attestation délivrée par le vendeur ou le constructeur du logement).

S'agissant des **logements** concernés par le dispositif, voir n°s 41195 s.

> **Précisions** **a.** **La liste limitative des équipements** ouvrant droit au crédit d'impôt est fixée à l'article 18 ter de l'annexe IV au CGI.
> **b.** **Les personnes souffrant d'une perte d'autonomie ou handicapées** s'entendent :
> – des personnes titulaires d'une pension d'invalidité prévue par le Code des pensions militaires d'invalidité et des victimes de guerre ou pour accident du travail, pour une invalidité de 40 % au moins,
> – des personnes titulaires de la carte « mobilité inclusion » portant la mention « invalidité », « priorité » ou « stationnement pour personnes handicapées » ou de l'une des cartes d'invalidité équivalentes délivrées jusqu'au 1er juillet 2017,
> – des personnes âgées dont l'état de dépendance entraîne le classement au sein d'un des quatre premiers groupes iso-ressources (GIR). En pratique, il s'agit des personnes éligibles à l'allocation personnalisée d'autonomie (APA), même si elles ne bénéficient pas effectivement de cette prestation (BOI-IR-RICI-290-10 n° 46).
> Le crédit d'impôt est également accordé aux personnes qui peuvent justifier d'une demande d'attribution de la carte mobilité inclusion ou de classement en catégorie GIR 1 à 4, sous réserve de l'obtention effective de ces cartes et de leur classement (BOI-IR-RICI-290-10 n° 48).

Calcul du crédit d'impôt Le crédit d'impôt s'applique au titre de l'**année** de paiement des dépenses ou au titre de l'année d'achèvement du logement ou de son acquisition si elle est postérieure. 41231

Il est **égal à** 25 % du montant des dépenses. Pour un même logement, le montant des dépenses prises en compte est **plafonné,** pour une période de cinq années consécutives, à la somme de 5 000 € pour une personne célibataire, veuve ou divorcée et de 10 000 € pour un couple marié ou lié par un Pacs, soumis à une imposition commune. Ce plafond est majoré de 400 € par personne à charge (ou 200 € lorsqu'il s'agit d'un enfant réputé à charge égale de l'un et l'autre des parents).

Les dépenses ouvrant droit au crédit d'impôt ne sont **pas déductibles** comme charges pour la détermination des revenus catégoriels.

Sur les **modalités d'application** et de **reprise** du crédit d'impôt ainsi que les **justificatifs** à fournir, voir nos 41245 s.

> **Précisions** **a.** Le coût des dépenses à **retenir** est le montant total TVA comprise du prix d'achat des matériaux et des frais de main-d'œuvre correspondant à la réalisation des travaux, tels qu'ils figurent sur la facture délivrée par l'entreprise ayant effectué les travaux ou sur l'attestation délivrée par le vendeur ou le constructeur du logement. Ne sont pas pris en compte les frais annexes comme les frais administratifs (frais de dossier) ou les frais financiers (intérêts d'emprunt notamment) (BOI-IR-RICI-290-20 nos 10 s.).
> **b.** Si le contribuable a reçu une **prime ou** une **subvention** pour la réalisation des travaux, elle vient en déduction du coût global des travaux pour le calcul du crédit d'impôt.

TRAVAUX DE PROTECTION CONTRE LES RISQUES TECHNOLOGIQUES

41232 **Dépenses payées jusqu'au 31 décembre 2023 ouvrant droit au crédit d'impôt** Ouvrent droit au crédit d'impôt les dépenses payées jusqu'au 31 décembre 2023 pour la réalisation, dans les délais impartis, de **travaux prescrits par un plan de prévention** des risques technologiques (CGI art. 200 quater A, 1 bis). Le crédit d'impôt s'applique également aux frais payés avant le 31 décembre 2023 de **diagnostics préalables** à la réalisation des travaux.

Dans tous les cas, les diagnostics préalables et les travaux eux-mêmes doivent être effectués par une entreprise et donnent lieu à l'établissement d'une **facture.** Ils doivent être réalisés dans un **délai de huit ans** à compter de l'approbation du PPRT ou, pour les plans approuvés avant 2016, avant le 1er janvier 2024 (C. envir. art. L 515-16-2, I).

Sur les conditions relatives aux **logements** concernés, voir nos 41195 s.

41240 **Calcul du crédit d'impôt** Le crédit d'impôt s'applique au titre de l'**année** de paiement des dépenses.

Il est **égal à** 40 % de leur montant. Le montant des dépenses payées dans les délais impartis par les articles L 515-16-2, I et L 515-19, I du Code de l'environnement ne peut excéder, pour un même logement, la somme de 20 000 € quelle que soit la composition du foyer fiscal (CGI art. 200 quater A, 4 bis). Ce **plafond** est indépendant de celui visé n° 41231.

Les dépenses ouvrant droit au crédit d'impôt ne sont **pas déductibles** comme charges pour la détermination des revenus catégoriels.

Sur les **modalités d'application** et de **reprise** du crédit d'impôt ainsi que les **justificatifs** à fournir, voir nos 41245 s.

> **Précisions** **a.** Le coût des dépenses à **retenir** est le montant total TVA comprise d'une part, du prix d'achat des matériaux et des frais de main-d'œuvre correspondant à la réalisation des travaux, et, d'autre part, le cas échéant, du coût du diagnostic préalable à ces mêmes travaux, tels qu'ils résultent de la facture délivrée par l'entreprise ayant effectué les travaux (BOI-IR-RICI-290-20 n° 60).
> **b.** Si le contribuable a reçu une **prime ou** une **subvention** pour la réalisation des travaux, elle vient en déduction du coût global des travaux pour le calcul du crédit d'impôt, à l'exception du montant des participations versées par les exploitants des installations à risque et les collectivités territoriales.

MODALITÉS D'APPLICATION DU CRÉDIT D'IMPÔT EN FAVEUR DE LA PROTECTION DES PERSONNES

41245 **Imputation du crédit d'impôt** Le crédit d'impôt s'impute sur le montant de l'impôt sur le revenu dû au titre de l'**année** au cours de laquelle le fait générateur du crédit d'impôt est intervenu (nos 41231 et 41240).

Cette imputation s'effectue **après application,** le cas échéant, de l'ensemble des réductions d'impôt dont bénéficie le contribuable, ainsi que des autres crédits d'impôt, prélèvements ou retenues non libératoires.

Il n'est pas pris en compte pour le calcul du **plafonnement** global des avantages fiscaux (n° 41102).

Si le crédit d'impôt excède l'impôt dû, cet **excédent** est restitué, sauf s'il est inférieur à 8 €.

41250 **Justificatifs à fournir** Pour bénéficier du crédit d'impôt au titre de dépenses éligibles relatives à un **logement achevé,** le contribuable doit être en mesure de présenter, à la demande de l'administration fiscale, les **factures,** autres que des factures d'acompte, des entreprises ayant réalisé les travaux et comportant, outre les mentions prévues à l'article 289 du CGI (BOI-IR-RICI-290-30 n° 130) :

– les éléments d'identification des parties ;

– l'adresse de réalisation des travaux ;

– la nature des travaux : en cas de travaux de natures différentes réalisés par la même entreprise, la facture doit comporter le détail précis et chiffré des différentes catégories de travaux effectués permettant d'individualiser d'une part, les équipements ou les travaux ouvrant droit au crédit d'impôt, et, d'autre part, ceux exclus du champ de cet avantage fiscal. En outre, à la demande du service, les contribuables doivent fournir tout document permettant d'apprécier la nature et la consistance des travaux exécutés ;
– la désignation et le prix unitaire des équipements ou des prestations réalisées au titre des travaux de prévention des risques technologiques éligibles et, le cas échéant, des diagnostics préalables à ces mêmes travaux ;
– le cas échéant, la date du paiement de la somme due au principal et, selon le cas, des différents paiements effectués au titre d'acomptes.

Pour bénéficier du crédit d'impôt au titre des dépenses d'équipements en faveur des personnes âgées ou handicapées intégrés à un **logement acquis neuf,** en l'état futur d'achèvement ou qu'il a fait construire, le contribuable doit être en mesure de présenter, à la demande de l'administration, l'**attestation** fournie par le vendeur ou le constructeur du logement. Cette attestation doit comporter, outre le nom et l'adresse du vendeur (ou du constructeur) du logement et de l'acquéreur, l'adresse du logement auquel s'intègrent les équipements ainsi que la désignation et le montant de ces équipements (BOI-IR-RICI-290-30 n° 140). **41252**

Reprise du crédit d'impôt Lorsque le bénéficiaire du crédit d'impôt est **remboursé, dans un délai de cinq ans,** de tout ou partie du montant des dépenses qui ont ouvert droit à cet avantage, il fait l'objet, au titre de l'année de remboursement et dans la limite du crédit d'impôt obtenu, d'une reprise égale au montant de l'avantage fiscal accordé à raison de la somme qui a été remboursée. **Par exception,** aucune reprise n'est pratiquée lorsque le remboursement fait suite à un sinistre survenu après l'exécution des travaux ou le paiement des dépenses ou lorsque les sommes remboursées ont été versées en application de l'article L 515-19 du Code de l'environnement (participations versées par les exploitants des installations à risque et les collectivités territoriales). **41255**

3. RÉMUNÉRATIONS DES DIRIGEANTS DE SOCIÉTÉS TRANSPARENTES

Lorsqu'ils relèvent de l'impôt sur le revenu, les rémunérations allouées aux gérants ou dirigeants de sociétés transparentes sont, selon l'administration, soumises à l'impôt sur le revenu dans la catégorie des bénéfices industriels et commerciaux (en ce sens : BOI-RSA-GER-10-30 n° 420 ; BOI-ANNX-000067). **41260**

La rémunération nette est imposée en conséquence, déduction faite éventuellement de la quote-part de cette rémunération dont la charge incombe au dirigeant lui-même lorsqu'il a cumulativement la qualité d'associé (D. adm. 8 H-213 n° 2, non reprise dans Bofip mais dont la solution conserve selon nous sa valeur sur le fond).

B. Parts détenues par une entreprise soumise à l'impôt sur le revenu dans la catégorie des BIC

Du point de vue juridique, un entrepreneur individuel est en principe doté de plein droit de deux patrimoines distincts : l'un professionnel et l'autre personnel (voir n° 1225). L'administration fiscale précise qu'appartiennent au patrimoine professionnel notamment les biens immeubles servant à l'activité ainsi que, lorsque ces immeubles sont détenus par une société dont l'entrepreneur individuel est actionnaire ou associé et qui a pour activité principale leur mise à disposition au profit de l'entrepreneur individuel, les actions ou parts desdites sociétés (BOI-BIC-CHAMP-70-10 n° 200). **41350**

Il n'y a pas toujours coïncidence exacte entre les biens appartenant au patrimoine professionnel et ceux appartenant à l'actif de l'entreprise **au plan fiscal,** compte tenu de la liberté dont disposent les exploitants d'inscrire ou non leurs biens à l'actif du bilan de leur entreprise. Les règles exposées ci-après ne s'appliquent que pour autant que les parts de la société transparente sont **effectivement inscrites à l'actif** du bilan de l'entreprise soumise à un régime réel d'imposition (ou au tableau des immobilisations et amortissements pour les petites entreprises fiscalement dispensées de la production d'un bilan).

Ainsi, lorsque les parts de la société transparente sont effectivement inscrites à l'actif du bilan d'une entreprise individuelle soumise à l'impôt sur le revenu, il convient de distinguer selon que l'**immeuble** à la jouissance ou à l'attribution desquels donnent droit ces parts est **utilisé pour les besoins de l'activité** de l'entreprise ou est **donné en location.**

> **Précisions a.** L'**affectation de fait** à l'exploitation des locaux à la jouissance ou à l'attribution desquels donnent droit les parts de la société transparente, sans inscription des parts à l'actif, entraîne, d'un point de vue fiscal, l'application des règles exposées nos 41101 s.
> **b.** Une entreprise individuelle peut en principe déduire de ses résultats le **loyer** correspondant à la **mise à sa disposition** d'un immeuble que l'exploitant individuel utilise pour les besoins de son activité mais a conservé, au plan fiscal, dans son patrimoine personnel (CE 8-7-1998 n° 164657 : RJF 8-9/98 n° 903 ; BOI-BIC-CHG-40-20-10 n° 180) : cette solution est transposable dans le cas où l'immeuble est détenu par l'intermédiaire d'une société civile transparente. En contrepartie, les loyers sont imposables au nom de l'associé, en principe dans la catégorie des revenus fonciers.

IMMEUBLE UTILISÉ POUR LES BESOINS DE L'ACTIVITÉ DE L'ENTREPRISE

41355 Lorsque l'immeuble représenté par les parts sociales inscrites à l'actif du bilan de l'entreprise est utilisé pour les besoins de l'activité de celle-ci, aucune somme ne doit être ajoutée aux recettes de l'entreprise puisque le **revenu de l'immeuble** se trouve compris dans le bénéfice professionnel.

L'associé peut déduire, pour la détermination des bénéfices imposables de chaque exercice, la part qui lui incombe dans les **charges** que la société a supportées au cours dudit exercice, ainsi que l'amortissement des locaux correspondant à ses droits sociaux.

Les **frais inhérents à la société** (par exemple, frais de constitution et d'augmentation de capital) paraissent pouvoir être considérés comme directement exposés par les associés pour la gestion des immeubles sociaux dès lors que la société n'a pas de personnalité fiscale distincte de celle de ses membres. Ces frais constituant des charges normalement déductibles au titre des articles 39 et suivants du CGI, l'associé peut donc, à notre avis, les déduire de son bénéfice d'exploitation (à noter cependant que l'administration n'a donné aucune précision sur la prise en compte des frais de fonctionnement des sociétés transparentes).

41360 L'**amortissement des locaux** correspondant aux droits sociaux doit être pratiqué sur la base du prix de revient effectif, pour l'entreprise, des parts sociales (CGI ann. II art. 375). Ce prix correspond, en principe, au prix de souscription ou d'acquisition des droits augmenté des sommes payées à titre de versement de libération ou à la suite d'appels de fonds (BOI-BIC-AMT-10-20 n° 120).

Doit être exclue de la base de l'amortissement la quote-part représentant la valeur du terrain, élément non amortissable par nature (BOI précité ; CAA Paris 5-3-1991 nos 2257 et 2258 : RJF 6/91 n° 736).

IMMEUBLE DONNÉ EN LOCATION

41400 Lorsque l'immeuble représenté par les parts sociales inscrites à l'actif du bilan de l'entreprise individuelle est donné en location, les dispositions de l'article 155, II-1 du CGI sont susceptibles de s'appliquer. En vertu de ces dispositions, les **produits** et les **charges** qui se rapportent à des biens inscrits au bilan mais non utilisés pour l'exercice de l'activité professionnelle sont **écartés pour la détermination du bénéfice imposable** de l'exploitant individuel soumis à un régime réel d'imposition. Ce dispositif concerne notamment les biens purement patrimoniaux tels que les immeubles de rapport. Les opérations afférentes à ces biens donnent lieu à la détermination d'un résultat distinct dans la catégorie d'imposition correspondant à leur nature (revenus fonciers : voir nos 41105 s.), comme s'ils ne figuraient pas au bilan de l'entreprise.

Ce principe d'imposition séparé reçoit toutefois **exception** (sur option expresse de l'exploitant) lorsque les **produits** ne provenant pas de l'exercice de l'activité professionnelle **n'excèdent pas 5 %** de l'ensemble des produits de l'exercice (y compris ceux relatifs aux activités accessoires mais à l'exception des plus-values de cession). Ce montant est porté à 10 % si la condition de 5 % était satisfaite au titre de l'exercice précédent. Toutefois, même lorsque ces seuils sont respectés, les charges afférentes à un élément d'actif non professionnel ne sont déductibles du résultat professionnel qu'à concurrence du montant des produits générés par cet élément (CGI art. 155, II-3).

Lorsque les profits de la location sont inclus dans le bénéfice imposable au titre des BIC, ils sont déterminés en tenant compte :

– de la part incombant à l'associé dans les charges supportées par la société ;

– de l'amortissement des locaux auxquels donnent droit les parts détenues par l'intéressé, étant précisé que la limitation de l'amortissement des biens donnés en location s'applique (CGI art. 39 C : voir n° 31960, précision c.).

C. Parts détenues par une entreprise soumise à l'impôt sur le revenu dans la catégorie des BNC

Du point de vue juridique, un entrepreneur individuel est, en principe, doté **de plein droit** de deux patrimoines distincts : l'un professionnel et l'autre personnel (voir n° 1225). L'administration fiscale précise que toute personne physique qui exerce en son nom propre une ou plusieurs activités professionnelles indépendantes relève de ce statut, y compris notamment les membres des professions libérales réglementées exerçant en nom propre (BOI-BIC-CHAMP-70-10 n° 190). **41450**
D'un point de vue fiscal, les contribuables relevant de la **déclaration contrôlée** ont en principe le choix d'inscrire ou de ne pas inscrire à l'actif du bilan (par inscription au registre des immobilisations) les biens qui sont utilisés pour l'exercice de la profession sans y être affectés par nature (notamment les **immeubles utilisés pour la profession**).
L'affectation de fait (sans inscription au registre des immobilisations) à son activité professionnelle, par un associé, des locaux correspondant à ses droits dans la société transparente entraîne l'application des règles concernant les personnes physiques (nos 41101 s.). À l'inverse, lorsque les parts sont inscrites sur le registre des immobilisations, et que l'immeuble est utilisé pour l'exercice de l'activité professionnelle, le redevable peut déduire, dans les conditions examinées ci-avant (nos 41355 s.), la part lui incombant dans les charges supportées par la société ainsi que l'amortissement des locaux correspondant à ses droits sociaux.
Pour les contribuables relevant du régime **micro-BNC,** l'administration a précisé que leur actif professionnel est défini dans les mêmes conditions que celles prévues pour les contribuables relevant de la déclaration contrôlée (BOI-BNC-DECLA-20-20 n° 40) : en font donc obligatoirement partie les biens affectés par nature à l'exercice de la profession. En revanche, dès lors que ces contribuables ne tiennent pas de registre des immobilisations, les biens non affectés par nature mais utilisés dans le cadre de la profession (cas des immeubles) ne peuvent pas être considérés comme relevant de l'actif professionnel et le régime des plus ou moins-values professionnelles ne leur est, selon nous, pas applicable.

> **Précisions a.** Si le titulaire de BNC choisit de **maintenir dans son patrimoine privé,** d'un **point de vue fiscal,** l'**immeuble représenté par les parts sociales et utilisé à titre professionnel,** il peut déduire de son résultat imposable le loyer afférent à cet immeuble, à condition que (CE 11-4-2008 n° 300302 : RJF 7/08 n° 813 ; BOI-BNC-BASE-10-20 n° 280) :
– l'immeuble ne soit pas inscrit au registre des immobilisations ;
– le loyer fasse l'objet d'un versement effectif d'un compte professionnel vers un compte personnel ;
– les loyers perçus soient déclarés par le contribuable au titre de ses revenus fonciers.
b. Lorsque l'**immeuble** représenté par les parts sociales n'est pas utilisé directement pour la profession, mais, par exemple, **donné en location,** il ne peut pas faire partie de l'actif professionnel : ce sont les règles concernant les personnes physiques qui s'appliquent (nos 41105 s.).

D. Parts détenues par une personne morale passible de l'impôt sur les sociétés

Lorsque les parts sociales sont détenues par une société ou une collectivité assujettie à l'impôt sur les sociétés dans les **conditions de droit commun** (CGI art. 206, 1 à 4), les revenus imposables des immeubles représentés par ses parts sociales sont déterminés selon les règles prévues pour les entreprises relevant des BIC étudiées ci-avant (nos 41355 s.). **41500**
La limitation de l'amortissement des biens donnés en location (CGI art. 39 C) ne s'applique pas lorsque l'associé est une société soumise à l'IS.

Lorsque l'associé est un **organisme sans caractère lucratif** relevant du régime prévu à l'article 206, 5 du CGI, le revenu net provenant de la location des immeubles représentés par les parts sociales est imposable au taux réduit de 24 % prévu à l'article 219 bis du CGI, dans les mêmes conditions que les revenus fonciers encaissés par cette collectivité. **41501**

III. RÉGIME DES CESSIONS DE PARTS DE SOCIÉTÉS CIVILES D'ATTRIBUTION

A. Régime juridique

1. CONDITIONS DE LA CESSION DES PARTS SOCIALES

41580 Les cessions de parts de sociétés civiles d'attribution sont soumises aux règles du droit commun (nos 21150 s.), auxquelles il convient d'ajouter les précisions suivantes.

DROITS DE PRÉEMPTION SUR LES PARTS SOCIALES

41590 Les cessions de parts des sociétés civiles d'attribution peuvent faire l'objet d'un droit de préemption dans les cas suivants.

41595 **Urbanisme** Les cessions des droits sociaux donnant vocation à l'attribution en propriété ou en jouissance d'un immeuble ou d'une partie d'immeuble bâti ou non bâti peuvent donner lieu à l'exercice du **droit de préemption urbain** dans certaines communes (C. urb. art. L 211-1, L 213-1 et L 213-1-1, al. 1).

Sont visées les cessions à titre onéreux, sous quelque forme que ce soit, qu'elles soient volontaires ou forcées, ainsi que les donations entre vifs (art. L 213-1 et L 213-1-1, al. 1).

Toutefois, ce droit de préemption n'est pas applicable :
- aux cessions de droits sociaux consenties avant l'achèvement de l'immeuble ou pendant une période de dix ans à compter de son achèvement, quelle que soit la destination des locaux auxquels ces droits correspondent (art. L 213-1, al. 11) ;
- aux donations entre vifs effectuées entre ascendants et descendants, entre collatéraux jusqu'au sixième degré, entre époux ou partenaires d'un Pacs, entre une personne et les descendants de son conjoint ou de son partenaire de Pacs ou entre ces descendants (art. L 213-1-1, al. 1) ;
- aux cessions de droits sociaux qui donnent vocation à l'attribution d'un local d'habitation, d'un local professionnel ou d'un local mixte et de ses locaux accessoires, cela même après la période de dix ans qui suit l'achèvement de l'immeuble (art. L 211-4, al. 3).

Dans ce dernier cas, la commune pourra cependant exercer le droit de préemption dans les zones où elle aura instauré, par décision motivée, un **droit de préemption « renforcé »** (art. L 211-4, al. 5).

Sur cette question, voir Mémento Urbanisme-Construction nos 32570 s.

> **Précisions** **a.** L'ordonnance 2015-904 du 23 juillet 2015 avait modifié l'article L 213-1-1 du Code de l'urbanisme en vue d'écarter l'application du droit de préemption pour les **donations au profit des fondations, congrégations et associations** ayant la capacité de recevoir des libéralités, mais cette disposition a disparu de l'article L 213-1-1 lors de sa modification par la loi 2015-990 du 6 août 2015.
> **b.** Le droit de préemption au profit de certaines communes situées dans des **zones exposées au recul du trait de côte** (cf. C. urb. art. L 219-1 s. modifiés par ord. 2022-489 du 6-4-2022, dont l'entrée en vigueur est subordonnée à la publication d'un décret, et Décret 2022-750 du 29-4-2022) concerne également les cessions de droits sociaux donnant vocation à l'attribution en propriété ou en jouissance d'un immeuble ou d'une partie d'immeuble, bâti ou non bâti, lorsqu'ils sont aliénés, à titre onéreux, sous quelque forme que ce soit (C. urb. art. L 219-2).

41602 **Droits de préemption du locataire** Le locataire d'un **local à usage d'habitation** (ou à usage mixte d'habitation et professionnel) bénéficie d'un droit de préemption en cas de vente des parts sociales correspondant au local (Loi 75-1351 du 31-12-1975 art. 10, III ; voir Mémento Gestion immobilière nos 64005 s.).

C'est la première **cession** de droits sociaux **consécutive à la division de l'immeuble,** ayant eu pour effet d'individualiser les lots auxquels les associés ont vocation, qui donne naissance au droit de préemption. Par suite, la première vente du lot après attribution échappera au droit de préemption.

Le locataire d'un tel local bénéficie également d'un droit de préemption en cas de cession de la totalité des parts d'une société lorsque ces parts portent attribution en propriété ou en jouissance à temps complet de chacun des logements d'un **immeuble de plus de cinq logements** (Loi 75-1351 du 31-12-1975 art. 10-1, II-al. 2).

> Précisions **a.** Les droits de préemption du locataire ne sont pas applicables aux **cessions intervenant entre parents** ou alliés jusqu'au quatrième degré inclus (Loi 75-1351 du 31-12-1975 art. 10, III et 10-1, II-al. 3).
b. Le **droit de préemption urbain** (lorsqu'il est appelé à jouer : voir n° 41595) prime le droit de préemption accordé aux locataires.
c. Pour l'application du droit de préemption du locataire en cas de cession de la totalité des parts d'une société portant attribution de chacun des **logements** d'un immeuble de plus de cinq logements, seuls sont **pris en compte,** pour le calcul du nombre de logements, ceux répondant aux **critères** de décence fixés par le décret 2002-120 du 30 janvier 2002 (Cass. 3e civ. 11-2-2016 n° 14-25.682 : RJDA 5/16 n° 358 excluant la prise en compte des chambres de service ne répondant pas à de tels critères).

INFORMATION DE L'ACQUÉREUR DES PARTS SOCIALES

Le cédant doit fournir à l'acquéreur un **dossier de diagnostic technique** qui doit être annexé à la promesse de vente ou à l'acte de vente ; ce dossier comprend (CCH art. L 271-4) : **41603**
- l'état mentionnant la présence ou l'absence de matériaux ou produits contenant de l'amiante ;
- l'état relatif à la présence de termites ;
- le diagnostic de performance énergétique et, le cas échéant, l'audit énergétique ;
- le document établi à l'issue du contrôle des installations d'assainissement non collectif ;
- dans les zones définies par arrêté préfectoral, l'état des risques naturels et technologiques ;
- l'information sur la présence d'un risque de mérule ;
- si l'immeuble auquel les parts donnent vocation est à usage d'habitation, le constat de risque d'exposition au plomb, l'état de l'installation intérieure de gaz et d'électricité ;
- si l'immeuble auquel les parts donnent vocation est à usage d'habitation ou à usage professionnel et d'habitation et est situé dans une zone de bruit définie par un plan d'exposition au bruit des aérodromes, le document d'information sur cette situation.

Pour de plus amples informations sur cette question, voir Mémento Gestion immobilière nos 9000 s.

CONTENU DE L'ACTE DE CESSION DES PARTS SOCIALES

Lorsque les parts de la société d'attribution sont cédées **avant l'achèvement de l'immeuble,** le contrat de cession doit préciser (CCH art. R 212-11, al. 1 à 5) : **41605**
- le nombre de parts cédées ;
- divers renseignements sur les lots auxquels les droits cédés donnent vocation ;
- le prix à payer au cédant, tant pour la cession que pour le remboursement des sommes qu'il a déjà versées à la société ;
- les versements qui restent à faire à la société pour achever l'immeuble et le montant des appels de fonds versés ou à verser par le cédant, ainsi que le montant des appels de fonds qui restent à faire.

En outre, il doit comporter en **annexe** (CCH art. R 212-11, al. 6 s.) les documents suivants (ou simplement y faire référence si ces derniers sont déposés au rang des minutes d'un notaire) : **41606**
- les statuts de la société ;
- l'état descriptif de division et le règlement de jouissance ;
- le contrat de promotion immobilière afférent à l'immeuble considéré ;
- une note énonçant les caractéristiques techniques du ou des lots cédés, ainsi que des immeubles ou parties d'immeubles dans lesquels ce ou ces lots se trouvent.

Ces conditions ne sont pas applicables lorsque la société a pour objet l'acquisition de l'immeuble.

> Précisions Les dispositions de la loi sur la copropriété faisant obligation au vendeur d'un lot de copropriété de **mentionner la superficie** de la partie privative du lot (Loi 65-557 du 10-7-1965 art. 46, al. 1 à 3, issus de la « loi Carrez » du 18-12-1996) ne sont pas applicables aux cessions de parts de sociétés d'attribution, ces opérations ne transférant pas de droit de propriété immobilière (Rép. Idrac : AN 9-3-1998 n° 8577 et recommandation n° 17 du 4-3-1998 de la Commission consultative de la copropriété).

PUBLICITÉ DE LA CESSION DES PARTS SOCIALES

Tout transfert de propriété de parts d'une société d'attribution doit être porté à la connaissance de la société dans les conditions fixées par l'article 1690 du Code civil (signification par acte extrajudiciaire ou acceptation de la société dans un acte authentique) ou, si les statuts prévoient le remplacement de ces formalités par un transfert sur les registres de la société comme l'article 1865 du Code civil en donne la possibilité, au moyen d'une notification (par lettre recommandée AR) (CCH art. R 212-8). **41620**

Les notifications doivent être portées sur un registre ouvert à cet effet au siège de la société ou, en cas de société dissoute, au domicile élu du liquidateur, et tenu à la disposition de chaque associé qui en ferait la demande. Cette obligation subsiste jusqu'à l'expiration d'un délai de deux ans à compter du retrait de l'associé ou de la dissolution de la société (CCH art. R 212-9, al. 2).

2. EFFETS DE LA CESSION DES PARTS SOCIALES

TRANSFERT DE LA PROPRIÉTÉ DES PARTS SOCIALES

41640 L'acquéreur de parts d'une société d'attribution acquiert au lieu et place du cédant le droit à la jouissance exclusive de la fraction d'immeuble à laquelle correspondent les droits cédés et la vocation à la propriété de cette fraction. En contrepartie, il est tenu des obligations du cédant, notamment celle de répondre aux appels de fonds et de participer aux charges de gestion et d'entretien.

Jugé qu'en l'absence d'une subrogation englobant l'action contractuelle appartenant au cédant à l'encontre de l'architecte à qui il avait confié des travaux, ou de toute cession de cette action, l'acquéreur des parts d'une société d'attribution se plaignant de malfaçons ne dispose d'aucune action contractuelle contre cet architecte (Cass. civ. 13-12-1989 n° 88-13.685 : Bull. civ. III n° 235). C'est la solution contraire qui prévaut lorsque l'immeuble lui-même est transféré.

RÉPARTITION DES CHARGES ENTRE LE CÉDANT ET L'ACQUÉREUR

41650 L'**acquéreur** n'est tenu des dettes du cédant à l'égard de la société, à la date de la cession, que dans la mesure où cela résulte des obligations figurant à l'acte de cession ou à ses annexes (CCH art. L 212-8, al. 1).

Quant au **cédant,** il n'est dégagé de ses obligations personnelles envers la société que dans la mesure où celle-ci y a expressément consenti (art. L 212-8, al. 2).

CAUTIONNEMENT HYPOTHÉCAIRE PAR LA SOCIÉTÉ

41660 La société peut se porter caution hypothécaire au profit des acquéreurs de droits sociaux pour la garantie des emprunts qu'ils ont contractés à l'effet de payer le prix de cession, mais seulement à concurrence des appels de fonds déjà réglés à la société et, s'il y a lieu, de ceux qui restent encore à payer (CCH art. L 212-7, al. 1 à 3).

Encore faut-il que ce cautionnement soit autorisé par les statuts avec stipulation que l'engagement de la société se limite aux parties divises et indivises de l'immeuble social auxquelles le bénéficiaire du crédit aura vocation en propriété (art. L 212-7, al. 4).

GARANTIE DUE PAR LE CÉDANT DES PARTS SOCIALES

41670 Le cédant est tenu de garantir l'**existence des parts** sociales cédées et le libre exercice des droits qui y sont attachés (C. civ. art. 1693).

La troisième chambre civile de la Cour de cassation, appelée à connaître des litiges concernant les sociétés à objet immobilier, refuse d'appliquer aux cessions de parts de telles sociétés les dispositions du Code civil relatives à la garantie des **vices cachés** et elle limite la garantie due par le cédant à l'existence des parts (Cass. 3e civ. 6-3-1973 : Bull. civ. III n° 169 ; Cass. 3e civ. 16-5-1977 : Gaz. Pal. 1978 I p. 18 ; Cass. 3e civ. 15-3-2006 n° 330 : RJDA 8-9/06 n° 911 ; en sens contraire, Cass. 3e civ. 12-1-2000 n° 23 : RJDA 4/00 n° 426). L'acquéreur des parts ne peut pas utilement faire valoir que l'immeuble auquel les parts donnent vocation est atteint d'un vice le rendant impropre à sa destination.

> **> Précisions** Toutefois, lorsque la **société** n'a été qu'une **technique de commercialisation** et que, sous la forme de cessions de parts, il a été procédé à des ventes d'immeuble achevé, les cédants sont alors tenus à la garantie des vices cachés édictée par l'article 1641 du Code civil (Cass. 3e civ. 5-5-1981 n° 79-17.115 : Bull. civ. III n° 90).

B. Régime fiscal

41750 Les cessions à titre onéreux de parts de sociétés transparentes donnent ouverture :

– soit à la TVA, si ces cessions entrent dans le champ d'application de la TVA sur les opérations immobilières (CGI art. 257, I ; voir n° 41840) ;

– soit aux droits d'enregistrement.

Les cessions de droits sociaux qui donnent lieu au paiement de la TVA sont soumises à la perception d'un droit d'enregistrement de 125 € (CGI art. 730).

1. DROITS D'ENREGISTREMENT

En matière de droits d'enregistrement, les cessions de parts sociales émises par les sociétés visées à l'article 1655 ter du CGI sont régies par le principe de la **transparence fiscale.** Elles sont censées avoir pour objet non des droits incorporels, mais les biens eux-mêmes représentés par les parts cédées. 41755

Cependant, ces cessions de droits sociaux échappent à la formalité de la **publicité foncière** et doivent seulement être **enregistrées** au service des finances publiques (en ce sens, BOI-ENR-DMTOM-40-20 n° 120 ; sur la formalité de l'enregistrement des cessions de parts sociales, voir n° 21405).

Ajoutons qu'aux termes de l'article 1589-2 du Code civil, est nulle et de nul effet toute **promesse unilatérale de vente** afférente aux titres des sociétés visées à l'article 1655 ter du CGI si elle n'est pas constatée par un acte authentique ou par un acte sous signature privée enregistré dans le délai de dix jours à compter de la date de son acceptation par le bénéficiaire. Il en est de même de toute cession portant sur ces promesses qui n'a pas fait l'objet d'un acte authentique ou d'un acte sous signature privée enregistré dans les dix jours de sa date.

CESSION DE PARTS DE SOCIÉTÉS TRANSPARENTES INTERVENANT APRÈS L'ÉTABLISSEMENT D'UN ÉTAT DE DIVISION

Les cessions de parts de sociétés transparentes qui interviennent après l'établissement d'un état de division constituent une vente du local à la jouissance ou à la propriété duquel les droits sociaux donnent vocation. 41760

Lorsque la cession se trouve placée en dehors du champ d'application de la TVA, cette vente est soumise, en tout point, au régime fiscal des ventes d'immeubles (délai d'enregistrement, tarif et liquidation des droits, répression des insuffisances et des dissimulations de prix) (n°s 11600 s.).

> Précisions **a.** En cas de cession des parts **non constatée par un acte**, la mutation verbale de l'immeuble qui en résulte doit faire l'objet d'une déclaration détaillée et estimative (CGI art. 638).

b. La **présomption de transmission** résultant de l'article 1881 du CGI selon lequel la mutation d'un immeuble est suffisamment établie, pour la demande du droit d'enregistrement et la poursuite du paiement contre le nouveau possesseur, soit par l'inscription de son nom au **rôle de la taxe foncière** et des paiements faits par lui d'après ce rôle, soit par des **baux** passés par lui ou enfin par des **transactions ou autres actes** constatant sa propriété ou son usufruit, est éventuellement applicable dès lors que les parts sont considérées comme des immeubles au point de vue fiscal : l'administration peut réclamer les droits de mutation au nouveau possesseur des parts.

Assiette des droits Les droits de mutation sont calculés sur le **prix exprimé** en y ajoutant toutes les **charges** et toutes les **indemnités** stipulées au profit du cédant, à quelque titre que ce soit, ou sur la valeur vénale si elle est supérieure. 41790

Constitue notamment une charge augmentative du prix, pour l'assiette des droits de mutation, l'engagement pris par le cessionnaire d'effectuer, au lieu et place du cédant, les versements prévus pour le **remboursement** de la **quote-part d'un prêt** accordé à la société par un organisme de crédit. En vertu du principe de transparence, en effet, les prêts consentis aux sociétés elles-mêmes doivent être considérés, au regard des droits d'enregistrement, comme accordés à chaque associé pour la quote-part des locaux auxquels il a vocation (D. adm. 8 H-2323 n° 4, non reprise dans Bofip mais dont la solution conserve selon nous sa valeur sur le fond).

> Précisions L'administration considère que les sommes versées par le cessionnaire à la société antérieurement à l'acte de cession, notamment en répondant aux **appels de fonds antérieurs** auxquels le cédant était tenu, constituent une charge augmentative du prix. La preuve contraire peut être rapportée, mais seulement s'il n'y a pas eu d'appel de fonds et qu'il est prouvé que ces versements présentent toutes les caractéristiques de prêts, librement consentis, effectivement remboursables et non liés à la qualité d'associé (D. adm. 8 H-2323 n° 5, non reprise dans Bofip mais dont la solution conserve selon nous sa valeur sur le fond). L'engagement pris par le cessionnaire de répondre aux **appels de fonds ultérieurs** ne peut être considéré comme une charge augmentative du prix, puisque cette obligation lui incombe personnellement.

CESSION DE PARTS DE SOCIÉTÉS TRANSPARENTES INTERVENANT AVANT L'ÉTABLISSEMENT D'UN ÉTAT DE DIVISION

Lorsque la cession se trouve placée en dehors du champ d'application de la TVA, et qu'elle intervient avant l'établissement d'un état de division et l'affectation des droits sociaux à chaque fraction d'immeuble, elle est réputée avoir pour objet une **quote-part indivise de l'actif social** et elle est soumise au régime fiscal applicable aux biens réputés transmis. 41800

Si l'actif social comprend des biens meubles et immeubles, il est admis de ne pas appliquer les dispositions de l'article 735 du CGI, qui prévoit que les actes portant mutation simultanée de meubles et d'immeubles donnent normalement ouverture au droit de vente d'immeubles sur la totalité du prix, sauf stipulation d'un prix particulier pour les objets mobiliers et désignation article par article dans le contrat (BOI-ENR-DMTOI-10-120 n° 70).

CAS PARTICULIER : CESSION DE PARTS DE SOCIÉTÉS NON TRANSPARENTES VISÉES À L'ARTICLE 728 DU CGI

41810 L'article 728 du CGI concerne les sociétés non transparentes (c'est-à-dire qui n'ont pas, en fait, pour unique objet celui défini à l'article 1655 ter du CGI), mais dont les parts, ou certaines d'entre elles, confèrent à leurs possesseurs le **droit à la jouissance** d'immeubles ou de fractions d'immeubles. Il n'y a pas lieu, à cet égard, de s'attacher à l'objet de la société ni à son activité réelle, mais uniquement aux prérogatives que les parts confèrent à leur détenteur ainsi qu'à la finalité de l'opération : il est nécessaire que le droit de jouissance soit indissolublement lié à la qualité d'associé (BOI-ENR-DMTOM-40-30 n° 20).

Le régime de l'article 728 du CGI n'est en principe applicable qu'**après établissement d'un état de division et affectation** des parts ou groupes de parts à chacune des fractions de l'immeuble. Les cessions de parts qui interviennent avant l'établissement de cet état sont soumises au régime fiscal de droit commun des cessions de droits sociaux prévu à l'article 726 du CGI exposé nos 21410 s. (BOI-ENR-DMTOM-40-30 n° 30).

Lorsque les conditions de l'article 728 du CGI sont réunies, les cessions de parts sont réputées **avoir pour objet les immeubles** ou fractions d'immeubles à la jouissance desquels elles donnent droit ou sont destinées à donner droit. Ces cessions sont donc à tous égards assimilées à des ventes d'immeubles pour la perception des droits d'enregistrement. Mais la présomption légale doit être interprétée strictement, et seule la **fraction du prix de cession** afférente à l'immeuble ou à la fraction d'immeuble réputé transmis, telle que cette fraction est déterminée par une ventilation du prix global, est assujettie au droit de mutation au tarif des ventes d'immeubles, sous réserve du droit pour l'administration d'établir que ce prix est inférieur à la valeur vénale réelle de l'immeuble. Le **surplus du prix** est considéré comme s'appliquant à la cession des droits sociaux proprement dits et reste soumis au régime fiscal de droit commun (BOI-ENR-DMTOM-40-30 n° 40).

> **> Précisions** La cession aux membres d'une même famille de la totalité des parts d'une SCI est réputée avoir pour objet l'immeuble possédé par la SCI dès lors que le but recherché par les acquéreurs est d'être les seuls propriétaires de l'immeuble, utilisé comme résidence secondaire, et leur a donc conféré le droit à la jouissance de l'immeuble au sens de l'article 728 du CGI (Cass. com. 10-12-2003 n° 1806 F-D : RJF 4/04 n° 428).

TRANSMISSIONS À TITRE GRATUIT DE PARTS DE SOCIÉTÉS D'ATTRIBUTION

41820 Les transmissions à titre gratuit de parts de **sociétés d'attribution transparentes** sont, de même que les mutations à titre onéreux, réputées porter sur les biens en nature représentés par les droits transmis. Lorsque l'actif social comprend d'autres biens que les immeubles affectés en propriété ou en jouissance, la transmission est considérée avoir pour objet les locaux affectés aux parts et une quote-part des autres biens.

En revanche, les dispositions de l'article 728 du CGI (n° 41810) concernent uniquement les transmissions à titre onéreux et ne s'appliquent pas aux mutations à titre gratuit de parts de **sociétés non transparentes.**

2. TVA SUR LES OPÉRATIONS IMMOBILIÈRES

41840 Les parts dont la possession assure en droit ou en fait l'**attribution en propriété ou en jouissance** d'un immeuble ou d'une fraction d'immeuble sont assimilées à des biens corporels et suivent le régime de l'immeuble auquel elles se rapportent (CGI art. 257, I-1-3°).

La cession de telles parts entre donc dans le champ d'application de la TVA et est imposable de plein droit lorsqu'elle est réalisée à titre onéreux par un **assujetti agissant en tant que tel dans le cadre de son activité économique** et qu'elle intervient soit **en cours de construction,** soit **moins de cinq ans après l'achèvement** de l'immeuble (ou fraction d'immeuble) sous-jacent. Si la cession intervient **plus de cinq ans après l'achèvement** de l'immeuble (ou fraction d'immeuble) sous-jacent, elle est en principe exonérée de TVA, mais le cédant assujetti peut la soumettre à la TVA sur option (en ce sens, BOI-TVA-IMM-10-10-20 n° 130 s.). Sur les conséquences de l'option pour l'appartenance à un **groupe TVA**, voir n° 12003.

Dans les **autres situations,** la cession des parts est soumise aux droits d'enregistrement (nos 41790 s.).

S'agissant de la **base d'imposition,** lorsque les droits cédés se rapportent à un terrain à bâtir, la base d'imposition est constituée du prix de cession HT augmenté des charges (à l'exclusion, en principe, des intérêts du prix lorsque celui-ci est payable à terme) (CGI art. 266, 2-b) lorsque l'acquisition avait ouvert droit à déduction ou de la marge réalisée à l'occasion de la vente dans le cas contraire (CGI art. 268) (nos 44620 s.). Il en est de même de la cession de ces droits représentant un immeuble achevé depuis plus de cinq ans par un assujetti qui formule une option pour la soumettre à la TVA. **41845**

En cas de cession de droits représentant un immeuble achevé depuis moins de cinq ans soumise à la TVA, la base d'imposition est constituée du prix de cession HT.

3. PLUS-VALUES DE CESSION DES PARTS SOCIALES

DROITS DÉTENUS PAR UN ASSOCIÉ PERSONNE PHYSIQUE

Les membres des sociétés transparentes étant considérés comme propriétaires des locaux représentés par leurs parts, les cessions de parts réalisées dans le cadre de la gestion de leur **patrimoine privé** sont assimilées à la vente des locaux représentés par ces titres et suivent donc en tout point le régime d'imposition des plus-values d'immeubles. **41860**

Ainsi, en cas de cession de titres représentatifs de locaux bénéficiant d'une exonération particulière (exemple : résidence principale), la plus-value correspondante échappe à l'imposition dans les mêmes conditions que si les locaux étaient eux-mêmes vendus (pour une illustration : CE 10-4-2015 n° 367015 : RJF 7/15 n° 598). La plus-value de cession éventuellement imposable doit être déterminée en fonction de la date et du prix d'achat (ou, le cas échéant, de la valeur d'acquisition) des parts (BOI-RFPI-SPI-10-20 n° 130).

En revanche, les profits réalisés par les associés de telles sociétés à l'occasion de **cessions habituelles** de leurs parts relèvent du régime des marchands de biens.

> **Précisions** **a.** Pour le calcul de la plus-value, les **appels de fonds** auxquels les associés sont tenus de souscrire font partie du prix de revient de leurs parts sociales (CAA Lyon 12-5-1992 n° 718 : RJF 10/92 n° 1355).
b. En cas de **cession de droits sociaux ayant rémunéré un apport en nature,** le prix de revient des titres cédés est constitué, lorsque la plus-value d'apport n'a été taxée qu'à concurrence des droits acquis par les coassociés sur le bien apporté (n° 39605), par les deux éléments suivants :
– d'une part, la valeur d'acquisition originelle du bien apporté retenue à concurrence de la fraction de ce bien qui est censée être demeurée la propriété de l'apporteur,
– d'autre part, la fraction de la valeur d'apport correspondant aux droits acquis par les coassociés et qui a été retenue pour le calcul de la plus-value réalisée au moment de l'apport.
c. La **date d'acquisition** qui doit être retenue pour le calcul du délai de détention s'entend de la date d'acquisition ou de souscription des titres quelle que soit la date du début d'exécution des travaux de construction.
d. Lorsque la cession porte sur des droits dans une société de construction transparente, le **profit de construction** est imposable soit selon le régime des plus-values des particuliers, soit selon le régime des bénéfices industriels ou commerciaux, en fonction du caractère occasionnel ou habituel qu'il présente.

DROITS SOCIAUX INSCRITS À L'ACTIF D'UNE ENTREPRISE

Entreprise individuelle soumise à l'impôt sur le revenu dans la catégorie des BIC Lorsque les **parts** de la société d'attribution **constituent un stock immobilier,** la plus-value est imposée dans les mêmes conditions que les bénéfices d'exploitation. **41890**

Lorsque les **parts** de la société transparente sont, d'un point de vue fiscal, **inscrites à l'actif immobilisé** de l'entreprise individuelle, et que les **locaux** à la jouissance ou à l'attribution desquels elles donnent droit sont **utilisés pour les besoins de l'activité professionnelle** de l'entreprise, les plus-values de cession des parts sont en principe soumises au régime des plus-values professionnelles exposé nos 9608 s. **41895**

La plus-value est déterminée par rapport à la valeur comptable résiduelle des parts après imputation des amortissements. Lorsque les droits cédés consistent en des parts reçues en rémunération de l'apport d'un terrain à bâtir, il est tenu compte, pour déterminer leur prix de revient, de l'option éventuelle de l'entreprise pour l'inscription à son bilan des droits sociaux à la valeur comptable que comportait l'élément apporté, conformément à la tolérance administrative mentionnée n° 39611.

41896 Lorsque les parts de la société transparente inscrites à l'actif immobilisé de l'entreprise correspondent à des locaux **n'ayant pas toujours été utilisés pour l'exercice de l'activité professionnelle,** la plus-value doit en principe être ventilée entre :

– une fraction afférente à la période pendant laquelle le bien a concouru à l'exercice de l'activité, soumise au régime des plus-values professionnelles (nos 9608 s.) ;

– et une fraction relative à la période pendant laquelle le bien n'a pas été utilisé pour l'exercice de l'activité, qui relève des règles d'imposition des plus-values privées (nos 41860 s.).

La fraction de la plus-value professionnelle est déterminée par différence entre un prix de cession ajusté et la valeur comptable de l'élément d'actif cédé (majoré le cas échéant des amortissements réintégrés).

La fraction de la plus-value privée est égale au prix de cession réel de l'actif diminué du prix de cession retenu pour la détermination de la plus-value professionnelle.

Lorsque les parts correspondent à des locaux qui n'ont **jamais été utilisés pour l'exercice de l'activité professionnelle,** leur cession, qui relève en principe du régime des plus-values privées, génère néanmoins une plus-value professionnelle à hauteur des amortissements éventuellement déduits du résultat des exercices ouverts avant le 1er janvier 2012 ou de ceux admis en déduction après cette date en cas d'application de la tolérance de 5 % ou 10 % permettant de ne pas retraiter du résultat fiscal professionnel les charges et les produits afférents à des éléments d'actif étrangers à l'activité professionnelle (voir no 41400).

> Précisions a. En cas de **partage des immeubles sociaux** conduisant à une substitution des immeubles aux parts inscrites à l'actif, aucune plus-value n'est en principe dégagée, mais l'entreprise ne doit faire subir aucun changement aux évaluations inscrites dans ses écritures comptables. Elle doit seulement apporter aux rubriques de son bilan les modifications nécessaires pour faire apparaître qu'une partie des immeubles acquis ou construits par la société de copropriété immobilière est venue se substituer, dans son patrimoine, aux droits sociaux dont elle était précédemment titulaire (D. adm. 8 H-2122 no 33, non reprise dans Bofip). L'immeuble doit être inscrit pour la valeur comptable des titres annulés.

b. Si l'entreprise associée a acquis les parts sociales avant l'achèvement des travaux de construction et remplit les autres conditions requises, elle relève du régime des **profits de construction.**

41910 **Associé assujetti à l'impôt sur les sociétés** Les plus-values sur cessions de parts de sociétés d'attribution réalisées par des **associés assujettis à l'IS dans les conditions de droit commun** sont imposables comme des bénéfices d'exploitation. En effet, dès lors qu'elles sont réputées porter directement sur les immeubles, les cessions de titres de sociétés transparentes ne peuvent pas prétendre à l'application du régime du long terme.

Si l'**associé** est un **organisme sans but lucratif,** il échappe à toute taxation à raison de la plus-value réalisée, sauf si la cession sort du cadre normal de la gestion de son patrimoine et revêt un caractère lucratif.

41915 **Entreprise individuelle soumise à l'impôt sur le revenu dans la catégorie des BNC** Si les parts sont inscrites sur le registre des immobilisations et correspondent à des locaux utilisés pour l'exercice de la profession, la plus-value réalisée relève du régime des plus-values professionnelles exposé nos 9608 s..

Lorsque les parts ne répondent pas à ces conditions, les plus-values de cession de sociétés transparentes relèvent du régime des plus-values immobilières des particuliers (no 41860).

SECTION 4

RÈGLES JURIDIQUES PROPRES AUX SOCIÉTÉS AYANT POUR OBJET LA CONSTRUCTION D'IMMEUBLES D'HABITATION

RÉGLEMENTATION APPLICABLE

Les sociétés ayant pour objet la construction (et non l'acquisition ou la gestion) d'immeubles à usage d'habitation sont régies non seulement par les dispositions générales applicables à toutes les sociétés d'attribution, mais également par des dispositions particulières tendant à renforcer la protection des souscripteurs de logements et qui sont d'ordre public (CCH art. L 212-13). Cette réglementation spéciale, prévue aux articles L 212-10 à L 212-13 et R 212-12 à R 212-16 du Code de la construction et de l'habitation, concerne également les sociétés ayant pour objet la construction d'immeubles à usage professionnel et d'habitation. **42200**

A. Constructions concernées

Est considéré comme **immeuble à usage d'habitation** ou à usage professionnel et d'habitation tout immeuble dont 10 % au moins de la superficie sont affectés à de tels usages (CCH art. L 242-1). **42205**
Les superficies à retenir pour le calcul de ce pourcentage sont celles de tous les locaux de l'immeuble, qu'il s'agisse des locaux principaux, des locaux annexes (tels que caves, garages, sous-sols, greniers, réserves, celliers) ou des parties communes (art. R 212-12, al. 1).

Les **annexes** affectées à un local principal sont considérées comme étant de même nature que ce local (art. R 212-12, al. 3).

Les annexes non affectées à un local principal sont réputées réparties entre, d'une part, les locaux à usage d'habitation ou à usage professionnel et d'habitation et, d'autre part, les locaux d'une autre nature, selon le rapport existant entre les superficies développées de ces deux catégories de locaux, y compris leurs annexes (art. R 212-12, al. 4).

B. Réalisation de l'opération de construction de l'immeuble d'habitation

Les sociétés d'attribution qui ont pour objet la construction d'immeubles à usage d'habitation ou à usage professionnel et d'habitation sont tenues (CCH art. L 212-10) : **42250**

- soit de conclure un contrat de **promotion immobilière** ;
- soit de confier les opérations de promotion à leur représentant légal ou statutaire, ce dernier assurant toutes les obligations du promoteur.

Dans ce dernier cas, les opérations doivent être définies dans un écrit portant les énonciations exigées par l'article L 222-3 du Code de la construction et de l'habitation pour le contrat de promotion immobilière et une assemblée générale doit approuver la mission de ce représentant (CCH art. R 212-13).

Le représentant légal ou statutaire de la société ne peut exiger ou accepter des associés aucun **versement de fonds,** sous quelque forme que ce soit, avant la conclusion du contrat de promotion ou l'approbation par l'assemblée de l'écrit fixant sa mission (CCH art. L 212-10, al. 4). Par ailleurs, aucun paiement ne peut être accepté ou exigé avant la date à laquelle la créance correspondante est exigible (CCH art. L 212-10, al. 4). Les infractions à ces dispositions sont punies d'une amende de 9 000 € et d'un emprisonnement de deux ans (CCH art. L 241-1). **42251**

Une **dérogation** à ces interdictions est prévue en ce qui concerne le versement par les associés des sommes nécessaires au paiement des études techniques et financières du programme et à l'achat du terrain à condition que seuls les associés d'origine effectuent ces versements et que les parts sociales ne puissent être cédées volontairement qu'entre associés avant la conclusion du contrat de promotion ou l'approbation de l'écrit fixant la mission du représentant de la société (CCH art. L 212-10, al. 5).

C. Contrat de réservation des parts sociales

FORME ET CONTENU DU CONTRAT DE RÉSERVATION

42300 La cession de parts sociales peut donner lieu à un contrat préliminaire, ou contrat de réservation, par lequel un **associé** s'engage, en contrepartie d'un dépôt de garantie, à **céder ses parts** à un acquéreur moyennant un prix fixé dans ce contrat (CCH art. L 212-11, al. 1).

Ce contrat doit être établi par **écrit** (CCH art. R 212-14, II) et comporter toutes **indications** relatives à la constitution de la société, à la consistance et aux conditions techniques d'exécution des travaux ainsi qu'aux conditions financières de l'opération (CCH art. L 212-11, al. 2).

Il doit aussi préciser (CCH art. R 212-14, I) :

- le nombre de parts cédées ;
- divers renseignements sur les lots auxquels ces droits cédés donnent vocation ;
- la date à laquelle la cession pourra être conclue ;
- le prix de cession des droits sociaux et le montant prévisionnel des appels de fonds correspondant aux droits à céder ;
- le prix convenu dans le contrat de promotion immobilière ainsi que la fraction de ce prix se rapportant aux droits à céder ou, si ces actes ne sont pas encore établis, le prix prévisionnel.

Le contrat doit comporter en annexe une **note technique** indiquant la nature et la qualité des matériaux et des éléments d'équipement et, si le contrat porte sur une partie d'immeuble, des éléments d'équipements collectifs qui présentent une utilité pour cette partie d'immeuble (CCH art. R 212-14, I).

42301 Toute promesse d'achat ou de cession de parts ne revêtant pas les caractéristiques du contrat préliminaire est nulle (CCH art. L 212-11, al. 5).

DÉPÔT DE GARANTIE PAR LE BÉNÉFICIAIRE

42310 Sauf si le délai de réservation est supérieur à deux ans, le promettant peut, en contrepartie de sa promesse de cession, exiger du bénéficiaire le versement d'un dépôt de garantie (CCH art. R 212-14, III). Ce versement doit être effectué à un compte spécial ouvert au nom du réservataire soit dans une banque ou un établissement habilité à cet effet, soit chez un notaire (CCH art. L 212-11, al. 3).

Son **montant** ne peut pas excéder 5 % du prix de cession et du montant prévisionnel des appels de fonds correspondant aux droits sociaux à céder si le délai de réservation n'est pas supérieur à un an, 2 % si ce délai n'est pas supérieur à deux ans (CCH art. R 212-14, III).

42311 Les **fonds** déposés en garantie sont indisponibles, incessibles et insaisissables jusqu'à la conclusion du contrat de cession (CCH art. L 212-11, al. 4).

Le projet d'acte de cession doit être notifié (par lettre recommandée AR) par l'associé cédant à l'acquéreur au moins un mois avant la date de signature de cet acte (CCH art. R 212-14, IV).

Les fonds déposés en garantie doivent être **restitués** dans le délai de trois mois au réservataire, sans retenue ni pénalité, dans les cas suivants (CCH art. R 212-15, al. 1) :

- si le contrat de cession n'est pas conclu, du fait du cédant, dans le délai prévu au contrat préliminaire ;
- si le prix de cession et le montant des appels de fonds correspondant aux droits sociaux à céder excèdent de plus de 10 % le prix prévisionnel fixé dans le contrat préliminaire, quelles que soient les causes de cette augmentation ;
- si l'un des équipements prévus au contrat préliminaire ne doit pas être réalisé ;
- si l'immeuble ou la partie d'immeuble, auquel donnent vocation les droits sociaux ayant fait l'objet du contrat, présente dans sa consistance ou dans la qualité des ouvrages prévus une réduction de valeur supérieure à 10 %.

Si l'acquéreur renonce à l'achat, il perd le dépôt de garantie.

En cas de réalisation de la vente, le montant du dépôt de garantie est imputé sur le prix de cession.

D. Contrôle de la gestion par un conseil de surveillance

42350 Toutes les sociétés civiles d'attribution ayant pour objet la construction d'immeubles à usage d'habitation ou à usage professionnel et d'habitation doivent être dotées d'un conseil de surveillance (CCH art. L 212-12) composé de deux associés au moins, désignés annuellement par une assemblée générale statuant à la majorité d'au moins la moitié du capital social (CCH art. L 214-6 auquel renvoie l'art. L 212-12 du même Code).

Les gérants sont tenus de rendre compte au conseil de surveillance des résultats des appels à la concurrence et des projets de marchés à passer avec les entrepreneurs pour les travaux de construction ainsi que de leur gestion aussi souvent que la bonne marche de la société l'exige, et, en tout cas, tous les trois mois (CCH art. L 214-7, al. 1 et 2).

Le conseil peut se faire assister d'un expert-comptable. Il peut en outre convoquer l'assemblée générale et il doit le faire si cette convocation est demandée par les associés représentant le quart au moins du capital social (CCH art. L 214-7, al. 3).

SECTION 5 DISPOSITIONS DIVERSES APPLICABLES AUX SOCIÉTÉS CIVILES D'ATTRIBUTION

A. Régime juridique

1. RETRAIT ANTICIPÉ D'UN ASSOCIÉ DE SOCIÉTÉ CIVILE D'ATTRIBUTION

CONDITIONS DU RETRAIT D'UN ASSOCIÉ

Pour que le retrait d'un associé de société civile d'attribution soit possible, il faut que les attributions prévues par les statuts ne soient pas faites qu'en jouissance. Il faut aussi que l'associé qui désire se retirer ait satisfait à toutes les obligations auxquelles il était tenu envers la société (CCH art. L 212-9, al. 5). **42800**

L'associé doit notamment avoir répondu aux appels de fonds nécessités pour l'acquisition, la construction ou l'aménagement de l'immeuble social (CCH art. L 212-3). En revanche, le paiement des charges communes n'est pas une condition préalable du retrait (Cass. 3e civ. 3-2-1981 n° 79-15.701 : Bull. civ. III n° 21).

Enfin, et cette condition ne s'applique qu'aux **sociétés de construction,** une assemblée générale doit avoir constaté l'achèvement de l'immeuble ainsi que sa conformité avec l'état descriptif et arrêté les comptes définitifs de l'opération de construction (CCH art. L 212-9, al. 9). **42801**

L'approbation, même faite sans réserve, donnée aux comptes par l'assemblée générale constate la réalisation de l'objet de la société.

Le retrait doit être constaté par **acte authentique** signé par l'associé qui se retire et un représentant de la société ou, en cas de refus de ce dernier, par jugement du président du tribunal judiciaire statuant selon la procédure accélérée au fond (CCH art. L 212-9, al. 9). **42802**

Le retrait peut être exercé après la **dissolution de la société.** Dans cette hypothèse, c'est au liquidateur de signer l'acte authentique (CCH art. L 212-9, al. 10).

EFFETS DU RETRAIT DE L'ASSOCIÉ

Le retrait entraîne de plein droit l'annulation des parts correspondant aux locaux attribués en propriété et la réduction corrélative du capital social. L'organe de gestion constate la **réduction du capital** et apporte aux statuts les modifications nécessaires (CCH art. L 212-9, al. 9). **42810**

L'**associé** qui se retire perd la qualité d'associé et acquiert celle de copropriétaire.

Dès l'instant qu'un associé s'est retiré, le syndicat de **copropriété** existe de plein droit et le règlement de copropriété s'applique en toutes ses dispositions. La société se trouve ramenée au rang de simple copropriétaire. Mais les associés restés en société votent « par transparence juridique » dans les assemblées de copropriété comme s'ils étaient copropriétaires et suivant les règles de la copropriété.

Cependant, il ne leur est pas reconnu la possibilité de contester les décisions des assemblées générales de copropriété (Cass. civ. 4-11-1977 : D. 1978 p. 470 note Souleau).

42811 Les **créanciers sociaux** ne peuvent poursuivre les associés attributaires en paiement qu'après avoir discuté préalablement des biens restant appartenir à la société (CCH art. L 212-9, al. 12).

> **Précisions** Les dispositions de l'article L 212-9 du Code de la construction et de l'habitation relatives à la dissolution et au partage de la société ainsi qu'aux conditions et au retrait de l'un des associés ne sont applicables aux **sociétés constituées avant le 31 décembre 1972** que sous réserve des dispositions de l'article L 212-15, al. 1 du même Code (voir CCH art. R 212-17, 8° qui vise, par erreur, nous semble-t-il, l'article L 212-14). Ce texte vise le cas où l'affectation des locaux aux parts sociales n'est prévue ni par les statuts, ni par une décision des associés. C'est ainsi, notamment, que l'assemblée qui décide la dissolution de la société peut charger le liquidateur de procéder au partage en nature et à l'attribution des lots aux associés en proportion des droits qu'ils détiennent dans la société, et que l'associé qui désire se retirer peut demander son allotissement en nature sous réserve que soient remplies les conditions du retrait. Dans un cas où l'**affectation** des lots aux parts sociales avait été **fixée par les statuts** de la société, il a été jugé que celle-ci ne pouvait pas faire procéder aux attributions d'après les modalités de l'article L 212-15 précité selon un partage effectué par le liquidateur et approuvé par l'assemblée générale, mais qu'elle était tenue, conformément aux dispositions de l'article L 212-9 précité, de délivrer les lots selon les dispositions statutaires et l'état descriptif de division sans pouvoir imposer à un associé, en l'absence de consentement de sa part, une modification de l'assiette de son lot (Cass. 3e civ. 10-5-1990 n° 88-18.272 : Bull. civ. III n° 115).

2. DISSOLUTION, LIQUIDATION ET PARTAGE DE LA SOCIÉTÉ CIVILE D'ATTRIBUTION

42840 Les sociétés civiles d'attribution sont soumises aux causes de dissolution du **droit commun,** mais afin que chaque associé puisse demander, dès l'achèvement des travaux, l'attribution du lot auquel il a vocation, le Code de la construction et de l'habitation **assouplit** les règles de dissolution et de liquidation de ces sociétés.

Concernant le cas particulier des **sociétés constituées avant le 31 décembre 1972,** voir n° 42811.

DISSOLUTION DE LA SOCIÉTÉ CIVILE D'ATTRIBUTION

42845 Nonobstant toute disposition contraire des statuts et même s'il n'est prévu que des attributions en jouissance, la dissolution d'une société d'attribution peut être décidée par une assemblée générale statuant à la double majorité des deux tiers des associés et des deux tiers des voix (CCH art. L 212-9, al. 1).

LIQUIDATION DE LA SOCIÉTÉ CIVILE D'ATTRIBUTION

42860 L'assemblée générale doit désigner un ou plusieurs liquidateurs chargés de gérer la société d'attribution pendant la période de liquidation et de procéder au partage (CCH art. L 212-9, al. 2).

Le statut de la copropriété des immeubles bâtis n'étant pas applicable au fonctionnement d'une société d'attribution, le liquidateur de celle-ci a qualité pour exercer l'action en recouvrement des charges communes (Cass. 3e civ. 31-1-1990 n° 88-18.731 : Bull. civ. III n° 34).

PARTAGE DE LA SOCIÉTÉ CIVILE D'ATTRIBUTION

42870 **Conditions du partage** Le partage de la société d'attribution ne peut intervenir qu'après l'arrêté définitif des comptes de construction par l'assemblée générale et doit comporter des attributions de fractions d'immeubles et une répartition du passif conformes aux dispositions statutaires et à l'état descriptif de division (CCH art. L 212-9, al. 3).

Les **attributions** portent non seulement sur les parties privatives de l'immeuble, mais encore sur la quote-part des parties communes afférentes à chaque lot.

À défaut de vote sur la constatation de l'**achèvement de l'immeuble** et sur les comptes de construction, chaque associé peut demander au tribunal judiciaire de se substituer à l'assemblée pour prendre ces décisions (CCH art. L 212-9, al. 9).

42871 Dans le cas où la **succession d'un associé** n'est pas encore liquidée, les droits et les charges propres au défunt sont attribués indivisément au nom de ses ayants droit, étant observé que cette attribution n'entraîne pas de leur part acceptation de la succession (CCH art. L 212-9, al. 4).

Si certains associés n'ont pas satisfait aux obligations auxquelles ils sont tenus envers la société (appels de fonds, participation aux charges, etc.), ils ne peuvent prétendre à aucune attribution et le partage est limité aux **associés** dont la **situation** est **régulière** (CCH art. L 212-9, al. 5).

> **Précisions** En présence d'une **société** civile immobilière d'attribution **constituée avant l'entrée en vigueur de la loi du 16 juillet 1971,** la constatation de l'achèvement de l'immeuble et de sa conformité à l'état descriptif ainsi que l'approbation des comptes peuvent intervenir à tout moment avant le partage définitif soit avant, soit après la dissolution (Cass. 3e civ. 17-5-1995 : Bull. civ. III no 121).

Formalités du partage Le **liquidateur** doit faire établir le projet de partage en la forme notariée et inviter, au besoin par sommation, les associés à en prendre connaissance et à l'approuver ou à le contester, également par acte notarié (CCH art. L 212-9, al. 6). 42875

Les **associés qui contestent le partage** ont 15 jours pour assigner le liquidateur en rectification devant le tribunal judiciaire du siège social ; les attributions devenues définitives sont opposables aux associés même absents ou incapables (art. L 212-9, al. 7).

L'acte de partage doit être **publié** au fichier immobilier à la diligence du liquidateur (art. L 212-9, al. 8).

Effets du partage Les associés deviennent propriétaires de la fraction de l'immeuble à laquelle ils avaient vocation. La division de l'immeuble rend applicable le statut de la **copropriété** des immeubles bâtis (Loi 65-557 du 10-7-1965). 42880

Le régime de la copropriété ne s'applique pas en l'absence de l'attribution d'un lot à l'un des associés (Cass. 3e civ. 17-5-1995 no 92-21.896 : Bull. civ. III no 121).

Lorsque le partage de la société donne naissance à un ensemble immobilier au sens de l'article 1, II-2° de la loi 65-557 du 10 juillet 1965 sur la copropriété ou lorsque l'immeuble est à destination totale autre que d'habitation, il est possible de **déroger** au statut de la copropriété en mettant en place une organisation dotée de la personnalité morale et suffisamment structurée pour assurer la gestion des éléments et services communs (Loi 65-557 art. 1, II).

Les attributions en propriété sont **opposables aux tiers.** Cependant, les créanciers de la société dont le titre est antérieur aux attributions conservent le droit de poursuivre les anciens associés et leurs ayants cause, mais ils doivent auparavant discuter les biens pouvant encore appartenir à la société (CCH art. L 212-9, dernier al.). 42881

Les créanciers de l'ancienne société ne disposent pas d'action à l'encontre du syndicat de copropriété institué après le partage (TGI Paris 16-2-1972 : Gaz. Pal. 1972 p. 820).

B. Régime fiscal

Sont ici examinés les régimes spéciaux et particularités auxquels sont soumis différents actes de la vie des sociétés civiles d'attribution dotées de la transparence fiscale. Sur tous les points autres que ceux visés par ces dispositions spécifiques, il convient de faire application des règles de droit commun prévues pour la généralité des sociétés civiles, exposées nos 14500 s. 43000

En matière de **droits d'enregistrement,** les actes (ou, à défaut d'acte, les déclarations souscrites) constatant la transformation des sociétés transparentes, ainsi que l'augmentation de leur capital (à l'exception des augmentations de capital en numéraire et par incorporation de bénéfices, de réserves ou de provisions et des augmentations nettes de capital de société à capital variable constatées à la clôture d'un exercice), doivent être soumis à la formalité de l'enregistrement ou à la formalité fusionnée dans les délais et conditions de droit commun, sous réserve des règles particulières exposées ci-après. Les autres actes de la vie des sociétés transparentes (actes portant prorogation de la société, augmentation de capital en numéraire ou par incorporation de bénéfices, de réserves ou de provisions, ou amortissement ou réduction du capital notamment) ne sont pas, en principe, soumis à la formalité (CGI art. 635, 1-5° ; sur les cas où ils doivent être obligatoirement soumis à l'enregistrement compte tenu des autres opérations qu'ils contiennent ou de la qualité de leur rédacteur, voir no 3505). 43002

En vertu d'une disposition spéciale (CGI art. 828, I-2°), qu'ils soient soumis obligatoirement ou présentés volontairement à l'enregistrement, sont enregistrés gratuitement les actes (ou, à défaut d'actes, les déclarations) par lesquels les sociétés transparentes ayant fonctionné conformément à l'objet défini à l'article 1655 ter du CGI décident :

– une augmentation de capital (par voie d'apports à titre pur et simple en nature ou en numéraire ou par incorporation de bénéfices ou de réserves) ;
– une prorogation de la durée de la société ;

– ou un partage en nature à titre pur et simple emportant attribution exclusive en propriété au profit des associés des fractions auxquelles ils ont vocation des immeubles construits, acquis ou gérés par la société (voir nº 43130).

Pour les sociétés assujetties à la TVA, cet enregistrement gratuit est subordonné à la condition qu'elles justifient du règlement de la TVA due sur les opérations de construction.

RETRAIT ANTICIPÉ D'UN ASSOCIÉ DE SOCIÉTÉ TRANSPARENTE

43005 Le retrait d'un associé qui a pour effet de substituer aux parts sociales les locaux qu'elles représentaient n'emporte pas taxation de la **plus-value** acquise par l'immeuble à la date du retrait. En effet, du point de vue fiscal, la transparence permet de considérer le porteur de parts comme étant déjà propriétaire des locaux auxquels ces parts donnaient vocation.

Ce n'est qu'en cas de **cession ultérieure** des locaux que la plus-value réalisée sera soumise à l'impôt, à moins qu'elle ne bénéficie d'une exonération particulière (résidence principale, par exemple).

SCISSION D'UNE SOCIÉTÉ TRANSPARENTE EN PLUSIEURS SOCIÉTÉS DE MÊME NATURE

43020 Afin de faciliter la réalisation des programmes immobiliers importants, l'article L 214-3 du Code de la construction et de l'habitation permet, notamment aux membres des sociétés de construction qui ne poursuivent pas simultanément la construction de l'ensemble des logements répondant à leur objet, de décider sous certaines conditions :

– soit la dissolution de la société et la dévolution de son actif à plusieurs sociétés nouvelles ;
– soit l'apport d'éléments de son actif à une ou plusieurs sociétés nouvelles.

Les opérations d'apports-scissions effectuées au profit de plusieurs sociétés transparentes ne peuvent être admises au régime spécial des scissions en matière de **droits d'enregistrement.** En conséquence, lors de la formalité de l'enregistrement, il doit être procédé à la perception, le cas échéant, d'une part, des droits prévus en cas de dissolution et, d'autre part, de ceux exigibles au titre de la constitution de sociétés (BOI-ENR-AVS-20-70 nº 200).

TRANSFORMATION D'UNE SOCIÉTÉ TRANSPARENTE EN UNE SOCIÉTÉ NON TRANSPARENTE

43040 La société issue de la transformation étant dotée d'une personnalité distincte de celle de ses membres, il y a lieu de considérer que les intéressés lui font **apport** des biens auxquels les parts qu'ils détiennent donnent vocation. Ces règles sont applicables **quels que soient la nature, la forme et l'objet** de la société issue de la transformation, dès lors qu'elle ne peut être réputée remplir les conditions requises à l'article 1655 ter du CGI (BOI-RFPI-PVI-10-30 nº 210). Cet apport constitue une cession et la **plus-value** qui en résulte – déterminée en tenant compte de la valeur réelle des droits sociaux remis en rémunération de l'apport – est normalement imposable selon les règles des plus-values immobilières si l'associé est un particulier et selon les règles des plus-values professionnelles s'il s'agit d'une entreprise (nºs 9608 s. et 10160 s.).

43060 **Cas particulier : transformation d'une société transparente en société civile de construction-vente** En principe, la **plus-value** dégagée par cette transformation devrait être soumise à l'impôt, mais l'article 239 ter, II-2° du CGI prévoit expressément qu'il est sursis à cette imposition à la condition qu'aucune modification ne soit apportée aux écritures comptables du fait de la transformation. La société doit donc s'abstenir de comptabiliser les éléments en cause pour une valeur supérieure à la valeur d'origine qu'ils avaient avant la transformation. Corrélativement, la valeur d'actif des participations détenues dans la société transformée par des entreprises industrielles et commerciales ou des sociétés passibles de l'impôt sur les sociétés doit demeurer inchangée au bilan de ces dernières (BOI-RFPI-PVI-10-30 nº 220).

Ce sursis d'imposition est prévu dans le cadre du régime fiscal de faveur dont peuvent bénéficier les sociétés civiles de construction-vente. L'application de ce régime de faveur est, pour les sociétés issues de la transformation d'une société transparente, subordonnée au respect des deux conditions supplémentaires suivantes, appréciées jusqu'à la date de la transformation inclusivement : d'une part, la société ne doit avoir procédé à aucune vente d'immeuble ou de fraction d'immeuble ; d'autre part, aucune des parts ne doit avoir été cédée à titre onéreux à une personne autre qu'un associé initial (BOI-BIC-CHAMP-70-20-100-10 nºs 380 s.).

Au regard des **droits d'enregistrement,** la transformation régulière d'une société transparente est, à notre avis, enregistrée sans coût fiscal dans la mesure où la constitution des sociétés visées à l'article 239 ter du CGI est susceptible d'être enregistrée gratuitement (voir nº 44580), et que la transformation n'entraîne pas la création d'une personne morale nouvelle. Par ailleurs, il n'y a pas lieu de remettre en cause le droit ou la taxe fixe perçu lors de la création de la société transparente si, au jour de la transformation, la société en cause n'avait procédé à aucune opération de nature à lui faire perdre le bénéfice du régime de la transparence (BOI-ENR-AVS-40-20 n° 230).

> **Précisions** **a.** Concernant la condition liée à l'absence de toute **cession à titre onéreux des parts de la société** à une personne autre qu'un associé initial, l'administration a précisé qu'il devait toutefois être fait abstraction des cessions sans caractère spéculatif consenties au prix de revient à de nouveaux associés, désireux de prendre des participations financières dans le programme de construction projeté, en vue de leur permettre de se joindre au groupe des associés d'origine postérieurement à la constitution de la société (BOI-BIC-CHAMP-70-20-100-10 n° 410). Par ailleurs, l'administration admet, sous réserve de l'examen des circonstances de fait, de considérer comme des associés initiaux ceux qui ont été admis au sein de la société à l'occasion d'une augmentation de son capital : ainsi, le régime de l'article 239 ter du CGI peut s'appliquer à une société dont la transformation a été précédée d'une cession de parts par un associé fondateur à un associé entré dans la société civile lors d'une augmentation de capital, lorsque cette société remplit les autres conditions prévues par le texte légal (BOI-BIC-CHAMP-70-20-100-10 n° 430).
> **b.** Lorsque le patrimoine de la société appelée à se transformer est constitué d'un **terrain à bâtir** qui lui a été apporté par l'un de ses membres, la valeur d'origine de ce terrain s'entend de sa valeur d'apport. Mais, en pareil cas, l'exonération prévue par l'article 239 ter du CGI s'applique seulement à la plus-value acquise par le terrain **depuis la date de l'apport** consenti à la société transparente. Quant à la **plus-value déjà acquise à cette date** et afférente à la fraction du terrain réputée conservée par l'apporteur, elle devient imposable dans les conditions ordinaires, du fait de la transformation (bien entendu, cette règle ne peut s'appliquer que pour autant que la plus-value d'apport n'a pas été intégralement soumise à l'impôt lors de l'apport) (BOI-RFPI-PVI-10-30 n° 220).

VENTE PAR UNE SOCIÉTÉ TRANSPARENTE D'ÉLÉMENTS DE SON PATRIMOINE IMMOBILIER

La cession d'une partie de son patrimoine immobilier a pour conséquence de faire perdre à la société le bénéfice de la transparence fiscale. **43080**

L'administration considère néanmoins que la plus-value de cession est réalisée un instant de raison avant que la société ne recouvre la personnalité morale au plan fiscal et qu'elle est donc taxable entre les mains de chaque associé dans les conditions prévues à l'article 8 bis du CGI (BOI-RFPI-PVI-10-30 n° 230). Il en résulte les conséquences suivantes :

– en ce qui concerne le **bien vendu par la société,** la plus-value, calculée à partir de la date d'acquisition et du prix de revient des parts, est soumise entre les mains des associés à proportion de leurs droits, en fonction de leur qualité, au régime des plus-values immobilières privées ou des plus-values professionnelles (n°s 9608 s. et 10160 s.) ;

– les **biens conservés** par la société sont considérés comme apportés par les associés à une nouvelle société non dotée de la transparence fiscale, ce qui rend en principe exigible l'impôt sur les plus-values d'apport (n°s 43040 s.).

PERTE DE LA TRANSPARENCE

Conséquences en matière d'impôt sur le revenu

43100 Lorsqu'une société vient à être exclue du champ d'application du régime de la transparence fiscale par suite d'un changement affectant son objet ou son activité réelle, elle est replacée sous l'empire du droit commun à compter du jour de ce changement (CGI ann. II art. 372, I-dernier al.). Ce retour emporte les conséquences suivantes.

43102 Le retour au régime de droit commun n'a en principe pas d'**effet rétroactif** : il s'ensuit notamment que si ce retour est motivé par une opération non conforme à l'article 1655 ter du CGI, telle une vente de terrain, la **plus-value** éventuelle dégagée par cette opération est réputée réalisée un instant de raison avant la fin du régime de transparence par chacun des associés directement et taxée en conséquence au nom de ces derniers (voir également ci-dessus, n° 43080).

L'administration a toutefois précisé que, dans les hypothèses où il apparaîtrait que le passage temporaire d'une société sous le régime de la transparence n'a correspondu à aucune intention sincère de ses membres, il conviendrait – dans les limites du droit de reprise – de faire jouer la déchéance, de manière rétroactive, au jour où la société avait entendu se placer sous le régime spécial (D. adm. 8 H-3211 n° 1, non reprise dans Bofip mais dont la solution conserve selon nous sa valeur sur le fond).

43103 Si la société devient assujettie à l'impôt sur les sociétés, le **changement de régime fiscal** est soumis aux dispositions de l'article 202 ter du CGI : les revenus et plus-values non encore imposés à la date du changement de régime, y compris ceux provenant des produits acquis non encore perçus, font l'objet d'une imposition immédiate (sur les modalités de détermination de cette imposition, voir n° 11185). D'autre part, les plus-values latentes afférentes aux biens compris dans le patrimoine social à la date du changement de régime fiscal peuvent faire l'objet soit d'une imposition immédiate, soit d'un report d'imposition, le choix de la société étant déterminé lors de l'établissement du bilan d'ouverture (voir nos 11200 s.).

43104 **Conséquences en matière de droits d'enregistrement** En ce qui concerne les droits d'enregistrement, le retour au droit commun entraîne (BOI-ENR-AVS-40-20 nos 180 s.) :
– lorsque la société devient passible de l'impôt sur les sociétés, le droit spécial de mutation à titre onéreux sur certains apports (voir n° 16911) ;
– dans le cas contraire, l'acte qui constate le retour au droit commun donne ouverture au droit fixe des actes innomés de 125 €.

Dans les deux cas, les actes de la vie sociale postérieurs au retour au droit commun ne peuvent plus bénéficier du régime de faveur.

43105 **Conséquences sur les autres taxes** En ce qui concerne la **taxe foncière** et les taxes annexes y afférentes, le changement de régime n'intervient qu'à compter du 1er janvier de l'année suivant celle au cours de laquelle les modifications motivant le changement de régime sont intervenues (CGI ann. II art. 372, III).

43106 Dans le cas où la **contribution économique territoriale** (ou, à compter de la suppression de la cotisation sur la valeur ajoutée des entreprises la **cotisation foncière des entreprises,** voir n° 12100, Attention) et les taxes annexes deviendraient applicables, ces impositions seraient dues à compter du 1er janvier de l'année qui suit le changement de régime.

DISSOLUTION DE LA SOCIÉTÉ TRANSPARENTE

43120 **Imposition des plus-values** Les associés étant considérés comme directement propriétaires de l'actif social, la dissolution d'une société transparente ne dégage pas de plus-value imposable (sous réserve, si l'associé est une entreprise, que l'immeuble soit inscrit pour la valeur comptable des titres annulés, voir n° 41896, précision a.). Lorsqu'un associé revend l'immeuble qui lui a été attribué lors du partage de la société, la plus-value qu'il réalise doit être déterminée non pas à partir de la date de la dissolution de la société et de l'évaluation de l'immeuble dans l'acte de partage, mais en prenant en considération la date et le prix d'acquisition (ou de souscription) des titres.

> **Précisions** **a.** Le **prix de revient** de l'immeuble est constitué par le prix d'acquisition (ou de souscription) des titres, augmenté des appels de fonds auxquels l'associé a dû répondre pour la réalisation de l'objet social.
> **b.** Les **frais de dissolution et de partage** sont à ajouter au prix d'acquisition (CE 5-4-1993 n° 55110 : RJF 5/93 n° 664).

43130 **Droits d'enregistrement** Si l'acte constatant la dissolution d'une société n'est plus, en principe, obligatoirement soumis à la formalité de l'enregistrement (n° 25400), il en va différemment des actes de partage (n° 25500). Ces derniers sont enregistrés gratuitement, lorsqu'ils remplissent les conditions exigées par l'article 828, I-2° du CGI.

Il doit s'agir d'un **partage en nature** intervenant entre les associés et comportant l'attribution exclusive **en propriété** des fractions d'immeubles ou groupes d'immeubles construits, acquis ou gérés par la société et auxquels ils avaient vocation. En outre, le partage doit être effectué **à titre pur et simple,** c'est-à-dire sans soulte ni retour. S'il existe un **passif** social au moment du partage, le régime de faveur reste applicable, dès lors que ce passif est réparti entre tous les associés proportionnellement à leurs droits dans l'actif brut (BOI-ENR-AVS-40-20 n° 100).

> **Précisions** **a.** Les actes de **partage partiel** intervenant en cours de société bénéficient du régime de faveur au même titre que les actes de partage en fin de société (BOI-ENR-AVS-40-20 n° 100).
> **b.** Dans le cas des **sociétés ayant bénéficié de prêts à la construction,** l'article 828, I-2° du CGI prévoit qu'elles peuvent revendiquer le bénéfice du régime de faveur, même si la répartition de ces prêts a pour effet d'enlever au partage son caractère pur et simple, pourvu que cette répartition ait été effectuée suivant les règles prévues par les organismes prêteurs (BOI-ENR-AVS-40-20 n° 100).

SECTION 6

OBLIGATIONS DES SOCIÉTÉS D'ATTRIBUTION

A. Lors de la constitution de la société civile d'attribution

Ainsi qu'il a été précisé ci-dessus (nos 39550 s.), les sociétés civiles d'attribution doivent établir, après adoption des statuts, un état descriptif de division et un règlement de jouissance qui doivent revêtir la forme d'actes authentiques. **43400**

Au plan fiscal, les sociétés entrant dans les prévisions de l'article 1655 ter du CGI sont tenues de souscrire une **déclaration d'existence,** en triple exemplaire (CGI ann. II art. 373). **43405**
Cette déclaration d'existence, établie sur papier libre d'après le modèle fourni par l'administration, doit indiquer :

- la dénomination sociale, la forme juridique de la société, le lieu du siège social et du principal établissement ;
- le montant du capital ainsi que le nombre, la forme et la valeur nominale des droits sociaux représentant ce capital ;
- la situation, la nature et la consistance des immeubles dont la société est propriétaire avec, pour chaque immeuble ou fraction d'immeuble, le nombre et les numéros des parts conférant à leur titulaire le droit à la jouissance ou à l'attribution des biens en cause ainsi que l'identité (ou la raison sociale) et l'adresse du domicile (ou du siège) de chacun des titulaires.

Cette déclaration, accompagnée de **deux exemplaires des statuts,** doit être adressée dans un **délai de trois mois** à compter de la constitution définitive de la société en principe via le **guichet unique électronique des formalités d'entreprises** (voir no 2682). Si des changements se produisent ultérieurement dans certains des renseignements ainsi fournis, une **déclaration modificative** doit être produite dans les trois mois desdits changements (BOI-RFPI-CHAMP-30-20 no 70).

> **Précisions** Pour les **sociétés créées depuis le 17 mars 1963,** l'application du régime de la transparence fiscale n'est subordonnée à l'exécution d'aucune formalité particulière, si ce n'est l'engagement pris dans les statuts de fonctionner conformément aux dispositions de l'article 1655 ter du CGI (D. adm. 8 H-123 non reprise dans Bofip). Les **sociétés constituées avant le 17 mars 1963** n'ont pu en principe se prévaloir de la transparence fiscale qu'en apportant la justification (CGI ann. II art. 372, I-1o) :
> – d'une part, qu'à cette date elles n'exerçaient pas en fait d'autres activités que celles concourant à la réalisation de l'objet défini par l'article 1655 ter du CGI ;
> – d'autre part, que depuis cette date elles ont continué sans interruption à se conformer aux dispositions de ce texte.
> Toutefois, l'administration n'a exigé ces justifications que des sociétés dont les statuts prévoyaient un objet autre ou plus étendu que celui énoncé à l'article 1655 ter du CGI (D. adm. 8 H-123 précitée non reprise dans Bofip).

B. Lors du fonctionnement de la société civile d'attribution

Les sociétés transparentes sont tenues de souscrire chaque année, en double exemplaire, une **déclaration** établie sur un formulaire no 2071-SD. Elle doit être adressée au service des impôts du lieu de leur principal établissement **au plus tard** le deuxième jour ouvré suivant le 1er mai de chaque année (CGI ann. II art. 374). **43505**

Elle doit **indiquer** la part revenant ou incombant à chaque associé, pour l'année précédente :

- dans les revenus bruts sociaux ;
- dans les différentes charges supportées par la société (dépenses de réparations et entretien, frais de gérance et de rémunération des gardes et concierges, impositions, intérêts de dettes, frais de gestion et d'assurance, etc.).

43510 Le **défaut de production** ou la **production tardive** de la déclaration et les **inexactitudes** ou **omissions** relevées dans la déclaration sont en principe sanctionnés par l'amende fiscale prévue à l'article 1729 B du CGI.

43515 La **procédure de vérification** de la déclaration est suivie directement entre le service des impôts et la société immobilière qui est tenue de fournir les justifications nécessaires (CGI ann. II art. 374 et LPF art. L 53, voir n° 13830).

Les rectifications apportées aux éléments déclarés sont notifiées à la société immobilière, bien qu'elle ne soit pas imposable ; une proposition de rectification est également adressée à chaque associé pour la part d'impôt dont il est personnellement redevable.

C. Lors de la dissolution ou de la transformation de la société civile d'attribution

43700 En ce qui concerne les obligations particulières découlant de la dissolution, de la liquidation, du partage ou de la transformation d'une société transparente, il convient de se reporter aux indications données ci-dessus (nos 42840 s.).

CHAPITRE 4

SOCIÉTÉS CIVILES DE CONSTRUCTION-VENTE

SOMMAIRE

DÉFINITION DE LA SOCIÉTÉ CIVILE DE CONSTRUCTION-VENTE

44500 Les sociétés civiles ayant pour objet la construction d'immeubles en vue de la vente – communément appelées « sociétés de construction-vente » – bénéficient d'un régime fiscal de faveur (nos 45405 s.), ce qui explique, pour une large part, leur succès. Ces **sociétés** sont **caractérisées** essentiellement par la spécificité de leur objet social et par la possibilité pour la société d'exiger des associés des apports de fonds supplémentaires pour lui permettre de réaliser cet objet.

RÉGLEMENTATION APPLICABLE À LA SOCIÉTÉ CIVILE DE CONSTRUCTION-VENTE

44502 Les sociétés de construction-vente sont dotées d'un **statut particulier** d'ordre public par les articles L 211-1 à L 211-4 et R 211-1 à R 211-6 du Code de la construction et de l'habitation (CCH).

SECTION 1

CONSTITUTION DES SOCIÉTÉS CIVILES DE CONSTRUCTION-VENTE

RÉGIME DE LA CONSTITUTION DE LA SOCIÉTÉ CIVILE DE CONSTRUCTION-VENTE

44505 Les conditions de validité de toute société civile doivent être respectées : consentement et capacité des associés, contenu licite et certain, pluralité d'associés, nécessité des apports, recherche de bénéfices à partager et contribution aux pertes, « affectio societatis », rédaction d'un écrit (voir nos 505 s.).

En outre, les sociétés civiles de construction-vente sont soumises à des règles spéciales concernant leur objet et leurs statuts.

OBJET DE LA SOCIÉTÉ CIVILE DE CONSTRUCTION-VENTE

44510 **Principe** L'article L 211-1 du CCH impose aux sociétés de construction-vente un objet spécifique : elles doivent avoir pour activité de « construire un ou plusieurs immeubles en vue de leur vente en totalité ou par fractions », étant précisé que ces immeubles « ne peuvent être attribués, en tout ou partie, en jouissance ou en propriété, aux associés, en contrepartie de leurs apports, ceci à peine de nullité de l'attribution ».

Comme nous le verrons, l'octroi des avantages fiscaux est subordonné au respect de cette spécificité de l'objet social (nos 45500 s.).

44515 **Construction d'immeubles en vue de la vente** Les sociétés de construction-vente peuvent **acquérir un terrain** en vue d'y édifier des constructions ou acheter un immeuble déjà bâti en vue de démolir les bâtiments et d'en édifier d'autres.

Elles peuvent procéder au **lotissement** du terrain préalablement à la réalisation et à la vente des constructions (no 45540) ; elles peuvent aussi conclure un **bail à construction** (no 45615).

Par « construction d'immeuble », il convient d'entendre, nous semble-t-il, l'**édification de** tous **bâtiments** tels qu'habitations collectives ou individuelles, parkings, caves, quais, pontons, etc. (no 257), ou même la surélévation d'immeubles existants. En outre, l'administration fiscale estime que les sociétés civiles de construction-vente peuvent procéder à certaines opérations de **transformation ou** de **rénovation** d'immeubles anciens (no 45510).

La loi autorisant la construction « d'un ou plusieurs immeubles », il nous paraît licite de prévoir que la société réalisera **plusieurs programmes,** c'est-à-dire qu'elle construira simultanément ou successivement plusieurs immeubles ou groupes d'immeubles sans rapport entre eux. Cependant, cette faculté est rarement utilisée en pratique, les investisseurs (notamment les banques) entendant généralement limiter les risques financiers qu'ils encourent à la réalisation d'un seul programme.

La **destination** des immeubles construits par la société (professionnelle, commerciale, usage d'habitation, etc.) est indifférente.

Sur la possibilité de vendre des **immeubles équipés d'éléments mobiliers,** voir nos 45550 s.

La vente des immeubles peut se faire « clés en main », mais, dans la plupart des cas, il s'agira d'une vente d'immeubles à construire (à terme ou en l'état futur d'achèvement) soumise aux dispositions des articles L 261-1 s. du CCH.

Interdiction d'attribuer les immeubles aux associés Il est expressément interdit, sous peine de nullité, aux sociétés de construction-vente d'attribuer, en tout ou en partie, à leurs associés les immeubles qu'elles construisent, quelle que soit la forme de cette attribution, en propriété ou en jouissance (CCH art. L 211-1, al. 2). Toutefois, rien ne leur interdit de **vendre aux associés** tout ou partie de leurs immeubles et, dans ce cas, ceux-ci bénéficient des mêmes garanties que les tiers acquéreurs. 44520

Il résulte, à notre avis, du caractère général et absolu de l'interdiction que, en cas de dissolution de la société, il n'est pas possible de **partager en nature** les immeubles invendus entre les associés, procédé couramment utilisé dans le passé pour mettre fin à une opération de construction-vente et liquider les « queues de programme ». La seule solution consiste à louer ces « invendus » en attendant de trouver un acquéreur (sur le régime fiscal de ces locations, notamment en matière de TVA, voir n°s 47500 s.).

Exercice d'autres activités L'objet social prévu par la loi n'est pas, à notre avis, exclusif ; les sociétés civiles de construction-vente peuvent exercer **à titre accessoire** d'autres activités civiles telles que la location d'immeubles ou la mise en valeur d'une exploitation agricole ou forestière. Sur le régime fiscal de ces locations, voir n°s 45880 s. 44525

La construction d'immeubles en vue de leur vente doit nécessairement être l'**objet principal réel** de la société ; à défaut, celle-ci ne peut pas prétendre au régime spécifique des articles L 211-1 s. du CCH.

C'était donc à tort que, pour appliquer ces dispositions à une SCI, une cour d'appel avait retenu que « si la location ou la concession apparaissent comme prioritaires, la vente, même si elle n'est qu'éventuelle, est bien prévue par les statuts et que la SCI s'était réservé dès le départ et n'avait jamais abandonné la possibilité de vendre les appartements en jouissance à temps partagé, voire en pleine propriété » (Cass. 3e civ. 3-12-1997 n° 1718 : RJDA 4/98 n° 447). Statuant sur renvoi, la cour d'appel de Rouen a estimé que la SCI n'avait pas pour objet de construire un immeuble en vue de sa revente, dès lors que la vente des immeubles acquis ou construits était envisagée par les statuts seulement de façon « éventuelle », que le projet de financement du programme de construction de logements de la SCI, présenté aux banques, avait privilégié nettement la « vente » des logements en jouissance à temps partagé, que les logements en cause avaient tous été meublés et équipés dès l'origine, un quart d'entre eux ayant été apporté à une filiale chargée de les « vendre » en jouissance à temps partagé, les logements restants ayant été exploités en résidence hôtelière, sans que la SCI ait tenté de les commercialiser (CA Rouen 13-6-2000 : RJDA 2/01 n° 179).

En revanche, toutes les **activités commerciales** leur sont interdites. Il en résulte, en particulier, qu'elles ne peuvent pas revendre en l'état des parcelles de terrains devenues inutiles ou destinées, avec des achats d'autres parcelles, à restructurer l'emprise d'un programme – exception faite des cessions imposées au titre du permis de construire – car cette revente constitue une opération commerciale (C. com. art. L 110-1, 2°). 44526

STATUTS DE LA SOCIÉTÉ CIVILE DE CONSTRUCTION-VENTE

Outre les indications imposées par l'article 1835 du Code civil pour toutes les sociétés (n° 2240), les statuts des sociétés civiles de construction-vente doivent mentionner (CCH art. R 211-6) : 44540

- les obligations des associés en cas d'appel de fonds (n°s 45130 s.) ;
- les conditions dans lesquelles les parts sociales des associés défaillants peuvent être mises en vente (n°s 45145 s.).

FORMALITÉS DE CONSTITUTION DE LA SOCIÉTÉ CIVILE DE CONSTRUCTION-VENTE

Comme pour toutes les sociétés civiles, la **constitution** d'une société civile de construction-vente donne lieu aux formalités de publicité suivantes : 44550

- insertion dans un support d'annonces légales du lieu du siège social ;
- immatriculation de la société au RCS et au RNE, par l'intermédiaire du guichet unique électronique des formalités d'entreprises ;
- insertion au Bodacc, cette insertion incombant au greffier du tribunal de commerce et non à la société.

Sur ces diverses formalités, voir nos 2670 s.

Il convient également de déclarer au greffe du tribunal l'identité du ou des « bénéficiaires effectifs » (nos 2720 s.).

Rappelons enfin que, s'il est fait des **apports immobiliers** (terrains à bâtir notamment) ou mixtes, l'acte notarié les constatant doit être enregistré au service chargé de la publicité foncière (n° 3515).

APPORTS À LA SOCIÉTÉ CIVILE DE CONSTRUCTION-VENTE

44560 En ce qui concerne la définition et la réglementation juridique des apports, on se reportera à l'étude générale d'ensemble (nos 1100 s.).

44565 **Imposition de la plus-value d'apport** En ce qui concerne l'imposition éventuelle de la plus-value réalisée par l'apporteur, on se reportera aux règles générales (qu'il s'agisse d'apports effectués par un particulier ou par une entreprise), sous réserve des particularités suivantes.

44570 En cas d'**apport par une entreprise ou une société d'un terrain à bâtir** à une société de construction-vente, l'apporteur bénéficie de plein droit d'un **report d'imposition de la plus-value professionnelle,** à condition que le terrain ait été acquis depuis au moins deux ans (CGI art. 238 decies, I et 238 terdecies).

La plus-value est imposable :

– soit au titre de l'année de la dernière cession, par la société, des immeubles ou fractions d'immeubles construits par elle sur le terrain apporté ;

– soit l'année de la cession ou de la cessation d'activité (BOI-BIC-PVMV-40-10-50 n° 370) ;

– soit l'année du décès de l'apporteur ;

– soit au titre de l'année de la dernière cession par l'apporteur des titres reçus en rémunération de son apport ou des immeubles ou fractions d'immeubles reçus en représentation de ses droits ;

– soit au plus tard à l'expiration d'un délai de cinq ans à compter de l'apport.

Selon l'administration, le report d'imposition s'applique même lorsque l'apporteur est une société passible de l'impôt sur les sociétés (BOI-BIC-PVMV-40-10-50 nos 310 s.). Le Conseil d'État est d'un avis contraire (CE 2-6-1982 n° 18829 : RJF 7/82 n° 671 ; CE 29-7-1983 n° 29506 : RJF 11/83 n° 1338).

L'entreprise apporteuse peut **renoncer au report d'imposition.** Dans ce cas, elle doit joindre à la déclaration des résultats de l'exercice en cours à la date de l'apport une note exprimant sans équivoque son désir qu'il soit tenu compte de la plus-value résultant dudit apport pour la détermination des résultats fiscaux de l'exercice considéré.

44575 En cas d'**apport par une société soumise à l'IS d'un terrain à bâtir ou d'un local professionnel en vue de la construction de logements** dans des communes où existe un déséquilibre marqué entre l'offre et la demande de logements, la plus-value peut être soumise à l'IS au taux réduit de 19 % (voir n° 10310), ce dispositif s'appliquant tant aux ventes qu'aux apports (BOI-IS-BASE-20-30-10-10 n° 280).

44580 **Droits d'enregistrement et TVA** La société constituée par **acte sous signature privée** est dispensée de la formalité d'enregistrement (CGI art. 635, 1, 5° a contrario), à moins que l'acte ne contienne une autre opération soumise à enregistrement à titre obligatoire par l'article 635 du CGI (transmission de propriété ou d'usufruit d'immeuble, etc.). La TVA le cas échéant exigible sur les apports reste due.

La société constituée par **acte notarié** est soumise aux droits de mutation suivants.

Les **apports purs et simples** à des sociétés civiles de construction-vente sont enregistrés gratuitement, sans distinguer selon qu'ils portent sur des biens meubles, du numéraire ou des immeubles conformément au régime de droit commun applicable à la généralité des sociétés non passibles de l'IS.

Les **apports à titre onéreux** sont taxables dans les conditions ordinaires selon la nature des biens concernés.

Sous réserve des exceptions prévues dans le cadre du logement social (CGI art. 278 sexies et 279-0 bis A) et pour la Corse et les DOM, les **apports de terrains à bâtir** et d'**immeubles neufs** relevant de la TVA sont, en principe, soumis à la TVA au taux de 20 % et sont enregistrés gratuitement.

SECTION 2

FONCTIONNEMENT DES SOCIÉTÉS CIVILES DE CONSTRUCTION-VENTE

RÉGLEMENTATION APPLICABLE

Du point de vue de la **réglementation juridique,** les sociétés civiles de construction-vente doivent se conformer, pour leur fonctionnement, aux règles de droit commun applicables à toute société civile (gérance et décisions collectives notamment : nos 7000 s. et 8500 s.) et aux dispositions de leurs statuts. **44600**

En matière d'**impôts directs,** les sociétés civiles de construction-vente échappent en règle générale à l'impôt sur les sociétés, bien qu'exerçant, du point de vue fiscal, une activité commerciale (nos 45400 s.). Elles se trouvent donc placées dans la même situation que les sociétés en nom collectif effectuant les mêmes opérations, c'est-à-dire que ce sont les associés (et non la société elle-même) qui sont imposés en proportion de leurs droits suivant le régime fiscal qui leur est propre (impôt sur le revenu ou impôt sur les sociétés selon le cas). **44605**

En matière de **TVA,** sous réserve de certaines particularités propres aux opérations immobilières, les **livraisons** d'immeubles (notion qui englobe tous les types de mutations à titre onéreux : apport, échange, etc.) sont placées sous le régime de droit commun de la TVA des livraisons de biens (CGI art. 256). Elles entrent de plein droit dans le champ d'application de la TVA dès lors qu'elles sont réalisées par des **assujettis agissant en tant que tels** (qu'il s'agisse ou non de professionnels de l'immobilier). Néanmoins, si les livraisons de terrains à bâtir et d'immeubles achevés depuis moins de cinq ans sont taxables de plein droit, les livraisons d'immeubles achevés depuis plus de cinq ans et de terrains qui ne sont pas des terrains à bâtir sont exonérées (CGI art. 261, 5) mais peuvent être taxées sur option (CGI art. 260, 5° bis). **44610**

Par ailleurs, certaines livraisons à soi-même d'immeubles sont taxables. Il s'agit notamment des livraisons constatées lors de l'achèvement de l'immeuble par les assujettis partiels ainsi que des livraisons portant sur des logements locatifs sociaux.

Nous exposons ci-après les règles applicables, tant au regard de la TVA que des droits de mutation, à chaque stade de l'opération de construction depuis l'acquisition du terrain jusqu'à la commercialisation.

> **Précisions** **a.** La TVA n'est due que sur les opérations portant sur des **immeubles situés en France** : métropole, Corse, départements d'outre-mer (à l'exception de la Guyane et de Mayotte où la TVA n'est provisoirement pas applicable), ainsi qu'à Monaco ; peu importent le lieu de signature des contrats ou du paiement du prix ainsi que la nationalité des parties au contrat.
> **b.** Certains droits **portant sur des immeubles** sont assimilés à des biens corporels dont la cession est soumise à la TVA dans les mêmes conditions que le serait la cession de l'immeuble sur lequel ils portent (CGI art. 257, I-1). Cette disposition vise notamment les droits réels immobiliers, à l'exception de ceux résultant d'un bail conférant un droit de jouissance, les droits relatifs aux promesses de vente, les parts d'intérêts et actions assurant en droit ou en fait l'attribution en propriété ou en jouissance d'un immeuble et les droits au titre d'un contrat de fiducie représentatifs d'un immeuble. Les opérations portant sur des droits assimilés aux immeubles ne sont soumises à la TVA que lorsqu'elles sont réalisées par un assujetti agissant en tant que tel.
> **c.** En cas d'option pour le **régime de groupe TVA** (voir n° 12003), les livraisons de biens et les prestations de services intervenant **entre les membres** de l'assujetti unique constituent des opérations internes à un même assujetti, étrangères au système de la TVA (BOI-TVA-AU-30 n° 1). Il s'ensuit que les cessions d'immeubles réalisées entre deux membres d'un même assujetti unique constituent, quel qu'en soit l'objet (immeuble bâti achevé depuis plus ou moins de 5 ans, terrain à bâtir, terrain non à bâtir), des opérations non taxables à la TVA. L'option de l'article 260, 5° bis du CGI pour soumettre la vente à la TVA n'est pas possible. La vente n'est susceptible par elle-même d'entraîner aucune régularisation des déductions exercées.
> En revanche, les opérations réalisées **entre un membre de l'assujetti unique et un tiers** obéissent aux règles de droit commun, étant précisé que l'assujetti unique est le redevable de la TVA et souscrit les déclarations de chiffres d'affaires pour l'ensemble des opérations réalisées par ses membres. L'assujetti unique est lié, lors d'une opération de cession, par les engagements pris à l'acte par le cédant.
> **d.** Les opérations réalisées entre redevables de la TVA dans le cadre de la **transmission d'une universalité de biens** ne sont pas soumises à la TVA (CGI art. 257 bis) : voir n° 3700.

A. Achat de terrains à bâtir

DÉFINITION DES TERRAINS À BÂTIR

44615 Sont considérés comme des terrains à bâtir les terrains sur lesquels des **constructions** peuvent être **autorisées** en application d'un plan local d'urbanisme, d'un autre document d'urbanisme en tenant lieu, d'une carte communale ou de l'article L 111-3 du Code de l'urbanisme (CGI art. 257, I-2-1°).

> Précisions a. Un terrain qui comporte des **constructions,** même destinées à être substantiellement rénovées voire démolies, ne constitue pas un terrain à bâtir. Toutefois, l'administration considère qu'un immeuble dont l'état le rend **impropre à un quelconque usage** est assimilé à un terrain à bâtir : ruine, bâtiment durablement abandonné, immeuble frappé d'un arrêté de péril (BOI-TVA-IMM-10-10-10-20 n° 120). Une **construction nouvelle inachevée** qui n'est utilisable d'aucune façon est assimilée à un terrain à bâtir (BOI-TVA-IMM-10-10-10-20 n° 300). Il en est de même d'un immeuble achevé depuis plus de cinq ans rendu inutilisable à la suite de travaux de rénovation inachevés (BOI-TVA-IMM-10-10-10-30 n° 10).

b. Selon l'administration, la définition des terrains à bâtir inclut les terrains pour lesquels les documents d'urbanisme prévoient qu'une **construction** est **possible au moment de la cession,** y compris ceux pour lesquels la constructibilité est limitée, mais exclut ceux pour lesquels la constructibilité est subordonnée à une modification préalable de ces documents. Sont visés essentiellement les terrains classés, au moment de la livraison, dans les zones urbaines, les zones ouvertes immédiatement à l'urbanisation des zones à urbaniser et les périmètres constructibles des zones naturelles et forestières d'un plan local d'urbanisme (BOI-TVA-IMM-10-10-10-20 n°s 20 s.).

c. Jugé que constituent des constructions les **habitations légères de loisirs** qui, bien que démontables ou transportables, n'ont normalement pas vocation à être déplacées. Leur **terrain d'installation** est donc qualifié de « terrain à bâtir », dont la vente est imposable à la TVA (CE (na) 21-10-2019 n° 429940 : RJF 1/20 n° 15). Il en est ainsi même si le terrain a été préalablement viabilisé (CE (na) 27-12-2021 n° 451195 : RJF 4/22 n° 343). De même, doit être qualifié de « terrain à bâtir » le terrain nu supportant des panneaux publicitaires démontables (CE (na) 6-12-2022 n° 465043 : RJF 3/23 n° 189).

1. IMPOSITION À LA TVA

a. Si le terrain à bâtir est acquis auprès d'un non-assujetti

44620 La livraison d'un terrain à bâtir par une personne agissant **hors du cadre d'une activité économique** n'est pas soumise à la TVA (CGI art. 256 A).

b. Si le terrain à bâtir est acquis auprès d'un assujetti à la TVA

PRINCIPE D'IMPOSITION

44622 La livraison d'un terrain à bâtir par une personne assujettie à la TVA agissant **dans le cadre de son activité économique** est soumise à la TVA (CGI art. 257, I-2) quelle que soit la qualité de l'acheteur.

> Précisions a. Un assujetti n'agit pas en tant que tel lorsqu'il réalise la cession d'un élément de son patrimoine en dehors d'un **objectif d'entreprise** ou d'un **but commercial.** Ainsi, un particulier qui cède des terrains acquis par succession ou pour un usage privé est présumé ne pas réaliser une activité économique, même s'il a fait des aménagements avant la cession. En revanche, la présomption est renversée s'il entre dans une démarche active de commercialisation foncière (BOI-TVA-IMM-10-10-10-10 n° 60), telles la réalisation de travaux de viabilisation ou la mise en œuvre de moyens de commercialisation de type professionnel (CE 9-6-2020 n° 432596 : RJF 8-9/20 n° 686), ou encore des démarches complexes de conception du projet et de planification de travaux de grande ampleur (CE 9-12-2022 n° 459206 : RJF 3/23 n° 188).

Il en est de même pour une personne assujettie par ailleurs qui réalise des opérations immobilières dans un **cadre patrimonial** (BOI précité n° 80). Jugé ainsi qu'une société civile de location immobilière (SCI) qui revend un terrain à bâtir initialement acheté pour édifier un immeuble industriel destiné à la mise en location, projet que la SCI n'a pas pu finaliser, n'agit pas dans un cadre purement patrimonial ni dans le simple exercice de son droit de priorité, mais dans le cadre de son activité économique de loueur professionnel de bâtiments industriels, laquelle peut impliquer la revente d'un élément de son actif, de sorte que cette cession doit être soumise à la TVA (CAA Nancy 15-10-2020 n° 19NC03382). De la même manière, une SCI, assujettie à la TVA au titre de son activité de location de biens immobiliers, qui acquiert sept terrains à bâtir, en revend cinq et construit sur les deux derniers un immeuble qu'elle donne en location doit être regardée comme s'étant livrée non à la gestion de son patrimoine, mais à l'activité économique pour laquelle elle est assujettie, et ce quand bien même les cinq parcelles seraient cédées parce qu'il est impossible d'y construire un bien à donner en location (CE 21-12-2022 n° 459476 : RJF 3/23 n° 187). Jugé également que doit être soumise à la TVA la revente par une SCI d'un tènement immobilier acquis dans le cadre de son activité de construction-vente en vue d'y ériger un bâtiment collectif puis de le vendre, mais qui l'a finalement cédé en l'état en transférant les permis de démolir et de construire, nonobstant le fait que ce tènement avait été inscrit en immobilisation en comptabilité, car cela ne constituait pas une simple opération patrimoniale (CE (na) 5-1-2023 n° 459710 : RJF 4/23 n° 285).

b. En cas d'option pour le **régime de groupe TVA,** voir n° 44610, précision c.

ASSIETTE DE LA TVA

44625 **Si le vendeur du terrain a bénéficié d'un droit à déduction lors de sa propre acquisition** Si le vendeur du terrain a bénéficié d'un droit à déduction de la TVA afférente au terrain lors de son acquisition, la TVA due lors de la livraison du terrain à bâtir s'applique sur le **prix total.**

L'assiette de la TVA est constituée par le prix de cession hors taxe stipulé dans l'acte, augmenté des charges (à l'exclusion, en principe, des intérêts du prix lorsque celui-ci est payable à terme). Il peut s'agir également du montant de l'indemnité ou de la valeur des droits sociaux rémunérant l'apport en société.

L'administration a renoncé à son droit, jugé contraire à la directive TVA, de rehausser la base d'imposition par référence à la **valeur vénale,** sauf preuve de la fraude ou de l'évasion fiscale (par hypothèse non avérée quand la TVA est intégralement déductible par l'acheteur) (BOI-TVA-IMM-10-20-10 n° 190).

44630 **Si le vendeur du terrain n'a pas bénéficié d'un droit à déduction lors de sa propre acquisition** Si l'acquisition du terrain par le vendeur n'a pas ouvert droit à déduction de la TVA, la TVA due lors de la livraison du terrain à bâtir s'applique sur une **base réduite à la marge,** constituée par la différence entre (CGI art. 268) :

- le prix exprimé augmenté des charges,
- et les sommes que le cédant a versées pour l'acquisition du bien ou la valeur nominale des actions ou parts reçues en contrepartie des apports en nature qu'il a effectués.

Le « **prix exprimé** » s'entend de la différence entre le montant payé par le cessionnaire ou, pour tout ou partie, par un tiers et le montant de la TVA afférente à la marge elle-même. Il y a donc lieu de procéder à un calcul « en dedans » de la TVA selon la formule suivante (BOI-TVA-IMM-10-20-10 n° 250) :

marge taxable = [(prix payé par le cessionnaire + charges augmentatives − prix d'achat)]/[(100 + taux applicable à l'opération)/100]

44632 Selon l'administration, il convient en pratique de considérer que l'**acquisition du terrain n'a pas ouvert droit à déduction** :

- lorsque l'acquisition n'était pas soumise à la TVA ;
- lorsque le coefficient d'assujettissement était nul lors de l'affectation initiale du bien ;
- lorsque aucune taxe déductible ne figurait dans l'acte d'acquisition ou dans tout autre document valant facture.

Mais le régime de la marge ne peut pas s'appliquer lorsque le cédant a bénéficié lors de son acquisition d'un transfert de droits à déduction en application de l'article 207, III-3 de l'annexe II au CGI (BOI-TVA-IMM-10-20-10 n° 70).

L'acquisition d'un immeuble avant le 11 mars 2010 (date d'entrée en vigueur du régime actuel de TVA sur les opérations immobilières) qui a fait l'objet d'un engagement de construire et d'une autoliquidation de la TVA est réputée ne pas avoir ouvert droit à déduction. Le régime de la marge est applicable lors de la revente des mêmes surfaces comme terrain à bâtir (BOI précité n° 30 ; CAA Lyon 4-6-2020 n° 18LY03464 : RJF 11/20 n° 876).

Lorsque l'acquisition de l'immeuble s'est faite dans le cadre d'une transmission d'universalité de biens qui a bénéficié de l'absence de taxation prévue à l'article 257 bis du CGI, il convient de se référer au régime de l'acquisition antérieure à celle réalisée par le bénéficiaire de la transmission pour déterminer si elle a ou non ouvert droit à déduction (BOI précité n° 90).

La circonstance qu'un bien immobilier figure comptablement en stock ou à l'actif immobilisé de l'assujetti est dépourvue d'incidence sur l'application du régime de taxation sur la marge (Rép. Grau : AN 27-4-2021 n° 35554).

44634 Selon l'administration, il n'y a lieu de rechercher le régime de l'acquisition aux fins de déterminer la base d'imposition que pour les seules livraisons d'immeubles acquis et revendus en gardant la même qualification (BOI-TVA-IMM-10-20-10 n° 20). L'administration précise à ce sujet que la mise en œuvre de la TVA sur la marge suppose nécessairement que le **bien revendu** soit **identique au bien acquis** quant à sa **qualification juridique** car appliquer le régime de la marge dans d'autres cas aboutirait à le permettre dans le cadre d'opérations autres que des opérations d'achat-revente. Ainsi, dans le cas d'un lot revendu comme terrain à bâtir ayant été acquis comme terrain d'assiette d'un immeuble bâti et comme tel assimilé à ce dernier, l'identité entre le bien acquis et le bien revendu n'est pas vérifiée. Il en résulte que la revente doit être soumise à la TVA sur le prix de vente total (Rép. Vogel : Sén. 17-5-2018 n° 04171 ; Rép. Falorni : AN 24-9-2019 n° 1835 ; Rép. Bazin : AN 29-9-2020 n° 30676 ; Rép. Vialay : AN 2-3-2021 n° 35380).

Cette analyse est également celle retenue par le **Conseil d'État** : ce dernier considère que l'article 392 de la directive européenne du 28 novembre 2006, dont l'article 268 du CGI assure la transposition, impose que ces règles de calcul dérogatoires de la TVA s'appliquent aux opérations de cessions de terrains à bâtir qui ont été acquis en vue de leur revente et ne s'appliquent donc pas à une cession de terrains à bâtir qui, lors de leur acquisition, avaient le caractère d'un terrain bâti (CE 27-3-2020 n° 428234 : RJF 6/20 n° 524 repris sous BOI-TVA-IMM-10-20-10 n° 20 ; CE 1-7-2020 n° 431641 : RJF 10/20 n° 776 ; CE 30-11-2020 n° 440137 : BPAT 1/21 inf. 27). Par suite, ne relève pas de la TVA sur la marge la cession d'un bien acquis en état d'immeuble bâti – la parcelle supportant un chalet – et revendu, après démolition, comme terrain à bâtir grevé d'un immeuble hors d'eau et hors d'air mais non habitable (CE 16-7-2020 n° 435464 : RJF 11/20 n° 877).

Autrement dit, ne sont, le cas échéant, taxables à la TVA sur marge que les reventes d'**immeubles n'ayant pas changé de consistance** depuis leur acquisition, tels que les terrains à bâtir ayant été préalablement acquis comme terrains nus ou les immeubles achevés depuis plus de cinq ans ayant été préalablement acquis comme immeubles déjà bâtis.

44636 La **Cour de justice de l'Union européenne** confirme qu'il y a lieu d'exclure l'application du régime de TVA sur la marge à la livraison de terrains à bâtir lorsque ces terrains acquis bâtis sont devenus, entre le moment de leur acquisition et celui de leur revente par l'assujetti, des terrains à bâtir (CJUE ord. 10-2-2022 aff. 191/21 : RJF 5/22 n° 516).

En revanche, elle se montre plus exigeante que la doctrine administrative en la matière puisqu'elle exclut l'application du régime de taxation sur la marge à des livraisons de terrains à bâtir lorsque ces terrains acquis non bâtis sont devenus, entre le moment de leur acquisition et celui de leur revente par l'assujetti, des terrains à bâtir. En particulier sont exclus du régime de la TVA sur marge les terrains acquis non bâtis qui ne répondent pas à la définition d'un terrain à bâtir telle que donnée par les États membres (à savoir un terrain destiné à supporter un édifice) (CJUE 30-9-2021 aff. 299/20 précité).

S'agissant des **opérations en cours,** l'administration précise que le contribuable de bonne foi conserve le droit de se prévaloir de la doctrine administrative française (publiée au Bofip sous la référence BOI-TVA-IMM-10-20-10), même contraire à l'arrêt de la CJUE, tant que cette doctrine administrative n'a pas été remise à jour. Une fois que l'administration aura mis à jour ses commentaires, l'assujetti qui vendrait un bien immobilier postérieurement pourra continuer à se prévaloir de la doctrine antérieure si son acquisition est intervenue ou a fait l'objet d'un compromis de vente antérieurement à cette publication (Rép. Grau : AN 1-2-2022 n° 42486).

44637 Les opérations qui font intervenir une **division** entre l'achat et la revente reçoivent le traitement suivant.

D'après l'administration, la TVA ne pourra pas s'appliquer sur la marge lors de la revente d'un terrain à bâtir issu de la division d'un immeuble bâti sauf si la division parcellaire était antérieure à l'acte d'acquisition initial au moyen d'un document d'arpentage établi pour les besoins de la cession permettant d'identifier les différentes parcelles dans l'acte ou d'un permis d'aménager faisant apparaître de manière précise les divisions envisagées obtenu préalablement à l'acquisition (Rép. Bussereau : AN 20-9-2016 n° 96679).

Ainsi, relèvent de la TVA sur marge les cessions de terrains à bâtir ayant fait l'objet, entre l'achat et la revente, d'une division en lots et de travaux d'aménagement et de viabilisation (installation de réseaux desservant lesdits terrains tels que réseaux de gaz ou d'électricité) (CJUE 30-9-2021 aff. 299/20 précité ; CJUE ord. 10-2-2022 aff. 191/21 précité ; CE 12-5-2022 n° 416727 précité ; CE (na) 13-5-2022 n° 440619 : RJF 10/22 n° 838). Pour que le régime de la TVA sur marge s'applique, il y a lieu de rechercher dans les actes d'acquisition si les terrains à bâtir ont été acquis en cette qualité, distinctement des terrains contigus supportant des constructions (CE 11-10-2022 n° 464561 : RJF 1/23 n° 11). Est sans incidence la circonstance que les terrains vendus étaient déjà constructibles au moment de leur acquisition et que les lotissements avaient été acceptés par un arrêté antérieur à cette acquisition (CE (na) 14-4-2022 n° 446855 : RJF 7/22 n° 632). Ces derniers éléments paraissent nécessaires mais non suffisants pour caractériser des terrains à bâtir car tant que ceux-ci ne sont pas identifiés comme tels dans l'acte notarié d'acquisition, il ne s'agit que d'un projet de division.

TAUX DE LA TVA

Sous réserve des exceptions prévues dans le cadre du logement social (n° 44875), le taux applicable aux livraisons de terrains à bâtir est le **taux normal** de 20 %. Lorsque le prix est fixé taxe incluse, le prix hors taxe s'obtient en appliquant le coefficient de conversion de 0,833. 44640

Des tarifs spéciaux s'appliquent :

– en **Corse** : le taux est réduit à 10 %. Coefficient de conversion : 0,909 ;

– dans les **départements d'outre-mer** : le taux est réduit à 8,50 %. Coefficient de conversion : 0,921.

DROITS À DÉDUCTION

Le régime général des déductions de TVA exposé n°s 32960 s. est applicable en matière de TVA sur les opérations immobilières. Il appelle cependant les explications particulières suivantes. 44660

L'acquéreur peut exercer son droit à déduction pour la **TVA afférente aux charges supportées à l'occasion de l'acquisition** (commission de l'intermédiaire, honoraires de notaire, etc.) et la **TVA grevant l'acquisition du terrain à bâtir,** que cette taxe soit appliquée sur le prix total ou uniquement sur la marge.

La TVA acquittée sur les opérations d'amont n'est déductible par l'**assujetti** que s'il l'a lui-même supportée. Par suite, la jurisprudence considère que, en cas d'acquisition démembrée d'un immeuble, le droit à déduction de **l'usufruitier** pour le besoin de ses opérations imposables est limité à la **taxe qu'il a lui-même supportée** pour l'acquisition du droit d'usufruit et ne saurait porter sur le montant de la taxe supportée par le nu-propriétaire à raison de l'acquisition de la nue-propriété, quand bien même l'immeuble est affecté dans son intégralité à l'exercice d'une activité dans le champ d'application de la TVA. En outre, la procédure de transfert des droits à déduction ne fonctionne pas dans cette hypothèse, le nu-propriétaire n'étant pas lui-même assujetti (CAA Nantes 10-12-2015 n° 14NT01017 : RJF 4/16 n° 329 ; dans le même sens, CAA Bordeaux 10-3-2016 n° 14BX03561). Toutefois, la doctrine de l'administration fiscale admet que le nu-propriétaire puisse transmettre le droit à déduction dont il est privé au bénéfice de l'usufruitier dès lors que ce dernier utilise le bien pour des opérations ouvrant droit à déduction, à condition que le nu-propriétaire ait lui-même la qualité d'assujetti au titre d'une activité réalisée par ailleurs, antérieurement à l'acquisition de la nue-propriété, et que les droits d'usufruit et de nue-propriété soient immobilisés respectivement chez l'usufruitier et le nu-propriétaire (BOI-TVA-IMM-10-30 n° 200 ; Rép. Pauget : AN 2-4-2019 n° 17425 ; Rép. Canevet : Sén. 11-11-2021 n° 24228).

Le vendeur doit, en principe, délivrer à l'acquéreur une **facture** faisant apparaître distinctement le taux et le montant de la taxe ainsi que le prix hors taxe (CGI art. 289) ; cependant, l'acte de vente notarié vaut facturation s'il comporte ces mentions (CE 2-7-1986 n° 49492 : RJF 10/86 n° 883 ; CE 24-11-1986 n° 50200 : RJF 1/87 n° 30 – solutions rendues sous le régime antérieur à la réforme du 9 mars 2010 mais qui paraissent conserver toute leur portée depuis).

La souscription de relevés CA3 (voir n° 44890) permet aux sociétés de construction-vente de déduire de la TVA dont elles sont redevables celle qui a grevé les éléments du prix de revient des constructions, sans avoir à procéder à une ventilation entre les divers immeubles. Cette déduction est opérée sur la **déclaration CA3** déposée au titre du mois au cours duquel est intervenue la date d'exigibilité de la TVA. 44670

L'exigibilité de la TVA (qui détermine donc la date à laquelle prend naissance le droit à déduction) se produit :

– pour l'acquisition du terrain : à la date de la livraison (n° 44860) ;

– pour les travaux immobiliers réalisés par des entrepreneurs : en principe, à la date du paiement du prix des travaux ; à la date de réception des factures ou mémoires si l'entrepreneur paie d'après ses débits ; à celle de la remise de l'ouvrage en cas d'option pour les livraisons (voir n° 44775) ;

– pour les prestations de services (services d'intermédiaires par exemple) : à la date du paiement du prix des services, ou à la date de réception des factures si le prestataire a opté pour le régime du paiement d'après ses débits.

Les **excédents de TVA** déductible non imputables sont en principe remboursables annuellement, trimestriellement ou mensuellement dans les conditions de droit commun.

2. IMPOSITION AUX DROITS DE MUTATION

PRINCIPE

44680 Les acquisitions d'immeubles, qu'elles aient ou non été soumises à la TVA, entrent également par nature dans le champ d'application des droits d'enregistrement (CGI art. 683) et sont en principe soumises au **droit de vente** au taux global de 5,09006 % – ou 5,80665 % lorsque le département a voté une augmentation de la taxe départementale (nº 11680). Des mesures spéciales sont toutefois prévues lorsque la mutation est obligatoirement soumise à la TVA sur le prix total ou lorsque l'immeuble est acquis par un assujetti qui prend l'engagement de construire ou de revendre (nºs 44700 s.).

ASSIETTE DES DROITS

44682 Les droits d'enregistrement sont **calculés** sur le prix exprimé dans l'acte, augmenté des charges. Le prix exprimé s'entend du prix hors TVA lorsque le montant de TVA due par le cédant est mentionné distinctement dans l'acte, que la mutation soit soumise à la TVA sur le prix total ou sur la marge. En l'absence de mention distincte, les droits sont liquidés sur le prix payé par l'acquéreur incluant la TVA (BOI-ENR-DMTOI-10-10-20-20 nº 210).

> Précisions Le propriétaire au 1er janvier est le redevable de la **taxe foncière.** Néanmoins, lorsque l'acquéreur prend l'engagement d'acquitter la taxe foncière due au titre de l'année de cession à proportion de la période postérieure à son entrée en jouissance, l'administration admet que le montant qu'il acquitte à ce titre ne constitue pas une charge augmentative du prix (BOI-ENR-DMTOI-10-10-20-20 nº 70) ; solution contraire au regard de la TVA, voir nº 44870.

a. Lorsque la société prend l'engagement de construire

EXONÉRATION DES DROITS D'ENREGISTREMENT

44700 L'acquisition du terrain est exonérée de droits proportionnels d'enregistrement (et soumise à l'application du seul droit fixe de 125 € prévu par l'article 691 bis du CGI) à condition que la société de construction-vente s'engage dans l'acte à effectuer, dans un **délai de quatre ans** à compter de la date de cet acte, les travaux conduisant à la **production d'un immeuble neuf** au sens de l'article 257, I-2-2° du CGI ou nécessaires pour **terminer un immeuble inachevé** (CGI art. 1594-0 G, A). Cette exonération s'applique quel que soit le régime de l'acquisition au regard de la TVA.

L'engagement d'exécuter les travaux dans le délai de quatre ans doit, en principe, être pris dans l'**acte d'acquisition** (CGI art. 1594-0 G, A-I). L'administration admet toutefois que l'engagement puisse être pris dans un **acte complémentaire** présenté au service des finances publiques du lieu de situation de l'immeuble en charge de l'enregistrement. En pareil cas, la restitution des droits de mutation perçus initialement peut être effectuée sur demande formulée dans les limites du délai de réclamation prévu par l'article R 196-1 du LPF (BOI-ENR-DMTOI-10-40 nº 270). Ce délai expire le 31 décembre de la deuxième année suivant celle de la date de versement initial des droits de mutation à titre onéreux, et non suivant celle du dépôt de l'acte complémentaire contenant l'engagement de construire (Cass. com. 9-2-2022 nº 20-11.964 F-D : RJF 6/22 nº 601).

Sur demande de la société, une **prolongation d'un an renouvelable** du délai légal peut être accordée par le directeur des finances publiques du lieu de situation des immeubles dans des conditions fixées par décret. La **demande** doit être formulée au plus tard dans le mois qui suit l'expiration du délai précédemment imparti. Elle doit être motivée et énoncer le délai supplémentaire normalement nécessaire à la bonne fin des travaux entrepris (CGI ann. III art. 266 bis, III). L'absence de notification d'un **refus motivé** de l'administration dans les deux mois de la réception de la demande vaut acceptation (CGI art. 1594-0 G, A-IV).

> Précisions a. Sont considérés comme des **immeubles neufs** les immeubles qui ne sont pas achevés depuis plus de cinq années, qu'ils résultent d'une construction nouvelle ou de travaux portant sur des immeubles existants qui ont consisté en une surélévation ou qui ont rendu à l'état neuf (CGI art. 257, I-2-2°) :
– soit la majorité des fondations ;
– soit la majorité des éléments hors fondations déterminant la résistance et la rigidité de l'ouvrage ;
– soit la majorité de la consistance des façades hors ravalement ;
– soit l'ensemble des éléments de second œuvre tels qu'énumérés par décret en Conseil d'État, dans une proportion fixée par ce décret qui ne peut être inférieure à la moitié pour chacun d'eux (CGI ann. II art. 245 A).

b. L'**acte d'acquisition** doit préciser l'objet et la consistance des travaux sur lesquels porte l'engagement (CGI ann. III art. 266 bis, III). Il doit ainsi comporter les indications permettant d'apprécier dans quelle proportion l'exonération est susceptible de s'appliquer lorsque le terrain ou l'immeuble bâti ne sont pas entièrement destinés à la construction prévue, étant rappelé que l'exonération de droits d'enregistrement n'est applicable qu'à concurrence d'une certaine superficie qui varie notamment selon que le terrain est destiné à la construction de maisons individuelles, d'immeubles collectifs, etc. (CGI art. 1594-0 G, A-III et ann. III art. 266 bis, II) ; n° 44705.

Condition de superficie Pour les terrains, l'exonération de droits proportionnels est applicable : 44705

– dans la limite de 2 500 m² par maison (ou, si elle est supérieure, de la superficie minimale exigée pour la délivrance du permis de construire), s'il s'agit de la construction de **maisons individuelles** ;

– sans limitation de superficie, à condition que les immeubles couvrent avec leurs cours et jardins la totalité des terrains, s'il s'agit de la construction d'**immeubles collectifs** ;

– dans la limite des surfaces occupées par les constructions et par les dépendances nécessaires à l'exploitation de ces constructions (y compris les espaces verts), s'il s'agit d'**immeubles non affectés à l'habitation** pour les trois quarts au moins de leur superficie.

> **> Précisions** En cas d'acquisition, moyennant un prix unique, d'un terrain destiné à la construction d'une maison et dont la **superficie excède 2 500 m²** (ou la superficie minimale exigée pour le permis si elle est supérieure), la fraction de ce prix exonérée de droits d'enregistrement est égale au rapport existant entre 2 500 m² (ou la superficie minimale) et la surface totale (CGI ann. III art. 266 bis, II).
>
> En cas d'acquisition d'un terrain destiné à la construction d'un ensemble de maisons individuelles, la limite de 2 500 m² s'applique à chaque maison.

Justification de l'exécution des travaux L'exonération de droits d'enregistrement est subordonnée à la condition que l'acquéreur justifie, à l'expiration du délai de quatre ans éventuellement prolongé, de l'exécution des travaux. Cette justification résulte (CGI ann. III art. 266 bis, I) : 44710

– dans les cas où une livraison à soi-même doit être effectuée, du dépôt de la déclaration spéciale n° 940 imposée dans le mois de l'achèvement par l'article 244 de l'annexe II au CGI ;

– dans les autres cas, du dépôt en mairie de la déclaration attestant l'achèvement des travaux et la conformité des travaux de construction ou d'aménagement au permis délivré ou à la déclaration préalable, mentionnée à l'article L 462-1 du Code de l'urbanisme.

L'exonération est acquise dès lors que l'acquéreur assujetti prend l'engagement d'effectuer les travaux de remise à neuf de l'immeuble dans un délai de quatre ans à compter de l'acte d'acquisition, cette exonération ne pouvant être remise en cause qu'à défaut de justification de leur réalisation à l'expiration de ce délai. Est tenu pour indifférent à cet égard le fait que les travaux aient été réalisés, non par l'acquéreur de l'usufruit de l'immeuble ayant souscrit l'engagement, mais par le locataire auquel cet usufruitier avait donné l'immeuble à bail (Cass. com. 29-1-2020 n° 17-26.018 : RJF 6/20 n° 561).

La **déclaration spéciale n° 940** est disponible sur le site www.impots.gouv.fr.

Possibilité de reprise de l'engagement de construire par un sous-acquéreur 44715

En cas de **mutations successives d'un même terrain** par des personnes assujetties, l'engagement de construire pris par le cédant peut être repris par l'acquéreur auquel s'impose alors le délai imparti au cédant (CGI art. 1594-0 G, A-II). Le cédant est ainsi totalement et définitivement libéré de son propre engagement, même si le sous-acquéreur n'exécute pas les travaux dans le délai qui lui est imparti. Cette faculté est ouverte sans préjudice de l'engagement de construire que le nouvel acquéreur doit souscrire pour son propre compte s'il entend bénéficier également du régime de faveur (BOI-ENR-DMTOI-10-40 n° 350).

> **> Précisions** En tout état de cause, le propriétaire du terrain qui n'a pas exécuté les travaux prévus mais a trouvé un acquéreur dans les cinq ans de son acquisition peut également **substituer** à son engagement de construire **un engagement de revendre** dans les conditions indiquées n° 44722. La mise en œuvre de cette faculté sera notamment à privilégier lorsque l'acquéreur ne souhaite pas reprendre l'engagement de construire souscrit par la société et endosser le risque de la déchéance du régime d'exonération qui avait été accordé à cette dernière.

CONSÉQUENCES DE L'INEXÉCUTION DE L'ENGAGEMENT DE CONSTRUIRE

À défaut d'achèvement de la construction dans le délai légal éventuellement prorogé, le terrain est en principe replacé dans le champ d'application des droits d'enregistrement et les **droits de mutation** sont exigibles dans les conditions de droit commun. La régularisation doit être effectuée dans le mois qui suit l'expiration du délai de justification de l'achèvement (CGI art. 1840 G ter). 44720

L'acquéreur doit en outre acquitter l'**intérêt de retard** de 0,20 % par mois (CGI art. 1727), calculé à partir du premier jour du mois suivant la date d'expiration du délai de présentation de l'acte d'achat à la formalité (BOI-ENR-DMTOI-10-40 n° 450).

> **Précisions a.** Le **délai de reprise** dont dispose l'administration en cas de non-respect de l'engagement de construire commence à courir à compter du premier jour suivant l'expiration du délai imparti à l'acquéreur pour justifier de l'achèvement des constructions.
> Le délai de reprise est en principe le délai de six ans fixé à l'article L 186 du LPF (voir n°s 13818 s.). Il s'applique notamment lorsque le contribuable n'a, à l'expiration du délai de quatre ans, ni adressé de déclaration de travaux à l'administration fiscale, ni justifié d'aucune démarche auprès de cette dernière pour l'aviser de leur non-achèvement, et qu'il est resté taisant jusqu'au dépôt d'une déclaration d'achèvement des travaux postérieurement au délai imparti (Cass. com. 7-7-2020 n° 18-10.525 : RJF 11/20 n° 959). En effet, ce n'est que lorsque le contribuable informe spontanément l'administration du défaut de construction dans le délai requis que la prescription abrégée de trois ans est applicable, l'administration n'ayant dans ce cas aucune recherche à effectuer pour connaître l'exigibilité des droits dus (Cass. com. 11-3-2003 n° 481 : RJF 6/03 n° 780).
> Lorsque l'acquéreur avait formulé une demande de prorogation rejetée par l'administration, le délai de reprise est de trois ans dès lors que l'exigibilité des droits a été suffisamment révélée (Cass. com. 15-7-1992 n° 1365 : RJF 11/92 n° 1583 ; Cass. com. 24-10-2000 n° 1836 : RJF 2/01 n° 255).
> **b.** Lorsqu'à l'échéance du délai qu'il comporte, l'**engagement** de construire n'est **respecté que** pour une **fraction de l'immeuble** sur lequel il portait, l'acquéreur est redevable à due concurrence des droits dont il a été dispensé, ainsi que des frais et intérêts de retard qui en résultent (BOI précité n° 470).

44722 **Possibilité de substituer un engagement de revendre à l'engagement de construire** La société tenue par un engagement de construire peut, dans un **délai de cinq ans** à compter de la date à laquelle elle a souscrit cet engagement, y substituer un engagement de revendre qui sera réputé avoir pris effet à la date d'acquisition initiale (CGI art. 1594-0 G, A-II).

L'exercice de cette substitution, qui suppose, au-delà de quatre ans, que l'engagement de construire a bénéficié d'une première prolongation, résulte de l'enregistrement d'un acte complémentaire à l'acte de mutation comportant l'engagement d'origine auquel il se substitue. Cet acte précise l'objet et la consistance des travaux auxquels il est renoncé, ainsi que la valeur de l'acquisition pour laquelle est sollicité le bénéfice rétroactif de l'engagement de revendre (CGI ann. III art. 266 bis, VI).

Cette substitution rend exigibles les droits de mutation au taux réduit sur le prix de l'acquisition initiale (qui avait bénéficié d'une imposition au seul droit fixe de 125 €).

44725 **Force majeure** L'acquéreur est dispensé de régularisation et du paiement des droits de mutation s'il peut faire état d'un cas de force majeure.

En règle générale, est considéré comme cas de force majeure tout événement indépendant de la volonté de l'acquéreur du terrain qui présente un **caractère imprévisible, irrésistible et insurmontable.**

Les solutions administratives et jurisprudentielles exigent :
- que les événements aient été imprévisibles lors de l'acquisition du terrain ;
- qu'ils aient un lien direct avec l'impossibilité de construire ;
- et que l'impossibilité de construire qui en résulte soit absolue et définitive.

> **Précisions a.** Le **refus du permis de construire** ne constitue pas un cas de force majeure lorsqu'il est la conséquence de sujétions d'urbanisme qui, dès l'origine, empêchaient l'acquéreur, dûment prévenu, d'escompter la délivrance du permis de construire ou rendaient cette délivrance aléatoire. Il ne constitue pas non plus un cas de force majeure lorsque l'acquéreur, s'étant engagé à construire un immeuble d'habitation, se voit refuser la construction d'un immeuble collectif alors qu'il aurait pu construire une maison individuelle. De même, le refus du permis en raison de l'absence de fixation du niveau d'une rue ne présente pas un caractère définitif et justifie seulement une prorogation du délai pour construire.
> **b.** L'**expropriation** d'un terrain acquis à la suite de la publication des arrêtés préfectoraux ordonnant l'ouverture de l'enquête d'utilité publique et parcellaire ne peut constituer un événement de force majeure imprévisible, dès lors que la note de renseignements du service de l'urbanisme annexée à l'acte de vente prévoyait que l'acquisition par la ville pourrait intervenir, l'immeuble en cause étant situé dans une commune comprise dans un groupement d'urbanisme dont le projet d'aménagement était en cours d'établissement (Cass. com. 17-12-1973 : Bull. civ. IV p. 326 n° 366).
> **c.** Les **difficultés financières** auxquelles les constructeurs sont susceptibles de se heurter ou le surcoût des constructions par rapport aux

prévisions peuvent motiver une prorogation du délai de construction, mais elles ne peuvent, en principe, constituer un cas de force majeure (Cass. com. 27-10-1992 n° 1552 : RJF 1/93 n° 157). Ne constituent pas non plus un cas de force majeure les **fluctuations du marché immobilier** qui ne revêtent pas pour un professionnel un caractère d'imprévisibilité (Cass. com. 19-5-1998 n° 1052 : RJF 8-9/98 n° 1029 ; Cass. com. 7-3-2000 n° 566 : RJF 6/00 n° 857).

d. Selon les juges, constitue un cas de force majeure dispensant de régularisation la **modification du plan d'occupation des sols** classant le terrain en zone non constructible (Cass. com. 16-6-1998 n° 1258 : RJF 8-9/98 n° 1028). L'administration est d'un avis contraire mais elle admet que si l'engagement doit être abandonné du fait que des constructions ne sont plus autorisées par suite d'une **modification des documents d'urbanisme,** les droits soient liquidés sur la base de la valeur vénale du bien telle qu'elle résulte de cette modification et que l'intérêt de retard soit décompté du premier jour du mois suivant la date d'effet de celle-ci (BOI-ENR-DMTOI-10-40 n° 460).

b. Lorsque la société ne prend pas l'engagement de construire

Il s'agit d'une hypothèse qui devrait rester marginale car elle ne correspond pas, a priori, à l'objet même de la société civile de construction-vente. Toutefois, par souci d'exhaustivité, nous envisageons ci-après les différentes situations possibles. **44730**

RÉGIME APPLICABLE SELON QUE L'ACQUISITION DU TERRAIN EST SOUMISE À LA TVA SUR LE PRIX TOTAL OU À LA TVA SUR LA MARGE

Lorsque l'acquisition du terrain à bâtir par la société de construction-vente est soumise à la **TVA sur le prix total** (c'est-à-dire lorsque l'acquisition initiale du terrain par le vendeur a ouvert droit à déduction de la TVA), elle est soumise au droit de vente au taux réduit (CGI art. 1594 F quinquies). **44735**

En revanche, si le terrain à bâtir est vendu par un assujetti qui n'a pas bénéficié de la déduction de la TVA sur sa propre acquisition (n° 44632), la vente à la société de construction-vente (imposée à la **TVA sur la marge**) est soumise au droit de vente au taux normal au même titre que l'acquisition réalisée auprès d'un non-assujetti (sauf si la société prend un engagement de revendre).

> Précisions Un doute existe dans le cas où la cession du terrain à bâtir intervient **entre deux membres d'un même assujetti unique** car une telle cession ne supporte pas de TVA (voir n° 44610, précision c). Dans l'attente d'une modification législative, ou d'une tolérance par l'administration fiscale, il y a lieu de penser qu'une telle cession doit être soumise aux droits de mutation au tarif de droit commun.

SI LA SOCIÉTÉ PREND L'ENGAGEMENT DE REVENDRE

Tout professionnel assujetti à la TVA au sens de l'article 256 A du CGI peut prendre l'engagement de revendre le bien dans un **délai de cinq ans** (CGI art. 1115). Cette faculté permet à l'acquéreur de bénéficier du droit de vente au taux réduit (CGI art. 1020). **44740**

Le cas échéant, l'acheteur qui a pris l'engagement de revendre l'immeuble peut y **substituer,** avant son échéance, **un engagement de construire,** qui prend alors effet à compter de la date à laquelle il est souscrit auprès de l'administration et vaut accomplissement de l'engagement de revendre (CGI art. 1594-0 G, A-II-al. 3). Cette substitution s'opère par souscription auprès du service des impôts d'une déclaration adressée par pli recommandé avec AR et faisant référence à la date et au numéro d'enregistrement et de publication de l'acte de mutation comportant l'engagement de revendre auquel est substitué le nouvel engagement. La déclaration précise l'objet et la consistance des travaux prévus ainsi que le montant des droits dont l'exonération est subordonnée à leur exécution (CGI ann. III art. 266 bis, V).

À défaut de remplir son engagement (pas de revente dans le délai imparti ou de substitution d'un engagement de construire), l'acheteur défaillant est tenu de régulariser sa situation en acquittant les droits dont il avait été dispensé lors de l'acquisition à l'occasion de laquelle il a souscrit l'engagement, assortis des intérêts de retard, calculés depuis le jour de l'acquisition (CGI art. 1840 G ter).

> Précisions La souscription d'un engagement de revendre par une société de construction-vente présente surtout un **intérêt** dans le cadre de la **substitution rétroactive** prévue à l'article 1594-0 G, A-II (n° 44722) pour la société qui, n'ayant pu commencer les travaux de construction projetés et ayant un acquéreur ne souhaitant pas reprendre son engagement de construire, échappe ainsi à la régularisation des droits au taux normal dont elle a été exonérée lors de son acquisition (sous réserve, le cas échéant, de la perception des droits au taux réduit).

En dehors de ce cas, la prise d'un engagement de revendre ne présente d'intérêt pratique que si l'acquisition du terrain à bâtir est soumise à la TVA sur la marge et, corrélativement, au droit de vente au taux normal. Si l'acquisition du terrain est soumise à la TVA sur le prix total, elle est de fait soumise au droit de vente au taux réduit de manière inconditionnelle et sans risque de déchéance du régime de faveur.

B. Travaux d'aménagement du terrain et travaux de construction

DÉFINITION

44760 Les travaux qualifiés de « travaux immobiliers » sont soumis à la TVA de droit commun. La taxe est facturée par les entrepreneurs de travaux au maître de l'ouvrage (en l'espèce, la société de construction).

Ces travaux peuvent être distingués en deux catégories (BOI-TVA-CHAMP-10-10-40-30 nos 20 s.).

a. Travaux de construction : ce sont, d'une part, les travaux d'aménagement du terrain entraînant une modification du relief existant (terrassement, démolition d'immeubles, creusement et comblement de fossés, etc.) et, d'autre part, tous les travaux de gros œuvre ou de second œuvre réalisés par les différents corps de métiers des entreprises de bâtiment (fondations, équipement des terrains, maçonnerie, menuiserie, etc.).

b. Travaux d'équipement des immeubles : il s'agit des travaux ayant pour effet d'incorporer à titre définitif aux constructions les appareils ou matériels installés, qui, de ce fait, perdent leur caractère de biens meubles et sont pris en compte pour la détermination du prix de revient total des constructions.

Il n'est pas possible de dresser ici une liste de ces équipements. Ce sont, d'une manière générale, tous les éléments qui, une fois posés ou installés, ne peuvent être détachés des immeubles sans être détériorés, ou sans faire subir de graves détériorations aux immeubles auxquels ils sont incorporés (« immeubles par destination »). Signalons que l'administration a fourni, à titre indicatif, une liste des installations présentant le caractère de travaux immobiliers (BOI précité n° 130).

> **Précisions** Les **installations d'objets ou d'appareils meubles**, qui, une fois posés, conservent un caractère mobilier, s'analysent non en des travaux immobiliers mais en des ventes de matériels, assorties de prestations de services, et ce, quelle que soit la nature de l'immeuble où elles sont effectuées (BOI précité nos 150 s.). Dès lors, au moment de leur installation, la TVA est due par les fournisseurs dans les conditions habituellement prévues pour les ventes de matériels et la société de construction est fondée à déduire cette taxe dans les conditions habituelles.

MODALITÉS D'IMPOSITION

44770 Pour les travaux immobiliers, la **base d'imposition** est constituée par le montant des marchés, mémoires ou factures (CGI art. 266, 1-f).

Selon la règle générale, ce montant est déterminé tous frais, taxes et prélèvements compris, à l'exception de la TVA elle-même. Il comprend notamment :

- les primes et bonifications pour avance dans la livraison des ouvrages ;
- les indemnités de résiliation correspondant au prix des travaux déjà exécutés ;
- les indemnités pour ajournement des travaux ;
- la retenue de garantie ;
- les frais de transport des matériaux utilisés pour l'exécution des travaux (BOI-TVA-BASE-10-20-50 n° 70).

La **date d'exigibilité** de la taxe (qui conditionne celle de la déduction par le client constructeur) est, en principe, celle de l'encaissement des acomptes, des avances constituant un paiement anticipé ou du montant des mémoires ou factures, sous réserve de la possibilité pour les entrepreneurs de travaux d'opter pour le paiement de la TVA d'après leurs débits (c'est-à-dire, en principe, à la date de la facturation) ou sur les livraisons.

Sous réserve des exceptions prévues dans le cadre du logement social (n° 44875), les travaux immobiliers supportent la TVA au **taux** de 20 % (10 % en Corse).

DÉDUCTION DE LA TVA FACTURÉE À LA SOCIÉTÉ DE CONSTRUCTION

44775 De même que la TVA qui a grevé l'achat ou l'apport du terrain, la société de construction porte en déduction sur les relevés CA3 la taxe qui lui a été facturée par les entrepreneurs de travaux.

Les travaux immobiliers constituant des prestations de services, la déduction est opérée comme suit, compte tenu des règles d'exigibilité de la TVA sur les travaux que nous venons d'indiquer ci-dessus :

a. Paiement de la TVA par l'entrepreneur sur ses encaissements : déduction de la taxe correspondante par la société sur le relevé CA3 souscrit par elle au titre du mois au cours duquel le paiement des acomptes ou du prix des travaux considérés est intervenu (à condition, bien sûr, de disposer d'une facture mentionnant la taxe) ;

b. Paiement de la TVA par l'entrepreneur **d'après ses débits** : déduction sur le relevé souscrit au titre du mois au cours duquel la société a reçu les factures mentionnant l'option pour le paiement de la TVA sur les débits ;

c. Paiement de la TVA par l'entrepreneur **lors de la livraison des travaux** : déduction sur le relevé souscrit au titre du mois au cours duquel intervient cette livraison.

En cas d'option pour le **régime de groupe TVA,** voir n° 44610, précision c.

C. Livraison à soi-même de la construction

CAS D'IMPOSITION DE LA LIVRAISON À SOI-MÊME

44800 Sont obligatoirement soumises à la TVA les livraisons à soi-même d'immeubles neufs par des assujettis dans les **hypothèses suivantes** :

– lorsque l'immeuble est affecté aux besoins de l'entreprise et que l'assujetti ne déduit pas intégralement la TVA (CGI art. 257, II-1-2°). Si cet immeuble constituait initialement un stock et que l'affectation dure plus d'un an au-delà du 31 décembre de la deuxième année suivant celle de son achèvement, il est assimilé à une immobilisation entraînant, le cas échéant, l'obligation d'effectuer des régularisations en cas de cession ultérieure (CGI ann. II art. 207, IV-3) ;

– lorsque l'immeuble constitue un stock, qu'il n'est pas vendu dans les deux ans de son achèvement et qu'il se trouve affecté en partie pendant ce délai à une activité située hors du champ d'application de la TVA (CGI art. 257, II-1-1°) ;

– lorsque l'immeuble est affecté à un secteur d'activité exonéré de TVA et que sa construction a ouvert un droit à déduction totale ou partielle (cas des logements locatifs sociaux par exemple) (CGI art. 257, II-1-3°).

L'**assiette** de la TVA est constituée par le prix de revient total hors taxe des immeubles, y compris le coût des terrains ou leur valeur d'apport (CGI art. 266, 2-a).

Sous réserve des exceptions prévues dans le cadre du logement social ou intermédiaire (n° 44875), le **taux** applicable à la livraison à soi-même est le taux normal de 20 % (10 % en Corse).

Par exception, le taux est de (CGI art. 278-0 B, III) :

– 5,5 % pour les LASM portant sur des travaux de rénovation énergétique de locaux d'habitation répondant aux conditions de l'article 278-0 bis A du CGI ;

– 10 % pour les LASM de travaux portant sur des locaux d'habitation achevés depuis plus de 2 ans répondant aux conditions de l'article 279-0 bis du CGI.

Le fait générateur et la date d'**exigibilité** se produisent au moment où le dépôt en mairie de la déclaration d'achèvement et de conformité des travaux est exigé (CGI art. 269, 1-b). À défaut de dépôt par le constructeur, le fait générateur de la livraison à soi-même est réputé intervenu dès lors que sont réunies les circonstances de fait qui rendent exigible cette déclaration.

Dans le mois qui suit l'achèvement (et donc, en principe, le dépôt de la DACT), le redevable de la livraison à soi-même doit informer l'administration, par un imprimé spécial n° 940, de la date à laquelle est intervenu l'achèvement de l'immeuble (CGI ann. II art. 244).

> **> Précisions** Le prix de revient comprend tous les éléments constitutifs du coût de l'immeuble et notamment :
> – le coût du terrain, c'est-à-dire les sommes versées à un titre quelconque par le redevable pour entrer en possession dudit terrain (prix, honoraires des notaires, droits d'enregistrement, taxe de publicité foncière, etc.), étant précisé que la valeur vénale de celui-ci ne doit pas être prise en considération ;
> – le coût des études, plans, etc. ;
> – le prix d'achat des matériaux ;
> – les mémoires des divers entrepreneurs ayant exécuté les travaux de construction, les honoraires des architectes, géomètres, métreurs, etc. ;
> – les frais financiers engagés pour la construction sauf pour les parties de l'immeuble destinées à l'habitation (BOI-TVA-IMM-10-20-10 n° 340).

RÉGIME DES DÉDUCTIONS

44805 Du montant de la taxe afférente à la livraison à soi-même, le redevable peut déduire, dans les conditions de droit commun exposées nos 32960 s., la **TVA ayant grevé la construction** de l'immeuble (acquisition et aménagement du terrain, travaux de construction, services utilisés pour la construction).

La **TVA liquidée sur la livraison à soi-même** peut être déduite lorsque l'immeuble est affecté à la réalisation d'opérations ouvrant droit à déduction. L'administration précise qu'un immeuble conservé en stock parce qu'il a vocation à être cédé à plus ou moins court terme doit être considéré comme utilisé en vue de cette livraison. Cette qualification ouvre un droit à déduction immédiat de la taxe ayant grevé les dépenses engagées initialement. Cette situation n'a pas à être remise en cause tant que l'immeuble n'est affecté à aucune utilisation (pour une opération relevant d'une activité économique) (BOI-TVA-IMM-10-30 n° 310).

> **Précisions** Pour les immeubles dont l'**achèvement** est intervenu **avant le 22 décembre 2014,** date d'entrée en vigueur de la réforme supprimant un certain nombre de cas de livraisons à soi-même (Loi 2014-1545 du 20-12-2014 art. 32), il s'ensuit que, dès lors qu'une société civile de construction-vente a conservé l'immeuble construit en stock en vue d'une cession sans l'utiliser pour une autre activité, la TVA ayant grevé la livraison à soi-même est intégralement déductible. Si l'immeuble (ou fraction d'immeuble) est utilisé pour une activité économique en attendant sa vente, la TVA déduite est susceptible de faire l'objet de régularisation ou de reversement. Pour les **immeubles achevés depuis le 22 décembre 2014,** la déduction de la TVA acquittée sur la livraison à soi-même obéit aux mêmes règles. Cependant, en pratique, la question de la déduction de cette TVA ne devrait se poser que rarement car l'achèvement de l'immeuble ne donne lieu à une livraison à soi-même que dans les cas cités n° 44800.

DÉCLARATION ET PAIEMENT DE LA TVA

44810 Lorsqu'une livraison à soi-même est exigée, le fait générateur et l'exigibilité de la TVA interviennent à l'achèvement de l'immeuble (CGI art. 269, 1-b et 2-d), mais le constructeur dispose d'un **délai** qui court jusqu'au 31 décembre de la deuxième année qui suit celle au cours de laquelle est intervenu l'achèvement pour déclarer et liquider la TVA due sur la livraison à soi-même de l'immeuble. Ce délai de deux ans peut être **prorogé** une ou plusieurs fois lorsque la base d'imposition ne peut pas être définitivement arrêtée à cette date. Si l'immeuble est cédé pendant ce délai prorogé, la TVA sur la livraison à soi-même doit être liquidée avant cette mutation (CGI ann. II art. 245).

Toutefois, pour les LASM portant sur des **logements locatifs sociaux** (logements visés aux A et C du II de l'article 278 sexies du CGI), le délai de liquidation de la taxe court jusqu'au dernier jour du sixième mois qui suit celui au cours duquel est intervenu l'achèvement de l'immeuble. Aucune prorogation ne peut être accordée par l'administration dans ce cas (CGI art. 270, II).

La livraison à soi-même doit être déclarée distinctement sur l'imprimé CA3 utilisé pour l'ensemble des opérations imposables. Il doit y être fait référence à la déclaration spéciale d'achèvement visée n° 44800.

SANCTION EN CAS DE DÉFAUT DE LIVRAISON À SOI-MÊME

44815 À défaut de procéder à la livraison à soi-même rendue obligatoire par l'article 257 du CGI, la société encourt une **pénalité** de 5 %. Celle-ci ne s'applique qu'à hauteur du rapport entre les dépenses non grevées de TVA comprises dans le prix de revient de l'immeuble et ce prix de revient (CGI art. 1788 A, 4). Cette amende n'est pas due en cas de régularisation spontanée (BOI-CF-INF-20-20 n° 100).

D. Vente des constructions nouvelles

1. VENTE DES IMMEUBLES EN L'ÉTAT FUTUR D'ACHÈVEMENT OU ACHEVÉS DEPUIS MOINS DE CINQ ANS

a. Imposition à la TVA

PRINCIPE D'IMPOSITION

44820 Les ventes (et mutations assimilées) portant sur des immeubles vendus en l'état futur d'achèvement ou dans le délai de cinq ans suivant leur achèvement sont obligatoirement soumises à la TVA dès lors qu'elles sont réalisées par un assujetti agissant dans le cadre de son activité économique (CGI art. 257, I).

En cas d'option pour le **régime de groupe TVA,** voir n° 44610, précision c.

44830 **Notion d'achèvement** L'achèvement est réputé intervenir au moment du dépôt de la **déclaration attestant l'achèvement et la conformité** des travaux (Dacct) prévue par l'article L 462-1 du Code de l'urbanisme, qui doit être fait lorsque l'état d'avancement des travaux est tel qu'il permet une utilisation effective du bâtiment selon sa destination (CGI ann. II art. 244 ; CGI ann. III art. 266 bis, I ; BOI-TVA-IMM-10-20-20 n° 40). La date d'achèvement est une question de fait. Pour apprécier cette date, la jurisprudence fait prévaloir le critère matériel de l'**achèvement effectif.** Ainsi, la date d'achèvement des travaux mentionnée dans la Daact, et antérieure à la date de dépôt de cette déclaration en mairie, prévaut en principe et sauf preuve contraire sur celle-ci (CE (na) 14-4-2022 n° 457246 : RJF 7/22 n° 633). De même, à défaut de dépôt en mairie de la déclaration d'achèvement des travaux prévue par le Code de l'urbanisme, la date de l'achèvement peut résulter de la déclaration spéciale de l'article 244 de l'annexe II du CGI déposée au service des impôts (CE 8-2-2019 n° 410807 : RJF 5/19 n° 432).

EXIGIBILITÉ DE LA TVA

En droit commun, la TVA est en principe exigible à la date du fait générateur, c'est-à-dire **lors de la livraison,** qui se situe lors du transfert du droit de disposer du bien comme un propriétaire (CGI art. 269, 1-a et 2-a). Toutefois, en cas de versement préalable d'un **acompte,** la TVA est exigible au moment de l'encaissement de l'acompte, à concurrence du montant encaissé (CGI art. 269, 2-a). Cette dernière règle est applicable aux acomptes encaissés depuis le 1er janvier 2023, y compris concernant des contrats en cours à cette date (BOI-TVA-BASE-20-10 n° 65). 44860

En cas de livraison d'immeubles achevés, la livraison est généralement concomitante à la signature de l'acte. En revanche, pour les **ventes d'immeubles à construire** (en état futur d'achèvement ou à terme), l'acte de vente est, par définition, signé très en amont du transfert du pouvoir de disposer de l'immeuble. Pour ces ventes, l'exigibilité intervient au moment de chaque versement réalisé par l'acquéreur selon les échéances telles qu'elles sont prévues par le Code de la construction et de l'habitation (CGI art. 269, 2-a bis). Mais pour les **Vefa conventionnelles,** ainsi que les **ventes d'immeuble à rénover,** c'est la règle de droit commun qui s'applique. En vertu de cette règle, la taxe est exigible au moment de l'encaissement de chaque acompte, à concurrence du montant encaissé. Le fait générateur intervient lors de la réception des travaux à l'issue desquels l'immeuble est considéré comme achevé, ainsi qu'en atteste la déclaration de l'article L 462-1 du Code de l'urbanisme (Rép. Louwagie : AN 13-9-2022 n° 96). Par suite, le solde de la TVA devient exigible à la date de cette réception, quelle que soit l'époque de versement de la dernière tranche de prix.

ASSIETTE DE LA TVA

L'assiette de la TVA est constituée par le **prix de cession** hors taxe (ou le montant de l'indemnité ou la valeur des droits sociaux rémunérant l'apport) augmenté des charges (à l'exclusion en principe des intérêts du prix lorsque celui-ci est payable à terme) stipulé dans l'acte (CGI art. 266, 2-b). 44870

> Précisions a. La taxe foncière contractuellement mise à la charge de l'acquéreur pour la partie de l'année d'imposition postérieure à la vente constitue une charge augmentative du prix et figure, à ce titre, dans la base d'imposition à cette taxe (BOI-TVA-IMM-10-20-10 n° 150 – solution contraire en matière de droits d'enregistrement, voir n° 44682).

b. Jugé que les **sommes versées au promoteur par les candidats acquéreurs** sont taxables à la TVA : lors de la signature de la vente si elle est conclue (ces sommes constituant un acompte sur le prix) ; lorsqu'elles sont définitivement conservées par le promoteur, dans le cas contraire (CE 23-10-1998 n° 154039 : RJF 12/98 n° 1406). Cette solution paraît toutefois nettement fragilisée par une jurisprudence plus récente : à la suite d'un arrêt de la CJCE qui a jugé, en matière d'arrhes hôtelières, que le **dédit conservé** doit être regardé comme une indemnité non imposable en ce qu'elle répare le préjudice subi par le professionnel à la suite de la défaillance de son client (CJCE 18-7-2007 aff. 277/05 : RJF 11/07 n° 1363 ; solution reprise par le Conseil d'État, CE 30-11-2007 n° 263653 : RJF 2/08 n° 129 et à laquelle l'administration s'est ralliée : BOI-TVA-BASE-10-10-50 n° 310), la cour administrative d'appel de Lyon a considéré qu'une **indemnité d'immobilisation,** acquise au vendeur d'un immeuble en cas de défaut de réalisation de la vente, constitue une indemnité forfaitaire versée en réparation du préjudice subi du fait de la défaillance du client et n'est pas taxable à la TVA (CAA Lyon 31-10-2007 n° 06-525 : RJF 4/08 n° 420).

c. Sur les conditions de substitution par l'administration de la **valeur vénale** du bien au prix stipulé dans l'acte, voir n° 44625.

TAUX DE LA TVA

Le taux applicable, en principe, aux ventes d'immeubles est le **taux normal** de 20 % (8,5 % dans les DOM et 10 % en Corse). 44875

Lorsque le prix est fixé taxe comprise, il convient d'appliquer à ce prix le coefficient de conversion de 0,833 pour obtenir le prix hors taxe (0,921 dans les DOM et 0,909 en Corse).

Par ailleurs, bénéficient :

– du **taux réduit** de 5,5 % : les livraisons de logements sociaux mentionnées à l'article 278 sexies, II-A, 1° et 2°, II-B, III et IV du CGI (coefficient de conversion : 0,934) (CGI art. 278 sexies-0 A) ;

– du **taux intermédiaire** de 10 % :

a. Les livraisons de logements neufs, issus d'une construction ou issus de la transformation de locaux affectés à un usage autre que l'habitation, à des organismes de logement social ou à des personnes morales dont le capital est détenu en totalité (directement ou indirectement pour les opérations dont le permis de construire est déposé à compter du 1er janvier 2022) par des sociétés soumises à l'IS ou des établissements publics administratifs ou des caisses de retraite et de prévoyance, réalisées dans le cadre d'opérations de construction comprenant au moins 25 % de logements sociaux (des dérogations à ce taux de 25 % existent) (CGI art. 279-0 bis A) (coefficient de conversion : 0,909 %),

b. Les livraisons de logements locatifs sociaux mentionnées à l'article 278 sexies, II-A, 3°, II-B, 1° et II-C du CGI (CGI art. 278 sexies-0 A).

DÉCLARATION ET PAIEMENT DE LA TVA

44890 Comme tous les assujettis à la TVA d'après le régime réel, les sociétés civiles de construction-vente sont tenues de déclarer leurs opérations imposables sur les relevés périodiques CA3 selon les modalités de droit commun.

La société doit, par conséquent, déclarer ses opérations sur le relevé CA3 établi au titre du **mois** au cours duquel elles sont intervenues ou au titre du **trimestre** si la taxe due annuellement est inférieure à 4 000 €. Les relevés mentionnent l'ensemble des opérations effectuées au cours de la période considérée et font état, globalement, des droits à déduction ouverts pendant la même période.

Le **redevable** de la taxe est la personne qui réalise l'opération imposable (CGI art. 283, 1). Par exemple, dans le cas d'une vente d'un immeuble bâti imposable à la TVA, il s'agit du vendeur.

La société de construction-vente peut prétendre, dans les conditions de droit commun, au **remboursement des crédits de TVA** qu'elle n'a pas pu utiliser (CGI ann. II art. 242-0 A à 242-0 K).

> **Précisions** **a.** En cas de vente d'un **immeuble dont la propriété est démembrée,** les redevables légaux de la TVA sont les vendeurs, à savoir l'usufruitier et le nu-propriétaire, à concurrence des droits réellement cédés de chacun (CAA Marseille 8-11-2007 n° 04-176 : RJF 11/08 n° 1174).
> **b.** En cas d'option pour le **régime de groupe TVA,** voir n° 44610, précision c.

b. Droits de mutation

44930 Les mutations d'immeubles achevés depuis moins de cinq ans sont soumises au **droit de vente au taux réduit** (CGI art. 1594 F quinquies) selon les modalités indiquées nos 44680 s.

Le cas échéant, ces ventes sont exonérées de taxe additionnelle sur les ventes de locaux à usage de bureaux, de locaux commerciaux et de stockage en Île-de-France (CGI art. 1599 sexies).

2. VENTE DES IMMEUBLES ACHEVÉS DEPUIS PLUS DE CINQ ANS

TVA

44940 Les ventes réalisées par un assujetti dans le cadre de son activité économique d'immeubles achevés depuis plus de cinq ans ne sont en **principe** pas soumises à la TVA et n'ouvrent corrélativement pas droit à déduction de la TVA d'amont. S'agissant d'une société de construction-vente, les immeubles ont, par hypothèse, été comptabilisés en stock dans l'attente de leur revente. Si aucune TVA afférente à ces immeubles n'a encore été déduite, il ne s'ensuit aucune conséquence en matière de régularisation.

Mais si une livraison à soi-même est intervenue antérieurement (voir les cas d'imposition n° 44800), l'intégralité de la TVA déduite au titre de cette livraison à soi-même doit être reversée dès lors que la vente des immeubles n'est pas soumise à la TVA (CGI ann. II art. 207, VI-2°).

Le reversement de la TVA déduite doit alors être effectué sur la CA3 souscrite au titre du mois durant lequel l'immeuble a été vendu, quelle que soit la date à laquelle la vente se produit. En revanche, le seul dépassement du délai de cinq ans depuis l'achèvement de l'immeuble ne déclenche pas de régularisation de la TVA déduite lors de la livraison à soi-même tant que l'immeuble (ou fraction d'immeuble) n'est affecté à aucune utilisation (pour une opération relevant d'une activité économique) dans l'attente de sa cession (BOI-TVA-IMM-10-30 n° 310).

Si l'immeuble est utilisé pour une activité économique dans l'attente de sa cession (et sous réserve que cette situation tende à se prolonger), des modalités spécifiques de régularisation de la TVA déduite sont susceptibles de s'appliquer (n° 47525).

La société peut toutefois décider de soumettre sur **option** la livraison des immeubles à la TVA (CGI art. 261, 5 et 260, 5° bis). Cette option l'autorise alors à déduire la taxe ayant grevé l'acquisition et la construction des immeubles. Il a en effet été jugé que, tant que l'option n'était pas exercée, la taxe grevant l'acquisition de l'immeuble ancien n'était pas déductible, alors même qu'un engagement de revendre aurait été pris dans l'acte d'acquisition, car la cession d'un immeuble

ancien est en principe exonérée de taxe (CE 27-11-2020 n° 426091 : RJF 2/21 n° 133). Si une livraison à soi-même avait eu lieu antérieurement, l'option permet de valider définitivement la déduction de la TVA réalisée lors de cette livraison à soi-même des immeubles.
En cas d'option pour le **régime de groupe TVA,** voir n° 44610, précision c.

Assiette de la TVA Lorsque l'option est exercée, la TVA est en principe calculée sur le **prix total,** calculé dans les conditions indiquées n° 44625. Toutefois, si l'acquisition de l'immeuble en cause n'a pas ouvert droit à déduction au niveau du vendeur, l'imposition à la TVA est calculée sur une base réduite à la **marge,** calculée dans les conditions mentionnées n° 44630 (CGI art. 268). 44950

DROITS DE MUTATION

Les mutations d'immeubles achevés depuis plus de cinq ans sont soumises au droit de vente au **taux de droit commun** (CGI art. 1594 D), quand bien même elles sont soumises sur option à la TVA par le vendeur. 44960

SECTION 3

DROITS ET OBLIGATIONS DES ASSOCIÉS DES SOCIÉTÉS CIVILES DE CONSTRUCTION-VENTE

A. Droits des associés

Les associés ont les mêmes droits que tout associé de société civile de droit commun : droit de prendre connaissance des livres et documents sociaux, droit de participer aux assemblées et aux autres décisions collectives, droit aux bénéfices sociaux, au remboursement de leurs apports et, 45000
éventuellement, au boni de liquidation.

B. Obligations des associés

1. OBLIGATION AUX DETTES SOCIALES

MONTANT DE L'OBLIGATION DES ASSOCIÉS DE SOCIÉTÉ CIVILE DE CONSTRUCTION-VENTE AUX DETTES SOCIALES

Les associés de société civile de construction-vente sont tenus du passif social sur tous leurs 45100
biens à **proportion** de leurs droits sociaux (CCH art. L 211-2). Cette responsabilité est donc la même que celle des associés des sociétés civiles de droit commun (nos 20400 s.).
Toutefois, l'**associé qui se retire** d'une société de construction-vente reste tenu du passif né de l'inexécution des engagements pris par la société à l'époque où il était encore associé, même si l'exigibilité de la créance sur la société est postérieure à son retrait (Cass. 3e civ. 12-12-1990 : RJDA 2/91 n° 126 ; Cass. com. 24-1-2006 n° 80 : RJDA 8-9/06 n° 921 ; Cass. 3e civ. 16-12-2009 n° 08-19.067 : RJDA 5/10 n° 537).
De même, en raison du caractère d'ordre public des dispositions légales concernant les sociétés de construction-vente (CCH art. L 211-4), il semble que, contrairement au régime applicable aux sociétés civiles de droit commun, les clauses par lesquelles les **créanciers renoncent à agir** contre les associés sont nulles (en ce sens, Rép. Clérambeaux : AN 2-4-1977).

> **Précisions** En matière de responsabilité extracontractuelle, la **créance de réparation** prend **naissance** à la date de réalisation du dommage et non à celle du jugement qui rend cette créance certaine et la liquide (Cass. crim. 3-11-2004 n° 04-80.665 : Bull. crim. n° 267). Ainsi, une société civile de construction-vente ayant abusivement rompu des pourparlers, les associés sont tenus de la dette qui en est née en proportion des droits sociaux qu'ils détenaient lors de la réalisation du dommage et non à la date du jugement qui a fixé la créance d'indemnisation (Cass. 3e civ. 16-12-2009 n° 08-19.067 précité).

MISE EN JEU DE LA RESPONSABILITÉ DES ASSOCIÉS DE SOCIÉTÉ CIVILE DE CONSTRUCTION-VENTE

45105 Les créanciers sociaux ne peuvent poursuivre le paiement des dettes sociales contre un associé qu'**après mise en demeure de la société restée infructueuse** (CCH art. L 211-2, al. 2). La forme de la mise en demeure n'est pas précisée. Il pourra s'agir d'un acte extrajudiciaire (exploit d'huissier ou de commissaire de justice) ou encore d'un commandement de payer (Cass. 3e civ. 8-3-1995 n° 529 : RJDA 5/95 n° 592).

Les créanciers doivent en outre disposer d'un **titre contre la société** avant de poursuivre les associés (Cass. 3e civ. 12-12-1990 : Bull. civ. III n° 264 ; Cass. com. 28-9-2004 n° 1282 : RJDA 12/04 n° 1343 ; Cass. 3e civ. 3-11-2011 n° 10-23.951 : Bull. civ. III n° 182), voire d'un titre **exécutoire** (notamment, Cass. com. 28-9-2004 précité, refusant de prendre en compte une transaction intervenue entre le créancier et la société). Le titre exécutoire est destiné à établir l'existence de la dette sociale.

La chambre commerciale de la Cour de cassation a admis qu'en faisant condamner la société en référé durant le cours de la procédure engagée contre les associés, condamnation restée sans effet, un créancier avait valablement régularisé l'action engagée auparavant contre les associés (Cass. com. 18-9-2007 n° 06-17.384 : RJDA 2/08 n° 165). Toutefois, la troisième chambre civile de la même Cour a jugé prématurée, faute de titre, une action exercée contre les associés en même temps que l'action exercée contre la société, bien que cette dernière ait abouti à une condamnation en paiement (Cass. 3e civ. 3-11-2011 précité).

ILLUSTRATIONS

Constituent un **titre** démontrant l'existence d'une dette sociale :
– une ordonnance de référé condamnant une société au paiement de diverses sommes (Cass. civ. 17-2-1988 : JCP G 1988 IV p. 155) ;
– un jugement qui prononce l'admission provisionnelle d'un créancier au passif de la procédure collective d'une SCI (Cass. 3e civ. 24-10-1990 : Bull. civ. III n° 198) ;
– un jugement de condamnation assorti de l'exécution provisoire (Cass. 3e civ. 8-3-1995 n° 529 : RJDA 5/95 n° 592) ;
– un avis de mise en recouvrement émis à l'encontre d'une société par l'administration fiscale qui constitue un titre exécutoire (Cass. com. 20-11-2001 n° 1914 : RJDA 4/02 n° 401).

Outre un jugement, un acte notarié revêtu de la formule exécutoire constitue un titre exécutoire (C. exécution art. L 111-3). En revanche, ne démontre pas l'existence d'une dette sociale, le titre exécutoire résultant du certificat de non-paiement d'un chèque sans provision émis par la société (Cass. com. 20-3-2012 n° 10-27.340 FP-PB : RJDA 7/12 n° 684, en matière de société en nom collectif mais transposable). En effet, un tel titre ne prouve que l'absence de provision du chèque (cf. C. mon. fin. art. L 131-73) et peut donc être contesté.

Comme dans les sociétés civiles de droit commun, l'associé est personnellement débiteur des intérêts moratoires nés de son **retard à désintéresser le créancier social** ; celui-ci peut donc lui réclamer ces **intérêts** sans les avoir préalablement demandés à la société (Cass. com. 21-1-2014 n° 12-26.461 : RJDA 4/14 n° 355).

45108 Contrairement à ce qu'il en est pour poursuivre les associés d'une société civile de droit commun, le créancier est dispensé de démontrer l'**insuffisance du patrimoine de la société** par le recours préalable à des voies d'exécution forcée contre elle.

Le créancier qui poursuit le recouvrement de sa créance sur les biens personnels des associés n'a pas à prouver que le patrimoine social est insuffisant pour garantir sa créance. Il n'est pas non plus tenu d'appeler à l'instance les **autres créanciers** sociaux (CA Lyon 7-11-1974 : Gaz. Pal. 1975 I p. 288 et, sur pourvoi, Cass. 3e civ. 25-5-1976 : Bull. civ. III n° 225).

L'action en paiement des dettes sociales dirigée contre un associé de société de construction-vente ne saurait être subordonnée à l'existence d'une procédure collective permettant de fixer le passif social auquel l'intéressé serait tenu (Cass. 3e civ. 12-1-1988 n° 86-14.335 : Bull. civ. III n° 3).

45109 Par analogie avec les solutions dégagées à propos des sociétés civiles de droit commun (n° 20430), on doit considérer qu'un créancier d'une **société** civile de construction-vente **dissoute** ne peut poursuivre le paiement des dettes sociales contre un associé qu'après avoir mis en demeure la société en la personne de son liquidateur. Mais si la société a déjà été liquidée et n'a plus d'actif, le créancier peut poursuivre directement les associés en paiement sans avoir préalablement mis en demeure la société (Cass. 3e civ. 12-9-2007 n° 06-15.329 : RJDA 12/07 n° 1253).

45110 L'action contre les associés peut être exercée même lorsque la **société** fait l'objet d'une **procédure collective** (Cass. civ. 28-6-1977 : Rev. sociétés 1978 p. 281 note B. Bouloc). Dans un tel cas, la déclaration de sa créance au passif de la société par le créancier vaut mise en demeure (C. com. art. L 622-25-1), mais elle ne suffit pas à établir le caractère infructueux de celle-ci (Cass. 3e civ. 23-2-2000 no 306 : RJDA 7-8/00 no 775). Cette solution aboutit en pratique à un rapprochement des conditions de mise en œuvre de la responsabilité des associés de sociétés civiles de construction-vente de celles applicables en matière de sociétés civiles de droit commun (nos 20431 s.).

En cas de liquidation judiciaire de la société, la poursuite des associés n'est pas subordonnée à la preuve de l'admission de la créance au passif de la liquidation (Cass. 3e civ. 14-2-2007 no 05-21.488 : RJDA 6/07 no 632).

Les associés d'une société civile de construction-vente sont **débiteurs subsidiaires** et non conjoints du passif social envers les tiers (Cass. 3e civ. 31-5-1995 no 1116 : RJDA 8-9/95 no 999). Il en résulte notamment que les associés sont libérés si le créancier consent une remise de dette à la société et qu'ils conservent la possibilité de contester l'existence de la dette même si la société ne l'a pas contestée. En outre, ils peuvent agir en responsabilité extracontractuelle contre le créancier qui les poursuit (no 20420). **45111**

S'agissant des **dettes fiscales de la société,** un avis de mise en recouvrement est émis au nom de la société (voir no 14210). Pour que les associés puissent être poursuivis par les comptables publics, ils doivent au préalable être mis en cause au moyen d'avis de mise en recouvrement individuels pour le montant et dans les conditions fixées par l'article L 211-2 du Code de la construction et de l'habitation, sauf s'ils sont considérés comme des représentants de la société au sens de l'article 1682 du CGI (LPF art. R 256-2). **45112**

Ainsi, en application de l'article L 211-2 précité, l'associé d'une société civile de construction-vente est responsable, à proportion de ses droits sociaux, des dettes fiscales de la société exigibles avant qu'il ne cède ses parts, quelle que soit la date à laquelle ces dettes sont révélées ou leur paiement réclamé (CAA Lyon 27-12-1991 no 349 : RJF 5/92 no 749).

REGISTRE DES ASSOCIÉS DE SOCIÉTÉ CIVILE DE CONSTRUCTION-VENTE

Pour permettre, le cas échéant, l'action des créanciers contre les associés, le représentant légal de la société (c'est-à-dire en pratique un gérant ou, si la société est dissoute, le liquidateur) est tenu de communiquer à tout créancier social qui en fait la demande le nom et le domicile, réel ou élu, de chacun des associés (CCH art. L 211-2, al. 2). À cet effet, il doit être tenu au siège social un registre coté et paraphé par le représentant légal en fonction lors de l'ouverture dudit registre, et contenant les indications suivantes (art. R 211-1, al. 1) : **45115**

– s'agissant des associés d'origine, leurs nom, prénoms et domicile (personnes physiques) ou leur dénomination sociale et l'adresse de leur siège social (personnes morales) ainsi que la quote-part des droits sociaux dont chacun est titulaire ;

– lors de chaque cession de parts sociales, les nom, prénoms et domicile ou, s'il y a lieu, la dénomination sociale et l'adresse du siège social des nouveaux titulaires des parts ainsi que la date de l'opération.

La demande du créancier doit être faite par lettre recommandée AR adressée à la société (art. R 211-1, al. 2).

2. GARANTIE DES VICES DE CONSTRUCTION

Comme tout vendeur d'immeuble à construire, les sociétés civiles de construction-vente sont tenues à la garantie des vices ou défauts de conformité apparents (C. civ. art. 1642-1) et cachés (art. 1646-1) de la construction, sans qu'il y ait lieu à résolution du contrat ou à diminution du prix si le vendeur (en l'espèce, la société) s'oblige à réparer le vice. En cas de mise en jeu de cette garantie, les associés ne peuvent être poursuivis qu'après mise en demeure restée infructueuse adressée à la société si le vice n'a pas été réparé, ou adressée soit à la société, soit à la compagnie d'assurance qui garantit la responsabilité de celle-ci, si le créancier n'a pas été indemnisé (CCH art. L 211-2, al. 3). **45120**

3. APPEL DE FONDS SUPPLÉMENTAIRES

Les sociétés de construction-vente peuvent exiger des associés un apport de fonds supplémentaires pour faire face aux dépassements des investissements en capital (CCH art. L 211-3, al. 1). **45130**

Les associés sont tenus de répondre aux appels de fonds, proportionnellement à leurs droits sociaux, sous peine de vente forcée de leurs parts.

CONDITIONS DE L'APPEL DE FONDS SUPPLÉMENTAIRES PAR LA SOCIÉTÉ CIVILE DE CONSTRUCTION-VENTE

45135 Dans les sociétés de construction-vente, les appels de fonds doivent être nécessaires à l'**accomplissement de l'objet social** et être indispensables (CCH art. L 211-3, al. 1) :

– soit à l'exécution de contrats de **vente** d'immeubles à construire déjà **conclus** ;

– soit à l'achèvement de **programmes** dont la réalisation, déjà commencée, n'est **pas susceptible de division.**

Ces dispositions sont d'ordre public (CCH art. L 211-4).

Le caractère d'ordre public de l'article L 211-3, al. 1 interdit toute **renonciation** par avance à l'application de ce texte et un appel de fonds ne répondant pas aux conditions qu'il prévoit ne peut pas être imposé aux associés. En revanche, il est toujours loisible aux intéressés de se soumettre volontairement à un tel appel de fonds en votant à l'unanimité une résolution à cet effet, résolution qui ne pourrait être annulée qu'en prouvant une fraude imputable à certains associés (CA Paris 14-6-1996 n° 95-21291 : RJDA 10/96 n° 1214, à rapprocher de Cass. com. 26-3-1996 : RJDA 8-9/96 n° 1066 confirmant la possibilité pour les associés d'augmenter leurs engagements à l'unanimité). La cour d'appel de Paris en a déduit qu'un associé ne pouvait pas obtenir l'annulation d'une assemblée générale au cours de laquelle un appel de fonds destiné au remboursement des encours bancaires de la SCI avait été voté à l'unanimité (arrêt précité).

En revanche, la cour d'appel a annulé la décision adoptée par l'assemblée à la majorité et contre la volonté de cet associé d'un appel de fonds s'imposant à lui dès lors que la construction était terminée (la réception de l'immeuble étant intervenue) et qu'il n'était pas démontré en quoi les fonds appelés auraient été nécessaires pour mener à bien des contrats de vente en cours (arrêt précité).

> Précisions **a.** Aux termes de l'article R 211-2 du CCH, un **programme** est **« non susceptible de division »** quand la réalisation ou l'utilisation normale des constructions commencées ne sera possible que si l'ensemble du programme est achevé. Le terme « réalisation » doit être interprété, non au sens juridique de vente, mais au sens technique d'achèvement des constructions : si un programme comprend **plusieurs tranches de bâtiments matériellement distinctes,** seules les tranches déjà commencées pourront être financées à l'aide d'appels de fonds supplémentaires.

Est donc justifié le refus par un associé de satisfaire à un appel de fonds destiné à permettre la construction de l'ensemble d'une station de sports d'hiver, dès lors que cet ensemble était susceptible de division et que cet appel de fonds n'était pas nécessaire pour achever un immeuble en cours d'édification (Cass. 1e civ. 17-3-1981 : Bull. civ. I n° 92).

b. L'article L 211-3 du CCH interdit qu'il soit procédé à des **appels de fonds** prévus par les statuts mais qui ne seraient **pas nécessaires à l'achèvement d'une construction** (Cass. 3e civ. 11-10-1989 : Bull. civ. III n° 188).

c. Sur l'interdiction de procéder à des **appels de fonds destinés à apurer des dettes sociales,** voir CA Toulouse 25-2-1993 : JCP G 1993 IV n° 1626.

d. Jugé que les sommes versées au titre des appels de fonds par un associé constituent non des avances de trésorerie consenties à la **société** qui serait tenue d'en **rembourser** le montant à la demande du souscripteur, mais des apports non capitalisés qui doivent être maintenus à la disposition de la société aussi longtemps qu'ils sont nécessaires à l'aboutissement de l'opération de construction (Cass. 3e civ. 12-5-1993 : Bull. civ. III n° 63 ; CA Paris 2-7-1997 n° 96-12796 : RJDA 11/97 n° 1361).

PROCÉDURE D'APPEL DE FONDS SUPPLÉMENTAIRES PAR LA SOCIÉTÉ CIVILE DE CONSTRUCTION-VENTE

45140 En l'absence de toute précision légale ou réglementaire sur la procédure à suivre lors de ces appels de fonds supplémentaires, il nous paraît souhaitable d'insérer dans les **statuts** une clause prévoyant l'une des deux **méthodes** suivantes :

– ou bien les fonds sont appelés, au titre d'une augmentation du capital, sur décision soit de la collectivité des associés, soit de la gérance ;

– ou bien les fonds sont versés sous forme d'apports non capitalisés inscrits à un compte de passif ouvert à cet effet, les statuts accordant compétence soit à la collectivité des associés, soit à la gérance pour décider l'appel de fonds.

> Précisions **a.** La validité de la clause donnant **compétence** à la gérance pour appeler les fonds suivant cette méthode a été admise (T. civ. Seine 25-1-1961 : JCP G 1961 II n° 11992, rendu en matière de société immobilière de copropriété divise mais transposable aux sociétés civiles de construction-vente).

b. Que les fonds soient capitalisés ou inscrits à un compte de capitaux permanents au passif du bilan, ils ne peuvent pas donner lieu à **intérêts** au profit des associés (n° 46080).

SANCTIONS APPLICABLES À L'ASSOCIÉ QUI N'A PAS SATISFAIT À L'APPEL DE FONDS SUPPLÉMENTAIRES

La société civile de construction-vente peut faire procéder à la vente forcée des parts des associés qui n'ont pas satisfait aux appels de fonds (CCH art. L 211-3, al. 2 s.). Cette vente est soumise à des modalités précisées par les articles L 211-3 et R 211-3 du CCH. 45145

Mise en demeure La société doit mettre l'associé défaillant en demeure de régler les appels de fonds, par exploit d'huissier ou de commissaire de justice (CCH art. R 211-3). 45150

L'associé a un mois pour s'exécuter. À notre avis, il peut toutefois valablement demander en justice un **délai de grâce** sur le fondement de l'article 1343-5 du Code civil. Cet article autorise les juges à accorder des délais de paiement à un débiteur « compte tenu de la situation » dudit débiteur et « en considération des besoins du créancier » et à surseoir à l'exécution des poursuites, le délai de grâce ne pouvant en aucun cas dépasser deux ans.

Autorisation de mise en vente Si la mise en demeure est restée infructueuse, le gérant (ou, en cas d'inaction de celui-ci, tout associé) doit convoquer une **assemblée** générale pour autoriser la vente publique des parts de l'associé défaillant et fixer leur mise à prix (CCH art. R 211-3). 45155

L'assemblée se prononce à la majorité des deux tiers du capital social sur première convocation, et à la majorité des deux tiers des droits sociaux dont les titulaires sont présents ou représentés sur deuxième convocation. Nonobstant toute disposition contraire des statuts, les parts détenues par l'associé défaillant ne sont pas prises en compte pour le calcul de ces majorités (CCH art. L 211-3, al. 3 et 4).

Publicité de la mise en vente La mise en vente des parts sociales doit être notifiée à tous les associés, y compris aux associés défaillants, par lettre recommandée AR. La notification doit, en outre, faire l'objet d'une publication dans un support d'annonces légales du lieu du siège social (CCH art. R 211-4 ; Loi 55-4 du 4-1-1955 art. 1). 45160

Cette notification doit mentionner :

- la date, l'heure et le lieu de la vente publique ;
- le montant de la mise à prix.

Obligations des autres associés jusqu'à la vente Jusqu'à la vente des parts de l'associé défaillant, les autres associés sont tenus de répondre aux appels de fonds faits à cet associé, en ses lieu et place, au prorata de leurs droits sociaux (CCH art. R 211-5). 45165

Exécution de la vente La vente est faite aux **enchères publiques** par l'intermédiaire d'un officier public – en pratique un notaire – et sans qu'il soit nécessaire de demander en justice l'autorisation d'y procéder. 45170

Les parts de l'associé défaillant peuvent être vendues en plusieurs lots s'il apparaît qu'elles peuvent être ainsi plus facilement réalisées ou atteindre un meilleur prix. La société peut faire poursuivre la vente de la totalité des parts de l'associé défaillant et celui-ci, en cas de vente par lots, ne saurait s'y opposer même si la vente d'une partie seulement des parts a produit une somme suffisante pour assurer le règlement des appels de fonds auxquels il n'a pas satisfait (CA Paris 12-2-1976 : Gaz. Pal. 1976 II p. 608 et, sur pourvoi, Cass. 3e civ. 25-1-1977 : Bull. civ. III n° 40).

Les droits sociaux vendus comprennent l'ensemble des sommes versées à la société tant au titre de la quote-part du capital social qu'à celui des appels de fonds (CA Paris 2-7-1997 n° 96-12796 : RJDA 11/97 n° 1361).

L'associé défaillant peut participer lui-même aux enchères (Cass. 3e civ. 25-1-1977 précité).

Effets de la vente Le **produit** net **de la vente** revient à la société à concurrence de ce qui lui est dû en principal et intérêts par l'associé défaillant (CCH art. L 211-3, al. 6), ainsi qu'aux autres associés en remboursement des sommes qu'ils ont versées à la place de ce dernier (n° 45165). 45175

La vente a lieu pour le compte de l'associé défaillant et à ses risques (CCH art. L 211-3, al. 5). Il en résulte que ce dernier profite de l'excédent de prix et, nous semble-t-il, qu'en cas d'insuffisance il reste débiteur de la société et peut être poursuivi par elle pendant cinq ans, conformément au droit commun des obligations. L'associé défaillant ne peut réclamer à la société le remboursement du solde créditeur de son compte courant sur lequel figurent les sommes versées à la suite d'appels de fonds, dès lors que ces sommes correspondent non pas à des versements facultatifs de l'intéressé, mais à l'exécution de ses obligations d'associé. Il en est ainsi lorsque, dès le début de l'activité de la société, l'insuffisance du capital a imposé d'appeler auprès des associés des fonds supplémentaires pour la réalisation de l'objet social, et qu'aucune assemblée n'a autorisé le gérant à contracter un emprunt auprès de l'intéressé (autorisation imposée par les statuts) (Cass. 3e civ. 12-5-1993 : Bull. civ. III n° 63). L'associé défaillant ne peut donc se prévaloir d'un quelconque droit de créance à l'encontre de la société, peu important d'ailleurs que le résultat net de l'opération immobilière puisse se révéler bénéficiaire après la cession (CA Paris 2-7-1997 n° 96-12796 : RJDA 11/97 n° 1361).

La **société** bénéficie, sur les sommes provenant de la vente des parts, d'un **privilège** qui l'emporte sur toutes les sûretés réelles conventionnelles (mais non sur les sûretés légales telles que le privilège des salariés ou du Trésor public) grevant les droits sociaux du défaillant. En outre, si des nantissements ont été constitués sur ces droits sociaux, le droit de rétention des créanciers nantis n'est opposable ni à la société ni à l'adjudicataire des parts (CCH art. L 211-3, al. 7).

L'**adjudicataire** devient associé. Mais si les statuts contiennent une clause d'agrément, cette clause doit, à notre avis, être respectée, comme en cas de nantissement de parts sociales.

45180 **Procédure de droit commun** La vente forcée des parts n'est pas la seule procédure de recouvrement possible à l'encontre de l'associé défaillant. La société a la faculté, conformément au droit commun, de poursuivre l'associé en justice pour obtenir le paiement des sommes qui lui sont dues (CA Aix 23-12-1970 : D. 1972 p. 387, en matière de société immobilière en copropriété divise mais transposable aux sociétés civiles de construction-vente).

Toutefois, ce procédé n'a ni l'efficacité ni la rapidité de la procédure d'exécution des titres décrite ci-dessus.

C. Parts sociales

RÉGIME JURIDIQUE DES PARTS DE SOCIÉTÉ CIVILE DE CONSTRUCTION-VENTE

45200 Les parts des sociétés civiles de construction-vente sont soumises au régime de droit commun applicable à toutes les sociétés civiles (nos 21000 s.).

Les transferts de parts sont en outre soumis à une formalité particulière : ils doivent faire l'objet d'une mention au registre des associés (n° 45115).

RÉGIME FISCAL DE CESSION DES PARTS DE SOCIÉTÉ CIVILE DE CONSTRUCTION-VENTE

45205 Les cessions des parts des sociétés civiles de construction-vente obéissent aux règles générales exposées nos 21400 s. en ce qui concerne les **droits d'enregistrement.**

Pour ce qui est plus spécialement des cessions de parts accompagnées du remboursement d'appels de fonds, voir n° 21415.

45210 Pour l'imposition des **plus-values** résultant de la cession des parts, il convient de faire la distinction suivante.

a. Le cédant est une **entreprise** : dans ce cas, il convient de faire application des règles de droit commun prévues par l'article 238 bis K, I du CGI pour les cessions de parts de sociétés civiles non passibles de l'IS détenues par une entreprise (voir nos 21615 s.).

b. Le cédant est un **particulier** ayant réalisé une simple opération de placement (simple apporteur de capitaux) et ne pouvant être considéré comme exerçant dans le cadre de la société civile l'activité de promoteur : la plus-value relève du régime des plus-values privées de cessions d'immeubles. En effet, on est en principe en présence d'une cession de titres de société à prépondérance immobilière, étant donné que le stock immobilier d'une société de construction-vente n'est pas considéré comme « affecté à l'exploitation » de cette dernière pour l'application du régime de l'article 150 UB du CGI (sur ce régime, voir nos 34200 s.). Les constructions en cours et le stock immobilier utilisé temporairement ne sont pas non plus considérés comme affectés à l'exploitation de la société de construction-vente pour l'application de ce régime (en ce sens, CE 20-11-2002 n° 231088 : RJF 2/03 n° 181).

SECTION 4

IMPOSITION DES PROFITS DES SOCIÉTÉS CIVILES DE CONSTRUCTION-VENTE

PRINCIPES GÉNÉRAUX

Du point de vue fiscal, les personnes qui achètent des immeubles en vue d'y édifier des bâtiments et de les vendre en bloc ou par locaux sont réputées exercer une activité commerciale dont les profits relèvent de l'impôt sur le revenu dans la **catégorie des bénéfices industriels et commerciaux** (CGI art. 35, I-1° bis). Lorsque ces opérations sont réalisées par des sociétés civiles, ces dernières sont donc normalement passibles de l'impôt sur les sociétés en vertu de l'article 206, 2-al. 1er du CGI. 45400

Par dérogation, l'article 239 ter du CGI dispose que les sociétés civiles de construction-vente répondant à certaines conditions sont exclues du champ de l'impôt sur les sociétés et soumises au **même régime fiscal que les sociétés en nom collectif** effectuant les mêmes opérations, c'est-à-dire que ce sont les associés (et non la société elle-même) qui sont imposés en proportion de leurs droits suivant le régime fiscal qui leur est propre (impôt sur le revenu ou impôt sur les sociétés). 45405

ATTENTION

En l'état actuel de la jurisprudence et de la doctrine administrative, l'activité de construction-vente d'immeubles (promotion immobilière) est une activité civile dont les bénéfices sont imposables dans la catégorie des BIC en application de l'article 35, I-1° bis du CGI. Il en résulte que les sociétés civiles de construction-vente ne peuvent pas bénéficier des **régimes** d'allégement d'impôt prévus en faveur **des entreprises nouvelles** qui exercent une activité commerciale par nature au sens de l'article 34 dudit Code (BOI-BIC-CHAMP-80-10-10-10 n° 400).

I. CONDITIONS D'APPLICATION DU RÉGIME DE FAVEUR

Pour bénéficier des dispositions de l'article 239 ter du CGI, les sociétés de construction-vente doivent satisfaire à des conditions qui tiennent à leur forme, à leurs statuts et surtout à leur objet et leur activité. 45415

A. Forme de la société

Le bénéfice du régime spécial ne peut être invoqué que par les **sociétés constituées sous la forme civile.** 45420

Quel que soit leur objet, les sociétés assujetties de plein droit à l'impôt sur les sociétés en raison de leur forme (sociétés de capitaux, sociétés à responsabilité limitée) sont exclues du champ d'application de l'article 239 ter du CGI.

SOCIÉTÉ CIVILE DE CONSTRUCTION-VENTE ISSUE DE LA TRANSFORMATION D'UNE SNC OU D'UNE SOCIÉTÉ TRANSPARENTE

Lorsque la société de construction-vente est issue de la transformation d'une société en nom collectif ou d'une société dotée de la transparence fiscale, le régime spécial ne peut s'appliquer qu'à la double condition que, **avant la transformation,** aucun immeuble n'ait été cédé et qu'aucune des parts ou actions n'ait été vendue à une personne autre qu'un associé initial (CGI art. 239 ter, II-2°). Cette double condition doit être remplie jusqu'à la date de transformation inclusivement (BOI-BIC-CHAMP-70-20-100-10 n° 380). 45430

Il est toutefois fait abstraction des **cessions non spéculatives** consenties à titre de charge d'aménagement en vertu de la réglementation relative au permis de construire (cession d'une parcelle ou d'un local pour l'installation d'un transformateur électrique, cession à une collectivité locale de la voirie intérieure d'un complexe immobilier, etc.) (BOI précité n° 390). Il est fait abstraction également des cessions au prix de revient à de nouveaux associés désireux de prendre des participations financières dans le programme de construction projeté (BOI précité n° 410). Par ailleurs, sous réserve de l'examen des circonstances de fait, sont considérés comme des associés initiaux ceux qui sont entrés dans la société à l'occasion d'une **augmentation de son capital** ; le régime spécial s'applique aussi à une société dont la transformation a été précédée d'une cession de parts par un associé fondateur à un associé entré dans la société lors d'une augmentation de capital (BOI précité n° 430).

L'article 239 ter, II-2° vise exclusivement les sociétés de construction issues de la transformation d'une société en nom collectif ou d'une société dotée de la transparence fiscale : aucune disposition législative ne permet, pour l'application de ce régime, d'assimiler les **sociétés créées de fait** ou les **sociétés en participation** aux sociétés en nom collectif (BOI précité n° 380).

45435 Les **plus-values dégagées lors de la transformation** font l'objet d'un sursis d'imposition dès lors qu'il n'est apporté aucune augmentation à la valeur d'origine des biens tant dans les écritures de la société que dans celles de ses associés (CGI art. 239 ter, II-2°).

B. Statuts

45450 L'article 239 ter du CGI subordonne l'application du régime spécial à la condition que les statuts de la société civile de construction-vente prévoient la **responsabilité indéfinie des associés** en ce qui concerne le passif social. Cette responsabilité s'exerce sur tous leurs biens **en proportion de leurs droits sociaux** (et non par parts viriles).

Ainsi, l'associé est responsable, à proportion de ses droits sociaux, des **dettes fiscales** de la société exigibles avant qu'il ne cède ses parts, quelle que soit la date à laquelle ces dettes sont révélées ou leur paiement réclamé (CAA Lyon 27-12-1991 n° 349 : RJF 5/92 n° 749). Sur la procédure de poursuite, voir nos 45105 s.

45455 Cependant, l'administration fiscale ne s'oppose pas à ce que les associés prévoient une limitation de leur obligation au passif dans chacune des **conventions particulières** passées avec les créanciers. Ainsi, l'existence, dans les statuts, d'une clause stipulant que les gérants devront, sous leur responsabilité, obtenir des créanciers une renonciation formelle au droit d'exercer une action personnelle contre les associés n'est pas de nature à priver la société du bénéfice du régime de l'article 239 ter (BOI-BIC-CHAMP-70-20-100-10 n° 350).

C. Objet social et activité

PRINCIPES

45500 Le régime spécial de l'article 239 ter du CGI est destiné à s'appliquer aux seules sociétés qui ont pour objet la **construction d'immeubles en vue de la vente** et qui réalisent de telles opérations. La circonstance que les constructions soient édifiées sur des terrains différents de ceux mentionnés dans les statuts est sans incidence sur l'appréciation de la nature de l'activité (CE 29-5-2019 n° 412500 : RJF 8-9/19 n° 759). La société peut réaliser de telles opérations, soit directement, soit sous le couvert de sociétés dotées de la « transparence fiscale » (BOI-BIC-CHAMP-70-20-100-10 n° 10).

Une société civile dont l'objet ne comporte pas la construction d'immeubles en vue de la vente ne peut pas bénéficier des dispositions du régime spécial, même si elle se livre en fait exclusivement à de telles activités (CE 24-2-1988 n° 59762 : RJF 4/88 n° 380 ; BOI-BIC-CHAMP-70-20-100-10 n° 20). Est sans incidence la modification des statuts de la société lui donnant pour objet la construction en vue de la vente dès lors qu'elle intervient postérieurement à l'acquisition de l'immeuble (TA Dijon 17-8-1999 n° 98-5351 : RJF 11/99 n° 1340).

Mais cet objet principal n'est pas forcément exclusif puisque la société peut – sans perdre le bénéfice du régime de faveur – exercer conjointement une **activité purement civile** du point de vue fiscal (BOI-BIC-CHAMP-70-20-100-10 n° 20), sous réserve qu'elle soit compatible avec la réglementation juridique : voir ci-dessus nos 44510 s. Il peut s'agir par exemple :

– de la location permanente d'immeubles nus (nos 45880 s.) ou de la location provisoire des nouveaux immeubles en attendant leur vente (stock immobilier : nos 47500 s.) (voir notamment à propos de la location de lots restés invendus, CE 28-11-2012 n° 332110 : RJF 2/13 n° 136 ; CE 4-5-2016 n° 383135 : RJF 7/16 n° 638) ;

– de la perception de redevances de droits d'affichage de panneaux publicitaires (n° 45890) ;

– de la conclusion d'un bail à construction (n° 45615) ;

– de la mise en valeur d'une exploitation agricole ou forestière ;
– du placement à court terme des excédents de trésorerie de la société (n° 45900) ;
– de la vente de locaux avec garantie minimale de loyers, quelle qu'en soit la durée (n° 45610).

En revanche, les sociétés civiles qui, en sus de la construction d'immeubles en vue de la vente, exercent une **autre activité** entrant dans les prévisions des articles 34 et 35 du CGI (c'est-à-dire présentant, sur le plan fiscal, un **caractère industriel ou commercial**) sont passibles de l'impôt sur les sociétés dans les conditions de droit commun (CE 28-11-2012 n° 332110 : RJF 2/13 n° 136 ; BOI-BIC-CHAMP-70-20-100-10 n° 20). Le régime spécial s'applique aux sociétés civiles qui ne réalisent pas effectivement, en plus des opérations de construction-vente et accessoires à cette activité, d'autres opérations de nature commerciale. Néanmoins, leur objet social peut ne pas être exclusivement limité aux opérations de construction-vente et mentionner d'autres opérations de nature commerciale, sans faire échec à l'application de ce régime (CE 18-3-2019 n° 411640 : RJF 6/19 n° 516). 45505

Constituent notamment des opérations de nature commerciale :
– les cessions de terrains non bâtis, lorsqu'elles répondent aux critères d'opérations spéculatives et habituelles (nos 45520 s.) ;
– la mise à la disposition des acheteurs des constructions d'équipements sportifs ou de loisirs moyennant rémunération (n° 45620) ;
– les ventes de locaux équipés de certains éléments mobiliers (nos 45550 s.) ;
– le fait de participer aux profits d'une location meublée (n° 45880, in fine).

La réalisation de telles opérations **fait perdre** à la société **le bénéfice du régime de faveur** de l'article 239 ter du CGI. Sauf dans le cas où il serait prouvé que la société avait pour objet, dès l'origine, d'effectuer des opérations commerciales (BOI-BIC-CHAMP-70-20-100-10 n° 330), la perte du régime de faveur n'a pas d'effet rétroactif : assujettissement à l'IS des bénéfices de l'exercice en cours et des exercices suivants et taxation comme revenus distribués lors de leur appropriation par les associés.

La perte du régime des sociétés de personnes entraîne les **conséquences** du **changement de régime fiscal** prévu à l'article 202 ter du CGI.

ATTENTION

Les sociétés civiles de construction-vente ne peuvent pas bénéficier de la tolérance administrative selon laquelle les sociétés civiles réalisant moins de 10 % de **recettes commerciales accessoires** ne sont pas soumises à l'impôt sur les sociétés (BOI-BIC-CHAMP-70-20-100-10 n° 30).

OPÉRATIONS DE TRANSFORMATION, D'AMÉNAGEMENT, DE REMISE EN ÉTAT D'HABITATION OU DE RESTAURATION RÉALISÉES PAR UNE SOCIÉTÉ CIVILE DE CONSTRUCTION-VENTE

L'administration admet d'assimiler certains travaux de transformation et d'aménagement à des opérations de construction pour l'application des dispositions de l'article 239 ter du CGI et, par suite, d'autoriser les sociétés civiles à se placer sous ce régime lorsqu'elles ont pour activité – à l'exclusion de toute autre entrant dans les prévisions des articles 34 et 35 du CGI – la réalisation desdits travaux en vue de la vente (BOI-BIC-CHAMP-70-20-100-10 n° 240). 45510

Équivalent à des opérations de construction (BOI-BIC-CHAMP-20-40-20 nos 20 s.) :
– les travaux comportant la **démolition complète** d'un immeuble suivie de sa reconstruction ou des **modifications importantes** apportées au gros œuvre ou encore des travaux ayant pour objet l'aménagement, à usage d'habitation, de locaux précédemment affectés à un autre usage (agricole, commercial, etc.) ou qui constituaient des dépendances d'habitation (combles, garages, remises, etc.) sans être eux-mêmes habitables ;
– les travaux correspondant à une **restructuration complète** après démolition intérieure d'une unité d'habitation, suivie de la création d'aménagements neufs. Il en est ainsi, notamment, lorsque des opérations de cette nature aboutissent à une augmentation du nombre d'unités de logement.

En revanche, les travaux aboutissant à une **restructuration partielle** de l'immeuble (déplacement de cloisons, création de salles d'eau ou d'équipements sanitaires, etc.) sans modification de la structure interne ne peuvent, selon l'administration, être considérés comme des travaux de construction.

De son côté, le Conseil d'État a jugé qu'une société civile de construction-vente ne s'écarte pas de son objet et remplit les conditions pour bénéficier du régime prévu par l'article 239 ter du CGI lorsque, ayant acquis deux terrains attenants dont l'un est le terrain d'assiette de deux bâtiments existants ainsi que ces bâtiments, elle a, après avoir démoli le plus petit de ces deux bâtiments, réalisé un ensemble immobilier composé, à hauteur de 80 % des surfaces, d'une **construction neuve édifiée sur la surface libérée par la démolition** et le terrain nu acquis et, pour le solde, du **bâtiment** principal **existant** qui a fait l'objet de **travaux d'intégration au nouvel ensemble et de restructurations** ayant abouti à une nouvelle distribution des logements ainsi qu'à l'accroissement de leur nombre et de leur superficie (CE 12-3-2007 n° 263850 : RJF 6/07 n° 665).

CESSION DE TERRAINS NON BÂTIS PAR UNE SOCIÉTÉ CIVILE DE CONSTRUCTION-VENTE

45520 La cession par une société civile de construction-vente de terrains initialement acquis en vue de construire n'entraîne pas dans tous les cas la perte du bénéfice du régime spécial et l'assujettissement de la société à l'impôt sur les sociétés.

Pour déterminer si, lors de la revente en l'état du terrain qu'elle a précédemment acquis en vue de construire, une SCI de construction-vente perd le bénéfice du régime spécial, l'administration doit rechercher si cette opération s'écarte ou non de l'objet social et, dans l'affirmative, si elle relève d'une activité immobilière à caractère industriel ou commercial au sens de l'article 35 du CGI (en ce sens notamment, CE 3-6-1988 n° 57626 : RJF 8-9/88 n° 961 ; BOI-BIC-CHAMP-70-20-100-10 n° 70).

Au regard de la condition tenant au **caractère habituel des opérations,** l'exercice d'une telle activité doit être apprécié selon l'administration en tenant compte notamment des **opérations immobilières auxquelles se livrent les associés,** soit par des achats et des ventes faits en leur propre nom, soit par leur participation à des sociétés civiles dont chacune réalise une opération déterminée. Mais le Conseil d'État considère que la condition d'habitude n'est pas remplie du seul fait que les associés de la société civile détiennent des participations dans d'autres sociétés civiles de construction-vente. Ainsi en a-t-il jugé dans un cas où les associés, bien que participant à d'autres sociétés civiles immobilières consacrant leur activité à la construction en vue de la vente, ne se sont pas livrés personnellement, à titre habituel, à des opérations d'achat et de revente en l'état d'immeubles (CE 23-6-1993 n° 69587 : RJF 8-9/93 n° 1133).

Est en revanche passible de l'impôt sur les sociétés une SCI de construction-vente qui revend sans construire un terrain, même s'il s'agit d'une opération unique, dès lors que le capital de la SCI est détenu à 50 % par une société se livrant à une activité de marchand de biens (CE 29-1-1992 n° 81111 : RJF 3/92 n° 310).

45525 La présomption d'activité industrielle et commerciale liée à l'activité des associés doit être écartée si la société de construction-vente procède à la vente d'un terrain dans des conditions telles qu'elle respecte son objet social.

Ainsi, la **vente forcée,** sans bénéfice, d'un terrain ou la cession d'une petite parcelle à un voisin en échange de l'abandon d'une servitude de passage n'ont pas pour conséquence de déchoir la société du régime de l'article 239 ter du CGI (CE 28-1-1983 n° 28193 : RJF 3/83 n° 383). N'est pas non plus déchue du régime une SCI constituée pour édifier trois immeubles d'habitation destinés à être revendus par appartements, qui n'a pu mener à bien la construction et la vente que d'un seul immeuble du fait de la mise en **règlement judiciaire** de l'entreprise chargée de l'exécution des travaux et a dû revendre la partie non encore bâtie du terrain qu'elle avait acquis ainsi que les aménagements et débuts de construction qu'elle y avait effectués (CE 2-3-1987 n° 53058 : RJF 5/87 n° 487). De même, une société civile de construction-vente qui cède un **terrain devenu inconstructible** du fait d'un événement indépendant de sa volonté ne s'écarte pas de son objet social ; le fait que ses associés ont une activité de marchand de biens ne remet pas en cause ce régime (CE 3-6-1988 n° 57626 : RJF 8-9/88 n° 961 ; BOI-BIC-CHAMP-70-20-100-10 n° 70).

La **revente de terrains à des collectivités territoriales** pour un prix au plus égal au prix de revient ne remet pas non plus en cause le régime de faveur (BOI précité n° 90). L'administration admet par ailleurs que les sociétés de construction-vente contraintes par les communes, en contrepartie de la délivrance d'un permis de construire, à rétrocéder une partie des terrains qu'elles ont acquis aux **organismes d'habitation à loyers modérés** en vue de la construction de logements sociaux conservent le bénéfice du régime de l'article 239 ter du CGI à condition que la rétrocession s'effectue à un prix qui ne soit pas supérieur au prix de revient (BOI précité n° 100). Elle admet de même que la cession d'un terrain à bâtir par une SCI de construction-vente à une structure de portage dans le cadre du dispositif du « **pass-foncier** » ne remet pas en cause le régime de faveur, sous réserve que la SCI n'effectue pas à titre habituel des opérations d'achat-revente de terrains à bâtir au sens de l'article 35, I-1° du CGI, cède le terrain en cause à la structure de portage à un prix qui ne soit pas supérieur à son prix de revient et procède elle-même à la construction de l'immeuble sur le terrain vendu à la structure de portage (BOI précité n° 310).

Il a été jugé qu'une SCI de construction-vente ne s'écarte pas de son objet social et ne perd donc pas le bénéfice du régime de faveur en cédant à une **société d'économie mixte** de construction de logements une partie encore non utilisée du terrain qu'elle avait acquis dès lors qu'était établie son intention de construire sur la parcelle vendue, que la cession amiable a été consentie sous la menace de l'engagement d'une procédure d'expropriation par le maire de la commune où le terrain était situé et que le prix de vente a été fixé par le service des domaines (CAA Paris 16-7-1992 n° 91-215 : RJF 1/93 n° 27 ; BOI précité n° 90).

À l'inverse, n'entre pas dans le champ d'application de l'article 239 ter du CGI une SCI qui revend le terrain sans y avoir édifié de construction, alors même qu'elle aurait renoncé à son projet à la suite d'un **refus de permis de construire** dès lors qu'elle a obtenu, ultérieurement, un permis de construire dont elle a fait bénéficier l'acquéreur du terrain ; la SCI étant un des instruments d'une activité d'ensemble entrant dans le champ d'application de l'article 35, 1-1° du CGI, la condition d'habitude est remplie et justifie l'imposition à l'IS (CAA Paris 6-3-1991 n° 626 : RJF 6/91 n° 758).

> Précisions Les terrains à bâtir acquis par les SCI de construction-vente présentent le caractère de **stock** et non d'immobilisation.
Lorsque leur revente est effectuée dans des conditions telles que la SCI respecte son objet social, la plus-value est imposée selon les dispositions combinées des articles 239 ter et 8 du CGI au nom des associés, dans la catégorie des **BIC** taxables au **taux de droit commun.** Ainsi jugé alors même que la parcelle de terrain cédée avait été utilisée comme carrière de sable et dépôt de chantier et que la revente était motivée par des difficultés de trésorerie (CAA Nancy 3-6-1993 n° 92-282 : RJF 8-9/93 n° 1112).

RÉALISATION D'OPÉRATIONS DE LOTISSEMENT PAR UNE SOCIÉTÉ CIVILE DE CONSTRUCTION-VENTE

Les sociétés civiles procédant à des opérations de lotissement ne sont soumises de plein droit à l'impôt sur les sociétés que si elles ont acquis les terrains en vue de réaliser de telles opérations : l'intention du lotisseur lors de l'acquisition du terrain détermine le régime d'imposition des profits. **45540**

S'agissant des sociétés civiles de construction-vente, l'administration a précisé que la revente après lotissement d'un **terrain initialement acquis pour construire** présente un caractère commercial au sens des articles 35, I-1° et 1° bis du CGI ; la SCI perd donc, en principe, le bénéfice du régime spécial.

Il en va différemment lorsque la société s'est trouvée dans l'impossibilité de réaliser son projet par suite d'un **événement indépendant de sa volonté** la contraignant à la revente d'un terrain ou en cas de cession d'un terrain à une collectivité territoriale pour un prix n'excédant pas le prix de revient de ce terrain (BOI-BIC-CHAMP-20-30-20 n°s 120 s.).

VENTE DE LOCAUX ÉQUIPÉS D'ÉLÉMENTS MOBILIERS PAR UNE SOCIÉTÉ CIVILE DE CONSTRUCTION-VENTE

Selon l'administration, la fourniture d'équipements mobiliers devrait écarter les sociétés de construction qui y procèdent du régime spécial, dont le bénéfice est exclusif de toute prestation étrangère à l'activité de construction immobilière. **45550**

Toutefois, compte tenu des techniques et pratiques de l'industrie du bâtiment, l'administration a décidé de maintenir, sous certaines conditions précisées ci-après, le bénéfice de ce régime spécial lorsque les prestations mobilières peuvent être considérées comme accessoires aux opérations de construction ou le complément nécessaire à ces opérations (BOI-BIC-CHAMP-70-20-100-10 n°s 110 s.).

L'administration distingue trois types d'équipements mobiliers : **45555**

– les **équipements mobiliers constituant le complément nécessaire** des locaux, dont la fourniture ne fait pas perdre à la société le régime de faveur ;

– les **équipements mobiliers** n'ayant **aucun lien avec la construction** et dont la fourniture entraîne déchéance du régime de faveur ;

– les **équipements fonctionnels** qui, sans constituer le complément nécessaire des locaux, ont un **lien avec la construction** et dont la fourniture aux acheteurs de locaux par la société civile doit satisfaire certaines conditions pour ne pas entraîner la déchéance du régime spécial.

> Précisions À notre avis, la cession d'équipements mobiliers **incorporés à la construction** et qui ne peuvent en être détachés sans de graves détériorations (« immeubles par destination » : voir n° 44760) ne s'oppose pas à l'application du régime spécial de l'article 239 ter du CGI.

45560 **Équipements mobiliers constituant le complément nécessaire des locaux**

a. Locaux à usage d'habitation Les fournitures et travaux correspondant aux éléments fonctionnels qui constituent le complément nécessaire des locaux sont regardés comme compris dans l'objet exclusif des sociétés de construction-vente à condition de ne présenter aucun caractère somptuaire et de se limiter à satisfaire aux exigences actuelles d'habitabilité ; leur cession n'entraîne pas la déchéance du régime spécial.

Tel est le cas, par **exemple,** des équipements de chauffage central et de climatisation, des équipements d'isolation thermique et phonique, des installations d'appareils d'éclairage des parties communes, des cours, jardins et voies privées des immeubles, des installations d'appareils élévateurs, de l'installation complète des appareils sanitaires y compris la robinetterie et les accessoires de pose, ainsi que les appareils de production d'eau chaude collectifs ou individuels, des éviers, blocs-éviers, y compris la robinetterie et les accessoires de pose, des placards de rangement incorporés à titre définitif dans les volumes spécialement prévus à cette fin, des antennes collectives et des câblages de radio et de télévision, des installations complètes de vide-ordures, des boîtes aux lettres scellées dans la maçonnerie, des revêtements directs de sols bruts à l'exclusion des tapis. Il en est de même des frais de pose qui constituent l'accessoire de ces fournitures et travaux, ainsi que des revêtements muraux (BOI-BIC-CHAMP-70-20-100-10 n° 120).

b. Locaux à usage de bureaux Sans perdre le bénéfice du régime de faveur, les sociétés civiles de construction-vente peuvent aussi fournir les équipements constituant le complément nécessaire des locaux à usage de bureaux (par **exemple** : cloisonnement par éléments amovibles, distribution de réseaux informatiques et aménagements spéciaux pour l'utilisation de matériels informatiques, alimentation et câblages des réseaux Télex et télécopie) ainsi que les installations et équipements nécessaires aux **restaurants et cantines** des établissements d'enseignement, de santé ou à vocation sociale, lorsque ces restaurants peuvent bénéficier du régime particulier prévu en matière de TVA (BOI précité nos 220 s.).

Il en est de même des équipements mobiliers nécessaires à l'utilisation des parties communes (restaurant, cuisine, bureaux, salle de réception) d'une **résidence du troisième âge** (CE 27-2-1989 n° 57066 : RJF 4/89 n° 423).

45565 **Équipements mobiliers accessoires aux opérations de construction** Il s'agit d'équipements fonctionnels qui, tout en ne constituant pas le complément nécessaire des opérations de construction, ont un lien avec la construction, même si celui-ci est matérialisé par le simple raccordement d'un appareil à des canalisations existantes ou par un scellement réduit à quelques points fixes.

Il en est ainsi des **appareils électroménagers** (cuisinières, réchauds, plaques chauffantes, hottes électriques, séchoirs à linge, réfrigérateurs, machines à laver le linge ou la vaisselle, etc.), ainsi que des **éléments de rangement non incorporés** dans des volumes qui leur auraient été spécialement réservés.

45570 Dans un arrêt du 20 mai 1981, le Conseil d'État a jugé que la fourniture par la société à des acquéreurs de studios d'**éléments fixes** de réfrigération et de cuisson **équipant les cuisines** de ce type d'appartement n'est pas de nature à lui faire perdre le bénéfice du régime de faveur prévu par l'article 239 ter du CGI (CE 20-5-1981 n° 13460 : RJF 7-8/81 n° 656).

Selon l'administration, la jurisprudence résultant de cet arrêt ne concerne que les **équipements mobiliers attachés au fonds à perpétuelle demeure** au sens de l'article 525 du Code civil. La livraison de locaux comportant de tels éléments incorporés à titre définitif doit être regardée comme comprise dans l'objet exclusif des sociétés civiles de construction-vente régies par l'article 239 ter du CGI et n'entraîne donc pas déchéance du régime spécial (BOI-BIC-CHAMP-70-20-100-10 n° 140).

Elle considère, en revanche, que cette jurisprudence ne concerne pas les autres **éléments ou appareils simplement stabilisés ou raccordés** qui, une fois posés, conservent un caractère mobilier ; il en est ainsi des meubles autonomes de cuisine dont le scellement a pour seul but d'en assurer la stabilité et des appareils ménagers proprement dits qui, incorporés ou non, sont susceptibles d'être déplacés ou changés sans inconvénient (BOI précité n° 150).

45575 Selon l'administration, la fourniture par la société d'équipements conservant un caractère mobilier ne peut lui éviter d'être déchue du régime spécial que si les deux conditions suivantes sont remplies (BOI-BIC-CHAMP-70-20-100-10 nos 160 s.) (position qui nous semble contraire à la jurisprudence précitée).

1e condition : la fraction représentative du **coût de ces équipements** dans le prix global de la construction toutes taxes comprises doit rester inférieure à 4 %, sans que leur valeur puisse excéder 2 440 € par logement. Pour le calcul de cette double limite, l'administration admet de ne pas retenir les équipements installés pour l'aménagement fonctionnel de la loge du gardien.

2e condition : la **rétrocession des équipements** à l'acquéreur des locaux doit être opérée au **prix de revient** calculé sous déduction des ristournes et autres avantages consentis aux constructeurs. Cette condition n'interdit pas de faire application de l'indice de révision éventuellement prévu au contrat de vente immobilière.

Pour permettre au service des impôts d'apprécier si ces conditions sont remplies, les documents comptables des entreprises de construction doivent retracer distinctement les opérations relatives à ces fournitures dont le montant doit, par ailleurs, faire l'objet d'une **facturation séparée.**

Cette dernière condition est considérée comme remplie lorsqu'un engagement formel de livrer les équipements mobiliers au prix de revient, net de toute réfaction, a été pris par la société de construction envers son client dans l'un des documents annexés à l'acte de vente ou déposés au rang des minutes (notice descriptive, notice indiquant les éléments d'équipements propres au local vendu, etc.) et que la comptabilité de l'entreprise est de nature à justifier par la tenue de comptes distincts que cet engagement a été rempli.

Équipements mobiliers dont la cession est incompatible avec l'application du régime spécial Il s'agit des équipements qui n'ont **aucun lien physique avec la construction,** qui ne sont **ni fixés ni même raccordés,** et qui sont considérés comme n'étant pas indispensables pour assurer la promotion ou la vente des immeubles. Leur livraison par les sociétés immobilières de construction est incompatible avec le maintien du régime spécial (BOI-BIC-CHAMP-70-20-100-10 n° 210). 45585

Ces fournitures comprennent **notamment** les moquettes sur parquet, tableaux, glaces autres que celles posées dans les salles d'eau, tapisseries, statues, rideaux, voilages et autres ornements, équipements audiovisuels, etc. (voir notamment CAA Paris 11-7-1989 n° 352 : RJF 10/89 n° 1086, confirmé par CE 27-09-1991 n° 110130 : RJF 11/91 n° 1350).

OPÉRATIONS DIVERSES RÉALISÉES PAR UNE SOCIÉTÉ CIVILE DE CONSTRUCTION-VENTE

On trouvera ci-après un certain nombre de solutions visant des cas particuliers sur lesquels l'administration ou les juridictions administratives ont été amenées à se prononcer. 45600

Revente de parkings dont l'achat avait été imposé par une clause du cahier des charges Une société de construction-vente réalisant un programme immobilier, qui a acheté et revendu des parkings, ne se livre pas à une activité autre que la construction en vue de la vente, dès lors que l'acquisition de ces parkings, exigée par le cahier des charges de l'opération établi par une société d'économie mixte de rénovation, est nécessaire à la réalisation de l'objet social de construction-vente (CE 29-1-1992 n° 73433 : RJF 3/92 n° 309). 45605

Vente de locaux avec clause de garantie minimale de loyers La garantie peut être offerte soit par le promoteur lui-même, soit par un intermédiaire qu'il rémunère à cette fin. Elle est apportée par le transfert des baux ou des promesses de baux à l'acquéreur lorsqu'il a été traité avec des utilisateurs avant la vente. Elle est constituée, dans le cas contraire, par l'engagement d'assurer au propriétaire l'équivalent d'un loyer minimal si le local ne trouve pas de preneur. 45610

L'administration admet que la cession d'immeubles accompagnée d'une offre de garantie minimale de rentabilité, **quelle qu'en soit la durée,** ne fait pas obstacle à l'application du régime spécial (BOI-BIC-CHAMP-70-20-100-10 nos 280 s.).

L'administration s'est ainsi alignée sur la jurisprudence du Conseil d'État selon laquelle la circonstance que la société civile s'engage à procurer des locataires à l'acquéreur des constructions et que le montant des loyers correspondants détermine le prix de vente des immeubles ne constitue qu'une des **modalités de la vente** et ne prive pas la société civile du régime de faveur prévu par l'article 239 ter du CGI (CE 17-4-1985 n° 42418 : RJF 6/85 n° 847). Il en est de même si une garantie décennale de rentabilité est offerte par une société civile de gestion et qu'en raison du décalage d'un an entre la date de cession des appartements et celle de leur livraison, la société de construction-vente verse aux bailleurs l'équivalent d'un loyer annuel (CE 2-3-1988 n° 49546 : RJF 4/88 n° 408).

45615 **Opérations portant sur un bail à construction ou sur un bail emphytéotique**
Selon l'administration, une société de construction-vente peut, sans perdre le bénéfice du régime spécial, consentir sur un terrain lui appartenant un **bail à construction** moyennant la remise par le preneur, en fin de bail, des constructions édifiées par celui-ci. Il s'agit là, en effet, d'une opération de caractère purement civil sur le plan fiscal (Rép. Chauvet : AN 1-7-1971 n° 17690 non reprise dans Bofip).

En revanche, elle considère que l'acquisition d'un **bail emphytéotique** en vue de cessions par lots après construction n'entre pas dans l'objet des sociétés relevant de l'article 239 ter du CGI et constitue la source d'une activité commerciale au sens de l'article 35 du CGI. Par suite, la société civile qui procède à une opération de cette nature est soumise de plein droit à l'impôt sur les sociétés, étant observé que l'opération de construction effectivement réalisée constitue un élément du prix du bail, payable en nature (Rép. Dufeu : Sén. 27-2-1968 n° 7297, non reprise dans Bofip).

45620 **Mise à disposition des acquéreurs d'équipements sportifs ou de loisirs**
Une telle mise à disposition moyennant cotisation est une activité de nature commerciale dont l'exercice est à lui seul, selon l'administration, de nature à faire perdre à la société civile son statut fiscal privilégié et à entraîner corrélativement la taxation à l'**impôt sur les sociétés** de l'ensemble de ses bénéfices (Rép. Piot : Sén. 9-12-1971, non reprise dans Bofip).

45630 **Construction en copropriété divise d'un immeuble** Une société civile de construction-vente (dont l'objet était conforme à l'article 239 ter du CGI) avait édifié, sous le régime de la copropriété divise et sur un terrain dont elle n'était que copropriétaire indivis, des constructions devant être attribuées à l'autre copropriétaire pour la fraction correspondant à ses droits sur le terrain, soit les 2/10es environ.

La société civile avait assumé l'**entière responsabilité de la construction** (ayant conclu en son nom propre l'ensemble des contrats passés avec les établissements financiers, l'architecte, les entreprises de bâtiment, les bureaux techniques et la compagnie d'assurances), puis avait **livré à prix coûtant** au copropriétaire les parties du bâtiment revenant à celui-ci.

Jugé que la société civile avait pu valablement, sans outrepasser son objet, non seulement comprendre sa propre construction dans la réalisation d'un programme plus important réalisé avec d'autres constructeurs, mais aussi conclure avec ceux-ci, eu égard à sa part prépondérante dans l'ensemble de l'opération, tous arrangements relatifs à la conduite de la construction de l'immeuble. Il n'y avait donc pas lieu de lui reprocher d'avoir assumé sous sa seule responsabilité la réalisation de cette construction dès lors qu'elle s'était bornée à livrer au prix de revient au coconstructeur les parties lui revenant (CE 20-5-1981 n° 13460 : RJF 7-8/81 n° 656).

45635 **Avance et placement de fonds** Le fait pour une société civile de construction-vente d'accorder des **avances de fonds, sans intérêt, à ses associés** ainsi qu'à une autre société ayant les mêmes porteurs de parts ne permet pas de considérer que la société ait eu une autre activité que la construction d'immeubles en vue de la vente (CE 2-3-1988 n° 49546 : RJF 4/88 n° 408).
En ce qui concerne le **placement de fonds en banque,** voir n° 45900.

45640 **SCI procédant à l'échange d'un appartement avec un acquéreur et effectuant des travaux sur un immeuble ne lui appartenant pas** L'échange d'un appartement avec un acquéreur et la réalisation de **travaux, d'un faible montant,** de branchement électrique et de chauffage dans un « club-house » de tennis appartenant au vendeur du terrain n'ayant constitué au cas d'espèce que des arrangements permettant à la SCI de réaliser son programme de construction-vente, celle-ci n'est pas déchue du régime de l'article 239 ter du CGI (CE 3-7-1985 n° 48730 : RJF 10/85 n° 1279).

45645 **SCI rachetant un immeuble à la suite de la défaillance de l'acquéreur**
Une société de construction-vente qui obtient la saisie et la vente par adjudication des **lots impayés,** qui les rachète et les revend, ne s'écarte pas de son objet social dès lors qu'elle a été contrainte de récupérer les lots impayés (CAA Lyon 1-2-1995 n°s 92-43 et 93-406 : RJF 8-9/95 n° 955).

45670 **SCI mettant un immeuble à la disposition de l'un de ses associés** Selon le tribunal administratif de Rouen, le fait de mettre un immeuble construit par la société de construction-vente à la disposition de l'un de ses associés – en violation des dispositions de l'article L 211-1 du CCH – est sans incidence sur l'application du régime spécial, dès lors qu'aucune disposition de la loi fiscale ne prévoit expressément son exclusion dans une telle hypothèse (TA Rouen 17-10-2002 n°s 98-309 et 98-310 : RJF 5/03 n° 548).

II. SITUATION DE LA SOCIÉTÉ CIVILE DE CONSTRUCTION-VENTE

EXCLUSION DU CHAMP DE L'IMPÔT SUR LES SOCIÉTÉS

Les sociétés civiles de construction-vente qui remplissent les conditions prévues à l'article 239 ter du CGI sont exclues du champ d'application de l'impôt sur les sociétés et se voient appliquer le même régime fiscal que les sociétés en nom collectif (**régime des sociétés de personnes**). 45800
Elles ne peuvent **pas opter pour** leur assujettissement à **l'IS** (CGI art. 239, 1-c).

A. Principes d'imposition des profits de construction

Lorsqu'elles satisfont aux conditions posées par l'article 239 ter du CGI, les sociétés civiles constituées en vue de la construction et de la vente d'immeubles sont placées dans la même situation que les sociétés en nom collectif effectuant les mêmes opérations, c'est-à-dire les sociétés de personnes exerçant une activité industrielle et commerciale. 45805
Leurs résultats sociaux doivent donc être déterminés selon les **règles de droit commun des bénéfices industriels et commerciaux** par application des dispositions combinées des articles 35 et 60 du CGI.
Conformément à l'article 35, I-1° du CGI, seuls les profits de construction revêtant un **caractère habituel et spéculatif** constituent des bénéfices industriels et commerciaux. Dans le cas des SCI de construction-vente, ce caractère résulte de l'objet même de ces sociétés et de leurs statuts. On rappelle que les profits de construction qui ne présentent pas un caractère habituel relèvent du régime des plus-values immobilières des particuliers.

Le **bénéfice imposable** doit être déterminé, conformément aux dispositions de l'article 38 du CGI, par différence entre les valeurs de l'actif net à la clôture et à l'ouverture de la période dont les résultats servent de base à l'impôt, diminuée des suppléments d'apport et augmentée des prélèvements effectués au cours de cette période par les associés. 45810
L'**actif net** s'entend de l'excédent des valeurs d'actif – qui comprennent, notamment, les créances acquises sur les acquéreurs – sur le total formé au passif par les dettes à l'égard des tiers, les provisions et les amortissements justifiés.

Compte tenu de ces principes, les **résultats à déclarer au titre d'un exercice** doivent, d'une manière générale, englober l'ensemble des profits immobiliers acquis au cours dudit exercice. 45815
En vertu de l'article 38, 2 bis du CGI, les produits correspondant aux **créances sur les acquéreurs** d'immeubles ou aux **versements d'acomptes sur le prix** de vente de ces derniers ne doivent être rattachés qu'à l'exercice au cours duquel intervient la livraison des immeubles ainsi vendus. Par « livraison », il y a lieu d'entendre la délivrance au sens du Code civil, c'est-à-dire, s'agissant d'immeubles bâtis, la remise des clés à l'acquéreur (C. civ. art. 1605). Ainsi, dès lors que leur livraison n'est pas intervenue à la clôture de l'exercice, les immeubles font encore partie du stock et doivent être évalués dans les conditions prévues par l'article 38 nonies de l'annexe III au CGI.
Ces règles générales des BIC sont directement applicables aux profits de construction et valent aussi bien pour les **ventes d'immeubles à construire** (vente en l'état futur d'achèvement, vente à terme) que pour les ventes d'immeubles achevés.

S'agissant du **régime d'imposition,** les sociétés civiles de construction-vente sont exclues du régime micro-BIC en application de l'article 50-0, 2-c du CGI. Elles relèvent, compte tenu notamment du chiffre d'affaires qu'elles réalisent, du régime réel simplifié ou du régime réel normal d'imposition (BOI-BIC-CHAMP-70-20-100-20 n° 30). 45820

Enfin, au niveau de l'**imposition des bénéfices** réalisés, les sociétés civiles de construction-vente relèvent des dispositions de l'article 8 du CGI : les bénéfices ne sont pas imposés directement au nom de la société mais au nom personnel des associés (voir n°s 46000 s.). 45825

B. Modalités d'application

Nous examinons ci-après un certain nombre de **points particuliers** qui ont fait l'objet de précisions administratives ou de solutions de jurisprudence et qui concernent l'évaluation du stock immobilier, l'imposition des produits accessoires et les conséquences de la transformation de sociétés de construction-vente en sociétés transparentes. 45850

ÉVALUATION DU STOCK IMMOBILIER

45860 Les immeubles construits en vue de la vente constituent des stocks. Les immeubles inachevés constituent des travaux en cours et doivent être évalués, pour leur inscription à l'actif du bilan, à leur prix de revient (BOI-BIC-CHAMP-20-40-40 nos 130 s.). L'ensemble des charges exposées en vue de la réalisation de la construction font partie, en principe, du prix de revient de l'immeuble et doivent, par suite, être comprises dans le montant du stock immobilier.

Le **prix de revient** comprend le coût de production proprement dit (y compris le coût du terrain) et toutes les charges directes ou indirectes de production.

45861 Le coût de revient s'entend du coût de production, lequel comprend les coûts directement engagés pour la production ainsi que les frais indirects de production variables ou fixes et les coûts d'emprunt dans les conditions prévues à l'article 38 undecies de l'annexe III au CGI. Les **coûts administratifs** sont exclus du coût de production à l'exception du coût des structures dédiées (CGI ann. III art. 38 nonies).

Les **coûts d'emprunt** (charges financières et amortissements de primes d'émission ou de remboursement notamment) engagés jusqu'à la date d'acquisition ou de réception définitive pour l'acquisition ou la production d'un stock peuvent être soit déduits en charges, soit incorporés au coût de revient des stocks. L'option s'applique à tous les actifs qui exigent une longue période de préparation ou de construction (en principe supérieure à 12 mois) avant de pouvoir être utilisés ou cédés. Elle est irrévocable (CGI ann. III art. 38 undecies). En revanche, les frais financiers courus après l'achèvement des travaux doivent être portés en frais généraux quelle que soit la durée des prêts qu'ils rémunèrent (BOI-BIC-CHAMP-20-10-40 n° 170).

La même distinction paraît devoir être opérée en ce qui concerne les autres charges directes et indirectes de production : ainsi n'ont pas à être inclus dans le prix de revient des immeubles les **frais commerciaux et administratifs** exposés après l'achèvement (CE 12-1-1977 n° 396 : RJF 3/77 n° 127 ; CE 10-12-1990 n° 61347 : RJF 1/91 n° 27) ainsi que les **frais de maintenance et d'entretien** des immeubles achevés : ceux-ci sont portés en frais généraux immédiatement déductibles.

Les frais d'administration générale d'une entreprise ne constituent pas, en principe, un élément du prix de revient de ses productions, sauf si les conditions spécifiques de son exploitation justifient leur inclusion dans ce prix de revient : tel n'est pas le cas de la **rémunération versée à l'associé-gérant** d'une SCI (CE 17-5-1989 n° 45220 : RJF 7/89 n° 804).

S'ajoutent également au prix de revient les **taxes et redevances diverses** acquittées le cas échéant par le constructeur, qui comprennent notamment la taxe pour création de bureaux en Île-de-France et la taxe d'aménagement.

> **Précisions** **a.** Les **indemnités d'éviction** versées par une société en vue d'obtenir la libération des terrains d'assiette des constructions à édifier constituent des charges déductibles si leur versement correspond à une obligation pour l'acquéreur (CE 26-2-1990 n° 41140 : RJF 4/90 n° 392).
> **b.** La **taxe d'aménagement établie après que l'immeuble est sorti des stocks** est déductible des résultats de l'exercice au cours duquel elle est mise en recouvrement (CE 14-4-2023 n° 459464 : RJF 7/23 n° 528).

PRODUITS TIRÉS DE LA LOCATION D'IMMEUBLES PAR UNE SOCIÉTÉ CIVILE DE CONSTRUCTION-VENTE

45880 Il arrive assez fréquemment que les sociétés de construction-vente, éprouvant des difficultés à vendre tous les immeubles qu'elles ont construits, donnent en location les locaux en cause dans l'attente de leur commercialisation. Par ailleurs, certaines d'entre elles peuvent adjoindre à leur activité principale de construction en vue de la vente un secteur parallèle de construction en vue de la location.

Le régime fiscal applicable aux produits de ces locations peut être résumé comme suit :

– la **location d'immeubles « nus »** présente le caractère d'une activité purement civile qui ne fait pas perdre aux SCI de construction-vente le bénéfice du régime de l'article 239 ter du CGI (TA Montpellier 1-6-2006 n° 01-5175 : RJF 4/07 n° 400 ; CE 28-11-2012 n° 332110 : RJF 2/13 n° 136) ;

– les produits afférents à la **location des immeubles composant le stock immobilier** de l'entreprise – en attente de commercialisation – présentent le caractère de bénéfices industriels ou commerciaux taxables dans les conditions de droit commun (pour une étude d'ensemble du régime applicable aux locations de « queues de programme », voir nos 47500 s.) ;

– lorsque la location porte sur des **immeubles non destinés à la vente** et constitue une activité civile distincte de la société de construction, l'imposition des produits en cause dépend de la situation de l'associé (ci-après n° 45885).

En revanche, participe à une activité commerciale la rendant passible de l'IS une SCI de construction-vente qui perçoit 75 % des loyers encaissés et reversés par une SARL pour la **location en meublé** de logements invendus (CAA Bordeaux 28-6-1994 nº 93-176, confirmé par CE CAPC 26-1-1996 nº 162189 : RJF 5/96 nº 555 ; BOI-BIC-CHAMP-70-20-100-10 nº 20).

Société de construction-vente ayant une activité distincte de location Dans l'hypothèse où une société qui relève de l'article 239 ter du CGI a pour objet la construction d'immeubles en vue de la vente conjointement avec l'exercice d'une ou plusieurs activités purement civiles du point de vue fiscal, les **résultats** afférents à **chacune de ces activités** conjointes doivent être déterminés selon les modalités qui leur sont propres. Les règles de détermination des BIC ne s'appliquent alors qu'aux résultats des seules opérations de construction et de vente d'immeubles (BOI-BIC-CHAMP-70-20-100-20 nºs 40 s.). 45885

Lorsque la société de construction-vente loue « nus » des locaux qu'elle a construits, les **loyers** correspondants doivent, en principe, être imposés dans les conditions de droit commun applicables aux revenus fonciers, sauf dans les cas où l'article 238 bis K, I du CGI prévoit des règles de détermination différentes (par exemple, application des règles BIC à la fraction des loyers revenant à des associés qui sont des sociétés passibles de l'IS : voir nºs 31900 s.).

Pour cette activité distincte de location, la société doit souscrire une **déclaration annuelle nº 2072** dans les mêmes conditions que les sociétés civiles de location.

Redevances de droits d'affichage de panneaux publicitaires Les redevances perçues par une société civile de construction-vente au titre de la location du droit d'affichage sur un terrain qu'elle a acquis pour construire constituent des revenus commerciaux. Ces redevances, liées à la gestion du stock immobilier de la SCI, sont imposables au nom de chaque associé pour la part correspondant à ses droits soit à l'impôt sur le revenu dans la catégorie des bénéfices industriels et commerciaux, soit à l'impôt sur les sociétés lorsque l'associé est une personne morale passible de cet impôt (BOI-BIC-CHAMP-70-20-100-20 nº 120). 45890

PRODUITS FINANCIERS PERÇUS PAR UNE SOCIÉTÉ CIVILE DE CONSTRUCTION-VENTE

Les intérêts reçus en rémunération du **placement des fonds en instance d'emploi** doivent être regardés comme des revenus accessoires acquis par la société dans l'exercice de son activité de construction-vente immobilière, activité dont les profits sont rangés dans la catégorie des bénéfices industriels et commerciaux. Ils perdent, de ce fait, le caractère de revenus de créances au sens de l'article 124 du CGI (ils ne peuvent donc pas être placés sous le régime du prélèvement forfaitaire unique). 45900

Étant observé qu'un tel placement n'est pas de nature à entraîner l'exclusion de la société du régime spécial défini à l'article 239 ter du CGI, les revenus correspondants doivent être pris en compte pour la détermination du bénéfice d'exploitation de cette dernière (BOI-BIC-CHAMP-70-20-100-20 nº 110).

TRANSFORMATION D'UNE SOCIÉTÉ DE CONSTRUCTION-VENTE EN SOCIÉTÉ TRANSPARENTE

Du point de vue fiscal, cette transformation équivaut à une **cession d'entreprise** ou une **dissolution de société** qui a pour effet de transférer les biens sociaux dans le patrimoine des associés. Il s'opère ainsi une cession à titre onéreux affectant les immeubles construits par la société et les profits qui en résultent constituent des profits de construction (Rép. Icart : AN 21-11-1970 nº 12988, non reprise dans Bofip). 45910

III. SITUATION DES ASSOCIÉS DE LA SOCIÉTÉ CIVILE DE CONSTRUCTION-VENTE

PRINCIPES

Les profits de construction réalisés par la société sont imposables au nom des associés, conformément à la règle générale édictée par l'article 8 du CGI. Chacun de ceux-ci est donc personnellement passible de l'impôt pour la **part des bénéfices sociaux correspondant à ses droits,** même s'il n'a pas effectivement disposé de ces bénéfices, et y compris, par conséquent, ceux qui sont mis en réserve. Sur la répartition des bénéfices entre les associés, voir nºs 9900 et 20280. 46000

> Précisions **a.** En cas de **vente à l'un des associés** d'un appartement à un **prix anormalement bas** (voir n° 46070), les associés d'une SCI sont réputés consentir un avantage particulier en dérogation aux clauses du pacte social. Le bénéficiaire est imposable à l'impôt sur le revenu à concurrence de la totalité de cet avantage, sans qu'il y ait lieu de se référer au pourcentage de répartition des bénéfices sociaux (CE 28-7-1989 n° 73197 : RJF 11/89 n° 1264).
b. Lorsque les associés ont déclaré chacun une part de profits correspondant à leurs droits dans la société, l'un d'eux ne peut faire échec à cette répartition en invoquant la circonstance qu'il aurait servi de **prête-nom** à un tiers pour une partie de la somme lui revenant en apparence (CE 9-7-1975 n° 92862 : RJF 10/75 n° 485 ; BOI-BIC-CHAMP-70-20-10-20 n° 70).

CONSTITUTION DE PROVISIONS PAR UNE ENTREPRISE MEMBRE D'UNE SOCIÉTÉ CIVILE DE CONSTRUCTION-VENTE

46010 **Provisions pour risques et charges** Si l'entreprise membre d'une SCI de construction-vente doit inclure dans ses résultats, comme profit imposable ou comme perte déductible, la part lui revenant dans les bénéfices ou les pertes de la SCI, la SCI conserve une personnalité et un patrimoine distincts de ceux de ses associés ; l'entreprise membre n'est donc pas en droit de constituer elle-même une provision correspondant à une perte probable liée, non pas à son activité, mais à celle de la SCI de construction-vente, laquelle n'a constitué aucune provision à cet égard (CE 6-11-1985 n° 47537 : RJF 1/86 n° 22). Une entreprise membre d'une SCI de construction-vente ne peut donc pas, en cas de carence de ladite société, se substituer à elle et constituer directement dans ses écritures une provision censée représenter la fraction (correspondant à ses droits) des **risques de perte liés à l'activité de la SCI.**

Par ailleurs, la jurisprudence estime que les entreprises membres de sociétés de personnes ne peuvent pas constituer de provision pour dépréciation des créances qu'elles détiennent sur ces sociétés lorsque le **risque de perte des créances** est indissociable des résultats déficitaires de ces dernières.

Les sommes versées par les associés d'une société de construction-vente au titre des **appels de fonds** exigibles en application de l'article L 211-3 du Code de la construction et de l'habitation confèrent aux associés un droit de créance sur la société dont la perte est indissociable des résultats de celle-ci ; en conséquence, les associés ne peuvent pas constituer à raison de ces sommes une provision pour « créance douteuse » (CE 3-6-1994 n° 123220 : RJF 8-9/94 n° 892). Jugé dans le même sens que, dès lors que les sommes versées par l'entreprise, en réponse aux appels de fonds de la société civile de construction-vente dont elle est associée, sont destinées au financement de l'activité de cette société en vue de l'accomplissement de son objet social, le risque pour cette entreprise de perdre sa créance est indissociable de la perte qui sera, dans cette hypothèse, constatée dans les écritures de la société lors de l'achèvement des opérations et dont en tant qu'associée elle pourra alors imputer la part correspondant à sa participation sur ses propres résultats. Cette entreprise ne peut donc pas, à raison de ces sommes, constituer une provision pour créance douteuse en vue de faire face par anticipation à la perte jugée probable de sa créance (CE 1-4-2005 n° 254319 : RJF 7/05 n° 669).

Mais la société associée qui détient une créance autonome sur une SCI de construction-vente peut constituer une provision pour faire face au **risque** – qui lui est propre – de **non-recouvrement de sa créance** : le sursis à exécution du permis de construire octroyé à la SCI pesait sur l'activité de la SCI, mais affectait la créance de l'associé en rendant probable la perte au moins partielle des avances consenties (CAA Paris 18-4-1991 n° 974 : RJF 7/91 n° 905).

Jugé cependant qu'en raison du fait que les membres d'une SCI de construction-vente sont tenus des dettes de celle-ci à l'égard des créanciers, une **créance** sur une société de cette forme ne peut être considérée comme **douteuse** que si elle est reconnue comme telle à l'égard non seulement de la société elle-même mais aussi de ses membres (CE 29-1-1992 n° 75083 : RJF 3/92 n° 303).

46015 **Dépréciation des titres de participation** Les entreprises industrielles ou commerciales associées d'une société civile de construction-vente peuvent constituer une provision en vue de faire face à une dépréciation de leur participation dans le cas où des circonstances postérieures à l'acquisition de cette participation et sans lien avec l'activité de la société rendent probable une **dévalorisation** de certains éléments **du patrimoine** de cette dernière. En revanche, elles ne peuvent pas constituer une provision pour tenir compte des **résultats déficitaires** de l'activité de la société qui, même probables, ne seront qu'ultérieurement constatés dans les écritures de celle-ci et dont alors seulement elles pourront déduire la part qui leur revient de leurs propres résultats (CE 3-6-1994 n° 123220 : RJF 8-9/94 n° 892 ; CE 1-4-2005 n° 254319 : RJF 7/05 n° 669).

ASSOCIÉS PASSIBLES DE L'IMPÔT SUR LE REVENU D'UNE SOCIÉTÉ CIVILE DE CONSTRUCTION-VENTE

La part des profits de construction réalisés par la société correspondant aux droits des associés passibles de l'IR est soumise à cet impôt entre leurs mains dans la catégorie des BIC. 46020

Cette fraction de profit doit donc :

– être incorporée dans une **déclaration 2031** (nos 46305 s.) si l'associé est tenu, à raison de ses activités personnelles, de produire des déclarations de ce type (les particuliers qui réalisent de manière intermittente des profits de construction sont dispensés de produire cette déclaration) ;

– être, en tout état de cause, incluse dans la **déclaration d'ensemble des revenus** (modèle 2042).

Imposition des revenus exceptionnels Les revenus qui, par nature, ne sont pas susceptibles d'être recueillis annuellement peuvent bénéficier d'un système d'imposition particulier (**système du quotient** : voir Mémento Fiscal nos 4150 s.). 46025

De façon générale, les revenus réalisés dans le cadre normal de l'**activité professionnelle** ne sont pas susceptibles d'être qualifiés d'exceptionnels. Ainsi en est-il des profits réalisés par l'intermédiaire d'une SCI de construction-vente par un promoteur (CE 4-3-1987 n° 59067 : RJF 5/87 n° 471). De même, le Conseil d'État a jugé qu'un contribuable ne pouvait pas bénéficier du régime des revenus exceptionnels dès lors que, compte tenu des opérations immobilières qu'il a effectuées au cours des années immédiatement antérieures ou postérieures à l'année d'imposition sous le couvert d'une SNC et d'une autre SCI de construction, il s'est livré de manière habituelle à des opérations de cette nature (CE 9-5-1990 n° 72411 : RJF 7/90 n° 781).

Jugé dans le même sens que les profits réalisés à l'occasion d'une opération de promotion immobilière conduite après trois autres dans une période de huit années ne trouvaient pas leur origine dans une opération de placement, mais étaient le fruit normal d'une activité de caractère industriel et commercial de promotion immobilière et ne pouvaient donc pas être regardés comme des revenus exceptionnels (CE 12-4-1991 n° 72552).

En revanche, les profits de construction réalisés **en dehors d'une activité professionnelle** peuvent être considérés comme présentant le caractère de revenus exceptionnels (BOI-BIC-CHAMP-20-10-40 n° 380).

Adhésion à un centre de gestion agréé Les sociétés civiles de construction-vente peuvent adhérer à un centre de gestion agréé (CE 17-11-1997 n° 140797 : RJF 1/98 n° 17). Cette adhésion permet aux associés de bénéficier des avantages fiscaux exposés nos 55250 s. 46030

Réalisation d'un déficit La quote-part du déficit réalisé le cas échéant par la SCI **s'impute,** en principe, sur le revenu global de l'associé ; en cas d'insuffisance de ce dernier, l'excédent peut être reporté successivement sur le revenu global des années suivantes, jusqu'à la sixième inclusivement (CGI art. 156, I). Toutefois, les associés des sociétés de construction-vente étant imposables dans la catégorie des bénéfices industriels et commerciaux, les dispositions de l'article 156, I-1° bis du CGI relatives aux déficits d'activités commerciales à caractère **non professionnel** trouvent, le cas échéant, à s'appliquer. Il en résulte que les associés « passifs » au sens des dispositions précitées, simples porteurs de parts, ne sont pas autorisés à imputer sur leur revenu global la quote-part du déficit social leur revenant : celle-ci s'impute exclusivement sur les bénéfices tirés d'activités de même nature exercées dans les mêmes conditions, durant la même année ou les six années suivantes (voir n° 9963). 46035

ASSOCIÉS PASSIBLES DE L'IMPÔT SUR LES SOCIÉTÉS D'UNE SOCIÉTÉ CIVILE DE CONSTRUCTION-VENTE

Les sociétés membres sont personnellement redevables de l'impôt sur les sociétés, dans les conditions de droit commun, sur la quote-part des profits de construction correspondant à leurs droits dans la société civile, en vertu des dispositions générales de l'article 218 bis du CGI. 46050

Réalisation d'un déficit La quote-part du déficit subi par la SCI constitue, pour le calcul de l'IS de la société membre, une charge de l'exercice en cours à la date de clôture de l'exercice déficitaire de la SCI, d'où une déduction immédiate si les deux exercices coïncident (en ce sens, CE 5-4-1993 n° 84766 : RJF 5/93 n° 663). L'excédent éventuel est reporté dans les conditions de droit commun du report déficitaire. 46065

VENTE D'APPARTEMENTS POUR UN PRIX INFÉRIEUR À LA VALEUR VÉNALE

46070 Lorsqu'un **associé** d'une société civile de construction-vente acquiert un des appartements construits par la société à un prix inférieur à sa valeur vénale, la différence entre cette valeur et le prix de cession constitue une libéralité dont le montant doit être rapporté aux résultats imposables de la **société.** La minoration du prix de vente consenti à l'associé doit être calculée par rapport au montant de la valeur vénale réelle du bien (c'est-à-dire par référence aux prix de vente d'appartements identiques cédés à des tiers), mais en tenant compte de ce que la cession n'a pas occasionné de frais de commercialisation et de ce que les associés ont financé les opérations de construction dès l'origine, contrairement aux tiers, ce qui a allégé le prix de revient supporté par la SCI (CE 16-4-1984 n°s 44907 et 45219 : RJF 6/84 n° 742 ; CE 3-3-1989 n° 47251 : RJF 5/89 n° 597 ; CAA Nantes 21-4-2011 n° 10NT01349 : RJF 11/11 n° 1170).

> **Précisions** **a.** La cour administrative d'appel de Lyon a jugé que la cession d'un immeuble par une société civile de construction-vente à un prix inférieur à sa valeur vénale constitue un acte anormal de gestion entraînant une réintégration de l'insuffisance dans les résultats de la société, même si l'avantage a été consenti à un **tiers non associé** (CAA Lyon 25-6-1997 n° 95-898 : RJF 10/97 n° 927). Cette solution est toutefois critiquable au vu de la jurisprudence du Conseil d'État selon laquelle la **preuve du caractère anormal** de la cession d'un immeuble faisant partie du **stock** d'une société immobilière (en l'espèce, marchand de biens) n'est pas établie par la seule circonstance d'un prix significativement inférieur à sa valeur vénale, sans démontrer que l'entreprise s'est délibérément appauvrie contre son intérêt ; dans l'espèce jugée, la société soutenait, sans être contredite, que le prix de vente lui avait permis de réaliser à bref délai une marge commerciale de 20 % (CE 4-6-2019 n° 418357 : RJF 8-9/19 n° 753). Le Conseil d'État refuse ainsi d'étendre aux cessions d'éléments de stock sa jurisprudence relative aux cessions d'éléments d'**actif immobilisé** qui, lorsqu'elles sont réalisées à un prix significativement minoré, sont présumées être constitutives d'un acte anormal de gestion, sauf pour l'entreprise à démontrer qu'elle en a tiré une contrepartie ou qu'elle était contrainte de céder à un tel prix (CE plén. 21-12-2018 n° 402006 : RJF 3/19 n° 246).
> **b.** En ce qui concerne l'imposition du **bénéficiaire de l'avantage**, voir n° 46000.

INTÉRÊTS VERSÉS AUX ASSOCIÉS D'UNE SOCIÉTÉ CIVILE DE CONSTRUCTION-VENTE

46080 Selon l'administration, la question de savoir si les intérêts servis aux associés au titre des fonds qu'ils ont versés à la société (n°s 45130 s.) peuvent être déduits des résultats de la SCI dépend tant des stipulations du pacte social que de la méthode suivie en pratique par la société pour recueillir les versements et les comptabiliser.

À cet égard, il convient de procéder, selon elle, à la distinction suivante (Inst. 8-3-1983 8 E-2-83, non reprise dans Bofip).

a. Les appels de fonds donnent lieu à une augmentation de capital ou sont inscrits, sous forme d'apports non capitalisés, à un compte ouvert à cet effet au passif du bilan (**compte de capitaux permanents**) : la stipulation d'intérêts n'est, en principe, pas licite au regard des règles de droit privé et les versements effectués à ce titre doivent, en tout état de cause, être réintégrés dans les bénéfices de la SCI, car ils constituent, suivant une jurisprudence constante, un emploi et non une charge du bénéfice.

b. Les fonds sont versés en **compte courant** : la stipulation d'intérêts doit être considérée comme licite et les versements effectués à ce titre sont admis en déduction dans les conditions et limites fixées par l'article 39, 1-3° du CGI (CE 23-10-1991 n° 75084 : RJF 12/91 n° 1495).

Les **intérêts admis en déduction** pour la détermination du résultat fiscal de l'entreprise sont imposables :

– soit, si les bénéficiaires sont des particuliers agissant dans le cadre de la gestion de leur patrimoine privé, à l'impôt sur le revenu dans la catégorie des revenus de créances, dépôts et cautionnements ;

– soit, si les bénéficiaires sont des entreprises industrielles et commerciales ou des sociétés soumises à l'impôt sur les sociétés, dans les conditions exposées n° 20049.

Lorsqu'ils ne sont **pas déductibles** par la société, les intérêts versés aux associés personnes physiques sont soumis, au nom du bénéficiaire, à l'impôt sur le revenu d'après les règles propres à l'activité de la société selon le régime de droit commun des BIC.

RÉMUNÉRATION DE L'ASSOCIÉ-GÉRANT D'UNE SOCIÉTÉ CIVILE DE CONSTRUCTION-VENTE

46085 Conformément à la règle générale applicable aux associés des sociétés en nom collectif, les sommes versées à l'associé d'une société civile de construction-vente en rémunération des fonctions d'administration exercées au sein de la société ne sont pas déductibles pour la détermination du résultat fiscal. Autrement dit, elles s'ajoutent à la part de bénéfices revenant à l'associé-gérant, le tout étant imposé à son nom selon le **régime de droit commun des BIC** (ou de l'IS).

EXEMPLE

Soit une société de construction-vente composée de 4 associés (A, B, C et D) possédant chacun 1/4 des droits. À la clôture d'un exercice, les bénéfices s'élèvent à 100 000 € et l'associé-gérant (A) a reçu une rémunération de 20 000 €.
Après réintégration de cette rémunération, le bénéfice fiscal de 120 000 € doit être réparti comme suit :

$$A : 20\,000 + \frac{(120\,000 - 20\,000)}{4} = 45\,000\,€$$

$$B : (120\,000 - 20\,000)\ \frac{1}{4} = 25\,000\,€$$

C et D : même somme, soit 25 000 € chacun.

IV. PROFITS DE CONSTRUCTION RÉALISÉS PAR DES SCI ÉTRANGÈRES

PRINCIPES

46200 Les profits immobiliers habituels réalisés par des contribuables ou par des sociétés, quelle qu'en soit la forme, non domiciliés ou n'ayant pas d'établissement en France sont soumis à un **prélèvement** correspondant au **taux normal** de l'IS de 25 % (CGI art. 244 bis). Les profits réalisés par des personnes ou organismes domiciliés, établis ou constitués dans un **État ou territoire non coopératif** (ETNC) au sens de l'article 238-0 A du CGI, autre que ceux mentionnés au 2° du 2 bis de ce même article, sont toutefois soumis à un taux de 75 %, sauf à démontrer que les opérations auxquelles ils correspondent ont principalement un objet et un effet autres que de permettre la localisation de ces profits dans un ETNC. Sur la définition des États non coopératifs, voir n° 10203.

> **Précisions** **a.** Les personnes domiciliées dans un État de l'Union européenne, en Islande, en Norvège ou au Liechtenstein et qui tirent l'essentiel de leurs revenus de la France peuvent, sous certaines conditions, demander à être imposées selon les règles applicables aux personnes fiscalement domiciliées en France (**non-résidents dits « Schumacker »**). Lorsque c'est le cas, le prélèvement de l'article 244 bis du CGI n'est pas applicable.
> **b.** Les **sociétés déficitaires,** établies dans un État de l'Union européenne, en Islande ou en Norvège, peuvent demander la restitution temporaire du prélèvement (l'imposition en report devenant exigible notamment en cas de retour à meilleure fortune : CGI art. 235 quater) ou l'exonération en cas de liquidation judiciaire (CGI art. 119 quinquies).

CHAMP D'APPLICATION DU PRÉLÈVEMENT

46205 Sous réserve de l'application de conventions internationales, le prélèvement s'applique aux profits de construction réalisés à titre habituel par des **sociétés civiles** n'ayant **pas d'établissement en France,** quel que soit le lieu du domicile de leurs membres. Sont ainsi concernées les sociétés civiles qui n'ont pas leur siège en France et qui n'y exercent pas une activité industrielle ou commerciale dans un établissement stable.

> **Précisions** Le prélèvement n'est pas applicable aux **associés non résidents de sociétés civiles françaises,** à raison de la quote-part de résultat correspondant à leurs droits. Ces associés sont imposables sur cette quote-part, dans les conditions de droit commun, à l'impôt sur le revenu ou à l'impôt sur les sociétés (BOI-BIC-CHAMP-20-10-40 n° 270) (voir nos 65105 s.).
> En revanche, le prélèvement est, le cas échéant, applicable à ces associés non résidents lorsqu'ils cèdent leurs parts de la SCI française (voir n° 65282).

CALCUL ET RECOUVREMENT DU PRÉLÈVEMENT

46220 Les **profits imposables** s'entendent de ceux qui proviennent des opérations définies nos 45500 s. pour l'application du régime de droit commun des bénéfices industriels et commerciaux. Ils sont déterminés dans les mêmes conditions que ces derniers. Toutefois, compte tenu des modalités particulières d'application du prélèvement, ces profits sont **déterminés vente par vente,** chacune d'entre elles entraînant liquidation du prélèvement.

46225 Le prélèvement est établi et recouvré selon les mêmes règles, sous les mêmes garanties et sous les mêmes sanctions que les droits d'enregistrement.

Il est à la charge exclusive du cédant, qui doit l'acquitter dans les **délais** prévus pour l'accomplissement de la formalité unique ou de la formalité de l'enregistrement au vu d'une **déclaration** spéciale n° 3005 souscrite en double exemplaire auprès du service des impôts du lieu de situation de l'immeuble cédé ou du domicile du rédacteur de l'acte.

Le **défaut de** souscription de cette **déclaration et du paiement** du prélèvement correspondant conduit au refus d'exécution de ces formalités.

IMPUTATION DU PRÉLÈVEMENT

46240 Le prélèvement est libératoire de l'**impôt sur le revenu** dû à raison des sommes qui ont supporté ce prélèvement.

En revanche, il s'impute sur le montant de l'**impôt sur les sociétés** dû au titre de l'année de réalisation des profits. L'**excédent** du prélèvement sur l'impôt sur les sociétés peut être restitué aux personnes morales et organismes résidents d'un État de l'Union européenne ou d'un État ou territoire ayant conclu avec la France une convention fiscale qui contient une clause d'assistance administrative en matière d'échange de renseignements et de lutte contre la fraude et l'évasion fiscales et n'étant pas non coopératif. Les sociétés résidentes d'un État ou territoire autres n'ont pas droit à cette restitution.

V. OBLIGATIONS FISCALES DES SOCIÉTÉS CIVILES DE CONSTRUCTION-VENTE

RÈGLES GÉNÉRALES

46300 De façon générale, les sociétés civiles de construction-vente sont tenues de se faire prendre en charge par le service des impôts en souscrivant une **déclaration d'existence** et de souscrire normalement les relevés CA3 pour la **déclaration et le paiement de la TVA** (n° 44890).

Il leur incombe par ailleurs, en tant que sociétés exerçant une activité commerciale, de souscrire tous les ans une **déclaration de résultats.**

> **Précisions** Les sociétés civiles de construction-vente doivent, lorsqu'elles répondent aux conditions d'assujettissement, souscrire les déclarations des **taxes et participations assises sur les salaires** (voir n°s 12300 s.), la déclaration des **taxes annuelles sur les véhicules de tourisme** (voir n°s 12965 et 12970) et la déclaration relative à la **contribution économique territoriale** (voir n°s 12175 s.).

DÉCLARATION D'EXISTENCE

46302 Comme tout assujetti à la TVA, une société de construction-vente doit (CGI art. 286, I-1° et 2°) :

– dans les 15 jours du commencement de ses opérations, souscrire auprès du **centre de formalités des entreprises** une déclaration d'existence conforme au modèle fourni par l'administration (imprimé M0) ;

– fournir, sur un imprimé remis par l'administration, tous **renseignements relatifs à son activité professionnelle.**

Ces déclarations doivent être renouvelées lors de toute **modification substantielle** des conditions d'exercice de l'activité de la société (CGI ann. IV art. 35).

DÉCLARATION ANNUELLE DE RÉSULTATS

46305 Les sociétés civiles de construction-vente sont tenues de souscrire une déclaration annuelle de leurs résultats en se conformant aux règles prévues par les articles 53 A et suivants du CGI pour l'imposition d'après un **régime de bénéfice réel.**

Cette déclaration annuelle doit être faite par voie électronique sur le **formulaire 2031** (déclaration de résultats proprement dite n° 2031 et annexes 2031 bis et 2031 ter). Cette déclaration est accompagnée : des tableaux comptables et fiscaux annexes, si la SCI relève du régime du bénéfice réel normal ; des tableaux n°s 2033 A à 2033 G, si elle relève du réel simplifié.

Quelle que soit la date de clôture de l'exercice, la déclaration de résultats doit être **souscrite** au plus tard le deuxième jour ouvré suivant le 1er mai de l'année suivante (CGI art. 175 et ann. III art. 344 I-0 bis). Un délai supplémentaire de 15 jours calendaires est toutefois accordé par l'administration (BOI-BIC-DECLA-30-10 n° 20).

ATTENTION

Lorsque la société civile exploite de façon distincte un secteur locatif à raison duquel elle réalise des **revenus fonciers,** elle est tenue de produire annuellement la déclaration spéciale 2072, au service des impôts du lieu de la direction effective de la société.

Sanction du défaut de déclaration Lorsqu'une **société** civile de construction-vente n'a pas produit une déclaration de résultats pour chaque exercice, l'administration est en droit – en vertu de l'article L 73, 1° du LPF – d'évaluer d'office le montant de ses bénéfices ; elle peut, en outre, taxer d'office à l'impôt sur le revenu l'**associé** qui n'a pas souscrit la déclaration d'ensemble de ses revenus dans les 30 jours d'une première mise en demeure (LPF art. L 67). 46315

Pour contester l'évaluation d'office des bénéfices, la société ne peut pas, à défaut de comptabilité probante, se prévaloir des éléments d'une **comptabilité reconstituée** (CE 16-4-1980 n° 8427 : RJF 6/80 n° 478 ; CE 23-7-1976 n° 95197 : RJF 11/76 n° 488 ; CE 12-7-1978 n° 3631 : BF 10/78 n° 689).

SECTION 5

DISPOSITIONS DIVERSES RELATIVES AUX SOCIÉTÉS CIVILES DE CONSTRUCTION-VENTE

A. Dissolution, liquidation et partage de la société

RÉGIME JURIDIQUE DE LA DISSOLUTION D'UNE SOCIÉTÉ CIVILE DE CONSTRUCTION-VENTE

Les sociétés civiles de construction-vente se trouvent dissoutes dans les mêmes conditions que toute autre société civile : par l'arrivée du terme, l'extinction de l'objet social, l'annulation de la société, la mésentente entre associés qui en paralyse le fonctionnement, etc. (nos 24100 s.). 47200

En pratique, elles seront le plus souvent dissoutes à la suite de l'extinction de leur objet social, c'est-à-dire après la vente des immeubles qu'elles ont construits.

La société dissoute est alors liquidée et l'actif ou le passif social restant est ensuite partagé selon les règles du droit commun (nos 24600 s.). Toutefois, il est interdit de partager en nature entre les associés les immeubles invendus (CCH art. L 211-1, al. 2).

RÉGIME FISCAL DE LA DISSOLUTION D'UNE SOCIÉTÉ CIVILE DE CONSTRUCTION-VENTE

Comme sur le plan juridique, il n'existe pas de dispositions fiscales spécifiques concernant les dissolutions et partages de sociétés civiles de construction-vente. 47210

Sur les règles générales, voir nos 25400 s.

B. Procédure collective de la société

Les sociétés civiles de construction-vente sont, comme toutes les sociétés civiles, soumises aux dispositions du Code de commerce sur la sauvegarde, le redressement et la liquidation judiciaires exposées nos 28000 s. 47300

C. Achat d'un terrain à bâtir moyennant remise au vendeur de locaux à construire

47400 Il s'agit là d'une opération complexe mais assez fréquente en pratique, en raison de certains avantages qui en résultent tant pour le vendeur du terrain que pour le promoteur (en particulier, absence de paiement immédiat du prix du terrain).

Il n'est pas question d'étudier ici en détail toutes les implications juridiques et fiscales (particulièrement délicates) de cette opération, mais seulement de donner un aperçu de son régime fiscal pour le cas où les sociétés civiles de construction-vente sont amenées à adopter ce mode particulier de construction immobilière.

OPÉRATIONS VISÉES

47410 Au plan fiscal, les opérations de vente d'un terrain contre remise de locaux à construire peuvent être regroupées en trois catégories.

1e catégorie : vente totale du terrain rémunérée totalement ou partiellement **par la remise de locaux à édifier sur ce terrain.** Cette opération s'analyse en une double mutation : vente du terrain d'une part, remise des locaux construits d'autre part.

2e catégorie : vente du terrain moyennant la construction par l'acheteur de locaux **sur un terrain conservé par le vendeur.** Cette opération peut comporter deux variantes selon la nature du terrain conservé par le vendeur. Dans la première hypothèse, le vendeur cède une fraction divise d'un terrain moyennant un prix converti en l'obligation, pour l'acquéreur, de construire des locaux sur la fraction divise du terrain conservée par le vendeur. Dans la seconde, le vendeur cède un terrain moyennant la construction par l'acquéreur de locaux sur un autre terrain lui appartenant. Ces deux opérations relèvent selon nous de la même analyse fiscale : le vendeur du terrain est le maître d'ouvrage et l'acheteur agit comme entrepreneur de travaux immobiliers.

3e catégorie : vente d'une fraction indivise du terrain (tantièmes ou millièmes) moyennant la remise par l'acquéreur de locaux à construire sur le terrain dans la proportion des droits indivis conservés par le vendeur. Dans cette hypothèse, le vendeur du terrain devient propriétaire des locaux par voie d'accession. Il est considéré comme maître d'ouvrage de ceux-ci (n° 47438).

CONTEXTE

47412 Du fait de la **réforme de la TVA sur les opérations immobilières,** entrée en vigueur le 11 mars 2010, l'administration a rapporté l'ensemble des solutions qu'elle avait données antérieurement pour l'application de la TVA immobilière aux opérations de ventes de terrains contre remise de locaux à construire. Elle n'aborde désormais ces opérations que sur deux points limités, relatifs à l'exigibilité et à l'assiette de la taxe.

Dans ce contexte, nous présentons ci-après les solutions qui nous semblent devoir s'appliquer, d'une part, à la vente du terrain et, d'autre part, à la remise des locaux au vendeur du terrain.

Sur le **régime optionnel de groupe TVA,** voir n° 44610, précision c.

1. VENTE DU TERRAIN

a. TVA

PRINCIPE DE L'IMPOSITION

47415 Si le **vendeur** du terrain est un **non-assujetti** ou un assujetti n'agissant pas en tant que tel, la vente à la société civile du terrain ou de la fraction divise ou indivise du terrain n'est pas soumise à la TVA (CGI art. 256).

Si le **vendeur** du terrain est un **assujetti** à la TVA **agissant dans le cadre de son activité économique,** la vente à la société civile du terrain ou de la fraction divise ou indivise du terrain est soumise à la TVA selon les règles de droit commun (voir nos 44615 s.).

MODALITÉS D'IMPOSITION

47416 La **base d'imposition** est constituée :

– par le prix total du terrain stipulé à l'acte (y compris les soultes que le constructeur peut être amené à payer si le prix de l'immeuble qu'il s'engage à édifier est inférieur à celui du terrain) lorsque l'acquisition du terrain par le cédant avait ouvert droit à déduction ;

– par la seule marge dégagée par la revente du terrain dans le cas contraire (CGI art. 268).

Sur les conditions de substitution par l'administration de la **valeur vénale** au prix déclaré : voir n° 44625.

Si **aucun prix numérique** n'est **stipulé dans le contrat,** l'acquéreur s'engageant simplement à construire des locaux pour le compte du vendeur du terrain, l'administration indique que le « prix » imposable est réputé égal à la valeur des constructions, appréciée au jour de la livraison du terrain. Sous réserve des coefficients de correction destinés à tenir compte des conditions particulières de l'opération (tenant notamment à ses aléas propres et aux fluctuations du marché immobilier), cette valeur peut être déterminée par référence soit au prix de vente actuel de locaux similaires situés dans un immeuble achevé ou en cours d'achèvement, soit au prix de vente futur des locaux compris dans l'immeuble dont la construction est projetée. Il est également admis que soient soustraits de ces prix les coûts dont le constructeur établit qu'ils n'ont pas été exposés pour la livraison des locaux remis en dation (notamment frais financiers et de commercialisation) (BOI-TVA-IMM-10-20-10 n° 450).

Sous réserve des exceptions prévues pour la cession de certains terrains à bâtir dans le cadre de la politique du logement social et intermédiaire (n° 44875) et pour la Corse et les DOM (n° 44640), la TVA est liquidée au **taux** normal de 20 %.

Elle est **exigible** au moment de la livraison du bien (CGI art. 269, 1-a et 2-a), c'est-à-dire au moment du transfert du pouvoir de disposer de la chose comme un propriétaire. Le **redevable** de la TVA est le cédant du terrain.

En cas de versement préalable d'un **acompte,** la TVA est exigible au moment de l'encaissement de l'acompte, à concurrence du montant encaissé (CGI art. 269, 2-a). Dans le cas de la vente de terrain contre remise de locaux à construire, cette règle ne devrait pas trouver à s'appliquer dans la mesure où le paiement du prix du terrain ne se fait pas en argent mais par la remise des locaux, c'est-à-dire postérieurement à la vente.

b. Droits d'enregistrement

Dans une situation de double vente (n° 47410, 1e catégorie), l'acquéreur, qui est un assujetti envisageant la **construction d'immeubles sur le terrain acquis,** peut bénéficier, moyennant la souscription d'un engagement de construire, de l'exonération de taxe de publicité foncière prévue par l'article 1594-0 G, A-I du CGI (n°s 44700 s.) ; seul le droit fixe de 125 € est alors exigible. Il en est de même, selon nous, en cas de vente d'une fraction indivise du terrain (n° 47410, 3e catégorie). **47418**

Si la **construction** doit être réalisée non sur le terrain ou la fraction de terrain acquise par le constructeur mais **sur un terrain ou une fraction de terrain conservés par le vendeur** (n° 47410, 2e catégorie), l'acquéreur constructeur peut souscrire, selon la nature de ses projets pour le terrain qu'il a acquis, soit un engagement de construire qui lui permet d'être exonéré de taxe de publicité foncière, soit un engagement de revendre. S'il souscrit un engagement de revendre, l'acquisition du terrain est soumise à la taxe de publicité foncière au taux réduit de 0,71498 % dans les conditions indiquées n° 44740 (on rappelle toutefois que cette dernière possibilité n'a d'intérêt que si l'acquisition du terrain n'est pas déjà soumise de plein droit à la taxe de publicité foncière au taux réduit : n° 44740, Précisions).

À défaut pour l'acquéreur constructeur de souscrire de tels **engagements** (et hormis le cas où l'acquisition du terrain est automatiquement soumise au droit de vente au taux réduit), l'acquisition du terrain est soumise au droit de vente au taux normal (n° 11680).

c. Imposition de la plus-value

LE VENDEUR EST UN PARTICULIER

Lorsque le vendeur du terrain à bâtir est un particulier, la plus-value est imposable dans les conditions ordinaires des plus-values immobilières (voir n°s 33400 s.). **47420**

Le **prix de cession** à retenir pour calculer la plus-value réalisée sur la vente du terrain est – sauf dissimulation – le prix stipulé à l'acte. L'administration apporte la preuve d'une telle dissimulation lorsqu'elle établit qu'il existe entre le prix stipulé à l'acte et la valeur des droits représentatifs des locaux à construire, estimés à la date de l'acte de cession du terrain, une disproportion d'une importance telle qu'elle permet de considérer que les parties à l'acte ont volontairement dissimulé une partie du prix réellement convenu (CE 9-4-1999 n° 137473 : RJF 6/99 n° 724 ; en l'espèce, l'écart était de 2,5).

L'administration a précisé que lorsque l'existence d'une dissimulation est établie, elle est fondée à déterminer la plus-value en retenant comme prix de cession la **valeur réelle** des biens reçus en paiement estimée à la date de la cession. La valeur des constructions remises en paiement peut être évaluée par référence soit au prix de vente de locaux similaires situés dans un immeuble achevé ou en cours d'achèvement, soit au prix de vente futur des locaux compris dans l'immeuble dont la construction est projetée, les valeurs retenues devant être affectées de coefficients de correction destinés à tenir compte des conditions particulières de l'opération (BOI-RFPI-PVI-20-10-10 n° 160).

LE VENDEUR EST UNE ENTREPRISE

47425 Lorsque le vendeur du terrain est une entreprise ou une société, il bénéficie de plein droit d'un **report d'imposition** de la plus-value professionnelle, à condition qu'il ait acquis le terrain depuis au moins deux ans (CGI art. 238 undecies et 238 terdecies). Selon l'administration, il faut également que les locaux remis en paiement soient construits sur le terrain vendu et non sur un autre, sauf le cas d'un constructeur réunissant dans sa main plusieurs terrains pour une même opération de construction et rémunérant un ou plusieurs de ses vendeurs par la remise de locaux situés à l'aplomb d'un autre terrain que celui apporté par le vendeur (BOI-BIC-PVMV-40-10-50 n° 570).

La plus-value est imposable :

– soit au titre de l'année de la dernière cession des constructions reçues en contrepartie de la cession du terrain ;

– soit au titre de l'année de la cession ou de la cessation d'activité ;

– soit au plus tard à l'expiration d'un délai de cinq ans à compter de la cession.

Lorsque la cession est rémunérée, partie en espèces, partie contre remise d'immeubles, le report d'imposition ne concerne que la fraction de la plus-value correspondant au prix payé en nature (BOI-BIC-PVMV-40-10-50 n° 560). La plus-value correspondant à la somme en espèces est imposable l'année de la cession (CE 9-2-2001 n° 189184 : RJF 4/01 n° 495).

Selon l'administration, le report d'imposition s'applique même lorsque le vendeur est une **société passible de l'impôt sur les sociétés** (BOI-BIC-PVMV-40-10-50 n° 540). Le Conseil d'État est d'un avis contraire (CE 2-6-1982 n° 18829 : RJF 7/82 n° 671 ; CE 29-7-1983 n° 29506 : RJF 11/83 n° 1338). Il a même donné raison à une société qui contestait le redressement notifié par l'administration (parce que la société n'avait pas rattaché la plus-value à l'exercice de l'expiration du délai de cinq ans après l'achèvement de l'immeuble) au motif que l'application de ce report aux sociétés soumises à l'impôt sur les sociétés résultait d'une erreur de codification de la loi. Cet argument a permis à la société d'échapper définitivement à l'imposition de la plus-value car l'exercice au cours duquel avait été réalisée la plus-value était prescrit (CE 8-2-2012 n° 336543 : RJF 5/12 n° 477). Si l'administration veut éviter que d'autres sociétés ne s'engouffrent dans cette brèche, elle devra décider si elle entend retirer à l'avenir le bénéfice de ce report aux sociétés soumises à l'impôt sur les sociétés (ce qui nécessite seulement le retrait de sa doctrine) ou leur maintenir cet avantage, ce qui, en pratique, nécessitera le recours à la loi.

> **Précisions** **a.** La **date à retenir** pour calculer la plus-value est celle de la cession.
> **b.** Il est possible de **renoncer au report d'imposition** : l'entreprise cédante joint à la déclaration des résultats de l'exercice en cours à la date de la cession une note exprimant sans équivoque sa volonté qu'il soit tenu compte de la plus-value pour la détermination des résultats fiscaux de l'exercice considéré.

2. REMISE DES LOCAUX AU VENDEUR DU TERRAIN

a. TVA

VENTE TOTALE DU TERRAIN CONTRE REMISE DE LOCAUX À CONSTRUIRE

47430 En cas de vente totale du terrain rémunérée totalement ou partiellement par la remise de locaux à édifier sur ce terrain (n° 47410, 1e catégorie), il s'opère une **double mutation de propriété,** d'une part, d'un terrain à bâtir et, d'autre part, en sens inverse, des locaux envisagés dans leur état futur d'achèvement destinés à payer ce terrain.

Cette opération est qualifiée par certains auteurs de dation en paiement. Quelle que soit l'analyse juridique adoptée, il convient de retenir qu'il s'agit d'un contrat doublement translatif de propriété.

La TVA est donc due, d'une part, sur la vente du terrain lorsqu'elle est le fait d'un assujetti (n° 47415) et, d'autre part, sur la remise des locaux. En effet, les immeubles remis en paiement sont par définition achevés depuis moins de cinq ans et leur cédant, opérateur qui a réalisé une opération de construction en vue de la cession à titre onéreux de l'immeuble à bâtir, a nécessairement la qualité d'assujetti à la TVA. La cession de l'immeuble est par conséquent soumise de plein droit à la TVA (n°s 44820 s.).

Modalités d'imposition à la TVA Le **fait générateur** de la TVA, et donc son **exigibilité,** pour les livraisons d'immeubles est en principe le transfert de propriété (CGI art. 269). Une exception est prévue pour les ventes d'immeubles à construire pour lesquelles la taxe est exigible lors de chaque versement des sommes correspondant aux différentes échéances prévues par le contrat en fonction de l'avancement des travaux (CGI art. 269, 2-a bis). 47431

Selon l'administration, en cas de dation en paiement, dès lors que la livraison des locaux remis en dation relève d'un contrat portant sur un immeuble à construire, l'exigibilité de la taxe due à ce titre intervient lors de la livraison du terrain qui en constitue la contrepartie (BOI-TVA-IMM-10-20-20 n° 30). En ce sens également, il a été jugé que l'acte de dation en paiement par lequel une SCI s'était engagée à livrer à un particulier une série de lots identifiés avec précision au sein d'un immeuble à construire sur le terrain à bâtir cédé le même jour par ledit particulier, qui ne renvoyait à aucun acte de vente ultérieur et ne prévoyait aucune condition suspensive, constatait l'accord sur la chose et le prix à cette date ; que cet acte avait le caractère non d'une promesse de vente, mais d'une cession, le **paiement** à la SCI **du prix des lots à construire** par le bénéficiaire étant **effectué par compensation avec le prix du terrain à bâtir** cédé par celui-ci le même jour ; que, dans ces conditions, en application des dispositions de l'article 269 du CGI, le fait générateur de la TVA due à raison de cette opération s'était produit à la date de l'acte de dation et non à la date de livraison des locaux (CAA Lyon 14-6-2016 n° 14LY02141 : RJF 10/16 n° 821 confirmé par CE (na) 13-3-2017 n° 402393 : RJF 6/17 n° 544, solution rendue sous le régime en vigueur avant la loi du 9-3-2010, mais qui nous semble conserver sa valeur ; TA Nice 30-6-2022 n° 1903192 : RJF 12/22 n° 1033, dans le même sens depuis la loi du 9-3-2010).

Cette solution ne devrait toutefois pas, à notre avis, s'appliquer si les parties au contrat ont prévu que le **prix de vente** ne sera **réputé payé qu'après achèvement des constructions.** Selon nous, il y a lieu dans ce cas de faire application des règles de droit commun : la TVA est exigible au moment du transfert du pouvoir de disposer de la chose comme un propriétaire, c'est-à-dire, s'agissant de la remise de locaux, à la date de leur achèvement. Il faut effectivement noter, au plan civil, la difficulté qui résulte du fait que lorsqu'un contrat a pour objet le transfert de la propriété d'un immeuble à construire à usage d'habitation ou à usage mixte professionnel et d'habitation et prévoit que l'acquéreur devra effectuer des versements avant l'achèvement de cet immeuble, ce contrat doit obligatoirement revêtir la forme d'une vente en l'état futur d'achèvement, ou celle d'une vente à terme (CCH art. L 261-10). En ce cas, le prix ne peut être payé que selon un certain échelonnement et ne peut pas être intégralement payé d'avance. Or, dans le cas d'une vente de terrain rémunérée par la remise de locaux à construire, le vendeur du terrain, qui se présente dans la plupart des hypothèses comme un acquéreur des locaux à construire, peut être considéré comme les ayant intégralement payés d'avance en remettant au vendeur son terrain. Il existe ainsi un risque d'annulation du contrat, les règles ci-dessus étant d'ordre public. Dès lors, et pour éviter cet écueil, des modalités particulières de paiement peuvent être mises en place consistant à différer le paiement après l'achèvement, et à différer par la même occasion le fait générateur et l'exigibilité de la TVA.

Selon la règle générale, l'**assiette** de la TVA exigible sur les locaux remis en paiement du terrain est constituée par toutes les sommes, valeurs, biens ou services reçus ou à recevoir par le vendeur en contrepartie de ces opérations de la part de l'acheteur, à l'exclusion de la TVA elle-même. Elle comprend donc le **prix** stipulé entre les parties qui inclut, le cas échéant, les soultes que l'acquéreur de l'immeuble pourrait avoir été amené à verser au constructeur dans les hypothèses où la valeur de l'immeuble remis excéderait celle du terrain qu'il lui a cédé. 47432

L'administration a indiqué que la TVA est exigible sur la **valeur vénale,** appréciée au jour de la livraison du terrain, des locaux faisant l'objet de la dation en paiement (BOI-TVA-IMM-10-20-10 n° 450). Sur les conditions de détermination de cette valeur vénale, voir n° 47416.

Le **redevable** de la TVA est le vendeur des immeubles (CGI art. 283, 1). 47433

La TVA est due par le vendeur constructeur sous **déduction** de la TVA qui a grevé les dépenses qu'il a exposées pour la construction des locaux remis en paiement et, en particulier, de celle qu'il a supportée, le cas échéant, à l'occasion de l'acquisition du terrain et des travaux de construction.

Revente des locaux reçus en paiement Les règles de TVA applicables à la revente de l'immeuble reçu par le vendeur du terrain en contrepartie de la vente de son terrain sont les règles de droit commun applicables aux ventes d'immeubles achevés (nos 44820 s.). 47434

VENTE D'UN TERRAIN CONTRE OPÉRATION DE CONSTRUCTION

Que le vendeur cède une fraction divise d'un terrain moyennant un prix converti en l'obligation, pour l'acquéreur, de construire des locaux sur la fraction divise du terrain conservée par le vendeur (n° 47410, 2e catégorie, 2e hypothèse) ou qu'il cède un terrain moyennant la construction par 47436 l'acquéreur de locaux sur un autre terrain lui appartenant (n° 47410, 2e catégorie, 1e hypothèse), l'opération relève de la même analyse fiscale. Dans les deux cas, le vendeur assume effectivement la maîtrise de la construction des locaux qui lui seront attribués, il n'y a dès lors **pas mutation** de ceux-ci **taxable à la TVA.**

La TVA est due par l'acquéreur du terrain à raison des **travaux immobiliers** qu'il réalise (CGI art. 256). La taxe est assise en principe sur le montant des marchés, mémoires ou factures (CGI art. 266, 1-f).

Lorsque le vendeur est un assujetti agissant en tant que tel, il peut, le cas échéant, avoir à constater une **livraison à soi-même** à l'achèvement de l'immeuble (nos 44800 s.).

En cas de **revente des constructions** par le **vendeur** du terrain **assujetti à la TVA,** l'opération est, le cas échéant, taxable à la TVA dans les conditions de droit commun applicables aux ventes d'immeubles achevés (nos 44820 s.). En revanche, la revente de ces constructions par le **vendeur non assujetti** du terrain n'est pas soumise à la TVA.

VENTE D'UNE FRACTION INDIVISE DU TERRAIN

47438 L'hypothèse visée est celle de la vente de tantièmes ou millièmes indivis d'un terrain moyennant la remise par l'acquéreur de locaux à construire sur le terrain dans la proportion des droits indivis conservés par le vendeur (n° 47410, 3e catégorie).

Dans cette situation, la jurisprudence considère que le **cédant devient propriétaire** des locaux construits **par voie d'accession,** au fur et à mesure de leur édification, de sorte que la remise des lots ne donne lieu à aucune mutation d'immeubles à titre onéreux et ne peut donc pas être passible de la TVA (CE 5-7-1996 n° 115275 : RJF 8-9/96 n° 985). La jurisprudence administrative a ainsi rejoint celle de la Cour de cassation rendue en matière de taxe de publicité foncière (n° 47442) et a infirmé la doctrine de l'administration fiscale, qui considérait que l'opération devait s'analyser en une double mutation portant, d'une part, sur une fraction du terrain et, d'autre part, sur des locaux à construire.

Il résulte de la décision du Conseil d'État que le traitement fiscal de la vente d'une fraction indivise du terrain est comparable à celui de la vente d'un terrain moyennant la construction par l'acheteur de locaux sur un terrain conservé par le vendeur (n° 47436).

b. Droits d'enregistrement

DROIT DE PARTAGE

47440 Le régime applicable dépend de la date à laquelle l'état descriptif de division est dressé.

1. Si l'**état descriptif de division** est **déposé seul** au service chargé de la publicité foncière avant l'acte de vente, il est assujetti au seul droit fixe de 125 € (CGI art. 680). Le droit de partage n'est pas dû.

2. Si l'**état descriptif de division** est **intégré dans l'acte de vente,** le droit de partage n'est pas dû.

3. Lorsque l'**état descriptif de division** n'est **dressé** qu'**après la vente du terrain** assortie d'une obligation de livrer des locaux, la taxation varie selon le contenu de l'état et la situation juridique dans laquelle l'acte de vente avait placé les parties :

– si ces dernières étaient en **indivision ordinaire,** l'état descriptif précisant pour chacune d'elles les lots dont elle est propriétaire vaut partage et est soumis au droit de 2,5 % prévu à l'article 746 du CGI (Cass. 3e civ. 14-5-1980 : RJF 2/81 n° 166). Si l'état descriptif de division ne porte pas attribution divise, il est soumis au seul droit fixe des actes innomés de 125 € ;

– si ces dernières n'étaient **pas en indivision,** hypothèse dans laquelle le vendeur a cédé la totalité du terrain en contrepartie d'une promesse de remise de locaux à construire (n° 47410, 1e catégorie), l'état descriptif devrait s'accompagner ou être suivi d'un acte de remise des lots divis au vendeur du terrain. Cet acte sera soumis à la taxe de publicité foncière (n° 47442) dès lors que, dans ce cas, la propriété des locaux ne peut être considérée comme ayant été attribuée par accession.

TAXE DE PUBLICITÉ FONCIÈRE

47442 Deux situations doivent être distinguées.

a. La taxe de publicité foncière au taux réduit de 0,714 98 % est exigible dans le cas où, le **terrain** ayant été **cédé en totalité moyennant promesse de remise de locaux** (n° 47410, 1e catégorie), un acte est établi postérieurement pour constater l'attribution par voie de mutation (et non par accession) des lots divis au vendeur du terrain (il s'agit en effet d'une opération soumise de plein droit à la TVA : n° 47430).

b. S'agissant des actes constatant la **vente d'une fraction indivise d'un terrain** (nº 47410, 3e catégorie) moyennant l'obligation pour l'acquéreur de remettre des locaux neufs au vendeur **et contenant un état descriptif de division** de l'ensemble immobilier à édifier attribuant des lots individualisés à chaque partie, la Cour de cassation a jugé que la propriété des bâtiments futurs est acquise aux copropriétaires par voie d'accession selon l'identification utilisée pour la vente du terrain. Ainsi, la remise des locaux au vendeur du terrain constitue une simple modalité de paiement du prix (et non une opération translative de propriété), dès lors qu'après la cession d'une partie du terrain, aucune situation juridique nouvelle n'apparaît à aucun moment de la convention ou de son exécution.

Dans cette situation, la taxe de publicité foncière n'est due ni sur la valeur des locaux remis au vendeur car il ne s'agit pas d'une dation en paiement à caractère translatif, ni sur la valeur des constructions édifiées sur le terrain vendu ainsi que sur les millièmes de terrain conservés par le vendeur car l'état descriptif des lots insérés dans l'acte ne confère pas à celui-ci un effet déclaratif au sens de l'article 28-4° du décret du 4 janvier 1955 (Cass. com. 22-3-1988 nº 86-16.920 : RJF 6/88 nº 828). Il faut noter qu'en matière de taxe de publicité foncière, l'administration fiscale s'est ralliée à cette jurisprudence, même si ces précisions n'ont pas été reprises au Bofip.

c. Imposition de la plus-value

PROFIT DE CONSTRUCTION ÉVENTUELLEMENT RÉALISÉ PAR L'ACQUÉREUR DU TERRAIN

L'acquéreur du terrain réalise un profit de construction si le **coût réel de la construction** du ou des locaux remis en paiement est inférieur au **prix d'acquisition du terrain** (il ne peut donc y avoir de profit, semble-t-il, si aucun prix n'est stipulé). **47445**

S'il est réalisé **à titre occasionnel et non spéculatif,** le profit relève du régime d'imposition des plus-values immobilières des particuliers (nos 33400 s.).

S'il est réalisé **à titre habituel et spéculatif,** le profit est soumis aux règles des bénéfices industriels et commerciaux, étant observé que le profit constitue un bénéfice d'exploitation et non une plus-value d'actif immobilisé.

Cas particulier des sociétés civiles de construction-vente Les SCI de construction-vente n'échappent à l'impôt sur les sociétés qu'à la condition de ne pas exercer, du point de vue fiscal, d'autre activité commerciale que celle de la construction en vue de la vente. Le non-respect de cette condition entraîne la déchéance du régime de faveur prévu par l'article 239 ter du CGI. **47448**

À cet égard, en cas de **vente totale d'un terrain rémunérée totalement ou partiellement par la remise de locaux à édifier** sur ce terrain (nº 47410, 1e catégorie), les conventions sont parfaitement compatibles avec le régime de faveur prévu par l'article 239 ter du CGI. Les associés de la société civile sont imposables dans les conditions de droit commun, dans la mesure où la remise des locaux neufs se traduit par un résultat bénéficiaire.

Dans les **autres situations** (nº 47410, 2e et 3e catégories), c'est le vendeur du terrain (et non la société acheteuse) qui a la qualité de constructeur. La société de construction-vente se comporte quant à elle comme un entrepreneur général pour l'édification d'un immeuble dont elle n'est pas propriétaire. Perd-elle de ce fait le bénéfice du régime de faveur de l'article 239 ter du CGI ? On notera que, dans une situation assez voisine de celle d'une vente de fraction divise du terrain (nº 47410, 2e catégorie), le Conseil d'État a jugé que la société civile n'était pas déchue du régime de faveur alors même qu'elle avait assuré sous sa seule responsabilité la construction d'un ensemble immobilier dont une fraction devait revenir à un tiers copropriétaire du terrain (CE 20-5-1981 nº 13460 : RJF 7-8/81 nº 656). En l'espèce, l'immeuble édifié en copropriété divise avait été livré à prix coûtant au tiers coconstructeur.

REVENTE DES LOCAUX REÇUS EN PAIEMENT

En cas de vente totale d'un terrain rémunérée totalement ou partiellement par la remise de locaux à édifier sur ce terrain (nº 47410, 1e catégorie), le vendeur du terrain est réputé avoir acheté les locaux qui lui sont livrés en paiement. Leur revente dégage donc une plus-value soumise au régime de droit commun des plus-values immobilières privées (nos 33400 s.) et, en cas d'opérations répétitives, au régime des marchands de biens (CGI art. 35, I-1° : nos 48350 s.). **47450**

Dans les autres situations (vente du terrain moyennant la construction par l'acheteur de locaux sur un terrain conservé par le vendeur ou vente d'une fraction indivise du terrain, voir nº 47410, 2e et 3e catégories), le vendeur est constructeur de ses locaux. S'il s'agit d'un professionnel, les profits tirés de la vente relèveront des BIC. S'il s'agit d'un particulier agissant à titre occasionnel, la plus-value relèvera du régime des plus-values immobilières (nos 33400 s.).

> **Précisions** **a.** Jugé que le **prix d'acquisition** à retenir pour le calcul de la plus-value immobilière est la valeur fixée dans la convention de dation en paiement et non le prix de revient de l'appartement une fois construit, même s'il est supérieur à la valeur retenue dans la convention (CE 31-3-1989 n° 78552 : RJF 5/89 n° 581, solution rendue pour l'application du régime antérieur d'imposition des plus-values immobilières privées mais qui conserve son intérêt pour l'application du régime actuel).
> **b.** L'administration retient comme point de départ du **délai de possession** la date de conclusion du contrat de vente du terrain contre remise de locaux à construire (BOI-RFPI-PVI-20-20 n° 40).

D. Locations de « queues de programme »

IMPÔTS DIRECTS

47500 **Maintien du régime de l'article 239 ter du CGI** Le régime d'imposition prévu par l'article 239 ter du CGI s'applique aux sociétés civiles qui se livrent à la **location accessoire et préalable à leur cession** des immeubles construits, cette activité constituant l'une des modalités par lesquelles la société mène à bien la vente de ces immeubles. Il a ainsi été jugé que l'activité temporaire de location de locaux invendus à laquelle s'est livrée une société de construction-vente doit être regardée comme une modalité de réalisation de l'objet social, dès lors que les recettes tirées par la SCI de cette activité n'ont représenté au cours de la période considérée que moins de 5 % du total des ventes effectuées (CE 6-11-1998 n° 171927 : RJF 12/98 n° 1425). Le Conseil d'État a, plus récemment, confirmé qu'une société de construction-vente qui donne à bail des appartements n'ayant pas trouvé preneur n'est pas exclue du régime de faveur de l'article 239 ter du CGI si cette activité peut être qualifiée de nécessaire et accessoire (CE 4-5-2016 n° 383135 : RJF 7/16 n° 638).

En tout état de cause, la société de construction-vente peut bénéficier du régime d'imposition prévu par l'article 239 ter du CGI si l'activité de **location** qu'elle exerce a un **caractère civil.** L'administration précise que le régime de l'article 239 ter du CGI s'applique aux sociétés qui ont pour objet la construction d'immeubles en vue de la vente, sans qu'il y ait « lieu de distinguer selon que cet objet est réalisé à titre exclusif ou conjointement avec l'exercice d'une activité purement civile du point de vue fiscal (location d'immeubles, etc.) » (BOI-BIC-CHAMP-70-20-100-10 n° 20). Ce principe a également été rappelé par le Conseil d'État, qui a censuré une cour administrative d'appel qui avait déchu une société de construction-vente du bénéfice du régime de l'article 239 ter du CGI au motif que celle-ci louait des lots invendus (pour un montant représentant la totalité de son chiffre d'affaires sur les années en cause) sans avoir recherché si les locations avaient un caractère civil ou commercial (CE 28-11-2012 n° 332110 : RJF 2/13 n° 136).

47505 **Modalités d'imposition** Sur le fondement de l'article 155 du CGI, les bénéfices résultant des **opérations accessoires** de location des **immeubles compris dans le stock immobilier** de la société (locations en attendant la vente) sont taxés, comme les résultats de l'activité principale, à l'impôt sur le revenu dans la catégorie des bénéfices industriels et commerciaux ou, le cas échéant, à l'impôt sur les sociétés au nom des associés, chacun pour la part correspondant à ses droits sociaux (BOI-BIC-CHAMP-70-20-100-20 n° 100). Quant à la **dépréciation** que peut subir le stock immobilier, elle ne peut être prise en compte que sous la forme d'une provision calculée et ajustée sur la base du cours du jour à la clôture de chaque exercice.

Lorsque les immeubles ont été transférés dans un **patrimoine immobilier destiné à la location,** ils sont imposés dans la catégorie des revenus fonciers si les associés entrent dans la catégorie visée à l'article 238 bis K, II du CGI (BOI-BIC-CHAMP-70-20-100-20 n° 90). Le **transfert** du poste « stock immobilier » **à un poste d'immobilisation** peut entraîner des retraitements. La **provision** pour dépréciation du stock antérieurement constatée sera réintégrée dans les résultats de la société. La reconstitution d'une provision sur des immeubles qui ne font plus partie du stock est possible dans les conditions générales applicables en matière de provisions pour dépréciation des immobilisations.

Lorsque la société de construction-vente renonce totalement à la vente de ses constructions pour se consacrer **exclusivement** à une activité de **location des « invendus »,** le changement d'affectation de ses immeubles constitue un changement d'activité qui entraîne l'imposition immédiate de son résultat (à l'impôt sur le revenu au nom de ses associés), déterminé en tenant compte, notamment, des éventuelles moins-values résultant du transfert des immeubles d'un compte de stock à un compte d'immobilisation (CAA Bordeaux 5-7-2007 n° 06-376 : RJF 1/08 n° 18).

TVA

Loyers Conformément à la jurisprudence du Conseil d'État (CE 9-11-1977 n° 99721 : RJF 12/77 n° 647) à laquelle l'administration s'est ralliée (BOI-TVA-CHAMP-30-10-50 n° 30), les promoteurs (et donc les sociétés de construction-vente) qui donnent en location « nue » des immeubles en instance de vente (**stock immobilier**) ne sont pas passibles, en raison de leur seule qualité, de la TVA sur les loyers perçus. Il en va ainsi même si l'immeuble n'est donné en location que partiellement (Rép. Grau : AN 31-12-2019 n° 24298). 47520

Les opérations de location de **locaux nus** entrent dans le champ d'application de l'article 256 du CGI, mais sont exonérées en vertu des dispositions de l'article 261 D du même Code. Les locations de **garages** liées à celles d'un appartement dont la location n'est pas soumise à la TVA échappent elles-mêmes à l'imposition.

Lorsque la location porte, notamment, sur des **locaux nus à usage industriel, commercial ou professionnel,** la société a la faculté d'opter pour le paiement de la TVA, en application de l'article 260, 2° du CGI (voir nos 32440 s.).

Régime des déductions L'**utilisation de l'immeuble constituant un stock dans l'attente de sa revente** peut entraîner une régularisation de la déduction de la TVA y afférente. 47525

Tout d'abord, même si ce n'est pas a priori l'hypothèse des locations de queues de programme examinée ici, il faut rappeler que si l'immeuble est utilisé à une activité ou une opération située hors du champ d'application de la TVA, la TVA déjà déduite doit être reversée. Si cette affectation ne concerne qu'une fraction de l'immeuble, cette dernière doit faire l'objet au préalable d'une livraison à soi-même (n° 44800).

Si l'immeuble (ou une fraction de l'immeuble) est utilisé pour une opération relevant d'une activité économique pendant plus d'un an au-delà du 31 décembre de la deuxième année suivant celle de son achèvement, il est assimilé à une immobilisation pour l'application des régularisations annuelles et des régularisations globales dues en cas de cession (CGI ann. II art. 207, IV, 3). Il en va ainsi même si l'immeuble est partiellement vacant dès lors qu'il peut être démontré une recherche active de locataires (Rép. Grau : AN 31-12-2019 n° 24298). Il en va de même lorsque le propriétaire est amené à mettre l'immeuble à la disposition gratuite d'occupants (associations, artistes, personnes morales de droit public, etc.) prenant à leur charge tout ou partie des charges dites « locatives » car une telle utilisation de l'immeuble opérée à des fins non étrangères à l'entreprise constitue bien une opération relevant d'une activité économique (Rép. Louwagie : AN 15-11-2022 n° 380). Cette assimilation est définitive et constitue le point de départ de la période de régularisation.

Par conséquent, la taxe déduite, au titre des dépenses de construction ou, le cas échéant, de la livraison à soi-même lorsqu'elle est taxable (n° 44800), sera susceptible de faire l'objet de régularisations si l'immeuble (ou la fraction d'immeuble) est loué au-delà du 31 décembre de la troisième année qui suit celle de l'achèvement et si la location n'est pas soumise à la TVA.

Si l'immeuble cesse d'être affecté à une utilisation concrète, l'administration considère qu'il est affecté en vue d'une cession potentielle. Aucune régularisation annuelle par vingtième n'est alors requise pour la période correspondante, quand bien même n'interviendrait finalement aucune cession soumise à la taxe (BOI-TVA-IMM-10-30 n° 350).

La société de construction-vente qui cède un immeuble pour lequel elle a dû régulariser une partie de la TVA déduite en application de l'article 207, IV-3 de l'annexe II au CGI sans opter pour la TVA sur la cession peut opérer un **transfert des droits à déduction** de la TVA reversée à l'acquéreur de l'immeuble, selon la procédure prévue par l'article 207, III-3 de l'annexe II au CGI, à la condition que l'immeuble soit immobilisé (ou assimilé à une immobilisation car utilisé plus d'un an pour une activité économique) chez l'acquéreur (BOI-TVA-IMM-10-30 n° 390).

CHAPITRE 5

OPÉRATIONS D'ACHAT-REVENTE D'IMMEUBLES OU DE LOTISSEMENT

SOMMAIRE

GÉNÉRALITÉS

48000 Sur le plan **juridique,** les sociétés civiles immobilières qui exercent une activité de marchand de biens ou procèdent à des opérations de lotissement accomplissent des actes de commerce (nos 250 s.).

S'il est admis que des opérations commerciales soient réalisées à titre accessoire par une société civile sans lui faire perdre sa nature civile (n° 835), en revanche l'exercice à titre principal, voire exclusif, d'une activité commerciale entraîne l'apparition d'une société commerciale « créée de fait » dont les associés sont tenus indéfiniment et solidairement du passif et peuvent faire personnellement l'objet d'une procédure collective (n° 873).

48010 Sur le plan **fiscal,** les sociétés civiles se livrant à des opérations réputées commerciales en vertu de l'article 35 du CGI relèvent normalement de l'impôt sur les sociétés par application de l'article 206, 2 du même Code (voir nos 10030 s.).

Tel est le cas des sociétés civiles exerçant une activité de marchand de biens ou d'intermédiaire pour l'achat et la vente d'immeubles, activités dont les profits sont expressément rangés par l'article 35, I du CGI dans la catégorie des bénéfices industriels et commerciaux.

Tel est le cas également des sociétés civiles qui procèdent à des opérations de lotissement, lorsque le terrain a été acheté par elles (ou, selon l'administration, leur a été apporté : BOI-BIC-CHAMP-20-30-20 n° 90) en vue de procéder à de telles opérations.

SECTION 1

ACTIVITÉ DE MARCHAND DE BIENS OU D'INTERMÉDIAIRE

A. Définition des marchands de biens et assimilés

48100 L'article 35, I du CGI donne des marchands de biens et des personnes qui leur sont fiscalement assimilées la définition suivante :

« 1° Personnes qui, **habituellement, achètent** en leur nom, **en vue de les revendre,** des immeubles, des fonds de commerce, des actions ou parts de sociétés immobilières ou qui, habituellement, souscrivent, en vue de les revendre, des actions ou parts créées ou émises par les mêmes sociétés ;

[…]

2° Personnes se livrant à des **opérations d'intermédiaire** pour l'achat, la souscription ou la vente des biens visés au 1° ;

[…]

4° Personnes bénéficiaires d'une **promesse unilatérale de vente** portant sur un immeuble qui est vendu par fractions ou par lots à la diligence de ces personnes […]. »

1. CRITÈRES DE LA QUALITÉ DE MARCHAND DE BIENS

48120 L'application de l'article 35, I-1° du CGI requiert la réunion de trois conditions :

– les opérations doivent consister en **achats** (ou souscriptions) suivis de **ventes** ;

– elles doivent porter sur des **biens limitativement énumérés** : immeubles, fonds de commerce, actions ou parts de sociétés immobilières ;

– les opérations doivent être **habituelles** et les achats ou souscriptions être effectués dans l'**intention de la revente.**

NATURE DES OPÉRATIONS RÉALISÉES : ACHATS, SOUSCRIPTIONS ET VENTES

48125 Aux opérations d'achat et de vente proprement dites, il y a lieu d'assimiler, suivant une jurisprudence constante, toutes les opérations par lesquelles une société **acquiert ou cède** un bien **à titre onéreux** : apport en société, échange, fusion de sociétés, dissolution, expropriation, etc.

NATURE DES BIENS CONCERNÉS PAR LA QUALIFICATION DE MARCHAND DE BIENS

48130 L'article 35, I-1° du CGI vise les opérations portant sur :

– des **immeubles** bâtis ou non bâtis, auxquels il y a lieu d'assimiler les actions ou parts de sociétés immobilières soumises au régime fiscal de la transparence au sens de l'article 1655 ter du CGI (nos 40130 s.) ;

– des **fonds de commerce** ;

– et des actions ou parts de **sociétés immobilières non transparentes.**

Selon l'administration, les titres des sociétés immobilières non transparentes visés par l'article 35, I-1° du CGI s'entendent des titres des sociétés immobilières de toute nature, quels qu'en soient la forme ou l'objet, dont le patrimoine est essentiellement composé par des immeubles (BOI-BIC-CHAMP-20-10-10 n° 200). De son côté, la jurisprudence considère qu'une société est immobilière, au sens de ce texte, non pas à raison de la consistance immobilière de son actif, mais à raison de son objet : ainsi le Conseil d'État a-t-il jugé qu'une société à objet agricole ne peut pas être considérée comme une société immobilière au sens de l'article 35, I-1° du CGI pour le seul motif qu'elle est propriétaire d'un domaine de 106 hectares (CE 23-4-1980 n° 9845 : RJF 6/80 n° 464).

> Précisions Il y a lieu d'assimiler aux biens expressément visés à l'article 35, I-1° du CGI les droits immobiliers et les droits mobiliers qui s'y rapportent : droits indivis, nue-propriété, usufruit, droit de surélévation, servitude, mitoyenneté, droits du preneur résultant d'un bail à construction ou d'un bail emphytéotique, droit au bail, promesses unilatérales de vente, etc. (BOI-BIC CHAMP-20-10-10 n°s 170 et 190).

CARACTÈRE HABITUEL DES OPÉRATIONS ET INTENTION SPÉCULATIVE LORS DE L'ACQUISITION

48135 Les deux critères de l'habitude et de l'intention spéculative, souvent liés, s'apprécient en fonction des **circonstances de fait** propres à chaque affaire.

À cet égard, doctrine administrative et jurisprudence s'accordent à considérer que le seul fait que les **statuts de la société ne mentionnent pas dans l'objet social** l'achat et la vente de biens n'est pas de nature à écarter l'application du régime fiscal des marchands de biens si les circonstances propres à l'opération réalisée par la société démontrent l'habitude et l'intention spéculative.

Lorsque les **statuts de la société prévoient la réalisation d'opérations d'achat-revente,** l'administration considère que le caractère habituel et l'intention spéculative peuvent être présumés : c'est seulement dans l'hypothèse où l'activité réelle de la société ne correspond pas aux statuts que la présomption résultant de ces derniers doit être écartée (BOI-BIC-CHAMP-20-10-10 n° 90). La jurisprudence considère pour sa part que la seule référence à l'objet social ne permet pas de considérer que les opérations sont réalisées à titre habituel : le Conseil d'État a ainsi jugé que commet une erreur de droit la cour administrative d'appel qui fonde une imposition au titre de l'article 35, I-1° du CGI sur le seul motif que la vente d'un ensemble immobilier était réalisée par une société dont l'objet était celui de marchand de biens, sans rechercher si la condition d'habitude prévue par cet article était remplie (CE 20-11-1992 n° 114667 : RJF 1/93 n° 139).

48137 C'est l'administration qui supporte la **charge de la preuve** qu'un contribuable se livre habituellement à l'achat d'immeubles en vue de les revendre, au sens de l'article 35, I-1° du CGI (CE 29-4-1985 n° 44549 : RJF 6/85 n° 834). Elle doit être en mesure de prouver cumulativement l'habitude et l'intention spéculative du contribuable.

L'intention spéculative ne se présume pas du seul fait du caractère habituel des opérations d'achat-revente ; cette intention doit être recherchée dans l'objet social prévu par les statuts ou dans l'activité réelle de la société (CE 2-6-2006 n° 266507 : RJF 8-9/06 n° 983).

48140 **Appréciation du caractère habituel des opérations** Le caractère habituel s'apprécie en fonction du nombre, de la nature, de la fréquence et de l'importance des opérations.

L'**achat d'un seul immeuble en bloc suivi de** sa division et de sa **revente par lots** peut suffire à caractériser la condition d'habitude (CE 12-6-1992 n°s 67758 et 67759 : RJF 8-9/92 n° 1109, pour un immeuble divisé en 46 lots dont 26 avaient été revendus sur 20 ans ; CE 25-4-2003 n° 205099 : RJF 7/03 n° 837, pour la revente de 23 lots dans un même immeuble). Ne présente toutefois pas un caractère habituel l'opération isolée qui a consisté en l'achat d'un terrain suivi de sa revente en seulement deux lots (CAA Lyon 17-3-2011 n° 10LY00846 : RJF 8-9/11 n° 926 ; en ce sens également, CE 13-7-2011 n° 311178 : RJF 12/11 n° 1273 ; voir ci-après n° 48165 pour plus de précisions sur les circonstances de l'espèce).

Ne présente pas un caractère habituel l'opération qui consiste à **acheter en une seule fois un ensemble d'immeubles et à les revendre en bloc** (CE 28-5-1980 n° 16695 : RJF 7-8/80 n° 583). Le Conseil d'État a par ailleurs jugé que n'a pas la qualité de marchand de biens une société ayant pour objet principal la location d'immeubles nus, qui a loué ses biens pendant plusieurs années avant de les céder en trois tranches successives à une collectivité locale, dès lors qu'il s'agit d'une **opération unique** dont la division n'est due qu'à des contraintes techniques et financières imputables à la commune (CE 26-7-1985 n°s 47823 à 47825 : RJF 10/85 n° 1316).

La circonstance qu'au cours d'une année **aucune opération de revente** n'ait été réalisée par une SCI ne suffit pas à écarter la qualification de marchand de biens (CE 18-3-2020 n° 425443 : RJF 6/20 n° 515). Le Conseil d'État apprécie le plus souvent le caractère habituel de l'activité de marchand de biens sur plusieurs années, peu important le fait qu'aucune revente n'ait été réalisée **au cours d'une année donnée.**

48141 S'agissant des sociétés, le caractère habituel s'apprécie également en fonction de l'**activité des associés** : si ces derniers sont **eux-mêmes marchands de biens,** la société est considérée comme l'écran grâce auquel ils exercent leur activité. Ainsi jugé que, si la condition d'habitude posée par l'article 35, I-1° du CGI n'est pas, en principe, remplie dans le cas d'une société civile qui ne réalise qu'une seule opération spéculative consistant dans l'achat d'un immeuble suivi de sa revente en l'état, il en va différemment lorsque les associés, maîtres de la société, sont des personnes se livrant elles-mêmes de façon habituelle à des opérations immobilières relevant de l'article 35, I-1° du CGI (CE 25-7-1980 n° 12091 : RJF 11/80 n° 859).

La condition d'habitude liée à l'activité des associés n'est pas remplie du seul fait que les associés de la société civile détiennent des **participations** dans des **sociétés civiles de construction-vente,** dès lors qu'en participant à des sociétés consacrant leur activité à la construction en vue de la vente, ils ne se sont pas livrés personnellement, à titre habituel, à des opérations d'achat et de revente en l'état d'immeubles au sens de l'article 35, I-1° du CGI (CE 23-6-1993 n° 69587 : RJF 8-9/93 n° 1133).

De la même façon, une société qui a réalisé une opération unique d'achat et de revente d'un terrain ne peut pas être regardée comme ayant une activité de marchand de biens au seul motif que l'un de ses associés a exercé directement ou indirectement une activité de **promoteur immobilier,** sans qu'il ait été recherché s'il se livrait de façon habituelle à des opérations d'achat et de revente en l'état d'immeubles (CE 31-3-1995 n°s 117483, 117484 et 128205 : RJF 5/95 n° 567).

Appréciation de l'intention spéculative L'intention spéculative – l'intention de revendre – s'apprécie **au moment de l'achat** (ou de la souscription) et non au moment de la revente. Aussi, les raisons qui ont pu déterminer les aliénations importent peu : aliénations volontaires ou forcées, expropriations, difficultés de trésorerie, modification des statuts (BOI-BIC-CHAMP-20-10-10 n° 50). Peu importe également que certaines opérations n'aient dégagé aucun bénéfice, ou se soient même soldées par des pertes. 48145

Le **délai écoulé entre l'achat de l'immeuble et sa revente** constitue un élément déterminant pour apprécier s'il y a intention spéculative : un court délai séparant l'acquisition (ou la souscription) de la revente est une circonstance de nature à caractériser l'intention de revendre (BOI-BIC-CHAMP-20-10-10 n° 60). Inversement, la longueur du délai entre la date d'acquisition initiale d'un immeuble, loué ensuite pendant 10 ans avant d'être démoli et remplacé par deux autres immeubles, et la revente des deux immeubles par appartements 13 ans après l'acquisition initiale de l'immeuble ne permet pas de tenir pour établie la réalité d'une intention spéculative au moment de l'acquisition (CE 22-12-2021 n° 451005 : RJF 4/22 n° 329).

Par ailleurs, l'intention spéculative à la date d'acquisition du bien immobilier n'est pas exclusive d'une **intention locative** à cette même date (CAA Nantes 7-12-2017 n° 16NT00225 : RJF 4/18 n° 351).

> **Précisions** En cas de vente d'**immeubles acquis en crédit-bail,** l'intention spéculative s'apprécie à la **date de levée de l'option d'achat.** Une société qui cède deux ensembles immobiliers le jour même où elle lève l'option d'achat ouverte par les contrats de crédit-bail y afférents exerce une activité de marchand de biens (TA Paris 13-12-2010 n°s 07-4132 et 07-4134 : RJF 7/11 n° 796).

APPLICATIONS JURISPRUDENTIELLES SUR LE CARACTÈRE HABITUEL ET SPÉCULATIF D'OPÉRATIONS

On trouvera ci-après un certain nombre de solutions jurisprudentielles sur le caractère habituel et spéculatif d'opérations particulières, en distinguant celles qui ont été considérées comme emportant l'application du régime des marchands de biens et celles qui ont été exclues de ce régime. 48155

Opérations relevant du régime des marchands de biens Ont été considérés comme relevant du régime des marchands de biens : 48160

– un contribuable qui, ayant acheté de 1969 à 1972 **cinq maisons individuelles,** en revend une en 1971, deux en 1972 et deux en 1973 et 1974, ainsi qu'une **parcelle de terrain** acquise avec l'une d'elles. Jugé qu'en raison, notamment, de la brièveté du délai séparant les achats des reventes et de leur répétition, ces opérations présentent un caractère habituel et spéculatif, les raisons avancées par le requérant pour justifier les cessions intervenues – impossibilité de trouver des locataires, difficultés de trésorerie dues à des frais médicaux – n'étant, en l'espèce, appuyées par aucun commencement de preuve (CE 9-2-1983 n° 31443 : RJF 4/83 n° 489) ;

– un contribuable qui, par 23 actes échelonnés du 22 novembre 1975 au 3 février 1977, a vendu les lots d'un **ensemble immobilier de 20 appartements** construit sur un terrain qu'il avait personnellement acquis en octobre 1967 (CE 6-7-1983 n° 35591 : RJF 10/83 n° 1154) ;

– un contribuable qui, d'octobre 1971 à juillet 1973, a **acheté** en son nom puis **vendu six appartements,** compte tenu de la fréquence de ces opérations et de la brièveté du délai ayant séparé l'achat de la revente. La circonstance qu'il aurait employé les fonds procurés par les cessions à l'achèvement d'une construction, le fait que deux de ces opérations auraient été pour lui une source de perte et enfin le fait qu'il se serait fait radier du registre du commerce en tant que marchand de biens (activité exercée à titre personnel en 1971 jusqu'en mai 1972) ne font pas obstacle à cette qualification (CE 14-10-1987 n° 51781 : RJF 12/87 n° 1198) ;

48160 (suite) – un contribuable qui, en l'espace de **sept ans,** s'est porté acquéreur de **deux terrains** à bâtir et de **deux maisons** et, parallèlement, a revendu **dix pavillons** en état de futur achèvement, **deux maisons** et **un terrain** à bâtir. Dans ces conditions, la circonstance qu'un des terrains aurait été acquis mais non revendu au cours de la période considérée et que certaines des reventes seraient intervenues quatre à six ans après les acquisitions est sans incidence (CAA Nantes 22-12-1993 n° 92-204 : RJF 3/94 n° 233) ;

– un contribuable qui a **acquis,** au cours des années 1967 et 1972, **onze appartements, onze parkings et quatorze chambres de service,** qu'il a **revendus** au cours des années 1972 à 1980 : le juge a pu, sans erreur de droit, déduire du nombre et de la fréquence des transactions ainsi intervenues que celles-ci révélaient de la part de ce contribuable une intention spéculative (CE 11-4-2001 n° 196108 : RJF 7/01 n° 974) ;

– un contribuable qui, sur une période de dix ans, a acheté et revendu **sept terrains à bâtir** et a souscrit et cédé des parts de **six sociétés immobilières** représentatives de **364 logements.** Le nombre et la fréquence des opérations, ainsi que la brièveté du délai séparant les ventes des achats, suffisent à caractériser l'activité spéculative et habituelle visée à l'article 35, I-1° du CGI, même si, dans certains cas, les opérations n'ont dégagé aucun profit (CE 26-11-1982 n° 16640 : RJF 1/83 n° 73) ;

– un contribuable qui, en 1978, a vendu un moulin et un studio achetés en 1976 et qui, au cours des sept années antérieures, avait procédé à **sept acquisitions** suivies de **trois reventes** dans des délais assez brefs. Il en est ainsi bien que certaines ventes aient été consenties à perte, et que d'autres aient été motivées par des circonstances d'ordre professionnel ou des difficultés de trésorerie, à la suite du dépôt de bilan d'une des sociétés créées par le cédant (CE 29-4-1985 n° 44549 : RJF 6/85 n° 834) ;

– une SCI qui, au cours d'une même année, a acquis **cinq garages et un terrain** par quatre actes distincts, puis a échangé quatre de ces garages par deux actes séparés. Par suite, le dernier garage et le terrain doivent également être regardés comme ayant été achetés en vue de la revente (CE 1-6-1988 n° 71376 : RJF 8-9/88 n° 952) ;

– une SCI qui a acquis en 1954 un **immeuble** qu'elle a **divisé en 46 lots** et qui entre 1956 et 1975 a revendu 26 des lots ainsi créés. Jugé en effet : d'une part, que la société doit être regardée comme ayant acquis l'immeuble dans une intention spéculative dès lors qu'elle a consenti des **promesses de vente** à certains locataires dès leur entrée dans les lieux et qu'elle n'apporte aucun élément à l'appui de ses allégations selon lesquelles elle aurait procédé à l'acquisition de l'immeuble dans le but de se constituer un patrimoine, ou qu'elle aurait cédé des lots pour satisfaire aux exigences de la gestion de son patrimoine ou pour financer la remise en état des logements dont elle restait propriétaire ; d'autre part, qu'en raison de la continuité et du nombre des transactions les cessions consenties ont revêtu un caractère habituel (CE 12-6-1992 n°s 67758 et 67759 : RJF 8-9/92 n° 1109) ;

– une SCI qui se livre sur une période de **trois ans** à l'achat d'immeubles puis à la **revente de lots et d'appartements** réalisés dans ces immeubles, en raison du nombre d'opérations et du court délai séparant l'acquisition de la revente comme de la circonstance que la société est l'un des instruments de l'activité d'ensemble de marchand de biens de ses deux associés, également maîtres d'affaires d'autres SCI. Ne démontre pas que les opérations faites par la société l'ont été seulement dans le cadre de la gestion du patrimoine privé des associés ni l'absence d'intention spéculative le fait que la revente aurait été nécessitée par les difficultés de trésorerie par suite du remboursement immédiat exigé par la banque des emprunts contractés et que la revente n'aurait procuré aucun bénéfice (CAA Nancy 20-12-2001 n° 97-2632 : RJF 5/02 n° 465) ;

– une SCI qui en **sept ans** a procédé à la cession de **sept lots** dont certains avaient été acquis auprès de son principal associé (à hauteur de 95 % des parts), nonobstant les allégations de cet associé faisant valoir que ces transactions avaient été entreprises pour faire face à ses propres problèmes de trésorerie liés à son activité de marchand de biens (CE 19-11-2008 n°s 291039 et 291040 : RJF 2/09 n° 107) ;

– une SCI qui, depuis sa création, a acheté une **quinzaine d'immeubles** qu'elle a **revendus** pour **onze** d'entre eux, dans un court délai, sans avoir jamais procédé à leur location, alors que tel était son objet social. La circonstance que les produits tirés de cette activité n'ont représenté qu'une partie du chiffre d'affaires réalisé par la société ne fait pas obstacle à la qualification de marchand de biens (CAA Douai 7-10-2010 n° 08-1049 : RJF 1/11 n° 136) ;

– une SCI qui a acquis un terrain, l'a divisé en lots puis a procédé à brève échéance à des opérations de revente, même si à la date d'acquisition du terrain la société avait l'**intention de le donner en location** (CAA Nantes 7-12-2017 n° 16NT00225 : RJF 4/18 n° 351) ;

– un contribuable qui a acquis **un terrain,** l'a **divisé en sept lots** puis a procédé à la cession d'un premier lot moins de onze mois après l'acquisition, la vente des six autres lots s'étant ensuite étalée sur une **période inférieure à quatre ans** (CAA Douai 9-10-2018 n° 16DA02298 : RJF 1/19 n° 22) ;

– une SCI qui a acquis **un terrain**, puis a procédé à la **vente de 17 lots, deux immeubles et deux maisons,** la circonstance qu'il se soit écoulé un délai de quatre ans entre l'acquisition du terrain et la première vente n'étant pas de nature à retirer son caractère spéculatif à l'opération dès lors que l'intention spéculative découle, d'une part, des statuts de la société et, d'autre part, du bref délai entre l'acquisition du terrain et les démarches accomplies afin d'obtenir un certificat d'urbanisme puis une autorisation de lotir (CE (na) 9-12-2022 n° 463698 : RJF 3/23 n° 175).

Opérations ne relevant pas du régime des marchands de biens N'ont pas été considérés comme se livrant à une activité de marchand de biens : 48165

– un contribuable qui, sur une **période de 22 ans,** a acquis plusieurs petites **propriétés rurales** afin de constituer une exploitation agricole tout en revendant certaines parcelles à titre d'ajustement, puis qui a **cédé en bloc les maisons** des anciens exploitants, regroupées dans un hameau, qui étaient en mauvais état et dont il n'avait pas l'utilité pour son activité agricole. La circonstance qu'il a procédé à d'autres opérations immobilières pendant la même période est sans incidence dès lors qu'elles se rattachaient à la **gestion de son patrimoine privé** (CE 5-6-1989 n° 70330 : RJF 8-9/89 n° 927) ;

– un contribuable qui, en **sept ans,** n'a procédé qu'à **deux achats-reventes de terrains** (CAA Nancy 20-11-1990 n° 411 : RJF 5/91 n° 557) ;

– une société civile immobilière constituée en janvier 1973, qui a acquis en bloc en février 1973 **quatre studios** situés dans le même immeuble et qui les revend distinctement en juillet 1973, soit cinq mois plus tard. Jugé que cette revente, qui s'est faite dans des conditions financières défavorables, a été motivée par l'obligation dans laquelle s'est trouvée la société de **financer des suppléments de travaux** pour l'aménagement d'un immeuble récemment acquis qui constituait l'essentiel de son patrimoine, et que, dès lors, l'administration n'établit pas que l'achat des studios ait été fait dans une intention spéculative (CE 19-1-1983 n° 31906 : RJF 3/83 n° 382) ;

– une société civile qui, ayant acheté en août 1972 un terrain de 35 ares en vue d'y édifier une station-service destinée à la location, a été contrainte, en 1975, de revendre ce terrain devant l'**insuccès des démarches administratives** effectuées pour réaliser le projet de construction (CE 9-2-1983 n° 33161 : RJF 4/83 n° 490) ;

– une société civile immobilière de construction-vente qui n'a effectué qu'une opération isolée d'achat-vente d'un terrain. Il n'en va différemment que si les associés, maîtres de la société, se livrent eux-mêmes de façon habituelle à des opérations d'achat-vente d'immeubles. Tel n'est pas le cas lorsque les **associés** d'origine de la SCI (qui ne se livrent pas à de telles opérations) ont **vendu leurs parts à deux SARL ayant pour objet la promotion immobilière** dès lors que ces SARL ont été créées quelques jours avant la cession des parts, laquelle n'est elle-même intervenue que quelques jours avant l'opération litigieuse de revente du terrain par la SCI (CE 18-6-1990 n° 87245 : RJF 8-9/90 n° 977) ;

– une **SCI constituée entre les membres d'une même famille** qui cède par lots, par l'intermédiaire d'un marchand de biens, une maison utilisée pendant six ans comme **résidence secondaire** et dont le produit de la vente a servi en partie à **apurer les dettes** du père des associés : la cession ne constitue pas le dénouement d'une opération d'achat effectuée en vue de la revente au sens de l'article 35, I-1° du CGI mais un acte de gestion d'un patrimoine familial (CAA Nantes 31-12-1990 n° 326 : RJF 3/91 n° 362) ;

– une société dont l'**objet social** était à l'origine « l'exploitation de tous domaines viticoles situés en France » et qui a procédé à l'achat-revente d'une propriété qui a été utilisée provisoirement pour les **besoins de son activité,** dans l'attente de l'achèvement de travaux réalisés sur le siège de l'exploitation (CE 3-4-1991 nos 69352-69353 : RJF 5/91 n° 559) ;

– une SCI qui a réalisé **une seule opération de construction en vue de la location** portant sur un hôtel qu'elle a revendu trois ans et demi plus tard à la suite de la liquidation de biens de l'exploitant, même si elle compte parmi ses associés des marchands de biens (CE 3-3-1993 n° 81873 : RJF 4/93 n° 487) ;

– une société civile qui, ayant pour **objet social** la location de biens immobiliers, a procédé sur une durée de onze ans à neuf opérations d'achat suivies de la revente de cinq appartements, cinq parkings et un bureau, dès lors que trois appartements ont été revendus dans le cadre d'une gestion de patrimoine familial afin de pourvoir au logement des gérants et que la durée de détention de huit autres biens, à l'exception du bureau, allait de quatre à sept ou neuf ans.

L'administration ne peut utilement faire valoir que les **associés-gérants** avaient des participations dans des sociétés civiles immobilières de construction-vente dès lors qu'elle n'établit pas qu'ils se livraient personnellement à des opérations d'achat et de revente en l'état d'immeubles visées par l'article 35, I-1° du CGI (CAA Paris 17-11-1994 n° 92-1255 : RJF 3/95 n° 311) ;

– une SCI qui, créée en 1975, a acheté immédiatement 17 appartements dans le même immeuble, puis en 1978 deux autres lots ainsi que des locaux commerciaux et a cédé de manière échelonnée 16 appartements entre 1983 et 1997, ainsi qu'en 1983 et 1997 deux lots acquis en 1978. Si cette société doit être regardée comme ayant procédé de **manière habituelle** à des opérations d'achat et de revente de biens immobiliers, l'**intention spéculative** de la société, qui s'apprécie à la date à laquelle elle a acquis les immeubles ultérieurement revendus, n'est pas caractérisée dès lors que les premières ventes n'ont été réalisées que 8 ans après leur acquisition (d'ailleurs financée par un emprunt à long terme, en raison de difficultés de trésorerie) et que les immeubles ont été loués jusqu'à leur revente conformément à l'objet social de la SCI. La circonstance que les **associés initiaux** de la SCI **ont cédé** une partie des parts en 1987, puis la totalité en 1992, **à un marchand de biens** est sans incidence sur l'appréciation de l'existence de l'intention spéculative de la SCI (CE 2-6-2006 n° 266507 : RJF 8-9/06 n° 983) ;

– un contribuable qui, dans les cinq années suivant le début de son activité, a revendu la majeure partie d'un **immeuble à un acquéreur unique** et acheté trois maisons dont **une seule a été revendue** (CE 4-8-2006 n° 276555 : RJF 11/06 n° 1413) ;

– une société qui a réalisé une **opération isolée d'achat d'un terrain suivi de sa revente en deux lots quatre mois plus tard.** Cette opération ne présente pas un caractère habituel dès lors que la société n'a réalisé ultérieurement aucune autre opération de cette nature, nonobstant l'importance de la plus-value réalisée et le faible délai écoulé entre l'achat et la vente du terrain (CAA Lyon 17-3-2011 n° 10-846 : RJF 8-9/11 n° 926) ;

– une société qui a acquis en septembre 1992 un **terrain** qu'elle a divisé en **deux lots** puis, d'une part, a revendu le premier lot nu en décembre 1993 à une SCI, constituée entre son associé unique et son épouse, lesquels ont fait édifier une villa réservée à leur usage personnel et, d'autre part, a fait édifier sur l'autre parcelle une villa qui a été mise en vente en août 1994 mais n'a été vendue qu'en avril 1999. Cette société, qui n'a réalisé en sept ans que cette opération immobilière, ne peut être regardée comme se livrant à une activité de marchand de biens, la condition d'habitude prévue par l'article 35, I-1° du CGI n'étant pas remplie (CE 13-7-2011 n° 311178 : RJF 12/11 n° 1273) ;

– une société qui n'a procédé à **aucun achat** ni entrepris **aucune démarche commerciale pendant neuf ans** (entre 1989 et 1998) et dont les deux immeubles acquis auparavant, en 1987 et 1988, ont été revendus en 1998 respectivement à des voisins et à une SCI créée à cet effet et détenue par les mêmes associés que la société cédante (CE 5-2-2014 n° 345436 : RJF 4/14 n° 355) ;

– une SCI qui, **dix ans après l'acquisition d'un terrain,** a construit des immeubles qu'elle a cédés, la société n'ayant **réalisé aucun bénéfice** sur cinq des six lots vendus. Son intention spéculative au jour de l'acquisition du terrain n'est pas établie (CAA Paris 5-7-2019 n° 17PA22522 : BPAT 5/19 inf. 193).

2. PERSONNES SE LIVRANT À DES OPÉRATIONS D'INTERMÉDIAIRE

NOTION D'INTERMÉDIAIRE

48200 L'article 35, I-2° du CGI vise les intermédiaires pour l'achat, la souscription ou la vente des **biens visés** au 1° du même article (immeubles, fonds de commerce, titres de sociétés immobilières : voir n° 48130). La nature des **opérations** pour lesquelles l'intermédiaire est susceptible d'intervenir est la même que celle motivant l'application de l'article 35, I-1° (voir n° 48125).

48205 La doctrine administrative définit les intermédiaires, au sens de l'article 35, I-2° du CGI, comme les **personnes** qui jouent un rôle actif dans la réalisation des affaires par le rapprochement soit des acheteurs et des vendeurs, soit des souscripteurs et des sociétés émettrices d'actions ou de parts. Cette définition englobe aussi bien les mandataires qui concluent les opérations au nom de leurs clients que les courtiers qui, sans intervenir dans la conclusion des contrats, se bornent à rapprocher les vendeurs et les acheteurs. Il n'y a pas non plus à distinguer suivant que l'intermédiaire exige un mandat exclusif ou que l'autorisation de vendre ou d'acheter est donnée simultanément à plusieurs personnes, ni suivant que le propriétaire prend ou non un engagement ferme de vendre (BOI-BIC-CHAMP-20-20-10 n° 10).

Applications jurisprudentielles La jurisprudence a reconnu la qualité d'intermédiaire aux contribuables qui se sont entremis dans les situations suivantes : 48207

– contribuable chargé de **rechercher des acquéreurs pour le compte de divers propriétaires désireux de vendre** leurs biens ou fonds ; le Conseil d'État a rejeté l'objection tirée de ce que les procurations données à l'intéressé faisaient état de la qualité de mandataire (CE 20-3-1959 n° 35924 ; dans le même sens : CE 7-3-1966 n° 60520 : Dupont 1966 p. 227 et CE 5-7-1978 n° 5058 rendu à propos d'un notaire ayant reçu d'une société civile immobilière des sommes qualifiées de « rémunérations de mandat ») ;

– **société civile s'entremettant** en vue du **placement des parts** des sociétés civiles immobilières qu'elle administre ; cette société est réputée se livrer à des opérations visées à l'article 35, I-2° et devient donc passible de l'impôt sur les sociétés (CE 25-7-1980 n° 16503 : RJF 11/80 n° 857) ;

– société en participation formée entre trois personnes physiques en vue de se livrer à l'activité d'**agent immobilier** qui s'est vu confier, par une commune et la société chargée par cette dernière d'aménager une zone industrielle sur son territoire, la mission d'**acheter et** de **revendre** les terrains compris dans cette zone moyennant une commission proportionnelle au montant des transactions ; relèvent de même des BIC les revenus de l'année durant laquelle la société s'est bornée à exécuter diverses **études concernant le projet** d'aménagement dès lors que ces études ont impliqué un ensemble de **démarches** auprès des autorités et des services administratifs qui ne peuvent pas être distinguées de celles qu'accomplissent éventuellement les agents d'affaires (CE 1-7-1983 n°s 33085 et 33086 : RJF 10/83 n° 1103) ;

– **expert agricole et foncier,** qui fait également profession de rechercher ou de **mettre en rapport des personnes désireuses d'acheter ou de vendre** des biens immobiliers (CE 2-6-1986 n° 40211 : RJF 8-9/86 n° 751).

En revanche, n'est pas réputé s'être livré à des actes d'intermédiaire un contribuable qui avait acquis, tant pour son compte qu'en qualité de mandataire de deux personnes, des **terrains destinés à la construction de maisons d'habitation** qu'il a fait édifier par un entrepreneur de son choix et qui avait obtenu non une rémunération, mais, tout comme les mandants, un **rabais sur le prix de la construction.** Sont, à cet égard, sans incidence la circonstance que les fonds afférents à la construction aient transité sur le compte bancaire de l'intéressé et le fait que les maisons aient été ultérieurement vendues (CE 25-11-1968 n° 73284).

Intermédiaires occasionnels Le Conseil d'État a jugé que les profits des intermédiaires pour l'achat ou la vente des immeubles ou des fonds de commerce sont de nature commerciale **même si les intéressés ne se livrent pas à des opérations immobilières d'une façon habituelle** (CE 11-1-1937 n° 39034 : Dupont 1937 p. 195). La même solution est applicable aux personnes qui font office d'intermédiaires dans les transactions portant sur des actions ou parts de sociétés immobilières (CE 6-12-1961 n° 50662 : Dupont 1962 n° 2 p. 128). 48210

De la même façon, l'administration estime que la **profession principale** exercée par une personne ne s'oppose nullement à ce que celle-ci soit considérée comme exerçant celle d'intermédiaire. Tel est le cas, notamment, des **commissaires de justice** (ex-huissiers) qui réalisent des opérations de gestion immobilière, des **architectes** qui effectuent des opérations de gérant d'immeubles, ou des **agents généraux d'assurances** se livrant à des opérations de courtage. Ces personnes sont imposables, même si l'acte d'intermédiaire qu'elles accomplissent revêt un caractère occasionnel (BOI-BIC-CHAMP-20-20-10 n° 100).

La réalisation d'opérations d'entremise, même à titre occasionnel, par une société civile entraîne son assujettissement à l'IS.

3. TITULAIRES D'UNE PROMESSE UNILATÉRALE DE VENTE

En pratique, les opérations sont réalisées de la manière suivante : un marchand de biens ou un intermédiaire qui ne désire pas s'engager dans un achat ferme se fait consentir par le propriétaire d'un immeuble, à son profit ou au profit de personnes qu'il substituera dans ses droits, une promesse unilatérale de vente moyennant un prix déterminé qui, lorsqu'il s'agit d'un immeuble collectif destiné à être revendu par appartements, fait l'objet d'une répartition entre les différents lots. 48240

Lorsqu'un acheteur a été trouvé pour l'immeuble ou un appartement, deux opérations sont réalisées simultanément :

– le **bénéficiaire de la promesse** cède au client le bénéfice de la promesse de vente, en ce qui concerne l'immeuble ou l'appartement, pour un prix qui constitue sa rémunération ;

– le **propriétaire** vend directement l'immeuble ou l'appartement au client moyennant le prix fixé dans la promesse de vente.

Le bénéficiaire de la promesse se borne à acheter ferme, le cas échéant, les lots pour lesquels il n'a pas été trouvé de preneur (BOI-BIC-CHAMP-20-10-40 n° 190).

Les profits réalisés par le bénéficiaire de la promesse de vente présentant un caractère commercial sur le plan fiscal, une société civile titulaire d'une telle promesse est assujettie à l'impôt sur les sociétés.

B. Modalités d'imposition des profits relevant d'une activité de marchand de biens

1. DÉTERMINATION DU BÉNÉFICE IMPOSABLE

APPLICATION DES RÈGLES IS-BIC

48350 Les sociétés civiles qui sont considérées comme exerçant une activité de marchand de biens ou assimilée doivent, pour la détermination de leur bénéfice imposable, se conformer aux règles qui régissent les bénéfices industriels et commerciaux (CGI art. 38 s.).

Leur bénéfice imposable résulte principalement de la vente de biens immobiliers qui, du point de vue fiscal, présentent le caractère non d'éléments de l'actif immobilisé, mais de **stocks.** Plusieurs conséquences découlent de cette qualification :

– les **profits** réalisés sur la vente de ces biens, calculés par différence entre le prix de cession d'une part et le prix d'achat augmenté des autres dépenses afférentes à l'opération d'autre part, constituent un bénéfice passible de l'impôt sur les sociétés dans les conditions de droit commun (et non une plus-value de cession d'un élément d'actif) ;

– aucun **amortissement** ne peut être pratiqué sur ces biens (CE 6-11-1985 n° 45989 : RJF 12/85 n° 1504-a ; CAA Paris 10-7-1990 n°s 762-763 : RJF 4/91 n° 396). En revanche, la constatation de **provisions pour dépréciation** est possible dans les conditions de droit commun ;

– les **charges** afférentes à ces immeubles ne peuvent être admises en déduction du bénéfice imposable que si, corrélativement, il en est tenu compte pour la valorisation des stocks (CAA Paris 10-7-1990 précité). Le bénéfice imposable ne se trouve affecté par ces dépenses que dans la mesure où les immeubles concernés ont été vendus au cours de l'exercice de constatation de ces frais et ne figuraient donc plus en stock à la clôture de l'exercice (CAA Paris 6-3-1990 n° 1386 : RJF 6/90 n° 663). À titre d'exemple, des dépenses de ravalement d'un immeuble destiné à la vente constituent un élément du prix de revient du stock et ne peuvent être déduites en charges (CAA Paris 10-2-2000 n° 97-3383 : RJF 5/00 n° 605 confirmé par CE 14-3-2001 n° 220274 : RJF 12/01 n° 1492). Jugé également que l'indemnité d'éviction versée par un marchand de biens pour un immeuble dont il est propriétaire et qu'il destine à la revente constitue un élément du coût de revient de son stock (CE 28-3-2012 n° 318830 : RJF 6/12 n° 566) ;

– le bénéfice commercial passible de l'impôt sur les sociétés tient compte également du bénéfice net procuré par l'**exploitation des immeubles,** notamment par voie de location, durant la période comprise entre l'achat et la revente.

> **Précisions a.** Une société exerçant l'activité de marchand de biens peut également avoir des immeubles inscrits à son **actif immobilisé.** Ainsi jugé que des terrains cédés en 1988, issus du domaine apporté à la société lors de sa constitution en 1903 et ayant fait depuis lors l'objet des exploitations diverses auxquelles ils se prêtaient, ne sauraient être regardés comme acquis en vue de leur revente mais ont constitué des éléments de l'actif immobilisé de la société (CE 26-3-2003 n° 221849 : RJF 6/03 n° 679).
>
> **b.** Les bénéfices des **intermédiaires** immobiliers sont déterminés suivant les règles de droit commun applicables aux bénéfices industriels et commerciaux.

2. RÉGIME D'IMPOSITION

48380 En matière d'imposition des bénéfices, les sociétés civiles réputées exercer une activité de marchand de biens sont soumises à l'impôt sur les sociétés en raison de leur caractère commercial et relèvent obligatoirement du régime du bénéfice réel, simplifié ou normal.

Le régime simplifié constitue le régime de droit commun pour les sociétés dont le **chiffre d'affaires annuel hors taxe** réalisé l'année précédente **n'excède pas 840 000 € ou 254 000 €** suivant qu'elles se livrent à une activité de vente ou à des actes d'intermédiaire (ces limites sont valables en 2023, 2024 et 2025 ; elles sont actualisées tous les trois ans et la prochaine révision triennale prendra effet à compter du 1er janvier 2026). Lorsqu'elles cumulent ces deux activités, les sociétés civiles ne relèvent du régime simplifié qu'à la double condition que leur chiffre d'affaires global hors taxe de l'année précédente ne dépasse pas 840 000 € et que le chiffre d'affaires afférent aux actes d'intermédiaire reste en deçà de 254 000 €.

Le régime du bénéfice réel normal s'applique de plein droit aux sociétés dont le **chiffre d'affaires annuel dépasse** les limites du régime simplifié ou, sur option, aux sociétés relevant normalement du régime simplifié.

C. Modalités d'imposition à la TVA et aux droits de mutation

Le **régime de TVA** applicable aux opérations immobilières dépend de savoir si la personne qui réalise ces opérations a ou non la qualité d'assujetti agissant en tant que tel. Les marchands de biens sont soumis aux mêmes règles que l'ensemble des assujettis exposées aux nos 44610 s. En particulier, la **taxation sur la marge** leur est applicable sous certaines conditions (nos 44630 s. et 44950). 48510

De même, en matière de **droits de mutation,** le régime spécial de l'article 1115 du CGI, qui permet à l'acquéreur d'un immeuble de bénéficier du taux réduit en contrepartie d'un engagement de revendre, s'applique notamment aux marchands de biens (no 44740).

Les marchands de biens sont tenus d'effectuer la **déclaration d'existence** prévue par l'article 286 du CGI comme tout assujetti de droit commun.

Ayant un caractère civil, la **location** d'immeuble nu par un marchand de biens, en attendant de le vendre, échappe à la TVA. Mais si elle porte sur un immeuble neuf, elle oblige le marchand de biens à opérer une régularisation de la taxe déduite lors de l'acquisition conformément à l'article 207, VI de l'annexe II au CGI, et ce au début de l'année N + 4 suivant l'achèvement. Si le marchand de biens opte pour la TVA sur les loyers dans les conditions de droit commun exposées nos 32440 s., aucune régularisation n'est à effectuer du fait de la location alors même que celle-ci se poursuit au-delà des cinq ans suivant l'achèvement.

> Précisions **a.** Si elle cède la totalité de son stock, la société qui avait une activité de marchand de biens peut échapper à la TVA aux conditions et selon les modalités exposées nos 33200 s. (voir plus particulièrement no 33375).

b. Les opérations d'**intermédiaire** sont soumises au régime général de la TVA.

c. Les sociétés ayant une activité de marchand de biens sont obligatoirement placées sous le régime d'imposition du **réel normal.** Celles qui ont une activité d'intermédiaire peuvent être soumises au régime du réel **simplifié.** En cas d'activité mixte d'intermédiaire et de marchand de biens, le régime d'imposition du réel normal s'applique à l'ensemble des opérations.

SECTION 2 OPÉRATIONS DE LOTISSEMENT

A. Définition des opérations de lotissement

Les personnes qui **cèdent, après l'avoir loti, un terrain acquis à cet effet** sont réputées exercer une activité de nature commerciale sur le plan fiscal (CGI art. 35, I-3°) : lorsqu'il s'agit de sociétés civiles, elles deviennent passibles de l'IS. 48600

Lorsque le terrain n'a **pas été acquis dans l'intention de la revente après lotissement,** les profits sont présumés être réalisés dans le cadre de la gestion du patrimoine privé et relèvent du régime d'imposition des plus-values des particuliers (CGI art. 150 U, I-al. 2).

Remarque importante Le régime étudié ci-après ne concerne que les sociétés civiles **qui lotissent sans construire,** à l'exclusion des sociétés de construction-vente édifiant des constructions sur les terrains lotis par elles (no 45540). 48610

APPRÉCIATION DE L'INTENTION SPÉCULATIVE DE L'OPÉRATION DE LOTISSEMENT

48615 Il appartient à l'administration d'apporter la preuve de l'intention spéculative (achat en vue de la revente après lotissement). Celle-ci s'apprécie **au moment de l'achat du terrain,** sans qu'il y ait lieu de prendre en compte les circonstances de l'aliénation des lots : aliénation forcée, expropriation, difficultés de trésorerie, etc. (BOI-BIC-CHAMP-20-30-20 n° 40).

L'intention spéculative s'apprécie en fonction des **circonstances de fait** de chaque affaire. Elle peut résulter notamment du court délai séparant l'acquisition de la réalisation de l'opération de lotissement, de la situation géographique des terrains ou de la profession du vendeur. Le nombre de lots réalisés est, en principe, sans incidence sur la détermination du régime d'imposition du profit.

Dans le cas de sociétés civiles immobilières, l'intention spéculative sera le plus souvent révélée par la **définition de l'objet social** donnée par les statuts (BOI-BIC-CHAMP-20-30-20 n° 80).

> **Précisions** Dans le cas d'un couple d'agriculteurs qui a acquis, entre 1998 et 2001, 4 parcelles distinctes contiguës avant de les revendre en 2003 en 13 lots de terrains à bâtir, la preuve de l'intention spéculative dès l'acquisition est apportée compte tenu du **nombre de parcelles achetées** sur une brève période et du **contexte de ces achats** : aucun lien avec l'activité agricole, achat d'une parcelle après adoption d'un nouveau plan d'occupation des sols (POS) rendant constructible l'ensemble des parcelles, intervention d'un géomètre quelques mois après la révision du POS, etc. (CAA Lyon 6-1-2015 n° 13LY03270).

48620 Les bénéfices réalisés par une **SCI spécialement constituée en vue de procéder à une opération de lotissement** présentent, dans tous les cas, selon l'administration, un caractère commercial, que le terrain ait été acheté par la société ou apporté par un ou plusieurs associés (BOI-BIC-CHAMP-20-30-20 n° 90). Ces bénéfices doivent, à ce titre, être soumis à l'impôt sur les sociétés.

L'administration fiscale assimile ainsi à une « acquisition » tous les **apports en société** (y compris à titre pur et simple), quels que soient la qualité de l'apporteur et le mode d'acquisition du terrain (à titre onéreux ou à titre gratuit) par ce dernier.

Dès lors, selon cette doctrine, dans le cas d'un **terrain acquis par succession (ou par donation),** le régime d'imposition des profits de lotissement sera totalement différent selon que les héritiers (ou les donataires) auront constitué ou non une SCI en vue de revendre ce terrain après lotissement. Dans le premier cas, après avoir supporté l'IS au moment de leur réalisation, les profits de lotissement seront imposables au nom des associés quand ils les appréhenderont dans la catégorie des revenus mobiliers. Dans le cas contraire où le lotissement sera réalisé directement par l'indivision successorale ou par les donataires sans passer par l'intermédiaire d'une SCI, les profits de lotissement seront imposables selon les modalités prévues pour les plus-values immobilières des particuliers.

48625 Lorsqu'une **SCI constituée dans un but autre que la réalisation d'une opération de lotissement** (la location, par exemple) procède à la cession par lots d'un terrain précédemment affecté à son activité, l'intention spéculative doit, en principe, être exclue. L'administration a toutefois précisé que, dans l'hypothèse où les statuts prévoiraient, même à titre subsidiaire, la possibilité de lotir, l'opération serait considérée comme commerciale (BOI-BIC-CHAMP-20-30-20 n° 100).

En outre, la circonstance que les statuts ne prévoiraient pas la réalisation d'une opération de lotissement ou auraient été modifiés après l'acquisition du terrain ne saurait exclure que la société puisse être regardée comme réalisant une opération relevant des dispositions de l'article 35, I-3° du CGI si les faits révèlent par ailleurs l'existence d'une intention spéculative lors de la constitution de la société ou de l'achat du terrain (activité présente ou passée de la société ou de ses membres, lotissement réalisé dans un bref délai…) (BOI-BIC-CHAMP-20-30-20 n° 110).

B. Modalités d'imposition des profits de lotissement

1. PROFITS DE LOTISSEMENT RELEVANT DU RÉGIME IS/BIC

48650 Les sociétés civiles de lotissement ayant acquis un terrain en vue de la revente par lots relèvent de l'impôt sur les sociétés.

On se bornera à indiquer ici, s'agissant de la détermination du bénéfice, que le fait que certains **associés aient acquis leurs parts en cours de société** n'est pas de nature à modifier les règles de calcul des bénéfices réalisés par la société à raison de la vente des lots viabilisés : les bénéfices doivent être déterminés compte tenu notamment du prix de cession et du prix de revient, pour la société elle-même, des biens vendus. La détermination des bénéfices sociaux ne saurait être influencée par les gains réalisés par certains associés à l'occasion d'opérations personnelles ayant porté sur les titres de la société, même si les gains ont été régulièrement taxés.

Selon les principes généraux applicables aux sociétés passibles de l'IS, les **associés** ne sont imposables sur les profits de lotissement qu'au moment où ceux-ci sont mis en distribution par la société ; l'imposition est alors établie au titre des **revenus distribués** (et non des plus-values) dans les mêmes conditions que pour les dividendes des sociétés de capitaux.

> Précisions a. Le lotisseur ne peut déduire, au titre d'un exercice donné, que les frais afférents aux seules parcelles vendues. Lorsque **seule** une **partie des lots** est **vendue,** une ventilation des dépenses doit être opérée entre les différentes parcelles. Dans la pratique, le moyen le plus efficace est de déterminer un prix de revient au mètre carré de terrain loti puis de multiplier ce prix par la superficie du ou des lots vendus (le prix de revient au mètre carré tient compte des surfaces non vendables à l'exception de celles correspondant à la voirie et aux réseaux devant être rétrocédées à la commune).

b. Les **frais non encore exposés à la clôture d'un exercice** peuvent être pris en compte sous forme de provisions dans les conditions de droit commun.

2. PROFITS DE LOTISSEMENT RELEVANT DU RÉGIME DES PLUS-VALUES DES PARTICULIERS

Lorsqu'elles n'ont pas agi dans une intention spéculative, les sociétés civiles réalisant des profits **48660**
de lotissement relèvent du régime d'imposition prévu pour les particuliers (CGI art. 150 U, I-al. 2).

Ces profits sont imposés (ou exonérés) dans les conditions et selon les modalités exposées aux nos 33450 s. Ainsi, quelle que soit la durée de détention du terrain, son prix d'acquisition est majoré, sur justificatifs, des **frais de voirie, réseaux et distribution,** qu'ils soient ou non imposés par les collectivités locales (CGI art. 150 VB, II-5°).

CHAPITRE 6

SOCIÉTÉS DE PLURIPROPRIÉTÉ

SOMMAIRE

SECTION 1

RÈGLES GÉNÉRALES

DÉFINITION

49500 Les sociétés de pluripropriété ont pour objet de mettre gratuitement à la disposition de leurs associés certains biens, meubles ou immeubles, dont l'acquisition et l'utilisation individuelles seraient trop onéreuses.

Il s'agit notamment :

– des **sociétés d'attribution d'immeubles en jouissance à temps partagé** (anciennes sociétés dites « de propriété spatio-temporelle ») dotées d'un statut juridique spécifique par la loi 86-18 du 6 janvier 1986 (nos 49600 s.) ;

– des **sociétés concessionnaires de parkings** ou de ports de plaisance ;

– des sociétés ayant pour objet d'accorder à leurs membres l'**utilisation, en temps partagé, de biens meubles** tels que bateaux de plaisance, chevaux, voitures, etc.

Les sociétés de pluripropriété revêtent, le plus souvent, la forme de sociétés de capitaux, mais il peut également s'agir de sociétés civiles. Lorsqu'elles revêtent la forme de société civile, elles sont soumises au régime de droit commun des sociétés civiles, ainsi que, pour certaines d'entre elles, aux dispositions de la loi du 6 janvier 1986.

RÉGIME FISCAL

49510 **Impôt sur les sociétés et impôt sur le revenu** Lorsque l'activité des sociétés civiles de pluripropriété consiste à mettre à la disposition de leurs membres non pas exclusivement des immeubles mais des biens meubles ou des locaux meublés, ces sociétés sont réputées exercer une **activité commerciale** qui les rend passibles de l'impôt sur les sociétés.

Toutefois, un régime particulier est prévu en faveur des sociétés passibles de l'impôt sur les sociétés qui ont pour objet de **transférer gratuitement à leurs associés la disposition d'un bien** meuble ou immeuble (CGI art. 239 octies). Ce régime concerne la **valeur nette de l'avantage en nature** consenti aux associés, c'est-à-dire la différence entre le loyer qu'aurait pu percevoir la société si elle avait loué le bien et le montant des versements faits par l'associé pour les dépenses ne lui incombant pas en tant qu'utilisateur du bien (frais de gestion, d'entretien et de réparation des biens sociaux) :

– au niveau de la **société,** la valeur nette de l'avantage en nature consenti aux associés n'est pas prise en compte pour la détermination du résultat imposable à l'IS et ne constitue pas un revenu distribué. Dans la mesure où la société ne perçoit pas d'autres sommes que le remboursement par les associés des frais de gestion et d'entretien des biens sociaux, elle échappe en fait au paiement de l'impôt sur les sociétés ;

– entre les mains des **associés personnes physiques,** la valeur nette de cet avantage en nature est exonérée de l'impôt sur le revenu : l'associé est placé en fait dans la même situation que s'il était propriétaire du bien dont il a la jouissance. En revanche, cette exonération n'est pas applicable à l'égard des **associés** qui sont des **personnes morales** passibles de l'IS **ou** des **entreprises** imposables à l'impôt sur le revenu au titre des BIC.

Ce régime s'applique aux avantages en nature consentis au titre d'un exercice ouvert **jusqu'au 31 décembre 2023.**

Le régime spécial n'est pas applicable si la société de pluripropriété **réalise avec des tiers des opérations productives de recettes,** sauf s'il s'agit d'opérations accessoires n'excédant pas 10 % de ses recettes totales ou d'opérations résultant d'une obligation imposée par la puissance publique. Jugé que les opérations productives de recettes réalisées avec des tiers ne peuvent pas bénéficier de l'exonération prévue à l'article 239 octies, même si elles présentent un caractère accessoire ou obligatoire : l'activité de la société doit alors être scindée en deux secteurs d'activité distincts et l'administration est en droit de refuser de prendre en compte, pour le calcul de l'avantage exonéré d'impôt sur les sociétés, le montant des recettes et des charges relatives au secteur lucratif, y compris les sommes perçues auprès des actionnaires qui, en raison de la marge pratiquée, constituent des recettes de nature commerciale (CAA Marseille 14-3-2006 n° 02-1275 : RJF 10/06 n° 1160 ; CE (na) 25-6-2008 n° 293620 : RJF 5/09 n° 434).

À compter du 1er janvier 2024, l'avantage en nature consenti par la société à ses associés sera pris en compte pour la détermination du résultat de la société et soumis à l'impôt sur le revenu entre les mains des associés bénéficiaires.

> **Précisions a.** En même temps que la déclaration de leurs résultats, les sociétés de pluripropriété sont tenues de souscrire une **déclaration spéciale** 2038-SD (BOI-IS-BASE-60-30 n° 130).
> **b.** Sur le régime des sociétés de pluripropriété au regard de la **taxe annuelle de 3 % sur les immeubles,** voir n° 13405.

TVA Les sociétés de pluripropriété sont exonérées de TVA pour les **services indispensables à l'utilisation des biens** et fournis aux associés moyennant, indépendamment des apports, le strict remboursement de la part qui leur incombe dans les dépenses communes (CGI art. 261 A). **49515**

Cette exonération n'est pas applicable aux sociétés qui réalisent **avec des tiers** des opérations productives de recettes, à moins qu'il ne s'agisse d'opérations accessoires définies n° 49510 en matière d'impôts directs (sur les conséquences éventuelles de l'option pour l'appartenance à un groupe TVA, voir n° 12003). En tout état de cause, l'exonération ne concerne que les services fournis par la société à ses membres.

Il faut que les sommes versées par les associés correspondent au **strict remboursement de la part qui leur incombe** dans les dépenses communes. La société ne doit donc réaliser aucun excédent de recettes par rapport aux sommes qu'elle a effectivement déboursées, ce qui exclut, selon l'administration, que la société réclame à ses membres des sommes destinées à lui permettre de couvrir des provisions ou l'amortissement des biens exploités (Inst. 3 A-20-80 du 30-10-1980, non reprise au Bofip). Sur ce dernier point, on notera que l'administration a, pour l'application de l'article 261 B du CGI, assoupli sa doctrine en permettant notamment le remboursement des amortissements pratiqués au titre des biens communs (BOI-TVA-CHAMP-30-10-40 n° 170).

La répartition des dépenses entre les associés doit se faire en imputant à chacun les coûts des services le concernant, ce qui ne paraît pas exclure d'ailleurs, lorsque cette individualisation ne peut être effectuée (par exemple pour les dépenses d'entretien et de réparation des parties communes d'immeubles), une répartition au prorata des droits sociaux. En cas de réalisation d'**excédents,** c'est l'ensemble des sommes perçues qui est taxable et non la seule fraction excédant les dépenses communes.

SECTION 2

SOCIÉTÉS CIVILES D'ATTRIBUTION D'IMMEUBLES EN JOUISSANCE À TEMPS PARTAGÉ

STATUT LÉGAL

49600 Les sociétés civiles d'attribution d'**immeubles à usage principal d'habitation** en jouissance à temps partagé ont été créées par la loi 86-18 du 6 janvier 1986 pour développer l'investissement immobilier de loisir connu sous les vocables de « multipropriété », « propriété spatio-temporelle » ou encore « propriété à temps partagé ».

Elles permettent l'attribution à leurs associés d'un **droit de jouissance,** à l'exclusion de tout droit de propriété, sur une fraction de l'immeuble social par périodes déterminées (Loi 86-18 du 6-1-1986 art. 1, al. 1).

49601 Les sociétés civiles d'attribution d'immeubles en jouissance à temps partagé sont régies par les **règles de droit commun** des sociétés civiles, sous réserve de celles prévues par la loi 86-18 du 6 janvier 1986 (art. 1, al. 1).

CHAMP D'APPLICATION TERRITORIALE DE LA RÉGLEMENTATION

49605 L'application territoriale de la loi du 6 janvier 1986 soulève différentes questions : une société d'attribution d'immeubles en jouissance à temps partagé dont le siège social est en France, mais dont les **immeubles** qu'elle veut commercialiser sont **situés à l'étranger,** est soumise aux dispositions de la loi du 6 janvier 1986 pour tout ce qui concerne sa constitution, son fonctionnement et sa dissolution. Mais pour la réalisation de son objet, la construction ou l'acquisition d'immeubles à l'étranger, c'est la loi de situation des biens qui doit s'appliquer (Rép. Bosson : AN 15-2-1993 n° 64785).

A. Constitution des sociétés civiles d'attribution d'immeubles en jouissance à temps partagé

STATUTS

49615 **Objet social** L'objet des sociétés civiles d'attribution d'immeubles en jouissance à temps partagé comprend (art. 1er de la loi) :

– la **construction** d'immeubles, l'**acquisition** d'immeubles ou de droits réels immobiliers, l'**aménagement** ou la restauration des immeubles acquis ou sur lesquels portent ces droits réels ;

– l'**administration** de ces immeubles, l'acquisition et la **gestion des éléments mobiliers** conformes à leur destination.

Il peut également être prévu la **fourniture de services** (échanges de périodes de jouissance, locations, etc.), le fonctionnement des équipements collectifs, etc.

> **Précisions a.** Les sociétés qui ont pour objet la **construction** d'immeubles doivent conclure un contrat de promotion immobilière ou confier les opérations y afférentes à leur représentant légal ou statutaire (art. 12, al. 1 de la loi ; CCH art. L 212-10).
> Il en est de même des sociétés ayant pour objet l'**acquisition** d'immeubles dès lors que le coût total des travaux d'aménagement ou de restauration dépasse 50 % du prix d'acquisition des immeubles (art. 12, al. 2 de la loi).
> **b.** Les sociétés ayant pour objet l'**acquisition d'immeubles à construire** doivent conclure un contrat ou bénéficier d'une cession de contrat conforme aux articles L 261-10 s. du CCH. Si la vente a lieu en l'état futur d'achèvement, ce

contrat doit comporter la garantie d'achèvement prévue par l'article L 261-11 du CCH (art. 12, al. 3).

c. L'immeuble ainsi construit ou acheté est divisé en **lots** auxquels sont affectés des **groupes de parts** donnant vocation à la jouissance de ces lots pendant une période déterminée.

d. Jugé que la loi du 6 janvier 1986 n'était pas applicable à une société dont les statuts prévoyaient le droit pour les actionnaires de jouir de leur lot de manière effective mais dont la réalité de fonctionnement s'analysait en la **gestion de chambres d'hôtel** de tourisme (Cass. 3e civ. 8-10-1997 no 1404 : RJDA 1/98 no 66).

Cas particulier : garanties accordées par la société. Il est interdit aux sociétés d'attribution d'immeubles en jouissance à temps partagé de se porter **caution** (art. 2 de la loi). Cette mesure tend à éviter que le droit de jouissance des associés ne soit compromis par des sûretés accordées par la société en garantie des dettes d'un associé ou d'un tiers qui seraient susceptibles de mettre en péril l'immeuble social (Rapport AN no 2739 p. 26). Mais la société peut valablement constituer une **hypothèque** sur ses immeubles en garantie de ses propres dettes. 49616

Parts sociales Les parts sociales doivent être réparties entre tous les associés en différents **groupes,** formés en fonction des caractéristiques du lot attribué à chacun d'eux ainsi que de la durée et de l'époque d'utilisation du local correspondant (art. 8, al. 2 de la loi). Chaque groupe de parts est indivisible. 49620

La **valeur** des droits des associés est appréciée au jour de l'affectation aux lots des groupes de droits sociaux qui leur sont attachés (art. 8, al. 3).

La **souscription** de parts **par un consommateur** est en outre encadrée par des dispositions particulières de protection (nos 50200 s.).

Mentions spécifiques Indépendamment des clauses qu'il est d'usage de trouver dans les statuts de toute société, les statuts des sociétés civiles d'attribution d'immeubles en jouissance à temps partagé doivent mentionner : 49625

- les obligations des associés en cas d'**appels de fonds** (no 50070) ;
- les conditions dans lesquelles les parts des **associés défaillants** peuvent être mises en vente (no 50080) ;
- les engagements des associés au **passif** social (voir no 50060) ;
- l'existence d'un **représentant de période** pour chaque groupe d'associés ayant un droit de jouissance pendant la même période (nos 49835 s.) ;
- les conditions de nomination et de révocation des **gérants** de la société (no 49705).

ÉTAT DESCRIPTIF DE DIVISION

L'état descriptif de division délimite les diverses parties de l'immeuble social en distinguant celles qui sont communes de celles qui sont privatives (art. 8, al. 1 de la loi). 49640

Il doit comprendre, en annexe, un **tableau d'affectation** des groupes de parts sociales en fonction des lots et des périodes de jouissance (art. 8, al. 4).

L'état descriptif de division doit être adopté avant tout commencement des travaux de construction ou, s'il s'agit d'une société d'acquisition, avant toute entrée en jouissance des associés (art. 11).

Il doit être **annexé** aux statuts.

RÈGLEMENT

Contenu Le règlement précise la **destination** de l'immeuble et celle de ses diverses parties (privatives et communes) ainsi que les modalités d'utilisation des équipements collectifs (art. 8, al. 5 de la loi). 49650

Par ailleurs, il doit fixer la quote-part qui incombe à chaque groupe de parts, défini en fonction de la situation du local, de la durée et de la période de jouissance, dans chacune des catégories de charges ou les bases sur lesquelles la répartition des **charges** devra être faite (art. 9, al. 5 et 6). Il peut prévoir, pour le premier exercice, le paiement d'avances sur charges (art. 13, al. 2).

Enfin, s'il existe dans la société un service destiné à permettre l'échange (**bourse d'échange**) ou la location des périodes de jouissance ou encore la vente des parts et qu'un document publicitaire, quelle qu'en soit la forme, en fait état, ce service doit être mentionné dans le règlement avec les conditions dans lesquelles il peut être utilisé (art. 8, al. 6 et 7).

Modalités d'établissement Le règlement doit être adopté dans les mêmes conditions que l'état descriptif de division (art. 11 ; no 49640). Il doit être annexé aux statuts. 49655

B. Fonctionnement des sociétés civiles d'attribution d'immeubles en jouissance à temps partagé

1. ADMINISTRATION DE LA SOCIÉTÉ

GÉRANCE

49700 En principe, les règles de **droit commun** (nos 7000 s.) sont applicables aux gérants des sociétés d'attribution d'immeubles en jouissance à temps partagé.

Toutefois, les conditions de nomination et de révocation de ces gérants, la durée de leur mandat ainsi que l'étendue de leur mission font l'objet de dispositions spécifiques.

49705 **Nomination et révocation des gérants** Le ou les gérants sont nommés par **décision des associés** représentant plus de la moitié des parts sociales (art. 5 de la loi).

Ces conditions de majorité ne peuvent être ni augmentées ni réduites par les associés. Elles s'imposent en effet « nonobstant toutes dispositions contraires des statuts » (art. 5).

Les mêmes règles doivent être suivies lorsque les associés veulent révoquer le ou les gérants (art. 6).

49706 **Durée du mandat des gérants** La durée maximale du mandat de gestion est de trois ans renouvelable (art. 5 de la loi). Le nombre des renouvellements n'est pas limité.

49710 **Mission des gérants** Les missions prévues à l'article 1er de la loi (construction ou acquisition de l'immeuble, aménagement des locaux, etc.) doivent être assurées exclusivement par le gérant de la société. Toute clause contraire des statuts est réputée non écrite (art. 7).

Unique interlocuteur des associés, le gérant de la société peut toujours désigner un **gestionnaire,** mais celui-ci ne peut à aucun moment se substituer à l'organe de gestion (Déb. AN 29-11-1985 p. 5016).

2. CONTRÔLE DE LA GESTION

CONSEIL DE SURVEILLANCE

49750 Dans toute société civile d'attribution d'immeubles en jouissance à temps partagé, un conseil de surveillance doit être constitué (art. 18, al. 1 de la loi).

Les **membres** du conseil de surveillance doivent être **désignés** par l'assemblée générale parmi les associés, à l'exclusion des gérants, de leur conjoint ou de leurs préposés. Nonobstant toute convention contraire, ils sont désignés pour une durée maximale de trois ans renouvelable. Ils sont révocables par l'assemblée générale (art. 18, al. 1).

Le conseil de surveillance élit parmi ses membres un **président** (art. 18, al. 1) qui peut valablement recevoir toute communication faite au conseil (art. 18, al. 4).

Le conseil de surveillance **rend compte** de l'exécution de sa mission à l'assemblée générale chaque année (art. 18, al. 4).

49751 Le conseil de surveillance donne son **avis aux dirigeants** sociaux ou à l'assemblée générale sur toutes les questions concernant la société pour lesquelles il est consulté ou dont il se saisit lui-même (art. 18, al. 2).

Il peut prendre **connaissance et copie,** à sa demande et après en avoir avisé la société, de toutes pièces, **documents,** correspondance ou registres se rapportant à la société (art. 18, al. 3). Cependant, aucune sanction n'est prévue en cas de non-communication des documents par le ou les gérants.

49752 Les **autres modalités de fonctionnement** du conseil de surveillance (nombre des membres, périodicité des réunions, conditions de validité des décisions, etc.) sont fixées par les statuts et, à défaut, par l'assemblée générale (art. 18, al. 1).

COMMISSAIRE AUX COMPTES

49760 Comme dans toute société civile exerçant une activité économique, ce qui est le cas des sociétés d'attribution d'immeubles en jouissance à temps partagé, un commissaire aux comptes titulaire et un suppléant (lorsque le commissaire aux comptes titulaire est une personne physique ou une société unipersonnelle) doivent être désignés par l'assemblée générale des associés si la société a une certaine taille (C. com. art. L 612-1 et R 612-1) ou si elle appartient à un petit groupe (C. com. art. L 823-2-2, D 823-1 et D 823-1-1) voir nos 8150 s.

Sur le statut et la mission des commissaires aux comptes, voir no 8164.

CONTRÔLEUR

Lorsque la société n'est pas tenue d'avoir un commissaire aux comptes, elle doit confier chaque année le contrôle de la gestion des gérants à un « technicien » désigné par l'assemblée générale des associés et à laquelle il doit rendre compte de sa mission (art. 18-1, al. 1 de la loi). 49770

Ce technicien doit être **choisi** en dehors des associés (art. 18-1, al. 1). La loi ne fixe aucune autre règle en ce qui concerne le choix de ce technicien.

Le technicien peut prendre connaissance et copie, à sa demande et après en avoir avisé la société, de toutes pièces, documents, correspondance ou registres se rapportant à la société (art. 18, al. 3 sur renvoi de l'art. 18-1, al. 2).

3. DÉCISIONS COLLECTIVES

MODE DE CONSULTATION

Les associés des sociétés civiles d'attribution d'immeubles en jouissance à temps partagé doivent être réunis en **assemblée** au moins une fois par an (art. 13, al. 3 de la loi). 49800

CONVOCATION

En principe, la convocation des assemblées relève de la **compétence** du gérant. Toutefois, le conseil de surveillance ou des associés disposant d'au moins 20 % des parts sociales peuvent demander au gérant de convoquer une assemblée. Cette assemblée doit alors être réunie dans les trois mois qui suivent la demande (art. 13, al. 3). 49810

L'**ordre du jour** de l'assemblée est établi en concertation avec le conseil de surveillance, qui peut demander qu'y soient inscrites une ou plusieurs questions (art. 13, al. 4).

L'**avis de convocation,** qui doit mentionner toutes les questions à l'ordre du jour et comporter la reproduction des dispositions de l'article 13, al. 6 relatives au droit d'information des associés (no 49820), doit être adressé à tous les associés (art. 13, al. 5).

En l'absence de dispositions de la loi de 1986 fixant les conditions de **forme** et de **délai** de cette convocation, il convient d'appliquer les règles de droit commun (convocation par lettre recommandée 15 jours au moins avant la réunion de l'assemblée : nos 8530 s.), les statuts ne pouvant pas y déroger (CA Versailles 13-3-2000 : RJDA 6/00 no 680 ; CA Grenoble 24-9-2002 : Dr. sociétés 2003 comm. no 127 obs. F.-X. Lucas).

Dans le silence des textes, la consultation des associés doit, à notre avis, se faire au **siège social.**

DROIT D'INFORMATION DES ASSOCIÉS

Les associés peuvent, dans les 15 jours qui précèdent l'assemblée générale, demander à la société communication des **comptes sociaux.** À tout moment, tout associé peut également demander communication de la **liste** des noms et adresses **des autres associés** ainsi que de la **répartition des parts** sociales et des droits de jouissance qui y sont attachés. L'envoi de ces documents est effectué dans un délai maximal de sept jours à compter de la réception de la demande, le cas échéant, aux frais avancés, dûment justifiés, du demandeur (art. 13, al. 6). 49820

REPRÉSENTATION DES ASSOCIÉS

Mandataire individuel Les associés peuvent se faire représenter à l'assemblée par un mandataire, personne physique ou morale, même non associé ; toute clause contraire des statuts est réputée non écrite (art. 13, al. 5). 49830

Toutefois, les gérants, leur conjoint, leurs préposés ainsi que toute personne physique ou morale les représentant directement ou indirectement ne peuvent pas être mandataires (art. 19).

Représentant de période En raison du particularisme des sociétés d'attribution d'immeubles en jouissance à temps partagé, un mode de représentation des associés original a été instauré : les représentants de période. Ces représentants sont des mandataires communs à tous les **associés ayant un droit de jouissance pendant la même période.** 49835

Les statuts prévoient que chaque ensemble d'associés ayant un droit de jouissance pendant la même période peut, à la majorité, désigner un ou plusieurs associés de cet ensemble pour 49836 le représenter à l'assemblée générale (art. 14, al. 1). À défaut de précision donnée par les statuts, la **désignation** est faite à la majorité des voix de tous les associés de la même période (Rép. Denis : AN 22-6-1998 n° 12091).

Rien ne s'oppose à ce que celui qui possède des parts correspondant à plusieurs périodes puisse représenter les associés de ces mêmes périodes qui ont des intérêts similaires aux siens. Il dispose alors, pour chaque période, d'un nombre de voix égal au total des voix des associés de la période considérée qu'il représente (Rép. Guillet : AN 26-7-1993 n° 2642).

Même s'ils sont associés, les gérants, leur conjoint, leurs préposés ainsi que toute personne physique ou morale les représentant directement ou indirectement ne peuvent pas être représentants de période (art. 19).

Chaque représentant de période peut avoir un ou plusieurs **suppléants,** mais ni le représentant ni son ou ses suppléants ne peuvent à leur tour se faire représenter (art. 14, al. 1 et 2).

49837 Les représentants de période et leurs suppléants sont désignés pour la **durée** fixée dans les statuts sans que celle-ci puisse être supérieure à trois ans. Sauf clause contraire des statuts, leur mandat est renouvelable (art. 14, al. 1 et 2).

49838 Ils peuvent exercer leur mandat pour toutes les **résolutions** soumises aux assemblées à l'exception de celles concernant (art. 16, al. 2 et 5 sur renvoi de l'art. 14, al. 3) :

- la modification des statuts ;
- les actes de disposition affectant un immeuble ;
- l'établissement ou la modification du règlement ;
- la prorogation ou la dissolution anticipée de la société et la fixation des modalités de sa liquidation ;
- la modification de la répartition des droits des associés et du tableau d'affectation des lots.

Dans ces différents cas, les associés doivent exprimer leur vote personnellement ou par mandataire choisi individuellement.

49839 Chaque représentant de période dispose d'un **nombre de voix** égal au total des voix des associés de la période qu'il représente, sous déduction des voix de ceux qui seraient présents ou représentés personnellement à l'assemblée (art. 15, al. 4).

Cette règle permet de réunir plus facilement la majorité requise pour l'adoption des résolutions. Certes, elle conduit à considérer que même les associés absents ou dissidents lors de la nomination du représentant de période ont donné mandat à ce dernier de les représenter. Mais elle ne porte pas atteinte aux droits des associés puisqu'ils peuvent révoquer ce mandat implicite en participant personnellement ou par un mandataire de leur choix aux assemblées. Dans ce cas, leurs voix sont décomptées de celles dont dispose le représentant de période.

49840 **Pouvoirs en blanc** Les associés peuvent adresser des pouvoirs en blanc aux gérants ou aux membres du conseil de surveillance. Le pouvoir en blanc est une procuration datée et signée par l'associé mais dans laquelle celui-ci s'est abstenu de préciser le nom du mandataire. Dans le silence de la loi sur les modalités de répartition de ces pouvoirs, il y a lieu d'appliquer la jurisprudence de la Cour de cassation (Cass. 1re civ. 28-2-1989 : Bull. civ. I n° 98) selon laquelle la personne à qui est remise une procuration dans laquelle ne figure pas le nom du mandataire doit être réputée avoir reçu mandat de choisir celui-ci (Rép. Daugreilh : AN 29-4-1991 n° 34056).

MAJORITÉ

49850 En principe, toutes les décisions de l'assemblée générale doivent être prises à la **majorité des voix** des associés présents ou représentés (art. 16, al. 1 de la loi).

Toutefois, des **règles de majorité particulières** doivent être appliquées pour les décisions relatives aux questions suivantes :

a. Nomination et révocation du gérant de la société : majorité de plus de la moitié des parts sociales (art. 5 et 6) ;

b. Modification des statuts, établissement ou modification du règlement, actes de disposition affectant des biens immobiliers, prorogation ou dissolution anticipée de la société, fixation des modalités de la liquidation : majorité des deux tiers des voix des associés (art. 16, al. 2) ;

c. Transformation d'éléments d'équipement existants, adjonction d'éléments nouveaux, aménagement ou création de locaux à usage commun : majorité des deux tiers des voix des associés présents ou représentés (art. 16, al. 3) ;

d. Modification des droits attachés aux groupes de parts et du tableau d'affectation des lots : majorité des deux tiers des voix des associés présents ou représentés et accord de chacun des associés concernés (art. 16, al. 5) ;

e. Vente forcée des droits des associés défaillants : sur première convocation, majorité des deux tiers du capital et, sur seconde convocation, majorité des deux tiers des parts sociales dont les titulaires sont présents ou représentés, sans que soient pris en considération, pour le calcul de ces majorités, les droits sociaux détenus par les associés défaillants (CCH art. L 212-4, al. 2 sur renvoi de l'art. 3, al. 2) ;

f. Retrait d'un associé : unanimité (art. 19-1).

NOMBRE DE VOIX

Chaque associé dispose d'un nombre de voix proportionnel au **nombre de parts** qu'il détient dans le capital (art. 15, al. 1 de la loi). 49860

Cette disposition comporte néanmoins les restrictions suivantes :

1. Lorsque la **décision** à prendre est **relative aux charges,** le nombre de voix dont dispose chaque associé est proportionnel à sa participation aux charges (art. 15, al. 2).

2. Lorsque le règlement met à la charge de certains associés seulement les **dépenses** d'entretien d'**une partie de l'immeuble** ou les dépenses d'entretien et de fonctionnement d'un élément d'équipement, seuls ces associés prennent part au vote sur les décisions qui concernent ces dépenses (art. 15, al. 3).

3. Pour les **décisions les plus importantes** visées à l'article 16, al. 2 et 3 de la loi (modification des statuts, établissement ou modification du règlement, actes de disposition affectant des biens immobiliers, etc. : voir n° 49850, b et c), les acquéreurs de parts doivent disposer d'au moins 40 % des voix (art. 16, al. 4). Les associés d'origine ne peuvent donc pas détenir plus de 60 % des voix. Ainsi, le législateur a voulu éviter les abus de majorité du fait du promoteur qui, dans bien des cas, se trouve majoritaire au sein de l'assemblée en raison du nombre important d'invendus (Déb. AN 28-11-1985 p. 5019).

C. Les associés des sociétés civiles d'attribution d'immeubles en jouissance à temps partagé

1. DROITS ET OBLIGATIONS

a. Droits des associés

Les associés des sociétés civiles d'attribution d'immeubles en jouissance à temps partagé disposent des droits qui appartiennent à tout associé d'une société civile (voir nos 20100 s.) ainsi que de ceux exposés ci-après et qui sont spécifiques à ce type de société. 50000

DROIT DE JOUISSANCE

Les associés sont titulaires d'un **droit de jouissance périodique** sur le lot défini dans l'état descriptif de division qui correspond aux parts sociales dont ils sont porteurs. 50005

Ce droit de jouissance est exclusif de tout **droit de propriété** ou de tout autre droit réel sur l'immeuble social (art. 1, al. 1).

En vue de protéger le public non averti, les **documents publicitaires** doivent exclure toute expression incluant les termes « propriétaire » ou « propriété » pour qualifier la qualité des associés ou les droits accordés sur l'immeuble, sous peine d'une amende de 15 000 € (art. 33, al. 2 et 3). 50006

Le droit de jouissance dont disposent les associés s'accompagne de celui de **louer ou prêter le local** pendant toute la période d'attribution. Ce droit ne peut être ni supprimé ni restreint par les statuts ou le règlement (art. 23). 50007

La location ou le prêt à un tiers n'est pas opposable à la société. En conséquence, si l'associé vient à être déchu de son droit de jouissance, elle peut poursuivre l'expulsion de l'occupant.

Exercice du droit de jouissance L'exercice du droit de jouissance doit être conforme à la destination des locaux, telle qu'elle est définie dans le **règlement.** 50010

Un **état des lieux** doit être établi contradictoirement par l'associé et le gérant de la société ou son représentant – spécialement désigné à cet effet – lors de la restitution du local en fin de période. Cet état des lieux doit être remis au nouvel occupant (art. 21).

Le droit de jouissance est un droit de créance qui n'est pas opposable aux tiers. En conséquence, les **créanciers** de la société peuvent saisir ou faire vendre l'immeuble social sans que les associés puissent opposer leur droit de jouissance.

AUTRES DROITS

50020 Si le règlement le prévoit, les associés peuvent bénéficier de **services annexes** : par exemple une « bourse d'échange » ou de location des périodes de jouissance ou encore de vente des parts sociales.

DROIT DE RETRAIT ET DISSOLUTION

50030 Les associés ont un droit de **retrait** de la société (art. 19-1). Nonobstant toute clause contraire des statuts, un associé peut se retirer totalement ou partiellement de la société, après **autorisation** donnée à l'unanimité des **associés.**

Il peut également être autorisé à se retirer pour justes motifs, sur **décision de justice,** notamment lorsque l'associé est bénéficiaire des minima sociaux ou perçoit une rémunération inférieure au Smic ou encore lorsqu'il ne peut plus jouir de son bien du fait de la fermeture ou de l'inaccessibilité de la station ou de l'ensemble immobilier concerné (art. 19-1, al. 1). Des raisons de convenances personnelles ne constituent cependant pas un juste motif au sens de l'article 19-1 (CA Paris 12-5-2015 nº 14/08703 : RJDA 8-9/15 nº 584). De même, l'impossibilité pour des associés d'occuper un studio en raison de leur état de santé n'est pas un juste motif, dès lors qu'ils pouvaient le louer ou le prêter facilement et ne démontraient ni l'impossibilité de vendre leurs parts sociales, ni être dans une situation économique grave (CA Paris 7-4-2016 nº 15/10212 : RJDA 7/16 nº 552).

L'exercice de la procédure de retrait judiciaire n'est pas subordonné au rejet préalable d'une demande formée auprès des associés (CA Paris 28-1-2014 nº 12-22501 : RJDA 4/14 nº 357).

Le retrait est **de droit** lorsque les parts que l'associé détient dans le capital lui ont été transmises par succession depuis moins de deux ans à compter de la demande de retrait formée par l'héritier ou les héritiers devenus associés auprès de la société (art. 19-1, al. 2). Dans un cas où seule la nue-propriété des parts avait été transmise aux héritiers d'un associé décédé, l'épouse de celui-ci ayant conservé l'usufruit, il a été jugé que les héritiers nus-propriétaires avaient pu exercer leur droit de retrait moins de deux ans après le décès de l'usufruitier mais plus de 20 ans après le décès de son conjoint (CA Paris 15-9-2017 nº 15/19294 : RJDA 12/17 nº 815).

S'il existe plusieurs héritiers, la demande doit être présentée à l'unanimité des indivisaires à moins que le retrait des intéressés n'ait pour finalité de pouvoir payer les dettes et charges de l'indivision, auquel cas la demande peut être présentée par un ou plusieurs d'entre eux titulaires d'au moins deux tiers des droits indivis (C. civ. art. 815-3 sur renvoi de l'art. 19-1, al. 2 de la loi).

Le retrait est constaté par acte notarié signé par l'héritier ou les héritiers devenus associés qui se retirent et le représentant de la société. Le coût du ou des actes notariés et les droits y afférents liés au retrait sont supportés par l'héritier ou les héritiers devenus associés qui se retirent (art. 19-1, al. 2 précité).

L'héritier ou les héritiers devenus associés qui se retirent ont le droit au **remboursement de la valeur de leurs droits sociaux** fixée, à défaut d'accord amiable, conformément à l'article 1843-4 du Code civil (art. 19-1, al. 2 précité).

50031 Par application du droit commun, la **dissolution** de la société peut intervenir sur décision judiciaire en cas de mésentente des associés (C. civ. art. 1844-7, 5º ; nºs 24160 s.) ou par décision prise en assemblée générale (C. civ. art. 1844-7, 4º ; nº 24140).

b. Obligations des associés

RESPONSABILITÉ DES ASSOCIÉS

50060 La responsabilité des associés des sociétés civiles d'attribution d'immeubles en jouissance à temps partagé est **limitée,** à l'instar de ce qui est prévu pour les sociétés anonymes, les sociétés par actions simplifiées et les sociétés à responsabilité limitée, au **montant de leurs apports** (art. 4 de la loi). Il s'agit là d'une dérogation à l'article 1857 du Code civil qui énonce le principe de l'obligation personnelle et indéfinie au passif social des associés des sociétés civiles.

APPELS DE FONDS

50070 Les appels de fonds doivent être nécessités par la construction, l'acquisition, l'aménagement ou la restauration de l'immeuble social (art. 3, al. 1 de la loi). Ils peuvent être demandés aux associés aussi bien pour l'exécution d'un plan de financement préétabli que pour couvrir des dépenses imprévues.

Contribution des associés Tous les associés des sociétés civiles d'attribution d'immeubles en jouissance à temps partagé doivent répondre aux appels de fonds en **proportion** de leurs droits dans le capital (art. 3, al. 1). 50075

Il est interdit à la **société** de se porter **caution** pour garantir les emprunts contractés par les associés (nº 49616).

Défaillance d'un associé En cas de défaillance d'un associé, l'assemblée générale peut décider la **vente forcée de ses droits sociaux.** Celle-ci doit être effectuée dans les conditions prévues à l'article L 212-4 du CCH (nºs 40950 s.) (art. 3, al. 2). 50080

À compter de la décision de l'assemblée générale, l'associé défaillant ne peut ni entrer en jouissance de la fraction de l'immeuble à laquelle il avait vocation, ni s'y maintenir (art. 3, al. 3). Le non-maintien dans les lieux vise également les personnes auxquelles l'associé défaillant aurait loué le lot.

PARTICIPATION AUX CHARGES

Les associés doivent participer (art. 9 de la loi) : 50090

– d'une part, aux charges entraînées par les services collectifs, les éléments d'équipement et le fonctionnement de l'immeuble ;
– d'autre part, aux charges liées à la conservation, l'entretien, l'administration des parties communes et au fonctionnement de la société.

Contribution des associés La contribution des associés au paiement des charges varie selon la nature de celles-ci. 50095

S'agissant des charges entraînées par les services collectifs, les éléments d'équipement (chauffage, ascenseur, entretien des espaces verts, etc.) ainsi que celles liées au fonctionnement de l'immeuble qui sont spécifiques à la « multipropriété » (accueil des associés, établissement des inventaires et états descriptifs des lieux), un décret aurait dû déterminer parmi ces **charges** celles qui sont **communes** et celles qui sont **liées à l'occupation** du local (Loi art. 9, al. 1). 50096

En l'absence de publication de ce décret, il y a lieu d'appliquer la répartition fixée par les statuts et le règlement intérieur (nº 49650) de la société (Cass. 3e civ. 29-5-2002 nº 944 : RJDA 10/02 nº 1044 ; CA Versailles 26-6-1998 : RJDA 12/98 nº 1373). La société jouit d'une grande latitude pour procéder à la ventilation entre les charges communes et celles liées à l'occupation. Ainsi, le règlement intérieur d'une société peut valablement inclure un « forfait-loisir » dans les charges communes (Cass. 3e civ. 29-5-2002 nº 944 précité).

Il a été précisé que la diversité des situations, des services et des résidences de loisirs rend quasi impossible la fixation uniforme sur l'ensemble du territoire d'une liste de charges communes et d'une liste de charges liées à l'occupation (Rép. Pinte : AN 8-6-1992 nº 41532). Pour ces raisons, l'élaboration d'un **décret** n'est pas envisagée (Rép. Roustan : AN 29-11-2005 nº 74578).

En principe, les associés doivent participer à ces charges, en fonction de la situation et de la consistance du local, de la durée et de l'époque de la période de jouissance, dans les conditions fixées par le règlement. 50097

Lorsque le **local** dans lequel l'associé exerce son droit de jouissance n'est **pas occupé,** cet associé n'est tenu de contribuer qu'aux charges communes ; il n'est pas tenu de participer aux charges liées à l'occupation (art. 9, al. 3).

Dans un cas où le règlement intérieur d'une société avait inclus dans la catégorie des charges communes des frais correspondant à un « forfait-loisir » réglé en totalité par la société, indépendamment de l'occupation réelle des locaux par chaque associé, il a été jugé que cette société pouvait valablement demander le paiement de ce forfait à un associé qui n'avait pas occupé le local pendant la période où il en avait la jouissance (Cass. 3e civ. 29-5-2002 nº 944 : RJDA 10/02 nº 1044).

Si la société ne produit pas un décompte de charges ventilant celles-ci par catégories en précisant les charges liées à l'occupation, elle ne peut pas demander le paiement de charges à un associé qui n'a pas occupé le local pendant la période où il en a la jouissance (Cass. 3e civ. 23-1-2002 nº 51 : RJDA 10/02 nº 1044).

C'est le fait matériel de l'occupation ou non des locaux qui doit être pris en considération pour déterminer si l'associé est ou non tenu de payer les charges correspondantes. Notamment, ces charges sont dues lorsque l'associé fait, gratuitement ou contre rémunération, bénéficier un tiers de son droit de jouissance.

Les **charges générales** liées à la conservation, l'entretien, l'administration des parties communes (réfection de toiture, nettoyage des parties communes, frais liés à la réunion de 50098 l'assemblée générale, etc.) et celles relatives au fonctionnement de la société (frais de personnel, etc.) doivent être réparties proportionnellement au nombre de parts détenues par les associés dans le capital (art. 9, al. 4).

Si le règlement le prévoit, des **avances** sur charges peuvent être exigées pour le premier exercice social à compter de l'achèvement de la construction, de l'acquisition, de l'aménagement ou de la restauration des immeubles.

De plus, au début de chacun des exercices suivants, chaque associé peut être tenu de verser une **provision** sur charges ; celle-ci ne doit pas être supérieure au montant des charges qui lui auront été imparties l'exercice précédent ou, s'il s'agit d'un nouvel associé, de celles imputées à l'associé précédent au cours du dernier exercice pour le même local, la même période et la même durée (art. 13, al. 1). L'absence d'approbation des comptes d'un exercice est sans incidence sur l'obligation au paiement de provisions pour l'exercice suivant, mais elle interdit à la société de se prévaloir d'une créance au titre de la régularisation des charges de l'exercice dont les comptes n'ont pas été approuvés (Cass. 3e civ. 30-9-2021 n° 20-20.027 F-D : RJDA 1/22 n° 23).

50099 La répartition des quotes-parts dans les différentes catégories de charges entre les groupes de droits sociaux (ou au moins l'indication des bases sur lesquelles cette répartition est faite) est fixée par le règlement d'occupation et de jouissance (art. 9, al. 5). L'article 10 de la loi de 1986 prévoit, sous certaines conditions, une procédure de **révision pour l'avenir** de la répartition des charges à la demande de tout associé, pendant les cinq années de l'adoption de l'état descriptif de division.

50100 **Recouvrement des charges** La société peut poursuivre en paiement l'associé qui ne s'est pas acquitté des charges sociales.

Celui-ci peut toutefois utilement invoquer l'**exception d'inexécution** (C. civ. art. 1219 ; Cass. req. 17-5-1938 : DH 1938. 419 ; Cass. com. 15-1-1973 : D. 1973.473) pour échapper au paiement si la société ne l'a pas fait bénéficier des prestations promises. Ainsi, dans un cas où le montant réclamé à un associé incluait les deux catégories de charges prévues par l'article 9 de la loi de 1986, il a été jugé qu'un associé, qui n'avait pas pu bénéficier des équipements communs de loisirs pendant la période de jouissance qui lui était attribuée, pouvait utilement se prévaloir de l'inexécution par la société de ses obligations pour refuser de s'acquitter des charges réclamées par la société (Cass. 3e civ. 2-2-2005 n° 158 : RJDA 7/05 n° 834).

Si l'**associé ne satisfait pas à ses obligations,** ses droits sociaux peuvent faire l'objet d'une vente forcée (voir n° 50080).

L'existence de cette procédure ne fait pas obstacle à ce que la société assigne l'associé défaillant en paiement selon les règles de droit commun.

2. CESSION ET SOUSCRIPTION DE PARTS

RÉGLEMENTATION APPLICABLE

50150 Les cessions de parts sociales sont soumises aux règles de droit commun (nos 21170 s.).

Toutefois, des **règles spécifiques** sont applicables à la forme des cessions ou des souscriptions (nos 50155 s.) et aux cessions effectuées avant l'achèvement de l'immeuble (nos 50190 s.).

En outre, lorsqu'elles interviennent entre un professionnel et un **consommateur,** les cessions et les souscriptions de parts sont soumises à des dispositions particulières du Code de la consommation (nos 50200 s.).

> **Précisions** Tout **crédit** consenti par un établissement de crédit à un particulier **pour l'acquisition** (ou la souscription) **de parts** de société civile d'attribution d'immeubles en jouissance à temps partagé est soumise aux dispositions des articles L 313-1 et suivants du Code de la consommation régissant le crédit immobilier, lesquelles sont d'ordre public (C. consom. art. L 314-26).

FORME DES CESSIONS

50155 Les cessions (comme les souscriptions) de parts de sociétés civiles d'attribution d'immeubles en jouissance à temps partagé doivent faire l'objet d'un **acte** sous signature privée ou d'un acte notarié (art. 20, al. 1 de la loi).

Lorsque l'acquisition des parts par un particulier doit être financée par un **crédit,** le contrat de cession est formé sous la condition suspensive de l'obtention de ce crédit (C. consom. art. L 313-41, al. 1). Si l'acquéreur ne l'obtient pas, il n'y a pas cession.

50160 **Contenu de l'acte** L'acte de cession doit préciser (art. 20) :

– la **nature des droits** attachés aux parts cédées et leur consistance, telle qu'elle résulte de la localisation de l'immeuble et du local correspondant au lot ; l'acte doit faire clairement apparaître que l'acquisition des parts sociales confère seulement la qualité d'associé et non celle de propriétaire (art. 33, al. 1) ;

– la **période de jouissance** attribuée ;

– la référence du **dépôt au rang des minutes d'un notaire** soit du contrat de vente d'immeubles à construire, soit du contrat de promotion immobilière, de l'acte en tenant lieu ou de l'acte de cession de l'un de ces contrats ;

– la **situation comptable du cédant** attestée par la société (sommes déjà versées par le cédant notamment au titre des appels de fonds, sommes restant dues sur ceux-ci et sommes non encore appelées) ;

– le **prix** à payer au cédant, s'il s'agit d'une cession à titre onéreux.

S'il existe un **service** destiné à permettre l'**échange des périodes de jouissance,** la vente des parts sociales ou la location du lot qui leur est attaché et qu'un document publicitaire en fait état, l'acte de cession doit en faire mention (art. 8).

En **annexe** à tout acte de cession doivent figurer les documents suivants (art. 20, al. 4) : **50165**

– les statuts de la société ;

– l'état descriptif de division ;

– le tableau d'affectation des parts ;

– le règlement ;

– une note sommaire indiquant les caractéristiques techniques de l'immeuble et des locaux ;

– s'il y a lieu, le bilan du dernier exercice, le montant des charges afférentes au lot pour l'exercice précédent ou, à défaut, le montant prévisionnel ainsi qu'un inventaire des équipements et du mobilier.

Si ces documents sont déposés au rang des minutes d'un notaire, l'acte de cession peut se borner à y faire référence ; le cédant en remet une copie à l'acquéreur ; cette communication doit être consignée dans l'acte (art. 20, al. 4).

Sanctions En cas d'inobservation des conditions de forme, l'acquéreur peut, s'il établit que son consentement a été vicié par l'omission de certaines mentions, demander l'annulation de la cession. **50170**

Opposabilité de la cession Les cessions de parts sociales sont opposables à la société et aux tiers dans les conditions de droit commun (nos 21294 s. et 21300 s.). **50175**

CESSION AVANT L'ACHÈVEMENT DE L'IMMEUBLE

Avant l'achèvement de l'immeuble, aucune cession de parts à des tiers ne doit en principe avoir lieu. Seules les cessions entre associés d'origine sont permises (art. 22, al. 1 de la loi). **50190**

Toutefois, les parts sociales peuvent être valablement cédées à des tiers si l'associé cédant dispose d'une garantie financière et justifie de l'existence d'un contrat de vente d'immeuble à construire ou d'un contrat de promotion immobilière (art. 22, al. 1 de la loi).

Sauf s'il s'agit d'une cession entre associés, le cédant doit fournir la justification d'une **garantie financière** destinée à assurer, en cas de défaillance d'un ou plusieurs associés, le règlement des appels de fonds nécessaires au paiement du prix d'acquisition des biens sociaux ou à la réalisation des travaux de construction, d'aménagement ou de restauration (art. 22, al. 2). **50191**

Cette garantie doit être donnée par un établissement de crédit ou une société de financement habilité à se porter caution ou à réaliser des opérations de financement immobilier, par une compagnie d'assurance agréée à cet effet ou par une société de caution mutuelle (art. 22, al. 2).

Lorsque le cédant est l'un de ces organismes, il est dispensé de fournir cette garantie (art. 22, al. 3).

L'associé cédant doit apporter en outre la **justification de l'existence d'un contrat de vente d'immeuble à construire** conforme aux dispositions des articles L 261-10 et suivants du CCH **ou** d'un contrat **de promotion immobilière** ou de l'écrit en tenant lieu (art. 20, al. 3). **50192**

Cette disposition met ainsi à la charge du promoteur la responsabilité des opérations de construction, en particulier la garantie décennale que l'acquéreur peut éventuellement mettre en œuvre.

Sanctions L'inobservation de ces deux obligations expose l'associé cédant à des sanctions pénales : emprisonnement de deux ans et amende de 15 000 € (art. 22, al. 5). **50195**

De surcroît, la cession peut être annulée, le cas échéant, conformément aux règles de droit commun.

PROTECTION DES ACQUÉREURS OU SOUSCRIPTEURS DE PARTS SOCIALES

50200 La **souscription ou la cession de parts** de sociétés civiles d'attribution d'immeubles en jouissance à temps partagé réalisée par un consommateur est soumise aux dispositions d'ordre public des articles L 224-69 à L 224-89 du Code de la consommation (C. consom. art. L 224-69, al. 2 et L 224-89).

Ces dispositions encadrent strictement les contrats d'utilisation de biens à temps partagé, les contrats de produit de vacances à long terme et les contrats de revente et contrats d'échange de ces produits. Elles sont issues de la loi 2009-888 du 22 juillet 2009, qui transpose en droit interne la directive européenne 2008/122 du 14 janvier 2009 dite « directive timeshare ».

50201 **Champ d'application de la réglementation** La protection s'applique aux contrats conclus entre un professionnel et un consommateur.

L'article liminaire du Code de la consommation définit le **professionnel** comme une personne physique ou morale agissant à des fins entrant dans le cadre de son activité commerciale, industrielle, artisanale, libérale ou agricole et le **consommateur** comme toute personne physique agissant à des fins n'entrant pas dans le cadre de son activité commerciale, industrielle, artisanale, libérale ou agricole.

Il en résulte que doit être tenue pour un consommateur toute personne physique agissant à des fins n'entrant pas dans le cadre de son activité professionnelle.

Toute **publicité** relative à un contrat d'utilisation de biens à temps partagé ou de revente ou d'échange doit indiquer la possibilité d'obtenir les informations détaillées figurant dans l'offre préalable (C. consom. art. L 224-71). En outre, les biens à temps partagé ne peuvent pas être présentés ni vendus comme un **investissement** (C. consom. art. L 224-72).

50202 **Offre préalable** Avant tout engagement de sa part, le consommateur doit recevoir du professionnel une offre par **écrit ou sur un support durable** aisément accessible, conforme à un **modèle de formulaire** déterminé par un arrêté du 15 juin 2010, qui comporte les indications suivantes (C. consom. art. L 224-73 et L 224-74, al. 1) :

- identité et domicile du professionnel ;
- désignation et description des biens et services ;
- objet du contrat et nature juridique des droits conférés ;
- période précise pendant laquelle les droits s'exerceront ;
- durée du contrat et date de prise d'effet ;
- prix principal à payer et indication des frais accessoires obligatoires éventuels ;
- services et installations mis à disposition du consommateur et leur coût ;
- durée du droit de rétractation, modalités d'exercice et effets ;
- modalités de résiliation du contrat et du contrat accessoire éventuel et effets ;
- interdiction de tout paiement d'avances ;
- le fait que le contrat peut être régi par une loi autre que celle de l'État membre de l'UE dans lequel le consommateur a sa résidence ou son domicile habituel ;
- indication de la ou des langues utilisées entre le consommateur et le professionnel concernant toute question relative au contrat ;
- possibilité de recourir à un médiateur de la consommation ;
- existence, le cas échéant, d'un code de bonne conduite ;
- possibilité ou non de participer à un système d'échange et si oui, indication du nom du système et de son coût ;
- si l'immeuble est en construction, indications essentielles relatives au permis de construire, à l'état et aux délais d'achèvement, au raccordement aux réseaux et aux garanties d'achèvement ou de remboursement en cas de non-achèvement.

La soumission d'une **offre non conforme** à ces dispositions entraîne la nullité du contrat (C. consom. art. L 242-26) ; le professionnel est en outre passible de lourdes amendes (C. consom. art. L 242-28).

Tout contrat de jouissance d'immeuble à temps partagé qui ne résulte pas de l'acceptation par le consommateur d'une offre de contracter conforme aux exigences légales étant nul, un contrat de réservation irrégulier ne peut pas être régularisé par un acte notarié ultérieur de cession de parts (Cass. 3e civ. 26-1-2011 no 09-71.836 : RJDA 6/11 no 552).

50203 **Contrat de cession ou de souscription** Le professionnel doit remettre au consommateur un contrat écrit sur support papier ou sur tout autre support durable. Le contrat est rédigé en français lorsque le consommateur réside en France ou lorsque le professionnel exerce son activité de vente sur le territoire français (C. consom. art. L 224-76).

Les informations de l'offre préalable font partie intégrante du contrat. Le professionnel ne peut les modifier qu'en cas de force majeure ou d'accord formel entre les parties. Toute modification doit être communiquée par écrit au consommateur avant la conclusion du contrat et figurer expressément dans celui-ci (C. consom. art. L 224-77).

Outre l'identité et le lieu de résidence des parties, le contrat comprend les mêmes mentions que l'offre préalable (nº 50202), ainsi qu'un formulaire de rétractation conforme à un modèle déterminé par un arrêté du 15 juin 2010. Les pages du contrat relatives à l'existence d'un droit de rétractation et à ses modalités d'exercice ainsi qu'à l'interdiction du paiement d'avance doivent être signées par le consommateur (C. consom. art. L 224-78).

Le non-respect de l'ensemble des dispositions relatives au contrat entraîne la nullité de celui-ci (C. consom. art. L 242-26).

Faculté de rétractation **Délais et modalités de rétractation.** À compter de la conclusion du contrat (ou de sa réception si celle-ci est postérieure à la conclusion), le consommateur dispose d'un **délai** de 14 jours francs pour se rétracter, sans indemnité ni frais et sans avoir à indiquer de motif (C. consom. art. L 224-79). **50204**

Ce délai est allongé dans les cas suivants (C. consom. art. L 224-80) :

– il est d'un an et 14 jours à compter du jour de la conclusion du contrat ou du jour de sa réception si le professionnel n'a pas remis au consommateur le formulaire de rétractation ;

– si le formulaire de rétractation est remis au consommateur dans l'année suivant le jour de la conclusion du contrat ou de sa réception, le délai est de 14 jours à compter de réception du formulaire ou de sa remise ;

– si le professionnel ne lui a pas remis le formulaire d'information, le délai de rétractation est de trois mois et 14 jours à compter du jour de la conclusion du contrat ou du jour de sa réception ;

– si ces informations sont remises au consommateur dans les trois mois suivant la conclusion du contrat ou sa réception, celui-ci dispose d'un délai de rétractation de 14 jours après la remise du formulaire d'information.

Le consommateur exerce ses facultés de rétractation par lettre recommandée AR ou par tout autre **moyen** présentant des garanties équivalentes permettant de prouver cet envoi (C. consom. art. L 224-83).

Avant l'expiration des délais de rétractation, le professionnel ne peut pas demander et recevoir du consommateur le paiement d'une avance, une constitution de garanties, une reconnaissance de dettes, une réserve d'argent sur des comptes ou toute autre rémunération pour lui-même ou pour un tiers (C. consom. art. L 224-85).

Le fait d'exiger ou de recevoir du consommateur, directement ou indirectement, tout versement ou engagement de versement avant l'expiration des délais de rétractation est puni d'une amende de 300 000 € (C. consom. art. L 242-29). La même amende s'appliquerait au professionnel qui ferait supporter au consommateur des coûts de rétractation (C. consom. art. L 242-30).

Effets de la rétractation. L'exercice de son droit de rétractation par le consommateur met fin à l'obligation des parties d'exécuter le contrat (C. consom. art. L 224-83). **50206**

En cas de rétractation du contrat principal, tout contrat accessoire (par exemple, contrat de revente par lequel le professionnel s'engage à assister le consommateur en vue de la revente de ses parts ou contrat d'échange permettant au consommateur d'accéder à la jouissance d'un autre bien) est résilié de plein droit sans frais ni indemnité (C. consom. art. L 224-86).

Lorsque le paiement du prix est acquitté en tout ou en partie à l'aide d'un crédit, l'exercice du droit de rétractation emporte résiliation de plein droit du contrat de crédit, sans frais ni indemnité (C. consom. art. L 224-88).

D. Régime fiscal des sociétés civiles d'attribution d'immeubles en jouissance à temps partagé

La loi 86-18 du 6 janvier 1986, qui a défini un cadre juridique pour ces sociétés, ne contient aucune disposition fiscale. **50300**

L'article 35 de cette loi se borne à préciser que ces sociétés sont **exclues** du régime de la **transparence fiscale** prévu par l'article 1655 ter du CGI.

DROITS D'ENREGISTREMENT

50305 À défaut de dispositions particulières, les droits exigibles sont ceux qui sont prévus pour la **constitution** et le **fonctionnement** de la généralité des sociétés civiles.

IMPÔTS DIRECTS ET TVA

50320 Comme les autres sociétés de pluripropriété, les sociétés civiles d'attribution d'immeubles en jouissance à temps partagé bénéficient de l'exonération d'**impôt sur les sociétés** à raison de la valeur nette de l'avantage en nature consenti aux associés, cet avantage n'étant en outre pas imposable à l'**impôt sur le revenu** entre les mains des bénéficiaires personnes physiques jusqu'au 31 décembre 2023 (voir nº 49510).

De même, ces sociétés jouissent de l'exonération de **TVA** prévue par l'article 261 A du CGI pour les services indispensables à l'utilisation des biens qu'elles fournissent aux associés sous les conditions prévues par cet article (voir nº 49515). Dans le cadre d'une société d'attribution d'immeubles à usage principal d'habitation en jouissance à temps partagé, l'éclairage, le chauffage, le gardiennage, l'entretien des locaux et du mobilier ainsi que des ustensiles ménagers mis à la disposition des associés paraissent constituer des services indispensables à l'utilisation du bien. La situation est moins certaine pour le linge de maison mis éventuellement à la disposition des associés ; elle est certainement négative pour une garderie d'enfants, une discothèque, un restaurant, même réservés aux membres de la société.

Quant à la **taxe foncière** et la **taxe d'habitation,** elles sont établies au nom de la société elle-même et non des associés (BOI-IF-TH-10-20-20 nº 170 ; BOI-IF-TFB-10-20-10 nº 120).

RÉGIME FISCAL DES CESSIONS DE PARTS

50325 **Plus-values** Les cessions de parts de sociétés ayant pour objet de transférer gratuitement à leurs membres la jouissance de locaux meublés en temps partagé sont imposables selon le régime d'imposition des **plus-values de cessions de valeurs mobilières** et de droits sociaux prévu aux articles 150-0 A et suivants du CGI.

50327 **Droits d'enregistrement et TVA** Les cessions de parts de sociétés d'attribution d'immeubles en jouissance à temps partagé doivent, en application des articles 728 et 257, I-1-3º du CGI (voir nº 41840), être taxées dans les conditions de droit commun des ventes d'immeubles (BOI-ENR-DMTOM-40-30 nº 90).

Ces deux textes permettent en effet :

– d'une part, d'assujettir à la **TVA** les cessions par un **assujetti** de titres dont la possession assure en fait ou en droit l'attribution en propriété ou en jouissance d'un immeuble ou d'une fraction d'immeuble qui n'est pas achevé depuis plus de cinq ans. Si la cession n'entre pas dans le champ de la TVA, l'associé peut cependant décider de l'y soumettre en optant à la TVA. Si la cession est faite par un **particulier** (hors d'une activité économique), elle n'est pas soumise à la TVA ;

– d'autre part, de soumettre au **droit de vente d'immeubles** les cessions des mêmes titres lorsque la cession n'entre pas dans le champ d'application de la TVA.

Lorsque la **TVA** est exigible, l'acte de cession des parts donne lieu à la perception d'un **droit fixe** de 125 € (CGI art. 730).

E. Sociétés coopératives d'attribution d'immeubles en jouissance à temps partagé

OBJET DE LA SOCIÉTÉ

50400 En vue de favoriser le développement du **tourisme social,** la loi 86-18 du 6 janvier 1986 a institué un **régime particulier** pour les sociétés d'attribution d'immeubles à temps partagé qui revêtent la forme coopérative.

L'objet de ces sociétés coopératives est limité aux opérations concernant les immeubles compris dans un même programme comportant une ou plusieurs tranches d'un ensemble immobilier (art. 24 de la loi).

Le représentant légal ou statutaire de la société coopérative ne peut **entreprendre chaque tranche du programme** que si les **conditions** suivantes sont remplies (art. 25 de la loi) :

– les tranches précédentes sont souscrites à concurrence d'au moins 75 % ;

– la souscription de toutes les parts correspondant aux lots compris dans l'ensemble du programme faisant l'objet d'un même permis de construire est garantie. Cette garantie doit être donnée par l'un des établissements cités n° 50191. Elle peut prendre plusieurs formes : engagement de l'établissement d'acquérir les parts qui n'auraient pas été acquises un an après la date de l'acquisition de l'immeuble ou la réception de l'ouvrage ; engagement de supporter ou de faire supporter jusqu'à la souscription toutes les dépenses, y compris les charges afférentes aux lots non souscrits qui pourraient être imputées aux associés.

Par ailleurs, le commencement des travaux d'une tranche est subordonné à un pourcentage de souscription des parts correspondant à au moins 50 % du coût de la tranche.

Les souscriptions peuvent être financées soit par des apports personnels des coopérateurs, soit par des prêts contractés par la société coopérative elle-même.

FONCTIONNEMENT DE LA SOCIÉTÉ

En principe, les sociétés coopératives d'attribution d'immeubles en jouissance à temps partagé **50405** sont soumises quant à leur régime juridique à la loi 47-1775 du 10 septembre 1947 portant **statut de la coopération.**

Toutefois, des **règles spécifiques** ont été instituées en ce qui concerne l'administration, le contrôle de la gestion et les modalités de vote de certaines décisions collectives.

Administration de la société La société coopérative constituée sous la forme civile est **50410** administrée par un **conseil de gérance,** composé de trois membres au moins nommés, pour six ans au plus, par l'assemblée générale et révocables par elle (art. 29, al. 1).

Les premiers membres du conseil de gérance peuvent être désignés dans les statuts pour une durée ne pouvant pas excéder trois exercices (art. 29, al. 2).

La société doit obligatoirement faire procéder à l'examen analytique de sa situation financière et de sa gestion (**« révision coopérative »**) tous les cinq ans ; les statuts ou le règlement intérieur peuvent prévoir une révision plus fréquente (art. 30).

Décisions collectives Chaque associé dispose en principe d'une voix à l'assemblée **50415** générale (Loi 47-1775 du 10-9-1947 art. 1, al. 3).

Toutefois, les associés disposent d'un nombre de voix proportionnel au nombre de parts qu'ils détiennent pour toutes les décisions à prendre au cours de la période de construction. Il en est de même par la suite pour les décisions relatives à l'ensemble des travaux d'amélioration, d'addition et de transformation (Loi 86-18 du 6-1-1986 art. 28, al. 3).

RÉGIME FISCAL

Le régime fiscal de ce type particulier de société d'attribution d'immeubles en jouissance à **50430** temps partagé n'a fait l'objet jusqu'à présent d'aucun texte législatif (en dehors de l'article 35 de la loi du 6 janvier 1986, qui les exclut expressément de la transparence fiscale) ni d'aucun commentaire de la part de l'administration fiscale.

S'agissant de sociétés relevant du statut de la coopération, elles entrent de plein droit dans le champ d'application de l'**impôt sur les sociétés** en vertu de l'article 206, 1 du CGI.

Toutefois, comme les autres sociétés d'attribution soumises à l'impôt sur les sociétés, elles peuvent, à notre avis, prétendre à l'**exonération de l'avantage en nature** consenti à leurs associés dans les conditions édictées par l'article 239 octies du CGI jusqu'au 31 décembre 2023 (voir n° 49510).

Elles peuvent également bénéficier de l'exonération de **TVA** prévue par l'article 261 A du CGI pour les services indispensables à l'utilisation des biens qu'elles fournissent aux associés (voir n° 49515).

Le régime fiscal des **cessions de parts** est celui exposé n°s 50325 et 50327.

TITRE II

Sociétés civiles de portefeuille

SOMMAIRE

SECTION 1 PRÉSENTATION GÉNÉRALE

PARTICULARITÉS DE LA SOCIÉTÉ CIVILE DE PORTEFEUILLE

Les sociétés civiles de portefeuille ont pour **objet** principal, sinon exclusif, la détention et la gestion d'un portefeuille de valeurs mobilières, le plus souvent préexistant et apporté au moment de la constitution de la société par les fondateurs. 52000

Cette composition de leur patrimoine leur confère une certaine originalité ; mais elles ne font l'objet d'aucune **réglementation** spécifique et elles sont soumises aux règles de droit commun posées par les articles 1845 et suivants du Code civil.

Elles doivent ainsi être **distinguées des sociétés de gestion de portefeuille** proprement dites, visées par l'article L 532-9 du Code monétaire et financier : ces dernières ne sont pas propriétaires d'un portefeuille ; elles sont des prestataires de services d'investissement (sociétés commerciales) agréés par l'AMF.

A. Intérêt de la société civile de portefeuille

1. INTÉRÊT PATRIMONIAL

LA SOCIÉTÉ CIVILE DE PORTEFEUILLE, OUTIL DE GESTION PATRIMONIALE

52010 Le recours à la société civile de portefeuille permet une **dissociation** entre la **propriété** du portefeuille **et** la **gestion** de celui-ci : la société est propriétaire du portefeuille apporté par les associés qui reçoivent en contrepartie de cet apport des parts de la société civile.

La gestion effective du portefeuille composant l'actif social est assurée par le gérant, voire par un tiers investi par les associés d'un mandat de gestion ; cette gestion s'exerce sous le contrôle des associés. En conséquence, les opérations sur titres relèvent de la compétence du gérant et n'ont pas à être autorisées par les associés, ces derniers n'exerçant leur droit de regard sur la gestion du portefeuille qu'au moment de la reddition des comptes annuels. L'exercice à cette occasion de leur droit de vote constitue un acte d'administration (Cass. com. 16-11-2004 n° 01-10.666 : RJDA 8-9/05 n° 1053, à propos d'une société anonyme mais transposable).

52015 **Valeurs mobilières en usufruit** Lorsqu'un portefeuille de valeurs mobilières est grevé d'usufruit, l'usufruitier dispose d'une grande **liberté de gestion.** Il peut céder des titres, mais à condition de les remplacer par d'autres titres car il est tenu de conserver la substance du portefeuille et de le rendre en fin d'usufruit (nos 62340 s.). La constitution d'une société civile à laquelle sont apportés les droits en nue-propriété et en usufruit détenus sur le portefeuille permet de rassembler les prérogatives de l'usufruitier et du nu-propriétaire au niveau de la société et d'obtenir ainsi une plus grande autonomie de gestion du portefeuille (n° 62430). Le démembrement est alors reporté sur les parts de la société civile (n° 62457).

52016 La société civile peut favoriser le maintien d'un démembrement de propriété en permettant l'accroissement des **droits pécuniaires de l'usufruitier.** En effet, en cas de détention directe du portefeuille, l'usufruitier n'a droit qu'aux revenus des titres et, en l'absence de convention particulière entre les parties, le produit de la cession des titres est partagé entre le nu-propriétaire et l'usufruitier au prorata de la valeur respective de leurs droits. Dans le cadre d'une société civile, l'usufruitier peut appréhender, outre les revenus des titres détenus par la société, les plus-values de cession de ces titres comprises dans les résultats distribués (nos 62120 s.).

52030 **Valeurs mobilières en indivision** La société civile permet d'écarter l'indivision et d'inscrire la gestion du portefeuille commun dans la continuité en faisant échapper les associés aux aléas de l'action en partage qui appartient à chaque indivisaire, que l'indivision soit successorale ou conventionnelle (C. civ. art. 1873-3, al. 2 et 3).

LA SOCIÉTÉ CIVILE DE PORTEFEUILLE, VECTEUR DE TRANSMISSION PATRIMONIALE

52050 Une société civile de portefeuille peut être créée pour transmettre une **entreprise,** la transmission de cette dernière s'effectuant par apport de ses titres à une société holding. Sur ce point, voir Mémento Transmission d'entreprise nos 30000 s.

52055 La création d'une société civile peut également permettre la transmission anticipée à des successibles d'un **portefeuille** de valeurs mobilières, en isolant celui-ci du reste du patrimoine du détenteur des titres.

Après avoir apporté son portefeuille à la société civile, l'intéressé peut procéder à une **donation-partage** entre ses héritiers des parts de la société civile ; il peut également consentir une **donation avec réserve d'usufruit** en sa faveur, étant précisé dans ce cas que la réunion de la nue-propriété et de l'usufruit à son décès n'entraînera pas de droits de succession si la donation à ses héritiers a été consentie plus de 3 mois avant son décès (conditions de taxation prévues à l'article 751 du CGI : voir nos 62900 s.).

Les parts sociales rémunérant l'apport sont moins liquides que les titres apportés ; l'apporteur peut ainsi éviter que ses successibles ne dilapident leur héritage. La société civile offre la faculté d'organiser la **gestion** des titres. La gérance de la société peut par exemple être confiée dans un premier temps aux parents, qui conservent la liberté de gérer leurs biens tout en les transmettant.

2. INTÉRÊT FISCAL

ATTÉNUATION DE LA CHARGE FISCALE SOUS RÉSERVE D'ABUS DE DROIT

La gestion d'un portefeuille de valeurs mobilières par l'intermédiaire d'une société civile peut présenter, pour les personnes qui souhaitent transmettre leur portefeuille ou qui souhaitent isoler la gestion de ce portefeuille dans une structure spécialement adaptée, un certain nombre d'avantages fiscaux, notamment en matière de droits de mutation et d'impôt sur le revenu. 52070

Quels que soient les objectifs recherchés, la constitution de la société de portefeuille doit éviter l'écueil de l'**abus de droit** (LPF art. L 64 et L 64 A : voir nos 13960 s.). 52075

La circonstance que l'interposition d'une société permet l'atténuation de la charge fiscale encourue à raison d'une opération ne suffit pas à caractériser un abus de droit dès lors que : premièrement, la **société** fonctionne normalement et ne peut être tenue pour **fictive** (tenue régulière des assemblées, activité réelle correspondant à l'objet défini par les statuts, etc.) ; deuxièmement, sa constitution répond à des **motivations autres que fiscales** (notamment juridiques, financières ou de gestion).

Il convient de veiller à ce que ces motivations autres que fiscales soient même **principales** afin que la constitution de la société de portefeuille ne soit pas susceptible d'être remise en cause par l'administration sur le terrain de la **fraude à la loi** au motif de son but principalement fiscal (LPF art. L 64 A).

> **Précisions** L'apport de titres à une société civile de portefeuille, préalablement au rachat de ses propres titres par la société dont les titres ont été apportés, peut être contesté sur le fondement de l'abus de droit de l'article L 64 du LPF comme poursuivant un but exclusivement fiscal, à savoir **faire bénéficier l'apport du sursis d'imposition** de l'article 150-0 B du CGI (n° 21760) (CE 12-2-2020 n° 421444 : RJF 4/20 n° 372).

RÉPARTITION DE LA CHARGE FISCALE EN CAS DE CESSION DE TITRES DÉMEMBRÉS

L'administration admet qu'en cas de cession de titres d'un **portefeuille de valeurs mobilières** démembrées, l'usufruitier soit conventionnellement désigné comme redevable de l'impôt sur les plus-values (BOI-RPPM-PVBMI-20-10-20-60 n° 180). Néanmoins, cette position manque de souplesse : l'option n'est pas ouverte aux démembrements résultant d'une donation (n° 62772). 52080

L'**interposition d'une société de portefeuille** soumise au régime fiscal des sociétés de personnes est de nature à résoudre cette difficulté. En effet, dans le cadre d'une telle société, la répartition de la charge fiscale entre les parties peut être opérée sur le fondement d'une **convention de répartition du résultat** intégrée dans les statuts ou dans un acte séparé.

PAIEMENT DIFFÉRÉ DES DROITS DE SUCCESSION PAR LE NU-PROPRIÉTAIRE DES PARTS DÉMEMBRÉES

Lorsqu'un bien a été transmis en nue-propriété par voie de succession, le nu-propriétaire peut différer le paiement des droits de mutation jusqu'à l'expiration d'un délai de six mois après la date de réunion de l'usufruit à la nue-propriété ou de la cession totale ou partielle de cette dernière. Lorsque la transmission porte sur un **portefeuille de valeurs mobilières,** l'administration admet que les cessions de titres opérées par l'usufruitier ne remettent pas en cause le différé de paiement obtenu par le nu-propriétaire, sous condition de réinvestissement dans de nouvelles valeurs (BOI-ENR-DG-50-20-30 n° 260). 52090

Lorsque la transmission porte sur les **parts de la société civile** constituée pour gérer le portefeuille, la société peut, sans condition de réinvestissement, procéder aux cessions qu'elle estime utiles, sans que le différé de paiement obtenu par le nu-propriétaire des parts soit remis en cause. Pour plus de précisions, voir nos 62930 s.

PRÉSOMPTION DE PROPRIÉTÉ DE L'USUFRUITIER EN MATIÈRE DE DROITS DE SUCCESSION

Une présomption de propriété de l'usufruitier est prévue, en matière de droits de succession, pour éviter certains abus liés aux démembrements de propriété, lorsque la **nue-propriété d'un bien est transmise aux héritiers présomptifs** de l'usufruitier (CGI art. 751). La constitution d'une société civile pour détenir la nue-propriété du bien peut permettre d'éviter l'application de cette présomption. Sur cette question, voir nos 62900 s. 52100

Sur la présomption de propriété prévue en matière d'**IFI** par l'article 968 du CGI, voir nos 63002 s.

PRÉSOMPTION DE PROPRIÉTÉ DES VALEURS MOBILIÈRES ET PARTS SOCIALES

52105 Sont présumées, jusqu'à preuve contraire, faire partie de la **succession** les actions, obligations, parts de fondateur ou bénéficiaires, biens ou droits placés dans un trust, parts sociales et toutes autres créances dont le défunt a eu la propriété ou a perçu les revenus ou à raison desquelles il a effectué une **opération quelconque moins d'un an avant son décès** (CGI art. 752). La **preuve contraire** peut être apportée par les héritiers par tous modes de preuve compatibles avec la procédure écrite : tel sera le cas de l'acte constitutif de la société constatant l'apport en société, et enregistré avant le décès.

RÉGIME FISCAL DE LA SOCIÉTÉ CIVILE DE PORTEFEUILLE

52110 En règle générale, la société civile relève du régime fiscal des **sociétés de personnes.** La société de portefeuille non soumise à l'IS est semi-transparente : pour le paiement des dividendes et autres revenus, elle joue le rôle d'établissement payeur. Les associés personnes physiques sont personnellement imposables sur leur quote-part des résultats, même s'ils ne sont pas distribués, dans la catégorie de revenus correspondant à l'activité de la société :

– s'agissant d'une société de portefeuille, imposition des associés dans la catégorie des revenus de capitaux mobiliers, comme s'ils avaient eux-mêmes directement perçu les revenus considérés ;

– si la société réalise des plus-values de cession de valeurs mobilières relevant du régime de l'article 150-0 A du CGI, la quote-part des plus-values revenant à chaque associé est ajoutée aux plus-values (relevant du même régime) qu'il a réalisées à titre personnel pour imposition en son nom (voir nos 53155 s.).

La société peut **opter** pour l'**impôt sur les sociétés** : les résultats seront alors imposés selon le régime de droit commun des sociétés soumises à l'IS (voir nos 53260 s.).

Le **choix du régime fiscal** de la société dépend principalement de la taille du portefeuille, du taux marginal d'imposition des associés et de leurs besoins de trésorerie. Lorsque la société est constituée dans un but de transmission du patrimoine, les avantages et inconvénients respectifs de chaque régime d'imposition doivent être évalués et comparés, notamment au regard des plus-values d'apport en société et de la transmission ultérieure des parts sociales (cession ou transmission à titre gratuit).

B. Aperçu sur les transactions financières

DÉFINITION DES VALEURS MOBILIÈRES

52140 Les valeurs mobilières sont des **titres financiers** qui peuvent être émis par des personnes morales (ou par des fonds communs de placement, des fonds communs de placement immobilier, des fonds professionnels de placement immobilier, des fonds de financement spécialisé, des fonds communs de titrisation ou encore par l'État) qui confèrent des droits identiques par catégorie (C. mon. fin. art. L 211-2 ; C. com. art. L 228-1, al. 2). Elles donnent accès, directement ou indirectement, à une quotité du capital de la personne morale émettrice ou à un droit de créance général sur son patrimoine.

Les valeurs mobilières constituent une catégorie des « titres financiers », qui regroupe (C. mon. fin. art. L 211-1, II) :

– les titres de capital émis par les sociétés par actions ;
– les titres de créance ;
– les parts ou actions d'organismes de placement collectif.

Les titres financiers et les contrats financiers, également dénommés instruments financiers à terme (C. mon. fin. art. L 211-1, III), sont rassemblés sous l'appellation « instruments financiers » (C. mon. fin. art. L 211-1, I).

Les effets de commerce et les bons de caisse ne sont pas des instruments financiers (C. mon. fin. art. L 211-1, IV).

52145 Les valeurs mobilières (notamment actions, obligations et valeurs mobilières donnant accès au capital ou donnant droit à l'attribution de titres de créance) revêtent la forme de **titres au porteur** ou de titres **nominatifs.** Cette distinction est devenue sans portée pratique puisque tous les titres sont inscrits **en compte ou** dans un dispositif d'enregistrement électronique partagé, telle une **blockchain** ; la seule différence tient à la détermination du teneur de compte et à la possibilité pour le propriétaire de titres au porteur de n'être pas connu de la société émettrice (sauf toutefois lorsque la société a recours aux titres au porteur identifiable).

La **circulation** des valeurs mobilières obéit à des règles destinées à protéger les intérêts des investisseurs (nos 52175 s.).

INSCRIPTION DES TITRES

Les titres financiers émis en France et soumis à la législation française doivent être inscrits au nom de leur propriétaire soit dans un **compte-titres** tenu par l'émetteur, soit dans un compte-titres tenu par un intermédiaire (pour l'essentiel, établissement de crédit, entreprise d'investissement ou personne morale ayant pour objet l'activité de conservation ou d'administration d'instruments financiers), soit, dans les conditions mentionnées n° 52172, Précisions, dans un dispositif d'enregistrement électronique partagé, telle une blockchain (C. mon. fin. art. L 211-3 modifié par loi 2023-171 du 9-3-2023, art. L 211-4, al. 1 et L 542-1, 2° à 7°). 52170

Par dérogation, le compte-titres peut être ouvert ou l'inscription dans le dispositif d'enregistrement électronique partagé peut être réalisée au nom (C. mon. fin. art. L 211-4, al. 2, 3 et 5) :

– d'un fonds commun de placement, d'un fonds de placement immobilier, d'un fonds professionnel de placement immobilier, d'un fonds de financement spécialisé ou d'un fonds commun de titrisation, la désignation du fonds pouvant être valablement substituée à celle de tous les copropriétaires ;

– d'un intermédiaire inscrit agissant pour le compte d'un ou de plusieurs propriétaires de parts ou d'actions d'organismes de placement collectif, lorsque ces propriétaires n'ont pas leur domicile sur le territoire français au sens de l'article 102 du Code civil.

Le compte-titres peut également être ouvert au nom d'un intermédiaire agissant pour le compte des propriétaires des titres de capital ou des obligations admis aux négociations sur un ou plusieurs marchés réglementés (ou considérés comme équivalents à un marché réglementé) ou systèmes multilatéraux de négociation (régime de l'intermédiaire inscrit de l'article L 228-1, al. 7 du Code de commerce) (C. mon. fin. art. L 211-4, al. 4).

En cas d'usage de l'une de ces dérogations, l'intermédiaire inscrit est tenu, au moment de l'ouverture de son compte-titres ou de son inscription dans le dispositif, de déclarer sa qualité d'intermédiaire détenant des titres pour le compte d'autrui (C. mon. fin. art. L 211-4, al. 6).

L'ouverture d'un compte-titres auprès d'un intermédiaire est obligatoire pour pouvoir effectuer des **transactions en bourse** (n° 52181). Ce compte peut prendre la forme d'un compte individuel ou joint. 52171

Sauf pour le cas où le compte-titres est ouvert dans un établissement bancaire qui gère déjà le compte de dépôt du demandeur, l'ouverture d'un compte-titres comprend l'ouverture d'un compte-titres proprement dit et l'ouverture d'un **compte espèces** associé au compte-titres. Le compte espèces sert à enregistrer les mouvements d'espèces liés aux opérations sur titres (versement pour acheter les titres, dépôts de couverture, produits de la vente des titres, encaissement des dividendes, prélèvements des frais de courtage et des droits de garde, prélèvements fiscaux, etc.).

L'ouverture d'un compte-titres doit donner lieu à la conclusion d'une **convention de compte d'instruments financiers** définissant les principes de fonctionnement de ce compte et identifiant les droits et obligations respectifs des parties (Règl. gén. AMF art. 322-5).

Si le compte-titres est tenu par l'émetteur ou si les titres financiers sont inscrits par l'émetteur dans un dispositif d'enregistrement électronique partagé, telle une blockchain, les titres financiers revêtent la forme nominative. Si le compte-titres est tenu par un intermédiaire financier (principalement un établissement de crédit ou une entreprise d'investissement) mentionné à l'article L 542-1, 2° à 7° du Code monétaire et financier sur renvoi de l'article L 211-3 du même Code, ou si les titres financiers sont inscrits par une infrastructure de marché DLT (voir n° 52175) dans un dispositif d'enregistrement électronique partagé, les titres financiers revêtent la forme au porteur (C. mon. fin. art. R 211-2 modifié par décret 2023-421 du 31-5-2023). Lorsque les émetteurs désignent un mandataire pour la tenue des comptes-titres ou l'inscription de titres dans un dispositif d'enregistrement électronique partagé qui leur incombe, la dénomination et l'adresse de ce mandataire doivent être publiées au Balo, ainsi que la catégorie de titres financiers qui fait l'objet du mandat (C. mon. fin. art. R 211-3, al. 1). 52172

Lorsque le titulaire des titres nominatifs confie l'administration de ses titres à l'émetteur lui-même, ces titres sont qualifiés de **titres nominatifs purs** et lorsqu'il en confie l'administration à un teneur de compte-conservateur, ces titres sont qualifiés de **titres nominatifs administrés** (Règl. gén. AMF art. 322-2, II).

Le titulaire du compte-titres s'oblige alors à ne plus donner d'ordres qu'à ce teneur de compte-conservateur. Le teneur de compte-conservateur comptabilise les avoirs correspondant aux instruments financiers inscrits en compte chez l'émetteur ou inscrits par l'émetteur dans le dispositif d'enregistrement électronique partagé, dans un compte d'administration (C. mon. fin. art. R 211-4 et Règl. gén. AMF art. 322-3, 1°-al. 2).

La demande de mise en compte nominatif administré doit faire l'objet d'un mandat écrit donné par le titulaire à l'intermédiaire de son choix et notifié à la société émettrice.

> Précisions Les titres financiers inscrits par l'émetteur dans un **dispositif d'enregistrement électronique partagé,** dans les conditions prévues à l'article L 211-7, al. 2 du Code monétaire et financier peuvent (il s'agit d'une simple faculté) être négociés sur une plate-forme de négociation sans, par ailleurs, avoir nécessairement été placés en compte d'administration au préalable (C. mon. fin. art. L 211-7, al. 2 et 3 modifié par loi 2023-171 du 9-3-2023 et art. R 211-2 et R 211-5 modifiés par décret 2023-421). En revanche, les titres financiers inscrits dans un **dispositif d'enregistrement électronique partagé par une infrastructure de marché DLT** dans les conditions fixées par le règlement 2022/858/UE du 30 mai 2022 doivent être négociés sur une plate-forme de négociation (C. mon. fin. art. L 211-7, al. 3 modifié par loi 2023-171 et art. R 211-2 modifié par décret 2023-421).

OPÉRATIONS SUR TITRES

52175 **Marchés** La négociation et l'exécution des ordres font l'objet d'une mise en concurrence entre les divers lieux et modes d'exécution des ordres que sont, outre le marché de gré à gré :

– les **marchés réglementés** qui conservent le monopole de l'admission de titres à la négociation ;

– les **systèmes multilatéraux de négociation** (SMN), lesquels assurent la rencontre, en leur sein et selon des règles non discrétionnaires, de multiples intérêts acheteurs et vendeurs exprimés par des tiers pour des instruments financiers, de manière à conclure des transactions sur ces instruments (C. mon. fin. art. L 424-1, al. 1). Les titres qui s'y négocient peuvent aussi bien être des titres admis à la négociation d'un marché réglementé que des titres non déjà admis à la négociation sur un marché réglementé (par exemple sur Euronext Growth) ;

– les **internalisateurs systématiques,** prestataires de services d'investissement autres qu'une société de gestion de portefeuille qui, de façon organisée, fréquente, systématique et substantielle, négocient pour compte propre en exécutant les ordres des clients sans opérer de système multilatéral. Leur dispositif doit fonctionner conformément au titre III du règlement 600/2014/UE du 15 mai 2014 (C. mon. fin. art. L 533-32).

> Précisions Une infrastructure de marché DLT est un SMN, un système de règlement ou un système de négociation et de règlement reposant sur la technologie des registres distribués et dédié aux instruments financiers, dits « numériques », émis, enregistrés, transférés et stockés au moyen de cette technologie (Régl. 2022/858/UE du 30-5-2022 art. 2). Le règlement 2022/858/UE, entré en application le 23 mars 2023, permet à des entreprises d'investissement et des opérateurs de marché d'exploiter des infrastructures de marché DLT (« distributed ledger technology »).

52177 **Intervention d'un intermédiaire agréé** L'intervention d'un intermédiaire agréé n'est pas requise pour la conclusion de cessions ou de **négociations d'instruments financiers,** lesquelles peuvent être effectuées librement et sans intermédiation, sous réserve toutefois du monopole attribué par la loi aux prestataires de services d'investissement (établissements de crédit, entreprises d'investissement et sociétés de gestion de portefeuille) pour la fourniture de services d'investissement à titre habituel. En effet, la fourniture de **services d'investissement,** telles la réception-transmission d'ordres ou encore l'exécution d'ordres pour compte de tiers (C. mon. fin. art. D 321-1), lorsqu'elle est effectuée à titre de profession habituelle, relève, sous réserve des dispositions de l'article L 531-2 du Code monétaire et financier, du monopole d'intermédiaires agréés, qu'il s'agisse de prestataires de services d'investissement ou de personnes intervenant sur le territoire français en libre établissement ou en libre prestation de services, dans la limite des services qu'elles sont autorisées à fournir sur le territoire de leur État d'origine et en fonction de l'agrément qu'elles y ont reçu.

52180 **Transmission des titres** Toutes les valeurs mobilières, qu'il s'agisse de titres nominatifs ou au porteur, se transmettent de la même manière, par simple virement de compte à compte ou par inscription dans un dispositif d'enregistrement électronique partagé, telle une blockchain (C. mon. fin. art. L 211-15). La procédure à suivre varie selon que les titres sont ou non cédés sur un marché réglementé ou un système multilatéral de négociation. Les formalités de l'article 1690 du Code civil ne sont pas requises.

52181 **Cession sur une plate-forme de négociation** La cession de valeurs mobilières sur une plate-forme de négociation (marché réglementé, SMN ou système organisé de négociation : C. mon. fin. art. L 420-1) est soumise aux règles de fonctionnement fixées, après approbation de l'AMF, par l'entreprise de marché (en France, Euronext) qui assure le fonctionnement de ce marché. Ces cessions peuvent être réalisées librement et directement sous réserve, dans certains cas, du respect du monopole des prestataires de services d'investissement.

Les **valeurs** mobilières dont la forme est (en vertu d'une disposition réglementaire ou statutaire) obligatoirement **nominative** ne peuvent être négociées sur une plate-forme de négociation qu'après avoir été préalablement placées en compte d'administration, à l'exception des titres financiers inscrits dans un dispositif d'enregistrement électronique partagé qui peuvent être négociés sur une plate-forme de négociation sous forme nominative sans nécessairement avoir été préalablement placés en compte d'administration (C. mon. fin. art. R 211-5, al. 1 et 3 modifié par décret 2023-421 du 31-5-2023).

Celles qui ne revêtent **pas** obligatoirement la forme **nominative** ne peuvent être négociées sur une plate-forme de négociation que si elles sont « converties » au porteur, c'est-à-dire, en pratique, virées à un compte au porteur chez un intermédiaire habilité (C. mon. fin. art. R 211-5, al. 2).

Les **mouvements** sur titres se traduisent par de simples écritures comptables entre les intermédiaires (celui de l'acheteur et celui du vendeur), les écritures étant compensées au sein de Euroclear France.

L'**ordre de bourse** peut être transmis par tout moyen (courrier postal ou électronique, téléphone, etc.) à la convenance du donneur d'ordre et du prestataire de services d'investissement. Toutefois, l'intermédiaire peut exiger que les ordres transmis verbalement fassent l'objet d'une confirmation écrite (par exemple, par courrier électronique).

Cession hors plate-forme de négociation La cession hors plate-forme de négociation de **titres inscrits en compte chez un intermédiaire habilité** participant à un système de règlement et de livraison d'instruments financiers (cf. C. mon. fin. art. L 330-1) s'effectue selon les règles de fonctionnement de ce système (C. mon. fin. art. L 211-17 sur renvoi de C. com. art. L 228-1, al. 9). **52185**

En dehors de ce cas, la cession des titres financiers s'effectue au moyen d'un ordre de mouvement signé par le cédant ou par son représentant qualifié et comportant l'indication du nombre et de la nature des titres cédés ou par voie d'inscription modificative, par l'émetteur, dans un dispositif d'enregistrement électronique partagé, telle une blockchain.

Lorsque la cession s'effectue au moyen d'un ordre de mouvement, la société émettrice constate sur le journal général ou sur le registre des mouvements l'opération intervenue et procède au virement des titres du compte du cédant à celui du ou des acquéreurs.

Les parties peuvent aussi, mais aucun texte ne les y oblige, constater la cession par écrit, notamment pour être en mesure d'en prouver l'existence en cas de litige. L'acte doit alors être établi en autant d'exemplaires qu'il y a de parties ayant un intérêt à la cession (C. civ. art. 1375, al. 1), c'est-à-dire autant d'exemplaires qu'il y a de cédants et d'acquéreurs. En outre, il y a lieu d'établir un exemplaire supplémentaire pour l'enregistrement. Si l'écrit est électronique, l'exigence d'une pluralité d'originaux est réputée satisfaite si l'acte de cession est établi dans des conditions de nature à en assurer l'intégrité et l'imputabilité au moyen d'un procédé d'identification du signataire garantissant son lien avec l'acte et si chaque partie peut disposer d'un exemplaire sur support durable ou y avoir accès (C. civ. art. 1366 et 1367).

FRAIS DE TENUE DE COMPTE ET DE COURTAGE

L'intermédiaire perçoit des frais de tenue de compte, auxquels s'ajoutent les frais de transaction proprement dits (courtage). **52200**

Les frais de **tenue de compte** recouvrent :

– les droits de garde : ils sont prélevés au titre de la conservation en compte des valeurs mobilières et correspondent aux opérations administratives effectuées. Ils sont perçus par le prestataire de services d'investissement auprès duquel le compte-titres est ouvert et se composent le plus souvent d'un montant fixe minimal (par exemple un forfait annuel par ligne) et d'un montant variable calculé en fonction de la taille du portefeuille (certains établissements appliquent parfois des tarifs dégressifs) ;

– les frais ponctuels prélevés par l'intermédiaire en cas d'opérations particulières (transfert, clôture de compte) ou lors de l'encaissement de coupons, par exemple (notamment lorsque l'établissement n'assure pas le service financier de ces titres).

Le montant des **courtages** liés aux transactions est librement négociable entre les prestataires de services d'investissement et leurs clients. Ces courtages sont le plus souvent exprimés en pourcentage du montant de l'ordre et assortis d'un minimum de perception. Les ordres portant sur des montants importants sont en général soumis à un tarif dégressif. **52201**

En plus des frais de courtage, l'intermédiaire peut facturer une **commission de règlement différé** pour les ordres avec service de règlement différé (SRD) et une commission spécifique pour les **opérations de prorogation.**

Il existe sur internet des sites de comparaison des frais de courtage.

52205 En outre, lorsque l'établissement teneur de compte assure la gestion du portefeuille en vertu d'un **mandat de gestion,** des commissions supplémentaires généralement fixes prélevées sur le montant des gains peuvent être facturées par l'établissement gestionnaire.

AVIS D'OPÉRÉ

52220 Lorsque l'ordre a été exécuté, le client reçoit généralement un document appelé « avis d'opéré » transmis sur un support durable. Cet avis récapitule l'exécution de l'ordre et doit être émis par l'intermédiaire dès que possible et au plus tard au cours du premier jour ouvrable suivant son exécution ou, si l'intermédiaire reçoit lui-même d'un tiers la confirmation de l'exécution, au plus tard le premier jour ouvrable suivant la réception de la confirmation de ce tiers.

L'avis d'opéré comporte également l'identification de l'entreprise qui fournit les informations, le jour et l'heure de négociation, l'indication du prix auquel l'ordre a été exécuté et le montant des commissions et frais prélevés par l'intermédiaire (Règl. délégué 2017/565/UE du 25-4-2016 art. 59).

TAXE SUR LES TRANSACTIONS FINANCIÈRES

52225 Cette taxe s'applique aux **acquisitions à titre onéreux de titres de capital** ou de titres assimilés dès lors que ces titres sont admis aux négociations sur un marché réglementé français, européen ou étranger, que leur acquisition donne lieu à un transfert de propriété, et que ces titres sont émis par une société dont le siège social est situé en France et dont la capitalisation boursière excède un milliard d'euros au 1er décembre de l'année précédant celle de l'imposition (CGI art. 235 ter ZD).

Les transactions susceptibles d'être taxées sont celles portant sur des **actions et autres titres** donnant ou pouvant donner accès au capital ou aux droits de vote, y compris lorsqu'ils sont émis sur le fondement de droits étrangers. La taxe concerne également l'acquisition de titres représentant des titres de capital ou assimilés émis par une société quel que soit son lieu d'établissement, c'est-à-dire les certificats représentatifs d'actions françaises tels que les « American depositary receipts (ADR) » ou les « European depositary receipts (EDR) ».

L'acquisition s'entend de l'**achat** (y compris dans le cadre d'une option ou d'un achat à terme), de l'**échange** ou de l'attribution de titres de capital en contrepartie d'**apports.** Elle doit donner lieu à un **transfert de propriété** matérialisé par l'inscription des titres acquis au compte-titres de l'acquéreur. Les opérations qui ne sont pas matérialisées par une inscription en compte, telles les opérations d'**achat et de vente d'un même titre au cours d'une même journée,** ne sont pas soumises à la taxe (BOI-TCA-FIN-10-10 n° 60).

En cas d'acquisition d'un **titre démembré** de capital ou assimilé dans le champ d'application de la taxe, tant l'acquisition de la nue-propriété que celle de l'usufruit sont taxables (BOI-TCA-FIN-10-10 n° 65).

Le **taux de la taxe** est de 0,3 %. La taxe est **assise** sur la valeur d'acquisition des titres. Elle est exigible au premier jour du mois suivant l'acquisition des titres.

La taxe, dont le **redevable** final est l'acquéreur des titres puisqu'il devra débourser un montant plus important pour réaliser la transaction, est prélevée et reversée au Trésor soit par le prestataire de services d'investissement ayant exécuté l'ordre d'achat, soit, lorsque l'acquisition a lieu sans intervention d'un prestataire de services d'investissement, par l'établissement assurant la fonction de tenue de compte-conservation. Lorsque plusieurs prestataires de services d'investissement interviennent pour l'exécution de l'ordre d'achat d'un titre, la taxe est, en principe, liquidée et due par le premier qui reçoit de l'acquéreur final l'ordre d'achat ; il existe toutefois des exceptions en cas de chaîne d'intermédiation (BOI-TCA-FIN-10-30 n° 10).

Les opérations d'acquisition de titres soumises à cette taxe sont exonérées des **droits d'enregistrement** prévus à l'article 726 du CGI (nos 21410 s.) afin d'éviter une double taxation de ces transactions.

> Précisions a. La liste des sociétés dont le siège social est situé en France et dont la capitalisation boursière excède un milliard d'euros au 1er décembre 2022 est publiée au Bofip (BOI-TCA-FIN-10-10 n° 1 ; BOI-ANNX-000467).

b. Les **opérations** suivantes sont **exonérées** de la taxe (CGI art. 235 ter ZD, II) : opérations d'achat réalisées dans le cadre d'une émission de titres de capital (marché primaire) ; opérations réalisées par une chambre de compensation ou un dépositaire central ; acquisitions réalisées dans le cadre d'activités de tenue de marché ; opérations réalisées pour le compte d'émetteurs en vue de favoriser la liquidité de leurs actions selon les pratiques admises par l'Autorité des marchés financiers ; opérations réalisées entre sociétés membres d'un même groupe ; opérations réalisées dans le cadre d'une fusion, d'une scission ou d'un apport partiel d'actifs effectué dans les conditions prévues aux articles 210 A et 210 B du CGI ; acquisitions de titres dans le cadre du rachat d'une entreprise par son personnel ; cessions temporaires de titres ; acquisitions réalisées dans le cadre de l'épargne salariale.

c. Les **opérations à haute fréquence** réalisées par l'intermédiaire de dispositifs de traitements informatisés font l'objet d'une taxation spécifique (CGI art. 235 ter ZD bis).

C. Gestion de portefeuille sous mandat

OPTION OUVERTE À LA SOCIÉTÉ CIVILE DE PORTEFEUILLE

La société civile de portefeuille peut **se décharger de la gestion** de celui-ci en la confiant à un prestataire de services d'investissement ; l'initiative des opérations revient alors à ce mandataire qui prend seul les décisions d'achat ou de vente des instruments financiers dans le respect des objectifs définis par le mandat de gestion. Les produits, rémunérations et plus-values dégagés par la gestion de portefeuille et les droits qui y sont attachés appartiennent à la société. **52230**

Sur l'indication de ce mode de gestion dans les statuts de la société, voir n° 52410.

Pour les règles applicables à ce mandat de gestion (conclusion et résiliation, obligations du mandataire et rémunération), voir Mémento Patrimoine n°s 9640 s.

> **Précisions** Nonobstant le mandat de gestion, la **société** peut souhaiter exercer, en la personne de son représentant légal, les droits attachés aux titres composant son portefeuille, notamment son **droit de vote.** À sa demande, le prestataire, s'il n'est pas teneur du compte de titres, doit s'assurer que l'établissement qui tient celui-ci fait le nécessaire pour transmettre dans les délais normaux toutes les informations et tous les documents nécessaires pour l'exercice du droit de vote. La société peut éventuellement donner une procuration au prestataire pour qu'il exerce à sa place le droit de vote attaché aux actions en portefeuille, sans qu'il soit nécessaire que le prestataire ait la qualité d'actionnaire de la société émettrice des actions lorsque celles-ci sont admises aux négociations sur un marché réglementé ou, si les statuts de la société émettrice le prévoient, sur un système multilatéral de négociation organisé (C. com. art. L 22-10-39 à L 22-10-42).

SECTION 2

CONSTITUTION DES SOCIÉTÉS CIVILES DE PORTEFEUILLE

A. Objet de la société

DÉFINITION DE L'OBJET SOCIAL

La définition de l'objet social présente un **intérêt** particulier. En effet, compte tenu de la diversité des produits et des placements financiers existant sur le marché, il importe de ne pas définir trop largement l'objet social tout en ne le limitant pas à la gestion de certaines catégories d'actifs. **52400**

Rappelons que les titres ou valeurs susceptibles d'être détenus ou acquis par une société de portefeuille peuvent être de nature très variée : titres admis ou non aux négociations sur le marché, obligations, titres de créances négociables, bons du Trésor, titres d'OPCVM (FCP ou Sicav), titres de fonds d'investissement alternatifs (FCPR, SCPI...), etc.

Par ailleurs, la loi peut créer des nouveaux placements financiers, ou modifier la définition de certains titres qui se trouveraient exclus par une définition trop étroite de l'objet social. La définition de l'objet social peut également viser des titres gérés collectivement, tels que les FCP, les Sicav ou les SCPI, ou des titres gérés individuellement (valeurs mobilières).

52405 La définition de l'objet social délimite la capacité de la société (nos 6000 s.) et, partant, l'étendue des pouvoirs du gérant à l'égard des tiers (n° 7420).

Lorsque la société de portefeuille a vocation à compter parmi ses associés des **mineurs,** il peut être opportun, pour **protéger leurs intérêts patrimoniaux,** d'exclure de l'objet social l'acquisition d'instruments financiers à terme ou la souscription d'emprunt et de préciser les conditions de majorité et les modalités particulières auxquelles sont soumises les modifications statutaires, ces modifications étant considérées comme un acte de disposition (Décret 2008-1484 du 22-12-2008 ann. 2, col. 2-II) : autorisation des deux parents si tous deux exercent l'autorité parentale ou autorisation du seul parent l'exerçant (cf. C. civ. art. 382, 382-1 et 387-1), autorisation du conseil de famille ou du juge des tutelles si le mineur est placé sous tutelle (C. civ. art. 505, al. 1).

52410 La **méthode** retenue pour la **gestion** du portefeuille doit figurer dans les statuts. Les associés peuvent en effet opter librement soit pour une gestion directe du portefeuille assurée par le gérant lui-même s'ils estiment que ce dernier dispose des compétences requises, soit pour une gestion sous mandat confiée à un professionnel habilité à exercer l'activité de gestion de portefeuille pour le compte de tiers, c'est-à-dire à un prestataire de services d'investissement (n° 52230). Ce mandataire étant révocable librement et à tout moment, sa désignation dans les statuts de la société est exclue ; seules les modalités de cette désignation doivent y être précisées.

OBJET SOCIAL ET COMMERCIALITÉ

52430 La détention d'un portefeuille se limite rarement à la simple perception des fruits des titres détenus mais s'accompagne le plus souvent d'une gestion active de ce portefeuille, laquelle implique nécessairement la multiplication des opérations d'**achat** et de **cession** de titres. Compte tenu des termes de l'article L 110-1 du Code de commerce qui répute acte de commerce « tout achat de biens meubles pour les revendre », on peut s'interroger sur le maintien de l'objet civil de la société qui se livre régulièrement à de telles opérations.

52435 La Cour de cassation a considéré que si les **opérations de bourse** ne sont pas nécessairement par elles-mêmes des actes de commerce, elles peuvent revêtir ce caractère à raison des circonstances et du but dans lesquels elles ont eu lieu (Cass. civ. 30-7-1912 : D. 1914 I p. 86). Le caractère commercial peut ainsi résulter de la multiplicité et de l'importance des opérations effectuées (Cass. req. 9-6-1942 : Gaz. Pal. 1942 II p. 258).

ILLUSTRATIONS

La cour d'appel de Paris a estimé qu'en raison de la fréquence et de l'importance des opérations de bourse auxquelles il s'était livré, un particulier devait être regardé comme un commerçant qui exécutait des actes de commerce et en faisait sa profession habituelle dans la mesure où il ne justifiait pas d'une autre activité ou d'une situation de fortune qui lui aurait permis de spéculer uniquement en vue de la fructification de ses capitaux (CA Paris 13-1-1976 : JCP G 1977 II n° 18576 note Boitard, RTD com. 1977 p. 73 obs. Jauffret).

De même, revêt un caractère commercial l'activité du particulier qui a acheté pour un autre particulier en 1997 des actions pour une valeur de plus de 272 millions de francs (environ 41 460 000 €) et en a vendu pour une valeur de 276 millions de francs (42 M€ environ) et qui n'a exercé aucune autre profession de 1996 à 1998 (Cass. com. 20-9-2017 n° 16-15.856 F-D : RJDA 2/18 n° 201).

52440 Compte tenu des conditions restrictives posées par la cour d'appel de Paris à la qualification d'activité commerciale de la spéculation boursière (n° 52435), on peut penser que l'accomplissement par la société de portefeuille de telles opérations ne lui fait pas perdre son caractère civil. En effet, en agissant ainsi, la société ne fait pas de la spéculation sur les titres sa profession habituelle mais procède simplement à la **gestion** normale de son **patrimoine.** Par application de la règle dite « de l'accessoire », les opérations sur titres sont alors réputées civiles. De surcroît, il est traditionnellement admis que la gestion de patrimoine pour compte propre constitue une activité civile.

Un auteur a estimé que le risque de requalification commerciale de l'objet social pourrait être définitivement écarté en confiant la gestion du portefeuille à un professionnel dans le cadre d'un **mandat de gestion** : l'activité de la société se limite dans ce cas à la détention et à la conservation du portefeuille géré par ce tiers, lequel procède seul aux arbitrages qu'il estime nécessaires (J. Prieur, Sociétés civiles de gestion de portefeuille, outil de gestion et de transmission : Actes pratiques 1996 n° 28 p. 13).

52445 En toute hypothèse la société civile ne doit pas détenir en portefeuille des parts de **société en nom collectif** : les associés de ces sociétés ont en effet tous la qualité de commerçant (C. com. art. L 221-1, al. 1).

B. Régime des apports

APPLICATION DU RÉGIME DE DROIT COMMUN

Les régimes juridique et fiscal des apports à une société civile exposés nos 1100 s. et 3500 s. s'appliquent, avec les **spécificités** mentionnées ci-après. 52500

1. RÉGIME JURIDIQUE DES APPORTS

APPORTS EN NUMÉRAIRE OU EN NATURE

La société civile peut être créée en vue de la **constitution d'un portefeuille** de titres : dans ce cas elle est constituée par apports en numéraire effectués par les associés, les fonds recueillis servant à l'acquisition des titres. Toutefois, compte tenu des objectifs de gestion ou de transmission patrimoniale généralement poursuivis par les futurs associés, le plus souvent le portefeuille existe déjà et la société est constituée pour le recueillir : dans ce cas, l'apport en nature consiste en un **transfert du portefeuille** à la société. 52505

Sur les formalités particulières à respecter en cas d'apport de droits sociaux, voir n° 1206.

APPORT D'UN PORTEFEUILLE DÉMEMBRÉ OU D'UN DROIT DE PROPRIÉTÉ DÉMEMBRÉ

L'apport peut consister en des titres ayant préalablement fait l'objet d'un démembrement de propriété, par exemple à la suite d'une succession, ou sur la nue-propriété ou l'usufruit des titres. Sur cette question, voir nos 62400 s. 52520

2. RÉGIME FISCAL DES APPORTS

ENREGISTREMENT DU CONTRAT DE SOCIÉTÉ

Dès lors qu'ils ne constatent que des apports en numéraire et/ou des apports de valeurs mobilières ou autres instruments financiers, les statuts de la société civile de portefeuille doivent, lorsqu'ils ne sont pas dispensés d'enregistrement, faire l'objet, dans le mois de leur signature, d'un enregistrement au service des impôts (nos 3505 s.). 52580

DROITS D'ENREGISTREMENT SUR LES APPORTS

Le régime fiscal des apports est évoqué nos 3600 s. Rappelons toutefois que si l'apport fait à la constitution de la société ne comprend que des espèces, des titres et des valeurs mobilières, l'apport est enregistré gratuitement, quel que soit le régime fiscal de la société bénéficiaire de l'apport. 52590

PLUS-VALUES D'APPORT

D'une façon générale, le régime des plus-values d'apport dépend de la nature des titres apportés et de la qualité de l'apporteur. 52600

Compte tenu de l'objet des sociétés de portefeuille et des objectifs de gestion ou de transmission patrimoniale suivis par les fondateurs de telles sociétés, le régime applicable sera le plus souvent celui des **plus-values sur valeurs mobilières et droits sociaux** prévu aux articles 150-0 A et suivants du CGI, exposé aux nos 21700 s.

Lorsque l'apport est fait à une société civile qui opte pour l'IS, la plus-value bénéficie d'un **différé d'imposition** : sursis prévu à l'article 150-0 B du CGI lorsque la société bénéficiaire de l'apport n'est pas contrôlée par l'apporteur (voir nos 21760 s.), report prévu à l'article 150-0 B ter du CGI lorsque l'apporteur détient le contrôle de la société (voir nos 21750 s.).

Lorsque les titres apportés sont des **titres de sociétés à prépondérance immobilière** non soumises à l'IS, le régime applicable est celui des plus-values immobilières (nos 33400 s.). Les apports de tels titres effectués au bénéfice d'une société soumise à l'IS bénéficient d'un sursis d'imposition de la plus-value (n° 34375).

> **Précisions a.** Les plus-values ou moins-values relevant du régime général d'imposition des valeurs mobilières sont fongibles entre elles : elles se compensent montant pour montant, sans considération de la nature des titres. En revanche, en cas d'**apport concomitant de titres relevant de régimes fiscaux différents,** les plus-values ou moins-values relevant du régime général d'imposition des valeurs mobilières ne se compensent pas avec les plus ou moins-values subies sur des titres de sociétés à prépondérance immobilière relevant du régime des plus-values immobilières.
> **b.** Sur le régime applicable en cas d'**apport de titres démembrés,** voir nos 62755 s. (plus-values relevant du régime général d'imposition des valeurs mobilières) et nos 62682 s. (plus-values relevant du régime des plus-values immobilières).

C. Associés de la société civile de portefeuille

APPLICATION DU DROIT COMMUN

52750 La **situation juridique, sociale et fiscale** ainsi que les obligations des associés d'une société civile de portefeuille ne dérogent pas au droit commun exposé nos 20000 s., auxquels on se reportera.

ENFANTS MINEURS ASSOCIÉS D'UNE SOCIÉTÉ CIVILE DE PORTEFEUILLE

52755 En dépit de l'obligation indéfinie aux dettes sociales pesant sur les associés de société civile (C. civ. art. 1857, al. 1), la doctrine dominante considère qu'un mineur non émancipé peut faire partie d'une société civile. Son **entrée** dans la société est toutefois strictement encadrée (nos 612 s.).

52760 Le mineur peut également devenir associé en cours de vie sociale par voie de **donation,** mais aussi de **succession.** En effet, le décès d'un associé n'entraîne en principe pas la dissolution de la société et, sauf clause contraire, celle-ci continue avec les associés survivants et les héritiers ou légataires du défunt (C. civ. art. 1870, al. 1). Lorsqu'un mineur figure au nombre des héritiers, il devient lui-même associé en acceptant la succession et à ce titre répond indéfiniment des **dettes** sociales **à venir,** même au-delà de la valeur des biens de la succession.

52761 À l'égard des **dettes existant au jour du décès,** l'étendue de l'engagement du mineur dépend de la forme de son acceptation :

– en cas d'acceptation pure et simple de la succession (sous réserve de l'autorisation du conseil de famille ou du juge des tutelles : C. civ. art. 387-1 pour le mineur sous administration légale et art. 505 pour le mineur sous tutelle), son engagement porte sur l'ensemble de ces dettes ;

– en cas d'**acceptation à concurrence de l'actif net,** cet engagement est limité à la valeur des biens recueillis.

La protection du mineur s'exerce donc à l'occasion de l'acceptation de la succession. Aussi est-il prudent, lorsqu'un héritier est mineur, que son représentant légal accepte les parts sociales à concurrence de l'actif net.

L'**héritier qui a accepté purement et simplement** la succession est protégé en cas de **découverte tardive d'un passif** important. Il peut demander en justice à être déchargé en tout ou partie de son obligation si les conditions suivantes sont remplies (C. civ. art. 786) :

– au moment où il a accepté la succession, il avait des motifs légitimes d'ignorer la dette ;

– le paiement de cette dette aurait pour effet d'obérer gravement son patrimoine personnel.

L'action en décharge de la dette doit être exercée dans les 5 mois du jour où l'héritier aura eu connaissance de l'existence et de l'importance de la dette.

MANDAT À EFFET POSTHUME EN CAS DE DÉCÈS D'UN ASSOCIÉ

52762 Tout associé peut désigner de son vivant un ou plusieurs mandataires, qui seront chargés après son décès d'administrer ses parts sociales pour le compte et dans l'intérêt d'un ou de plusieurs héritiers identifiés (C. civ. art. 812 s.). Ce mandat à effet posthume doit être donné et accepté par acte notarié ; il doit être justifié par un intérêt légitime et sa durée est limitée.

SOCIÉTÉ CIVILE DE PORTEFEUILLE ENTRE ÉPOUX

52770 Deux époux peuvent, seuls ou avec des tiers, être associés d'une société civile (C. civ. art. 1832-1). Sur l'attribution de la qualité d'associé en cas d'**apports de biens de communauté,** voir nos 1048 s.

SOCIÉTÉ CIVILE DE PORTEFEUILLE AVEC DES HÉRITIERS

52780 La constitution d'une société civile de portefeuille entre une personne et certains de ses futurs héritiers est de l'essence même de cette société (no 52055). Toutefois, afin d'**éviter que les autres héritiers ne suspectent une libéralité,** il est recommandé d'établir le contrat de société par acte notarié. L'acte authentique, qui par nature officialise et révèle l'acte d'association, attache une présomption légale de validité à la constitution d'une société entre une personne et ses successibles : en effet, « il n'est pas dû de rapport pour les associations faites sans fraude entre le défunt et l'un de ses héritiers, lorsque les conditions en ont été réglées par un acte authentique » (C. civ. art. 854). Cette présomption peut être contestée par les autres héritiers en prouvant l'existence d'une donation déguisée ou l'intention de porter atteinte à leurs droits. Pour plus de précisions, voir nos 670 s.

SOCIÉTÉ CIVILE DE PORTEFEUILLE ENTRE INDIVISAIRES

La société civile peut être constituée par apport d'un portefeuille détenu en indivision ; deux situations doivent alors être envisagées : **52790**

– si les **parts** sociales attribuées en rémunération de cet apport sont **partagées** entre les indivisaires au prorata de leurs droits dans l'indivision, chaque indivisaire acquiert personnellement la qualité d'associé ;

– si les parts restent **indivises** (ou si l'indivision survient en cours de société, par exemple à la suite du décès d'un associé), la qualité d'associé est reconnue à chaque indivisaire (n° 1035), mais les indivisaires sont représentés par un mandataire unique pour la prise des décisions collectives (nos 9032 s.).

SECTION 3

FONCTIONNEMENT DES SOCIÉTÉS CIVILES DE PORTEFEUILLE

APPLICATION DU RÉGIME DE DROIT COMMUN

Le fonctionnement des sociétés civiles de portefeuille obéit aux règles de droit commun (nos 10 s.). **53000**
Toutefois, certaines **particularités** méritent d'être signalées en ce qui concerne la gérance, les droits des associés, ainsi que l'imposition des bénéfices.

A. Gérance

CHOIX DU GÉRANT DE SOCIÉTÉ CIVILE DE PORTEFEUILLE

Le gérant peut être une personne physique ou une personne morale, choisie parmi les associés **53005**
ou en dehors d'eux. Le choix des associés est libre, sous réserve toutefois que l'intéressé satisfasse aux conditions de capacité requises (nos 7030 s.).

Lorsque la société est utilisée à des fins de transmission patrimoniale, le donateur usufruitier se réserve le plus souvent la gérance, conservant ainsi une certaine maîtrise sur l'administration du patrimoine transmis.

POUVOIRS DU GÉRANT DE SOCIÉTÉ CIVILE DE PORTEFEUILLE

Comme dans toute société civile, une grande liberté est laissée aux associés pour organiser la **53020**
gestion sociale en fonction des objectifs qu'ils poursuivent ; l'étendue des pouvoirs du gérant résulte à la fois de la définition plus ou moins extensive de l'objet social et de l'existence de clauses statutaires susceptibles d'encadrer strictement l'exercice de son activité.

En effet, rappelons que l'objet social constitue la **limite** des pouvoirs du gérant à l'égard des tiers mais que dans ses rapports avec les associés, s'il doit agir dans le cadre de l'objet social et conformément à l'intérêt de la société, le gérant doit en outre respecter les limitations statutaires de ses pouvoirs. Sur cette question et les conséquences du non-respect d'une limitation de pouvoirs, voir nos 7400 s.

Une restriction aux pouvoirs du gérant peut résulter du choix opéré par les associés de confier **53021**
la gestion effective du portefeuille de titres à un tiers habilité (n° 52230). Lorsque cette modalité de **gestion sous mandat** est retenue, elle doit figurer dans l'objet social ; elle est alors opposable aux tiers.

Les statuts peuvent en outre prévoir que certains actes ou décisions, en raison de leur importance, seront soumis à **autorisation préalable des associés.** Il peut en être ainsi notamment du choix de l'établissement auprès duquel doit être ouvert le compte-titres de la société ou de la méthode de gestion retenue par le gérant ou proposée par le gestionnaire en cas de recours aux compétences d'un tiers.

RÉMUNÉRATION DU GÉRANT DE SOCIÉTÉ CIVILE DE PORTEFEUILLE

53030 Comme pour l'ensemble des sociétés civiles, il n'existe pas de disposition particulière relative à la détermination de la rémunération du gérant de la société civile de portefeuille. En règle générale, les sociétés de portefeuille « familiales » ne versent pas de rémunération à leur gérant lorsqu'il est associé.

B. Droits des associés

DROIT D'INFORMATION DES ASSOCIÉS DE SOCIÉTÉ CIVILE DE PORTEFEUILLE

53050 Outre le droit d'**information annuelle** à l'occasion de la reddition des comptes, les associés des sociétés civiles de portefeuille peuvent consulter au siège social tous les documents établis par la société ou reçus par elle et en prendre copie ; ils peuvent aussi poser par écrit toute question sur la gestion sociale, le gérant étant tenu d'y répondre également par écrit dans le délai d'un mois (C. civ. art. 1855).

Au titre de ce **droit permanent** à l'information, ils peuvent notamment prendre connaissance de l'ensemble des avis d'opéré (n° 52220) ou, lorsque la gestion du portefeuille est réalisée sous mandat, du relevé périodique des activités de gestion de portefeuille.

53055 Ces prescriptions ne constituent qu'un minimum et les statuts peuvent prévoir un **droit d'information plus étendu** : il pourrait ainsi être imposé au gérant de procéder à une information périodique des associés sur l'évolution du portefeuille et sur l'état de la trésorerie de la société, avec communication systématique d'un certain nombre de documents.

DROIT DE VOTE EN CAS DE DÉMEMBREMENT DES PARTS DE SOCIÉTÉ CIVILE DE PORTEFEUILLE

53070 Lorsque les parts de la société civile de portefeuille font l'objet d'un démembrement de propriété – ce qui est fréquent en pratique – le droit de vote appartient au nu-propriétaire sauf pour les **décisions concernant l'affectation des bénéfices,** pour lesquelles il est réservé à l'usufruitier ; les statuts peuvent toutefois prévoir d'autres modalités de répartition du droit de vote entre usufruitier et nu-propriétaire (C. civ. art. 1844, al. 3 et 4).

Pour les **décisions autres que l'affectation des bénéfices,** le nu-propriétaire et l'usufruitier peuvent convenir que le droit de vote est exercé par l'usufruitier, sans que les statuts puissent interdire ou limiter cette convention (C. civ. art. 1844, al. 3 et 4).

Pour de plus amples développements, voir n°s 62080 s.

DROITS PÉCUNIAIRES DES ASSOCIÉS DE SOCIÉTÉ CIVILE DE PORTEFEUILLE

53080 La **répartition des bénéfices** sociaux s'effectue, rappelons-le, conformément aux statuts ; à défaut de stipulation particulière, la part de chaque associé est proportionnelle à sa participation dans le capital social (C. civ. art. 1844-1).

En cas de démembrement des parts de la société civile, les droits de l'**usufruitier** portent sur les bénéfices, le **nu-propriétaire** ayant vocation aux réserves sous certaines conditions (n°s 62120 s.).

C. Imposition des bénéfices

53150 Les sociétés civiles de portefeuille relèvent, en **principe,** du régime fiscal des sociétés de personnes (CGI art. 8). Elles peuvent toutefois **opter** pour leur assujettissement à l'impôt sur les sociétés.

Lorsque la société civile relève du régime fiscal des sociétés de personnes, ses associés sont personnellement imposables à raison des sommes et valeurs encaissées par la société, même si ces sommes ne sont pas distribuées. En revanche, l'option pour l'IS implique l'imposition des associés sur les seuls revenus distribués, dans la catégorie des revenus de capitaux mobiliers s'il s'agit de personnes physiques.

Le **choix** entre ces deux régimes dépend de plusieurs paramètres : notamment de la taille du portefeuille et du montant des revenus perçus, de la tranche marginale d'imposition des associés et de leurs besoins en trésorerie, des objectifs des associés en termes de valorisation ou de transmission de leur patrimoine.

Les incidences de l'option pour l'IS dès la **création de la société** sont présentées nos 53260 s.

Sur les conséquences de l'option pour l'IS **en cours de vie sociale,** voir nos 11155 s.

Sur la faculté pour une société ayant opté pour l'IS de **renoncer à cette option** jusqu'au cinquième exercice suivant celui au titre duquel l'option a été exercée : voir n° 10112.

> **> Précisions** Une société civile de gestion de portefeuille qui se livre à des **opérations de financement sans rémunération** au profit des sociétés de son groupe et à une **activité d'intermédiaire** dans la négociation de titres pour le compte d'associés exerce une activité commerciale et, à ce titre, est obligatoirement soumise à l'impôt sur les sociétés (TA Montreuil 5-7-2018 nos 1746328 et 1746407 : RJF 2/19 n° 131).

1. SOCIÉTÉS RELEVANT DU RÉGIME DES SOCIÉTÉS DE PERSONNES

Gérer un portefeuille ne se borne pas à encaisser des revenus : la gestion active d'un portefeuille implique en effet des achats et des ventes de titres et de valeurs. **53155**

Les opérations réalisées par les sociétés civiles de portefeuille génèrent donc des revenus et des plus-values, étant précisé que certaines valeurs mobilières ne peuvent générer que des plus-values (cas, par exemple, des opérations sur marché à terme, imposables lors du dénouement du contrat, et des produits d'organismes de placement collectif monétaires ou obligataires de capitalisation).

En principe, ces revenus et plus-values relèvent respectivement des règles des revenus de capitaux mobiliers et des plus-values de cession de valeurs mobilières.

Exceptionnellement, lorsqu'ils résultent d'opérations effectuées dans des conditions analogues à celles qui caractérisent une **activité exercée** par une personne se livrant **à titre professionnel** à ce type d'opérations, les produits des opérations de bourse sont imposables dans la catégorie des bénéfices non commerciaux (CGI art. 92, 2-1°). Une telle imposition est limitée aux cas d'opérations nombreuses et sophistiquées impliquant la détention, la maîtrise, l'utilisation et la recherche organisée d'informations et de techniques d'intervention spécialisées (CE 3-2-2003 n° 232040 : RJF 4/03 n° 432). Elle doit en outre être écartée lorsque la gestion du portefeuille est confiée par **mandat à un tiers** (CE 25-4-2003 n° 231084 : RJF 7/03 n° 836).

En tout état de cause, la réalisation de telles opérations n'est pas susceptible d'entraîner l'assujettissement à l'IS de la société. Il n'en irait différemment que si la société civile pouvait être considérée comme **achetant habituellement,** en vue de les revendre, **des actions ou parts de sociétés immobilières** au sens de l'article 35, I-1° du CGI : dans ce cas en effet, elle serait réputée exercer l'activité de marchand de biens, activité commerciale qui entraînerait son assujettissement à l'IS (pour plus de précisions, voir nos 48100 s.).

DÉTERMINATION DU RÉSULTAT DE LA SOCIÉTÉ CIVILE DE PORTEFEUILLE RELEVANT DU RÉGIME DES SOCIÉTÉS DE PERSONNES

Pour la détermination du résultat de la société civile, il convient, conformément aux dispositions de l'article 238 bis K du CGI, de faire application, selon le cas, des règles propres à la catégorie de revenus dont relève l'activité de la société ou des règles propres à l'activité des associés : ainsi, la quote-part de résultat qui revient aux associés **personnes physiques** agissant dans le cadre de la gestion de leur patrimoine privé est déterminée selon les règles des revenus de capitaux mobiliers (et des plus-values de cession de valeurs mobilières), tandis que la quote-part de résultat qui revient à des **entreprises** soumises à l'impôt sur les sociétés ou relevant de plein droit d'un régime réel d'imposition BIC ou BA est déterminée selon les règles de l'IS, des bénéfices industriels et commerciaux ou des bénéfices agricoles. S'agissant des associés relevant des BIC ou des BA réels, les règles de l'article 238 bis K doivent toutefois être combinées avec celles de l'article 155, II et III du CGI qui excluent pour la détermination du bénéfice imposable les produits et charges qui se rapportent à des biens inscrits au bilan mais non utilisés pour l'exercice de l'activité professionnelle ; l'administration estime que le résultat de la société civile de portefeuille, qui ne peut être considéré comme provenant d'une activité professionnelle, doit être extourné du résultat professionnel de l'entreprise associée pour être imposé au titre de la catégorie des revenus mobiliers ou des plus-values mobilières (BOI-BIC-BASE-10-20-10 n° 195). **53160**

Nous développons ci-après les principales règles applicables pour la détermination du résultat des sociétés civiles de gestion de portefeuille dont les associés sont des **personnes physiques** (**cas le plus fréquent** en pratique). Pour plus de précisions sur les règles applicables à la quote-part de résultat revenant à des entreprises, voir nos 9580 s.

53165 **Revenus de capitaux mobiliers** La société civile de gestion de portefeuille est réputée personne interposée pour la taxation de ses revenus entre les mains de ses associés.

Ces revenus peuvent comprendre :

– des **produits** d'actions ou de parts sociales distribués par des sociétés françaises, c'est-à-dire essentiellement les bénéfices répartis sous forme de dividendes ;

– des produits de placements à revenu fixe : obligations et autres titres d'emprunts négociables, créances, dépôts, cautionnements et comptes courants, bons de caisse, bons du Trésor et assimilés ;

– des produits de valeurs mobilières étrangères.

53170 D'une façon générale, les **charges déductibles** pour la détermination du résultat imposable dans la catégorie des revenus de capitaux mobiliers sont celles liées à l'acquisition et à la conservation de ces revenus, à l'exclusion de celles afférentes à l'acquisition et à la conservation du capital (CGI art. 13, 1).

À cet égard, l'administration a précisé que l'interposition d'une société civile entre les sociétés distributrices et les personnes physiques membres de cette société n'a pas pour effet de modifier la nature ni le montant des charges admises en déduction : ainsi **ne sont pas déductibles** les intérêts des emprunts contractés pour l'acquisition du portefeuille, ni les pertes en capital concernant ces mêmes valeurs (BOI-RPPM-RCM-20-10-20-70 n° 70). Le résultat ne peut pas être affecté des moins-values latentes sur les titres : aucune provision pour dépréciation des titres du portefeuille ne peut être constituée. L'administration refuse la déduction des frais de courtage et des frais d'abonnement ou d'achat de revues et journaux financiers (BOI-RPPM-RCM-20-10-20-70 n° 50). La jurisprudence refuse également la déduction des rémunérations versées au mandataire en cas de gestion sous mandat du portefeuille au motif que celles-ci, calculées en fonction de la valeur du portefeuille, rémunèrent une activité destinée à maintenir et à augmenter la valeur du patrimoine (CAA Paris 21-9-2016 n° 15PA01150 : RJF 7/17 n° 658).

En définitive, les **frais déductibles** sont essentiellement les droits de garde des titres en portefeuille et les frais d'encaissement de coupons, ainsi que les primes d'assurances relatives aux valeurs mobilières dans la mesure où l'objet du contrat n'est pas de couvrir le risque de dépréciation (BOI-RPPM-RCM-20-10-20-70 n° 30).

Les frais admis en déduction doivent être déduits pour leur **montant** réel et justifié. Il n'existe aucune possibilité de déduction forfaitaire.

Les frais se rapportant à des **revenus exonérés** ou soumis à un **prélèvement libératoire** de l'impôt sur le revenu (notamment au prélèvement forfaitaire unique de 12,8 %) ou à une **imposition forfaitaire** ne sont pas déductibles (BOI-RPPM-RCM-20-10-20-70 n° 10). Il en est de même, selon l'administration, des frais de garde de parts d'organismes de placement collectif (Sicav, FCP, etc.) de **capitalisation** qui ne distribuent pas de revenus. Lorsque les droits de garde sont déterminés de façon forfaitaire, une **attestation bancaire** ventilant, par nature, les valeurs composant le portefeuille et ayant servi de base à la détermination des droits (valeurs productives de revenus imposables à l'impôt sur le revenu ou susceptibles d'en produire ; valeurs non productives de revenus ; valeurs productives de revenus exonérés d'impôt sur le revenu ou soumis à un prélèvement forfaitaire libératoire) doit pouvoir être fournie au service des impôts ; à défaut, les droits de garde ne peuvent être admis en déduction des revenus de capitaux mobiliers (BOI-RPPM-RCM-20-10-20-70 n° 30).

> **Précisions** Les déficits constatés, le cas échéant, dans la catégorie des revenus de capitaux mobiliers (hypothèse où les **frais** sont **supérieurs au montant du revenu brut**) ne sont pas imputables sur le revenu global des personnes physiques. Ils peuvent cependant être imputés sur les revenus de même nature des six années suivantes (CGI art. 156, I-8°).

53175 **Plus-values** La société civile de portefeuille est réputée personne interposée pour la vente des titres.

Les plus-values sur titres réalisées relèvent du régime général des gains de cession de valeurs mobilières et de droits sociaux (n°s 21700 s.), sous réserve :

– des plus-values sur titres de sociétés transparentes et de sociétés à prépondérance immobilière non soumises à l'IS qui relèvent du régime des plus-values sur immeubles ;

– des plus-values sur bons de caisse, bons du Trésor et titres de créances négociables sur un marché réglementé, qui sont soumises à l'impôt sur le revenu en tant que revenus de créances, dans les conditions exposées n° 53200.

RÉPARTITION DU RÉSULTAT ENTRE LES MEMBRES DE LA SOCIÉTÉ CIVILE DE PORTEFEUILLE

Chaque associé de la société civile de portefeuille est imposable à raison de sa **quote-part** dans les résultats sociaux (revenus et plus-values). Cette quote-part est déterminée selon les règles fixées par les statuts ou par toute convention ayant pour objet de conférer à l'un ou l'autre des associés des droits différents. **53180**

En ce qui concerne le **fait générateur** de l'imposition, il y a lieu de considérer que chacun des associés s'approprie la quote-part des **revenus du portefeuille** correspondant à ses droits dans la société civile le jour même où celle-ci les a encaissés ou a été créditée en compte de leur montant (CGI ann. II art. 79, 4). Il s'agit là d'une dérogation au principe général selon lequel, dans les sociétés de personnes, la part des résultats sociaux qui revient à chaque associé doit être regardée comme acquise à la clôture de l'exercice.

De façon analogue, les **plus-values** sur cessions de titres réalisées par la société sont imposables au nom de chacun des associés présents dans la société à la date de la cession (et non pas des associés présents à la clôture de l'exercice). Dès lors, un **associé qui acquiert des parts** d'une société civile de portefeuille **en cours d'année** n'est imposable à l'impôt sur le revenu au titre de cette année que sur les plus-values réalisées par la société depuis la date d'acquisition de ses parts et à hauteur de ses droits dans la société au cours de cette période.

> **Précisions** Le Conseil d'État considère que les associés personnes physiques d'une société de gestion de portefeuille non soumise à l'impôt sur les sociétés ne sont pas imposables sur les plus-values latentes issues d'une **réévaluation libre des actifs mobiliers** de la société bien que ces sommes aient été inscrites au compte courant des associés (CE 14-4-2022 nos 454264, 454265 et 454266 : RJF 7/22 no 650).

Titulaires de droits démembrés En cas de démembrement de la propriété des parts d'une société soumise au régime fiscal des sociétés de personnes, l'usufruitier est en principe imposable sur la quote-part correspondant au bénéfice courant. **53185**

Dans le cas d'une société civile exerçant une activité non professionnelle de gestion de droits sociaux et de valeurs mobilières, les **revenus** perçus, qui correspondent indiscutablement à un résultat courant, sont donc imposables au nom de l'usufruitier. La question des **plus-values** est moins évidente : voir no 62800.

MODALITÉS D'IMPOSITION DES RÉSULTATS DE LA SOCIÉTÉ CIVILE DE PORTEFEUILLE

Dividendes Les dividendes versés par les sociétés relevant du régime fiscal des sociétés de capitaux sont soumis, lors de leur versement, à un **prélèvement à la source non libératoire** opéré par l'établissement payeur au taux de 12,8 % (les associés appartenant à un foyer fiscal dont le revenu fiscal de référence de l'avant-dernière année est inférieur à 50 000 € – contribuables célibataires, divorcés ou veufs – ou 75 000 € – contribuables soumis à imposition commune – peuvent demander à être dispensés du prélèvement au titre des dividendes leur revenant selon les mêmes modalités que celles exposées no 53200 pour les produits de placements à revenu fixe, sous réserve toutefois de la condition tenant au montant du revenu fiscal de référence). Le prélèvement constitue un acompte d'impôt sur le revenu imputable sur l'impôt dû l'année suivante et, en cas d'excédent, restituable. **53196**

L'année suivant la distribution, les dividendes sont soumis à l'**impôt sur le revenu** entre les mains des associés personnes physiques au **prélèvement forfaitaire unique** (PFU) au taux de 12,8 % ou, sur option globale, au **barème progressif.** En cas d'option pour le barème progressif, un **abattement de 40 %** est, le cas échéant, applicable. Dans ce cas, les dividendes ne sont retenus, pour le calcul de l'impôt sur le revenu, que pour 60 % de leur montant. L'abattement, non plafonné, concerne les distributions effectuées par les sociétés passibles de l'IS (sociétés françaises) ou d'un impôt équivalent (sociétés étrangères). Les distributions et répartitions prélevées sur des bénéfices n'ayant pas supporté l'IS faites par les Sicav, FCP, certains fonds d'investissement alternatifs (FIA) et les sociétés de capital-risque n'ouvrent pas droit à l'abattement (mais ces organismes peuvent transférer à leurs actionnaires ou porteurs de parts le bénéfice de l'abattement à concurrence du coupon représentatif de la redistribution des produits y ouvrant droit). L'abattement bénéficie aux associés personnes physiques des sociétés de portefeuille soumises au régime fiscal des sociétés de personnes agissant en qualité d'établissement payeur.

À l'impôt sur le revenu, quelles que soient les modalités d'imposition (PFU ou barème progressif), s'ajoutent 17,2 % de **prélèvements sociaux** calculés sur le montant brut des dividendes (avant application éventuelle de l'abattement de 40 %). Les prélèvements sociaux sont le plus souvent prélevés à la source par l'établissement payeur.

Pour **plus de détails** sur les modalités d'imposition des dividendes, voir nos 10417 s.

53200 **Produits des placements à revenu fixe** Les placements « à revenu fixe » (par opposition aux placements « à risque » que constituent les actions et parts sociales dont les revenus présentent un caractère aléatoire lié aux résultats de la société émettrice) comprennent plusieurs catégories, notamment : les obligations et autres titres d'emprunt négociables, les bons du Trésor et assimilés et les bons de caisse. Généralement, le taux de rémunération de ces placements est fixé dès le départ et demeure invariable durant toute la durée du placement. Mais ce n'est pas toujours le cas : c'est ainsi, par exemple, que sont fiscalement considérés comme des placements « à revenu fixe » les obligations à taux variable ou révisable ainsi que les titres participatifs.

Les produits de placements à revenu fixe perçus par les personnes physiques font l'objet d'un **prélèvement à la source non libératoire** au taux de 12,8 % opéré par l'établissement payeur. Ce prélèvement constitue un acompte d'impôt sur le revenu imputable sur l'impôt à payer l'année suivante et, en cas d'excédent, restituable. Les personnes physiques appartenant à un foyer fiscal dont le revenu fiscal de référence de l'avant-dernière année est inférieur à un certain montant (25 000 € pour les contribuables célibataires, divorcés ou veufs ou 50 000 € pour ceux soumis à imposition commune) peuvent toutefois demander à être **dispensées** du prélèvement. La demande de dispense doit être formulée, sous la responsabilité du contribuable, au plus tard le 30 novembre de l'année précédant celle du versement. Elle prend la forme d'une attestation sur l'honneur par laquelle le contribuable indique à l'établissement payeur que son revenu fiscal de référence figurant sur l'avis d'imposition établi au titre des revenus de l'avant-dernière année précédant le paiement est inférieur selon le cas à 25 000 ou 50 000 €.

L'année suivant celle de leur versement, les produits de placements à revenu fixe sont soumis à l'**impôt sur le revenu au prélèvement forfaitaire unique** (PFU) au taux de 12,8 % ou, sur option globale du contribuable, dans les conditions exposées n° 10423, au **barème progressif.** À l'impôt sur le revenu, quelles que soient les modalités d'imposition (PFU ou barème progressif), s'ajoutent 17,2 % de **prélèvements sociaux.**

> **Précisions** Par **dérogation,** certaines catégories de produits sont soumises à un prélèvement forfaitaire libératoire sur option du contribuable (ainsi notamment les produits des bons ou contrats de capitalisation ou d'assurance-vie attachés à des primes versées jusqu'au 26 septembre 2017) ou à titre obligatoire (revenus des produits d'épargne solidaire, produits versés dans un État ou territoire non coopératif).

53205 **Plus-values** Les plus-values de cession de valeurs mobilières et de droits sociaux réalisées par la société civile de portefeuille sont imposées, entre les mains des associés personnes physiques, dans les mêmes conditions que les plus-values réalisées directement par ces associés (nos 21700 s.).

Lorsque la société de portefeuille réalise des échanges de titres à la suite d'opérations d'offre publique, de fusion, de scission, d'absorption d'un FCP par une Sicav ou encore d'opérations de conversion, de division ou de regroupement, le **sursis d'imposition** de la plus-value d'échange réalisée à cette occasion bénéficie à ses associés personnes physiques dans les mêmes conditions que si elle était réalisée directement par eux (n° 21760).

> **Précisions** L'abattement proportionnel de droit commun pour durée de détention susceptible de s'appliquer, sous conditions, aux plus-values de cession de titres, ou droits portant sur ces titres, acquis avant le 1er janvier 2018 et détenus depuis plus de 2 ans (nos 21821 s.) s'applique également aux distributions prélevées sur des **plus-values réalisées par des Sicav, des FCP,** des organismes de placement collectif ou des entités étrangères de même nature ainsi que par des fonds de placement immobilier.

2. SOCIÉTÉS SOUMISES À L'IMPÔT SUR LES SOCIÉTÉS

53260 L'option pour l'IS emporte plusieurs conséquences, notamment :

– la taxation, au nom de la société, de l'ensemble des revenus et produits perçus, au taux normal de l'IS ou au taux réduit prévu en faveur des petites et moyennes entreprises (nos 10290 s.) ;

– la possibilité de déduire, sous certaines conditions, les intérêts des emprunts contractés pour l'acquisition des titres du portefeuille, ainsi que les provisions pour dépréciation constatées sur ces titres ;

– l'imposition au nom des associés des seuls revenus distribués par la société civile de portefeuille ;
– l'obligation de tenir une comptabilité de type commercial avec, corrélativement, l'obligation d'établir un bilan selon les principes de la comptabilité commerciale.

PRODUITS IMPOSABLES DE LA SOCIÉTÉ CIVILE DE PORTEFEUILLE SOUMISE À L'IS

Les **dividendes encaissés** au cours de l'exercice, ainsi que les **intérêts** des placements à revenu fixe de l'exercice au cours duquel ils ont **couru,** sont inclus (le cas échéant, crédit d'impôt compris) dans le résultat social soumis à l'impôt sur les sociétés. **53265**

L'éventuel crédit d'impôt dont bénéficie la société au titre de revenus provenant de l'étranger s'impute sur l'impôt dû.

Notons que l'exonération des produits de filiales dont bénéficient les sociétés qui ont la qualité de sociétés mères n'est susceptible de concerner qu'exceptionnellement les sociétés civiles de portefeuille, eu égard aux conditions d'application du régime (nos 10227 s.).

Il convient de signaler que les sociétés soumises à l'IS doivent évaluer les parts ou actions d'organismes de placement collectif français (**Sicav, FCP**) ou étrangers qu'elles détiennent à la clôture de chaque exercice à leur **valeur liquidative** à cette date. L'écart d'évaluation, positif ou négatif, constaté par rapport à la valeur liquidative à l'ouverture de l'exercice, ou au prix d'acquisition pour les titres acquis en cours d'exercice, est compris dans le résultat imposable. Cet écart prend notamment en compte les produits éventuellement capitalisés par l'organisme. **53270**

On remarquera que les **primes de remboursement,** taxables lors du remboursement de l'obligation lorsque celle-ci est détenue par une personne physique, sont imposables, lorsque la société civile est soumise à l'IS, soit lors du remboursement du titre, soit au titre de chaque exercice pour une fraction dont les modalités de calcul dépendent de la date d'émission du titre et de conditions de pourcentage de la prime par rapport au nominal du titre (pour de plus amples développements, voir le Mémento Fiscal nos 7970 s.). **53275**

INTÉRÊTS DES EMPRUNTS CONTRACTÉS PAR LA SOCIÉTÉ CIVILE DE PORTEFEUILLE POUR L'ACQUISITION DE TITRES

Les sociétés soumises à l'IS peuvent, de façon générale, déduire de leurs résultats imposables les intérêts des dettes contractées pour l'acquisition de titres détenus en portefeuille. Le dispositif de limitation de la déduction des charges financières nettes (nos 10273 s.) ne devrait, en pratique, concerner que très exceptionnellement les sociétés civiles de portefeuille. **53280**

Sur les limitations applicables aux intérêts servis aux associés et aux entreprises liées, voir nos 10260 s.

PROVISIONS POUR DÉPRÉCIATION DE TITRES CONSTITUÉES PAR LA SOCIÉTÉ CIVILE DE PORTEFEUILLE

La société peut constituer, le cas échéant, une provision pour dépréciation des titres du portefeuille, dans les conditions exposées nos 10235 s. qui diffèrent selon qu'il s'agit de titres de participation ou de titres de placement. Compte tenu de l'objet des sociétés civiles de portefeuille, les titres et valeurs mobilières détenus devraient, en règle générale, constituer fiscalement des titres de placement. Les provisions constatées sur ces titres sont déductibles du résultat imposable au taux plein tandis que les reprises de provisions viennent en augmentation de ce même résultat. **53290**

PLUS-VALUES DE CESSION DE TITRES RÉALISÉES PAR LA SOCIÉTÉ CIVILE DE PORTEFEUILLE

En règle générale, les plus-values de cession de titres réalisées par une société civile de portefeuille relèvent du régime de droit commun de l'IS. En effet, le régime des **plus-values à long terme** s'applique exclusivement aux titres de participation détenus depuis au moins deux ans et aux parts de fonds communs de placement à risques ou de fonds professionnels de capital-investissement (auxquels sont assimilées les sociétés de libre partenariat) ou aux actions de sociétés de capital-risque détenues depuis au moins cinq ans (nos 10165 s.). **53310**

Les cessions de titres du portefeuille ne relevant pas du régime des plus-values à long terme dégagent un **profit ou** une **perte** pris en compte dans le résultat imposable au taux plein, quelle qu'ait été la durée de détention des titres cédés. **53315**

En cas de cession d'un ensemble de titres de même nature **acquis à des dates différentes,** les sociétés doivent, en principe, faire application de la règle « Fifo », les titres acquis ou souscrits à la date la plus ancienne étant réputés cédés en priorité (voir no 10212).

53320 Lorsque la société cède des titres ayant fait l'objet d'une **provision pour dépréciation,** elle doit calculer la plus-value ou la moins-value résultant de cette opération par rapport à la valeur comptable des titres cédés, abstraction faite de la provision. La provision pour dépréciation du portefeuille précédemment constituée se trouve automatiquement régularisée, dès la clôture de l'exercice en cours lors de la cession, du seul fait que la dépréciation du portefeuille, calculée à la date de cette clôture, est déterminée compte non tenu des titres cédés en cours d'exercice.

IMPOSITION DES DISTRIBUTIONS AUX ASSOCIÉS DE LA SOCIÉTÉ CIVILE DE PORTEFEUILLE

53330 Lorsque la société civile soumise à l'impôt sur les sociétés décide la distribution, en tout ou partie, de ses bénéfices, ses associés personnes physiques sont soumis, lors de leur versement, sauf dispense pour les contribuables modestes, à un **prélèvement à la source non libératoire** de 12,8 %. Ce prélèvement constitue un acompte d'impôt sur le revenu imputable sur l'impôt dû l'année suivante et, en cas d'excédent, restituable.

L'année suivant la distribution, les dividendes et distributions assimilées sont soumis à l'**impôt sur le revenu au prélèvement forfaitaire unique** (PFU) au taux de 12,8 % ou, sur option globale, au **barème progressif.** En cas d'option pour le barème progressif, un abattement de 40 % est, le cas échéant, applicable.

Pour **plus de détails** sur les modalités d'imposition des dividendes, voir nos 10417 s.

SECTION 4

OBLIGATIONS FISCALES DES SOCIÉTÉS DE PORTEFEUILLE

53600 Les obligations **fiscales** des sociétés civiles de portefeuille dépendent de leur régime d'imposition.

A. Sociétés relevant du régime des sociétés de personnes

DÉCLARATION D'EXISTENCE DE LA SOCIÉTÉ CIVILE DE PORTEFEUILLE RELEVANT DU RÉGIME DES SOCIÉTÉS DE PERSONNES

53605 Les sociétés civiles de portefeuille sont considérées comme **personnes interposées** et doivent, à ce titre, souscrire dans les trois mois de leur constitution une déclaration d'existence : cette déclaration, faite en double exemplaire, doit être accompagnée des statuts et indiquer la dénomination ou raison sociale, la forme juridique, l'objet, la durée et le lieu du siège de la société ainsi que l'identité des gérants ; lorsque ces indications ont cessé d'être exactes, la déclaration doit être renouvelée dans les trois mois du changement intervenu (CGI ann. II art. 74-0 I, 1-a).

DÉCLARATIONS DES REVENUS PERÇUS PAR LA SOCIÉTÉ CIVILE DE PORTEFEUILLE RELEVANT DU RÉGIME DES SOCIÉTÉS DE PERSONNES

53620 La société civile de portefeuille relevant du régime de l'article 8 du CGI n'a pas une déclaration de résultat unique à souscrire : l'étendue de ses obligations déclaratives dépend de la nature des revenus encaissés et des opérations sur titres et valeurs mobilières réalisées pendant l'année civile. La société étant considérée comme personne interposée (ou **établissement payeur**), elle doit, en pratique, déclarer l'ensemble des sommes perçues par son intermédiaire.

53625 **Déclaration relative aux prélèvements sur revenus mobiliers** La société civile jouant le rôle d'établissement payeur pour les revenus de capitaux mobiliers qu'elle perçoit, elle doit souscrire auprès du service des impôts des entreprises dont elle dépend, au plus tard le 15 du mois suivant le paiement des revenus, la **déclaration n° 2777-SD** relative à l'ensemble des **prélèvements opérés à la source** sur ces revenus (prélèvement de 12,8 % sur les produits des actions, parts sociales et produits d'obligations, notamment). Elle sert également de déclaration pour les **prélèvements sociaux** opérés à la source sur ces revenus.

La déclaration n° 2777-SD et le paiement correspondant doivent être **télétransmis** (CGI art. 1649 quater B quater, VIII et IX et 1681 septies, 7). Le non-respect de cette obligation est sanctionné par une majoration de 0,2 %, selon le cas, du montant des droits correspondant aux déclarations déposées selon un autre procédé ou du montant des sommes dont le versement a été effectué selon un autre mode de paiement.

> **> Précisions** Le prélèvement forfaitaire sur les produits de placements à revenu fixe dû au titre du mois de décembre fait l'objet d'un **acompte** à payer au plus tard le 15 octobre et égal à 90 % du montant du prélèvement dû au titre du mois de décembre de l'année précédente. Lorsque le montant de l'acompte est supérieur au montant du prélèvement réellement dû, le surplus est imputé sur le prélèvement ou la retenue dus à raison des autres produits de placements (ou, le cas échéant, sur les autres prélèvements ou retenues) et l'excédent est restitué (CGI art. 1678 quater, II).

Déclaration IFU La société civile jouant le rôle d'établissement payeur pour les **dividendes** et autres distributions, les produits d'**obligations et autres produits de placements à revenu fixe** qu'elle perçoit, elle doit souscrire, au plus tard le 15 février de chaque année, une **déclaration des paiements de revenus mobiliers** couramment appelée « imprimé fiscal unique » ou « IFU » qui récapitule les sommes payées l'année précédente. La déclaration est nominative et la société doit donc en établir une pour chacun de ses associés à raison des revenus qui lui reviennent. 53630

En cas de **démembrement** de propriété, l'administration considère que la déclaration doit être établie au nom de l'usufruitier pour le revenu et au nom du nu-propriétaire pour les opérations en capital ; sur la question de la répartition de la charge fiscale entre usufruitier et nu-propriétaire, voir n° 53185.

La déclaration est obligatoirement **établie sur support informatique,** quels que soient le nombre de bénéficiaires et le montant global des revenus de capitaux mobiliers déclarés (formulaire informatisé n° 2561 pour les opérations les plus courantes et/ou formulaire informatisé n° 2561 bis pour les autres opérations, notamment sur les produits à risque et sur des fonds de placement immobilier). La déclaration est **transmise** selon l'une des deux procédures suivantes :

– dépôt de formulaire en ligne selon le mode EFI. Cette procédure permet de procéder directement à la déclaration en ligne des opérations concernées via l'application Télé-TD ;

– transmission d'un fichier informatique selon le mode EDI. Cette procédure de transfert des déclarations par procédé informatique (TD-RCM) permet le dépôt d'un fichier informatique reprenant l'ensemble des opérations.

Toutes les personnes ou organismes qui interviennent pour des **cessions de valeurs mobilières** ou de droits sociaux entrant dans le champ d'application de l'article 150-0 A du CGI doivent porter sur l'imprimé fiscal unique le montant global des cessions effectuées pour chacun de leurs clients ainsi que le montant des soultes reçues lors d'opérations d'échange ou d'apport entrant dans les prévisions des articles 150-0 B (n° 21760) ou 150-0 B ter (n° 21750) du CGI. 53637

Ainsi, les sociétés de personnes interposées réalisant des opérations sur ces valeurs mobilières et titres doivent déclarer dans les mêmes conditions que les intermédiaires financiers la quote-part du montant brut des cessions correspondant aux droits de chacun de leurs membres (CGI ann. II art. 74-0 J). Cette obligation est indépendante de la déclaration des cessions de valeurs mobilières visée n° 53640 : la déclaration IFU ne comporte en effet que le montant brut des opérations, et non le montant de la plus-value éventuelle.

Le **défaut de déclaration** est en principe sanctionné par une amende fiscale égale à 50 % du montant des sommes non déclarées (CGI art. 1736, I). 53638

Toutefois, aucune sanction n'est appliquée en cas de **première infraction** commise durant l'année en cours et les trois précédentes lorsque la société tenue de souscrire la déclaration répare son omission soit spontanément, soit à la première demande de l'administration avant la fin de l'année au cours de laquelle la déclaration devait être souscrite.

D'autre part, l'amende est plafonnée à 750 € lorsque les **revenus** distribués sont **déclarés à tort** comme non éligibles à l'abattement de 40 %.

Le **non-respect de l'obligation de transmission sur support informatique** est sanctionné par une amende de 15 € par bénéficiaire des sommes déclarées (CGI art. 1738, 2).

53640 **Déclaration des cessions de titres et droits sociaux** Lorsque la société civile de portefeuille réalise des cessions de valeurs mobilières et de droits sociaux imposables, elle est tenue aux mêmes obligations déclaratives que les personnes physiques : elle doit souscrire la **déclaration annuelle n° 2074** accompagnée de ses annexes nécessaires (CGI ann. II art. 74-0 F). Cette déclaration fait apparaître le montant du gain net (plus-value ou moins-value) assorti des éléments nécessaires à sa détermination, le montant de la soulte éventuellement perçue lors de l'opération d'échange ou d'apport réalisée dans les conditions prévues à l'article 150-0 B du CGI (n° 21760) ainsi que le montant de la soulte imposable au titre de cette opération et, le cas échéant, le montant des abattements pour durée de détention ainsi que les éléments nécessaires à leur détermination.

Elle doit en outre, en tant que personne interposée, fournir une **déclaration n° 2075** comportant (CGI ann. II art. 74-0 I) :

– les nom, prénoms et adresse des associés au 1er janvier de l'année de déclaration des revenus, le nombre de parts sociales dont ils étaient titulaires au 1er janvier de l'année d'imposition, la date des cessions ou des acquisitions de parts intervenues au cours de la même année, ainsi que l'identité du cédant ou du cessionnaire ;

– la répartition entre les associés des éléments qui font l'objet de la déclaration n° 2074 : montant du gain net dégagé par les opérations imposables de la société, assorti des justifications nécessaires à sa détermination ou des documents établis par l'intermédiaire qui gère le portefeuille de la société.

> **Précisions** La société civile de portefeuille doit être en mesure de **présenter à toute demande de l'administration fiscale** les documents comptables ou sociaux, bordereaux d'opérations et autres pièces de recettes et de dépenses de nature à justifier l'exactitude des renseignements portés sur la déclaration n° 2075 (CGI ann. II art. 74-0 I).

DÉCLARATIONS DES ASSOCIÉS DE LA SOCIÉTÉ CIVILE DE PORTEFEUILLE

53650 Chacun des associés **personnes physiques** doit déclarer, sur sa déclaration annuelle de revenus (déclaration n° 2042), les revenus de valeurs mobilières encaissés directement ou par l'intermédiaire de la société en distinguant les revenus ouvrant droit à l'abattement de 40 %. Le montant des plus-values de cessions de valeurs mobilières et de droits sociaux imposables doit faire l'objet d'une déclaration n° 2074 (et ses annexes) pour la part lui revenant dans les résultats de la société de portefeuille (CGI art. 150-0 E) ; les plus-values imposables sont reportées sur la déclaration n° 2042.

Les **sociétés ou entreprises membres** déclarent leur quote-part de résultat dans les conditions qui leur sont propres (voir nos 9580 s.).

B. Sociétés soumises à l'impôt sur les sociétés

DÉCLARATION D'EXISTENCE DE LA SOCIÉTÉ CIVILE DE PORTEFEUILLE SOUMISE À L'IS

53700 Les sociétés civiles qui optent pour l'IS (dès leur constitution ou ultérieurement) sont soumises de plein droit à l'obligation de déclaration d'existence (CGI art. 222). La déclaration doit être souscrite dans le mois de leur constitution définitive ou, le cas échéant, du jour où elles deviennent passibles de l'IS et comporter les renseignements suivants (CGI ann. IV art. 23 A) :

– la raison sociale, la forme juridique, l'objet principal, la durée, le siège de la société, ainsi que le lieu de son principal établissement ;

– la date de l'acte constitutif ;

– les nom, prénoms et domicile des gérants et les nom, prénoms et domicile de chacun des associés ;

– la nature et la valeur des biens constituant les apports ;

– le nombre, la forme et le montant des parts sociales, des autres droits de toute nature attribués aux associés dans le partage des bénéfices ou de l'actif social, que ces droits soient ou non constatés par des titres.

DÉCLARATION DE RÉSULTAT DE LA SOCIÉTÉ CIVILE DE PORTEFEUILLE SOUMISE À L'IS

53710 Les sociétés civiles de portefeuille ayant opté pour l'IS doivent déclarer leurs résultats dans les conditions exposées n° 10320 s.

En outre, elles doivent souscrire, pour chacun de leurs associés, la déclaration IFU (nos 53630 s.) pour la distribution de leurs dividendes.

TITRE III

Sociétés à objet professionnel

CHAPITRE 1

SOCIÉTÉS CIVILES PROFESSIONNELLES

SOMMAIRE

GÉNÉRALITÉS SUR LES SCP

Les sociétés civiles professionnelles (SCP) ont pour but de permettre à des personnes physiques exerçant une profession libérale réglementée d'exercer en commun leur activité. **54000**

Elles ont été instituées par la loi 66-879 du 29 novembre 1966 mais il ne s'agit là que d'une loi-cadre commune à toutes les professions libérales et dont l'application est subordonnée à un **décret** en Conseil d'État propre à chaque profession. À compter du 1er septembre 2024, le régime des SCP sera fixé par l'ordonnance 2023-77 du 8 février 2023 qui abrogera la loi 66-879 en reprenant à droit constant la quasi-totalité de ses dispositions (Ord. 2023-77 art. 131 et 134).

54010 **Champ d'application** La loi ne concerne que les membres de professions libérales soumises à un statut législatif ou réglementaire ou dont le titre est protégé. Elle s'applique en principe aux sociétés constituées entre membres d'une même profession. Elle peut aussi s'appliquer aux sociétés pluriprofessionnelles d'exercice, constituées entre membres de plusieurs professions, sous réserve des dispositions propres à ces dernières : voir nos 59570 s.

54011 Par « **professions libérales** », il faut entendre les activités qui ne sont ni commerciales, ni industrielles, ni artisanales, ni salariées. L'article 1, al. 1 de l'ordonnance 2023-77 du 8 février 2023, dont les dispositions entreront en vigueur le 1er septembre 2024, dispose que les professions libérales regroupent « les personnes exerçant à titre habituel, de manière indépendante et sous leur responsabilité, une activité ayant pour objet d'assurer, dans l'intérêt du client, du patient et du public, des prestations mises en œuvre au moyen de qualifications professionnelles appropriées ».

Les activités exercées par les pharmaciens ou les courtiers d'assurance ne peuvent pas, en raison de leur nature commerciale, être exercées dans le cadre d'une SCP.

54012 Il doit s'agir de professions **soumises à un statut** législatif ou réglementaire – la loi vise les officiers ministériels et les professions organisées en ordre – **ou** sans statut particulier mais dont le **titre** est **protégé,** telles que celles d'administrateurs judiciaires ou de mandataires judiciaires.

S'agissant des offices ministériels, deux possibilités peuvent se présenter : soit la société est titulaire de l'office, les associés ayant seulement la qualité d'officiers ministériels associés, soit au contraire chacun demeure titulaire de son office, par exemple à la suite d'un regroupement de petites études.

Signalons que les SCP de notaires ou de commissaires de justice peuvent être titulaires de plusieurs offices si au moins un associé exerçant sa profession au sein de la société est désigné pour exercer dans chaque office.

54013 Pour de nombreuses professions libérales, la SCP n'est pas la seule forme juridique possible d'exercice en groupe de la profession.

Ainsi, les architectes (Loi 77-2 du 3-1-1977 art. 12) peuvent avoir recours à des **sociétés de forme commerciale** (SA, SAS, SARL). Il en est de même pour les commissaires aux comptes, l'article L 822-1 du Code de commerce indiquant que les fonctions de commissaire aux comptes peuvent être exercées par des sociétés sans imposer de forme juridique particulière.

Par ailleurs, les notaires (Ord. 45-2590 du 2-11-1945 art. 1 bis), les commissaires de justice, huissiers ou commissaires-priseurs (Ord. 2016-728 du 2-6-2016 art. 5), les avocats (Loi 71-1130 du 31-12-1971 art. 7), les avocats au Conseil d'État et à la Cour de cassation (Ord. du 10-9-1817 art. 3-2), les administrateurs ou mandataires judiciaires (C. com. art. L 811-7 et L 812-5) peuvent aussi avoir recours à des **sociétés civiles de droit commun** dans les conditions prévues par les décrets 2016-881, 2016-882, 2016-883 du 29 juin 2016 et 2016-902 du 1er juillet 2016.

Par ailleurs, toutes ces professions peuvent être exercées dans le cadre de **sociétés d'exercice libéral** ou de sociétés en participation (Loi 90-1258 du 31-12-1990 art. 1 et 22 remplacés, à compter du 1-9-2024, par Ord. 2023-77 art. 40, al. 1 et 34).

54015 **Professions pour lesquelles le décret d'application de la loi de 1966 a été publié** **Dix-huit professions** pour lesquelles des décrets d'application ont été publiés (dont certains sont aujourd'hui codifiés) peuvent à l'heure actuelle constituer des SCP. Ces professions sont récapitulées dans le tableau figurant ci-dessous. Ces décrets d'application n'ont pas encore été mis à jour pour tenir compte de l'abrogation, à compter du 1er septembre 2024, de la loi 66-876 du 29 novembre 1966 et de son remplacement par l'ordonnance 2023-77 du 8 février 2023.

Administrateur judiciaire et mandataire judiciaire C. com. art. R 814-109 s.
Architecte Décret 77-1480 du 28-12-1977.
Avocat Décret 92-680 du 20-7-1992.
Avocat au Conseil d'État et à la Cour de cassation Décret 78-380 du 15-3-1978.
Biologiste médical CSP art. R 6223-11 s.

Chirurgien-dentiste CSP art. R 4113-26 s.
Commissaire aux comptes C. com. art. R 822-71 s.
Commissaire de justice Décret 2022-950 du 29-5-2022.
Conseil en propriété industrielle CPI art. R 422-12 s.
Expert agricole et foncier C. rur. art. R 173-1 s.
Expert forestier C. rur. art. R 173-1 s.
Géomètre expert Décret 76-73 du 15-1-1976.
Greffier de tribunal de commerce C. com. art. R 743-81 s.
Infirmier ou infirmière CSP art. R 4381-25 s.
Masseur-kinésithérapeute CSP art. R 4381-25 s.
Médecin CSP art. R 4113-26 s.
Notaire Décret 67-868 du 2-10-1967.
Vétérinaire C. rur. art. R 241-29 s.

ATTENTION

Depuis le 1er juillet 2022, les professions d'huissier de justice et de commissaire-priseur ont fusionné au sein d'une nouvelle profession de commissaire de justice régie par l'ordonnance 2016-728 du 2 juin 2016. Toutefois, les **huissiers** et **commissaires-priseurs** qui ne remplissaient pas les conditions de formation à la profession de commissaire de justice au 1er juillet 2022 conservent leur titre et peuvent continuer à exercer les activités auxquelles ils pouvaient respectivement se livrer avant cette date. Sous cette réserve, ils sont soumis au statut de commissaire de justice (Ord. 2016-728 2-6-2016 art. 25, V).

SECTION 1

CONSTITUTION DES SOCIÉTÉS CIVILES PROFESSIONNELLES

A. Conditions de fond

ASSOCIÉS DE SCP PERSONNES PHYSIQUES

Les associés de SCP doivent être des personnes physiques réunissant toutes les conditions exigées par les lois et règlements en vigueur pour l'exercice de la profession libérale concernée (Loi du 29-11-1966 art. 3 remplacé, à compter du 1-9-2024, par Ord. 2023-77 du 8-2-2023 art. 7 ; Ord. 2023-77 art. 134). Il a été déduit de cette exigence qu'un associé qui se retire doit céder ses parts sociales (nº 56856). 54100

Il importe peu que l'un des associés ne soit pas encore **membre de la profession,** pourvu qu'il remplisse les conditions d'aptitude. La loi se contente de la vocation à l'exercice de cette profession.

L'exclusion des personnes morales se trouve justifiée par le souci d'éviter un anonymat et une certaine irresponsabilité contraires aux intérêts de la clientèle.

PLURALITÉ D'ASSOCIÉS DE SCP

54110 La SCP ne peut être constituée que si elle comprend au moins deux associés.

En principe, le **nombre des associés** est illimité, mais, afin de maintenir le caractère personnel et libéral de l'exercice de la profession concernée, la loi prévoit que le décret particulier à chaque profession peut **limiter** ce nombre (Loi du 29-11-1966 art. 9, al. 2 remplacé, à compter du 1-9-2024, par Ord. 2023-77 du 8-2-2023 art. 6 ; Ord. 2023-77 art. 134).

Ainsi, les avocats au Conseil d'État et à la Cour de cassation ne peuvent être plus de quatre (Décret 78-380 du 15-3-1978 art. 4), les géomètres plus de sept (Décret 76-73 du 15-1-1976 art. 3), les infirmiers plus de dix (CSP art. R 4381-26, al. 1) et les masseurs-kinésithérapeutes plus de six (CSP art. R 4381-26, al. 2).

54115 Comme dans les autres formes de sociétés civiles (n°s 24200 s.), la **réunion de toutes les parts sociales en une seule main** n'entraîne pas la dissolution automatique de la SCP ; mais tout intéressé peut demander cette dissolution si la situation n'a pas été régularisée dans le délai d'un an (C. civ. art. 1844-5). Lorsque la dissolution est demandée, le tribunal peut accorder à la SCP un délai supplémentaire de six mois au plus pour procéder à la régularisation nécessaire (application du droit commun). À compter du 1er septembre 2024, le délai de régularisation sera porté à deux ans et le tribunal saisi pourra accorder à la SCP un délai de régularisation supplémentaire de trois ans (Ord. 2023-77 du 8-2-2023 art. 29, al. 2 et 134).

Lorsque la SCP a été constituée entre deux personnes dont l'une n'avait fait qu'un apport en industrie, l'autre personne, même si elle détient toutes les parts sociales, n'est pas fondée à demander la dissolution de la société qui comporte deux associés (Cass. 1e civ. 30-3-2004 n° 530 : RJDA 7/04 n° 853).

54116 L'associé unique d'une SCP peut régulariser cette situation en transformant par exemple la société en société d'exercice libéral unipersonnelle à responsabilité limitée. La transformation d'une SCP titulaire d'un office notarial en société d'exercice libéral doit faire l'objet d'une déclaration préalable au garde des Sceaux (voir n° 56040).

CAPITAL DE LA SCP

54130 La loi du 29 novembre 1966 et, à compter du 1er septembre 2024, l'ordonnance 2023-77 du 8 février 2023 (Ord. 2023-77 art. 134) ne fixent aucun capital social minimal.

APPORTS EN NUMÉRAIRE À LA SCP

54140 Les conditions dans lesquelles s'effectue la **libération des apports** en numéraire sont fixées par les décrets d'application.

Les associés sont tenus de verser lors de la souscription une somme correspondant :

– au **quart** de la valeur nominale s'il s'agit de notaires (Décret 67-868 du 2-10-1967 art. 15 et 96), de commissaires de justice, huissiers de justice ou commissaires-priseurs (Décret 2022-950 du 29-6-2022 art. 21 et 114), d'avocats au Conseil d'État et à la Cour de cassation (Décret 78-380 du 15-3-1978 art. 15) et de greffiers de tribunal de commerce (C. com. art. R 743-87), la libération du surplus devant intervenir dans les cinq ans, soit aux dates prévues dans les statuts, soit sur décision de l'assemblée des associés ;

– au **tiers** de la valeur nominale, s'il s'agit d'architectes (Décret 77-1480 du 28-12-1977 art. 12), la libération du surplus devant intervenir dans un délai de trois ans ;

– à la **moitié** de la valeur nominale, s'il s'agit de commissaires aux comptes (C. com. art. R 822-76), d'avocats (Décret 92-680 du 20-7-1992 art. 14), de géomètres experts (Décret 76-73 du 15-1-1976 art. 11), de médecins ou de chirurgiens-dentistes (CSP art. R 4113-38), de masseurs-kinésithérapeutes ou d'infirmiers (CSP art. R 4381-36), d'administrateurs judiciaires et de mandataires judiciaires (C. com. art. R 814-116), de conseils en propriété industrielle (CPI art. R 422-19), d'experts agricoles et fonciers ou d'experts forestiers (C. rur. art. R 173-7), de vétérinaires (C. rur. art. R 241-43), de biologistes médicaux (CSP art. R 6223-16), la libération du surplus devant intervenir dans un délai de deux ans, sauf pour les SCP de vétérinaires où il est de trois ans et pour les SCP de biologistes médicaux pour lesquelles la libération peut intervenir sans limite de temps aux dates prévues par les statuts ou par décision de l'assemblée des associés.

Sur les modalités de dépôt et de retrait des fonds correspondant aux apports en numéraire, voir le décret d'application propre à chacune des activités réglementées.

APPORTS EN NATURE À LA SCP

Biens susceptibles d'être apportés Il peut s'agir de documents, de matériels, d'immeubles et de tous droits corporels ou incorporels, mobiliers ou immobiliers. 54150

Sur l'apport du patrimoine professionnel d'un entrepreneur exerçant à titre individuel une profession libérale, voir nos 1225 s.

Apport de clientèle Les apports de clientèle peuvent donner lieu à l'attribution de parts sociales. Comme tout apport en nature, ils peuvent être effectués en jouissance ou en propriété. Dans l'hypothèse d'un apport de clientèle « en propriété », l'associé qui se retire est tenu par une obligation de non-concurrence légale. Celui-ci répond en effet, dans les mêmes conditions qu'un vendeur, de son fait personnel pour le bien apporté. 54151

Apport d'un droit au bail L'article 78 de la loi du 1er septembre 1948, qui interdit l'apport à une société d'un bail de local soumis à cette loi, sauf clause contraire du bail ou accord du bailleur, n'est pas applicable lorsque cet apport est fait à une SCP (Loi du 29-11-1966 art. 33 remplacé, à compter du 1-9-2024, par Ord. 2023-77 du 8-2-2023 art. 33 ; Ord. 2023-77 art. 134). Dans ce cas, ce sont les règles de droit commun qui redeviennent applicables : liberté de cession sauf clause contraire du bail (C. civ. art. 1717). 54152

Toutefois, même s'il existe une clause rendant impossible l'apport ou la cession du droit au bail, les associés peuvent exercer leur activité dans les locaux loués à l'un d'entre eux. En effet, l'article 4, al. 4 de la loi du 1er septembre 1948 dispose que le fait pour le locataire d'un local à usage professionnel d'exercer son activité au sein d'une SCP ne peut pas être considéré en lui-même comme une infraction aux clauses du bail. Cependant, la société ne bénéficiera pas du droit au maintien dans les lieux en cas de décès ou de retrait de l'associé locataire puisque ce dernier reste seul titulaire du bail.

Libération des apports en nature Les apports en nature doivent être entièrement libérés lors de la souscription (Loi du 29-11-1966 art. 10 remplacé, à compter du 1-9-2024, par Ord. 2023-77 du 8-2-2023 art. 14 ; Ord. 2023-77 art. 134). 54155

APPORTS EN INDUSTRIE À LA SCP

Les apports en industrie sont les apports essentiels dans la mesure où chaque associé n'entre dans la société que pour y exercer sa profession et où l'objet des sociétés civiles professionnelles se confond avec l'activité de leurs membres. Bien qu'ils ne soient pas pris en considération pour la formation du capital (voir no 1305), ils donnent droit à une attribution de parts procurant des droits d'associé et en particulier des droits sur les bénéfices sociaux (no 56800) et la participation aux décisions sociales : l'apporteur en industrie est un associé. En contrepartie, l'apporteur en industrie doit contribuer aux pertes (C. civ. art. 1843-2, al. 2). 54170

Les statuts peuvent prévoir que celui qui a contribué par son industrie à développer les éléments incorporels du fonds social et qui laisse de ce fait un enrichissement à sa société en sera justement indemnisé (pour plus de détails sur les apports en industrie, voir Bardoul, Rev. sociétés 1973 p. 413 ; Y. Guyon, Defrénois 1/99 p. 3 ; J.-J. Daigre, Bull. Joly 1998 p. 349). Il a été jugé qu'en l'absence de toute stipulation fixant les modalités d'indemnisation de l'associé qui se retire, celui-ci n'a droit qu'au partage des bénéfices non distribués (réserves et boni de liquidation). Au cas d'espèce, un avocat associé d'une SCP à laquelle il avait apporté son industrie a été privé de quote-part d'actif net après son retrait car la SCP qui relevait du régime fiscal des bénéfices non commerciaux tenait une comptabilité d'encaissement des recettes et des dépenses, de sorte qu'il n'existait aucun bénéfice non distribué et que la totalité des résultats était attribuée aux associés sous forme de dividendes (CA Paris 17-6-2008 no 06-3926 : RJDA 11/08 no 1143). Pour une analyse critique de cette solution, voir no 1305.

Dès lors qu'elle a été prévue par les statuts, l'existence d'apports en industrie dans une SCP de commissaires de justice entraîne nécessairement l'octroi de **parts d'intérêts** aux apporteurs en industrie (Décret 2022-950 du 29-6-2022 art. 19, 7° ; C. civ. art. 1843-2 in fine) ; les statuts ne sauraient par conséquent faire l'objet d'une modification tendant à la suppression pure et simple des parts d'intérêts alors que subsistent les apports en industrie correspondants (Rép. Delmar : AN 30-5-1994 à propos de l'ancien article 13, g du décret 69-1274 du 31-12-1969 relatif aux SCP d'huissiers désormais remplacé par l'article 19, 7° du décret 2022-950 ; voir toutefois Rép. Delmar : AN 4-4-1994).

Lorsque les associés d'une SCP ont entendu répartir les pertes de la société dans la proportion de leurs droits aux bénéfices, ce qui implique la prise en compte des parts d'industrie, celui des deux associés qui dispose des deux tiers de ces parts ne peut pas s'opposer à ce qu'elles soient prises en considération pour régler sa participation aux pertes en faisant valoir qu'elles ne font pas partie du capital social (Cass. 1e civ. 29-11-1994 no 1586 : RJDA 2/95 no 171). Voir aussi no 54115.

PERSONNALITÉ MORALE DE LA SCP

54180 Les SCP jouissent de la personnalité morale (Loi du 29-11-1966 art. 1, al. 1 remplacé, à compter du 1-9-2024, par Ord. 2023-77 du 8-2-2023 art. 5, al. 1 ; Ord. 2023-77 art. 134). À ce titre, elles supportent, éventuellement, les conséquences des fautes professionnelles commises par les associés (nº 56900) ; elles sont soumises à un **contrôle** administratif ou corporatif et perçoivent les **rémunérations** de l'activité professionnelle des associés.

Jugé dans un cas où deux SCP avaient créé une société de fait en réalisant des apports en industrie (en l'occurrence ceux initialement consentis aux SCP par leurs membres respectifs) que le retrait d'un associé de l'une des deux SCP ne pouvait pas affecter l'existence de la société créée de fait (CA Paris 3-11-1998 : Bull. Joly 1999 p. 359 note A. Couret).

Les fonds éventuellement détenus pour le compte des clients le sont par la société, si bien que les créanciers de ceux-ci ne peuvent pratiquer une saisie-attribution qu'entre les mains de la société (Cass. 2e civ. 21-10-2004 nº 1712 : RJDA 4/05 nº 451).

54185 **Naissance de la personnalité morale** Les SCP sont soumises aux dispositions de droit commun (C. civ. art. 1842). Elles jouissent de la personnalité morale à compter de leur **immatriculation** au RCS, étant toutefois précisé que cette immatriculation ne peut intervenir qu'après leur agrément ou leur inscription (Loi de 1966 art. 1, al. 3 remplacé, à compter du 1-9-2024, par Ord. 2023-77 du 8-2-2023 art. 5, al. 3 ; Ord. 2023-77 art. 134).

L'**agrément** est requis pour les sociétés d'officiers ministériels, sauf en cas de constitution d'une SCP titulaire d'un office notarial ou de commissaire de justice par dissolution d'une société d'une autre forme constituée pour l'exercice de ces professions (nº 54300). L'agrément est donné par le garde des Sceaux.

L'**inscription** concerne les professions libérales au sens strict ; il s'agit de l'inscription sur la liste ou le tableau professionnel à laquelle procède l'autorité dont dépendra la SCP concernée. Pour les SCP de biologistes médicaux, cette inscription doit avoir lieu au tableau de l'ordre des médecins lorsqu'au moins un médecin biologiste détient une fraction du capital social et/ou au tableau de l'ordre des pharmaciens lorsqu'au moins un pharmacien biologiste détient une fraction du capital (CSP art. R 6223-2).

DÉNOMINATION DE LA SCP

54200 La SCP est désignée par une dénomination sociale qui doit être immédiatement précédée ou suivie de la **mention** « société civile professionnelle » ou des initiales « SCP », elles-mêmes suivies de l'indication de la profession exercée.

Le **nom** d'un ou de plusieurs **associés** peut être inclus dans cette dénomination sociale (Loi du 29-11-1966 art. 8 remplacé, à compter du 1-9-2024, par Ord. 2023-77 du 8-2-2023 art. 12 ; Ord. 2023-77 art. 134). L'utilisation du nom des associés n'est qu'une simple faculté.

Avant la loi 2011-331 du 28 mars 2011, l'article 8, al. 2 de la loi de 1966 prévoyait que le nom d'un **ancien associé** pouvait être utilisé dans la raison sociale mais ne pouvait être conservé que tant qu'un associé en fonction avait exercé avec lui au sein de la SCP. Désormais, le nom des anciens associés peut être conservé sans limitation de durée (Rapport AN relatif à la loi 2011-131 nº 2621). La Cour de cassation avait aussi jugé que la conservation du nom d'un ancien associé dans la raison sociale nécessitait l'accord de l'intéressé ou de ses héritiers, la présence du nom de l'ancien associé étant par nature liée à l'exercice de l'activité professionnelle (Cass. 1e civ. 1-7-1997 nº 1238 : RJDA 11/97 nº 1362).

ATTENTION

Si l'intéressé a donné son accord sous le régime antérieur à la loi 2011-331, c'est ce régime qui doit s'appliquer, de sorte que l'action introduite en 2009 par les héritiers d'un avocat décédé visant à ce qu'il soit fait interdiction à la société d'user de la dénomination comportant son nom doit être accueillie en application de ces dispositions (Cass. 1e civ. 6-9-2017 nº 16-15.941 F-PB : RJDA 12/17 nº 816).

La SCP ayant désormais une dénomination sociale et non plus une raison sociale, le patronyme pourrait, à notre avis, être considéré comme un signe distinctif qui s'est détaché de la personne physique qui le porte pour s'appliquer à la personne morale et constituer un objet de propriété incorporelle (nº 1893).

Comme toute dénomination sociale, celle des SCP peut être de **pure fantaisie** ou être liée, par exemple, à l'implantation de la société.

54202 Les décrets applicables à certaines professions n'ont pas été modifiés par le décret du 23 mars 2012 et prévoient encore que c'est la « raison sociale » et non la « dénomination sociale » qui doit figurer dans la correspondance et **dans tous les documents émanant de la société** (vétérinaires, architectes, géomètres experts). La mention relative à la forme sociale qui doit accompagner la « dénomination sociale » est exprimée dans termes qui peuvent varier suivant les professions (« société civile professionnelle de... » pour les infirmiers et les masseurs-kinésithérapeutes ou « société de... » ou encore « société titulaire d'un office de... » pour les notaires et les commissaires de justice). À notre avis, la mention prévue par la loi selon laquelle la dénomination sociale doit être accompagnée des termes « société civile professionnelle » ou « SCP », suivis de l'indication de la profession exercée, doit figurer dans la correspondance et dans tous les documents sociaux d'une SCP, quelle que soit la profession concernée.

L'article 29 de la loi du 29 novembre 1966 (Ord. 2023-77 du 8-2-2023 art. 31 à compter du 1-9-2024 ; cf. Ord. 2023-77 art. 134) protège l'appellation « société civile professionnelle » contre tout **usage abusif** et punit l'emploi illicite de cette dénomination par des peines correctionnelles (un an de prison et 6 000 € d'amende). **54203**

SIÈGE DE LA SCP

La SCP doit avoir un siège social mentionné dans les statuts (n° 1952). C'est en général le lieu choisi par les associés pour l'exercice en commun de leur profession. Lorsque tel n'est pas le cas, les notifications doivent être adressées au lieu du siège social et non à celui où l'associé exerce sa profession (CA Orléans 30-1-2003 n° 02-1094 : RJDA 3/04 n° 334). **54210**

Les SCP constituées entre **membres de professions médicales ou paramédicales** (hors médecins) peuvent être autorisées par le conseil départemental de l'ordre (ou par le directeur général de l'agence régionale de santé en ce qui concerne les infirmiers, les masseurs-kinésithérapeutes et les biologistes médicaux) à exercer dans un ou plusieurs cabinets secondaires si l'intérêt des malades l'exige. L'ouverture d'un cabinet secondaire sans autorisation constitue une faute de nature à justifier l'application d'une sanction disciplinaire (en l'espèce l'interdiction d'exercer la profession de vétérinaire : CE 25-11-1987 : JCP E 1988 IV n° 89).

Les conditions sont plus souples concernant les SCP de **médecins** qui peuvent exercer leur activité professionnelle dans un ou plusieurs cabinets secondaires, sous réserve d'adresser, au plus tard deux mois avant la date prévisionnelle de début d'activité dans le cabinet secondaire, une déclaration préalable d'ouverture au conseil départemental dans le ressort duquel se situe l'activité envisagée (CSP art. R 4113-74, II). Le conseil départemental ne peut s'opposer à cette ouverture que pour certains motifs, notamment la méconnaissance des obligations de qualité, de sécurité et de continuité des soins (art. précité).

En outre, les **SCP de médecins et de chirurgiens-dentistes** peuvent, pendant un an au plus, exercer dans le cabinet où exerçait un associé lors de son entrée dans la société, lorsque aucun médecin de la même discipline, ou aucun chirurgien-dentiste, n'exerce dans cette localité (CSP art. R 4113-74, IV).

Lorsque la société est titulaire d'un **office ministériel,** le siège de cet office (ou, si la profession concernée est autorisée à être titulaire de plusieurs offices, le siège de l'un des offices) constitue obligatoirement le siège de la société.

Le siège d'une SCP de **commissaires aux comptes** doit être fixé dans le ressort de la compagnie régionale qui compte le plus grand nombre d'associés.

STATUTS DE SCP

Les statuts d'une SCP doivent être établis par **écrit,** sous peine de nullité (Loi du 29-11-1966 art. 7 remplacé, à compter du 1-9-2024, par Ord. 2023-77 du 8-2-2023 art. 11 ; Ord. 2023-77 art. 134). **54220**

Ils peuvent être sous signature privée ou notariés (voir n° 2235).

Mentions obligatoires Elles sont déterminées par les décrets d'application particuliers à chaque profession (Loi du 29-11-1966 art. 7 remplacé, à compter du 1-9-2024, par Ord. 2023-77 du 8-2-2023 art. 11 ; Ord. 2023-77 art. 134). On rencontre dans **toutes les SCP** les énonciations suivantes : **54225**

– les nom, prénoms et domicile de chaque associé ;
– l'adresse du siège social ;
– la durée pour laquelle la société est constituée ;
– la nature et l'évaluation distincte de chacun des apports effectués par les associés ;
– le montant du capital social, le nombre, le montant nominal et la répartition des parts représentatives de ce capital ;
– l'affirmation de la libération totale ou partielle, suivant le cas, des apports concourant à la formation du capital social ;
– le nombre de parts attribuées à chaque apporteur en industrie.

Pour les vétérinaires et les médecins, il faut indiquer en outre la qualification détenue et la spécialisation exercée, s'il y a lieu, par chaque associé, ainsi que le numéro de son inscription au tableau de l'ordre (C. rur. art. R 241-39 et CSP art. R 4113-35). Cette dernière mention est également obligatoire pour les chirurgiens-dentistes et les biologistes médicaux, ces derniers devant en plus indiquer les titres professionnels des associés (CSP art. R 4113-35 et R 6223-13).

Pour les infirmiers et les masseurs-kinésithérapeutes, les statuts doivent en outre mentionner la situation matrimoniale des associés (CSP art. R 4381-33).

Enfin, pour les commissaires de justice et les notaires, les statuts doivent indiquer l'adresse du ou des offices dont la SCP est titulaire et, si elle est titulaire de plusieurs offices, celui à l'adresse duquel est fixé le siège social (Décret 2022-950 du 29-6-2022 art. 18 et Décret 67-868 du 2-10-1967 art. 12).

54226 Par ailleurs, la loi de 1966 dispose que les statuts peuvent prévoir :

– l'organisation de la gérance (art. 11 remplacé, à compter du 1-9-2024, par Ord. 2023-77 du 8-2-2023 art. 15 ; Ord. 2023-77 art. 134) ;

– la répartition des bénéfices et la contribution aux pertes (art. 14 et 15 remplacés, à compter du 1-9-2024, par Ord. 2023-77 art. 18 et 19) ;

– une limitation à la liberté de cession des parts sociales entre associés (art. 20 remplacé, à compter du 1-9-2024, par Ord. 2023-77 art. 24).

54230 **Extraits de statuts** Les décrets d'application fixent les conditions dans lesquelles les **tiers** y ayant intérêt peuvent obtenir la délivrance d'extraits de statuts, lesquels doivent contenir les indications suivantes, à l'exclusion de toute autre :

– l'identité des associés ;

– l'adresse du siège ;

– la durée pour laquelle la société est constituée ;

– les clauses relatives aux pouvoirs des associés, à la responsabilité pécuniaire de ceux-ci et à la dissolution de la société.

Ces extraits sont **délivrés par** le greffe auprès duquel a été déposé un exemplaire des statuts ou, le cas échéant, par le conseil régional de l'ordre.

B. Conditions de forme

AGRÉMENT OU INSCRIPTION DE LA SCP

54300 L'accomplissement des formalités d'agrément ou d'inscription de la SCP est identique à celui prévu pour les membres des professions requérant leur agrément ou leur inscription à titre individuel.

La SCP ne peut être immatriculée qu'après avoir obtenu cet agrément ou cette inscription (n° 54185).

Toutefois, depuis le 1er mars 2023, la **constitution d'une SCP** titulaire d'un office **notarial ou de commissaire de justice par dissolution d'une société** d'une autre forme constituée pour l'exercice de ces professions n'est pas soumise à l'agrément du garde des Sceaux (Décret 67-868 du 2-10-1967 art. 1-1 et 83-1, al. 3 modifié par décret 2022-1743 du 29-12-2022 pour les notaires ; Décret 2022-950 du 29-6-2022 art. 2-1 et 94-1, al. 3 modifié par décret 2022-1743 pour les commissaires de justice, les commissaires-priseurs et les huissiers).

Dans ce cas, la constitution d'une SCP doit faire l'objet d'une déclaration auprès du garde des Sceaux par téléprocédure sur le site du ministère de la justice à la diligence de la société en cours de dissolution ou de ses associés (Décret 67-868 art. 83-1, al. 1 modifié par décret 2022-1743 pour les notaires ; Décret 2022-950 art. 94-1, al. 1 modifié par décret 2022-1743 pour les commissaires de justice, les huissiers et les commissaires-priseurs).

À compter de la réception de cette déclaration dûment complétée et accompagnée des documents requis, le garde des Sceaux dispose d'un délai de deux mois pour s'opposer à la constitution de la SCP. En l'absence d'opposition, la déclaration est réputée faire l'objet d'une décision de non-opposition et la SCP prend effet à la date d'expiration de ce délai (Décret 67-868 art. 83-1, al. 2 modifié par décret 2022-1743 pour les notaires ; Décret 2022-950 art. 94-1, al. 2 modifié par décret 2022-1743 pour les commissaires de justice, les huissiers et les commissaires-priseurs).

PUBLICITÉ DE LA CONSTITUTION DE LA SCP

54305 Les divers décrets d'application fixent les modalités des formalités de publicité concernant la constitution des SCP.

Les décrets concernant notamment les avocats, les infirmiers et masseurs-kinésithérapeutes renvoient aux règles de droit commun en prévoyant que l'immatriculation au RCS et au RNE de la SCP et les formalités de publicité pour ces registres sont **régies** par les dispositions du décret 84-406 du 30 mai 1984 désormais codifiées aux articles R 123-1 s. du Code de commerce et ceux concernant les commissaires de justice et les notaires citent la Section 1 du Chapitre III du Titre II du Livre Ier du Code de commerce (nos 2680 s.).

L'immatriculation de la SCP au RCS et au RNE ne peut toutefois pas intervenir tant qu'une ampliation de l'arrêté de nomination (commissaires de justice et notaires, sauf en cas de constitution d'une SCP par dissolution d'une société d'une autre forme constituée pour l'exercice de ces professions) ou de la décision d'inscription (avocats, infirmiers ou masseurs-kinésithérapeutes) (voir n° 54300) n'a pas été adressée par les associés par l'intermédiaire du guichet unique électronique des formalités d'entreprises au greffe du tribunal où la demande d'immatriculation a été déposée (voir les décrets correspondants).

S'agissant des sociétés de biologistes médicaux, une copie de la demande d'inscription à l'ordre des médecins et/ou des pharmaciens et, le cas échéant, la décision du Conseil de l'Ordre ayant statué sur cette demande doit être adressée au greffier, par l'intermédiaire du guichet unique, qui procède, à réception de ce document, à l'immatriculation de la société au RCS et au RNE (CSP art. R 6223-7 ; C. com. art. L 123-37, 1°).

Certains décrets prévoient le dépôt d'un exemplaire des statuts au greffe du tribunal judiciaire **54306**
(ou de la Cour de cassation et au secrétariat de la section du contentieux du Conseil d'État pour les avocats aux Conseils ou, en ce qui concerne les commissaires aux comptes, au siège de la compagnie régionale dont la société est membre).

Ce dépôt doit être effectué :

– dans le délai d'un mois à compter de l'inscription pour les sociétés de chirurgiens-dentistes et de médecins (CSP art. R 4113-39) ;

– dans le délai de 15 jours qui suit la publication de l'arrêté de nomination pour les sociétés d'avocats aux Conseils (Décret 78-380 du 15-3-1978 art. 16) ;

– dans le délai de 15 jours qui suit l'inscription de la société au tableau de l'ordre des architectes (Décret 77-1480 du 28-12-1977 art. 13) ou des géomètres (Décret 76-73 du 15-1-1976 art. 12).

Les SCP sont dispensées des formalités de publicité prévues par le décret 78-704 du 3 juillet **54310**
1978 sur les sociétés civiles de droit commun et autorisées **à titre provisoire** à n'effectuer la publicité que selon le mode prescrit par leur statut légal particulier (art. 69 dudit décret).

Les décrets parus ou modifiés après la publication du décret du 3 juillet 1978 (greffiers de tribunaux de commerce, administrateurs et mandataires judiciaires, commissaires de justice, vétérinaires et infirmiers par exemple) dispensent la société d'insérer dans un support d'annonces légales les avis prévus par ce texte.

> **Précisions** S'agissant des SCP de **biologistes médicaux,** l'article R 6223-7 du Code de la santé publique, applicable à toutes les formes de sociétés exploitant un laboratoire de biologie médicale, précise que ces sociétés ne sont pas tenues de procéder aux formalités de publicité prévues aux articles R 210-16 s. du Code de commerce.

SANCTIONS DE L'INOBSERVATION DES CONDITIONS DE CONSTITUTION DES SCP

Le régime de droit commun de nullité d'une société fixé par l'article 1844-10 du Code civil **54315**
(nos 26610 s.) est applicable aux SCP.

C. Régime fiscal des apports

DROITS D'ENREGISTREMENT

Le régime fiscal des constitutions de SCP relève des règles de **droit commun** exposées nos 3600 s., **54400**
plus particulièrement de celles relatives aux apports faits à des sociétés civiles non passibles de l'impôt sur les sociétés (les SCP n'étant, en général, pas soumises à l'IS).

IMPOSITION DES BÉNÉFICES ET PLUS-VALUES

Lorsqu'une SCP bénéficie de l'**apport de l'ensemble des éléments d'actif** antérieurement **54410**
affectés à l'exercice d'une activité libérale individuelle, cette opération entraîne pour l'apporteur les conséquences fiscales d'une **cessation** d'entreprise. Les bénéfices non encore taxés, les bénéfices en sursis d'imposition ainsi que les plus-values professionnelles constatées à raison des éléments d'actif immobilisé sont donc en principe immédiatement imposables.

Conformément aux dispositions de l'article 202 du CGI, les associés apporteurs doivent aviser l'administration de la cessation en lui adressant la **déclaration** des bénéfices réalisés jusqu'à la date de cessation effective de l'activité individuelle, qui inclut les créances acquises et non encore recouvrées ainsi que les plus-values d'apport taxables.

Cette déclaration doit être souscrite dans les 60 jours de la cessation effective de l'activité ou, s'il s'agit d'une charge ou d'un office, dans les 60 jours de la publication au Journal officiel de la nomination du nouveau titulaire, à moins que la cessation effective d'activité ne soit postérieure à cette publication.

> **Précisions** **a.** En cas de **cessation de l'exercice à titre individuel de la profession d'avocat,** les honoraires de consultation et de plaidoirie ainsi que les émoluments de postulation afférents aux actes de procédure qui n'ont pas, à la date de la cessation, le caractère de créances acquises dans leur montant doivent normalement être taxés au titre de l'année de leur encaissement (CE 25-2-1981 n° 18095 : RJF 5/81 n° 441). Constituent des créances acquises celles dont le montant était définitivement connu à la date de cessation.
>
> **b.** Dans le cas d'**apport d'une étude de notaire** à une SCP, la cessation de l'exercice de la profession à titre individuel devient effective, selon le Conseil d'État, non à la date de l'arrêté de nomination de la SCP, mais à la date d'entrée en fonction de celle-ci, c'est-à-dire dès la prestation de serment de l'un des associés (CE 28-4-1982 n° 24488 : RJF 6/82 n° 543). Cette jurisprudence est transposable, à notre avis, à tous les cas d'apport à des SCP constituées entre titulaires de charges et offices pour lesquelles l'entrée en fonction est subordonnée à la **prestation de serment** de l'un des associés.

54412 **Atténuations au principe d'imposition immédiate** Deux atténuations sont prévues.

La première concerne les **plus-values d'apport** : il s'agit du régime spécial de report d'imposition prévu par l'article 151 octies du CGI qui fait l'objet d'une étude spéciale nos 4700 s. Bien entendu, ce régime n'a aucune raison de s'appliquer lorsque les plus-values sont susceptibles de bénéficier d'une **exonération** totale grâce au régime d'exonération en fonction des recettes prévu à l'article 151 septies du CGI (voir nos 9650 s.) ou en fonction de la valeur des éléments apportés prévu par l'article 238 quindecies du CGI (voir nos 9720 s.). Par ailleurs, les plus-values résultant de l'échange de droits ou parts effectué à l'occasion de l'apport à une SCP de l'intégralité des titres inscrits au bilan d'un professionnel libéral qui sont nécessaires à l'exercice de son activité peuvent faire l'objet d'un **report d'imposition** (CGI art. 151 octies B : nos 4750 s.). Un dispositif de report optionnel d'imposition est également prévu en faveur des professionnels libéraux exerçant leur activité dans le cadre d'une société de personnes qui apportent l'intégralité de leurs parts à une autre société (SCP notamment), à raison de la plus-value enregistrée lors de cette opération (CGI art. 151 nonies, IV bis : n° 21667).

La seconde atténuation concerne les **créances acquises,** non encore imposées à la date de l'apport, qui ouvrent droit à deux dispositifs susceptibles de se cumuler : d'une part, un paiement étalé de l'impôt correspondant à ces créances ; d'autre part, un transfert de l'imposition au niveau de la société des créances acquises au cours des trois derniers mois précédant l'apport. Ces deux régimes, également applicables dans d'autres cas de cessation d'activité, sont exposés ci-après nos 54435 s.

> **Précisions** **a.** Lorsque des chirurgiens-dentistes associés d'une SCP mettent à la **disposition** de la société le droit de présentation de leur **clientèle** sans être rémunérés par la remise de droits sociaux, la jouissance ou la propriété de ce droit ne peut, au point de vue fiscal, être considérée comme apportée à la société, ce qui exclut toute taxation en matière d'apport et de plus-values (Rép. Mathieu : AN 8-10-1984 n° 48214 non reprise dans Bofip).
>
> **b.** Pour le cas où les apports sont réalisés à l'occasion :
> – de la **transformation d'une société de fait** (ou d'une société en participation) en SCP, voir n° 56056 ;
> – d'opérations de **restructuration de sociétés** (fusions, apports partiels d'actifs, scissions), voir nos 56105 s.

54415 **Plus-values d'apports réalisés avant le 1er avril 1981** Les apports d'activité libérale à une SCP intervenus avant le 1er avril 1981 ont pu être placés sous un régime de report d'imposition des plus-values, lorsqu'ils ont été réalisés dans les dix ans suivant la publication du décret relatif aux SCP intéressant la profession concernée (CGI art. 93 quater, II).

Ce **report d'imposition** prend **fin** lors de la transmission (à titre onéreux ou gratuit) ou du rachat des droits sociaux (ou la dissolution de la société si elle est antérieure).

Le report d'imposition est maintenu en cas de **transformation** de la SCP **en société d'exercice libéral,** jusqu'à la date de transmission, de rachat ou d'annulation des parts ou actions de l'associé. Il est également maintenu en cas de **transfert en fiducie** des droits sociaux reçus en rémunération de l'apport jusqu'à la date de cession des droits ainsi transférés ou jusqu'à la fin du contrat de fiducie (CGI art. 238 quater D). Il en va de même en cas de **restructuration** (fusion, scission ou apport partiel d'actifs) de la SCP soumise aux dispositions de l'article 151 octies A, I du CGI (voir nos 56105 s.). Ces prorogations de report donnent lieu à la production, par l'associé qui en bénéficie, de l'état mentionné n° 4730.

Selon nos renseignements, l'administration admettrait également le maintien du report d'imposition en cas d'**option** de la SCP **pour l'IS.**

Lorsque la plus-value d'apport devient imposable en cas de **transmission ou de rachat des parts,** cette taxation est établie suivant le régime qui était applicable au moment de l'apport. Selon que l'apport est intervenu avant ou après le 1er janvier 1977, on applique les règles suivantes :

– apport effectué avant le 1er janvier 1977 : la plus-value est soumise à l'impôt sur le revenu soit pour la moitié de son montant si l'apport en société est intervenu moins de cinq ans après l'acquisition ou la création des éléments apportés, soit au taux de 6 %, dans le cas contraire. Toutefois, l'administration admet que la taxation réduite au taux de 6 % est applicable, même lorsque l'acquisition ou la création de la clientèle était intervenue moins de cinq ans avant l'apport, à condition que les titres reçus en rémunération de l'apport soient cédés plus de cinq ans après la réalisation effective de cet apport (BOI-BNC-SECT-70-10-20-20 n° 150) ;

– apport effectué depuis le 1er janvier 1977 : la plus-value d'apport est soumise aux règles générales d'imposition des plus-values professionnelles édictées par les articles 93 quater, I,151 sexies ou 151 septies du CGI (voir nos 9610 s.).

La **cession partielle** (ou le rachat partiel) **de parts** entraîne l'assujettissement à l'impôt d'une fraction de la plus-value d'apport dont l'imposition a été différée : cette fraction est déterminée en appliquant au montant total de la plus-value le rapport existant entre le nombre de parts cédées et le nombre de parts reçues lors de l'apport. Lorsque, postérieurement à l'apport, l'associé a acquis de nouvelles parts sociales, il y a lieu de considérer que la cession porte en priorité sur les titres les plus anciens, c'est-à-dire sur ceux reçus lors de l'apport (BOI-BNC-SECT-70-10-20-20 n° 160).

EXEMPLE

Un associé possède 100 parts d'une société civile professionnelle, 80 lui ont été attribuées lors de l'apport, 20 ont été acquises en cours de société. La plus-value d'apport mise en sursis d'imposition était de 25 000 €. Cet associé cède 30 parts ; la plus-value d'apport devient imposable au titre de l'année de cession de ces parts à concurrence de :
25 000 × 30 / 80 = 9 375 €.

Exceptions à l'imposition immédiate des créances acquises Deux exceptions au principe de l'imposition immédiate des créances acquises sont prévues en cas d'**opérations de restructuration ou de transformation d'une activité** libérale : la première consiste à transférer l'imposition des créances acquises ; la seconde consiste à fractionner l'imposition des créances acquises. 54435

Pour certaines opérations, il est possible d'appliquer l'un ou l'autre des régimes ou les deux régimes à la fois. Dans cette dernière hypothèse, le régime de fractionnement ne s'applique pas aux créances et dettes qui bénéficient du transfert d'imposition.

L'**option** pour l'un ou l'autre des régimes doit être jointe à la déclaration du résultat de la cessation d'activité.

Transfert des créances acquises et des dépenses engagées Ce dispositif concerne les **événements suivants** (CGI art. 202 quater) : apport d'une activité libérale à une société de personnes (SCP notamment) ou à une société d'exercice libéral (SEL), option pour l'IS, transformation d'une société de personnes en SEL, opérations de fusion ou de scission d'une SCP visées au premier alinéa de l'article 151 octies A, I du CGI (voir nos 56105 s.), absorption ou scission d'une société de personnes translucide au profit d'une autre société de personnes translucide (SCP notamment) ou d'une SEL, à condition que l'apporteur ou l'associé de la société concernée exerce sa profession dans le cadre de la société bénéficiaire de l'apport ou transformée. 54440

Les créances acquises et les dépenses engagées au titre des **trois mois qui précèdent la réalisation de l'événement** sont prises en compte de manière extra-comptable, non pas dans les résultats de l'apporteur, mais dans ceux de la société qui les recouvre ou les acquitte, à condition que les créances et les dettes soient inscrites au bilan de cette société. Cette prise en compte s'effectue au titre de l'exercice en cours au premier jour du mois qui suit la période de trois mois, ou au titre de l'année de leur encaissement ou du paiement si la société pratique ce mode de comptabilisation.

Ce dispositif s'applique sur **option** conjointe des parties à l'opération. Lorsque l'activité était exercée dans le cadre d'une société relevant de l'impôt sur le revenu, il appartient à chacun des associés d'exercer l'option à raison de la part de créances acquises et de dépenses engagées correspondant à ses droits : si l'un d'eux n'a pas opté, la prise en compte des créances et dettes dans le résultat de la société qui les recouvre et les acquitte ne concernera que la quote-part de leur montant correspondant aux droits des associés qui ont exercé l'option (BOI-BNC-CESS-20-20 n°s 200 et 210).

Enfin, l'administration admet que les **créances** entachées d'un **risque de non-recouvrement** puissent être déduites, sous forme de provision, du montant de l'imposition à établir au nom de la société qui poursuit l'activité (BOI-BNC-CESS-20-20 n° 80).

54445 **Fractionnement de l'imposition des créances acquises** L'option pour ce régime s'applique aux **opérations suivantes** (CGI art. 1663 bis) : apport d'une activité libérale à une société de personnes (SCP notamment) ou à une SEL, transformation d'une société de personnes en SEL, fusion de sociétés de personnes ou d'une société de personnes et d'une SEL, à condition que le professionnel libéral exerçant à titre individuel ou dans le cadre de la société devienne, dans les trois mois de la cessation, associé de la société pour y exercer sa profession, option pour l'IS d'une société de personnes.

Dans ces hypothèses, le contribuable peut demander l'**étalement,** sur trois ou cinq ans au choix, du paiement de l'impôt supplémentaire qui résulte de la prise en compte des créances acquises. Les créances à prendre en compte doivent, selon l'administration, être diminuées des dépenses professionnelles engagées et non encore réglées (BOI-BNC-CESS-30-20 n° 70).

Le fractionnement donne lieu au versement d'un **intérêt** au taux légal. Les sommes dues deviennent **immédiatement exigibles** en cas de transfert du domicile hors de France, de décès ou de retrait de la société et de défaut de paiement d'une échéance.

L'**option** pour l'étalement doit être jointe à la déclaration de résultat de la cessation d'activité. L'option exercée par l'un des associés d'une société est sans effet sur la situation de ses coassociés (BOI-BNC-CESS-30-20 n° 10).

SECTION 2

FONCTIONNEMENT DES SOCIÉTÉS CIVILES PROFESSIONNELLES

I. GÉRANCE

CONDITIONS D'EXERCICE DE LA GÉRANCE DE LA SCP

54600 **Qualité d'associé** Le ou les gérants doivent être choisis parmi les associés (Loi du 29-11-1966 art. 11 remplacé, à compter du 1-9-2024, par Ord. 2023-77 du 8-2-2023 art. 15 ; Ord. 2023-77 art. 134).

54605 **Interdictions et déchéances** Une personne qui a été condamnée pour crime ou délit de droit commun ne peut être nommée gérante dès lors que cette condamnation l'empêche d'exercer l'activité faisant l'objet de la société.

54610 **Désignation, durée des fonctions, révocation** Les gérants peuvent être désignés dans les statuts ou par un acte ultérieur des associés (Loi du 29-11-1966 art. 11 remplacé, à compter du 1-9-2024, par Ord. 2023-77 du 8-2-2023 art. 15 ; Ord. 2023-77 art. 134). Les associés fixent librement dans les statuts la durée des fonctions des gérants et les conditions de leur révocation.

54615 **Absence de clauses statutaires organisant la gérance** Lorsque les statuts n'ont rien prévu, tous les associés sont gérants (Loi de 1966 art. 11 remplacé, à compter du 1-9-2024, par Ord. 2023-77 du 8-2-2023 art. 15, al. 2 ; Ord. 2023-77 art. 134). On leur applique alors les articles 1846 s. du Code civil. Il en résulte notamment que la révocation ne peut intervenir que pour un juste motif et qu'elle doit être décidée par des associés représentant plus de la moitié des parts sociales (C. civ. art. 1851) (voir n°s 7210 s.).

54620 **Publicité de la nomination des gérants** La désignation du ou des gérants doit faire l'objet de diverses mesures de publicité dans les conditions de droit commun (C. civ. art. 1846-2) (voir n° 7150).

POUVOIRS DES GÉRANTS DE SCP

Étendue des pouvoirs Les pouvoirs du gérant de la SCP sont déterminés par les statuts (Loi du 29-11-1966 art. 11, al. 2 remplacé, à compter du 1-9-2024, par Ord. 2023-77 du 8-2-2023 art. 15, al. 2 ; Ord. 2023-77 art. 134). Comme dans toutes les sociétés civiles (nos 7400 s.), les **limitations** de pouvoirs des gérants sont valables dans les rapports des associés entre eux mais inopposables aux tiers. À l'égard de ces derniers, le gérant engage la société par tout acte entrant dans l'objet social (C. civ. art. 1849). Dans le silence des statuts, les pouvoirs du gérant se limitent aux actes de gestion que demande l'intérêt de la société (C. civ. art. 1848). 54625

Liberté professionnelle des associés L'article 11, al. 2 de la loi du 29 novembre 1966 (Ord. 2023-77 du 8-2-2023 art. 15, al. 2 à compter du 1-9-2024 ; cf. Ord. 2023-77 art. 134) interdit que les pouvoirs du gérant aient pour effet de créer une subordination des associés à la société pour l'accomplissement de leurs actes professionnels. Le législateur a voulu ainsi sauvegarder le principe de l'indépendance des membres exerçant une profession libérale. 54630

RESPONSABILITÉ DES GÉRANTS DE SCP

Étendue de la responsabilité des gérants Les gérants sont responsables individuellement ou solidairement selon les cas, envers la société ou envers les tiers, soit des infractions aux lois et règlements, soit de la violation des statuts, soit des fautes commises dans leur gestion (Loi du 29-11-1966 art. 12 remplacé, à compter du 1-9-2024, par Ord. 2023-77 du 8-2-2023 art. 16 ; Ord. 2023-77 art. 134 ; voir nos 7800 s.). 54640

Aucune décision de l'assemblée des associés ne peut avoir pour effet d'éteindre une action en responsabilité contre les gérants pour une faute commise dans l'exercice de leur mandat (C. civ. art. 1843-5, al. 3). Le quitus donné aux gérants est donc sans effet.

Partage de responsabilité Si plusieurs gérants ont coopéré aux mêmes faits, le tribunal détermine la part contributive de chacun dans la réparation du dommage (Loi de 1966 art. 12 remplacé, à compter du 1-9-2024, par Ord. 2023-77 du 8-2-2023 art. 16 ; Ord. 2023-77 art. 134) ; voir no 7850. 54645

II. DÉCISIONS COLLECTIVES

MODE DE CONSULTATION DES ASSOCIÉS DE SCP

Les décrets d'application particuliers à chaque profession déterminent le mode de consultation des associés pour les décisions qui excèdent les pouvoirs du gérant (Loi du 29-11-1966 art. 13 remplacé, à compter du 1-9-2024, par Ord. 2023-77 du 8-2-2023 art. 17 ; Ord. 2023-77 art. 134). Mais ils ne prévoient que la réunion d'**assemblées.** Les statuts peuvent néanmoins décider la **consultation écrite** des associés (C. civ. art. 1853). Ainsi en a jugé la Cour de cassation pour une SCP notariale (Cass. 1e civ. 7-3-2006 no 465 : RJDA 6/06 no 664). Du moins cela est-il possible lorsque les décrets n'interdisent pas ce mode de consultation des associés, ce qui est le cas des décrets pris pour l'application de la loi aux professions de notaire et de commissaire de justice qui précisent que les décisions qui excèdent les pouvoirs des gérants sont prises par les associés réunis en assemblée (Décret du 2-10-1967 art. 19, al. 1 ; Décret 2022-950 du 29-6-2022 art. 25). 54700

Les textes propres aux infirmiers et aux masseurs-kinésithérapeutes interdisent expressément ce mode de consultation (CSP art. R 4381-42, al. 1).

Les décisions collectives peuvent être prises par **acte** sous signature privée ou notarié signé par tous les associés (C. civ. art. 1854), alors même que les décrets ne le précisent pas. 54701

Cette possibilité a été reconnue par la Cour de cassation qui, saisie d'un litige relatif à une répartition des bénéfices entre les associés d'une SCP de médecins différente de celle prévue par les statuts, a jugé que « lorsqu'en l'absence d'une réunion d'assemblée ou d'une consultation écrite, les décisions des associés résultent de leur consentement unanime, ce consentement doit être exprimé dans un acte » (Cass. 1e civ. 21-3-2000 no 582 : RJDA 5/00 no 548).

Le texte relatif aux professions d'infirmier et de masseur-kinésithérapeute permet expressément de constater la décision des associés par un acte (CSP art. R 4381-44).

La décision des associés prise dans un acte est mentionnée à sa date dans le registre des délibérations et contient obligatoirement l'indication de la forme, de la nature, de l'objet et des signataires de l'acte. L'acte lui-même, s'il est sous signature privée, ou sa copie authentique s'il est notarié, est conservé par la société de manière à permettre sa consultation en même temps que le registre des délibérations.

ASSEMBLÉES DES ASSOCIÉS DE SCP

54710 **Convocation des assemblées** La convocation des assemblées incombe aux **gérants** mais un ou plusieurs **associés** représentant au moins un certain nombre de ceux-ci ou une fraction déterminée du capital social peuvent demander au gérant la réunion d'une assemblée en indiquant l'ordre du jour.

Ce seuil à partir duquel les associés peuvent convoquer une assemblée est de :

- la moitié des associés pour les avocats, les conseils en propriété industrielle, les médecins, les chirurgiens-dentistes, les vétérinaires, les infirmiers et les masseurs-kinésithérapeutes ;
- la moitié des associés ou le quart du capital pour les notaires, les commissaires de justice, les administrateurs et mandataires judiciaires, les experts agricoles, fonciers et forestiers, les huissiers, les greffiers de tribunal de commerce, les géomètres experts, les architectes et les avocats aux Conseils ;
- la moitié des associés et le quart du capital pour les commissaires aux comptes ;
- le tiers des associés ou le tiers du capital pour les biologistes médicaux.

Si le **gérant s'oppose** à la demande ou garde le silence, l'associé demandeur peut, à l'expiration du délai d'un mois à dater de sa demande, solliciter du président du tribunal judiciaire statuant selon la procédure accélérée au fond la désignation d'un mandataire chargé de provoquer la décision des associés (Décret 78-704 du 3-7-1978 art. 39).

54715 **Participation aux assemblées** Tout associé a le droit de participer aux assemblées ; tous les décrets d'application autorisent la **représentation d'un associé** par un mandataire. Mais celui-ci ne peut être qu'un autre associé porteur d'un mandat écrit.

Dans les sociétés civiles professionnelles d'administrateurs et mandataires judiciaires, d'experts agricoles, fonciers et forestiers, de conseils en propriété industrielle, de médecins, de biologistes médicaux, de chirurgiens-dentistes, de vétérinaires, d'infirmiers et de masseurs-kinésithérapeutes, un associé ne peut pas être titulaire de plus de deux mandats.

54720 **Quorum** L'assemblée ne peut délibérer valablement que si les trois quarts au moins des associés sont présents ; si ce quorum n'est pas atteint, il suffit, pour que la seconde réunion soit régulière, que les associés présents ou représentés soient au moins deux (décrets particuliers à chaque profession).

Le décret d'application relatif aux avocats aux Conseils prévoit un quorum des deux tiers des associés.

Pour les SCP d'administrateurs et mandataires judiciaires, le Code de commerce prévoit que la seconde réunion ne peut délibérer que si le tiers au moins des associés est présent ou représenté.

VOTE DES ASSOCIÉS DE SCP

54730 **Exercice du droit de vote** Le droit de vote ne peut être exercé que par l'associé ou son mandataire. Il est attaché à la qualité d'associé sans qu'il y ait à distinguer selon qu'il possède des parts sociales ou des parts d'industrie.

Les décrets d'application ou, à défaut, les statuts fixent les conditions d'exercice du droit de vote.

54731 **Décrets** Les décrets concernant les SCP de commissaires de justice (sauf clause contraire des statuts), de greffiers de tribunal de commerce, d'avocats aux Conseils et de biologistes médicaux n'accordent qu'une seule voix aux associés.

Dans les sociétés d'administrateurs et mandataires judiciaires, d'experts agricoles, fonciers et forestiers, de médecins, de chirurgiens-dentistes, de vétérinaires, d'infirmiers et de masseurs-kinésithérapeutes, chaque associé dispose d'un nombre de voix égal quel que soit le nombre de parts qu'il possède, mais (à l'exception des SCP d'administrateurs et mandataires judiciaires) ce nombre peut être réduit pour les associés qui n'exercent qu'à temps partiel (et pour les vétérinaires lorsque les parts sociales n'ont pas été entièrement libérées).

Dans les SCP d'avocats, chaque associé dispose d'autant de voix (dans la limite de la moitié des voix) qu'il possède de parts. Les autres textes renvoient aux statuts.

54732 **Statuts** En l'absence de dispositions des décrets d'application sur ce point, les statuts peuvent prévoir un nombre de voix proportionnel aux apports sans distinguer selon la nature de ceux-ci, mais il leur est interdit d'adopter un critère qui priverait un associé de toute voix, notamment parce qu'il n'aurait fait que des apports en industrie.

Silence des statuts Chaque associé dispose d'une seule voix quel que soit le nombre de parts sociales qu'il détient (Loi du 29-11-1966 art. 13, al. 2 remplacé, à compter du 1-9-2024, par Ord. 2023-77 du 8-2-2023 art. 17, al. 2 ; Ord. 2023-77 art. 134). 54733

Droit de vote plural Lorsque les décrets d'application ne l'interdisent pas, les statuts peuvent attribuer un droit de vote plural à certains associés. 54735

Majorité Le décret particulier à chaque profession détermine les règles de majorité requises pour l'adoption des décisions (Loi du 29-11-1966 art. 13, al. 2 remplacé, à compter du 1-9-2024, par Ord. 2023-77 du 8-2-2023 art. 17, al. 2). Les textes réglementaires prévoient généralement que les décisions ordinaires sont prises à la majorité des voix dont disposent les associés présents ou représentés, sauf clause contraire des statuts, et que les modifications statutaires ne peuvent être décidées qu'à la majorité des trois quarts des voix de l'ensemble des associés, le tout sans préjudice des conditions spéciales de majorité concernant notamment la transmission des parts (n° 57040) ou, à compter du 1er septembre 2024, la transformation de la SCP (n° 56040). 54740

Dans les SCP d'avocats aux Conseils, la modification des statuts doit être décidée à une majorité des deux tiers (Décret 78-380 du 15-3-1978 art. 23). Dans celles de commissaires de justice, les trois quarts des voix de l'ensemble des associés doivent représenter au moins les trois quarts du capital social (Décret 2022-950 du 29-6-2022 art. 29).

CONSTATATION DES DÉCISIONS COLLECTIVES DES ASSOCIÉS DE SCP

Les délibérations des assemblées doivent donner lieu à l'établissement d'un procès-verbal **signé** par les associés présents et contenant notamment la date et le lieu de la réunion, les questions inscrites à l'ordre du jour, l'identité des associés présents ou représentés, un résumé des débats, le texte des résolutions mises aux voix et le résultat des votes. 54750

Si les procès-verbaux peuvent être établis et signés sous forme électronique (voir n° 54755), ils doivent être signés au moyen d'une signature électronique avancée (voir n° 9305).

Les procès-verbaux doivent être **établis sur un registre spécial** et conservé au siège social (voir les décrets particuliers à chaque profession). 54755

Le registre spécial sous **forme papier** doit préalablement être coté et paraphé par le greffier du tribunal judiciaire ou, suivant les professions concernées, du tribunal de commerce ou de la Cour de cassation (voir les décrets particuliers à chaque profession).

La majorité des décrets particuliers à chaque profession ne prévoit pas la possibilité de tenir le registre spécial et d'établir les procès-verbaux sous **forme électronique.** Dès lors, à notre avis, l'utilisation du format papier s'impose.

En revanche, l'utilisation du format électronique est autorisée lorsque le décret applicable à une profession renvoie, pour les modalités de tenue du registre spécial et d'établissement des procès-verbaux, à l'article 45 du décret 78-704. En effet, ce texte autorise expressément la tenue du registre spécial et l'établissement des procès-verbaux sous forme électronique. Tel est notamment le cas pour les vétérinaires et les conseils en propriété intellectuelle, l'article R 241-49 du Code rural et de la pêche maritime et l'article R 422-25, al. 1 du Code de la propriété intellectuelle faisant référence aux articles 40 à 47 du décret du 3 juillet 1978.

Sur les dispositions du décret 78-704 relatives au contenu des procès-verbaux et à la tenue du registre, voir nos 9300 s.

NATURE DES DÉCISIONS COLLECTIVES DES ASSOCIÉS DE SCP

Décisions ordinaires Les assemblées ont vocation à prendre toute décision excédant les pouvoirs du gérant. Les décisions ordinaires les plus courantes sont celles concernant la désignation ou la révocation du gérant et celles relatives à l'approbation des comptes annuels. 54760

Ceux-ci doivent être approuvés dans les trois mois qui suivent la clôture de l'exercice. Ce délai est de deux mois dans les SCP de vétérinaires (C. rur. art. R 241-50), de médecins, de chirurgiens-dentistes (CSP art. R 4113-46), de conseils en propriété industrielle (CPI art. R 422-26) et de greffiers de tribunal de commerce (C. com. art. R 743-96). Il est de six mois pour les commissaires aux comptes (C. com. art. R 822-121).

Les comptes doivent être adressés aux associés par le ou les gérants, accompagnés d'un rapport sur les résultats de l'exercice ainsi que des propositions relatives à leur affectation et des textes des résolutions proposées, dans les 15 jours qui précèdent la réunion de l'assemblée et au plus tard avec la convocation.

54765 **Décisions modifiant les statuts** Elles concernent notamment les modifications du capital social, l'agrément de nouveaux associés, la fixation des modalités de rachat des parts de l'associé qui se retire ou qui est exclu de la société, le transfert du siège social, la fusion avec une autre SCP, la dissolution anticipée de la société.

La nomination ou la révocation du gérant statutaire relève des décisions ordinaires. En effet, sauf clause contraire des statuts, elle résulte d'une décision des associés représentant plus de la moitié des parts sociales (C. civ. art. 1851, al. 1). Cette décision entraîne une modification corrélative des statuts sans qu'il soit pour autant nécessaire de réunir la majorité requise pour une telle modification (nº 7212).

III. IMPOSITION DES BÉNÉFICES DES SOCIÉTÉS CIVILES PROFESSIONNELLES

A. Règles générales

PRINCIPES D'IMPOSITION DES SCP

54800 Les associés des SCP constituées conformément aux dispositions légales sont personnellement soumis à l'**impôt sur le revenu** pour la part des bénéfices sociaux qui leur est attribuée (CGI art. 8 ter). Cette règle est applicable même si la SCP est constituée sous la forme d'une société coopérative.

Sauf option pour l'IS, la SCP reste donc soumise au régime des sociétés de personnes dès lors qu'elle fonctionne conformément aux dispositions qui la régissent : l'**importance des moyens** en personnel et en matériel mis en œuvre par la société dans l'exercice de son activité ne saurait à elle seule entraîner son assujettissement à l'impôt sur les sociétés.

54802 Lorsqu'une SCP relevant de l'impôt sur le revenu réalise des **opérations commerciales accessoires,** deux cas peuvent se présenter :

– les opérations commerciales sont une simple extension de l'activité libérale prépondérante (ex. : SCP de notaires réalisant des négociations immobilières ou des expertises dans le cadre des attributions légales des notaires) : l'ensemble des profits est imposé au titre des BNC (CGI art. 155, I-2) ;

– les activités commerciales ne sont pas directement liées à l'activité libérale (ex. : SCP de géomètres experts exerçant une activité de gestion immobilière) : l'administration admet de ne pas soumettre la SCP à l'impôt sur les sociétés si le montant hors taxe des recettes commerciales n'excède pas 10 % des recettes totales hors taxe. En cas de franchissement occasionnel de ce seuil, la société peut échapper à l'impôt sur les sociétés au titre de l'année de dépassement si la moyenne des recettes commerciales hors taxe réalisées au cours de l'année en cause et des trois années antérieures n'excède pas elle-même 10 % de la moyenne des recettes totales correspondantes. S'agissant des sociétés créées depuis moins de quatre ans, cette moyenne est appréciée sur la période courue depuis la date de leur création (BOI-BNC-SECT-70-10-10 nº 60).

54805 Le bénéfice des SCP qui n'ont pas opté pour l'IS est déterminé au niveau de la société suivant les règles applicables aux **bénéfices non commerciaux** soumis au régime de la déclaration contrôlée. Il est ensuite réparti entre les associés au prorata de leurs droits et imposé en leur nom propre selon les règles précisées ci-après.

OPTION DES SCP POUR L'IMPÔT SUR LES SOCIÉTÉS

54820 Les SCP sont autorisées à opter pour l'impôt sur les sociétés dans les mêmes conditions que les autres sociétés civiles (CGI art. 206, 3 h) ; voir nºs 10085 s.

Les SCP peuvent fixer librement le **point de départ** du premier exercice soumis à l'IS. L'option doit être exercée avant la fin du troisième mois suivant ce point de départ (BOI-BNC-SECT-70-10-10 nº 90).

> **Précisions** Comme pour les autres sociétés civiles, l'**option** pour l'impôt sur les sociétés exercée par les SCP est **révocable** jusqu'au cinquième exercice suivant celui au titre duquel l'option a été exercée (CGI art. 239). Pour plus de précisions sur les conditions et modalités de la renonciation à l'option, voir nº 10112.

Conséquences de l'option au regard de la cessation d'entreprise Le changement de régime fiscal qui résulte de l'option entraîne les conséquences fiscales d'une cessation d'entreprise (nos 11040 s.). Les conséquences d'un tel changement sont toutefois susceptibles d'être atténuées dans les conditions prévues à l'article 202 ter, I du CGI. C'est ainsi que l'option n'entraîne pas la taxation des **bénéfices en sursis d'imposition** et des **plus-values latentes** à la double condition (BOI-BNC-CESS-10-20 n° 240) : 54825

– qu'aucune modification ne soit apportée aux écritures comptables ;

– et que l'imposition desdits bénéfices et plus-values demeure possible sous le nouveau régime de l'IS (ce qui est en principe le cas).

L'opération se traduit alors exclusivement par l'imposition immédiate des résultats de l'exercice en cours, y compris ceux correspondant à des **créances acquises** et non encore recouvrées lorsque la SCP déterminait son résultat non commercial à partir des encaissements et des paiements. Les créances acquises peuvent toutefois bénéficier des modalités particulières d'imposition exposées nos 54435 s.

Les **déficits** constatés par la société à la date de son assujettissement à l'impôt sur les sociétés sont imputables selon les règles de droit commun sur le revenu imposable de chacun des associés.

Sur le régime applicable en matière de **droits d'enregistrement,** voir n° 16911.

> Précisions a. L'administration a précisé que les **créances acquises** imposables sont déterminées selon les règles fixées par l'article 38, 2 bis du CGI qui régit le rattachement des produits des entreprises commerciales (BOI-BNC-CESS-10-20 nos 130 s.). Le résultat de l'exercice de cessation doit donc comprendre :

– les produits correspondant aux prestations de services achevées ;

– la part de produits correspondant aux prestations déjà exécutées s'il s'agit de prestations continues ou discontinues à échéances successives ;

– les produits correspondant à des ventes de biens dont la livraison est intervenue.

Les **créances douteuses** correspondant à ces prestations et à ces ventes peuvent faire l'objet de provisions lorsqu'elles répondent aux conditions prévues à l'article 39, 1-5° du CGI.

b. Pour éviter que le **passage des règles BNC** (recettes-dépenses) **aux règles IS-BIC** (créances-dettes) ne se traduise par la double imposition ou la double déduction des mêmes sommes, l'administration préconise l'application des règles suivantes (BOI-BNC-CESS-10-20 nos 200 s.) :

– les **avances, acomptes ou provisions encaissés** au cours de l'année qui précède la date d'effet de l'option et correspondant à des prestations non encore achevées à cette date sont pris en compte pour la détermination du résultat immédiatement imposable, conformément aux principes applicables en matière de bénéfices non commerciaux (CGI art. 93,1). Ils viendront en diminution du produit de la prestation pour la détermination du résultat auquel il doit être rattaché en application de l'article 38, 2 bis du CGI. Les produits afférents aux prestations et aux ventes rattachées à l'année qui précède la date d'effet de l'option en application des dispositions de l'article 202 du CGI sont pris en compte sous déduction des avances, acomptes ou provisions encaissés au cours de la même année ou d'une année antérieure ;

– les **acomptes sur dépenses acquittés** au cours de la même année sont pris en compte, conformément aux mêmes principes, pour la détermination du résultat immédiatement imposable, même lorsque ces dépenses ne revêtent pas au terme de cette même année le caractère de dépense engagée. Ils viendront en diminution des dépenses de l'exercice de leur engagement. Les charges rattachées à l'année qui précède la date d'effet de l'option en application des dispositions de l'article 202 du CGI sont prises en compte sous déduction des acomptes acquittés au cours de la même année ou d'une année antérieure.

c. La SCP doit produire le **bilan d'ouverture** de la première période d'imposition ou du premier exercice au titre duquel le changement prend effet. Comme les autres déclarations, ce document doit être fourni dans un délai de 60 jours à compter de la date à laquelle l'option a été exercée (BOI-BNC-CESS-10-20 n° 280).

Autres conséquences Après option pour l'IS, le régime fiscal applicable à la société est celui prévu pour les sociétés de capitaux (nos 10150 s.). On notera que ce régime permet la déduction des **rémunérations** versées aux associés qui sont alors imposables dans les conditions visées à l'article 62 du CGI (n° 20025). Quant aux **bénéfices,** ils ne sont imposables entre leurs mains qu'au moment de leur distribution. 54830

Le changement de régime fiscal a pour effet de transférer les **parts sociales** dans le patrimoine personnel des associés : ceux-ci sont dès lors privés, en principe, de la possibilité de déduire les frais d'acquisition et les intérêts d'emprunt afférents à ces parts (BOI-BNC-SECT-70-10-10 n° 250). Toutefois, les associés et gérants de SCP ayant opté pour l'impôt sur les sociétés peuvent, sous certaines conditions, déduire les **intérêts d'emprunt** contractés pour l'acquisition des parts de la société dans laquelle ils exercent leur profession (voir n° 7625).

Les **plus-values** sur les parts sociales constatées lors du changement de régime fiscal bénéficient d'un report d'imposition jusqu'à la date de la cession, du rachat ou de l'annulation des parts en application de l'article 151 nonies, III du CGI (n° 21667).

> **Précisions a.** L'option pour l'IS ne met pas fin au report d'imposition des **plus-values d'apport** prévu à l'article 151 octies du CGI (BOI-BNC-SECT-70-10-20-20 n° 190).
> **b.** La répartition ultérieure des **réserves** constituées avant le changement de régime fiscal et représentant des bénéfices qui ont été soumis à l'impôt sur le revenu au fur et à mesure de leur réalisation est assimilée à un remboursement d'apports au sens de l'article 112, 1° du CGI. Cette répartition ne déclenche donc pas d'imposition supplémentaire (CE 29-7-1983 n° 24733 : RJF 10/83 n° 1121).

DISPOSITIFS D'EXONÉRATION DES BÉNÉFICES DE SCP

54835 Le régime d'exonération totale ou partielle d'impôt sur les bénéfices des **entreprises nouvelles** (CGI art. 44 sexies) s'applique aux activités professionnelles non commerciales au sens de l'article 92, 1 du CGI exercées par des sociétés soumises à l'impôt sur les sociétés qui emploient un effectif de trois salariés au moins à la clôture du premier exercice et pendant tout le reste de la période d'application du dispositif.

Des régimes d'exonérations des bénéfices sont également susceptibles de s'appliquer aux entreprises exerçant une activité non commerciale qui s'implantent dans certaines **zones du territoire** (zones de revitalisation rurale, zones franches urbaines, etc.). Pour plus de précisions sur ces régimes, voir Mémento Fiscal n°s 10260 s.

B. Détermination du bénéfice imposable des SCP

RÈGLES GÉNÉRALES

54850 Le bénéfice non commercial imposable est celui qui est réalisé au cours de l'**année civile,** même si la société tient une comptabilité de périodicité différente. Il est déterminé par différence entre les recettes encaissées et les dépenses professionnelles payées au cours de l'année (CGI art. 93, 1), sauf si la société opte pour la prise en compte des créances acquises et des dépenses engagées (CGI art. 93 A).

54855 **Régime de droit commun recettes-dépenses** Les **recettes** professionnelles à prendre en compte s'entendent de toutes les sommes effectivement **encaissées,** ou mises à la disposition de la société, au cours de l'année d'imposition :
- quel que soit le mode de règlement (espèces, chèques, inscription au crédit d'un compte) ;
- même si les opérations ont été effectuées au cours d'années antérieures ou, au contraire, ne le seront qu'ultérieurement (provisions ou avances sur honoraires) ;
- et à l'exclusion des créances acquises mais non encore recouvrées.

Les **dépenses** professionnelles déductibles sont celles qui ont été effectivement **payées** au cours de l'année d'imposition.

Le mode de détermination du bénéfice à partir des encaissements et des dépenses est incompatible avec la constitution de **provisions** destinées à faire face à des pertes ou charges futures ou à la dépréciation d'éléments d'actif non amortissables (CE 9-7-1980 n° 11847 : RJF 10/80 n° 784 ; CE 8-6-1990 n° 57666 : RJF 8-9/90 n° 1014).

À propos des modalités de prise en compte des créances acquises en cas de **cessation d'activité,** voir n°s 54410 s.

ILLUSTRATIONS

Une recette ou une dépense réglée par un **chèque** remis directement au bénéficiaire doit être prise en compte à la date de cette remise (BOI-BNC-BASE-20-10-10 n° 20 ; BOI-BNC-BASE-40-10 n° 560). Pour les dépenses payées par une **carte de crédit** à débit différé, il convient de retenir la date de validation du paiement (CAA Lyon 29-12-2005 n° 02-778 : RJF 6/06 n° 704).

En cas de **virement bancaire,** c'est la date de l'inscription au crédit (recette) ou au débit (dépense) du compte qui doit être retenue (par exemple, pour un virement dont le montant a été inscrit au crédit du compte courant le 31 décembre : CE 21-6-2002 n° 222179 : RJF 10/02 n° 1094). La règle est la même pour les recettes portées au crédit d'un **compte courant,** sauf à établir que des faits entièrement indépendants de la volonté du contribuable font obstacle à leur retrait (notamment CE 4-2-1987 n° 61875 : RJF 4/87 n° 371).

Les **recettes encaissées par un tiers** mandaté à cet effet, tels des honoraires de chirurgien perçus par une clinique, sont réputées mises à la disposition du contribuable dès leur versement à ce tiers, sauf preuve contraire (par exemple, difficultés financières du mandataire empêchant leur reversement : CE 17-5-1989 n° 88093 : RJF 7/89 n° 828).

Entrent dans la détermination du bénéfice imposable d'un avocat les sommes versées par son débiteur à l'administration en vertu d'un **avis à tiers détenteur,** correspondant à des prestations que lui a facturées l'avocat dans le cadre de l'exercice de son activité et destinées au paiement, au nom et pour le compte de l'avocat, d'une dette de TVA dont il était redevable. Ces sommes sont réputées mises à la disposition de l'avocat et donc imposables dès leur date d'encaissement par l'administration quelle que soit la date d'émission de l'avis à tiers détenteur (CAA Nantes 24-1-2013 n° 10NT02189 : RJF 11/13 n° 1019).

Régime optionnel créances-dettes Les contribuables soumis au régime de la déclaration contrôlée peuvent opter pour la détermination de leur résultat à partir des créances acquises et des dépenses engagées au cours de l'année d'imposition (CGI art. 93 A). 54860

Le bénéfice doit alors tenir compte de tous les honoraires acquis, même non encaissés, et des dépenses engagées même non réglées ou qui n'ont donné lieu qu'à des paiements partiels à titre d'acompte.

Le **résultat imposable** comprend ainsi :

– la rémunération des prestations de services achevées au cours de l'année d'imposition ;

– s'agissant des prestations continues et des prestations discontinues à échéances successives échelonnées sur plusieurs exercices, la part de produits correspondant aux prestations exécutées au cours de la même année ;

– les produits correspondant à des ventes de biens dont la livraison est intervenue au cours de la même année.

L'**option,** établie sur papier libre, doit être **exercée** avant le 1er février de l'année d'imposition (soit avant le 1er février 2024 pour une option destinée à prendre effet pour l'imposition des revenus de 2024). Renouvelée par tacite reconduction, elle reste valable tant qu'elle n'a pas été dénoncée dans les mêmes conditions.

L'option est formulée par le gérant ou, à défaut, par l'un des associés. Elle produit ses effets pour tous les associés (BOI-BNC-BASE-20-10-20 n° 100).

> Précisions a. En cas de **commencement d'activité en cours d'année,** l'option pour le régime des créances acquises et des dépenses engagées peut être exercée jusqu'à la date de dépôt de la première déclaration de résultat (CGI ann. III art. 41-0 bis A).

b. Tout **changement du mode de détermination du résultat** s'accompagne de rectifications extra-comptables et d'obligations déclaratives destinées à éviter la double prise en compte ou, au contraire, l'absence de prise en compte de certains produits et charges (CGI ann. III art. 41-0 bis B et 41-0 bis C).

c. En régime créances-dettes, l'administration admet la déduction de **provisions** pour créances douteuses mais refuse, de façon rigoureuse, la déduction de tout autre type de provision. Selon l'administration, l'exercice de l'option pour le régime de l'article 93 A du CGI a seulement pour effet de déroger aux règles de rattachement des recettes imposables et des dépenses déductibles applicables aux bénéfices non commerciaux mais n'affecte ni la définition du patrimoine professionnel ni la notion de dépenses déductibles (BOI-BNC-BASE-20-10-20 nos 190 s.). Adoptant une position qui confirme la doctrine administrative, le tribunal administratif de Lyon a refusé l'anticipation de la déduction par voie de provision (provision pour litige) d'une charge nettement précisée et probable (TA Lyon 25-1-2005 n° 02-5008 : RJF 7/05 n° 691).

d. La première année au titre de laquelle le bénéfice est déterminé selon les créances acquises et les dépenses engagées, la SCP doit produire un **état des créances et des dettes** au 31 décembre de l'année précédant celle au titre de laquelle est exercée l'option, accompagné d'une note comportant le détail des corrections opérées ; l'état actualisé doit être produit chaque année tant que l'option n'est pas dénoncée (BOI-BNC-DECLA-10-30 nos 230 s.).

Comptabilisation de la TVA L'administration offre aux **contribuables assujettis** à la TVA le choix entre la comptabilisation taxe comprise ou hors taxe de leurs recettes et de leurs dépenses (achats et frais généraux) (BOI-BNC-BASE-20-10 n° 20). 54865

En système TTC, la TVA reversée au Trésor ainsi que le montant déductible de la TVA sur immobilisations sont portés en charges. Les recettes, achats et frais généraux sont retenus pour leur montant taxe comprise.

Lorsque la comptabilité est tenue hors taxe, la TVA ne donne lieu à aucune déduction du résultat imposable.

Quelle que soit la méthode retenue (TTC ou HT), l'amortissement des immobilisations doit être calculé sur le prix de revient diminué de la TVA déductible, conformément à la règle applicable en matière de BIC. Le registre des immobilisations doit faire apparaître distinctement la TVA récupérable correspondante. Les biens n'ouvrant pas droit à déduction de TVA sont amortis pour leur valeur taxe comprise.

54866 Les **régularisations** qui peuvent affecter la déduction initiale de taxe à la suite des variations du coefficient de déduction qui est déterminé pour chaque bien restent sans incidence sur la valeur comptable des biens si l'écart de variation entre le coefficient provisoire et le coefficient définitif n'excède pas cinq points. Elles peuvent être opérées par le crédit ou le débit du compte de résultat (BOI-TVA-DED-20-10-40 n° 10). De même, les régularisations annuelles liées à la variation des coefficients d'assujettissement et de taxation qui résulte de l'évolution de l'utilisation du bien restent sans incidence sur la valeur d'inscription des immobilisations à l'actif (BOI-TVA-DED-60-10 n° 1).
Dans le système hors taxe, cette régularisation figure dans les déductions ou réintégrations diverses, selon qu'il y a eu reversement ou déduction complémentaire. Dans le cas contraire, la base et le calcul de l'amortissement des immobilisations doivent être modifiés. En système taxe comprise, cette modification est compensée par la réintégration ou la déduction d'une somme d'égal montant.

54867 Pour les **contribuables non assujettis** à la TVA, la taxe grevant les achats et services constitue un élément du prix à passer en charge et celle afférente aux immobilisations fait partie du prix de revient amortissable.

1. RECETTES

RECETTES IMPOSABLES DES SCP

54885 Doivent être retenus non seulement les recettes proprement dites perçues en rémunération des services rendus (honoraires, commissions, vacations, etc.), mais encore :
– les provisions ou **avances sur honoraires** (à l'exception cependant, pour les sociétés d'avocats, de notaires ou de commissaires de justice, des simples dépôts de fonds reçus des clients ou pour leur compte, même s'ils ne sont pas comptabilisés dans les conditions réglementaires, ainsi que des provisions destinées à faire face à des frais de procédure et inscrites dans un compte spécial) ;
– les sommes reçues des clients à titre de **remboursements de frais** (en contrepartie, les dépenses correspondantes sont en principe comprises dans les charges déductibles pour leur montant réel) ;
– les **produits financiers** provenant du placement de fonds détenus en dépôt pour le compte des clients ; en revanche, les produits du placement des recettes professionnelles sont taxables dans la catégorie des revenus mobiliers (CE 4-2-1987 n° 44965 : RJF 4/87 n° 392) ;
– les **indemnités** perçues en réparation d'un préjudice et destinées à compenser des charges et des pertes déductibles par nature ou des pertes de recettes taxables ; les indemnités perçues en contrepartie de la perte ou de la dépréciation d'un élément d'actif immobilisé relèvent du régime des plus-values professionnelles ;
– les **intérêts moratoires** si les indemnités dont ils sont l'accessoire sont elles-mêmes imposables dans la catégorie des BNC. Exemple : intérêts moratoires afférents à un dégrèvement portant sur des impôts admis dans les charges déductibles ;
– les **recettes commerciales accessoires** (voir n° 54802).
Peu importe la **forme de la rémunération** perçue en contrepartie de la prestation de services. Celle-ci peut notamment consister en une mise à disposition de personnel au profit du prestataire (CE 27-4-2009 n° 308445 : RJF 7/09 n° 614).

> **Précisions** **a.** Les recettes et **honoraires rétrocédés** constituent des recettes imposables pour le bénéficiaire de la rétrocession. Ils viennent directement en diminution des recettes de la partie versante qui doit les déclarer (voir ci-après n° 54900).
> **b.** La rémunération perçue au titre de la **permanence des soins ambulatoires** définie à l'article L 6314-1 du CSP correspondant aux seuls soins de ville assurés en dehors des horaires d'ouverture des cabinets médicaux (CE QPC 22-7-2021 n°s 449683 et 449691 et CE QPC 13-7-2021 n°s 449689, 449690, 449693 et 649696 : RJF 11/21 n° 997) par les **médecins** ou leurs remplaçants (rémunération de l'astreinte et majoration spécifique : CAA Bordeaux 6-11-2018 n° 16BX01244 : RJF 2/19 n° 122), installés dans certaines zones du territoire, est exonérée de l'impôt sur le revenu à hauteur de 60 jours par an (CGI art. 151 ter). L'administration admet que cette exonération s'applique également aux **médecins régulateurs** (par exemple, pour les gardes médicales de régulation des appels au Samu) (BOI-BNC-CHAMP-10-40-20 n° 110).
> Par ailleurs, ne constituent pas des recettes imposables les sommes perçues par les **médecins malades** ou accidentés dans le cadre d'un **contrat d'entraide** (BOI-BNC-CHAMP-10-40-20 n° 300).

54890 **Subventions** Lorsqu'elles perçoivent une **subvention d'équipement** accordée par l'Union européenne (et, pour les exercices clos depuis 2022 ou le 31 décembre 2022 selon que la société relève de l'IR ou de l'IS, les organismes créés par les institutions de l'Union européenne), l'État, les collectivités publiques ou tout autre organisme public en vue de l'acquisition, de la création ou du financement par crédit-bail d'immobilisations déterminées, les SCP ont le choix entre l'imposition immédiate des sommes perçues et leur étalement dans les conditions définies par l'article 42 septies du CGI en matière de BIC : pour les immobilisations amortissables, selon le même rythme que l'amortissement ; pour les immobilisations non amortissables, par parts égales sur les années pendant lesquelles le bien est inaliénable, ou, à défaut de clause d'inaliénabilité, sur une période de dix ans suivant l'année de leur attribution. Lorsqu'une subvention est affectée au financement d'un bien qui fait l'objet d'une décomposition, son montant doit être ventilé au prorata du prix de revient de chaque composant et de la structure par rapport à la valeur totale du bien. La période de réintégration de la subvention correspond à la durée moyenne pondérée d'amortissement fiscal de ces composants et de la structure compte tenu de leurs valeurs respectives.

L'option pour le dispositif d'étalement doit être formulée expressément (CGI art. 93, 8).

L'aide à l'**informatisation des professionnels de santé** versée par le fonds de réorientation et de modernisation de la médecine libérale peut être étalée, dans la limite de 1 070 €, lorsqu'elle est affectée à l'acquisition de matériels informatiques inscrits à l'actif professionnel. Le montant excédant 1 070 € est taxable dans les conditions de droit commun (BOI-BNC-BASE-20-20 n° 430).

Le régime est applicable aux subventions attribuées soit directement au preneur d'un contrat de **crédit-bail,** soit par l'intermédiaire d'une entreprise de crédit-bail, à condition que la décision d'attribution à l'organisme de crédit-bail mentionne l'obligation expresse de rétrocéder immédiatement la subvention au crédit-preneur qui en est le bénéficiaire final. L'imposition des subventions est alors répartie par parts égales sur les bénéfices des années de la période couverte par le contrat de crédit-bail.

Les **autres subventions** sont taxables dans les conditions de droit commun. Tel est notamment le cas de l'**aide** pérenne à la **transmission électronique des feuilles de soin** (qui complète l'aide à l'équipement informatique visée n° 54890) (BOI-BNC-BASE-20-20 n° 420). 54892

Renonciation à recettes Selon le Conseil d'État, les titulaires de bénéfices non commerciaux sont en principe seuls juges de l'opportunité des décisions qu'ils prennent (sous réserve, pour les professions libérales et les professions réglementées, du contrôle qu'exercent les autorités de supervision spécialement instituées à cet effet). Il en résulte qu'en cas de renonciation à recettes, l'administration n'est fondée à réintégrer dans leur résultat imposable le montant des recettes qu'ils ont renoncé à percevoir que lorsque la renonciation est dépourvue de **contrepartie,** qu'elle ne peut être regardée comme relevant de l'**exercice normal de la profession** et qu'elle n'est justifiée par aucun autre **motif légitime** (CE 23-12-2013 n° 350075 : RJF 2/14 n° 145). Statuant sur renvoi dans l'affaire soumise au Conseil d'État, la cour administrative d'appel de Paris, s'appuyant sur la **réglementation applicable** aux émoluments des notaires, a jugé que les remises (par hypothèse dépourvues de contrepartie équivalente et sans autre motif légitime) consenties par un notaire qui reposent sur une faculté offerte par cette réglementation sans aucune autre condition ou réserve relèvent de l'exercice normal de sa profession ; en revanche, lorsque la possibilité d'accorder des remises est subordonnée au respect d'autres conditions (autorisation de la chambre des notaires, notamment) et que ces conditions ne sont pas remplies, la renonciation ne relève pas de l'exercice normal de la profession (CAA Paris 29-9-2015 n°s 14PA05384 et 14PA05385 : RJF 2/16 n° 136). La cour administrative d'appel de Nancy a jugé au contraire que la seule circonstance que les remises soient licites au regard de l'article 2 du décret du 8 mars 1978 (abrogé par le décret 2016-230 du 26-2-2016, qui a adopté un nouveau tarif des notaires et a, notamment, encadré les taux de remise autorisés), lequel autorise les notaires à accorder des remises totales sur émoluments afférents à un acte déterminé ou aux différents actes reçus à l'occasion d'une même affaire, n'est pas par elle-même de nature à établir que de telles remises peuvent être regardées comme relevant de l'exercice normal de la profession de notaire. En l'absence d'éléments précis ou probants, notamment sur le caractère habituel de ces remises au sein de la profession et sur les conditions dans lesquelles elles sont accordées, les remises ainsi pratiquées ne peuvent être regardées comme relevant de l'exercice normal de la profession de notaire, en l'absence par ailleurs de contrepartie pour la SCP notariale les ayant accordées. En conséquence, les remises consenties sont imposables (CAA Nancy 2-6-2016 n° 15NC00536 : RJF 10/16 n° 831). 54895

SOMMES NON IMPOSABLES REÇUES PAR LES SCP

Sont à exclure du montant des recettes : 54900

– les **rétrocessions d'honoraires,** qui s'entendent des sommes reversées conformément aux usages par un membre d'une profession libérale, de sa propre initiative et dans le cadre d'une mission confiée par un client, soit à un confrère, soit à une personne exerçant une profession libérale complémentaire (par exemple, les sommes versées par les avocats à leurs collaborateurs non salariés). Ces honoraires rétrocédés doivent être déclarés par la partie versante dans les conditions prévues à l'article 240 du CGI (voir n°s 12620 s.) ;

– les sommes perçues à titre de **dommages-intérêts** en réparation d'un préjudice moral, mais non en compensation d'une perte temporaire de revenus. Les indemnités pour préjudice moral, **au-delà d'1 M€,** fixées par décision de justice sont imposées comme des traitements et salaires (CGI art 80, al. 4) ;

– les **débours,** c'est-à-dire les sommes dues à des tiers par le client et payées par le professionnel libéral pour le compte de celui-ci (par exemple les droits d'enregistrement versés par les notaires ou les droits de plaidoirie et frais de procédure acquittés par les avocats) (BOI-BNC-BASE-20-20 n° 60). Les dépenses imputées sur les provisions pour débours ne peuvent corrélativement être portées en charges ;

– les **fonds détenus** par les sociétés de notaires **pour le compte** de leurs **clients** et inscrits au crédit des comptes de ces derniers avant leur versement, même hors délai, à la Caisse des dépôts et consignations (CE 25-5-1979 n° 14461 : RJF 7-8/79 n° 438 ; BOI-BNC-BASE-20-30 n° 130).

› Précisions Les **aides versées par le fonds de solidarité** aux SCP particulièrement touchées par les conséquences économiques, financières et sociales de la propagation de l'épidémie de Covid-19 sont exonérées d'impôt et sont donc à exclure des recettes imposables. Cette exonération s'applique sous réserve du respect des règles d'encadrement temporaire européen pour le soutien aux entreprises dans le cadre de la crise sanitaire (BOI-BNC-BASE-20-20 n° 571). Est également exonérée, sous réserve du respect du règlement de minimis, l'**aide financière exceptionnelle versée par le Conseil de la protection sociale des travailleurs indépendants** ainsi que par les instances de gouvernance des régimes de retraite complémentaire des professionnels libéraux (Loi 2020-1721 du 29-12-2020 art. 26).

2. DÉPENSES

CONDITIONS DE DÉDUCTION DES DÉPENSES DES SCP

54940 Les dépenses susceptibles d'être retranchées des recettes sont celles qui sont nécessitées par l'exercice de la profession. Elles doivent avoir été **effectivement payées** au cours de l'année d'imposition sous réserve de l'option pour le régime des créances acquises et des dépenses engagées (n° 54860).

Constituent des **dépenses professionnelles** toutes les dépenses supportées par la société dans le cadre de l'exploitation sociale, soit directement, soit indirectement sous la forme de remboursement de frais exposés pour son compte par les associés. En effet, les sociétés peuvent rembourser à leurs associés, sur justifications, les dépenses professionnelles qu'ils effectuent pour les besoins de l'activité sociale.

Les dépenses doivent en principe être retenues pour leur **montant réel.** Une évaluation forfaitaire n'est admise que pour les frais de voiture et de deux-roues et, dans certains cas, pour les frais de carburant (n° 54976) ainsi que dans certains régimes particuliers, tel celui des médecins conventionnés (voir n°s 55340 s.).

Les dépenses ne doivent pas avoir pour contrepartie l'**acquisition d'éléments d'actif.** Ne constitue donc pas une charge immédiatement déductible le prix d'acquisition de la clientèle, de l'office et des autres éléments appartenant à l'actif professionnel (locaux, matériel, mobilier, etc.). À défaut de déduction immédiate, le prix de revient des éléments d'actif dont la durée d'utilisation est limitée dans le temps, tels que les immeubles et le matériel, peut faire l'objet d'un amortissement (n°s 55040 s.).

Les **frais d'acquisition** des divers éléments de l'actif professionnel (tels que commissions, honoraires, droits de mutation, frais d'acte, etc.) peuvent être soit immédiatement comptabilisés et déduits en charges, soit incorporés au coût d'acquisition de l'immobilisation puis amortis le cas échéant.

L'administration admet la déduction immédiate des **petits matériels,** outillages, mobilier de bureau et logiciels dont la valeur unitaire n'excède pas 500 € (n° 55040, précision a).

DÉPENSES DÉDUCTIBLES DU RÉSULTAT DES SCP

54950 Les principales catégories de dépenses déductibles sont les suivantes.

54955 **Achats** Sont **déductibles** les achats de fournitures et de produits qui sont revendus à la clientèle ou qui entrent dans la composition des prestations effectuées (exemples : médicaments, produits servant à la confection des prothèses).

En revanche, ne constituent **pas** des achats **déductibles** :

– le prix d'acquisition d'une clientèle ou d'un office, qui ne peut en aucun cas être déduit des bénéfices ;

– plus généralement, le prix d'achat des éléments de l'actif social (locaux, matériel, mobilier, etc.) qui doit en principe faire l'objet d'un amortissement échelonné.

Frais de personnel La SCP peut porter dans ses charges déductibles les rémunérations proprement dites qu'elle alloue à ses **salariés** ainsi que les avantages connexes (avantages en nature, indemnités diverses, etc.), les charges sociales et les dépenses diverses faites dans l'intérêt du personnel. 54960

En revanche, les appointements éventuellement versés aux **associés** par une SCP n'ayant pas opté pour l'IS ne sont pas déductibles. La rémunération allouée au **conjoint** est, quant à elle, déductible sous certaines conditions (sur ces deux points, voir nos 20030 s.).

> **Précisions a.** Les cotisations de **protection sociale versées par les associés** de SCP sont déductibles, sous certaines conditions et limites, de leur quote-part de résultat imposable. Elles ne constituent pas une charge déductible du résultat de la SCP, même si celle-ci les a prises en charge.
> Sur les conditions de déduction et les modalités de prise en compte des cotisations sociales sur la quote-part de bénéfices revenant à chaque associé, voir nos 55430 s.
> **b.** Les cotisations du **conjoint collaborateur** aux régimes obligatoires de base et complémentaire d'assurance vieillesse et d'invalidité-décès des travailleurs non salariés sont déductibles. Il en est de même, dans certaines limites, de celles versées à son nom dans le cadre d'un contrat d'assurance de groupe, à condition que l'intéressé collabore effectivement à l'activité sans être rémunéré et n'exerce aucune activité professionnelle pour le compte d'un autre employeur, ou exerce seulement une activité à temps partiel (CGI art. 154 bis : voir nos 55430 s.).
> **c.** En cas de **participation des salariés** aux résultats de l'entreprise, les règles spécifiques à ce régime s'appliquent (constitution d'une réserve spéciale déductible des bénéfices sociaux).

Impôts et taxes Sont déductibles exclusivement les impôts professionnels payés par la société, tels que : les **taxes assises sur les salaires,** la **taxe foncière** afférente aux locaux professionnels appartenant à la société, la **contribution économique territoriale** en vigueur en 2023 puis la seule **cotisation foncière des entreprises** à compter de la suppression de la cotisation sur la valeur ajoutée des entreprises (voir n° 12100, attention). 54965

Les **taxes annuelles sur les véhicules de tourisme** sont déductibles des bénéfices des SCP n'ayant pas opté pour l'IS. Il en est ainsi même si la société a opté pour la déduction forfaitaire des frais de voiture, dès lors que le barème forfaitaire de l'administration ne tient pas compte de ces taxes.

Les **pénalités** d'assiette et de recouvrement des impôts ne sont pas déductibles.

S'agissant de la **TVA,** voir nos 54865 s.

Loyers, travaux, fournitures et services extérieurs Sont déductibles sous cette dénomination : 54970

– les loyers et charges de location des locaux professionnels, du matériel ou du mobilier, y compris les redevances de crédit-bail (les sommes versées à titre de dépôt de garantie ou de cautionnement ne sont déductibles que lorsqu'elles sont acquises au bailleur : BOI-BNC-BASE-40-60-30 n° 30) ;

– les dépenses d'entretien et de réparation des locaux et matériels professionnels ;

– les frais de chauffage, eau, gaz, électricité des locaux professionnels ;

– les frais de personnel intérimaire ;

– le prix d'achat du petit équipement immédiatement déductible (n° 55040, précision a) ;

– les commissions, ristournes et honoraires (autres que les honoraires rétrocédés déjà exclus des recettes) versés à des tiers dans le cadre de l'activité et déclarés dans les conditions indiquées nos 12620 s. ;

– les primes d'assurances couvrant des risques professionnels (responsabilité, locaux et matériels professionnels, etc.). Sont également déductibles les primes d'un contrat de « garantie des frais généraux professionnels en cas d'inactivité pour maladie ou accident » (CAA Nancy 8-6-2000 n° 96-759 : RJF 4/01 n° 482). À l'inverse, l'administration refuse la déduction des sommes versées par un généraliste à un confrère en arrêt maladie dans le cadre d'un contrat d'entraide, qui vise à assurer au médecin adhérent la perception d'une indemnité journalière en cas de maladie ou d'accident (BOI-BNC-CHAMP-10-40-20 n° 300).

54975 **Transports et déplacements** Les **frais de voyage,** de séjour et de déplacement sont déductibles lorsqu'ils sont nécessités par l'exercice de la profession, quel que soit le moyen de transport utilisé (voiture, train, avion, taxi, etc.).

Outre les frais exposés directement par la société, sont déductibles à ce titre les **remboursements aux associés** des frais de transport engagés par eux pour les besoins de l'activité sociale (par exemple pour la visite de la clientèle).

54976 Les frais de **voiture** (y compris électrique) et de **deux-roues** (motos, vélomoteurs, scooters) peuvent être déduits pour leur montant réel ou évalués forfaitairement : les titulaires de BNC peuvent utiliser les barèmes forfaitaires kilométriques publiés chaque année par l'administration (BOI-BNC-BASE-40-60-40-30 nos 10 s.).

Quel que soit le mode d'évaluation retenu, les frais de **véhicule à usage mixte** sont déductibles en fonction du kilométrage parcouru à titre professionnel, qui doit pouvoir être justifié par tous moyens.

Lorsque le **mode réel** est retenu, les charges de propriété (intérêts d'emprunt, grosses réparations, amortissement, assurance, etc.) ne sont déductibles que si le véhicule est inscrit sur le registre des immobilisations.

Le mode d'**évaluation forfaitaire** peut être adopté :

– pour les véhicules dont la société est propriétaire ;

– ainsi que pour les véhicules pris en location simple ou en crédit-bail, à condition toutefois que les loyers correspondants ne soient pas déduits.

L'**option** pour le barème est **annuelle** et résulte de l'absence de comptabilisation en charges de toutes les dépenses couvertes par le forfait : l'inscription en comptabilité des dépenses réelles exclut l'application du barème (CE 28-7-2000 nos 185432 et 186190 : RJF 11/00 no 1267). La SCP doit porter sur la déclaration le tarif kilométrique appliqué et le nombre de kilomètres parcourus à des fins professionnelles (le kilométrage doit pouvoir être justifié). Le registre des immobilisations doit néanmoins comporter le montant des annuités d'amortissement pour permettre le calcul des plus-values ou moins-values de cession.

L'option pour le barème est **globale** : pour les SCP (comme pour toutes les sociétés de personnes), le mode de prise en compte des frais – frais réels ou déduction forfaitaire – doit être identique pour tous les véhicules utilisés pour l'exercice de l'activité sociale, qu'ils appartiennent à la société ou aux associés, et pour l'ensemble des dépenses afférentes à ces véhicules : ainsi, le mode retenu s'applique aux frais engagés par la société avec ses véhicules, aux frais engagés par les associés avec leurs véhicules pour le compte de la société et aux frais professionnels de véhicule qui incombent personnellement à chacun des associés (frais de trajet domicile-lieu de travail) et qui sont déductibles à ce titre de leur quote-part de bénéfice (no 55425). Bien entendu, le barème doit être appliqué de façon séparée à chaque véhicule, compte tenu de sa puissance fiscale et de son kilométrage propre.

Aucune déduction forfaitaire ne peut être pratiquée par la société ou par les associés lorsque la SCP est propriétaire d'un **véhicule utilitaire,** exclu de ce mode de prise en compte des frais.

> Précisions a. Le **barème forfaitaire kilométrique** couvre la dépréciation du véhicule, les dépenses d'entretien et de réparation, les dépenses de pneumatiques, les frais de carburant, les primes d'assurances. En revanche, il ne tient pas compte des frais de garage, des frais de péages d'autoroute ni des intérêts d'emprunts éventuels, qui peuvent donc être déduits en sus.

b. Les utilisateurs de **voitures** ou de **deux-roues loués ou en crédit-bail** qui n'utilisent pas le barème forfaitaire kilométrique sont autorisés à évaluer leurs **frais de carburant** d'après le barème kilométrique annuel publié par l'administration pour les exploitants BIC tenant une comptabilité super-simplifiée. L'option pour l'utilisation de ce barème est annuelle et globale et se traduit par l'absence de comptabilisation des dépenses de carburant couvertes par le forfait. Elle doit être indiquée expressément sur un état annexe joint à la déclaration de résultat, qui mentionne le nombre de kilomètres parcourus par le ou les véhicules utilisés (en distinguant le kilométrage professionnel) et le montant des frais forfaitaires de carburant.

c. Les sociétés qui, au cours de la même année, utilisent à la fois des **véhicules leur appartenant** et des **véhicules loués** ou pris en crédit-bail ont le choix entre les solutions suivantes :

– déduction des frais réels pour l'ensemble des véhicules dont elles sont propriétaires, locataires ou crédit-preneurs ;

– utilisation du barème forfaitaire kilométrique pour tous les véhicules en question, à condition de renoncer à la déduction des loyers pour les véhicules loués ;

– utilisation d'une part du barème forfaitaire kilométrique pour les véhicules dont elles sont propriétaires, d'autre part du barème forfaitaire des frais de carburant pour les dépenses de carburant afférentes aux véhicules loués (avec déduction des loyers versés).

d. Le barème forfaitaire kilométrique s'applique aux **véhicules électriques.** La location de batterie et les frais liés à la recharge de la batterie (fourniture d'électricité) sont assimilés à des frais de carburant. Ils sont inclus dans le barème forfaitaire et ne peuvent donner lieu à une déduction complémentaire (BOI-BNC-BASE-40-60-40-20 n° 125).

e. Les frais liés à l'utilisation de **vélos à assistance électrique** qui ne répondent pas à la définition d'un cyclomoteur au sens du Code de la route et qui ne peuvent donc pas être assimilés à un deux-roues motorisé ne peuvent être déterminés de manière forfaitaire en application du barème kilométrique. En revanche, lorsqu'ils sont engagés dans le cadre de déplacements professionnels, ils peuvent être déduits pour leur montant réel et justifié (location de batteries, frais de recharge de ces dernières, entretien et réparation, etc.), sans remettre en cause l'application du barème précité pour les autres véhicules utilisés (Rép. Grau : AN 26-4-2022 n° 42938).

f. Plafonnement de l'amortissement et **limitation du loyer déductible** pour les voitures : voir n° 55052.

Frais de réception, de représentation, de congrès Leur déduction n'est possible que s'il s'agit de frais nécessités par l'exercice de la profession. 54985

Lorsqu'un associé expose personnellement ces frais pour le compte de la société, il ne peut en être tenu compte au niveau de la société que si celle-ci en rembourse le montant à l'associé, sur justifications.

Frais de repas Les frais supplémentaires de repas **pris sur le lieu de travail** sont déductibles lorsque la distance entre ce lieu et le domicile fait obstacle à ce que le repas soit pris à domicile et à condition que le montant des dépenses en résultant soit justifié (BOI-BNC-BASE-40-60-60 nos 40 à 170). En pratique, est admise en **déduction** la fraction du prix du repas comprise entre le montant forfaitaire représentatif de la valeur du repas pris à domicile, revalorisé chaque année (fixé à 5,20 € pour 2023), et le seuil au-delà duquel la dépense est considérée comme exagérée (fixé à 20,20 € pour 2023), soit une déduction maximale par repas de 15 € pour 2023. La fraction des frais de repas qui excède cette limite peut être admise en déduction si le contribuable peut justifier de circonstances exceptionnelles, notamment au regard des nécessités de son activité et des possibilités de restauration offertes à proximité du lieu de travail (CAA Paris 28-6-2000 n° 98-672 : RJF 11/00 n° 1266). 54987

Frais divers de gestion Il s'agit notamment des fournitures de **bureau,** des frais de **documentation,** des frais de formation professionnelle directement liés à l'activité, des frais **postaux** et de **téléphone,** des frais d'**actes** et de **contentieux,** des **cotisations syndicales** et professionnelles. 54990

Les **dépenses vestimentaires** sont admises en déduction si elles correspondent à l'acquisition de vêtements de travail spéciaux, comme par exemple la robe d'avocat (BOI-BNC-BASE-40-60-60 n° 310). Les frais de **blanchissage** du linge professionnel effectué à domicile peuvent être évalués par référence aux tarifs pratiqués par les blanchisseurs ; les SCP doivent alors conserver trace (par une mention mensuelle dans le livre-journal) des calculs effectués (BOI-BNC-BASE-40-60-30 n° 370).

Les **dons** et **subventions** versés dans l'intérêt direct de la société ou de son personnel sont déductibles.

> **Précisions** Les **dépenses de mécénat** effectuées au profit de certains organismes ouvrent droit à une réduction d'impôt égale à 60 % du montant des versements. La fraction des versements supérieure à 2 M€ ouvre droit à une réduction d'impôt au taux de 40 % (sont toutefois éligibles à une réduction d'impôt au taux de 60 %, quel que soit leur montant, les versements au profit d'associations d'aide aux personnes en difficulté). Pour le calcul de la réduction, le montant des versements est pris dans la limite de 20 000 € ou de 5 pour mille du chiffre d'affaires lorsque ce dernier montant est plus élevé (CGI art. 238 bis). Corrélativement, ces dépenses ne sont pas déductibles du bénéfice imposable.

Frais financiers Ils sont déductibles lorsqu'ils sont supportés pour les besoins de l'activité. C'est le cas notamment des **intérêts** des prêts contractés pour l'acquisition d'un office ou d'une clientèle, ainsi que pour l'acquisition, la construction, la réparation ou l'amélioration des divers éléments d'actif (locaux, matériels, outillages professionnels). 54995

Frais d'établissement Il s'agit des frais exposés par la société lors de son **installation** : frais de premier établissement (frais de recherche, d'études ou de publicité), frais de constitution de la société (droits d'enregistrement, frais d'actes et honoraires). La société peut soit **déduire** ces frais intégralement l'année de leur paiement, soit les **étaler** par fractions égales sur une durée maximale de cinq ans (BOI-BNC-BASE-40-30 n° 40). 55000

Le délai peut être inférieur à cinq ans, mais la déduction doit toujours se faire par fractions égales. Le plan d'amortissement de ces frais ne peut pas être modifié au cours de la période.

55005 **Pertes diverses** Elles sont déductibles lorsque, subies dans l'exercice de la profession, elles sont la conséquence d'un **risque normal** de cette profession. Exemple : perte subie par un notaire du fait d'une malversation commise par un clerc à qui il avait accordé délégation de signature.

La perte n'est pas déductible lorsqu'elle résulte d'une opération qui n'était pas nécessitée par l'exercice de la profession et qui faisait courir au contribuable un **risque anormal** (exemple : « échanges de chèques » effectués par un notaire). Il en est de même des pertes professionnelles résultant d'une **faute du contribuable** (par exemple, condamnation d'un notaire à rembourser des porteurs de billets à ordre placés illicitement par son entremise ou des prêteurs garantis par des inscriptions hypothécaires non vérifiées : CE 13-11-1996 n° 128088 : RJF 1/97 n° 27 ; CE 20-11-1996 n°s 123267 et 156534 : RJF 1/97 n°s 26 et 28).

3. AMORTISSEMENTS

BIENS AMORTISSABLES DES SCP

55040 Le prix d'achat des éléments d'actif affectés à l'exercice de la profession, appartenant à la société et soumis à dépréciation (**locaux, matériel technique, voiture,** matériel et **mobilier** de bureau, **agencements**), doit faire l'objet d'un amortissement échelonné suivant les règles prévues en matière de bénéfices industriels et commerciaux (CGI art. 93, 1-2°). En particulier, les titulaires de bénéfices non commerciaux doivent mettre en œuvre la méthode d'**amortissement par composants** (BOI-BNC-BASE-50 n° 40), dont il résulte notamment que les éléments constitutifs d'un bien appelés à être remplacés avant l'expiration de sa durée réelle de vie sont amortis séparément sur leur propre durée d'utilisation.

Les **éléments incorporels** de l'actif immobilisé peuvent également donner lieu à amortissement s'il est normalement prévisible, dès leur création ou leur acquisition, que l'avantage qu'ils procurent prendra fin à une date déterminée (exemple : les brevets). Le coût d'acquisition d'une **clientèle,** d'une charge ou d'un office n'est pas amortissable. Toutefois, les éléments incorporels des **fonds acquis entre le 1er janvier 2022 et le 31 décembre 2025** qui ne peuvent pas faire l'objet d'une évaluation et d'une comptabilisation séparées au registre des immobilisations et qui concourent au maintien et au développement du potentiel d'activité de l'exploitation (clientèle, patientèle, nom professionnel, etc.) peuvent donner lieu à des amortissements déductibles des résultats imposables dans les conditions prévues pour les fonds commerciaux acquis par les titulaires de BIC (BOI-BNC-BASE-50 n° 50). La base des amortissements susceptibles d'être déduits à ce titre est égale à la valeur de ces seuls éléments incorporels. Pour bénéficier de ce dispositif, la société doit être en mesure de démontrer que le fonds acquis a une durée d'utilisation limitée ; dans ce cas, le fonds est amorti sur sa durée d'utilisation ou, si cette durée ne peut être déterminée de manière fiable, sur dix ans. Par mesure de simplification, si la société est une petite entreprise au sens de l'article L 123-16 du Code de commerce, elle peut amortir son fonds sur une durée forfaitaire de dix ans. Toutefois, l'amortissement est écarté pour les acquisitions de fonds intervenues depuis le 18 juillet 2022 en cas de liens de dépendance entre le cédant et le cessionnaire (BOI-BIC-AMT-10-20 n° 360).

La déduction des amortissements est subordonnée à leur mention sur le **registre des immobilisations et amortissements** que la SCP doit obligatoirement tenir (CGI art. 99, al. 3).

> Précisions a. Par mesure de simplification, l'administration autorise les entreprises à passer directement en charges déductibles, lorsque leur **valeur** unitaire **n'excède pas 500 €** hors taxe, le prix d'acquisition des biens suivants : matériels et outillages, matériels et mobiliers de bureau (y compris les meubles « meublants » résultant du renouvellement courant du mobilier), logiciels (BOI-BNC-BASE-40-60-30 n°s 150 s.). La déduction immédiate des dépenses est subordonnée à leur inscription comptable effective en frais généraux.

b. L'administration admet que, lorsque le **prix d'achat d'un élément d'actif passé à tort dans les frais généraux** a été réintégré aux bénéfices imposables d'une entreprise industrielle ou commerciale, un amortissement exceptionnel peut être constaté au titre de l'exercice d'acceptation du rehaussement, sous condition d'inscription préalable du bien concerné à l'actif du bilan. L'administration n'exclut la déduction des amortissements correspondant à la période antérieure à cette régularisation que dans les cas manifestement abusifs (BOI-BIC-AMT-10-50-30 n° 40). Cette solution devrait trouver à s'appliquer aux titulaires de BNC, moyennant régularisation sur le registre des immobilisations et amortissements.

BASE DE L'AMORTISSEMENT DES BIENS DES SCP

Comptablement, la base amortissable d'un actif s'entend de sa **valeur brute** diminuée de sa **valeur résiduelle,** définie comme le montant (net des coûts de sortie attendus) qu'une entreprise obtiendrait de la cession de l'actif sur le marché à la fin de son utilisation, si elle est significative et mesurable (PCG art. 214-4). Sur le plan fiscal, toutefois, la base amortissable est constituée par le **prix de revient** du bien. L'administration a donc indiqué que lorsqu'en application de la règle comptable, la base amortissable est inférieure au prix de revient, une provision pour amortissement dérogatoire doit être constatée afin que l'amortissement fiscal puisse être pratiqué d'après le coût de revient total (BOI-BIC-AMT-10-30-20 n° 20). **55050**

Lorsque la société est soumise à la **TVA,** les biens ayant donné lieu à la déduction de la TVA doivent être amortis pour leur prix d'achat ou de revient diminué de la déduction à laquelle ils ouvrent droit.

S'agissant des **véhicules de tourisme,** l'amortissement déductible est limité, comme en matière de BIC, à une fraction de leur prix d'acquisition, fixée en fonction de leur date d'acquisition et de leur taux d'émission de CO_2 (CGI art. 39, 4). Sont concernés par cette limitation les seuls véhicules mis pour la première fois en circulation après le 1er juin 2004 (BOI-BIC-AMT-20-40-50 n° 110). **55052**

Le plafond de déduction est fixé selon le barème suivant qui diffère selon que le véhicule a été ou non immatriculé en recourant à la méthode dite « WLTP » :

Taux (T) d'émission de dioxyde de carbone (g/km)	Véhicule de tourisme acquis ou loué					
	2018	2019	2020		À compter de 2021	
			Véhicules relevant du WLTP[1]	Autres véhicules	Véhicules relevant du WLTP[1]	Autres véhicules
T > 200	9 900 €	9 900 €	9 900 €	9 900 €	9 900 €	9 900 €
165 < T ⩽ 200	9 900 €	9 900 €	9 900 €	9 900 €	9 900 €	9 900 €
160 < T ⩽ 165	9 900 €	9 900 €	18 300 €	9 900 €	9 900 €	9 900 €
155 < T ⩽ 160	9 900 €	9 900 €	18 300 €	9 900 €	18 300 €	9 900 €
150 < T ⩽ 155	9 900 €	9 900 €	18 300 €	9 900 €	18 300 €	9 900 €
140 < T ⩽ 150	18 300 €	9 900 €	18 300 €	9 900 €	18 300 €	9 900 €
135 < T ⩽ 140	18 300 €	18 300 €	18 300 €	9 900 €	18 300 €	9 900 €
130 < T ⩽ 135	18 300 €	18 300 €	18 300 €	18 300 €	18 300 €	9 900 €
60 ⩽ T ⩽ 130	18 300 €	18 300 €	18 300 €	18 300 €	18 300 €	18 300 €
50 ⩽ T < 60	20 300 €	20 300 €	18 300 €	20 300 €	18 300 €	20 300 €
20 ⩽ T < 50	20 300 €	20 300 €	20 300 €	20 300 €	20 300 €	20 300 €
T < 20	30 000 €	30 000 €	30 000 €	30 000 €	30 000 €	30 000 €

1. Il s'agit des véhicules immatriculés ayant été homologués en application du protocole WLTP, c'est-à-dire des véhicules pour lesquels la première immatriculation en France est délivrée depuis le 1er mars 2020 (à l'exception des véhicules pour lesquels les émissions de CO_2 n'ont pas pu être déterminées).

Pour les voitures particulières prises en location (crédit-bail ou location simple de longue durée supérieure à 3 mois, ou inférieure à 3 mois mais renouvelable), la limitation du loyer déductible est également applicable lorsque leur prix d'acquisition excède ces mêmes plafonds (CGI art. 39, 4-2°). Il en résulte que la part du loyer correspondant à l'amortissement pratiqué par le bailleur pour la fraction du prix d'acquisition du véhicule excédant les plafonds ne peut être déduite. Les SCP doivent, comme tous les utilisateurs, être informées par le bailleur de la part de loyer non déductible. Cette indication doit figurer dans les contrats de location.

En cas de vente d'un véhicule ayant donné lieu à la limitation de l'amortissement, la plus-value doit être déterminée en tenant compte de l'amortissement linéaire normal qui aurait pu être pratiqué en l'absence de cette limitation.

> **Précisions** Sont concernés par la limitation les véhicules de tourisme au sens de l'article L 421-2 du CIBS (parmi lesquels les **voitures particulières** et les **véhicules à usages multiples** destinés au transport de voyageurs ainsi que ceux qui correspondent aux véhicules dont la carte grise porte la mention « **camionnette** » qui comportent au moins deux rangs de places assises et sont affectés au transport de personnes).

MODALITÉS D'AMORTISSEMENT DES BIENS DES SCP

55060 L'amortissement est normalement effectué suivant le système **linéaire** : l'annuité d'amortissement est calculée en appliquant au prix de revient un taux qui est fonction de la durée réelle d'utilisation du bien attendue par l'entreprise. Au plan fiscal, l'amortissement d'après la durée réelle d'utilisation ne concerne que les composants. Pour les biens non décomposés et pour la structure des biens décomposés, l'administration a précisé que les entreprises peuvent se référer aux usages (BOI-BIC-AMT-10-40-10 nos 20 et 130). Par exemple, pour les véhicules automobiles, cette durée est en général de 5 ans et le taux d'amortissement correspondant est de 100 : 5 = 20 %.

55061 La société peut pratiquer un amortissement **dégressif** pour les biens entrant dans le champ d'application de ce régime : il est caractérisé par l'application d'un taux constant d'abord à la valeur d'origine de l'élément, puis, à partir du deuxième exercice, à la valeur résiduelle comptable de cet élément. Le taux constant de l'amortissement dégressif s'obtient en multipliant le taux de l'amortissement linéaire normalement applicable à l'élément considéré par un coefficient qui varie selon la durée fiscale d'amortissement de chaque élément (durée réelle d'utilisation pour les composants et durée d'usage pour la structure des biens décomposés ainsi que pour les biens non décomposés).

Lorsqu'un bien est amortissable au dégressif, tous ses composants bénéficient également de ce mode d'amortissement. À l'inverse, lorsqu'un bien relève obligatoirement du mode linéaire, l'un de ses composants peut être amorti en dégressif s'il est éligible à ce mode d'amortissement (CGI ann. II art. 15 bis).

Les coefficients sont fixés à :

- 1,25 si la durée fiscale d'amortissement est de trois ou quatre ans ;
- 1,75 lorsque cette durée est de cinq ou six ans ;
- 2,25 lorsque cette durée est supérieure à six ans.

55062 **a.** Pour être amortis selon un mode **dégressif,** les matériels doivent avoir été acquis neufs et leur durée fiscale d'amortissement doit être au moins égale à trois ans.

Sont notamment **admis** les installations ou équipements suivants : installations de sécurité, matériels et outillages utilisés à des opérations de recherche scientifique ou technique, équipements informatiques lourds, installations à caractère médico-social, micro-ordinateurs et équipements informatiques, certains matériels de téléphonie tels que standards téléphoniques numériques, interphones, répondeurs-enregistreurs, modems, etc.

S'agissant des matériels plus particulièrement utilisés par les professions libérales, l'administration a notamment admis l'amortissement dégressif des éléments suivants (BOI-BIC-AMT-20-20-20-10 nos 230 et 520) : matériels des **médecins** nécessaires au diagnostic (endoscopes, échographes, etc.) ; matériels de laboratoire relatifs à la microbiologie et la biologie moléculaire, compteurs de particules utilisés par les **biologistes** ou les **laboratoires d'analyses** médicales ainsi que, pour ces derniers, équipements nécessaires à l'activité de biochimie, d'hématologie et d'immuno-enzymologie identiques à ceux des hôpitaux ; pour les **chirurgiens-dentistes,** matériels de désinfection et unités avec systèmes de décontamination intégrés, pompes à salive, radiovisiographes ; matériels de levé terrestre et de photogrammétrie des **géomètres experts.**

Le Conseil d'État a en revanche refusé l'amortissement dégressif du bloc radiologique et opératoire d'un chirurgien-dentiste (CE 31-10-1984 n° 38537 : RJF 1/85 n° 63).

À noter que les **micro-ordinateurs** peuvent faire l'objet d'un amortissement sur une durée de trois ans et bénéficier le cas échéant de l'amortissement dégressif.

b. Selon les règles comptables, l'amortissement d'un bien a pour **point de départ** la date de début de consommation des avantages économiques qui lui sont attachés, soit en principe la date de sa mise en service (PCG art. 214-12). La règle fiscale est identique pour l'**amortissement linéaire.** Si le point de départ de l'amortissement se situe en cours d'exercice, la première annuité doit être réduite au prorata du temps. Cette réduction se calcule en jours et, par simplification, l'année peut être comptée pour 12 mois de 30 jours.

En revanche, le point de départ de l'**amortissement dégressif** est fixé au premier jour du mois d'acquisition du bien (sans attendre la mise en service). En cas d'acquisition en cours d'exercice, la première annuité est réduite au prorata du temps par application du rapport existant entre, d'une part, la durée de la période allant du premier jour du mois d'acquisition à la date de clôture de l'exercice et, d'autre part, la durée totale de l'exercice. Lorsque l'exercice coïncide avec l'année civile, la première annuité se limite donc à 11/12 pour les biens acquis en février, à 10/12 pour ceux acquis en mars et ainsi de suite. Dès lors que la réglementation comptable retient comme point de départ de l'amortissement d'un bien la date de sa mise en service, l'annuité calculée selon la règle fiscale mentionnée ci-dessus peut être supérieure à la dotation comptable. La différence est alors déduite par la constatation d'une provision pour amortissement dérogatoire.

c. Pour favoriser le développement de certains investissements, des dispositifs temporaires d'**amortissements exceptionnels** sont régulièrement mis en place par le législateur, prenant en général la forme d'un amortissement massif dès l'année de réalisation de l'investissement, qui n'a pas besoin d'être justifié par une dépréciation particulière. Les SCP sont susceptibles d'en bénéficier sous réserve bien sûr de remplir toutes les conditions.

4. DÉFICITS DES SCP

Il est fait abstraction, pour la détermination du résultat social imposable, des déficits reportables des exercices antérieurs, dès lors que le droit à report s'apprécie distinctement au niveau de chaque associé dans le cadre de l'impôt dont il est personnellement redevable. **55080**

5. PLUS-VALUES DES SCP

Le bénéfice non commercial imposable de la société tient compte, en principe, des gains ou des pertes provenant de la **cession d'éléments de l'actif immobilisé** affectés à l'exercice de la profession. Ces gains exceptionnels sont soumis à des règles particulières d'imposition qui ont déjà été exposées dans l'étude consacrée aux plus-values de cession (voir n°s 9610 s.). Nous exposons ici certaines règles spécifiques aux SCP. **55100**

PLUS-VALUES DE RÉÉVALUATION LIBRE DU PATRIMOINE SOCIAL DES SCP

Les SCP peuvent, dans le cadre des règles régissant leur fonctionnement, procéder à l'actualisation de la valeur de leur patrimoine, à l'augmentation corrélative de leur capital et à la distribution gratuite de parts sociales nouvelles. De telles opérations doivent rester sans **incidence** en matière **fiscale.** C'est ainsi que (BOI-BNC-BASE-30-30-20-30 n° 510) : **55105**

– les immobilisations doivent continuer à figurer sur le **registre des immobilisations** pour leur prix de revient d'origine et les amortissements à être pratiqués sur la base de ce prix ;

– les **plus-values de cession** des immobilisations doivent être calculées à partir de ce même prix de revient ;

– les **parts sociales attribuées** aux associés en contrepartie de l'augmentation du capital sont réputées avoir été acquises pour une valeur nulle.

REPORT D'IMPOSITION DES INDEMNITÉS DE PERTE DU DROIT DE PRÉSENTATION DES AVOUÉS

La profession d'avoué a été fusionnée avec la profession d'avocat le 1er janvier 2012 (Loi 2011-94 du 25-1-2011). De ce fait, les avoués ont eu droit à une indemnité destinée à réparer le préjudice correspondant à la perte du droit de présentation. Les **avoués exerçant en SCP** soumise au régime fiscal prévu à l'article 8 ter du CGI ont pu bénéficier, sur option, d'un report d'imposition pour une fraction du montant de la plus-value leur revenant à ce titre (Loi 2011-1978 du 28-12-2011 art. 35). Ce **report** s'applique **jusqu'à** la cession, au rachat ou à l'annulation des parts de l'associé de la SCP ou jusqu'à la cessation de son activité professionnelle. Il est également mis fin au report en cas d'assujettissement de la SCP à l'impôt sur les sociétés ou de transformation de la SCP en une société soumise à l'IS. Le report peut toutefois être maintenu en cas de réalisation d'une opération elle-même placée sous un régime de report ou de sursis d'imposition (CGI art. 151-0 octies). **55110**

Un **état de suivi de la plus-value** conforme au modèle établi par l'administration doit être souscrit chaque année d'application du report sous peine d'une amende de 1 % du montant de la plus-value placée en report.

C. Modalités d'imposition des bénéfices des SCP

RÉGIME D'IMPOSITION DES SCP

Les SCP sont obligatoirement soumises au régime de la **déclaration contrôlée,** quel que soit le montant des recettes réalisées (CGI art. 96 à 100 bis). **55150**

OBLIGATIONS FISCALES DES SCP

55152 Les SCP sont tenues aux obligations fiscales incombant normalement aux membres des professions libérales exerçant à titre individuel et qui relèvent du régime de la déclaration contrôlée (CGI art. 60, al. 2) : elles doivent déclarer le montant exact de leur bénéfice, cette déclaration étant soumise au droit de contrôle de l'administration qui peut la vérifier et, le cas échéant, la rectifier dans les limites de la prescription.

55160 **Déclaration annuelle des résultats** Les SCP soumises au régime fiscal des sociétés de personnes doivent souscrire chaque année une déclaration du résultat non commercial de l'année civile précédente.

Un **formulaire** spécial n° 2035-SD accompagné de deux annexes n°s 2035-A-SD et 2035-B-SD est conçu à cet effet. La déclaration doit comporter l'indication du montant des recettes brutes, de la nature et du montant des dépenses professionnelles et du chiffre du résultat (bénéfice ou déficit) ; s'y ajoute une annexe spéciale (n° 2035-AS-SD) faisant apparaître la répartition en pourcentage et en montant des bénéfices entre les associés. Les SCP doivent également joindre à leur déclaration un tableau de détermination de la valeur ajoutée produite au cours de l'exercice (lorsque le chiffre d'affaires de cet exercice excède 152 500 €), une liste indiquant la répartition du capital entre les associés détenant au moins 10 % du capital et une liste des filiales et participations (annexes nos 2035-E-SD, 2035-F-SD et 2035-G-SD).

La déclaration n° 2035-SD, l'annexe spéciale n° 2035-AS-SD et les autres annexes regroupées dans le formulaire n° 2035-LIASSE-BNC doivent être transmises **par voie électronique** (CGI art. 1649 quater B quater, II) en principe **au plus tard** le deuxième jour ouvré suivant le 1er mai (CGI art. 175 et ann. III art. 344 I-0 bis). Un délai supplémentaire de 15 jours calendaires est toutefois accordé par l'administration (BOI-BNC-DECLA-10-30 n° 270).

ATTENTION

Certaines opérations rendent obligatoire la production d'un **état de suivi** ou d'un **registre des plus-values en sursis ou en report d'imposition.** Ainsi en est-il en cas :
– d'apport en société d'une activité individuelle (voir n° 4730) ;
– de fusion, d'apport partiel d'actifs ou de scission d'une SCP (voir n° 56145).

55165 **Tenue de documents** Les SCP doivent tenir deux documents comptables (CGI art. 99) :
– un **livre-journal** servi au jour le jour, précisant le détail des recettes et des dépenses professionnelles et comportant, quelle que soit la profession exercée, l'identité déclarée par le client ainsi que le montant, la date et la forme du versement des honoraires. Par exception, lorsque le montant annuel des recettes n'excède pas le seuil du régime simplifié d'imposition fixé pour les prestations de services (soit 254 000 € en 2023), au cours de l'année civile ou de l'année civile précédente, il est possible de procéder, au cours de l'année, à l'enregistrement des recettes et dépenses professionnelles sur le livre-journal en retenant la **date de l'opération** figurant **sur le relevé** adressé par un établissement de crédit, sous réserve d'enregistrer toutes les recettes et dépenses de l'année au plus tard le dernier jour de celle-ci (CGI art. 99, al. 5) ;
– un **registre des immobilisations et amortissements,** appuyé des pièces justificatives correspondantes ; ce registre doit comporter la date d'acquisition ou de création et le prix de revient des éléments d'actif affectés à l'exercice de la profession, le montant des amortissements effectués sur ces éléments ainsi que, le cas échéant, le prix et la date de cession de ces mêmes éléments.

Par **exception,** sont tenues au respect du plan comptable général (comptabilité commerciale) les SCP qui dépassent deux des trois seuils suivants : 50 salariés ; 3,1 M€ de chiffre d'affaires ou de recettes ; 1,55 M€ de total de bilan (C. com. art. R 612-1 : voir n° 8152).

55170 Les SCP membres des **associations agréées** doivent, pour la tenue de leur livre-journal et de leur registre des immobilisations et amortissements, se conformer à la nomenclature comptable (voir n° 55320, précision a).

Si la SCP n'adhère pas à une association, l'utilisation de la nomenclature comptable n'est pas obligatoire (sauf si la SCP dépasse les seuils mentionnés ci-dessus, auquel cas, le PCG est obligatoire), mais simplement conseillée (à noter que l'imprimé de déclaration n° 2035-SD reprend dans l'ensemble les comptes figurant sur cette nomenclature).

En ce qui concerne la **comptabilisation des recettes dans le livre-journal,** l'administration a prévu deux mesures d'assouplissement (BOI-BNC-DECLA-10-20 nos 70 et 80) :
– les **recettes d'un montant unitaire inférieur à 76 €** peuvent être comptabilisées globalement, en fin de journée, à condition qu'elles aient fait l'objet d'un paiement en espèces au

comptant et que les justificatifs du détail de ces opérations (notes d'honoraires, brouillard de caisse) soient conservés. Dans ce cas, l'identité du client ne doit figurer que sur les pièces justificatives ;

– pour les **honoraires payés par chèques,** les seuls totaux des bordereaux de remise en banque peuvent être comptabilisés, sous réserve que ces bordereaux soient conservés à titre de pièces justificatives et qu'ils comportent l'identité des différents tireurs.

À noter également, pour les **médecins conventionnés,** la dispense d'inscription sur le livre-journal des honoraires conventionnels (nº 55350).

L'obligation de mentionner l'**identité du client** sur le livre-journal s'impose à l'ensemble des professions non commerciales, même s'il s'agit de professions astreintes au **secret professionnel.** Pour ces dernières, l'administration admet toutefois que la mention de l'identité du client figure non pas sur le livre-journal mais sur un document annexe auquel elle a accès, ou que seul le nom du client soit mentionné sur le livre-journal dans la mesure où son identité complète figure dans un fichier couvert par le secret professionnel (BOI-BNC-DECLA-10-20 nº 280).

Si, dans le cadre de la vérification de comptabilité d'une SCP soumise au secret professionnel, l'administration peut accéder à l'identité de ses clients, elle n'est pas autorisée à demander des renseignements sur la **nature des prestations fournies.** S'agissant d'un contribuable adhérent à un centre de gestion agréé, le Conseil d'État a jugé que l'administration pouvait avoir accès à des documents non comptables mentionnant l'identité des clients (carnet de rendez-vous, registre d'admission d'une clinique...) dès lors qu'ils ne comportent pas la nature des prestations médicales fournies (CE 7-7-2004 nº 253711 : RJF 10/04 nº 1023).

CONTRÔLE DES DÉCLARATIONS ÉTABLIES PAR LES SCP

Les déclarations de résultat sont soumises au contrôle de l'administration qui peut prendre la forme d'un simple dossier (**contrôle sur pièces**), d'une **vérification de comptabilité** ou d'un **examen de comptabilité.** **55180**

Le service des impôts peut demander tous renseignements susceptibles de justifier l'exactitude des chiffres déclarés et notamment tous éléments permettant d'apprécier l'importance de la clientèle. Il peut également exiger la communication du **livre-journal,** du **registre des immobilisations et des amortissements,** ainsi que de toutes **pièces justificatives** (CGI art. 98).

Ces documents doivent être conservés pendant un délai de six ans à compter de la dernière opération mentionnée sur le livre ou registre ou de la date à laquelle les documents ou pièces ont été établis (LPF art. L 102 B). Toutefois, en ce qui concerne le registre des immobilisations et des amortissements, la durée de conservation des pièces justificatives s'étend à toute la période pendant laquelle des amortissements peuvent être déduits, augmentée du délai de reprise de l'administration. Celle-ci est donc fondée à rejeter les amortissements comptabilisés par un contribuable à raison d'une immobilisation pour laquelle aucune pièce justificative n'est produite, même si l'acquisition de cette immobilisation remonte à plus de six ans (CE 12-10-1992 nº 65664 : RJF 12/92 nº 1649).

Les SCP d'**officiers publics et ministériels** doivent, à toute réquisition de l'administration, présenter leurs livres, registres, pièces de recettes, de dépenses ou de comptabilité à l'appui des énonciations de leur déclaration. Elles ne peuvent pas opposer le secret professionnel aux demandes d'éclaircissements, de justifications ou de communication de documents concernant les indications de leur livre-journal ou de leur comptabilité (CGI art. 100). **55182**

Les déclarations sont éventuellement **rectifiées** par l'administration suivant la **procédure de rectification** contradictoire. La procédure est poursuivie à l'encontre de la société civile professionnelle, mais les impositions sont établies au nom des associés pour la part leur revenant dans le supplément de bénéfice retenu (voir nºs 13830 s.). **55185**

SANCTIONS EN CAS DE NON-RESPECT DES OBLIGATIONS FISCALES

Le **défaut de production** ou la production tardive de la **déclaration nº 2035-SD** est susceptible d'entraîner l'évaluation d'office du bénéfice imposable si la société ne régularise pas sa situation après mise en demeure de l'administration (nºs 13920 s.). **55200**

Des sanctions, dont le régime fait l'objet d'une étude générale nºs 14000 s., sont applicables en cas de **défaut,** de **retard** ou d'**insuffisance** de déclaration, ainsi qu'en cas de **non-respect des obligations de déclaration par voie électronique.**

D. Dispositions particulières

1. SCP MEMBRES D'ASSOCIATIONS AGRÉÉES

55250 Les SCP soumises au régime fiscal des sociétés de personnes ont la possibilité d'adhérer à des associations agréées dont l'objet est de développer chez leurs membres l'usage de la comptabilité, de leur faciliter l'accomplissement de leurs obligations administratives, comptables et fiscales et de leur fournir une assistance en matière de gestion.

L'adhésion à une association agréée ouvre droit, sous certaines conditions, à une dispense de pénalités en cas de première adhésion avec révélation spontanée des insuffisances des déclarations antérieures.

> **Précisions** **a.** C'est la SCP, et non ses associés, qui a la **qualité d'adhérent.** L'adhésion doit émaner de la personne qualifiée pour engager la société (gérant ou, si tous les associés sont gérants, l'un quelconque des associés) (BOI-DJC-OA-20-30-10-10 n° 451). Cette adhésion produit ses **effets à l'égard de tous les associés,** mais ne couvre pas l'activité que les membres peuvent exercer le cas échéant à titre individuel.
b. L'adhésion à une association agréée est possible à tout moment mais la **première adhésion** ne produit ses effets sur le plan fiscal, pour une année donnée, que si elle intervient dans les cinq mois du début de l'année ou de l'activité (CGI ann. II art. 371 W).
c. Le **départ d'un associé** n'a aucune incidence sur la situation des autres membres et s'accompagne, pour lui, de la perte de l'avantage fiscal à compter du jour de son départ effectif. Si l'associé qui se retire exerce ensuite sa profession à titre individuel, il dispose d'un délai de cinq mois pour que son adhésion puisse produire immédiatement ses effets sur le plan fiscal (BOI-DJC-OA-20-30-10-20 n°s 90 et 100).
d. Les associés bénéficient de l'avantage fiscal jusqu'au jour où la **dissolution** de la société devient effective. S'ils exercent ensuite une activité à titre individuel, ou s'ils fondent une nouvelle SCP, une nouvelle adhésion est nécessaire ; ils disposent alors d'un délai de cinq mois à compter du début de leur nouvelle activité pour que cette adhésion produise ses effets (BOI-DJC-OA-20-30-10-20 n° 140).
e. Une SCP qui effectue des **opérations commerciales** à titre **accessoire** peut adhérer à une association agréée dès lors que ses bénéfices sont taxés, entre les mains des associés, suivant les règles applicables aux BNC. Au cas, en revanche, où elle relèverait de l'IS en raison de l'importance des opérations commerciales réalisées, elle pourrait adhérer à un centre de gestion agréé, mais cette adhésion ne permettrait pas à ses membres de bénéficier de l'avantage fiscal y afférent.
f. Les contribuables (titulaires de bénéfices non commerciaux) relevant des associations agréées et ceux (titulaires de bénéfices industriels et commerciaux ou de bénéfices agricoles) relevant des centres de gestion agréés peuvent être regroupés au sein d'un même organisme, dénommé **organisme mixte de gestion** qui doit obtenir un agrément spécifique délivré par le directeur régional des finances publiques (CGI art. 1649 quater K ter). Selon que les adhérents relèvent des associations ou des centres de gestion agréés, les organismes mixtes de gestion réalisent les services et missions spécifiques qui leur sont habituellement dévolus. De même, les adhérents de ces organismes sont soumis aux obligations qui leur incomberaient en cas d'adhésion à une association ou un centre de gestion agréé.
g. L'adhésion à une association agréée procurait un autre **avantage fiscal,** applicable pour la dernière fois à l'imposition des revenus de 2022, dans la mesure où les non-adhérents voyaient la **base d'imposition** de leurs revenus, retenue pour le calcul de l'impôt sur le revenu, **majorée de 10 %.** Cette majoration a été supprimée à compter de l'imposition des revenus de 2023.

DISPENSE DE PÉNALITÉS EN CAS D'OMISSIONS RÉVÉLÉES SPONTANÉMENT LORS DE LA PREMIÈRE ADHÉSION

55310 Lorsqu'elles **révèlent spontanément,** par lettre recommandée, les insuffisances, inexactitudes ou omissions de leurs déclarations fiscales (déclaration de résultat, TVA, contribution économique territoriale en vigueur en 2023, cotisation foncière des entreprises à compter de la suppression de la cotisation sur la valeur ajoutée mentionnée n° 12100, attention, etc.) encore susceptibles d'être rectifiées, les SCP qui adhèrent à une association agréée (ou à un organisme mixte de gestion) sont dispensées de toute majoration fiscale, de quelque nature qu'elle soit (CGI art. 1755).

L'octroi de cet avantage est subordonné aux **conditions** suivantes :

– ces infractions doivent être signalées à l'administration dans un délai de trois mois suivant l'adhésion à l'organisme de gestion agréé ;

– elles ne doivent ni procéder de manœuvres frauduleuses ni avoir donné lieu à une proposition de rectification ou à une procédure administrative ou judiciaire ;

– le supplément d'impôt correspondant doit être acquitté dans les délais impartis.

OBLIGATIONS DES SCP MEMBRES D'ASSOCIATIONS AGRÉÉES

Les SCP adhérant à une association agréée sont tenues d'appliquer la nomenclature comptable officielle instituée par arrêté du 30 janvier 1978. Elles doivent également prendre l'engagement : 55320

– de se conformer aux recommandations qui leur sont faites en matière de tenue de leurs **documents comptables** par les ordres ou organisations professionnelles dont elles relèvent ;

– de fournir les éléments nécessaires à l'établissement de déclarations sincères et complètes lorsqu'elles sont élaborées par l'association, ainsi que tout document que celle-ci sollicite dans ses contrôles, ou, si l'association n'élabore pas la déclaration, de lui communiquer le montant de leur **résultat imposable** et l'ensemble des données utilisées pour la détermination de ce résultat (CGI ann. II art. 371 Q, 3°).

Les SCP membres d'associations agréées ont également l'obligation d'accepter les **règlements par chèque** ou par **carte bancaire.** Elles doivent faire libeller les chèques à leur ordre et ne pas les endosser sauf pour remise directe à l'encaissement. La clientèle doit être informée de cette obligation par une mention dans la correspondance et sur les documents professionnels adressés ou remis aux clients, ainsi que par l'apposition d'une affichette dans les locaux professionnels (CGI ann. II art. 371 Y, 3° et 4°). Les chèques peuvent cependant être libellés au nom d'une personne autre que la société (banque, Trésor public, etc.) lorsque la réglementation l'impose.

Les **manquements** graves ou répétés aux obligations prévues entraînent l'exclusion de l'association. La décision d'exclusion est prise par l'association après avoir permis à la société de présenter sa défense. Cette dernière doit donc être informée des faits qui lui sont reprochés et de la possibilité de consulter, dans un délai déterminé, les pièces de son dossier.

> Précisions **a.** L'imprimé de déclaration fiscale des BNC (n° 2035-SD) reprend dans son ensemble les **comptes de la nomenclature comptable.** L'administration considère que les obligations particulières aux adhérents des associations agréées ont valeur de recommandations pour l'ensemble des ressortissants des ordres et des organisations des membres des professions libérales.

b. Les recommandations à respecter portent essentiellement sur les points suivants :

– les sociétés doivent tenir leurs **documents comptables** (livre-journal et registre des immobilisations et des amortissements) conformément aux règles comptables (voir n° 55170) ;

– les documents relatifs aux **recettes** doivent comporter, quelle que soit la profession exercée, l'identité du client ainsi que le montant, la date et la forme du versement des honoraires. Les SCP non soumises au secret professionnel indiquent, en outre, la nature des prestations fournies. Pour les SCP astreintes au **secret professionnel,** voir n° 55170.

c. En cas de **comptabilisation globale des recettes** en fin de journée, ou de totalisation de bordereaux de remises de chèques (n° 55170), les adhérents n'ont pas à indiquer au regard de l'écriture globale l'identité des clients concernés, celle-ci ne devant figurer que sur les pièces justificatives (BOI-BNC-DECLA-20-30 n° 30).

d. Les membres des **professions de santé** doivent inscrire sur les feuilles de maladie ou de soins l'intégralité des honoraires effectivement perçus, même s'ils ne sont que partiellement remboursés aux assurés (CGI ann. II art. 371 Y, 5°).

2. SOCIÉTÉS CIVILES PROFESSIONNELLES DE MÉDECINS CONVENTIONNÉS (SECTEUR I)

Les médecins relevant du régime de la **déclaration contrôlée** qui ont adhéré à la convention nationale peuvent bénéficier d'un régime spécial qui se traduit par un mode particulier d'évaluation des frais professionnels et un allégement des obligations comptables (BOI-BNC-SECT-40 nos 90 s.). 55340

Ce **régime** est **réservé aux** médecins omnipraticiens ou généralistes, aux spécialistes médicaux, aux chirurgiens, aux spécialistes chirurgicaux et aux électroradiologistes conventionnés (les chirurgiens-dentistes en sont exclus) qui pratiquent les honoraires fixés par la convention (secteur I), à condition d'inscrire sur les feuilles de maladie la totalité des honoraires perçus et de souscrire dans le délai légal leur déclaration n° 2035-SD.

ÉVALUATION DES FRAIS PROFESSIONNELS DES MÉDECINS CONVENTIONNÉS

Les médecins conventionnés du secteur I placés sous le régime de la déclaration contrôlée doivent en principe, comme la généralité des titulaires de BNC, faire état de leurs frais réels. Toutefois, ils sont autorisés à pratiquer : 55345

– un **abattement forfaitaire,** destiné à tenir compte des sujétions particulières auxquelles ils sont tenus, dont le montant varie selon les praticiens et le niveau des recettes (barème reproduit ci-après n° 55347) ;

– une **déduction complémentaire de 3 %** calculée sur le montant des honoraires conventionnels ;

– un **abattement de 2 %** représentatif des frais suivants : représentation, réception, prospection, cadeaux professionnels, petits déplacements, travaux de recherche, blanchissage. L'abattement est calculé sur le montant des recettes brutes, y compris les honoraires de dépassement. L'option pour cet abattement doit être exercée au 1er janvier de chaque année et implique l'absence de comptabilisation des dépenses correspondantes à un poste de charges.

L'abattement de 2 % doit être effectué au niveau de la SCP, tandis que l'abattement forfaitaire et la déduction complémentaire de 3 % doivent être calculés au niveau de chaque associé en fonction de la part des recettes conventionnelles correspondant à ses droits.

> **Précisions** **a.** Les **plus-values** de cession d'éléments d'actif affectés à l'activité professionnelle sont exclues de l'assiette servant de base au calcul de l'abattement de 2 % (BOI-BNC-SECT-40 n° 120).
>
> **b.** L'administration précise que les frais de **petits déplacements** couverts par l'abattement de 2 % ne visent que les dépenses exposées pour l'usage, à l'intérieur de l'agglomération, d'un moyen de transport autre qu'un véhicule professionnel (taxis, autobus) et celles liées au stationnement du véhicule professionnel, à l'exclusion de tous les autres frais afférents à ces véhicules qui restent déductibles dans les conditions habituelles (BOI-BNC-SECT-40 n° 120).
>
> **c.** **L'abattement de 2 %** représentatif de frais s'applique aux sociétés civiles de personnes à condition qu'elles soient exclusivement composées de médecins conventionnés du secteur I ou de praticiens admis à pratiquer cet abattement (BOI-BNC-SECT-40 n° 150).
>
> **d.** Les modalités particulières de détermination du bénéfice imposable des SCP de médecins conventionnés sont réservées à celles d'entre elles qui, pratiquant les tarifs de la convention nationale, ont souscrit dans les délais leur **déclaration** n° 2035-SD. En conséquence, le simple retard dans la souscription de cette déclaration entraîne la remise en cause du régime, que la situation ait été régularisée spontanément ou dans les 30 jours d'une mise en demeure (BOI-BNC-SECT-40 n° 180).

55347 **Barème des médecins conventionnés** Pour le calcul de l'abattement forfaitaire, seuls les honoraires conventionnels (avant déduction des sommes rétrocédées à des remplaçants) doivent être en principe pris en compte.

Il faut ajouter aux honoraires conventionnels les sommes perçues au titre de soins donnés aux invalides de guerre. En revanche, les honoraires libres doivent être exclus, même si leur taux n'excède pas celui du tarif conventionnel. Ne doivent donc pas être pris en compte les honoraires de dépassement, les sommes versées par des confrères, les sommes perçues à titre de frais de justice par des médecins experts auprès des tribunaux. Doivent être également exclues les sommes reçues des compagnies d'assurance à la suite d'expertises sur accidents ou lors de la souscription d'assurance-vie et les sommes versées par les administrations aux médecins assermentés ou par les non-assurés sociaux.

Catégories de médecins	Total des recettes provenant d'honoraires conventionnels	Montant de la déduction
Omnipraticiens	N'excédant pas 9 100 €	770 €
	Compris entre 9 100 € et 12 150 €	920 €
	Compris entre 12 150 € et 15 200 €	1 220 €
	Compris entre 15 200 € et 18 250 €	1 530 €
	Compris entre 18 250 € et 21 300 €	1 830 €
	Compris entre 21 300 € et 24 350 €	2 140 €
	Compris entre 24 350 € et 27 400 €	2 440 €
	Compris entre 27 400 € et 30 450 €	2 750 €
	Supérieur à 30 450 €	3 050 €
Spécialistes médicaux	N'excédant pas 9 100 €	770 €
	Compris entre 9 100 € et 12 150 €	920 €
	Compris entre 12 150 € et 16 750 €	1 220 €
	Compris entre 16 750 € et 19 800 €	1 530 €
	Compris entre 19 800 € et 22 850 €	1 830 €
	Compris entre 22 850 € et 25 900 €	2 140 €
	Compris entre 25 900 € et 28 950 €	2 440 €
	Compris entre 28 950 € et 32 000 €	2 750 €
	Supérieur à 32 000 €	3 050 €

Catégories de médecins	Total des recettes provenant d'honoraires conventionnels	Montant de la déduction
Chirurgiens et spécialistes médicaux	N'excédant pas 9 100 €	770 €
	Compris entre 9 100 € et 15 200 €	920 €
	Compris entre 15 200 € et 18 250 €	1 220 €
	Compris entre 18 250 € et 22 850 €	1 530 €
	Compris entre 22 850 € et 27 400 €	1 830 €
	Compris entre 27 400 € et 30 450 €	2 140 €
	Compris entre 30 450 € et 33 500 €	2 440 €
	Compris entre 33 500 € et 36 550 €	2 750 €
	Supérieur à 36 550 €	3 050 €
Électroradiologistes qualifiés	N'excédant pas 15 200 €	770 €
	Compris entre 15 200 € et 24 350 €	920 €
	Compris entre 24 350 € et 33 500 €	1 220 €
	Compris entre 33 500 € et 41 150 €	1 530 €
	Compris entre 41 150 € et 48 750 €	1 830 €
	Compris entre 48 750 € et 51 800 €	2 140 €
	Compris entre 51 800 € et 57 900 €	2 440 €
	Compris entre 57 900 € et 64 000 €	2 750 €
	Supérieur à 64 000 €	3 050 €

ALLÈGEMENTS DES OBLIGATIONS COMPTABLES DES MÉDECINS CONVENTIONNÉS

Sauf si elles ont adhéré à une association agréée, les SCP de médecins conventionnés du secteur I sont dispensées d'inscrire sur leur livre-journal le montant des **honoraires conventionnels** ayant donné lieu à la délivrance de feuilles de soins à des assurés sociaux, à la condition toutefois que le montant intégral des honoraires soit indiqué sur ces feuilles de soins (BOI-BNC-DECLA-10-20 n° 360). Ces recettes sont récapitulées dans les relevés que les caisses de sécurité sociale adressent périodiquement aux praticiens. En cas de réception tardive des relevés, aucune pénalité ne peut être appliquée aux SCP de médecins qui n'ont pu indiquer le montant de leurs recettes dans leur déclaration (CE 20-2-1985 n° 36249 : RJF 4/85 n° 570 ; BOI-BNC-PROCD n° 250). 55350

L'enregistrement sur le livre-journal demeure en revanche obligatoire pour les recettes journalières correspondant à la partie de l'activité **non couverte par la convention** (BOI-BNC-DECLA-10-20 n° 370).

E. Imposition des associés de SCP

PRINCIPE

Comme pour toute société de personnes n'ayant pas opté pour l'IS, si les résultats de la SCP sont déterminés au niveau de la société, leur imposition est effectuée au nom de chaque associé à raison de la part qui lui est attribuée (CGI art. 8 ter). 55400

Chaque associé doit porter sur la déclaration d'ensemble de ses revenus n° 2042 la part de bénéfice (ou de déficit) correspondant à ses droits qui a été déclarée par la société. Toutefois, il peut retrancher de cette part de bénéfice (ou ajouter à la part de déficit) certains éléments considérés comme des frais professionnels personnels.

Le résultat réalisé par la SCP est en principe imposable entre les mains des seuls associés présents à la clôture de l'exercice (voir toutefois n° 55415).

> Précisions **a.** Le fait que l'article 8 ter du CGI se réfère à la **part** des bénéfices sociaux **attribuée** aux associés ne signifie pas que ceux-ci doivent en avoir la disposition effective : ils sont imposables à raison de leur quote-part même s'ils n'en ont effectivement perçu qu'une partie (CE 20-12-1985 n° 30255 : RJF 2/86 n° 140).

Ces résultats sont déterminés dans les conditions définies nos 54850 s.

b. La **distribution de parts nouvelles** à la suite d'une réévaluation du patrimoine social de la société ne constitue pas un revenu imposable pour les associés (n° 55105).

DÉTERMINATION DE LA PART DE RÉSULTAT ATTRIBUÉE AUX ASSOCIÉS DE SCP

55405 En **règle générale,** il suffit d'appliquer au résultat déclaré par la société le pourcentage de participation revenant à chaque associé tel qu'il a été fixé par le décret propre à chaque profession ou par les statuts. À défaut, la répartition se fait par parts égales. Pour plus de précisions, voir nos 56800 s.

Lorsque des **charges personnelles aux associés** ont été acquittées par la société, ces charges ne sont pas déductibles du résultat de la société, mais leur montant a le caractère d'une attribution de bénéfice dont il y a lieu de tenir compte pour la répartition de celui-ci (c'est, par exemple, le cas des cotisations personnelles de sécurité sociale des associés acquittées par la société). De même, il convient de tenir compte des **rémunérations** éventuellement versées aux associés qui sont réintégrées pour la détermination du résultat imposable (voir nos 20030 s.).

55407 La prise en charge par la société des frais personnels aux associés et l'attribution de rémunérations emportent des conséquences différentes selon que ces éléments constituent des avantages alloués en supplément de la quote-part des bénéfices à laquelle les associés ont normalement droit, ou qu'ils constituent simplement une modalité particulière d'attribution, sous forme d'avances, de cette même quote-part.

55408 **Avantages alloués en supplément** Lorsque les rémunérations et avantages s'ajoutent à la quote-part de bénéfices des associés, les règles applicables sont les suivantes.

Si, avant réintégration des frais personnels aux associés et des rémunérations, le **résultat** de la société est **bénéficiaire,** la somme à attribuer à chacun des associés comprend d'une part la rémunération qui lui a été éventuellement versée et le montant des frais acquittés pour lui par la société, d'autre part sa quote-part dans les bénéfices de la société, déterminée au prorata de ses droits.

Si, avant réintégration des éléments susvisés, le **résultat** est **déficitaire,** la somme à attribuer à chaque associé est égale à la différence entre le montant de sa rémunération augmentée des charges payées pour lui par la société et sa quote-part dans le résultat déficitaire de la société (BOI-BIC-BASE-10-20-10 n° 30).

EXEMPLE

Soit une SCP constituée entre A et B et dont les résultats sont répartis à raison de 40 % pour A et 60 % pour B. Après réintégration des frais personnels des associés et des rémunérations versées, le bénéfice déclaré par la société est de 100 000 €. Les frais personnels des associés s'élèvent à 5 000 € pour A et à 10 000 € pour B ; la rémunération versée à A est de 35 000 €. La répartition se fait alors de la manière suivante :

– Bénéfice fiscal déclaré	100 000 €
Charges personnelles (A et B)	15 000 €
Rémunération (A)	35 000 €
– Bénéfice à répartir	50 000 €

– Répartition :
Associé A : (50 000 € × 40 %) + 5 000 + 35 000 = 60 000 €
Associé B : (50 000 € × 60 %) + 10 000 = 40 000 €
– Net imposable, après déduction des frais personnels imputables sur la quote-part de chacun des associés (nos 55430 s.) :
Associé A : 60 000 € – 5 000 € = 55 000 €
Associé B : 40 000 € – 10 000 € = 30 000 €

55409 **Avantages constitutifs d'une avance** Si les rémunérations et avantages constituent seulement une avance sur le bénéfice à répartir entre les associés, et en reprenant les données de l'exemple précédent, la répartition du bénéfice entre les associés s'opère ainsi :
Associé A : 100 000 € × 40 % = 40 000 €
- dont 35 000 € déjà attribués à titre de rémunération
- et 5 000 € pris en charge par la société au titre des frais personnels
Net imposable : 40 000 € - 5 000 € = 35 000 €
Associé B : 100 000 € × 60 % = 60 000 €
- dont 10 000 € pris en charge par la société au titre des frais personnels
Net imposable : 60 000 € - 10 000 € = 50 000 €.

55415 **Retrait d'associé en cours d'année** En cas de transmission ou de rachat en cours d'année par une personne physique de parts de SCP, la loi autorise l'imposition immédiate au nom de l'associé sortant (ou de ses ayants cause en cas de décès) d'un **résultat intermédiaire** déterminé à la date de la transmission ou du rachat, à concurrence de la quote-part correspondant à ses droits (CGI art. 93 B). Cette quote-part comprend, le cas échéant, les plus-values professionnelles réalisées depuis la fin de la dernière période d'imposition.

L'imposition est établie au vu de la **déclaration** n° 2035-SD qui permet de faire apparaître, dans le tableau III, la quote-part de l'associé sortant (accompagnée, si nécessaire, de l'annexe 2035-AS-SD), souscrite par la société dans les 60 jours de la transmission ou du rachat de titres par la société, ou dans le délai normal de souscription des déclarations de revenus si la transmission résulte du décès du contribuable (BOI-BNC-SECT-80 nos 410 à 430).

Le **bénéficiaire de la transmission** est imposé à hauteur de ses droits sur les bénéfices de l'année de réalisation de l'opération, diminués de la quote-part du résultat intermédiaire déjà imposée au nom du cédant. De la même façon, en cas de rachat des parts par la société, les associés présents au 31 décembre de l'année au cours de laquelle le rachat est intervenu sont imposables à raison du résultat réalisé par la société au 31 décembre pour l'ensemble de l'année d'imposition, sous déduction de la part du résultat imposée au nom de l'associé dont les titres ont été rachetés.

Ce dispositif s'applique sur demande conjointe de l'associé sortant (ou de ses ayants cause) et du (ou des) bénéficiaire(s) de la transmission (ou des associés présents à la date du rachat des parts par la société). Cette **option** doit être formulée dans le même délai que la déclaration de résultat intermédiaire. À défaut d'option, l'imposition est établie dans les conditions énoncées nos 9950 s.

> **Précisions** L'imposition de l'associé qui cède ses parts vient en déduction de l'**impôt sur le revenu établi ultérieurement** à raison de l'ensemble de ses bénéfices ou revenus réalisés au cours de l'année de transmission ou de rachat.
> Lorsque la transmission résulte du décès de l'associé, l'imposition est établie à son nom dans les conditions prévues à l'article 204 du CGI.

CHARGES DÉDUCTIBLES DU BÉNÉFICE DE L'ASSOCIÉ DE SCP

Frais d'acquisition des parts sociales Lorsqu'un contribuable exerce son activité professionnelle dans le cadre d'une SCP, ses parts dans la société sont considérées comme des **éléments d'actif** affectés à l'exercice de la profession (CGI art. 151 nonies, I). 55420

Les **charges** grevant cet actif sont donc déductibles de la quote-part du bénéfice social revenant à l'intéressé. Tel est notamment le cas des frais d'acquisition des droits sociaux (intérêts d'emprunts, frais d'acte et d'enregistrement, droits de mutation à titre gratuit, frais de notaire, commissions et honoraires versés à l'occasion de l'acquisition ou de la souscription des droits sociaux : voir n° 9568).

Autres dépenses personnellement supportées par un associé Deux catégories de dépenses doivent être distinguées. 55425

Les **frais** engagés par les associés dans le cadre de l'activité sociale **qui incombent normalement à la société** ne peuvent venir en déduction de la part de bénéfice revenant à chaque associé. Mais les associés peuvent se faire rembourser par la société les frais qu'ils ont engagés pour son compte (par exemple, dépenses afférentes aux locaux professionnels, frais d'utilisation de leur voiture personnelle pour leurs déplacements professionnels, frais de documentation), à condition qu'il soit justifié de leur montant réel. Lorsque cette condition est remplie, les remboursements sont déductibles au niveau de la société et n'ont pas à être ajoutés à la quote-part du bénéfice social revenant à chaque associé.

Les **frais exposés par les associés** pour l'exercice de leur activité professionnelle et qui **leur incombent personnellement** sont déductibles de la part de bénéfices leur revenant à condition d'être déductibles lorsque l'activité est exercée à titre individuel et de n'avoir pas déjà été pris en compte pour la détermination du bénéfice social (BOI-BNC-BASE-40 n° 40).

> **Précisions** **a.** Entrent dans la première catégorie de frais, notamment, les **frais de congrès** exposés par les membres d'une société civile professionnelle, qui doivent être considérés comme directement liés à l'exercice de l'activité sociale et incombent normalement à la société. Leur prise en compte s'opère à son niveau avant répartition du résultat social entre les associés, que les dépenses soient supportées directement par la société ou remboursées par celle-ci à ses membres.
> **b.** Entrent dans la deuxième catégorie de frais, notamment, les **frais de transport** du domicile de l'associé au lieu d'exercice de la profession lorsque l'éloignement du domicile ne résulte pas de pures convenances personnelles et que la distance séparant ce domicile du lieu de travail ne présente pas un caractère anormal. Lorsque la distance séparant le domicile du lieu de travail du contribuable est supérieure à 40 kilomètres, celui-ci peut déduire les frais afférents aux 40 premiers kilomètres

même s'il ne peut faire état d'aucune circonstance particulière justifiant cet éloignement (BOI-BNC-BASE-40-60-40-10 n° 40). Il est seulement tenu de justifier de la réalité et du montant des frais correspondants.

c. Lorsque le **maintien abusif** d'un ancien notaire au sein de la SCP tend à la conservation de ses parts dans la société sans y exercer d'activité professionnelle, les **dommages-intérêts** qu'il doit verser à ses associés en raison d'un tel maintien s'analysent comme des frais engagés pour la conservation d'un élément de son patrimoine privé ne pouvant donner lieu à déduction (CE 22-3-2023 n° 464187 : RJF 6/23 n° 459).

55430 **Charges sociales personnelles aux associés** Les cotisations sociales personnelles obligatoires et facultatives des associés constituent en principe des charges déductibles des sommes imposables au nom des associés, quand bien même la société les aurait prises à sa charge.

Deux cas peuvent se présenter :

– si les **cotisations** sont **acquittées personnellement** par chaque associé, la part de bénéfice social qui revient à chacun sera diminuée du montant des cotisations payées personnellement ;

– si les **cotisations** ont été **prises en charge par la société,** leur montant constitue un complément de rémunération qui doit être préalablement ajouté aux sommes attribuées à ce titre aux associés (BOI-BNC-BASE-40-60-50-20 n° 210).

55431 Les **cotisations déductibles** sont celles versées dans le cadre des régimes suivants :

– régimes obligatoires de base d'assurance maladie, maternité, vieillesse et d'allocations familiales (y compris la part de cotisations finançant le régime d'indemnités journalières pour ceux qui en bénéficient) ;

– régimes complémentaires obligatoires d'assurance vieillesse et d'assurance invalidité-décès des travailleurs non salariés ;

– régimes facultatifs complémentaires, qui répondent à la définition des contrats d'assurance de groupe, de prévoyance (maladie, décès, invalidité), de retraite et de perte d'emploi subie mis en place par les organismes de sécurité sociale ;

– contrats « Madelin » d'assurance de groupe en matière de retraite, de prévoyance complémentaire et de perte d'emploi subie.

Sont également déductibles les versements volontaires des titulaires de plans d'épargne retraite individuels (C. mon. fin. art. L 224-28) ou de plans d'épargne retraite collectifs (Pereco) (C. mon. fin. art. L 224-13). Les versements correspondant à la garantie de la valeur de rachat du contrat à la date de la retraite ou en cas de décès de l'assuré sont toutefois exclus de cette déduction. Il est possible de renoncer à la déduction afin d'obtenir un traitement fiscal plus avantageux des rentes ou capitaux servis par le plan (C. mon. fin. art. L 224-20).

55435 Les **cotisations obligatoires** d'assurance maladie et maternité, d'allocations familiales ainsi que celles versées aux régimes d'assurance invalidité-décès obligatoires sont déductibles sans limitation. Il en est de même des versements effectués au titre de l'assurance vieillesse obligatoire, qu'il s'agisse du régime de base ou du régime complémentaire.

En revanche, la déduction des versements effectués au titre des **régimes facultatifs** de retraite, de prévoyance et de perte d'emploi est plafonnée. Des **limites spécifiques** s'appliquent à chaque type de garantie. Elles s'élèvent à :

– pour l'**assurance vieillesse** et pour les **garanties complémentaires** décès, invalidité et perte d'autonomie prévues dans le cadre d'un **Pereco** ou d'un **plan d'épargne retraite individuel** (sauf option pour la renonciation à déduction) : 10 % du plafond annuel des cotisations de sécurité sociale (Pass) (43 992 € × 10 % pour 2023) ou, s'il est plus élevé, 10 % du bénéfice imposable pris dans la limite de huit fois ce plafond auquel s'ajoute 15 % de la fraction du bénéfice supérieure à 43 992 € prise dans la limite de sept fois ce plafond, soit une déduction maximale de 81 385 € pour 2023 ;

– pour la **prévoyance** et pour la garantie prévoyance prévue dans le cadre d'un Pereco ou d'un plan d'épargne retraite individuel (sauf option pour la renonciation à déduction) : 7 % du Pass (soit 3 079 € pour 2023) auquel s'ajoute 3,75 % du bénéfice imposable dans la limite globale de 3 % d'une somme égale à huit fois le plafond (soit une déduction maximale de 10 558 € pour 2023) ;

– pour la **perte d'emploi** et pour la garantie perte d'emploi prévue dans le cadre d'un Pereco ou d'un plan d'épargne retraite individuel (sauf option pour la renonciation à déduction) : 2,5 % du Pass (soit 1 100 € pour 2023) ou, s'il est plus élevé, un montant égal à 1,875 % du bénéfice imposable retenu dans la limite d'une somme égale à huit fois le plafond (soit une déduction maximale de 6 599 € pour 2023).

Pour le calcul de ces limites de déduction, le **bénéfice imposable** s'entend du bénéfice avant déduction de ces mêmes cotisations (CGI ann. III art. 41 DN bis). Il n'est pas tenu compte des plus-values et moins-values professionnelles à long terme. Ces limites sont appréciées distinctement au niveau de chaque associé.

> Précisions **a.** L'administration admet d'appliquer aux cotisations facultatives versées par l'associé à l'**assurance volontaire** contre les **accidents du travail** et les **maladies professionnelles** en application de l'article L 743-1 du Code de la sécurité sociale le régime fiscal des cotisations sociales obligatoires : ces cotisations sont donc intégralement déductibles des bénéfices non commerciaux (Rép. Cardo : AN 16-1-2007 n° 10540, non reprise dans Bofip).

b. Sont intégralement déductibles les cotisations du **conjoint collaborateur** aux régimes obligatoires d'assurance vieillesse et d'invalidité-décès des travailleurs non salariés, ainsi que celles versées à son nom dans le cadre d'un contrat d'assurance de groupe, à condition que l'intéressé collabore effectivement à l'activité sans être rémunéré (BOI-BIC-CHG-40-50-20 n°s 110 et 130).

c. Les **rachats de cotisations** de l'associé ou de son conjoint prévus aux articles L 351-14-1, L 643-2 et L 663-3 du CSS (périodes d'études et années incomplètement validées) sont déductibles sans limitation. L'administration étend cette solution à tous les rachats réalisés dans le cadre d'un régime obligatoire (BOI-BIC-CHG-40-50-30 n° 120). Sont également déductibles les rachats de cotisations ouverts, du 1er juillet 2022 au 31 décembre 2026 (Loi 2021-1754 du 23-12-2021 art. 108), aux professionnels dont la profession exercée avant le 1er janvier 2018 n'entraînait affiliation à aucun régime obligatoire (Loi 2021-1900 du 30-12-2021 art. 18). Les rachats effectués dans le cadre de régimes facultatifs sont pour leur part soumis à plafonnement dans les mêmes conditions que les cotisations.

d. Pour apprécier si les **limites spécifiques** à chaque type de garantie concernant les charges sociales personnelles aux associés sont ou non dépassées, on prend en compte les cotisations facultatives versées, au titre de la garantie concernée, par l'associé et le cas échéant par son conjoint collaborateur (n° 54960), y compris les rachats de cotisations.

e. Les sommes qui peuvent être versées à titre facultatif à certains **régimes obligatoires d'assurance vieillesse propres aux professions non commerciales**, en sus de la cotisation minimale exigée, sont prises en compte pour l'appréciation du respect du plafond.

f. Les **majorations de retard** payées aux caisses de sécurité sociale et d'allocations familiales en raison d'un retard de déclaration ou de paiement des cotisations n'ont pas le caractère de dépenses nécessitées par l'exercice de la profession au sens de l'article 93, 1 du CGI et ne sont donc pas déductibles du résultat imposable (BOI-BNC-BASE-40-60-50-20 n° 10).

IMPOSITION DU BÉNÉFICE RÉPARTI ENTRE LES ASSOCIÉS DE SCP

La part de bénéfice (déduction faite des charges personnelles) revenant à chaque associé est globalisée avec l'ensemble des autres revenus ou bénéfices dont il a pu disposer au cours de l'année pour être imposée avec ces derniers sous une cote unique au lieu du domicile ou du principal établissement de l'intéressé (CGI art. 13, 4). **55450**

En cas de résultat social déficitaire, chaque associé peut imputer sur son revenu global de l'année considérée sa quote-part dans le **déficit** social ; en cas d'insuffisance de ce revenu, l'excédent du déficit peut être reporté sur le revenu global des années suivantes jusqu'à la sixième inclusivement (CGI art. 156, I). Toutefois, cette imputation est subordonnée à l'exercice effectif par l'associé d'une activité professionnelle au sein de la SCP (CE 21-10-2016 n° 386796 : RJF 1/17 n° 3). Les déficits provenant d'activités non professionnelles ne sont déductibles ni d'un bénéfice professionnel, ni du revenu global ; ils peuvent seulement être imputés sur les bénéfices tirés d'activités semblables ou sur des revenus de même nature réalisés au cours de la même année ou des six années suivantes (CGI art. 156, I-2°; BOI-BNC-BASE-60 n° 210).

IV. AUTRES IMPÔTS DUS PENDANT LE FONCTIONNEMENT DES SOCIÉTÉS CIVILES PROFESSIONNELLES

A. Taxe sur la valeur ajoutée

PRINCIPES

Pour l'application, le cas échéant, de la TVA aux SCP, deux **principes** sont déterminants : **55600**

– le fait qu'une activité libérale soit exercée dans le cadre d'une SCP est normalement sans influence sur les règles définissant le champ d'application de la taxe ;

– pour la détermination du chiffre d'affaires annuel à comparer aux limites d'application des régimes d'imposition à la TVA, la SCP doit retenir l'ensemble des recettes générées par l'activité de ses associés.

1. CHAMP D'APPLICATION DE LA TVA

55605 Sans revenir sur les principes qui fixent le régime de TVA des professions libérales (exposés nos 12000 s.), nous donnons ci-après quelques précisions propres aux professions susceptibles d'être exercées en SCP.

ARCHITECTES

55610 Les prestations d'architecture effectuées dans le cadre d'une SCP sont de plein droit imposables à la TVA, quelles que soient :
– leur nature ;
– les modalités de leur exécution ;
– la qualité des bénéficiaires.

GÉOMÈTRES EXPERTS

55620 Sont imposables de plein droit à la TVA toutes les prestations de caractère technique effectuées par des géomètres experts.
Bien entendu, ils sont également imposables au titre de leurs opérations d'agent d'affaires, de gestion d'immeubles, etc.

ACTIVITÉS MÉDICALES OU PARAMÉDICALES

55630 Sont exonérées de TVA, sans possibilité d'option, les prestations de **soins à la personne** (c'est-à-dire les prestations qui concourent à l'établissement des diagnostics médicaux ou au traitement des maladies humaines) dispensées par les praticiens et auxiliaires médicaux dont la profession est réglementée : les médecins (omnipraticiens ou spécialistes), les chirurgiens-dentistes, les sages-femmes, les masseurs-kinésithérapeutes, les pédicures-podologues, les infirmiers ou infirmières, les orthoptistes, les orthophonistes, les diététiciens et les psychomotriciens. Par exception à cette règle, les pharmaciens, les praticiens autorisés à faire usage légalement du titre d'ostéopathe, de chiropracteur, de psychologue ou de psychothérapeute ainsi que les psychanalystes non médecins mais titulaires d'un des diplômes requis par la réglementation, à la date de sa délivrance, pour être recrutés comme psychologues dans la fonction publique hospitalière sont exonérés, alors même que leur profession n'est pas « réglementée » au sens défini ci-dessus (CGI art. 261, 4-1°).
Sont imposables de plein droit à la TVA :
– les ventes de **médicaments** par les médecins propharmaciens, même si elles constituent le prolongement direct de leurs prestations de soins (ces ventes ne sont imposables que lors de l'encaissement des recettes correspondantes) ;
– les honoraires perçus par les médecins agissant en qualité de **conseils** de laboratoires pharmaceutiques ou de toute autre entreprise.

> Précisions a. Les soins que les **masseurs-kinésithérapeutes** sont habilités à dispenser dans l'exercice de leur profession réglementée sont exonérés de TVA même si les actes ne sont pas effectués sur ordonnance médicale (CE 15-2-1999 nos 176931 et 176932 : RJF 4/99 n° 396).

b. La fourniture et la pose de **prothèses et d'implants dentaires** par les dentistes ou les stomatologues à leurs patients sont exonérées de TVA (CGI art. 261, 4-1°).

c. En matière de **médecine** et de **chirurgie esthétique,** les actes qui bénéficient de l'exonération de TVA sont ceux qui sont pris en charge totalement ou partiellement par l'assurance maladie, c'est-à-dire notamment les actes de chirurgie réparatrice et certains actes de chirurgie esthétique justifiés par un risque pour la santé du patient ou liés à la reconnaissance d'un grave préjudice psychologique ou social. Lorsqu'ils ne sont pas pris en charge par l'assurance maladie, lesdits actes peuvent bénéficier de l'exonération s'ils présentent un intérêt diagnostique ou thérapeutique reconnu dans un avis rendu par l'autorité sanitaire compétente (BOI-TVA-CHAMP-30-10-20-10 nos 40 et 43). Un acte de médecine ou de chirurgie esthétique non pris en charge par la sécurité sociale et dont l'intérêt thérapeutique n'a pas été reconnu doit être soumis à la TVA, quel que soit le type d'établissement dans lequel cet acte est pratiqué (BOI-TVA-CHAMP-30-10-20-10 n° 45 ; CE 27-12-2021 n° 453928 : RJF 4/22 n° 346).

d. Les **expertises médicales,** qu'elles soient réalisées dans le cadre d'une instance ou dans celui d'un contrat d'assurance, sont soumises à la TVA (BOI-TVA-CHAMP-30-10-20-10 n° 80).

e. Selon la CJUE, les **fournitures de biens (médicaments ou autres biens)** ne peuvent pas bénéficier de l'exonération de TVA, à moins qu'elles ne soient strictement nécessaires au moment de la prestation de soins et, par suite, matériellement et économiquement indissociables (CJUE 13-3-2014 aff. 366/12 : RJF 6/14 n° 649). Le Conseil d'État a jugé à cet égard que pouvaient ainsi bénéficier de l'exonération les livraisons de médicaments cytostatiques prescrits dans le cadre d'un traitement ambulatoire contre le cancer par des médecins exerçant à titre indépendant au sein d'un hôpital (CE 4-6-2019 nos 423435 et 423436 : RJF 8-9/19 n° 772 repris au BOI-TVA-CHAMP-30-10-20-20 n° 90).

f. S'agissant des soins dispensés par les **pharmaciens,** sont notamment exonérés les **actes de vaccination** qu'ils effectuent en vertu de l'article L 5125-1-1 A, 9° du CSP (BOI-TVA-CHAMP-30-10-20-10 n° 95).

VÉTÉRINAIRES

55640 Les SCP de vétérinaires sont par principe imposables à la TVA pour toutes leurs opérations.

Les ventes de médicaments administrés comme prolongement direct d'un acte médical ou chirurgical figurant sur une note globale d'honoraires sont imposables à la TVA, comme les prestations de soins qu'elles accompagnent, lors de l'encaissement du prix.

Échappent bien sûr à la TVA les « opérations » réalisées par les vétérinaires dans le cadre d'une activité salariée.

LABORATOIRES D'ANALYSES DE BIOLOGIE MÉDICALE

55650 Les laboratoires d'analyses de biologie médicale qui fonctionnent conformément aux dispositions légales (CSP art. L 6212-1 s.) sont exonérés de TVA pour leurs travaux d'analyses, c'est-à-dire les examens biologiques destinés à faciliter la prévention, le diagnostic ou le traitement des maladies humaines, quelles que soient les modalités d'exécution (en matériel ou en personnel) de ces travaux.

Ces travaux ne peuvent pas faire l'objet d'une option pour le paiement volontaire de la TVA.

> **Précisions** Les **honoraires de transmission** perçus par un laboratoire non habilité à effectuer certaines analyses qui en confie le soin à un laboratoire spécialisé bénéficient de l'exonération de TVA (CJCE 11-1-2001 aff. 76/99 : RJF 4/01 n° 575 ; BOI-TVA-CHAMP-30-10-20-10 n° 280).

PROFESSIONS JURIDIQUES OU JUDICIAIRES

55660 Les prestations des membres des professions juridiques ou judiciaires ou des officiers publics ou ministériels susceptibles d'être exercées dans le cadre d'une SCP sont obligatoirement imposables à la TVA.

La **base d'imposition** à la TVA comprend non seulement l'ensemble des rémunérations perçues (honoraires, y compris ceux devant être rétrocédés, émoluments, vacations...) mais aussi les frais exposés pour la réalisation des prestations et mis à la charge du client (frais de déplacement, notamment). En sont exclus les véritables débours (tel peut être le cas des frais de procédure) ainsi que les provisions correspondant à des débours.

Les avocats bénéficient d'une **franchise en base** spécifique : voir n° 55695.

2. OBLIGATIONS DES SCP EN MATIÈRE DE TVA ET MODALITÉS D'IMPOSITION

OBLIGATIONS DÉCLARATIVES DES SCP ASSUJETTIES À LA TVA

55680 Lorsqu'elles sont imposables, les SCP sont tenues aux mêmes obligations que les autres redevables de la TVA.

En dehors de la **déclaration d'existence** prévue par l'article 286 du CGI, leurs obligations déclaratives dépendent du régime d'imposition sous lequel elles sont placées (franchise en base, régime simplifié ou réel normal).

RÉGIMES D'IMPOSITION À LA TVA

55690 **Franchise en base** Quel que soit leur régime d'imposition en matière de BNC, les SCP bénéficient de la **franchise générale** en base de TVA lorsqu'elles ont réalisé, l'année précédente, un **chiffre d'affaires** (hors TVA) **n'excédant pas 36 800 €** (CGI art. 293 B).

La franchise de TVA dispense les assujettis de la **déclaration** et du **paiement de la TVA.** Les bénéficiaires de la franchise ne peuvent pratiquer aucune **déduction** de TVA, ni faire apparaître la taxe sur leurs factures ou tout autre document en tenant lieu. Ils peuvent avoir intérêt à **renoncer à la franchise** et opter pour le paiement de la TVA.

> Précisions a. La franchise en base reste applicable si le **chiffre d'affaires de l'année précédente** (année N – 1) est **compris entre 36 800 € et 39 100 €**, à condition que l'année N – 2, le chiffre d'affaires ait été inférieur ou égal à 36 800 €.
La franchise cesse en revanche immédiatement de s'appliquer aux assujettis dont le **chiffre d'affaires de l'année en cours dépasse 39 100 €** : ils deviennent redevables de la TVA pour les opérations effectuées à compter du premier jour du mois du dépassement du chiffre limite.
b. Les **limites** de chiffre d'affaires mentionnées ci-dessus s'appliquent pour les années 2023, 2024 et 2025. Elles feront l'objet d'une révision au 1er janvier 2026.

55695 **Franchise propre aux avocats** Pour leur **activité spécifique réglementée** (conseil, assistance, représentation, postulation, plaidoirie, rédaction d'actes et de mémoires, actes d'arbitrage et activité de séquestre), les avocats et les avocats au Conseil d'État et à la Cour de cassation bénéficient d'une franchise en base particulière lorsque le chiffre d'affaires correspondant de l'année civile précédente **n'excède pas 47 700 €** (CGI art. 293 B, III).

> Précisions a. Les avocats dont le chiffre d'affaires hors TVA de l'année en cours au titre de leur **activité spécifique dépasse 58 600 €** deviennent redevables de la TVA pour les opérations effectuées à compter du premier jour du mois au cours duquel le chiffre d'affaires limite est dépassé.
b. Pour leurs **opérations** qui ne sont pas **couvertes** par la franchise particulière, les avocats bénéficient d'une franchise spéciale lorsque le chiffre d'affaires réalisé à ce titre au cours de l'année civile précédente **n'excède pas 19 600 €** (CGI art. 293 B, IV). Cette franchise cesse de s'appliquer lorsque le chiffre d'affaires correspondant de l'année en cours **dépasse 23 700 €.** Le cumul de franchises ne peut pas avoir pour effet d'augmenter les limites de 47 700 € et 58 600 € de la franchise au titre des opérations spécifiques.
c. Les avocats qui sont susceptibles de relever de la franchise spécifique de 47 500 € peuvent bénéficier pour l'ensemble de leurs opérations de la **franchise de droit commun** indiquée n° 55690. Mais ces franchises ne peuvent pas se cumuler (CGI art. 293 G).
d. Les **limites** de chiffre d'affaires mentionnées ci-dessus s'appliquent pour les années 2023, 2024 et 2025. Elles feront l'objet d'une révision au 1er janvier 2026.

55700 **Régime réel simplifié** Le régime réel simplifié de TVA s'applique aux SCP qui remplissent les conditions suivantes :

– la société ne bénéficie **pas de la franchise en base** ;

– son **chiffre d'affaires** de l'année civile précédente **n'excède pas 254 000 €** (limite qui s'applique pour les années 2023, 2024 et 2025 et qui fera l'objet d'une révision au 1er janvier 2026) ;

– sa **TVA exigible** au titre de l'année civile précédente **n'excède pas 15 000 €** (CGI art. 287, 3 bis).

Les redevables dont la TVA exigible au titre de l'année civile précédente excède ce montant relèvent en effet obligatoirement du régime réel normal d'imposition en matière de TVA, même si leur chiffre d'affaires de l'année civile précédente n'excède pas 254 000 €.

En matière de taxes sur le chiffre d'affaires, les SCP relevant du régime simplifié d'imposition n'ont aucune **déclaration** à remplir en cours d'année. Elles sont seulement, en principe, tenues au versement d'acomptes semestriels qui font ensuite l'objet d'une régularisation annuelle lors du dépôt de la déclaration récapitulative CA12 ; celle-ci doit être déposée au plus tard le deuxième jour ouvré suivant le 1er mai de l'année qui suit celle au titre de laquelle elle est déposée (CGI ann. II art. 242 sexies).

> Précisions a. Les SCP relevant du régime simplifié de TVA peuvent **opter pour le régime réel normal.**
b. Lorsque le montant de **TVA exigible** au titre de l'année civile précédente **redevient inférieur à la limite de 15 000 €** et si le chiffre d'affaires ne dépasse pas la limite d'application du régime simplifié d'imposition, la SCP doit notifier son souhait de relever du régime simplifié d'imposition, par courrier ou courriel, au service des impôts des entreprises (SIE) dont elle dépend. Le régime simplifié s'applique à compter du premier jour de l'exercice au cours duquel elle en a informé son SIE (BOI-TVA-DECLA-20-20-30-10 n° 315).
c. Les SCP placées sous le régime simplifié de TVA ne peuvent, en raison du caractère non commercial de leurs revenus, **renoncer aux formalités simplifiées de liquidation des taxes** sur le chiffre d'affaires (dispositif régi par l'article 204 ter A de l'annexe II au CGI).
d. Pour une **étude plus approfondie** du régime, voir nos 33075 s. ; voir n° 33000 pour les modalités de récupération de la taxe déductible.

55702 **Régime réel normal** Le régime réel normal de TVA s'applique **de plein droit** aux SCP dont le chiffre d'affaires annuel excède les limites du régime simplifié (n° 55700) et, **sur option,** aux SCP relevant de la franchise en base ou du régime simplifié.

Les SCP relevant du régime réel normal doivent déposer chaque mois (ou chaque trimestre si l'impôt dû annuellement n'excède pas 4 000 €) une **déclaration** sur un imprimé modèle CA3.

OBLIGATIONS GÉNÉRALES DES SCP ASSUJETTIES À LA TVA

Les SCP assujetties à la TVA doivent **tenir une comptabilité** leur permettant de justifier les opérations, imposables ou non, qu'elles effectuent. Ces justifications concernent la nature des opérations réalisées et le montant des recettes encaissées. D'une manière générale, la comptabilité doit permettre à l'assujetti de fournir l'ensemble des renseignements demandés et dont la mention figure sur les formulaires de déclaration des opérations. **55705**

À défaut d'une telle comptabilité, les SCP assujetties doivent tenir un **livre spécial** aux pages numérotées sur lequel elles inscrivent jour par jour, sans blanc ni rature, le montant de chacune des opérations, en distinguant, au besoin, leurs opérations taxables de celles qui ne le sont pas. Le livre spécial n'a pas à être coté ou paraphé.

En matière de **facturation,** les SCP imposables doivent : **55710**

– délivrer obligatoirement une facture pour chaque prestation faite au profit d'un redevable de la TVA ;

– mentionner sur ces factures, distinctement, le prix hors TVA des services rendus, le taux de la TVA, le montant de la TVA applicable à la prestation, enfin le nom et l'adresse du client.

Lorsque la SCP bénéficie d'une franchise en base, les factures doivent comporter la mention : « TVA non applicable, article 293 B du CGI » (CGI art. 293 E).

B. Contribution économique territoriale

En 2023, la contribution économique territoriale (CET) est composée de deux éléments distincts : la cotisation foncière des entreprises (CFE) et la cotisation sur la valeur ajoutée des entreprises (CVAE). À compter de la suppression de la CVAE, seule la CFE subsistera (voir nº 12100, attention). **55750**

La CFE est due, en principe, par toutes les personnes (physiques ou morales) qui exercent en France à titre habituel une activité professionnelle ; tel est normalement le cas des sociétés civiles professionnelles, qui sont imposables dans les conditions de droit commun.

Pour un **exposé général** du régime de la CET applicable aux sociétés civiles, voir nºs 12100 s.

> **Précisions a.** Les collectivités bénéficiaires de la CFE (communes et établissements publics de coopération intercommunale dotés d'une fiscalité propre) peuvent instituer une exonération de CFE en faveur des **médecins et auxiliaires médicaux** qui, exerçant leur activité à titre libéral dans le cadre d'une SCP (CGI art. 1464 D) :
> – s'installent ou se regroupent dans une commune de moins de 2 000 habitants ou dans une commune située dans une zone de revitalisation rurale ;
> – s'installent ou se regroupent sur un site distinct de leur résidence professionnelle habituelle et situé dans une commune répondant aux conditions précitées ou dans une zone caractérisée par une offre de soins insuffisante ou par des difficultés dans l'accès aux soins au sens de l'article L 1434-4 du Code de la santé publique.
> L'exonération de CFE peut également être instituée en faveur des vétérinaires habilités comme **vétérinaires sanitaires** au sens de l'article L 203-1 du Code rural et de la pêche maritime, quel que soit leur lieu d'établissement, dès lors que cette habilitation concerne au moins 500 bovins de plus de deux ans en prophylaxie obligatoire ou équivalents ovins/caprins.
> L'**exonération débute** à compter de l'année qui suit celle de l'installation et sa durée, fixée par la délibération des collectivités bénéficiaires, peut être comprise entre deux et cinq ans.
> **b.** Exonération des **avocats** : voir nº 12110.

C. Autres taxes

Comme tous les contribuables exerçant une profession non commerciale, les sociétés civiles professionnelles sont passibles de diverses taxes dues à raison de leur activité. Elles sont ainsi redevables dans les mêmes conditions et sous les mêmes sanctions que les autres sociétés civiles : **55850**

– de la **taxe sur les salaires** (nºs 12305 s.) ;

– de la **participation** des employeurs à l'investissement dans la **construction** (nºs 12460 s.) ;

– des **taxes annuelles sur les véhicules de tourisme** affectés à des fins économique (nºs 12900 s.).

V. PRINCIPALES MODIFICATIONS DES STATUTS

A. Augmentation de capital

AUGMENTATION DU CAPITAL DE LA SCP PAR APPORTS EN NUMÉRAIRE OU EN NATURE

56000 La SPC peut augmenter son capital par des apports en numéraire ou en nature souscrits **par les associés.** Cette opération nécessite les mêmes formalités que la constitution (n°s 54305 s.).

L'augmentation de capital peut aussi résulter de nouveaux apports souscrits par des **tiers** qui doivent alors être agréés par les anciens associés représentant au moins les trois quarts des voix.

Dans les SCP de greffiers de tribunal de commerce, l'entrée de nouveaux associés par voie d'augmentation du capital est subordonnée à l'agrément du garde des Sceaux (C. com. art. R 743-47).

Dans les SCP de notaires et de commissaires de justice, l'entrée de nouveaux associés non titulaires d'un office doit, depuis le 1er mars 2023, faire l'objet d'une déclaration préalable auprès du garde des Sceaux, dans un délai de 30 jours, par téléprocédure sur le site internet du ministère de la justice (Décret 67-868 du 2-10-1967 art. 42, al. 1 pour les notaires et Décret 2022-950 du 29-6-2022 art. 51, al. 1 pour les commissaires de justice, les huissiers et les commissaires-priseurs modifiés par décret 2022-1743 du 29-12-2022). Bien que cela ne ressorte pas explicitement de la lettre des textes, ce régime déclaratif ne concerne, à notre avis, que l'entrée de nouveaux associés qui ont déjà été nommés en qualité de notaire ou de commissaire de justice avant l'augmentation de capital par le garde des Sceaux.

Le garde des Sceaux dispose d'un délai de deux mois à compter de la réception de la déclaration dûment complétée et accompagnée des documents requis pour s'opposer à la cession. En l'absence de décision expresse d'opposition ou de non-opposition du garde des Sceaux à l'expiration de ce délai, la déclaration est réputée faire l'objet d'une décision de non-opposition et la cession prend effet à la date d'expiration de ce délai (Décrets 67-868 art. 42, al. 2 et 2022-950 art. 51, al. 2).

Lorsqu'il comporte une condition suspensive liée à la nomination du nouvel associé, tout projet d'entrée d'un nouvel associé par augmentation de capital fait l'objet d'une déclaration au garde des Sceaux, par téléprocédure sur le site internet du ministère de la justice, à la diligence de la société ou de l'un au moins des associés concernés. Le projet est assorti de la demande du nouvel associé tendant à sa nomination dans l'office ou l'un des offices dont la société est titulaire. Le projet est approuvé par arrêté du garde des Sceaux (Décrets 67-868 art. 42, al. 3 et 2022-950 art. 51, al. 3).

Lors de l'entrée de nouveaux associés, une copie des arrêtés de nomination des associés ou de la déclaration prévue lorsque le nouvel entrant a déjà été nommé est adressée au greffier du tribunal de commerce ou du tribunal judiciaire statuant commercialement du lieu du siège social pour être versée au RCS (Décrets 67-868 art. 44-1 et 2022-950 art. 54). Une copie de ces arrêtés est aussi annexée au RNE (C. com. art. L 123-37, 1°).

AUGMENTATION DU CAPITAL DE LA SCP PAR INCORPORATION DES RÉSERVES

56010 Les réserves constituées au moyen de bénéfices non distribués ou de plus-values d'actif dues à l'industrie des associés peuvent être incorporées au capital (voir décrets d'application propres à chaque profession).

Les parts nouvelles sont attribuées non seulement aux associés qui ont effectué des apports en numéraire ou en nature, mais aussi aux **apporteurs en industrie.**

Les statuts fixent généralement les modalités de ces attributions gratuites de parts et prévoient, le plus souvent, un mode de répartition analogue à celui qui gouverne la distribution des bénéfices.

L'augmentation du capital par incorporation des réserves est interdite tant que les parts sociales correspondant aux apports en numéraire n'ont pas été entièrement libérées (voir les décrets d'application de chaque profession).

56011 À la différence des augmentations de capital dans les autres sociétés, cette opération semble avoir un **caractère obligatoire** dans les SCP puisque les décrets d'application, à l'exception de ceux concernant les vétérinaires, précisent qu'il y est procédé « périodiquement ».

L'augmentation de capital périodique par incorporation de réserves a un caractère automatique et les statuts ne peuvent pas la rendre facultative (Cass. 1e civ. 16-7-1998 n° 1359 : RJDA 10/98 n° 1124 ; Cass. 1e civ. 16-5-2013 n° 12-17.814 : RJDA 10/13 n° 815 ; rendue à propos de l'ancien article 43 du décret 31-12-1969 relatif aux SCP d'huissier désormais remplacé dans les mêmes termes par l'article 52 du décret 2022-950 du 29-6-2022 sur les SCP de commissaires de justice, la solution est transposable à toutes les professions pour lesquelles les décrets d'application comportent des dispositions identiques). En conséquence, un associé qui s'était opposé à une demande d'augmentation de capital émanant de son coassocié – en se prévalant des dispositions statutaires qui soumettaient une telle opération à la décision unanime des associés – a été condamné à indemniser ce dernier pour résistance abusive à l'application d'une disposition obligatoire (Cass. 1e civ. 16-7-1998 précité).

B. Transformation de la société

RÉGIME JURIDIQUE DE LA TRANSFORMATION DE LA SCP

Les SCP peuvent être transformées, quelle que soit la profession concernée, en **société d'exercice libéral** (Selarl, Selafa, Selca ou Selas) ou en société de toute autre forme admise par la réglementation propre à la profession exercée. 56040

Par exemple, l'associé unique d'une SCP titulaire d'un office notarial ou de commissaire de justice peut décider de transformer cette société en Selarl. Cette transformation doit faire l'objet d'une déclaration préalable auprès du garde des Sceaux, dans un délai de 30 jours, par téléprocédure sur le site internet du ministère de la justice. Le garde des Sceaux peut s'opposer au projet dans un délai de deux mois à compter de la réception de la déclaration (Décret 93-78 du 13-1-1993 art. 17 pour les notaires et Décret 2022-950 du 29-6-2022 art. 176 pour les commissaires de justice, les huissiers et les commissaires-priseurs).

À compter du 1er mars 2024 (Décret 2022-1743 du 29-12-2022 art. 12), cette déclaration devra être adressée non plus au garde des Sceaux mais au Conseil supérieur du notariat pour les notaires ou à la Chambre nationale des commissaires de justice pour les commissaires de justice, les huissiers et les commissaires-priseurs (Décret 93-78 art. 17, al. 1 et 2 pour les notaires et Décret 2022-950 art. 176, al. 1 et 2 pour les commisssaires de justice, les huissiers et les commissaires-priseurs modifiés par décret 2022-1743).

Ces instances professionnelles pourront s'opposer à la transformation si celle-ci méconnaît les dispositions législatives et réglementaires dans les deux mois à compter de la réception de la déclaration dûment complétée et accompagnée des documents requis. En l'absence d'opposition à l'expiration de ce délai, la transformation prendra effet (Décret 93-78 art. 17, al. 2 et Décret 2022-950 art. 176, al. 2 modifiés par décret 2022-1743).

Le recours contre une décision d'opposition de ces instances devra être précédé, à peine d'irrecevabilité, d'un recours administratif devant le garde des Sceaux (Décret 93-78 art. 17, al. 3 et Décret 2022-950 art. 176, al. 3 modifiés par décret 2022-1743).

La transformation d'une SCP est soumise aux règles de majorité prescrites pour la modification des statuts par les décrets applicables aux différentes professions (no 54740). Toutefois, à compter du 1er septembre 2024, la décision de transformation d'une SCP en une société autre qu'une société pluriprofessionnelle sera prise à la majorité des deux tiers, sauf clause contraire des statuts (Ord. 2023-77 du 8-2-2023 art. 30, al. 2 et 134). Pour le reste, elle est régie par les règles de droit commun (nos 15400 s.). Notamment, la transformation n'entraîne pas la création d'une nouvelle personne morale.

Sur la transformation de certaines SCP en **sociétés pluriprofessionnelles d'exercice,** voir nos 59586 s.

L'opération consistant à passer de la forme de SCP à celle de **société en participation** (forme également admise pour l'exercice des professions libérales) ne constitue pas une transformation (c'est-à-dire un changement de forme sociale par voie de simple modification statutaire sans création d'un être moral nouveau) compte tenu de l'absence de personnalité morale de la société en participation. L'opération se décompose en effet en deux phases : dissolution de la SCP et constitution de la société en participation. Sur le **plan fiscal,** l'analyse est identique. 56042

RÉGIME FISCAL DE LA TRANSFORMATION EN SCP D'UNE SOCIÉTÉ D'UNE AUTRE FORME

Droits d'enregistrement Dès lors que la transformation d'une **société dotée de la personnalité morale** en SCP est régulièrement opérée, elle n'entraîne pas, conformément à l'article 1844-3 du Code civil, création d'une personne morale nouvelle. Dès lors qu'elle n'a pas pour effet de rendre la société passible de l'IS, cette opération ne donne ouverture, lors de l'enregistrement de l'acte, qu'au droit fixe des actes innomés de 125 € prévu par l'article 680 du CGI. 56050

56052 La transformation en SCP d'une **société de fait ou en participation** entraîne nécessairement la création d'une personne morale nouvelle (pour une société de fait : CE 20-12-2013 n° 349787 : RJF 3/14 n° 224). Toutefois, l'administration admet que les règles prévues en cas de transformation d'une société de droit sans création d'une personne morale nouvelle soient applicables si la transformation ne s'accompagne pas d'autres modifications importantes de ses éléments fondamentaux non nécessitées par le changement de type juridique (changement d'associés, d'objet, de lieu d'exploitation, cession ou retrait d'éléments d'actifs importants, etc.) (BOI-ENR-AVS-40-40 n° 190).

56055 **Impôts directs** **Transformation d'une société de personnes en SCP** : dès lors que cette transformation se fait sans création d'une personne morale nouvelle, il n'y a pas lieu de procéder à l'imposition immédiate des bénéfices réalisés avant la transformation et non encore taxés (sous réserve que la transformation ne s'accompagne ni d'un changement d'objet social ou d'activité réelle, ni d'un changement de régime fiscal ; voir n°s 11025 s.).

56056 **Transformation d'une société de fait (ou en participation) en SCP** : les sociétés de fait ou en participation étant dépourvues de personnalité morale, leur transformation en société de droit entraîne nécessairement la création d'une personne morale nouvelle (pour une société de fait : CE 20-12-2013 n° 349787 : RJF 3/14 n° 224). Les conséquences fiscales devraient donc, en principe, être celles qui s'attachent à une cessation d'entreprise suivie de la constitution d'une société nouvelle.

L'administration fiscale admet toutefois que la transformation d'une société de fait (ou en participation) en société de droit n'entraîne ni l'imposition immédiate des bénéfices réalisés avant l'opération et non encore imposés, ni celle des plus-values latentes des éléments d'actif, à condition qu'aucune modification ne soit apportée aux valeurs comptables et sous réserve que la transformation ne s'accompagne pas de modifications statutaires importantes, ni de changements parmi les associés (BOI-IS-CESS-20-20 n° 250 ; BOI-BNC-SECT-70-10-20-10 n° 540). L'administration a expressément admis l'application d'un report d'imposition de la plus-value d'annulation des parts réalisée par les associés, qui est déterminée par la différence entre la valeur réelle des actifs qui leur sont attribués à l'occasion de la liquidation et le prix de revient fiscal des droits dans la société liquidée. Ces plus-values ne sont pas imposées à la date de la liquidation mais seulement lors de la perte de propriété des titres de la SCP bénéficiaire de l'apport de ces actifs (BOI-BNC-SECT-70-10-20-10 nos 550 s.).

Dans l'hypothèse où les associés de la société en participation ou de la société de fait ont conservé la propriété de la clientèle qui n'a pas été inscrite au bilan fiscal de cette société, la plus-value résultant de l'apport de cette clientèle à une autre société pourrait bénéficier du report d'imposition prévu à l'article 151 octies du CGI pour l'apport en société d'une entreprise individuelle (nos 4700 s.) (BOI-BNC-SECT-70-10-20-10 n° 570).

56057 **Transformation d'une société de capitaux en SCP** : bien qu'une telle transformation soit considérée sur le plan fiscal comme une cessation d'entreprise (perte d'assujettissement à l'IS : CGI art. 221, 2), il est admis, lorsque la transformation ne comporte pas création d'une personne morale nouvelle, que la taxation à l'impôt sur les sociétés porte uniquement sur les bénéfices de l'exercice en cours, à l'exclusion des bénéfices en sursis d'imposition et des plus-values latentes acquises par les éléments de l'actif social, qui se trouveront ultérieurement imposés dans le cadre de la société issue de la transformation.

Cette mesure est applicable à la transformation d'une société de capitaux en SCP à la condition qu'aucune modification ne soit apportée, lors de la transformation, aux valeurs comptables des éléments de l'actif de la société transformée (BOI-BNC-SECT-70-10-40 n° 20).

RÉGIME FISCAL DE LA TRANSFORMATION D'UNE SCP EN SOCIÉTÉ D'UNE AUTRE FORME

56070 **Droits d'enregistrement** Lorsque la transformation n'a pas pour effet de rendre la société passible de l'impôt sur les sociétés (et qu'elle ne donne pas naissance à une personne morale nouvelle), seul le droit fixe des actes innomés de 125 € est exigible.

Lorsque la nouvelle **société** est **passible de l'IS,** un droit spécial de mutation perçu au taux global de 3 % ou 5 % est en principe exigible sur certains apports en nature. Ces apports peuvent toutefois être enregistrés gratuitement (au lieu du droit de 3 % ou 5 % sur les apports de clientèle et biens assimilés et des immeubles affectés à l'activité) si les associés s'engagent à conserver pendant trois ans les titres détenus à la date du changement de régime fiscal (voir n° 16911). Ces règles sont applicables en cas de transformation de SCP en SEL.

56075 **Impôts directs** À défaut de dispositions spécifiques aux SCP, il y a lieu de faire application des règles de droit commun prévues en matière de transformation de sociétés de personnes exerçant une activité professionnelle (CGI art. 202 ter, I).

La transformation de la SCP en **société d'exercice libéral** ou en société d'une autre forme soumise à l'IS emporte ainsi cessation d'entreprise avec toutefois des conséquences atténuées (voir n° 11050). Des modalités particulières d'imposition des créances acquises sont par ailleurs prévues (voir nos 54435 s.).

L'imposition des plus-values constatées sur les parts détenues par les associés de la SCP est reportée dans les conditions de droit commun (CGI art. 151 nonies, III ; n° 21667).

> **Précisions a.** En ce qui concerne la **transformation de SCP en SCM,** ou en une **autre SCP,** voir n° 11025.
> **b.** Le report d'imposition dont bénéficient les plus-values constatées lors de l'apport de l'activité individuelle à la SCP (nos 54410 s.) est maintenu en cas de **transformation de la SCP en société d'exercice libéral** (SEL), jusqu'à la date de cession, de rachat ou d'annulation des parts ou actions de l'apporteur (ou du bénéficiaire de la transmission lorsque les parts ont fait l'objet d'une transmission à titre gratuit) (CGI art. 151 octies, I-a-al. 2).

RÉGIME FISCAL DE LA TRANSFORMATION D'UNE SCP EN ASSOCIATION D'AVOCATS

La transformation d'une société soumise au régime fiscal des sociétés de personnes (SCP notamment) en association d'avocats soumise au même régime fiscal n'entraîne pas les conséquences de la cessation d'entreprise en matière d'**imposition des bénéfices** si les trois **conditions** suivantes sont réunies (CGI art. 151 octies C) : **56080**

- l'association comprend, à la date de la transformation, les mêmes membres que ceux de la société transformée ;
- aucune modification n'est apportée aux écritures comptables ;
- l'imposition des bénéfices, profits et plus-values non imposés lors de la transformation reste possible sous le nouveau régime fiscal applicable à l'association.

L'imposition de la **plus-value d'annulation des parts** des associés constatée lors de la transformation est reportée à la date à laquelle la plus-value afférente aux droits détenus dans l'association sera elle-même imposable (cessation fiscale de l'association, retrait total ou partiel du membre). Cette plus-value peut, le cas échéant, bénéficier d'un report d'imposition ou d'une exonération (par exemple, régime prévu à l'article 151 septies A du CGI : voir nos 21675 s.). Le report d'imposition peut être maintenu en cas de réalisation d'opérations successives ouvrant droit à un sursis ou un report d'imposition (CGI art. 151-0 octies).

Si des **plus-values en report d'imposition** sont attachées aux parts de la société transformée, ce report est maintenu jusqu'au retrait du membre ou jusqu'à la date de cessation fiscale de l'association.

Les associés de la société transformée doivent joindre à leur déclaration de revenus au titre de l'année en cours à la date de la transformation et des années suivantes un **état de suivi des plus-values en report** (BOI-BNC-SECT-70-50-20 n° 260).

L'opération de transformation est exonérée du **droit de partage** (CGI art. 749 B).

> **Précisions** L'administration admet que le régime de neutralité fiscale prévu en faveur de la transformation d'une société de personnes en association d'avocats peut bénéficier aux **succursales des structures de droit étranger** assimilables à une société de personnes telles que les limited liability partnerships (**LLP**) (BOI-BNC-SECT-70-50-20 n° 50).

C. Fusions et opérations assimilées

RÉGIME JURIDIQUE DES FUSIONS DE SCP

Les SCP sont soumises aux dispositions de l'article 1844-4 du Code civil qui autorise à titre général les fusions et scissions de sociétés (nos 16000 s.). La fusion **par absorption** d'une ou de plusieurs SCP par une autre société ainsi que la transmission du patrimoine d'une SCP, par voie d'apport ou de scission, à d'autres sociétés sont donc autorisées. Les décrets d'application particuliers à chaque profession précisent les modalités de ces opérations. **56100**

Sauf disposition contraire des décrets d'application, l'opération est décidée par chacune des sociétés intéressées dans les conditions de quorum et de majorité prévues pour la modification des statuts (C. civ. art. 1844-4, al. 4).

ATTENTION

Le régime de **fusion simplifiée** entre sociétés civiles, prévu par l'article 1854-1 du Code civil, n'est pas applicable aux SCP. En effet, ce régime implique la présence d'associés personnes morales, ce qui est impossible dans les SCP.

Sur la constitution d'une **société pluriprofessionnelle d'exercice** par voie de fusion de SCP constituées pour l'exercice de certaines professions, voir nos 59586 s.

RÉGIME FISCAL DES FUSIONS DE SCP : PRINCIPES

56105 Au regard des impôts directs, les **fusions et scissions** entraînent la dissolution des sociétés absorbées ou scindées et produisent donc en principe les conséquences d'une cessation d'entreprise. Ces opérations peuvent conduire également à l'imposition au nom des associés des plus-values d'échange de titres de la société absorbée ou scindée.

En cas d'**apport,** la société apporteuse est normalement imposable sur les plus-values d'apport. Toutefois, afin de faciliter les regroupements de sociétés, la loi prévoit des dispositifs de report d'imposition des plus-values constatées dans ces différentes hypothèses.

C'est ainsi que les **SCP relevant de l'impôt sur le revenu** qui font l'objet d'une fusion ou d'une scission, ainsi que celles qui consentent un apport partiel d'actifs portant sur une branche complète d'activité, peuvent bénéficier d'un dispositif de report d'imposition des plus-values d'apport constatées à cette occasion ; un report d'imposition est également prévu pour les plus-values d'échange de titres réalisées par les associés des sociétés absorbées ou scindées (CGI art. 151 octies A). Ce régime s'applique quels que soient la nature juridique et le régime fiscal de la société bénéficiaire de l'apport (société de capitaux, SEL, autre SCP, société de personnes...).

Des dispositions particulières sont par ailleurs applicables pour l'imposition des **créances acquises** immédiatement taxables en raison de la cessation (voir nos 54435 s.).

> Précisions a. Les opérations de restructuration placées sous le régime de report de l'article 151 octies A du CGI ne remettent pas en cause le report d'imposition des **plus-values d'apports antérieurs** à la SCP (voir nos 54410 s.).

b. Au regard des **droits d'enregistrement,** les opérations de fusion et assimilées relèvent du même régime que les apports en société, voir nos 3600 s.

c. Les **SCP** ayant opté pour leur assujettissement **à l'impôt sur les sociétés** peuvent placer les opérations de restructuration qu'elles réalisent entre elles ou avec d'autres sociétés soumises à l'IS sous le régime de faveur prévu aux articles 210 A et 210 B du CGI (voir nos 16401 s.).

d. L'option pour le régime de report de l'article 151 octies A du CGI est exclusive du régime d'**exonération des plus-values des petites entreprises** prévu à l'article 151 septies du CGI (BOI-BNC-SECT-70-10-20-10 no 610). Lorsque la plus-value consécutive à la restructuration d'une SCP n'est susceptible d'ouvrir droit qu'à une exonération partielle en application de l'article 151 septies du CGI, les contribuables doivent donc choisir le régime qui leur semble le plus favorable entre l'imposition immédiate d'une partie de la plus-value et l'imposition différée de la totalité de celle-ci.

L'option pour le régime de report de l'article 151 octies A du CGI est également exclusive du régime d'exonération des plus-values **en fonction de la valeur des éléments cédés** prévu à l'article 238 quindecies du CGI, du régime d'exonération des plus-values réalisées à l'occasion d'un **départ en retraite** prévu à l'article 151 septies A du CGI et du régime de report d'imposition en cas d'apport de titres en société prévu à l'article 151 octies B du CGI.

REPORT D'IMPOSITION DES PLUS-VALUES D'APPORT RÉALISÉES PAR LES SCP

56110 Le dispositif de report d'imposition de l'article 151 octies A du CGI est applicable aux plus-values réalisées par les SCP relevant de l'article 8 ter du CGI dans le cadre d'**opérations** de fusion, d'apport partiel d'actifs portant sur une branche complète d'activité ou de scission à condition que chacune des sociétés bénéficiaires de la scission reçoive une ou plusieurs branches complètes d'activité et que les titres rémunérant la scission soient répartis proportionnellement aux droits de chaque associé dans le capital de la société scindée. Les opérations ayant comme objectif principal la fraude ou l'évasion fiscale sont exclues.

Le **mécanisme** de report est celui prévu à l'article 151 octies du CGI en cas d'apport d'une entreprise individuelle en société (nos 4700 s.). Sa mise en œuvre repose sur une distinction entre la plus-value nette globale afférente aux immobilisations non amortissables dont l'imposition reste à la charge des associés de la société apporteuse, et la plus-value nette globale constatée sur les immobilisations amortissables dont la taxation est transférée à la société bénéficiaire des apports.

Le report s'applique sur **option** conjointe de la SCP apporteuse et de la société bénéficiaire des apports. L'option doit être exercée dans l'acte d'apport ou le traité de fusion ou de scission. Un modèle d'option est fourni par l'administration (BOI-LETTRE-000187).

Les associés ne peuvent pas opter individuellement pour l'application du report d'imposition de la fraction de la plus-value leur revenant ou, au contraire, renoncer à ce report pour être imposés immédiatement (BOI-BNC-SECT-70-10-20-10 no 50).

Seules sont concernées les plus-values d'apport d'**immobilisations affectées à l'activité libérale.**

Plus-value nette sur éléments non amortissables L'imposition de la plus-value, qui reste à la charge des associés de la société apporteuse, est **reportée jusqu'à** l'année au cours de laquelle intervient **l'un des événements suivants** : 56115

– perte de la propriété par la société bénéficiaire des apports des immobilisations non amortissables apportées, quelle qu'en soit la cause (vente, échange, expropriation, disparition du bien et, en principe, transmission à titre gratuit) ;

– perte par la société ayant réalisé un apport partiel d'actifs de la propriété des titres qu'elle a reçus en rémunération de cet apport (ou attribution de ces titres aux associés) ;

– perte par l'associé de la société qui a réalisé l'apport partiel d'actifs de la propriété des titres de cette société ;

– perte par l'associé de la société absorbée ou scindée de la propriété des titres qu'il a reçus en rémunération de la fusion ou de la scission (BOI-BNC-SECT-70-10-20-10 nº 180).

Si la **perte de propriété** par la société bénéficiaire des apports **ne concerne qu'une partie** seulement des immobilisations non amortissables apportées, seules les plus-values afférentes à ces immobilisations deviennent immédiatement imposables, dans la limite, bien entendu, de la plus-value nette totale en report d'imposition.

De la même façon, en cas de perte partielle de la propriété des titres visés ci-dessus, la plus-value en report ne devient imposable immédiatement que dans la proportion des titres cédés (BOI-BNC-SECT-70-10-20-10 nºs 320 s.).

Une exonération des plus-values en report d'imposition est toutefois prévue, sous certaines conditions, en cas de **départ à la retraite** : sur ce point, voir nºs 21675 s.

En cas de **transmission à titre gratuit** à une personne physique (par succession ou donation) des titres reçus en rémunération de la fusion, de la scission ou des titres de la société ayant réalisé l'apport partiel d'actifs, le report d'imposition est maintenu si le bénéficiaire de la transmission prend l'engagement d'acquitter l'impôt sur les plus-values au titre de l'année au cours de laquelle intervient l'un des événements suivants : 56120

– le bénéficiaire de la transmission perd la propriété des titres reçus gratuitement ;

– la société bénéficiaire perd la propriété des immobilisations non amortissables apportées ;

– la société ayant réalisé l'apport partiel d'actifs perd la propriété des titres reçus en rémunération de son apport.

Les règles prévues en cas de cession partielle des titres ou des immobilisations apportées, décrites nº 56115, sont le cas échéant applicables.

L'engagement du bénéficiaire de la transmission peut résulter d'une mention expresse inscrite dans l'acte authentique constatant la transmission, ou d'un acte sous signature privée ayant date certaine. Il doit être joint aux déclarations de revenus ou de résultat de l'ancien et du nouvel associé souscrites au titre de l'année de la transmission (accompagné, le cas échéant, de l'acte constatant la transmission à titre gratuit) (BOI-BNC-SECT-70-10-20-10 nº 200).

Le maintien du report d'imposition initial concerne également toute **transmission ultérieure** à titre gratuit des titres reçus en rémunération de la fusion, de la scission ou des titres de la société ayant réalisé l'apport partiel d'actifs dès lors que le bénéficiaire de la transmission prend ce même engagement.

Lorsque les titres rémunérant l'apport font l'objet d'un **échange** dans le cadre d'une opération de fusion, scission ou apport partiel d'actifs, le report d'imposition est maintenu jusqu'à la date de cession, de rachat ou d'annulation des droits reçus lors de l'échange, sous réserve que l'opération à l'origine de l'échange entre dans le champ d'application du régime de faveur des fusions prévu aux articles 210 A et suivants du CGI, sans être obligatoirement placée sous ce régime (CGI art. 151 octies A, III bis) (BOI-BNC-SECT-70-10-20-10 nºs 230 s.).

Le report d'imposition est maintenu en cas de **transfert en fiducie** des titres reçus en rémunération de la fusion ou de la scission de la SCP, jusqu'à la cession des titres ainsi transférés ou jusqu'à la fin du contrat de fiducie (CGI art. 238 quater D).

Le report d'imposition est également maintenu en cas de réalisation de toute **nouvelle opération elle-même placée sous un régime de report** ou de sursis d'imposition (CGI art. 151-0 octies). Il en est ainsi par exemple lorsque, après un apport partiel d'actifs réalisé par une SCP au profit d'une SEL placé sous le régime de l'article 151 octies A du CGI, les titres de la SEL sont apportés à une société de participations financières de profession libérale (SPFPL) sous le régime de faveur de l'article 150-0 B ter du CGI.

56125 Lorsqu'il est mis **fin** au **report** d'imposition, la **plus-value** d'apport est imposée selon le même régime fiscal que celui qui lui aurait été appliqué à la date de l'apport. La fraction à long terme est soumise au taux des plus-values à long terme en vigueur l'année de la survenance de l'événement mettant fin au report. S'il s'agit d'une plus-value nette à court terme, celle-ci est ajoutée aux revenus de la même année et imposée d'après le barème progressif et la situation de famille du contribuable au titre de cette même année.

En cas de **moins-value,** celle réalisée à court terme s'impute sur le revenu global du contribuable. En revanche, les moins-values à long terme ne sont imputables que sur des plus-values de même nature réalisées, au sein de la même entreprise, au cours des dix années ou exercices suivants. Dès lors que les opérations de fusion ou de scission entraînent la disparition de la SCP apporteuse, la moins-value à long terme réalisée dans le cadre d'une telle opération ne peut être imputée que sur la fraction à long terme de la plus-value nette globale encore en report si son imposition intervient au titre de l'année où la moins-value à long terme devient déductible ou des dix années suivantes. Toutefois, lorsque la société bénéficiaire de la fusion ou de la scission n'est pas assujettie à l'impôt sur les sociétés, il est admis que la moins-value à long terme puisse également être imputée sur les plus-values à long terme réalisées par cette société au cours de l'année au titre de laquelle la moins-value devient déductible et des dix années suivantes (BOI-BNC-SECT-70-10-20-10 nos 340 s.).

56130 **Plus-values nettes sur immobilisations amortissables** Ces plus-values nettes à court terme ou à long terme ne sont pas imposées au nom des associés de la société apporteuse mais sont réintégrées aux résultats imposables dans les conditions et au taux de droit commun de la société bénéficiaire de l'apport, selon les modalités prévues à l'article 210 A, 3-d du CGI.

Pour la généralité des biens, cette **réintégration** est effectuée sur une durée de cinq ans. Toutefois, pour les constructions, la réintégration est effectuée sur une durée de 15 ans ou, si la plus-value nette afférente aux constructions excède 90 % de la plus-value nette globale constatée sur les éléments amortissables, sur une période égale à la durée moyenne pondérée d'amortissement de ces biens (BOI-BNC-SECT-70-10-20-10 no 130).

La SCP apporteuse conserve cependant la faculté d'opter pour l'**imposition immédiate,** au nom des associés, de la plus-value nette à long terme globale afférente à l'ensemble des éléments amortissables apportés, au taux réduit de 12,8 % (majoré des prélèvements sociaux). Corrélativement, la société bénéficiaire est, bien entendu, dispensée de la réintégration de la plus-value ainsi imposée. Cette plus-value peut, le cas échéant, être imputée sur la fraction du déficit global du contribuable provenant de l'activité qui a généré la plus-value en cause, après imputation des revenus de l'année en cours.

> **Précisions** **a.** **La cession par la société bénéficiaire de l'apport d'un bien amortissable apporté** entraîne l'imposition immédiate de la fraction de la plus-value afférente à ce bien qui n'a pas encore été réintégrée dans les résultats imposables de cette société.
> **b.** En contrepartie de l'imposition au niveau de la société bénéficiaire de l'apport des plus-values afférentes aux biens amortissables apportés, celle-ci peut pratiquer l'**amortissement** et calculer les **plus-values de cession ultérieure** de ces biens d'après leur valeur d'apport.

PLUS-VALUES D'ÉCHANGE DE TITRES CONSTATÉES PAR LES ASSOCIÉS DE LA SCP ABSORBÉE OU SCINDÉE

56135 L'absorption ou la scission d'une SCP entraîne pour les associés de cette société l'échange de leurs titres contre des titres de la société bénéficiaire des apports. Cette opération constitue en principe un fait générateur de plus ou moins-values immédiatement imposables ou déductibles.

Toutefois, si les sociétés qui participent à l'opération optent pour le régime de report d'imposition des plus-values d'apport prévu au premier alinéa de l'article 151 octies A, I du CGI (régime exposé ci-dessus nos 56110 s.), la plus-value d'échange réalisée par les associés personnes physiques est automatiquement placée sous le régime de report d'imposition prévu au II du même article, sans qu'il soit possible d'y renoncer : l'**imposition de la plus-value d'échange** est **reportée** au titre de l'année au cours de laquelle l'associé de la SCP absorbée ou scindée perd la propriété des titres reçus en échange lors de la fusion ou de la scission.

> **Précisions** **a.** En cas d'**échange avec soulte,** le report d'imposition ne joue que si le montant de la soulte n'excède ni 10 % de la valeur nominale des parts ou actions attribuées, ni le montant de la plus-value d'échange. En outre, la plus-value reste immédiatement imposable dans ce cas à hauteur de la soulte perçue (BOI-BNC-SECT-70-10-20-10 no 420).
> **b.** Le report ne concerne que la plus-value d'échange, la **moins-value** éventuellement constatée par l'associé à cette occasion est donc

déductible au titre de l'année au cours de laquelle intervient la fusion ou la scission (BOI-BNC-SECT-70-10-20-10 n° 380).

c. Afin de favoriser les opérations de **restructuration des sociétés de fait** ou des **sociétés en participation,** l'administration admet que la plus-value d'annulation des parts de ces sociétés constatée lors de leur transformation en SCP préalablement à leur restructuration bénéficie également du report d'imposition en cas de restructuration ultérieure de la SCP (BOI-BNC-SECT-70-10-20-10 n° 550).

Événements entraînant la fin ou le maintien du report Il est en principe mis fin au report d'imposition de la plus-value d'échange lorsque les associés perdent la propriété des titres reçus en rémunération de la fusion ou de la scission. **56140**

En cas de **perte partielle de la propriété des titres,** l'administration admet qu'il ne soit mis fin au report d'imposition de la plus-value d'échange que dans la proportion du nombre de titres cédés sur le nombre total de titres reçus en rémunération de la fusion ou de la scission. La quote-part de la plus-value ainsi imposée est donc déterminée en appliquant au montant de la plus-value en report le rapport entre le nombre de titres cédés et le nombre total de titres reçus en rémunération de la fusion ou de la scission. Lorsque la plus-value d'échange relève pour partie du régime des plus-values à court terme et pour partie du régime des plus-values à long terme, le même rapport doit être appliqué à chacune des composantes de cette plus-value (BOI-BNC-SECT-70-10-20-10 n° 450).

Une exonération des plus-values en report d'imposition est prévue, sous certaines conditions, en cas de **départ à la retraite** : sur ce point, voir n°s 21675 s.

Le report est maintenu en cas de **transmission à titre gratuit à une personne physique des titres** reçus en échange, si le bénéficiaire de la transmission prend l'engagement d'acquitter l'impôt sur les plus-values à la date à laquelle il perdra la propriété de ces titres (CGI art. 151 octies A, III). Ce maintien s'applique en cas de transmissions successives à titre gratuit de droits sociaux dès lors que le bénéficiaire de la transmission prend ce même engagement.

Lorsque les titres rémunérant l'apport font l'objet d'un **échange** dans le cadre d'une fusion, d'une scission ou d'un apport partiel d'actifs, le report d'imposition est maintenu jusqu'à la date de cession, de rachat ou d'annulation des droits reçus lors de l'échange (CGI art. 151 octies A, III bis).

Il est également maintenu en cas de **transfert en fiducie** des titres reçus en rémunération de la fusion ou de la scission de la SCP, jusqu'à la cession des titres ainsi transférés ou jusqu'à la fin du contrat de fiducie (CGI art. 238 quater D).

Le report d'imposition est également maintenu en cas de réalisation de toute **nouvelle opération elle-même placée sous un régime de report** ou de sursis d'imposition (CGI art. 151-0 octies).

Lorsqu'il est mis **fin** au report d'imposition, la plus-value d'échange est soumise au régime fiscal qui lui aurait été appliqué à la date de la fusion ou de la scission. La fraction de la plus-value d'échange qui relève du régime des plus-values à long terme est imposée au taux réduit d'imposition en vigueur l'année de survenance de l'événement mettant fin au report. La fraction relevant du régime des plus-values à court terme est ajoutée au revenu de la même année imposable d'après le barème progressif et la situation de famille de l'associé (BOI-BNC-SECT-70-10-20-10 n°s 500 et 510).

Exclusion du sursis d'imposition prévu par l'article 93 quater, V du CGI **56142**

Le dispositif de report d'imposition prévu à l'article 151 octies A, II du CGI est exclusif du régime de sursis prévu à l'article 93 quater, V du même Code. Lorsque ces **deux régimes** sont **susceptibles de s'appliquer,** dans une même situation, les associés de la SCP qui a opté pour l'application du régime de report d'imposition des plus-values d'apport prévu au I de l'article 151 octies A du CGI sont placés obligatoirement sous le régime du report d'imposition des plus-values d'échange prévu au II de cet article , sans qu'ils puissent y renoncer pour opter pour l'application du régime de sursis prévu à l'article 93 quater, V (BOI-BNC-SECT-70-10-20-10 n° 410).

Le dispositif prévu à l'article 93 quater, V du CGI, dont l'application est facultative, permet de différer la prise en compte du profit, ou de la perte, réalisé lors de l'échange des droits sociaux affectés à l'exercice d'une profession non commerciale (notamment parts de SCP et parts de sociétés civiles de moyens) consécutif à une fusion ou à une scission de sociétés jusqu'à la cession ultérieure des titres reçus en échange. Les échanges assortis d'une soulte sont admis au bénéfice du sursis d'imposition sous réserve que la soulte reçue n'excède ni 10 % de la valeur nominale des parts attribuées, ni le montant de la plus-value réalisée (la plus-value doit alors, à concurrence de la soulte, être comprise dans le bénéfice de l'exercice au cours duquel l'échange intervient et être imposée suivant le régime des plus-values professionnelles). Lors de la cession ultérieure des titres reçus en échange, le montant de la plus-value ou de la moins-value de cession dégagée à cette occasion ainsi que le décompte du délai de détention des titres cédés doivent être déterminés par référence à la situation des anciens titres auxquels ils se sont substitués. Le bénéfice du sursis d'imposition est subordonné à la production d'un état spécial qui doit être joint à la déclaration de résultat et à la tenue d'un registre destiné à assurer le suivi des plus-values en sursis d'imposition (voir n° 56145).

OBLIGATIONS DÉCLARATIVES

56145 Le report d'imposition est soumis aux obligations déclaratives suivantes (CGI art. 151 octies A et 54 septies).

Les **associés** de la SCP absorbée, scindée ou ayant réalisé un apport partiel d'actifs doivent produire un **état de suivi des plus-values** d'apport des éléments non amortissables et de la plus-value d'échange de titres. L'état doit être joint à la déclaration de revenus n° 2042 souscrite au titre de l'année au cours de laquelle l'opération est réalisée et de chacune des années suivantes, tant que le report d'imposition subsiste en tout ou partie. Cette obligation incombe également au bénéficiaire d'une transmission à titre gratuit des titres qui s'engage à acquitter l'impôt en report.

La **société bénéficiaire des apports** et, en cas d'apport partiel d'actifs, la société **apporteuse** doivent aussi joindre à leur déclaration de résultat un **état de suivi des plus-values** d'apport qui concerne à la fois les éléments amortissables et non amortissables apportés ainsi que, pour la seule société ayant réalisé l'apport partiel d'actifs, les titres reçus en rémunération d'un tel apport. L'état doit être produit au titre de l'année au cours de laquelle l'opération est réalisée et des années suivantes tant qu'il existe des plus-values en report d'imposition. Toutefois, pour la société ayant réalisé un apport partiel d'actifs, l'état souscrit au titre des années suivant celle de l'apport ne comprend que les renseignements relatifs aux titres reçus en rémunération de l'apport.

La société bénéficiaire des apports doit par ailleurs tenir un **registre de suivi** des plus-values sur les éléments d'actif non amortissables donnant lieu à report.

Tout manquement à ces obligations est sanctionné par une **amende** égale à 5 % des montants omis (CGI art. 1763). L'amende n'est toutefois pas applicable, en cas de première infraction commise au cours de l'année civile en cours et des trois années précédentes, lorsque l'omission est réparée soit spontanément, soit à la première demande de l'administration avant la fin de l'année qui suit celle au cours de laquelle le document devait être présenté.

D. Prorogation de la société

RÉGIME JURIDIQUE DE LA PROROGATION DE LA SCP

56180 Avant l'arrivée du terme fixé par les statuts, les associés doivent être consultés pour décider si la SCP doit être prorogée (C. civ. art. 1844-6, al. 2 ; nos 16700 s.). Selon l'article 26 de la loi du 29 novembre 1966 (Ord. 2023-77 du 8-2-2023 art. 29, al. 1 à compter du 1-9-2024 ; cf. Ord. 2023-77 art. 134), cette prorogation de la SCP est décidée par les associés statuant à la majorité qui est déterminée par le décret d'application particulier à la profession.

Cette majorité est en général des trois quarts des voix des associés (C. com. art. R 822-82 pour les commissaires aux comptes, Décret 77-1480 du 28-12-1977 art. 21 pour les architectes, Décret 76-73 du 15-1-1976 art. 19 pour les géomètres, C. rur. art. R 241-48 pour les vétérinaires).

Elle est des deux tiers dans les sociétés d'avocats aux Conseils (Décret 78-380 du 15-3-1978 art. 23). En revanche, dans les sociétés de commissaires de justice et de greffiers au tribunal de commerce, il faut réunir une majorité en nombre des associés représentant les trois quarts du capital social et, sauf dispositions contraires des statuts, la moitié des parts d'industrie (Décret 2022-950 du 29-6-2022 art. 29, al. 2 ; C. com. art. R 743-94).

La majorité n'est parfois pas mentionnée (médecins, biologistes médicaux, chirurgiens-dentistes, infirmiers, masseurs-kinésithérapeutes) ; dans ce cas, il convient de se rapporter aux règles de majorité relatives à la modification des statuts.

Le décret concernant les notaires dispose que, sauf pour la prorogation, les modifications des statuts sont décidées à la majorité des trois quarts des voix (Décret 67-868 du 2-10-1967 art. 23). Il faut en déduire que la prorogation nécessite l'accord unanime des associés.

Enfin, le décret concernant les avocats dispose que la prorogation est effectuée conformément à l'article 1844-6 du Code civil, soit par une décision à l'unanimité des associés ou, si les statuts le prévoient, à la majorité prévue pour la modification de ceux-ci (Décret 92-680 du 20-7-1992 art. 70).

Sur la possibilité de proroger la société après son terme, voir nos 16700 s.

RÉGIME FISCAL DE LA PROROGATION DE LA SCP

56185 Il convient de faire application des règles exposées nos 16710 s.

SECTION 3

LES ASSOCIÉS DE SOCIÉTÉ CIVILE PROFESSIONNELLE

I. DROITS ET OBLIGATIONS DES ASSOCIÉS

DROIT AUX BÉNÉFICES DES ASSOCIÉS DE SCP

La **SCP perçoit les honoraires** versés en rémunération de l'activité professionnelle des associés, mais, en contrepartie, ceux-ci ont vocation au partage des bénéfices réalisés par la SCP. 56800

L'associé d'une SCP titulaire de la charge, perd le droit à rémunération attaché à ses parts sociales à compter de la cession de celles-ci. Dès lors, il ne saurait demander la rémunération des actes délivrés par lui avant la cession et payés après. En effet, c'est la SCP, jouissant de la personnalité morale et disposant d'un patrimoine propre, qui exploite la clientèle et perçoit les recettes (CA Amiens 9-6-1989 : Bull. Joly 1990 p. 459).

Répartition des bénéfices Le **décret** particulier à chaque profession et, **à défaut, les statuts** peuvent prévoir un partage des bénéfices non proportionnel aux apports en capital (Loi du 29-11-1966 art. 14 remplacé, à compter du 1-9-2024, par Ord. 2023-77 du 8-2-2023 art. 18 ; Ord. 2023-77 art. 134). Cette disposition permet de ne pas défavoriser les apporteurs en industrie qui ne concourent pas à la formation du capital social (voir n° 54170). 56801

Certains décrets ont prévu des modalités de répartition des bénéfices, notamment pour les professions de médecin et de chirurgien-dentiste (CSP art. R 4113-48), d'infirmier et de masseur-kinésithérapeute (CSP art. R 4381-51), de biologiste médical (CSP art. R 6223-25), d'expert forestier, agricole et foncier (C. rur. art. R 173-19) et d'administrateur et mandataire judiciaire (C. com. art. R 814-123).

Il est possible de prévoir dans les statuts d'une SCP une clause prévoyant un abattement sur les bénéfices revenant aux associés âgés au titre de leurs parts d'industrie (Cass. 1e civ. 12-1-2017 n° 15-12.546 FS-D : RJDA 6/17 n° 404).

Les associés ne peuvent pas, même d'un commun accord, procéder en pratique à une **répartition** des bénéfices **différente de celle prévue par les statuts** sans avoir modifié au préalable ces derniers. 56802

Jugé, en effet, dans un cas où les deux associés d'une SCP de médecins avaient procédé à la répartition des bénéfices **en fonction** des résultats **de l'activité de chacun** alors que les statuts prévoyaient une répartition égalitaire, que cette répartition inégale n'était pas valable en l'absence de consentement unanime des associés exprimé dans un acte, la preuve de ce consentement ne pouvant pas être déduite du mode de fonctionnement (application de l'article 1854 du Code civil ; n° 8801) de la société (Cass. 1e civ. 21-3-2000 n° 582 : RJDA 5/00 n° 548). La Cour suprême a ainsi abandonné la solution qu'elle avait précédemment retenue – dans un arrêt toutefois rendu en formation restreinte et non publié (Cass. 1e civ. 22-11-1994 n° 1521 D : Bull. Joly 1995 p. 169 note Saintourens) – selon laquelle la volonté unanime des associés d'une SCP de modifier le mode de répartition des bénéfices pouvait résulter de ce que, dans les faits, ceux-ci avaient adopté une clef de répartition différente de celle prévue par les statuts.

Néanmoins, dans un cas où les deux associés d'une SCP avaient tout au long de la vie sociale **réparti les bénéfices en fonction des résultats** de l'activité de chacun, contrairement aux dispositions des statuts qui prévoyaient une répartition égalitaire, il a été jugé que les associés avaient unanimement opéré une modification des statuts, dès lors que cette **pratique** avait été **ratifiée** par les **actes de dissolution et de liquidation** de la société établis entre eux, dans lesquels ils relevaient la valeur inégale de leurs clientèles respectives en vue des apurements à venir et renvoyaient, expressément et sans réserves, aux modalités de répartition des bénéfices antérieurement réalisés par la société (Cass. 1e civ. 2-3-2004 n° 344 : RJDA 7/04 n° 851).

Les associés d'une SCP qui procéderaient à une **répartition** des bénéfices **différente de celle prévue par les statuts** au détriment de l'un de leurs coassociés engageraient leur responsabilité envers lui et pourraient être condamnés à lui verser des dommages-intérêts (pour une illustration, voir Cass. 1e civ. 17-9-2003 n° 1082 : RJDA 1/04 n° 59).

En l'absence de disposition réglementaire ou de clause statutaire, tous les associés, y compris les apporteurs en industrie, ont droit à la même part dans les bénéfices (Loi du 29-11-1966 art. 14, al. 3 remplacé, à compter du 1-9-2024, par Ord. 2023-77 du 8-2-2023 art. 18, al. 3 ; Ord. 2023-77 art. 134). 56803

Sur les droits aux bénéfices des héritiers et des membres interdits d'exercer définitivement, voir n° 57220.

DROIT À L'INFORMATION DES ASSOCIÉS DE SCP

56810 **Comptes sociaux** Les conditions dans lesquelles les associés sont informés de l'état des affaires sociales sont déterminées par les décrets d'application complétés, le cas échéant, par les statuts (Loi du 29-11-1966 art. 13, al. 3 remplacé, à compter du 1-9-2024, par Ord. 2023-77 du 8-2-2023 art. 17, al. 3 ; Ord. 2023-77 art. 134). Comme dans les autres formes de société, ce droit porte sur les **comptes de l'exercice** qui devront être approuvés par l'assemblée générale.

Ces comptes doivent être **communiqués,** ainsi que le rapport des gérants et le texte des résolutions proposées, à tous les associés quinze jours au moins avant la réunion de l'assemblée et au plus tard avec la convocation de celle-ci (décrets de toutes les professions).

En outre, les associés ont le droit de prendre personnellement connaissance de **tous registres et documents dont la tenue est prescrite** par les dispositions législatives ou réglementaires et, dans la plupart des cas, de tous documents détenus par la société (SCP de chirurgiens-dentistes, d'avocats aux Conseils, de biologistes médicaux, d'architectes, de médecins, de géomètres, d'avocats, de commissaires aux comptes, d'experts agricoles et fonciers, d'experts forestiers, d'infirmiers et de masseurs-kinésithérapeutes).

Le droit de prendre connaissance semble emporter celui de **prendre copie,** bien que les décrets ne le prévoient pas, à l'exception de ceux concernant les infirmiers et les masseurs-kinésithérapeutes (CSP art. R 4381-50).

56815 **Information entre associés** Cette information déborde le strict domaine de la vie sociale puisque les associés doivent se tenir mutuellement au courant de leurs activités sans que le secret professionnel puisse être opposé entre les membres de la société.

DROIT DES ASSOCIÉS AU MAINTIEN DANS LA SCP

56830 En **principe,** toute personne entrée dans la société a droit au maintien de la qualité d'associé jusqu'à son décès ou son retrait par cession ou rachat de ses parts sociales. Sur les règles particulières à certaines professions, voir toutefois n° 56860.

56835 **Cas d'exclusion** Dans les SCP, l'exclusion d'un associé peut être prononcée en cas d'**interdiction,** même temporaire, d'exercer la profession. Il en est ainsi pour un officier ministériel, même si c'est la société qui est titulaire de l'office (CA Montpellier 18-6-2002 : Dr. sociétés 2003 n° 44).

Sauf cas particulier, l'exclusion ne peut être décidée qu'à l'unanimité et seulement si l'associé est frappé d'une interdiction d'au moins trois mois.

Pour les SCP **d'experts agricoles et fonciers** et **d'experts forestiers,** l'exclusion est prononcée à l'unanimité sans condition de durée minimale d'interdiction (C. rur. art. R 173-45).

Dans les SCP de **médecins,** de **chirurgiens-dentistes,** d'**infirmiers** et de **masseurs-kinésithérapeutes,** la majorité « renforcée » prévue par les statuts suffit et aucune durée minimale d'interdiction n'est exigée (CSP art. R 4113-79 et R 4381-79).

Chez les **vétérinaires** et **les conseils en propriété industrielle** la majorité simple est requise mais l'associé doit avoir été interdit pour un minimum de six mois (C. rur. art. R 241-66 ; CPI art. R 422-33).

Enfin, les **biologistes médicaux** peuvent exclure un associé temporairement interdit dans les conditions de majorité prévues pour les modifications des statuts calculée en excluant, outre l'intéressé, ceux ayant déjà fait l'objet d'une sanction pour les mêmes faits ou pour des faits connexes (CSP art. R 6223-44).

DROIT DES ASSOCIÉS DE SE RETIRER DE LA SCP

56850 **Principe** Un associé peut se retirer de la SCP, soit qu'il cède ses parts sociales, soit que la société lui rembourse la valeur de ses parts (Loi du 29-11-1966 art. 18, al. 1 remplacé, à compter du 1-9-2024, par Ord. 2023-77 du 8-2-2023 art. 22, al. 1 ; Ord. 2023-77 art. 134). Le retrait peut s'effectuer à tout moment et il n'est soumis à aucune condition. Il ne doit toutefois pas être exercé abusivement (pour une illustration de retrait fautif, voir CA Versailles 14-6-2002 n° 01-707 : RJDA 12/02 n° 1290).

> **Précisions** **a.** La convention imposant à l'associé de **contribuer à certains frais** sociaux pendant un an après son retrait est valable si cette obligation est proportionnée aux intérêts légitimes de la société (Cass. 1e civ. 16-4-2015 n° 13-24.931 : RJDA 8-9/15 n° 585 et, dans la même affaire, Cass. 1e civ. 8-1-2020 n° 17-73.863 FS-PBI : RJDA 3/20 n° 159).
> **b.** Un associé d'une **société dissoute** peut demander le rachat de ses parts à la suite de son retrait dans les conditions prévues par les statuts (Cass. 1e civ. 13-12-2005 n° 1702 : RJDA 4/06 n° 414).

Cas particulier des officiers publics ou ministériels. L'officier public ou ministériel qui se retire d'une SCP en raison d'une **mésentente** entre associés peut solliciter sa nomination à un office créé à cet effet à la même résidence dans les conditions prévues par le décret d'application particulier à chaque profession, à l'expiration d'un délai de cinq ans à compter de sa nomination en qualité d'officier public ou ministériel associé au sein de cette société (Loi du 29-11-1966 art. 18, al. 2 remplacé, à compter du 1-9-2024, par Ord. 2023-77 du 8-2-2023 art. 22, al. 2 ; Ord. 2023-77 art. 134). Sur les conditions de ce rétablissement, notamment pour les professions de notaire et de commissaire de justice, voir respectivement les décrets 67-868 du 2 octobre 1967 (art. 89-1 s.) et 2022-950 du 29 juin 2022 (art. 103 s.). **56851**

La mise en œuvre des dispositions précitées suppose que l'intéressé ait au préalable fait constater par le tribunal judiciaire, dans le ressort duquel la SCP a son siège, la réalité de la mésentente invoquée (Cass. 1e civ. 21-2-1995 : Bull. civ. I n° 96, à propos du tribunal de grande instance mais transposable). Pour un exemple dans lequel cette procédure avait été mise en œuvre trop tardivement, l'arrêté autorisant le retrait (ordinaire) de l'intéressé ayant déjà été publié, de sorte que ce dernier avait perdu la qualité d'associé et le droit de faire reconnaître la mésentente, voir Cass. 1e civ. 13-4-1999 n° 775 : Bull. Joly 1999 p. 904 note J.-J. Daigre.

Sur la possibilité pour l'associé retrayant de solliciter la **dissolution de la société pour mésentente,** voir n° 57605.

Modalités du retrait

L'**associé** qui désire sortir de la SCP doit notifier sa décision à celle-ci. **56855**

Lorsqu'un associé le demande, la **SCP** est tenue soit de faire acquérir ses parts par d'autres associés ou par des tiers, soit de les **acquérir** elle-même, dans les conditions déterminées par le décret particulier à chaque profession (Loi du 29-11-1966 art. 21 remplacé, à compter du 1-9-2024, par Ord. 2023-77 du 8-2-2023 art. 25 ; Ord. 2023-77 art. 134). La société dispose en général d'un délai de six mois à partir du moment où lui a été notifiée la décision de retrait de l'associé pour faire connaître à celui-ci le projet de cession ou de rachat de ses parts. Ce délai est d'une année dans les SCP d'avocats aux Conseils (Décret 78-380 du 15-3-1978 art. 31), de commissaires de justice (Décret 2022-950 du 29-6-2022 art. 38, II), de notaires (Décret 67-868 du 2-10-1967 art. 31, II) et de greffiers (C. com. art. R 743-101, II). Dans les sociétés d'avocats, le délai est de six mois mais il peut être porté à dix mois maximum par les statuts (Décret 92-680 du 20-7-1992 art. 28).

Lorsque la SCP ne prend pas parti dans le délai qui lui est imparti pour exécuter son obligation légale de racheter ou d'annuler les parts, l'associé qui a demandé son retrait peut seulement exercer une action en réalisation forcée de cette obligation (Cass. 1e civ. 7-2-2006 n° 192 : RJDA 5/06 n° 551).

Est régulière la cession de parts intervenue entre un associé retrayant et l'un de ses deux coassociés dès lors que l'autre coassocié n'a pas répondu dans le délai statutaire à l'offre de cession formulée par le retrayant (Cass. 1e civ. 22-10-2009 n° 08-17.895 : RJDA 4/10 n° 400).

Les décrets concernant notamment les médecins, les biologistes médicaux, les chirurgiens-dentistes, les infirmiers et les masseurs-kinésithérapeutes donnent aux statuts la possibilité de subordonner le retrait d'un **associé** à l'expiration d'un **délai** ne pouvant excéder six mois à compter de la notification faite par celui-ci. **56856**

Sur la possibilité pour un associé de renoncer à son retrait, voir Cass. 1e civ. 4-1-1995 : Dr. sociétés 1995 n° 89 note Th. Bonneau.

L'associé qui se retire ne peut pas rester indéfiniment associé et il a été jugé (à propos d'une SCP de notaires, mais la solution est transposable aux autres SCP compte tenu de l'identité des textes applicables) qu'il doit tirer les conséquences de son retrait en présentant un projet de cession de ses parts à un tiers ou à ses anciens associés ; à défaut, il peut y être contraint par le juge (Cass. 1e civ. 27-9-2005 n° 1269 : RJDA 2/06 n° 166). Pour un cas où un notaire a été condamné pour avoir commis un abus de droit en se maintenant dans la société, voir Cass. 1e civ. 2-7-2014 n° 13-14.134 : RJDA 11/14 n° 850.

L'associé qui exerce la faculté de retrait prévue par l'article 18 de la loi de 1966 (Ord. 2023-77 du 8-2-2023 art. 22 à compter du 1-9-2024 ; cf. Ord. 2023-77 art. 134) a droit à la valeur de ses parts (voir nos 57060 s.) et peut prétendre à l'ensemble des droits patrimoniaux détenus au jour du retrait et incluant sa quote-part de la valeur du droit de présentation de la **clientèle** (Cass. 1e civ. 18-6-1996 : JCP E 1997 II 910 note J.-J. Daigre). **56857**

C'est à tort qu'une cour d'appel a énoncé que le droit de présentation de la clientèle de la société est envisageable pour l'associé qui se retire d'une SCP d'avocats seulement si le successeur non encore associé le devient, mais qu'il est sans objet si un ou plusieurs associés ou la société rachètent les parts, alors qu'est attaché aux parts sociales le droit pour l'associé de partager les bénéfices ou de profiter de l'économie qui résulte de l'exploitation en société, indépendamment de la personne de l'acquéreur (Cass. 1e civ. 3-3-1993 : Bull. Joly 1993 p. 596).

Un avocat qui se retire d'une SCP à laquelle il n'a apporté que son **industrie** ne peut pas prétendre à une quote-part de plus-value d'actif liée à la clientèle dès lors qu'il a poursuivi son activité dans un autre cabinet d'avocats, si bien qu'il n'a pas permis à la SCP de conserver une plus-value liée à cette industrie et que, s'étant « saisi » de la valeur de celle-ci, il se l'est attribuée de fait (CA Paris 17-6-2008 n° 06-3926 : RJDA 11/08 n° 1143). Sur la nécessité pour l'apporteur en industrie de faire préciser dans les statuts les modalités de son indemnisation en cas de retrait, faute de quoi il risque d'en être privé, voir CA Paris 17-6-2008, analysé n° 54170.

56858 La **valeur du droit de présentation** de la clientèle doit être fixée à la date du retrait de l'associé de la SCP ; il ne peut être tenu compte de l'évolution postérieure de la SCP (CA Poitiers 11-1-1995 : Gaz. Pal. 1995 p. 202 note J.-J. Daigre).

Le fait qu'un décret pris pour l'application de la loi à une profession déterminée (en l'espèce les médecins) prévoit que le prix de rachat des parts d'un associé qui se retire est fixé, à défaut d'accord, par le président du tribunal judiciaire statuant en référé n'interdit en rien aux associés de prévoir à l'avance, dans les **statuts** de la société, les **modalités d'évaluation des parts** (CA Orléans 10-11-2005 n° 05-1766 : RJDA 1/06 n° 41, à propos du président du tribunal de grande instance), faculté aujourd'hui expressément prévue par les textes (n° 57060).

56859 En cas de **non-paiement** de ses **parts sociales** à la date de son retrait, l'associé sortant d'une SCP de vétérinaires a droit, outre les intérêts au taux légal, à la rémunération de ses parts de capital jusqu'à la date du remboursement effectif de celles-ci (CA Caen 11-1-1990 : Gaz. Pal. 1991 som. p. 434).

56860 **Conséquences du retrait** En principe, le retrait d'un associé n'emporte pas **dissolution** de la SCP, sauf si les décrets d'application ou les statuts le prévoient (Loi du 29-11-1966 art. 24, al. 1 remplacé, à compter du 1-9-2024, par Ord. 2023-77 du 8-2-2023 art. 27, al. 1 ; Ord. 2023-77 art. 134).

Sur l'obligation de l'**associé** qui se retire de **céder ses parts,** voir n° 56856.

La **perte de la qualité d'associé** de l'associé retrayant ne peut pas être antérieure au **remboursement de la valeur de ses droits** sociaux (Cass. com. 17-6-2008 n° 07-14.965 et 06-15.045 : RJDA 11/08 n° 1144). Toutefois, certains **textes spéciaux** écartent ce principe. Ainsi, l'article R 4113-69 du Code de la santé publique dispose que l'associé d'une SCP de **médecins ou de chirurgiens-dentistes** qui se retire perd, à compter de sa **cessation d'activité,** « les droits attachés à sa qualité d'associé » et la Cour de cassation a jugé que cette perte de droits entraîne la perte de la qualité d'associé (voir Cass. 1e civ. 17-12-2009 n° 08-19.895 : RJDA 3/10 n° 260, à propos d'un notaire qui, à l'époque, était dans une situation similaire mais à notre avis transposable).

Dans un tel cas, le retrait d'un associé de SCP de médecins ou de chirurgiens-dentistes doit être fixé à la date à laquelle l'associé cesse son activité et ne peut résulter de la seule cession de ses parts sociales. Par suite, l'associé titulaire de parts sociales et de **parts d'industrie** qui a cédé ses parts sociales peut revendiquer une **participation aux bénéfices** au titre de ses parts d'industrie jusqu'à la date de cessation de son activité (voir Cass. 1e civ. 28-10-2010 n° 09-68.135 : RJDA 2/11 n° 164, à propos d'un huissier de justice qui, à l'époque, était dans une situation similaire mais à notre avis transposable).

La perte de la qualité d'associé prive le **retrayant** du droit de **participer aux assemblées générales** et, en principe, de **demander** en justice **la nullité** de celles-ci. Toutefois, un retrayant n'est pas irrecevable à agir en nullité de ces assemblées. Il a intérêt au succès de son action en sa qualité de propriétaire des parts annulées et de créancier de la SCP (pour la valeur de celles-ci) et aussi pour la sauvegarde des droits patrimoniaux qu'il a conservés, tenant à la fois au capital apporté, à la valeur de ses parts et à la rémunération de son apport (Cass. 1e civ. 17-12-2009 n° 08-19.895 précité ; Cass. com. 7-7-2021 n° 19-20.673 F-D : RJDA 11/21 n° 727).

56862 En application des articles 1869 du Code civil et 18 de la loi 66-879 du 29 novembre 1966 (Ord. 2023-77 art. 22 à compter du 1-9-2024 ; cf. Ord. 2023-77 art. 134), l'associé retrayant de SCP conserve, comme l'associé de société civile de droit commun, ses droits patrimoniaux tant qu'il n'a pas obtenu le remboursement de ses parts, les associés pouvant toutefois conclure des conventions dérogeant à cette règle pour déterminer leurs relations financières lors du retrait de l'un d'eux (voir n° 20237).

Le décret applicable aux médecins et chirurgiens-dentistes précise que, tant qu'il est titulaire de ses parts, le professionnel a droit à la **rétribution de ses apports** en capital (CSP art. R 4113-69, al. 1). Il en résulte que l'associé retrayant a en conséquence le droit à sa quote-part dans les **bénéfices** distribués (voir Cass. 1e civ. 9-6-2011 n° 09-69.923 : RJDA 8-9/11 n° 715 ; Cass. 1e civ. 2-7-2014 n° 13-14.134 : RJDA 11/14 n° 850, à propos d'un notaire qui, à l'époque, était dans une situation similaire mais à notre avis transposable), peu important que son maintien ait un caractère abusif (voir Cass. 1e civ. 2-7-2014, précité, à propos d'un notaire qui, à l'époque, était dans une situation similaire mais à notre avis transposable).

Une fois ses parts cédées, l'associé qui se retire en restant membre de la **profession** peut en **reprendre l'exercice** soit à titre individuel, soit en entrant dans une autre SCP (cf. Loi du 29-11-1966 art. 4 remplacé, à compter du 1-9-2024, par Ord. 2023-77 du 8-2-2023 art. 19 ; Ord. 2023-77 art. 134). Il a néanmoins le droit de se réinstaller avant le remboursement de ses droits sociaux une fois **expiré le délai** imparti à la société pour faire racheter ou acheter elle-même ses parts (n° 56855) et en l'**absence de** toute **proposition** sérieuse de la part de celle-ci (Cass. 1e civ. 12-6-2012 n° 11-18.472 : RJDA 10/12 n° 871). **56864**

Les **statuts** peuvent imposer à l'associé qui se retire une **obligation de non-réinstallation.**

Jugé que la cession de parts d'une SCP de médecins, à l'occasion de laquelle le cédant avait été dispensé de l'interdiction de rétablissement, ne pouvait être annulée pour défaut de cause (désormais défaut de contrepartie) au seul motif que le droit de présentation de la clientèle demeurant l'élément essentiel de l'actif de la société, la levée de l'interdiction de se rétablir vidait les parts sociales de leur consistance (Cass. civ. 25-3-1991 : Bull. Joly 1991 p. 533).

La clause statutaire de non-rétablissement ne se limite pas au cabinet principal mais couvre tous les cabinets dans lesquels la SCP exerce ses activités (Cass. 1e civ. 14-3-1995 n° 517 D : Bull. Joly 1995 p. 532).

L'obligation de non-réinstallation ne prend effet qu'au jour du départ effectif de l'associé de la SCP et non à compter de la date fixée par les associés pour la mise en œuvre du retrait (arrêt précité).

OBLIGATION DES ASSOCIÉS AU PASSIF DE LA SCP

Étendue Les associés répondent indéfiniment des dettes sociales à l'égard des tiers (Loi du 29-11-1966 art. 15 remplacé, à compter du 1-9-2024, par Ord. 2023-77 du 8-2-2023 art. 19 ; Ord. 2023-77 art. 134). **56870**

Constituent des **dettes sociales** non seulement celles qui ont été contractées par le gérant agissant dans l'exercice de ses fonctions, mais aussi les conséquences pécuniaires des fautes professionnelles commises par les associés.

Les associés répondent des dettes sociales à la date de leur exigibilité, de sorte que seuls les associés à la date à laquelle les paiements sont exigibles peuvent être recherchés par les créanciers (Cass. 1e civ. 26-11-1991 : RJDA 3/92 n° 259).

Époux L'obligation indéfinie des associés ne fait pas obstacle à ce que deux époux soient associés dans une même SCP (Loi du 29-11-1966 art. 15, al. 1 remplacé, à compter du 1-9-2024, par Ord. 2023-77 du 8-2-2023 art. 19, al. 1 ; Ord. 2023-77 art. 134). **56875**

Procédure Le créancier ne peut poursuivre le paiement des dettes sociales contre un associé qu'après avoir vainement mis en demeure la SCP et à condition de la mettre en cause (Loi du 29-11-1966 art. 15, al. 2 remplacé, à compter du 1-9-2024, par Ord. 2023-77 du 8-2-2023 art. 19). En cas de procédure collective ouverte à l'encontre de la SCP, valent mise en demeure de cette dernière la déclaration de la créance entre les mains du mandataire judiciaire (Cass. com. 19-12-2006 n° 02-21.333 : RJDA 5/07 n° 501 à propos d'une SNC mais transposable aux SCP) ainsi que la fixation ou l'admission de la créance dans le cadre de la procédure collective (CA Nîmes 19-6-2001 : Dr. sociétés 2002 comm. n° 61 note F.-X. Lucas). **56880**

Dans les rapports des associés entre eux, les statuts fixent les modalités de la contribution aux dettes sociales. Celle-ci peut être égale pour tous, proportionnelle aux apports, proportionnelle au volume d'affaires traitées, etc. Dans le silence des statuts, chaque associé contribue aux dettes sociales pour une même part.

EXERCICE DE LA PROFESSION PAR LES ASSOCIÉS AU SEIN DE LA SCP

Sauf disposition contraire du décret particulier à chaque profession, un associé ne peut être membre que d'une seule SCP et ne peut pas exercer la même profession **à titre individuel** (Loi du 29-11-1966 art. 4 remplacé, à compter du 1-9-2024, par Ord. 2023-77 du 8-2-2023 art. 19, al. 2 ; Ord. 2023-77 art. 134). **56890**

S'agissant des **architectes** associés, les statuts de la société peuvent autoriser, dans des limites qu'ils fixent, l'exercice en parallèle de la profession à titre individuel à condition que l'activité autorisée soit expressément exclue de l'objet de la société par une clause statutaire (Décret 77-1480 du 28-12-1977 art. 41). Un associé de SCP d'experts agricoles et fonciers ou d'experts forestiers peut aussi exercer sa profession à titre individuel ou être membre d'une autre SCP (C. rur. art. R 173-40). Certains **professionnels médicaux** associés d'une SCP peuvent poursuivre leur activité à titre individuel sous forme libérale mais seulement à titre gratuit (CSP art. R 4113-72 pour les médecins et chirurgiens-dentistes et R 4381-73 pour les infirmiers et les masseurs-kinésithérapeutes). Les biologistes médicaux associés d'une SCP ne peuvent exercer leur profession à titre libéral qu'au sein de celle-ci (CSP art. R 6223-11, al. 3).

Les décrets adoptés ou modifiés depuis l'adoption de la loi du 31 décembre 1990 relative aux SEL précisent en outre l'impossibilité d'être à la fois membre d'une SCP et d'une SEL.

> Précisions L'associé d'une **SCP d'avocat** agit au nom de celle-ci (Décret 92-680 du 20-7-1992 art. 44). Il s'ensuit que, hors les affaires soumises à postulation par avocat, la **notification d'un acte de procédure** à un avocat membre d'une SCP est régulièrement accomplie au siège de celle-ci en application de l'article 690 du Code de procédure civile (Cass. 2e civ. 17-9-2020 no 19-15.814 F-PBI : RJDA 1/21 no 30, à propos d'une SEL mais transposable).

RESPONSABILITÉ PROFESSIONNELLE DES ASSOCIÉS DE SCP

56900 **Acte professionnel** Chaque associé répond, sur l'ensemble de son patrimoine personnel, des actes professionnels qu'il accomplit, la société étant solidairement responsable avec lui des conséquences dommageables de ces actes (Loi du 29-11-1966 art. 16, al. 1 et 2 remplacé, à compter du 1-9-2024, par Ord. 2023-77 du 8-2-2023 art. 20, al. 1 et 2 ; Ord. 2023-77 art. 134).

En cas de faute professionnelle commise par un associé, le client victime peut agir en responsabilité contre la société ou l'associé fautif, ou contre les deux, compte tenu de la solidarité instituée par ce texte (Cass. 1e civ. 23-11-2004 no 1709 : RJDA 2/05 no 159 ; Cass. 1e civ. 28-3-2008 no 07-12.196 : RJDA 7/08 no 823 ; Cass. 1e civ. 8-3-2012 no 11-14.811 : RJDA 5/12 no 510). Il peut agir contre la société même si l'associé a commis une faute pénalement sanctionnée (Cass. 1e civ. 15-3-2005 no 562 : RJDA 7/05 no 836 ; Cass. 1e civ. 9-6-2011 no 10-15.933 : RJDA 10/11 no 824).

La SCP est solidairement responsable avec l'associé des conséquences dommageables des actes de celui-ci, quels que soient les changements intervenus dans la composition de la société (Cass. 3e civ. 24-4-2003 no 502 : RJDA 10/03 no 997 : en l'espèce, changements ayant affecté la répartition des parts et la dénomination de la société).

La cession de ses parts sociales par un associé est dépourvue d'effet sur sa responsabilité qui demeure, comme celle de la société, engagée au titre des conséquences dommageables des soins qu'il a prodigués dans le cadre de son exercice au sein de la société (Cass. 1e civ. 11-7-2018 no 17-17.441 F-PB : RJDA 10/18 no 747, à propos d'une SCP de masseurs-kinésithérapeutes).

56905 **Assurance** La société ou les associés doivent contracter une assurance de **responsabilité civile professionnelle** dans les conditions prévues par le décret d'application particulier à chaque profession (Loi du 29-11-1966 art. 16, al. 3 remplacé, à compter du 1-9-2024, par Ord. 2023-77 du 8-2-2023 art. 20, al. 3 ; Ord. 2023-77 art. 134).

II. PARTS SOCIALES

PRINCIPALES CARACTÉRISTIQUES DES PARTS DE SCP

57000 Les parts sociales sont les parts représentatives d'apports en numéraire ou en nature (nos 21000 s.). Elles concourent à la formation du capital social, doivent être de valeur nominale égale et ne peuvent être représentées par des titres négociables (Loi du 29-11-1966 art. 9 remplacé, à compter du 1-9-2024, par Ord. 2023-77 du 8-2-2022 art. 13 ; Ord. 2023-77 art. 134).

Bien qu'aucune disposition légale n'impose une **valeur nominale minimale,** les décrets d'application de la loi de 1966 en ont fixé une pour chacune des professions, sauf pour la profession de commissaire aux comptes.

A. Cessions de parts

1. RÉGIME JURIDIQUE DE LA CESSION DE PARTS

INCESSIBILITÉ DES PARTS D'INDUSTRIE DE SCP

57005 Les parts d'industrie ne peuvent pas être cédées et doivent être annulées lorsque leur titulaire perd sa qualité d'associé pour quelque cause que ce soit (voir le décret de chaque profession).

Si, pour une raison quelconque, celui-ci vient à cesser sa collaboration, il n'exécute plus son obligation d'apport et doit alors perdre les droits correspondants (voir Cass. 1e civ. 9-2-1955 : Bull. civ. I no 67).

FORMALITÉS DE CESSION DE PARTS DE SCP

57020 La cession des parts sociales doit être constatée par un **écrit** (C. civ. art. 1865).

Elle est rendue **opposable à la société** dans les formes prévues à l'article 1690 du Code civil, c'est-à-dire après signification par acte extrajudiciaire ou acceptation de la société par un acte authentique, ou par un « transfert » sur les registres de la société si les statuts le prévoient (C. civ. art. 1865, al. 1). Sur ces formalités, voir nos 21290 s.

Sauf dispositions contraires des décrets d'application propres à chaque profession, cette cession n'est **opposable aux tiers** qu'après accomplissement des formalités indiquées ci-dessus et de celles prévues par l'article 52 du décret 78-704 du 3 juillet 1978 : dépôt au greffe du tribunal de commerce de l'original de l'acte de cession s'il est sous signature privée ou d'une copie authentique s'il est notarié (n° 21300).

Jusqu'à l'accomplissement de ces diverses mesures de publicité, le cédant est considéré, à l'égard des tiers, comme n'ayant jamais cessé d'être propriétaire des parts cédées.

La cession totale ou partielle consentie à **un ou plusieurs associés** s'effectue librement, sauf disposition contraire des statuts (Loi du 29-11-1966 art. 20 remplacé, à compter du 1-9-2024, par Ord. 2023-77 du 8-2-2023 art. 24 ; Ord. 2023-77 art. 134). **57025**

Si les parts sont acquises par la **société,** celle-ci est tenue de réduire son capital du montant de la valeur nominale des parts (art. 21 de la loi précitée remplacé, à compter du 1-9-2024, par Ord. 2023-77 art. 25). Lorsque l'acquéreur présenté par l'associé est un tiers, la cession doit nécessairement recueillir l'**agrément** de la société.

Dans les **SCP d'avocats,** les cessions de parts à la société ou à un ou plusieurs associés doivent être adressées au bâtonnier par l'acquéreur (Décret 92-680 du 20-7-1992 art. 26).

SCP de notaires ou de commissaires de justice Dans les SCP de notaires ou de commissaires de justice, les conventions par lesquelles un associé **cède une partie de ses parts à la société ou à un ou plusieurs associés** sont portées à la connaissance du garde des Sceaux dans un délai de 30 jours par l'acquéreur par téléprocédure sur le site du ministère de la justice (Décret 67-868 du 2-10-1967 art. 29 pour les notaires ; Décret 2022-950 du 29-6-2022 art. 36 pour les commissaires de justice, les commissaires-priseurs et les huissiers). **57030**

À compter du 1er mars 2024 (Décret 2022-1743 du 29-12-2022 art. 12), l'information du garde des Sceaux sera remplacée par une déclaration au Conseil supérieur du notariat pour les notaires ou à la Chambre nationale des commissaires de justice pour les commissaires de justice, les huissiers et les commissaires-priseurs (Décret 67-868 art. 29, al. 1 pour les notaires modifié par décrets 2022-1743 et 2023-119 du 20-2-2023 ; Décret 2022-950 art. 36, al. 1 modifié par décret 2022-1743 pour les commissaires de justice, les huissiers et les commissaires-priseurs).

Le Conseil supérieur du notariat ou la Chambre nationale des commissaires de justice pourront s'opposer à la cession en cas de méconnaissance des dispositions législatives et réglementaires pendant un délai de deux mois à compter de la réception de la déclaration dûment complétée et accompagnée des pièces requises. En l'absence d'opposition à l'expiration de ce délai, la cession prendra effet (Décret 67-868 art. 29, al. 2 et Décret 2022-950 art. 36, al. 2 modifiés par décret 2022-1743).

Le recours contre une décision d'opposition de ces instances professionnelles devra être précédé, à peine d'irrecevabilité, d'un recours administratif devant le garde des Sceaux (Décret 67-868 art. 29, al. 3 et Décret 2022-950 art. 36, al. 3 modifiés par décret 2022-1743).

Une copie de la déclaration devra être adressée par la société au greffier du tribunal de commerce ou du tribunal judiciaire statuant commercialement du lieu du siège pour être versée au RCS et au RNE (Décret 67-868 art. 39 et Décret 2022-950 art. 48 modifiés par décret 2022-1743 ; C. com. art. L 123-37, 1°).

Si les **cessions de parts à la société ou aux associés** portent sur la **totalité des parts** sociales (y compris lorsque le cédant demeure attributaire de parts d'intérêts ou est atteint par la limite d'âge ou encore lorsque l'autorisation de prolonger son activité a expiré), l'acquéreur doit les déclarer au garde des Sceaux par téléprocédure sur le site internet du ministère de la justice dans un délai de deux mois avant leur réalisation (Décret 67-868 du 2-10-1967 art. 29 ; Décret 2022-950 du 29-6-2022 art. 36). **57035**

Une copie de la déclaration doit être adressée par la société au greffier du tribunal de commerce ou du tribunal judiciaire statuant commercialement du lieu du siège social pour être versée au RCS et au RNE (Décret 67-868 art. 39 ; Décret 2022-950 art. 48 ; C. com. art. L 123-37, 1°).

Le **garde des Sceaux** dispose d'un délai de deux mois à compter de la réception de la déclaration dûment complétée et accompagnée des pièces requises pour **s'opposer à la cession**. En l'absence de décision expresse d'opposition ou de non-opposition du garde des Sceaux à l'expiration de ce délai, la déclaration est réputée faire l'objet d'une décision de non-opposition et la cession prend effet à la date d'expiration de ce délai (Décret 67-868 du 2-10-1967 art. 29 et Décret 2022-950 du 29-6-2022 art. 36 modifiés par décret 2022-1743 du 29-12-2022). **57036**

57037 Toute convention par laquelle un associé **cède** la totalité ou une fraction de ses parts **à un tiers** est passée sous la condition suspensive de l'approbation du retrait du cédant prononcée par le garde des Sceaux (Décret 67-868 du 2-10-1967 art. 27, al. 1 pour les notaires et Décret 2022-950 du 29-6-2022 art. 34, al. 1 pour les commissaires de justice, les huissiers et les commissaires-priseurs modifiés par décret 2022-1743 du 29-12-2022).

Toutefois, les cessions portant sur la totalité des parts conclues depuis le 1er mars 2023 en vue de l'exercice de la profession de notaire ou de commissaire de justice, d'huissier et de commissaire-priseur font l'objet d'une déclaration au garde des Sceaux, sauf si la cession implique l'exercice du droit de présentation ou une première nomination (Décret 67-868 art. 27, al. 2 et Décret 2022-950 art. 34, al. 2 modifiés par décret 2022-1743).

Le garde des Sceaux dispose d'un délai de deux mois à compter de la réception de la déclaration dûment complétée et accompagnée des documents requis pour s'opposer à la cession. En l'absence de décision expresse d'opposition ou de non-opposition du garde des Sceaux à l'expiration de ce délai, la déclaration est réputée faire l'objet d'une décision de non-opposition et la cession prend effet à la date d'expiration de ce délai (Décret 67-868 art. 27, al. 3 et Décret 2022-950 art. 36, al. 3 modifiés par décret 2022-1743).

La copie de la décision du garde des Sceaux ou la copie de la déclaration doivent être adressées par la société au greffier du tribunal de commerce ou du tribunal judiciaire statuant commercialement du lieu du siège social pour être versées au RCS et au RNE (Décret 67-868 art. 39 et Décret 2022-950 art. 48 modifiés par décret 2022-1743 ; C. com. art. L 123-37, 1°).

AGRÉMENT DE L'ACQUÉREUR PAR LES ASSOCIÉS DE SCP

57040 L'agrément est donné par les associés représentant au moins les trois quarts des voix, sauf majorité plus forte fixée par les statuts (Loi du 29-11-1966 art. 19, al. 1 remplacé, à compter du 1-9-2024, par Ord. 2023-77 du 8-2-2023 art. 23, al. 1 ; Ord. 2023-77 art. 134). Le cédant peut prendre part au vote, s'il n'en est pas disposé autrement dans les décrets d'application ou, à défaut, dans les statuts.

Le projet de cession doit être **notifié** à la société et à chacun des associés soit dans les formes prévues à l'article 1690 du Code civil (voir n° 57020), soit par lettre recommandée AR. À compter de la dernière notification, la société dispose d'un délai de deux mois pour formuler son avis dans les mêmes formes (voir les décrets d'application).

Si la société ne fait pas connaître sa décision dans ce délai, le consentement à la cession est implicitement donné (Loi du 29-11-1966 art. 19, al. 2 remplacé, à compter du 1-9-2024, par Ord. 2023-77 art. 23, al. 2). Dans le cas où elle **refuse l'agrément,** elle doit présenter à l'associé un projet de cession ou de rachat des parts (n° 57045).

57045 **Conséquences du refus d'agrément** La société est tenue soit d'acquérir elle-même les parts, soit de les faire acquérir par une personne qu'elle désigne. Elle doit faire connaître son projet à l'associé dans un délai qui est généralement de six mois à compter de la notification du refus d'agrément (Loi du 29-11-1966 art. 19, al. 3 remplacé, à compter du 1-9-2024, par Ord. 2023-77 du 8-2-2023 art. 23, al. 3 ; Ord. 2023-77 art. 134).

Si la société n'exécute pas son obligation au terme du délai, l'associé peut **contraindre judiciairement** la société à s'exécuter, c'est-à-dire à racheter les parts à défaut d'acquéreur (voir Cass. 1e civ. 7-2-2006 n° 192 : RJDA 5/06 n° 551).

> **Précisions** **a.** Dans les sociétés titulaires d'un office de commissaire de justice, de notaires ou de greffiers de tribunal de commerce, le **délai** peut être **prorogé** par le garde des Sceaux, à la demande de tous les associés, y compris le cédant. La même prorogation est possible pour les avocats aux Conseils mais limitée à trois mois.
> **b.** Lorsqu'une SCP refuse de consentir à la cession des parts de l'un des associés à un tiers, elle doit lui notifier, s'il persiste dans son intention d'y procéder, son **propre projet de cession** dans un délai de six mois. En revanche, elle n'a pas l'obligation d'acquérir ou de faire acquérir les parts sociales dans ce même délai dès lors qu'elle n'est pas d'accord avec le cédant sur le prix de cession (Cass. 1e civ. 10-4-2019 n° 17-28.264 FS-PB : RJDA 7/19 n° 515).

ÉVALUATION DES PARTS DE SCP

57060 Les **statuts** peuvent, à l'unanimité des associés, fixer les principes et les modalités applicables à la détermination de la valeur des parts sociales (Loi du 29-11-1966 art. 10, al. 3 remplacé, à compter du 1-9-2024, par Ord. 2023-77 du 8-2-2023 art. 14, al. 3 ; Ord. 2023-77 art. 134).

Si la loi prévoit qu'en cas de **contestation** sur le prix de cession de parts sociales ou de leur rachat par la société, leur valeur est fixée dans le cadre de l'expertise organisée par l'article 1843-4 du Code civil, l'expert désigné doit faire application des clauses statutaires de détermination du prix (art. 1843-4, I-al. 1 et 2). En l'absence de renvoi légal à ce texte, ces clauses font obstacle à la mise en œuvre de l'expertise pour les cessions ou rachats prévus par les statuts sauf si en pratique elles ne permettent pas de déterminer le prix (cf. art. précité, II-al. 1).

La procédure d'expertise de l'article 1843-4 du Code civil exposée nos 21240 s., appelle les précisions suivantes :

– cette expertise ne saurait être éludée lorsque la contestation a été soumise à une procédure d'arbitrage (CA Paris 21-5-1996 : Dr. sociétés 1996 comm. n° 163 note Th. Bonneau) ;

– les parts doivent être évaluées par l'expert à la date où le cédant perd sa qualité d'associé ; ainsi, en cas de cession des parts d'une SCP de médecins (ou en cas de retrait d'un médecin), l'estimation des parts du médecin qui quitte la société s'opère au jour de la cessation de son activité (voir Cass. 1e civ. 16-3-2004 n° 446 : RJDA 7/04 n° 852 ; Cass. 1e civ. 28-6-2007 n° 06-18.074 : RJDA 11/07 n° 1127 à propos d'un notaire qui, à l'époque, était dans une situation similaire mais à notre avis transposable).

> **Précisions** **a.** L'article 19 de la loi du 29 novembre 1966 (Ord. 2023-77 art. 23 à compter du 1-9-2024 ; cf. Ord. 2023-77 art. 134) prévoit le recours à l'expertise de l'article 1843-4 du Code civil, en matière de cession de parts, en cas de refus d'agrément. En matière de **retrait d'associé**, la plupart des décrets particuliers à chaque profession soit prévoient le recours à l'expertise de l'article 1843-4, soit renvoient aux règles applicables en cas de cession de parts.
> **b.** Dans les SCP d'avocats, l'article 21, III-al. 2 de la loi 71-1130 du 31 décembre 1971 modifié déroge à l'article 1843-4 et donne compétence au bâtonnier pour **désigner** lui-même **l'expert** chargé d'évaluer les parts, mais cette disposition ne lui permet pas de fixer lui-même la valeur des parts (Cass. 1e civ. 9-5-2019 n° 18-12.073 FS-PB : RJDA 8-9/19 n° 567).

Valorisation de la clientèle Sauf dispositions contraires du décret particulier à chaque profession, la valeur des parts sociales doit prendre en considération une valeur représentative de la clientèle civile. Toutefois, à l'unanimité des associés, les statuts peuvent exclure cette valeur de la valorisation des parts sociales (Loi du 29-11-1966 art. 10, al. 4 remplacé, à compter du 1-9-2024, par Ord. 2023-77 du 8-2-2023 art. 14, al. 3 ; Ord. 2023-77 art. 134). 57061

En l'absence de clause excluant cette valorisation ou si cette exclusion est interdite par la réglementation, la valeur du droit de présentation de clientèle doit être fixée, en cas de retrait, à la date de celui-ci, sans que l'évolution postérieure de la SCP puisse être prise en compte (CA Toulouse 11-1-1995 : Gaz. Pal. 1995 p. 202) mais il convient d'en déduire la valeur des reprises « de clientèle » effectuées par l'associé qui se retire (CA Paris 22-9-1998 : Bull. Joly 1998 p. 381 note J.-J. Daigre).

> **Précisions** Les travaux préparatoires de la loi 2011-331 du 28 mars 2011 ayant permis aux statuts d'écarter la valorisation de la clientèle ont souligné que le rachat des parts à leur **valeur vénale** est devenu un frein à l'entrée des jeunes praticiens dans les SCP ; cette valeur vénale repose sur des critères en partie virtuels car, bien souvent, les clients des associés qui se retirent s'adressent au nouveau cabinet créé par ceux-ci pour continuer à bénéficier de leurs conseils (Rapport AN n° 2621).

REFUS DU CÉDANT DE SIGNER L'ACTE DE CESSION DE PARTS DE SCP

Si le cédant refuse de signer l'acte portant cession des parts, il est passé outre à ce refus deux mois après la sommation faite par la société et demeurée infructueuse. 57070

Si la cession porte sur la totalité des parts, le cédant perd sa qualité d'associé à l'expiration de ce délai.

CESSION FORCÉE DES PARTS DE SCP

Lorsqu'un associé se trouve contraint de quitter la société parce qu'il est frappé d'une **peine disciplinaire** entraînant son exclusion, d'une **interdiction légale ou judiciaire** ou encore d'une **incapacité physique** définitive d'exercer la profession, il dispose d'un **délai** de six mois à compter du jour de la radiation, de la destitution, de l'interdiction ou de la notification de l'exclusion pour céder ses parts. 57080

En application des articles 31-1 et 32 du décret du 2 octobre 1967 relatif aux SCP notariales, le délai de six mois imparti à l'associé empêché par une maladie court à compter de la publication de l'arrêté prononçant la démission d'office et non du jugement constatant l'inaptitude ou l'empêchement. La requête en annulation de cet arrêté pour abus de pouvoir dont est saisi le juge administratif n'a pas d'effet suspensif s'il n'en est autrement ordonné par cette juridiction (Cass. 1e civ. 9-6-2011 n° 09-69.923 : RJDA 8-9/11 n° 715).

Le délai est porté à un an en cas d'interdiction légale ou judiciaire et de placement sous tutelle (avocats, architectes, géomètres, avocats aux Conseils, vétérinaires).

Si aucune cession n'est intervenue à l'expiration de ce délai, la société est tenue d'acquérir les parts ou de les faire acquérir dans les mêmes conditions qu'en cas de refus d'agrément (n° 57045).

Les parts de SCP de notaires, commissaires de justice, avocats ou greffiers de tribunal de commerce ne peuvent pas être vendues aux **enchères publiques** (voir les décrets d'application). Cette interdiction n'emporte pas, par principe, leur insaisissabilité ; mais, s'agissant d'une SCP de notaires, une saisie-vente des parts est incompatible avec l'exigence de l'agrément préalable de l'acquéreur par le garde des Sceaux prévu par l'article 91 de la loi du 28 avril 1816 (Cass. 1e civ. 4-11-2003 n° 1501 : RJDA 11/04 n° 1231, Bull. Joly 2004 p. 282 note critique J.-J. Daigre).

L'associé frappé d'une **interdiction définitive** d'exercer la profession conserve vocation aux **bénéfices** jusqu'à la cession (Loi du 29-11-1966 art. 24, al. 4 remplacé, à compter du 1-9-2024, par Ord. 2023-77 du 8-2-2023 art. 27, al. 4 ; Ord. 2023-77 art. 134). Dès lors qu'il peut toujours prétendre à la rémunération de son apport en capital, l'associé destitué est recevable à critiquer la gestion qui est faite de ce capital et, en conséquence, à **demander en justice la révocation du gérant,** cette action relevant du seul pouvoir du juge du fond et non du juge des référés (CA Paris 22-11-2009 n° 08-23914 : RJDA 1/10 n° 58 à propos d'une SCP de notaires mais, à notre avis, transposable).

> Précisions La Cour de cassation a jugé que, même s'il est déchu de sa qualité de notaire associé et doit cesser l'exercice de son activité professionnelle à compter du jour où la décision prononçant sa **destitution** est devenue exécutoire, un associé d'une SCP titulaire d'un **office notarial** ne perd sa **qualité d'associé** qu'après avoir cédé ses parts sociales et doit donc, tant que la cession n'est pas intervenue, répondre des obligations liées à cette qualité (Cass. com. 22-5-2007 n° 06-12.193 : RJDA 2/08 n° 166). La Cour suprême a fondé cette solution sur la combinaison de trois dispositions :

– l'article 24 de la loi du 29 novembre 1966 (remplacé, à compter du 1-9-2024, par Ord. 2023-77 art. 27) qui prévoit que l'associé frappé d'une interdiction définitive d'exercer la profession perd la qualité d'associé au jour de cette interdiction ;

– l'article 32 du décret du 2 octobre 1967 sur les SCP notariales qui précise que l'associé destitué dispose d'un délai de six mois pour céder ses parts, faute de quoi la société est tenue d'acquérir les parts ou de les faire acquérir dans les mêmes conditions qu'en cas de refus d'agrément ;

– l'article 58 du même décret qui ajoute que l'associé destitué est déchu de sa qualité de notaire associé et cesse l'exercice de son activité professionnelle à compter du jour où la décision prononçant sa destitution est devenue exécutoire.

Il nous semble, à l'inverse, que la combinaison de ces dispositions plaide plutôt en faveur de la perte de la qualité d'associé dès le jour de sa destitution.

Quoi qu'il en soit, les dispositions précitées du décret de 1967 étant reprises dans les textes réglementant les SCP de **commissaires de justice** (Décret 2022-950 du 29-6-2022 art. 69) et d'**avocats** (Décret 92-680 du 20-7-1992 art. 54), la solution ci-dessus est applicable à leurs associés.

57090 Les commissaires de justice (Ord. 2016-728 du 2-6-2016 art. 4), greffiers des tribunaux de commerce (C. com. art. L 741-1, al. 2), notaires (Loi du 25 ventôse an XI art. 2) qui ont **atteint l'âge de 70 ans** doivent cesser leurs fonctions. Sur autorisation du garde des Sceaux, ils peuvent continuer d'exercer leurs fonctions jusqu'au jour où leur successeur prête serment, pour une durée qui ne peut excéder 12 mois.

L'associé ayant atteint cette limite d'âge doit donc sortir de la société (Décret 2022-950 du 29-6-2022 art. 42 s'agissant des commissaires de justice, commissaires-priseurs et huissiers ; C. com. art. R 743-102-1 s'agissant des greffiers des tribunaux de commerce ; Décret 67-868 du 2-10-1967 art. 33-1 s'agissant des notaires) et pour cela, il doit organiser la cession de ses parts de la SCP afin qu'elle prenne effet au plus tard à la date à laquelle cette limite est atteinte ou à celle à laquelle expire l'autorisation de poursuite d'activité.

Six mois avant d'atteindre l'âge limite, il doit informer la société et ses associés, par lettre recommandée AR, de l'état d'avancement du projet de cession ou, le cas échéant, de l'absence de perspective de cession à cette date et lorsqu'il bénéficie d'une autorisation de poursuite d'activité, il doit renouveler cette information six mois avant son expiration.

Si, à la date limite d'exercice de l'activité, aucune cession n'est intervenue, la société a six mois pour notifier à l'associé un projet de rachat de ses parts dans les mêmes conditions qu'en cas de refus d'agrément (n° 57045). Tant que ce rachat n'est pas intervenu, l'associé conserve la faculté de céder lui-même ses parts.

En outre, durant cette période, l'associé de SCP de notaires (Décret 67-868 art. 33-1, al. 3) ou de commissaires de justice (Décret 2022-950 art. 42, al. 3) est privé des droits attachés à sa qualité d'associé, à l'exception des rémunérations afférentes à ses apports en capital.

2. RÉGIME FISCAL DE LA CESSION DE PARTS

DROITS D'ENREGISTREMENT SUR LA CESSION DE PARTS DE SCP

57100 Les cessions de droits sociaux dans les SCP sont soumises au **régime fiscal de droit commun** des cessions de parts.

Elles donnent donc normalement ouverture au droit de 3 % prévu à l'article 726, I-1° bis du CGI (voir nos 21410 s.).

> **Précisions** **a.** L'application des prévisions de l'article 726 du CGI aux cessions de parts de SCP est exclusive de celles de l'article 720 du CGI relatives aux **conventions de successeurs** (Cass. com. 19-6-1990 n° 864 : RJF 10/90 n° 1288).
b. La transmission d'un office de notaire réalisée sous la forme de la **cession de toutes les parts de la SCP** titulaire de l'office et, sur instructions de la Chancellerie, de la dissolution de la société suivie de la constitution d'une nouvelle société constitue une opération unique dans la commune intention des parties. Aucun droit de présentation n'ayant été transmis aux cessionnaires personnellement, le droit d'apport à la nouvelle société ne peut être exigé (Cass. com. 30-5-1983 n° 81-15.150 : RJF 2/84 n° 255).
c. Lorsque la **cession de parts** intervient **dans les trois ans de la réalisation d'un apport en nature** à la SCP, elle est considérée comme ayant pour objet les biens en nature représentés par les titres cédés (CGI art. 727 ; voir n°s 21440 s.). En particulier, en cas de cession réalisée dans les trois ans de l'apport d'un office ministériel ou d'une clientèle, c'est le barème exposé n° 3735 qui est applicable.

Cession au profit de la famille ou des salariés Les cessions en pleine propriété de parts d'une société exerçant une activité libérale bénéficient d'un **abattement** de 300 000 € sur la fraction de la valeur des titres représentative de la clientèle. 57103

Cet abattement applicable **une seule fois** entre un même cédant et un même acquéreur est soumis aux **conditions** suivantes (CGI art. 732 ter) :
– la vente est consentie soit au titulaire d'un contrat de travail à durée indéterminée depuis au moins deux ans et qui exerce ses fonctions à temps plein ou d'un contrat d'apprentissage en cours au jour de la cession, conclu avec la société dont les parts sont cédées, soit au conjoint du cédant, à son partenaire de Pacs, à ses ascendants ou descendants en ligne directe ou à ses frères et sœurs ;
– si la vente porte sur des parts acquises à titre onéreux, celles-ci sont détenues depuis plus de deux ans par le cédant ;
– les acquéreurs poursuivent à titre d'activité professionnelle unique et de manière effective et continue, pendant les cinq années qui suivent la date de la vente, l'activité de la société dont les parts sont cédées et l'un d'eux assure pendant la même période la direction effective de la société.

Il résulte du texte légal que l'acquéreur est, en principe, nécessairement une personne physique. L'administration admet toutefois que l'acquéreur soit une **société unipersonnelle** : EURL, EARL unipersonnelle, Selarl unipersonnelle ou Sasu (BOI-ENR-DMTOM-10-20-20 n° 160).

L'**engagement de poursuivre l'exploitation** pendant cinq ans doit être pris dans l'acte d'acquisition ou dans un acte complémentaire déposé au service des impôts chargé de l'enregistrement avant le 31 décembre de la deuxième année qui suit la date de l'acte initial (BOI-ENR DMTOM-10-20-20 n° 200).

Si la valeur de cession est inférieure à 300 000 €, le **reliquat d'abattement** ne peut pas être utilisé ultérieurement à l'occasion d'une autre cession entre les mêmes personnes (BOI-ENR-DMTOM-10-20-20 n° 270).

Le bénéfice de l'abattement est **remis en cause** lorsque les conditions requises pour en bénéficier ne sont pas remplies, notamment en cas de non-respect de l'obligation de poursuivre l'exploitation pendant cinq ans. Toutefois le régime de faveur n'est pas remis en cause lorsque l'entreprise fait l'objet d'une procédure de liquidation judiciaire dans les cinq ans qui suivent la date de la cession.

IMPOSITION DES PLUS-VALUES DE CESSION DE PARTS DE SCP

SCP soumise au régime des sociétés de personnes La cession ou le rachat des parts d'une SCP soumise au régime des sociétés de personnes entraîne, en principe, l'imposition de la plus-value réalisée sur les parts cédées ou rachetées, cette imposition étant effectuée selon le régime des plus-values professionnelles (CGI art. 151 nonies et 238 bis K, II). 57120

En outre, la cession des parts sociales met fin au report d'imposition dont avait pu jusqu'alors bénéficier la plus-value d'apport.

La **plus-value résultant de la cession des parts** est déterminée et imposée selon les règles exposées n°s 21655 s. 57125

Signalons que l'imposition des plus-values est applicable, sans distinguer selon qu'il s'agit :
– d'une transmission à titre onéreux ou à titre gratuit : cession à d'autres associés, anciens ou nouveaux, rachat des parts par la société, décès de l'associé, donation (cependant, lorsque les par-ts de la SCP font l'objet d'une transmission à titre gratuit, la plus-value constatée peut, sous certaines conditions, bénéficier d'un report d'imposition et d'une exonération définitive : voir n° 57240) ;
– d'une cession totale ou partielle des titres.

Les plus-values de cession de parts sont calculées par rapport à la valeur d'acquisition des parts. La plus-value est égale à l'excédent du prix de cession ou de rachat sur la valeur nominale des parts sociales lorsqu'il s'agit d'un associé d'origine de la SCP, ou à la différence entre le prix de cession et le prix d'acquisition des parts, dans le cas contraire (BOI-BNC-SECT-70-10-20-20 n° 20).

Le régime d'exonération des plus-values de cession de parts réalisées à l'occasion d'un **départ en retraite** prévu par l'article 151 septies A du CGI s'applique aux cessions de parts de SCP (voir nos 21675 s.). À noter une position rigoureuse de l'administration qui refuse l'exonération de ses plus-values professionnelles à une SCP d'avocats qui vend un cabinet secondaire alors même que l'opération est réalisée pour permettre la cession de ses parts par le fondateur de la société lors de son départ en retraite (Rép. Marini : Sén. 4-9-2008 n° 4719, toutefois non reprise dans Bofip).

57126 La **plus-value d'apport** placée **en report d'imposition** sous le régime de l'article 151 octies du CGI (nos 4700 s.), 151 octies A (nos 56110 s.) ou 93 quater, II du même Code (n° 54415) devient imposable lors de la cession ou du rachat des droits reçus en rémunération de l'apport.

57130 **SCP soumise à l'IS** La cession des parts d'une SCP ayant opté pour l'IS relève du régime unique applicable à l'ensemble des **plus-values** réalisées par les particuliers à l'occasion de la cession de valeurs mobilières ou de droits sociaux exposé nos 21700 s.

Par ailleurs, la cession de ces titres entraîne, outre l'**expiration du report** d'imposition prévu aux articles 151 octies, 151 octies A et 93 quater, II du CGI, l'imposition de la plus-value constatée sur les titres lors de l'exercice de l'option pour l'IS et placée en report d'imposition en application de l'article 151 nonies, III du CGI (n° 54830). Les reports visés aux articles 151 octies à 151 nonies du CGI sont toutefois maintenus lorsque la cession des titres de SCP génère elle-même une plus-value placée en report ou en sursis d'imposition (CGI art. 151-0 octies).

B. Transmission par décès

1. RÉGIME JURIDIQUE DE LA TRANSMISSION

TRANSMISSIBILITÉ DES PARTS DE SCP AUX HÉRITIERS

57200 Les héritiers d'un associé décédé n'acquièrent pas la qualité d'associé mais seulement le **droit de céder les parts** qui leur sont dévolues (Loi du 29-11-1966 art. 24, al. 2 remplacé, à compter du 1-9-2024, par Ord. 2023-77 du 8-2-2023 art. 27, al. 2 ; Ord. 2023-77 art. 134). Si un ou plusieurs d'entre eux remplissent les conditions d'aptitude professionnelle, ils peuvent demander le consentement des associés pour **prendre la place de leur auteur** dans la société.

CONDITIONS DE CESSION DES PARTS DE LA SCP PAR DES HÉRITIERS

57205 La loi de 1966 (Ord. 2023-77 du 8-2-2023 à compter du 1-9-2024 ; Ord. 2023-77 art. 134) ouvre aux ayants droit, pendant un **délai** fixé par les décrets d'application (en général un an), la faculté de céder ou d'obtenir le remboursement des parts de leur auteur. Le délai est de six mois dans les sociétés d'avocats et de géomètres.

Ce délai est renouvelable soit par les autorités professionnelles, soit par le garde des Sceaux pour les officiers publics ou ministériels, à la demande des héritiers et avec le consentement des associés représentant au moins les trois quarts des voix. Les **modalités** de cession ou de rachat sont calquées sur celles des cessions entre vifs (nos 57020 s.). Mais, à la différence des cessions ordinaires où le cédant participe aux délibérations portant sur l'agrément, les héritiers n'ont pas le droit de vote car ils ne sont pas associés.

ATTRIBUTION PRÉFÉRENTIELLE DES PARTS DE LA SCP À CERTAINS HÉRITIERS

57215 Un héritier professionnellement apte à prendre la place de son auteur dans la société peut se voir attribuer préférentiellement par les associés les parts du défunt, à charge de soulte s'il y a lieu (Loi du 29-11-1966 art. 24, al. 2 remplacé, à compter du 1-9-2024, par Ord. 2023-77 du 8-2-2023 art. 27, al. 3 ; Ord. 2023-77 art. 134).

Seules les parts sociales sont susceptibles d'entrer dans le champ d'application de l'attribution préférentielle à l'exclusion des parts d'industrie et des offices. Le ou les ayants droit doivent obtenir le consentement des associés à leur entrée dans la société dans les mêmes conditions qu'en cas de cession entre vifs (n° 57040).

En cas de **rejet** de la demande d'attribution, les héritiers n'ont pas d'autre recours que de céder les parts sociales de leur auteur. Le délai de cession se trouve alors prolongé du temps écoulé entre la demande de consentement et le refus de celui-ci (art. 24, al. 2 de la loi remplacé, à compter du 1-9-2024, par Ord. 2023-77 art. 27, al. 3). Si, au terme de ce délai, les parts n'ont pas été cédées, la société est tenue de les acheter ou de les faire acheter comme dans le cas de refus d'agrément (voir n° 57045).

L'attribution préférentielle ne peut pas être accordée aux ayants droit de l'**associé interdit** d'exercer la profession (art. 24, al. 3 de la loi remplacé, à compter du 1-9-2024, par Ord. 2023-77 art. 27, al. 4).

REMBOURSEMENT DES PARTS DE LA SCP

Lorsque, à l'expiration du délai qui leur était imparti (n° 57205), les **héritiers** n'ont **pas** exercé la faculté de **céder** les droits sociaux de leur auteur et si aucun consentement préalable à une attribution préférentielle n'a été donné par la société, celle-ci dispose d'un délai d'un an pour acquérir ou faire acquérir les parts sociales (Loi 66-879 du 29-11-1966 art. 24, al. 2 remplacé, à compter du 1-9-2024, par Ord. 2023-77 du 8-2-2023 art. 27, al. 3 ; Ord. 2023-77 art. 134). **57217**

Ce délai est de six mois dans les sociétés de commissaires aux comptes (C. com. art. R 743-107) et d'architectes (Décret 77-1480 du 28-12-1977 art. 34).

Le délai d'un an peut être prorogé par le garde des Sceaux à la demande des intéressés sans limitation de durée dans les sociétés titulaires d'un office de notaire (Décret 67-868 du 2-10-1967 art. 37) ou de commissaire de justice (Décret 2022-950 du 29-6-2022 art. 46) et pour une durée de trois mois dans les sociétés titulaires d'un office d'avocat aux Conseils (Décret 78-380 du 15-3-1978 art. 37) et de greffier des tribunaux de commerce (C. com. art. R 743-107).

DROIT DES HÉRITIERS DANS LES PARTS DE SCP

Lorsqu'un associé décède, ses héritiers ne peuvent exercer aucun droit dans la société, mais conservent vocation à la répartition des bénéfices dans les conditions prévues aux statuts (Loi du 29-11-1966 art. 24, al. 4 remplacé, à compter du 1-9-2024, par Ord. 2023-77 du 8-2-2023 art. 27, al. 5 ; Ord. 2023-77 art. 134) jusqu'à la cession ou au rachat des parts du défunt (Cass. 1e civ. 12-7-2012 n° 11-18.453 : RJDA 11/12 n° 982). Ce droit aux bénéfices ne cesse que lors du remboursement effectif de la valeur des parts sociales (Cass. 1e civ. 25-1-2017 n° 15-28.980 F-PB : RJDA 5/17 n° 346). Encore faut-il, pour qu'ils puissent prétendre au versement d'une part des bénéfices, qu'ait été régulièrement prise une décision de distribution de dividendes au titre de l'exercice concerné (Cass. 1e civ. 10-9-2015 n° 14-15.572 : RJDA 12/15 n° 841). **57220**

En raison d'une **clientèle unique** attachée à un cabinet de radiologie, la quote-part de la valeur patrimoniale du droit de présentation global revenant à chacun des quatre médecins restants est passée de 20 à 25 % ; l'indemnité due aux héritiers du défunt a pour cause cet accroissement (Cass. 1e civ. 5-5-1993 : Bull. civ. I n° 157).

2. INCIDENCES FISCALES DE LA TRANSMISSION À TITRE GRATUIT DES PARTS

PLUS-VALUES SUR LA TRANSMISSION DE PARTS DE SCP

Lorsque les parts de la SCP font l'objet d'une transmission à titre gratuit (succession ou donation) à une personne physique, la plus-value constatée peut bénéficier du **report d'imposition** prévu par l'article 151 nonies, II du CGI si les conditions fixées par ce texte sont remplies (voir nos 22160 s.). **57240**

L'imposition de la plus-value est alors reportée jusqu'au moment de la cession, du rachat ou de l'annulation des titres. En outre, la plus-value en report d'imposition est **définitivement exonérée** de toute imposition si l'un au moins des héritiers ou donataires poursuit l'activité au sein de la société pendant au moins cinq ans.

> **Précisions** **a.** Les **reports de taxation** qui se sont le cas échéant appliqués lors du **changement de régime fiscal** de la société ou en cas de **cessation d'activité** d'un associé peuvent être maintenus en cas de transmission à titre gratuit des parts (voir n° 21667).
> **b.** Sort des **plus-values d'apport antérieures** non encore imposées, voir n° 54415 (apports antérieurs au 1er avril 1981) et nos 4710 s. (apports réalisés à partir du 1er avril 1981).
> **c.** La transmission à titre gratuit des parts d'une **SCP soumise à l'IS** ne génère pas de plus-value taxable.

DROITS DE SUCCESSION OU DE DONATION SUR LA TRANSMISSION DE PARTS DE SCP

Les transmissions à titre gratuit entre vifs (donations) ou par décès (successions) supportent les droits de mutation à titre gratuit dans les conditions de droit commun avec possibilité de paiement fractionné et différé (voir nos 22180 s.). **57245**

Lorsque le bénéficiaire de la transmission exerce, dans la SCP, son activité professionnelle, les droits de mutation à titre gratuit sont déductibles de sa quote-part du bénéfice (voir n° 55420).

SECTION 4

DISPOSITIONS DIVERSES RELATIVES AUX SOCIÉTÉS CIVILES PROFESSIONNELLES

A. Dissolution de la société

CAUSES DE DISSOLUTION DE LA SCP

57600 La dissolution d'une SCP peut intervenir :
– par l'arrivée du terme, sauf prorogation (n° 16700) ;
– sur décision des associés prise dans les conditions de majorité prévues par les décrets d'application (Loi du 29-11-1966 art. 26, al. 1 remplacé, à compter du 1-9-2024, par Ord. 2023-77 du 8-2-2023 art. 29, al. 1 ; Ord. 2023-77 art. 134) ; cette dernière est de trois quarts des associés pour les professions médicales, de vétérinaires, d'experts agricoles et fonciers, d'experts forestiers, d'administrateurs judiciaires, de mandataires judiciaires et de conseils en propriété industrielle, d'au moins deux associés pour les avocats aux Conseils, de trois quarts des associés disposant ensemble des trois quarts des voix pour les commissaires aux comptes, les avocats, les géomètres, les architectes, les commissaires de justice et les notaires. Enfin, elle est de la majorité des associés disposant des trois quarts du capital et de la moitié des parts d'industrie pour les greffiers du tribunal de commerce ;
– ou pour une des autres causes prévues par l'article 1844-7 du Code civil (nos 24100 s.), sous réserve des précisions apportées n° 54115.

57605 Sauf disposition contraire des décrets d'application ou, à défaut, des statuts, la société n'est pas dissoute par le **décès,** l'**incapacité,** le **retrait** d'un associé pour quelque cause que ce soit ou l'interdiction définitive d'exercer la profession (Loi du 29-11-1966 précitée art. 24, al. 1 remplacé, à compter du 1-9-2024, par Ord. 2023-77 du 8-2-2023 art. 27, al. 1 ; Ord. 2023-77 art. 134).

En revanche, la **radiation** ou la destitution **de la société** par les organismes professionnels, le décès ou le retrait simultané de tous les associés entraîne la dissolution automatique de la société.

L'interdiction temporaire de la société ne la dissout pas mais l'empêche seulement d'exercer son activité pendant la durée de la peine.

> **Précisions** **a.** L'associé **unique** d'une SCP de directeurs de laboratoires (désormais biologistes médicaux) prend seul toutes les décisions qui relèvent de la compétence des assemblées et peut dissoudre à tout moment cette société puisqu'il détient la totalité du capital (Rép. Gantier : AN 13-4-1987 n° 19561).
> **b.** Les dispositions spéciales permettant à un officier public ou ministériel de **se retirer** d'une SCP **pour mésentente** et de solliciter sa nomination à un office créé à cet effet (voir n° 56850) ne privent pas les associés de la prérogative générale et d'ordre public que leur reconnaît l'article 1844-7, 5° du Code civil de demander en justice la dissolution de la société pour mésentente (Cass. 1e civ. 18-7-1995 n° 1609 : RJDA 10/95 n° 1116).
> **c.** Conformément au droit commun, la société peut être dissoute en cas de **disparition** de l'un des éléments constitutifs de toute société ; ainsi, dans un cas où les deux médecins, associés d'une SCP, avaient manifesté successivement la volonté de se retirer et où une conciliation avait échoué, il a été jugé que l'affectio societatis avait disparu et qu'il y avait lieu de prononcer en conséquence la dissolution de la société (Cass. 1e civ. 14-12-2004 n° 1842 : Bull. Joly 2005 p. 525 note J.-J. Daigre).

CONSÉQUENCES DE LA DISSOLUTION DE LA SCP

57620 **Liquidation** La dissolution de la SCP entraîne sa liquidation, sauf en cas de fusion (n° 16025).

La dissolution décidée à la suite de la réunion de toutes les parts entre les mains d'un associé personne physique entraîne la liquidation de la société (C. civ. art. 1844-5, al. 4 ; n° 24215).

La loi de 1966 ne prévoit pas les conditions de la liquidation. Ce sont donc les dispositions du Code civil ou des décrets d'application, lorsque celles-ci y dérogent, qui s'appliquent.

Les **associés** d'une SCP (avocats) recouvrent le **droit d'exercer leur profession à titre individuel** dès la dissolution de la société sans attendre la clôture de la liquidation (CA Bordeaux 8-6-1995 : JCP G 1996 II n° 22652). Mais, à moins d'être désignés liquidateurs, ils ne peuvent pas continuer à assister les clients de la SCP (Rép. Vuilque : AN 26-7-2005 n° 55738).

Lorsque, malgré la dissolution, les **associés poursuivent l'activité commune** sans prendre une quelconque initiative en vue de l'ouverture d'une procédure de liquidation, la société dissoute devient une société créée de fait et les rapports entre les associés sont régis par les statuts, si bien qu'un associé peut demander le rachat de ses parts conformément aux statuts à la suite de son retrait de la société (Cass. 1e civ. 13-12-2005 n° 1702 : RJDA 4/06 n° 414).

> **Précisions** Conformément au droit commun, l'action qui peut être engagée pour manquement à des obligations contractuelles à l'encontre d'une SCP (commissaires aux comptes) dissoute ne fait pas obstacle à l'action en **responsabilité** extracontractuelle engagée contre le principal **associé** de la SCP qui avait contribué à la violation du contrat auquel il était étranger (Cass. 1e civ. 26-1-1999 n° 160 : RJDA 4/99 n° 490).

Remboursement des apports Le remboursement ou la reprise des apports s'effectue en suivant les règles applicables aux sociétés civiles (voir n° 25270). 57625

En cas de dissolution d'une **SCP titulaire d'un office public ou ministériel,** l'article 26, al. 3 de la loi du 29 novembre 1966 (Ord. 2023-77 du 8-2-2023 art. 29, al. 4 à compter du 1-9-2024 ; cf. Ord. 2023-77 art. 134) permet aux associés de demander leur nomination dans des offices créés à cet effet. Les décrets d'application précisent les conditions dans lesquelles les intéressés peuvent solliciter leur nomination.

Toutefois, cette possibilité est exclue pour l'associé qui a fait apport d'un droit de présentation lorsque ce droit est exercé en sa faveur. Cette disposition permet de penser que l'exercice du droit de présentation par le liquidateur de la SCP s'effectuera en faveur de l'associé apporteur d'origine, associé qui pourra ainsi succéder à la société après dissolution de celle-ci (Rép. Mesmin : AN 20-3-1995 n° 21967).

Partage Après paiement des dettes et remboursement du capital social, le partage de l'actif est effectué entre les associés d'après les modalités de répartition prévues par les **statuts.** Ceux-ci ne doivent en aucun cas exclure une catégorie d'associés, notamment les apporteurs en industrie. Dans le silence des statuts, il convient d'appliquer les règles prévues pour la répartition des bénéfices (C. civ. art. 1844-9, al. 1). 57630

RÉGIME FISCAL DE LA DISSOLUTION DE LA SCP

Les conséquences fiscales de la dissolution et du partage des SCP ne diffèrent pas de celles applicables aux **sociétés civiles de droit commun relevant de l'impôt sur le revenu.** 57640

Il en est ainsi tant en matière d'impôts directs que de droits d'enregistrement, étant précisé que, pour ces derniers, le partage demeure soumis aux règles découlant de l'application de la théorie de la mutation conditionnelle des apports (nos 25545 s.).

Il convient donc de se reporter à l'exposé général des conséquences fiscales de la dissolution nos 25400 s.

> **Précisions** Le partage des biens sociaux consécutif à la dissolution d'une SCP met fin, le cas échéant, au **report d'imposition** dont avaient pu bénéficier les **plus-values d'apport**, avant le 1er avril 1981, en application de l'article 93 quater, II du CGI (voir n° 54415). Ces plus-values deviennent alors imposables (CE 16-5-1990 nos 88782 et 95932 : RJF 7/90 n° 825).
> Il en est de même pour les plus-values d'apport qui bénéficient du régime d'exonération provisoire prévu à l'article 151 octies du CGI (CAA Douai 6-6-2017 n° 16DA00029 : RJF 10/17 n° 936) : voir nos 4700 s.

B. Procédure collective de la société

RÈGLES APPLICABLES AUX SCP EN PROCÉDURE COLLECTIVE

Les SCP, personnes morales de droit privé, peuvent faire l'objet d'une procédure collective (sauvegarde, redressement ou liquidation judiciaire) dans les mêmes conditions que les sociétés civiles de **droit commun** (voir nos 28000 s.). 57700

Cependant, quelques **mesures dérogatoires** au régime de droit commun sont applicables aux « débiteurs » personnes physiques exerçant une profession libérale soumise à un statut législatif ou réglementaire. Ces mesures dérogatoires s'appliquent aux SCP car elles ont pour objet l'exercice en commun de la profession de leurs membres (Loi 66-879 du 29-11-1966 art. 1, al. 2 remplacé, à compter du 1-9-2024, par Ord. 2023-77 du 8-2-2023 art. 5, al. 2 ; Ord. 2023-77 art. 134).

C'est ainsi notamment que :

– le tribunal ne peut **ouvrir une procédure collective** qu'après avoir entendu ou dûment appelé l'ordre professionnel ou l'autorité compétente dont, le cas échéant, la SCP relève (C. com. art. L 621-1, al. 2, L 631-7 et L 641-1, I) ;

– l'**ordre** professionnel ou l'**autorité** compétente dont, le cas échéant, la société relève est d'office contrôleur (C. com. art. L 621-10, al. 4, L 631-9 et L 641-1, I-al. 9) et il est consulté par l'administrateur judiciaire lorsqu'il élabore le plan de sauvegarde ou de redressement (C. com. art. L 623-3, al. 5 et L 631-18, al. 1) ;

– l'**inventaire du patrimoine** social est dressé en présence du représentant de l'ordre ou de l'autorité et ne peut, en aucun cas, porter atteinte au secret professionnel (C. com. art. L 622-6, al. 4, L 631-14, al. 1 et L 641-4, al. 4) ;

– l'**offre de reprise** de l'entreprise doit comporter l'indication de la qualification professionnelle du repreneur (C. com. art. L 642-2, III) ;

– en cas de **liquidation judiciaire,** le juge-commissaire ne peut pas ordonner la remise au liquidateur judiciaire du courrier destiné à la SCP (C. com. art. L 641-15, al. 4).

CONSÉQUENCES POUR LES ASSOCIÉS DE LA PROCÉDURE COLLECTIVE DE LA SCP

57710 L'ouverture d'une procédure collective à l'encontre de la SCP n'entraîne pas l'ouverture d'une **procédure collective** à l'encontre des **associés.**

Le professionnel libéral qui a exercé son activité en tant qu'associé d'une SCP ayant fait l'objet d'une procédure collective n'a pas une activité indépendante et peut donc demander à bénéficier d'une procédure de **surendettement** des particuliers (Cass. 2e civ. 1-6-2017 nº 16-17.077 F-PB : RJDA 10/17 nº 647).

CONSÉQUENCES POUR LES DIRIGEANTS SOCIAUX DE LA PROCÉDURE COLLECTIVE DE LA SCP

57720 **Faillite personnelle** Les dirigeants de droit ou de fait de la SCP ne peuvent pas être frappés de faillite personnelle ou d'une interdiction de gérer (C. com. art. L 653-1, I-al. 5).

57725 **Banqueroute** Les dirigeants de droit ou de fait de la SCP s'exposent aux peines de la banqueroute s'ils ont commis un délit réprimé par ces peines (C. com. art. L 654-1, 2º).

SECTION 5 SOCIÉTÉS CIVILES PROFESSIONNELLES COOPÉRATIVES

CARACTÉRISTIQUES DES SCP COOPÉRATIVES

58000 Les SCP peuvent adopter le statut des sociétés coopératives régies par la loi du 10 septembre 1947. Les dispositions de la loi de 1966 ne leur sont applicables que dans la mesure où elles ne sont pas contraires à celles de la loi portant statut de la coopération (Loi du 29-11-1966 art. 37 remplacé, à compter du 1-9-2024, par Ord. 2023-77 du 8-2-2023 art. 39 ; Ord. 2023-77 art. 134). On a voulu permettre aux sociétés coopératives existant dans certaines professions libérales de se placer sous l'empire de la loi sur les sociétés civiles professionnelles sans perdre pour autant le bénéfice du statut coopératif.

58005 L'adoption de ce statut implique le respect des principes essentiels de cette forme de société, à savoir : le principe de la double qualité, les associés étant fournisseurs ou clients de la société, le principe de gestion démocratique (« un homme, une voix ») qui permet à chaque associé de disposer d'une voix à l'assemblée quelle que soit la nature ou l'importance de son apport et le principe de la ristourne proportionnelle d'après lequel les bénéfices sont distribués au prorata des opérations traitées ou des services fournis.

RÉGIME JURIDIQUE DES SCP COOPÉRATIVES

La loi écarte expressément sur un point l'une des conséquences normales du régime coopératif : « En cas de dissolution d'une société ayant adopté le statut de coopérative », le **boni de liquidation** « peut être réparti entre les associés dans les conditions fixées par le décret particulier à chaque profession » (Loi du 29-11-1966 art. 37, al. 2 remplacé, à compter du 1-9-2024, par Ord. 2023-77 du 8-2-2023 art. 39 ; Ord. 2023-77 art. 134), alors qu'une coopérative doit se conformer en pareil cas à la règle de la dévolution collective des biens de la société à une autre coopérative. 58020

La plupart des décrets d'application prévoient que l'actif net de la société subsistant après extinction du passif et remboursement du capital est réparti entre les associés au prorata des parts détenues par chacun d'eux, y compris les parts correspondant aux apports en industrie. Pour la profession d'architecte, cette modalité doit avoir été prévue par les statuts (Décret du 28-12-1977 art. 63). En revanche, elle n'existe pas dans les sociétés de commissaires aux comptes, d'avocats, d'avocats aux Conseils et de vétérinaires.

Le statut coopératif s'applique à toutes les autres règles de fonctionnement de la SCP.

RÉGIME FISCAL DES SCP COOPÉRATIVES

Les SCP constituées sous forme de coopératives restent soumises au régime fiscal des sociétés de personnes en application de l'article 8 ter du CGI (voir nos 54800 s.). 58030

CHAPITRE 2

SOCIÉTÉS CIVILES DE MOYENS

SOMMAIRE

A. Régime juridique

DÉFINITION DE LA SCM

58500 Nonobstant toutes dispositions législatives ou réglementaires contraires, les personnes physiques ou morales exerçant des professions libérales, et notamment les officiers publics et ministériels, peuvent constituer entre elles des sociétés civiles ayant pour objet exclusif de **faciliter** à chacun de leurs membres **l'exercice** de son activité. À cet effet, les associés mettent en commun les moyens utiles à l'exercice de leur profession, sans que la société puisse elle-même exercer celle-ci (Loi 66-879 du 29-11-1966 art. 36 remplacé, à compter du 1-9-2024, par Ord. 2023-77 du 8-2-2023 art. 38 ; Ord. 2023-77 art. 134).

L'objet de la société civile de moyens (SCM) n'est pas l'exercice de la profession, mais seulement la prestation de services ou la fourniture de moyens matériels (personnel, locaux, appareils) à ses membres dont la situation juridique professionnelle ne subit par là même aucun changement. Elle a pour but de faciliter l'exercice de l'activité de chacun. Il n'y a ni partage de bénéfices ni clientèle commune, mais seulement contribution aux frais communs. La société n'exerçant pas par elle-même la profession, elle ne jouit d'aucune ressource propre.

> Précisions a. Une **clause** du règlement intérieur d'une SCM **interdisant aux associés** qui se retirent **de se réinstaller à proximité** de la société pendant plusieurs années a été jugée incompatible avec l'objet statutaire qui est de faciliter l'exercice de l'activité des associés (Cass. com. 1-3-2011 n° 10-13.795 : RJDA 5/11 n° 422).

b. Il se déduit de l'article 36 de la loi 66-879 précité (Ord. 2023-77 art. 38 à compter du 1-9-2024) qu'une SCM a la possibilité d'être candidate à l'**attribution d'un marché public** pour le compte de ses associés, mais que ceux-ci, seuls habilités à exécuter les prestations attendues, sont néanmoins recevables à saisir le juge du référé précontractuel (C. just. adm. art. L 551-10) s'ils sont susceptibles d'être lésés par le manquement de l'administration à ses obligations de publicité et de mise en concurrence (CE 26-9-2012 n° 359389 : RJDA 8-9/13 n° 708).

TEXTES APPLICABLES À LA SCM

58510 Prévue par l'article 36 de la loi du 29 novembre 1966 (Ord. 2023-77 du 8-2-2023 art. 38 à compter du 1-9-2024 ; cf. Ord. 2023-77 art. 134), la société civile de moyens est régie par les articles 1845 et suivants du Code civil sur les sociétés civiles et par les articles 1832 à 1844-17 du Code civil sur les sociétés en général. Ces règles communes à toutes les sociétés civiles sont exposées nos 10 s.

ASSOCIÉS DE SCM

58520 **Conditions** Les associés ne peuvent être que des membres d'une ou plusieurs professions libérales, mais il peut s'agir aussi bien de **personnes physiques** exerçant à titre individuel que de personnes **morales,** telles que des associations ou des sociétés civiles professionnelles ou encore des sociétés d'exercice libéral. Les sociétés de sociétés ne présentent ici aucun inconvénient (en ce sens, Rép. Stehlin : AN 24-5-1973 n° 179).

Apports Les apports peuvent être effectués soit en numéraire, soit en nature. Les apports en industrie ne sont pas interdits mais il semble qu'ils ne puissent être envisageables car « l'industrie des associés » est forcément professionnelle, or la société de moyens ne peut s'immiscer dans l'exercice de la profession. **58522**

En cas de retrait d'une SCM, l'associé qui se retire ne peut prétendre qu'au seul remboursement de la valeur de ses droits sociaux, et non à celui de son apport en tant que tel (Cass. 1e civ. 3-6-1998 n° 982 : Bull. Joly 1998 p. 296).

Responsabilité Les associés sont indéfiniment et conjointement (mais non solidairement) responsables (C. civ. art. 1857). En effet, la solidarité ne se présume pas entre non-commerçants. **58525**

FONCTIONNEMENT DE LA SCM

Les SCM sont constituées librement. Elles échappent à la surveillance des organismes corporatifs et ne peuvent faire l'objet de poursuites disciplinaires puisqu'elles n'exercent pas la profession. **58530**

Toutefois, les **contrats** et avenants ayant pour objet l'exercice de la profession de médecin, de chirurgien-dentiste ou de sage-femme ainsi que ceux concernant l'usage du matériel et du local nécessaires à l'exercice de ces professions doivent être constatés par écrit et communiqués au conseil départemental de l'Ordre dans le mois de leur conclusion (CSP art. L 4113-9 s.). **58531**

La répartition des **frais généraux** se fait conformément à l'**accord** intervenu entre les associés (Cass. 1e civ. 25-2-1992 : Dr. sociétés 1992 n° 130). À défaut, la volonté des associés peut être déduite du mode de fonctionnement de la société (CA Versailles 23-1-2004 : JCP E 2004 pan. p. 804). **58533**

La volonté non équivoque des associés d'une SCM de modifier les statuts prévoyant une contribution aux dépenses proportionnelle à leur participation au capital ne peut pas être déduite des déclarations fiscales signées par eux faisant état d'une prise en charge égalitaire de ces dépenses (Cass. com. 12-6-2012 n° 11-17.042 : RJDA 8-9/12 n° 781).

Dans un cas où les statuts d'une SCM prévoyaient que tout associé qui se retire serait tenu de contribuer aux frais fixes d'exploitation de la société jusqu'au rachat de ses parts et pendant six mois au plus, il a été jugé qu'un associé qui s'était retiré n'était pas tenu de payer les dépenses de fonctionnement dépendant de la consommation effective des membres (CA Rouen 9-9-2004 n° 03-3287 : RJDA 2/05 n° 157).

DISSOLUTION ET LIQUIDATION DE LA SCM

Les dispositions du droit commun (nos 24000 s.) sont applicables aux SCM. Notamment, la société peut être dissoute en cas de **mésentente** entre associés. Par exemple, il y a lieu de prononcer la dissolution anticipée d'une société dès lors qu'a abouti à la paralysie du fonctionnement de la société la grave mésentente entre ses deux associés, conséquence notamment d'un désaccord sur les clés de répartition des charges, de la coupure par l'un de l'accès téléphonique et internet de l'autre, de l'absence d'établissement d'un budget prévisionnel et de tenue d'assemblée générale d'approbation des comptes (Cass. com. 23-6-2015 n° 14-06.065 : RJDA 10/15 n° 665). Il en est de même en cas de mésentente entre les associés résultant de la désorganisation de l'activité sociale due à la maladie de l'un d'eux rendant impossible la poursuite de l'objet social (CA Montpellier 17-2-2003 : Dr. sociétés 2003 comm. n° 209 note F.-X. Lucas). Pour d'autres exemples de mésentente entre associés ayant entraîné la dissolution de la SCM, voir n° 24162. **58540**

Une SCM ayant été constituée par deux associés avec pour objet de faciliter l'exercice de la profession de ses membres par la mise en commun de tous moyens matériels nécessaires, la **cessation d'activité de l'un des deux associés** pour cause de départ à la retraite n'a pas pour conséquence l'**extinction de l'objet** de la société et n'implique pas sa dissolution (Cass. com. 15-9-2009 n° 08-15.267 : RJDA 1/10 n° 59).

> **> Précisions** L'extinction de l'objet d'une société, qui met fin à celle-ci (C. civ. art. 1844-7, 2°), survient lorsque l'activité pour laquelle la société a été constituée est devenue impossible : par exemple, retrait d'une autorisation administrative sans laquelle la société ne peut pas fonctionner. En l'espèce, le retrait de l'associé n'avait pas pour conséquence de rendre impossible l'**exercice de l'activité** de la société dès lors que l'associé restant poursuivait l'exercice de sa profession et que d'autres associés étaient susceptibles de le rejoindre.

B. Régime fiscal

1. APPORTS À UNE SOCIÉTÉ CIVILE DE MOYENS

DROITS D'ENREGISTREMENT SUR LES APPORTS À UNE SCM

58600 Les SCM n'entrent pas dans le champ d'application de l'impôt sur les sociétés, même si elles ont pris la forme de coopérative.

Le régime fiscal des constitutions de ces sociétés relève donc des règles de droit commun exposées à propos des apports faits à des **sociétés civiles non passibles de l'IS** (nos 3600 s.).

> **Précisions** En l'absence de dispositions spécifiques à ces sociétés, les opérations d'augmentation de capital et les autres **modifications statutaires** ainsi que la **dissolution** et la liquidation des SCM sont soumises aux règles prévues pour toutes les sociétés de personnes non soumises à l'IS exposées dans la première partie : modifications statutaires (nos 14500 s.), dissolution et partage (nos 25400 s.).

PLUS-VALUES D'APPORT À UNE SCM

58610 Lorsque des contribuables exerçant une profession non commerciale apportent à une SCM des **biens affectés à l'exercice de leur profession,** la plus-value éventuellement constatée à cette occasion est soumise au régime des plus-values professionnelles conformément aux règles générales exposées nos 9610 s.

Selon nous, l'objet des SCM excluant l'exercice de la profession, les régimes de report d'imposition des plus-values d'apport d'une activité professionnelle ne peuvent pas trouver à s'appliquer (nos 4700 s.).

En cas d'apport d'un **bien appartenant au patrimoine privé** d'un des futurs associés (hypothèse sans doute assez rare), c'est, bien entendu, le régime des plus-values des particuliers qui est alors applicable.

58615 Cas particulier : location à la société d'un immeuble professionnel

Lorsqu'un associé donne en location à une SCM dont il est membre l'immeuble où il exerce sa profession et appartenant à son actif professionnel, cette opération emporte transfert de l'immeuble dans le patrimoine privé et taxation éventuelle de la **plus-value** dégagée à cette occasion.

Corrélativement, les **revenus** tirés de la location sont imposables soit dans la catégorie des revenus fonciers si le bail porte sur des locaux nus, soit dans celle des BIC si l'immeuble loué est muni de mobilier et de matériel nécessaires à son exploitation. Mais il est tenu compte de la **charge** correspondant à ces loyers pour la détermination du bénéfice professionnel de l'intéressé par le biais de la déduction des sommes versées à la SCM en l'acquit des dépenses nécessitées par l'exercice de la profession.

La doctrine administrative qui, la première, a défini ces règles a été confirmée par la jurisprudence du Conseil d'État, qui a également conclu à l'existence d'un transfert de l'immeuble dans le patrimoine privé dans les cas suivants :

- location par un conseil fiscal d'une partie de son local professionnel (CE 3-6-1992 n° 90905 : RJF 7/92 n° 971) ;
- location par un masseur-kinésithérapeute à une entité constituée avec un confrère du local dans lequel il exerçait seul auparavant (CE 8-7-1992 n° 89841 : RJF 11/92 n° 1500).

En dernier lieu, le Conseil d'État a jugé que le fait pour un contribuable exerçant une profession non commerciale de donner en location les locaux dont il est propriétaire à son entreprise personnelle ou à une société par l'intermédiaire de laquelle ou au moyen de laquelle il exerce sa profession fait obstacle à ce que les locaux en cause puissent être regardés comme des éléments d'actif affectés à l'exercice de la profession non commerciale au sens de l'article 93 du CGI. Dès lors, l'immeuble qu'un médecin donne en location à la SCM constituée avec un confrère appartient de ce seul fait à son patrimoine personnel, alors même qu'il exerce sa profession dans une partie des locaux et qu'il les a inscrits sur le registre des immobilisations (CE 6-4-2001 n° 208672 : RJF 7/01 n° 939).

2. IMPOSITION DES BÉNÉFICES DES SOCIÉTÉS CIVILES DE MOYENS

a. Principes

En règle générale, les SCM ont pour objet de mettre à la disposition de leurs associés les locaux, le matériel, le personnel et tous autres éléments nécessaires à l'exercice de leur profession. Cette activité s'analyse, sur le plan fiscal, comme une « entreprise de fourniture de services » et relève de la catégorie des **bénéfices industriels et commerciaux,** ce qui devrait normalement entraîner l'assujettissement à l'IS des SCM. **58650**

Toutefois, conformément aux dispositions de l'article 239 quater A du CGI, les SCM ne sont jamais soumises à l'**impôt sur les sociétés,** même si elles adoptent le statut de coopérative, lorsqu'elles ne s'écartent pas de leur objet légal, c'est-à-dire lorsqu'elles mettent exclusivement à la disposition de leurs membres des moyens nécessaires à l'exercice de leur profession (BOI-IS-CHAMP-20-10-20 n° 20).

Elles ne peuvent pas davantage opter pour le régime des sociétés de capitaux (CGI art. 239, 1).

Les SCM sont soumises à un régime analogue, en dépit de certaines particularités, à celui des sociétés de personnes visées à l'article 8 du CGI. Les bénéfices réalisés sont déterminés au niveau de la société elle-même, déclarés par elle et vérifiés également à son niveau. Ils ne sont pas imposés au nom de la société mais au nom personnel des associés. Chaque membre de la société est personnellement passible, pour la part des bénéfices correspondant à ses droits dans la société, soit de l'impôt sur le revenu, soit de l'impôt sur les sociétés s'il s'agit d'une entreprise relevant de cet impôt. **58651**

Les **résultats sociaux** imposables au nom des associés sont **déterminés,** quel que soit le montant des recettes de la société, selon les règles :

– du régime de la déclaration contrôlée des BNC lorsque les membres de la SCM sont eux-mêmes titulaires de BNC ;

– du régime simplifié d'imposition des BIC, avec possibilité de tenue d'une comptabilité super-simplifiée, lorsque les associés sont assujettis à l'impôt sur les sociétés (SCP ayant opté ou SEL, par exemple) ou relèvent des BIC. L'option pour le régime réel normal est toutefois possible.

Les SCM comprenant des membres appartenant à deux catégories différentes doivent procéder à une double détermination de leurs résultats et sont tenues aux obligations comptables afférentes à chacune de ces catégories.

Une SCM ne peut pas adhérer à une **association agréée** dès lors qu'elle n'exerce pas d'activité libérale et n'est pas titulaire d'une charge ou d'un office (BOI-DJC-OA-20-30-10-10 n° 60).

RÉALISATION PAR LA SCM D'OPÉRATIONS AVEC DES TIERS NON ASSOCIÉS

Les SCM sont assujetties à l'impôt sur les sociétés si elles mettent des moyens en matériel ou en personnel à la disposition de tiers non associés moyennant rémunération, mais uniquement, selon l'administration, lorsque ces opérations représentent **plus de 10 %** des recettes totales (BOI-IS-CHAMP-20-10-20 n° 20). **58655**

L'assujettissement à l'IS des SCM qui dépassent cette limite entraîne, au plan fiscal, **cessation d'entreprise** (CGI art. 202 ter, I). Cependant, les effets de la cessation peuvent être fortement atténués, dans les conditions exposées n°s 11030 s.

> **Précisions** Pour apprécier si la **limite de 10 %** est ou non respectée, il convient de se placer dans le cadre de l'année civile.
> Les recettes à prendre en considération comprennent (BOI-IS-CHAMP-20-10-20 n° 25) :
> – d'une part, les **remboursements de frais** effectués par les associés : d'une manière générale, les versements que les associés effectuent au profit de la SCM sont portés au crédit d'un compte courant ouvert à leur nom dans les écritures de la société. Pour l'appréciation de la limite de 10 %, il y a lieu de considérer que ces versements ne constituent pas des recettes mais seulement des avances de trésorerie consenties par les membres. Les recettes ne sont considérées comme réalisées qu'au moment où, après répartition des dépenses communes, la quote-part de chacun des associés dans ces dépenses est portée au débit des comptes courants ;
> – d'autre part, les sommes reçues de **tiers non associés** à raison d'opérations à caractère commercial, conclues entre les intéressés et la SCM, notamment de la location de locaux équipés ou de moyens en matériel et en personnel destinés à l'exercice d'une activité libérale (par exemple, mise à la disposition de médecins non associés des locaux ou des équipements d'une maison médicale), à l'exclusion des sommes ayant le caractère de revenus mobiliers ou fonciers (par exemple, intérêts perçus par une SCM pour des sommes déposées dans un établissement financier).

MISE À DISPOSITION PAR LA SCM À SES ASSOCIÉS DE LOCAUX NUS

58660 Les SCM qui se bornent à mettre à la disposition de leurs membres, pour l'exercice de leur profession, des locaux nus dont elles sont propriétaires relèvent du même régime fiscal que les autres SCM. Dans le cadre de ce régime, la **base amortissable des immeubles** est, selon l'administration, égale à la valeur nette comptable qu'ils auraient eue dans les écritures de la société s'ils avaient, dès l'origine, été amortis selon les règles applicables en matière de bénéfices industriels et commerciaux (BIC) ou en matière de bénéfices non commerciaux (BNC). La société doit donc inscrire à l'actif de son bilan la valeur d'origine de l'immeuble et les amortissements ainsi reconstitués. C'est sur la base de cette valeur résiduelle « théorique » que les immeubles dont la durée d'utilisation n'est pas achevée peuvent continuer à être amortis (BOI-BNC-SECT-70-20 n°s 330 et 340). Cette solution apparaît rigoureuse, surtout pour les sociétés qui exercent leur activité de longue date, privées de tout ou partie de leurs possibilités de déduction.

b. Détermination des résultats

SCM COMPRENANT EXCLUSIVEMENT DES MEMBRES TITULAIRES DE BNC

58680 Lorsque toutes les parts d'une SCM sont détenues par des contribuables dont les revenus sont imposables dans la catégorie des BNC (qu'ils relèvent à titre individuel de la déclaration contrôlée ou du régime micro-BNC), le bénéfice social est déterminé pour l'intégralité de son montant en suivant les règles applicables en matière de BNC dans le cadre du régime de la **déclaration contrôlée.** Ce régime s'applique quel que soit le montant des recettes réalisées par la société.

Le bénéfice social, calculé sur l'année civile, est constitué par l'excédent des recettes totales encaissées sur les dépenses payées nécessitées par l'exercice de l'activité, sauf option expresse de la société pour la détermination de son résultat en fonction des créances acquises et des dépenses engagées (CGI art. 93 A : voir n° 54860).

Les SCM doivent tenir les documents prévus à l'article 99 du CGI : livre-journal et registre des immobilisations et amortissements (voir n°s 55165 s.). Nous nous contenterons d'apporter ci-après certaines précisions concernant les SCM.

58685 Les **recettes imposables** des SCM correspondent généralement au remboursement des frais et charges supportés pour le compte des associés (ou, le cas échéant, de tiers) (BOI-BNC-SECT-70-20 n°s 100 et 110).

N'en font partie :

– ni les apports ou avances en compte courant des associés destinés notamment à financer l'acquisition d'éléments d'actif immobilisé ou à constituer un fonds de trésorerie ;

– ni les sommes ayant le caractère de revenus mobiliers ou fonciers (par exemple, location à des tiers), qui relèvent pour leur imposition de la catégorie qui leur est propre.

58687 Les **dépenses déductibles** correspondent aux dépenses réparties entre les associés que ces derniers peuvent, de leur côté, déduire de leur propre résultat (voir n° 58845). Elles peuvent aussi comprendre, le cas échéant, les dépenses nécessitées par les opérations réalisées avec des tiers non associés (BOI-BNC-SECT-70-20 n°s 120 et 130).

Voir également n°s 58706, 58710 et 58712 pour les rémunérations et les intérêts versés aux associés, les amortissements et les déficits.

58690 Les **plus-values ou moins-values** réalisées à l'occasion de la **cession d'éléments de l'actif social** relèvent du régime des plus-values professionnelles exposé n°s 9610 s. et doivent faire l'objet d'une compensation distincte au niveau de la société (BOI-BNC-SECT-70-20 n° 160).

Elles peuvent bénéficier de l'exonération des plus-values prévue à l'article 151 septies du CGI lorsque les conditions d'application de ce dispositif sont satisfaites (n°s 9650 s.). En particulier, les limites d'exonération s'apprécient en tenant compte de la moyenne globale des recettes.

En cas de **cession d'un élément d'actif appartenant en propre à un associé d'une SCM** dans le cadre de son activité non commerciale exercée à titre personnel, le franchissement des limites d'exonération prévues à l'article 151 septies précité s'apprécie en tenant compte de la quote-part des recettes hors taxe de cette société correspondant à ses droits dans les bénéfices, augmentée de ses recettes personnelles. L'administration a précisé que les recettes de la SCM s'entendent alors des recettes provenant d'opérations avec les tiers et des produits divers réalisés par la société et qu'il n'est pas tenu compte des remboursements opérés par les associés (Inst. 5 G-6-05 n° 4, solution non reprise dans Bofip).

Les SCM qui réalisent des **plus-values à long terme de nature immobilière** peuvent pratiquer l'abattement de 10 % prévu par l'article 151 septies B du CGI dans les conditions indiquées n°s 9640 s.

SCM DONT TOUS LES ASSOCIÉS RELÈVENT DES BIC OU DE L'IS

Le résultat réalisé par ces SCM est déterminé selon les règles des BIC réels, qui prévoient la prise en compte des créances acquises et des dépenses engagées. 58700

Quelle que soit l'importance de leurs recettes, le **régime simplifié d'imposition** est applicable (CGI art. 302 septies A bis) avec possibilité de tenue d'une comptabilité super-simplifiée en exerçant à cet effet une option au titre de chaque exercice sur la déclaration de résultat n° 2036 (CGI art. 302 septies A ter A).

Ces sociétés peuvent toutefois opter pour l'imposition d'après leur **bénéfice réel normal** dans les conditions de droit commun (CGI ann. II art. 267 septies A).

Nous n'exposerons pas ici en détail le régime d'imposition des BIC. Nous nous contenterons d'apporter les précisions suivantes concernant les SCM.

Les **recettes** sont constituées par l'ensemble des sommes perçues par la société. Il s'agit, en principe, des sommes versées par les associés qui correspondent souvent au simple remboursement des frais supportés par la société. Mais les recettes peuvent excéder les dépenses si la société entend couvrir l'amortissement de ses matériels et installations ou constituer des provisions. 58705

Ne sont pas à comprendre parmi les recettes les versements effectués par les associés sous forme d'apports ou d'avances en compte courant en vue, notamment, de financer l'acquisition d'immobilisations ou de constituer un fonds de trésorerie.

Comme dans toutes les sociétés relevant du régime de l'article 8 du CGI, les sommes attribuées aux associés en **rémunération** de leur activité (gérance par exemple) ne sont pas déductibles des résultats imposables. En revanche, les **salaires** versés aux **conjoints** des associés de SCM sont déductibles en totalité, quel que soit le régime matrimonial des intéressés, dès lors qu'ils correspondent à la rémunération normale de fonctions effectivement exercées. 58706

Sont également exclus des charges déductibles, conformément à la règle générale, les **intérêts** versés au titre du capital souscrit ainsi que ceux, le cas échéant, qui rémunèrent des prêts accordés par les associés au-delà de la limite prévue à l'article 39, 1-3° du CGI (n° 10270).

Les **plus-values** ou moins-values réalisées à l'occasion de la cession d'éléments de l'actif social relèvent du régime des plus-values professionnelles à court terme et à long terme et doivent faire l'objet d'une compensation distincte au niveau de la société (nos 9610 s.). Il convient de souligner que cette compensation est opérée selon des règles différentes pour la part du résultat qui revient à des membres soumis à l'impôt sur les sociétés et pour celle revenant à des associés relevant de l'impôt sur le revenu. En effet, les plus-values correspondant aux droits de chacune de ces deux catégories d'associés sont soumises à des règles d'imposition différentes compte tenu de la restriction du champ d'application du régime du long terme applicable aux entreprises soumises à l'IS. 58708

Il faut également noter que l'exonération des plus-values prévue par l'article 151 septies du CGI ne concerne, lorsqu'elle est applicable (nos 9650 s.), que la part des plus-values revenant à des membres soumis à l'impôt sur le revenu (pour l'appréciation de la limite d'application de ce dispositif, voir n° 58690) ; il en va de même pour l'abattement de 10 % sur les plus-values à long terme de nature immobilière (CGI art. 151 septies B : voir nos 9640 s.).

Les **amortissements** des matériels, des installations et des immeubles inscrits à l'actif de la société doivent être pratiqués par la société dans ses propres écritures. 58710

Les **déficits** antérieurs ordinaires éventuellement constatés dans les comptes de la société sont reportables au niveau de chaque associé dans le cadre de l'impôt dont il est personnellement redevable. 58712

SCM COMPRENANT DES MEMBRES TITULAIRES DE BNC ET D'AUTRES MEMBRES TITULAIRES DE BIC OU SOUMIS À L'IS

Les SCM doivent procéder à une **double détermination de leur résultat** fiscal lorsqu'elles comprennent à la fois des associés exerçant une activité dont les revenus sont imposables dans la catégorie des BNC et des associés exerçant une activité dont les revenus sont imposables dans la catégorie des BIC ou soumis à l'impôt sur les sociétés (BOI-BNC-SECT-70-20 n° 320). 58720

Pour chacune de ces catégories d'associés, elles doivent donc respectivement faire application des règles exposées ci-avant.

Afin de limiter les difficultés pratiques qui s'attachent à la double détermination du résultat, ces sociétés ont **intérêt à opter** pour la détermination de la part du résultat revenant aux associés titulaires de BNC à partir des créances acquises et des dépenses engagées (application des règles prévues à l'article 93 A du CGI : voir n° 54860).

CHANGEMENT DE MODE DE DÉTERMINATION DU RÉSULTAT DES SCM

58730 Les SCM qui passent des règles BIC (créances – dettes) aux règles BNC (recettes – dépenses), ou l'inverse, doivent effectuer certaines régularisations extra-comptables lors du changement. Ces corrections sont destinées à éviter que certains produits ne fassent l'objet d'une double imposition ou que certaines charges ne fassent l'objet d'une double déduction (CGI ann. III art. 46 terdecies F).

58735 **Passage des règles BIC aux règles BNC** Sauf option pour la détermination du bénéfice non commercial à partir des créances et des dettes, des corrections doivent être effectuées dans les cas suivants :

– une **personne relevant des BNC devient associée** d'une SCM dont tout ou partie des parts sont détenues par des associés relevant des BIC ou de l'impôt sur les sociétés ;

– un associé relevant des BNC **reçoit des parts** d'un associé relevant des BIC ou de l'impôt sur les sociétés.

58740 L'année du changement et, le cas échéant, les années suivantes, le résultat soumis aux règles de droit commun des BNC (CGI art. 93) est déterminé en faisant abstraction :

– des recettes encaissées qui correspondent à des **créances acquises** prises en compte **au titre d'un exercice antérieur** ;

– des **dépenses** payées qui correspondent à des dépenses **engagées** déjà déduites **au titre d'un exercice antérieur.**

Les **avances** reçues au cours d'un exercice dont le résultat a été déterminé selon les règles BIC et qui ne correspondaient pas, l'année de leur encaissement, à des créances acquises sont ajoutées au montant des recettes de l'année de leur acquisition, dont le bénéfice imposable est déterminé, en tout ou en partie, selon les règles BNC.

Les **acomptes sur dépenses** payés au cours d'un exercice dont le résultat a été déterminé selon les règles BIC et qui ne correspondaient pas, l'année de leur paiement, à des dépenses engagées sont ajoutés au montant des dépenses payées au cours de l'année de leur engagement et dont le bénéfice imposable est, en tout ou en partie, déterminé selon les règles BNC.

Ces corrections ne concernent pas les frais généraux antérieurement pris en compte lors de leur paiement dans le cadre d'une **comptabilité super-simplifiée** BIC.

EXEMPLE

Une SCM détermine au titre de l'année N un résultat selon les règles BNC.

Prise en compte des recettes :

– Créance acquise au titre de l'année N – 1 et payée en N : la recette correspondante, qui a été imposée en N – 1, doit être extournée du montant des recettes encaissées en N.

– Acompte encaissé en N – 1 au titre d'une créance acquise en N : l'acompte doit être ajouté au montant des recettes encaissées en N.

Prise en compte des dépenses :

– Dépense engagée en N – 1 et réglée en N : la dépense correspondante, qui a été déduite en N – 1, doit être extournée du montant des dépenses réglées en N.

– Acompte réglé en N – 1 sur une dépense engagée en N : l'acompte réglé en N – 1 est déductible du résultat N.

58745 **Passage des règles BNC aux règles BIC** Des régularisations doivent être effectuées pour la détermination du résultat de l'exercice (et des exercices suivants, le cas échéant) au titre duquel une **personne relevant des BIC** ou une personne morale soumise à l'impôt sur les sociétés :

– **devient associée** d'une SCM dont tout ou partie des parts sont détenues par des associés titulaires de BNC ;

– **reçoit des parts** d'un associé titulaire de BNC.

Ces régularisations n'ont pas à être effectuées si la SCM avait **opté** antérieurement pour la détermination du bénéfice non commercial selon les **créances acquises et les dépenses engagées.**

58750 Le résultat déterminé selon les règles BIC doit être :

– augmenté du montant des **recettes encaissées** au cours de l'exercice et qui correspondent à des créances acquises au titre d'une année dont le résultat, ou une fraction de celui-ci, a été déterminé en application des règles BNC ;

– diminué du montant des **dépenses payées** au cours de l'exercice et qui correspondent à des dépenses engagées au titre d'une année dont le résultat, ou une fraction de celui-ci, a été déterminé en application des règles BNC.

Les **avances** reçues au cours d'une année dont un résultat a été déterminé en application des règles BNC et qui ne correspondaient pas, l'année de leur encaissement, à des créances acquises sont retranchées du montant des créances de l'exercice de leur acquisition et dont le bénéfice imposable est déterminé, en tout ou en partie, selon les règles BIC.

Les **acomptes sur dépenses** payés au cours d'une année dont un résultat a été déterminé en application des règles BNC et qui ne correspondaient pas, l'année de leur paiement, à des dépenses engagées sont retranchés du montant des dépenses de l'exercice de leur engagement.

EXEMPLE

Au titre d'une année N – 1, une SCM dont tous les associés relevaient des BNC a déterminé un résultat selon les règles BNC. Au cours de l'année N, la société comprend un nouvel associé relevant des BIC. Elle doit déterminer pour cet associé un résultat selon les règles des BIC en procédant aux corrections suivantes.

Prise en compte des produits

– Créance acquise au titre de l'année N – 1 et payée en N : la recette correspondante doit être rattachée au résultat de l'année N.

– Acompte encaissé en N – 1 au titre d'une créance acquise en N : la recette correspondant à la créance acquise doit être rattachée à l'année N, sous déduction de l'acompte encaissé en N – 1.

Prise en compte des dépenses

– Dépense engagée en N – 1 et réglée en N : la dépense est prise en compte pour la détermination du résultat N.

– Acompte réglé en N – 1 sur une dépense engagée en N : la dépense est prise en compte pour la détermination du résultat en N, sous déduction de l'acompte réglé en N – 1.

Obligations liées au changement de régime Lorsque les résultats de deux exercices consécutifs sont soumis à des règles d'imposition différentes (créances – dettes, recettes – dépenses), la société est tenue de fournir en annexe à sa déclaration de résultat un **état des créances acquises et des dépenses engagées** au cours du premier de ces exercices ainsi que des versements reçus à l'avance en paiement du prix et des acomptes sur dépenses payés au cours de ce même exercice et correspondant à des créances non encore acquises ou à des dépenses non encore engagées à la clôture de celui-ci. **58755**

Ce document, établi conformément au modèle figurant au BOI-FORM-000052, doit être produit chaque année jusqu'à l'expiration des créances et des dettes (BOI-BNC-SECT-70-20 n° 410). Il doit être accompagné, lorsqu'il y a lieu, d'une **note** établie sur papier libre, comportant le **détail des corrections** opérées pour la détermination du résultat. La note doit mentionner les noms et adresses des débiteurs ou des créanciers concernés, la date de l'opération qui avait entraîné la constatation de la créance ou de la dette, son montant ainsi que le montant sur lequel porte chacune des corrections (CGI ann. III art. 46 terdecies H).

> **Précisions** **a.** Lorsqu'une SCM procède à une double détermination de son résultat et doit en outre effectuer des **ajustements** pour la quote-part imposable au nom de **nouveaux associés,** le résultat corrigé peut être déterminé sur une annexe rédigée sur papier libre reprenant les mentions prévues sur la déclaration n° 2036-SD. La fraction du résultat ainsi corrigé revenant aux associés concernés est ensuite reportée sur la déclaration n° 2036-SD (BOI-BNC-SECT-70-20 n° 430).
> **b.** Si les documents exigés ne sont pas produits ou comportent des omissions ou inexactitudes, les **sanctions** prévues à l'article 1729 B du CGI sont applicables (voir n° 14025).

c. Obligations déclaratives

Les SCM doivent souscrire tous les ans une déclaration spéciale n° 2036-SD. **58780**

Le **délai de déclaration** expire le deuxième jour ouvré suivant le 1er mai, quelle que soit la date de clôture de l'exercice (CGI art. 175 et ann. III art. 344 I-0 bis). Un délai supplémentaire de 15 jours calendaires est toutefois accordé par l'administration (BOI-BNC-SECT-70-20 n° 380).

Toutes les SCM sont soumises à l'obligation de **télédéclaration.** Le non-respect de cette obligation est sanctionné par l'application d'une majoration de 0,2 %.

L'**imprimé n° 2036-SD** tient lieu à la fois de déclaration de résultat (**régime simplifié d'imposition**) et de déclaration spécifique incombant aux SCM susceptibles d'être exonérées de TVA sur les remboursements de frais effectués par les associés (nos 59080 s.). Il comporte notamment :

- la **détermination du résultat fiscal** (cadre I) selon les règles propres aux BNC ou aux BIC selon les cas ;
- les **immobilisations** dont la SCM est propriétaire et les **amortissements** (cadre II) ;
- la **répartition du résultat fiscal** entre les associés (cadre III). Il convient d'indiquer, pour chacun des associés, les nom, prénom et profession, adresse complète du lieu où il exerce

sa profession à titre principal et où il souscrit la déclaration de résultat fiscal relative à son activité professionnelle, son régime fiscal (BIC, IS ou BNC), le nombre de parts qu'il détient dans la SCM, le montant du bénéfice ou du déficit qui lui revient et la part de plus-value à long terme qui doit être imposée à son nom au taux réduit ;

– des informations **diverses** (cadre IV) ;

– l'état détaillé des **dépenses réparties entre les associés** (cadre V). Ce cadre est subdivisé en 24 colonnes, les colonnes 1 à 23 permettent pour chaque associé de répartir les frais et amortissements correspondant aux diverses rubriques prévues par l'annexe n° 2035-A-SD à la déclaration n° 2035-SD (déclaration contrôlée), la colonne 24 donnant par associé le total de ces montants ;

– un **bilan** lorsque le chiffre d'affaires hors taxe de la SCM de l'année précédente excède 61 000 € (CGI art. 302 septies A bis, VI). Lorsqu'elles n'ont pas opté pour la souscription de la déclaration des BIC selon le régime du bénéfice réel normal, les sociétés concernées par cette obligation doivent joindre à leur déclaration un bilan simplifié modèle 2033-A-SD.

L'obligation de joindre un bilan n'est pas exigée des SCM qui comprennent exclusivement des associés exerçant une activité dont les revenus sont imposables dans la catégorie des BNC (BOI-BNC-SECT-70-20 n° 380).

58785 Les SCM qui **ont opté** pour l'imposition de leurs BIC d'après le régime **réel normal** dans les conditions de droit commun doivent produire, dans le délai légal (n° 46305), une déclaration de résultat n° 2031-SD accompagnée des différents tableaux comptables et fiscaux prévus pour les entreprises commerciales relevant de ce régime (CGI art. 53 A).

Elles doivent joindre à cette déclaration une déclaration n° 2036-SD qui fait apparaître le montant des dépenses réparties entre les associés et, le cas échéant, la détermination du bénéfice revenant aux associés imposables dans la catégorie des BNC (BOI-BNC-SECT-70-20 n° 400).

d. Situation des membres des sociétés civiles de moyens

58840 Les membres des SCM ont vis-à-vis de la société la double qualité de **clients** et d'**associés.** En qualité de clients, ils bénéficient de prestations diverses dont ils remboursent le coût à la société ; en qualité d'associés, ils participent aux bénéfices et aux pertes.

DÉDUCTION PAR LES ASSOCIÉS DES SOMMES VERSÉES À LA SCM

58845 Les associés des SCM peuvent déduire du bénéfice réalisé dans le cadre de leur activité professionnelle les sommes versées à la société en l'acquit de **dépenses nécessitées par l'exercice de leur profession.** Les sommes versées à titre d'**apports** ou d'**avances** en compte courant ne peuvent, en aucun cas, être regardées comme des dépenses professionnelles puisqu'elles ont pour contrepartie un accroissement de l'actif social et donc de la valeur des parts détenues par les associés.

Lorsque l'associé relève du régime de la **déclaration contrôlée,** les sommes déductibles sont portées pour leur montant réel sur les lignes de la déclaration de bénéfice non commercial (n° 2035-SD) se rapportant aux dépenses correspondantes. L'administration a précisé que, dans le cas où les remboursements d'un associé sont inférieurs aux dépenses acquittées pour son compte par la société, la déduction que peut pratiquer cet associé ne doit pas excéder le montant des sommes effectivement versées à la société (BOI-BNC-SECT-70-20 n° 260). Toutefois, si l'associé a opté pour la détermination de son résultat selon le régime des créances acquises et des charges engagées, il peut à notre avis déduire les sommes dues à la SCM, même si elles n'ont pas encore été remboursées.

Lorsque l'associé relève du **régime micro-BNC,** aucune déduction n'est effectuée sur le montant des recettes brutes. En effet, le bénéfice net est calculé automatiquement après application d'un abattement de 34 % (avec un minimum de 305 €) qui est réputé couvrir l'ensemble des charges exposées dans le cadre de l'exercice de la profession, y compris par l'intermédiaire d'une SCM (BOI-BNC-SECT-70-20 n° 270).

> **Précisions a. Aucun double emploi** ne doit exister entre les frais professionnels déduits sous le couvert de la SCM et les dépenses assumées à titre personnel par l'associé.
> **b.** Les sommes versées à la SCM et dont la déduction est demandée doivent être calculées sur la **base exacte des services rendus** à chaque associé. C'est seulement lorsque ces services ne peuvent pas être individualisés ou s'il s'agit de la participation aux dépenses de fonctionnement interne de la société qu'un autre type de répartition – par exemple en proportion des droits sociaux – peut être admis.
> **c.** Les associés n'ont pas la possibilité d'amortir directement les biens sociaux, cet **amortissement** devant toujours être effectué au niveau de la société.

IMPOSITION DES RÉSULTATS SOCIAUX AU NOM DES ASSOCIÉS DE LA SCM

Chaque associé de la SCM est personnellement passible, pour la part des bénéfices correspondant à ses droits dans la société, soit de l'impôt sur le revenu, soit de l'impôt sur les sociétés s'il relève de cet impôt (CGI art. 239 quater A). 58860

La situation des associés dont l'activité est imposable dans la catégorie des BNC appelle les précisions suivantes.

Les parts des SCM étant considérées fiscalement comme des éléments affectés à l'exercice de la profession (CGI art. 93, 5), la fraction des résultats sociaux revenant à chaque associé doit être prise en compte pour la détermination des BNC réalisés dans le cadre de son activité professionnelle (BOI-BNC-SECT-70-20 n° 210).

Si l'associé est placé sous le régime de la **déclaration contrôlée,** il fait apparaître de manière distincte, sur la déclaration n° 2035-SD, la fraction du résultat social qui lui revient et, selon qu'il s'agit d'un bénéfice ou d'un déficit, ajoute ou retranche cette fraction à son propre résultat fiscal (BOI-BNC-SECT-70-20 n° 220).

Si l'associé relève du régime **micro-BNC,** la fraction du bénéfice ou du déficit social de la SCM n'est pas prise en compte pour la détermination du montant des recettes imposables selon le régime micro. Cette fraction doit être déclarée distinctement sur la déclaration d'ensemble des revenus (n° 2042 C Pro) sous la rubrique « Revenus non commerciaux professionnels – Régime de la déclaration contrôlée – Revenus imposables (ou) Déficits » (BOI-BNC-SECT-70-20 n° 230).

Il faut aussi noter que, pour déterminer le **régime d'imposition** applicable à l'activité non commerciale exercée à titre individuel par l'**associé** d'une SCM, l'administration accepte de faire abstraction de la part des recettes correspondant aux droits de l'associé dans la société, dès lors que cette société exerce une activité conforme à son objet (BOI-BNC-SECT-70-20 n° 300).

Les SCM sont susceptibles de réaliser des **plus-values à long terme** lors de la cession d'éléments de leur actif social. Celles-ci sont alors imposables distinctement au nom de chaque associé, pour la part correspondant à ses droits statutaires, dans la catégorie d'impôt dont il relève (BNC, BIC ou IS). 58865

Lorsque les associés relèvent de l'impôt sur le revenu, le montant net de ces plus-values, taxable au taux de 12,8 % (majoré des prélèvements sociaux), doit, selon l'administration, être reporté par chaque associé sur sa déclaration d'ensemble de revenus n° 2042 C Pro sous la rubrique « Revenus non commerciaux professionnels – Régime de la déclaration contrôlée – Plus-values nettes à long terme » (BOI-BNC-SECT-70-20 n° 200).

À notre avis cependant, dès lors que la quote-part de résultat de la SCM et le résultat provenant de l'activité professionnelle de l'associé relèvent de la même catégorie d'imposition, il est possible de compenser les plus-values ou moins-values nettes à long terme transmises par la SCM avec d'éventuelles moins ou plus-values à long terme réalisées par l'associé dans le cadre de son activité propre : par conséquent, cet associé doit pouvoir mentionner le montant de sa quote-part de plus ou moins-value dans la SCM sur sa déclaration n° 2035-SD.

> **> Précisions** Selon le Conseil d'État, un contribuable ne peut pas **compenser la plus-value à long terme** réalisée dans le cadre d'une activité agricole avec les moins-values à long terme subies dans le cadre d'une activité commerciale (CE 23-11-2007 n° 295601 : RJF 2/08 n° 113). Une plus-value à long terme relevant des BIC ne peut pas non plus être compensée avec une moins-value relevant d'une autre catégorie d'imposition, telle que la catégorie des plus-values de cession de valeurs mobilières (CE 12-10-2018 n° 401292 : RJF 1/19 n° 103). La même règle devrait s'appliquer en cas d'exercice d'une activité commerciale et d'une activité non commerciale.

3. RÉGIME FISCAL DES PARTS SOCIALES

Les parts de SCM sont considérées fiscalement comme des **éléments affectés à l'exercice de la profession** des associés (CGI art. 93, 5). 58950

Les associés qui relèvent du régime de la déclaration contrôlée doivent donc inscrire leurs parts sur le registre des immobilisations et des amortissements dont la tenue leur incombe. Est consigné sur ce registre :

– soit la valeur de souscription des parts de SCM dont les associés sont propriétaires, s'ils sont associés d'origine ;

– soit le prix de revient de ces parts, s'ils les ont acquises en cours de société.

Le cas où les parts de la SCM sont détenues par une **entreprise individuelle** appelle les précisions mentionnées n° 21620, Attention.

DÉDUCTION DES FRAIS D'ACQUISITION DES PARTS DE SCM

58955 Dans la mesure où les parts de SCM sont considérées fiscalement comme des éléments affectés à l'exercice de la profession, les frais exposés par un associé pour leur acquisition (intérêts d'emprunts, frais d'acte et d'enregistrement) constituent une charge déductible de son bénéfice (dans le cadre du régime micro-BNC, toutefois, ces frais sont à notre avis couverts par l'abattement forfaitaire mentionné n° 58845).

Sont également déductibles, selon l'administration, les intérêts des emprunts contractés par les associés pour souscrire à une augmentation de capital destinée à permettre à la société d'assurer le financement de ses investissements (BOI-BNC-BASE-40-60-70 n° 90) ainsi que pour procéder à l'acquisition de biens apportés ensuite à la société à titre pur et simple (Rép. Millon : AN 21-3-1983 n° 23187, solution rendue pour les SCP mais, selon nous, de portée générale).

CESSIONS DE PARTS DE SCM

58970 **Droits d'enregistrement** Les cessions de parts de SCM sont soumises au droit de 3 % prévu à l'article 726 du CGI, sauf application des dispositions de l'article 727, I du même Code (voir n°s 21400 s.).

58975 Toutefois, **lorsqu'elle est corrélative à la cessation de l'activité** du cédant, la cession de parts consentie au successeur est imposable dans les conditions prévues à l'article 720 du CGI, soit aux droits fixés pour les ventes de clientèle (voir n° 3735).

Il a été jugé que l'article 720 du CGI s'appliquait dans l'espèce suivante : un radiologue avait, par convention unique, cédé le droit de présentation à la clientèle de son cabinet et les parts d'une SCM qui avait pour objet exclusif de faciliter à chacun de ses membres l'exercice de son activité dans un cabinet de radiologie. Jugé que l'acquisition de ces parts, réalisée conjointement avec celle du droit de présentation à la clientèle, avait fourni au cessionnaire le moyen matériel d'exercer son activité comme le cédant dans le cabinet de radiologie et que, par suite, la cession desdites parts était imposable au titre de l'article 720 du CGI (Cass. com. 8-11-1983 n° 81-15.482 : RJF 7/84 n° 913 ; BOI-ENR-DMTOM-40-50-20 n° 130 ; BOI-ENR-DMTOM-10-10-30 n° 250).

Selon l'administration, cette solution n'a pas été remise en cause par la jurisprudence issue de la décision du 22 mars 1988 par laquelle la Cour de cassation a énoncé le principe général selon lequel toutes les cessions de droits sociaux entrent dans les prévisions de l'article 726 du CGI et non de l'article 720 du même Code (Cass. com. 22-3-1988 n° 86-17052 : Bull. civ. IV n° 1188). L'administration considère en effet que cette jurisprudence n'est applicable qu'aux cessions de titres de sociétés d'exercice, à l'exclusion des SCM (BOI-ENR-DMTOM-10-10-30 n° 380).

58980 Lorsque la **cession de parts entraîne la dissolution** de la société (cas exceptionnel, y compris en cas de cession massive des parts : voir n° 21480), le droit de mutation est dû :

– sur la partie du prix qui s'applique aux acquêts sociaux d'après les règles qui gouvernent les licitations ordinaires : droit perçu sur la valeur de la totalité des biens si le cessionnaire est un tiers, perception limitée à la valeur des parts acquises par le cessionnaire si ce dernier est un associé ;

– sur la valeur des biens déterminés (immeubles, matériel, mobilier, etc.) apportés par un associé et repris par un autre.

La reprise par un associé des biens qu'il a apportés ne donne ouverture à aucun droit (sous réserve de la perception de la taxe de publicité foncière s'il s'agit d'immeubles ou de droits immobiliers) (CGI art. 678).

Lorsque la cession a pour objet du matériel ou du mobilier, par exemple, elle est taxée conformément aux dispositions de l'article 720 du CGI, si le cessionnaire exerce la même profession ou la même fonction que le cédant (BOI-ENR-DMTOM-40-50-20 n° 150).

58990 **Imposition des plus-values** Dès lors que les parts de SCM sont considérées fiscalement comme des éléments d'actif affectés à l'exercice de la profession (n° 58950), les plus-values résultant de leur cession sont soumises au régime d'imposition des **plus-values professionnelles** exposé n°s 9610 s.

Elles peuvent notamment bénéficier de l'**exonération** des plus-values réalisées par les petites entreprises prévue par l'article 151 septies du CGI (BOI-BIC-PVMV-40-10-10-10 n° 295) ; voir n°s 9650 s. Il résulte de l'article 151 septies que pour l'appréciation des limites d'exonération des plus-values réalisées par les titulaires de BNC membres d'une SCM, en cas de cession de parts, les **recettes** réalisées par la société sont retenues à hauteur des droits des associés cédants dans les bénéfices comptables de la société, cette quote-part devant être majorée des éventuelles recettes individuelles des associés. L'administration a précisé que les recettes de la SCM s'entendent des recettes provenant d'opérations avec les tiers et des produits divers réalisés par la société et qu'il n'est pas tenu compte des remboursements opérés par les associés (Inst. 5 G-6-05 n° 7, solution non reprise dans Bofip).

L'administration admet par ailleurs que l'associé qui cède l'intégralité de ses parts de SCM à l'occasion de son **départ à la retraite** peut bénéficier de l'exonération de la plus-value prévue à l'article 151 septies A du CGI (nos 21675 s.), dès lors qu'il cède concomitamment sa clientèle (BOI-BIC-PVMV-40-20-20-20 n° 160). Elle admet de même que l'associé peut bénéficier de l'exonération en fonction de la **valeur des éléments cédés** prévue à l'article 238 quindecies du CGI (nos 9720 s.) lorsqu'il cède sa clientèle concomitamment à la vente de l'intégralité de ses parts dans la SCM (BOI-BIC-PVMV-40-20-50 n° 180).

Les plus-values constatées lors de l'**échange** de parts de SCM résultant d'une fusion ou d'une scission bénéficient d'un sursis d'imposition (CGI art. 93 quater, V) ; voir n° 56142. **58995**

4. RÉGIME DE TVA APPLICABLE AUX SOCIÉTÉS CIVILES DE MOYENS

a. Principes

Lorsque, comme il est de règle générale, les SCM se bornent à mettre à la disposition de leurs associés des **locaux aménagés,** le matériel ou le personnel nécessaires à l'exercice de leur profession, elles exercent une activité imposable, en principe, à la TVA, et ce, même si ces opérations sont effectuées « à prix coûtant ». **59050**

Toutefois, ces mises à disposition sont susceptibles de bénéficier de l'exonération prévue par l'article 261 B du CGI en faveur des remboursements de frais effectués par les membres de certains groupements.

Si – ce qui doit être exceptionnel – les SCM se contentent de mettre à la disposition de leurs membres, pour l'exercice de la profession des intéressés, des **locaux non aménagés** dont elles sont propriétaires, elles ont une activité qui, sous réserve d'une option pour le paiement volontaire de la TVA, n'est pas soumise à cette taxe (CGI art. 261 D, 2°). **59055**

b. Exonération des remboursements de frais par les membres des sociétés civiles de moyens

Les services rendus à leurs adhérents par les groupements constitués par des personnes physiques ou morales exerçant une activité exonérée de TVA sur le fondement du 4 (à l'exception du 10°) et du 7 de l'article 261 du CGI ou pour laquelle elles n'ont pas la qualité d'assujetti sont exonérés de cette taxe à la condition qu'ils concourent directement et exclusivement à la réalisation de ces opérations exonérées ou exclues du champ d'application de la TVA et que les sommes réclamées aux adhérents correspondent exactement à la part leur incombant dans les dépenses communes (CGI art. 261 B). **59080**

Pour bénéficier de cette exonération, les SCM doivent remplir certaines conditions tenant, d'une part, à la situation de leurs membres au regard de la TVA, d'autre part, à la nature ou aux modalités des opérations effectuées.

SITUATION DES MEMBRES DE LA SCM AU REGARD DE LA TVA

Les personnes physiques ou morales membres de la SCM doivent exercer une **activité exonérée de TVA** sur le fondement du 4 (à l'exception du 10°) et du 7 de l'article 261 du CGI ou pour laquelle elles n'ont **pas la qualité d'assujetti.** L'article 261, 4-1° vise expressément, notamment, les membres des professions médicales et paramédicales réglementées et les pharmaciens. **59085**

Certaines de ces personnes peuvent toutefois être **redevables de la TVA** pour certaines de leurs opérations, à titre obligatoire ou sur option. Tel peut être notamment le cas des médecins propharmaciens. La société dont sont membres ces redevables de la TVA ne perd pas pour autant le bénéfice de l'exonération de TVA au titre des services qu'elle leur rend dès lors que, pour chacun d'entre eux, le pourcentage de recettes donnant lieu au paiement de la taxe par rapport aux recettes totales traduit le caractère nettement prépondérant des opérations qui échappent à l'imposition. L'administration admet que cette condition est présumée remplie si ce **pourcentage** est **inférieur à 20 %.** Au-delà, l'exonération n'est admise que si l'activité imposée présente tous les caractères d'autonomie liés à l'obligation de sectorisation (BOI-TVA-CHAMP-30-10-40 nos 50 et 60).

> Précisions **a.** Pour la **première année** au cours de laquelle les recettes taxables réalisées par un des membres de la SCM ont **franchi la limite** de 20 %, l'administration admet que l'exonération n'est pas remise en cause, à la double condition (BOI-TVA-CHAMP-30-10-40 n° 70) :
– que le dépassement ne résulte pas d'un changement intervenu dans la nature ou les conditions d'exercice de l'activité de l'intéressé ;
– que l'associé en cause n'appartienne plus à la société à compter du 1er janvier de l'année suivant celle au cours de laquelle s'est produit le dépassement.
b. Selon la CJUE, l'exonération de TVA peut s'appliquer aux prestations de services fournies par la société à un **groupe TVA** au sens de l'article 11 de la directive TVA (transposé à l'art. 256 C du CGI : voir n° 12003) dès lors que tous les membres du groupe TVA sont également membres de la société. Les services rendus à un groupe TVA d'un périmètre différent (alors considéré comme un tiers pour la société) sont en revanche taxables (CJUE 18-11-2020 aff. 77/19 : RJF 3/21 n° 340).

OPÉRATIONS EFFECTUÉES PAR LA SCM SUSCEPTIBLES D'ÊTRE EXONÉRÉES DE TVA

59100 L'article 261 B du CGI n'exonère de la TVA que les **prestations de services** à l'exclusion, par conséquent, des livraisons de biens.

Parmi les prestations de services qui sont le plus couramment susceptibles de donner lieu à la perception de simples remboursements de frais, on peut citer : la mise à disposition de personnel et de matériel, le recrutement, la gestion et la paie du personnel, la gestion et l'entretien des locaux ou installations, les travaux d'informatique.

Pour pouvoir bénéficier de l'exonération, les services rendus doivent remplir **trois conditions** tenant à la qualité du client, à l'utilisation qui est faite du service et au mode de rémunération (BOI-TVA-CHAMP-30-10-40 nos 110 à 210).

59105 **Qualité du client** Les services doivent, à titre principal, être rendus aux **associés de la SCM,** étant observé qu'ils peuvent être fournis à un seul ou à quelques-uns seulement des associés (CJUE 11-12-2008 aff. 407/07 : RJF 3/09 n° 304).

La SCM peut rendre des services non seulement à ses associés mais aussi à des **tiers,** ces services étant alors soumis à la TVA dans les conditions de droit commun (BOI-TVA-CHAMP-30-10-40 n° 120). Sur les prestations rendues aux membres formant un groupe TVA, voir n° 59085, précision b.

Toutefois, selon l'administration, si, au titre d'une prestation déterminée, les recettes provenant des tiers atteignent ou dépassent la moitié de celles perçues au total, la société doit soumettre à la TVA l'ensemble des sommes afférentes à cette prestation, y compris donc celles facturées à ses associés (doctrine applicable par année civile) (BOI-TVA-CHAMP-30-10-40 n° 130). À noter que la CJUE et le Conseil d'État admettent également la possibilité pour les SCM de rendre des services à des tiers mais, contrairement à l'administration, ne fixent pas de seuil au-delà duquel les services rendus à des tiers feraient perdre le bénéfice de l'exonération pour les services rendus aux associés (CE 8-7-2002 n° 212867 : RJF 10/02 n° 1086 ; CJUE 20-11-2019 aff. 400/18 : RJF 2/20 n° 191).

59106 **Utilisation du service** Les services rendus par la SCM à ses associés doivent concourir directement et exclusivement à la réalisation d'opérations exonérées ou exclues du champ d'application de la TVA :

– utilisation **directe** : les services qui ne sont pas directement nécessaires à l'exercice des activités des associés de la SCM ne peuvent pas bénéficier de l'exonération. Tel est le cas, notamment, de la mise à disposition de moyens, en personnel ou en matériel, destinés à la satisfaction des besoins privés des associés (BOI-TVA-CHAMP-30-10-40 n° 150) ;

– utilisation **exclusive** : en droit strict, les services rendus par la SCM devraient n'être utilisés par l'associé que pour la réalisation d'opérations ne donnant pas lieu au paiement de la TVA. L'administration estime cependant que cette condition doit être appréciée avec largeur de vue et qu'il convient d'accorder l'exonération au titre des services qui sont essentiellement destinés à la réalisation d'opérations échappant à l'imposition (BOI-TVA-CHAMP-30-10-40 n° 160).

59107 **Mode de rémunération** Les sommes réclamées aux associés de la SCM doivent correspondre exactement à la part leur incombant dans les dépenses communes.

Selon l'administration, la société ne peut réclamer à ses associés que des sommes couvrant le montant des **dépenses** communes **effectivement payées** au cours de la période de référence et l'exonération ne peut être accordée lorsque la société perçoit des remboursements présentant un caractère forfaitaire. Elle admet toutefois que l'exonération bénéficie aux sociétés qui réclament à leurs associés des sommes n'excédant pas leurs **charges communes de fonctionnement** ainsi entendues (BOI-TVA-CHAMP-30-10-40 n° 170) :

– charges comptables certaines dans leur principe et leur montant engagées au cours de l'exercice, même si elles ne sont pas réglées en tout ou partie au cours de cet exercice ;

– amortissements (linéaires ou dégressifs) régulièrement comptabilisés au titre des biens communs ;

– le cas échéant, provision pour congés payés.

La **répartition** des dépenses ou des charges communes effectives doit se faire (BOI-TVA-CHAMP-30-10-40 n° 180) :

– en imputant à chaque membre le coût exact des services qui lui sont rendus ;

– ou, lorsque ce coût ne peut être déterminé, en évaluant son montant de manière aussi équitable que possible, en fonction de critères (clés de répartition) significatifs ;

– lorsque la SCM se fait rembourser l'ensemble des charges de fonctionnement, en répartissant dans la même proportion les amortissements régulièrement comptabilisés de l'année, les frais à payer et, le cas échéant, la provision pour congés payés.

La **périodicité** des répartitions des frais entre les associés de la SCM peut être variable, mais cette répartition doit, en tout état de cause, être opérée au moins une fois par an.

> Précisions La SCM peut demander à ses membres des **avances de trésorerie** à condition de procéder à leur apurement lors de la répartition des dépenses effectives (BOI-TVA-CHAMP-30-10-40 nos 190 et 200).

Cet apurement est subordonné à la présentation à chaque associé d'un **décompte** faisant apparaître :

– le montant total des avances qu'il a consenties à la société ;

– le détail des divers frais dont le remboursement lui incombe personnellement ;

– le solde, créditeur ou débiteur, de son compte.

Si le solde de son compte est débiteur, l'associé est amené à effectuer un complément de versement. Si ce solde est créditeur, il est remis à la disposition de l'associé.

Après avoir procédé à l'apurement des comptes, la SCM peut demander à ses associés de lui consentir de nouvelles avances de trésorerie. Mais les avances de trésorerie ne doivent jamais excéder d'une façon notable le **montant** des frais susceptibles d'être engagés **entre deux apurements** des comptes.

CONSÉQUENCES POUR LA SCM DE L'EXONÉRATION DE TVA

Dès lors qu'une SCM bénéficie pour l'intégralité des sommes perçues de l'exonération de TVA prévue à l'article 261 B, elle : **59110**

– ne peut opérer aucune **déduction** au titre des biens ou services utilisés pour la réalisation des services rendus ;

– doit acquitter la **taxe sur les salaires** sur les rémunérations versées aux personnels concourant à l'exécution de ces services.

c. Obligations déclaratives des sociétés civiles de moyens en matière de TVA

Comme toutes les personnes soumises à la TVA, les SCM doivent remplir un certain nombre d'obligations déclaratives (**déclaration d'existence** dans les 15 jours du commencement de leur activité, **de cessation** dans les 30 jours de celle-ci, etc.) et comptables. **59140**

Les SCM bénéficiant de l'exonération de l'article 261 B du CGI pour les opérations réalisées au profit de leurs associés mais réalisant également des opérations avec des tiers relèvent, en principe, du régime simplifié d'imposition. Dès lors, elles n'ont aucune déclaration de chiffre d'affaires à remplir en cours d'année. Elles sont seulement tenues au versement d'acomptes semestriels qui font ensuite l'objet d'une régularisation lors du dépôt de la **déclaration annuelle de chiffre d'affaires** CA 12/CA 12 E (cette déclaration permet de calculer le montant exact des taxes sur le chiffre d'affaires dues au titre de l'année précédente, de le comparer aux versements effectués en cours d'année à titre provisionnel et de procéder à la liquidation définitive de l'impôt).

Pour pouvoir bénéficier de l'exonération prévue à l'article 261 B du CGI, les SCM doivent fournir certains renseignements. La déclaration de ceux-ci est effectuée sur l'**imprimé spécial n° 2036-SD** (voir n° 58780) tenant lieu de déclaration de résultat.

Les SCM ne pouvant prétendre au bénéfice de l'exonération de l'article 261 B du CGI suivent le régime des redevables ordinaires : elles doivent donc déposer spontanément, dans les conditions de droit commun, les **déclarations périodiques de chiffre d'affaires.**

Il est précisé que les SCM qui ne réalisent aucune opération taxable à la TVA n'ont aucune déclaration TVA à déposer. Elles peuvent donc se borner à souscrire la déclaration nº 2036-SD.

5. CONTRIBUTION ÉCONOMIQUE TERRITORIALE ET TAXES ASSISES SUR LES SALAIRES

CONTRIBUTION ÉCONOMIQUE TERRITORIALE

59200 En 2023, la contribution économique territoriale (CET) est composée de **deux éléments** distincts : la cotisation foncière des entreprises (CFE) et la cotisation sur la valeur ajoutée (CVAE). À compter de la suppression de la CVAE, seule la CFE subsistera (voir nº 12100, attention).

Les **sociétés** civiles de moyens sont soumises à ces cotisations en leur nom propre (BOI-IF-CFE-10-10-10 nº 50).

Par ailleurs, les **associés** des SCM y sont également imposés en leur nom propre dès lors que leur activité y est assujettie.

Les **bases taxables à la CFE** d'une SCM comprennent la valeur locative des locaux à usage non privatif des membres de la SCM (comme, par exemple, le local du secrétariat et de la salle d'attente servant à l'ensemble des membres de la SCM), dont elle a conservé le contrôle dès lors qu'elle en assure la gestion et l'entretien. La base d'imposition à la CFE de chaque membre de la SCM est égale à la valeur locative des seuls locaux dont il a la jouissance exclusive (BOI-IF-CFE-20-20-10-10 nº 50).

Pour un **exposé général** du régime de la CET applicable aux sociétés civiles, voir nºˢ 12100 s.

TAXES ASSISES SUR LES SALAIRES

59210 Les **taxes** assises sur les salaires (hors taxe d'apprentissage) sont dues dans les conditions de droit commun : voir nºˢ 12300 s.

CHAPITRE 3

SOCIÉTÉS PLURIPROFESSIONNELLES

SOMMAIRE

PROFESSIONS POUVANT EXERCER EN SOCIÉTÉ PLURIPROFESSIONNELLE

La possibilité pour des membres de professions différentes de constituer des sociétés ayant pour objet l'exercice en commun de leur profession au sein d'une même structure est actuellement prévue dans deux cas : 59560

– pour les **professionnels du droit et du chiffre** (avocat, huissier ou commissaire de justice, notaire, expert-comptable, etc.), autorisés à constituer entre eux des sociétés dites « pluriprofessionnelles d'exercice » ;

– pour les **professionnels médicaux,** les auxiliaires médicaux et les pharmaciens, qui peuvent se grouper au sein d'une société interprofessionnelle de soins ambulatoires.

Nous présentons ci-après les principales spécificités du régime de ces sociétés.

> Précisions Depuis le 1er juillet 2022, les professions d'huissier de justice et de commissaire-priseur judiciaire ont fusionné au sein d'une nouvelle profession de commissaire de justice régie par l'ordonnance 2016-728 du 2 juin 2016. Les sociétés pluriprofessionnelles d'exercice anciennement titulaires d'un office d'huissier de justice ou de commissaire-priseur judiciaire sont, depuis le 1er juillet 2022, soumises aux dispositions de cette ordonnance (Ord. 2016-728 art. 25, IV-4°). Toutefois, les **huissiers et commissaires-priseurs** associés qui ne **remplissaient pas les conditions de formation** à la profession de commissaire de justice au 1er juillet 2022 conservent leur titre et peuvent continuer à exercer les activités auxquelles ils pouvaient respectivement se livrer avant cette date. Sous cette réserve, ils sont soumis au statut de commissaire de justice (Ord. 2016-728 art. 25, IV-6°). À compter du 1er juillet 2026, les professionnels en exercice ne remplissant pas les conditions de formation de la profession de commissaire de justice devront cesser d'exercer (Ord. 2016-728 art. 25, V).

A. Sociétés pluriprofessionnelles d'exercice

EXERCICE EN COMMUN DE PLUSIEURS PROFESSIONS AU SEIN D'UNE SPE

La société pluriprofessionnelle d'exercice (SPE) peut avoir pour **objet** l'exercice en commun de plusieurs des **professions du droit et du chiffre** suivantes : avocat (y compris avocat au Conseil d'État et à la Cour de cassation), commissaire-priseur judiciaire, huissier ou commissaire de justice, notaire, administrateur judiciaire, mandataire judiciaire, conseil en propriété industrielle, expert-comptable et commissaire aux comptes (Loi 90-1258 art. 31-3 remplacé, à compter du 1-9-2024, par Ord. 2023-77 du 8-2-2023 art. 96 ; Ord. 2023-77 art. 134). Par exemple, un ou plusieurs avocats peuvent se grouper avec des experts-comptables au sein d'une telle société pour proposer à leurs clients des prestations juridiques et comptables. 59570

À compter du 1er septembre 2024, la profession de géomètre expert s'ajoutera à la liste des professions admises à exercer en commun au sein d'une SPE (Ord. 2023-77 art. 96).

ATTENTION

La faculté pour les **commissaires aux comptes** d'exercer au sein d'une société pluriprofessionnelle (Loi 90-1258 art. 31-3 remplacé, à compter du 1-9-2024, par Ord. 2023-77 art. 96) ne leur sera réellement offerte qu'une fois publié le décret adaptant la réglementation propre à la profession de commissaire aux comptes pour en permettre l'exercice dans de telles sociétés.

Signalons que les institutions représentatives des professions du droit et du chiffre ont mis en ligne, le 8 juillet 2020, sur leurs sites internet respectifs un **guide de la société pluriprofessionnelle d'exercice** explicitant les modalités pratiques de création, d'organisation et de fonctionnement de cette forme sociale. Sont évoquées, notamment, des questions relatives au secret professionnel, aux conflits d'intérêts ou au maniement de fonds dans ces sociétés.

RÉGLEMENTATION APPLICABLE À LA SPE

59572 La SPE est régie par les règles particulières à la forme sociale qu'elle revêt et par les dispositions de la loi 90-1258 applicables aux SPE (Loi 90-1258 art. 31-3 à 31-12 et dispositions listées à l'art. 31-3 de la loi précitée). À compter du 1er septembre 2024, les dispositions de l'ordonnance 2023-77 du 8 février 2023 se substitueront à celles de la loi 90-1258 (Ord. 2023-77 art. 96 à 109 et 134). S'ajoutent aux dispositions législatives les textes réglementaires suivants qui n'ont toutefois pas encore été mis à jour pour tenir compte de cette substitution :

– les règles de constitution, de fonctionnement et de contrôle des SPE prévues par le décret 2017-794 et l'article 67 du décret 2022-949 du 29 juin 2022 tenant compte de la fusion des professions d'huissiers et de commissaires-priseurs au sein de la nouvelle profession de commissaires de justice ;

– les conditions de majorité requises pour la transformation d'une SCP en SPE ou pour la participation d'une SCP à la constitution d'une SPE par voie de fusion (n° 59586) ;

– les adaptations de la réglementation propre à chaque profession pour en permettre l'exercice en SPE (C. com. art. R 811-30, R 812-18 et R 814-59 s. pour les administrateurs ou mandataires judiciaires ; CPI art. R 422-6, R 422-7 et R 422-51-15 s. pour les conseils en propriété industrielle ; Décrets 78-380 du 15-3-1978 et 2016-881 du 29-6-2016 pour les avocats aux Conseils ; Décret 2012-432 du 30-3-2012 pour les experts-comptables ; Décrets 93-78 du 13-1-1993 et 2016-883 du 29-6-2016 pour les notaires ; Décrets 2016-882 du 29-6-2016 et 93-492 du 25-3-1993 pour les avocats ; Décret 2022-950 du 29-6-2022 pour les commissaires de justice).

S'agissant des commissaires aux comptes, doit encore être publié un décret adaptant la réglementation propre à la profession pour en permettre l'exercice dans de telles sociétés. De même, la faculté ouverte par l'ordonnance 2023-77 aux experts-géomètres d'exercer en SPE à compter du 1er septembre 2024 est subordonnée à la parution d'un décret adaptant la réglementation de cette profession à l'exercice dans une telle société.

59573 La réglementation applicable à telle ou telle SPE résulte de l'application combinée de plusieurs textes, selon les indications données par l'article 1 du décret 2017-794.

En premier lieu, les **règles** prévues par ce décret s'appliquent **à toutes les SPE,** sauf à celles constituées sous forme de **SCP** (art. 1, al. 2), dont la constitution et le fonctionnement restent régis par la loi du 29 novembre 1966 qui sera remplacée, à compter du 1er septembre 2024, par l'ordonnance 2023-77 du 8 février 2023 (Ord. 2023-77 art. 134).

En second lieu, sous réserve des dispositions du décret 2017-794, les **dispositions** réglementaires **applicables aux sociétés exerçant l'une des professions** ouvertes aux SPE s'appliquent aux SPE exerçant notamment cette profession (art. 1, al. 3) : par exemple, Décret 2012-432 du 30 mars 2012 pour une SPE exerçant entre autres la profession d'expert-comptable (cf. Décret 2017-799) ; articles R 814-60 s. du Code de commerce pour une SPE exerçant la profession d'administrateur ou de mandataire judiciaire (cf. Décret 2017-796).

En troisième lieu, et sous la même réserve, lorsque ces **dispositions** réglementaires sont **spécifiques à une forme sociale,** elles s'appliquent aux SPE constituées sous cette forme (Décret 2017-794 art. 1, al. 4).

59574 Dans le silence du décret 2017-794, en cas de **conflit entre les dispositions réglementaires** spécifiques à chaque profession pour une même forme sociale, il y a lieu d'appliquer les règles de droit commun relatives à la forme de société civile ou de société commerciale choisie pour la SPE (Décret 2017-794 art. 1, al. 5).

CARACTÉRISTIQUES DE LA SPE

59576 Les textes n'imposent pas que la société soit constituée sous forme de société civile, celle-ci pouvant revêtir toute **forme sociale,** à l'exception de celles conférant à leurs associés la qualité de commerçant (Loi 90-1258 art. 31-4, al. 1 remplacé, à compter du 1-9-2024, par Ord. 2023-77 du 8-2-2023 art. 96, al. 2 ; Ord. 2023-77 art. 134).

Si la forme civile est choisie, les associés peuvent constituer une société civile de droit commun ou une SCP. La société est alors régie, selon le cas, non seulement par les règles du Code civil sur les sociétés de droit commun (art. 1845 s.) ou par celles prévues pour les SCP par la loi du 29 novembre 1966, mais aussi par les dispositions spécifiques applicables aux SPE (Loi 90-1258 art. 31-4 remplacé, à compter du 1-9-2024, par Ord. 2023-77 art. 96, al. 2).

La **dénomination sociale** doit être immédiatement précédée ou suivie de la mention « société pluriprofessionnelle d'exercice » ou des initiales « SPE », de l'indication de la forme sociale, des professions que la société exerce et du montant de son capital. Le nom d'un ou plusieurs associés exerçant leur profession au sein de la société peut être inclus dans la dénomination sociale (Loi 90-1258 art. 31-7 remplacé, à compter du 1-9-2024, par Ord. 2023-77 du 8-2-2023 art. 97 ; Ord. 2023-77 art. 134). 59577

Aucune limite n'est posée au choix du **siège de la société,** qui est fixé librement par les statuts (Décret 2017-794 art. 4). Ainsi, le siège d'une société exerçant la profession d'avocat peut être situé dans le ressort d'un autre barreau que celui au tableau duquel elle est inscrite (dans ce cas, le Conseil de l'Ordre compétent pour vérifier la comptabilité de la société est celui du barreau au tableau duquel la société est inscrite : Décret 91-1197 du 27-11-1991 art. 235, al. 3). 59578

NOMINATION OU INSCRIPTION DE LA SPE OU D'UN ASSOCIÉ

La SPE ou ses associés doivent demander leur nomination dans un office ministériel ou leur inscription sur une liste ou un tableau professionnel selon la **procédure applicable à chaque profession** pour laquelle la nomination ou l'inscription est demandée et, le cas échéant, à la forme sociale considérée (Décret 2017-794 art. 5, al. 1) : par exemple, pour une SPE exerçant la profession d'**avocat,** demande adressée au Conseil de l'Ordre administrant le barreau dont relève la société ; pour une SPE exerçant la profession d'**expert-comptable,** demande adressée au Conseil de l'Ordre de la région où la société a son siège ; pour une SPE exerçant la profession de **notaire,** demande adressée au ministère de la justice. 59579

Une SPE d'avocats et d'experts-comptables doit donc adresser sa demande aux deux conseils de l'ordre dont elle relève.

> **Précisions** Chaque **autorité** administrative ou professionnelle **saisie** d'une demande ou d'une déclaration n'exerce son contrôle que sur les conditions d'exercice relevant de la profession au titre de laquelle elle intervient (Décret 2017-794 art. 3, al. 1). Elle doit informer les autres autorités saisies par la société de la décision qu'elle a prise (art. 5, al. 2).

Modalités et issue de la demande Les demandes ou déclarations relatives aux procédures de nomination ou d'inscription de la société ou d'un associé doivent être accompagnées, en plus des **justificatifs** prévus pour chaque profession exercée par la société, des pièces suivantes (Décret 2017-794 art. 2) : 59580

- la liste des associés, en précisant ceux qui entendent exercer leur profession au sein de la société ;
- pour les associés déjà nommés dans un office ministériel ou déjà inscrits sur une liste ou un tableau professionnel, la copie des actes de nomination ou d'inscription ; à défaut, la demande de nomination ou d'inscription en qualité d'associé pour chacun des associés entendant exercer au sein de la société ;
- une copie des statuts et des conventions relatives aux rapports entre la société et les associés ou des conventions conclues entre les associés relative à la société (pacte d'associés) ;
- une déclaration sur l'honneur de chaque associé déjà en exercice attestant de l'absence de conflit d'intérêts entre ses activités en cours et celles des autres associés déjà en exercice ;
- lorsque la société exerce ou souhaite exercer l'activité d'administrateur judiciaire ou de mandataire judiciaire, une déclaration sur l'honneur de chaque associé déjà en exercice attestant de l'absence totale d'intérêt dans les mandats de justice en cours.

La **demande** de nomination ou d'inscription ne peut pas être **rejetée** par l'une des autorités saisies au motif que la société ne remplit pas la condition prévue à l'article 31-6, dernier al. de la loi du 31 décembre 1990 (obligation de comprendre, parmi ses associés, au moins un membre de chacune des professions qu'elle exerce) si, dans un délai de 15 jours, la société justifie avoir déposé auprès des autorités compétentes à l'égard de chacune des autres professions correspondant à son objet une demande de nomination ou d'inscription aux fins d'exercice de ces autres professions (Décret 2017-794 art. 6). 59581

Si un **refus** de nomination ou d'inscription est **opposé à une société qui n'exerce pas déjà la profession en cause,** les associés qui exercent cette profession ou qui entendaient l'exercer s'en retirent dans les conditions prévues à l'article 11, I du décret 2017-794 (n° 59613). Si un refus de nomination ou d'inscription est opposé à un associé ne répondant pas aux conditions posées à l'article 31-6 de la loi du 31 décembre 1990 pour entrer au capital (n° 59584), cet associé doit se retirer de la société dans les conditions prévues à l'article 12 du décret 2017-794 (obligation de céder ses parts dans un délai de six mois). Le délai de six mois prévu aux articles 11 et 12 court à compter du jour où la décision de refus est devenue définitive (Décret 2017-794 art. 7). 59582

ASSOCIÉ DE SPE

59583 La société ne peut pas comprendre que des **personnes morales** parmi ses associés. Il est prévu en effet qu'au moins un membre de chacune des professions qu'elle exerce (une **personne physique,** donc) doit être associé (Loi 90-1258 art. 31-6, dernier al. remplacé, à compter du 1-9-2024, par Ord. 2023-77 du 8-2-2023 art. 101 dernier al. ; Ord. 2023-77 art. 134).

Cet associé doit remplir les **conditions requises pour exercer** ses **fonctions** (Loi 71-1130 du 31-12-1971 art. 8 pour les avocats ; Ord. du 10-9-1817 art. 3-2 sur renvoi de l'art. 3-3 pour les avocats aux Conseils ; Ord. 45-2590 du 2-11-1945 art. 1 bis sur renvoi de l'art. 1 bis A pour les notaires ; Ord. 2016-728 du 2-6-2016 art. 5 et 25, IV pour les commissaires de justice, les huissiers et les commissaires-priseurs ; Ord. 45-2138 du 19-9-1945 art. 7 sexies pour les experts-comptables ; C. com. art. L 811-7 sur renvoi de l'art. L 811-7-1-A pour les administrateurs judiciaires et art. L 812-5 sur renvoi de l'art. L 812-5-1-A pour les mandataires judiciaires ; CPI art. L 422-7-1 pour les conseils en propriété industrielle). À compter du 1er septembre 2024, l'obligation pour l'associé personne physique de remplir les conditions requises pour exercer la profession continuera de s'appliquer aux experts-comptables (Ord. 45-2138 art. 7 sexies) et aux conseils en propriété intellectuelle (CPI art. L 422-7-1), les textes régissant ces professions n'ayant pas été modifiés sur ce point. Bien que l'ordonnance 2023-77 ait supprimé cette obligation des textes relatifs aux professions d'avocat, d'avocat aux Conseils, de notaire, de commissaire de justice, de mandataire judiciaire, et d'administrateur judiciaire et qu'elle ne figure pas explicitement dans l'ordonnance 2023-77, il nous paraît inconcevable que cette suppression malencontreuse puisse consacrer la possibilité pour l'associé de SPE personne physique de ne pas remplir les conditions requises pour l'exercice de sa profession. Par ailleurs, l'article 3 de l'ordonnance, qui définit la notion de professionnel exerçant pour l'ensemble des structures d'exercice, précise qu'il s'agit d'une personne physique « enregistrée en France conformément aux textes qui réglementent la profession ».

59584 Même si, en pratique, cet associé devrait exercer ses fonctions au sein de la société, les textes n'en font pas une obligation. L'article 31-6 de la loi 90-1258 (remplacé, à compter du 1-9-2024, par Ord. 2023-77 du 8-2-2023 art. 101 ; Ord. 2023-77 art. 134) prévoit seulement que l'ensemble du **capital** et des droits de vote doit être **détenu** par les personnes suivantes :

– une personne physique exerçant, au sein ou en dehors de la société, l'une des professions exercées par celle-ci ;

– une personne morale dont la totalité du capital et des droits de vote est détenue directement ou indirectement par une ou plusieurs de ces personnes physiques ;

– une personne physique ou morale établie dans un autre État de l'Union européenne, de l'Espace économique européen ou en Suisse et qui y exerce effectivement l'une des professions exercées au sein de la société ; pour les personnes morales, la totalité du capital et des droits de vote doit être détenue dans les conditions prévues au tiret précédent.

L'associé qui **ne satisfait pas aux conditions** de l'article 31-6 est privé des droits attachés à sa qualité d'associé, à l'exception de la rémunération afférente à ses apports en capital (Décret 2017-794 art. 13).

À compter du 1er septembre 2014, si une condition relative à la détention du capital vient à ne plus être remplie, la société disposera d'un délai d'un an pour se mettre en conformité ; à défaut, tout intéressé pourra demander la dissolution de la société au tribunal (Ord. 2023-77 art. 104). Toutefois, le tribunal pourra accorder à la société un délai de régularisation maximal de six mois. En outre, il ne pourra prononcer la dissolution si, au jour où il est statué sur le fond, cette régularisation a lieu (Ord. 2023-77 art. 104).

Sur l'obligation de communiquer la composition du capital aux ordres professionnels, voir n° 59595.

59585 Chaque **associé répond** sur l'ensemble de son patrimoine **des actes professionnels** qu'il accomplit et la société est solidairement responsable avec lui (Loi 90-1258 art. 16 sur renvoi de l'art. 31-4 remplacés, à compter du 1-9-2024, par Ord. 2023-77 du 8-2-2023 art. 20 sur renvoi de l'art. 96, al. 3 ; Ord. 2023-77 art. 134).

SPE ISSUE D'UNE TRANSFORMATION OU D'UNE FUSION DE SCP

59586 Les règles de majorité requises pour qu'une SCP se transforme en une SPE ou participe à la constitution d'une telle société par voie de fusion sont, à défaut de clause contraire des statuts, celles prévues pour la **modification des statuts de la SCP,** à savoir :

– pour les SCP de notaires, d'administrateurs et de mandataires judiciaires, d'avocats et de conseils en propriété industrielle, la majorité des trois quarts des voix de l'ensemble des associés (Décret 67-868 du 2-10-1967 art. 23 sur renvoi de l'art. 23-1 ; C. com. art. R 814-122 sur renvoi de l'art. R 814-122-1 ; Décret 92-680 du 20-7-1992 art. 21 sur renvoi de l'art. 21-1 ; CPI art. R 422-24 sur renvoi de l'art. R 422-24-1) ;

– pour les SCP de commissaires de justice, la majorité des trois quarts des voix de l'ensemble des associés représentant au moins les trois quarts du capital social (Décret 2022-950 du 29-6-2022 art. 29 sur renvoi de l'art. 30) ;
– pour les SCP d'avocats aux Conseils, la majorité des deux tiers des voix de l'ensemble des associés (Décret 78-380 du 15-3-1978 art. 23 sur renvoi de l'art. 23-1).

À compter du 1er septembre 2024, la décision de transformation devra être prise, sauf clause contraire des statuts, à la majorité des deux tiers des associés (Ord. 2023-77 du 8-2-2023 art. 30, al. 1 et 134). Un décret pourra toutefois fixer des règles de majorité différentes qui s'appliqueront, à défaut de clause statutaire, en cas de transformation en SPE ou en cas de constitution d'une telle société par voie de fusion (Ord. 2023-77 art. 30, al. 2).

ATTENTION

La faculté pour les **commissaires aux comptes** d'exercer au sein d'une SPE (Loi 90-1258 art. 31-3 remplacé à compter du 1-9-2024, par Ord. 2023-77 art. 96, al. 1) étant suspendue jusqu'à la parution d'un décret adaptant la réglementation propre à cette profession pour en permettre l'exercice dans de telles sociétés, la transformation d'une SCP de commissaires aux comptes en SPE ou la participation d'une telle SCP à la constitution d'une SPE par voie de fusion ne sera réellement réalisable qu'une fois publié ce décret, lequel devrait fixer notamment la majorité requise pour la réalisation de ces opérations.
La faculté pour les **géomètres experts** d'exercer en SPE à compter du 1er septembre 2024 étant également suspendue à la parution d'un décret, la transformation d'une SCP de géomètres experts en SPE ou la participation d'une telle SCP à la constitution d'une SPE par voie de fusion ne sera réalisable qu'une fois publié ce décret.

En cas de **refus** d'approbation de la transformation ou de la fusion **par un associé,** la société est tenue soit de faire acquérir ses parts par d'autres associés ou des tiers, soit de les acquérir elle-même à l'issue d'un délai de six mois à compter de la date du refus (Loi du 29-11-1966 art. 27 remplacé, à compter du 1-9-2024, par Ord. 2023-77 du 8-2-2023 art. 30, al. 3 ; Ord. 2023-77 art. 134). **59587**

EXERCICE DE SON ACTIVITÉ PAR LA SPE

La **société** ne peut exercer les professions constituant son objet qu'après y avoir été **autorisée** **59588** par les autorités compétentes **ou** avoir été **déclarée** auprès d'elles ; elle ne peut accomplir les **actes** d'une profession déterminée que **par l'intermédiaire d'un de ses membres** ayant qualité pour exercer cette profession (Loi 90-1258 art. 1, al. 4 et art. 3 sur renvoi de l'art. 31-4 ; CE 17-6-2019 n° 400192 : RJDA 12/19 n° 767 rectifiant le renvoi de l'article 31-4 vers le quatrième alinéa de l'article 1 ; remplacé, à compter du 1-9-2024, par Ord. 2023-77 du 8-2-2023 art. 96, al. 3 ; Ord. 2023-77 art. 134). Les actes ainsi accomplis le sont au nom de la société (Décret 2017-794 art. 24).

En principe, la société ne peut exercer d'**autre activité que les professions mentionnées dans** **59589** **l'objet** social. Par dérogation, elle peut exercer, à titre accessoire, toute activité commerciale dont la loi ou le décret n'interdit pas l'exercice à l'une au moins des professions qui constituent son objet (Loi 90-1258 art. 31-5 remplacé, à compter du 1-9-2024, par Ord. 2023-77 du 8-2-2023 art. 96, al. 4 ; Ord. 2023-77 art. 134), alors même que cette activité serait autorisée pour les autres professions comprises dans cet objet (CE 17-6-2019 n° 400192 : RJDA 12/19 n° 767).

À compter du 1er septembre 2024, la SPE pourra **mettre en commun des moyens** matériels, notamment immobiliers pour l'exercice des professions constituant son objet social (Ord. 2023-77 art. 96, al. 5). Actuellement, rien ne paraît exclure la possibilité pour des membres de professions différentes de se grouper au sein de sociétés civiles de moyens ayant pour **objet** de faciliter à chacun d'eux l'exercice de son activité (Rép. Michel : AN 12-4-1982 n° 8298 ; Rép. Bireau : AN 15-4-1996 n° 34419). Sur ces sociétés, voir nos 58500 s.

> **Précisions** Une SPE exerçant la **profession de commissaire de justice** ne peut pas exercer l'activité de ventes volontaires de meubles aux enchères publiques. Elle peut toutefois détenir tout ou partie d'une société dont l'objet est d'exercer cette activité (Décrets 2017-794 art. 26 et 2022-949 du 29-6-2022 art. 67).

Garanties liées à l'exercice de l'activité Les statuts de la société doivent comporter **59590** des stipulations propres à garantir, d'une part, l'**indépendance** de l'exercice professionnel des associés et des salariés et, d'autre part, le respect des dispositions réglementaires encadrant l'exercice de chacune des professions qui constituent son objet, notamment celles relatives à la **déontologie** (Loi 90-1258 art. 31-8 remplacé, à compter du 1-9-2024, par Ord. 2023-77 du 8-2-2023 art. 105, lequel étendra aux collaborateurs libéraux le bénéfice de ces stipulations statutaires ; Ord. 2023-77 art. 134).

À l'exception des nouveaux entrants, les associés d'une société déjà nommée dans un office ou inscrite sur une liste ou un tableau professionnel sont réputés remplir la condition d'**honorabilité** exigée pour l'exercice de l'ensemble des professions ouvertes aux SPE, sauf preuve contraire (Décret 2017-794 art. 3, al. 2).

59591 **Relations avec les clients** La société doit **informer le client** qui envisage de contracter avec elle de la nature de l'ensemble des prestations qui peuvent lui être fournies par les différentes professions qu'elle exerce et de la possibilité dont il dispose de s'adresser à l'une ou plusieurs de ces professions pour les prestations qu'elles offrent (Loi 90-1258 art. 31-9, I remplacé, à compter du 1-9-2024, par Ord. 2023-77 du 8-2-2023 art. 106 ; Ord. 2023-77 art. 134).

Le **contrat** conclu entre la société et son client doit être constaté par écrit et comporter, avant toute stipulation, la mention selon laquelle le client a été informé par la société de la nature des prestations susceptibles de lui être fournies et de la liberté qui était la sienne de s'adresser à une ou à plusieurs des professions exercées par cette société. Le contrat doit déterminer l'identité du ou des professionnels auxquels le client entend confier ses intérêts (Décret 2017-794 art. 25, I).

59592 Le professionnel exerçant au sein de la société est tenu à l'obligation de loyauté, de **confidentialité** ou de secret professionnel conformément aux dispositions encadrant l'exercice de sa profession. Toutefois, cette obligation ne fait pas obstacle à ce qu'il puisse **communiquer à d'autres professionnels** toute information nécessaire à l'accomplissement de sa mission et à l'organisation du travail au sein de la société dans l'intérêt du client. Ce dernier doit avoir été préalablement informé de cette faculté de communication et doit y avoir donné son accord (Loi 90-1258 art. 31-10 remplacé, à compter du 1-9-2024, par Ord. 2023-77 du 8-2-2023 art. 107, lequel limitera toutefois la communication des informations aux professionnels exerçant au sein de la SPE ; cf. Ord. 2023-77 art. 134).

Cet **accord,** nécessairement écrit, doit préciser la nature exacte des informations communiquées et déterminer la qualité ou l'identité du ou des professionnels auxquels le client entend limiter la communication de ces informations. Celui-ci peut dénoncer l'accord sans préavis et sans pénalité par tout moyen permettant d'établir la date de réception de cette dénonciation. Dans les mêmes conditions, le client peut modifier à tout moment la nature des informations communiquées ou la qualité ou l'identité du ou des professionnels auxquels il entend limiter la communication des informations. Ces règles doivent être reproduites dans le texte de l'accord (Décret 2017-794 art. 25, II).

Ces obligations ne sont pas prescrites à peine de nullité de l'accord, mais leur inobservation engage à notre avis la responsabilité du professionnel en cause et celle de la société.

OBLIGATIONS COMPTABLES DE LA SPE

59593 La société doit établir des **comptes annuels** selon les principes et les méthodes comptables définis par le Code de commerce. Une **comptabilité distincte** est tenue pour chaque profession exercée par la société et, lorsqu'elle est titulaire de plusieurs offices relevant de la même profession, pour chaque office. Lorsque les dispositions régissant l'exercice de plusieurs professions exercées par la société prévoient l'obligation, pour les professionnels, de disposer de comptes destinés à recevoir les **fonds** détenus **pour le compte de tiers,** la société doit disposer d'autant de comptes affectés que de professions exercées soumises à cette obligation et, le cas échéant, d'offices relevant de la même profession dont elle est titulaire (Décret 2017-794 art. 29).

CHANGEMENT DE SITUATION DE LA SPE

59594 La société doit **informer** l'ensemble des **autorités** qui l'ont nommée dans un office ou inscrite sur la liste ou le tableau de leur profession de tout changement affectant les informations transmises aux fins de nomination ou d'inscription (notamment, modification des statuts, changement d'associé par suite d'une cession de parts, augmentation de capital, fusion), cette information devant intervenir dans les 30 jours de ce changement (Décret 2017-794 art. 9, al. 1).

Lorsque le changement a pour finalité de modifier l'objet social pour y **ajouter l'exercice d'une autre profession,** la société doit communiquer une copie de la demande de nomination ou d'inscription aux fins d'exercice de cette nouvelle profession (art. 9, al. 2).

Le **non-respect de ces obligations** peut entraîner la suspension de l'agrément ou de l'inscription de la société (n° 59622).

COMMUNICATION AUX ORDRES PROFESSIONNELS

59595 Une fois par an, la société doit adresser à l'ordre professionnel dont elle relève un état de la **composition de son capital social** (Loi 90-1258 art. 3, al. 4 sur renvoi de l'art. 31-4, al. 4 remplacé, à compter du 1-9-2024, par Ord. 2023-77 du 8-2-2023 art. 100, al. 1 ; Ord. 2023-77 art. 134).

À compter du 1er septembre 2024, la société devra en outre communiquer aux ordres professionnels concernés les **droits de vote** afférents au capital et une version à jour des **statuts** de la société (Ord. 2023-77 art. 100, al. 2). Les associés devront également communiquer à ces mêmes ordres, les **conventions** contenant des clauses portant sur l'organisation et les pouvoirs de direction, d'administration ou de surveillance ayant fait l'objet d'une modification au cours de l'exercice écoulé (Ord. 2023-77 art. 100, al. 2). Un décret pourra préciser les modalités d'application de cette procédure d'information pour chaque profession (Ord. 2023-77 art. 100, al. 3).

CONTRÔLE DE LA SPE

La société fait l'objet de contrôles et d'inspections par les autorités administratives ou professionnelles compétentes selon les **modalités** définies par les dispositions propres aux contrôles et inspections de chacune des professions exercées par la société. Les contrôles ou inspections peuvent être conjoints entre plusieurs autorités (Décret 2017-794 art. 27). **59597**

Les **documents établis à l'issue du contrôle** ou de l'inspection doivent être adressés aux professionnels concernés et à la société (art. 28).

PRISE DE PARTICIPATION DE LA SPE DANS UNE AUTRE SOCIÉTÉ

La SPE peut prendre une participation dans une autre société exerçant l'une des professions ouvertes aux SPE dès lors qu'elle respecte les **conditions** prévues par les textes pour la détention du capital de cette société. **59610**

L'article 8 du décret 2017-794 (applicable aux commissaires de justice en vertu de l'art. 67 du décret 2022-949 du 29-6-2022) institue une **présomption simple** de respect de ces conditions (qui s'applique donc sauf preuve contraire :art. 8, IV) dans les cas suivants :

– à condition de ne pas exercer la profession d'expert-comptable, la SPE est réputée remplir les conditions posées par la loi du 31 décembre 1990 sur les sociétés d'exercice libéral (SEL) pour détenir des **parts ou actions d'une SEL** d'avocats (y compris aux Conseils), de notaires, d'administrateurs judiciaires, de mandataires judiciaires, de commissaires de justice ou de conseils en propriété industrielle (art. 8, I-al. 1) ;

– à la même condition, la SPE est également réputée remplir les conditions prévues par les dispositions propres à chacune de ces professions (Loi 71-1130 du 31-12-1971 art. 8, al. 2 pour les avocats ; Ord. du 10-9-1817 art. 3-2, al. 2 pour les avocats aux Conseils ; Ord. 45-2590 du 2-11-1945 art. 1 bis, al. 2 pour les notaires ; Ord. 2016-728 du 2-6-2016 art. 5 pour les commissaires de justice ; C. com. art. L 811-7, al. 2 pour les administrateurs judiciaires et art. L 812-5, al. 2 pour les mandataires judiciaires ; CPI art. L 422-7, al. 1 pour les conseils en propriété industrielle) pour détenir tout ou partie du **capital d'une société** exerçant l'une d'elles sous une forme **autre que** celle d'une **SEL** (art. 8, I-al. 2) ;

– la SPE est réputée remplir les conditions prévues par les articles 31-6 et 31-8 de la loi 90-1258 (n°s 59584 et 59590) pour détenir des **parts ou actions d'une autre SPE** exerçant au moins l'ensemble des professions qu'elle-même exerce (art. 8, II).

> **Précisions** À compter du 1er septembre 2024, les prises de participation dans le capital d'une SEL, SARL, SA, SAS, SCA et d'une autre SPE exerçant l'une des professions ouvertes aux SPE seront soumises aux règles de détention du capital de ces sociétés fixées par les articles 46, 47, 81, 86 et 101 de l'ordonnance 2023-77 du 8 février 2023, qui remplaceront les articles 5, 6 et 31-6 de la loi 90-1258. Le décret 2017-794 n'a pas encore été mis à jour pour tenir compte de cette modification.

CESSATION D'ACTIVITÉ DE LA SPE

Cessation par la société Lorsque la société cesse d'exercer une profession, l'associé ou les **associés exerçant cette profession** doivent se retirer de la société (Décret 2017-794 art. 11, I-al. 1). **59612**

Lorsque la société est titulaire d'un office ministériel, le retrait de l'associé concerné est prononcé par arrêté du ministre de la justice (art. 11, I-al. 6).

L'associé concerné a six mois à compter de la prise d'effet de la cessation d'exercice de la profession pour **céder ses parts** à la société, à ses coassociés ou à un tiers. En cas d'interdiction d'exercice, ce délai court à compter du jour où la décision d'interdiction est devenue définitive (Décret 2017-794 art. 11, I-al. 2). **59613**

Si, à l'expiration de ce **délai,** aucune cession n'est intervenue, la société ou chacun des coassociés dispose d'un nouveau délai de six mois pour notifier, par tout moyen permettant d'établir la date de réception de cette notification, un projet de cession ou de rachat des parts sociales de l'associé concerné. À défaut d'accord entre les parties sur le principe de la cession ou sur son prix dans un délai de deux mois à compter de cette notification, il est passé outre au refus de l'associé et le prix de cession est fixé par un expert désigné dans les conditions prévues à l'article 1843-4 du Code civil (désignation d'un commun accord ou, à défaut, par jugement du président du tribunal judiciaire statuant selon la procédure accélérée au fond). Une fois le prix de cession fixé (d'un commun accord ou par expert), il doit être consigné à la diligence de l'acquéreur (Décret 2017-794 art. 11, I-al. 3 à 5).

59615 Les **dispositions ci-dessus ne s'appliquent** toutefois **pas** si la société reprend, avant l'expiration du délai fixé pour la cession ou le rachat des parts, l'exercice de la profession concernée. Elles ne s'appliquent pas non plus lorsque la cessation d'exercice résulte d'une interdiction temporaire d'exercice prononcée à l'encontre de la société pour une durée inférieure à un an (Décret 2017-794 art. 11, II).

59618 **Cessation par un associé** Lorsqu'un associé cesse d'exercer sa profession, il doit se retirer de la société dans les conditions prévues à l'article 11, I du décret 2017-794 (n° 59613). Le délai de six mois prévu par ce texte pour **céder les parts** court à compter de la date de prise d'effet de la cessation d'exercice de l'associé (Décret 2017-794 art. 12, I).

Les **causes de cessation d'activité** sont fixées pour chaque profession. Il s'agit (Décret 2017-794 art. 10 et, pour les commissaires de justice, Décret 2022-949 du 29-6-2022 art. 67) :

- pour les notaires, les commissaires de justice, les huissiers de justice et les commissaires-priseurs judiciaires, de la destitution, de l'interdiction temporaire d'exercice, de la démission (volontaire ou d'office), du retrait d'agrément et, pour les seules personnes physiques, de l'atteinte de la limite d'âge ou de l'expiration de l'autorisation de prolongation d'activité ;
- pour les avocats aux Conseils, de la radiation, de l'interdiction temporaire d'exercice, de la démission et du retrait d'agrément ;
- pour les avocats, de la radiation, de l'interdiction temporaire d'exercice et de l'omission ;
- pour les administrateurs et les mandataires judiciaires, de l'interdiction temporaire, de la radiation et du retrait de la liste ;
- pour les experts-comptables, de la démission, de la radiation d'office, de l'omission, de la suspension pour une durée déterminée et de la radiation du tableau comportant une interdiction définitive ;
- pour les conseils en propriété industrielle, de la radiation sur demande de l'intéressé et de la radiation temporaire ou définitive pour motif disciplinaire.

59619 Le **retrait de la société ne s'impose pas** si l'associé reprend l'exercice de sa profession avant la cession ou le rachat de ses parts. Elle ne s'impose pas non plus lorsque la cessation d'exercice résulte d'une interdiction temporaire d'exercice prononcée à l'encontre de l'associé pour une durée inférieure à un an (Décret 2017-794 art. 12, III-1° et 2°).

Cette règle ne fait toutefois pas obstacle à la faculté, pour les autres associés, de **contraindre un associé temporairement interdit à se retirer** de la société lorsque cette faculté est prévue par les textes législatifs ou réglementaires applicables à l'exercice de cette profession sous forme de société (art. 12, IV).

DÉCÈS D'UN ASSOCIÉ DE SPE

59620 En cas de décès d'un associé, ses ayants droit doivent **céder ses parts** dans les conditions prévues à l'article 11, I du décret 2017-794 (n° 59613). Le délai de six mois prévu par ce texte pour céder les parts court à compter du décès (Décret 2017-794 art. 12, II). La cession ne s'impose toutefois pas si le ou les ayants droit remplissent les conditions légales et réglementaires pour être associés de la société (art. 12, III-3°).

SUSPENSION ET RETRAIT D'AGRÉMENT OU RADIATION DE LA SPE

59622 **Suspension** L'agrément ou l'inscription de la société peut être **suspendu par l'autorité** administrative ou professionnelle **compétente** lorsque les conditions de l'agrément ou de l'inscription de la société ne sont plus satisfaites ou lorsque la société n'a pas respecté les procédures prévues en cas de nomination dans un office ou d'inscription sur une liste ou un tableau professionnel ou encore en cas de cession de parts, d'augmentation de capital, de fusion, de scission ou de transformation de la société. Il en est de même en cas de défaut d'information des autorités compétentes sur un changement de situation de la société (Décret 2017-794 art. 14, I).

En outre, lorsque l'ensemble des associés exerçant l'une des professions correspondant à l'objet social cesse de l'exercer, l'agrément de la société pour l'exercice de la profession concernée ou son inscription sur la liste ou le tableau professionnel est **suspendu de plein droit** tant que la société n'a pas régularisé sa situation (Décret 2017-794 art. 12, V).

59625 La **procédure de suspension** est la suivante (celle-ci ne concerne toutefois pas les SPE exerçant la profession d'administrateur ou de mandataire judiciaire, pour lesquelles la procédure spéciale prévue à l'article R 814-64 du Code de commerce est applicable : Décret 2017-794 art. 17).

L'autorité administrative ou professionnelle compétente doit aviser la société et chacun de ses associés y exerçant la profession concernée des manquements constatés ainsi que de la suspension d'agrément ou d'inscription encourue et les informer de la possibilité de présenter leurs observations, écrites ou orales, dans un délai d'un mois. À l'issue de ce délai, l'autorité peut mettre en demeure la société et chacun de ses associés de régulariser leur situation dans un délai qu'elle détermine (Décret 2017-794 art. 14, II-al. 1 et 2).

Si la société n'a pas satisfait à ses obligations dans le délai imparti par cette mise en demeure, **59627**
l'autorité peut prendre la **décision de suspendre** l'agrément ou l'inscription de la société. Pour les officiers ministériels, la suspension d'agrément est prononcée par arrêté du ministre de la justice, qui prend effet au plus tôt à la date de sa publication au Journal officiel (Décret 2017-794 art. 14, II-al. 3).

En cas de suspension de l'agrément ou de l'inscription de la société, aucun acte relevant de l'exercice de la profession ne peut plus être accompli en son nom. La mesure de suspension est levée dès lors que la société établit avoir régularisé sa situation (art. 14, III et IV).

La suspension de l'agrément ou de l'inscription entraîne la **désignation d'un ou plusieurs** **59628**
administrateurs chargés d'accomplir tous actes professionnels relevant, à titre obligatoire, du ministère de la société (Décret 2017-794 art. 15, al. 1).

Peuvent notamment être désignés comme administrateurs des professionnels non salariés (y compris les associés de la société dès lors qu'ils exercent la profession concernée) ou d'anciens professionnels non salariés ayant exercé la profession concernée (art. 15, al. 2).

Néanmoins, nul ne peut être désigné administrateur s'il a atteint la limite d'âge éventuellement prévue pour l'exercice de la profession concernée. Les fonctions d'administrateur ne peuvent pas non plus être confiées à un associé ou à un professionnel ayant fait l'objet d'une sanction disciplinaire ou d'une mesure de suspension provisoire (art. 15, al. 8 et 9).

Retrait d'agrément ou radiation À l'expiration d'un délai d'un an suivant la **59630**
notification ou, le cas échéant, la publication de la décision de suspension de l'agrément ou de l'inscription, l'autorité administrative ou professionnelle compétente peut, à **défaut de régularisation de la situation,** retirer définitivement son agrément à la société ou la radier de la liste ou du tableau de la profession concernée (Décret 2017-794 art. 16, al. 1).

Le retrait de l'agrément ou la radiation de la société est prononcé après que la société et chacun de ses associés y exerçant la profession concernée ont été avisés de l'absence de régularisation de la situation et du retrait d'agrément ou de la radiation encourue et après qu'ils ont été mis en mesure de présenter leurs observations, écrites ou orales, dans le délai d'un mois (art. 16, al. 2).

Le retrait de l'agrément ou la radiation de la société entraîne le retrait de l'agrément ou la radiation de chacun des **associés exerçant la profession concernée** au sein de la société. Lorsque la décision est prononcée par arrêté du ministre de la justice, elle prend effet au plus tôt à la date de sa publication au Journal officiel (art. 16, al. 3 et 4).

LIQUIDATION DE LA SPE

En cas de dissolution de la société, l'assemblée des associés (ou, le cas échéant, une décision de **59635**
justice) doit **désigner** un ou plusieurs **liquidateurs** parmi les personnes physiques ou morales associées de la société ou parmi les personnes physiques ou morales autorisées à exercer l'une des professions ouvertes aux SPE constituant l'objet social ou encore parmi les anciens membres de l'une de ces professions (Décret 2017-794 art. 20, al. 1).

Nul ne peut être désigné liquidateur ou liquidateur adjoint s'il a atteint la limite d'âge éventuellement prévue pour l'exercice de la profession concernée. Les fonctions de liquidateur ne peuvent pas non plus être confiées à un associé ou à un professionnel ayant fait l'objet d'une sanction disciplinaire ou d'une mesure de suspension provisoire (art. 20, al. 3 et 4).

Le **liquidateur** ne peut accomplir d'**actes** relevant de la ou des professions exercées par la **59636**
société que s'il est autorisé à exercer cette ou ces professions (Décret 2017-794 art. 19). Lorsqu'aucun des liquidateurs n'est autorisé à exercer l'une de ces professions, la délibération de l'assemblée des associés (ou la décision de justice) doit également nommer un ou plusieurs liquidateurs adjoints (Décret 2017-794 art. 20, al. 2).

La **dissolution** de la société est **portée à la connaissance** de l'ensemble des **autorités** **59637**
administratives ou professionnelles **compétentes** par le liquidateur, qui justifie auprès d'elles de sa qualité en joignant une copie de la délibération des associés (ou de la décision de justice qui l'a désigné). Il ne peut pas entrer en fonctions avant l'accomplissement de cette formalité (Décret 2017-794 art. 22).

Le liquidateur doit informer chacune des autorités administratives ou professionnelles compétentes, ainsi que le procureur de la République près le tribunal judiciaire dans le ressort duquel la société a son siège de la **clôture des opérations de liquidation** (Décret 2017-794 art. 23).

B. Sociétés interprofessionnelles de soins ambulatoires

1. RÉGIME JURIDIQUE

DÉFINITION DE LA SISA

59640 Les sociétés interprofessionnelles de soins ambulatoires (Sisa) ont pour **objet** de permettre à des professionnels de santé de mettre en commun les moyens propres à faciliter l'exercice de leur activité et d'exercer en commun des activités de coordination thérapeutique, d'éducation thérapeutique ou de coopération.

RÉGLEMENTATION APPLICABLE À LA SISA

59642 Les Sisa sont des **sociétés civiles** régies par les articles 1832 et suivants du Code civil et une réglementation spécifique qui figure dans le Code de la santé publique (CSP art. L 4041-1 s. et R 4041-1 s.).

CONSTITUTION DE LA SISA

59645 **Associés** Les associés des Sisa peuvent être (CSP art. L 4041-1) :

– des personnes physiques exerçant une profession médicale (médecin, chirurgien-dentiste, sage-femme), d'auxiliaire médical ou de pharmacien ;

– des professionnels médicaux, auxiliaires médicaux et pharmaciens associés d'une SCP ou d'une SEL (nonobstant toute disposition législative ou réglementaire contraire).

La société doit compter parmi ses associés **au moins deux médecins et un auxiliaire médical** (CSP art. L 4041-4).

Les associés peuvent **exercer hors de la société** toute activité professionnelle dont l'exercice en commun n'a pas été expressément prévu par les statuts ; en outre, les statuts déterminent les conditions dans lesquelles un associé peut exercer à titre personnel une activité dont ils prévoient l'exercice en commun (CSP art. L 4041-6).

> Précisions **a.** Seules les personnes remplissant les **conditions** exigées par les lois et règlements **pour exercer** une **profession** médicale, d'auxiliaire médical ou de pharmacien (notamment celle de l'inscription à l'Ordre) peuvent être associées d'une Sisa (CSP art. L 4041-3, al. 1).

b. La société n'est pas soumise aux **formalités** préalables exigées des personnes candidates à l'exercice individuel des professions médicales, d'auxiliaire médical ou de pharmacien, à l'exception de celles constituées pour créer des maisons de santé et dont l'objet comprend l'exercice, par des professionnels de santé salariés, d'activités de soins de premier recours et, le cas échéant, de second recours, tels que définies aux articles L 1411-11 et L 1411-12 du Code de la santé publique ainsi que l'exercice d'autres activités contribuant à la mise œuvre du projet de santé (CSP art. L 4041-3, al. 2).

c. Le **nombre de professionnels** libéraux associés doit être supérieur au nombre de professionnels de santé salariés exerçant des activités de soins de premier et de second recours au sens des articles L 1411-11 et L 1411-12 du Code de la santé publique (cf. CSP art. L 4041-4, II).

59647 **Objet social** La Sisa a pour objet (CSP art. L 4041-2) :

– la **mise en commun de moyens** pour faciliter l'exercice de l'activité professionnelle de chacun de ses associés ;

– l'**exercice en commun,** par ses associés, d'activités de coordination thérapeutique, d'éducation thérapeutique ou de coopération entre les professionnels de santé ;

– lorsqu'il s'agit d'une **maison de santé** et sous réserve que ses statuts le prévoient, d'une part, l'exercice par des professionnels de santé salariés d'activités de soins de premier recours et, le cas échéant, de second recours, tels que définies aux articles L 1411-11 et L 1411-12 du Code de la santé publique ainsi que l'exercice d'autres activités contribuant à la mise en œuvre du projet de santé et, d'autre part, l'encaissement sur le compte de la société de tout ou partie des rémunérations des activités de ses membres ou de tout autre professionnel concourant à la mise en œuvre du projet de santé et le reversement de ses rémunérations à chacun d'eux.

Les activités exercées en commun sont ainsi définies (CSP art. R 4041-1) :
– la coordination thérapeutique s'entend des procédures mises en place au sein de la société ou entre la société et des partenaires et qui visent à améliorer la qualité de la prise en charge et la cohérence du parcours de soins ;
– l'éducation thérapeutique s'inscrit dans le parcours de soins du patient ; elle a pour objectif de rendre le patient plus autonome en facilitant son adhésion aux traitements prescrits et en améliorant sa qualité de vie ;
– la coopération entre les professionnels de santé a pour objet d'opérer entre eux des transferts d'activités ou d'actes de soins ou de réorganiser leurs modes d'intervention auprès du patient.

> **Précisions** Même si l'on considère traditionnellement que les **pharmaciens** accomplissent habituellement des actes de commerce puisqu'ils achètent des médicaments pour les revendre (Cass. crim. 25-5-1905 : DP 1905 p. 399), ce n'est pas au titre de cette activité commerciale qu'ils interviendront dans le cadre de la société interprofessionnelle, compte tenu de l'objet imparti à celle-ci.

Statuts Les statuts des Sisa doivent être établis par écrit (CSP art. L 4041-5). Ils peuvent être rédigés par acte sous signature privée (CSP art. R 4041-2). 59650

Ils doivent **obligatoirement comporter** (CSP art. R 4041-3) :
– l'identité, le domicile, la profession, les titres et la spécialité, le numéro d'inscription à l'ordre ou la justification d'autorisation d'exercer de chaque associé personne physique ;
– la forme, l'objet, la durée et l'appellation de la société ainsi que l'adresse du siège social ;
– la nature et l'évaluation des apports des associés ainsi que l'affirmation de leur libération totale ou partielle ;
– le montant du capital social, le nombre, le montant nominal et la répartition des parts sociales et, le cas échéant, le nombre de parts d'intérêt attribuées à chaque apporteur en industrie ;
– les modalités de fonctionnement de la société (notamment les règles de désignation du ou des gérants et le mode d'organisation de la gérance), les conditions dans lesquelles un associé peut exercer à titre personnel une activité dont les statuts prévoient l'exercice en commun.

Les statuts **ne doivent comporter** aucune disposition tendant à obtenir d'un associé un rendement minimal, ou de nature à porter atteinte à l'indépendance professionnelle de chaque associé et au libre choix du praticien par le malade (CSP art. R 4041-4).

Les statuts (ainsi que leurs avenants) doivent être **transmis,** un mois au moins avant leur enregistrement, aux ordres professionnels et à l'agence régionale de santé dont dépendent les associés (CSP art. L 4041-7).

> **Précisions** **a.** Dans les **maisons de santé** constituées sous forme de Sisa, le projet de santé dont l'élaboration est imposée par l'article L 6323-3 du Code de la santé publique doit être annexé aux statuts (CSP art. R 4041-5).
> **b.** Un **modèle de statuts** élaboré par tous les ordres de professionnels de santé peut être consulté sur le site du Conseil national de l'ordre des médecins : www.conseil-national.medecin.fr/sites/default/files/sisa.pdf.

FONCTIONNEMENT DE LA SISA

Les **rémunérations** versées en contrepartie de l'activité professionnelle des associés et des salariés constituent des recettes de la société et doivent être perçues par celle-ci. Par exception, lorsque ces activités sont exercées à titre personnel par un associé, les rémunérations correspondantes ne constituent pas une recette de la société (CSP art. L 4042-1). 59652

Les activités exercées en commun conformément aux statuts de la société ne sont pas soumises à l'interdiction de **partage d'honoraires.** Les associés ne sont pas réputés pratiquer le **compérage** du seul fait de leur appartenance à la société et de l'exercice en commun d'activités conformément aux statuts (CSP art. L 4043-1).

Chaque associé est **responsable** des actes professionnels qu'il accomplit dans le cadre des activités prévues par les statuts de la société dans les conditions de droit commun applicables aux professionnels de santé (CSP art. L 1142-1 à L 1142-2 sur renvoi de l'art. L 4042-2). Comme dans les sociétés civiles professionnelles, un associé peut **se retirer de la société,** soit qu'il cède ses parts, soit que la société lui rembourse la valeur de ses parts (CSP art. L 4042-3). 59654

> **Précisions** Une **proposition de loi** visant à améliorer l'accès aux soins par l'engagement territorial des professionnels, en cours de discussion au Parlement, prévoit de limiter l'**obligation aux dettes** de chaque associé à l'égard des tiers à hauteur du montant de son apport. L'associé

n'ayant apporté que son industrie serait tenu comme celui dont la participation dans le capital est la plus faible (Texte AN n° 137 adopté le 15-6-2023). Actuellement, les associés de Sisa répondent des dettes sociales indéfiniment et proportionnellement à leur part dans le capital social en application des règles de droit commun (C. civ. art. 1857 sur renvoi de CSP art. L 4041-1, al. 3).

DISSOLUTION DE LA SISA

59660 Sauf dispositions contraires des statuts, la société n'est pas dissoute par le **décès, l'incapacité** ou le **retrait** de la société **d'un associé** pour toute autre cause.

Elle n'est pas non plus dissoute lorsque l'un des associés est frappé de l'**interdiction** définitive d'**exercer** sa profession (CSP art. L 4043-2, al. 1). L'associé frappé d'une telle interdiction perd, au jour de cette interdiction, la qualité d'associé. Ses parts dans le capital doivent être rachetées dans un délai de six mois par un associé ou, à défaut, par la société ; les modalités de ce rachat doivent être prévues par les statuts (CSP art. L 4043-2, al. 2).

En revanche, la Sisa peut être dissoute par décision judiciaire à la demande de tout intéressé si l'**obligation de compter deux médecins et un auxiliaire** parmi ses associés n'est pas remplie pendant six mois et que la situation n'a pas été régularisée au jour où le tribunal saisi statue sur le fond (CSP art. L 4041-4, I-al. 2 et 3). Le tribunal peut accorder à la société un délai de six mois pour régulariser la situation, ce délai étant porté de droit à un an si la société emploie un nombre de médecins au moins égal au nombre de médecins associés manquants ou si elle emploie un auxiliaire médical lorsqu'il manque un tel professionnel parmi les associés (CSP art. L 4041-4, I-al. 3).

2. RÉGIME FISCAL

59700 Les Sisa relèvent en principe du régime fiscal des **sociétés de personnes** (CGI art. 8, 7° : n°s 9505 s.), y compris lorsqu'elles se livrent à une exploitation ou à des opérations visées aux articles 34 et 35 du CGI, par exemple lorsqu'un de leurs membres est un pharmacien ou lorsqu'elles donnent en location à leurs membres des locaux munis du mobilier ou du matériel nécessaires à l'exercice de leur profession (BOI-BIC-CHAMP-70-20-90 n° 20).

Si les Sisa n'exercent pas l'option prévue à l'article 206, 3-j du CGI pour leur assujettissement à l'impôt sur les sociétés, les bénéfices qu'elles réalisent sont imposés au nom de chacun des professionnels de santé associés, à proportion de leurs droits dans ces sociétés, à l'impôt sur le revenu :

– dans la catégorie des bénéfices industriels et commerciaux lorsque les droits détenus par l'associé sont inscrits à l'actif d'une entreprise dont les résultats sont imposables dans cette catégorie de revenus (cas notamment du pharmacien) ;

– dans la catégorie des bénéfices non commerciaux dans les autres cas (cas en principe des autres professionnels de santé).

Si elles l'exercent, l'**option pour l'impôt sur les sociétés** est considérée comme une cessation d'entreprise donnant lieu, en principe, à l'imposition immédiate prévue à l'article 202 ter du CGI, sous réserve des tempéraments exposés n°s 11040 s.

> Précisions a. L'option pour l'impôt sur les sociétés est exercée dans les conditions prévues par l'article 239 du CGI, voir n° 10085.

b. La **transformation en Sisa** soumise au régime des sociétés de personnes des **structures qui exerçaient les activités de ces sociétés avant leur création** (SCM, associations, GIE) n'a pas entraîné les conséquences de la cessation d'entreprise prévues à l'article 202 ter du CGI (n°s 11040 s.) si les trois conditions cumulatives suivantes étaient réunies (Loi 2011-1978 du 28-12-2011 art. 36 ; BOI-BIC-CESS-10-20-40 n° 50) : les sociétés devaient avoir participé dès 2010 ou 2011 aux expérimentations sur les nouveaux modes de rémunération prévues à l'article 44 de la loi 2007-1786 du 19 décembre 2007, elles devaient n'avoir apporté aucune modification à leurs écritures comptables à l'occasion de leur transformation, et cette dernière devait être intervenue **au plus tard le 29 juin 2012.** Symétriquement, l'administration a admis sous les mêmes conditions que, si ces structures avaient choisi d'être assujetties à l'impôt sur les sociétés avant leur transformation en Sisa, cette transformation n'a pas entraîné les conséquences fiscales de la cessation d'entreprise prévues à l'article 221 bis du CGI (BOI-BIC-CESS-10-20-40 n° 60). Les transformations en Sisa **postérieures au 29 juin 2012** ne peuvent pas bénéficier du dispositif de neutralité fiscale prévu par l'article 36 de la loi précitée et sont soumises au régime de droit commun.

c. L'administration a indiqué que, même si les trois conditions cumulatives rappelées ci-avant Précisions, b. étaient remplies (à savoir participation dès 2010 ou 2011 aux expérimentations sur les nouveaux modes de rémunération prévues à l'article 44 de la loi 2007-1786 du 19 décembre 2007, absence de modification des écritures comptables et transformation en Sisa avant le 30 juin 2012), les conséquences fiscales de la cessation d'entreprise se sont appliquées à la transformation en Sisa d'une structure préexistante si la **Sisa issue de la**

59700 (suite)

transformation a, à cette occasion, changé d'activité par rapport à celle jusque-là exercée par la SCM, le GIE ou l'association lui ayant préexisté (BOI-BIC-CESS-10-20-40 n° 70).

d. L'intégration de pharmaciens dans les Sisa soulève une question en matière de TVA dans la mesure où les pharmaciens sont soumis à la TVA pour leur activité officinale. L'administration admet que les Sisa associant des pharmaciens sont exonérées de TVA lorsqu'elles ne mettent pas en commun de moyens (Rép. Orliac : AN 9-4-2013 n° 2792).

CHAPITRE 4

SOCIÉTÉS CIVILES ET GROUPEMENTS AGRICOLES

SOMMAIRE

GÉNÉRALITÉS SUR LES GROUPEMENTS AGRICOLES

60000 De nombreux groupements constitués sous forme de sociétés civiles et ayant pour objet l'exercice d'une activité agricole obéissent aux règles générales prévues pour les sociétés civiles examinées nos 10 s.

Cela dit, il a été prévu en leur faveur de nombreuses dispositions particulières qui dérogent aux règles de droit commun, notamment sur le plan fiscal. Nous nous bornerons à résumer ci-après ces mesures particulières, étant entendu que, pour une **étude plus approfondie,** nos lecteurs peuvent se reporter à notre **Mémento Agriculture,** qui traite en détail des problèmes agricoles sous leurs aspects juridique, fiscal, social et comptable.

> **Précisions** C'est aussi dans le Mémento Agriculture que nos lecteurs trouveront l'étude des **groupements d'intérêt économique et environnemental** régis par les articles L 315-1 à L 315-6 du Code rural et de la pêche maritime. En effet, ces groupements sont dépourvus de personnalité morale distincte de celle de leurs membres et n'entrent donc pas dans le champ de la présente étude.

A. Groupements agricoles d'exploitation en commun (Gaec)

60005 En vue de faciliter le **regroupement cultural des exploitations familiales,** les agriculteurs peuvent constituer entre eux des groupements agricoles d'exploitation en commun (Gaec) dans des conditions fixées par les articles L 323-1 s. et R 323-8 s. du Code rural et de la pêche maritime.

Constitués sous la forme de sociétés civiles de personnes, ces groupements ont pour **objet** de permettre la réalisation d'un travail en commun dans des conditions comparables à celles existant dans les exploitations de caractère familial ; l'objet peut aussi consister dans la vente en commun, à frais communs, du fruit du travail des associés.

La participation à un Gaec ne doit pas avoir pour effet de mettre ceux des associés qui sont considérés comme chefs d'exploitation et leur famille, pour tout ce qui touche leurs statuts économique, social et fiscal, dans une situation inférieure à celle des autres chefs d'exploitation agricole et à celle des familles de ces derniers (C. rur. art. L 323-13).

1. RÉGIME JURIDIQUE DES GAEC

CARACTÉRISTIQUES DU GAEC

Le Gaec est une société civile particulière. Les dispositions concernant la société civile de droit commun lui sont applicables, sauf dispositions particulières des articles L 323-1 s. et R 323-8 s. du Code rural et de la pêche maritime. 60010

Ainsi, le Gaec échappe aux principaux obstacles de la législation sur les sociétés civiles.

1. Les frais de constitution sont peu élevés (enregistrement au droit fixe ; pas de taxe de publicité foncière).

2. La responsabilité de chacun des associés à l'égard des tiers ayant contracté avec le groupement est limitée, en principe, à deux fois la fraction du capital qu'il possède, à moins que les statuts ne prévoient une responsabilité plus grande (C. rur. art. L 323-10), cette disposition, qui déroge aux règles de droit commun de l'article 1857 du Code civil, étant seule applicable (Cass. 1e civ. 8-10-1996 : Bull. civ. I n° 345). En revanche, comme pour les sociétés civiles de droit commun, la responsabilité des associés ne peut être engagée que si le créancier a préalablement et vainement poursuivi le groupement (C. civ. art. 1858), y compris lorsque celui-ci est dissout par l'arrivée de son terme (Cass. com. 30-9-2020 n° 18-26.044 F-D : RJDA 1/21 n° 32).

3. Le fermier peut mettre les terres qu'il loue à la disposition du Gaec en avisant simplement son propriétaire par lettre recommandée avec AR (C. rur. art. L 323-14).

4. Les associés en Gaec ayant fait des apports en nature ou en espèces conservent leur statut de chefs d'exploitation ainsi que les droits et avantages qui en découlent (possibilité de prêts individuels, de livrer des produits contingentés, subventions, etc.).

Sur l'obligation pour les Gaec constitués avant le 1er juillet 1978 de s'immatriculer au RCS pour continuer à bénéficier de la personnalité morale, voir nos 2750 s.

Nous présentons ci-dessous les principales caractéristiques du régime juridique des Gaec tel qu'il résulte du Code rural et de la pêche maritime. Pour plus de précisions sur ce régime, voir Mémento Agriculture nos 79500 s.

CONSTITUTION ET FONCTIONNEMENT DU GAEC

Objet La loi distingue les Gaec totaux des Gaec partiels. Les Gaec totaux ont pour objet la mise en commun de l'ensemble des activités agricoles des associés correspondant à la maîtrise et à l'exploitation d'un cycle biologique de caractère végétal ou animal et constituant une ou plusieurs étapes nécessaires au déroulement de ce cycle, y compris les activités de cultures marines et d'exploitation de marais salants ; les Gaec partiels ont pour objet la mise en commun d'une partie seulement de celles-ci ; un même Gaec ne peut pas être total pour certains des associés et partiel pour d'autres (C. rur. art. L 323-2, al. 1 et 2 et L 311-1) ; ainsi, il ne peut pas être constitué entre des associés dont les uns mettraient en commun l'ensemble de leurs activités agricoles et les autres une partie seulement de celles-ci. 60030

En complément des activités de production, peuvent être mises en commun d'autres activités agricoles mentionnées à l'article L 311-1 du Code rural et de la pêche maritime (activités dans le prolongement de l'acte de production ou qui ont pour support l'exploitation, activités équestres, production d'énergie par la méthanisation ; C. rur. art. L 323-2, al. 2). Sur la possibilité d'étendre l'objet à la production d'électricité photovoltaïque, voir n° 60610.

> **Précisions** Un Gaec total peut, sans perdre sa qualité, participer, en tant que personne morale associée d'une autre société, à la production et, le cas échéant, à la commercialisation de produits de la **méthanisation agricole,** ainsi que participer en tant que personne morale associée d'un **groupement pastoral,** à l'exploitation de pâturages (C. rur. art. L 323-2, al. 5).

Durée Les statuts fixent librement la durée du groupement, dans la limite de droit commun (nos 1700 s.). Si, conformément au droit commun, un Gaec peut être prorogé à l'unanimité des associés ou, si les statuts le prévoient, à la majorité prévue pour la modification de ceux-ci (C. civ. art. 1844-6), en l'absence de toute prorogation expresse décidée dans les formes légales ou statutaires, le Gaec est en principe dissous par l'arrivée de son terme (Cass. com. 13-9-2017 n° 16-12.479 FS-PB : RJDA 12/17 n° 818), sauf prorogation du groupement après terme (voir nos 16700 s.). 60035

Le retrait d'un associé n'entraîne pas la dissolution du groupement même lorsqu'il ne subsiste plus qu'un seul associé, cette circonstance ne faisant pas obstacle à la poursuite de l'objet social (Cass. com. 20-11-2012 n° 10-25.081 : RJDA 2/13 n° 139). Le capital social est seulement réduit puisque le partant peut reprendre ses apports en nature (C. rur. art. L 323-5 et R 323-38, al. 3).

60040 **Apports et capital social** Comme dans toute société civile, les **apports** peuvent être en numéraire, en nature ou en industrie. Tous les apports donnent lieu à l'attribution de parts d'intérêts mais les apports en industrie ne participent pas à la formation du capital social (C. rur. art. L 323-8).

Les apports en nature doivent faire l'objet d'une évaluation détaillée (C. rur. art. R 323-27, al. 2).

Le montant du **capital** doit être d'au moins 1 500 € (art. R 323-27, al. 1).

60042 **Associés** Afin que les Gaec conservent le **caractère familial** des exploitations et la **prééminence du travail,** les mesures suivantes sont prévues.

1. Un Gaec ne peut comporter que 10 associés au plus (C. rur. art. L 323-2, al. 6).

2. Il ne peut se constituer qu'entre personnes physiques majeures (C. rur. art. L 323-1).

3. Il peut être constitué de deux époux, de deux concubins ou de deux partenaires liés par un pacte civil de solidarité, y compris lorsqu'ils en sont les seuls associés (C. rur. art. L 323-2, al. 7).

4. Les associés du Gaec doivent participer au travail en commun ; toutefois, une décision des associés peut accorder des dispenses de travail à titre temporaire, cette décision étant soumise à l'accord du préfet (C. rur. art. L 323-7, al. 2 et 4 et R 323-32).

5. Les associés d'un Gaec total doivent y exercer leur activité professionnelle à titre exclusif et à temps complet. Une décision collective des associés peut toutefois autoriser un ou plusieurs d'entre eux à réaliser une activité extérieure au groupement. Cette décision est soumise à l'accord du préfet (C. rur. art. L 323-7, al. 3 et 4 et R 323-31-2).

6. Les associés d'un Gaec (total ou partiel) ne peuvent pas se livrer à titre individuel ou dans le cadre d'une autre société à une activité agricole (telle que définie n° 60030) pratiquée par le groupement (C. rur. art. L 323-2, al. 4). Les associés d'un Gaec total ne peuvent pas se livrer à titre individuel ou dans le cadre d'une autre société à une activité correspondant à la maîtrise et à l'exploitation d'un cycle biologique de caractère végétal ou animal et constituant une ou plusieurs étapes nécessaires au déroulement de ce cycle (C. rur. art. L 323-2, al. 3).

7. Le travail en commun doit se faire dans des conditions comparables à celles existant dans les exploitations de caractère familial (C. rur. art. L 323-3, al. 1).

8. Les associés doivent tous participer aux responsabilités de la conduite de l'entreprise (C. rur. art. R 323-31).

Cette gestion collégiale n'empêche pas la désignation de gérants ayant pouvoir d'agir au nom de la société.

9. Chaque associé doit pouvoir se faire entendre valablement lors des prises de décisions en assemblée générale, quel que soit le montant des parts qu'il détient dans le capital.

Afin de donner la priorité au travail par rapport au capital, les associés participant effectivement au travail en commun doivent avoir la majorité des voix.

La majorité des voix à l'assemblée générale ne peut appartenir à un même associé qu'à titre temporaire (C. rur. art. R 323-24).

> Précisions **a.** En cas de **décès du conjoint d'un associé** d'un Gaec qui n'a pas revendiqué la qualité d'associé (nos 1048 s.), l'indivision successorale porte non pas sur les parts sociales, mais seulement sur la valeur de celles-ci, de sorte que les **indivisaires** n'ont aucun droit de **participer à la vie sociale** et notamment n'ont pas à être convoqués aux assemblées générales (Cass. civ. 9-7-1991 : RJDA 11/91 n° 934).

b. Les **associés d'un Gaec total** peuvent exercer une **activité extérieure** dans les conditions suivantes (C. rur. art. D 323-31-1, R 323-31-2 et R 323-34) :

– l'autorisation est donnée par l'assemblée générale extraordinaire du groupement, à l'unanimité des membres présents ;

– cette décision est prise après appréciation des motifs justifiant de déroger aux obligations des associés d'exercer leur activité professionnelle à titre exclusif et à temps complet ;

– l'activité doit soit être accessoire et ne pas prendre à l'associé concerné plus de 536 heures annuelles, ou 700 heures pour certaines activités saisonnières hivernales dans des zones délimitées de haute montagne, soit être pratiquée au sein d'une autre société par tous les associés en vue de la commercialisation et, le cas échéant, de la transformation des produits agricoles issus du groupement, dès lors que cette société est majoritairement détenue par des chefs d'exploitation agricole à titre principal et que l'équilibre des engagements des associés au sein du groupement est maintenu ;

– la décision des associés doit comporter un descriptif des tâches réparties entre les associés du fait de la pluriactivité d'un ou plusieurs d'entre eux et indiquer les conséquences de cette pluriactivité sur la rémunération versée à l'associé concerné et sa participation au résultat du groupement ;

– la décision des associés est soumise à l'accord du préfet et doit pour cela lui être adressée avec les pièces justificatives dans le mois de son adoption.

Agrément et surveillance des statuts Les Gaec doivent être agréés par le préfet du département où le Gaec a son siège (C. rur. art. L 323-11, al. 1 et R 323-8). 60045

Le dossier de demande d'agrément comporte notamment des statuts conformes aux « statuts types » arrêtés par le ministre de l'agriculture (C. rur. art. R 323-9).

Les formalités de publicité de la constitution du groupement et son immatriculation au RCS doivent être accomplies postérieurement à son agrément (C. rur. art. R 323-13, al. 1).

Les groupements qui, par suite d'une modification de leurs statuts, ne peuvent plus être regardés comme des Gaec encourent le retrait de l'agrément reçu ; le préfet peut toutefois maintenir celui-ci pour une année renouvelable une fois (C. rur. art. L 323-12, al. 2 et 3).

> **Précisions** **a.** Avant de délivrer un agrément, le préfet **vérifie** la conformité du groupement aux dispositions légales. Il vérifie en particulier la qualité de chef d'exploitation des associés, l'adéquation entre la dimension de l'exploitation commune et le nombre d'associés ainsi que l'effectivité du travail en commun (C. rur. art. L 323-11, al. 2). Pour les groupements totaux, le préfet examine la contribution des associés au renforcement de la structure agricole du groupement en tenant compte de leur participation effective, à titre exclusif et à temps complet, au travail commun (C. rur. art. R 323-10, al. 3).
> **b.** Le préfet statue sur la demande d'agrément dans un **délai** de trois mois (C. rur. art. R 323-10, al. 1). Si, à l'issue de ce délai, aucune décision expresse n'a été rendue, la demande est réputée rejetée (C. rur. art. R 323-11).
> **c.** Les **Gaec totaux** ayant obtenu leur **reconnaissance avant la loi 2014-1170** doivent être considérés comme étant agréés au sens de l'article L 323-11 du Code rural et de la pêche maritime dans sa rédaction issue de cette loi (Décret 2014-1515 du 15-12-2014 art. 1).
> **d.** Le groupement doit **communiquer au préfet** son numéro unique d'identification (C. rur. art. R 323-13, al. 2).
> **e.** Comme toute société civile, le Gaec doit être **immatriculé au RNE**, par l'intermédiaire du guichet unique électronique des formalités d'entreprises.

Cession de parts Aucune disposition particulière ne vise la cession des parts d'intérêt représentatives d'apport en capital. Elle s'opère donc conformément au droit commun des sociétés civiles (nos 21170 s.). Toutefois, compte tenu du caractère personnel très marqué du groupement, les statuts prévoient généralement que les cessions de parts sont subordonnées à l'accord unanime des associés. 60050

Retrait et exclusion d'un associé Lorsqu'un associé invoque un motif grave et légitime, il peut être autorisé par les autres associés à se retirer du groupement ; les statuts peuvent prévoir les conditions de ce retrait. Si les associés refusent, l'autorisation de retrait peut être donnée par le tribunal judiciaire (C. rur. art. L 323-4 et R 323-38, al. 1). 60055

En cas de retrait, la perte de la qualité d'associé du Gaec ne peut pas être antérieure au remboursement de la valeur de ses droits sociaux (Cass. com. 17-6-2008 n° 07-14.965 : RJDA 11/08 n° 1144).

Les statuts du Gaec peuvent aussi reconnaître à l'assemblée générale, aux conditions de majorité qu'ils fixent, le droit d'exclure un associé pour motif grave et légitime (art. R 323-38, al. 2). Toutefois, les statuts ne peuvent pas priver l'associé dont l'exclusion est envisagée de son droit de participer à cette assemblée et de voter sur la proposition (Cass. com. 10-2-2015 n° 13-17.555 : RJDA 6/15 n° 441).

L'associé qui se retire peut obtenir le remboursement de ses droits sociaux, la reprise de tout ou partie de ses apports en nature ou l'attribution de biens sociaux à concurrence de tout ou partie de la valeur de ses droits (art. L 323-5 et R 323-38, al. 3 et 4).

Décès d'un associé Les statuts fixent les conditions dans lesquelles les **héritiers** d'un associé décédé sont admis dans le groupement. Ils peuvent distinguer suivant que ceux-ci sont majeurs ou non (C. rur. art. R 323-40). 60060

Si les statuts ne prévoient pas l'**admission** de plein droit des héritiers d'un associé décédé, ils participent, jusqu'à la décision concernant cette admission, aux délibérations de l'**assemblée générale,** avec les voix dont disposait leur auteur, en raison de sa qualité d'associé et, le cas échéant, des parts de capital qu'il détenait (C. rur. art. R 323-41).

Dès lors, les héritiers non agréés d'un associé décédé de Gaec ne pouvaient pas être exclus de l'adoption d'une délibération portant sur la révocation du gérant, peu important que les statuts aient prévu un délai de six mois à compter du décès pour la décision d'agrément par les associés survivants (CA Orléans 11-7-2006 n° 06-351 : RJDA 10/06 n° 1029).

Mais ce n'est pas pour autant que les héritiers non agréés ont droit aux **bénéfices** réalisés par le groupement après le décès de l'associé (Cass. com. 14-12-2004 n° 1829 : RJDA 4/05 n° 412).

2. RÉGIME FISCAL DES GAEC

IMPOSITION DES BÉNÉFICES DU GAEC

60080 Il est admis que la particularité des Gaec qui consiste à pouvoir limiter la responsabilité personnelle des associés à deux fois le montant de leurs parts d'intérêts n'est pas susceptible de conférer à ces groupements le caractère de sociétés de capitaux (BOI-BA-CHAMP-20-20 n° 130).

Par suite, chacun des membres de ces groupements est personnellement passible, pour la part des bénéfices sociaux correspondant à ses droits dans le groupement, de l'**impôt sur le revenu** déterminé selon les règles prévues en matière de **bénéfices agricoles.**

Les Gaec sont toutefois susceptibles d'être assujettis à l'**impôt sur les sociétés,** soit en cas d'option pour cet impôt, soit en cas de réalisation d'opérations commerciales accessoires qui conduisent au dépassement des limites exposées n° 10052.

Par ailleurs, les Gaec dont tous les associés participent effectivement et régulièrement à l'activité du groupement par leur travail personnel, ce qui est généralement le cas (voir n° 60042), bénéficient d'un **statut fiscal spécifique** (CGI art. 71).

En revanche, les Gaec ne regroupant pas exclusivement des associés participant à l'exploitation sont exclus du régime spécial et sont soumis au régime de **droit commun** des sociétés civiles agricoles.

› Précisions a. Les Gaec qui exercent des **activités commerciales accessoires** ne sont pas assujettis à l'impôt sur les sociétés lorsque les recettes tirées de ces activités respectent les limites de 50 % et de 100 000 € prévues à l'article 75 du CGI (voir n° 10052). Ces limites sont appréciées au niveau du Gaec, le montant de 100 000 € étant multiplié par le nombre d'associés exploitants dans la limite de quatre (CGI art. 71, 1° bis). Pour les associés également exploitants individuels, les limites de recettes agricoles et non agricoles sont appréciées en tenant compte de leurs seules recettes propres (CGI art. 75).

b. Les Gaec bénéficient de **plafonds spécifiques,** selon leur nombre d'associés, pour l'application de plusieurs **dispositifs de faveur.** Il en est ainsi pour la déduction fiscale pour épargne de précaution prévue à l'article73 du CGI, le crédit d'impôt en faveur de l'agriculture biologique prévu à l'article244 quater L, le crédit d'impôt pour la formation du chef d'entreprise prévu à l'article 244 quater M, le crédit d'impôt en faveur des dépenses de remplacement pour congés prévu à l'article200 undecies, le crédit d'impôt pour les exploitations certifiées de haute valeur environnementale et le crédit d'impôt en faveur des exploitations n'utilisant pas de glyphosate.

60085 **Régime d'imposition** Des règles spéciales sont prévues pour les Gaec dont tous les membres participent effectivement et régulièrement à l'activité du groupement par leur travail personnel.

En premier lieu, ces groupements ne sont pas concernés par l'exclusion du **régime micro-BA** qui frappe les sociétés agricoles créées depuis le 1er janvier 1997.

En second lieu, des modalités particulières de calcul des limites des régimes d'imposition leur sont applicables. En effet, le régime applicable est déterminé au niveau du Gaec à partir du montant total de ses recettes mais une **limite spéciale** est prévue. La moyenne triennale des recettes au-delà de laquelle ces groupements sont soumis à un **régime réel d'imposition** est fixée de la manière suivante (CGI art. 71) :

– si la moyenne des recettes du groupement excède 367 000 €, la limite est égale à 60 % de la limite prévue pour les exploitants individuels multipliée par le nombre d'associés ;

– si cette moyenne est inférieure ou égale à 367 000 €, elle est égale à la limite prévue pour les exploitants individuels multipliée par le nombre d'associés.

Le montant de la limite est **actualisé** tous les trois ans. La limite actualisée pour 2023 sera également applicable en 2024 et 2025. La prochaine révision triennale prendra effet à compter du 1er janvier 2026.

Pour la détermination du **nombre d'associés,** en cas d'**arrivée** ou de **départ** d'un associé en cours d'exercice, l'associé entrant ou sortant est pris en compte au titre de l'exercice considéré ; si l'associé sortant n'est pas remplacé, l'appréciation du régime applicable l'année suivante est effectuée en défalquant des recettes de référence la part de l'associé sorti (BOI-BA-REG-10-40 nos 200 à 220). Chaque **conjoint associé** est considéré comme un associé à part entière du Gaec dès lors qu'il participe au travail en commun (CE 22-2-1989 nos 70251 et 70252 : RJF 4/89 nos 444 et 445 ; BOI-BA-REG-10-40 n° 230).

Les associés dont l'**âge excède,** au premier jour de l'exercice, celui auquel leur est ouvert le **droit à une pension de retraite** ne sont pas pris en compte (BOI-BA REG-10-40 n° 260).

Dès lors que le régime d'imposition s'apprécie au niveau du Gaec puis s'applique à la quote-part de résultat de chacun des associés indépendamment de leur taux de participation dans le groupement, un associé peut, dans certaines situations, bénéficier du régime **micro-BA** alors même que la **quote-part de recettes** lui revenant **excède la limite** d'application de ce régime retenu pour une exploitation individuelle (BOI-BA-REG-10-40 n° 160).

Solutions particulières **a. Apports en industrie.** La base imposable de l'associé apporteur en industrie soumis à un régime réel d'imposition est obtenue en ajoutant les rémunérations perçues par lui à sa part dans les bénéfices sociaux, ces derniers étant déterminés après déduction des rémunérations attribuées aux associés et des charges sociales obligatoires correspondantes (BOI-BA-CHAMP-20-20 nos 150 et 160). 60090

b. Les rémunérations des **apports en jouissance** à un Gaec ont le caractère de bénéfices agricoles. En revanche, la rémunération de la **mise à la disposition d'immeubles** a le caractère de revenu foncier (Inst. 5 E-12-72, non reprise dans Bofip).

c. Apport d'un actif ou d'une exploitation agricole à un Gaec. L'apport d'un **élément d'actif** à un Gaec constitue une cession qui donne lieu à la constatation d'une plus-value professionnelle (CGI art. 73 E).

L'apport d'une **exploitation agricole individuelle** à un Gaec entraîne la taxation immédiate des résultats d'exploitation de l'exercice en cours, des bénéfices en sursis d'imposition (notamment subventions d'équipement, revenus exceptionnels et plus-values à court terme relevant de certains régimes spéciaux d'étalement) et des plus-values d'apport. Il entraîne par ailleurs des conséquences analogues à celles qui résultent de la cessation d'activité au regard des dispositifs d'étalement des revenus exceptionnels, de la moyenne triennale et des déductions pour épargne de précaution, pour investissement ou pour aléas. Toutefois, si l'opération est réalisée dans les conditions de l'article 151 octies du CGI (nos 4700 s.), seul le résultat du dernier exercice de l'activité individuelle est immédiatement imposable. De même, le dispositif de report d'imposition des plus-values d'apport prévu à l'article 151 octies A, I du CGI en cas d'opérations de restructuration au profit d'une autre société civile agricole s'applique en cas d'option pour ce régime (n° 60100).

d. Les **apports de stocks** à un Gaec ne sont pas pris en compte pour apprécier son régime d'imposition lorsqu'ils sont rémunérés par des parts sociales (BOI-BA-REG-10-20-10 n° 370).

Retrait d'associé En cas de transmission à titre onéreux ou gratuit ou de rachat, en **cours d'année,** des parts d'un associé personne physique, la loi autorise les Gaec, comme toute société de personnes exerçant une activité agricole et soumise à un régime réel d'imposition, à arrêter un résultat intermédiaire, déterminé à la date de l'événement (CGI art. 73 D). 60095

Dans cette situation, l'**associé sortant** (ou ses ayants cause en cas de décès) peut faire l'objet d'une imposition immédiate sur un résultat intermédiaire déterminé à la date de la transmission ou du rachat des parts, à concurrence de la quote-part correspondant à ses droits. Cette quote-part comprend, le cas échéant, les plus-values professionnelles réalisées depuis la fin de la dernière période d'imposition (BOI-BA-CESS-20 nos 70 s.).

Le **bénéficiaire de la transmission** est quant à lui imposé à raison de la part correspondant à ses droits dans les bénéfices de l'exercice de réalisation de l'opération, diminués de la quote-part du résultat intermédiaire déjà imposée au nom du cédant. De la même façon, en cas de rachat des parts par la société, les associés présents à la clôture de l'exercice au cours duquel le rachat est intervenu sont imposables à raison du résultat réalisé par la société au cours de l'exercice, sous déduction de la part du résultat imposée au nom de l'associé dont les titres ont été rachetés.

Ce dispositif étant optionnel, il s'applique sur demande conjointe de l'associé sortant (ou de ses ayants cause) et du (ou des) bénéficiaire(s) de la transmission (ou des associés présents à la date du rachat des parts par la société). L'**option** doit être adressée par la société, en simple exemplaire, au service des impôts auprès duquel elle souscrit ses déclarations de résultat, dans un délai de 60 jours à compter du jour de la transmission ou du rachat des titres. La société doit produire dans le même délai une déclaration n° 2143-SD (réel normal) ou n° 2139-SD (réel simplifié), comportant la répartition du résultat fiscal entre les associés. L'associé dont les titres sont transmis ou rachetés doit joindre une copie de la demande d'option à la déclaration de ses revenus n° 2042 établie pour l'imposition immédiate, qu'il doit souscrire dans le même délai de 60 jours. Lorsque la transmission résulte du décès d'un associé, cette copie est jointe par les ayants cause du défunt à la déclaration de revenus établie au nom de ce dernier. L'associé bénéficiaire de la transmission ou, en cas de rachat de titres, les associés présents à la clôture de l'exercice doivent joindre à leur déclaration de revenus une note mentionnant le détail de la quote-part du résultat de la société imposable à leur nom (CGI ann. III art. 38 sexdecies U à 38 sexdecies W).

À défaut d'option pour le dispositif d'imposition immédiate, le résultat constaté à la clôture de l'exercice est en principe imposé au nom des seuls associés présents à cette date, conformément aux règles générales applicables aux sociétés de personnes (voir nos 9950 s.).

> **Précisions a.** Peuvent opter pour ce dispositif les associés personnes physiques de **sociétés de personnes** exerçant une activité agricole et soumises à un régime réel d'imposition : sont notamment concernés, outre les Gaec, les GFA exploitants (nos 60240 s.), les EARL visées no 60720, les GFR pour la partie agricole de leur activité (no 60820) et les sociétés civiles d'exploitation agricole imposables dans la catégorie des bénéfices agricoles.
> **b.** L'imposition de l'associé dont les titres sont transmis ou rachetés vient en déduction de l'**impôt sur le revenu établi ultérieurement** à raison de l'ensemble de ses bénéfices ou revenus réalisés au cours de l'année de transmission ou de rachat (BOI-BA-CESS-20 no 160).

OPÉRATIONS DE RESTRUCTURATION DE SOCIÉTÉS CIVILES AGRICOLES

60100 Le régime de **report d'imposition** des plus-values prévu à l'article 151 octies A du CGI en faveur des SCP (nos 56110 s.) s'applique également aux plus-values constatées par une société civile agricole à l'occasion de l'apport de ses éléments d'actif à une autre société civile agricole. Ainsi, les personnes physiques associées d'une société civile agricole (dont un Gaec) peuvent bénéficier du report d'imposition prévu par l'article 151 octies du CGI (nos 4700 s.) pour les **plus-values nettes d'apport sur immobilisations non amortissables** qui restent imposables en leur nom à raison d'une opération de fusion, d'apport partiel d'actifs portant sur une branche complète d'activité ou de scission au profit d'une autre société civile agricole (CGI art. 151 octies A, I-al. 2). Cette option permet également le report de l'imposition de la **plus-value d'échange de titres** constatée par les associés de la société civile agricole absorbée ou scindée jusqu'à la perte de la propriété des titres reçus en rémunération de la fusion ou de la scission. Le dispositif s'applique sur **option** exercée conjointement par la société apporteuse et la société bénéficiaire dans l'acte d'apport, de fusion ou de scission. Les associés de la société apporteuse ne peuvent ni opter individuellement, ni renoncer à l'application du régime si l'option a été exercée (BOI-BA-CESS-40-10 no 50).

Les contribuables qui bénéficient du report d'imposition doivent joindre à leur déclaration de résultats un **état de suivi** des plus-values d'apport ou d'échange de titres et tenir un **registre** de suivi des plus-values (BOI-BA-CESS-40-30 no 40).

> **Précisions a.** Pour l'application de ce dispositif, sont considérées comme des **sociétés civiles agricoles,** les sociétés civiles dont les bénéfices relèvent exclusivement de la catégorie des bénéfices agricoles, y compris les produits des activités accessoires imposés dans cette catégorie en application de l'article 75 du CGI. Sont principalement concernés : les Gaec, les EARL, les SCEA, les GFA et les GFR.
> **b.** Sont exclues du régime de report les plus-values réalisées lors de la **cession** par la société civile agricole d'un **élément isolé** de son patrimoine indépendamment de l'opération d'apport (BOI-BA-CESS-40-10 no 70).

DROITS D'ENREGISTREMENT SUR LES ACTES RELATIFS AU GAEC

60110 **Constitution du Gaec** Les **apports à titre pur et simple,** de toute nature, effectués lors de la constitution des Gaec (non assujettis à l'impôt sur les sociétés), sont enregistrés gratuitement.

Les apports **à titre onéreux** sont normalement imposés selon les conditions de droit commun (taxation spécifique de 5 % pour les immeubles ou droits immobiliers et droits de mutation ordinaires pour les autres biens). Toutefois, l'administration admet que les apports à titre onéreux résultant de la prise en charge par le Gaec du **passif grevant les immeubles** apportés soient soumis au même régime que les apports à titre pur et simple : ces apports sont donc enregistrés gratuitement. Cette solution est également applicable aux apports de **cheptel, matériel et autres objets mobiliers dépendant de l'exploitation** agricole qui auraient le caractère d'immeubles par destination du fait que leur apport serait corrélatif à celui des terres constituant le fonds rural (BOI-ENR-AVS-40-30 no 60).

60115 **Augmentation de capital du Gaec** Les augmentations de capital réalisées par les Gaec sont soumises au même régime fiscal que les apports faits lors de la formation de la société (voir nos 3600 s.).

60120 **Transformation en Gaec d'une société d'exploitation agricole** L'acte constatant la transformation donne ouverture au droit fixe de 125 € prévu par l'article 680 du CGI, lorsqu'elle n'emporte pas création d'une personne morale nouvelle. Dans le cas contraire, le régime de droit commun s'applique, d'où l'exigibilité des droits prévus tant pour la dissolution de la société transformée que pour la création de la nouvelle société (le Gaec) et publicité foncière si l'actif comprend des immeubles ou des droits immobiliers.

Cession de parts sociales de Gaec Les cessions de gré à gré de parts de Gaec sont enregistrées au droit fixe de 125 €, quel que soit le type d'apport qu'elles représentent (CGI art. 730 bis). Ce régime trouve à s'appliquer que les cessions soient ou non constatées par un acte (BOI-ENR-DMTOM-40-50-20 n° 1). 60125

Dans l'hypothèse où l'application du régime de droit commun des cessions de parts prévu à l'article 726 du CGI (voir n° 21410) est de nature à donner ouverture à des droits inférieurs au droit fixe de 125 € visé à l'article 730 bis précité, ce sont les droits de mutation à titre onéreux déterminés selon le régime de droit commun qui sont perçus (BOI-ENR-DMTOM-40-50-20 n° 10).

SITUATION DU GAEC AU REGARD DE LA TVA

En matière de TVA, il n'existe pas de régime spécial pour les Gaec. Comme la généralité des exploitants agricoles, ils peuvent : 60140

- soit être assujettis **de plein droit** à la TVA ;
- soit **choisir** entre le remboursement forfaitaire et l'option pour l'assujettissement à la TVA.

Parmi les différents **cas d'assujettissement obligatoire** à la TVA, celui qui paraît le plus fréquemment susceptible de s'appliquer aux Gaec est celui, prévu par l'article 298 bis, II-5° du CGI, qui impose à la TVA, à compter du 1er janvier de l'année suivante, les exploitants agricoles dont le montant moyen des recettes d'exploitation, calculé sur les deux années civiles consécutives précédentes, dépasse un certain seuil. Pour les exploitants individuels, ce seuil est de 46 000 €. Pour les Gaec dont tous les associés participent effectivement et régulièrement par leur travail personnel à l'activité du groupement, il est fixé comme suit :

- pour **2 associés** : 92 000 € ;
- pour **3, 4 et 5** associés : 138 000 € ;
- pour **6** associés **et plus** : 60 % de la limite prévue pour les exploitants individuels (soit 27 600 €) multiplié par le nombre d'associés (soit, par exemple, 276 000 € pour 10 associés).

B. Groupements fonciers agricoles (GFA)

DÉFINITION DU GFA

Régis par les articles L 322-1 s. du Code rural et de la pêche maritime, les GFA sont (comme les Gaec) constitués sous la forme de **sociétés civiles de personnes,** groupant uniquement des personnes physiques. 60200

Leur **objet** peut consister soit dans la location des exploitations agricoles leur appartenant, soit dans l'exploitation directe de ces propriétés (sous certaines conditions), soit dans l'une et l'autre de ces opérations (C. rur. art. L 322-6).

Sur la possibilité d'étendre l'objet à la production d'électricité photovoltaïque voir n° 60610.

1. RÉGIME JURIDIQUE DU GFA

Le GFA est une société civile particulière. Les dispositions concernant les sociétés civiles de droit commun (C. civ. art. 1845 s.) ainsi que les dispositions du Code civil concernant les sociétés en général (C. civ. art. 1832 s.) lui sont applicables, sauf dispositions particulières des articles L 322-1 s. du Code rural et de la pêche maritime. 60202

Nous présentons ci-dessous les grands traits du régime juridique spécifique au GFA. Pour plus de précisions sur ce régime, voir Mémento Agriculture nos 78800 s.

CONSTITUTION DU GFA

Seules, en principe, des personnes physiques peuvent s'associer dans un GFA (C. rur. art. L 322-1). Cependant, les Safer peuvent être **membres d'un GFA** à titre transitoire (5 ans) (C. rur. art. L 322-2). Il en est de même, sous certaines conditions, pour les entreprises d'assurances, les coopératives agricoles, les sociétés d'intérêt collectif agricole et les sociétés civiles de placement immobilier (SCPI) (C. rur. art. L 322-3). Les personnes morales membres d'un GFA autres que les Safer ne peuvent y exercer aucune fonction de gestion, d'administration ou de direction (C. rur. art. L 322-2 et L 322-3). 60205

Contrairement aux Gaec, la création d'un GFA n'est soumise à aucun régime administratif d'agrément ou de reconnaissance. Un GFA est seulement soumis, comme toute société civile, à immatriculation au RCS et au RNE, par l'intermédiaire du guichet unique électronique des formalités d'entreprises.

Les associés sont indéfiniment responsables du passif du groupement proportionnellement à leur part dans le capital social.

Le **capital** social peut être constitué par des apports en propriété d'immeubles ou de droits immobiliers ou des apports en numéraire (art. L 322-8).

Mais un GFA doit donner à bail les immeubles dont il est propriétaire lorsque son capital est constitué par plus de 30 % d'apports en argent ou lorsqu'une personne morale est membre du GFA (C. rur. art. L 322-11).

FONCTIONNEMENT DES GFA

60210 Les GFA peuvent soit exploiter directement les biens agricoles dont ils sont propriétaires, soit les donner à bail, le locataire pouvant être un Gaec comportant des membres communs aux deux groupements.

Le plus souvent, les GFA sont constitués afin de permettre la réalisation d'une des opérations suivantes :

- règlement anticipé d'une succession ;
- maintien en place d'un fermier manquant de moyens financiers pour user de son droit de préemption ;
- installation d'un jeune agriculteur ;
- acquisition d'une propriété déjà exploitée par un fermier (GFA dits « mutuels »).

RETRAIT D'UN ASSOCIÉ DE GFA

60220 Les associés d'un GFA peuvent se retirer totalement ou partiellement de la société dans les conditions prévues par les statuts. À défaut, le retrait ne peut être autorisé que par une **décision** unanime des autres **associés** (C. rur. art. L 322-23).

Opérant un revirement de jurisprudence, la Cour de cassation a autorisé un associé à demander **judiciairement** son retrait bien que l'article L 322-23 du Code rural et de la pêche maritime déroge à l'article 1869, al. 2 du Code civil et ne le prévoie pas, à charge pour le juge saisi d'opérer un contrôle de proportionnalité entre l'objectif poursuivi par la limitation légale du droit de retrait et le respect du droit de propriété de l'associé retrayant (Cass. 1e civ. 1-3-2017 nº 15-20.817 FS-PBI : RJDA 6/17 nº 417). En effet, si l'article 6, 1 de la convention de sauvegarde des droits de l'Homme et des libertés fondamentales permet à l'État de limiter le droit d'accès à un tribunal dans un but légitime, une telle limitation est subordonnée à la condition que la substance même de ce droit n'en soit pas atteinte (Cass. 1e civ. 1-3-2017 précité).

2. RÉGIME FISCAL DU GFA

IMPOSITION DES BÉNÉFICES DU GFA

60240 À défaut d'option pour le régime fiscal des sociétés de capitaux, les GFA relèvent du régime de l'impôt sur le revenu selon les règles prévues par l'article 8 du CGI à l'égard des sociétés de personnes. Chaque associé est donc personnellement imposé à l'impôt sur le revenu pour la part de bénéfices sociaux correspondant à ses droits dans la société.

Les résultats du GFA sont déterminés selon les règles applicables, selon le cas :

- aux **revenus fonciers** lorsque le GFA donne en location les exploitations lui appartenant (dans ce cas, le GFA est tenu de déposer une déclaration annuelle sur imprimé nº 2072) ;
- aux **bénéfices agricoles** lorsqu'il exploite directement ses propriétés (GFA exploitant).

> **Précisions** **a.** La réalisation d'**opérations commerciales** accessoires est susceptible d'entraîner l'assujettissement du GFA à l'impôt sur les sociétés (voir nºs 10050 s.).
> **b.** Les GFA créés depuis le 1er janvier 1997 sont exclus du **régime micro-BA.** Les GFA créés antérieurement relèvent de ce régime quand les bénéfices agricoles tirés de l'exploitation directe de leurs propriétés n'excèdent pas les limites prévues pour ce régime. Dans ce cas, les GFA peuvent opter pour le régime du **bénéfice réel** ; cette option vaut pour l'ensemble des associés en ce qui concerne les bénéfices retirés de leur participation au groupement.
> **c.** Pour la détermination du revenu imposable des **propriétés rurales,** voir nºs 31350 s.
> **d.** Sur la possibilité d'arrêter un résultat intermédiaire en cas de **départ d'un associé en cours d'année,** voir nº 60095.
> **e.** Sur l'option pour le dispositif de report d'imposition de l'article 151 octies A du CGI en cas d'**opérations de restructuration** au profit d'une autre société civile agricole, voir nº 60100.

DROITS D'ENREGISTREMENT SUR LES ACTES RELATIFS AU GFA

Constitution et augmentation de capital du GFA Les actes (ou à défaut les déclarations) constatant des **apports** de toute nature **à titre pur et simple** sont enregistrés gratuitement. Dans le cas exceptionnel où le GFA est assujetti à l'IS, voir n° 60750. 60250

Les apports à **titre onéreux** sont imposés selon les conditions de droit commun (taxation spécifique de 5 % pour les immeubles ou droits immobiliers et droits de mutation ordinaires pour les autres biens). Toutefois, s'agissant des apports à titre onéreux résultant de la prise en charge du **passif grevant les immeubles,** la solution exposée n° 60110 est applicable aux GFA (BOI-ENR-AVS-40-30 n° 110).

Partage du GFA et licitation de ses biens Le partage d'un GFA ou la licitation de ses biens donnent ouverture au **droit de partage de 2,50 %** (y compris sur les soultes de partage) pour les biens qui se trouvaient dans l'indivision lors de leur apport et qui sont attribués à des apporteurs, à leurs conjoints survivants ou à leurs ayants droit à titre gratuit, dès lors que ces apporteurs étaient parents ou alliés jusqu'au 4e degré inclus (CGI art. 748 bis et 750 bis). 60255

Cession de parts de GFA Les cessions de gré à gré de parts de GFA exploitants et non exploitants, constitués depuis au moins trois ans avant la cession, sont soumises au **droit fixe de 125 €** visé n° 60125, quel que soit le type d'apport qu'elles représentent (CGI art. 730 bis). 60257

Exonération partielle des droits de succession ou de donation sur la transmission des parts de GFA La transmission par donation ou succession des parts de GFA est exonérée partiellement, sous certaines conditions, des droits de mutation à titre gratuit (CGI art. 793, 1-4° et 793 bis). 60260

Cette exonération est subordonnée aux **conditions** suivantes :

- les statuts du groupement lui interdisent l'exploitation en faire-valoir direct ;
- les immeubles à destination agricole du groupement font l'objet d'un bail rural à long terme ou d'un bail rural cessible hors du cadre familial ;
- les parts ont été détenues depuis deux ans au moins par le donateur ou le défunt, ce délai n'étant toutefois pas exigé pour les parts attribuées en rémunération d'apports d'immeubles ou de droits immobiliers à destination agricole effectués lors de la constitution du groupement ;
- le bénéficiaire de la transmission reste propriétaire des biens pendant cinq ou dix ans ;
- pour les donations intervenues au profit du preneur ou d'un de ses proches parents, le bail est consenti depuis deux ans au moins à la date de la donation.

L'exonération ne s'applique qu'à la **fraction** de la valeur nette des parts correspondant aux biens donnés à bail à long terme ou à bail cessible hors du cadre familial et à concurrence d'un certain pourcentage.

Les parts de GFA (pour la fraction correspondant aux biens ruraux loués par bail à long terme ou par bail cessible hors du cadre familial) transmises par le donateur ou le défunt à chaque donataire, héritier ou légataire sont exonérées à concurrence de :

- 75 % de leur **valeur jusqu'à 300 000 €** à condition de conserver les biens pendant cinq ans ou jusqu'à **500 000 €** pour une durée de conservation de dix ans (Loi 2022-1726 du 30-12-2022 art. 24, applicable à compter du 1er janvier 2023) ;
- 50 % de leur valeur **au-delà de ces limites.**

La **limite s'apprécie au niveau** de chaque part héréditaire ou de chaque légataire s'il s'agit d'une succession, ou de chaque donateur et donataire s'il s'agit de mutation à titre gratuit entre vifs. Elle s'apprécie également en tenant compte des **donations antérieurement consenties** par la même personne, à l'exception des donations effectuées depuis plus de 15 ans.

Lorsque la transmission porte à la fois sur des **parts de GFA** et des **biens ruraux** loués par bail à long terme ou par bail cessible hors du cadre familial, la limite s'applique distinctement au titre de chaque catégorie de biens.

L'exonération partielle des droits de mutation à titre gratuit ne s'applique pas aux parts de GFA qui sont détenues par une **SCPI** ou par une **entreprise d'assurance ou de capitalisation** (CGI art. 793, 1-4°).

EXONÉRATION D'IMPÔT SUR LA FORTUNE IMMOBILIÈRE DES PARTS DE GFA

Les parts de GFA non exploitants peuvent faire l'objet d'une exonération totale ou partielle d'IFI (voir nos 23455 s.). 60265

C. Groupements forestiers

DÉFINITION DU GROUPEMENT FORESTIER

60400 En vue de favoriser le **reboisement et la conservation des massifs forestiers,** les articles L 331-1 s. et R 331-1 s. du Code forestier donnent aux propriétaires de bois ou de terrains à reboiser la possibilité de constituer entre eux des groupements forestiers, pour une durée maximale de 99 ans.

1. RÉGIME JURIDIQUE DU GROUPEMENT FORESTIER

a. Règles générales sur le groupement forestier

60405 Les groupements forestiers sont des sociétés civiles particulières soumises à immatriculation.

Ils sont régis par les dispositions communes du Code civil applicables aux sociétés en général (art. 1832 s.) et aux sociétés civiles (art. 1845 s.), sauf dispositions particulières des articles L 331-1 s. et R 331-1 s. du Code forestier.

Ces groupements doivent avoir un **objet** exclusivement civil : constitution, amélioration, équipement, conservation ou gestion d'un ou plusieurs massifs forestiers, acquisition de forêts ou de terrains à boiser à l'exclusion de toutes opérations telles que la transformation des produits qui ne constitueraient pas un prolongement normal de l'activité agricole (C. for. art. L 331-1, al. 1 et L 331-2).

Ils ont la possibilité d'inclure parmi les forêts et terrains à reboiser qu'ils possèdent des terrains à vocation pastorale, mais cette opération doit faire l'objet d'une déclaration auprès de l'autorité administrative, qui dispose d'un délai de deux mois pour s'y opposer, et leur superficie ne doit pas excéder une certaine limite fixée par arrêté préfectoral (C. for. art. L 331-6, I et R 331-2, al. 2).

Sur la possibilité d'étendre l'objet à la production d'électricité photovoltaïque, voir n° 60610.

Des **apports** en espèces ou de droits mobiliers ou en industrie sont admis (C. for. art. R 331-1).

Le **capital** social ne peut pas être représenté par des titres négociables (C. for. art. L 331-4).

Les **associés** d'un groupement forestier peuvent se retirer totalement ou partiellement de celui-ci dans les conditions prévues par les statuts. À défaut, leur retrait ne peut être autorisé que par une décision unanime des autres associés (C. for. art. L 331-5).

Sous certaines conditions, les groupements forestiers peuvent procéder à une **offre au public** de leurs parts sociales même autre qu'une offre réservée à un cercle restreint d'investisseurs ou à des investisseurs qualifiés. Ces groupements acquièrent la qualité de groupement forestier d'investissement : voir n° 60408.

> **› Précisions** Il est permis de **contraindre** des propriétaires à adhérer à un groupement forestier lorsque le groupement est constitué en vue de mettre fin à une indivision et qu'une minorité ne veut pas y adhérer (C. for. art. L 331-9).

b. Règles spécifiques au groupement forestier d'investissement (GFI)

DÉFINITION DU GFI

60408 Les GFI sont définis comme des groupements forestiers qui lèvent des capitaux auprès d'investisseurs en vue de les investir dans l'intérêt de ces derniers et conformément à une politique d'investissement que le groupement ou sa société de gestion définit (C. for. art. L 331-4-1, I).

Comme les SCPI (voir n° 36515) et les SEF (voir n° 60900), les GFI sont autorisés à procéder à une offre au public de leurs parts sociales même autre qu'une offre réservée à un cercle restreint d'investisseurs ou à des investisseurs qualifiés.

Ils sont soumis aux dispositions de l'article L 214-24 du Code monétaire et financier relatif aux fonds d'investissement alternatifs dits « FIA » (C. for. art. L 331-4-1, I), aux articles R 214-130 à R 214-154, R 214-176-1 à R 214-176-7, L 231-8 à L 231-21 du Code monétaire et financier et aux articles 422-189 s. du règlement général de l'AMF.

S'ils procèdent à une offre au public autre qu'une offre réservée à un cercle restreint d'investisseurs ou à des investisseurs qualifiés, les GFI sont également sousmis aux articles L 214-86 à L 214-113 du Code monétaire et financier (C. mon. fin. art. L 214-86, al. 1), complétés par l'instruction AMF 2019-04.

ACTIF DU GFI

60410 **Constitution de l'actif** L'actif d'un GFI qui procède à une offre au public autre qu'une offre réservée à un cercle restreint d'investisseurs ou à des investisseurs qualifiés est constitué, d'une part, de bois ou forêts, de terrains nus à boiser et des accessoires et dépendances inséparables des bois et forêts et, d'autre part, de liquidités ou valeurs assimilées (C. for. art. L 331-4-1, II-3° et II bis).

À l'issue d'une période de trois ans à compter de sa constitution par offre au public autre qu'une offre réservée à un cercle restreint d'investisseurs ou à des investisseurs qualifiés, ou à compter de la première offre au public autre qu'une offre réservée à un cercle restreint d'investisseurs ou à des investisseurs qualifiés en cas de constitution sans offre au public ou avec offre réservée à un cercle restreint d'investisseurs ou à des investisseurs qualifiés, le GFI doit comporter, pour au moins 80 %, un **patrimoine forestier** ou des sommes déposées sur un compte d'investissement forestier et d'assurance dans les conditions définies aux articles L 352-1 à L 352-6 du Code forestier (C. mon. fin. art. R 214-176-1, I et I bis).

La **liste** des éléments pouvant entrer dans la composition du patrimoine forestier du GFI qui procède à une offre au public autre qu'une offre réservée à un cercle restreint d'investisseurs ou à des investisseurs qualifiés est identique à celle prévue pour les SEF (voir n° 60905), à ceci près que le patrimoine du GFI ne peut pas comprendre de parts d'intérêt de groupements forestiers et de parts de sociétés dont l'objet exclusif est la détention de bois et forêts (cf. C. mon. fin. art. R 214-176-1, I et I bis).

La **nature des liquidités** ou valeurs assimilées pouvant composer l'actif du groupement (qu'il procède ou non à une offre au public) est précisée par l'article R 214-176-1, II du Code monétaire et financier : liquidités inscrites en compte, investies en comptes à terme, bons de caisse émis par une banque ou un établissement financier, bons du Trésor, titres de créance négociables, parts ou actions d'OPCVM ou FIA français ou étranger régulièrement commercialisés en France et agréés conformément au règlement UE 2017/1131 du 14 juin 2017 ou dont le document d'information prévoit une classification obligataire, ou de tout autre instrument qui répondrait aux mêmes définitions.

> **Précisions** Lorsque le GFI procède à une offre au public autre qu'une offre réservée à un cercle restreint d'investisseurs ou à des investisseurs qualifiés, le patrimoine forestier qu'il détient est **réparti** en au moins deux unités de gestion distinctes éloignées l'une de l'autre d'au moins vingt kilomètres. La part de l'une de ces unités de gestion ne peut pas excéder 60 % de la surface totale du patrimoine forestier du groupement (C. mon. fin. art. R 214-176-7, al. 1 et 8). Son patrimoine forestier peut ne pas répondre à ces conditions si le GFI remplit certains critères relatifs à la composition des bois et forêts (C. mon. fin. art. R 214-176-7, al. 2 et 8). Le GFI bénéficie d'un délai de trois ans à compter de sa constitution par offre au public autre qu'une offre réservée à un cercle restreint d'investisseurs ou à des investisseurs qualifiés, ou à compter de sa première offre au public autre qu'une offre réservée à un cercle restreint d'investisseurs ou à des investisseurs qualifiés s'il s'agit d'un groupement constitué sans offre au public ou avec offre réservée à un cercle restreint d'investisseurs ou à des investisseurs qualifiés, pour se **mettre en conformité** avec les dispositions précitées (C. mon. fin. art. R 214-176-7).

Gestion de l'actif Les bois et forêts détenus par le GFI doivent être gérés conformément à un **plan simple de gestion** agréé (C. mon. fin. art. R 214-166, sur renvoi de l'art. R 214-176-2) ; si le GFI procède à une offre au public autre qu'une offre réservée à un cercle restreint d'investisseurs ou à des investisseurs qualifiés, ce plan doit être approuvé par l'assemblée générale des associés (C. for. art. L 331-4-1, II-2° et II bis). 60412

Les échanges, aliénations ou constitutions de droits réels portant sur le **patrimoine forestier** du GFI suivent le même régime que celui applicable aux SEF (C. mon. fin. art. R 214-164, al. 1 et 2 sur renvoi de l'art. R 214-176-2 ; voir n° 60908). 60414

Il en est de même des opérations d'échange et de cession de **bois et forêts** auxquels peuvent procéder les GFI (C. mon. fin. art. R 214-163 sur renvoi de l'art. R 214-176-2 ; voir n° 60908).

CONSTITUTION ET FONCTIONNEMENT DU GFI

Les GFI qui procèdent à une offre au public autre qu'une offre réservée à un cercle restreint d'investisseurs ou à des investisseurs qualifiés sont soumis aux mêmes règles que celles prévues pour les SCPI et leurs sociétés de gestion (notamment capital minimal de 760 000 € : C. mon. fin. art. L 214-88 et L 214-86 ; voir nos 36500 s.), sous réserve de la règle selon laquelle le capital maximal fixé par les statuts du groupement doit être **souscrit** à hauteur **d'au moins** 15 % dans un délai de deux ans après la date d'ouverture de la souscription (un an pour les SCPI). À défaut, le GFI est dissous et ses associés sont remboursés du montant de leur souscription (C. for. art. L 331-4-1, II-1° et II bis). Cette **dissolution** intervient dans les conditions décrites à l'article 422-191 du règlement général de l'AMF et exposées n° 60920 à propos des SEF. 60416

60418 Un GFI peut **fusionner** avec une ou plusieurs SEF ou un ou plusieurs autres GFI ou un ou plusieurs GFI qui n'ont pas fait d'offre au public autre qu'une offre réservée à un cercle restreint d'investisseurs ou à des investisseurs qualifiés ou un ou plusieurs groupements forestiers gérant un patrimoine dont les forêts sont soumises à des plans simples de gestion agréés. Toutefois, la fusion ne peut pas conduire à ce qu'un GFI soit absorbé par un GFI qui n'a pas fait d'offre au public autre qu'une offre réservée à un cercle restreint d'investisseurs ou à des investisseurs qualifiés ou par un groupement forestier gérant un patrimoine dont les forêts sont soumises à des plans simples de gestion agréés. La fusion doit être soumise à l'AMF (C. mon. fin. art. R 214-176-3 ; Règl. gén. AMF art. 422-249-5).

Le **projet de fusion** est arrêté par la société de gestion de chacun des GFI et SEF et le gérant ou la société de gestion de chaque groupement forestier participant à l'opération (C. mon. fin. art. R 214-176-4).

Le **contenu** de ce projet de fusion, arrêté par l'article R 214-176-4 du Code monétaire et financier, est identique à celui requis pour les SEF par l'article R 214-172, al. 2 et exposé n° 60921.

> **Précisions** Les parts des GFI sont, par assimilation à des instruments financiers, soumis à la compétence de l'AMF pour le **contrôle de l'information** et la mise en œuvre des **règles de bonne conduite** des professionnels du secteur (C. for. art. L 331-4-1, IV).

2. RÉGIME FISCAL DU GROUPEMENT FORESTIER

CRÉDIT D'IMPÔT POUR INVESTISSEMENTS FORESTIERS

60420 Les personnes physiques fiscalement domiciliées en France qui, dans le cadre de la gestion de leur patrimoine privé, réalisent **jusqu'au 31 décembre 2027** des opérations forestières peuvent bénéficier d'avantages fiscaux (CGI art. 200 quindecies modifié par loi 2022-1726 du 30-12-2022 art. 10 et loi 2023-580 du 10-7-2023 art. 34). À compter des impositions établies au titre de 2023, ces avantages prennent la forme d'un crédit d'impôt dans tous les cas. Jusqu'aux impositions établies au titre de 2022, ces avantages prenaient la forme de réductions d'impôt ou de crédits d'impôt selon la nature des opérations.

Ces avantages fiscaux sont à prendre en compte dans le calcul du plafonnement global visé n° 41102.

60423 **Investissements éligibles** Un crédit d'impôt est accordé au titre des investissements suivants réalisés depuis le 1er janvier 2023 :

– **souscriptions** ou acquisitions en numéraire **de parts** de groupements forestiers qui ont pris l'engagement de gérer pendant 15 ans les bois et forêts dont ils sont propriétaires conformément à un plan simple de gestion agréé ou à un règlement type de gestion approuvé. Ces parts doivent être conservées jusqu'au 31 décembre de la huitième année suivant la date de leur souscription ou acquisition ;

– **travaux forestiers** réalisés par un groupement forestier dont le contribuable est membre (ou par un groupement d'intérêt économique et environnemental forestier – GIEEF – dont le contribuable est membre directement ou indirectement par l'intermédiaire d'un groupement forestier). Les associés des groupements forestiers doivent prendre l'engagement de conserver leurs parts jusqu'au 31 décembre de la quatrième année suivant celle des travaux et le groupement doit prendre l'engagement de conserver la parcelle concernée pendant huit ans et de lui appliquer une garantie de gestion durable ;

– **cotisation** versée par un groupement forestier dont le contribuable est membre, dans le cadre d'un **contrat d'assurance** couvrant des bois et forêts notamment pour le risque de tempête ou d'incendie. Les cotisations d'assurance payées par prélèvement sur un compte épargne d'assurance forestière (Céaf) ou sur un compte d'investissement forestier et d'assurance (Cifa) sont exclues du dispositif.

> **Précisions** **a.** Les souscriptions de parts prises en compte s'entendent aussi bien de celles réalisées lors de la constitution du **capital initial** du groupement que de celles intervenues lors d'une **augmentation** de capital.
> **b.** Les **travaux forestiers** concernés s'entendent des travaux de plantation, de reconstitution, de renouvellement, de sauvegarde et d'amélioration des peuplements et des travaux de création et d'amélioration des dessertes (CGI ann. III art. 46 AGK). Les **plantations** doivent être effectuées avec des graines et des plants forestiers conformes aux prescriptions des arrêtés régionaux relatifs aux aides de l'État à l'investissement forestier. Enfin, les dépenses ne doivent pas être payées par prélèvement sur un Céaf ou un Cifa.
> **c.** Les **rémunérations** versées pour la réalisation d'un **contrat de gestion des bois et forêts** depuis le 1er janvier 2023 n'ouvrent plus droit au crédit d'impôt.

Modalités d'application Le **crédit d'impôt** est accordé **au titre de l'année** de réalisation de l'investissement en parts de groupements forestiers, du paiement des travaux, ou du paiement de la cotisation d'assurance. Ses caractéristiques principales sont les suivantes en fonction de la nature de l'investissement forestier réalisé depuis le 1er janvier 2023 : 60425

– crédit d'impôt égal à 25 % du **prix d'acquisition ou de souscription des parts** de groupements forestiers, retenu dans la limite annuelle de 6 250 € pour une personne célibataire, veuve ou divorcée et de 12 500 € pour un couple soumis à imposition commune ;
– crédit d'impôt égal à 25 % de la fraction du montant des **travaux forestiers** correspondant aux droits de l'associé dans le groupement qui réalise les travaux, retenue dans un plafond annuel de 6 250 € pour une personne seule et de 12 500 € pour un couple soumis à imposition commune. La fraction excédentaire des dépenses peut être reportée sur les quatre années (ou huit années en cas de sinistre forestier) suivant celle du paiement des travaux et dans la même limite ;
– crédit d'impôt égal à 76 % de la fraction de la **cotisation d'assurance** payée par le groupement correspondant aux droits que l'associé détient dans ce dernier, retenue dans la limite de 15 € par hectare assuré. En outre, les sommes retenues sont soumises à un plafond annuel de 6 250 € pour une personne célibataire, veuve ou divorcée et de 12 500 € pour des personnes mariées ou liées par un Pacs, soumises à une imposition commune.

L'avantage fiscal accordé au titre des acquisitions (ou des souscriptions) de parts ou des travaux forestiers fait l'objet d'une **reprise** si son bénéficiaire ou le groupement forestier ne respectent pas leurs engagements (de conservation ou de gestion). Il y a lieu également à reprise de l'avantage fiscal en cas de dissolution du groupement. La reprise est effectuée au titre de l'année au cours de laquelle le manquement est intervenu. Le crédit d'impôt n'est **pas remis en cause** :
– dans le cas où le non-respect des engagements résulte d'un cas d'invalidité, de licenciement ou de décès du contribuable ou de son conjoint ou partenaire de Pacs soumis à imposition commune ;
– en cas de donation des parts du groupement forestier ayant ouvert droit à l'avantage fiscal, à la condition que les bénéficiaires de la donation reprennent les engagements souscrits par le donateur pour la durée de détention restant à courir à la date de la donation. Aucune durée de détention minimale avant donation n'est prévue.

Les investisseurs et le groupement doivent souscrire à certaines **obligations déclaratives** prévues par les articles 46 AGH à 46 AGK de l'annexe III au CGI.

> **Précisions** Les aides publiques reçues à raison des investissements forestiers réalisés depuis le 1er janvier 2023 sont déduites des bases de calcul du crédit d'impôt. Elles s'entendent des soutiens financiers, remboursables ou non, accordés par une entité publique (institutions européennes, État, collectivités territoriales, établissements publics) pour le financement des opérations forestières (BOI-IR-RICI-60-20-20 n° 85). La déduction s'opère avant le plafonnement des dépenses.

IMPOSITION DES RÉSULTATS DU GROUPEMENT FORESTIER

Les groupements forestiers constitués dans les conditions prévues par les articles L 331-1 s. du Code forestier sont des sociétés civiles qui ne sont pas assujetties à l'impôt sur les sociétés et ne sont pas autorisées à opter pour cet impôt (CGI art. 238 ter). Chaque **membre** du groupement est personnellement **imposé** pour sa part dans les bénéfices sociaux : 60430
– soit à l'**impôt sur le revenu,** en principe dans la catégorie des bénéfices agricoles (avec application du régime spécial de taxation des exploitations forestières) ou, pour certains revenus, dans la catégorie des revenus fonciers (par exemple, redevances provenant de la mise à disposition par le groupement au profit de tiers de certains droits attachés aux propriétés comme le droit de chasse) ;
– soit à l'**impôt sur les sociétés** si l'associé est une personne morale passible dudit impôt.

DROITS D'ENREGISTREMENT SUR LES ACTES RELATIFS AU GROUPEMENT FORESTIER

Apports à un groupement forestier Les actes (ou à défaut les déclarations) constatant des **apports** de toute nature **à titre pur et simple** à un groupement forestier sont enregistrés gratuitement. 60440

Les apports **à titre onéreux** sont imposés selon les conditions de droit commun (taxation spécifique de 5 % pour les immeubles ou droits immobiliers et droits de mutation ordinaires pour les autres biens). Toutefois, s'agissant des apports à titre onéreux résultant de la prise en charge du **passif grevant les immeubles,** la solution exposée n° 60110 est applicable aux groupements forestiers (BOI-ENR-AVS-40-30 n° 170).

60445 **Transformation de société en groupement forestier** L'acte constatant la transformation de sociétés propriétaires de bois ou terrains à boiser en groupement forestier donne ouverture au droit fixe de 125 € prévu par l'article 680 du CGI lorsque la transformation n'emporte pas création d'une personne morale nouvelle. Dans le cas contraire, le régime de droit commun s'applique, d'où l'exigibilité des droits prévus tant pour la dissolution de la société transformée que pour la création du groupement et publicité foncière si l'actif comprend des immeubles ou des droits immobiliers.

60450 **Cessions de parts de groupement forestier** Les cessions de gré à gré de parts de groupements forestiers constitués depuis au moins trois ans avant la cession (cessions constatées ou non par un acte) sont enregistrées au droit fixe de 125 € visé n° 60125, quel que soit le type d'apport qu'elles représentent (CGI art. 730 bis).

60455 **Exonération partielle des droits de succession ou de donation sur la transmission des parts de groupement forestier** Sous certaines conditions, les parts d'intérêts détenues dans un groupement forestier sont exonérées des droits de mutation à titre gratuit à concurrence des trois quarts de leur valeur vénale réelle ; lorsqu'elles ont été acquises à titre onéreux, l'exonération est subordonnée à la condition que les parts transmises aient été détenues depuis plus de deux ans (CGI art. 793, 1-3°).

> **Précisions** Le régime peut se cumuler avec celui prévu en faveur des **transmissions de parts ou actions de société** (nos 22185 s.), dès lors que l'ensemble des conditions prévues par chacun des dispositifs est rempli (BOI-ENR-DMTG-10-20-30-10 n° 180). L'exonération partielle s'applique alors sur la fraction de valeur restant taxable en vertu de l'autre régime.

EXONÉRATION D'IMPÔT SUR LA FORTUNE IMMOBILIÈRE DES PARTS DE GROUPEMENT FORESTIER

60460 Lorsqu'elles ne constituent pas des biens professionnels susceptibles d'être exonérés en totalité, les parts de groupements forestiers bénéficient d'une **exonération partielle** d'IFI à concurrence des trois quarts de leur valeur sous les conditions fixées pour l'exonération des droits de succession (CGI art. 976, I et II).

D. Groupements pastoraux

DÉFINITION DU GROUPEMENT PASTORAL

60500 Dans le cadre de la mise en valeur pastorale, des groupements dits « groupements pastoraux » peuvent être créés en vue de l'exploitation de **pâturages** situés dans les zones de montagne ou les zones délimitées par l'autorité administrative.

Ces groupements sont régis par les dispositions des articles L 113-3 à L 113-5 et R 113-1 à R 113-12 du Code rural et de la pêche maritime.

Aucun type de société n'a été imposé par la loi pour ces groupements qui, de ce fait, peuvent être constitués sous la forme de sociétés civiles particulières (C. rur. art. R 113-2).

Lorsque le groupement pastoral est constitué sous forme de société civile, il obéit aux règles communes à toutes les sociétés civiles, sauf dispositions particulières des articles précités du Code rural et de la pêche maritime.

Les groupements pastoraux sont soumis à **agrément** du préfet (C. rur. art. L 113-3, al. 2).

RÉGIME JURIDIQUE DU GROUPEMENT PASTORAL

60505 Les exploitants agricoles locaux doivent détenir la majorité du capital social si une personne morale n'ayant pas un objet agricole (personne morale autre qu'une société d'intérêt collectif agricole – Sica –, qu'un Gaec, qu'une exploitation agricole à responsabilité limitée – EARL – ou qu'une coopérative agricole) adhère au groupement pastoral (C. rur. art. L 113-3, al. 1).

La **durée** du groupement doit être au minimum de neuf ans (C. rur. art. L 113-3, al 2).

L'**objet** des groupements pastoraux est l'exploitation des pâturages qui peuvent leur appartenir en propre ou leur être donnés à bail soit par des propriétaires individuels, soit par des associations foncières pastorales.

Sur la possibilité d'étendre l'objet à la production d'électricité photovoltaïque, voir n° 60610.

RÉGIME FISCAL DU GROUPEMENT PASTORAL

Lorsque le groupement est constitué sous la forme d'une société civile particulière, il est soumis au régime de droit commun d'**imposition des bénéfices** des sociétés de personnes. 60520

En matière de **droits d'enregistrement,** les apports mobiliers ou immobiliers consentis lors de la constitution du groupement ou à l'occasion d'une augmentation de capital sont soumis au régime de droit commun (nos 3600 s. et 14700 s.).

E. Sociétés civiles d'exploitation agricole (SCEA)

DÉFINITION DE LA SCEA

La SCEA est utilisée soit pour l'**exploitation** d'un domaine agricole, soit pour la **gestion** de terres bâties ou non, ou de forêts, soit à la fois pour l'exploitation et la gestion. Souvent, ces sociétés civiles ont un caractère familial. 60600

RÉGIME JURIDIQUE DE LA SCEA

Société civile de droit commun Les SCEA ne constituent pas une forme de société civile particulière. Il s'agit de l'utilisation de la société civile de droit commun, à laquelle un objet agricole est donné. 60605

Ces sociétés sont donc soumises aux **règles générales** régissant les sociétés civiles.

Comme dans toute société, les apports peuvent être effectués en numéraire, en nature ou en industrie.

La société civile peut prendre à bail une exploitation ou donner à bail les terres dont elle est propriétaire. Les associés peuvent être des personnes morales et même ne pas être des agriculteurs.

Objet agricole La demande d'annulation de l'assemblée générale d'approbation des comptes d'une SCEA présentée par un associé doit être accueillie dès lors que cette assemblée a ratifié des dépenses consacrées à l'activité hôtelière et de réception de la société (coût de transformation d'un bâtiment de ferme en salle de réception). En effet, si des **activités d'hébergement et d'accueil du public** peuvent être adjointes à l'activité d'une société civile agricole, c'est à la condition que ces activités restent secondaires et qu'elles s'inscrivent dans le prolongement de l'activité de production agricole ou qu'elles aient pour support l'exploitation agricole, tels l'accueil du public à la ferme ou la gestion de gîtes ruraux. Or, ce n'est pas le cas en l'espèce où l'activité agricole de la société a progressivement régressé au profit de l'activité hôtelière qui consiste, sur toute l'année, à proposer des réceptions privées et des séminaires, à organiser ponctuellement des concerts et à louer des chambres. Ces activités correspondaient à l'origine à celles d'une société de fait et ont été « intégrées » dans la société civile, où elles représentent les deux tiers du chiffre d'affaires, les bâtiments n'ayant d'ailleurs plus aucune vocation agricole et constituant un ensemble hôtelier à part entière (CA Paris 17-6-2009 n° 07-11971 : RJDA 12/09 n° 1098, 2e esp. et, sur pourvoi, Cass. com. 13-7-2010 n° 09-16.100 : RJDA 11/10 n° 1090). 60608

Toute personne morale « quelle que soit la mission pour laquelle elle a été constituée » peut exploiter une installation de **production d'électricité** d'origine **photovoltaïque,** à condition que les générateurs produisant l'électricité soient fixés ou intégrés aux bâtiments lui appartenant ou dont l'exploitant agricole dispose dans le cadre d'un bail rural (Loi 2010-788 du 12-7-2010 art. 88, II-al. 1). 60610

La loi 2010-788 précise que sont notamment visés par cette disposition les EARL, Gaec, GFA et groupements fonciers ruraux. Mais, à notre avis, les autres sociétés et groupements agricoles dotés de la personnalité morale sont également concernés.

Il s'ensuit que l'exploitation d'une unité de production d'électricité photovoltaïque peut figurer dans l'objet de toute société civile du secteur agricole, même à titre d'activité indépendante (Avis CCRCS 2012-018 du 30-5-2012).

Cette disposition déroge à la règle selon laquelle la production et la vente d'électricité constitue une activité commerciale qu'une SCEA ne peut exercer qu'à titre accessoire de son activité agricole sans pouvoir l'intégrer dans son objet.

RÉGIME FISCAL DE LA SCEA

Ces sociétés civiles sont soumises au régime fiscal des sociétés de personnes applicable aux autres sociétés civiles. 60620

En particulier, l'**imposition des bénéfices** de ces sociétés relève, en règle générale, de la catégorie des bénéfices agricoles (et, le cas échéant, des revenus fonciers lorsqu'elles se bornent à donner leurs terres à bail) ; voir plus précisément à ce sujet nos 9515 s.

Sur l'option pour le dispositif de report d'imposition de l'article 151 octies A du CGI en cas d'**opérations de restructuration** au profit d'une autre société civile agricole, voir n° 60100.

En matière de **droits d'enregistrement,** et à défaut de disposition spécifique, les **apports** aux SCEA sont soumis aux règles suivantes :

– les apports à titre pur et simple, de toute nature, sont enregistrés gratuitement ;

– les apports à titre onéreux sont soumis à une taxation spécifique de 5 % pour les immeubles ou droits immobiliers et aux droits de mutation ordinaires pour les autres biens.

Par ailleurs, les **cessions** de gré à gré **de parts** de SCEA constituées depuis au moins trois ans avant la cession sont soumises au droit fixe de 125 € visé n° 60125 (CGI art. 730 bis).

F. Exploitations agricoles à responsabilité limitée (EARL)

1. RÉGIME JURIDIQUE DE L'EARL

60700 L'EARL est une société civile particulière à responsabilité limitée constituée par un ou plusieurs (dix au maximum) **associés** personnes physiques, qui ne supportent les pertes qu'à concurrence de leurs apports. Elle a pour **objet** l'exercice d'activités réputées agricoles au sens de l'article L 311-1 du Code rural et de la pêche maritime (voir n°s 205 s.).

Sur la possibilité d'étendre l'objet à la production d'électricité photovoltaïque, voir n° 60610.

Le régime juridique de cette catégorie de sociétés est partiellement défini aux articles L 324-1 à L 324-10 et D 324-2 à D 324-4 du Code rural et de la pêche maritime. Pour le reste, l'EARL est régie par les dispositions des articles 1832 à 1870-1 du Code civil, à l'exception de l'article 1844-5.

Le **capital** de l'EARL, qui peut être variable, doit être de 7 500 € au moins (C. rur. art. L 324-3, al. 1).

Les associés majeurs qui participent effectivement à l'exploitation, dénommés **« associés exploitants »,** doivent détenir ensemble plus de 50 % des parts représentatives du capital. Les associés choisissent parmi les associés exploitants, titulaires de parts sociales représentatives du capital, un ou plusieurs **gérants** (C. rur. art. L 324-8).

Pour de plus amples développements, voir Mémento Agriculture n°s 79700 s.

2. RÉGIME FISCAL DE L'EARL

IMPOSITION DES BÉNÉFICES DE L'EARL

60720 Les EARL sont soumises de plein droit au **régime des sociétés de personnes,** sans distinction selon la qualité de leurs associés (CGI art. 8, 5°). Chaque associé est donc en principe personnellement soumis à l'impôt sur le revenu pour sa part dans les bénéfices sociaux (y compris les rémunérations qui lui sont versées) déterminés selon les règles des bénéfices agricoles. Les EARL créées depuis le 1er janvier 1997 sont, en principe, obligatoirement soumises à un régime réel d'imposition, étant précisé toutefois que les EARL dont l'associé unique est une personne physique dirigeant l'exploitation peuvent bénéficier du régime micro-BA (CGI art. 69 D).

Sur l'option pour le dispositif de report d'imposition de l'article 151 octies A du CGI en cas d'**opérations de restructuration** au profit d'une autre société civile agricole, voir n° 60100.

60730 Les EARL soumises de plein droit au régime des sociétés de personnes peuvent **opter pour l'impôt sur les sociétés** dans les conditions de droit commun (CGI art. 206, 3). L'option doit être notifiée au plus tard avant la fin du troisième mois de l'exercice au titre duquel la société souhaite être soumise pour la première fois à l'impôt sur les sociétés (voir n° 10085). La société peut renoncer à l'option jusqu'au cinquième exercice suivant celui au titre duquel elle a été exercée (voir n° 10112).

Lorsqu'elles sont soumises à l'impôt sur les sociétés, les EARL sont placées dans la même situation que les sociétés de capitaux et leurs bénéfices sont déterminés et imposés dans les conditions générales exposées n°s 10150 s.

Les **rémunérations** versées **aux associés,** notamment celles de l'associé gérant, sont déductibles des bénéfices sociaux dans les conditions de droit commun (n° 20025). Quant aux bénéficiaires, ils sont imposés au titre de leurs rémunérations dans le cadre de l'article 62 du CGI.

DROITS D'ENREGISTREMENT SUR LES ACTES RELATIFS AUX EARL

Constitution et augmentation de capital Dans le cas général où l'EARL est soumise au régime des sociétés de personnes, les apports **purs et simples,** de toute nature, sont enregistrés gratuitement. 60750

Lorsque l'EARL est passible de l'impôt sur les sociétés, les apports purs et simples d'immeubles ou de droits immobiliers qui lui sont consentis par une personne non soumise à cet impôt sont assujettis à un droit de mutation de 5 %. Ces apports peuvent toutefois être exonérés lorsque l'apporteur s'engage à conserver les titres remis en contrepartie de l'apport dans les conditions exposées n° 3647.

Les apports **à titre onéreux** sont en principe, quel que soit le régime fiscal de l'EARL, soumis à une taxation spécifique de 5 % pour les immeubles ou les droits immobiliers et aux droits de mutation ordinaires pour les autres biens. S'agissant des apports à titre onéreux résultant de la prise en charge du passif grevant les immeubles, la solution exposée n° 60110 est applicable aux EARL non soumises à l'impôt sur les sociétés (BOI-ENR-AVS-40-30 n° 270).

Transformation en EARL d'une société préexistante La transformation d'une société en EARL ne donne lieu, en l'absence de création d'une personne morale nouvelle, qu'au paiement du droit fixe de 125 € prévu à l'article 680 du CGI. 60755

Toutefois, si la transformation s'accompagne de l'assujettissement à l'impôt sur les sociétés de l'EARL, ce **changement de régime fiscal** rend en principe exigible le droit spécial de mutation sur certains apports (ces apports peuvent être enregistrés gratuitement si les associés s'engagent à conserver pendant trois ans les titres détenus à la date du changement de régime fiscal : voir n° 16911).

Cession des parts de l'EARL Les cessions de gré à gré de parts d'EARL non passibles de l'impôt sur les sociétés sont enregistrées au droit fixe de 125 € visé n° 60125, quel que soit le type d'apport qu'elles représentent (CGI art. 730 bis). 60760

Si l'EARL est passible de l'impôt sur les sociétés, les cessions de parts sont soumises au régime de droit commun prévu à l'article 726 du CGI (voir n° 21410).

G. Groupements fonciers ruraux (GFR)

DÉFINITION DU GFR

Les GFR sont des sociétés civiles constituées en vue de rassembler et gérer des **immeubles à usage agricole et forestier** (C. rur. art. L 322-22 à L 322-23). 60800

RÉGIME JURIDIQUE DU GFR

Le **statut** des GFR est **hybride** ; ils sont régis à la fois par les dispositions du Code rural et de la pêche maritime relatives aux groupements fonciers agricoles (art. L 322-1 s.) et par les articles L 331-1 à L 331-2 du Code forestier sur les groupements forestiers. On se reportera donc aux développements concernant ces deux catégories de groupements (nos 60200 s. et 60400 s.). 60805

Sauf dispositions particulières, les GFR obéissent en outre aux règles communes applicables aux sociétés civiles.

RÉGIME FISCAL DU GFR

Imposition des bénéfices du GFR Les biens des groupements fonciers ruraux sont régis en matière fiscale selon les dispositions propres aux groupements fonciers agricoles pour la partie agricole et selon les dispositions propres aux groupements forestiers pour la partie forestière (C. rur. art. L 322-22, al. 2). 60820

Compte tenu des différences existant entre les régimes fiscaux applicables respectivement aux groupements fonciers agricoles et aux groupements forestiers, cette disposition conduit les groupements fonciers ruraux à distinguer sur le plan fiscal les opérations relevant de chacun de leurs **deux secteurs d'activité.** Les résultats provenant de chaque activité sont déterminés de manière séparée. Les opérations agricoles sont soumises à l'ensemble des règles qui régissent les groupements fonciers agricoles (n° 60240) alors que les résultats provenant de l'exercice de l'activité forestière relèvent du régime applicable aux groupements forestiers (n° 60430).

Seul le secteur des biens agricoles pourrait faire l'objet d'une option pour l'impôt sur les sociétés.

> **Précisions a.** Les GFR constitués depuis le 1er janvier 1997 sont exclus, pour la partie agricole de leur activité, du régime **micro-BA,** la partie forestière restant soumise au forfait forestier défini à l'article 76 du CGI.
> **b.** Les GFR peuvent déterminer un résultat fiscal intermédiaire – pour la partie agricole de leur activité – en cas de **transmission** ou de rachat de **parts en cours d'année** : voir n° 60095.
> **c.** Sur l'option pour le dispositif de report d'imposition de l'article 151 octies A du CGI en cas d'**opérations de restructuration** au profit d'une autre société civile agricole, voir n° 60100.

60825 **Droits d'enregistrement sur les actes relatifs au GFR** Les **apports** à un GFR sont soumis au régime de droit commun des apports. S'agissant des apports à titre onéreux résultant de la prise en charge du passif grevant les immeubles, la solution exposée n° 60110 est applicable aux GFR.

Les **parts** de GFR sont soumises en matière de **droits de mutation** à titre onéreux ou gratuit aux dispositions applicables aux parts de groupements forestiers, pour leur fraction représentative de biens de nature forestière, et aux parts de GFA, pour leur fraction représentative de biens de nature agricole (CGI art. 848 bis). Les régimes spéciaux de taxation et exonérations applicables à ces parts sont donc applicables aux parts de GFR (voir nos 60450 s. s'agissant des parts de groupements forestiers et nos 60255 s. s'agissant des parts de GFA).

60830 **Impôt sur la fortune immobilière et parts de GFR** Les parts de groupements fonciers ruraux sont soumises au régime des parts de groupements forestiers (n° 60460), pour leur fraction représentative de biens de nature forestière, et au régime des parts de GFA (n° 60265), pour leur fraction représentative de biens de nature agricole.

H. Sociétés d'épargne forestière (SEF)

DÉFINITION DE LA SEF

60900 Les SEF sont des sociétés de placement collectif destinées à favoriser l'investissement forestier. Elles ont pour objet principal l'acquisition et la gestion d'un patrimoine forestier. Ces sociétés sont régies par les articles L 214-86 à L 214-113, L 214-121 à L 214-125, R 214-130 à R 214-154 et R 214-161 à R 214-176 du Code monétaire et financier et les articles 422-189 s. du règlement général de l'AMF (complétés par l'instruction AMF 2019-04). Comme les SCPI (voir n° 36515) et les groupements forestiers d'investissement (voir n° 60408), les SEF sont, autorisées à procéder à une offre au public de leurs parts sociales même autre qu'une offre réservée à un cercle restreint d'investisseurs ou à des investisseurs qualifiés (C. mon. fin. art. L 214-86, al. 2 et 4).

Sur la possibilité d'étendre l'objet des SEF à la production d'électricité photovoltaïque, voir n° 60610.

Elles sont soumises aux mêmes règles que celles prévues pour les SCPI, sous réserve de quelques adaptations présentées ci-après.

Les dispositions des articles R 214-161 s. du Code monétaire et financier ne sont pas applicables aux SEF qui consacrent une fraction de leur actif à la **bonification ou** à la **garantie des prêts** (C. mon. fin. art. R 214-161,. al. 2).

> **Précisions** Les **règles comptables** applicables aux sociétés d'épargne forestière sont issues du règlement du Comité de la réglementation comptable 2002-11 du 12 décembre 2002 (Arrêté 27-12-2002 : JO 28-3-2003 p. 5498), pris sur avis du CNC 2002-15 du 22 octobre 2002.

1. RÉGIME JURIDIQUE DE LA SEF

ACTIF DE LA SEF

60905 **Constitution de l'actif** L'actif des SEF est constitué, d'une part, pour 60 % au moins d'un patrimoine forestier et, d'autre part, de liquidités ou valeurs assimilées (C. mon. fin. art. L 214-121, al. 1).

Constituent un **patrimoine forestier** (C. mon. fin. art. L 214-121, al. 1 et R 214-162, I) :

- des forêts et des bois ;
- des terrains nus à boiser ;
- les accessoires inséparables des bois et forêts (notamment bâtiments forestiers, matériels d'exploitation forestière, étangs enclavés) ;
- des parts d'intérêt de groupements forestiers et des parts de sociétés dont l'objet exclusif est la détention de bois et forêts.

Si, à la clôture d'un exercice, il est constaté que le pourcentage de 60 % n'est pas atteint, la société dispose d'un délai d'un an pour se mettre en conformité (délai porté à trois ans en cas de tempête ou d'ouragan) (C. mon. fin. art. R 214-162, III).

> Précisions a. La part de l'actif constituée de bois et forêts est fixée à 51 % lorsque les SEF consacrent, dans des conditions qui seront définies par décret en Conseil d'État, une fraction de leur actif à la **bonification** ou à la **garantie de prêts** accordés par des établissements de crédit ou des sociétés de financement agréées par l'autorité administrative pour financer des opérations d'investissement, de valorisation ou d'exploitation des bois et forêts (C. mon. fin. art. L 214-122).

b. Le patrimoine forestier que la société détient directement ou indirectement doit se répartir en au moins deux **unités de gestion distinctes** (C. mon. fin. art. R 214-174). Son actif forestier ne doit **pas être composé pour plus de 40 % de parts** d'intérêt de groupements forestiers ou de sociétés dont l'objet exclusif est la détention de bois et forêts dans lesquels elle n'aurait pas acquis plus de 50 % au moins des parts d'intérêt (C. mon. fin. art. R 214-174, al. 3).

Gestion de l'actif Les bois et forêts détenus par les SEF doivent être gérés conformément à un **plan** simple **de gestion** agréé (C. mon. fin. art. L 214-121, al. 2 et R 214-166) ; celui-ci doit être approuvé par l'assemblée générale des associés (C. mon. fin. art. L 214-125, al. 3). 60906

Les échanges, **aliénations** ou constitutions de droits réels portant sur le **patrimoine forestier** de la SEF sont soumis à l'**autorisation de l'assemblée** générale ordinaire des associés (C. mon. fin. art. R 214-164, al. 1). 60907

Toutefois, font l'objet d'une simple **information à l'assemblée** générale dès lors que chacune de ces opérations porte sur une surface inférieure à 1 % des bois et forêts détenus par la SEF et dans la limite maximale de 10 hectares (C. mon. fin. art. R 214-164, al. 2) :

– les opérations normales de gestion permettant une amélioration soit de parcelles forestières appartenant à la SEF, soit de la structure de la propriété par résorption d'enclaves ou modification des limites ;

– les mutations de jouissance ou de propriété en vue de la réalisation d'équipements, aménagements ou constructions d'intérêt public ;

– les opérations déclarées d'utilité publique.

Par ailleurs, tout **échange (ou cession)** du patrimoine forestier de la société est soumis aux **conditions** suivantes (C. mon. fin. art. R 214-163) : 60908

– la SEF doit être **propriétaire** de la forêt ou de la part de société cédée depuis au moins 3 ans en cas d'échange ou 6 ans en cas de cession ; cette condition est toutefois écartée en cas d'échange ou de cession d'unités de gestion dont la superficie est inférieure à 10 hectares ;

– les **échanges** ne peuvent porter que sur des biens de **valeur comparable,** avec le cas échéant une **soulte,** à la charge ou au bénéfice de la société, représentant au maximum 30 % de la valeur du bien échangé ;

– en cas de cession, la SEF est tenue de présenter un avenant au **plan simple de gestion** auquel sont soumis ses biens afin d'en soustraire les parcelles cédées et de consacrer dans un délai de trois ans les produits de la cession soit à l'achat de bois et forêts, de parts d'intérêt de groupements forestiers ou de parts de sociétés dont l'objet exclusif est la détention de bois et forêts, soit à des travaux d'amélioration de l'actif forestier détenu ;

– la **valeur** vénale cumulée **des biens** et des parts de société **échangés ou cédés au cours d'un exercice** de douze mois ne doit pas excéder 15 % de la valeur de l'ensemble du patrimoine de la SEF figurant au bilan du dernier exercice clos. Si aucune cession n'est réalisée au cours d'un exercice, la limite applicable aux échanges et cessions réalisés au cours de l'exercice suivant est portée à 30 %.

CONSTITUTION ET FONCTIONNEMENT DE LA SEF

Les SEF et leurs sociétés de gestion sont soumises aux mêmes règles que celles prévues pour les sociétés civiles de placement immobilier et leurs sociétés de gestion (notamment capital minimal de 760 000 € : C. mon. fin. art. L 214-88 ; agrément de la société de gestion par l'AMF : C. mon. fin. art. L 532-9 sur renvoi de l'art. L 214-98 ; voir nos 36500 s.), sous réserve des aménagements suivants : 60920

– le **capital** maximal fixé par les statuts doit être souscrit à concurrence de 15 % au moins par le public dans un délai de deux ans (un an pour les SCPI) après la date d'ouverture de la souscription, à défaut de quoi la société est dissoute et les associés remboursés du montant de leur souscription (C. mon. fin. art. L 214-123) ; la dissolution doit être décidée par une assemblée générale extraordinaire qui doit être réunie dans les deux mois qui suivent l'expiration du délai légal de deux ans et le remboursement des associés doit intervenir dans les six mois suivant la tenue de cette assemblée (Règl. gén. AMF art. 422-191) ;

– l'agrément par l'AMF de la **société de gestion** de la SEF doit être soumis à l'avis préalable du Centre national professionnel de la propriété forestière (C. mon. fin. art. L 214-124).

60921 Les SEF sont autorisées à **fusionner,** non seulement avec une autre SEF, mais également avec un groupement forestier gérant un patrimoine dont les forêts sont soumises à des plans simples de gestion agréés ; la fusion est alors soumise à l'agrément de l'AMF. La fusion ne peut pas conduire à ce qu'une SEF soit absorbée par un groupement forestier (C. mon. fin. art. L 214-125, al. 2 et R 214-171 ; Règl. gén. AMF art. 422-249). Sur la fusion d'une SEF avec un GFI, voir aussi nº 60418.

Le **projet de fusion** est arrêté par la société de gestion de chacune des SEF et le gérant de chaque groupement forestier participant à l'opération (C. mon. fin. art. R 214-172, al. 1).

Il doit contenir les indications suivantes (C. mon. fin. art. R 214-172, al. 2) :

– l'état des biens du patrimoine forestier, la dénomination et le siège social de toutes les sociétés participant à la fusion, la liste des servitudes et hypothèques pesant sur les biens des sociétés ;
– les motifs, les buts et les conditions de la fusion ;
– les dates auxquelles ont été arrêtés les comptes des sociétés participantes pour établir les conditions de l'opération ;
– les parités d'échange et le mode de calcul ;
– la date de la fusion ;
– l'agrément du projet de fusion par l'AMF.

2. RÉGIME FISCAL DE LA SEF

AVANTAGES FISCAUX EN FAVEUR DES INVESTISSEURS DANS UNE SEF

60940 **Crédit d'impôt pour investissements forestiers** Un crédit d'impôt est accordé aux **personnes physiques** qui, depuis le 1er janvier 2023 et **jusqu'au 31 décembre 2027,** souscrivent ou acquièrent en numéraire des parts de SEF et aux associés personnes physiques de SEF qui réalisent des travaux forestiers ou versent des cotisations d'assurance concernant le risque de tempête ou d'incendie (CGI art. 200 quindecies modifié par loi 2022-1726 du 30-12-2022 art. 10 et loi 2023-580 du 10-7-2023 art. 34). Cet avantage fiscal s'applique dans les conditions et selon les règles exposées nos 60420 s., étant précisé que la **base du crédit d'impôt** en cas d'acquisition ou de souscription de parts de SEF est limitée à 60 % du prix d'acquisition ou de souscription de ces parts.

IMPOSITION DES RÉSULTATS DE LA SEF

60960 Les parts des SEF sont assimilées, pour l'application de la loi fiscale, aux parts d'intérêts des groupements forestiers (C. mon. fin. art. L 214-121, al. 3). En application de l'article 238 ter du CGI, ces sociétés relèvent donc du régime des sociétés de personnes pour l'imposition de leurs bénéfices. Chacun des membres est passible de l'impôt sur le revenu dans la catégorie des **bénéfices agricoles** (avec, le cas échéant, application du régime des exploitations forestières) ou de l'**impôt sur les sociétés** si l'associé est une personne morale passible de cet impôt. Toutefois, les SEF peuvent opter pour leur assujettissement à l'IS dans les conditions prévues à l'article 239 du CGI (nº 120).

TRAITEMENT DES PARTS DE SEF AU REGARD DES DROITS D'ENREGISTREMENT ET DE L'IFI

60970 Les parts des SEF sont **assimilées aux parts de groupements forestiers** pour l'application de la loi fiscale, à l'exception de l'article 976 du CGI (C. mon. fin. art. L 214-121, al. 3).

Il en résulte que :

– les **cessions à titre onéreux** de parts de ces sociétés sont enregistrées au droit fixe de 125 € dans les conditions prévues par l'article 730 bis du CGI (voir nº 60450) ;

– les **transmissions à titre gratuit** (donations, successions) des mêmes parts peuvent bénéficier de l'exonération partielle prévue par l'article 793, I-3º du CGI (voir nº 60455).

En revanche, l'exonération partielle prévue en matière d'**IFI** au profit des parts de groupement forestier (nº 60460) est expressément exclue.

PARTIE 3

Dossiers thématiques

CHAPITRE 1

DÉMEMBREMENT DE PROPRIÉTÉ

SOMMAIRE

CARACTÉRISTIQUES GÉNÉRALES DU DÉMEMBREMENT DE PROPRIÉTÉ

62000 Le **droit de propriété** est « le droit de jouir et disposer des choses de la manière la plus absolue, pourvu qu'on n'en fasse pas un usage prohibé par les lois ou par les règlements » (C. civ. art. 544).

La propriété se caractérise par l'addition, d'une part, du droit de jouir du bien qui se compose du droit de l'utiliser (usus) et d'en percevoir les revenus (fructus), d'autre part, du droit d'en disposer (abusus), c'est-à-dire notamment de le vendre, le donner, le modifier.

Le droit de propriété peut faire l'objet d'un démembrement par **dissociation de l'usufruit et de la nue-propriété.** L'usufruitier dispose alors du droit d'usage et des fruits. Le nu-propriétaire conserve le droit de disposer du bien, en respectant les droits de l'usufruitier.

L'usufruit est un droit par nature **temporaire** (à terme fixe ou viager), à l'échéance duquel le nu-propriétaire retrouve la propriété pleine et entière. Le démembrement de propriété peut s'appliquer à un **bien déterminé** ou à une **universalité** de biens.

Remarque : Un certain **courant de doctrine** s'oppose à la conception de l'usufruit comme un démembrement de la propriété, estimant qu'il s'agirait plutôt d'une charge grevant la propriété. Certains auteurs estiment pouvoir tirer des récents avis et arrêts de la Cour de cassation rendus sur la question de la qualité d'associé de l'usufruitier (voir n° 62057) et du droit de mutation exigible sur les cessions d'usufruit de parts sociales (voir n° 62850, précision b) la conclusion que l'**analyse juridique traditionnelle** du démembrement de propriété serait remise en cause. À notre sens, en refusant la qualité d'associé à l'usufruitier (tout en lui reconnaissant certains droits habituellement réservés à celui-ci), d'une part, et en jugeant que la cession de l'usufruit de droits sociaux n'emportant pas mutation de la propriété de ces droits, elle n'est pas soumise au droit d'enregistrement proportionnel de 5 %, d'autre part, la Cour de cassation n'a ni mobilisé ni démobilisé cette analyse, se prononçant sur des questions précises ne le nécessitant pas. Sur cette controverse doctrinale, voir l'éclairage de H. Leyrat : SNH 32/23 inf. 9.

62002 Le démembrement peut être **d'origine légale.** C'est le cas principalement de l'usufruit du conjoint survivant qui, en présence d'enfants tous issus des deux époux et à défaut de disposition contraire, recueille à son choix toute la succession en usufruit ou le quart en pleine propriété (C. civ. art. 757).

Le démembrement est souvent établi par la **volonté de l'homme.**

Lorsqu'il est établi **entre vifs,** le démembrement peut trouver sa source dans un contrat à titre gratuit ou à titre onéreux. Il est en effet possible de céder (vente, apport en société...), moyennant une contrepartie, des droits en usufruit ou des droits en nue-propriété. Lorsqu'il est constitué à titre gratuit, le démembrement se réalise souvent par voie de rétention : le donateur donne la nue-propriété d'un bien et retient à son profit l'usufruit. Il est fréquent, dans ce cas, de stipuler une réversion, c'est-à-dire de prévoir que l'usufruit s'éteindra au décès du survivant de deux personnes (généralement, le donateur et son conjoint). Le donateur peut également donner la nue-propriété à une personne et l'usufruit à une autre, par exemple la nue-propriété aux petits-enfants et l'usufruit aux enfants, afin de réaliser un saut de génération tout en bénéficiant des abattements prévus en faveur des dons aux descendants.

Le démembrement peut résulter de dispositions **à cause de mort** : testament ou donation au dernier vivant entre époux. Dans ce cas, le démembrement se produit au décès du disposant.

L'usufruit peut également résulter de l'exercice de la faculté de substitution ouverte aux enfants non issus des deux époux par l'article 1098 du Code civil.

La multiplication des divorces a favorisé l'émergence d'une autre source du démembrement de propriété : l'**institution judiciaire** avec l'attribution à l'un des ex-conjoints d'une prestation compensatoire en usufruit.

62004 Le démembrement de propriété est une **technique de gestion patrimoniale** qui peut être combinée avec la création d'une société civile, pour la détention et la gestion d'un patrimoine immobilier ou d'un portefeuille de valeurs mobilières.

Le démembrement peut s'organiser à deux niveaux : il peut porter sur l'actif détenu par la société civile ou sur les parts de la société civile détenues par les associés.

SECTION 1

PRÉROGATIVES RESPECTIVES DE L'USUFRUITIER ET DU NU-PROPRIÉTAIRE

A. Règles générales

NATURE ET ÉTENDUE DES DROITS DE L'USUFRUITIER

L'usufruit est « le droit de jouir des choses dont un autre a la propriété, comme le propriétaire lui-même, mais à la charge d'en conserver la substance » (C. civ. art. 578). 62020

L'usufruitier a un droit à la **jouissance** et aux **fruits** – c'est-à-dire aux revenus – du bien (C. civ. art. 582). Il n'a en revanche pas droit aux **produits,** qui appartiennent au nu-propriétaire. Les produits s'opposent aux fruits par leur caractère non périodique et parce que leur perception altère la substance de la chose : tandis que le fruit est un revenu, le produit est une fraction du bien, le capital.

Parce qu'il doit en conserver la substance, l'usufruitier n'a pas le droit de **vendre la chose** sur laquelle porte son usufruit. Cette règle supporte toutefois deux exceptions. 62022

La première est spécifique au **portefeuille de valeurs mobilières** : voir nos 62340 s.

La seconde concerne le **quasi-usufruit.** Il y a quasi-usufruit lorsque l'usufruit porte sur une chose consomptible, c'est-à-dire sur un bien qui est consommé par son premier usage (l'argent, par exemple). Le droit à la jouissance passe alors par le droit de disposer du bien : le quasi-usufruitier est libre d'utiliser ce bien comme il le souhaite dans la limite des dispositions des articles 601 et 602 du Code civil (obligation de fournir caution, dont le défaut oblige à l'emploi du bien, sauf dispense dans l'acte constitutif de l'usufruit : voir no 62038). Vis-à-vis du nu-propriétaire, le quasi-usufruitier devient débiteur d'un bien semblable ou de sa valeur en argent estimée à la date de restitution (C. civ. art. 587). Le nu-propriétaire n'a plus un droit direct sur la chose mais un simple droit de créance sur le quasi-usufruitier.

> **Précisions** Le quasi-usufruit institué par la loi concerne les biens consomptibles par nature. L'extension conventionnelle du quasi-usufruit à des biens non consomptibles tels que des **valeurs mobilières** a été développée par la pratique avec l'aval d'une partie de la doctrine (M. Grimaldi et Roux, La donation de valeurs mobilières avec réserve de quasi-usufruit : Defrénois 1994 art. 35677 p. 3 ; M. Grimaldi, L'usufruit et le quasi-usufruit, questions de droit civil : Droit et patrimoine novembre 1999 p. 55 ; L. Aynes sous Cass. 1e civ. 12-11-1998 no 1673 : D. 1999 p. 167), certains auteurs étant plus réservés (R. Libchaber, Le portefeuille de valeurs mobilières : bien unique ou pluralité de biens ? : Defrénois 1997 art. 36464 p. 65).

Usufruit, droit réel L'usufruitier dispose d'un droit réel, c'est-à-dire d'un droit direct et immédiat sur la chose. Il est dans une situation radicalement différente de celle du locataire, qui n'a qu'un droit personnel contre le bailleur. 62024

Le droit réel de l'usufruitier a une **nature mobilière** s'il s'applique à un meuble (notamment à des droits sociaux), **immobilière** lorsqu'il porte sur un bien immobilier. L'opération donnant naissance à l'usufruit immobilier doit être publiée au fichier immobilier, pour être opposable aux tiers ou pour leur information selon les cas (Décret 55-22 du 4-1-1955 art. 28, 1° et 3°). Elle doit donc être constatée par acte authentique notarié, juridictionnel ou administratif (C. civ. art. 710-1). L'usufruit immobilier peut être hypothéqué (C. civ. art. 2388).

L'usufruitier peut en principe librement **céder son droit** à un tiers. Cependant, l'usufruit étant attaché à la personne de l'usufruitier, la durée de l'usufruit en cas de cession d'un usufruit préconstitué sera en tout état de cause limitée à la vie du cédant. Par exemple, si X, usufruitier de droits sociaux, vend à Y son usufruit viager, le décès de X mettra fin à l'usufruit détenu par Y. De même, en cas de donation d'un usufruit déjà constitué à titre viager, l'usufruit s'éteint avec la mort du donateur (Cass. 1e civ. 5-1-2023 no 21-13.966 FS-B : BPAT 1/23 inf. 31). 62026

Usufruit, droit temporaire L'usufruit est nécessairement constitué pour une durée limitée. 62028

Pour les **personnes physiques,** la durée maximale de l'usufruit est la durée de vie de l'usufruitier : c'est l'usufruit **viager.**

L'usufruit peut être constitué pour un **terme fixe** (dix ans, par exemple) mais si l'usufruitier décède avant l'arrivée du terme, l'usufruit prendra fin dès la date du décès (Cass. ch. réunies 16-6-1933 : DH 1933 p. 393).

Si le terme est fixé en fonction de l'âge d'un tiers, le décès avant terme de ce tiers permet quand même à l'usufruit de perdurer jusqu'au jour où ce tiers aurait atteint l'âge prévu, à condition que l'usufruitier soit lui-même toujours en vie (C. civ. art. 620).

62030 La durée de l'usufruit accordé à une **personne morale** ne peut pas être supérieure à trente ans (C. civ. art. 619). La Cour de cassation a précisé que cette règle est d'ordre public : il ne peut pas y être dérogé par convention (Cass. 3e civ. 7-3-2007 n° 06-12.568 : RJDA 7/07 n° 793). Dans un arrêt isolé, une cour d'appel a cependant estimé que la limite de trente ans n'est applicable qu'à un usufruit transmis ou cédé et a jugé qu'une personne morale titulaire d'un droit de propriété peut donc, en cas de cession de la nue-propriété de ce bien, se réserver un usufruit pour une durée supérieure (CA Caen 24-1-1995 n° 93-2503 : BRDA 19/95 p. 6 ; F.-D. Poitrinal, L'usufruit réservé par une personne morale : Dr. et Patrimoine 1996 p. 46, Defrénois 1996 I p. 392, obs. C. Atias, JCP G 1995 IV 1360). Cet arrêt (non frappé de pourvoi) a été critiqué par la doctrine (C. Atias, Defrénois 1996 I p. 393), car les travaux préparatoires du Code civil indiquent très clairement que le législateur a entendu limiter dans tous les cas la durée de l'usufruit permise à une personne morale.

Une autre cour d'appel a par ailleurs jugé que si l'article 619 du Code civil prévoit que l'usufruit accordé à une personne morale ne dure que trente ans, de sorte qu'il n'existe pas en principe de transmission à titre définitif de l'usufruit à l'égard d'une personne morale, il en va autrement lorsque la personne morale se trouve déjà titulaire du droit de nue-propriété, dès lors que l'acquisition des droits d'usufruit lui confère alors la pleine propriété du bien, de sorte que le droit d'usufruit, inclus dans le droit de propriété, lui est acquis de manière définitive (CA Dijon 5-5-2011 n° 1000973 : RJF 10/11 n° 1097).

> Précisions **a.** Lorsque l'usufruitier est une société qui fait l'objet d'une **fusion par absorption,** l'usufruit temporaire détenu par l'absorbée semble devoir s'éteindre et la pleine propriété se reconstituer entre les mains du nu-propriétaire. Sur le plan fiscal et conformément à l'article 1133 du CGI, aucune taxation ne devrait être due, la disparition de la personne morale pouvant être assimilée au décès d'une personne physique au sens de ces dispositions (M. Iwanesko, Fusion de sociétés : conséquences de l'absorption d'une société titulaire d'un usufruit : BPAT 2/08 n° 47).

b. La Cour de cassation a jugé qu'il est possible d'attribuer contractuellement à une personne morale un **droit réel** sur un bien, **différent d'un droit d'usufruit** ou d'un droit d'usage et d'habitation, conférant le bénéfice d'une jouissance spéciale du bien **sur une durée pouvant excéder trente ans,** échappant ainsi à la limitation de l'article 619 du Code civil (Cass. 3e civ. 31-10-2012 n° 11-16.304 : BRDA 22/12 inf. 20). Lorsque les parties n'ont pas limité dans le temps l'exercice de ce droit réel, celui-ci ne peut toutefois pas être perpétuel et s'éteint dans les conditions prévues par les articles 619 et 625 du Code civil (Cass. 3e civ. 28-1-2015 n° 14-10.013 : BRDA 3/15 inf. 17). Tel n'est pas le cas du droit réel spécial concédé pour la durée d'une fondation : considéré comme limité dans le temps, et non perpétuel, ce droit échappe aux dispositions prévues aux articles précités (Cass. 3e civ. 8-9-2016 n° 14-26.953 FS-PB). En tout état de cause, le législateur ayant expressément limité la durée de l'usufruit dont bénéficient les personnes morales à trente ans, la jurisprudence précitée n'autorise pas selon nous la création de droits comparables, même avec des caractéristiques qui seraient légèrement différentes, pour contourner la limite de l'article 619 du Code civil.

c. Dans un arrêt rendu en matière fiscale par sa chambre commerciale, la Cour de cassation a jugé qu'un **usufruit cédé entre deux personnes morales devant s'éteindre au décès du survivant de deux personnes physiques** est de nature viagère, la circonstance que la durée de cet usufruit ne puisse excéder trente ans aux termes de l'article 619 du Code civil ne lui conférant pas le caractère d'usufruit à durée fixe (Cass. com. 26-9-2018 n° 16-26.503 : RJF 1/19 n° 98).

62032 **Usufruit, droit simple ou complexe** L'usufruit peut être établi au profit d'une ou de plusieurs personnes, immédiatement ou à terme, conjointement ou successivement.

L'**usufruit conjoint** est un usufruit détenu simultanément par plusieurs personnes sur un même bien. Si l'usufruit conjoint comporte une clause d'accroissement, au décès du premier usufruitier, le ou les autres usufruitiers se partagent l'accroissement.

62034 L'usufruit est dit **successif** lorsque plusieurs personnes sont appelées à en jouir successivement. Le titulaire de l'usufruit successif devient usufruitier à l'extinction de l'usufruit précédent. La constitution d'un usufruit successif est très fréquente dans les donations avec réserve d'usufruit : celui qui donne un bien s'en réserve l'usufruit et, à son décès, cet usufruit bénéficiera à une autre personne (le conjoint le plus souvent).

Sur le plan juridique, la clause de réversibilité de l'usufruit insérée dans un acte de donation constitue une donation à terme de biens présents (et non une donation conditionnelle de biens à venir) : le droit d'usufruit du bénéficiaire lui est définitivement acquis dès le jour de l'acte, seul l'exercice de ce droit se trouvant différé au décès du donateur (Cass. ch. mixte 8-6-2007 n° 05-10.727 : RJF 10/07 n° 1172). De cette qualification de donation à terme de biens présents découlent plusieurs conséquences (voir toutefois n° 62854 pour les conséquences fiscales) :

– c'est au jour de la donation que doivent être réunies les conditions de formation et de validité de la donation posées par l'article 894 du Code civil, notamment la désignation et l'acceptation du (ou des) bénéficiaire(s) ;

– il est possible de prévoir une réversion d'usufruit au profit d'un bénéficiaire autre que le conjoint (le concubin, par exemple), sans encourir la nullité des pactes sur succession future (en ce sens, par exemple, Cass. 1e civ. 3-10-2000 n° 98-21.969 : Jurisdata n° 006130) ;

– lorsque la donation porte sur un immeuble, il n'y a pas à publier d'attestation notariée au moment où la réversion d'usufruit s'opère (Cass. 3e civ. 6-11-2002 n° 01-00.681 : Bull. civ. III n° 220 ; RJDA 10/03 n° 1028).

S'agissant d'une donation à terme qui ne prend effet qu'au décès du donateur (usufruitier en premier), la réversion d'usufruit est librement révocable dans le cas le plus fréquent où elle est consentie au profit du conjoint.

Usufruit, droit indépendant de la nue-propriété L'usufruit fait partie du patrimoine de l'usufruitier : il peut être vendu ou donné et ce, indépendamment de la nue-propriété (C. civ. art. 595). 62036

Cette indépendance a plusieurs conséquences :

– il n'y a pas d'**indivision** entre le nu-propriétaire et l'usufruitier. Ni l'usufruitier ni le nu-propriétaire ne peut donc exiger le partage du bien démembré. Il peut en revanche exister une indivision entre plusieurs usufruitiers ou entre plusieurs nus-propriétaires qui exercent des droits concurrents sur le(s) même(s) bien(s) : voir Précisions ci-après ;

– le juge ne peut, à la demande d'un nu-propriétaire, ordonner la **vente de la pleine propriété** d'un bien grevé d'usufruit contre la volonté de l'usufruitier (C. civ. art. 815-5, al. 2). Il en va ainsi même si l'usufruitier n'occupe pas le bien (Cass. 1e civ. 17-1-2006 n° 04-13.789 : Bull. civ. I n° 23) ;

– en cas de **vente conjointe de l'usufruit et de la nue-propriété,** le prix est partagé entre l'usufruitier et le nu-propriétaire au prorata de la valeur de leurs droits respectifs, sauf accord des parties pour reporter l'usufruit sur le prix (C. civ. art. 621, al. 1) ;

– la **vente du bien** grevé d'usufruit **sans l'accord de l'usufruitier** ne modifie pas le droit de ce dernier, qui continue à jouir de son usufruit sur le bien s'il n'y a pas expressément renoncé (C. civ. art. 621, al. 2).

> **Précisions** En principe, le **droit de demander le partage** n'existe qu'en présence d'une véritable indivision. Il ne peut donc jouer lorsque des droits de nature différente (tels que l'usufruit et la nue-propriété) cœxistent sur un même bien.
>
> En cas d'**indivision en usufruit,** chaque usufruitier peut demander le partage de l'usufruit indivis, par voie de cantonnement sur le bien, c'est-à-dire un partage en nature, ou en cas d'impossibilité par voie de licitation du seul usufruit ; par exception, la licitation peut porter sur la pleine propriété lorsqu'elle apparaît seule protectrice de l'intérêt de tous les titulaires de droits sur le bien indivis (C. civ. art. 817). La solution est destinée à permettre à l'usufruitier de sortir plus efficacement de l'indivision, lorsque le cantonnement des droits des différents usufruitiers et la licitation de l'usufruit ne sont pas possibles dans des conditions satisfaisantes pour les usufruitiers.
>
> En présence d'une **indivision en nue-propriété,** chaque nu-propriétaire peut demander le partage de la nue-propriété indivise par voie de cantonnement sur le bien, c'est-à-dire un partage en nature, ou en cas d'impossibilité par voie de licitation de la seule nue-propriété ; la licitation de la pleine propriété est également possible sous la condition qu'elle apparaisse comme seule protectrice de l'intérêt de tous les titulaires de droits sur les biens indivis, mais avec la restriction qu'elle ne peut pas être ordonnée contre la volonté de l'usufruitier (C. civ. art. 818).
>
> Un juge ne peut, à la demande du créancier personnel d'un indivisaire nu-propriétaire, ordonner la vente de la pleine propriété d'un bien grevé d'usufruit contre la volonté de l'usufruitier (Cass. 1e civ. 13-6-2019 n° 18-17.347 FS-PB : BPAT 5/19 inf. 203).

NATURE ET ÉTENDUE DES DROITS DU NU-PROPRIÉTAIRE

Le nu-propriétaire bénéficie d'un **droit réel** de propriété assorti de prérogatives réduites : celles dont l'usufruitier ne l'a pas privé. Il a droit aux produits de la chose et a vocation à recouvrer la totalité de ses prérogatives de propriétaire au moment de l'extinction de l'usufruit ; il dispose en quelque sorte d'un **droit futur** à la pleine propriété. 62037

> Précisions Jugé que, sauf stipulation expresse d'une réserve d'usufruit, la **promesse de vente de la nue-propriété** d'un bien grevé d'usufruit a nécessairement pour objet, en cas d'**extinction de l'usufruit avant la levée de l'option,** la pleine propriété de ce bien (Cass. 3e civ. 28-1-2009 no 08-12.649 : BPAT 2/09 inf. 63).

OBLIGATIONS RESPECTIVES DE L'USUFRUITIER ET DU NU-PROPRIÉTAIRE

62038 À la fin de l'usufruit, le bien devra être restitué à son propriétaire par l'**usufruitier.** Il en résulte pour ce dernier l'obligation de **conserver la substance du bien** dont il a l'usufruit (C. civ. art. 578). À défaut, le nu-propriétaire pourrait demander des dommages-intérêts, contraindre l'usufruitier à réparer le dommage causé au bien, voire demander la déchéance de l'usufruit. Lorsque l'usufruit porte sur des biens qui s'abîment par l'usage (meubles meublants, par exemple), l'usufruitier doit seulement les rendre dans l'état où ils se trouvent à la fin de l'usufruit, aucune indemnisation n'étant due au nu-propriétaire pour leur usure normale (C. civ. art. 589).

La loi impose à l'usufruitier de faire dresser au moment où s'ouvre l'usufruit un **inventaire des meubles** et un **état descriptif des immeubles** (C. civ. art. 600). Ces documents, qui doivent en principe être établis en présence du nu-propriétaire, permettront à ce dernier de vérifier à l'extinction de l'usufruit que les biens sont toujours là et que leur consistance n'a pas varié. Si ces documents n'ont pas été établis, le nu-propriétaire pourra prouver par tous moyens quelle était au départ la consistance des biens soumis à l'usufruit.

Enfin, l'usufruitier doit en principe donner **caution** (ou une autre garantie, telle qu'un gage, un nantissement ou même une hypothèque) d'utiliser les biens « raisonnablement » (C. civ. art. 601). Cette obligation de fournir caution supporte toutefois des exceptions : d'une part, elle ne s'impose pas à celui qui donne ou vend un bien avec réserve d'usufruit, d'autre part et surtout, le nu-propriétaire peut en dispenser l'usufruitier, ce qui est très fréquent lorsque l'usufruitier est le conjoint survivant. À défaut de fournir caution (ou une garantie équivalente) lorsqu'il y est tenu, l'usufruitier peut se voir ordonner l'emploi des biens, notamment la mise en location des immeubles et le placement des liquidités, afin de garantir au nu-propriétaire la restitution à laquelle il a droit à l'extinction de l'usufruit (C. civ. art. 602).

62039 À l'égard de l'usufruitier, le **nu-propriétaire** a pour seule obligation de lui permettre de jouir paisiblement du bien sur lequel porte l'usufruit.

VALORISATION DES DROITS DÉMEMBRÉS

62040 Pour évaluer des droits démembrés, il existe deux méthodes : l'une, économique ; l'autre, fiscale.

62041 **Valorisation économique des droits démembrés** La **valeur de la nue-propriété** est déterminée comme étant égale à la valeur actualisée de la pleine propriété future. De manière simplifiée, la valeur de la nue-propriété (NP) peut ainsi être déterminée à partir de la valeur de la pleine propriété (PP), de la durée de l'usufruit ou des usufruits en cas d'usufruits successifs (n) et du taux de rendement du bien (i), par la résolution de l'équation suivante :

$$NP = PP / (1 + i)^n$$

62042 La **valeur de l'usufruit** est déterminée comme étant égale à la valeur actualisée du flux de revenus futurs perçus pendant la durée de l'usufruit. La valeur de l'usufruit est donc d'autant plus élevée que le rendement du bien est fort et que la durée de l'usufruit est longue. Cette valeur (US) peut ainsi être déterminée à partir des flux de revenus futurs (R), du taux de rendement du bien (i) et de la durée de l'usufruit ou des usufruits en cas d'usufruits successifs (n).

En présence d'un **usufruit simple** :

$$US = R1 / (1 + i) + R2 / (1 + i)^2 + ... + Rn / (1 + i)^n$$

Cette méthode de calcul, qui peut bien évidemment être affinée (voir notamment J. Aulagnier, Usufruit et nue-propriété dans la gestion de patrimoine : Maxima-Institut notarial du patrimoine), indique la répartition qui assure une rentabilité équivalente pour l'usufruitier et le nu-propriétaire. Cette répartition connue des parties constitue la base de leur négociation.

62043 En présence d'un **usufruit successif,** la valeur de l'usufruit en premier peut être déterminée comme indiqué ci-avant, en fonction du rendement du bien et de l'espérance de vie de l'usufruitier, le flux de revenus futurs escomptés en fonction de ces paramètres étant actualisé pour déterminer la valeur actuelle de cet usufruit viager.

La valeur de l'usufruit en second peut être déterminée en fonction de la date et de la durée probables d'exercice de celui-ci, le flux de revenus futurs escomptés en fonction de ces paramètres étant également actualisé pour déterminer la valeur actuelle de cet usufruit viager.

Si l'on suppose une espérance de vie de « n » pour l'usufruitier en premier et « m » pour l'usufruitier en second, en supposant « m » supérieur à « n », la valorisation de chacun des usufruits pourrait être déterminée comme suit.

Valeur de l'usufruit ouvert (usufruit en premier) :

$$US_1 = R1 / (1 + i) + R\,2 / (1 + i)^2 + ... + Rn / (1 + i)^n$$

Valeur de l'usufruit successif (usufruit en second) :

$$US_2 = (Rn + 1) / (1 + i)^{n+1} + (Rn + 2) / (1 + i)^{n+2} + ... + Rm / (1 + i)^m$$

De manière simplifiée, cela revient à valoriser l'usufruit pour chaque usufruitier comme s'il était seul usufruitier à titre viager, puis pour déterminer la valeur de l'usufruit successif à déduire la valeur de l'usufruit en premier de la valeur de l'usufruit en second calculée comme si l'usufruitier en second était seul usufruitier.

Une méthode plus rapide pour déterminer la valeur de l'usufruit consiste à déduire de la valeur de la pleine propriété la valeur de la nue-propriété.

En effet :

$$PP = NP + US \Rightarrow US = PP - NP. \text{ Or } NP = PP / (1 + i)^n$$

Ainsi, en présence d'un usufruit ouvert s'éteignant dans « n » années et d'un usufruit successif s'éteignant en « m » années, « m » étant supérieur à « n », la valeur de l'usufruit ouvert est la suivante :

$$US_1 = PP / (1 + i)^n$$

La valeur de l'usufruit total couvrant l'usufruit ouvert et l'usufruit successif est de :

$$US\ total = PP / (1 + i)^m$$

La valeur de l'usufruit successif est de :

$$US_2 = US\ total - US_1$$

c'est-à-dire que :

$$US_2 = PP / (1 + i)^m - PP / (1 + i)^n$$

La valeur de la nue-propriété en présence d'un usufruit successif se détermine alors comme suit :

$$NP = PP - (\text{usufruit ouvert} + \text{usufruit successif})$$

Ou encore :

$$NP = PP / (1 + i)^m$$

puisque m est le nombre d'années devant s'écouler avant la fin de l'usufruit (ouvert et successif).

ATTENTION

Ces approches sont simplificatrices en ce qu'elles aboutissent à la conclusion que la valeur d'un usufruit successif viager réservé à un usufruitier ayant une espérance de vie plus faible que l'usufruitier en premier est nulle. Or, il peut arriver que l'usufruitier en second survive à l'usufruitier en premier et donc que s'ouvre le second usufruit. Dès lors, si l'on souhaite **affiner le calcul de la valeur des droits de chacun des usufruitiers,** il faut corriger pour chacun d'eux le flux de revenus futurs escomptés année par année par la probabilité de leur survie respective au cours de chacune de ces années. La période à prendre en compte pour chacun excédera son espérance de vie théorique, puisqu'il est possible qu'il dépasse cette moyenne (voir notamment P. Julien Saint-Amand : Éd. du Juris-classeur, Ingénierie patrimoniale, 7/8-1998).

Jugé que si l'évaluation de l'usufruit temporaire d'un immeuble peut reposer sur la méthode des flux de trésorerie actualisés (méthode DCF ou « discounted cash flows »), la **pertinence des paramètres retenus** (montant des flux, taux d'actualisation et durée d'actualisation) doit pouvoir être justifiée (CAA Nantes 31-5-2018 nos 16NT04182 et 16NT04184 : RJF 12/18 n° 1260, concl. T. Jouno). Le Conseil d'État a par ailleurs jugé que les termes de calcul utilisés doivent être homogènes, de sorte que 62044 la somme de l'usufruit et de la nue-propriété ne puisse pas excéder la valeur de la pleine propriété (CE 24-10-2018 nos 412322 et 412323 : RJF 1/19 no 36, concl. R. Victor).

S'agissant des **flux de revenus futurs à retenir,** le Conseil d'État a eu l'occasion de juger, dans deux affaires où des usufruits à durée fixe de parts de deux SCI ayant pour activité la location d'immeubles d'exploitation avaient été cédés par des particuliers à deux sociétés soumises à l'impôt sur les sociétés, que l'évaluation de ces usufruits selon la méthode des flux de trésorerie actualisés doit se fonder, non pas sur les résultats imposables prévisionnels des sociétés concernées, mais sur leurs distributions prévisionnelles dont le montant peut être fonction, notamment, des annuités prévisionnelles de remboursement d'emprunts ou des éventuelles mises en réserves pour le financement d'investissements futurs (CE 30-9-2019 nos 419855 et 419860 : BPAT 6/19 inf. 225). Lorsque, depuis la création de la société, la totalité des bénéfices distribuables a effectivement été appréhendée par les associés en numéraire ou par inscription en compte courant, l'évaluation de l'usufruit des titres peut prendre en compte l'intégralité des bénéfices distribuables non plafonnés à la trésorerie disponible, la politique de distribution passée de la société légitimant cette solution en l'absence de justification d'une modification de cette politique pour l'avenir (CE 20-5-2022 no 449385 : BPAT 4/22 inf. 201).

62045 **Valorisation fiscale des droits démembrés** C'est la plus connue et la plus simple des méthodes d'évaluation. La valeur fiscale des droits démembrés est fixée par un **barème** dont l'application n'est obligatoire que pour la liquidation des droits d'enregistrement et de la taxe de publicité foncière (CGI art. 669) : voir nos 62850 s. L'utilisation de cette méthode ne s'impose pas dans les relations entre les parties.

Le barème fiscal, qui est fondé sur les tables de mortalité de l'Insee 1996/1998 et repose sur un taux d'actualisation de 3 %, peut présenter un **écart** significatif **avec la valorisation économique de l'usufruit.**

EXEMPLE

Si l'on raisonne sur l'hypothèse d'un bien ayant un rendement net de charges usufructuaires égal à 5 %, les valeurs fiscale et financière de l'usufruit pour un usufruitier qui aurait 61 ans et dont l'espérance de vie serait de 22,37 ans seraient respectivement de :
– 40 % de la valeur du bien (valeur fiscale);
– 66,43 % de la valeur du bien (valeur économique).
L'écart serait encore plus fort si l'on prenait le cas d'une usufruitière, dont l'espérance de vie serait supérieure de 4,35 années. La valeur fiscale demeurerait inchangée tandis que la valeur financière atteindrait 72,85 %.

B. Démembrement portant sur les parts de la société civile

QUI A LA QUALITÉ D'ASSOCIÉ EN CAS DE DÉMEMBREMENT DU DROIT DE PROPRIÉTÉ DES PARTS ?

62055 Certains **droits et obligations** accordés ou imposés par le droit des sociétés sont expressément attachés à la qualité d'associé. En cas de démembrement du droit de propriété des parts, comment se répartissent-ils entre l'usufruitier et le nu-propriétaire ?

62057 La qualité d'associé suppose la réunion de **trois conditions** : avoir fait un apport, participer aux bénéfices (ou aux économies) et aux pertes, avoir eu la volonté de s'associer (affectio societatis). Il est de longue date établi que le **nu-propriétaire** réunit ces trois conditions et a la qualité d'associé (en ce sens, par exemple, Cass. com. 4-1-1994 no 31 P : RJDA 5/94 no 526 ; Cass. 2e civ. 13-7-2005 no 02-15.904 FS-PB : RJDA 11/05 no 1224 ; Cass. 3e civ. 17-1-2019 no 17-26.695 FS-PBI : RJDA 4/19 no 258).

La question a en revanche été longtemps discutée s'agissant de l'**usufruitier** (contre la reconnaissance de la qualité d'associé à l'usufruitier, A. Viandier, La notion d'associé : LGDJ 1978 no 173 s. ; Th. Revet, note sous Cass. 3e civ. 29-11-2006 no 05-17.009 FS-PB : RTD civ. 2007 p. 153 ; en faveur de cette reconnaissance, J. Derruppé, Un associé méconnu : l'usufruitier de parts ou d'actions : Defrénois 1994 art. 35894 p. 1137 ; voir aussi M. Cozian, Du nu-propriétaire ou de l'usufruitier, qui a la qualité d'associé ? : JCP E 1994 nos 28-29 p. 339 ; C. Regnaut-Moutier, Vers la reconnaissance de la qualité d'associé à l'usufruitier de droits sociaux ? : Bull. Joly 1994 p. 1155 ; F.-X. Lucas, La qualité d'associé de l'usufruitier de parts sociales : Bull. Joly 2007 p. 923). Nous avons pour notre part toujours considéré qu'on ne peut pas reconnaître à l'usufruitier de parts sociales ou d'actions la qualité d'associé : si l'on peut admettre que l'usufruitier a l'affectio societatis et qu'il participe aux bénéfices et aux pertes, il n'en demeure pas moins étranger aux apports ; le nu-propriétaire, seul apporteur, est donc seul à bénéficier de la qualité d'associé, l'usufruitier exerçant simplement, conformément aux dispositions statutaires ou légales, certaines des prérogatives attachées à la qualité d'associé sans avoir pour autant cette qualité. Dans son important avis du 1er décembre 2021, la chambre commerciale de la Cour de cassation a tranché la question, affirmant très clairement, en se fondant sur l'article 578 du Code civil, que « l'usufruitier de parts sociales ne peut se voir reconnaître la qualité d'associé, qui n'appartient qu'au nu-propriétaire », ajoutant cependant aussitôt « qu'il doit pouvoir provoquer une délibération des associés sur une question susceptible d'avoir une incidence directe sur son droit de jouissance » (Cass. com. avis 1-12-2021 n° 20-15.164 FS-D : RJDA 2/22 n° 79). Cette formulation a été reprise en tous points par la troisième chambre civile dans un arrêt du 16 février 2022 (Cass. 3e civ. 16-2-2022 n° 20-15.164 FS-B : RJDA 5/22 n° 273). Désormais, le débat sur la qualité d'associé semble clos : l'usufruitier n'est pas associé (seul l'est le nu-propriétaire), mais il peut exercer les droits dévolus à l'associé dès lors que ceux-ci ont une incidence directe sur son droit de jouissance (la difficulté résidant dorénavant dans l'interprétation du critère de « l'incidence directe »).

> Précisions **a.** Dans un arrêt rendu avant que la loi 2019-744 du 19 juillet 2019 ne confère à l'usufruitier, comme au nu-propriétaire, le **droit** intangible **de participer** à toutes les **décisions collectives** (voir ci-après n° 62080), la troisième chambre civile de la Cour de cassation avait jugé au vu de l'article 1844 du Code civil dans sa version alors en vigueur, que l'assemblée générale ayant eu pour objet des décisions collectives autres que celles concernant l'affectation des bénéfices ne saurait être annulée au motif que l'usufruitier des parts n'aurait pas été convoqué pour y participer (Cass. 3e civ. 15-9-2016 n° 15-15.172 FS-PB : RJDA 12/16 n° 869). Si la Cour de cassation ne s'était pas à cette occasion explicitement prononcée sur la qualité d'associé de l'usufruitier, elle l'avait, à notre sens, refusée implicitement mais nécessairement par cette décision, tout associé ayant le droit de participer aux décisions collectives (C. civ. art. 1844, al. 1).

b. Pour l'application de la règle imposant l'inscription au **registre du commerce et des sociétés** (RCS) des associés tenus indéfiniment des dettes sociales, le comité de coordination du RCS a précisé qu'en cas de démembrement de propriété de parts sociales, seul le nu-propriétaire, à qui est reconnue la qualité d'associé, doit être mentionné au RCS. L'usufruitier n'ayant pas cette qualité, il ne doit pas être déclaré dans ce registre (Avis CCRCS 05-27).

c. La reconnaissance de la qualité d'associé au seul nu-propriétaire entraîne notamment les effets suivants :

– l'usufruitier ne peut pas être **gérant de la société** si les statuts exigent la qualité d'associé pour exercer cette fonction ;

– c'est le nu-propriétaire et non l'usufruitier qui répond des **dettes sociales** dans les conditions fixées à l'article 1857 du Code civil ;

– dans le cas où **toutes les parts** viendraient à être **réunies** sur la tête d'un même nu-propriétaire et quel que soit le nombre des usufruitiers, la société devrait être considérée comme ne comprenant qu'un seul associé et, par conséquent, pourrait être dissoute dans les conditions déterminées à l'article 1844-5, al. 1 du Code civil.

1. DROIT DE PARTICIPER AUX DÉCISIONS COLLECTIVES ET DROIT DE VOTE

DÉMEMBREMENT ET DROIT DE PARTICIPER AUX DÉCISIONS COLLECTIVES

La loi pose comme principe que, « si une part est grevée d'un usufruit, le nu-propriétaire et l'usufruitier ont le droit de participer aux décisions collectives », **quel que soit le titulaire du droit de vote** et **sans que les statuts puissent y déroger** (C. civ. art. 1844, al. 3 et 4 modifiés par la loi 2019-744 du 19-7-2019, dont les dispositions sont entrées en vigueur le 21-7-2019 ; sur la jurisprudence antérieure à la loi 2019-744, voir Précisions, ci-après). 62080

Désormais, tant l'usufruitier que le nu-propriétaire des parts sociales doivent donc être **convoqués** à toutes les assemblées, y compris à celles auxquelles le titulaire du droit démembré concerné ne dispose pas du droit de vote. À défaut de disposer d'une voix délibérative, il pourra au moins **s'y exprimer** librement. Il devra lui être adressé les mêmes **documents d'information** qu'au titulaire du droit de vote.

> Précisions Avant la loi 2019-744 du 19 juillet 2019, la Cour de cassation avait déjà jugé que, du fait de sa qualité d'associé, le nu-propriétaire ne pouvait pas être privé du droit de participer à toutes les assemblées, même celles dans lesquelles le droit de vote était exercé par l'usufruitier (Cass. com. 4-1-1994 : RJDA 5/94 n° 526 ; Cass. 2e civ. 13-7-2005 n° 1252 : RJDA 11/05 n° 1224 ; Cass. com. 2-12-2008 n° 08-13.185 : RJDA 3/09 n° 231). En revanche, ce droit était refusé à l'usufruitier (Cass. 3e civ. 15-9-2016 n° 15-15.172 FS-PB : RJDA 12/16 n° 869).

DÉMEMBREMENT ET DROIT DE VOTE

Répartition du droit de vote entre les titulaires de droits démembrés 62081

Lorsque des parts de société civile font l'objet d'un démembrement de propriété, le droit de vote appartient à l'usufruitier pour les décisions concernant l'affectation des bénéfices et au nu-propriétaire pour toutes les autres décisions. Ce **critère légal** de répartition fondé sur l'objet de la décision est commun à toutes les sociétés dont le capital est divisé en parts sociales (C. civ. art. 1844, al. 3).

62082 Les règles légales de répartition du droit de vote entre nu-propriétaire et usufruitier exposées n° 62081 ne sont pas impératives. En effet, les **statuts** peuvent organiser une répartition différente (C. civ. art. 1844, al. 4).

Le nu-propriétaire et l'usufruitier peuvent par ailleurs, par **convention,** s'accorder pour que le droit de vote soit exercé par l'usufruitier (C. civ. art. 1844, al. 3), sans que les statuts puissent interdire ou limiter cette convention. Cette convention constitue un mandat portant sur l'exercice du droit de vote. Elle peut concerner tout ou partie des parts grevées d'usufruit. Elle doit être conclue entre un ou plusieurs usufruitiers et le ou les nus-propriétaires détenant la nue-propriété correspondante ; en cas d'indivision en usufruit ou en nue-propriété, chaque indivisaire doit consentir à la convention (en ce sens, R. Mortier, Maîtriser le nouvel exercice conventionnel par l'usufruitier du droit de vote du nu-propriétaire : JCP N 2019 n° 1288). La convention doit déterminer les décisions pour lesquelles le ou les usufruitiers exerceront le droit de vote : exercice du droit de vote dans toutes les assemblées, ou pour tel ou tel type de décisions. Même si la convention s'analyse en un mandat, elle peut, à notre avis, être conclue pour toute la durée de l'usufruit, ou pour une durée moindre, mais sans pour autant être nécessairement limitée à une seule assemblée (en ce sens, R. Mortier, Maîtriser le nouvel exercice conventionnel par l'usufruitier du droit de vote du nu-propriétaire : JCP N 2019 n° 1288 ; S. Castagné, Répartir conventionnellement l'exercice du droit de vote entre usufruitiers et nus-propriétaires : un exercice délicat ! : Dr. sociétés 2020 formule n° 1).

Par application du droit commun du mandat (C. civ. art. 2003), la convention peut être révoquée par le nu-propriétaire ou l'usufruitier peut y renoncer, et elle prend fin par le décès ou la mise sous tutelle du nu-propriétaire ou de l'usufruitier.

CONSEIL

Pour assurer une pleine efficacité à la convention, il convient, à notre avis, que la **société** soit dûment **informée** de son existence et de son contenu : parties à la convention, durée de celle-ci, portée sur l'exercice du droit de vote, etc. Usufruitier ou nu-propriétaire, voire les deux à la fois, peuvent procéder à cette information dans des conditions telles qu'envoi d'une lettre recommandée AR ou remise contre émargement ou récépissé comportant une copie de la convention qu'ils ont signée.

62084 Le nu-propriétaire pourrait ainsi être totalement privé de son droit de vote, sous les **limites** suivantes :

– même s'il ne doit pas prendre part au vote, le nu-propriétaire doit être convoqué aux assemblées et il doit lui être fourni les mêmes documents d'information qu'au titulaire du droit de vote (n° 62080) ;

– les engagements du nu-propriétaire ne peuvent pas être augmentés sans son accord (C. civ. art. 1836, al. 2). Ainsi, la société civile ne pourrait pas être transformée en société en nom collectif (dont les associés répondent indéfiniment et solidairement des dettes sociales) sans l'accord du nu-propriétaire ;

– les décisions collectives nécessitant l'unanimité des associés devraient à notre avis être soumises à l'accord du nu-propriétaire puisque celui-ci a la qualité d'associé.

L'usufruitier ne peut pas, pour sa part, être privé du droit de voter les décisions concernant l'affectation des bénéfices. La clause des statuts qui conférerait au nu-propriétaire le droit de vote pour toutes les décisions collectives et priverait ainsi l'usufruitier du droit de voter l'affectation des bénéfices serait nulle car contraire à l'article 578 du Code civil, qui attache à l'usufruit le droit d'user du bien et d'en percevoir les fruits (Cass. com. 31-3-2004 n° 03-16.694 : RJDA 6/04 n° 711). Par ailleurs, même lorsqu'il est privé du droit de vote par les statuts, l'usufruitier conserve le droit de participer aux décisions collectives (n° 62080).

ATTENTION

Lorsque l'**unanimité** des associés est **requise** pour toutes les décisions excédant les pouvoirs des gérants (cas où les statuts ne prévoient pas de règles de majorité : C. civ. art. 1852), les décisions d'affectation des bénéfices doivent à notre avis recueillir l'accord à la fois du nu-propriétaire, qui a la qualité d'associé, et de l'usufruitier, qui ne peut pas être privé du droit de voter l'affectation des bénéfices.

62086 **Exercice du droit de vote par les titulaires de droits démembrés** Le titulaire du droit de vote, selon le cas usufruitier ou nu-propriétaire, doit en tout état de cause exercer son droit dans le respect des droits fondamentaux de l'autre titulaire de droits démembrés.

Le **nu-propriétaire** « ne peut, par son fait, ni de quelque manière que ce soit, nuire aux droits de l'usufruitier » (C. civ. art. 599). La Cour de cassation a jugé que le nu-propriétaire n'avait pas un comportement abusif lorsqu'il s'opposait à la prorogation d'une société qui devait prendre fin par arrivée du terme initialement prévu (Cass. 1e civ. 8-3-1988 n° 86-11.144 : Bull. civ. I n° 67). La solution aurait peut-être été différente si, au lieu d'avoir une attitude passive (ne pas proroger), le nu-propriétaire avait eu une démarche active (dissoudre la société de manière anticipée) car, dans cette situation, la jouissance de l'usufruitier aurait été modifiée par rapport au contrat initial.

Réciproquement, l'abus de jouissance de son droit par l'**usufruitier** permettrait au nu-propriétaire d'en demander la déchéance sur le fondement de l'article 618 du Code civil. Jugé que n'a pas un comportement abusif l'usufruitier qui, conformément aux droits que lui reconnaissent les statuts, vote la fusion de la société, dès lors qu'il n'est pas établi que la décision a été prise dans un intérêt contraire à celui de la société, dans le seul dessein de favoriser les intérêts personnels de l'usufruitier au détriment de ceux des autres associés ; peu importe à cet égard que l'usufruitier n'ait pas tenu compte de l'opposition exprimée par le nu-propriétaire et que la délibération adoptée ait fait perdre au nu-propriétaire une prérogative essentielle sur la société (Cass. com. 2-12-2008 n° 08-13.185 : RJDA 3/09 n° 231). Dans la lignée de cette jurisprudence, jugé que l'usufruitier de la quasi-totalité des actions d'une SA à qui les statuts réservaient le droit de voter toute décision collective et qui avait approuvé en assemblée la transformation de la société en société en commandite par actions n'avait pas abusé de son droit, l'usufruitier n'ayant été animé que par la volonté de préserver et voir prospérer la société (CA Douai 13-2-2013 n° 11/05224 : RJDA 11/13 n° 905).

2. AUTRES PRÉROGATIVES DE GOUVERNEMENT

À côté du droit de participer aux décisions collectives et du droit de vote figurent d'autres prérogatives non pécuniaires dont la **répartition entre le nu-propriétaire et l'usufruitier** nécessite de distinguer selon les cas de figure. **62100**

Certains **droits** sont **ouverts à tout intéressé** sans considération de la qualité d'associé et peuvent donc être exercés tant par le nu-propriétaire que par l'usufruitier. Il s'agit notamment du droit d'agir en réparation de son préjudice personnel à l'encontre des gérants ou du droit de demander l'expertise de l'article 145 du CPC (demande, sur requête ou en référé, de mesures d'instruction lorsqu'il existe un motif légitime de conserver ou d'établir avant tout procès la preuve de faits dont pourrait dépendre la solution d'un litige). **62102**

D'autres droits ne peuvent, selon la loi, être exercés que par des **personnes ayant la qualité d'associé.** **62104**

Sont notamment en jeu :

- le droit de demander à tout moment au gérant de provoquer une délibération des associés sur une question déterminée (voir n° 8520) ;
- l'exercice ut singuli (par les associés eux-mêmes) de l'action sociale (voir nos 7865 s.) ;
- le droit de demander la dissolution de la société pour justes motifs (voir nos 24165 s.).

En principe, ces prérogatives devraient être **réservées au nu-propriétaire,** qui a seul la qualité d'associé (n° 62057). La Cour de cassation a toutefois admis que l'usufruitier de parts sociales peut provoquer une délibération des associés sur une question susceptible d'avoir une incidence directe sur son droit de jouissance des droits sociaux (Cass. com. avis 1-12-2021 n° 20-15.164 FS-D : RJDA 2/22 n° 79 et Cass. 3e civ. 16-2-2022 n° 20-15.164 FS-B : RJDA 5/22 n° 273, à propos d'un usufruitier de parts d'une société civile qui réclamait une délibération ayant pour objet la révocation du gérant et la nomination de cogérants). Ce nouveau critère d'**incidence directe sur le droit de jouissance des droits sociaux de l'usufruitier** retenu par la Cour devrait permettre à l'usufruitier d'exercer certaines autres prérogatives que la loi réserve en principe aux associés. Encore faudra-t-il, d'une part, qu'il démontre l'existence d'une incidence directe sur son droit de jouissance, ce qui pourra s'avérer périlleux (voir R. Mortier, La Cour de cassation tranche enfin : l'usufruitier n'est pas associé : BRDA 2/22 inf. 29) et, d'autre part, qu'il le soutienne devant le juge, celui-ci n'étant pas tenu de relever d'office ce point (en ce sens, Cass. 3e civ. 16-2-2022 n° 20-15.164 FS-B précité).

Enfin, il existe certaines prérogatives pour lesquelles la **loi n'apporte aucune précision.** Tel est le cas du droit de demander la nullité des délibérations irrégulières ou abusives. Une partie de la doctrine refuse tout droit en ce sens à l'usufruitier. D'autres auteurs préconisent une attribution alternative en fonction des droits respectifs de l'usufruitier et du nu-propriétaire (en ce sens, H. Hovasse, Le démembrement des droits sociaux : Dr. sociétés Actes pratiques 1994 n° 23 p. 6 n° 27). Enfin il a été proposé de reconnaître à l'usufruitier le droit d'agir contre une délibération qui porterait atteinte à son droit de jouissance et plus généralement s'il subit un dommage personnel (voir notamment J. Prieur, La vulnérabilité des démembrements sur titres – les conflits entre l'usufruitier et la société ou les dirigeants : Dr. et patrimoine 1995 hors-série p. 35 ; F. Zénati : Rép. sociétés Dalloz v° Usufruit de droits sociaux n° 403). Mais, compte tenu des critères retenus par la jurisprudence, la théorie de l'abus de majorité ou de minorité n'a pas pour vocation la défense d'un intérêt individuel mais bien celle de l'intérêt social ; l'usufruitier ne peut donc utilement y recourir qu'en cas d'atteinte à celui-ci. La recevabilité de l'action étant subordonnée à la **62108** démonstration d'un intérêt à agir (CPC art. 31), il appartiendra à l'usufruitier de démontrer que le vote émis porte tort à son droit de jouissance, voire même désormais, a une incidence directe sur son droit de jouissance des droits sociaux (Cass. com. avis 1-12-2021 n° 20-15.164 FS-D : RJDA 2/22 n° 79 et Cass. 3e civ. 16-2-2022 n° 20-15.164 FS-B : RJDA 5/22 n° 273) ; après quoi, il n'aura gain de cause que s'il établit que le vote est contraire à l'intérêt social et tend à nuire aux minoritaires ou majoritaires.

3. DROIT AUX BÉNÉFICES

PRINCIPES

62120 L'usufruitier a droit aux bénéfices afférents aux droits sociaux qu'il détient. La notion de bénéfice s'entend ici du **bénéfice distribué,** et non du bénéfice distribuable : c'est la décision de distribution prise par les associés qui fait naître le droit de l'usufruitier (en ce sens, notamment, Cass. com. 5-10-1999 n° 1443 : RJDA 1/00 n° 34 ; Cass. com. 28-11-2006 n° 1344 : RJDA 2/07 n° 152 ; Cass. com. 10-2-2009 n° 07-21806 : RJF 5/09 n° 514 ; Cass. com. 31-3-2009 n° 08-14.053 : RJF 7/09 n° 698 ; Cass. com. 14-12-2010 n° 09-72.267 : RJDA 2/11 n° 147). À compter de cette décision, l'usufruitier devient créancier de la société à hauteur de la quote-part de résultat distribué lui revenant.

62122 Le résultat devenant un fruit à partir de la décision d'affectation, l'usufruitier ne peut faire valoir aucun droit sur les **bénéfices en instance d'affectation ou mis en réserve.** Ceux-ci, jusqu'à la décision de distribution, accroissent le capital et donc la base sur laquelle portent les droits des nus-propriétaires.

ATTENTION

Au **plan fiscal,** le bénéfice réalisé par une société non soumise à l'impôt sur les sociétés (ce qui est généralement le cas des sociétés civiles de patrimoine) est en principe taxé entre les mains de l'usufruitier, même s'il est mis en réserve (voir nos 62590 s.).

ORIGINE DES DISTRIBUTIONS

62124 En l'absence de disposition spécifique des statuts, le droit de l'usufruitier au bénéfice distribué s'exerce à notre avis quelle que soit l'origine de ce bénéfice : **résultat courant ou opérations exceptionnelles.**

Il convient, en revanche, de distinguer selon que le bénéfice distribué est prélevé sur le bénéfice de l'exercice ou sur les réserves. L'usufruitier a droit au **bénéfice distribué de l'exercice.** En revanche, c'est le nu-propriétaire qui a en principe droit aux **distributions de réserves** : les bénéfices mis en réserve constituent un accroissement de l'actif social et reviennent en tant que tel au nu-propriétaire, qui doit seul bénéficier des fonds provenant de leur distribution (en ce sens, Cass. 1e civ. 22-6-2016 n° 15-19.471 : BRDA 13/16 inf. 1). Toutefois, dans deux décisions rendues en matière fiscale, la chambre commerciale de la Cour de cassation a expressément reconnu au profit de l'usufruitier des droits sociaux un quasi-usufruit sur les réserves distribuées (Cass. com. 27-5-2015 n° 14-16.246 : BPAT 4/15 inf. 124, voir n° 62952 ; Cass. com. 24-5-2016 n° 15-17.788 : BPAT 4/16 inf. 168). Le quasi-usufruit autorise l'usufruitier à percevoir les sommes distribuées, mais à charge pour lui de les restituer au nu-propriétaire à la fin de l'usufruit (C. civ. art. 587). Au final, le bénéficiaire ultime des distributions de réserves reste donc le nu-propriétaire.

Les **statuts** peuvent toutefois déroger à ces règles et prévoir, par exemple, que les sommes distribuées seront réparties entre l'usufruitier et le nu-propriétaire, chacun d'eux recevant une quote-part en pleine propriété déterminée en fonction de l'espérance de vie de l'usufruitier et du taux d'intérêt du placement de la somme, ou encore qu'en cas d'utilisation de réserves pour maintenir le niveau d'un dividende, les sommes reviendront au seul usufruitier. Les statuts pourraient également imposer le remploi des sommes avec report du démembrement de propriété.

4. DROIT DE DISPOSER DES TITRES

CESSION DES TITRES PAR LES TITULAIRES DE DROITS DÉMEMBRÉS

62140 Sous réserve du cas particulier où les parts de la société civile feraient partie d'un portefeuille de valeurs mobilières (nos 62340 s.), ni l'usufruitier ni le nu-propriétaire ne peut disposer seul de la **pleine propriété des droits** sociaux sur lesquels porte le démembrement. Chacun peut seulement céder son propre droit, l'**usufruit** pour l'usufruitier, la **nue-propriété** pour le nu-propriétaire. Ajoutons que le droit reconnu à chacun de céder son droit peut être restreint par certaines clauses insérées lors de la constitution du démembrement ; ce sera le cas, par exemple, des clauses d'inaliénabilité généralement insérées dans les donations avec réserve d'usufruit.

62145 **Agrément en cas de cession de parts démembrées** Il ne fait aucun doute que les opérations portant sur la **nue-propriété des parts** sociales doivent être agréées. Céder la nue-propriété des parts à un tiers revient en effet à lui transférer la qualité d'associé, ce qui justifie le contrôle des autres associés.

62147 Dès lors que l'usufruitier n'a pas la qualité d'associé (n° 62057), la question de la nécessité d'un agrément pour la cession isolée ou la constitution d'un **droit d'usufruit** est plus délicate.

À défaut de disposition expresse des statuts, il convient à notre avis de distinguer l'acquisition de la qualité d'usufruitier (incluant notamment le droit de recevoir le dividende) qui, sauf clause spéciale, ne devrait pas requérir l'agrément, de la possibilité pour l'usufruitier de participer aux décisions collectives qui, compte tenu de l'intuitus personae qui domine dans la société civile, devrait être subordonnée à l'agrément des autres associés. À défaut d'agrément de l'usufruitier, le nu-propriétaire serait conduit à exercer les prérogatives attachées aux parts, sauf à restituer à l'usufruitier les dividendes qu'il aurait perçus.

Pour éviter toute incertitude, mieux vaut régler expressément **dans les statuts** l'agrément des usufruitiers.

62150 **Répartition du prix de cession entre les titulaires de droits démembrés** La cession des droits sociaux se traduit en principe par le partage du prix entre le nu-propriétaire et l'usufruitier, au prorata de la valeur de leurs droits respectifs. Cela dit, rien n'empêche les parties de convenir d'un report du démembrement sur le prix (voir n° 62036).

RETRAIT DE LA SOCIÉTÉ EN CAS DE DÉMEMBREMENT DES PARTS

62155 Dans les sociétés civiles, si les statuts l'ont prévu ou si les associés y consentent à l'unanimité, la faculté de retrait est offerte aux associés. Ce retrait peut également être autorisé pour justes motifs par une décision de justice (C. civ. art. 1869).

Dès lors que le **nu-propriétaire** est seul associé (n° 62057), faut-il en déduire qu'il peut **demander le retrait** sans consulter l'usufruitier, voire contre l'opposition de celui-ci ?

La doctrine majoritaire apporte une réponse négative à cette question, en application de l'article 599 du Code civil qui interdit au nu-propriétaire de nuire de son fait aux droits de l'usufruitier. Or le retrait prive ce dernier de ses droits aux dividendes en faisant disparaître les parts soumises à son usufruit. Une intervention conjointe du nu-propriétaire et de l'usufruitier apparaît donc nécessaire (en ce sens, notamment, Th. Bonneau, note sous CA Paris 25-3-1997 : Dr. sociétés 1997 comm. 118 ; J. Prieur, Dr. et patrimoine hors série janvier 1995 p. 30 s.). Dans un arrêt rendu au bénéfice d'héritiers de parts d'une société d'attribution d'immeuble en jouissance à temps partagé (société de pluripropriété), la cour d'appel de Paris semble retenir que les nus-propriétaires n'auraient pu exercer leur droit de retrait de la société avant le décès de l'usufruitier sans nuire aux droits de ce dernier (CA Paris 15-9-2017 n° 15/19294 : BPAT 6/17 inf. 269). La portée de cet arrêt doit toutefois être nuancée, dans la mesure où une disposition des statuts de la société exigeait le concours du nu-propriétaire et de l'usufruitier pour tout acte grave, parmi lesquels le retrait.

Le tribunal de grande instance de Paris a par ailleurs jugé que l'**usufruitier** n'est susceptible de **s'opposer** à l'exercice du droit de retrait par le nu-propriétaire pour juste motifs que pour autant qu'il démontre que l'exercice de ce droit lui fait directement grief. En l'occurrence, le tribunal a considéré qu'aucun élément ne permettait de retenir que le retrait sollicité par le nu-propriétaire aurait nui à l'exercice des droits de l'usufruitier, qu'il s'agisse de l'affectation des bénéfices ou de la substance même de l'usufruit (TGI Paris 8-1-2014 n° 12/17590 : BPAT 6/14 inf. 259). On observera que dans l'espèce jugée, l'usufruitier détenait des parts sociales en pleine propriété et que son usufruit grevait également d'autres parts que celles de l'associé retrayant : il n'était donc pas évincé de la société par le retrait du nu-propriétaire. Toutefois, le retrait du nu-propriétaire avait obligatoirement une incidence pour l'usufruitier puisqu'une partie de l'actif social sortait ainsi de la société, réduisant la base sur laquelle portaient ses droits. Par ailleurs, le tribunal a relevé que l'usufruitier, qui était gérant de la société civile, ne communiquait pas au nu-propriétaire les documents sociaux en temps utile et prenait des décisions allant à l'encontre des intérêts de celui-ci, justifiant la demande de retrait de la société. Dans d'autres circonstances, la solution aurait peut-être été différente.

62157 Suite à l'exercice du droit de retrait, l'usufruit devrait être reporté sur l'**actif attribué dans le cadre du retrait** (somme d'argent – l'usufruit devenant alors un quasi-usufruit – ou autre).

Les détenteurs de droits démembrés pourraient toutefois prévoir d'un commun accord une répartition des actifs obtenus en pleine propriété.

DISSOLUTION DE LA SOCIÉTÉ DONT LES PARTS SONT DÉMEMBRÉES

62160 Lors de la dissolution de la société dont les titres sont démembrés, le boni de liquidation – comme le remboursement des apports – revient au nu-propriétaire mais, sauf convention contraire des parties, reste soumis à l'usufruit : l'usufruit se trouve reporté, par subrogation réelle, sur les **biens attribués** au nu-propriétaire. S'il s'agit d'une **somme d'argent,** l'usufruit devient un quasi-usufruit : l'usufruitier peut disposer de la somme versée par la société, à charge pour lui de la restituer à la fin de l'usufruit et, le cas échéant, d'employer ou de fournir caution conformément aux articles 601 et 602 du Code civil (nº 62022). Là encore, l'établissement d'une convention (clause statutaire ou convention concomitante à la décision de dissolution) permettra de préciser les rapports entre les parties relativement aux biens subrogés (remploi des sommes, caution du quasi-usufruitier, etc.).

C. Démembrement portant sur les biens détenus par la société

1. SOCIÉTÉ CIVILE IMMOBILIÈRE

RÈGLES GÉNÉRALES

62200 Une société civile immobilière peut détenir l'usufruit ou la nue-propriété d'un ou plusieurs immeubles. Le démembrement de propriété peut porter sur des biens qui ont été apportés à la société par ses associés ou sur des biens qu'elle a elle-même acquis en cours de vie sociale. Lorsque la société détient l'usufruit, la durée de cet usufruit ne peut pas excéder trente ans (voir nº 62030).

De façon générale, l'usufruit confère à son titulaire non seulement le droit d'usage (usus), mais aussi le droit aux fruits (fructus). Le bénéficiaire d'un usufruit sur un immeuble peut ainsi l'utiliser pour son propre usage ou encore le donner en location et en percevoir les loyers. Il s'agit d'un droit réel qui peut être donné en garantie ou cédé à une autre personne.

a. Pouvoirs d'administration et de gestion des biens immobiliers démembrés

PRINCIPES DE RÉPARTITION DES POUVOIRS ENTRE TITULAIRES DE DROITS DÉMEMBRÉS

62210 D'une manière générale, l'**usufruitier** est autorisé à accomplir seul tous les actes d'administration correspondant à la gestion normale d'un patrimoine. C'est en effet l'usufruitier qui est, au premier chef, concerné par la gestion et l'administration : il profite du bien directement s'il en use, indirectement s'il en retire des revenus. De plus, l'article 578 du Code civil lui impose d'en conserver la substance et donc de l'entretenir en conséquence.

Pour les actes particulièrement importants, le **nu-propriétaire** peut être amené à intervenir conjointement avec l'usufruitier. Il s'agit principalement des cas où les décisions prises pourraient avoir des conséquences graves sur la substance du bien.

S'agissant de la gestion et de l'administration d'un patrimoine immobilier, la question de la répartition des pouvoirs entre nu-propriétaire et usufruitier se pose surtout lors de la conclusion des baux et lors des assemblées de copropriétaires.

CONCLUSION DES BAUX D'IMMEUBLES DÉMEMBRÉS

62215 **Règles légales** L'article 595 du Code civil définit les pouvoirs de l'usufruitier pour la conclusion des baux en effectuant une distinction selon leur nature.

L'usufruitier peut passer seul les **baux d'habitation ou à usage professionnel.** Cependant, si le bail est consenti pour une durée supérieure à neuf ans, le preneur a tout intérêt à ce que le nu-propriétaire intervienne au contrat. À défaut, en cas de cessation de l'usufruit, le bail ne serait opposable au nu-propriétaire (devenu alors plein propriétaire) que pour le temps restant à courir, soit de la première période de neuf ans si les parties s'y trouvent encore, soit de la seconde, et ainsi de suite de sorte que le preneur n'ait que le droit d'achever la jouissance de la période de neuf ans où il se trouve (C. civ. art. 595, al. 2).

Par ailleurs, pour le cas où le bail serait conclu en fraude de ses droits, le nu-propriétaire pourrait intenter une action pour obtenir la nullité du bail. Le caractère frauduleux du bail est laissé à la libre appréciation des tribunaux. En pratique, l'usufruitier doit veiller à ne pas consentir un bail pour un loyer inférieur à ceux pratiqués habituellement, ni consentir des avantages démesurés au locataire.

ATTENTION

L'usufruitier a seul **qualité pour délivrer un congé** et agir en justice en vue de le faire valider ; le nu-propriétaire ne dispose pas de ce droit. Par ailleurs, en cas de congé pour reprise en vue de l'occupation du bien, c'est à l'égard de l'usufruitier que s'apprécie le lien familial du bénéficiaire de la reprise (Cass. 3e civ. 26-1-2022 nº 20-20.223 FS-B : BPAT 2/22 inf. 76).

L'usufruitier doit recueillir l'accord du nu-propriétaire pour la conclusion des **baux portant sur des biens ruraux ou sur des immeubles à usage commercial, industriel ou artisanal** (C. civ. art. 595, al. 4). **62217**

Si l'usufruitier passe seul l'acte, le contrat de bail est nul. Il s'agit d'une nullité relative qui ne peut être invoquée que par le nu-propriétaire (en ce sens, notamment, Cass. 3e civ. 14-11-2007 nº 06-17.412 : RJDA 4/08 nº 384). Le droit d'invoquer la nullité du bail persiste au profit du nu-propriétaire, même après reconstitution de la pleine propriété. La Cour de cassation a ainsi jugé que le nu-propriétaire qui hérite de l'usufruitier n'est pas pour autant privé, après la reconstitution de la pleine propriété, de la possibilité d'invoquer la nullité du bail rural ou commercial que l'usufruitier avait consenti sans avoir requis son autorisation (Cass. 3e civ. 9-12-2009 nº 08-20.133 : Bull. civ. III nº 271).

Cependant, si le nu-propriétaire ne veut pas donner son accord sans que cela soit justifié, l'usufruitier a la possibilité de demander au tribunal de l'autoriser à passer l'acte en dépit du refus du nu-propriétaire.

Les mêmes règles sont applicables pour le renouvellement du bail : l'usufruitier ne peut pas accepter le renouvellement d'un bail commercial sans le concours du nu-propriétaire (Cass. 3e civ. 24-3-1999 nº 97-16.856 : RJDA 5/99 nº 525). En revanche, l'usufruitier est qualifié pour refuser seul le renouvellement du bail, en offrant le paiement d'une indemnité d'éviction au preneur (Cass. 3e civ. 9-12-2009 nº 08-20.512). Jugé que dans l'hypothèse où le refus de renouvellement du bail a été délivré conjointement par l'usufruitier et le nu-propriétaire, cette circonstance ne suffit pas à rendre le nu-propriétaire codébiteur de l'indemnité : l'usufruitier ayant seul la qualité de bailleur, dont il assume toutes les obligations à l'égard du locataire, il est seul redevable de l'indemnité d'éviction, qui a pour objet de compenser le préjudice causé au locataire par le défaut de renouvellement du bail (Cass. 3e civ. 19-12-2019 nº 18-26.162 FS-PBI : RJDA 3/20 nº 186).

> Précisions a. La demande de renouvellement d'un bail commercial adressée uniquement à l'usufruitier est nulle, le locataire de locaux commerciaux devant adresser sa demande à l'usufruitier et au nu-propriétaire (en ce sens, notamment, Cass. 3e civ. 19-10-2017 nº 16-19.843 F-D : BPAT 1/18 inf. 35).

b. La condition de concours du nu-propriétaire s'applique à tous les **baux portant sur un fonds rural,** qu'ils paraissent ou non soumis au **statut du fermage** lors de la conclusion du contrat. L'usufruitier ne peut en conséquence passer seul une convention pluriannuelle de pâturage (Cass. 3e civ. 29-11-2018 nº 17-17.442 F-PBI : BPAT 1/19 inf. 29). De même, l'accord du nu-propriétaire est requis pour mettre des terres agricoles à disposition d'une Safer : la convention de mise à disposition de parcelles agricoles au profit d'une Safer, si elle déroge au statut du fermage, s'analyse en un bail rural et ne peut donc pas être conclue par l'usufruitier seul (Cass. 3e civ. 22-10-2020 nº 19-16.812 F-D : BPAT 1/21 inf. 35).

Répartitions conventionnelles Il est possible de déroger aux règles légales et de prévoir une répartition différente des pouvoirs, soit en renforçant la gestion conjointe, soit au contraire en attribuant la totalité des pouvoirs à l'usufruitier ou au nu-propriétaire agissant seul. Cette dérogation conventionnelle est possible soit au moment de l'acte constitutif du démembrement, soit postérieurement, par exemple au moyen d'un mandat. **62220**

On pourrait ainsi prévoir que l'usufruitier ne pourra passer des **baux d'habitation** qu'avec l'accord préalable du nu-propriétaire. La loi confère au locataire d'habitation des droits très importants (droit de préemption en cas de vente, augmentation limitée du loyer, etc.) qui peuvent se révéler un handicap lorsque le nu-propriétaire deviendra pleinement propriétaire. Il peut donc être utile de l'associer au choix du locataire et à la négociation du bail.

À l'inverse, des impératifs d'efficacité dans la gestion peuvent conduire à permettre à l'usufruitier de conclure seul un **bail commercial ou rural.**

ASSEMBLÉES DE COPROPRIÉTAIRES D'IMMEUBLES DÉMEMBRÉS

La loi fixant le statut de la copropriété des immeubles bâtis prévoit que, lorsque l'immeuble est l'objet d'un démembrement de propriété, l'usufruitier et le nu-propriétaire doivent être représentés aux assemblées par un **mandataire commun** qui peut être soit un tiers, soit l'un d'eux. **62225**

À défaut d'accord, les règles sont les suivantes (Loi 65-557 du 10-7-1965 art. 23 ; Décret 67-223 du 17-3-1967 art. 61). En cas d'usufruit sur l'immeuble, les intéressés sont représentés par le nu-propriétaire ; en cas de pluralité de nus-propriétaires, le mandataire commun est, à défaut d'accord, désigné par le président du tribunal judiciaire saisi par l'un d'eux ou par le syndic et statuant selon la procédure accélérée au fond (désignation judiciaire aux frais des nus-propriétaires). Dans les autres hypothèses de démembrement du droit de propriété (cas, par exemple, de lots grevés d'un droit d'usage et d'habitation), à défaut d'accord, les intéressés sont représentés par le propriétaire.

b. Prérogatives et obligations pécuniaires des titulaires de droits démembrés sur un immeuble

REVENUS DE L'IMMEUBLE DÉMEMBRÉ

62250 L'usufruit emporte le droit, pour son titulaire, de percevoir les fruits du bien dont la propriété est démembrée, notamment les loyers des immeubles loués.

CHARGES D'ENTRETIEN ET DE RÉPARATION DE L'IMMEUBLE DÉMEMBRÉ

62255 **Critères de distinction des charges** La loi organise la répartition des charges en effectuant une distinction entre les réparations d'entretien qui sont à la charge de l'usufruitier et les grosses réparations qui demeurent à la charge du nu-propriétaire (C. civ. art. 605).

L'article 606 du Code civil dresse une **liste des grosses réparations** : ce sont « celles des gros murs et des voûtes, le rétablissement des poutres et couvertures entières, des digues, murs de soutènement et clôtures aussi en entier. Toutes les autres réparations sont d'entretien ».

Dans un arrêt de principe rendu en 2005, la troisième chambre civile de la Cour de cassation a donné une **définition générale des grosses réparations et des réparations d'entretien** : « au sens de l'article 606 du Code civil, les réparations d'entretien sont celles qui sont utiles au maintien permanent en bon état de l'immeuble tandis que les grosses réparations intéressent l'immeuble dans sa structure et sa solidité générale » (Cass. 3e civ. 13-7-2005 no 04-13.764 : RJDA 12/05 no 1323).

Dans un arrêt rendu en matière d'impôt sur la fortune, la chambre commerciale de la Cour de cassation a précisé la **distinction** entre la notion de grosses réparations au sens de l'article 606 du Code civil et la notion de **travaux d'amélioration,** jugeant que les travaux de démolition, puis de reconstruction d'une habitation d'une superficie supérieure, de construction d'une piscine et d'aménagement du terrain réalisés par l'usufruitier d'une propriété ne correspondent pas à des grosses réparations au sens de cet article, mais à des dépenses d'amélioration ; dès lors, l'administration ne pouvait remettre en cause la déduction par l'usufruitier de la dette contractée pour ces travaux au motif qu'ils auraient incombé aux nus-propriétaires (Cass. com. 12-6-2012 no 11-11.424 : RJF 10/12 no 962). En l'espèce, les bâtiments existants n'avaient pas été « réparés » mais démolis pour permettre la construction d'un nouvel ensemble ; la Cour juge qu'il ne pouvait donc s'agir que d'améliorations librement apportées au fonds par l'usufruitier et restant à la charge définitive de ce dernier (voir ci-après no 62257 in fine). On peut s'interroger cependant sur cette analyse consistant à considérer que la démolition suivie de la reconstruction d'un bien plus grand est une simple amélioration (voir notamment F. Zenati-Castaing et Th. Revet, Droit civil, Les biens : PUF, 3e éd. 2008 no 148).

62257 **Obligation aux charges des titulaires de droits démembrés** L'**usufruitier** est tenu d'entretenir l'immeuble (C. civ. art. 605) et de payer les charges usufructuaires (réfection des peintures, taxe foncière, etc.).

À l'inverse, le **nu-propriétaire** n'est pas obligé d'effectuer les dépenses de grosses réparations et l'usufruitier ne peut pas le contraindre à les faire (en ce sens, par exemple, Cass. 3e civ. 28-11-2006 no 05-15.750 ; Cass. 1e civ. 28-10-2009 no 07-12.488 ; Cass. 1e civ. 18-12-2013 no 12-18.537 : BPAT 1/14 inf. 27). Cette solution, qui est préjudiciable à la bonne conservation du bien, est la conséquence de l'indépendance des droits de l'usufruitier et du nu-propriétaire : l'usufruit n'impose aucune obligation positive au nu-propriétaire. Elle s'explique aussi par le fait que le nu-propriétaire ne perçoit pas de revenus et peut se trouver dans l'impossibilité de financer ces travaux. Mais cette règle n'est pas d'ordre public et il est possible d'y déroger par convention (voir ci-après no 62260).

En l'absence de réalisation des travaux par le nu-propriétaire, l'**usufruitier** peut être amené à **prendre** effectivement **à sa charge des dépenses de grosses réparations** qui normalement devraient être effectuées par le nu-propriétaire. Il peut le faire soit de sa propre initiative, soit à la demande de son locataire, lorsque le bien est loué : dans ce dernier cas, en effet, il est lui-même tenu, en tant que bailleur, de faire toutes les réparations (autres que locatives), sans qu'il y ait lieu de distinguer entre les réparations d'entretien et les grosses réparations (en ce sens, par exemple, Cass. 3e civ. 28-6-2006 no 05-15.563 : RJDA 11/06 no 1183). L'usufruitier peut alors, sur le fondement de l'enrichissement injustifié, obtenir un dédommagement de la part du nu-propriétaire (en ce sens, Cass. civ. 17-7-1911 : DP 1911 I p. 457). Cependant, cette indemnisation ne peut intervenir qu'à l'expiration de l'usufruit et n'est pas calculée en fonction de la dépense faite mais en fonction de la plus-value procurée à l'immeuble et existant encore au moment de la cessation de l'usufruit. En outre, aucune indemnisation n'est jamais due pour les **dépenses d'amélioration** (C. civ. art. 599, al. 2).

> **Précisions** Lorsque l'usufruitier fait lui-même exécuter des travaux de grosses réparations, il est maître de l'ouvrage, mais l'**action en garantie décennale** semble lui être fermée, de même que tout recours contre l'assureur en responsabilité décennale de l'entreprise qui exécute les travaux. Statuant sur l'action d'un **usufruitier** contre une entreprise qu'il avait chargée de réaliser la charpente métallique et le revêtement d'un bâtiment à usage commercial, la Cour de cassation a en effet jugé que l'usufruitier, quoique titulaire du droit de jouir de la chose, n'en est pas le propriétaire ; il ne peut donc pas exercer, en sa seule qualité, l'action en garantie décennale que la loi attache à la propriété de l'ouvrage (Cass. 3e civ. 16-11-2022 n° 21-23.505 FS-B : BPAT 1/23 inf. 41). La Cour reconnaît néanmoins à l'usufruitier la faculté d'exercer l'action en responsabilité de droit commun en réparation des dommages que lui cause la mauvaise exécution des contrats conclus.
> Jugé en outre que, l'action en garantie décennale étant attachée à la propriété de l'ouvrage, le **nu-propriétaire** d'un terrain sur lequel l'usufruitier a fait édifier une construction nouvelle (en l'espèce une piscine) n'a pas qualité pour exercer l'action relative à cet ouvrage, dès lors que le droit d'accession du nu-propriétaire du fonds sur lequel l'usufruitier a élevé la construction n'opère, en vertu de l'article 555 du Code civil et en l'absence de convention réglant le sort de cette construction, qu'à la fin de l'usufruit (Cass. 3e civ. 13-4-2023 n° 22-10.487 FS-B : BPAT 4/23 inf. 185).

Solutions conventionnelles Les règles légales de répartition des charges entre usufruitier et nu-propriétaire ne sont pas toujours satisfaisantes et, lorsqu'elles sont incertaines, peuvent être source de conflits. Il peut dès lors être envisagé de définir conventionnellement et aussi précisément que possible la **répartition des charges** entre les titulaires des droits démembrés (par exemple : dépenses d'installation ou de remplacement d'un ascenseur dans un immeuble). 62260

On peut aussi prévoir, y compris dans l'acte constitutif d'usufruit, que le **nu-propriétaire** sera **obligé d'effectuer** un certain nombre de travaux. Est par exemple valable la clause de la donation d'un immeuble avec réserve d'usufruit qui contraint le nu-propriétaire à exécuter les grosses réparations nécessaires (Cass. 1e civ. 23-1-2007 n° 06-16.062 : RJDA 8-9/07 n° 914). Encore faut-il que la clause ne se contente pas de stipuler que les grosses réparations restent « à la charge » du nu-propriétaire, ce qui ne ferait que reprendre les dispositions légales ; elle doit clairement faire apparaître l'obligation imposée au nu-propriétaire de procéder au financement des réparations dès qu'elles sont nécessaires sous peine de révocation de la donation ou encore préciser expressément le droit que se réserve l'usufruitier de le contraindre à s'exécuter.

Il est également possible de mettre les **grosses réparations à la charge de l'usufruitier,** en prévoyant que le nu-propriétaire devra une indemnité à l'usufruitier en fonction d'un mode de calcul plus généreux que celui prévu par la loi ou au contraire qu'aucune indemnité ne sera due.

Cas particulier : immeuble en copropriété En matière de copropriété, le nu-propriétaire et l'usufruitier sont **obligés de payer chacun** les charges qui leur incombent légalement dès lors qu'elles ont été décidées par l'assemblée des copropriétaires. 62262

Jugé par ailleurs que la **clause de solidarité** entre le nu-propriétaire et l'usufruitier contenue dans un règlement de copropriété est licite ; en présence d'une telle clause, le nu-propriétaire et l'usufruitier sont solidairement tenus du paiement des charges de copropriété envers le syndicat des copropriétaires (Cass. 3e civ. 14-4-2016 n° 15-12.545).

RÉPARTITION DU PRIX DE VENTE DE L'IMMEUBLE DÉMEMBRÉ

La nue-propriété et l'usufruit ont chacun une valeur propre. En cas de vente conjointe par les deux titulaires de droits démembrés, le prix est réparti entre l'usufruit et la nue-propriété selon la valeur respective de chacun de ces droits, sauf accord des parties pour reporter l'usufruit sur le prix (C. civ. art. 621, al. 1). Les parties ont ainsi la possibilité de substituer au partage du prix le report du démembrement dans le cadre de l'acquisition d'un nouveau bien ou la mise en place d'un quasi-usufruit au profit de l'usufruitier. 62265

2. SOCIÉTÉ CIVILE DE PORTEFEUILLE

La société civile de portefeuille peut être titulaire de droits en usufruit ou en nue-propriété sur des actions, parts sociales, obligations ou valeurs mobilières composées. La question de la répartition des pouvoirs entre la société usufruitière ou nu-propriétaire et les autres titulaires du droit démembré se pose essentiellement au regard du droit de vote, du droit aux bénéfices et du droit de disposer des titres et valeurs composant le portefeuille. 62280

a. Droit de vote attaché aux titres démembrés

ACTIONS ET PARTS SOCIALES

62285 On a vu (n° 62081) que lorsque le démembrement porte sur des **parts sociales** (droits dans les sociétés dont le capital n'est pas divisé en actions : sociétés civiles, SNC ou SARL notamment), le critère de répartition du droit de vote entre titulaires de droits démembrés est fondé sur l'objet de la décision : le droit de vote appartient à l'usufruitier pour les décisions concernant l'affectation des bénéfices et au nu-propriétaire pour les autres décisions. Toutefois, les parties peuvent convenir d'une autre répartition sous les limites exposées nos 62082 s.

Les mêmes règles s'appliquent dans les **sociétés par actions simplifiées** (SAS).

62287 Dans les **autres sociétés par actions** (sociétés anonymes notamment), la règle est quelque peu différente : le droit de vote attaché à l'action appartient à l'usufruitier dans les assemblées générales ordinaires et au nu-propriétaire dans les assemblées générales extraordinaires (C. com. art. L 225-110). C'est donc la nature de l'assemblée amenée à se prononcer qui importe, indépendamment de l'objet de la décision. Les statuts peuvent toutefois déroger à ces dispositions, à condition de ne pas priver l'usufruitier de son droit de voter l'affectation des bénéfices et de respecter le droit de chacun de participer aux assemblées.

OBLIGATIONS ET VALEURS MOBILIÈRES DONNANT ACCÈS AU CAPITAL

62290 En ce qui concerne le droit de vote, les obligataires sont compétents pour délibérer « sur toutes mesures ayant pour objet d'assurer la défense des intérêts communs des obligataires ainsi que sur toute proposition tendant à la modification du contrat » (C. com. art. L 228-65). De même, les titulaires de valeurs mobilières donnant accès au capital (par exemple, obligations convertibles ou obligations avec bon de souscription d'actions) doivent être appelés à « autoriser toutes modifications au contrat d'émission et à statuer sur toute décision touchant aux conditions de souscription ou d'attribution de titres de capital déterminées au moment de l'émission » (C. com. art. L 228-103).

En cas de démembrement, le droit de vote appartient au seul nu-propriétaire (C. com. art. L 228-66 et L 228-103), alors pourtant que de nombreuses décisions peuvent concerner l'usufruitier. Ce dernier dispose cependant de la possibilité de poursuivre le nu-propriétaire en **dommages et intérêts** (sur le fondement de l'article 599 du Code civil) si ce dernier a agi contre les intérêts de l'usufruitier en votant, par exemple, le report de l'échéance du paiement des intérêts ou la modification du taux (C. com. art. L 228-65, 5°).

Pour éviter tout risque de contentieux, le nu-propriétaire et l'usufruitier peuvent se concerter et le nu-propriétaire pourrait tout à fait investir l'usufruitier d'un **mandat** pour voter, le choix du mandataire étant libre (C. com. art. L 228-61, al. 2 et L 228-103).

b. Droit aux bénéfices attaché aux titres démembrés

ACTIONS ET PARTS SOCIALES

62300 L'usufruitier a droit aux bénéfices afférents aux droits sociaux – parts ou actions – qu'il détient. Le droit de l'usufruitier porte sur les **bénéfices distribués de l'exercice.** C'est à compter de la date de l'assemblée décidant la distribution que l'usufruitier devient créancier de la société, à hauteur de la quote-part de résultat distribué lui revenant (voir nos 62120 s.).

OBLIGATIONS

62310 Pendant la durée de vie de l'obligation, l'usufruitier a droit aux fruits, c'est-à-dire aux **intérêts versés.**

Lorsque le démembrement porte sur des **obligations complexes,** telles qu'obligations à primes, à lots ou à coupon zéro, l'application de ce principe est plus délicate. Tous ces titres ont pour caractéristiques l'accroissement du capital remboursé et, en contrepartie, la réduction de l'intérêt servi. Doit-on dès lors considérer que l'accroissement du capital, correspondant en quelque sorte à un intérêt capitalisé, revient à l'usufruitier ? La réponse semble devoir être négative, sauf convention contraire faisant de la capitalisation un fruit par la volonté de l'homme. À défaut de convention lui donnant un droit direct sur la capitalisation, l'usufruitier aura un droit sur les revenus de la somme capitalisée, une fois que cette somme aura été placée sur un actif frugifère.

c. Droit de disposer des titres démembrés

RÈGLES GÉNÉRALES

En principe, ni l'usufruitier ni le nu-propriétaire ne peut disposer seul de la pleine propriété des droits sociaux – **parts ou actions** – sur lesquels porte le démembrement. Chacun ne peut céder que son droit propre. 62330

L'impossibilité, tant pour l'usufruitier que pour le nu-propriétaire, de disposer seul de la pleine propriété des titres entraîne une lourdeur de gestion. Différentes techniques juridiques s'offrent aux parties pour **obtenir conventionnellement la souplesse** qu'elles peuvent souhaiter : mandat de gestion classique ou, pour éviter le risque de révocabilité, mandat d'intérêt commun, qualification volontaire des titres en choses consomptibles de façon à permettre l'établissement d'un quasi-usufruit (sous réserve de la validité juridique de cette technique : voir n° 62022, Précisions). Les parties peuvent également introduire diverses clauses contractuelles telle la clause de cession conjointe, qui impose à celui qui cède son droit démembré d'obtenir de son acquéreur qu'il propose de racheter l'autre fraction démembrée du titre cédé sur la base d'une valorisation en pleine propriété identique, ou encore la clause de cession forcée, qui impose au détenteur d'un droit démembré de le céder lorsque le détenteur de l'autre droit cède le sien. Il peut être prévu également une clause de préemption unilatérale ou réciproque, ou encore la clause dite de « buy or sell » permettant à chacun des titulaires de droits démembrés de proposer l'achat du droit de l'autre et obligeant l'autre en cas de refus à acheter le droit de l'offreur.

En cas de cession conjointe par l'usufruitier et le nu-propriétaire de leurs droits respectifs, le **produit de la cession** des droits sociaux sur lesquels porte le démembrement est, sauf convention contraire prévoyant le report du démembrement sur le prix, réparti entre eux au prorata de la valeur respective de leurs droits.

Les principes sont les mêmes lorsque le démembrement porte sur des **obligations** ou des valeurs mobilières donnant accès au capital. En cas de cession conjointe de l'obligation avant l'échéance, le **prix de cession** est réparti entre l'usufruitier et le nu-propriétaire au prorata de la valeur respective de leurs droits (sauf convention contraire des parties). 62335

Lorsque l'obligation est, non pas cédée, mais remboursée à l'échéance, l'usufruitier bénéficie d'un quasi-usufruit sur les **capitaux perçus lors du remboursement** et peut en disposer, à charge de les restituer à la fin de son usufruit (Cass. 1e civ. 17-3-2010 n° 09-13.162) et d'employer ou de fournir caution conformément aux articles 601 et 602 du Code civil.

Le démembrement portant sur des **obligations convertibles** soulève une question spécifique : qui de l'usufruitier ou du nu-propriétaire dispose du droit de convertir ? 62336

À défaut de convention spécifique, l'usufruitier ne peut pas procéder seul à cette opération. En effet, la conversion peut être assimilée à un acte de disposition. La position de créancier est abandonnée au profit de celle d'associé, la substance de la chose sur laquelle porte le démembrement est modifiée.

Le nu-propriétaire, quant à lui, peut-il seul demander la conversion ? Rien n'est moins sûr, car s'il dispose effectivement de l'abusus et donc du droit de disposer du bien grevé d'usufruit, l'opération de conversion est d'une autre nature. La conversion modifie le droit de jouissance de l'usufruitier : son droit à un revenu régulier est remplacé par un droit à dividende aléatoire. Or, aux termes de l'article 599 du Code civil, « le nu-propriétaire ne peut, par son fait, ni de quelque manière que ce soit, nuire aux droits de l'usufruitier ». Il résulte de cette analyse que l'accord de l'usufruitier et du nu-propriétaire apparaît nécessaire pour procéder à la conversion. Afin d'éviter une éventuelle situation de blocage, il pourrait être judicieux de doubler, par convention, le démembrement de propriété d'un mandat de gestion ou encore de prévoir un quasi-usufruit conventionnel permettant à l'usufruitier d'arbitrer son portefeuille (sous réserve de la validité juridique du quasi-usufruit conventionnel sur un portefeuille de valeurs mobilières : voir n° 62022, Précisions) ou enfin de reporter le démembrement sur les titres de la société civile de portefeuille.

Lorsque le démembrement porte sur des **obligations avec bon de souscription d'actions,** le nu-propriétaire peut-il agir seul pour exercer le droit de souscription ou procéder à la cession du bon ? Divers arguments militent en faveur d'une réponse positive. Le bon représente une valeur en capital, ce n'est pas un fruit et il n'en produit pas. En cas de cession du bon, l'usufruitier continue à jouir de son usufruit au titre de l'obligation à laquelle était attaché le bon. Mieux encore, la situation de l'usufruitier ne peut qu'être améliorée. En effet, en cas de cession du bon, l'usufruitier pourra bénéficier d'une quote-part du prix ou, d'un commun accord avec le nu-propriétaire, d'un quasi-usufruit sur la somme reçue ; en cas de souscription d'une action, il pourra, à concurrence de la quote-part de valeur représentée par le bon de souscription, faire 62337 valoir son droit aux dividendes sur les sommes distribuées. Ces raisons incitent à reconnaître au nu-propriétaire le droit d'exercer seul le droit de vendre ou d'exercer le bon. Mais ici encore la convention des parties permettra d'éviter toute incertitude.

CESSIONS AU SEIN D'UN PORTEFEUILLE DE VALEURS MOBILIÈRES

62340 Les valeurs mobilières ne constituent pas par nature des biens consomptibles par le premier usage, de sorte que l'usufruitier ne dispose pas d'un **quasi-usufruit** lui permettant de disposer seul de la pleine propriété de ces valeurs (Cass. 1e civ. 4-4-1991 : Bull. civ. I no 129). À la différence du quasi-usufruitier, l'usufruitier d'un portefeuille-titres ne peut donc ni disposer du prix de cession ni le réinvestir en dehors du portefeuille. Parallèlement, ses créanciers ne peuvent pas saisir la pleine propriété des titres.

62341 Cela dit, même s'il ne dispose pas d'un quasi-usufruit sur les titres, l'usufruitier d'un portefeuille de valeurs mobilières se voit reconnaître des pouvoirs très étendus, car le portefeuille de valeurs mobilières constitue selon la jurisprudence une **universalité de biens** ; conséquence de cette qualification : l'usufruitier a le **pouvoir de disposer des titres, sous réserve de les remplacer** par d'autres valeurs mobilières (Cass. 1e civ. 12-11-1998 no 96-18.041 : Bull. civ. I no 315). Cette solution facilite la gestion par l'usufruitier des portefeuilles démembrés, tout en protégeant le nu-propriétaire par l'obligation de réinvestissement. On notera toutefois qu'en pratique, les banques demanderont au nu-propriétaire de signer une procuration au profit de l'usufruitier, n'ayant au moment de la cession aucune certitude que la condition de remploi du prix (à laquelle est subordonné le droit pour l'usufruitier de vendre seul reconnu par la jurisprudence) sera respectée et ne pouvant donc valider la décision de cession prise par l'usufruitier sans engager leur responsabilité.

Si l'usufruitier effectue des **prélèvements sur le portefeuille sans réinvestissement,** il porte atteinte à la substance du portefeuille et commet un abus de jouissance qui peut être sanctionné par la déchéance en application de l'article 618 du Code civil. L'usufruitier ayant l'obligation de restituer le portefeuille à l'extinction de l'usufruit, il devra restituer la valeur qui aurait été celle du portefeuille en l'absence des prélèvements litigieux, et pas simplement une somme fixée en considération du seul montant des dissipations commises (Cass. 1e civ. 16-6-2011 no 10-17.898 : BRDA 14/11 no 2).

62342 L'usufruitier ayant l'obligation de **conserver la substance du portefeuille,** le nu-propriétaire pourrait sur ce fondement contester les choix de réinvestissement opérés par l'usufruitier. La difficulté vient de ce que la notion de substance du portefeuille n'est pas définie. S'il est certain que l'usufruitier ne peut avec le prix de cession acquérir un usufruit temporaire transformant le capital en revenus à son profit, d'autres délimitations sont plus délicates. L'usufruitier doit-il maintenir la structure originelle du portefeuille en fonction du type de gestion retenu au départ (sécurité/risques, actions/obligations...) ou dispose-t-il d'une certaine liberté dans le choix de l'orientation à donner à sa gestion ? Cette seconde option est retenue par la doctrine majoritaire, mais devra être confirmée par la jurisprudence.

L'usufruitier doit **informer le nu-propriétaire** des mouvements opérés sur les titres sans que l'on sache précisément selon quelle périodicité et quelles modalités il doit remplir cette obligation. Une décision a condamné un usufruitier à communiquer au nu-propriétaire « tous renseignements sur l'évolution du portefeuille de valeurs mobilières depuis l'ouverture de la succession [...] jusqu'au jour du partage », décision rendue alors que l'usufruit était ouvert depuis plus de trente ans au jour de la demande en partage (CA Toulouse 15-5-2000 no 98-5576). Cette décision a été confirmée par la Cour de cassation (Cass. 1e civ. 3-12-2002 no 00-17.870 : RJDA 2/04 no 174).

62344 Les droits conférés à l'usufruitier peuvent **fiscalement** pénaliser le nu-propriétaire. En effet, la cession de titres démembrés par l'usufruitier, suivie du réinvestissement dans l'acquisition d'autres titres, entraîne en principe la taxation de l'éventuelle plus-value entre les mains du nu-propriétaire (no 62772). Or, la cession peut être réalisée sans que le nu-propriétaire soit consulté et de surcroît ne dégager aucune liquidité à son profit pour lui permettre de faire face à l'impôt ainsi généré en cours d'usufruit.

Il est possible et souhaitable de pallier cette difficulté par la conclusion d'une **convention entre l'usufruitier et le nu-propriétaire** du portefeuille de valeurs mobilières détenu en démembrement. La convention peut prévoir, par exemple, qu'en cas de cession de titres déclenchant un impôt sur la plus-value, une fraction du prix de cession sera répartie en pleine propriété entre les titulaires de droits démembrés afin de permettre au nu-propriétaire de faire face à l'impôt.

62346 La convention peut avoir pour objet de préciser les modalités d'**information du nu-propriétaire** ou encore de limiter les **pouvoirs de l'usufruitier** (par exemple, la convention peut définir un profil de gestion que l'usufruitier devra respecter ou exiger l'obtention de l'accord du nu-propriétaire au-delà d'un certain montant annuel de cessions ou de plus-values).

Inversement, la convention peut accroître les pouvoirs de l'usufruitier en transformant son usufruit en quasi-usufruit (voir n° 62022). L'usufruitier devenu quasi-usufruitier détiendra alors non seulement le pouvoir de disposer, mais également celui de réinvestir sur d'autres supports et, le cas échéant, de consommer le produit de la cession, à charge pour lui d'honorer son obligation de restitution à l'échéance de l'usufruit.

SECTION 2

APPORT DE DROITS DÉMEMBRÉS EN SOCIÉTÉ CIVILE

INTÉRÊT DE L'APPORT EN SOCIÉTÉ DE DROITS DÉMEMBRÉS

L'apport de droits démembrés **peut consister** en l'apport de la nue-propriété ou en l'apport de l'usufruit d'un bien. De tels apports sont concevables à l'égard de tous les biens susceptibles d'être démembrés, notamment les immeubles et les titres. **62400**

En termes d'**objectifs,** l'apport en société de droits démembrés s'inscrit souvent dans une stratégie de transmission de patrimoine avec conservation du pouvoir de gestion. C'est le cas classique du donateur qui préférera, à la donation directe de la nue-propriété d'un bien (immeuble, par exemple), la donation des parts d'une société civile à laquelle il aura apporté la nue-propriété du bien et dans laquelle il exercera les pouvoirs de gérant.

L'apport de droits démembrés peut avoir au contraire pour finalité de reconstituer la pleine propriété du bien au sein d'une structure sociétaire pour en assurer une meilleure gestion. À une époque où la conservation de la valeur de certains biens, au premier rang desquels les valeurs mobilières, exige une gestion active et la prise de décisions rapides, les règles posées par le Code civil en matière de démembrement peuvent apparaître inadaptées. L'apport de droits démembrés à une société afin de reconstituer au sein de cette dernière la pleine propriété des biens est une solution qui permet de satisfaire les impératifs d'efficacité dans le respect des droits des apporteurs, le démembrement pouvant être reporté sur les parts de la société bénéficiaire de l'apport.

En ce qui concerne le **régime fiscal** de l'apport, voir nos 62670 s. (plus-values) et 62850 s. (droits d'enregistrement).

A. Transfert de droits démembrés à la société civile

RÉGIME APPLICABLE À L'APPORT DE DROITS DÉMEMBRÉS

Les apports de droits démembrés à une société emportent **transfert de propriété** de ces droits de l'apporteur au profit de la société bénéficiaire de l'apport. Ce transfert de propriété s'opère pour l'essentiel selon les règles de **droit commun** : obligation de garantie d'éviction et des vices cachés, respect des mesures de publicité pour assurer l'opposabilité aux tiers, obligation, le cas échéant, de purger le droit de préemption urbain en cas d'apport de la nue-propriété de biens immobiliers. **62410**

Nous nous limiterons ici aux **particularités** des apports de droits démembrés et distinguerons deux situations : l'apport isolé de l'usufruit ou de la nue-propriété et l'apport conjoint de ces droits.

1. APPORT ISOLÉ DE L'USUFRUIT OU DE LA NUE-PROPRIÉTÉ

RÈGLES GÉNÉRALES

L'usufruitier et le nu-propriétaire peuvent en principe, l'un sans l'autre, disposer librement des droits réels dont ils sont titulaires (C. civ. art. 595, al. 1 et 621) et ainsi les apporter à une société. **62415**

Cette **liberté de principe** est parfois entravée par des clauses du titre constitutif du droit démembré qui en restreignent la libre disposition (telle une clause d'inaliénabilité, fréquemment insérée dans les donations avec réserve d'usufruit).

APPORT ISOLÉ DE L'USUFRUIT

62420 L'apport isolé de l'usufruit présente une particularité liée au caractère temporaire de ce droit.

Lorsque l'**apport** est **constitutif du démembrement** (l'apporteur propriétaire du bien en apporte l'usufruit), la seule limite concernant la durée de l'usufruit apporté est celle posée par l'article 619 du Code civil, spécifiant qu'un usufruit consenti au profit d'une personne morale ne peut excéder trente ans (voir n° 62030).

L'usufruit apporté peut également résulter d'un **démembrement préexistant** (l'apporteur est seulement usufruitier du bien, par exemple parce qu'il en a préalablement donné la nue-propriété à l'un de ses enfants). Dans ce cas, la société ne peut se voir transmettre un droit qui excéderait les droits de l'usufruitier apporteur. Si l'usufruit apporté est viager, il s'éteindra en tout état de cause avec le décès de l'usufruitier apporteur.

Sur les **conséquences en matière fiscale** de l'apport d'un usufruit temporaire en société, voir n°s 62672 s.

APPORT ISOLÉ DE LA NUE-PROPRIÉTÉ

62425 Une société doit avoir pour objet de partager entre ses associés des bénéfices ou des économies (C. civ. art. 1832). Or, une société nue-propriétaire de biens ne peut pas a priori partager de bénéfices, puisque ceux-ci reviennent à l'usufruitier. Doit-on en conclure que la **validité de l'apport** en nue-propriété et, partant, la **validité** même **de la société** sont menacées ? Une telle crainte est à notre avis excessive, pour deux raisons tenant à la fois à la notion de bénéfices et à la date de réalisation de ces derniers :

– même si l'on définit le bénéfice comme un gain pécuniaire ou matériel qui ajouterait à la fortune des associés, exiger qu'il procède de revenus est réducteur. Le bénéfice peut aussi résulter de plus-values qu'à cet égard la nue-propriété, par la nature même de ce droit, dégagera plus sûrement que la pleine propriété ;

– il n'est pas exact de dire que la société détenant des biens en nue-propriété n'a pas vocation à réaliser de bénéfices : la société pourra dès l'extinction de l'usufruit (par définition limité dans le temps) dégager des bénéfices liés aux biens dont elle détient la nue-propriété. Cette certitude suffit, à notre avis, à ouvrir une perspective de partage de bénéfices qui satisfait aux exigences de l'article 1832 du Code civil.

> **> Précisions** Dans un arrêt du 13 janvier 2009 rendu **en matière fiscale**, la chambre commerciale de la Cour de cassation a jugé qu'une SCI qui ne détient que la nue-propriété d'immeubles n'a pas les moyens de remplir son objet social, faute de réaliser des profits et de disposer de fonds propres suffisants ; la Cour a estimé établie la fictivité de la société et requalifié sur le terrain de l'abus de droit la donation des parts de la société en donation directe des immeubles dont la nue-propriété avait été apportée (Cass. com. 13-1-2009 n° 07-20.097 : voir n° 62860).

2. APPORT CONJOINT DE L'USUFRUIT ET DE LA NUE-PROPRIÉTÉ

62430 Les titulaires de droits en nue-propriété et de droits en usufruit portant sur les mêmes biens peuvent décider de les apporter conjointement à la même société. La **recherche d'une gestion efficace du bien,** particulièrement adaptée lorsque le démembrement porte sur des droits sociaux ou des valeurs mobilières, sera souvent le moteur d'une telle opération.

Juridiquement, la question se pose de savoir si l'apport conjoint de l'usufruit et de la nue-propriété emporte **reconstitution de la pleine propriété** des biens au sein de la société. Dans un arrêt ancien, la Cour de cassation a eu l'occasion de juger, sur le fondement de l'article 617 du Code civil, que l'extinction de l'usufruit par consolidation suppose la réunion sur la même tête des deux qualités d'usufruitier et de nu-propriétaire ; or, le cessionnaire de l'usufruit (situation de la société bénéficiaire de l'apport) ne saurait à cet égard être assimilé à l'usufruitier (Cass. 3e civ. 26-1-1972 n° 70-12594 : Bull. civ. III n° 69). La solution retenue en l'espèce par la Cour s'explique par la nécessité de protéger les tiers qui ont acquis des droits de l'usufruitier avant l'apport de l'usufruit : elle fait obstacle à ce que le nu-propriétaire devenu propriétaire en pleine propriété puisse se prévaloir de l'extinction de l'usufruit pour se soustraire aux obligations antérieurement contractées par l'apporteur de l'usufruit.

Dans un arrêt beaucoup plus récent, la Cour de cassation a au contraire jugé, dans une espèce où l'usufruitier de terres agricoles et les nus-propriétaires de ces mêmes parcelles avaient cédé, dans un même acte, leurs droits respectifs à une société d'exploitation, que cette cession était soumise au droit de préemption de la Safer dès lors que la vente n'avait pas constitué une cession isolée de nue-propriété ou d'usufruit mais avait porté sur ces deux droits, cédés simultanément par leurs titulaires respectifs à un même acquéreur, dans le but de permettre la reconstitution entre ses mains de la pleine propriété et que l'acte de vente, qui énonçait que l'acheteur acquérait la pleine propriété, montrait la volonté des parties de la transférer (Cass. 3e civ. 15-12-2016 n° 15-27.518 FS-PB).

En tout état de cause, que l'apport conjoint de l'usufruit et de la nue-propriété emporte ou non reconstitution de la pleine propriété au sens juridique, la société bénéficiaire de l'apport devient titulaire de toutes les prérogatives de la propriété, même si ce n'est que par voie d'**addition de l'usufruit et de la nue-propriété.**

B. Rémunération de l'apport de droits démembrés

1. NATURE DES DROITS RÉMUNÉRANT L'APPORT

APPORT ISOLÉ DE DROITS DÉMEMBRÉS

Que le droit apporté soit l'usufruit ou la nue-propriété, la règle est la même : chaque apporteur est rémunéré par des **droits sociaux en pleine propriété,** selon la valeur du droit qu'il a apporté. **62450**

Il en résulte notamment que les droits sociaux rémunérant un apport en usufruit confèrent la qualité d'associé pour toute la durée de la société, quand bien même l'usufruit s'éteindrait avant que la société n'atteigne son terme. À l'extrême, une **société** pourrait être **constituée uniquement au moyen d'apports en usufruit.** Une telle société ne disparaîtrait pas automatiquement lors de l'extinction des usufruits qui lui ont été apportés et pourrait notamment poursuivre son activité à l'aide des revenus accumulés pendant la durée des usufruits.

Serait de même selon nous parfaitement valide une société constituée **uniquement au moyen d'apports en nue-propriété** (n° 62425), tous les apporteurs détenant des droits sociaux en pleine propriété.

APPORTS CONJOINTS DE DROITS DÉMEMBRÉS

Attribution de droits sociaux en pleine propriété Cette attribution est la règle : sauf clause contraire de l'acte, les apports conjoints de droits démembrés sont rémunérés par des droits sociaux en pleine propriété, pour une valeur correspondant à celle de chaque apport. **62455**

Il n'y a pas de subrogation réelle de plein droit emportant report du démembrement sur les titres reçus en rémunération des apports (C. civ. art. 621, al. 1, règle applicable en cas de vente conjointe de leurs droits par le nu-propriétaire et l'usufruitier et transposable au cas de l'apport conjoint).

Report du démembrement sur les droits sociaux La possibilité de reporter le démembrement sur les titres ne fait pas de doute. Ce qui pose problème, c'est le fondement juridique du report. **62457**

Le report du démembrement peut certainement être obtenu au moyen d'un **échange de droits sociaux.** Cependant, pour des raisons fiscales (n° 62880), il est préférable que le report soit obtenu par subrogation réelle.

Si la **subrogation réelle** ne s'applique pas de plein droit, rien ne s'oppose selon nous à une subrogation réelle conventionnelle : le nu-propriétaire et l'usufruitier peuvent à notre avis valablement convenir du report du démembrement sur les droits sociaux reçus en rémunération de leur apport.

Le report du démembrement soulève néanmoins une difficulté au regard de la problématique de la notion d'associé. L'usufruitier n'ayant pas la qualité d'associé (n° 62057), l'apporteur de droits en usufruit rémunéré par un usufruit sur les parts de la société bénéficiaire de l'apport ne peut pas se voir reconnaître la qualité d'associé. Faut-il dès lors craindre la nullité de l'apport ? Nous ne le pensons pas, dans la mesure où l'apporteur de l'usufruit, s'il n'acquiert pas la qualité d'associé, reçoit dans son patrimoine une valeur équivalente à celle de son apport. La contrepartie existe donc incontestablement, ce qui écarte à notre avis le risque de nullité.

2. ÉVALUATION DE L'APPORT DE DROITS DÉMEMBRÉS

Les règles générales d'évaluation des droits démembrés ont été présentées nos 62040 s. Nous indiquons ici les particularités propres aux apports, étant insisté sur le fait que, lorsque des **62470**

droits d'enregistrement sont dus sur ces apports, ces droits sont obligatoirement calculés par application du barème de l'article 669 du CGI (nos 62850 s.). Il peut donc y avoir un écart important entre la **valorisation économique** de l'apport et son évaluation fiscale.

62472 L'évaluation des droits démembrés apportés à la société civile détermine l'importance des droits sociaux attribués aux apporteurs. Conformément aux règles générales, l'évaluation est réalisée sous la seule **responsabilité des parties.**

62474 L'apport d'un **usufruit viager** à la société devra être évalué en fonction de la rentabilité du bien et de l'espérance de vie de l'apporteur usufruitier. Pour ce faire, les tables d'espérance de vie des compagnies d'assurances sont généralement retenues, corrigées le cas échéant de facteurs spécifiques aggravant ou réduisant le risque de mortalité.

Le titulaire d'un usufruit viager sur un bien pourrait également apporter cet usufruit pour une **durée fixe** (différente de son espérance de vie) à la société. L'apport serait ainsi réalisé pour une durée déterminée, sous condition de l'absence de décès préalable à l'arrivée du terme fixé. En cas de décès pendant la durée fixe prévue, en effet, l'usufruit s'éteindrait de manière prématurée. Par rapport à la valeur d'un usufruit de durée fixe qui ne serait pas soumis à l'aléa viager, une décote devra être pratiquée afin de tenir compte du risque que l'apporteur (usufruitier à titre viager) décède avant l'arrivée du terme fixé. Les tables de mortalité des compagnies d'assurances permettent d'estimer cette décote. Sur les conséquences de tels apports en matière fiscale, voir nos 62672 s.

SECTION 3

INCIDENCES FISCALES DU DÉMEMBREMENT

A. Démembrement et imposition des revenus

PRINCIPES

62530 Les revenus que procure la location nue d'immeubles dont le droit de propriété est démembré sont en principe imposables dans la catégorie des **revenus fonciers,** que les droits appartiennent à des personnes physiques agissant dans le cadre de leur patrimoine privé ou à une société civile immobilière constituée entre de telles personnes et n'ayant pas opté pour l'impôt sur les sociétés. Il en est de même lorsque le démembrement porte sur les parts de la SCI.

Lorsque le démembrement porte sur des titres et valeurs mobilières ou sur les parts d'une société civile de portefeuille, les revenus perçus relèvent de la catégorie des **revenus mobiliers.**

SOCIÉTÉ AYANT OPTÉ POUR L'IMPÔT SUR LES SOCIÉTÉS

62532 Le **démembrement des parts** de sociétés soumises à l'impôt sur les sociétés ne pose pas de problème particulier de détermination du redevable de l'impôt. La société acquittant l'impôt sur les bénéfices réalisés, les associés ne sont personnellement imposables que si ces bénéfices leur sont ensuite distribués. L'usufruitier ayant droit aux dividendes est imposé au titre des revenus mobiliers dans les conditions de droit commun (nos 10417 s.). En cas de distribution de réserves et selon les règles de répartition éventuellement prévues dans les statuts, l'imposition sera établie, au titre de l'année de la distribution, au nom de celui qui aura effectivement perçu les sommes, usufruitier ou nu-propriétaire. En l'absence de précision dans les statuts, les réserves distribuées à l'usufruitier à charge pour lui de restituer au nu-propriétaire une somme équivalente à l'expiration de l'usufruit (voir no 62124) restent imposables entre les mains du premier (en ce sens, CE 10-2-1943 nos 69981 et 70232, 7e et 8e s.-s. : RO p. 293).

Lorsque le **démembrement** porte **sur l'actif social,** la société soumise à l'impôt sur les sociétés est en droit d'amortir l'**usufruit** qu'elle détient, quel que soit l'actif sous-jacent (bien mobilier ou immobilier), dès lors que ce droit d'usufruit présente le caractère d'une immobilisation incorporelle dont les effets bénéfiques sur l'exploitation prendront fin à une date déterminée. Une décision a ainsi admis le caractère amortissable de l'usufruit de titres de participation détenu par une société pour une durée de dix ans (TA Poitiers 21-11-1996 no 95-1701 : RJF 1/97 no 7). Une solution identique a été retenue à propos de l'usufruit d'un immeuble apporté à une société pour trente ans (TA Paris 6-7-2009 no 04-19716 : RJF 1/10 no 5). Cette solution a été étendue au cas où l'usufruit appartenant à l'actif d'une entreprise est un usufruit viager (constitué sur la tête de l'exploitant), dès lors qu'il est possible de déterminer sa durée prévisible en tenant compte des statistiques en matière d'espérance de vie (TA Strasbourg 14-3-2017 n° 1602812 : BPAT 4/17 inf. 161 ; CAA Nancy 22-2-2018 n° 17NC00780 : BPAT 3/18 inf. 122 ; CE 24-4-2019 n° 419912 : BPAT 3/19 inf. 111). L'usufruit est amortissable sur sa durée, indépendamment de la durée d'utilisation du bien lui-même dont la propriété est démembrée.

Lorsque la société détient la **nue-propriété** d'un bien amortissable (immeuble notamment), elle peut l'amortir sur la base de la valeur de la nue-propriété (CE 5-10-1977 n° 4718 : RJF 11/77 n° 586), sur sa durée d'usage.

> **Précisions** **a.** Jugé que la reconstitution de la pleine propriété d'un bien dont la nue-propriété figure à l'actif d'une société, suite à la **renonciation par l'usufruitier à son droit,** se traduit par l'acquisition de droits nouveaux et donc par une augmentation d'actif net imposable à l'IS (CE 14-10-2019 n° 417095 : RJF 1/20 n° 4). La solution serait différente, à notre sens, en cas de reconstitution de la propriété par **extinction de l'usufruit,** car la valeur de l'usufruit qui s'éteint ne fait l'objet d'aucune transmission.
> **b.** L'administration fiscale ne peut remettre en cause la déduction des **charges** (frais d'acquisition et annuités d'amortissement calculées sur la durée de l'usufruit) **afférentes à l'acquisition de l'usufruit temporaire** d'un bien immobilier par une société soumise à l'impôt sur les sociétés, dès lors que cette acquisition présentait pour la société une contrepartie importante, l'usufruit lui permettant d'économiser des loyers et d'en percevoir ; c'est à tort que l'administration fiscale a qualifié l'opération d'acte anormal de gestion (CAA Nantes 15-4-2021 n° 19NT02197 : BPAT 3/21 inf. 136).

RÉDUCTION D'IMPÔT POUR INVESTISSEMENT IMMOBILIER LOCATIF

Certains investissements immobiliers locatifs sont – ou ont été – encouragés par le législateur par le biais de dispositifs de réductions d'impôt calculées sur le prix de revient de l'immeuble. **62535**
Parmi ces dispositifs, la réduction d'impôt prévue par le dispositif « Duflot-Pinel » pour les investissements locatifs dans le neuf réalisés depuis le 1er janvier 2013 (voir n°s 30955 s.) est réservée aux **acquisitions** en pleine propriété ; elle n'est pas applicable aux logements dont le droit de propriété est démembré ou aux logements appartenant à une société non soumise à l'impôt sur les sociétés, autre qu'une société civile de placement immobilier, dont le droit de propriété des parts est démembré (CGI art. 199 novovicies, I, D). Par analogie avec les règles retenues pour le régime « Scellier » qui s'est appliqué aux investissements réalisés du 1er janvier 2009 au 31 décembre 2012 et dont les dispositions étaient similaires sur ce point (CGI art. 199 septvicies, I), l'administration admet que, lorsqu'un associé détient à la fois des parts sociales dont le droit de propriété est démembré et des parts en pleine propriété, il peut bénéficier du dispositif sur les titres acquis en pleine propriété (BOI-IR-RICI-360-10-20 n° 10 renvoyant à BOI-IR-RICI-230-10-20 n° 20).

Lorsque le **démembrement** de propriété de l'immeuble ou des parts intervient **après la réalisation de l'investissement,** il entraîne la rupture de l'engagement de location ou de conservation des parts et la reprise de la réduction d'impôt obtenue. Toutefois, aucune remise en cause n'est effectuée lorsque le démembrement résulte du décès de l'un des membres du couple soumis à imposition commune et que le conjoint survivant titulaire de l'usufruit s'engage à respecter les engagements pris, dans les mêmes conditions et selon les mêmes modalités, pour la période restant à courir à la date du décès (CGI art. 199 novovicies, XI pour le dispositif « Duflot-Pinel » et 199 septvicies, VII pour le dispositif « Scellier »). Dans ce cas, le conjoint survivant titulaire de l'usufruit peut demander la reprise du dispositif à son profit (BOI-IR-RICI-360-40 n° 20 renvoyant à BOI-IR-RICI-230-20-10 n° 90).

Les mêmes règles s'appliquent aux investissements réalisés depuis le 1er janvier 2019 sous le dispositif « Denormandie » en faveur de l'investissement locatif intermédiaire rénové (n°s 30955 s.).

1. DÉMEMBREMENT ET REVENUS FONCIERS

a. Démembrement portant sur un immeuble détenu par la société

CONTEXTE

Les développements qui suivent visent les situations dans lesquelles une **société civile immobilière** constituée entre personnes physiques et n'ayant pas opté pour l'impôt sur les sociétés détient soit des droits en usufruit, soit des droits en nue-propriété sur un immeuble, le **titulaire des autres droits** démembrés étant lui-même une personne physique agissant dans le cadre de son patrimoine privé. De façon générale, seront abordées ci-après les conséquences du démembrement de propriété tant sur la société usufruitière ou nue-propriétaire (et, du fait de sa translucidité fiscale, sur ses associés) que sur l'autre titulaire du droit démembré (qui, le plus **62540** souvent, sera également associé de la société). Bien évidemment, les solutions qui, par nature, ne peuvent concerner que des **personnes physiques** (notamment celles prévues, en cas de décès d'un époux, au bénéfice du conjoint survivant) ne sont pas applicables à la société.

En principe, l'**usufruitier** jouit des revenus et est tenu aux réparations d'entretien, tandis que les dépenses de grosses réparations incombent au **nu-propriétaire** (nos 62250 s.). En matière d'impôt sur le revenu, nonobstant la règle de répartition ainsi fixée au regard du droit civil, les dépenses exposées peuvent être déduites des revenus fonciers de celui, usufruitier ou nu-propriétaire, qui en a supporté la **charge effective** (CE 7-2-1975 n° 90196 : RJF 3/75 n° 118 ; CE 6-12-1978 n° 10238 : RJF 1/79 n° 21 ; CE 21-2-1979 n° 4896 : RJF 4/79 n° 226).

> **Précisions** Selon l'administration, la prise en charge par l'usufruitier ou le nu-propriétaire de travaux ou charges qui ne lui incombent pas constitue un avantage pour le bénéficiaire qui, si les dépenses en cause ne sont pas remboursées, s'analyse en un don manuel soumis aux **droits de mutation à titre gratuit** (BOI-RFPI-SPEC-30-20-20 n° 30). À notre avis, la qualification de libéralité (donation indirecte, et non don manuel) ne peut être retenue que si la prise en charge des travaux est effectuée dans une intention libérale. Ce ne sera pas le cas, par exemple, si la prise en charge de grosses réparations urgentes ou nécessaires par l'usufruitier est consécutive au refus du nu-propriétaire de les exécuter. Il n'existe pas à notre connaissance de jurisprudence sur le sujet. Tout au plus peut-on signaler une décision ayant jugé – mais cela allait de soi – que l'usufruitier d'un immeuble qui a effectué sur celui-ci des travaux n'ayant pas le caractère de grosses réparations n'est pas réputé détenir à ce titre une créance sur le nu-propriétaire dont le montant serait à inclure dans l'actif de sa succession (CA Bordeaux 26-9-2007 n° 06-5334 : RJF 7/08 n° 900).

SITUATION DE L'USUFRUITIER

62545 **Règles générales** Les revenus retirés de la location d'un immeuble dont la propriété est démembrée reviennent à l'usufruitier. En conséquence, l'usufruitier est imposable sur la totalité des **revenus effectivement encaissés** au cours de l'année civile.

L'administration considère qu'en cas d'**abandon du loyer** par l'usufruitier au nu-propriétaire, l'usufruitier reste imposable sur le loyer abandonné, sauf renonciation à l'usufruit constatée par un acte ; les mêmes sommes sont en outre imposables dans la catégorie des bénéfices non commerciaux entre les mains du nu-propriétaire (BOI-RFPI-BASE-10-10 n° 80). Bien que cette analyse soit discutable en ce qu'elle aboutit à une double taxation des loyers, elle semble partagée par les juges du fond (TA Strasbourg 2-7-2009 n° 06-1713 : RJF 4/10 n° 360 ; CAA Lyon 1-7-2021 n° 19LY03338 : BPAT 5/21 inf. 227). On attendra avec intérêt la position du Conseil d'État sur cette question.

62547 Les revenus fonciers sont déterminés selon les règles générales exposées nos 30300 s.

L'usufruitier peut déduire de ses revenus imposables les **charges effectivement supportées** (y compris celles qui incombent normalement au nu-propriétaire au regard du droit civil : voir ci-dessus n° 62540), c'est-à-dire notamment :

- les dépenses de réparation ou d'entretien ;
- les dépenses d'amélioration ;
- les dépenses acquittées pour le compte des locataires et non récupérées ;
- les intérêts des dettes ;
- les primes d'assurances ;
- certaines impositions (notamment taxes foncières) ;
- les frais de gestion (frais de procédure, rémunération des gardes et concierges, frais de gérance, etc.).

62550 Le **revenu net foncier** déterminé par l'usufruitier est imposé à l'impôt sur le revenu dans la catégorie des revenus fonciers, selon un régime réel d'imposition ou, le cas échéant, sous le régime du micro-foncier. Lorsque les droits en usufruit sont détenus par la SCI, le revenu net foncier est imposé entre les mains de ses associés dans les conditions générales exposées n° 30212. Les associés de la SCI usufruitière peuvent bénéficier du régime du micro-foncier s'ils sont également propriétaires en direct d'au moins un immeuble donné en location.

62552 **Imputation des déficits** Lorsque le montant des charges déductibles excède le revenu brut foncier, le déficit correspondant peut être imputé sur le revenu de l'usufruitier (ou des associés de la SCI usufruitière) dans les conditions de droit commun : imputation de la quote-part du déficit correspondant aux charges autres que les intérêts d'emprunt sur le revenu global dans une limite annuelle fixée en principe à 10 700 € et imputation de l'excédent sur les revenus fonciers des dix années suivantes (CGI art. 156, I-3°). Lorsque le revenu global du contribuable est insuffisant pour absorber le déficit imputable dans la limite de 10 700 €, l'excédent du déficit est imputable, dans les conditions de droit commun, sur les revenus globaux des six années suivantes.

L'imputation des déficits fonciers sur le revenu global n'est en principe **définitivement acquise** que si l'usufruitier maintient la location jusqu'au 31 décembre de la troisième année suivant celle au titre de laquelle l'imputation a été pratiquée. Lorsque les droits en usufruit sont détenus par la SCI, l'imputation des déficits fonciers sur le revenu global d'un associé est en outre subordonnée à la conservation des parts de la société par l'associé pendant le même délai.

> **Précisions a.** En cas de **donation avec réserve d'usufruit** du logement, le déficit qui a été imputé sur le revenu global avant la donation n'est pas remis en cause si le propriétaire devenu usufruitier maintient l'immeuble en location jusqu'au 31 décembre de la troisième année qui suit cette imputation (Rép. Chatel : AN 8-5-2007 n° 117900 ; bien que cette solution n'ait pas été reprise dans la base Bofip, on peut douter que l'administration ait expressément souhaité la rapporter).
> **b.** L'usufruitier (comme le nu-propriétaire) qui expose entre 2023 et 2025 des dépenses de **travaux de rénovation énergétique** répondant aux conditions fixées à l'article 156, I-3°, quatrième alinéa du CGI issu de la deuxième loi de finances rectificative pour 2022 bénéficie du relèvement du plafond de déficit imputable sur le revenu global (à 21 400 €) prévu à cet article.

Dispositifs spéciaux Le démembrement de propriété est susceptible de remettre en cause le bénéfice d'un certain nombre de dispositifs mis en place en matière de revenus fonciers pour favoriser les investissements immobiliers locatifs. **62555**

Dans le cadre du dispositif **« Borloo ancien »** (qui continue de s'appliquer aux conventions conclues depuis le 1er janvier 2017 pour lesquelles la demande de conventionnement a été réceptionnée par l'Anah au plus tard le 31 janvier 2017), l'administration a apporté les précisions suivantes (BOI-RFPI-SPEC-20-40-10 n° 130) :

– le démembrement de propriété du logement antérieur à l'engagement de location ne fait pas obstacle à l'application de la déduction spécifique. Dans cette hypothèse, seul l'usufruitier peut bénéficier de la déduction ;

– lorsque le démembrement intervient après la date de la prise de l'engagement de location, le maintien ou la remise en cause de l'avantage fiscal dépend de la nature du droit cédé : lorsque le propriétaire cède la nue-propriété de l'immeuble en en conservant l'usufruit, il peut continuer à bénéficier de la déduction, sous réserve de continuer à respecter son engagement de location ; lorsque le propriétaire cède l'usufruit de l'immeuble, l'avantage fiscal dont il a bénéficié est remis en cause (aucune remise en cause n'est toutefois effectuée lorsque le démembrement résulte du décès du contribuable ou de son conjoint).

Ces mêmes règles devraient également s'appliquer dans le cadre du dispositif **« Cosse »** qui a pris, à compter de l'imposition des revenus de 2017 et avant d'être remplacé par un nouveau dispositif de réduction d'impôt sur le revenu pour les procédures de conventionnement engagées depuis le 1er mars 2022, le relais du dispositif précité pour les investissements dans l'ancien conventionné.

Lorsqu'un investissement a été placé sous l'un des dispositifs **« Robien »** ou **« Borloo neuf »** (pour lesquels il n'est plus possible d'opter mais qui continuent à produire leurs effets tant que les conditions en sont respectées), le démembrement du droit de propriété de l'immeuble intervenant pendant l'engagement de location entraîne en principe la remise en cause de l'avantage fiscal (le démembrement de propriété est, dans le cadre de ces dispositifs, assimilé à une cession, que le transfert porte sur l'usufruit ou sur la nue-propriété). Il n'existe qu'une exception au principe de remise en cause de l'avantage fiscal en cas de démembrement et elle ne concerne que les personnes physiques : lorsque le démembrement résulte du décès de l'un des époux (ou partenaires d'un Pacs) soumis à imposition commune, les amortissements pratiqués par le couple avant le décès ne sont pas remis en cause et le conjoint (ou partenaire) survivant titulaire de l'usufruit peut demander la reprise à son profit du dispositif pour la période restant à courir à la date du décès.

En ce qui concerne les dispositifs – notamment le dispositif **« Duflot-Pinel »** – prévoyant, non pas une déduction des revenus fonciers, mais une réduction d'impôt : voir n° 62535.

SITUATION DU NU-PROPRIÉTAIRE

Le nu-propriétaire ne perçoit pas de loyers et n'a donc pas de revenus à déclarer. Toutefois, dès lors que l'immeuble démembré est donné en location nue et produit des revenus fonciers imposables au nom de l'usufruitier, le nu-propriétaire peut déduire les **dépenses** qu'il a **effectivement exposées** sur l'immeuble démembré, qu'il s'agisse de dépenses de grosses réparations au sens de l'article 606 du Code civil ou des autres charges éventuellement supportées (voir n° 62540). Il peut de même déduire les **intérêts** qu'il a versés sur des **emprunts** **62565** contractés pour financer l'acquisition de la nue-propriété des immeubles loués ou les dépenses de réparation, d'entretien ou d'amélioration de ces immeubles (BOI-RFPI-BASE-20-80 n° 170).

Toutes ces dépenses ont la nature de charges foncières imputables sur les revenus fonciers procurés par les autres immeubles possédés en pleine propriété. À défaut de tels revenus ou si ceux-ci sont insuffisants, un **déficit foncier** est constaté. Ce déficit obéit aux règles générales d'imputation rappelées ci-avant n° 62552 (imputation sur le revenu global à hauteur d'une limite annuelle et, pour la fraction excédant cette limite et pour la fraction relative aux intérêts d'emprunt, imputation sur les revenus fonciers des dix années suivantes).

> Précisions Le fait que le **nu-propriétaire** soit le **locataire** de l'immeuble ne fait pas obstacle à la déduction des charges qu'il a financées. Dans une espèce où un fils nu-propriétaire et locataire de sa mère avait réalisé d'importants travaux imputés sur son revenu global, l'administration contestait cette déduction sur le terrain de l'abus de droit, estimant que le bail (non fictif) avait eu pour objet exclusif de réduire la charge fiscale du nu-propriétaire. Les juges ont au contraire décidé que le bail permettait au nu-propriétaire de s'assurer la maîtrise immédiate du bien, de façon à pouvoir en disposer après la réalisation des travaux (TA Montpellier 23-3-2006 n° 00-4068 : RJF 2/07 n° 194).

IMMEUBLE OCCUPÉ À TITRE GRATUIT

62570 **Immeuble occupé par l'usufruitier** L'usufruitier (ou l'associé de la société usufruitière) qui occupe gratuitement l'immeuble dont la propriété est démembrée bénéficie comme un propriétaire en pleine propriété de l'exonération d'impôt sur le revenu au titre de la jouissance du logement prévue par l'article 15, II du CGI. Corrélativement, il ne peut déduire aucune charge foncière afférente à ce bien. Il peut seulement bénéficier, dans les conditions de droit commun, des crédits d'impôt prévus pour certaines dépenses exposées sur le logement dans les conditions exposées n°s 41180 s.

Quant au nu-propriétaire, aucune déduction ne lui est permise au titre des charges foncières qu'il aurait payées car l'immeuble n'est pas loué (en ce sens, notamment, CE 19-2-1986 n° 42027 : RJF 4/86 n° 339).

62572 **Immeuble occupé par le nu-propriétaire** L'usufruitier est considéré comme s'étant réservé la jouissance du logement et bénéficie de l'exonération prévue par l'article 15, II du CGI. N'étant pas imposable, il ne peut en contrepartie déduire les charges foncières qu'il pourrait supporter à raison de ce bien.

Le nu-propriétaire (ou l'associé de la société nue-propriétaire), dans la mesure où l'immeuble constitue sa résidence, peut bénéficier des crédits d'impôt prévus pour certaines dépenses dans les conditions exposées n°s 41180 s.

b. Démembrement portant sur les parts de la société

RÈGLES GÉNÉRALES

62590 Sauf option pour l'impôt sur les sociétés, la société civile relève du régime de l'article 8 du CGI : le résultat fiscal est déterminé au niveau de la société et réparti entre ses membres à proportion de leurs droits respectifs. En cas de démembrement portant sur les parts sociales, il convient de déterminer **qui de l'usufruitier ou du nu-propriétaire est imposable.**

La rédaction des statuts est à cet égard déterminante. En effet, l'article 8 du CGI dispose : « En cas de démembrement de la propriété de tout ou partie des parts sociales, l'usufruitier est soumis à l'impôt sur le revenu pour la quote-part correspondant aux droits dans les bénéfices que lui confère sa qualité d'usufruitier. Le nu-propriétaire n'est pas soumis à l'impôt sur le revenu à raison du résultat imposé au nom de l'usufruitier. »

L'usufruitier personne physique des parts d'une société civile immobilière translucide est ainsi imposé, dans la catégorie des revenus fonciers, à hauteur des droits que lui confère sa qualité d'usufruitier.

62591 Rappelons que, juridiquement, c'est la **décision de distribution,** qui interviendra lors de l'approbation des comptes, qui créera le fruit, donc le droit aux bénéfices. L'usufruitier dispose d'ailleurs d'un pouvoir assez large pour faire « naître » ce fruit, puisque c'est lui qui participe au vote des décisions concernant l'affectation des bénéfices (n°s 62081 s.).

Cependant, en application de l'article 8 du CGI, les bénéfices réalisés par une structure translucide sont immédiatement imposés entre les mains de ses membres au prorata de leurs droits, même s'ils ne sont pas distribués. La **part** des bénéfices sociaux qui revient à chacun des membres est en effet **considérée comme acquise** dès la clôture de chaque exercice ou période d'imposition même si, à cette date, elle n'a pas été effectivement attribuée.

RÉPARTITION DE L'IMPÔT EN L'ABSENCE DE CONVENTION DE RÉPARTITION DU RÉSULTAT

Répartition des bénéfices En l'absence de convention prévoyant une répartition particulière des résultats entre usufruitier et nu-propriétaire, l'administration considère que l'**ensemble du bénéfice foncier** dégagé par la société est imposable au nom du seul usufruitier, le critère classique de répartition entre résultats courants (imposables chez l'usufruitier) et résultats exceptionnels (taxables au nom du nu-propriétaire) n'étant pas applicable aux revenus fonciers (Inst. 5 D-2-07 fiche 3 n°s 31 et 32 ; solution non reprise dans la base Bofip mais qui devrait continuer à s'appliquer). 62593

La **décision ultérieure d'affectation du résultat** que vote l'assemblée est sans incidence sur l'établissement de l'impôt sur le revenu, qui est liquidé en fonction des bénéfices réalisés par la société à la clôture de l'exercice ou période d'imposition. La constitution de réserves à partir des profits courants taxés entre les mains de l'usufruitier n'entraîne donc pas remise en cause de l'impôt sur le revenu établi au nom de ce dernier.

Corrélativement, aucune conséquence, sous l'angle de l'impôt sur le revenu, n'est attachée à la distribution de réserves par la société, dès lors que ces réserves correspondent à des profits qui ont été imposés lors de leur réalisation.

> **Précisions** L'administration fiscale n'exclut pas de tenter de **requalifier en donation indirecte** – taxable aux droits de mutation à titre gratuit – certaines opérations de mise en réserve des bénéfices. Mais cette position est clairement condamnée par la Cour de cassation. Jugé, dans une espèce où l'usufruitier de la quasi-totalité des parts d'une SCI dont la nue-propriété était détenue par ses enfants avait voté la mise en réserve des bénéfices chaque année, que l'usufruitier n'avait pas consenti une donation indirecte à ses enfants : les bénéfices réalisés par la société ne participant de la nature de fruits que lors de leur attribution sous forme de dividendes, lesquels n'ont pas d'existence juridique avant l'approbation des comptes de l'exercice par l'assemblée générale, la constatation par celle-ci de l'existence de sommes distribuables et la détermination de la part qui est attribuée à chaque associé, il s'ensuit qu'avant cette attribution l'usufruitier des parts sociales n'a pas de droit sur les bénéfices et qu'en participant à l'assemblée qui décide de les affecter à un compte de réserve, il ne consent aucune donation au nu-propriétaire (Cass. com. 10-2-2009 n° 07-21.806 : RJF 5/09 n° 514, BPAT 6/09 inf. 218 ; dans le même sens dans une espèce où la décision de mise en réserve des bénéfices s'est accompagnée d'une décision du même jour de procéder à la distribution d'une partie des réserves au profit des nus-propriétaires : Cass. com. 31-3-2009 n° 08-14.053 : RJF 7/09 n° 698).

Répartition des pertes Selon l'**administration,** les déficits réalisés par une société soumise au régime de l'article 8 du CGI reviennent au nu-propriétaire qui, en tant qu'associé, doit répondre des dettes sociales (BOI-BIC-CHAMP-70-20-10-20 n° 150). 62597

Cette position éminemment critiquable sur le fond (en ce qu'elle confond les notions de dettes et de déficits et rompt l'équilibre imposition des bénéfices/imputation des déficits), initialement confirmée par la cour administrative d'appel de Bordeaux (CAA Bordeaux 15-3-2016 n° 14BX01701 : BPAT 3/16 inf. 122), a été clairement censurée par le **Conseil d'État,** qui juge qu'en application de l'article 8 du CGI l'usufruitier des parts d'une société de personnes détenant un immeuble est soumis à l'impôt sur le revenu à raison de la quote-part des revenus fonciers correspondant aux droits dans les résultats de la société que lui confère sa qualité et que, lorsque le résultat de cette société est déficitaire, il peut déduire de ses revenus la part du déficit correspondant à ses droits (CE 8-11-2017 n° 399764 : BPAT 6/17 inf. 252 ; dans le même sens, CE 28-9-2018 n° 408029). Se prononçant sur renvoi dans l'affaire précitée, la cour administrative d'appel de Bordeaux, relevant que le déficit constaté par la société civile immobilière dont les parts étaient démembrées avait été engendré par des travaux d'entretien et de réparation de la nature de ceux incombant aux usufruitiers en application de l'article 608 du Code civil, a reconnu aux usufruitiers des parts de la SCI le droit d'imputer sur leurs revenus fonciers la part du déficit correspondant à leurs droits (CAA Bordeaux 31-10-2019 n° 17BX03627 : BPAT 1/20 inf. 28).

CONSEIL

En pratique, dans l'attente que l'administration aligne sa doctrine avec le principe désormais reconnu par la jurisprudence et pour s'assurer de l'effectivité de la répartition qu'elles souhaitent, les parties auront intérêt à **prévoir le sort des déficits dans les statuts ou une convention** conclue dans les conditions exposées ci-après.

RÉPARTITION DE L'IMPÔT EN PRÉSENCE D'UNE CONVENTION DE RÉPARTITION DU RÉSULTAT

La répartition du résultat, bénéficiaire ou déficitaire, entre l'usufruitier et le nu-propriétaire des parts d'une société soumise au régime de l'article 8 du CGI peut être aménagée par une disposition des statuts ou une convention conclue entre le nu-propriétaire et l'usufruitier. 62600

62602 De façon générale, l'administration estime que pour lui être **opposables,** de tels actes ou conventions doivent être régulièrement conclus et enregistrés avant la clôture de l'exercice (BOI-BIC-CHAMP-70-20-10-20 n° 180). Infirmant sur ce point la doctrine administrative, la jurisprudence n'exige pas l'enregistrement de la convention : elle considère que la preuve de la date de conclusion de la convention peut être apportée par tous moyens : par exemple, par des attestations et documents produits par l'associé (CE 18-12-2002 n° 230605 : RJF 3/03 n° 328). Ne peuvent en revanche être retenues de simples lettres dépourvues de date certaine (CE 17-4-2008 n° 279274 : RJF 8-9/08 n° 977).

L'administration fiscale exige en outre que ces actes ou conventions soient conformes aux dispositions du Code civil, notamment à celles relatives aux droits de l'usufruitier. Ceci signifie notamment qu'elle pourrait considérer comme ne lui étant pas opposable une convention de répartition prévoyant l'attribution de l'intégralité du résultat courant et exceptionnel au nu-propriétaire : une telle convention priverait, en effet, l'usufruitier de son droit fondamental, « le fruit » du bien démembré.

Ajoutons qu'en fonction du contenu de la convention, l'administration se réserve le droit d'invoquer la procédure de répression des **abus de droit** (BOI-BIC-CHAMP-70-20-10-20 n° 190). Le risque d'une remise en cause effective de ces conventions sur ce fondement nous paraît toutefois extrêmement réduit en pratique.

INTÉRÊTS D'EMPRUNTS CONTRACTÉS POUR L'ACQUISITION DES DROITS SUR LES PARTS

62605 L'administration a expressément admis que les intérêts des emprunts versés par l'**usufruitier** de parts d'une société détenant un immeuble loué, destinés à financer l'acquisition de l'usufruit de ces parts, sont déductibles de la quote-part du bénéfice foncier de la société imposable au nom de l'usufruitier. Le déficit qui en résulte est imputable sur les revenus fonciers qu'il retire d'autres immeubles au cours de la même année ou des dix années suivantes (BOI-RFPI-BASE-20-80 n° 150).

En revanche, l'administration considère que les intérêts des emprunts contractés personnellement par le **nu-propriétaire** de parts d'une société détenant un immeuble loué, pour financer l'acquisition de la nue-propriété de ces parts, ne sont pas déductibles, dès lors que ces dépenses ne peuvent être considérées comme engagées en vue de l'acquisition ou de la conservation d'un revenu ou de la propriété de l'immeuble donné en location (BOI précité n° 160). Saisi d'une demande d'annulation de ces dernières dispositions pour excès de pouvoir, le Conseil d'État a confirmé la doctrine administrative (CE 24-2-2017 n° 395983 : BPAT 2/17 inf. 68-1). Relevant que seul l'usufruitier des parts est soumis à l'impôt sur le revenu à raison de la quote-part correspondante des revenus fonciers perçus par la société, le Conseil d'État en déduit que le nu-propriétaire ne peut être regardé comme disposant d'un revenu à ce titre et que, par suite, les intérêts des emprunts contractés pour financer l'acquisition de la nue-propriété des parts ne peuvent être regardés comme une charge exposée en vue de l'acquisition ou la conservation d'un revenu foncier ; dès lors, ces intérêts ne sont pas déductibles des revenus fonciers que l'intéressé percevrait à raison d'autres biens ou droits immobiliers.

Cette position nous paraît particulièrement rigoureuse. Les intérêts d'emprunt étant déductibles pour le nu-propriétaire dans le cadre de l'acquisition en direct d'un immeuble donné en location nue et générateur de loyers imposables dans la catégorie des revenus fonciers entre les mains de l'usufruitier (voir n° 62565), on comprend mal la raison qui justifie que l'interposition d'une société civile propriétaire de l'immeuble donné en location supprime le droit à déduction du nu-propriétaire.

DÉMEMBREMENT DE PARTS DE SCI ET DISPOSITIFS SPÉCIAUX

62610 Dans le cadre du dispositif **« Borloo ancien »,** le démembrement de propriété des parts ne fait pas obstacle à l'application de la déduction spécifique s'il est antérieur à l'engagement de conservation ; dans cette hypothèse, seul l'usufruitier bénéficie de la déduction. Si le démembrement intervient après l'engagement de conservation, il convient de distinguer : l'associé qui cède ou donne la nue-propriété de ses parts en en conservant l'usufruit continue à bénéficier de la déduction spécifique, toutes autres conditions demeurant par ailleurs remplies ; le transfert de l'usufruit entraîne pour sa part remise en cause de l'avantage fiscal, sauf lorsqu'il résulte du décès de l'associé ou de son conjoint (voir n° 62555). Ces mêmes règles devraient également s'appliquer dans le cadre du dispositif **« Cosse »** qui a pris, à compter de l'imposition des revenus de 2017 et avant d'être remplacé par un nouveau dispositif de réduction d'impôt sur le revenu pour les procédures de conventionnement engagées depuis le 1er mars 2022, le relais du dispositif précité pour les investissements dans l'ancien conventionné.

Dans le cadre des dispositifs **« Robien »** et **« Borloo neuf »** (pour lesquels il n'est plus possible d'opter mais qui continuent à produire leurs effets tant que les conditions en sont respectées), le démembrement, pendant l'engagement de conservation, de la propriété des parts de la société ayant réalisé l'investissement emporte remise en cause des avantages (sauf exception lorsque le démembrement résulte du décès de l'un des conjoints soumis à imposition commune : voir n° 62555).

En ce qui concerne les dispositifs **« Duflot-Pinel », « Denormandie »** et **« Scellier »,** voir n° 62535.

2. DÉMEMBREMENT ET REVENUS MOBILIERS

DÉMEMBREMENT PORTANT SUR DES TITRES DÉTENUS PAR LA SOCIÉTÉ

Actions et parts sociales Lorsque la société civile détient l'usufruit d'actions ou parts de sociétés soumises à l'impôt sur les sociétés, son résultat fiscal inclut l'ensemble des **dividendes** qui lui sont distribués. Ces dividendes, du fait de la translucidité fiscale de la société civile, sont imposables entre les mains de ses associés, chacun en proportion de ses droits. La taxation est effectuée dans la catégorie des revenus de capitaux mobiliers, selon les règles de droit commun exposées n°s 10417 s. 62630

En cas de **distribution de réserves** et selon les règles de répartition éventuellement prévues dans les statuts, l'imposition est établie, au titre de l'année de la distribution, au nom de celui, usufruitier ou nu-propriétaire, qui perçoit effectivement la distribution. En l'absence de précision dans les statuts, les réserves distribuées à l'usufruitier à charge pour lui de restituer au nu-propriétaire une somme équivalente à l'expiration de l'usufruit (voir n° 62124) restent imposables entre les mains du premier (CE 10-2-1943 n°s 69981 et 70232, 7e et 8e s.-s. : RO p. 293).

Obligations Les **intérêts** perçus par la société civile au titre des obligations dont elle détient l'usufruit sont, du fait de la translucidité fiscale de la société, imposables entre les mains de ses associés, dans les conditions exposées n° 53200. 62632

DÉMEMBREMENT PORTANT SUR LES PARTS DE LA SOCIÉTÉ

La société civile de portefeuille qui gère les titres et valeurs mobilières dont elle est propriétaire joue à l'égard de ses associés le rôle d'un **établissement payeur.** Elle encaisse les dividendes et les intérêts et reçoit de l'établissement qui a payé les produits un certificat établi à son nom. Lorsque les parts sont détenues en pleine propriété, elle établit ensuite au nom de ses associés et proportionnellement à leurs droits un certificat faisant état des produits qu'ils auront à déclarer en revenus mobiliers. 62650

En cas de démembrement des parts de la société civile de portefeuille, l'usufruitier est imposable à raison des **revenus de capitaux mobiliers** perçus par la société : c'est à son nom que doit être établie la déclaration IFU au titre de ces revenus (voir n° 53630).

B. Démembrement et imposition des plus-values

RÈGLES GÉNÉRALES

La cession de biens (biens immobiliers ou valeurs mobilières notamment) en nue-propriété ou en usufruit est en **principe** soumise à la taxation des plus-values au même titre que la cession en pleine propriété de ces biens (voir n°s 62680 s. pour les plus-values immobilières et n°s 62750 s. pour les plus-values sur valeurs mobilières). 62670

Par **dérogation** aux dispositions régissant les plus-values, l'article 13, 5 du CGI prévoit que le produit résultant de la première cession à titre onéreux d'un usufruit temporaire doit être imposé selon le régime applicable aux revenus susceptibles d'être procurés par le bien démembré (ci-après n°s 62672 s.).

CESSIONS D'USUFRUIT TEMPORAIRE

Opérations concernées par le dispositif L'article 13, 5 du CGI a modifié depuis le 14 novembre 2012 le régime fiscal applicable à la première cession à titre onéreux d'un usufruit temporaire. 62672

Pour l'application de ce dispositif, la **notion d'« usufruit temporaire »** fait référence à un usufruit consenti pour une durée à terme fixe (BOI-IR-BASE-10-10-30 n° 80). Les cessions d'usufruit viager sont hors champ d'application du dispositif et restent soumises aux règles d'imposition des plus-values.

62672 (suite) Par « **cessions à titre onéreux** », il convient d'entendre les ventes, les échanges, ainsi que les apports en société (voir Précisions ci-après). Le dispositif s'applique non seulement en cas de **cession isolée** de l'usufruit temporaire d'un bien dont le cédant conserve la nue-propriété mais aussi en cas de **cession concomitante** de l'usufruit et de la nue-propriété à deux personnes différentes (Rép. Lambert : AN 2-7-2013 n° 15540 ; BOI-IR-BASE-10-10-30 n° 90 ; CAA Marseille 18-2-2021 n° 19MA03657 : BPAT 2/21 inf. 85).

Le dispositif ne concerne pas en revanche les mutations à titre gratuit.

Enfin, le dispositif ne s'applique qu'à la **première cession** à titre onéreux d'un même usufruit temporaire. Cette limitation a pour objet d'éviter une double imposition sur le revenu en cas de cessions à titre onéreux successives. Les cessions autres que la première restent donc imposables selon le régime de droit commun des plus-values.

> Précisions a. Les dispositions de l'article 13, 5 du CGI s'appliquent aux **cédants** assujettis à l'impôt sur le revenu. Sont ainsi concernés : les **personnes physiques** et les **sociétés** ou groupements mentionnés aux articles 8 à 8 ter du CGI (relevant du régime fiscal des sociétés de personnes). Elles ne s'appliquent pas, en revanche, lorsque le cédant est une personne morale soumise à l'impôt sur les sociétés. Peu importe, par ailleurs, la qualité de l'**acquéreur.**

b. L'administration a précisé qu'en cas de **cession ou apport d'un usufruit en société** il convient de distinguer deux hypothèses (BOI-IR-BASE-10-10-30 n° 90) :

– si l'**usufruit** est **constitué sur la tête de la personne morale** (usufruit détaché de la pleine propriété du cédant), sa durée ne peut, en application de l'article 619 du Code civil, excéder trente ans. L'usufruit est ainsi nécessairement consenti pour une durée fixe et la cession entre dans le champ d'application des dispositions de l'article 13, 5 du CGI ;

– si l'usufruit cédé à la personne morale est un **usufruit viager préconstitué sur la tête du cédant** antérieurement à la cession, l'opération n'entre pas dans le champ d'application de l'article 13, 5 du CGI, à moins que l'usufruit ne soit consenti pour une durée fixe.

Le tribunal administratif de Montreuil a fait sienne la position de l'administration consistant à considérer qu'entre dans le champ de l'article 13, 5 du CGI la cession à une personne morale d'un usufruit viager préconstitué sur la tête du cédant, lorsque cet **usufruit viager est cédé pour une durée fixe.** Dans l'espèce jugée, un contribuable détenteur d'un usufruit viager avait cédé à une personne morale son usufruit pour une durée de vingt ans ; les juges du fond ont retenu que les parties à l'acte avaient explicitement entendu transférer un usufruit temporaire pour une durée limitée, ajoutant que la circonstance que cette temporalité puisse prématurément échoir en cas de décès du cédant est sans influence sur l'application du régime de l'article 13, 5 du CGI auquel n'échappent que les cessions d'usufruit viager, c'est-à-dire sans limitation de durée autre que l'aléa inhérent au viager (TA Montreuil 4-12-2019 n° 1805676 : RJF 4/20 n° 296). Le tribunal administratif de Nice a retenu la même analyse dans le cas d'un apport en société de l'usufruit viager préconstitué sur la tête de l'apporteur, l'acte d'apport prévoyant que celui-ci était réalisé pour trente ans, **durée maximale permise par l'article 619 du Code civil** (TA Nice 30-12-2020 n° 1803411 : BPAT 2/21 inf. 84). La cour administrative d'appel de Paris a jugé au contraire que, lorsqu'une personne physique cède à titre onéreux un usufruit viager à une personne morale, cette cession, lorsqu'elle est consentie pour la durée maximale de trente ans permise par l'article 619 du Code civil, ne doit pas être regardée comme entrant dans le champ d'application de l'article 13, 5 du CGI qui, s'agissant d'un dispositif anti-abus, ne doit pas être interprété de manière extensive (CAA Paris 5-10-2021 n° 20PA01257 : BPAT 6/21 inf. 271). Mais le Conseil d'État a rejeté cette analyse, considérant que les dispositions de l'article 13, 5 du CGI « trouvent à s'appliquer tant à la cession à titre onéreux, par le propriétaire d'un bien ou droit, d'un usufruit portant sur celui-ci qu'à la première cession à titre onéreux, par son titulaire, d'un usufruit préconstitué, dans le cas où le cessionnaire bénéficie du droit d'usufruit pour une période qui n'est pas exclusivement déterminée par la durée de la vie humaine » ; en jugeant que l'apport en société, pour une durée contractuellement fixée à trente ans, de l'usufruit dont l'apporteuse était titulaire à titre viager n'avait pas la nature d'une cession d'usufruit temporaire, la cour administrative d'appel de Paris a méconnu les dispositions précitées (CE 31-3-2022 n° 458518 : RJF 6/22 n° 524). La portée de cet arrêt reste toutefois incertaine, puisque dans l'affaire jugée, l'acte d'apport précisait expressément que l'usufruit viager préconstitué était cédé pour une durée de trente ans. S'il résulte de l'arrêt que le Conseil d'État traite identiquement la cession d'un « usufruit temporaire » et la « cession temporaire d'un usufruit viager », reste à savoir si la solution serait la même dans l'hypothèse d'une cession d'usufruit viager préconstitué **sans précision à l'acte de la durée de la cession** : devrait-on alors considérer qu'il s'agit d'une cession d'un usufruit viager non consentie pour une durée fixe, ce qui écarterait l'application de l'article 13, 5 du CGI, ou bien retenir qu'en application de l'article 619 du Code civil, la société cessionnaire bénéficie d'un droit d'usufruit pour une période non exclusivement déterminée par la durée de la vie humaine, ce qui justifierait l'application du dispositif ? On relèvera que dans un arrêt rendu en matière de droits d'enregistrement, pour l'application du barème de l'article 669 du CGI, la Cour de cassation a jugé que la **cession entre sociétés civiles d'un usufruit devant s'éteindre au décès du survi-**

vant de deux personnes physiques est de nature viagère, la circonstance que la durée de cet usufruit ne puisse excéder trente ans aux termes de l'article 619 du Code civil ne lui conférant pas le caractère d'usufruit à durée fixe (Cass. com. 26-9-2018 n° 16-26.503 : RJF 1/19 n° 98).
En tout état de cause, notons que les précisions apportées par l'administration permettent de sécuriser les stratégies patrimoniales fondées sur l'**apport conjoint par l'usufruitier viager et le nu-propriétaire** d'un bien démembré : ces opérations ne sont pas soumises aux dispositions de l'article 13, 5 du CGI, que l'apport soit rémunéré par des droits en pleine propriété ou des droits démembrés. L'administration prend ainsi expressément position sur l'apport conjoint, par l'usufruitier et le nu-propriétaire d'un bien dont la propriété a été démembrée suite à une succession, de leurs droits respectifs à une société : dès lors que l'apport de l'usufruit est réalisé au profit de la société sans mention de durée, l'opération n'entre pas dans le champ du dispositif (BOI-IR-BASE-10-10-30 n° 90, Exemple 1).
c. Selon l'administration, lorsque **l'usufruit temporaire** consenti par le contribuable **s'éteint à l'arrivée du terme** et que ce dernier consent un **nouvel usufruit temporaire,** chacune de ces cessions s'analyse comme une première cession portant sur un usufruit temporaire, dès lors qu'il ne s'agit pas du même usufruit (BOI-IR-BASE-10-10-30 n° 70).

Modalités d'imposition Le produit de la première cession à titre onéreux d'un usufruit temporaire doit être déclaré en **revenu catégoriel** (et non en plus-value). 62674
En principe, le produit est rattaché à la **catégorie d'imposition** à laquelle se rattachent ou se rattacheraient les revenus procurés ou susceptibles d'être procurés par le bien ou le droit sur lequel porte l'usufruit temporaire cédé. Si les revenus relèvent de plusieurs catégories, le rattachement est effectué au prorata. Il convient de se placer au jour de la cession pour déterminer la catégorie de rattachement.

EXEMPLES

En cas de cession de l'usufruit temporaire d'un **bien immobilier loué nu** au jour de la cession, le produit de cette cession est imposable dans la catégorie des revenus fonciers.
En cas de cession de l'usufruit temporaire de **titres d'une société soumise à l'impôt sur les sociétés** et procurant ou pouvant procurer des dividendes, le produit de cette cession est imposable dans la catégorie des revenus de capitaux mobiliers.
Le produit de la cession de l'usufruit temporaire de la totalité des **parts d'une société civile immobilière** non assujettie à l'impôt sur les sociétés, dont la valeur vénale de l'actif est constituée pour 90 % de son montant par des **immeubles donnés en location nue et** pour 10 % par un **immeuble donné en location meublée,** est ventilé comme suit :
– 90 % du produit de cession de l'usufruit sont imposables dans la catégorie des revenus fonciers ;
– 10 % de ce même produit sont imposables dans la catégorie des bénéfices industriels et commerciaux.

Lorsqu'il n'apparaît pas possible de rattacher le produit de la cession à un revenu catégoriel, trois **présomptions de rattachement** sont prévues par l'article 13, 5-2 du CGI : 62676
– lorsque l'usufruit temporaire cédé est relatif à un **bien immobilier ou** à des **parts de sociétés,** groupements ou organismes, quelle qu'en soit la forme, non soumis à l'impôt sur les sociétés et **à prépondérance immobilière** au sens des articles 150 UB (contribuables domiciliés fiscalement en France) ou 244 bis A (contribuables domiciliés fiscalement hors de France) du CGI, le produit de cession est réputé constituer un revenu foncier. La cession de l'usufruit temporaire d'un immeuble non donné en location (résidence principale, résidence secondaire ou autre) est ainsi imposée dans la catégorie des revenus fonciers, sans pouvoir bénéficier de l'exonération prévue à l'article 15, II du CGI ;
– lorsque l'usufruit temporaire cédé est relatif à des **valeurs mobilières, droits sociaux, titres** ou droits s'y rapportant, ou à des titres représentatifs des mêmes valeurs, droits ou titres, mentionnés à l'article 150-0 A du CGI, le produit de cession est réputé constituer un revenu de capitaux mobiliers ;
– dans tous les **autres cas** (où il est impossible de rattacher le produit de la cession à une catégorie de revenu et où aucune des deux présomptions ci-dessus ne trouve à s'appliquer), le produit de la cession est réputé constituer un bénéfice non commercial.

> Précisions a. Pour évaluer la **valeur vénale** de l'usufruit temporaire, l'administration admet, à titre indicatif, de déterminer dans un premier temps la valeur vénale de la pleine propriété du bien correspondant puis, dans un second temps, d'appliquer à cette valeur le barème de l'article 669, II du CGI (BOI-IR-BASE-10-10-30 n° 190).
b. L'**apport** de l'usufruit temporaire sur trois ans de parts de sociétés civiles immobilières à une autre société détenue par l'apporteur, réalisé dans le cadre d'une augmentation de capital **en contrepartie de l'attribution** à l'intéressé **de nouvelles parts** de cette société **et d'une prime d'apport,** constitue une cession à titre onéreux, nonobstant la circonstance que

l'apport n'a pas été rémunéré par des liquidités ; dès lors qu'il s'agit de la première cession à titre onéreux de l'usufruit temporaire des parts sociales, cette opération relève des dispositions de l'article 13, 5 du CGI et le montant total correspondant à l'apport est donc valablement réintégré aux revenus fonciers du contribuable imposables au titre de l'année de la cession. En ce qui concerne plus particulièrement la **base imposable,** fixée au prix de cession stipulé dans l'acte d'apport, le contribuable n'est pas fondé à soutenir qu'il y aurait lieu d'appliquer le pourcentage de 23 % prévu par l'article 669, II du CGI, qui est relatif non à l'impôt sur le revenu, mais aux droits d'enregistrement, ni qu'il y aurait lieu d'appliquer à la plus-value brute un **abattement** pour durée de détention en application de l'article 150 VC du CGI, dès lors que l'article 13, 5 du CGI s'applique par dérogation aux dispositions relatives à l'imposition des plus-values (CAA Bordeaux 16-6-2022 n° 20BX02968 confirmé par CE (na) 10-3-2023 n° 466753 : BPAT 3/23 inf. 147).

62678 Le **revenu imposable** est **égal** au prix de cession (ou à la valeur vénale si elle est supérieure) minoré des charges déductibles déterminées suivant les règles de droit commun propres à chaque revenu catégoriel.

Lorsque les critères qui permettent de caractériser de **revenu exceptionnel** le produit de la cession, à la fois par sa nature et son montant, sont remplis, ce revenu peut bénéficier du mécanisme du quotient mentionné à l'article 163-0 A du CGI (BOI-IR-BASE-10-10-30 n° 220).

1. DÉMEMBREMENT ET PLUS-VALUES IMMOBILIÈRES

CHAMP DE L'ÉTUDE

62680 Le régime des plus-values immobilières fait l'objet d'un exposé d'ensemble aux nos 33400 s. Seules sont abordées ici les questions particulières liées au démembrement.

Sont concernées les **opérations** suivantes, lorsqu'elles impliquent une **société** à prépondérance immobilière (sur cette notion, voir n° 34215) non soumise à l'impôt sur les sociétés et des **associés** personnes physiques agissant dans le cadre de la gestion de leur patrimoine privé :

- l'apport à la société d'un immeuble dont le droit de propriété est démembré ;
- la cession par la société d'un immeuble dont le droit de propriété est démembré ;
- la cession par les associés des parts démembrées de la société ;
- la cession d'un immeuble par la société dont les parts sont démembrées.

a. Apport ou cession portant sur des droits démembrés

OPÉRATIONS ENVISAGÉES

62682 Nous envisageons ici trois cas de figure : l'apport à la SCI de droits démembrés portant sur un immeuble, la cession par la SCI de tels droits et la cession par une personne physique des parts démembrées qu'elle détient dans la société.

Dans le premier cas (**apport à la SCI** de droits démembrés portant sur un immeuble), la plus-value est réalisée par l'apporteur, au nom duquel elle est imposée. Le prix de cession des droits à retenir pour la détermination de la plus-value est leur valeur réelle d'apport, c'est-à-dire la valeur des droits sociaux reçus en rémunération de l'apport.

En cas de **cession par la SCI** de droits démembrés portant sur un immeuble, la plus-value réalisée par la société est déterminée à son niveau. Pour le calcul de la plus-value réalisée par la société lors de la cession des droits démembrés qui lui ont été apportés par ses associés, le prix d'acquisition à retenir est égal à la valeur d'apport de ces droits et la date d'acquisition correspond à la date d'apport.

En cas de **cession par une personne physique** des droits démembrés qu'elle détient sur les parts sociales, la plus-value est imposée au nom du cédant. Le dispositif de correction du prix de revient des parts exposé n° 21635 est applicable, étant précisé qu'à notre avis, c'est seulement en fonction de ce qui a été effectivement imposé (et le cas échéant distribué) et déduit (avec ou sans comblement des pertes) par le titulaire des droits démembrés que le prix de revient des titres doit être corrigé. Pour prendre un exemple, il nous semble qu'en cas de cession de la nue-propriété des parts, le nu-propriétaire ne pourra pas majorer son prix de revient du montant des bénéfices qui ont été imposés chez l'usufruitier (il n'aura pas davantage à minorer ce prix de revient du montant des bénéfices distribués à l'usufruitier).

> **Précisions a.** Dans les développements qui suivent, le **terme « cession »** doit être entendu au sens large comme recouvrant les deux notions de vente et d'apport, les termes « vendeur » et « apporteur » étant ici interchangeables. Bien entendu, les solutions qui ne sont susceptibles de concerner que des personnes physiques intéressent l'apporteur en société de droits démembrés et la personne cédant ses droits démembrés dans la société, mais pas la société qui cède de tels droits.
> **b.** Les règles exposées ci-après ne s'appliquent,

lorsque l'opération d'apport ou de cession porte sur un **usufruit temporaire,** qu'aux opérations autres que la première cession de cet usufruit. Sur les modalités particulières de taxation du produit de la première cession d'un usufruit temporaire, voir ci-avant nos 62672 s.

DÉTERMINATION DE LA PLUS-VALUE

Cession isolée de l'usufruit ou de la nue-propriété Lorsque le droit d'**usufruit ou** de **nue-propriété** cédé a été **acquis isolément,** la plus-value correspond à la différence entre le prix de cession du droit cédé et son prix d'acquisition s'il a été acquis à titre onéreux. 62684
Si le droit cédé a été acquis par donation ou succession, son prix de revient est la valeur retenue pour le calcul des droits de mutation à titre gratuit. Cependant, si le démembrement a pour origine une succession ouverte avant le 1er janvier 2004, le prix d'acquisition du droit cédé est retraité à l'aide du barème de l'article 669 du CGI, en retenant l'âge de l'usufruitier au jour de la cession (CGI art. 150 VB, I, al. 4).
Pour l'application de l'abattement sur la plus-value dont bénéficient les biens détenus depuis plus de cinq ans (nos 33720 s.), la durée de détention se calcule à partir de la date d'acquisition du droit cédé.

Lorsque le **bien** dont l'usufruit ou la nue-propriété est cédé isolément a été **acquis en pleine propriété,** la plus-value imposable est déterminée en tenant compte, d'une part, du prix de cession du droit cédé et, d'autre part, de la fraction du prix d'acquisition (ou de la valeur vénale en cas d'acquisition à titre gratuit) de la pleine propriété afférente à ce droit. Cette fraction est appréciée au jour de la cession à partir du barème de l'article 669 du CGI (CGI ann. II art. 74 SE). La ventilation de l'article 669 du CGI s'impose, que l'acquisition soit intervenue avant ou après le 1er janvier 2004 (BOI-RFPI-PVI-20-10-20-10 n° 200). Pour l'application du barème, l'âge de l'usufruitier à prendre en compte est celui du vendeur lorsque le droit cédé est la nue-propriété avec réserve d'un usufruit viager ; ce devrait être celui de l'acquéreur dans le cas, plus rare, où c'est l'usufruit viager qui est cédé. Les charges et indemnités augmentatives du prix ainsi que les frais d'acquisition sont retenus dans la même proportion que le prix d'acquisition lui-même (BOI précité). 62685
La durée de détention est calculée à partir de la date d'acquisition du bien en pleine propriété.

Dans le cas particulier où la **nue-propriété** du bien a été **acquise par succession ou par donation** et l'**usufruit par extinction naturelle** au décès de l'usufruitier, les règles sont les suivantes. 62686
En cas de cession de la nue-propriété, la plus-value correspond à l'excédent du prix de cession sur la valeur retenue pour le calcul des droits de donation ou de succession.
En cas de cession de l'usufruit, la plus-value correspond à l'excédent du prix de cession sur la valeur vénale de cet usufruit telle qu'elle a été déclarée dans la succession à l'origine du démembrement (BOI-RFPI-PVI-20-10-20-10 n° 320), ce qui est favorable au contribuable.
Dans les deux cas (cession de la nue-propriété ou de l'usufruit), la valeur retenue pour le calcul des droits de mutation à titre gratuit est recalculée par application du barème de l'article 669 du CGI si le démembrement est d'origine successorale et a eu lieu avant le 1er janvier 2004.

Cession conjointe de la nue-propriété et de l'usufruit Pour le calcul de la plus-value réalisée par chacun des titulaires des droits démembrés cédés, le **prix et la date d'acquisition** sont déterminés selon les mêmes règles que celles exposées ci-avant dans le cas de cession isolée. 62688

Le **prix de cession** global des droits doit être ventilé de façon à faire apparaître distinctement le prix de chacun des droits. Cette ventilation doit, en principe, être effectuée en fonction des valeurs réelles au jour de la vente de chacun des droits de nue-propriété et d'usufruit. Toutefois, l'administration admet, à titre de règle pratique, que cette ventilation soit réalisée en application du barème de l'article 669 du CGI, en tenant compte de l'âge de l'usufruitier au jour de la vente (BOI-RFPI-PVI-20-10-10 n° 320). Il existe donc ici une tolérance fiscale permettant de choisir entre deux règles de détermination de la plus-value taxable : choix entre l'application du barème fiscal, d'une part, et l'évaluation économique, d'autre part, sous réserve d'aligner le choix fiscal sur la répartition effective du prix (par exemple, en retenant la ventilation qui accroît la part de l'usufruitier lorsque celui-ci bénéficie de l'exonération attachée à la résidence principale). 62689

Cession de la pleine propriété après réunion de la nue-propriété et de l'usufruit sur la tête du cédant Le régime fiscal varie en fonction des modalités d'acquisition des droits démembrés. 62692

Lorsque la **nue-propriété** a été **acquise à titre gratuit** (par donation ou succession) **ou à titre onéreux et l'usufruit par extinction naturelle,** l'administration admet que le prix d'acquisition à retenir est égal à la somme des valeurs vénales de chacun des droits (donc la valeur de la pleine propriété) à la date d'entrée de la nue-propriété dans le patrimoine du cédant (BOI-RFPI-PVI-20-10-20-10 nos 220 et 350). On remarquera que l'usufruit ayant été acquis par voie d'extinction, son prix réel « d'acquisition » est nul : cette mesure est donc favorable au contribuable.

La durée de détention se calcule à partir de l'acquisition de la nue-propriété.

62693 Lorsque la **nue-propriété et** l'**usufruit** ont été **acquis à titre onéreux,** le prix de revient est la somme des prix d'acquisition de chaque droit mais la durée de détention se calcule à partir de la première des deux acquisitions.

62694 Lorsque la **nue-propriété et l'usufruit ont été acquis à titre gratuit** (donation ou succession), la valeur d'acquisition à retenir est égale à la somme des valeurs vénales retenues lors de chacune des donations et/ou successions.

La durée de détention se calcule à partir de la première des deux acquisitions.

62695 Lorsque la **nue-propriété** a été **acquise à titre gratuit** et l'**usufruit à titre onéreux,** il convient de retenir la somme de la valeur vénale de la nue-propriété retenue lors de la donation ou de la succession et du prix d'acquisition de l'usufruit.

La durée de détention est décomptée à partir de la première des deux acquisitions.

APPLICATION DES EXONÉRATIONS

62698 Le démembrement de propriété ne fait pas obstacle, toutes conditions étant par ailleurs réunies, à l'application de l'exonération au titre de la **résidence principale** visée nos 33510 s. Ainsi, la plus-value d'apport en société de droits démembrés portant sur un immeuble que l'apporteur occupe à titre de résidence principale bénéficie de l'exonération (à condition, on le rappelle, que l'opération n'entre pas dans le champ d'application de l'article 13, 5 du CGI : voir ci-avant nos 62672 s.). La cession par la société de droits démembrés portant sur un immeuble occupé à titre de résidence principale par un de ses associés est également exonérée à hauteur de la quote-part de plus-value revenant à cet associé. De la même façon, la cession par l'usufruitier ou le nu-propriétaire des droits démembrés qu'il détient dans la société propriétaire de l'immeuble qu'il occupe à titre d'habitation principale ouvre droit à l'exonération, sur une fraction de la plus-value déterminée en fonction de la valeur du logement occupé par rapport à la valeur globale de l'actif social.

L'exonération liée à la **durée de détention** (n° 33505) peut également bénéficier au nu-propriétaire comme à l'usufruitier des droits immobiliers ou des titres démembrés, le délai de détention étant calculé comme indiqué ci-dessus nos 62684 à 62695.

La cession par la société de droits réels démembrés (usufruit, nue-propriété) portant sur un immeuble peut bénéficier de l'exonération prévue en faveur de la **première cession d'un logement autre que la résidence principale** pour les associés qui ne sont pas, directement ou par personne interposée, propriétaires de leur résidence principale (nos 33520 s.). Pour l'application de ce dispositif, l'administration considère qu'est réputé propriétaire de sa résidence principale le contribuable qui en est seulement nu-propriétaire ou usufruitier (BOI-RFPI-PVI-10-40-30 n° 40 ; analyse confirmée par CE 15-7-2021 n° 453490 : BPAT 5/21 inf. 228 et CE QPC 12-10-2021 n° 454641 : BPAT 6/21 inf. 272). Notons par ailleurs que l'exonération est subordonnée au remploi du prix de cession à l'acquisition ou la construction d'un logement en pleine propriété : elle ne s'applique pas lorsque le prix de cession est affecté à l'acquisition de droits démembrés (BOI précité n° 200).

Précisons enfin qu'en ce qui concerne l'exonération des **cessions inférieures à 15 000 €** (n° 33540), le plafond d'exonération s'apprécie par rapport à la valeur de la pleine propriété de l'immeuble ou de la partie d'immeuble cédé (CGI art. 150 U, II-6°). La plus-value résultant de l'apport de droits immobiliers démembrés en SCI ou de la cession par elle de tels droits n'est donc exonérée que si la valeur de la pleine propriété du bien n'atteint pas 15 000 €. Lorsque le droit démembré apporté ou cédé est en indivision, le seuil de 15 000 € s'apprécie au regard de chaque quote-part indivise en pleine propriété. On rappelle que cette exonération n'est pas applicable aux cessions de titres (n° 34230).

b. Cession d'un immeuble par la société dont les parts sont démembrées

62720 La **plus-value** est **déterminée** au niveau de la société (c'est-à-dire en fonction des dates d'acquisition et de vente de l'immeuble par la société), mais elle est **imposable** au nom de chacun de ses membres présents **à la date de la cession** de l'immeuble, au prorata de ses droits sociaux. L'usufruitier de parts d'une société soumise au régime fiscal des sociétés de personnes est imposé sur « la quote-part correspondant aux droits dans les bénéfices que lui confère sa qualité d'usufruitier » (CGI art. 8). Pour déterminer le **redevable de l'impôt,** il convient de se

référer aux statuts de la société (ou à une convention extrastatutaire conclue avant la date de cession de l'immeuble) :
– si les statuts limitent les droits des usufruitiers aux résultats courants de l'exercice, la plus-value de cession de biens immobiliers (élément du résultat exceptionnel) revient aux nus-propriétaires, de même que l'imposition corrélative ;
– si les statuts réservent à l'usufruitier le droit aux bénéfices de l'exercice quelle qu'en soit l'origine (résultat courant et résultat exceptionnel), l'imposition corrélative incombe à l'usufruitier.

De telles conventions présentent toute leur utilité lorsque, notamment, les usufruitiers occupent le logement dont la société est propriétaire à titre de **résidence principale** : dans ce cas, il convient en effet que la plus-value de cession revienne aux usufruitiers, afin qu'elle puisse être **exonérée.**

Pour l'application de l'exonération liée à la **durée de détention,** précisons que cette durée s'apprécie au niveau de la société : en d'autres termes, l'usufruitier ou le nu-propriétaire au nom de qui la plus-value est imposable bénéficie de l'exonération dès lors que l'immeuble a été détenu pendant le délai requis par la société, quelle que soit la date à laquelle il a acquis ses droits (n° 33720).

2. DÉMEMBREMENT ET PLUS-VALUES DE CESSION DE TITRES ET VALEURS MOBILIÈRES

CHAMP DE L'ÉTUDE

Les plus-values de cession de valeurs mobilières et de titres de sociétés (autres que les titres détenus dans les sociétés à prépondérance immobilière non soumises à l'IS et les sociétés dotées de la transparence fiscale) sont en principe imposables selon le régime prévu aux articles 150-0 A et suivants du CGI. Ce régime, qui s'applique tant aux cessions réalisées par les personnes physiques agissant dans le cadre de la gestion de leur patrimoine privé qu'à celles réalisées par l'intermédiaire de sociétés civiles de portefeuille non soumises à l'impôt sur les sociétés, fait l'objet d'une étude d'ensemble n°s 21700 s. **62750**

Nous exposons ici ses particularités s'agissant des titres démembrés.

a. Apport ou cession portant sur des droits démembrés

OPÉRATIONS ENVISAGÉES

Trois situations sont ici envisagées : l'apport à la société civile de portefeuille de droits démembrés portant sur des titres et valeurs mobilières, la cession de tels droits par la société civile de portefeuille non soumise à l'impôt sur les sociétés et la cession par une personne physique des parts qu'elle détient en usufruit ou en nue-propriété dans la société. **62755**

Dans le premier cas (**apport à la société civile de portefeuille** de droits démembrés), la plus-value est réalisée par l'apporteur, au nom duquel elle est imposée. Le prix de cession des droits à retenir est égal à leur valeur réelle d'apport, c'est-à-dire à la valeur des droits sociaux reçus en rémunération de l'apport.

En cas de **cession par la société civile de portefeuille** de droits démembrés, la plus-value est réalisée par la société. Elle est déterminée à son niveau et imposée au nom de ses associés, chacun à hauteur de ses droits dans la société. Pour le calcul de la plus-value réalisée par la société lors de la cession des droits démembrés qui lui ont été apportés, le prix d'acquisition à retenir est égal à la valeur d'apport de ces droits et la date d'acquisition correspond à la date d'apport.

En cas de **cession par une personne physique** des droits démembrés qu'elle détient sur les parts de la société civile de portefeuille, la plus-value est imposée au nom du cédant (sur le dispositif de correction du prix de revient des parts applicable pour le calcul de la plus-value, voir n° 62682).

> **Précisions** **a.** Dans les développements qui suivent, le **terme « cession »** est entendu au sens large comme recouvrant les deux notions de **vente** et d'**apport.**
> **b.** Les règles exposées ci-après ne s'appliquent, lorsque l'opération d'apport ou de cession porte sur un **usufruit temporaire,** qu'aux opérations autres que la première cession de cet usufruit. Sur les modalités particulières de taxation du produit de la première cession d'un usufruit temporaire, voir n°s 62672 s.
> **c.** Les règles exposées n°s 62762 à 62781 s'appliquent aux plus-values retirées de la cession ou de l'apport de valeurs mobilières ou de droits sociaux dont la **propriété** a été **démembrée depuis le 3 juillet 2001** (BOI-RPPM-PVBMI-20-10-20-60 n°s 40 s.). Pour les titres dont la propriété a été démembrée **avant le 3 juillet 2001,** voir n° 62782.

RÈGLES GÉNÉRALES

62757 **Cession de titres d'une même société acquis pour des prix différents** En cas de cession d'un ou plusieurs titres appartenant à une série de **titres de même nature** acquis pour des prix différents, le prix d'acquisition à retenir est la valeur moyenne pondérée d'acquisition de ces titres (CGI art. 150-0 D, 3).

Cette méthode s'impose au contribuable. Mais elle ne s'applique pas lorsqu'un contribuable détient des droits réels de nature différente sur une même série de titres : par exemple, **titres** d'une même société **détenus pour partie en pleine propriété et pour partie en usufruit** (BOI-RPPM-PVBMI-20-10-20-40 n° 30). Dans ce cas, la méthode du prix moyen pondéré s'applique distinctement au sein de chacune des catégories de droits de même nature, c'est-à-dire prix moyen pondéré des titres détenus en pleine propriété, d'une part, de ceux détenus en usufruit, d'autre part, et de ceux détenus en nue-propriété, enfin.

62759 **Sursis ou report d'imposition** Les **plus-values d'échange** de titres bénéficient d'un sursis d'imposition lorsqu'elles sont réalisées dans le cadre de certaines opérations : fusion, scission, apport de titres à une société soumise à l'impôt sur les sociétés non contrôlée par l'apporteur (CGI art. 150-0 B : voir n°s 21760 s.). Les plus-values d'apport de titres au profit d'une société soumise à l'impôt sur les sociétés contrôlée par l'apporteur font l'objet d'un report d'imposition dans les conditions prévues à l'article 150-0 B ter du CGI (voir n°s 21750 s.).

L'administration a eu l'occasion de préciser que le régime de sursis d'imposition prévu à l'article 150-0 B du CGI s'applique aux **titres échangés** qu'ils soient **détenus en pleine propriété, en usufruit ou en nue-propriété** ; il n'y a pas lieu de distinguer non plus selon que les titres reçus en rémunération de l'échange sont eux-mêmes reçus en pleine propriété, en usufruit ou en nue-propriété (BOI-RPPM-PVBMI-30-10-20-10 n° 10). Elle admet de même que le report d'imposition prévu à l'article 150-0 B ter s'applique aux apports de titres en pleine propriété comme aux apports de droits démembrés (BOI-RPPM-PVBMI-30-10-60-10 n° 30). Toutefois, elle assortit ces solutions d'une réserve concernant l'**apport en société de l'usufruit temporaire de titres,** dès lors qu'il constitue la première cession à titre onéreux de cet usufruit temporaire : dans ce cas en effet, les règles des articles 150-0 A et suivants du CGI sont écartées au profit des règles prévues à l'article 13, 5 du CGI (voir n°s 62672 s.).

CESSION CONJOINTE AVEC RÉPARTITION DU PRIX DE VENTE OU CESSION ISOLÉE DE LA NUE-PROPRIÉTÉ OU DE L'USUFRUIT

62762 Les **opérations visées** sont les suivantes :

– la cession isolée de l'usufruit par l'usufruitier ;

– la cession isolée de la nue-propriété par le nu-propriétaire ;

– la cession conjointe des titres avec répartition du prix de vente entre l'usufruitier et le nu-propriétaire, étant précisé que l'apport conjoint de titres démembrés rémunéré par l'attribution de titres d'une société en pleine propriété est assimilé à une cession avec répartition du prix de cession en pleine propriété.

62764 **Personne imposable** La cession d'un droit démembré entraîne l'imposition du cédant. En cas de cession conjointe avec répartition du prix entre le nu-propriétaire et l'usufruitier, l'opération est donc susceptible de dégager une plus-value imposable au nom de chacun des titulaires de droits démembrés.

62766 **Prix ou valeur d'acquisition à retenir** 1e hypothèse : le **cédant n'a pas détenu la pleine propriété avant le démembrement.** Dans ce cas, le prix de revient pour le cédant est le prix d'acquisition de ses droits (usufruit ou nue-propriété) ou, en cas d'acquisition à titre gratuit, la valeur retenue pour la détermination des droits de mutation (valeur déterminée en fonction du barème fiscal de l'usufruit applicable lors de la mutation).

62767 2e hypothèse : le **cédant a détenu la pleine propriété avant le démembrement.** Lorsque l'un des cédants a détenu la pleine propriété des titres avant leur démembrement, le prix d'acquisition peut être déterminé, au choix du contribuable, par valorisation économique ou en appliquant le barème fiscal prévu à l'article 669 du CGI (BOI-RPPM-PVBMI-20-10-20-60 n° 80). Le calcul est établi en fonction de l'âge de l'usufruitier au jour de la cession des titres et non au jour de l'acquisition des titres par le cédant.

Quelle que soit la méthode retenue, il faut cependant que cela soit la même pour les deux droits ; on ne peut concevoir d'appliquer la méthode économique pour l'usufruit et la méthode fiscale pour la nue-propriété, par exemple.

Le choix de la méthode de valorisation est un jeu à somme nulle dès lors que la même méthode doit être retenue pour la valorisation de chacun des droits démembrés. Toutefois, que le total de la plus-value imposable soit équivalent quelle que soit la méthode de valorisation ne signifie pas que le montant de l'impôt sera le même. En effet, un des cédants peut être en situation de bénéficier d'un abattement pour durée de détention ou disposer de moins-values antérieures restant à reporter. La résidence fiscale des cédants peut également avoir une incidence sur le montant de l'impôt dû.

> Précisions Jugé que, pour procéder à l'**évaluation du prix de cession** pour le calcul de la plus-value réalisée par un nu-propriétaire, l'administration ne peut faire usage du barème de l'article 762 du CGI (aujourd'hui art. 669). Par suite, le contribuable est fondé à appliquer une méthode d'évaluation économique pour calculer la valeur de la nue-propriété des titres cédés, alors même que la valeur d'acquisition des titres a été fixée par application du barème fiscal, l'application d'un **mode de calcul différent** pour l'évaluation du prix de cession et pour celle du prix d'acquisition ayant conduit à la constatation d'une moins-value (TA Paris 11-6-2008 n° 03-904 : RJF 12/08 n° 1324). Rendue pour l'application de l'ancien article 92 B du CGI, cette solution nous semble transposable pour l'application du régime actuel.

EXEMPLE 62768

Titres détenus par U pour l'usufruit et N pour la nue-propriété suite à une donation avec réserve d'usufruit.
Le prix de revient des titres en pleine propriété était de 20. Le prix de cession est de 100.
U a 58 ans au jour de la cession.
1e hypothèse : U et N choisissent de répartir entre eux le prix de cession selon la valeur économique de leurs droits et de retenir cette même méthode pour l'évaluation du prix d'acquisition.
L'usufruit est cédé pour 45 (valeur économique estimée). La fraction correspondant à l'usufruit dans le prix d'acquisition est de : 20 × 45 / 100 = 9. La plus-value imposable est de 45 – 9 = 36.
Parallèlement, la nue-propriété est cédée pour 55 (100 – 45). Le prix de revient est de 11 pour le nu-propriétaire, soit une plus-value de 55 – 11 = 44.
2e hypothèse : U et N choisissent de répartir entre eux le prix de cession selon le barème fiscal et de retenir la méthode fiscale pour l'évaluation du prix d'acquisition.
L'usufruit est cédé pour 50 (valeur déterminée par application de l'article 669 du CGI, en fonction de l'âge de l'usufruitier au jour de la cession). La fraction correspondant à l'usufruit dans le prix d'acquisition est de 20 × 50 / 100 = 10. La plus-value imposable est de 50 – 10 = 40.
Parallèlement, la nue-propriété est cédée pour 50 (100 – 50). Le prix de revient est également de 10 pour le nu-propriétaire, soit une plus-value de 50 – 10 = 40.

Durée de détention Pour le calcul de l'abattement pour durée de détention dont bénéficie, le cas échéant, la plus-value de cession, le délai de détention est calculé à partir de la date d'acquisition du droit démembré par le cédant (BOI-RPPM-PVBMI-20-20-20-20 n° 40). 62769

CESSION CONJOINTE SANS RÉPARTITION DU PRIX DE VENTE

Opérations visées L'absence de répartition du prix de vente recouvre deux hypothèses, expressément visées par l'administration (BOI-RPPM-PVBMI-20-10-20-60 nos 100 s.) : 62770

– le **remploi du prix de cession avec report du démembrement.** Bien que l'administration vise le remploi dans « l'acquisition d'autres valeurs, droits ou titres eux-mêmes démembrés », il nous semble que le remploi du prix de vente dans d'autres actifs démembrés, tels que des actifs immobiliers, relève également de cette hypothèse. Par ailleurs, est également concerné l'apport de titres à une société civile non soumise à l'impôt sur les sociétés, lorsque l'apport est rémunéré par des titres démembrés ;
– l'**attribution de la totalité du prix à l'usufruitier dans le cadre d'un quasi-usufruit.**

Personne imposable Lorsque le prix de cession fait l'objet d'un **remploi avec report du démembrement,** la plus-value est en **principe** imposable au nom du nu-propriétaire. Ce principe reçoit **exception** en cas de cession de titres d'un **portefeuille de valeurs mobilières démembrées** : l'administration admet dans cette situation que la plus-value soit imposable au nom du seul usufruitier si l'usufruitier et le nu-propriétaire ont adressé à la banque une option expresse et irrévocable en ce sens (BOI-RPPM-PVBMI-20-10-20-60 n° 180). L'administration tient ici compte du fait que l'usufruitier a le pouvoir de disposer seul des titres. Cependant, faisant une lecture restrictive de la jurisprudence de la Cour de cassation ayant consacré ce pouvoir (nos 62340 s.), elle n'autorise l'option que pour les portefeuilles de titres dont le démembrement est d'origine successorale. Faisant sienne la position restrictive de l'administration, le tribunal administratif de Paris a jugé que lorsque le démembrement du portefeuille résulte d'une donation, il n'y a pas 62772 d'exception au principe de l'imposition du nu-propriétaire (TA Paris 1-7-2008 n° 03-1547 : RJF 3/09 n° 210). Cette restriction est regrettable et non fondée en droit : la possibilité donnée à l'usufruitier de décider, seul, de vendre les titres composant un portefeuille de valeurs mobilières sous réserve du réinvestissement du produit de cession dans l'acquisition d'autres titres est liée à la qualification d'universalité de biens de ce portefeuille et non à l'origine successorale du démembrement. Cet élément renforce l'intérêt du report du démembrement afférent au portefeuille-titres sur les parts de la société civile de portefeuille créée pour le détenir et le gérer, dont les statuts peuvent prévoir l'imposition des plus-values au nom du seul usufruitier.

Lorsque le prix de vente des titres est attribué à l'usufruitier dans le cadre d'un **quasi-usufruit,** la plus-value est imposable au nom du seul usufruitier (BOI-RPPM-PVBMI-20-10-20-60 n° 100).

> Précisions a. La jurisprudence incite les parties à veiller à respecter un certain **formalisme** pour établir le remploi en cas de report du démembrement. Confirmant une décision de la cour administrative d'appel de Versailles (CAA Versailles 2-5-2007 n° 05-1166 : RJF 1/08 n° 47), le Conseil d'État a jugé que le **dépôt du prix de cession sur un compte ouvert au nom de l'usufruitier et des nus-propriétaires** ne suffit pas pour établir le report du démembrement affectant le droit de propriété des titres cédés sur le droit de propriété des titres acquis, « en l'absence d'**acte ayant date certaine** » le corroborant (CE 30-12-2009 n° 307165 : RJF 3/10 n° 226). Pour échapper à l'impôt sur la plus-value, l'usufruitier de titres cédés qui prévoit avec le nu-propriétaire un remploi du prix de cession doit justifier d'une **convention de remploi avec report du démembrement antérieure ou concomitante à la cession**; cette convention ne peut résulter des seules modalités de remploi du prix (CE 28-1-2019 n° 407305 : BPAT 2/19 inf. 63). En outre, le **caractère obligatoire du remploi** est décisif : lorsque l'acte de donation à l'origine du démembrement stipule que « l'usufruit réservé se reportera en vertu des règles de la subrogation réelle conventionnelle sur le prix de cession » et qu'il laisse la **faculté** à l'usufruitier **de remployer ou non** le produit de la cession des titres, le droit d'usufruit doit être regardé, pour l'imposition des plus-values résultant de la cession, comme reporté sur le produit de cette cession, rendant ainsi l'usufruitier intégralement redevable de l'impôt (CE 2-4-2021 n° 429187 : BPAT 3/21 inf. 135). Jugé que l'**usufruitier** est seul imposable sur la plus-value de cession lorsque l'acte à l'origine du démembrement lui donne **pouvoir de réaliser seul la cession** et prévoit le **report du démembrement sur le prix de cession,** ouvrant ainsi un quasi-usufruit à son profit; est sans incidence à cet égard la circonstance qu'une **autre clause** de l'acte à l'origine du démembrement prévoit que, dans l'**hypothèse d'un remploi du prix de cession,** le démembrement initial de propriété sera reporté sur le bien acquis en remploi, cette dernière clause n'offrant qu'une **simple faculté** au demeurant **non exercée** (CE 12-12-2012 n°s 336273 et 336303 : RJF 3/13 n° 296). Dans une espèce où une condition particulière insérée dans l'acte de donation de la nue-propriété de parts sociales prévoyait qu'en cas de cession des titres, **à défaut de remploi** du prix pour une nouvelle acquisition de titres, les donataires nus-propriétaires seraient tenus de placer le produit de la cession sur un compte bancaire indivis sur lequel les donateurs **usufruitiers** disposeraient d'un **mandat de gestion exclusif,** et où les parties n'avaient pas exercé l'option d'un remploi, il a été jugé que les donateurs devaient être regardés comme ayant bénéficié du **report de leurs droits d'usufruitiers sur le prix de cession,** justifiant l'imposition de l'intégralité de la plus-value entre leurs mains (CE 17-11-2021 n° 437329 : BPAT 1/22 inf. 42 et BPAT 2/22 inf. 64).

b. Sur la validité au regard de l'abus de droit de la **constitution d'un quasi-usufruit dans les opérations de donation avant cession,** voir n° 62827.

c. L'administration a précisé que, lorsque l'opération porte sur la **première cession d'un usufruit temporaire,** l'imposition est établie (BOI-RPPM-PVBMI-20-10-20-60 n° 140) :
– au nom du nu-propriétaire dans la catégorie des plus-values de cession de valeurs mobilières, pour la plus-value afférente à la nue-propriété;
– au nom de l'usufruitier dans la catégorie des revenus de capitaux mobiliers, sur le produit de la cession de l'usufruit conformément aux dispositions de l'article 13, 5 du CGI.

62774 **Détermination de la plus-value** Il faut distinguer selon l'origine du démembrement.

1e hypothèse : **ni le nu-propriétaire ni l'usufruitier n'a disposé de la pleine propriété des titres avant leur démembrement.** Les titres cédés ont été reçus simultanément par deux personnes distinctes, l'une en tant qu'usufruitier, l'autre en tant que nu-propriétaire, à la suite d'une transmission à titre gratuit ou d'une acquisition à titre onéreux.

La plus-value est égale à la différence entre le prix de cession et soit le prix d'acquisition de la pleine propriété des titres lorsque la nue-propriété et l'usufruit ont été acquis à titre onéreux, soit la valeur globale retenue pour la détermination des droits de mutation à titre gratuit (BOI-RPPM-PVBMI-20-10-20-60 n° 120).

Pour l'application de la règle générale de calcul des plus-values selon laquelle le prix ou la valeur d'acquisition peut être majoré du montant des frais d'acquisition, le Conseil d'État juge que le nu-propriétaire, lorsqu'il est seul imposable sur la plus-value globale réalisée lors de la cession de titres démembrés, est en droit de se prévaloir de l'ensemble des frais et taxes qui ont grevé l'acquisition, tant de la nue-propriété que de l'usufruit, alors même que ces frais ont été acquittés par l'usufruitier (CE 11-5-2017 n° 402479 : BPAT 3/17 inf. 116-1). Cette solution est selon nous transposable au cas où la plus-value est imposable au nom du seul usufruitier, lorsque le prix de vente des titres est attribué à celui-ci dans le cadre d'un quasi-usufruit : dans cette situation, l'usufruitier devrait pouvoir déduire l'ensemble des frais acquittés lors du démembrement de propriété, tant par lui-même au titre de l'acquisition de son usufruit que par le nu-propriétaire au titre de l'acquisition de sa nue-propriété.

2e hypothèse : le **nu-propriétaire ou l'usufruitier a disposé de la pleine propriété des titres avant leur démembrement.** 62776

Le prix de revient à retenir est le prix ou la valeur d'acquisition initiale de la pleine propriété des titres, majoré de l'accroissement de valeur du droit transmis constaté entre la date d'acquisition initiale de la pleine propriété et la date de transmission du droit (BOI-RPPM-PVBMI-20-10-20-60 n° 150).

Si c'est la **nue-propriété** qui a été **transmise lors du démembrement,** le prix de revient est égal au prix ou à la valeur d'acquisition initiale de la pleine propriété (PP), majoré de l'accroissement de la valeur de la nue-propriété (NP) constaté entre la date de l'acquisition initiale de la pleine propriété (PP) et la date de transmission de la nue-propriété (NP).

Si l'**usufruit** a été **transmis lors du démembrement,** le prix de revient est égal au prix ou à la valeur d'acquisition initiale de la pleine propriété (PP), majoré de l'accroissement de la valeur de l'usufruit (US) constaté entre la date de l'acquisition initiale de la pleine propriété (PP) et la date de transmission de l'usufruit (US).

EXEMPLE

Acquisition à titre onéreux en PP par le donateur	Puis donation de la NP	Puis cession à titre onéreux
PP = 100	PP = 300	PP = 400
US = 30 % = 30	US = 30 % = 90	US = 30 % = 120
NP = 70 % = 70	NP = 70 % = 210	NP = 70 % = 280

Calcul de la plus-value

Prix de cession de la pleine propriété : 400.

Prix d'acquisition revalorisé : 240, soit 100 valeur de la pleine propriété originelle + 140 correspondant à la revalorisation de la nue-propriété entre la date d'acquisition (70) et la date de donation (210).

Plus-value : 160.

Durée de détention Pour l'application de l'abattement pour durée de détention dont bénéficie, le cas échéant, la plus-value de cession, le délai de détention est calculé à partir de la date d'acquisition par le redevable de l'impôt de son droit démembré (BOI-RPPM-PVBMI-20-20-20-20 n° 40). Lorsque la plus-value est imposable au nom du nu-propriétaire, c'est la date d'acquisition de la nue-propriété qui est prise en compte. La donation de la nue-propriété de titres préalablement à leur cession peut ainsi faire perdre le bénéfice de l'abattement lié à la durée de détention afférent à l'usufruit conservé par le donateur. Notons que la portée de cet inconvénient est toutefois désormais limitée, l'abattement proportionnel pour durée de détention ne s'appliquant plus qu'en cas d'option du contribuable pour l'application du barème progressif de l'impôt sur le revenu, et uniquement aux opérations portant sur des titres acquis ou souscrits avant le 1er janvier 2018. 62777

Lorsque la plus-value est imposable entre les mains de l'usufruitier, le délai de détention se calcule à compter de la date d'acquisition de l'usufruit.

CESSION DE LA PLEINE PROPRIÉTÉ DES TITRES APRÈS RÉUNION DE L'USUFRUIT À LA NUE-PROPRIÉTÉ

Dans ce cas, la personne imposable est bien sûr le cédant, qui est titulaire de la pleine propriété des titres cédés. Pour la détermination de la plus-value imposable, il faut distinguer selon que l'usufruit a été acquis par voie d'extinction (par décès de l'usufruitier) ou par mutation à titre gratuit ou à titre onéreux. 62778

Usufruit acquis par voie d'extinction L'administration pose un principe général qu'elle assortit d'une exception (BOI-RPPM-PVBMI-20-10-20-60 nos 200 et 210). 62779

En **principe,** que la nue-propriété ait été acquise à titre onéreux ou à titre gratuit, il est fait abstraction de la valeur de l'usufruit, celui-ci ayant été acquis pour une valeur nulle. Le prix d'acquisition à retenir pour le calcul de la plus-value est donc celui de la seule nue-propriété ou sa valeur vénale retenue lors de la transmission à titre gratuit (en ce sens, également : CAA Versailles 5-5-2009 n° 08-17 : RJF 12/09 n° 1094). Cette solution s'explique par le fait que l'extinction de l'usufruit s'est effectuée en franchise d'impôt (CGI art. 1133).

Par exception, lorsque l'**usufruit** qui s'est éteint **avait été transmis à l'usufruitier à titre gratuit en même temps que la nue-propriété au nu-propriétaire,** le prix de revient pour le nu-propriétaire est égal à la somme des valeurs vénales déclarées pour chacun de ces droits lors de la transmission à titre gratuit qui est à l'origine du démembrement de propriété.

62780 **Usufruit acquis à titre gratuit ou onéreux** Le prix d'acquisition à retenir est la somme des prix d'acquisition ou la somme des valeurs vénales en cas de transmission à titre gratuit (BOI-RPPM-PVBMI-20-10-20-60 n° 220).

EXEMPLE

M, âgé de 55 ans, propriétaire d'un portefeuille-titres acquis pour 60, donne la nue-propriété de celui-ci à son fils F et s'en réserve l'usufruit. Le portefeuille a une valeur en pleine propriété de 100 au jour de la donation, soit 50 pour la nue-propriété donnée. Quelques années plus tard, M, âgé de 62 ans, donne son usufruit à F. Les titres ont alors une valeur en pleine propriété de 200. L'usufruit donné est valorisé à 40 % × 200 = 80. Peu après, le donataire apporte le portefeuille à une société civile non soumise à l'IS, pour une valeur de 210.

Calcul de la plus-value

Prix de cession de la pleine propriété : 210.

Prix d'acquisition (valeur vénale de la nue-propriété retenue lors de la donation initiale, soit 50, majorée de la valeur vénale de l'usufruit retenue lors de la donation de celui-ci, soit 80) : 130.

Plus-value : 80.

62781 **Durée de détention** Pour l'application de l'abattement pour durée de détention dont bénéficie, le cas échéant, la plus-value de cession, le délai de détention est calculé à partir de la date de la première des deux acquisitions par le cédant des droits démembrés, que l'acquisition soit à titre onéreux, à titre gratuit ou par voie d'extinction naturelle (BOI-RPPM-PVBMI-20-20-20-20 n° 40).

CESSION DE TITRES DONT LE DÉMEMBREMENT EST ANTÉRIEUR AU 3 JUILLET 2001

62782 Les règles exposées ci-avant n°s 62762 à 62781 sont applicables aux cessions de titres dont la propriété a été démembrée depuis le 3 juillet 2001, date de publication de l'instruction qui les a définies. Les cessions de titres qui ont été démembrés avant le 3 juillet 2001 sont soumises au régime suivant (sous réserve des dispositions de l'article 13, 5 du CGI : voir n°s 62672 s.), quelle que soit la date de la cession (BOI-RPPM-PVBMI-20-10-20-60 n°s 5 à 30).

Lorsque la **cession porte uniquement soit sur l'usufruit, soit sur la nue-propriété** des titres, la plus-value imposable au nom du cédant est déterminée à partir du prix d'acquisition, selon le cas, de cet usufruit ou de cette nue-propriété.

En cas de **cession conjointe** par le nu-propriétaire et l'usufruitier de leurs droits respectifs **avec répartition du prix de vente,** l'opération est susceptible de dégager une plus-value imposable au nom de chacun des titulaires des droits démembrés. La plus-value réalisée par le nu-propriétaire est égale à la différence entre le prix de cession de ses droits et leur prix d'acquisition ou, en cas d'acquisition à titre gratuit, leur valeur vénale appréciée au jour de leur entrée dans son patrimoine. La plus-value réalisée par l'usufruitier est déterminée par différence entre le prix de cession de ses droits et la fraction du prix d'acquisition de la pleine propriété afférente à ces mêmes droits ; à titre de règle pratique, il est admis que cette fraction soit appréciée à l'aide du barème prévu à l'article 669 du CGI, en tenant compte de l'âge de l'usufruitier au jour de la cession des titres.

Lorsque les titres sont **cédés en pleine propriété avec remploi du prix de cession** dans l'acquisition d'autres titres démembrés, la plus-value est imposable au nom du nu-propriétaire. Elle est déterminée par différence entre le prix de cession de la pleine propriété des titres et :

– soit le prix d'acquisition des titres s'ils ont été acquis à titre onéreux,

– soit la valeur globale retenue pour la détermination des droits d'enregistrement lors de la mutation à titre gratuit qui a donné lieu au démembrement de la propriété, lorsque les titres ont été acquis à titre gratuit.

En cas de cession de titres ayant fait l'objet d'une donation préalable de la nue-propriété, le prix de revient reste donc la valeur en pleine propriété au jour de la donation.

On notera que la possibilité de formuler une option expresse auprès de l'établissement financier teneur du compte pour que la plus-value soit imposable au nom de l'usufruitier n'est pas ouverte pour les titres démembrés avant le 3 juillet 2001.

La dualité de régime n'est pas sans soulever certaines questions dont l'importance décroît avec le temps, les opérations soumises à l'ancien régime ayant vocation à disparaître peu à peu. Ainsi, lorsqu'une personne détient sur un même compte des **titres** d'une même série **dont certains ont été démembrés avant le 3 juillet 2001 et d'autres depuis cette date,** comment appliquer la règle du prix moyen pondéré en cas de cession ? Convient-il de retenir pour certains titres le prix de revient en pleine propriété et pour d'autres la valeur de la seule nue-propriété ? Dans cette même situation, comment exercer l'option expresse pour l'imposition de l'usufruitier, puisqu'elle n'est possible que pour les titres démembrés depuis le 3 juillet 2001 ? Une prise de position de l'administration sur ces points serait la bienvenue.

b. Cession de titres par la société dont les parts sont démembrées

En application des règles de droit commun, les plus-values relevant de l'article 150-0 A du CGI et résultant de la cession de titres et valeurs mobilières par une société civile de portefeuille non soumise à l'impôt sur les sociétés, considérée comme personne interposée, sont réparties entre ses membres proportionnellement à leurs droits dans la société. 62800

Lorsque les parts de la société sont démembrées, le problème est de déterminer **qui, de l'usufruitier ou du nu-propriétaire, est imposable** sur ces plus-values.

La transposition des règles applicables en cas de démembrement direct des valeurs mobilières devrait conduire à l'imposition du nu-propriétaire. En faveur de cette thèse, on peut relever la nature juridique de gain en capital de la plus-value, assimilable à un profit en capital qui bénéficie au nu-propriétaire. On observera d'ailleurs que la déclaration unique de paiement de revenus mobiliers et des opérations sur valeurs mobilières (IFU) doit être établie au nom du nu-propriétaire pour les opérations en capital (voir nº 53630).

Cependant, s'agissant d'une société de portefeuille dont l'objet est précisément la gestion active des titres, ce qui implique des cessions fréquentes, on pourrait considérer que ces plus-values relèvent de l'activité courante et devraient à ce titre être taxées au nom de l'usufruitier.

Pour éviter les incertitudes, la conclusion d'une **convention de répartition des résultats** est indispensable.

3. PLUS-VALUES ET STRATÉGIES D'OPTIMISATION

a. Donation avant cession

EXPOSÉ DE LA STRATÉGIE DE DONATION AVANT CESSION

L'opération de donation avant cession consiste pour des contribuables à donner des biens (le plus souvent, des titres de sociétés, mais il peut également s'agir de biens immobiliers) à leurs enfants avant la cession de ces biens à des tiers. L'**intérêt fiscal** de ce schéma est clair : la cession étant réalisée peu après la donation, pour un prix égal à la valeur du bien au jour de la donation, la plus-value imposable au nom des donataires est nulle. L'opération permet ainsi de « purger » fiscalement la plus-value latente et d'éluder le paiement de l'impôt sur le revenu et des prélèvements sociaux correspondants (les donataires acquittant les droits de donation dans les conditions de droit commun). 62820

Ce schéma de base est souvent combiné avec la **constitution d'un démembrement de propriété.** La donation des biens en nue-propriété permet notamment de limiter la base imposable aux droits de donation. En revanche, dans ce cas de figure, la plus-value n'est purgée que sur la nue-propriété donnée et non sur l'usufruit conservé par le donateur. Lorsque la donation porte sur la nue-propriété de titres (autres que des titres détenus dans des sociétés à prépondérance immobilière non soumises à l'IS) et en cas de réinvestissement du prix de cession des titres avec report du démembrement, l'impôt sur la plus-value est dû par le nu-propriétaire (voir nºs 62770 s.). Il convient alors, d'une part, de lui faire prendre en charge les frais et droits de donation afin de minorer la base imposable en augmentant son prix de revient et d'autre part, de donner au nu-propriétaire de quoi payer cet impôt sur la plus-value (par exemple en lui donnant quelques titres en pleine propriété pour lui permettre de disposer des fonds nécessaires). Par ailleurs, la donation en nue-propriété est susceptible de faire perdre le bénéfice de la durée de détention (nº 62777).

Ceci étant posé, les opérations de donation avant cession doivent, pour éviter d'être remises en cause, notamment sur le terrain de l'abus de droit, être entourées d'un certain nombre de **précautions** tenant à la chronologie des opérations et à la réalité de la dépossession du donateur.

> Précisions La procédure de répression des **abus de droit** prévue à l'article L 64 du LPF permet à l'administration d'écarter comme ne lui étant pas opposables certains actes passés par le contribuable lorsque ces actes ont un **caractère fictif ou** lorsque, recherchant le bénéfice d'une application littérale des textes ou de décisions à l'encontre des objectifs poursuivis par leurs auteurs, ils n'ont pu être inspirés par **aucun motif autre que celui d'éluder ou d'atténuer les charges fiscales** dont était passible l'opération réelle. Les rectifications opérées sont passibles des majorations spécifiques de 40 ou 80 % prévues à l'article 1729, b du CGI. À défaut de fictivité des actes litigieux, l'existence de préoccupations fiscales de la part des parties, licites en elles-mêmes, ne peut être retenue pour qualifier un abus de droit au sens de ce texte que si ces préoccupations constituent la justification exclusive de l'opération. La jurisprudence exposée ci-après a été rendue sous l'empire de ce dispositif.
Les actes passés ou réalisés par les contribuables **depuis le 1er janvier 2020** peuvent être remis en cause sur un autre fondement : celui du « **mini-abus de droit** » institué à l'article L 64 A du LPF par la loi de finances pour 2019 (Loi 2018-1317 du 28-12-2018 art. 109). Cette nouvelle procédure permet à l'administration, dans les rectifications notifiées depuis le 1er janvier 2021 et sans application automatique de pénalités spécifiques, d'écarter comme abusifs les actes qui, recherchant le bénéfice d'une application littérale des textes ou de décisions à l'encontre des objectifs poursuivis par leurs auteurs, ont pour **motif principal** d'éluder ou d'atténuer les charges fiscales que l'intéressé, si ces actes n'avaient pas été passés ou réalisés, aurait normalement supportées eu égard à sa situation ou à ses activités. Dans ses commentaires sur ce dispositif, l'administration relève que, pas plus que l'abus de droit visé à l'article L 64 du LPF, il n'a pour objet d'interdire au contribuable de **choisir le cadre juridique le plus favorable du point de vue fiscal** pourvu que ce choix ou les conditions le permettant ne soient empreints d'aucune artificialité (BOI-CF-IOR-30-20 n° 1). Elle souligne que lorsque c'est le législateur qui a souhaité encourager un schéma par une incitation fiscale, l'article L 64 A du LPF ne peut en principe pas s'appliquer, quand bien même ce schéma aurait un but principalement fiscal, à condition qu'il ne soit pas manifestement détourné de son objet (BOI précité n° 120). Elle précise que les transmissions anticipées de patrimoine, y compris lorsque le donateur se réserve l'usufruit du bien transmis, ne sont pas en elles-mêmes concernées par la nouvelle procédure, **sous réserve que les transmissions concernées ne soient pas fictives** ; en effet,
le législateur a entendu favoriser ce type de transmissions (BOI précité n° 70). Au vu de ces appréciations, les opérations de donation avant cession devraient continuer à échapper à toute remise en cause à condition de respecter les conditions ci-après exposées.

CHRONOLOGIE DES OPÉRATIONS

62822 Le contribuable animé d'une intention libérale qui détient un actif (titres de sociétés ou biens immobiliers) qu'il entend céder dispose de deux options pour réaliser l'opération : céder l'actif et donner le prix de cession ou donner le bien et laisser le donataire céder l'actif transmis. La première solution conduit le donateur à supporter l'impôt sur la plus-value lors de la cession, puis à donner le prix de cession amputé de l'impôt ; le montant des frais et droits de donation est alors dû sur le montant net donné. La seconde solution conduit à payer les frais et droits de donation sur la valeur de l'actif donné, ce qui permet d'éviter l'impôt sur la plus-value.
La taxation des plus-values ne peut donc être évitée qu'à la condition que la **donation précède la cession.** En d'autres termes, la donation doit être effectuée avant que la cession soit devenue définitive. Elle peut être réalisée après signature d'un compromis de vente conclu sous conditions suspensives dès lors que, au jour de la donation, la dernière des conditions n'est pas réalisée.
La jurisprudence a ainsi validé :
– la donation en pleine propriété d'un immeuble réalisée deux jours avant sa vente (TA Orléans 24-9-2002 n° 99-2109 : RJF 4/03 n° 472) ;
– la donation-partage de la nue-propriété d'actions réalisée dix jours avant la levée de l'option des bénéficiaires de la promesse de vente consentie par le donateur (TA Nice 26-11-2002 n°s 98-4015, 99-4771 et 99-4772 : RJF 4/03 n° 473) ;
– la transmission des actions d'un contribuable à ses enfants devenue opposable aux tiers à la date du virement dans les comptes de la société émettrice constaté le 19 juin, alors même que l'acte de donation-partage n'a été enregistré que le 7 juillet et que la vente des actions à des tiers était parfaite le 4 juillet, date à laquelle le conseil d'administration a autorisé la cession (TA Rennes 3-2-2005 n°s 01-3827 et 02-1100 : RJF 10/05 n° 1033) ;
– la donation de la nue-propriété de parts sociales d'un père à son fils, réalisée un jour après l'expiration du délai fixé dans la promesse de vente consentie par le père à un tiers, dès lors que, si les titres ont effectivement été cédés deux jours plus tard (les parties à la promesse étant finalement convenues de la respecter malgré sa caducité), la chronologie des faits fait apparaître que le contribuable a souhaité ne s'engager qu'avec prudence et que, la promesse

de vente étant caduque, l'accord des parties sur la chose et le prix n'est intervenu que le jour de la vente (TA Orléans 11-4-2006 n° 03-2895 : RJF 1/07 n° 63) ;

– la donation à leurs enfants, en date du 20 décembre, d'actions détenues par des parents ayant conclu le 12 décembre un protocole d'accord en vue de la cession des actions à un tiers, dès lors que le protocole d'accord exprimant l'intention de l'acheteur de se porter acquéreur d'un nombre déterminé d'actions ne contenait aucun engagement de réaliser l'opération faisant l'objet de la promesse de vente et que la cession des actions n'est intervenue que le 28 décembre, date proposée par l'acheteur dans sa lettre de levée de l'option du 18 décembre (TA Strasbourg 2-7-2009 n° 06-2093 : RJF 4/10 n° 355) ;

– la donation réalisée par des contribuables qui avaient, à quelques jours d'intervalle, conclu une promesse de cession d'actions sous condition suspensive de réalisation d'un audit des comptes de la société, puis enregistré à la recette des impôts l'acte de donation des titres à leurs enfants, le paiement du prix des titres étant intervenu une semaine après l'enregistrement de la donation. Le Conseil d'État a confirmé que la donation, dont la date devait être fixée au plus tard lors de son enregistrement, était antérieure à la cession dès lors que le transfert de propriété des titres n'avait pu intervenir avant la levée de la condition suspensive prévue au contrat ; seul le paiement du prix des titres pouvait révéler l'existence d'un accord du cessionnaire et valait levée de cette condition, à défaut de toute manifestation expresse antérieure (CE 28-5-2014 n° 359911 : RJF 8-9/14 n° 802).

Précisant cette jurisprudence, le Conseil d'État a jugé que lorsqu'une donation de titres a été faite par acte authentique antérieurement à la cession des titres par les donataires, l'administration ne peut pas se fonder sur un simple faisceau d'indices pour considérer que la cession, et donc la date du fait générateur de l'imposition de la plus-value, est en réalité antérieure à la donation (CE 19-11-2014 n° 370564 : RJF 2/15 n° 113). En l'espèce, les contribuables avaient procédé à une donation-partage d'actions à leurs enfants, avant leur vente le lendemain à des tiers. La cession n'avait pas fait l'objet d'un acte authentique, mais elle avait donné lieu au paiement des titres, ainsi qu'à une inscription sur le registre de la société émettrice. L'administration n'ayant pas pu prendre connaissance de la convention de cession, elle avait cru pouvoir déduire des stipulations du contrat de prêt souscrit par l'acquéreur (et notamment de la caution accordée plusieurs jours avant la donation) une commune intention des parties de procéder à la vente avant la donation. Le Conseil d'État a cassé l'arrêt de la cour administrative d'appel de Douai qui avait, au vu de ces circonstances, cru pouvoir donner raison à l'administration (CAA Douai 28-5-2013 n° 12DA00129 : RJF 11/13 n° 1026).

Il a en revanche été jugé, dans le cas d'une donation de la nue-propriété de titres assortie de la condition suspensive de la vente de ces titres à une société tierce, que la donation devait être regardée, sur le fondement de l'article L 64 du LPF, comme ayant porté sur le produit de la cession des titres, et non sur les titres eux-mêmes, la plus-value de cession de ces titres étant donc taxable entre les mains du donateur sans tenir compte de la donation (TA Paris 12-5-2009 n°s 04-2215 et 05-13169 : RJF 4/10 n° 392 confirmé par CAA Paris 29-4-2011 n° 09PA04168 : RJF 6/12 n° 634). En l'espèce, la condition suspensive dont était assortie la donation a empêché celle-ci de produire effet avant la réalisation de la cession. On peut toutefois s'interroger sur la qualification d'abus de droit retenue par les juges, l'inversion de la chronologie des opérations de donation et de cession, qui conduit à placer le fait générateur de l'imposition de la plus-value de **cession avant la donation** (la donation ayant en réalité porté sur les deniers représentatifs de la cession), relevant selon nous de la procédure de rectification de droit commun, et non de l'abus de droit : il ne s'agit en effet pas de la remise en cause d'actes considérés comme fictifs, mais de l'interprétation d'actes non fictifs auxquels le contribuable a donné une qualification impropre (en ce sens, avis du Comité de l'abus de droit fiscal n°s 2003-14, 2003-39 et 2004-57). 62823

Dans une autre espèce, les juges ont considéré, sans se placer sur le terrain de l'abus de droit mais sur celui de l'interprétation des actes et de la chronologie des faits, que la plus-value dégagée par la cession d'actions ayant fait l'objet d'une donation à terme reste imposable au nom du donateur dès lors que celui-ci est demeuré, en application des stipulations de la donation, propriétaire des titres donnés jusqu'à la date de la cession (TA Paris 15-5-2019 n°s 1709435,1709436 et 1709437 : BPAT 1/20 inf. 34 ; confirmé sur ce point par CAA Paris 3-12-2020 n° 19PA02280 et CE (na) 22-12-2021 n° 449365 : BPAT 3/22 inf. 155).

On remarquera que la problématique de la **date à laquelle une cession est devenue parfaite** a perdu une partie de son intérêt depuis que l'article L 228-1 du Code de commerce prévoit que le transfert de propriété d'**actions** cotées ou non cotées s'opère par leur inscription au compte du cessionnaire (ou par inscription dans un dispositif d'enregistrement électronique partagé, telle une « blockchain »). Cette règle devrait probablement tarir le contentieux lié à la contestation de la chronologie des opérations de donation-cession d'actions. 62824

Les opérations concernant des **immeubles ou** des **parts sociales** restent, elles, régies par l'article 1583 du Code civil aux termes duquel la vente est parfaite entre les parties, et la propriété est acquise à l'acheteur à l'égard du vendeur, dès lors qu'ils sont convenus de la chose et du prix.

RÉALITÉ DE LA DÉPOSSESSION EN CAS DE DONATION AVANT CESSION

62825 Le donateur doit être animé d'une intention libérale envers le donataire et se dessaisir irrévocablement des biens donnés.

Lorsque la donation précède la vente du bien donné, il y a à l'évidence abus de droit si le **donateur** est le **véritable bénéficiaire du prix de cession,** qu'il l'encaisse directement ou que le donataire le lui reverse (en ce sens, par exemple, CE 27-7-2012 n° 327295 : RJF 11/12 n° 1042, dans une espèce où les documents bancaires relatifs au placement du produit de la vente ne permettaient pas d'individualiser les droits attachés à la nue-propriété et d'établir leur mise à disposition des donataires ; CE 14-11-2014 n° 361482 : RJF 2/15 n° 140, dans une affaire où le donateur avait transféré le produit de la vente des titres donnés sur des comptes dont il avait, directement ou indirectement, seul le contrôle, excédant ainsi les droits conférés par ses qualités d'usufruitier d'une partie des titres et d'administrateur légal des biens de son fils mineur, donataire ; CE 5-2-2018 n° 409718 : RJF 4/18 n° 413, dans des circonstances de fait similaires).

62826 En l'absence de réappropriation des sommes issues de la cession par le donateur, l'administration peut-elle remettre l'opération en cause au motif que les **clauses de la donation restreignent les droits du donataire** (obligation de remploi des fonds issus de la vente, clause d'apport obligatoire des titres en société civile avec report du démembrement sur les parts, etc.) ? C'est ce qu'avait jugé la cour administrative d'appel de Douai, qui avait estimé l'abus de droit établi au sens de l'article L 64 du LPF dans le cas d'une donation-partage d'actions suivie de la cession des actions à une société contrôlée par les donateurs, en retenant, outre le bref délai (cinq semaines) entre la donation et la revente des titres par les donataires, que l'intention libérale des donateurs n'était pas établie au vu des clauses restrictives suivantes de l'acte de donation (CAA Douai 16-6-2009 n° 08-548 : RJF 11/09 n° 971) :

– interdiction pour les donataires de céder ou disposer d'une façon quelconque des actions pendant la vie des donateurs, à peine de nullité de la donation, seule la mutation à titre gratuit par les donataires à leurs descendants en ligne directe étant autorisée ;

– obligation faite aux donataires d'apporter à la première demande des donateurs les actions à une société de famille dont ils ne peuvent demander la dissolution qu'un an après le décès des donateurs ;

– en cas de vente des titres autorisée par les donateurs, obligation de déposer le produit de la vente dans un établissement financier choisi par les donateurs jusqu'à ce que les donataires aient atteint l'âge de 25 ans, aucun retrait en capital ne pouvant être effectué sans l'accord des donateurs jusqu'au décès de ces derniers, les donataires pouvant seulement disposer librement des revenus, coupons ou intérêts à compter de leurs 25 ans.

Dans un important arrêt du 30 décembre 2011, le Conseil d'État a invalidé cette analyse, jugeant que (CE 30-12-2011 n° 330940 : RJF 3/12 n° 278, BPAT 1/12 inf. 31) :

– la clause d'inaliénabilité la vie durant du donateur prévue dans l'acte de donation ne lui ôte pas son caractère de donation au sens des articles 894 et 900-1 du Code civil ;

– les clauses prévoyant qu'en cas de vente des titres, autorisée par les donateurs, le produit de la vente serait versé sur des comptes bancaires bloqués en capital jusqu'au décès des donateurs sont autorisées en leur principe par le Code civil et justifiées par l'intérêt légitime des donateurs d'organiser leur succession au profit de leurs enfants tout en préservant l'unité et la pérennité du patrimoine familial ;

– la clause faisant obligation aux donataires à la première demande des donateurs d'apporter les actions à toute société civile familiale constituée entre eux est justifiée par la volonté des donateurs de préserver le contrôle de la famille sur leur entreprise.

Le Conseil d'État précise en outre que la **rapidité avec laquelle est intervenue la donation** est sans incidence par elle-même quant au caractère de cette donation.

Réaffirmant ces principes, le Conseil d'État a jugé, dans une espèce où des parents avaient donné à leurs enfants des titres de sociétés, pour certains avec réserve d'usufruit, avant que ces titres ne fassent l'objet d'un apport à neuf sociétés civiles avec report du démembrement sur les parts reçues en échange puis, quelques jours plus tard, d'une cession à un tiers, le produit de la cession étant réinvesti en valeurs mobilières et bons de capitalisation au sein des sociétés civiles :

– que la rapidité de la revente des titres apportés aux sociétés civiles par les donataires en exécution de l'acte de donation est sans incidence, par elle-même, sur la réalité de cette donation ;

– que la circonstance qu'un acte de disposition soit assorti d'une clause d'inaliénabilité durant la vie du donateur ne lui ôte pas son caractère de donation au sens des dispositions de l'article 894 du Code civil ;
– que l'octroi aux donateurs usufruitiers de pouvoirs étendus de gestion et de décision au sein des sociétés civiles n'est pas de nature, par lui-même, à remettre en cause le constat de leur dépouillement immédiat et irrévocable dès la signature des actes de donation ;
– que, s'agissant des excédents de distribution versés aux usufruitiers, il ressort des pièces du dossier que ceux-ci résultaient d'une erreur du mandataire auquel la gestion du portefeuille avait été confiée : surestimant les revenus à venir au cours de l'exercice, le mandataire avait versé aux usufruitiers des acomptes sur distributions trop importants. L'excédent de distribution avait été retracé au débit des comptes courants des intéressés, qui avaient remboursé leur dette aux sociétés deux ans plus tard.

Aucune des circonstances de l'espèce n'étant de nature à remettre en cause le constat d'un **dépouillement immédiat et irrévocable des donateurs** en faveur de leurs enfants, l'abus de droit n'est pas caractérisé (CE 9-4-2014 n° 353822 : RJF 7/14 n° 708).

Par ces deux arrêts, le Conseil d'État pose le principe selon lequel l'administration ne peut mettre en œuvre la procédure de l'abus de droit prévue à l'article L 64 du LPF que sur le terrain de la fictivité de la donation, et non sur celui du **but exclusivement fiscal de l'opération** : dès lors qu'une donation n'est pas fictive, parce qu'elle se traduit effectivement par un dépouillement immédiat et irrévocable de son auteur, elle ne peut être considérée comme n'ayant pu être inspirée par aucun motif autre que fiscal.

> **Précisions** À notre sens, l'opération de donation emportant dépouillement immédiat et irrévocable du donateur n'encourra pas de risque supplémentaire de remise en cause sur le terrain du nouvel article L 64 A du LPF, qui vise les opérations ayant un **but principalement fiscal** (voir n° 62820, Précisions).

Cas particulier de la constitution d'un quasi-usufruit La constitution d'un quasi-usufruit dans une opération de donation avant cession est-elle, en elle-même, de nature à caractériser un abus de droit ? 62827

Il résulte des décisions de jurisprudence rendues en la matière que tout dépend des circonstances dans lesquelles le quasi-usufruit est constitué.

Le Conseil d'État a ainsi jugé qu'il y a abus de droit lorsqu'un **quasi-usufruit sur le prix de vente des titres** est conclu **postérieurement** à la cession et **au mépris de la clause de remploi obligatoire** du produit de la cession **dans d'autres titres eux-mêmes démembrés** prévue dans l'acte de donation, ces opérations ayant permis au donateur de se réapproprier, sous couvert du quasi-usufruit, la totalité du prix de cession (CE 14-10-2015 n° 374440 : RJF 1/16 n° 62).

En revanche, lorsqu'un **quasi-usufruit** sur une partie du prix de cession des titres – l'autre partie étant remployée dans l'acquisition d'autres titres eux-mêmes démembrés – est **prévu dès l'origine dans l'acte de donation,** il n'est pas de nature à emporter requalification des opérations, même lorsque le donateur est dispensé de fournir caution pour garantir la créance de restitution en résultant (CE 10-2-2017 n° 387960 : BPAT 2/17 inf. 69). Dans cet arrêt, le Conseil d'État relève qu'aux termes des articles 587 et 601 du Code civil, une donation peut valablement contenir une clause de quasi-usufruit non assortie d'une caution. La dispense de garantie ne décharge pas le quasi-usufruitier de son obligation de restitution en fin d'usufruit. Dès lors qu'il reste redevable, à l'égard des donataires nus-propriétaires, de cette obligation de restitution, le donateur devenu quasi-usufruitier doit être regardé comme s'étant effectivement et irrévocablement dessaisi des biens donnés. Par suite, son intention libérale ne saurait être remise en cause et la donation ne peut être considérée comme fictive.

Il n'y a pas non plus matière à contestation lorsque, la donation des titres étant assortie d'une **clause de remploi dans tous types de biens** avec report du démembrement sur les biens concernés, le **quasi-usufruit résulte de la nature des biens acquis en remploi,** en l'espèce des contrats de capitalisation : les donateurs devenus quasi-usufruitiers des sommes déposées sur les contrats de capitalisation souscrits en remploi du prix de cession des titres ne peuvent être considérés comme s'étant réapproprié ce prix de cession, dès lors qu'ils restent redevables, à l'égard des nus-propriétaires, d'une créance de restitution d'un montant équivalent ; ainsi, et alors même que la créance de restitution n'est pas assortie d'une sûreté, les donateurs se sont effectivement dessaisis des titres ayant fait l'objet de la donation (CE 31-3-2017 n° 395550 : BPAT 3/17 inf. 117).

> **Précisions** Une cour administrative d'appel a conclu à l'abus de droit dans une espèce où des **titres** avaient été **donnés** par des parents à leur fille, **pour partie en pleine propriété et**

pour l'autre partie en nue-propriété, l'acte de donation prévoyant en cas de cession des titres un report de l'usufruit sur le prix de vente et une clause de remploi du produit des aliénations dans tous biens dont l'acquisition pourrait être décidée par les usufruitiers afin de permettre le report des droits de ces derniers sur les biens nouvellement acquis. Quelques jours après la donation, et après cession de la totalité des titres donnés, les donateurs concluaient avec la donataire nue-propriétaire une convention de quasi-usufruit et récupéraient la totalité du prix de vente des titres donnés, encaissé sur des comptes ouverts à leur nom. La cour a considéré que la donation était dépourvue de réalité, et qu'il n'y avait eu aucune intention libérale réelle dans la démarche suivie par les donateurs (CAA Nantes 2-7-2020 n° 18NT01415). En l'espèce, la **récupération du prix de cession des titres dans le cadre d'une convention de quasi-usufruit conclue postérieurement à la cession et la réappropriation par les donateurs de la totalité de ce prix,** y compris pour la part afférente aux titres donnés en pleine propriété, mettaient les donateurs dans une situation délicate.

b. Apport en société et gestion fiscale des plus-values

62830 Pour des raisons tenant aussi bien à la répartition des prérogatives entre l'usufruitier et le nu-propriétaire (nos 62020 s.) qu'aux modalités d'imposition entre leurs mains des revenus et plus-values afférents au bien démembré (nos 62530 s.), le démembrement portant sur les parts de la société propriétaire du bien peut être préféré au démembrement direct sur le bien. La grande liberté laissée aux rédacteurs des statuts permet en effet de fixer de façon souple les droits et obligations respectifs de l'usufruitier et du nu-propriétaire des parts.

Dans une perspective de transmission patrimoniale, plusieurs **schémas** sont concevables.

APPORT DE BIENS IMMOBILIERS

62832 Des parents, propriétaires de biens immobiliers, souhaitent en transmettre la nue-propriété à leurs enfants. Pour éviter l'indivision entre les enfants et conserver une certaine maîtrise dans la gestion des biens, ils souhaitent interposer une société civile. Deux solutions s'offrent à eux.

Tout d'abord, ils pourraient **apporter les biens en pleine propriété** à la société et attribuer à leurs enfants la nue-propriété des parts.

Mais ils peuvent aussi **donner la nue-propriété des biens** aux enfants qui l'apporteront ensuite à la société civile dont les parents sont gérants.

Le **traitement fiscal** variera selon la solution retenue. Sauf exonération spécifique, l'apport en société de la pleine propriété des biens entraînera la taxation de la plus-value selon le régime des plus-values immobilières des particuliers.

La donation de la nue-propriété des biens évite cet inconvénient. En effet, la donation a pour vertu de gommer les plus-values latentes : la donation de la nue-propriété purge fiscalement la plus-value latente afférente à la nue-propriété donnée. L'apport consécutif par les enfants de cette nue-propriété à la société civile n'encourt pas d'impôt sur la plus-value, dès lors qu'il est réalisé à la même valeur que celle de la donation. Seuls sont dus, le cas échéant, les droits de donation sur la nue-propriété transmise.

On notera toutefois que la donation de la nue-propriété ne purge pas la plus-value latente sur l'usufruit viager que les parents se sont réservé. Si cet usufruit est également apporté à la société, afin de reconstituer en son sein la pleine propriété du bien, l'impôt sera dû sur la plus-value correspondante.

APPORT DE DROITS SOCIAUX

62836 Lorsque la transmission envisagée porte sur des droits sociaux, l'apport de la pleine propriété de ces droits à une **société civile non soumise à l'impôt sur les sociétés** entraînera la taxation de la plus-value selon le régime des plus-values sur valeurs mobilières. La donation de la nue-propriété des droits réalisée juste avant leur apport en société permet, comme ci-dessus n° 62832, d'effacer la plus-value afférente à la nue-propriété donnée.

62838 Lorsque l'apport des droits est réalisé au profit d'une **société ayant opté pour l'impôt sur les sociétés** (par hypothèse contrôlée par l'apporteur), l'article 150-0 B ter du CGI prévoit un report d'imposition de la plus-value dégagée par l'apport, jusqu'au moment où s'opérera la transmission à titre onéreux des droits sociaux reçus en rémunération ou la cession par la société des titres apportés dans les trois ans suivant l'apport sans réinvestissement économique du produit de cession (voir nos 21750 s.).

La transmission à titre gratuit (par donation ou succession) des droits reçus en rémunération de l'apport exonère définitivement la plus-value d'impôt sur le revenu, sous condition du respect d'un délai de conservation des titres d'au moins cinq ans en cas de donation.

L'apport de la pleine propriété des titres avant donation en nue-propriété des droits reçus en contrepartie pourra donc dans ce cas être privilégié.

C. Démembrement et droits d'enregistrement

1. DÉTERMINATION DE LA VALEUR IMPOSABLE DES DROITS DÉMEMBRÉS

PRINCIPES

La **transmission d'usufruit ou de nue-propriété** donne lieu au paiement de droits d'enregistrement dont le tarif varie selon la nature de la transmission (donation ou succession, apport en société, vente, etc.) et, pour les transmissions à titre onéreux, selon la nature du bien transmis (titres, immeuble, etc.). **62850**

Dans tous les cas, l'évaluation des droits d'usufruit ou de nue-propriété se fait selon un **barème fiscal unique,** prévu par l'article 669 du CGI et qui s'impose en matière de droits d'enregistrement et de taxe de publicité foncière. La valeur de l'usufruit et de la nue-propriété des biens transmis est constituée par une quote-part de la valeur en pleine propriété du bien, qui diffère selon la nature de l'usufruit, viager ou à durée fixe.

> Précisions a. On notera que si l'article 669 du CGI impose d'une façon générale l'application du barème fiscal pour le calcul des droits d'enregistrement et de la taxe de publicité foncière, la règle n'est pas reprise par l'article 683 du CGI propre aux **mutations à titre onéreux d'immeubles.** Cet article dispose en effet que la taxe de publicité foncière ou le droit d'enregistrement dû sur les actes civils et judiciaires translatifs de propriété ou d'usufruit de biens immeubles à titre onéreux « sont liquidés sur le prix exprimé, en y ajoutant toutes les charges en capital ainsi que toutes les indemnités stipulées au profit du cédant, à quelque titre et pour quelque cause que ce soit, ou sur une estimation d'experts, dans les cas autorisés par le présent Code ». Doctrine et jurisprudence s'accordent toutefois à considérer que l'article 683 du CGI est un texte de portée générale auquel l'article 669 déroge pour les mutations en démembrement de propriété. L'administration estime ainsi que le barème fiscal s'applique à toutes les transactions portant sur des droits démembrés (BOI-ENR-DMTOI-10-10-10 n° 125). C'est également la solution retenue par la Cour de cassation, qui juge que l'assiette des droits d'enregistrement en cas de cession de l'usufruit d'un immeuble doit être déterminée par application du barème de l'article 669, I du CGI, même lorsque la cession, portant sur un usufruit devant s'éteindre au décès du survivant de deux époux, intervient entre personnes morales ; dans ce cas, c'est le barème de l'usufruit viager fixé à l'article 669, I du CGI qui s'applique, la circonstance que l'usufruit soit cédé à une personne morale ne conférant pas à cet usufruit le caractère d'usufruit à durée fixe (Cass. com. 26-9-2018 n° 16-26.503 FS-PB : BPAT 1/19 inf. 30).

b. La chambre commerciale de la Cour de cassation juge que la **cession de l'usufruit de droits sociaux** n'emportant pas mutation de la propriété de ces droits, elle ne peut être qualifiée de cession de droits sociaux au sens de l'article 726 du CGI et n'est donc pas soumise au droit d'enregistrement prévu par ce texte (Cass. com. 30-11-2022 n° 20-18.884 FS-B : BPAT 1/23 inf. 42). En l'espèce, il s'agissait de la cession de l'usufruit de parts d'une société à prépondérance immobilière, dont la Cour juge qu'elle n'était pas soumise au droit proportionnel de 5 % prévu à l'article 726, I-2° du CGI, mais au seul droit fixe de 125 € prévu à l'article 680 du même Code. Pour fonder cette solution, la Cour retient que l'usufruit étant le droit de jouir de la chose d'autrui, « l'usufruitier de parts sociales ne peut se voir reconnaître la qualité d'associé, qui n'appartient qu'au nu-propriétaire, de sorte que la cession de l'usufruit de droits sociaux ne peut être qualifiée de cession de droits sociaux ». Par cette interprétation stricte et littérale des dispositions de l'article 726 du CGI, la Cour infirme la position de la cour d'appel de Paris, qui avait estimé que le terme « cession » employé par le texte devait s'entendre de toute transmission temporaire ou définitive de parts sociales elles-mêmes ou de leur démembrement, telle la cession de l'usufruit ou de la nue-propriété (CA Paris 29-6-2020 n° 18/27154).

Une autre cour d'appel avait jugé dans une autre espèce que la constitution d'un usufruit temporaire sur des parts d'une société à prépondérance immobilière entrait dans les prévisions de l'article 726, I-2° du CGI, et devait donc supporter le droit proportionnel de 5 %, dès lors que l'opération emportait un transfert de valeur du patrimoine du constituant à celui de l'usufruitier (CA Colmar 7-11-2019 n° 18/02005). Cet arrêt a également été cassé par la Cour suprême, aux mêmes motifs et dans les mêmes termes : l'usufruitier de parts sociales ne peut se voir reconnaître la qualité d'associé, qui n'appartient qu'au nu-propriétaire, de sorte que la cession de l'usufruit de droits sociaux ne peut être qualifiée de cession de droits sociaux ; la cession de l'usufruit de droits sociaux n'emportant pas mutation de la propriété de ces droits, elle n'est pas soumise au droit d'enregistrement applicable aux cessions de droits sociaux (Cass. com. 4-1-2023 n° 20-10.112 F-D : BPAT 2/23 inf. 107-12).

c. Selon l'administration, le **quasi-usufruit** ne peut être distingué d'un simple usufruit pour l'application des droits d'enregistrement. En conséquence, le barème fiscal s'applique en cas de donation de la nue-propriété de droits sociaux avec réserve de quasi-usufruit (Rép. Douay : AN 30-7-2001 n° 54977 ; bien que cette solution n'ait pas été reprise dans la base Bofip, on peut douter que l'administration ait expressément souhaité la rapporter).

USUFRUIT VIAGER

62852 Les valeurs de l'usufruit et de la nue-propriété sont fixées forfaitairement à une fraction de la valeur de la propriété entière, à partir du chiffre des dizaines de l'âge de l'usufruitier, conformément au barème ci-après (CGI art. 669, I).

Âge de l'usufruitier	Valeur de l'usufruit (en %)	Valeur de la nue-propriété (en %)
Jusqu'à 20 ans inclus	90	10
De 21 à 30 ans inclus	80	20
De 31 à 40 ans inclus	70	30
De 41 à 50 ans inclus	60	40
De 51 à 60 ans inclus	50	50
De 61 à 70 ans inclus	40	60
De 71 à 80 ans inclus	30	70
De 81 à 90 ans inclus	20	80
À partir de 91 ans	10	90

62853 **Usufruit conjoint** Lorsque l'usufruit est détenu simultanément par plusieurs personnes sur le même bien, il y a lieu de partager fictivement ce bien en autant de parts qu'il y a de bénéficiaires de l'usufruit et d'appliquer sur chacune de ces parts le barème de l'article 669 du CGI en fonction de l'âge de l'usufruitier de la part concernée.

Si l'usufruit conjoint comporte une **clause d'accroissement** (le survivant des usufruitiers conjoints devient seul usufruitier), le survivant est censé tenir son droit directement du disposant. Il n'y a donc aucune transmission taxable entre l'usufruitier prédécédé et le (ou les) bénéficiaire(s) de l'accroissement. En revanche, la perception initiale sera révisée en fonction du nombre et de l'âge des usufruitiers survivants. Cette révision peut entraîner un complément de droits si l'usufruitier survivant est plus jeune ou d'un degré de parenté plus éloigné du constituant que le bénéficiaire prédécédé. Corrélativement, l'excédent de perception fait sur la valeur de la nue-propriété est restituable au profit du nu-propriétaire (CGI art. 1965 B ; BOI-ENR-DMTG-10-40-10-50 n° 50).

62854 **Usufruit successif** Pour la détermination des **droits afférents à la transmission de la nue-propriété,** il n'est tenu compte que des usufruits ouverts au jour de cette transmission (CGI art. 669, I-al. 2). Il en résulte, par exemple, qu'en cas de donation de la nue-propriété avec réserve d'usufruit au profit du donateur et réversibilité au profit du conjoint, la nue-propriété donnée est évaluée en fonction de l'âge du donateur, sans tenir compte de l'âge de son conjoint.

On a vu n° 62034 que l'acte constitutif d'usufruit(s) successif(s) s'analyse juridiquement comme une donation à terme de biens présents, et non comme une donation sous condition de biens à venir. Néanmoins, la **réversion d'usufruit** relève des **droits de succession,** et non des droits de donation (CGI art. 796-0 quater ; BOI-ENR-DMTG-10-40-10-50 n° 60), ce qui reporte la taxation à la date d'ouverture du second usufruit et permet l'exonération du bénéficiaire de la réversion dans le cas, de loin le plus courant, où il s'agit du conjoint survivant, lequel est exonéré de droits de succession (CGI art. 796-0 bis). Lorsque le bénéficiaire n'est pas exonéré (concubin non lié au défunt par un Pacs, par exemple), les droits de succession qu'il doit sont calculés en se plaçant à la date du décès de l'usufruitier précédent, tant en ce qui concerne la valeur des biens que pour la détermination de l'âge de l'usufruitier, le tarif des droits et les abattements applicables. Le lien de parenté dont il est tenu compte est celui existant entre le constituant de l'usufruit et le nouvel usufruitier, puisque c'est du constituant que chacun des usufruitiers successifs tient son droit.

L'ouverture de l'usufruit successif peut déclencher un **droit à restitution partielle au profit du nu-propriétaire.** Celui-ci a droit à la restitution d'une somme égale à ce qu'il aurait payé en moins si le droit acquitté par lui avait été calculé lors de la donation initiale d'après l'âge de l'usufruitier successif (CGI art. 1965 B ; BOI-ENR-DG-70-40 n° 1 s.). Ces dispositions sont applicables lorsque l'usufruit successif s'ouvre effectivement au profit d'un bénéficiaire plus jeune que le premier (plus précisément d'un âge situé, au jour de la donation ou de la succession à l'origine du démembrement, dans une dizaine inférieure à celle dans laquelle se situait l'usufruitier initial). Dans le cas inverse (usufruitier successif plus âgé que l'usufruitier initial), aucun versement complémentaire ne sera demandé au nu-propriétaire.

> **Précisions a.** Retenant une interprétation stricte de l'article 1965 B du CGI, une réponse ministérielle limite le droit à restitution de l'impôt versé lors d'une donation en nue-propriété avec constitution d'un usufruit successif au seul cas où l'impôt a été pris en charge par le nu-propriétaire, refusant d'étendre cette possibilité au cas où les **droits de donation** ont été **pris en charge par le donateur** (Rép. Duby-Muller : AN 2-6-2020 n° 26892 : BPAT 4/20 inf. 130).

b. Lorsque l'usufruit porte sur un **immeuble,** il n'y a pas à publier d'attestation notariée au moment où la réversion s'opère du fait du décès de l'usufruitier (n° 62034). Fiscalement, dès lors que la réversion d'usufruit relève des droits de succession, elle est exclusive de toute perception de **taxe de publicité foncière** au décès du disposant.

Donation avec charges Sous certaines conditions, le **passif grevant les biens donnés** est déductible de l'assiette des droits de donation (CGI art. 776 bis). 62855

Lorsque la donation porte sur des **droits démembrés** avec présence d'un passif affecté à l'ensemble du bien, seule est déductible la fraction du passif correspondant aux droits transmis. Cette fraction est déterminée en fonction du barème de l'article 669 du CGI (BOI-ENR-DMTG-20-30-10 n° 200).

Renonciation à usufruit La renonciation à usufruit n'est taxable aux droits de **donation** sur la valeur de l'usufruit qu'à condition que la renonciation soit faite dans une intention libérale à l'égard du nu-propriétaire et que celui-ci l'accepte, étant précisé que cette acceptation peut être tacite et résulter du simple fait que le nu-propriétaire entre en jouissance des droits délaissés par l'usufruitier : il perçoit les loyers, conclut ou résilie le bail du locataire, vend des titres du portefeuille, déclare le bien dans sa base taxable à l'impôt sur la fortune, etc. (en ce sens, notamment, Cass. com. 2-12-1997 n° 2441 P : RJF 4/98 n° 480 ; Cass. com. 21-6-2011 n° 10-20.461 : RJF 11/11 n° 1240). 62856

Lorsque la renonciation à l'usufruit ne constitue **pas** une **donation,** elle est soumise :

– au droit fixe de 125 € si l'usufruit porte sur un bien autre qu'un immeuble (portefeuille de titres, par exemple) ;

– à la taxe de publicité foncière au taux global de 0,71498 %, à laquelle il convient d'ajouter la contribution de sécurité immobilière (0,1 %) et les frais de notaire, si l'usufruit porte sur un immeuble.

Donation de la nue-propriété avant le 1er janvier 2004 et de l'usufruit après cette date Le barème fixé à l'article 669 du CGI s'applique à toutes les transmissions réalisées depuis le 1er janvier 2004. Lorsque la nue-propriété d'un bien a fait l'objet d'une donation avant le 1er janvier 2004, la valorisation du droit transmis s'est effectuée sur la base de l'ancien barème de l'article 762 du CGI. Si l'usufruit du bien est à son tour transmis, cette transmission s'effectue sur la base du nouveau barème dès lors qu'elle intervient après le 1er janvier 2004. L'application aux deux mutations successives de deux barèmes fiscaux différents peut aboutir à une **surtaxation.** 62857

Afin de l'éviter, l'administration admet que lorsque la donation de l'usufruit est effectuée par le donateur demeuré usufruitier au profit du donataire nu-propriétaire (**renonciation à titre gratuit à l'usufruit au profit du donataire,** par le donateur), la quotité de la valeur de l'usufruit servant d'assiette à la liquidation des droits soit plafonnée de manière à ce que son addition à celle ayant servi d'assiette à la liquidation de la donation de la nue-propriété n'excède pas 100 % (BOI-ENR-DMTG-10-40-10-50 n° 20). Ce mécanisme de plafonnement porte sur la quotité taxable de l'usufruit telle qu'elle résulte du barème, quelle que soit la valeur vénale du bien en pleine propriété.

Cette tolérance administrative ne s'applique pas en cas de **renonciation par l'usufruitier successif** à l'usufruit qui s'est ouvert à son profit car, dans une telle hypothèse, il n'y a pas identité de donateur pour la donation de la nue-propriété et pour celle de l'usufruit (CA Rouen 6-10-2010 n° 09-4999 : RJF 2/11 n° 243, BPAT 1/11 inf. 52).

EXEMPLE

En décembre 2003, M. B, âgé de 61 ans, a donné à son fils la nue-propriété de parts de SCI valant 100 000 € en s'en réservant l'usufruit. À l'époque, en application du barème de l'article 762 du CGI, l'usufruit était valorisé à 20 % de la pleine propriété et la nue-propriété à 80 %. Les droits ont donc été acquittés sur une base de 80 % × 100 000 € = 80 000 €.

En septembre 2023, M. B, âgé de 80 ans, renonce à son usufruit réservé au profit de son fils, qui accepte cette donation. L'article 669 du CGI indique que la valeur de l'usufruit s'élève à 30 % de la valeur de la pleine propriété. En supposant que les parts de la SCI valent alors 150 000 €, l'application stricte des textes conduirait à calculer les droits de donation sur 30 % × 150 000 € = 45 000 €.

En indiquant que le cumul des quotités servant d'assiette à la liquidation des droits doit être plafonné à 100 %, l'administration permet que la renonciation à l'usufruit ne donne prise aux droits que sur 20 % × 150 000 € = 30 000 €.

USUFRUIT À DURÉE FIXE

L'usufruit constitué pour une durée fixe est évalué à 23 % de la valeur du bien en pleine propriété pour chaque période de dix ans, sans fraction et sans égard à l'âge de l'usufruitier 62858

(CGI art. 669, II). Toutefois, cette règle ne peut pas avoir pour effet de donner à l'usufruit une valeur supérieure à celle de l'usufruit viager, qui constitue une évaluation maximale. Ainsi, un usufruit constitué pour une période de douze ans aura une valeur de 40 %, et non de 46 %, si l'usufruitier a 62 ans.

On rappelle par ailleurs que l'usufruit consenti au profit d'une personne morale ne peut avoir une durée supérieure à trente ans (n° 62030) : il a donc une valeur fiscale maximale égale à 69 % de la valeur de la pleine propriété.

OPÉRATIONS D'APPORT-DONATION ET ABUS DE DROIT AU REGARD DES DROITS DE MUTATION À TITRE GRATUIT

62860 Parmi les schémas d'optimisation patrimoniale, figure en bonne place l'**apport de la nue-propriété d'immeubles en SCI** suivi de la **donation de la pleine propriété des parts sociales,** qui permet de réaliser une transmission en profitant, d'une part, des avantages offerts en termes d'organisation patrimoniale par la société civile et, d'autre part, de la minoration de la base de calcul des droits de donation résultant de l'écart entre la valeur économique et la valeur fiscale de la nue-propriété. En effet, si un immeuble est donné directement en nue-propriété, les droits doivent être calculés en appliquant le barème fiscal qui a tendance à surévaluer la nue-propriété et donc la base de calcul des droits ; si ce sont les parts de la SCI nue-propriétaire qui sont données en pleine propriété, les droits sont calculés sur la base de la valeur économique des parts, qui correspond à la valeur économique de la nue-propriété de l'immeuble.

L'administration a fait de ces schémas d'apport-donation une de ses cibles privilégiées, invoquant régulièrement l'abus de droit (LPF art. L 64). En 2007, un arrêt très critiqué de la Cour de cassation lui avait donné raison, retenant à la fois la **fictivité de la société** et le **but exclusivement fiscal** de l'opération (Cass. com. 15-5-2007 n° 06-14.262 : RJF 8-9/07 n° 994). Des décisions postérieures avaient apaisé les craintes suscitées par cet arrêt, la Cour admettant dans des opérations similaires l'existence de **motivations autres que fiscales** de nature à écarter l'abus de droit (Cass. com. 26-3-2008 n° 06-21.944 : RJF 7/08 n° 904 ; Cass. com. 20-5-2008 n° 07-18.397 : RJF 10/08 n° 1136 ; Cass. com. 23-9-2008 n° 07-15.210 : RJF 1/09 n° 89 ; Cass. com. 21-10-2008 n° 07-18.770 : RJF 2/09 n° 173 ; Cass. com. 4-11-2008 n° 07-19.870 : RJF 1/09 n° 26). Mais dans un arrêt du 13 janvier 2009, la Cour de cassation retient qu'une **SCI qui ne détient que la nue-propriété d'immeubles** n'a pas les moyens de remplir son objet social, faute de réaliser des profits et de disposer de fonds propres suffisants ; en conséquence, elle estime établie la fictivité de la société et requalifie la donation des parts en donation directe des immeubles dont la nue-propriété a été apportée (Cass. com. 13-1-2009 n° 07-20.097 : RJF 5/09 n° 518). On ne peut que regretter cette solution, qui fait fi de ce que les sociétés de patrimoine « passives » ont nécessairement pour vocation de détenir à terme (au décès de l'usufruitier) la pleine propriété des biens dont elles possèdent la nue-propriété et qu'elles peuvent remplir leur objet en ayant recours au crédit. Au demeurant, on ne retrouve pas en l'espèce les critères habituels de fictivité retenus par les tribunaux : inexistence des apports, défaut de tenue des assemblées générales, absence de comptabilité, etc.

En pratique, il sera prudent d'apporter à la société quelques actifs en pleine propriété (des titres, par exemple) et de porter un soin particulier à la rédaction des statuts et à la tenue de la vie sociale. Sous cette réserve et dès lors que ni la constitution de la SCI, ni la donation des parts ne peuvent être considérées comme fictives, le risque de remise en cause sur le fondement de l'abus de droit nous paraît pouvoir être écarté, tant sur le terrain de l'article L 64 du LPF que sur celui du nouvel article L 64 A (voir n° 62820, Précisions).

2. APPORTS DÉMEMBRÉS RÉMUNÉRÉS PAR DES PARTS DÉMEMBRÉES

62880 En cas d'apport conjoint de droits démembrés à une société civile, le report du démembrement sur les parts sociales reçues en rémunération peut s'expliquer par deux mécanismes différents : la subrogation réelle conventionnelle ou l'échange de droits sociaux (n° 62457).

Si l'on admet que, par le mécanisme de la **subrogation réelle,** la rémunération de l'apport est assurée par des titres directement démembrés, le report du démembrement est fiscalement neutre.

En revanche, si l'on estime que tout apport doit donner lieu à une rémunération sous forme de droits sociaux en pleine propriété pour conférer la qualité d'associé à chacun des apporteurs, l'apport doit être rémunéré, au moins pendant un instant de raison, par des titres non démembrés. Le report du démembrement ne peut alors être opéré que par voie d'**échange de droits sociaux** générateur de droits de mutation à titre onéreux.

La **jurisprudence** ne s'est pas encore prononcée sur le fondement du report du démembrement. 62885
Quant à l'**administration fiscale,** elle n'a pas pris position en matière de droits de mutation à titre onéreux. Cependant, elle admet la subrogation réelle en matière d'impôt direct, en autorisant l'application du sursis d'imposition prévu à l'article 150-0 B du CGI en cas d'apport de titres démembrés à une société passible de l'impôt sur les sociétés avec report du démembrement sur les parts de ladite société (BOI-RPPM-PVBMI-30-10-20-10 n° 20). Elle a de même admis, pour l'application du dispositif de paiement différé des droits de succession sur les biens hérités en nue-propriété, que l'apport des biens grevés d'usufruit à un groupement foncier agricole (ou, de façon générale, à une société de personnes non soumise à l'impôt sur les sociétés) n'opère pas la réunion de l'usufruit et de la nue-propriété, et ne met donc pas fin au paiement différé, si lors de la constitution du groupement (ou de la société), les parts représentatives des apports sont attribuées en usufruit ou en nue-propriété aux apporteurs qui exerçaient sur les biens ainsi mis en commun le même droit réel (en ce sens, notamment, Rép. Héon : Sén. 11-10-1978 n° 26394, reprise au BOI-ENR-DG-50-20-30 n° 225 ; Rép. Houteer : AN 23-6-1980 n° 30735 ; Rép. Pinte : AN 3-3-1979 n° 7602).

À défaut de certitude, on peut raisonnablement espérer que l'administration appliquera la thèse de la subrogation aux droits de mutation à titre onéreux.

> **Précisions** Certains auteurs estiment que la taxation liée à l'échange peut être évitée par le recours à la **théorie des dispositions dépendantes** (CGI art. 670). Seule serait imposée la disposition principale (l'apport), à l'exclusion de la disposition dépendante (l'échange). Les apports réalisés à la constitution de la société étant enregistrés gratuitement, aucun droit ne serait dû.
> La prudence s'impose cependant : pour être applicable, l'article 670 du CGI requiert une réelle dépendance juridique des dispositions adoptées.

3. PRÉSOMPTION DE PROPRIÉTÉ DE L'USUFRUITIER

PRINCIPE

Sur le plan fiscal, la **donation avec réserve d'usufruit** bénéficie d'un régime de faveur : les droits 62900
sont assis sur la seule valeur de la nue-propriété donnée (évaluée selon le barème de l'article 669 du CGI), la taxation opérée lors de la donation étant généralement définitive. À l'extinction de l'usufruit opérée par le décès du donateur, aucun droit n'est dû, sous réserve de la taxe de publicité foncière au taux global de 0,71498 % si l'usufruit porte sur des biens ou droits immobiliers (CGI art. 1133). On soulignera qu'en pratique la taxe de publicité foncière est rarement perçue puisque la consolidation du droit de propriété sur la tête du nu-propriétaire n'est généralement pas publiée (Décret 55-1350 du 14-10-1955 art. 35, 1-1°).

Pour éviter les abus, la loi prévoit dans certaines situations une présomption de fictivité du démembrement opéré. Est ainsi réputé propriétaire, du point de vue fiscal, l'usufruitier de tout bien meuble ou immeuble dont la **nue-propriété appartient à ses présomptifs héritiers** (même renonçants ou déshérités) ou à leurs descendants, à ses **donataires ou légataires** ou à des personnes réputées interposées (CGI art. 751).

Les personnes réputées interposées sont celles désignées par l'article 911, al. 2 du Code civil : le conjoint, les descendants et les père et mère des nus-propriétaires.

CHAMP D'APPLICATION DE LA PRÉSOMPTION DE PROPRIÉTÉ DE L'USUFRUITIER

La présomption vise à la fois les **mutations à titre gratuit** et celles intervenues à **titre onéreux.** 62902
Cependant, s'agissant d'un dispositif anti-abus, il ne s'applique pas aux démembrements qui proviennent d'une **succession,** sauf lorsque le démembrement résulte d'une convention entre les héritiers, et non de la loi ou de la volonté du défunt (Cass. com. 26-6-2007 n° 06-15.543 : RJF 11/07 n° 1345).

Donation avec réserve d'usufruit Lorsque la donation a été régulièrement passée 62904
plus de trois mois avant le décès du donateur, la présomption ne s'applique pas (CGI art. 751, al. 1).

La donation régulière permettant d'écarter la présomption de fictivité du démembrement est en principe celle qui porte directement sur la nue-propriété du bien. Cependant, la loi prévoit expressément que la preuve contraire à la présomption peut résulter d'une donation des fonds ayant servi au financement de tout ou partie de la nue-propriété des biens, à condition que la donation ait été constatée par un acte ayant date certaine, que l'acte d'acquisition de la nue-propriété mentionne l'origine des fonds et leur emploi et que cette acquisition ait été réalisée plus de trois mois avant le décès (CGI art. 751, al. 2). L'administration a précisé que la donation peut résulter d'un don manuel régulièrement enregistré (BOI-ENR-DMTG-10-10-40-10 n° 310). Lorsque le bien acquis en démembrement a été financé par remploi du prix de vente de biens donnés avec réserve d'usufruit, la présomption ne s'applique pas si la donation a eu lieu plus de trois moisavant le décès de l'usufruitier, à la condition que les droits de ce dernier dans le bien acquis en remploi ne soient pas supérieurs à ceux qu'il détenait dans les biens vendus (Cass. com. 31-10-2006 n° 05-10.591 : RJF 2/07 n° 231).

62905 Si le donateur est décédé **moins de trois mois** après la donation, la présomption s'applique et la donation est réputée fictive sur le plan fiscal. Seule exception, les donations passées par contrat de mariage (aujourd'hui rarissimes) échappent à la présomption même en cas de décès dans les trois mois (CGI art. 751, al. 1).

La présomption de fictivité du démembrement supporte la preuve contraire. Le nu-propriétaire peut tenter de démontrer que l'opération de démembrement que la loi présume fictive est sincère et réelle. En pratique, il lui faut prouver :

– que le décès « prématuré » du donateur était imprévisible au moment de la donation : décès accidentel ou soudain, par exemple (pour une illustration, Cass. com. 17-1-2012 n° 10-27.185 : RJF 4/12 n° 425, BPAT 2/12 inf. 118) ;

– ou que la donation était en réalité intervenue plus de trois mois avant le décès, l'acte authentique dressé moins de trois mois avant le décès n'ayant eu pour objet que de formaliser le transfert de propriété déjà intervenu. Cependant, une telle preuve n'est pas évidente à apporter. Jugé par exemple que ne démontrent pas l'antériorité de la donation les enfants de la donatrice qui établissent que, plus de trois mois avant son décès, leur mère leur avait écrit pour leur faire part de son intention de leur donner la nue-propriété de titres, avait fait ouvrir en leur nom un compte-titres en qualité de nus-propriétaires, l'un des enfants ayant donné mandat de gestion de ces titres au conseiller financier de sa mère. Ces circonstances n'attestent pas que le transfert de la propriété des titres a eu lieu avant l'acte de donation (Cass. com. 23-3-2010 n° 09-65.820 : RJF 7/10 n° 749, BPAT 4/10 inf. 230).

62906 **Démembrement résultant d'une mutation à titre onéreux** Ces démembrements tombent sous le coup de l'article 751 du CGI, la présomption générale de fictivité des démembrements de propriété entre défunt et héritiers s'appliquant quelles que soient les modalités du démembrement (Cass. com. 27-6-1989 n° 971 P : RJF 10/89 n° 1181 ; pour une illustration concernant l'acquisition de l'usufruit par le défunt et de la nue-propriété par un héritier présomptif, Cass. com. 12-12-1995 n° 2146 : RJF 3/96 n° 384).

La présomption supporte la **preuve contraire,** le nu-propriétaire devant démontrer que l'acte à titre onéreux ayant opéré le démembrement est sincère et réel. En pratique, le nu-propriétaire doit prouver que l'acquisition de la nue-propriété a réellement été effectuée à titre onéreux et, en particulier, qu'il en a payé le prix. Cette preuve peut être apportée à l'aide de tous documents écrits (relevés bancaires, extraits de la comptabilité de l'office notarial qui a reçu l'acte, etc.) et est souverainement appréciée par les juges du fond.

ILLUSTRATIONS

Le juge déduit souverainement des circonstances suivantes que la **preuve contraire** à la présomption de propriété posée par l'article 751 du CGI est **apportée** : la cession de la nue-propriété de l'immeuble a été effectuée par acte notarié ; la rente viagère stipulée en paiement du prix a été effectivement payée jusqu'au décès du vendeur ; la valeur déclarée dans l'acte de vente était la valeur vénale réelle de l'immeuble (Cass. com. 16-1-2001 n° 97-20.041 : RJF 5/01 n° 714).

Jugé également, dans une espèce où une personne avait vendu à son légataire universel la nue-propriété d'une maison pour un prix converti en rente viagère, que les éléments suivants prouvaient que la vente était réelle et sincère, écartant ainsi le jeu de la présomption fiscale de fictivité (CA Rennes 18-10-2016 n° 15/05553 : RJF 2/17 n° 183, BPAT 6/16 inf. 240) :

– la défunte était, lors de la vente, âgée de 58 ans, et rien ne permettait alors de prédire sa durée de vie ;

– l'administration fiscale ne contestait pas que le prix de vente convenu correspondait à la valeur réelle de la nue-propriété de la maison ;

– la défunte avait été imposée sur les rentes viagères perçues en paiement du prix de vente, l'administration ne pouvant pas, sans se contredire, soutenir que la vente de la nue-propriété était fictive tout en procédant au recouvrement de l'impôt sur le revenu sur les sommes déclarées par la défunte comme ayant été perçues en paiement.

La preuve contraire à la présomption de fictivité du démembrement n'est en revanche **pas apportée** lorsque :

– les fonds destinés au paiement de la nue-propriété ont été remis au notaire rédacteur de l'acte par le défunt usufruitier (Cass. com. 27-1-1998 n° 96-13.595 : RJF 5/98 n° 624) ;

– le nu-propriétaire n'a pas payé la rente viagère mise à sa charge par l'acte de vente, alors que cette rente représentait les trois quarts du prix (Cass. com. 12-7-2011 n° 10-18.471 : RJF 11/11 n° 1242, BPAT 5/11 inf. 303).

EFFET DE LA PRÉSOMPTION DE PROPRIÉTÉ DE L'USUFRUITIER

La présomption de fictivité de l'acte opérée par l'article 751 du CGI produit effet au décès de l'usufruitier : le nu-propriétaire devra acquitter des **droits de succession** sur la valeur de la pleine propriété du bien, au tarif fixé selon son degré de parenté avec le défunt. 62908

Les **droits acquittés au moment de la donation ou de la vente** viennent toutefois en déduction des droits de succession dus au décès de l'usufruitier, si le démembrement a été consenti par le défunt lui-même (cas notamment de la donation avec réserve d'usufruit).

En pratique, le nu-propriétaire devra donc acquitter au décès de l'usufruitier un complément de droits correspondant à l'usufruit du bien.

Ajoutons que l'imputation des droits de donation est possible même lorsque ces droits ont été pris en charge par le donateur. Mais dans ce cas, leur montant est réintégré à l'actif successoral et le donataire devra donc acquitter des droits de succession sur ces droits de donation (Cass. com. 13-11-2003 n° 1539 : RJF 3/04 n° 323).

INTÉRÊT DE LA SOCIÉTÉ CIVILE POUR ÉCARTER LA PRÉSOMPTION DE PROPRIÉTÉ DE L'USUFRUITIER

La solution consistant à faire détenir l'usufruit d'un bien par les parents et la nue-propriété par une société civile dont les associés sont les enfants permet de réaliser la transmission de ce bien en échappant à tout risque d'application de la présomption. 62910

Dans cette situation, la nue-propriété n'appartient pas à l'un des héritiers présomptifs de l'usufruitier, mais à la société constituée entre ces héritiers, société qui a une personnalité distincte de celle de ses associés. L'administration a confirmé que, dans cette hypothèse (et sous réserve de la mise en œuvre de la procédure de répression des abus de droit prévue à l'article L 64 du LPF), elle n'incorpore pas la valeur en pleine propriété du bien dans l'actif successoral de l'usufruitier (BOI-ENR-DMTG-10-10-40-10 n° 250). Cette solution vise non seulement le cas où la **nue-propriété** a été **apportée à la société,** l'apporteur se réservant l'usufruit, mais aussi celui où le **bien** a été **acquis pour l'usufruit par les parents et en nue-propriété par une société civile** constituée entre les enfants.

Ajoutons que le schéma n'a pas été remis en cause par les modifications apportées par la loi du 23 juin 2006 portant réforme des successions et des libéralités au texte de l'article 911 du Code civil : s'il est désormais prévu à l'alinéa 1 de l'article 911 que les personnes morales sont susceptibles de constituer des personnes interposées, la présomption d'interposition posée par l'alinéa 2 de l'article 911, auquel renvoie l'article 751 du CGI, continue à ne faire référence qu'aux père, mère, descendants et époux.

4. PAIEMENT DIFFÉRÉ DES DROITS DE SUCCESSION

PRINCIPE

Le paiement des droits de succession afférents à des **biens transmis en nue-propriété** peut être différé jusqu'à l'expiration d'un délai de six mois à compter de la réunion de l'usufruit à la nue-propriété ou de la cession totale ou partielle de celle-ci (CGI ann. III art. 397 et 404 B). 62930

Le paiement différé est obtenu moyennant le **paiement d'intérêts** dont le taux est fixé une fois pour toutes au jour de la demande. Ce taux est égal au taux effectif moyen pratiqué par les établissements de crédit au cours du quatrième trimestre de l'année précédant celle de la demande pour les prêts immobiliers à taux fixe consentis aux particuliers, réduit d'un tiers et arrondi à la première décimale (CGI ann. III art. 401). Le taux applicable aux demandes de paiement différé effectuées en 2023 est égal à 1,7 %.

Le bénéficiaire peut être **dispensé du paiement des intérêts** si les droits de succession sont calculés sur la valeur imposable, au jour de l'ouverture de la succession, de la pleine propriété des biens recueillis en nue-propriété. L'élargissement de l'assiette (à l'entière propriété des biens évaluée au jour de la succession à l'origine du démembrement et non au jour de l'extinction de l'usufruit) constitue la contrepartie de la dispense du versement d'intérêts. Attention cependant à cette option qui n'est pas sans risque. Si l'usufruitier renonce ensuite à ses droits au profit du nu-propriétaire, l'administration pourra taxer cette donation indirecte et l'usufruit sera donc taxé deux fois, une fois aux droits de succession (en contrepartie de la dispense d'intérêts) et une fois aux droits de donation. Il n'y a pas là double imposition, selon la Cour de cassation (Cass. com. 31-10-2006 n° 1154 FD : RJF 2/07 n° 233).

APPLICATION DU PAIEMENT DIFFÉRÉ DES DROITS DE SUCCESSION À UN PORTEFEUILLE DE TITRES

62932 L'**héritier nu-propriétaire** d'un portefeuille de valeurs mobilières continue à bénéficier du paiement différé en cas de cession de titres du portefeuille, à condition que le produit de la cession soit réemployé dans l'acquisition d'autres valeurs (BOI-ENR-DG-50-20-30 n° 260). Sous cette réserve, le nu-propriétaire n'est donc pas pénalisé par les cessions opérées par l'usufruitier (rappelons que lorsqu'un portefeuille de valeurs mobilières est démembré, c'est l'usufruitier qui a le pouvoir de disposer des titres, à charge pour lui de réinvestir le prix de cession au sein du portefeuille : voir nos 62340 s.).

Lorsque le **portefeuille** est **géré par une société civile,** ce sont les parts de la société civile qui sont transmises et démembrées par succession. L'attributaire de la nue-propriété bénéficie du paiement différé au titre de la transmission de ces parts. Le portefeuille appartenant à la société civile pourra dès lors faire l'objet de cessions (totales ou partielles) sans remettre en cause le différé de paiement des droits de mutation des nus-propriétaires, à la seule condition que les parts de la société civile ne soient pas cédées du vivant de l'usufruitier.

PAIEMENT DIFFÉRÉ DES DROITS DE SUCCESSION ET APPORT EN SOCIÉTÉ CIVILE

62934 Sur le maintien du différé de paiement en cas d'**apport conjoint** à une société civile non soumise à l'impôt sur les sociétés de leurs droits démembrés par le nu-propriétaire et l'usufruitier **avec report du démembrement sur les parts** reçues en rémunération de l'apport, voir n° 62885.

5. DÉDUCTIBILITÉ DE LA CRÉANCE DE RESTITUTION EN CAS DE QUASI-USUFRUIT

62950 Pour la liquidation des droits de mutation par décès, les **dettes à la charge du défunt** sont en principe déductibles lorsque leur existence au jour de l'ouverture de la succession est dûment justifiée par tous modes de preuve compatibles avec la procédure écrite (CGI art. 768).

Toutefois, lorsqu'il s'agit d'une dette **consentie par le défunt au profit de ses héritiers,** celle-ci n'est déductible qu'à la double condition (CGI art. 773, 2) :

– qu'elle ait été consentie par un acte authentique ou par un acte sous signature privée ayant date certaine avant l'ouverture de la succession ;

– et que les héritiers et légataires prouvent la sincérité de cette dette et son existence au jour de l'ouverture de la succession.

La présomption de fictivité ainsi établie à l'article 773, 2 du CGI ne concerne que les dettes d'origine contractuelle.

62952 La Cour de cassation est venue préciser la notion de dette « consentie » par le défunt au profit de ses héritiers dans les circonstances suivantes.

Une **société civile,** soumise à l'impôt sur les sociétés, avait procédé à la **distribution de réserves** au profit de ses associés. La fraction de la distribution réalisée au profit des parts démembrées avait donné lieu à un **quasi-usufruit au profit de l'usufruitier.** La décision de distribution indiquait : « Pour les parts sociales dont la propriété est démembrée, le nu-propriétaire aura droit au dividende distribué mais l'usufruitier exercera son droit de quasi-usufruit sur le dividende distribué. Ce dividende sera donc payé à l'usufruitier Monsieur D. ; [...] (les) nus-propriétaires constatent et acceptent la constitution du droit de quasi-usufruit de Monsieur D. sur les dividendes revenant aux parts sociales démembrées ; Monsieur D. percevra donc seul en sa qualité de quasi-usufruitier les dividendes attachés aux parts sociales dont la propriété est démembrée et sera redevable d'une créance de restitution de même montant. Monsieur D. accepte la création du droit de quasi-usufruit à son profit et se constitue ainsi redevable de la créance de restitution et de l'usufruit sur les dividendes attachés aux parts sociales dont la propriété est démembrée. » La résolution de l'assemblée comprenait ainsi la décision de distribution elle-même, puis précisait pour la fraction afférente aux titres démembrés que les nus-propriétaires « acceptaient » la constitution du droit de quasi-usufruit au profit de l'usufruitier. Cette formulation avait conduit les juges du fond à conclure que c'était par **convention** que les nus-propriétaires et le quasi-usufruitier avaient décidé de constituer un quasi-usufruit sur les sommes distribuées ; s'agissant d'une dette consentie par l'usufruitier défunt, le formalisme de l'article 773, 2 du CGI aurait donc dû être respecté (CA Paris 25-2-2014 n° 2012/23704 : BPAT 2/14 inf. 78).

Dans un arrêt rendu en formation de section, la Cour de cassation a censuré la solution retenue par les juges du fond, posant comme principe que, dans le cas où la collectivité des associés décide de distribuer un dividende par prélèvement sur les réserves, le droit de jouissance de l'usufruitier de droits sociaux s'exerce, sauf convention contraire entre celui-ci et le nu-propriétaire, sous la forme d'un quasi-usufruit sur le produit de cette distribution revenant aux parts sociales grevées d'usufruit ; qu'en conséquence, l'usufruitier se trouve tenu, en application de l'article 587 du Code civil, d'une dette de restitution exigible au terme de l'usufruit, dette qui, prenant sa **source dans la loi,** est déductible de l'actif successoral lorsque l'usufruit s'éteint par la mort de l'usufruitier (Cass. com. 27-5-2015 n° 14-16.246 : BPAT 4/15 inf. 124).

Au-delà du cas particulier jugé, la **solution** retenue par la Cour de cassation est-elle **généralisable** à toutes les situations de quasi-usufruit ? Deux hypothèses doivent être distinguées :

– si c'est l'origine du démembrement qui est déterminante, alors la solution ne vaudrait que pour les quasi-usufruits d'origine légale ;

– si la solution est commandée, non par l'origine du démembrement, mais par l'origine de la dette de restitution, qui est un effet que la loi attache à la nature consomptible des biens objet de l'usufruit, alors elle serait applicable y compris dans l'hypothèse où le démembrement est d'origine conventionnelle.

CONSEIL

Dans tous les cas dans lesquels un doute peut exister sur l'origine légale ou contractuelle du quasi-usufruit, la prudence incitera les titulaires de la créance de restitution à procéder à **l'établissement d'une convention de quasi-usufruit par acte authentique ou par acte sous seing privé enregistré** afin de respecter les conditions posées par l'article 773, 2 du CGI.

D. Démembrement et IFI

Depuis le 1er janvier 2018, l'ISF a été supprimé et remplacé par l'impôt sur la fortune immobilière (IFI), lequel cible le seul patrimoine immobilier des contribuables (CGI art. 964 à 983). 63000

Une **étude d'ensemble** est consacrée à l'IFI aux nos 23000 s.

Nous exposons ci-après les **particularités** liées au démembrement de propriété.

PRINCIPE D'IMPOSITION DE L'USUFRUITIER

Les biens grevés d'un usufruit sont compris pour leur **valeur en pleine propriété** dans le patrimoine de l'usufruitier (CGI art. 968, al. 1). Corrélativement, le nu-propriétaire n'a rien à déclarer au titre de ces biens (BOI-PAT-IFI-20-20-30-10 n° 10). 63002

En conséquence, sauf si l'administration parvient à démontrer que l'opération est constitutive d'un abus de droit, le démembrement d'un bien immobilier permet une exonération effective d'IFI si l'**usufruit** est **détenu par une personne non imposable.** Il peut s'agir :

– soit d'une **personne physique** dont la valeur totale du patrimoine imposable, y compris la valeur en pleine propriété des biens détenus en usufruit, n'atteint pas le seuil d'imposition (ceci explique en grande partie le développement des donations d'usufruit temporaire et la méfiance corrélative de l'administration fiscale vis-à-vis de ces opérations) ;

– soit d'une **personne morale,** qui par définition n'est pas assujettie à l'IFI. Cela dit, lorsque l'usufruit d'un bien immobilier est apporté en société, l'apporteur est imposable sur la valeur des droits sociaux pour la fraction représentative de cet usufruit immobilier (sauf à bénéficier de l'exonération des biens professionnels). Par ailleurs, l'opération peut s'avérer coûteuse au regard de l'impôt sur le revenu : voir n° 62672.

> Précisions **a.** Sous l'empire de l'ISF, l'**apport de l'usufruit** d'un immeuble à une EURL a été jugé constitutif d'un **abus de droit** au sens de l'article L 64 du LPF dans une espèce où le caractère professionnel de l'activité de location de cet immeuble par l'EURL n'était pas démontré, le but exclusif de l'opération d'apport étant d'éluder l'impôt sur la valeur de l'immeuble (Cass. com. 7-12-2010 n° 10-10.054 : RJF 4/11 n° 526, BPAT 2/11 inf. 145).

b. Dans ses commentaires de la nouvelle procédure de « mini-abus de droit » instituée à l'article L 64 A du LPF, lui permettant de remettre en cause les actes qui, recherchant le bénéfice d'une application littérale des textes ou de décisions à l'encontre des objectifs poursuivis par leurs auteurs, ont pour motif principal d'éluder ou d'atténuer les charges fiscales que l'intéressé, si ces actes n'avaient pas été passés ou réalisés, aurait normalement supportées, l'administration donne deux exemples de **donations d'usufruit temporaire** non critiquables sur ce fondement. Elle reconnaît ainsi (BOI-CF-IOR-30-20 n° 120) :

– que la donation d'usufruit temporaire **au profit d'un enfant majeur,** qui ne fait pas partie du foyer fiscal du donateur, procure certes une économie d'impôt sur la fortune immobilière qui peut être substantielle, mais qui n'est pas abusive si elle est justifiée par la volonté d'aider l'enfant majeur à financer ses études en lui permettant d'occuper le logement ou de percevoir les revenus locatifs du bien

transmis. Le caractère temporaire d'une transmission de l'usufruit n'est pas en soi abusif dès lors qu'il est doté d'une substance patrimoniale effective et ne prévoit pas de clauses manifestement abusives (telles qu'une donation librement révocable par le donateur) ;
– que la donation d'usufruit temporaire **à un organisme sans but lucratif,** même si elle permet de réaliser une économie d'impôt très importante, n'est pas susceptible d'être écartée sur le fondement de l'article L 64 A du LPF lorsque le donateur se dépouille irrévocablement des fruits attachés à l'actif donné, sur la durée de l'usufruit temporaire. Le donateur poursuit un objectif charitable valable et non négligeable en permettant à l'organisme de bénéficier d'un rendement financier régulier sur la période de l'usufruit (loyers, dividendes).

DÉROGATIONS AU PRINCIPE D'IMPOSITION DE L'USUFRUITIER

63005 Le principe de l'imposition de la pleine propriété chez l'usufruitier connaît deux dérogations principales qui concernent le démembrement d'origine successorale et le démembrement résultant de la vente de la nue-propriété. Dans ces deux cas, à condition que l'usufruit ainsi constitué ne soit ni vendu ni transmis à titre gratuit par son bénéficiaire, les biens dont la propriété est démembrée sont compris respectivement dans les patrimoines de l'usufruitier pour l'usufruit et du nu-propriétaire pour la nue-propriété (les droits étant valorisés selon le barème de l'article 669 du CGI).

> **Précisions** Indiquons pour mémoire qu'en cas de **donation ou legs avec réserve d'usufruit au profit de certaines personnes morales** (l'État, les départements, les communes ou syndicats de communes et leurs établissements publics, les établissements publics nationaux à caractère administratif et les associations reconnues d'utilité publique) l'usufruitier et le nu-propriétaire sont imposés séparément sur la valeur de leurs droits respectifs (CGI art. 968, 3°).

63006 **Démembrement d'origine successorale** L'usufruitier et le nu-propriétaire sont imposables sur la valeur de leurs droits respectifs lorsque le démembrement de propriété résulte (CGI art. 968, 1°) :
– de l'article 757 du Code civil applicable aux successions ouvertes depuis le 1er juillet 2002 (**usufruit légal du conjoint survivant** portant sur la totalité des biens existant au jour de la succession en présence de descendants du défunt) ou de l'ancien article 767 du Code civil applicable aux successions ouvertes avant le 1er juillet 2002 (usufruit légal du conjoint survivant portant sur un quart de la succession en présence de descendants du défunt). En revanche, le conjoint survivant bénéficiaire d'un usufruit conventionnel accordé par testament ou donation au dernier vivant est imposable sur la valeur de la pleine propriété des biens dont il est usufruitier ;
– de l'article 1094 du Code civil, dans sa rédaction applicable aux successions ouvertes jusqu'au 31 décembre 2006 : **usufruit légal des ascendants,** après donation entre époux de la nue-propriété de leur réserve, en l'absence de descendants. Pour les successions ouvertes depuis le 1er janvier 2007, les ascendants ne sont plus des héritiers réservataires, et tout legs d'usufruit aux ascendants rendrait ces derniers assujettis à l'IFI sur la valeur de la pleine propriété des biens grevés de l'usufruit ;
– de l'article 1098 du Code civil : **usufruit forcé du conjoint survivant** en présence d'enfants d'un premier lit.

63007 **Démembrement résultant de la vente de la nue-propriété** Pour que la règle de l'imposition de l'usufruitier sur la pleine propriété soit écartée, la vente de la nue-propriété doit avoir été consentie à une personne autre que (CGI art. 968, 2°) :
– ses **héritiers présomptifs** ou leurs descendants ;
– des personnes auxquelles l'usufruitier a pu, avant la vente, consentir une **donation** ;
– des **personnes réputées interposées** entre l'usufruitier, ses héritiers et donataires, au sens de l'article 751 du CGI (n° 62900).

63008 Selon l'administration, en cas d'**apport en société de la nue-propriété du bien,** la règle de l'imposition séparée de l'usufruitier et du nu-propriétaire ne s'applique qu'à deux conditions (BOI-PAT-IFI-20-20-30-10 nos 200 et 210) :
– l'apport doit être effectué à titre onéreux (apport avec prise en charge du passif, par exemple). L'administration refuse d'assimiler à une vente l'apport pur et simple de la nue-propriété (suivi ou non de la cession des parts sociales reçues en rémunération de l'apport), l'apporteur restant par conséquent taxable sur la pleine propriété du bien apporté ;
– la société bénéficiaire de l'apport ne doit pas être contrôlée par une des personnes visées à l'article 751 du CGI. Contrairement à la position qu'elle retient en matière de droits de succession (n° 62910), l'administration fiscale répute ici personnes interposées les sociétés contrôlées par une personne visée à l'article 751 du CGI. Cette position est à notre avis

contestable, puisque la présomption posée par l'article 751 ne vise que les personnes physiques. Cela dit, la solution est incertaine : la Cour de cassation ne s'est pas encore prononcée et les juridictions du fond sont divisées (en faveur de la thèse de l'administration : CA Colmar 16-5-2002 n° 01-284 : RJF 5/03 n° 650 ; en sens contraire : CA Versailles 6-6-2002 n° 00-8166 : RJF 11/02 n° 1329).

D'une façon générale, l'administration interprète strictement les conditions posées pour l'imposition séparée de l'usufruitier et du nu-propriétaire. **63009**

Ainsi, elle estime que l'usufruitier qui a donné la nue-propriété d'un bien reste taxable sur la toute propriété du bien, même si les **donataires vendent la nue-propriété** (BOI-PAT-IFI-20-20-30-10 n° 180).

De même, le bien reste taxé chez l'usufruitier pour la toute propriété dans l'hypothèse où ce **bien** a été **vendu pour la nue-propriété à une personne et pour l'usufruit à une autre** (BOI-PAT-IFI-20-20-30-10 n° 190). Il en est ainsi que la cession de l'usufruit soit antérieure, concomitante ou postérieure à celle de la nue-propriété.

RISQUE DE DOUBLE IMPOSITION

En cas d'**apport pur et simple de la nue-propriété de biens à une société,** on a vu que l'usufruitier reste taxable sur la valeur de la pleine propriété des biens apportés (n° 63008). Il est en contrepartie dispensé de déclarer la fraction des droits sociaux reçus en rémunération de l'apport représentative de la valeur de la nue-propriété apportée (BOI-PAT-IFI-20-20-30-10 n° 210). **63012**

Cette mesure de tempérament ne bénéficie pas aux acquéreurs des parts, d'où un risque de double imposition : si l'**apporteur cède ses titres,** il restera, en sa qualité d'usufruitier, taxable sur la valeur de la pleine propriété de son apport, alors que le cessionnaire sera, de son côté, imposable sur la valeur des titres qu'il aura acquis représentative de droits immobiliers imposables. La valeur de la nue-propriété des biens apportés à la société sera donc taxée deux fois, une fois chez l'apporteur de la nue-propriété demeuré usufruitier et une fois chez l'acheteur des titres de la société détenant la nue-propriété.

ÉVALUATION DE LA VALEUR VÉNALE

Les biens imposables à l'IFI sont, sauf exception, évalués à leur valeur vénale, c'est-à-dire au prix qui pourrait en être obtenu sur le marché, compte tenu de leur état de fait et de droit. **63020**

Il n'est pas douteux que la valeur vénale d'un bien est affectée par l'**existence du démembrement** (moindre liquidité liée à la nécessité d'un accord conjoint de l'usufruitier et du nu-propriétaire pour vendre la pleine propriété). Cependant, suivant en cela la doctrine administrative, la Cour de cassation a toujours refusé au redevable de l'impôt sur la fortune la possibilité de pratiquer un abattement en raison de l'existence du démembrement (Cass. com. 20-3-2007 n° 05-16.751 : RJF 7/07 n° 858, solution rendue sous l'empire de l'ISF mais transposable à l'IFI ; BOI-PAT-IFI-20-20-30-10 n° 1).

> **Précisions** **a.** L'interdiction, imposée par le donateur de la nue-propriété, **de vendre** le bien immobilier dont il se réserve l'usufruit modifie-t-elle la valeur taxable de ce bien ? Sous l'empire de l'ISF, la Cour de cassation a répondu par la négative : la limite apportée par le donateur à la liberté d'aliéner un immeuble dont il se réserve l'usufruit n'affecte pas sa valeur vénale (Cass. com. 27-10-2009 n° 08-11.362 : RJF 2/10 n° 175). Malgré les réserves que suscite cette solution et la résistance de certaines cours d'appel, la Cour de cassation a réitéré sa position rigoureuse en matière de droits de donation (Cass. com. 11-9-2012 n° 11-21.234 : BPAT 6/12 inf. 303). Il est à craindre qu'elle ne retienne cette même solution pour l'application de l'IFI.
> **b.** Dans une espèce où des contribuables, détenant l'usufruit de la totalité des **parts d'une société civile propriétaire d'un bien immobilier,** revendiquaient l'application d'un abattement de 30 % sur la valeur vénale de leurs parts pour défaut de liquidité de cet actif immobilier à raison de l'existence d'une **clause d'agrément** de tous les associés figurant dans les statuts pour la cession des parts sociales, la Cour de cassation a censuré l'arrêt de la cour d'appel qui avait rejeté leur demande, en reprochant aux juges du fond de s'être déterminés par des motifs tenant à l'absence de situation d'indivision et au fait qu'aucun abattement ne peut être revendiqué au titre du démembrement de propriété, motifs impropres à exclure qu'une perte de valeur vénale du bien puisse résulter de la situation des nus-propriétaires, qui ne le détiennent pas directement mais au travers de parts sociales dont la cessibilité est limitée par une clause d'agrément (Cass. com. 15-2-2023 n° 20-19.451 F-D : BPAT 3/23 inf. 164-27).

PASSIF DÉDUCTIBLE

La loi fixe une liste des dettes déductibles du patrimoine imposable à l'IFI (CGI art. 974, I). Il s'agit des dettes afférentes : **63025**

- aux dépenses d'acquisition des biens ou droits immobiliers imposables ;
- aux dépenses de réparation et d'entretien ;
- aux dépenses d'amélioration, de construction, de reconstruction ou d'agrandissement ;

63025 (suite) – aux impositions dues à raison des propriétés immobilières ;

– aux dépenses d'acquisition des parts ou actions, au prorata de la valeur des actifs immobiliers imposables.

Pour être déductibles de l'assiette de l'IFI, ces dettes doivent être afférentes à des actifs imposables, exister au 1er janvier de l'année d'imposition et être contractées et effectivement supportées par le redevable ou un membre de son foyer fiscal.

L'**usufruitier** peut, dans les conditions de droit commun, déduire de son actif brut imposable à l'IFI les dettes remplissant les conditions susmentionnées et qui lui incombent personnellement à raison du bien dont la propriété est démembrée. En revanche, même s'il est imposable à raison de la pleine propriété du bien démembré, l'usufruitier n'est pas admis à déduire les dettes incombant au nu-propriétaire.

Les dettes contractées par le **nu-propriétaire** afférentes à des biens dont il détient la nue-propriété ne sont pas admises en déduction de son propre actif imposable à l'IFI (sauf dans les quelques cas où l'usufruitier et le nu-propriétaire sont imposés séparément sur la valeur de leurs droits : ci-avant nos 63005 s.). Aucune déduction n'est en effet possible pour les dettes afférentes à des biens non pris en compte pour l'assiette de l'IFI dû par l'intéressé.

CHAPITRE 2

ASPECTS FISCAUX INTERNATIONAUX

SOMMAIRE

CHAMP DE L'ÉTUDE

La présente étude concerne les **sociétés civiles** dont le régime fiscal est celui des sociétés de personnes ; elle exclut donc les sociétés civiles soumises à l'impôt sur les sociétés soit en raison de leur activité, soit en raison d'une option, ainsi que les sociétés régies par des règles particulières (comme les SCPI ou autres). 65000

65002 La fiscalité applicable à ces sociétés dans un contexte international pose de **multiples questions,** notamment les suivantes :
– imposition des revenus et plus-values réalisés hors de France par des sociétés civiles françaises ;
– imposition en France des revenus réalisés par des sociétés civiles françaises, qui bénéficient à des associés non résidents de France ;
– imposition en France des revenus de source française des sociétés civiles étrangères ;
– imposition en France des revenus qui bénéficient à des associés résidents de France au titre de leur participation dans des sociétés civiles étrangères ;
– enfin, imposition du capital représenté par les parts d'une société civile, qu'il s'agisse d'une société civile française détenue par des associés non résidents ou d'une société civile étrangère détenue par des associés résidents (impôt sur la fortune immobilière et droits de mutation à titre gratuit).

NATURE DES DIFFICULTÉS

65004 Pour l'essentiel, les difficultés tiennent au système particulier d'imposition applicable aux **sociétés** civiles dites **« translucides »,** dont les revenus ne sont pas imposables directement à leur niveau mais au nom personnel de leurs associés, à hauteur de leur participation dans la société (nº 9505). Lorsque la société civile est passible de l'impôt sur les sociétés, dans la mesure où elle est « dénaturée », étant à objet commercial, ou en raison d'une option, les règles de la fiscalité internationale qui lui sont applicables sont celles qui concernent la généralité des sociétés passibles de l'impôt sur les sociétés.

65006 Cette nature particulière des sociétés civiles est source de conflit car **deux approches** sont possibles :
– considérer qu'il s'agit davantage de juxtapositions d'entreprises que de véritables sociétés, ce qui conduit à analyser la situation des associés comme si la société n'existait pas ;
– ou les traiter comme de véritables sociétés, et comme des sujets d'imposition, même si elles ne payent pas effectivement l'impôt et ne sont donc pas, en tant que telles, des contribuables.

65008 Ces différences d'approche sont de nature à créer des **conflits de rattachement** de la matière imposable sur le plan international, dans la mesure où les droits internes des pays concernés ne s'accordent pas. C'est essentiellement la raison pour laquelle la DGFiP avait mis en consultation publique, le 11 mai 2010, une note présentant les grandes lignes d'une **éventuelle réforme** du régime fiscal des sociétés de personnes ; il était proposé, afin de résoudre certaines difficultés présentées comme « résiduelles », tant au niveau domestique qu'international, d'adapter le régime fiscal des sociétés de personnes dans le sens d'une plus grande transparence, notamment en vue de rapprocher ce régime de ceux applicables dans les autres États. La réforme envisagée a cependant fait long feu, les parlementaires estimant être insuffisamment informés sur les voies et moyens d'une réforme particulièrement complexe – l'article 13 de la loi 2010-1658 du 29 décembre 2010 de finances rectificative pour 2010 a simplement demandé que, au plus tard le 30 avril 2011, « le Gouvernement dépose sur le bureau de l'Assemblée nationale et sur celui du Sénat un rapport présentant les différentes options d'une nécessaire modernisation du régime fiscal des sociétés de personnes et entités assimilées garantissant, a minima, une stabilité du coût par rapport à celui du régime fiscal actuel de semi-transparence ». Si ce rapport a été déposé, il n'a pas été publié à notre connaissance et aucune réforme n'est actuellement envisagée.

En l'état, les conflits internationaux tenant aux différences d'approche ne sont que mal réglés en l'absence de solutions apportées par les **conventions fiscales** éventuellement applicables. La plupart du temps, les sociétés civiles sont tout simplement ignorées par les conventions fiscales qui, lorsqu'elles comportent des dispositions spéciales, se bornent presque toujours à des généralités sans avoir une portée suffisante pour résoudre toutes les difficultés.

La politique conventionnelle de la France a certes, un moment, pris davantage en compte la situation particulière des sociétés de personnes, notamment avec les grands pays, comme en témoigne l'insertion de dispositions relatives aux sociétés de personnes dans les conventions ou avenants conclus en 2007, 2008 et 2009 avec le Japon, le Royaume-Uni et les États-Unis. Cette pratique semble cependant en voie de disparition. Ainsi, la convention du 26 novembre 2013 entre la France et la Chine contient des règles particulières concernant l'imposition des partnerships, groupements de personnes ou autres entités analogues, mais la convention franco-singapourienne du 15 janvier 2015 ne fait pas mention des sociétés de personnes. La convention qui a été signée le 20 mars 2018 entre la France et le Luxembourg se contente de poser un principe de transparence partiel sans entrer dans le détail et la convention franco-colombienne du 25 juin 2015, entrée en vigueur le 1er janvier 2022, se borne à préciser que les sociétés de personnes françaises sont des « résidents » pour l'application de la convention.

Il est à noter enfin que, lors de la signature, le 7 juin 2017, de la « **convention multilatérale** pour la mise en œuvre des mesures relatives aux conventions fiscales pour prévenir l'érosion de la base d'imposition et le transfert de bénéfices » (généralement appelée « l'instrument multilatéral »), préparée sous l'égide de l'OCDE et destinée à modifier les conventions fiscales sur différents points, la France s'est réservé la possibilité de ne pas appliquer à ses « conventions fiscales couvertes » l'intégralité de l'article 3, relatif aux entités transparentes.

Quant **au modèle** de convention fiscale élaboré par l'**OCDE,** il a longtemps laissé la question de côté, même si le rapport de 1999 sur l'application du modèle de convention fiscale aux sociétés de personnes (Modèle OCDE vol. II, R (15)) contenait d'intéressants développements et offrait quelques perspectives de résolution des conflits entre les États ; ces recommandations avaient été en partie reprises dans les commentaires du modèle de convention fiscale (voir, notamment, Commentaires OCDE au modèle de convention fiscale dans sa version de juillet 2014, C(1) nos 2 à 6.7 et C(4) n° 8.8). **65010**

Depuis qu'il a été révisé en 2017, le modèle de convention fiscale de l'OCDE cherche à clarifier la question en proposant que les conventions fiscales précisent que, pour l'application de la convention, un revenu perçu « par ou via » une « entité » ou un « dispositif » considéré comme totalement ou partiellement **transparent** sur le plan fiscal selon la législation fiscale de l'un des deux États est considéré comme étant le revenu d'un résident d'un État, mais uniquement dans la mesure où ce revenu est traité, aux fins de l'imposition par cet État, comme le revenu d'un résident de cet État (nouvelle précision apportée à l'article 1 relatif aux « personnes visées » par la convention).

Il n'est pas prévisible que ce principe se retrouve systématiquement à l'identique dans les conventions fiscales françaises, compte tenu de l'attitude réservée de la France sur ce point ; il est néanmoins possible qu'il s'y retrouve à l'occasion, éventuellement formulé différemment, ou, s'il est repris, sous réserve qu'il ne soit applicable qu'à l'égard du pays partenaire ou de pays tiers et non pas aux sociétés de personnes françaises. En tout état de cause, la France a formulé une réserve au modèle de convention fiscale de l'OCDE dans sa version de 2017, précisant qu'elle « se réserve le droit, dans ses conventions, d'omettre ou d'amender le paragraphe 2 [de l'article 1] afin de préciser les cas dans lesquels elle reconnaît la transparence fiscale d'entités situées dans l'autre État contractant ou dans un État tiers » (Commentaires OCDE C (1) n° 113).

SECTION 1 SOCIÉTÉS CIVILES FRANÇAISES

A. Revenus réalisés hors de France et revenant à des associés résidents de France

On envisagera ci-après la situation d'une société civile française dont les associés sont résidents de France et qui réalise des revenus hors de France (revenus d'activité ou revenus passifs). **65020**

1. EN FRANCE

RÈGLES DE TERRITORIALITÉ

Il s'agit de déterminer si les sociétés civiles doivent être imposées sur leurs seuls revenus français ou également sur leurs revenus étrangers et si cela dépend ou non de la situation de leurs associés. **65025**

Il est d'abord à remarquer que l'article 60 du CGI prévoit que le **bénéfice des sociétés** visées à l'article 8 du CGI (parmi lesquelles figurent les sociétés civiles) est déterminé, dans tous les cas, dans les conditions prévues pour les exploitants individuels (n° 9507). **65027**

La loi renvoie donc aux règles de l'impôt sur le revenu. Or, l'impôt sur le revenu est assis, en France, sur une base mondiale compte tenu de l'article 4 A du CGI aux termes duquel

« les personnes qui ont en France leur domicile fiscal sont passibles de l'impôt sur le revenu à raison de l'ensemble de leurs revenus ». Il y aurait donc lieu, en application de ce texte, de considérer comme imposables en France les revenus réalisés hors de France par la société civile, même si ces revenus sont rattachables à un établissement étranger.

65029 Cela dit, il résulte aussi de l'article 238 bis K du CGI (n°s 9580 s.) que les règles d'imposition applicables à la détermination des bénéfices sociaux ne sont pas toujours identiques à celles qui s'appliquent aux associés. Cette dualité ne crée pas de difficulté lorsque l'**associé** est une **personne physique** puisque les règles de territorialité sont les mêmes, que l'on se réfère à l'article 60 du CGI, en les appréciant au niveau de la société civile, ou à l'article 4 A du même Code, en les appréciant au niveau personnel de l'associé. En revanche, la question est importante si l'**associé** est une **société de capitaux** puisque les règles de territorialité ne sont pas identiques (en application de l'article 209, I du CGI, une société de capitaux française n'est pas imposable sur les bénéfices qu'elle réalise dans des entreprises exploitées hors de France).

Dans cette situation, il y a lieu, à notre avis, de faire prévaloir les règles de territorialité de l'impôt sur les sociétés et de considérer que les personnes morales domiciliées en France qui sont associées de sociétés de personnes françaises ne sont soumises à l'impôt sur les sociétés qu'à raison de la fraction des résultats leur revenant qui se rapportent à l'entreprise exploitée en France par la société ou le groupement de personnes (la jurisprudence est en ce sens ; n° 65033).

> Précisions **a.** La doctrine administrative confirmait traditionnellement ce point de vue ; cependant, elle n'a pas été reprise au Bofip, qui ne traite, au BOI-IS-CHAMP-60-10-30 n° 475, que de la situation des sociétés de personnes étrangères (dans le passé, l'administration ajoutait que les revenus « passifs », tels que les redevances, intérêts, dividendes, revenus immobiliers et gains en capital, étaient en principe rattachés au siège de la société de personnes, sauf en cas de rattachement effectif à un établissement stable hors de France).

b. Il résulte de l'article 238 bis K du CGI que lorsque des droits dans une société civile sont inscrits à l'actif d'une **personne morale passible de l'impôt sur les sociétés,** la part de bénéfice correspondant à ces droits est déterminée selon les règles applicables au bénéfice réalisé par la personne ou l'entreprise qui détient ces droits ; le Conseil d'État a jugé, à propos d'une partnership américaine, que ces dispositions constituent une règle de détermination du bénéfice imposable et non pas une règle de détermination du régime d'imposition (CE plén. 24-11-2014 n° 363556, Sté Artémis SA : RJF 2/15 n° 102) ; les règles de territorialité sont bien, nous semble-t-il, des règles de détermination des bénéfices imposables, en général, et non des règles d'imposition, ce qui conduit à appliquer les règles de territorialité de l'impôt sur les sociétés.

65033 Ce principe conduit à l'application de **règles différentes** de territorialité pour la détermination du résultat social et pour celle du résultat de chaque associé :

– la **société civile** détermine son résultat en tenant compte de l'ensemble de ses activités, en France ou hors de France ; les résultats « français » et « étrangers » doivent être présentés distinctement ;

– les **associés personnes physiques** et entreprises individuelles, résidents de France, sont imposables sur les résultats de sources française et étrangère de la société civile ;

– les **associés sociétés de capitaux,** résidents de France, sont imposables à raison des seuls résultats de source française de la société civile.

Les conséquences des règles de territorialité concernent aussi bien les revenus que les **pertes.** Ainsi, il a été jugé, à propos d'une société civile immobilière monégasque dont le siège de direction effective était situé en France, que les pertes réalisées hors de France par cette société ne pouvaient pas être prises en compte pour la détermination du résultat imposable de la société française qui en était associée (CE 8e et 3e s.-s. 27-6-2008 n° 282910, Sté Progemo : RJF 11/08 n° 1166, concl. Laurent Olléon au BDCF 11/08 n° 128). Cette décision confirme que, par principe, les personnes morales domiciliées en France ne sont soumises à l'impôt sur les sociétés qu'à raison de la fraction des résultats leur revenant qui se rapporte aux résultats de source française de la société de personnes dont elles sont l'associée. Pour cette raison, la part des résultats de l'exploitation effectuée au Luxembourg par une société en participation luxembourgeoise, revenant à une société de capitaux française, ne peut être prise en compte pour la détermination du bénéfice passible en France de l'impôt sur les sociétés (TA Paris 11-2-2009 n° 04-17065, Cie Générale de Bâtiment et de Construction : RJF 7/09 n° 618, concl. au BDCF 7/09 n° 83, jugement définitif).

65035 Il est à noter que les **critères de rattachement territorial** doivent être appréciés au niveau de la société civile et non pas à celui de ses associés. Ainsi, l'existence d'un établissement stable hors de France doit être appréhendée au regard de l'activité de la société civile elle-même et non pas de celle de ses associés. Un établissement stable dans un pays étranger pourra donc être caractérisé pour la société civile, même si l'associé n'a individuellement aucune activité dans le pays en cause.

En outre, en présence d'une convention fiscale, les **critères conventionnels** devront être appliqués eu égard à la situation et à l'activité propres de la société civile, dans la mesure où celle-ci est, d'une façon générale, un « résident » pour l'application des conventions fiscales (n° 65062). 65037

EXEMPLES

Premier exemple Soit une **société civile immobilière** française qui possède un immeuble dans un pays lié à la France par une convention fiscale (immeuble A) et un autre dans un pays « non conventionné » (immeuble B). Par hypothèse, ces immeubles sont loués nus et ne sont pas gérés sur place par des préposés ou des agents. 65040

Les règles de territorialité s'appliquent de la manière suivante, en supposant que les **associés** de la société civile soient des **sociétés de capitaux** résidentes de France : 65042

– les revenus de l'immeuble A sont, en principe, exonérés d'impôt en France, si la convention fiscale suit les principes habituels (ou bien ils sont imposables mais avec un crédit d'impôt égal à l'impôt français, ce qui revient quasiment au même). Dans ce cas, la convention fiscale réserve, en effet, le droit d'imposer les revenus des immeubles au pays de leur situation (combinaison des articles relatifs respectivement aux revenus immobiliers et à l'élimination des doubles impositions) ;

– les revenus de l'immeuble B sont, en revanche, imposables en France dans la mesure où la simple exploitation « passive » d'un immeuble hors de France ne caractérise pas une entreprise exploitée hors de France au sens de l'article 209, I du CGI (il faudrait qu'il y ait au minimum un agent dépendant sur place ayant les pouvoirs d'engager la société civile).

En pratique, par exemple, les associés d'une SCI française qui possède un **immeuble situé au Royaume-Uni** qui fait l'objet d'une location simple depuis la France doivent s'attendre à être imposés au Royaume-Uni au titre de leur quote-part des revenus immobiliers réalisés par la SCI sur le fondement des articles 4 et 6 de la convention fiscale franco-britannique du 19 juin 2008. Du côté britannique, l'imposition sera normalement établie par « transparence » en fonction de la situation des associés. Du côté français, ces revenus seront généralement exonérés d'impôt, en fait, compte tenu de l'article 24 de la convention, relatif à l'élimination des doubles impositions (cet article exige de la France l'octroi d'un crédit d'impôt égal à l'impôt français lorsque les revenus immobiliers ne sont pas exonérés de l'impôt sur les sociétés et lorsqu'ils ont effectivement été soumis à l'impôt britannique ; ce mécanisme revient la plupart du temps à une exonération de fait). Ces solutions valent généralement tant pour des associés personnes physiques que pour des associés personnes morales passibles de l'impôt sur les sociétés, mais il peut y avoir des variantes en ce qui concerne les conditions de l'élimination de la double imposition et les modalités d'imposition locale. Sur le cas franco-britannique, voir n° 65123. 65044

Si une société civile française possède et gère dans les mêmes conditions un **immeuble situé à Gibraltar,** les revenus ainsi réalisés seront imposables en France dans la mesure où il n'existe pas de convention fiscale entre la France et Gibraltar. Il en ira ainsi, que les associés soient des personnes physiques ou des personnes morales passibles de l'impôt sur les sociétés. En revanche, des personnes morales passibles de l'impôt sur les sociétés pourraient être exonérées d'impôt en France si les conditions de gestion de l'immeuble caractérisaient une exploitation hors de France au sens des règles de territorialité de l'impôt sur les sociétés. En pratique, cela supposerait la création d'une véritable « entreprise » sur place, par exemple par l'intermédiaire d'un agent dépendant disposant des pouvoirs d'engager la SCI dans son activité propre de location. 65045

Deuxième exemple Soit une société civile française qui exerce son activité à la fois en France et dans un **établissement hors de France** (en l'**absence de convention fiscale**), qui reçoit également des redevances de source étrangère (non rattachables à l'établissement) et qui a trois associés, une personne physique résidente de France, une société anonyme française et un associé non résident, personne physique ou morale. Les règles de territorialité donnent les résultats suivants : 65047

– la personne physique résidente de France est imposable sur sa quote-part des revenus de la société civile, qu'il s'agisse de ceux qui proviennent de son activité française ou de son établissement étranger ou encore des redevances de source étrangère ;

– la société anonyme française est imposable sur les seuls revenus de l'activité française de la société civile et sur les redevances, mais non sur les revenus afférents à l'établissement étranger de la société civile ;

– l'associé non résident n'est imposable que sur sa quote-part des revenus de l'activité française de la société civile et sur les redevances perçues par cette dernière ; il n'est pas imposable sur les revenus qu'elle réalise dans son établissement étranger (n° 65115).

65049 Si l'on suppose que l'établissement est situé dans un pays lié à la France par une **convention fiscale,** le résultat est le même pour la société anonyme et l'associé non résident, mais pas pour la personne physique ; celle-ci est exonérée d'impôt en France si la convention reprend les principes habituels (mécanisme de l'exonération avec taux effectif ou du crédit d'impôt égal à l'impôt français).

2. DANS LE PAYS DE LA SOURCE DES REVENUS

65055 Dès lors qu'une société civile française exerce une activité dans un pays étranger ou en retire des revenus de placement, il faut s'attendre à ce que ce pays, dit « de la source », cherche à imposer ces revenus. Les solutions en la matière dépendront bien sûr, au premier chef, des règles prévues par le droit interne de ce pays.

REVENUS D'ACTIVITÉ

65058 En ce qui concerne les revenus d'activité, la question essentielle, dans le pays étranger, sera celle de la détermination du **redevable** de l'impôt. En principe, si la législation de cet État connaît les sociétés civiles ou des formes analogues du type « sociétés de personnes », il y aurait lieu de penser que l'impôt serait localement établi au nom des associés de la société civile, par application d'un principe de transparence. Dans ce cas, les associés résidents de France seraient tenus à des déclarations fiscales dans le pays en cause à hauteur de leur quote-part des revenus qui y prennent leur source.

Mais il est possible aussi que cet État ne reconnaisse pas la transparence de ce genre d'entités ou fixe des conditions qui ne seraient pas remplies. Dans cette situation, ce serait la société civile elle-même qui devrait s'acquitter de l'impôt sur place. Chaque situation devra donc faire l'objet d'un examen attentif sans qu'il soit possible de généraliser.

REVENUS « PASSIFS »

65059 En ce qui concerne les revenus « passifs », du type dividendes, intérêts ou redevances non rattachables à un établissement stable, la question se posera en général différemment, dans la mesure où, le plus souvent, ces revenus font l'objet de **retenues à la source** lors de leur versement par le débiteur, sans que les bénéficiaires non résidents aient à établir des déclarations fiscales.

S'il n'existe pas de convention fiscale entre le pays de la source et la France et/ou l'État de résidence des associés, les retenues à la source de droit interne seront, bien entendu, exigibles sans limitation. Mais si la France est liée avec le pays en cause par une convention fiscale, la question sera de savoir si ce dernier pourrait, et à quelles conditions, accepter d'appliquer cette convention.

Cette question est celle, très controversée, de l'application des conventions fiscales aux sociétés de personnes.

INCIDENCE DES CONVENTIONS FISCALES : POINT DE VUE FRANÇAIS

65062 L'administration fiscale française considère que, comme la généralité des sociétés de personnes françaises, les sociétés civiles sont, pour l'application des conventions fiscales du côté français, des « **résidents** de France » (n°s 65064 s.). Par suite, elles doivent, pour notre pays, bénéficier des avantages prévus par les conventions fiscales. Le Conseil d'État a confirmé le principe de la résidence fiscale des sociétés de personnes par une importante décision de plénière (n° 65080).

Il a notamment été jugé qu'une société civile immobilière détenue à hauteur de 99 % par une personne physique résidente des États-Unis, qui n'avait pas opté pour l'impôt sur les sociétés et qui exerçait exclusivement en France son activité de location d'un ensemble immobilier, devait être considérée comme résidente de France au sens de l'article 4 § 1 de la convention franco-américaine (CE 9e et 10e s.-s. 13-2-2013 n° 342085, min. c/ Barlow : RJF 5/13 n° 506).

65064 Ce principe est exprimé par une réserve introduite par la France dans les **commentaires du modèle de convention fiscale de l'OCDE** ; la France y indique, en substance, qu'elle se réserve le droit, dans ses conventions fiscales, d'amender l'article « Résidence » de la convention modèle afin de préciser que les sociétés de personnes doivent être considérées comme des « résidents de France » en raison de leurs caractéristiques juridiques et fiscales (Commentaires OCDE C (4) n° 29). Ce principe vaut pour les sociétés civiles comme pour la généralité des sociétés de personnes.

Cette solution ressort également des **commentaires administratifs** relatifs à la convention fiscale franco-américaine, qui indiquent que, de manière générale et indépendamment de cette convention, les sociétés de personnes de droit français sont des résidents au sens conventionnel, dès lors que leurs résultats sont imposables en France en raison de leur siège, l'ensemble des impositions des associés relatives aux bénéfices sociaux étant assimilable à une imposition de ces sociétés (BOI-INT-CVB-USA-10-20 n° 10). C'est aussi ce raisonnement qui justifie la solution applicable à la retenue à la source de l'article 115 quinquies du CGI (n° 65190) ; l'administration indique à cet égard que les sociétés ou groupements soumis au régime fiscal des sociétés de personnes ont une personnalité fiscale distincte de celle de leurs associés ou membres, qu'ils constituent des sujets d'imposition et, s'ils ont leur siège en France, qu'ils ont la **qualité de résident de France au sens des conventions fiscales** conclues par la France lorsque les conditions requises par les dispositions pertinentes de ces conventions sont remplies (BOI-RPPM-RCM-30-30-30-10 n° 90). **65066**

Dans le même sens, la France avait souligné, dans le rapport OCDE de 1999 sur les sociétés de personnes, qu'en vertu du droit fiscal français une société de personnes (y compris une société civile) est toujours considérée comme assujettie à l'impôt, même si en fait l'impôt est appliqué non pas à la société elle-même mais à ses associés, et qu'elle a droit aux avantages conventionnels (« L'application du modèle de l'OCDE aux sociétés de personnes », vol. II du modèle de convention fiscale, R(15) ann. II, observations de la France).

Autre exemple, l'administration a précisé, à propos de la **convention franco-algérienne** du 17 octobre 1999, que l'article 4 § 4 de cette convention confirme expressément l'analyse de la France selon laquelle les sociétés de personnes françaises sont des résidents de France, nonobstant le fait que l'imposition de leurs bénéfices soit opérée non pas à leur niveau mais à celui de leurs actionnaires, associés ou autres membres (BOI-INT-CVB-DZA-10 n° 60). Le point 2 du protocole annexé à cette convention ajoute que cette disposition n'emporte toutefois aucune conséquence sur l'éventuelle qualité de résidents d'Algérie des actionnaires, associés ou autres membres de la société de personnes française concernée, car cette qualité doit s'apprécier au regard de l'article 4 § 1, 2 ou 3 de la convention. **65068**

Cette manière de voir ne fait, en réalité, que tirer les conséquences du **droit interne** français qui décide qu'une société civile est un « sujet fiscal », même si l'imposition n'est pas établie à son nom mais à celui de ses associés (n° 65105). **65070**

Cela dit, il arrive que les **conventions** fiscales soient **explicites** sur l'assimilation des sociétés civiles à des résidents. Par exemple, l'article 3 de la convention **franco-bulgare** du 14 mars 1987 stipule que le terme « personnes » comprend notamment, en France, les sociétés de personnes et l'article 4 § 3 de la convention **franco-italienne** détermine expressément la résidence des sociétés de personnes par référence à la localisation de leur siège de direction effective (la référence aux sociétés de personnes inclut nécessairement les sociétés civiles translucides). La convention **franco-autrichienne** est encore plus nette, puisque l'expression « résident d'un État contractant » comprend « les sociétés de personnes et autres groupements de personnes soumis par la législation française à un régime fiscal analogue à celui des sociétés de personnes, qui ont leur siège en France et n'y sont pas assujettis à l'impôt sur les sociétés » (Convention du 26-3-1993 protocole annexé § 1). Cette préoccupation se retrouve aussi dans la convention **franco-israélienne** du 31 juillet 1995 qui prévoit expressément que les sociétés de personnes et groupements assimilés dont le siège de direction effective est situé en France et dont les associés sont imposables dans notre pays sont considérés comme des résidents de France (art. 4 § 4 b). **65072**

Dans le même sens, on remarquera que cette manière de voir a été confirmée par l'avenant du 11 janvier 2007 à la **convention fiscale franco-japonaise** du 3 mars 1995 (la précision est passée du protocole à l'article 4 § 5 de la convention). Une société civile française dont le siège de direction effective est situé en France est ainsi un « résident de France » éligible au bénéfice de la convention franco-japonaise, indépendamment de la résidence de ses associés (sous réserve, toutefois, en cas de détention majoritaire par des non-résidents, de la clause anti-abus générale prévue à l'article 22 A de la convention).

Enfin, l'affirmation de la résidence fiscale des sociétés de personnes se retrouve dans des conventions fiscales plus récentes comme la convention entre la France et la **Géorgie** du

7 mars 2007 (Convention protocole annexé point 4), la convention du 19 juin 2008 avec le **Royaume-Uni** (art. 4 § 4) ou dans l'accord conclu avec **Hong Kong** le 21 octobre 2010 ; ce dernier texte précise en effet, au point 4 du protocole annexé : « L'expression "résident d'une Partie contractante" telle que définie au paragraphe 1 de l'article 4 inclut, lorsque cette Partie est la France, les sociétés de personnes et les groupements de personnes soumis, en vertu de la législation fiscale française à un régime fiscal analogue à celui s'appliquant aux sociétés de personnes dont le siège de direction effective est situé en France et dont tous les porteurs de parts, associés ou autres membres y sont personnellement soumis à l'impôt à raison de leur quote-part dans les bénéfices de ces sociétés ou groupements en application de la législation interne française. » Une stipulation voisine a, depuis lors, été introduite dans la convention du 2 avril 2013 entre la France et **Andorre** mais pas dans la convention entre la France et **Singapour** du 15 janvier 2015. On la retrouve également dans la convention franco-colombienne du 25 juin 2015.

65074 Du côté français, on doit donc s'attendre, d'une façon générale, à ce que la Direction de la législation fiscale et le bureau de prévention et résolution des différends internationaux (SJCF-4B) de la Direction générale des finances publiques soutiennent le **principe de l'éligibilité au bénéfice des conventions fiscales** des sociétés civiles dont le siège de direction effective est situé en France, indépendamment de la résidence de leurs associés. Par suite, sauf stipulation conventionnelle spécifique, la France affirmera qu'une société civile qui reçoit, par exemple, des **intérêts** de placement de source étrangère devrait bénéficier, pour son imposition à l'étranger, des taux réduits de retenue à la source prévus par la convention fiscale conclue avec le pays du débiteur des intérêts, même si ses associés ne sont pas résidents de France. On remarquera que cette solution ne conduit à aucune anomalie puisque les associés non résidents de la société civile sont en principe imposables en France sur leur quote-part des intérêts perçus par la société civile (nos 65195 s.). Il est également à noter que, corrélativement, notre pays sera conduit à refuser l'imputation d'un excédent de retenue à la source par rapport au taux conventionnel si, par exemple, le pays de la source n'applique pas la convention fiscale conclue avec la France.

65076 Une autre conséquence de la résidence fiscale des sociétés civiles françaises concerne l'utilisation de **crédits d'impôt d'origine étrangère** si les revenus étrangers ont supporté une retenue à la source et s'il existe une convention fiscale. Dans ce cas, en effet, un crédit d'impôt est imputable sur l'impôt français dû par l'associé résident, dans la mesure permise par la convention (sur la situation des non-résidents, voir n° 65224). Ce crédit d'impôt est imputable, selon les cas, sur l'impôt sur le revenu si l'associé est une personne physique, ou sur l'impôt sur les sociétés s'il s'agit d'une personne morale passible de cet impôt.

65078 Il n'existe pas de règles spéciales de **domiciliation fiscale** des sociétés civiles françaises. Leur domicile fiscal est donc fixé par référence aux règles habituelles pour les personnes morales, c'est-à-dire normalement au lieu de leur direction effective. On pourra transposer, sur ce point, un arrêt de la cour administrative d'appel de Paris du 27 décembre 1990 (Droit fiscal 1991 n° 31 comm. n° 1588) qui présente un exemple intéressant de détermination du siège d'une société en participation, au cas particulier fixé en France, dans la mesure où les déclarations de cette société avaient été effectuées dans notre pays et où toutes les décisions relatives à l'exécution de son objet social étaient prises en France. On rappellera, également, que certaines conventions fiscales (n° 65072) précisent que le domicile des sociétés de personnes est situé au siège de leur direction effective (par exemple, l'article 1 § 4 de la convention franco-belge du 10-3-1964 renvoie au siège de direction effective pour la détermination de la résidence des sociétés de personnes). Cette précision a sans doute une portée générale, compte tenu des principes habituellement retenus en la matière.

D'une façon générale, en effet, la notion de « siège de direction effective » s'entend, pour les sociétés civiles comme pour la généralité des sociétés, du lieu où les personnes exerçant les fonctions les plus élevées prennent les **décisions stratégiques** qui déterminent la conduite des affaires de l'entreprise dans son ensemble (CE 10e et 9e s.-s. 16-4-2012 n° 323592, Paupardin : RJF 7/12 n° 674, à propos d'une société du Vanuatu dont il était prétendu à tort qu'elle avait son siège de direction effective en Nouvelle-Zélande). Toutefois, si le lieu où se tiennent les **conseils d'administration** d'une société peut constituer un indice pour l'identification d'un siège de direction, ce seul élément ne saurait, confronté aux autres éléments du dossier, suffire à le déterminer (CE 10e et 9e s.-s. 7-3-2016 n° 371435, Compagnie internationale des wagons-lits et du tourisme : RJF 6/16 n° 555) ; il faut, en la matière, s'attacher à la réalité plutôt qu'aux apparences.

65080 Le principe selon lequel une société civile française est normalement un « résident » de France pour l'application des conventions fiscales a été solennellement affirmé par le **Conseil d'État** dans l'affaire Quality Invest, à propos d'une société civile immobilière française détenue par une société norvégienne (nº 65120). Dans cette décision, rendue en formation plénière, le Conseil d'État juge, pour la première fois, qu'il y a lieu de faire application des conventions fiscales conclues entre la France, d'une part, et le pays de la source des revenus réalisés par la société civile, d'autre part, car cette dernière est susceptible d'être regardée comme résidente de France (au cas particulier le Conseil d'État juge que la SCI française, qui n'exerçait son activité immobilière qu'en France, devait être regardée comme résidente de France au sens de l'article 4 § 1 de la convention fiscale franco-norvégienne du 19 décembre 1980 modifiée). Dans le même sens, voir la décision Barlow citée nº 65062.

Précédemment, il avait été jugé en appel qu'une **société de fait** constituée entre deux époux qui exercent la profession d'avocat à Paris et qui ont une activité à Singapour constitue une « personne » au sens de la convention franco-singapourienne et que cette personne est un « résident » de France dans la mesure où elle a en France son siège de direction effective (CAA Paris 10-4-2008 nº 06-2638, Sefrioui : RJF 12/08 nº 1379, arrêt définitif).

Le principe de la résidence fiscale des sociétés de personnes a notamment été considéré comme faisant obstacle à l'application de la clause spécifique de **non-discrimination** incluse dans la convention fiscale franco-suisse (nº 65143).

Il est à noter, cependant, que les sociétés de personnes, « translucides » par principe lorsqu'elles sont établies en France, peuvent être « transparentes » lorsqu'elles sont établies à l'étranger (nºs 65586 s.). Il n'y a donc, en ce domaine, **aucune symétrie,** ce qui est naturel dans la mesure où les règles qui gouvernent les sociétés de personnes étrangères n'ont pas de raison d'être identiques à celles qui gouvernent les sociétés de personnes françaises.

INCIDENCE DES CONVENTIONS FISCALES : POINT DE VUE ÉTRANGER

Le point de vue français n'est pas, en général, partagé par les autres pays (États-Unis, **65083**
Royaume-Uni, Allemagne, Pays-Bas, etc.) qui considèrent en principe plutôt la **résidence des associés** que celle de la société civile, conformément d'ailleurs aux commentaires du comité des affaires fiscales de l'OCDE (nºs 65554 s.).

Par suite, ces pays accepteront normalement d'appliquer la convention fiscale signée avec la France seulement à hauteur des revenus de la société civile qui reviennent à des résidents de France éligibles au bénéfice de la convention. En revanche, il ne faut pas s'attendre à ce qu'ils appliquent cette convention à hauteur des revenus qui bénéficient à des résidents d'États tiers. En principe, cependant, ils devraient, le plus souvent, tirer les conséquences de la translucidité fiscale de la société civile et appliquer, si elle existe, la convention fiscale signée avec le pays de résidence des associés (c'est-à-dire considérer cette « translucidité » comme une « transparence »).

Ces solutions ont, par exemple, été retenues dans le **cadre franco-américain** par l'insertion de **65085**
stipulations spécifiques dans la convention fiscale du 31 août 1994 modifiée ; en substance, il est prévu que la convention n'est applicable du côté américain qu'à hauteur de la quote-part du capital de la société de personnes qui est détenue par des résidents de France (cette solution résultait déjà de l'ancienne rédaction de la convention mais sa formalisation a été modifiée par un avenant du 13 janvier 2009).

À cette fin, la convention prévoit, depuis l'entrée en vigueur, le 23 décembre 2009, de l'avenant du 13 janvier 2009, qu'un élément de revenu en provenance des États-Unis payé à une société de personnes française « qualifiée » est réputé perçu par un résident de France si ce revenu est compris dans le revenu imposable d'un porteur de parts, associé ou tout autre membre qui a la qualité de résident de France au sens de la convention (Convention art. 4 § 2-c ; nº 65127) ; cette règle s'applique naturellement aux sociétés civiles translucides.

En outre, l'article 7 § 4 de la convention (non modifié par l'avenant précité) prévoit qu'un associé d'une partnership est considéré comme ayant réalisé des revenus ou bénéficié de déductions, dans la mesure de sa part des résultats de la partnership telle qu'elle est prévue par l'accord d'association, sous réserve que les attributions spéciales de résultats aient un fondement économique réel ; cette règle s'applique aux sociétés civiles en ce qui concerne leur imposition aux États-Unis.

Enfin, un échange de lettres franco-américain a précisé, en substance, que lorsqu'une société de personnes française, non soumise à l'impôt sur les sociétés, est constituée par des associés non résidents de France, l'assujettissement à l'impôt américain est déterminé conformément à la convention fiscale, s'il en existe une, entre les États-Unis et l'État de résidence des associés. Cette solution paraît toujours valable même si elle s'appuie sur un article de la convention fiscale qui a été supprimé par l'avenant du 13 janvier 2009, dans la mesure où elle rejoint en principe le droit interne américain ; elle est d'ailleurs reprise par la doctrine administrative actuellement applicable (BOI-INT-CVB-USA-10-20-10 n° 60).

On en déduit qu'une société civile française n'est, pour les États-Unis, un résident de France qu'à hauteur des revenus qu'elle perçoit de source américaine qui sont imposables dans notre pays en tant que revenus d'un résident de France et qu'elle ne l'est pas à hauteur des revenus qui bénéficient à des non-résidents, même si ceux-ci sont imposables en France sur leur quote-part des revenus de source américaine de la société civile.

En revanche, si ces associés sont résidents d'un État tiers avec lequel les États-Unis sont liés par une convention fiscale, ils sont éligibles aux taux réduits de retenue à la source prévus par la convention fiscale signée entre leur État de résidence et les États-Unis. Si, par exemple, une société civile française est constituée par des associés résidents d'Allemagne, la détermination, aux États-Unis, des règles d'imposition des revenus d'origine américaine perçus par la société civile française sera faite non par référence à la convention fiscale franco-américaine, mais par rapport à la convention entre les États-Unis et l'Allemagne.

65087 Il est à noter que cette solution n'est pas automatique et qu'elle suppose en principe qu'une précision en ce sens figure dans le texte de la convention fiscale ou dans un texte de portée équivalente (protocole ou échange de lettres annexé). Il arrive cependant assez souvent qu'elle soit néanmoins retenue par le pays en cause compte tenu de son droit interne ou de la manière dont il combine les conventions fiscales avec le principe de transparence des sociétés de personnes.

65088 Cela dit, dans le souci d'éviter de pénaliser les associés des sociétés de personnes françaises et des partnerships étrangères, la France cherche désormais à prévoir un **dispositif plus favorable** dans les nouvelles conventions fiscales qu'elle négocie ; en témoigne, par exemple, le fait que la réserve française au modèle de l'OCDE précise désormais que la France peut accepter de prévoir les cas et conditions dans lesquels les sociétés de personnes transparentes situées **dans l'autre État** partie à la convention ou dans un État **tiers** peuvent bénéficier de la reconnaissance de leur **transparence** par la France (Commentaires OCDE C (4) n° 29).

Cette solution se retrouve notamment dans l'avenant du 11 janvier 2007 à la convention fiscale avec le **Japon** du 3 mars 1995, qui pose les principes suivants :

– un élément de revenu qui provient d'un État par l'intermédiaire d'une entité établie dans l'autre État et qui est traité, en vertu de la législation fiscale de cet autre État, comme le revenu de bénéficiaires, membres ou participants de cette entité est éligible aux avantages conventionnels qui seraient accordés s'il était perçu directement par un bénéficiaire, membre ou participant de cette entité, résident de cet autre État, à condition que ces bénéficiaires, membres ou participants soient eux-mêmes des résidents de cet autre État et qu'ils remplissent les autres conditions prévues par la convention ; ce principe est indépendant du fait que le revenu soit ou non traité comme le revenu des bénéficiaires, membres ou participants, en vertu de la législation fiscale du premier État. On en déduit, notamment, que la France reconnaît la transparence fiscale des partnerships japonaises ; ainsi, un revenu de source française versé à une société de personnes japonaise dont les associés sont des résidents du Japon est éligible aux avantages conventionnels du côté français, dès lors que ce revenu est traité au Japon comme le revenu des associés ; certes, ce principe ne vaut pas pour les associés des pays tiers, mais il y a alors lieu de leur appliquer la doctrine administrative mentionnée nos 65586 s. ;

– un élément de revenu qui provient d'un État par l'intermédiaire d'une entité établie dans l'autre État et qui est traité, en vertu de la législation fiscale de cet autre État, comme le revenu de cette entité est éligible aux avantages conventionnels qui seraient accordés à un résident de cet autre État, indépendamment du fait que le revenu soit ou non considéré, en vertu de la législation fiscale du premier État, comme le revenu de cette entité, dès lors que cette entité est résidente de cet autre État et remplit les autres conditions prévues par la convention. On en déduit qu'un revenu de source japonaise versé à une société civile française est éligible aux avantages conventionnels, dès lors que ce revenu est traité en France comme le revenu d'un résident ; ce principe est applicable indépendamment de la résidence des associés de la société civile ;

– un élément de revenu qui provient d'un État par l'intermédiaire d'une entité établie dans le même État (et non pas, comme précédemment, dans l'autre État), qui est traité, en vertu de la législation fiscale de cet État, comme le revenu des bénéficiaires, des membres ou des participants de cette entité, et qui est traité, en vertu de la législation fiscale de l'autre État, comme le revenu de cette entité, n'est pas éligible aux avantages conventionnels (précision sans doute destinée à éviter d'éventuelles doubles exonérations).

Il est à noter que cette rédaction est bilatérale, ce qui permettrait d'appliquer un principe conventionnel de transparence si la législation fiscale française évoluait également dans le sens de la transparence de nos sociétés de personnes (actuellement, le caractère bilatéral de cette rédaction est vide de sens, puisque nos sociétés de personnes sont toujours des sujets fiscaux et des « résidents » pour l'application des conventions fiscales).

En ce qui concerne la situation des partnerships établies dans des pays tiers (hors France et Japon) et dont les associés sont résidents de France ou du Japon, la convention se borne à renvoyer à la résolution des difficultés par recours à la procédure amiable conventionnelle (Convention protocole annexé point 13 A).

B. Situation des associés non résidents au regard des revenus réalisés par la société civile

Cette question a suscité une certaine **controverse** entre les tenants de la transparence des sociétés de personnes, qui souhaitaient, au fond, que les associés non résidents soient imposés en France comme si la société n'existait pas, et ceux qui estimaient qu'il fallait tirer toutes les conséquences de ce que la société existe indépendamment de ses membres et qu'il n'était donc pas possible d'en faire abstraction. **65100**

La question est aujourd'hui tranchée car la jurisprudence du Conseil d'État a été confirmée par une décision de plénière fiscale particulièrement claire et pourvue de l'autorité nécessaire pour clore les débats contentieux (n° 65120) ; en outre, l'administration en a tiré les conséquences à diverses occasions, notamment à propos de la retenue à la source prévue à l'article 115 quinquies du CGI (n° 65192).

1. PRINCIPE DE L'IMPOSITION EN FRANCE DES ASSOCIÉS NON RÉSIDENTS D'UNE SOCIÉTÉ CIVILE FRANÇAISE

Les associés non résidents sont imposables en France, d'une façon générale, du seul fait de leur participation à une société civile française. Ce principe résulte de ce qu'en droit fiscal français les sociétés civiles sont toujours considérées comme des **entités distinctes** des membres qui la composent. **65105**

À la différence de ce qui est souvent prévu en droit étranger, ces sociétés ont, en effet, une véritable **personnalité juridique et fiscale.** Le fait que l'impôt ne soit pas effectivement payé par la société, mais par chacun de ses associés, est sans influence sur cette personnalité, car il ne s'agit, en réalité, que d'une modalité de recouvrement. La société civile n'est pas un contribuable, mais elle est un **sujet fiscal.** Cette conséquence est tirée, notamment, des éléments suivants qui caractérisent le régime d'imposition des sociétés civiles translucides, comme la généralité des sociétés de personnes :

– leur bénéfice est d'abord déterminé au niveau de la société (n° 9507) ;

– la société est tenue aux obligations des exploitants individuels (déclarations, notamment ; n° 9970) ;

– en cas de contrôle fiscal, c'est la société qui est vérifiée et non pas chacun de ses associés, et les décisions prises par la société engagent ses associés (n° 9970 ; pour un exemple dans le cadre franco-américain, voir CE 9e-10e s.-s. 13-2-2013 n° 342085, min. c/ Barlow : RJF 5/13 n° 506, confirmant les principes) ;

– plus généralement, par exemple, l'activité d'une société de personnes peut rendre ses associés imposables, même s'ils bénéficient normalement d'une exonération d'impôt au titre de leur propre activité.

> **› Précisions** Dans la décision Barlow précitée, le Conseil d'État juge également que l'administration n'est pas tenue d'indiquer à un associé non résident les raisons pour lesquelles il doit être imposé en France au titre de sa participation dans une SCI dès lors qu'en tout état de cause il a lui-même antérieurement souscrit des déclarations en ce sens.

Il en résulte que les sociétés civiles ne sont pas **« transparentes »,** au contraire des sociétés immobilières de copropriété régies par l'article 1655 ter du CGI, qui sont fiscalement réputées ne pas avoir de personnalité distincte de celle de leurs membres (n° 40130 s.). Elles sont traditionnellement qualifiées de **« translucides »,** pour signifier que leur personnalité n'est pas niée, bien que toutes les conséquences n'en soient pas tirées sur le plan fiscal. **65107**

65109 N'étant pas fiscalement transparentes mais plutôt « translucides », les sociétés civiles françaises doivent être considérées comme des personnes morales aux fins d'imposition, **assujetties à l'impôt** puisqu'il s'agit de sujets fiscaux quoiqu'il ne s'agisse pas de contribuables.

En ce sens, le commissaire du gouvernement Verny, dans ses conclusions sous CE 7e et 8e s.-s. 19 octobre 1983 n° 33816 : RJF 12/83 n° 1506, écrivait, à propos des GIE : « Il est abusif de dire que cette disposition [le régime de l'article 8 du CGI] révèle une absence de personnalité fiscale [des groupements d'intérêt économique] puisqu'elle se borne à instituer un régime de transparence et d'imposition directe des bénéfices entre les mains des membres. »

65111 L'autonomie juridique et fiscale des sociétés de personnes avait été également prise en compte par le juge de l'impôt lorsqu'il avait décidé, à propos des sociétés étrangères, que l'ancienne **imposition forfaitaire annuelle** ne pouvait concerner les sociétés soumises à l'impôt sur les sociétés qu'à raison des opérations auxquelles elles se livraient personnellement et non pas par l'intermédiaire d'un GIE (voir CE 7e et 9e s.-s. 7-3-1990 n° 91573 : RJF 5/90 n° 528 et également CAA Paris 6-11-1990 n° 1987, Conserves de Côte d'Ivoire : RJF 1/91 n° 38 à propos d'une société en participation). L'administration s'était rangée à cette jurisprudence qui ne faisait que tirer les conséquences de ce qu'en pareil cas c'est bien le groupement qui exploite une entreprise en France et non pas la société étrangère membre du GIE (BOI-IS-CHAMP-60-10-30 n° 480) ; celle-ci ne pouvait donc être redevable de l'imposition forfaitaire annuelle du seul fait de son assujettissement à l'impôt sur les sociétés en France sur la quote-part des bénéfices correspondant à ses droits sociaux.

65115 En pratique, un associé non résident, personne physique ou morale, d'une société civile française doit donc déposer une **déclaration de revenus** ou de résultat en France en faisant état de sa quote-part des revenus de la société (il doit déposer cette déclaration au service des impôts des entreprises étrangères). Mais, compte tenu des règles de territorialité, son obligation fiscale est limitée en France aux résultats des activités exercées en France par la société (application des règles de territorialité au niveau des associés, voir n°s 65025 s.).

2. INCIDENCE ÉVENTUELLE DES CONVENTIONS FISCALES

PRINCIPES DIRECTEURS

65120 La façon dont le droit interne français doit se combiner avec les conventions fiscales a été précisée par une importante décision du **Conseil d'État** dans une affaire qui concernait une **société norvégienne associée,** à hauteur de 99 %, **d'une SCI française** de construction-vente (CE plén. 11-7-2011 n° 317024, Quality Invest : RJF 10/11 n° 1063). Le Conseil d'État a confirmé, de manière solennelle puisqu'il s'agit d'une décision de plénière fiscale, que les associés non résidents des sociétés de personnes françaises sont imposables en France en raison de leur participation à la société et que les conventions fiscales qui reprennent le modèle de l'OCDE ne s'y opposent pas.

Dans cette affaire, la société norvégienne avait convaincu la cour administrative d'appel qu'elle n'était pas imposable en France sur sa quote-part des résultats de la SCI au motif que les revenus qu'elle retirait de sa participation n'étaient visés par aucune stipulation de la convention fiscale franco-norvégienne du 19 décembre 1980 modifiée et qu'ils entraient par suite dans le champ de la **clause balai** relative aux revenus non dénommés qui conduisait à réserver le droit d'imposer à la Norvège (CAA Paris 10-4-2008 n° 06-3686, Quality Invest : RJF 12/08 n° 1300).

Mais le Conseil d'État a annulé l'arrêt pour erreur de droit ; l'erreur commise par la cour avait été d'appliquer les stipulations conventionnelles au motif que la société norvégienne était (implicitement) imposable sur les profits « retirés » de sa participation alors qu'il est constant que ce ne sont pas les profits de l'associé qui sont imposables mais les **profits « réalisés » par la société civile** elle-même.

À cette occasion, le Conseil d'État a d'abord réaffirmé que les sociétés régies par l'article 8 du CGI ont une personnalité distincte de celle de leurs membres et qu'elles exercent une activité qui leur est propre. Dès lors que cette activité est exercée en France, les bénéfices réalisés par ces sociétés sont en principe imposables en France entre les mains de leurs membres, y compris de ceux qui résident hors de France, à proportion des droits qu'ils détiennent dans la société.

Examinant ensuite l'incidence éventuelle des **conventions fiscales,** le Conseil d'État poursuit en indiquant qu'il y a lieu de rechercher si une convention fiscale fait obstacle à l'imposition en France des revenus de la société civile alors que ces revenus sont imposables en France en application du droit interne.

Dans l'affirmative, il convient naturellement d'examiner les stipulations conventionnelles pertinentes et d'en faire application. Dans la négative, c'est-à-dire dans le cas général où la convention fiscale ne fixe aucune règle relative aux revenus réalisés ou perçus par une société de personnes, il convient d'appliquer la convention fiscale à la société de personnes elle-même car celle-ci est susceptible d'être regardée comme **résidente** de France (n° 65080).

Il faut alors vérifier qu'aucune des stipulations de la convention fiscale ne s'oppose à l'imposition en France de ces revenus ; compte tenu du principe posé de la résidence fiscale des sociétés de personnes françaises, la convention fiscale applicable est celle conclue entre la France, en tant qu'État de résidence, et l'État de la **source des revenus** (cas où la société de personnes exerce elle-même une activité hors de France). Mais ce n'est pas la convention fiscale conclue entre la France et l'État de **résidence des associés** qui est à prendre en considération ; cette convention est inapplicable puisqu'elle ne peut, sous réserve des conventions fiscales qui comporteraient des dispositions spécifiques, interdire à la France d'imposer des revenus perçus par un résident de France.

Cette convention pourrait cependant, en théorie, contenir des stipulations relatives au **recouvrement de l'impôt** dû en France par l'associé non résident ; c'est pourquoi le Conseil d'État indique qu'il convient aussi de vérifier qu'aucune stipulation de la convention conclue entre la France et l'État de résidence des associés ne s'oppose à ce que l'impôt dû en France à raison de ces revenus soit réclamé aux associés.

Si, comme c'est le cas général, aucune stipulation ne s'oppose à ce que l'impôt soit recouvré au nom de l'associé non résident, ce dernier ne peut invoquer la convention fiscale conclue entre la France et son État de résidence pour faire échec au droit interne français. Il ne peut se prévaloir ni des stipulations de la convention relatives aux divers revenus qu'elle mentionne ni de celles de l'article précisant le régime d'imposition des autres revenus (revenus non dénommés) dès lors que l'ensemble de ces stipulations n'est applicable qu'aux revenus réalisés en propre par la société et non à ceux sur lesquels l'associé non résident est imposé au prorata de sa participation dans la société civile. La cour administrative d'appel a donc eu tort d'appliquer les stipulations relatives aux revenus non dénommés, qu'elle n'a, en réalité, appliquées que parce qu'elle s'est trompée de personne en considérant l'associé et non la société civile.

Examinant ensuite l'affaire au fond, le Conseil d'État juge que les stipulations conventionnelles relatives aux **revenus** immobiliers ne sont pas applicables dès lors qu'elles ne visent que les revenus immobiliers réalisés en propre par la société civile. Il note ensuite que ni les autres stipulations de cette convention relatives aux divers revenus qu'elle mentionne, ni celles du paragraphe 1 de l'article 22 relatif aux autres revenus ne sont applicables à cette quote-part de bénéfices de la SCI et qu'aucune stipulation de cette convention ne s'oppose à ce que l'impôt dû en France à raison de cette quote-part soit réclamé aux associés. Par conséquent, Quality Invest, associée non résidente de la SCI, n'était pas fondée à soutenir que les bénéfices de la SCI ne pouvaient pas être imposés en France à son nom.

Bien entendu, cette analyse ne signifie pas que les conventions fiscales ne sont jamais applicables ; elle signifie simplement que, sous réserve de celles qui contiendraient des stipulations particulières, elles doivent être regardées en tant qu'elles concernent la France et l'État de la source des revenus réalisés par la société civile et non pas la France et l'État de la résidence des associés. Par exemple, une société civile peut invoquer une convention fiscale pour faire échec à l'imposition en France si elle réalise un revenu de source étrangère non imposable en France en raison de la convention fiscale ; mais l'associé non résident ne peut, sauf stipulation conventionnelle expresse, invoquer la convention qui lie son État de résidence à la France pour faire échec à l'imposition à son nom des revenus de la société civile.

Les principes précédents ont été repris par CE 9e et 10e s.-s. 13-2-2013 n° 342085, min. c/ Barlow : RJF 5/13 n° 506 (n° 65127), dans le cadre franco-américain.

> Précisions La solution de principe résultant de la décision Quality Invest est transposable à toutes les entités imposables selon le régime des sociétés de personnes. Elle s'applique, par exemple, pour l'imposition d'un résident d'Israël au titre des sommes perçues par une **Sasu** française ayant opté pour le régime des sociétés de personnes et dont il était associé unique, alors même qu'il soutenait n'avoir en France aucun local, bureau, ou autre, pour l'exercice de son activité, qu'il effectuait depuis Israël (TA Montreuil 12-7-2022 n° 2011334) ; elle s'applique également à un résident d'Australie associé unique et gérant d'une **EURL** française (CAA Toulouse 29-12-2022 n° 20TL20338).

Il résulte des principes posés par la jurisprudence du Conseil d'État que, dans la quasi-totalité des cas, les conventions fiscales ne font pas obstacle à l'imposition en France des associés non résidents des sociétés civiles. En effet, ces conventions : **65121**

– soit n'abordent pas la question, laissant le champ libre au droit interne ;

– soit se réfèrent à la présence en France d'un établissement stable de la société civile (et non pas de ses associés), auquel cas notre pays a toujours le droit d'imposer puisqu'on voit mal comment une société civile française n'aurait pas d'établissement en France (au moins un « siège de direction »). La précision conventionnelle n'est, en ce cas, qu'une règle de territorialité permettant de répartir entre la France et l'autre pays les bénéfices d'une société civile française qui aurait également un établissement stable dans l'autre État (en ce sens, voir la décision Hubertus AG, citée n° 65243) ; tel est le cas, par exemple, de la convention franco-allemande (nos 65134 s.) ;

– soit contiennent des précisions qui ont pour objet de régler certaines situations mais sans changer le principe de l'imposition des non-résidents ; voir, par exemple, les conventions franco-britannique (n° 65123), franco-américaine (nos 65125 s.) et franco-japonaise (n° 65088).

Ainsi, dès lors que c'est bien la société civile qui est un sujet fiscal, ses associés non résidents sont nécessairement imposables dans notre pays à hauteur de la quote-part des bénéfices leur revenant, même en l'absence d'**établissement stable** en France. Plus exactement, le droit français ne conduit pas à s'interroger sur l'existence d'un établissement de l'associé en France, dès lors que le sujet d'imposition est la société civile française et non pas l'associé non résident.

Ce principe de droit interne, fixé par la jurisprudence du Conseil d'État telle qu'elle résulte notamment des décisions Kingroup (n° 65197) et Hubertus AG (n° 65243), est également valable en cas d'application d'une **convention fiscale,** ainsi que le Conseil d'État l'a solennellement confirmé dans la décision Quality Invest (n° 65120), même si les conventions fiscales apportent parfois des précisions complémentaires (nos 65125 s.).

65122 Les conventions fiscales traitent assez rarement des sociétés civiles, dans la mesure où elles reprennent les modèles de conventions élaborés par l'OCDE et l'ONU qui n'envisagent pas la situation particulière des sociétés de personnes. Pour l'essentiel, les conventions fiscales explicitant la situation des sociétés de personnes sont celles signées par la France avec l'Allemagne, l'Autriche, la Belgique, les États-Unis, l'Italie, le Japon, le Luxembourg, le Royaume-Uni, la Suisse et la Tunisie (liste non limitative). On examinera quelques-unes de ces conventions, étant observé d'emblée qu'elles contiennent des précisions d'inégale portée.

CONVENTION FRANCO-BRITANNIQUE

65123 Le modèle le plus moderne, qui a fait l'objet de commentaires au BOI-INT-CVB-GBR-10-10 nos 80 s., est donné par la convention fiscale franco-britannique du 19 juin 2008.

L'article 4 § 5 de cette convention énonce, en effet, les solutions à adopter dans divers cas particuliers afin de résoudre certaines **divergences de qualification** entre les deux États en présence d'une entité par laquelle transite un revenu qui trouve sa source dans un État et qui est perçu par un résident de l'autre État. Cet article ne pose pas de principes généraux mais adopte une approche analytique dans un souci de pragmatisme. Il est rédigé de façon bilatérale afin de s'appliquer également en cas de modification de la législation française, au cas où celle-ci évoluerait vers davantage de transparence (n° 65008).

Pour l'essentiel, la convention pose les principes suivants lorsqu'une partnership (ou un groupement de personnes ou toute autre entité analogue, mais à l'exclusion des fonds d'investissement, fondations, fiducies ou trusts) établie dans l'un des deux États ou dans un État tiers est considérée comme fiscalement transparente par l'autorité compétente de l'un des États mais non par l'autorité compétente de l'autre État :

– un résident du Royaume-Uni qui perçoit des revenus de source française par l'intermédiaire d'une **partnership britannique** considérée comme fiscalement transparente au Royaume-Uni bénéficie des stipulations de la convention applicables à ces revenus, selon leur nature, indépendamment du régime fiscal qui aurait été applicable en droit français à une telle partnership (art. 4 § 5 al. a) ;

– une **société de personnes française** qui n'est pas considérée comme fiscalement transparente en France et qui perçoit des revenus de source britannique bénéficie des stipulations de la convention applicables à ces revenus, en fonction de leur nature, indépendamment de sa qualification fiscale (transparente ou non) en droit interne britannique (art. 4 § 5 al. b) ;

– la France peut imposer sans restriction les revenus de source française perçus par une **société de personnes établie en France** où elle n'est pas considérée comme fiscalement **transparente** même si le Royaume-Uni la considérait comme fiscalement transparente, sachant qu'en l'état de la législation française, le Royaume-Uni ne peut pas considérer comme transparentes les sociétés de personnes qualifiées de « résidentes » en vertu du paragraphe 4 de l'article 4 de la convention (art. 4 § 5 al. c) ;

– sont **exclus** du bénéfice de la convention les revenus qui trouvent leur source dans un État et qui transitent par une société de personnes établie dans ce même État, lorsque cet État considère la société comme étant **transparente** alors que l'État de résidence des associés la considère comme étant **opaque** ou translucide (art. 4 § 5 al. d) ; une mesure de tempérament est toutefois prévue par le point 3 du protocole annexé à la convention en ce qui concerne les établissements stables situés dans l'un ou l'autre État (voir aussi n° 65666).

En ce qui concerne les revenus qui transitent par des **partnerships établies dans des États tiers,** la convention prévoit, en simplifiant, que : **65124**

– un résident du Royaume-Uni qui perçoit des revenus de source française par l'intermédiaire d'une société de personnes établie dans un État tiers qui la considère comme fiscalement **transparente** bénéficie des stipulations de la convention franco-britannique applicables à ces revenus, à condition que le Royaume-Uni considère cette société de personnes comme fiscalement transparente et que la France dispose avec cet État tiers d'une convention contenant une clause relative à l'échange de renseignements en vue de lutter contre la fraude et l'évasion fiscales (art. 4 § 5 al. e) ;

– sont en revanche **exclus** du bénéfice de la convention les revenus qui trouvent leur source dans un État, avant de transiter par une société de personnes établie dans un État tiers puis d'être perçus par un associé résident de l'autre État, indépendamment du régime fiscal qui aurait été appliqué à une telle partnership par le premier État, dès lors que le second État la regarde comme **opaque ou translucide** (art. 4 § 5 al. f) ; une mesure de tempérament résulte du point 3 du protocole à la convention en ce qui concerne les établissements stables situés dans l'un des États de partnerships établies dans un État tiers.

CONVENTION FRANCO-AMÉRICAINE

La convention entre la France et les États-Unis du 31 août 1994 modifiée contient diverses dispositions particulières relatives aux sociétés de personnes et aux « partnerships » américaines. Celles-ci ont été commentées au BOI-INT-CVB-USA-10-20, qui apporte d'ailleurs, sur certains points, des solutions de portée générale (notamment sur l'affirmation de la résidence fiscale des sociétés de personnes, n° 65066). Les solutions données par la convention fiscale initiale ont été modifiées sur divers points par un avenant du 8 décembre 2004, entré en vigueur le 21 décembre 2006, puis par un nouvel avenant signé le 13 janvier 2009 et entré en vigueur le 23 décembre 2009. **65125**

En ce qui concerne les sociétés civiles françaises, il est prévu que la convention fiscale ne s'applique, du côté américain, que sous certaines conditions ; en effet, depuis l'avenant du 13 janvier 2009, la convention précise qu'un élément de **revenu en provenance des États-Unis** payé à une société de personnes française « qualifiée » est réputé perçu par un résident de France si ce revenu est compris dans le revenu imposable d'un porteur de parts, associé ou tout autre membre qui a la qualité de résident de France au sens de la convention (art. 4 § 2-c). **65127**

Une **société de personnes française qualifiée** désigne, selon la convention, une société de personnes (conditions cumulatives) :

– dont le siège de direction effective est situé en France ;

– qui n'a pas opté pour l'impôt sur les sociétés ;

– dont la base imposable est déterminée au niveau de la société de personnes aux fins d'imposition en France ;

– et dont tous les porteurs de parts, associés ou membres sont, en application de la législation fiscale française, assujettis à l'impôt à raison de leur quote-part dans les bénéfices de cette société de personnes.

On en déduit que la convention fiscale n'est applicable aux États-Unis qu'à hauteur de la quote-part du capital d'une société civile qui est **détenue par des résidents de France** et à condition que cette société bénéficie du régime de translucidité fiscale (si la société a opté pour l'impôt sur les sociétés ou si elle est passible de cet impôt, étant en réalité à objet commercial, elle peut naturellement bénéficier de la convention en tant que telle, à supposer les autres conditions remplies : siège de direction effective, bénéficiaire effectif, clause de limitation des avantages conventionnels, etc.).

En ce qui concerne l'imposition en France des sociétés civiles détenues par des associés américains, le droit interne français s'applique sans limitation particulière ; en effet, l'article 29 § 2 de la convention, dans sa rédaction issue de l'avenant du 13 janvier 2009, **permet** expressément à la **France** d'**imposer** les entités qui ont leur siège de direction effective et qui sont assujetties à l'impôt en France. Cette clause permet à la France d'imposer sans difficulté les sociétés de personnes françaises dont les associés sont résidents des États-Unis, lorsque les États-Unis considèrent qu'elles sont fiscalement transparentes.

Notre administration estime, en effet, que les sociétés de personnes sont toujours des « résidents » pour l'application de la convention par la France, ce qui signifie qu'il n'y a pas lieu de rechercher la résidence des associés pour déterminer si la société civile est ou non un résident de France (nº 65062). Il s'ensuit qu'une société civile constituée par des non-résidents sera un résident de France pour la France mais non pour les États-Unis.

> **Précisions** Le fait que la convention fiscale franco-américaine n'a pas d'incidence sur l'imposition en France de **résidents américains associés d'une société civile** française a été confirmé par CE 9ᵉ et 10ᵉ s.-s. 13-2-2013 nº 342085, min. c/ Barlow (RJF 5/13 nº 506); dans cette affaire, qui concernait des années antérieures à l'entrée en vigueur de l'avenant du 13 janvier 2009, le Conseil d'État confirme notamment qu'un associé américain d'une SCI qui donne en location des immeubles situés en France à un prix inférieur au marché est taxable au titre des revenus fonciers à hauteur de la libéralité ainsi consentie.

65129 C'est pourquoi, en dépit des apparences, la convention franco-américaine ne modifie pas, à notre avis, la **situation fiscale en France des associés américains** de sociétés civiles françaises. Il est vrai, ainsi qu'il est indiqué nº 65085, qu'elle fixe un principe de transparence lorsqu'elle prévoit qu'un associé d'une **« partnership »** est considéré comme ayant réalisé des revenus ou bénéficié de déductions dans la mesure de sa part des résultats de la société telle qu'elle est prévue par l'accord d'association, sous réserve que les attributions spéciales de résultats aient un fondement économique réel (art. 7 § 4).

Cependant, ce texte ne s'applique littéralement qu'aux « partnerships », et non aux **sociétés de personnes françaises.** Or, le terme « partnership », qui n'est pas défini par la convention, ne saurait englober, d'une façon générale, les sociétés de personnes. À aucun endroit, la convention ne fixe le principe du traitement des sociétés de personnes comme des partnerships aux fins de l'impôt français.

En ce sens, l'administration précise, à juste titre, que la règle posée par l'article 7 § 4 de la convention ne trouve pas à s'appliquer aux associés de sociétés de personnes françaises non soumises à l'impôt sur les sociétés et que le régime fiscal applicable en ce cas est déterminé, pour les revenus que la France a conventionnellement le droit d'imposer, par rapport au seul droit interne français (BOI-INT-CVB-USA-10-20-20 nº 40).

65131 Il nous semble donc que ces textes n'affectent pas la situation en France des associés américains de sociétés civiles françaises. Par **exemple,** sous réserve de la problématique signalée nº 65265, un associé américain d'une société civile française qui réaliserait elle-même des plus-values au titre de la gestion d'un portefeuille mobilier serait, en principe, imposable en France du seul fait de sa participation à la société, même s'il était exonéré en cas de réalisation des mêmes plus-values sans société interposée. S'il est vrai qu'une **plus-value mobilière** de source française est généralement exonérée lorsqu'elle est réalisée par un résident des États-Unis, ce n'est pas la convention fiscale qui peut permettre de l'exonérer lorsqu'elle est réalisée non par un associé américain, mais par une société civile française, régie par le droit français et qui est un sujet de la fiscalité française.

CONVENTION FRANCO-ALLEMANDE

65134 La convention franco-allemande du 21 juillet 1959 modifiée apporte une précision relative aux sociétés civiles, expressément visées (art. 4 § 3). Selon ce texte, les **participations** d'un associé **aux bénéfices** d'une entreprise constituée sous forme de société de droit civil, de société en nom collectif ou de société en commandite simple, ainsi que les participations aux bénéfices d'une société de fait, d'une association en participation ou d'une société civile de droit français ne sont imposables que dans l'État où l'entreprise a un établissement stable mais seulement en proportion des droits de cet associé dans les bénéfices de l'établissement.

65136 Le critère déterminant l'imposition de l'associé non résident est ainsi celui de l'**établissement stable,** tel qu'il est défini par la convention elle-même à propos du régime général d'imposition des bénéfices des entreprises. On soulignera, cependant, que l'établissement stable dont il est question n'est pas celui de l'associé non résident, mais bien celui de la société civile. Autrement dit, même en application de cette convention, on ne devrait pas rechercher si l'associé non résident exerce personnellement en France une activité qui prendrait la forme d'un établissement stable, par l'intermédiaire de la société civile, mais simplement si cette dernière dispose elle-même en France d'un établissement stable.

Dans la mesure où la convention prévoit que constituent notamment des établissements stables un siège de direction, une succursale ou un bureau, toute société civile constituée conformément au droit français et qui dispose dans notre pays d'un minimum de substance devrait être considérée comme y ayant un établissement stable. Il est à noter que, si l'on n'admettait pas l'application de l'article 4 de la convention à des activités qui ne sont pas de type BIC, le même résultat serait atteint compte tenu du droit interne français, puisque la société civile est, en tant que telle, un sujet fiscal (n° 65105).

En réalité, la convention ne fait que préciser que, si la société civile a un établissement stable en France et un autre en Allemagne, par exemple, il convient de **répartir les droits d'imposer** entre les deux pays, par attribution à chaque établissement de la part de bénéfices qui lui revient. En pratique, la solution est donc la même que celle qui résulterait de l'application des principes rappelés précédemment (nos 65105 s.). 65138

CONVENTION FRANCO-SUISSE

La convention fiscale franco-suisse du 9 septembre 1966 modifiée contient une disposition voisine de celle incluse dans la convention fiscale franco-allemande et qui devrait donc recevoir la même interprétation (nos 65134 s.). 65141

Il résulte, en effet, de l'article 7 § 8 de cette convention que les **revenus** provenant de participations à des entreprises constituées sous forme de sociétés civiles de droit français sont imposables dans l'État contractant où les entreprises en question ont un établissement stable.

La convention précise aussi, à l'article 4 § 3, que les règles relatives à la détermination de la **résidence** de personnes qui ne sont pas des personnes physiques sont applicables également aux sociétés de personnes constituées ou organisées conformément à la législation d'un État contractant. 65143

Le principe de la résidence fiscale des sociétés civiles a pour conséquence, à notre avis, de faire échec à l'application de la clause spéciale de **non-discrimination** posée par l'article 15 § 4 de la convention franco-suisse à propos des plus-values immobilières. Cet article prévoit que si les plus-values immobilières sont soumises à un prélèvement libératoire, ce prélèvement est calculé dans les mêmes conditions, que le bénéficiaire soit résident de l'un ou de l'autre État ; mais ces stipulations ne sauraient utilement être invoquées par une société civile immobilière dont le siège est situé en France et qui doit ainsi être regardée comme résidente en France. Cette solution avait été retenue, à juste titre, par un tribunal administratif (TA Grenoble 23-11-2011 n° 0605508, Sté Saint-Étienne et A. : RJF 6/12 n° 606) mais le jugement a ensuite été annulé sur un autre terrain, celui de la libre circulation des capitaux (en dernier lieu, CE 3e et 8e s.-s. 20-10-2014 n° 367234, min. c/ SCI Saint-Étienne et M. et Mme Aime : RJF 1/15 n° 84, à propos d'une situation antérieure à l'unification des taux réalisée par l'art. 60 de la loi 2014-1655 du 29-12-2014 de finances rectificative pour 2014 ; n° 65252).

CONVENTION FRANCO-LUXEMBOURGEOISE

La convention fiscale franco-luxembourgeoise du 20 mars 2018 règle la situation des sociétés civiles, comme celle de la généralité des sociétés de personnes, en fixant un principe de **transparence** mais en l'excluant pour les sociétés civiles françaises. Comme le souligne l'administration, deux régimes sont en effet applicables, celui de la « translucidité » pour les sociétés de personnes et entités assimilées situées en France et, si les conditions sont réunies, celui de la transparence pour les sociétés de personnes établies au Luxembourg (BOI-INT-CVB-LUX-10 n° 160). 65146

L'article 1 de cette convention (« personnes visées ») stipule que le revenu perçu par ou via une société de personnes, dotée ou non de la personnalité morale, ou toute autre entité analogue dotée de la personnalité morale, si elle est considérée comme totalement ou partiellement transparente sur le plan fiscal selon la législation fiscale de l'un des deux États est considéré comme étant le revenu d'un résident d'un État ; il en va ainsi seulement, cependant, dans la mesure où ce revenu est traité, aux fins de l'imposition par cet État, comme le revenu d'un résident de cet État. Par exemple, un revenu de source française reçu par une société civile luxembourgeoise est considéré comme reçu par un « résident » du Luxembourg s'il est imposable « par transparence » au Luxembourg au nom d'un associé résident du Luxembourg.

La convention précise toutefois que ce principe ne s'applique pas aux revenus perçus par ou via une **société de personnes française** ; il ne concerne donc pas les sociétés civiles françaises. La convention précise, au demeurant, que celles-ci sont des « résidents » de France, si elles ont leur siège de direction effective en France, si elles y sont assujetties à l'impôt et si leurs associés sont personnellement soumis à l'impôt à raison de leur quote-part des bénéfices (article 4 § 4 de la convention). Un revenu de source luxembourgeoise reçu par une société civile française pourra donc bénéficier de la convention fiscale au Luxembourg, que ses associés soient ou non résidents de France, puisqu'ils sont de toute façon imposables en France à hauteur de leurs droits dans la société civile. Quant aux résidents du Luxembourg associés d'une société civile française, ils sont imposables en France sur leur quote-part de bénéfice ; la double imposition résultant d'une éventuelle imposition au Luxembourg en fonction de la législation fiscale luxembourgeoise doit être éliminée au Luxembourg sur le fondement point 5 du protocole annexé à la convention (BOI précité n° 240).

> Précisions a. Il avait été jugé, à propos d'une **société en participation** constituée par deux sociétés françaises pour l'exécution d'un **chantier au Luxembourg**, que les dispositions de l'article 19 § 2 de l'ancienne convention franco-luxembourgeoise du 1er avril 1958 ne faisaient que renvoyer au droit interne français et notamment aux articles 8 et 209 du CGI qui ne permettaient pas l'imposition en France des résultats d'une société en participation dont l'activité est exercée à l'étranger (TA Paris 11-2-2009 n° 04-17065, Cie Générale de Bâtiment et de Construction : RJF 7/09 n° 618 ; jugement définitif).

b. Il résulte du principe de la personnalité fiscale des sociétés de personnes que les associés d'une **société en participation** ne peuvent être regardés comme ayant apporté personnellement à une société luxembourgeoise les titres d'une société française qui avaient été apportés à la société luxembourgeoise par la société en participation, alors même qu'ils en étaient restés juridiquement propriétaires (CAA Paris 3-12-2020 n° 19PA02283, ayant fait l'objet d'un pourvoi non admis par CE (na) 22-12-2021 n° 449363 : RJF 4/22 n° 369).

CONVENTION FRANCO-ITALIENNE

65149 La convention fiscale franco-italienne du 5 octobre 1989, enfin, offre un exemple qui a été largement repris dans les conventions fiscales modernes.

La France a souhaité préciser qu'une société de personnes (d'une façon générale, y compris, par conséquent, une société civile non soumise à l'IS) constitue un « résident » pour l'application de la convention. L'article 4 § 3 de la convention précise qu'une personne, autre qu'une personne physique, est résidente dans l'État où son **siège de direction effective** est situé. La convention ajoute que cette disposition est notamment applicable aux sociétés de personnes et assimilées, constituées dans un État conformément à sa législation. Cela signifie qu'une société civile dirigée en France est, pour l'application de la convention franco-italienne, considérée par les deux États comme un « résident » de France, éligible en tant que tel au bénéfice de la convention.

Dès lors, si un associé américain d'une société civile française reçoit, par l'intermédiaire de cette société, des dividendes de source italienne, l'Italie devra appliquer la convention franco-italienne dans la mesure où la société civile sera bien considérée comme ayant son siège de direction effective en France. Mais elle n'appliquera pas la convention entre l'Italie et les États-Unis (du moins, si elle respecte le texte de la convention…).

> Précisions Le fait que la convention précise qu'une société de personnes est un « résident » n'a pas d'importance du **côté français** puisque les sociétés civiles gérées, contrôlées et dirigées en France doivent, de toute façon, être considérées comme des sujets fiscaux et des « résidents » de France éligibles en tant que tels au bénéfice des conventions fiscales (n° 65062).

3. CONSÉQUENCES PRATIQUES PAR TYPE DE REVENU

65155 Il n'est évidemment pas question ici d'envisager toutes les situations possibles ; on se concentrera sur quelques exemples illustrant les cas les plus fréquents.

a. Revenus d'activité réalisés par la société civile

65158 Soit une société civile française détenue par des associés non résidents et qui réalise des revenus au titre d'une activité française.

PRINCIPES

65160 En application des principes généraux, les associés non résidents de la société civile sont nécessairement imposables en France au titre de leur quote-part de revenus (nos 65105 s.). Les règles applicables sont alors celles des bénéfices non commerciaux si ses activités relèvent de l'article 92 du CGI, celles des bénéfices agricoles si la société a une activité agricole, celles des revenus fonciers si la société gère un patrimoine immobilier et celles des revenus de capitaux mobiliers si la société gère un patrimoine mobilier constitué par des capitaux et des valeurs mobilières.

65162 L'**imposition** est établie en France en fonction de la situation propre de l'associé non résident, c'est-à-dire en application des règles de l'impôt sur le revenu s'il s'agit d'une personne physique et de celles de l'impôt sur les sociétés s'il s'agit d'une personne morale qui relève de cet impôt.

Ainsi, une personne physique non résidente est passible de l'**impôt sur le revenu** en France en application des règles ordinaires, à savoir le barème général, le quotient familial et le taux minimum d'imposition prévu à l'article 197 A du CGI. D'une façon générale, en effet, lorsque les revenus de source française des non-résidents sont soumis à l'impôt sur le revenu, ce qui exclut les cas où ils sont exonérés ou bien soumis à un prélèvement ou à une retenue libératoires, l'impôt est calculé conformément aux règles de droit commun. Ce sont donc, en principe, celles qui sont applicables aux résidents, y compris en ce qui concerne le barème de l'impôt et le quotient familial, sous réserve notamment de deux exceptions concernant la non-déductibilité des charges du revenu global (CGI art. 164 A) et l'application d'un taux minimum d'imposition de 20 % ou 30 % selon l'importance des revenus. Ce taux minimum n'est toutefois pas applicable lorsque le non-résident justifie que le taux de l'impôt français sur l'ensemble de ses revenus, qu'ils soient de source française ou étrangère, lui est inférieur, auquel cas ce dernier taux est applicable. 65164

Quant à la **CSG,** à la **CRDS** et aux prélèvements sociaux analogues, ils ne sont pas dus, le plus souvent, dans la mesure où les non-résidents n'y sont généralement pas assujettis. Sauf en ce qui concerne les revenus immobiliers et les plus-values immobilières, en effet, seules sont concernées les personnes physiques domiciliées en France pour l'application de l'impôt sur le revenu (la domiciliation s'apprécie au moment de la perception du revenu). 65166

> Précisions Le taux global actuel des prélèvements sociaux sur les **revenus immobiliers** et les **plus-values immobilières** réalisés par les non-résidents est le suivant :
– 7,5 % pour ceux qui ne sont pas à la charge du régime obligatoire français de sécurité sociale mais qui relèvent du régime obligatoire de sécurité sociale d'un autre État membre de l'Union européenne, de l'Espace économique européen ou de la Suisse ;
– 17,2 % pour les autres.

Dans le passé, les personnes physiques non résidentes de France pouvaient, dans certaines circonstances, être assujetties à l'impôt sur le revenu sur la base de la **valeur locative de la résidence** (ou des résidences) dont elles avaient la disposition en France, y compris sous couvert d'une société civile immobilière (CGI art. 164 C, ancien). Ce dispositif n'est plus applicable, l'article 164 C du CGI ayant été abrogé par l'article 21 de la loi 2015-1786 du 29 décembre 2015 de finances rectificative pour 2015, à compter de l'imposition des revenus de l'année 2015. 65168

> Précisions L'abrogation de l'article 164 C du CGI a tiré les conséquences de la décision du Conseil d'État qui l'avait jugé contraire au principe de **libre circulation des capitaux** (CE plén. 11-4-2014 n° 332885, min. c/ Lappe : RJF 7/14 n° 740) ; il n'était donc plus applicable en tout état de cause, le principe de libre circulation des capitaux valant non seulement au sein de l'Union européenne mais aussi dans les rapports entre les États membres et les États tiers.

De son côté, une société de capitaux étrangère est passible de l'**impôt sur les sociétés** dans les conditions de droit commun, les mêmes que celles qui s'appliquent aux sociétés de même nature imposables en France. 65170

Si l'associé est une personne physique, il n'y a pas de difficulté à l'assujettir à l'impôt sur le revenu mais, s'il s'agit d'une personne morale, il faut au préalable vérifier, compte tenu du droit étranger qui la régit, si elle est effectivement passible de l'impôt sur les sociétés (il peut, par exemple, s'agir d'une société de personnes étrangère). Si elle est passible de l'impôt sur les sociétés, il lui incombera de déposer en France une déclaration de résultat, au titre de sa quote-part des résultats de la société civile.

Il est à noter, à propos des **revenus immobiliers,** que ceux-ci ne sont pas, en présence d'une convention fiscale, imposables sur le fondement des règles conventionnelles d'imposition des revenus immobiliers réalisés en France par des non-résidents, mais en raison de ce qu'ils sont réalisés par une société civile française. Ce principe se déduit des règles générales d'imposition des sociétés civiles et des décisions Hubertus AG (n° 65243) et Quality Invest (n° 65120) concernant les plus-values immobilières mais transposables au cas des revenus immobiliers. Cela dit, dès lors que les principes se rejoignent, qu'il y ait ou non interposition d'une société civile, cette question n'a jamais soulevé de difficultés particulières (sauf en ce qui concerne l'application éventuelle de la clause conventionnelle relative aux revenus non dénommés aujourd'hui clairement réglée par la décision Quality Invest). 65172

CAS D'UNE SOCIÉTÉ CIVILE IMMOBILIÈRE

Soit une société civile immobilière française détenue par un associé non résident et qui réalise des revenus immobiliers au titre de la **location d'un immeuble** situé sur le territoire français. Supposons que cette location lui procure un revenu de 100. Par ailleurs, la société civile expose des charges diverses relatives à l'exploitation de l'immeuble, d'un montant de 30, et elle a 65175 contracté une dette pour l'acquisition de l'immeuble qui la conduit à verser un intérêt annuel de 40.

65177 Les **intérêts** liés à cette dette sont en principe déductibles pour le calcul de l'impôt dû en France par l'associé non résident dans la mesure où il s'agit d'une **dette de la société** civile. S'il s'agit d'une **dette personnelle de l'associé,** la question est, en pratique, plus délicate. Certes, la doctrine administrative permettant la déduction des intérêts des emprunts contractés personnellement pour l'acquisition des droits sociaux ne distingue pas le cas des résidents de celui des non-résidents – cette doctrine admet que les intérêts des prêts contractés personnellement par les associés pour faire leur apport à la société, ou acquérir leurs droits sociaux, sont déductibles lorsqu'il s'agit de sociétés de personnes qui donnent en location les locaux représentés par les actions ou parts (nº 30845). Mais, s'agissant de non-résidents, la preuve de l'affectation sera souvent difficile à apporter. Il nous paraît donc préférable, dans la mesure du possible, que le financement soit assuré par la société civile elle-même, plutôt que par l'associé non résident.

Cela dit, il n'est pas interdit à l'associé de prêter à la société civile sous forme de **compte courant** d'associé, auquel cas les intérêts versés par la société civile au non-résident sont en principe déductibles dans les conditions habituelles (nºs 20045 et 30844). Dans ce cas, les intérêts versés par la société civile, déductibles pour l'établissement de ses résultats imposables au nom de l'associé non résident, ne sont généralement pas assujettis à un prélèvement à la source en France, les intérêts d'emprunt de source française versés à des non-résidents étant considérés comme exonérés d'impôt en France, sous réserve des paiements effectués hors de France dans un État ou territoire non coopératif au sens de l'article 238-0 A du CGI.

> **Précisions** La déductibilité des intérêts suppose, bien entendu, que la **réalité de la dette** ne soit pas discutable ; il pourrait en aller autrement si le compte courant déguisait un apport en capital, par exemple si la SCI n'avait pas de revenus propres (les intérêts étant, en ce cas, payés par l'associé et portés en compte courant) et si elle était dans l'impossibilité de rembourser sa dette autrement qu'en vendant ses actifs.

65179 Compte tenu des données qui précèdent, le **revenu net imposable** en France est donc de 30. Il faut alors distinguer selon que l'associé non résident est une personne physique soumise à l'impôt sur le revenu ou une société soumise à l'impôt sur les sociétés.

S'il s'agit d'une personne physique soumise à l'**impôt sur le revenu,** elle devra déposer une déclaration annuelle de revenus dans les mêmes conditions que pour les résidents, en faisant état d'un revenu net imposable de 30. Compte tenu de la manière spécifique dont les non-résidents sont imposés en France, un taux minimum de 20 % ou 30 % lui sera appliqué, ce qui donne un impôt minimum de 6 ou 9 – prélèvements sociaux en sus, s'agissant de revenus immobiliers (nº 65166, Précisions). Si elle est en mesure de démontrer que l'impôt français théorique sur son revenu mondial serait inférieur à 20 % ou 30 %, le montant de l'impôt français doit être corrigé. Mais si les revenus doivent, compte tenu du barème ordinaire de l'impôt sur le revenu, supporter un taux plus élevé, c'est ce dernier taux qui est applicable.

S'il s'agit d'une personne morale passible de l'**impôt sur les sociétés,** le revenu de 30 subira un impôt de 25 % (taux normal de l'impôt sur les sociétés), soit 7,5 (contribution sociale sur les bénéfices en sus, le cas échéant). La retenue à la source de l'article 115 quinquies du CGI ne sera pas exigible (nºs 65190 s.).

En présence d'une **convention fiscale,** le principe de l'imposition en a été confirmé par le Conseil d'État à propos d'une société norvégienne qui détenait 99 % des parts d'une société civile immobilière de construction-vente dont l'activité était exclusivement exercée en France (nº 65120).

65181 Dans l'hypothèse où l'**exploitation** de l'immeuble français serait **déficitaire,** le déficit serait reportable sur les années ultérieures. Quant à la question de savoir si l'associé pourrait éventuellement imputer le déficit français sur son impôt dans son pays de résidence, elle doit être traitée conformément à la législation de ce pays.

On remarquera que les solutions qui précèdent sont indépendantes de l'existence ou non d'une convention fiscale et, par conséquent, de la résidence fiscale du porteur des parts de la société civile (sauf, éventuellement, stipulation conventionnelle spécifique).

CAS D'UNE SOCIÉTÉ CIVILE AYANT UNE ACTIVITÉ NON IMMOBILIÈRE

65184 L'exemple suivant, tiré de la jurisprudence, illustre bien les principes. Il concerne un **groupement** et non, à proprement parler, une société civile, mais la situation aurait été identique en présence d'une société civile. Il s'agissait d'une styliste-conseil **résidente de Suisse** qui avait créé, en 1986, un « groupement » avec une personne physique résidente de France. Le siège du groupement était fixé en France où étaient également entreposés le matériel et l'équipement nécessaires à l'exercice de son activité. Ce groupement résultait d'une convention d'exercice en commun entre les parties qui offraient ainsi une prestation commune à leurs clients et réduisaient leurs charges.

Il a été jugé que ce groupement caractérisait une **société de fait** et que celle-ci avait un établissement stable à Paris. Par suite, l'associée suisse était imposable en France à hauteur de sa quote-part des bénéfices du groupement (CE 3e et 8e s.-s. 1-10-2001 n° 214463, de Solages : RJF 12/01 n° 1588).

Il est à noter que cette solution est cohérente avec l'article 7 § 8 de la convention fiscale franco-suisse qui pose le principe de l'imposition des revenus provenant de participations dans des sociétés de fait dans l'État où ces sociétés ont un établissement stable (n° 65141).

Il n'était certes pas impossible, en l'espèce, d'imaginer que le groupement pouvait disposer également d'un établissement stable en Suisse, auquel cas les produits et les charges auraient dû être répartis entre les deux États. Mais la requérante n'en avait pas justifié et n'avait pas produit de documents comptables de nature à permettre une ventilation appropriée des bénéfices entre la France et la Suisse. Si tel avait été le cas, l'associée suisse n'aurait été passible en France de l'impôt sur le revenu que sur sa quote-part des revenus du groupement attribuables à la territorialité française.

En pratique, cette styliste-conseil devait donc acquitter l'impôt sur le revenu en France dans les mêmes conditions que les résidents, sous réserve, notamment, du taux minimum d'imposition.

Cette affaire illustre l'importance pratique de la notion de « personnalité fiscale » des sociétés 65186
de personnes, puisque l'intéressée aurait pu être exonérée en France en cas d'**exercice individuel,** en l'absence de « base fixe » au sens de l'article 16 de la convention fiscale franco-suisse (dans la mesure où elle exerçait presque exclusivement une activité de démarchage de clients depuis la Suisse et ne venait quasiment pas en France). On voit par cet exemple que l'interposition d'une société civile entre un non-résident et un revenu (ou un bien français) n'est pas neutre ; elle crée une novation qui empêche de raisonner par transparence et modifie le traitement applicable aux revenus réalisés et au patrimoine détenu.

Un autre exemple est donné par une affaire qui concernait une **société de Mayotte** qui 65187
exploitait un thonier-senneur-congélateur dans le sud-est de l'océan Indien et qui était membre d'une **société en participation** dont le siège social était situé à Concarneau (à l'époque, Mayotte n'était pas un département français) ; la société en participation avait pour objet la mise en commun de toute la production de ses membres et des bénéfices ou des pertes résultant de sa commercialisation et accessoirement l'achat de poisson auprès de tiers en vue de sa vente.

Il a été jugé que, dès lors que l'activité de la société de personnes était exercée en France, ses bénéfices étaient imposables en France entre les mains de leurs membres, y compris de ceux qui résidaient hors de France, sauf stipulations conventionnelles contraires, à proportion des droits détenus dans la société en participation (CE 8e et 3e s.-s. 18-5-2009 n° 301763, SAS Établissements Chevannes, Merceron Ballery : RJF 8-9/09 n° 724).

Dans cette affaire, le Conseil d'État a repris les principes posés par la décision de principe Kingroup (n° 65197), confirmant que les sociétés de personnes constituent des **entités juridiques distinctes** de leurs membres et exercent une activité ou effectuent des opérations qui leur sont propres ; analysant ensuite les stipulations de la **convention franco-comorienne** alors applicable, le Conseil d'État n'y a rien trouvé qui contredise le droit interne français qui rendait la société de Mayotte imposable en France à ce titre (n° 65120).

Un dernier exemple concerne un **notaire** qui était domicilié à Saint-Barthélemy, soit hors de 65188
France (au sens fiscal) et qui était associé d'une société de personnes française ayant exercé en 2012 des activités notariales en Guadeloupe (soit en France, au sens fiscal) et à Saint-Barthélemy. Il a été jugé que seules les recettes et les dépenses propres à l'activité exercée en Guadeloupe devaient être prises en compte pour déterminer les bénéfices non commerciaux de la société, imposables entre ses mains (TA Montreuil 15-5-2018 n° 1705562 ; ce jugement a fait l'objet d'un appel qui a été rejeté comme étant manifestement dépourvu de fondement par CAA Versailles Ord. 1-6-2019 n° 18VE02270, arrêt définitif). Pour une année antérieure, l'intéressé a été jugé non imposable en France au titre de l'activité notariale qu'il avait exercée au sein du bureau annexe de Saint-Barthélemy, qui était bénéficiaire, alors que les revenus professionnels dégagés au titre du bureau principal de Basse-Terre (Guadeloupe) étaient déficitaires (CAA Versailles 24-7-2018 n° 16VE01912 ; arrêt définitif).

Cette solution, transposable aux sociétés civiles, est intéressante car elle souligne à juste titre que, par analogie, une personne physique non domiciliée en France n'est pas imposable en France sur les **revenus de source étrangère d'une société civile française** ; encore faut-il tout de même que l'activité réalisée hors de France caractérise un véritable établissement, de sorte que les revenus et charges y afférents soient bien distincts de l'activité française de la société et ne soient pas rattachables à une exploitation située en France.

b. Retenue à la source sur les bénéfices après impôt de la société civile

65190 Sauf l'exception des sociétés résidentes d'un État membre de l'Union européenne ou de l'Espace économique européen, les **bénéfices réalisés en France par les sociétés étrangères** sont réputés distribués, au titre de chaque exercice, à des associés n'ayant pas leur domicile fiscal ou leur siège en France (CGI art. 115 quinquies). Ces bénéfices, qui s'entendent du montant total des résultats imposables ou exonérés après déduction de l'impôt sur les sociétés, sont passibles, en droit interne, de la retenue à la source sur les revenus réputés distribués aux non-résidents (CGI art. 119 bis).

65192 Après avoir longtemps considéré que les associés non résidents d'une société de personnes française devaient être soumis à la retenue à la source au titre de leur quote-part de résultat dans la société, l'administration a finalement retenu la solution inverse qui est, au demeurant, la seule cohérente avec le **principe de la personnalité fiscale des sociétés de personnes.** La doctrine administrative écarte à juste titre la retenue à la source étant donné que ce sont les sociétés de personnes elles-mêmes qui réalisent les bénéfices tirés de l'exploitation de leurs activités exercées en France et non leurs associés ou membres (BOI-RPPM-RCM-30-30-30-10 n° 90). Comme ces sociétés ont une personnalité fiscale, constituent des sujets d'imposition, sont des résidents de France au sens des conventions fiscales lorsqu'elles ont leur siège en France et réalisent elles-mêmes les bénéfices, l'article 115 quinquies du CGI ne peut qu'être écarté pour la détermination de l'impôt exigible d'une société non résidente associée d'une société civile française.

Il en va ainsi même si la **convention fiscale** éventuellement applicable permet à la France d'appliquer l'article 115 quinquies, comme, par exemple, la convention fiscale franco-américaine du 31 août 1994 modifiée. En effet, la convention ne peut, dans ce cas, que permettre à la France d'appliquer cet impôt si son droit interne le prévoit. Dans la mesure où tel n'est pas le cas, la convention reste sans effet pratique. Il est à noter que l'absence de retenue à la source vaut, quels que soient les revenus réalisés par la société civile (revenus d'entreprises, immobiliers ou autres).

c. Dividendes, intérêts et redevances perçus par une société civile

CAS GÉNÉRAL

65195 En application des principes précédents (nos 65105 s.), les associés non résidents sont normalement imposables sans limitation dans notre pays puisque les revenus ont été réalisés non par eux-mêmes directement, mais par une société civile interposée. Ce principe vaut pour les revenus « passifs » comme pour les revenus d'activité. La portée de ce principe peut être appréciée par rapport aux exemples suivants.

65197 **Exemple 1** Cette affaire, qui concerne des redevances perçues par un GIE, a donné au Conseil d'État l'occasion d'affirmer le principe de la personnalité fiscale des sociétés de personnes. Il s'agit de l'affaire Kingroup, qui constitue la décision fondatrice à cet égard, dans l'ordre international, et qui concernait une **société canadienne membre d'un GIE français** qui recevait des **redevances de source française** (CE 9e et 8e s.-s. 4-4-1997 n° 144211, Sté Kingroup Inc. : RJF 5/97 n° 424 ; concl. Loloum à la même RJF p. 293).

La société canadienne prétendait échapper à l'impôt sur les sociétés en France aux motifs soit qu'elle n'y avait pas d'établissement stable, soit que les revenus qui lui étaient répartis par le GIE étaient, en réalité, des redevances ou des dividendes, qui devaient, comme tels, bénéficier des taux réduits conventionnels.

Le Conseil d'État n'a pas admis ce point de vue pour, au contraire, affirmer, pour la première fois dans un contexte international, le principe de la personnalité fiscale des GIE, et, plus généralement, des sociétés de personnes. En ce sens, le commissaire du gouvernement Loloum avait souligné qu'un GIE, en sa qualité d'exploitant, est bien un sujet fiscal puisque c'est à son niveau que sont arrêtés les résultats de l'exploitation. Il ajoutait que ce qui caractérise le dispositif français est que « l'attribution du paiement de l'impôt aux membres du GIE leur confère bien la qualité de contribuable mais que le groupement reste le seul sujet fiscal au niveau duquel s'apprécie la matière imposable » (n° 65105). Il estimait, par conséquent, que le véritable et seul sujet d'imposition est bien le GIE et que c'est celui-ci qui détermine l'assujettissement en France de ses membres.

Il devait nécessairement en résulter que la société canadienne était imposable en France à hauteur de sa quote-part des redevances perçues par le GIE, sans qu'y puissent faire obstacle les arguments en sens contraire avancés par la société :

– la circonstance que la société canadienne n'ait pas eu elle-même d'établissement stable en France n'était pas pertinente puisque « les stipulations de l'article 7 de la convention [relatives à l'établissement stable] ne visent que les bénéfices réalisés en propre par une telle entreprise et sont donc sans application dans le cas où cette dernière perçoit, en qualité de membre d'un groupement d'intérêt économique, une part des bénéfices que celui-ci tire d'une activité exercée en France ». L'argument de la société canadienne n'était pas acceptable puisqu'il tendait, en fait, à nier le régime propre des GIE en ce qu'il présupposait une totale transparence du groupement (les redevances servies par les tiers au GIE auraient alors dû être regardées comme des revenus directs des membres) ;

– le deuxième argument invoqué par la société, et écarté par le Conseil d'État, tendait à faire juger que les revenus répartis par le GIE devaient être qualifiés de dividendes au sens de l'article 10 de la convention. Il s'agissait là d'un moyen qu'il n'était pas difficile d'écarter puisque ce qui caractérise la notion fiscale de dividende est qu'elle se rapporte à des distributions opérées par des sociétés de capitaux ou par des organismes ayant opté pour un tel régime, ce qui n'était pas le cas ;

– le troisième argument reposait sur l'article 12 de la convention, relatif aux redevances. Le GIE, en effet, recevait des redevances de source française et la société Kingroup souhaitait faire juger que ce qu'elle percevait en qualité de membre du GIE avait conservé la même nature et la même origine que lors de sa perception par le GIE lui-même et ne pouvait donc supporter en France qu'un impôt maximum de 10 % (retenue à la source dans la limite du plafond conventionnel). Là encore, ce point de vue n'a pas été admis, puisqu'il faisait fi de la personnalité propre du GIE. Il ne s'agissait, en effet, nullement de redevances perçues par une société canadienne, mais simplement de la **répartition de bénéfices réalisés par un GIE** doté de sa propre personnalité fiscale. Dès lors que le bénéficiaire des redevances était le GIE, et non ses membres, le moyen tendant à l'application de l'article 12 de la convention était inopérant. Le commissaire du gouvernement relevait, à juste titre, que cet argument procédait de la même erreur que celle relative à l'invocation de l'article 7, relatif aux bénéfices des entreprises, puisqu'il revenait à nier l'existence même du GIE.

Cette décision de principe, qui s'applique non seulement aux GIE mais aussi aux sociétés de personnes, en général, a ensuite été confirmée par la décision Hubertus AG (citée n° 65243) et surtout par la décision de plénière Quality Invest (n° 65120).

Exemple 2 Une **société suisse** détenait 40 % du capital d'une société civile française qui assurait la **gestion de valeurs mobilières et immobilières.** Les produits d'exploitation de la société civile provenaient, pour une part mineure, de revenus à caractère immobilier, et, pour la plus grande part, d'intérêts de comptes courants et de dividendes. La société suisse prétendait faire une distinction en fonction de l'origine des revenus distribués par la société civile et soutenait que seuls étaient imposables en France ceux qui provenaient de l'activité immobilière, alors que la part des revenus qui provenaient des intérêts et des dividendes perçus par la société civile devait être imposée en Suisse en vertu des articles 11 et 12 de la convention. **65200**

Cette argumentation n'a pas été accueillie par la cour administrative d'appel de Paris, qui a considéré que l'intégralité des revenus était imposable en France à hauteur de la quote-part des droits détenus par la société suisse dans la société civile (CAA Paris 24-9-1992 n° 91-1013, SA Partour : RJF 1/93 n° 25).

En l'espèce, la cour a considéré qu'il résulte des dispositions du § 8 de l'article 7 de la convention que les revenus que tire un résident suisse de sa participation au capital d'une société civile française qui dispose d'un établissement stable en France sont imposables en France (n° 65141). Le raisonnement de la cour, directement fondé sur la convention franco-suisse, ne nous paraît pas très respectueux de la jurisprudence, mais la solution retenue est conforme aux principes qui ont ensuite été dégagés par le Conseil d'État. Les stipulations conventionnelles relatives aux dividendes et aux intérêts ne sont pas applicables lorsque ces revenus sont perçus non par un non-résident mais par une société civile interposée (sous réserve du n° 65221 ; à noter que, dans cette affaire, il résulte de l'arrêt et des conclusions du commissaire du gouvernement que l'analyse en droit interne a été complètement perdue de vue).

65202 **Exemple 3** Une **société suisse** était associée d'une société civile française qui percevait des **produits financiers** provenant des parts qu'elle détenait dans une société de Côte d'Ivoire (CAA Paris 19-11-1992 n° 89.2733, SA Rinsoz et Ormond : RJF 2/93 n° 262). La société suisse soutenait que l'impôt sur les sociétés n'était pas exigible au titre de sa quote-part de ces produits.

Mais la cour a relevé que si les opérations matérielles générant les produits financiers avaient été effectuées hors de France, les décisions de gestion et de répartition des produits étaient prises en France, que les profits étaient également encaissés en France et que, par suite, les revenus dont disposait la société civile, entité juridique distincte de ses membres, devaient être regardés comme des profits propres réalisés en France.

Ainsi, les profits qu'une société de capitaux résidente de Suisse retire de parts détenues en France dans une société civile qui y est soumise au régime fiscal des sociétés de personnes et y dispose d'un établissement stable ne présentent pas le caractère de dividendes au sens de la convention et doivent être imposés au nom des associés dans l'État où la société civile dispose d'un établissement stable. Il s'agissait de la France, au cas particulier, puisque le siège social de la société y était fixé et que c'est là un établissement stable au sens de l'article 5 de la convention franco-suisse.

On relèvera que la cour a écarté l'argumentation selon laquelle la société civile présentait le caractère d'établissement payeur en vertu de l'article 75-4° de l'annexe II au Code général des impôts, ce qui est discutable (nos 65207 s.), et qu'elle a refusé un quelconque crédit d'impôt au titre de la retenue à la source perçue en Côte d'Ivoire lors des distributions à la société civile française, ce qui est très contestable (nos 65224 s.).

65204 **Exemple 4** Une **société suisse** était membre d'une **société en participation** constituée en France avec une société française et gérée en France par cette dernière. La société en participation avait été créée pour la location de wagons destinés au transport de marchandises appartenant à ses associés et en vue de partager les bénéfices (cet exemple concerne une société en participation, mais il est transposable au cas des sociétés civiles).

La cour administrative d'appel de Paris a jugé que, compte tenu de la combinaison de l'article 7 § 8 de la convention franco-suisse et des articles 8, 206, 209 et 218 bis du CGI, les bénéfices dégagés par une société en participation disposant en France d'un établissement stable constituent des bénéfices réalisés dans une entreprise exploitée en France, passibles de l'impôt au nom de ses membres, y compris de droit suisse, à raison des droits que chacun y détient (CAA Paris 13-5-1993 n° 91-193, Société d'investissement et de matériel : Droit fiscal 1994 n° 48 comm. n° 2052).

Il est à noter que, selon la cour, la circonstance que la société suisse ne disposât elle-même d'aucun établissement stable en France était sans influence sur la solution du litige, ce qui est conforme aux décisions postérieures du Conseil d'État.

PROBLÉMATIQUE CONCERNANT LES DIVIDENDES ET INTÉRÊTS

65207 **Identification du problème** La solution retenue dans le troisième exemple supra (n° 65202) est discutable dans la mesure où elle ne tire pas de conséquences de ce qu'une société civile, comme en général les sociétés de personnes, est un **établissement payeur de dividendes et intérêts,** sur le fondement des articles :

– 75, 4° de l'annexe II au CGI, qui confère aux sociétés de personnes qui perçoivent des dividendes la qualité d'établissement payeur, et 79-4° de la même annexe, qui précise que la société est réputée reverser les dividendes à la date à laquelle elle les a encaissés. Par suite, elle doit acquitter la retenue à la source de l'article 119 bis du CGI lorsque ses associés sont non résidents ;

– 41 duodecies G de l'annexe III au CGI, qui fixe une règle identique en ce qui concerne les intérêts versés par les sociétés de personnes qui n'exercent pas une activité industrielle, commerciale, artisanale ou agricole ou une profession non commerciale (soit, pour l'essentiel, les sociétés qui possèdent et gèrent des capitaux mobiliers et/ou des biens immobiliers).

En ce qui concerne les revenus de capitaux mobiliers, une société civile est, en ce sens, réputée personne interposée pour l'imposition de ses revenus entre les mains de ses associés (n° 53165).

65209 La cour administrative d'appel de Paris, dans l'affaire Rinsoz et Ormond (n° 65202), a cependant estimé que les dispositions de l'article 75, 4° de l'annexe II au CGI, relatives aux établissements payeurs, sont sans incidence sur le principe même de l'assujettissement à l'impôt sur les sociétés en France d'une société de capitaux suisse associée d'une société civile française. Elle a considéré, en effet, que ces dispositions ont uniquement pour objet de réglementer les modalités de paiement de l'impôt dû et d'en permettre le contrôle, sans en tirer de conséquences sur l'étendue de l'obligation fiscale des associés.

Pourtant, il devrait être possible, à notre avis, de considérer qu'une société civile est véritablement **transparente** à l'égard des dividendes qu'elle encaisse puisque, précisément, elle a le caractère d'établissement payeur au sens des dispositions réglementaires du Code général des impôts. On voit avec un peu de difficulté comment une société civile peut être à la fois établissement payeur de dividendes et sujet d'imposition au titre de ces mêmes dividendes (le cas d'espèce concernait, cependant, des dividendes d'origine étrangère ; peut-être la solution eût-elle été différente en présence de dividendes de source française). 65211

La transparence n'a toutefois pas été retenue au cas d'une société mauricienne usufruitière de parts d'une société civile française gestionnaire d'un portefeuille de valeurs mobilières qui avait reçu des dividendes de source française ; la société mauricienne n'a pas obtenu la décharge de l'impôt sur les sociétés qui lui avait été notifié (TA Montreuil 20-1-2023 n° 1911974, Sté Squish Holdings Ltd). Il a été jugé que la société civile ne pouvait être regardée comme un établissement payeur au sens du 4° de l'article 75 de l'annexe II au CGI (la solution n'est pas définitive, car ce jugement fait l'objet d'un appel).

> **Précisions** Lorsqu'une société de personnes française perçoit d'une société de capitaux apparentée des **rémunérations et avantages occultes** au sens de l'article 111, c du CGI, elle est tenue de prélever la retenue à la source de l'article 119 bis, 2 du même Code, qui est due à raison de leurs quotes-parts respectives par les associés qui résident à l'étranger (CE 6-12-2021 n° 429308 : RJF 2/22 n° 117) ; dans cette affaire, l'administration avait réclamé la **retenue à la source** à la société de capitaux, qui avait commis l'acte anormal de gestion et octroyé l'avantage occulte, mais à tort, car seule la société de personnes en était redevable en qualité d'établissement payeur sur le fondement des articles 75, 4° et 79, 4 de l'annexe II au CGI (les deux sociétés étaient contrôlées par deux personnes physiques domiciliées au Royaume-Uni). L'administration a ensuite dégrevé la retenue à la source réclamée à tort (CAA Lyon 6-7-2022 n° 21LY03906, statuant sur renvoi).

Solutions données par la doctrine administrative à propos de l'ancien avoir fiscal Lorsque existait le mécanisme de l'avoir fiscal, l'administration avait précisé sa manière de voir à propos de certaines conventions fiscales. La doctrine administrative considérait que, lorsque des dividendes de source française encaissés par une société de personnes ayant son siège en France étaient compris dans la part des bénéfices sociaux revenant à un associé non résident, la situation dépendait de l'existence ou non d'une **convention fiscale** : 65213

– dans la négative, la retenue à la source était due dans les conditions prévues par le droit interne ;

– dans l'affirmative, les stipulations conventionnelles étaient généralement combinées avec le droit interne de sorte que, par exemple, l'avoir fiscal était transféré si l'associé y avait droit ; dans ce cas, la retenue à la source était écartée et l'associé non résident était imposable sans limitation en France, mais avec le bénéfice de l'avoir fiscal. S'il n'avait pas droit à l'avoir fiscal, il subissait la retenue à la source de 25 % (taux applicable à l'époque) qui constituait alors un crédit d'impôt imputable sur l'impôt sur le revenu ou sur les sociétés, exigible en France.

Dans le passé, l'administration avait ainsi indiqué, par exemple, qu'un **résident de Belgique** associé d'une société de personnes française devait être imposé de la façon suivante, à l'époque où existait le mécanisme de l'avoir fiscal (solution non reprise au Bofip en raison de la suppression de l'avoir fiscal) : 65215

– personne physique éligible au transfert de l'avoir fiscal : la société civile s'abstient de prélever la retenue à la source sur la quote-part des dividendes lui revenant ; l'associé est passible de l'impôt sur le revenu en France, mais avec le bénéfice de l'avoir fiscal ;

– personne morale n'ayant pas droit au transfert de l'avoir fiscal (la convention ne prévoit le transfert de l'avoir fiscal qu'aux seules personnes physiques) : la retenue à la source est exigible et constitue un crédit d'impôt imputable sur l'impôt sur les sociétés dû en France par la personne morale associée.

Dans le cadre franco-américain, l'administration avait, dans le même sens, indiqué que l'avoir fiscal attaché à la fraction des bénéfices revenant à un **résident américain** lui était attribué pour la liquidation de l'impôt sur le revenu ou de l'impôt sur les sociétés dont il était redevable en France à raison de sa part de bénéfices. Dans ce cas, la société de personnes « agissant alors en qualité d'établissement payeur » (cette précision révélait, à notre avis, une contradiction interne au raisonnement) ne prélevait pas la retenue à la source au motif que les **dividendes** sont un élément des résultats de la société civile, résidente en France, et passibles comme tels de l'impôt sur le revenu ou de l'impôt sur les sociétés. Elle devait délivrer un certificat d'avoir fiscal que l'associé américain utilisait par imputation sur l'impôt sur le revenu ou sur l'impôt sur les sociétés, selon le cas, exigible au titre de la fraction des bénéfices lui revenant ou des autres 65217 revenus imposables en France dont il disposait. L'excédent éventuel n'était ni restituable ni reportable (cette doctrine, issue d'une instruction du 26 avril 1999 aujourd'hui abrogée, n'a pas été reprise au Bofip en raison de la suppression de l'avoir fiscal).

65219 **Doctrine administrative actuelle** Depuis la suppression de l'avoir fiscal, l'administration n'a pas réellement proposé de solutions nouvelles. Par transposition du raisonnement précédent, elle pourrait cependant estimer que la retenue à la source que doit acquitter la société civile n'aurait pas de caractère libératoire, mais qu'elle devrait s'imputer sur l'impôt sur le revenu ou sur l'impôt sur les sociétés dû en France par l'associé non résident de la société civile.

La doctrine administrative actuellement applicable reste cependant très ambiguë ; celle qui concerne la **convention fiscale franco-américaine** se contente d'indiquer, de façon assez sibylline, que les sociétés de personnes françaises étant considérées, pour l'application de l'impôt français, comme des résidents conventionnels, les modalités d'imposition de leurs revenus entre les mains de leurs associés résidents des États-Unis, prévues par le droit interne, doivent être appliquées **sous réserve des dispositions conventionnelles applicables** à chaque catégorie de revenus, qui peuvent notamment avoir pour effet de limiter l'imposition établie en France au nom des associés qui sont des résidents des États-Unis (BOI-INT-CVB-USA-10-20-20 n° 100). Elle ajoute que les **intérêts** de source française reversés par la société de personnes résidente de France sont exonérés du prélèvement de l'article 41 duodecies C de l'annexe III au CGI en application des dispositions de l'article 11 de la convention.

En revanche, à propos de l'imposition de dividendes de source française encaissés par une société de personnes française dont les associés sont résidents de **Suisse,** l'administration indique que lorsque des dividendes de source française sont encaissés par une société de personnes ayant son siège en France, les règles d'imposition ont pour conséquence de placer les associés de cette société dans la même situation que s'ils avaient encaissé directement la quote-part de ces dividendes correspondant à leurs droits dans la société ; elle ajoute que les dividendes compris dans la part des associés domiciliés hors de France subissent, en règle générale, la retenue à la source au taux de droit commun **sans pouvoir bénéficier,** le cas échéant, des **réductions de droits** prévues par la convention liant la France à l'État dont ces associés sont les résidents puisque les bénéfices réalisés en France par la société, y compris les dividendes s'y rattachant, sont imposables intégralement dans notre pays (BOI-INT-CVB-CHE-10-20-30 n° 50) ; l'impôt sur le revenu ou l'impôt sur les sociétés, selon les cas, est alors exigible.

En ce qui concerne la **convention fiscale franco-belge,** les solutions proposées varient, sans que l'on sache bien pourquoi, selon que l'associé est une personne physique ou une personne morale :

– **personnes physiques** : l'administration estime que lorsque des **dividendes** de source française sont encaissés par une société de personnes ayant son siège en France, les associés de cette société sont placés dans la même situation que si ces associés avaient encaissé directement la quote-part de ces dividendes correspondant à leurs droits dans la société ; elle précise que les dividendes compris dans la part des associés domiciliés hors de France subissent, en règle générale, la retenue à la source au taux de droit commun sans pouvoir bénéficier, le cas échéant, des réductions de droits prévues par la convention liant la France à l'État dont ces associés sont les résidents, puisque les bénéfices réalisés en France par la société y compris les dividendes s'y rattachant, sont imposables sans limitation en France (il n'est pas fait référence à une imposition éventuelle par voie de rôle) ;

– **personnes morales** : pour les résidents de Belgique qui ne sont pas des personnes physiques, la fraction des dividendes de source française comprise dans la part des bénéfices sociaux imposée au nom des associés supporte, selon l'administration, la retenue à la source au taux de droit commun ; elle ajoute que cette retenue est imputable sur l'impôt sur les sociétés dû par l'associé belge sur sa quote-part dans les bénéfices de la société française et précise que la retenue n'est pas restituable (BOI-INT-CVB-BEL-10-40 n°s 180 et 190).

Enfin, à un autre endroit, l'administration paraît donner une autre solution, de portée générale, à propos des **dividendes encaissés par les sociétés de personnes** (BOI-RPPM-RCM-30-30-10-80 n° 40) ; elle rappelle que les sociétés de personnes et assimilées visées à l'article 8 du CGI qui perçoivent des revenus de cette nature sont réputées verser à chacun de leurs associés la part qui lui revient dans ces revenus le jour même où elles les ont encaissés ou ont été créditées de leur montant. Celles d'entre elles qui ont leur siège en France sont donc tenues d'opérer la retenue à la source sur la quote-part de ces revenus qui correspond aux droits de leurs membres dont le domicile ou le siège est situé hors de France. La doctrine administrative ajoute cependant que cette obligation « ne concerne évidemment » que les produits directement imposables au nom des associés et que la retenue à la source n'a donc pas à être opérée sur les revenus qui doivent être soumis à l'impôt sur les sociétés au nom de la personne morale, en faisant référence aux seuls produits revenant aux commanditaires dans les sociétés en commandite et aux membres non indéfiniment responsables ou non connus de l'administration dans les sociétés en participation (on se demande alors si cela signifie que les autres membres ne seraient pas passibles de l'impôt sur les sociétés ou sur le revenu).

Critique Il nous semble que la manière de voir de l'administration, qui n'est pas très cohérente en ce qu'elle se place selon les cas au niveau de l'associé ou à celui de la société et qu'elle distingue sans raison les personnes physiques passibles de l'impôt sur le revenu et les personnes morales passibles de l'impôt sur les sociétés, n'est pas réellement respectueuse de la transparence fiscale instituée par les textes en ce qui concerne les revenus de capitaux mobiliers perçus par l'intermédiaire d'une société civile, comme d'ailleurs, d'une façon générale, par l'intermédiaire de toute société de personnes. **65221**

Dès lors qu'une société civile est un établissement payeur, il serait plus logique de traiter les dividendes et les intérêts qu'elle verse à des associés non résidents de la même façon que si ceux-ci les avaient perçus directement et, par suite, de leur appliquer le traitement conventionnel prévu en cas de **détention directe.** Cela conduirait donc à les faire bénéficier des réductions de retenues à la source prévues par la convention et à ne pas exiger d'eux l'impôt sur le revenu par voie de rôle (ni l'impôt sur les sociétés si l'associé est une personne morale passible de cet impôt). Cette solution ne peut cependant s'autoriser d'aucune doctrine ni jurisprudence, celles-ci étant plutôt en sens contraire.

LA QUESTION DES CRÉDITS D'IMPÔT ÉTRANGERS

Il résulte, en particulier, des principes généraux d'imposition des sociétés de personnes que les **revenus passifs d'origine étrangère** (dividendes, intérêts, redevances) perçus par une société civile résidente de France sont imposables en France compte tenu de la convention fiscale signée entre la France et le pays de la source, quelle que soit la résidence des associés (sauf à admettre que la société civile soit, en matière de dividendes et d'intérêts, un établissement payeur même s'il s'agit de revenus de source étrangère). C'est d'ailleurs surtout sur ce point qu'en pratique les solutions françaises diffèrent de celles retenues en droit étranger (de nombreux pays, comme les États-Unis, n'imposent pas les revenus de source étrangère perçus de façon passive par des sociétés de personnes constituées sur leur territoire lorsqu'ils reviennent à des non-résidents). **65224**

Cela dit, le **débiteur étranger** des revenus a, en général, lui-même, une **retenue à la source** à effectuer puisque les sommes sont versées à un non-résident (la société civile) ou, en tout cas, payées en dehors du territoire de leur source. Cette retenue peut être : **65226**

– soit celle du droit interne, si l'État concerné considère qu'aucune convention fiscale n'est applicable ;

– soit celle prévue par la convention fiscale qu'il a conclue avec la France, s'il admet le point de vue français de la résidence de la société civile ;

– soit celle prévue par la convention fiscale qu'il a conclue avec l'État de résidence des associés, s'il pratique la transparence fiscale. Dans ce cas, la retenue à la source ne sera celle prévue par la convention conclue avec la France qu'à hauteur des droits détenus dans la société civile par des associés résidents de France.

Il s'ensuit naturellement qu'une **double imposition** peut en résulter, si aucun correctif n'est prévu. Lorsqu'une société civile française encaisse des dividendes, intérêts ou redevances d'origine étrangère, la question se pose donc de savoir si l'associé non résident peut bénéficier d'un crédit d'impôt au titre de la retenue à la source étrangère pour la liquidation de l'impôt dont il est redevable en France (sur la situation de l'associé résident, voir n° 65076). **65228**

La cour administrative d'appel de Paris a répondu par la négative dans l'affaire Rinsoz et Ormond (n° 65202), estimant qu'aucune des stipulations des conventions fiscales franco-ivoirienne et franco-suisse, non plus que du Code général des impôts, n'ouvrait droit, pour la société suisse, à un quelconque crédit d'impôt au titre des revenus en litige, alors même qu'ils provenaient de dividendes d'une société ivoirienne imposée en Côte d'Ivoire.

Cette solution ne nous paraît pas devoir être approuvée car elle ne respecte pas le principe de la personnalité fiscale des sociétés civiles ni, à certains égards, la **clause de non-discrimination** incluse dans la convention fiscale franco-suisse. Dès lors qu'une société française associée aurait obtenu un crédit d'impôt sur le fondement de la convention fiscale franco-ivoirienne, une société suisse devrait disposer du même crédit d'impôt, c'est-à-dire égal à la retenue à la source **65229** perçue en Côte d'Ivoire dans les limites permises par la convention fiscale entre la France et la Côte d'Ivoire. Il s'agit, en effet, de l'imposition d'une société civile française considérée comme un résident de France (n° 65080). La circonstance que l'impôt soit acquitté par un associé non résident ne devrait pas modifier la charge fiscale en France, dès lors qu'est en cause non pas la situation personnelle de l'associé, mais la matière imposable « objective ». Une solution contraire ne respecterait pas, à notre avis, la stipulation conventionnelle interdisant de traiter plus mal une société française contrôlée par des résidents de Suisse par comparaison avec la même société contrôlée par des résidents de France.

Il est d'ailleurs à noter qu'il résulte des conclusions du commissaire du gouvernement que, dans l'affaire Rinsoz et Ormond précitée, la société de capitaux suisse se bornait à soutenir que l'administration aurait dû tenir compte des crédits d'impôt et qu'elle ne se prévalait pas de stipulations conventionnelles ou de textes de droit interne ; peut-être cette affaire était-elle donc simplement mal défendue...

65231 À notre avis, il serait plus exact d'admettre que le **crédit d'impôt conventionnel** soit imputable sur l'impôt dû en France par chaque associé à hauteur de la part des revenus lui revenant. Mais il s'agit du crédit d'impôt tel qu'il est prévu par la convention entre la France et le pays de la source et non pas entre ce dernier et le pays de résidence des associés. Ainsi, si une retenue est prélevée au taux de 15 %, au motif que ce taux est celui fixé par la convention conclue entre le pays de la source et celui de la résidence des associés, alors qu'elle serait limitée à 5 % sur la base de la convention conclue avec la France, le crédit d'impôt devrait, à notre avis, être limité à 5 %.

Il s'ensuit, d'ailleurs, que, si le pays de la source des revenus n'est pas autorisé à percevoir une retenue à la source compte tenu des stipulations de la convention fiscale qu'il a signée avec la France, aucun crédit n'est imputable en France, en toute hypothèse. Par exemple, si des intérêts payés par un débiteur résident de l'État S à une société civile française détenue par un associé résident d'un État R ont subi en S une retenue à la source de 10 %, l'associé non résident sera imposable au taux plein en France à hauteur de sa quote-part des revenus de la société civile, sans avoir droit à un crédit d'impôt correspondant à la retenue à la source payée en S si la convention signée entre l'État S et la France n'autorise pas l'État S à prélever une retenue à la source en cas de versement d'intérêts à un résident de France et ne prévoit donc pas de crédit d'impôt imputable sur l'impôt français. L'associé résident de R subira effectivement une charge fiscale plus lourde que celle que subirait un résident de France placé dans la même situation, mais cet alourdissement résulte de ce qu'un impôt est perçu en S dans cette circonstance, alors que tel ne serait pas le cas si l'associé était résident de France. La question devrait donc être résolue dans l'État S plutôt qu'en France, en tentant de faire admettre à l'administration fiscale de l'État S que la convention conclue entre la France et S devrait être appliquée dans cet État plutôt que la convention fiscale conclue entre l'État S et l'État R. Tel serait normalement le cas si la convention conclue entre la France et l'État S considérait que la société civile est un résident de France, indépendamment de la résidence fiscale de ses associés.

65233 Les solutions qui précèdent devraient, à notre avis, systématiquement être retenues lorsque les conventions fiscales précisent que, d'une façon générale, les sociétés civiles sont des « résidents » pour l'application des conventions fiscales (n° 65072). Cela dit, les mêmes conclusions peuvent être tirées lorsque cette précision est donnée seulement à l'article sur l'élimination des doubles impositions, lorsqu'il est prévu que les sociétés de personnes dont le siège de direction effective est situé en France sont des résidents de France pour l'application de cet article.

d. Plus-values immobilières réalisées par une société civile

65240 L'imposition des plus-values réalisées par une société civile immobilière française dont les associés sont non résidents lors de la cession d'immeubles qu'elle possède sur le territoire français appelle les remarques suivantes (lorsque l'associé non résident réalise personnellement des plus-values au titre de la cession des parts de la société civile, voir n° 65275).

PRINCIPES

65243 Le principe de l'imposition en France a été affirmé par une importante décision du Conseil d'État confirmant la jurisprudence Kingroup (n° 65197). Il s'agissait d'une société suisse associée d'une société civile immobilière française qui avait réalisé une plus-value lors de la **cession d'un immeuble situé en France** (CE 8e et 9e s.-s. 9-2-2000 n° 178.389, Sté suisse Hubertus AG : RJF 3/00 n° 342).

La question était de savoir si la plus-value était imposable dans notre pays, alors qu'elle n'avait pas été réalisée par la société suisse mais par la société civile française interposée.

La cour administrative d'appel de Lyon avait jugé par l'affirmative sur le fondement de l'article 15 § 1 de la convention franco-suisse, en tant que cet article prévoit l'imposition en France des plus-values réalisées par des sociétés suisses lors de l'aliénation d'immeubles situés sur le territoire français (CAA Lyon 19-10-1995 n° 93.485, Sté Hubertus AG : RJF 2/96 n° 178).

Si la solution de l'imposition en France n'était pas contestable, le Conseil d'État a néanmoins annulé l'arrêt pour erreur de droit. L'article 15 de la convention franco-suisse devait, en effet, être écarté puisque la société suisse n'avait pas elle-même réalisé une plus-value immobilière, mais simplement perçu le produit de sa participation dans la SCI. Ce n'est donc qu'en tant qu'associée de la SCI qu'elle était imposable en France. On notera, incidemment, que le commissaire du gouvernement Arrighi de Casanova avait souligné, à cette occasion, qu'il n'y avait aucune raison d'abandonner la jurisprudence Kingroup qui, en dépit des critiques qu'elle a pu soulever, lui paraissait solidement établie (conclusions au BDCF 3/00 p. 20). Quant à l'article 7 § 8 de la convention franco-suisse, prévoyant l'imposition des revenus provenant de participations à des entreprises constituées sous forme de sociétés civiles dans l'État où les entreprises en question ont un établissement stable (n° 65141), il conduisait à la même solution puisque, au cas particulier, la société civile devait être considérée comme ayant un établissement stable dans notre pays. Cette solution de principe a été confirmée par l'importante décision Quality Invest concernant une société norvégienne associée d'une SCI française de construction-vente (n° 65120).

MODALITÉS D'IMPOSITION

Si le principe même de l'imposition est acquis, ses modalités sont plus complexes et ont connu des variations au cours de ces dernières années. 65246

D'une façon générale, la loi prévoit, en ce qui concerne les non-résidents, un **prélèvement** sur les plus-values occasionnelles réalisées lors de la cession d'immeubles ou de droits immobiliers situés sur le territoire français ou de parts ou actions de sociétés à prépondérance immobilière en France ; le taux du prélèvement diffère selon que le cédant est une personne physique ou une personne morale (CGI art. 244 bis A) :

– il est de 19 % à l'égard des **personnes physiques** quelle que soit leur résidence fiscale, y compris si elles résident en dehors de l'Union européenne ou de l'Espace économique européen ; ce taux s'applique également aux associés personnes physiques de sociétés, groupements ou organismes dont les bénéfices sont imposés au nom des associés et aux porteurs de parts, personnes physiques, de fonds de placement immobilier – qu'il s'agisse d'un FPI français ou d'un organisme de droit étranger ayant un objet équivalent et une forme similaire aux FPI français (BOI-RFPI-PVINR-20-20 n° 50) ; les plus-values entrant dans le champ d'application de l'article 244 bis A du CGI sont en outre assujetties, le cas échéant, à la contribution exceptionnelle sur les hauts revenus ;

– il est égal au taux normal de l'impôt sur les sociétés (25 %) en ce qui concerne les **personnes morales,** quelle que soit leur résidence fiscale hors de France.

La loi avait porté le taux du prélèvement à 75 %, pour les personnes domiciliées, établies ou constituées dans les **États ou territoires non coopératifs** au sens de l'article 238-0 A du CGI, mais ces dispositions ont été déclarées non conformes à la Constitution (Cons. const. 29-12-2014 n° 2014-708 DC, Loi de finances rectificative pour 2014 : RJF 3/15 n° 244).

Les marchands de biens et assimilés sont assujettis au taux normal de l'impôt sur les sociétés, conformément à l'article 244 bis du CGI (75 % en ce qui concerne les États ou territoires non coopératifs sauf si la clause de sauvegarde s'applique ou si l'inscription sur la liste résulte seulement de l'application d'un critère européen autre que celui du « montage extraterritorial » ; CGI art. 238-0 A, 2 bis-2°). Enfin, le taux est de 19 % pour les personnes morales résidentes de l'Union européenne et assimilées, en cas de cession d'actions de SIIC ou équivalents (sous certaines conditions).

> Précisions a. Le prélèvement est déterminé selon les règles d'assiette et de taux prévues en matière d'impôt sur les sociétés dans les mêmes conditions que celles applicables à la date de la cession aux personnes morales résidentes de France lorsqu'il est dû par des personnes morales résidentes :

– soit d'un État membre de l'**Union européenne** ;

– soit d'un autre État partie à l'accord sur l'Espace économique européen ayant conclu avec la France une convention d'assistance administrative en vue de lutter contre la fraude et l'évasion fiscales (Islande, Liechtenstein et Norvège), à condition que cet État ne soit pas « non coopératif » au sens de l'article 238-0 A du CGI.

b. Les plus-values passibles du prélèvement de l'article 244 bis A du CGI sont assujetties aux **prélèvements sociaux** lorsqu'elles sont réalisées, directement ou indirectement, par des personnes physiques ; les prélèvements sont calculés selon des règles variables en fonction de la résidence fiscale des intéressés (voir n° 65166, Précisions). Il a été jugé que des personnes physiques domiciliées en Suisse n'étaient pas recevables à demander en leur nom personnel la restitution des prélèvements sociaux afférents à une plus-value réalisée en 2014 par une SCI française au motif que la SCI était la seule **redevable** des prélèvements sociaux en litige (CAA Paris 19-5-2020 n° 19PA00748, arrêt définitif).

c. Le principe conventionnel de non-discrimination est éventuellement applicable ; a, sur ce fondement, été déchargée du prélèvement une personne physique domiciliée en Suisse qui, si elle avait été domiciliée en France, aurait bénéficié de l'exonération applicable aux **loueurs en meublé professionnels** au titre de plus-values réalisées par l'intermédiaire d'une SNC (CAA Marseille 21-4-2015 n° 13MA00737 : RJF 12/15 n° 1019 ; cet arrêt a été annulé, mais seulement pour une raison de procédure, par CE 2-3-2017 n° 391156 : RJF 5/17 n° 488).

d. En présence d'une société civile détenue par des non-résidents, il y a lieu, pour apprécier une éventuelle restriction à la **libre circulation des capitaux**, de comparer la charge fiscale supportée selon le lieu de résidence des associés (CE 20-6-2023 n° 463599, min. c/ SCI Faucon) ; cette décision juge que l'État du Koweït ne pouvait pas valablement invoquer une restriction à la libre circulation des capitaux pour être exonéré au titre de sa participation dans une SCI française qui avait réalisé une plus-value lors de la cession d'un immeuble situé à Nice, car il n'est pas placé dans une situation comparable à l'État français.

65248 La question s'est longtemps posée de savoir si ce prélèvement était applicable lors de la réalisation d'une **plus-value immobilière par une société civile détenue par des non-résidents.** Sous l'empire des anciens textes législatifs, l'administration avait fini par répondre par la négative, au motif que ce ne sont pas les associés non résidents qui réalisent les plus-values, mais la société civile interposée, qui est un résident de France.

Dans la mesure, sans doute, où cette situation était source d'évasion fiscale, puisqu'il fallait attendre que les associés non résidents acquittent spontanément l'impôt, la loi a ensuite été modifiée pour étendre l'application du prélèvement prévu à l'article 244 bis A du CGI aux cas de réalisation de plus-values immobilières par une société civile détenue par des non-résidents.

C'est en ce sens que le dispositif a été corrigé par l'article 50 de la loi de finances rectificative pour 2004, qui a cherché à aligner le régime d'imposition des plus-values réalisées par une société civile immobilière dont les associés sont non résidents sur celui qui est applicable en cas de détention directe (cette modification n'a pas touché le régime de l'article 244 bis relatif aux plus-values réalisées par les marchands de biens et assimilés).

Ainsi, le prélèvement de l'article 244 bis A est aujourd'hui applicable en cas de cession par les sociétés ou groupements dont le siège social est situé en France et qui relèvent des articles 8 à 8 ter du CGI (y compris, par conséquent, les sociétés civiles non assujetties à l'impôt sur les sociétés) au prorata des droits sociaux détenus par des associés qui ne sont pas domiciliés en France ou dont le siège social est situé hors de France (CGI art. 244 bis A I, 2-c).

65250 Dans le même sens, l'article 150 VF du CGI prévoit que l'**impôt sur le revenu** afférent à la plus-value, dû par les associés qui ne sont pas fiscalement domiciliés en France ou dont le siège social est situé hors de France, est acquitté par la société ou le groupement selon les modalités prévues à l'article 244 bis A (l'utilité de ce texte n'est cependant pas évidente compte tenu du principe déjà affirmé par l'article 244 bis A CGI).

65252 Enfin, l'article 200 B du CGI reprend le principe de l'imposition aux taux prévus au III bis de l'article 244 bis A (n° 65246) en présence d'**associés de sociétés** ou groupements qui relèvent des articles 8 à 8 ter du CGI ou de **porteurs de parts de FPI** qui ne sont pas fiscalement domiciliés en France ou dont le siège social est situé hors de France. Il n'est cependant pas prévu que les personnes morales passibles de l'impôt sur les sociétés, associées de sociétés civiles qui réalisent des plus-values de cession d'actions de SIIC ou assimilées, bénéficient du taux de 19 % qui leur est éventuellement applicable en cas de détention directe.

> Précisions À propos de résidents de pays tiers, et antérieurement à l'unification des taux réalisée par l'article 60 de la loi 2014-1655 du 29 décembre 2014 de finances rectificative pour 2014, il avait été jugé que le principe de liberté de circulation des capitaux s'opposait à ce que des plus-values immobilières réalisées par une société civile immobilière française fussent imposées au taux de 33,1/3 % en raison de la résidence en Suisse de ses associés, personnes physiques, alors que le taux applicable à l'époque aurait été de seulement 16 % si les associés avaient été domiciliés en France (CE 3e et 8e s.-s. 20-10-2014 n° 367234, min. c/ SCI Saint-Étienne et M. et Mme Aime : RJF 1/15 n° 84).

65254 En synthèse, on déduit de ces différents textes qu'en présence d'une plus-value immobilière occasionnelle réalisée par une société civile détenue par des non-résidents :

– l'impôt est acquitté par la société civile (CGI art. 150 VF et 244 bis A) ;

– le prélèvement de l'article 244 bis A est dû par la société civile au prorata des droits détenus par les associés non résidents ;

– le taux du prélèvement est calculé au taux de 19 % pour les personnes physiques et au taux normal de l'impôt sur les sociétés pour les personnes morales.

Cela dit, **aucune déclaration** ne doit être déposée, en ce qui concerne les associés non résidents personnes physiques :

– lorsque la plus-value est exonérée en application d'une exonération expresse ou par l'application de l'abattement pour durée de détention ;

– ou, pour les cessions réalisées depuis le 1er janvier 2019, si la cession porte sur l'immeuble qui constituait la résidence principale en France du cédant à la date du transfert de son domicile fiscal hors de France (CGI art. 244 bis A, I-1 al. 4) ; il a été confirmé que les non-résidents bénéficient de l'exonération concernant leur ancienne résidence principale même lorsque celle-ci est détenue par l'intermédiaire d'une SCI (Rép. Renaud-Garabedian : Sén. n° 00328) ;

– ou lorsque la cession ne donne pas lieu à une imposition : plus-value égale à zéro ou constatation d'une moins-value (CGI art. 150 VG-III).

> Précisions **a.** Le prélèvement relatif aux plus-values immobilières est acquitté lors de l'enregistrement de l'acte ou, à défaut d'enregistrement, dans le mois suivant la cession, sous la responsabilité d'un représentant accrédité (CGI art. 244 bis A, IV) ; il n'y a cependant pas d'obligation de désignation d'un **représentant fiscal** si le cédant est domicilié au sein de l'Union européenne ou en Islande ou en Norvège. En ce qui concerne les sociétés civiles, l'obligation de désignation d'un représentant fiscal s'apprécie **au regard de la situation de chacun des associés** ; la société peut donc n'être tenue de désigner un représentant fiscal que pour une partie du prélèvement, celle qui correspond aux associés qui résident hors de l'Union européenne (ou d'Islande ou de Norvège).

b. Les personnes, physiques ou morales, domiciliées, établies ou constituées dans les **pays et territoires d'outre-mer** (PTOM), à savoir en Nouvelle-Calédonie, à Saint-Pierre-et-Miquelon, en Polynésie française, aux îles Wallis-et-Futuna, dans les Terres australes et antarctiques françaises ou à Saint-Barthélemy, demeurent soumises à l'obligation de désigner un représentant (en ce sens, notamment, BOI-RFPI-PVINR-30-20 n° 30).

c. Les non-résidents ne peuvent pas bénéficier de l'exonération relative aux **logements** qu'ils possèdent en France prévue par l'article 150 U, II-2° du CGI (exonération distincte de celle qui concerne leur ancienne résidence principale) ; il en a été ainsi jugé à propos d'une SCI française détenue par deux français résidents britanniques (TA Montpellier 13-2-2023 n° 2103357, SCI Sedona Estate Invest ; ce jugement fait l'objet d'un appel).

SYNTHÈSE

Soit un non-résident associé d'une société civile française qui cède un immeuble situé sur le territoire français en réalisant une plus-value. **65257**

Cette plus-value est imposable en France dans la mesure où il s'agit d'une plus-value réalisée par une société civile française. Cependant, les modalités d'imposition seront différentes selon la nature de l'activité française et la personnalité du non-résident associé.

S'il s'agit d'une **activité habituelle** de la société civile, par exemple si elle a une activité de type « marchand de biens », le prélèvement ne s'applique normalement pas, dans la mesure où la société civile est alors passible de l'impôt sur les sociétés et n'est pas soumise au régime des sociétés de personnes (n° 10055). L'associé en perçoit alors le produit après impôt sous la forme d'une distribution de dividendes passible de la retenue à la source sur les revenus distribués, sauf application d'une convention fiscale plus favorable.

S'il s'agit, en revanche, d'une **plus-value non habituelle,** le régime des sociétés de personnes est applicable et l'impôt est calculé par application du prélèvement prévu à l'article 244 bis A du CGI, selon les circonstances et les caractéristiques des associés de la société civile. Les règles habituelles relatives à l'imposition des plus-values immobilières des non-résidents sont applicables. L'impôt est donc calculé au taux de 19 % ou au taux normal de l'impôt sur les sociétés, après prise en compte des correctifs d'assiette généralement applicables aux résidents (personnes physiques), et régularisation éventuelle par voie de rôle en ce qui concerne les associés passibles de l'impôt sur les sociétés (mais non les personnes physiques pour lesquelles l'impôt ainsi calculé est libératoire). Les prélèvements sociaux s'y ajoutent en ce qui concerne les personnes physiques, selon des modalités variables en fonction de leur résidence fiscale (n° 65166, Précisions).

e. Plus-values mobilières réalisées par la société civile

Lorsqu'une société civile dispose d'un portefeuille de valeurs mobilières, la question se pose de savoir si ses associés non résidents sont imposables en France en cas de réalisation de plus-values par la société civile. **65265**

On sait, en effet, que le droit fiscal français fixe, en ce qui concerne les plus-values mobilières **réalisées par des non-résidents,** deux règles différentes, sous réserve des conventions fiscales internationales :

– l'article 244 bis B du CGI déclare imposables les plus-values réalisées au titre de la cession de droits sociaux formant une participation substantielle dans le capital de sociétés françaises soumises à l'impôt sur les sociétés (la notion de « participation substantielle » est définie par référence à un seuil de détention de 25 %) ; les plus-values sont imposées au taux normal de l'impôt sur les sociétés, si le cédant est une personne morale ou un organisme quelle qu'en soit la forme, au taux de 12,8 % si le cédant est une personne physique (la contribution exceptionnelle sur les hauts revenus est éventuellement applicable en sus) et au taux forfaitaire de 75 %, quel que soit le pourcentage de droits détenus dans les bénéfices de la société concernée, lorsqu'elles sont réalisées par des personnes ou organismes domiciliés, établis ou constitués hors de France dans un **État ou territoire non coopératif** au sens de l'article 238-0 A du CGI, sauf si la clause de sauvegarde s'applique ou si l'inscription sur la liste résulte seulement de l'application d'un critère européen autre que celui du « montage extraterritorial » (CGI art. 238-0 A, 2 bis-2°) ;

– l'article 244 bis C du CGI pose le principe de l'exonération dans les autres cas (sauf prépondérance immobilière).

65267 En principe, toutefois, dans la mesure où une **société civile** est un **résident de France** (nos 65062 s.), il conviendrait d'écarter les règles prévues pour les non-résidents et, corrélativement, d'admettre que l'impôt serait exigible, quelle que soit la situation propre de ses associés. Examiner la situation du point de vue des associés et non de la société ne serait pas, en effet, conforme aux principes rappelés n° 65105. En ce sens, les articles 244 bis B et C du CGI, qui ne visent que les plus-values réalisées par des non-résidents, ne seraient pas applicables puisque la plus-value est réalisée par un résident, la société civile.

Selon cette analyse, les **conventions fiscales** n'auraient aucune incidence. Le cédant ne saurait s'en prévaloir, étant une société civile française imposable en France.

65269 Il y a toutefois lieu de remarquer que le texte législatif qui fonde l'imposition des plus-values mobilières réalisées par des sociétés civiles se place lui-même au niveau des associés (**personnes physiques**) et non pas de la société civile. L'article 150-0 A du CGI vise, en effet, les gains nets retirés des **cessions** à titre onéreux de valeurs mobilières et droits sociaux **effectuées par personnes interposées,** c'est-à-dire, au moins selon l'administration, par l'intermédiaire de sociétés civiles. Autrement dit, la loi ne fixe pas, sur ce point, un principe général d'imposition des sociétés civiles, mais plutôt celui de l'imposition des associés en tant qu'ils sont réputés avoir réalisé une plus-value par personne interposée. La différence ressort avec les plus-values immobilières si l'on remarque que, pour ces dernières, l'article 150 U du CGI prévoit bien un principe d'imposition des sociétés civiles elles-mêmes. En ce sens, une société civile est réputée personne interposée pour la vente des titres de portefeuille qu'elle détient (n° 53175).

Si la loi prévoit, au moins pour les personnes physiques, qu'il convient de se placer au niveau des associés, il n'est pas certain que le principe de la personnalité fiscale des sociétés civiles soit suffisamment puissant pour fonder l'imposition en France d'associés qui n'auraient pas été imposables en cas de réalisation directe de la plus-value.

La question n'étant pas tranchée, on l'abordera cependant avec une particulière prudence. Elle ne se pose pas, à notre avis, pour les **sociétés étrangères de capitaux,** associées de sociétés civiles françaises, car les textes législatifs sont différents. On ne voit pas de raison de les exonérer d'impôt sur les sociétés au titre de leur quote-part des plus-values réalisées par la société civile.

f. Plus-values réalisées par un associé non résident lors de la cession de parts d'une société civile française

65275 Cette question est en théorie assez simple, car elle ne dépend pas d'une analyse préalable de la situation de la société civile en tant que telle. La plus-value est, dans ce cas, réalisée directement par l'associé non résident lors de la cession des parts et non pas par la société civile.

Il faut simplement distinguer selon que la société civile est ou non à prépondérance immobilière en France et tenir compte des conventions fiscales internationales éventuellement applicables.

PREMIER CAS : SOCIÉTÉS CIVILES IMMOBILIÈRES

65278 Dans ce cas, le non-résident est passible de l'impôt en France, sur le fondement des articles 164 B, I, 244 bis ou 244 bis A du CGI, sauf si une convention fiscale internationale retire à la France le droit d'imposer.

Les **prélèvements sociaux** sont applicables selon des modalités variables en fonction de la résidence du cédant (n° 65166, Précisions).

En l'absence de convention fiscale Les non-résidents sont imposables en France en cas de réalisation de plus-values au titre de la cession de parts de sociétés à prépondérance immobilière, qu'il s'agisse ou non, d'ailleurs, de parts de sociétés civiles. En effet, le prélèvement relatif aux plus-values immobilières s'applique aux plus-values réalisées non seulement lors de la cession à titre onéreux d'immeubles bâtis ou non bâtis, mais aussi, notamment, de droits immobiliers ou d'actions ou parts de sociétés non cotées en bourse à prépondérance immobilière (cas des sociétés civiles françaises à prépondérance immobilière). Les sociétés à prépondérance immobilière sont celles dont l'actif est, à la clôture des trois exercices qui précèdent la cession, principalement constitué directement ou indirectement de biens ou droits immobiliers et assimilés, situés en France ; si la société ou l'organisme dont les parts, actions ou droits sont cédés n'a pas encore clos son troisième exercice, la composition de l'actif est appréciée à la clôture du ou des seuls exercices clos ou, à défaut, à la date de la cession. 65280

Toutefois, s'il s'agit, pour l'associé non résident, d'une **activité habituelle,** le prélèvement est exigible en France au taux normal de l'impôt sur les sociétés conformément à l'article 244 bis du CGI qui concerne les plus-values réalisées par les marchands de biens et les profits immobiliers réalisés à titre habituel par les personnes physiques et les sociétés non résidentes. Ce prélèvement est libératoire de l'impôt sur le revenu, mais non de l'impôt sur les sociétés. 65282

Le taux du prélèvement est de **75 %** lorsque les profits sont réalisés par des redevables domiciliés, établis ou constitués hors de France dans un État ou territoire non coopératif au sens de l'article 238-0 A du CGI (sauf si la clause de sauvegarde s'applique ou si l'inscription sur la liste résulte seulement de l'application d'un critère européen autre que celui du « montage extraterritorial » ; CGI art. 238-0 A, 2 bis-2°).

Ces solutions ne valent toutefois que lorsqu'il n'existe pas de convention fiscale ou, en présence d'une convention, si celle-ci confirme le droit d'imposer que se reconnaît la France en droit interne. 65284

En présence d'une convention fiscale S'il existe une convention fiscale entre la France et le pays de résidence de l'associé cédant, les solutions peuvent être différentes. Tout dépend alors de la rédaction de la convention applicable. 65286

D'une façon générale, pour l'interprétation des stipulations conventionnelles, il est à noter que des **parts de société civile** ne sont des immeubles ni sur le plan juridique ni sur le plan fiscal. Par conséquent, lorsqu'un non-résident cède des parts d'une société civile, il ne cède pas un immeuble mais un bien meuble. L'imposition en France des plus-values réalisées dans cette circonstance n'est donc généralement pas possible si la convention fiscale ne vise pas expressément les cessions de parts de sociétés à prépondérance immobilière. N'étant pas de nature immobilière au sens de la convention, ces plus-values sont le plus souvent imposables seulement dans l'État de résidence du cédant. Tout dépend cependant, selon l'interprétation que le Conseil d'État a faite de la convention fiscale franco-belge du 10 mars 1964 (n° 65288), de la façon dont les termes employés par la convention sont définis.

Les exemples suivants permettent d'éclairer ces principes.

Premier exemple : **cession** de parts de sociétés civiles immobilières **par un associé fiscalement résident de Belgique (personne physique ou personne morale).** 65288

La convention franco-belge du 10 mars 1964 prévoit que les revenus provenant de biens immobiliers situés sur le territoire français sont imposables en France (art. 3 § 1). Elle ajoute que la notion de « bien immobilier » se détermine d'après les lois de l'État où est situé le bien considéré et que ces règles s'appliquent également aux bénéfices résultant de l'aliénation de biens immobiliers (art. 3 § 2 et 4).

On pouvait penser qu'il en résultait que les plus-values réalisées par un résident de Belgique lors de la cession de parts d'une SCI française n'étaient pas imposables en France, étant donné que des parts de SCI ne sont pas des « immeubles » mais, juridiquement et fiscalement, des biens « meubles ».

Le Conseil d'État a cependant jugé, au contraire, que, dès lors que l'article 244 bis A du CGI soumet les plus-values de cession de parts dans les sociétés à prépondérance immobilière au même régime que les plus-values immobilières, la loi fiscale assimile à des biens immobiliers les parts des sociétés civiles à prépondérance immobilière lors de leur aliénation par un non-résident (CE 24-2-2020 n° 436392 : RJF 5/20 n° 480). Il a, par conséquent, refusé d'annuler pour excès de pouvoir le BOI-INT-CVB-BEL-10-10 n° 130 qui, commentant la convention fiscale franco-belge, affirme que la France a le droit d'imposer les plus-values de cession par un résident de Belgique de parts de sociétés à prépondérance immobilière quelconques, même s'il ne s'agit pas de sociétés transparentes visées à l'article 1655 ter du CGI et au protocole annexé à la convention.

Est ainsi validée la position de l'administration qui estime que le point 2 du protocole annexé à la convention – qui précise que la France peut considérer comme des biens immobiliers les parts de sociétés transparentes visées à l'article 1655 ter du CGI – n'a pas un caractère limitatif et qu'il vise également les droits détenus dans les sociétés civiles immobilières de toute nature (BOI précité). La solution a d'ailleurs été reprise notamment par CAA Versailles 11-2-2021 n° 18VE01992, arrêt qui a fait l'objet d'un pourvoi non admis par CE (na) 27-12-2021 n° 451625 : RJF 4/22 n° 386.

65290 **Deuxième exemple** : **cession** de parts de SCI **par une personne physique fiscalement résidente du Royaume-Uni.**

La convention fiscale franco-britannique du 19 juin 2008 contient un dispositif étendu en ce qui concerne les parts ou actions de sociétés à prépondérance immobilière ; ainsi, l'article 14 de cette convention (« gains en capital ») stipule :

– que les gains provenant de l'aliénation de biens immobiliers situés dans un État sont imposables dans cet État, ce qui est classique ;

– et, ce qui est moins habituel, que les gains provenant de l'aliénation d'actions (autres que des actions faisant l'objet de négociations régulières sur un marché réglementé), parts ou droits tirant leur valeur ou la majeure partie de leur valeur, directement ou indirectement, de biens immobiliers situés dans un État sont imposables dans l'État où les biens immobiliers sont situés.

On en déduit que la personne physique résidente du Royaume-Uni est imposable en France dans les conditions prévues par le droit français, sans difficulté particulière.

65292 **Troisième exemple** : **cession** de parts de SCI **par une société de capitaux fiscalement résidente du Royaume-Uni.**

La question est légèrement plus compliquée car elle exige de vérifier si l'article relatif aux plus-values est bien susceptible de s'appliquer. En effet, d'une façon générale, les bénéfices réalisés par une société de capitaux relèvent de l'article sur les bénéfices des entreprises (Convention du 19-6-2008 art. 7) ; or cet article ne donne à l'État de la source le droit d'imposer qu'en présence d'un établissement stable situé sur son territoire. On pourrait apparemment en déduire que la France n'aurait pas le droit d'imposer une plus-value immobilière réalisée par une société de capitaux britannique qui n'aurait pas d'établissement stable en France.

Toutefois, cette conclusion serait incorrecte car, précisément, le paragraphe 7 de l'article 7 de cette convention prend soin de préciser que « lorsque les bénéfices comprennent des éléments de revenu ou des gains en capital, traités séparément dans d'autres articles de la présente Convention, les dispositions de ces articles ne sont pas affectées par les dispositions du présent article ».

Par conséquent, il y a lieu de considérer que la France conserve le droit d'imposer une telle plus-value, les règles relatives à l'établissement stable étant écartées par celles qui sont relatives à l'imposition des gains en capital.

> **Précisions** Sous l'empire de l'ancienne convention fiscale franco-britannique, celle du 22 mai 1968, la solution était différente car la convention prévoyait que l'expression « bénéfices industriels et commerciaux » incluait les plus-values. Ainsi, dans le passé, une société britannique qui cédait des parts de SCI n'était pas imposable en France au titre de la plus-value réalisée, sauf si ces parts étaient rattachables à un établissement stable en France. Cette manière de voir avait été retenue par le Conseil d'État à propos de la situation d'une société britannique qui avait réalisé des plus-values lors de la cession de parts d'une société civile d'exploitation agricole (CE 9e et 10e s.-s. 25-2-2004 n° 250328, min. c/ Sté Hallminster Ltd : RJF 5/04 n° 463).

65293 **Quatrième exemple** : **cession** de parts de SCI **par une société de capitaux fiscalement résidente du Luxembourg.**

L'article 13 § 4 de la convention fiscale franco-luxembourgeoise du 20 mars 2018 prévoit que les gains qu'un résident d'un État (le Luxembourg, dans cet exemple) tire de l'aliénation d'actions, parts ou autres droits dans une société, une fiducie ou toute autre institution ou entité sont imposables dans l'autre État (ici, la France) si, à tout moment au cours des 365 jours qui précèdent l'aliénation, ces actions, parts ou autres droits tirent plus de 50 % de leur valeur, directement ou indirectement, de biens immobiliers situés dans cet autre État (France). Il est précisé que, pour l'application de cette disposition, ne sont pas pris en considération les biens immobiliers affectés par une telle société, fiducie ou entité à sa propre activité d'entreprise.

Par ailleurs, l'article 7 § 4 de la même convention stipule que lorsque les bénéfices comprennent des éléments de revenu traités séparément dans d'autres articles de la convention, les dispositions de ces articles ne sont pas affectées par les dispositions relatives aux bénéfices des entreprises (imposition d'une société luxembourgeoise seulement si elle dispose d'un établissement stable en France).

Les plus-values réalisées par une société résidente du Luxembourg lors de la cession de parts de SCI françaises sont donc imposables en France sans difficulté particulière.

DEUXIÈME CAS : SOCIÉTÉS CIVILES QUI NE SONT PAS À PRÉPONDÉRANCE IMMOBILIÈRE

Dans ce cas, la plus-value est exonérée car elle entre, à notre avis, dans le champ d'application de l'article 244 bis C du CGI et ne constitue d'ailleurs pas, en principe, un revenu de « source française » au sens des articles 164 B I et II du CGI. Il n'en irait autrement que si la société civile était assujettie à l'impôt sur les sociétés et si le seuil de 25 % était dépassé, compte tenu de l'article 244 bis B du CGI, ou bien, sans condition de seuil, en présence d'un cédant domicilié ou établi dans un État ou territoire non coopératif (n° 65265). 65295

Cette solution est cohérente avec le fait que, d'une façon générale, les plus-values réalisées par des contribuables domiciliés hors de France lors de la cession de biens meubles ne sont pas imposables en France.

Dans la mesure où la loi est dans le sens de l'exonération, les **stipulations conventionnelles** qui peuvent donner à la France le droit d'imposer restent sans portée pratique. Elles ne rendent pas la plus-value automatiquement imposable, mais elles se bornent à en permettre l'imposition si le droit interne le prévoit. D'une façon générale, en effet, les revenus qui peuvent être imposés sur le fondement d'une convention fiscale ne doivent être « non imposables » en France que du fait du choix français en matière de territorialité de l'impôt et non **parce que le législateur a choisi de les exonérer.** En ce sens, il a été jugé que des plus-values réalisées lors de la cession de titres de sociétés françaises par une personne physique fiscalement domiciliée en Chine ne sont pas imposables en France dès lors qu'elles sont exonérées par un texte exprès de droit interne alors même que la convention fiscale franco-chinoise donne à la France le droit de les imposer (TA Montreuil 18-11-2011 n° 1005653, Griveau : RJF 6/12 n° 552 ; jugement définitif).

Premier exemple : cession par un associé résident d'Allemagne de parts d'une société civile française de portefeuille. 65297

L'article 7 (4) de la convention fiscale franco-allemande du 21 juillet 1959 modifiée stipule que les gains qu'un résident d'un État tire de l'aliénation d'actions, de parts ou droits tirant directement ou indirectement plus de 50 % de leur valeur de biens immobiliers situés dans l'autre État sont imposables dans cet autre État. Ce texte n'est cependant pas applicable en l'espèce, s'agissant d'une cession portant sur des parts d'une société civile de portefeuille, non immobilière.

On en déduit que la plus-value entre dans le champ du paragraphe 5 de l'article 7 de la convention et qu'elle n'est, par conséquent, imposable que dans l'État dont le cédant est un résident, soit ici l'Allemagne.

Il faut cependant réserver le cas des « anciens résidents », étant donné que le paragraphe 6 de l'article 7 de la convention précise que, lorsqu'une personne physique a été résidente d'un État pendant une période de cinq ans ou plus et qu'elle est devenue résidente de l'autre État, il n'est pas interdit au premier État d'imposer selon son droit interne la plus-value réalisée, pendant la période de résidence de cette personne dans cet État, sur les participations dans une société résidente de cet État (cas, par exemple, d'un résident de France qui devient résident d'Allemagne et réalise ensuite une plus-value de cession de parts d'une société civile française non immobilière).

Deuxième exemple : société civile de portefeuille dont les parts sont majoritairement détenues par une personne physique résidente du Royaume-Uni. 65299

La **convention franco-britannique** du 19 juin 2008 prévoit (art. 14 § 5) que les gains provenant de l'aliénation de tous biens, autres que les biens immobiliers ou parts ou actions de sociétés à prépondérance immobilière, navires ou aéronefs ou biens affectés à un établissement stable, ne sont imposables que dans l'État dont le cédant est un résident. Par conséquent, la plus-value n'est **pas** normalement **imposable** en France, quel que soit l'état du droit interne français.

Il y a toutefois deux dérogations, dont la portée dépasse d'ailleurs le seul cas des sociétés civiles :

– il est stipulé que le principe conventionnel d'imposition dans l'État de résidence n'empêche pas un État de prélever, conformément à sa législation, un impôt sur les gains tirés de l'aliénation de tout bien par une personne qui est, et qui a été, à un moment quelconque **pendant les six années fiscales précédentes,** un résident de cet État ou par une personne qui est un résident de cet État à un moment quelconque de l'année fiscale au cours de laquelle le bien est aliéné (la convention est maladroitement rédigée, mais elle ne vise évidemment que les « anciens résidents » ainsi qu'il a été jugé par CAA Versailles 19-10-2021 n° 20VE01265 : RJF 2/22 n° 184 ; arrêt définitif) ; il en résulte que, par exemple, une personne physique résidente du Royaume-Uni et qui a été résidente de France à un moment quelconque au cours des six années précédentes est imposable en France en cas de cession d'une participation substantielle dans le capital d'une société civile française si celle-ci est passible de l'impôt sur les sociétés (le cas échéant, la personne physique est alors imposable en tant que non-résident de France, sur le fondement de l'article 244 bis B du CGI) ;

– en outre, pour prévenir les conséquences du dispositif britannique de « remittance basis » (imposition des revenus étrangers seulement s'ils sont rapatriés au Royaume-Uni, pour les **résidents « non domiciliés »**), il est précisé que lorsque, en application du principe d'imposition à la résidence, des gains ne sont imposables que dans l'un des États et qu'en application de la législation interne en vigueur dans cet État une personne y est soumise à l'impôt sur le montant de ces gains qui est transféré ou reçu dans cet État et non sur leur montant total, l'exonération qui doit être accordée, en application de cet article, par l'autre État ne s'applique qu'à la part des gains imposée dans le premier État. Par conséquent, un Français expatrié au Royaume-Uni et qui n'y est pas imposable sur une plus-value française non rapatriée au Royaume-Uni reste imposable en France dans les conditions prévues par le droit interne français, comme précédemment, c'est-à-dire en tenant compte de sa qualité de non-résident de France.

Bien entendu, ces dispositions restent théoriques lorsque la France n'impose pas en droit interne ; ainsi, en ce qui concerne les sociétés civiles translucides, la France reçoit ici un droit d'imposer qui restera sans portée réelle tant qu'elle n'aura pas introduit dans son droit interne un dispositif en permettant l'utilisation pratique. Il n'y a pas lieu, à notre avis, de rechercher une imposition sur le revenu par voie de rôle, sur le fondement de l'article 165 bis du CGI, dans la mesure où ces plus-values sont expressément exonérées en droit interne.

65301 Bien entendu, la plus-value est imposable en France si elle est rattachable à un **établissement stable** en France de l'associé non résident (cas où des parts de société civile sont inscrites à l'actif d'un établissement français d'une société étrangère, par exemple).

g. Relations financières entre une société civile française et ses associés non résidents

65304 Sans entrer dans le détail de toutes les situations possibles, on se bornera à signaler que la dualité de traitement des sociétés civiles dans l'ordre international peut éventuellement être source de **doubles exonérations.**

Tel peut être le cas lorsqu'une société civile française verse à ses associés des intérêts ou des redevances dont le caractère normal n'est pas contesté. Dans cette situation, en effet, les sommes sont, en principe, déductibles pour la détermination des résultats de la société civile et imposées entre les mains des associés, lorsqu'ils sont résidents de France (nos 20045 s.). Lorsque les associés sont non résidents, ces sommes ne sont généralement pas imposables en France, étant donné que, d'une façon générale, le prélèvement forfaitaire obligatoire n'est applicable aux non-résidents que si le paiement s'effectue hors de France dans un État ou territoire non coopératif.

Mais la situation doit aussi être analysée dans le pays de résidence des associés. Ceux-ci peuvent ou non y être imposés sur les sommes perçues en fonction du droit interne de cet État. Ce dernier peut souvent être conduit à les exonérer s'il les considère comme imposables en France au motif qu'elles seraient rattachées à un établissement stable en France. Telle sera la situation dans les pays qui estiment que la participation à une société civile française est assimilée à un établissement en France. On est alors en présence de sommes déductibles en France et non imposées à l'étranger (sur la situation inverse, voir nos 65680 s.). Cette situation peut se rencontrer dans le cadre franco-allemand, compte tenu de l'approche différente adoptée par les droits internes de ces deux pays.

Ainsi, lorsque des intérêts ou redevances ne sont pas passibles d'une retenue à la source en France, compte tenu des conventions fiscales ou du droit interne, ils peuvent, en définitive, bénéficier d'une double exonération si les associés sont, compte tenu du droit qui leur est applicable, exonérés dans leur État de résidence.

> **Précisions** Les loyers payés par une société civile au titre de la mise à disposition d'un immeuble par un associé sont en principe déductibles. Mais ils sont également imposables en France au nom de l'associé non résident dès lors qu'il s'agit de revenus d'un immeuble situé dans notre pays.

C. Situation fiscale en France des associés non résidents au regard du capital représenté par les parts d'une société civile française

Les personnes physiques non résidentes de France sont, sous réserve que le seuil d'imposition soit atteint, passibles de l'impôt sur la fortune immobilière (IFI) au titre de la détention de parts ou actions de sociétés ou organismes français ou étrangers, en ce compris des parts de sociétés civiles françaises, à hauteur de la fraction de la valeur de ces parts ou actions qui est représentative de biens et droits immobiliers situés en France. **65320**

Quant aux droits de mutation à titre gratuit, ils sont par principe exigibles en cas de transmission des parts d'une société civile française par voie de **donation** ou de **succession** quelle que soit la composition de l'actif.

1. IMPOSITION DE LA FORTUNE REPRÉSENTÉE PAR DES PARTS DE SOCIÉTÉS CIVILES

PRINCIPES

En application des principes généraux et des règles de territorialité, les parts de sociétés civiles françaises détenues par des personnes physiques non domiciliées en France sont assujetties à l'IFI à hauteur de la fraction de leur valeur qui est représentative de **biens ou droits immobiliers** situés en France. **65340**

La détermination de la fraction imposable n'appelle pas de commentaires particuliers, étant donné que les mêmes règles et principes sont applicables que l'associé soit domicilié ou non en France. Il en va de même, plus généralement, de toutes les règles relatives aux biens exonérés, à la notion de valeur vénale imposable ou à la déduction, éventuellement limitée, des dettes.

Par exception, indépendamment du cas particulier des parts de sociétés civiles, le mécanisme du **plafonnement** résultant de l'article 979 du CGI est réservé par la loi aux seules personnes qui ont leur domicile fiscal en France.

Autre différence, qui, là encore dépasse le cadre des sociétés civiles, les personnes possédant des actifs immobiliers situés en France sans y avoir leur domicile fiscal peuvent être invitées par le service des impôts à désigner un **représentant** en France (CGI art. 983) ; cette obligation ne s'impose cependant pas aux personnes qui ont leur domicile fiscal dans un autre État membre de l'Union européenne ou dans un autre État partie à l'accord sur l'Espace économique européen ayant conclu avec la France une convention d'assistance administrative en vue de lutter contre la fraude et l'évasion fiscales ainsi qu'une convention d'assistance mutuelle en matière de recouvrement de l'impôt (à savoir, les États membres de l'Union européenne ainsi que l'Islande et la Norvège).

BIENS IMMOBILIERS IMPOSABLES

Les biens immobiliers situés en France s'entendent de ceux qui ont une **assiette matérielle** en France métropolitaine ou dans les départements et régions d'outre-mer (Guadeloupe, Réunion, Mayotte, Guyane et Martinique) ; les droits immobiliers situés en France sont ceux afférents à des biens immobiliers situés en France. **65350**

En ce qui concerne les biens et droits immobiliers situés en France et détenus **indirectement,** notamment par l'intermédiaire d'une société civile, l'actif de la société ou de l'organisme à prendre en compte est constitué :

– des immeubles bâtis ou non bâtis situés sur le territoire français ou des droits immobiliers portant sur ces biens (usufruit, nue-propriété, droit d'usage, etc.), qu'ils soient ou non donnés en location ;

– des titres ou des droits d'une personne morale ou d'un organisme, établi en France ou hors de France, propriétaire, directement ou indirectement, de biens ou droits immobiliers situés sur le territoire français.

Les **exclusions** de certaines parts ou actions, prévues aux articles 965, 2°-al. 3 et 4 (détention de moins de 10 % du capital et des droits de vote dans une société ayant une activité industrielle ou commerciale), 972 bis (détention de moins de 10 % des droits dans un organisme de placement collectif) et 972 ter du CGI (détention de moins de 5 % du capital et des droits de vote d'une SIIC) s'appliquent pour la détermination de l'assiette imposable des redevables non domiciliés en France.

Par exemple, un non-résident qui détient **moins de 10 % du capital** et des droits de vote d'une société ayant une activité commerciale, propriétaire d'un immeuble situé en France n'est pas soumis à l'IFI sur la valeur des parts ou actions de cette société, sous réserve des exceptions mentionnées au cinquième alinéa du 2° de l'article 965 du CGI (immeubles dont le redevable se réserve la jouissance en fait ou en droit).

Enfin, par différence avec l'ancien ISF, qui ne s'appliquait pas aux **placements financiers** des non-résidents, ces derniers n'échappent pas à l'IFI en cas de détention de moins de 10 % du capital d'une société française ou étrangère qui, même sans être à prépondérance immobilière, détient un immeuble en France (sous réserve des mêmes exceptions que celles qui s'appliquent aux résidents).

INCIDENCE ÉVENTUELLE DES CONVENTIONS FISCALES

65355 Il n'est pas certain, à notre avis, que les conventions fiscales soient applicables à l'IFI ; certes, l'administration indique que les dispositions relatives à l'IFI s'appliquent « sous réserve des conventions internationales » et que les principes guidant l'interprétation des dispositions des conventions fiscales utilisées en matière d'ISF sont repris en matière d'IFI. Mais elle ajoute immédiatement, ce qui nuance fortement l'affirmation précédente, qu'« il n'en reste pas moins qu'une convention applicable à l'ISF ne l'est pas nécessairement à l'IFI, un **examen au cas par cas** des stipulations conventionnelles étant nécessaire » (BOI-PAT-IFI-10 n° 30). L'administration ne précise pas quels critères seraient déterminants pour décider si les conventions fiscales s'appliquent ou non à l'IFI, ce qui crée un élément important d'incertitude.

Au demeurant, l'incertitude est d'autant plus grande que l'IFI n'est évidemment visé par aucune convention fiscale, même par la convention fiscale franco-luxembourgeoise du 20 mars 2018, qui vise l'impôt sur la fortune en général et non pas l'impôt sur la fortune immobilière (la doctrine administrative précise cependant que la convention s'applique à l'IFI : BOI-INT-CVB-LUX-10 n° 280). En outre, le Conseil constitutionnel a qualifié l'IFI non pas d'impôt sur la fortune mais de « **contribution spécifique** » instaurée « dans un objectif de rendement budgétaire » (Cons. const. 28-12-2017 n° 2017-758, loi de finances pour 2018 : RJF 3/18 n° 289) et il ressort de la jurisprudence du Conseil d'État que les différences d'assiette sont un élément important pour l'appréciation de la nature « identique ou analogue » des impositions nouvelles par rapport aux impositions déjà couvertes par la convention (CE plén. 13-6-2018 n° 415769, c/ Sté Deutsche Bahn AG : RJF 10/18 n° 974).

Cela étant, il est possible que la position de l'administration s'éclaircisse ou que le juge de l'impôt admette l'assimilation, dans la mesure notamment où telle était apparemment **l'intention du législateur** ; il avait ainsi été souligné que « la transformation de l'ISF en IFI n'emportera pas de conséquence sur l'application des conventions fiscales internationales, dont certaines prévoient des mesures spécifiques d'imposition sur la fortune » et que « en qualifiant l'IFI d'impôt sur la "fortune" le présent dispositif s'inscrit donc dans les catégories généralement retenues par ces conventions fiscales [celles reprenant l'article 22 du modèle de convention fiscale de l'OCDE] » (rapport n° 273 du 12 octobre 2017 de la commission des finances de l'Assemblée nationale sur le projet de loi de finances pour 2018, p. 450).

CONVENTIONS FISCALES NON APPLICABLES À L'IMPÔT SUR LA FORTUNE, EN TOUTE HYPOTHÈSE

65358 Il s'agit des conventions fiscales qui non seulement ne visent ni l'IFI, ni l'ancien ISF, ni l'ancien impôt sur les grandes fortunes (IGF), mais également ne contiennent pas un dispositif suffisant en matière de fortune. Dans ce cas, le droit interne s'applique sans difficulté particulière.

Par exemple, un associé résident du Royaume-Uni qui détient des parts d'une société civile française ne bénéficie, en tout état de cause, d'aucune exonération spécifique dans la mesure où la convention du 19 juin 2008 ne vise ni l'ancien ISF ni les impôts de nature analogue (une exonération temporaire est simplement prévue pour les Britanniques résidents de France en ce qui concerne leurs biens étrangers). Il en va de même, notamment, d'un associé résident de Belgique, compte tenu de la convention franco-belge du 10 mars 1964.

CONVENTIONS FISCALES NE CONTENANT PAS DE DISPOSITIF SUR LES SOCIÉTÉS À PRÉPONDÉRANCE IMMOBILIÈRE

65361 Lorsque la convention reprend le modèle proposé par le comité des affaires fiscales de l'OCDE, ce qui est le cas général, elle pose les principes suivants :

– la fortune constituée par des biens immobiliers est imposable dans l'État où ces biens sont situés ;

– la fortune constituée par des biens mobiliers qui font partie de l'actif d'un établissement stable qu'une entreprise d'un État a dans l'autre État, ou par des biens mobiliers qui appartiennent à une base fixe dont un résident d'un État dispose dans l'autre État pour l'exercice d'une profession indépendante, est imposable dans cet autre État ;

– la fortune constituée par des navires ou aéronefs exploités en trafic international n'est imposable que dans l'État du siège de direction effective de l'entreprise qui l'exploite ;

– tous les autres éléments de la fortune d'un résident d'un État ne sont imposables que dans cet État.

Dans ce cas, si l'on admet que la convention s'applique à l'IFI, elle conduit à exonérer les **parts de sociétés civiles** détenues par les associés qui ne sont pas domiciliés en France, même à hauteur de leur composante « immobilière française » ; des parts de sociétés civiles restent, en effet, des **biens meubles** en droit français, même si l'actif de la société est majoritairement ou partiellement constitué d'immeubles. On devrait donc écarter les règles conventionnelles permettant d'assujettir les biens immobiliers à l'IFI, puisque le non-résident ne détient pas directement des immeubles mais des parts d'une société civile. Dans ce cas, les parts de sociétés civiles entrent en principe dans la catégorie des « autres éléments de la fortune », qui ne sont imposables que dans l'État de résidence de leur détenteur.

Certaines conventions fiscales, tout en ne visant ni l'IFI ni l'ex-ISF ni l'ex-IGF, comportent des **dispositions en matière de fortune** et pourraient donc, si l'on admet le principe de l'application de ces conventions à l'IFI, avoir une incidence sur la situation des associés non résidents d'une société civile française. **65365**

Tel est le cas, par exemple, de la **convention franco-luxembourgeoise** du 20 mars 2018, dont l'administration précise qu'elle s'applique à l'IFI (BOI-INT-CVB-LUX-10 nº 280) ; l'article 21 de cette convention prévoit que les éléments de la fortune d'un résident d'un État (Luxembourg) ne sont imposables que dans cet État (Luxembourg), sauf s'il s'agit de biens immobiliers, de biens affectés à un établissement stable ou de navires ou assimilés. Cette rédaction devrait conduire à exclure que la France ait le droit d'imposer des parts de sociétés civiles françaises, même à hauteur de leur composante « immobilière française », étant donné que des parts de SCI, par exemple, ne sont pas des immeubles mais des biens meubles.

Il pourrait toutefois en aller différemment si l'on devait considérer que la notion de « biens immobiliers » a, selon la convention fiscale, le sens que lui attribue le droit de l'État où les biens considérés sont situés (France) et si l'on faisait prévaloir une approche « fiscale » sur une approche « juridique » de cette notion. En l'état de sa jurisprudence, le juge judiciaire ne devrait pas l'accepter (nº 65408) mais il pourrait cependant être influencé par le raisonnement d'assimilation retenu par le Conseil d'État à propos de la convention fiscale franco-belge en matière d'imposition des plus-values (nº 65288).

Conventions fiscales comportant un dispositif sur les sociétés à prépondérance immobilière **65367** Il arrive souvent, particulièrement avec les conventions fiscales modernes, que la convention permette l'imposition des parts ou actions de sociétés à prépondérance immobilière en France.

Le dispositif peut être plus ou moins étendu. Par exemple, certaines **conventions très extensives** prévoient que la fortune constituée par des actions, parts ou autres droits dans une société, une fiducie ou une institution comparable, dont l'actif est constitué pour au moins 50 % de sa valeur, ou tire au moins 50 % de sa valeur, directement ou indirectement, de biens immobiliers situés dans un État contractant ou de droits portant sur de tels biens, est imposable dans cet État. Lorsque tel est le cas, il est en général prévu que, pour l'application de cette disposition, ne sont pas pris en considération les biens immobiliers affectés par une telle société à sa propre exploitation industrielle, commerciale ou agricole, ou à l'exercice par elle d'une profession indépendante.

En présence d'un dispositif spécial donnant à la France le droit d'imposer des parts de sociétés à prépondérance immobilière en France, il n'y a pas de difficulté ; le droit interne français s'applique dans les conditions habituelles, à savoir, bien entendu, à hauteur seulement de la composante « immobilière française » des parts de la société civile.

En revanche, si, avec un dispositif de ce type, la société civile n'est pas à prépondérance immobilière en France, et si l'on suppose que la convention fiscale est bien applicable à l'IFI, la France devrait perdre le droit d'imposer même à hauteur de la composante « immobilière française » des parts.

Pour ne prendre qu'un exemple, un associé **résident d'Autriche** est, compte tenu de la convention du 26 mars 1993, susceptible d'être imposé en France au titre de la détention de parts de sociétés civiles françaises, à hauteur de la composante « immobilière française » des **65369** parts. La convention prévoit, en effet, à l'article 22 § 1-b), que la fortune constituée par des actions, parts ou autres droits dans une société ou personne morale dont l'actif est principalement constitué, directement ou par l'interposition d'une ou plusieurs autres sociétés ou personnes morales, d'immeubles situés dans un État ou de droits portant sur de tels biens est imposable dans cet État. Elle ajoute cependant, par cohérence avec les règles prévues en droit interne français, que, pour l'application de cette disposition, les immeubles affectés par cette société ou personne morale à sa propre exploitation industrielle, commerciale, agricole, ou à l'exercice d'une profession non commerciale ne sont pas pris en considération.

Étant donné cette stipulation, une personne physique domiciliée en Autriche et qui détient des parts d'une société civile française est susceptible d'être imposée en France à hauteur de la composante « immobilière française » des parts si l'actif de la société est principalement constitué de biens immobiliers situés en France ; si tel n'est pas le cas, et sous réserve que la convention soit bien applicable à l'IFI, le non-résident ne devrait pas être imposable en France, même si la société détient un actif immobilier situé en France et qui entrerait autrement dans le champ de l'impôt.

Il est à noter, à toutes fins utiles, que la Cour de cassation tend à interpréter de façon large les stipulations relatives à la prépondérance immobilière ; par exemple, un **résident d'Arabie Saoudite** a été jugé passible de l'ancien ISF au titre de la détention aussi bien des parts de deux **sociétés civiles luxembourgeoises,** détenant elles-mêmes la totalité des parts d'une **SCI française** propriétaire d'immeubles situés en France, que des titres d'une société luxembourgeoise de capitaux détenant une autre société luxembourgeoise elle-même propriétaire de la totalité du capital d'une SAS française détenant un immeuble en France (Cass. com. 19-1-2010 n° 08-20.936, Al Sheikh : RJF 5/10 n° 542). En l'espèce, il a suffi pour la Cour de constater que la convention fiscale franco-saoudienne du 18 février 1982 stipule que les parts ou actions d'une société dont les actifs sont constitués pour plus de 50 % par des biens immobiliers situés dans un État ou par des droits portant sur de tels biens sont considérées comme des biens immobiliers situés dans cet État, alors même que la convention n'envisage pas le cas d'une détention indirecte d'immeubles en France. La Cour a fondé la solution sur le fait que les actifs des sociétés en cause étaient constitués, **directement ou indirectement,** pour plus de 50 % par des biens immobiliers situés en France, sans s'attacher à la lettre de la convention fiscale.

65371 **Conventions fiscales comportant un dispositif sur les participations substantielles dans le capital de sociétés françaises** Certaines conventions fiscales contiennent un dispositif prévoyant que la fortune constituée par des actions, parts ou autres droits (en général dans des sociétés qui ne sont pas à prépondérance immobilière, celles-ci faisant également l'objet d'un traitement conventionnel spécifique dans ce genre de conventions), qui font partie d'une participation substantielle dans une société qui est un résident d'un État, est imposable dans cet État. La convention précise le plus souvent qu'il existe une participation substantielle lorsqu'une personne, seule ou avec des personnes apparentées, détient directement ou indirectement des actions, parts ou autres droits dont l'ensemble ouvre droit à au moins 25 % des bénéfices de la société.

Ces rédactions permettent à la France d'assujettir à l'IFI des non-résidents au titre de la détention de parts de sociétés civiles qui ne sont pas à prépondérance immobilière en France lorsque le seuil de 25 % est atteint. Elles permettraient donc à la France d'imposer un associé non-résident d'une société civile française qui ne serait pas à prépondérance immobilière en France mais qui détiendrait tout de même un actif immobilier imposable, si le seuil de détention de 25 % est atteint.

65373 On retrouve une clause de cette nature dans la **convention fiscale franco-américaine** du 31 août 1994 modifiée, dont l'article 23 prévoit que la fortune constituée par des actions, parts, ou droits qui font partie d'une participation substantielle dans une société qui est un résident d'un État est imposable dans cet État. La convention précise qu'il existe une participation substantielle lorsqu'une personne physique, seule ou avec des personnes apparentées, détient, directement ou indirectement, des actions, parts ou droits dont l'ensemble ouvre droit à au moins 25 % des bénéfices de la société. Cette clause, toutefois, ne s'applique pas aux sociétés à prépondérance immobilière qui sont visées par un autre dispositif aux termes duquel la fortune constituée par des actions, parts ou droits dans une société dont l'actif est constitué pour au moins 50 % de biens immobiliers situés dans un État, ou tire au moins 50 % de sa valeur, directement ou indirectement, de biens immobiliers situés dans un État, est imposable dans cet État.

2. DROITS DE MUTATION À TITRE GRATUIT

EN DROIT INTERNE

D'une façon générale, sous réserve des conventions fiscales, si le **défunt** (ou le donateur) est **non résident** de France, deux situations sont à distinguer : 65393

– si l'héritier ou le donataire n'est pas résident de France, seuls les biens français (situés en France) sont imposables ;

– si l'héritier ou le donataire est résident de France, les biens étrangers sont imposables en sus des biens français, sauf en cas de domiciliation en France de moins de six ans au cours des dix dernières années.

La loi considère comme « françaises », c'est-à-dire **situées en France,** les créances sur un débiteur qui est établi en France ou qui y a son domicile fiscal ainsi que les valeurs mobilières émises par l'État français, une personne morale de droit public française ou une société qui a en France son siège social statutaire ou le siège de sa direction effective, quelle que soit la composition de son actif (CGI art. 750 ter). 65395

Des parts d'une **société civile française,** même non immobilière, sont des biens français au sens de ce texte. Leur transmission à titre gratuit est donc nécessairement imposable en France quelle que soit la composition de l'actif de la société civile, c'est-à-dire aussi bien s'il s'agit d'une société civile immobilière que s'il s'agit d'une société civile de gestion de valeurs mobilières ou autres.

Il peut en aller de même de parts de **sociétés civiles étrangères à prépondérance immobilière** en France. Sont également considérées comme « françaises », en effet, les actions et parts de sociétés ou personnes morales non cotées en bourse dont le siège est situé hors de France et dont l'actif est principalement constitué d'immeubles ou de droits immobiliers situés sur le territoire français, à proportion de la valeur de ces biens par rapport à l'actif total de la société. Les immeubles situés sur le territoire français, affectés par une personne morale, un organisme ou une société à sa propre exploitation industrielle, commerciale, agricole ou à l'exercice d'une profession non commerciale ne sont cependant pas pris en considération.

Enfin, des immeubles situés en France sont également imposables en cas de **détention indirecte** par des non-résidents. Un immeuble ou droit immobilier est réputé possédé indirectement lorsqu'il appartient à des personnes morales ou des organismes dont le donateur ou le défunt, seul ou conjointement avec son conjoint, leurs ascendants ou descendants ou leurs frères et sœurs, détient **plus de la moitié** des actions, parts ou droits, directement ou par l'intermédiaire d'une chaîne de participations, quel que soit le nombre de personnes morales ou d'organismes interposés. La **valeur** des immeubles ou droits immobiliers possédés indirectement est déterminée par la proportion de la valeur de ces biens ou des actions, parts ou droits représentatifs de tels biens, dans l'actif total des organismes ou personnes morales dont le donateur ou le défunt détient directement les actions, parts ou droits.

Ces règles sont bien entendu applicables sous réserve des conventions fiscales qui visent les droits de donation ou de succession.

Dans l'hypothèse où le défunt aurait une créance sur la société civile, par exemple sous la forme d'un **compte courant** d'associé, la transmission de cette créance serait imposable en France, étant un bien « situé en France » pour l'application des droits de mutation à titre gratuit. 65397

Un non-résident ne peut donc pas chercher par ce moyen à ce que sa succession échappe à l'impôt français. Les parts de la société civile peuvent n'avoir que peu de valeur, mais la modicité de cette valeur est compensée par l'existence d'une créance elle-même passible des droits de mutation à titre gratuit.

INCIDENCES DES CONVENTIONS FISCALES

Il existe un certain nombre de conventions fiscales applicables aux droits de mutation à titre gratuit, nettement moins toutefois qu'en ce qui concerne le revenu. Les conventions sont très peu nombreuses à viser également les droits de donation. 65400

Lorsqu'elles sont applicables, les conventions fiscales peuvent modifier les règles d'imposition des transmissions à titre gratuit de parts de sociétés civiles françaises par des non-résidents.

Principes En général, les conventions fiscales reposent sur les principes suivants, plus ou moins repris du modèle de convention proposé par l'OCDE en 1982 : 65402

– imposition des biens immobiliers dans l'État où ils sont situés ; définition de la notion de bien immobilier par référence au sens attribué à ce terme par le droit de cet État ;

– imposition des biens mobiliers appartenant à un établissement stable ou à une base fixe dans l'État de situation de cet établissement ou base fixe ;
– imposition des autres biens dans l'État du domicile du défunt ou du donateur.

65404 **Élimination des doubles impositions** Elle est normalement assurée par la technique du crédit d'impôt, au moins du côté français. Les biens sont imposables dans les deux États, mais l'impôt exigible dans l'État de situation des biens est imputable sur l'impôt dû dans l'État de résidence du défunt ou du donateur.

65406 **Parts de sociétés civiles immobilières** La question, en présence d'une convention fiscale, est souvent celle de savoir si la France peut imposer des transmissions de parts de sociétés civiles immobilières par des associés non résidents. Tout dépend, à cet égard, des précisions apportées par la convention.

65408 En général, les conventions fiscales ne contiennent pas un dispositif aussi étendu qu'en matière de revenu et se contentent de préciser que la **notion de bien immobilier** est définie par référence à la loi applicable dans l'État de situation du bien, conformément au modèle de l'OCDE. Tel est le cas, notamment, de la convention franco-américaine du 24 novembre 1978 modifiée. L'ancienne convention fiscale franco-suisse, du 31 décembre 1953, en était un autre exemple mais cette convention a cessé de produire ses effets au 31 décembre 2014 de sorte que, pour les successions de personnes décédées depuis le 1er janvier 2015, chaque État applique seulement son droit interne (BOI-INT-CVB-CHE-20 nos 30 et 40) ; même si cette convention n'est plus en vigueur, la façon dont les principes qu'elle posait devaient être interprétés est illustrative du raisonnement et peut éventuellement être transposée pour l'interprétation d'autres conventions fiscales.

L'article 2 de l'ancienne convention franco-suisse en matière de droits de succession, qui posait le principe de l'imposition des biens immobiliers dans l'État de situation, précisait que sont considérés comme biens immobiliers les droits auxquels s'appliquent les dispositions du droit privé concernant la propriété foncière, ainsi que les droits d'usufruit sur les biens immobiliers, à l'exception des créances de toute nature garanties par gage immobilier. Il ajoutait que la question de savoir **si un bien ou un droit a le caractère immobilier** ou peut être considéré comme l'accessoire d'un immeuble doit être résolue d'après la législation de l'État dans lequel est situé le bien considéré ou le bien sur lequel porte le droit envisagé. Enfin, l'article 3 de la convention stipulait que les biens de la succession auxquels l'article 2 n'était pas applicable, y compris les créances de toute nature garanties par gage immobilier, n'étaient soumis aux impôts sur les successions que dans l'État où le défunt avait son dernier domicile.

Dans un tel cas, il y avait lieu de constater que des parts de SCI ne sont pas des immeubles et que par suite les règles conventionnelles applicables étaient celles qui concernent les « autres biens » et non celles qui concernent les immeubles. La France perdait donc le droit d'imposer en cas de transmission à titre gratuit par un résident de Suisse. En ce sens, une réponse ministérielle Patriat du 7 mars 1988 (non reprise au Bofip) avait confirmé que, dans le cadre franco-suisse, des parts ou actions de sociétés françaises d'exploitation agricole n'étaient imposables qu'en Suisse lorsque le défunt y était domicilié au moment de son décès. La solution était transposable aux sociétés civiles immobilières.

Cette manière de voir est conforme à la jurisprudence de la Cour de cassation qui, après avoir un peu erré, a finalement confirmé que des parts de sociétés à prépondérance immobilière en France sont, en l'absence de stipulations conventionnelles contraires, des **biens incorporels de nature mobilière** et non pas des biens immobiliers (Cass. ass. plén. 2-10-2015 n° 14-14.256 n° 622 PB-RI : RJF 12/15 n° 1066, revenant sur la solution précédemment donnée par Cass. com. 9-10-2012 n° 11-22.023 F-PB, DGFiP c/ Eshagh : RJF 1/13 n° 103) ; en l'espèce, la France n'avait donc pas le droit d'imposer la transmission de parts d'une société civile particulière monégasque à prépondérance immobilière en France qui appartenaient à un défunt domicilié à Monaco, dès lors que ces parts relevaient de l'article 6 la convention fiscale franco-monégasque du 1er avril 1950, relatif aux « autres biens » et non pas de l'article 2, relatif aux immeubles et droits immobiliers. Bien que le cas d'espèce ait concerné des parts d'une société étrangère, la solution est naturellement transposable aux parts de sociétés françaises à prépondérance immobilière.

65410 Il arrive que les conventions fiscales soient plus précises et qu'elles visent également la détention de parts ou actions de sociétés à prépondérance immobilière. Tel est le cas, par exemple, de la **convention franco-suédoise** du 8 juin 1994 qui précise que l'expression « biens immobiliers » comprend aussi les actions, parts ou autres droits dans une société ou personne morale dont l'actif est principalement constitué, directement ou par l'interposition d'une ou plusieurs autres sociétés ou personnes morales, d'immeubles situés dans un État contractant ou de droits portant sur de tels biens. Ces actions, parts ou autres droits sont réputés situés dans l'État contractant où les immeubles sont situés. Dans un tel cas, les mutations à titre gratuit sont imposables en France lorsqu'elles portent sur des parts de SCI françaises.

Parts des sociétés civiles de portefeuille La problématique évoquée à propos des parts de sociétés civiles immobilières ne se pose généralement pas en ce qui concerne les parts de sociétés civiles de portefeuille, qui sont normalement considérées, dans les conventions fiscales, comme des « autres biens » imposables exclusivement dans l'État du domicile du défunt ou, le cas échéant, du donateur. 65412

SECTION 2

SOCIÉTÉS CIVILES ÉTRANGÈRES

La situation fiscale en France des sociétés civiles étrangères appelle beaucoup moins de commentaires que celle des sociétés civiles françaises dont les associés sont non résidents ou qui exercent une activité hors de France. 65500

D'une façon générale, les **résidents de France,** personnes physiques ou morales, qui sont **associés** d'une société civile étrangère doivent s'attendre à être imposables dans le pays de constitution de la société civile, en fonction de la législation de ce pays et de la nature des revenus qu'elle a réalisés. Mais il leur faut aussi prendre en compte les règles et principes applicables en droit fiscal français, dans la mesure où leur participation leur ouvre droit à des revenus imposables en France ou représente un patrimoine passible de l'IFI et dont la transmission entre dans le champ des droits de mutation à titre gratuit.

Les **associés non résidents** peuvent également être imposables en France à hauteur des revenus de source française de la société civile étrangère.

A. Imposition des revenus de source française d'une société civile étrangère

On examinera ci-après la situation d'une société civile étrangère dont les associés sont résidents ou non résidents de France et qui dispose de revenus de source française. Si, compte tenu des règles fixées par le Code général des impôts, on sait que ces revenus sont imposables en France, il faut encore déterminer selon quelles modalités et prendre en compte, le cas échéant, l'incidence des conventions fiscales. 65510

1. REVENUS D'ACTIVITÉ EXERCÉE EN FRANCE

Soit une société civile étrangère qui exerce une activité en France ou qui tire des revenus immobiliers de la location d'immeubles situés en France. Plus généralement, on supposera que cette société réalise un revenu de la nature de ceux qui sont imposables par voie de rôle lorsqu'ils reviennent à des non-résidents, à l'exception, par conséquent, de ceux qui font l'objet de prélèvements ou de retenues à la source libératoires (sur ce point, voir nos 65540 s.). 65515

Comme toutes les personnes morales étrangères, les sociétés civiles étrangères doivent déclarer en France les résultats de leurs seules **exploitations situées en France** (principe de territorialité). La question n'est donc pas de savoir si l'impôt est dû, puisqu'il l'est en toute hypothèse, ni si la société civile est éligible, en tant que telle, au bénéfice des conventions fiscales car celles-ci n'ont, en ce qui concerne des revenus d'activité ou des revenus immobiliers, qu'une incidence marginale (sauf, peut-être, pour l'application éventuelle des clauses de non-discrimination). 65517

Il s'agira plutôt de savoir comment imposer ces bénéfices, c'est-à-dire de déterminer qui est **redevable de l'impôt,** l'hésitation étant permise entre la société civile étrangère elle-même et ses associés. Autrement dit, il faudra décider si la France doit nécessairement respecter le principe de transparence qui prévaut, par hypothèse, en droit étranger ou si elle peut considérer que la société civile constitue un écran rendant l'impôt français exigible à son niveau.

65519 Cette question, qui dépend, sauf l'exception de certaines conventions fiscales, du seul **droit interne français,** n'est pas clairement réglée par la loi. En effet, en droit strict, les sociétés visées à l'article 8 du CGI (sociétés « translucides ») ne peuvent être que des sociétés françaises, c'est-à-dire constituées sous l'empire des lois françaises (en ce sens, les conclusions sous la décision Artémis, citée n° 65521, indiquent à juste titre que « l'article 8 ne vise que des sociétés constituées selon le droit français »). Les sociétés civiles étrangères ayant une activité en France devraient alors être traitées systématiquement comme des « autres personnes morales se livrant à une exploitation ou à des opérations de caractère lucratif », visées à l'article 206, 1 du CGI, c'est-à-dire soumises, dans tous les cas, à l'impôt sur les sociétés. Selon cette manière de voir, elles ne seraient jamais « transparentes » ni même « translucides » pour l'application de l'impôt français, sous réserve des stipulations particulières de certaines conventions fiscales.

65521 Cette solution extrême n'est cependant pas celle que retient, en principe, l'**administration,** qui raisonne par assimilation et recherche, en pratique, à quelle catégorie de sociétés françaises les sociétés étrangères concernées pourraient appartenir, en fonction de leurs caractéristiques propres.

La doctrine administrative précise ainsi que les sociétés ou groupements de personnes étrangers, qui, eu égard à leurs caractéristiques propres, peuvent être assimilés à des sociétés de personnes visées à l'article 8 du CGI ou à des groupements de personnes soumis à un régime fiscal analogue, déclarent en France les résultats de leurs seules exploitations situées en France (BOI-IS-CHAMP-60-10-30 n° 475). L'administration ajoute que l'associé, personne morale domiciliée ou non en France et soumise à l'impôt sur les sociétés, n'est imposable en France qu'à raison de la fraction des résultats lui revenant se rapportant à l'entreprise exploitée en France par la société ou le groupement de personnes étranger ainsi qu'à raison des revenus passifs de source française et étrangère rattachables à cette entreprise (elle précise également que ces règles s'appliquent sauf clauses contraires d'une convention fiscale).

La **jurisprudence** est également dans le sens de la recherche de l'assimilation des sociétés étrangères aux sociétés françaises pour la détermination de leur régime d'imposition ; à propos de l'imposition d'une « **corporation** » du Delaware (États-Unis) qui avait réalisé une plus-value immobilière en France, le Conseil d'État a ainsi rappelé que, par principe, il y a lieu, pour déterminer le traitement fiscal d'une opération impliquant une société de droit étranger d'identifier d'abord, au regard de l'ensemble des caractéristiques de cette société et du droit qui en régit la constitution et le fonctionnement, le type de société de droit français auquel la société étrangère est assimilable (reprise de la décision Artémis, citée plus loin). En l'espèce, il est jugé que la société américaine devait être assimilée à une société de capitaux et non à une société de personnes, étant donné ses caractéristiques (CE 9e et 10e ch. 2-4-2021 n° 427880, min. c/ Sté World Investment Corporation : RJF 6/21 n° 597) ; en effet, la **responsabilité de ses associés** était limitée à leurs apports et les titres émis par la société étaient librement négociables. Une telle société devait être assimilée à une société par actions simplifiée et elle était par suite passible de l'impôt sur les sociétés à raison de sa forme, sans qu'il soit besoin d'examiner le caractère lucratif de son activité.

Précédemment, le principe de l'assimilation avait été appliqué à propos d'une partnership britannique qui exerçait en France une activité d'élevage et d'exportation de poisson. Il avait été jugé que cette partnership était assimilable à une société en participation au sens de l'article 1871 du Code civil et qu'elle devait par suite être considérée comme ayant la nature d'une société de personnes au sens de l'article 8 du CGI. Dans la mesure où elle disposait en France d'un établissement stable au sens de la convention fiscale franco-britannique du 22 mai 1968 (ancienne convention), ses deux associés, personnes physiques résidentes du Royaume-Uni, étaient passibles de l'impôt sur le revenu en France à raison des bénéfices industriels et commerciaux réalisés par cet établissement (CAA Paris 16-11-2010 n° 09PA00728, confirmant TA Paris 27-11-2008 n° 02-3419, Neusinger : RJF 8-9/09 n° 761 ; l'arrêt d'appel a fait l'objet d'un pourvoi qui n'a pas été admis par CE (na) 23-12-2011 n° 345675).

Ce mode de raisonnement avait été repris et amplifié par une décision rendue à propos d'une partnership américaine, qui avait donné au Conseil d'État l'occasion de confirmer qu'il appartient au juge de l'impôt d'identifier, **au regard de l'ensemble des caractéristiques** de la société en cause et du droit qui en régit la constitution et le fonctionnement, le type de société de droit français auquel elle est assimilable ; il lui revient ensuite de déterminer, compte tenu de ces constatations, le régime applicable à l'opération litigieuse au regard de la loi fiscale française (CE plén. 24-11-2014 n° 363556, Sté Artémis SA : RJF 2/15 n° 102). Cette décision indique clairement que seules les **caractéristiques juridiques** de la société étrangère doivent être prises en compte, à l'exclusion du **régime fiscal** qui lui est applicable à l'étranger. Dans le même sens, voir les autres décisions citées n° 65525, étant précisé qu'il n'y a pas lieu, aux fins de l'assimilation, de tenir compte du caractère civil ou commercial de l'objet statutaire (CE 9e et 10e ch. 22-7-2022 n° 444942, Sté Phoenix Union Co : RJF 11/22 n° 934).

On doit donc en conclure qu'il y a normalement lieu de rechercher, en présence d'une société civile étrangère, si elle est ou non **assimilable à une société de l'article 8 du CGI** (et en tirer les conséquences sur le plan fiscal), en examinant ses statuts et son mode de fonctionnement. Si elle est assimilable à une société civile française, elle ne sera pas, en tant que telle, imposable en France ; l'impôt sera établi au nom de ses associés, selon leur régime fiscal propre (impôt sur les sociétés ou impôt sur le revenu). Si tel n'est pas le cas, en revanche, c'est la société civile étrangère elle-même qui sera assujettie dans notre pays à l'impôt sur les sociétés. **65523**

Pour déterminer si l'**assimilation** est permise, il convient de se guider sur les **critères** suivants qui sont, en pratique, retenus par l'administration et qui nous paraissent fondés : caractère ostensible ou occulte de la société, plus ou moins grande liberté de cession des parts sociales et étendue de la responsabilité des associés. Ainsi : **65525**

– si les associés ont une responsabilité limitée, il ne saurait s'agir d'une société civile, même si le régime fiscal applicable à cette société, dans son État de constitution, est celui de la transparence fiscale – telle paraît être l'approche pratique de l'administration, même s'il est vrai qu'il peut exister, en France, des sociétés civiles particulières dans lesquelles la responsabilité des associés est limitée (n° 320) ; la jurisprudence est fixée dans ce sens, comme le montre la décision World Investment Corporation (n° 65521) ;

– s'ils ont une responsabilité indéfinie, il peut s'agir d'une société civile, mais il faut encore distinguer, nous semble-t-il, selon que cette responsabilité est solidaire ou simplement conjointe. Si leur responsabilité est conjointe, l'entité pourra être assimilée à une société civile et si elle est solidaire, à une société en nom collectif.

Cette dernière distinction est importante lorsque la société ou l'entité étrangère concernée exerce une **activité commerciale.** Dans ce cas, en effet, si elle est assimilable à une société civile, elle doit normalement être soumise à l'impôt sur les sociétés, comme toutes les sociétés civiles françaises à objet commercial (CGI art. 206, 2°) ; voir nos 10010 s. Tel pourrait être le cas d'une société civile étrangère qui appliquerait en France des méthodes commerciales et qui aurait une activité du type de la gestion d'affaires (missions d'assistance diverses, accomplissements de formalités pour les clients, qui vont au-delà, par exemple, de la simple tenue de comptabilité ou d'une activité de conseil). On notera, par ailleurs, que la classification des revenus dans la catégorie des BIC peut résulter également du défaut de participation des associés aux activités libérales d'un établissement français (par exemple, CE 22-3-1985 n° 48702 et 48703 : RJF 6/85 n° 846). Telle serait la situation d'associés non résidents si l'activité française de la société civile était assurée uniquement par un personnel salarié et au moyen de sous-traitants extérieurs.

De son côté, à propos des critères de l'assimilation, la rapporteure publique, dans ses conclusions sous la décision Artémis (n° 65521), avait indiqué qu'il « sera ainsi possible de tenir compte du point de savoir si l'**identité des associés** est ou non connue, et si la **cession de parts** que ceux-ci détiennent est libre ou non de tout accord préalable de leurs pairs. Surtout, il faudra rechercher si les associés sont ou non personnellement engagés dans la société et si, en cas de pertes réalisées par celle-ci, leur **responsabilité est limitée ou non** aux apports qu'ils ont bien voulu consentir » (conclusions Emmanuelle Cortot-Boucher au BDCF 2/15 n° 15). Si ces indications n'ont pas été reprises par la décision elle-même, qui n'est pas explicite sur ce point, ce sont bien ces critères qui justifient la solution retenue ensuite dans l'affaire World Investment Corporation (n° 65521).

Des précisions intéressantes ont également été apportées à propos de l'imposition de sociétés à responsabilité limitée espagnoles exerçant une activité en France par l'intermédiaire d'un établissement stable et détenues par une personne physique gérante et associée unique (CE 3e et 8e s.-s. 2-2-2015 n° 370385, min. c/ B : RJF 4/15 n° 334). Le Conseil d'État relève que les sociétés espagnoles en cause ont la forme de « sociedad de responsabilidad limitada » et qu'en vertu du droit des sociétés espagnol leur capital est divisé en parts égales, non librement cessibles, entre des associés qui ne répondent des dettes sociales qu'à concurrence de leurs apports et peut, sous certaines conditions, être réuni entre les mains d'un associé unique ; par suite, ces sociétés doivent, pour l'application du droit français, être **assimilées à des SARL** dont l'associé unique est une personne physique (la formulation de la décision ne permet cependant pas d'identifier lequel des critères avancés est décisif). Leurs résultats et les sommes mises à la disposition de leur associé unique étaient donc **imposables à l'impôt sur le revenu** au nom de l'associé unique dans la catégorie des BIC puisqu'il est constant que l'associé unique (personne physique) d'une SARL est passible de l'impôt sur le revenu dans la catégorie de revenus correspondant à l'activité de la société, sauf à ce que la société ait opté pour l'impôt sur les sociétés, ce qui n'était pas le cas en l'espèce.

En application des mêmes principes, le Conseil d'État a annulé pour erreur de droit un arrêt qui, au motif qu'une **Limited Liability Company (LLC)** américaine était fiscalement transparente aux États-Unis, avait écarté l'assujettissement à l'impôt sur les sociétés en France, alors même que le capital de la société était composé de parts impliquant la **limitation de responsabilité** de leurs détenteurs (CE 9e ch. 27-6-2016 n° 386842, Sté Emerald Shores LLC : RJF 11/16 n° 943) ; cette décision montre que, même avant la décision World Investment Corporation (n° 65521), le critère de l'étendue de la responsabilité des associés était considéré comme essentiel aux fins de la comparaison d'entités étrangères avec des entités françaises (sur cette affaire, voir également Précisions e ci-dessous ; une LLC américaine avait précédemment été assimilée à une société de personnes française par CAA Douai 12-5-2011 n° 09DA01666, Boujonnier : RJF 10/11 n° 1064, mais cette solution est naturellement caduque sur le fond).

> **Précisions a.** Avant la décision précitée du 2 février 2015, il avait déjà été jugé que les bénéfices réalisés en France par une **société unipersonnelle à responsabilité limitée de droit espagnol,** assimilable à une SARL ayant un associé unique, étaient, en l'absence de stipulations conventionnelles contraires, passibles de l'impôt sur le revenu au nom de cet associé, bien que cette société soit, en droit espagnol, une société de capitaux soumise à un impôt équivalent à l'impôt sur les sociétés (CAA Nantes 28-6-2010 n° 09-653, Guyot : RJF 12/10 n° 1195 ; arrêt définitif).
b. Une personne physique fiscalement domiciliée en France et **associée unique d'une LLC américaine** a été considérée comme imposable en France au titre de l'activité réalisée en France par la LLC (CAA Paris 7-10-2015 n° 14PA00456 ; arrêt définitif) ; bien que le raisonnement suivi en l'espèce par la cour ne soit pas conforme à la jurisprudence du Conseil d'État, la solution est justifiée au fond car la LLC devait être assimilée à une SARL ayant un associé unique, personne physique.
c. Une **private limited company irlandaise** a été regardée comme une société de capitaux passible de l'impôt sur les sociétés en France à raison de la mise à disposition gratuite d'une villa dès lors qu'elle ne démontrait pas qu'elle avait, comme elle le prétendait, un seul associé personne physique (CAA Marseille 28-6-2016 n° 15MA04973, Gurin Holding Ltd ; arrêt définitif).
d. Une **société privée à responsabilité limitée de droit belge,** constituée par des avocats, qui avait mis une villa située en France à la disposition gratuite de l'un de ses associés a été regardée comme commerciale et non comme civile, étant assimilable à une société d'exercice libéral à responsabilité limitée française (CAA Marseille 21-6-2016 n° 14MA00462 ; cet arrêt a fait l'objet d'un pourvoi qui n'a pas été admis par CE (na) 8e ch. 8-2-2017 n° 402179, SPRL Sothola).
e. Sur renvoi dans l'affaire Emerald Shores, précitée, la cour administrative d'appel de Marseille avait confirmé l'assujettissement à l'impôt sur les sociétés mais en suivant un raisonnement à nouveau erroné, qui n'a pas pu être censuré en l'absence de pourvoi (CAA Marseille 2-2-2017 n° 16MA02619, Sté Emerald Shores LLC : RJF 5/17 n° 419 ; arrêt définitif) ; la cour avait jugé que l'impôt sur les sociétés était exigible au motif que la gestion d'un patrimoine immobilier peut constituer une opération à **caractère lucratif,** même si elle n'a pas de caractère commercial, le fait d'attribuer la jouissance d'un immeuble à un associé dans le seul intérêt privé de celui-ci devant être regardé comme la réalisation d'une opération à caractère lucratif. Cet arrêt n'a pas fait l'objet d'un pourvoi compte tenu de la solution retenue sur le fond, mais le raisonnement était erroné car la limitation de la **responsabilité des associés** suffit à fonder l'assimilation d'une société étrangère à une société de capitaux passible de l'impôt sur les sociétés.

65527 Lorsque le **régime des sociétés civiles** est **applicable,** les associés non résidents sont personnellement imposables en France sur la part leur revenant dans les résultats de l'activité exercée en France par la société civile étrangère. Mais si cette société a pour associée une personne physique résidente de France, celle-ci sera normalement imposable également sur la quote-part lui revenant dans les résultats des activités exercées hors de France par la société civile étrangère (sous réserve, éventuellement, des conventions fiscales internationales). Les associés non résidents sont passibles de l'impôt sur le revenu ou de l'impôt sur les sociétés, selon les cas, compte tenu du régime général applicable aux non-résidents.

65529 Lorsque le **régime des sociétés civiles** n'est **pas applicable,** l'imposition est établie en application des règles de l'impôt sur les sociétés au nom de la société civile étrangère à hauteur de ses revenus de source française.

65531 En ce qui concerne les revenus de source française réalisés par une société civile étrangère, la **retenue à la source** de l'article 115 quinquies du CGI (n° 65190) est normalement applicable, sous réserve des conventions fiscales internationales. Dans ce cas, en effet, c'est bien une entreprise étrangère qui réalise le revenu imposable en France, que celui-ci soit passible de l'impôt à son nom ou à celui de ses associés. C'est donc sans doute au niveau de la société civile étrangère que doit être examinée la question de l'applicabilité de l'article 115 quinquies, même si la mise en jeu des éventuels tempéraments apportés par la convention fiscale peut s'apprécier au niveau des associés si un principe de transparence est applicable.

2. REVENUS « PASSIFS » DE SOURCE FRANÇAISE

Soit une société civile étrangère qui reçoit, par exemple, des revenus du type dividendes, intérêts ou redevances versés par un débiteur français. La question est ici de déterminer si le droit interne français s'applique sans limitation ou si les conventions fiscales peuvent éventuellement y faire obstacle. 65540

a. Problématique

POSITION DU PROBLÈME

En l'absence de convention fiscale S'il n'existe pas de convention d'assistance administrative entre la France et le pays dans lequel la société civile étrangère est constituée, la question devrait, à notre avis, être réglée par le seul droit interne français. Dans ce cas, les retenues à la source de droit interne sont exigibles lors du versement des sommes à la société civile étrangère. On ne voit pas comment il serait possible d'appliquer, le cas échéant, les conventions conclues entre la France et les États de résidence des associés, même compte tenu de la jurisprudence citée nos 65575 s., en l'absence de clause d'échange de renseignements permettant de connaître la situation exacte, sur les plans juridique et fiscal, de la société civile étrangère. La doctrine administrative citée no 65586 est dans ce sens. 65545

> **Précisions** On pourrait se demander s'il faudrait nécessairement que la convention d'assistance administrative soit une convention fiscale ou si un simple **accord d'échange de renseignements** pourrait suffire ; la doctrine administrative, maladroitement écrite sur ce point, ne paraît pas exiger qu'il s'agisse d'une convention fiscale – elle renvoie au concept de « convention comportant une clause d'assistance administrative » et non pas de « convention d'assistance administrative » (no 65586).

Compte tenu du droit interne français, les retenues suivantes sont normalement applicables aux revenus de source française perçus par une société civile étrangère : 65547

- **dividendes** et, plus généralement, revenus distribués : retenue à la source libératoire de 25 % (CGI art. 119 bis, 2 et 187 ; sauf exception, 75 % en présence d'un État ou territoire non coopératif au sens de l'art. 238-0 A du CGI) ; le taux de 12,8 % ne pourrait éventuellement être applicable que s'il était fait abstraction de la société civile étrangère et à hauteur de la quote-part des dividendes revenant à des personnes physiques ;
- produits de placement à revenu fixe (**intérêts**) : exonération pour les intérêts versés aux non-résidents sous réserve des paiements effectués hors de France dans un État ou territoire non coopératif (en ce cas, imposition au taux de 75 % sauf exception) ;
- **redevances** et assimilées (en particulier, prestations de services fournies ou utilisées en France) : prélèvement calculé au taux normal de l'impôt sur les sociétés (25 %), non libératoire (75 %, sauf exception, en présence d'un État ou territoire non coopératif) ; ces revenus doivent non seulement subir la retenue à la source mais également être imposés par voie de rôle, c'est-à-dire faire l'objet d'une déclaration annuelle (la retenue qui a été prélevée à la source s'impute sur le montant de l'impôt définitif afin d'éviter une double imposition).

En présence d'une convention fiscale Il faut naturellement commencer par déterminer si une **société civile étrangère** est ou non, pour notre pays en tant qu'État de la source, une « personne résidente » au sens des conventions fiscales, étant rappelé qu'en sens inverse notre administration soutient le point de vue de l'éligibilité des sociétés civiles françaises au bénéfice des conventions (no 65062). Ce n'est, en effet, qu'à cette condition que la convention peut éventuellement s'appliquer au niveau de la société civile elle-même. 65549

Le raisonnement devrait, nous semble-t-il, être mené par rapport aux considérations suivantes, en présence d'une convention fiscale qui reprend le modèle de l'OCDE.

Les **« personnes »** auxquelles s'appliquent les conventions fiscales sont, en général, définies dans les articles initiaux de la convention. Ainsi, le modèle de convention fiscale proposé par l'OCDE précise, dans un article 3 intitulé « Définitions générales » :

- le terme « personne » comprend les personnes physiques, les sociétés et tous autres groupements de personnes ;
- le terme « société » désigne toute personne morale ou toute entité qui est considérée comme une personne morale aux fins d'imposition.

On sait donc, ce qui est naturel, qu'une société civile étrangère est nécessairement une personne au sens de la convention puisqu'il s'agit soit d'une société, soit d'un groupement de personnes (en ce sens, commentaires OCDE C (3) no 2). Pour autant, il ne s'agit pas nécessairement d'un **« résident »** puisque ce terme est défini, compte tenu de l'article 4 § 1 du modèle OCDE, par référence à une condition d'assujettissement à l'impôt. Or, par hypothèse, cette condition n'est pas remplie puisque la société civile étrangère n'est pas, en tant que telle, assujettie à l'impôt.

65551 La question centrale devient alors de décider si, lorsqu'une société civile n'est pas un « résident » pour l'application des conventions fiscales, il convient de prendre en considération la **résidence des associés** ou s'il faut s'en tenir là, constater que la convention n'est pas applicable et ne traiter la situation que par rapport au droit interne du pays de la source des revenus.

APPROCHE DE L'OCDE

65554 Pour le comité des affaires fiscales de l'OCDE, qui élabore et commente le modèle de convention fiscale utilisé par la plupart des États (le « modèle OCDE »), lorsqu'une société de personnes est traitée comme une société ou imposée de la même manière, il s'agit d'un « résident » qui peut bénéficier de la convention. Toutefois, lorsqu'elle est considérée comme « transparente » sur le plan fiscal, elle n'est pas assujettie à l'impôt au sens de l'article 4 § 1 du modèle, et, par suite, ne peut pas être considérée comme un « résident ». La France partage certainement ce point de vue.

65556 Si la **société** civile étrangère **est transparente ou translucide,** les commentaires OCDE estiment traditionnellement qu'en l'absence de règles spéciales la convention ne devrait pas être appliquée à son niveau mais que leurs associés devraient être éligibles, à concurrence de leur quote-part de revenu, au bénéfice des conventions conclues par les États dont ils sont résidents, dans la mesure où leur part du revenu de la société leur est attribuée, aux fins d'imposition, dans leur État de résidence.

Depuis la révision de 2017 du modèle de convention fiscale, la solution proposée est encore plus nette ; le comité des affaires fiscales de l'OCDE estime qu'il y a lieu de tirer les conséquences de la **transparence** des sociétés de personnes, lorsqu'elles sont considérées comme totalement ou partiellement transparentes sur le plan fiscal selon la législation fiscale de l'un des deux États. La solution retenue consiste dans ce cas à traiter le revenu comme le revenu d'un résident d'un État, sous réserve que ce revenu soit traité, aux fins de l'imposition par cet État, comme le revenu d'un résident de cet État.

En pratique, cela revient, pour l'essentiel, à demander à chaque État de reconnaître la « transparence » des entités considérées comme « transparentes » par l'autre État.

APPROCHE TRADITIONNELLE DE L'ADMINISTRATION FRANÇAISE

65565 L'administration commence par approuver, ce qui est naturel, le principe OCDE selon lequel, lorsqu'une société de personnes étrangère peut être considérée comme une personne résidente de l'autre État au sens de la convention, dès lors qu'elle satisfait au **critère d'assujettissement à l'impôt,** il n'y a pas lieu de rechercher de quels États les associés sont résidents pour appliquer la convention. Il n'y a pas lieu non plus de rechercher si ceux-ci ont un établissement stable dans l'État de constitution de la société car c'est celle-ci, et non pas ses associés, qui constitue le « sujet fiscal ». Mais lorsqu'une société de personnes n'est pas considérée comme un résident au sens de la convention, celle-ci ne peut s'appliquer, puisqu'elle ne concerne, par construction, que les résidents des États contractants.

Dans ce dernier cas, dans le passé, la France n'acceptait pas d'appliquer les conventions fiscales « par transparence » et refusait de prendre en compte la résidence des associés, contrairement aux recommandations de l'OCDE. Cette manière de voir a été modifiée en 2007, mais dans certaines limites et sous certaines conditions seulement (n° 65586).

65567 La **France** avait formulé, depuis la révision de 2000, une **observation** sur les commentaires du **modèle de l'OCDE** qui se lisait comme suit avant sa suppression en 2017 : « La France a exprimé plusieurs réserves sur les conclusions du rapport relatif à « L'application du Modèle de Convention fiscale de l'OCDE aux sociétés de personnes ». En particulier, la France ne partage pas l'interprétation donnée aux paragraphes 5 et 6 ci-dessus selon laquelle lorsque l'application de la Convention est refusée à la société de personnes, ses membres sont toujours éligibles au bénéfice des dispositions des conventions conclues par les États dont ils sont résidents. L'opinion de la France est qu'une telle solution ne peut être obtenue, lorsque la France est l'État de la source, que lorsque son droit interne autorise cette interprétation ou lorsque des stipulations spécifiques sont incluses dans la convention conclue avec l'État de résidence des associés » (Commentaires OCDE, C (1) n° 27.2). Bien que cette observation ait été retirée dans la version 2017 du modèle de convention fiscale, elle reste tout de même conforme à la pratique habituelle de l'administration française.

Cela signifie que, par principe, lorsqu'une société civile étrangère ne peut être considérée comme un résident de l'État dans lequel elle est constituée, au motif qu'elle n'est pas, en tant que telle, assujettie à l'impôt, aucune convention fiscale n'est, pour notre administration, applicable, ni celle conclue avec l'État de situation de la société civile, ni celles éventuellement conclues avec les États de résidence des associés. La manière de voir de la France, longtemps très stricte, s'est cependant assouplie dans certaines conditions afin de tirer les conséquences de la jurisprudence du Conseil d'État (nº 65575). Dans le même sens, la France accepte désormais de reconnaître la transparence fiscale des sociétés de personnes étrangères dans le cadre de certaines conventions fiscales (voir, par exemple, nº 65088 dans le cadre franco-japonais).

b. Solution jurisprudentielle

Le Conseil d'État a eu à trancher la question de l'imposition en France des revenus de source française versés à une **société de personnes néerlandaise** dont les associés étaient eux-mêmes deux sociétés de capitaux résidentes des Pays-Bas (CE 8e et 9e s.-s. 13-10-1999 nº 191191, min. c/ SA Diebold Courtage : RJF 12/99 nº 1492). Il s'agissait de loyers payés par la société française Diebold Courtage à une société de personnes néerlandaise, Equilease CV. Ces loyers entraient dans le champ de la retenue à la source de 33,1/3 % (taux applicable à l'époque) prévue par l'article 182 B du CGI, sauf à pouvoir bénéficier de l'exonération prévue par l'article 12 de la convention franco-néerlandaise. **65575**

Selon la manière de voir de l'époque de l'**administration,** ils devaient donc subir la retenue à la source, dans la mesure où la convention fiscale ne pouvait s'appliquer puisque la CV ne pouvait être considérée comme un « résident » des Pays-Bas éligible à son bénéfice. **65577**

Le **Conseil d'État** a confirmé l'approche de l'administration sur le premier niveau de l'analyse. Mais il ne s'en est pas tenu là et a donné satisfaction à la requérante par un raisonnement finalement assez proche de celui suggéré par le comité des affaires fiscales de l'OCDE (nos 65554 s.). Il a, en effet, décidé que la CV néerlandaise ne devait pas, en elle-même, être considérée comme un résident des Pays-Bas, même si elle était régie par le droit néerlandais et même si son siège de direction était situé à Amsterdam, dans la mesure où elle n'était pas assujettie à l'impôt aux Pays-Bas (solution incontestable, que l'OCDE approuverait également). Pour autant, et dans la mesure où cette société devait être considérée comme juridiquement et fiscalement transparente, compte tenu du droit néerlandais qui la régissait, il a accepté d'examiner si la convention pouvait **s'appliquer aux associés** de la CV. Or, tel était précisément le cas dans la mesure où il s'agissait de deux sociétés de capitaux néerlandaises effectivement assujetties à l'impôt sur les sociétés aux Pays-Bas et dont la résidence fiscale n'était pas discutable et n'avait d'ailleurs jamais été discutée. Il a donc été jugé que l'article 12 de la convention était applicable et que la retenue à la source de droit interne français n'était pas due. **65579**

> Précisions Dans cette affaire, le Conseil d'État mentionne que la société de personnes néerlandaise était transparente en droit néerlandais tant juridiquement que fiscalement ; le Conseil d'État ne ferait sans doute pas aujourd'hui état d'un critère de **transparence fiscale** étant donné qu'il a jugé depuis lors que seules les caractéristiques juridiques d'une société étrangère devaient être prises en compte pour les besoins de l'assimilation à des sociétés de droit français, à l'exclusion de leur régime fiscal (décision Artémis, nº 65521). Dès lors que seule la « **transparence juridique** » importe, la décision Diebold Courtage devrait sans doute être cantonnée aux entités dépourvues de personnalité juridique. En l'état, la doctrine administrative exige seulement, cependant, que la transparence fiscale soit reconnue dans le pays étranger (nº 65586).

Ce raisonnement est parfaitement respectueux de la **lettre de la convention fiscale.** Dès lors que la CV « n'existe pas », il faut nécessairement considérer que les bénéficiaires des revenus de source française sont ses associés. Or, si ceux-ci sont des résidents des Pays-Bas, il n'y a aucune raison de les écarter du bénéfice de la convention, étant observé qu'ils sont eux-mêmes imposables aux Pays-Bas sur les revenus en question. Il n'y a donc, en l'espèce, aucune anomalie à leur accorder les avantages conventionnels. **65581**

c. Conséquences tirées par l'administration de la jurisprudence du Conseil d'État

Avec un certain retard, l'administration a fini par se rallier à la solution dégagée par le Conseil d'État, mais en ce qui concerne seulement les **dividendes, intérêts** et **redevances** de source française versés à des sociétés de personnes étrangères dont les associés sont résidents ou non résidents de France. Une instruction du 29 mars 2007, aujourd'hui abrogée mais reprise pour l'essentiel au BOI-INT-DG-20-20-20-10 nos 80 s. en ce qui concerne les dividendes et au BOI-INT-DG-20-20-30 nos 120 s. en ce qui concerne les intérêts et redevances, a ainsi annoncé la modification des réserves françaises sur les conclusions du rapport nº 6 de l'OCDE relatif **65586**

65586 (suite) à l'application du modèle de convention fiscale de l'OCDE aux sociétés de personnes et de ses observations sur les commentaires des articles 1 et 4 de la convention modèle (n° 65567 ; cette modification a été incluse dans la révision de juillet 2008 du modèle OCDE).

L'administration accepte désormais, lorsqu'une **société de personnes étrangère** bénéficie d'un régime de **transparence fiscale** dans l'État dans lequel elle est située, de regarder « à travers » cette structure, afin de déterminer si ses associés sont des « résidents » au sens de la convention conclue par la France avec l'État de résidence de ces associés et s'ils peuvent, de ce fait, bénéficier des avantages conventionnels pour les revenus passifs (dividendes, intérêts et redevances) de source française qui transitent par la société de personnes étrangère.

La transparence est reconnue même si la société de personnes étrangère est dotée de la personnalité morale et même si ses associés n'ont qu'une responsabilité limitée (la doctrine administrative ne précise pas ce point en ce qui concerne les dividendes mais l'indique à propos des intérêts et redevances), sous réserve que les **conditions** suivantes soient simultanément remplies :

– en premier lieu, la société de personnes étrangère doit être située dans un État avec lequel la France est liée par une **convention** comportant une clause d'assistance administrative en vue de lutter contre la fraude ou l'évasion fiscale (n° 65545, Précisions) ;

– en second lieu, les **associés** doivent être résidents de France ou d'un État avec lequel la France a conclu une convention assortie d'une clause d'assistance administrative en vue de lutter contre la fraude ou l'évasion fiscale ;

– en troisième lieu, les **revenus de source française** transitant par la société de personnes étrangère doivent être fiscalement considérés comme des revenus de ses associés tant dans l'État de situation de la société de personnes que dans celui de ses associés (c'est effectivement cela qui traduit la transparence, d'un point de vue fiscal) ; les associés doivent être passibles de l'impôt en qualité de résidents sans possibilité d'option et sans en être exonérés (autrement dit, ils doivent être individuellement éligibles au bénéfice de la convention fiscale) ;

– enfin, l'associé de la société de personnes étrangère transparente ne doit pas être lui-même une société de personnes transparente ; l'administration avait initialement précisé que le respect de cette condition ne sera pas exigé lorsque l'administration sera en mesure, par l'associé bénéficiaire effectif qui en fera expressément la demande, d'identifier précisément l'ensemble des autres bénéficiaires effectifs du revenu, mais cette tolérance n'a pas été reprise au Bofip (elle n'est donc plus applicable).

À défaut du respect de l'une de ces conditions, la société de personnes étrangère et ses associés ne pourront bénéficier des avantages conventionnels. Le **non-respect des conditions** par la société de personnes étrangère prive tous les associés du bénéfice des avantages conventionnels. En revanche, si la société de personnes étrangère remplit les conditions, seul l'associé qui ne les respecte pas se verra refuser l'application de la convention « par transparence » (cette solution, qui résultait de l'instruction initiale, nous paraît aller de soi mais elle n'a pas été reprise au Bofip).

À notre avis, il n'est pas nécessaire que les associés et la société de personnes soient résidents d'un même État. Lorsque les **associés** sont **résidents d'un État tiers,** la convention fiscale bilatérale applicable pour l'imposition des revenus de source française bénéficiant à ces associés est celle qui lie la France à l'État de résidence des associés (cette solution, qui résultait de l'instruction initiale, n'a pas été reprise au Bofip, mais elle nous paraît toujours valable car l'administration ne pose pas comme condition que les associés soient résidents de l'État dans lequel la société de personnes a été constituée).

Cette reconnaissance de la **transparence** des sociétés de personnes étrangères est cependant **limitée** par les deux considérations suivantes :

– elle ne concerne que les dividendes, redevances et intérêts et non pas les autres revenus comme les **revenus immobiliers** ou les **plus-values** ;

– elle ne vaut que dans le cadre des conventions fiscales et laisse de côté les exonérations de retenues à la source prévues par le **droit de l'Union européenne.**

Lorsque les **conditions** sont **réunies,** l'associé d'une entité étrangère fiscalement transparente est considéré comme bénéficiaire des dividendes, intérêts et redevances de source française pour l'application des conventions fiscales, à hauteur de la quote-part lui revenant et à condition que sa résidence soit justifiée dans les conditions habituelles. L'administration précise, à cet égard, que pour l'application du taux réduit prévu par la convention en cas de distribution de dividendes par une filiale à sa société mère, la **quote-part de détention par l'associé** dans le capital de la société distributrice est déterminée par transparence, en proportion du pourcentage du capital de cette même société détenu par l'associé par l'intermédiaire de la société de personnes étrangère (BOI-INT-DG-20-20-20-10 n° 110).

Si l'**associé** est fiscalement **domicilié en France,** aucune retenue à la source (ou prélèvement) n'est effectuée sur la fraction lui revenant des revenus de source française transitant par une société de personnes étrangère, si la justification de la résidence de l'associé est apportée.

À titre pratique, les associés peuvent désigner un **mandataire** pour effectuer la demande de réduction ou d'exonération de retenue à la source en leur nom. Dans cette hypothèse, le mandat, justifiant de la qualité de mandataire, doit être joint à la demande. Ce mandat peut être confié au représentant légal de la société de personnes.

Enfin, pour que la demande soit recevable, l'administration requiert le dépôt des **documents** suivants :

- un formulaire conventionnel pour chacun des associés non résidents ;
- un justificatif de résidence pour chaque associé résident ;
- un document signé par le représentant légal de la société de personnes étrangère attestant le pourcentage des droits de l'associé dans la société et le régime de transparence fiscale dont bénéficie la société de personnes dans son État de situation ;
- un document attestant que l'associé est passible de l'impôt en qualité de résident sans possibilité d'option et sans en être exonéré dans son État de résidence.

À défaut, l'imposition doit être acquittée selon les règles de droit commun et le bénéfice des avantages conventionnels ne peut être accordé que par voie de remboursement ultérieur du trop-perçu.

> **Précisions** L'administration indique que, bien que non résidentes au sens de l'article 4 du modèle de convention fiscale de l'OCDE, les **structures françaises exonérées d'impôt** ou dépourvues de personnalité morale pourront faire certifier leur justificatif de résidence par le service territorialement compétent aux seules fins d'obtenir la restitution de retenue à la source sur des revenus de source française perçus via une société de personnes étrangère (par exemple, BOI-INT-DG-20-20-20-10 n° 140 en ce qui concerne les dividendes).

d. Cas particulier de la convention franco-américaine

En ce qui concerne les revenus de source française versés à des partnerships américaines, un principe général de reconnaissance de la **transparence** fiscale a été posé par un avenant du 13 janvier 2009 à la convention du 31 août 1994, sans que cela bouleverse, cependant, l'économie du dispositif antérieur. **65587**

La convention pose en principe qu'un revenu (ou un bénéfice ou un gain) perçu par l'intermédiaire d'une entité considérée comme fiscalement transparente en vertu de la législation fiscale de l'un des deux États est réputé perçu par un résident de l'un ou l'autre État, dans la mesure où ce revenu est traité, par la loi fiscale de cet État, comme le revenu d'un résident. C'est en principe l'État de résidence qui décide de la transparence ou de l'opacité de la société de personnes ou de la partnership.

Par exemple, un revenu de source française versé à une **partnership américaine** dont les associés sont résidents des États-Unis pourra bénéficier de la convention du côté français dans la mesure où une telle partnership est transparente aux États-Unis.

Le dispositif est rédigé **de façon bilatérale** afin de permettre son application aux revenus de source américaine si la législation française sur les sociétés de personnes était modifiée à l'avenir. Mais, pour le moment, ce principe n'est pas applicable à nos sociétés de personnes, puisque celles-ci sont considérées comme « translucides » et non pas comme « transparentes » – dans l'attente d'une éventuelle modification du droit français sur ce point, la convention s'applique tout de même, à hauteur de la quote-part des revenus qui bénéficient à des résidents de France en raison de la précision apportée par l'article 4 § 2 c de la convention (n° 65217).

On peut sans doute déduire du principe général de transparence que les dividendes de source française versés à une partnership américaine ayant un associé résident de France ne devraient pas être considérés comme versés à un résident des États-Unis mais à un résident de France, à hauteur de la quote-part qui revient à l'associé français. En toute logique, ces dividendes ne devront donc pas subir la retenue à la source française (cette solution est identique à celle qui résulte de la doctrine administrative citée n° 65586) ; cela étant, compte tenu de la jurisprudence du Conseil d'État (n° 65521), il y aurait vraisemblablement lieu d'en tirer les conséquences également au regard de l'associé domicilié en France pour considérer qu'il serait en ce cas passible de l'impôt sur le revenu en France sur les dividendes de source française indépendamment de leur redistribution par la partnership, soit en application d'un principe d'assimilation de cette dernière à une entité entrant dans le champ de l'article 8 du CGI, soit sur le fondement direct de la convention fiscale, compte tenu de la logique interne des stipulations conventionnelles.

> **Précisions** Le principe de transparence franco-américain a une portée limitée. Notamment, il n'a pas de conséquence en ce qui concerne l'imposition des plus-values de cession de parts d'une partnership américaine par un résident de France, la plus-value étant imposable en France indépendamment des règles éventuellement prévues par le droit fiscal américain (CE 2-2-2022 n° 443154 : RJF 4/22 n° 385) ; il est jugé dans cette affaire qu'une personne physique domiciliée en France n'était imposable qu'en France et non aux États-Unis sur une plus-value de cession de parts d'une **LLC américaine** et qu'elle ne pouvait donc pas bénéficier d'un crédit d'impôt équivalent à l'impôt français.

65588 Les principes exposés n° 65587 sont applicables non seulement aux entités transparentes constituées ou dirigées **en France** ou **aux États-Unis** mais aussi dans un **État tiers.**

Il faut cependant que cet État tiers ait conclu un accord contenant une disposition d'échange de renseignements visant à prévenir l'évasion et la fraude fiscales avec l'État d'où provient le revenu. En outre, l'entité transparente en cause doit être constituée ou organisée dans cet État (et non pas simplement y être « dirigée », comme antérieurement à l'avenant du 13-1-2009) et sa transparence fiscale doit être reconnue par la législation française ou américaine.

Il en résulte, par exemple, que la convention fiscale franco-américaine est normalement susceptible de s'appliquer aux revenus de source française perçus par une **société civile luxembourgeoise** dont les associés sont des résidents des États-Unis, à hauteur de la quote-part qui leur revient. De même, un revenu de source française versé à une **entité transparente néerlandaise,** telle qu'une CV, pourra bénéficier de la convention du côté français à hauteur de la quote-part qui revient à un résident américain (cette solution était cependant déjà acquise en France compte tenu de la doctrine administrative citée n° 65586).

3. PLUS-VALUES DE SOURCE FRANÇAISE

65595 Si une société civile étrangère réalise des plus-values lors de la cession de biens situés en France, les règles suivantes sont normalement applicables en droit interne français :

– **plus-values** de cession **non habituelles d'immeubles,** droits immobiliers ou titres de sociétés à prépondérance immobilière (n° 34550) : prélèvement calculé au taux de 19 % ou au taux normal de l'impôt sur les sociétés (CGI art. 244 bis A), libératoire ou non selon les cas, à supposer toutefois que l'on puisse raisonner par transparence (n° 65597) ; dans la négative, le taux de l'impôt sur les sociétés serait toujours applicable ; à noter que la loi ne prévoit pas de transparence en ce qui concerne l'application du taux de 19 % en cas de cession de parts ou actions de SIIC et assimilées ;

– **profits immobiliers** résultant d'opérations habituelles et profits de construction (n° 46200) : prélèvement au taux normal de l'impôt sur les sociétés ou au taux de 75 % (CGI art. 244 bis), non libératoire dès lors que le cédant n'est pas une personne physique ;

– plus-values de cession de **droits sociaux,** visées aux articles 150-0 A, 164 B 1 f et 244 bis B du CGI (participations supérieures à 25 % dans le capital de sociétés françaises passibles de l'impôt sur les sociétés, ou sans condition de seuil en présence d'un État ou territoire non coopératif) : imposition au taux normal de l'impôt sur les sociétés (ou 12,8 % si l'on raisonnait « par transparence » ; 75 % en présence d'un ETNC).

65597 La question de savoir si ces **prélèvements** peuvent être appliqués **« par transparence »** (ou si une exonération peut être obtenue en tenant compte de la qualité et de la résidence fiscale des associés de la société civile étrangère) appelle les mêmes remarques que précédemment (n°s 65545 s.).

On observera toutefois qu'en **droit interne** :

– en ce qui concerne les plus-values immobilières habituelles (marchands de biens et assimilés), le prélèvement est exigible quelles que soient la situation et la résidence des associés de la société civile étrangère ;

– la même solution devrait être retenue à l'égard des plus-values de cession de participations substantielles dans le capital de sociétés françaises non immobilières ; il ne nous semble pas, notamment, qu'il y ait de fondement législatif à l'application éventuelle d'un principe de transparence pour la détermination du seuil de 25 % (cas d'une société civile étrangère qui disposerait d'une participation substantielle dans le capital d'une société française de capitaux mais qui aurait plusieurs associés dont aucun ne détiendrait indirectement une participation substantielle) ou qui aurait des associés personnes physiques qui auraient pu bénéficier du taux de 12,8 % en cas de détention directe ;

– les plus-values immobilières occasionnelles devraient, en principe, être passibles du prélèvement selon la situation propre des associés de la société civile étrangère, compte tenu de la généralité des termes employés par la loi, à condition que les bénéfices de cette société soient imposés au nom de ses associés ; en effet, le deuxième alinéa du III bis de l'article 244 bis A prévoit l'application du taux de 19 % aux associés personnes physiques de sociétés ou groupements dont les bénéfices sont imposés au nom des associés, sans faire référence aux articles 8 à 8 ter du CGI (la loi devrait donc, sur ce point, comprendre également les sociétés civiles étrangères).

L'administration avait précisé, à ce propos (anciennes Rép. Zimmermann : AN 14-12-2004 n° 41772 et Masson : Sén. 25-11-2004 n° 12119 : BF 3/05 n° 250 ; solutions non reprises au Bofip), que le bénéfice du taux de 19 % suppose la vérification préalable que l'État du siège de la société de personnes étrangère, qu'il soit ou non membre de l'Union européenne, ne considère pas ces sociétés comme des sujets d'impôt. Elle avait ajouté qu'il faut aussi que soit vérifié que les associés personnes physiques qui s'acquittent de l'impôt en lieu et place de ces sociétés (ou groupements) soient bien des résidents d'un État membre de l'Union européenne.

La cession par une **personne physique domiciliée en France** de titres de sociétés civiles étrangères relève, en principe, du régime des plus-values sur cessions de valeurs mobilières, droits sociaux et titres assimilés. Il est cependant admis (BOI-RFPI-PVI-10-40-10 n° 150) que la plus-value réalisée à l'occasion de la cession de titres d'une **société établie hors de France** et dont les bénéfices sont imposés au nom des associés (société civile étrangère) puisse bénéficier du régime d'imposition des plus-values immobilières : **65600**

– si la prépondérance immobilière de cette société est établie, selon les conditions prévues au I de l'article 150 UB du CGI ;

– et si le siège de la société est situé dans un État membre de l'Union européenne ou État partie à l'accord sur l'Espace économique européen autre que la France, ayant conclu avec la France une convention fiscale qui contient une clause d'assistance administrative en vue de lutter contre la fraude ou l'évasion fiscale.

Lorsqu'une telle société met, en droit ou en fait, gratuitement à la disposition d'un associé à titre de **résidence principale,** un immeuble, ou une partie d'immeuble, situé en France appartenant à la société, l'administration admet également que la plus-value réalisée par cet associé à l'occasion de la cession des titres de cette société puisse bénéficier de l'exonération prévue pour la résidence principale, dans les mêmes conditions que si la société avait son siège en France. Dans cette hypothèse, l'exonération ne porte que sur la fraction de la plus-value déterminée en fonction de la valeur du logement occupé par l'associé par rapport à la valeur globale de l'actif social (BOI précité).

> **Précisions** Il a été jugé que l'article 244 bis A du CGI, en tant qu'il a pour effet de soumettre les plus-values de cession de biens immobiliers réalisées en France par une société de personnes dont le siège social est **situé dans un État tiers** à un prélèvement de 19 % quand bien même l'immeuble en cause constituerait la **résidence principale** des associés, crée une restriction injustifiée aux mouvements de capitaux (TA Nice 30-10-2015 n° 1305019, SCP E. ; jugement définitif).

B. Imposition des associés résidents de France au titre de leur quote-part des revenus d'une société civile étrangère

La détermination des règles applicables à une société civile étrangère qui reçoit des revenus de source française n'épuise pas le sujet. Il faut également savoir comment doivent être imposés les associés résidents de France qui bénéficient de revenus réalisés par une société civile étrangère. **65620**

La France est, en ce cas, vue en tant que pays « de la résidence » et non plus « de la source ». Les deux aspects peuvent cependant se mélanger si la société civile étrangère est considérée comme transparente et si ses associés résidents de France sont imposables en France lors de la réalisation des revenus par la société civile étrangère, par exemple en cas de plus-values immobilières passibles d'un prélèvement à la source.

La situation diffère, à notre avis, selon que les associés sont ou non associés d'une société assimilable à une société de l'article 8 du CGI, et selon les stipulations de la convention fiscale éventuellement applicable.

1. ASSOCIÉS DE SOCIÉTÉS ÉTRANGÈRES ASSIMILABLES À DES ASSOCIÉS DE SOCIÉTÉS DE L'ARTICLE 8 DU CGI

65625 Pour savoir si l'associé résident de France est assimilable à un **associé « en nom »** au sens de l'article 8 du CGI, on se reportera aux critères généraux indiqués n° 65525, étant rappelé qu'il ne s'agit pas de critères absolus, en l'absence de précisions législatives ou jurisprudentielles suffisantes, même si la jurisprudence du Conseil d'État est de plus en plus claire à mesure de la résolution des cas qui lui sont soumis (n° 65521).

ASSOCIÉ PERSONNE PHYSIQUE

65628 Si l'associé est une personne physique, il est en principe passible de l'**impôt sur le revenu** au titre des revenus réalisés par la société civile étrangère, sous réserve des conventions fiscales internationales. Le champ d'application territorial de l'impôt sur le revenu est en effet absolument général, englobant aussi bien les revenus de source française que les revenus de source étrangère.

65630 La question se pose toutefois de la **transparence** éventuelle **de la société civile étrangère.** Doit-on considérer que la personne physique est imposable en France « comme si » la société n'existait pas, en fonction de la nature et de l'origine des revenus réalisés par la société civile ? Ou doit-on au contraire imposer les revenus sans égard à la nature et à l'origine de ceux qui sont réalisés par la société civile étrangère et qui sont redistribués à l'associé résident de France ?

Cette question a naturellement un prolongement en ce qui concerne le **fait générateur de l'impôt.** En effet, si l'on admet l'assimilation aux sociétés civiles françaises, il y aurait lieu d'imposer l'associé indépendamment des distributions qui lui sont faites par la société civile étrangère ; cette solution pourrait éventuellement être considérée comme résultant implicitement de la décision Artémis (n° 65521). Dans la négative, qui nous paraît la solution la plus rationnelle car le principe de l'assimilation de sociétés étrangères à des sociétés françaises ne devrait pas aller jusqu'à rendre imposables des revenus de source étrangère non distribués par des sociétés de personnes étrangères, ne seraient imposés que les revenus distribués, sous réserve, le cas échéant, des articles 209 B ou 123 bis du CGI, dont on remarquera d'ailleurs que l'administration prévoit expressément l'application aux sociétés de personnes étrangères (nos 65700 s.).

> Précisions En ce qui concerne les sociétés de personnes, le **principe de disposition** posé par l'article 12 du CGI, selon lequel l'impôt est dû chaque année à raison des bénéfices ou revenus que le contribuable réalise ou dont il dispose au cours de la même année, s'efface devant celui qui est posé par les articles 8 et 13, 4 du même Code ; ces articles veulent en effet, selon la jurisprudence, que le fait générateur de l'imposition soit constitué par la réalisation de bénéfices par la société de personnes à la clôture de l'exercice et non pas par leur mise à la disposition des associés. Mais ces textes ne visent que les sociétés françaises (n° 65519). Un raisonnement par assimilation ne pourrait donc, à notre avis, être conduit que pour la **détermination des conditions d'imposition** soit des revenus de source française des sociétés de personnes étrangères, soit des revenus effectivement versés par ces dernières à des résidents de France, sous réserve des particularités résultant, le cas échéant, des conventions fiscales applicables. Il ne devrait pas pouvoir être conduit pour déterminer si un contribuable est éventuellement imposable à raison de revenus de source étrangère dont il n'a pas disposé.

65632 Cette question, qui n'est que très imparfaitement traitée par la **doctrine administrative** et par la **jurisprudence,** ne fait l'objet de réponse précise que dans le cadre de certaines **conventions fiscales,** comme celle conclue avec les États-Unis à propos des « partnerships », qui ne sont pas des sociétés civiles à proprement parler, mais qui appartiennent à la catégorie générique des sociétés de personnes (la transparence est alors reconnue dans certaines conditions). D'une façon générale, elle suppose un examen au cas par cas, étant observé que l'application d'un principe de transparence ne paraît pas déraisonnable.

En ce sens, il a été jugé, mais le raisonnement n'est pas explicite, qu'une partnership britannique qui exerce une activité d'avocat a, au sens de l'article 8 du CGI, la nature d'une société de personnes dont les associés sont personnellement imposés pour la part des bénéfices sociaux correspondant à leurs droits dans la société (CAA Paris 9-5-2014 n° 11PA03316, min. c/ Derouin : RJF 11/14 n° 1041, arrêt définitif rendu à propos d'un avocat domicilié en France et exerçant à titre libéral en tant qu'associé d'un cabinet d'avocats britannique). Cette solution est conforme à la doctrine administrative citée n° 65666 (le débat contentieux ne portait pas sur le principe même de l'imposition mais sur le mode de calcul du crédit d'impôt accordé à l'associé afin d'éviter la double imposition des revenus réalisés hors de France par la partnership).

C'est probablement en ce sens qu'il faut comprendre le n° 50 du BOI-INT-CVB-USA-10-20-20 relatif à la **convention franco-américaine** qui, dans une section de portée générale, précise qu'une personne physique associée en nom d'une société de personnes étrangère est imposable en France à raison des revenus de la société de personnes « en application de l'article 238 bis K du CGI, dès lors que les revenus en cause pourront être imposés à l'impôt sur le revenu en France en application des dispositions combinées des articles 4 A et 8 du Code général des impôts ». 65634
Cela dit, on remarque que, au BOI-INT-CVB-USA-10-20-20 n° 10 (exemple 4), l'administration considère la situation d'une personne physique résidente de France, « general partner » (c'est-à-dire un associé dont la responsabilité est indéfinie) d'une « general partnership » américaine (sorte de société en nom collectif) qui reçoit des **dividendes** de source allemande. L'administration estime que les dividendes reçus par la partnership ne peuvent bénéficier de la convention franco-américaine, ce qui est logique puisqu'il s'agit de dividendes de source allemande non imposés aux États-Unis. Elle ajoute que, dans ce cas, le montant net des dividendes (déduction faite de l'éventuelle retenue à la source allemande) est passible en France de l'impôt sur le revenu, sans que la convention franco-allemande puisse s'appliquer. L'administration ne retient donc pas complètement, en l'espèce, un principe de transparence puisqu'elle aurait autrement admis que la personne physique puisse, le cas échéant, bénéficier de la convention franco-allemande, ce qui serait pourtant logique. Si la convention franco-allemande était applicable, l'associé résident de France bénéficierait d'un crédit d'impôt en France afin d'éliminer la double imposition résultant de la retenue à la source allemande.

En réalité, il semble que l'administration admette plus facilement l'application d'un principe de transparence en présence de **revenus d'activité,** notamment pour l'application des conventions fiscales. En principe, un associé en nom d'une société civile constituée dans un pays lié à la France par une convention fiscale devrait pouvoir faire admettre, si cette société exerce, par exemple, une activité indépendante, qu'il soit imposable en France comme s'il avait réalisé directement les revenus obtenus par la société étrangère. Si cette société est constituée dans un État conventionné et si elle exerce son activité dans le cadre d'une base fixe située dans cet État, il sera généralement possible à l'associé résident de France de faire jouer la convention fiscale afin de soutenir qu'il doit être exonéré d'impôt en France sous réserve du taux effectif (ou imposable mais avec un crédit égal à l'impôt français). Mais il sera imposable sans limitation en France si cette même société exerce son activité dans le cadre d'une base fixe située dans un État non lié à la France par une convention fiscale. 65636

On remarquera incidemment, dans le sens de la transparence, la formulation de la **convention franco-allemande** (art. 4 § 3) qui vise « les participations d'un associé » aux bénéfices notamment d'une société de droit civil. Cette formulation nous paraît aller dans le sens d'un principe de transparence puisqu'elle se place au niveau de l'associé et non à celui de la société civile. 65638

Enfin, si la transparence ne joue pas, la **double imposition** qui résulterait de l'application combinée des droits français et étranger ne pourrait guère être éliminée que par la déduction de l'assiette imposable en France de l'impôt étranger. En effet, aucun mécanisme de crédit d'impôt n'existe en matière d'impôt sur le revenu en droit interne français, à la différence de ce qui est prévu en ce qui concerne les droits de mutation à titre gratuit et l'impôt sur la fortune immobilière. Tel serait le cas en toute hypothèse si une société civile étrangère exerçait son activité dans un pays non lié à la France par une convention fiscale. 65640

ASSOCIÉ PERSONNE MORALE

Si l'associé est une personne morale passible de l'impôt sur les sociétés, la solution est différente compte tenu du **principe de territorialité.** En ce sens, la doctrine administrative précise qu'une société française passible de l'impôt sur les sociétés n'est pas imposable en France au titre des revenus qu'elle reçoit d'une société de personnes étrangère si celle-ci est assimilable à une société de l'article 8 et si elle n'a pas d'exploitation en France (BOI-IS-CHAMP-60-10-30 n° 475). Cette formulation, très générale, inclut les sociétés civiles étrangères. 65643

En ce sens, également, la doctrine administrative relative à la **convention franco-américaine** (BOI-INT-CVB-USA-10-20-20 n° 50) précise que, d'une façon générale, la quote-part du résultat d'une société de personnes étrangère revenant à un associé en nom qui est une personne morale française soumise à l'impôt sur les sociétés ne pourra être imposée en France que dans la mesure où le revenu réalisé par la société étrangère peut être soumis à l'impôt sur les sociétés en France conformément à l'article 209, I du CGI (autrement dit, si la société de personnes exploite une entreprise en France ou si son revenu est imposable en France sur le fondement d'une convention fiscale internationale). Dans ce cas, selon l'approche de transparence qui devrait, semble-t-il, prévaloir, la société française associée serait imposable au titre de la réalisation de revenus par la société civile étrangère et non pas au titre des sommes qui pourraient lui être distribuées.

Compte tenu du principe de territorialité qui prévaut en ce qui concerne l'impôt sur les sociétés, il n'y a pas normalement de risque de double imposition.

Cela étant, il nous semble que le principe de territorialité ne peut faire échec à l'imposition que si la société civile étrangère **exploite réellement une entreprise hors de France** et pour les revenus qui y sont rattachés ; dans la négative, il n'y aurait pas de raison de rechercher une exonération en France au titre de revenus versés par une partnership étrangère à des personnes morales passibles de l'impôt sur les sociétés en France. En ce sens, une société française associée en nom d'une partnership américaine dont elle détenait 98,82 % du capital et qui détenait elle-même plus de 10 % d'une société américaine de capitaux a été considérée comme imposable en France sur les dividendes redistribués par la partnership, sans pouvoir bénéficier du régime des sociétés mères (CE plén. 24-11-2014 n° 363556, Sté Artémis SA : RJF 2/15 n° 102 ; voir aussi n° 65521) ; dans cette affaire, le Conseil d'État a transposé la solution de principe applicable dans le cadre purement interne français, qui veut que le régime des sociétés mères ne s'applique qu'aux revenus des participations directes (CE 7e et 8e s.-s. 19-10-1983 n° 33816 : RJF 12/83 n° 1506). En outre, même si la décision n'est pas explicite, il paraît ressortir des circonstances de l'espèce que les dividendes n'avaient pas été considérés comme rattachables à une exploitation américaine de la partnership qui n'avait apparemment pas d'établissement aux États-Unis ; les dividendes avaient, selon le rapporteur public, été « appréhendés » par la société française associée et ils avaient d'ailleurs, vraisemblablement, fait l'objet d'une retenue à la source aux États-Unis, « par transparence ».

2. ASSOCIÉS DE SOCIÉTÉS ÉTRANGÈRES NON ASSIMILABLES À DES ASSOCIÉS DE SOCIÉTÉS DE L'ARTICLE 8 DU CGI

65650 Il s'agit des cas où l'associé ne peut être assimilé à un associé en nom, par exemple si sa responsabilité est limitée à ses apports (n° 65525). Dans cette situation, à notre avis, il y aurait lieu de considérer que l'associé reçoit des dividendes de source étrangère et de l'imposer en conséquence, dans la mesure où la société étrangère ne remplit pas les caractéristiques pour être considérée comme une société civile au sens de l'article 8 du CGI.

En **droit interne,** en effet, il résulte de l'article 120, 2° du CGI que, pour l'impôt sur le revenu, « sont considérés comme revenus au sens du présent article [revenus de valeurs mobilières émises hors de France et revenus assimilés] les intérêts, produits et bénéfices des parts d'intérêt et commandites dans les sociétés, compagnies et entreprises ayant leur siège social à l'étranger et dont le capital n'est pas divisé en actions, à l'exception toutefois :

a. Des produits de parts dans les sociétés commerciales en nom collectif ;

b. Des produits des sociétés en commandite simple revenant aux associés en nom ».

Par exemple, les revenus perçus par une société française en tant qu'associée commanditaire d'une **KommanditGesellschaft** (KG) allemande ont été considérés, en droit interne, comme des revenus de capitaux mobiliers imposables en France pouvant le cas échéant, en ce qui concerne les personnes morales soumises à l'impôt sur les sociétés, bénéficier du régime des sociétés mères (CE 8-11-2019 n° 430543, Sté Masterfoods Holding SAS : RJF 2/20 n° 148) ; en l'espèce, l'administration avait remis en cause l'exonération intégrale que la société avait pratiquée et avait fait spontanément application du régime des sociétés mères en réintégrant les revenus à hauteur de la quote-part pour frais et charges de 5 % (la société a toutefois obtenu la décharge sur le fondement de la convention fiscale franco-allemande du 21 juillet 1959 modifiée ; n° 65665).

Dans le passé, la doctrine administrative relative à la **convention franco-américaine** posait clairement le principe de l'application de l'article 120, 2° du CGI aux associés résidents de France, personnes physiques ou morales, qui sont « limited partners » (responsables à hauteur du capital apporté) de partnerships américaines. Cette solution, cependant, n'a pas été reprise au Bofip (le BOI-INT-CVB-USA-10-20-10 n° 10 ne reprend pas la précision antérieure sur ce point).

ASSOCIÉ PERSONNE PHYSIQUE

65653 Si l'associé est une personne physique, il est nécessairement passible de l'**impôt sur le revenu** en France. Sauf application de l'article 123 bis du CGI (nos 65700 s.), les produits réalisés par la société étrangère ne sont imposables que s'ils lui sont distribués (ou s'ils sont pour lui disponibles).

En cas d'option globale pour l'imposition au barème de l'impôt sur le revenu, au lieu du prélèvement forfaitaire unique, les sommes distribuées à des personnes physiques fiscalement domiciliées en France ne sont pas éligibles à la **réfaction de 40 %** sur le montant des dividendes distribués (n° 10423), notamment en raison de ce que ces sommes ne sont pas distribuées par des sociétés passibles, dans leur État de constitution, d'un impôt équivalent à l'impôt sur les sociétés. 65655

On remarquera que ces solutions sont susceptibles de conduire à **des doubles impositions** dans la mesure où l'associé résident de France pourra être imposable dans le pays de constitution de la société civile étrangère en application d'un principe de transparence, même si sa responsabilité est limitée à ses apports. Dans ce cas, malheureusement, il n'existe pas de mécanisme de nature à éviter la double imposition, faute de stipulations appropriées dans la plupart des conventions fiscales signées par la France (sous réserve de la solution particulière exposée n° 65666). Tout au plus pourra-t-on tenter de déduire l'impôt étranger de l'assiette imposable en France en application des principes habituels, hors convention fiscale. 65657

ASSOCIÉ PERSONNE MORALE

Si l'associé est une personne morale passible de l'impôt sur les sociétés, ce dernier est exigible sur les dividendes perçus, sur le fondement de l'article 38 du CGI. La question se posera cependant de savoir si la personne morale peut éventuellement bénéficier du **régime des sociétés mères** (CGI art. 145 et 216). 65660

Ainsi que l'a jugé le Conseil d'État dans le cadre franco-allemand (CE 8-11-2019 n° 430543, Sté Masterfoods Holding SAS : RJF 2/20 n° 148 ; voir n° 65665), rien ne s'y oppose, sous réserve que toutes les conditions d'application du dispositif soient par ailleurs remplies.

Dans un tel cas, en effet, la société française de capitaux, associée de la société civile étrangère, est assimilable à un **associé commanditaire** d'une société en commandite simple française. La circonstance que, le cas échéant, sa quote-part de revenus soit imposée dans l'État de constitution de la société civile, selon un principe de transparence, devrait rester sans influence pour l'application d'un texte de droit interne français (dans l'affaire Artémis mentionnée n° 65521, le régime des sociétés mères a été considéré comme inapplicable mais la société française était assimilable à un associé en nom et non pas à un associé commanditaire). Il y a lieu, cependant, de procéder à une analyse attentive de la situation pour déterminer à quel type d'entités françaises la société de personnes étrangère peut être assimilée. Ainsi, il a été jugé qu'une SAS française « limited partner » d'une partnership écossaise ne pouvait bénéficier du régime des sociétés mères au titre des distributions reçues de la partnership, car celle-ci devait être traitée, non comme une société en commandite simple dont la société française aurait été commanditaire, mais comme une société de libre partenariat (SLP) assimilée fiscalement à un FPCI, s'agissant d'un fonds d'investissement (TA Paris 9-6-2022 n° 2010825, Sté Invest Conseils : RJF 10/22 n° 829 ; ce jugement fait l'objet d'un appel).

Si le régime des sociétés mères n'est pas applicable, la **double imposition** résultant de l'application combinée des règles étrangères et françaises ne pourra qu'être atténuée par la déduction de l'impôt étranger de l'assiette imposable en France, sauf stipulation particulière d'une convention fiscale. 65662

CAS PARTICULIER DE LA CONVENTION FRANCO-ALLEMANDE

En ce qui concerne les associés, personnes physiques ou morales résidentes de France, une particularité est à signaler dans le cadre franco-allemand. La convention franco-allemande traite en effet comme des **dividendes** les revenus qu'un « **stiller Gesellschafter** » tire de sa participation (Convention art. 9 § 6). Un associé tacite résident de France reçoit donc une rémunération amputée d'une retenue à la source conventionnelle. Du côté français, comme il s'agit de revenus qui n'ont pas supporté l'impôt sur les sociétés et qui s'apparentent plutôt à des intérêts, il faut probablement considérer qu'ils ne doivent pas être traités comme des dividendes, et qu'ils ne peuvent donc pas bénéficier du régime des sociétés mères s'ils sont perçus par une société de capitaux (en ce sens, CAA Paris 14-4-2005 n° 03-2347, Sté L'Oréal : Droit fiscal 2006 n° 36 comm. n° 552 ; arrêt définitif). En toute hypothèse, il résulte de la convention elle-même que l'assimilation aux dividendes n'est permise que pour l'application des § 2 à 5 de l'article 9, c'est-à-dire ceux qui règlent la situation dans l'État de la source (solution issue de l'avenant de 1989 à la convention fiscale). Par suite, ce n'est pas la convention qui peut modifier sur ce point les règles de droit interne. 65665

En ce qui concerne la situation d'une société française commanditaire d'une **Kommandit-Gesellschaft** (KG) allemande, il a été jugé qu'il résulte de la combinaison des articles 4 (3), 9 (6), 9 (7) et 18 de la convention fiscale franco-allemande du 21 juillet 1959 modifiée que les revenus versés à la société en tant qu'associée ne sont pas imposables en France mais exclusivement en Allemagne (CE 8-11-2019 n° 430543, Sté Masterfoods Holding SAS : RJF 2/20 n° 148) ; selon le Conseil d'État, en effet, ces revenus ne sont pas des dividendes au sens de l'article 9 de la convention ni des revenus non dénommés au sens de l'article 18 mais des revenus entrant dans le champ de l'article 4 (3) de la convention, qui prévoit l'imposition en Allemagne.

CAS PARTICULIER DES AVOCATS RÉSIDENTS DE FRANCE ET ASSOCIÉS DE LLP BRITANNIQUES

65666 Afin de remédier à la double imposition que risquaient de subir les avocats résidents de France qui étaient associés de « general partnerships » britanniques qui s'étaient transformées en « limited liability partnerships » (LLP) pour limiter à leurs apports la responsabilité de leurs membres, l'administration a adopté une solution favorable qui consiste à les traiter comme s'ils étaient associés d'une société de personnes, en dépit de la limitation de leur responsabilité ; compte tenu des caractéristiques des LLP, l'administration a admis de les traiter fiscalement de la même manière que les « general partnerships » (BOI-INT-CVB-GBR-10-10 n° 160). Il en résulte que les **associés non salariés résidents de France** sont imposables en leur nom dans les conditions de droit commun dans la catégorie des bénéfices non commerciaux à raison de la fraction des revenus réalisés en France par la LLP correspondant à leurs droits ; la quote-part des revenus correspondant à l'activité de la LLP exercée au Royaume-Uni par l'intermédiaire d'une base fixe qui y est située est exonérée sous réserve du taux effectif ; la quote-part des revenus qui correspondent à l'activité de la LLP exercée dans un État tiers lié à la France par une convention en vue d'éliminer les doubles impositions et de lutter contre la fraude ou l'évasion fiscale, par l'intermédiaire d'une base fixe située dans cet État, est imposée conformément aux dispositions des articles « bénéfices des entreprises » ou « professions indépendantes » de cette convention (cette solution étend le champ d'application de la stipulation conventionnelle mentionnée au n° 65123) ; enfin, les **associés non résidents de France** sont imposables en France à raison de leur quote-part des résultats réalisés en France par la LLP par l'intermédiaire d'une base fixe qui y est située.

ASSOCIÉS NON SALARIÉS DE CABINETS D'AVOCATS AMÉRICAINS

65667 Une solution du même type que celle du n° 65666 a été adoptée pour l'imposition des associés non salariés de cabinets d'avocats américains constitués sous la forme de **limited liability partnerships** (BOI-BNC-SECT-70-50-10 n° 210 ; BOI-INT-CVB-USA-10-20-20 n° 140) ; selon l'administration, cette solution est fondée sur le fait que la nature et l'objet de la LLP sont purement civils (son activité exclusive consiste en la fourniture de services professionnels rendus par des avocats et autres membres de professions juridiques réglementées), que sa constitution et son fonctionnement sont gouvernés par le principe de l'« intuitu personae » (l'agrément des membres du groupement pour tout nouvel associé est nécessaire), que chaque membre a la qualité de mandataire, que sa responsabilité individuelle est illimitée à raison des actes professionnels ou des omissions fautives qu'il commet et que les parts des membres ne sont pas librement cessibles.

Étant donné les caractéristiques des LLP au sein desquelles les avocats exercent leur activité, les revenus qu'ils en retirent sont imposés selon les règles suivantes :

– les associés non salariés résidents de France sont imposables en leur nom dans les conditions de droit commun dans la catégorie des bénéfices non commerciaux à raison de la fraction des revenus réalisés **en France** par la LLP correspondant à leurs droits ;

– ils sont aussi imposables sur la quote-part des revenus de la LLP correspondant à l'activité réalisée par l'intermédiaire d'une base fixe située **aux États-Unis** ; ils ont droit à un crédit d'impôt en France égal à l'impôt français correspondant à ces revenus, conformément à l'article 24 § 1-a-(ii) de la convention fiscale franco-américaine, dans la limite résultant de l'article 14 § 4 de la même convention ;

– les associés résidents de France sont également imposables sur la quote-part des revenus correspondant à l'activité de la LLP exercée dans des **États tiers** ; la quote-part des revenus correspondant à l'activité de la LLP exercée dans un État tiers lié à la France par une convention fiscale, par l'intermédiaire d'une base fixe située dans cet État, est imposée conformément aux dispositions des articles « Bénéfices d'entreprises » ou « Professions indépendantes » de cette convention ; au titre de ces revenus de source tierce, les associés ne peuvent pas solliciter le bénéfice des stipulations prévues à l'article 24 § 1-a de la convention fiscale franco-américaine dont la mise en œuvre est subordonnée à la double condition que les revenus, ouvrant droit à l'imputation d'un crédit d'impôt, trouvent leur source aux États-Unis et y soient imposés ;

– les **associés non résidents** de France sont imposables en France à raison de leur quote-part de résultats réalisés par la LLP en France par l'intermédiaire d'une base fixe ; l'imposition est effectuée conformément aux dispositions de l'article 197 A du CGI (droit commun).

3. SOMMES VERSÉES AUX ASSOCIÉS À UN AUTRE TITRE QUE LEUR QUOTE-PART DE BÉNÉFICES

Les associés résidents de France de sociétés civiles étrangères peuvent percevoir des revenus de 65680
la société civile à un autre titre que leur quote-part de résultats. Tel est le cas lorsqu'ils ont prêté des sommes à la société ou lorsqu'ils lui ont consenti des licences d'exploitation de brevets, marques ou autres, à condition que le droit qui régit la société civile le permette.

Dans la mesure où les sociétés civiles étrangères ont, le plus souvent, une personnalité juridique suffisante, il est, en effet, généralement permis à un associé de prêter à la société et de percevoir des **intérêts,** ou encore de lui concéder une licence moyennant **redevances** ou enfin de rendre à la société des services moyennant **rémunérations.**

Normalement, ces intérêts, redevances et rémunérations diverses sont considérés comme 65682
déductibles pour le calcul des bénéfices sociaux. Mais tel n'est pas toujours le cas, notamment si l'État concerné ne reconnaît pas la société civile comme un sujet fiscal en tant que tel, compte tenu du droit qui la régit. Dans cette situation, il peut donc y avoir **double imposition** si des sommes qualifiées de bénéfices industriels et commerciaux par l'État dans lequel la société civile exerce son activité ne sont pas déductibles parce qu'elles sont traitées comme des répartitions de bénéfices, alors qu'elles sont qualifiées d'intérêts, redevances ou autres dans l'État de résidence de l'associé et sont imposables en tant que tels entre ses mains.

Cette situation peut se rencontrer en présence d'un associé résident de France d'une société 65684
civile étrangère. Compte tenu des principes du droit français, en effet, si un associé résident de France est titulaire d'une créance sur une société civile étrangère, les **produits de cette créance** sont imposables en France sans égard à la qualification qui peut leur être donnée dans le pays étranger. Autrement dit, ils restent imposables en France même s'ils le sont aussi dans le pays étranger en tant que bénéfices revenant à un associé d'une société civile.

Par exemple, des intérêts versés à un associé résident de France par une société civile allemande peuvent être imposés à la fois en Allemagne, en tant qu'ils sont considérés comme rattachables à un établissement stable allemand de la société civile, et en France, en tant que revenus de créance bénéficiant à un résident de France.

Ces doubles impositions ne peuvent guère être réglées, le cas échéant, que par la **procédure** 65686
amiable conventionnelle, et encore avec beaucoup de difficultés car les droits des deux pays ne s'accordent pas.

À noter qu'en sens inverse il peut y avoir **double exonération,** notamment dans le cadre des relations franco-allemandes (n° 65304).

4. INCIDENCES DES ARTICLES 123 BIS ET 209 B DU CGI

On sait que le droit fiscal français contient deux dispositifs destinés à éviter la localisation de 65700
bénéfices dans un État ou territoire où ils bénéficient d'un **régime fiscal privilégié.** Il s'agit des articles :

– 209 B du CGI, en ce qui concerne, en simplifiant, les entreprises passibles de l'impôt sur les sociétés qui détiennent une participation supérieure à 50 % dans une entité étrangère bénéficiant d'un régime fiscal privilégié (hors Union européenne, sauf montage artificiel) qui n'exerce pas, à titre principal, une activité industrielle ou commerciale sur le territoire dans lequel elle est implantée ;

– 123 bis du CGI, en ce qui concerne les personnes physiques qui détiennent une participation d'au moins 10 % dans une entité étrangère bénéficiant d'un régime fiscal privilégié dont l'actif est principalement de type monétaire ou financier, sauf application d'une clause de sauvegarde de portée légèrement différente selon le lieu d'implantation de l'entité étrangère (Loi 2017-1775 du 28-12-2017 art. 25).

Ces dispositifs, dont l'application suppose que les bénéfices réalisés par l'entité étrangère 65702
n'aient pas supporté un impôt au moins égal à 60 % de celui qu'ils auraient à supporter en France sur la même base d'imposition, sont, bien entendu, applicables aux **sociétés civiles étrangères,** compte tenu de la généralité des termes employés par la loi.

En ce qui concerne l'article 209 B, on remarquera en ce sens que la loi vise la détention directe ou indirecte de plus de 50 % des actions, parts, droits financiers ou droits de vote dans une entité juridique qui peut être une personne morale, un organisme, une fiducie ou une institution comparable, établie ou constituée hors de France. Cette rédaction est directement reprise de l'article 123 bis et doit donc s'interpréter de la même façon.

En ce sens, la doctrine administrative souligne à juste titre la portée très générale de ces dispositifs :

– à propos de l'article 209 B, au BOI-IS-BASE-60-10-20-20 n°s 60 et 70, qui précise que le texte s'applique aux sociétés civiles et aux « groupements » étrangers. La notion de groupement est définie par référence à une structure juridique, dotée ou non de la personnalité morale, dans laquelle des personnes physiques ou morales s'associent en vue de poursuivre un objectif économique commun (GIE, GEIE, associations en participation, contrats d'association, syndicats, groupes, pools, etc.) ; les sociétés civiles étrangères sont donc clairement incluses ;

– à propos de l'article 123 bis, au BOI-RPPM-RCM-10-30-20-10 n° 30, qui indique que sont notamment visées les parts d'intérêt possédées dans des sociétés de personnes et organismes assimilés, ce qui inclut également les sociétés civiles étrangères (la doctrine administrative vise également les sociétés en participation, sociétés de fait, sociétés en nom collectif, joint-ventures et partnerships).

65704 La question à résoudre, cependant, sera, toutes choses égales par ailleurs, de déterminer comment la **comparaison** doit être effectuée avec les **sociétés françaises de même type,** afin de vérifier l'existence d'un régime fiscal privilégié. On sait, en effet, que, compte tenu de l'article 238 A du CGI, les bénéfices étrangers sont réputés soumis à un régime fiscal privilégié si, en pratique, ils n'ont pas supporté un impôt étranger égal à au moins 60 % de celui qui aurait été appliqué en France sur la même base d'imposition. Cette règle exige une comparaison précise qui peut être difficile à faire en présence de sociétés qui ne sont pas imposables à leur niveau mais à celui de leurs associés.

À notre avis, un régime privilégié devrait, en l'espèce, être apprécié de façon objective, par rapport à l'impôt qui frappe les résultats de la société civile étrangère et sans égard au fait que celui-ci est payé par la société ou par ses associés. Autrement dit, si les conditions d'application des articles 123 bis et 209 B sont par ailleurs remplies, le résultat réalisé par une société civile étrangère doit être imposé en France, s'il n'est pas imposé dans l'État de constitution de la société civile étrangère soit à son nom, soit à celui de ses associés, par hypothèse ici résidents de France (ou s'il l'est de façon notablement plus faible qu'en France par référence au critère des 60 % applicable depuis le 1er janvier 2020). Cette solution a, par exemple, été retenue à propos d'une **limited partnership américaine** détenue directement et indirectement par une société luxembourgeoise (CAA Versailles 5-3-2019 n° 16VE02168, Sté Rexel : RJF 8-9/19 n° 762 ; arrêt définitif) ; seules les conditions d'imposition aux États-Unis ont été jugées pertinentes, et non pas les conditions d'imposition des associés au Luxembourg (en l'espèce, un régime fiscal privilégié a bien été caractérisé, étant donné l'absence totale d'imposition aux États-Unis).

C. Imposition du capital représenté par des parts de sociétés civiles étrangères

65720 Les résidents de France associés de sociétés civiles étrangères doivent nécessairement prendre en compte les parts qu'ils détiennent dans ces sociétés pour l'imposition de leur patrimoine au titre de l'IFI et en cas de transmission à titre gratuit.

1. IMPÔT SUR LA FORTUNE IMMOBILIÈRE

EN DROIT INTERNE

65725 Sont redevables de l'IFI les personnes physiques domiciliées en France dont le patrimoine immobilier au 1er janvier de l'année d'imposition dépasse le seuil d'imposition. Les résidents sont imposables sur leurs **actifs immobiliers mondiaux** : biens et droits immobiliers situés en France ou hors de France et parts ou actions de sociétés et organismes établis en France ou hors de France à hauteur de la valeur représentative de biens ou droits immobiliers détenus directement ou indirectement par ces sociétés ou organismes.

Par exception, les personnes physiques domiciliées en France mais qui ne l'ont pas été au cours des cinq années civiles précédant celle au cours de laquelle elles ont leur domicile fiscal en

France ne sont passibles de l'impôt sur la fortune immobilière qu'à raison des actifs immobiliers situés en France (CGI art. 964).

Les parts de **sociétés civiles étrangères** détenues par des résidents de France sont donc imposables dans notre pays à hauteur de leur composante immobilière, que celle-ci corresponde à des actifs immobiliers situés en France ou hors de France ; les règles françaises habituelles sont applicables en ce cas, qu'il s'agisse de celles qui tiennent à la détermination de la fraction imposable, aux dettes déductibles, ou aux méthodes d'évaluation des biens, notamment.

Les **doubles impositions** résultant de ce que les parts d'une société civile étrangère peuvent **65727**
également être assujetties, au nom de leur détenteur, à un impôt sur la fortune dans l'État de constitution de la société sont éliminées par la technique du crédit d'impôt. L'impôt sur la fortune acquitté hors de France sur le patrimoine constitué par des actifs immobiliers étrangers est, en effet, déductible pour la détermination de l'impôt français dû par une personne physique fiscalement domiciliée en France (CGI art. 980, reprenant le principe posé par l'art. 784 A du même Code, applicable aux droits de mutation à titre gratuit).

L'imputation sur l'impôt exigible en France est cependant limitée à l'impôt sur la fortune immobilière acquitté au titre des biens et droits immobiliers situés hors de France ou sur la valeur des parts et actions de sociétés et organismes établis en France ou hors de France à hauteur de la fraction représentative de ces mêmes biens. Il n'y a pas lieu de tenir compte des impôts payés hors de France qui ne se rattachent pas à un actif effectivement imposé à l'IFI.

Par ailleurs, seuls sont imputables les **impôts étrangers** de même nature que l'IFI, ce qui exclut, par exemple, ceux qui s'apparentent à des impôts locaux du type « taxe d'habitation » ou « taxes foncières ».

En outre, l'impôt étranger n'est déductible que dans la limite de l'impôt français afférent aux actifs immobiliers étrangers considérés et l'imputation se fait « pays par pays ». Par suite, un excès de crédit d'impôt ne peut être reporté sur d'autres biens imposables ni être restitué au redevable en cas d'excédent global par rapport à l'impôt sur la fortune immobilière exigible en France.

INCIDENCE DES CONVENTIONS FISCALES INTERNATIONALES

Les conventions fiscales internationales, à supposer qu'elles soient applicables à l'IFI (n° 65355), ne **65730**
modifient généralement pas les solutions prévues en droit interne français. Elles n'apportent, en effet, que peu de modifications à la situation en France des personnes qui y sont domiciliées. La plupart du temps, elles se bornent à confirmer le droit d'imposer que se reconnaît la France en droit interne.

Il est vrai que quelques conventions fiscales atypiques (celles conclues avec les Pays-Bas et la **65732**
Finlande) peuvent interdire à notre pays d'imposer des **biens immobiliers** situés dans l'autre pays et détenus par une personne physique fiscalement domiciliée en France. Mais ces avantages ne visent que la **détention directe** des biens immobiliers et non pas la détention de parts de sociétés civiles étrangères, même à prépondérance immobilière.

Les conventions fiscales qui contiennent un dispositif sur les parts ou actions de **sociétés** étrangères **à prépondérance immobilière** se bornent à donner un droit d'imposer à l'autre pays sans le retirer à la France. La double imposition est alors normalement éliminée au moyen d'un crédit d'impôt conformément au droit interne français.

La circonstance que la société civile étrangère soit redevable de la **taxe** patrimoniale **de 3 %,** si **65734**
elle est à prépondérance immobilière en France et si elle n'est pas exonérée (nos 13400 s.), n'empêche pas que l'impôt sur la fortune immobilière soit exigible en France au nom de son associé domicilié en France au titre de la fortune immobilière représentée par les parts de cette société (de même, d'ailleurs, s'il est non-résident).

En pratique, toutefois, il sera difficile à l'administration d'asseoir l'IFI puisque, par hypothèse, les éléments relatifs à la personnalité des associés n'auront pas été dévoilés (d'une certaine façon, la taxe agit comme un substitut de fait à l'IFI lorsque l'anonymat est préservé).

2. DROITS DE MUTATION À TITRE GRATUIT

EN DROIT INTERNE

Lorsqu'un défunt ou un donateur est résident de France, sont, d'une façon générale, soumis **65740**
aux droits de mutation à titre gratuit (successions et donations) les biens meubles et immeubles situés en France ou hors de France, et notamment les fonds publics, parts d'intérêts, créances et généralement toutes les valeurs mobilières françaises ou étrangères de quelque nature qu'elles soient (CGI art. 750 ter).

La transmission de parts de sociétés civiles étrangères est, par conséquent, imposable en France comme la généralité des biens transmis par un défunt ou un donateur résident de France (nº 22180).

65742 Bien entendu, ces parts peuvent également être imposables dans l'État de constitution de la société civile étrangère. Dans ce cas, les **doubles impositions** sont éliminées par le jeu d'un crédit d'impôt, même en l'absence de convention fiscale.

Il résulte, en effet, de l'article 784 A du CGI que, dans le cas où le défunt (ou le donateur) est domicilié en France, les droits acquittés hors de France sur les biens situés hors de France sont imputables sur l'impôt dû en France. Il en va de même, incidemment, si la mutation est imposable en France en raison de la domiciliation en France du bénéficiaire lorsque le défunt ou le donateur est domicilié hors de France.

Les **impôts étrangers** dont l'imputation peut être faite sur l'impôt français sont uniquement ceux qui sont perçus du fait d'une transmission à titre gratuit hors de France au titre de biens situés hors de France. Il n'y a donc pas de crédit d'impôt au titre d'un impôt étranger perçu sur un bien considéré par le droit français comme situé en France, alors même qu'il peut être considéré comme situé dans l'autre pays selon le droit interne de cet État. Tel peut être le cas, par exemple, de parts de sociétés civiles étrangères à prépondérance immobilière en France, qui sont considérées comme situées en France en droit interne français, alors qu'il s'agit de biens étrangers dont la transmission est éventuellement imposable dans l'État de constitution de la société civile.

En outre, l'imputation est limitée au montant de l'impôt français exigible sur les biens situés hors de France et l'excédent n'est pas restituable.

INCIDENCES DES CONVENTIONS FISCALES INTERNATIONALES

65745 En principe, les conventions fiscales ne modifient pas ces solutions. En effet, même lorsqu'elles permettent à l'autre pays d'imposer des parts de sociétés civiles, elles ne retirent généralement pas à la France son droit d'imposer. Elles se bornent à prévoir en ce cas l'octroi d'un crédit d'impôt afin d'éliminer les **doubles impositions.**

Il en va ainsi, par exemple, en présence d'un **dispositif bilatéral** relatif aux parts de sociétés civiles à prépondérance immobilière. Le pays de constitution de la société civile impose les transmissions « en premier » mais la France impose « en second » et déduit l'impôt étranger de l'impôt français.

65747 Il arrive que, si une règle spéciale est prévue par la convention pour les sociétés à prépondérance immobilière, celle-ci ne vaille que du côté français et non pas pour l'imposition des transmissions dans l'autre pays. Un exemple en est donné par la convention fiscale franco-italienne du 20 décembre 1990, qui prévoit, à l'article 5 § 3, que l'expression « biens immobiliers » comprend aussi, à l'égard de la France, les actions ou parts d'une personne morale dont l'actif est principalement constitué d'immeubles situés en France ou de droits y afférents (pour l'application de cette disposition, ne sont pas pris en considération les biens immobiliers affectés par cette personne morale à sa propre exploitation industrielle, commerciale, agricole ou à l'exercice d'une profession non commerciale). Ce **dispositif** est clairement **unilatéral,** puisqu'il ne vaut qu'à l'égard de la France. Par suite, des parts d'une SCI française transmises par un défunt résident d'Italie peuvent être imposées en France, mais des parts d'une société civile italienne à prépondérance immobilière en Italie ne peuvent pas être imposées en Italie lorsqu'elles appartenaient à un défunt résident de France (elles sont imposables intégralement dans notre pays).

65749 Sous réserve peut-être de certaines exceptions, il ne paraît donc pas possible à un résident de France de rechercher une quelconque **optimisation fiscale** en matière de droits de mutation à titre gratuit par la constitution de sociétés civiles hors de France.

Schémas de statuts

Avertissement : Les formules qui suivent sont données **à titre** purement **indicatif** en vue de faciliter la rédaction des statuts de société civile de droit commun. On y trouve les clauses qui, en vertu de l'article 1835 du Code civil, doivent obligatoirement y figurer (nº 2240), ainsi que les clauses les plus usuelles.
Figure un **renvoi aux développements** traitant chaque sujet, pour permettre l'adaptation des clauses proposées aux buts poursuivis par les associés et l'adjonction de précisions qui pourraient être utiles compte tenu de chaque situation. 70000

MODÈLE

Société civile de droit commun 70001

(Dénomination sociale)
Société civile au capital de... euros
Siège social : ...
Les soussignés :
M./Mme..., né(e) le..., à..., de nationalité..., demeurant..., marié(e) sous le régime.../célibataire/divorcé(e)/veuf(veuve)/partenaire lié(e) par un Pacs,
M./Mme..., né(e) le..., à..., de nationalité..., demeurant..., marié(e) sous le régime.../célibataire/divorcé(e)/veuf(veuve)/partenaire lié(e) par un Pacs,
ont établi ainsi qu'il suit les statuts de la Société civile qu'ils sont convenus de constituer entre eux.

Statuts

Art. 1 – Forme

Il est formé entre les propriétaires des parts ci-après créées et de celles qui pourront l'être ultérieurement une Société civile régie par les lois et règlements en vigueur et par les présents statuts.

Art. 2 – Objet (nºs 800 s.)

La Société a pour objet :
– ...
– Et généralement, toutes opérations quelconques pouvant se rattacher directement ou indirectement à cet objet et à tous objets similaires ou connexes, ou pouvant en favoriser l'extension ou le développement, pourvu qu'elles ne modifient pas le caractère civil de la Société.
(*Facultatif*) La Société a pour raison d'être...

Art. 3 – Dénomination sociale (nºs 1850 s.)

La Société prend la dénomination...
Cette dénomination doit figurer sur tous les actes et documents émanant de la Société et destinés aux tiers.

Art. 4 – Durée (nºs 1700 s.)

La durée de la Société est fixée à... années à compter de son immatriculation au registre du commerce et des sociétés, sauf dissolution anticipée ou prorogation.

Art. 5 – Siège social (nºs 1950 s.)

Le siège social est fixé à...
Il pourra être transféré en tout autre endroit de la même ville par décision de la gérance et partout ailleurs en France en vertu d'une décision extraordinaire de la collectivité des associés prise à la majorité prévue à l'article 18 ci-après.

Art. 6 – Apports (nºs 1100 s.)

1. Apports en numéraire (nºs 1110 s.)
M. /Mme... apporte à la Société la somme de... euros.
M. /Mme... apporte à la Société la somme de... euros.
M. /Mme... étant marié(e) sous le régime de la communauté des biens, son épouse/époux, Mme/M..., est intervenu(e) aux présentes. Elle/il déclare avoir été informé(e) de la souscription par son conjoint de parts sociales au moyen de fonds dépendant de la communauté de biens existant entre eux et ne pas revendiquer la qualité d'associé(e).

70001 (suite)
ou
M. /Mme... étant marié(e) sous le régime de la communauté des biens, son épouse/époux, Mme/M..., dûment averti(e) par lettre recommandée avec demande d'avis de réception en date du... de l'apport effectué par son conjoint au moyen de biens communs, n'a pas notifié son intention de revendiquer la qualité d'associé(e).
ou
M. /Mme... étant marié(e) sous le régime de la communauté des biens, son épouse/époux, Mme/M..., dûment averti(e) par lettre recommandée avec demande d'avis de réception en date du... de l'apport effectué par son conjoint au moyen de biens communs, a déclaré vouloir être personnellement associé(e) à concurrence de la moitié des parts souscrites par son conjoint, ce qui a été accepté par les autres associés.

2. Libération des apports en numéraire

Le montant total des apports en numéraire s'élève à... euros. Cette somme a été intégralement déposée à un compte ouvert au nom de la Société en formation, à la banque..., agence de..., ainsi que l'atteste un certificat de ladite banque en date du...
ou
Le montant total des apports en numéraire s'élève à... euros. Sur cette somme, il a été déposé à un compte ouvert au nom de la Société en formation, à la banque..., agence de..., ainsi que l'atteste un certificat de ladite banque en date du..., la somme de... euros représentant... % des apports de chacun des associés. Le solde des apports sera versé à la Société, ainsi que les apporteurs s'y obligent, en fonction des besoins de la Société... jours après la demande qui leur en sera faite par lettre recommandée de la gérance.
À défaut de versement à l'expiration de ce délai, et sans préjudice de mesures d'exécution, les sommes appelées seront productives d'intérêts au taux de... % l'an.

3. Apports en nature (n°s 1130 s.)

M. /Mme... apporte à la Société le bien désigné ci-après : ...
Ce bien, dont l'apport est consenti net de tout passif, est évalué à... euros.

4. Récapitulation des apports

Il a été effectué par les soussignés les apports suivants :
– apports en numéraire : ... euros,
– apports en nature : ... euros.
Le total des apports consentis à la Société s'élève à la somme de... euros.

Art. 7 – Capital social (n°s 1750 s.)

Le capital social est fixé à la somme de... euros. Il est divisé en... parts sociales de... euros chacune, attribuées aux associés en représentation de leurs apports respectifs, savoir :
M. /Mme... à concurrence de... parts, numérotées de... à..., en rémunération de son apport en numéraire,
M. /Mme... à concurrence de... parts, numérotées de... à..., en rémunération de son apport en nature,
Soit au total... parts.

Art. 8 – Augmentation et réduction du capital (n°s 14505 s.)

1. Le capital social peut, sur décision collective extraordinaire des associés, être augmenté par la création de parts sociales nouvelles ou par élévation du nominal des parts sociales anciennes, soit au moyen d'apports en numéraire ou en nature, soit par compensation avec des créances liquides et exigibles des souscripteurs sur la Société, soit par incorporation de réserves ou de bénéfices.
En cas d'augmentation de capital au moyen d'apports en numéraire, les associés organisent, s'ils le jugent opportun, toutes modalités de souscription, avec ou sans droit préférentiel à titre irréductible et réductible.
2. De même, le capital social peut être réduit, sur décision collective extraordinaire des associés, au moyen du remboursement, du rachat ou de l'annulation des parts sociales existantes ou de leur échange contre de nouvelles parts sociales d'un montant identique ou inférieur.

Art. 9 – Parts sociales (n°s 21000 s.)

1. Les parts sociales ne peuvent être représentées par des titres négociables. Les droits de chaque associé résultent uniquement des présents statuts et des actes modifiant le capital social ou constatant des cessions ou mutations de parts régulièrement consenties. Une copie ou un extrait desdits actes, certifié par la gérance, pourra être délivré à chacun des associés sur sa demande et à ses frais.
2. Chaque part sociale donne droit, dans la propriété de l'actif social et dans la répartition des bénéfices et du boni de liquidation, à une fraction proportionnelle au nombre de parts sociales existantes.
3. Les parts sociales sont indivisibles à l'égard de la Société. Les copropriétaires indivis d'une part sociale sont tenus de se faire représenter auprès de la Société par un seul d'entre eux, ou par un mandataire commun pris parmi les autres associés.

70001 (suite)

4. Lorsque des parts sociales sont grevées d'usufruit, le droit de vote appartient au nu-propriétaire, sauf pour les décisions relatives à l'affectation des bénéfices où il est exercé par l'usufruitier et sauf convention entre eux prévoyant que le droit de vote sera aussi exercé par l'usufruitier pour les autres décisions. Toutefois, dans tous les cas, le nu-propriétaire et l'usufruitier disposent du droit de participer aux décisions collectives.
5. Les droits et obligations attachés à chaque part la suivent dans quelque main qu'elle passe. La propriété d'une part emporte, de plein droit, adhésion aux statuts et aux décisions collectives des associés.

Art. 10 – Cession et transmission de parts sociales (nos 21170 s.)

1. La cession de parts sociales est effectuée par acte authentique ou sous signature privée. Elle doit, conformément à l'article 1690 du Code civil, être signifiée à la Société ou acceptée par elle dans un acte authentique. La cession n'est opposable aux tiers qu'après accomplissement de ces formalités et dépôt au registre du commerce et des sociétés d'une copie de l'acte authentique ou de l'original de l'acte sous signature privée de cession.
2. Les parts sociales sont librement cessibles entre associés et au profit du conjoint, des ascendants ou descendants de l'associé cédant.
3. Elles ne peuvent être cédées à titre gratuit ou onéreux à d'autres personnes qu'avec l'autorisation préalable de tous les associés.
À cet effet, toute cession à titre gratuit ou onéreux de quelque manière qu'elle ait lieu, alors même qu'elle aurait lieu par voie d'apport en société, de fusion, de scission, de dévolution, de confusion de patrimoines et alors même que la cession ne porterait que sur la nue-propriété ou l'usufruit, est soumise aux règles suivantes.
L'associé qui veut céder ou transférer tout ou partie de ses parts en informe la Société et chacun des associés par lettre recommandée avec demande d'avis de réception, en indiquant les prénoms, nom, profession, domicile et nationalité de l'acquéreur proposé ou, s'il s'agit d'une personne morale, sa forme, sa dénomination et l'adresse du siège, ainsi que le prix et le nombre de parts sociales dont la cession est envisagée.
Dans les... jours de cette notification, chacun des associés fera connaître au cédant sa décision par lettre recommandée avec demande d'avis de réception. La décision prise n'a pas à être motivée et, en cas de refus, elle ne pourra jamais donner lieu à une réclamation quelconque contre les associés ou contre la Société.
Si la cession est agréée, elle doit être régularisée, tant à l'égard de la Société qu'à l'égard des tiers, dans les deux mois qui suivent l'expiration du délai prévu à l'alinéa précédent ; à défaut de régularisation dans ce délai, l'acquéreur doit, à nouveau, être soumis à l'agrément des associés dans les conditions sus-indiquées.
Si l'agrément est refusé et à défaut de renonciation du cédant à son projet, les dispositions des articles 1862 et 1863 du Code civil s'appliquent.
4. En cas de décès d'un associé, ses héritiers, ses légataires ou son conjoint survivant deviennent de plein droit associés, sans qu'il soit besoin d'agrément.

Art. 11 – Responsabilité des associés (nos 20400 s.)

1. Dans ses rapports avec ses coassociés, chacun des associés n'est tenu des dettes et engagements sociaux que dans la proportion du nombre de parts qu'il possède.
2. Vis-à-vis des tiers, les associés sont tenus indéfiniment du passif social sur tous leurs biens à proportion de leurs droits sociaux.

Art. 12 – Décès – Incapacité – Retrait d'un associé (nos 22010 s.)

1. La Société n'est pas dissoute par le décès d'un ou plusieurs des associés, gérants ou non, et continue avec les survivants ainsi que les héritiers et les représentants de l'associé ou des associés décédés.
De même, l'absence, l'incapacité civile, la déconfiture, le redressement ou la liquidation judiciaire ou la faillite personnelle de l'un ou de plusieurs des associés ne met pas fin à la Société et, à moins qu'une décision collective des associés n'en prononce la dissolution, celle-ci continue entre les autres associés, à charge pour eux de rembourser à l'associé absent, frappé d'incapacité ou en état de redressement ou de liquidation judiciaire ou de faillite personnelle ou à son représentant légal ou judiciaire, soit par voie de réduction de capital, soit par voie de rachat, au choix des associés demeurés en Société, de la manière et dans les conditions et proportions entre eux qu'ils jugeront convenables, le montant des parts qu'il pourrait alors posséder d'après leur valeur au jour de l'ouverture du droit de rachat déterminée dans les conditions prévues par l'article 1843-4 du Code civil.
Le montant du remboursement est payable dans les trois mois du rapport de l'expert chargé de déterminer cette valeur et productif d'intérêts au taux légal à compter du jour de l'événement ayant donné lieu au droit de rachat.
2. Le retrait total ou partiel d'un associé doit être autorisé à l'unanimité de ses coassociés ou par décision de justice pour justes motifs.

70001 (suite)

L'associé qui se retire n'a droit qu'au remboursement de la valeur de ses parts sociales déterminée, à défaut d'accord amiable, conformément aux dispositions de l'article 1843-4 du Code civil.

Art. 13 – Gérance (n°s 7000 s.)

1. La Société est gérée et administrée par un ou plusieurs gérants, personnes physiques ou morales, pris parmi les associés ou en dehors d'eux, nommés par décision ordinaire des associés.

2. Le premier gérant de la Société, pour une durée indéterminée, est :
M. /Mme..., né(e) le..., demeurant..., qui déclare accepter cette fonction et qu'il n'existe de son chef aucune incompatibilité ni interdiction pouvant faire obstacle à cette nomination.

3. La gérance dispose des pouvoirs les plus étendus pour agir au nom de la Société en vue de la réalisation de l'objet social. En cas de pluralité de gérants, ceux-ci exercent séparément ces pouvoirs, sauf le droit qui appartient à chacun de s'opposer à une opération avant qu'elle ne soit conclue.
Toutefois, la gérance ne pourra, sans l'autorisation préalable des associés statuant à la majorité prévue ci-après à l'article 18 et sans que cette clause puisse être opposée aux tiers, effectuer l'une des opérations suivantes :
...

4. La démission du gérant n'a pas à être motivée mais il doit en informer chaque associé trois mois au moins à l'avance et par lettre recommandée.

5. Le gérant est révocable par une décision des associés représentant plus de la moitié des parts sociales.
Si la révocation est décidée sans juste motif, elle peut donner lieu à des dommages-intérêts.

6. En cas de vacance de la gérance, la nomination du ou des nouveaux gérants est décidée par l'assemblée générale des associés convoquée par l'associé le plus diligent dans le mois de ladite vacance.

Art. 14 – Décisions collectives des associés (n°s 8500 s.)

1. Les décisions excédant les pouvoirs de la gérance sont prises par les associés et résultent, au choix de la gérance, soit d'une assemblée générale, soit d'une consultation écrite des associés.
En outre, les associés peuvent toujours d'un commun accord prendre les décisions collectives à l'unanimité par acte sous signature privée ou notarié.

2. Tout associé a le droit de participer aux décisions collectives.
Chaque associé dispose d'un nombre de voix égal au nombre des parts qu'il possède ou qu'il représente, sans limitation.

Art. 15 – Assemblées générales (n°s 8510 s.)

1. L'assemblée générale représente l'universalité des associés ; les décisions qu'elle prend obligent tous les associés, même les absents, incapables ou dissidents.

2. Les assemblées générales sont convoquées par la gérance au lieu du siège social ou en tout autre endroit indiqué dans la convocation. Un ou plusieurs associés représentant au moins... % du capital social peuvent, par lettre recommandée, demander à la gérance la convocation d'une assemblée générale.

3. Les convocations à l'assemblée générale sont effectuées par lettre recommandée adressée à chaque associé quinze jours au moins avant la réunion. La lettre de convocation indique l'ordre du jour, les modifications aux statuts, s'il en est proposé, devant être explicitement mentionnées.
La convocation peut être verbale et l'assemblée réunie sans délai si tous les associés sont présents ou représentés.

4. Chaque associé a le droit d'assister à l'assemblée ou de se faire représenter par son conjoint ou par un autre associé justifiant de son pouvoir.

5. L'assemblée générale est présidée par le gérant le plus âgé ou, si aucun gérant n'est associé, par l'associé présent et acceptant qui possède ou représente le plus grand nombre de parts sociales.

6. Les délibérations de l'assemblée générale sont constatées par des procès-verbaux signés par le gérant et, le cas échéant, par le président de séance. S'il n'est pas établi de feuille de présence, les procès-verbaux sont en outre signés par tous les associés présents et par les mandataires.

Art. 16 – Consultations écrites des associés (n°s 8700 s.)

1. Si elle le juge utile, la gérance peut consulter les associés par correspondance.
Dans ce cas, elle doit adresser à chaque associé, par lettre recommandée avec demande d'avis de réception, le texte des résolutions proposées accompagné s'il y a lieu de tous renseignements et explications utiles.
Les associés disposent d'un délai de quinze jours à compter de la date de réception de cette lettre pour émettre leur vote par écrit. Cette réponse est adressée au siège social par lettre recommandée.
Tout associé n'ayant pas répondu dans le délai ci-dessus fixé est considéré comme s'étant abstenu.
Le procès-verbal de la consultation est établi par la gérance qui y annexe les votes des associés.
Les décisions prises par consultation écrite doivent, pour être valables, réunir les conditions de majorité prévues pour les assemblées générales.

70001 (suite)

2. Lorsque la décision des associés résulte de leur consentement exprimé dans un acte, cette décision est mentionnée à sa date dans le registre des procès-verbaux. Cette mention contient obligatoirement l'indication de la nature, de l'objet et des signataires de l'acte. L'acte lui-même, s'il est sous signature privée, ou sa copie authentique, s'il est notarié, est conservé par la Société de manière à permettre sa consultation en même temps que le registre.

Art. 17 – Assemblée générale ordinaire

1. L'assemblée générale ordinaire est réunie au moins une fois par an à l'effet de prendre connaissance du compte rendu de gestion de la gérance et du rapport écrit sur l'activité de la Société au cours de l'exercice écoulé. Elle statue sur cette reddition de compte, approuve ou redresse les comptes et décide l'affectation et la répartition des bénéfices.
2. Elle nomme et remplace les gérants ou renouvelle leurs mandats.
3. Elle délibère sur toutes questions inscrites à l'ordre du jour qui ne relèvent pas de la compétence de l'assemblée générale extraordinaire.
4. Les décisions de l'assemblée générale ordinaire doivent, pour être valables, être adoptées par un ou plusieurs associés représentant plus de la moitié du capital.

Art. 18 – Assemblée générale extraordinaire

1. L'assemblée générale extraordinaire peut apporter aux statuts toutes modifications qu'elle jugera utiles, sans exception ni réserve. Elle est notamment compétente pour décider :
– l'augmentation ou la réduction du capital,
– la prorogation ou la dissolution anticipée de la Société,
– la transformation de la Société ou sa fusion avec d'autres sociétés,
– la modification de la répartition des bénéfices.
2. Les délibérations de l'assemblée générale extraordinaire doivent, pour être valables, être adoptées par un ou plusieurs associés représentant les deux tiers au moins du capital social.

Art. 19 – Conventions réglementées (n°s 8120 s.)

1. La gérance ou, s'il en existe un, le commissaire aux comptes doit présenter à l'assemblée générale annuelle un rapport sur les conventions passées directement ou par personne interposée entre la Société et l'un de ses gérants. Ce rapport doit également mentionner les conventions passées entre la Société et une autre personne morale dans laquelle la gérance est associée indéfiniment responsable, gérant, administrateur, directeur général, directeur général délégué, membre du directoire ou du conseil de surveillance, ou actionnaire disposant d'une fraction des droits de vote supérieure à 10 %.
L'assemblée générale annuelle statue sur ce rapport.
2. Les dispositions ci-dessus ne sont pas applicables aux conventions courantes conclues à des conditions normales qui, en raison de leur objet ou de leurs implications financières, ne sont significatives pour aucune des parties.

Art. 20 – Commissaire aux comptes (n°s 8150 s.)

1. La nomination d'un commissaire aux comptes titulaire et, le cas échéant, d'un commissaire aux comptes suppléant est obligatoire dans les cas prévus par la loi et les règlements. Elle est facultative dans les autres cas.
En dehors des cas prévus par la loi, la nomination d'un commissaire aux comptes peut être décidée par décision ordinaire des associés.
Le commissaire aux comptes est nommé par décision ordinaire des associés.
2. Le commissaire aux comptes exerce ses fonctions dans les conditions prévues par la loi.

Art. 21 – Exercice social (n° 8216)

L'exercice social commence le... et finit le... de chaque année.
Par exception, le premier exercice comprendra le temps écoulé depuis l'immatriculation de la Société jusqu'au...

Art. 22 – Comptes sociaux

1. Il est tenu au siège social une comptabilité régulière.
2. En outre, à la clôture de chaque exercice social, il est dressé par la gérance un inventaire de l'actif et du passif de la Société, un bilan, un compte de résultat et une annexe.
Ces documents accompagnés d'un rapport de la gérance sur l'activité de la Société doivent être soumis aux associés dans les six mois de la clôture de l'exercice.

Art. 23 – Affectation des résultats (n°s 8234 s.)

1. Le compte de résultat, qui récapitule les produits et charges de l'exercice, fait apparaître par différence, après déduction des amortissements et des provisions, le bénéfice ou la perte de l'exercice.
2. Le bénéfice distribuable est constitué par le bénéfice de l'exercice, diminué des pertes antérieures et des sommes éventuellement portées en réserve et augmenté de tout report bénéficiaire.

Ce bénéfice est distribué entre les associés proportionnellement au nombre de parts possédées par chacun d'eux. Toutefois, l'assemblée générale ordinaire peut décider de le mettre en réserve ou de le reporter à nouveau, en tout ou partie.

3. La perte, s'il en existe, à défaut d'une décision des associés affectant à sa compensation tout ou partie des réserves et/ou du report bénéficiaire des exercices antérieurs, est reportée à nouveau pour être imputée sur les bénéfices ultérieurs jusqu'à apurement. Les associés, d'un commun accord, peuvent néanmoins décider de la prendre directement en charge, auquel cas elle est supportée par eux dans la même proportion que pour la répartition des sommes distribuables.

Art. 24 – Avance en compte courant (n°s 20040 s.)

Chaque associé détenant plus de... % du capital pourra, avec le consentement de ses coassociés, faire des avances en compte courant à la Société.

Les conditions de fonctionnement de ce compte et la fixation, le cas échéant, des intérêts et des délais de préavis pour retrait des sommes sont arrêtées dans chaque cas par accord entre la gérance et les intéressés.

Art. 25 – Liquidation de la Société (n°s 24600 s.)

1. À l'expiration ou en cas de dissolution anticipée de la Société, l'assemblée générale extraordinaire nomme un ou plusieurs liquidateurs dont elle détermine les pouvoirs et la rémunération. Les liquidateurs peuvent être révoqués dans les mêmes conditions.

2. Pendant le cours de la liquidation, l'assemblée générale régulièrement constituée conserve les mêmes attributions pour tout ce qui concerne la liquidation. L'assemblée générale a, notamment, le pouvoir d'approuver les comptes de la liquidation et de donner quitus aux liquidateurs.

3. Le produit de la réalisation de l'actif sera employé à l'extinction du passif de la Société envers les tiers. Les associés seront ensuite remboursés du montant de leurs apports respectifs. Le solde, ou boni, sera réparti entre les associés proportionnellement au nombre de parts possédées par chacun d'eux.

4. Si les résultats de la liquidation font apparaître une perte, celle-ci sera supportée par les associés dans la même proportion que le boni.

Art. 26 – Engagements pour le compte de la Société en formation (n°s 2540 s.)

1. Un état des actes accomplis à ce jour pour le compte de la Société en formation, avec l'indication pour chacun d'eux de l'engagement qui en résulte pour la Société, est annexé aux présents statuts.

2. Les associés donnent tous pouvoirs à... à l'effet d'accomplir pour le compte de la Société les actes suivants :

...

L'immatriculation de la Société au registre du commerce et des sociétés emportera reprise de ces actes et des engagements qui en résulteront par la Société.

Art. 27 – Publicité (n°s 2670 s.)

Tous pouvoirs sont donnés à la gérance à l'effet d'accomplir toutes les formalités de publicité prévues par la loi.

Fait à...,

le...

En DEUX exemplaires (TROIS en cas d'apport en nature soumis à droit d'enregistrement), savoir :

UN pour le dépôt légal,
et UN pour la Société.

Annexe État des actes accomplis au nom de la Société en formation préalablement à la signature des statuts (n° 2576)

(Lister les actes accomplis et les engagements en résultant pour la Société).

70002 MODÈLE

Société civile immobilière

(Dénomination sociale)

Société civile immobilière au capital de... euros

Siège social : ...

Les soussignés :

M./Mme..., né(e) le..., à..., de nationalité..., demeurant..., marié(e) sous le régime.../célibataire/divorcé(e)/veuf(veuve)/partenaire lié(e) par un Pacs,

M./Mme..., né(e) le..., à..., de nationalité..., demeurant..., marié(e) sous le régime.../célibataire/divorcé(e)/veuf(veuve)/partenaire lié(e) par un Pacs,

ont établi ainsi qu'il suit les statuts de la Société civile immobilière qu'ils sont convenus de constituer entre eux.

70002 (suite)

Statuts

Art. 1 – Forme

Il est formé entre les propriétaires des parts ci-après créées et celles qui pourront l'être ultérieurement une Société civile immobilière régie par les lois et règlements en vigueur et par les présents statuts.

Art. 2 – Objet (nos 800 s.)

La Société a pour objet la propriété, l'administration, l'exploitation par bail, location, sous-location ou autrement, de tous immeubles bâtis ou non bâtis dont elle pourrait devenir propriétaire, usufruitière ou nue-propriétaire, par acquisition, crédit-bail ou autrement, et, généralement, toutes opérations pouvant se rattacher directement ou indirectement à cet objet et à tous objets similaires ou connexes, ou pouvant en favoriser l'extension ou le développement, et ne modifiant pas le caractère civil de la Société.
(*Facultatif*) Elle a pour raison d'être...

Art. 3 – Dénomination sociale (nos 1850 s.)

La Société prend la dénomination suivante : Société civile immobilière...
Cette dénomination doit figurer sur tous les actes et documents émanant de la Société et destinés aux tiers.

Art. 4 – Durée (nos 1700 s.)

La durée de la Société est fixée à... années à compter de son immatriculation au registre du commerce et des sociétés, sauf dissolution anticipée ou prorogation.

Art. 5 – Siège social (nos 1950 s.)

Le siège social est fixé à...
Il peut être transféré en tout autre endroit sur décision collective des associés.

Art. 6 – Apports (nos 1100 s.)

(détailler les apports autres que l'apport d'immeuble)

Apports en nature (nos 1130 s.)

Un apport d'immeuble a été consenti par... à la société par acte authentique en date du... dressé par Me ..., notaire, et annexé aux présents statuts.

Récapitulation des apports

Il a été effectué par les soussignés les apports suivants :
– apports en numéraire : ... euros,
– apports en nature : ... euros.
Le total des apports consentis à la Société s'élève à la somme de... euros.

Art. 7 – Capital social (nos 1750 s.)

Le capital social est fixé à la somme de... euros. Il est divisé en... parts sociales, attribuées aux associés en représentation de leurs apports respectifs, savoir :
M. /Mme... à concurrence de... parts, numérotées de... à..., en rémunération de son apport en..., ci... parts,
...
Soit au total... parts.

Art. 8 – Représentation des parts sociales (nos 21000 s.)

Les parts sociales ne peuvent être représentées par des titres négociables.
La propriété d'une part sociale résulte seulement des statuts de la Société, des actes qui pourraient les modifier, des cessions et mutations qui seraient ultérieurement et régulièrement consenties, constatées et publiées.
Une copie ou un extrait de ces actes, certifié par le gérant, pourra être délivré à chaque associé sur sa demande et à ses frais.

Art. 9 – Indivisibilité des parts

Chaque part sociale est indivisible à l'égard de la Société. Les copropriétaires indivis d'une part sociale sont représentés par un mandataire unique choisi parmi les indivisaires ou en dehors d'eux. En cas de désaccord, le mandataire est désigné en justice, à la demande du plus diligent.

Art. 10 – Usufruit

Si une part sociale est grevée d'usufruit, le droit de vote appartient au nu-propriétaire, sauf pour les décisions concernant l'affectation des bénéfices où il est réservé à l'usufruitier et sauf convention entre eux prévoyant que le droit de vote sera aussi exercé par l'usufruitier pour les autres décisions. Toutefois, dans tous les cas, le nu-propriétaire et l'usufruitier disposent du droit de participer aux décisions collectives.

70002 (suite)

Art. 11 – Droit attaché aux parts

Chaque part sociale confère à son propriétaire un droit égal dans les bénéfices de la Société et dans tout l'actif social.

Art. 12 – Responsabilité des associés (nos 20400 s.)

Le propriétaire d'une part sociale est indéfiniment responsable des dettes sociales à l'égard des tiers, mais à proportion seulement de cette part dans le capital social, à la date de l'exigibilité ou au jour de la cessation des paiements.

Art. 13 – Cession de parts entre vifs (nos 21170 s.)

La cession des parts sociales doit être constatée par écrit.
Elle n'est opposable à la Société qu'après avoir été signifiée à cette dernière ou acceptée par elle dans un acte authentique, conformément à l'article 1690 du Code civil.
Elle n'est opposable aux tiers qu'après accomplissement des formalités ci-dessus, puis de la formalité du dépôt de l'original ou d'une copie authentique de l'acte qui la constate au greffe du tribunal, en annexe au registre du commerce et des sociétés.
Les parts sont librement cessibles entre associés. Elles ne peuvent être cédées à des tiers étrangers à la Société qu'après agrément de l'acquéreur proposé par les associés se prononçant à la majorité simple.

Art. 14 – Transmission des parts par décès

La Société n'est pas dissoute par le décès de l'un des associés : elle continue avec les héritiers en ligne directe du défunt, lesquels devront, dans les plus courts délais, justifier à la Société de leur état civil, de leur qualité et de la propriété divise ou indivise des parts sociales du défunt par la production d'un certificat de propriété ou de tous actes probants.
Toute transmission de parts sociales par voie de succession ou suite à une liquidation de communauté entre époux, au profit de personnes autres que les héritiers en ligne directe du défunt, ne pourra avoir lieu qu'avec l'agrément des associés se prononçant à la majorité simple.

Art. 15 – Agrément du conjoint d'un associé commun en biens

Jusqu'à dissolution de la communauté, un époux ne peut, à peine de nullité, employer des biens communs pour faire un apport à la Société ou acquérir des parts émises par celle-là sans que son conjoint en ait été averti un mois au moins à l'avance par lettre recommandée avec demande d'avis de réception, et sans qu'il en soit justifié dans l'acte. La qualité d'associé est reconnue à celui des époux qui fait l'apport ou réalise l'acquisition.
Cependant, la qualité d'associé est également reconnue, pour la moitié des parts souscrites ou acquises, au conjoint qui a notifié à la Société, par lettre recommandée avec demande d'avis de réception, son intention d'être personnellement associé. Lorsqu'il notifie son intention, lors de l'apport ou de l'acquisition, l'acceptation ou l'agrément des associés vaut pour les deux époux. Si cette notification est postérieure à l'apport ou à l'acquisition, le conjoint doit être agréé par le coassocié ou par tous les associés, étant observé que l'époux associé ne participe pas au vote et que ses parts ne sont pas prises en compte pour le calcul du quorum et de la majorité.

Art. 16 – Retrait d'un associé (nos 22010 s.)

Tout associé peut se retirer de la Société avec l'accord des autres associés à moins qu'il n'obtienne ce retrait par décision de justice, pour justes motifs.
L'incapacité, la déconfiture, l'ouverture d'une procédure de redressement ou de liquidation judiciaire ou la faillite personnelle d'un associé entraînent son retrait d'office de la Société.
L'associé qui se retire a droit au remboursement de la valeur de ses droits sociaux fixée, à défaut d'accord amiable, conformément à l'article 1843-4 du Code civil.

Art. 17 – Gérance (nos 7000 s.)

1. La Société est administrée par un ou plusieurs gérants, associés ou non, personnes physiques ou morales, désignés pour une durée déterminée ou non, par décision ordinaire des associés.
Le premier gérant de la Société est désigné par assemblée générale ordinaire tenue à l'issue de la signature des statuts et il exercera son mandat sans limitation de durée.
2. Dans les rapports entre associés, le gérant peut accomplir tous les actes de gestion que demande l'intérêt de la Société.
En cas de pluralité de gérants, chacun d'eux peut faire tous les actes de gestion dans l'intérêt de la Société et dispose des mêmes pouvoirs que s'il était gérant unique. L'opposition formée par l'un d'eux aux actes de son ou ses cogérants est sans effet à l'égard des tiers, à moins qu'il ne soit établi que ces derniers ont eu connaissance de celle-ci.
Dans ses rapports avec les tiers, le gérant est investi des pouvoirs les plus étendus pour représenter la Société et agir en son nom en toutes circonstances, sans avoir à justifier de pouvoirs spéciaux.
Toutefois, et sans que cette clause puisse être opposée aux tiers ni invoquée par eux, il est stipulé que tout emprunt d'un montant supérieur à... euros, tout achat, vente ou échange d'immeubles

ou droits immobiliers, toute constitution d'hypothèque sur les immeubles sociaux, l'apport de tout ou partie des biens sociaux à une société constituée ou à constituer, ne pourront être réalisés sans avoir été autorisés au préalable par une décision collective ordinaire des associés ou, s'il s'agit d'actes emportant ou susceptibles d'emporter directement ou indirectement modification de l'objet social ou des statuts, par une décision collective extraordinaire. **70002** (suite)

3. Le gérant a droit à une rémunération dont toutes les modalités sont arrêtées par la collectivité des associés statuant par décision ordinaire.

4. Les fonctions du gérant cessent par son décès, son incapacité, son interdiction, sa déconfiture, sa faillite, sa révocation ou sa démission.

Le décès ou la cessation des fonctions d'un gérant pour quelque motif que ce soit n'entraîne pas la dissolution de la Société.

Le gérant est révocable par décision extraordinaire des associés. Si la révocation est décidée sans juste motif, elle peut donner lieu à des dommages-intérêts.

Art. 18 – Décisions collectives (nos 8500 s.)

1. Les décisions qui excèdent les pouvoirs reconnus aux gérants sont prises dans les conditions fixées ci-dessous.

2. Toutes les décisions collectives peuvent être prises au choix du gérant soit en assemblée, soit par consultation écrite des associés. Elles peuvent encore résulter du consentement de tous les associés exprimé dans un acte.

3. Les décisions collectives sont qualifiées d'extraordinaires ou d'ordinaires.

Les décisions extraordinaires sont celles qui modifient les statuts. Ce sont aussi celles dont les présents statuts exigent expressément qu'elles revêtent une telle nature.

Toutes les autres décisions prises en assemblée ou lors de consultations écrites sont qualifiées de décisions collectives ordinaires.

4. Les décisions extraordinaires ne sont valablement prises qu'autant qu'elles ont été adoptées par un ou des associés représentant... % au moins des parts sociales.

Les décisions ordinaires sont prises par un ou des associés représentant plus de la moitié des parts sociales.

Art. 19 – Assemblées générales (nos 8510 s.)

1. Les associés sont convoqués aux assemblées par le gérant sous forme d'une lettre recommandée qui leur est adressée quinze jours au moins avant la date de la réunion. La convocation peut être verbale et l'assemblée réunie sans délai si tous les associés sont présents ou représentés.

2. Tout associé peut, à tout moment, par lettre recommandée, demander au gérant de provoquer une délibération des associés, sur une question déterminée. Le gérant procède alors à la convocation de l'assemblée selon les formes habituelles mais le gérant peut valablement se contenter d'inscrire la question soumise à l'ordre du jour de la prochaine assemblée. Il est tenu cependant de réunir l'assemblée si la question posée porte sur le retard du gérant à accomplir l'une de ses obligations.

3. L'ordre du jour de l'assemblée est arrêté par l'auteur de la convocation. La lettre de convocation le précise.

Le contenu de l'ordre du jour et la portée des questions qui y sont inscrites doivent apparaître clairement sans qu'il y ait lieu de se reporter à d'autres documents.

4. L'ordre du jour doit être accompagné du texte des résolutions et de tout document nécessaire à l'information des associés.

Par ailleurs, durant le délai de quinze jours précédant l'assemblée, les documents adressés aux associés sont tenus à la disposition des associés au siège social où ils peuvent en prendre connaissance ou copie.

5. L'assemblée est réunie au siège social ou en tout autre lieu indiqué dans la lettre de convocation. Elle est présidée par le gérant. Si celui-ci n'est pas associé, elle est présidée par l'associé présent et acceptant qui possède ou représente le plus grand nombre de parts sociales. Si deux associés qui possèdent ou représentent le même nombre de parts sociales sont acceptants, la présidence est assurée par le plus âgé. Un secrétaire, associé ou non, peut être désigné.

6. Chaque associé a le droit de participer aux décisions et dispose d'un nombre de voix égal à celui des parts qu'il possède.

Un associé peut se faire représenter par un autre associé ou par son conjoint justifiant de son pouvoir.

7. Toute délibération des associés est constatée par un procès-verbal indiquant la date et le lieu de la réunion, les nom et prénom des associés présents et représentés, le nombre des parts détenues par chacun d'eux, les documents et rapports qui leur ont été soumis, le texte des résolutions mises aux voix, les nom, prénom et qualités du président, un résumé des débats et le résultat des votes. Les procès-verbaux sont établis et signés par les gérants et, s'il y a lieu, par le président de l'assemblée. S'il n'est pas établi de feuille de présence, les procès-verbaux sont en outre signés par tous les associés présents et par les mandataires.

70002 (suite)

Les procès-verbaux sont établis sur un registre spécial coté et paraphé tenu au siège de la Société, ou sur des feuilles mobiles numérotées sans discontinuité et paraphées.
Les copies ou extraits des procès-verbaux des associés sont valablement certifiés conformes par un seul gérant.
Au cours de la liquidation de la Société, leur certification est valablement effectuée par un seul liquidateur.

Art. 20 – Consultation écrite des associés (nos 8700 s.)

1. En cas de consultation écrite, les mêmes documents que ceux prévus en cas d'assemblée sont adressés aux associés par lettre recommandée avec demande d'avis de réception. Les associés disposent alors d'un délai de vingt jours à compter de la date de réception de ces documents pour émettre leur vote par écrit. Tout associé qui n'aura pas répondu dans ce délai sera considéré comme s'étant abstenu. Pour chaque résolution, le vote est exprimé par oui ou par non.
2. Les procès-verbaux sont établis dans les mêmes conditions que celles prévues pour les procès-verbaux d'assemblée, à l'exclusion de toutes les mentions concernant la seule assemblée. Il y est mentionné que la consultation a été effectuée par écrit et justifié que les formalités ont été respectées.
La réponse de chaque associé est annexée à ces procès-verbaux.
3. Lorsque la décision des associés résulte de leur consentement exprimé dans un acte, cette décision est mentionnée à sa date dans le registre des procès-verbaux. Cette mention contient obligatoirement l'indication de la nature, de l'objet et des signataires de l'acte. L'acte lui-même, s'il est sous signature privée, ou sa copie authentique, s'il est notarié, est conservé par la Société de manière à permettre sa consultation en même temps que le registre.

Art. 21 – Information permanente des associés

Tout associé a le droit, une fois par an, de prendre par lui-même, au siège social, connaissance ou copie de tous les livres et documents sociaux, des contrats, factures, correspondance, procès-verbaux et, plus généralement, de tout document établi par la Société ou reçu par elle.
Tout associé a également, une fois par an, le droit de poser par écrit des questions sur la gestion sociale auxquelles il devra être répondu par écrit dans le délai d'un mois.

Art. 22 – Exercice social – Comptes sociaux (no 8216)

L'exercice social commence le 1er janvier et finit le 31 décembre de chaque année.
Par exception, le premier exercice comprendra le temps écoulé depuis l'immatriculation de la Société jusqu'au...
Il est tenu au siège des comptes réguliers. Chaque année, à la clôture de l'exercice social, il est dressé par la gérance un inventaire de l'actif et du passif de la Société, un bilan, un compte de résultat et une annexe.

Art. 23 – Répartition des bénéfices et des pertes (nos 8234 s.)

Les bénéfices nets sont constitués par les produits nets de l'exercice, déduction faite des frais généraux, des charges sociales ainsi que de tous amortissements et de toutes provisions.
Le bénéfice distribuable est constitué par le bénéfice net de l'exercice diminué des pertes antérieures et augmenté des reports bénéficiaires.
Le bénéfice dégagé pour la période de référence est réparti entre les associés à proportion de leur participation dans le capital. Toutefois, l'assemblée générale ordinaire peut décider de le mettre en réserve ou de le reporter à nouveau, en tout ou partie.
Les associés supportent la perte, s'il en a été constaté une, dans la même proportion que le bénéfice.

Art. 24 – Avance en compte courant (nos 20040 s.)

Chaque associé détenant plus de 5 % du capital pourra, avec le consentement de ses coassociés, faire des avances en compte courant à la Société.
Les conditions de fonctionnement de ce compte et la fixation, le cas échéant, des intérêts et des délais de préavis pour retrait des sommes sont arrêtées dans chaque cas par accord entre la gérance et les intéressés.

Art. 25 – Dissolution – Liquidation (nos 24600 s.)

La Société est en liquidation dès l'instant de sa dissolution, quelle qu'en soit la cause.
La liquidation est faite par un ou plusieurs liquidateurs pris parmi les associés ou en dehors d'eux et nommés par décision extraordinaire des associés ou, à défaut, par ordonnance du président du tribunal judiciaire statuant sur requête de tout intéressé. Les liquidateurs peuvent être révoqués dans les mêmes conditions.
Le liquidateur, ou chacun d'eux s'ils sont plusieurs, représente la Société. Il a les pouvoirs les plus étendus pour réaliser l'actif et acquitter le passif.
Le produit net de la liquidation (ou boni), après l'extinction du passif, des charges sociales et le remboursement aux associés du montant nominal non amorti de leurs parts sociales, est partagé entre les associés proportionnellement au nombre de leurs parts.

Tout bien apporté qui se retrouve en nature dans la masse partagée est attribué, sur sa demande et à charge de soulte s'il y a lieu, à l'associé qui en avait fait l'apport. Cette faculté s'exerce avant tout autre droit à une attribution préférentielle. 70002 (suite)
Si les résultats de la liquidation font apparaître une perte, celle-ci est supportée par les associés dans la même proportion que le boni.

Art. 26 – Engagements pour le compte de la Société en formation (nos 2540 s.)

Un état des actes accomplis pour le compte de la Société en formation, avec l'indication pour chacun d'eux de l'engagement qui en résulte pour la Société, est annexé aux présents statuts.
Cet état a été présenté aux associés avant la signature des statuts.
Les associés donnent tous pouvoirs à... à l'effet de prendre les engagements suivants pour le compte de la Société : ...
La signature des présents statuts emportera reprise automatique des engagements résultant de ces actes lorsque la Société aura été immatriculée au registre du commerce et des sociétés.

Art. 27 – Publicité (nos 2670 s.)

Tous pouvoirs sont donnés à la gérance à l'effet d'accomplir toutes les formalités de publicité prévues par la loi.

Fait à...,
le...

En DEUX exemplaires (TROIS en cas d'apport en nature soumis à droit d'enregistrement), savoir :

UN pour le dépôt au greffe du tribunal de commerce de...,
et UN pour la Société.

Annexe État des actes accomplis au nom de la Société en formation préalablement à la signature des statuts (n° 2576)

(Lister les actes accomplis et les engagements en résultant pour la Société).

Table alphabétique

Utilisation de la table

Les chiffres renvoient aux paragraphes. La mention « s. » signifie que l'étude de la question se prolonge sur le ou les numéros suivants.

Pour diriger les recherches, les références sont accompagnées, lorsque c'est utile, soit d'une mention explicite, soit d'une abréviation désignant l'impôt ou la catégorie de revenus dont il est question. On trouvera ci-dessous le sens de ces abréviations.

Abréviations

AMF	Autorité des marchés financiers
BA	Bénéfices agricoles
BIC	Bénéfices industriels et commerciaux
BNC	Bénéfices non commerciaux
CET	Contribution économique territoriale
CFE	Cotisation foncière des entreprises
CRDS	Contribution au remboursement de la dette sociale
CSG	Contribution sociale généralisée
CVAE	Cotisation sur la valeur ajoutée des entreprises
EARL	Exploitation agricole à responsabilité limitée
ENR	Droits d'enregistrement
Fonc	Revenus fonciers
Gaec	Groupement agricole d'exploitation en commun
GFA	Groupement foncier agricole
GFR	Groupement foncier rural
IFI	Impôt sur la fortune immobilière
IR	Impôt sur le revenu (des personnes physiques)
IS	Impôt sur les sociétés
PV	Plus-value
SCA	Société civile d'attribution (société fiscalement transparente)
SCEA	Société civile d'exploitation agricole
SCI	Société civile immobilière de location
SCM	Société civile de moyens
SCP	Société civile professionnelle
SCPI	Société civile de placement immobilier
SCV	Société civile de construction-vente
Sisa	Société interprofessionnelle de soins ambulatoires
TVA	Taxe sur la valeur ajoutée

A

B

G

H

I

N

Achevé d'imprimer
novembre 2023
Photocomposition
par MAURY IMPRIMEUR S.A.
45330 MALESHERBES

Dépôt légal : Novembre 2023

Certifié PEFC

Ce produit est issu de forêts gérées durablement et de sources contrôlées

PEFC

PEFC/04-31-0658

www.pefc.de

36893-655 (I) - PRL 39 g - NC (LC)
Achevé d´imprimer en novembre 2023 sur les presses de C.H.BECK
Dépôt légal : novembre 2023
Imprimé en Allemagne